le style, la conversation; niaiserie, bêtise. —, pl. Détails bas, plats, insignifians, en parlant du style; bassesses, sottises.

PLATOLE, s. f. Terrine pour reposer le lait.

PLATON, s. m. Philosophe grec.

PLATONICIEN, NE, s. et adj. Disciple de Platon; qui appartient, qui a rapport à la philosophie de cet auteur grec.

PLATONIQUE, adj. Qui a rapport au système de Platon. Amour —, dégagé du commerce des sens. Année —, où les astres reviendront à la place qu'ils occupaient lors de la création.

PLATONISME, s. m. Système philosophique de Platon.

PLAT-PAYS-DE-SAULIEU, s. m. Com. du dép. de la Côte-d'Or, cant. de Saulieu, arr. de Semur. = Saulieu.

PLÂTRAGE, s. m. Ouvrage en plâtre.

PLÂTRAS, s. m. Débris de vieux murs de plâtre.

PLÂTRE, s. m. Gypse, pierre calcaire, friable, qui se calcine au feu; cette pierre, cuite et réduite en poudre, pour bâtir, mouler, etc. —, statue, relief en plâtre. Battre comme —, excessivement. T. fam.

PLÂTRÉ, E, part. Enduit de plâtre. —, fardé; feint, fig. et fam. Paix —, qui n'est pas sincère et ne saurait être de longue durée.

PLÂTRER, v. a. Enduire de plâtre. —, cacher, déguiser quelque chose de mal sous des apparences spécieuses. Fig. Se —, v. pron. Se farder. T. fam.

PLÂTRERIE, s. f. Plâtrière. T. inus.

PLÂTREUX, EUSE, adj. Mêlé de craie; terrain plâtreux.

PLÂTRIER, s. m. Ouvrier qui travaille dans un four à plâtre; marchand qui vend du plâtre.

PLÂTRIÈRE, s. f. Carrière d'où l'on tire la pierre à plâtre; four où l'on fait cuire cette pierre, où l'on prépare le plâtre.

PLÂTRONOIR, s. m. Outil dont se servent les maçons pour pousser dans les trous la brique ou la pierre avec le plâtre.

PLÂTROUER, s. m. Espèce de truelle de plâtrier.

PLATS, s. m. Com. du dép. de l'Ardèche, cant. et arr. de Tournon. = Tournon.

PLATURE, s. f. Genre de serpens aquatiques, à queue aplatie et crochets venimeux. T. d'hist. nat.

PLATYCARPE, s. m. Grand arbre des bords de l'Orénoque, rivière de l'Amérique du Sud. T. de bot.

PLATYCERE, s. m. Genre de coléoptères. T. d'hist. nat.

PLATYNE, s. m. Genre d'insectes coléoptères. T. d'hist nat.

PLATYNOTE, s. m. Genre d'insectes coléoptères. T. d'hist. nat.

PLATYONIQUE, s. m. Genre de crustacés décapodes. T. d'hist. nat.

PLATYPE, s. m. Genre d'insectes coléoptères. T. d'hist. nat.

PLATYPÈZE, s. m. Genre d'insectes diptères. T. d'hist. nat.

PLATYPODES, s. m. pl. Oiseaux à pieds aplatis. T. d'hist. nat.

PLATYRHINQUE, s. m. Genre d'oiseaux sylvains, à large bec. T. d'hist. nat.

PLATYRHYCUS, s. m. Ossement fossile de poisson, en forme de bec de canard. T. d'hist. nat.

PLATYROSTRE, s. m. Genre de poissons chondroptérigiens. T. d'hist. nat.

PLATYRRHININS, s. m. pl. Singes d'Amérique. T. d'hist. nat.

PLATYSCELE, s. m. Genre d'insectes coléoptères. T. d'hist. nat.

PLATYSOME, s. m. Escarbot. —, pl. Coléoptères tétramères. T. d'hist. nat.

PLATYSTES, s. m. pl. Poissons à corps plats et nageoires ventrales très distantes les unes des autres. T. d'hist. nat.

PLATYURE, s. m. Diptère asindule. T. d'hist. nat.

PLATYZOME, s. f. Fougère de la Nouvelle-Hollande. T. de bot.

PLAUBAGE, s. f. Voy. DENTELAIRE. T. de bot.

PLAUDREN, s. m. Com. du dép. du Morbihan, cant. de Grand-Champ, arr. de Vannes. = Vannes.

PLAUSIBILITÉ, s. f. Apparence spécieuse.

PLAUSIBLE, adj. Qui a une apparence spécieuse.

PLAUSIBLEMENT, adv. D'une manière plausible.

PLAUZAT, s. m. Com. du dép. du Puy-de-Dôme, cant. de Veyre-Monton, arr. de Clermont. = Clermont-Ferrand.

PLAVÈS, s. f. Com. du dép. du Gers, cant. de Saramon, arr. d'Auch. = Auch.

PLAVILLA, s. m. Com. du dép. de l'Aude, cant. de Fanjeaux, arr. de Castelnaudary. = Castelnaudary.

PLAZAC, s. m. Com. du dép. de la Dordogne, cant. de Montignac, arr. de Sarlat. = Montignac.

II.   44

PLAZE, s. m. Arbrisseau du Pérou. T. de bot.

PLEAUX, s. m. Com. du dép. du Cantal, chef-lieu de cant. de l'arr. de Mauriac. Bur. d'enregist. = Mauriac. Fabr. de toiles. Comm. de grains, cire jaune, bestiaux, fers, etc.

PLÉBÉIEN, NE, s. et adj. Qui faisait partie de la classe du peuple dans l'ancienne Rome. —, s. m. pl. Petits papillons à taches opaques sur les ailes. T. d'hist. nat.

PLÉBISCITE, s. m. Décret émané du peuple romain, assemblé par tribus.

PLÉBOULLE, s. f. Com. du dép. des Côtes-du-Nord, cant. de Matignon, arr. de Dinan. = Plancoët.

PLÉCHATEL, s. m. Com. du dép. d'Ille-et-Vilaine, cant. de Bain, arr. de Redon. = Bain.

PLÉCOPODES, s. m. pl. Poissons holobranches. T. d'hist. nat.

PLÉCOPTÈRES, s. m. pl. Poissons à nageoires réunies. T. d'hist. nat.

PLÉCOSTE, s. m. Poisson, espèce de cuirassé. T. d'hist. nat.

PLECTANÈJE, s. m. Arbuste de l'île de Madagascar. T. de bot.

PLECTOGNATES, s. m. pl. Poissons voisins des téléobranches. T. d'hist. nat.

PLECTORHYNQUE, s. m. Poisson du genre des acanthoptérygiens. T. d'hist. nat.

PLECTRANTHE, s. m. Genre de plantes labiées. T. de bot.

PLECTRONE, s. m. Arbuste du cap de Bonne-Espérance. T. de bot.

PLECTRONITE ou PLECTORITE, s. f. Dent de poisson pétrifiée. T. d'hist. nat.

PLECTRUM, s. m. (mot latin). Bâton pointu et crochu pour toucher des instrumens à cordes. T. d'antiq.

PLÉDÉLIAC, s. m. Com. du dép. des Côtes-du-Nord, cant. de Jugon, arr. de Dinan. = Lamballe.

PLÉDRAN, s. m. Com. du dép. des Côtes-du-Nord, cant. et arr. de St.-Brieuc. = St.-Brieuc.

PLÉGORHISE, s. f. Arbrisseau du Chili. T. de bot.

PLÉGUIEN, s. m. Com. du dép. des Côtes-du-Nord, cant. de Lanvollon, arr. de St.-Brieuc. = Dinan.

PLÉHAULT, s. m. Com. du dép. du Gers, cant. de Vic-Fezensac, arr. d'Auch. = Vic-Fezensac.

PLÉNÉDEL, s. m. Com. du dép. des Côtes-du-Nord, cant. de Plouha, arr. de St.-Brieuc. = Paimpol.

PLÉHÉREL, s. m. Com. du dép. des Côtes-du-Nord, cant. de Matignon, arr. de Dinan. = Plancoët.

PLÉIADES, s. f. pl. Filles de Pléione et d'Atlas, qui furent métamorphosées en étoiles et placées sur la poitrine du Taureau, l'un des douze signes du zodiaque. T. de myth. —, étoiles dans le signe du taureau. — poétiques, réunion de sept poètes célèbres. Fig.

PLEIBERT-CHRIST, s. m. Com. du dép. du Finistère, cant. de St.-Thégonnec, arr. de Morlaix. = Morlaix.

PLEICHAC, s. m. Village du dép. de Lot-et-Garonne, cant. de Laplume, arr. d'Agen. = Agen.

PLEIGE, s. m. Caution. (Vi.)

PLEIGÉ, E, part. Cautionné. (Vi.)

PLEIGER, v. a. Cautionner. (Vi.)

PLEIN, s. m. L'opposé de vide. —, milieu, largeur. —, largeur du trait de plume, par opposition à délié. —, massif d'un mur. T. d'arch. —, six flèches d'un même côté, couvertes de deux dames chacune. T. de jeu de trictrac. —, adv. Autant qu'une chose peut contenir. Tout —, beaucoup. T. fam. En —, dans le milieu, tout-à-fait.

PLEIN, E, adj. Qui contient tout ce qu'il peut contenir; rempli entièrement, sans vide. —, qui abonde en...., qui contient beaucoup de... Prop. et fig.; plein d'esprit, église pleine. —, entièrement occupé, bien pénétré de; plein de cette idée. —, entier, absolu; plein pouvoir. Homme — de lui-même, orgueilleux, présomptueux. Visage —, rond et potelé. A — mains, abondamment. A — gorge, à pleine voix. A — voiles, toutes les voiles déployées. En — mer, en haute mer. En — jour, durant le jour.

PLEINE-CROIX, s. f. Garniture sur le rouet d'une serrure.

PLEINE-FOUGÈRES, s. f. Com. du dép. d'Ille-et-Vilaine, chef-lieu de cant. de l'arr. de St.-Malo. = Pontorson. Bur. d'enregist.

PLEINEMENT, adv. Entièrement, tout-à-fait.

PLEINE-SELVE, s. f. Com. du dép. de l'Aisne, cant. de Ribemont, arr. de St.-Quentin. = Origny-Ste.-Benoîte.

PLEINE-SÈVE, s. f. Com. du dép. de la Seine-Inférieure, cant. de St.-Valery, arr. d'Yvetot. = St.-Valery-en-Caux.

PLEINES-ŒUVRES, s. f. pl. Com. du dép. du Calvados, cant. de St.-Sever, arr. de Vire. = Vire.

PLEIN JEU, s. m. Le principal des jeux composés de l'orgue.

PLEINPE, s. m. Sorte de petit navire pour la pêche.

PLEINPIED, s. m. Com. du dép. du Cher, cant. de Levet, arr. de Bourges. = Bourges.

PLÉLAN, s. m. Com. du dép. du Nord, chef-lieu de cant. de l'arr. de Dinan. Bur. d'enregist. à Plancoët. = Dinan.

PLÉLAN, s. m. Com. du dép. d'Ille-et-Vilaine, chef-lieu de cant. de l'arr. de Montfort. Bur. d'enregist. et de poste.
Fabr. considérable de fil blanc et écru ; blanchisseries de fil.

PLÉLAUFF, s. m. Com. du dép. des Côtes-du-Nord, cant. de Goarec, arr. de Loudéac. = Rostrenen.

PLÉLO, s. m. Com. du dép. des Côtes-du-Nord, cant. de Châtelaudren, arr. de St.-Brieuc. = Châtelaudren.

PLÉMET, s. m. Com. du dép. des Côtes-du-Nord, cant. de la Chèze, arr. de Loudéac. = Loudéac. Hauts-fourneaux, forges et martinets.

PLÉMY, s. m. Com. du dép. des Côtes-du-Nord, cant. de Plouguenast, arr. de Loudéac. = Moncontour.

PLÉNARTIGES, s. f. Com. du dép. de la Haute-Vienne, cant. d'Eymoutiers, arr. de Limoges. = Limoges.

PLÉNÉE-JUGON, s. m. Com. du dép. des Côtes-du-Nord, cant. de Jugon, arr. de Dinan. = Broons.

PLÉNESELVE, s. f. Com. du dép. de la Gironde, cant. de St.-Ciers-la-Lande, arr. de Blaye. = Blaye.

PLÉNEUF, s. m. Com. du dép. des Côtes-du-Nord, chef-lieu de cant. de l'arr. de St.-Brieuc. Bur. d'enregist. à Lamballe. = Lamballe.

PLÉNIÈRE, adj. f. Entière et parfaite ; indulgence plénière. —, solennelle ; cour plénière.

PLÉNIPOTENTIAIRE, s. m. et adj. Envoyé extraordinaire d'un souverain, muni de pleins pouvoirs pour une négociation ; ministre plénipotentiaire.

PLÉNIPRÉBENDÉ, s. m. Chanoine jouissant de tous les revenus de sa prébende.

PLÉNIROSTRE, s. et adj. m. Passereau à bec sans dentelure ni échancrure. —, s. m. pl. Famille de ces oiseaux.

PLÉNISE, s. f. Com. du dép. du Jura, cant. de Nozeroy, arr. de Poligny. = Champagnole.

PLÉNISETTE, s. f. Com. du dép. du Jura, cant. de Nozeroy, arr. de Poligny. = Champagnole.

PLÉNITUDE, s. f. Abondance excessive ; plénitude d'humeurs ; se dit figurément du pouvoir et de la grâce. — des temps, époque où les prophéties seront accomplies.

PLÉONASME, s. m. Redondance vicieuse de mots qui ont la même signification.

PLÉONASTE, s. m. Schorl ou grenat brun.

PLÉOPELTE, s. m. Fougère du Mexique.

PLERGUER, s. m. Com. du dép. d'Ille-et-Vilaine, cant. de Châteauneuf, arr. de St.-Malo. = Châteauneuf.

PLÉRIN, s. m. Com. du dép. des Côtes-du-Nord, cant. et arr. de St.-Brieuc. = St.-Brieuc.

PLERNEUF, s. m. Com. du dép. des Côtes-du-Nord, cant. de Châtelaudren, arr. de St.-Brieuc. = Châtelaudren.

PLÉROSE, s. f. Rétablissement d'un corps épuisé par des évacuations. T. de méd.

PLÉROTIQUE, adj. Propre à faire renaître les chairs. T. de méd.

PLESCOP, s. m. Com. du dép. du Morbihan, cant. de Grand-Champ, arr. de Vannes. = Vannes.

PLESDER, s. m. Com. du dép. d'Ille-et-Vilaine, cant. de Tinténiac, arr. de St.-Malo. = Dinan.

PLESIDY, s. m. Com. du dép. des Côtes-du-Nord, cant. de Bourbriac, arr. de Guingamp. = Guingamp.

PLÉSIE, s. f. Genre d'insectes hyménoptères. T. d'hist. nat.

PLÉSION, s. m. Carré long formé par une troupe en bataille. T. d'antiq.

PLESLIN, s. m. Com. du dép. des Côtes-du-Nord, cant. de Ploubalay, arr. de Dinan. = Dinan.

PLESNOIS, s. m. Com. du dép. de la Moselle, cant. et arr. de Metz. = Metz.

PLESNOY, s. m. Com. du dép. de la Haute-Marne, cant. de Neuilly, arr. de Langres. = Langres.

PLESSALA, s. m. Com. du dép. des Côtes-du-Nord, cant. de Plouguenast, arr. de Loudéac. = Loudéac. Papeterie.

PLESSÉ, s. m. Com. du dép. de la Loire-Inférieure, cant. de St.-Nicolas, arr. de Savenay. = Redon.

PLESSIER-HULEU (le), s. m. Com. du dép. de l'Aisne, cant. d'Oulchy-le-Château, arr. de Soissons. = Oulchy.

PLESSIER-ROZAINVILLERS, s. m. Com. du dép. de la Somme, cant. de Moreuil, arr. de Montdidier. = Montdidier. Fabr. de bas d'estame.

PLESSIER-SUR-BULLES (le), s. m.

Com. du dép. de l'Oise, cant. de St.-Just-en-Chaussée, arr. de Clermont. = St.-Just-en-Chaussée.

PLESSIER-SUR-ST.-JUST, s. m. Com. du dép. de l'Oise, cant. de St.-Just-en-Chaussée, arr. de Clermont. = St.-Just-en-Chaussée.

PLESSIS, s. m. Maison de plaisance. (Vi.)

PLESSIS (le), s. m. Com. du dép. de la Manche, cant. de Périers, arr. de Coutances. = Carentan.

PLESSIS-AUX-BOIS, s. m. Com. du dép. de Seine-et-Marne, cant. de Claye, arr. de Meaux. = Meaux.

PLESSIS-BARBUISE, s. m. Com. du dép. de l'Aube, cant. de Villenauxe, arr. de Nogent-sur-Seine. = Villenauxe.

PLESSIS-BELLEVILLE (le), s. m. Com. du dép. de l'Oise, cant. de Nanteuil, arr. de Senlis. = Nanteuil-le-Haudouin.

PLESSIS-BOUCHARD (le), s. m. Com. du dép. de Seine-et-Oise, cant. d'Enghien, arr. de Pontoise. = Franconville.

PLESSIS-BRION (le), s. m. Com. du dép. de l'Oise, cant. de Ribecourt, arr. de Compiègne. = Compiègne.

PLESSIS-DE-ROYE, s. m. Com. du dép. de l'Oise, cant. de Lassigny, arr. de Compiègne. = Noyon.

PLESSIS-DORIN (le), s. m. Com. du dép. de Loir-et-Cher, cant. de Montdoubleau, arr. de Vendôme. = Montdoubleau.

PLESSIS-DU-MÉE, s. m. Com. du dép. de l'Yonne, cant. de Sergines, arr. de Sens. = Pont-sur-Yonne.

PLESSIS-FEU-AUSSOUS (le), s. m. Com. du dép. de Seine-et-Marne, cant. de Rozoy, arr. de Coulommiers. = Rozoy-en-Brie.

PLESSIS-GASSOT (le), s. m. Com. du dép. de Seine-et-Oise, cant. d'Ecouen, arr. de Pontoise. = Ecouen.

PLESSIS-GATEBLÉ (le), s. m. Com. du dép. de l'Aube, cant. et arr. de Nogent-sur-Seine. = Nogent-sur-Seine.

PLESSIS-GRAMMOIRE (le), s. m. Com. du dép. de Maine-et-Loire, cant. et arr. d'Angers. = Angers.

PLESSIS-GRIMOULT (le), s. m. Com. du dép. du Calvados, cant. d'Aunay, arr. de Vire. = Aunay-sur-Odon.

PLESSIS-GROHAN (le), s. m. Com. du dép. de l'Eure, cant. et arr. d'Evreux. = Evreux.

PLESSIS-HÉBERT (le), s. m. Com. du dép. de l'Eure, cant. de Pacy, arr. d'Evreux. = Pacy-sur-Eure.

PLESSIS-L'ÉCHELLE (le), s. m. Com. du dép. de Loir-et-Cher, cant. de Marchénoir, arr. de Blois. = Mer.

PLESSIS-LES-TOURS, s. m. Village du dép. d'Indre-et-Loire, cant. et arr. de Tours. = Tours.
C'est à Plessis-les-Tours que Louis XI mourut, en 1483, dans un château dont on voit encore les ruines.

PLESSIS-L'ÉVÊQUE (le), s. m. Com. du dép. de Seine-et-Marne, cant. de Dammartin, arr. de Meaux. = Meaux.

PLESSIS-LUZARCHES, s. m. Com. du dép. de Seine-et-Oise, cant. de Luzarches, arr. de Pontoise. = Pontoise.

PLESSIS-MACÉ (le), s. m. Com. du dép. de Maine-et-Loire, cant. et arr. d'Angers. = Angers.

PLESSIS-MAHIET (le), s. m. Com. du dép. de l'Eure, cant. de Beaumont, arr. de Bernay. = Beaumont-le-Roger.

PLESSIS-PATÉ (le), s. m. Com. du dép. de Seine-et-Oise, cant. de Longjumeau, arr. de Corbeil. = Linas.

PLESSIS-PATE-D'OIE (le), s. m. Com. du dép. de l'Oise, cant. de Guiscard, arr. de Compiègne. = Guiscard.

PLESSIS-PIQUET (le), s. m. Com. du dép. de la Seine, cant. et arr. de Sceaux. = Bourg-la-Reine.

PLESSIS-PLACY (le), s. m. Com. du dép. de Seine-et-Marne, cant. de Lizy, arr. de Meaux. = Lizy.

PLESSIS-ST.-JEAN, s. m. Com. du dép. de l'Yonne, cant. de Sergines, arr. de Sens. = Sens.

PLESSIS-VILLETTE (le), s. m. Com. du dép. de l'Oise, cant. de Liancourt, arr. de Clermont. = Pont-St.-Maxence.

PLESSIX-BALISSON, s. m. Com. du dép. des Côtes-du-Nord, cant. de Plancoët, arr. de Dinan. = Plancoët.

PLESTAN, s. m. Com. du dép. des Côtes-du-Nord, cant. de Jugon, arr. de Dinan. = Lamballe.

PLESTIN, s. m. Com. du dép. des Côtes-du-Nord, chef-lieu de cant. de l'arr. de Lannion. Bur. d'enregist. = Lannion.

PLET, s. m. Pli d'un cordage roulé sur lui-même. T. de mar.

PLÉTEUX, s. m. Outil de fabricant d'hameçons, pour les courber.

PLÉTHORE, s. f. Surabondance de sang, d'humeur. T. de méd.

PLÉTHORIQUE, adj. Replet, affecté de pléthore. T. de méd.

PLÈTHRE ou PLÉTRHON, s. m. Mesure de longueur de quinze toises, dans l'ancienne Grèce.

PLEUBIAN, s. m. Com. du dép. des

Côtes-du-Nord, cant. de Lézardrieux, arr. de Lannion. = Tréguier.

PLEUCADEUC, s. m. Com. du dép. du Morbihan, cant. de Questembert, arr. de Vannes. = Ploërmel.

PLEUDANIEL, s. m. Com. du dép. des Côtes-du-Nord, cant. de Lézardrieux, arr. de Lannion. = Paimpol.

PLEUDIHEN, s. m. Com. du dép. des Côtes-du-Nord, cant. et arr. de Dinan. = Dinan.

PLEUGEUNEUC, s. m. Com. du dép. d'Ille-et-Vilaine, cant. de Tinténiac, arr. de St.-Malo. = Dinan.

PLEUGRIFFET, s. m. Com. du dép. du Morbihan, cant. de Rohan, arr. de Ploërmel. = Josselin.

PLEUMEULEUC, s. m. Com. du dép. d'Ille-et-Vilaine, cant. et arr. de Montfort. = Montfort.

PLEUMEUR-BODOU, s. m. Com. du dép. des Côtes-du-Nord, cant. de Perros-Guirec, arr. de Lannion. = Lannion.

PLEUMEUR-GAUTIER, s. m. Com. du dép. des Côtes-du-Nord, cant. de Lézardrieux, arr. de Lannion. = Tréguier.

PLEUMOBRANCHES, s. m. pl. Famille de mollusques. T. d'hist. nat.

PLEU-PLEU, s. m. Pivert.

PLEURANDRE, s. m. Millepertuis de la Nouvelle-Hollande. T. de bot.

PLEURANT, E, adj. Qui répand des larmes, qui pleure.

PLEURÉ, E, part. Regretté vivement.

PLEURE, s. m. Com. du dép. du Jura, cant. de Chaussin, arr. de Dôle. = Dôle.

PLEURE-PAIN, s. m. Avare qui se plaint toujours de sa misère. T. fam.

PLEURER, v. a. Regretter vivement; verser des larmes de tristesse, de repentir; pleurer un ami, ses péchés. —, v. n. Répandre des larmes. —, distiller des gouttes de sève; la vigne pleure.

PLEURES, s. f. pl. Laines de bêtes mortes.

PLEURÉSIE, s. f. Inflammation de la plèvre. T. de méd.

PLEURÉTIQUE, adj. Attaqué de pleurésie; causé par la pleurésie. T. de méd.

PLEUREUR, EUSE, s. et adj. Personne qui pleure facilement, pour peu de chose. Saule —, variété du saule à branches flexibles, pendantes.

PLEUREUSES, s. f. pl. Femmes que les Romains payaient pour assister aux funérailles; manchettes de deuil.

PLEUREUX, EUSE, adj. Larmoyant; ton pleureux, mine pleureuse.

PLEURNICHER, v. n. Faire mine de pleurer. T. fam.

PLEUROBRANCHE, s. m. Ver mollusque nu. T. d'hist. nat.

PLEUROCÈLE, s. f. Hernie de la plèvre. T. de méd.

PLEUROCYSTES, s. m. pl. Oursins dont l'anus est placé latéralement. T. d'hist. nat.

PLEURODYNIE, s. f. Douleur de côté. T. de méd.

PLEURODYNIQUE, adj. Qui concerne la pleurodynie. T. de méd.

PLEURONECTE, s. m. Genre de poissons thoraciques, très plats, qui ont les yeux d'un même côté de la tête et nagent sur le côté. T. d'hist. nat.

PLEUROPE, s. m. Genre de champignons. T. de bot.

PLEUROPNEUMONIE ou PÉRIPNEUMONIE, s. f. Inflammation de la plèvre et des poumons. T. de méd.

PLEUROTHOPNÉE, s. f. Douleur de côté, qui ne permet de respirer que dans une position verticale. T. de méd.

PLEUROTHOTONOS, s. m. Affection spasmodique, dans laquelle le corps est courbé d'un côté. T. de méd.

PLEUROTOME, s. m. Genre de testacés univalves. T. d'hist. nat.

PLEURS, s. m. pl. Larmes. —, surabondance de sève qui découle de la vigne. — de terre, eaux de pluie qui filtrent entre les terres. — de l'aurore, la rosée. T. poét.

PLEURS, s. m. Com. du dép. de la Marne, cant. de Sézanne, arr. d'Epernay. = Sézanne.

PLEURS, s. m. Petite rivière du dép. de la Marne, qui se jette dans l'Auge, à 2 l. de Sézanne.

PLEURTUIT, s. m. Com. du dép. d'Ille-et-Vilaine, chef-lieu de cant. de l'arr. de St.-Malo. Bur. d'enregist. à Dinard. = St.-Malo.

PLEUTRE, s. m. Vaurien, homme sans moyens, sans capacité.

PLEUVEN, s. m. Com. du dép. du Finistère, cant. de Fouesnant, arr. de Quimper. = Quimper.

PLEUVEZAIN, s. m. Com. du dép. des Vosges, cant. de Châtenois, arr. de Neufchâteau. = Neufchâteau.

PLEUVILLE, s. f. Com. du dép. de la Charente, cant. et arr. de Confolens. = Confolens.

PLEUVOIR, v. impers. Se dit de l'eau qui tombe des nuages. —, tomber en grande quantité; la mitraille pleut dans les rangs. —, arriver en abondance, affluer; l'argent pleut dans la poche de nos ministres.

PLÉVEN, s. m. Com. du dép. des

Côtes-du-Nord, cant. de Plancoët, arr. de Dinan. = Plancoët.

PLÉVENON, s. m. Com. du dép. des Côtes-du-Nord, cant. de Matignon, arr. de Dinan. = Plancoët.

PLÉVIN, s. m. Com. du dép. des Côtes-du-Nord, cant. de Mael-Carhaix, arr. de Guingamp. = Rostrenen.

PLÈVRE, s. f. Membrane qui revêt l'intérieur du thorax et la surface extérieure des viscères contenus dans la cavité de la poitrine. T. d'anat.

PLEVRODYNIE, s. f. Douleur pongitive de la poitrine. T. de méd.

PLEXANDRE, s. f. Genre de polypiers. T. d'hist. nat.

PLEXIFORME, adj. Se dit d'un entrelacement de nerfs en forme de plexus. T. de méd.

PLEXUS, s. m. (mot latin). Entrelacement de vaisseaux et particulièrement de nerfs; plexus glanduleux, plexus rétiforme. T. d'anat.

PLEYBEN, s. m. Com. du dép. du Finistère, chef-lieu de cant. de l'arr. de Châteaulin, où se trouvent les bur. d'enregist. et de poste.

PLEYON, s. m. Paille en botte; paille, osier pour palisser, pour lier la vigne.

PLI, s. m. Etoffe, linge plié en double; marque qui reste à une étoffe pour avoir été pliée. —, articulation du genou, du bras; ride; enveloppe d'une lettre. —, habitude, tour, tournure; prendre un mauvais pli. Fig. —, angle rentrant dans la continuité d'un mur. T. d'arch. —, partie en relief d'une draperie, formée par l'ampleur de l'étoffe. T. de peint.

PLIABLE, adj. Pliant, flexible.

PLIAGE, s. m. Action de plier; effet de cette action.

PLIANT, s. m. Sorte de siége qui se plie.

PLIANT, E, adj. Aisé à plier, flexible. Prop. et fig.

PLIBOUX, s. m. Com. du dép. des Deux-Sèvres, cant. de Sauzé-Vaussais, arr. de Melle. = Sauzé.

PLICA, s. m. Voy. PLIQUE.

PLICATILE, adj. Qui peut se plisser. T. de bot.

PLICATULE, s. f. Coquille bivalve. T. d'hist. nat.

PLICHANCOURT, s. m. Com. du dép. de la Marne, cant. de Thiéblemont, arr. de Vitry. = Vitry-le-Français.

PLICIPENNES, s. f. pl. Insectes névroptères. T. d'hist. nat.

PLIE, s. f. Poisson de mer.

PLIÉ, E, part. Mis en un ou plusieurs doubles.

PLIER, v. a. Mettre en un ou plusieurs doubles; plier du linge, du papier. —, courber, fléchir; plier les genoux. —, assujettir selon les occasions; plier son humeur. —, accoutumer, soumettre; plier à la discipline. —, v. n. Etre flexible, devenir courbé. Se —, v. pron. Fléchir naturellement. Se — à, s'accommoder, se conformer.

PLIEUR, EUSE, s. Celui, celle qui plie; plieur de draps, plieur de livres, brocheur.

PLIEUX, s. m. Com. du dép. du Gers, cant. de Miradoux, arr. de Lectoure. = Lectoure.

PLINE, s. m. Arbre d'Amérique à fruit rouge. T. de bot.

PLINGÉ, E, part. Trempé dans le suif, en parlant d'une mèche. T. de chandelier.

PLINGER, v. a. Tremper une première fois la mèche dans le suif. T. de chandelier.

PLINGEURE, s. f. Action de plinger. T. de chandelier.

PLINTHE, s. m. Bataillon carré, dans l'ancienne Grèce. —, s. f. Petite table carrée; socle dans les bases; tailloir dans les chapiteaux; sorte de plate-bande. T. de maç. et de menuis. —, ancienne machine dont on se servait pour la réduction des luxations et des fractures. T. de chir.

PLIOIR, s. m. Instrument de brocheur pour plier, couper le papier.

PLIQUE, s. f. Maladie endémique en Pologne, dans laquelle des vaisseaux sanguins se portent dans les cheveux, les mêlent et les collent tellement que le sang sort quand on les coupe. —, ligature dans l'ancienne musique.

PLISSÉ, s. m. Lézard.

PLISSÉ, E, part. Orné, garni de plis; robe, chemise plissée.

PLISSEMENT, s. m. Action de plisser ou de se plisser.

PLISSER, v. a. Faire des plis, orner de plis; plisser le linge. —, v. n., et se —, v. pron. Se marquer de plis.

PLISSON, s. m. Mets composé avec du lait.

PLISSURE, s. f. Manière de plisser; assemblage de plis.

PLISTHÈNE, s. m. Fils de Pélops, père d'Agamemnon et de Ménélas. En mourant, il recommanda ses fils à son frère Atrée, qui les éleva comme ses propres enfans. T. de myth.

PLIVOT, s. m. Com. du dép. de la Marne, cant. d'Avise, arr. d'Épernay. = Epernay.

PLOARÉ, s. m. Com. du dép. du Finistère, cant. de Douarnenez, arr. de Quimper. = Douarnenez.

PLOAS, s. m. Genre d'insectes diptères. T. d'hist. nat.

PLOBANNALEC, s. m. Com. du dép. du Finistère, cant. de Pont-l'Abbé, arr. de Quimper. = Quimper.

PLOBSHEIM, s. m. Com. du dép. du Bas-Rhin, cant. de Geispolsheim, arr. de Strasbourg. = Strasbourg.

PLOC, s. m. Composition de verre pilé et de poil de vache, qu'on met entre le doublage et le bordage d'un navire. T. de mar.

PLOCAME, s. f. Plante rubiacée. T. de bot.

PLOEMEL, s. m. Com. du dép. du Morbihan, cant. de Belz, arr. de Lorient. = Auray.

PLOEMEUR, s. m. Com. du dép. du Morbihan, cant. et arr. de Lorient. = Lorient.

PLOERDUT, s. m. Com. du dép. du Morbihan, cant. de Guémené, arr. de Pontivy. = le Faouet.

PLOEREN, s. m. Com. du dép. du Morbihan, cant. et arr. de Vannes. = Vannes.

PLOERMEL, s. m. Petite ville du dép. du Morbihan, chef-lieu de sous-préf. et de cant.; trib. de 1re inst.; conserv. des hypoth.; direct. des contrib. indir.; recev. part. des finances; bur. d'enregist. et de poste.

Cette ville est située au confluent des rivières d'Oust et de Malestroit. Comm. d'étoffes de laine, fil de chanvre, toiles, lin, miel, fer, bestiaux, rhubarbe du pays. Fabr. de grosse draperie.

PLOEUC, s. m. Com. du dép. des Côtes-du-Nord, chef-lieu de cant. de l'arr. de St.-Brieuc. Bur. d'enregist. à Quintin. = Moncontour.

PLOEVEN, s. m. Com. du dép. du Finistère, cant. et arr. de Châteaulin. = Châteaulin.

PLOEZAL, s. m. Com. du dép. des Côtes-du-Nord, cant. de Pontrieux, arr. de Guingamp. = Pontrieux.

PLOGOFF, s. m. Com. du dép. du Finistère, cant. de Pont-Croix, arr. de Quimper. = Pont-Croix.

PLOGONNEC, s. m. Com. du dép. du Finistère, cant. de Douarnenez, arr. de Quimper. = Douarnenez.

PLOIERE, s. f. Insecte hémiptère nudicolle. T. d'hist. nat.

PLOIRON (le), s. m. Com. du dép. de l'Oise, cant. de Maiguelay, arr. de Clermont. = Montdidier.

PLOISSY, s. m. Com. du dép. de l'Aisne, cant. et arr. de Soissons. = Soissons.

PLOMB, s. m. Métal d'un blanc bleuâtre, mou, très pesant, très fusible. —, balle avec laquelle on charge les armes à feu, etc. —, arêtier, etc., en plomb; instrument dont se servent les charpentiers et les maçons pour élever perpendiculairement leurs ouvrages; outils de divers métiers; sceau de plomb à une étoffe, à une caisse, etc. —, maladie des vidangeurs, suffocation et défaillance subite; exhalaisons qui occasionnent cette suffocation; gaz hydrogène sulfuré. —, sorte de chaudière. T. de sal. — de sonde, plomb en forme de cône attaché à une corde pour sonder la profondeur de l'eau. T. de mar. A —, adv. Perpendiculairement.

PLOMB, s. m. Com. du dép. de la Manche, cant. et arr. d'Avranches. = Avranches.

PLOMBAGINE, s. f. Mine de plomb, carbure de fer, substance minérale de la nature du talc, propre à faire des crayons.

PLOMBAGINÉES, s. f. pl. Famille de plantes dicotylédones, apétales, à étamines hypogynes. T. de bot.

PLOMBÉ, s. m. Composition pour plomber les livres. —, poisson du genre du labre. T. d'hist. nat.

PLOMBÉ, E, part. Verni avec la mine de plomb. —, muni d'un sceau de plomb; marchandise plombée à la douane. —, adj. Livide, de couleur de plomb.

PLOMBÉE, s. f. Sorte de couleur rouge. —, massue garnie de plomb. —, plomb attaché au filet pour le faire aller au fond de l'eau; ligne d'aplomb.

PLOMBEMENT, s. m. Affaissement. T. inus.

PLOMBER, v. a. Vernir la poterie avec la mine de plomb. —, garnir un ballot de marchandises d'un sceau de plomb; aligner avec le plomb; remplir de plomb une dent cariée; mettre le plombé sur la tranche d'un livre; battre des terres rapportées afin qu'elles s'affaissent moins.

PLOMBERIE, s. f. Art de fondre et de travailler le plomb; atelier du plombier.

PLOMBIER, s. m. Artisan, ouvrier qui travaille le plomb.

PLOMBIÈRE, adj. Qui ressemble à la mine de plomb, en a les propriétés; pierre plombière.

PLOMBIÈRES, s. f. Com. du dép. de la Côte-d'Or, cant. et arr. de Dijon. = Dijon.

PLOMBIÈRES, s. f. Com. du dép. des Vosges, chef-lieu de cant. de l'arr.

de Remiremont. Bur. d'enregist. et de poste.

Ce bourg, situé au fond d'une vallée traversée par la rivière d'Angronne, est célèbre par ses eaux minérales et thermales, qui paraissent avoir été connues des Romains. Ces eaux sont limpides, incolores et sans saveur; elles peuvent être transportées, mais elles ne se conservent pas. Fabr. de coutellerie, ouvrages de fer et d'acier poli; taillanderies, clouteries; filat. de coton; belles papeteries; forges et tréfileries.

PLOMBOIR, s. m. Instrument pour plomber les dents.

PLOMÉE, s. f. Action de tailler les paremens d'une pierre.

PLOMELIN, s. m. Com. du dép. du Finistère, cant. et arr. de Quimper. = Quimper.

PLOMEUR, s. m. Com. du dép. du Finistère, cant. de Pont-l'Abbé, arr. de Quimper. = Quimper.

PLOMION, s. m. Com. du dép. de l'Aisne, cant. et arr. de Vervins. = Vervins. Fabr. de toiles.

PLOMMÉ, E, part. Plombé, verni. T. de potier.

PLOMMER, v. a. Plomber, vernir. T. de potier.

PLOMODIERN, s. m. Com. du dép. du Finistère, cant. et arr. de Châteaulin. = Châteaulin.

PLONEIS, s. m. Com. du dép. du Finistère, cant. de Plougastel-St.-Germain, arr. de Quimper. = Quimper.

PLONÉOUR, s. m. Com. du dép. du Finistère, cant. de Plougastel-St.-Germain, arr. de Quimper. = Quimper.

PLONÉOUR-MÉNEZ, s. m. Com. du dép. du Finistère, cant. de St.-Thégonnec, arr. de Morlaix. = Morlaix.

PLONÉVEZ-PORZAY, s. m. Com. du dép. du Finistère, cant. et arr. de Châteaulin. = Douarnenez.

PLONGÉ, E, part. Enfoncé dans l'eau, dans un liquide.

PLONGEANT, E, adj. Dont la direction est et dont en bas.

PLONGÉE, s. f. Glacis extérieur. T. de fortif.

PLONGEON, s. m. Oiseau aquatique palmipède, sorte de petit canard qui plonge à chaque instant. Faire le —, baisser la tête quand on entend la fusillade, en parlant d'un jeune soldat; s'esquiver par crainte, se rétracter par faiblesse. Fig. et fam.

PLONGER, v. a. Enfoncer dans l'eau, dans un liquide. —, se dit aussi d'une arme blanche; plonger une épée, une bayonnette dans le corps. —, mettre dans; plonger dans la misère. Fig. —,

v. n. S'enfoncer dans l'eau en s'y jetant pour en sortir ensuite; aller de haut en bas. Se —, v. pron. S'enfoncer dans l'eau pour s'y baigner. Se —, s'abandonner entièrement à...; se plonger dans la débauche.

PLONGEUR, s. m. Nageur qui sait plonger, qui aime à plonger. —, marin qui plonge dans la mer pour le service de son bord, pour pêcher des perles. —, ouvrier qui prend la pâte avec la forme. T. de papet. —, pl. Oiseaux nageurs palmipèdes. T. d'hist. nat.

PLOQUÉ, E, part. Garni de ploc.

PLOQUER, v. a. Garnir un navire de ploc. T. de mar. — les laines, faire le mélange des laines de couleurs différentes. T. de manuf.

PLOQUERESSE, s. f. Sorte de carde. T. de manuf.

PLOREC, s. m. Com. du dép. des Côtes-du-Nord, cant. de Plélan, arr. de Dinan. = Plancoët.

PLOTTE, s. f. Monnaie de Suède, valant 1 franc 91 centimes.

PLOTTES, s. f. Com. du dép. de Saône-et-Loire, cant. de Tournus, arr. de Mâcon. = Tournus.

PLOUAGAT, s. m. Com. du dép. des Côtes-du-Nord, chef-lieu de cant. de l'arr. de Guingamp, où se trouve le bur. d'enregist. = Châtelaudren.

PLOUARET, s. m. Com. du dép. des Côtes-du-Nord, chef-lieu de cant. de l'arr. de Lannion. Bur. d'enregist. à Vieux-Marché. = Lannion.

PLOUARZEL, s. m. Com. du dép. du Finistère, cant. de St.-Renan, arr. de Brest. = Brest. Carrières de granit.

PLOUASNE, s. m. Com. du dép. des Côtes-du-Nord, cant. d'Evran, arr. de Dinan. = Dinan.

PLOUAY, s. m. Com. du dép. du Morbihan, chef-lieu de cant. de l'arr. de Lorient. Bur. d'enregist. = Hennebon.

PLOUBALAY, s. m. Com. du dép. des Côtes-du-Nord, chef-lieu de cant. de l'arr. de Dinan. Bur. d'enregist. à Plancoët. = Plancoët.

PLOUBAZLANEC, s. m. Com. du dép. des Côtes-du-Nord, cant. de Paimpol, arr. de St.-Brieuc. = Paimpol.

PLOUBEZRE, s. m. Com. du dép. des Côtes-du-Nord, cant. et arr. de Lannion. = Lannion.

PLOUDALMÉZEAU, s. m. Com. du dép. du Finistère, chef-lieu de cant. de l'arr. de Brest. Bur. d'enregist. à Lannilis. = Brest.

PLOUDANIEL, s. m. Com. du dép. du Finistère, cant. de Lesneven, arr. de Brest. = Lesneven.

PLOUDIRY, s. m. Com. du dép. du Finistère, chef-lieu de cant. de l'arr. de Brest. Bur. d'enregist. et de poste à Landerneau. Papeterie.

PLOUEC, s. m. Com. du dép. des Côtes-du-Nord, cant. de Pontrieux, arr. de Guingamp. = Pontrieux.

PLOUEDERN, s. m. Com. du dép. du Finistère, cant. de Landerneau, arr. de Brest. = Landerneau.

PLOUÉGAT-GUÉRAND, s. m. Com. du dép. du Finistère, cant. de Lanmeur, arr. de Morlaix. = Morlaix.

PLOUÉGAT-MOISAN, s. m. Com. du dép. du Finistère, cant. de Plouigneau, arr. de Morlaix. = Morlaix.

PLOUÉNAN, s. m. Com. du dép. du Finistère, cant. de St.-Pol-de-Léon, arr. de Morlaix. = St.-Pol-de-Léon.

PLOUER, s. m. Com. du dép. des Côtes-du-Nord, cant. et arr. de Dinan. = Dinan.

PLOUESCAT, s. m. Com. du dép. du Finistère, chef-lieu de cant. de l'arr. de Morlaix. Bur. d'enregist. = St.-Pol-de-Léon.

PLOUÉZEC, s. m. Com. du dép. des Côtes-du-Nord, cant. de Paimpol, arr. de St.-Brieuc. = Paimpol.

PLOUÉZOCH, s. m. Com. du dép. du Finistère, cant. de Lanmeur, arr. de Morlaix. = Morlaix.

PLOUFRAGAN, s. m. Com. du dép. des Côtes-du-Nord, cant. et arr. de St.-Brieuc. = St.-Brieuc.

PLOUGAR, s. m. Com. du dép. du Finistère, cant. de Plouescat, arr. de Morlaix. = Landivisiau

PLOUGASNOU, s. m. Com. du dép. du Finistère, cant. de Lanmeur, arr. de Morlaix. = Morlaix.

PLOUGASTEL-DAOULAS, s. m. Com. du dép. du Finistère, cant. de Daoulas, arr. de Brest. = Landerneau.

PLOUGASTEL-ST.-GERMAIN, s. m. Com. du dép. du Finistère, chef-lieu de cant. de l'arr. de Quimper. Bur. d'enregist. à Douarnenez. = Quimper.

PLOUGONVELIN, s. m. Com. du dép. du Finistère, cant. de St.-Renan, arr. de Brest. = Brest.

PLOUGONVEN, s. m. Com. du dép. du Finistère, cant. de Plouigneau, arr. de Morlaix. = Morlaix.

PLOUGONVER, s. m. Com. du dép. des Côtes-du-Nord, cant. de Bellisle-en-Terre, arr. de Guingamp. = Bellisle-en-Terre.

PLOUGOULM, s. m. Com. du dép. du Finistère, cant. de St.-Pol-de-Léon, arr. de Morlaix. = St.-Pol-de-Léon.

PLOUGOUMELEN, s. m. Com. du dép. du Morbihan, cant. d'Auray, arr. de Lorient. = Auray.

PLOUGOURVEST, s. m. Com. du dép. du Finistère, cant. de Landivisiau, arr. de Morlaix. = Landivisiau.

PLOUGRAS, s. m. Com. du dép. des Côtes-du-Nord, cant. de Plouaret, arr. de Lannion. = Bellisle-en-Terre.

PLOUGRESCANT, s. m. Com. du dép. des Côtes-du-Nord, cant. de Tréguier, arr. de Lannion. = Tréguier.

PLOUGUEIL, s. m. Com. du dép. des Côtes-du-Nord, cant. de Tréguier, arr. de Lannion. = Tréguier.

PLOUGUENAST, s. m. Com. du dép. des Côtes-du-Nord, chef-lieu de cant. de l'arr. de Loudéac. Bur. d'enregist. à Moncontour. = Loudéac.

PLOUGUER, s. m. Com. du dép. du Finistère, cant. de Carhaix, arr. de Châteaulin. = Carhaix.

PLOUGUERNEAU, s. m. Com. du dép. du Finistère, cant. de Lannilis, arr. de Brest. = Lesneven.

PLOUGUERNEVEL, s. m. Com. du dép. des Côtes-du-Nord, cant. de Rostrenen, arr. de Guingamp. = Rostrenen.

PLOUGUIN, s. m. Com. du dép. du Finistère, cant. de Ploudalmezeau, arr. de Brest. = Brest.

PLOUHA, s. m. Com. du dép. des Côtes-du-Nord, chef-lieu de cant. de l'arr. de St.-Brieuc. Bur. d'enregist. et de poste à Paimpol.

PLOUHARNEL, s. m. Com. du dép. du Morbihan, cant. de Quiberon, arr. de Lorient. Bur. d'enregist. = Auray.

PLOUHINEC, s. m. Com. du dép. du Finistère, cant. de Pont-Croix, arr. de Quimper. = Pont-Croix.

PLOUHINEC, s. m. Com. du dép. du Morbihan, cant. de Port-Louis, arr. de Lorient. = Port-Louis.

PLOUIDER, s. m. Com. du dép. du Finistère, cant. de Lesneven, arr. de Brest. = Lesneven.

PLOUIGNEAU, s. m. Com. du dép. du Finistère, chef-lieu de cant. de l'arr. de Morlaix, où se trouvent les bur. d'enregist. et de poste.

PLOUISY, s. m. Com. du dép. des Côtes-du-Nord, cant. et arr. de Guingamp. = Guingamp.

PLOUJEAN, s. m. Com. du dép. du Finistère, cant. et arr. de Morlaix. = Morlaix.

PLOULECH, s. m. Com. du dép. des Côtes-du-Nord, cant. et arr. de Lannion. = Lannion.

PLOUMILLIAU, s. m. Com. du dép.

des Côtes-du-Nord, cant. de Plestin, arr. de Lannion. = Lannion.

PLOUMOGEUR, s. m. Com. du dép. du Finistère, cant. de St.-Renan, arr. de Brest. = Brest.

PLOUNÉOUR-TREZ, s. m. Com. du dép. du Finistère, cant. de Lesneven, arr. de Brest. = Lesneven.

PLOUNÉRIN, s. m. Com. du dép. des Côtes-du-Nord, cant. de Plouaret, arr. de Lannion. = Bellisle-en-Terre.

PLOUNÉVENTER, s. m. Com. du dép. du Finistère, cant. de Landivisiau, arr. de Morlaix. = Lesneven.

PLOUNÉVEZ-DU-FAOU, s. m. Com. du dép. du Finistère, cant. de Châteauneuf, arr. de Châteaulin. = Châteaulin.

PLOUNÉVÉZEL, s. m. Com. du dép. du Finistère, cant. de Carhaix, arr. de Châteaulin. = Carhaix.

PLOUNÉVEZ-LOCHRIST, s. m. Com. du dép. du Finistère, cant. de Plouescat, arr. de Morlaix. = Lesneven.

PLOUNÉVEZ-MOEDEC, s. m. Com. du dép. des Côtes-du-Nord, cant. de Plouaret, arr. de Lannion. = Bellisle-en-Terre. Papeterie.

PLOUNÉVEZ-QUINTIN, s. m. Com. du dép. des Côtes-du-Nord, cant. de Rostrenen, arr. de Guingamp. = Rostrenen.

PLOUNEZ, s. m. Com. du dép. des Côtes-du-Nord, cant. de Paimpol, arr. de St.-Brieuc. = Paimpol.

PLOURACH, s. m. Com. du dép. des Côtes-du-Nord, cant. de Callac, arr. de Guingamp. = Carhaix.

PLOURAY, s. m. Com. du dép. du Morbihan, cant. de Gourin, arr. de Pontivy. = le Faouet.

PLOURHAN, s. m. Com. du dép. des Côtes-du-Nord, cant. d'Étables, arr. de St.-Brieuc. = St.-Brieuc.

PLOURIN, s. m. Com. du dép. du Finistère, cant. de Ploudalmézeau, arr. de Brest. = Brest.

PLOURIN, s. m. Com. du dép. du Finistère, cant. et arr. de Morlaix. = Morlaix.

PLOURIVO, s. m. Com. du dép. des Côtes-du-Nord, cant. de Paimpol, arr. de St.-Brieuc. = Paimpol.

PLOUTRE, s. m. Gros cylindre, rouleau pour briser les mottes de terre.

PLOUVAIN, s. m. Com. du dép. du Pas-de-Calais, cant. de Vitry, arr. d'Arras. = Arras.

PLOUVARA, s. m. Com. du dép. des Côtes-du-Nord, cant. de Châtelaudren, arr. de St.-Brieuc. = Châtelaudren.

PLOUVIEN, s. m. Com. du dép. du Finistère, cant. de Plabennec, arr. de Brest. = Brest.

PLOUVORN, s. m. Com. du dép. du Finistère, cant. de Plouzévédé, arr. de Morlaix. = Landivisiau. Comm. de chevaux.

PLOUX, s. m. Com. du dép. du Cher, cant. de Charost, arr. de Bourges. = Issoudun.

PLOUYÉ, s. m. Com. du dép. du Finistère, cant. d'Huelgoat, arr. de Châteaulin. = Carhaix.

PLOUZANÉ, s. m. Com. du dép. du Finistère, cant. de St.-Renan, arr. de Brest. = Brest.

PLOUZELAMBRE, s. m. Com. du dép. des Côtes-du-Nord, cant. de Plestin, arr. de Lannion. = Lannion.

PLOUZÉVÉDÉ, s. m. Com. du dép. du Finistère, chef-lieu de cant. de l'arr. de Morlaix. Bur. d'enregist. à Plouescat. = Lannion.

PLOVAN, s. m. Com. du dép. du Finistère, cant. de Plougastel-St.-Germain, arr. de Quimper. = Quimper.

PLOYABLE, adj. Aisé à ployer.

PLOYART-ET-VAURSEINE, s. m. Com. du dép. de l'Aisne, cant. et arr. de Laon. = Laon.

PLOYÉ, E, part. Courbé avec effort.

PLOYER, v. a. Courber par la force, avec effort; ployer une branche d'arbre. —, v. n. Courber, plier. —, battre en retraite, reculer en combattant; faiblir; fléchir. Fig. Se —, v. pron. Se courber sous le faix. Se —, se conformer au temps, céder à la nécessité. Fig.

PLOYON, s. m. Branche d'osier.

PLOZÉVET, s. m. Com. du dép. du Finistère, cant. de Plougastel-St.-Germain, arr. de Quimper. = Pont-Croix.

PLUCHE, s. f. Voy. PELUCHE.

PLUCHÉE, s. f. Conyse du Maryland, état de l'Amérique du nord. T. de bot.

PLUDUAL, s. m. Com. du dép. des Côtes-du-Nord, cant. de Plouha, arr. de St.-Brieuc. = Paimpol.

PLUDUNO, s. m. Com. du dép. des Côtes-du-Nord, cant. de Plancoët, arr. de Dinan. = Plancoët.

PLUFUR, s. m. Com. du dép. des Côtes-du-Nord, cant. de Plestin, arr. de Lannion. = Bellisle-en-Terre.

PLUGUFFAN, s. m. Com. du dép. du Finistère, cant. et arr. de Quimper. = Quimper.

PLUHERLIN, s. m. Com. du dép. du Morbihan, cant. de Rochefort, arr. de Vannes. = Vannes.

PLUIE, s. f. Eau qui tombe des nuages, par gouttes. —, ce qui tombe comme la pluie; pluie de feu, d'or, etc. Fig. — d'argent, d'or, coquilles du genre cône. T. d'hist. nat.

PLUKNÉTIE, s. f. Grand arbrisseau des Indes. T. de bot.

PLUMAGE, s. m. La totalité des plumes qui couvrent le corps d'un oiseau; leurs diverses couleurs.

PLUMAGOAR, s. m. Com. du dép. des Côtes-du-Nord, cant. et arr. de Guingamp. = Guingamp.

PLUMAIL, s. m. Panache. —, petit balai de plumes. T. inus.

PLUMART, s. m. Plumail. T. inus. —, pièce de bois qui reçoit le tourillon d'un moulinet; armure de l'arbre d'un moulin.

PLUMARTIN, s. m. Com. du dép. de la Vienne, chef-lieu de cant. de l'arr. de Châtellerault. Bur. d'enregist. = Châtellerault.

PLUMASSEAU, s. m. Bout de plume, bout d'aile, pour emplumer un clavecin, des flèches. —, tampon de charpie pour couvrir les plaies. T. de chir.

PLUMASSERIE, s. f. Art, commerce du plumassier.

PLUMASSIER, ÈRE, s. Marchand qui prépare et vend des plumes d'autruche, des aigrettes, des plumets, pour l'ornement et la parure.

PLUMAUDAN, s. m. Com. du dép. des Côtes-du-Nord, cant. de St.-Jouan-de-l'Isle, arr. de Dinan. = Dinan.

PLUMAUGAT, s. m. Com. du dép. des Côtes-du-Nord, cant. de St.-Jouan-de-l'Isle, arr. de Dinan. = Broons.

PLUME, s. f. Tuyau garni de barbe et de duvet qui fait partie du plumage d'un oiseau. —, tuyau de plume de cygne, d'oie, dont on se sert pour écrire et pour emplumer des pinceaux. —, tuyau d'acier en forme de plume pour écrire. —, auteur, son style, sa manière d'écrire. Fig. —, ornement, parure de tête que vend le plumassier. —, partie de la graine qui contient le germe de la plante. T. de bot. Homme de —, homme de lettres, de loi, etc.

PLUMÉ, E, part. Dégarni de plumes.

PLUMEAU, s. m. Petit faisceau de plumes en forme de balai. — d'eau, plante vivace aquatique.

PLUMÉE, s. f. Plein la plume d'encre.

PLUMÉLEC, s. m. Com. du dép. du Morbihan, cant. de St.-Jean-Brévelay, arr. de Ploërmel. = Josselin.

PLUMÉLIAUD, s. m. Com. du dép. du Morbihan, cant. de Baud, arr. de Pontivy. = Pontivy.

PLUMELIN, s. m. Com. du dép. du Morbihan, cant. de Locminé, arr. de Pontivy. = Locminé.

PLUME-MARINE, s. f. Animal-plante. T. d'hist. nat.

PLUMER, s. m. Poils, effiloques sur le papier.

PLUMER, v. a. Arracher les plumes d'un oiseau; plumer des alouettes. — quelqu'un, le duper, le dépouiller adroitement, lui gagner son argent au jeu particulièrement. T. fam.

PLUMERGAT, s. m. Com. du dép. du Morbihan, cant. d'Auray, arr. de Lorient. = Auray.

PLUMET, s. m. Plume autour du chapeau; faisceau de plumes sur la coiffure des militaires. —, jeune militaire qui porte un plumet. —; Auvergnat, porteur de charbon, sur le chapeau noir duquel flotte une plume de coq. T. fam. — de pilote, plume exposée au vent pour savoir d'où il vient. T. de mar. — blanc, oiseau de l'île de Cayenne, espèce de manakin. T. d'hist. nat.

PLUMETÉ, adj. m. Se dit d'un écu chargé de légères broderies. T. de blas.

PLUMETIS, s. m. Brouillon d'écriture, plumitif. —, sorte de broderie.

PLUMETOT, s. m. Com. du dép. du Calvados, cant. de Douvres-la-Délivrande, arr. de Caen. = Caen.

PLUMETTE, s. f. Petite étoffe de laine.

PLUMEUX, EUSE, adj. Qui tient de la plume; qui est composé de plumes. —, barbu comme la plume. T. de bot.

PLUMICOLLES, s. m. pl. Famille d'oiseaux de proie dont la tête et le cou sont couverts de poils. T. d'hist. nat.

PLUMIEUX, s. m. Com. du dép. des Côtes-du-Nord, cant. de la Chèze, arr. de Loudéac. = Loudéac.

PLUMIPÈDES, s. m. pl. Famille de gallinacés. T. d'hist. nat.

PLUMITIF, s. m. Minute originale d'un jugement. —, commis, écrivain.

PLUMOISON, s. m. Com. du dép. du Pas-de-Calais, cant. d'Hesdin, arr. de Montreuil. = Hesdin.

PLUMONT, s. m. Com. du dép. du Jura, cant. de Dampierre, arr. de Dôle. = Dôle.

PLUMOTAGE, s. m. Façon que l'on donne à la terre dont on se sert pour raffiner le sucre.

PLUMOTER, v. n. Façonner la terre à raffiner le sucre, faire le plumotage.

PLUMULAIRE, s. m. Sorte de polypiers. T. d'hist. nat.

PLUMULE, s. f. Voy. PLANTULE.

PLUNERET, s. m. Com. du dép. du

Morbihan, cant. d'Auray, arr. de Lorient. = Auray.

PLUPART (la), s. f. La plus grande partie, le plus grand nombre. La — du temps, le plus souvent.

PLURALITÉ, s. f. Le plus grand nombre; multiplicité. —, majorité relative des suffrages.

PLURIEL, LE, adj. Qui marque pluralité. —, s. m. Le nombre pluriel.

PLURIEN, s. m. Com. du dép. des Côtes-du-Nord, cant. de Pléneuf, arr. de St.-Brieuc. = Lamballe.

PLURI-LOCULAIRE, adj. Qui a plusieurs loges. T. de bot.

PLUS, s. m. L'opposé de moins. —, adv. Davantage; en plus grande quantité, en nombre supérieur.—, marque la supériorité, la comparaison. —, indique la cessation d'action, de volonté, d'état; plus d'argent, partant plus d'amis. —, indique les rapports, les degrés, les variations; plus haut, plus bas. —, exprime un ordre, une invitation; plus de bruit, plus d'émeutes. —, indique la proportion; plus on fait de mécontens et plus on est faible. —, avec la négative, indique l'absence, la privation, la perte; je n'en ai plus. —, signe d'addition arithmétique (+). Le —, superlatif. Ce qui est davantage; c'est le plus fourbe des hommes. De —, qui plus est, outre cela. De — en —, en augmentant. Au —, tout au —, pas davantage. — ou moins, à peu près. Ni — ni moins, tout de même, tout autant. Tant et —, autant que possible, beaucoup. Sans —, sans la plus légère augmentation.

PLUSAGE, s. m. Action de pluser la laine.

PLUSÉ, E, part. Épluché; se dit de la laine.

PLUSER, v. a. Éplucher la laine.

PLUSIEURS, s. m. pl. Quelques personnes. —, adj. pl. Un certain nombre, un nombre indéfini.

PLUS-PÉTITION, s. f. Demande exagérée. T. de procéd.

PLUSQUELLEC, s. m. Com. du dép. des Côtes-du-Nord, cant. de Callac, arr. de Guingamp. = Carhaix.

PLUS-QUE-PARFAIT, s. m. Le dernier des temps passés du verbe; j'avais pensé. T. de gramm.

PLUSSULIEN, s. m. Com. du dép. des Côtes-du-Nord, cant. de Corlay, arr. de Loudéac. = Rostrenen.

PLUS TARD, s. m. adv. Dans un temps plus éloigné.

PLUS TÔT, s. m. et adv. Dans un temps antérieur. Voy. PLUTÔT.

PLUTON, s. m. Fils de Saturne et de Rhée, frère de Jupiter et de Neptune, Dieu des enfers. On le représente avec une couronne d'ébène sur la tête, tenant des clefs dans sa main, et monté sur un char traîné par des chevaux noirs. T. de myth.

PLUTÔT, adv. Marque la préférence; plutôt la mort que l'esclavage.

PLUTUS, s. m. Fils de Cérès et de Jasion, Dieu des richesses et ministre de Pluton. Suivant Aristophanes, ce dieu, qu'on représente comme aveugle, avait dans l'origine la vue fort bonne, et ne s'intéressait qu'aux hommes justes; mais Jupiter le priva de la vue, et dès-lors les richesses devinrent le partage des bons et des méchans: D'autres auteurs disent qu'il était très agile pour aller chez les méchans, mais qu'il était boiteux pour aller chez les bons. T. de myth. —, espèce d'altise couleur d'or. T. d'hist. nat.

PLUVAULT, s. m. Com. du dép. de la Côte-d'Or, cant. de Genlis, arr. de Dijon. = Genlis.

PLUVET, s. m. Com. du dép. de la Côte-d'Or, cant. de Genlis, arr. de Dijon. = Genlis.

PLUVIAL, s. m. Sorte de manteau, de chape, de chasuble, pour la pluie.

PLUVIALE, s. f. Espèce de grenouille. —, adj. f. de pluie; eau pluviale.

PLUVIAN, s. m. Pluvier du Sénégal. T. d'hist. nat.

PLUVIER, s. m. Oiseau de passage qui offre un manger très délicat, genre d'échassiers. T. d'hist. nat.

PLUVIERS, s. m. Com. du dép. de la Dordogne, cant. de Bussière-Badil, arr. de Nontron. = Nontron.

PLUVIEUX, EUSE, adj. Abondant en pluie; saison pluvieuse. —, qui amène la pluie; vent pluvieux.

PLUVIGNER, s. m. Com. du dép. du Morbihan, chef-lieu de cant. de l'arr. de Lorient. Bur. d'enregist. = Auray.

PLUVIOSE, s. m. Cinquième mois de l'année républicaine, partie de janvier et de février.

PLUZENET, s. m. Com. du dép. des Côtes-du-Nord, cant. de Plouaret, arr. de Lannion. = Lannion.

PLYMOUTH, s. m. Ville maritime d'Angleterre, sur la Manche. Cette ville, défendue par deux citadelles et plusieurs batteries, possède de vastes chantiers, des magasins immenses pour les constructions, et fait un commerce considérable. Pop. 56,000 hab.

PLYNTÉRIES, s. f. Fêtes qu'on célébrait dans Athènes en l'honneur de Minerve. T. de myth.

PNEUMA, s. m. Nom donné par les stoïciens à un principe, de nature spirituelle, qu'ils considéraient comme un cinquième élément.

PNEUMATIQUE, s. f. Science des lois et propriétés de l'air. —, adj. Qui appartient à l'air. Machine —, machine à l'aide de laquelle on pompe l'air d'un récipient. Chimie —, chimie moderne qui a fait la découverte d'un grand nombre de gaz.

PNEUMATOCÈLE, s. f. Fausse hernie du scrotum occasionnée par des gaz accumulés dans cette partie. T. de chir.

PNEUMATO-CÉPHALE, s. f. Amas de gaz dans les vaisseaux, ou dans les membranes du cerveau. T. de chir.

PNEUMATO-CHIMIQUE, adj. Voy. HYDRO-PNEUMATIQUE.

PNEUMATOCORDE, s. m. Instrument de musique, à vent et à cordes.

PNEUMATODE, adj. Qui est distendu ou causé par des gaz.

PNEUMATOLOGIE ou **PNEUMALOGIE**, s. f. Traité sur les puissances spirituelles. T. didact.

PNEUMATOMAQUES, s. m. pl. Hérétiques qui niaient la divinité du Saint-Esprit.

PNEUMATOMPHALE, s. f. Fausse hernie ombilicale, causée par un amas de gaz. T. de chir.

PNEUMATO-RACHIS, s. m. Accumulation de gaz, pneumatose de la colonne vertébrale. T. de méd.

PNEUMATOSE, s. f. Formation de vents, de gaz dans l'estomac; emphysème. T. de méd.

PNEUMOCÈLE, s. f. Hernie du poumon.

PNEUMODERME, s. m. Genre de mollusques. T. d'hist. nat.

PNEUMO-GASTRIQUE, s. et adj. Nerf vague de la huitième paire. T. d'anat.

PNEUMOGRAPHIE ou **PNEUMOLOGIE**, s. f. Description du poumon. T. d'anat.

PNEUMONANTHE, s. f. Espèce de gentiane, plante. T. de bot.

PNEUMONIE, s. f. Voy. PÉRIPNEUMONIE. T. de méd.

PNEUMONIQUE, adj. Se dit des médicamens propres aux maladies du poumon. T. de méd.

PNEUMONURES, s. m. pl. Famille de crustacés. T. d'hist. nat.

PNEUMO-PÉRICARDE, s. m. Épanchement aériforme dans la cavité du péricarde. T. de méd.

PNEUMO-PLEURÉSIE ou **PLEURITIS**, s. f. Voy. PLEURO-PNEUMONIE. T. de méd.

PNEUMORE, s. f. Genre d'insectes orthoptères acridiens. T. d'hist. nat.

PNEUMORRHAGIE ou **PNEUMORRHÉE**, s. f. Voy. HÉMOPTHYSIE. T. de méd.

PNEUMOTOMIE, s. f. Dissection du poumon. T. d'anat.

PNYCE, s. m. Lieu où les Athéniens tenaient leurs assemblées. T. d'antiq.

PÔ, autrefois **L'ÉRIDAN**, s. m. Fleuve célèbre d'Italie, qui prend sa source dans le Piémont et se jette dans le golfe de Venise, après, un cours d'environ cent quinze lieues.

POA, s. m. Paturin, plante graminée. T. de bot.

POAILLER, s. m. Pièce de métal sur laquelle tourne le pivot d'un moulin à farine.

POCANCY, s. m. Com. du dép. de la Marne, cant. de Vertus, arr. de Châlons. = Vertus.

POCÉ, s. m. Com. du dép. d'Ille-et-Vilaine, cant. et arr. de Vitré. = Vitré.

POCÉ, s. m. Com. du dép. d'Indre-et-Loire, cant. d'Amboise, arr. de Tours. = Amboise.

POCHE, s. f. Sorte de petit sac attaché en diverses parties des vêtemens, et qui sert à porter sur soi les objets dont on peut avoir besoin. —, sac à blé; faux pli que forme une étoffe cousue. —, sinus dans une plaie, dans un abcès. —, cuiller à soupe, à long manche; sorte de creuset. —, jabot des oiseaux; filet pour prendre des lapins en furetant; sac de toile pour prendre de petits poissons. —, petit violon que les maîtres de danse mettent dans la poche. Payer de sa —, de ses propres deniers. Fig. et fam.

POCHÉ, E, part. Meurtri, en parlant des yeux; yeux pochés. Œufs —, cuits sans être brouillés. Écriture —, mal formée et remplie de taches d'encre.

POCHER, v. a. Meurtrir avec enflure; pocher les yeux. —, surcharger d'encre. T. d'impr.

POCHETÉ, E, part. Porté long-temps dans la poche.

POCHETER, v. a. Porter durant quelque temps dans sa poche.

POCHETTE, s. f. Petite poche; petit filet; petit violon. Voy. POCHE.

POCHURE, s. f. Gros bout de la hart d'un fagot.

POCOTCAN, s. m. Abeille des îles Philippines. T. d'hist. nat.

PODAGRE, s. m. et adj. Goutteux, principalement aux pieds. —, s. f. La goutte.

PODARGES, s. m. pl. Genre d'oiseaux sylvains. T. d'hist. nat.

PODENSAC, s. m. Com. du dép. de la Gironde, chef-lieu de cant. de l'arr. de Bordeaux. Bur. d'enregist. et de poste.

PODESTAT, s. m. Officier de police judiciaire dans quelques villes d'Italie.

PODEX, s. m. Voy. ANUS.

PODICIPÈDES, s. m. pl. Oiseaux dont les pieds sont situés près de l'anus. T. d'hist. nat.

PODIE, s. f. Genre d'insectes hyménoptères. T. d'hist. nat.

PODIMÉTRIE, s. f. Mesure de longueur, par pieds.

PODOCÈRE, s. m. Crustacé isopode. T. d'hist. nat.

PODODUNÈRES, s. m. pl. Insectes aptères. T. d'hist. nat.

PODOGYNE, adj. Mince à la base; style podogyne. T. de bot.

PODOLÈPE, s. f. Plante de la syngénésie, dix-neuvième classe des végétaux. T. de bot.

PODOLOGIE, s. f. Description anatomique du pied. T. d'anat.

PODOMÈTRE, s. m. Voy. ODOMÈTRE.

PODONÉRÉIDE, s. f. Genre de plantes établi aux dépens des néréides. T. de bot.

PODOPHTHALME, s. m. Genre de crustacés décapodes. T. d'hist. nat.

PODOPHYLLE, s. m. Plante de la famille des papavéracées. T. de bot.

PODOPTÈRE, s. m. Arbrisseau du Mexique. T. de bot.—, pl. Oiseaux palmipèdes. T. d'hist. nat.

PODOSPERME, s. m. Filet du placenta. —, plante de la Nouvelle-Hollande, voisine des scorsonères. T. de bot.

PODOSTÈME, s. m. Plante aquatique. T. de bot.

PODOSTOME, s. m. Genre de mollusques. T. d'hist. nat.

PODURE, s. f. Insecte aptère, du genre des podurelles. T. d'hist. nat.

PODURELLES, s. f. pl. Famille d'insectes aptères. T. d'hist. nat.

PŒCILE, s. m. Genre d'insectes coléoptères. T. d'hist. nat.

PŒCILOPES, s. m. pl. Crustacés branchiopodes. T. d'hist. nat.

PŒKILOPTÈRES, s. m. Genre d'insectes hémiptères. T. d'hist. nat.

POÊLE, s. m. Voile qu'on tient sur la tête des époux pendant la bénédiction nuptiale; drap mortuaire; dais portatif. —, sorte de fourneau de faïence ou de fonte pour échauffer un appartement. —, s. f. Ustensile de cuisine pour fricasser, etc.

POÊLÉE, s. f. Plein une poêle. T. fam.

POÊLETTE, s. f. Petit bassin de raffineur de sucre. —, petit vase contenant trois onces de sang, dont on se sert dans la saignée du bras. Voy. PALETTE. T. de chir.

POÊLIER, s. m. Artisan qui fabrique et vend des poêles, pour échauffer les appartemens.

POÊLON, s. m. Petite poêle.

POÊLONNÉE, s. f. Contenu d'un poêlon.

POÈME, s. m. Ouvrage en vers d'une certaine étendue; récit d'une action en style poétique.

POESAT, s. m. Com. du dép. de l'Allier, cant. et arr. de Gannat. = Gannat.

POÉSIE, s. f. Art d'écrire en vers, de donner du corps, de la couleur aux pensées, de l'action, de l'ame aux êtres inanimés; style plein de feu, plein d'images qui caractérise les bons vers.

POET (le), s. m. Com. du dép. des Hautes-Alpes, cant. de Laragne, arr. de Gap. = Sisteron.

POET-CELARD, s. m. Com. du dép. de la Drôme, cant. de Bourdeaux, arr. de Die. = Crest.

POET-CIGILLAT, s. m. Com. du dép. de la Drôme, cant. de Remusat, arr. de Nyons. = Nyons.

POÈTE, s. m. Enfant d'Apollon, nourrisson des Muses; homme de génie, plein d'un feu créateur, qui a du goût, de l'imagination, de la verve, qui fait des vers et sait revêtir son style des brillantes couleurs de la poésie, même en prose. —, adj. Femme poète.

POET-EN-PERCIP, s. m. Com. du dép. de la Drôme, cant. du Buis, arr. de Nyons. = le Buis.

POÉTEREAU, s. m. Plat rimeur, mauvais poète.

POÉTESSE, s. f. Femme poète.

POÉTIQUE, s. f. Traité sur l'art d'écrire en vers, de faire un poème; Poétique d'Aristote.

POÉTIQUE, adj. Qui appartient à la poésie, la concerne, lui est propre; style poétique. Licence —, voy. LICENCE. Caractère —, alongé, mince, pour les vers. T. d'impr.

POÉTIQUEMENT, adv. D'une manière poétique.

POÉTISER, v. n. Faire des vers, versifier. T. fam. et iron.

POET-LAVAL, s. m. Com. du dép.

de la Drôme, cant. de Dieu-le-Fit, arr. de Montélimar. = Dieu-le-Fit.

POEUILLY, s. m. Com. du dép. de la Somme, cant. de Roisel, arr. de Péronne. = Péronne.

POEY, s. m. Com. du dép. des Basses-Pyrénées, cant. et arr. d'Oloron. = Oloron.

POEY, s. m. Com. du dép. des Basses-Pyrénées, cant. de Lescar, arr. de Pau. = Pau.

POGE, s. m. Côté droit du navire, stribord.

POGGIO-DI-NAZZA, s. m. Com. du dép. de la Corse, cant. de Vezzani, arr. de Corte. = Bastia.

POGGIO-DI-TALLANO, s. m. Com. du dép. de la Corse, cant. de Ste.-Lucie, arr. de Sartène. = Ajaccio.

POGGIO-DI-VENACO, s. m. Com. du dép. de la Corse, cant. de Serraggio, arr. de Corte. = Bastia.

POGGIO-D'OLETTA, s. m. Com. du dép. de la Corse, cant. d'Oletta, arr. de de Bastia. = Bastia.

POGGIO-ET-MEZZANA, s. m. Com. du dép. de la Corse, cant. de Casevecchi, arr. de Bastia. = Bastia.

POGGIOLA, s. f. Com. du dép. de la Corse, cant. de Soccia, arr. d'Ajaccio. = Ajaccio.

POGGIO-MARINACCIO, s. m. Com. du dép. de la Corse, cant. de Porta, arr. de Bastia. = Bastia.

POGNY, s. m. Com. du dép. de la Marne, cant. de Marsan, arr. de Châlons. = Châlons-sur-Marne.

POGONATE, s. m. Genre de poissons abdominaux voisins des silures. T. d'hist. nat.

POGONIAS, s. m. Poisson thoracique. T. d'hist. nat.

POGONIE, s. f. Genre de plantes orchidées. T. de bot.

POGONOCÈRE, s. m. Voy. DENDROÏDE. T. d'hist. nat.

POGONOPHORE, s. m. Genre de coléoptères carabiques. T. d'hist. nat.

POGOSTÉMON, s. m. Arbuste voisin des hyssopes. T. de bot.

POIDS, s. m. Pesanteur; qualité de ce qui est pesant. —, mesure de gravité pour peser; masse de métal pour faire mouvoir un rouage. —, tout ce qui fatigue, importune, embarrasse, chagrine; le poids des affaires publiques. Fig. —, importance, considération, force solidité d'un exemple, d'un raisonnement; son suffrage est d'un grand poids. Avec — et mesure, avec circonspection. Avoir deux — et deux mesures, juger avec partialité. — du sanctuaire, stricte équité.

POIGNANT, E, adj. Lancinant, qui cause de vives douleurs.

POIGNARD, s. m. Arme acérée de huit à dix pouces de long pour se battre corps à corps; dague. Coup de —, douleur profonde, causée par un événement imprévu. Fig. —, brochet de moyenne grosseur.

POIGNARDÉ, E, part. Frappé, blessé, tué d'un coup de poignard.

POIGNARDER, v. a. Frapper, blesser, tuer avec un poignard. —, causer une douleur poignante, extrême. Fig.

POIGNÉE, s. f. Quantité d'une chose que la main peut contenir; poignée de sel. —, ce qu'on peut empoigner; poignée de paille. —, petit nombre; une poignée d'assassins. —, manche; poignée d'un sabre. A —, adv. A pleines mains.

POIGNET, s. m. Le carpe, partie de la main qui s'articule avec l'avant-bras. —, partie de la manche d'une chemise qui s'attache sur le poignet; fausse manche.

POIGNY, s. m. Com. du dép. de Seine-et-Marne, cant. et arr. de Provins. = Provins.

POIGNY, s. m. Com. du dép. de Seine-et-Oise, cant. et arr. de Rambouillet. = Rambouillet.

POIL, s. m. Filet délié, de diverses couleurs, qui croît sur la surface du corps de l'homme, barbe, chevelure, etc., et qui fait partie de la fourrure des quadrupèdes; couleur du poil, de la robe de certains animaux, et particulièrement du cheval. —, filamens qui couvrent certains végétaux. T. de bot. —, maladie des mamelles causée par la coagulation du lait. T. de méd.

POIL (le), s. m. Com. du dép. des Basses-Alpes, cant. de Senez, arr. de Castellanne. = Castellanne.

POILCOURT, s. m. Com. du dép. des Ardennes, cant. d'Asfeld, arr. de Rethel. = Reims.

POILETTE, s. f. Petit vase en fer pour mettre la graisse. T. de meunier.

POILHES, s. m. Com. du dép. de l'Hérault, cant. de Capestang, arr. de Béziers. = Béziers.

POILIER, s. m. Pièce qui porte la fusée et la meule d'un moulin. T. de meunier.

POILLÉ, s. m. Com. du dép. de la Sarthe, cant. de Brûlon, arr. de la Flèche. = Sablé.

POILLEY, s. m. Com. du dép. d'Ille-et-Vilaine, cant. de Louvigné-du-Désert, arr. de Fougères. = St.-James.

POILLEY, s. m. Com. du dép. de la Manche, cant. de Ducey, arr. d'Avranches. = Avranches.

POILLY, s. m. Com. du dép. du Loiret, cant. et arr. de Gien. = Gien.

POILLY, s. m. Com. du dép. de la Marne, cant. de Ville-en-Tardenois, arr. de Reims. = Reims.

POILLY, s. m. Com. du dép. de l'Yonne, cant. d'Aillant, arr. de Joigny. = Joigny.

POILLY, s. m. Com. du dép. de l'Yonne, cant. de Noyers, arr. de Tonnerre. = Bassou.

POILOUX, s. m. Vaurien, misérable. T. fam.

POILU, E, adj. Garni de poils, couvert de poils.

POINCHY, s. m. Com. du dép. de l'Yonne, cant. de Chablis, arr. d'Auxerre. = Chablis.

POINCILLADE, s. f. Arbrisseau légumineux d'Amérique dont la fleur est vulnéraire, sudorifique. T. de bot.

POINÇON, s. m. Outil de fer ou d'acier aigu, etc., pour graver, sculpter, percer. —, tige de fer terminée par une lettre; morceau d'acier gravé en relief, pour frapper les matrices, marquer les monnaies, l'orfévrerie. —, mesure de liquides, sorte de tonneau. —, pièce de bois debout; arbre d'une machine. —, aiguille à tête, garnie d'une pierre fine.

POINÇON-LES-LARREY, s. m. Com. du dép. de la Côte-d'Or, cant. de Laignes, arr. de Châtillon. = Laignes.

POINCY, s. m. Com. du dép. de Seine-et-Marne, cant. et arr. de Meaux. = Meaux.

POINDRE, v. a. Piquer, offenser. T. inus. —, v. n. Commencer à paraître, à briller, en parlant du jour; commencer à pousser, en parlant de la barbe, de l'herbe.

POING, s. m. La main jusqu'à l'avant-bras; la main fermée. Faire le coup de —, se battre à coups de poing. T. fam.

POINSENOT, s. m. Com. du dép. de la Haute-Marne, cant. d'Auberive, arr. de Langres. = Langres.

POINSON-LÈS-FAYS, s. m. Com. du dép. de la Haute-Marne, cant. de Fays-Billot, arr. de Langres. = Fays-Billot.

POINSON-LÈS-GRANCEY, s. m. Com. du dép. de la Haute-Marne, cant. d'Auberive, arr. de Langres. = Langres.

POINSON-LÈS-NOGENT, s. m. Com. du dép. de la Haute-Marne, cant. de Nogent, arr. de Chaumont. = Chaumont.

POINT, s. m. Fil passé à l'aide d'une aiguille pour joindre deux étoffes, pour broder, faire de la tapisserie, etc. —, ouvrage de tapisserie, dentelle; travail de ces ouvrages. —, douzième partie d'une ligne; ce qui est sans ou d'une petite étendue. —, petite marque ronde sur un i, à la fin d'une phrase, après une note de musique, pour en augmenter la valeur de moitié. —, nombre attribué à chaque carte; nombre sur chaque facette d'un dé. —, division d'un compas de cordonnier; petit trou à des étrivières, à des courroies, etc., pour y passer l'ardillon. —, endroit fixe et déterminé, au prop. et au fig.; point d'appui, de départ. —, instant, moment précis; état, situation, degré, période. Fig. —, matière, question, difficulté, objet principal d'une affaire. —, division d'un sermon, d'un discours. — de côté, douleur aiguë, lancinante, dans un endroit fixe et très circonscrit du côté. — du jour, l'aurore, le commencement du jour. — de vue, lieux en perspective, endroit duquel on les voit, et fig. manière de considérer les choses, le but qu'on se propose. — d'honneur, préjugé, ce en quoi chacun est libre de faire consister son honneur. A —, adv. A propos, convenablement. A — nommé, à l'instant fixé, précisément. De — en —, exactement. De tout —, dans tous les sens, entièrement, parfaitement. Au dernier —, extrêmement, excessivement; insolent au dernier point.

POINT, adv. de négation, ordinairement précédé de ne, qui lui sert de complément; pas, nullement. —, exprime la non existence, la privation, l'absence: point de repos ici bas. — du tout, nullement, aucunement.

POINT (St.-), s. m. Com. du dép. du Doubs, cant. et arr. de Pontarlier. = Pontarlier.

POINT (St.-), s. m. Com. du dép. de Saône-et-Loire, cant. de Tramayes, arr. de Mâcon. = Mâcon.

POINTAGE, s. m. Désignation sur une carte du lieu où l'on est. T. de mar. —, défectuosité du drap. T. de manuf.

POINTAL, s. m. Etai en bois, perpendiculaire. T. de charp.

POINT DE HONGRIE, s. m. Espèce de dentelle. —, coquille du genre des cames. T. d'hist. nat.

POINTE, s. f. Bout aigu et piquant; pointe d'aiguille. —, extrémité des choses qui vont en diminuant; pointe d'un clocher. —, sorte de petit clou; instrument pour graver à l'eau forte; nom de divers outils aigus, pointus. —, morceau d'étoffe coupé en angle aigu. —, saveur piquante et agréable; pointe du vin. —, jeu de mots, pensée subtile, saillie ingénieuse; fin piquante d'une épigramme. —, dessein, entreprise; pousser sa pointe. — du jour, le point du jour. —, langue de terre, cap. T. de mar. —, angle d'un bastion, le plus avancé du côté de la campagne. T. de fortif. —, marche hardie, précipitée; faire une pointe. T. d'art milit. —, défense d'un cheval qui se cabre. T. de man. —, vol d'un oiseau qui s'élève. T. de fauc. —, partie inférieure de l'écu. T. de blas. En —, adv. En forme de pointe. Etre en — de vin, être gai pour avoir bu plus qu'on ne fait ordinairement. T. fam.

POINTÉ, E, part. Frappé d'un coup de pointe. —, suivi d'un point; note pointée. T. de mus. Ecu —, fascé, chargé de plusieurs pointes en fasce. T. de blas.

POINTEAU, s. m. poinçon d'acier trempé. T. d'horlog.

POINTEL, s. m. Com. du dép. de l'Orne; cant. de Briouze, arr. d'Argentan. = Argentan.

POINTEMENT, s. m. Action de pointer le canon.

POINTER, v. a. Frapper de la pointe, porter des coups de pointe d'épée. —, diriger vers un point en mirant; pointer le canon. — des notes, mettre un point après pour en augmenter la valeur; augmenter cette valeur dans l'exécution. T. de mus. — la carte; mettre sur une carte le point de section de latitude et de longitude; pour faire connaître le lieu où l'on est. T. de mar. —, v. n. Faire à petits points, en parlant des miniatures. —, s'élever vers le ciel, en parlant des oiseaux. T. de fauc. —, désigner par des points les noms des présens à l'office, à l'ouvrage, etc.

POINTEUR, s. m. Artilleur qui pointe le canon. —, chanoine chargé de pointer les présens au chœur.

POINTICELLE, s. f. Petite broche d'espolin.

POINTIL, s. m. Longue verge de fer. T. de verr.

POINTILLAGE, s. m. Petits points sur une miniature, etc. T. d'arts. —, dispute sans motif, mauvaise chicane. Fig. et fam.

POINTILLE, s. f. Vaine subtilité. (Vi.)

POINTILLÉ, s. m. Manière de graver, de peindre en miniature, en faisant de petits points avec le burin, le pinceau.

POINTILLÉ, E, part. Piqué par des paroles désobligeantes. —, peint, gravé en pointillage.

POINTILLER, v. a. Piquer, offenser par des expressions désobligeantes. —, v. n. Faire du pointillage.—, disputer sur des riens, des vétilles, épiloguer, subtiliser, élever des difficultés. Fig. Se —, v. pron. Se disputer pour des bagatelles.

POINTILLERIE, s. f. Agacerie, taquinerie, dispute sur des bagatelles. T. fam.

POINTILLEUX, EUSE, adj. Taquin, contrariant, qui aime à pointiller, à contester sur des riens.

POINTIS-DE-RIVIÈRE, s. m. Com. du dép. de la Haute-Garonne, cant. de St.-Bertrand, arr. de St.-Gaudens. = Montrejeau.

POINTIS-INARD, s. m. Com. du dép. de la Haute Garonne, cant. et arr. de St.-Gaudens. = St.-Gaudens. Verrerie.

POINTRE, s. m. Com. du dép. du Jura, cant. de Montmirey, arr. de Dôle. = Dôle.

POINTU, s. m. Poisson du genre du chétodon. T. d'hist. nat. —, pl. Morceaux d'étoffe sur les capades. T. de chap.

POINTU, E, adj. Qui a une pointe aiguë, qui se termine en pointe; fer pointu. Esprit —, qui subtilise sur tout, qui dit de mauvaises pointes. Fig. et fam.

POINTURE, s. f. Petite lame garnie d'une pointe sur le châssis, pour retenir la feuille. T. d'impr. —, disposition de la voile en pointe pour donner moins de prise au vent. T. de mar.

POINTVILLERS, s. m. Com. du dép. du Doubs, cant. de Quingey, arr. de Besançon. = Quingey.

POINVILLE, s. f. Com. du dép. d'Eure-et-Loir, cant. de Janville, arr. de Chartres. = Thoury.

POIRE, s. f. Fruit du poirier ordinairement oblong et peu gros vers la queue; ce qui en a la forme.— à poudre, poudrière en forme de poire aplatie. Garder une — pour la soif, faire des économies, garder quelque chose pour l'avenir. Fig. et fam.

POIRÉ, s. m. Cidre de jus de poires.

POIRÉ (le), s. m. Com. du dép. de la Vendée, chef-lieu de cant. de l'arr. de Bourbon-Vendée. Bur. d'enregist. à Fontenay. = Bourbon-Vendée.

POIREAU, s. m. Plante potagère, bulbeuse. —, voy. VERRUE. T. de chir.

POIRÉ-DE-VELLUIRE, s. m. Com. du dép. de la Vendée, cant. et arr. de Fontenay. = Fontenay-le-Comte.

POIRÉE, s. f. Plante potagère à larges feuilles.

POIRIER, s. m. Arbre fruitier à fleurs rosacées dont on compte un grand nombre d'espèces.

POIRIER (le), s. m. Com. du dép. du Calvados, cant. de Bourguébus, arr. de Caen. = Caen.

POIROUX, s. m. Com. du dép. de la Vendée, cant. de Talmont, arr. des Sables-d'Olonne. = Avrillé.

POIS, s. m. Plante légumineuse à fleurs papilionacées, annuelle, de plusieurs espèces, dont le grain rond est renfermé dans une cosse. — à cautère, pois rond et dur pour entretenir la suppuration d'un cautère. T. de chir.

POIS (St.-), s. m. Com. du dép. de la Manche, chef-lieu de cant. de l'arr. de Mortain. Bur. d'enregist. à Brecey. = Sourdeval.

POISAT, s. m. Com. du dép. de l'Isère, cant. et arr. de Grenoble. = Grenoble.

POISEUL, s. m. Com. du dép. de la Haute-Marne, cant. de Neuilly, arr. de Langres. = Langres.

POISEUL-LA-GRANGE, s. m. Com. du dép. de la Côte-d'Or, cant. de St.-Seine, arr. de Dijon. = St.-Seine.

POISEUL-LA-VILLE-ET-LA-PERRIÈRE, s. m. Com. du dép. de la Côte-d'Or, cant. d'Is-sur-Tille, arr. de Dijon. = Is-sur-Tille.

POISEUL-LES-SAULX, s. m. Com. du dép. de la Côte-d'Or, cant. d'Is-sur-Tille, arr. de Dijon. = Is-sur-Tille.

POISEUX, s. m. Com. du dép. de la Nièvre, cant. de Pougues, arr. de Nevers. = Nevers. Forges et hauts-fourneaux.

POISIEUX, s. m. Com. du dép. du Cher, cant. de Charost, arr. de Bourges. = Issoudun.

POISLAY (le), s. m. Com. du dép. de Loir-et-Cher, cant. de Droué, arr. de Vendôme. = la Ville-aux-Clercs.

POISON, s. m. Substance minérale ou végétale qui altère la santé et peut causer la mort. —, drogue, composition vénéneuse; poison lent, subtil, violent. —, aliment, liqueur d'un goût détestable. —, maximes, dogmes, exemples, écrits pernicieux, capables de faire sur le jugement une impression funeste; poison de l'hérésie, etc. Fig. —, se dit de la passion de l'amour. —, crime d'empoisonnement; accusation de poison. T. de procéd.

POISOUX, s. m. Com. du dép. du Jura, cant. de St.-Amour, arr. de Lons-le-Saulnier. = St.-Amour.

POISSARD, E, adj. Se dit des ouvrages dans lesquels on imite le langage des femmes des halles, des marchandes de poisson; style poissard.

POISSARDE, s. f. Femme de la halle, marchande de poisson, harengère. —, femme de mauvais ton, impertinente et criarde. Fig.

POISSE, s. f. Fascine, petit fagot enduit de poix.

POISSÉ, E, part. Enduit de poix; fil poissé.

POISSER, v. a. Enduire de poix. —, salir avec quelque chose de gluant.

POISSEUX, EUSE, adj. Visqueux, gluant, qui poisse. T. inus.

POISSON, s. m. Animal à sang rouge presque froid, qui naît et vit dans l'eau. —, mesure de liquides, la moitié du demi-setier. —, Dauphins qui portèrent Amphitrite à Neptune, et que Jupiter plaça dans le signe du zodiaque. T. de myth. —, dernier signe du zodiaque. T. d'astr.

POISSON, s. m. Com. du dép. de Saône-et-Loire, cant. de Paray-le-Monial, arr. de Charolles. = Paray-le-Monial.

POISSONNERIE, s. f. Marché, place où l'on vend le poisson.

POISSONNEUX, EUSE, adj. Peuplé de poissons, abondant en poissons; rivière poissonneuse.

POISSONNIER, ÈRE, s. Marchand de poissons.

POISSONNIÈRE, s. f. Ustensile de cuisine à double fond, troué, pour faire cuire le poisson au bleu.

POISSONS, s. m. Com. du dép. de la Haute-Marne, chef-lieu de cant de l'arr. de Vassy. Bur. d'enregist. = Joinville.

POISSY, s. m. Petite ville du dép. de Seine-et-Oise, chef-lieu de cant. de l'arr. de Versailles. Bur. d'enregist. et de poste.

Cette ville, agréablement située sur la rive gauche de la Seine, a vu naître St.-Louis, en 1215. Fabr. de savon, soude; produits chimiques; passementerie, bijouterie de nacre; cotons filés, etc.

POISVILLIERS, s. m. Com. du dép. d'Eure-et-Loir, cant. et arr. de Chartres. = Chartres.

POITÉE, s. f. Arbrisseau de St.-Domingue. T. de bot.

POITEVIN, E, s. et adj. Habitant du Poitou; qui concerne cette ancienne province de France.

POITEVINIÈRE (la), s. f. Com. du dép. de Maine-et-Loire, cant. et arr. de Beaupréau. = Beaupréau.

POITIERS, s. m. Ancienne et grande

ville du dép. de la Vienne, chef-lieu de préf., d'une sous-préf. et de 2 cant.; cour royale; trib. de 1re inst. et de comm.; chambre consultative des manuf.; société d'agric. et d'émulation; faculté de droit; école gratuite de dessin; cours pratique de médecine, chimie et pharmacie. Biblioth. publique de 12,000 vol.; cabinets d'hist. nat. et de phys.; jardin de bot.; ingén. en chef des ponts-et-chaussées; direct. de l'enregist. et des domaines de 3e classe; conserv. des hypoth.; direct. des contrib. dir. et indir.; bur. de garantie des matières d'or et d'argent; recev. général des finances; payeur du dép.; bur. d'enregist. et de poste.

Cette ville, entourée presque en entier par le Clain et la Boivre, est assise sur une colline ceinte de rochers élevés. Elle est généralement mal bâtie; ses rues sont étroites, mal percées et pour la plupart très escarpées; mais elle a de belles promenades, entre autres, celle du Pont-Guillon, où l'on voit les restes d'un gothique château dont cette promenade a pris la place. Poitiers qui, avant la domination romaine, appartenait aux Pictaves, dont elle prit le nom, fut décorée par les Romains d'un amphithéâtre et d'un aqueduc, dont on ne voit plus que quelques vestiges.

Fabr. de grosse draperie, couvertures de laine, bonneterie, amidon; vinaigre, poterie, cartes à jouer; blanchisseries de toiles; papeteries, teintureries, tanneries. Comm. de blés, vins, eaux-de-vie, vinaigre, laines, chanvre, cire, miel, cuirs, peaux de moutons, papiers, toiles, fer, etc. Pop. 21,560 hab. envir.

POITOU (le), s. m. Ci-devant province de France, qui forme maintenant les dép. de la Vienne, des Deux-Sèvres et de la Vendée.

Cette province, dont Poitiers était la capitale, et qui fit partie de la deuxième Aquitaine sous la domination romaine, fut envahie d'abord par les Visigoths, puis par les Francs, et enfin gouvernée par des comtes particuliers jusqu'à l'époque où Guillaume-le-Conquérant la soumit à l'Angleterre. Conquise par Philippe-Auguste, elle fut cédée aux Anglais par le traité de Brétigny, en 1360, et n'appartint définitivement à la France que sous Charles V.

POITOU (canal du), s. m. Ce canal joint la Vienne à la Charente par le Clain.

POITRAIL, s. m. Partie du cheval comprise entre les deux épaules au-dessous de l'encolure; pièce du harnais sur cette partie. —, poutre en étai portée sur des piliers ou de gros murs. T. d'arch.

POITRINAIRE, s. et adj. Phthisique, qui a la poitrine attaquée.

POITRINAL, s. m. Sorte d'arme entre l'arquebuse et le pistolet.

POITRINAL, E, adj. Qui s'attache sur la poitrine.

POITRINE, s. f. Grande cavité du corps qui s'étend depuis les clavicules jusqu'à l'épigastre en devant, et depuis la vertèbre proéminente jusqu'au bas des vraies côtes en arrière; parties contenues dans cette cavité, le médiastin, la péricarde, le cœur, les poumons, les gros vaisseaux sanguins, le canal thoracique, etc. T. d'anat. —, les mamelles, les seins. —, voix, fig. et fam.

POITRINIÈRE, s. f. Planche qu'un ouvrier attache sur sa poitrine; pièce d'une raquette.

POITTE, s. f. Com. du dép. du Jura, cant. de Clairvaux, arr. de Lons-le-Saulnier. = Lons-le-Saulnier.

POIVRADE, s. f. Sauce de poivre, sel, huile et vinaigre; artichaut à la poivrade.

POIVRE, s. m. Graine aromatique des Indes de plusieurs espèces; épice. Cher comme —, très cher. T. fam. — long, piment.

POIVRÉ, E, part. Assaisonné avec du poivre.

POIVRE-ET-STE.-SUZANNE, s. m. Com. du dép. de l'Aube, cant. de Ramerupt, arr. d'Arcis-sur-Aube. = Arcis-sur-Aube.

POIVRER, v. a. Mettre du poivre, assaisonner, saupoudrer de poivre.

POIVRETTE, s. f. Nielle des champs.

POIVRIER, s. m. Arbrisseau de l'Inde, plante sarmenteuse et grimpante qui fournit le poivre noir. —, petite boîte où l'on met le poivre.

POIVRIÈRE, s. f. Boîte à compartimens pour le poivre, la muscade, etc.

POIX, s. f. Mélange de résine de pin ou de sapin et de suie. — de Bourgogne, poix d'un blanc jaunâtre pour les topiques. — navale ou bâtarde, mélange de brai sec, de poix commune et de goudron. — résine, gomme jaunâtre, tirée des arbres résineux, par incision.

POIX, s. m. Com. du dép. des Ardennes, cant. d'Omont, arr. de Mézières. = Mézières.

POIX, s. m. Com. du dép. de la Marne, cant. de Marson, arr. de Châlons. = Châlons-sur-Marne.

POIX (St.-), s. m. Com. du dép. de la Mayenne, cant. de Cossé-le-Vivien, arr. de Château-Gontier. = Craon.

POIX, s. m. Com. du dép. du Nord,

cant. du Quesnoy, arr. d'Avesnes. = le Quesnoy.

POIX, s. m. Petite ville du dép. de la Somme, chef-lieu de cant. de l'arr. d'Amiens. Bur. d'enregist. et de poste. Tuilerie.

POIXE, s. f. Com. du dép. de la Moselle, cant. de Vigy, arr. de Metz. = Metz.

POL (St.-), s. m. Petite ville du dép. du Pas-de-Calais, chef-lieu de sous-préf. et de cant.; trib. de 1re inst.; conserv. des hypoth.; recev. part. des fin.; direct. des contrib. indir.; bur. d'enregist. et de poste.

Cette ville est avantageusement connue par ses eaux minérales. Fabr. de basins. Comm. d'huile, de tabac et de laine.

POLACRE ou POLAQUE, s. m. Cavalier polonais. —, s. f. Bâtiment à voiles et à rames dont on se sert sur la Méditerranée.

POLAINCOURT-ET-CLAIRE-FONTAINE, s. m. Com. du dép. de la Haute-Saône, cant. d'Amancé, arr. de Vesoul. = Vesoul.

POLAIRE, adj. Qui appartient aux pôles, qui est voisin des pôles; étoile polaire.

POLARISATION, s. f. Modification de la lumière réfléchie latéralement. T. de phys.

POLARISÉ, E, part. Modifié, en parlant de la lumière.

POLARISER, v. a. Modifier la lumière, produire la polarisation.

POLARITÉ, s. f. Propriété particulière à l'aimant de se diriger vers les pôles. T. de phys.

POLASTRE, s. m. Poêle dans laquelle les plombiers mettent le charbon, pour souder les tuyaux.

POLASTRON, s. m. Com. du dép. de la Haute-Garonne, cant. du Fousseret, arr. de Muret. = Martres.

POLASTRON, s. m. Com. du dép. du Gers, cant. de Samatan, arr. de Lombez. = Lombez.

POLATOUCHE, s. m. Ecureuil-volant, genre de mammifères rongeurs claviculés. T. d'hist. nat.

POL-DE-LÉON (St.-), s. m. Ancienne ville du dép. du Finistère, chef-lieu de cant. de l'arr. de Morlaix. Bur. d'enregist. et de poste.

Cette ville est bâtie sur une colline au bord de l'Océan. Elle possède un petit port passablement fréquenté, dans lequel il est assez difficile de pénétrer. Fabr. de toiles. Comm. de fil, toiles, papiers, cire, miel, chevaux, bestiaux.

PÔLE, s. m. Chacune des deux extrémités de l'axe immobile sur lequel tourne un corps sphérique, particulièrement le globe terrestre. — de l'aimant, son point d'action. —, point fixe des ordonnées. T. de géom. —, poisson du genre du pleuronecte. T. d'hist. nat.

POLE (Ste.-), s. f. Com. du dép. de la Meurthe, cant. de Baccarat, arr. de Lunéville. = Blamont.

POLÉMARQUE, s. m. Commandant, général d'une armée, chez les anciens Grecs; garde des portes d'une ville.

POLÉMIQUE, adj. Qui appartient aux discussions écrites, à la presse, aux journaux. —, s. f. Controverse des journaux.

POLÉMONIACÉES, s. f. pl. Plantes dicotylédones, monopétales, à étamines hypogynes. T. de bot.

POLEMONIUM, s. m. Valériane grecque, plante toujours verte. T. de bot.

POLÉMOSCOPE, s. m. Télescope à deux réfractions et deux réflexions. T. d'opt.

POLENTA, s. f. Bouillie de farine de châtaignes.

POLÈTES, s. m. pl. Magistrats d'Athènes chargés de l'administration des biens confisqués.

POLEYMIEUX, s. m. Com. du dép. du Rhône, cant. de Neuville, arr. de Lyon. = Lyon.

POLGUES (St.-), s. m. Com. du dép. de la Loire, cant. de St.-Germain-Laval, arr. de Roanne. = Roanne.

POLI, s. m. Lustre, éclat des objets polis. —, correction, pureté, élégance du style. Fig.

POLI, E, part. Uni, lustré par le frottement, par la lime. —, adj. Pur, châtié, correct, élégant; style poli. Fig. —, doux, civil, complaisant; personne polie.

POLIACANTHE, s. f. Sorte de chardon. T. de bot.

POLICE, s. f. Ordre établi pour la sûreté, la tranquillité d'un pays, d'une ville; agens qui sont chargés du maintien de cet ordre; leur administration, leur juridiction, leurs bureaux; tribunal, règlement de police. Haute —, police générale; police politique; inquisition. —, contrat de garantie. T. de comm. —, proportion dans le nombre des lettres d'un caractère. T. d'impr.

POLICÉ, E, part. Se dit d'un pays civilisé, soumis à des lois.

POLICER, v. a. Etablir l'ordre, une police; faire des règlemens de police. —, soumettre à des lois, civiliser. —, enseigner la politesse. Se —, v. pron. Se civiliser.

POLICHINEL, s. m. Acteur de tréteaux, bossu par devant et par derrière, qui a passé des anciens mimes latins au théâtre italien, et de celui-ci aux marionnettes.

POLICHINELLE, s. f. Espèce de fourgon; outil de fondeur.

POLICIEN, s. m. Feutre pour polir des peignes.

POLIÉES, s. f. pl. Fêtes qu'on célébrait à Thèbes, en l'honneur d'Apollon. T. de myth.

POLIÉNAS, s. m. Com. du dép. de l'Isère, cant. de Tullins, arr. de St.-Marcellin. = Tullins.

POLIÈRES, s. f. pl. Courroies qui joignent la fauchere au bât.

POLIGNAC, s. m. Com. du dép. de la Charente-Inférieure, cant de Montlieu, arr. de Jonzac. = Montlieu.

POLIGNAC, s. m. Com. du dép. de la Haute-Loire, cant. et arr. du Puy. = le Puy.

POLIGNÉ, s. m. Com. du dép. d'Ille-et-Vilaine, cant. de Bain, arr. de Redon. = Bain.

POLIGNY, s. m. Com. du dép. des Hautes-Alpes, cant. de St.-Bonnet, arr. de Gap. = Gap.

POLIGNY, s. m. Com. du dép. de l'Aube, cant. et arr. de Bar-sur-Seine. = Bar-sur-Seine.

POLIGNY, s. m. Ville du dép. du Jura, chef-lieu de sous-préf. et de cant.; trib. de 1re inst. à Arbois; conserv. des hypoth.; direct. des contrib. indir.; recev. part. des finances; bur. d'enregist. et de poste.

Cette ville est située sur la Glantine, au milieu d'une contrée fertile, près des montagnes du Jura. Fabr. de futailles, faïence commune, salpêtre, huiles; tanneries, teintureries, scieries hydrauliques de planches. Carrières de marbre et d'albâtre aux environs.

POLIGNY, s. m. Com. du dép. de Seine-et-Marne, cant. de Nemours, arr. de Fontainebleau. = Nemours.

POLIGNY, s. m. Com. du dép. de la Vienne, cant. de Monts, arr. de Loudun. = Mirebeau.

POLIMENT, s. m. Action de polir; état des objets polis. T. d'arts et mét.
—, adv. D'une manière polie, civile; avec politesse.

POLINCOVE, s. m. Com. du dép. du Pas-de-Calais, cant. d'Audruick, arr. de St.-Omer. = St.-Omer.

POLINICE, s. m. Genre de coquilles. T. d'hist. nat.

POLION, s. m. Espèce de germandrée. — blanc, thym blanc de montagne, plante tonique, diurétique. T. de bot.

POLIR, v. a. Rendre uni et luisant par le moyen du frottement ou de la lime.
—, retrancher, corriger, perfectionner; polir son style. Fig. —, cultiver, adoucir, orner; polir l'esprit, les mœurs. —, enseigner les usages du monde, la politesse.

POLISON, s. m. Herbe vivace du Chili. T. de bot.

POLISOT, s. m. Com. du dép. de l'Aube, cant. de Mussy-sur-Seine, arr. de Bar-sur-Seine. = Bar-sur-Seine.

POLISSEUR, EUSE, s. Ouvrier qui donne le poli aux métaux mis en œuvre.

POLISSOIR, s. m. Instrument, outil pour polir.

POLISSOIRE, s. f. Décrottoire douce, table d'épinglier; meule de bois pour adoucir le tranchant.

POLISSON, NE, s. Petit enfant libertin et vagabond. —, personne méprisable qui dit et fait des polissonneries, des obscénités. — adj. Espiègle, en parlant d'un écolier. —, libre, licencieux, obscène; chanson polissonne.

POLISSONNER, v. n. Dire ou faire des polissonneries.

POLISSONNERIE, s. f. Espièglerie, tour de malice d'écolier, de polisson. —, parole, action licencieuse, obscénité.

POLISSURE, s. f. Action de polir; effet de cette action.

POLISTE, s. m. Genre d'insectes hyménoptères. T. d'hist. nat.

POLISY, s. m. Com. du dép. de l'Aube, cant. de Mussy-sur-Seine, arr. de Bar-sur-Seine. = Bar-sur-Seine.

POLITESSE, s. f. Civilité, honnêteté; savoir-vivre, courtoisie, urbanité. —, civilisation; la politesse des mœurs. —, pl. Manières, actions polies, civilités.

POLITIQUE, s. m. Homme d'état versé dans la direction des affaires publiques, dans l'art de gouverner les hommes. —, oisif qui a la manie de faire de la politique, de politiquer. T. fam.

POLITIQUE, s. f. Science du droit public, des intérêts respectifs des nations. —, système général des gouvernemens en ce qui touche leurs intérêts communs; système particulier d'un gouvernement. —, manière adroite de se conduire dans les diverses situations de la vie; ruse, finesse, adresse, patience, circonspection, dissimulation. —, adj. Qui concerne la politique, lui appartient. —, en parlant des personnes, rusé, fin, adroit, dissimulé, réservé par intérêt.

POLITIQUEMENT, adv. Selon les règles de la politique ; d'une manière fine, adroite, prudente, réservée par calcul.

POLITIQUER, v. n. Raisonner, ou plutôt déraisonner sur les affaires publiques.

POLIZAUX, s. m. pl. Toiles de Normandie.

POLLACK, s. m. Poisson du genre du gade. T. d'hist. nat.

POLLEN, s. m. Poussière fécondante contenue dans l'anthère. T. de bot.

POLLESTRES, s. m. Com. du dép. des Pyrénées-Orientales, cant. de Thuir, arr. de Perpignan. = Perpignan.

POLLIAT, s. m. Com. du dép. de l'Ain, cant. et arr. de Bourg. = Bourg.

POLLICATA, s. m. pl. Mammifères quadrumanes. T. d'hist. nat.

POLLICHE, s. f. Plante bisannuelle du cap de Bonne-Espérance. T. de bot.

POLLICIPÉDITE, s. f. Coquille multivalve. T. d'hist. nat.

POLLICITATION, s. f. Engagement nul par défaut d'acceptation. T. de jurisp.

POLLIE, s. f. Plante asparagoïde du Japon. T. d'hist. nat.

POLLIEU, s. m. Com. du dép. de l'Ain, cant. et arr. de Belley. = Belley.

POLLIONNAY, s. m. Com. du dép. du Rhône, cant. de Vaugneray, arr. de Lyon. = Lyon.

POLLONTHE, s. f. Coquille univalve. T. d'hist. nat.

POLLUÉ, E, part. Souillé.

POLLUER, v. a. Profaner, souiller. Se —, v. pron. Se masturber.

POLLUTION, s. f. Profanation d'un temple. —, onanisme, masturbation.

POLLUX, s. m. Partie postérieure de la constellation des gémeaux ; étoile dans cette constellation. T. d'astr. Voy. CASTOR ET POLLUX.

POLMINHAC, s. m. Com. du dép. du Cantal, cant. de Vic, arr. d'Aurillac. = Vic-sur-Cère.

POLOCHION, s. m. Genre d'oiseaux sylvains des Indes et de la Nouvelle-Hollande. T. d'hist. nat.

POLOCHRE, s. m. Insecte hyménoptère. T. d'hist. nat.

POLOGNE, s. f. Ancien royaume d'Europe, démembré en 1772 et partagé entre la Prusse, l'Autriche et la Russie. Ce royaume était borné au N.-O. par la mer Baltique, au N. et à l'E. par la Russie, au S. par les monts Krapaks, et à l'O. par l'Allemagne. La portion échue à la Russie, avait été incorporée à cet empire avec une constitution particulière, sous le titre de royaume de Pologne ; mais ayant pris les armes contre leur souverain, à l'exemple de la France et de la Belgique, les Polonais abandonnés durent succomber, et perdirent à la fois leur nationalité et leur indépendance.

POLOGRAPHIE, s. f. Description astronomique du ciel.

POLOMAT, s. m. Jaquier de la Chine, plante. T. de bot.

POLONAIS, E, s. et adj. Habitant de l'ancienne Pologne ; qui est relatif à ce royaume. —, s. f. Danse de Pologne ; sorte de robe ; ouvrage de passementerie.

POLOSSE, s. m. Alliage de cuivre rouge et d'étain.

POLTAVA, s. f. Ville fortifiée, chef-lieu d'un gouvernement russe, dont le sol est très fertile. Comm. considérable en blé, chanvre, cire, bestiaux, chevaux. On remarque dans cette ville un monument élevé à Pierre Ier. Pop. 9,000 hab.

POLTNICK ou DEMI-ROUBLE, s. m. Monnaie russe, valant deux francs trente centimes.

POLTRON, NE, s. et adj. Lâche, sans cœur, sans courage, peureux, pusillanime. Oiseau —, auquel on a coupé les ongles des doigts de derrière. T. de fauc.

POLTRONNERIE, s. f. Lâcheté, couardise, pusillanimité, manque de courage.

POLU - POLTINIC ou QUART DE ROUBLE, s. m. Pièce de monnaie russe de un franc quinze centimes.

POLURAC, s. m. Monnaie polonaise, un sou, cinq centimes.

POLVEROSO, s. m. Com. du dép. de la Corse, cant. de Porta, arr. de Bastia. = Bastia.

POLYACANTHE, adj. Armé de plusieurs aiguillons ou épines. T. d'hist. nat.

POLYACOUSTIQUE, adj. Propre à multiplier les sons.

POLYADELPHIE, s. f. Classe des plantes dont les fleurs ont leurs étamines réunies par plusieurs filets ; douzième classe des végétaux. T. de bot.

POLYAMATYPE, adj. Qui concerne la polyamatypie. Caractère —, dont les lettres ont été fondues plusieurs ensemble.

POLYAMATYPIE, s. f. Art de fondre plusieurs lettres ensemble.

POLYANDRE, s. f. Vie de plusieurs grands hommes.

POLYANDRIE, s. f. Famille de plantes dont les fleurs ont plus de douze étamines, détachées du calice ; douzième classe des végétaux. T. de bot.

POLYANGIE, s. f. Famille de plantes

dont la semence est renfermée dans plusieurs loges. T. de bot.

POLYANTHE, E, adj. Se dit d'une plante qui a plusieurs fleurs. T. de bot.

POLYANTHEA, s. m. Recueil alphabétique de lieux communs où vont puiser certains auteurs.

POLYARCHIE, s. f. Gouvernement de plusieurs.

POLYBRANCHES, s. m. pl. Mollusques nudibranches. T. d'hist. nat.

POLYCAMÉRATIQUE, adj. Se dit d'une pendule qui donne l'heure à plusieurs cadrans en dedans et en dehors. T. d'horlog.

POLYCARDE, s. m. Arbrisseau de l'île de Madagascar. T. de bot.

POLYCARPE, s. m. Recueil d'ordonnances ecclésiastiques. —, plante annuelle, caryophyllée. T. de bot.

POLYCARPE (St.-), s. m. Com. du dép. de l'Aude, cant. de St.-Hilaire, arr. de Limoux. = Limoux.

POLYCÉPHALE, s. m. Genre de vers intestinaux. T. d'hist. nat. —, adj. Se dit d'une statue qui a plusieurs têtes.

POLYCHOLIE, s. f. Surabondance de bile. T. de méd.

POLYCHRÉE, s. f. Plante de la Chine, voisine des amaranthes. T. de bot.

POLYCHRESTE, adj. Qui sert à plusieurs usages, qui a diverses propriétés ; sel polychreste. T. de pharm.

POLYCHROÏTE, s. m. Principe immédiat des végétaux qui se tire du safran. T. de bot.

POLYCNÊME, s. m. Plante du genre des chénopodées. T. de bot.

POLYCOME, s. m. Genre d'algues. T. de bot.

POLYCOTYLÉDONE, adj. Qui a plusieurs cotylédons ou lobes. T. de bot.

POLYCRATIE, s. f. Gouvernement des personnes riches et probes. T. inus.

POLYCRATIQUE, adj. Qui concerne la polycratie. T. inus.

POLYDACTYLE, s. m. Poisson abdominal. T. d'hist. nat. —, adj. Se dit des hommes et des animaux qui ont des doigts surnuméraires. T. d'hist. nat. et d'anat. —, s. m. pl. Poissons abdominaux. T. d'hist. nat.

POLYDÈME, s. m. Genre d'insectes myriapodes. T. d'hist. nat.

POLYDIPSIE, s. f. Soif excessive, inextinguible. T. de méd.

POLYDORE, s. m. Genre de vers aquatiques. T. d'hist. nat.

POLYÈDRE, s. m. Solide à plusieurs faces. T. de géom. —, verre à plusieurs facettes. T. d'opt.

POLYERGUE, s. m. Genre d'insectes hyménoptères. T. d'hist. nat.

POLYGALA, s. m. Plante rhinanthoïde. T. de bot.

POLYGALÉES, s. f. pl. Plantes entre les légumineuses et les personnées. T. de bot.

POLYGAME, s. Mari qui a plusieurs femmes ; femme qui a plusieurs maris existans. —, plante de la polygamie. T. de bot.

POLYGAMIE, s. f. État du polygame. —, famille de plantes à fleurs hermaphrodites et unisexuelles, vingt-troisième classe des végétaux. T. de bot.

POLYGARCHIE, s. f. Gouvernement de plusieurs.

POLYGÈNE, adj. Qui produit beaucoup.

POLYGINGLYMES, adj. f. pl. Se dit des coquilles bivalves à charnières compliquées et dentelées. T. d'hist. nat.

POLYGLOTTE, s. m. Savant qui connaît plusieurs langues. —, s. f. Bible imprimée en plusieurs langues. —, adj. Écrit imprimé en plusieurs langues ; dictionnaire polyglotte.

POLYGONATES, s. m. pl. Insectes qui ont la mâchoire sous la lèvre. T. d'hist. nat.

POLYGONE, s. m. Solide, fortification à plusieurs angles et plusieurs côtés. —, emplacement destiné aux exercices d'artillerie. —, adj. Qui offre plusieurs angles et plusieurs côtés. T. de géom. et d'artill.

POLYGONÉES, s. f. pl. Famille de plantes dicotylédones, apétales, à étamines pérygines. T. de bot.

POLYGONELLE, s. f. Plante de la famille des polygonées. T. de bot.

POLYGONON ou POLYGONUM, s. m. Renouée, plante dont la tige est couverte de nœuds. T. de bot.

POLYGONOPE, s. m. Insecte, ver marin, espèce d'acarus. T. d'hist. nat.

POLYGRAME, s. m. Figure à plusieurs côtés.

POLYGRAMMOS, s. m. Jaspe rouge, tacheté de blanc. T. d'hist. nat.

POLYGRAPHE, s. m. Auteur qui a écrit sur plusieurs matières. —, machine qui fait mouvoir plusieurs plumes à écrire.

POLYGRAPHIE, s. f. Classification des auteurs qui ont écrit en divers genres.

POLYGYNE ou POLYGINYQUE, adj. Qui appartient à la polyginie. T. de bot.

POLYGYNIE, s. f. Classe des plantes

dont chaque fleur a plusieurs pistils; septième ordre des treize premières classes des végétaux. T. de bot.

POLYHALITE, s. m. Substance saline. T. d'hist. nat.

POLYLEPIS, s. m. Arbre rosacé du Pérou. T. de bot.

POLYLOGIE, s. f. Talent de parler sur diverses matières. T. inus.

POLYMATHE, s. m. Savant qui possède une vaste érudition.

POLYMATHIE, s. f. Vaste érudition, science étendue et variée.

POLYMATHIQUE, adj. Qui appartient à la polymathie.

POLYMÉRIE, s. f. Plante du genre des convolvulacées. T. de bot.

POLYMÉRISME, s. m. Monstruosité, vice de conformation de ceux qui naissent avec [des membres parasites. T. d'anat.

POLYMNE, s. m. Poisson du genre du persègue. T. d'hist. nat.

POLYMNESTOR, s. m. Roi de Thrace, le plus avare et le plus cruel de tous les hommes des temps anciens. T. de myth.

POLYMNIE, s. f. L'une des neuf Muses, celle qui présidait à l'éloquence. On la représente habillée en blanc avec une couronne de perles sur la tête, la main droite en action pour déclamer, et tenant un sceptre de la gauche. T. de myth. —, plante corymbifère. T. de bot.

POLYNÈME, s. m. Genre de poissons abdominaux. T. d'hist. nat.

POLYNÉSIE, s. f. Grande quantité d'îles. T. de géogr.

POLYNICE, s. m. Fils d'Œdipe et de Jocaste, frère d'Étéocle et d'Antigone. Voy. ETÉOCLE.

POLYNOME, s. m. Quantité algébrique composée de plusieurs termes distingués par les signes ($\times$) ou ($-$).

POLYODON, s. m. Genre de chondroptérygiens. T. d'hist. nat. —, plante graminée du Pérou. T. de bot.

POLYODONTES, s. m. pl. Poissons cartilagineux. T. d'hist. nat.

POLYOMMATE, s. m. Genre d'insectes lépidoptères. T. d'hist. nat.

POLYONYME, adj. Qui a plusieurs noms.

POLYOPSIE, s. f. Vue multiple. T. de méd.

POLYOPTRE, s. m. Instrument de dioptrique qui multiplie l'objet en le rapetissant. —, adj. Qui multiplie les objets.

POLYOREXIE, s. f. Boulimie, faim excessive accompagnée de défaillances après avoir mangé. T. de méd.

POLYOSE, s. m. Plante de la famille des rubiacées. T. de bot.

POLYPARE, s. f. Plante de la Cochinchine. T. de bot.

POLYPE, s. m. Amas de sang coagulé dans les ventricules du cœur ou dans les gros vaisseaux. —, excroissance de chair qui se forme dans le tissu cellulaire des membranes muqueuses. T. de chir. —, sorte de ver aquatique ; classe d'animaux dont le corps membraneux et mou se termine par des filets flexibles. T. d'hist. nat.

POLYPÉTALE ou POLYPÉTALÉ, E, adj. Se dit des fleurs qui ont plusieurs pétales. T. de bot.

POLYPEUX, EUSE, adj. Qui a plusieurs pieds, qui tient de la nature du polype.

POLYPHAGE, s. m. Vorace, omnivore, qui mange prodigieusement.

POLYPHAGIE, s. f. Appétit desordonné, voracité.

POLYPHARMACIE, s. f. Abus des médicamens.

POLYPHARMAQUE, s. m. Partisan de la multiplicité des médicamens.

POLYPHÈME, s. m. Cyclope d'une grandeur démesurée qui n'avait qu'un œil au milieu du front. Ulysse ayant été jeté par la tempête sur les côtes de Sicile que désolaient les cyclopes, Poliphème le força, lui et ses compagnons, d'entrer dans l'antre où étaient ses moutons et s'y enferma avec eux pour les dévorer; mais Ulysse, en lui faisant des contes, parvint à l'enivrer et lui creva son œil avec un pieu, puis sortit et fit sortir ses compagnons en se mettant sous le ventre des moutons. T. de myth. —, crabe des Molluques. T. d'hist. nat.

POLYPHILIE, s. f. Affection partagée entre plusieurs personnes. T. inus.

POLYPHONE, adj. Qui répète le son plusieurs fois; écho polyphone.

POLYPHTHONGUE, s. et adj. Flûte faite d'un tuyau d'orgue. T. de mus. anc.

POLYPHYLLE, adj. Composé de plusieurs folioles. T. de bot.

POLYPHYLLÉE, adj. f. Voy. POLYPHYLLE.

POLYPHYSE, s. m. Polypier de la Nouvelle-Hollande. T. d'hist. nat.

POLYPIAIRES, s. m. pl. Polypes simples. T. d'hist. nat.

POLYPIER, s. m. Ruche formée par les polypes de mer ; fausse plante marine. T. d'hist. nat.

POLYPILE, adj. f. Garni de poils; mouche polypile.

POLYPITES, s. m. pl. Polypiers fossiles. T. d'hist. nat.

POLYPODE, s. m. Plante du genre des fougères. T. de bot.

POLYPOGON, s. m. Plante graminée. T. de bot.

POLYPRÈNE, adj. m. Se dit d'un fruit à plusieurs noyaux. T. de bot.

POLYPTÈRE, s. m. Poisson abdominal. T. d'hist. nat. —, plante de la syngénésie, dix-neuvième classe des végétaux. T. de bot.

POLYPTIQUE, adj. Composé de plusieurs feuilles, en parlant d'un livre.

POLYSARCIE, s. f. Embonpoint excessif. T. de méd.

POLYSCOPE, s. m. Verre à facettes qui multiplie les objets. T. d'opt.

POLYSPASTE, s. m. Machine à plusieurs poulies. —, adj. Qui possède une grande force attractive.

POLYSPERMATIQUE ou POLYSPERME, adj. Qui contient un grand nombre de graines. T. de bot.

POLYSTYLE, adj. Se dit d'un ovaire à plusieurs styles, et d'un temple à plusieurs colonnes. T. de bot. et d'arch.

POLYSYDONIE, s. f. Multiplicité de conseils. T. inus.

POLYSYLLABE, s. m. et adj. Qui est de plusieurs syllabes. T. de gramm.

POLYSYLLABIQUE, adj. Se dit d'un écho qui répète plusieurs syllabes. T. de phys.

POLYTECHNIQUE, adj. Qui embrasse plusieurs arts ou plusieurs sciences. Ecole —, école fondée par Napoléon et destinée à former des élèves pour l'artillerie, le génie et les ponts-et-chaussées.

POLYTHALAME, s. f. Genre de coquilles univalves. T. d'hist. nat.

POLYTHÉISME, s. m. Religion qui admet la pluralité des dieux.

POLYTHÉISTE, s. Personne qui admet plusieurs dieux.

POLYTHME, s. m. Colibri à tête noire. T. d'hist. nat.

POLYTHRIX, s. m. Agate herborisée. T. d'hist. nat.

POLYTONE, adj. Sur plusieurs tons. T. inus.

POLYTRIC, s. m. Capillaire rouge, plante qui croît sur les vieux murs. T. de bot.

POLYTRICHE, s. m. Genre de mousses. T. de bot.

POLYTROPHIE, s. f. Excès de nourriture. T. de méd.

POLYTYPAGE, s. m. Art de polytyper; fonte de caractères polytypés; impression avec ces caractères.

POLYTYPE, s. m. Fondeur de caractères polytypes. —, adj. Qui concerne le polytypage, qui provient de cette méthode de fondre les caractères d'imprimerie.

POLYTYPÉ, E, part. Se dit d'une page de composition dont on a tiré l'empreinte, d'une impression avec le polytypage.

POLYTYPER, v. a. Reproduire, multiplier les vignettes, les pages de composition, en coulant de la matière fondue sur leur empreinte; clicher.

POLYURIQUE, adj. Se dit de l'ischurie, d'une rétention d'urine; ischurie polyurique. T. de méd.

POLYXÈNE, s. f. Fille de Priam et d'Hécube. Au moment de la célébration de son mariage avec Achille, ce héros fut tué par Paris, et bientôt après, lors de la prise de Troie, cette Princesse elle-même fut immolée par Pyrrhus, qui vengea la mort de son père. T. de myth. —, genre de coquilles. T. d'hist. nat.

POMACANTHE, s. m. Genre de poissons thoraciques. T. d'hist. nat.

POMACENTRE, s. m. Poisson thoracique à dents mobiles. T. d'hist. nat.

POMACIE, s. f. Escargot des vignes et des jardins. T. d'hist. nat.

POMACLE, s. m. Com. du dép. de la Marne, cant. de Bourgogne, arr. de Reims. = Reims.

POMADASYS, s. m. Sciène, genre de poissons à dents mobiles. T. d'hist. nat.

POMADÈRE, s. m. Plante du genre des rhamnoïdes. T. de bot.

POMARE, s. f. Arbrisseau légumineux de la Nouvelle-Hollande. T. de bot.

POMARÈDE (la), s. f. Com. du dép. de l'Aude, cant. et arr. de Castelnaudary. = Castelnaudary.

POMARÈDE, s. f. Com. du dép. du Lot, cant. de Cazals, arr. de Cahors. = Castelfranc.

POMARET, s. m. Village du dép. de la Lozère, cant. de Blaymard, arr. de Marvejols. = Marvejols.

POMAREZ, s. m. Com. du dép. des Landes, cant. d'Amou, arr. de St.-Sever. = Dax.

POMAS, s. m. Com. du dép. de l'Aude, cant. de St.-Hilaire, arr. de Limoux. = Limoux.

POMATOME, s. m. Genre de poissons thoraciques. T. d'hist. nat.

POMAYROLS, s. m. Com. du dép. de l'Aveyron, cant. de St.-Geniez, arr. d'Espalion. = St.-Geniez.

POMÈGUE, s. f. Petite île du dép. des Bouches-du-Rhône, où les bâtimens qui doivent entrer dans le port de Marseille font quarantaine.

POMÉRANIE, s. f. Province du royaume de Prusse, située entre la mer Baltique et les principautés de Brandebourg et Mecklenbourg Schwerin. La capitale de cette province est Stettin.

POMEROL, s. m. Com. du dép. de la Gironde, cant. et arr. de Libourne. = Libourne.

POMEROLS, s. m. Com. du dép. de l'Hérault, cant. de Florensac, arr. de Béziers. = Mèze.

POMET, s. m. Com. du dép. des Hautes-Alpes, cant. de Ribiers, arr. de Gap. = Serres.

POMÉTIE, s. f. Plante de la famille des saponacées. T. de bot.

POMEYS, s. m. Com. du dép. du Rhône, cant. de St.-Symphorien-sur-Coise, arr. de Lyon. = Chazelles.

POMIERS, s. m. Com. du dép. du Gard, cant. et arr. du Vigan. = le Vigan.

POMIFÈRE, adj. Qui porte des pommes.

POMMADE, s. f. Composition de graisses épurées et d'ingrédiens, avec ou sans parfums, pour les cheveux, etc. —, tour de voltige en se soutenant d'une main sur le pommeau de la selle. T. de man.

POMMADÉ, E, part. Enduit de pommade.

POMMADER, v. a. Enduire de pommade.

POMMAINVILLE, s. f. Com. du dép. de l'Orne, cant. et arr. d'Argentan.= Argentan.

POMMARD, s. m. Com. du dép. de la Côte-d'Or, cant. et arr. de Beaune. = Beaune.

Les vins qu'on y récolte sont justement estimés et rivalisent avec ceux de Volney.

POMME, s. f. Fruit du pommier, à pépins, dont les nombreuses variétés se mangent ou servent à faire du cidre; fruit ayant plus ou moins la forme d'une pomme; tête ronde de chou ou de laitue; ornement en forme de pomme. — de discorde, pomme jetée sur la table aux noces de Thétis et de Pélée, qui fut adjugée à Vénus par le berger Pâris; sujet de dispute. Donner la —, donner le prix à la plus belle. Fig. — d'Adam, fruit d'une espèce de limonier; éminence sur le devant de la gorge, beaucoup plus saillante chez les hommes que chez les femmes; le nœud de la gorge. — de la joue, partie de la joue au bas de l'orbite, formée par les os de la pommette. T. d'anat. — d'amour, alberganie de mer, zoophyte; espèce de solanum, son fruit. Voy. Tomate. — de chêne, petite excroissance en forme de boule sur les feuilles de chêne. — d'églantier, excroissance aux branches du rosier sauvage. — de merveille, plante du genre des cucurbitacées, à fruit rouge. — de pin, noix que produit le pin. — de terre, plante tubéreuse introduite en France par le célèbre Parmentier; son fruit farineux qui rend désormais la disette impossible. — épineuse, stramonium, plante annuelle, vénéneuse, dont le fruit est armé de pointes.

POMMÉ, s. m. Cidre de pommes.

POMMÉ, E, adj. Arrondi en forme de pomme; chou pommé. —, accompli, achevé, complet; sottise pommée. Fig.

POMMEAU, s. m. Sorte de petite boule au bout de la poignée d'une épée, à l'arçon, au-devant d'une selle.

POMMÉE, s. f. Tulipe incarnate et blanche. T. de fleur.

POMMELÉ, E, adj. Couvert de petits nuages d'un gris blanc; temps pommelé. —, marqué de gris et de blanc; cheval gris pommelé.

POMMELER (se), v. pron. Se couvrir de petits nuages blancs et grisâtres, en parlant du ciel; se couvrir de petites taches rondes, grises et blanches, en parlant de la robe d'un cheval.

POMMELIÈRE, s. f. Phthisie pulmonaire des chevaux. T. de méd. vétér.

POMMELLE, s. f. Plaque en plomb, percée de petits trous, qu'on adapte au bout d'un tuyau, pour empêcher les ordures de l'engorger. —, petite boule à un manche, à une poignée, à un meuble. —, outil de corroyeur. —, petit coin de bois de chêne, de chaque côté d'un coin de fer, pour faire éclater la pierre. T. de carrier.

POMMER, v. n. S'arrondir en forme de pomme, en parlant des choux et des laitues. T. de jard.

POMMERA-ET-GRENAT, s. m. Com. du dép. du Pas-de-Calais, cant. d'Avesnes-le-Comte, arr. de St.-Pol. = Doullens.

POMMERAIE, s. f. Terrain planté de pommiers.

POMMERAYE (la), s. f. Com. du dép. du Calvados, cant. de Thury-Harcourt, arr. de Falaise. = Thury-Harcourt.

POMMERAYE (la), s. f. Com du dép. de Maine-et-Loire, cant. de St.-Florent-le-Vieil, arr. de Beaupréau. = Beaupréau.

POMMERAYE (la), s. f. Com. du dép. de la Seine-Inférieure, cant. de Buchy, arr. de Rouen. == Rouen.

POMMERAYE, s. f. Com. du dép. de la Vendée, cant. de Pouzauges, arr. de Fontenay. == Pouzauges.

POMMERET, s. m. Com. du dép. des Côtes-du-Nord, cant. de Lamballe, arr. de St.-Brieuc. == Lamballe.

POMMEREUIL, s. m. Com. du dép. du Nord, cant. du Catteau, arr. de Cambrai. == le Catteau.

POMMEREULLE, s. f. Plante graminée de l'Inde. T. de bot.

POMMEREUX, s. m. Com. du dép. de la Seine-Inférieure, cant. de Forges, arr. de Neufchâtel. == Forges.

POMMERIEUX, s. m. Com. du dép. de la Mayenne, cant. de Craon, arr. de Château-Gontier. == Craon.

POMMERIEUX, s. m. Com. du dép. de la Moselle, cant. de Verny, arr. de Metz. == Metz.

POMMERIT-JAUDY, s. m. Com. du dép. des Côtes-du-Nord, cant. de la Roche-Derrien, arr. de Lannion. == Pontrieux.

POMMERIT-LES-BOIS ou LE-VICOMTE, s. m. Com. du dép. des Côtes-du-Nord, cant. de Lanvollon, arr. de St.-Brieuc. == Guingamp.

POMMEROL, s. m. Com. du dép. de la Drôme, cant. de Remuzat, arr. de Nyons. == Die.

POMMERVAL, s. m. Com. du dép. de la Seine-Inférieure, cant. de Bellencombre, arr. de Dieppe. == St.-Saens.

POMMETÉ, E, adj. Orné de pommettes. T. de blas.

POMMETTE, s. f. Ornement de bois ou de métal en forme de petite pomme. —, os de la face qui forme la proéminence de la joue. T. d'anat. —, fruit charnu, à pépins au centre. T. de bot. —, pl. Petits nœuds de fil aux poignets de chemise, etc. T. de lingère.

POMMEUSE, s. f. Com. du dép. de Seine-et-Marne, cant. et arr. de Coulommiers. == Coulommiers.

POMMEVIC, s. m. Com. du dép. de Tarn-et-Garonne, cant. de Valence, arr. de Moissac. == Valence-d'Agen.

POMMIER, s. m. Arbre fruitier, à fleurs rosacées, cultivé dans toute l'Europe. —, ustensile pour faire cuire les pommes.

POMMIER, s. m. Com. du dép. de l'Isère, cant. de Voiron, arr. de Grenoble. == Grenoble.

POMMIER, s. m. Com. du dép. de l'Isère, cant. de Beaurepaire, arr. de Vienne. == Beaurepaire.

POMMIERS, s. m. Com. du dép. de l'Indre, cant. d'Eguzon, arr. de la Châtre. == Argenton-sur-Creuse.

POMMIERS, s. m. Com. du dép. de la Loire, cant. de St.-Germain-Laval, arr. de Roanne. == Roanne.

POMMIERS, s. m. Com. du dép. du Pas-de-Calais, cant. de Pas, arr. d'Arras. == Arras.

POMMIERS, s. m. Com. du dép. de l'Aisne, cant. et arr. de Soissons. == Soissons.

POMMIERS, s. m. Com. du dép. de la Charente-Inférieure, cant. de Montendre, arr. de Jonzac. == Montendre.

POMMIERS, s. m. Com. du dép. du Rhône, cant. d'Anse, arr. de Villefranche. == Anse.

POMONE, s. f. Déesse des fruits et des jardins, épouse de Vertumne. T. de myth.

POMONT, s. m. Com. du dép. de l'Orne, cant. de Gacé, arr. d'Argentan. == Gacé.

POMOY, s. m. Com. du dép. de la Haute-Saône, cant. et arr. de Lure. == Lure.

POMOYÉ, E, part. Passé dans les mains pour l'examiner, en parlant d'un cordeau.

POMOYER, v. a. Passer un cordeau dans les mains pour l'examiner.

POMPADOUR, s. m. Cotinga, oiseau remarquable par la beauté de son plumage, auquel on a donné le nom d'une femme célèbre, favorite de Louis XV.

POMPAIN (St.-), s. m. Com. du dép. des Deux-Sèvres, cant. de Coulonges, arr. de Niort. == Niort.

POMPAIRE, s. m. Com. du dép. des Deux-Sèvres, cant. et arr. de Parthenay. == Parthenay.

POMPE, s. f. Machine hydraulique pour élever l'eau, les liquides. —, alonge adaptée au cor, à la flûte. —, appareil pompeux, magnifique, somptuosité, éclat, splendeur. Fig. —, élévation, magnificence de style. —, pl. Vanités du monde.

POMPÉ, E, part. Epuisé, mis à sec avec la pompe.

POMPÉIA, s. f. Ancienne ville d'Italie, dans la Campanie, près d'Herculanum dont elle éprouva le sort. On a trouvé un grand nombre d'antiquités sous ses ruines.

POMPÉJAC, s. m. Com. du dép. de la Gironde, cant. de Villandraut, arr. de Bazas. == Bazas.

POMPÉJAC, s. m. Com. du dép. de Lot-et-Garonne, cant. de Port-Ste.-Marie, arr. d'Agen. = Port-Ste.-Marie.

POMPER, v. a. Epuiser, mettre à sec avec la pompe. — un secret, le soutirer avec adresse. Fig. et fam. —, v. n. Faire jouer la pompe. —, boire. T. fam.

POMPERTUZAT, s. m. Com. du dép. de la Haute-Garonne, cant. de Montgiscard, arr. de Villefranche. = Villefranche.

POMPEUSEMENT, adv. Avec pompe. —, avec emphase, en termes ampoulés. Fig.

POMPEUX, EUSE, adj. Superbe, magnifique, somptueux; palais pompeux. —, qui a de la pompe, élevé, majestueux, brillant, en parlant du discours, du style. —, emphatique, ampoulé. T. iron.

POMPEY, s. m. Com. du dép. de la Meurthe, cant. et arr. de Nancy. = Nancy.

POMPHOLIX, s. m. Oxyde de zinc sublimé, en forme de flocons. T. de chim.

POMPIAC, s. m. Com. du dép. du Gers, cant. de Samatan, arr. de Lombez. = Lombez.

POMPIAC, s. m. Com. du dép. de Lot-et-Garonne, cant. de Castillonnès, arr. de Villeneuve-d'Agen. = Marmande.

POMPIDOU (le), s. m. Com. du dép. de la Lozère, cant. de Barre, arr. de Florac. Bur. de poste.

POMPIER, s. m. Fabricant de pompes; soldat qui les fait jouer dans les incendies. —, ivrogne, buveur. T. fam.

POMPIERRE, s. f. Com. du dép. des Vosges, cant. et arr. de Neufchâteau. = Neufchâteau.

POMPIEY, s. m. Com. du dép. de Lot-et-Garonne, cant. de Lavardac, arr. de Nérac. = Nérac.

POMPIGNAC, s. m. Com. du dép. de la Gironde, cant. de Créon, arr. de Bordeaux. = Bordeaux.

POMPIGNAN, s. m. Com. du dép. du Gard, cant. de St.-Hyppolite, arr. du Vigan. = St.-Hyppolite-du-Fort.

POMPIGNAN, s. m. Com. du dép. de Tarn-et-Garonne, cant. de Grisolles, arr. de Castel-Sarrazin. = Grisolles.

POMPILE, s. m. Hyménoptère pompilier. —, sorte de poisson auquel Pompilus a donné son nom. T. d'hist. nat.

POMPILIERS, s. m. pl. Insectes hyménoptères. T. d'hist. nat.

POMPILUS, s. m. Pêcheur de l'île d'Icarie qui fut métamorphosé en une espèce de poisson qui ressemble au thon. T. de myth.

POMPOGNE, s. m. Com. du dép. de Lot-et-Garonne, cant. de Houeillès, arr. de Nérac. = Castel-Jaloux.

POMPON, s. m. Petit ornement de femme. —, ornement que les militaires portent à leurs schakos. —, style maniéré. Fig. et fam.

POMPON (St.-), s. m. Com. du dép. de la Dordogne, cant. de Domme, arr. de Sarlat. = Sarlat.

POMPONNE, s. f. Com. du dép. de Seine-et-Marne, cant. de Lagny, arr. de Meaux. = Lagny.

POMPONNÉ, E, part. Orné, paré, ajusté.

POMPONNER, v. a. Orner de pompons, parer, ajuster. Se —, se requinquer. T. fam.

POMPORT, s. m. Com. du dép. de la Dordogne, cant. de Cunèges, arr. de Bergerac. = Bergerac.

POMPS, s. m. Com. du dép. des Basses-Pyrénées, cant. d'Arzacq, arr. d'Orthez. = Orthez.

POMY, s. m. Com. du dép. de l'Aude, cant. d'Alaigne, arr. de Limoux. = Limoux.

PONANT, s. m. L'occident. (Vi.)

PONANTIN ou PONANTOIS, adj. m. Qui concerne le ponant. (Vi.)

PONÇAGE, s. m. Action de passer la pierre ponce pour polir.

PONÇAY, s. m. Com. du dép. d'Indre-et-Loire, cant. de Richelieu, arr. de Chinon. = les Ormes.

PONCE, s. f. Sachet rempli de charbon pilé pour calquer. T. de peint. —, adj. Se dit d'une pierre poreuse, blanche, luisante, très légère, calcinée par le feu des volcans; pierre ponce.

PONCÉ, s. m. Encre composée d'huile et de noir de fumée, avec laquelle on marque le bout des pièces de toile.

PONCÉ, E, part. Poli avec la pierre ponce.

PONCE, s. f. Com. du dép. de la Sarthe, cant. de Chartre, arr. de St.-Calais. = Montoire. Fabr. de toiles; papeteries.

PONCEAU, s. m. Coquelicot, pavot rouge, sauvage, qui croît dans les blés. —, rouge vif et foncé. —, adj. Qui est de la couleur du coquelicot; ruban ponceau.

PONCELÉTIE, s. f. Arbuste de la Nouvelle-Hollande. T. de bot.

PONCER, v. a. Polir, rendre mat, uni, avec la pierre ponce; calquer un dessin avec la ponce; régler avec le poncis.

PONCETTE, s. f. Petit sac dans lequel on met le charbon broyé dont on se sert pour poncer.

PONCEY-LÈS-ATHÉE, s. m. Com. du dép. de la Côte-d'Or, cant. d'Auxonne, arr. de Dijon. = Auxonne.

PONCEY-LÈS-PELLEREY, s. m. Com. du dép. de la Côte-d'Or, cant. de St.-Seine, arr. de Dijon. = St.-Seine.

Fabr. de papier vélin.

PONCHAT, s. m. Com. du dép. de la Dordogne, cant. de Vélines, arr. de Bergerac. = Ste.-Foi.

PONCHE, s. m. (mot emprunté de l'anglais, punch). Boisson composée de liqueurs spiritueuses, de jus de citron, de thé, de sucre, etc.

PONCHEL, s. m. Com. du dép. du Pas-de-Calais, cant. d'Auxy-le-Château, arr. de St.-Pol. = Auxy-le-Château.

PONCHES, s. m. Com. du dép. de la Somme, cant. de Crécy, arr. d'Abbeville. = Montreuil.

PONCHON, s. m. Com. du dép. de l'Oise, cant. de Noailles, arr. de Beauvais. = Noailles.

PONCIEUX, s. m. Com. du dép. de l'Ain, cant. de Poncin, arr. de Nantua. = Nantua.

PONCIN, s. m. Com. du dép. de l'Ain, chef-lieu de cant. de l'arr. de Nantua. Bur. d'enregist. = Cerdon.

Fabr. de bonneterie.

PONCINS, s. m. Com. du dép. de la Loire, cant. de Boën, arr. de Montbrison. = Feurs.

PONCIRADE, s. f. Mélisse cultivée.

PONCIRE, s. m. Sorte de gros citron odorant; arbre qui le produit.

PONCIS, s. m. Dessin piqué sur lequel ou ponce; papier qui sert de règle.

PONCTION, s. f. Opération de chirurgie, ouverture pratiquée dans une cavité du corps pour faire évacuer un liquide épanché.

PONCTUALITÉ, s. f. Grande exactitude, vigilance scrupuleuse.

PONCTUATEUR, s. m. Scrutateur qui marque avec des points les noms des présens ou des absens.

PONCTUATION, s. f. Art, action, manière de ponctuer; signes que l'on emploie pour ponctuer (. : , ; ! ?).

PONCTUÉ, s. m. Poisson du genre du labre. T. d'hist. nat.

PONCTUÉ, E, part. Distingué par des points et des virgules, en parlant du sens d'une phrase, d'un manuscrit, etc.

PONCTUÉE, s. f. Poisson du genre de la persègue. T. d'hist. nat.

PONCTUEL, LE, adj. Exact, très régulier, qui fait à point nommé ce qu'il doit faire, ce qu'il a promis.

PONCTUELLEMENT, adv. Avec ponctualité.

PONCTUER, v. n. Mettre des points et des virgules pour distinguer le sens du discours. —, marquer les repos. T. de mus.

PONCY (St.-), s. m. Com. du dép. du Cantal, cant. de Massiac, arr. de St.-Flour. = Massiac.

PONDAG, s. m. Inclinaison de la veine du charbon de terre, de la houille.

PONDAGE, s. m. Droit que l'on perçoit sur le tonnage, en Angleterre.

PONDAURAT, s. m. Com. du dép. de la Gironde, cant. d'Auros, arr. de Bazas. = la Réole.

PONDÉRABLE, adj. Qui peut être pesé. T. inus.

PONDÉRANT, E, adj. Lourd, pesant. T. inus.

PONDÉRATION, s. f. Science du mouvement et de l'équilibre des corps, de leur situation, etc., conformément aux lois physiques. T. de peint.

PONDÉRÉ, E, part. Pesé, balancé.

PONDÉRER, v. a. Donner le poids, peser, balancer. T. inus.

PONDEUSE, s. f. Femelle d'oiseau qui pond; poule qui donne beaucoup d'œufs. —, femme féconde. T. fam.

PONDICHÉRY, s. m. Ville maritime fortifiée, chef-lieu des établissemens français dans l'Inde.

PONDRE, v. a. et n. Faire ses œufs, en parlant de la femelle des ovipares.

PONDU, E, part. Détaché de l'ovaire, et déposé dans le nid par la femelle de l'oiseau, en parlant de l'œuf.

PONÈRE, s. m. Genre d'insectes hyménoptères. T. d'hist. nat.

PONET-ET-ST.-AUBAN, s. m. Com. du dép. de la Drôme, cant. et arr. de Die. = Die.

PONGER, v. n. et se **PONGER**, v. pron. Absorber l'eau, s'imbiber, en parlant du cuir. T. de corroyeur.

PONGITIF, IVE, adj. Se dit d'une douleur aiguë, lancinante. T. de méd.

PONGO, s. m. Mammifère quadrumane, grand orang-outang. T. d'hist. nat.

PONS (St.-), s. m. Com. du dép. des Basses-Alpes, cant. et arr. de Barcelonnette. = Barcelonnette.

PONS (St.-), s. m. Com. du dép. de l'Ardèche, cant. de Villeneuve-de-Berg, arr. de Privas. = Villeneuve-de-Berg.

PONS, s. m. Com. du dép. de l'Aveyron, cant. d'Entraygues, arr. d'Espalion. = Mur-de-Barrez.

PONS, s. m. Petite ville du dép. de la Charente-Inférieure, chef-lieu de cant. de l'arr. de Saintes. Bur. d'enregist. et de poste. Source d'eau minérale.

PONS (St.-), s. m. Ville du dép. de l'Hérault, chef-lieu de sous-préf. et de cant.; trib. de 1re inst.; conserv. des hypoth.; direct. des contrib. indir.; recev. partic. des finances; bur. d'enregist. et de poste.
Cette ville, agréablement située sur la rive droite du Jaur, offre un aspect très agréable. L'église et la plupart des maisons sont bâties en marbre, que fournissent les carrières des environs. Fabr. de draps et de bonneterie; filatures de laine, tanneries, scieries hydrauliques.

PONSAMPÈRE, s. m. Com. du dép. du Gers, cant. et arr. de Mirande. = Mirande.

PONSAN-SOUBIRAN, s. m. Com. du dép. du Gers, cant. de Masseube, arr. de Mirande. = Castelnau.

PONSAS, s. m. Com. du dép. de la Drôme, cant. de St.-Vallier, arr. de Valence. = St.-Vallier.

PONS-DE-LACALM (St.-), s. m. Com. du dép. du Gard, cant. de Bagnols, arr. d'Uzès. = Bagnols.

PONS-DE-MAUCHIENS (St.-), s. m. Com. du dép. de l'Hérault, cant. de Montagnac, arr. de Béziers. = Montagnac.

PONS-ET-MARAIS, s. m. Com. du dép. de la Seine-Inférieure, cant. d'Eu, arr. de Dieppe. = Eu.

PONSIS, s. m. Sac de charbon pilé pour saupoudrer les modèles. T. de fondeur.

PONSON, s. m. Com. du dép. des Landes, cant. de Tartas, arr. de St.-Sever. = Tartas.

PONSON-DEBAT, s. m. Com. du dép. des Basses-Pyrénées, cant. de Montaner, arr. de Pau. = Tarbes.

PONSON-DESSUS, s. m. Com. du dép. des Basses-Pyrénées, cant. de Montaner, arr. de Pau. = Tarbes.

PONSONNAS, s. m. Com. du dép. de l'Isère, cant. de la Mure, arr. de Grenoble. = la Mure.

PONT, s. m. Ouvrage, construction en bois, en pierres, en fer, élevé d'un bord à l'autre d'une rivière, etc., pour en faciliter le passage. — de bateaux, fait de bateaux attachés ensemble, et recouverts de madriers. — tournant, qu'on peut retirer à l'un des bords en le tournant. — aux ânes, trivialités, chose commune, facile à faire. — d'or, offre avantageuse. — neuf, sorte de chanson triviale. —, partie du pantalon, de la culotte, qui s'attache avec des boutons. —, partie de la sellette du limonier. —, planche du métier à rubans; base de tuyau d'orgue; tableau fait à la hâte. T. de peint. —, coq, ou potence des rouages. T. d'horlog. —, anse de cloche. T. de fond. —, tillac, chaque étage d'un navire. T. de mar. — et-chaussées, pl. Administration chargée de la construction et de l'entretien des routes, des édifices publics, etc.

PONT (St.-), s. m. Com. du dép. de l'Allier, cant. d'Escurolles, arr. de Gannat. = Gannat.

PONT, s. m. Com. du dép. du Calvados, cant. de Coulibœuf, arr. de Falaise. = Falaise.

PONT, s. m. Com. du dép. de la Côte-d'Or, cant. d'Auxonne, arr. de Dijon. = Auxonne.

PONT-À-BUCY, s. m. Com. du dép. de l'Aisne, cant. de Crécy-sur-Serre, arr. de Laon. = la Fère.

PONT-À-CHAUSSY, s. m. Com. du dép. de la Moselle, cant. de Pange, arr. de Metz. = Metz.

PONTACQ, s. m. Petite ville du dép. des Basses-Pyrénées, chef-lieu de cant. de l'arr. de Pau. Bur. d'enregist. = Pau. Fabr. de couvertures, capes et cordillats.

PONT-À-DOMMANGEVILLE, s. m. Com. du dép. de la Moselle, cant. de Pange, arr. de Metz. = Metz.

PONTAILLER, s. m. Com. du dép. de la Côte-d'Or, chef-lieu de cant. de l'arr. de Dijon. Bur. d'enregist. et de poste. Comm. de grains.

PONTAIX, s. m. Com. du dép. de la Drôme, cant. et arr. de Die. = Die. Fabr. de ratines.

PONTAL, s. m. La hauteur ou le creux d'un vaisseau. T. de mar.

PONTALERY, s. m. Com. du dép. du Calvados, cant. de Livarot, arr. de Lisieux. = Lisieux.

PONT-À-MARCQ, s. m. Com. du dép. du Nord, chef-lieu de cant. de l'arr. de Lille. Bur. d'enregist. = Lille.

PONT-À-MOUSSON, s. m. Ville du dép. de la Meurthe, chef-lieu de cant. de l'arr. de Nancy. Bur. d'enregist. et de poste.
Cette ville, où naquit le général Duroc, premier aide-de-camp de Napoléon, est divisée en deux parties par la Moselle. Sources d'eaux minérales ferrugineuses. Fabr. de grosses draperies, bonneterie, pipes de terre; manuf. de sucre de betteraves; teintureries. Comm. de grains, vins, eaux-de-vie, planches de sapin, etc.

PONT-ARCY, s. m. Com. du dép. de l'Aisne, cant. de Vailly, arr. de Soissons. = Fismes.

PONTARION, s. m. Com. du dép. de la Creuse, chef-lieu de cant. de l'arr. de Bourganeuf, où se trouvent les bur. d'enregist. et de poste.

PONTARLIER, s. m. Ville du dép. du Doubs, chef-lieu de sous-préf. et de cant.; trib. de 1re inst.; conservation des hypoth.; direct. des contrib. indir.; recev. partic. des finances; bur. d'enregist. et de poste. Entrepôt du comm. entre la Suisse et la France. Fabr. de boissellerie, faulx, outils, acier, forges et hauts-fourneaux. Comm. de grains, vins, eaux-de-vie, épicerie, chevaux, gypse, tourbe, silice, et d'excellent fromage façon gruyère, fabriqué dans les environs.

PONTARMÉ, s. m. Com. du dép. de l'Oise, cant. et arr. de Senlis. = Senlis.

PONTAUBAULT, s. m. Com. du dép. de la Manche, cant. et arr. d'Avranches. = Avranches.

PONTAUBERT, s. m. Com. du dép. de l'Yonne, cant. et arr. d'Avallon. = Avallon.

PONT-AUDEMER, s. m. Ville du dép. de l'Eure, chef-lieu de sous-préf. et de cant.; trib. de 1re inst. et de comm.; conserv. des hypoth.; direct. des contrib. indir.; recev. partic. des finances; bur. d'enregist. et de poste. Fabr. de toiles peintes, bonneterie, colle-forte; filatures de coton; tanneries considérables, papeteries. Comm. de cuirs, velours de coton, fil, lin, papiers, blés, cidre et bestiaux.

PONTAULT, s. m. Com. du dép. de Seine-et-Marne, cant. de Tournan, arr. de Melun. = Tournan.

PONTAUMUR, s. m. Com. du dép. du Puy-de-Dôme, chef-lieu de cant. de l'arr. de Riom. Bur. d'enregist. et de poste.

PONT-AUTHOU, s. m. Com. du dép. de l'Eure, cant. de Montfort, arr. de Pont-Audemer. = Pont-Audemer. Fabr. de draps; filatures de laine.

PONT-AVEN, s. m. Com. du dép. du Finistère, chef-lieu de cant. de l'arr. de Quimperlé, où se trouvent les bur. d'enregist. et de poste.

PONT-A-VENDIN, s. m. Com. du dép. du Pas-de-Calais, cant. de Lens, arr. de Béthune. = Carvin.

PONTAVERT, s. m. Com. du dép. d'Aisne, cant. de Neufchâtel, arr. de Laon. = Fismes.

PONT-BELLENGER, s. m. Com. du dép. du Calvados, cant. de St.-Sever, arr. de Vire. = Vire.

PONT-CARRÉ, s. m. Village du dép. de Seine-et-Marne, cant. de Tournan, arr. de Melun. = Tournan.

PONTCEY, s. m. Com. du dép. de la Haute-Saône, cant. de Scey-sur-Saône, arr. de Vesoul. = Pont-sur-Saône.

PONT-CHARDON, s. m. Com. du dép. de l'Orne, cant. de Vimoutiers, arr. d'Argentan. = Vimoutiers.

PONT-CHARRA, s. m. Com. du dép. de l'Isère, cant. de Goncelin, arr. de Grenoble. = Goncelin.

PONT-CHARTRAIN, s. m. Village du dép. de Seine-et-Oise, cant. de Chevreuse, arr. de Rambouillet. Bur. de poste.

PONT-CHÂTEAU, s. m. Com. du dép. de la Loire-Inférieure, chef-lieu de cant. de l'arr. de Savenay. Bur. d'enregist. et de poste.

PONT-CIRCQ, s. m. Com. du dép. du Lot, cant. de Catus, arr. de Cahors. = Cahors.

PONT-CROIX, s. m. Com. du dép. du Finistère, chef-lieu de cant. de l'arr. de Quimper. Bur. d'enregist. et de poste.

PONT-D'AIN, s. m. Petite ville du dép. de l'Ain, chef-lieu de cant. de l'arr. de Bourg. Bur. d'enregist. et de poste.

PONT-DE-BARRET, s. m. Com. du dép. de la Drôme, cant. de Dieu-le-Fit, arr. de Montélimar. = Dieu-le-Fit.

PONT-DE-BEAUVOISIN, s. m. Petite ville du dép. de l'Isère, chef-lieu de cant. de l'arr. de la Tour-du-Pin. Bur. d'enregist. et de poste.

Cette ville est située sur le Guyer, qui sépare la France de la Savoie. Fabr. de toiles, filatures de chanvre. Comm. de blé et de chanvre.

PONT-DE-GENNES, s. m. Com. du dép. de la Sarthe, cant. de Montfort, arr. du Mans. = Connerré.

PONT-DE-L'ARCHE, s. m. Petite ville du dép. de l'Eure, chef-lieu de cant. de l'arr. de Louviers. Bur. d'enregist. et de poste.

On remarque dans cette ville d'anciennes fortifications qu'y fit élever Charles-le-Chauve, pour s'opposer aux courses des Normands; elle est traversée par la Seine que l'on passe sur un pont de 22 arches.

PONT-DE-L'ARN, s. m. Com. du dép. du Tarn, cant. de Mazamet, arr. de Castres. = Mazamet.

PONT-DE-METZ, s. m. Com. du dép. de la Somme, cant. et arr. d'Amiens. = Amiens.

PONT-DE-MONTVERT, s. m. Com. du dép. de la Lozère, chef-lieu de cant. de l'arr. de Florac. Bur. d'enregist. = Florac.

PONT-DE-PLANCHE (le), s. m. Com.

du dép. de la Haute-Saône, cant. de Fresne-St.-Mamès, arr. de Gray. = Cintrey.

PONT-DE-ROIDE, s. m. Com. du dép. du Doubs, chef-lieu de cant. de l'arr. de Montbéliard. Bur. d'enregist.= Lisle-sur-le-Doubs.

PONT-DE-RUAN, s. m. Com. du dép. d'Indre-et-Loire, cant. de Montbazon, arr. de Tours. = Montbazon.

PONT-DE-SALARS, s. m. Com. du dép. de l'Aveyron, chef-lieu de cant. de l'arr. de Rodez, où se trouvent les bur. d'enregist. et de poste.

PONT-DE-SOMMEVESLE (le), voy. SOMMEVESLE.

PONT-DE-VAUX, s. m. Petite ville du dép. de l'Ain, chef-lieu de cant. de l'arr. de Bourg. Bur. d'enregist. et de poste.

On remarque dans cette ville, patrie du général Joubert, un monument élevé à la mémoire de ce général. Fabr. de toiles de coton.

PONT-DE VAUX (canal de), s. m. Ce canal communique de Pont-de-Vaux à la Saône ; sa longueur est de 400 mètres environ.

PONT-DE-VEYLE, s. m. Petite ville du dép. de l'Ain, chef-lieu de cant. de l'arr. de Bourg. Bur. d'enregist. = Mâcon.

Cette ville est située sur la Veyle, dans une contrée fertile. Fabr. de tissus de coton. Comm. de grains, chanvre et volailles.

PONT-DE-VIÉ, s. m. Com. du dép. de l'Orne, cant. de Vimoutiers, arr. d'Argentan. = Vimoutiers.

PONT-D'HERY, s. m. Com. du dép. du Jura, cant. de Salins, arr. de Poligny. = Salins.

PONTDRON, s. m. Com. du dép. de l'Oise, cant. de Crépy, arr. de Senlis.= Crépy.

PONT-DU-BOIS, s. m. Com. du dép. de la Haute-Saône, cant. de Vauvillers, arr. de Lure. = Vesoul.

PONT-DU-CASSE, s. m. Com. du dép. de Lot-et-Garonne, cant. et arr. d'Agen. = Agen.

PONT-DU-CHÂTEAU ou SUR-ALLIER, s. m. Petite ville du dép. du Puy-de-Dôme, chef-lieu de cant. de l'arr. de Clermont. Bur. d'enregist. = Clermont-Ferrand.

PONT-DU-NAVOY, s. m. Com. du dép. du Jura, cant. de Champagnole, arr. de Poligny. = Champagnole.

PONTE, s. m. Dupe qui joue contre le banquier. T. de jeu. —, as de cœur ou de carreau au jeu d'hombre.

PONTE, s. f. Action de pondre; temps où les oiseaux pondent; quantités d'œufs pondus.

PONTÉ, s. m. Fond qui couvre le corps de la garde d'une épée.

PONTÉ, E, adj. Garni d'un ou de plusieurs ponts ; navire ponté. T. de mar.

PONTEAU, s. m. Pièce du métier des fabricans de soieries.

PONTÉCOULANT, s. m. Com. du dép. du Calvados, cant. de Condé-sur-Noireau, arr. de Vire. = Condé-sur-Noireau.

PONT-ÉCREPIN, s. m. Com. du dép. de l'Orne, cant. de Putanges, arr. d'Argentan. = Falaise.

PONTÉDÈRE, s. f. Plante du genre des narcissoïdes. T. de bot.

PONTEILLA, s. m. Com. du dép. des Pyrénées-Orientales, cant. de Thuir, arr. de Perpignan. = Perpignan.

PONTEILS-ET-BRÉSIS, s. m. Com. du dép. du Gard, cant. de Genolhac, arr. d'Alais. = Genolhac.

PONTÉJAC, s. m. Com. du dép. du Gers, cant. de Saramon, arr. d'Auch. = Gimont.

PONTELÉ, E, part. Posé, en parlant des ponteaux d'un métier.

PONTELER, v. a. Poser les ponteaux pour monter la charpente d'un métier à fabriquer les soieries.

PONT-EN-ROYANS, s. m. Com. du dép. de l'Isère, chef-lieu de cant. de l'arr. de St.-Marcellin. Bur. d'enregist. = St.-Marcellin.

PONTENX, s. m. Com. du dép. des Landes, cant. de Mimizan, arr. de Mont-de-Marsan. = Lipostey.

PONTER, v. n. Jeter son argent au jeu, jouer contre le banquier, être ponte, être dupe.

PONTET, s. m. Partie de la sous-garde. T. d'arqueb.

PONT-ET-MASENNE, s. m. Com. du dép. de la Côte-d'Or, cant. et arr. de Semur. = Semur.

PONTETS (les), s. m. pl. Com. du dép. du Doubs, cant. de Mouthe, arr. de Pontarlier. = Pontarlier.

PONT-EUXIN, s. m. La mer Noire, entre la Turquie d'Europe, la petite Tartarie et l'Asie.

PONTEVÈS, s. m. Com. du dép. du Var, cant. de Barjols, arr. de Brignoles. = Barjols.

PONTEYRAND, s. m. Com. du dép. de la Dordogne, cant. de Ste.-Aulaye, arr. de Ribérac. = Ribérac.

PONT-FARCY, s. m. Com. du dép.

du Calvados, cant. de St.-Sever, arr. de Vire. = Torigni.

PONT-FAVERGER, s. m. Com. du dép. de la Marne, cant. de Beine, arr. de Reims. Bur. d'enregist. = Reims.

PONT-FOL, s. m. Com. du dép. du Calvados, cant. de Cambremer, arr. de Pont-l'Evêque. = Pont-l'Evêque.

PONTGIBAUD, s. m. Com. du dép. du Puy-de-Dôme, chef-lieu de cant. de l'arr. de Riom. Bur. d'enregist. et de poste.

PONTGOUIN, s. m. Com. du dép. d'Eure-et-Loir, cant. de Courville, arr. de Chartres. = Courville. Fabr. de serges.

PONTHÉVRARD, s. m. Com. du dép. de Seine-et-Oise, cant. de Dourdan, arr. de Rambouillet. = Dourdan.

PONTHIERRY, s. m. Village du dép. de Seine-et-Marne, cant. et arr. de Melun. Bur. de poste.

PONTHION, s. m. Com. du dép. de la Marne, cant. de Thiéblemont, arr. de Vitry. = Vitry-le-Français.

PONTHOILE, s. m. Com. du dép. de la Somme, cant. de Nouvion, arr. d'Abbeville. = Abbeville.

PONTHOU (le), s. m. Com. du dép. du Finistère, cant. de Plouigneau, arr. de Morlaix. = Morlaix.

PONTHOUIN, s. m. Com. du dép. de la Sarthe, cant. de Marolles, arr. de Mamers. = Bonnétable.

PONTIAC, s. m. Com. du dép. des Basses-Pyrénées, cant. de Montaner, arr. de Pau. = Vic-en-Bigorre.

PONTIFE, s. m. Personne sacrée dans la hiérarchie ecclésiastique; ministre supérieur de la religion; évêque, prélat. Le souverain —, le pape.

PONTIFICAL, s. m. Recueil des cérémonies propres au ministère des évêques; livre d'office à l'usage de l'évêque.

PONTIFICAL, E, adj. Qui appartient, a rapport au pontife, au pontificat, à la dignité d'évêque. Dignité —, de souverain pontife, de pape.

PONTIFICALEMENT, adv. Avec les cérémonies et les habits pontificaux; d'une manière pontificale.

PONTIFICAT, s. m. Dignité de grand pontife, du pape.

PONTIGNÉ, s. m. Com. du dép. de Maine-et-Loire, cant. et arr. de Baugé. = Baugé.

PONTIGNY, s. m. Com. du dép. de la Moselle, cant. de Boulay, arr. de Metz. = Boulay.

PONTIGNY, s. m. Com. du dép. de l'Yonne, cant. de Ligny, arr. d'Auxerre. = Chablis.

PONTIL, s. m. Instrument de fer pour la fabrication des glaces; glace sur laquelle on étend l'émeri.

PONTILLAGE, s. m. Action d'enlever avec des pinces les ordures du drap.

PONTILLER, v. n. Se servir du pontil.

PONTINS, s. m. pl. Vastes marais dans les états ecclésiastiques, qui s'étendent de Nettuno à Terracino, environ 10 lieues.

PONTIS, s. m. Com. du dép. des Basses-Alpes, cant. du Lauzet, arr. de Barcelonnette. = Barcelonnette.

PONTIVY, s. m. Petite ville du dép. du Morbihan, chef-lieu de sous-préf. et de cant.; trib. de 1re inst.; conserv. des hypoth.; direct. des contrib. indir.; recev. part. des finances. Bur. d'enregist. et de poste. Fabr. de toiles de Bretagne. Comm. de grains, beurre, fil, chevaux et bestiaux.

PONT-L'ABBÉ, s. m. Com. du dép. de la Charente-inférieure, cant. de St.-Porchaire, arr. de Saintes. = Rochefort-sur-Mer.

PONT-L'ABBÉ, s. m. Com. du dép. du Finistère, chef-lieu de cant. de l'arr. de Quimper. Bur. d'enregist. = Quimper.

PONT-LA-VILLE, s. m. Com. du dép. de la Haute-Marne, cant. de Château-Vilain, arr. de Chaumont. = Château-Vilain.

PONT-LE-ROI ou PONT-SUR-SEINE, s. m. Petite ville du dép. de l'Aube, cant. et arr. de Nogent-sur-Seine. Bur. de poste. Comm. de bois et fourrage.

PONT-LES-BONFAYS, s. m. Com. du dép. des Vosges, cant. de Darney, arr. de Mirecourt. = Mirecourt.

PONT-LES-MOULINS, s. m. Com. du dép. du Doubs, cant. et arr. de Baume. = Baume.

PONT-L'ÉVÊQUE, s. m. Petite ville du dép. du Calvados, chef-lieu de sous-préf. et de cant.; trib. de 1re inst.; conserv. des hypoth.; recev. part. des finances. Bur. d'enregist. et de poste. Cette ville est entourée de gras pâturages et fournit des fromages très estimés.

PONT-L'ÉVÊQUE, s. m. Com. du dép. de l'Oise, cant. de Noyon, arr. de Compiègne. = Noyon.

PONT-LE-VOY, s. m. Com. du dép. de Loir-et-Cher, cant. de Montrichard, arr. de Blois. = Blois.

PONTLIEUE, s. m. Com. du dép. de

la Sarthe, cant. et arr. du Mans. = le Mans.

PONT-MELVEZ, s. m. Com. du dép. des Côtes-du-Nord, cant. de Bourbriac, arr. de Guingamp. = Guingamp.

PONT-NOYELLES, s. m. Com. du dép. de la Somme, cant. de Villers-Bocage, arr. d'Amiens. = Corbie.

PONTOBDELLE, s. f. Espèce de sangsue. T. d'hist. nat.

PONTOISE, s. m. Com. du dép. de l'Oise, cant. de Noyon, arr. de Compiègne. = Noyon.

PONTOISE, s. m. Ancienne ville du dép. de Seine-et-Oise, chef-lieu de sous-préf. et de cant.; trib. de 1re inst.; conserv. des hypoth.; direct. des contrib. indir.; recev. part. des finances; bur. d'enregist. et de poste.

Cette ville, assez bien bâtie, mais mal percée, est située en amphithéâtre au confluent de la Viosne et de l'Oise, que l'on y passe sur un beau pont. Fabr. d'acides minéraux et autres produits chimiques; fonderie de cuivre. Comm. de blé, bestiaux, plâtre, etc.

PONTON, s. m. Pont flottant, formé de bateaux réunis par des poutres couvertes de madriers; barque de cuivre pour le passage des rivières. —, barque plate qui sert au radoub des navires. —, pl. Vieux vaisseaux rasés qui servirent de prison aux soldats français tombés au pouvoir des Anglais, durant les guerres de l'empire.

PONTONAGE, s. m. Péage sur un pont ou dans un bac.

PONTONIER, s. m. Receveur du droit de pontonage; soldat du génie.

PONTONX, s. m. Com. du dép. des Landes, cant. de Tartas, arr. de St.-Sever. = Tartas.

PONTOPHILE, s. m. Genre de crustacés décapodes. T. d'hist. nat.

PONTORSON, s. m. Petite ville du dép. de la Manche, chef-lieu de cant. de l'arr. d'Avranches. Bur. d'enregist. et de poste.

PONTOURS, s. m. Com. du dép. de la Dordogne, cant. de Cadouin, arr. de Bergerac. = Bergerac.

PONTOUX, s. m. Com. du dép. du Jura, cant. et arr. de St.-Claude. = St.-Claude.

PONTOUX, s. m. Com. du dép. de Saône-et-Loire, cant. de Verdun-sur-le-Doubs, arr. de Châlons. = Verdun-sur-Saône.

PONTOY, s. m. Com. du dép. de la Moselle, cant. de Verny, arr. de Metz. = Metz.

PONTPIERRE, s. m. Com. du dép. du Doubs, cant. de Clerval, arr. de Baume. = Lisle-sur-le-Doubs.

PONTPIERRE, s. m. Com. du dép. de la Moselle, cant. de Faulquemont, arr. de Metz. = St.-Avold.

PONTPOINT, s. m. Com. du dép. de l'Oise, cant. de Pont-Ste.-Maxence, arr. de Senlis. = Pont-Ste.-Maxence.

PONT-REMY, s. m. Com. du dép. de la Somme, cant. d'Ailly-le-Haut-Clocher, arr. d'Abbeville. = Abbeville.

PONTRIEUX, s. m. Com. du dép. des Côtes-du-Nord, chef-lieu de cant. de l'arr. de Guingamp. Bur. d'enregist. et de poste.

Cette com. est traversée par le Trieux, qui est navigable depuis cet endroit jusqu'à la mer.

PONTRU, s. m. Com. du dép. de l'Aisne, cant. de Vermand, arr. de St.-Quentin. = St.-Quentin.

PONTRUET, s. m. Com. du dép. de l'Aisne, cant. de Vermand, arr. de St.-Quentin. = St.-Quentin.

PONTS, s. m. Com. du dép. de la Manche, cant. et arr. d'Avranches. = Avranches.

PONT-STE.-MARIE, s. m. Com. du dép. de l'Aube, cant. et arr. de Troyes. = Troyes.

PONT-STE.-MAXENCE, s. m. Petite ville du dép. de l'Oise, chef-lieu de cant. de l'arr. de Senlis. Bur. d'enregist. et de poste. Comm. de grains, vins, bestiaux; tanneries, etc.

PONT-ST.-ESPRIT, s. m. Petite ville du dép. du Gard, chef-lieu de cant. de l'arr. d'Uzès. Bur. d'enregist. et de poste.

Cette ville, située sur la rive droite du Rhône, y possède un port très commerçant. On y remarque un pont d'une grande hardiesse, composé de 23 arches. Comm. de vins, huile, soie, etc.

PONT-ST.-MARD, s. m. Com. du dép. de l'Aisne, cant. de Coucy-le-Château, arr. de Laon. = Coucy-le-Château.

PONT-ST.-MARTIN, s. m. Com. du dép. de la Loire-Inférieure, cant. de Bouaie, arr. de Nantes. = Nantes.

PONT-SAINT-MARTIN-DE-SAINT-BONNET, s. m. Com. du dép. de la Haute-Vienne, cant. du Dorat, arr. de Bellac. = le Dorat.

PONT-SAINT-MARTIN-DE-SAINT-SORNIN-LA-MARCHE, s. m. Com. du dép. de la Haute-Vienne, cant. du Dorat, arr. de Bellac. = le Dorat.

PONT-ST.-VINCENT, s. m. Com. du dép. de la Meurthe, cant. et arr. de Nancy. = Nancy.

PONTSCORFF, s. m. Com. du dép. du Morbihan, chef-lieu de cant. de l'arr. de

Lorient. Bur. d'enregist. à Hennebon. = Hennebon.

PONTS-DE-CÉ (les), s. m. pl. Petite ville du dép. de Maine-et-Loire, chef-lieu de cant. de l'arr. d'Angers. Bur. d'enregist. = Angers. Fabr. de cuirs ; comm. de vins et d'ardoise.

PONT-SUR-ALLIER, s. m. Voy. PONT-DU-CHATEAU.

PONT-SUR-L'OIGNON, s. m. Com. du dép. de la Haute-Saône, cant. de Villersexel, arr. de Lure. = Vesoul.

PONT-SUR-MADON, s. m. Com. du dép. des Vosges, cant. de Charmes, arr. de Mirecourt. = Mirecourt.

PONT-SUR-MEUSE, s. m. Com. du dép. de la Meuse, cant. et arr. de Commercy. = Commercy.

PONT-SUR-SAMBRE, s. m. Com. du dép. du Nord, cant. de Berlaymont, arr. d'Avesnes. = Maubeuge.

PONT-SUR-SEINE, s. m. Voy. PONT-LE-ROI.

PONT-SUR-VANNE, s. m. Com. du dép. de l'Yonne, cant. de Villeneuve-l'Archevêque, arr. de Sens. = Sens.

PONT-SUR-YONNE, s. m. Petite ville du dép. de l'Yonne, chef-lieu de cant. de l'arr. de Sens. Bur. d'enregist. et de poste. Fabr. de tuiles et de grosses draperies; tanneries.

PONTUS, s. m. Fils de Neptune, qui a donné à la mer Noire et à une grande contrée d'Asie le nom de Pont-Euxin. T. de myth.

PONTUSEAU, s. m. Verge de métal en travers des vergeures. —, traces que ces verges laissent sur le papier. T. de papet.

PONTVALLAIN, s. m. Com. du dép. de la Sarthe, chef-lieu de cant. de l'arr. de la Flèche. Bur. d'enregist.= le Lude. Comm. de bestiaux.

POOLITES, s. m. pl. Inspecteurs du trésor public dans Athènes. T. d'antiq.

POOTÉ (la), s. f. Com. du dép. de la Mayenne, cant. de Pré-en-Pail, arr. de Mayenne. = Pré-en-Pail.

POPE, s. m. Prêtre russe du rit grec.

POPÉ, s. m. Gros jaguar. T. d'hist. nat.

POPIAN, s. m. Com. du dép. de l'Hérault, cant. de Gignac, arr. de Lodève. = Gignac.

POPINCOURT, s. m. Com. du dép. de la Somme, cant. de Roye, arr. de Montdidier. = Roye.

POPINE, s. f. Cabaret. (Vi.)

POPINER (se), v. pron. Se parer, s'ajuster pour aller à la guinguette. T. inus.

POPLITÉ, E, ou POPLITAIRE, adj. Qui appartient au jarret; muscle, nerf poplité, veines, artères poplitées. T. d'anat.

POPOLASCA, s. f. Com. du dép. de la Corse, cant. d'Omessa, arr. de Corte. = Bastia.

POPULACE, s. f. Menu peuple, la dernière classe, la lie du peuple.

POPULACERIE, s. f. Habitudes, mœurs de la populace.

POPULACIER, s. m. Partisan de la populace, qui l'adule, cherche à capter son suffrage. T. inus.

POPULAGE, s. m. Souci d'eau, genre des renonculacées. T. de bot.

POPULAIRE, adj. Qui concerne le peuple, lui appartient; erreur populaire. Gouvernement —, fondé sur la souveraineté du peuple, la république. —, très répandu; préjugé populaire. Eloquence —, propre à faire impression sur la multitude, à remuer le peuple. —, qui se fait aimer du peuple en défendant ses intérêts, ses droits; homme populaire.

POPULAIREMENT, adv. A la manière du peuple.

POPULARISER (se), v. pron. Se concilier l'affection du peuple, s'efforcer de mériter son suffrage par sa conduite et ses discours.

POPULARISME, s. m. Gouvernement populaire. T. inus. —, flatterie basse et servile pour gagner la faveur du peuple.

POPULARITÉ, s. f. Caractère de l'homme populaire; affabilité envers le peuple, sollicitude pour sa prospérité, ses intérêts. —, faveur populaire; conduite pour la mériter.

POPULATION, s. f. Nombre des habitans d'un pays, d'une ville.

POPULÉUM, s. m. Onguent composé d'axonge, de bourgeons de peuplier et de plantes narcotiques. T. de pharm.

POPULEUX, EUSE, adj. Très peuplé; ville populeuse.

POPULO, s. m. Petit enfant gras, potelé. —, sorte de liqueur. T. fam.

POQUE, s. m. Sorte de jeu de cartes.

POQUER, v. n. Jeter une boule en décrivant une courbe, de manière à ce qu'elle s'éloigne peu de l'endroit où elle frappe.

PORACÉ, E, adj. Tirant sur la couleur verdâtre du poreau; bile poracée. T. de méd.

PORBAIL, s. m. Com. du dép. de la Manche, cant. de Barneville, arr. de Valognes. = Valognes.

PORC, s. m. Cochon mâle, pourceau ; sa chair. — frais; chair de cochon non salée. — marin, marsouin.

PORCELAINE, s. f. Composition de kaolin, de petun-sé, etc., avec laquelle on fait des vases du plus grand prix; vases de porcelaine. —, très belle toile de coton des Indes. —, pustule écailleuse. T. de méd. —, genre de testacés univalves. T. d'hist. nat. —, adj. De couleur grise, bleue et ardoise; cheval porcelaine.

PORCELANITES, s. f. pl. Porcelaines fossiles. T. d'hist. nat.

PORCELET, s. m. Cloporte.

PORCELETTE, s. f. Com. du dép. de la Moselle, cant. de St.-Avold, arr. de Sarreguemines. = St.-Avold.

PORCÉLIE, s. f. Anone du Pérou. T. de bot.

PORCELLANE, s. f. Genre de crustacés décapodes. T. d'hist. nat.

PORCELLION, s. m. Genre de crustacés isopodes. T. d'hist. nat.

PORC-ÉPIC, s. m. Quadrupède rongeur armé de longs piquans.

PORCHAIRE (St.-), s. m. Com. du dép. de la Charente-Inférieure, chef-lieu de cant. de l'arr. de Saintes. Bur. d'enregist. = Saintes.

PORCHAIRE (St.-), s. m. Com. du dép. des Deux-Sèvres, cant. et arr. de Bressuire. = Bressuire.

PORCHAISON, s. f. Etat du sanglier gras et bon à manger. T. de véner.

PORCHAITON, s. m. Sanglier gras. T. de véner. inus.

PORCHE, s. m. Portique simple; lieu couvert à l'entrée d'une église.

PORCHER, s. m. Gardeur de cochons. —, homme grossier, sale, malpropre. Fig. et fam.

PORCHER, s. m. Com. du dép. de la Moselle, cant. de Conflans, arr. de Briey. = Metz.

PORCHÈRES, s. f. Com. du dép. de la Gironde, cant. de Coutras, arr. de Libourne. = Coutras.

PORCHERESSE, s. f. Com. du dép. de la Charente, cant. de Blanzac, arr. d'Angoulême. = Blanzac.

PORCHERIE, s. f. Toit à porc.

PORCHERIE ou AUBAZAIGNE, s. m. Com. du dép. de la Haute-Vienne, cant. de St.-Germain-les-Belles, arr. de St.-Yrieix. = Pierre-Buffière.

PORCHEUX, s. m. Com. du dép. de l'Oise, cant. d'Auneuil, arr. de Beauvais. = Chaumont-en-Vexin.

PORCHEVILLE, s. f. Com. du dép. de Seine-et-Oise, cant. de Limay, arr. de Mantes. = Mantes.

PORDIAC, s. m. Com. du dép. du Gers, cant. de St.-Clar, arr. de Lectoure. = St.-Clar.

PORDIC, s. m. Com. du dép. des Côtes-du-Nord, cant. et arr. de St.-Brieuc. = St.-Brieuc.

PORES, s. m. pl. Ouvertures, conduits, trous presque imperceptibles qui se trouvent dans le tissu cutané, et qui sont exhalans ou absorbans. —, petits trous naturels dans un corps solide. —, polypiers.

POREUX, EUSE, adj. Se dit des parties qui ont beaucoup de pores, beaucoup de volume et peu de densité.

PORGE (le), s. m. Com. du dép. de la Gironde, cant. de Castelnau, arr. de Bordeaux. = Bordeaux.

PORGY, s. m. Poisson du genre du spare. T. d'hist. nat.

PORISME, s. m. Voy. LEMME. T. de math.

PORISTIQUE, adj. Qui procède par lemmes, qui détermine de combien de façons un problème peut être résolu. T. de math.

PORITES, s. f. pl. Madrépores pétrifiés en forme d'agate. T. d'hist. nat.

PORLIÈRE, s. m. Arbre rutacé du Pérou. T. de bot.

PORNIC, s. m. Com. du dép. de la Loire-Inférieure, chef-lieu de cant. de l'arr. de Paimbœuf. Bur. d'enregist. et de poste.

POROCÈLE, s. f. Hernie calleuse. T. de méd.

POROCÉPHALE, s. m. Ver intestinal d'un serpent à sonnettes. T. d'hist. nat.

PORODRAGUE, s. m. Coquille fossile. T. d'hist. nat.

POROMPHALE, s. f. Hernie ombilicale dont le sac a subi une transformation cartilagineuse. T. de méd.

POROPHYLLUM, s. m. Plante d'Amérique dont la feuille offre de petits points brillans. T. de bot.

POROSITÉ, s. f. Qualité d'un corps poreux.

POROTIQUE, adj. Qui procure la formation du cal. T. de méd.

PORPHYRE, s. m. Sorte de marbre ou de roche cornéenne, rouge, noire, verdâtre, avec des taches d'un blanc vert. —, sorte de coquille.

PORPHYRION, s. m. Poule sultane, genre d'oiseaux échassiers. T. d'hist. nat.

PORPHYRISATION, s. f. Action de porphyriser.

PORPHYRISÉ, E, part. Broyé sur le porphyre, sur le marbre.

PORPHYRISER, v. a. Broyer une substance sur le porphyre, sur le marbre.

PORPHYRITE, s. f. Espèce de poudingue qui approche du porphyre.

PORPHYROGENÈTE, adj. Né dans la pourpre, fils d'empereur.

PORPHYROÏDE, adj. Se dit d'une roche qui a l'apparence du porphyre. T. d'hist. nat.

PORPITE, s. f. Pierre nummulaire, coralloïde, elliptique; radiaire molasse, méduse; ver radiaire gélatineux. T. d'hist. nat.

PORQUÉ, E, part. Fortifié par des porques. T. de mar.

PORQUER, v. a Mettre des porques, fortifier par des porques. T. de mar.

PORQUERICOURT, s. m. Com. du dép. de l'Oise, cant. de Noyon, arr. de Compiègne. = Noyon.

PORQUEROLLES, s. f. Petite île du dép. du Var, cant. d'Hyères, arr. de Toulon. Elle se trouve dans la Méditerranée, près de la presqu'île de Gien, fait partie des îles d'Hyères, et est défendue par une citadelle entourée de bois.

PORQUES, s. f. pl. Pièces de bois qui lient celles du fond du navire. T. de mar.

PORQUIER (St.-), s. m. Com. du dép. de Tarn-et-Garonne, cant. de Montech, arr. de Castel-Sarrasin. = Castel-Sarrasin.

PORREAU, s. m. Voy. POIREAU.

PORRECTION, s. f. Mise en main des choses dont on peut disposer quand on entre dans les ordres mineurs.

PORRI, s. m. Com. du dép. de la Corse, cant. de Vescovato, arr. de Bastia. = Bastia.

PORRIGINEUX, EUSE, adj. Furfuracé; teigne porrigineuse. T. de méd.

PORRIGO, s. m. Desquamation furfuracée du cuir chevelu. T. de méd.

PORSPODER, s. m. Com. du dép. du Finistère, cant. de Ploudalmézeau, arr. de Brest. = Brest.

PORT, s. m. Bassin ordinairement garni de fortifications qui en défendent l'entrée, et dans lequel les navires se trouvent à l'abri des gros temps; lieu d'arrivée et de départ des navires. —, grève sur le bord de la mer, d'un fleuve, où l'on charge et décharge les navires. —, poids qu'un navire peut porter; sa capacité. —, action de porter, droit, salaire, somme qu'on paie pour le transport de marchandises, etc. —, droit qu'on paie pour une lettre qu'on reçoit par la poste. —, abri, asile, lieu de tranquillité, de repos. Fig. —, taille, stature, maintien, contenance, habitude du corps. — d'une plante, sa conformation générale, sa forme habituelle. T. de bot. — de voix, transition insensible d'un ton inférieur à un ton supérieur. T. de mus. Arriver à bon —, sans naufrage, sans accident. Faire naufrage au —, échouer dans une entreprise quand on semblait à l'instant de réussir. Fig.

PORT, s. m. Com. du dép de l'Ain, cant. et arr. de Nantua. = Nantua.

PORTA, s. f. Com. du dép. de la Corse, chef-lieu de cant. de l'arr. de Bastia. Bur. d'enregist. = Bastia.

PORTA, s. f. Village du dép. des Pyrénées-Orientales, cant. de Saillagouse, arr. de Prades. = Prades.

PORTABLE, adj. Qui peut ou doit être porté.

PORTAGE, s. m. Action de porter; endroit où il faut porter les canots à bras. —, droit de charger gratuitement des marchandises pour son compte; quantité de marchandises, etc. que l'on peut embarquer en vertu de ce droit.

PORTAIL, s. m. Principale porte, façade principale d'une église, etc.

PORTANT, s. m. Espèce d'anse en fer aux deux bouts d'une malle, pour la porter. — ou Porte-poids, morceau de fer sous l'aimant, auquel on attache les poids. T. de phys.

PORTANT, E, adj. Qui porte. T. inus. A bout —, à brûle pourpoint. Bien ou mal —, en bonne ou mauvaise santé.

PORTATIF, IVE, adj. Aisé, facile à porter.

PORT-CROZ, s. m. Petite île située dans la Méditerranée, non loin du cap de Bonnet. On y trouve quantité de fraisiers, d'orangers, de citronniers, lavandes, etc. Elle a un petit port défendu par une tour et plusieurs forts.

PORT-D'ARMES, s. m. Action de porter les armes. —, droit de porter des armes pour sa défense personnelle; permis de chasser, de porter un fusil de chasse.

PORT-DE-LANNE, s. m. Com. du dép. des Landes, cant. de Peyrehorade, arr. de Dax. = Peyrehorade.

PORT-DIEU, s. m. Com. du dép. de la Corrèze, cant. de Bort, arr. d'Ussel. = Bort.

PORTE, s. f. Ouverture pour entrer dans un lieu clos et pour en sortir; assemblage de bois ou de fer pour fermer l'entrée d'une maison, d'une ville. — cochère, porte assez grande pour permettre l'entrée des voitures. —, ouverture pour le crochet de l'agrafe. —, issue, accès, moyen d'arriver. Fig. La —, la sublime —, la — ottomane, la cour de l'empereur turc, du grand-seigneur. Mettre à la —, chasser. Prendre la —, s'évader. Refuser sa — à quelqu'un, lui interdire l'entrée de sa maison. Mettre la clef sous la —, déménager furtivement. — de derrière, fauxfuyant. De — en —, de maison en maison. —, adj. Se dit d'une veine considérable qui porte le sang au foie pour la sécrétion de la bile ; veine porte. T. d'anat.

PORTÉ, E, part. Supporté, transporté d'un lieu dans un autre.

PORTE-AIGUILLE, s. m. Pince pour tenir et alonger l'aiguille. T. de chir.

PORTE-AIGUILLONS, s. m. pl. Insectes hyménoptères. T. d'hist. nat.

PORTE-ALLUME, s. m. Réchaud contenant des morceaux de bois allumés que l'on pose à l'entrée du four. T. de boulanger.

PORTE-ARQUEBUSE, s. m. Officier qui portait le fusil du roi et des princes à la chasse.

PORTE-ASSIETTE, s. m. Cercle de métal pour mettre sous les plats.

PORTE-AUGE, s. m. Aide-maçon pris au besoin.

PORTE-AUNE, s. m. Morceau de bois ou de fer qui soutient l'aune, pour pouvoir mesurer sans l'aide de personne.

PORTE-BAGUETTE, s. m. Anneau qui reçoit et porte la baguette d'un fusil de munition, etc.

PORTE-BALANCE, s. m. Tige de fer adaptée sur un pied, avec une sorte de crochet à son extrémité supérieure, pour suspendre une petite balance.

PORTE-BALLE, s. m. Mercelot qui porte ses marchandises dans une balle.

PORTE-BARRES, s. m. pl. Anneaux de corde qui supportent les barres d'un attelage.

PORTE-BOSSOIR, s. m. Appui sous les bossoirs. T. de mar.

PORTE-BOUCHOIR, s. m. Tablette ou autel, le devant du four. T. de boulanger.

PORTE-BOUGIE, s. m. Instrument pour conduire dans l'urètre et la dilater, la sonde ou une bougie. T. de chir.

PORTE-BROCHE, s. m. Manche mobile de différens outils. T. de mét.

PORTE-CARREAU, s. m. Carré de menuiserie qui porte le carreau ou coussin.

PORTE-CHAPE, s. m. Chantre qui porte ordinairement la chape dans une église.

PORTE-CHARNIÈRE, s. m. Carrés appliqués à la cuvette. T. d'orfév.

PORTE-CHOUX, s. m. Criquet, petit cheval de jardinier. T. fam.

PORTE-CLEFS, s. m. Geolier qui porte les clefs.

PORTE-COFFRE, s. m. Officier qui portait le coffre dans lequel étaient renfermées les lettres à sceller.

PORTE-COLLET, s. m. Pièce de carton ou de baleine couverte d'étoffe, qui porte le rabat.

PORTE-COTON, s. m. Valet de garderobe. —, vil complaisant. T. fam.

PORTE-COUTEAU, s. m. Instrument pour couper le fil de fer dont on fait les hameçons.

PORTE-CRAYON, s. m. Instrument de métal dans lequel on assujettit un crayon.

PORTE-CRÊTE, s. m. Sorte de lézard.

PORTE-CROIX, s. m. Enfant de chœur qui porte la croix devant un prélat dans une procession.

PORTE-CROSSE, s. m. Celui qui porte la crosse d'un évêque.

PORTE-DIEU, s. m. Prêtre qui porte le viatique.

PORTE-DRAPEAU, s. m. Officier qui porte le drapeau dans un régiment d'infanterie.

PORTÉE, s. f. Ventrée, tout les petits que la femelle d'un quadrupède porte et met bas en une fois. —, distance à laquelle une arme à feu peut atteindre. —, distance où peut s'étendre la main, proximité, étendue de la voix, de la vue. —, étendue de l'esprit, de l'intelligence, aptitude, capacité. Fig. —, ce qu'il est possible de faire, eu égard à la fortune, à la position. —, capacité d'un navire ; partie d'une pièce de charpente qui porte sur un mur ou sur un pilier ; étendue d'une pièce de bois. —, certain nombre de fils qui font partie de la chaîne. T. de manuf. —, point où porte un pivot. T. d'horlog. —, les cinq lignes sur lesquelles sont posées les notes. T. de mus. —, pl. Traces du bois du cerf. T. de véner.

PORTE-ENSEIGNE, s. m. Officier qui porte l'enseigne.

PORTE-ÉPÉE, s. m. Morceau de cuir ou d'étoffe pour soutenir l'épée.

PORTE-ÉPERON, s. m. Morceau de cuir qui soutient l'éperon.

PORTE-ÉPONGE, s. m. Outil de tourneur, pince pour porter une éponge.

PORTE-ÉTENDARD, s. m. Officier de cavalerie qui porte l'étendard du régiment.

PORTE-ÉTRIERS, s. m. pl. Sangles de cuir attachées à la selle pour lever les étriers.

PORTE-ÉTRIVIÈRES, s. m. pl. Anneaux de fer carrés aux deux côtés de la selle.

PORTE-FAIX, s. m. Fort des halles et marchés, crocheteur, commissionnaire. — d'en haut et d'en bas, les deux points d'appui du grand ressort du métier à bas.

PORTE-FEU, s. m. Canal par lequel on allume un four à chaux; conduit de l'amorce des fusées des feux d'artifice; bois d'une fusée à bombe, à grenades. T. d'artill.

PORTEFEUILLE, s. m. Carton plié et couvert de parchemin ou de peau, avec plusieurs séparations dans l'intérieur, pour enfermer des papiers, les porter dans sa poche. —, muscle sous-scapulaire. T. d'anat. —, rapette vulgaire, plante vulnéraire, à fleurs bleues. T. de bot.

PORTE-FORET, s. m. Outil d'orfèvre, de lapidaire.

PORTE-GARGOUSSE, s. m. Cylindre creux en bois léger, pour porter les gargousses. T. d'artill.

PORTE-HAUBANS, s. m. pl. Longues pièces de bois qui soutiennent les haubans. T. de mar.

PORTE-HUILE, s. m. Petit outil pour mettre de l'huile aux pivots des rouages d'une montre. T. d'horlog.

PORTE-IRIS, s. m. Méduse, zoophite sur lequel brillent les couleurs de l'arc-en-ciel.

PORTE-JOYE, s. m. Com. du dép. de l'Eure, cant. de Pont-de-l'Arche, arr. de Louviers. = Louviers.

PORTEL, s. m. Com. du dép. de l'Aude, cant. de Sigean, arr. de Narbonne. = Sigean.

PORTE-LAMBEAUX, s. m. Oiseaux chanteurs, espèce de martin. T. d'hist. nat.

PORTE-LAME, s. m. Pièce du métier de tisserand.

PORTE-LANTERNE, s. m. Voy. FULGORES. T. d'hist. nat.

PORTE-LENTILLE, s. f. Voy. NIDULAIRES. T. de bot.

PORTE-LETTRES, s. m. Petit portefeuille.

PORTE-LOTS ou **PORTELOTS**, s. m. pl. Pièce de bois autour d'un bateau foncet. T. de charp.

PORTE-LUMIÈRE, s. m. Instrument pour introduire un rayon de lumière dans un lieu obscur.

PORTE-LYRES, s. m. pl. Oiseaux sylvains, tétradactyles. T. d'hist. nat.

PORTE-MALHEUR, s. m. Personne dont la compagnie est ou semble être funeste.

PORTE-MANCHON, s. m. Grand anneau qui soutenait le manchon, à l'aide d'un ruban attaché à la ceinture.

PORTE-MANTEAU, s. m. Officier chargé de porter le manteau du roi dans les cérémonies. —, sorte de valise de cuir ou d'étoffe. —, traverse en bois, garnie de distance en distance de petits supports en forme de pomme tronquée, pour suspendre les habits.

PORTE-MÈCHE, s. m. Instrument de chirurgie pour enfoncer la charpie dans les plaies fistuleuses. T. de chir.

PORTEMENT, s. m. Tableau représentant J.-C. portant sa croix.

PORTE-MIROIR, s. m. Voy. BOMBYX. T. d'hist. nat.

PORTE-MISSEL, s. m. Petit pupitre.

PORTE-MITRE-D'OR, s. m. Chardonneret. T. d'hist. nat.

PORTE-MONTRE, s. m. Coussinet sur lequel on suspend une montre. —, pl. Armoire vitrée d'horloger.

PORTE-MORS, s. m. Cuir qui soutient le mors de la bride.

PORTE-MORTS, s. m. pl. Voy. NÉCROPHORE. T. d'hist. nat.

PORTE-MOUCHETTES, s. m. Plateau oblong pour mettre les mouchettes.

PORTE-MOUSQUETON, s. m. Agrafe à la bandoulière d'un cavalier, pour soutenir le mousqueton. —, agrafe à côté mobile aux chaînes et cordons de montre.

PORTE-MOXA, s. m. Instrument qui tient le moxa appliqué. T. de chir.

PORTE-MUSC, s. m. Voy. CHEVROTAIN. T. d'hist. nat.

PORT-EN-BESSIN, s. m. Com. du dép. du Calvados, cant. de Ryes, arr. de Bayeux. = Bayeux.

PORTE-NOIX, s. m. Grand arbre d'Amérique. T. de bot.

PORTE-ORIFLAMME, s. m. Chevalier qui portait l'oriflamme.

PORTE-PAGE, s. m. Morceau de papier fort sur lequel le compositeur pose une page de caractères. T. d'impr.

PORTE-PIÈCE, s. m. Outil de cordonnier.

PORTE-PIERRE, s. m. Porte-crayon pour la pierre infernale, le nitrate d'argent. T. de chir.

PORTE-PLUME, s. m. Voy. PTÉROPHORE. T. d'hist. nat.

PORTE-PLUMET, s. m. Nérite fluviatile. T. d'hist. nat.

PORTE-PRESSE, s. m. Bâti qui porte la presse. T. de rel.

PORTE-QUEUE, s. m. Papillon à queue. T. d'hist. nat.

PORTER, s. m. Bière anglaise, très forte.

PORTER, v. a. Supporter, soutenir, transporter une charge, un fardeau, d'un lieu à un autre; charrier, voiturer. —, tenir à la main; porter une canne. —, avoir sur soi pour l'usage ou comme vêtement; porter de l'argent dans sa poche, des habits de deuil. —, tenir; porter la tête haute. —, avoir; porter un nom. —, appliquer; porter un coup. —, diriger; porter ses pas, ses regards. —, faire aller, conduire; pousser, étendre; porter la main à son épée, porter ses armes dans un pays. Prop. et fig. —, être cause; porter bonheur. —, souffrir, endurer; porter la peine due à son crime. —, exprimer, annoncer, déclarer, régler, statuer, ordonner, prescrire; peine portée par une loi. —, écrire, enregistrer; porter sur un livre. —, protéger, favoriser; assister de son crédit; être haut, long ou large; produire, en parlant des arbres, etc. — à, exciter; porter à la vengeance. — amitié, respect, aimer, respecter. — témoignage, témoigner pour ou contre. —, v. a. et n. Etre pleine, en parlant de la femelle des animaux. —, v. n. Poser, être soutenu. —, atteindre à une certaine distance, en parlant d'une arme à feu; votre fusil porte bien. —, avoir dans ses armoiries. T. de blas. Se —, v. pron. Diriger ses pas vers un lieu. Se — bien ou mal, être en bonne ou mauvaise santé. Se — à des excès, se livrer, s'abandonner à des emportemens. Se — contre l'ennemi, s'avancer. T. d'art milit. Se — caution pour quelqu'un, donner garantie de l'exécution de ses promesses. Se — partie civile, intervenir civilement dans une action correctionnelle poursuivie à la requête du ministère public. T. de procéd.

PORTE-RAMES, s. m. Planche qui supporte les ficelles. T. de manuf.

PORTEREAU, s. m. Construction en bois pour lâcher ou retenir l'eau d'une usine. —, morceau de bois pour porter à bras une pièce de charpente. T. de charp.

PORTE-RESPECT, s. m. Arme, personne qui en impose. —, marque extérieure de dignité.

PORTES, s. f. Com. du dép. de l'Ariège, cant. de Mirepoix, arr. de Pamiers. = Mirepoix.

PORTES (les), s. f. pl. Com. du dép. de la Charente-Inférieure, cant. d'Ars, arr. de la Rochelle. = St.-Martin-de-Ré.

PORTES (les), s. f. pl. Com. du dép. de la Creuse, cant. de Bellegarde, arr. d'Aubusson. = Auzances.

PORTES, s. f. Com. du dép. de la Drôme, cant. et arr. de Montélimar. = Montélimar.

PORTES, s. f. Com. du dép. de l'Eure, cant. de Conches, arr. d'Evreux. = Conches.

PORTES, s. f. Com. du dép. du Gard, cant. de Genolhac, arr. d'Alais. = Genolhac.

PORTE-SCIE, s. m. Famille d'insectes hyménoptères. T. d'hist. nat.

PORTE-SEL, s. m. Panier pour transporter le sel. T. de sal.

PORTÉSIE, s. f. Plante de la famille des rubiacées. T. de bot.

PORTE-SOIE, s. m. Poule et coq du Japon couvert de duvet. T. d'hist. nat.

PORTE-SONDE, s. m. Instrument pour porter la sonde, dans l'opération de la fistule. T. de chir.

PORTET, s. m. Com. du dép. de la Haute-Garonne, cant. et arr. de Toulouse. = Toulouse.

PORTET, s. m. Com. du dép. des Basses-Pyrénées, cant. de Garlin, arr. de Pau. = Pau.

PORTE-TAPISSERIE, s. m. Châssis sur lequel on applique la tapisserie d'une porte.

PORTE-TARIÈRE, s. m. Outil d'arquebusier; insecte hyménoptère. T. d'hist. nat.

PORTET-D'ASPET, s. m. Com. du dép. de la Haute-Garonne, cant. d'Aspet, arr. de St.-Gaudens. = St.-Gaudens.

PORTET-DE-LUCHON, s. m. Com. du dép. de la Haute-Garonne, cant de Bagnères-de-Luchon, arr. de St.-Gaudens. = Bagnères-de-Luchon.

PORTE-TRAIT, s. m. Morceau de cuir qui soutient les traits des chevaux de carrosse.

PORTETS, s. m. Com. du dép. de la Gironde, cant. de Podensac, arr. de Bordeaux. = Castres.
Cette com., située sur la Garonne, a un petit port où l'on charge pour Bordeaux les productions du dép. des Landes.

PORTE-TUBE, s. m. Coquille fossile. T. d'hist. nat.

PORTE-TUYAUX, s. m. pl. Insectes hyménoptères. T. d'hist. nat.

PORTEUR, EUSE, s. Commissionnaire. —, crocheteur, porte-faix; messager chargé de rendre une lettre, une dépêche, etc. —, cessionnaire d'un billet ou d'une lettre de change endossée à son ordre. —, cheval sur lequel monte le postillon.

PORTE-VALISE, s. m. Officier qui marche devant les écuyers du pape.

PORTE-VENT, s. m. Tuyau qui porte le vent des soufflets dans le sommier de l'orgue. —, tuyau qui dirige la flamme. T. d'émailleur.

POTE-VERGE, s. m. Bedeau qui porte une baguette de baleine devant son curé.

PORTE-VERGUES, s. m. pl. Pièces de bois en forme d'arc à l'éperon d'un navire. T. de mar.

PORTE-VIS, s. m. Pièce du fusil qui reçoit les vis. T. d'arqueb.

PORTE-VOIX, s. m. Instrument en forme de trompette, pour porter la voix au loin.

PORT-FRANC, s. m. Port ouvert à toutes les nations, sans exiger aucun droit. —, exemption du droit de port de lettres.

PORTIER, s. m. Gardien de la porte d'une maison, d'un couvent. —, le premier des quatre ordres mineurs; celui qui y est promu.

PORTIÈRE, s. f. Femme d'un portier, gardienne d'une porte. —, religieuse qui veille à la porte d'un couvent. —, espèce de rideau devant une porte. —, ouverture d'un carrosse pour monter et descendre; porte de cette ouverture. —, jument, brebis qui a un petit. —, pl. Venteaux à l'embrasure d'une batterie. T. d'artill.

PORTIEUX, s. m. Com. du dép. des Vosges, cant. de Charmes, arr. de Mirecourt. = Mirecourt. Verrerie et fontaine d'eau minérale.

PORTION, s. f. Partie d'un tout, en général; lot, part. —, quantité d'alimens qui revient à chacun.

PORTIONCULE, s. f. Petite portion. T. fam.

PORTIONNAIRE, s. et adj. Qui prend une portion, qui a une part. T. inus.

PORTIQUE, s. m. Galerie ouverte dont le comble est soutenu par des colonnes, des arcades. —, secte, doctrine de Zénon, des stoïciens.

PORTIRAGNES, s. m. Com. du dép. de l'Hérault, cant. et arr. de Béziers. = Béziers.

PORTLANDE, s. f. Plante du genre des rubiacées. T. de bot.

PORT-LE-GRAND, s. m. Com. du dép. de la Somme, cant. de Nouvion, arr. d'Abbeville. = Abbeville.

PORT-LESNEY, s. m. Com. du dép. du Jura, cant. de Villers-Farlay, arr. de Poligny. = Salins.

PORT-LOUIS, s. m. Petite ville maritime fortifiée du dép. du Morbihan, chef-lieu de cant. de l'arr. de Lorient. Bur. d'enregist. et de poste.

Cette ville, située sur l'Océan, à l'embouchure du Blavet, possède un port où peuvent entrer les plus gros vaisseaux; mais l'accès en est très difficile. Comm. de sardines et de poissons de toute espèce.

PORT-MARLY (le), s. m. Com. du dép. de Seine-et-Oise, cant. de Marly-le-Roi, arr. de Versailles. = Versailles.

PORT-MORT, s. m. Com. du dép. de l'Eure, cant. et arr. des Andelys. = les Andelys.

PORTO ou OPORTO, s. m. Ville maritime fortifiée du royaume de Portugal, capitale de la province entre Minho et Douro. Cette ville fait un comm. considérable de vins qu'on récolte dans ses environs. Pop. 64,000 hab. envir.

PORTOIR, s. m. Panier pour porter la pitance des religieux. —, ou portoire, s. f. Hotte pour porter la vendange.

PORTOR, s. m. Marbre noir dont les veines imitent l'or.

PORTOVECCHIO, s. m. Com. du dép. de la Corse, chef-lieu de cant. de l'arr. de Sartène. Bur. d'enregist. à Bonifacio. = Ajaccio.

Située près de l'extrémité méridionale de l'île de Corse, au fond d'une baie vaste et profonde, cette com. possède un port qui peut contenir les plus fortes escadres; c'est le plus sûr et le meilleur de l'île. Elle est entourée de légères fortifications. On trouve dans ses environs la seule saline que possède l'île de Corse.

PORTRAIRE, v. a. Peindre, faire le portrait de quelqu'un. (Vi.)

PORTRAIT, s. m. Peinture à l'huile ou en miniature représentant les traits, la physionomie d'une personne. —, ressemblance physique ou morale, description d'une personne, de ses qualités physiques ou morales; description d'une chose quelconque. —, marteau de paveur.

PORTRAIT, E, part. Peint.

PORTRAITIQUE, adj. Qui tient du portrait. T. inus.

PORTRAITURE, s. f. Art de portraire; portrait. Livre de —, qui enseigne à dessiner, à faire des portraits.

PORTS, s. m. Com. du dép. d'Indre-et-Loire, cant. de Ste.-Maure, arr. de Chinon. = les Ormes.

PORT-STE.-MARIE, s. m. Com. du dép. de Lot-et-Garonne, chef-lieu de cant. de l'arr. d'Agen. Bur. d'enregist. et de poste.

PORT-ST.-PÈRE, s. m. Com. du dép. de la Loire-Inférieure, cant. de Pellerin, arr. de Paimbœuf. = Nantes.

PORT-SUR-SAÔNE, s. m. Bourg du dép. de la Haute-Saône, chef-lieu de cant. de l'arr. de Vesoul. Bur. d'enregist. et de poste. Comm. de bestiaux; construction de bateaux.

PORT-SUR-SEILLE, s. m. Com. du dép. de la Meurthe, cant. de Pont-à-Mousson, arr. de Nancy. = Pont-à-Mousson.

PORTUGAIS, E, s. et adj. Habitant du Portugal; la langue pourtugaise; qui concerne ce royaume, lui appartient. —, s. f. Monnaie d'or de Hambourg de la valeur de cent quatorze francs. —, manière d'amarrer ensemble les têtes des bigues. T. de mar.

PORTUGAL, s. m. Royaume d'Europe situé entre l'Espagne et l'Océan atlantique qui baigne ses côtes. Ce royaume s'étend entre le 37° et le 42° degrés de latitude septentrionale, le 8° et le 12° de longitude occidentale. Il est arrosé par le Tage, le Douro et la Guadiana. Pop. 3,816,000 hab. envir.

PORTULACAIRE, s. m. Arbrisseau d'Afrique. T. de bot.

PORTULACÉES, s. f. pl. Famille des pourpiers. T. de bot.

PORTULAN, s. m. Livre contenant la description des côtes, des ports, etc.

PORTUNE, s. m. Genre de crustacés décapodes. T. d'hist. nat.

PORT-VENDRES, s. m. Petite ville du dép. des Pyrénées-Orientales, cant. d'Argelès, arr. de Céret. = Collioure. Cette petite ville, très agréable et très bien bâtie, possède un port sûr et commode abrité par de hautes montagnes et défendu par plusieurs forts. Le bassin, qui peut recevoir 300 vaisseaux, a trente pieds de profondeur dans toute son étendue. On a donné à ce port deux points de reconnaissance en faisant mettre à blanc le port St.-Elme et la tour de la Massane, placés sur les plus hautes montagnes des Pyrénées que l'on voit de 15 à 20 l., et en faisant allumer la nuit, à l'entrée du port, un fanal dont la lumière s'étend à plus de 4 l. au large par un beau temps. Comm. de grains, vins, eaux-de-vie, huile, etc.

PORT-VILLEZ, s. m. Com. du dép. de Seine-et-Oise, cant. de Bonnières, arr. de Mantes. = Vernon.

PORYDROSTER, s. m. Instrument pour déterminer la pesanteur des fluides. T. de phys.

PORZANE, s. f. Grande poule d'eau. T. d'hist. nat.

POSAGE, s. m. Travail et dépense pour poser certains ouvrages.

POSANGES, s. m. Com. du dép. de la Côte-d'Or, cant. de Vitteaux, arr. de Semur. = Vitteaux.

POSE, s. f. Travail pour poser les pierres. T. d'arch. —, attitude du modèle. T. de peint. et de sculp. —, sentinelle qu'on pose après la retraite battue; caporal de pose. T. d'art milit.

POSÉ, E, part. Mis en place, placé. —, mis en fait, en principe; supposé. Fig. —, adj. Tranquille, rassis, grave; homme posé.

POSÉMENT, adv. Sans se presser; doucement, modérément, lentement, gravement.

POSEN ou **POSNAN**, s. m. Ville et duché du royaume de Prusse qui faisait partie de l'ancienne Pologne.

POSER, v. a. Mettre doucement un objet sur un autre; placer; mettre dans le lieu, dans la situation convenable; fixer sur une base. —, établir pour véritable, pour constant; poser un fait, un principe. —, supposer. — un modèle, le placer dans l'attitude convenable. T. de peint. — les armes, les mettre bas, faire la paix. Fig. —, v. n. Être posé, porté sur une base; la poutre pose sur le mur. —, demeurer pendant un certain temps dans la position que vous indique le peintre, en parlant d'un modèle ou d'une personne qui se fait peindre.

POSES, s. f. Com. du dép. de l'Eure, cant. de Pont-de-l'Arche, arr. de Louviers. = Pont-de-l'Arche.

POSEUR, s. m. Compagnon maçon qui pose les pierres.

POSITIF, s. m. Chose certaine. T. fam. —, petit buffet d'orgue devant le grand, orgue portatif. —, premier degré dans les adjectifs de comparaison, celui qui exprime simplement la qualité; beau, bon. T. de gramm.

POSITIF, IVE, adj. Certain, constant, assuré, indubitable; l'opposé de relatif, d'arbitraire, de négatif, de naturel. Quantité —, précédée du signe d'addition. T. d'alg.

POSITION, s. f. Situation d'un lieu, d'un être, d'un corps. —, attitude dans les exercices du corps. —, état heureux ou malheureux; état moral, civil; circonstance, conjoncture. Fig. —, point de doctrine dans une thèse. —, terrain choisi pour les évolutions d'une armée. T. d'art milit. —, situation d'un bâtiment par rapport aux points de l'horizon. T. d'arch. —, attitude des figures d'un tableau. T. de peint. Règle de fausse

—, basée sur une supposition. T. d'arith.

POSITIONNAIRE, s. m. Poinçon pour marquer les positions sur les cartes géographiques.

POSITIVEMENT, adv. D'une manière positive, certainement, assurément; précisément, à point nommé, expressément.

POSOLE, s. m. Boisson des Indiens composée de blé d'inde bouilli.

POSOLOGIE, s. f. Indication des doses auxquelles les divers médicamens doivent être administrés. T. de méd.

POSOPOPA, s. m. Espèce de papayer. T. de bot.

POSOQUERI, s. m. Arbrisseau de la Guiane. T. de bot.

POSPOLITE, s. f. Réunion de l'ancienne noblesse de Pologne en corps d'armée.

POSSÉDÉ, E, part. Se dit d'une chose, d'un bien dont la possession, la jouissance a été concédée. —, s. et adj. Tourmenté du démon, démoniaque, énergumène.

POSSÉDER, v. n. Avoir à sa disposition, en sa possession, être maître d'user, de jouir d'une chose. —, occuper; posséder un emploi. —, savoir parfaitement, être versé dans la connaissance d'un auteur, d'une langue; posséder son Virgile, son latin. —, dominer entièrement, maîtriser, en parlant des passions. — les bonnes grâces d'un grand, en être aimé, favorisé. Se —, v. pron. Etre maître de soi, de ses passions.

POSSESSE, s. m. Com. du dép. de la Marne, cant. de Heiltz-le-Maurupt, arr. de Vitry. = Vitry-le-Français.

POSSESSEUR, s. m. Propriétaire qui a la jouissance, la possession d'un bien.

POSSESSIF, IVE, adj. Qui marque la possession; pronom possessif. T. de gramm.

POSSESSION, s. f. Jouissance d'un bien quelconque. —, état d'un possédé du démon. —, pl. Biens fonds, héritages, domaines, etc.

POSSESSOIRE, s. m. Possession; droit de posséder. —, adj. Se dit d'une action formée pour être maintenu ou réintégré dans la possession d'un bien. T. de procéd.

POSSESSOIREMENT, adv. Relativement à la possession, à la jouissance. T. de procéd.

POSSET, s. m. Liqueur anglaise composée de vin, d'eau, de lait bouilli et de bière.

POSSIBILITÉ, s. f. Qualité de ce qui est possible.

POSSIBLE, s. m. et adj. Ce qui peut être, arriver, avoir lieu, se faire. Faire son —, faire tous ses efforts, tout ce qu'on peut. —, adv. Peut-être. Au —, autant qu'il est possible. T. inus.

POSSIRE, s. m. Arbre légumineux. T. de bot.

POST ou POSCH, s. m. Poisson du genre du persègue. T. d'hist. nat.

POST-COMMUNION, s. f. Oraison du prêtre après la communion.

POSTDAM, s. m. Ville de Prusse, résidence royale, à six lieues de Berlin. Pop. 18,300, hab. env.

POSTDATE, s. f. Date postérieure à la vraie.

POSTDATÉ, E, part. Daté postérieurement.

POSTDATER, v. a. Dater un acte, un billet, postérieurement à l'époque où il a été consenti.

POSTE, s. m. Charge, emploi, fonction; occuper le poste d'ambassadeur. Se rendre à son —, où l'on doit exercer les fonctions de son emploi. —, position d'un corps de troupes; corps-de-garde, lieu où un factionnaire est placé.

POSTE, s. f. Relais établis pour la commodité des voyageurs; maison d'un maître de poste, ses écuries, ses chevaux; distance d'un relais à l'autre, fixée par les ordonnances à deux lieues. Voyager en —, de poste en poste. —, administration des postes; la malle-poste, le courrier; bureau pour le départ, la réception et la distribution des lettres; le facteur qui fait cette distribution. — restante, la lettre devant rester au bureau. —, petite balle de plomb pour une arme à feu, chevrotine. —, dernière position du cristal fondu pour les glaces; verre attaché à la canne. —, pl. Ornemens de sculpture en spirale et feuillages, ou leur bizarre imitation.

POSTÉ, E, part. Placé dans un poste, dans un endroit quelconque.

POSTELS, s. m. pl. Chardons à carder la laine. T. de manuf.

POSTER, v. a. Placer dans un poste, dans un endroit quelconque. Se —, v. pron. Se placer dans un lieu pour attendre, se mettre en observation.

POSTÉRIEUR, s. m. Le derrière. T. fam.

POSTÉRIEUR, E, adj. Qui suit dans l'ordre des temps; événement postérieur. —, qui est derrière, partie postérieure.

POSTÉRIEUREMENT, adv. Après,

subséquemment ; depuis, plus récemment.

POSTÉRIORITÉ, s. f. Etat, rang, ordre d'un événement postérieur.

POSTÉRITÉ, s. f. Descendans d'une même origine, rejetons d'une même souche, d'une famille. —, les générations à venir.

POSTÉROMANIE, s. f. Manie des familles nobles qui s'enorgueillissent d'une longue suite d'aïeux, d'un auteur prétentieux qui veut aller à la postérité.

POST-FACE, s. f. Avertissement, épilogue.

POSTHUME, s. m. adj. Né après le décès de son père, en parlant d'un enfant. Ouvrage —, publié après la mort de l'auteur.

POSTICHE, adj. Fait et ajouté après coup ; ornement postiche. —, faux ; cheveux, dents postiches. —, deplacé, inconvenant, étranger au sujet ; épisode postiche.

POSTILLON, s. m. Employé subalterne de l'administration des postes, qui conduit les malles, les chevaux de poste. —, domestique monté à cheval pour mener la voiture de son maître. —, petite patache pour aller à la découverte. T. de mar.

POST-LIMINIE, s. f. Rétablissement de l'état où l'on était avant la guerre.

POSTOLLE (la), s. f. Com du dép. de l'Yonne, cant. de Villeneuve-l'Archevêque, arr. de Sens. = Sens.

POST-POSÉ, E, part. Mis après. (Vi.)

POST-POSER, v. a. Mettre après ; sacrifier. (Vi.)

POST-POSITIF, IVE, adj. Qui sert à être mis après ou à la fin d'un mot. T. de gramm.

POST-POSITION, s. f. Evolution militaire par suite de laquelle l'infanterie légère se trouvait à la queue de la phalange. T. d'antiq. —, retard du paroxysme. T. de méd.

POSTROFF, s. m. Com. du dép. de la Meurthe, cant. de Fénétrange, arr. de Sarrebourg. = Sarrebourg.

POST-SCRIPTUM, s. m. (mots latins). Ecrit après la signature.

POSTULANT, E, s. et adj. Solliciteur, aspirant, candidat, prétendant, avocat. —, qui pouvait remplir les fonctions de procureur.

POSTULAT, s. m. Demande d'un premier principe, pour établir une démonstration. T. de géom.

POSTULATEUR, s. m. Avocat postulant chargé de suivre sur une demande en canonisation.

POSTULATION, s. f. Demande ; fonction d'un avocat postulant. —, supplique adressée au pape par un chapitre d'Allemagne, afin d'obtenir une dispense en matière d'élection.

POSTULÉ, E, part. Demandé avec persévérance, sollicité.

POSTULER, v. a. Demander avec persévérance, solliciter vivement, faire des démarches, briguer, intriguer pour obtenir un emploi, etc. —, v. n. Occuper en demandant, faire les actes de procédure. T. de procéd.

POSTURE, s. f. Position, situation, attitude du corps. Se mettre en —, en mesure, en disposition. —, position particulière, situation par rapport à la fortune. Fig.

POSYDON, s. m. Genre de crustacés décapodes. T. d'hist. nat.

POT, s. m. Vase de terre ou de métal ; marmite. —, ancienne mesure de deux pintes ; son contenu. —, ancien casque ; marcher le pot en tête. —, sorte de papier. — de fleurs, où il y a des fleurs. — à fleurs, pour en mettre. — à feu, rempli d'artifices. — aux roses, secret d'une intrigue. — au noir, piége, Fig. — pourri, ragoût de différentes sortes de viandes et de légumes ; sachet plein de fleurs et d'herbes odoriférantes ; amalgame bizarre de morceaux décousus pris çà et là, sans ordre et sans choix ; discours plein de confusion, inintelligible ; récit en chansons sur différens airs. T. de litter. et de mus. Sourd, bête comme un —, très sourd, très bête. Tourner autour du —, user de circonlocutions, de détours. Payer les — cassés, supporter les frais, le dommage. —, pl. creusets de verrerie.

POT (St.-), s. m. Com. du dép. du Gers, cant. de Riscle, arr. de Mirande. = Aire-sur-l'Adour.

POTABLE, adj. Passable, buvable, qu'on peut boire ; vin potable. Or —, rendu liquide et qu'on pourrait boire. T. d'alchimie.

POTAGE, s. m. Bouillon, soupe ; potage au vermicelle, au riz, au gras, au maigre. Pour tout —, pour tout bien, pour toute ressource. Fig. et fam.

POTAGER, s. m. Fourneau de cuisine où l'on fait cuire le potage, etc. —, vase dans lequel on porte le dîner des ouvriers. —, jardin où l'on cultive les légumes.

POTAGER, ÈRE, adj. Qui prépare les potages ; cuisinier potager. Jardin —, pour les légumes. Plantes, herbes —, légumes de toute espèce.

POTALIE, s. f. Plante de la Guiane. T. de bot.

POTAMÉIE, s. m. Arbuste voisin du laurier. T. de bot.

POTAMOGRAPHIE, s. f. Description des fleuves.

POTAMOGRAPHIQUE, adj. Qui concerne la potamographie.

POTAMOGRAPHIQUEMENT, adj. Par la potamographie.

POTAMOPHILE, s. m. Plante graminée de la Nouvelle-Hollande. T. de bot.

POTAMOT, s. m. Genre de plantes fluviales. T. de bot.

POTAN (St.-), s. m. Com. du dép. des Côtes-du-Nord., cant. de Matignon, arr. de Dinan. = Plancoët.

POTANGIS, s. m. Com. du dép. de la Marne, cant. d'Esternay, arr. d'Epernay. = Villeneuve.

POTASSE, s. f. Sel alkali fixe, produit des cendres des végétaux ; oxyde de potassium.

POTASSÉ, E, adj. Légèrement combiné avec la potasse. T. de chim.

POTASSIUM, s. m. Substance, base de la potasse. T. de chim.

POT-AU-FEU, s. m. Marmite dans laquelle bout de la viande pour le potage ; morceau de bœuf pour mettre dans cette marmite.

POT-DE-CHAMBRE, s. m. Vase pour uriner ; sorte de voiture publique.

POT-DE-VIN, s. m. Somme en sus du prix, à titre de cadeau.

POTE, adj. f. Grosse et enflée ; main pote. T. fam.

POTEAU, s. m. Pièce de charpente placée debout et isolée pour divers usages. —, pièce de bois pour divers ouvrages de charpente.

POTÉE, s. f. Plein un pot, contenu d'un pot. —, grand nombre ; potée d'enfans. Fig. et fam. —, nom de diverses compositions de fondeurs, de polisseurs de glace, etc. ; potée d'étain, d'émeri.

POTELÉ, E, adj. Gras, dodu ; bras potelé.

POTELÉE, s. f. Voy. JUSQUIAME.

POTELET, s. m. Petit poteau d'un escalier. T. de charp.

POTELLES, s. f. Com. du dép. du Nord, cant. du Quesnoy, arr. d'Avesnes. = le Quesnoy.

POTELLIÈRES, s. f. Com. du dép. du Gard, cant. de St.-Ambroix, arr. d'Alais. = St.-Ambroix.

POTELOT, s. m. Mine de plomb, molybdène.

POTENCE, s. f. Assemblage de trois pièces de charpente, l'une placée perpendiculairement, l'autre ajustée horizontalement au moyen d'une mortaise, et la troisième en biais pour soutenir la seconde ; gibet ; supplice du gibet. Gibier de —, voleur, assassin. —, mesure en forme de potence pour toiser un homme, pour connaître sa taille ; étai pour soutenir une poutre, un plancher ; bois, fer en saillie pour attacher, suspendre ; bâton, appui, béquille. —, nom de divers outils. T. d'arts et mét.

POTENCÉ, E, adj. Se dit d'une croix qui a une traverse à chaque bout. T. de blas.

POTENTAT, s. m. Roi, empereur, souverain puissant, d'un grand état.

POTENTIEL, LE, adj. Se dit des caustiques comme le nitrate, qui n'exercent leur action que progressivement, par opposition au feu ; cautère actuel, cautère potentiel. T. de chir.

POTENTILLE, s. f. Arbuste rosacé, argentiné. T. de bot.

POTERA, s. m. Hameçon sans appât attaché à un leurre en plomb. T. de pêch.

POTERIE, s. f. Vaisselle de terre, de grès ou d'étain ; fabrique, marchandise du potier.

POTERIE (la), s. f. Com. du dép. des Côtes-du-Nord, cant. de Lamballe, arr. de St.-Brieuc. = Lamballe.

POTERIE (la), s. f. Com. du dép. de l'Orne, cant. de Tourouvre, arr. de Mortagne. = St.-Maurice.

POTERIE-DES-VIGNATS (la), s. f. Com. du dép. de l'Orne, cant. de Trun, arr. d'Argentan. = Argentan.

POTERNE, s. f. Porte secrète pour opérer les sorties. T. de fortif.

POTESTATIF, IVE, adj. Facultatif. T. de jurisp.

POTEYÉ, E, part. Enduit de pierre ponce, en parlant des moules du potier d'étain.

POTEYER, v. a. Enduire de pierre ponce les moules pour les ouvrages d'étain.

POTHIÈRES, s. f. Com. du dép. de la Côte-d'Or, cant. et arr. de Châtillon-sur-Seine. = Châtillon-sur-Seine.

POTIER, s. m. Fabricant et marchand de poterie, de vaisselle de terre cuite. — d'étain, fondeur qui fait et vend des ouvrages d'étain, de la vaisselle d'étain.

POTIGNY, s. m. Com. du dép. du Calvados, cant. et arr. de Falaise. = Falaise.

POTILLES, s. f. pl. Montans de bois avec des rainures, dans lesquelles glissent les vannes. T. de forges.

POTIN, s. m. Cuivre jaune; son mélange avec l'étain, le plomb, la calamine. —, cucurbite de fonte pour la distillation des eaux fortes.

POTINIÈRES, s. f. pl. Manches, filets pour prendre de petites sardines; mailles très serrées de ces filets.

POTION, s. f. Médicament liquide qui s'administre ordinairement par cuillerées. T. de méd.

POTIRON, s. m. Sorte de grosse citrouille dont la pulpe est rafraîchissante, pectorale. —, pl. Famille de champignons. T. de bot.

POTOROO, s. m. Mammifère de la famille des marsupiaux. T. d'hist. nat.

POTOSI, s. m. Ville du Pérou, dans les environs de laquelle on trouve des mines d'argent très abondantes.

POTTE, s. f. Com. du dép. de la Somme, cant. de Nesle, arr. de Péronne. = Nesle.

POTTERIE (la), s. f. Com. du dép. de la Seine-Inférieure, cant. de Criquetot-Lesneval, arr. du Hâvre. = Montivilliers.

POTTERIE-MATHIEU (la), s. f. Com. du dép. de l'Eure, cant. de St.-Georges-du-Vièvre, arr. de Pont-Audemer. = Pont-Audemer.

POU, s. m., pl. Poux. Vermine, insecte parasite, ovipare. — d'agouti, insecte microscopique, rouge, qui cause de vives démangeaisons. — de baleine, coquille du genre des balanes qu'on trouve fréquemment sur les baleines. — des bois, fourmi blanche, insecte ailé. Voy. Psoque. — de mer, coquille du genre porcelaine; cloporte de mer. — de rivière ou des poissons, entomostracé. — des oiseaux. Voy. Ricin. — des polypes, animal parasite des polypes. — des tortues, coquille du genre des balanes. — volant ou ailé, insecte diptère. — de soie, sorte d'étoffe de soie.

POUACRE, s. m. Espèce de héron. T. d'hist. nat. —, adj. Sale, malpropre. T. fam.

POUACRERIE, s. f. Saleté, malpropreté; avarice, lésine. Fig.

POUAH, interj. qui exprime le dégoût.

POUAN, s. m. Com. du dép. de l'Aube, cant. et arr. d'Arcis-sur-Aube. = Arcis-sur-Aube.

POUANÇAY, s. m. Com. du dép. de la Vienne, cant. des Trois-Moutiers, arr. de Loudun. = Loudun.

POUANCÉ, s. m. Petite ville du dép. de Maine-et-Loire, chef-lieu de cant. de l'arr. de Segré. Bur. d'enregist. = Segré. Hauts-fourneaux, forges et martinets.

POUANGE (St.-), s. m. Com. du dép. de l'Aube, cant. de Bouilly, arr. de Troyes. = Troyes.

POUANT, s. m. Com. du dép. de la Vienne, cant. de Monts, arr. de Loudun. = Richelieu.

POUBEAU, s. m. Com. du dép. de la Haute-Garonne, cant. de Bagnères-de-Luchon, arr. de St.-Gaudens. = Bagnères-de-Luchon.

POUC, s. m. Rat du nord.

POUCE, s. m. Le plus gros doigt de la main et du pied. Mettre les —, céder, se soumettre. Fig. et fam. S'en mordre les —, se repentir. Jouer du —, compter de l'argent. —, mesure de douze lignes. —, pièce du métier à bas sur laquelle l'ouvrier applique le pouce.

POUCETTES, s. f. pl. Corde, instrument avec lequel les gendarmes, etc., attachent ensemble les pouces des criminels.

POUCHARRAMET-ET-ST.-JEAN, s. m. Com. du dép. de la Haute-Garonne, cant. de Rieumes, arr. de Muret. = Muret.

POUCHERGUES, s. m. Com. du dép. des Hautes-Pyrénées, cant. de Bordères, arr. de Bagnères. = Arreau.

POUCHES ou POINTES, s. f. pl. Filets triangulaires. T. de pêch.

POUCIER, s. m. Doigtier de fer-blanc, de corne, ou de cuir, dont se servent certains artisans. —, doigtier propre au pouce. T. de chir.

POUD, s. m. Poids russe de trente-trois livres.

POUDENAS, s. m. Com. du dép. de Lot-et-Garonne, cant. de Mezin, arr. de Nérac. = Nérac.

POUDENX, s. m. Com. du dép. des Landes, cant. d'Hagetmau, arr. de St.-Sever. = St.-Sever.

POUDING, s. m. (mot anglais). Mets très estimé des Anglais, composé de farine, de moelle de bœuf, de raisin de Corinthe, etc.

POUDINGUE, s. m. Assemblage de petits cailloux unis par un ciment naturel; espèce de spare. T. d'hist. nat.

POUDIS, s. m. Com. du dép. du Tarn, cant. de Puylaurens, arr. de Lavaur. = Puylaurens.

POUDRE, s. f. Corpuscules légers et secs, poussière. —, substance pulvérisée, composition médicale desséchée et broyée. —, sciure, sable pour sécher l'écriture. —, amidon pulvérisé pour les cheveux. — à canon, composition de soufre, de salpêtre et de charbon pilé. —à mouches, arsenic pulvérisé. — d'or, mica réduit en sable, litharge mêlée de sable. — fulminante, composition de salpêtre, de sel de tartre et de soufre. — aux vers, vermifuges réduits en poudre.

POUDRÉ, E, part. Couvert de poudre, en parlant des cheveux.

POUDRER, v. a. Couvrir légèrement les cheveux de poudre, au moyen d'une houpe de cygne. —, saupoudrer. T. de cuis.

POUDRETTE, s. f. Fumier sec; excrémens séchés et réduits en poudre, dont on se sert pour l'engrais des terres froides.

POUDREUX, EUSE, adj. Couvert de poussière.

POUDRIER, s. m. Celui qui fait la poudre à tirer, à poudrer. —, boîte, vase où l'on met la poudre à sécher l'écriture. —, espèce de crible.

POUDRIÈRE, s. f. Fabrique, dépôt de poudre à canon; poire à poudre; boîte pour la poudre à poudrer les cheveux.

POUEY, s. m. Com. du dép. des Hautes-Pyrénées, cant. de Pouyastruc, arr. de Tarbes. = Trie.

POUEY-FERRÉ, s. m. Com. du dép. des Hautes-Pyrénées, cant. de Lourdes, arr. d'Argelès. = Lourdes.

POUÈZE (la), s. f. Com. du dép. de Maine-et-Loire, cant. du Lion-d'Angers, arr. de Segré. = le Lion-d'Angers.

POUF, s. m. Sorte de coiffure de femme. —, onomatopée exprimant le bruit de la chute d'un corps.

POUF, E, adj. Se dit du grès, du marbre qui se réduit en poudre en le taillant. Noyau —, qui a le juste degré de résistance qu'exige la fonte. T. de fondeur.

POUFFER, v. n. Eclater de rire involontairement; pouffer de rire.

POUFFOND, s. m. Com. du dép. des Deux-Sèvres, cant. et arr. de Melle. = Melle.

POUGE (la), s. f. Com. du dép. de la Creuse, cant. de Pontarion, arr. de Bourganeuf. = Bourganeuf.

POUGEOISE, s. f. Quart de denier sous St.-Louis.

POUGER, v. n. Faire vent arrière. T. de mar.

POUGET (le), s. m. Com. du dép. de l'Aveyron, cant. St.-Chély, arr. d'Espalion. = Espalion.

POUGET (le), s. m. Com. du dép. de l'Aveyron, cant. d'Asprières, arr. de Villefranche. = Villefranche-de-Rouergue.

POUGNÉ, s. m. Com. du dép. de la Charente, cant. et arr. de Ruffec. = Ruffec.

POUGNÉ-HÉRISSON, s. m. Com. du dép. des Deux-Sèvres, cant. de Secondigny-en-Gâtine, arr. de Parthenay.= Parthenay.

POUGNY, s. m. Com. du dép. de l'Ain, cant. de Collonge, arr. de Gex. = Collonge.

POUGNY, s. m. Com. du dép. de la Nièvre, cant. et arr. de Cosne. = Cosne.

POUGUES, s. m. Com. du dép. de la Nièvre, chef-lieu de cant. de l'arr. de Nevers, où se trouvent les bur. d'enregist. et de poste.

POUGY, s. m. Com. du dép. de l'Aube, cant. de Ramerupt, arr. d'Arcis-sur-Aube. = Arcis-sur-Aube.

POUILLAC (les), s. m. pl. Com. du dép. de la Charente-Inférieure, cant. de Montlieu, arr. de Jonzac.=Montlieu.

POUILLAT, s. m. Com. du dép. de l'Ain, cant. de Treffort, arr. de Bourg. = Bourg.

POUILLE (la), s. f. Province du royaume de Naples, qui s'étend le long du golfe de Venise jusqu'à la Méditerranée. Cette province se divise en trois parties : la Capitanate, la terre de Bari et la terre d'Otrante; c'est l'ancienne Apulie.

POUILLÉ, s. m. Etat, catalogue des bénéfices ecclésiastiques d'un pays.

POUILLÉ, E, part. Injurié.

POUILLÉ, s. m. Com. du dép. de Loir-et-Cher, cant. de St.-Aignan, arr. de Blois. = St.-Aignan.

POUILLÉ, s. m. Com. du dép. de la Loire-Inférieure, cant. et arr. d'Ancenis. = Ancenis.

POUILLÉ, s. m. Com. du dép. de la Vendée, cant. de l'Hermenault, arr. de Fontenay. = Fontenay-le-Comte.

POUILLÉ, s. m. Com. du dép. de la Vienne, cant. de St.-Julien, arr. de Poitiers. = Chauvigny.

POUILLENAY, s. m. Com. du dép. de la Côte-d'Or, cant. de Flavigny, arr. de Semur. = Flavigny.

POUILLER, v. a. Injurier, dire des pouilles. Se —, v. pron. Chercher ses poux et les tuer. Se —, v. récip. Se dire mutuellement de grosses injures. T. fam.

POUILLERIE, s. f. Lieu d'un hôpital où l'on serre les habits des pauvres.

POUILLES, s. f. pl. Injures grossières; chanter pouilles.

POUILLEUX, EUSE, adj. Qui a des poux, qui est sujet aux poux. Bois —, taché de pourriture.

POUILLEY-FRANÇAIS, s. m. Com.

du dép. du Doubs, cant. d'Audeux, arr. de Besançon. = St.-Vyt. Carrières de marbre noir.

POUILLEY-LES-VIGNES, s. m. Com. du dép. du Doubs, cant. d'Audeux, arr. de Besançon. = Besançon.

POUILLIER ou POUILLIS, s. m. Méchante hôtellerie, bicoque.

POUILLON, s. m. Com. du dép. des Landes, chef-lieu de cant. de l'arr. de Dax. Bur. d'enregist. à Peyrehorade. = Dax. Etablissement d'eaux thermales.

POUILLON, s. m. Com. du dép. de la Marne, cant. de Bourgogne, arr. de Reims. = Reims.

POUILLOT, s. m. Oiseau chanteur, le plus petit des becs-fins. T. d'hist. nat.

POUILLOUX, s. m. Com. du dép. de Saône-et-Loire, cant. de Guiche, arr. de Charolles. = Perrecy.

POUILLY, s. m. Com. du dép. de l'Aisne, cant. de Crécy-sur-Serre, arr. de Laon. = Laon.

POUILLY, s. m. Com. du dép. de la Haute-Marne, cant. de Bourbonne, arr. de Langres. = Langres.

POUILLY, s. m. Com. du dép. de la Meuse, cant. de Stenay, arr. de Montmédy. = Mouzon.

POUILLY, s. m. Com. du dép. de la Moselle, cant. de Verny, arr. de Metz. = Metz.

POUILLY, s. m. Petite ville du dép. de la Nièvre, chef-lieu de cant. de l'arr. de Cosne. Bur. d'enregist. et de poste. Cette ville est entourée de très bons vignobles.

POUILLY, s. m. Com. du dép. de l'Oise, cant. de Méru, arr. de Beauvais. = Beauvais.

POUILLY-EN-AUXOIS ou POUILLY-EN-MONTAGNE, s. m. Com. du dép. de la Côte-d'Or, chef-lieu de cant. de l'arr. de Beaune. Bur. d'enregist. = Sombernon.

POUILLY-LE-MONIAL, s. m. Com. du dép. du Rhône, cant. d'Anse, arr. de Villefranche. = Anse. Tuileries.

POUILLY-LES-FEURS, s. m. Com. du dép. de la Loire, cant. de Feurs, arr. de Montbrison. = Feurs.

POUILLY-LES-NONAINS, s. m. Com. du dép. de la Loire, cant. et arr. de Roanne. = Roanne.

POUILLY-ST.-GENIS, s. m. Com. du dép. de l'Ain, cant. de Ferney, arr. de Gex. = Ferney.

POUILLY-SUR-CHARLIEU, s. m. Com. du dép. de la Loire, cant. de Charlieu, arr. de Roanne. = Roanne.

POUILLY-SUR-SAÔNE, s. m. Com. du dép. de la Côte-d'Or, cant. de Seurre, arr. de Beaune. = Seurre. Fabr. d'acide acétique et pyroligneux, de carbonate de soude, acétate de plomb, etc.

POUILLY-SUR-VINGEANNE, s. m. Com. du dép. de la Côte-d'Or, cant. de Fontaine-Française, arr. de Dijon. = Champlitte.

POUJET (le), s. m. Com. du dép. de l'Hérault, cant. de Gignac, arr. de Lodève. = Gignac.

POUJOL, s. m. Village du dép. de l'Aveyron, cant. de Pont-de-Salars, arr. de Rodez. = Rodez.

POUJOL (le), s. m. Com. du dép. de l'Hérault, cant. de St.-Gervais, arr. de Béziers. = Bédarieux.

POUJOLS, s. m. Com. du dép. de l'Hérault, cant. et arr. de Lodève. = Lodève.

POUL ou SOUCI, s. m. Roitelet huppé.

POULAILLE, s. f. Volaille.

POULAILLER, s. m. Endroit d'une basse-cour, où juchent les poules et autres volailles. —, marchand de volailles.

POULAIN, s. m. Cheval jusqu'à l'âge de trois ans. —, traîneau sans roues. —, bubon malin produit par le virus vénérien. T. de chir.

POULAINE, s. f. Assemblage circulaire de pièces de bois, faisant partie de l'avant d'un navire. T. de mar.

POULAINES, s. f. Com. du dép. de l'Indre, cant. de St.-Christophe, arr. d'Issoudun. = Valançay.

POULAN, s. m. Quotité de la mise d'un banquier de jeu qui excède celle des autres joueurs. —, pl. Tours où l'on paie double.

POULAN, s. m. Com. du dép. du Tarn, cant. de Réalmont, arr. d'Albi. = Albi.

POULANGIS, s. m. Tiretaine de Picardie.

POULANGY, s. m. Com. du dép. de la Haute-Marne, cant. de Nogent, arr. de Chaumont. = Chaumont-en-Bassigny.

POULARDE, s. f. Jeune poule grasse.

POULAT-ET-TAILLEBOURG, s. m. Com. du dép. de la Haute-Garonne, cant. de Montrejeau, arr. de St.-Gaudens. = Montrejeau.

POULAY, s. m. Com. du dép. de la Mayenne, cant. de Horps, arr. de Mayenne. = Mayenne.

POULDERGAT, s. m. Com. du dép. du Finistère, cant. de Douarnenez, arr. de Quimper. = Douarnenez.

POULDOURAN, s. m. Com. du dép. des Côtes-du-Nord, cant. de la Roche-Derrien, arr. de Lannion. = Tréguier.

POULDREUZIC, s. m. Com. du dép. du Finistère, cant. de Plougastel-St.-Germain, arr. de Quimper.=Quimper.

POULE, s. f. Oiseau domestique, femelle du coq, du faisan, des gallinacés alectrides. — d'inde, femelle du coq d'inde. — d'eau, oiseau aquatique qui fait son nid sur le bord des rivières. — de Pharaon, de Numidie, pintade. Chair de —, horripilation produite par le frisson. —, partie de billard où le plus adroit gagne toutes les mises des pontes.

POULE, s. f. Com. du dép. du Rhône, cant. de St.-Nizier-d'Azergues, arr. de Villefranche.=Beaujeu. Mine de plomb sulfuré argentifique.

POULÈRE, s. m. Liqueur enivrante que l'on fabrique au Mexique.

POULET, s. m. Petit de la poule. —, billet doux, lettre d'amour. —, papier doré dont se servent les galans pour adresser des douceurs à leurs belles.

POULETIER, s. m. Celui qui soignait les poulets sacrés.

POULETTE, s. f. Jeune poule. Maîtresse —, femme habile et impérieuse. T. fam.

POULEVRIN, s. m. Poudre fine pour amorcer le canon. Voy. PULVERIN.

POULIAC, s. m. Com. du dép. des Basses-Pyrénées, cant. de Garlin, arr. de Pau. = Pau.

POULICHE, s. f. Cavale jusqu'à trois ans.

POULICHON, s. m. Jeune poulain. T. inus.

POULIE, s. f. Roue creusée en demi-cercle dans l'épaisseur de sa circonférence, sur laquelle passe une corde pour élever et descendre des fardeaux.

POULIÉ, E, part. Elevé par le moyen d'une poulie.

POULIER, v. a. Elever à l'aide d'une poulie.

POULIERIE, s. f. Atelier où l'on fait des poulies.

POULIEUR, s. m. Charpentier qui fait et vend des poulies.

POULIGNEY, s. m. Com. du dép. du Doubs, cant. de Roulans, arr. de Baume. = Besançon.

POULIGNY, s. m. Com. du dép. de l'Indre, cant. et arr. du Blanc. = le Blanc. Fabr. de poterie de terre.

POULIGNY-NOTRE-DAME, s. m. Com. du dép. de l'Indre, cant. de St.-Sever, arr. de la Châtre. = la Châtre.

POULIGNY-ST.-MARTIN, s. m. Com. du dép. de l'Indre, cant. de St.-Sever, arr. de la Châtre. = la Châtre.

POULINER, v. n. Mettre bas, en parlant d'une cavale.

POULINIÈRE, adj. f. Destinée à la reproduction de son espèce; jument poulinière.

POULIOT, s. m. Petite poulie. —, plante aromatique, espèce de menthe. —, pl. Morceaux de bois qui soutiennent les poulies.

POULLAINVILLE, s. f. Com. du dép. de la Somme, cant. et arr. d'Amiens. = Amiens.

POULLAN, s. m. Com. du dép. du Finistère, cant. de Douarnenez, arr. de Quimper. = Douarnenez.

POULLAOUEN, s. m. Com. du dép. du Finistère, cant. de Carhaix, arr. de Châteaulin. = Carhaix.

On trouve dans cette com. une mine de plomb argentifique qui passe pour la plus considérable de France.

POULLIÈRES (les), s. f. pl. Com. du dép. des Vosges, cant. de Brouvelieures, arr. de St.-Dié. = Bruyères.

POULLIGNAC, s. m. Com. du dép. de la Charente, cant. de Montmoreau, arr. de Barbezieux. = Blanzac.

POULNÉE, s. f. Fiente de pigeons, de poulets.

POULOT, s. m. Petit enfant. T. fam.

POULPE, s. f. Ce qu'il y a de plus solide dans les parties charnues de l'animal. Voy. PULPE. —, genre de mollusques céphalopodes. T. d'hist. nat.

POULPETON, s. m. Ragoût de viandes hachées recouvertes de tranches de veau. T. de cuis.

POULQUE, s. m. Régiment de cosaques.

POULS, s. m. Battement produit par la dilatation des artères. Tâter le — à quelqu'un, le pressentir, le sonder sur quelque affaire. Fig. et fam.

POULX, s. m. Com. du dép. du Gard, cant. de Marguerittes, arr. de Nismes. = Nismes.

POUMAROUS, s. m. Com. du dép. des Hautes-Pyrénées, cant. de Tournay, arr. de Tarbes. = Tarbes.

POUMON, s. m. Viscère contenu dans la capacité de la poitrine, principal organe de la respiration.

POUND, s. m. (mot anglais). En Angleterre comme aux Etats-Unis, livre sterling.

POUPARD, s. m. Enfant au maillot. —, sorte de grosse poupée.

POUPART, s. m. Le plus gros et le plus estimé des crabes. T. d'hist. nat.

POUPARTIE, s. f. Plante du genre des térébinthacées. T. de bot.

POUPAS, s. m. Com. du dép. de Tarn-et-Garonne, cant. de Lavit, arr. de Castel-Sarrasin. = St.-Clar.

POUPE; s. f. Arrière du navire. Avoir le vent en —, être en faveur, dans la prospérité. Fig. —, mitraille de cuivre en boule.

POUPÉE, s. f. Petite figure de femme, en carton, avec laquelle s'amusent les enfans. —, petite personne en grande parure. Fig. et fam. —, tête sur laquelle on monte les bonnets. —, paquet de filasse dont on garnit la quenouille. —, manière d'enter. —, montans du tour.

POUPELIN, s. m. Sorte de pâtisserie.

POUPELINIER, s. m. Vase pour faire les poupelins.

POUPETIER, s. m. Cartonnier qui fait et vend des poupées. T. inus.

POUPETON, s. m. Espèce de hachis. Voy. POULPETON. T. de cuis.

POUPETONNIÈRE, s. f. Vaisseau de cuivre à couvercle à rebords, pour mettre du feu dessus. T. de cuis.

POUPIETTES, s. f. pl. Tranches de veau farcies, ficelées et rôties. T. de cuis.

POUPIN, E, adj. Qui est d'une propreté affectée. T. fam.

POUPON, NE, s. Jeune enfant à visage potelé.

POUPRY, s. m. Com. du dép. d'Eure-et-Loir, cant. d'Orgères, arr. de Châteaudun. = Artenay.

POUQUES, s. m. Com. du dép. de la Nièvre, cant. de Lormes, arr. de Clamecy. = Lormes.

POUR, s. m. L'affirmative; soutenir le pour et le contre. —, prép. et conj. A cause, en considération de; en faveur, en échange de. —, afin de; pour expier sa faute. —, au lieu, à la place de; faire faction pour un autre. —, quant à; pour moi, j'exècre les procès. —, eu égard, à l'égard, par rapport à; il est bien sage pour son âge. —, envers; douce pour ses domestiques. —, en qualité de; il se donne pour un brave. —, comme, de même que; on l'a laissé pour mort. —, pendant; pour cinq minutes. —, contre; médicament pour la colique. —, en échange, moyennant un prix; donner une montre pour six francs. —, marque la cause, le motif, la fin, la destination, le rapport, la convenance. —, devant un adj. suivi de que, signifie quelque. — que, afin que. — ainsi dire, pour s'exprimer ainsi, en quelque sorte, presque.

POUR-BOIRE, s. m. Petite libéralité en sus du prix convenu, en signe de satisfaction.

POURÇAIN-DE-MALCHÈRES (St.-), s. m. Com. du dép. de l'Allier, cant. de Chevagne, arr. de Moulins. = Moulins.

POURÇAIN-SUR-ALLIER (St.-), s. m. Petite ville du dép. de l'Allier, chef-lieu de cant. de l'arr. de Gannat. Bur. d'enregist. et de poste.

Cette petite ville, au confluent de la Bouble et de la Sioule, est entourée d'excellens vignobles.

POURÇAIN-SUR-BÈBRE (St.-), s. m. Com. du dép. de l'Allier, cant. de Dompierre, arr. de Moulins. = Moulins.

POURCEAU, s. m. Porc, cochon. —, homme d'une excessive malpropreté au moral comme au physique. Fig. — de mer, marsouin.

POURCHARESSE, s. f. Com. du dép. de la Lozère, cant. de Villefort, arr. de Mende. = Villefort.

POURCHASSÉ, E, part. Recherché avec persévérance, poursuivi.

POURCHASSER, v. a. Rechercher avec obstination, poursuivre; tâcher d'avoir, d'obtenir. (Vi.) — le gibier, le suivre avec opiniâtreté jusqu'à ce qu'il soit atteint.

POURCHÈRES, s. f. Com. du dép. de l'Ardèche, cant. et arr. de Privas. = Privas.

POURCIEUX, s. m. Com. du dép. du Var, cant. de St.-Maximin, arr. de Brignoles. = St.-Maximin.

POURCY, s. m. Com. du dép. de la Marne, cant. de Châtillon, arr. de Reims. = Reims.

POURFENDEUR, s. m. Sabreur, de géans, bravache, fanfaron. (Vi.)

POURFENDRE, v. a. Fendre un homme du haut en bas, d'un seul coup de sabre. (Vi.)

POURFENDU, E, part. Coupé, fendu en deux. (Vi.)

POURFILÉ, E, part. Entremêlé de tissures différentes.

POURFILER, v. a. Entremêler de tissures différentes.

POURLANS, s. m. Com. du dép. de Saône-et-Loire, cant. de Verdun-sur-le-Doubs, arr. de Châlons. = Seurre.

POURNOY-LA-CHÉTIVE, s. f. Com. du dép. de la Moselle, cant. de Verny, arr. de Metz. = Metz.

POURNOY-LA-GRASSE, s. f. Com. du dép. de la Moselle, cant. de Verny, arr. de Metz. = Metz.

POURON, s. m. Com. du dép. des Ardennes, cant. de Mouzon, arr. de Sedan. = Mouzon.

POUROUMIER, s. m. Arbre de la Guiane. T. de bot.

POURPARLER, s. m. Conférence sur une affaire; entrer en pourparler.

POURPIER, s. m. Plante potagère, annuelle, rafraîchissante, antiscorbutique. — de mer, soutenelle, arroche en arbrisseau.

POURPOINT, s. m. Ancien habillement français qui couvrait le corps depuis le cou jusqu'à la ceinture. A brûle —, à bout portant, et fig. en face, sans ménagement.

POURPOINTERIE, s. f. Métier de pourpointier. (Vi.)

POURPOINTIER, s. m. Tailleur d'habits qui faisait des pourpoints. (Vi.)

POURPRE, s. m. Fièvre maligne; pétéchies. T. de méd. —, couleur rouge foncée tirant sur le violet. —, testacé univalve, rocher. T. d'hist. nat. —, l'une des couleurs du blason. —, s. f. Teinture précieuse qu'on tirait de plusieurs testacés univalves; étoffe teinte de cette couleur en usage chez les anciens. —, première magistrature, consulat; la pourpre des Césars. —, dignité de cardinal, royauté. Fig. Voy. ÉCARLATE.

POURPRÉ, E, adj. De couleur pourpré. Fièvre —, accompagnée de pétéchies. T. de méd.

POURPRIER, s. m. Animal renfermé dans les pourpres.

POURPRIN, s. m. Couleur pourpre sur les fleurs.

POURPRIS, s. m. Enceinte, enclos, habitation. (Vi.) Céleste —, le ciel.

POURQUOI, s. m. La cause, la raison. —, conjonct. causative. Pour quelle chose, pour laquelle chose. —, adv. interrogatif. Pour quel motif? pour quelle raison? C'est —, conj. Ainsi, de sorte que.

POURRAIN, s. m. Com. du dép. de l'Yonne, cant. de Toucy, arr. d'Auxerre. = Auxerre. Exploitation d'ocre jaune et brun.

POURRÉTIE, s. f. Plante du genre des broméliacées. T. de bot.

POURRI, s. m. Chose pourrie; partie pourrie d'une chose.

POURRI, E, part. Altéré, corrompu, gâté.

POURRIÈRES, s. f. Com. du dép. du Var, cant. de St.-Maximin, arr. de Brignoles. = St.-Maximin.

POURRIR, v. a. Causer la pourriture, gâter, corrompre. —, v. n. S'altérer, se gâter. —, demeurer, croupir; pourrir en prison. Fig. —, mûrir, hâter la guérison; pourrir le rhume. Se —, v. pron. Se corrompre, se gâter, tomber en pourriture.

POURRISSAGE, s. m. Pourriture des chiffons à papier. T. de papet.

POURRISSOIR, s. m. Lieu où l'on met pourrir les chiffons à papier.

POURRITURE, s. f. Etat de ce qui est pourri, altération, corruption. —, vase pour faire macérer l'indigo. —, maladie des bêtes à laine. T. de méd. vétér.

POURSAC, s. m. Com. du dép. de la Charente, cant. et arr. de Ruffec. = Ruffec.

POURSAY-GARNAUD, s. m. Com. du dép. de la Charente-Inférieure, cant. et arr. de St.-Jean-d'Angely. = St.-Jean-d'Angely.

POURSILLE, s. f. Variété du marsouin. T. d'hist. nat.

POURSINGUES, s. m. Com. du dép. des Basses-Pyrénées, cant. d'Arzacq, arr. d'Orthez. = Pau.

POURSUITE, s. f. Action de poursuivre. —, sollicitation, soins, démarches, brigues pour obtenir une chose. —, demande en justice, procédure; exercer des poursuites. T. de procéd.

POURSUIVANT, s. m. Amoureux qui fait la cour à une demoiselle; solliciteur qui poursuit un emploi. —, demandeur qui poursuit un jugement, une distribution de deniers. T. de procéd.

POURSUIVI, E, part. Pourchassé, suivi avec opiniâtreté.

POURSUIVRE, v. a. Courir après, suivre à la piste, pourchasser; poursuivre un lièvre. —, persécuter; obséder, troubler. —, continuer ce que l'on a commencé; suivre sa route, son entreprise. —, briguer, solliciter, tâcher d'obtenir. —, exercer des poursuites en justice. T. de procéd.

POURTANT, adv. Cependant, toutefois, néanmoins, quoi qu'il en soit.

POURTOUR, s. m. Le tour, le circuit d'une construction, d'un corps.

POURU-AUX-BOIS, s. m. Com. du dép. des Ardennes, cant. et arr. de Sedan. = Sedan.

POURU-ST.-REMY, s. m. Com. du dép. des Ardennes, cant. et arr. de Sedan. = Sedan.

POURVILLE, s. f. Com. du dép. de la Seine-Inférieure, cant. de Longueville, arr. de Dieppe. = Dieppe.

POURVOIR, v. a. Fournir, garnir, munir; pourvoir une place de vivres. —, conférer un bénéfice, un emploi; donner un état, marier une demoiselle, etc. —, v. n. Donner ordre à quelque chose, veiller, avoir soin. — à un bénéfice, le conférer. Se —, v. pron. Se munir, s'approvisionner. Se —, former une demande en justice. T. de procéd.

POURVOIRIE, s. f. Magasin où sont

renfermées les provisions; corps des pourvoyeurs.

POURVOYEUR, s. m. Fournisseur de comestibles. — du lion, le caracal. T. d'hist. nat.

POURVU, s. m. Possesseur d'un bénéfice. — que, conj. En cas, à condition, moyennant que.

POURVU, E, part. Approvisionné, muni, garni; marié, établi. Fig.

POUSSAC, s. m. Com. du dép. de Lot-et-Garonne, cant. de Francescas, arr. de Nérac. = Nérac.

POUSSAN, s. m. Com. du dép. de l'Hérault, cant. de Mèze, arr. de Montpellier. = Mèze.

POUSSANGES, s. m. Com. du dép. de la Creuse, cant. de Felletin, arr. d'Aubusson. = Felletin.

POUSSE, s. f. Jet, petite branche nouvelle. —, maladie des chevaux qui les fait tousser et battre du flanc. —, exhalaison méphitique dans les souterrains des mines.

POUSSÉ, E, part. Heurté pour déranger de place. —, adj. Altéré par la fermentation; vin poussé. — de nourriture, qui a trop mangé.

POUSSEAUX, s. m. Com. du dép. de la Nièvre, cant. et arr. de Clamecy. = Clamecy.

POUSSE-BALLE, s. m. Baguette pour enfoncer la balle dans la carabine à l'aide d'un maillet.

POUSSE-BROCHE, s. m. Ciseau plat et émoussé. T. d'éping.

POUSSE-CAMBRURE, s. m. Outil pour plier le cuir de la semelle. T. de cordon.

POUSSE-CUL, s. m. Recors d'un garde du commerce; agent de la police de sûreté. T. fam. et iron.

POUSSÉE, s. f. Action de pousser; effet de ce qui pousse. T. d'arch. Donner la —, poursuivre chaudement; effrayer. T. fam.

POUSSE-FICHE, s. m. Outil pour faire ressortir les fiches des châssis. T. de vitr.

POUSSE-PIED, s. m. Espèce de bateau. Voy. Accon.

POUSSE-POINTE, s. m. Outil pour chasser les pointes.

POUSSER, v. a. Faire effort, heurter, appuyer contre quelqu'un ou quelque chose pour ôter de place, faire avancer, donner une impulsion. —, enfoncer, faire entrer de force. —, avancer, étendre; pousser des travaux. —, poursuivre, chasser, mettre en fuite; pousser l'ennemi. —, attaquer, insulter, offenser; vous poussez trop loin. —, aider, favoriser, protéger, procurer de l'avancement; on l'a poussé à la chambre des députés. — à, exciter, inciter, porter à..... — des cris, des soupirs, crier, soupirer. — une reconnaissance, aller à la découverte. —, v. a. et n. Jeter des tiges, des rameaux, en parlant des plantes. —, v. n. Aller en avant, se porter vers; pousser jusqu'aux avant-postes. —, battre des flancs, en parlant d'un cheval poussif. — à la roue, aider. Prop. et fig. — en dehors, se jeter en dehors, faire ventre, en parlant d'un mur. Se —, v. pron. S'avancer dans le monde. Se —, v. récip. Se heurter mutuellement.

POUSSET, s. m. Sel noir rempli d'ordures. T. de sal.

POUSSETTE, s. f. Jeu d'enfant qui consiste à pousser des épingles pour les mettre l'une sur l'autre.

POUSSEUR, EUSE, s. Celui, celle qui pousse dans une foule.

POUSSEY, s. m. Com. du dép. des Vosges, cant. et arr. de Mirecourt. = Mirecourt.

POUSSIER, s. m. Poussière de charbon, de poudre à canon. —, poudre de recoupes, de pierres passées à la claie. T. de maç.

POUSSIÈRE, s. f. Terre, corps, ossemens réduits en poudre. — séminale, Voy. POLLEN.

POUSSIF, IVE, adj. Se dit d'un cheval attaqué de la pousse, et fam. d'une personne asthmatique ou qui a l'haleine courte.

POUSSIGNAC, s. m. Com. du dép. de Lot-et-Garonne, cant. de Bouglon, arr. de Marmande. = Castel-Jaloux.

POUSSIGNOL, s. m. Com. du dép. de la Nièvre, cant. et arr. de Château-Chinon. = Château-Chinon.

POUSSIN, s. m. Poulet nouvellement éclos.

POUSSINIÈRE, s. f. Cage pour mettre les poussins. —, les Pléiades. T. fam.

POUSSOIR, s. m. Pied de biche, instrument de dentiste. —, outils de divers métiers. —, cylindre terminé par un bouton qu'on pousse pour faire sonner une montre à répétition. T. d'horlog.

POUSSY, s. m. Com. du dép. du Calvados, cant. de Bourguébus, arr. de Caen. = Caen.

POUSTHOMY, s. m. Com. du dép. de l'Aveyron, cant. de St.-Sernin, arr. de St.-Affrique. = St.-Sernin.

POUT (le), s. m. Com. du dép. de la Gironde, cant. de Créon, arr. de Bordeaux. = Bordeaux.

POUTIE, s. f. Ordure qui s'attache aux habits. T. inus.

POUTIEUX, EUSE, adj. Très propre. T. inus.

POUTIS, s. m. Guichet, petite porte dans une grande. T. inus.

POUTRE, s. f. Grosse pièce de charpente carrée ; grande pièce de bois qui soutient un plancher.

POUTRELLE, s. f. Petite poutre.

POUTROYE (la), s. f. Com. du dép. du Haut-Rhin, chef-lieu de cant. de l'arr. de Colmar. Bur. d'enregist. à Kaisersberg. = Colmar. Filatures de coton et teintureries en rouge d'Andrinople.

POUTS, s. m. Com. du dép. des Basses-Pyrénées, cant. de Montaner, arr. de Pau. = Tarbes.

POUTS, s. m. Com. du dép. des Hautes-Pyrénées, cant. de Lourdes, arr. d'Argelès. = Lourdes.

POUTURE, s. f. Manière d'engraisser les bestiaux avec des alimens secs dans les étables.

POUVOIR, s. m. Faculté de faire ; autorité, crédit, droit, force, puissance. Avoir en son —, en sa possession, à sa disposition. —, empire, ascendant sur l'esprit, le cœur. —, liberté, concession, permission. —, autorisation, charge, commission, procuration. — législatif, la réunion des trois pouvoirs nécessaires à la perfection des lois. — exécutif, le Roi, le gouvernement. —, pl. Instructions données à des ambassadeurs, à des envoyés ; lettres de créance. T. de chancellerie.

POUVOIR, v. a. Avoir la faculté, le droit, le moyen, la force de faire. —, v. n. Avoir la faculté, la possibilité de ; être en état, capable de. —, avoir la liberté ; la permission, le loisir de. N'en — plus, être accablé de fatigue, de chaleur, etc. —, v. impers. Etre dans la possibilité ; il peut se faire, il peut arriver que. Se —, v. pron. Etre possible ; cela se peut.

POUVRAI, s. m. Com. du dép. de l'Orne, cant. de Bellême, arr. de Mortagne. = Mamers.

POUX - ET - CONFOULENX, s. m. Com. du dép. de l'Aveyron, cant. de Camerès, arr. de St.-Affrique. = St.-Affrique.

POUXEUX, s. m. Com. du dép. des Vosges, cant. et arr. de Remiremont. = Remiremont.

POUY, s. m. Com. du dép. de l'Aube, cant. de Marcilly-le-Hayer, arr. de Nogent-sur-Seine. = Nogent-sur-Seine.

POUY ou ST.-VINCENT-DE-PAULE, s. m. Com. du dép. des Landes, cant. et arr. de Dax. = Dax.

POUY, s. m. Com. du dép. des Hautes-Pyrénées, cant. de Castelnau-Magnoac, arr. de Bagnères. = Arreau.

POUYASTRUC, s. m. Com. du dép. des Hautes-Pyrénées, chef-lieu de cant. de l'arr. de Tarbes. Bur. d'enregist. à Tournay. = Tarbes.

POUYDESSAUX, s. m. Com. du dép. des Landes, cant. de Roquefort, arr. de Mont-de-Marsan. = Roquefort.

POUY-DE-TOUGES, s. m. Com. du dép. de la Haute-Garonne, cant. du Fousseret, arr. de Muret. = Martres.

POUYDRAGUIN, s. m. Com. du dép. du Gers, cant. d'Aignan, arr. de Mirande. = Condom.

POUYGUILLÉS, s. m. Com. du dép. du Gers, cant. et arr. de Mirande. = Mirande.

POUY-LE-BON, s. m. Com. du dép. du Gers, cant. de Montesquiou, arr. de Mirande. = Mirande.

POUY-LE-BRIN, s. m. Com. du dép. du Gers, cant. de Saramon, arr. d'Auch. = Auch.

POUYMINET, s. m. Com. du dép. du Gers, cant. de Cologne, arr. de Lombez. = Mirande.

POUY-PETIT, s. m. Com. du dép. du Gers, cant. de Valence, arr. de Condom. = Lectoure.

POUY-ROQUELAURE, s. m. Com. du dép. du Gers, cant. et arr. de Lectoure. = Condom.

POUZAC, s. m. Com. du dép. des Hautes-Pyrénées, cant. et arr. de Bagnères. = Bagnères.

POUZAT (le), s. m. Com. du dép. de l'Ardèche, cant. de St.-Agrève, arr. de Tournon. = le Chaylard.

POUZAUGES-LA-VILLE, s. m. Com. du dép. de la Vendée, chef-lieu de cant. de l'arr. de Fontenay. Bur. d'enregist. et de poste. Mine d'antimoine.

POUZAUGES-LE-VIEUX, s. m. Com. du dép. de la Vendée, cant. de Pouzauges, arr. de Fontenay. = Pouzauges-la-Ville.

POUZAY, s. m. Com. du dép. d'Indre-et-Loire, cant. de Ste.-Maure, arr. de Chinon. = Ste.-Maure.

POUZE, s. m. Com. du dép. de la Haute-Garonne, cant. de Montgiscard, arr. de Villefranche. = Villefranche.

POUZILLAC, s. m. Com. du dép. du Gard, cant. de Remoulins, arr. d'Uzès. = Roquemaure.

POUZIN (le), s. m. Com. du dép. de l'Ardèche, cant. de Chomérac, arr. de Privas. = la Voulte.

POUZIOUX, s. m. Com. du dép. de

la Vienne, cant. de Chauvigny, arr. de Montmorillon. = Chauvigny.

POUZOL, s. m. Com. du dép. du Puy-de-Dôme, cant. de Menat, arr. de Riom. = Montaigut.

POUZOLLES, s. f. Com. du dép. de l'Hérault, cant. de Roujan, arr. de Béziers. = Bédarieux.

POUZOLS, s. m. Com. du dép. de l'Aude, cant. de Ginestas, arr. de Narbonne. = Narbonne.

POUZOLS, s. m. Com. du dép. de la Dordogne, cant. d'Issigeac, arr. de Bergerac. = Bergerac.

POUZOLS, s. m. Com. du dép. de l'Hérault, cant. de Gignac, arr. de Lodève. = Gignac.

POUZOLS, s. m. Com. du dép. du Tarn, cant. de Réalmont, arr. d'Albi. = Albi.

POUZY, s. m. Com. du dép. de l'Allier, cant. de Lurcy-Lévy, arr. de Moulins. = St.-Pierre-le-Moutier.

POUZZOLANE, s. f. Sable volcanique et rougeâtre, trouvé à Montenuovo, dans les environs de Pozzuoli, ville du royaume de Naples.

POVILLE, s. f. Com. du dép. de la Seine-Inférieure, cant. de Maromme, arr. de Rouen. = Rouen.

POY, s. m. Oiseau de proie d'Afrique. T. d'hist. nat.

POYANNE, s. f. Com. du dép. des Landes, cant. de Montfort, arr. de Dax. = Tartas.

POYANS, s. m. Com. du dép. de la Haute-Saône, cant. d'Autrey, arr. de Gray. = Gray.

POYARTIN, s. m. Com du dép. des Landes, cant. de Montfort, arr. de Dax. = Dax.

POYE, s. f. Bâton pour arrêter la vis de la presse. T. de papet.

POYOLS, s. m. Com. du dép. de la Drôme, cant. de Luc-en-Diois, arr. de Die. = Die.

POZIÈRES, s. f. Com. du dép. de la Somme, cant. d'Albert, arr. de Péronne. = Albert.

PRACÉ, s. m. Village du dép. de la Sarthe, cant de Sablé, arr. de la Flèche. = la Flèche.

PRADAL (le), s. m. Com. du dép. de l'Hérault, cant. de Bédarieux, arr. de Béziers. = Bédarieux.

PRADAUX, s. m. Village réuni à la com. de Toulx-Ste.-Croix, dép. de la Creuse, cant. et arr. de Boussac. = Boussac.

PRADEAUX (les), s. m. pl. Com. du dép. du Puy-de-Dôme, cant. de Sauxillanges, arr. d'Issoire. = Issoire.

PRADELLE, s. f. Com. du dép. de la Drôme, cant. de Lamothe-Chalançon, arr. de Die. = Saillans.

PRADELLES, s. f. Petite ville du dép. de la Haute-Loire, chef-lieu de cant. de l'arr. du Puy. Bur. d'enregist. = le Puy. Comm. de grains et de laines.

PRADELLES, s. f. Com. du dép. du Nord, cant. et arr. d'Hazebrouck. = Hazebrouck.

PRADELLES-CABARDÈS, s. f. Com. du dép. de l'Aude, cant. de Mas-Cabardès, arr. de Carcassonne. = Carcassonne.

PRADELLES-EN-VAL, s. f. Com. du dép. de l'Aude, cant. de la Grasse, arr. de Carcassonne. = la Grasse.

PRADÈRE-LES-BOURGUETS, s. m. Com. du dép. de la Haute-Garonne, cant. de Léguevin, arr. de Toulouse. = l'Isle-Jourdain.

PRADES, s. m. Com. du dép. de l'Ardèche, cant. de Thueyts, arr. de Largentière. = Aubenas.

PRADES, s. m. Com. du dép. de l'Ariège, cant. d'Ax, arr. de Foix. = Tarascon-sur-Ariège.

PRADES, s. m. Com. du dép. de l'Aveyron, cant. de St.-Geniez, arr. d'Espalion. = St.-Geniez.

PRADES, s. m. Com. du dép. de l'Aveyron, cant. de Pont-de-Salars, arr. de Rodez. = Rodez.

PRADES, s. m. Com. du dép. de l'Hérault, cant. des Matelles, arr. de Montpellier. = Montpellier.

PRADES, s. m. Com. du dép. de la Haute-Loire, cant. de Langeac, arr. de Brioude. = Langeac.

PRADES, s. m. Com. du dép. de la Lozère, cant. de Ste.-Enimie, arr. de Florac. = Mende.

PRADES, s. m. Jolie petite ville du dép. des Pyrénées-Orientales, chef-lieu de sous-préf. et de cant.; trib. de 1re inst.; conserv. des hypoth.; direct. des contrib. indir.; recev. partic. des finances; bur. d'enregist. et de poste. Fabr. de draps, bas et bonnets de laine; papeteries. Comm. de grains, vins, fer, laines fines fort estimées, chevaux, etc.

PRADES, s. m. Com. du dép. du Tarn, cant. de St.-Paul, arr. de Lavaur. = Lacaune.

PRADE-STE.-MAYME (la), s. f. Com. du dép. de l'Aveyron, cant. et arr. de Rodez. = Rodez.

PRADETTES, s. f. Com. du dép. de l'Ariège, cant. de Mirepoix, arr. de Pamiers. = Mirepoix.

PRADIALS, s. m. Village du dép. de l'Aveyron, cant. de la Salvetat, arr. de Rodez. = Rodez.

PRADIER, s. m. Com. du dép. du Cantal, cant. d'Allanche, arr. de Murat. = Murat.

PRADIÈRES, s. f. Com. du dép. de l'Ariège, cant. et arr. de Foix. = Foix.

PRADINES, s. f. Com. du dép. de l'Aveyron, cant. de Cassagnes-Bégouhès, arr. de Rodez. = Rodez.

PRADINES, s. f. Com. du dép. de la Corrèze, cant. de Bugeac, arr. d'Ussel. = Ussel.

PRADINES, s. f. Com. du dép. de la Loire, cant. de St.-Symphorien-de-Lay, arr. de Roanne. = St.-Symphorien-de-Lay.

PRADINES, s. f. Com. du dép. du Lot, cant. et arr. de Cahors. = Cahors.

PRADONS, s. m. Com. du dép. de l'Ardèche, cant. de Vallon, arr. de Largentière. = Joyeuse.

PRADS, s. m. Com. du dép. des Basses-Alpes, cant. de la Javie, arr. de Digne. = Digne.

PRAGMATIQUE, s. f. Ordonnance de Charles VII concernant les décisions du concile de Bâle; acte contenant les dispositions de certains souverains. —, adj. f. Se dit d'un réglement en matière ecclésiastique; pragmatique sanction.

PRAGUE, s. f. Ville archiépiscopale, capitale de la Bohême, sur la Moldau. Cette ville possède un grand nombre de palais, observatoire, jardin botanique, académie de dessin et de peinture, institut d'aveugles et sourds-muets, école polytechnique, conservatoire de musique, riches bibliothèques, galeries de tableaux, musée national, cabinet d'hist. nat.; fabr., manuf., etc. Pop. 80,000 hab.

PRAHECQ, s. m. Com. du dép. des Deux-Sèvres, chef-lieu de cant. de l'arr. de Niort, où se trouvent les bur. d'enregist. et de poste.

PRAILLES, s. m. Com. du dép. des Deux-Sèvres, cant. de Celles, arr. de Melle, = St.-Maixent. Haras de baudets.

PRAIRIAL, s. m. Neuvième mois de l'année républicaine, partie de mai et de juin.

PRAIRIAL, E, adj. Qui croît dans les prairies. T. de bot.

PRAIRIE, s. f. Etendue de terre couverte d'herbes, de prés. — artificielle, luzerne, sainfoin, etc.

PRALINE, s. f. Amande rissolée dans du sucre.

PRALINÉ, E, part. Grillé avec du sucre. T. de confis.

PRALINER, v. a. Griller des amandes avec du sucre. T. de confis.

PRALON, s. m. Com. du dép. de la Côte-d'Or, cant. de Sombernon, arr. de Dijon. = Sombernon.

PRALONG, s. m. Com. du dép. de la Loire, cant. de Boën, arr. de Montbrison. = Montbrison.

PRAME, s. f. Petit navire à fond plat, à voiles et à rames.

PRAMNION, s. m. Cristal de roche. T. d'hist. nat.

PRANCHER (St.-), s. m. Com. du dép. des Vosges, cant. et arr. de Mirecourt. = Mirecourt.

PRANGEY, s. m. Com. du dép. de la Haute-Marne, cant. de Longeau, arr. de Langres. = Langres.

PRANGUI, s. m. Européen dans les Indes.

PRANISE, s. f. Genre de crustacés phytibranches. T. d'hist. nat.

PRANLES, s. m. Com. du dép. de l'Ardèche, cant. et arr. de Privas. = Privas. Sources d'eaux minérales ferrugineuses.

PRANTIGNY, s. m. Com. du dép. de la Haute-Saône, cant. d'Autrey, arr. de Gray. = Gray.

PRANZAC, s. m. com. du dép. de la Charente, cant. de Larochefoucault, arr. d'Angoulême. = Larochefoucault.

PRAPIC, s. m. Village du dép. des Hautes-Alpes, cant. d'Orcières, arr. d'Embrun. = Embrun.

PRASE, s. f. Sorte d'émeraude verdâtre demi-transparente.

PRASION, s. m. Plante du genre des labiées. T. de bot.

PRASLAY, s. m. Com. du dép. de la Haute-Marne, cant. d'Auberive, arr. de Langres. = Langres.

PRASLIN, s. m. Com. du dép. de l'Aube, cant. de Chaource, arr. de Bar-sur-Seine. = Chaource.

PRASOCURE, s. m. Genre d'insectes coléoptères. T. d'hist. nat.

PRASOPHYLLE, s. m. Plante orchidée. T. de bot.

PRASVILLE, s. f. Com. du dép. d'Eure-et-Loir, cant. de Voves, arr. de Chartres. = Chartres.

PRAT, s. m. Com. du dép. des Côtes-du-Nord, cant. de la Roche-Derrien, arr. de Lannion. = Lannion.

PRAT-D'ORLIAC, s. m. Village du dép. de la Dordogne, cant. de Villefranche, arr. de Sarlat. = Sarlat.

PRAT-ET-BONREPAUX, s. m. Com. du dép. de l'Ariège, cant. de St.-Lizier, arr. de St.-Girons. = St.-Girons.

PRATICABLE, adj. Qu'on peut pratiquer, employer; moyen praticable. Chemin —, par lequel on peut passer.

PRATICIEN, s. m. Avoué, homme de loi qui connaît la procédure, clerc d'huissier, assistant, recors. —, médecin routinier qui a plus de pratique que de théorie.

PRATIQUE, s. f. Ce qui se réduit en acte dans un art, une science; exercice d'un art, l'opposé de théorie. —, usage habituel, expérience qui en résulte; exécution dirigée par des principes. —, exercices de piété; pratiques religieuses. —, usage, coutume, manière, façon d'agir reçue dans un pays, une société, expérience des choses du monde. —, chaland d'une boutique, d'un artisan. —, procédure; style qui lui est propre; papiers d'un avoué, d'un notaire. —, espèce d'appeau dont se servent les joueurs de marionnettes pour imiter la voix cassée qu'on prête à polichinel. —, pl. Intrigues ténébreuses, menées sourdes, intelligences secrètes avec l'ennemi.

PRATIQUE, adj. Qui ne s'en tient pas à la théorie; qui tend, qui conduit à l'action; qui exécute, qui a l'expérience dans l'exécution, qui met en pratique.

PRATIQUÉ, E, part. Mis en pratique.

PRATIQUEMENT, adv. Dans la pratique.

PRATIQUER, v. a. Mettre en pratique. —, v. a. et n. Exercer, professer; pratiquer la médecine. —, v. n. Hanter, fréquenter. —, se ménager, entretenir des intelligences. —, solliciter, attirer à son parti, suborner. —, ménager la place pour construire; pratiquer un escalier. Se —, v. pron. Etre en usage, en pratique, avoir coutume de se faire.

PRATO, s. m. Com. du dép. de la Corse, cant. d'Omessa, arr. de Corte. = Bastia.

PRATS, s. m. Com. du dép. des Pyrénées-Orientales, cant. de Sournia, arr. de Prades. = Prades.

PRATS-DE-BELVÈS, s. m. Com. du dép. de la Dordogne, cant. de Villefranche-de-Belvès, arr. de Sarlat. = Belvès.

PRATS-DE-CARLUX, s. m. Com. du dép. de la Dordogne, cant. de Carlux, arr. de Sarlat. = Sarlat.

PRATS-DE-MOLLO, s. m. Petite ville fortifiée du dép. des Pyrénées-Orientales, chef-lieu de cant. de l'arr. de Céret. Bur. d'enregist. = Arles-sur-Tech.

Cette ville, située au pied des Pyrénées, est entourée de murailles et défendue par un château fort. Sources d'eaux minérales; mines de cuivre argentifique aux environs. Fabr. de draps communs et de bonneterie de laine.

PRATS-ST.-THOMAS, s. m. Com. du dép. des Pyrénées-Orientales, cant. de Mont-Louis, arr. de Prades. = Mont-Louis.

PRATVIEL, s. m. Com. du dép. du Tarn, cant. de St.-Paul, arr. de Lavaur. = Lavaur.

PRATZ, s. m. Com. du dép. du Jura, cant. de Moirans, arr. de St.-Claude. = St.-Claude.

PRATZ, s. m. Com. du dép. de la Haute-Marne, cant. de Juzennecourt, arr. de Chaumont. = Bar-sur-Aube.

PRAUTHOY, s. m. Com. du dép. de la Haute-Marne, chef-lieu de cant. de l'arr. de Langres. Bur. d'enregist. = Langres.

PRAYE, s. f. Com. du dép. de la Meurthe, cant. de Vézelise, arr. de Nancy. = Vézelise.

PRAYE, s. f. Com. du dép. de Saône-et-Loire, cant. de St.-Gengoux-le-Royal, arr. de Mâcon. = Cluny.

PRAYOLS, s. m. Com. du dép. de l'Ariège, cant. et arr. de Foix. = Foix.

PRAYSSAC, s. m. Com. du dép. du Lot, cant. de Puy-l'Évêque, arr. de Cahors. = Castelfranc.

PRAYSSAS, s. m. Com. du dép. de Lot-et-Garonne, chef-lieu de cant. de l'arr. d'Agen. Bur. d'enregist. à Port-Ste-Marie. = Agen.

PRÉ, s. m. Prairie de peu d'étendue qu'on fauche, qui produit du foin. —, lieu choisi pour un duel. (Vi.)

PRÉ, s. m. Com. du dép. de Loir-et-Cher, cant. de Selommes, arr. de Vendôme. = Blois.

PRÉACHAT, s. m. Paiement d'une marchandise avant de l'avoir reçue.

PRÉALABLE, s. m. et adj. Qui doit être dit, fait, examiné avant d'agir. Question —, forme exclusive de délibération; demander la question préalable. Au —, adv. Avant tout.

PRÉALABLEMENT, adv. Au préalable.

PRÉAMBULE, s. m. Espèce d'exorde, d'avant-propos. —, discours vague, inutile, superflu; sot préambule. T. fam.

PRÉAU, s. m. Petit pré. (Vi.) —, cour d'une prison; espace découvert au milieu d'un cloître, d'un marché.

PRÉAU, s. m. Com. du dép. de Seine-et-Marne, cant. de Lorrez, arr. de Fontainebleau. = Egreville.

PRÉAUX, s. m. Com. du dép. de l'Ardèche, cant. de Satilieu, arr. de Tournon. = Annonay.

PRÉAUX, s. m. Com. du dép. du Calvados, cant. d'Orbec, arr. de Lisieux. = Orbec.

PRÉAUX, s. m. Com. du dép. du Calvados, cant. d'Evrecy, arr. de Caen. = Thury-Harcourt.

PRÉAUX (Notre-Dame-de-), s. m. Com. du dép. de l'Eure, cant et arr. de Pont-Audemer. = Pont-Audemer.

PRÉAUX, s. m. Com. du dép. de l'Indre, cant. d'Ecueillé, arr. de Châteauroux. = Levroux.

PRÉAUX, s. m. Com. du dép. de la Mayenne, cant. de Grez-en-Bouère, arr. de Château-Gontier. = Château-Gontier.

PRÉAUX, s. m. Com. du dép. de l'Orne, cant. de Nocé, arr. de Mortagne. = Bellême.

PRÉAUX, s. m. Com. du dép. de la Seine-Inférieure, cant. de Darnetal, arr. de Rouen. = Rouen.

PRÉAVEN (canal de), s. m. Ce canal, qui commence à la Motte-aux-Bois, village du dép. du Nord, à la jonction des canaux de Nieppe et d'Hazebrouck, établit une communication entre ces deux canaux et celui de la Bourre, auquel il se réunit au-dessus et près de l'écluse dite du Grand-Dam.

PRÉAVIS, s. m. Note, avertissement qui précède l'avis.

PRÉBENDE, s. f. Revenu ecclésiastique attaché à une chanoinie; canonicat; bénéfice du bas chœur.

PRÉBENDÉ, E, adj. Qui jouit d'une prébende.

PRÉBENDIER, s. m. Bénéficier inférieur aux chanoines.

PRÉBOIS, s. m. Com. du dép. de l'Isère, cant. de Mens, arr. de Grenoble. = Mens.

PRÉCAIRE, s. m. Concession révocable de l'usufruit. T. de jurisp. —, adj. Qui ne s'exerce, dont on ne jouit que par tolérance, par emprunt, avec dépendance. —, incertain, casuel, amovible, sujet à révocation, à suppression; autorité, fonction précaire.

PRÉCAIREMENT, adv. D'une manière précaire, incertaine, éventuelle.

PRÉCAUTION, s. f. Mesure qu'on prend par prévoyance pour éviter un mal, un inconvénient. —, prudence, circonspection, ménagement. — oratoires, ménagemens que prend l'orateur pour ne point blesser la susceptibilité de son auditoire.

PRÉCAUTIONNÉ, E, part. Prémuni contre une éventualité. —, adj. Avisé, prudent.

PRÉCAUTIONNER, v. a. Prémunir contre un événement à craindre, donner des conseils, des moyens pour s'en garantir. Se —, v. pron. Prendre ses précautions, ses mesures, ses sûretés. Se —, faire des provisions, se pourvoir de ce qui peut être nécessaire en certains cas.

PRÉCÉDÉ, E, part. Se dit d'une personne devant laquelle une autre est arrivée.

PRÉCÉDEMMENT, adv. Antérieurement, auparavant, ci-devant.

PRÉCÉDENT, s. m. Usage établi, reçu; les précédens de la chambre.

PRÉCÉDENT, E, adj. Antécédent, antérieur, qui a été auparavant, qui est immédiatement devant, qui précède.

PRÉCÉDER, v. a. Aller, marcher devant. —, avoir le pas sur quelqu'un. —, être auparavant, par rapport au temps.

PRÉCELLENCE, s. f. Supériorité. (Vi.)

PRÉCENTEUR ou PRÉCHANTRE, s. m. Grand chantre, dignité dans quelques cathédrales.

PRÉCENTORIENNE, adj. f. Dont on se servait dans les temples pour jouer devant les statues des dieux; flûte précentorienne. T. d'antiq.

PRÉCEPTE, s. m. Enseignement, instruction; règle, maxime, sentence. —, commandement de Dieu ou de l'Eglise.

PRÉCEPTEUR, s. m. Homme chargé de l'éducation d'un enfant.

PRÉCEPTIF, IVE, adj. Qui contient des préceptes. T. inus.

PRÉCEPTORAL, E, adj. Qui appartient au précepteur, lui est propre; gravité préceptorale.

PRÉCEPTORAT, s. m. Etat, qualité, fonction du précepteur.

PRÉCEPTORIALE, s. et adj. f. Prébende affectée au maître qui enseigne la grammaire aux élèves.

PRÉCESSION, s. f. Mouvement rétrograde des points équinoxiaux. T. d'astr.

PRÉCEY, s. m. Com. du dép. de la Manche, cant. de Ducey, arr. d'Avranches. = Avranches.

PRÉCHAC, s. m. Com. du dép. du Gers, cant. de Saramon, arr. d'Auch. = Fleurance.

PRÉCHAC, s. m. Com. du dép. du

Gers, cant. de Fleurance, arr. de Lectoure.= Gimont.

PRÉCHAC, s. m. Com. du dép. du Gers, cant. de Plaisance, arr. de Mirande. = Gimont.

PRÉCHAC, s. m. Com. du dép. de la Gironde, cant. de Villandraut, arr. de Bazas.= Bazas.

PRÉCHAC, s. m. Com. du dép. des Hautes-Pyrénées, cant. et arr. d'Argelès. = Argelès.

PRÉCHACQ, s. m. Com. du dép. des Landes, cant. de Montfort, arr. de Dax. = Tartas. Sources d'eaux minérales et boues thermales.

PRÉCHACQ-JOSBAIG, s. m. Com. du dép. des Basses-Pyrénées, cant. de Navarrenx, arr. d'Orthez. = Navarrenx.

PRÉCHACQ-NAVARRENX, s. m. Com. du dép. des Basses-Pyrénées, cant. de Navarrenx, arr. d'Orthez.=Navarrenx.

PRÊCHE, s. m. Sermon, temple des protestans.

PRÊCHÉ, E, part. Se dit d'un sermon qui a été débité en chaire, d'un point de doctrine qui a été enseigné.

PRÊCHER, v. a. et n. Enseigner la morale évangélique, annoncer la parole de Dieu. —, sermonner, faire des remontrances. Fig. — dans le désert, n'avoir point d'auditeurs, ne pas être écouté. — d'exemple, commencer par faire ce que l'on conseille aux autres. — misère, se plaindre continuellement. T. fam.

PRÊCHEUR, s. m. Prédicateur.—, censeur ennuyeux, prôneur, sermonneur. Fig. — éternel, moraliste assommant. —, adj. Se dit des dominicains; frère prêcheur.

PRÊCHEUSE, s. f. Femme qui ne cesse de faire des remontrances.

PRÉCIDANÉES, s. f. pl. Victimes immolées la veille d'une solennité. T. de myth.

PRÉCIEUSE, s. f. Femme ridicule par la raideur de ses manières et l'afféterie de ses discours.

PRÉCIEUSEMENT, adv. Avec grand soin; conserver précieusement.

PRÉCIEUX, EUSE, adj. Qui est de grand prix; meuble précieux. —, qui est utile, digne d'attention. —, qu'il ne faut point employer inutilement; temps précieux. —, plein d'affectation, de recherche; air précieux. —, s. m. Chose précieuse. —, affectation ridicule; le précieux du style.

PRÉCIEUX, s. m. Com. du dép. de la Loire, cant. et arr. de Montbrison.= Montbrison.

PRÉCIGNÉ, s. m. Com. du dép. de la Sarthe, cant. de Sablé, arr. de la Flèche.= Sablé. Source d'eau minérale.

PRÉCILLON, s. m. Com. du dép. des Basses-Pyrénées, cant. et arr. d'Oloron. = Oloron.

PRÉCIOSITÉ, s. f. Langage ridicule d'une précieuse.

PRÉCIPICE, s. m. Gouffre, abîme profond, escarpé; précipice affreux. —, grand malheur, affreuse catastrophe, ruine complète. Fig.

PRÉCIPITAMMENT, adv. Avec précipitation, à la hâte.

PRÉCIPITANT, s. m. Agent qui opère la précipitation. T. de chim.

PRÉCIPITATION, s, f. Extrême promptitude, trop grande hâte; vivacité excessive dans les actions et les discours. —, chute des parties grossières d'une dissolution. T. de chim.

PRÉCIPITÉ, s. m. Dépôt opéré par la précipitation. T. de chim.

PRÉCIPITÉ, E, part. Jeté dans un précipice, un lieu profond, de haut en bas.

PRÉCIPITER, v. a. Jeter dans un précipice, un abîme; jeter de haut en bas. —, causer la chute; précipiter du trône. —, jeter, plonger; précipiter dans l'infortune. —, ses pas, marcher fort vite. —, trop hâter; il ne faut rien précipiter. —, faire le précipité d'une combinaison. T. de chim. Se —, v. pron. Se jeter de haut en bas, s'élancer dans, au prop. et au fig. Se —, se hâter trop. Se — sur, s'élancer, fondre sur.....

PRÉCIPUITÉ, s. f. Préciput, avantage, profit. T. inus.

PRÉCIPUT, s. m. Don mutuel entre époux; prélèvement que fait un héritier au profit duquel il a été fait des dispositions testamentaires. T. de jurisp.

PRÉCIS, s. m. Sommaire, abrégé de ce qu'il y a d'essentiel dans une affaire, un discours, etc.

PRÉCIS, E, adj. Fixé, déterminé, arrêté; heure précise. —, juste; mesure précise. —, certain, positif, non équivoque. —, net, exact, concis; style précis. Demande —; expresse et formelle. T. de procéd.

PRÉCISÉ, E, part. Fixé, déterminé.

PRÉCISÉMENT, adv. Avec précision, nettement, positivement. —, oui, tout juste, comme cela. T. fam.

PRÉCISER, v. a. Fixer, déterminer; parler d'une manière précise. — une question, la renfermer dans les termes rigoureusement nécessaires.

PRÉCISION, s. f. Concision, laconisme; clarté, netteté, justesse dans les idées, dans le style. —, exactitude dans le mouvement, dans l'action; manœuvrer avec précision. —, abstraction d'une chose d'avec une autre. T. didact.

PRÉCITÉ, E, adj. Déjà cité, mentionné; article précité.

PRÉCOCE, adj. Mûr avant la saison; fruit précoce. —, prématuré, dont il n'est pas encore temps de s'entretenir; ce que vous dites est trop précoce. —, s. f. pl. Cerises hâtives.

PRÉCOCITÉ, s. f. Qualité de ce qui est précoce.

PRÉCOMPTE, s. m. Compte avec déduction par avance. T. de fin.

PRÉCOMPTÉ, E, part. Compté par avance, en parlant des sommes à déduire. T. de fin.

PRÉCOMPTER, v. a. Compter par avance les sommes à déduire. T. de fin.

PRÉCONISATION, s. f. Déclaration en consistoire qu'un bénéficier a les qualités requises. —, action de préconiser, de prôner quelqu'un.

PRÉCONISÉ, E, part. Loué, prôné, vanté.

PRÉCONISER, v. a. Déclarer en plein consistoire qu'un ecclésiastique, nouvellement promu à un bénéfice, a les qualités requises. —, louer, prôner, vanter, exalter. Fig.

PRÉCONISEUR, s. m. Celui qui préconise, vante.

PRÉCORBIN, s. m. Com. du dép. de la Manche, cant. de Torigni, arr. de St.-Lô. = Torigni.

PRÉCORDIAL, E, adj. Qui a rapport au diaphragme.

PRÉCURSEUR, s. m. Celui qui arrive avant un autre pour annoncer sa venue; avant-coureur. —, choses, événemens qui en précèdent d'autres. Fig. —, adj. Se dit de signes qui annoncent une maladie prochaine; signes précurseurs.

PRÉCY, s. m. Com. du dép. du Cher, cant. de Sancergues, arr. de Sancerre. = la Charité. Hauts-fourneaux.

PRÉCY, s. m. Com. du dép. de Seine-et-Marne, cant. de Claye, arr. de Meaux. = Claye.

PRÉCY, s. m. Com. du dép. de l'Yonne, cant. de St.-Julien-du-Sault, arr. de Joigny. = Joigny.

PRÉCY-LE-SEC, s. m. Com. du dép. de l'Yonne, cant. de l'Isle-sur-le-Serein, arr. d'Avallon. = Lucy-le-Bois.

PRÉCY-NOTRE-DAME, s. m. Com. du dép. de l'Aube, cant. de Brienne-le-Château, arr. de Bar-sur-Aube. = Brienne.

PRÉCY-ST.-MARTIN, s. m. Com. du dép. de l'Aube, cant. de Brienne-le-Château, arr. de Bar-sur-Aube. = Brienne.

PRÉCY-SOUS-THIL, s. m. Com. du dép. de la Côte-d'Or, chef-lieu de cant. de l'arr. de Semur. Bur. d'enregist. = Semur.

PRÉCY-SUR-OISE, s. m. Com. du dép. de l'Oise, cant. de Creil, arr. de Senlis. = Chantilly.

PRÉ-D'AUGE (le), s. m. Com. du dép. du Calvados, cant. et arr. de Lisieux. = Lisieux.

PRÉDÉCÉDÉ, E, s. et adj. Mort avant un autre. T. de procéd.

PRÉDÉCÉDER, v. a. Décéder avant un autre.

PRÉDÉCÈS, s. m. Mort antérieure à celle d'un autre.

PRÉDÉCESSEUR, s. m. Celui qui a précédé quelqu'un dans un emploi, etc.; devancier. —, pl. Ceux qui ont vécu avant nous dans la même profession et dans le même pays. Voy. ANCÊTRES.

PRÉ-DE-FIN, s. m. Com. du dép. du Pas-de-Calais, cant. d'Heuchin, arr. de St.-Pol. = Fruges.

PRÉDESTINATEUR, s. m. Celui qui croit à la prédestinée.

PRÉDESTINATIENS, s. m. pl. Sectaires, partisans de la prédestination.

PRÉDESTINATION, s. f. Dessein formé par Dieu, de toute éternité, en faveur des élus; arrangement immuable des événemens de la vie; fatalisme.

PRÉDESTINÉ, E, part. et s. Destiné à la gloire éternelle.

PRÉDESTINÉE, s. f. Arrangement immuable des événemens.

PRÉDESTINER, v. a. Destiner de toute éternité au salut, à faire de grandes choses, en parlant de Dieu.

PRÉDESTINIANISME, s. m. Hérésie des prédestinatiens.

PRÉDÉTERMINANT, E, adj. Qui prédétermine. T. dogm.

PRÉDÉTERMINATION, s. f. Action de la puissance divine sur la volonté de l'homme.

PRÉDÉTERMINÉ, E, part. Déterminé d'avance, de toute éternité, par la volonté de Dieu.

PRÉDÉTERMINER, v. a. Déterminer la volonté humaine, en parlant de Dieu.

PRÉDIAL, E, adj. Qui concerne les

fonds de terre, les héritages. T. de jurispr.

PRÉDICABLE, adj. Se dit d'une qualité que l'on peut donner à un sujet. T. de log.

PRÉDICAMENT, s. m. L'une des cinq catégories d'Aristote; ordre, rang de tous les êtres, suivant leur espèce. —, réputation, renommée. T. fam.

PRÉDICANT, s. m. Ministre protestant.

PRÉDICATEUR, s. m. Orateur chrétien qui annonce avec mission la parole de Dieu, les vérités de l'Evangile.

PRÉDICATION, s. f. Action de prêcher; sermon.

PRÉDICTION, s. f. Action de prédire; chose prédite.

PRÉDILECTION, s. f. Préférence d'affection.

PRÉDIRE, v. a. Prophétiser, annoncer l'avenir par inspiration, divination ou conjecture.

PRÉDISPOSANT, E, adj. Se dit de toute cause qui dispose aux maladies, et dont l'effet n'a lieu que par une réunion de circonstances qui en développent le germe occasionnellement. T. de méd.

PRÉDISPOSÉ, E, part. Disposé d'avance à contracter une maladie. T. de méd.

PRÉDISPOSER, v. a. Disposer d'avance, amener une disposition propre à contracter une maladie.

PRÉDIT, E, part. Prophétisé.

PRÉDORSAL, E, adj. Situé au-devant du dos. T. d'anat.

PRÉDORSO-CERVICAL, s. et adj. m. Muscle long du cou. T. d'anat.

PRÉE (la), s. f. Com. du dép. de la Seine-Inférieure, cant. de St.-Saens, arr. de Neufchâtel. = St.-Saens.

PRÉÉMINENCE, s. f. Prérogative de la dignité, du rang.

PRÉÉMINENT, E, adj. Qui excelle au-dessus des autres choses du même rang; se dit surtout au moral; vertu prééminente. Dignité —, au-dessus des autres.

PRÉ-EN-PAIL, s. m. Com. du dép. de la Mayenne, chef-lieu de cant. de l'arr. de Mayenne. Bur. d'enregist. et de poste.

PRÉÉTABLI, E, part. Se dit du système de Leibnitz, sur l'accord des perceptions de l'ame et des mouvemens du corps; harmonie préétablie.

PRÉÉTABLIR, v. a. Établir d'abord l'harmonie entre les perceptions de l'ame et les mouvemens du corps, suivant le système de Leibnitz.

PRÉEXISTANT, E, adj. Dont l'existence est antérieure à celle d'un autre.

PRÉEXISTENCE, s. f. Existence antérieure.

PRÉEXISTER, v. n. Exister avant un autre.

PRÉFACE, s. f. Avertissement en tête d'un livre; coup d'œil, aperçu de ce qu'il renferme, avant-propos. —, préambule. T. fam. —, partie de la messe qui précède le canon.

PRÉFECTURE, s. f. Dignité de préfet dans l'empire romain. —, administration départementale; étendue de pays administré par un préfet; les attributions de ce fonctionnaire public; son hôtel, ses bureaux.

PRÉFÉRABLE, adj. Digne d'être préféré. —, meilleur, plus estimable, plus avantageux, plus utile.

PRÉFÉRABLEMENT, adv. Par préférence.

PRÉFÉRÉ, E, part. Choisi par préférence; estimé plus.

PRÉFÉRENCE, s. f. Choix d'une personne ou d'une chose plutôt que d'une autre. —, droit d'être préféré. —, pl. Distinctions particulières, témoignages de prédilection.

PRÉFÉRER, v. a. Choisir une personne, une chose plutôt qu'une autre, lui donner la préférence; priser davantage, mettre au-dessus, estimer plus, faire plus de cas; favoriser une personne plus que les autres, par goût, par affection.

PRÉFÉRICULE, s. m. Vase alongé garni d'une anse; vase pour les sacrifices. T. d'antiq.

PRÉFET, s. m. Chez les Romains, magistrat chargé du gouvernement d'une province. —, dans les colléges, surveillant des études. —, aujourd'hui, en France, administrateur d'un département. — maritime, officier supérieur de marine chargé de l'administration d'un arrondissement maritime. —, coquille du genre cône. T. d'hist. nat.

PRÉFIGURER (se), v. pron. Se figurer, s'imaginer d'avance. T. inus.

PRÉFINI, E, part. Se dit du terme fixé pour l'exécution d'un acte. T. de procéd.

PRÉFINIR, v. a. Fixer un terme, un délai. T. de procéd.

PRÉFIX, adj. Arrêté, convenu, fixé, déterminé; temps préfix. Douaire —, fixé par le contrat de mariage.

PRÉFIXION, s. f. Détermination, fixation d'un terme, d'un délai. T. de procéd.

PRÉFLEURAISON, s. f. État des fleurs avant leur épanouissement. T. de bot.

PRÉFONTAINES, s. f. Com. du dép. du Loiret, cant. de Ferrières, arr. de Montargis. = Château-Landon.

PRÉGADI, s. m. Sénat vénitien.

PRÉGATON, s. m. Première filière. T. de tireur d'or.

PRÉGILBERT, s. m. Com. du dép. de l'Yonne, cant. de Vermanton, arr. d'Auxerre. = Vermanton.

PRÉGNANT, E, adj. Aigu, violent; douleur prégnante.

PRÉGNATION, s. f. Gestation des animaux. T. d'hist. nat.

PREGNIN, s. m. Village dépendant de la com. de Pouilly-St.-Genis, dép. de l'Ain, cant. de Ferney, arr. de Gex. = Ferney.

PRÉGUILLAC, s. m. Com. du dép. de la Charente-Inférieure, cant. et arr. de Saintes. = Saintes.

PRÉHENSION, s. f. Action de prendre, de porter à sa bouche les substances alimentaires. T. de méd.

PRÉHNITE, s. f. Pierre demi-transparente d'un vert léger. T. d'hist. nat.

PRÉHY, s. m. Com. du dép. de l'Yonne, cant. de Chablis, arr. d'Auxerre. = Chablis.

PREIGNAC, s. m. Com. du dép. de la Gironde, cant. de Podensac, arr. de Bordeaux. = Podensac.

PREIGNAN, s. m. Com. du dép. du Gers, cant. et arr. d'Auch. = Auch.

PREIGNAN, s. m. Com. du dép. du Tarn, cant. et arr. de Lavaur. = Lavaur.

PREIGNEY, s. m. Com. du dép. de la Haute-Saône, cant. de Vitrey, arr. de Vesoul. = Cintrey.

PREISCHE, s. m. Com. du dép. de la Moselle, cant. de Cattenom, arr. de Thionville. = Thionville.

PREIXAN, s. m. Com. du dép. de l'Aude, cant. de Montréal, arr. de Carcassonne. = Carcassonne.

PRÉJET (St.-), s. m. Com. du dép. de la Lozère, cant. de St.-Georges, arr. de Florac. = Sévérac.

PRÉJET-ARMANDON (St.-), s. m. Com. du dép. de la Haute-Loire, cant. de Paulhaguet, arr. de Brioude. = Brioude.

PRÉJET-D'ALLIER (St.-), s. m. Com. du dép. de la Haute-Loire, cant. de Saugues, arr. du Puy. = Langeac.

PRÉJUDICE, s. m. Tort, dommage, perte. Porter —, faire du tort, nuire. Sans — de, sans nuire, sous la réserve de.

PRÉJUDICIABLE, adj. Dommageable, nuisible, qui cause préjudice.

PRÉJUDICIAUX, adj. m. pl. Dépens qu'il faut préalablement rembourser; frais préjudiciaux. T. de procéd.

PRÉJUDICIEL, LE, adj. Qui appartient à la forme de procéder, et doit être jugé avant de plaider au fond; question préjudicielle. T. de procéd.

PRÉJUDICIER, v. n. Porter préjudice, nuire, faire tort.

PRÉJUGÉ, s. m. Jugement, arrêt, dans un cas identique; conséquence favorable qu'on en tire. —, opinion irréfléchie, formée sans examen, sans jugement. —, signe, marque de ce qui arrivera; conjecture vraisemblable, pressentiment; apparence, augure. —, erreur publique, prévention accréditée; préoccupation; infatuation, entêtement.

PRÉJUGÉ, E, part. Jugé contradictoirement, qui fait jurisprudence. T. de procéd.

PRÉJUGER, v. a. et n. Juger contradictoirement, de manière à former jurisprudence. T. de procéd. —, prévoir par conjecture, présumer, augurer.

PRÉLART, s. m. Grosse toile goudronnée dont on se sert pour couvrir les marchandises. T. de mar.

PRÉLASSER (se), v. pron. Marcher gravement comme un prélat, se carrer. Se —, v. pron. Se donner des airs de dignité. Fig.

PRÉLAT, s. m. Grand dignitaire de l'Eglise, comme les évêques, etc. —, ecclésiastique attaché à la cour du pape, et qui a droit de porter l'habit violet.

PRÉLATION, s. f. Droit de survivance en faveur des enfans du titulaire d'une charge à la cour, etc.

PRÉLATURE, s. f. Qualité, dignité, bénéfice de prélat; fonctions d'un prélat; durée de ces fonctions, etc. —, les prélats.

PRÊLE, s. f. Plante aquatique, astringente, propre à polir; genre de fougères.

PRÊLÉ, E, part. Frotté, poli avec la prêle.

PRÉLECTURE, s. f. Lecture avant de mettre sous presse. T. inus.

PRÉLEGS, s. m. Legs à prélever avant partage. T. de jurisp.

PRÉLÉGUÉ, E, part. Donné pour prélever avant le partage. T. de jurisp.

PRÉLÉGUER, v. a. Instituer un legs

qui doit être prélevé avant partage. T. de jurisp.

PRÊLER, v. a. Frotter, polir avec la prêle.

PRÉLEVÉ, E, part. Levé avant partage.

PRÉLÈVEMENT, s. m., Action de prélever.

PRÉLEVER, v. a. Lever une somme avant partage; prendre préalablement une portion avant de procéder au partage du reste.

PRÉLIMINAIRE, adj. Qui précède la matière principale, et sert à l'éclaircir; discours préliminaire. —, se dit des bases d'un traité sur lesquelles il convient d'être fixé avant d'entrer dans les détails; articles préliminaires. —, s. m. pl. Bases d'un traité; les préliminaires de la paix.

PRÉLIMINAIREMENT, adv. Avant d'entrer en matière, préalablement.

PRÉLIRE, v. a. Lire une copie avant de la donner aux compositeurs; lire une première épreuve. T. d'impr.

PRÉLOMBAIRE, adj. Qui est situé au-devant des lombes. T. d'anat.

PRÉLOMBO-SUS-PUBIEN, s. et adj. m. Muscle petit psoas. T. d'anat.

PRÉLOMBO-THORACIQUE, s. et adj. f. Veine azygos. T. d'anat.

PRÉLOMBO-TROCHANTINIEN, s. et adj. m. Muscle grand psoas. T. d'anat.

PRÉLONGE, s. m. Cordage pour traîner le canon. T. d'artill.

PRÉLU, E, part. Lu en premier, en parlant d'une épreuve.

PRÉLUDE, s. m. Fantaisie qu'on chante ou qu'on joue pour se mettre dans le ton, prendre l'accord; essai de voix ou d'instrument; morceau pour préluder, dans le goût des préludes. —, chose, événement qui précède, annonce, prépare. Fig.

PRÉLUDER, v. n. Chanter, jouer d'un instrument pour s'essayer, prendre le ton. —, donner une idée de ce qu'on pourra faire par la suite. Fig. — à, commencer par le moins important, se préparer. Fig.

PRÉLY-LE-CHÉTIF, s. m. Com. du dép. du Cher, cant. de la Chapelle-d'Angilon, arr. de Sancerre. = Henrichemont.

PRÉMANON, s. m. Com. du dép. du Jura, cant. de Morez, arr. de St.-Claude. = Morez.

PRÉ-MARTINET, s. m. Com. du dép. du Jura, cant. et arr. de St.-Claude. = St.-Claude.

PRÉMATURÉ, E, adj. Mûr avant le temps, précoce. —, venu, fait, développé avant le temps; esprit prématuré; entreprise, sagesse prématurée. Fig.

PRÉMATURÉMENT, adv. D'une manière prématurée, avant le temps convenable.

PRÉMATURITÉ, s. f. Maturité avant le temps ordinaire, surtout au fig.; prématurité d'esprit.

PRÉMEAUX, s. m. Com. du dép. de la Côte-d'Or, cant. de Nuits, arr. de Beaune. = Nuits.

PRÉMÉDITATION, s. f. Action de préméditer; délibération, examen réfléchi avant d'agir.

PRÉMÉDITÉ, E, part. Projeté, combiné d'avance.

PRÉMÉDITER, v. a. Méditer sur une chose, en calculer les chances avant de l'exécuter, former un dessein; se dit surtout en mauvaise part.

PRÉMERY, s. m. Com. du dép. de la Nièvre, chef-lieu de cant. de l'arr. de Cosne. Bur. d'enregist. et de poste. Forges et hauts-fourneaux.

PRÉMESQUE, s. m. Com. du dép. du Nord, cant. d'Armentières, arr. de Lille. = Armentières.

PRÉMEYSEL, s. m. Com. du dép. de l'Ain, cant. et arr. de Belley. = Belley.

PRÉMIAN, s. m. Com. du dép. de l'Hérault, cant. d'Olargues, arr. de St.-Pons. = St.-Pons.

PRÉMICES, s. f. pl. Premiers fruits de la terre; premières faveurs; premières productions de l'esprit; commencemens, principes.

PREMIER, ÈRE, s. et adj. Nombre ordinal; qui précède par rapport au temps, au lieu, à la dignité, à la situation, etc., qui l'emporte en talent, en mérite, en vertu. —, qui a été, qu'on a eu auparavant; vertu première. —, indispensable, nécessaire avant tout. —, s. f. Première épreuve en forme. T. d'impr.

PREMIÈREMENT, adv. En premier lieu, d'abord; avant tout.

PREMIER-FAIT, s. m. Com. du dép. de l'Aube, cant. de Méry-sur-Seine, arr. d'Arcis-sur-Aube. = Méry-sur-Seine.

PREMIER-NÉ, s. m. Le premier enfant d'un mariage.

PREMILHAT, s. m. Com. du dép. de l'Allier, cant. et arr. de Montluçon. = Montluçon.

PRÉMILLIEU, s. m. Com. du dép. de l'Ain, cant. d'Hauteville, arr. de Belley. = St.-Rambert.

PRÉMISSES, s. f. pl. Les deux premières propositions d'un syllogisme. T. de log.

PRÉMNADE, s. f. Chétodon bimaculé. T. d'hist. nat.

PRÉMONT, s. m. Com. du dép. de l'Aisne, cant. de Bohain, arr. de St.-Quentin. = St.-Quentin.

PRÉMONTRÉ, s. m. Religieux de l'ordre de St.-Augustin.

PRÉMONTRÉ, s. m. Com. du dép. de l'Aisne, cant. de Coucy-le-Château, arr. de Laon. = Coucy-le-Château. Verreries considérables.

PRÉMOTION, s. f. Action de Dieu déterminant la créature à agir. T. de théol.

PRÉMUNI, E, part. Muni par précaution.

PRÉMUNIR, v. a. Munir par précaution; précautionner. Se —, v. pron. Se précautionner.

PRENABLE, adj. Qui peut être pris; ville qui n'est pas prenable. —, en parlant des personnes, qu'on peut gagner, séduire. Fig.

PRENANT, E, adj. Qui prend, qui saisit. Partie —, qui reçoit une somme. T. de fin. Queue —, au moyen de laquelle certains animaux s'attachent, se suspendent. T. d'hist. nat.

PRENDEIGNES, s. m. Com. du dép. du Lot, cant. et arr. de Figeac. = Figeac.

PRENDRE, s. m. Faculté de prendre ou de laisser. Au fait et au —, lorsqu'il faut agir, opter, se décider.

PRENDRE, v. a. Saisir, mettre en sa main. —, dérober, voler; saisir, enlever par force; s'emparer de; recevoir, accepter; se faire donner, exiger; attraper à la chasse, à la pêche; arrêter pour emprisonner; mettre sur soi pour se vêtir, se parer, se décorer. —, avaler; prendre médecine. —, entendre, comprendre, interpréter, expliquer. Fig. — femme, se marier. — le voile, se faire religieuse. — une résolution, se déterminer, se résoudre. — du chagrin, en concevoir. — patience, patienter. — en flagrant délit, sur le fait, en faute. — par la douceur, l'employer pour obtenir. —pour, considérer, regarder comme. —, se rendre maître, s'emparer; prendre une ville. —, attaquer, tomber sur...; prendre en flanc. —, v. n. Pousser après la transplantation, en parlant des végétaux; produire son effet, en parlant d'un vésicatoire, etc.; se cailler, se geler, en parlant du lait, des liquides exposés à l'action du froid; obtenir un succès, en parlant d'un ouvrage de littérature. Se —, v. pron. Se coaguler, en parlant des liquides. Se —, s'attacher, s'accrocher. S'en — à quelqu'un, rejeter la faute sur lui. Se — de vin, s'enivrer. Se —, v. récip. Se saisir l'un et l'autre; se prendre aux cheveux. Se — de mots, se quereller, s'injurier. Ce verbe a une foule d'autres significations déterminées par le sens des mots auxquels il est joint. A tout —, adv. A tout considérer, tout peser, en comparant les avantages et les inconvéniens.

PRENERON, s. m. Com. du dép. du Gers, cant. de Vic-Fezensac, arr. d'Auch. = Vic-Fezensac.

PRENESSAYE (la), s. f. Com. du dép. des Côtes-du-Nord, cant. de la Chèze, arr. de Loudéac. = Loudéac.

PRENEUR, EUSE, s. Celui, celle qui prend; preneur de lapins. —, qui fait un usage habituel; preneur de tabac. —, locataire, fermier qui prend à loyer. —, adj. Se dit d'un navire qui a fait une prise; vaisseau preneur. T. de mar.

PRENIÈRES, s. f. Com. du dép. de la Côte-d'Or, cant. de Genlis, arr. de Dijon. = Dijon.

PRENOIS, s. m. Com. du dép. de la Côte-d'Or, cant. et arr. de Dijon. = Dijon.

PRÉNOM, s. m. Nom qui précède celui de famille.

PRÉNOTION, s. f. Connaissance obscure, superficielle d'une chose avant de l'avoir examinée. T. didact.

PRÉNOUVELLON, s. m. Com. du dép. de Loir-et-Cher, cant. d'Ouzouer-le-Marché, arr. de Blois. = Châteaudun.

PRENOVELLE, s. f. Com. du dép. du Jura, cant. de St.-Laurent, arr. de St.-Claude. = St.-Claude.

PRENOY, s. m. Com. du dép. du Loiret, cant. de Lorris, arr. de Montargis. = Lorris.

PRENSICULANTIA, s. m. Mammifère rongeur. T. d'hist. nat.

PRENY, s. m. Com. du dép. de la Meurthe, cant. de Pont-à-Mousson, arr. de Nancy. = Pont-à-Mousson.

PRÉOCCUPATION, s. f. Etat d'un esprit trop occupé d'un objet pour faire attention à un autre; idée fixe, attention exclusive; préjugé, infatuation.

PRÉOCCUPÉ, E, part. Uniquement occupé de, absorbé par une idée fixe, exclusive.

PRÉOCCUPER, v. a. Faire naître une idée dans l'esprit de quelqu'un, lui inspirer des préventions. Se —, v. pron. Concevoir des préventions.

PRÉOPINANT, adj. L'orateur qui descend de la tribune, qui vient de parler. T. parlementaire.

PRÉOPINATION, s. f. Incertitude du médecin sur le pronostic. T. de méd.

PRÉOPINER, v. n. Opiner avant un autre.

PRÉPARAGE, s. m. Préparation pour un ouvrage.

PRÉPARANT, adj. m. Se dit des vaisseaux qui servent à la préparation de la liqueur séminale. T. d'anat.

PRÉPARATE, s. f. Nom donné par les anciens à la veine frontale. T. d'anat.

PRÉPARATIF, s. m. Apprêt, disposition, préparation.

PRÉPARATION, s. f. Action de préparer ou de se préparer, apprêt. —, disposition, composition de médicamens.

PRÉPARATOIRE, adj. Qui sert d'introduction, qui prépare ; séance préparatoire. Jugement —, rendu sur un incident avant le jugement définitif. T. de procéd.

PRÉPARÉ, E, part. Apprêté, disposé.

PRÉPARER, v. a. Apprêter, disposer, mettre en état pour..., composer, mélanger, mixtionner. —, ménager une occasion pour l'avenir. Fig. —, en parlant des esprits, les disposer à recevoir une impression. Se —, v. pron. S'apprêter, se disposer ; apprêter, disposer pour soi.

PRÉPONDÉRANCE, s. f. Supériorité de pouvoir, de crédit, de considération.

PRÉPONDÉRANT, E, adj. Qui jouit d'une prépondérance marquée, qui a le plus grand poids. Voix —, qui l'emporte en cas de partage. Corps —, qui a plus de poids qu'un autre. T. de mécan.

PRÉPORCHÉ, s. m. Com. du dép. de la Nièvre, cant. de Moulins-Engilbert, arr. de Château-Chinon. = Moulins-Engilbert.

PRÉPOSÉ, s. m. Employé, commis à la perception d'un droit, etc.

PRÉPOSÉ, E, part. Commis, établi avec pouvoir.

PRÉPOSER, v. a. Commettre, donner pouvoir de recevoir, de conserver, de prendre soin, etc.

PRÉPOSITIF, IVE, adj. Qui sert à être mis en avant. T. de gramm.

PRÉPOSITION, s. f. Particule indéclinable qui indique le rapport des mots entre eux.

PRÉPOTENCE, s. f. Omnipotence, pouvoir absolu. T. inus.

PRÉPOTIN, s. m. Com. du dép. de l'Orne, cant. de Tourouvre, arr. de Mortagne. = Mortagne.

PRÉPUCE, s. m. Prolongement des tégumens de la verge qui couvre le gland en forme de capuchon. T. d'anat.

PRÉROGATIVE, s. f. Avantage particulier que donnent certaines dignités, la naissance.

PRÈS, prép. qui marque la proximité de temps, de lieu. Auprès, proche, sur le point de ; près de Pantin ; près de mourir. —, en comparaison ; que signifie ce ministre près de Colbert? A peu —, adv. Presque, environ. A cela —, hormis, excepté cela, sans s'y arrêter. De —, tout contre. Chose qui touche de —, à laquelle on s'intéresse vivement. — à —, près l'un de l'autre.

PRÉS (les), s. m. pl. Com. du dép. de la Drôme, cant. de Luc-en-Diois, arr. de Die. = Die.

PRÉSAGE, s. m. Signe par lequel on juge de l'avenir ; conjecture qu'on en tire.

PRÉSAGÉ, E, part. Indiqué, annoncé par des signes, en parlant d'un événement.

PRÉSAGER, v. a. Indiquer, annoncer par des signes quelque grand événement. —, conjecturer, en parlant des personnes.

PRÉSAILLES, s. f. Com. du dép. de la Haute-Loire, cant. de Monastier, arr. du Puy. = le Puy.

PRÉ-ST.-ÉVROULT, s. m. Com. du dép. d'Eure-et-Loir, cant. de Bonneval, arr. de Châteaudun. = Bonneval.

PRÉ-ST.-GERVAIS (le), s. m. Com. du dép. de la Seine, cant. de Pantin, arr. de St.-Denis. = Banlieue de Paris.

PRÉ-ST.-MARTIN, s. m. Com. du dép. d'Eure-et-Loir, cant. de Bonneval, arr. de Châteaudun. = Bonneval.

PRÉSANCTIFIÉ, E, adj. Consacré la veille. T. inus.

PRESBYTE, s. m. Vieillard dont le cristallin est aplati, qui ne voit que de loin.

PRESBYTÉRAL, E, adj. Qui appartient à la prêtrise, au presbytère ; maison presbytérale.

PRESBYTÈRE, s. m. Maison où loge le curé d'une commune.

PRESBYTÉRIANISME, s. m. Système, secte des presbytériens.

PRESBYTÉRIEN, NE, s. Sectaire protestant d'Angleterre qui ne reconnaît point l'autorité épiscopale.

PRESBYTIE, s. f. Vue obscure quand on regarde les choses de près, et nette quand elle porte sur des objets éloignés.

PRESCIENCE, s. f. Attribut de la Divinité, connaissance que Dieu seul a de l'avenir.

PRESBOURG, s. m. Ville capitale de la Hongrie, sur le Danube, à 15 lieues de Vienne. Cette ville où fut signée la paix entre la France et l'Autriche, en 1805, fait un comm. considérable de vins et de grains. Pop., 34,400 hab. env.

PRESCINDER, v. n. Faire abstraction. T. scolast.

PRESCRIPTIBLE, adj. Qui peut être prescrit.

PRESCRIPTION, s. f. Acquisition de la propriété d'un immeuble par une jouissance non interrompue de trente années; extinction d'une dette à défaut de demande dans le temps voulu par la loi. T. de jurisp.

PRESCRIRE, v. a. Enjoindre, ordonner avec autorité; indiquer impérativement ce qu'on veut qui soit fait. —, borner, circonscrire. —, acquérir par la prescription. Se —, v. pron. Se perdre par la prescription.

PRESCRIT, E, part. Enjoint, ordonné.

PRÉSÉANCE, s. f. Droit de précéder, de prendre rang au-dessus de quelqu'un.

PRÉSEAU, s. m. Com. du dép. du Nord, cant. et arr. de Valenciennes. = Valenciennes.

PRÉSENCE, s. f. Existence d'une personne dans un lieu marqué, l'opposé d'absence. —, assistance; droit de présence. En —, en vue l'un de l'autre, l'un devant l'autre. En — de témoins, devant témoins. — d'esprit, promptitude à faire, à dire ce qu'il y a de plus convenable.

PRÉSENT, s. m. Don, cadeau, tout ce qu'on donne par pure libéralité. —, le temps actuel. —, le premier temps de chaque mode. T. de gramm. —, pl. Ceux qui se trouvent en un lieu, par opposition aux absens. A —, adv. Présentement, à cette heure, maintenant; de nos jours.

PRÉSENT, E, adj. Qui est, qui était dans le lieu dont on parle, l'opposé d'absent. —, en parlant des choses, qui existe dans le temps où nous vivons, qui est en usage actuellement. —, assistant, témoin. Esprit —, qui se rappelle les choses à propos.

PRÉSENTABLE, adj. Qui peut être présenté; digne d'être offert. —, en parlant des personnes, qui peut se présenter ou être présenté en société.

PRÉSENTATEUR, TRICE, s. Personne qui a droit de présenter à un bénéfice.

PRÉSENTATION, s. f. Action de présenter, de se présenter. —, droit de présenter à un bénéfice. —, fête en mémoire du jour où la sainte Vierge fut présentée au temple. —, constitution d'avoué. T. de procéd.

PRÉSENTÉ, E, part. Offert; introduit dans une société.

PRÉSENTEMENT, adv. Maintenant, à présent.

PRÉSENTER, v. a. Offrir, prier d'accepter, de recevoir; présenter un bouquet, une pétition. —, faire voir; exposer; présenter des motifs. —, amener, introduire dans une société. —, exhiber; présenter son passeport. —, désigner pour un bénéfice. —, mettre en avant; présenter le bout du pistolet. Se —, v. pron. Se mettre sur les rangs, s'offrir pour...; venir, s'introduire. Se —, s'offrir à l'esprit; un changement inévitable se présente. Se —, s'offrir à la vue, se faire voir, arriver.

PRESENTEVILLERS, s. m. Com. du dép. du Doubs, cant. et arr. de Montbéliard. = Montbéliard.

PRÉSERVATEUR, s. m. Fourneau qui garantit les doreurs de la vapeur du mercure.

PRÉSERVATIF, IVE, s. m. et adj. Qui a la vertu de préserver, antidote; médicament préservatif.

PRÉSERVATION, s. f. Conservation. T. inus.

PRÉSERVÉ, E, part. Mis à l'abri du mal.

PRÉSERVER, v. a. Garantir, mettre à l'abri du mal, en détourner les effets. Se —, v. pron. Se garantir.

PRESERVILLE, s. f. Com. du dép. de la Haute-Garonne, caut. de Lanta, arr. de Villefranche. = Caraman.

PRÉSIDÉ, E, part. Se dit d'une assemblée délibérante, d'un tribunal, dont les travaux sont dirigés par un président; la chambre présidée par M. Dupin.

PRÉSIDENCE, s. f. Action de présider; dignité, fonction de président d'une assemblée.

PRÉSIDENT, s. m. Magistrat qui préside une cour, un tribunal. —, dignitaire qui préside une assemblée délibérante; président de la chambre des députés.

PRÉSIDENTAL, E, adj. Qui concerne la dignité, les fonctions de président. T. inus.

PRÉSIDENTE, s. f. Epouse d'un président.

PRÉSIDER, v. a. Diriger les travaux, les délibérations d'une assemblée, d'une cour, recueillir les voix et prononcer les décisions, etc. — à, veiller, prendre soin, diriger; Cérès présidait aux moissons.

PRÉSIDIAL, s. m. Tribunal dont les appels étaient portés au parlement, excepté dans certains cas et pour certaines sommes; juridiction de ce tribunal; le lieu de ses séances. —, pl. Présidiaux. Juges d'un présidial.

PRÉSIDIAL, E, adj. Qui émane d'un présidial; sentence présidiale.

PRÉSIDIALEMENT, adv. En dernier ressort, sans appel en matière civile.

PRESILLY, s. m. Com. du dép. du Jura, cant. d'Orgelet, arr. de Lons-le-Saulnier. = Orgelet.

PRESLE, s. m. Com. du dép. de l'Isère, cant. de Pont-en-Royans, arr. de St.-Marcellin. = St.-Marcellin.

PRESLE, s. m. Com. du dép. de la Haute-Saône, cant. de Montbozon, arr. de Vesoul. = Vesoul.

PRESLES, s. m. Com. du dép. du Calvados, cant. de Vassy, arr. de Vire. = Vire.

PRESLES, s. m. Com. du dép. de Seine-et-Marne, cant. de Tournan, arr. de Melun. = Tournan.

PRESLES, s. m. Com. du dép. de Seine-et-Oise, cant. de l'Isle-Adam, arr. de Pontoise. = Beaumont-sur-Oise.

PRESLES-ET-BOVE, s. m. Com. du dép. de l'Aisne, cant. de Braisne, arr. de Soissons. = Braisne.

PRESLES-ET-THIERRY, s. m. Com. du dép. de l'Aisne, cant. et arr. de Laon. = Laon.

PRÉSOMPTIF, IVE, adj. Présumé devoir hériter; héritier présomptif.

PRÉSOMPTION, s. f. Conjecture, opinion fondée sur des apparences, des probabilités. —, suffisance, vanité, orgueil, fatuité.

PRÉSOMPTUEUSEMENT, adv. D'une manière présomptueuse; orgueilleusement.

PRÉSOMPTUEUX, EUSE, s. et adj. Vain, suffisant, orgueilleux qui a une haute idée de sa personne, de ses moyens. —, qui annonce, prouve de la présomption; projets présomptueux.

PRESPINAL, E, adj. Situé devant l'épine du dos, la colonne vertébrale. T. d'anat.

PRESPIRATION, s. f. Infiltration de l'eau dans les terres. T. de phys.

PRESQUE, adv. A peu près, peu s'en faut.

PRESQU'ÎLE, s. f. Péninsule, langue de terre environnée d'eau, si ce n'est par un côté.

PRESSAC, s. m. Com. du dép. de la Vienne, cant. d'Availles, arr. de Civray. = l'Isle-Jourdain.

PRESSAGE, s. m. Emploi de la presse. T. de mét.

PRESSAGNY-L'ORGUEILLEUX, s. m. Com. du dép. de l'Eure, cant. d'Ecos, arr. des Andelys. = Vernon.

PRESSAMMENT, adv. D'une manière pressante. T. inus.

PRESSANT, E, adj. Qui presse, insiste sans relâche. —, en parlant des choses, urgent, qui ne souffre pas de délai. —, vive, aiguë; douleur pressante.

PRESSE, s. f. Foule, multitude de personnes qui se heurtent, se pressent; fendre la presse. —, état fâcheux, embarras, perplexité; empressement. Fig. —, mécanique pour imprimer, pour presser; l'imprimerie, tout ce qui est relatif à l'impression et à la publication de la pensée. Liberté de la —, première garantie de la liberté, pouvoir de faire imprimer et de publier sans être soumis à une censure préalable, sauf à répondre de ses doctrines dans les cas prévus par la loi. —, en Angleterre, enrôlement forcé des matelots. —, petite pêche qui ne quitte pas le noyau. T. de jard.

PRESSÉ, E, part. Serré, étreint avec force. —, tourmenté; pressé par la faim. —, harcelé, poursuivi. —, adj. Urgent, qui ne souffre point de délai, pressant. —, en parlant des personnes, très occupé; empressé, désireux. —, succinct, concis; dialogue pressé.

PRESSÉE, s. f. Ce que l'on met en une fois sous la presse.

PRESSÉMENT, adv. Précipitamment, en hâte.

PRESSENTI, E, part. Se dit d'un événement dont on a eu un pressentiment, qu'on a prévu.

PRESSENTIMENT, s. m. Sentiment intérieur de ce qui doit arriver. —, première émotion de la fièvre.

PRESSENTIR, v. a. Avoir le pressentiment de ce qui doit arriver, prévoir. —, sonder les dispositions de quelqu'un, chercher à deviner ses intentions.

PRESSER, v. a. Serrer, étreindre avec force; presser un citron. —, comprimer, fouler, mettre en presse. —, approcher une personne ou une chose contre une autre. —, attaquer, poursuivre, harceler; presser les rangs ennemis. Fig. —, hâter, précipiter; presser son départ. —, faire diligenter; presser des travaux. —, solliciter vivement; presser un jugement. —, augmenter la vitesse. T. de mus. —, v. n. Ne point souffrir de délai, exiger un prompt secours; l'intervention presse. Se —, v. pron. Se hâter, se diligenter; s'empresser. Se —, v. récip. Se serrer l'un contre l'autre.

PRESSETTE, s. f. Petite presse. T. de papet.

PRESSEUR, s. m. Ouvrier qui presse les étoffes. T. de manuf.

PRESSIAT, s. m. Com. du dép. de l'Ain, cant. de Treffort, arr. de Bourg. = Bourg.

PRESSIER, s. m. Ouvrier imprimeur qui travaille à la presse. T. d'impr.

PRESSIGNAC, s. m. Com. du dép. de la Charente, cant. de Chabanais, arr. de Confolens. = Chabanaïs.

PRESSIGNAC, s. m. Com. du dép. de la Dordogne, cant. de Lalinde, arr. de Bergerac. = Bergerac.

PRESSIGNY, s. m. Com. du dép. du Loiret, cant. de Châtillon-sur-Loing, arr. de Montargis. = Noyen-sur-Vernisson.

PRESSIGNY, s. m. Com. du dép. de la Haute-Marne, cant. de Fays-Billot, arr. de Langres. = Fays-Billot.

PRESSIGNY, s. m. Com. du dép. des Deux-Sèvres, cant. de Thenezay, arr. de Parthenay. = Parthenay.

PRESSIGNY-LE-GRAND, s. m. Petite ville du dép. d'Indre-et-Loire, chef-lieu de cant. de l'arr. de Loches. Bur. d'enregist. = la Haye-Descartes.

PRESSIGNY-LE-PETIT, s. m. Com. du dép. d'Indre-et-Loire, cant. de Pressigny-le-Grand, arr. de Loches. = Preuilly.

PRESSINS, s. m. Com. du dép. de l'Isère, cant. de Pont-de-Beauvoisin, arr. de la Tour-du-Pin. = Pont-de-Beauvoisin.

PRESSION, s. f. Action de presser; effets de cette action. —, compression. T. de phys.

PRESSIROSTRES, s. m. pl. Oiseaux à bec court et comprimé. T. d'hist. nat.

PRESSIS, s. m. Jus, suc exprimé en pressant.

PRESSOIR, s. m. Machine pour exprimer le jus du raisin, des fruits, etc.; lieu où cette machine fonctionne. — d'Hérophile, confluent des quatre sinus de la dure-mère. T. d'anat.

PRESSOIRE, s. f. Com. du dép. de la Somme, cant. de Chaulnes, arr. de Péronne. = Lihons-en-Santerre.

PRESSURAGE, s. m. Action d'exprimer le jus du raisin, des fruits, à l'aide du pressoir. —, vin tiré du marc. —, droit féodal que percevait le fermier d'un pressoir banal.

PRESSURE, s. f. Action d'empointer. T. d'épinglier.

PRESSURÉ, E, part. Pressé, en parlant du raisin, etc.

PRESSURER, v. a. Presser, étreindre pour extraire le jus du raisin, des pommes. —, exprimer le jus des fruits en les serrant dans la main; pressurer un citron. —, ruiner par des exactions, épuiser par des impôts; soutirer de l'argent par violence ou par ruse. Fig.

PRESSUREUR, s. m. Propriétaire d'un pressoir qui pressure les fruits moyennant une rétribution.

PRESSY, s. m. Com. du dép. du Pas-de-Calais, cant. d'Heuchin, arr. de St.-Pol. = St.-Pol.

PRESSY, s. m. Com. du dép. de Saône-et-Loire, cant. de St.-Bonnet-de-Joux, arr. de Charolles. = St.-Bonnet-de-Joux.

PREST (St.-), s. m. Com. du dép. d'Eure-et-Loir, cant. et arr. de Chartres. = Chartres.

PRESTANCE, s. f. Bonne mine accompagnée de dignité, de gravité.

PRESTANT, s. m. L'un des principaux jeux de l'orgue.

PRESTATION, s. f. Action de prêter serment, de rendre foi et hommage, de payer en nature.

PRESTE, adj. Prompt, adroit, agile. —, interj. Vite, promptement. T. fam.

PRESTEMENT, adv. Promptement, habilement, à la hâte.

PRESTER, s. m. Météore inflammable et très violent.

PRESTESSE, s. f. Agilité du corps; subtilité de l'esprit; habileté, promptitude d'exécution.

PRESTIDIGITATEUR, s. m. Escamoteur.

PRESTIDIGITATION, s. f. Action, manière d'escamoter.

PRESTIGE, s. m. Illusion produite par sortilège, par art; fascination. —, illusion opérée sur l'imagination. Fig.

PRESTIGIATEUR, s. m. Sorcier, charlatan, imposteur qui cherche à fasciner les yeux d'une multitude ignorante par des prestiges, des fantasmagories.

PRESTIGIEUX, EUSE, adj. Qui tient du prestige. T. inus.

PRESTIMONIE, s. f. Fonds affecté à l'entretien d'un prêtre, sans titre de bénéfice.

PRESTO, PRESTISSIMO, adv. tiré de l'italien. Vite, très vite. T. de mus.

PRESTOLET, s. m. Jeune ecclésiastique léger, inconséquent, qui n'a pas la gravité de son ministère. T. de mépris.

PRESTONIE, s. f. Plante de la famille des apocynées. T. de bot.

PRÉSUCCESSION, s. f. Droit antérieur à l'hérédité. T. inus.

PRÉSUMABLE, adj. Que l'on peut présumer, probable.

PRÉSUMÉ, E, part. Conjecturé, supposé.

PRÉSUMER, v. a. Supposer, conjecturer, juger sur des probabilités. —, v. n. Avoir une opinion trop avantageuse de sa personne, de ses moyens; il a trop présumé de son crédit.

PRÉSUPPOSÉ, E, part. Supposé préalablement.

PRÉSUPPOSER, v. a. Supposer préalablement.

PRÉSUPPOSITION, s. f. Supposition préalable.

PRESURE, s. f. Acide tiré du ventricule des veaux non sevrés, qui fait cailler le lait, et, en général, toutes substances qui sont propres au même usage.

PRÊT, s. m. Action de prêter; chose prêtée. —, paie du soldat.

PRÊT, E, adj. Apprêté, disposé, préparé.

PRETANTAINE, s. f. Çà et là, sans sujet, sans dessein; courir la pretantaine.

PRÊTÉ, E, part. Donné à titre de prêt.

PRÉTENDANT, E, s. Celui qui prétend, qui a ou croit avoir des droits.

PRÉTENDRE, v. a. et n. Croire que l'on a des droits, avoir des prétentions à quelque chose. —, aspirer à; avoir intention, se proposer; je prétends vivre en paix. —, vouloir, exiger; soutenir, affirmer, être persuadé.

PRÉTENDU, E, part. Supposé, imaginé. —, s. Le futur époux, la future épouse. —, adj. Faux, incertain, douteux.

PRÉTENDUMENT, adv. Par supposition.

PRÊTE-NOM, s. m. Personne interposée qui prête son nom dans une opération; homme de paille.

PRÉTENTIEUX, EUSE, adj. Qui a ou qui annonce des prétentions.

PRÉTENTION, s. f. Droit réel ou imaginaire de prétendre, d'aspirer à; espérance, projet, vue. —, pl. Opinion avantageuse de ses moyens, suffisance; désir de briller, de faire parade de son esprit, de ses grâces, etc.; femme à prétentions.

PRÊTER, s. m. Action de prêter; ami au prêter, ennemi au rendre.

PRÊTER, v. a. Donner à charge de rendre, donner pour un temps, moyennant un intérêt. —, procurer, fournir; prêter des armes à la calomnie. —, attribuer, supposer par malice, etc.; prêter un ridicule. — le flanc, donner prise sur soi. — serment, faire serment en justice, etc. — secours, aider, secourir. — son nom, autoriser un tiers à s'en servir. — l'oreille, écouter. — les mains, favoriser, se rendre complice. —, v. n. S'étendre quand on tire, en parlant d'une étoffe, etc. —, être fécond, en parlant d'un sujet. —, fournir matière; prêter à la plaisanterie. Se — à, v. pron. Consentir par faiblesse ou par complaisance, favoriser, tolérer.

PRÉTÉRIT, s. m. Temps du verbe qui marque le passé. T. de gramm.

PRÉTÉRITION, s. f. Figure de rhétorique qui consiste à feindre d'omettre la chose même dont on parle. —, omission d'un héritier, nécessaire dans un testament. T. de jurisp.

PRÉTERMISSION, s. f. PRÉTÉRITION.

PRÉTEUR, s. m. Magistrat qui rendait la justice dans Rome, ou qui gouvernait une province. —, magistrat de quelques villes d'Allemagne.

PRÊTEUR, EUSE, adj. Qui prête quelque chose, de l'argent surtout.

PRÉTEXTE, s. m. Cause simulée, apparente, dont on se sert pour cacher le motif d'une action. —, s. et adj. Robe bordée de pourpre qui était à Rome une des marques de la dignité consulaire, sénatoriale, etc.

PRÉTEXTÉ, E, part. Couvert d'un prétexte, pris pour prétexte.

PRÉTEXTER, v. a. Couvrir d'un prétexte, prendre pour prétexte.

PRÉTIBIAL, E, adj. Situé à la face interne du tibia. T. d'anat.

PRÉTIÈRE (la), s. f. Com. du dép. du Doubs, cant. de l'Isle-sur-le-Doubs, arr. de Baume. = l'Isle-sur-le-Doubs.

PRETIN, s. m. Com. du dép. du Jura, cant. de Salins, arr. de Poligny. = Salins.

PRÉTINTAILLE, s. f. Ornement découpé qui s'appliquait sur les robes des femmes. —, légers accessoires, les dépendances; toute la prétintaille. Fig. et fam.

PRÉTINTAILLÉ, E, part. Garni de prétintailles.

PRÉTINTAILLER, v. a. Garnir, orner de prétintailles. —, multiplier, prodiguer les ornemens; prétintailler son style. Fig.

PRÉTOIRE, s. m. Tribunal, tente, maison où le préteur et autres magistrats romains rendaient la justice. Préfet du —, commandant de la garde des empereurs romains; premier magistrat des quatre grands départemens du Bas-Empire.

PRÉTORIEN, NE, adj. Qui dépendait du préteur, appartenait à ses fonctions. Provinces —, où l'on envoyait des préteurs. Cohortes —, commandées par le préfet du prétoire.

PRÉTORIENS, s. m. pl. Soldats sous le commandement d'un préfet du prétoire; cohortes prétoriennes.

PRÉTOT, s. m. Com. du dép. de la Manche, cant. de la Haye-du-Puits, arr. de Coutances. = Carentan. Exploitation de houille.

PRÉTOT, s. m. Com. du dép. de la Seine-Inférieure, cant. de Doudeville, arr. d'Yvetot. = Doudeville.

PRÉTRAILLE, s. f. Les prêtres, les ecclésiastiques. T. iron.

PRÊTRE, s. m. Ministre consacré au service du temple chez les Juifs, au service des faux Dieux chez les païens. —, ministre de la religion chrétienne qui peut dire la messe et administrer les sacremens.

PRÊTRESSE, s. f. Femme attachée au culte d'une divinité païenne.

PRÉTREVILLE, s. f. Com. du dép. du Calvados, cant. et arr. de Lisieux. = Lisieux.

PRÊTRISE, s. f. Sacerdoce chez les catholiques; ordre sacré par lequel un homme est fait prêtre.

PRÉTURE, s. f. Dignité, charge de préteur.

PRÉTY, s. m. Com. du dép. de Saône-et-Loire, cant. de Tournus, arr. de Mâcon. = Tournus.

PRETZ, s. m. Com. du dép. de la Meuse, cant. de Triaucourt, arr. de Bar-le-Duc. = Bar-le-Duc.

PREUIL (St.-), s. m. Com. du dép. de la Charente, cant. de Châteauneuf, arr. de Cognac. = Châteauneuf-sur-Charente.

PREUILLE, s. f. Com. du dép. de l'Allier, cant. d'Hérisson, arr. de Montluçon. = Montluçon.

PREUILLY, s. m. Com. du dép. du Cher, cant. de Lury, arr. de Bourges. = Mehun-sur-Yèvre.

PREUILLY, s. m. Petite ville du dép. d'Indre-et-Loire, chef-lieu de cant. de l'arr. de Loches. Bur. d'enregist. et de poste.

PREUILLY-LA-VILLE, s. m. Com. du dép. de l'Indre, cant. de Tournon-St.-Martin, arr. du Blanc. = le Blanc.

PREURES, s. m. Com. du dép. du Pas-de-Calais, cant. de Hucqueliers, arr. de Montreuil. = Montreuil.

PREUSCHDORF, s. m. Com. du dép. du Bas-Rhin, cant. de Woerth-sur-Sauer, arr. de Wissembourg. = Haguenau.

PREUSEVILLE, s. f. Com. du dép. de la Seine-Inférieure, cant. de Loudinières, arr. de Neufchâtel. = Neufchâtel.

PREUTIN, s. m. Com. du dép. de la Moselle, cant. d'Audun-le-Roman, arr. de Briey. = Briey.

PREUVE, s. f. Evidence, démonstration qui établit l'exactitude d'un fait, une vérité. —, marque, témoignage; preuve d'amitié. —, règle pour vérifier l'exactitude d'un calcul. T. d'arith. Semi —, qui sert d'indice.

PREUVE (Ste.-), s. f. Com. du dép. de l'Aisne, cant. de Sissonne, arr. de Laon. = Laon.

PREUX, s. m. et adj. Vaillant, hardi, généreux. —, s. m. pl. Princes vaillans qui deux fois assiégèrent Thèbes, sous le commandement d'Adraste, roi d'Argos. T. de myth.

PREUX-AU-BOIS, s. m. Com. du dép. du Nord, cant. de Landrecies, arr. d'Avesnes. = Landrecies.

PREUX-AU-SART, s. m. Com. du dép. du Nord, cant. du Quesnoy, arr. d'Avesnes. = le Quesnoy.

PRÉVAL, s. m. Com. du dép. de la Sarthe, cant. de la Ferté, arr. de Mamers. = la Ferté-Bernard.

PRÉVALOIR, v. n. Avoir, remporter l'avantage sur.... Se —, v. pron. Tirer avantage de sa position, de son crédit, de sa fortune, etc.

PRÉVARICATEUR, s. et adj. Coupable de prévarication.

PRÉVARICATION, s. f. Infraction volontaire aux devoirs de son emploi, malversation. —, trahison faite à la cause que l'on devait soutenir, aux intérêts que l'on devait défendre.

PRÉVARIQUER, v. n. Commettre des injustices, des malversations dans l'exercice de ses fonctions, trahir son parti, l'intérêt de ses commettans.

PRÉVELLE, s. f. Com. du dép. de la Sarthe, cant. de Tuffé, arr. de Mamers. = Bonnétable.

PRÉVENANCE, s. f. Manière obligeante, attention délicate, complaisance, empressement à prévenir ce qui peut être agréable.

PRÉVENANT, E, adj. Agréable, gracieux, qui dispose en sa faveur; air prévenant. —, obligeant, complaisant, qui court au-devant de vos désirs; personne prévenante. —, qui coopère par prémotion; grâce prévenante.

PRÉVENCHÈRES, s. f. Com. du dép. de la Lozère, cant. de Villefort, arr. de Mende. = Villefort.

PRÉVENIR, v. a. arriver le premier, devancer; faire le premier ce qu'un autre avait l'intention de faire. —, rendre service sans être sollicité. —, détourner par des précautions le mal, le danger. —, anticiper, en parlant du temps. — une objection, y répondre d'avance. —, disposer l'esprit de quelqu'un, l'instruire, l'informer par avance. Se —, v. pron. Se préoccuper. Se —, v. récip. S'avertir mutuellement.

PRÉVENTIF, IVE, adj. Qui concerne la prévention.

PRÉVENTION, s. f. Opinion favorable ou contraire avant examen, préoccupation. —, action de devancer un tiers dans l'exercice de son droit; état d'une personne prévenue d'un délit. T. de procéd.

PRÉVENU, E, part. Devancé; supplanté. —, adj. Qui a des préventions, orgueilleux. —, s. Accusé de crime.

PRÉVERANGES, s. m. Com. du dép. du Cher, cant. de Château-Meillant, arr. de St.-Amand. = Château-Meillant.

PRÉVESSIN, s. m. Com. du dép. de l'Ain, cant. de Ferney, arr. de Gex. = Ferney.

PRÉVIÈRE (la), s. f. Com. du dép. de Maine-et-Loire, cant. de Pouancé, arr. de Segré. = Segré.

PREVILLER, s. m. Com. du dép. de l'Oise, cant. de Marseille, arr. de Beauvais. = Granvilliers.

PRÉVINQUIÈRES, s. f. Com. du dép. de l'Aveyron, cant. de Sévérac-le-Château, arr. de Milhau. = Sévérac.

PRÉVINQUIÈRES, s. f. Com. du dép. de l'Aveyron, cant. de Rieupeyroux, arr. de Villefranche. = Villefranche.

PRÉVISION, s. f. Vue de l'avenir, connaissance de ce qui doit arriver.

PRÉVOCOURT, s. m. Com. du dép. de la Meurthe, cant. de Delme, arr. de Château-Salins. = Château-Salins.

PRÉVOIR, v. a. Juger, estimer par avance qu'une chose arrivera.

PRÉVÔT, s. m. Titre de divers officiers commis pour juger certains crimes, pour surveiller, diriger la police, etc.

PRÉVÔTAL, E, adj. Qui est de la compétence du prévôt. Cour —, cour criminelle qui prononce sur-le-champ, et dont les jugemens ne sont pas susceptibles d'appel.

PRÉVÔTALEMENT, adv. Criminellement et sans appel.

PRÉVÔTÉ, s. f. Charge, fonction de prévôt; sa juridiction; son hôtel.

PRÉVOYANCE, s. f. Faculté, action de prévoir, de prendre des précautions pour l'avenir.

PRÉVOYANT, E, adj. Qui prévoit, a de la prévoyance, juge bien de l'avenir et prend ses mesures en conséquence.

PRÉVU, E, part. Jugé par avance, calculé, attendu, en parlant d'un événement.

PREY, s. m. Com. du dép. des Vosges, cant. de Bruyères, arr. d'Epinal. = Bruyères.

PREY, s. m. Com. du dép. de l'Eure, cant. de St.-André, arr. d'Evreux. = Evreux.

PREYSSAC-D'AGONAC, s. m. Com. du dép. de la Dordogne, cant. et arr. de Périgueux. = Périgueux.

PREYSSAC-D'EXIDEUIL, s. m. Com. du dép. de la Dordogne, cant. d'Exideuil, arr. de Périgueux. = Exideuil.

PREZ, s. m. Com. du dép. des Ardennes, cant. de Rumigny, arr. de Rocroy. = Aubenton.

PREZ-SOUS-LA-FAUCHE, s. m. Com. du dép. de la Haute-Marne, cant. de St.-Blin, arr. de Chaumont. = Andelot.

PREZ-SUR-MARNE, s. m. Com. du dép. de la Haute-Marne, cant. de Chevillon, arr. de Vassy. = St.-Dizier.

PRIAIRE, s. m. Com. du dép. des Deux-Sèvres, cant. de Mauzé, arr. de Niort. = Mauzé.

PRIAM, s. m. Fils de Laomédon, roi des Troyens, épousa Hécube dont il eut un grand nombre d'enfans qui contribuèrent à la gloire et à la prospérité de son empire, jusqu'au jour où Pâris, l'un d'eux, enleva Hélène, épouse de Ménélas. Ce rapt occasionna une guerre sanglante avec la Grèce entière. Après dix ans de siège, Troie fut prise et saccagée, et Priam, massacré par Pyrrhus au pied d'un autel qu'il tenait embrassé, vit périr toute sa famille. T. de myth.

PRIAPE, s. m. Fils de Bacchus et de Vénus, Dieu des jardins. Junon, pour se venger de Vénus, le fit naître avec une infirmité qui le rendit dans la suite tellement redoutable aux maris de la ville de Lampsaque, qu'ils furent obligés de le chasser. Pour se venger de cette insulte, il les rendit furieux dans leurs plaisirs. Ce Dieu présidait à toutes les débauches. T. de myth. —, la verge.

PRIAPE DE MER, s. m. Espèce de zoophyte. T. d'hist. nat.

PRIAPÉES, s. f. pl. Fêtes en l'honneur de Priape. T. de myth.

PRIAPISME, s. m. Tension douloureuse de la verge. T. de méd.

PRIAPOLITHE, s. m. Priape de mer fossile. T. d'hist. nat.

PRIAY, s. m. Com. du dép. de l'Ain, cant. de Pont-d'Ain, arr. de Bourg. = Pont-d'Ain.

PRICES, s. m. Com. du dép. de l'Aisne, cant. et arr. de Vervins. = Vervins.

PRIÉ, E, part. Invité, convié.

PRIE-DIEU, s. m. Sorte de pupitre avec un marche-pied où l'on s'agenouille pour prier Dieu.

PRIER, v. a. Adresser ses prières à Dieu, à la sainte Vierge, aux saints. —, requérir, demander par grâce, intercéder pour quelqu'un. —, inviter, convier; prier à dîner. — que, suivi du subjonctif, exprime un ordre, une menace; je vous prie que l'on cesse de faire de la violence.

PRIÈRE, s. f. Action de prier Dieu, la sainte Vierge, les saints, élan de l'âme vers son Créateur. —, formule d'oraison; prière du matin, du soir. —, demande à titre de faveur, de grâce.

PRIEST(St.-), s. m. Com. du dép. de l'Ardèche, cant. et arr. de Privas. = Privas.

PRIEST(St.-), s. m. Com. du dép. de la Corrèze, cant. et arr. de Tulle. = Tulle.

PRIEST (St.-), s. m. Com. du dép. de la Creuse, cant. d'Evaux, arr. d'Aubusson. = Chambon.

PRIEST (St.-), s. m. Com. du dép. de l'Isère, cant. de St.-Symphorien-d'Ozon, arr. de Vienne. = Lyon.

PRIEST (St.-), s. m. Com. du dép. de la Loire, cant. de St.-Héand, arr. de St.-Etienne. = St.-Etienne.

PRIEST - BRAMEFANT (St.-), s. m. Com. du dép. du Puy-de-Dôme, cant. de Randan, arr. de Riom. = Maringues.

PRIEST - D'ANDELOT (St.-), s. m. Com. du dép. de l'Allier, cant. et arr. de Gannat. = Gannat.

PRIEST-DE-LA-HARPE (St.-), s. m. Com. du dép. de l'Allier, cant. de Marcillat, arr. de Montluçon. = Montluçon.

PRIEST-DE-MAREUIL (St.-), s. m. Com. du dép. de la Dordogne, cant. de Mareuil, arr. de Nontron. = Mareuil.

PRIEST-DES-CHAMPS (St.-), s. m. Com. du dép. du Puy-de-Dôme, cant. de St.-Gervais, arr. de Riom. = Montaigut.

PRIEST - EN - MURAT (St.-), s. m. Com. du dép. de l'Allier, cant. de Montmarault, arr. de Montluçon. = Montmarault.

PRIEST-LA-FEUILLE (St.-), s. m. Com. du dép. de la Creuse, cant. de la Souterraine, arr. de Guéret. = la Souterraine.

PRIEST-LA-MARCHE (St.-), s. m. Com. du dép. du Cher, cant. de Château-Meillant, arr. de St.-Amand. = Château-Meillant.

PRIEST - LA - PLAINE (St.-), s. m. Com. du dép. de la Creuse, cant. de Grand-Bourg, arr. de Guéret. = Guéret.

PRIEST-LA-PRUGNE (St.-), s. m. Com. du dép. de la Loire, cant. de St.-Just-en-Chevalet, arr. de Roanne. = Roanne.

PRIEST - LA - ROCHE (St.-), s. m. Com. du dép. de la Loire, cant. de St.-Symphorien-de-Lay, arr. de Roanne. = St.-Symphorien-de-Lay.

PRIEST-LA-VÊTRE (St.-), s. m. Com. du dép. de la Loire, cant. de Noirétable, arr. de Montbrison. = Thiers.

PRIEST-LE-BÉTOUX (St.-), s. m. Com. du dép. de la Haute-Vienne, cant. de Château-Ponsac, arr. de Bellac. = Morterol.

PRIEST - LES - FOUGÈRES (St.-), s. m. Com. du dép. de la Dordogne, cant. de Jumillac-le-Grand, arr. de Nontron. = Thiviers.

PRIEST-LES-VERGNES (St.-), s. m. Com. du dép. de la Haute-Vienne, cant. d'Eymoutiers, arr. de Limoges. = Limoges.

PRIEST-LIGOURRE-ET-FRESSINET (St.-), s. m. Com. du dép. de la Haute-Vienne, cant. de Nexou, arr. de St.-Yrieix. = Pierre-Buffière.

PRIEST-PASLUS (St.-), s. m. Com. du dép. de la Creuse, cant. et arr. de Bourganeuf. = Bourganeuf.

PRIEST - SOUS - AIXE (St.-), s. m. Com. du dép. de la Haute-Vienne, cant. d'Aixe, arr. de Limoges. = Limoges.

PRIEST-TAURION (St.-), s. m. Com. du dép. de la Haute-Vienne, cant. d'Ambazac, arr. de Limoges. = Limoges. Fabr. de fil de fer; papeterie.

PRIEUR, s. m. Supérieur d'un monastère, possesseur d'un prieuré. —, titre de dignité dans l'ancien ordre de Malte, à la Sorbonne, etc.

PRIEURAL, E, adj. Qui concerne le prieur, la prieure.

PRIEUR-CURÉ, s. m. Possesseur d'un prieuré-cure.

PRIEUR-DE-BEZ, s. m. Com. du dép. de l'Aveyron, cant. de St.-Amans, arr. d'Espalion. = Mur-de-Barrez.

PRIEURE, s. f. Supérieure d'un monastère de filles.

PRIEURÉ, s. m. Monastère gouverné par un prieur ou une prieure; bâtiment, église de ce monastère. —, maison d'un prieur séculier.

PRIEURÉ-CURE, s. m. Prieuré avec une cure.

PRIEZ, s. m. Com. du dép. de l'Aisne, cant. de Neuilly-St.-Front, arr. de Château-Thierry. = Neuilly-St.-Front.

PRIGNAC, s. m. Com. du dép. de la Charente-Inférieure, cant. de Matha, arr. de St.-Jean-d'Angely. = St.-Jean-d'Angely.

PRIGNAC, s. m. Com. du dép. de la Gironde, cant. et arr. de Lesparre. = Lesparre.

PRIGNAC-ET-CAZELLES, s. m. Com. du dép. de la Gironde, cant. de Bourg, arr. de Blaye. = Bourg-sur-Gironde.

PRIGONRIEUX, s. m. Com. du dép. de la Dordogne, cant. de la Force, arr. de Bergerac. = Bergerac.

PRIMAIRE, adj. f. Se dit d'une école instituée pour l'enseignement de la lecture, de l'écriture et de l'arithmétique.

PRIMARETTE-ET-ST.-JULLIEN, s. m. Com. du dép. de l'Isère, cant. de Beaurepaire, arr. de Vienne. = Beaurepaire.

PRIMAT, s. m. Prélat dont la juridiction est supérieure à celle d'un archevêque.

PRIMAT, s. m. Com. du dép. des Ardennes, cant. de Grandpré, arr. de Vouziers. = Grandpré.

PRIMATIAL, E, adj. Qui appartient au primat, à sa juridiction ecclésiastique.

PRIMATIE, s. f. Dignité de primat; étendue de sa juridiction.

PRIMAUTÉ, s. f. Premier rang, prééminence. —, avantage de jouer le premier. T. de jeu.

PRIME, s. f. La première des heures canoniales; dixième partie de l'unité; soixantième du degré; vingt-quatrième du grain. —, laine d'Espagne superfine; prime de Ségovie. —, prix d'encouragement à l'agriculture, au commerce, à la fabrication, etc. — prix de l'assurance maritime. —, première garde. T. d'escr. —, pierre demi-transparente qui sert de base aux cristaux; prime d'émeraude, d'améthyste, etc. T. de joaill.

PRIMÉ, E, part. Devancé, surpassé.

PRIMELIN, s. m. Com. du dép. du Finistère, cant. de Pont-Croix, arr. de Quimper. = Pont-Croix.

PRIMELLES, s. f. Com. du dép. du Cher, cant. de Charost, arr. de Bourges. = Issoudun.

PRIMER, v. a. Devancer; surpasser. —, v. n. Tenir la première place, et fig., avoir sur les autres un avantage marqué.

PRIMEUR, s. f. Première partie de la saison des productions végétales; légumes, fruits de cette époque.

PRIMEVÈRE, s. f. Oreille d'ours, plante qui fleurit dans les premiers jours du printemps.

PRIMICÉRIAT, s. m. Dignité, office de primicier.

PRIMICIER, s. m. Premier dignitaire de certains chapitres.

PRIMIDI, s. m. Premier jour de la décade républicaine.

PRIMIPARE, adj. Se dit d'une femme qui accouche pour la première fois. T. de méd.

PRIMIPILAIRE, s. m. Soldat de la première cohorte de l'armée romaine. T. d'antiq.

PRIMIPILE, s. m. Centurion qui commandait la première compagnie d'une cohorte romaine. T. d'antiq.

PRIMI-STERNAL, s. et adj. m. Première pièce osseuse du sternum. T. d'anat.

PRIMITIF, IVE, adj. Le premier, le plus ancien; monde primitif, la primitive église. Mot —, mot originaire dont les autres sont dérivés. Artères —, artères principales. T. d'anat.

PRIMITIVEMENT, adv. Dans le commencement, originairement.

PRIMO, adv. (mot latin). Premièrement, d'abord, en premier lieu.

PRIMOGÉNITURE, s. f. Droit d'aînesse.

PRIMORDIAL, E, adj. Le premier dans l'ordre, primitif, originaire; titre primordial.

PRIMORDIALEMENT, adv. Primitivement, originairement.

PRIMULACÉES, s. f. pl. Famille de plantes dicotylédones, monopétales, à corolles hypogynes. T. de bot.

PRIN (St.-), s. m. Com. du dép. de l'Isère, cant. de Roussillon, arr. de Vienne. = le Péage.

PRINCAY, s. m. Com. du dép. de la Vienne, cant. de Monts, arr. de Loudun. = Richelieu.

PRINCE, s. m. Possesseur d'une souveraineté, d'une principauté; fils d'un souverain, d'un prince. Le — des apôtres, saint Pierre. Les — de l'église, les cardinaux. —, le premier, le plus excellent; le prince des orateurs, des poètes. Fig.

PRINCE, s. m. Com. du dép. d'Ille-et-Vilaine, cant. et arr. de Vitré. = Vitré.

PRINCERIE, s. f. Dignité de primicier, primicériat.

PRINCESSE, s. f. Femme, fille d'un prince, dame qui possède une souveraineté; fille, sœur, parente d'un souverain. —, femme qui affecte de grands airs; Manon fait la princesse. Fig.

PRINCIER, s. m. Voy. PRIMICIER.

PRINCIER, ÈRE, adj. Qui est relatif à la qualité de prince; maison princière.

PRINCIPAL, s. m. Ce qu'il y a de plus important, de plus considérable. —, somme capitale; intérêt et principal. —, chef d'un collége. —, la première demande; le fond d'une affaire. T. de procéd.

PRINCIPAL, E, adj. Le premier, le plus remarquable, le plus considérable. —, essentiel, capital, fondamental; le meilleur, le plus utile.

PRINCIPALAT, s. m. Charge, fonction de principal d'un collége.

PRINCIPALEMENT, adv. Surtout, spécialement, particulièrement.

PRICIPALITÉ, s. m. Office de principal dans un collége.

PRINCIPAT, s. m. Dignité de prince du sénat romain.

PRINCIPAUTÉ, s. f. Dignité de prince; état gouverné par un prince. —, pl. Troisième ordre de la hiérarchie céleste, l'un des neuf chœurs des anges.

PRINCIPE, s. m. Première cause; Dieu est le principe de tout ce qui existe. —, cause naturelle de l'action, du mouvement. —, origine, source, naissance, commencement —, proposition vraie ou considérée comme telle. —, motif; principe de vertu. —, pl. Règles de conduite, mœurs; avoir des principes. —, règles fondamentales d'une science. —, corps simples qui entrent dans la composition des mixtes. T. de chim.

PRINCIPIANT, E, adj. Commençant. (Vi.)

PRINCIPION, s. m. Petit prince sans crédit, sans fortune. T. iron.

PRINGY, s. m. Com. du dép. de la Marne, cant. et arr. de Vitry-le-Français. = Vitry-le-Français

PRINGY, s. m. Com. du dép. de Seine-et-Marne, cant. et arr. de Melun. = Melun.

PRINQUIAU, s. m. Com. du dép. de la Loire-Inférieure, cant. et arr. de Savenay. = Savenay.

PRINSUÉJOLS, s. m. Com. du dép. de la Lozère, cant. de Nasbinals, arr. de Marvejols. = Marvejols.

PRINTANIER, ÈRE, adj. Qui naît au printemps, appartient à cette saison de l'année; fleurs printanières.

PRINTEMPS, s. m. La première saison de l'année qui commence au 21 mars. —, la jeunesse, le bel âge. Fig.

PRINTZHEIM, s. m. Com. du dép. du Bas-Rhin, cant. et arr. de Saverne. = Saverne.

PRIONE, s. f. Genre d'insectes coléoptères. T. d'hist. nat.

PRIONIENS, s. m. pl. Coléoptères longicornes. T. d'hist. nat.

PRIONITIS, s. m. Berle à feuilles découpées. T. de bot.

PRIONODERME, s. m. Ver intestinal des silures. T. d'hist. nat.

PRIONOTE, s. m. Genre de poissons thoraciques. —, pl. Famille d'oiseaux sylvains. T. d'hist. nat.

PRIORAT, s. m. Dignité, qualité de prieur.

PRIORI (à), (mots latins). Antécédent d'un principe, d'une proposition admise; argument à priori.

PRIORITÉ, s. f. Antériorité d'existence; primauté en ordre de temps ou de rang.

PRIS, s. m. pl. Points noirs d'un patron de passementerie.

PRIS, E, part. et adj. Saisi avec la main. — pour dupe, attrapé. Bien —, bien fait. Fig.

PRISCHES, s. f. Com. du dép. du Nord, cant. de Landrecies, arr. d'Avesnes. = Landrecies.

PRISE, s. f. Action de prendre; chose, personne prise; capture. —, endroit par lequel on saisit; moyen, facilité de prendre, et fig., de mordre, de critiquer. Etre en —, être exposé. Etre aux —, se battre. Lâcher —, abandonner sa proie, et fig., renoncer à ses prétentions. —, dose que l'on prend en une fois; prise de tabac. —, navire pris en mer; déclaré de bonne prise. — à partie, action contre un juge. — d'habit, cérémonie pratiquée lorsqu'on prend l'habit religieux.

PRISÉ, E, part. Estimé, évalué.

PRISE DE CORPS, s. f. Contrainte par corps en vertu d'un jugement; arrestation d'un débiteur, etc.

PRISE DE POSSESSION, s. f. Action d'entrer en possession, en jouissance.

PRISE D'ESSAI, s. f. Morceau de métal pour essayer.

PRISÉE, s. f. Estimation, évaluation approximative des objets à vendre aux enchères; action de priser.

PRISER, v. a. Mettre le prix à un objet, l'évaluer approximativement. —, faire une prisée. —, estimer, faire cas. Fig.

PRISEUR, adj. Se dit de l'huissier chargé des ventes mobilières; huissier priseur.

PRISMATIQUE, adj. Qui a la figure d'un prisme. Couleur —, qu'on aperçoit à travers un prisme.

PRISME, s. m. Corps terminé par deux bases également parallèles et par autant de parallélogrammes que chaque base a de côtés. —, prisme triangulaire de verre ou de cristal qui colore les objets. —, illusion; se dit fig. des passions qui égarent l'imagination.

PRISMOÏDE, adj. En forme de prisme.

PRISON, s. f. Maison de détention où l'on enferme les prévenus de délits ou de crimes, les condamnés, les prisonniers pour dettes. —, lieu où l'on est comme enfermé, comme dans une sorte de captivité. Fig.

PRISONNIER, ÈRE, s. Détenu dans une prison, ou qui est en état d'arrestation. — de guerre, soldat ennemi pris en combattant.

PRISSAC, s. m. Com. du dép. de l'Indre, cant. de Belabre, arr. du Blanc. = St.-Benoît-du-Sault.

PRISSÉ, s. m. Com. du dép. de Saône-et-Loire, cant. et arr. de Mâcon. = Mâcon.

PRISSÉ (le grand), s. m. Com. du dép. des Deux-Sèvres, cant. de Beauvoir arr. de Niort. = Niort.

PRISSÉ (le petit), s. m. Com. du dép. des Deux-Sèvres, cant. de Beauvoir, arr. de Niort. = Niort.

PRISSEY, s. m. Com. du dép. de la Côte-d'Or, cant. de Nuits, arr. de Beaune. = Nuits.

PRISTIPHORE, s. m. Genre d'insectes hyménoptères. T. d'hist. nat.

PRISTOBATE, s. m. Raie frangée. T. d'hist. nat.

PRIVA, s. m. Genre de plantes voisines des verveines. T. de bot.

PRIVABLE, adj. Qui mérite d'être privé. T. inus.

PRIVAS, s. f. Petite ville du dép. de l'Ardèche, chef-lieu de préf., d'une sous-préf. et d'un cant.; ingén. en chef des ponts-et-chaussées; direct. de l'enregist. et des domaines de 3e classe; conserv. des hypoth.; direct. des contrib. dir. et indir.; recev. gén. des finances. Bur. d'enregist. et de poste.

Fabr. de soies ouvrées, organsins, trames, couvertures de fil, étoffes de laines; distilleries d'eau-de-vie, tanneries, etc.

PRIVAT (St.-), s. m. Com. du dép. de l'Ardèche, cant. d'Aubenas, arr. de Privas. = Aubenas.

PRIVAT (St.-), s. m. Com. du dép. de la Corrèze, cant. de Servières, arr. de Tulle. = Argentat.

PRIVAT (St.-), s. m. Com. du dép. de la Dordogne, cant. de St.-Aulaye, arr. de Ribérac. = Ribérac.

PRIVAT (St.-), s. m. Com. du dép. de l'Hérault, cant. et arr. de Lodève. = Lodève.

PRIVAT (St.-), s. m. Com. du dép. de la Lozère, cant. et arr. de St.-Germain-de-Calberte, arr. de Florac. = Villefort.

PRIVAT (St.-), s. m. Com. du dép. de la Moselle, cant. et arr. de Metz. = Metz.

PRIVAT-D'ALLIER (St.-), s. m. Com. du dép. de la Haute-Loire, cant. de Loudes, arr. du Puy. = le Puy.

PRIVAT-DE-CHAMPELOS (St.-), s. m. Com. du dép. du Gard, cant. de Barjac, arr. d'Alais. = Barjac.

PRIVAT-DES-VIEUX-ET-ST.-ALBAN (St.-), s. m. Com. du dép. du Gard, cant. de St.-Martin-de-Valgalgues, arr. d'Alais. = Alais.

PRIVAT-DU-DRAGON (St.-), s. m. Com. du dép. de la Haute-Loire, cant. de Lavoûte-Chilhac, arr. de Brioude. = Brioude.

PRIVAT-DU-FAU (St.-), s. m. Com. du dép. de la Lozère, cant. de Malzieu, arr. de Marvejols. = St.-Chély.

PRIVATIF, IVE, adj. Qui marque privation; particule privative. Quantité —, négative. T. d'alg.

PRIVATION, s. f. Perte, absence, manque d'un bien qu'on avait, qu'on devait ou pouvait avoir. —, nécessité de se priver, de s'abstenir de ce dont on devrait jouir; s'imposer des privations.

PRIVATIVEMENT, adv. Exclusivement, à l'exclusion absolue.

PRIVAT-LA-MONTAGNE (St.-), s. m. Com. du dép. de la Moselle, cant. et arr. de Briey. = Briey.

PRIVAUTÉ, s. f. Extrême familiarité d'un homme avec une dame; se dit surtout au pl.

PRIVÉ, s. m. Lieu d'aisance, latrines.

PRIVÉ, E, part. Dépossédé, dépouillé. —, adj. Dénué, dépourvu; qui est simple particulier, qui n'est revêtu d'aucune charge, d'aucun emploi ; l'opposé de public. —, propre, personnel, familier, domestique; vie privée. De son autorité —, de sa propre autorité. —, apprivoisé; canard privé. Voy. DOMESTIQUE.

PRIVÉ (St.-), s. m. Com. du dép. de Saône-et-Loire, cant. de Buxy, arr. de Châlons. = Buxy.

PRIVÉ (St.-), s. m. Com. du dép. de l'Yonne, cant. de Bléneau, arr. de Joigny. = St.-Fargeau.

PRIVER, v. a. Déposséder, dépouiller, enlever la propriété, la jouissance d'un avantage, d'un bien. —, apprivoiser. Se —, v. pron. S'imposer des privations ; devenir familier, s'apprivoiser, en parlant des animaux sauvages.

PRIVERNES, s. f. Ville d'Italie, dans le Latium, au S.-E. de Rome, aujourd'hui Piperno-Vecchio.

PRIVEZAC, s. m. Com. du dép. de l'Aveyron, cant. de Montbazens, arr. de Villefranche. = Villefranche.

PRIVILÉGE, s. m. Faculté accordée à quelques personnes, au préjudice du plus grand nombre; distinction, noblesse, prérogative ; grâce, faveur. —, don naturel; liberté particulière, usurpée ou légitime, de faire ce que d'autres ne se permettraient pas. —, inscription hypothécaire dans l'ordre qu'elle occupe. T. de procéd.

PRIVILÉGIÉ, E, part. Se dit d'une personne à laquelle il a été accordé des priviléges. —, s. m. Qui jouit d'un privilége.

PRIVILÉGIER, v. a. Accorder un privilége. T. inus.

PRIX, s. m. Valeur, évaluation, estimation d'une chose ; ce que cette chose se vend; ce qu'on l'achète. —, ce qu'il en coûte pour obtenir un avantage, de l'honneur, etc.; au prix de son sang. Fig. —, mérite d'une personne; excellence d'une chose; récompense. —, encouragement proposé ou donné à celui qui l'emporte sur ses concurrens dans un exercice d'esprit ou de corps ; emporter le prix. Au — de, adv. En comparaison de. — pour —, compensation faite.

PRIX (St.-), s. m. Com. du dép. de l'Allier, cant. et arr. de Lapalisse. = Lapalisse.

PRIX (St.-), s. m. Com. du dép. de l'Ardèche, cant. de Mastre, arr. de de Tournon. = le Chaylard.

PRIX, s. m. Com. du dép. des Ardennes, cant. et arr. de Mézières. = Mézières.

PRIX, s. m. Com. du dép. de l'Aveyron, cant. d'Asprières, arr. de Villefranche. = Villefranche.

PRIX (St.-), s. m. Com. du dép. de la Marne, cant. de Montmort, arr. d'Epernay. = Sézanne.

PRIX (St.-), s. m. Com. du dép. de Saône-et-Loire, cant. de St.-Léger-sous-Beuvray, arr. d'Autun. = Autun.

PRIX (St.-), s. m. Com. du dép. de Seine-et-Oise, cant. d'Enghien, arr. de Pontoise. = Franconville.

PRIX-LÈS-ARNAY (St.-), s. m. Com. du dép. de la Côte-d'Or, cant. d'Arnay-le-Duc, arr. de Beaune. = Arnay-le-Duc.

PRIZIAC, s. m. Com. du dép. du Morbihan, cant. du Faouet, arr. de Pontivy. = le Faouet.

PRIZY, s. m. Com. du dép. de Saône-et-Loire, cant. et arr. de Charolles. = Charolles.

PROAGORE, s. m. Orateur d'une députation. T. d'antiq.

PROAULION, s. m. Prélude des flûtes. T. d'antiq.

PROBABILISME, s. m. Doctrine qui admet toutes les opinions probables.

PROBABILISTE, s. m. Partisan du probabilisme.

PROBABILITÉ, s. f. Vraisemblance, apparence de vérité.

PROBABLE, adj. Vraisemblable, qui a une apparence de vérité, paraît fondé en raison.

PROBABLEMENT, adv. Vraisemblablement, selon les apparences.

PROBANTE, adj. f. Authentique; en forme probante. —, convaincante; raison probante. T. de procéd.

PROBATIF, IVE, adj. Qui prouve. T. inus.

PROBATION, s. f. Temps du noviciat ; épreuve.

PROBATIQUE, adj. Se dit de la piscine où J.-C. guérit les paralytiques.

PROBATOIRE, adj. Se dit d'un certificat constatant la capacité des étudians.

PROBE, adj. Vertueux, honnête, qui respecte la propriété d'autrui, qui a de la probité.

PROBITÉ, s. f. Droiture d'esprit et de conduite ; attachement sévère aux lois de la morale, intégrité, respect pour la personne, la réputation et les biens d'autrui ; disposition constante à faire ce qui est juste.

PROBLÉMATIQUE, adj. Douteux, équivoque; qui tient du problème ; dont on peut soutenir l'affirmative et la négative, le pour et le contre.

PROBLÉMATIQUEMENT, adv. D'une manière problématique.

PROBLÈME, s. m. Question à résoudre; proposition douteuse que l'on peut soutenir ou combattre avec un égal avantage. —, homme dont la conduite est équivoque, difficile à expliquer. Fig.

PROBOSCIDE, s. f. Troupe d'éléphans. T. de blas. —, genre de vers intestinaux. —, s. m. pl. Insectes hémiptères. T. d'hist. nat.

PROBOSCIDIENS, s. m. pl. Mammifères pachydermes, éléphans, etc. T. d'hist. nat.

PROCATHARTIQUE, adj. Voy. PRÉDISPOSANT. T. de méd.

PROCÉDÉ, s. m. Manière d'agir envers quelqu'un; méthode. T. d'arts.

PROCÉDER, v. n. Provenir, tirer son origine de. —, se comporter d'une manière quelconque envers les autres. —, agir dans une affaire; procédons avec ordre. —, instruire une affaire; procéder à l'audition des témoins. —criminellement, poursuivre au criminel. —, être bien conduit, en parlant d'un ouvrage de littérature.

PROCÉDURE, s. f. Forme, manière de procéder en justice; actes pour l'instruction et le jugement d'un procès.

PROCÉDURIER, ÈRE, s. et adj. Qui connaît les formes de la procédure; chicanier qui multiplie les actes de procédure, qui éternise les procès.

PROCÉLEUSMATIQUE, s. m. Pied de vers grec ou latin, composé de quatre brèves. T. de versif.

PROCELLAIRE, s. m. Pétrel, oiseau qui annonce la tempête. T. d'hist. nat.

PROCELLO, s. m. Instrument de glacier, en fer et à ressort.

PROCÈS, s. m. Instance devant un tribunal; actes signifiés, pièces produites dans l'instance. —, instruction d'une affaire criminelle; faire le procès à quelqu'un. —, partie saillante, apophyse. T. d'anat. —, opération. T. de chim.

PROCESSE, s. f. Genre de crustacés décapodes. T. d'hist. nat.

PROCESSIF, IVE, adj. Qui aime les procès, en prolonge la durée.

PROCESSION, s. f. Production éternelle du St.-Esprit qui procède du père et du fils. —, cérémonie du culte catholique où les fidèles, dans le plus grand ordre, suivent le clergé qui chante les prières indiquées par le rituel. —, multitude de personnes marchant à la suite les unes des autres. T. fam.

PROCESSIONNAIRES, s. f. pl. Chenilles qui marchent à la suite les unes des autres. T. d'hist. nat.

PROCESSIONNAL ou PROCESSIONNEL, s. m. Livre d'église renfermant les prières qu'on chante dans les processions.

PROCESSIONNELLEMENT, adv. En procession.

PROCESSUS, s. m. (mot latin). Prolongement. T. d'anat.

PROCÈS-VERBAL, s. m. Acte public contenant l'exposé des faits, pour rendre témoignage de leur exactitude.

PROCHAIN, s. m., sans pl. Chaque homme en particulier, et tous les hommes en général.

PROCHAIN, E, adj. Qui n'est pas éloigné, en parlant des lieux; qui est près d'arriver, en parlant des événemens.

PROCHAINEMENT, adv. Dans peu, au terme prochain.

PROCHE, adj. Voisin, peu éloigné, au prop. et au fig. —, prép. et adv. Près, auprès. De — en —, en allant d'un lieu voisin à l'autre, et fig., peu à peu. Les —, s. m. pl. Les parens.

PROCHILUS, s. m. Quadrupède du genre de l'ours. T. d'hist. nat.

PROCHRONISME, s. m. Erreur chronologique qui consiste à avancer la date d'un événement.

PROCIDENCE, s. f. Chute d'une partie du rectum, etc. T. d'anat.

PRO-CIGALES, s. f. pl. Insectes cicadaires. T. d'hist. nat.

PROCLAMATEUR, s. m. Celui qui proclame.

PROCLAMATION, s. f. Action de proclamer; publication solennelle; écrit proclamé, publié.

PROCLAMÉ, E, part. Publié à haute voix.

PROCLAMER, v. a. Publier à haute voix, avec solennité. —, publier, divulguer. Fig.

PROCLITIQUE, s. m. Mot qui incline son accent sur celui qui le suit. T. de gramm. grecque.

PROCOMBANT, E, adj. Qui tombe à terre; tige procombante. T. de bot.

PROCOMMISSAIRE, s. m. Lieutenant d'un commissaire, son secrétaire. T. inus.

PROCONSUL, s. m. Magistrat romain qui gouvernait une province avec l'autorité d'un consul.

PROCONSULAT, s. m. Charge, dignité de proconsul.

PROCRASTINATION, s. f. Ajournement. T. de chancellerie.

PROCRÉATION, s. f. Génération.
PROCRÉÉ, E, part. Engendré.
PROCRÉER, v. a. Engendrer, donner l'être, l'existence.
PROCRIS, s. m. Très joli petit papillon de jour. T. d'hist. nat. —, plante de la famille des urticées. T. de bot.
PROCRUSTE, s. m. Genre d'insectes coléoptères. T. d'hist. nat.
PROCTALGIE, s. f. Douleur à l'anus. T. de méd.
PROCTILE ou PROCTITIS, s. f. Inflammation du rectum. T. de méd.
PROCTOCELE, s. f. Chute du rectum, exanie. T. de méd.
PROCTOLE, s. m. Mollusque radiaire. T. d'hist. nat.
PROCTORRHAGIE, s. f. Hémorrhagie de l'anus. T. de méd.
PROCTOTRUPIENS, s. m. pl. Insectes hyménoptères. T. d'hist. nat.
PROCURATEUR, TRICE, s. Fondé de procuration, mandataire; haute dignité, magistrature dans les anciennes républiques de Venise et de Gênes.
PROCURATION, s. f. Mandat, pouvoir donné par une personne à une autre pour agir en son nom; acte notarié ou suos-seing privé qui contient ce pouvoir.
PROCURE, s. f. Office d'un religieux chargé des affaires de sa communauté, du fondé de pouvoir d'une maison religieuse; sa maison.
PROCURÉ, E, part. Se dit d'une personne à laquelle on a fait obtenir une faveur, une grâce.
PROCURER, v. a. Faire obtenir; procurer un emploi. —, causer, occasionner; procurer des désagrémens. Se —, v. pron. Obtenir par ses soins, ses démarches.
PROCUREUR, EUSE, s. Officier de justice chargé d'occuper pour les parties et de faire en leur nom tous les actes de procédure, avoué; épouse d'un procureur. T. fam. et iron. — du roi, magistrat qui remplit les fonctions du ministère public près un tribunal. —, religieux chargé des affaires de sa communauté.
PROCUSTE, s. m. Brigand qui, après avoir fait étendre ses hôtes sur un lit de fer, leur coupait les extrémités des jambes qui dépassaient le lit, ou les faisait tirailler avec des cordages jusqu'à ce qu'elles atteignissent la longueur. Il fut tué par Thésée. T. de myth.
PROCYON, s. m. Etoile de la première grandeur dans la constellation du petit chien. T. d'astr.
PRODICTATEUR, s. m. Magistrat romain qui remplaçait le dictateur.

PRODIGALEMENT, adv. Avec prodigalité.
PRODIGALITÉ, s. f. Caractère du prodigue; dissipation, vaine profusion, dépense, libéralité excessive.
PRODIGE, s. m. Effet, événement surnaturel, extraordinaire, surprenant. —, personne ou chose qui excelle dans son genre; se dit en bonne ou mauvaise part.
PRODIGIEUSEMENT, adv. D'une manière prodigieuse.
PRODIGIEUX, EUSE, adj. Qui tient du prodige en bien comme en mal. —, qui passe l'imagination, innombrable; quantité prodigieuse d'insectes.
PRODIGUE, s. et adj. Dissipateur, qui fait des dépenses folles, excessives. — de, qui ne ménage point; prodigue de son sang, de sa vie.
PRODIGUÉ, E, part. Dépensé follement; répandu avec profusion.
PRODIGUER, v. a. Dépenser follement, avec excès, dissiper son bien; donner, répandre avec profusion. —, employer trop fréquemment, départir sans jugement; prodiguer son crédit, ses complimens. —, exposer sans ménagement; prodiguer sa vie.
PRODITOIREMENT, adv. En trahison. T. de jurisp.
PRODROME, s. m. Avant-propos, préface. T. inus. —, avant-coureur. T. de méd.
PRODUCTE, s. m. Anomie fossile. T. d'hist. nat.
PRODUCTEUR, s. m. et adj. Cultivateur, fabricant, travailleur, par opposition à consommateur, oisif.
PRODUCTIF, IVE, adj. Qui produit beaucoup, est d'un bon rapport.
PRODUCTION, s. f. Action de produire; fruit, produit du travail de la nature, des arts, de l'industrie, du génie de l'homme. —, pièces produites dans une instance. T. de procéd. —, prolongement. T. d'anat.
PRODUIRE, v. a. Créer, engendrer, donner naissance. Prop. et fig. —, rapporter du fruit, du bénéfice, etc. —, occasionner, entraîner après soi; causer, être le principe. —, faire, exécuter, en parlant d'un ouvrage de littérature et d'arts. —, exposer à la vue, livrer à l'examen; présenter des pièces, des titres. — quelqu'un, l'introduire dans le monde, le faire connaître. Se —, v. pron. Se faire connaître honorablement.
PRODUIT, s. m. Rapport, revenu. —, fruit de la terre, etc., et fig., profit du travail, de l'industrie. —, résul-

tat d'une multiplication. T. d'arith. —, résultat d'une opération. T. de chim.

PRODUIT, E, part. Créé, engendré.

PROÈDRE, s. m. L'un des dix magistrats qui présidaient alternativement le sénat d'Athènes. T. d'antiq.

PROÉGUMÈNE, s. m. Cause éloignée des maladies. T. de méd.

PROÉMINENCE, s. f. Elévation, éminence. T. de méd.

PROÉMINENT, E, adj. Eminent, élevé, qui fait saillie. T. de méd.

PROÉMINER, v. n. S'élever au-dessus de ce qui entoure.

PROEMPTOSE, s. f. Equation lunaire pour empêcher que les nouvelles lunes ne soient annoncées trop tôt. T. d'astr.

PROEPTES, s. m. pl. Oiseaux dont les augures consultaient le vol ou l'appétit. T. d'antiq.

PROÉROSIES ou PRÉROSIES, s. f. pl. Fêtes en l'honneur de Cérès, avant d'ensemencer les terres. T. de myth.

PROFANATEUR, TRICE, s. Impie, blasphémateur qui profane les choses saintes, la religion.

PROFANATION, s. f. Action impie, sacrilége, irrévérence commise dans un lieu saint. —, abus des choses précieuses; mauvais usage d'un grand talent.

PROFANE, s. et adj. Impie, sacrilége, l'opposé de sacré; qui est opposé à la religion, lui est contraire. —, indigne d'un bien, d'une faveur; ignorant, grossier. Fig.

PROFANÉ, E, part. Traité avec dérision, outragé, en parlant des choses saintes.

PROFANÉMENT, adv. D'une manière profane.

PROFANER, v. a. Traiter avec irrévérence, avec dérision les matières sacrées; commettre des impiétés, outrager les objets du culte, les employer à des usages indignes. —, rendre à un usage profane. —, faire mauvais usage d'une chose précieuse, d'un beau talent. —, déshonorer, flétrir, souiller. Fig.

PROFECTIF, IVE, adj. Qui provient des ascendans. T. de jurisp.

PROFECTION, s. f. Sorte de calcul astrologique.

PROFÉRÉ, E, part. Prononcé, articulé.

PROFÉRER, v. a. Prononcer, articuler, énoncer, dire.

PROFÈS, SE, s. et adj. Religieux qui a fait des vœux.

PROFESSÉ, E, part. Avoué publiquement; enseigné.

PROFESSER, v. a. Avouer, reconnaître hautement, publiquement, faire profession, mettre en pratique; professer une religion. —, exercer; professer un art. —, enseigner; professer la chimie.

PROFESSEUR, s. m. Savant qui enseigne une science, un art, etc.

PROFESSION, s. f. Aveu authentique, déclaration solennelle, publique; faire une profession de foi. Faire —, faire des vœux, se faire religieux. —, condition, état, métier. Faire — d'athéisme, afficher l'impiété, l'incrédulité.

PROFESSORAL, E, adj. Qui appartient au professorat.

PROFESSORAT, s. m. Emploi, qualité de professeur.

PROFIL, s. m. Délinéation du visage vu d'un seul côté, l'opposé de face. —, représentation d'un objet vu d'un de ses côtés, l'opposé de plan; le profil de Paris. —, délinéation d'un édifice représenté dans son élévation comme coupé par un plan perpendiculaire. T. d'arch.

PROFILÉ, E, part. Représenté de profil.

PROFILER, v. a. Représenter en profil. T. d'arch.

PROFIT, s. m. Avantage, émolument, gain, lucre, utilité qui résulte de quelque chose. Mettre à —, employer utilement. Fait à —, de manière à durer long-temps.

PROFITABLE, adj. Qui donne du profit; utile, avantageux.

PROFITER, v. n. Tirer un avantage, un émolument, gagner, faire un profit. —, tirer utilité; servir, être utile, avantageux. —, croître, se fortifier; faire des progrès. Faire —, placer à un intérêt, faire valoir.

PROFOND, E, adj. Dont le fond est éloigné de la superficie, très creux; puits profond. —, grand, extrême en son genre; douleur profonde, savoir profond. Esprit —, très pénétrant. —, dont la connaissance est difficile; science profonde. Racine —, très enfoncée en terre.

PROFONDÉMENT, adv. Bien avant; d'une manière profonde.

PROFONDEUR, s. f. Etendue d'une chose depuis la superficie jusqu'au fond. —, étendue en longueur; la profondeur des galeries du Louvre. —, impénétrabilité, incompréhensibilité; la profondeur des jugemens de Dieu. —, science profonde, pénétration d'esprit.

PROFONTIÉ, adj. m. Profond, qui tire beaucoup d'eau; navire profontié.

PROFUSÉMENT, adv. Avec profusion.

PROFUSION, s. f. Excès de libéralité ou de dépense.

PROGÉNITURE, s. f. Enfans. —, petits des animaux. T. fam. et inus.

PROGNÉ, s. f. Epouse de Térée, sœur de Philomèle, qui fut métamorphosée en hirondelle. T. de myth.

PROGRAMME, s. m. Exposition du plan d'une cérémonie publique; placard affiché ou distribué pour faire connaître l'ordre de cette cérémonie.

PROGRÈS, s. m. Mouvement en avant, et fig., accroissement, augmentation en bien ou en mal. —, succès, suite non interrompue d'avantages remportés sur l'ennemi.

PROGRESSIF, IVE, adj. Qui avance sans interruption, au prop. et au fig.; mouvement progressif.

PROGRESSION, s. f. Mouvement en avant. —, accroissement de force et de grandeur dans le développement d'une idée. T. de rhét. —, suite de quantités en rapport, de termes en proportion continue. T. de math.

PROGRESSIVEMENT, adv. D'une manière progressive.

PROHENCOUS, s. m. Com. du dép. de l'Aveyron, cant. de Belmont, arr. de St.-Affrique. = St.-Affrique.

PROHIBÉ, E, part. Interdit, défendu.

PROHIBER, v. a. Défendre, interdire.

PROHIBITIF, IVE, adj. Qui défend; loi prohibitive.

PROHIBITION, s. f. Défense, inhibition.

PROIE, s. f. Ce que les animaux carnassiers ravissent pour manger. Oiseau de —, qui chasse le gibier et s'en nourrit. —, butin, conquête. Fig. Etre en ou la —, être entièrement livré à; être en proie à la calomnie.

PROISSANS, s. m. Com. du dép. de la Dordogne, cant. et arr. de Sarlat. = Sarlat.

PROISY, s. m. Com. du dép. de l'Aisne, cant. de Guise, arr. de Vervins. = Guise.

PROIX, s. m. Com. du dép. de l'Aisne, cant. de Guise, arr. de Vervins. = Guise.

PROJAN, s. m. Com. du dép. du Gers, cant. de Riscle, arr. de Mirande. = Aire-sur-l'Adour.

PROJECTILE, s. m. Corps lancé par une force quelconque et abandonné à l'action de la pesanteur. —, adj. De projection; force projectile.

PROJECTION, s. f. Action de lancer en l'air; mouvement d'un projectile. —, représentation sur une surface; projection de la sphère. —, action de jeter par cuillerées dans un creuset. T. de chim. Poudre de —, avec laquelle les alchimistes prétendaient changer les métaux en or.

PROJECTURE, s. f. Saillie. T. d'arch.

PROJET, s. m. Dessein de faire, d'entreprendre; arrangement des moyens d'exécution, de succès. —, première pensée, brouillon d'un écrit. —, première idée, premier plan d'une composition littéraire.

PROJET (St.-), s. m. Com. du dép. du Cantal, cant. de Salers, arr. de Mauriac. = St.-Martin-Valmeroux.

PROJET (St.-), s. m. Com. du dép. de la Charente, cant. de Larochefoucault, arr. d'Angoulême. = Larochefoucault.

PROJET (St.-), s. m. Com. du dép. d'Eure-et-Loir, cant. de Nogent-le-Roi, arr. de Dreux. = Houdan.

PROJET (St.-), s. m. Com. du dép. du Lot, cant. et arr. de Gourdon. = Gourdon.

PROJET (St.-), s. m. Com. du dép. des Deux-Sèvres, cant. de Champdeniers, arr. de Niort. = St.-Maixent.

PROJET (St.-), s. m. Com. du dép. de Tarn-et-Garonne, cant. de Caylus, arr. de Montauban. = Caylus.

PROJETÉ, E, part. Se dit d'un ouvrage, d'un établissement dont on a formé le projet.

PROJETER, v. a. et n. Former le projet, le dessein d'une entreprise; tracer sur une surface quelconque une sphère ou tout autre corps. —, faire la projection. T. de chim. Se —, v. pron. Paraître en avant. T. d'arts.

PROJETEUR, s. m. Homme à projets. T. iron.

PRO LABIA, s. m. (mots latins). Le devant des lèvres. T. inus.

PRO LAPSUS, s. m. (mots latins). Chute, relâchement d'une partie quelconque. T. de méd.

PROLATION, s. f. Durée du chant sur une syllabe, roulade. T. de mus.

PROLÉGOMÈNES, s. m. pl. Longue préface servant à l'intelligence d'un livre.

PROLEPSE, s. f. Figure de rhétorique par laquelle on prévient et réfute les objections.

PROLEPTIQUE, adj. Se dit d'une fièvre dont chaque accès anticipe sur le précédent. T. de méd. Année —, supposée au-delà des limites de la chronologie. T. d'astr.

PROLEPTIQUEMENT, adv. Par prolepse, en prévenant les objections.

PROLÉTAIRE, s. m. Chez les anciens

Romains, citoyen de la dernière classe du peuple qui ne pouvait être utile à l'état que par les enfans qu'il lui donnait. —, chez nous, la classe ouvrière, celui qui n'a que son travail pour vivre.

PROLIFÈRE, adj. Se dit d'une fleur, du disque de laquelle naissent d'autres fleurs. T. de bot.

PROLIFIQUE, adj. Qui a la force, la vertu d'engendrer; semence prolifique. T. de méd.

PROLIXE, adj. Trop long, trop étendu, diffus; discours prolixe.

PROLIXEMENT, adv. D'une manière prolixe, diffusément.

PROLIXITÉ, s. f. Diffusion, longueur, trop grande étendue du discours.

PROLOCUTEUR, s. m. Président de la chambre haute en Angleterre.

PROLOGIES, s. f. pl. Fêtes qu'on célébrait en Laconie au moment de la récolte. T. de myth.

PROLOGUE, s. m. Préface, avant-propos. —, discours qui précède les anciennes pièces de théâtre et dans lequel le poète expose son sujet ou répond aux critiques que l'on a faites de ses ouvrages précédens, etc. —, acteur qui récitait le prologue.

PROLONGATION, s. f. Action de prolonger; temps ajouté à la durée fixe d'une chose.

PROLONGÉ, E, part. Alongé, étendu, en parlant de la durée, du temps.

PROLONGEMENT, s. m. Extension, continuation d'une portion de l'étendue.

PROLONGER, v. a. Alonger, faire durer plus long-temps. —, étendre, continuer; prolonger une avenue. — un navire, le ranger flanc à flanc, près d'un autre. T. de mar. Se —, v. pron. S'étendre en durée ou en longueur.

PROMÉCOPSIDE, s. f. Genre d'insectes hémiptères cicadelles. T. d'hist. nat.

PROMENADE, s. f. Action de se promener; lieu où l'on se promène.

PROMENÉ, E, part. Mené çà et là; mené à la promenade.

PROMENER, v. a. Mener çà et là, à la promenade; promener un écolier. —, exercer doucement; promener un cheval. — ses doigts sur un piano, en toucher légèrement. — ses yeux sur des marchandises, les regarder, en passant d'un objet à un autre. —, se dit de l'imagination, de l'esprit; promener ses idées sur un sujet. Se —, v. pron. Aller à pied, à cheval, pour faire de l'exercice ou par amusement.

PROMENEUR, EUSE, s. Celui, celle qui se promène, aime à se promener. —, pl. Péripatéticiens qui enseignaient en se promenant.

PROMENOIR, s. m. Lieu où l'on se promène; promenade.

PROMEROPS, s. m. Genre d'oiseaux sylvains d'Afrique et des Grandes-Indes. T. d'hist. nat.

PROMESSE, s. f. Parole, assurance, engagement verbal que l'on prend de faire ou de dire quelque chose. —, billet sous signature privée, simple obligation.

PROMÉTHÉE, s. m. Fils de Japet et de Clymène. Ayant formé les premiers hommes de terre et d'eau, il monta au ciel avec le secours de Pallas et y déroba le feu pour les animer. Alors Jupiter, irrité de ce vol, le fit attacher sur le mont Caucase, où un aigle mangeait son foie à mesure qu'il renaissait. Cet aigle fut tué par Hercule. T. de myth.

PROMETTEUR, EUSE, s. Celui, celle qui promet beaucoup et qui tient rarement, qui promet légèrement sans intention de tenir sa parole.

PROMETTRE, v. a. Faire une promesse, donner sa parole de faire ou dire quelque chose; s'engager verbalement ou par écrit. —, prédire, annoncer, présager. —, faire concevoir des espérances, en parlant des personnes, des entreprises. Se —, v. pron. Fonder ses espérances.

PROMILHANES, s. m. Com. du dép. du Lot, cant. de Limoges, arr. de Cahors. = Cahors.

PROMIS, E, part. Se dit d'une chose dont la promesse a été faite; terre —, terre de promission. Voy. ce mot.

PROMISCUITÉ, s. f. Mélange. T. didact.

PROMISCUMENT, adv. D'une manière confuse. T. didact.

PROMISSEUR, s. m. Astre, point du ciel observé. T. d'astrol.

PROMISSION (terre de), s. f. Terre promise aux Israélites, et fig., pays fertile, abondant, heureux.

PROMONTOIRE, s. m. Cap, pointe de terre élevée qui avance dans la mer. —, légère saillie de la paroi interne du tympan. T. d'anat.

PROMOTEUR, s. m. Principal agent d'une affaire; procureur d'office dans une juridiction ecclésiastique. T. de droit canonique. —, brouillon qui excite les querelles, les discordes.

PROMOTION, s. f. Action par laquelle on élève ou l'on est élevé à une dignité; ne se dit que de plusieurs dans le sens actif; faire une promotion de cardinaux.

PROMOUVOIR, v. a. Elever à une dignité ecclésiastique.

PROMPSAT, s. m. Com. du dép. du Puy-de-Dôme, cant. de Combronde, arr. de Riom. = Riom.

PROMPT, E, adj. Soudain, qui ne tarde pas. —, rapide, qui passe comme l'éclair. —, actif, diligent, qui conçoit, exécute avec promptitude, en parlant des personnes. —, enclin à la colère, vif, emporté. Fig.

PROMPTEMENT, adv. Avec promptitude, diligence.

PROMPTITUDE, s. f. Célérité, vitesse; vivacité, colère, emportement. —, pl. Impatiences, brusqueries.

PROMPTUAIRE, s. m. Texte, abrégé. T. inus.

PROMU, E, part. Nommé à une fonction élevée, à une dignité ecclésiastique.

PROMULGATION, s. f. Publication de la loi avec les formalités voulues par la constitution.

PROMULGUÉ, E, part. Publié avec les formalités requises, en parlant d'une loi.

PROMULGUER, v. a. Publier une loi dans les formes voulues par la constitution.

PRONATEUR, s. et adj. m. Se dit de deux petits muscles, l'un posé transversalement sur la face interne de l'avant-bras, et l'autre placé obliquement sur le pli du coude. T. d'anat.

PRONATION, s. f. Flexion des pronateurs à l'aide de laquelle la paume de la main se trouve tournée en dedans ; mouvement de pronation.

PRONDINES, s. f. Com. du dép. du Puy-de-Dôme, cant. d'Herment, arr. de Clermont. = Clermont-Ferrand.

PRÔNE, s. m. Instruction pastorale faite chaque dimanche à la messe paroissiale. —, sermon ennuyeux, remontrance importune. Fig.

PRÔNÉ, E, part. Sermonné; loué, vanté avec exagération.

PRÔNÉE, s. f. Genre d'insectes hyménoptères. T. d'hist. nat.

PRÔNER, v. a. Faire le prône. T. inus. —, vanter, louer avec exagération. —, v. n. Sermonner, faire de longs discours, d'ennuyeuses remontrances. Se —, v. pron. Se vanter. Se —, v. récip. Se vanter, se louer l'un et l'autre.

PRÔNEUR, EUSE, s. Curé qui fait le prône. T. inus. —, louangeur infatigable. —, sermonneur, faiseur de remontrances, causeur ennuyeux. Fig.

PRONLEROY, s. m. Com. du dép. de l'Oise, cant. de St.-Just-en-Chaussée, arr. de Clermont. = St.-Just-en-Chaussée.

PRONOM, s. m. Partie du discours qui tient lieu du nom.

PRONOMINAL, E, adj. Qui appartient au pronom. Verbe —, qui se conjugue avec deux pronoms de la même personne.

PRONONCÉ, s. m. Dispositif d'un jugement, d'un arrêt, décision d'un tribunal.

PRONONCÉ, E, part. Proféré, articulé, en parlant des syllabes, des mots exprimés. —, fortement marqué; trait prononcé.

PRONONCER, v. a. Proférer, articuler des syllabes, des mots, exprimer sa pensée. —, réciter, débiter; prononcer un discours. —, déclarer, faire connaître; prononcer un jugement, un arrêt. —, marquer fortement les contours. T. d'arts. —, v. a. et n. Exposer une opinion, décider. Se —, v. pron. Manifester son sentiment, énoncer positivement, avec force, sa volonté, sa résolution.

PRONONCIATION, s. f. Articulation des syllabes, des mots; action, manière de prononcer, de s'exprimer. —, action de prononcer un jugement.

PRONOPIOGRAPHE, s. m. Instrument pour dessiner ce qu'on a devant soi.

PRONOSTIC, s. m. Jugement tiré de l'inspection des signes célestes. T. d'astrol. —, jugement hasardé, conjecture sur ce qui doit arriver, en médecine, en politique, etc.; indices d'après lesquels on forme ces conjectures. —, baromètre, instrument qui annonce les variations de l'atmosphère, la pluie et le beau temps.

PRONOSTICATION, s. f. Action de pronostiquer.

PRONOSTIQUE, adj. Se dit des symptômes, des signes d'après lesquels un médecin établit son pronostic.

PRONOSTIQUÉ, E, part. Prédit, conjecturé.

PRONOSTIQUER, v. a. Faire un pronostic; conjecturer, prédire.

PRONOSTIQUEUR, s. m. Faiseur de pronostics. T. fam. et iron.

PRONVILLE, s. f. Com. du dép. du Pas-de-Calais, cant. de Marquion, arr. d'Arras. = Bapaume.

PROODIQUE, adj. Se dit d'un grand vers suivi d'un plus petit, d'un épode; vers proodique. T. de versif.

PROPAGANDE, s. f. Congrégation établie à Rome pour la propagation de la foi. —, association pour répandre certains principes; propagande révolutionnaire.

PROPAGANDISTE, s. m. Membre de la propagande.

PROPAGATEUR, s. m. Celui qui propage une doctrine, des principes; celui qui travaille à la propagation de l'espèce humaine.

PROPAGATION, s. f. Multiplication de l'epèce humaine par la voie de la génération. —, accroissement, développement, progrès.—, de la lumière, prolongation des rayons lumineux. T. de phys. —, transmission d'individu à individu; propagation d'une maladie.

PROPAGÉ, E, part. Répandu; multiplié.

PROPAGER, v. a. Multiplier, opérer la propagation. —, étendre, augmenter, semer, répandre; propager la foi, l'erreur. Se —, v. pron. Se multiplier, se répandre, au prop. et au fig.

PROPAGINE, s. f. Corpuscule fécondant des plantes cryptogames. T. de bot.

PROPAGULE, s. f. Bourgeon séminiforme. T. de bot.

PROPATHIE, s. f. Avant-coureur, prodrome. T. de méd.

PROPENSION, s. f. Pente, tendance naturelle des corps vers un centre. —, inclination, penchant. Fig.

PROPHÈTE, s. m. Personnage de l'Ancien Testament, inspiré de Dieu dont il faisait connaître les décrets. —, imposteur qui abuse de la crédulité des peuples, comme le fit Mahomet. — de malheur, qui prédit des événemens sinistres.

PROPHÉTESSE, s. f. Espèce de sybille, de sorcière, de tireuse de cartes qui s'avise de prédire l'avenir.

PROPHÉTIE, s. f. Prédiction de l'avenir, par inspiration divine; chose prophétisée. —, prédiction, bonne ou mauvaise. —, pl. Recueil des prophéties d'Isaïe, d'Ezéchiel, etc.

PROPHÉTIQUE, adj. Qui appartient au prophète, qui tient du prophète; esprit prophétique, style prophétique.

PROPHÉTIQUEMENT, adv. D'une manière prophétique.

PROPHÉTISÉ, E, part. Prédit par inspiration divine.

PROPHÉTISER, v. a. Prédire par inspiration divine. —, hasarder des conjectures sur l'avenir, annoncer ce qu'on suppose devoir arriver. Fig.

PROPHYLACTICE, s. f. Antidote, contre-poison. T. inus.

PROPHYLACTIQUE, adj. Hygiène. —, adj. Qui a pour objet de prévenir les maladies.

PROPIAC, s. m. Com. du dép. de la Drôme, cant. du Buis, arr. de Nyons. = le Buis.

PROPICE, adj. Favorable; saison propice.

PROPIÈRES, s. f. Com. du dép. du Rhône, cant. du Monsol, arr. de Villefranche. = Beaujeu.

PROPITIATION, s. f. Sacrifice offert à Dieu pour l'expiation de ses péchés.

PROPITIATOIRE, s. m. Table d'or pur qui était posée au-dessus de l'Arche d'Alliance. —, adj. Qui sert à rendre propice; sacrifice propitiatoire.

PROPLASTIQUE, adj. m. Se dit de l'art de faire les moules pour des statues, etc.

PROPOLIS, s. m. Espèce de cire rouge, grossière, dont les abeilles se servent pour boucher les fentes extérieures de leurs ruches.

PROPORTION, s. f. Convenance, rapport des parties entre elles et avec leur tout. —, conformité de rapports, de convenances, en général. —, égalité de deux rapports. T. de math. —, formes, dimensions balancées, en harmonie entre elles. T. d'arts. A —, adv. Par rapport, eu égard, par comparaison.

PROPORTIONNALITÉ, s. f. Ce qui rend proportionnel. T. de math.

PROPORTIONNÉ, E, part. Etabli dans les proportions.

PROPORTIONNEL, LE, adj. Qui est en proportion. —, s. f. Grandeur en proportion. T. de math.

PROPORTIONNELLEMENT, adv. D'une manière proportionnelle.

PROPORTIONNÉMENT, adv. A proportion, avec proportion.

PROPORTIONNER, v. a. Etablir des proportions; conserver la proportion, l'accord, la convenance entre toutes les parties d'une chose. —, faire que la proportion d'une chose soit maintenue; proportionner la dépense à la recette.

PROPOS, s. m. Résolution formée; faire un ferme propos de s'amender. —, discours dans la conversation, entretien. —, insinuation, proposition; propos d'accommodement. —, bavardage, médisance. A —, adv. Convenablement au temps, au lieu, au sujet; indique le souvenir, le rapport; à propos de nos procès. A —, s. m. Chose dite ou faite précisément en son lieu; saisir l'à-propos. —, adj. Convenable; il est à propos de se taire. Mal à —, hors de —, adv. Sans raison, sans motif, sans convenance. A tous —, en toute occasion, à chaque instant.

PROPOSABLE, adj. Qui peut être proposé, admissible.

PROPOSANT, s. m. Théologien protestant qui étudie pour être pasteur. —, adj. m. Qui propose les évèques nommés; cardinal proposant.

PROPOSÉ, E, part. Mis en avant pour examiner; offert.

PROPOSER, v. a. Mettre en avant quelque chose à examiner, à discuter, à exécuter; proposer un sujet, une loi, une entreprise. —, offrir, promettre; proposer un prix. —, indiquer, désigner; proposer quelqu'un pour un emploi. — un sujet, le donner à traiter. Se —, v. pron. Faire offre de sa personne, de ses soins, se présenter. Se — de, avoir dessein de.

PROPOSITION, s. f. Enonciation, discours qui affirme ou qui nie; soutenir une proposition. —, chose proposée pour en délibérer; écouter une proposition. —, condition préalable; proposition honteuse. —, première partie d'un poëme qui en forme comme l'exorde. T. de littér. —, théorème et problème. T. de math. Pains de —, qu'on mettait chaque semaine sur la table, dans le sanctuaire. T. bibl.

PROPRE, s. m. Attribut essentiel, qualité particulière. —, le sens littéral, par opposition au figuré. —, office qu'on ne dit qu'en certains temps et en certains lieux; le propre des saints. —, pl. Biens immeubles échus par succession, biens patrimoniaux; biens du mari ou de la femme qui n'entrent pas en communauté. —, adj. Qui appartient exclusivement à une chose. —, qui n'est point autre, même; mes propres paroles. —, qui a de l'aptitude; propre au service militaire. —, qui peut servir à un usage, convenable; propre à bâtir. Sens —, sens littéral, radical, primitif, par opposition au sens figuré. —, net, qui n'est pas sale; vêtement propre. —, bien arrangé, bienséant et sans luxe; appartement propre. —, en parlant des personnes, mis convenablement, qui a de la propreté.

PROPREMENT, adv. Précisément, exactement; dans le sens propre, par opposition à fig. —, particulièrement; la république proprement dite. —, avec propreté; être mis proprement. A — parler, pour parler en termes précis et exacts.

PROPRET, TE, adj. Qui a une propreté recherchée, affectée.

PROPRETÉ, s. f. Netteté; soin, habitude de nettoyer, de se tenir proprement; manière décente, convenable d'être vêtu, meublé.

PROPRÉTEUR, s. m. Magistrat romain qui commandait une province avec l'autorité prétorienne.

PROPRIÉTAIRE, s. Celui, celle qui possède en propre, qui a une propriété.

PROPRIÉTÉ, s. f. Droit en vertu duquel une chose vous appartient de manière à pouvoir en jouir et disposer; chose possédée en vertu de ce droit. —, bien foncier, terre, maison, héritage. —, ce qui appartient essentiellement à une chose, la distingue; qualité, vertu particulière des minéraux, des plantes, etc. —, sens propre; la propriété d'un mot. T. de gramm.

PROPTOSE ou PROPTOME, s. m. Prolongement morbifique d'une partie quelconque, surtout du globe de l'œil. T. de méd.

PROPUS, s. m. Etoile voisine de la constellation des gémeaux. T. d'astr.

PROPYLÉE, s. m. Vestibule d'un temple. —, pl. Superbes portiques qui conduisaient à la citadelle d'Athènes. T. d'antiq.

PROQUESTEUR, s. m. Lieutenant d'un questeur dans l'ancienne Rome.

PROQUIER, s. m. Plante de la famille des rosacées. T. de bot.

PRORATA (au), adv. A proportion de.....

PROROGATIF, IVE, adj. Qui proroge.

PROROGATION, s. f. Prolongation, délai, remise d'une affaire.

PROROGÉ, E, part. Prolongé, reculé.

PROROGER, v. a. Prolonger, reculer le temps pris ou donné pour une chose; remettre à un autre temps.

PROS ou PRAUX, s. m. Embarcation des Malais.

PROSAÏQUE, adj. Qui tient trop de la prose, qui n'est point poétique; vers prosaïque.

PROSAÏSER, v. n. Ecrire en prose. T. inus.

PROSAÏSME, s. m. Défaut de poésie dans les vers.

PROSATEUR, s. m. Auteur qui écrit habituellement en prose.

PROSCARABÉE, s. m. Genre d'insectes coléoptères. T. d'hist. nat.

PROSCÉNIUM, s. m. Partie du théâtre où jouaient les acteurs, la scène, chez les Grecs et les Romains.

PROSCOLLE, s. f. Glande du stygmate des plantes orchidées. T. de bot.

PROSCRIPTEUR, s. m. Auteur de proscriptions.

PROSCRIPTION, s. f. Condamnation à mort sans formes judiciaires. —, abolition entière, destruction d'une coutume, etc. Fig.

PROSCRIRE, v. a. Condamner à mort sans formes judiciaires, dévouer à la mort. —, éloigner, chasser, persécuter. —, abolir, détruire, anéantir un usage, etc. Fig.

PROSCRIT, E, part. Condamné sans être entendu; persécuté, chassé, exilé, frappé de proscription.

PROSE, s. f. Le langage ordinaire de la conversation, discours qui n'a ni rime, ni mesure. —, sorte de cantique latin qu'on chante à la messe avant l'évangile.

PROSECTEUR, s. m. Elève en médecine chargé de préparer les pièces d'anatomie pour les leçons d'un professeur.

PROSELIÈRE-ET-LANGLE (la), s. f. Com. du dép. de la Haute-Saône, cant. de Faucogney, arr. de Lure. = Luxeuil.

PROSÉLYTE, s. Païen converti au judaïsme; personne nouvellement convertie à la foi catholique. —, nouvel initié, nouveau partisan.

PROSÉLYTISME, s. m. Zèle à faire des prosélytes; se dit surtout en mauvaise part.

PROSENNÉAÈDRE, adj. Se dit des cristaux qui ont neuf faces sur des parties adjacentes. T. d'hist. nat.

PROSER, v. a. Ecrire en prose. T. inus.

PROSERPINE, s. f. Fille de Jupiter et de Cérès, épouse de Pluton, reine des enfers. On la représente sur un char traîné par des chevaux noirs. —, papillon de jour. T. d'hist. nat.

PROSEUQUE, s. f. Lieu où les juifs s'assemblaient pour la prière.

PROSNES, s. m. Com. du dép. de la Marne, cant. de Beine, arr. de Reims. = Reims.

PROSODIE, s. f. Prononciation régulière des mots conformément à l'accent et à la quantité.

PROSODIQUE, adj. Qui appartient à la prosodie.

PROSONOMASIE, s. f. Voy. PARONOMASIE.

PROSOPALGIE, s. f. Tic douloureux de la face. T. de méd.

PROSOPIS, s. m. Arbre épineux des Indes orientales. T. de bot.

PROSOPOGRAPHIE, s. f. Description des traits, du maintien, de la figure. T. de rhét.

PROSOPOPÉE, s. f. Figure de rhétorique qui consiste à faire parler ou agir un être fictif comme s'il était animé.

PROSPECTUS, s. m. (mot latin). Aperçu d'une publication nouvelle; coup d'œil rapide jeté sur le sujet de cette publication et sur les conditions, soit de la souscription, soit de la vente.

PROSPÈRE, adj. Favorable au succès, heureux, propice.

PROSPÉRER, v. n. Avoir la fortune favorable, être heureux. —, en parlant des choses, tourner à bien, réussir.

PROSPÉRITÉ, s. f. Situation prospère, état heureux, bonheur. —, pl. Evénemens heureux; succès brillans.

PROSPHYSIS, s. m. Union des paupières par une cicatrice. T. de chir.

PROSTANTHÈRE, s. m. Arbuste de la Nouvelle-Hollande. T. de bot.

PROSTAPHÉRÈSE, s. f. Différence entre le lieu moyen et le lieu vrai d'une planète. T. d'astr.

PROSTASE, s. f. Supériorité d'une humeur sur les autres. T. de méd.

PROSTATE, s. m. Corps glanduleux gros comme une noix situé vers le col de la vessie, entre le rectum et la symphise du pubis. —, pl. Glandes de cowper. T. d'anat.

PROSTATIQUE, adj. Qui a rapport aux prostates.

PROSTATITE, s. f. Inflammation des prostates.

PROSTERNATION, s. f. Etat d'abaissement, d'humilité de celui qui se prosterne.

PROSTERNEMENT, s. m. Action de se prosterner.

PROSTERNER (se), v. pron. S'abaisser jusqu'à terre en posture de suppliant; se prosterner devant Dieu. Se — devant un homme quel qu'il soit, commettre une bassesse insigne.

PROSTHÈSE, s. f. Partie de la chirurgie qui a pour objet de suppléer à la privation d'un membre, des dents, par des moyens artificiels. —, addition au commencement d'un mot sans en changer le sens, espèce de métaplasme. T. de gramm.

PROSTITUÉ, E, part. Livré à la débauche, à l'impudicité.

PROSTITUÉE, s. f. Fille publique ou femme qui fait un commerce infâme, qui trafique de ses charmes, qui se livre à l'impudicité.

PROSTITUER, v. a. Livrer à la plus crapuleuse débauche, à l'impudicité. —, avilir, employer indignement, avec bassesse; prostituer sa plume. Se —, v. pron. Se livrer à la prostitution. Se —, se dévouer lâchement, vendre sa conscience à qui plus la paie. Fig.

PROSTITUTION, s. f. Trafic infâme, commerce d'impudicité, profanation des charmes de la jeunesse. —, abus, usage coupable; prostitution de la justice. Fig.

PROSTOMIS, s. m. Coléoptère trogositaire. T. d'hist. nat.

PROSTRATION, s. f. Abattement, extrême faiblesse, décomposition de la figure d'un malade à l'agonie; prostration de la face. T. de méd.

PROSTYLE, adj. Qui n'avait de colonnes que sur le devant; temple prostyle. T. d'antiq.

PROTAGONISTE, s. m. Principal personnage d'une tragédie. T. inus.

PROTASE, s. f. Première partie d'un poème dramatique, exposition.

PROTE, s. m. Directeur des travaux d'une imprimerie qui lit et corrige les épreuves, et particulièrement la tierce.

PROTECTEUR, TRICE, s. Défenseur, qui protège.

PROTECTION, s. f. Action de protéger; appui, secours.

PROTÉE, s. m. Fils de l'Océan et de Téthys, pâtre des troupeaux de Neptune. Il reçut en naissant la connaissance de l'avenir, sur lequel il ne s'expliquait que quand on l'y forçait; en outre, il avait le pouvoir de changer de corps et de prendre toutes les figures qu'il voulait. T. de myth. —, homme inconstant, sans principes, sans fixité, qui change d'opinion et de langage au gré des circonstances. Fig. —, genre de vers infusoires. T. d'hist. nat. —, plante protéoïde. T. de bot.

PROTÉGÉ, E, s. et part. Défendu, aidé par un autre.

PROTÉGER, v. a. Donner protection, assistance, défendre, appuyer, aider quelqu'un; couvrir de son autorité, de son crédit.

PROTÉIFORME, adj. Changeant, variable, en parlant des symptômes d'une maladie. T. de méd.

PROTÉINE, s. f. Genre d'insectes coléoptères brachélytres. T. d'hist. nat.

PROTÉOÏDES ou **PROTÉACÉES**, s. f. pl. Famille de plantes dicotylédones, apétales, à étamines Pérygines. T. de bot.

PROTESTANT, s. et adj. Chrétien réformé, luthérien, calviniste, anglican, qui méconnaît l'autorité spirituelle du pape.

PROTESTANTISME, s. m. Culte réformé, dissident, luthérianisme, calvinisme, etc., croyance, doctrine des protestans.

PROTESTATION, s. f. Déclaration authentique et publique de la nécessité où se trouve une personne lésée dans son honneur ou dans ses intérêts, de protester contre l'illégalité ou la violence; acte contenant cette déclaration.

—, assurance positive, témoignage; protestation d'amitié.

PROTESTÉ, E, part. Se dit d'un jugement contre lequel il a été fait une protestation, d'un billet à ordre ou d'une lettre de change dont on a fait le protêt.

PROTESTER, v. a. et n. Faire une ou des protestations, un protêt. —, donner des assurances, des témoignages, promettre positivement; protester de son zèle.

PROTÊT, s. m. Acte de procédure commerciale constatant le refus de paiement d'un billet ou d'une lettre de change, afin de conserver au porteur son recours légal contre les endosseurs.

PROTHÈSE, s. f. Voy. PROSTHÈSE. T. de chir.

PROTIUM, s. m. Sorte de balsamier. T. de bot.

PROTOCANONIQUE, adj. Se dit des livres reconnus canoniques, quoique antérieurs aux canons.

PROTOCOLE, s. m. Modèle de rédaction, formulaire.

PROTOGYNE, s. m. Roche granitique. T. d'hist. nat.

PROTOMARTYR, s. m. Saint Etienne, premier martyr.

PROTON, s. m. Genre de crustacés, chevrolle. T. d'hist. nat.

PROTONOTAIRE, s. m. Officier de la cour de Rome qui reçoit et expédie les actes des consistoires publics.

PROTOPASCHITES, s. m. pl. Hérétiques qui faisaient la pâque avec du pain azyme.

PROTOPATHIQUE, s. f. Maladie première, originaire. T. de méd.

PROTOPLASTE, s. m. et adj. Premier créé; se dit de notre premier père, d'Adam.

PROTOPOPE, s. m. Evêque moscovite grec.

PROTOSPATHAIRE, s. m. Commandant des gardes des empereurs grecs.

PROTOSYNCELLE, s. m. Vicaire d'un patriarche, d'un évêque grec.

PROTOTHRÔNE, s. m. Premier évêque grec d'une province; premier suffragant d'un patriarche.

PROTOTYPE, s. m. Original, modèle, premier exemplaire. —, outil de fondeur pour régler la force du corps d'un caractère d'imprimerie.

PROTOVESTIAIRE, s. m. Grand maître de la garde-robe des empereurs grecs.

PROTOXYDE, s. m. Oxyde qui contient le moins d'oxygène. T. de chim.

PROTOZEUGME, s. m. Espèce de zeugme. Voy. ce mot.

PROTUBÉRANCE, s. f. Saillie, éminence. T. d'anat.

PROTUTEUR, s. m. Administrateur des biens d'un mineur à la place du tuteur.

PROU, s. m. Profit. —, adv. Assez, beaucoup. (Vi.)

PROUAIS, s. m. Com. du dép. d'Eure-et-Loir, cant. de Nogent-le-Roi, arr. de Dreux. = Nogent-le-Roi.

PROUANT (St.-), s. m. Com. du dép. de la Vendée, cant. de Chantonnay, arr. de Bourbon-Vendée. = Chantonnay.

PROUE, s. f. L'avant d'un navire.

PROUESSE, s. f. Action de preux, valeur. —, action extravagante, ridicule, blâmable, dont on semble tirer vanité; excès de débauche. T. iron.

PROUILLY, s. m. Com. du dép. de la Marne, cant. de Fismes, arr. de Reims. = Reims.

PROULIEU, s. m. Com. du dép. de l'Ain, cant. de Lagnieu, arr. de Belley. = Ambérieux.

PROUPIARY, s. m. Com. du dép. de la Haute-Garonne, cant. de St.-Martory, arr. de St.-Gaudens. = St.-Martory.

PROUSSY, s. m. Com. du dép. du Calvados, cant. de Condé-sur-Noireau, arr. de Vire. = Condé-sur-Noireau.

PROUSTIE, s. f. Arbrisseau du Chili. T. de bot.

PROUVAIS, s. m. Com. du dép. de l'Aisne, cant. de Neufchâtel, arr. de Laon. = Reims.

PROUVÉ, E, part. Se dit d'un fait établi, d'une vérité démontrée par des raisonnemens, des preuves.

PROUVER, v. a. et n. Etablir la preuve, démontrer la vérité d'une proposition, d'un fait, par des raisonnemens, des témoignages irrécusables, des pièces justificatives, des autorités incontestables.

PROUVILLE, s. f. Com. du dép. de la Somme, cant. de Bernaville, arr. de Doullens. = Doullens.

PROUVY, s. m. Com. du dép. du Nord, cant. et arr. de Valenciennes. = Valenciennes.

PROUZEL, s. m. Com. du dép. de la Somme, cant. de Conty, arr. d'Amiens. = Amiens.

PROVÉDITEUR, s. m. Magistrat de l'ancienne république de Venise.

PROVEMONT, s. m. Com. du dép. de l'Eure, cant. d'Etrépagny, arr. des Andelys. = Gisors.

PROVENANCE, s. f. Tout ce qu'on tire de l'étranger. T. de comm.

PROVENANT, E, adj. Qui provient, qui dérive, sort de.

PROVENÇAL, E, s. et adj. Habitant de la Provence; qui concerne cette province méridionale.

PROVENCE, s. f. Ancienne province de France, qui forme aujourd'hui les dép. des Bouches-du-Rhône, du Var, des Basses-Alpes et partie de celui de Vaucluse.

PROVENCHÈRE, s. m. Com. du dép. du Doubs, cant. de Maiche, arr. de Montbéliard. = St.-Hippolyte-sur-le-Doubs.

PROVENCHÈRE, s. m. Com. du dép. de la Haute-Saône, cant. de Port-sur-Saône, arr. de Vesoul. = Vesoul.

PROVENCHÈRES, s. m. Com. du dép. de la Haute-Marne, cant. de Montigny, arr. de Langres. = Montigny-le-Roi.

PROVENCHÈRES, s. m. Com. du dép. de la Haute-Marne, cant. de Donjeux, arr. de Vassy. = Vignory.

PROVENCHÈRES, s. m. Com. du dép. des Vosges, cant. de Saales, arr. de St.-Dié. = St.-Dié.

PROVENCHÈRES, s. m. Com. du dép. des Vosges, cant. de Darney, arr. de Mirecourt. = Darney.

PROVENCY, s. m. Com. du dép. de l'Yonne, cant. de l'Isle-sur-le-Serein, arr. d'Avallon. = Lucy-le-Bois.

PROVENDE, s. f. Provision de vivres. (Vi). —, mélange d'avoine et de balle de blé pour les chevaux.

PROVENIR, v. n. Procéder, dériver, émaner.

PROVENU, s. m. Profit tiré d'une affaire. T. inus.

PROVERBE, s. m. Sentence vulgaire et concise, vérité triviale, familière au peuple qui aime à en faire des applications. —, sorte de petite comédie bourgeoise dont le dénoûment est fondé sur un proverbe.

PROVERBIAL, E, adj. Qui tient du proverbe.

PROVERBIALEMENT, adv. D'une manière proverbiale.

PROVERVILLE, s. f. Com. du dép. de l'Aube, cant. et arr. de Bar-sur-Aube. = Bar-sur-Aube.

PROVEYSIEUX, s. m. Com. du dép. de l'Isère, cant. et arr. de Grenoble. = Grenoble.

PROVICAIRE, s. m. Suppléant d'un vicaire.

PROVIDENCE, s. f. La sagesse infinie de Dieu conduisant toutes choses. —, personne qui pourvoit à nos besoins. Fig. —, divinité à laquelle on avait élevé un temple dans l'île de Délos, et qu'on représente sous la figure d'une femme vénérable, tenant une corne d'abondance d'une main, et les yeux fixés sur un globe vers lequel elle étend une baguette qu'elle tient de l'autre main. T. de myth.

PROVIDENTIEL, LE, adj. Inespéré, inattendu, surprenant comme les bienfaits de la Providence.

PROVIGNÉ, E, part. Couché à terre, en parlant des brins d'un cep de vigne.

PROVIGNEMENT, s. m. Action de provigner.

PROVIGNER, v. a. Coucher en terre les brins d'un cep de vigne, après y avoir fait une entaille, pour qu'ils prennent racine. —, v. n. Multiplier. (Vi.)

PROVILLE, s. f. Com. du dép. du Nord, cant. et arr. de Cambrai. = Cambrai.

PROVIN, s. m. Com. du dép. du Nord, cant. de Seclin, arr. de Lille. = Carvin.

PROVIN, s. m. Rejeton d'un cep provigné.

PROVINCE, s. f. Grande division territoriale d'un état, qui porte un nom particulier; se dit par opposition à capitale. —, les habitants de la province. —, monastères sous la direction d'un même provincial; étendue de la juridiction d'une métropole.

PROVINCIAL, E, s. Habitant de la province; religieux qui administre une province de son ordre. —, adj. Qui appartient aux habitudes de province, qui est gêné, affecté, guindé, de mauvais goût; manières provinciales.

PROVINCIALAT, s. m. Dignité, charge de provincial; durée de ses fonctions.

PROVINCIALEMENT, adv. D'une manière provinciale, gauche, empruntée.

PROVINS, s. m. Ville du dép. de Seine-et-Marne, chef-lieu de sous-préf. et de cant.; trib. de 1re inst. et de comm.; conserv. des hypoth.; direct. des contrib. indir.; recev. part. des finances. Bur. d'enregist. et de poste. Fabr. de tiretaine, poterie de terre, conserve de roses; moulins à farines. Comm. considérable de blés et farines, pour l'approvisionnement de Paris, de roses dites de Provins, qui ont des propriétés médicinales, etc.

PROVISEUR, s. m. Chef d'un collége, etc.

PROVISEUX-ET-PLESNOY, s. m. Com. du dép. de l'Aisne, cant. de Neufchâtel, arr. de Laon. = Reims.

PROVISION, s. f. Amas, fourniture de choses nécessaires ou utiles pour la subsistance. —, droit de pourvoir à un bénéfice. —, somme allouée par un tribunal en attendant le jugement définitif. T. de procéd. —, actes, lettres qui confèrent un office, etc. Par —, adv. Provisoirement, préalablement.

PROVISIONNEL, LE, adj. Qui s'opère par provision.

PROVISIONNELLEMENT, adv. Par provision, provisoirement.

PROVISOIRE, adj. Rendu, ordonné par provision. —, temporaire.

PROVISOIREMENT, adv. Par provision; temporairement.

PROVISORERIE, s. f. Dignité de proviseur.

PROVOCATEUR, adj. m. Se dit des agens envoyés par la police pour provoquer le peuple à se mutiner; agent provocateur.

PROVOCATION, s. f. Action de provoquer; chose dite ou faite pour exciter à se battre.

PROVOQUÉ, E, part. Incité, excité.

PROVOQUER, v. a. Inciter, pousser, exciter à la désobéissance, à se battre, etc. —, causer; provoquer le sommeil.

PROVOQUEURS, s. m. pl. Sorte de gladiateurs. T. d'antiq.

PROXÈNE, s. m. Magistrat lacédémonien qui était chargé de recevoir les étrangers, de pourvoir à leurs besoins, etc.

PROXÉNÈTE, s. m. Courtier, entremetteur; se prend en mauvaise part.

PROXIMITÉ, s. f. Petite distance, voisinage. —, parenté. Fig.

PROYART, s. m. Com. du dép. de la Somme, cant. de Chaulnes, arr. de Péronne. = Corbie.

PROYER ou PRUYER, s. m. Sorte d'oiseau de passage, espèce de bruant.

PRUDE, s. f. Femme qui affecte la sagesse, la modestie, la vertu. —, adj. Qui a de la pruderie, qui est d'une prude.

PRUDEMANCHE, s. m. Com. du dép. d'Eure-et-Loir, cant. de Brezolles, arr. de Dreux. = Brezolles.

PRUDEMMENT, adv. Avec prudence.

PRUDENCE, s. f. Divinité allégorique qu'on représente avec un miroir entouré d'un serpent. T. de myth. —, sagesse, circonspection, discernement de ce qu'il convient de faire ou de ne pas faire.

PRUDENT, E, adj. Sage, réservé,

circonspect, qui n'agit et ne parle qu'avec discernement, qu'après avoir pesé les conséquences de sa conduite ou de ses discours.

PRUDERIE, s. f. Affectation de sagesse, circonspection excessive en ce qui semble appartenir à la pudeur.

PRUDHOMAT, s. m. Com. du dép. du Lot, cant. de Brettenoux, arr. de Figeac. = St.-Céré.

PRUD'HOMME, s. m. Homme probe et vaillant. (Vi). —, expert; prud'homme pêcheur. T. de procéd.

PRUD'HOMMIE, s. f. Probité, sagesse. (Vi.)

PRUDOTERIE, s. f. Pruderie, hypocrisie.

PRUE, s. f. Branche tordue, pour servir de corde.

PRUGNANES, s. m. Com. du dép. des Pyrénées-Orientales, cant. de St.-Paul, arr. de Perpignan. = St.-Paul-de-Fenouillet.

PRUGNE (la), s. f. Com. du dép. de l'Allier, cant. de Mayet-de-Montagne, arr. de Lapalisse. = Cusset.

PRUGNY, s. m. Com. du dép. de l'Aube, cant. d'Estissac, arr. de Troyes. = Estissac.

PRUILLÉ, s. m. Com. du dép. de Maine-et-Loire, cant. du Lion-d'Angers, arr. de Segré. = le Lion-d'Angers.

PRUILLÉ-LE-CHÉTIF, s. m. Com. du dép. de la Sarthe, cant. et arr. du Mans. = le Mans.

PRUINES, s. f. Com. du dép. de l'Aveyron, cant. de Marcillac, arr. de Rodez. = Rodez.

PRUNAY, s. m. Com. du dép. de l'Aube, cant. de Marcilly-le-Hayer, arr. de Nogent-sur-Seine. = Nogent-sur-Seine.

PRUNAY, s. m. Com. du dép. de l'Aube, cant. de Bouilly, arr. de Troyes. = Troyes.

PRUNAY, s. m. Com. du dép. de Loir-et-Cher, cant. de St.-Amand, arr. de Vendôme. = Montoire.

PRUNAY, s. m. Com. du dép. de la Marne, cant. de Beine, arr. de Reims. = Reims.

PRUNAY, s. m. Com. du dép. de Seine-et-Oise, cant. de Milly, arr. d'Etampes. = Etampes.

PRUNAY-LE-GILLON, s. m. Com. du dép. d'Eure-et-Loir, cant. et arr. de Chartres. = Chartres.

PRUNAY-LE-TEMPLE, s. m. Com. du dép. de Seine-et-Oise, cant. d'Houdan, arr. de Mantes. = Houdan.

PRUNAY-SOUS-ABLIS, s. m. Com. du dép. de Seine-et-Oise, cant. de Dourdan, arr. de Rambouillet. = Dourdan.

PRUNE, s. f. Fruit à noyau, d'un grand nombre d'espèces. Travailler pour des —, pour peu de chose. Fig. et fam.

PRUNEAU, s. m. Prune séchée au four et au soleil.

PRUNELAIE, s. f. Terrain planté de pruniers.

PRUNELÉE, s. f. Confiture grossière de prunes.

PRUNELET, s. m. Cidre de prunelles séchées au four.

PRUNELLE, s. f. Petite prune sauvage. —, partie de l'œil qui paraît noire dans le milieu du cercle formé par l'iris. —, sorte d'étoffe.

PRUNELLI, s. m. Com. du dép. de la Corse, chef-lieu de cant. de l'arr. de Corte. Bur. d'enregist. à Poggio-di-Nazza. = Bastia.

PRUNELLI-DI-CASACCONI, s. m. Com. du dép. de la Corse, cant. de Campile, arr. de Bastia. = Bastia.

PRUNELLIER, s. m. Arbrisseau sauvage qui porte les prunelles.

PRUNET, s. m. Com. du dép. de l'Ardèche, cant. et arr. de Largentière. = Largentière.

PRUNET, s. m. Com. du dép. du Cantal, cant. et arr. d'Aurillac. = Aurillac.

PRUNET, s. m. Com. du dép. de la Haute-Garonne, cant. de Caraman, arr. de Villefranche. = Caraman.

PRUNET-ET-BELPUIG, s. m. Com. du dép. des Pyrénées-Orientales, cant. de Vinça, arr. de Prades. = Perpignan.

PRUNETTE, s. f. Petite prune. T. inus.

PRUNIER, s. m. Arbre qui produit les prunes.

PRUNIÈRES, s. f. Com. du dép. des Hautes-Alpes, cant. de Chorges, arr. d'Embrun. = Gap.

PRUNIÈRES, s. f. Com. du dép. de l'Isère, cant. de la Mure, arr. de Grenoble. = la Mure.

PRUNIÈRES, s. f. Com. du dép. de la Lozère, cant. de Malzieu, arr. de Marvejols. = St.-Chély.

PRUNIERS, s. m. Com. du dép. de l'Indre, cant. et arr. d'Issoudun. = Issoudun.

PRUNIERS, s. m. Com. du dép. de Loir-et-Cher, cant. et arr. de Romorantin. = Romorantin.

PRUNO, s. m. Com. du dép. de la Corse, cant. de Porta, arr. de Bastia. = Bastia.

PRUNOY, s. m. Com. du dép. de

l'Yonne, cant. de Charny, arr. de Joigny. = Joigny.
PRURIGINEUX, EUSE, adj. Qui cause de la démangeaison. T. de méd.
PRURIGO, s. m. Maladie de peau, démangeaison. T. de méd.
PRURIT, s. m. Démangeaison vive. T. de méd.
PRUSLY-SUR-OURCE, s. m. Com. du dép. de la Côte-d'Or, cant. et arr. de Châtillon-sur-Seine. = Châtillon-sur-Seine.
PRUSSE, s. f. Royaume d'Allemagne, dont le territoire s'est considérablement accru depuis environ soixante ans par la sagesse de ses souverains, le patriotisme de ses habitans et la bravoure de ses soldats. Il s'étend depuis la Pologne jusqu'au Rhin, et occupe un des premiers rangs parmi les puissances militaires de l'Europe. — (bleu de), bleu tiré du sang de bœuf calciné avec le tartre et le nitre.
PRUSSIATE, s. m. Nom générique des sels formés par la combinaison de l'acide prussique avec différentes bases. T. de chim.
PRUSSIEN, NE, s. et adj. Né en Prusse, habitant de la Prusse; qui concerne ce royaume. Cheminée à la —, cheminée de tôle dont le devant est fort bas et le tuyau rétréci.
PRUSSIQUE, adj. Se dit d'un acide obtenu par la distillation du sang de bœuf et qui, combiné avec le fer, donne le bleu de Prusse. T. de chim.
PRUSSITE, s. f. Voy. PRUSSIATE.
PRUSY, s. m. Com. du dép. de l'Aube, cant. de Chaource, arr. de Bar-sur-Seine. = Chaource.
PRUZILLY, s. m. Com. du dép. de Saône-et-Loire, cant. de la Chapelle-de-Guinchay, arr. de Mâcon. = Mâcon.
PRYLIS, s. f. Danse guerrière des Lacédémoniens.
PRYTANAT, s. m. Dignité de prytane.
PRYTANÉE, s. m. Édifice public dans lequel s'assemblaient les prytanes. —, collége.
PRYTANES, s. m. pl. Magistrats d'Athènes qui jugeaient les affaires criminelles. —, hommes d'un mérite supérieur. T. d'antiq.
PRYTANIDE, s. f. Dans l'ancienne Grèce, veuve qui gardait et entretenait le feu sacré comme les vestales chez les Romains.
PRYVÉ (St.-), s. m. Com. du dép. du Loiret, cant. et arr. d'Orléans. = Orléans.
PSALLETTE, s. f. École de chant pour les enfans de chœur.

PSALLIDIUM, s. m. Espèce de charançon. T. d'hist. nat.
PSALMISTE, s. m. Auteur de psaumes. Le —, David.
PSALMISTIQUE, adj. Qui concerne les psaumes, le psalmiste.
PSALMODIATION, s. f. Chant en psalmodiant. T. inus., iron.
PSALMODIE, s. f. Chant des psaumes; manière de chanter, de réciter les psaumes.
PSALMODIER, v. n. Réciter des psaumes sans inflexion de voix. —, parler, écrire d'une manière monotone. Fig.
PSALMOGRAPHE, s. et adj. Se dit d'un auteur de psaumes. T. inus.
PSALTÉRION, s. m. Instrument de musique à cordes.
PSAMMITE, s. m. Grès des houillères. T. d'hist. nat.
PSAMMOBIE, s. f. Genre de coquilles bivalves. T. d'hist. nat.
PSAMMOTÉE, s. f. Genre de coquilles bivalves. T. d'hist. nat.
PSARE, s. m. Insecte diptère syrphie. T. d'hist. nat.
PSATHURE, s. m. Arbrisseau de l'hexandrie, sixième classe des végétaux. T. de bot.
PSAUME, s. m. L'un des cantiques sacrés composés par le roi David, ou qui lui sont attribués.
PSAUTIER, s. m. Recueil de psaumes; voile de religieuses.
PSÉLAPHE, s. m. Genre d'insectes coléoptères. T. d'hist. nat.
PSÉLAPHIDES ou PSÉLAPHIENS, s. m. pl. Coléoptères brachélytres. T. d'hist. nat.
PSÉLAPHIE, s. f. Friction manuelle. T. de méd.
PSÉLION, s. m. Arbrisseau grimpant de la Cochinchine. T. de bot.
PSELLION, s. m. Talisman en forme d'anneau suspendu au cou; espèce de gourmette. T. d'antiq.
PSELLISME, s. m. Bégaiement. T. de méd.
PSEN, s. m. Genre de coléoptères fouisseurs. T. d'hist. nat.
PSÉPHITE, s. f. Espèce de roche. T. d'hist. nat.
PSÉPHOPHORIE, s. f. Manière de calculer avec de petites pierres. T. d'antiq.
PSEUDAMANTES, s. f. pl. Pierres fausses, ayant l'apparence de pierres fines.
PSEUDO-ACMELLE, s. f. Plante du genre spilanthe. T. de bot.
PSEUDO-ACORUS, s. m. Iris à fleurs bleues. T. de bot.

PSEUDO-AGATE, s. m. Jaspe-agate. T. d'hist. nat.

PSEUDO-ALBÂTRE, s. m. Chaux sulfatée. T. d'hist. nat.

PSEUDO-AMBROISIE, s. f. Cocléaria coronopus. T. de bot.

PSEUDO-AMÉTHYSTE, s. m. Chaux fluatée violette. T. d'hist. nat.

PSEUDO-AMONUM, s. m. Groseillier à fruit noir, cassis. T. de bot.

PSEUDO-APIOS, s. m. Gesse tubéreuse. T. de bot.

PSEUDO-ASBESTE, s. m. Asbeste ligueuse. T. d'hist. nat.

PSEUDO - AVENTURINE - QUARTZEUSE, s. f. Quartz aventurine. T. d'hist. nat.

PSEUDO-BÉRIL, s. m. Cristal de roche, verdâtre. T. d'hist. nat.

PSEUDO-BLEPSIE, s. f. Berlue, diplopie. T. de méd.

PSEUDO-BUNION, s. m. Plante crucifère. T. de bot.

PSEUDO-CATHOLIQUE, adj. Faux catholique.

PSEUDO-CLINOPODE, s. m. Espèce de thym. T. de bot.

PSEUDO-COBALT, s. m. Nickel arsénical. T. d'hist. nat.

PSEUDO-CORONOPUS, s. m. Plantain corne-de-cerf. T. de bot.

PSEUDO-CYTISE, s. m. Nom de plusieurs sortes de plantes légumineuses. T. de bot.

PSEUDO-DIPTÈRE, s. m. Espèce de temple entouré de portiques. T. d'arch. anc.

PSEUDO-ÉBÈNE, s. m. Arbrisseau de l'Amérique méridionale. T. de bot.

PSEUDO-ÉMERAUDE, s. f. Quartz hyalin vert, aigue-marine. T. d'hist. nat.

PSEUDO-ÉTOILE, s. f. Étoile fausse, météore qui a l'apparence d'une étoile. T. d'astr.

PSEUDO-GALÈNE, s. f. Zinc sulfuré. T. d'hist. nat.

PSEUDO-LOTUS, s. m. Plaqueminier d'Europe. T. de bot.

PSEUDO-MALACHITE, s. f. Cuivre phosphaté. T. d'hist. nat.

PSEUDO-MORPHE, s. m. Substance minérale qui a une forme trompeuse, étrange. T. d'hist. nat.

PSEUDO-MORPHIQUE, adj. Qui a une figure fausse et trompeuse.

PSEUDONYME, adj. Se dit des auteurs qui publient leurs ouvrages sous un nom emprunté, et des ouvrages publiés sous un nom supposé.

PSEUDO-PÉRIPTÈRE, s. m. Temple à colonnes engagées dans le mur. T. d'arch.

PSEUDO-PLEURÉSIE, s. m. Voy. PLEURODYNIE. T. de méd.

PSEUDOREXIE, s. f. Faux appétit. T. de méd.

PSI, s. m. Voy. NOCTUELLE. T. d'hist. nat.

PSIADIE, s. f. Conise glutineuse. T. de bot.

PSILOPE, s. m. Ver mollusque. T. d'hist. nat.

PSILOTHRE, s. m. Voy. DÉPILATOIRE. T. de méd.

PSILOTON, s. m. Genre de mousses. T. de bot.

PSITHYRE, s. f. Instrument de musique des anciens.

PSITTACINS, s. m. pl. Oiseaux sylvains. T. d'hist. nat.

PSOA, s. m. Genre d'insectes coléoptères. T. d'hist. nat.

PSOAS ou LOMBAIRE-INTERNE, s. m. Muscle considérable placé sur les vertèbres lombaires, qui sert à fléchir la cuisse en dedans sur le bassin, et le tronc vers les cuisses. — le petit, muscle grêle, situé le long du grand psoas. T. d'anat.

PSOQUE, s. m. Genre d'insectes névroptères. T. d'hist. nat.

PSORA, s. m. Espèce de dartre, de gale, variété des maladies de la peau. T. de méd. —, lichen écarlate. T. de bot.

PSORALIER, s. m. Genre de plantes légumineuses. T. de bot.

PSORIQUE, s. m. et adj. Médicament contre la gale; qui est de la nature de cette affection cutanée. T. de méd.

PSOROPHTHALMIE, s. f. Espèce d'ophthalmie accompagnée de démangeaisons aux paupières. T. de méd.

PSYCHAGOGE, s. m. Sorte de magicien, de charlatan, qui prétendait évoquer les ames des morts.

PSYCHAGOGIE, s. f. Evocation de l'ame des morts.

PSYCHAGOGIQUE, s. m. adj. Se dit du traitement employé contre l'apoplexie. T. de méd.

PSYCHÉ, s. f. L'ame dont les Païens firent une divinité qui fut aimée de Cupidon. Ce Dieu la fit transporter dans un lieu de délices où elle demeura long-temps dans une heureuse confiance; mais un mauvais génie lui inspira le désir de connaître l'objet de ses feux. Bientôt elle devint importune; son amant se nomma et disparut. Alors elle fut abandonnée à la fureur de Vénus qui, pour se venger de ce que ses charmes avaient séduit son fils, lui fit éprouver les plus cruelles persécutions et la fit mourir; mais, en faveur de Cupidon,

Jupiter l'admit au nombre des immortelles. T. de myth. —, glace mobile montée sur des pieds à roulettes. —, genre d'insectes lépidoptères. T. d'hist. nat.

PSYCHINE, s. f. Plante crucifère. T. de bot.

PSYCHIQUE, adj. m. Se dit d'un fluide qu'on suppose le plus subtil de tous et qui forme l'ame.

PSYCHISME, s. m. Système qui suppose l'ame composée de fluide psychique.

PSYCHISTE, s. m. Partisan du psychisme.

PSYCHODE, s. f. Insecte diptère tipulaire. T. d'hist. nat.

PSYCHOLOGIE, s. f. Traité sur la nature de l'ame.

PSYCHOLOGUE, s. m. Métaphysicien qui écrit sur l'ame.

PSYCHOMANCIE, s. f. Art d'évoquer l'ame des morts.

PSYCHOTRE, s. m. Genre de plantes de la famille des rubiacées. T. de bot.

PSYCHROMÈTRE, s. m. Instrument pour mesurer les degrés du froid.

PSYCTIQUE ou PSYTIQUE, adj. Se dit des médicamens rafraîchissans. T. de méd.

PSYDRACIE, s. f. Inflammation, irritation du tissu cutané. T. de méd.

PSYLE, s. m. Genre d'insectes hyménoptères. T. d'hist. nat.

PSYLLE, s. m. Sorte de serpent d'Afrique. —, s. f. Genre de gallinsectes, puce. T. d'hist. nat.

PSYLLION, s. m. Plantain annuel. T. de bot.

PTARMIQUE, s. f. Herbe sternutatoire. —, adj. Qui fait éternuer.

PTÉLÉA, s. m. Arbrisseau d'Amérique. T. de bot.

PTÉLÉDIE, s. f. Arbre de l'île de Madagascar. T. de bot.

PTENE, s. m. Métal qu'on trouve uni au platine.

PTÉRANTHE, s. m. Plante annuelle d'Arabie. T. de bot.

PTÉRIDE, s. f. Genre de fougères. T. d'hist. nat.

PTÉRIGIE, s. f. Arbre dont le fruit ressemble à un volant. T. de bot.

PTÉRIGODION, s. m. Plante de la famille des orchidées. T. de bot.

PTÉRIGYNANDRE, s. m. Genre de mousses. T. de bot.

PTÉRION, s. m. Genre de plantes légumineuses. T. de bot.

PTÉROCARPES, s. m. pl. Famille de plantes légumineuses. T. de bot.

PTÉROCÈRE, s. m. Genre de testacés univalves. T. d'hist. nat.

PTÉROCHILE, s. m. Insecte hyménoptère guépiaire. T. d'hist. nat.

PTÉRODICÈRES, s. m. pl. Insectes ailés à deux antennes. T. d'hist. nat.

PTÉROGLOSSES, s. m. pl. Oiseaux sylvains, toucans. T. d'hist. nat.

PTÉRONE, s. f. Plante du genre des cynarocéphales. T. de bot.

PTÉROPHORE, s. m. Courrier romain qui portait une pique dont la pointe était garnie de plumes. —, genre d'insectes lépidoptères séticornes dont les ailes ressemblent à des plumes. T. d'hist. nat.

PTÉROPODES, s. m. pl. Mollusques à nageoires. T. d'hist. nat.

PTÉROPTÈRES, s. m. pl. Poissons apodes. T. d'hist. nat.

PTÉROSPERMES, s. m. pl. Famille des plantes malvacées. T. de bot.

PTÉROSTYLE, s. m. Plante orchidée de la Nouvelle-Hollande. T. de bot.

PTÉROTE, s. m. Arbrisseau de la Cochinchine. T. de bot.

PTÉRYGION, s. m. Excroissance membraneuse ou adipeuse qui s'étend sur la conjonctive et quelquefois sur la cornée; excroissance charnue aux ongles. T. de chir.

PTÉRYGO-ANGULI-MAXILLAIRE, s. et adj. m. Muscle grand ptérygoïdien. T. d'anat.

PTÉRYGO-COLLI-MAXILLAIRE, s. et adj. m. Muscle petit ptérygoïdien. T. d'anat.

PTÉRYGODION, s. m. Plante du cap de Bonne-Espérance. T. de bot.

PTÉRYGOÏDE, adj. f. Se dit d'une apophyse du sphénoïde et d'une cavité qui se trouve entre les deux lames de cette apophyse. T. d'anat.

PTÉRYGOÏDIEN, s. m. Nom de deux muscles qui s'attachent à l'apophyse ptérygoïde. Voy. PTÉRYGO-ANGULI-MAXILLAIRE et PTÉRYGO-COLLI-MAXILLAIRE. T. d'anat.

PTÉRYGOÏDIEN, NE, adj. Qui est relatif à l'apophyse ptérygoïde. T. d'anat.

PTÉRYGO-PALATIN, s. et adj. m. Qui appartient à l'apophyse ptérygoïde et au palais. T. d'anat.

PTÉRYGO-PHARYNGIEN, s. et adj. m. Nom de deux muscles qui s'étendent de la face interne de l'apophyse ptérygoïde de l'os sphénoïde, au pharynx. T. d'anat.

PTÉRYGOPHORE, s. m. Genre d'insectes hyménoptères. T. d'hist. nat.

PTÉRYGO-STAPHYLIN, s. et adj. m. Péristaphylin externe. T. d'anat.

PTÉRYGO-SYNDESMO-STAPHYLI-PHARYNGIEN, s. et adj. m. Muscle constricteur supérieur du pharynx. T. d'anat.

PTILIN, s. m. Genre de coléoptères ptiniores. T. d'hist. nat.

PTILODACTYLE, s. m. Genre d'insectes coléoptères. T. d'hist. nat.

PTILOPTÈRES, s. m. pl. Oiseaux nageurs. T. d'hist. nat.

PTILOSE, s. f. Chute des cils. T. de méd.

PTILOTE, s. m. Genre de plantes amaranthoïdes.

PTINE, s. m. Genre de coléoptères ptiniores. T. d'hist. nat.

PTINIORES, s. m. pl. Coléoptères serricornes. T. d'hist. nat.

PTIRIASIS, s. m. Maladie des végétaux.

PTIROPHAGE, adj. Qui mange des poux.

PTOSIS, s. f. Chute de la paupière supérieure. T. de méd.

PTYALAGOGUE, adj. Voy. SIALAGOGUE.

PTYALISME, s. m. Salivation abondante. T. de méd.

PTYAS, s. m. ou PTYADE, s. f. Aspic qui lance son venin en crachant.

PTYCHOSPERME, s. m. Espèce de palmier. T. de bot.

PTYOCÈRE, s. m. Genre d'insectes coléoptères. T. d'hist. nat.

PUAMMENT, adv. Avec puanteur. —, effrontément, sans pudeur; mentir puamment. T. fam.

PUANT, E, adj. Qui sent mauvais, qui pue. —, s. m. Vaniteux, sans mérite. Fig. et fam.

PUANTEUR, s. f. Mauvaise odeur.

PUBÈRE, adj. Qui est arrivé à l'âge de puberté.

PUBERG, s. m. Com. du dép. du Bas-Rhin, cant. de Petite-Pierre, arr. de Saverne. = Phalsbourg.

PUBERTÉ, s. f. Etat des personnes nubiles de l'un et de l'autre sexes.

PUBESCENCE, s. f. Léger duvet des végétaux. T. de bot.

PUBESCENT, E, adj. Couvert de duvet, d'un poil sans consistance.

PUBIEN, NE, adj. Qui appartient, a rapport au pubis. T. d'anat.

PUBIO-COCCYGIEN-ANNULAIRE, s. et adj. m. Muscle releveur de l'anus et de l'ischio-coccygien. T. d'anat.

PUBIO-FÉMORAL, s. et adj. m. Muscle premier abducteur de la cuisse. T. d'anat.

PUBIO-OMBILICAL, s. et adj. m. Muscle pyramidal du bas-ventre. T. d'anat.

PUBIO-STERNAL, s. et adj. m. Muscle droit abdominal. T. d'anat.

PUBIS, s. m. Eminence située à la partie moyenne et inférieure de la région hypogastrique. —, s. et adj. m. Os innominé du bassin. T. d'anat.

PUBLIC, s. m. Tout le monde, le peuple en général. En —, adv. En présence de tout le monde, publiquement.

PUBLIC, QUE, adj. Qui appartient à tout un peuple, qui concerne tout le monde, lui est commun. —, manifeste, connu de tous. Jardin —, ouvert à tout le monde, soit gratuitement, soit en payant. Homme —, revêtu d'une portion de l'autorité publique. Charges —, contributions. Filles —, prostituées.

PUBLICAIN, s. m. Fermier des deniers publics dans l'ancienne Rome. —, pl. Gens d'affaires, traitans.

PUBLICATION, s. f. Action de publier une chose, de la rendre notoire; promulgation.

PUBLICISTE, s. m. Légiste qui écrit sur le droit public ou l'enseigne.

PUBLICITÉ, s. f. Etat de ce qui est à la connaissance de tous; notoriété.

PUBLIÉ, E, part. Rendu public, notoire.

PUBLIER, v. a. Rendre public, notoire. —, répandre partout; publier une anecdote. —, proclamer, chanter, célébrer. T. poét.

PUBLIQUEMENT, adv. En public.

PUBLY, s. m. Com. du dép. du Jura, cant. de Conliége, arr. de Lons-le-Saulnier. = Lons-le-Saulnier.

PUCCARARA, s. m. Espèce de cochon d'Inde. T. d'hist. nat.

PUCCINIE, s. f. Genre de plantes cryptogames. T. de bot.

PUCE, s. f. Insecte aptère qui s'attache à la peau et suce le sang. — de mer, insecte aquatique. — de terre, mordelle. —, adj. De la couleur d'une puce; robe puce.

PUCEAU, s. m. Garçon vierge. T. fam. —, mine de bon charbon de terre.

PUCELAGE, s. m. Virginité. —, coquillage univalve du genre des porcelaines.

PUCELLE, s. f. Fille vierge. —, espèce d'alose; sorte de petite coquille.

PUCERON, s. m. Genre d'insectes hémiptères qui vivent sur les plantes.

PUCEUL, s. m. Com. du dép. de la Loire-Inférieure, cant. de Nozai, arr. de Châteaubriand. = Nozai.

PUCH (le), s. m. Com. du dép. de

l'Ariège, cant. de Quérigut, arr. de Foix. = Tarascon-sur-Ariège.

PUCH, s. m. Com. du dép. de la Gironde, cant. de Sauveterre, arr. de la Réole. = la Réole.

PUCH, s. m. Com. du dép. de Lot-et-Garonne, cant. de Damazan, arr. de Nérac. = Aiguillon.

PUCHAY, s. m. Com. du dép. de l'Eure, cant. d'Etrepagny, arr. des Andelys. = Lyons-la-Forêt.

PUCHE, s. f. Com. du dép. de la Moselle, cant. de Pange, arr. de Metz. = Metz.

PUCHÉ, E, part. Pris avec le pucheux. T. de raffinerie.

PUCHER, v. a. Prendre avec le pucheux. T. de raffinerie.

PUCHET, s. m. Petit pucheux. T. de raffinerie.

PUCHEUX, s. m. Grande cuiller pour puiser le sucre. T. de raffinerie.

PUCHEVILLERS, s. m. Com. du dép. de la Somme, cant. d'Acheux, arr. de Doullens. = Doullens.

PUCHO, s. m. Espèce de costus odorant. T. de bot.

PUCHOIR, s. m. Petit baril emmanché. T. de sal.

PUDENDAGRE, s. m. Douleur aux parties génitales. T. de méd.

PUDENDUM, s. m. (mot latin). Parties génitales des deux sexes.

PUDEUR, s. f. Chasteté, pudicité; timidité, retenue, éloignement naturel pour tout ce qui peut blesser la modestie, l'honneur et les bienséances. Homme sans —, qui ne rougit de rien.

PUDIBOND, E, adj. Qui a de la pudeur, qui rougit aisément; front pudibond. T. fam.

PUDICITÉ, s. f. Pudeur, chasteté, modestie, surtout d'une jeune personne.

PUDIQUE, adj. Chaste, modeste, qui a de la pudeur. —, qui annonce la pudeur.

PUDIQUEMENT, adv. D'une manière pudique.

PUDU, s. m. Espèce d'antilope du Chili. T. d'hist. nat.

PUÉ, s. m. Arrangement des fils, des chaînes. T. de manuf.

PUECH (le), s. m. Com. du dép. de l'Hérault, cant. et arr. de Lodève. = Lodève.

PUECHABON, s. m. Com. du dép. de l'Hérault, cant. d'Aniane, arr. de Montpellier. = Gignac.

PUECHCAMP, s. m. Com. du dép. de l'Aveyron, cant. et arr. de Rodez. = Rodez.

PUECH-DE-FRAISSE, s. m. Com. du dép. de l'Aveyron, cant. de Layssac, arr. de Milhau. = Sévérac.

PUECH-MIGNON, s. m. Village du dép. de Tarn-et-Garonne, cant. de St.-Antonin, arr. de Montauban. = St.-Antonin.

PUECH-REDON, s. m. Com. du dép. du Gard, cant. de Sauve, arr. du Vigan. = Castres.

PUEIL, s. m. Jeune taillis; bois en pueil.

PUELLEMONTIER, s. m. Com. du dép. de la Haute-Marne, cant. de Montierender, arr. de Vassy. = Montierender.

PUER, v. n. Sentir mauvais, exhaler une odeur infecte.

PUÉRIL, E, adj. Qui appartient à l'enfance. —, digne d'un enfant, frivole.

PUÉRILEMENT, adv. D'une manière puérile.

PUÉRILITÉ, s. f. Action, discours puéril d'un homme fait, enfantillage. —, pensée froide et recherchée.

PUERPÉRAL, E, adj. Qui vient à la suite des couches; fièvre puerpérale. T. de méd.

PUESSANS, s. m. Com. du dép. du Doubs, cant. de Rougemont, arr. de Baume. = Baume.

PUFFIN, s. m. Oiseau du genre du pétrel. T. d'hist. nat.

PUGET, s. m. Com. du dép. de Vaucluse, cant. de Cadenet, arr. d'Apt. = Cadenet.

PUGET-PRÈS-CUERS (le), s. m. Com. du dép. du Var, cant. de Cuers, arr. de Toulon. = Cuers.

PUGET-PRÈS-FRÉJUS (le), s. m. Com. du dép. du Var, cant. de Fréjus, arr. de Draguignan. = Fréjus.

PUGEY, s. m. Com. du dép. du Doubs, cant. de Boussières, arr. de Besançon. = Besançon.

PUGIEU, s. m. Com. du dép. de l'Ain, cant. de Virieu-le-Grand, arr. de Belley. = Belley.

PUGILAT, s. m. Combat à coups de poing, l'un des exercices de la gymnastique des anciens.

PUGILE, s. m. Athlète qui combattait à coups de poing. T. d'antiq.

PUGINIER, s. m. Com. du dép. de l'Aude, cant. et arr. de Castelnaudary. = Castelnaudary.

PUGNAC, s. m. Com. du dép. de la Gironde, cant. de Bourg, arr. de Blaye. = Bourg-sur-Gironde.

PUGNY, s. m. Com. du dép. des

Deux-Sèvres, cant. de Moncoutant, arr. de Parthenay. = Bressuire.

PUICALVEL, s. m. Com. du dép. du Tarn, cant. de Lautrec, arr. de Castres. = Castres.

PUICELEY, s. m. Com. du dép. du Tarn, cant. de Castelnau-Montmiral, arr. de Gaillac. = Gaillac.

PUICHERIC, s. m. Com. du dép. de l'Aude, cant. de Peyriac-Minervois, arr. de Carcassonne. = Azille.

PUID (le), s. m. Com. du dép. des Vosges, cant. de Senones, arr. de St.-Dié. = Raon-l'Etape.

PUIDANIEL, s. m. Com. du dép. de la Haute-Garonne, cant. d'Auterive, arr. de Muret. = Auterive.

PUIGOUZON, s. m. Com. du dép. du Tarn, cant. et arr. d'Albi. = Albi.

PUIHARDY, s. m. Com. du dép. des Deux-Sèvres, cant. de Coulonges, arr. de Niort. = Niort.

PUILACHER, s. m. Com. du dép. de l'Hérault, cant. de Gignac, arr. de Lodève. = Gignac.

PUILANIER, s. m. Com. du dép. du Tarn, cant. de Réalmont, arr. d'Albi. = Albi.

PUILAURENS, s. m. Com. du dép. de l'Aude, cant. de Roquefort-de-Sault, arr. de Limoux. = Quillan

PUILLY, s. m. Com. du dép. des Ardennes, cant. de Carignan, arr. de Sedan. = Carignan.

PUIMAUFRAIS, s. m. Com. du dép. de la Vendée, cant. de Chantonnay, arr. de Bourbon-Vendée. = Ste.-Hermine.

PUIMICHEL, s. m. Com. du dép. des Basses-Alpes, cant. des Mées, arr. de Digne. = Digne.

PUIMISSON, s. m. Com. du dép. de l'Hérault, cant. de Murviel, arr. de Béziers. = Béziers.

PUIMOISSON, s. m. Com. du dép. des Basses-Alpes, cant. de Riez, arr. de Digne. = Riez.

PUINE, s. m. Arbrisseau compté comme bois mort.

PUÎNÉ, E, s. et adj. Cadet, né depuis un frère, une sœur.

PUIS, adv. de temps. Ensuite.

PUISAGE, s. m. Action de puiser.

PUISARD, s. m. Espèce de puits pratiqué pour l'écoulement des eaux.

PUISAYE (la), s. f. Com. du dép. d'Eure-et-Loir, cant. de Senonches, arr. de Dreux. = Brezolles.

PUISÉ, E, part. Pris, tiré de la fontaine avec un vase, en parlant de l'eau, etc.

PUISELET-LE-MARAIS, s. m. Com. du dép. de Seine-et-Oise, cant. de Milly, arr. d'Etampes. = Etampes.

PUISELLE ou PUISETTE, s. f. Grande cuiller pour puiser le suif fondu.

PUISENVAL, s. m. Com. du dép. de la Seine-Inférieure, cant. de Londinières, arr. de Neufchâtel. = Neufchâtel.

PUISER, v. a. et n. Prendre de l'eau avec un vase plongé dans une fontaine, dans un puits. —, tirer de la poche de quelqu'un; puiser dans la bourse d'un ami. Fig.— dans un ouvrage, y prendre un sujet, des renseignemens, etc., sans plagiat.

PUISET (le), s. m. Com. du dép. d'Eure-et-Loir, cant. de Janville, arr. de Chartres. = Toury.

PUISEUX, s. m. Com. du dép. de l'Aisne, cant. de Villers-Cotterets, arr. de Soissons. = Villers-Cotterets.

PUISEUX, s. m. Com. du dép. des Ardennes, cant. de Novion, arr. de Réthel. = Launois.

PUISEUX, s. m. Com. du dép. d'Eure-et-Loir, cant. de Châteauneuf, arr. de Dreux. = Dreux.

PUISEUX, s. m. Com. du dép. de Seine-et-Oise, cant. et arr. de Pontoise. = Pontoise.

PUISEUX-EN-BRAY, s. m. Com. du dép. de l'Oise, cant. du Coudray-St.-Germer, arr. de Beauvais. = Gournay.

PUISEUX-LE-HAUBERGER, s. m. Com. du dép. de l'Oise, cant. de Neuilly-en-Thelle, arr. de Senlis. = Chambly.

PUISEUX-LES-LOUVRES, s. m. Com. du dép. de Seine-et-Oise, cant. d'Ecouen, arr. de Pontoise. = Louvres.

PUISIEUX, s. m. Com. du dép. de la Marne, cant. de Verzy, arr. de Reims. = Reims.

PUISIEUX, s. m. Com. du dép. de Seine-et-Marne, cant. de Lizy, arr. de Meaux. = May.

PUISIEUX-CLANLIEU, s. m. Com. du dép. de l'Aisne, cant. de Sains, arr. de Vervins. = Guise.

PUISIEUX-SERRE-ET-BAILLESSE, s. m. Com. du dép. du Pas-de-Calais, cant. de Pas, arr. d'Arras. = Bapaume.

PUISOIR, s. m. Vase de cuivre pour tirer le salpêtre de la chaudière.

PUISQUE, conj. A cause que, parce que; indique la cause, le motif, la nécessité.

PUISSALICON, s. m. Com. du dép. de l'Hérault, cant. de Servian, arr. de Béziers. Bur. d'enregist. = Béziers.

PUISSAMMENT, adv. D'une manière puissante.

PUISSANCE, s. f. Force, faculté;

vertu. —, pouvoir, autorité; domination, empire. —, état, souverain; les puissances continentales. —, moteur. T. de phys. —, chaque degré auquel on élève une grandeur en la multipliant par elle-même. T. de math. —, pl. L'un des chœurs de la hiérarchie céleste; les grands de la terre, les ministres, les riches, ceux qui jouissent d'un grand crédit.

PUISSANT, E, adj. Qui a beaucoup de pouvoir; capable de produire un grand effet. —, très fort, très robuste, très gros, très riche, très habile. —, s. m. pl. Les souverains, les hommes qui ont en main les grands pouvoirs de l'état.

PUISSEAUX ou PUISEAUX, s. m. Petite ville du dép. du Loiret, chef-lieu de cant. de l'arr. de Pithiviers. Bur. d'enregist. = Pithiviers.

Comm. de vins, cire, miel et safran.

PUISSEGUIN, s. m. Com. du dép. de la Gironde, cant. de Lussac, arr. de Libourne. = Libourne.

PUISSÉGUR, s. m. Com. du dép. de la Haute-Garonne, cant. de Cadours, arr. de Toulouse. = Grenade-sur-Garonne.

PUISSERAMPION, s. m. Com. du dép. de Lot-et-Garonne, cant. de Lauzun, arr. de Marmande. = Marmande.

PUISSERGUIER, s. m. Com. du dép. de l'Hérault, cant. de Capestang, arr. de Béziers. = Béziers.

PUITS, s. m. Trou profond creusé pour tirer de l'eau des entrailles de la terre, à défaut de fontaines et de rivières. —, creux pour éventer les mines. — perdu, à fond de sable, où l'eau se perd. — de science, homme très profond, très savant. Fig. et fam.

PUITS, s. m. Com. du dép. de la Côte-d'Or, cant. de Laignes, arr. de Châtillon. = Montbard.

PUITS DES-MÈZES (le), s. m. Com. du dép. de la Haute-Marne, cant. et arr. de Chaumont. = Chaumont-en-Bassigny.

PUITS-ET-NUISEMENT (le), s. m. Com. du dép. de l'Aube, cant. d'Essoye, arr. de Bar-sur-Seine. = Vendœuvre.

PUITS-LA-VALLÉE, s. m. Com. du dép. de l'Oise, cant. de Froissy, arr. de Clermont. = Crèvecœur.

PUIVERT, s. m. Com. du dép. de l'Aude, cant. de Chalabre, arr. de Limoux. = Quillan.

PUIVERT, s. m. Com. du dép. de Vaucluse, cant. de Cadenet, arr. d'Apt. = Cadenet.

PUIZET-DORÉ (le), s. m. Com. du dép. de Maine-et-Loire, cant. de Montrevault, arr. de Beaupréau. = Beaupréau. Fabr. de poterie de terre.

PUJAUDRAN, s. m. Com. du dép. du Gers, cant. de l'Isle-Jourdain, arr. de Lombez. = l'Isle-Jourdain.

PUJAUT, s. m. Com. du dép. du Gard, cant. de Villeneuve-lès-Avignon, arr. d'Uzès. = Villeneuve-lès-Avignon.

PUJO, s. m. Com. du dép. des Hautes-Pyrénées, cant. de Vic, arr. de Tarbes. = Vic-en-Bigorre.

PUJOL (le), s. m. Com. du dép. de la Haute-Garonne, cant. de Lanta, arr. de Villefranche. = Caraman.

PUJOL, s. m. Com. du dép. des Landes, cant. de Geaune, arr. de St.-Sever. = St.-Sever.

PUJOL (le), s. m. Com. du dép. du Tarn, cant. de Vielmur, arr. de Castres. = Castres.

PUJOLET (le), s. m. Com. du dép. de la Haute-Garonne, cant. de Lanta, arr. de Villefranche. = Caraman.

PUJOLS (les), s. m. pl. Com. du dép. de l'Ariège, cant. et arr. de Pamiers. = Mirepoix.

PUJOLS, s. m. Com. du dép. de la Gironde, chef-lieu de cant. de l'arr. de Libourne. Bur. d'enregist. à Branne. = Castillon.

PUJOLS, s. m. Com. du dép. de la Gironde, cant. de Podensac, arr. de Bordeaux. = Podensac.

PUJOLS, s. m. Com. du dép. de Lot-et-Garonne, cant. et arr. de Villeneuve. = Villeneuve.

PUJOLS, s. m. Com. du dép. du Gers, cant. d'Aignan, arr. de Mirande. = Vic-Fezensac.

PULEY (le), s. m. Com. du dép. de Saône-et-Loire, cant. de Mont-St.-Vincent, arr. de Châlons. = Joncy.

PULICAIRE, adj. Se dit d'une fièvre accompagnée de taches sur la peau, semblables à des piqûres de puces. T. de méd.

PULIGNY, s. m. Com. du dép. de la Côte-d'Or, cant. de Nolay, arr. de Beaune. = Chagny.

PULLAY, s. m. Com. du dép. de l'Eure, cant. de Verneuil, arr. d'Evreux. = Verneuil.

PULLIGNY, s. m. Com. du dép. de la Meurthe, cant. de Vézelise, arr. de Nancy. = Vézelise.

PULLULATION, s. f. Multiplication abondante et rapide.

PULLULER, v. n. Multiplier en abondance et en peu de temps. —, se répandre avec rapidité, en parlant des erreurs, des opinions dangereuses. Fig.

PULMENT, s. m. Potage épais de riz et autres graines farineuses.

PULMONAIRE, s. f. Plante borraginée. — de chêne, plante qui s'enlace autour des chênes. — des Français, épervière des murs. —, adj. Qui appartient aux poumons.

PULMONELLE, s. f. Alcyon figue. T. d'hist. nat.

PULMONES, s. f. pl. Mollusques adélobranches et gastéropodes. T. d'hist. nat.

PULMONIE, s. f. Maladie du poumon; phthisie pulmonaire.

PULMONIQUE, s. et adj. Atteint de pulmonie.

PULNEY, s. m. Com. du dép. de la Meurthe, cant. de Colombey, arr. de Toul. = Vézelise.

PULNOY, s. m. Com. du dép. de la Meurthe, cant. et arr. de Nancy. = Nancy.

PULONOSI, s. m. Canard du Kamtschatka. T. d'hist. nat.

PULPATION, s. f. Opération pharmaceutique pour réduire en pulpe certaines substances végétales.

PULPE, s. f. Substance médullaire, charnue, des fruits, des plantes ligneuses. —, partie molle et charnue des végétaux réduite en une espèce de pâte de la consistance d'une bouillie. T. de pharm. — cérébrale, partie molle du cerveau. T. d'anat.

PULPEUX, EUSE, adj. Dont la pulpe est succulente. T. de bot.

PULPITUM, s. m. (mot latin). Chez les Romains le proscénium, la scène. —, pupitre.

PULPO, s. m. Espèce de sèche. T. d'hist. nat.

PULPOIRE, s. f. Spatule en bois pour écraser les substances dont on veut retirer la pulpe. T. de pharm.

PULQUE, s. f. Liqueur enivrante que fournit l'agave du Mexique.

PULSATIF, IVE, adj. Se dit des pulsations douloureuses de l'artère. T. de méd.

PULSATILLE, s. f. Espèce d'anémone. T. de bot.

PULSATION, s. f. Battement de l'artère, du pouls.

PULSILOGE ou PULSIMÈTRE, s. m. Instrument pour compter les battemens du pouls.

PULSIMANTIE, s. f. Art de tirer des pronostics par la situation du pouls.

PULSION, s. f. Propagation du mouvement dans un fluide élastique.

PULTENÉE, s. f. Genre de plantes légumineuses. T. de bot.

PULVÉRAIRE, s. f. Genre de lichens. T. de bot.

PULVÉRATEURS ou PULVÉRULATEURS, s. et adj. m. pl. Oiseaux qui ont l'habitude de se rouler dans la poussière. T. d'hist. nat.

PULVÉRIN, s. m. Poudre à canon très fine pour amorcer les armes à feu; poire pour mettre cette poudre. —, espèce de poussière humide des jets d'eau.

PULVÉRISATION, s. f. Action de pulvériser; effet de cette action.

PULVÉRISÉ, E, part. Réduit en poudre.

PULVÉRISER, v. a. Réduire en poudre. —, détruire entièrement, anéantir. — un argument, le réfuter complétement. Fig.

PULVERSHEIM, s. m. Com. du dép. du Haut-Rhin, cant. d'Ensisheim, arr. de Colmar. = Ensisheim.

PULVÉRULENT, E, adj. Couvert d'un duvet qui ressemble à la poussière. T. de bot.

PULVINAIRE, s. m. Petit lit, coussin sur lequel on plaçait les images des dieux. T. d'antiq.

PULVINÉ, E, adj. Divisé par sillons. T. de bot.

PUMA ou PAGI, s. m. Quadrupède carnassier du Chili qui tient du lion et du tigre. T. d'hist. nat.

PUMICIER, s. m. Huile de Palma ou du Sénégal.

PUNAIS, E, s. et adj. Qui répand par le nez une odeur infecte, et qui est presque entièrement privé de l'odorat.

PUNAISE, s. f. Vermine plate et puante, genre d'insectes hémiptères géocorises. — des jardins, variété de cette famille d'insectes qui détruit les chenilles. — de mer, voy. OSCABRION.

PUNAISIE, s. f. Maladie du punais.

PUNCH, s. m. Voy. PONCHE.

PUNCHY, s. m. Com. du dép. de la Somme, cant. de Rosières, arr. de Montdidier. = Lihons-en-Santerre.

PUNEROT, s. m. Com. du dép. des Vosges, cant. de Coussey, arr. de Neufchâteau. = Neufchâteau.

PUNGAMIE, s. f. Plante voisine du ptérocarpe. T. de bot.

PUNGITIF, IVE, adj. Qui pointe, qui pousse; plante pungitive. T. de bot.

PUNI, E, part. Se dit d'une personne à laquelle il a été infligé une punition pour une faute.

PUNIQUE, adj. Qui concerne les Carthaginois; guerre punique. Foi —, mauvaise foi.

PUNIR, v. a. Infliger une peine, un

châtiment; faire subir une punition. Se —, v. pron. S'imposer une punition.

PUNISSABLE, adj. Qui mérite d'être puni.

PUNISSEUR, s. m. et adj. Qui punit; le foudre punisseur. T. poét.

PUNITION, s. f. Correction, châtiment, peine infligée.

PUNTOUS, s. m. Com. du dép. des Hautes-Pyrénées, cant. de Castelnau-Magnoac, arr. de Bagnères. = Castelnau-Magnoac.

PUPILLAIRE, adj. Qui appartient à la tutelle, au pupille. Membrane —, membrane légère qui bouche la pupille du fœtus jusqu'au sixième mois. T. d'anat.

PUPILLARITÉ, s. f. Minorité, qualité du mineur, du pupille.

PUPILLE, s. Enfant dont la personne et les biens sont sous l'administration d'un tuteur. —, enfant sous la conduite d'un instituteur. —, s. f. Prunelle de l'œil.

PUPILLIN, s. m. Com. du dép. du Jura, cant. d'Arbois, arr. de Poligny. = Arbois.

PUPIPARES, s. m. pl. Insectes diptères. T. d'hist. nat.

PUPITRE, s. m. Lutrin. —, meuble tournant sur un pivot pour poser les livres ouverts; meuble à dessus incliné pour écrire, etc.

PUPIVORES, s. m. pl. Genre d'insectes hyménoptères. T. d'hist. nat.

PUPUE, s. f. Voy. HUPPE.

PUPULER, v. n. Crier, en parlant de la huppe.

PUR, E, adj. Sans mélange, au prop. et au fig.; vin pur, vérité pure. —, chaste; vierge pure. —, sans tache; victime pure. —, exact, correct; style pur. —, sans clauses particulières; obligation pure et simple. En — perte, adv. Inutilement.

PURE, s. f. Com. du dép. des Ardennes, cant. de Carignan, arr. de Sedan. = Carignan.

PURÉ, E, part. Epuré, écumé. T. de brasserie.

PUREAU, s. m. Partie de l'ardoise, de la tuile, à découvert sur le toit.

PURÉE, s. f. Fécule des légumes cuits dans l'eau.

PUREMENT, adv. D'une manière pure. —, uniquement. — et simplement, sans condition, sans réserve.

PURER, v. a. Ecumer. T. de brasserie.

PURETÉ, s. f. Qualité de ce qui est pur, au prop. et au fig. —, exactitude, beauté; pureté de dessin. —, correction; pureté de style. —, droiture, intégrité; pureté de conduite, d'intention.

PURETTE, s. f. Sable ferrugineux qu'on met sur l'écriture.

PURGATIF, IVE, s. et adj. Médicament qui purge.

PURGATION, s. f. Evacuation produite par un médicament purgatif. — canonique, justification en matières ecclésiastiques. —, pl. Menstrues.

PURGATOIRE, s. m. Lieu où les ames des justes expient les fautes légères dont ils n'ont pas achevé la pénitence durant la vie. —, position dans laquelle on éprouve des souffrances. Fig. et fam.

PURGATORIÉ, s. m. Celui qui est ou qui a été en purgatoire.

PURGE, s. f. Action de purifier les marchandises infectées.

PURGÉ, E, part. Se dit d'une personne qui a pris médecine.

PURGEOIR, s. m. Bassin chargé de sable pour purifier l'eau.

PURGER, v. a. Faire prendre une médecine, administrer un purgatif; se dit de l'action des médicamens. —, délivrer de; purger l'Europe des aventuriers qui compromettent sa tranquillité. Fig. — son bien, acquitter les dettes dont il est grevé. — la mémoire d'un mort, réhabiliter sa mémoire, le déclarer innocent d'un crime dont il a été accusé. — sa contumace, se constituer prisonnier pour se justifier, après avoir été condamné par contumace. Se —, v. pron. Prendre médecine. Se — d'une accusation, se justifier. Fig.

PURGERIE, s. f. Lieu où l'on fait blanchir les formes de sucre.

PURGEROT, s. m. Com. du dép. de la Haute-Saône, cant. de Combeau-Fontaine, arr. de Vesoul. = Port-sur-Saône.

PURIFICATION, s. f. Action de purifier la masse du sang, les métaux, etc., de se purifier. —, communion du prêtre. —, fête de la Ste.-Vierge, le deux février, la Chandeleur. — légales, cérémonies pour se purifier dans la loi de Moïse.

PURIFICATOIRE, s. m. Linge avec lequel le prêtre essuie le calice, après la communion.

PURIFIÉ, E, part. Rendu pur.

PURIFIER, v. a. Rendre pur, en général, ôter ce qu'il y a d'impur; purifier le sang, l'air, les métaux, etc. Se —, v. pron. Devenir pur, au prop. et au fig. Se —, en parlant des personnes, se justifier. Se —, dans la loi de Moïse, faire ce qui est prescrit pour les purifications légales.

PURIFORME, adj. En forme de pus, qui ressemble à du pus. T. de méd.

PURISME, s. m. Affectation d'une

pureté minutieuse dans l'élocution, le style.

PURISTE, s. m. Pédant qui affecte une pureté minutieuse dans ses écrits, ses discours.

PURITAIN, s. m. Presbytérien rigide d'Angleterre, des Etats-Unis.

PURITANISME, s. m. Doctrine, secte des puritains.

PURON, s. m. Petit lait épuré.

PURPURIN, E, adj. Tirant sur la couleur de pourpre.

PURPURINE, s. f. Bronze moulu qui s'applique à l'huile et au vernis.

PURPURITE, s. f. Coquille du pourpre fossile. T. d'hist. nat.

PURSHIE, s. f. Arbrisseau rosacé. T. de bot.

PURULENCE, s. f. Amas de pus, suppuration.

PURULENT, E, adj. De la nature du pus; mêlé de pus.

PUS, s. m. Liquide blanc, épais et visqueux qui se forme dans les parties enflammées. T. de méd.

PUSCHKINIE, s. f. Plante entre les ornithogales et les scilles. T. de bot.

PUSEY, s. m. Com. du dép. de la Haute-Saône, cant. et arr. de Vesoul. = Vesoul.

PUSILLANIME, adj. Privé de courage, d'énergie, faible, timide; homme pusillanime. —, qui provient de la pusillanimité, qui l'indique; crainte pusillanime.

PUSILLANIMEMENT, adv. D'une manière pusillanime.

PUSILLANIMITÉ, s. f. Manque de cœur, de courage, d'énergie; timidité excessive, disposition habituelle à la peur.

PUSSAY, s. m. Com. du dép. de Seine-et-Oise, cant. de Méréville, arr. d'Etampes. = Angerville. Fabr. de bas et de bonnets de laine.

PUSSIGNY, s. m. Com. du dép. d'Indre-et-Loire, cant. de Ste.-Maure, arr. de Chinon. = les Ormes.

PUSTULE, s. f. Tumeur inflammatoire sur la peau, qui se termine par suppuration. T. de méd.

PUSTULEUX, EUSE, adj. En forme de pustule.

PUSY et EPENOUX, s. m. Com. du dép. de la Haute-Saône, cant. et arr. de Vesoul. = Vesoul.

PUTAIN, s. f. Fille publique, prostituée. T. bas.

PUTANGES, s. m. Com. du dép. de l'Orne, chef-lieu de cant. de l'arr. d'Argentan. Bur. d'enregist. = Falaise. Fabr. de toiles de fil et de coton; verreries, tanneries.

PUTANISME, s. m. Désordre dans lequel vivent les putains; commerce qu'on entretient avec elles. T. bas.

PUTASSERIE, s. f. Fréquentation habituelle des prostituées. T. bas.

PUTASSIER, s. m. Homme qui court les mauvais lieux, qui fréquente les prostituées. T. bas.

PUTATIF, IVE, adj. Supposé, emprunté; père putatif.

PUTATIVEMENT, adv. D'une manière putative.

PUTÉAL, s. m. Autel creux, semblable à l'ouverture d'un puits, que l'on plaçait sur un terrain frappé de la foudre. T. d'antiq.

PUTEAUX, s. m. Com. du dép. de la Seine, cant. de Nanterre, arr. de St.-Denis. = Neuilly-sur-Seine.

PUTHENAYE (la), s. f. Com. du dép. de l'Eure, cant. de Beaumont, arr. de Bernay. = Conches.

PUTIER, s. m. Espèce de cerisier. T. de bot.

PUTOIS, s. m. Quadrupède carnivore d'une odeur fétide, espèce de fouine noirâtre; fourrure de sa peau; pinceau fait avec le poil de sa queue. — d'Amérique, mammifère carnassier du genre des moufettes.

PUTORIE, s. f. Shérarde fétide. T. de bot.

PUTOT, s. m. Com. du dép. du Calvados, cant. de Tilly-sur-Seulles, arr. de Caen. = Tilly-sur-Seulles.

PUTOT, s. m. Com. du dép. du Calvados, cant. de Dives, arr. de Pont-l'Evêque. = Dozulcy.

PUTPUT, s. m. Voy. HUPPE.

PUTRÉFACTIF, IVE, adj. Qui putréfie. T. inus.

PUTRÉFACTION, s. f. Dissolution des liquides ou des parties solides du corps qui, en développant les sels, et altérant les huiles, leur fait exhaler une odeur fétide et désagréable; décomposition, état d'un corps putréfié.

PUTRÉFAIT, E, adj. Corrompu, infect. T. inus.

PUTRÉFIÉ, E, part. Corrompu, en putréfaction.

PUTRÉFIER, v. a. Corrompre, pourrir. Se —, v. pron. Se corrompre; se pourrir.

PUTRIDE, adj. Causé par la putréfaction, décomposé, infect, puant.

PUTRIDITÉ, s. f. Décomposition des fluides ou des parties solides d'un corps animé, décomposition, putréfaction.

PUTRILAGE, s. m. Liquide qui suinte de certaines affections gangreneuses. T. de méd.

PUTTELANGE, s. m. Com. du dép. de la Moselle, cant. de Sarralbe, arr. de Sarreguemines. Bur. de poste. Mines de houille.

PUTTELANGE - LÈS - RODEMACH, s. m. Com. du dép. de la Moselle, cant. de Cattenom, arr. de Thionville. = Thionville.

PUTTIGNY, s. m. Com. du dép. de la Meurthe, cant. et arr. de Château-Salins. = Château-Salins.

PUTZEN, s. m. Minerai non fondu. T. d'hist. nat.

PUXE, s. m. Com. du dép. de la Moselle, cant. de Conflans, arr. de Briey. = Metz.

PUXIEUX, s. m. Com. du dép. de la Moselle, cant. de Gorse, arr. de Metz. = Metz.

PUY, s. m. Montagne, lieu élevé. (Vi.)

PUY (le), s. m. Très ancienne ville du dép. de la Haute-Loire, chef-lieu de préf., d'une sous-préf. et de deux cant.; cour d'assises; trib. de 1re inst. et de comm.; évêché érigé dans le quatrième siècle; chambre consultative des manuf.; société d'agric.; biblioth. publique de 5,000 vol.; ingén. des ponts-et-chaussées; direct. de l'enregist. et des domaines de 3e classe; conserv. des hypoth.; direct. des contrib. dir. et indir.; bur. de garantie des matières d'or et d'argent; recev. général des finances. Bur. d'enregist. et de poste. Pop. 15,000 hab. env.

Cette ville, située à la jonction de trois riches vallons arrosés chacun d'une petite rivière, est dans une situation des plus pittoresques sur la côte méridionale du Mont-Anis; elle est entourée de fertiles campagnes ornées de belles maisons et de rochers volcaniques, parmi lesquels on remarque celui de Corneil qui domine la ville; un autre où l'on voit l'église St.-Michel, à laquelle on parvient par un escalier de 260 marches taillées dans le roc, et enfin un troisième au sommet duquel on découvre les ruines du château de Polignac. Les maisons, généralement mal bâties, sont construites en laves qui se trouvent en abondance dans les environs; les rues, également pavées de laves, sont larges et bien percées, mais très escarpées et impraticables pour les voitures. A peu de distance du sommet, sur lequel la ville est bâtie, se trouve la cathédrale, l'un des plus vastes et des plus majestueux édifices gothiques qui existent en Europe. On remarque encore au Puy le musée de tableaux, le tombeau de Duguesclin, la promenade du Breuil et la salle de spectacle, monument antique bien conservé.

Fabr. considérables de dentelles et de tulle de fil, blondes noires, étoffes communes, couvertures de laine, outres pour les vins; fonderies, clouteries, foulons à dégraisser, teintureries; comm. de grains, draps, serges, outres, fer, cloux, faïence, chevaux, mulets et bestiaux.

PUY (le), s. m. Com. du dép. du Doubs, cant. de Roulans, arr. de Baume. = Baume.

PUY (St.-), s. m. Com. du dép. du Gers, cant. de Valence, arr. de Condom. = Condom.

PUY (le), s. m. Com. du dép. de la Gironde, cant. de Monségur, arr. de la Réole. = Monségur.

PUY (le), s. m. Com. du dép. du Jura, cant. de St.-Laurent, arr. de St.-Claude. = Lons-le-Saulnier.

PUYBARBAN, s. m. Com. du dép. de la Gironde, cant. d'Auros, arr. de Bazas. = la Réole.

PUYBEGON, s. m. Com. du dép. du Tarn, cant. de Graulhet, arr. de Lavaur. = Lavaur.

PUYBELLIARD (le), s. m. Com. du dép. de la Vendée, cant. de Chantonnay, arr. de Bourbon-Vendée. = Chantonnay.

PUYBRUN, s. m. Com. du dép. du Lot, cant. de Brettenoux, arr. de Figeac. = St.-Céré.

PUYCASQUIER, s. m. Com. du dép. du Gers, cant. et arr. d'Auch. = Auch.

PUYCORNET, s. m. Com. du dép. de Tarn-et-Garonne, cant. de Molières, arr. de Montauban. = Castelnau.

PUY-D'ARNAC, s. m. Com. du dép. de la Corrèze, cant. de Beaulieu, arr. de Brive. = Tulle.

PUYDARRIEUX, s. m. Com. du dép. des Hautes-Pyrénées, cant. de Tric, arr. de Tarbes. = Tric.

PUY-DE-DÔME (dép. du), s. m. Ce dép. tire son nom d'une haute montagne qui domine les monts de la Dôme. Chef-lieu de préf., Clermont-Ferrand; 5 arr. ou sous-préf.: Ambert, Clermont, Issoire, Riom, Thiers; 50 cant., ou justices de paix. Pop. 566,573 hab. env. Cour royale de Riom; diocèse de Clermont; 6e div. des ponts-et-chaussées; 4e div. des mines; direct. de l'enregist. et des domaines de 2e classe et du 15e arr. forestier.

Ce dép. est borné au N. par celui de l'Allier, à l'E. par celui de la Loire, au S. par ceux de la Haute-Loire et du

Cantal, et à l'O. par ceux de la Creuse et de la Corrèze. On y trouve toutes les plantes céréales, châtaignes, très bon chanvre, fruits, vins de bonne qualité, bois, pâturages excellens, poissons de lacs et de rivières, beaucoup de chevaux de petite espèce, bêtes à cornes, moutons, mines de plomb, antimoine, houille, basalte, marbres de diverses couleurs, granit, pierres meulières, grès, tripoli, plâtre, dépôt royal d'étalons à Parentignac; bergerie royale à St.-Genest-Vaste; jardin botanique à Clermont; eaux minérales et thermales à Monts-d'Or-les-Bains, à Châtel-Guyon, à St.-Myon, à St.-Nectaire et à Châteldon.

Fabr. de toiles de chanvre, camelots, étamines à Pavillon; dentelles, satins turcs, cartes à jouer; salpêtre, colleforte, chandelles, coutellerie, chaudronnerie et ouvrages en cuivre; exploitation de pierres de taille; papeteries dont les produits ont perdu de leur prix; faïenceries et poteries; brasseries; tanneries; nombreuses scieries hydrauliques; comm. de vins, grains, eaux-de-vie, confitures, huile de noix, chenevis, fromages d'Auvergne, cuirs, papiers, planches de sapin, charbon de terre. Les principales rivières qui l'arrosent sont : l'Allier qui y est navigable, le Doré, la Dordogne, la Sioure et la Morge.

PUY-DE-FOURCHES, s. m. Com. du dép. de la Dordogne, cant. de Brantôme, arr. de Périgueux. = Bourdeilles.

PUY-DE-SERRE, s. m. Com. du dép. de la Vendée, cant. de St.-Hilaire-sur-l'Autize, arr. de Fontenay. = la Châtaigneraye.

PUY-DU-LAC, s. m. Com. du dép. de la Charente-Inférieure, cant. de Charente, arr. de Rochefort. = Tonnay-Charente.

PUY-FORT-GUILLE, s. m. Com. du dép. de Lot-et-Garonne, cant. et arr. de Nérac. = Nérac.

PUYGAILLARD, s. m. Com. du dép. de Tarn-et-Garonne, cant. de Monclar, arr. de Montauban. = Montauban.

PUYGAILLARD, s. m. Com. du dép. de Tarn-et-Garonne, cant. de Lavit, arr. de Castel-Sarrasin. = St.-Nicolas-de-la-Grave.

PUYGIRON, s. m. Com. du dép. de la Drôme, cant. et arr. de Montélimar. = Montélimar.

PUYGUILLAUME, s. m. Com. du dép. du Puy-de-Dôme, cant. de Châteldon, arr. de Thiers. = Thiers.

PUYGUILLEM, s. m. Com. du dép. de la Dordogne, cant. de Cunèges, arr. de Bergerac. = Ste.-Foi-la-Grande.

PUYJOURDES, s. m. Com. du dép. du Lot, cant. de Cajarc, arr. de Figeac. = Figeac.

PUY-LA-GARDE, s. m. Com. du dép. de Tarn-et-Garonne, cant. de Caylus, arr. de Montauban. = Caylus.

PUYLAROQUE, s. m. Petite ville du dép. de Tarn-et-Garonne, cant. de Montpezat, arr. de Montauban. = Caussade.

PUYLAURENS, s. m. Com. du dép. de la Lozère, cant. de Villefort, arr. de Mende. = Villefort.

PUYLAURENS, s. m. Petite ville du dép. du Tarn, chef-lieu de cant. de l'arr. de Lavaur. Bur. d'enregist. et de poste.

PUYLAUSIC, s. m. Com. du dép. du Gers, cant. et arr. de Lombez. = Lombez.

PUY-L'ÉVÊQUE, s. m. Petite ville du dép. du Lot, chef-lieu de cant. de l'arr. de Cahors. Bur. d'enregist. = Castelfranc.

PUYLOUBIER, s. m. Com. du dép. des Bouches-du-Rhône, cant. de Trets, arr. d'Aix. = Aix.

PUYMANGOU, s. m. Com. du dép. de la Dordogne, cant. de Ste.-Aulaye, arr. de Ribérac. = Coutras.

PUYMASSON, s. m. Village du dép. de Lot-et-Garonne, cant. de Port-Ste.-Marie, arr. d'Agen. = Port-Ste.-Marie.

PUYMAURIN, s. m. Com. du dép. de la Haute-Garonne, cant. de l'Isle-en-Dodon, arr. de St.-Gaudens. = l'Isle-en-Dodon.

PUYMERAS, s. m. Com. du dép. de Vaucluse, cant. de Vaison, arr. d'Orange. = Carpentras.

PUYMICLAN, s. m. Com. du dép. de Lot-et-Garonne, cant. de Seiches, arr. de Marmande. = Marmande.

PUYMIROL, s. m. Com. du dép. de Lot-et-Garonne, chef-lieu de cant. de l'arr. d'Agen. = la Magistère.

PUYMOYEN, s. m. Com. du dép. de la Charente, cant. et arr. d'Angoulême. = Angoulême.

PUYNORMAND, s. m. Com. du dép. de la Gironde, cant. de Lussac, arr. de Libourne. = Coutras.

PUY-NOTRE-DAME (le), s. m. Petite ville du dép. de Maine-et-Loire, cant. de Montreuil-Bellay, arr. de Saumur. = Doué.

PUYO-ET-LE-PLAN, s. m. Com. du dép. des Landes, cant. de Villeneuve, arr. de Mont-de-Marsan. = Mont-de-Marsan.

PUYOO, s. m. Com. du dép. des

Basses-Pyrénées, cant. et arr. d'Orthez. = Orthez.

PUYRAVAULT, s. m. Com. du dép. de la Charente-Inférieure, cant. de Surgères, arr. de Rochefort. = Surgères.

PUYRAVAULT, s. m. Com. du dép. de la Vendée, cant. de Chaillé-les-Marais, arr. de Fontenay-le-Comte. = Luçon.

PUYRÉAUX, s. m. Com. du dép. de la Charente, cant. de Manles, arr. de Ruffec. = Manles.

PUYRÉNIER, s. m. Com. du dép. de la Dordogne, cant. de Mareuil, arr. de Nontron. = Mareuil.

PUYROLLAND, s. m. Com. du dép. de la Charente-Inférieure, cant. de Tonnay-Boutonne, arr. de St.-Jean-d'Angely. = St.-Jean-d'Angely.

PUY-ST.-ANDRÉ, s. m. Com. du dép. des Hautes Alpes, cant. et arr. de Briançon. = Briançon.

PUY-ST.-BONNET, s. m. Com. du dép. des Deux-Sèvres, cant. de Châtillon-sur-Sèvre, arr. de Bressuire. = Mortagne.

PUY-STE.-REPARADE (le), s. m. Com. du dép. des Bouches-du-Rhône, cant. de Peyrolles, arr. d'Aix. = Aix.

PUY-ST.-EUSÈBE, s. m. Com. du dép. des Hautes-Alpes, cant. de Savines, arr. d'Embrun. = Embrun.

PUY-ST.-GULMIER, s. m. Com. du dép. du Puy-de-Dôme, cant. de Pontaumur, arr. de Riom. = Clermont-Ferrand.

PUY-ST.-MARTIN, s. m. Com. du dép. de la Drôme, cant. de Crest, arr. de Die. = Crest.

PUY-ST.-PIERRE, s. m. Com. du dép. des Hautes-Alpes, cant. et arr. de Briançon. = Briançon.

PUY-ST.-VINCENT, s. m. Com. du dép. des Hautes-Alpes, cant. de l'Argentière, arr. de Briançon. = Briançon.

PUYSANIÈRES, s. f. Com. du dép. des Hautes-Alpes, cant. de Savines, arr. d'Embrun. = Embrun.

PUYSÉGUR, s. m. Com. du dép. du Gers, cant. de Fleurance, arr. de Lectoure. = Fleurance.

PUYSÉGUR, s. m. Com. du dép. du Gers, cant. et arr. de Mirande. = Mirande.

PUYSSENTUT, s. m. Com. du dép. du Gers, cant. de Mauvesin, arr. de Lectoure. = Fleurance.

PUYVALADOR, s. m. Com. du dép. des Pyrénées-Orientales, cant. de Mont-Louis, arr. de Prades. = Mont-Louis.

PUZEAUX, s. m. Com. du dép. de la Somme, cant. de Chaulnes, arr. de Péronne. = Péronne.

PUZIEUX, s. m. Com. du dép. de la Meurthe, cant. de Delme, arr. de Château-Salins. = Château-Salins.

PUZIEUX, s. m. Com. du dép. des Vosges, cant. et arr. de Mirecourt. = Mirecourt.

PUZIGNAN, s. m. Petite ville du dép. de l'Isère, cant. de Meyzieu, arr. de Vienne. = Crémieu.

PY, s. m. Com. du dép. des Pyrénées Orientales, cant. d'Olette, arr. de Prades. = Prades.

PYANEPSIES, s. f. pl. Fêtes qu'on célébrait dans Athènes en l'honneur d'Apollon, pour accomplir le vœu que fit Thésée en partant pour aller combattre le Minotaure. T. de myth.

PYCNITE, s. m. Schorl blanc, compacte, dense. T. d'hist. nat.

PYCNOGONIDES, s. f. pl. Arachnides trachéennes. T. d'hist. nat.

PYCNOGONON, s. m. Arachnide pycnogonide. T. d'hist. nat.

PYCNOSTYLE, s. m. Edifice à colonnes très serrées. T. d'archit. anc.

PYCNOTIQUE, s. et adj. Voy. INCRASSANT. T. de méd.

PYCRÉE, s. f. Souchet fasciculé. T. de bot.

PYÉSOMÈTRE, s. m. Instrument qui sert à mesurer la compressibilité d'un liquide.

PYGARGUE, s. m. Voy. PICARGUE.

PYGME, s. f. Ancienne mesure grecque égale à la distance du poing au coude.

PYGMÉE, s. m. Petit homme, nain. —, personnage sans mérite, digne de mépris. Fig. —, pl. Peuples de Lybie qui n'avaient qu'une coudée de hauteur, et qui cachaient leurs enfans dans des trous pour les soustraire à la voracité des grues avec lesquelles ils étaient en guerre. Pour venger la mort de leur roi, tué par Hercule, ils osèrent attaquer ce héros qu'ils trouvèrent endormi dans un grand chemin, sortirent en foule des sables de Lybie, et le couvrirent comme une fourmillière jusqu'au moment où il s'éveilla. Alors Hercule se borna à les enfermer dans sa peau de lion, et les porta à Eurysthée. T. de myth.

PYLAGORE, s. m. Député grec à l'assemblée des amphyctions. T. d'antiq.

PYLE (la), s. f. Com. du dép. de l'Eure, cant. d'Amfreville, arr. de Louviers. = Louviers.

PYLÉES, s. m. pl. Assemblée des amphyctions aux Thermopyles. T. d'antiq.

PYLORE, s. m. Orifice inférieur de l'estomac. T. d'anat.

PYLORIDES, s. f. pl. Coquilles bivalves. T. d'hist. nat.

PYLORIQUE, adj. Qui a rapport au pylore; artère, veine pylorique. T. d'anat.

PYOGÉNIE, s. f. Formation du pus. T. de méd.

PYORRHÉE, s. f. Suppuration, écoulement du pus. T. de méd.

PYOSE, s. f. Maladie des yeux qui consiste dans une suppuration continuelle. T. de méd.

PYOULQUE ou PIULQUE, s. m. Instrument pour extraire le pus. T. de chir.

PYRACANTHE, s. m. Arbrisseau épineux, buisson ardent. T. de bot.

PYRALE, s. f. Genre d'insectes lépidoptères. T. d'hist. nat.

PYRALIDES, s. m. pl. Espèce de phalènes qui se brûlent à la chandelle. T. d'hist. nat.

PYRAME, s. m. Jeune Assyrien connu par sa passion pour Thysbé. Croyant que sa maîtresse, dont il avait trouvé le voile ensanglanté, avait été dévorée par un lion, il se perça d'un coup d'épée. Celle-ci, revenant un instant après, aperçut son amant près d'expirer, et se perça du même fer. T. de myth.

PYRAMIDAL, E, adj. En forme de pyramide.

PYRAMIDE, s. f. Solide formé par plusieurs triangles qui ont un sommet commun, et dont la base s'appuie sur un même polygone; construction qui s'élève en diminuant et se termine en pointe. —, petite éminence irrégulière située dans le fond de la caisse du tympan de l'oreille. T. d'anat.

PYRAMIDELLE, s. f. Genre de coquilles univalves. T. d'hist. nat.

PYRAMIDER, v. n. Former la pyramide, être disposé en pyramide.

PYRAMIDOÏDE, s. m. Solide formé par la révolution d'une parabole autour de son ordonnée. T. de géom.

PYRANGA, s. m. Genre d'oiseaux sylvains. T. d'hist. nat.

PYRAUSTE, s. m. Sorte de papillon que la flamme attire, et qui vient s'y brûler. T. d'hist. nat.

PYRÉE, s. m. Nom des anciens monumens élevés en l'honneur du feu.

PYRÉNACÉES, s. f. pl. Famille de plantes dicotylédones, monopétales, à corolle hypogyne, dont le fruit a des noyaux. T. de bot.

PYRÈNE, s. f. Noix d'un péricarpe charnu. T. de bot.

PYRÉNÉES (les monts), s. m. pl. Grande chaîne de montagnes qui sépare la France de l'Espagne, et qui s'étend dans un espace de 85 l. du S.-S.-E. au N.-N.-E., depuis Port-Vendres sur la côte de la Méditerranée jusqu'à l'Océan, près de Fontarabie. La largeur de cette chaîne, formée par plusieurs rangs de montagnes parallèles, varie de 20 à 40 l. Après les Alpes, les Pyrénées sont les montagnes les plus élevées de l'Europe.

PYRÉNÉES (dép. des Basses-), s. f. pl. Ce dép. est formé des ci-devant provinces de Navarre et de Béarn, et tire son nom de sa position à l'extrémité occidentale des monts Pyrénées. Chef-lieu de préf., Pau; 5 arr. ou sous-préf.: Pau, Oloron, Mauléon, Bayonne, Orthez; 40 cant. ou justices de paix, 633 com. Pop., 412,469 hab. env. Cour royale de Pau; diocèse de Bayonne; 11e div. milit.; 10e div. des ponts-et-chaussées; 5e div. des mines; direct. de l'enregist. et des domaines de 2e classe; 17e arr. forestier et div. Q. des douanes, direct. à Bayonne.

Le dép. des Basses-Pyrénées est borné au N. par les dép. des Landes et du Gers, à l'E. par celui des Hautes-Pyrénées, au S. par les monts Pyrénées qui le séparent de l'Espagne, et à l'O. par l'Océan. Le territoire de ce dép. est entrecoupé de petites montagnes couronnées de bois, de vallées abondantes en pâturages, de landes incultes et de coteaux couverts de vignes qui donnent d'excellens vins, entre autres ceux de Jurançon. Il est fermé au midi par les monts Pyrénées, couverts d'antiques forêts, d'où l'on tire des bois de mâture et de construction. Il produit froment, seigle, maïs, millet, châtaignes, fruits excellens, fruits à cidre, vins de bonne qualité, très beau lin, noix de galles indigènes; grand et petit gibier, poisson de mer et d'eau douce, chevaux estimés propres à la cavalerie légère, mulets, bêtes à cornes et à laine de petite espèce, porcs de qualité supérieure; mines d'argent, fer, cuivre, marbre de toutes couleurs, granit, ardoises, marne, soufre, cobalt; établissemens d'eaux minérales à Laurens, Aas, et Cambo; haras royal à Pau.

Fabr. de toiles de Béarn, toiles de coton, mouchoirs, linge de table, couvertures de laine, cordelats, cadis, étoffes pour capes, bonnets façon Tunis, tapis de tables et de pieds, plumes à écrire, chocolats, eaux-de-vie d'Andaye, crème de tartre; filatures de coton, tanneries, mégisseries et chamoiseries, teintureries, papeteries; construction de navires.

Comm. de vins, eaux-de-vie, drogueries, matières résineuses, bois et suc de réglisse, peaux préparées, planches de sapin, laines fines, coton filé et teint, chevaux, mulets, bestiaux, jambons dits de Bayonne, fers, sel, denrées coloniales de toute espèce; entrepôt de sel.

Les principales rivières qui l'arrosent sont : l'Adour, la Bidassoa, la Bidouze, la Nivelle, la Nive et le gave d'Oloron, qui y sont navigables.

PYRÉNÉES (dép. des Hautes-), s. f. pl. Chef-lieu de préf. : Tarbes; trois arr. ou sous-préf., Argelès, Bagnères et Tarbes; 26 cant. ou justices de paix; 501 com.; pop. 222,060 hab.; cour royale de Pau; diocèse de Tarbes; 10° div. milit.; 10° div. des ponts-et-chaussées; 5° div. des mines; direct. de l'enregist. et des domaines de 3° classe; 17° arr. forestier.

Ce dép. est borné au N. par le dép. du Gers, à l'E. par celui de la Haute-Garonne, au S. par les monts Pyrénées qui le séparent de l'Espagne, et à l'O. par le dép. des Basses-Pyrénées. Son territoire est couvert au midi par de hautes montagnes chargées de neiges éternelles, dans la moyenne région desquelles on trouve d'antiques forêts qui fournissent des bois de construction, des simples rares et médicinales, et d'excellens pâturages qui nourrissent de nombreux troupeaux de chèvres et de moutons. On y trouve aussi des plaines fertiles et des coteaux qui produisent des vins rouges et blancs de bonne qualité.

Au surplus, voici un aperçu des productions du sol et de l'industrie de ce dép. : plantes céréales de toutes sortes, maïs, pommes de terre, figues, mûriers, bois, pâturages, poisson d'eau douce; chevaux propres à la cavalerie légère, beaucoup de mulets et d'ânes, belle espèce de bêtes à cornes, nombreux troupeaux de bêtes à laine, belle race de chiens de berger remarquables par leur taille et leur force extraordinaires, grande quantité de porcs, de chèvres et de volailles; éducation des abeilles; excellent système d'irrigation des prairies, qui remonte à une époque reculée; mines de fer, amiante, grenat, ocre, marbre, granit, kaolin, marne, terre à foulon et à potier; établissemens d'eaux minérales à Bagnères-de-Bigorre, Barrège, Cauterets, Luz, Cadéac, Capvern, Siradan et Ste.-Marie.

Fabr. d'étamines, cordelats, cadis, toiles de lin, tricots, schals de Barrège, crépons, crêpes; outils aratoires, coutellerie, clous, cuirs, papiers à sucre; distilleries d'eaux-de-vie.

Comm. de beurre d'excellente qualité, fromages, miel, denrées de toute espèce, moutons et brebis, porcs, jambons, bois, merrain, cercles et sabots.

Les principales rivières qui l'arrosent sont : l'Adour, la Garonne, la Neste, le Gers, le gave de Pau, l'Arros et l'Estreux.

PYRÉNÉES-ORIENTALES (dép. des), s. f. pl. Chef-lieu de préf., Perpignan; 3 arr. ou sous-préf.: Perpignan, Céret et Prades; 17 cant. ou justices de paix; 248 com.; pop. 151,372 hab.; cour royale de Montpellier; diocèse de Perpignan; 10° div. milit.; 9° div. des ponts-et-chaussées; 5° div. des mines; direct. de l'enregist. et des domaines de 3° classe; 12 arr. forestier; div. S. des douanes, direct. à Perpignan.

Ce dép. est borné au N. par celui de l'Aude, à l'E. par la Méditerranée, au S. par les monts Pyrénées qui séparent la France de l'Espagne, et à l'O. par le dép. de l'Ariège. Son sol, fécondé par plusieurs rivières, est généralement fertile; il donne en abondance des grains, des fruits exquis et des vins de bonne qualité. Les orangers et les citronniers y croissent partout en pleine terre; les collines et les endroits incultes y sont couverts de thym, de romarin, de serpolet, de lavande, de genièvre et de beaucoup de mûriers.

Productions : froment, orge, maïs, millet, légumes, melons, fruits, oranges, citrons, grenades, lin, chanvre, chêne, kermès, bois, sel, vin, miel excellent, mûriers, oliviers, serpolet, lavande, romarin, genièvre, menu gibier, poisson de mer en abondance; beaucoup de mulets, peu de vaches, nombreux troupeaux de moutons mérinos recherchés pour la bonté de leur chair et la finesse de leur toison; quantité de volailles; beaucoup d'abeilles, vers à soie; éducation de chèvres-cachemire; vaste système d'irrigation très utile; mines de fer abondantes, antimoine, beau marbre blanc et de diverses couleurs, pierres à chaux; bains d'eaux thermales à Molitg, Arles, Lapreste, Escaldes et Vernet.

Fabr. de draps communs, étoffes de laine, bonneterie de laine, bouchons de liège; forges à la catalane; tanneries.

Comm. de blé, millet, gros vins, vins de liqueur, eaux-de-vie, huile d'olives, légumes, cire, miel, poissons salés, soie, laines fines, chanvre, fer, marbre, liège, manches de fouets.

Les principales rivières qui l'arrosent sont : la Tet, la Tech, la Gli, la Cantarane, le Réart et la Sègre.

PYRÉNÉITE, s. m. Grenat noir. T. d'hist. nat.

PYRÉNOÏDE, adj. Qui ressemble à un noyau.

PYRÉOLOPHORE, s. m. Espèce d'éolipyle pour faire remonter les bateaux.

PYRETHRE, s. f. Sorte de camomille dont la racine âcre provoque la salivation.

PYRÉTIQUE, s. et adj. Voy. FÉBRIFUGE.

PYRÉTOLOGIE, s. f. Traité sur les fièvres.

PYREXIE, s. f. Fièvre symptomatique. T. de méd.

PYRGOPOLET, s. m. Genre de coquilles fossiles. T. d'hist. nat.

PYRGUE, s. m. Arbrisseau de la Cochinchine. T. de bot.

PYRIQUES, adj. m. pl. Se dit des feux d'artifice dans une enceinte close et couverte, dans un spectacle.

PYRITE, s. f. Sulfure métallique ou combinaison de soufre avec un métal quelconque. T. de chim.

PYRITEUX, EUSE, adj. De la nature de la pyrite, qui en contient.

PYRITOLOGIE, s. f. Traité sur les pyrites.

PYROBALLISTIQUE, adj. Qui est mu par le feu, en parlant des machines.

PYROBOLE, s. m. Machine dont se servaient les anciens pour lancer des projectiles incendiaires.

PYROBOLISTE, s. m. Artificier.

PYROBOLOGIE, s. f. Traité sur l'art de faire des feux d'artifice.

PYROCORAX, s. m. Corbeau à bec rouge.

PYROLÂTRE, s. et adj. Qui adore le feu.

PYROLÂTRIE, s. f. Adoration du feu.

PYROLE, s. f. Plante astringente, vulnéraire, genre de bicornes. T. de bot.

PYROLIGNEUX, adj. Se dit de l'acide acéteux; acide pyroligneux. T. de chim.

PYROLIGNITE, s. m. Sel formé par la combinaison de l'acide pyroligneux avec une base. T. de chim.

PYROLOGIE, s. f. Traité sur le feu.

PYROMANCIE, s. f. Divination par le feu.

PYROMAQUE, adj. Qui fait feu sous le briquet. Pierre —, pierre à fusil.

PYROMÉRIDE, s. f. Roche de feldspath, de quartz. T. d'hist. nat.

PYROMÈTRE, s. m. Instrument pour connaître le degré de chaleur du feu.

PYROMUCITE, s. m. Sel formé par la combinaison de l'acide pyromuqueux avec une base. T. de chim.

PYROMUQUEUX, adj. Tiré des substances muqueuses; acide pyromuqueux. Voy. PYROLIGNEUX. T. de chim.

PYRONOMIE, s. f. Art de régler le feu dans les opérations chimiques.

PYROPE, s. m. Grenat de Bohême. T. d'hist. nat.

PYROPHAGE, s. m. Saltimbanque qui semble avaler du feu.

PYROPHANE, adj. Qui devient transparent à l'approche du feu. T. d'hist. nat.

PYROPHORE, s. m. C'est ainsi qu'on appelait ceux qui portaient des torches embrasées à la tête des armées. T. d'antiq. —, mélange de carbone et de sulfate acide avec de la farine, etc., qui s'enflamme à l'air. T. de chim.

PYRORTHITE, s. m. Minéral qui ressemble à l'orthite.

PYROSOPHIE, s. f. Art d'employer le feu. T. de chim.

PYROSTOME, s. m. Plante de la didynamie, quatorzième classe des végétaux. T. de bot.

PYROSTRE, s. m. Arbre rubiacé. T. de bot.

PYROTARTREUX ou PYROTARTAREUX, adj. Voy. PYROLIGNEUX.

PYROTARTRITE, s. m. Sel formé par la combinaison de l'acide pyrotartreux avec une base. T. de chim.

PYROTECHNIE, s. f. Art de se servir du feu, de composer des feux d'artifice.

PYROTECHNIQUE, adj. Qui appartient, est relatif à la pyrotechnie.

PYROTIQUE, s. et adj. Voy. CAUSTIQUE. T. de méd.

PYROXÈNE, s. m. Schorl volcanique. T. d'hist. nat.

PYRRHIQUE, s. et adj. f. Danse militaire des anciens, inventée par Pyrrhus. —, s. et adj. m. Pied de vers grec ou latin composé de deux brèves.

PYRRHON, s. m. Philosophe grec, chef de l'école des sceptiques, de la doctrine du scepticisme.

PYRRHONIEN, NE, adj. Qui appartient au pyrrhonisme. —, s. et adj. Sceptique qui doute ou affecte de douter de tout par système.

PYRRHONISME, s. m. Doctrine de Pyrrhon, scepticisme.

PYRRHUS, s. m. Fils d'Achille et de Déidamie, se distingua sous les murs de Troie autant par sa valeur que par ses cruautés. En effet, il immola Polyxène sur le tombeau d'Achille, massacra Priam au pied d'un autel, et emmena la veuve d'Hector avec son fils Astyanax en Epire. Il fut assassiné par Oreste à l'instigation d'Hermione, son épouse. T. de myth.

PYRROSIE, s. f. Espèce de fougère. T. de bot.

PYRULAIRE, s. f. Arbrisseau voisin des célastres. T. de bot.

PYRULE, s. f. Genre de coquilles univalves. T. d'hist. nat.

PYS, s. m. Com. du dép. de la Somme, cant. d'Albert, arr. de Péronne. = Albert.

PYTHAGORE, s. m. Philosophe grec, auteur de l'extravagant système de la métempsycose. Pour accréditer ses folles rêveries, il prétendait qu'il avait été au siége de Troie sous le nom d'Euphorbe, et que, depuis ce siége, il avait subi différentes transformations.

PYTHAGORÉE, s. m. Petit arbre de la Cochinchine. T. de bot.

PYTHAGORICIENS, s. m. pl. Sectateurs de Pythagore.

PYTHAGORIQUE, adj. Qui est relatif à Pythagore.

PYTHAGORISME, s. m. Système, doctrine de Pythagore.

PYTHAULE, s. m. Musicien des jeux pythiques. T. d'antiq.

PYTHE, s. m. Genre de coléoptères hélopiens. T. d'hist. nat.

PITHIADE, s. f. Espace de quatre années révolues. T. d'antiq.

PYTHIE, s. f. Prêtresse d'Apollon, qui rendait les oracles de ce dieu dans le temple de Delphes; pythonisse. T. de myth.

PYTHIEN, adj. Surnom d'Apollon, vainqueur du serpent Python. Nome, chant —, exécuté dans les jeux pythiques.

PYTHIQUE, adj. Se dit des instrumens avec lesquels on accompagnait le nome ou chant pythien; flûte pythique. Jeux —, en l'honneur d'Apollon. T. de myth.

PYTHON, s. m. Serpent d'une grandeur prodigieuse, engendré du limon de la terre après le déluge de Deucalion. Il fut tué par Apollon, qui mit la peau de ce monstre sur le trépied où lui, ses prêtres et ses prêtresses s'asseyaient pour rendre des oracles. T. de myth.

PYTHON (St.-), s. m. Com. du dép. du Nord, cant. de Solesmes, arr. de Cambrai. = Cambrai.

PYTHONISSE, s. f. Voy. PYTHIE. T. de myth. —, tireuse de cartes, devineresse. Fig. —, poisson du genre de la scorpène. T. d'hist. nat.

PYTHROMÉTRIQUE, adj. f. Qui indique les segmens des tonneaux; échelle pythrométrique.

PYULQUE, s. m. Voy. PYOULQUE.

PYURIE, s. f. Ejection d'une matière purulente mêlée aux urines. T. de méd.

PYXACANTHE, s. m. Arbrisseau épineux, lycium. T. de bot.

PYXIDULE, s. f. Petite capsule des mousses, anthère. T. de bot.

Q.

Q, s. m. Dix-septième lettre de l'alphabet, treizième consonne.

QUACHI, s. m. Voy. COATI. T. d'hist. nat.

QUADERNES, s. m. pl. Deux quatre du même coup, carmes. T. de jeu de trictrac.

QUADRAGÉNAIRE, s. et adj. Agé de quarante ans.

QUADRAGÉSIMAL, E, adj. Qui appartient au Carême.

QUADRAGÉSIME, s. f. Premier dimanche de Carême.

QUADRANGLE, s. m. Figure à quatre angles. T. de géom. (Vi.).

QUADRANGULAIRE ou QUADRANGULÉ, E, adj. Qui a quatre angles.

QUADRAT, s. m. Morceau de fonte plus bas que la lettre, pour former les blancs. T. d'impr.

QUADRAT, E, adj. Se dit de la position et de la distance de deux planètes de quatre-vingt-dix degrés; quadrat aspect, opposition quadrate.

QUADRATEUR, s. et adj. Géomètre qui cherche ou qui prétend avoir trouvé la quadrature du cercle. T. iron.

QUADRATIN, s. m. Petit quadrat carré, au commencement des alinéa.

QUADRATIQUE, adj. Se dit d'une équation du second degré; équation quadratique. T. d'alg.

QUADRATORISTE, s. m. Peintre d'ornemens à fresque.

QUADRATRICE, s. f. Courbe inventée pour parvenir à trouver la quadrature du cercle, pour en approcher. T. de géom.

QUADRATURE, s. f. Réduction géométrique d'une courbe à un carré. —, aspect de deux astres distans de quatre-vingt-dix degrés. T. d'astr. —, voy. CADRATURE. T. d'horlog.

QUADRICAPSULAIRE, adj. Se dit d'un fruit à quatre capsules. T. de bot.

QUADRICEPS ou **QUADRIFRONT**, adj. m. pl. Qui a quatre visages; surnom de Mercure et de Janus. T. de myth.

QUADRICOLOR, s. m. Oiseau à gros bec de l'île de Java. T. d'hist. nat. —, anémone à quatre couleurs. T. de bot.

QUADRIDENTÉ, E, adj. Pourvu de quatre dents. T. de bot.

QUADRIE, s. f. Arbre voisin des embothrions. T. de bot.

QUADRIENNAL, E, adj. Voy. QUATRIENNAL.

QUADRIFIDE, adj. A quatre incisions profondes sur un calice entier. T. de bot.

QUADRIFLORE, adj. Se dit d'une plante dont les fleurs sont disposées quatre à quatre. T. de bot.

QUADRIFOLIUM, s. m. Plante à quatre feuilles sur un même pédoncule. T. de bot.

QUADRIGA, s. m. Sorte de bandage croisé pour les plaies de la poitrine. Voy. CATAPHRACTE. T. de chir.

QUADRIGE, s. m. Char des anciens, à deux roues, attelé de quatre chevaux de front.

QUADRIJUGUÉE, adj. f. Se dit d'une feuille composée de quatre paires de folioles. T. de bot.

QUADRIJUMEAUX, s. et adj. pl. Se dit des quatre muscles de la cuisse, les deux jumeaux, le piriforme ou pyramidal et le carré. Tubercules —, éminences de la moelle alongée. T. d'anat.

QUADRILATÈRE, s. m. Figure à quatre côtés. —, adj. Qui a quatre côtés.

QUADRILITÈRE, adj. Se dit d'un verbe dont la racine est composée de quatre lettres; verbe quadrilitère. T. de gramm.

QUADRILLE, s. m. Jeu d'hombre à quatre. —, figure exécutée par quatre danseurs. —, s. f. Troupe de chevaliers d'un même parti dans un carrousel.

QUADRILLON, s. m. Mille fois mille trillons. T. d'arith.

QUADRILOBÉ, E, adj. Divisé en quatre lobes par des incisions obtuses. T. de bot.

QUADRILOCULAIRE, adj. Se dit des baies ou des fruits pourvus de quatre loges. T. de bot.

QUADRIN, s. m. Dernier Romain moderne.

QUADRINÔME, s. m. Grandeur composée de quatre termes. T. d'alg.

QUADRIPARTI, E, adj. Qui offre quatre incisions profondes et aiguës. T. de bot.

QUADRIPARTITION, s. f. Division en quatre parties. T. inus.

QUADRIPHYLLE, adj. Qui a quatre feuilles ou folioles distinctes. T. de bot.

QUADRIRÈME, s. f. Galère des anciens, à quatre rangs de rames.

QUADRISULCE, adj. Qui a le pied fendu en quatre; quadrupède quadrisulce. T. d'hist. nat.

QUADRISYLLABE, s. m. Mot composé de quatre syllabes. T. de gramm.

QUADRIVALVE, adj. Se dit d'une capsule à quatre valves. T. de bot.

QUADRUMANE, adj. Qui a quatre pattes en forme de mains, comme le singe. —, s. m. pl. Famille de mammifères qui ont les pouces séparés aux pattes de derrière comme à celles de devant. T. d'hist. nat.

QUADRUPÈDE, s. m. et adj. Animal à quatre pieds. T. d'hist. nat.

QUADRUPLE, s. m. Quatre fois autant. —, pièce d'or de quatre louis, quatre-vingt-seize francs. —, adj. Quatre fois aussi grand.

QUADRUPLÉ, E, part. Augmenté de trois fois autant.

QUADRUPLE CROCHE, s. f. Le quart d'une croche. T. de mus.

QUADRUPLER, v. a. Ajouter trois fois la valeur d'un nombre, augmenter de trois fois autant. —, v. n. Etre augmenté du quadruple.

QUADRUPLIQUE, s. m. Réponse aux tripliques, aux troisièmes plaidoiries. T. de procéd.

QUAEDYPRE, s. m. Com. du dép. du Nord, cant. de Bergues, arr. de Dunkerque. = Bergues.

QUAI, s. m. Levée en pierres pour contenir une rivière dans son lit, etc. —, rivage d'un port de mer.

QUAIAGE, s. m. Droit qu'on paie sur les marchandises qu'on charge et décharge sur les quais.

QUAICHE, s. m. Petit navire ponté. T. de mar.

QUAIT ou **QUET**, s. m. Main de papier de vingt-six feuilles. T. de papet.

QUAIX, s. m. Com. du dép. de l'Isère, cant. et arr. de Grenoble. = Grenoble.

QUAKER, ESSE, s. Membre d'une

secte d'enthousiastes, de fanatiques qui, au moment où ils se croient inspirés du Saint-Esprit, prennent la parole et font de longs discours qu'ils débitent comme des énergumènes à la grande satisfaction des auditeurs qui, eux-mêmes, s'échauffent, tremblent et partagent l'inspiration. Ces originaux, disciples d'un cordonnier nommé Fox, refusent aux magistrats comme aux rois toute espèce d'hommage, et ne font jamais de serment.

QUAKÉRISME, s. m. Secte des trembleurs, des quakers ; théisme philanthropique et républicain.

QUAL, s. m. Moule, étoile de mer. T. d'hist. nat.

QUALIER, s. m. Arbre de la Guiane. T. de bot.

QUALIFICATEUR, s. m. Membre de l'inquisition qui déterminait la nature des crimes déférés à ce tribunal.

QUALIFICATIF, IVE, adj. Qui donne la qualification, adjectif ; nom qualificatif.

QUALIFICATION, s. f. Attribution d'une qualité, d'un titre, épithète.

QUALIFIÉ, E, part. Se dit d'une personne ou d'une chose à laquelle il a été donné une qualification, une épithète.

QUALIFIER, v. a. Désigner la qualité ; donner une qualité, une épithète. Se —, v. pron. Prendre un titre.

QUALITÉ, s. f. Caractère particulier, manière d'être, signe distinctif d'une personne ou d'une chose, bonne ou mauvaise. —, inclination, habitude, disposition, talent. —, noblesse distinguée ; homme de qualité. —, titre qu'on prend. — occulte, propriété dont on ignore la cause. —, pl. Noms, raisons, motifs en vertu desquels on procède ; poser des qualités. T. de procéd.

QUAMOCLITTE, s. f. Plante du genre des convolvulacées. T. de bot.

QUAMQUAM ou QUANQUAM, s. m. (mot latin). Harangue latine que prononçait un écolier à l'ouverture de certaines thèses.

QUAND, adv. Lorsque, dans le temps que. —? à quelle heure ? à quelle époque ? dans quel temps ? Quand serons-nous heureux ? —, conj. Bien que, encore que, quoique, si.

QUANDOS, s. m. Pierre qui se trouve dans la tête du vautour.

QUANQUAN, s. m. Bruit, éclat pour une bagatelle. —, propos indiscret, récit plein de médisance, caquetage ; faire des quanquans.

QUANQUANER, v. n. Faire des quanquans, bavarder, médire. T. fam.

QUANQUANIER, ÈRE, s. Bavard, médisant, qui a l'habitude de quanquaner.

QUANT À, prép. A l'égard de, au sujet de, par rapport à, en ce qui concerne, pour ce qui est de...

QUANT À SOI, s. m. Suffisance, fierté.

QUANTES, adj. f. pl. Toutes fois et —, quand on voudra, quand l'occasion se présentera. Toutes les fois et — que, toutes les fois que. T. fam.

QUANTIÈME, s. m. La date du jour. —, adj. Désigne le rang, l'ordre numérique.

QUANTILLY, s. m. Com. du dép. du Cher, cant. de St.-Martin-d'Auxigny, arr. de Bourges. = Bourges.

QUANTIN-DE-RANSANNE (St.-), s. m. Com. du dép. de la Charente-Inférieure, cant. de Gemosac, arr. de Saintes. = Pons.

QUANTITÉ, s. f. Ce qui peut être nombré ou mesuré. — continue, étendue d'un corps dans ses dimensions. — discrète, assemblage de choses séparées. —, abondance, multitude. —, mesure des syllabes longues et brèves. T. de gramm. et de versification. —, durée relative des notes. T. de mus.

QUAPACTOL, s. m. Rieur du Mexique, espèce de coucou. T. d'hist. nat.

QUAPALIER, s. m. Plante du genre des tiliacées. T. de bot.

QUAPOYER, s. m. Plante de la famille des guttifères. T. de bot.

QUARANTAIN, s. m. Drap de quatre mille fils en chaîne. T. de manuf.

QUARANTAINE, s. f. Nombre de quarante ; espace de quarante jours. —, séjour dans un lazaret auquel sont condamnés ceux qui viennent d'un pays désolé par la peste, ou qui sont soupçonnés d'avoir eu communication avec des bâtimens qui avaient la peste à bord. —, petite giroflée. —, petite corde. T. de mar.

QUARANTE, adj. numéral indéclinable. Quatre fois dix. —, s. m. pl. Les membres de l'Académie française.

QUARANTE, s. m. Com. du dép. de l'Hérault, cant. de Capestang, arr. de Béziers. = St.-Chinian.

QUARANTENIER, s. m. Petit cordage à trois torons. T. de mar.

QUARANTIE, s. f. Tribunal composé de quarante membres, dans l'ancienne république de Venise.

QUARANTIÈME, s. m. La quarantième partie d'un tout. —, s. Celui, celle, ou ce qui occupe le quarantième rang. —, adj. numéral d'ordre, qui vient immédiatement après trente-neuvième.

QUARARIBÉ, s. m. Genre de plantes malvacées. T. de bot.

QUARDERONNÉ, E, part. Rabattu en faisant un quart de rond, en parlant des arêtes. T. de charp.

QUARDERONNER, v. a. Faire un quart de rond, rabattre les arêtes. T. de charp.

QUAROUBE, s. m. Com. du dép. du Nord, cant. et arr. de Valenciennes. = Valenciennes. Fabr. considérable de chicorée-café.

QUARRE, s. f. Voy. CARRE, etc.

QUARRE, s. m. Métier pour faire des lignes.

QUARRE-LES-TOMBES, s. m. Com. du dép. de l'Yonne, chef-lieu de cant. de l'arr. d'Avallon. Bur. d'enregist. = Avallon.

QUART, s. m. La quatrième partie d'un tout. —, temps durant lequel une partie de l'équipage est de service; faire le quart. T. de mar.

QUART, E, adj. Quatrième. Fièvre —, qui laisse deux jours d'intervalle.

QUARTAINE, adj. f. Quarte; fièvre quartaine. (Vi.)

QUARTAL, s. m. Sorte de mesure pour le grain.

QUARTANIER, s. m. Sanglier de quatre ans.

QUARTATION, s. f. Voy. INQUART.

QUARTAUT, s. m. Petit tonneau qui contient le quart d'un muid.

QUART DE CERCLE, s. m. Instrument de mathématiques.

QUART D'ÉCU, s. m. Ancienne monnaie de France.

QUART DE DAVIS, s. m. Instrument d'astronomie pour prendre les hauteurs.

QUART DE ROND, s. m. Moulure qui a le quart d'un cercle. T. d'arch.

QUART DE RUMB, s. m. Quatrième partie de la distance qui se trouve entre deux des huit vents principaux. T. de mar.

QUART DE SOUPIR, s. m. Quatrième partie d'un soupir ou d'une double croche. T. de mus.

QUART DE VENT, s. m. Voy. QUART DE RUMB.

QUART D'HEURE, s. m. Quatrième partie d'une heure; très court espace de temps.

QUARTE, s. f. Mesure de deux pintes. —, garde dans laquelle le poignet est tourné en dehors et les ongles en dessus. T. d'escr. —, intervalle de deux tons et demi. T. de mus.

QUARTE (la), s. f. Com. du dép. de la Haute-Saône, cant. de Vitrey, arr. de Vesoul. = Cintrey.

QUARTE-FAGOT, s. m. Sorte de basson.

QUARTENIER, s. m. Voy. QUARTINIER.

QUARTER, v. n. Aller entre deux ornières et les éviter. —, procéder par quartes. T. de mus.

QUARTERON, s. m. Poids de la quatrième partie d'une livre. —, vingt-six; quarteron d'œufs. —, outil de papetier; ciseau d'épinglier à vingt-cinq pointes pour trouer le papier; livret de vingt-cinq feuilles d'or battu.

QUARTERON, NE, s. Celui, celle qui provient d'un blanc et d'une mulâtre, ou d'un mulâtre et d'une blanche.

QUARTIDI, s. m. Quatrième jour de la décade républicaine.

QUARTIER, s. m. Quatrième partie de certaines choses; quartier de pomme. —, gros morceau; quartier de roche. —, partie d'un soulier. —, phase de la lune; premier quartier. —, chaque degré de succession dans une famille noble. —, quart de l'année, trois mois; servir par quartier. —, certaine étendue d'une ville; le quartier St.-Martin. —, environs, voisinage; les bruits du quartier. —, campement d'un corps de troupes; prendre ses quartiers. — d'hiver, intervalle entre deux campagnes; lieu qu'occupent les troupes dans cet intervalle. —, vie sauve aux vaincus; demander quartier. —, pl. Côtés du sabot du cheval entre le pouce et le talon. A —, adv. A part, à l'écart; tirer à quartier.

QUARTIER (le), s. m. Com. du dép. du Puy-de-Dôme, cant. de Pionsat, arr. de Riom. = Montaigut.

QUARTIER-DES-CADENEAUX, s. m. Village du dép. des Bouches-du-Rhône, cant. de Gardanne, arr. d'Aix. = Aix.

QUARTIER-MAÎTRE, s. m. Officier chargé de la comptabilité d'un régiment. —, officier de marine, aide du contre-maître.

QUARTIER-MESTRE, s. m. Premier maréchal des logis d'un régiment.

QUARTILÉ, adj. m. Voy. QUADRATURE. T. d'astr.

QUARTINIER, s. m. Officier de ville préposé à la police d'un quartier. T. inus.

QUARTI-STERNAL, s. et adj. m. Quatrième pièce osseuse du sternum. T. d'anat.

QUARTO, s. m. Monnaie espagnole, 1 franc 10 centimes. Voy. IN-QUARTO.

QUARTUAIRES, s. m. pl. Cavaliers qui étaient chargés de protéger les frontières de la Pologne contre les incursions des Tartares.

QUARTZ ou QUARZ, s. m. Substance pierreuse, très dure, d'un éclat vitreux, qui produit des étincelles, frappée par le briquet.

QUARTZEUX, EUSE, adj. De la nature du quartz.

QUASI, s. m. Morceau de la cuisse du veau.

QUASI, adv. Presque, peu s'en faut. —, contrat, obligation contractée par le fait, sans conventions écrites. —, délit, dommage causé sans intention. T. de procéd.

QUASIMODO, s. f. (mot latin). Le dimanche après Pâques.

QUASI-PUPILLAIRE, adj. Qui a de l'analogie avec les obligations respectives du tuteur et du pupille. T. de jurisp.

QUASQUARA, s. f. Com. du dép. de la Corse, cant. de Ste.-Marie, arr. d'Ajaccio. = Ajaccio.

QUASS, s. m. Boisson des paysans russes, composée de farine d'orge et de seigle, sur laquelle on jette de l'eau chaude pour hâter la fermentation.

QUASSIE, s. f. Plante de la décandrie, dixième classe des végétaux. T. de bot.

QUATÈLE, s. f. Plante de la famille des myrtes. T. de bot.

QUATERNAIRE, adj. Composé de quatre unités, qui vaut quatre.

QUATERNE, s. m. Combinaison de quatre numéros qui sortent ensemble de la roue au tirage de la loterie. —, au jeu de loto, quatre numéros sur une ligne horizontale.

QUATERNÉ, E, adj. Disposé par quatre sur un même point. T. de bot.

QUATORZAINE, s. f. Intervalle de quatorze jours entre les criées. T. de procéd.

QUATORZE, s. m. Le quatorzième jour ; le quatorze du mois. Louis —, Louis quatorzième du nom. —, quatre as, etc., au jeu de piquet. —, adj. numéral, dix et quatre.

QUATORZIÈME, s. m. La quatorzième partie d'un tout. —, s. Celui, celle, ou ce qui occupe le quatorzième rang. —, s. f. Réplique de quatorze degrés diatoniques. T. de mus. —, adj. Nombre ordinal de quatorze.

QUATORZIÈMEMENT, adv. En quatorzième lieu.

QUATOTZTLI, s. m. Oiseau du Brésil. T. d'hist. nat.

QUATRACA, s. m. Oiseau du Mexique. T. d'hist. nat.

QUATRAIN, s. m. Stance de quatre vers.

QUATRE, s. m. Chiffre qui exprime le nombre IV, 4. —, carte, dé marqué de quatre points. —, le quatrième jour. —, adj. numéral indéclinable. Deux fois deux. —, quatrième ; Henri IV. Se mettre en —, s'employer de tout son pouvoir. Se tenir à —, se faire violence pour ne pas faire quelque chose. Fig. et fam.

QUATRE-CHAMPS, s. m. Com. du dép. des Ardennes, cant. et arr. de Vouziers. = Vouziers.

QUATRE-CORNES, s. m. Poisson du genre du cotte, à quatre tubercules en cornes sur la tête. T. d'hist. nat.

QUATRE-DE-CHIFFRE, s. m. Piége en forme de 4 pour prendre des oiseaux, des rats.

QUATRE-DENTS, s. m. Genre de poissons. T. d'hist. nat.

QUATRE-ÉPICES, s. f. pl. Voy. ÉPICES.

QUATRE-FAVRILS, s. m. Com. du dép. de l'Orne, cant. de Trun, arr. d'Argentan. = Argentan.

QUATRE-MARRE, s. m. Com. du dép. de l'Eure, cant. et arr. de Louviers. = Louviers.

QUATRE-ŒIL, s. m. Petit quadrupède, espèce de sarigue. T. d'hist. nat.

QUATREPUITS, s. m. Com. du dép. du Calvados, cant. de Bretteville-sur-Laise, arr. de Falaise. = Croissanville.

QUATRE SEMENCES, s. f. pl. Nom donné à quatre semences qui ont les mêmes propriétés. T. de pharm.

QUATRE-TACHES, s. m. Poisson du genre du silure. T. d'hist. nat.

QUATRE-TEMPS, s. m. Jours de jeûne dans chaque saison de l'année.

QUATRE-VINGTS, adj. numéral. Quatre fois vingt. Ne prend point d's, quand il est suivi d'un autre nom de nombre ; quatre-vingt-dix.

QUATRE-YEUX, s. m. Voy. QUATRE-ŒIL. T. d'hist. nat.

QUATRIÈME, s. m. La quatrième partie. —, écolier qui étudie dans la quatrième classe. —, s. Celui, celle, ou ce qui occupe le quatrième rang. —, quatre cartes de même couleur qui se suivent, au piquet. —, adj. numéral d'ordre. Qui vient après troisième.

QUATRIÈMEMENT, adv. En quatrième lieu.

QUATRIENNAL, E, adj. Qui dure quatre ans, ou revient de quatre en quatre ans. Charge —, qui s'exerce de quatre années l'une.

QUATRIN, s. m. Petite monnaie d'Italie, environ deux liards.

QUATROUILLÉ, adj. Se dit d'un poil d'une autre couleur que celle de la robe d'un chien. T. de vénér.

QUATTO, s. m. Singe d'Amérique, atèle. T. d'hist. nat.

QUATUOR, s. m. (mot latin). Morceau de musique à quatre parties.

QUATZENHEIM, s. m. Com. du dép. du Bas-Rhin, cant. de Truchtersheim, arr. de Strasbourg. = Strasbourg.

QUAY (St.-), s. m. Com. du dép. des Côtes-du-Nord, cant. d'Etables, arr. de St.-Brieuc. = St.-Brieuc. Construction de navires.

QUAY (St.-), s. m. Com. du dép. des Côtes-du-Nord, cant. de Perros-Guirec, arr. de Lannion. = Lannion.

QUE, pron. relatif servant de régime au verbe qui le suit. Lequel, laquelle; la personne, la chose, — , quelle chose; que faire? —, conj. et adv. Combien; marque la qualité, la quantité, l'admiration, la plainte, le souhait, le rapport, etc.

QUÉ, s. m. Cannellier qui croît au Tonquin, contrée de l'Asie méridionale, voisine de la Chine. T. de bot.

QUEANT, s. m. Com. du dép. du Pas-de-Calais, cant. de Marquion, arr. d'Arras. = Bapaume.

QUEAUX, s. m. Com. du dép. de la Vienne, cant. de l'Isle-Jourdain, arr. de Montmorillon. = l'Isle-Jourdain.

QUÉBITE, s. f. Plante voisine des dracontes. T. de bot.

QUEBRIAC, s. m. Com. du dép. d'Ille-et-Vilaine, cant. de Hédé, arr. de Rennes. = Hédé.

QUEDILLAC, s. m. Com. du dép. d'Ille-et-Vilaine, cant. de St.-Méen, arr. de Montfort. = Montauban.

QUEL, LE, pron. et adj. dont on se sert pour interroger, pour énoncer la qualité d'une personne ou d'une chose, pour témoigner l'admiration, l'étonnement. Tel —, médiocre. T. fam.

QUELAINES, s. m. Com. du dép. de la Mayenne, cant. de Cossé-le-Vivien, arr. de Château-Gontier. = Château-Gontier.

QUELCONQUE, pron. adj. qui s'emploie avec la négative. Nul, aucun, pas un; quel qu'il soit; quoi que ce soit. D'une manière —, de quelque manière que ce soit.

QUÉLÈLE, s. f. Espèce de saule qui croît sur les bords du Sénégal, dont les Nègres se servent pour nettoyer leurs dents.

QUELLEMENT, adv. Tellement —; ni bien ni mal, mais plutôt mal que bien. T. fam.

QUELLY, s. m. Léopard de Guinée. T. d'hist. nat.

QUELMES, s. m. Com. du dép. du Pas-de-Calais, cant. de Lumbres, arr. de St.-Omer. = St.-Omer.

QUELQUE, adj. Un ou une entre plusieurs. — , suivi de que, quel que soit le temps que, quelle que soit la détermination que. —, adv. Un peu; environ, à peu près. —, suivi d'un adj. Quelque raison que vous donniez.

QUELQUEFOIS, adv. De temps à autre, parfois.

QUELQU'UN, UNE, s. et adj. Un, une, entre plusieurs; une personne. —, pl. Quelques-uns, plusieurs dans un plus grand nombre.

QUELTIE, s. f. Narcisse odorant. T. de bot.

QUÉMANDER, v. a. Voy. CAIMANDER, etc.

QUÉMÉNÉVEN, s. m. Com. du dép. du Finistère, cant. et arr. de Châteaulin. = Châteaulin.

QUEMIGNY-ET-POISOT, s. m. Com. du dép. de la Côte-d'Or, cant. de Gevrey, arr. de Dijon. = Gevrey.

QUEMIGNY-SUR-SEINE, s. m. Com. du dép. de la Côte-d'Or, cant. d'Aignay-le-Duc, arr. de Châtillon. = Aignay.

QUEMPER-GUEZENNEC, s. m. Com. du dép. des Côtes-du-Nord, cant. de Pontrieux, arr. de Guingamp. = Pontrieux.

QUEMPERVEN, s. m. Com. du dép. des Côtes-du-Nord, cant. de la Roche-Derrien, arr. de Lannion. = Lannion.

QUEND, s. m. Com. du dép. de la Somme, cant. de Rue, arr. d'Abbeville. = Abbeville.

QU'EN DIRA-T-ON, s. m. sans s au pl. Ce que le public en pourra dire, le propos qu'on pourra tenir; se moquer du qu'en dira-t-on.

QUÉNIA, s. m. Hérisson d'Afrique. T. d'hist. nat.

QUENNE, s. m. Com. du dép. de l'Yonne, cant. et arr. d'Auxerre. = Auxerre.

QUENOCHE, s. m. Com. du dép. de la Haute-Saône, cant. de Rioz, arr. de Vesoul. = Rioz.

QUENOTTE, s. f. Dent de petit enfant. T. fam. — saignante, coquille du genre nérite. T. d'hist. nat.

QUENOUILLE, s. f. Petite canne au bout de laquelle on attache les matières propres à être filées, etc.; filasse dont cette canne est chargée. Tomber en —, passer en la possession des femmes, en parlant de la couronne, etc. —, pilier de lit. —, petit arbre fruitier à tige droite. —, genre de cynarocéphales. T. de bot.

QUENOUILLÉE, s. f. Quantité de filasse nécessaire pour garnir une quenouille.

QUENOUILLETTE, s. f. Petite quenouille. —, outil de fondeur.

QUENTIN (St.-), s. m. Ville du dép. de l'Aisne, chef-lieu de sous-préf. et d'un cant.; trib. de 1re inst. et de comm.; chambre consultative des manuf.; conseil de prud'hommes; biblioth. pub.; école de comm. et de dessin: conserv. des hypoth.; direct. des contrib. indir.; bur. d'enregist. et de poste. Pop. 18,000 hab. env.

Cette ville, généralement bien bâtie et bien percée, est assise sur une éminence qui domine les bords de la Somme et le canal de jonction de cette rivière avec l'Escaut, qui ouvre de vastes débouchés à son commerce. En effet, ce canal, remarquable par ses constructions souterraines d'une très grande étendue, correspond avec Anvers par l'Escaut, avec Paris par l'Oise, et avec Amiens par la Somme. St.-Quentin, depuis long-temps célèbre par ses manuf., récolte dans ses environs un lin de la plus belle qualité qui alimente ses nombreuses fabr. de toiles fines et de batiste. On y remarque particulièrement l'église principale, l'une des plus belles qui soient en France, l'hôtel-de-ville et la salle de spectacle. Fabr. de toiles de lin, linon, gaze de coton, linge de table, mousselines, percales, basins, piqués, tulle-coton, broderies, schals façon cachemire, savon vert, produits chimiques; nombreuses et belles filatures; blanchisseries de toiles et apprêts de toutes sortes; raffineries de sucre de betteraves. Comm. de grains, cidre, fruits, lin, coton et laines; épiceries, suc de réglisse, calicots, linge de table et autres produits de ses nombreuses manufact.

QUENTIN (St.-) (canal de), s. m. Ce canal réunit l'Oise, la Somme et l'Escaut, et se divise en deux parties. La première établit une communication entre Cambrai et St.-Quentin, et la seconde entre cette dernière ville et Chauny.

QUENTIN (St.-), s. m. Com. du dép. de l'Aisne, cant. de Neuilly-St.-Front, arr. de Château-Thierry. = la Ferté-Milon.

QUENTIN (St.-), s. m. Com. du dép. des Ardennes, cant. de Château, arr. de Rethel. = Rethel.

QUENTIN (St.-), s. m. Com. du dép. de la Charente, cant. de Chabanais, arr. de Confolens. = Chabanais.

QUENTIN (St.-), s. m. Com. du dép. de la Charente, cant. de Chalais, arr. de Barbezieux. = la Graulle.

QUENTIN (St.-), s. m. Com. du dép. de la Charente-Inférieure, cant. de Gemozac, arr. de Saintes. = Saintes.

QUENTIN (St.-), s. m. Com. du dép. de la Creuse, cant. de Felletin, arr. d'Aubusson. = Felletin.

QUENTIN (St.-), s. m. Com. du dép. de la Dordogne, cant. et arr. de Sarlat. = Sarlat.

QUENTIN (St.-), s. m. Com. du dép. du Gard, cant et arr. d'Uzès. = Uzès.

QUENTIN (St.-), s. m. Com. du dép. d'Indre-et-Loire, cant. et arr. de Loches. = Loches.

QUENTIN (St.-), s. m. Com. du dép. de l'Isère, cant. de la Verpillière, arr. de Vienne. = la Verpillière.

QUENTIN (St.-), s. m. Com. du dép. de la Haute-Loire, cant. et arr. du Puy. = le Puy.

QUENTIN (St.-), s. m. Com. du dép. de Loir-et-Cher, cant. de Montoire, arr. de Vendôme. = Montoire.

QUENTIN (St.-), s. m. Com. du dép. de Lot-et-Garonne, cant. de Castillonnès, arr. de Villeneuve. = Marmande.

QUENTIN (St.-), s. m. Com. du dép. de Maine-et-Loire, cant. et arr. de Baugé. = Baugé.

QUENTIN (St.-), s. m. Com. du dép. de Maine-et-Loire, cant. de Montrevault, arr. de Beaupréau. = Beaupréau.

QUENTIN (St.-), s. m. Com. du dép. de la Manche, cant. de Ducey, arr. d'Avranches. = Avranches. Papeterie.

QUENTIN (St.-), s. m. Com. du dép. de la Mayenne, cant. de Craon, arr. de Château-Gontier. = Craon.

QUENTIN (St.-), s. m. Com. du dép. de la Nièvre, cant. de Pouilly, arr. de Cosne. = Cosne.

QUENTIN (St.-), s. m. Com. du dép. du Puy-de-Dôme, cant. de Sauxillanges, arr. d'Issoire. = Issoire.

QUENTIN (St.-), s. m. Com. du dép. de la Sarthe, cant de Montmirail, arr. de Mamers. = la Ferté-Bernard.

QUENTIN (St.-), s. m. Com. du dép. de la Seine-Inférieure, cant. d'Envermeu, arr. de Dieppe. = Dieppe.

QUENTIN-DE-BARON (St.-), s. m.

Com. du dép. de la Gironde, cant. de Branne, arr. de Libourne. = Libourne.

QUENTIN-DE-BLAVOU (St.-), s. m. Com. du dép. de l'Orne, cant. de Pervenchère, arr. de Mortagne. = le Mêle.

QUENTIN-DE-CAPLONG (St.-), s. m. Com. du dép. de la Gironde, cant. de Ste.-Foi-la-Grande, arr. de Libourne. = Ste.-Foi.

QUENTIN-DE-LA-ROCHE (St.-), s. m. Com. du dép. du Calvados, cant. de Coulibœuf, arr. de Falaise. = Falaise.

QUENTIN-DES-ISLES (St.-), s. m. Com. du dép. de l'Eure, cant. de Broglie, arr. de Bernay. = Broglie.

QUENTIN-DES-PRÉS (St.-), s. m. Com. du dép. de l'Oise, cant. de Songeons, arr. de Beauvais. = Songeons.

QUENTIN-EN-TOURMONT (St.-), s. m. Com. du dép. de la Somme, cant. de Rue, arr. d'Abbeville. = Rue.

QUENTIN-LE-PETIT (St.-), s. m. Com. du dép. de l'Orne, cant. de Nocé, arr. de Mortagne. = Rémalard.

QUENTIN-LES-AIRE (St.-), s. m. Village du dép. du Pas-de-Calais, cant. d'Aire, arr. de St.-Omer. = Aire.

QUENTIN - LES - CHARDONNETS (St.-), s. m. Com. du dép. de l'Orne, cant. de Tinchebray, arr. de Domfront. = Tinchebray.

QUENTIN-LES-MARAIS (St.-), s. m. Com. du dép. de la Marne, cant. et arr. de Vitry-le-Français. = Vitry-le-Français.

QUENTIN-LE-VERGER (St.-), s. m. Com. du dép. de la Marne, cant. d'Auglure, arr. d'Epernay. = Sézanne.

QUENTIN - MOTTE - CROIX - AU-BAILLY (St.-), s. m. Com. du dép. de la Somme, cant. d'Ault, arr. d'Abbeville. = Eu.

QUENTIN-SUR-COOLE (St.-), s. m. Com. du dép. de la Marne, cant. d'Ecury-sur-Coole, arr. de Châlons. = Châlons-sur-Marne.

QUENTIN-SUR-ISÈRE (St.-), s. m. Com. du dép. de l'Isère, cant. de Tullins, arr. de St.-Marcellin. = Tullins.

QUENZA, s. m. Com. du dép. de la Corse, cant. de Portovecchio, arr. de Sartene. = Ajaccio.

QUÉRAÏBA, s. m. Sorte de liane du Brésil.

QUÉRAT, s. m. Partie du bordage. T. de mar.

QUERCAMP, s. m. Com. du dép. du Pas-de-Calais, cant. de Lumbres, arr. de St.-Omer. = St.-Omer.

QUERCITELLO, s. m. Com. du dép. de la Corse, cant. de Porta, arr. de Bastia. = Bastia.

QUERCITRON, s. m. Chêne d'Amérique dont l'écorce sert à teindre en jaune.

QUERCY (le), s. m. Ci-devant province de France dont Cahors était la capitale, et qui forme maintenant le dép. du Lot et partie de celui de Tarn-et-Garonne.

QUERELLE, s. f. Contestation, démêlé, dispute vive, animée. Epouser la — de quelqu'un, prendre son parti.

QUERELLÉ, E, part. Grondé, réprimandé.

QUERELLER, v. a. et n. Faire querelle à quelqu'un, gronder, réprimander. Se —, v. pron. Se disputer.

QUERELLEUR, EUSE, s. et adj. Qui aime à quereller; hargneux.

QUÉRENAING, s. m. Com. du dép. du Nord, cant. et arr. de Valenciennes. = Valenciennes.

QUÉRIE, s. f. Genre de plantes caryophyllées. T. de bot.

QUÉRIGUT, s. m. Com. du dép. de l'Ariège, chef-lieu de cant. de l'arr. de Foix. Bur. d'enregist. au Pla. = Tarascon-sur-Ariège.

QUÉRIMONIE, s. f. Requête pour la publication d'un monitoire. T. de droit canon.

QUÉRIR, v. a. Chercher avec intention d'amener la personne, ou d'apporter la chose dont il s'agit. Ce verbe n'est usité qu'à l'infinitif. (Vi.)

QUERNES, s. m. Com. du dép. du Pas-de-Calais, cant. de Norrent-Fontes, arr. de Béthune. = Aire-sur-la-Lys.

QUERQUEVILLE, s. f. Com. du dép. de la Manche, cant. d'Octeville, arr. de Cherbourg. = Cherbourg.

QUERRÉ, s. m. Com. du dép. de Maine-et-Loire, cant. de Châteauneuf, arr. de Segré.=Châteauneuf-sur-Sarthe.

QUERRIEN, s. m. Com. du dép. du Finistère, cant. de Scaer, arr. de Quimperlé. = Quimperlé.

QUERRIEUX, s. m. Com. du dép. de la Somme, cant. de Villers-Bocage, arr. d'Amiens. = Corbie.

QUERS, s. m. Com. du dép. de la Haute-Saône, cant. et arr. de Lure. = Lure.

QUERVILLE, s. f. Com. du dép. du Calvados, cant. de Mezidon, arr. de Lisieux. = Lisieux.

QUESMY, s. m. Com. du dép. de l'Oise, cant. de Guiscard, arr. de Compiègne. = Guiscard.

QUESNAY, s. m. Com. du dép. du Calvados, cant. de Bretteville-sur-Laise, arr. de Falaise. = Caen.

QUESNAY-GUESNON, s. m. Com. du dép. du Calvados, cant. de Caumont, arr. de Bayeux. = Balleroy.

QUESNEL (le), s. m. Com. du dép. de la Somme, cant. de Moreuil, arr. de Montdidier. = Montdidier.

QUESNEL-AUBRY (le), s. m. Com. du dép. de l'Oise, cant. de Froissy, arr. de Clermont. = St.-Just-en-Chaussée.

QUESNES, s. m. Com. du dép. de la Somme, cant. d'Hornoy, arr. d'Amiens. = Aumale.

QUESNOI-MONTANT (le), s. m. Com. du dép. de la Somme, cant. de Moyenneville, arr. d'Abbeville. = Abbeville.

QUESNOY (le), s. m. Ville fortifiée du dép. du Nord, chef-lieu de cant. de l'arr. d'Avesnes. Bur. d'enregist. et de poste. Fabr. de clous, chicorée-café; filatures de coton; tanneries; brasseries. Comm. de grains, lin, chanvre, fer, chevaux et bestiaux.

QUESNOY (le), s. m. Com. du dép. du Pas-de-Calais, cant. du Parcq, arr. de St.-Pol. = Hesdin.

QUESNOY (le), s. m. Com. du dép. de la Somme, cant. de Rosières, arr. de Montdidier. = Abbeville.

QUESNOY-SOUS-AIRAINES, s. m. Com. du dép. de la Somme, cant. de Molliens-Vidame, arr. d'Amiens. = Amiens.

QUESNOY-SUR-DEULE (le), s. m. Com. du dép. du Nord, chef-lieu de cant. de l'arr. de Lille. Bur. d'enregist. = Lille.
Fabr. de clous; tanneries; genièvreries. Comm. de lin brut et peigné, de mercerie, briques, etc.

QUESQUES-ET-VERVAL, s. m. Com. du dép. du Pas-de-Calais, cant. de Desvres, arr. de Boulogne. = Samer.

QUESSIGNY, s. m. Com. du dép. de l'Eure, cant. de St.-André, arr. d'Evreux. = Evreux.

QUESSOY, s. m. Com. du dép. des Côtes-du-Nord, cant. de Moncontour, arr. de St.-Brieuc. = Moncontour.

QUESSY, s. m. Com. du dép. de l'Aisne, cant. de la Fère, arr. de Laon. = la Fère.

QUESTEMBERG, s. m. Petite ville du dép. du Morbihan, chef-lieu de cant. de l'arr. de Vannes. Bur. d'enregist. = Vannes.

QUESTEUR, s. m. Magistrat de l'ancienne Rome, préposé à la garde du trésor public. —, dans l'ancienne université de Paris, officier qui recevait les deniers communs. —, membre de la chambre des députés, chargé de surveiller les dépenses.

QUESTION, s. f. Interrogation; demande pour s'instruire, pour éclaircir une chose douteuse. —, ce dont il s'agit; proposition à examiner, à adopter, à discuter, à résoudre. — de droit, question qui repose sur un point de droit. — de fait, dont la décision dépend de la discussion des faits. —, torture qu'on exerçait sur les accusés pour les forcer à confesser leurs crimes; question ordinaire, extraordinaire. Mettre à la —, inquiéter, tourmenter. Fig.

QUESTIONNAIRE, s. m. Juge instructeur qui faisait donner la question aux criminels.

QUESTIONNÉ, E, part. Interrogé.

QUESTIONNER, v. a. Interroger, faire des questions; se prend souvent en mauvaise part.

QUESTIONNEUR, EUSE, s. Fâcheux, importun, curieux, impertinent qui ne cesse de faire des questions.

QUESTREQUES, s. m. Com. du dép. du Pas-de-Calais, cant. de Samer, arr. de Boulogne. = Samer.

QUESTURE, s. f. Charge, fonction de questeur; bureaux des questeurs de la chambre des députés.

QUÊTE, s. f. Action de chercher; se dit particulièrement des chiens de chasse. T. de véner. —, collecte pour les pauvres, pour les œuvres pieuses. —, saillie de l'étrave et de l'étambord. T. de mar.

QUÊTÉ, E, part. Recueilli, en parlant des aumônes.

QUET-EN-BEAUMONT, s. m. Com. du dép. de l'Isère, cant. de Corps, arr. de Grenoble. = Corps.

QUÊTER, v. a. et n. Faire la quête; demander et recueillir des aumônes. —, tâcher d'obtenir à force d'importunités; demander avec bassesse. Fig. —, chercher le gibier. T. de véner.

QUÊTEUR, EUSE, s. Celui, celle qui fait la quête pour les pauvres. —, chien qui quête avec ardeur. T. de véner.

QUETIÉVILLE, s. f. Com. du dép. du Calvados, cant. de Mézidon, arr. de Lisieux. = Croissanville.

QUETIGNY, s. m. Com. du dép. de la Côte-d'Or, cant. et arr. de Dijon. = Dijon.

QUETTEHOU, s. m. Com. du dép. de la Manche, chef-lieu de cant. de l'arr. de Valognes. Bur. d'enregist. à St.-Vaast. = St.-Vaast.

QUETTETOT, s. m. Com. du dép. de la Manche, cant. de Bricquebec, arr. de Valognes. = Valognes.

QUETTEVILLE, s. f. Com. du dép. du Calvados, cant. de Honfleur, arr. de Pont-l'Evêque. = Honfleur.

QUETTREVILLE, s. f. Com. du dép. de la Manche, cant. de Montmartin-sur-Mer, arr. de Coutances. = Coutances.

QUEUDES, s. m. Com. du dép. de la Marne, cant. de Sézanne, arr. d'Epernay. = Sézanne.

QUEUE, s. f. Prolongement de la colonne vertébrale chez les quadrupèdes. —, chez les poissons et les serpens, partie du corps opposée à la tête. —, plumes plus ou moins alongées au derrière des oiseaux. —, pédoncule des fleurs, des feuilles et des fruits. —, cheveux noués et pendans. —, extrémité traînante d'une robe, d'une soutane. —, étendard turc; pacha à trois queues. —, se dit de diverses choses qui ont de la similitude avec une queue; queue de poêle, de comète, etc. —, futaille contenant un muid et demi. —, file de personnes qui attendent à l'entrée d'un théâtre. —, derniers rangs; la queue d'un bataillon. —, suite, bout, fin; la queue d'une affaire. Fig. — de cheval, extrémité inférieure de la moelle épinière. T. d'anat. A la —, adv. A la file, à la suite, à l'extrémité. Fig.

QUEUE-DE-COCHON, s. f. Tarière terminée en forme de vrille.

QUEUE-DE-RAT, s. f. Lime d'arquebusier. —, cordage plus gros par un bout que par l'autre. T. de mar.

QUEUE-DE-RENARD, s. f. Outil de tourneur, etc.; nom de diverses plantes.

QUEUE-D'OISON, s. f. Bateau pour la pêche du hareng et du maquereau.

QUEUE-EN-BRIE (la), s. f. Com. du dép. de Seine-et-Oise, cant. de Boissy-St.-Léger, arr. de Corbeil. Bur. de poste.

QUEUILLE, s. f. Com. du dép. du Puy-de-Dôme, cant. de Manzat, arr. de Riom. = Clermont-Ferrand.

QUEUSSI-QUEUMI, adv. De même, pareillement.

QUEUX, s. m. Cuisinier. (Vi.)

QUEVAUVILLERS, s. m. Com. du dép. de la Somme, cant. de Molliens-Vidame, arr. d'Amiens. = Poix.

QUEVEN, s. m. Com. du dép. du Morbihan, cant. de Pontscorff, arr. de Lorient. = Lorient.

QUEVERT, s. m. Com. du dép. des Côtes-du-Nord, cant. et arr. de Dinan. = Dinan.

QUEVILLON, s. m. Com. du dép. de la Seine-Inférieure, cant. de Duclair, arr. de Rouen. = Rouen.

QUEVILLONCOURT, s. m. Com. du dép. de la Meurthe, cant. de Vézelise, arr. de Nancy. = Vézelise.

QUEVILLY-LE-GRAND, s. m. Com. du dép. de la Seine-Inférieure, cant. de Grand-Couronne, arr. de Rouen. = Rouen.

QUEVILLY-LE-PETIT, s. m. Com. du dép. de la Seine-Inférieure, cant. de Grand-Couronne, arr. de Rouen. = Rouen.

QUEVRECOURT, s. m. Com. du dép. de la Seine-Inférieure, cant. et arr. de Neufchâtel. = Neufchâtel.

QUEVREVILLE-LA-MILLON, s. f. Com. du dép. de la Seine-Inférieure, cant. de Darnetal, arr. de Rouen. = Rouen.

QUEVREVILLE-LA-POTERIE, s. f. Com. du dép. de la Seine-Inférieure, cant. de Boos, arr. de Rouen. = Rouen.

QUEYRAC, s. m. Com. du dép. de la Gironde, cant. et arr. de Lesparre. = Lesparre.

QUEYRIÈRES, s. f. Com. du dép. de la Haute-Loire, cant. de St.-Julien-Chapteuil, arr. du Puy. = le Puy.

QUEYSSAC, s. m. Com. du dép. de la Corrèze, cant. de Beaulieu, arr. de Brive. = Tulle.

QUEYSSAC, s. m. Com. du dép. de la Dordogne, cant. et arr. de Bergerac. = Bergerac.

QUÉZAC, s. m. Com. du dép. du Cantal, cant. de Maurs, arr. d'Aurillac. = Maurs.

QUÉZAC, s. m. Com. du dép. de la Lozère, cant. de Ste.-Enimie, arr. de Florac. = Florac. Sources d'eaux minérales.

QUI, pron. relatif. Lequel, laquelle; lesquels, lesquelles. —, celui qui, celle qui, tout homme qui, quiconque. —, sert à interroger; quel homme? quelle personne? Un je ne sais —, un homme de néant.

QUIA (être à), adv. Être à bout, être réduit à ne savoir que faire, que répondre. T. fam.

QUIBERON, s. m. Com. du dép. du Morbihan, chef-lieu de cant. de l'arr. de Lorient. Bur. d'enregist. à Auray. = Auray.

Cette commune est située à l'extrémité d'une presqu'île longue de 2 lieues sur un quart de large, et défendue par le port de Penthièvre, placé sur l'isthme étroit qui la réunit au continent. Entre la pointe de cette presqu'île et le Morbihan se trouve une rade très sûre où l'on peut mouiller par toutes les profondeurs, mais dont l'entrée est très dangereuse. Les Anglais y débarquèrent, en 1795, dix mille émigrés français qui, après quelques progrès sur la terre ferme, furent enveloppés par les troupes républicaines, et mis à mort en grande partie : ainsi périt, dans cette journée à jamais déplorable, l'élite de la marine française.

QUIBERVILLE, s. f. Com. du dép. de la Seine-Inférieure, cant. d'Offranville, arr. de Dieppe. = Dieppe.

QUIBOU, s. m. Com. du dép. de la Manche, cant. de Canisy, arr. de St.-Lô. = St.-Lô.

QUIBUS, s. m. (mot latin). Argent comptant. T. fam.

QUICONQUE, pron. sans pl. Qui que ce soit, tout homme, toute personne qui...

QUIDAM, s. m. (mot latin). Un certain homme, une certaine personne, un aventurier dont on ignore ou dont on ne veut pas dire le nom.

QUIÉ, s. m. Com. du dép. de l'Ariège, cant. de Tarascon, arr. de Foix. = Tarascon-sur-Ariège.

QUIERS, s. m. Com. du dép. du Loiret, cant. de Bellegarde, arr. de Montargis. = Bois-Commun.

QUIERS, s. m. Com. du dép. de Seine-et-Marne, cant. de Mormant, arr. de Melun. = Nangis.

QUIERY-LA-MOTTE, s. m. Com. du dép. du Pas-de-Calais, cant. de Vimy, arr. d'Arras. = Douai.

QUIERZY, s. m. Com. du dép. de l'Aisne, cant. de Coucy-le-Château, arr. de Laon. = Chauny.

QUIESCENTE, adj. f. Hébraïque, qui ne se prononce pas; lettre quiescente. Affinité —, de deux corps unis. T. de chim.

QUIESTÈDE, s. m. Com. du dép. du Pas-de-Calais, cant. d'Aire, arr. de St.-Omer. = Aire-sur-la-Lys.

QUIET, E, adj. Calme, tranquille. (Vi.)

QUIÉTISME, s. m. État de repos et d'impassibilité auquel les quiétistes pensent arriver en s'unissant à Dieu par la contemplation et l'oraison mentale.

QUIÉTISTES, s. et adj. pl. Sectaires, disciples de Molinos, moine espagnol qui faisait consister toute la perfection chrétienne dans l'amour de Dieu, le repos et l'inaction de l'ame. Voy. MOLINOS.

QUIÉTUDE, s. f. Tranquillité, repos, état d'indifférence, d'impassibilité du quiétiste.

QUIÉVELON, s. m. Com. du dép. du Nord, cant. de Maubeuge, arr. d'Avesnes. = Maubeuge.

QUIÉVRECHAIN, s. m. Com. du dép. du Nord, cant. et arr. de Valenciennes. = Valenciennes.

QUIÉVY, s. m. Com. du dép. du Nord, cant. de Carnières, arr. de Cambrai. = Cambrai.

QUIGNON, s. m. Gros morceau de pain. T. fam.

QUILBOQUET, s. m. Outil de menuisier pour équarrir les mortaises.

QUILEN, s. m. Com. du dép. du Pas-de-Calais, cant. de Hucqueliers, arr. de Montreuil. = Montreuil.

QUILINEJA, s. m. Arbuste qui ressemble au genêt d'Espagne. T. de bot.

QUILLAGE, s. m. Droit que paie un navire marchand la première fois qu'il entre dans un port.

QUILLAI, s. m. Arbre du Chili dont le bois est très dur. T. de bot.

QUILLAN, s. m. Com. du dép. de l'Aude, chef-lieu de cant. de l'arr. de Limoux. Bur. d'enregist. et de poste. Fabr. de sonnettes de fer battu, boutons, peignes; scieries hydrauliques, forges, tanneries.

QUILLE, s. f. Morceau de bois long et arrondi qui fait partie d'un jeu de quilles. —, nom de divers outils. T. de mét. —, longue pièce de bois qui s'étend de la poupe à la proue d'un navire, et lui sert de base. T. de mar.

QUILLEBEUF, s. m. Petite ville maritime du dép. de l'Eure, chef-lieu de cant. de l'arr. de Pont-Audemer, où se trouvent les bur. d'enregist. et de poste. Cette ville possède un port assez commerçant, mais dont l'entrée est très dangereuse à cause des sables mouvans et des rochers qui l'environnent. Fabr. de dentelles; pêcherie considérable.

QUILLER, v. n. Replacer les quilles abattues. —, jeter une quille le plus près possible de la boule pour savoir quel sera celui qui devra jouer le premier.

QUILLETTE, s. f. Brin d'osier que l'on plante.

QUILLIER, s. m. Espace carré dans lequel on range les quilles; les neuf quilles ensemble.

QUILLIO (le), s. m. Com. du dép. des Côtes-du-Nord, cant. d'Uzel, arr. de Loudéac. = Loudéac.

QUILLIOU (le), s. m. Com. du dép. du Finistère, cant. de Châteauneuf, arr. de Châteaulin. = Châteaulin.

— QUILLOIR, s. m. Espèce de bâton dont on se sert dans les corderies de la marine.

QUILLON, s. m. Branche de la garde d'une épée.

QUILLOT, s. m. Mesure de grains en Turquie.

QUILLY, s. m. Com. du dép. des Ardennes, cant. de Machault, arr. de Vouziers. = Vouziers.

QUILLY, s. m. Com. du dép. du Calvados, cant. de Bretteville-sur-Laise, arr. de Falaise. = Caen.

QUILLY, s. m. Com. du dép. de la Loire-Inférieure, cant. et arr. de Savenay. = Savenay.

QUILY, s. m. Com. du dép. du Morbihan, cant. de Josselin, arr. de Ploërmel. = Josselin.

QUIMAEC, s. m. Village du dép. du Finistère, cant. de Lanmeur, arr. de Brest. = Brest.

QUIMERCH, s. m. Com. du dép. du Finistère, cant. du Faou, arr. de Châteaulin. = Landernau.

QUIMPER ou QUIMPER-CORENTIN, s. m. Ancienne ville du dép. du Finistère, chef-lieu de préf., de sous-préf. et de cant.; trib. de 1re inst. et de comm.; société d'agric.; conserv. des hypoth.; ingén. en chef des ponts-et-chaussées; direct. de l'enregist. et des domaines; direct. des contrib. dir. et indir.; recev. gén. des finances; bur. d'enregist. et de poste.

Cette ville, située au confluent de l'Odet et du Stéir, possède un petit port où remontent des navires de 300 tonneaux. Fabr. de faïence et de poterie; brasserie, tannerie; construction de navires. Comm. de blés, vins, eaux-de-vie, cidre, miel, beurre, etc.

QUIMPER-GUÉZENEC, s. m. Village du dép. des Côtes-du-Nord, cant. de Pontrieux, arr. de Guingamp. = Pontrieux.

QUIMPERLÉ, s. m. Petite ville du dép. du Finistère, chef-lieu de sous-préf. et de cant.; trib. de 1re inst.; société d'agric.; conserv. des hypoth.; direct. des contrib. indir.; recev. partic. des finances; bur. d'enregist. et de poste.

Fabr. de sabots; tanneries, papeteries. Comm. de grains, bois, bestiaux, etc.

QUIN, s. m. Réservoir que remplit la marée.

QUINAIRE, s. m. Pièce de monnaie d'or ou d'argent de la troisième grandeur. T. d'antiq.

QUINATE, s. m. Nom générique des sels formés par la combinaison de l'acide quinique avec les bases. T. de chim.

QUINAUD, E, adj. Penaud, confus de n'avoir pas réussi, d'avoir manqué son coup. (Vi.)

QUINCAILLE, s. f. Ustensiles de fer, de cuivre, etc.

QUINCAILLERIE, s. f. Marchandises que vendent les quincailliers, quincaille.

QUINCAILLIER, s. m. Marchand de quincaillerie.

QUINÇAINES, s. m. Com. du dép. de l'Allier, cant. et arr. de Montluçon. = Montluçon.

QUINCAMPOIX, s. m. Com. du dép. de l'Oise, cant. de Formerie, arr. de Beauvais. = St.-Just-en-Chaussée.

QUINCAMPOIX, s. m. Com. du dép. de la Seine-Inférieure, cant. de Clères, arr. de Rouen. = Rouen.

QUINCARNON, s. m. Com. du dép. de l'Eure, cant. de Conches, arr. d'Évreux. = Conches.

QUINÇAY, s. m. Com. du dép. de la Vienne, cant. de Vouillé, arr. de Poitiers. = Poitiers.

QUINCÉ, s. m. Com. du dép. de Maine-et-Loire, cant. de Thouarcé, arr. d'Angers. = Brissac.

QUINCEROT, s. m. Com. du dép. de l'Yonne, cant. de Cruzy, arr. de Tonnerre. = Tonnerre.

QUINCEROT-LÈS-MONTBARD, s. m. Com. du dép. de la Côte-d'Or, cant. de Montbard, arr. de Semur. = Montbard.

QUINCEY, s. m. Com. du dép. de l'Aube, cant. de Romilly-sur-Seine, arr. de Nogent-sur-Seine. = Nogent-sur-Seine.

QUINCEY, s. m. Com. du dép. de la Côte-d'Or, cant. de Nuits, arr. de Beaune. = Nuits.

QUINCEY, s. m. Com. du dép. de la Haute-Saône, cant. et arr. de Vesoul. = Vesoul.

QUINCIÉ, s. m. Com. du dép. du Rhône, cant. de Beaujeu, arr. de Villefranche. = Beaujeu.

QUINCIEU, s. m. Com. du dép. de l'Isère, cant. de Tullins, arr. de St.-Marcellin. = St.-Marcellin.

QUINCIEUX, s. m. Com. du dép. du Rhône, cant. de Neuville, arr. de Lyon. = Anse.

QUINCONCE, s. m. Plant d'arbres en forme d'échiquier; terrain planté de cette manière. —, plante de la pentandrie, cinquième classe des végétaux. T. de bot.

QUINCUNCE, adj. m. Se dit de l'aspect de deux planètes éloignées l'une de l'autre de cent cinquante degrés. T. d'astr.

— QUINCY, s. m. Com. du dép. du

Cher, cant. de Lury, arr. de Bourges. = Mehun-sur-Yèvre.

QUINCY, s. m. Com. du dép. de la Meuse, cant. et arr. de Montmédy. = Stenay.

QUINCY, s. m. Com. du dép. de Seine-et-Oise, cant. de Boissy-St.-Léger, arr. Corbeil. = Brie-Comte-Robert.

QUINCY-BASSE, s. m. Com. du dép. de l'Aisne, cant. de Coucy-le-Château, arr. de Laon. = Coucy.

QUINCY-ET-SÉGY, s. m. Com. du dép. de Seine-et-Marne, cant. de Crécy, arr. de Meaux. = Provins. Carrières de pierres à plâtre.

QUINCY-LE-VICOMTE ou QUINCY-SUR-ARMANÇON, s. m. Com. du dép. de la Côte-d'Or, cant. de Montbard, arr. de Semur. = Montbard.

QUINCY - SOUS - LE - MONT, s. m. Com. du dép. de l'Aisne, cant. de Braisne, arr. de Soissons. = Braisne-sur-Vesle.

QUINDÉCAGONE, s. m. Figure à quinze côtés. T. de géom.

QUINDÉCEMVIRS, s. m. pl. Dans l'ancienne Rome, quinze officiers préposés à la garde des livres sybillins, à la célébration des jeux séculaires.

QUINDENTÉ, E, adj. Pourvu de cinq dents.

QUINE, s. m. Combinaison de cinq numéros pris ensemble à la loterie; leur sortie de la roue. —, au loto, cinq numéros rangés horizontalement et sur une même ligne.

QUINÉ, E, adj. Disposé par cinq sur un même point. T. de bot.

QUINETTE, s. f. Camelot de laine fabriqué en Picardie.

QUINÉVILLE, s. f. Com. du dép. de la Manche, cant. de Montebourg, arr. de Valognes. = Montebourg.

QUINGEY, s. m. Petite ville du dép. du Doubs, chef-lieu de cant. de l'arr. de Besançon. Bur. d'enregist. et de poste. Forges, martinets, tréfileries; fabr. de plates-bandes pour balcons, rampes, etc.

QUININE, s. f. Substance extraite du quinquina. T. de chim.

QUINIQUE, adj. Extrait de quinquina; acide quinique. T. de chim.

QUINOLA, s. m. Valet de cœur au jeu de reversi.

QUINQUAGÉNAIRE, s. m. et adj. Agé de cinquante ans.

QUINQUAGÉSIME, s. f. Dimanche qui précède le carême, le dimanche gras.

QUINQUANGULÉ, E, adj. A cinq angles. T. de bot.

QUINQUÉ, s. m. (mot latin). Morceau de musique à cinq voix. —, espèce de merle de la Chine.

QUINQUE-DENTÉ, E, adj. A cinq dents. T. de bot.

QUINQUEMPOIX, s. m. Com. du dép. de l'Oise, cant. de St.-Just, arr. de Clermont. = St.-Just-en-Chaussée. Fabr. de toiles.

QUINQUENNAL, E, adj. Qui dure cinq ans, qui se fait tous les cinq ans.

QUINQUENNALES, s. f. pl. Fêtes qu'on célébrait à Rome tous les cinq ans.

QUINQUENNIUM, s. m. (mot latin). Cours d'étude de cinq ans.

QUINQUENOVE, s. m. Jeu de dés à cinq et neuf points.

QUINQUEPORTE, s. m. Verveux cubique à cinq entrées. T. de pêch.

QUINQUERCE, s. m. Prix disputé le même jour, par un athlète, dans cinq sortes de combats. T. d'antiq.

QUINQUÉRÈME, s. f. Galère à cinq rangs de rames. T. d'antiq.

QUINQUET, s. m. Sorte de lampe à courant d'air.

QUINQUÉVIR, s. m. Magistrat subalterne de l'ancienne Rome. T. d'antiq.

QUINQUINA, s. m. Arbre du Pérou, de la famille des rubiacées, dont l'écorce est employée dans les fièvres intermittentes.

QUINQUINATISÉ, E, part. Se dit d'un malade auquel on a fait prendre le quinquina.

QUINQUINATISER, v. a. Ordonner, administrer le quinquina. T. de méd.

QUINS, s. m. Com. du dép. de l'Aveyron, cant. de Naucelle, arr. de Rodez. = Rodez.

QUINSAC, s. m. Com. du dép. de la Dordogne, cant. de Champagnac-de-Bel-Air, arr. de Nontron. = Nontron.

QUINSAC, s. m. Com. du dép. de la Gironde, cant. de Créon, arr. de Bordeaux. = Bordeaux.

QUINSON, s. m. Com. du dép. des Basses-Alpes, cant. de Riez, arr. de Digne. = Riez.

QUINT, s. m. Cinquième partie d'un tout; droit de mutation d'un cinquième, qu'on payait au seigneur suzerain pour les acquisitions de propriétés dans sa mouvance. T. de droit féodal. —, adj. m. Cinquième; Charles-Quint, Sixte-Quint.

QUINT, s. m. Com. du dép. de la Haute-Garonne, cant. et arr. de Toulouse. = Toulouse.

QUINTADINER, v. n. Résonner en

manière de quinte; avoir un son nazillard. T. de facteur d'orgues.

QUINTAINE, s. f. Poteau fiché en terre, contre lequel on s'exerçait à la lance, au dard. (Vi.)

QUINTAL, s. m., pl. QUINTAUX. Poids de cent livres.

QUINTANE, adj. f. Dont les accès reviennent tous les cinq jours; fièvre quintane. T. de méd.

QUINTAU, s. m. Tas de gerbes, de fagots, disséminés dans un champ.

QUINT-D'ÉCU, s. m. Monnaie d'Italie, valant un franc 23 centimes.

QUINTE, s. f. Intervalle de trois tons et demi; instrument de musique, espèce de grand violon. T. de mus. —, au piquet, cinq cartes de même couleur qui se suivent. —, cinquième garde. T. d'escr. —, toux violente, acrimonieuse, qui prend avec redoublement. —, caprice, mauvaise humeur, bizarrerie qui survient inopinément. Fig. et fam. —, adj. Qui revient tous les cinq jours; fièvre quinte. Voy. QUINTANE.

QUINTÉ, E, part. Marqué après l'essai. T. d'orfév.

QUINTE (la), s. f. Com. du dép. de la Sarthe, cant. de Conlie, arr. du Mans. = le Mans.

QUINTE-COUVERTE, s. f. L'un des cinq jeux de l'orgue.

QUINTE-FEUILLE, s. f. Espèce de potentille, plante balsamique, vulnéraire et astringente. T. de bot.

QUINTELAGE, s. m. Sac, bagage de matelot. T. de mar.

QUINTENAS, s. m. Com. du dép. de l'Ardèche, cant. de Satilieu, arr. de Tournon. = Annonay.

QUINTENIC, s. m. Com. du dép. des Côtes-du-Nord, cant. de Plancoët, arr. de Dinan. = Lamballe.

QUINTER, v. a. Marquer les ouvrages d'or et d'argent après l'essai. T. d'orfév. —, v. n. Procéder par quintes. T. de mus.

QUINTESSENCE, s. f. Substance éthérée. —, la substance, le suc; ce qu'il y a d'essentiel, de plus précieux, de plus fin dans une chose, dans un ouvrage; tout l'avantage, tout le profit qu'on peut retirer d'une affaire.

QUINTESSENCIÉ, E, part. Raffiné, subtilisé.

QUINTESSENCIER, v. a. Tirer la quintessence, raffiner, subtiliser.

QUINTETTO, s. m. Voy. QUINQUE.

QUINTEUX, EUSE, adj. Capricieux, fantasque, sujet à des quintes, des bizarreries. Cheval —, rétif. Oiseau —, qui s'écarte trop. T. de fauc.

QUINTIDI, s. m. Cinquième jour de la décade républicaine.

QUINTIGNY, s. m. Com. du dép. du Jura, cant. de Bletterans, arr. de Lons-le-Saulnier. = Lons-le-Saulnier.

QUINTIL, E, adj. Se dit de l'aspect de deux planètes distantes de 72 degrés. T. d'astr.

QUINTILLAN, s. m. Com. du dép. de l'Aube, cant. de Durban, arr. de Narbonne. = Sijean.

QUINTILLE, s. m. Jeu de l'hombre à cinq joueurs.

QUINTIMÈTRE, s. m. Cinquième partie du mètre.

QUINTIN, s. m. Toile fine et claire de Quintin, ville du dép. des Côtes-du-Nord.

QUINTIN (St.-), s. m. Com. du dép. de l'Ariège, cant. de Mirepoix, arr. de Pamiers. = Mirepoix.

QUINTIN, s. m. Petite ville du dép. des Côtes-du-Nord, chef-lieu de cant. de l'arr. de St.-Brieuc. Trib. de comm. Bur. d'enregist. et de poste. Fabr. importantes de toiles fines très recherchées; comm. de cuirs, miel, chapellerie commune, etc.

QUINTIN (St.-), s. m. Com. du dép. du Puy-de-Dôme, cant. de Menat, arr. de Riom. = Issoire.

QUINTIN (St.-), s. m. Village du dép. de Tarn-et-Garonne, cant. de Lauzerte, arr. de Moissac. = Lauzerte.

QUINTI-STERNAL, s. et adj. m. Cinquième pièce osseuse du sternum. T. d'anat.

QUINTUPLE, s. m. et adj. Cinq fois autant.

QUINTUPLÉ, E, part. Répété cinq fois.

QUINTUPLER, v. a. Ajouter à un nombre, quatre fois sa valeur, augmenter de quatre fois autant, répéter cinq fois.

QUINZAIN, s. m. Se dit au jeu de paume quand les joueurs ont chacun quinze.

QUINZAINE, s. f. Quinze unités; quinze jours.

QUINZE, s. m. Le quinzième jour du mois. —, adj. numéral indéclinable. Trois fois cinq. —, quinzième; Louis XV.

QUINZE-ÉPINES, s. m. Poisson pectoral, espèce de gastré. T. d'hist. nat.

QUINZE-VINGTS (les), s. m. pl. Hôpital fondé à Paris par St.-Louis pour trois cents aveugles revenus des croisades.

QUINZIÈME, s. m. La quinzième partie d'un tout. —, celui, celle, ou ce qui occupe le quinzième rang. —, s. f.

Double octave. T. de mus. —, adj. Nombre ordinal de quinze.

QUINZIÈMEMENT, adv. En quinzième lieu.

QUIO, s. m. Piment à fruits longs. T. de bot.

QUIOSSAGE, s. m. Action d'épiler les cuirs avec la quiosse. T. de tann.

QUIOSSE, s. f. Pierre à aiguiser, dont se servent les tanneurs pour enlever le poil des cuirs.

QUIOSSÉ, E, part. Frotté avec la quiosse, en parlant des cuirs. T. de tann.

QUIOSSER, v. a. Frotter un cuir avec la quiosse pour enlever le poil. T. de tann.

QUIOU (St.-), s. m. Com. du dép. des Côtes-du-Nord, cant. d'Evran, arr. de Dinan. = Dinan.

QUIOULETTE, s. f. Manche de filet qui termine la paradière. T. de pêch.

QUIPOS, s. m. pl. Nœuds dont les Péruviens se servent pour compter.

QUIPROQUO, s. m. (mots latins). Méprise, équivoque.

QUIQUERY, s. m. Com. du dép. de la Somme, cant. de Nesle, arr. de Péronne. = Nesle.

QUIQUI, s. m. Martre du Chili. T. d'hist. nat.

QUIRBAJOU, s. m. Com. du dép. de l'Aude, cant. de Quillan, arr. de Limoux. = Quillan.

QUIRC (St.-), s. m. Com. du dép. de l'Ariège, cant. de Saverdun, arr. de Pamiers. = Saverdun.

QUIRIEU, s. m. Com. du dép. de l'Isère, cant. de Morestel, arr. de la Tour-du-Pin. = Crémieu.

QUIRIN (St.-), s. m. Com. du dép. de la Meurthe, cant. de Lorquin, arr. de Sarrebourg. = Sarrebourg.

QUIRINAL, s. m. Petit mont ou colline dans l'enceinte de Rome, ainsi nommé de Romulus, surnommé Quirinus.

QUIRINALES, s. f. pl. Fêtes que les Romains célébraient en l'honneur de Romulus.

QUIRINUS, s. m. (mot latin). Surnom de Romulus et de Mars. T. de myth.

QUIRLANDO, s. m. Instrument de musique des nègres.

QUIRY-LE-SEC, s. m. Com. du dép. de la Somme, cant. d'Ailly-sur-Noye, arr. de Montdidier. = Montdidier.

QUIS, s. m. Sorte de pyrite, sulfure de fer ou de cuivre.

QUISCALE, s. m. Oiseau du genre des coraces. T. d'hist. nat.

QUISQUALE, s. f. Thymélée, plante de l'Inde. T. de bot.

QUISSAC, s. m. Petite ville du dép. du Gard, chef-lieu de cant. de l'arr. du Vigan. Bur. d'enregist. à Sauve. = Sauve.

QUISSAC, s. m. Com. du dép. du Lot, cant. de Livernon, arr. de Figeac. = Figeac.

QUISSAC, s. m. Com. du dép. de Lot-et-Garonne, cant. de Prayssas, arr. d'Agen. = Agen.

QUISTINIC, s. m. Com. du dép. du Morbihan, cant. de Plouay, arr. de Lorient. = Hennebon.

QUITTANCE, s. f. Acte par lequel un créancier, porteur d'un titre ou d'une obligation, reconnaît que les sommes qui lui étaient dues ont été payées, et que le débiteur est quitte envers lui.

QUITTANCÉ, E, part. Se dit de l'acquit mis au dos d'un sous-seing et de l' quittance d'une obligation notariée dont on a conservé minute.

QUITTANCER, v. a. Donner quittance; mettre son acquit au bas ou en marge d'une obligation.

QUITTE, adj. Libéré d'une dette. —, délivré, débarrassé de quelque chose de pénible. — à —, adv. Quitte l'un envers l'autre. — à, au risque de.

QUITTÉ, E, part. Laissé; abandonné, cédé.

QUITTEBEUF, s. m. Com. du dép. de l'Eure, cant. et arr. d'Evreux. = Evreux.

QUITTEMENT, adv. Quitte. Franchement et —, exempt de toute dette, hypothèque, etc. T. de procéd.

QUITTER, v. a. Laisser en quelque lieu, se séparer de quelqu'un; se retirer d'un lieu. —, abandonner; quitter son régiment. —, lâcher, laisser partir; quitter sa proie. —, se dépouiller; quitter son habit. —, céder, transporter; quitter sa part. —, se désister; quitter la partie. —, laisser, interrompre pour quelque temps; quitter ses études. —, en parlant des choses, échapper, s'éloigner; son souvenir ne me quitte jamais. — de, tenir quitte, exempter, affranchir. Se —, v. récip. Se séparer.

QUITTERIE (Ste.-), s. f. Village du dép. de l'Ariège, cant. de Tarascon, arr. de Foix. = Tarascon.

QUITTEUR, s. m. Com. du dép. de la Haute-Saône, cant. de Fresne-St.-Mamès, arr. de Gray. = Gray.

QUITUS, s. m. Arrêté définitif d'un compte.

QUI-VA-LÀ? Exclamation pour s'assurer de la cause du bruit qu'on entend.

dans l'obscurité, pour se mettre en garde contre ceux qui s'approchent.

QUIVIÈRES, s. f. Com. du dép. de la Somme, cant. de Ham, arr. de Péronne. = Ham.

QUIVISIE, s. f. Voy. AZÉDARAC. T. de bot.

QUI VIVE? Exclamation de la sentinelle à l'approche des passans ou d'un corps armé, pour savoir si elle doit ou non faire usage de ses armes, et appeler le poste. Etre sur le —, observer ce qui se passe avec une grande attention; être inquiet, craintif, ombrageux. Fig.

QUOAILLER, v. n. Ne cesser de remuer la queue, en parlant du cheval.

QUOCOLOS, s. m. Pierre d'Italie qui se vitrifie. T. d'hist. nat.

QUOEUX, s. m. Com. du dép. du Pas-de-Calais, cant. d'Auxy-le-Château, arr. de St.-Pol. = Auxy-le-Château.

QUOGGELO ou QUOGELO, s. m. Lézard d'Afrique dont les écailles sont pointues. T. d'hist. nat.

QUOI, pron. relatif. Quelle chose. —, quelque chose; avoir de quoi vivre. —, lequel, laquelle; c'est une chose à quoi vous devriez faire attention. —, suivi de que et d'un verbe au subjonctif. Quelque chose que; quoi qu'en dise Aristote. Je ne sais —, s. m. Certaine chose qu'on ne saurait exprimer. —! interj. qui marque l'étonnement, l'admiration, l'indignation; quoi!

QUOIQUE, conj. Encore que, bien que.

QUOLIBET, s. m. Plaisanterie basse et triviale; mauvais jeu de mots, mauvaise pointe d'esprit.

QUOLIBÉTIER, s. m. Diseur de quolibets. T. inus.

QUOLIBÉTIQUE, adj. Fécond en quolibets. T. inus.

QUOLIBÉTISTE, s. m. Faiseur de quolibets, qui les aime. T. inus.

QUOTE, adj. f. Se dit de la part que chacun doit recevoir ou payer dans la distribution d'une somme; quote-part.

QUOTIDIEN, NE, adj. Journalier, de chaque jour; pain quotidien, fièvre quotidienne.

QUOTIENT, s. m. Résultat d'une division. T. d'arith.

QUOTITÉ, s. f. Somme fixe à laquelle monte chaque quote-part.

QUOTTEMENT, s. m. Action de quotter; effets de cette action. T. de manuf.

QUOTTER, v. n. Pointer sur l'engrenage, en parlant de la dent d'un rouage. T. de mécan.

QUOUIYA, s. m. Espèce d'agouti de l'Amérique méridionale. T. d'hist. nat.

R.

R, s. m. et f. Dix-huitième lettre de l'alphabet, quatorzième consonne.

RAB, s. m. Tympanon des Hébreux.

RABAB, s. m. Instrument de musique en forme de tortue, à manche et à cordes, dont se servent les Arabes.

RABÂCHAGE, s. m. Redite, répétition de ce qu'on a dit ou écrit maintes fois.

RABÂCHÉ, E, part. Répété jusqu'à satiété.

RABÂCHER, v. a. et n. Répéter souvent ce qu'on a dit ou écrit, recommencer sans cesse les mêmes discours. T. fam.

RABÂCHERIE, s. f. Redite, répétition fatigante, inutile. T. fam.

RABÂCHEUR, EUSE, s. Ennuyeux personnage qui ne cesse de rabâcher, de répéter les mêmes discours.

RABAIS, s. m. Diminution de prix et de valeur. Acheter au —, au plus bas prix, au-dessous du prix proposé.

RABAISSÉ, E, part. Mis plus bas; diminué; ravalé.

RABAISSEMENT, s. m. Décroissement de quantité ou de valeur; diminution de prix, rabais. —, humiliation; discrédit, disgrâce. Fig.

RABAISSER, v. a. Mettre plus bas; diminuer. —, réprimer; rabaisser le ton, l'orgueil. Fig. —, déprécier; rabaisser le mérite. —, humilier, ravaler, dégrader. Se —, v. pron. Oublier sa dignité, s'humilier bassement.

RABAN, s. m. Corde pour fixer un filet dormant. T. de pêch. —, bout de cordage de différentes espèces propre à amarrer certaines choses. T. de mar.

RABANÉ, E, part. Se dit de diverses choses amarrées avec des rabans. T. de mar.

RABANER, v. a. Amarrer avec des rabans. T. de mar.

RABANTÉ, E, part. Envergué. T. de mar.

RABANTER, v. a. Enverguer. T. de mar.

RABASTENS, s. m. Com. du dép. des Hautes-Pyrénées, chef-lieu de cant. de l'arr. de Tarbes. Bur. d'enregist. à Vic. = Tarbes.

RABASTENS, s. m. Ancienne ville du dép. du Tarn, chef-lieu de cant. de l'arr. de Gaillac. Bur. d'enregist. et de poste.
Cette ville est agréablement située près du Tarn, et est entourée d'excellens vignobles. Fabr. de couvertures.

RABAT, s. m. Ornement de toile, de mousseline que les ecclésiastiques et les gens de robe portent attaché sous le menton. —, à la paume, bout de toit qui sert à rejeter la balle. —, outil pour tracer des lignes droites, espèce de trusquin. T. de charr. —, façon donnée à une étoffe pour diminuer la vivacité de sa couleur. T. de teintur. —, action de rabattre le gibier. T. de véner.

RABAT, s. m. Com. du dép. de l'Ariège, cant. de Tarascon, arr. de Foix. = Tarascon-sur-Ariège.

RABAT-EAU ou RABATEAU, s. m. Feutre qui arrête l'eau enlevée par la meule.

RABATELIÈRE (la), s. f. Com. du dép. de la Vendée, cant. de St.-Fulgent, arr. de Bourbon-Vendée. = St.-Fulgent.

RABAT-JOIE, s. m. Personne sévère, triste, qui trouble la joie, cause de l'ennui. —, sujet de chagrin. T. fam.

RABATTOIR, s. m. Outil de fer pour rabattre les ardoises.

RABATTRE, v. a. Rabaisser; faire descendre; aplatir des coutures; diminuer, retrancher du prix. — un coup, le parer. — l'orgueil, l'insolence, rabaisser, humilier, remettre à sa place. Fig. — le gibier, battre la campagne pour le faire lever et le forcer de passer près des chasseurs. —, v. n. Quitter un chemin et se détourner tout à coup pour en suivre un autre. Se —, v. pron. Changer subitement de direction, de propos.

RABATTU, E, part. Rabaissé à plat, en parlant des coutures. Tout compté, tout —, tout bien examiné et calculé. T. fam.

RABATTUE, s. f. Endroit où les lisses d'accastillage sont coupées. T. de mar.

RABBIN, s. m.; au vocatif, Rabbi. Prêtre, docteur juif.

RABBINAGE, s. m. Etude du rabbinisme, des livres dont se servent les rabbins. T. iron.

RABBINIQUE, adj. Qui concerne les rabbins, les connaissances qui leur sont propres.

RABBINISME, s. m. Doctrine des rabbins, de la religion des juifs.

RABBINISTE, s. m. Juif qui étudie, qui suit la doctrine des rabbins.

RABDOÏDE, adj. f. Se dit de la suture sagittale. T. d'anat.

RABDOLOGIE, s. f. Calcul fait à l'aide de baguettes marquées de nombres.

RABDOMANCE ou RABDOMANCIE, s. f. Divination au moyen d'une baguette.

RABDOPHORES, s. m. pl. Bedeaux; huissiers à verge. T. d'antiq.

RABÉTI, E, part. Rendu bête.

RABÉTIR, v. a. Rendre bête. —, v. n. Devenir bête, plus stupide de jour en jour.

RABETTE, s. f. Huile de navette à brûler. Voy. NAVETTE.

RABEUR, s. m. Com. du dép. du Jura, cant. et arr. de Poligny. = Poligny.

RABIER (St.-), s. m. Com. du dép. de la Dordogne, cant. de Terrasson, arr. de Sarlat. = Terrasson.

RABILLAGE, s. m. Voy. RHABILLAGE.

RABIOLE, s. f. Voy. RAVE.

RABLAY, s. m. Com. du dép. de Maine-et-Loire, cant. de Thouarcé, arr. d'Angers. = Angers.

RÂBLE, s. m. Partie du rein de plusieurs animaux située au-dessous des fausses côtes; se dit surtout du lapin et du lièvre. —, charpente du fond d'un bateau. —, instrument de fer garni d'un long manche dont se servent les boulangers pour retirer la braise du four; nom de divers instrumens d'arts et métiers. —, barre de fer formant le crochet pour remuer les substances que l'on calcine. T. de chim.

RÂBLÉ, E, part. Remué avec le râble, en parlant de la braise du four. Plâtre —, nettoyé du charbon.

RÂBLER, v. a. Retirer la braise du four avec le râble.

RÂBLU, E, ou mieux RÂBLÉ, E, adj. Gras, bien fourni de râble. —, fort, vigoureux. Fig. et fam.

RÂBLURE, s. f. Entaille sur la quille d'un navire. T. de mar.

RABOBELINÉ, E, part. Rapetassé. T. fam.

RABOBELINER, v. a. Plâtrer, rapetasser. T. fam.

RABODANGES, s. m. Com. du dép. de l'Orne, cant. de Putanges, arr. d'Argentan. = Falaise.

RABOLANE, s. f. Perdrix blanche. Voy. ARBENNE.

RABONNI, E, part. Amélioré, rendu meilleur.

RABONNIR, v. a. Améliorer, rendre meilleur. —, v. n. Devenir meilleur.

RABORDÉ, E, part. Abordé de nouveau. T. de mar.

RABORDER, v. a. Aborder de nouveau, revenir à l'abordage. T. de mar.

RABOT, s. m. Outil de menuisier, etc., pour aplanir et polir le bois. —, instrument pour remuer et éteindre la chaux —, pierre de liais propre à paver.

RABOTÉ, E, part. Poli avec le rabot.

RABOTER, v. a. Polir avec le rabot. —, limer, polir, corriger. Fig. et fam.

RABOTEUR, s. m. Menuisier qui pousse les moulures.

RABOTEUSE, s. f. Tortue des Indes orientales. T. d'hist. nat.

RABOTEUX, EUSE, adj. Inégal, pierreux; chemin raboteux. —, noueux; bâton raboteux. —, incorrect, sans goût, grossièrement poli; style raboteux. Fig. —, s. m. Poisson du genre du cotte. T. d'hist. nat.

RABOTIER, s. m. Table pour arranger les carreaux. T. de menuis.

RABOU, s. m. Com. du dép. des Hautes-Alpes, cant. et arr. de Gap. = Gap.

RABOUGRI, E, adj. Mal bâti, mal conformé, ratatiné; arbre, homme rabougri.

RABOUGRIR et SE RABOUGRIR, v. n. et pron. Cesser de croître, ne pas parvenir au degré présumable de croissance.

BABOUILLÈRE, s. f. Trou aux environs du terrier où les lapins font leurs petits.

RABOUILLET, s. m. Com. du dép. des Pyrénées-Orientales, cant. de Sourniac, arr. de Prades. = St.-Paul-de-Fenouillet.

RABOUQUIN, s. m. Espèce de guitare à trois cordes dont se servent les Hottentots.

RABOUTI, E, part. Mis bout à bout.

RABOUTIR, v. a. Mettre des morceaux d'étoffe bout à bout.

RABROUÉ, E, part. Rebuté, découragé.

RABROUER, v. a. Rebuter durement, avec mépris. T. fam. (Vi.)

RABROUEUR, EUSE, adj. Personne peu indulgente qui a coutume de faire des réprimandes avec rudesse. T. fam. (Vi.)

RABUT, s. m. Com. du dép. du Calvados, cant. et arr. de Pont-l'Evêque. = Pont-l'Evêque.

RAC, s. m. Petit buccin. T. d'hist. nat.

RAC, s. m. Com. du dép. de la Drôme, cant et arr. de Montélimar. = Montélimar.

RACAGES, s. m. pl. Boules de bois enfilées en forme de chapelet qu'on met autour des mâts, pour faciliter le mouvement des vergues. T. de mar.

RACAILLE, s. f. La lie du peuple, la plus vile populace. —, choses de rebut. Fig. et fam.

RACAMBEAU, s. m. Anneau de fer qui fixe la vergue. T. de mar.

RACANETTE, s. f. Petite sarcelle. T. de véner.

RACAVIER, s. m. Arbrisseau de la Guiane. T. de bot.

RACCOISÉ, E, part. Calmé, apaisé. (Vi.)

RACCOISER, v. a. Rendre coi, calmer, apaiser. (Vi.)

RACCOMMODAGE, s. m. Réparation pour remettre une chose en état de servir, rapiéçage.

RACCOMMODÉ, E, part. Réparé, remis en état de servir.

RACCOMMODEMENT, s. m. Réconciliation.

RACCOMMODER, v. a. Réparer, rajuster, remettre en état de servir. — des personnes brouillées, les réconcilier, faire cesser leur mésintelligence. Se —, v. pron. Faire des réparations à ses vêtemens. Se —, v. récip. Se réconcilier.

RACCOMMODEUR, EUSE, s. Celui, celle qui raccommode.

RACCORDÉ, E, part. Raccommodé, restauré.

RACCORDEMENT, s. m. Réunion de deux superficies à un même niveau. T. d'arch. —, jonction des tuyaux inégaux de diamètre au moyen d'un tambour de plomb. T. d'hydr. —, réunion d'un vieil ouvrage à un neuf. T. d'arts et mét.

RACCORDER, v. a. Faire un raccordement. T. d'arch. —, retoucher un tableau. T. de peint. —, accorder un instrument de nouveau. T. de mus.

RACCOUPLÉ, E, part. Accouplé de nouveau.

RACCOUPLER, v. a. Accoupler de nouveau, remettre ensemble ce qui avait été séparé.

RACCOURCI, s. m. Abrégé. —, effet de la perspective qui raccourcit les objets vus de face; art de produire cet effet. En —, adv. En abrégé.

RACCOURCI, E, part. Rendu plus court, abrégé. A bras —, adv. De toutes ses forces. T. fam.

RACCOURCIR, v. a. Rendre plus court, accourcir; abréger, diminuer. Se —, v. pron. Devenir plus court.

RACCOURCISSEMENT, s. m. Action de raccourcir; effet de cette action.

RACCOUTRÉ, E, part. Raccommodé, rapiécé, rapetassé.

RACCOUTREMENT, s. m. Raccommodage, rapiécetage.

RACCOUTRER, v. a. Raccommoder, rapiécer, rapetasser. (Vi.)

RACCOUTREUR, EUSE, s. Raccommodeur, ravaudeur.

RACCOUTUMER (se), v. pron. Reprendre une habitude.

RACCROC (coup de), s. m. Coup de hasard; coup inattendu, heureux.

RACCROCHÉ, E, part. Accroché de nouveau.

RACCROCHER, v. a. Accrocher de nouveau. —, coudre deux dentelles ensemble. —, agacer les passans, en parlant des prostituées. Se —, v. pron. Regagner les avantages perdus. Fig.

RACCROCHEUSE, s. f. Fille publique, prostituée qui raccroche les passans.

RACE, s. f. Extraction, naissance, origine, lignée, tous les descendans d'une même famille, postérité; se dit aussi des animaux; chien de race. —, classe d'hommes distingués par un caractère particulier; race d'usuriers, de voleurs. La — future, la postérité, ceux qui viendront après nous.

RACÉCOURT, s. m. Com. du dép. des Vosges, cant. de Dompaire, arr. de Mirecourt. = Mirecourt.

RACER, v. n. Produire un petit semblable à soi. T. d'oiseleur.

RACHALANDÉ, E, part. Achalandé de nouveau.

RACHALANDER, v. a. Faire revenir les chalands.

RACHAT, s. m. Action de racheter; recouvrement d'une chose vendue en rendant le prix. —, rédemption, délivrance, rançon; rachat d'un captif. —, paiement du capital, amortissement; rachat d'une rente.

RACHE, s. f. Lie de goudron d'une mauvaise qualité. —, mesure de cinquante livres de sel.

RACHÉ, E, part. Se dit d'une broderie terminée par de petits points symétriques.

RACHECOURT-SUR-BLAISE, s. m. Com. du dép. de la Haute-Marne, cant. et arr. de Vassy. = Vassy.

RACHECOURT-SUR-MARNE, s. m. Com. du dép. de la Haute-Marne, cant. de Chevillon, arr. de Vassy. = Joinville.

RACHER, v. a. Finir, arrêter une broderie par de petits points symétriques.

RACHES, s. m. Com. du dép. du Nord, cant. et arr. de Douai. = Douai.

RACHETABLE, adj. Qu'on peut racheter; rente rachetable.

RACHETÉ, E, part. Acheté de nouveau, en parlant de ce qu'on avait vendu.

RACHETER, v. a. Acheter une chose qu'on a vendue. —, délivrer à prix d'argent; racheter des captifs. —, compenser par.....; racheter des défauts par de grandes qualités. Se —, v. pron. Se faire exempter d'une corvée en payant; payer sa rançon.

RÂCHEUX, EUSE, adj. Filandreux, noueux, difficile à polir; bois râcheux.

RACHEVÉ, E, part. Achevé, terminé. T. de mét.

RACHEVER, v. a. Achever, terminer, donner la dernière façon. T. de mét.

RACHEVEUR, s. m. Ouvrier qui termine le travail du fondeur.

RACHIALGIE, s. f. Douleurs violentes dans le bas-ventre, les lombes et l'épine du dos. T. de méd.

RACHIDIEN, NE, adj. Qui appartient au rachis. T. de méd.

RACHIS, s. m. L'épine du dos, la colonne vertébrale.

RACHISAGRE, s. f. Rhumatisme goutteux de l'épine du dos. T. de méd.

RACHITIQUE, adj. Attaqué de rachitis, noué. T. de méd.

RACHITIS, s. m. Courbure de la colonne vertébrale et de la plupart des os longs. T. de méd.

RACHITISME, s. m. Voy. RACHITIS. T. de méd. —, maladie du blé qui rend sa tige tortue et nouée.

RACHO (St.-), s. m. Com. du dép. de Saône-et-Loire, cant. de la Clayette, arr. de Charolles. = la Clayette.

RACHOSIS, s. m. Relâchement du scrotum. T. de chir.

RACINAGE, s. m. Décoction de feuilles de noyer et de coques de noix pour la teinture.

RACINAL, s. m. Forte pièce de charpente pour en soutenir d'autres.

RACINE, s. f. Partie de la plante qui croît dans la terre en sens contraire de la tige, et qui transmet à celle-ci le suc nourricier. —, plante potagère dont la racine se mange; carotte, navet, etc. —, partie implantée adhérente au corps des dents, des cheveux, etc. —, origine, commencement, principe, source. Fig. —, mot primitif duquel dérivent d'autres mots. T. de gramm. —, nombre multiplié par lui-même. T. de math. —, première situation d'une planète. T. d'astr. —, couleur fauve. T. de teint. — de Saint-Charles ou Indienne, racine médicinale, sudorifique, antiscorbutique, etc. — de disette, betterave des champs. — du Brésil, ipécacuanha. — salivaire, pirèthre. — vierge ou Sceau de Notre-Dame, plante vivace qui croît dans les bois.

RACINE, s. f. Com. du dép. de l'Aube, cant. d'Ervy, arr. de Troyes. = Ervy.

RACINÉ, E, part. Teint avec des racines.

RACINEAUX, s. m. pl. Petits pieux enfoncés en terre. T. de jard.

RACINER, v. a. Teindre avec des racines, avec un racinage. T. de teint. —, v. n. Pousser des racines.

RACINEUSE (la), s. f. Com. du dép. de Saône-et-Loire, cant. de Pierre, arr. de Louhans. = Verdun-sur-Saône.

RACK, s. m. Grand arbre des pays méridionaux. T. de bot. Voy. ARACK.

RACLE, s. f. Outil de bois avec lequel les briquetiers aplanissent la terre dans le moule. —, outil pour racler. T. de mét. —, instrument pour gratter le navire. T. de mar. —, genre de plantes graminées. T. de bot.

RACLÉ, E, part. Gratté, ratissé.

RACLE-BOYAU, s. m. Mauvais joueur de violon, racleur. T. fam.

RACLÉE, s. f. Volée de coups de poing ou de bâton. T. fam. —, adj. f. Se dit des nageoires des poissons, garnies d'appendices qui ont l'air d'avoir été raclés.

RACLER, v. a. Enlever les inégalités d'une surface, ratisser, gratter. —, prendre légèrement au gosier, en parlant d'une boisson. — du violon, écorcher les oreilles en jouant de cet instrument. T. fam.

RACLERIE, s. f. Action de racler. T. inus.

RACLEUR, s. m. Ménétrier, mauvais joueur de crin-crin.

RACLOIR, s. m. Instrument pour racler, égaliser.

RACLOIRE, s. f. Planchette pour passer sur la mesure des grains.

RACLURE, s. f. Parties enlevées en raclant.

RACOLAGE, s. m. Action de racoler; métier de racoleur.

RACOLÉ, E, part. Enrôlé par un racoleur pour le service militaire.

RACOLER, v. a. Engager, enrôler pour le service militaire, soit de gré, soit par surprise.

RACOLEUR, s. m. Recruteur avant la révolution.

RACONTÉ, E, part. Conté, narré.

RACONTER, v. a. Conter, narrer; faire un récit.

RACONTEUR, EUSE, s. Personne qui aime à faire des contes, qui a la manie de raconter des histoires.

RACONYLON, s. m. Genre de mousses. T. de bot.

RACORNI, E, part. Se dit d'un objet auquel on a donné la consistance de la corne.

RACORNIR, v. a. Rendre dur, coriace, donner la consistance de la corne. Se —, v. pron. Se replier, se recoquiller; se durcir.

RACORNISSEMENT, s. m. Action de racornir; état de ce qui est racorni.

RACOUPLÉ, E, part. Remis en couple, en parlant des chiens de chasse. T. de véner.

RACOUPLER, v. a. Rattacher les chiens par couples. T. de véner.

RACQUINGHEM, s. m. Com. du dép. du Pas-de-Calais, cant. d'Aire, arr. de St.-Omer. = Aire-sur-la-Lys.

RACQUIT, s. m. Action de racquitter ou de se racquitter.

RACQUITTER (se), v. pron. Regagner ce qu'on avait perdu; se dédommager d'une perte.

RACRANGE, s. m. Com. du dép. de la Moselle, cant. de Grostenquin, arr. de Sarreguemines. = St.-Avold.

RADDON-ET-CHAPPENDU, s. m. Com. du dép. de la Haute-Saône, cant. de Faucogney, arr. de Lure. = Luxeuil.

RADE, s. f. Espace de mer enfoncé dans les terres, où les navires jettent l'ancre et se trouvent à l'abri des vents. — foraine, où l'on n'est à couvert que des vents de terre. T. de mar.

RADÉ, E, part. Mis en rade. T. de mar.

RADEAU, s. m. Assemblage de pièces de charpente qui forment une espèce de plancher mobile sur l'eau. —, train de bois à flot sur une rivière.

RADEGONDE (Ste.-), s. f. Com. du dép. de l'Aveyron, cant. et arr. de Rodez. = Rodez.

RADEGONDE (Ste.-), s. f. Com. du dép. de la Charente, cant. de Baignes, arr. de Barbezieux. = la Graulle.

RADEGONDE (Ste.-), s. f. Com. du dép. de la Charente-Inférieure, cant. de

St.-Porchaire, arr. de Saintes.==Rochefort-sur-Mer.

RADEGONDE (Ste.-), s. f. Com. du dép. de la Creuse, cant. de Chambon, arr. de Boussac. = Chambon.

RADEGONDE (Ste.-), s. f. Com. du dép. de la Dordogne, cant. d'Issigeac, arr. de Bergerac. = Bergerac.

RADEGONDE (Ste.-), s. f. Com. du dép. de la Gironde, cant. de Pujols, arr. de Libourne. = Castillon.

RADEGONDE (Ste.-), s. f. Com. du dép. d'Indre-et-Loire, cant. et arr. de Tours. = Tours.

RADEGONDE (Ste.-), s. f. Com. du dép. de Saône-et-Loire, cant. d'Issyl'Evêque, arr. d'Autun. = Toulon-sur-Arroux.

RADEGONDE (Ste.-), s. f. Com. du dép. de la Somme, cant. et arr. de Péronne. = Péronne.

RADEGONDE - DE - MARCONNAY (Ste.-), s. f. Com. du dép. de la Vienne, cant. de Moncontour, arr. de Loudun. = Mirebeau.

RADEGONDE - DES - POMMIERS (Ste.-), s. f. Com. du dép. des Deux-Sèvres, cant. de Thouars, arr. de Bressuire. = Thouars.

RADEGONDE -EN - GATINE (Ste.-), s. f. Com. du dép. de la Vienne, cant. de Chauvigny, arr. de Montmorillon. = Chauvigny.

RADEGONDE-LA-VINEUSE (Ste.-), s. f. Com. du dép. de la Vendée, cant. de l'Hermenault, arr. de Fontenay. = Fontenay-le-Comte.

RADEGONDE-LES-MARAIS (Ste.-), s. f. Com. du dép. de la Vendée, cant. de Chaillé-les-Marais, arr. de Fontenay-le-Comte. = Luçon.

RADEMONT, s. m. Com. du dép. de Seine-et-Marne, cant. de Lizy, arr. de Meaux. = Lizy.

RADENAC, s. m. Com. du dép. du Morbihan, cant. de Rohan, arr. de Ploërmel. = Josselin.

RADEPONT, s. m. Com. du dép. de l'Eure, cant. d'Ecouis, arr. des Andelys. = Ecouis.

RADER, v. a. Mettre en rade. T. de mar. —, passer la radoire sur la mesure de sel.

RADEUR, s. m. Mesureur de sel.

RADIAIRES, s. m. pl. Mollusques dont les organes internes sont disposés en rayons. T. d'hist. nat.

RADIAL, E, adj. Formé de rayons, qui offre des rayons. —, qui appartient au radius. —, externe, s. et adj. m. Muscle qui s'étend le long de la face externe du radius. — interne, muscle placé tout le long de la face interne du rayon. Nerf —, quatrième cordon des nerfs brachiaux. T. d'anat. Artère —, partie supérieure de l'artère brachiale. T. d'anat.

RADIANT, E, adj. Qui renvoie à l'œil des rayons de lumière. T. de phys.

RADIATION, s. f. Action de rayer un article sur un compte, un nom sur une liste; rature. —, émission des rayons d'un corps lumineux. T. de phys.

RADIATULE, s. f. Polypier fossile. T. d'hist. nat.

RADICAL, s. m. Base acidifiable. T. de chim.

RADICAL, E, adj. Qui est comme la racine, la base, le principe d'une chose. Humide —, humeur qu'on supposait être le principe de la vie animale. Vice —, qui en produit d'autres. Guérison —, complète. Mot —, mot primitif. Lettres —, qui sont dans le mot primitif et se retrouvent dans les dérivés. T. de gramm. Signe —, signe qu'on met devant les quantités dont on veut extraire les racines. Quantité —, précédée de ce signe. T. d'algéb. —, qui naît ou dépend d'une racine. T. de bot.

RADICALEMENT, adv. Originairement, dans le principe; radicalement mauvais. —, essentiellement, entièrement; radicalement guéri.

RADICALISME, s. m. Système politique des radicaux anglais, des partisans de la réforme, des républicains.

RADICANT, E, adj. Qui appartient aux racines; qui pousse latéralement des racines.

RADICATEL, s. m. Com. du dép. de la Seine-Inférieure, cant. de Lillebonne, arr. du Hâvre. = Lillebonne.

RADICATION, s. f. Action de pousser des racines, en parlant des plantes. T. de bot.

RADICAUX, s. m. pl. Partisans d'une réforme radicale dans le système du gouvernement, libéraux, républicains anglais qui ont ébranlé les vieilles institutions auxquelles l'Angleterre doit sa puissance.

RADICULE, s. f. Petite racine; rudiment de la racine; partie inférieure du germe sorti des lobes. T. de bot. —, ramification de petits vaisseaux qui se réunissent pour en former de plus grands. T. d'anat.

RADIÉ, E, adj. Composé de rayons; couronne radiée. —, dont le disque est composé de fleurons et de demi-fleurons. T. de bot.

RADIÉES, s. f. pl. Famille de plantes. T. de bot.

RADIER, s. m. Grille qui supporte les fondations des écluses, des batardeaux ; parc de pilotis maçonnés ; espace entre les piles d'un pont. —, madrier. T. de mar.

RADIEUX, EUSE, adj. Qui jette, qui répand des rayons de lumière. —, brillant de santé, de joie ; front radieux. Fig.

RADINE, s. f. Racine napacée des Indes.

RADINGHEM, s. m. Com. du dép. du Nord, cant. de Haubourdin, arr. de Lille. = Lille.

RADINGHEM, s. m. Com. du dép. du Pas-de-Calais, caut. de Fruges, arr. de Montreuil. = Fruges.

RADIO-CARPIENNE, adj. f. Se dit de l'articulation du radius et du carpe. T. d'anat.

RADIO-CARPIENNE, TRANSVERSALE, PALMAIRE, s. f. Branche de l'artère radiale. T. d'anat.

RADIO-CUBITALE, adj. Se dit de l'articulation du radius et du cubitus. T. d'anat.

RADIOLE, s. f. Plante de la famille des lins. T. de bot.

RADIOLITHE, s. f. Genre de testacés fossiles. T. d'hist. nat.

RADIOMÈTRE, s. m. Instrument d'astronomie pour prendre des hauteurs sur mer.

RADIO-MUSCULAIRE, adj. Se dit des rameaux de l'artère radiale. T. d'anat.

RADIO-PALMAIRE, s. et adj. f. Artère superficielle externe de la paume de la main. T. d'anat.

RADIO-PHALANGETTIEN DU POUCE, s. m. Muscle long fléchisseur du pouce. T. d'anat.

RADIO-SUS-PALMAIRE, s. et adj. f. Portion de l'artère radiale qui se porte vers l'extrémité supérieure de l'intervalle qui sépare les deux premiers os métacarpiens. T. d'anat.

RADIS, s. m. Sorte de raifort cultivé ; radis blanc, rouge, noir. —, coquillage univalve du genre des tonnes. T. d'hist. nat.

RADIUS, s. m. (mot latin). Le plus petit des deux os qui forment l'avant-bras, situé le long de la face externe du cubitus. T. d'anat.

RADOIRE, s. f. Racloire pour mesurer le sel.

RADON, s. m. Com. du dép. de l'Orne, cant. et arr. d'Alençon. = Alençon.

RADONVILLIERS, s. m. Com. du dép. de l'Aube, cant. de Brienne-le-Château, arr. de Bar-sur-Aube. = Brienne.

RADOTAGE, s. m. Discours sans ordre et dénué de sens, divagation.

RADOTER, v. n. Divaguer, déraisonner, tenir des propos sans suite et dénués de sens.

RADOTERIE, s. f. Extravagance d'un radoteur.

RADOTEUR, EUSE, s. Vieillard dont les facultés sont affaiblies, qui déraisonne, qui radote.

RADOUB, s. m. Réparation au corps d'un navire. T. de mar.

RADOUBÉ, E, part. Réparé, remis en état de tenir la mer, en parlant du corps d'un navire.

RADOUBER, v. a. Raccommoder, réparer un navire, le mettre en état de tenir la mer. T. de mar.

RADOUBEUR, s. m. Celui qui donne le radoub. T. de mar.

RADOUCI, E, part. Rendu plus doux ; édulcoré.

RADOUCIR, v. a. Rendre plus doux, édulcorer. —, calmer, apaiser. Fig. Se —, v. pron. Devenir plus doux. Se —, se calmer, s'apaiser. Fig.

RADOUCISSEMENT, s. m. Transition du froid à une température plus douce. —, diminution du mal, changement en mieux. Fig.

RADRESSE, s. f. Petit chemin de traverse. T. inus.

RADULAIRE, s. f. Espèce d'astroïte. T. d'hist. nat.

RADULIER, s. m. Arbre des Indes. T. de bot.

RAEDERSDORFF, s. m. Com. du dép. du Haut-Rhin, cant. de Ferrette, arr. d'Altkirch. = Altkirch.

RAEDERSHEIM, s. m. Com. du dép. du Haut-Rhin, cant. de Soultz, arr. de Colmar. = Ensisheim.

RAF, s. m. Marée forte et rapide. T. de mar.

RAFALE, s. f. Coup de vent de terre, en approchant des montagnes. T. de mar.

RAFFAISSER (se), v. pron. S'affaisser de nouveau.

RAFFERMI, E, part. Affermi de plus en plus, consolidé.

RAFFERMIR, v. a. Rendre plus ferme, consolider, au prop. et au fig. Se —, v. pron. Devenir plus ferme, se consolider. Prop. et fig.

RAFFERMISSEMENT, s. m. Affermissement, consolidation ; ce qui remet une chose dans l'état de stabilité, de sûreté où elle était.

RAFFES, s. f. pl. Rognures de peaux.

RAFFETOT, s. m. Com. du dép. de la Seine-Inférieure, cant. de Bolbec, arr. du Hâvre. = Bolbec.

RAFFILÉ, E, part. Rogné ; se dit de la peau. T. de gantier.

RAFFILER, v. a. Rogner la peau. T. de gantier.

RAFFINAGE, s. m. Epuration du sucre ; manière de le raffiner.

RAFFINÉ, E, part. Epuré, qui a subi l'opération du raffinage, en parlant du sucre. —, adj. Subtil, fin, délicat, rusé. Fig.

RAFFINEMENT, s. m. Extrême subtilité, adresse, artifice.

RAFFINER, v. a. Epurer, rendre plus blanc, plus fin ; raffiner le sucre. —, réchauffer le four lorsque le verre se détériore pendant le travail. T. de verr. —, v. n. Faire des recherches, de nouvelles découvertes ; subtiliser ; enchérir. Se —, v. pron. S'épurer. Se —, devenir plus fin, moins crédule. Fig.

RAFFINERIE, s. f. Endroit où l'on raffine le sucre.

RAFFINEUR, s. m. Propriétaire d'une raffinerie ; ouvrier qui raffine le sucre. —, cylindre servant à raffiner la pâte. T. de papet.

RAFFOLER, v. n. Etre follement épris, se passionner pour un objet. T. fam.

RAFFOLIR, v. n. Devenir fou. T. inus. fam.

RAFFUTAGE, s. m. Façon entière donnée au chapeau. T. de chapel.

RAFFUTÉ, E, part. Façonné entièrement. T. de chapel.

RAFFUTER, v. a. Donner une façon entière au chapeau, faire le raffutage. T. de chapel.

RAFIAU, s. m. Petit canot dont on se sert sur la Méditerranée. T. de mar.

RAFLAGE, s. m. Etat d'un pain de sucre trop raboteux.

RAFLE, s. f. Partie de la grappe dépouillée de ses grains. —, axe, supports communs de plusieurs fleurs en forme d'épi. —, plante contre la morsure des serpens. T. de bot. —, sorte de filet. —, trois dés amenant le même point. T. de jeu. Faire —, enlever tout, ne rien laisser. T. fam.

RAFLÉ, E, part. Gagné d'un seul coup.

RAFLER, v. a. Gagner d'un seul coup tout ce qu'il y a sur le tapis. T. de jeu. —, enlever, prendre, ravir, emporter tout très promptement, faire rafle. T. fam.

RAFLEUX, adj. m. Raboteux ; sucre rafleux.

RAFRAÎCHI, E, part. Rendu frais ; réparé.

RAFRAÎCHIR, v. a. Rendre frais ; rafraîchir de la bière. —, diminuer la chaleur, reprendre de la fraîcheur ; la pluie rafraîchit la température. — le sang, mettre au régime, faire prendre des rafraîchissans, et, fig., causer une douce satisfaction. —, réparer, restaurer ; rafraîchir un tableau. —, couper l'extrémité, le bout ; rafraîchir les cheveux. —, rappeler ; rafraîchir la mémoire. —, v. n., et se —, v. pron. Devenir frais. Se —, prendre des rafraîchissemens ; boire, manger un peu.

RAFRAÎCHISSANT, s. m. Aliment, boisson qui rafraîchit. —, calmant. T. de méd.

RAFRAÎCHISSANT, E, adj. Qui a la propriété de rafraîchir le sang, de calmer son agitation.

RAFRAÎCHISSEMENT, s. m. Action de rafraîchir ; effet de ce qui rafraîchit. —, rétablissement des forces par le repos, etc. —, pl. Liqueurs, fruits, etc., qu'on offre dans une réunion de personnes, dans une soirée, dans un bal, etc. —, ravitaillement d'une place de guerre, d'une armée, d'un vaisseau.

RAFRAÎCHISSEUR ou **RAFRAÎCHISSOIR**, s. m. Grand vaisseau rempli d'eau pour rafraîchir le serpentin de l'alambic à distiller l'eau-de-vie. —, grand vase de raffineur.

RAGADIOLE, s. f. Plante du genre des chicoracées. T. de bot.

RAGAILLARDI, E, part. Egayé de nouveau, récréé, réjoui.

RAGAILLARDIR, v. a. Redonner de la gaîté, récréer, réjouir, ranimer, remettre en bonne humeur. Se —, v. pron. Reprendre sa gaîté.

RAGE, s. f. Délire furieux qui revient par accès ; hydrophobie. —, douleur violente : rage de dents. —, transport furieux de dépit, de colère. —, cruauté excessive, passion violente, manie portée au dernier degré. Faire —, faire un grand désordre ou un grand effort. Fig. et fam.

RAGEADE, s. f. Com. du dép. du Cantal, cant. de Ruines, arr. de St.-Flour. = St.-Flour.

RAGOT, s. m. Crampon de fer attaché au limon. —, grosse rave noire. —, sanglier de deux ans.

RAGOT, E, s. et adj. Petit et trapu, court et gros. —, qui a l'habitude de ragoter. T. fam.

RAGOTER, v. n. Murmurer souvent et sans sujet, grogner contre quelqu'un. T. fam.

RAGOTEUR, EUSE, s. Bagot, grondeur.

RAGOUMINIER, s. m. Cerisier nain dont les feuilles ressemblent à celles du saule.

RAGOÛT, s. m. Mets apprêté pour exciter l'appétit. —, ce qui excite les désirs. T. fam. —, couleurs animées par des reflets. T. de peint.

RAGOÛTANT, E, adj. Qui provoque, réveille l'appétit; bien assaisonné, délicat, friand. —, qui réveille l'appétit des sens, fait naître des désirs. —, propre, agréable, intéressant. Fig. et fam.

RAGOÛTÉ, E, part. Remis en goût.

RAGOÛTER, v. a. Remettre en goût, réveiller l'appétit. —, flatter les sens, le goût, réveiller les désirs. Se —, v. pron. Se remettre en goût.

RAGRAFÉ, E, part. Agrafé de nouveau.

RAGRAFER, v. a. Rattacher des agrafes, agrafer de nouveau.

RAGRANDI, E, part. Ralongé, rendu plus grand.

RAGRANDIR, v. a. Ralonger, rendre plus grand.

RAGRÉÉ, E, part. Réparé, rajusté.

RAGRÉER, v. a. Réparer, raccommoder, rajuster. —, finir, mettre la dernière main. T. de menuis. —, repiquer les parements d'un mur. T. de maç. —, couper, tailler, parer avec la serpette. T. de jard. —, fondre les couleurs, les mettre en harmonie. T. de peint. Se —, v. pron. Se réparer, se pourvoir de nouveaux agrès. T. de mar.

RAGRÉMENT, s. m. Réparation, raccommodage; action de ragréer.

RAGUÉ, E, adj. Ecorché, coupé; câble ragué. T. de mar.

RAGUER (se), v. pron. S'écorcher, se couper, en parlant des cordages. T. de mar.

RAGUET, s. m. Petite morue.

RAGUSE, s. f. Ville maritime, capitale de la Dalmatie, province de l'empire d'Autriche. Cette ville, siége d'un archevêché, est grande et bien fortifiée; elle fait un commerce actif avec la Turquie et l'Italie.

RAHAY, s. m. Com. du dép. de la Sarthe, cant. et arr. de St.-Calais. = St.-Calais.

RAHLING, s. m. Com. du dép. de la Moselle, cant. de Rorbach, arr. de Sarreguemines. = Bitche.

RAHON, s. m. Com. du dép. du Doubs, cant. de Clerval, arr. de Baume. = Baume.

RAHON, s. m. Com. du dép. du Jura, cant. de Chaussin, arr. de Dôle. = Dôle.

RAI, s. m. Com. du dép. de l'Orne, cant. de l'Aigle, arr. de Mortagne. = l'Aigle.

RAIDE, adj. Fortement tendu, qui plie avec peine. —, escarpé, rapide. —, rigide, opiniâtre. —, adv. Vite.

RAIDEUR, s. f. Qualité de ce qui est raide; impétuosité de mouvement; tension. —, fermeté, sévérité, inflexibilité. Fig.

RAIDI, E, part. Rendu raide, tendu fortement.

RAIDIR, v. a. Rendre raide, tendre fortement. —, v. n., et se —, v. pron. Devenir raide. Se — contre......, tenir ferme, résister, ne pas fléchir. Fig.

RAIDS, s. m. Com. du dép. de la Manche, cant. de Carentan, arr. de St.-Lô. = Périers.

RAIE, s. f. Trait de plume, de crayon, etc. —, ligne sur la peau, les étoffes. —, entre-deux des sillons; raie de terre. —, poisson de mer cartilagineux. — bouclée, variété de ce poisson de mer, dont la peau est hérissée de pointes.

RAIETON, s. m. Petite raie.

RAIFORT, s. m. Sorte de rave sauvage et cultivée d'un goût très piquant, très âcre; rave, radis.

RAIIS, s. m. Poisson du genre du salmone. T. d'hist. nat.

RAILÉS, adj. m. pl. De la même taille; chiens railés. T. de véner.

RAILLE, s. f. Instrument pour remuer les braises. T. de sal.

RAILLÉ, E, part. Plaisanté, persiflé.

RAILLENCOURT, s. m. Com. du dép. du Nord, cant. et arr. de Cambrai. = Cambrai.

RAILLER, v. a. et n. Plaisanter quelqu'un, le tourner en ridicule; se moquer, persifler. —, v. n. Badiner, ne pas parler sérieusement. Se —, v. pron. Se moquer.

RAILLERIE, s. f. Plaisanterie, moquerie, ironie, persiflage; trait malin, plaisant, badin. Entendre la —, l'art de railler. Entendre —, se prêter à la plaisanterie, ne point se fâcher. Passer la —, devenir sérieux. — à part, sérieusement.

RAILLEU, s. m. Com. du dép. des Pyrénées-Orientales, cant. d'Olette, arr. de Prades. = Prades.

RAILLEUR, EUSE, s. et adj. Enclin à la raillerie, qui aime à railler; persifleur. —, qui annonce la raillerie; ironique.

RAILLICOURT, s. m. Com. du dép.

des Ardennes, cant. de Signy-l'Abbaye, arr. de Mézières. = Launois.

RAILURE, s. f. Petite rainure aux côtés du trou d'une aiguille.

RAIMBEAUCOURT, s. m. Com. du dép. du Nord, cant. et arr. de Douai. = Douai.

RAIMBERTOT, s. m. Com. du dép. de la Seine-Inférieure, cant. de Montivilliers, arr. du Hâvre. = Montivilliers.

RAIMOND, s. m. Com. du dép. du Cher, cant. de Dun-le-Roi, arr. de St.-Amand. = Dun-le-Roi.

RAIN, s. m. Lisière d'un bois, d'une forêt.

RAINANS, s. m. Com. du dép. du Jura, cant. de Rochefort, arr. de Dôle. = Dôle.

RAINCEAU, s. m. Voy. RINCEAU.

RAINCHEVAL, s. m. Com. du dép. de la Somme, cant. d'Acheux, arr. de Doullens. = Doullens.

RAINCOURT, s. m. Com. du dép. de la Haute-Saône, cant. de Jussey, arr. de Vesoul. = Jussey.

RAINE ou RAINETTE, s. f. Petite grenouille terrestre, verte. Voy. GRAISSET.

RAINEAU, s. m. Pièce de charpente qui lie les têtes des pilotis.

RAINECOURT, s. m. Com. du dép. de la Somme, cant. de Chaulnes, arr. de Péronne. = Lihons-en-Santerre.

RAINES-EN-GRENOUILLES, s. f. Com. du dép. de l'Orne, cant. de Juvigny, arr. de Domfront. = Domfront.

RAINETTE, s. f. Sorte de pomme très estimée. —, outil de charpentier pour tracer et pour redresser les dents de la scie. —, petit couteau pour créner. T. de fondeur en caractères.

RAINFREVILLE, s. f. Com. du dép. de la Seine-Inférieure, cant. de Bacqueville, arr. de Dieppe. = Bacqueville.

RAINNEVILLE, s. f. Com. du dép. de la Somme, cant. de Villers-Bocage, arr. d'Amiens. = Amiens.

RAINOIRE, s. f. Rabot de layetier.

RAINSARS, s. m. Com. du dép. du Nord, cant. de Trélon, arr. d'Avesnes. = Avesnes.

RAINURE, s. f. Entaille longitudinale dans du bois, pour assembler ou pour une coulisse. —, petite cavité longuette dans certains os du corps humain, pour loger soit un vaisseau, soit un nerf. T. d'anat.

RAINVILLE, s. f. Com. du dép. des Vosges, cant. de Châtenois, arr. de Neufchâteau. = Neufchâteau.

RAINVILLERS, s. m. Com. du dép. de l'Oise, cant. d'Auneuil, arr. de Beauvais. = Beauvais.

RAIPONCE, s. f. Plante bisannuelle, campanulacée, dont les racines se mangent en salade.

RAIRE ou RÉER, v. n. Crier; se dit du cerf en rut. T. de véner.

RAIS, s. m. Rayon, trait de lumière. (Vi. en ce sens). —, pièce de bois droite qui sert à l'assemblage du moyeu et des jantes d'une roue. —, pointes qui sortent d'une étoile comme des rayons. T. de blas. — de cœur, ornement en forme de cœur évidé. T. de sculpt.

RAISIN, s. m. Fruit de la vigne, en grappe. Grand —, sorte de papier. — d'Afrique ou de Maroc, barbarou, sorte de raisin dont les grains inégaux ont la forme d'un cœur. — de Corinthe, variété de raisin qu'on fait sécher pour le livrer au commerce. — d'ours, petit arbrisseau du midi de l'Europe.

RAISINÉ, s. m. Confiture liquide de raisin ou de poires cuites dans du vin doux.

RAISINIER, s. m. Arbre des contrées les plus chaudes de l'Amérique, de la famille des polygonées. T. de bot.

RAISMES, s. m. Com. du dép. du Nord, cant. de St.-Amand, arr. de Valenciennes. = Valenciennes. Mines de houille; fonderie de fer.

RAISON, s. f. Faculté intellectuelle qui distingue l'homme de la bête et le rend maître de tout ce qui existe ici-bas; usage de cette faculté, bon sens. —, l'opposé de folie; perdre la raison. —, droit, justice, équité; avoir raison. —, devoir; mettre à la raison. —, rapport, compte; rendre raison d'une chose. —, satisfaction sur une demande, une prétention, une injure; demander raison. —, preuve tirée d'un argument; art de raisonner. —, pl. Discours, raisonnement pour justifier; bonnes, mauvaises raisons. —, cause, fondement, sujet, motif; j'ai de bonnes raisons pour me plaindre. Etre de —, imaginaire; chimérique. Parler —, raisonnablement. Comme de —, comme il est juste que les choses soient faites. A plus forte —, avec un motif d'autant plus fort. Avoir de la —, être raisonnable. Avoir —, n'avoir pas tort. A — de, à proportion, sur le pied de. —, rapport de deux quantités. T. de math. —, nom sous lequel une société se fait connaître, part d'un associé, son droit dans le fonds social. Livre de —, livre de compte. T. de comm.

RAISONNABLE, adj. Doué de raison qui jouit de la faculté de raisonner. — juste, équitable, conforme à la raison

—, qui se conduit sagement. —, convenable; prix raisonnable. —, au-dessus du médiocre; fortune raisonnable.

RAISONNABLEMENT, adv. Avec raison, d'une manière raisonnable, équitable, convenable, passablement.

RAISONNÉ, E, part. et adj. Appuyé de raisons, de preuves. —, qui rend raison des principes, des règles; grammaire raisonnée.

RAISONNEMENT, s. m. Faculté, action de raisonner; argument, syllogisme.

RAISONNER, v. a. Examiner, peser, se rendre compte de ce qu'on fait; raisonner sa conduite. —, v. n. Se servir de sa raison pour connaître, pour asseoir un jugement; faire usage de sa raison. —, discourir, argumenter, disserter; faire des objections, des réponses, chercher, alléguer, apporter des raisons, des motifs à l'appui d'une proposition. —, murmurer, ne pas convenir de son tort. T. fam. —, exhiber ses papiers, rendre compte de sa route. T. de mar.

RAISONNEUR, EUSE, s. Celui, celle qui raisonne. —, adj. Qui trouve toujours des excuses, qui murmure contre les ordres de son supérieur; valet raisonneur.

RAISS, s. m. Capitaine, patron d'un navire dans la marine égyptienne.

RAISSAC, s. m. Com. du dép. de l'Ariège, cant. de Lavelanet, arr. de Foix. = Mirepoix.

RAISSAC, s. m. Com. du dép. de l'Aveyron, cant. et arr. de St.-Affrique. = St.-Affrique.

RAISSAC, s. m. Com. du dép. du Tarn, cant. de Montredon, arr. de Castres. = Albi.

RAISSAC-D'AUDE, s. m. Com. du dép. de l'Aude, cant. et arr. de Narbonne. = Narbonne.

RAISSAC-SUR-LAMPY, s. m. Com. du dép. de l'Aude, cant. d'Alzonne, arr. de Carcassonne. = Alzonne.

RAIX, s. m. Com. du dép. de la Charente, cant. de Villefagnan, arr. de Ruffec. = Ruffec.

RAIZEUX, s. m. Com. du dép. de Seine-et-Oise, cant. et arr. de Rambouillet. = Rambouillet.

RAJACE ou RAJASSE, s. f. Pierre blanche dont on se servait pour faire des statues. T. d'antiq.

RAJAH, s. m. Prince indien.

RAJAMBÉ, E, part. Enjambé une seconde fois. T. fam.

RAJAMBER, v. a. Faire une seconde enjambée. T. fam.

RAJANE, s. f. Plante du genre des smilacées. T. de bot.

RAJEUNI, E, part. Se dit d'une personne à laquelle on a rendu un air de jeunesse.

RAJEUNIR, v. a. Rendre l'air plus jeune. —, v. n. Redevenir jeune, reprendre l'air, la vigueur de la jeunesse. —, se renouveler. Se —, v. pron. Se donner des airs de jeunesse, retrancher du nombre de ses années, dissimuler son âge.

RAJEUNISSANT, E, adj. Qui rajeunit. T. inus.

RAJEUNISSEMENT, s. m. Action de rajeunir; état de celui qui est ou qui paraît être rajeuni.

RAJUSTÉ, E, part. Ajusté de nouveau, raccommodé.

RAJUSTEMENT, s. m. Action de rajuster, raccommodement.

RAJUSTER, v. a. Ajuster de nouveau, raccommoder. Se —, v. pron. Raccommoder ses ajustemens, ses vêtemens.

RÂLANTE, adj. f. Accompagnée de râle; respiration râlante. T. de méd.

RÂLE, s. m. Genre d'oiseaux échassiers aquatiques. — ou râlement, bruit que produit dans la trachée artère la difficulté de respirer qu'éprouve un malade à l'agonie.

RALENTI, E, part. Rendu plus lent.

RALENTIR, v. a. Rendre plus lent, au prop. et au fig. Se —, v. pron. Devenir plus lent, moins actif, perdre de sa vivacité, de son ardeur.

RALENTISSEMENT, s. m. Diminution de mouvement, d'activité; relâchement.

RÂLER, v. n. Avoir le râle, respirer avec peine, ce qui produit un son rauque dans la trachée artère.

RALINGUER, v. n. Coudre les ralingues aux voiles; faire couper le vent par les ralingues. T. de mar.

RALINGUES, s. f. pl. Cordes cousues au bord des voiles, des filets, pour les renforcer. T. de mar. et de pêch.

RALITER (se), v. pron. Se remettre au lit, retomber malade. T. fam.

RALLER, v. n. Voy. RAIRE.

RALLIÉ, E, part. Rassemblé, en parlant de soldats en déroute.

RALLIEMENT, s. m. Action de rallier, de se rallier. Point de —, endroit indiqué pour se rallier. —, opinion commune à plusieurs partis. Fig. Mot de —, mot donné aux troupes pour se reconnaître et se rallier dans le cas de déroute; mot caractéristique auquel chaque parti se reconnaît. Fig.

RALLIER, v. a. Rassembler des soldats en déroute ; rallier les fuyards. —, mettre au vent ; rallier un navire. T. de mar. Se —, v. pron. Se réunir. Prop. et fig. Se — à la terre, s'en approcher. T. de mar. Se —, v. récip. Se réunir après une déroute, en parlant des troupes, etc.

RALLONGE, s. f. Portion qu'on ajoute à une chose trop courte.

RALLONGÉ, E, part. Augmenté en longueur.

RALLONGEMENT, s. m. Augmentation en longueur. —, diagonale de la croupe à l'arêtier. T. de mar.

RALLONGER, v. a. Augmenter la longueur, rendre plus long en ajoutant quelque chose.

RALLUMÉ, E, part. Allumé de nouveau.

RALLUMER, v. a. Allumer de nouveau. Prop. et fig. Se —, v. pron. Reprendre feu, et fig. se ranimer.

RAM (le), s. m. Com. du dép. de l'Aveyron, cant. de Vezins, arr. de Milhau. ⸺ Sévérac-le-Château.

RAMADAN, s. m. Mois consacré au jeûne et à la prière, sorte de carême durant lequel les musulmans ne mangent qu'après le coucher du soleil.

RAMADOUÉ, E, part. Radouci par des caresses. T. fam.

RAMADOUER, v. a. Radoucir en faisant de nouvelles caresses. T. fam. inus.

RAMADOUX, s. m. Espèce de rat des Indes.

RAMAGE, s. m. Chant des petits oiseaux. —, rameau, feuillage, branchage ; dessin d'une étoffe représentant des fleurs ou des feuilles, etc. ; robe à grand ramage.

RAMAGER, v. n. Chanter, en parlant des oiseaux.

RAMAIGRI, E, part. Rendu maigre encore une fois.

RAMAIGRIR, v. a. Rendre maigre de nouveau. —, v. n., et se —, v. pron. redevenir maigre.

RAMAILLAGE, s. m. Action de ramailler.

RAMAILLÉ, E, part. Façonné pour passer au chamois ; se dit des peaux.

RAMAILLER, v. a. Donner aux peaux la façon nécessaire pour les apprêter, les chamoiser.

RAMAIRE, adj. Attaché, appartenant aux rameaux. T. de bot.

RAMALINE, s. f. Espèce de lichen. T. de bot.

RAMAS, s. m. Amas, assemblage sans ordre de choses de peu de valeur ; ramas de bouquins. —, se dit des personnes, en mauvaise part ; ramas d'intrigans.

RAMASSE, s. f. Traîneau en forme de fauteuil pour descendre les montagnes couvertes de neige.

RAMASSE, s. f. Com. du dép. de l'Ain, cant. de Césériat, arr. de Bourg. ⸺ Bourg.

RAMASSÉ, E, part. Réuni, rassemblé. —, adj. Trapu, vigoureux ; homme ramassé. —, très rapproché. T. de bot.

RAMASSER, v. a. Faire un ramas, une collection de choses, de personnes ; rassembler ce qui était épars. —, relever ce qui est à terre ; ramasser son mouchoir. —, traîner dans une ramasse. Se —, v. pron. Se replier sur soi-même. Se —, se relever étant tombé. T. fam.

RAMASSEUR, s. m. Conducteur d'une ramasse.

RAMASSIS, s. m. Assemblage de choses réunies sans choix ; ramas. —, menues branches. T. fam.

RAMASSOIR, s. m. Outil pour marbrer le papier.

RAMATUELLE, s. f. Com. du dép. du Var, cant. de St.-Tropez, arr. de Draguignan. ⸺ St.-Tropez.

RAMAZAN, s. m. Voy. RAMADAN.

RAMBADE, s. f. Espèce de garde-fou autour des gaillards, des dunettes. T. de mar.

RAMBAUD, s. m. Com. du dép. des Hautes-Alpes, cant. de la Bâtie-Neuve, arr. de Gap. ⸺ Gap.

RAMBERGE, s. f. Petit navire en long dont se servaient les Anglais.

RAMBERT (St.-), s. m. Petite ville du dép. de l'Ain, chef-lieu de cant. de l'arr. de Belley. Bur. d'enregist. et de poste. Fabr. importantes de toiles communes ; forges.

RAMBERT (St.-), s. m. Petite ville du dép. de la Loire, chef-lieu de cant. de l'arr. de Montbrison. Bur. d'enregist. ⸺ St.-Etienne. Cette ville est située près de la Loire, qui y est navigable. Entrepôt de vins.

RAMBERT (St.-), s. m. Com. du dép. du Rhône, cant. de Limonest, arr. de Lyon. ⸺ Lyon.

RAMBERVILLERS, s. m. Petite ville du dép. des Vosges, chef-lieu de cant. de l'arr. d'Epinal. Bur. d'enregist. et de poste. Fabr. de bas de laine, toiles, draps. Manuf. de faïence et de terre de pipe. Comm. de grains, papeteries, forges.

RAMBEZ, s. m. Com. du dép. du Jura, cant. de Beaufort, arr. de Lons-le-Saulnier. ⸺ Lons-le-Saulnier.

RAMBLUZIN, s. m. Com. du dép. de la Meuse, cant. de Souilly, arr. de Verdun. = Verdun.

RAMBOUILLET, s. m. Petite ville du dép. de Seine-et-Oise, chef-lieu de sous-préf. et de cant.; tribunal de 1re inst.; société d'agric.; direct. des contrib. indir.; recev. partic. des finances; bur. d'enregist. et de poste.

Cette ville possède un château royal dans la dépendance duquel se trouvent une vaste forêt, de très beaux jardins et deux parcs d'une très grande étendue. C'est dans l'un de ces parcs que furent établies les bergeries propres à loger le troupeau de mérinos que Louis XVI fit venir d'Espagne, en 1786, pour améliorer la qualité de nos laines. Comm. de grains, laines, bestiaux, et particulièrement de moutons mérinos.

RAMBOUR, s. m. Grosse pomme un peu acide.

RAMBUCOURT, s. m. Com. du dép. de la Meuse, cant. de St.-Mihiel, arr. de Commercy. = St.-Mihiel.

RAMBURELLES, s. f. Com. du dép. de la Somme, cant. de Gamaches, arr. d'Abbeville. = Abbeville.

RAMBURES, s. f. Com. du dép. de la Somme, cant. de Gamaches, arr. d'Abbeville. = Abbeville.

RAME, s. f. Longue pièce de bois aplatie par un bout pour faire voguer un bateau, aviron. —, longue et menue branche fichée en terre pour soutenir des plantes grimpantes. —, farine mêlée avec le son avant le blutage. —, faisceau de petites cordes dans les métiers à fabriquer les soieries. —, vingt mains de papier réunies. Mettre un livre à la —, vendre les feuilles à l'épicier faute de débit.

RAMÉ, E, part. Soutenu par des rames; pois ramés. Boulets —, deux boulets joints par une barre de fer pour couper les agrès d'un navire. Balles —, jointes ensemble par un fil d'archal.

RAMÉADE, s. f. Poste de quinze combattans sur une galère.

RAMÉAL, E, adj. Porté sur un rameau; feuille raméale. T. de bot.

RAMEAU, s. m. Petite branche d'arbre. Dimanche des —, le dernier dimanche de carême. —, se dit fig. des vaisseaux, des nerfs; des diverses branches d'une mine; des sous-divisions de la même branche de famille. —, constellation boréale. T. d'astr.

RAMECOURT, s. m. Com. du dép. du Pas-de-Calais, cant. et arr. de St.-Pol. = St.-Pol.

RAMECOURT, s. m. Com. du dép. des Vosges, cant. et arr. de Mirecourt. = Mirecourt.

RAMÉE, s. f. Assemblage de branches entrelacées; branches coupées avec leurs feuilles.

RAMÉE (Ste.), s. f. Com. du dép. de la Charente-Inférieure, cant. de Mirambeau, arr. de Jonzac. = Mirambeau.

RAMEFORT, s. m. Com. du dép. de la Haute-Garonne, cant. d'Aurignac, arr. de St.-Gaudens. = Martres.

RAMELPOT, s. m. Tambour des Hottentots, fait d'un seul tronc d'arbre évidé.

RAMENDABLE, adj. Qui peut être ramendé. T. inus.

RAMENDAGE, s. m. Morceau de feuille d'or ajouté où il en manque. T. de doreur sur bois.

RAMENDÉ, E, part. Baissé, diminué de prix, en parlant des subsistances.

RAMENDER, v. a. et n. Baisser, diminuer de prix. T. fam. —, réparer les défauts dans la peinture et la dorure; raccommoder un filet. —, remettre à la teinture une étoffe mal teinte. T. de teinturier. —, remettre de l'engrais, amender de nouveau. T. d'agric.

RAMENÉ, E, part. Amené une seconde fois.

RAMENER, v. a. Amener une seconde fois, remettre une personne, un animal dans le lieu d'où il était parti; faire revenir avec soi. —, remettre en vogue; ramener une mode. —, faire renaître; ramener la confiance. —, faire revenir d'une passion, de l'erreur, etc.; réconcilier; adoucir, calmer. Fig. —, faire baisser le nez du cheval. T. de man.

RAMENERET, s. m. Trait fait avec le cordeau. T. de charp.

RAMEQUIN, s. m. Pâtisserie faite avec du fromage.

RAMER, v. a. Soutenir avec des rames; ramer des pois. —, v. n. Tirer à la rame. —, travailler comme un galérien, se donner beaucoup de peine, de fatigue. Fig. et fam.

RAMEREAU, s. m. Jeune ramier.

RAMERSMATT, s. m. Com. du dép. du Haut-Rhin, cant. de Thann, arr. de Belfort. = Cernay.

RAMERUPT, s. m. Com. du dép. de l'Aube, chef-lieu de cant. de l'arr. d'Arcis-sur-Aube. Bur. d'enregist. = Arcis-sur-Aube.

RAMETTE, s. f. Châssis sans barre au milieu. T. d'impr.

RAMEUR, s. m. Galérien qui tire à la rame; matelot qui rame. —, oiseau de haut vol. T. de fauc. —, pl. Insectes hémiptères géocorises. T. d'hist. nat.

RAMEUX, EUSE, adj. Touffu, qui a beaucoup de branches. T. de bot.

RAMICOURT, s. m. Com. du dép. de l'Aisne, cant. de Bohain, arr. de St.-Quentin. = St.-Quentin.

RAMIER, s. m. et adj. Pigeon sauvage, gris, qui se perche sur les arbres.

RAMIÈRE (la), s. f. Com. du dép. du Lot, cant. de Limogne, arr. de Cahors. = Villefranche.

RAMIFICATION, s. f. Division, distribution en plusieurs rameaux; se dit des artères, des veines, etc., et fig., des sciences, des opinions d'une secte, d'un parti.

RAMIFIER (se), v. pron. Se diviser en plusieurs branches, en rameaux. Prop. et fig.

RAMILLE, s. f. Petit jet qui fait partie d'un rameau. —, pl. Petites branches qui ne sont propres qu'à faire des bourrées. T. d'eaux et forêts.

RAMILLY, s. m. Com. du dép. du Nord, cant. et arr. de Cambrai. = Cambrai.

RAMINGUE, adj. Rétif, qui résiste à l'éperon; cheval ramingue. T. de man.

RAMIPARES, s. m. pl. Polypes à bras. T. d'hist. nat.

RAMIRET, s. m. Ramier-pintade, ramier de Cayenne, espèce de pigeon.

RAMISOL, s. m. Voy. BASAAL.

RAMOINDRI, E, part. Rendu moindre, diminué.

RAMOINDRIR, v. a. Rendre moindre, diminuer.

RAMOIR, s. m. Outil de layetier pour tailler et polir le bois.

RAMOITI, E, part. Rendu moite, humecté. T. de mét.

RAMOITIR, v. a. Humecter, rendre moite. T. de mét.

RAMOLADE, s. f. Espèce de danse. Voy. REMOLADE.

RAMOLLI, E, part. Amolli, rendu plus souple, plus maniable.

RAMOLLIR, v. a. Amollir, rendre plus mou, plus souple, plus maniable; ramollir la terre. —, rendre mou, efféminé. Fig. —, redresser le pennage d'un oiseau de proie avec une éponge mouillée. T. de fauc. Se —, v. pron. Devenir mou, plus mou, et fig., devenir efféminé.

RAMOLLISSANT, s. m. Laxatif.

RAMOLLISSANT, E, adj. Qui relâche. T. de méd.

RAMON, s. m. Balai. (Vi.)

RAMONAGE, s. m. Action de ramoner une cheminée; effet de cette action.

RAMONCHAMP, s. m. Com. du dép. des Vosges, chef-lieu de cant. de l'arr. de Remiremont. Bur. d'enregist. = Remiremont.

RAMONDE, s. f. Molène à tige nue. T. de bot.

RAMONDIE, s. f. Espèce de fougère. T. de bot.

RAMONÉ, E, part. Se dit du tuyau d'une cheminée dont on a enlevé la suie.

RAMONER, v. a. Nettoyer une cheminée, en faire tomber la suie avec une racle.

RAMONETTE, s. f. Espèce de raquette. T. inus.

RAMONEUR, s. m. Marchand de peaux de lapin qui parcourt les villes et les campagnes et ramone les cheminées, haut-à-bas. —, espèce de capricorne noir.

RAMONTCHI, s. m. Arbrisseau de l'île de Madagascar. T. de bot.

RAMONVILLE, s. f. Com. du dép. de la Haute-Garonne, cant. et arr. de Toulouse. = Toulouse.

RAM-OULAN, s. m. Litchi des îles Moluques. T. de bot.

RAMOULU, s. m. Com. du dép. du Loiret, cant. de Malesherbes, arr. de Pithiviers. = Malesherbes.

RAMOUS, s. m. Com. du dép. des Basses-Pyrénées, cant. et arr. d'Orthez. = Orthez.

RAMOUZIES, s. f. Com. du dép. du Nord, cant. et arr. d'Avesnes. = Avesnes.

RAMOUZENS, s. m. Com. du dép. du Gers, cant. d'Eauze, arr. de Condom. = Condom.

RAMPAN, s. m. Com. du dép. de la Manche, cant. et arr. de St.-Lô. = St.-Lô.

RAMPANT, E, adj. Qui rampe; animal rampant. —, bas, servile, abject; homme rampant. Fig. Style —, plat, fade, insipide. —, qui s'étend sur la terre et y prend racine. T. de bot. Bandage —, dont les circonvolutions entourent la partie malade en forme de spirale. T. de chir.

RAMPE, s. f. Partie d'un escalier, d'un palier à l'autre; balustrade à hauteur d'appui; plan incliné qui tient lieu d'escalier; cascade en pente douce. — du limaçon. Voy. LABYRINTHE. T. d'anat.

RAMPEMENT, s. m. Action de ramper.

RAMPER, v. n. Se traîner sur le ventre, en parlant des reptiles. —, s'abaisser, se soumettre servilement, faire des bassesses. Fig. —, manquer totalement d'élévation, de noblesse, en parlant du style. —, s'étendre sur terre ou s'attacher aux arbres, en parlant des plantes grimpantes. T. de bot.

RAMPHE, s. f. Genre d'insectes coléoptères. T. d'hist. nat.

RAMPHOCÈNE, s. m. Genre d'oiseaux sylvains. T. d'hist. nat.

RAMPIEUX, s. m. Com. du dép. de la Dordogne, cant. de Beaumont, arr. de Bergerac. = Bergerac.

RAMPILLON, s. m. Com. du dép. de Seine-et-Marne, cant. de Nangis, arr. de Provins. = Nangis.

RAMPIN, adj. Voy. PINCART. T. de man.

RAMPONEAU (couteau à la), s. m. Sorte de grand couteau de cuisine.

PAMPONER, v. n. S'enivrer. (Vi.)

RAMPONT, s. m. Com. du dép. de la Meuse, cant. de Souilly, arr. de Verdun. = Etain.

RAMPOUX, s. m. Com. du dép. du Lot, cant. de Salviac, arr. de Gourdon. = Gourdon.

RAMURE, s. f. Bois du cerf, du daim.
—, les branches d'un arbre.

RANATRE, s. f. Genre d'insectes hémiptères. T. d'hist. nat.

RANCE, s. m. et adj. Se dit des corps gras devenus âcres en vieillissant, ou par le contact de l'air; lard rance.

RANCE, s. m. Com. du dép. de l'Aube, cant. de Brienne-le-Château, arr. de Bar-sur-Aube. = Brienne.

RANCÉ, s. m. Com. du dép. de l'Ain, cant. et arr. de Trévoux. = Trévoux.

RANCE (la), s. f. Rivière qui prend sa source près du village de Colinée, et qui se jette dans la Manche à St.-Malo. Elle est navigable au moyen des marées.

RANCENAY, s. m. Com. du dép. du Doubs, cant. de Boussières, arr. de Besançon. = Besançon.

RANCENNES, s. f. Com. du dép. des Ardennes, cant. de Givet, arr. de Rocroy. = Givet.

RANCETTE, s. f. Tôle commune pour les tuyaux de poêle.

RANCHAL, s. m. Com. du dép. du Rhône, cant. de St.-Nizier-d'Azergues, arr. de Villefranche. = St.-Symphorien.

RANCHE, s. f. Cheville qui sert à garnir un rancher.

RANCHER, s. m. Pièce de bois garnie de chevilles, formant échelons. —, pl. Morceaux de bois sur le devant et le derrière d'une charrette, assujettis sur les timons.

RANCHERIE, s. f. Village d'Indiens libres en Amérique.

RANCHETTE, s. f. Com. du dép. du Jura, cant. et arr. de St.-Claude. = St.-Claude.

RANCHICOURT, s. m. Com. du dép. du Pas-de-Calais, cant. de Houdain, arr. de Béthune. = Béthune.

RANCHIER, s. m. Fer d'une faulx. T. de blas.

RANCHOT, s. m. Com. du dép. du Jura, cant. de Dampierre, arr. de Dôle. = St.-Vyt.

RANCHY, s. m. Com. du dép. du Calvados, cant. et arr. de Bayeux. = Bayeux.

RANCIDITÉ, s. f. Défaut de ce qui est rance.

RANCIO, s. m. Vin d'Espagne devenu jaunâtre en vieillissant.

RANCIR, v. n. Devenir rance.

RANCISSURE, s. f. Partie d'une chose rance, rancidité.

RANCOGNE, s. f. Com. du dép. de la Charente, cant. de Larochefoucault, arr. d'Angoulême. = Larochefoucault. Forges et mines de fer.

RANÇON, s. f. Prix de la délivrance des captifs, des prisonniers de guerre avant l'établissement du droit des gens chez les nations européennes; tribut imposé à ces mêmes nations par les puissances barbaresques avant la prise d'Alger.

RANÇON, s. f. Com. du dép. de la Seine-Inférieure, cant. de Caudebec, arr. d'Yvetot. = Caudebec.

RANÇON, s. f. Com. du dép. de la Haute-Vienne, cant. de Château-Ponsac, arr. de Bellac. = Bellac.

RANÇONNÉ, E, part. Mis à rançon; forcé de payer ce qu'on ne doit pas.

RANÇONNEMENT, s. m. Action de rançonner, exaction.

RANÇONNER, v. a. Mettre un navire marchand à rançon, en parlant d'un vaisseau de guerre ou d'un corsaire, qui abuse de sa force pour commettre des exactions au mépris du droit des gens. —, exiger plus qu'il ne faut; rançonner des voyageurs. —, employer la violence pour se faire donner des vivres et de l'argent; rançonner un pays.

RANÇONNEUR, EUSE, s. Celui, celle qui extorque l'argent des voyageurs, qui rançonne.

RANÇONNIÈRES, s. f. Com. du dép. de la Haute-Marne, cant. de Varennes, arr. de Langres. = Bourbonne.

RANCOURT, s. m. Com. du dép. de la Meuse, cant. de Revigny, arr. de Bar-le-Duc. = Bar-le-Duc.

RANCOURT, s. m. Com. du dép. de la Somme, cant. de Combles, arr. de Péronne. = Péronne.

RANCOURT, s. m. Com. du dép. des Vosges, cant. de Vittel, arr. de Mirecourt. = Mirecourt.

RANCUNE, s. f. Haine cachée et invétérée; ressentiment profond d'une offense.

RANCUNIER, ÈRE, s. et adj. Haineux, vindicatif, qui garde le ressentiment d'une offense.

RANCY, s. m. Com. du dép. de Saône-et-Loire, cant. de Cuisery, arr. de Louhans. = Louhans.

RANDAN, s. m. Com. du dép. du Puy-de-Dôme, chef-lieu de cant. de l'arr. de Riom. Bur. d'enregist. à Aigueperse. = Riom.

RANDEVILLERS, s. m. Com. du dép. du Doubs, cant. de Clerval, arr. de Baume. = Baume.

RANDIES, s. f. Famille de plantes rubiacées. T. de bot.

RANDON, s. m. Sentier couvert dans un bois.

RANDONNAI, s. m. Com. du dép. de l'Orne, cant. de Tourouvre, arr. de Mortagne. = St.-Maurice. Fabr. de clous et fonderie.

RANDONNÉE, s. f. Circuit que fait une bête lancée, autour du lieu qu'elle abandonne. T. de véner.

RANES, s. f. Com. du dép. de l'Orne, cant. d'Ecouché, arr. d'Argentan. = Argentan. Fabr. d'outils aratoires.

RANG, s. m. Ordre, disposition de personnes ou de choses sur une même ligne. —, place assignée à une personne, à une chose, parmi plusieurs autres; et fig., place qu'une personne ou une chose occupe dans l'opinion publique; distinction, ordre, dignité, degré d'honneur. Vaisseau de premier —, vaisseau à trois ponts. T. de mar. Au — de, au nombre de, parmi.

RANG, s. m. Com. du dép. du Doubs, cant. de l'Isle-sur-le-Doubs, arr. de Baume. = Baume.

RANGE, s. f. Rang de pavés égaux. T. de paveur.

RANGÉ, E, part. Placé, disposé, mis en ordre. Bataille —, entre deux armées rangées en ordre de bataille. Personne —, qui a de l'ordre. Fig.

RANGECOURT, s. m. Com. du dép. de la Haute-Marne, cant. de Clefmont, arr. de Chaumont. = Montigny-le-Roi.

RANGÉE, s. f. Suite de choses rangées sur une même ligne; rangée d'arbres.

RANGEN, s. m. Com. du dép. du Bas-Rhin, cant. de Marmoutier, arr. de Saverne. = Saverne.

RANGER, v. a. Mettre dans un certain ordre; ranger des livres. —, mettre de côté pour débarrasser, détourner pour faire place. —, mettre au nombre, au rang de. Fig. —, réduire à l'obéissance, mettre à la raison. — la côte, naviguer en côtoyant le rivage. T. de mar. Se —, v. pron. Se serrer, s'écarter pour faire place. Se —, se placer autour; se ranger autour du feu. Se — d'un parti, embrasser sa défense. Se — à une opinion, l'adopter.

RANGER ou **RANGIER**, s. m. Renne. T. de blas.

RANGUEVAUX, s. m. Com. du dép. de la Moselle, cant. et arr. de Thionville. = Thionville.

RANGUILLON, s. m. Pointe de fer, ardillon. T. d'impr. —, petit crochet de l'hameçon. T. de pêch.

RANIMÉ, E, part. Rappelé, rendu à la vie; excité de nouveau. Fig.

RANIMER, v. a. Rappeler à la vie, rendre l'âme, faire revivre. —, redonner de la vigueur; remettre en vigueur, rendre les forces. —, exciter de nouveau; ranimer le courage. Fig.

RANINE, s. f. Genre de crustacés qui ressemblent à la grenouille. —, s. et adj. Se dit des artères et des veines qui sont sous la langue. Voy. SUBLINGUAL. T. d'anat.

RANNI, E, part. Vernissé. T. de potier.

RANNIR, v. a. Vernisser l'étain. T. de potier.

RANRUPT, s. m. Com. du dép. des Vosges, cant. de Saales, arr. de St.-Dié. = St.-Dié.

RANS, s. m. Com. du dép. du Jura, cant. de Dampierre, arr. de Dôle. = St.-Vyt.

RANSART, s. m. Com. du dép. du Pas-de-Calais, cant. de Beaumetz, arr. d'Arras. = Arras.

RANSPACH, s. m. Com. du dép. du Haut-Rhin, cant. de St.-Amarin, arr. de Belfort. = Belfort.

RANSPACH-LE-BAS, s. m. Com. du dép. du Haut-Rhin, cant. de Huningue, arr. d'Altkirch. = Huningue.

RANSPACH-LE-HAUT, s. m. Com. du dép. du Haut-Rhin, cant. de Huningue, arr. d'Altkirch. = Huningue.

RANTECHAUX, s. m. Com. du dép. du Doubs, cant. de Vercel, arr. de Baume. = Baume.

RANTIGNY, s. m. Com. du dép. de l'Oise, cant. de Liancourt, arr. de Clermont. = Clermont-en-Beauvoisis. Fabr. de bonneterie.

RANTON, s. m. Com. du dép. de la Vienne, cant. des Trois-Moutiers, arr. de Loudun. = Loudun.

RANTZWILLER, s. m. Com. du dép.

du Haut-Rhin, cant. de Landser, arr. d'Altkirch. = Huningue.

RANULAIRE, s. et adj. Voy. Sublingual. T. d'anat.

RANULE, s. f. Grenouillette, tumeur œdémateuse sous la langue. T. de méd.

RANVILLE, s. f. Com. du dép. du Calvados, cant. de Troarn, arr. de Caen. = Troarn.

RANVILLE, s. f. Com. du dép. de la Charente, cant. d'Aigre, arr. de Ruffec. = Aigre.

RANZ-DES-VACHES, s. m. Air insipide que les pâtres suisses jouent sur la cornemuse.

RANZEVELLE, s. f. Com. du dép. de la Haute-Saône, cant. de Jussey, arr. de Vesoul. = Jussey.

RANZIÈRES, s. f. Com. du dép. de la Meuse, cant. de St.-Mihiel, arr. de Commercy. = St.-Mihiel.

RAON-AUX-BOIS, s. m. Com. du dép. des Vosges, cant. et arr. de Remiremont. = Remiremont.

RAON-LES-LEAU, s. m. Com. du dép. de la Meurthe, cant. de Lorquin, arr. de Sarrebourg. = Blamont.

RAON-L'ÉTAPE, s. m. Petite ville du dép. des Vosges, chef-lieu de cant. de l'arr. de St.-Dié. Bur. d'enregist. et de poste. Fabr. de potasse, salin, poinçons; comm. de bois.

RAON-SUR-PLAINE, s. m. Com. du dép. des Vosges, cant. de Schirmeck, arr. de St.-Dié. = Raon-l'Etape.

RAPACE, s. m. Substance volatile. T. de chim.

RAPACE, adj. Ardent à saisir sa proie, et fig., avide de rapines. —, s. m. pl. Ordre d'oiseaux de proie qui ont le bec crochu, les pattes courtes, et les serres tranchantes. T. d'hist. nat.

RAPACÉ, E, adj. Qui tient de la rave.

RAPACITÉ, s. f. Avidité d'un animal à saisir sa proie; ardeur de l'homme à la rapine. Fig.

RAPAGGIO, s. m. Com. du dép. de la Corse, cant. de Piedicroce, arr. de Corte. = Bastia.

RAPALE, s. m. Com. du dép. de la Corse, cant. de Murato, arr. de Bastia. = Bastia.

RAPARIÉ, E, part. Rassorti, réuni.

RAPARIER, v. a. Assortir; réunir. T. inus.

RAPARIEMENT, s. m. Action de raparier. T. inus.

RAPAT, s. m. Arbrisseau de l'île d'Amboine. T. de bot.

RAPATÉE, s. f. Plante de la Guiane. T. de bot.

RAPATELLE, s. f. Toile de crin pour faire les tamis.

RAPATRIAGE ou RAPATRIEMENT, s. m. Réconciliation. T. fam.

RAPATRIÉ, E, part. Réconcilié.

RAPATRIER, v. a. Raccommoder, réconcilier des personnes brouillées. Se —, v. pron. Se réconcilier.

RÂPE, s. f. Ustensile de ménage pour râper le sucre, la croûte de pain, etc. —, espèce de lime pour le bois, etc. —, rafle, grappe de raisin dont les grains sont enlevés. —, voy. Ratissoire. T. d'hist. nat. —, axe hérissé de denticules que soutient l'épi du froment. T. de bot. —, pl. Crevasses à l'articulation du genou d'un cheval, malandres. —, sirops de sucs fermentés.

RÂPÉ, s. m. Grappes de raisin qu'on met dans un tonneau pour remédier à ses altérations; vin ainsi raccommodé.

RÂPÉ, E, part. Pulvérisé avec la râpe. —, usé par le frottement; habit râpé. Fig. et fam.

RÂPER, v. a. Réduire en poudre avec une râpe; limer avec la râpe. —, user par le frottement. Fig.

RAPETASSÉ, E, part. Rapiécé, raccommodé.

RAPETASSER, v. a. Raccommoder de vieilles hardes, y mettre des pièces.

RAPETASSEUR, s. m. Celui qui rapetasse; savetier, carreleur de souliers.

RAPETISSÉ, E, part. Rendu plus petit. Prop. et fig.

RAPETISSER, v. a. Rendre plus petit, au prop. et au fig. Se —, v. pron. Devenir plus petit.

RAPETTE, s. f. Plante de la famille des borraginées. T. de bot.

RAPEY, s. m. Com. du dép. des Vosges, cant. de Charmes, arr. de Mirecourt. = Charmes.

RAPHAËL (St.-), s. m. Com. du dép. de la Dordogne, cant. d'Exideuil, arr. de Périgueux. = Exideuil.

RAPHAËL (St.-), s. m. Com. du dép. du Var, cant. de Fréjus, arr. de Draguignan. = Fréjus. Fabr. de savon.

RAPHANÉDON, s. m. Fracture transversale d'un os long, sans esquilles, comme une cassure de rave. T. de chir.

RAPHANIE, s. f. Affection convulsive des articulations, causée par la rave sauvage. T. de méd.

RAPHANIS, s. m. Cochléaria. T. de bot.

RAPHANISTRE, s. m. Faux raifort. T. de bot.

RAPHE, s. m. Poisson du genre du cyprin. T. d'hist. nat.

RAPHÉ, s. m. Ligne qui sépare le périnée en deux parties. T. d'anat. —, espèce de synthèse de continuité pour les parties molles. T. de chir.

RAPHIDIE, s. f. Genre d'insectes névroptères. T. d'hist. nat.

RAPHIS, s. m. Palmier du Japon; plante graminée de la Chine. T. de bot.

RAPIDE, adj. Qui se meut avec vitesse, est fait avec célérité, se succède sans interruption. Style —, vif, animé, plein de mouvement et d'idées. Fig.

RAPIDEMENT, adv. Avec rapidité.

RAPIDITÉ, s. f. Vitesse, promptitude, célérité; se dit du style, de la course, du vol, des conquêtes, etc.

RAPIDOLITHE, s. m. Substance minérale. T. d'hist. nat.

RAPIÉCÉ, E, part. Raccommodé avec des pièces.

RAPIÉCEMENT, s. m. Action de rapiécer.

RAPIÉCER, v. a. Mettre des pièces à ses vêtemens; raccommoder.

RAPIÉCETAGE, s. m. Action de rapiéceter; hardes rapiécetées.

RAPIÉCETER, v. a. Remettre des pièces à des hardes, à des meubles, etc.

RAPIÈRE, s. f. Vieille et longue épée.

RAPILLY, s. m. Com. du dép. du Calvados, cant. et arr. de Falaise. = Falaise.

RAPINE, s. f. Action de ravir par violence; larcin; pillage; volerie; concussion.

RAPINÉ, E, part. Volé dans l'exercice d'un emploi.

RAPINER, v. a. et n. Exercer des rapines, voler en abusant de ses fonctions.

RAPINERIE, s. f. Rapine, larcin.

RAPINEUR, s. m. Fripon.

RAPINIE, s. f. Plante de la pentandrie, cinquième classe des végétaux. T. de bot.

RAPIQUER, v. n. Venir au vent pour dépasser un navire. T. de mar.

RAPISTRE, s. m. Sorte de rave. Voy. RAPHANISTRE.

RAPONCULES, s. f. pl. Famille de plantes campanulacées. T. de bot.

RAPONTIQUE, s. f. Plante anti-dyssenterique, rhubarbe des moines. T. de bot.

RAPPAREILLÉ, E, part. Assorti, remis avec son pareil.

RAPPAREILLER, v. a. Assortir, remettre avec son pareil.

RAPPEL, s. m. Action de rappeler; rappel d'un ambassadeur, d'un exilé. —, batterie de tambour pour rassembler la troupe. T. d'art milit. —, disposition testamentaire qui rappelle au partage d'une succession des personnes qui en seraient exclues de droit. — de lumière, disposition de la lumière sur les groupes, ses reflets sur les accessoires. T. de peint.

RAPPELÉ, E, part. Appelé de nouveau, etc.

RAPPELER, v. a. Appeler de nouveau; faire revenir en appelant. —, révoquer les pouvoirs, donner ordre à un ambassadeur de venir rendre compte de sa mission; permettre à un exilé de rentrer dans ses foyers, etc. —, remettre en place, rétablir en fonctions; rappeler un ministère. —, faire souvenir. — à la vie, faire revenir à la vie. — au devoir, faire rentrer dans le devoir. —, battre le rappel. T. d'art milit. —, appeler au partage d'une succession. T. de procéd. Se —, v. pron. Se ressouvenir.

RAPPLIQUÉ, E, part. Appliqué de nouveau.

RAPPLIQUER, v. a. Faire une nouvelle application.

RAPPOINTIS, s. m. Léger ouvrage de serrurerie.

RAPPORT, s. m. Action de rapporter; restitution légale. —, narration, récit, relation équivoque de ce que l'on a vu ou entendu; note d'un agent de police, délation. —, convenance, conformité, analogie; relation des choses entre elles, à leur fin; communication, commerce. —, témoignage juridique; exposé d'une affaire. T. de procéd. —, manière d'être d'une grandeur comparée à une autre. T. de math. —, disposition des corps à s'unir. T. de chim. —, pl. Vapeurs de l'estomac.

RAPPORTABLE, adj. Qui doit être rapporté à la succession.

RAPPORTÉ, E, part. Remis à l'endroit où il est, à la personne à laquelle on l'avait pris, en parlant d'un objet quelconque. —, raconté; révoqué, etc.

RAPPORTER, v. a. Remettre une chose au lieu où elle était, à la personne à laquelle on l'avait prise, de laquelle on l'avait reçue; apporter de loin. —, produire des fruits. —, narrer, raconter, faire un récit. —, redire par indiscrétion ou par malice. —, citer, alléguer; rapporter une anecdote. —, diriger, attribuer; rapporter un événement à ses causes. —, révoquer, annuler; rapporter un arrêt. —, faire le rapport d'un procès. T. de procéd. —, joindre pour compléter; rapporter une pièce, un morceau. —, v. n. Dénoncer au maître les fautes de ses camarades pour les faire punir, en parlant d'un écolier. Se —, v. pron. Convenir, avoir du rapport, de la conformité. Se —, avoir de la conformité; avoir relation à. T. de gramm. S'en — à quelqu'un, lui donner sa confiance, le prendre pour arbitre.

RAPPORTEUR, EUSE, s. Flatteur, espion, qui fait des rapports faux ou indiscrets. —, magistrat commis pour examiner les pièces d'une procédure et faire son rapport. —, instrument de mathématiques pour lever les plans; outil d'horloger pour mesurer les distances et les comparer.

RAPPRENDRE, v. a. Apprendre de nouveau.

RAPPRIS, E, part. Appris une seconde fois.

RAPPROCHÉ, E, part. Approché de plus près.

RAPPROCHEMENT, s. m. Action de rapprocher; effet de cette action. —, réconciliation. —, comparaison, rapport. Faire un —, comparer. Fig.

RAPPROCHER, v. a. Approcher de nouveau ou de plus près. —, considérer les choses sous leurs rapports réciproques, les comparer. Fig. —, ménager, opérer une réconciliation, un accommodement. Se —, v. pron. S'approcher plus près, revenir. Se —, v. récip. Se réconcilier. Fig.

RAPSECOURT, s. m. Com. du dép. de la Marne, cant. de Dommartin-sur-Yèvre; arr. de Ste.-Ménehould. = Ste.-Ménehould.

RAPSODE, s. m. Espèce de marchand de chansons qui parcourait les villes de la Grèce en chantant des rapsodies.

RAPSODÉ, E, part. Rapetassé. T. fam.

RAPSODER, v. a. Rapetasser, raccommoder grossièrement. T. fam.

RAPSODIES, s. f. pl. Morceaux détachés des poésies d'Homère. —, grossier ramas de prose et de vers.

RAPSODISTE, s. m. Mauvais écrivain qui ne fait que des rapsodies.

RAPSODOMANCIE, s. f. Sorte de divination en ouvrant à l'aventure un livre d'Homère ou de Virgile, et en prenant pour réponse le premier vers sur lequel tombait la vue. T. de myth.

RAPT, s. m. Enlèvement, par violence ou par séduction, d'une jeune fille, d'un enfant, etc.

RÂPURE, s. f. Parties détachées par la râpe.

RAPUROIR, s. m. Vase pour le salpêtre.

RAPUTIER, s. m. Arbrisseau de la Guiane. T. de bot.

RAQUE, s. f. Boule de bois qui sert à former les racages. T. de mar.

RAQUETIER, s. m. Fabricant de raquettes.

RAQUETON, s. m. Raquette large.

RAQUETTE, s. f. Instrument pour jouer à la paume, au volant. —, machine dont se servaient les sauvages du Canada, pour marcher sur la neige. —, sorte de scie; piège d'oiseleur. — de mer, coraline, sertulaire. T. d'hist. nat. —, voy. CACTIER. T. de bot.

RARAY, s. m. Com. du dép. de l'Oise, cant. de Pont-Ste-Maxence, arr. de Senlis. = Verberie.

RARE, adj. Qui arrive peu souvent, se trouve rarement; extraordinaire, peu commun. —, singulier; précieux, excellent. —, l'opposé de dense, de compacte; corps rare. T. de phys.

RARECOURT, s. m. Com. du dép. de la Meuse, cant. de Clermont, arr. de Verdun. = Clermont-en-Argonne.

RARÉFACTIF, IVE, adj. Qui a la propriété de raréfier.

RARÉFACTION, s. f. Action de raréfier; état de ce qui est raréfié, dilatation.

RARÉFIANT, E, adj. Qui raréfie, qui dilate.

RARÉFIÉ, E, part. Dilaté.

RARÉFIER, v. a. Rendre moins dense, dilater. T. de phys.

RAREMENT, adv. Peu souvent, peu fréquemment.

RARESCENCE, s. f. Etat, qualité de ce qui est dilaté, raréfié. T. de phys.

RARESCIBILITÉ, s. f. Propriété des corps susceptibles de s'étendre, de se dilater. T. de phys.

RARETÉ, s. f. Disette, pénurie. —, singularité; pour la rareté du fait. —, pl. Choses rares, singulières, curiosités.

RARIFEUILLE, E, adj. Qui a peu de feuilles. T. de bot.

RARIFLORE, adj. Qui a peu de fleurs. T. de bot.

RARISSIME, adj. Très rare. T. fam.

RAS, s. m. Etoffe croisée dont le poil ne paraît pas. —, filière.

RAS, E, adj. Rasé; menton ras. —, qui a le poil fort court, en parlant des animaux, des étoffes. —, plat, uni; rase campagne. —, plein jusqu'aux bords; mesure rase. Table —, lame de cuivre sur laquelle il n'y a rien de gravé, et fig., esprit neuf, susceptible de toutes les impressions. —, qui n'est pas ponté; navire ras. T. de mar.

RASADE, s. f. Verre plein jusqu'aux bords. T. fam.

RASANT, E, adj. Qui rase, va en rasant; feu rasant. T. d'art milit. Vue —, qui s'étend sur le pays.

RASE, s. f. Mélange de poix et de brai pour calfater. T. de mar.

RASÉ, E, part. Coupé avec un rasoir, tout près de la peau, en parlant de la barbe.

RASEMENT, s. m. Action de raser un fort ; effet de cette action.

RASER, v. a. Couper le poil et surtout la barbe avec un rasoir ; faire la barbe. —, abattre, démolir entièrement. —, passer tout près avec rapidité, frôler. — la côte, naviguer le long de la côte. T. de mar. —, v. n. Se blottir. T. de véner. —, ne plus marquer. T. de man. Se —, v. pron. Se faire la barbe.

RASETTE, s. f. Petite étoffe rase. —, fil de fer pour accorder les jeux d'anche. T. d'organiste.

RASIBUS, adv. Tout près, tout contre ; couper rasibus. T. fam.

RASIÈRE, s. f. Mesure de grains, en Flandre.

RASIGUÈRES, s. f. Com. du dép. des Pyrénées-Orientales, cant. de Latour, arr. de Perpignan. = Perpignan.

RASLAY, s. m. Com. du dép. de la Vienne, cant. des Trois-Moutiers, arr. de Loudun. = Loudun.

RASOIR, s. m. Instrument tranchant pour raser le poil, faire la barbe, espèce de couteau d'acier qui est enchâssé de manière à pouvoir se renverser en arrière. — ou Rason, poisson du genre du coryphène. T. d'hist. nat.

RASPATION, s. f. Action de râper ; effet de cette action. T. de chir.

RASPATOIR, s. m. Rugine, instrument de chirurgie.

RASPEÇON, s. m. Voy. URANOSCOPE. T. d'hist. nat.

RASPOUTE ou RASBOUTE, s. m. Soldat indien renommé pour sa bravoure.

RASSADE, s. f. Grains de verre pour faire des colliers, des bracelets, etc.

RASSANGUE, s. f. Oiseau aquatique de l'île de Madagascar, espèce d'oie. T. d'hist. nat.

RASSASIANT, E, adj. Nourrissant, qui rassasie.

RASSASIÉ, E, part. Dont la faim est apaisée, dont l'appétit est satisfait.

RASSASIEMENT, s. m. Etat d'une personne rassasiée. —, dégoût, satiété. Fig.

RASSASIER, v. a. Apaiser la faim, satisfaire entièrement l'appétit. —, satisfaire jusqu'à satiété ; rassasier de plaisirs, etc. Fig. Se —, v. pron. Contenter son appétit, et fig., user immodérément, se fatiguer de quelque chose.

RASSE, s. f. Panier pour le charbon de terre.

RASSÉE, s. f. Contenu d'une rasse.

RASSEMBLÉ, E, part. Mis ensemble, réuni, en parlant de personnes ou de choses éparses.

RASSEMBLEMENT, s. m. Action de rassembler ce qui est épars ; concours de personnes, attroupement.

RASSEMBLER, v. a. Mettre ensemble, réunir ce qui était épars. —, accumuler, amonceler. —, assembler de nouveau, mettre en ordre. —, réunir ; rassembler tous les vices. Fig. —, labourer à demeure. T. d'agric. Se —, v. pron. S'assembler de nouveau, se réunir.

RASSEOIR, v. a. Asseoir de nouveau, remettre en place —, rattacher le fer d'un cheval. —, calmer, tranquilliser. Fig. —, v. n. S'épurer en se reposant. Se —, v. pron. S'asseoir une seconde fois. Se —, se reposer, s'éclaircir, et fig., se remettre de son trouble.

RASSÉRÉNÉ, E, part. Rendu serein.

RASSÉRÉNER, v. a. Rendre serein, au prop. et au fig. Se —, v. pron. Devenir serein.

RASSIÉGÉ, E, part. Assiégé de nouveau.

RASSIÉGER, v. a. Assiéger une seconde fois.

RASSIELS-ET-TRESPOUX, s. m. Com. du dép. du Lot, cant. et arr. de Cahors. = Cahors.

RASSIS, s. m. Fer de cheval que l'on rassied avec des clous neufs. T. de maréchal ferrant.

RASSIS, E, part. Assis de nouveau, remis en place ; reposé, clarifié, en parlant des liquides. Fig. —, adj. Qui n'est ni tendre, ni dur, en parlant du pain. —, modéré, grave, réfléchi ; homme rassis. Fig. De sens —, sans émotion, sans trouble.

RASSORTI, E, part. Assorti de nouveau.

RASSORTIR, v. a. Assortir un magasin désassorti.

RASSOTÉ, E, part. Infatué. T. fam.

RASSOTER, v. a. Infatuer, entêter. T. fam.

RASSURÉ, E, part. Mis en état de sûreté ; raffermi.

RASSURER, v. a. Mettre en état de sûreté ce qui n'y était pas ; raffermir. —, remettre d'un trouble, dissiper les craintes ; rendre la tranquillité, la confiance, l'assurance. Fig. Se —, v. pron. Se remettre de son trouble. Se —, redevenir beau, en parlant du temps. Fig.

RASTADT, s. m. Petite ville d'Allemagne, dans le grand duché de Bade. C'est dans son enceinte que fut signée la paix de 1714. De 1797 à 1798, il s'y tint un congrès, à la suite duquel les plénipotentiaires français furent assassinés. Pop. 4,200 hab. env.

RASTEAU, s. m. Com. du dép. de Vaucluse, cant. de Vaison, arr. d'Orange. = Carpentras.

RASTELLITE, s. m. Huître plissée.

RAST-GERMANIQUE, s. m. Mesure itinéraire d'Allemagne, environ une lieue.

RASURE, s. f. Coupe du poil, des cheveux. T. inus.

RAT, s. m. Petit quadrupède rongeur, à longue queue sans poil. — d'eau, variété du rat ordinaire, animal amphibie qui vit de poissons. —, caprice, fantaisie, bizarrerie. Fig. et fam. —, bruit produit par le chien sur le couvre-feu d'un fusil qui ne part pas. — de cave, employé des droits réunis qui visite les caves des débitans. T. fam. —, bougie de poche à grosse mèche, avec laquelle on descend dans les caves, etc.

RATAFIA, s. m. Liqueur composée d'eau-de-vie, de sucre et de jus de certains fruits.

RATATINÉ, E, adj. Rapetissé, raccourci, rabougri. —, fané, ridé; pomme ratatinée.

RATATINER (se), v. pron. Se rabougrir, se rapetisser, se raccourcir. Se —, se faner, se flétrir, se rider. T. fam.

RATAYRENS, s. m. Com. du dép. du Tarn, cant. de Vaour, arr. de Gaillac.= Cordes.

RATE, s. f. Viscère mou, spongieux, d'une couleur brune, située au fond de l'hypocondre gauche, entre l'estomac et les fausses côtes. T. d'anat.

RATÉ, E, part. Se dit d'une personne qui a manqué son coup, qui n'a pas réussi dans ses démarches.

RÂTEAU, s. m. Instrument d'agriculture et de jardinage. —, pièce de bois garnie de dents dont se sert le cordier pour filer. —, espèce de balai de tapissier. —, outil pour nettoyer les tuyaux du poêle; garde de serrure. —, portion de roue. T. d'horlog. —, coquille du genre des moules. T. d'hist. nat. —, luzerne sauvage. T. de bot.

RATEL, s. m. Mammifère carnassier d'Amérique. T. d'hist. nat.

RÂTELÉ, E, part. Ramassé avec le râteau.

RÂTELÉE, s. f. Ce qu'on peut ramasser en un coup de râteau. Dire sa —, dire librement tout ce qu'on pense, tout ce qu'on sait. T. fam.

RÂTELER, v. a. Ramasser le foin,
l'avoine avec un râteau; nettoyer avec le râteau.

RATELET, s. m. Peigne de canne. T. de manuf.

RÂTELEUR, s. m. Faneur qui râtèle le foin.

RATELEUX, EUSE, adj. Sujet aux inflammations de la rate. (Vr.)

RÂTELIER, s. m. Espèce d'échelle couchée en long, et suspendue au-dessus de la mangeoire, pour donner le foin et la paille aux chevaux dans l'écurie. —, mâchoires supérieure et inférieure. —, traverse en bois, garnie de chevilles ou d'entailles, pour poser les fusils dans un corps-de-garde, etc. Manger à plusieurs —, cumuler des emplois, des profits. Fig.

RATENELLE, s. f. Com. du dép. de Saône-et-Loire, cant. de Tournus, arr. de Mâcon. = Tournus.

RATER, v. a. et n. Ne pas atteindre, et fig., ne pas réussir, manquer son coup. —, v. n. Ne pas partir, en parlant d'une arme à feu.

RATHIER, s. m. Com. du dép. du Jura, cant. et arr. de Poligny. = Poligny.

RATIER, ÈRE, s. et adj. Capricieux, bizarre, qui a des rats. T. fam.

RATIÈRE, s. f. Machine à prendre les rats.

RATIÈRES, s. f. Com. du dép. de la Drôme, cant. de St.-Vallier, arr. de Valence. = St.-Vallier.

RATIÉVILLE, s. f. Com. du dép. de la Seine-Inférieure, cant. de Clères, arr. de Rouen. = Rouen.

RATIFICATION, s. f. Approbation, confirmation authentique de ce qui a été fait en notre nom; acte contenant cette approbation.

RATIFIÉ, E, part. Approuvé, confirmé par acte authentique.

RATIFIER, v. a. Approuver, confirmer authentiquement ce qui a été promis ou fait.

RATILLON, s. m. Petit rat. T. inus. —, petite raie bouclée. T. de pêch.

RATINAGE, s. m. Action de ratiner. T. de manuf.

RATINE, s. f. Etoffe de laine frisée. —, petite bande d'étain en forme de ruban. T. de potier d'étain.

RATINÉ, E, part. Façonné en forme de ratine. T. de manuf.

RATINER, v. a. Imiter la ratine. T. de manuf.

RATION, s. f. Portion de vivres, de fourrages, qu'on distribue aux troupes.

RATIONAL, s. m. Morceau d'étoffe carré, de la grandeur de la main, que le grand-prêtre des Juifs portait sur la poitrine.

RATIONALISME, s. m. Métaphysique qui ne considère les objets que par abstraction, ou en tant qu'ils sont possibles.

RATIONNEL, LE, adj. Se dit d'un grand cercle qui coupe le ciel et la terre en deux hémisphères; horizon rationnel. T. d'astr. Nombre entier. —, dont l'unité est une partie aliquote. Nombre mixte —, composé d'une unité et d'une fraction. Quantité —, commensurable avec son unité. T. de math.

RATIS, s. m. Graisse des boyaux. T. de bouch.

RATISBONNE, s. f. Grande ville d'Allemagne, dans le cercle de Bavière, où se tenaient les diètes de l'Empire.

RATISSAGE, s. m. Action de ratisser les allées d'un jardin; travail de celui qui ratisse. T. de jard.

RATISSÉ, E, part. Se dit d'une allée, etc., dont l'herbe a été coupée avec la ratissoire.

RATISSE-CAISSE, s. m. Planche pour ramasser le sable du moule. T. de fond.

RATISSER, v. a. Couper les racines de l'herbe qui croît dans les allées à l'aide d'une ratissoire.

RATISSETTE, s. f. Outil de briquetier pour nettoyer.

RATISSOIR, s. m. Fil de laiton pour nettoyer les soupapes des tuyaux d'orgue.

RATISSOIRE, s. f. Outil de jardinage pour ratisser les allées, etc. —, coquille du genre des peignes. T. d'hist. nat.

RATISSURE, s. f. Ordures enlevées en ratissant.

RATON, s. m. Petit quadrupède de l'Amérique méridionale, dont la tête ressemble à celle de l'ours. —, pâtisserie de fromage mou. —, petit rat. —, petit enfant. T. fam.

RATONEAU, s. m. Île de la Méditerranée, où l'on remarque un fort et plusieurs batteries qui défendent l'entrée du port et de la ville de Marseille.

RATONCULE, s. f. Petite plante herbacée. T. de bot.

RATTACHÉ, E, part. Attaché de nouveau.

RATTACHER, v. a. Attacher de nouveau. Se —, v. pron. Avoir du rapport, de la connexion avec quelque chose. Fig.

RATTE, s. f. Com. du dép. de Saône-et-Loire, cant. et arr. de Louhans. = Louhans.

RATTEINDRE, v. a. Rattraper quelqu'un qui a pris l'avance, rejoindre.

—, reprendre un prisonnier échappé; gagner, recouvrer ce qu'on avait perdu.

RATTEINT, E, part. Rattrapé, rejoint; repris.

RATTENDRI, E, part. Redevenu tendre.

RATTENDRIR, v. a. Inspirer une nouvelle tendresse, faire redevenir tendre.

RATTISÉ, E, part. Attisé de nouveau.

RATTISER, v. a. Rapprocher les tisons une seconde fois, ranimer le feu.

RATTRAPÉ, E, part. Attrapé de nouveau; atteint, rejoint.

RATTRAPER, v. a. Attraper de nouveau, atteindre en marchant, rejoindre; ratteindre, reprendre; recouvrer ce qu'on avait perdu.

RATURE, s. f. Trait de plume sur l'écriture.

RATURÉ, E, part. Rayé, biffé.

RATURER, v. a. Rayer, biffer, effacer avec un trait de plume ce qu'on vient d'écrire.

RATZWILLER, s. m. Com. du dép. du Bas-Rhin, cant. de Drulingen, arr. de Saverne. = Sarrewerden.

RAUCITÉ, s. f. Âpreté, rudesse de la voix, enrouement.

RAUCOULES, s. f. Com. du dép. de la Haute-Loire, cant. de Montfaucon, arr. d'Yssingeaux. = Yssingeaux.

RAUCOULES, s. f. Com. du dép. du Tarn, cant. de Monestiés, arr. d'Albi. = Cordes.

RAUCOURT, s. m. Com. du dép. des Ardennes, chef-lieu de cant. de l'arr. de Sedan, où se trouve le bur. d'enregist. = Sedan. Fabr. considérables d'objets en acier.

RAUCOURT, s. m. Com. du dép. de la Meurthe, cant. de Nomeny, arr. de Nancy. = Pont-à-Mousson.

RAULECOURT, s. m. Com. du dép. de la Meuse, cant. de St.-Mihiel, arr. de Commercy. = St.-Mihiel.

RAULHAC, s. m. Com. du dép. du Cantal, cant. de Vic, arr. d'Aurillac. = Vic-sur-Cère.

RAUQUE, adj. Rude, désagréable à l'oreille, en parlant du timbre de la voix.

RAUQUER, v. n. Crier, en parlant du tigre.

RAURAM, s. m. Persicaire, plante que l'on mange dans la Cochinchine. T. de bot.

RAURET, s. m. Com. du dép. de la Haute-Loire, cant. de Pradelles, arr. du Puy. = le Puy.

RAUST, s. m. Village du dép. du Tarn, cant. de Rabastens, arr. de Gaillac. = Rabastens.

RAUVILLE-LA-BIGOT, s. f. Com. du dép. de la Manche, cant. de Bricquebec, arr. de Valognes. = Valognes.

RAUVILLE-LA-PLACE, s. f. Com. du dép. de la Manche, cant. de St.-Sauveur-le-Vicomte, arr. de Valognes. = Valognes.

RAUVOLFE, s. m. Genre de plantes de la famille des apocynées. T. de bot.

RAUVOLFÉES, s. f. pl. Famille des plantes apocynées. T. de bot.

RAUWILLER, s. m. Com. du dép. du Bas-Rhin, cant. de Drulingen, arr. de Saverne. = Sarrebourg.

RAUZAN, s. m. Com. du dép. de la Gironde, cant. de Pujols, arr. de Libourne. = Castillon.

RAVAGE, s. m. Dévastation, ruine, dommage, dégât causé avec violence, rapidité, par la guerre, les orages, les maladies, et fig., par les passions désordonnées. — du temps, rides, caducité, infirmités de la vieillesse.

RAVAGÉ, E, part. Dévasté, ruiné.

RAVAGER, v. a. Dévaster, ruiner les campagnes. T. inus.

RAVAGEUR, s. m. Dévastateur, qui cause du ravage, etc.

RAVALE, s. f. Machine pour niveler le terrain sur lequel on la promène.

RAVALÉ, E, part. Avalé une seconde fois, en parlant de la salive. —, avili rabaissé, décrié. Fig.

RAVALEMENT, s. m. Crépi fait à un mur du haut en bas; renfoncement. Clavecin à —, qui a plus de touches que les clavecins ordinaires.

RAVALER, v. a. Rabattre, remettre plus bas; ravaler un capuchon sur ses épaules. —, avaler de nouveau, et fig., se retenir au moment de parler. —, rabaisser, avilir, décrier. Fig. —, crépir un mur du haut en bas. T. de maç. —, étendre avec le brunissoir les feuilles d'or, d'argent, etc. T. de doreur. —, passer les peaux sur un fer rond. T. de corroyeur. Se —, v. pron. Se rabaisser. s'avilir. Fig.

RAVAUDAGE, s. m. Raccommodage à l'aiguille de vieilles hardes, de bas rapetassés. —, mauvaise besogne. Fig. et fam.

RAVAUDÉ, E, part. Raccommodé, rapiéceté.

RAVAUDER, v. a. Raccommoder, rapiéceter de vieux vêtemens, des bas. —, importuner par des discours impertinens, maltraiter. T. fam. —, v. n. tracasser dans une maison, ranger des hardes, des meubles. T. fam.

RAVAUDERIE, conversation niaise, futile. T. fam.

RAVAUDEUR, EUSE, s. Raccommodeur de vieux habits, de bas troués. —, diseur de balivernes. T. fam.

RAVAUX, s. m. pl. Perches garnies de feuillages pour abattre les oiseaux qu'on chasse la nuit avec des brandons. T. de véner.

RAVE, s. f. Plante potagère, annuelle, crucifère, de plusieurs espèces, dont on mange la racine.

RAVEAU, s. m. Com. du dép. de la Nièvre, cant. de la Charité, arr. de Cosne. = la Charité.

RAVEL, s. m. Com. du dép. de la Drôme, cant. de Châtillon, arr. de Die. = Die.

RAVELIN, s. m. Demi-lune. T. de fortif.

RAVEL-SALMER, s. m. Com. du dép. du Puy-de-Dôme, cant. de Vertaizon, arr. de Clermont. = Lezoux.

RAVENALA, s. m. Arbre de l'île de Madagascar. T. de bot.

RAVENEL, s. m. Com. du dép. de l'Oise, cant. de St.-Just-en-Chaussée, arr. de Clermont. = St.-Just-en-Chaussée.

RAVENELLE, s. f. Giroflier jaune.

RAVENNE, s. f. Ville archiépiscopale d'Italie, qui fait partie des états du Pape. Cette ville fut donnée au St.-Siége par Pépin, qui en déposséda les Lombards. On y remarque le mausolée de Théodorich et le tombeau du Dante, célèbre poète italien.

RAVENNES-FONTAINES, s. f. Com. du dép. de la Haute-Marne, cant. de Montigny, arr. de Langres. = Montigny-le-Roi.

RAVENOVILLE, s. f. Com. du dép. de la Manche, cant. de Ste.-Mère-Eglise, arr. de Valognes. = Ste.-Mère-Eglise.

RAVENSARA, s. m. Laurier de l'île de Madagascar. T. de bot.

RAVERDOIR, s. m. Cuvette ovale de brasseur.

RAVES, s. f. Com. du dép. des Vosges, cant. et arr. de St.-Dié. = St.-Dié.

RAVESTAN, s. m. Panier dont on se sert dans les verreries.

RAVET, s. m. Voy. BLATTE, KAKERLAQUE.

RAVI, E, part. Enlevé par force; transporté d'admiration, enchanté. Fig.

RAVIÈRE, s. f. Terre ensemencée de raves.

RAVIÈRES, s. f. Petite ville du dép. de l'Yonne, cant. d'Ancy-le-Franc, arr. de Tonnerre. = Ancy-le-Franc. Papeterie.

RAVIGNY, s. m. Com. du dép. de la

Mayenne, cant. de Pré-en-Pail, arr. de Mayenne. = Pré en-l'Ail.

RAVIGOTE, s. f. Sauce piquante avec des échalotes, de la moutarde, etc.

RAVIGOTÉ, E, part. Ranimé, qui a repris force, vigueur.

RAVIGOTER, v. a. Remettre en force, en vigueur; éveiller le goût, l'appétit. T. fam.

RAVILI, E, part. Rabaissé, rendu plus vil, plus méprisable.

RAVILIR, v. a. Rabaisser encore, rendre plus vil, plus méprisable.

RAVILISSEMENT, s. m. Action de ravilir; effet de cette action.

RAVILLE, s. f. Com. du dép. de la Meurthe, cant. et arr. de Lunéville. = Lunéville.

RAVILLE, s. f. Com. du dép. de la Moselle, cant. de Pange, arr. de Metz. = Metz.

RAVILLOLES, s. f. Com. du dép. du Jura, cant. et arr. de St.-Claude.= St.-Claude.

RAVIN, s. m. Lieu, chemin creusé par une ravine; chemin creux.

RAVINE, s. f. Excavation faite par les pluies qui se précipitent des montagnes; lit d'un petit torrent. Voy. RAVIN.

RAVIR, v. a. Enlever de force; ravir une fille, l'honneur, le bien d'autrui, etc. —, transporter d'admiration, charmer, enchanter. Fig. A —, adv. Admirablement bien.

RAVISER (se), v. pron. Changer d'avis, de pensée, de dessin.

RAVISSANT, E, adj. Qui enlève de force. —, qui transporte d'admiration, de joie. Fig.

RAVISSEMENT, s. m. Enlèvement avec violence, rapt. —, transport d'admiration, de joie. Fig.

RAVISSEUR, s. m. Celui qui ravit, enlève avec violence une femme, le bien d'autrui, etc. —, pl. Insectes hymiptères hydrocorises. T. d'hist. nat.

RAVITAILLÉ, E, part. Pourvu de nouvelles provisions de bouche, en parlant d'une place de guerre.

RAVITAILLEMENT, s. m. Action de ravitailler une place de guerre.

RAVITAILLER, v. a. Pourvoir une place de guerre de nouvelles provisions de bouche, de munitions, etc.

RAVIVÉ, E, part. Ranimé, rendu plus vif.

RAVIVER, v. a. Ranimer, rendre plus vif; redonner de l'éclat.

RAVOIR, s. m. Parc de filets sur la grève; filets en travers du courant. T. de pêch.

RAVOIR, v. a. ne se dit qu'à l'infinitif. Avoir de nouveau; atteindre ce qu'on a laissé tomber, etc.; retirer des mains de quelqu'un; rentrer en possession, recouvrer. Se —, v. pron. Reprendre ses forces, se calmer. Fig. et fam.

RAVONAILLES, s. f. pl. Plantes crucifères, voisines de la rave. T. de bot.

RAY ou CAPEYRON, s. m. Filet en forme d'entonnoir, à mailles très étroites. T. de pêch.

RAY, s. m. Com. du dép. de la Haute-Saône, cant. de Dampierre-sur-Salon, arr. de Gray. = Cintrey.

RAYA, s. m. Chrétien; juif soumis à la capitation en Turquie.

RAYAUX, s. m. pl. Moules à lingots. T. de monu.

RAYÉ (le), s. m. Poisson du genre du chétodon; lézard; serpent. — des Indes, espèce de civette. T. d'hist. nat.

RAYE, E, part. Couvert de raies; qui a des raies.

RAYE, s. f. Com. du dép. du Pas-de-Calais, cant. de Hesdin, arr. de Montreuil. = Hesdin.

RAYEMENT ou RAIEMENT, s. m. Action de rayer; effet de cette action.

RAYER, v. a. Faire des raies; effacer, raturer. Fig.

RAYET, s. m. Com. du dép. de Lot-et-Garonne, cant. de Villeréal, arr. de Villeneuve. = Monflanquin.

RAY-GRASS, s. m. Fromental, faux froment, plante graminée qui sert à nourrir les bestiaux.

RAYNANS, s. m. Com. du dép. du Doubs, cant. et arr. de Montbéliard. = Montbéliard.

RAYON, s. m. Trait de lumière, surtout du soleil. —, lueur; rayon d'espérance. Fig. — visuel, ligne qu'on suppose partir de l'œil vers l'objet, ou venir de celui-ci vers l'œil. —, gâteau de cire divisé par petites cellules où les abeilles se retirent et déposent leur miel. —, tablette de bibliothèque, d'armoire, etc. —, rais d'une roue. —, sillon d'un labour, d'une vigne. —, demi-diamètre du cercle. T. de géom. —, le radius, ainsi nommé à cause de sa ressemblance avec le rais d'une roue. T. d'anat. —, pl. Assemblage de petits osselets qui soutiennent les nageoires des poissons malacoptérygiens. T. d'hist. nat. —, partie externe d'une corolle composée. T. de bot.

RAYONNANT, E, adj. Qui rayonne; brillant, éclatant. Fig.

RAYONNANTE, s. f. Substance pierreuse. Voy. ACTINOTE.

RAYONNÉ, E, adj. Disposé en rayons. T. d'anat. et de blas.

RAYONNEMENT, s. m. Action de rayonner. —, mouvement des esprits animaux. T. didact.

RAYONNER, v. n. Répandre, jeter des rayons. —, jeter un grand éclat, briller. Fig. —, se mouvoir du centre à la circonférence. T. didact.

RAYS, s. m. pl. Portion de laine pesant de trente à quarante livres.

RAYURE, s. f. Manière dont une étoffe est rayée; cannelure dans l'intérieur du canon d'une arquebuse. —, assemblage de pièces dans un comble. T. de charp.

RAZ, s. m. Voy. RAS.

RAZ (bec du). Voy. BEC-DU-RAZ.

RAZAC-D'EYMET, s. m. Petite ville du dép. de la Dordogne, cant. d'Eymet, arr. de Bergerac. = Bergerac.

RAZAC-SUR-L'ISLE, s. m. Com. du dép. de la Dordogne, cant. de St.-Astier, arr. de Périgueux. = Périgueux.

RAZE, s. m. Com. du dép. de la Haute-Saône, cant. de Scey-sur-Saône, arr. de Vesoul. = Vesoul.

RAZENGUES, s. m. Com. du dép. du Gers, cant. de l'Isle-Jourdain, arr. de Lombez. = l'Isle-Jourdain.

RAZÈS, s. m. Com. du dép. de la Haute-Vienne, cant. de Bessines, arr. de Bellac. = Chanteloube.

RAZETTE, s. f. Ratissoire en fer. T. de poêlier.

RAZIMET, s. m. Com. du dép. de Lot-et-Garonne, cant. de Damazan, arr. de Nérac. = Aiguillon.

RAZINES, s. f. Com. du dép. d'Indre-et-Loire, cant. de Richelieu, arr. de Chinon. = Richelieu.

RE ou RÉ. Particule qui entre dans la composition des mots, et leur donne un sens itératif ou augmentatif.

RÉ, s. m. Seconde note de la gamme.

RÉ (île de), s. f. Île située dans l'Océan-Atlantique, à une lieue du continent, vis-à-vis de la Rochelle, entre le pertuis Breton et le pertuis d'Antioche. Elle dépend du dép. de la Charente-Inférieure, et forme deux cantons de la Rochelle. On y récolte en abondance des vins qui sont en partie convertis en eaux-de-vie : de plus il s'y trouve des marais salans considérables, dont les produits sont très recherchés. L'île de Ré, dont la pop. est de 18,000 hab., renferme, outre plusieurs villages, les bourgs d'Ars, de la Flotte et la petite ville de St.-Martin, défendue par une citadelle. A l'extrémité N.-O. de l'île se trouve la tour des Baleines qui porte un phare à feu tournant du premier ordre; ce phare indique l'entrée du pertuis Breton, et donne les moyens d'éviter un banc de roches très dangereux qui s'étend à plus de deux lieues au large de la pointe sur laquelle il est placé. Comm. de vins rouges et blancs, eaux-de-vie, vinaigres, planches, mâtures, goudron, fers, etc.

RÉACTEUR, s. et adj. m. Qui cause, opère une réaction.

RÉACTIF, IVE, s. et adj. Substance qui réagit. T. de chim.

RÉACTION, s. f. Résistance d'un corps frappé à l'action de celui qui le frappe. T. de phys. —, changement de rôle d'un opprimé qui devient oppresseur à son tour; vengeance qu'exercent les partis quand ils viennent à s'emparer du pouvoir. Fig.

RÉADMETTRE, v. a. Admettre de nouveau.

RÉADMIS, E, part. Admis de nouveau.

RÉADMISSION, s. f. Nouvelle admission.

RÉADOPTÉ, E, part. Adopté derechef.

RÉADOPTER, v. a. Adopter une seconde fois.

RÉADOPTION, s. f. Nouvelle adoption.

RÉAGGRAVE, s. m. Dernier monitoire après trois monitions et l'aggrave. T. de droit canon.

RÉAGGRAVÉ, E, part. Fulminé; se dit d'un dernier monitoire, d'un réaggrave. T. de droit canon.

RÉAGGRAVER, v. a. Fulminer un réaggrave. T. de droit canon.

RÉAGIR, v. n. Agir de nouveau sur un corps, résister à l'action d'un corps frappant, en parlant du corps frappé. T. de phys. —, exercer des réactions, des vengeances, en parlant des partis. Fig.

RÉAJOURNÉ, E, part. Ajourné de nouveau.

RÉAJOURNEMENT, s. m. Nouvel ajournement.

RÉAJOURNER, v. a. Ajourner de nouveau. T. de procéd.

RÉAL, s. m., pl. Réaux. Monnaie d'argent d'Espagne.

RÉAL, E, adj. Royal. T. inus. Galère —, principale galère de France. —, s. f. Galère réale.

RÉALCAMP, s. m. Com. du dép. de

la Seine-Inférieure, cant. de Blangy, arr. de Neufchâtel. = Blangy.

RÉALGAL ou RÉALGAR, s. m. Oxyde d'arsenic sulfuré rouge.

RÉALGERA, s. m. Morelle des îles Canaries. T. de bot.

RÉALISATION, s. f. Action de réaliser; effet de cette action.

RÉALISÉ, E, part. Rendu réel. —, converti en argent; se dit des biens meubles et immeubles.

RÉALISER, v. a. Rendre réel, effectif. — ses capitaux, les retirer du commerce; convertir ses rentes, son bien en argent comptant. — des offres, les faire à deniers découverts. T. de procéd. —, rendre avec une vérité qui approche de la réalité. T. didact.

RÉALISME, s. m. Système qui consiste à considérer les abstractions pour des réalités.

RÉALISTES, s. m. pl. Secte de philosophes qui considèrent les êtres abstraits comme des êtres réels.

RÉALITÉ, s. f. Existence effective, réelle. —, pl. Choses réelles, l'opposé de chimères. En —, adv. Réellement, effectivement.

RÉALMONT, s. m. Petite ville du dép. du Tarn, chef-lieu de cant. de l'arr. d'Albi. Bur. d'enregist. et de poste. Fabr. de toiles, raz, crépons, etc.

RÉAL-ODEILLO, s. m. Com. du dép. des Pyrénées-Orientales, cant. de Mont-Louis, arr. de Prades. = Mont-Louis.

RÉALON, s. m. Com. du dép. des Hautes-Alpes, cant. de Savines, arr. d'Embrun. = Embrun.

RÉALVILLE, s. f. Petite ville du dép. de Tarn-et-Garonne, cant. de Caussade, arr. de Montauban. = Caussade. Fabr. de minots. Comm. de grains et farines.

RÉANS, s. m. Com. du dép. du Gers, cant. de Cazaubon, arr. de Condom. = Condom.

RÉANVILLE, s. f. Com. du dép. de l'Eure, cant. de Vernon, arr. d'Evreux. = Vernon.

RÉAPPEL, s. m. Appel renouvelé.

RÉAPPELANT, E, s. et adj. Qui fait un second appel.

RÉAPPELÉ, E, part. Appelé de nouveau.

RÉAPPELER, v. a. Faire un second appel.

RÉAPPOSÉ, E, part. Apposé une seconde fois.

RÉAPPOSER, v. a. Apposer de nouveau.

RÉAPPRÉCIATION, s. f. Nouvelle appréciation.

RÉARMÉ, E, part. Armé de nouveau.

RÉARMER, v. a. Confier une seconde fois des armes.

RÉARPENTAGE, s. m. Nouvel arpentage.

RÉARPENTÉ, E, part. Arpenté de nouveau.

RÉARPENTER, v. a. Faire un nouvel arpentage.

RÉASSEMBLÉ, E, part. Assemblé de nouveau.

RÉASSEMBLER, v. a. Assembler une seconde fois.

RÉASSERVI, E, part. Retombé dans l'asservissement.

RÉASSERVIR, v. a. Asservir de nouveau.

RÉASSIGNATION, s. f. Seconde assignation; assignation nouvelle pour rectifier une demande. T. de procéd.

RÉASSIGNÉ, E, part. Assigné de nouveau.

RÉASSIGNER, v. a. Donner une nouvelle assignation; assigner à d'autres fins.

RÉATTELÉ, E, part. Attelé de nouveau.

RÉATTELER, v. a. Atteler une seconde fois.

RÉATTRACTION, s. f. Action d'un corps qui en attire un autre que déjà il avait attiré et repoussé. T. de phys.

REATU (in), adv. (mots latins). Accusé. Etre in —, être en état d'accusation.

RÉAU, s. m. Com. du dép. de Seine-et-Marne, cant. de Brie, arr. de Melun. = Melun.

RÉAUMONT, s. m. Com. du dép. de l'Isère, cant. de Rives, arr. de St.-Marcellin. = Rives.

RÉAUMUR, s. m. Plante du genre des ficoïdes. T. de bot.

RÉAUMUR, s. m. Com. du dép. de la Vendée, cant. de Pouzauges, arr. de Fontenay. = Pouzauges.

RÉAUP, s. m. Com. du dép. de Lot-et-Garonne, cant. de Mezin, arr. de Nérac. = Nérac.

RÉAUVILLE, s. f. Com. du dép. de la Drôme, cant. de Grignan, arr. de Montélimar. = Taulignan.

RÉAUX, s. m. Com. du dép. de la Charente-Inférieure, cant. et arr. de Jonzac. = Jonzac.

RÉAVIS, s. m. Second avis. T. inus.

REBAILLÉ, E, part. Redonné. (Vi.)

REBAILLER, v. a. Donner une seconde fois. —, v. n. Bâiller de nouveau.

REBAIS, s. m. Petite ville du dép. de Seine-et-Marne, chef-lieu de cant. de l'arr. de Coulommiers. Bur. d'enregist. et de poste. Comm. de laines.

REBAISÉ, E, part. Baisé une seconde fois.

REBAISER, v. a. Baiser de nouveau.

REBAISSÉ, E, part. Baissé de nouveau.

REBAISSER, v. a. Baisser derechef. Se —, v. pron. Se baisser une seconde fois.

REBANDÉ, E, part. Se dit d'une plaie sur laquelle on a mis un nouveau bandage.

REBANDER, v. a. Appliquer un nouveau bandage. —, remettre à un autre bord. T. de mar.

REBAPTISANS, s. m. pl. Hérétiques qui rebaptisaient, anabaptistes.

REBAPTISATION, s. f. Second baptême.

REBAPTISÉ, E, part. Baptisé une seconde fois.

REBAPTISER, v. a. Administrer un second baptême.

REBARBATIF, IVE, adj. Dur, rude, repoussant; mine rebarbative.

REBARBE, s. f. Petite inégalité que laisse le burin du graveur sur les bords de la taille du cuivre.

REBARDÉ, E, part. Se dit d'une planche de jardinage dont on a enlevé un peu de terre.

REBARDER, v. a. Enlever un peu de terre d'une planche de jardinage.

REBAT, s. m. Raccommodage des tonneaux auxquels on remet des cercles.

REBÂTÉ, E, part. Se dit d'un âne sur le dos duquel on a remis le bât.

REBÂTER, v. a. Remettre le bât sur le dos d'une bête de somme, lui faire faire un bât neuf.

REBÂTI, E, part. Reconstruit, réédifié.

REBÂTIR, v. a. Reconstruire, réédifier.

REBATOIR, s. m. Outil d'ardoisier.

REBATTEMENT, s. m. Figure de fantaisie. T. de blas.

REBATTRE, v. a. Battre une seconde fois. T. inus. — un matelat, le carder de nouveau. — une futaille, la raccommoder, y mettre de nouveaux cercles. — une meule, la piquer. —, répéter inutilement et d'une manière ennuyeuse. Fig.

REBATTRET, s. m. Outil pour tailler l'ardoise.

REBATTU, E, part. et adj. Répété jusqu'à satiété; pensée rebattue.

REBAUDI, E, part. Egayé en caressant; se dit d'un chien.

REBAUDIR, v. a. Egayer un chien en lui faisant des caresses. —, v. n. Tenir la queue droite, en parlant des chiens courans. T. de véner.

REBBIA, s. f. Com. du dép. de la Corse, cant. de Sermano, arr. de Corte. = Bastia.

REBECQ, s. m. Com. du dép. du Pas-de-Calais, cant. d'Aire, arr. de St.-Omer. = Aire-sur-la-Lys.

REBELLE, s. et adj. Qui refuse d'obéir à son supérieur, à son souverain, qui se révolte contre l'autorité légitime. Maladie —, qui résiste aux médicamens. Fig. Métal —, peu fusible.

REBELLER (se), v. pron. Devenir rebelle, se révolter.

REBELLION, s. f. Résistance ouverte à l'autorité légitime, révolte, soulèvement, sédition, insurrection. — des sens, résistance qu'ils opposent au devoir, à la raison. Fig.

REBENAC, s. m. Com. du dép. des Basses-Pyrénées, cant. d'Arudy, arr. d'Oloron. = Oloron. Carrières d'ardoises.

REBÉNI, E, part. Béni une seconde fois.

REBÉNIR, v. a. Bénir de nouveau, donner une seconde fois la bénédiction.

REBÉQUER (se), v. pron. Répondre avec fierté, tenir tête à son supérieur.

REBERGUES, s. m. Com. du dép. du Pas-de-Calais, cant. d'Ardres, arr. de St.-Omer. = Ardres.

REBETS, s. m. Com. du dép. de la Seine-Inférieure, cant. de Buchy, arr. de Rouen. = Rouen.

REBEUVILLE, s. f. Com. du dép. des Vosges, cant. et arr. de Neufchâteau. = Neufchâteau.

REBIFFÉ, E, part. Relevé, redressé. (Vi.)

REBIFFER, v. a. Relever, redresser. (Vi.) Se —, v. pron. Regimber. T. fam.

REBIGUE, s. f. Com. du dép. de la Haute-Garonne, cant. de Castanet, arr. de Toulouse. = Toulouse.

REBINÉ, E, part. Labouré une troisième fois.

REBINER, v. a. Faire un nouveau binement, labourer une troisième fois, labourer à demeure. T. d'agric.

REBLANCHI, E, part. Blanchi de nouveau.

REBLANCHIR, v. a. Blanchir une seconde fois.

REBLANDI, E, part. Se disait d'une opposition à la saisie. T. de droit féod.

REBLANDIR, v. a. Faire opposition à la saisie. T. de droit féod.

REBLANDISSEMENT, s. m. Opposition d'un vassal à une saisie. T. de droit féod.

REBOIRE, v. a. Boire de nouveau. T. inus.

REBONDI, E, adj. Arrondi par un excessif embonpoint.

REBONDIR, v. n. Faire un ou plusieurs bonds.

REBONDISSANT, adj. m. Récurrent, dicrote, en parlant du pouls. T. de méd.

REBONDISSEMENT, s. m. Action d'un corps qui rebondit.

REBORD, s. m. Bord élevé ; bord ajouté, replié, renversé. —, bord en saillie ; rebord d'une cheminée.

REBORDÉ, E, part. Bordé une seconde fois.

REBORDER, v. a. Border une seconde fois, mettre un nouveau bord.

REBOTTÉ, E, part. Botté de nouveau.

REBOTTER, v. a. Fournir de nouvelles bottes. —, recéper, greffer une seconde fois. T. de jard. Se —, v. pron. Remettre ses bottes.

REBOUCHÉ, E, part. Bouché de nouveau.

REBOUCHEMENT, s. m. Action par laquelle une chose se rebouche ; état d'une chose rebouchée.

REBOUCHER, v. a. Boucher une seconde fois. Se —, v. pron. Se remplir de soi-même, en parlant d'un trou débouché. Se —, se fausser, se replier, en parlant d'une épée.

REBOUILLI, E, part. Se dit d'une chose que l'on a fait bouillir une seconde fois.

REBOUILLIR, v. a. Bouillir de nouveau.

REBOUISAGE, s. m. Action de rebouiser un chapeau. T. de chap.

REBOUISÉ, E, part. Nettoyé, lustré, en parlant d'un chapeau. T. de chap.

REBOUISER, v. a. Nettoyer un chapeau, le battre, le brosser et le lustrer à l'eau simple. T. de chap.

REBOURCEAUX, s. m. Com. du dép. de l'Yonne, cant. de St.-Florentin, arr. d'Auxerre. = St.-Florentin.

REBOURCI, E, adj. Recourbé. (Vi.)

REBOURGEONNER, v. n. Pousser de nouveaux bourgeons.

REBOURGUIL, s. m. Com. du dép. de l'Aveyron, cant. de Belmont, arr. de St.-Affrique. = St.-Affrique.

REBOURS, s. m. Le contre-poil. —, le contre-pied, le sens contraire, le contraire de. A —, au —, à contre-poil, à rebrousse-poil, en sens contraire, à contre-sens. Prop. et fig.

REBOURS, E, adj. Revêche, peu endurant, peu traitable. T. fam.

REBOURSIN, s. m. Com. du dép. de l'Indre, cant. de Vatan, arr. d'Issoudun. = Vatan.

REBOUSOIR, s. m. Outil d'ouvrier en drap.

REBOUSSE, s. f. Repoussoir pour enfoncer les chevilles.

REBOUTÉ, E, part. Passé dans le cuir, en parlant des dents d'une carde.

REBOUTER, v. a. Passer dans le cuir les dents d'une carde. —, remettre une fracture. T. fam.

REBOUTEUR, s. m. Chirurgien qui réduit les fractures.

REBOUTONNÉ, E, part. Boutonné de nouveau.

REBOUTONNER, v. a. Boutonner de nouveau. Se —, v. pron. Remettre ses boutons dans leurs boutonnières.

REBRAS, s. m. Partie du gant qui recouvre l'avant-bras. T. de gantier.

REBRASSÉ, E, part. Se dit d'une personne dont les manches sont retroussées.

REBRASSER, v. a. Retrousser les manches. Se —, v. pron. Retrousser ses manches, les rehausser. (Vi.)

RÉBRECHIEN, s. m. Com. du dép. du Loiret, cant. de Neuville, arr. d'Orléans. = Neuville-aux-Bois.

REBREUVE, s. m. Com. du dép. du Pas-de-Calais, cant. de Houdain, arr. de Béthune. = Béthune.

REBREUVE, s. m. Com. du dép. du Pas-de-Calais, cant. d'Avesnes-le-Comte, arr. de St.-Pol. = Béthune.

REBREUVIETTE, s. f. Com. du dép. du Pas-de-Calais, cant. d'Avesnes-le-Comte, arr. de St.-Pol. = Frévent.

REBRIDÉ, E, part. Bridé de nouveau.

REBRIDER, v. a. Brider une seconde fois.

REBRODÉ, E, part. Brodé sur une étoffe quelque chose qui l'a été.

REBRODER, v. a. Broder sur ce qui est déjà brodé.

REBROUILLÉ, E, part. Brouillé de nouveau.

REBROUILLER, v. a. Brouiller une seconde fois.

REBROUILLONNÉ, E, part. Brouillonné de nouveau.

REBROUILLONNER, v. a. Faire un second brouillon.

REBROUSSE, s. f. Rebroussoir. A poil, adv. Contre le sens du poil, et fig., à contre-sens.

REBROUSSÉ, E, part. Redressé en sens contraire; se dit des cheveux, etc.

REBROUSSEMENT, s. m. Inflexion d'une courbe qui retourne en arrière. T. de géom.

REBROUSSER, v. a. Relever les cheveux, le poil en sens contraire. —, retourner le cuir pour le poncer. T. de corroyeur. —, redresser la laine d'une étoffe pour la tondre avec les forces. T. de manuf. —, v. n. Retourner tout à coup sur ses pas ; rebrousser chemin.

REBROUSSETTE ou DROUSSETTE, s. f. Peigne pour redresser le poil du drap.

REBROUSSOIR, s. m. Outil de tondeur de drap pour rebrousser.

REBROYÉ, E, part. Broyé de nouveau.

REBROYER, v. a. Broyer une seconde fois.

REBRUNI, E, part. Bruni de nouveau.

REBRUNIR, v. a. Brunir une seconde fois.

REBUFFADE, s. f. Mauvais accueil, refus insultant, mortifiant. T. fam.

REBUS, s. m. (mot latin). Jeu de mots, allusions équivoques, calembourg, mauvaise plaisanterie.

REBUT, s. m. Action de rebuter; chose rebutée. —, ce qu'il y a de pire dans chaque espèce. — de la société, ce qu'il y a de plus vil et de plus méprisable. —, pl. Rebuffades.

REBUTANT, E, adj. Décourageant, dégoûtant. —, désagréable, choquant.

REBUTE, s. f. Petit instrument de musique. Voy. TROMPE, GUIMBARDE.

REBUTÉ, E, part. Rejeté avec mépris; découragé.

REBUTER, v. a. Rejeter, refuser avec mépris, avec dureté; décourager, dégoûter en multipliant les obstacles; choquer, déplaire. Se —, v. pron. Se décourager, se dégoûter.

RECACHÉ, E, part. Caché de nouveau.

RECACHER, v. a. Cacher de nouveau.

RECACHETÉ, E, part. Cacheté une seconde fois.

RECACHETER, v. a. Cacheter une chose décachetée.

RÉCALCITRANT, E, adj. Qui résiste, s'oppose avec opiniâtreté, obstiné, rétif; humeur récalcitrante.

RÉCALCITRER, v. n. Regimber. —, résister avec humeur, avec opiniâtreté. Fig.

RECALÉ, E, part. Calé de nouveau.

RECALER, v. a. Caler de nouveau. —, relancer, rembarrer. Fig. et fam. —, polir avec la varlope ; finir un joint. T. de menuis.

RECAMÉ, E, part. Enrichi d'une nouvelle broderie. T. de manuf.

RECAMER, v. a. Enrichir un brocart d'une nouvelle broderie. T. de manuf.

RÉCAMPIR, v. a. Voy. RÉCHAMPIR.

RECANOZ, s. m. Com. du dép. du Jura, cant. de Chaumergy, arr. de Dôle. = Sellières.

RÉCAPITULATION, s. f. Répétition sommaire de ce qu'on a dit ou écrit, résumé. —, partie de la péroraison. T. de rhét.

RÉCAPITULÉ, E, part. Résumé.

RÉCAPITULER, v. a. Faire une récapitulation, résumer.

RECARDÉ, E, part. Cardé de nouveau.

RECARDER, v. a. Carder une seconde fois.

RECARRELÉ, E, part. Carrelé de nouveau.

RECARRELER, v. a. Carreler de nouveau.

RECASSÉ, E, part. Jachéré. T. d'agric.

RECASSER, v. a. Jachérer, donner un premier labour. T. d'agric.

RECASSIS, s. m. Jachère labourée. T. d'agric.

RECCHIE, s. f. Arbrisseau du Mexique. T. de bot.

RECÉDÉ, E, part. Rétrocédé.

RECÉDER, v. a. Rétrocéder, céder à quelqu'un ce qu'il avait précédemment cédé.

RECÉLÉ, s. m. Recèlement d'effets. T. de procéd.

RECÉLÉ, E, part. Caché pour soustraire à la justice, en parlant d'un coupable, d'un vol.

RECÈLEMENT, s. m. Action de recéler, recélé.

RECÉLER, v. a. Cacher quelqu'un pour le soustraire aux recherches de la justice; des objets volés, pour favoriser les voleurs. —, renfermer; le temps actuel recèle de nouveaux orages. —, détourner frauduleusement, favoriser la soustraction des effets d'une succession en les recevant chez soi. —, v. n. Rester dans son enceinte, en parlant du cerf. T. de véner.

RECÉLEUR, EUSE, s. Complice du vol, plus coupable que le voleur lui-même; qui recèle sciemment des objets volés.

RÉCEMMENT, adv. Nouvellement, naguère, depuis peu de temps.

RECENSÉ, E, part. Compris dans un recensement.

RECENSEMENT, s. m. Dénombrement de suffrages, d'individus, inventaire d'effets mobiliers. —, nouvelle vérification de marchandises.

RECENSER, v. a. Faire un recensement, inventorier.

RÉCENT, E, adj. Nouveau, nouvellement fait ou arrivé; événement récent.

RECÉPAGE, s. m. Action de recéper; effet de cette action.

RECÉPÉ, E, part. Se dit d'une vigne, d'un bois, dont la cépée a été coupée.

RECÉPÉE, s. f. Partie d'un bois dont les cépées ont été abattues.

RECÉPER, v. a. Tailler une vigne jusqu'au pied pour la rajeunir; couper les cépées d'un taillis pour faire des bourrées, des fagots. —, couper les branches d'un arbre pour le greffer ou lui faire pousser de nouvelles branches.

RÉCÉPISSÉ, s. m. (mot latin). Reçu de papiers; quittance.

RÉCEPTACLE, s. m. Lieu dans lequel se rassemblent plusieurs personnes, plusieurs choses; se prend en mauvaise part; réceptacle d'ordures, de voleurs. —, fond du calice auquel adhèrent les organes de la fructification. T. de bot.

RÉCEPTIBILITÉ, s. f. Faculté de recevoir des impressions, sensibilité. T. didact.

RÉCEPTION, s. f. Action par laquelle on reçoit; accueil, manière de recevoir. —, cérémonie pour recevoir, installer; réception d'un ambassadeur.

RÉCEPTIVITÉ, s. f. Impression reçue. T. didact.

RECERCLÉ, E, adj. Tourné en cerceau. T. de blas.

RECETTE, s. f. Ce qui est reçu en argent ou autrement; recouvrement des deniers publics et particuliers; charge, fonction d'un receveur; ses bureaux; sommes encaissées. —, composition de certains médicamens; formule de ces remèdes. —, méthode pour se conduire; moyen, expédient. Fig. et fam.

RECETTIER, s. m. Empirique qui a des recettes pour guérir certains maux.

RECEVABLE, adj. Admissible, qui doit être reçu.

RECEVEUR, EUSE, s. Personne chargée de faire une recette. —, préposé de l'administration des finances, chargé du recouvrement des impôts, des deniers publics; receveur de l'enregistrement.

RECEVOIR, s. m. Vase dont se servent les salpêtriers.

RECEVOIR, v. a. Accepter, prendre tout ce qui est offert, envoyé, transmis, apporté, donné sans être dû; toucher ce qui est dû. —, retenir une chose jetée, tombée de haut, etc. —, éprouver, ressentir; recevoir un affront. —, se dit en général de tout être qui éprouve l'effet d'une cause extérieure. —, agréer; recevoir des excuses. —, accueillir, admettre dans un corps, dans une société. —, installer; recevoir docteur. —, donner retraite à.... — la loi, être forcé d'obéir. —, v. n. Avoir société chez soi.

RECEY-SUR-OURCE, s. m. Com. du dép. de la Côte-d'Or, chef-lieu de cant. de l'arr. de Châtillon. Bur. d'enregist. à Aignay-le-Duc. = Aignay-le-Duc.

RECEZ, s. m. Cahier des délibérations d'une diète de l'empire germanique.

RECHAFAUDÉ, E, part. Echafaudé de nouveau.

RECHAFAUDER, v. a. Construire un nouvel échafaudage; remonter un échafaud.

RÉCHAMPI, E, part. Effacé par de nouvelles couches, en parlant de la couleur qui a empiété. T. de peint.

RÉCHAMPIR, v. a. Effacer par de nouvelles couches la couleur voisine qui a empiété; rendre les oppositions de couleur plus tranchantes. T. de peint. Voy. Rescamper. T. de doreur sur bois.

RECHANGE, s. m. Droit que paie le tireur d'une lettre de change protestée. De —, adv. En réserve pour remplacer au besoin.

RECHANGÉ, E, part. Changé de nouveau.

RECHANGER, v. a. Changer une chose déjà changée.

RECHANTÉ, E, part. Se dit d'un couplet, d'une chanson, qu'on a fait répéter.

RECHANTER, v. a. Répéter une chanson. —, répéter la même chanson, la même chose, d'une manière ennuyeuse. Fig. et fam.

RÉCHAPPER, v. n. Se tirer d'un mauvais pas, sortir d'une position périlleuse; être délivré d'une maladie dangereuse.

RECHARGE, s. f. Nouvelle charge

d'une arme à feu. A la —, adv. De nouveau.

RECHARGÉ, E, part. Chargé de nouveau.

RECHARGER, v. a. Charger de nouveau ; imposer une nouvelle charge. —, donner un nouvel ordre. —, exécuter une nouvelle charge. T. d'art milit. — un essieu, rajouter du fer dans les endroits usés par le frottement. Se —, v. pron. Remettre sa charge sur son dos.

RECHASSÉ, E, part. Repoussé d'un lieu dans un autre.

RECHASSER, v. a. Repousser d'un lieu dans un autre ; chasser de nouveau dans un même bois.

RECHASSEUR, s. m. Celui qui force la bête à rentrer dans la forêt.

RÉCHAUD, s. m. Ustensile de ménage, fourneau portatif dont on se sert particulièrement pour faire réchauffer les mets.

RÉCHAUF, s. m. Fumier chaud qu'on met autour d'une couche. T. de jard.

RÉCHAUFFAGE, s. m. Redite, répétition, plagiat. T. fam. inus.

RÉCHAUFFÉ, E, part. Chauffé de nouveau. —, s. m. Mets réchauffé. —, ouvrage pillé ou imité d'un autre, qu'on donne pour du neuf. Fig. et fam.

RÉCHAUFFEMENT, s. m. Fumier neuf qui sert à réchauffer les couches refroidies. T. de jard.

RÉCHAUFFER, v. a. Chauffer ce qui était refroidi ; échauffer de nouveau, rendre de la chaleur.—, exciter, ranimer ; réchauffer le patriotisme. Fig. — une idée, la rajeunir. Se —, v. pron. S'échauffer après être refroidi. Se —, se ranimer. Fig.

RÉCHAUFFOIR, s. m, Réchaud, espèce de fourneau qu'on pose sur la table pour tenir les plats chauds.

RECHAUSSÉ, E, part. Chaussé de nouveau.

RECHAUSSER, v. a. Chausser de nouveau. —, battre une pièce de métal pour l'amincir ; remettre des dents à une roue. —, remettre de la terre au pied d'un arbre, d'une plante. T. de jard.

RECHAUSSOIR, s. m. Instrument pour rechausser le métal.

RÊCHE, adj. Rude au toucher. —, qui manque d'aménité, âpre, rude, dur ; ton rêche. Fig.

RECHERCHABLE, adj. Digne d'être recherché. T. inus.

RECHERCHE, s. f. Action de rechercher ; enquête, perquisition, chose trouvée en cherchant ; livre plein de recherches. —, inquisition, examen de la conduite, des actions. —, démarches pour obtenir la main d'une fille, un emploi, etc. —, études pour arriver au perfectionnement d'une invention. —, soins qu'on apporte à sa toilette, à sa parure ; affectation de manières, de pensées, de style. Fig. —, action de chercher les endroits où il manque des pavés, des tuiles, pour en remettre. —, raffinement, excès ; recherche de volupté. —, prélude sur l'orgue, le clavecin. T. de mus.

RECHERCHÉ, E, part. Cherché de nouveau. —, adj. Rare, peu commun. —, affecté, maniéré, l'opposé de naturel ; manières recherchées, etc. Fig.

RECHERCHER, v. a. Chercher de nouveau, avec soin, avec persévérance ; faire des efforts pour trouver. —, s'enquérir des actions, de la conduite de quelqu'un. —, tâcher d'obtenir ; rechercher une fille en mariage. —, réparer, corriger, perfectionner. T. d'arts.

RECHERCHEUR, s. m. Ouvrier briquetier, qui fait la recherche de tout ce qui est nécessaire au fourneau.

RECHÉZY, s. m. Com. du dép. du Haut-Rhin, cant. de Delle, arr. de Belfort. = Delle.

RÉCHICOURT, s. m. Com. du dép. de la Meuse, cant. de Spincourt, arr. de Montmédy. = Etain.

RÉCHICOURT (canal de), s. m. Ce canal établit une communication entre les étangs de Rechicourt et de la Gars et sert à flotter le bois.

RÉCHICOURT-LA-PETITE, s. f. Com. du dép. de la Meurthe, cant. de Vic, arr. de Château-Salins. = Moyenvic.

RÉCHICOURT-LE-CHÂTEAU, s. m. Com. du dép. de la Meurthe, chef-lieu de cant. de l'arr. de Sarrebourg. Bur. d'enregist. = Blamont.

RECHIGNÉ, E, adj. Qui a l'air maussade, qui fait la grimace ; mine rechignée.

RECHIGNEMENT, s. m. Mécontentement, témoignage de mauvaise humeur.

RECHIGNER, v. n. Faire la grimace, témoigner par l'air de son visage de la répugnance, de la mauvaise humeur.

RECHINSÉ, E, part. Lavé dans l'eau claire, en parlant de la laine. T. de manuf.

RECHINSER, v. a. Laver la laine dans l'eau claire. T. de manuf.

RECHOIR, v. n. Tomber, choir de nouveau. (Vi.)

RECHOTTE, s. m. Com. du dép. du

Haut-Rhin, cant. et arr. de Belfort. = Belfort.

RECHUTE, s. f. Nouvelle chute; se dit d'une seconde maladie plus dangereuse que la première, et d'un nouvel aveuglement qui vous fait retomber dans le péché.

RECIBIDOU, s. m. Citerne de savonnier pour la lessive.

RÉCICOURT, s. m. Com. du dép. de la Meuse, cant. de Clermont, arr. de Verdun. = Clermont-en-Argonne.

RÉCIDIVE, s. f. Rechute dans une faute commise.

RÉCIDIVER, v. n. Commettre un délit par récidive, retomber dans la même faute.

RÉCIF, s. m. Voy. RESCIF.

RÉCILLE, s. f. Filet dont se servent les Espagnols pour contenir leurs cheveux.

RÉCIPÉ, s. m. (mot latin). Ordonnance du médecin; signe en tête de cette ordonnance R.

RÉCIPIANGLE, s. m. Instrument pour mesurer les angles saillans et rentrans.

RÉCIPIENDAIRE, s. m. Celui qui se présente pour être reçu dans une corporation.

RÉCIPIENT, s. m. Vase pour recevoir les produits d'une distillation. —, vaisseau de la machine pneumatique pour mettre les corps dans le vide. T. de phys.

RÉCIPROCATION, s. f. Action par laquelle on reçoit le réciproque. — du pendule, oscillation qu'on a cru être imprimée au pendule par le mouvement de la terre. T. de phys.

RÉCIPROCITÉ, s. f. Etat, caractère de ce qui est réciproque.

RÉCIPROQUE, s. m. La pareille; rendre le réciproque. —, adj. Mutuel. Verbe —, qui exprime l'action réciproque de deux ou d'un plus grand nombre de sujets, les uns sur les autres. T. de gramm. Raison —, inverse. T. de math.

RÉCIPROQUEMENT, adv. Mutuellement.

RÉCIPROQUER, v. n. Rendre la pareille. T. fam.

RECIRÉ, E, part. Ciré une seconde fois.

RECIRER, v. a. Remettre de la cire sur une chose déjà cirée.

RECISE, s. f. Voy. BENOITE. T. de bot.

RÉCIT, s. m. Narration d'un fait, d'un événement. —, description de l'événement qui forme la catastrophe d'une pièce de théâtre.

RÉCITANT, E, s. et adj. Chanté par une seule voix. —, qui joue, exécute seul; se dit de l'acteur et du musicien d'un opéra.

RÉCITATEUR, s. m. Celui qui récite par cœur. T. inus.

RÉCITATIF, s. m. Sorte de déclamation dont les compositeurs de musique se servent dans le récit d'un opéra. — obligé, récitatif entremêlé de ritournelles et de symphonies qui oblige le récitant et l'orchestre l'un envers l'autre. T. de mus.

RÉCITATION, s. f. Action de réciter.

RÉCITÉ, E, part. Débité de mémoire, raconté.

RÉCITER, v. a. Dire, débiter de mémoire, par cœur. —, narrer, raconter; réciter une histoire. —, déclamer; réciter des vers. —, chanter, exécuter un récitatif. T. de mus.

RÉCITEUR, s. m. Conteur, faiseur de récits. T. inus.

RECLAINVILLE, s. f. Com. du dép. d'Eure-et-Loir, cant. de Voves, arr. de Chartres. = Chartres.

RÉCLAMATEUR, s. m. Celui qui revendique la propriété d'une chose. T. de mar.

RÉCLAMATION, s. f. Action de réclamer, de revendiquer, de faire valoir ses droits; demande en dégrèvement de contributions; exposition des motifs de cette demande.

RÉCLAME, s. m. Cri, signal pour faire revenir l'oiseau. T. de fauc. —, appeau pour attirer les oiseaux dans le piége. —, s. f. Premier mot d'une page mise hors de ligne au bas de la page précédente. T. d'impr. —, partie du répons que l'on reprend après le verset. T. de plain-chant. —, finale d'un couplet, pour avertir l'interlocuteur que c'est à lui de parler. T. de déclamation théâtrale.

RÉCLAMÉ, E, part. Imploré, demandé, sollicité avec instance.

RÉCLAMER, v. a. Implorer, demander, solliciter avec instance; réclamer un secours. —, revendiquer; réclamer son bien. — un oiseau, l'appeler pour qu'il revienne sur le poing. T. de fauc. —, v. n. Elever des réclamations, exposer ses droits, ses motifs. Se — de quelqu'un, v. pron. S'appuyer de sa protection.

RÉCLAMEUR, s. m. Merle d'Afrique.

RÉCLAMPÉ, E, part. Raccommodé, en parlant d'un mât rompu. T. de mar.

RÉCLAMPER, v. a. Raccommoder un mât rompu, une vergue brisée. T. de mar.

RÉCLARE, s. m. Sorte de filet. T. de pêch.

RECLESNE, s. m. Com. du dép. de Saône-et-Loire, cant. de Lucenay-l'Evêque, arr. d'Autun. = Lucenay.

RÉCLINAISON, s. f. Situation inclinée sur l'horizon. T. de gnom.

RÉCLINANT, E, adj. Qui récline; cadran réclinant. T. de gnom.

RÉCLINÉ, E, adj. Rabattu. Feuille —, dont le sommet est plus bas que la base. T. de bot.

RÉCLINER, v. n. Incliner, n'être pas d'aplomb ; se dit des cadrans. T. de gnom.

RECLINGHEM, s. m. Com. du dép. du Pas-de-Calais, cant. de Fauquemberque, arr. de St.-Omer. = Fruges.

RÉCLONVILLE, s. f. Com. du dép. de la Meurthe, cant. de Blamont, arr. de Lunéville. = Blamont.

RÉCLOSES, s. f. Com. du dép. de Seine-et-Marne, cant. de la Chapelle, arr. de Fontainebleau.=Fontainebleau.

RECLOUÉ, E, part. Cloué une seconde fois.

RECLOUER, v. a. Rattacher avec des clous.

RECLURE, v. a. Renfermer dans un couvent, dans une clôture étroite et rigoureuse. Se —, v. pron. Se renfermer étroitement ; renoncer au monde, se cloîtrer.

RECLUS, E, part. et s. Etroitement renfermé ; cloîtré, qui a fait des vœux, s'est soumis à une retraite perpétuelle ; qui garde une grande retraite, ne reçoit personne. Fig.

RECLUSION, s. f. Action de reclure; demeure d'un reclus ; détention.

RECOCHÉ, E, part. Retourné avec le plat de la main, en parlant de la pâte. T. de boulanger.

RECOCHER, v. a. Retourner la pâte avec le plat de la main. T. de boulanger.

RECOGNÉ, E, part. Cogné de nouveau.

RECOGNER, v. a. Frapper, cogner de nouveau. —, repousser, rebuter durement. Fig. et fam.

RECOGNITIF, adj. m. Contenant la confirmation d'un titre ; acte recognitif.

RECOGNITION, s. f. Examen de quelque chose. T. didact.

RECOIFFÉ, E, part. Coiffé de nouveau.

RECOIFFER, v. a Coiffer de nouveau.

Se —, v. pron. Raccommoder sa coiffure.

RECOIN, s. m. Petit coin caché. Les — du cœur, les replis, ce qu'il y a de plus caché dans le cœur. T. fam.

RÉCOLÉ, E, part. Vérifié, en parlant des objets inventoriés.

RÉCOLEMENT, s. m. Lecture des dépositions à l'accusé, aux témoins. T. de procéd. crim. —, vérification des meubles, effets et papiers compris dans un inventaire. —, inspection d'une coupe de bois ; procès-verbal des employés de l'administration forestière, pour constater si cette coupe a été faite selon les ordonnances.

RÉCOLER, v. a. Faire un récolement. T. de procéd.

RECOLLÉ, E, part. Collé de nouveau.

RÉCOLLECTEUR, s. m. Compilateur de lois, etc.

RÉCOLLECTION, s. f. Recueillement d'esprit. T. myst.

RECOLLER, v. a. Coller de nouveau.

RÉCOLLET, s. m. Religieux réformé de l'ordre de St.-François.

RÉCOLLIGER (se), v. pron. Se recueillir en soi-même, être dans la méditation, la contemplation. T. myst.

RECOLOGNE, s. m. Com. du dép. du Doubs, cant. d'Audeux, arr. de Besançon. = Marnay. Carrières de marbre.

RECOLOGNE, s. m. Com. du dép. de la Haute-Saône, cant. de Dampierre-sur-Salon, arr. de Gray. = Cintrey.

RECOLOGNE, s. m. Com. du dép. de la Haute-Saône, cant. de Rioz, arr. de Vesoul. = Rioz.

RÉCOLTE, s. f. Action de recueillir les biens de la terre, moisson ; produits, grains, fruits récoltés.

RÉCOLTÉ, E, part. Recueilli, moissonné.

RÉCOLTER, v. a. Recueillir, moissonner, faire la récolte.

RECOMMANDABLE, adj. Louable, estimable, honorable, digne de recommandation.

RECOMMANDARESSE, s. f. Femme qui tient un bureau d'adresses où l'on va chercher des nourrices.

RECOMMANDATAIRE, s. m. Créancier qui a fait recommander un débiteur. T. de procéd.

RECOMMANDATION, s. f. Action de recommander quelqu'un, de parler ou d'écrire en sa faveur; protection. —, estime, considération pour le mérite.—, procès-verbal d'écrou à la requête d'un nouveau débiteur, pour s'opposer à la mise en liberté d'un prisonnier pour dettes. T. de procéd.

RECOMMANDATOIRE, adj. Qui contient une recommandation. T. de procéd.

RECOMMANDÉ, E, part. Se dit d'une personne en faveur de laquelle il a été demandé quelque protection.

RECOMMANDER, v. a. Prier d'être favorable, de prendre soin. —, inviter, engager, exhorter. —, charger de faire; enjoindre expressément. —, rendre recommandable. —, écrouer un prisonnier pour dettes; dresser procès-verbal de son écrou; saisir des objets volés. Se — à, v. pron. Implorer la protection de quelqu'un. Se — de quelqu'un, se prévaloir de son nom, de sa bienveillance, de son crédit.

RECOMMENCÉ, E, part. Commencé de nouveau.

RECOMMENCEMENT, s. m. Action de recommencer.

RECOMMENCER, v. a. Commencer de nouveau.

RÉCOMPENSE, s. f. Prix d'une bonne action, d'un service rendu. —, compensation, dédommagement.—, châtiment, punition. Fig. En —, adv. D'autre côté; d'ailleurs; en revanche.

RÉCOMPENSÉ, E, part. Se dit d'une personne à laquelle il a été accordé une récompense.

RÉCOMPENSER, v. a. Donner une récompense. —, compenser, dédommager; châtier, punir. Fig. — le temps perdu, le réparer. Se —, v. pron. Se dédommager, s'indemniser.

RECOMPOSÉ, E, part. Composé de nouveau. Feuille —, qui porte sur un pétiole commun, d'autres pétioles partagés eux-mêmes. T. de bot.

RECOMPOSER, v. a. Composer une seconde fois. —, réunir les parties séparées. T. de chim.

RECOMPOSITION, s. f. Action de recomposer un corps. T. de chim.

RECOMPTÉ, E, part. Compté de nouveau.

RECOMPTER, v. a. Compter de nouveau, une seconde fois.

RÉCONCILIABLE, adj. Qui peut être réconcilié; ne s'emploie qu'avec la négative.

RÉCONCILIATEUR, TRICE, s. Médiateur, qui aime à réconcilier, qui réconcilie.

RÉCONCILIATION, s. f. Raccommodement de personnes brouillées. —, acte d'abjuration d'un hérétique; nouvelle bénédiction d'une église profanée; seconde confession; absolution des péchés.

RÉCONCILIÉ, E, part. Se dit d'une personne qui a cessé d'être en mésintelligence avec une autre.

RÉCONCILIER, v. a. Opérer une réconciliation entre des personnes brouillées. — un hérétique, l'absoudre après une solennelle abjuration. — une église, la bénir de nouveau après sa profanation. Se —, v. pron. Faire sa paix avec quelqu'un. Se —, v. récip. Se pardonner réciproquement ses torts, oublier les sujets de mésintelligence.

RÉCONDUCTION (tacite), s. f. Prolongation de jouissance après l'expiration d'un bail; jouir par tacite réconduction. T. de procéd.

RECONDUIRE, v. a. Accompagner par civilité quelqu'un dont on a reçu la visite. —, ramener, remener, remettre une personne au lieu d'où elle était venue. —, éconduire, chasser, faire sortir de chez soi en maltraitant. Fig.

RECONDUITE, s. f. Action de reconduire quelqu'un. T. iron.

RECONFESSÉ, E, part. Confessé de nouveau.

RECONFESSER, v. a. Confesser une seconde fois.

RECONFIRMÉ, E, part. Confirmé de nouveau.

RECONFIRMER, v. a. Confirmer de nouveau, donner une nouvelle assurance.

RÉCONFORT, s. m. Soulagement, consolation, secours dans l'affliction. (Vi.)

RÉCONFORTATION, s. f. Action de réconforter.

RÉCONFORTÉ, E, part. Fortifié; consolé.

RÉCONFORTER, v. a. Fortifier; consoler. Se —, v. pron. Rétablir ses forces.

RECONFRONTATION, s. f. Seconde confrontation.

RECONFRONTÉ, E, part. Confronté de nouveau.

RECONFRONTER, v. a. Confronter une seconde fois.

RECONNAISSABLE, adj. Aisé à reconnaître.

RECONNAISSANCE, s. f. Action de reconnaître une personne ou une chose. —, gratitude, souvenir d'un bienfait. —, récompense d'un service, d'un bon office. —, examen détaillé. —, aveu verbal ou par écrit. —, acte par lequel on se reconnaît redevable ou dépositaire d'une chose. —, exploration des lieux occupés par l'ennemi; soldats envoyés à la découverte.

RECONNAISSANT, E, adj. Qui a de

la reconnaissance, de la gratitude ; qui garde le souvenir d'un bienfait.

RECONNAÎTRE, v. a. Se remettre dans l'idée l'image d'une personne ou d'une chose que l'on a connue. —, distinguer à certains indices. —; parvenir à connaître. —, apercevoir enfin; reconnaître ses torts. —, observer, examiner, remarquer; faire une reconnaissance. —, admettre comme incontestable; convenir, tomber d'accord. —, avouer, confesser; reconnaître ses péchés. —, déclarer, avouer, adopter; reconnaître un enfant. —, avoir de la reconnaissance, en donner des témoignages; récompenser. Se —, v. pron. Reprendre ses sens; parvenir à savoir où l'on est, après avoir été égaré. Se —, rentrer en soi-même, se repentir. Se —, se déclarer, s'avouer; se reconnaître coupable. Se —, se former une juste idée de sa position. Fig. Se —, v. récip. Se rappeler l'un de l'autre.

RECONNU, E, part. et adj. Avoué, constant, avéré.

RECONQUÉRIR, v. a. Conquérir de nouveau. Prop. et fig.

RECONQUIS, E, part. Conquis une seconde fois.

RECONSTITUTION, s. f. Constitution d'une nouvelle rente pour en rembourser une ancienne; subrogation du nouveau créancier à l'hypothèque de l'ancien. T. de procéd.

RECONSTRUCTION, s. f. Action de reconstruire.

RECONSTRUIRE, v. a. Rebâtir, réédifier, rétablir un bâtiment.

RECONSTRUIT, E, part. Rebâti, relevé, réédifié, en parlant d'un édifice.

RECONSULTÉ, E, part. Consulté de nouveau.

RECONSULTER, v. a. Prendre conseil d'un autre, consulter une seconde fois.

RECONTÉ, E, part. Raconté de nouveau.

RECONTER, v. a. Conter une seconde fois, raconter de nouveau.

RECONTRACTÉ, E, part. Contracté de nouveau.

RECONTRACTER, v. a. Contracter de nouveau.

RECONVENIR, v. n. Former subsidiairement une demande contre le demandeur. T. de procéd.

RECONVENTION, s. f. Action, demande subsidiaire dans une instance. T. de procéd.

RECONVOQUÉ, E, part. Convoqué de nouveau.

RECONVOQUER, v. a. Convoquer une seconde fois.

RECOPIÉ, E, part. Transcrit de nouveau.

RECOPIER, v. a. Faire une seconde copie.

RECOQUILLÉ, E, part. Retroussé en forme de coquille.

RECOQUILLEMENT, s. m. Etat de ce qui est recoquillé.

RECOQUILLER, v. a. Retrousser en forme de coquille. Se —, v. pron. Se friser, se mettre par boucles.

RECORD, s. m. Attestation. T. de procéd.

RECORDÉ, E, part. Répété; se dit d'une chose qu'on veut apprendre par cœur. —, fait en présence de témoins; saisie recordée. T. de procéd.

RECORDER, v. a. Exercer sa mémoire, apprendre par cœur; répéter une leçon apprise par cœur pour la savoir mieux. —, accompagner un huissier pour lui servir de témoin. T. de procéd. Se —, v. pron. Rappeler dans sa mémoire ce qu'on doit dire ou faire; s'entendre, se concerter avec un tiers.

RECORDEUR, s. m. Témoin oculaire.

RECORRIGÉ, E, part. Corrigé de nouveau.

RECORRIGER, v. a. Faire de nouvelles corrections.

RECORS, s. m. Praticien qui accompagne un huissier dans l'exercice de ses fonctions, pour lui servir de témoin et lui prêter main forte au besoin.

RECOUBEAU, s. m. Com. du dép. de la Drôme, cant. de Luc-en-Diois, arr. de Die. = Die.

RECOUCHÉ, part. Remis au lit.

RECOUCHER, v. a. Remettre au lit. — par terre, terrasser une seconde fois. Se —, v. pron. Se remettre au lit.

RECOUDRE, v. a. Coudre une chose déchirée ou décousue.

RECOULÉ, E, part. Coulé de nouveau.

RECOULER, v. a. Couler de nouveau. —, exprimer l'huile des peaux chamoisées. —, passer les cartes en revue. T. de cartier.

RECOULES, s. m. Com. du dép. de l'Aveyron, cant. de Sévérac-le-Château, arr. de Milhau. = Sévérac-le-Château.

RECOULES-D'AUBRAC, s. m. Com. du dép. de la Lozère, cant. de Nasbinals, arr. de Marvejols. = Marvejols.

RECOUPAGE, s. m. Action de croiser les traces du polissoir sur la surface des glaces. —, vin, cidre recoupé.

RECOUPE, s. f. Débris des pierres de taille. —, farine bise qu'on retire du son passé sous la meule; chapelure de pain.

RECOUPÉ, E, part. Coupé de nouveau ; mélangé, en parlant des vins. —, mi-coupé ; écu recoupé. T. de blas.

RECOUPEMENT, s. m. Retraite faite aux assises de pierres. T. d'arch.

RECOUPER, v. a. Couper de nouveau. — des vins, faire un mélange de vins de différentes qualités.

RECOUPETTE, s. f. Troisième farine tirée du son des recoupes.

RECOURBÉ, E, part. Plié d'une manière courbe. —, courbé en dehors. T. de bot.

RECOURBER, v. a. Courber en rond par le bout. Se —, v. pron. Se plier en rond.

RECOURIR, v. n. Courir de nouveau, retourner en courant. — à quelqu'un, lui demander des secours ; à quelque chose, y avoir recours. Fig.

RECOURRE, v. a. Reprendre une personne ou une chose ravie, emmenée par force. (Vi.) N'est usité qu'à l'infinitif et au participe.

RECOURS, s. m. Action de chercher de l'assistance, du secours. Avoir — à une chose, s'en servir comme d'expédient. —, suivi du verbe être, refuge ; Dieu est le recours des malheureux. —, action en dommages et intérêts, en garantie. T. de procéd.

RECOURT, s. m. Com. du dép. de la Haute-Marne, cant. de Montigny, arr. de Langres. = Montigny-le-Roi.

RECOURT, s. m. Com. du dép. de la Meuse, cant. de Souilly, arr. de Verdun. = Verdun.

RECOUS, SE, part. Repris, en parlant d'une personne ou d'une chose ravie. (Vi.)

RECOUSSE, s. f. Délivrance d'une personne emmenée par force ; reprise d'une chose violemment enlevée. (Vi.)

RECOUSU, E, part. Se dit d'un vêtement décousu auquel il a été fait une nouvelle couture.

RECOUVERT, E, part. Couvert de nouveau.

RECOUVRABLE, adj. Qui peut être recouvré.

RECOUVRANCE, s. f. Com. du dép. des Ardennes, cant. de Château, arr. de Rethel. = Rethel.

RECOUVRANCE, s. f. Com. du dép. du Haut-Rhin, cant. de Delle, arr. de Belfort. = Delle.

RECOUVRÉ, E, part. Récupéré, acquis de nouveau.

RECOUVREMENT, s. m. Action de recouvrer ce qui était perdu. —, rétablissement de la santé. —, perception, recette des contributions. —, sorte de rebord qui recouvre ; montre à recouvrement.

RECOUVRER, v. a. Récupérer, acquérir de nouveau, rentrer en possession. —, faire le recouvrement, la perception des impôts. —, retirer une manœuvre. T. de mar.

RECOUVRIR, v. a. Couvrir de nouveau. —, masquer sous des apparences, des prétextes louables, quelque chose de vicieux. Fig.

RECOUX, s. m. Com. du dép. de la Lozère, cant. de St.-Georges, arr. de Florac. = Florac.

RECQUES, s. m. Com. du dép. du Pas-de-Calais, cant. d'Etaples, arr. de Montreuil. = Montreuil.

RECQUES, s. m. Com. du dép. du Pas-de-Calais, cant. d'Ardres, arr. de St.-Omer. = Ardres.

RECQUIGNIES, s. f. Com. du dép. du Nord, cant. de Maubeuge, arr. d'Avesnes. = Maubeuge.

RECRACHÉ, E, part. Rejeté de la bouche.

RECRACHER, v. a. Cracher de nouveau, rejeter de la bouche.

RÉCRÉANCE, s. f. Jouissance par provision des fruits et revenus d'un bénéfice en litige. Lettres de —, lettres qu'un souverain expédie à son ambassadeur pour qu'il les présente à la cour d'où il est rappelé ; lettres données par celle-ci à un ambassadeur pour les remettre au souverain qui le rappelle.

RÉCRÉATIF, IVE, adj. Amusant, divertissant, qui récrée.

RÉCRÉATION, s. f. Passe-temps, délassement, amusement pour faire diversion au travail.

RÉCRÉDENTIAIRE, s. m. Possesseur par provision de la jouissance d'un bénéfice religieux.

RECRÉÉ, E, part. Créé de nouveau, remis sur pied, rétabli.

RÉCRÉÉ, E, part. Amusé, diverti.

RECRÉER, v. a. Créer de nouveau, donner une nouvelle existence ; remettre sur pied, rétablir.

RÉCRÉER, v. a. Amuser, égayer, divertir. —, ranimer, réjouir. Se —, v. pron. S'amuser, se divertir.

RÉCRÉMENT, s. m. Fluides séparés du sang, et qui sont reportés dans l'économie pour diverses fonctions ; humeur superflue.

RÉCRÉMENTEUX, EUSE ou RÉCRÉMENTIEL, LE, adj. Se dit des fluides qui se séparent du sang et se distribuent dans l'économie animale pour servir à diverses fonctions. T. de méd.

RECRÉPI, E, part. Crépi de nouveau.

RECRÉPIR, v. a. Crépir de nouveau. — son visage, se farder. — un conte, le présenter sous une forme nouvelle en conservant le fonds. Fig.

RECREUSÉ, E, part. Creusé de nouveau.

RECREUSER, v. a. Creuser de nouveau, ou plus avant.

RECRIBLÉ, E, part. Criblé à plusieurs reprises.

RECRIBLER, v. a. Cribler de nouveau, à plusieurs reprises.

RÉCRIER (se), v. pron. Elever la voix, faire une exclamation pour témoigner sa surprise. Se — contre, se déclarer, s'élever contre.....

RÉCRIMINATION, s. f. Accusation pour en repousser une autre ; injure pour injure ; reproche rétorqué.

RÉCRIMINATOIRE, adj. Qui tend à récriminer. T. de procéd.

RÉCRIMINER, v. n. Accuser son accusateur, opposer une injure à une autre, répondre à des reproches par d'autres.

RÉCRIRE, v. a. Ecrire de nouveau une autre fois ; répondre à une lettre. —, retoucher le style. Fig.

RÉCRIT, E, part. Ecrit de nouveau; retouché, en parlant du style. Fig.

RECROISETTÉ, E, adj. Se dit des croix dont les branches sont terminées par d'autres croix. T. de blas.

RECROÎTRE, v. n. Prendre un nouvel accroissement.

RECROQUEVILLER (se), v. pron. Se replier au feu, se recoquiller, en parlant du parchemin ; se dessécher au soleil, en parlant des feuilles.

RECROTTÉ, E, part. Crotté de nouveau.

RECROTTER, v. a. Crotter de nouveau. Se —, v. pron. Se crotter une seconde fois.

RECRU, s. m. Bois repoussé après la coupe.

RECRU, E, adj. Las, fatigué, harassé.

RECRUDESCENCE, s. f. Retour des symptômes d'une maladie avec une nouvelle intensité. T. de méd.

RECRUE, s. f. Nouvelle levée de soldats pour remplir les cadres ; soldats de cette levée. —, gens qui surviennent dans une compagnie sans y être attendus. Fig.

RECRUTÉ, E, part. Compris dans une recrue.

RECRUTEMENT, s. m. Action de recruter. Officier de —, officier détaché pour recruter, ou pour donner aux recrues leur désignation.

RECRUTER, v. a. Lever des soldats, faire des recrues.

RECRUTEUR, s. m. Militaire qui recrute.

RECTA, adv. tiré du latin. En droiture, directement ; ponctuellement. T. fam.

RECTALE, adj. f. Se dit de la veine hémorrhoïdale interne. T. d'anat.

RECTANGLE, s. m. Parallélogramme qui a ses quatre angles droits. —, adj. Qui a un angle droit ; triangle rectangle. —, qui a tous ses angles droits ; parallélogramme rectangle. T. de géom.

RECTANGULAIRE, adj. Qui a des angles droits. T. de géom.

RECTEUR, s. m. Chef d'une université, d'une académie ; supérieur d'un collège, curé dans certaines provinces. —, adj. Se dit des arômes ; esprit recteur. T. de chim.

RECTIFICATION, s. f. Action de rectifier. —, séparation de toutes les parties hétérogènes. T. de chim. —, opération qui égale une courbe à une ligne droite. T. de géom.

RECTIFIÉ, E, part. Redressé, remis, en état, en ordre.

RECTIFIER, v. a. Redresser ; remettre en état, en ordre. —, corriger ce qu'il y a de défectueux ; rectifier un compte. Fig. —, faire la rectification d'une courbe. T. de géom. —, distiller une seconde fois. T. de chim.

RECTILIGNE, adj. Terminé par des lignes droites. T. de géom.

RECTITUDE, s. f. Equité, intégrité, conformité à la règle, aux vrais principes, à la saine raison. —, état d'une ligne droite. T. de géom.

RECTIUSCULE, adj. Presque droit. T. de bot.

RECTO, s. m. (mot latin). Première page d'un feuillet.

RECTOGRADE, adj. Qui marche sur une ligne droite.

RECTORAL, E, adj. Qui est relatif à la dignité de recteur.

RECTORAT, s. m. Dignité, charge de recteur.

RECTORERIE, s. f. Direction d'une paroisse, cure.

RECTORIER, v. n. Autrefois, payer au recteur de l'université de Paris, le droit sur le parchemin.

RECTRICES, adj. f. pl. Se dit des longues plumes de la queue qui servent aux oiseaux à se diriger dans leur vol. T. d'hist. nat.

RECTUM, s. m. (mot latin). Dernier des gros intestins, ainsi nommé à cause de sa situation directe de haut en bas. T. d'anat.

REÇU, s. m. Quittance sous-seing privé.

REÇU, E, part. Accepté; en parlant de ce qui est offert; touché, en parlant de ce qui est dû. —, adj. Admis, introduit; usages reçus. Fig.

RECUEIL, s. m. Amas, réunion d'actes, d'écrits, de vers, d'estampes, etc.

RECUEILLEMENT, s. m. Action de se recueillir, méditation.

RECUEILLI, E, part. Cueilli, ramassé.

RECUEILLIR, v. a. Cueillir, ramasser, récolter les fruits de la terre. —, ramasser, rassembler des choses dispersées; recueillir les débris de sa fortune. —, recevoir ce qui tombe, ce qui découle; recueillir de la gomme. —, retirer du profit de quelque chose; recueillir le fruit de son travail. —, compiler; recueillir des pensées, des anecdotes. —, accueillir, recevoir chez soi par humanité; recueillir les voyageurs. —, inférer, tirer quelque induction de. —, prendre l'avis de chacun dans une délibération; recueillir les voix, les suffrages. Se —, v. pron. Rappeler ses idées, son attention, méditer.

RECUEILLOIR, s. m. Outil en bois pour tortiller la ficelle. T. de cordier.

RECUIRE, v. a. et n. Cuire de nouveau, une seconde fois.

RECUISSON, s. f. Action de chauffer au plus grand feu; refroidissement gradué et insensible des glaces. T. de manuf. de glaces.

RECUIT, s. m. Opération de recuire.

RECUIT, E, part. et adj. Cuit une seconde fois. Humeurs —, échauffées, épaissies. T. de méd.

RECUITE, s. f. Action de remettre les métaux au feu. —, pl. Parties caséeuses et butireuses du lait, crème, fromage.

RECUITEUR, s. m. Ouvrier de la fabrique des monnaies pendant son apprentissage.

RECUL, s. m. Mouvement rétrograde d'un canon que l'on tire, d'un ressort qui se détend.

RECULADE, s. f. Action d'une ou de plusieurs voitures qui reculent; action de reculer. Au prop. et au fig.

RECULÉ, E, part. Tiré, poussé, emporté en arrière. —, adj. Eloigné du lieu, du temps où l'on est.

RECULÉE, s. f. Enfoncement. Feu de —, grand feu qui oblige à se reculer.

RECULEMENT, s. m. Action de reculer. —, pièce du harnais du cheval qui le soutient quand il recule. —, différence de deux lignes divergentes. T. d'arch.

RECULER, s. m. Sorte de lime.

RECULER, v. a. Tirer, pousser, emporter en arrière; placer, porter plus loin. —, éloigner, retarder. Fig. —, v. n. Aller en arrière. —, plier, faiblir, avoir peur. —, différer, hésiter, tergiverser, éviter de dire ou de faire. Fig. Se —, v. pron. Se retirer en arrière.

RECULEY (le), s. m. Com. du dép. du Calvados, cant. de Bény-Bocage, arr. de Vire. = Vire.

RECULFOZ, s. m. Com. du dép. du Doubs, cant. de Mouthe, arr. de Pontarlier. = Pontarlier.

RECULONS (à), adv. En reculant, et fig. en empirant.

RÉCUPÉRABLE, adj. Que l'on peut récupérer. T. inus.

RÉCUPÉRATION, s. f. Emersion, recouvrement de la lumière après l'éclipse. T. d'astr.

RÉCUPÉRÉ, E, part. Recouvré, rentré en la possession.

RÉCUPÉRER, v. a. Recouvrer, faire rentrer en sa possession. Se —, v. pron. Se dédommager, s'indemniser d'une perte.

RÉCURAGE, s. m. Chambre où l'on rince les feuilles de fer à blanchir.

RÉCURÉ, E, part. Blanchi, nettoyé avec le grès.

RÉCURER, v. a. Donner un troisième labeur à une vigne. —, blanchir, nettoyer avec du grès, écurer.

RÉCURRENT, E, adj. Se dit d'un nerf qui forme avec la branche dont il sort, un angle obtus au lieu d'un aigu, et qui semble rebrousser chemin. T. d'anat.

RECURT, s. m. Com. du dép. des Hautes-Pyrénées, cant. de Galan, arr. de Tarbes. = Trie.

RÉCUSABLE, adj. Que l'on est en droit de récuser. —, qu'on est fondé à ne pas croire; témoignage récusable.

RÉCUSATION, s. f. Action par laquelle on récuse un juge, des témoins, etc.

RÉCUSÉ, E, part. Rejeté, en parlant d'un juge, d'un témoin qu'on soupçonne.

RÉCUSER, v. a. Alléguer des motifs pour refuser de se soumettre à la décision d'un juge, pour écarter des témoins, etc.

RECY, s. m. Com. du dép. de la Marne, cant. et arr. de Châlons. = Châlons-sur-Marne.

RÉDACTEUR, s. m. Ecrivain, homme

de lettres chargé de la rédaction d'un ouvrage, d'un journal, etc.

RÉDACTION, s. f. Action de rédiger; composition, mise en ordre, d'un ouvrage politique ou littéraire.

REDAN, s. m. Ouvrage à angles rentrans et saillans. T. de fortification. —, pl. Bancs d'ardoises en gradins.

REDANGE, s. m. Com. du dép. de la Moselle, cant. de Longwy, arr. de Briey. = Longwy.

REDANSÉ, E, part. Dansé de nouveau.

REDANSER, v. a. et n. Danser de nouveau.

REDARGUÉ, E, part. Blâmé, réprimandé.

REDARGUER, v. a. Reprendre, blâmer, réprimander.

REDDITION, s. f. Action de rendre une place aux assiégeans, de rendre un compte, etc.

REDDITIONNAIRE, s. et adj. Comptable chargé de rendre compte.

REDÉBATTRE, v. a. Débattre une seconde fois, de nouveau.

REDÉBATTU, E, part. Débattu de nouveau.

REDÉCLARÉ, E, part. Déclaré de nouveau.

REDÉCLARER, v. a. Déclarer une seconde fois.

REDÉDIÉ, E, part. Dédié de nouveau.

REDÉDIER, v. a. Dédier de nouveau.

REDÉFAIRE, v. a. Défaire encore une fois.

REDÉFAIT, E, part. Défait de nouveau.

REDÉJEUNER, v. n. Faire un second déjeuner.

REDÉLIBÉRÉ, E, part. Remis en délibération.

REDÉLIBÉRER, v. a. Remettre en délibération. —, v. n. Délibérer de nouveau.

REDÉLIVRÉ, E, part. Délivré de nouveau.

REDÉLIVRER, v. a. Délivrer de nouveau, une seconde fois.

REDEMANDÉ, E, part. Demandé de nouveau, plusieurs fois.

REDEMANDER, v. a. Demander une seconde fois; vouloir reprendre, exiger qu'on rende ce qu'on a prêté ou donné.

REDEMEURER, v. n. Demeurer de nouveau dans un endroit, habiter son ancienne demeure.

REDÉMOLI, E, part. Démoli une seconde fois.

REDÉMOLIR, v. a. Démolir de nouveau, une seconde fois.

RÉDEMPTEUR, s. m. J.-C. qui a racheté le genre humain.

RÉDEMPTION, s. f. Rachat du genre humain par J.-C.; des captifs chrétiens qui étaient tombés au pouvoir des infidèles, des Turcs.

REDENÉ, s. m. Com. du dép. du Finistère, cant. d'Arzano, arr. de Quimperlé. = Quimperlé.

REDENTS, s. m. pl. Entailles en forme de dents qui s'adaptent les unes dans les autres pour l'assemblage de la charpente d'un navire. T. de mar. —, ressauts d'un mur. T. d'arch.

REDÉPÊCHÉ, E, part. Expédié une seconde fois, et en diligence, en parlant d'un exprès.

REDÉPÊCHER, v. a. Envoyer, expédier de nouveau un exprès en diligence.

REDERCHING-PETIT, s. m. Com. du dép. de la Moselle, cant. de Rorbach, arr. de Sarreguemines. = Sarreguemines.

REDESCENDRE, v. a. Descendre encore, de nouveau. —, v. n. Descendre après avoir monté.

REDESCENDU, E, part. Descendu de nouveau.

REDESSAN, s. m. Com. du dép. du Gard, cant. de Marguerittes, arr. de Nismes. = Nismes.

REDESSINÉ, E, part. Dessiné de nouveau.

REDESSINER, v. a. Dessiner une seconde fois.

REDEVABLE, adj. Reliquataire, débiteur après une reddition de compte. —, à qui l'on a rendu service, qui a des obligations. Fig.

REDEVANCE, s. f. Rente, charge, servitude annuelle.

REDEVANCIER, ÈRE, s. Celui, celle qui doit une ou des redevances.

REDEVENIR, v. n. Recommencer à être ce qu'on était auparavant; devenir de nouveau.

REDÉVIDÉ, E, part. Dévidé de nouveau.

REDÉVIDER, v. a. Dévider une seconde fois.

REDEVOIR, v. a. Être redevable, devoir après un arrêté de compte.

REDHIBITION, s. f. Action pour faire rescinder la vente d'une chose défectueuse. T. de procéd.

REDHIBITOIRE, adj. Qui entraîne la nullité d'une vente, la rescision, la redhibition; cas redhibitoire. T. de procéd.

RÉDIGÉ, E, part. Composé, mis en ordre; résumé.

RÉDIGER, v. a. Écrire, composer, mettre en ordre un ouvrage de littérature, un journal, un acte, etc. —, résumer un discours, etc.

RÉDIMER (se), v. pron. Se racheter, se délivrer de poursuites judiciaires, de vexations. T. de procéd.

RÉDING, s. m. Com. du dép. de la Meurthe, cant. et arr. de Sarrebourg. = Sarrebourg.

REDINGOTE, s. f. Vêtement d'homme dont les basques, ouvertes en devant, forment comme une jupe; robe de femme ouverte par devant.

REDIRE, v. a. Dire de nouveau, répéter, raconter; révéler une confidence. —, v. a. et n. Reprendre, blâmer, censurer; trouver à redire.

REDISEUR, s. m. Indiscret, bavard qui répète jusqu'à satiété ce qu'il a dit ou entendu dire.

REDISSOUDRE, v. a. Dissoudre de nouveau.

REDISSOUS, TE, part. Dissous de nouveau.

REDISTRIBUÉ, E, part. Distribué de nouveau.

REDISTRIBUER, v. a. Faire une nouvelle distribution.

REDISTRIBUTION, s. f. Nouvelle distribution.

REDITE, s. f. Répétition fréquente et fastidieuse.

REDIVISÉ, E, part. Divisé de nouveau.

REDIVISER, v. a. Faire une nouvelle division, repartager.

REDIVIVE, adj. Qui renaît. T. inus.

REDLACH, s. m. Com. du dép. de la Moselle, cant. de Faulquemont, arr. de Metz. = St.-Avold.

REDOMPTÉ, E, part. Dompté une seconde fois.

REDOMPTER, v. a. Dompter une seconde fois.

REDON, s. m. Petite ville du dép. d'Ille-et-Vilaine, chef-lieu de sous-préf. et de cant.; trib. de 1ʳᵉ inst.; conserv. des hypoth.; direct. des contrib. indir.; recev. part. des fin. Bur. d'enregist. et de poste.
Cette ville possède un petit port très commerçant sur la Vilaine. Exploitation de carrières d'ardoises; construction de navires. Comm. de vins; eaux-de-vie, miel, bois, toiles, cuirs, etc.

REDONDANCE, s. f. Répétition, redite, superfluité de paroles.

REDONDANT, E, adj. Superflu, rempli de redondances. Style —, boursouflé, qui pèche par l'accumulation des épithètes. Courbe —, à trois asymptotes. T. de géom.

REDONDER, v. n. Etre plein de redondances, de superfluités, d'épithètes oiseuses.

REDONNÉ, E, part. Donné une seconde fois.

REDONNER, v. a. Donner une seconde fois la même chose; rendre à celui qui a donné ou qui a déjà possédé. —, rendre, faire renaître; redonner du courage. —, v. n. Retourner à la charge. T. d'art milit. Se —, v. pron. Se livrer, s'abandonner de nouveau.

REDORÉ, E, part. Doré de nouveau.

REDORER, v. a. Dorer de nouveau. —, briller de nouveau, en parlant du soleil. T. poét.

REDORMIR, v. n. Dormir de nouveau.

REDORTE, s. m. Branches entortillées en forme d'anneaux. T. de blas.

REDORTE (la), s. f. Com. du dép. de l'Aude, cant. de Peyriac-Minervois, arr. de Carcassonne. = Azille.

REDORTIERS, s. m. Com. du dép. des Basses-Alpes, cant. de Banon, arr. de Forcalquier. = Forcalquier.

REDOS, s. m. Première page d'un feuillet. T. inus.

REDOUBLÉ, E, part. Garni d'une nouvelle doublure.

REDOUBLEMENT, s. m. Accroissement, augmentation. —, augmentation périodique ou irrégulière d'une fièvre. T. de méd.

REDOUBLER, v. a. Mettre une nouvelle doublure. —, renouveler, réitérer avec augmentation. —, accroître, augmenter de beaucoup. —, v. n. S'accroître, s'augmenter considérablement. — de soins, multiplier ses attentions. — de jambes, fuir. T. fam.

REDOUL, s. m. Espèce de sumac qui fournit un tan très actif. Voy. Corroyère.

REDOUNAN, s. m. Variété d'olivier. T. de bot.

REDOUTABLE, adj. Fort à craindre, à redouter.

REDOUTE, s. f. Ouvrage détaché d'une fortification. —, bal public dans quelques provinces.

REDOUTÉ, E, part. Craint, qui inspire beaucoup de crainte.

REDOUTÉE, s. f. Plante annuelle de la famille des malvacées. T. de bot.

REDOUTER, v. a. Craindre beaucoup, appréhender vivement.

RÈDRE, s. m. Grand filet pour la pêche du hareng.

REDRESSE, s. f. Cordage pour redresser le navire. T. de mar.

REDRESSÉ, E, part. Relevé, remis debout, dressé de nouveau. —, adj. Se dit des rameaux et des feuilles qui forment une courbure en naissant et se redressent ensuite. T. de bot.

REDRESSEMENT, s. m. Action de redresser; effet de cette action.

REDRESSER, v. a. Rendre droit ce qui l'a été ou doit l'être; relever, remettre debout. —, remettre dans le droit chemin. Fig. —, châtier, mortifier; attraper au jeu. Fig. et fam. — les torts, secourir les opprimés, réparer les torts qu'on leur a faits, à l'exemple des paladins. Se —, v. pron. Se relever; redevenir droit. —, Se pavaner, se rengorger. Fig. Se —, s'amender, se corriger.

REDRESSEUR, EUSE, s. Escroc, chevalier d'industrie. —, de torts, chevalier errant qui redressait les torts, espèce de Don Quichotte. —, outil de raffineur de sucre.

REDRESSOIR, s. m. Instrument pour redresser la vaisselle d'étain bossuée.

REDU, E, part. Dû après un arrêté de compte.

RÉDUCTIBLE, adj. Qui peut être réduit.

RÉDUCTIF, IVE, adj. Qui a la propriété de réduire; sel réductif. T. de chim.

RÉDUCTION, s. f. Action de réduire; conversion en une quantité, un volume, une étendue moindre. —, diminution de revenu, de dépense. —, évaluation des monnaies, des mesures les unes par rapport aux autres. —, action de remettre sous l'obéissance en employant la force; réduction d'une ville en insurrection. —, argument par lequel on démontre une proposition, en prouvant l'impossibilité ou l'absurdité de la proposition contraire. —, opération par laquelle on change une figure en une autre semblable, mais plus petite. T. de géom. —, action de rendre à un métal oxydé sa forme métallique. T. de chim. —, différence entre la longitude d'une planète dans son orbite et sa longitude réduite à l'écliptique. T. d'astr. —, suite de notes descendant diatoniquement. T. de mus. —, action de remettre en place les os luxés ou fracturés. T. de chir. —, pl. Hameaux d'Indiens convertis.

RÉDUIRE, v. a. Diminuer en quantité, en volume, en étendue. —, porter à un terme plus bas; supprimer en partie, borner, restreindre; réduire sa dépense. —, convertir une chose en une autre; réduire le bois en cendre. —, évaluer les monnaies, etc., les unes par rapport aux autres. —, rédiger dans un certain ordre, analyser, résumer; réduire en peu de mots. —, dompter, subjuguer; réduire une ville, un pays. —, contraindre, obliger; réduire à l'obéissance. —, mettre dans une situation déplorable; réduire à la mendicité. —, faire la réduction d'une fracture. T. de chir. Se —, v. pron. Diminuer par l'évaporation, se consumer.

RÉDUIT, s. m. Petite habitation, petit logement, retraite. —, petit retranchement fait dans un appartement. —, petite demi-lune ménagée dans une grande. T. de fortif.

RÉDUIT, E, part. Diminué par l'évaporation. —, dompté, soumis. Fig. —, remis à sa place, en parlant d'un os luxé ou fracturé. T. de chir.

RÉDUPLICATIF, IVE, adj. Qui marque le redoublement; particule réduplicative. T. de gramm.

RÉDUPLICATION, s. f. Répétition, redoublement d'une lettre, d'une syllabe. T. de gramm.

REDUVE, s. m. Genre d'insectes hémiptères nudicolles. T. d'hist. nat.

RÉÉDIFICATION, s. f. Reconstruction.

RÉÉDIFIÉ, E, part. Rebâti, reconstruit.

RÉÉDIFIER, v. a. Rebâtir, reconstruire.

RÉÉDITEUR, s. m. Editeur qui donne une seconde édition.

RÉÉDITION, s. f. Nouvelle édition, seconde édition.

RÉEL, s. m. Ce qui est effectivement.

RÉEL, LE, adj. Qui est en effet, sans fiction, sans figure; vrai, certain, constant, positif. Offres —, à deniers découverts. Saisie —, immobilière. T. de procéd.

RÉÉLECTION, s. f. Seconde élection.

RÉÉLIRE, v. a. Elire de nouveau.

RÉELLEMENT, adv. En réalité, d'une manière réelle; effectivement, en effet.

RÉÉLU, E, part. Elu une seconde fois.

RÉENGENDRÉ, E, part. Engendré de nouveau. T. myst.

RÉENGENDRER, v. a. Engendrer de nouveau. T. myst.

RÉÉXAMINÉ, E, part. Examiné une seconde fois.

RÉÉXAMINER, v. a. Se livrer à un nouvel examen.

RÉEXPORTATION, s. f. Transport à

l'étranger de marchandises venues du dehors.

RÉEXPORTÉ, E, part. Transporté d'où elles sont venues, en parlant de marchandises étrangères

RÉEXPORTER, v. a. Transporter des marchandises étrangères au-dehors

REEZ-ET-FOSSE-MARTIN, s. m. Com. du dép. de l'Oise, cant. de Betz, arr. de Senlis. = Lisy.

REFÂCHÉ, E, part. Fâché de nouveau.

REFÂCHER, v. a. Fâcher une seconde fois. Se —, v. pron. Se fâcher de nouveau.

REFAÇONNÉ, E, part. Façonné de nouveau.

REFAÇONNER, v. a. Donner une seconde façon.

RÉFACTION, s. f. Remise de l'excédant du poids des marchandises mouillées; diminution de leur prix si elles sont de qualité ou de dimension inférieure. T. de comm.

REFAILLIR, v. n. Faillir une seconde fois, faire une nouvelle faillite.

REFAIRE, v. a. Faire encore ce qu'on a déjà fait, faire de nouveau, une seconde fois. —, recomposer, réparer, rajuster ce qui est défait. —, recommencer ; si cela était à refaire. —, remettre en vigueur, en bon état. —, redonner les cartes. T. de jeu. Se —, v. pron. Reprendre vigueur. Fig.

REFAIT, s. m. Coup, partie qu'il faut recommencer. T. de jeu. —, nouveau bois du cerf. T. de véner.

REFAIT, E, part. Fait de nouveau, une seconde fois, recomposé.

REFAUCHÉ, E, part. Fauché une seconde fois.

REFAUCHER, v. a. Faucher une seconde fois.

RÉFECTION, s. f. Repas. T. claustral. —, réparation d'un bâtiment. T. de procéd.

RÉFECTOIRE, s. m. Salle à manger d'une communauté, d'un collège, etc.

RÉFECTORIER, ÈRE, s. Personne qui prend soin du réfectoire.

REFEND, s. m. Reste d'une planche dont on a employé une partie. Bois de —, scié en long. Mur de —, mur intérieur qui sépare les pièces d'un bâtiment. Pierre de —, pierre angulaire.

REFENDOIR, s. m. Outil pour espacer les dents des cardes.

REFENDRE, v. a. Fendre de nouveau, scier en long, diviser. —, ouvrir, dégager. Se —, v. pron. Se fendre de nouveau.

REFENDRET, s. m. Coin de fer dont se servent les ardoisiers.

REFENDU, E, part. Fendu de nouveau, divisé, scié en long.

RÉFÉRÉ, s. m. Rapport, décision d'un juge sur quelque incident d'une cause, d'un procès.

RÉFÉRÉ, E, part. Rapporté, attribué.

RÉFÉRENDAIRE, s. m. Magistrat, rapporteur à la cour des comptes ; officier de la chancellerie qui faisait le rapport des lettres de justice, de rescision, etc. Grand —, sous les rois de la première race, espèce de chancelier ou de garde des sceaux. Tiers —, tierce personne appelée pour taxer les dépens. —, à Rome, prélat rapporteur dans les causes de justice ou de grâce. —, dans l'ancien royaume de Pologne, officier au-dessous du chancelier.

RÉFÉRER, v. a. Rapporter, attribuer à..... — le choix à....., le laisser. — le serment à quelqu'un, s'en rapporter au serment de celui qui se contentait du nôtre. —, v. n. Faire un rapport. T. de procéd. Se — ou s'en — à quelqu'un, v. pron. S'en rapporter à son avis.

REFERMÉ, E, part. Fermé de nouveau.

REFERMER, v. a. Fermer de nouveau. — une plaie, rapprocher les bords d'une plaie de manière à ce qu'il n'y ait plus d'ouverture. Se —, v. pron. Se cicatriser. T. de chir.

REFERRÉ, E, part. Ferré de nouveau.

REFERRER, v. a. Ferrer de nouveau un cheval, etc.

REFÊTÉ, E, part. Célébré de nouveau, en parlant d'une fête abolie.

REFÊTER, v. a. Célébrer, chômer une fête qui avait été supprimée.

REFEUILLÉ, E, part. Se dit de deux feuillures faites en recouvrement. T. de menuis.

REFEUILLER, v. a. Faire deux feuillures en recouvrement. T. de menuis.

REFEUILLETÉ, E, part. Feuilleté de nouveau.

REFEUILLETER, v. a. Feuilleter un livre déjà feuilleté.

REFEUILLURE, s. f. Action de refeuiller.

REFFROY, s. m. Com. du dép. de la Meuse, cant. de Void, arr. de Commercy. = Ligny. Mines de fer, carrières de pierres de taille.

REFFUVEILLE, s. f. Com. du dép. de la Manche, cant. de Juvigny, arr. de Mortain. = St.-Hilaire.

REFICHÉ, E, part. Fiché de nouveau.

REFICHER, v. a. Ficher de nouveau. —, remaçonner les joints d'une vieille muraille.

REFIGER (se), v. pron. Se figer de nouveau.

REFIN, s. m. Sorte de laine très fine. T. de manuf.

REFIXÉ, E, part. Fixé de nouveau.

REFIXER, v. a. Fixer de nouveau, une seconde fois.

REFLATTÉ, E, part. Flatté de nouveau.

REFLATTER, v. a. Flatter de nouveau.

RÉFLÉCHI, E, part. Repoussé, renvoyé par un corps, en parlant des rayons de lumière. T. de phys. —, adj. Fait, dit avec réflexion, médité. —, en parlant des personnes, qui a l'habitude de réfléchir, qui agit avec réflexion. —, courbé en forme d'angle en dehors. T. de bot. Verbe —, qui exprime l'action du sujet sur lui-même, verbe pronominal. T. de gramm.

RÉFLÉCHIR, v. a. Repousser, renvoyer; réfléchir des rayons. —, v. n. Rejaillir, être renvoyé, en parlant des rayons de lumière. —, penser mûrement, examiner attentivement, méditer. Fig.

RÉFLÉCHISSANT, E, adj. Qui réfléchit, fait des réflexions; qui reflète la lumière. T. de phys.

RÉFLÉCHISSEMENT, s. m. Réverbération, rejaillissement de la lumière. T. de phys.

RÉFLECTEUR, s. m. Corps qui réfléchit la lumière. T. de phys.

REFLET, s. m. Réverbération de la lumière, d'une couleur sur un corps. T. de peint.

REFLÉTÉ, E, part. Renvoyé sur un corps, en parlant de la lumière.

REFLÉTER, v. a. Renvoyer la lumière, une couleur sur une partie voisine. T. de peint.

REFLEURET, s. m. Seconde laine d'Espagne.

REFLEURIR, v. n. Fleurir de nouveau, au prop. et au fig.

RÉFLEXE, adj. f. Qui se fait par réflexion; vision réflexe. T. de phys.

RÉFLEXIBILITÉ, s. f. Propriété d'un corps susceptible de réflexion. T. de phys.

RÉFLEXIBLE, adj. Propre à être réfléchi; lumière réflexible. T. de phys.

RÉFLEXION, s. f. Action de réfléchir, méditation, pensée, jugement qui en résulte. —, réverbération, renvoi de la lumière par un corps sur un autre. T. de phys.

REFLUER, v. n. Retourner vers sa source, au prop. et au fig.

REFLUX, s. m. Mouvement rétrograde de la mer après le flux; et fig., vicissitude des choses humaines.

REFONDÉ, E, part. Remboursé, en parlant des frais d'un défaut. T. de procéd.

REFONDER, v. a. Rembourser les frais d'un défaut, faute de comparoir, afin d'être reçu opposant. T. de procéd.

REFONDRE, v. a. Mettre à la fonte une seconde fois. —, refaire un ouvrage. Fig. — le trait, faire réchauffer la planche sur laquelle on a calqué le dessin. T. de grav.

REFONDU, E, part. Fondu une seconde fois.

REFONTE, s. f. Action de remettre à la fonte, de refondre les monnaies pour en faire de nouvelles, de refaire un ouvrage.

REFORGÉ, E, part. Forgé une seconde fois.

REFORGER, v. a. Forger de nouveau.

RÉFORMABLE, adj. Qui peut ou doit être réformé.

RÉFORMATEUR, TRICE, s. Celui, celle qui réforme, corrige les abus, rétablit l'ordre, la discipline.

RÉFORMATION, s. f. Action de réformer, de corriger, de rétablir dans la première ou dans une meilleure forme.

RÉFORME, s. f. Rétablissement dans l'ordre, dans l'ancienne forme; suppression des abus introduits; rétablissement de l'ancienne discipline dans un ordre religieux. —, changemens opérés au seizième siècle, par des prêtres ambitieux, dans les dogmes du culte catholique; la religion réformée, le protestantisme; les protestans, luthériens, calvinistes, etc. —, régularité de conduite, de mœurs après une vie dissipée. —, diminution dans la dépense d'une maison; réduction du nombre des agens du gouvernement, suppression des emplois inutiles, des sinécures. —, licenciement de la partie des troupes qui excède les besoins du service; congé donné à des soldats reconnus impropres au service. T. d'art milit.

RÉFORMÉ, s. m. Religieux soumis à la réforme établie dans son ordre. —, protestant.

REFORMÉ, E, part. Formé de nouveau.

RÉFORMÉ, E, part. Rétabli dans

l'ancienne forme; soumis à une réforme religieuse.

REFORMER, v. a. Former de nouveau. Se —, v. pron. Se remettre en ordre de bataille, en parlant de soldats dispersés.

RÉFORMER, v. a. Rétablir dans l'ancienne forme, en donner une nouvelle, une meilleure; supprimer les abus, épurer les mœurs. Fig. —, retrancher ce qui est superflu, nuisible; diminuer, modérer, restreindre. —, réduire le nombre des troupes, licencier, déclarer impropre au service, les hommes, les chevaux, etc. T. d'art milit. Se —, v. pron. Changer en bien, en mieux.

REFOUILLÉ; E, part. Fouillé une seconde fois.

REFOUILLER, v. a. Fouiller une seconde fois.

REFOULÉ, E, part. Foulé de nouveau.

REFOULEMENT, s. m. Action de refouler; effet de cette action.

REFOULER, v. a. Fouler de nouveau. —, bourrer le canon avec le refouloir. —, rompre les chiens, les forcer à retourner sur leurs pas. T. de véner. — la marée, aller contre son cours. —, v. n. Descendre, en parlant de la marée; refluer en abondance.

REFOULOIR, s. m. Long bâton garni d'un gros bouton aplati, pour bourrer le canon. T. d'artil.

REFOURBI, E, part. Fourbi de nouveau.

REFOURBIR, v. a. Fourbir une seconde fois.

REFOURNI, E, part. Fourni de nouveau.

REFOURNIR, v. a. Faire une nouvelle fourniture.

RÉFRACTAIRE, adj. Qui résiste aux ordres de ses supérieurs; désobéissant; rebelle. Prêtre —, prêtre qui refusa de se soumettre à la constitution civile du clergé au commencement de la révolution; prêtre qui a rompu ses vœux. —, qui résiste au feu ou ne se fond qu'avec peine, en parlant d'un métal. T. de chim.

RÉFRACTÉ, E, part. Changé de direction, en parlant d'un rayon de lumière. T. de phys.

RÉFRACTER, v. a. Changer de direction, en parlant d'un rayon de lumière qui tombe obliquement d'un milieu dans un autre. T. de phys.

RÉFRACTIF, IVE, adj. Qui produit la réfraction.

RÉFRACTION, s. f. Changement de direction d'un rayon de lumière. T. de phys. —, recours pour erreur de compte. T. de comm.

RÉFRACTOIRE, s. f. Sorte de courbe.

REFRAIN, s. m. Répétition de vers à la fin d'un couplet, d'un rondeau. —, répétition, redite, retour des mêmes idées dans le discours. Fig. et fam. —, retour des vagues qui viennent se briser contre un rocher. T. de mar.

REFRANCHE, s. f. Com. du dép. du Doubs, cant. d'Amancey, arr. de Besançon. = Quingey.

REFRANCHIR (se), v. pron. Commencer à diminuer, en parlant de l'eau que les vagues ont jetée dans le navire. T. de mar.

REFRANGÉ, E, part. Renvoyé par réflexion. T. de phys.

REFRANGER, v. a. Renvoyer la lumière par réflexion. T. de phys.

RÉFRANGIBILITÉ, s. f. Propriété, qualité des rayons réfrangibles. T. de phys.

RÉFRANGIBLE, adj. Susceptible de réfraction. T. de phys.

REFRAPPÉ, E, part. Frappé de nouveau.

REFRAPPER, v. a. Frapper une seconde fois; refrapper la monnaie.

REFRAYÉ, E, part. Poli avec le doigt, en parlant de la poterie qu'on met au four. T. de fabr. de poterie.

REFRAYER, v. a. Polir la poterie avec le doigt avant de la faire cuire. T. de potier.

RÉFRÉNÉ, E, part. Réprimé, dompté.

RÉFRÉNER, v. a. Réprimer, dompter, mettre un frein; réfréner la licence.

RÉFRIGÉRANT, s. m. Médicament qui rafraîchit. —, vase rempli d'eau pour condenser les vapeurs dans l'alambic. T. de chim.

RÉFRIGÉRANT, E, adj. Qui rafraîchit, a la propriété de rafraîchir.

RÉFRIGÉRATIF, IVE, adj. Rafraîchissant.

RÉFRIGÉRATION, s. f. Refroidissement. T. de chim. et de méd.

RÉFRINGENT, E, adj. Qui cause une réfraction. T. de phys.

REFRIRE, v. a. Frire de nouveau.

REFRISÉ, E, part. Frisé de nouveau.

REFRISER, v. a. Friser de nouveau.

REFRIT, E, part. Frit une seconde fois.

RÉFROGNEMENT, s. m. Action de se réfrogner.

RÉFROGNER (se), v. pron. Froncer le sourcil, se rider le front en signe de mécontentement.

REFROIDI, E, part. Rendu froid.
REFROIDIR, v. a. Rendre froid. —, ralentir l'ardeur, le zèle. Fig. —, v. n., et se —, v. pron. Devenir froid, et fig., n'avoir plus autant d'ardeur pour une chose, tant d'affection pour une personne.
REFROIDISSEMENT, s. m. Diminution, perte entière de chaleur. —, altération, affaiblissement d'amitié, d'amour; diminution d'ardeur, de zèle. Fig.
REFROTTÉ, E, part. Frotté de nouveau.
REFROTTER, v. a. Frotter une seconde fois.
REFUGE, s. m. Asile, retraite, lieu de sûreté. —, secours trouvé en un lieu ou chez une personne. —, appui, protection, sauvegarde. Fig.
RÉFUGIÉ, E, s. et adj. Victime des dissensions politiques ou religieuses, forcée de s'expatrier pour se soustraire aux persécutions.
RÉFUGIER (se), v. pron. Chercher un abri contre les persécutions; se retirer en lieu de sûreté.
REFUI, s. m. Asile. T. de véner.
REFUIR, v. n. Revenir sur ses pas pour dérouter les chasseurs, en parlant du cerf. T. de véner.
REFUITE, s. f. Route d'une bête en fuite; ruses d'un cerf poursuivi. T. de véner. —, faux-fuyant, délais que demande quelqu'un qui ne veut pas conclure. Fig. —, excès de profondeur d'une mortaise. T. de menuis.
REFUS, s. m. Action de refuser; chose refusée. —, état d'un pilotis, d'un pieu qui ne peut pas enfoncer davantage. Cerf de —, de trois ans. T. de véner.
REFUSÉ, E, part. Rejeté, en parlant de choses offertes.
REFUSER, v. a. et n. Rejeter une offre, une demande, ne pas accepter ce qui est offert; ne point se soumettre à ce qu'on exige, ne pas vouloir. —, v. n. Être contraire, en parlant du vent. T. de mar. Se —, v. pron. Se priver de.... Se — à..... ne pas accéder, être contraire. Se — à l'évidence, ne pas convenir de la vérité.
RÉFUSION, s. f. Remboursement des frais d'un jugement par défaut. T. de procéd.
RÉFUTABLE, s. f. Susceptible de réfutation.
RÉFUTATION, s. f. Discours, écrit par lequel on réfute. —, figure de rhétorique qui consiste à détruire les objections de l'adversaire, et qui fait partie de la confirmation.

RÉFUTÉ, E, part. Détruit par des raisonnemens, par des preuves, en parlant des assertions d'un adversaire.
RÉFUTER, v. a. Combattre, renverser par des preuves ou des raisonnemens sans réplique, les assertions d'un adversaire; argumenter contradictoirement.
REGADES, s. m. Com. du dép. de la Haute-Garonne, cant. et arr. de St.-Gaudens. = St.-Gaudens.
REGAGNÉ, E, part. Gagné de nouveau; recouvré, en parlant de ce qu'on avait perdu au jeu, à la bourse.
REGAGNER, v. a. Gagner de nouveau, rattraper, recouvrer ce qu'on avait perdu. — l'avantage, le ressaisir. — un village, y revenir, y retourner. — quelqu'un, rentrer en faveur auprès de lui, le remettre dans nos intérêts. Fig. — le dessus du vent, reprendre l'avantage du vent. T. de mar., et fig., rétablir son crédit, sa fortune.
REGAILLARDIR, v. a. Voy. RAGAILLARDIR.
REGAIN, s. m. Foin, luzerne, sainfoin, trèfle qui repousse après avoir été fauché une première fois. —, reste de pierre qui peut servir encore. T. d'arch.
RÉGAL, s. m. Banquet, festin. —, aliment, mets qui flatte le goût, qu'on mange avec plaisir. T. fam. —, grand plaisir. Fig. et fam.
RÉGALADE, s. f. Action de régaler; ce qui régale. Boire à la —, la tête renversée, en versant de haut la liqueur dans la bouche.
RÉGALE, s. m. L'un des jeux de l'orgue. —, pl. Petit orgue; positif. —, s. f. Droit qu'avait le roi de jouir du revenu des évêchés vacans, et de pourvoir, durant ce temps, aux bénéfices qui étaient à la collation de l'évêque. —, adj. Se dit d'une préparation chimique pour dissoudre l'or; eau régale.
RÉGALÉ, E, part. Festiné.
RÉGALEC, s. m. Genre de poissons apodes. T. d'hist. nat.
RÉGALEMENT, s. m. Nivellement. T. d'arch. —, répartition égale d'une taxe. T. de fin.
RÉGALER, v. a. Festiner, donner à dîner, faire manger de bonnes choses. —, donner un divertissement. —, raconter pour faire plaisir, régaler d'un conte. Fig. et fam. —, maltraiter; régaler d'un soufflet. T. fam. —, niveler. T. d'arch. —, répartir également. T. de fin. —, étendre la chaux sur les peaux. T. de mégissier. —, remuer la cire au soleil. T. de cirier. Se —, v. pron. Faire un bon repas, manger des choses qui plaisent au goût.

RÉGALEUR, s. m. Terrassier qui étend la terre avec une pelle ou qui la foule avec une batte pour niveler le terrain.

RÉGALIEN, adj. m. Inhérent à la royauté; droit régalien.

REGALIS, s. m. Place où le chevreuil a gratté. T. de véner.

RÉGALISTE, s. m. Pourvu par le roi d'un bénéfice vacant en régale.

REGARD, s. m. Action de regarder. —, manière dont les yeux se promènent, se portent sur les objets. —, attention de l'esprit. Fig. —, ouverture pour visiter un aqueduc; place d'un robinet. En —, adv. Vis-à-vis l'un de l'autre, qui semblent se regarder, en parlant de deux portraits. Au — de..., par rapport à... Pour mon —, quant à moi, en ce qui me concerne.

REGARDANT, E, s. et adj. Spectateur qui regarde. Près —, qui regarde de trop près, parcimonieux, trop ménager. Lion —, ayant la face tournée du côté de la queue. T. de blas.

REGARDÉ, E, part. Vu; considéré, examiné.

REGARDER, v. a. Jeter les yeux sur quelqu'un ou sur quelque chose; considérer, examiner, envisager. Fig. —, en parlant des choses, être vis-à-vis, en face. —, concerner; cela ne me regarde pas. Fig. — de bon œil, avec bienveillance. — de mauvais œil, avec malveillance ou envie. — du haut en bas, avec hauteur. — de travers, avec mécontentement. — en pitié, avec mépris. — comme, juger, estimer; regarder comme un fou. — de près, faire une attention minutieuse, être trop économe. Se —, v. pron. S'examiner dans une glace. Se — comme, se considérer comme, s'imaginer être.

REGARNI, E, part. Garni de nouveau.

REGARNIR, v. a. Garnir une seconde fois.

REGAT, s. m. Com. du dép. de l'Ariège, cant. de Mirepoix, arr. de Pamiers. = Mirepoix.

RÉGAYÉ, E, part. Passé par le régayoir, en parlant du chanvre.

RÉGAYER, v. a. Nettoyer le chanvre en le passant entre les dents du régayoir.

RÉGAYOIR, s. m. Seran pour nettoyer le chanvre.

RÉGAYURE, s. f. Ce qui reste dans le régayoir.

REGELER, v. n. Geler de nouveau.

RÉGENCE, s. f. Gouvernement provisoire pendant l'absence ou la minorité d'un souverain; dignité, fonctions d'un régent; durée de ces fonctions. —, durée de l'exercice d'un régent de collége.

RÉGÉNÉRATEUR, TRICE, s. Celui, celle qui régénère.

RÉGÉNÉRATION, s. f. Action de régénérer, reproduction. —, épurement; renaissance en Jésus-Christ par le baptême.

RÉGÉNÉRÉ, E, part. Engendré de nouveau.

RÉGÉNÉRER, v. a. Engendrer de nouveau; donner une nouvelle existence, faire renaître; ne se dit qu'au fig., et surtout en matière de religion. Se —, v. pron. Se reproduire.

RÉGENT, s. m. Professeur qui enseigne dans les colléges.

RÉGENT, E, s. et adj. Qui gouverne pendant l'absence ou la minorité d'un souverain.

RÉGENTÉ, E, part. Professé, enseigné dans un collége.

RÉGENTER, v. a. et n. Professer, enseigner dans un collége. —, gouverner en maître, comme des écoliers. Fig. et fam. Aimer à —, à dominer, à faire prévaloir son opinion. Fig.

REGERMÉ, E, part. Germé de nouveau.

REGERMER, v. a. Germer une seconde fois.

REGGIO, s. m. Ville d'Italie, dans le duché de Modène, siége d'un évêché. Cette ville s'honore d'avoir vu naître l'Arioste et Spallanzani. —, ville d'Italie, sur le détroit de Messine, soutint un siége de onze mois contre Denys-le-Tyran. Cette ville, aujourd'hui Sant-Agatha-delle-Galline, possède un archevêché. Pop. 17,150 hab. env.

RÉGI, E, part. Conduit, gouverné, administré.

RÉGICIDE, s. m. Assassinat, meurtre d'un roi; l'auteur de ce crime.

RÉGIE, s. f. Administration de biens, etc., à la charge de rendre compte de sa gestion. —, administration chargée de percevoir les impôts indirects; agens, bureaux de cette administration.

REGIMBEMENT, s. m. Action de regimber.

REGIMBER, v. n. Ruer, en parlant d'un cheval, etc. —, résister, se montrer récalcitrant; refuser d'obéir. Fig. et fam.

RÉGIME, s. m. Règle qu'on observe dans sa manière de vivre pour conserver sa santé. —, mode de gouvernement, administration. —, rameau de palmier, de figuier, de bananier, etc., chargé de fruits. —, mot qui dépend immédiatement d'un autre et en complète le sens. T. de gramm.

RÉGIMENT, s. m. Corps de troupes composé de plusieurs bataillons ou escadrons ; régiment d'infanterie, de cavalerie. —, grand nombre, multitude ; régiment de dindons. Fig. et fam.

REGINGLETTE, s. f. Sorte de piége pour prendre les oiseaux.

RÉGION, s. f. Grande étendue du ciel, de l'air, de la terre, contrée. —, partie du corps qui est d'une certaine étendue et qui renferme plusieurs organes ; région du cœur, de l'estomac. T. d'anat.

RÉGIPEAU, s. m. Perche pour assembler les coupons d'un train de bois.

RÉGIR, v. a. Diriger, conduire, gouverner, administrer. —, exercer son action sur un mot, exiger après soi tel ou tel cas. T. de gramm.

RÉGISSEUR, s. m. Gérant, économe, intendant, administrateur.

REGISTRAIRE, s. m. Conservateur, dépositaire des registres. T. inus.

REGISTRATA, s. m. Extrait d'un arrêt d'enregistrement. T. de procéd.

REGISTRATEUR, s. m. Officier de la chancellerie romaine qui enregistre les bulles, etc.

REGISTRE, s. m. Livre de commerce sur lequel on inscrit, jour par jour, la vente, la recette, les crédits, etc., pour constater la régularité des opérations ; livre ouvert dans une administration financière pour inscrire les recettes, les versemens au trésor, etc. —, l'un des bâtons qu'on tire pour faire jouer les différens jeux d'un orgue. —, correspondance entre les lignes des deux pages d'une feuille. T. d'impr. —, ouverture d'un fourneau pour modérer la chaleur au moyen d'une porte qu'on ouvre ou ferme à volonté. T. de chim. —, plaque mobile ; trou qu'elle ferme. T. de mét.

REGISTRÉ, E, part. Enregistré.

REGISTRER, v. a. Enregistrer, porter sur un registre.

RÈGLE, s. f. Instrument pour tirer des lignes droites. —, précepte, maxime, enseignement. Fig. —, loi particulière ; usage, coutume. —, bon ordre ; règlement ; discipline. —, institut, statuts d'un ordre religieux ; la règle de saint François. —, exemple, modèle ; servir de règle. —, principes, préceptes, méthode des sciences et des arts ; se dit surtout au pl. —, opération d'arithmétique sur des nombres donnés. —, petite moulure. T. d'arch. En —, adv. Dans les formes voulues ; se mettre en règle. —, pl. Menstrues.

RÈGLE (St.-), s. m. Com. du dép. d'Indre-et-Loire, cant. d'Amboise, arr. de Tours. = Amboise.

RÉGLÉ, E, part. Se dit d'un papier, d'un registre, sur lequel on a tiré des lignes. —, adj. Conforme, assujetti aux règles. —, décidé, arrêté, conclu ; affaire réglée. —, sage, rangé ; conduite réglée. Fièvre —, dont les accès sont périodiques. Troupes —, troupes disciplinées.

RÉGLÉE, s. f. Pile de cartons équarris. T. de cartonnier.

RÈGLEMENT, s. m. Action de régler. —, règle ; ordonnance ; statut. Demande en — de juges, pour faire décider devant quel tribunal une cause doit être portée. T. de procéd.

RÉGLÉMENT, adv. D'une manière réglée.

RÉGLEMENTAIRE, adj. Qui concerne les réglemens ; loi réglementaire.

RÉGLER, v. a. Tirer des lignes droites sur du papier, etc. —; soumettre à un ordre uniforme ; régler ses occupations. —, diriger suivant certaines règles ; régler ses mœurs, ses désirs. —, conduire, régir, gouverner ; régler ses affaires. —, arrêter, décider, fixer, déterminer, statuer, faire des réglemens. —, terminer une affaire, compter, solder. — une pendule, la mettre à l'heure. —, donner la forme, la proportion. T. de mét. Se —, v. pron. Devenir réglé, en parlant de la fièvre. Se — sur quelqu'un, le prendre pour modèle.

RÉGLET, s. m. Petite règle de fonte pour aligner, filet. T. d'impr. —, outil pour dégauchir. T. de menuis. —, petite moulure. T. d'arch.

RÉGLETTE, s. f. Lame de bois, de fonte, etc., dont se servent les compositeurs. T. d'impr.

RÉGLEUR, EUSE, s. Celui, celle qui règle le papier, les registres. T. de relieur.

RÉGLISSE, s. f. Plante légumineuse dont la racine, sudorifique et pectorale, est employée en médecine. Jus de —, suc concret des racines de la réglisse.

RÉGLOIR, s. m. Outil d'arts et métiers pour régler, pour tirer des lignes.

RÉGLURE, s. f. Ouvrage de régleur ; manière dont le papier est réglé.

RÉGNANT, E, adj. Qui règne, qui est sur le trône. —, dominant, généralement adopté ; goût régnant. —, qui exerce ses ravages, en parlant d'une épidémie, d'une maladie contagieuse.

REGNAUVILLE, s. f. Com. du dép. du Pas-de-Calais, cant. d'Hesdin, arr. de Montreuil. = Hesdin.

RÈGNE, s. m. Gouvernement d'un état par un Roi, par un souverain. —, pouvoir, empire ; le règne des lois. Fig. —, grande vogue ; le règne de la mode. —, couronne suspendue au-dessus du maître-autel. —, genre animal, végétal, minéral ; les trois règnes de la nature.

RÉGNER, v. n. Etre sur le trône, gouverner un état comme souverain. —, dominer ; le mauvais goût règne. —, durer long-temps ; être en vogue, à la mode. —, exister présentement, en parlant d'une maladie ; le typhus règne en ce moment. —, autour, environner.

RÉGNÉVELLE, s. f. Com. du dép. des Vosges, cant. de Monthureux-sur-Saône, arr. de Mirecourt. = Darney.

RÉGNÉVILLE, s. f. Com. du dép. de la Manche, cant. de Montmartin-sur-Mer, arr. de Coutances. = Coutances.

RÉGNÉVILLE, s. f. Com. du dép. de la Meuse, cant. de Montfaucon, arr. de Montmédy. = Verdun-sur-Meuse.

REGNEY, s. m. Com. du dép. des Vosges, cant. de Dompaire, arr. de Mirecourt. = Mirecourt.

REGNICOLE, s. m. Habitant né dans un royaume, qui est soumis aux lois d'une monarchie.

REGNIÉ, s. m. Com. du dép. du Rhône, cant. de Beaujeu, arr. de Villefranche. = Beaujeu.

RÉGNIÈRE-ÉCLUSE, s. f. Com. du dép. de la Somme, cant. de Rue, arr. d'Abbeville. = Abbeville.

RÉGNIÉVILLE, s. f. Com. du dép. de la Meurthe, cant. de Thiaucourt, arr. de Toul. = Pont-à-Mousson.

REGNIOWEZ, s. m. Com. du dép. des Ardennes, cant. et arr. de Rocroy. = Rocroy.

REGNY, s. m. Com. du dép. de l'Aisne, cant. de Ribemont, arr. de St.-Quentin. = St.-Quentin.

REGNY, s. m. Com. du dép. de la Loire, cant. de St.-Symphorien-de-Lay, arr. de Roanne. = St.-Symphorien-de-Lay.

REGONFLEMENT, s. m. Elévation des eaux arrêtées dans leur cours.

REGONFLER, v. n. Se soulever, en parlant des eaux arrêtées par un obstacle.

REGORGEMENT, s. m. Épanchement, débordement de l'eau, du sang, de la bile, etc.

REGORGER, v. n. S'épancher, déborder, en parlant de l'eau, du sang, etc. — de, avoir en abondance, abonder en... Faire —, forcer à restituer. Fig. et fam.

REGOULÉ, E, part. Rassasié jusqu'au dégoût.

REGOULER, v. a. Rassasier jusqu'au dégoût. —, rabrouer. T. fam.

REGOÛTÉ, E, part. Goûté une seconde fois.

REGOÛTER, v. a. Goûter de nouveau, une seconde fois.

REGRAT, s. m. Vente de sel, de charbon, etc., à petite mesure ; endroit où l'on débite ces marchandises ; droit de les débiter ainsi.

REGRATTÉ, E, part. Gratté de nouveau.

REGRATTER, v. a. Gratter de nouveau ; râcler les murs d'un vieux bâtiment ; retoucher avec le burin. —, v. n. Faire le regrat, vendre du sel, etc., à petite mesure ; vendre de la seconde main, en détail. —, faire des réductions sur un compte. Fig. et fam.

REGRATTERIE, s. f. Vente en détail ; marchandises de regrattier.

REGRATTIER, ÈRE, s. Petit marchand, débitant, qui fait le regrat. —, celui qui fait des réductions mesquines sur les articles d'un compte. —, écrivassier, compilateur. Fig. et fam.

REGREFFÉ, E, part. Greffé de nouveau.

REGREFFER, v. a. Greffer, enter de nouveau.

REGRÉLAGE, s. m. Blanchiment de cire.

REGRÉLÉ, E, part. Refondu, en parlant de la cire que l'on veut blanchir.

REGRÉLER, v. a. Refondre la cire pour la blanchir.

REGRÈS, s. m. Droit de rentrer dans un bénéfice résigné.

REGRESSION, s. f. Figure de rhétorique qui consiste à faire revenir les mots sur eux-mêmes, en leur donnant un sens différent.

REGRET, s. m. Chagrin que cause une perte, le défaut de succès ; tristesse, déplaisir, repentir. —, pl. Doléances, plaintes, lamentations. A —, adv. Avec répugnance, à contre-cœur.

REGRETTABLE, adj. Digne de regrets.

REGRETTÉ, E, part. Se dit d'une personne dont la perte a causé des regrets.

REGRETTER, v. a. Eprouver des regrets, être affligé d'une perte, d'un manque de succès, etc.

REGROS, s. m. Grosse écorce pour faire du tan.

REGROSSI, E, part. Elargi en parlant des tailles d'une gravure.

REGROSSIR, v. a. Elargir les tailles, les hachures d'une gravure. T. de graveur.

REGUINDÉ, E, part. Guindé de nouveau.

REGUINDER, v. a. Guinder une seconde fois. Se —, v. pron. S'élever plus haut. T. de fauc.

REGUINY, s. m. Com. du dép. du Morbihan, cant. de Rohan, arr. de Ploërmel. = Josselin.

RÉGUISHEIM, s. m. Com. du dép. du Haut-Rhin, cant. d'Ensisheim, arr. de Colmar. = Ensisheim.

RÉGULARISATION, s. f. Action de régulariser; effet de cette action.

RÉGULARISÉ, E, part. Rendu régulier.

RÉGULARISER, v. a. Rendre régulier; soumettre à des règles. Se —, v. pron. Devenir régulier.

RÉGULARITÉ, s. f. Conformité aux règles, aux devoirs, etc., stricte observation des règles en général; état de ce qui est régulier. —, état religieux. —, ordre invariable de la nature. T. de phys.

RÉGULATEUR, s. m. Le balancier et le spiral des montres; la verge et la lentille dans les pendules. —, armure au laminoir du plombier. —, celui qui règle, dirige. Fig.

RÉGULE, s. m. Poids pour régler les horloges. —, partie métallique pure d'un demi-métal; régule d'antimoine. —, roitelet, petit roi. T. inus.

RÉGULIER, s. m. Religieux, par opposition à séculier.

RÉGULIER, ÈRE, adj. Conforme aux règles, à la régularité; bien proportionné. —, exact, ponctuel. Clergé —, les ordres religieux. Pouls —, qui présente des intervalles égaux entre les pulsations; pouls régulier. T. de méd. Verbes —, qui suivent, dans la formation de leurs temps, les règles générales des conjugaisons. T. de gramm.

RÉGULIÈREMENT, adv. Selon les règles; d'une manière régulière; avec régularité.

RÉGULINE, adj. f. Se dit de la partie purement métallique d'un demi-métal. T. de chim.

RÉGULUS, s. m. Etoile dans le Lion. T. d'astr.

RÉGUSSE, s. f. Com. du dép. du Var, cant. de Tavernes, arr. de Brignoles. = Aups.

RÉHAB, s. m. Espèce de violon, instrument de musique dont se servaient les Persans.

RÉHABILITATION, s. f. Rétablissement dans le premier état, réintégration.

RÉHABILITÉ, E, part. Réintégré dans ses droits.

RÉHABILITER, v. a. Rétablir dans le premier état, réintégrer dans ses droits; se dit d'un failli, etc. Se —, v. pron. Rentrer dans ses droits. Se faire —, se faire réintégrer par jugement dans ses premiers droits.

RÉHABITUÉ, E, part. Habitué de nouveau.

RÉHABITUER, v. a. Habituer de nouveau. Se —, v. pron. Reprendre une ancienne habitude.

REHACHÉ, E, part. Haché une seconde fois.

REHACHER, v. a. Hacher de nouveau, une seconde fois.

REHAINCOURT, s. m. Com. du dép. des Vosges, cant. de Châtel, arr. d'Epinal. = Rambervillers.

REHAINVILLER, s. m. Com. du dép. de la Meurthe, cant. de Gerbéviller, arr. de Lunéville. = Lunéville.

REHANTÉ, E, part. Fréquenté de nouveau.

REHANTER, v. a. Hanter, fréquenter de nouveau.

REHASARDÉ, E, part. Exposé à de nouveaux hasards.

REHASARDER, v. a. Mettre, exposer à de nouveaux hasards.

REHAUPAL, s. m. Com. du dép. des Vosges, cant. de Corcieux, arr. de St.-Dié. = Bruyères.

REHAUSSÉ, E, part. Haussé davantage.

REHAUSSEMENT, s. m. Action de rehausser; effet de cette action. —, augmentation du prix; rehaussement du pain, etc.

REHAUSSER, v. a. Hausser, élever davantage ce qui était trop bas. —, donner plus d'éclat; rehausser la beauté. Fig. —, augmenter de nouveau; rehausser le prix. —, faire valoir, vanter; rehausser le mérite d'une action. —, v. n. Augmenter encore de prix; le blé rehausse.

REHAUTS, s. m. pl. Endroits les plus éclairés. T. de peint.

REHÉREY, s. m. Com. du dép. de la Meurthe, cant. de Baccarat, arr. de Lunéville. = Baccarat.

REHEURTÉ, E, part. Heurté de nouveau.

REHEURTER, v. a. Heurter une seconde fois.

REHON, s. m. Com. du dép. de la

Moselle, cant. de Longwy, arr. de Briey. = Longwy.

REICHSFELD, s. m. Com. du dép. du Bas-Rhin, cant. de Barr, arr. de Schélestadt. = Schélestadt.

REICHSHOFFEN, s. m. Petite ville du dép. du Bas-Rhin, cant. de Niederbronn, arr. de Wissembourg. = Haguenau. Fabr. de garance; forges et fonderies; moulins à gypse pour engrais.

REICHSTETT, s. m. Com. du dép. du Bas-Rhin, cant. d'Oberhausbergen, arr. de Strasbourg. = Strasbourg.

REIGNAC, s. m. Com. du dép. de la Charente, cant. de Baignes, arr. de Barbezieux. = la Graulle.

REIGNAC, s. m. Com. du dép. de la Gironde, cant. de St.-Ciers-la-Lande, arr. de Blaye. = Blaye.

REIGNAC, s. m. Com. du dép. d'Indre-et-Loire, cant. et arr. de Loches. = Cormery.

REIGNEVILLE, s. f. Com. du dép. de la Manche, cant. de St.-Sauveur-le-Vicomte, arr. de Valognes. = Valognes.

REIGNY, s. m. Com. du dép. du Cher, cant. de Château-Meillan, arr. de St.-Amand. = Sancerre.

REILHAC, s. m. Com. du dép. du Cantal, cant. et arr. d'Aurillac. = Aurillac.

REILHAC, s. m. Com. du dép. de la Haute-Loire, cant. de Langeac, arr. de Brioude. = Langeac.

REILHAC, s. m. Com. du dép. du Lot, cant. de Livernon, arr. de Figeac. = Gramat.

REILHAC-TREIGNAC, s. m. Com. du dép. de la Corrèze, cant. de Treignac, arr. de Tulle. = Uzerche.

REILHAGUET, s. m. Com. du dép. du Lot, cant. de Peyrac, arr. de Gourdon. = Peyrac.

REILLAC-ET-CHAMPNIER, s. m. Com. du dép. de la Dordogne, cant. de Bussière-Badil, arr. de Nontron. = Nontron.

REILLANNE, s. f. Ancienne ville du dép. des Basses-Alpes, chef-lieu de cant. de l'arr. de Forcalquier. Bur. d'enregist. = Manosque.

REILLANNETTE, s. f. Com. du dép. de la Drôme, cant. de Séderon, arr. de Nyons. = le Buis.

REILLÈRE, s. f. Conduit par lequel arrive l'eau sur la roue d'un moulin.

REILLON, s. m. Com. du dép. de la Meurthe, cant. de Blamont, arr. de Lunéville. = Blamont.

REILLY, s. m. Com. du dép. de l'Oise, cant. de Chaumont, arr. de Beauvais. = Chaumont-en-Vexin.

REIMARIE, s. f. Plante graminée des bords de l'Orénoque. T. de bot.

REIMERSWILLER, s. m. Com. du dép. du Bas-Rhin, cant. de Soultz-sous-Forêts, arr. de Vissembourg. = Vissembourg.

RÉIMPOSÉ, E, part. Soumis à un nouvel impôt.

RÉIMPOSER, v. a. Soumettre à un nouvel impôt. —, imposer de nouveau. T. d'impr.

RÉIMPOSITION, s. f. Nouvelle imposition, addition à l'impôt. —, action de réimposer. T. d'impr.

RÉIMPRESSION, s. f. Nouvelle impression d'un ouvrage.

RÉIMPRIMÉ, E, part. Imprimé de nouveau.

RÉIMPRIMER, v. a. Imprimer de nouveau.

REIMS, s. m. Ville du dép. de la Marne, chef-lieu de sous-préf. et de 3 cant.; cour d'assises; trib. de 1re inst. et de comm.; archevêché érigé dans le 3e siècle; chambre et bourse de comm.; conseil de prud'hommes; biblioth. pub. contenant 24,000 vol., et de précieux manuscrits; musée; jardin de bot.; conserv. des hypoth.; direct. des contrib. indir.; bur. de garantie des matières d'or et d'argent; recev. part. des finances; bur. d'enregist. et de poste. Pop. 35,000 hab. env.

Cette ville, située sur la rive droite de la Vesle, au milieu d'un vaste bassin entouré de coteaux couverts de vignobles renommés, est généralement bien bâtie et bien percée; en outre elle est ornée de nombreuses fontaines publiques et ceinte de remparts plantés d'arbres, qui forment des promenades très agréables. On remarque particulièrement à Reims la magnifique cathédrale gothique, construite au 12e siècle, dont le portail est cité comme le plus beau qui soit en France, la place Royale, entourée de beaux édifices, et sur laquelle se trouve la statue de Louis XV, environnée des attributs du comm., l'hôtel-de-ville, la salle de spectacle, les promenades du cours, etc.

Reims, après avoir été la capitale du peuple Remi, devint, sous la domination romaine, la métropole de la 2e Belgique, et fit ensuite partie du royaume de Neustrie. Clovis et la majeure partie des seigneurs de sa cour y furent baptisés en 496, après la bataille de Tolbiac. Philippe-Auguste s'y fit sacrer en 1179, et depuis, ses successeurs, à l'exception de Henri IV, y renouvelèrent la même cérémonie. Cette ville s'honore à juste titre d'avoir vu naître Colbert, ministre dont le nom est à la fois cher à la littérature et aux beaux-arts, le naturaliste Pluche et le célèbre avocat Linguet, homme de lettres. Manuf. de draps silésies, casimirs, flanelles lisses et croisées, ratz, buratz, couvertures de laine, étoffes pour gilets, tissus, mérinos, schals façon cachemire. Fabr. de bonneterie, étamines à bluteaux, savon noir, chandelles, pain-d'épices et biscuits renommés; nombreuses teintureries. Filat. hydrauliques de laine; blanchisseries de cire, brasseries, tanneries et corroieries. Comm. de grains, farines, vins de Champagne, eaux-de-vie, jambons très estimés, épiceries, denrées coloniales, laines peignées, lin, chanvre, cuirs, étoffes, etc.

REIMS-LA-BRÛLÉE, s. f. Com. du dép. de la Marne, cant. de Thiéblemont, arr. de Vitry. = Vitry-le-Français.

REIN', s. m. L'un des deux viscères qui servent à la sécrétion de l'urine, et qui sont situés dans la région lombaire sur les deux dernières fausses côtes. T. d'anat. —, pl. Le bas de la colonne vertébrale, de l'épine du dos. Avoir les — forts, avoir de la force, de la vigueur, et fig., être riche, en état de faire une dépense, une entreprise.—d'une voûte, parties qui portent sur les impostes. T. d'arch.

REINAIRE, adj. Voy. RÉNIFORME.

REINANGE, s. m. Com. du dép. de la Moselle, cant. de Metzervisse, arr. de Thionville. = Thionville.

REINE, s. f. Epouse d'un roi; femme qui possède un royaume. — douairière, veuve d'un roi. — mère, mère du roi régnant. La — du ciel, la sainte Vierge. —, la première dans son genre en qualité, en beauté, en grandeur, etc. Fig. —, seconde pièce du jeu d'échecs. — claude, prune succulente, exquise, d'un vert rouge. — marguerite. Voy. MARGUERITE.

REINE (Ste.-), s. f. Com. du dép. de la Loire-Inférieure, cant. de Pont-Château, arr. de Savenay. = Pont-Château.

REINE (Ste.-), s. f. Com. du dép. de la Haute-Saône, cant. de Fresne-St.-Mamès, arr. de Gray. = Gray.

RÉINFECTÉ, E, part. Infecté de nouveau.

RÉINFECTER, v. a. Infecter une seconde fois.

REINHARDSMUNSTER, s. m. Com. du dép. du Bas-Rhin, cant. de Marmoutier, arr. de Saverne. = Saverne.

REININGEN, s. m. du dép. du Haut-Rhin, cant. de Mulhausen, arr. d'Altkirch. = Altkirch.

RÉINSTALLÉ, E, part. Installé une seconde fois.

RÉINSTALLER, v. a. Installer de nouveau, une seconde fois.

REINTÉ, E, adj. Qui a les reins larges et forts. T. de véner.

RÉINTÉGRANDE, s. f. Rétablissement dans la jouissance d'un bénéfice. T. de droit canon.

RÉINTÉGRATION, s. f. Action de réintégrer.

RÉINTÉGRÉ, E, part. Remis en possession d'une chose dont on avait été dépouillé.

RÉINTÉGRER, v. a. Remettre en possession d'une chose; remettre en prison, au même lieu. —, voy. RÉHABILITER.

RÉINTERROGÉ, E, part. Interrogé de nouveau.

RÉINTERROGER, v. a. Faire subir un second interrogatoire.

RÉINVITÉ, E, part. Invité de nouveau.

RÉINVITER, v. a. Renouveler une invitation.

REIPERSWILLER, s. m. Com. du dép. du Bas-Rhin, cant. de Petite-Pierre, arr. de Saverne. = Phalsbourg.

REIS-EFFENDI, s. m. Chancelier de l'empire de Turquie.

RÉITÉRATIF, IVE, adj. Qui réitère.

RÉITÉRATION, s. f. Action de réitérer.

RÉITÉRÉ, E, part. Recommencé.

RÉITÉRER, v. a. et n. Recommencer, dire ou faire ce qu'on a déjà dit ou fait.

REITHOUSE, s. m. Com. du dép. du Jura, cant. d'Orgelet, arr. de Lons-le-Saulnier. = Orgelet.

REITRE, s. m. Voy. RÊTRE.

REITWILLER, s. m. Com. du dép. du Bas-Rhin, cant. de Truchtersheim, arr. de Strasbourg. = Strasbourg.

REIX, s. m. Com. du dép. de la Creuse, cant. de Bénévent, arr. de Bourganeuf. = Chanteloube.

REJAILLIR, v. n. Jaillir par répulsion, en parlant des liquides; être réfléchi, en parlant des solides, de la lumière. —, revenir, retomber sur; la honte rejaillit sur les coupables.

REJAILLISSEMENT, s. m. Action, mouvement de ce qui rejaillit.

RÉJAUMONT, s. m. Com. du dép. du Gers, cant de Fleurance, arr. de Lectoure. = Fleurance.

RÉJAUMONT, s. m. Com. du dép. des Hautes-Pyrénées, cant. de Lannemezan, arr. de Bagnères. = Tarbes.

REJAUNI, E, part. Rendu jaune de nouveau.

REJAUNIR, v. a. Reteindre en jaune. —, v. n. Devenir jaune.

REJECTION, s. f. Action de rejeter; effet de cette action.

REJET, s. m. Action de rejeter, d'exclure; rejet d'une personne, d'une pièce d'un dossier, d'un compte. —, réimposition. T. de fin. —, nouvelle pousse, rejeton. T. d'agric. —, sorte de piége. T. d'oiseleur.

REJETABLE, adj. Inadmissible, qui doit être rejeté.

REJETÉ, E, part. Jeté une seconde fois; écarté, repoussé. Fig.

REJETEAU, s. m. Moulure qui écarte l'eau.

REJETER, v. a. Jeter une seconde fois; jeter une chose dans l'endroit d'où elle avait été tirée; repousser. —, jeter dehors. —, vomir; rejeter une médecine. — un article dans un compte, etc., renvoyer à un autre article. —, chasser, éloigner; se dit surtout au passif; être rejeté de toutes les sociétés. Fig. —, écarter, ne pas admettre; rejeter un projet de loi. —, improuver, condamner; rejeter une proposition. —, refuser; rejeter une pièce de monnaie. —, ne pas agréer; rejeter des offres. —, rebuter, réfuter, dédaigner, mépriser; rejeter une prière, un avis. — sur, accuser pour se disculper. —, v. a. et n. Repousser, rejeter, en parlant d'un arbre coupé. Se — sur... v. pron. S'indemniser sur.... Se —, v. récip. Se renvoyer l'un à l'autre, les uns aux autres.

REJETON, s. m. Nouveau jet, nouvelle pousse. —, descendant. Fig.

REJETONNÉ, E, part. Dégarni de ses tiges parasites, en parlant d'un pied de tabac.

REJETONNER, v. a. Arracher les fausses tiges du tabac.

REJOINDRE, v. a. Réunir les parties séparées. —, ratteindre, rattraper quelqu'un; retrouver des personnes dont on avait été séparé. Se —, v. pron. Se joindre de nouveau; se rassembler.

REJOINT, E, part. Réuni, en parlant de choses séparées.

REJOINTOYÉ, E, part. Ragréé, en parlant des joints d'un vieux bâtiment. T. d'arch.

REJOINTOYER, v. a. Remplir, ragréer les joints d'un bâtiment. T. d'arch.

REJOUER, v. a. et n. Jouer de nouveau.

RÉJOUI, E, part. et s. Se dit d'une personne à laquelle on a inspiré de la gaieté, qui est de bonne humeur.

RÉJOUIR, v. a. Causer, donner de la joie; inspirer de la gaieté, mettre de bonne humeur; amuser, divertir. —, causer une sensation agréable; ce vin réjouit son buveur. Se —, v. pron. Eprouver de la joie; s'amuser, se divertir. Se — de quelque chose, se féliciter, être satisfait.

RÉJOUISSANCE, s. f. Démonstration de joie. —, carte sur laquelle on fait sa mise au jeu de lansquenet. —, basse viande que le boucher compte au même prix que les meilleurs morceaux. —, pl. fêtes publiques.

RÉJOUISSANT, E, adj. Qui réjouit; amusant, plaisant.

REJOÛTER, v. n. Joûter de nouveau.

REKIET, s. m. Salut religieux des Turcs.

RELÂCHANT, E, s. et adj. Remède qui relâche, laxatif. T. de méd.

RELÂCHE, s. m. Interruption, suspension d'un travail, d'une étude. —, soulagement momentané; intermission, discontinuation d'un état pénible, en général; calme, repos, tranquillité. —, délassement, récréation; prendre un peu de relâche. —, interruption d'un spectacle. — s. f. Action de relâcher; lieu propre à relâcher. T. de mar.

RELÂCHÉ, E, part. Détendu, desserré, qui n'est plus aussi tendu, aussi ferme. Morale —, qui n'est plus aussi sévère. Fig.

RELÂCHEMENT, s. m. Diminution de tension; relâchement d'une corde, d'un ressort, des muscles. —, disposition de la température à s'adoucir. —, ralentissement d'ardeur, de zèle, de piété, etc. Fig. —, délassement, récréation. —, dépravation des mœurs.

RELÂCHER, v. a. Détendre, desserrer. —, laisser aller, remettre en liberté. —, ralentir, diminuer; céder de ses droits. Fig. —, v. n. Faire relâche. T. de mar. Se —, v. pron. Se détendre, n'être plus si actif, si prompt, si ardent, si zélé, si sévère, si régulier, si violent, si douloureux, etc.; céder de ses droits. Fig. Se —, se récréer, prendre du repos.

RELAI, s. m. Deuxième eau. T. de sal.

RELAIS, s. m. Chevaux frais, chiens de chasse postés pour en remplacer d'autres; endroit où ils sont placés. —, ouverture que laisse l'ouvrier en tapisserie quand il change de couleur ou de figure. —, espace entre l'escarpe et le fossé. T. de fortif. Etre de —, être sans emploi, inoccupé, en attendant l'occasion de remplacer un autre.

RELAISSÉ, adj. m. Se dit d'un lièvre forcé, qui s'arrête de lassitude. T. de véner.

RELAISSER, v. n. Se coucher accablé de lassitude, en parlant d'un chevreuil, d'un lièvre poursuivi par des chiens qu'on relaie. T. de véner.

RELAN, s. m. Action de relancer. T. inus.

RELANCÉ, E, part. Lancé de nouveau, en parlant d'un cerf, etc.

RELANCER, v. a. Lancer de nouveau; relancer le cerf. —, aller trouver quelqu'un pour l'engager à sortir, etc. —, poursuivre jusque dans le dernier asile. —, repousser énergiquement, répondre avec aigreur à un discours offensant. Fig. et fam. —, proposer plus que l'adversaire, au jeu de brelan.

RELANGES, s. f. Com. du dép. des Vosges, cant de Darney, arr. de Mirecourt. = Darney.

RELANS, s. m. Com. du dép. du Jura, cant. de Bletterans, arr. de Lons-le-Saulnier. = Lons-le-Saulnier.

RELAPS, E, s. et adj. Qui est retombé dans l'hérésie, dans le péché, le vice, etc.

RÉLARGI, E, part. Elargi de nouveau.

RÉLARGIR, v. a. Elargir de nouveau, rendre plus large une chose trop étroite.

RELATÉ, E, part. Raconté, mentionné.

RELATER, v. a. Raconter, mentionner.

RELATEUR, s. m. Narrateur, auteur de relations.

RELATIF, IVE, s. et adj. Qui a rapport à. —, qui se rapporte à; pronom relatif. T. de gramm.

RELATION, s. f. Rapport d'une personne, d'une chose à une autre. —, liaison de parenté, d'amitié, d'affaires, etc.; commerce épistolaire, correspondance. —, narration d'un fait; récit d'un voyage; livre qui contient ce récit.

RELATIONNAIRE, s. m. Relateur, faiseur de relations. T. inus.

RELATIVEMENT, adv. Par rapport à... au sujet de... d'une manière relative.

RELATTÉ, E, part. Garni de lattes neuves.

RELATTER, v. a. Garnir un comble de nouvelles lattes.

RELAVÉ, E, part. Lavé de nouveau.

RELAVER, v. a. Laver une seconde fois.

RELAXATION, s. f. Diminution, rémission des peines canoniques. —, relâchement. T. de méd. —, élargissement, mise en liberté. T. de procéd.

RELAXÉ, E, part. Elargi, mis en liberté. T. de procéd. —, adj. Relâché, qui a perdu sa tension. T. de méd.

RELAXER, v. a. Elargir, remettre en liberté. T. de procéd.

RELAYÉ, E, part. Se dit d'un ouvrier remplacé par un autre dans son travail.

RELAYER, v. a. Occuper des ouvriers les uns après les autres. —, v. n. Prendre des relais, des chevaux frais. Se —, v. récip. Travailler alternativement.

RELBUN, s. m. Plante rubiacée. T. de bot.

RELÉGATION, s. f. Exil, bannissement dans un lieu désigné.

RELÉGUÉ, E, part. Exilé dans un lieu désigné.

RELÉGUER, v. a. Exiler dans un lieu désigné. —, mettre, tenir à l'écart. Fig. Se —, v. pron. Se retirer; se reléguer à la campagne.

RELENT, s. m. Mauvais goût que contracte une viande renfermée dans un lieu humide.

RÊLER (se), v. pron. Se fendre en forme de vis, en parlant du suif.

RELEVAILLES, s. f. pl. Bénédiction qu'une femme reçoit à l'église après ses couches.

RELEVÉ, s. m. Extrait des articles d'un livre de commerce. —, rassis. T. de maréchal ferrant. —, moment où une bête fauve, un lièvre sort de son gîte pour aller paître. T. de véner.

RELEVÉ, E, part. Redressé, remis debout. —, adj. Qui est au-dessus du commun; condition relevée. —, noble, élevé; style relevé. —, sublime; pensée relevée. Fig —, un peu piquant; sauce relevée. T. de cuis.

RELEVÉE, s. f. L'après-midi.

RELÈVE-GRAVURE, s. m. Couteau très court dont se servent les cordonniers pour tracer les coutures.

RELÈVEMENT, s. m. Action de relever. —, énumération exacte, relevé. —, parties les plus exhaussées d'un navire. T. de mar.

RELÈVE-MOUSTACHE, s. m. Pince d'émailleur.

RELÈVE-QUARTIER, s. m. Sorte de chausse-pied.

RELEVER, v. a. Remettre debout une personne ou une chose tombée; remettre droit, redresser; retrousser. —, hausser, exhausser; relever un terrain.

—, ramasser, enlever; relever les boues. —, rebâtir, reconstruire; relever une maison. —, remettre dans son premier état; relever une famille ruinée. —, faire valoir, donner plus d'éclat; la parure relève la beauté. —, ranimer, renouveler; relever le courage, l'espérance. —, noter, censurer, critiquer; relever les défauts d'un livre. —, vanter, exalter; préconiser. —, assaisonner, donner du goût, du piquant; relever une sauce. — une sentinelle, la remplacer par une autre. T. d'art milit. —, délier des obligations qu'on a contractées, remettre en pouvoir d'agir; relever d'un serment, d'une interdiction. T. de procéd. — un vase, en augmenter la hauteur avec le marteau. T. de chaudr. — une broderie, garnir le dessin de manière à lui donner plus de relief. — les jours, rendre les parties lumineuses plus vives. T. de peint. — un défaut, retrouver la voie perdue. T. de véner. — un navire, le remettre à flot, etc. T. de mar. —, v. n. Tendre en haut, en parlant des choses. — de, être dans la mouvance; ressortir, dépendre de; se dit des personnes et des choses. — de maladie, être en convalescence. — de couches, commencer à sortir après ses couches. Se —, v. pron. Se lever après être tombé; se lever de nouveau. Se —, sortir du lit où l'on vient d'entrer. Se —, en parlant des plantes, se redresser après avoir été fané, couché, etc. Se —, se remettre d'une maladie, d'une perte; regagner le crédit, l'estime. Fig. Se faire — de ses vœux, les faire déclarer nuls.

RELEVEUR, s. et adj. m. Se dit de différens muscles qui relèvent momentanément certaines, parties ou ramènent dans leur position naturelle celles qui ont été abaissées; releveur de la paupière, etc. T. d'anat.

RELHANIE, s. f. Genre de plantes corymbifères. T. de bot.

RELIAGE, s. m. Action de relier les tonneaux.

RELIÉ, E, part. Lié de nouveau; couvert d'une reliûre.

RELIEF, s. m. Ouvrage plus ou moins relevé en forme de bosse. T. de sculpt. —, saillie apparente, T. de peint. —, distinction sociale, réputation. Fig. —, droit de mutation que payait un vassal à son seigneur. —, prérogative accordée à un officier qui touche ses appointemens, quoiqu'il soit absent de son corps. T. d'art milit. —, pl. Mets desservis, restes de viandes.

RELIEN, s. m. Poudre grossièrement écrasée. T. d'artif.

RELIER, v. a. Lier de nouveau; relier des gerbes. —, mettre des cercles à un tonneau. —, coudre les feuilles d'un livre et le couvrir d'une peau, fortifiée par du carton.

RELIEUR, EUSE, s. Qui relie des livres.

RELIGIEUSEMENT, adv. D'une manière religieuse, pieusement, dévotement. —, consciencieusement, fidèlement, exactement, scrupuleusement.

RELIGIEUX, EUSE, s. Engagé par des vœux dans une maison religieuse, dans un ordre monastique. —, adj. Qui appartient, est relatif à la religion. —, conforme aux dogmes de la religion; sentimens religieux. —, qui a la foi, du respect pour les choses saintes, pieux; homme religieux. —, consciencieux, exact, ponctuel. —, monastique, cénobitique.

RELIGION, s. f. Culte que rend l'homme à son Créateur; institution morale fondée sur l'égalité, l'espoir et la consolation du malheureux. —, piété, dévotion. —, l'ancien ordre de Malte. Entrer en —, prendre l'habit monastique. Point de —, chose à laquelle on se croit inviolablement obligé. Fig. Violer la — du serment, se parjurer. Surprendre la — des juges, les tromper par de faux exposés.

RELIGIONNAIRE, s. Protestant, celui, celle qui suit la religion prétendue réformée.

RELIMÉ, E, part. Limé de nouveau.

RELIMER, v. a. Limer de nouveau; retoucher, polir. Fig.

RELINGUER, v. n. Présenter les ralingues au vent. T. de mar. Voy. RALINGUES.

RELINGUES, s. f. pl. Voy. RALINGUES.

RELIQUAIRE, s. m. Boîte où l'on enchâsse les reliques.

RELIQUAT, s. m. Reste de compte. —, restes d'une maladie mal guérie. Fig. et fam.

RELIQUATAIRE, s. et adj. Débiteur d'un reliquat de compte.

RELIQUE, s. f. Restes du corps d'un saint; débris, fragmens des choses qui leur ont appartenu. —, portion des instrumens de la passion ou du martyre. —, pl. Restes de quelque chose de grand, d'illustre, ossemens, cendres. —, choses que l'on conserve avec grand soin. Fig. et fam.

RELIRE, v. a. Lire une seconde fois.

RELIÛRE, s. f. manière dont un livre est relié; ouvrage du relieur, couverture d'un livre relié.

RELOCATION, s. f. Sorte de contrat

par lequel on loue une seconde fois ; contrat pignoratif. T. de procéd.

RELOGÉ, E, part. Logé de nouveau.

RELOGER, v. a. Loger de nouveau. —, v. n. occuper un ancien logement.

RELOUAGE, s. m. Saison où le hareng fraie.

RELOUÉ, E, part. Loué de nouveau.

RELOUER, v. a. Louer de nouveau; sous-louer.

RELU, E, part. Lu de nouveau, une seconde fois.

RELUIRE, v. n. Luire par réflexion, avoir de l'éclat. —, briller ; paraître avec éclat. Fig.

RELUISANT, E, adj. Qui brille, reluit beaucoup, qui répand de l'éclat.

RELUQUÉ, E, part. Lorgné du coin de l'œil, regardé avec affectation.

RELUQUER, v. a. Regarder du coin de l'œil; lorgner avec affectation, avec curiosité. T. fam.

RELUSTRÉ, E, part. Lustré de nouveau.

RELUSTRER, v. a. Lustrer de nouveau ; donner un nouveau lustre, rendre le lustre.

RELY, s. m. Com. du dép. du Pas-de-Calais. cant. de Norrent-Fontes, arr. de Béthune. = Aire-sur-la-Lys.

REMÂCHÉ, E, part. Mâché une seconde fois.

REMÂCHER, v. a. Mâcher de nouveau. —, repasser plusieurs fois dans sa pensée. Fig. et fam.

REMAÇONNÉ, E, part. Maçonné de nouveau.

REMAÇONNER, v. a. Maçonner de nouveau, réparer la maçonnerie.

REMAILLÉ, E, part. Se dit d'une peau dont l'épiderme a été enlevé.

REMAILLER, v. a. Enlever l'épiderme des peaux.

REMAISNIL, s. m. Com. du dép. de la Somme, cant. de Bernaville, arr. de Doullens. = Doullens.

RÉMALARD, s. m. Com. du dép. de l'Orne, chef-lieu de cant. de l'arr. de Mortagne. Bur. d'enregist. et de poste.

REMANDÉ, E, part. Mandé de nouveau.

REMANDER, v. a. Mander de nouveau.

REMANDURE, s. f. Seize cuites consécutives. T. de sal.

REMANGER, v. n. Manger une seconde fois.

REMANIÉ, E, part. Manié de nouveau, raccommodé.

REMANIEMENT ou REMANÎMENT, s. m. Action de remanier ; effet de cette action. —, travail du compositeur obligé de retoucher à plusieurs lignes d'une page, d'une forme, etc., par suite des changemens faits par l'auteur. T. d'impr.

REMANIER, v. a. Manier de nouveau. —, refaire, raccommoder ; changer la disposition. Prop. et fig. —, faire un remaniement. T. d'impr.

REMARCHANDÉ, E, part. Marchandé de nouveau.

REMARCHANDER, v. a. Marchander une seconde fois.

REMARCHER, v. n. Recommencer à marcher. —, faire de nouvelles marches. T. d'art milit.

REMARIÉ, E, part. Marié en secondes noces.

REMARIER, v. a. Marier de nouveau. Se —, v. pron. Passer à de nouvelles noces.

REMARQUABLE, adj. Qui se fait remarquer ; digne d'être remarqué.

REMARQUABLEMENT, adv. D'une manière remarquable. T. inus.

REMARQUE, s. f. Observation, note. —, cri du piqueur. T. de véner.

REMARQUÉ, E, part. Marqué une seconde fois.

REMARQUER, v. a. Marquer une seconde fois. —, v. a. et n. Observer, faire attention à quelqu'un ou quelque chose. —, apercevoir, distinguer, faire la différence, ne pas confondre.

REMARQUEUR, s. m. Faiseur de remarques. T. inus. —, personne qu'on mène à la chasse pour remarquer l'endroit où les perdreaux vont se remettre.

REMASQUÉ, E, part. Masqué de nouveau.

REMASQUER, v. a. Masquer de nouveau. Se —, v. pron. Remettre son masque.

REMAUCOURT, s. m. Com. du dép. de l'Aisne, cant. et arr. de St.-Quentin. = St.-Quentin.

REMAUCOURT, s. m. Com. du dép. des Ardennes, cant. de Chaumont, arr. de Rethel. = Rethel.

RÉMAUDIÈRE (la), s. f. Com. du dép. de la Loire-Inférieure, cant. du Loroux, arr. de Nantes. = Nantes.

REMAUGIES, s. f. Com. du dép. de la Somme, cant. et arr. de Montdidier. = Montdidier.

RÉMAUVILLE, s. f. Com. du dép. de Seine-et-Marne, cant. de Lorrez, arr. de Fontainebleau. = Egreville.

REMBALLÉ, E, part. Remis en ballot.

REMBALLER, v. a. Remettre en ballot.

REMBARQUÉ, E, part. Embarqué de nouveau.

REMBARQUER, v. a. Embarquer de nouveau. Se —, v. pron. Se remettre en mer, et fig., s'engager de nouveau dans une entreprise, etc.

REMBARRÉ, E, part. Repoussé avec vigueur.

REMBARRER, v. a. Repousser vigoureusement. —, repousser, rejeter avec fermeté, indignation, les discours, les propositions de quelqu'un, riposter vertement. Fig. et fam.

REMBERCOURT, s. m. Com. du dép. de la Meurthe, cant. de Thiaucourt, arr. de Toul. = Toul.

REMBERCOURT-AUX-POTS, s. m. Com. du dép. de la Meuse, cant. de Vaubecourt, arr. de Bar-le-Duc. = Bar-le-Duc.

REMBLAI, s. m. Terre rapportée pour niveler un terrain, faire une levée, etc.

REMBLAVÉ, E, part. Rensemencé en blé.

REMBLAVER, v. a. Resemer du blé. T. d'agric.

REMBLAYÉ, E, part. Comblé avec des terres rapportées.

REMBLAYER, v. a. Rapporter des terres, combler, niveler un terrain.

REMBOÎTÉ, E, part. Emboîté de nouveau.

REMBOÎTEMENT, s. m. Action de remboîter; effet de cette action.

REMBOÎTER, v. a. Remettre dans sa cavité ce qui en était sorti.

REMBOUGÉ, E, part. Se dit d'un vase dans lequel on a remis de la liqueur.

REMBOUGER, v. a. Remettre de la liqueur dans un vase.

REMBOURRAGE, s. m. Apprêt qu'on donne aux laines de diverses couleurs pour fabriquer des draps mélangés.

REMBOURRÉ, E, part. Garni de bourre.

REMBOURREMENT, s. m. Action de rembourrer; effet de cette action.

REMBOURRER, v. a. Garnir de bourre, de laine, etc. —, rembarrer. T. fam.

REMBOURROIR, s. m. Outil pour enfoncer la bourre.

REMBOURSABLE, adj. Qui peut ou doit être remboursé.

REMBOURSÉ, E, part. Payé, acquitté, soldé.

REMBOURSEMENT, s. m. Paiement d'une somme due.

REMBOURSER, v. a. Rendre l'argent déboursé, payer, acquitter ce qu'on doit. —, rendre le capital d'une rente. —, recevoir de la main d'autrui; rembourser un soufflet. Fig. et fam.

REMBRASÉ, E, part. Embrasé de nouveau.

REMBRASER, v. a. Embraser de nouveau.

REMBRASSÉ, E, part. Embrassé de nouveau.

REMBRASSER, v. a. Embrasser une seconde fois.

REMBROCHÉ, E, part. Remis à la broche.

REMBROCHER, v. a. Remettre à la broche.

REMBRUNI, E, part. Devenu brun, plus brun. Temps —, obscurci. Air —, triste, sombre. Fig.

REMBRUNIR, v. a. Rendre brun, plus brun; donner une teinte plus sombre. Se —, v. pron. Devenir brun, plus brun. Se —, s'obscurcir, en parlant du temps. Se —, prendre un air sombre, s'attrister. Fig.

REMBRUNISSEMENT, s. m. Etat, qualité de ce qui est rembruni.

REMBÛCHEMENT, s. m. Rentrée du cerf dans son fort. T. de véner.

REMBÛCHER (se), v. pron. Rentrer dans le bois, en parlant du cerf.

RÉMÉCOURT, s. m. Com. du dép. de l'Oise, cant. et arr. de Clermont. = Clermont-en-Beauvoisis.

REMÈDE, s. m. Tout ce qui sert à guérir, à prévenir, à surmonter le mal, au physique comme au moral. —, lavement, clystère. —, alliage, faible alloi. T. de monn.

REMÉDIER, v. n. Apporter du remède. Prop. et fig.

REMEIL, s. m. Courant d'eau servant de retraite aux bécasses. T. de véner.

REMELANGE-HAUTE-ET-BASSE, s. f. Com. du dép. de la Moselle, cant. et arr. de Thionville. = Thionville.

REMELDORFF, s. m. Com. du dép. de la Moselle, cant. de Bouzonville, arr. de Thionville. = Bouzonville.

REMÊLÉ, E, part. Mêlé de nouveau.

REMÊLER, v. a. Mêler de nouveau.

REMELFANG, s. m. Com. du dép. de la Moselle, cant. de Boulay, arr. de Metz. = Boulay.

REMELFING, s. m. Com. du dép. de la Moselle, cant. et arr. de Sarreguemines. = Sarreguemines.

REMELING, s. m. Com. du dép. de la Moselle, cant. de Sierck, arr. de Thionville. = Thionville.

REMEMBRANCE, s. f. Souvenir. (Vi.)

REMÉMORATIF, IVE, adj. Qui rafraîchit la mémoire, qui fait ressouvenir.

REMÉMORÉ, E, part. Rappelé au souvenir, à la mémoire.

REMÉMORER, v. a. Faire ressouvenir. Se —, v. pron. Rappeler à son souvenir, remettre en sa mémoire.

REMENÉ, E, part. Se dit d'une personne conduite au lieu d'où elle avait été amenée.

REMENÉE, s. f. Arrière voussure. T. d'arch.

REMENER, v. a. Conduire une personne dans l'endroit d'où elle avait été amenée. —, voiturer des choses, les transporter où elles étaient primitivement.

REMENNECOURT, s. m. Com. du dép. de la Meuse, cant. de Revigny. arr. de Bar-le-Duc. = Bar-le-Duc.

RÉMÉNOVILLE, s. f. Com. du dép. de la Meurthe, cant. de Gerbéviller, arr. de Lunéville. = Lunéville.

RÉMÉNOVILLE, s. f. Com. du dép. de la Meurthe, cant. de Thiaucourt, arr. de Toul. = Pont-à-Mousson.

REMERANGLES, s. m. Com. du dép. de l'Oise, cant. et arr. de Clermont. = Clermont-en-Beauvoisis.

REMERCIÉ, E, part. Congédié, renvoyé; destitué.

REMERCIER, v. a. Faire des remercîmens, rendre grâces, témoigner sa reconnaissance. —, refuser poliment. —, congédier, renvoyer, destituer.

REMERCÎMENT, s. m. Témoignage de reconnaissance, action de grâces; formule de politesse pour remercier.

RÉMÉRÉ, s. m. Faculté de racheter une chose vendue dans un certain temps. T. de jurisp.

RÉMÉRÉVILLE, s. f. Com. du dép. de la Meurthe, cant. de St.-Nicolas, arr. de Nancy. = St.-Nicolas-du-Port.

RÉMERING, s. m. Com. du dép. de la Moselle, cant. de Sarralbe, arr. de Sarreguemines. = Puttelange.

RÉMERING, s. m. Com. du dép. de la Moselle, cant. de Bouzonville, arr. de Thionville. = Bouzonville.

REMESURÉ, E, part. Mesuré de nouveau.

REMESURER, v. a. Mesurer une seconde fois.

REMETTAGE, s. m. Action de remettre. T. de manuf.

REMETTRE, v. a. Mettre de nouveau, en général; mettre une chose à l'endroit où elle était auparavant, replacer, rétablir les personnes, les choses dans leur premier état, en santé. —, remboîter, raccommoder un membre démis, disloqué, fracturé; remettre une jambe. —, faire revenir du trouble, de l'agitation, de la frayeur; calmer, rassurer. —, faire recommencer; remettre aux élémens, aux principes. —, rendre une chose à son propriétaire. —, porter à l'adresse; remettre une lettre. —, quitter, abandonner, donner sa démission; remettre une charge, un emploi. —, pardonner; remettre une offense. —, faire grâce, tenir quitte; remettre une dette. —, retarder, différer; remettre à une autre époque. —, reconnaître; je ne vous remets pas. —, livrer; remettre un coupable entre les mains de la justice. —, déposer, donner en garde; confier au soin, à la fidélité; remettre sa cause entre les mains d'un avocat. —, réconcilier. —, passer les fils dans les lisses. T. de manuf. Se —, v. pron. Se replacer où l'on était, comme on était. Se —, se rétablir, recouvrer la santé, etc., se délasser. Se —, revenir de son trouble, de sa frayeur; se calmer, se rassurer. Se — à, recommencer ce qu'on avait cessé de faire ou dire, s'appliquer de nouveau; se remettre à l'étude. S'en — à quelqu'un, s'en rapporter à ce qu'il jugera à propos de faire ou de dire. Se — en route, continuer sa route.

REMEUBLÉ, E, part. Regarni de meubles.

REMEUBLER, v. a. Regarnir de meubles. Se —, v. pron. Acheter de nouveaux meubles.

REMEZE (St.-), s. m. Com. du dép. de l'Ardèche, cant. de Bourg-St.-Andéol, arr. de Privas. = Bourg-St.-Andéol.

REMI (St.-), s. m. Com. du dép. de la Vienne, cant. de Dangé, arr. de Châtellerault. = les Ormes.

REMI (St.-), s. m. Com. du dép. de la Vienne, cant. et arr. de Montmorillon. = Montmorillon.

REMI-AU-BOIS (St.-), s. m. Com. du dép. du Pas-du-Calais, cant. de Campagne, arr. de Montreuil. = Montreuil.

REMICOURT, s. m. Com. du dép. de la Marne, cant. de Dommartin-sur-Yèvre, arr. de Ste.-Ménehould. = Ste.-Ménehould.

REMICOURT, s. m. Com. du dép. des Vosges, cant. et arr. de Mirecourt. = Mirecourt.

REMI-DES-LANDES (St.-), s. m. Com. du dép. de la Manche, cant. de la Haye-du-Puits, arr. de Coutances. = Périers.

REMIENCOURT, s. m. Com. du dép. de la Somme, cant. de Sains, arr. d'Amiens. = Amiens.

REMI-EN-MAUGES (St.-), s. m. Com. du dép. de Maine-et-Loire, cant. de Montrevault, arr. de Beaupréau. = Beaupréau.

REMIES, s. f. Com. du dép. de l'Aisne, cant. de Crécy-sur-Serre, arr. de Laon. = Laon.

REMIGES, s. f. pl. Principales plumes de l'aile des oiseaux, qui leur servent comme de rames. T. d'hist. nat.

REMIGNY, s. m. Com. du dép. de l'Aisne, cant. de Moy, arr. de St.-Quentin. = St.-Quentin.

REMIGNY, s. m. Com. du dép. de Saône-et-Loire, cant. de Chagny, arr. de Châlons. = Chagny.

REMI-LA-VARENNE (St.-), s. m. Com. du dép. de Maine-et-Loire, cant. des Ponts-de-Cé, arr. d'Angers. = les Rosiers.

REMI-LÈS-CHEVREUSE (St.-), s. m. Com. du dép. de Seine-et-Oise, cant. de Chevreuse, arr. de Rambouillet. = Chevreuse.

REMI-L'HONORÉ, s. m. Com. du dép. de Seine-et-Oise, cant. de Chevreuse, arr. de Rambouillet. = Neauphle.

REMILLY, s. m. Com. du dép. de la Manche, cant. de Marigny, arr. de St.-Lô. = St.-Lô.

REMILLY, s. m. Com. du dép. de la Moselle, cant. de Pange, arr. de Metz. = Metz.

REMILLY, s. m. Com. du dép. du Pas-de-Calais, cant. de Lumbres, arr. de St.-Omer. = St.-Omer.

REMILLY-EN-MONTAGNE, s. m. Com. du dép. de la Côte-d'Or, cant. de Sombernon, arr. de Dijon. = Sombernon.

REMILLY-ET-AILLICOURT, s. m. Com. du dép. des Ardennes, cant. de Raucourt, arr. de Sedan. = Sedan.

REMILLY-ET-LANTY, s. m. Com. du dép. de la Nièvre, cant. de Luzy, arr. de Château-Chinon. = Luzy.

REMILLY-LES-POTHÉES, s. m. Com. du dép. des Ardennes, cant. de Renwez, arr. de Mézières. = Mézières. Fabr. de draps et filatures de laine.

REMILLY-SUR-TILLE, s. m. Com. du dép. de la Côte-d'Or, cant. et arr. de Dijon. = Dijon.

REMIMONT (St.-), s. m. Com. du dép. de la Meurthe, cant. de Haroué, arr. de Nancy. = Nancy.

REMIMONT (St.-), s. m. Com. du dép. des Vosges, cant. de Bulgnéville, arr. de Neufchâteau. = Neufchâteau.

REMINIAC, s. m. Com. du dép. du Morbihan, cant. de Malestroit, arr. de Ploërmel. = Ploërmel.

RÉMINISCENCE, s. f. Ressouvenir, renouvellement d'une idée, pour ainsi dire effacée. —, pl. Pensées d'autrui que l'on emploie avec ou sans intention, comme étant de soi.

RÉMIPÈDES, s. m. pl. Insectes aquatiques pourvus de pattes dont ils se servent comme de rames. T. d'hist. nat.

REMIRE, s. m. Plante graminée. T. de bot.

REMIREMONT, s. m. Petite ville du dép. des Vosges, chef-lieu de sous-préf. et de cant.; trib. de 1re inst.; biblioth. publique; conserv. des hypoth.; direct. des contrib. indir.; recev. part. des finances. Bur. d'enregist. et de poste.

Fabr. de velours, mousselines, toiles de coton, basins, siamoises; forges; manuf. de papiers veloutés; aciéries; comm. de grains, beurre, fromages, eaux-de-vie, bestiaux, plantes médicinales, etc.

REMIS, E, part. Replacé; rétabli; pardonné, etc.

REMISE, s. m. Carrosse de louage sans numéro; cocher qui le conduit. —, s. f. Action de remettre ce dont on s'était chargé. —, grâce, pardon; remise d'une faute. —, délai, retardement. —, argent qu'un négociant adresse à son correspondant. —, émolument éventuel d'un receveur, en proportion de sa recette; somme abandonnée, diminuée sur une dette, un prix, etc. —, abri pour un carrosse, un cabriolet, etc. —, taillis qui sert de retraite au gibier; endroit où la perdrix se remet après sa volée. —, suite de hangars pour les galères. T. de mar. —, lisses de devant d'un métier de passementerie.

REMISÉ, E, part. Placé sous la remise.

REMISER, v. a. Placer sous la remise un cabriolet, etc.

REMISSE, adj. m. Qui a peu de force, l'opposé d'intense; son remisse. T. de mus.

RÉMISSIBLE, adj. Pardonnable.

RÉMISSION, s. f. Pardon des péchés; grâce accordée à un criminel. —, cessation plus ou moins prononcée des symptômes d'une maladie. T. de méd.

RÉMISSIONNAIRE, s. Celui, celle qui a obtenu des lettres de rémission.

REMI-SUR-AVRE (St.-), s. m. Com. du dép. d'Eure-et-Loir, cant. de Brezolles, arr. de Dreux. = Nonancourt.

RÉMITTENT, E, adj. Se dit des maladies qui présentent des rémissions. T. de méd.

REMMAILLOTÉ, E, part. Remis en maillot.
REMMAILLOTER, v. a. Remettre en maillot.
REMMANCHÉ, E, part. Emmanché de nouveau.
REMMANCHER, v. a. Mettre un nouveau manche.
REMMENÉ, E, part. Emmené de nouveau.
REMMENER, v. a. Emmener de nouveau; emmener ce qu'on avait amené; tirer d'un lieu et emmener avec soi.
REMODELÉ, E, part. Modelé de nouveau.
REMODELER, v. a. Modeler de nouveau.
REMOIS, s. m. Com. du dép. des Vosges, cant. de Châtenois, arr. de Neufchâteau. = Neufchâteau.
REMOIVILLE, s. f. Com. du dép. de la Meuse, cant. et arr. de Montmédy. = Stenay.
RÉMOLADE, s. f. Remède pour la foulure des chevaux. Voy. RÉMOULADE.
RÉMOLARD, s. m. Officier dépositaire des rames d'une galère. T. de mar.
RÉMOLE, s. m. Tournant d'eau, dangereux pour la navigation. T. de mar.
RÉMOLLIATIF, IVE, ou RÉMOLLIENT, E, adj. Voy. ÉMOLLIENT.
RÉMOLLITIF, IVE, adj. Qui a des propriétés émollientes. T. de méd.
REMOLLON, s. m. Com. du dép. des Hautes-Alpes, cant. de Chorges, arr. d'Embrun. Bur. d'enregist. = Gap.
REMOMEIX, s. m. Com. du dép. des Vosges, cant. et arr. de St.-Dié. = St.-Dié.
REMONCOURT, s. m. Com. du dép. des Vosges, cant. de Vittel, arr. de Mirecourt. = Mirecourt.
REMONCOURT, s. m. Com. du dép. de la Meurthe, cant. de Blamont, arr. de Lunéville. = Blamont.
REMONDAGE, s. m. Action de couper les bouts de soie qui sont aux chaînes, à mesure de la fabrication. T. de manuf.
REMONDANS, s. m. Com. du dép. du Doubs, cant. de Pont-de-Roide, arr. de Montbéliard. = l'Isle-sur-le-Doubs.
REMONDÉ, E, part. Se dit de la chaîne d'une étoffe de soie dont les bourres ont été coupées. T. de manuf.
REMONDER, v. a. Couper les bouts de soie, les bourres et inégalités qu'offre la chaîne. T. de manuf.
REMONTANT, s. m. Extrémité de la bande du baudrier.
REMONTE, s. f. Achat de chevaux pour remonter les régimens de cavalerie.

REMONTÉ, E, part. Monté de nouveau.
REMONTER, v. a. Monter de nouveau, en général. —, donner les choses nécessaires; remettre sur pied, rétablir; remettre en état de servir, raccommoder. —, donner un nouveau cheval; remonter un cavalier. — une rivière, aller contre le courant. —, v. n. Monter une seconde fois; retourner d'où l'on est descendu. —, s'élever de nouveau, en parlant des eaux. —, s'étendre jusqu'à...., tirer son origine de.... Fig. — à la source, examiner dès l'origine. —, échoir aux ascendans. T. de jurisp. —, reprendre faveur, en parlant des effets publics. T. de fin. —, quitter les extrémités inférieures pour se porter dans les cavités de la poitrine, en parlant de la goutte. T. de méd. Se —, v. pron. Acheter un nouveau cheval. Se —, renouveler son équipage, sa garde-robe, etc. Fig.
REMONTOIR., s. m. Pièces qui servent à remonter une montre, une pendule; clef. T. d'horl.
REMONTRANCE, s. f. Avertissement. —, avis d'un supérieur, leçon, réprimande. —, pl. Représentations au Roi par une cour souveraine contre des abus.
REMONTRÉ, E, part. Averti des inconvéniens.
REMONTRER, v. a. Avertir, représenter à quelqu'un les inconvéniens de ce qu'il a fait ou doit faire; lui donner des avis instructifs. —, donner connaissance de la bête. T. de véner.
REMONVILLE, s. f. Com. du dép. des Ardennes, cant. de Buzancy, arr. de Vouziers. = Buzancy.
RÉMORA ou RÉMORE, s. m. Obstacle, retardement. — ou Remou, arrête-nef, poisson osseux, auquel les anciens supposaient la force d'arrêter les navires dans leurs courses.
REMORAY, s. m. Com. du dép. du Doubs, cant. de Mouthe, arr. de Pontarlier. = Pontarlier.
REMORDRE, v. a. Mordre de nouveau. —, v. n. Attaquer de nouveau; se dit surtout des chiens.
REMORDS, s. m. pl. Reproche vif et amer de la conscience; vif repentir.
REMORDU, E, part. Mordu de nouveau.
REMORQUE, s. f. Action de remorquer. T. de mar.
REMORQUÉ, E, part. Tiré, traîné par d'autres, en parlant d'un navire. T. de mar.
REMORQUER, v. a. Tirer un navire au moyen de plusieurs autres, ou de quelques bâtimens à rames. T. de mar.

REMORS ou MORS DU DIABLE, s. m. Espèce de scabieuse, plante vulnéraire, sudorifique.

REMOTIS (à), adv. A l'écart, au rebut. T. fam.

REMOUCHÉ, E, part. Mouché de nouveau.

REMOUCHER, v. a. Moucher de nouveau. —, relancer, rembarrer. T. fam.

REMOUDRE, v. a. Moudre une seconde fois.

RÉMOUDRE, v. a. Rémoudre, repasser de nouveau, en parlant des instrumens tranchans.

REMOUILLÉ, s. m. Com. du dép. de la Loire-Inférieure, cant. d'Aigrefeuille, arr. de Nantes. = Clisson.

REMOUILLÉ, E, part. Mouillé de nouveau.

REMOUILLER, v. a. Mouiller de nouveau. —, laisser tomber au fond de l'eau une ancre qui vient d'en être tirée. T. de mar.

REMOUILLURE, s. f. Renouvellement des levains. T. de boulanger.

RÉMOULADE, s. f. Sauce piquante composée de moutarde, d'huile, d'échalotes, etc.

REMOULAGE, s. m. Fleurage, son de gruau.

RÉMOULEUR, s. m. Emouleur, gagne-petit.

REMOULINS, s. m. Com. du dép. du Gard, chef-lieu de cant. de l'arr. d'Uzès. Bur. d'enregist. = Bagnols.

REMOULU, E, part. Moulu de nouveau.

RÉMOULU, part. Emoulu, repassé une seconde fois; se dit des instrumens tranchans.

REMOURIR, v. n. Mourir après une résurrection. T. inus.

REMOUS, s. m. Tournoiement d'eau causé par le mouvement d'un navire qui passe; tournoiement dans l'eau d'une rivière causé par un obstacle quelconque.

REMOVILLE, s. f. Com. du dép. des Vosges, cant. de Châtenois, arr. de Neufchâteau. = Neufchâteau.

REMPAILLAGE, s. m. Ouvrage d'un rempailleur.

REMPAILLÉ, E, part. Garni de nouvelle paille.

REMPAILLER, v. a. Garnir une chaise de nouvelle paille.

REMPAILLEUR, EUSE, s. Ouvrier qui rempaille les chaises.

REMPAQUEMENT, s. m. Action de disposer les harengs par lits.

REMPAQUETÉ, E, part. Empaqueté de nouveau.

REMPAQUETER, v. a. Remettre en paquets.

REMPARÉ, E, part. Fortifié de remparts.

REMPAREMENT, s. m. Rempart, terrasse. T. d'art milit.

REMPARER, v. a. Construire des remparts, fortifier une place de guerre. Se —, v. pron. S'emparer de nouveau. Se —, se fortifier, se faire une défense contre une attaque.

REMPART, s. m. Levée de terre qui environne et défend une place de guerre.

REMPLAÇANT, s. m. Soldat qui remplace un conscrit.

REMPLACÉ, E, part. Mis à la place d'un autre, substitué.

REMPLACEMENT, s. m. Action de remplacer. —, placement avantageux du prix d'une vente, etc. —, substitution d'un remplaçant à un conscrit, moyennant un prix quelconque; acte passé entre ce dernier et celui qui s'oblige à le remplacer au service.

REMPLACER, v. a. Faire un remplacement, un emploi avantageux du prix d'une vente. —, succéder, tenir lieu de...; remplir momentanément la place de quelqu'un. Se —, v. récip. Se succéder.

REMPLAGE, s. m. Action de remplir de vin un tonneau en vidange; vin qui sert à remplir. —, blocage dans les murailles. T. de maç.

REMPLI, s. m. Pli fait à une étoffe pour la rétrécir, la raccourcir.

REMPLI, E, part. Empli de nouveau.

REMPLIÉ, E, part. Se dit d'un rempli fait à une étoffe, etc.

REMPLIER, v. a. Faire un rempli, des remplis.

REMPLIR, v. a. Emplir de nouveau; emplir. —, achever d'emplir. —, combler; boucher les vides. —, mettre en grande quantité; compléter. —, occuper; remplir une place, un emploi. —, accomplir; remplir sa promesse. —, s'acquitter; remplir ses obligations. —, répondre à l'attente; remplir l'espoir de sa famille. —, employer; remplir son temps. —, écrire ce qui avait été laissé en blanc; remplir une quittance. —, en parlant des sons, frapper agréablement l'oreille. — d'admiration, de joie, d'horreur, causer une vive admiration, etc. — un pays de son nom, etc., y étendre sa célébrité. Se —, v. pron. Devenir plein.

REMPLISSAGE, s. m. Action de remplir, remplage. —, inutilités, superfluités dans un ouvrage de littérature.

—, partie entre la basse et le dessus. T. de mus.

REMPLISSEUSE, s. f. Raccommodeuse de points, de dentelles.

REMPLOI, s. m. Nouvel emploi de deniers; remplacement d'une chose aliénée ou dénaturée.

REMPLOYÉ, E, part. Employé de nouveau.

REMPLOYER, v. a. Employer de nouveau.

REMPLUMÉ, E, part. Regarni de plumes.

REMPLUMER, v. a. Regarnir de plumes. Se —, v. pron. Se regarnir de plumes, en parlant des oiseaux. Se —, reprendre de l'embonpoint; rétablir ses affaires. Fig. et fam.

REMPNAT, s. m. Com. du dép. de la Haute-Vienne, cant. d'Eymoutiers, arr. de Limoges. = Limoges.

REMPOCHÉ, E, part. Remis en poche.

REMPOCHER, v. a. Remettre dans sa poche. T. fam.

REMPOISSONNÉ, E, part. Empoissonné de nouveau, repeuplé; se dit d'un étang, etc.

REMPOISSONNEMENT, s. m. Poisson qu'on met dans un étang pour le repeupler.

REMPOISSONNER, v. a. Remettre du poisson dans un étang, le repeupler.

REMPORTÉ, E, part. Rapporté de quelque lieu, en parlant de ce qu'on y avait apporté.

REMPORTER, v. a. Reprendre et rapporter ce qu'on avait apporté. —, enlever d'un lieu, emporter; on le remporta couvert de blessures. —, obtenir, gagner; remporter la victoire.

REMPRISONNÉ, E, part. Remis en prison.

REMPRISONNER, v. a. Remettre en prison.

REMPRUNTÉ, E, part. Emprunté de nouveau.

REMPRUNTER, v. a. Faire un nouvel emprunt; emprunter de nouveau.

REMUAGE, s. m. Action de remuer du blé, etc.

REMUANT, E, adj. Qui remue, qui s'agite sans cesse. —, brouillon, intrigant, qui excite des troubles; esprit remuant.

REMUÉ, E, part. Mu, changé de place.

REMUÉE (la), s. f. Com. du dép. de la Seine-Inférieure, cant. de St.-Romain-de-Colbosc, arr. du Hâvre. = St.-Romain.

REMUE-MÉNAGE, s. m. Dérangement de meubles, de choses qu'on déplace, qu'on transporte. —, trouble, désordre, bouleversement. Fig. et fam.

REMUEMENT ou **REMÛMENT**, s. m. Action de ce qui remue, mouvement. — des terres, leur transport d'un lieu dans un autre. —, trouble, désordre dans un état. Fig. et fam.

REMUER, v. a. Mouvoir quelque chose, changer de place; remuer du blé, etc. —, troubler, agiter, émouvoir; remuer l'âme. Fig. — un enfant, le changer de langes. — de la terre, la transporter. — la terre, la bécher, la fouir, etc. — ciel et terre, employer toutes sortes de moyens. Fig. et fam. —, v. n. Se mouvoir, changer de place. —, intriguer, conspirer, exciter des troubles. Fig. Se —, v. pron. Se mouvoir. Se —, faire des démarches, se donner du mouvement pour réussir. Fig.

REMUEUR, s. m. Celui qui remue le blé dans un grenier.

REMUEUSE, s. f. Femme qui remue un enfant.

REMUGLE, s. m. Odeur de ce qui a été long-temps renfermé. T. inus.

RÉMUNÉRATEUR, s. m. Celui qui récompense avec justice; se dit de Dieu et des Princes.

RÉMUNÉRATIF, IVE, adj. Qui récompense. T. inus.

RÉMUNÉRATION, s. f. Récompense juste. T. inus.

RÉMUNÉRATOIRE, adj. Qui tient lieu de récompense. T. de jurisp.

RÉMUNÉRÉ, E, part. Récompensé. T. inus.

RÉMUNÉRER, v. a. Récompenser. T. inus.

REMUNGOL, s. m. Com. du dép. du Morbihan, cant. de Locminé, arr. de Pontivy. = Locminé.

RÉMUS, s. m. Frère de Romulus, fondateur de Rome.

REMUSELÉ, E, part. Muselé de nouveau.

REMUSELER, v. a. Remettre une muselière.

REMUZAT, s. m. Com. du dép. de la Drôme, chef-lieu de cant. de l'arr. de Nyons, où se trouvent les bur. d'enregist. et de poste.

REMY (St.-), s. m. Com. du dép. de l'Ain, cant. et arr. de Bourg. = Bourg.

REMY (St.-), s. m. Com. du dép. de l'Allier, cant. d'Escurolles, arr. de Gannat. = Cusset.

REMY (St.-), s. m. Village du dép.

de l'Aveyron, cant. de la Guiole, arr. d'Espalion. = Espalion.

REMY (St.-), s. m. Com. du dép. de l'Aveyron, cant. de Villeneuve, arr. de Villefranche. = Milhau.

REMY (St.-), s. m. Petite ville du dép. des Bouches-du-Rhône, chef-lieu de cant. de l'arr. d'Arles. Bur. d'enregist. et de poste.
Cette ville est située près du canal de Réal; elle est entourée de plantations d'oliviers qui forment une promenade charmante. Patrie de Nostradamus, astronome. Fabr. d'ouvrages en marbre; filatures de soie.

REMY (St.-), s. m. Com. du dép. du Calvados, cant. de Thury-Harcourt, arr. de Falaise. = Thury-Harcourt.

RÉMY (St.-), s. m. Com. du dép. du Cantal, cant. de Chaudes-Aigues, arr. de St.-Flour. = St.-Flour.

REMY (St.-), s. m. Com. du dép. du Cantal, cant. de Salers, arr. de Mauriac. = St.-Martin-Valmeroux.

REMY (St.-), s. m. Com. du dép. de la Corrèze, cant. de Neuvic, arr. d'Ussel. = Ussel.

REMY (St.-) ou MONT-SUR-BRENNE, s. m. Com. du dép. de la Côte-d'Or, cant. de Montbard, arr. de Semur. = Montbard.

REMY (St.-), s. m. Com. du dép. de la Dordogne, cant. de Villefranche-de-Longchapt, arr. de Bergerac. = Monpont.

REMY (St.-), s. m. Com. du dép. de la Marne, cant. de Sézanne, arr. d'Epernay. = Sézanne.

REMY (St.-), s. m. Com. du dép. de la Marne, cant. de Fresnes-en-Wœvre, arr. de Verdun. = Verdun.

RÉMY (St.-), s. m. Com. du dép. de l'Oise, cant. d'Estrées-St.-Denis, arr. de Compiègne. = Compiègne.

RÉMY (St.-), s. m. Com. du dép. du Pas-de-Calais, cant. de Vitry, arr. d'Arras. = Hesdin.

REMY (St.-), s. m. Com. du dép. du Puy-de-Dôme, cant. de Menat, arr. de Riom. = Montaigut.

RÉMY (St.-), s. m. Com. du dép. du Puy-de-Dôme, chef-lieu de cant. de l'arr. de Thiers, où se trouvent les bur. d'enregist. et de poste. Fabr. de coutellerie.

REMY (St.-), s. m. Com. du dép. de la Haute-Saône, cant. d'Amance, arr. de Vesoul. = Vesoul.

REMY (St.-), s. m. Com. du dép. de Saône-et-Loire, cant. et arr. de Châlons. = Châlons.

REMY (St.-), s. m. Com. du dép. de Seine-et-Marne, cant. de la Ferté-Gaucher, arr. de Coulommiers. = la Ferté-Gaucher.

REMY (St.-), s. m. Com. du dép. des Deux-Sèvres, cant. et arr. de Niort. = Niort.

REMY (St.-), s. m. Com. du dép. des Vosges, cant. de Raon-l'Etape, arr. de St.-Dié. = Raon-l'Etape.

REMY-AUX-BOIS (St.-), s. m. Com. du dép. de la Meurthe, cant. de Bayon, arr. de Lunéville. = Charmes.

REMY-BLANZY (St.-), s. m. Com. du dép. de l'Aisne, cant. d'Oulchy-le-Château, arr. de Soissons. = Oulchy.

REMY-CHAUSSÉE (St.-), s. m. Com. du dép. du Nord, cant. de Berlaymont, arr. d'Avesnes. = Avesnes.

REMY-DE-CHARGNAT (St.-), s. m. Com. du dép. du Puy-de-Dôme, cant. de Sauxillanges, arr. d'Issoire. = Issoire.

REMY-DE-SILLÉ (St.-), s. m. Com. du dép. de la Sarthe, cant. de Sillé, arr. du Mans. = Sillé-le-Guillaume. Fabr. de toiles.

REMY-DES-MONTS (St.-), s. m. Com. du dép. de la Sarthe, cant. et arr. de Mamers. = Mamers.

REMY-DU-PLAIN (St.-), s. m. Com. du dép. de la Sarthe, cant. et arr. de Mamers. = Mamers.
Source d'eau minérale; papeterie.

REMY-DU-PLEIN (St.-), s. m. Com. du dép. d'Ille-et-Vilaine, cant. d'Antrain, arr. de Fougères. = Antrain.

REMY-EN-BOUZEMONT (St.-), s. m. Com. du dép. de la Marne, chef-lieu de cant. de l'arr. de Vitry où se trouve le bur. d'enregist. = Vitry-le-Français.

REMY-EN-CHAMPAGNE (St.-), s. m. Com. du dép. de la Seine-Inférieure, cant. d'Eu, arr. de Dieppe. = Eu.

REMY-EN-L'EAU (St.-), s. m. Com. du dép. de l'Oise, cant. de St.-Just-en-Chaussée, arr. de Clermont. = St.-Just-en-Chaussée.

REMY-EN-RIVIÈRE (St.-), s. m. Com. du dép. de la Seine-Inférieure, cant. de Blangy, arr. de Neufchâtel. = Blangy.

REMY-LE-PETIT (St.-), s. m. Com. du dép. des Ardennes, cant. d'Asfeld, arr. de Rethel. = Rethel.

REMY-MAL-BÂTI (St.-), s. m. Com. du dép. du Nord, cant. de Maubeuge, arr. d'Avesnes. = Maubeuge.

REMY-SOUS-BARBUISE (St.-), s. m. Com. du dép. de l'Aube, cant. et arr. d'Arcis-sur-Aube. = Arcis-sur-Aube.

REMY-SUR-BUSSY (St.-), s. m. Com. du dép. de la Marne, cant. de Dommartin-sur-Yèvre, arr. de Ste.-Ménéhould. = Châlons sur-Marne.

RENAC, s. m. Com. du dép. d'Ille-et-Vilaine, cant. et arr. de Redon. = Redon. Fabr. de fromages.

RENÂCLER, v. n. Faire résonner les fosses nasales en retirant son haleine avec force. T. fam. —, hésiter, refuser de faire quelque chose. Fig. et fam.

RENAGE, s. m. Com. du dép. de l'Isère, cant. de Rives, arr. de St.-Marcellin. = Rives.

RENAGER, v. n. Nager de nouveau.

RENAISON, s. m. Petite ville du dép. de la Loire, cant. de Haon-le-Châtel, arr. de Roanne. = Roanne.

RENAISSANCE, s. f. Seconde naissance. —, renouvellement; renaissance du crédit, la renaissance des lettres.

RENAISSANT, E, adj. Qui renaît.

RENAÎTRE, v. n. Naître de nouveau; le phénix renaît de ses cendres. —, pulluler.

RÉNAL, E, adj. Qui concerne les reins; plexus rénal, artères, veines rénales. T. d'anat.

RENAN (St.-), s. m. Petite ville du dép. du Finistère, chef-lieu de cant. de l'arr. de Brest. Bur. d'enregist. = Brest. Comm. de chevaux.

RENANSART, s. m. Com. du dép. de l'Aisne, cant. de Ribemont, arr. de St.-Quentin. = St.-Quentin.

RENANTHÈRE, s. m. Plante orchidée de la Cochinchine. T. de bot.

RENARD, s. m. Quadrupède carnivore très rusé, bête puante. —, homme fin, rusé, cauteleux. Fig. —, sorte de maillet, pâte de fer purifié; fil de fer qui s'est déchiré au sortir de la filière; trou, fente à un tuyau; verveux. T. de pêch. —, croc de fer fourchu. T. de mar. —, constellation boréale. T. d'astr. —, pl. Amas de racines dans les conduits d'eau.

RENARDEAU, s. m. Petit renard.

RENARDER, v. n. Ruser comme le renard. T. inus.

RENARDERIE, s. f. Astuce, finesse.

RENARDIER, s. m. Garde chasse qui prend, tue les renards.

RENARDIÈRE, s. f. Terrier de renard.

RENAUCOURT, s. m. Com. du dép. de la Haute-Saône, cant. de Dampierre-sur-Salon, arr. de Gray. = Cintrey.

RENAUDIÈRE (la), s. f. Com. du dép. de Maine-et-Loire, cant. de Montfaucon, arr. de Beaupréau. = Beaupréau.

RENAUVOID, s. m. Com. du dép. des Vosges, cant. et arr. d'Epinal. = Epinal.

RENAY, s. m. Com. du dép. de Loir-et-Cher, cant. de Selommes, arr. de Vendôme. = Vendôme.

RENAZÉ, s. m. Com. du dép. de la Mayenne, cant. de St.-Aignan, arr. de Château-Gontier. = Craon.

RENCAISSÉ, E, part. Remis en caisse.

RENCAISSER, v. a. Remettre dans une caisse.

RENCEINTE, s. f. Retour en cercle. T. de véner.

RENCHAÎNÉ, E, part. Remis à la chaîne.

RENCHAÎNER, v. a. Enchaîner de nouveau, remettre à la chaîne.

RENCHÉRI, E, part. Enchéri. Prop. et fig. —, adj. Devenu plus cher. —, difficile, dédaigneux; faire le renchéri. Fig. et fam.

RENCHÉRIR, v. a. et n. Enchérir. Prop. et fig.

RENCHÉRISSEMENT, s. m. Augmentation de prix, enchérissement.

RENCLOUÉ, E, part. Encloué de nouveau.

RENCLOUER, v. a. Enclouer une seconde fois.

RENCOGNÉ, E, part. Poussé, serré dans un coin.

RENCOGNER, v. a. Pousser, serrer dans un coin.

RENCONTRE, s. m. Animal vu de front. T. de blas. —, folio de livre en rapport avec un autre. T. de comm. —, s. f. Hasard qui réunit deux personnes, deux choses. —, approche, conjonction de deux choses mues en sens inverse. —, duel non prémédité; choc de deux corps de troupes que le hasard met en présence. —, occasion, circonstance fortuite, conjoncture. Fig. —, trait spirituel, bon mot. —, choc de deux voyelles, hiatus. T. de gramm. Roue de —, dont les dents s'engrènent dans les palettes d'une montre. T. d'horl. Pièce de —, morceau de fer attaché au faîte de la lunette d'une poupée. T. de tourneur. Vaisseaux de —, vaisseaux dont le cou de l'un entre dans celui de l'autre. T. de chim.

RENCONTRÉ, E, part. Trouvé par hasard.

RENCONTRER, v. a. Trouver par hasard ou en cherchant; trouver chemin faisant. —, v. a. et n. Deviner. —, v. n. Dire à propos un mot heureux. —, trouver la piste du gibier, en parlant des chiens de chasse. T. de véner. Se —, v. pron. et récip. Se trouver quelque part avec quelqu'un, et fig., avoir la même pensée qu'un autre sur le même sujet.

RENCORSÉ, E, part. Se dit d'une robe à laquelle on a remis un corps.

RENCORSER, v. a. Mettre un corps neuf à une robe.

RENCOURAGÉ, E, part. Encouragé de nouveau.

RENCOURAGER, v. a. Redonner du courage.

RENCUREL, s. m. Com. du dép. de l'Isère, cant. de Pont-en-Royans, arr. de St.-Marcellin. = St.-Marcellin.

RENDAGE, s. m. Produit journalier du travail. T. de monn.

RENDANT, E, s. et adj. Qui rend un compte.

RENDETTÉ, E, part. Endetté de nouveau.

RENDETTER, v. a. Endetter de nouveau. Se —, v. pron. Contracter de nouvelles dettes.

RENDEZ-VOUS, s. m. Désignation d'un lieu et d'une heure où des personnes doivent se rencontrer ; lieu désigné à cet effet.

RENDONNÉE, s. f. Voy. RANDONNÉE.

RENDORMI, E, part. Endormi de nouveau.

RENDORMIR, v. a. Faire dormir de nouveau. Se —, v. pron. S'endormir une seconde fois.

RENDORMISSEMENT, s. m. Action de se rendormir. T. inus.

RENDOUBLÉ, E, part. Mis en double.

RENDOUBLER, v. a. Mettre en double, remplier.

RENDRE, v. a. Restituer; remettre ce qu'on a reçu, emprunté. —, porter à son adresse ; rendre une lettre. —, conduire, transporter, voiturer. —, rejeter par les voies naturelles, vomir, etc. —, livrer; rendre une ville. — les armes, les déposer, et fig., se soumettre.—, faire recouvrer ; rendre la liberté, la santé. — la vie à quelqu'un, le guérir d'une maladie dangereuse, et fig., le tirer d'un embarras extrême. —, faire devenir ; rendre sourd, aimable, odieux, etc. —, s'acquitter de certains devoirs; rendre hommage, compte, visite. —, se conduire envers les autres comme ils l'ont fait avec nous ; rendre la pareille, service pour service, injure pour injure. —, exprimer, représenter par des images, des signes ; traduire. —, prononcer ; rendre un jugement, un oracle. —, exhaler ; rendre une odeur agréable. — un discours, le répéter mot pour mot. — l'ame, rendre le dernier soupir, expirer. —, v. a. et n. Produire, rapporter ; ce blé rend bien. —, v. n. Aboutir ; ce chemin rend à tel endroit. Se —, v. pron. Aller, se transporter en un lieu. Se —, se constituer prisonnier ; s'en rapporter à la générosité du vainqueur, se soumettre, céder. Se —, accéder ; je me rends à vos raisons. Se —, acquérir, se donner une nouvelle manière d'être ; se rendre heureux.

RENDU, s. m. Prisonnier de guerre.
—, tour joué pour se venger d'un autre tour.

RENDU, E, part. et adj. Restitué; remis à son adresse, etc.; excédé de fatigue, exténué.

RENDUIRE, v. a. Enduire de nouveau.

RENDUIT, E, part. Couvert d'un nouvel enduit.

RENDURCI, E, part. Rendre plus dur.

RENDURCIR, v. a. Rendre plus dur. Se —, v. pron. Devenir plus dur.

RÈNE, s. f. Courroie de la bride d'un cheval. —, pl. Administration, gouvernement; les rênes de l'état. Fig.

RÉNÉ, s. m. Com. du dép. de la Sarthe, cant. de Marolles, arr. de Mamers. = Beaumont-le-Vicomte.

RÉNÉALMIE, s. f. Balisier de Surinam. T. de bot.

RÉNÉDALE, s. m. Com. du dép. du Doubs, cant. de Montbenoît, arr. de Pontarlier. = Pontarlier.

RENÉGAT, s. m. Apostat qui a renié la religion chrétienne.

RENEIGER, v. n. et impers. Neiger de nouveau.

RÉNÉ-MESNIL, s. m. Com. du dép. du Calvados, cant. de Bretteville-sur-Laise, arr. de Falaise. = Caen.

RENESCURE, s. m. Com. du dép. du Nord, cant. et arr. d'Hazebrouck. = St.-Omer.

RÉNETTE, s. f. Instrument de maréchal pour rénetter; outil de coffretier pour rayer; outil de bourrelier pour forer.

RÉNETTÉ, E, part. Sillonné avec la rénette, en parlant du sabot du cheval.

RÉNETTER, v. a. Sillonner le sabot d'un cheval avec la rénette. T. de maréchal ferrant.

RENETTOYÉ, E, part. Nettoyé de nouveau.

RENETTOYER, v. a. Nettoyer de nouveau.

RENÈVE, s. m. Com. du dép. de la Côte-d'Or, cant. de Mirebeau, arr. de Dijon. = Mirebeau-sur-Bèze.

RENFAÎTÉ, E, part. Raccommodé, en parlant du faîte d'un toit.

RENFAÎTER, v. a. Reconstruire, raccommoder le faîte d'un toit.

RENFERMÉ, E, part. Enfermé; emprisonné; reclus.

RENFERMER, v. a. Enfermer une

seconde fois; emprisonner. —, comprendre, contenir. —, restreindre, réduire dans de certaines bornes. Se —, v. pron. Se tenir enfermé. Se — dans les bornes de la bienséance, ne pas s'écarter de ce qu'elle permet de faire. Se — en soi, se recueillir.

RENFEUGÈRES, s. f. Com. du dép. de la Seine-Inférieure, cant. de Pavilly, arr. de Rouen. = Barentin.

RENFILÉ, E, part. Enfilé de nouveau.

RENFILER, v. a. Enfiler une seconde fois.

RENFLAMMÉ, E, part. Enflammé de nouveau.

RENFLAMMER, v. a. Enflammer de nouveau.

RENFLÉ, E, part. Enflé de nouveau.

RENFLEMENT, s. m. Augmentation de volume. —, augmentation insensible du fût d'une colonne depuis sa base jusqu'au tiers de sa hauteur. T. d'arch.

RENFLER, v. n. Enfler de nouveau. —, augmenter de volume en cuisant, en fermentant.

RENFONCÉ, E, part. Enfoncé plus avant.

RENFONCEMENT, s. m. Profondeur; partie reculée; effet de perspective qui fait paraître plus éloigné.

RENFONCER, v. a. Enfoncer de nouveau, ou plus avant; mettre un fond; repousser vers le fond.

RENFORCÉ, E, part. Rendu plus fort. Prop. et fig.

RENFORCEMENT, s. m. Action de renforcer, effet de cette action.

RENFORCER, v. a. Rendre plus fort, au prop. et au fig. Se —, v. pron. Se fortifier, devenir plus fort.

RENFORMÉ, E, part. Elargi sur le renformoir, en parlant des gants.

RENFORMER, v. a. Elargir des gants sur le renformoir.

RENFORMI, E, part. Revêtu d'un renformis. T. de maç.

RENFORMIR, v. a. Revêtir d'un renformis. T. de maç.

RENFORMIS, s. m. Crépi épais, enduit sur une vieille muraille. T. de maç.

RENFORMOIR, s. m. Instrument pour élargir les gants, les mettre en forme.

RENFORT, s. m. Augmentation de force, de volume. —, troupes fraîches. T. d'art milit.

RENFROGNER (se), v. pron. Voy. Refrogner.

RENGAGÉ, E, part. Engagé de nouveau.

RENGAGEMENT, s. m. Action de rengager, de se rengager.

RENGAGER, v. a. Engager une seconde fois. Se —, v. pron. Contracter un nouvel engagement.

RENGAÎNÉ, E, part. Remis dans la gaîne.

RENGAÎNER, v. a. Remettre dans la gaîne, dans le fourreau. —, ne pas achever ou supprimer son discours. T. fam.

RENGENDRÉ, E, part. Engendré de nouveau.

RENGENDRER, v. a. Engendrer de nouveau.

RENGJO, s. m. Espèce de lilas du Japon. T. de bot.

RENGORGEMENT, s. m. Action de se rengorger.

RENGORGER (se), v. pron. Avancer la gorge en retirant la tête en arrière. —, faire le beau, le fier, l'important. Fig. et fam.

RENGORGEUR, s. et adj. m. Se dit de deux muscles qui servent à divers mouvemens de la tête. T. d'anat.

RENGOUFFRER (se), v. pron. Rentrer dans le gouffre.

RENGRAISSÉ, E, part. Redevenu gras.

RENGRAISSER, v. a. Faire redevenir gras. —, v. n. Devenir gras. Se —, v. pron. Redevenir gras. Se —, rétablir ses affaires. Fig. et fam.

RENGRÉGÉ, E, part. Augmenté; se dit du mal. (Vi.)

RENGRÉGEMENT, s. m. Augmentation, accroissement de mal. (Vi.)

RENGRÉGER, v. a. Augmenter le mal. Se —, v. pron. S'accroître, en parlant du mal. (Vi.)

RENGRÉNÉ, E, part. Rempli de grain, en parlant de la trémie.

RENGRÉNEMENT, s. m. Action de rengréner.

RENGRÉNER, v. a. Remplir de nouveau la trémie de grain; remoudre le gruau. —, remettre sous le balancier; rentrer dans le creux de la matrice. T. de monn.

RENHARDI, E, part. Rendu plus hardi.

RENHARDIR, v. a. Rendre plus hardi, redonner de la hardiesse.

RENIABLE, adj. De nature à être renié.

RENIÉ, E, part. Nié, désavoué, méconnu. —, adj. Qui a renié son Dieu, apostat.

RENIEMENT ou RENÎMENT, s. m. Action de renier.

RENIER, v. a. Déclarer faussement qu'on ne connaît pas une personne ou une chose. —, nier ; désavouer ; méconnaître. —, apostasier, renoncer à la foi de ses pères.

RENIEUR, EUSE, s. Apostat, blasphémateur. T. inus.

RENIFLEMENT, s. m. Action de renifler ; bruit fait en reniflant.

RENIFLER, v. n. Aspirer l'air par les narines.

RENIFLERIE, s. f. Reniflement. T. fam.

RENIFLEUR, EUSE, s. Celui, celle qui a la mauvaise habitude de renifler. T. fam.

RÉNIFORME, adj. En forme de rein. T. de bot.

RENING, s. m. Com. du dép. de la Meurthe, cant. d'Albestroff, arr. de Château-Salins. = Dieuze.

RENITENT, E, adj. Qui résiste, réfractaire. T. inus.

RENIVELÉ, E, part. Nivelé de nouveau.

RENIVELER, v. a. Niveler de nouveau ; vérifier le nivellement.

RENNE, s. f. Quadrupède de la Laponie qui ressemble au cerf; animal domestique.

RENNEMOULIN, s. m. Com. du dép. de Seine-et-Oise, cant. de Marly-le-Roi, arr. de Versailles. = Versailles.

RENNEPONT, s. m. Com. du dép. de la Haute-Marne, cant. de Juzennecourt, arr. de Chaumont. = Clairvaux.

RENNES, s. f. Com. du dép. de l'Aude, cant. de Couiza, arr. de Limoux. = Limoux.

RENNES, s. f. Com. du dép. du Doubs, cant. de Quingey, arr. de Besançon. = Salins.

RENNES, s. f. Ville du dép. d'Ille-et-Vilaine, chef-lieu de préf., d'une sous-préf. et de 4 cant.; cour royale; trib. de 1re inst. et de comm.; évêché érigé dans le 4e siècle; faculté de droit; société des sciences et des arts; école de peinture, sculpture et de dessin; école secondaire de médecine; biblioth. pub.; cabinet d'hist. nat.; jardin des plantes; ingénieur en chef des ponts-et-chaussées; direct. de l'enregist. et des domaines, de 2e classe; conserv. des hypoth.; direct. des contrib. dir. et indir.; bur. de garantie des matières d'or et d'argent; recev. général des finances; payeur du dép. Pop. 29,380 hab. env. Dist. de Paris envir. 90 l.

Cette ville, située au milieu d'une plaine fertile, au confluent de l'Ille et de la Vilaine, se divise en deux parties. La ville basse, qui est généralement mal bâtie, se trouve exposée aux débordemens de la Vilaine, au bord de laquelle elle est située; mais la ville haute, après avoir été détruite par un incendie, en 1720, a été reconstruite sur un plan régulier; ses rues sont larges et tirées au cordeau. On remarque principalement, à Rennes, le palais de justice, superbe édifice qui fait l'ornement d'une belle place ; l'hôtel de ville, les promenades du Thabor et du Mail, la façade de St.-Pierre, la place d'Armes, etc. Parmi les hommes illustres qui appartiennent à cette ville, nous citerons La Bletterie, le père Tournemine, La Chalotais et Lanjuinais. Fabr. de toiles à voiles et de ménage, couvertures, flanelles; basins, filets pour la pêche; papeteries, amidonneries, faïenceries, teintureries, tanneries et corroieries, blanchisseries de cire, filatures de lin. Comm. de grains, vins, cidre délicieux, excellent beurre, miel, cire, lin, chanvre, toiles, fil, résine, fer, plomb, bestiaux, bois de construction, etc.

RENNES-EN-GRENOUILLE, s. f. Com. du dép. de la Mayenne, cant. de Lassay, arr. de Mayenne. = Mayenne.

RENNEVAL, s. m. Com. du dép. de l'Aisne, cant. de Rozoy-sur-Serre, arr. de Laon. = Rozoy-sur-Serre.

RENNEVILLE, s. f. Com. du dép. des Ardennes, cant. de Chaumont, arr. de Rethel. = Rozoy-sur-Serre.

BENNEVILLE, s. f. Com. du dép. de l'Eure, cant. d'Ecouis, arr. des Andelys. = le Neubourg.

RENNEVILLE, s. f. Com. du dép. de la Haute-Garonne, cant. et arr. de Villefranche. = Villefranche.

RENNEVILLE, s. f. Com. du dép. de la Marne, cant. de Vertus, arr. de Châlons. = Vertus.

RENNO, s. m. Com. du dép. de la Corse, cant. de Vico, arr. d'Ajaccio. = Ajaccio.

RENOIRCI, E, part. Noirci de nouveau.

RENOIRCIR, v. a. Noircir de nouveau.

RENOM, s. m. Réputation, bonne ou mauvaise. —, sans épithète, célébrité.

RENOMMÉ, E, part. Nommé une seconde fois; cité avec éloge, vanté. —, adj. Fameux, célèbre, illustre.

RENOMMÉE, s. f. Réputation, célébrité. —, bruit public. —, divinité allégorique, messagère de Jupiter qui publiait toutes sortes de nouvelles. On la représente sous la figure d'un monstre ailé d'une taille gigantesque, ayant autant d'yeux, d'oreilles, de bouches et de langues que de plumes sur tout son corps. T. de myth.

RENOMMER, v. a. Nommer une seconde fois. —, donner du renom, citer avec éloge. Se —, v. pron. Se servir du nom de quelqu'un. T. inus. Se faire —, acquérir du renom.

RENONCE, s. f. Absence d'une couleur. T. de jeu de cartes.

RENONCÉ, E, part. Renié, désavoué, méconnu.

RENONCEMENT, s. m. Action de renoncer. Voy. RENONCIATION.

RENONCER, v. a. et n. Renier, désavouer, méconnaître; renoncer un parent. —, v. n. Abandonner la possession, la prétention, le désir, l'affection; se désister. —, cesser de faire usage d'une chose. —, manquer d'une couleur; mettre une carte d'une autre couleur que celle jouée. T. de jeu de cartes.

RENONCIATAIRE, s. m. Celui, celle au profit de qui l'on renonce.

RENONCIATION, s. f. Acte par lequel on renonce à une succession, etc., désistement.

RENONCULACÉES, s. f. pl. Famille des renoncules. T. de bot.

RENONCULE, s. f. Famille des plantes qui ont des racines en forme de griffes; fleur de la renoncule des jardins. T. de bot. —, coquille du genre cône. T. d'hist. nat.

RENOPER, v. a. Voy. ENOUER. T. de manuf.

RENOUARD (le), s. m. Com. du dép. de l'Orne, cant. de Vimoutiers, arr. d'Argentan. = Vimoutiers.

RENOUÉ, E, part. Se dit d'une chose dénouée, dont on a refait le nœud.

RENOUÉE, s. f. Plante annuelle, genre de polygonées. T. de bot.

RENOUEMENT, s. m. Renouvellement; renouement d'amitié. Fig.

RENOUER, v. a. Nouer une chose dénouée; nouer pour la parure. —, reprendre, recommencer après interruption; renouer la conversation. —, renouveler; renouer amitié. —, ramener sur la voie pour conclure, remettre en train; renouer un mariage. Se —, v. pron. Être repris, recommencé, en parlant de négociations, etc.

RENOUEUR, s. m. Voy. REBOUTEUR. T. fam.

RENOUVEAU, s. m. Le printemps, la saison nouvelle.

RENOUVELÉ, E, part. Rendu nouveau; substitué à la place d'une autre, en parlant d'une chose de même espèce.

RENOUVELER, v. a. Substituer une chose nouvelle à une ancienne de même espèce; renouveler ses meubles, un troupeau, un billet à ordre. —, faire renaître; renouveler une mode. —, publier de nouveau, remettre en vigueur; renouveler une ordonnance. —, contracter de nouveau avec les mêmes personnes et aux mêmes conditions; renouveler un bail. —, recommencer; renouveler une procédure. —, réitérer; je vous renouvelle mes remercîmens. —, faire ressentir, faire éprouver de nouveau; renouveler le chagrin. Se —, v. pron. Être, avoir lieu de nouveau.

RENOUVELLEMENT, s. m. Rénovation, rétablissement d'une chose dans son premier état ou dans un meilleur; réitération. —, augmentation; renouvellement de tendresse. —, reprise de ce qui avait été interrompu; action de renouveler un bail, un billet.

RENOVATEUR, s. m. Commissaire à terriers qui renouvelait les papiers d'une terre.

RENOVATION, s. f. Renouvellement. —, réduction d'un minéral à l'état parfait. T. de chim.

RENSEIGNÉ, E, part. Enseigné de nouveau.

RENSEIGNEMENT, s. m. Indice qui sert à faire reconnaître une chose; document propre à donner des éclaircissemens.

RENSEIGNER, v. a. Enseigner de nouveau, avec un nouveau soin; fournir des renseignemens.

RENSEMENCÉ, E, part. Ensemencé de nouveau.

RENSEMENCER, v. a. Ensemencer une seconde fois.

RENTAMÉ, E, part. Entamé de nouveau.

RENTAMER, v. a. Entamer de nouveau. —, reprendre après interruption; rentamer une affaire. Fig.

RENTASSÉ, E, part. Remis en tas. —, adj. Trapu, engoncé. T. fam.

RENTASSER, v. a. Remettre en tas.

RENTE, s. f. Revenu annuel, produit d'un fonds de terre ou d'un capital aliéné.

RENTÉ, E, part. Qui possède des rentes.

RENTER, v. a. Créer des rentes, assigner un revenu annuel à quelqu'un.

RENTERRÉ, E, part. Remis en terre.

RENTERRER, v. a. Remettre en terre; enterrer une seconde fois.

RENTGEN-BASSE, s. f. Com. du dép. de la Moselle, cant. de Cattenom, arr. de Thionville. = Thionville.

RENTGEN-HAUTE, s. f. Com. du dép. de la Moselle, cant. de Cattenom, arr. de Thionville. = Thionville.

RENTIER, ÈRE, s. Personne qui possède des rentes, qui vit de ses rentes. —, sous le régime de la féodalité, personne grevée d'une rente seigneuriale.

RENTIÈRES, s. f. Com. du dép. du Puy-de-Dôme, cant. d'Ardes, arr. d'Issoire. = Ardes.

RENTOILAGE, s. m. Action de rentoiler; nouvel entoilage.

RENTOILÉ, E, part. Regarni de toile.

RENTOILER, v. a. Regarnir de toile. —, remettre un vieux tableau sur une toile neuve. T. de peint.

RENTON ou **RENTOU**, s. m. Réunion de deux pièces de bois de même espèce sur une même ligne. T. de charp.

RENTONNÉ, E, part. Remis dans un tonneau.

RENTONNER, v. a. Remettre dans un tonneau.

RENTORTILLÉ, E, part. Entortillé de nouveau.

RENTORTILLER, v. a. Entortiller de nouveau.

RENTRAÎNÉ, E, part. Entraîné une seconde fois.

RENTRAÎNER, v. a. Entraîner de nouveau.

RENTRAIRE, v. a. Coudre, joindre deux morceaux de drap, de manière que la couture ne paraisse pas.

RENTRAIT, E, part. Cousu, rejoint sans que la couture paraisse, en parlant de deux morceaux de drap.

RENTRAITURE, s. f. Couture perdue dans le drap.

RENTRANT, s. m. Joueur qui prend la place d'un autre. —, adj. Dont l'ouverture est en dehors; angle rentrant. T. de fortif.

RENTRAYEUR, EUSE, s. Tailleur, couturière qui sait faire des coutures perdues dans le drap.

RENTRÉ, E, part. Entré du dehors à l'intérieur. —, adj. Comprimé, dissimulé. —, répercuté; sueur rentrée.

RENTRÉE, s. f. Action de rentrer pour reprendre ses fonctions, ses travaux, ses études. —, cartes qu'on prend au talon en place de celles qu'on a écartées. T. de jeu de piquet. —, fonds reçus ou à recevoir. T. de comm. —, retour du gibier dans le bois au point du jour. T. de véner. —, retour du sujet dans une fugue, etc. T. de mus. —, retour d'un acteur sur la scène, après une absence. —, pl. Planches pour la gravure coloriée.

RENTRER, v. a. Entrer dans l'intérieur une chose qui était dehors; rentrer des orangers. —, v. n. Entrer de nouveau, revenir. —, pénétrer de nouveau. — dans une carrière, l'embrasser de nouveau. — en soi-même, faire réflexion sur soi-même, sur sa conduite. Fig. —, être perçu, en parlant des fonds. T. de fin. et de comm. —, repasser le burin dans les tailles. T. de grav. —, se répercuter. T. de méd. —, faire sa rentrée. T. de théâtre.

RENTY, s. m. Com. du dép. du Pas-de-Calais, cant. de Fauquemberque, arr. de St.-Omer. = Fruges.

RENUNG, s. m. Com. du dép. des Landes, cant. d'Aire, arr. de St.-Sever. = Aire-sur-l'Adour.

RENVAHI, E, part. Envahi de nouveau.

RENVAHIR, v. a. Envahir une seconde fois.

RENVELOPPÉ, E, part. Recouvert d'une enveloppe.

RENVELOPPER, v. a. Envelopper de nouveau, mettre une seconde enveloppe.

RENVENIMÉ, E, part. Envenimé de nouveau.

RENVENIMER, v. a. Envenimer de nouveau. Se —, v. pron. S'envenimer de plus en plus.

RENVERGÉ, E, part. Bordé, en parlant d'un ouvrage de vannier.

RENVERGER, v. a. Border l'ouvrage. T. de vannier.

RENVERS, s. m. Manière de faire les faîtes en ardoises. T. de couvr.

RENVERSE (à la), adv. Sur le dos, le visage en haut.

RENVERSÉ, E, part. et adj. Jeté à terre, à la renverse. —, qui est contre l'ordre, l'usage; mis en désordre, détruit, ruiné. —, en sens contraire du support. T. de bot.

RENVERSEMENT, s. m. Action de renverser; état de ce qui est renversé. —, dérangement, désordre, confusion. —, bouleversement, ruine, destruction. Fig. —, transport de la charge d'un navire dans un autre. —, accords transposés. T. de mus. —, manière de vérifier les quarts de cercle. T. d'astr. —, Mécanique qui borne l'axe de supplément. T. d'horl. —, dérangement dans la situation ou dans la conformation d'un organe; renversement de la matrice. T. de chir.

RENVERSER, v. a. Jeter par terre, faire tomber; abattre. —, mettre à la renverse; jeter, coucher sur le dos. —, mettre de haut en bas, sens dessus dessous, retourner. —, troubler l'ordre, l'arrangement; renverser des papiers. —, bouleverser, détruire l'ordre moral ou politique. Fig. — l'esprit, le troubler, donner des idées fausses. — la fortune de quelqu'un, le ruiner; ses espérances; les anéantir. —, détruire les travaux de l'ennemi; rompre, enfoncer les bataillons, les mettre en déroute. T. d'art milit. —, transporter d'un navire dans un autre. T. de mar. Se —, v. pron. Se mettre à la renverse. Se —, v. récip. Se jeter mutuellement par terre, sur le dos.

RENVERSEUR, s. m. Celui qui renverse. T. inus.

RENVI, s. m. Addition à la vade, à la mise au jeu.

RENVIDÉ, E, part. Tourné sur la broche; se dit du fil. T. de filateur.

RENVIDER, v. a. Tourner le fil sur la broche, en le rapprochant du rouet. T. de filateur.

RENVIER, v. n. Ajouter à la vade, à la première mise. T. de jeu de brelan.

RENVOI, s. m. Action de renvoyer; envoi d'une chose à celui qui l'avait envoyée. —, congé donné à des troupes, à un domestique. —, jugement qui renvoie devant les juges compétens. —, répercussion, réflexion. —, marque, signe qui renvoie à un autre signe dans un écrit, dans un livre.

RENVOYÉ, E, part. Envoyé de nouveau; congédié.

RENVOYER, v. a. Envoyer de nouveau, faire reporter à quelqu'un ce qu'il avait envoyé, prêté, oublié. —, faire retourner. —, réformer, licencier; congédier; destituer. —, remettre une cause à la décision d'un autre tribunal; décharger d'une accusation. —, refuser une demande; rejeter, rebuter. —, différer, remettre à un autre temps. —, faire recourir, adresser à quelqu'un pour avoir des renseignemens, etc. —, répercuter; réfléchir, repousser. Se —, v. récip. S'envoyer de nouveau l'un à l'autre.

RENWEZ, s. m. Com. du dép. des Ardennes, chef-lieu de cant. de l'arr. de Mézières. Bur. d'enregist.=Mézières. Fabr. de serges et bonneterie de laine.

RÉOCCUPÉ, E, part. Occupé de nouveau.

RÉOCCUPER, v. a. Occuper une seconde fois. T. inus.

RÉOLE (la), s. f. Petite ville du dép. de la Gironde, chef-lieu de sous-préf. et de cant.; trib. de 1ʳᵉ inst.; société d'agric.; conserv. des hypoth.: direct. des contrib. indir.; recev. partic. des finances; bur. d'enregist. et de poste.
Fabr. de chapellerie, tannerie. Comm. de vins, eaux-de-vie, bestiaux, coutellerie, grains, etc.

RÉOPHAGE, s. m. Coquille de la mer Adriatique. T. d'hist. nat.

RÉOPINER, v. n. Donner une seconde fois son opinion.

RÉORDINATION, s. f. Action de réordonner.

RÉORDONNANT, s. m. Evêque qui fait une seconde ordination.

RÉORDONNÉ, E, part. Ordonné une seconde fois pour cause de nullité de sa première ordination.

RÉORDONNER, v. a. Conférer de nouveau les ordres sacrés à celui dont la première ordination a été déclarée nulle.

RÉORGANISATION, s. f. Organisation nouvelle.

RÉORGANISÉ, E, part. Organisé de nouveau.

RÉORGANISER, v. a. Organiser une seconde fois.

RÉORTHE (la), s. f. Com. du dép. de la Vendée, cant. de Ste.-Hermine, arr. de Fontenay.=Fontenay-le-Comte.

RÉOTIER, s. m. Com. du dép. des Hautes-Alpes, cant. de Guillestre, arr. d'Embrun. = Mont-Dauphin.

RÉOUVERTURE, s. f. Ouverture nouvelle; réouverture d'une salle de spectacle.

REPAB, s. m. Instrument de musique arabe, à deux cordes.

REPAIRE, s. m. Retraite des animaux féroces, et fig., de brigands, de voleurs. —, fiente des loups, des renards, etc. T. de véner.

REPAIRER, v. n. Etre couché. T. de véner.

RÉPAISSI, E, part. Rendu plus épais.

RÉPAISSIR, v. a. Rendre plus épais. —, v. n. Devenir plus épais.

REPAÎTRE, v. a. Nourrir, et fig., amuser, bercer l'imagination; repaître de chimères. —, v. n. Manger ; se dit des hommes et des animaux. Se —, v. pron. Prendre de la nourriture. Se —, assouvir son penchant à la cruauté; se repaître de sang, de carnage. Se —, se flatter vainement, se bercer l'imagination; se repaître de chimères. Fig.

REPAIX, s. m. Com. du dép. de la Meurthe, cant. de Blamont, arr. de Lunéville. = Blamont.

RÉPANDRE, v. a. Epancher, verser, laisser couler; répandre de l'eau, des larmes. —, le sang, immoler, faire périr des hommes. —, disperser, étendre au loin; répandre la lumière, une odeur, une nouvelle. —, distribuer; répandre de l'argent. Se —, v. pron. S'épancher, s'écouler, en parlant des liquides. Se —, se disperser; s'étendre au loin. Se —, se propager, en parlant des opinions. Se — en longs discours, en invectives, faire de longs discours, dire des injures. Fig.

RÉPANDU, E, part. Versé, épanché.—, adj. Devenu public, su de tout le monde. Homme —, qui fréquente la société, qui connaît beaucoup de monde. Fig.

REPARA (la), s. f. Com. du dép. de la Drôme, cant. de Crest, arr. de Die. = Crest.

RÉPARABLE, adj. Qu'on peut réparer.

RÉPARAGE, s. m. Seconde tonte du drap. T. de manuf.

REPARAÎTRE, v. n. Paraître, se montrer de nouveau.

REPARATA (Santa-di-Sto.-Angelo-), s. f. Com. du dép. de la Corse, cant. de l'Ile-Rousse, arr. de Calvi. = Bastia.

REPARATA (Santa-di-Moriani-), s. f. Com. du dép. de la Corse, cant. de San-Nicolo, arr. de Bastia. = Bastia.

RÉPARATEUR, s. m. Celui qui répare. — du genre humain, J.-C. — de torts, spadassin, espèce de Don Quichotte qui épouse la querelle d'autrui.

RÉPARATION, s. f. Ouvrage fait ou à faire pour reparer. —, satisfaction exigée ou donnée d'une offense. —, expiation; peine expiatoire.

RÉPARÉ, E, part. Restauré, recommandé, dédommagé, indemnisé.

RÉPARER, v. a. Restaurer, raccommoder, faire des réparations; réparer un bâtiment. —, compenser, dédommager, indemniser; réparer le dommage qu'on a causé. —, faire réparation d'une offense. —, effacer, expier; réparer ses fautes. —, en parlant des malheurs, des revers, en faire disparaître les effets. — le temps perdu, profiter du temps mieux qu'on avait fait. —, retoucher, polir, donner la dernière façon. T. de mét.

RÉPAREUR, s. m. Mouleur qui rétablit les formes.

RÉPARITION, s. f. Action de reparaître. T. inus. —, vue d'un astre qui reparaît après une éclipse. T. d'astr.

REPARLER, v. n. Parler une seconde fois.

REPARSAC, s. m. Com. du dép. de la Charente, cant. de Jarnac, arr. de Cognac. = Jarnac.

REPARTAGÉ, E, part. Partagé de nouveau.

REPARTAGER, v. a. Procéder à un nouveau partage.

RÉPARTI, E, part. Partagé, distribué.

REPARTIE, s. f. Réplique prompte, vive, spirituelle.

REPARTIR, v. a. et n. Répliquer.—, v. n. Partir de nouveau, retourner.

RÉPARTIR, v. a. Partager, distribuer.

RÉPARTITEUR, s. et adj. m. Qui est chargé de faire une répartition; commis répartiteur.

RÉPARTITION, s. f. Partage, distribution raisonnée.

REPARTON, s. m. Bloc d'ardoises divisées suivant les dimensions convenables. T. d'ardoisier.

REPAS, s. m. Nourriture que l'on prend à des heures réglées.—, banquet, festin, grand dîner; donner un repas.

REPAS (le), s. m. Com. du dép. de l'Orne, cant. de Putanges, arr. d'Argentan. = Argentan.

REPASSAGE, s. m. Action de repasser, de rémoudre; action de repasser les chapeaux. —, cordage fait avec les repassettes.

REPASSE, s. f. Grosse farine qui contient du son; seconde distillation de l'eau-de-vie.

REPASSÉ, E, part. Passé de nouveau, une autre fois.

REPASSER, v. a. Passer de nouveau; traverser une seconde fois; repasser les mers. —, examiner de nouveau, considérer en détail. —, répéter par cœur, pour être plus sûr de sa mémoire; repasser sa leçon.—, aiguiser sur la meule; repasser des ciseaux. — la lime sur un ouvrage, le polir de nouveau; se dit fig. des compositions littéraires. — du linge, etc., passer un fer chaud sur le linge pour enlever les plis. — un chapeau, le remettre à la teinture et lui donner un nouvel apprêt. —, v. n. Passer de nouveau. — dans un pays, y retourner.

REPASSETTES, s. f. pl. Cardes très fines avec lesquelles on donne la dernière préparation à la laine.

REPASSEUR, EUSE, s. Celui, celle qui repasse. T. de mét.

REPAUMÉ, E, part. Battu, lavé dans l'eau.

REPAUMER, v. a. Retondre le drap; battre, laver dans l'eau. T. de manuf.

REPAVÉ, E, part. Pavé de nouveau.
REPAVER, v. a. Poser un nouveau pavé.
REPAYÉ, E, part. Payé une seconde fois.
REPAYER, v. a Payer une seconde fois.
REPÊCHÉ, E, part. Retiré de l'eau. T. fam.
REPÊCHER, v. a. Retirer de l'eau. T. fam. — quelqu'un, saisir l'occasion de se venger d'un tour qu'il nous a joué. T. fam.
REPEIGNÉ, E, part. Peigné de nouveau.
REPEIGNER, v. a. Peigner une seconde fois.
REPEINDRE, v. a. Peindre une seconde fois.
REPEINT, E, part. Peint de nouveau. —, s. m. Restauration d'un tableau en retouchant les parties altérées.
REPEL, s. m. Com. du dép. des Vosges, cant. et arr. de Mirecourt. = Mirecourt.
REPELÉ, E, part. Pelé une seconde fois. T. de mégissier.
REPELER, v. a. Peler une seconde fois. T. de mégissier.
REPELOTÉ, E, part. Remis en pelote.
REPELOTER, v. a. Remettre en pelote.
REPENDRE, v. a. Suspendre de nouveau.
REPENDU, E, part. Suspendu de nouveau.
REPENELLE, s. f. Sorte de piége pour prendre des oiseaux.
REPENSER, v. n. Penser, réfléchir de nouveau.
REPENTANCE, s. f. Repentir, regret d'une faute, de ses péchés.
REPENTANT, E, adj. Qui se repent de ses fautes, de ses péchés.
REPENTI, E, adj. Repentant. (Vi.)
REPENTIES, s. f. pl. Religieuses pénitentes; maisons religieuses où l'on enfermait les filles qui avaient vécu dans le libertinage.
REPENTIGNY, s. m. Com. du dép. du Calvados, cant. de Cambremer, arr. de Pont-l'Évêque. = Pont-l'Evêque.
RÉPENTIR, s. m. Regret d'avoir ou de n'avoir pas fait quelque chose. —, souvenir douloureux des péchés, des fautes. —, trace d'une première idée qu'on a voulu corriger. T. de peint.
REPENTIR (se), v. pron. Etre affligé, éprouver du regret d'avoir commis une faute, des péchés.

REPÉPION, s. m. Petit poinçon d'épinglier.
REPERCÉ, E, part. Percé de nouveau.
REPERCER, v. a. Percer une seconde fois. —, découper un ouvrage tracé ou dessiné pour être à jour. T. de joaill.
REPERCEUSE, s. f. Ouvrière qui fait les ouvrages à jour. T. de joaill.
RÉPERCUSSIF, IVE, s. et adj. Se dit des médicamens qui ont la propriété de répercuter. T. de méd.
RÉPERCUSSION, s. f. Action des remèdes répercussifs, répulsion à l'intérieur des affections cutanées, des sécrétions. T. de méd.—, renvoi des sons, réflexion de la lumière. T. de phys. —, répétition des mêmes sons. T. de mus.
RÉPERCUTÉ, E, part. Repoussé du dehors en dedans.
RÉPERCUTER, v. a. Repousser, faire rentrer en dedans les sécrétions qui se manifestent au-dehors. T. de méd.
REPERDRE, v. a. Perdre une seconde fois, perdre ce qu'on avait gagné.
REPERDU, E, part. Perdu de nouveau.
REPÈRE, s. m. Trait, marque pour reconnaître les différentes pièces d'un assemblage. T. d'arts et mét.
REPÉRÉ, E, part. Tracé, marqué pour reconnaître la place de chacune des pièces d'une mécanique, etc.
REPÉRER, v. a. Tracer, marquer les repères. T. d'arts et mét.
RÉPERTOIRE, s. m. Table, index; recueil où sont classés les actes d'un notaire, —, nomenclature des pièces restées à un théâtre, de celles qu'on doit représenter dans la semaine. —, personne dont la mémoire est sûre et bien meublée. Fig. et fam.
REPES, s. m. Village du dép. de la Haute-Saône, cant. et arr. de Vesoul. = Vesoul. Fontaine d'eau minérale.
REPESÉ, E, part. Pesé de nouveau.
REPESER, v. a. Peser une seconde fois.
RÉPÉTAILLER, v. a. et n. Répéter jusqu'à satiété. T. fam.
RÉPÉTÉ, E, part. Redit, recommencé.
RÉPÉTER, v. a. et n. Dire ce qu'on a déjà dit; redire, rapporter ce qu'on a déjà entendu; réciter par cœur. —, faire des répétitions théâtrales. —, recommencer; répéter une expérience. —, redemander, réclamer. T. de jurisp. Se —, v. pron. revenir sur ce qu'on a déjà dit, fatiguer par des redites.
RÉPÉTITEUR, s. m. Précepteur

chargé de faire répéter la leçon donnée aux écoliers. —, pl. Vaisseaux qui répètent les signaux. T. de mar.

RÉPÉTITION, s. f. Action de répéter, de se répéter, redite. —, figure de rhétorique qui consiste dans l'emploi des mêmes expressions, des mêmes tours, et qui sert à donner du mouvement et de la force au style; fuyez, fuyez, hâtez-vous de fuir. —, leçon donnée à des écoliers pour leur expliquer celle qu'on leur a donnée. —, essai fait en particulier, soit d'un poëme dramatique, soit d'une composition musicale, avant la représentation. —, réclamation en justice, demande en restitution de sommes indûement perçues. Montre à —, qui sonne l'heure à volonté à l'aide d'un ressort que l'on pousse.

REPÉTRI, E, part. Pétri de nouveau.

REPÉTRIR, v. a. Pétrir une seconde fois.

REPEUPLÉ, E, part. Peuplé de nouveau.

REPEUPLEMENT, s. m. Action de repeupler un pays, un étang.

REPEUPLER, v. a. Peupler de nouveau. —, un étang, une terre, y mettre du poisson, du gibier.

REPIC, s. m. Coup du jeu de piquet où le joueur compte trente sans que son adversaire fasse un point ce qui, dans ce cas, vaut quatre-vingt-dix.

REPILÉ, E, part. Pilé une seconde fois.

REPILER, v. a. Piler de nouveau.

REPIQUÉ, E, part. Piqué une seconde fois.

REPIQUER, v. a. Piquer de nouveau.

RÉPIT, s. m. Délai, surséance; moment de relâche.

REPLACÉ, E, part. Remis en place.

REPLACER, v. a. Remettre en place. —, donner de nouveau une place, un emploi.

REPLAIDÉ, E, part. Plaidé de nouveau.

REPLAIDER, v. a. Plaider de nouveau.

REPLANCHÉIÉ, E, part. Garni d'un nouveau plancher.

REPLANCHÉIER, v. a. Poser un nouveau plancher.

REPLANI, E, part. Fini au rabot, à la plane. T. de mét.

REPLANIR, v. a. Polir, finir avec la plane ou le rabot. T. de mét.

REPLANTATION, s. f. Action de replanter.

REPLANTÉ, E, part. Remis en terre, en parlant d'un arbre, etc., déplanté.

REPLANTER, v. a. Planter de nouveau, remettre en terre un arbuste déplanté.

REPLÂTRAGE, s. m. Réparation superficielle avec du plâtre. —, mauvais moyen employé pour réparer une faute. Fig.

REPLÂTRÉ, E, part. Recouvert de plâtre.

REPLÂTRER, v. a. Recouvrir de plâtre. —, chercher à couvrir une faute, à la réparer bien ou mal. Fig. et fam.

REPLÂTREUR, s. m. Homme d'une excessive indulgence qui trouve une excuse à tout, qui voile les vices, les torts. T. fam.

REPLÉ, adj. m. Se dit d'un péricarpe dont les valves sont unies par des filets. T. de bot.

REPLET, ÈTE, adj. Qui a trop d'embonpoint.

RÉPLÉTION, s. f. Plénitude, pléthore, surabondance de sang, d'humeurs. T. de méd. —, état d'un gradué pourvu d'un bénéfice.

REPLEURER, v. n. Pleurer de nouveau.

REPLEUVOIR, v. impers. Pleuvoir de nouveau.

REPLI, s. m. Pli redoublé. — pl. Mouvemens sinueux des reptiles. —, fond du cœur, de l'ame. Fig.

REPLIÉ, E, part. Plié de nouveau, en parlant d'une chose dépliée.

REPLIER, v. a. Plier une chose dépliée, faire plusieurs plis l'un sur l'autre. Se —, v. pron. Faire des plis et replis; se dit particulièrement des reptiles. Se —, reculer, faire un mouvement rétrograde, en parlant des troupes. Se —, prendre de nouveaux biais pour réussir. Se — sur soi-même, se recueillir, réfléchir sur soi-même. Fig.

RÉPLIQUE, s. f. Réponse à ce qui a été dit ou écrit. —, discours pour réfuter ce qui a été répondu. T. de procéd. —, répétition des octaves. T. de mus. —, dernier mot de l'acteur en scène qui avertit son interlocuteur de prendre la parole.

RÉPLIQUÉ, E, part. Répondu, reparti.

RÉPLIQUER, v. a. et n. Faire une réplique, répondre, repartir.

REPLISSÉ, E, part. Plissé une seconde fois.

REPLISSER, v. a. Plisser de nouveau, une seconde fois.

REPLONGÉ, E, part. Plongé de nouveau. Prop. et fig.

REPLONGER, v. a. et n. Plonger de

nouveau. Prop. et fig. Se —, v. pron. Se plonger de nouveau. Prop. et fig.

REPLONGES, s. m. Com. du dép. de l'Ain, cant. de Bagé-le-Châtel, arr. de Bourg. = Mâcon.

REPOLI, E, part. Poli de nouveau. Prop. et fig.

REPOLIR, v. a. Polir de nouveau. Prop. et fig.

REPOLON, s. m. Volte en cinq temps. T. de man.

REPOMPÉ, E, part. Pompé de nouveau.

REPOMPER, v. a. Pomper de nouveau.

RÉPONDANT, s. m. Celui qui subit un examen, soutient une thèse. —, caution, garant.

REPONDRE, v. a. et n. Pondre une seconde fois.

RÉPONDRE, v. a. Repartir sur ce qui a été dit, écrit ou demandé, répliquer. —, v. n. Faire réponse à une demande, à une question, à une lettre, répliquer, refuter. —, répéter; l'écho répond à sa voix. —, se conduire, agir conformément à; répondre à la confiance, à l'estime. —, rendre la pareille, se montrer reconnaissant, payer de retour; répondre aux politesses, aux bontés, à la tendresse, etc. —, satisfaire, être conforme; répondre à l'attente, aux désirs, etc. —, cadrer, convenir, s'accorder avec..... —, être vis-à-vis, à l'opposite; aboutir à..... ; se faire sentir d'une partie à l'autre, en parlant de la douleur. —, assurer; je vous réponds de son zèle. — pour quelqu'un, le cautionner, garantir ses obligations. — de quelque chose, s'en rendre garant. Se v. récip. Etre en symétrie, en conformité, etc.

REPONDU, E, part. Pondu de nouveau.

RÉPONDU, E, part. Se dit d'une requête, etc., à laquelle on a fait une réponse; requête répondue.

RÉPONS, s. m. Partie de l'office divin après les leçons. —, signe d'imprimerie qui indique cette partie de l'office (℟).

RÉPONSE, s. f. Ce qu'on répond, réplique, repartie. —, lettre pour répondre à une autre ; réfutation.

REPORTAGE, s. m. Redevance de la moitié de la dîme.

REPORTÉ, E, part. Se dit d'une chose portée à la place qu'elle occupait.

REPORTER, v. a. Porter une chose à la place où elle était auparavant. —, redire ce qu'on a vu ou entendu. Se —,
v. pron. Se transporter de nouveau en un lieu, et fig., se transporter en idée.

REPOS, s. m. sans pl. Privation de mouvement, cessation de travail. —, sommeil, quiétude, calme d'esprit. —, tranquillité publique, paix intérieure, situation d'un pays exempt de trouble, de sédition. L'éternel —, la tombe. —, pl. Césure. T. de versification. —, terminaison de la phrase. T. de mus. —, masses qui ne sont qu'indiquées. T. de peint. —, palier d'un escalier. T. d'arch.

REPOS (le), s. m. Com. du dép. de l'Orne, cant. de Mortrée, arr. d'Argentan. = Mortrée.

REPOS (les), s. m. pl. Com. du dép. du Jura, cant. de Bletterans, arr. de Lons-le-Saulnier. = Lons-le-Saulnier.

REPOSÉ, E, part. Posé de nouveau. —, adj. Délassé, rafraîchi par le repos. Fig. —, qui n'est plus trouble, en parlant d'un liquide. A tête —, adv. tranquillement, avec réflexion.

REPOSÉE, s. f. Lieu où une bête fauve, un cerf se repose. T. de véner.

REPOSER, v. a. Poser de nouveau, mettre dans un état, une situation tranquille; reposer son bras.—, calmer; reposer le sang, les humeurs. —, v. n. dormir, sommeiller. —, être placé sur, avoir pour base, pour appui. —, se rasseoir, s'épurer, en parlant des liquides. Se —, v. pron. Cesser d'agir, de travailler; prendre du repos. Se —, en parlant des terres, rester en jachère. Se — sur quelqu'un, s'en rapporter à lui, faire fond sur sa capacité, son zèle. Se — sur ses lauriers, demeurer tranquille, inactif après la réussite. Fig.

REPOSOIR, s. m. Autel provisoire où stationne le Saint-Sacrement dans la procession de la Fête-Dieu. —, enclos d'indigoterie, cuve pour faire reposer une liqueur.

REPOSSÉDÉ, E, part. Possédé de nouveau.

REPOSSÉDER, v. a. Posséder encore une fois.

REPOUS, s. m. Mortier de brique, de chaux, etc.

RÉPOUSÉ, E, part. Epousé de nouveau, en parlant d'un parti, d'une querelle, etc.

RÉPOUSER, v. a. Epouser de nouveau la défense, le parti de quelqu'un, etc.

REPOUSSABLE, adj. Qui doit être repoussé.

REPOUSSANT, E, adj. Qui inspire de l'aversion, du dégoût.

REPOUSSÉ, E, part. Poussé de nouveau; rejeté, renvoyé.

REPOUSSEMENT, s. m. Action de repousser.

REPOUSSER, v. a. Faire reculer en poussant; rejeter, renvoyer. Prop. et fig. —, réfuter; repousser une objection. — une injure, s'en venger; une accusation, en démontrer la fausseté. —, v. a. et n. Pousser de nouveau, en parlant de la barbe, des végétaux. —, avoir une force répulsive.

REPOUSSOIR, s. m. Outil de fer pour faire sortir une cheville. —, instrument de dentiste pour soulever les chicots de dents et les faire sortir des alvéoles. —, canule pour faire descendre dans l'estomac les corps étrangers arrêtés dans l'œsophage. T. de chir. —, espèce de long ciseau pour pousser les moulures. T. de sculpt. —, sorte de ciselet pour repousser les reliefs enfoncés. T. de bijoutier. —, sorte de poinçon creux pour poser les derniers clous d'ornement. T. de gaînier. —, pl. Effets vigoureux de couleur sur le premier plan pour faire paraître les objets plus éloignés. T. de peint.

REPOUSTAGE, s. m. Action de repouster.

REPOUSTÉ, E, part. Ballotté pour ôter les pelotons, en parlant de la poudre.

REPOUSTER, v. a. Ballotter la poudre pour ôter les pelotons.

REPPE, s. m. Com. du dép. du Haut-Rhin, cant. de Fontaine, arr. de Belfort. = Belfort.

RÉPRÉHENSIBLE, adj. Blâmable, qui mérite d'être repris, réprimandé.

RÉPRÉHENSION, s. f. Réprimande, blâme.

REPRENDRE, v. a. et n. Prendre de nouveau, ressaisir ce qu'on avait donné, vendu, engagé, abandonné, quitté, renvoyé, laissé échapper. —, continuer ce qui avait été interrompu; reprendre son discours. —, blâmer, réprimander. —, répondre, répliquer; il reprit aussitôt. —, revenir, attaquer de nouveau, en parlant des maladies. —, rejoindre les parties rompues; faire une reprise. — ses forces, les recouvrer; ses esprits, revenir d'un moment de trouble ou de faiblesse. — un mur sous-œuvre, en rétablir les fondations. — une instance, procéder de nouveau dans une instance qui avait été interrompue. —, v. n. prendre racine après avoir été transplanté; recommencer, en parlant du froid, de la pluie. Se —, v. pron. Se cicatriser, en parlant des chairs. Se —, s'interrompre pour corriger ce qu'on croit avoir mal exprimé.

REPRENEUR, s. m. Epilogueur qui trouve à redire à tout ce qu'on fait. T. fam.

REPRÉSAILLES, s. m. pl. Violences exercées contre l'ennemi pour se venger des mauvais traitemens qu'il a fait éprouver. User de —, rendre la pareille, soit en bien, soit en mal. Fig.

REPRÉSENTANT, s. m. Mandataire, député. —, héritier par représentation d'une personne décédée.

REPRÉSENTATIF, IVE, adj. Qui représente; ne se dit que des choses. Gouvernement —, gouvernement constitutionnel où des députés, élus par le peuple, exercent la puissance législative concurremment avec le pouvoir exécutif.

REPRÉSENTATION, s. f. Exhibition, exposition devant les yeux. —, imitation à l'aide du pinceau, du burin. T. d'arts. —, catafalque. —, extérieur avantageux, maintien noble, imposant; pompe, faste, entourage d'un prince, d'un ambassadeur, etc. —, action de représenter une pièce de théâtre. —, objection, remontrance respectueuse. —, droit à une succession du chef d'une personne qu'on représente. — nationale, chambre des représentans d'une nation.

REPRÉSENTÉ, E, part. Présenté de nouveau, exhibé, mis sous les yeux.

REPRÉSENTER, v. a. Présenter de nouveau, exhiber, mettre sous les yeux. —, peindre, figurer, offrir l'image, l'idée, exprimer, rendre, être le type, la figure. —, jouer une pièce de théâtre. —, agir au nom de quelqu'un, tenir sa place. —, faire des remontrances, faire envisager. —, v. n. Avoir un grand train de maison, de l'éclat, du faste, de la représentation; faire bien les honneurs de sa place. Se —, v. pron. Se présenter une seconde fois. Se —, se rappeler le souvenir d'une chose, se figurer, se mettre dans l'esprit.

REPRESSIF, IVE, adj. Qui réprime; moyen repressif.

RÉPRESSION, s. f. Action de réprimer.

REPRÊTÉ, E, part. Prêté de nouveaux

REPRÊTER, v. a. et n. Prêter encore une fois.

RÉPRIMABLE, adj. Qui peut ou doit être réprimé.

RÉPRIMANDE, s. f. Répréhension, reproche; correction verbale infligée avec autorité.

RÉPRIMANDÉ, E, part. Se dit d'une personne à laquelle on a fait une réprimande.

RÉPRIMANDER, v. a. Reprocher une faute, faire une réprimande.

RÉPRIMANT, E, adj. Repressif. T. inus.

RÉPRIMÉ, E, part. Arrêté, contenu, réfréné.

RÉPRIMER, v. a. Arrêter l'effet ou les progrès du mal; contenir, mettre un frein, rabattre; réprimer la licence, l'audace, l'insolence, les factions.

REPRIS, E, part. Pris de nouveau; blâmé, réprimandé. Fig.

REPRISE, s. f. Continuation d'une chose interrompue. —, raccommodage avec l'aiguille d'une étoffe déchirée. —, nouvelle représentation d'une pièce de théâtre après un intervalle; seconde partie d'un air, d'un couplet. —, retouche d'un tableau. T. de peint. —, leçon après un repos. T. de man. —, vaisseau repris. T. de mar. —, emploi, dépense d'une somme employée en recette. T. de comm. —, prélèvement sur une succession. T. de jurisp. —, réparation en sous-œuvre. T. de maç.

REPRISÉ, E, part. Estimé, prisé de nouveau.

REPRISER, v. a. Estimer, évaluer de nouveau, faire une nouvelle prisée.

RÉPROBATION, s. f. Condamnation, damnation; état des réprouvés, des damnés.

REPROCHABLE, adj. Qu'on peut reprocher. Témoin —, témoin récusable.

REPROCHE, s. m. Observation, objection sur une chose répréhensible, blâme, réprimande. —, pl. Allégations pour récuser des témoins. T. de procéd. Sans —, adv. Sans prétendre reprocher. Personne sans —, dont la conscience est pure, la probité sans tache. Conduite sans —, exempte de blâme.

REPROCHÉ, E, part. Se dit d'une faute dont on a fait sentir la gravité pour humilier la personne coupable.

REPROCHER, v. a. Adresser des reproches à quelqu'un pour lui faire sentir ses torts. —, rappeler un service rendu, ce qu'on a fait pour obliger quelqu'un. —, récuser; reprocher des témoins. T. de procéd. Se —, v. pron. Se faire des reproches; se repentir de... Se —, se refuser; l'avare se reproche le pain qu'il mange.

REPRODUCTIBILITÉ, s. f. Faculté d'être reproduit.

REPRODUCTIBLE, adj. Susceptible d'être reproduit.

REPRODUCTION, s. f. Action par laquelle les êtres vivans se reproduisent, perpétuent leur espèce. —, pousse de nouvelles tiges, de nouveaux jets; renouvellement des plantes par la semence.

REPRODUIRE, v. a. Produire de nouveau. Se —, v. pron. Renouveler son espèce par la génération. Se —, se montrer, se présenter de nouveau.

REPRODUIT, E, part. Produit de nouveau.

REPROMETTRE, v. a. Promettre une seconde fois.

REPROMIS, E, part. Promis de nouveau.

REPROUVÉ, E, part. Prouvé de nouveau.

RÉPROUVÉ, E, part. Désapprouvé, condamné. —, s. et adj. Damné ou sur la voie de la damnation. Figure de —, sombre, sinistre. T. fam.

REPROUVER, v. a. Prouver une seconde fois.

RÉPROUVER, v. a. Désapprouver, condamner. —, damner.

REPS, s. m. Sorte d'étoffe de soie.

REPTILE, s. et adj. Qui rampe ou qui a les pieds tellement courts qu'il semble ramper. —, s. m. pl. Classe d'animaux qui n'ont ni poils, ni plumes, ni mamelles. T. d'hist. nat.

REPU, E, part. Qui a pris de la nourriture, qui a mangé, qui est rassasié.

RÉPUBLICAIN, E, s. Dans les anciennes républiques, homme essentiellement vertueux, désintéressé, toujours prêt à sacrifier son intérêt, sa vie même pour le bien de la patrie. —, dans un état monarchique, démagogue, factieux, dangereux novateur qui cherche à renverser l'édifice social pour réaliser son utopie, ou plutôt pour s'emparer du pouvoir au risque de s'ensevelir sous les ruines de l'état. —, adj. Qui appartient à la république, à son gouvernement, à ses mœurs.

RÉPUBLICANISME, s. m. Système du gouvernement républicain; affection pour cette forme de gouvernement.

RÉPUBLICOLE, s. et adj. Citoyen d'une république.

RÉPUBLIQUE, s. f. Etat où l'on n'est soumis qu'aux lois, quelle que soit la forme du gouvernement. —, dans l'acception commune, gouvernement fondé sur la souveraineté du peuple qui, par une fiction mensongère, est censé prendre part aux affaires publiques. —, se prend quelquefois pour gouvernement quel qu'il soit. — des lettres, les gens de lettres considérés comme formant un corps.

REPUCE, s. m. Espèce de collet pour rendre des oiseaux.

RÉPUDIATION, s. f. Action de répudier; divorce.

RÉPUDIÉ, E, part. Se dit d'une femme contre laquelle le divorce a été obtenu, dont un mari s'est séparé.

RÉPUDIER, v. a. Se séparer de sa femme, divorcer. — une succession, y renoncer.

RÉPUGNANCE, s. f. Sorte d'aversion, éloignement, dégoût.

RÉPUGNANT, E, adj. Qui inspire de l'aversion, du dégoût.

RÉPUGNER, v. n. Etre plus ou moins opposé, contraire à....., inspirer du dégoût, avoir de la répugnance.

REPULLULER, v. n. Renaître en grande quantité.

RÉPULSIF, IVE, adj. Qui repousse; force répulsive.

RÉPULSION, s. f. Action, force répulsive; état de ce qui est repoussé; l'opposé d'attraction. T. de phys.

REPURGÉ, E, part. Purgé de nouveau.

REPURGER, v. a. Purger de nouveau, une seconde fois.

RÉPUTATION, s. f. Estime générale, opinion publique, renom.

RÉPUTÉ, E, part. Estimé; censé, considéré comme...

RÉPUTER, v. a. Estimer, présumer, croire. —, tenir, compter pour. —, regarder comme...

REQUART, s. m. Quart denier; donation, aliénation d'un héritage. T. de jurisp.

REQUEIL, s. m. Com. du dép. de la Sarthe; cant. de Pontvallin, arr. de la Flèche. = Foulletourte.

REQUÉRABLE, adj. Qui doit être requis. T. de procéd.

REQUÉRANT, E, s. et adj. Demandeur en justice; partie au nom de laquelle on procède. T. de procéd.

REQUÉRIR, v. a. Prier de quelque chose. —, demander, exiger avec l'autorité nécessaire; former demande en justice.

REQUÊTE, s. f. Acte de procédure, demande par écrit adressée à un tribunal, à un magistrat. —, demande verbale. Maître des —, magistrat qui prépare le travail et fait le rapport des requêtes présentées au conseil d'état.

REQUÊTÉ, E, part. Recherché, en parlant de la trace perdue d'une pièce de gibier. T. de véner.

REQUÊTER, v. a. Se remettre en quête, rechercher la trace du gibier. T. de véner.

REQUEURIE, s. f. Arbrisseau du Pérou. T. de bot.

REQUIEM, s. m. (mot latin). Prière de l'office des morts qui commence par ce mot. Messe de —, messe en musique pour le repos de l'âme des morts; partition de cette messe.

REQUIN, s. m. Gros poisson de mer très vorace, du genre du squale. T. d'hist. nat.

REQUINQUÉE, s. f. Vieille femme coquette en grande parure. T. fam.

REQUINQUER (se), v. pron. Se parer avec affectation, plus qu'il ne convient.

REQUINQUETTE, s. f. Nom de deux tours du milieu de la bourdigue. T. de pêch.

REQUINT, s. m. Cinquième partie du quint.

RÉQUIPÉ, E, part. Équipé de nouveau.

RÉQUIPER, v. a. Équiper une seconde fois.

REQUIS, E, part. Mis en réquisition. —, adj. Convenable, nécessaire; formalités requises.

RÉQUISITION, s. f. Action de requérir. —, abus de la force, mesure extraordinaire d'un gouvernement aux abois qui s'empare des propriétés particulières; emprunt forcé, expropriation. —, levée d'hommes depuis dix-huit ans jusqu'à vingt-cinq, décrétée par la convention en 1793; les hommes qui faisaient partie de cette levée.

RÉQUISITIONNAIRE, s. m. Soldat de la réquisition.

RÉQUISITOIRE, s. m. Acte du ministère public requérant des poursuites ou des condamnations.

RÉQUISITORIAL, E, adj. Qui se fait par réquisitoire. T. inus.

RÉQUISTA, s. f. Com. du dép. de l'Aveyron, chef-lieu de cant. de l'arr. de Rodez. Bur. d'enregist. = Rodez.

RESARCELÉ, E, adj. Se dit d'une croix qui en renferme une autre. T. de blas.

RESAUCÉ, E, part. Saucé de nouveau.

RESAUCER, v. a. Retremper dans la sauce.

RESCAMPI, E, part. Réparé avec le blanc de céruse. T. de doreur sur bois.

RESCAMPIR, v. a. Réparer les taches, mettre du blanc de céruse où il en manque. T. de doreur sur bois.

RESCIF, s. m. Chaîne de rochers à fleur d'eau. T. de mar.

RESCINDANT, s. m. Demande en nullité d'un arrêt, d'un acte; moyen de nullité.

RESCINDÉ, E, part. Cassé, annulé. T. de procéd.

RESCINDER, v. a. Casser, annuler un acte. T. de procéd.

RESCISION, s. f. Cassation d'un acte, etc. T. de procéd.

RESCISOIRE, s. m. et adj. Motif principal de rescision. T. de procéd.

RESCRIPTION, s. f. Mandement pour toucher une somme.

RESCRIT, s. m. Réponse des empereurs romains aux consultations des préteurs; réponse du pape sur un point de théologie.

RÉSEAU, s. m. Petits rets; tissu de fil de soie, etc.; ce qui en a la forme. —, entrelacement de vaisseaux sanguins, de fibres, de plantes. T. d'anat. et de bot.

RESECTE, s. f. Portion de l'axe d'une courbe entre son sommet et une tangente. T. de géom.

RÉSÉDA, s. m. Plante annuelle odorante.

RÉSÉDACÉES, s. f. pl. Famille des résédas.

RESENLIEU, s. m. Com. du dép. de l'Orne, cant. de Gacé, arr. d'Argentan. = Gacé.

RÉSERVATION, s. f. Droit de collation de certains bénéfices réservés par le pape. —, pl. Droits réservés dans un acte. T. de procéd.

RÉSERVE, s. f. Action de réserver; choses réservées. —, troupes, vaisseaux en réserve. —, canton où la chasse est réservée. —, retenue dans la conduite, les discours, circonspection, discrétion. Fig. A la —, adv. Hormis, à l'exception. En —, à part pour être employé au besoin. Sans —, sans exception.

RÉSERVÉ, E, part. Mis en réserve. —, adj. Sage, circonspect, discret. Fig. Cas —, dont la connaissance est réservée au pape ou à l'évêque.

RÉSERVER, v. a. Garder, retenir quelque chose sur le total. —, garder une chose pour un autre temps, un autre usage; la ménager, en prendre soin pour certaines occasions, pour certaines personnes. Se —, v. pron. Conserver quelque chose pour soi. Se — à, attendre, remettre à un autre temps pour agir, parler, etc.

RÉSERVOIR, s. m. Pièce d'eau où l'on conserve du poisson; vivier; boutique. —, lieu destiné à conserver certaines choses. — de la bile, vésicule du fiel. — de Pecquet, sac membraneux à la partie droite des vertèbres lombaires,

où le chyle est conduit par les veines lactées. T. d'anat.

RÉSEUIL, s. m. Espèce de filet. T. de pêch.

RÉSIDANT, E, s. et adj. Qui réside, demeure; habitant.

RÉSIDENCE, s. f. Demeure ordinaire, habituelle. —, séjour actuel dans un lieu. —, emploi, séjour d'un résident, d'un agent diplomatique. —, dépôt, résidu, fèces. T. de chim.

RÉSIDENT, s. m. Envoyé d'un souverain auprès d'un gouvernement étranger, agent diplomatique.

RÉSIDER, v. n. Faire sa demeure, habiter ordinairement. —, exister, consister dans... Fig.

RÉSIDU, s. m. Restant; résidu d'un compte. —, reste d'une division. T. d'arith. —, ce qui reste d'une substance soumise à une opération. T. de chim.

RESIE (la grande), s. f. Com. du dép. de la Haute-Saône, cant. de Pesmes, arr. de Gray. = Gray.

RESIE-ST.-MARTIN (la), s. f. Com. du dép. de la Haute-Saône, cant. de Pesmes, arr. de Gray. = Gray.

RESIFFLÉ, E, part. Sifflé de nouveau.

RESIFFLER, v. a. Siffler une pièce déjà sifflée. T. fam.

RÉSIGNANT, s. m. Possesseur d'un bénéfice, d'un office, qui le résigne à un autre.

RÉSIGNATAIRE, s. m. Celui au profit duquel un bénéfice a été résigné.

RÉSIGNATION, s. f. Action de résigner un office, un bénéfice. —, cession, abandon. T. de procéd. —, soumission à la volonté de Dieu, à son sort, etc.

RÉSIGNÉ, E, part. Cédé, abandonné; se dit d'un office, d'un bénéfice.

RÉSIGNER, v. a. Céder un bénéfice, s'en dessaisir en faveur de quelqu'un. Se —, v. pron. Se soumettre à la volonté de Dieu, à son sort. Se —, prendre son mal en patience; se déterminer à regret, par nécessité.

RÉSIGNY, s. m. Com. du dép. de l'Aisne, cant. de Rozoy-sur-Serre, arr. de Laon. = Rozoy-sur-Serre.

RÉSILIATION, s. f. Résolution d'un acte. T. de procéd.

RÉSILIÉ, E, part. Cassé, annulé. T. de procéd.

RÉSILIER, v. a. Casser, annuler un acte; résilier un bail. T. de procéd.

RÉSINE, s. f. Substance grasse, onctueuse, inflammable, soluble dans l'esprit de vin, qui découle des végétaux.

RÉSINEUX, EUSE, adj. Qui produit de la résine, qui est de la nature de cette substance.

RÉSINGLE, s. m. Outil d'horlogerie pour redresser les boîtes bossuées.

RÉSINIFERE, adj. Qui produit la résine.

RÉSINIFORME, adj. En forme de résine.

RÉSIPISCENCE, s. f. Aveu de sa faute, de ses torts, avec intention de s'amender; venir à résipiscence.

RÉSISTANCE, s. f. Qualité par laquelle un corps résiste à l'action d'un autre; réaction. —, défense de l'homme, des animaux contre l'attaque. Fig. —, opposition aux volontés d'un autre; désobéissance, rebellion, révolte. Chose de —, qui dure long-temps. Pièce de —, gros morceau de viande sur table.

RÉSISTER, v. n. Ne pas céder au choc, à l'impulsion d'un corps; ne pas fléchir, plier, etc. —, opposer de la résistance, se défendre. Fig. —, s'opposer, à la volonté, aux desseins de quelqu'un. —, supporter, endurer sans inconvénient; résister à la fatigue. Ne pouvoir — à, céder à l'envie, au désir; se laisser toucher, attendrir. —, se conserver, durer long-temps. T. fam.

RÉSOLU, E, part. Décidé, arrêté. —, s. et adj. Hardi, déterminé.

RÉSOLUBLE, adj. Qui peut être résolu; problème résoluble. T. didact.

RÉSOLUMENT, adv. Avec une résolution fixe, déterminée; hardiment, courageusement.

RÉSOLUTIF, IVE, s. et adj. Médicament propre à résoudre, à faire disparaître une tumeur sans suppuration. T. de méd.

RÉSOLUTION, s. f. Solution d'une question, d'une difficulté, décision. —, dessein formé, détermination. —, fermeté, hardiesse, courage. Fig. —, cessation totale de consistance. T. de phys. —, réduction d'un corps à ses premiers principes. T. de chim. —, disparition lente d'une tumeur sans suppuration. T. de méd.—, exposé des procédés pour la solution d'un problème. T. de math. —, cassation, rescision. T. de procéd.

RÉSOLUTOIRE, adj. Qui emporte la résolution d'un acte; clause résolutoire. T. de procéd.

RÉSOLVANT, s. m. Ce qui resout. T. didact.

RÉSOLVANT, E, adj. Qui résout. T. didact.

RÉSONNANCE, s. f. Battement graduel et prolongé d'un son. —, caisse d'un instrument à cordes. —, sorte de fracture au crâne. T. de chir.

RÉSONNANT, E, adj. Retentissant, qui renvoie le son.

RÉSONNEMENT, s. m. Retentissement.

RESONNER, v. a. et n. Sonner de nouveau.

RÉSONNER, v. n. Renvoyer le son, retentir.

RÉSORPTION, s. f. Action d'absorber une seconde fois.

RÉSOUDRE, v. a. Faire prendre une résolution, une détermination, en parlant des personnes. —, déterminer, arrêter; résoudre la guerre. —, donner la solution d'une difficulté, d'un problème. —, réduire, changer; résoudre un corps en poussière. —, amollir, dissiper une inflammation. T. de méd. —, casser, annuler. T. de procéd. — de, v. n. Prendre la résolution. Se —, v. pron. Prendre un parti, une détermination. Se —, se résigner. Se —, être dissous, réduit, changé; la glace se résout en eau.

RÉSOUS, part. sans fém. Dissipé, réduit, changé en; brouillard résous en pluie.

RESPAILLÉS, s. m. Com. du dép. du Gers, cant. et arr. de Mirande. = Mirande.

RESPECT, s. m. Déférence, vénération pour quelqu'un ou quelque chose, à cause de sa qualité, de son excellence. — humain, estime, crainte du jugement des hommes. Tenir en —, arrêter, empêcher de passer outre.

RESPECTABLE, adj. Digne de respect, qui mérite d'être respecté.

RESPECTABLEMENT, adv. d'une manière respectable.

RESPECTÉ, E, part. Honoré, révéré.

RESPECTER, v. a. Honorer, révérer, porter respect. —, avoir égard; respecter le malheur. —, épargner par devoir, par considération, ne point endommager; respecter les propriétés d'autrui. Se —, v. pron. Observer les bienséances convenables à son âge, à son sexe, à son état, etc. Se faire —, parler, agir, se conduire de manière à mériter le respect des autres.

RESPECTIF, IVE, adj. Mutuel; réciproque, relatif.

RESPECTIVEMENT, adv. D'une manière respective.

RESPECTUEUSEMENT, adv. Avec respect, d'une manière respectueuse.

RESPECTUEUX, EUSE, adj. Qui

porte, qui témoigne du respect, en parlant des personnes. —, qui annonce, marque du respect; air respectueux.

RESPIRABLE, adj. Qu'on peut respirer.

RESPIRATEUR ANTI-MÉPHITIQUE, s. m. Instrument pour faire, sans danger, des expériences sur le méphitisme.

RESPIRATION, s. f. Mouvement d'inspiration et d'expiration dont les poumons sont le principal organe; action de respirer.

RESPIRATOIRE, adj. Qui appartient à la respiration.

RESPIRÉ, E, part. Attiré par le jeu des poumons, en parlant de l'air.

RESPIRER, v. a. Attirer, inspirer l'air. —, marquer, exprimer, témoigner; respirer la joie. —, désirer ardemment. Fig. —, v. n. Inspirer et respirer l'air par le jeu des poumons; respirer difficilement. —, vivre. Fig. —, prendre un peu de repos; laissez-moi le temps de respirer. — après, souhaiter vivement. Fig.

RESPLENDIR, v. n. Briller d'un vif éclat. Prop. et fig.

RESPLENDISSANT, E, adj. Qui brille, resplendit.

RESPLENDISSEMENT, s. m. Vive clarté, éclat extraordinaire produit par l'expansion, le rejaillissement de la lumière.

RESPONSABILITÉ, s. f. Garantie, obligation de rendre compte et de répondre de ses actes; état d'un administrateur, d'un comptable, d'un agent responsable.

RESPONSABLE, adj. Qui doit répondre, être garant. —, qui doit rendre compte de sa gestion, etc.; agent responsable.

RESPONSIF, IVE, adj. Qui contient une réponse. T. de procéd.

RESPONSION, s. f. Pension payée à un ordre militaire par les chevaliers de cet ordre.

RESSAC, s. m. Choc impétueux des vagues contre la terre. T. de mar.

RESSACRÉ, E, part. Sacré de nouveau.

RESSACRER, v. a. Sacrer une seconde fois.

RESSAIGNÉ, E, part. Saigné une seconde fois.

RESSAIGNER, v. a. Pratiquer une nouvelle saignée.

RESSAIGUE, s. f. Grande tressure de tramail. T. de pêch.

RESSAIGUÉ, E, part. Se dit de pierres jetées dans l'eau pour faire entrer le poisson dans les filets. T. de pêch.

RESSAIGUER, v. a. Jeter des pierres pour faire entrer le poisson dans le filet. T. de pêch.

RESSAINCOURT, s. m. Com. du dép. de la Moselle, cant. de Verny, arr. de Metz. = Metz.

RESSAISI, E, part. Saisi de nouveau. Prop. et fig.

RESSAISIR, v. a. Saisir de nouveau, Prop. et fig. Se —, v. pron. Se remettre en possession de quelque chose.

RESSALUÉ, E, part. Salué de nouveau. Prop. et fig.

RESSALUER, v. a. Saluer plusieurs fois, rendre à quelqu'un son salut.

RESSASSÉ, E, part. Sassé de nouveau.

RESSASSER, v. a. Sasser de nouveau. —, se livrer à un nouvel examen d'une personne, d'une affaire. Fig. —, discuter de nouveau; ressasser une question.

RESSASSEUR, s. m. Minutieux, qui ressasse. Fig. et fam.

RESSAUT, s. m. Saillie d'une corniche, etc., hors de la ligne droite. T. d'arch.

RESSAUTÉ, E, part. Sauté de nouveau.

RESSAUTER, v. a. et n. Sauter encore une fois; faire de nouveaux sauts.

RESSÉCHÉ, E, part. Séché de nouveau.

RESSÉCHER, v. a. et n. Sécher une seconde fois.

RESSELLÉ, E, part. Sellé de nouveau.

RESSELLER, v. a. Remettre la selle sur le dos d'un cheval.

RESSEMBLANCE, s. f. Conformité, rapport entre des personnes ou des choses.

RESSEMBLANT, E, adj. Qui est conforme, semblable, qui ressemble.

RESSEMBLER, v. n. Avoir de la conformité, de la ressemblance avec une personne ou une chose. Se —, v. pron. Se copier, en parlant d'un peintre, d'un homme de lettres. Se —, v. récip. Avoir de la conformité. Prop. et fig.

RESSEMÉ, E, part. Semé de nouveau.

RESSEMELÉ, E, part. Garni de nouvelles semelles.

RESSEMELER, v. a. Mettre des semelles à une vieille chaussure.

RESSEMER, v. a. Semer une seconde fois.

RESSENTI, E, part. Senti, éprouvé. —, adj. Rendu avec ame; bien marqué, fortement prononcé. T. de peint.

RESSENTIMENT, s. m. Légère atteinte d'un mal, d'une douleur ; ressentiment de fièvre. —, souvenir d'un bienfait, reconnaissance. (Vi.) —, souvenir d'une offense, désir de s'en venger, rancune.

RESSENTIR, v. a. Sentir, éprouver. Se —, v. pron. Sentir quelque atteinte ou les suites d'un mal ; éprouver par contre-coup. Se —, avoir quelque part à un événement. Se — d'une injure, en garder le souvenir avec l'intention de se venger.

RESSERRÉ, E, part. et adj. Serré de nouveau, davantage. —, constipé. T. de méd.

RESSERREMENT, s. m. Action par laquelle une chose est resserrée. —, constipation. T. de méd. — de cœur, tristesse profonde. Fig.

RESSERRER, v. a. Serrer de nouveau ce qui s'est relâché, serrer davantage. Prop. et fig. —, renfermer, remettre une chose où elle était serrée. —, donner moins d'étendue, rétrécir, et fig., corriger ce qui est prolixe ; resserrer un discours. —, constiper. T. de méd. Se —, v. pron. Devenir moins étendu ; devenir plus froide, en parlant de la température. Se —, retrancher de sa dépense, faire des économies. Fig.

RESSON, s. m. Com. du dép. des Ardennes, cant. et arr. de Rethel. = Rethel.

RESSON, s. m. Com. du dép. de la Meuse, cant. de Vavincourt, arr. de Bar-le-Duc. = Bar-le-Duc.

RESSONS, s. m. Com. du dép. de l'Oise, cant. de Noailles, arr. de Beauvais. = Méru.

RESSONS-LE-LONG, s. m. Com. du dép. de l'Aisne, cant. de Vic-sur-Aisne, arr. de Soissons. = Vic-sur-Aisne.

RESSONS-SUR-MATZ, s. m. Com. du dép. de l'Oise, chef-lieu de cant. de l'arr. de Compiègne. Bur. d'enregist. = Compiègne.

RESSORT, s. m. Propriété de la matière pressée, pliée ou tendue, de se rétablir dans son premier état ; force de réaction, élasticité. —, morceau de métal qui se détend progressivement ou tout à coup, selon la pression ; ressort d'une montre, d'un fusil. —, principe, mobile, impulsion. Fig. —, moyen dont on se sert pour réussir. —, personne qui n'agit que par l'impulsion d'autrui, machine. —, étendue d'une juridiction ; compétence. T. de procéd.

RESSORTIR, v. n. Sortir après être rentré, sortir une seconde fois. —, dépendre d'une juridiction, être du ressort, de la compétence d'un tribunal. T. de procéd.

RESSORTISSANT, E, adj. Qui ressortit d'une juridiction. T. de procéd.

RESSOUDÉ, E, part. Soudé de nouveau.

RESSOUDER, v. a. Souder une seconde fois, remettre de la soudure.

RESSOURCE, s. f. Ce à quoi l'on a recours pour se tirer d'embarras, vaincre un obstacle. Homme de —, fertile en expédiens.

RESSOUVENANCE, s. f. Ressouvenir. (Vi.)

RESSOUVENIR, s. m. Idée, souvenir que l'on conserve d'une chose passée ; mémoire, ressentiment.

RESSOUVENIR (se), v. pron. Conserver ou se rappeler le souvenir d'une chose. Se —, considérer, réfléchir, faire attention. Se —, v. impers. Garder la mémoire ; il m'en ressouvient.

RESSUAGE, s. m. Etat, action d'un corps qui ressue. Voy. LIQUATION.

RESSUER, v. n. Rendre l'humidité qui est à l'intérieur. —, séparer l'argent du cuivre. T. de chim.

RESSUI, s. m. Lieu où les bêtes fauves vont se sécher après la pluie ou la rosée. T. de vèner.

RESSUINTES, s. f. Com. du dép. d'Eure-et-Loir, cant. de la Ferté-Vidame, arr. de Dreux. = Brezolles.

RESSUSCITÉ, E, part. Rappelé de la mort à la vie.

RESSUSCITER, v. a. Rappeler, ramener de la mort à la vie. —, guérir d'une maladie grave, ranimer, remettre en vigueur. Fig. —, renouveler, faire renaître. —, v. n. Revenir de la mort à la vie, comme Jésus-Christ. —, réchapper d'une maladie désespérée ; reprendre de la vigueur. —, renaître. Fig.

RESSUYÉ, E, part. Essuyé de nouveau.

RESSUYER, v. a. Essuyer de nouveau, sécher. Se —, v. pron. Se sécher.

RESTAGNATION, s. f. Débordement. T. de méd. inus.

RESTANT, s. m. Ce qui reste d'une plus grande quantité, résidu.

RESTANT, E, adj. Qui reste.

RESTAUR, s. m. Recours des assureurs les uns contre les autres ou contre le propriétaire du navire. T. de mar.

RESTAURANT, s. m. Consommé très succulent ; établissement de restaurateur.

RESTAURANT, E, adj. Qui restaure, rétablit les forces.

RESTAURATEUR, s. m. Bienfaiteur

qui répare, rétablit, remet en vigueur. —, traiteur chez lequel on trouve à manger à toute heure.

RESTAURATION, s. f. Réparation, rétablissement. Prop. et fig.

RESTAURÉ, E, part. Réparé, rétabli. Prop. et fig.

RESTAURER, v. a. Réparer, rétablir. Prop. et fig. Se —, v. pron. Manger, rétablir ses forces en prenant des alimens.

RESTE, s. m. Ce qui demeure d'un tout, d'une quantité. —, ce qu'on a refusé ou abandonné ; ce que l'on ne peut ou ne doit pas exprimer. Etre en —, devoir encore, et fig., avoir plus reçu que rendu de services. Jouer de son —, employer ses dernières ressources, faire ses derniers efforts ; jouir du temps, de l'argent, des facultés qui restent. Fig. et fam. Ne pas demander son —, sortir sans mot dire. —, pl. Ossemens, cendres d'un mort. T. poét. De —, adv. Plus qu'il ne faut. Au —, du —, cependant, malgré cela, outre cela, d'ailleurs, au surplus.

RESTER, v. n. et impers. Etre de reste ; il ne lui reste rien. —, demeurer après la séparation, le départ ; ne point sortir, s'arrêter plus qu'on ne s'était proposé, employer un certain espace de temps. —, demeurer dans un état contraint, dans une situation forcée. —, s'arrêter, se borner ; restons-en là. — sur la place, y demeurer grièvement blessé ou mort. —, être situé. T. de mar.

RESTIAIRE, s. m. Arbrisseau de la Cochinchine. T. de bot.

RESTIGNY, s. m. Com. du dép. d'Indre-et-Loire, cant. de Bourgueil, arr. de Chinon. = Bourgueil.

RESTINCLIÈRES, s. f. Com. du dép. de l'Hérault, cant. de Castries, arr. de Montpellier. = Lunel.

RESTIPULATION, s. f. Stipulation réciproque. T. inus.

RESTIPULÉ, E, part. Stipulé réciproquement. T. inus.

RESTIPULER, v. a. Stipuler ensemble, réciproquement. T. inus.

RESTITUABLE, adj. Qui peut ou doit être remis dans son premier état ; qui doit être restitué.

RESTITUÉ, E, part. Rendu, en parlant de ce qui était possédé indûment.

RESTITUER, v. a. Rendre une chose prise ou possédée indûment. —, remettre en l'état précédent ou comme il doit être ; réparer, rétablir.

RESTITUT (St.-), s. m. Com. du dép. de la Drôme, cant. de Pierrelatte, arr. de Montélimar. = Pierrelatte.

RESTITUTEUR, s. m. Celui qui rétablit un texte, qui renouvelle d'anciennes opinions ; restaurateur.

RESTITUTION, s. f. Action de restituer, de rendre ce qu'on a pris ou possédé indûment. —, rétablissement d'un texte, d'un passage. —, lettres qui déchargent d'une obligation. T. de procéd. —, retour d'un corps élastique au repos. T. de phys. —, retour d'une planète à son apside. T. d'astr. Médailles de — ou restituées, qui représentent des monumens restaurés. T. d'antiq.

RESTORNE, s. f. Contre-position. T. de fin. et de comm.

RESTORNÉ, E, part. Contre-posé. T. de comm.

RESTORNER, v. a. Transposer un article de compte, contre-poser. T. de comm.

RESTOUE, s. f. Com. du dép. des Basses-Pyrénées, cant. de Tardets, arr. de Mauléon. = Mauléon.

RESTOUPAGE, s. m. Action de restouper. T. de manuf.

RESTOUPÉ, E, part. Raccommodé à l'aiguille.

RESTOUPER, v. a. Raccommoder à l'aiguille les trous d'une toile. T. de manuf.

RESTREINDRE, v. a. Resserrer. T. inus. —, modifier, diminuer, réduire ; limiter, mettre des bornes. Fig. Se —, v. pron. Borner sa dépense. Se — à...., se borner, se réduire à....

RESTREINT, E, part. Borné, limité.

RESTREPIE, s. f. Plante orchidée d'Amérique. T. de bot.

RESTRICTIF, IVE, adj. Qui limite, restreint.

RESTRICTION, s. f. Condition restrictive, modification. — mentale, arrière-pensée.

RESTRINGENT, E, s. m. et adj. Médicament qui a la propriété de resserrer une partie relâchée ; astringent. T. de méd.

RÉSULTANT, E, adj. Qui résulte. T. de procéd.

RÉSULTAT, s. m. Ce qui résulte d'un fait, d'une délibération ; conclusion, conséquence, effet, suite.

RÉSULTER, v. n. S'ensuivre, être le résultat, la conséquence ; il ne s'emploie qu'à la troisième personne, et le plus souvent impers.

RÉSUMÉ, s. m. Précis d'un discours, d'une histoire.

RÉSUMÉ, E, part. Se dit d'un discours dont on a rappelé les principaux points pour en tirer la conséquence.

RÉSUMER, v. a. Réduire en quelques mots et conclure; abréger. Se —, v. pron. Reprendre sommairement ce qu'on a dit ou écrit plus au long.

RESUMPTE, s. f. Dernière thèse de théologie pour obtenir la présidence.

RESUMPTE, adj. m. Se dit d'un docteur qui a soutenu la resumpte.

RESUMPTION, s. f. Récapitulation, résumé. T. inus.

RÉSURE, s. f. Appât fait avec des œufs de morue; filet pour les sardines. T. de pêch.

RÉSURRECTION, s. f. Retour de la mort à la vie. —, guérison surprenante, inattendue. —, tableau représentant la résurrection de J.-C. T. de peint.

RÉTABLE, s. m. Ornement contre lequel l'autel est appuyé; coffre de l'autel. T. d'arch.

RÉTABLI, E, part. Remis en son premier état.

RÉTABLIR, v. a. Remettre en son premier état, en bon, en meilleur état. — dans ses biens, remettre en possession de ses biens. Se —, v. pron. Recouvrer la santé.

RÉTABLISSEMENT, s. m. Action de rétablir; état de la personne ou de la chose rétablie.

RET-ADMIRABLE, s. m. Plexus de vaisseaux et de fibres membraneuses situé dans la dure-mère aux deux côtés de la glande pituitaire. T. d'anat.

RETAILLE, s. f. Partie retranchée en façonnant; en limant, etc. T. de mét.

RETAILLÉ, E, part. Taillé de nouveau.

RETAILLEMENT, s. m. Action de retailler.

RETAILLER, v. a. Tailler une seconde fois; retrancher le superflu.

RETAPÉ, E, part. Peigné, frisé. T. de coiffeur.

RETAPER, v. a. Peigner les cheveux, les crêper. — un chapeau, le nettoyer, le remettre en forme.

RETARD, s. m. Délai, remise, retardement.

RETARDATAIRE, s. Débiteur en retard de paiement.

RETARDATIF, IVE, adj. Qui est en retard; lent. T. inus.

RETARDATION, s. f. Ralentissement du mouvement d'un corps. T. de phys. —, délai, retard. T. de procéd.

RETARDATRICE ou RETARDATIVE, adj. f. Qui ralentit le mouvement d'un corps; force retardatrice. T. de phys.

RETARDÉ, E, part. Différé, reculé, remis à un autre temps.

RETARDEMENT, s. m. Délai, remise, retard.

RETARDER, v. a. Différer, reculer, remettre à une époque plus éloignée; retarder son voyage, un paiement. —, arrêter, retenir, empêcher, faire obstacle. — une montre, ralentir la vitesse de son mouvement. —, v. n. Aller, venir plus lentement, plus tard. —, être en retard, ne pas donner l'heure, en parlant d'une montre.

RETÂTÉ, E, part. Tâté une seconde fois.

RETÂTER, v. a. Tâter de nouveau. Prop. et fig. —, v. n. Goûter, faire usage de nouveau; retâter d'une chose. T. fam.

RETAUD, s. m. Com. du dép. de la Charente-Inférieure, cant. de Gemozac, arr. de Saintes. = Saintes.

RETAXÉ, E, part. Taxé de nouveau.

RETAXER, v. a. Faire, imposer une nouvelle taxe.

RETEINDRE, v. a. Teindre de nouveau, d'une autre couleur.

RÉTEINDRE, v. a. Éteindre de nouveau.

RETEINT, E, part. Teint une seconde fois, d'une nouvelle couleur.

RÉTEINT, E, part. Éteint de nouveau.

RETENDEUR, s. m. Ouvrier qui étend les étoffes au sortir du foulon ou de la teinture.

RÉTENDOIR, s. m. Outil de facteur d'orgues.

RETENDRE, v. a. Tendre une seconde fois.

RÉTENDRE, v. a. Étendre de nouveau.

RETENDU, E, part. Tendu de nouveau.

RÉTENDU, E, part. Étendu une seconde fois.

RETENIR, v. a. Ravoir; tenir encore une fois; garder par devers soi ce qui appartient à autrui; conserver, ne point se dessaisir. —, réserver. —, empêcher d'aller, de s'échapper. —, s'assurer par précaution; retenir une place à la diligence. —, empêcher de tomber en saisissant; empêcher l'effet prochain d'une action. —, conserver une habitude, etc. —, empêcher de sortir, de couler; retenir ses larmes, etc. —, arrêter, faire séjourner. —, réprimer, modérer. —, garder, conserver dans sa mémoire. — un chiffre, le réserver pour le joindre à la colonne suivante. T. d'arith. — une cause, se déclarer compétent pour la juger. T. de procéd. —, v. n. Concevoir, en parlant de la femelle des animaux;

ralentir la vitesse de la voiture dans une descente, en parlant du limonier. Se —, v. pron. S'empêcher de tomber, reprendre l'équilibre. Se —, différer de satisfaire ses besoins naturels. Se —, se modérer, se rendre maître de sa colère. Fig.

RETENTÉ, E, part. Tenté de nouveau.

RETENTER, v. a. Tenter une seconde fois, essayer de nouveau.

RETENTIF, IVE, adj. Qui retient; muscle retentif. T. d'anat.

RÉTENTION, s. f. Réserve; abus des deniers d'autrui. — d'urine, difficulté ou impossibilité d'uriner causée par l'inflammation du col de la vessie, ou par un rétrécissement de l'urèthre. T. de méd.

RETENTIONNAIRE, s. Personne qui retient l'argent, le bien d'autrui.

RETENTIR, v. n. Résonner, rendre, renvoyer le bruit avec retentissement. —, produire un son éclatant; la trompette retentit dans les camps.

RETENTISSANT, E, adj. Qui résonne, retentit.

RETENTISSEMENT, s. m. Bruit, son renvoyé avec éclat.

RETENTUM, s. m. (mot latin). Article non exprimé qui ressort de l'ensemble d'un arrêt, et doit recevoir son exécution. T. de procéd. —, arrière-pensée, duplicité en affaire. Fig.

RETENU, E, part. Tenu encore une fois; arrêté. —, adj. Sage, modéré, circonspect. Fig.

RETENUE, s. f. Modération, circonspection, modestie; frein des passions, des désirs, des discours. —, somme, chose qu'on est en droit de retenir, qu'on retient sur un paiement. —, espace entre deux écluses. —, cordage qui sert à retenir. T. de mar.

RÉTÉPORE, s. m. Production des polypes marins, semblable à un réseau. T. d'hist. nat.

RÉTÉPORITE, s. f. Rétépore fossile. T. d'hist. nat.

RETERRE, s. m. Com. du dép. de la Creuse, cant. d'Evaux, arr. d'Aubusson. = Chambon. Mine d'antimoine.

RETHEL, s. m. Ville du dép. des Ardennes, chef-lieu de sous-préf. et de cant.; trib. de 1re inst.; conserv. des hypoth.; direct. des contrib. indir.; recev. partic. des finances; bur. d'enregist. et de poste.
Fabr. de draps, casimirs, bonneterie, schals; filatures de laine; brasseries, tanneries. Comm. d'étoffes de laine, fer, grains, vins, eaux-de-vie, etc.

RETHEL, s. m. Com. du dép. de la Moselle, cant. de Sierck, arr. de Thionville. = Thionville.

RETHEUIL, s. m. Com. du dép. de l'Aisne, cant. de Villers-Cotterets, arr. de Soissons. = Villers-Cotterets.

RETHIERS, s. m. Com. du dép. d'Ille-et-Vilaine, chef-lieu de cant. de l'arr. de Vitré. Bur. d'enregist. à Martigné. = la Guerche.

RETHONDES, s. f. Com. du dép. de l'Oise, cant. d'Attichy, arr. de Compiègne. = Compiègne.

RÉTHONVILLERS, s. m. Com. du dép. de la Somme, cant. de Roye, arr. de Montdidier. = Nesle.

RÉTIAIRES, s. m. pl. Gladiateurs qui se servaient d'un filet pour envelopper leurs adversaires. T. d'antiq.

RÉTICENCE, s. f. Figure de rhétorique dans laquelle l'orateur, interrompant son discours, fait entendre ce qu'il ne veut pas exprimer positivement; omission volontaire de ce qu'on devrait dire.

RÉTICULAIRE ou RÉTIFORME, adj. Qui ressemble à un réseau. T. d'anat. et de bot. —, s. f. Madrépore fossile. T. d'hist. nat. —, genre de champignons. T. de bot.

RÉTICULE, s. m. Instrument pour mesurer le diamètre des astres. — rhomboïde, constellation australe. T. d'astr.

RÉTICULÉ, E, adj. En forme de réseau. T. d'arch. —, marqué de nervures en forme de réseau. T. de bot.

RÉTIF, IVE, s. et adj. Qui résiste à la main du cavalier, qui recule, en parlant du cheval. —, insoumis, indocile, difficile à conduire, à persuader; esprit rétif. Fig. et fam.

RÉTIFORME, adj. Voy. RÉTICULAIRE.

RÉTINACULE, s. f. Glande des plantes orchidées. T. de bot.

RÉTINE, s. f. Membrane qui tapisse le fond de l'œil, s'étend sur la choroïde et s'avance jusqu'au ligament ciliaire, l'organe immédiat de la vision. T. d'anat.

RÉTINITE, s. f. Minéral dont la silice est la base. T. d'hist. nat.

RÉTINOPHYLLE, s. m. Petit arbre à bois blanc de l'Amérique méridionale. T. de bot.

RÉTIPÈDES, s. m. pl. Oiseaux dont les tarses sont couvertes d'écailles en forme de réseau. T. d'hist. nat.

RÉTIPORE, s. f. Plante pierreuse imitant un réseau. T. de bot.

RETIRADE, s. f. Retranchement derrière un ouvrage, où se retirent les assiégés quand ils sont forcés de l'abandonner. T. de fortif.

RETIRATION, s. f. Impression sur le verso de la feuille. T. d'impr.

RETIRÉ, E, part. Tiré une seconde fois. —, adj. Ecarté, éloigné, isolé ; lieu retiré.

RETIREMENT, s. m. Contraction, raccourcissement ; retirement des nerfs. T. de méd.

RETIRER, v. a. Tirer de nouveau, une seconde fois. —, tirer à soi, en arrière. —, tirer une personne ou une chose de l'endroit où elle était ; écarter, éloigner, reculer. —, priver quelqu'un de ce qu'on lui avait donné ; reprendre ce qu'on avait mis en dépôt, en gage. —, percevoir, recueillir ; retirer un profit. —, donner asile, retraite ; retirer des malfaiteurs. —, retraire, racheter. T. de procéd. —, imprimer le verso d'une feuille. T. d'impr. — sa parole, manquer à ses promesses. — d'un embarras, d'un danger, aider, secourir. Se —, v. pron. Quitter l'endroit où l'on est, s'éloigner, s'en aller ; rentrer chez soi ; se réfugier. Se —, aller fixer sa demeure en quelque lieu ; se retirer à la campagne. Se —, quitter le commerce, un état, une profession. Se —, se raccourcir, en parlant des peaux, etc. Se —, rentrer dans son lit, en parlant d'une rivière, d'un fleuve.

RETIRONS, s. m. pl. Laine restée dans le peigne après le premier peignage. T. de fabr.

RETIRURE, s. f. Creux dans une pièce coulée. T. de fondeur.

RETOIRE, s. m. Médicament qui agit sur la peau en la rongeant. T. de méd. vétér.

RETOISÉ, E, part. Toisé de nouveau.

RETOISER, v. a. Toiser une seconde fois.

RETOMBÉE, s. f. Naissance d'une voûte ; partie qui, par sa pose, peut subsister sans cintré. T. d'arch.

RETOMBER, v. n. Tomber une seconde fois, tomber encore. —, être attaqué d'une nouvelle maladie. Fig. —, rejaillir sur quelqu'un, en parlant du blâme. — dans le piège, etc., s'y laisser prendre une seconde fois. — dans l'apathie, s'y laisser aller de nouveau.

RETONDEUR, s. m. Ouvrier qui retond.

RETONDRE, v. a. Tondre de nouveau. —, diminuer de l'épaisseur d'un mur. T. d'arch. —, finir, polir. T. de sculpt.

RETONDU, E, part. Tondu de nouveau.

RETONFEY, s. m. Com. du dép. de la Moselle, cant. de Pange, arr. de Metz. = Metz.

RETONVAL, s. m. Com. du dép. de la Seine-Inférieure, cant. de Blangy, arr. de Neufchâtel. = Neufchâtel.

RETORDAGE, s. m. Action de retordre. T. de manuf.

RETORDEMENT, s. m. Action de retordre la soie ; effet de cette action. T. de manuf.

RETORDEUR, s. m. Ouvrier qui retord les fils. T. de manuf.

RETORDOIR, s. m. Machine pour retordre. T. de manuf.

RETORDRE, v. a. Tordre une seconde fois, tordre des fils, des ficelles ensemble.

RETORDU, E, part. Tordu de nouveau.

RÉTORQUATION, s. f. Action de rétorquer ; réfutation. T. inus.

RÉTORQUÉ, E, part. Réfuté.

RÉTORQUER, v. a. Tourner contre son adversaire les argumens dont il s'est servi ; réfuter.

RETORS, E, adj. Qui a été retordu. —, s. et adj. Fin, rusé, artificieux. Fig.

RÉTORSIF, IVE, adj. Se dit d'une objection faite en rétorquant.

RÉTORSION, s. f. Action de rétorquer. T. inus.

RETORSOIR, s. m. Rouet pour faire du bitord. T. de cordier.

RETORTE, s. f. Vase à bec recourbé, qui se joint au récipient. T. de chim.

RETORTUM, s. m. Arbrisseau du Pérou, à gousse en spirale. T. de bot.

RETOUCHE, s. f. Endroits d'un tableau retouchés, changés. —, action de repasser le burin dans les tailles d'une planche usée. T. de graveur.

RETOUCHÉ, E, part. Touché de nouveau ; corrigé.

RETOUCHER, v. a. Toucher de nouveau ; corriger les défauts, perfectionner un ouvrage de littérature ou d'art. —, repasser le burin sur une planche usée. T. de grav.

RETOUPÉ, E, part. Refait ; se dit d'un ouvrage manqué. T. de potier.

RETOUPER, v. a. Refaire un ouvrage manqué. T. de potier.

RETOUR, s. m. Action de revenir, de retourner ; arrivée au lieu d'où l'on était parti ; se dit fig. du printemps, de la fièvre, etc. — sur soi-même, réflexion sur sa conduite, repentir, amendement. Fig. —, vicissitude, revers ; déclin de l'âge, commencement de vieillesse. —, gratitude, reconnaissance ; sorte d'équivalent d'un bienfait. —, réciprocité de sentimens; payer de retour. —, compensation, ce qu'on ajoute pour rendre un troc égal; donner du retour. —, angle saillant qui forme une encoignure, etc. T. d'arch., pl. Tours contraires ou multipliés. —, ruses, finesses. Fig. et fam. —, action du cerf revenant sur ses pas. T. de vener. De —, adv. Arrivé d'un voyage.

RETOURNAC, s. m. Com. du dép. de la Haute-Loire, cant. et arr. d'Yssingeaux. = Yssingeaux.

RETOURNE, s. f. Carte qu'on retourne au jeu.

RETOURNEMENT, s. m. Vérification d'un quart de cercle, en observant une étoile près du zénith le limbe tourné vers l'E. et l'O.

RETOURNER, v. n. Tourner d'un autre sens, mettre le dessus dessous. — quelqu'un, le faire changer d'avis, l'interroger, le presser vivement sur tous les points. Fig. —, tourner une carte du côté de la figure ou des points. T. de jeu. —, v. n. Aller une autre fois dans un lieu où l'on est déjà allé; aller de nouveau. —, revenir à une place, à un travail, et fig., à un état, une nature, etc.; nous retournons en poussière. —, recommencer à faire les mêmes choses; se livrer de nouveau à... — en arrière, abandonner une entreprise. Fig. —, v. n. et impers. Etre la carte retournée, la couleur; il retourne de cœur. Se —, v. pron. Se tourner dans un autre sens, regarder derrière soi. Se —, prendre d'autres biais, d'autres mesures. Fig. S'en —, s'en aller après être venu.

RETOVILLE, s. f. Com. du dép. de la Manche, cant. de St.-Pierre-Eglise, arr. de Cherbourg. = Cherbourg.

RETRACÉ, E, part. Tracé de nouveau.

RETRACER, v. a. Tracer de nouveau. —, décrire le passé, rappeler le souvenir de quelque événement. Fig. Se —, v. pron. Se rappeler, se ressouvenir.

RÉTRACTATION, s. f. Action de se rétracter, de se dédire; désaveu.

RÉTRACTÉ, E, part. Désavoué.

RÉTRACTER, v. a. Déclarer qu'on a changé d'opinion, désavouer. Se —, v. pron. Se dédire.

RÉTRACTILE, adj. Qui a la faculté de se raccourcir.

RÉTRACTION, s. f. Contraction, raccourcissement. T. de méd.

RETRAINDRE, v. a. Battre le lingot. T. d'orfèv.

RETRAINT, E, part. Battu, en parlant d'un lingot.

RETRAIRE, v. a. Revendiquer un héritage vendu.

RETRAIT, E, part. Revendiqué. —, adj. Qui mûrit sans se remplir; blé retrait. Face —, qui ne touche pas l'écu. T. de blas. —, s. m. Action de retraire. T. de procéd.

RETRAITE, s. f. Action de se retirer; lieu dans lequel on se retire, on se réfugie. —, état de celui qui se retire du monde, d'un emploi, des affaires. —, lieu qu'on habite en s'éloignant du monde; retraite agréable, etc. —, éloignement momentané du monde, pour se livrer à des actes de piété; se mettre en retraite. —, pension accordée à un militaire, un employé, etc. —, batterie de tambour, pour faire rentrer les soldats à la caserne, dans leur campement, etc. —, marche rétrograde; battre en retraite. —, diminution d'épaisseur donnée à un mur d'étage en étage. T. d'arch., diminution du volume d'un corps desséché au feu. T. de chim. —, pointe de clou restée dans l'ongle du cheval. T. de maréchal-ferrant. —, cordes pour retrousser le hunier. T. de mar.

RETRAITÉ, E, part. Traité de nouveau. —, s. et adj. Qui a sa retraite; officier retraité.

RETRAITER, v. a. Traiter une seconde fois. —, donner une pension de retraite.

RETRANCHÉ, E, part. Séparé d'un tout; diminué.

RETRANCHEMENT, s. m. Suppression d'une chose; diminution sur le nombre, la quantité. —, espace séparé. —, fossé, palissade, ouvrage pour se mettre à couvert des attaques de l'ennemi. T. d'art milit. Derniers —, derniers moyens à employer. Fig.

RETRANCHER, v. a. Séparer une partie d'un tout. —, diminuer; retrancher un membre, son domestique, etc. —, ôter entièrement, extirper, supprimer; retrancher une pension, les abus, etc. — de la communion des fidèles, excommunier. —, construire des retranchemens, des fortifications. Se —, v. pron. Diminuer sa dépense, se restreindre. Se —, se mettre à couvert des attaques de l'ennemi par des retranchemens.

RETRAVAILLÉ, E, part. Travaillé de nouveau, refait.

RETRAVAILLER, v. a. et n. Travailler de nouveau, refaire.

RETRAYANT, E, s. et adj. Qui exerce l'action de retrait. T. de procéd.

RÈTRE, s. m. Soldat d'un corps de cavalerie allemande dans le 11e siècle. Vieux —, vieux routier, vieil intrigant. T. fam.

RÉTRÉCI, E, part. Rendu plus étroit. Esprit —, borné. Fig.

RÉTRÉCIR, v. a. Rendre plus étroit. Prop. et fig. — un cheval, l'exercer sur un chemin plus étroit. T. de man. — et se —, v. n. et pron. Devenir plus étroit.

RÉTRÉCISSEMENT, s. m. Action de rétrécir ou de se rétrécir ; état de ce qui est rétréci. Prop. et fig.

RETREINDRE, v. a. Modeler au marteau, amboutir.

RETREINT, E, part. Modelé, ambouti.

RETREINTE, s. f. Action de retreindre. T. de mét.

RETREMPE, s. f. Action de retremper

RETREMPÉ, E, part. Trempé de nouveau.

RETREMPER, v. a. Tremper une seconde fois.

RETRESSÉ, E, part. Tressé de nouveau.

RETRESSER, v. a. Tresser de nouveau.

RÉTRIBUÉ, E, part. Qui a reçu ou qui doit recevoir une rétribution.

RÉTRIBUER, v. a. Donner une rétribution.

RÉTRIBUTION, s. f. Salaire, récompense, prix d'un travail, d'un service, etc. —, honoraires d'un ecclésiastique, pour son droit de présence à l'office. —, répartition sur le prix du navire et de sa cargaison, de la valeur de ce qu'on a été forcé de jeter à la mer pour l'alléger. T. de mar.

RÉTRILLÉ, E, part. Étrillé de nouveau.

RÉTRILLER, v. a. Étriller une seconde fois.

RÉTROACTIF, IVE, adj. Qui exerce son action sur le passé ; effet rétroactif.

RÉTROACTION, s. f. Action rétroactive.

RÉTROAGIR, v. n. Avoir un effet rétroactif.

RÉTROCÉDÉ, E, part. Cédé postérieurement.

RÉTROCÉDER, v. a. Vendre, céder au vendeur. T. de procéd.

RÉTROCESSION, s. f. Acte par lequel le possesseur d'un bien en fait cession à la personne qui lui avait vendu ou cédé. —, métastase. T. de méd.

RÉTROCESSIONNAIRE, s. Celui, celle à qui l'on a fait une rétrocession.

RÉTROGRADATION, s. f. Action de rétrograder. —, mouvement apparent des planètes contre l'ordre des signes célestes. T. d'astr.

RÉTROGRADE, adj. Qui va en arrière. Prop. et fig. Mouvement —, mouvement des planètes contre l'ordre des signes célestes. T. d'astr. Vers —, qui présente les mêmes lettres et le même sens lu à rebours. T. de poés.

RÉTROGRADER, v. n. Aller en arrière, reculer. Prop. et fig.

RÉTROGRADISTE, s. m. Partisan d'un système de rétrogradation, de retour à l'ancien régime.

RETROUSSÉ, E, part. et adj. Troussé de nouveau, relevé. Nez —, dont le bout est un peu relevé.

RETROUSSEMENT, s. m. Action de retrousser.

RETROUSSER, v. a. Trousser de nouveau, relever en haut ce qui est détroussé, baissé.

RETROUSSIS, s. m. Bord retroussé d'un chapeau.

RETROUVÉ, E, part. Trouvé une seconde fois.

RETROUVER, v. a. Trouver une seconde fois ; trouver ce qu'on avait perdu, oublié. —, reconnaître. Fig. Se —, v. récip. Se rencontrer en un lieu, se reconnaître après une absence.

RÉTROVERSION, s. f. Renversement de la matrice. T. de méd.

RETS, s. m. Filet pour prendre des oiseaux, des poissons. —, piége, séduction. Fig.

RETSCHWILLER, s. m. Com. du dép. du Bas-Rhin, cant. de Soultz-sous-Forêts, arr. de Wissembourg. = Wissembourg.

RÉTUDIÉ, E, part. Étudié de nouveau.

RÉTUDIER, v. a. Se livrer de nouveau à l'étude.

RÉTUS, E, adj. Émoussé, très obtus. T. de bot.

RÉTUVÉ, E, part. Étuvé de nouveau. T. de chir.

RÉTUVER, v. a. Faire de nouvelles lotions, étuver de nouveau. T. de chir.

RETY, s. m. Com. du dép. du Pas-de-Calais, cant. de Marquise, arr. de Boulogne. = Marquise. Verrerie. Comm. de charbon de terre.

RETZIE, s. f. Liseron du cap de Bonne-Espérance. T. de bot.

RETZWILLER, s. m. Com. du dép. du Haut-Rhin, cant. de Dannemarie, arr. de Belfort. = Belfort.

REUGNEY, s. m. Com. du dép. du Doubs, cant. d'Amancey, arr. de Besançon. = Ornans.

REUGNY, s. m. Com. du dép. de

l'Allier, cant. d'Hérisson, arr. de Montluçon. = Montluçon.

REUGNY, s. m. Com. du dép. d'Indre-et-Loire, cant. de Vouvray, arr. de Tours. = Tours.

REUGNY, s. m. Com. du dép. de la Nièvre, cant. de St.-Benin-d'Azy, arr. de Nevers. = Decize.

REUIL, s. m. Com. du dép. de la Marne, cant. de Châtillon, arr. de Reims. = Dormans.

REUIL, s. m. Com. du dép. de Seine-et-Marne, cant. de la Ferté-sous-Jouarre, arr. de Meaux. = la Ferté-sous-Jouarre.

REUILLY-ET-L'ANCIENNE-COMMANDERIE-DE-L'ORMETEAU, s. m. Com. du dép. de l'Indre, cant. et arr. d'Issoudun = Issoudun. Comm. de vins et de bestiaux.

REUILLY, s. m. Com. du dép. de l'Eure, cant. et arr. d'Evreux. = Evreux.

REUILLY-SAUVIGNY, s. m. Com. du dép. de l'Aisne, cant. de Condé, arr. de Château-Thierry. = Dormans.

REUIL-SUR-BRÈCHE, s. m. Com. du dép. de l'Oise, cant. de Froissy, arr. de Clermont. = Beauvais.

REULLE, s. f. Com. du dép. de la Côte-d'Or, cant. de Gevrey, arr. de Dijon. = Gevrey.

REUMAMÈTRE, s. m. Instrument pour mesurer la rapidité d'un courant.

REUMONT, s. m. Com. du dép. du Nord, cant. du Catteau, arr. de Cambrai. = le Catteau.

RÉUNI, E, part. Rapproché, rassemblé, en parlant de ce qui était épars, désuni.

RÉUNION, s. f. Action de réunir; résultat de cette action; ensemble de choses unies; assemblage de qualités dans un même sujet. —, assemblée ; réunion gaie. —, raccommodement, réconciliation. Fig. —, synthèse de continuité. T. de chir.

RÉUNION (la), s. f. Com. du dép. de Lot-et-Garonne, cant. de Castel-Jaloux, arr. de Nérac. = Mezin.

RÉUNIR, v. a. Rapprocher, rassembler ce qui était épars, désuni, séparé. —, rassembler en soi, pour soi ; réunir tous les suffrages. —, recevoir ; réunir beaucoup de monde chez soi. —, unir. Prop. et fig. —, rapprocher, réconcilier. Fig. Se —, v. pron. Se rejoindre, se cicatriser, en parlant des chairs. Se —, se rassembler. Se —, se réconcilier; embrasser le même parti. Fig.

RÉUSSIR, v. n. Avoir un succès quelconque, en parlant des personnes et des choses, avoir un résultat heureux. —, croître, venir bien. T. d'agric.

RÉUSSITE, s. f. Issue, succès, résultat heureux ; ne se dit que des choses.

REUTENBOURG, s. m. Com. du dép. du Bas-Rhin, cant. de Marmoutier, arr. de Saverne. = Saverne.

REUVES, s. m. Com. du dép. de la Marne, cant. de Sézanne, arr. d'Epernay. = Sézanne.

REUVILLE, s. f. Com. du dép. de la Seine-Inférieure, cant. de Doudeville, arr. d'Yvetot. = Doudeville.

REUX, s. m. Com. du dép. du Calvados, cant. et arr. de Pont-l'Evêque. = Pont-l'Evêque.

REVALIDÉ, E, part. Rendu valide. T. de procéd.

REVALIDER, v. a. Rendre la validité. T. de procéd.

REVALOIR, v. a. Rendre la pareille, surtout en mal. T. fam.

REVANCHE, s. f. Action de se revancher. T. fam. —, seconde partie accordée au perdant. T. de jeu. En —, adv. En compensation.

REVANCHÉ, E, part. Se dit d'une personne attaquée, défendue par une autre.

REVANCHER, v. a. Défendre une personne attaquée. Se —, v. pron. Se défendre. Se —, rendre la pareille, revaloir. T. fam.

REVANCHEUR, s. m. Défenseur, celui qui revanche. T. inus.

RÊVASSER, v. n. Faire des rêves nombreux et sans suite durant un sommeil agité.

RÊVASSERIES, s. f. pl. Songes légers, rêves sans suite pendant un sommeil inquiet.

RÊVE, s. m. Assemblage d'idées incohérentes et d'images fantastiques qui se présentent à l'esprit durant le sommeil. —, idée, projet chimérique. Fig.

RÊVÉ, E, part. Vu, imaginé dans un songe.

REVÊCHE, s. f. Etoffe de laine frisée. —, adj. Rude, âpre au goût. —, acariâtre, peu traitable, rebarbatif; femme, esprit revêche. T. fam.

RÉVEIL, s. m. Interruption, cessation du sommeil ; réveil agréable, fâcheux. —, bonne ou mauvaise nouvelle apprise en s'éveillant. — matin, horloge dont la sonnerie réveille à une certaine heure sur laquelle on a placé l'aiguille ; ce qui réveille dès le matin, comme le chant du coq. —, euphorbe ésule. T. de bot. —, sorte de caille de l'île de Java. T. d'hist. nat.

RÉVEILLÉ, E, part. Eveillé de nouveau.

RÉVEILLÉE, s. f. Temps d'un travail non interrompu au fourneau. T. de manuf. de glaces.

RÉVEILLER, v. a. Tirer du sommeil, d'une léthargie, éveiller. —, ranimer, exciter; renouveler, exciter de nouveau. Fig. Se —, v. pron. S'éveiller, cesser de dormir; sortir de sa léthargie. S'—, se ranimer. Fig.

RÉVEILLEUR, s. m. Homme chargé de réveiller les autres à heure fixe. —, espèce de rollier, oiseau sylvain.

RÉVEILLON, s. m. Repas extraordinaire entre le souper et le coucher, surtout après la messe de minuit, le jour de Noël. —, touches vives et brillantes pour faire ressortir la lumière. T. de peint.

RÉVEILLON, s. m. Com. du dép. du Calvados, cant. de St.-Pierre-sur-Dives, arr. de Lisieux. = Croissanville.

RÉVEILLON, s. m. Com. du dép. d'Eure-et-Loir, cant. de la Ferté-Vidame, arr. de Dreux. = Brezolles.

RÉVEILLON, s. m. Com. du dép. de l'Orne, cant. et arr. de Mortagne. = Mortagne. Papeterie.

RÉVEILLON, s. m. Com. du dép. de la Marne, cant. d'Esternay, arr. d'Epernay. = la Ferté-Gaucher.

REVEL, s. m. Com. du dép. des Basses-Alpes, cant. du Lauzet, arr. de Barcelonnette. = Barcelonnette.

REVEL, s. m. Petite ville du dép. de la Haute-Garonne, chef-lieu de cant. de l'arr. de Villefranche. Bur. d'enregist. et de poste.
Cette ville est située sur une montagne, non loin du vaste bassin de St.-Ferréol dont les eaux alimentent le canal du Midi. Fabr. de toiles, liqueurs; teintureries, tuileries et tanneries.

REVEL, s. m. Com. du dép. de l'Isère, cant. de Domène, arr. de Grenoble. = Grenoble.

REVEL, s. m. Village du dép. de Tarn-et-Garonne, cant. de Négrepelisse, arr. de Montauban. = Montauban.

RÉVÉLATEUR, TRICE, s. Celui, celle qui fait des révélations; dénonciateur.

RÉVÉLATION, s. f. Action de révéler; chose révélée; déclaration, dénonciation. —, inspiration par laquelle Dieu a fait connaître aux hommes sa venue, sa volonté, ses mystères.

RÉVÉLÉ, E, part. Déclaré, découvert par des révélations.

RÉVÉLER, v. a. Déclarer, découvrir ce qui était tenu secret. —, dénoncer; révéler ses complices.

REVEL-ET-TOURDAN, s. m. Com. du dép. de l'Isère, cant. de Beaurepaire, arr. de Vienne. = Beaurepaire.

REVELLES, s. f. Com. du dép. de la Somme, cant. de Molliens-Vidame, arr. d'Amiens. = Picquigny.

REVENANT, s. m. Spectre, fantôme, lutin, esprit que le peuple des campagnes croyait revenir de l'autre monde.

REVENANT, E, adj. Qui revient, qui plaît; figure revenante.

REVENANT-BON, s. m. Émolument, profit éventuel; deniers qui restent entre les mains d'un comptable. —, profit, avantage inattendu. Fig.

REVENDEUR, EUSE, s. Brocanteur, fripier, regrattier, qui achète pour revendre. — à la toilette, marchande qui court de maison en maison, et vend des habits de femme, des bijoux, etc.

REVENDICATION, s. f. Action de revendiquer. T. de procéd.

REVENDIQUÉ, E, part. Réclamé, redemandé en justice, en parlant d'une chose indûment enlevée.

REVENDIQUER, v. a. Former une demande en revendication, réclamer ce qui est à soi dans les mains d'un tiers.

REVENDRE, v. a. Vendre de nouveau, vendre ce qu'on avait acheté. Avoir une chose à —, en très grande quantité. En — à quelqu'un, être plus rusé, plus adroit que lui. Fig. et fam.

REVENIR, v. n. Venir de nouveau, une autre fois; retourner au lieu d'où l'on était parti. —, croître de nouveau, repousser, en parlant des cheveux, des plantes, etc. —, causer des rapports, en parlant des alimens. —, coûter; la liberté revient fort cher. —, plaire, être au gré; sa ladrerie ne me revient pas. —, reparaître, en parlant de la lumière, des couleurs, etc. —, se présenter à l'esprit; son nom ne me revient pas. —, avoir du rapport; cela revient à ce que je vous disais. —, recommencer; persister à penser, à exiger; il en revient toujours là. —, recouvrer son premier état; revenir à la santé. —, se corriger, s'amender, se désabuser, prendre de meilleurs sentimens; revenir de ses égaremens, de ses erreurs, etc. —, renoncer à, se dégoûter; revenir des vanités de ce monde. —, se calmer, cesser d'être fâché contre quelqu'un. — à soi, reprendre ses sens. — à quelqu'un, lui rendre son amitié, sa confiance. — à la charge, retourner au combat, et fig., faire de nouvelles démarches. — à son sujet, le reprendre après une digression. — d'une maladie, en guérir. Ne pas — d'un événement, en être extrêmement surpris. — sur ses engagemens, les rompre; sur ce qu'on a dit, changer d'avis. Faire —, faire venir de nouveau; rappeler; faire reprendre connaissance. Faire — de la viande, la passer dans la casserole avec du beurre. —, v. n. et impers. Résulter à l'avantage, à l'utilité de quelqu'un; que vous en revient-il? —, être rapporté; il me revient que vous êtes un fourbe.

REVENOIR, s. m. Outil pour donner le recuit, pour bleuir. T. d'horl.

REVENS, s. m. Com. du dép. du Gard, cant. de Trèves, arr. du Vigan. = Meyrueis.

REVENTE, s. f. Seconde vente.

REVENTÉ, E, part. Se dit d'une voile remise au vent. T. de mar.

REVENTER, v. a. Remettre le vent dans une voile qui était en ralingue. T. de mar.

REVENTIER, s. m. Commis qui vend le sel en détail. T. de sal.

REVENTIN, s. m. Com. du dép. de l'Isère, cant. et arr. de Vienne. = Vienne.

REVENU, s. m. Produit annuel, rente. —, état du recuit de l'acier. T. d'horl. —, bois qui revient à l'extrémité supérieure des cors du cerf; queue qui repousse aux perdreaux. T. de véner.

REVENUE, s. f. Jeune bois qui repousse dans un taillis.

RÊVER, v. a. et n. Faire un rêve, songer. —, être en délire, dire ou faire des extravagances; être distrait, laisser errer son imagination au hasard, et fig., penser, réfléchir, méditer profondément. — de sa belle, la voir en songe. — une chose, se l'imaginer sans fondement. Fig. et fam.

RÉVERBÉRATION, s. f. Réfléchissement, réflexion de la lumière, de la chaleur.

RÉVERBÈRE, s. m. Miroir de métal adapté à une lampe pour augmenter la lumière; machine qui la contient; lampe suspendue. —, voûte surbaissée du four. T. de fond. Feu de —, feu dont la flamme comprimée, roule sur le combustible.

RÉVERBÉRÉ, E, part. Réfléchi, renvoyé; se dit de la lumière, du feu, des couleurs.

RÉVERBÉRER, v. a. Réfléchir, renvoyer la lumière, la chaleur, etc.

REVERCHÉ, E, part. Réparé, en parlant des soufflures de l'étain.

REVERCHER, v. a. Boucher, réparer les soufflures, les grumelures de l'étain.

REVERCOURT, s. m. Com. du dép. d'Eure-et-Loir, cant. de Brezolles, arr. de Dreux. = Brezolles.

REVERDI, E, part. Peint en vert une seconde fois.

REVERDIE, s. f. Rapport de la mer après les mortes eaux. T. de mar.

REVERDIR, v. a. Peindre en vert de nouveau. —, v. n. Redevenir vert. —, rajeunir, recouvrer sa vigueur. Fig. —, reparaître avec une nouvelle intensité, en parlant des maladies de peau. T. de méd.

REVERDISSEMENT, s. m. Action de reverdir.

REVERDOIR, s. m. Cuvette ovale de brasseur.

RÉVÉRÉ, E, part. Respecté, vénéré.

RÉVÉREMMENT, adv. Respectueusement.

RÉVÉRENCE, s. f. Respect, vénération. —, titre d'honneur des religieux, des prêtres. —, mouvement de la tête et du corps pour saluer. Tirer sa —, s'en aller; refuser. Fig.

RÉVÉRENCIELLE, adj. f. Mêlée de crainte et de respect; soumission révérencielle des enfans envers leurs père et mère.

RÉVÉRENCIEUSEMENT, adv. Avec respect.

RÉVÉRENCIEUX, EUSE, adj. Obséquieux, qui affecte de faire beaucoup de révérences. T. fam. et iron.

RÉVÉREND, E, adj. Digne d'être révéré; titre qu'on donne aux religieux et religieuses.

RÉVÉREND (St.-), s. m. Com. du dép. de la Vendée, cant. de St.-Gilles, arr. des Sables-d'Olonne. = St.-Gilles.

RÉVÉRER, v. a. Respecter, honorer, vénérer.

RÊVERIE, s. f. Pensée qui absorbe l'esprit, l'imagination. —, idée extravagante; délire d'un malade.

REVÉRIEN (St.-), s. m. Com. du dép. de la Nièvre, cant. de Brinon, arr. de Clamecy. = Moulins.

REVERNI, E, part. Verni de nouveau.

REVERNIR, v. a. Vernir une seconde fois.

REVERQUIER ou REVERTIER, s. m. Sorte de jeu de trictrac.

REVERS, s. m. Coup d'arrière-main; partie inférieure; sens contraire. —, côté opposé à la face sur les monnaies, les médailles. —, mauvais côté d'une chose, mauvaise qualité. Fig. —, verso d'un feuillet. —, accident inattendu, disgrâce, renversement de fortunc. —, tous les membres qui ressortent en dehors du navire. T. de mar. — d'une tranchée, côté tourné vers la campagne. T. de fortif.

REVERSAL, E, adj. Qui se rapporte à un autre. Acte —, acte d'assurance à l'appui d'un précédent engagement.

REVERSÉ, E, part. Versé de nouveau.

REVERSEAU, s. m. Pièce de bois qui écarte l'eau.

REVERSEMENT, s. m. Transport de la cargaison d'un navire dans un autre. T. de mar.

REVERSER, v. a. Verser de nouveau; remettre dans le même vase. —, faire un reversement. T. de mar.

REVERSI, s. m. Sorte de jeu de cartes.

RÉVERSIBILITÉ, s. f. Qualité de ce qui est réversible. T. de jurisp.

RÉVERSIBLE, adj. Se dit des biens qui, en certains cas, retournent au propriétaire qui en avait disposé, ou à ses héritiers. T. de jurisp.

RÉVERSION, s. f. Réunion d'un fief mouvant au fief dominant dont il avait été détaché. T. de droit féodal.

REVEST (le), s. m. Com. du dép. du Var, cant. et arr. de Toulon. = St.-Tropez.

REVEST-DES-BROUSSES, s. m. Com. du dép. des Basses-Alpes, cant. de Banon, arr. de Forcalquier. = Forcalquier.

REVEST-DU-BION, s. m. Com. du dép. des Basses-Alpes, cant. de Banon, arr. de Forcalquier. = Forcalquier.

REVEST-EN-FANGAT, s. m. Com. du dép. des Basses-Alpes, cant. de St.-Etienne, arr. de Forcalquier. = Forcalquier.

REVESTIAIRE, s. m. Sacristie, lieu dans lequel les prêtres se revêtent de leurs habits sacerdotaux.

REVÊTEMENT, s. m. Action de revêtir. —, ouvrage en pierres dont on revêt un fossé, un bastion, etc.

REVÊTIR, v. a. Donner des habits; habiller, vêtir une personne; couvrir. —, donner, pourvoir; revêtir d'une fonction. — un caractère, le prendre publiquement. —, faire un revêtement. T. de maç. Se —, v. pron. Acheter de nouveaux habits; se couvrir d'un vêtement.

REVÉTISON (la), s. f. Com. du dép. des Deux-Sèvres, cant. de Beauvoir, arr. de Niort. = Niort.

REVÊTISSEMENT, s. m. Voy. REVÊTEMENT.

REVÊTU, E, part. et adj. Habillé, vêtu. —, recouvert. —, orné de..., investi de.... Fig. — d'une signature, signé.

RÊVEUR, EUSE, s. et adj. Penseur, méditatif; mélancolique. —, qui s'entretient de rêveries, qui dit des extravagances; radoteur.

REVIDÉ, E, part. Vidé de nouveau.

REVIDER, v. a. Vider de nouveau. —, agrandir un trou. T. de lapidaire.

REVIERS, s. m. Com. du dép. du Calvados, cant. de Creully, arr. de Caen. = Caen.

REVIGNY, s. m. Com. du dép. du Jura, cant. de Conliége, arr. de Lons-le-Saulnier. = Lons-le-Saulnier.

REVIGNY, s. m. Com. du dép. de la Meuse, chef-lieu de cant. de l'arr. de Bar-le-Duc. Bur. d'enregist. = Bar-le-Duc.

REVIGNY (canal de), s. m. Canal de flottage qui s'embranche sur l'Ornain, à 2,000 mètres environ au-dessus de Revigny, et se réunit à la rivière de la Chée.

RÉVILLE, s. f. Com. du dép. de l'Eure, cant. de Broglie, arr. de Bernay. = Montreuil-l'Argilé.

RÉVILLE, s. f. Com. du dép. de la Manche, cant. de Quettehou, arr. de Valognes. = St.-Vaast.

RÉVILLE, s. f. Com. du dép. de la Meuse, cant. de Damvillers, arr. de Montmédy. = Damvillers.

RÉVILLON, s. m. Com. du dép. de l'Aisne, cant. de Braisne, arr. de Soissons. = Fismes.

REVIN, s. m. Petite ville du dép. des Ardennes, cant. de Fumay, arr. de Rocroi. = Rocroi.

REVIQUÉ, E, part. Dégorgé; se dit du drap. T. de manuf.

REVIQUER, v. a. Dégorger le drap. T. de manuf.

REVIQUEUR, s. m. Ouvrier qui revique le drap. T. de manuf.

REVIRADE, s. f. Action d'employer une dame casée. T. de jeu de trictrac.

REVIREMENT, s. m. Action de revirer de bord. T. de mar.

REVIRER, v. n. Tourner, virer, changer de bord. T. de mar. —, déserter un parti. Fig. et fam. —, rompre une case pour en faire une plus avancée. T. de jeu de trictrac.

REVISÉ, E, part. Revu, examiné de nouveau.

REVISER, v. a. Revoir, examiner de nouveau.

REVISEUR, s. m. Examinateur, qui revoit après un autre.

RÉVISION, s. f. Nouvel examen d'un compte, d'une procédure, etc.

REVISITÉ, E, part. Visité de nouveau.

REVISITER, v. a. Faire une seconde visite.

REVIVIFICATION, s. f. Opération chimique pour rendre à un métal sa forme naturelle. Voy. RÉDUCTION.

REVIVIFIÉ, E, part. Vivifié de nouveau. T. de chim.

REVIVIFIER, v. a. Vivifier de nouveau. —, dégager un métal des corps étrangers auxquels il est allié. T. de chim.

REVIVRE, v. n. Revenir de la mort à la vie, ressusciter. —, vivre de nouveau. Fig. —, se renouveler, se reproduire, en parlant des choses. Faire —, ranimer, rallumer; renouveler, rétablir; remettre en crédit; rappeler au souvenir. Faire — les couleurs, leur donner un nouvel éclat.

RÉVOCABLE, adj. Sujet à révocation, à destitution.

RÉVOCABILITÉ, s. f. Caractère de ce qui est révocable.

RÉVOCATIF, IVE, ou RÉVOCATOIRE, adj. Qui révoque; acte révocatif.

RÉVOCATION, s. f. Action de révoquer, destitution. —, acte qui révoque; révocation de l'édit de Nantes.

REVOICI, REVOILÀ, prép. Voici, voilà pour la seconde fois, encore, de nouveau. T. fam.

REVOIR, s. m. Première rencontre à venir; au revoir. T. fam.

REVOIR, v. a. Voir de nouveau. —, examiner de nouveau. —, corriger, retoucher; revoir une épreuve. T. d'impr. —, retrouver la trace du cerf. T. de véner.

REVOLÉ, E, part. Dérobé une seconde fois.

REVOLER, v. a. Dérober de nouveau. —, v. n. Reprendre son vol vers quelque endroit.

REVOLIN, s. m. Violent tourbillon de vent qui tourmente les navires à l'ancre; action du vent qui se porte d'une voile sur l'autre. T. de mar.

RÉVOLTANT, E, adj. Qui révolte, qui soulève l'indignation.

RÉVOLTE, s. f. Rebellion, soulèvement contre l'autorité légitime, insurrection.

RÉVOLTÉ, s. m. Insurgé qui est en révolte ou qui prend part à une révolte.

RÉVOLTÉ, E, part. Soulevé contre l'autorité légitime; qui est en état de rebellion.

RÉVOLTER, v. a. Porter à la révolte, soulever. —, choquer excessivement, indigner. Fig. Se —, v. pron. Se soulever, s'armer contre l'autorité légitime, se mettre en état d'insurrection. Se —, désobéir; se dit fig. des sens, des passions.

RÉVOLU, E, adj. Achevé, fini, en parlant du temps, du cours des astres.

RÉVOLUTÉ, E, adj. Roulé, replié en dehors. T. de bot.

RÉVOLUTIF, IVE, adj. Qui opère une révolution, un changement. T. de méd.

RÉVOLUTION, s. f. Bouleversement social, renversement du mode de gouvernement établi; changement subit et considérable dans les opinions, les affaires publiques, etc.; histoire de ces bouleversemens, de ces changemens désastreux. —, retour d'un astre au point de son départ. T. d'astr. —, mouvement d'un plan autour d'un axe. T. de math. —, métastase. T. de méd.

RÉVOLUTIONNAIRE, s. et adj. Partisan, moteur d'une révolution; qui propage les principes d'une révolution, tend à les propager.

RÉVOLUTIONNAIREMENT, adv. D'une manière révolutionnaire.

RÉVOLUTIONNÉ, E, part. Bouleversé, mis en révolution.

RÉVOLUTIONNER, v. a. Opérer une révolution politique; propager les principes révolutionnaires. — les sens, l'esprit, les troubler, les bouleverser. Fig.

REVOMI, E, part. Rejeté par des contractions de l'estomac.

REVOMIR, v. a. Vomir, rejeter ce qu'on vient d'avaler.

REVONAS, s. m. Com. du dép. de l'Ain, cant. de Cesériat, arr. de Bourg. = Bourg.

RÉVOQUÉ, E, part. Privé d'un emploi, destitué.

RÉVOQUER, v. a. Priver d'un emploi, destituer. —, retirer des pouvoirs, rappeler d'une mission; révoquer un ambassadeur. —, en parlant des choses, annuler; révoquer un testament. — en doute, douter.

REVOULOIR, v. a. Vouloir de nouveau. T. inus.

REVOULU, E, part. Voulu de nouveau. T. inus.

REVOYAGER, v. n. Faire un nouveau voyage, se remettre en route.

REVUE, s. f. Recherche, inspection exacte. —, rassemblement de troupes qu'un général inspecte et fait défiler pour s'assurer de leur tenue et de leur instruction. Passer en —, examiner les personnes ou les choses les unes après les autres. Fig.

RÉVULSIF, IVE, s. et adj. Se dit des médicamens et autres moyens employés pour détourner les fluides et leur faire prendre un cours opposé, comme la saignée, etc. T. de chir,

RÉVULSION, s. f. Retour du sang, des humeurs vers la partie opposée à celle sur laquelle ils affluaient. T. de chir.

REXINGEN, s. m. Com. du dép. du Bas-Rhin, cant. de Drulingen, arr. de Saverne. = Sarrewerden.

REXPOEDE, s. m. Com. du dép. du Nord, cant. de Hondschoote, arr. de Dunkerque. = Bergues.

REY (le), s. m. Com. du dép. de l'Aveyron, cant. de Montbazens, arr. de Villefranche. = Villefranche.

REYESWILLER, s. m. Com. du dép. de la Moselle, cant. de Bitche, arr. de Sarreguemines. = Bitche.

REYGADE, s. m. Com. du dép. de la Corrèze, cant. de Mercœur, arr. de Tulle. = Argentat.

REYNEL, s. m. Com. du dép. de la Haute-Marne, cant. d'Andelot, arr. de Chaumont. = Andelot.

REYNÈS, s. m. Com. du dép. des Pyrénées-Orientales, cant. et arr. de Céret. = Céret.

REYNIER, s. m. Com. du dép. des Basses-Alpes, cant. de Turriers, arr. de Sisteron. = Sisteron.

REYNIES, s. f. Com. du dép. de Tarn-et-Garonne, cant. de Villébrumier, arr. de Montauban. = Montauban.

REYNOUTRIE, s. f. Plante de la décandrie, dixième classe des végétaux. T. de bot.

REYRE (la), s. f. Village du dép. de la Gironde, cant. de Pellegrue, arr. de la Réole. = la Réole.

REYREVIGNES, s. f. Com. du dép. du Lot, cant. de Livernon, arr. de Figeac. = Figeac.

REYRIEUX, s. m. Com. du dép. de l'Ain, cant. et arr. de Trévoux. = Trévoux.

REYSSOUSE (la), s. f. Rivière qui prend sa source dans le dép. de l'Ain, arr. de Bourg, et qui se jette dans la Saône à une lieue au-dessous de Pont-de-Vaux. Son cours est d'environ 12 l.

REZ, prép. Tout contre, joignant. — pied; — terre, à fleur de terre.

REZAY, s. m. Com. du dép. du Cher, cant. du Châtelet, arr. de St.-Amand. = Linières.

REZ-DE-CHAUSSÉE, s. m. Niveau du terrain; appartement au rez-de-chaussée.

REZ-MUR, s. m. Parement d'un mur dans œuvre. T. d'arch.

REZONVILLE, s. f. Com. du dép. de la Moselle, cant. de Gorze, arr. de Metz. = Metz.

REZ-TERRE, s. m. Superficie de niveau avec le sol environnant. T. d'arch.

RHABILLAGE, s. m. Raccommodage. — des meules, action de les rebattre, de les repiquer. T. de meunier.

RHABILLÉ, E, part. Habillé de nouveau.

RHABILLER, v. a. Habiller de nouveau; fournir de nouveaux habits. —, raccommoder, rectifier; tâcher de diminuer un tort, de justifier. Fig. — une meule, la repiquer. Se —, v. pron. Remettre ses vêtemens, en racheter de neufs.

RHADAMANTHE, s. m. Roi de Lycie, fils de Jupiter et d'Europe. Il rendait la justice avec tant de sévérité et d'impartialité, qu'après sa mort on prétendit qu'il avait été désigné par le sort pour être juge des enfers, avec Eaque et Minos. T. de myth.

RHAGADES, s. f. pl. Crevasses ulcérées, aux lèvres, aux mains, aux parties naturelles, accompagnées d'une rugosité et d'une contraction de la peau qui les rend très douloureuses. T. de chir.

RHAGADIOLE, s. f. Plante chicoracée propre à guérir les rhagades.

RHAGIES, s. f. pl. Insectes coléoptères. T. d'hist. nat.

RHAGIONIDES, s. m. pl. Diptères tanystomes. T. d'hist. nat.

RHAGIONS, s. m. pl. Insectes diptères tanystomes. T. d'hist. nat.

RHAGODIE, s. f. Arbrisseau de la Nouvelle-Hollande. T. de bot.

RHAGOÏDE, s. f. Voy. UVÉE. T. d'anat.

RHAMINDIQUE, s. m. Voy. MÉCHOACAN.

RHAMNOÏDES, s. f. pl. Famille de plantes dicotylédones, polypétales, à étamines périgynes. T. de bot.

RHANTÉRIE, s. f. Plante corymbifère. T. de bot.

RHAPONTIC, s. m. Rhubarbe des moines, plante cynarocéphale. T. de bot.

RHAPOSTYLE, s. m. Arbrisseau d'Amérique. T. de bot.

RHASUT, s. m. Aristoloche, plante qui croît dans le Levant. T. de bot.

RHÉGES, s. m. Com. du dép. de l'Aube, cant. de Méry-sur-Seine, arr. d'Arcis-sur-Aube. = Méry-sur-Seine.

RHÉNANE, adj. Relatif aux états qui avoisinent le Rhin; confédération rhénane.

RHÉSUS, s. m. Roi de Thrace. La première nuit de son arrivée au camp troyen, un traître, nommé Dolon, introduisit Ulysse et Diomède dans sa tente. Ceux-ci l'ayant surpris dans son premier sommeil le tuèrent et emmenèrent ses chevaux d'où dépendait en partie la destinée de Troie. T. de myth. —, singe de l'ancien continent. T. d'hist. nat.

RHÉTEUR, s. m. Chez les Grecs et les Romains, professeur de rhétorique; chez nous, homme de lettres qui écrit sur la rhétorique. —, orateur sec et emphatique, déclamateur. T. iron.

RHÉTORICIEN, s. m. Professeur de rhétorique; écolier de rhétorique.

RHÉTORIQUE, s. f. Art de bien dire, de classer les formes du discours et de mettre les idées à leur véritable place; art de persuader, qui emprunte de la logique les moyens de convaincre; traité sur cet art; classe dans laquelle on l'enseigne. Figure de —, expression figurée, trope, qui donne de la grâce ou de la force à l'élocution. Épuiser toute sa —, toute son éloquence. Y perdre sa —, ne pouvoir parvenir à persuader. T. fam.

RHEU (le), s. m. Com. du dép. d'Ille-et-Vilaine, cant. de Mordelles, arr. de Rennes. = Rennes.

RHEXIE, s. f. Plante polypétale du genre des mélastomées. T. de bot.

RHEXIS, s. f. Rupture d'une veine, d'un abcès, etc. T. de chir.

RHIEN, s. m. Com. du dép. du Jura, cant. et arr. de St.-Claude. = St.-Claude.

RHIEUX, s. m. Com. du dép. du Nord, cant. de Carnières, arr. de Cambrai. = Cambrai.

RHIN (le), s. m. L'un des fleuves les plus importans de l'Europe, par l'étendue de son cours, la richesse du pays et des villes nombreuses qu'il arrose. Il prend sa source dans les Grisons, et commence à être navigable à Coire. Il se jette dans le lac de Constance, qu'il traverse, et passe à Schaffhouse, où il forme une cascade de plus de 60 pieds de hauteur, au pied de laquelle se rechargent les marchandises que l'on avait été obligé de mettre à terre. Le Rhin, depuis sa sortie du lac de Constance, coule de l'E. à l'O. jusqu'à Bâle. Au-dessous de cette ville, il se dirige vers le nord, et sert de limite à la France depuis Huningue jusqu'à Lauterbourg. Dans cet espace, il côtoie l'Alsace où il forme un grand nombre d'îles, passe à Huningue, près de Neubrisach et de Strasbourg, à Drusenheim, au-dessous duquel il entre dans le grand-duché de Bade, arrose Spire, Manheim, Worms, Mayence, Bingen, Coblentz, Bonn, Cologne, Wesel, et se divise en deux branches au-dessous de Clèves. La gauche prend le nom de Waal, la droite retient le nom de Rhin. Cette dernière se partage encore en deux autres branches, au-dessous d'Arnheim; l'une s'appelle Yssel et va se jeter, au nord, dans le Zuyderzée; l'autre, qui conserve le nom de Rhin, continue son cours vers l'ouest, et forme deux nouveaux bras à Duerstède. Celui de gauche, qui est le plus considérable, reçoit le nom de Lech, s'unit à la Meuse, et se jette dans la Merwe, à 2 l. N.-O. de Dordrecht; le bras de droite, qui conserve le nom de Rhin, continue son cours au N.-O., passe à Utrecht, et va se perdre, dans les sables de la mer du Nord, aux dunes de Catwyk. Son embouchure ayant été détruite par le débordement de l'Océan, en 860, la navigation de ce fleuve profond et rapide est difficile, à cause d'un grand nombre d'îles qui embarrassent son cours; cependant elle prend journellement une plus grande activité à la remonte, surtout depuis l'adoption des bateaux à vapeur. Cette navigation a pour objet de faciliter un immense transport de marchandises de toute espèce, qui s'échangent entre la France, l'Allemagne, la Suisse et la Hollande. Elle ne peut manquer d'acquérir une grande extension, par suite de l'achèvement du canal du Rhône au Rhin. Dans toute l'étendue où ce fleuve baigne le territoire français, un seul pont, celui de Kehl, le traverse. Pour obvier à cet inconvénient, on a établi plusieurs bacs qui facilitent les communications de l'une à l'autre rive. Ces bacs, au nombre de huit, sont placés vis-à-vis de Schœneau, Rhineau, Gambsheim, Drusenheim, Benheim, Seltz, Mulhausen et Lauterbourg. Le cours de ce fleuve est d'environ 325 l.

RHIN (dép. du Bas-), s. m. Chef-lieu de préf., Strasbourg; 4 arr. ou sous-préf.: Strasbourg, Wissembourg, Schelestadt, Saverne; 33 cant. ou just. de paix; 541 com. Population, 535,467 hab. environ. Cour royale à Colmar; diocèse de Strasbourg; 5e div. milit.;

4° div. des ponts-et-chaussées; 3° div. des mines; direct. de l'enregist. et des domaines, de 1re classe, direct. à Strasbourg.

Ce dép. est borné N. par celui de la Moselle et par le royaume de Bavière; E. par le Rhin, qui le sépare du grand-duché de Bade; S. par le dép. du Haut-Rhin, et à l'O. par ceux des Vosges et de la Meurthe. Son territoire, renfermé entre le Rhin et les montagnes des Vosges, est entrecoupé de forêts, de coteaux, de prairies et de plaines fertiles très bien cultivées. Peu de contrées égalent ce dép. en richesses territoriales et industrielles. Coupé par un grand nombre de canaux et de rivières, il offre de nombreux débouchés au commerce. Voici l'aperçu de ses productions : plantes céréales, maïs, légumes secs, choux, raves, oignons, chanvre, lin, graines oléagineuses, semences potagères, houblon, moutarde, safran, gentiane jaune, coriandre, fenugrec, garance, tabac excellent; vins blancs de bonne qualité, bois de mélèze, d'où découle la térébenthine; merisiers, dont les fruits donnent d'excellent kirchwasser par la distillation; grand et petit gibier, bon poisson, abeilles; mines de fer, antimoine, manganèse, paillettes d'or, lignite, ocre, belles pierres à bâtir, plâtre, argile à potier, sable noir, graisse d'asphalte; établissement d'eaux minérales à Niederbronn; sources d'eaux minérales froides à Seltz; sources salées; dépôt royal d'étalons à Strasbourg. Fabr. de draps fins, toiles, calmandes, étoffes de coton, toiles à voiles, cordeaux de Strasbourg, chapeaux de paille, brosses de crin, peignes de corne; acides minéraux, savon, amadou, noir de fumée, toiles métalliques, ouvrages en fonte, lames de scies, crics, outils de toute espèce, instrumens de physique et de chirurgie; pipes et tuyaux de corne; ganterie, peaux, cuirs, maroquins; battage d'or et d'argent; faïenceries, amidonneries, teintureries, tanneries et chamoiseries; fonderie royale de canons.

Comm. de grains, vins, bière, eaux-de-vie, vinaigre, huile; tabac en feuilles; garance, graines potagères, chanvre, lin, armes à feu, fonte, fer, armes blanches, quincaillerie, planches de sapin; bestiaux; asphalte, bitume, goudron, térébenthine. Les principales rivières qui l'arrosent sont : le Rhin et l'Ill, qui sont navigables; la Bruche, la Scorr, la Salzbach, la Lauter, la Zinzel, la Moder, la Zorne, l'Andlau, et plusieurs autres rivières flottables. Il est, en outre, traversé par huit canaux de communication, dont les plus importans sont celui de la Bruche et celui du Rhône au Rhin, qui n'est pas encore achevé.

RHIN (dép. du Haut-), s. m. Chef-lieu de préf., Colmar; 3 arr. ou sous-préf. : Altkirch, Colmar, Belfort; 29 cant. ou just. de paix; 490 com. Pop. 408,740 h. env. Cour royale à Colmar; diocèse de Strasbourg; 5° div. milit.; 4° div. des ponts-et-chaussées; 3° div. des mines; direct. de l'enregist. et des domaines, de 2° classe; div. E. des douanes.

Ce dép. est borné N. par celui du Bas-Rhin; E. par le Rhin, qui le sépare du grand-duché de Bade; S. par la Suisse et par le dép. du Doubs, et O. par les dép. de la Haute-Saône et des Vosges. Il produit toutes les graines céréales, maïs, légumes, pommes de terre excellentes, très bon chanvre, garance, gentiane, vin blanc de bonne qualité, bois, bêtes fauves et menu gibier, poisson d'eau douce, excellentes truites et carpes du Rhin, écrevisses; chevaux, ânes, bêtes à cornes, peu de moutons, beaucoup de chèvres, quantité de porcs; volailles; éducation des abeilles; pépinières, plantations nombreuses, culture en grand du merisier pour la distillation de son fruit; pépinière départementale; mines de fer, cuivre, argent, plomb, pétrole, cristal de roche, charbon de terre, marbre de toutes sortes, porphyre, granit, belles pierres de taille, gypse, plâtres pour engrais, argile à potier. Fabr. de draps fins, toiles de lin et de chanvre, siamoises, mouchoirs, bonneterie, calicots, toiles et soies peintes, schals imprimés, papiers peints, chapeaux de paille; maroquins, cuirs; acides minéraux, potasse, savon, ustensiles de cuisine, fil de fer; horlogerie, mouvemens de montres, vis à bois, poêles de faïence; nombreuses filatures de coton et de laine, teintureries en rouge d'Andrinople, raffineries de sucre; distilleries d'eaux-de-vie de marc, de graines, de cerises, de gentiane, de pommes de terre et de carottes; hauts-fourneaux, forges, martinets, sableries, papeteries, tanneries, verreries, poteries, nombreuses brasseries; poudrière royale. Comm. de vins, eaux-de-vie, kirch-wasser, acier, fer, fonte, toiles peintes, horlogerie, arbres fruitiers, bestiaux. Les rivières qui y sont navigables sont le Rhin et l'Ill.

RHINALGIE, s. f. Douleur au nez. T. de méd.

RHINANTOÏDES ou RHINANTACÉES, s. f. pl. Famille de plantes dicotylédones, monopétales à corolles hypogynes. T. de bot.

RHINAPTÈRES, s. m. pl. Insectes

parasites, poux, puces, tiques. T. d'hist. nat.

RHINAU, s. m. Com. du dép. du Bas-Rhin, cant. de Benfeld, arr. de Schélestadt. = Benfeld.

RHINCOLITHE, s. f. Pointe d'oursin fossile. T. d'hist. nat.

RHINCOPHORES, s. m. pl. Coléoptères tétramères. T. d'hist. nat.

RHINE, s. f. Rhinobate à museau court; genre d'insectes coléoptères charançonites. T. d'hist. nat.

RHINENCHITE, s. f. Seringue pour faire des injections dans le nez. T. de chir.

RHINGIE, s. f. Genre d'insectes diptères syrphies. T. d'hist. nat.

RHINGRAVE, s. m. Autrefois comte, gouverneur, juge des villes d'Allemagne, sur les bords du Rhin. —, s. f. Epouse d'un rhingrave. —, espèce de haut-de-chausses fort ample qu'on portait au dix-septième siècle.

RHINOBATE, s. f. Espèce de raie. T. d'hist. nat.

RHINOCÈRES, s. m. pl. Famille d'insectes. T. d'hist. nat.

RHINOCÉROS, s. m. Grand mammifère pachyderme qui porte une corne sur le nez. —, oiseau, insecte, coquille du genre rocher.

RHINOCURE, s. f. Coquille de la mer Adriatique. T. d'hist. nat.

RHINOLOPHE, s. m. Genre de cheiroptères, de chauve-souris. T. d'hist. nat.

RHINOMACER, s. m. Genre d'insectes coléoptères. T. d'hist. nat.

RHINOPTE, adj. Qui est atteint d'une rhinoptie. T. de méd.

RHINOPTIE, s. f. Affection cancéreuse qui ronge les cartilages du nez, et forme une ouverture au grand angle de l'œil. T. de méd.

RHINOSE, s. f. Corrugation du tissu cutané, causée par l'exténuation. T. de méd.

RHIPSALES, s. f. pl. Plantes voisines des cactiers. T. de bot.

RHISAGRE, s. m. Instrument pour extraire les racines, les dents, les chicots. T. de chir.

RHIZIN, s. m. Genre de champignons. T. de bot.

RHIZOLITHES, s. m. pl. Racines pétrifiées. T. d'hist. nat.

RHIZOPHAGE, adj. Qui vit de racines. T. d'hist. nat.

RHIZOPHORE, s. m. Arbre du genre des caprifoliacées. T. de bot.

RHIZORE, s. m. Coquille voisine des bulles. T. d'hist. nat.

RHIZOSTOME, s. m. Genre de vers radiaires. T. d'hist. nat.

RHIZOTOME, s. m. Domestique occupé à ramasser et préparer des plantes médicinales. T. d'antiq.

RHODES, s. f. Ile de l'archipel grec, sur la côte d'Anatolie. —, ville capitale de cette île montagneuse, mais fertile, dont on exporte les productions, particulièrement du vin, du coton et de la cire. Cette ville maritime est bien fortifiée, et possède un archevêché.

RHODÈS, s. f. Com. du dép. de la Meurthe, cant. et arr. de Sarrebourg. = Dieuze.

RHODIA, s. f. Plante dont la racine sent la rose. T. de bot.

RHODIEN, NE, s. et adj. Habitant de l'île de Rhodes; qui concerne cette île.

RHODIOLE, s. f. Plante herbacée. T. de bot.

RHODITE, s. f. Pierre imitant la rose, grand astroïte fossile. T. d'hist. nat.

RHODIUM, s. m. Métal qu'on trouve uni au platine. T. d'hist. nat.

RHODOMEL, s. m. Miel rosat.

RHODON, s. m. Com. du dép. de Loir-et-Cher, cant. de Selommes, arr. de Vendôme. = Blois.

RHODORACÉES, s. f. pl. Famille de plantes dicotylédones, monopétales à corolle périgyne. T. de bot.

RHOGMÉ, s. f. Fracture superficielle ou même profonde du crâne, pourvu que les pièces d'os ne soient point déplacées. T. de chir.

RHOMBA, s. m. Baume de l'île de Madagascar.

RHOMBE, s. m. Sorte de toupie que les magiciens, les jongleurs grecs faisaient tourner pour inspirer telle ou telle passion. T. d'antiq. —, losange. T. de géom. —, chétodon, turbot et autres poissons de la famille des pleuronectes. T. d'hist. nat.

RHOMBISCUS, s. m. Dent rhomboïdale de poisson pétrifiée. T. d'hist. nat.

RHOMBITE, s. f. Pétrification d'un turbot; cône, volute. T. d'hist. nat.

RHOMBOÏDAL, s. m. Poisson du genre du spare. T. d'hist. nat.

RHOMBOÏDAL, E, adj. En forme de rhomboïde. T. de géom. —, s. f. Couleuvre des Indes. T. d'hist. nat.

RHOMBOÏDE, s. m. Parallélogramme dont les côtés sont contigus et les angles inégaux. T. de géom. —, poisson du genre du salmone. T. d'hist. nat.

RHOMPHAL, s. m. Gouet des Indes, plante. T. de bot.

RHÔNE (le), s. m. Fleuve qui prend sa source près du sommet du Mont-de-la-Fourche, en Suisse, à 2 l. des sources du Rhin. Après avoir coupé une vallée de 24 l. de long, il passe à Sion, traverse le lac de Genève dans toute sa longueur, divise cette ville en deux parties et en sort, ainsi que du lac, par deux canaux qui se rejoignent à peu de distance; il entre ensuite dans un défilé entre le mont Jura et le mont Vouache où son lit se resserre au point que, d'environ 100 mètres de large qu'il avait à sa sortie de Genève, il ne lui en reste plus que 15 à 30; alors il s'enfonce sous des rochers pour reparaître à une centaine de pas plus loin.

Ce fleuve, grossi par l'Arve, l'Ain, la Saône, l'Isère, etc., traverse Lyon, Vienne, Condrieu, St.-Vallier, Valence, Avignon, Beaucaire, Tarascon et Arles; arrivé là, il se divise en deux bras dont le principal se jette dans la Méditerranée, à la Tour-St.-Louis; le second bras, appelé le petit Rhône, se dirige sur la droite, forme l'île de la Camargue et débouche dans la mer, près des îles Ste.-Marie. Son cours est d'environ 190 l.

RHÔNE (dép. du), s. m. Chef-lieu de préf., Lyon; 2 arr. ou sous-préf.: Lyon, Villefranche; 25 cant. ou just. de paix; 254 com.; pop. 416,575 hab. env. Cour royale, diocèse de Lyon; 19° div. milit.; 7° div. des ponts-et-chaussées; 4° div. des mines; direct. de l'enregist. et des domaines, de 1re classe; 13° arr. forestier; entrepôt des douanes à Lyon. Ce dép. est borné N. par le dép. de Saône-et-Loire, E. par ceux de l'Ain et de l'Isère, S. par ceux de l'Isère et de la Loire, et à l'O. par celui de la Loire.

Le dép. du Rhône étant coupé par plusieurs chaînes de montagnes très resserrées, n'offre que des vallons et quelques plaines de peu d'étendue dont les récoltes sont insuffisantes à la consommation des habitants; mais les bords de la Saône et du Rhône sont environnés de coteaux couverts de vignes qui fournissent des vins renommés, entre autres ceux de Condrieu et de Côte-Rôtie, etc. Voici, au surplus, un aperçu de ses productions agricoles, industrielles et manufacturières. Peu de blé, maïs, sarrasin, quantité de pommes de terre, légumes de toute sorte, colza et autres graines oléagineuses, toutes les espèces de fruits cultivés en France, hors l'oranger et l'olivier; vins d'excellente qualité très recherchés, peu de pâturages, beaucoup de prairies artificielles, quantité de plantes du Nord et du Midi, peu de bois; grand et menu gibier, très bon poisson d'eau douce; peu de chevaux, beaucoup d'ânes, bêtes à cornes, moutons mérinos, nombreux troupeaux de chèvres qui fournissent les excellens fromages du Mont-d'Or, éducation des chèvres cachemires; mines riches de cuivre exploitées, plomb, paillettes d'or dans le Rhône, cristal de roche, houille, marbre, porphyre, granit, belles pierres à bâtir, plâtre pour engrais, excellentes pierres à chaux, terre à faïence, à briques et à foulon; jardin de bot. à Lyon, pépinière dép.

Manuf. d'étoffes de soie de toute espèce et qualité, satins, levantines, velours, crêpes, gazes, schals, rubans de soie, galons, bonneterie de soie et de filoselle, percales et mousselines brodées. Fabr. de chapellerie très renommée, indiennes, mousselines, couvertures de laine, galons d'or et d'argent, passementerie, chapeaux de paille, liqueurs fines, acides minéraux, vitriol, orseille, épuration d'huiles, tirage d'or et d'argent. Filat. de soie et de coton, teintureries, blanchisseries de toiles, papeteries, verreries, faïenceries; moulins à plâtre, hauts-fourneaux, forges, tréfileries. Comm. de grains, farines, fromages de Gruyère, soieries de toute espèce, soies grèges et organsinées, draps, mousselines, passementeries et dorures, fer battu et ouvré, fonte, papiers, cuirs, épiceries et drogueries. Ce département est arrosé par le Rhône et la Saône qui y sont navigables, par les canaux de Givors et de Pont-de-Vaux, l'Azergue, l'Iseron, l'Ardière et le Gier.

RHÔNE (canal du). Ce canal, en construction pour établir des communications entre le midi et le nord de la France, se divise en quatre parties. La 1re joint la Saône au Doubs; la 2e forme la navigation du Doubs et se compose de plusieurs dérivations de cette rivière; la 3e forme la jonction du Doubs au Rhin, et la 4e, alimentée par une dérivation du Rhin, forme l'embranchement de Mulhausen à Bâle et à Huningue. La première partie de ce canal, formant la jonction de la Saône au Doubs, a été livrée à la navigation vers l'année 1806, et la seconde vers la fin de 1820.

RHUBARBE, s. f. Plante de la famille des polygonées, dont la racine purgative et stomachique est fréquemment employée en médecine. — des moines, rhapontic, plante des Alpes qui, comme la rhubarbe de la Chine, a des propriétés médicinales.

RHUIS, s. m. Com. du dép. de l'Oise, cant. de Pont-Ste.-Maxence, arr. de Senlis. = Verberie.

RHUM, s. m. Eau-de-vie qu'on tire du sucre.

RHUMAPYRE, s. f. Fièvre rhumatismale. T. de méd.

RHUMATALGIE, s. f. Douleur rhumatismale. T. de méd.

RHUMATISANT, E, adj. Affecté de rhumatisme. T. de méd.

RHUMATISMAL, E, adj. Qui appartient au rhumatisme; douleur rhumatismale. T. de méd.

RHUMATISME, s. m. Douleur dans les muscles, les membranes et souvent dans le périoste, qui vous rend momentanément comme perclus et occasionne une fièvre irrégulière.

RHUME, s. m. Espèce de fluxion causée par les variations de la température, inflammation des bronches et de la membrane muqueuse des fosses nasales, qui excite la toux, fait cracher, moucher, et ne se dissipe qu'après avoir éprouvé quelques accès de fièvre à la suite desquels la transpiration se rétablit.

RHUMMERIE, s. f. Atelier où l'on fait fermenter la mélasse dans les fabriques de sucre.

RHUS, s. m. Voy. SUMAC.

RHYAS, s. m. Diminution considérable ou consomption radicale de la caroncule située dans l'angle interne de l'œil, ce qui produit un larmoiement continuel qui suit ordinairement ou accompagne la fistule lacrymale. T. de chir.

RHYNCHÈNE, s. m. Genre d'insectes coléoptères. T. d'hist. nat.

RHYNCHOSE, s. f. Plante vivace de la Chine. T. de bot.

RHYNCHOSTÈNES, s. m. pl. Oiseaux qui ont le bec pointu. T. d'hist. nat.

RHYNCHOTÈQUE, s. m. Arbrisseau du Pérou. T. de bot.

RHYNCOLITHES, s. m. pl. Pointes d'oursins fossiles. T. d'hist. nat.

RHYNGOTHES, s. m. pl. Insectes hémiptères. T. d'hist. nat.

RHYPHE, s. m. Genre d'insectes diptères tipulaires. T. d'hist. nat.

RHYPOGRAPHE, s. m. Peintre de bambochades, de sujets bas. T. d'antiq.

RHYPTIQUE, adj. Voy. DÉTERSIF. T. de méd.

RHYTELMINTHE, s. m. Genre de vers intestinaux. T. d'hist. nat.

RHYTHME, s. m. Nombre, cadence, mesure. T. de litt. et de mus. —, espace déterminé qui symétrise avec un autre du même genre. — du pouls, proportion dans ses battemens. T. de méd.

RHYTHMIQUE, adj. Qui appartient au rhythme.

RHYTMOPÉE, s. f. Partie de la musique qui contient les règles du rhythme.

RI, s. m. Com. du dép. de l'Orne, cant. de Putanges, arr. d'Argentan. = Argentan.

RIA, s. m. Com. du dép. des Pyrénées-Orientales, cant. et arr. de Prades. = Prades.

RIAILLÉ, s. m. Com. du dép. de la Loire-Inférieure, chef-lieu, de cant. de l'arr. d'Ancenis. Bur. d'enregist. à St.-Mars-la-Jaille. = Ancenis. Forges.

RIALET (le), s. m. Com. du dép. du Tarn, cant. de Mazamet, arr. de Castres. = Mazamet.

RIANS, s. m. Com. du dép. du Cher, cant. des Aix-d'Angilon, arr. de Bourges. = Henrichemont.

RIANS, s. m. Com. du dép. du Var, cant. de Ginasservis, arr. de Brignoles. Bur. d'enregist. = Barjols. Fabr. de bonneterie; tuilerie.

RIANT, E, adj. Gracieux, qui marque de la gaieté, de la joie; visage riant. —, agréable à la vue, et fig, à l'esprit; aspect riant, idées riantes. Dents — ou rieuses, dents incisives qu'on découvre quand on rit.

RIANTEC, s. m. Com. du dép. du Morbihan, cant. de Port-Louis, arr. de Lorient. = Port-Louis.

RIAUCOURT, s. m. Com. du dép. de la Haute-Marne, cant. et arr. de Chaumont. = Chaumont-en-Bassigny.

RIAULE, s. f. Outil de mineur, d'ouvrier qui travaille aux mines.

RIAVILLE, s. f. Com. du dép. de la Meuse, cant. de Fresnes-en-Wœvre, arr. de Verdun. = Etain.

RIBADOQUIN, s. m. Ancienne pièce d'artillerie.

RIBAGNAC, s. m. Com. du dép. de la Dordogne, cant. de Cunèges, arr. de Bergerac. = Bergerac.

RIBAMBELLE, s. f. Longue suite, kyrielle. T. fam.

RIBARROUY, s. m. Com. du dép. des Basses-Pyrénées, cant. de Garlin, arr. de Pau. = Pau.

RIBAUCOURT, s. m. Com. du dép. de la Meuse, cant. de Montier-sur-Saulx, arr. de Bar-le-Duc. = Ligny.

RIBAUD, E, s. et adj. Luxurieux, impudique. T. fam. (Vi.)

RIBAUDEQUIN, s. m. Ancienne machine de guerre pour lancer des javelots, des dards.

RIBAUDERIE, s. f. Divertissement de ribaud. T. fam. (Vi.)

RIBAUDS, s. m. pl. Gardes royaux sous le règne de Philippe-Auguste.

RIBAUDURE, s. f. Faux pli ou bourrelet. T. de manuf.

RIBAUTE, s. f. Com. du dép. de l'Aude, cant. de la Grasse, arr. de Carcassonne. = la Grasse.

RIBAUTE, s. f. Com. du dép. du Gard, cant. d'Anduze, arr. d'Alais. = Anduze.

RIBAY (le), s. m. Com. du dép. de la Mayenne, cant. du Horps, arr. de Mayenne. Bur. de poste.

RIBE, s. f. Machine pour broyer le chanvre, le lin. —, pl. Groseilles rouges.

RIBEAUCOURT, s. m. Com. du dép. de la Somme, cant. de Domart, arr. de Doullens. = Flixecourt.

RIBEAUVILLE, s. f. Com. du dép. de l'Aisne, cant. de Wasigny, arr. de Vervins. = Guise.

RIBEAUVILLÉ, s. m. Petite ville du dép. du Haut-Rhin, chef-lieu de cant. de l'arr. de Colmar. Bur. d'enregist. = Colmar. Fabr. de toiles de coton ; fonderie de cloches.

RIBÉCOURT, s. m. Com. du dép. du Nord, cant. de Marcoing, arr. de Cambrai. = Cambrai.

RIBÉCOURT, s. m. Com. du dép. de l'Oise, chef-lieu de cant. de l'arr. de Compiègne. Bur. d'enregist. et de poste.

RIBELIER, s. m. Arbre de la pentandrie, cinquième classe des végétaux. T. de bot.

RIBEMONT, s. m. Petite ville du dép. de l'Aisne, chef-lieu de cant. de l'arr. de St.-Quentin. Bur. d'enregist. = St.-Quentin. Fabr. de batistes, toiles claires, calicots. Patrie de Condorcet.

RIBEMONT, s. m. Com. du dép. de la Somme, cant. de Corbie, arr. d'Amiens. = Corbie.

RIBENNES, s. f. Com. du dép. de la Lozère, cant. de St.-Amans, arr. de Mende. = Mende.

RIBÉRAC, s. m. Petite ville du dép. de la Dordogne, chef-lieu de sous-préf. et de cant. ; trib. de 1re inst. ; conserv. des hypoth. ; direct. des contrib. indir. ; recev. partic. des finances ; bur. d'enregist. et de poste. Comm. de grains.

RIBERPRÉ, s. m. Com. du dép. de la Seine-Inférieure, cant. de Forges, arr. de Neufchâtel. = Forges.

RIBES, s. f. Com. du dép. de l'Ar-dèche, cant. de Joyeuse, arr. de Largentière. = Joyeuse.

RIBETTE, s. f. Groseillier rouge. T. de bot.

RIBEUF, s. m. Com. du dép. de la Seine-Inférieure, cant. d'Offranville, arr. de Dieppe. = Dieppe.

RIBEYRET, s. m. Com. du dép. des Hautes-Alpes, cant. de Rosans, arr. de Gap. = Serre.

RIBIERS, s. m. Com. du dép. des Hautes-Alpes, chef-lieu de cant. de l'arr. de Gap. Bur. d'enregist. = Sisteron. Taillanderie, filature de soie, fabr. de cadis.

RIBIGUE, s. f. Village du dép. de la Haute-Garonne, cant. de Castanet, arr. de Toulouse. = Toulouse.

RIBLETTE, s. f. Tranche de viande mince, qu'on fait cuire sur le gril ; omelette au lard.

RIBLEUR, s. m. Coureur de mauvais lieux, filou. T. fam.

RIBORD, s. m. Bordage le plus voisin de la quille. T. de mar.

RIBORDAGE, s. m. Dommage causé par le choc de deux navires, bord à bord ; indemnité pour ce dommage. T. de mar.

RIBOT, s. m. Bat-à-beurre.

RIBOTE, s. f. Orgie, débauche de table. Faire —, boire, se divertir. T. fam.

RIBOTER, v. n. Faire ribote. T. fam.

RIBOTEUR, EUSE, s. Ivrogne, qui se met fréquemment en ribote. T. fam.

RIBOUISSE, s. f. Com. du dép. de l'Aude, cant. de Fanjeaux, arr. de Castelnaudary. = Castelnaudary.

RIBOUX, s. m. Com. du dép. du Var, cant. du Beausset, arr. de Toulon. = le Beausset.

RICANEMENT, s. m. Action de ricaner.

RICANER, v. n. Rire à demi par malice ou bêtise.

RICANERIE, s. f. Ris moqueur, impertinent, injurieux.

RICANEUR, EUSE, s. Celui, celle qui a l'impertinente habitude de ricaner.

RIC-À-RIC, adv. Avec une exactitude rigoureuse ; petit à petit. T. fam.

RICARVILLE, s. f. Com. du dép. de la Seine-Inférieure, cant. d'Envermeu, arr. de Dieppe. = Dieppe.

RICARVILLE, s. f. Com. du dép. de la Seine-Inférieure, cant. de Fauville, arr. d'Yvetot. = Fauville.

RICAUD, s. m. Com. du dép. de l'Aude, cant. et arr. de Castelnaudary. = Castelnaudary.

RICAUD, s. m. Com. du dép. des

Hautes-Pyrénées, cant. de Tournay, arr. de Tarbes. = Tarbes.

RICCIE, s. f. Plante aquatique. T. de bot.

RICEYS (les), s. m. pl. Com. du dép. de l'Aube, chef-lieu de cant. de l'arr. de Bar-sur-Seine. Bur. d'enregist. et de poste.

Cette com. est formée de trois villages réunis, Riceys-Haut, Riceys-Bas et Riceys-Haute-Rive; elle est située sur la Laigne, qui arrose les excellens vignobles qui l'entourent. Tanneries et teintureries. Comm. de moutons.

RICH, s. m. Espèce de loup cervier du nord de l'Europe, qui donne une très belle fourrure; sorte de lapin.

RICHARD, E, s. Personne fort riche.
—, insecte coléoptère, bupreste. T. d'hist. nat.

RICHARDIE, s. f. Plante rubiacée. T. de bot.

RICHARDMÉNIL, s. m. Com. du dép. de la Meurthe, cant. de St.-Nicolas-du-Port, arr. de Nancy. = Nancy.

RICHARVILLE, s. f. Com. du dép. de Seine-et-Oise, cant. de Dourdan, arr. de Rambouillet. = Dourdan.

RICHE, s. m. et adj. Opulent, qui a beaucoup de biens. —, abondant, fertile; riche moisson. —, de grand prix, magnifique; riche ameublement. —, orné, paré. Taille —, au-dessus de la médiocre, bien proportionnée. —, fécond en idées, en images; style riche. T. de littér. Rime —, plus que suffisante. T. de poés. Langue —, abondante en mots, en locutions, etc. — parti, personne richement dotée.

RICHE (la), s. f. Com. du dép. d'Indre-et-Loire, cant. et arr. de Tours. = Tours.

RICHE, s. m. Com. du dép. de la Meurthe, cant. et arr. de Château-Salins. = Château-Salins.

RICHEBOURG, s. m. Com. du dép. de la Haute-Marne, cant. d'Arc-en-Barrois, arr. de Chaumont. = Château-Vilain.

RICHEBOURG, s. m. Com. du dép. de Seine-et-Oise, cant. de Houdan, arr. de Mantes. = Houdan.

RICHEBOURG-L'AVOUÉ, s. m. Com. du dép. du Pas-de-Calais, cant. de Cambrin, arr. de Béthune.=Béthune.

RICHEBOURG-ST.-VAAST, s. m. Com. du dép. du Pas-de-Calais, cant. de Cambrin, arr. de Béthune. = Béthune.

RICHECOURT, s. m. Com. du dép. de l'Aisne, cant. de Crécy-sur-Serre, arr. de Laon. = la Fère.

RICHECOURT, s. m. Com. du dép. de la Meuse, cant. de St.-Mihiel, arr. de Commercy. = St.-Mihiel.

RICHE-DÉPOUILLE, s. f. Variété d'oranger.

RICHÉE, s. f. Arbuste de la Nouvelle-Hollande, plante voisine de la craspédie. T. de bot.

RICHÉIE, s. m. Arbrisseau de l'île de Madagascar. T. de bot.

RICHELIEU, s. m. Ville du dép. d'Indre-et-Loire, chef-lieu de cant. de l'arr. de Chinon. Bur. de poste.

Cette ville est entourée d'excellens vignobles. Fabr. de grosses draperies; teintureries. Comm. de vins blancs, eaux-de-vie, huile de noix, blés, etc.

RICHELING, s. m. Com. du dép. de la Moselle, cant. de Sarralbe, arr. de Sarreguemines. = Sarreguemines.

RICHEMENT, adv. D'une manière riche, opulemment, magnifiquement.
—, excessivement. T. fam. Rimer —, n'employer que des rimes riches. T. de poés.

RICHEMONT, s. m. Com. du dép. de la Charente, cant. et arr. de Cognac.= Cognac.

RICHEMONT, s. m. Com. du dép. de la Moselle, cant. et arr. de Thionville. = Thionville.

RICHEMONT, s. m. Com. du dép. de la Seine-Inférieure, cant. de Blangy, arr. de Neufchâtel. = Aumale.

RICHERENCHES, s. m. Com. du dép. de Vaucluse, cant. de Valréas, arr. d'Orange. = Valréas.

RICHERIE, s. f. Arbre de la polygamie, vingt-troisième classe des végétaux. T. de bot.

RICHESSE, s. f. Divinité poétique, fille du Travail et de l'Epargne, qu'on représente sous la figure d'une femme magnifiquement vêtue, couverte de pierreries, et tenant dans sa main une corne d'abondance. T. de myth. —, biens, fortune, opulence; éclat, magnificence.
—, pl. Possessions, grands biens.

RICHET, s. m. Com. du dép. des Landes, cant. de Pissos, arr. de Mont-de-Marsan. = Lipostey.

RICHEVAL, s. m. Com. du dép. de la Meurthe, cant. de Réchicourt-le-Château, arr. de Sarrebourg. = Blamont.

RICHEVILLE, s. f. Com. du dép. de l'Eure, cant. d'Etrépagny, arr. des Andelys. = Tilliers-en-Vexin.

RICHISSIME, adj. Extrêmement riche.

RICHTOLSHEIM, s. m. Com. du dép. du Bas-Rhin, cant. de Marckolsheim, arr. de Schélestadt. = Marckolsheim

RICHWILLER, s. m. Com. du dép. du Haut-Rhin, cant. de Mulhausen, arr. d'Altkirch. = Mulhausen.

RICIN, s. m. Palma-christi, plante du genre des tithymaloïdes dont on tire une huile purgative, et dont la racine brûlée sent le musc. T. de bot. —, genre d'insectes parasites. T. d'hist nat.

RICINELLE, s. f. Genre de plantes tithymaloïdes. T. de bot.

RICINOCARPE, s. m. Arbrisseau tithymaloïde. T. de bot.

RICINOÏDE, s. f. Noix des Barbades, îles des Antilles.

RICINUS, s. m. Dent de poisson pétrifiée. T. d'hist. nat.

RICOCHET, s. m. Bond d'une pierre plate lancée horizontalement sur l'eau. —, bond que fait un boulet de canon. —, action, discours saccadé. Fig. et fam. Par —, par circuit, par contrecoup, indirectement. —, petit oiseau qui répète son ramage.

RICOCHON, s. m. Apprenti monnayeur.

RICOTIE, s. f. Plante crucifère. T. de bot.

RICOURT, s. m. Com. du dép. du Gers, cant. de Marciac, arr. de Mirande. = Marciac.

RICQUEBOURG, s. m. Com. du dép. de l'Oise, cant. de Ressons, arr. de Compiègne. = Compiègne.

RICQUIER (St.-), s. m. Petite ville du dép. de la Somme, cant. d'Ailly-le-Haut-Clocher, arr. d'Abbeville. = Abbeville.

RICRANGE, s. m. Com. du dép. de la Moselle, cant. de Boulay, arr. de Metz. = Boulay.

RIDAINS, s. m. pl. Elévations au fond de la mer. T. de pêch.

RIDE, s. f. Sillon, sorte de pli sur le front et le visage qui atteste la puissance du temps sur notre organisation; se dit fig. de l'eau, quand sa surface est légèrement agitée par le zéphir. —, petit cordage qui sert à raidir un plus gros. T. de mar. —, pl. Stries irrégulières sur la robe d'une coquille. T. d'hist. nat.

RIDÉ, E, part. Sillonné par des rides; visage ridé. —, voy. RUGUEUX. T. de bot.

RIDEAU, s. m. Morceau de mousseline, de soie, auquel sont attachés des anneaux enfilés dans une tringle, pour garnir un lit, une fenêtre. —, ce qui borne la vue. Fig. Tirer le — sur une chose, n'en plus parler. Derrière le —, en secret. —, petit tertre derrière lequel on peut se cacher; mur pour soutenir le pied d'un talus, d'une berge.

RIDÉES, s. f. pl. Fumées d'un vieux cerf. T. de véner.

RIDELLE, s. f. L'un des côtés d'une charrette en forme de râtelier.

RIDER, v. a. Sillonner, plisser, produire des rides. —, poursuivre sans aboyer, en parlant des chiens. T. de véner. — une voile, la raccourcir avec des ris. T. de mar. Se —, v. pron. Devenir ridé; se faire des rides.

RIDES, s. f. Com. du dép. de Lot-et-Garonne, cant. de Prayssas, arr. d'Agen. = Agen.

RIDICULE, s. m. Forme extérieure de ce qui est déraisonnable, de ce qui est digne de risée. —, petit sac que les dames portent à la main et qui leur tient lieu de poches. —, adj. Digne de risée, de moquerie; se dit des personnes et des choses.

RIDICULEMENT, adv. D'une manière ridicule.

RIDICULISÉ, E, part. Tourné en ridicule.

RIDICULISER, v. a. Rendre ridicule; tourner en ridicule. Se —, v. pron. Se rendre ridicule. Se —, v. récip. Se tourner mutuellement en ridicule.

RIDICULISSIME, adj. Très ridicule.

RIDICULITÉ, s. f. Caractère de ce qui est ridicule; action, parole, chose ridicule.

RIÉ, s. m. Petite île du dép. de la Vendée, cant. de St.-Gilles-sur-Vie, arr. des Sables-d'Olonne. Bur. de poste. On y remarque deux villages, Notre-Dame-de-Rié et St.-Hilaire.

RIEBLE, s. m, Voy. GRATERON.

RIEC, s. m. Com. du dép. du Finistère, cant. de Pont-Aven, arr. de Quimperlé. = Quimperlé. Comm. de grains.

RIEDERMORSCHWILLER, s. m. Com. du dép. du Haut-Rhin, cant. de Mulhausen, arr. d'Altkirch. = Mulhausen.

RIEDHEIM, s. m. Com. du dép. du Bas-Rhin, cant. de Bouxwiller, arr. de Saverne. = Saverne.

RIEDISHEIM, s. m. Com. du dép. du Bas-Rhin, cant. d'Habsheim, arr. d'Altkirch. = Mulhausen.

RIEDSELTZ, s. m. Com. du dép. du Bas-Rhin, cant. et arr. de Wissembourg. = Lauterbourg.

RIEDWIHR, s. m. Com. du dép. du Haut-Rhin, cant. d'Andolsheim, arr. de Colmar. = Colmar.

RIEL-LES-EAUX, s. m. Com. du dép. de la Côte-d'Or, cant. de Montigny-sur-Aube, arr. de Châtillon. = Châtillon-sur-Seine.

RIEN, s. m. Néant, nulle chose. —, peu de chose ; il a acheté cette maison pour rien. —, quelque chose ; a-t-on vu rien de plus misérable que nos procès politiques ? —, pl. Bagatelles, vétilles ; choses de nulle valeur.

RIENCOURT, s. m. Com. du dép. de la Somme, cant. de Molliens-Vidame, arr. d'Amiens. = Picquigny.

RIENCOURT - LES - CAGNICOURT, s. m. Com. du dép. du Pas-de-Calais, cant. de Vitry, arr. d'Arras. = Arras.

RIENCOURT-LEZ-BAPAUME, s. m. Com. du dép. du Pas-de-Calais, cant. de Bapaume, arr. d'Arras. = Bapaume.

RIENCURTIE, s. f. Plante herbacée. T. de bot.

RIEREVESCEMONT, s. m. Com. du dép. du Haut-Rhin, cant. de Giromagny, arr. de Belfort. = Belfort.

RIESPACH, s. m. Com. du dép. du Haut-Rhin, cant. d'Hirsingue, arr. d'Altkirch. = Altkirch.

RIEUCAZÉ, s. m. Com. du dép. de la Haute-Garonne, cant. et arr. de St.-Gaudens. = St.-Gaudens.

RIEUCROS, s. m. Com. du dép. de l'Ariège, cant. de Mirepoix, arr. de Pamiers. = Mirepoix.

RIEUL (St.-), s. m. Com. du dép. des Côtes-du-Nord, cant. de Lamballe, arr. de St.-Brieuc. — Lamballe.

RIEULAIX, s. m. Com. du dép. du Nord, cant. de Marchiennes, arr. de Douai. = Marchiennes.

RIEUMAJOU, s. m. Com. du dép. de la Haute-Garonne, cant. et arr. de Villefranche. = Villefranche.

RIEUMES, s. f. Petite ville du dép. de la Haute-Garonne, chef-lieu de cant. de l'arr. de Muret. Bur. d'enregist. = Muret. Fabr. de toiles.

RIEUPEYROUX, s. m. Com. du dép. de l'Aveyron, chef-lieu de cant. de l'arr. de Villefranche. Bur. d'enregist. = Villefranche-de-Rouergue.

RIEUR, EUSE, s. et adj. Celui, celle qui aime à rire ; railleur, moqueur. —, oiseau du Mexique dont le cri ressemble à un éclat de rire. T. d'hist. nat.

RIEUSSEC, s. m. Com. du dép. de l'Hérault, cant. et arr. de St.-Pons. = St.-Pons.

RIEUTORT, s. m. Com. du dép. de la Lozère, cant. de St.-Amans, arr. de Mende. = Mende. Fabr. de serges.

RIEUX, s. m. pl. Cibaudières. T. de pêch.

RIEUX, s. m. Com. du dép. de l'Ariège, cant. de Varilles, arr. de Pamiers. = Pamiers.

RIEUX, s. m. Petite ville du dép. de la Haute-Garonne, chef-lieu de cant. de l'arr. de Muret. Bur. d'enregist. et de poste. Fabr. de draps et de chapeaux ; briqueterie.

RIEUX, s. m. Com. du dép. de la Marne, cant. de Montmirail, arr. d'Epernay. = Montmirail.

RIEUX, s. m. Com. du dép. du Morbihan, cant. d'Allaire, arr. de Vannes. = Redon. Fabr. de poterie de terre.

RIEUX, s. m. Com. du dép. de l'Oise, cant. de Liancourt, arr. de Clermont. = Beauvais.

RIEUX, s. m. Com. du dép. de la Seine-Inférieure, cant. de Blangy, arr. de Neufchâtel. = Blangy.

RIEUX-EN-VAL, s. m. Com. du dép. de l'Aude, cant. de la Grasse, arr. de Carcassonne. = la Grasse.

RIEZ, s. m. Petite ville du dép. des Basses-Alpes, chef-lieu de cant. de l'arr. de Digne. Bur. d'enregist. et de poste. Cette ville est située au milieu de riches vignobles sur la petite rivière d'Auvertre. Tanneries. Fabr. de cadis. Comm. de vins, fruits et huile d'olives.

RIFET, s. m. Coquille du genre des toupies. T. d'hist. nat.

RIFLARD, s. m. Longue laine sans apprêt. —, gros rabot. T. de menuis. —, ciseau dentelé. T. de maç.

RIFLÉ, E, part. Limé, adouci avec le rifloir. T. d'arts et mét.

RIFLEAU, s. m. Veine de matières étrangères, inclinée au sud. T. d'ardoisier.

RIFLER, v. a. Limer, adoucir avec le rifloir. T. d'arts et mét.

RIFLOIR, s. m. Sorte de lime recourbée. T. d'arts et mét.

RIGA, s. f. Ville maritime fortifiée de l'empire de Russie, sur la Dvina, chef-lieu d'un gouvernement. Cette ville, située dans une contrée fertile, fait un commerce très considérable de grains, chanvre, lin, mâts et bois de construction navale. Elle possède un palais impérial, deux arsenaux, un hôpital militaire, lycée, gymnase, etc. Pop. 40,000 hab. env.

RIGARDA, s. f. Com. du dép. des Pyrénées-Orientales, cant. de Vinça, arr. de Prades. = Perpignan.

RIGAUX, s. m. pl. Espèce de noyaux dans les pierres à chaux mal calcinées.

RIGIDE, adj. Exact, sévère, austère ; personne, morale rigide.

RIGIDEMENT, adv. Avec rigidité.

RIGIDITÉ, s. f. Exactitude rigoureuse, sévérité austère de mœurs. —, raideur, constriction. T. de méd.

RIGNAC, s. m. Com. du dép. de l'Aveyron, chef-lieu de cant. de l'arr. de Rodez. Bur. d'enregist. et de poste.

RIGNAC, s. m. Com. du dép. du Gers, cant. et arr. de Lectoure. = Lectoure.

RIGNAC, s. m. Village du dép. du Lot, cant. de Martel, arr. de Gourdon. = Souillac.

RIGNAT, s. m. Com. du dép. de l'Ain, cant. de Pont-d'Ain, arr. de Bourg. = Pont-d'Ain.

RIGNAUCOURT, s. m. Com. du dép. de la Meuse, cant. de Vaubecourt, arr. de Bar-le-Duc. = Verdun-sur-Meuse.

RIGNÉ, s. m. Com. du dép. de Maine-et-Loire, cant. et arr. de Baugé. = Baugé.

RIGNEUX-LE-FRANC, s. m. Com. du dép. de l'Ain, cant. de Meximieux, arr. de Trévoux. = Meximieux.

RIGNEY, s. m. Com. du dép. du Doubs, cant. de Marchaux, arr. de Besançon. = Besançon. Fabr. d'outils aratoires.

RIGNOSOT, s. m. Com. du dép. du Doubs, cant. de Marchaux, arr. de Besançon. = Besançon.

RIGNOVELLE, s. f. Com. du dép. de la Haute Saône, cant. de Luxeuil, arr. de Lure. = Luxeuil.

RIGNY, s. m. Com. du dép. d'Indre-et-Loire, cant. d'Azay-le-Rideau, arr. de Chinon. = Chinon.

RIGNY, s. m. Com. du dép. de la Haute-Saône, cant. d'Autrey, arr. de Gray. = Gray.

RIGNY, s. m. Com. du dép. des Deux-Sèvres, cant. de Thouars, arr. de Bressuire. = Thouars.

RIGNY - LA - NONEUSE ou ST. - PIERRE-DE-BOSSENAY, s. m. Com. du dép. de l'Aube, cant. de Marcilly-le-Hayer, arr. de Nogent-sur-Seine. = Nogent-sur-Seine.

RIGNY-LA-SALLE, s. m. Com. du dép. de la Meuse, cant. de Vaucouleurs, arr. de Commercy. = Vaucouleurs.

RIGNY-LE-FERRON, s. m. Com. du dép. de l'Aube, cant. d'Aix-en-Othe, arr. de Troyes. = Villeneuve. Fabr. d'étoffes de laine et de bonneterie. Comm. de vins.

RIGNY-ST.-MARTIN, s. m. Com. du dép. de la Meuse, cant. de Vaucouleurs, arr. de Commercy. = Vaucouleurs.

RIGNY-SUR-ARROUX, s. m. Com. du dép. de Saône-et-Loire, cant. de Gueugnon, arr. de Charolles. = Digoin.

RIGODON ou RIGAUDON, s. m. Air à deux temps, très vif; danse sur cet air.

RIGOLE, s. f. Petit fossé, petit conduit creusé dans la terre ou dans la pierre pour l'écoulement des eaux. —, petite tranchée pour planter des bordures de buis, etc.

RIGOLER, v. a. et n. Faire des rigoles. T. de jard. Se —, v. pron. Se réjouir. (Vi.)

RIGOMMER-DES-BOIS (St.-), s. m. Com. du dép. de la Sarthe, cant. de Fresnaye, arr. de Mamers. = Alençon.

RIGORISME, s. m. Morale d'une sévérité outrée; affectation de rigidité; austérité excessive.

RIGORISTE, s. et adj. Qui est d'une sévérité excessive en morale.

RIGOTEAU, s. m. Tuile fendue en travers. T. de couvreur.

RIGOUREUSEMENT, adv. Avec rigueur, sévérité, dureté. —, incontestablement, indubitablement.

RIGOUREUX, EUSE, adj. Très sévère dans sa conduite, ses principes, ses jugemens. —, inflexible, rigide jusqu'à la dureté envers les autres; qui ne pardonne rien, ne relâche rien de ses droits. —, en parlant des choses, sévère; arrêt rigoureux. —, dur, âpre; froid rigoureux. Démonstration —, sans réplique. Diète —, diète absolue. T. de méd.

RIGUEPEU, s. m. Com. du dép. du Gers, cant. de Vic-Fezensac, arr. d'Auch. = Vic-Fezensac.

RIGUEUR, s. f. Sévérité dure, inflexible. —, état de gêne, d'anxiété. —, excessive austérité, exactitude scrupuleuse; sévérité de la justice, etc. —, inclémence, âpreté; rigueur des hivers. De —, adv. Indispensable. A la —, à la lettre, sans modification, avec une extrême exactitude; avec rigueur.

RILHAC - LASTOURS, s. m. Com. du dép. de la Haute-Vienne, cant. de Nexon, arr. de St.-Yrieix. = Limoges.

RILHAC-RANCON, s. m. Com. du dép. de la Haute-Vienne, cant. d'Ambazac, arr. de Limoges. = Limoges.

RILHAC-XAINTRIE, s. m. Com. du dép. de la Corrèze, cant. de Servières, arr. de Tulle. = Tulle.

RILLANS, s. m. Com. du dép. du Doubs, cant. de Rougemont, arr. de Baume. = Baume.

RILLE (la), s. f. Rivière qui prend sa source dans le dép. de l'Orne, à St.-Vaudrille, et se jette dans la Seine à la

Roques; son cours est d'environ 30 l. Elle est navigable depuis Pont-Audemer jusqu'à son embouchure.

RILLÉ, s. m. Com. du dép. d'Indre-et-Loire, cant. de Château-la-Vallière, arr. de Tours. = Langeais.

RILLIEU, s. m. Com. du dép. de l'Ain, cant. de Montluel, arr. de Trévoux. = Lyon.

RILLY, s. m. Com. du dép. d'Indre-et-Loire, cant. de l'Isle-Bouchard, arr. de Chinon. = l'Isle-Bouchard.

RILLY, s. m. Com. du dép. de Loir-et-Cher, cant. de Montrichard, arr. de Blois. = Blois.

RILLY, s. m. Com. du dép. de la Marne, cant. Verzy, arr. de Reims. = Reims.

RILLY-AUX-OIES, s. m. Com. du dép. des Ardennes cant. d'Attigny, arr. de Vouziers. = Attigny.

RILLY-ST.-SYRE, s. m. Com. du dép. de l'Aube, cant. de Méry-sur-Seine, arr. d'Arcis-sur-Aube. = Méry-sur-Seine.

RIMAILLE, s. f. Mauvais vers, mauvaise pièce de poésie. T. fam.

RIMAILLER ou RIMASSER, v. n. Rimer péniblement, en dépit du bon sens, avoir la ridicule manie de faire de mauvais vers.

RIMAILLEUR, s. m. Insipide rimeur, plat versificateur. T. inus.

RIMAUCOURT, s. m. Com. du dép. de la Haute-Marne, cant. d'Andelot, arr. de Chaumont. = Andelot.

RIMAY (St.-), s. m. Com. du dép. de Loir-et-Cher, cant. de Montoire, arr. de Vendôme. = Montoire.

RIMBACH, s. m. Com. du dép. du Haut-Rhin, cant. de Massevaux, arr. de Belfort. = Belfort.

RIMBACH, s. m. Com. du dép. du Haut-Rhin, cant. de Guebwiller, arr. de Colmar. = Ruffach.

RIMBACH-ZELL, s. m. Com. du dép. du Haut-Rhin, cant. de Guebwiller, arr. de Colmar. = Ruffach.

RIMBÉS-ET-BAUDIETS, s. m. Com. du dép. des Landes, cant de Gabarret, arr. de Mont-de-Marsan. = Mont-de-Marsan.

RIMBOVAL, s. m. Com. du dép. du Pas-de-Calais, cant. de Fruges, arr. de Montreuil. = Fruges.

RIME, s. f. Uniformité, accord de sons dans la terminaison de deux mots; consonnance. —, poésie, versification. Fig.

RIMÉ, E, part. Mis en vers.

RIMEIZE, s. m. Com. du dép. de la Lozère, cant. de St-Chély, arr. de Marvejols. = St.-Chély.

RIMELING, s. m. Com. du dép. de la Moselle, cant. de Volmunster, arr. de Sarreguemines. = Sarreguemines.

RIMELING, s. m. Com. du dép. de la Moselle, cant. de Sierck, arr. de Thionville. = Bouzonville.

RIMER, v. a. Faire consonner les mots qui terminent deux vers.—, mettre en vers; rimer un conte. —, v. n. Faire des vers; se terminer par le même son, en parlant des mots. —, s'accorder, avoir du rapport avec quelque chose; cela ne rime à rien. Fig.

RIMEUR, s. m. Poëte. — à la douzaine, rimailleur, mauvais poëte. T. iron.

RIMOGNE, s. m. Com. du dép. des Ardennes, cant. et arr. de Rocroi. = Mézières.

RIMON, s. m. Com. du dép. de la Drôme, cant. de Saillans, arr. de Die. = Saillans.

RIMONDEIX, s. m. Com. du dép. de la Creuse, cant. de Jarnages, arr. de Boussac. = Gouzon.

RIMONS, s. m. Com. du dép. de la Gironde, cant. de Monségur, arr. de la Réole. = la Réole.

RIMONT, s. m. Com. du dép. de l'Ariège, cant. et arr. de St.-Girons. = St.-Girons.

RIMOU, s. m. Com. du dép d'Ille-et-Vilaine, cant. d'Antrain, arr. de Fougères. = Antrain.

RIMSDORFF, s. m. Com. du dép. du Bas-Rhin, cant. de Saar-Union, arr. de Saverne. = Sarrewerden.

RIMULE, s. f. Petite fente. T. d'hist. nat.

RINCÉ, E, part. Nettoyé en lavant. —, mouillé; réprimandé; battu. T. fam.

RINCEAU, s. m. Ornement de feuillages. T. d'arch. et de sculp.

RINCÉE, s. f. Frottée, coups; donner une rincée. T. fam.

RINCER, v. a. Nettoyer en lavant et en frottant; rincer des verres, des tasses. — sa bouche, ou se — la bouche, v. pron. Agiter un liquide dans sa bouche pour la nettoyer. —, donner une frottée, battre. T. fam.

RINÇOIR, s. m. Vase pour rincer. T. de pap.

RINÇURE, s. f. Eau dont on s'est servi pour rincer.

RINGARD, s. m. Barre de fer qui sert à manier de grosses pièces, à remuer le charbon. T. de forgeron.

RINGEAU ou RINGEOT, s. m. Extrémité de la quille où commence l'étrave. T. de mar.

RINGELDORF, s. m. Com. du dép. du Bas-Rhin, cant. de Hochfelden, arr. de Saverne. = Saverne.

RINGENDORF, s. m. Com. du dép. du Bas-Rhin, cant. de Hochfelden, arr. de Saverne. = Saverne.

RINGRAVE, s. m. Voy. RHINGRAVE.

RINHAC, s. m. Village du dép. du Lot, cant. de Gramat, arr. de Gourdon. = Gramat.

RINORE, s. m. Vinétier de l'île de Cayenne. T. de bot.

RINXEN, s. m. Com. du dép. du Pas-de-Calais, cant. de Marquise, arr. de Boulogne. = Marquise.

RIOCAUD-ET-STE.-CROIX, s. m. Com. du dép. de la Gironde, cant. de Ste.-Foi-la-Grande, arr. de Libourne. = Ste.-Foi.

RIO-JANEIRO, s. m. Ville capitale de l'empire du Brésil, siége du gouvernement. Cette ville possède divers établissemens scientifiques, des manufactures, des fabriques et fait un commerce considérable. Pop. 100,000 hab. environ.

RIOLANISTE, s. m. Muscle fléchisseur de la cuisse, ainsi nommé de Riolan, célèbre anatomiste de Paris, qui paraît être le premier qui en ait donné une bonne description. Voy. PECTINÉ. T. d'anat.

RIOLAS, s. m. Com. du dép. de la Haute-Garonne, cant. de l'Isle-en-Dodon, arr. de St.-Gaudens. = l'Isle-en-Dodon.

RIOLÉ, E, adj. Rayé. T. inus.

RIOLS, s. m. Com. du dép. de l'Hérault, cant. et arr. de St.-Pons. = St.-Pons. Manuf. de draps.

RIÓLS (le), s. m. Com. du dép. du Tarn, cant. de Vaour, arr. de Gaillac. = Cordes.

RIOM, s. m. Petite ville du dép. du Cantal, chef-lieu de cant. de l'arr. de Mauriac. = Bort. Bur. d'enregist.

RIOM, s. m. Ville du dép. du Puy-de-Dôme, chef-lieu de sous-préf. et de cant. Cour royale; trib. de 1re inst. et de comm.; conserv. des hypoth.; direct. des contrib. indir.; recev. partic. des fin. Bur. d'enregist. et de poste. Pop., 13,000 hab. env. Fabr. de toiles; tanneries. Comm. d'eaux-de-vie, vins, blé, chanvre, huile, pâte d'abricots, etc.

RION, s. m. Com. du dép. des Landes, cant. de Tartas, arr. de St.-Sever. = Tartas.

RIONS, s. m. Com. du dép. de la Gironde, cant. de Cadillac, arr. de Bordeaux. = Cadillac.

RIONS, s. m. Com. du dép. de la Drôme, cant. du Buis, arr. de Nyons. = le Buis.

RIORGES, s. m. Com. du dép. de la Loire, cant. et arr. de Roanne. = Roanne.

RIOTER, v. n. Rire à demi. T. fam.

RIOTEUR, EUSE, s. Celui, celle qui riote sans cesse, qui ne fait que rioter. T. fam.

RIOTORD, s. m. Com. du dép. de la Haute-Loire, cant. de Montfaucon, arr. d'Yssingeaux. = Yssingeaux.

RIOU-ET-MARSON, s. m. Com. du dép. de Maine-et-Loire, cant. et arr. de Saumur. = Saumur.

RIOUX, s. m. Com. du dép. de la Charente-Inférieure, cant. de Gemozac, arr. de Saintes. = Nuaillé.

RIOUX-MARTIN, s. m. Com. du dép. de la Charente, cant. de Chalais, arr. de Barbezieux. = la Graulle.

RIOZ-ANTHON-ET-DOURNON, s. m. Petite ville du dép. de la Haute-Saône, chef-lieu de cant. de l'arr. de Vesoul. Bur. d'enregist. et de poste.

RIPAILLE, s. f. Grande chère, débauche de table; faire ripaille.

RIPAILLEUR, s. m. Homme goulu, baffreur, riboteur. T. fam. (Vi.)

RIPAROGRAPHE, s. m. Auteur léger, badin, qui écrit des bagatelles. T. inus.

RIPE, s. f. Grattoir de sculpteur, de maçon.

RIPÉ, E, part. Gratté avec la ripe.

RIPER, v. a. Gratter avec la ripe. —, v. n. Glisser. T. de mar.

RIPIPHORE, s. m. Genre d'insectes coléoptères. T. d'hist. nat.

RIPOGONE, s. m. Plante du genre des asparagoïdes. T. de bot.

RIPOIRE, s. f. Bout de corde composé de chanvre et de crins. T. de mar.

RIPONT, s. m. Com. du dép. de la Marne, cant. de Ville-sur-Tourbe, arr. de Ste.-Ménehould. = Ste.-Ménehould.

RIPOPÉ, s. m., ou RIPOPÉE, s. f. Mélange de vins, de liqueurs, de sauces que font les marchands de vin, les gargotiers. —, discours farci d'idées, d'expressions incohérentes. Fig. et fam.

RIPOSTE, s. f. Botte portée en parant. T. d'escr. —, repartie prompte, réponse vive et piquante pour repousser une raillerie. Fig.

RIPOSTÉ, E, part. Reparti vivement.

RIPOSTER, v. a. et n. Porter une botte après avoir paré celle de l'adversaire. T. d'escr. —, repartir vivement; repousser une injure. Fig.

RIPUAIRE, adj. Qui appartient aux

peuples qui habitaient les bords du Rhin et de la Meuse ; loi ripuaire.

RIQUEWIHR, s. m. Com. du dép. du Haut-Rhin, cant. de Kaysersberg, arr. de Colmar. = Colmar.

RIQUIER-D'HÉRICOURT (St.-), s. m. Com. du dép. de la Seine-Inférieure, cant. d'Ourville, arr. d'Yvetot. = Doudeville.

RIQUIER-EN-RIVIÈRE (St.-), s. m. Com. du dép. de la Seine-Inférieure, cant. de Blangy, arr. de Neufchâtel. = Blangy.

RIQUIER-ÈS-PLAINS (St.-), s. m. Com. du dép. de la Seine-Inférieure, cant. de St.-Valery, arr. d'Yvetot. = St.-Valery-en-Caux.

RIRAND (St.-), s. m. Com. du dép. de la Loire, cant. de St.-Haon-le-Châtel, arr. de Roanne. = Roanne.

RIRE, s. m. Voy. RIS.

RIRE, v. n. Eprouver subitement le sentiment d'une joie vive qui détermine le sang à se porter spontanément dans le diaphragme, lequel s'élevant et s'abaissant alternativement, va frapper le poumon d'où l'air, forcé de sortir et de s'échapper par la glotte, produit ces sons, ces éclats entrecoupés qui forment le ris. —, se divertir, se réjouir ; railler, se moquer ; plaisanter, badiner, ne pas parler, agir sérieusement. —, mépriser, faire peu de cas ; je ris de vos menaces. —, être agréable, plaire ; cette perspective rit à l'imagination. Se —, v. pron. Se moquer ; ne faire aucun cas, mépriser.

RI-RI-CAT, s. m. Arbrisseau de la Cochinchine. T. de bot.

RIS, s. m. Modification des muscles du visage, qui annonce le plaisir et la joie ; action de rire ; manière dont on rit. —, pl. Fils de la Gaieté qui accompagnent les Jeux et les Plaisirs. T. poét.

RIS, s. m. Glandule sous la gorge du veau. —, pl. Œillets pour passer les garcettes dans une voile ; bandes de toile qui traversent les huniers. T. de mar.

RIS, s. m. Com. du dép. de la Nièvre, cant. et arr. de Clamecy. = Clamecy.

RIS, s. m. Com. du dép. du Puy-de-Dôme, cant. de Châteldon, arr. de Thiers. = Thiers.

RIS, s. m. Com. du dép. des Hautes-Pyrénées, cant. de Bordères, arr. de Bagnères. = Arreau.

RISADE, s. f. Action d'assembler. T. de mar.

RISAVE, s. f. Zizanie des marais. T. de bot.

RISBAN, s. m. Terre-plein garni de canons pour la défense d'un port. T. de mar.

RISBERME, s. f. Fortification de fascinages et de grillages.

RISCLE, s. m. Petite ville du dép. du Gers, chef-lieu de cant. de l'arr. de Mirande. Bur. d'enregist. = Nogaro.

RISDALE, s. f. Voy. RIXDALE.

RISÉE, s. f. Grand éclat de rire de plusieurs personnes qui se moquent de quelqu'un ; raillerie, moquerie, persiflage. —, personne, objet dont on se rit ; être la risée du public.

RIS-ET-ORANGIS, s. m. Com. du dép. de Seine-et-Oise, cant. et arr. de Corbeil. Bur. de poste.

RISIBILITÉ, s. f. Faculté de rire.

RISIBLE, adj. Propre à faire rire, digne de risée. —, qui a la faculté de rire.

RISORIUS, s. m. Muscle canin, ainsi nommé parce qu'il se contracte quand on rit.

RISOUL, s. m. Com. du dép. des Hautes-Alpes, cant. de Guillestre, arr. d'Embrun. = Mont-Dauphin.

RISQUABLE, adj. Qu'on peut risquer, hasarder ; périlleux, hasardeux, où il y a du risque à courir.

RISQUE, s. m. Péril, danger, hasard. A tout —, à tout hasard. A ses — et périls, au hasard de perdre.

RISQUÉ, E, part. Exposé, hasardé.

RISQUER, v. a. et n. Exposer, hasarder, mettre en péril. —, courir le risque de...

RISSOA, s. m. Genre de coquilles univalves. T. d'hist. nat.

RISSOLE, s. f. Viande hachée dans de la pâte, et frite dans le beurre ou du sain doux. —, filet à mailles serrées. T. de pêch.

RISSOLÉ, E, part. Rôti, roussi.

RISSOLER, v. a. Rôtir un morceau de viande, etc., jusqu'à ce qu'il soit roux. —, v. n. et se —, v. pron. Devenir roux par l'action du feu.

RISSOLETTES, s. f. pl. Rôties de pain farci.

RISSON, s. m. Ancre à quatre bras. T. de mar.

RISTE-PERLE, s. f. Dauphinelle des bois. T. de bot.

RISTOLAS, s. m. Com. du dép. des Hautes-Alpes, cant. d'Aiguilles, arr. de Briançon. = Mont-Dauphin.

RIT ou RITE, s. m., pl. Rites. Ordre prescrit des cérémonies d'une religion, particulièrement du culte catholique.

RITBOK, s. m. Bouc des roseaux, poisson d'Afrique. T. d'hist. nat.

RITOURNELLE, s. f. Petite symphonie qui précède ou suit un chant. —, répétition fréquente dans le discours, retour des mêmes idées. Fig. et fam.

RITTERSHOFFEN, s. m. Com. du dép. du Bas-Rhin, cant. de Soultz-sous-Forêts, arr. de Wissembourg. = Wissembourg.

RITUALISTE, s. m. Auteur qui écrit sur les diverses cérémonies d'un culte.

RITUEL, s. m. Livre qui contient tout ce qui concerne le prêtre dans les cérémonies du culte.

RIUMAYOU, s. m. Com. du dép. des Basses-Pyrénées, cant. d'Arzacq, arr. d'Orthez. = Orthez.

RIVAGE, s. m. Bord de la mer, et poét., des fleuves, des rivières.

RIVAL, E, s. et adj. Qui aspire, prétend à la même chose qu'un autre; qui rivalise de gloire, de puissance. —, prétendant à la main d'une jeune personne, concurrent en amour.

RIVALISER, v. n. Disputer de gloire, de talent, de mérite, etc., avec quelqu'un.

RIVALITÉ, s. f. Concurrence, émulation.

RIVARENNES, s. f. Com. du dép. de l'Indre, cant. de St.-Gaultier, arr. du Blanc. = le Blanc.

RIVARENNES, s. f. Com. du dép. d'Indre-et-Loire, cant. d'Azay-le-Rideau, arr. de Chinon. = Azay-le-Rideau.

RIVAREYTE, s. f. Com. du dép. des Basses-Pyrénées, cant. de St.-Palais, arr. de Mauléon. = St.-Palais.

RIVAS, s. m. Com. du dép. de la Loire, cant. de St.-Galmier, arr. de Montbrison. = Chazelles.

RIVE, s. f. Bord de la mer, d'un lac, d'une rivière, rivage. —, bord d'un bois, —, bord de la chaîne. T. de manuf. de soie.

RIVÉ, E, part. Rabattu, aplati à coups de marteau.

RIVECOURT, s. m. Com. du dép. de l'Oise, cant. d'Estrées-St.-Denis, arr. de Compiègne. = Verberie.

RIVE-DE-GIER, s. m. Petite ville du dép. de la Loire, chef-lieu de cant. de l'arr. de St.-Etienne. Bur. d'enregist. et de poste. Exploitation de mines de houille considérables dont cette ville est entourée. Fabr. de rubans, fil, noir de fumée; forges, hauts-fourneaux, verreries importantes; four à chaux et à plâtre; distilleries d'eaux-de-vie.

RIVE-DE-GIER (canal de), s. m. Voy. GIVORS (canal de).

RIVEHAUTE, s. f. Com. du dép. des Basses-Pyrénées, cant. de Navarrenx, arr. d'Orthez. = Navarrenx.

RIVEL, s. m. Com. du dép. de l'Aude, cant. de Chalabre, arr. de Limoux. = Quillan. Fabr. de sonnettes pour les bestiaux et de petites cuves de sapin.

RIVENTOSA, s. f. Com. du dép. de la Corse, cant. de Serraggio, arr. de Corte. = Bastia.

RIVER, v. a. Rabattre et aplatir à coups de marteau une pointe qui dépasse. — les fers d'un peuple, affermir le despotisme. Fig.

RIVERAIN, E, s. et adj. Qui habite ou possède une propriété sur le bord d'une rivière, d'un bois, ou d'une autre propriété. Plantes —, plantes qui croissent sur le bord des rivières. T. de bot.

RIVERENERT, s. m. Com. du dép. de l'Ariège, cant. et arr. de St.-Girons. = St.-Girons.

RIVERIE, s. f. Com. du dép. du Rhône, cant. de Mornant, arr. de Lyon. = Lyon.

RIVERY, s. m. Com. du dép. de la Somme, cant. et arr. d'Amiens. = Amiens.

RIVES (les), s. f. pl. Com. du dép. de l'Hérault, cant. du Caylar, arr. de Lodève. = Lodève.

RIVES, s. f. Com. du dép. de l'Isère, chef-lieu de cant. de l'arr. de St.-Marcellin. Bur. d'enregist. à Tullins. Bur. de poste. Aciéries importantes, forges, papeteries.

RIVES, s. f. Com. du dép. de Lot-et-Garonne, cant. de Villeréal, arr. de Villeneuve. = Caraman.

RIVESALTES, s. f. Com. du dép. des Pyrénées-Orientales, chef-lieu de cant. de l'arr. de Perpignan. Bur. d'enregist. = Perpignan.

Cette ville est située au milieu de vignobles qui produisent des vins muscats fort estimés. Fabr. de lames d'épées; papeteries, distilleries d'eaux-de-vie.

RIVET, s. m. Pointe rivée d'un clou de fer à cheval. —, couture en fil. T. de cordonn. —, bord d'un toit qui se termine par un pignon. T. de couvr.

RIVETIER, s. m. Outil de cordonnier.

RIVIÈRE, s. f. Assemblage de ruisseaux qui forment un lit plus ou moins considérable, et perd son nom dans une autre rivière ou dans un fleuve. — de diamans, beau collier de gros diamans. Fig.

RIVIÈRE, s. f. Com. du dép. de l'Aveyron, cant. de Peyreleau, arr. de Milhau. = Milhau.

RIVIÈRE (la), s. f. Com. du dép. du

Doubs, cant. et arr. de Pontarlier. = Pontarlier. Moulins à farine, huile de lin, scieries hydrauliques, martinets pour les instrumens aratoires.

RIVIERE, s. f. Com. du dép. du Gers, cant. de Riscle, arr. de Mirande. = Aire-sur-l'Adour.

RIVIÈRE (la), s.f. Com. du dép. de la Gironde, cant. de Fronsac, arr. de Libourne. = Libourne.

RIVIÈRE (la), s. f. Com. du dép. d'Indre-et-Loire, cant. de l'Isle-Bouchard, arr. de Chinon. = Chinon.

RIVIÈRE (la), s. f. Com. du dép. de l'Isère, cant. de Tullins, arr. de St.-Marcellin. = Tullins.

RIVIÈRE (la), s. f. Com. du dép. de la Haute-Marne, cant. de Bourbonne, arr. de Langres. = Bourbonne.

RIVIÈRE, s. f. Com. du dép. du Pas-de-Calais, cant. de Beaumetz, arr. d'Arras. = Arras.

RIVIÈRE-DE-CORPS (la), s. f. Com. du dép. de l'Aube, cant. et arr. de Troyes. = Troyes.

RIVIÈRE-DEVANT, s. f. Com. du dép. du Jura, cant. de St.-Laurent, arr. de St.-Claude. = Morez.

RIVIÈRE-EN-LAVIEU (la), s. f. Com. du dép. de la Loire, cant. de St.-Jean-Soleymieux, arr. de Montbrison. = Montbrison.

RIVIÈRE-ET-SAAS, s. f. Villages réunis formant une com. du dép. des Landes, cant. et arr. de Dax. = Dax.

RIVIÈRE-LE-BOIS, s. f. Com. du dép. de la Haute-Marne, cant. de Longeau, arr. de Langres. = Langres.

RIVIÈRES, s. f. Com. du dép. de la Charente, cant. de Larochefoucault, arr. d'Angoulême. = Larochefoucault.

RIVIÈRES, s. f. Com. du dép. du Gard, cant. de Barjac, arr. d'Alais. = Barjac. Filature de soie

RIVIÈRES (les), s. f. pl. Com. du dép. de la Marne, cant. de St.-Remy-en-Bouzemont, arr. de Vitry. = Vitry-le-François.

RIVIÈRES-LES-FOSSES, s. f. Com. du dép. de la Haute-Marne, cant. de Prauthoy, arr. de Langres. = Langres.

RIVIÉREUX, adj. m. Propre à voler sur les rivières; oiseaux riviéreux. T. de fauc.

RIVILLE, s. f. Com. du dép. de la Seine-Inférieure, cant. de Valmont, arr. d'Yvetot. = Valmont.

RIVINE, s. f. Plante du genre des chénopodées. T. de bot.

RIVOIR, s. m. Outil d'acier, pour couper et river des pointes de clous.

RIVOIS, s. m. Marteau pour river.

RIVOLET, s. m. Com. du dép. du Rhône, cant. et arr. de Villefranche. = Villefranche.

RIVOLI, s. m. Ville du Piémont dans les environs de laquelle l'armée française, commandée par le maréchal Masséna, remporta une victoire sur les Autrichiens, dans les premières campagnes d'Italie.

RIVULAIRE, s. f. Genre de plantes cryptogames. —, adj. Qui croit dans ou sur le bord des ruisseaux. T. de bot.

RIVURALES, s. f. pl. Mollusques des rives. T. d'hist. nat.

RIVURE, s. f. Broche de fer qui entre dans les charnières des fiches. T. de serr.

RIX, s. m. Com. du dép. du Jura, cant. de Nozeroy, arr. de Poligny. = Champagnole.

RIXDALE, s. f. Pièce d'argent d'Allemagne, valant 2 fr. 50 cent.

RIXE, s. f. Querelle accompagnée de menaces, d'injures et même de coups. —, discussion, contestation; débats orageux. —, querelle légère.

RIXHEIM, s. m. Com. du dép. du Haut-Rhin, cant. d'Habsheim, arr. d'Altkirch. = Mulhausen. Source d'eau minérale. Manuf. de papiers peints.

RIX-MARC, s. m. Monnaie d'Allemagne qui vaut environ 1 franc.

RIX-ORT, s. m. Monnaie allemande, valant un peu plus de 1 franc.

RIXOUSE (la), s. f. Com. du dép. du Jura, cant. et arr. de St.-Claude. = St.-Claude.

RIZ, s. m. Plante annuelle des pays chauds, de la famille des graminées; grain qu'elle produit.

RIZAUCOURT, s. m. Com. du dép. de la Haute-Marne, cant. de Juzennecourt, arr. de Chaumont. = Bar-sur-Aube.

RIZE, s. f. Monnaie de compte en Turquie, 1,500 ducats.

RIZIÈRE, s. f. Terre ensemencée, couverte de riz.

RIZOA, s. m. Plante de la didynamie, quatorzième classe des végétaux. T. de bot.

RO, s. m. Com. du dép. des Pyrénées-Orientales, cant. de Saillagouse, arr. de Prades. = Mont-Louis.

ROABLE, s. m. Tire-braise.

ROAILLAN, s. m. Com. du dép. de la Gironde, cant. de Langon, arr. de Bazas. = Langon.

ROAIX, s. m. Com. du dép. de Vaucluse, cant. de Vaison, arr. d'Orange. = Carpentras.

ROANNE, s. f. Ville du dép. de la Loire, chef-lieu de sous-préf. et de cant.; trib. de 1re inst.; chambre de manuf.; biblioth. pub.; conserv. des hypoth.; direct. des contrib. indir.; recev. part. des finances; bur. d'enregist. et de poste.
Cette ville, située sur la rive gauche de la Loire, qui y est navigable, est assez bien bâtie. Manuf. de calicots, mousselines, draps. Fabr. de quincaillerie, indienne, colle-forte, huile. Papeteries, tanneries et teintureries.

ROANNES, s. f. Com. du dép. du Cantal, cant. de St.-Mamet, arr. d'Aurillac. = Aurillac. Martinet pour le cuivre.

ROB, s. m. Suc dépuré et épaissi de plantes, de fruits cuits.

ROBE, s. f. Vêtement de femme, dont la forme varie selon la mode. —, vêtement que portent les avocats, les professeurs, dans l'exercice de leurs fonctions; le barreau, les avocats, les juges, etc. Fig. —, couleur du poil des chevaux, des chiens, etc. —, enveloppe de certains légumes; surface d'une coquille. —, pl. Grandes feuilles de tabac servant d'enveloppe.

ROBÉ, E, part. Se dit d'un chapeau dont le poil a été enlevé avec la peau de chien de mer. T. de chapel.

ROBÉCOURT, s. m. Com. du dép. des Vosges, cant. de la Marche, arr. de Neufchâteau. = la Marche.

ROBECQ, s. m. Com. du dép. du Pas-de-Calais, cant. de Lillers, arr. de Béthune. = St.-Venant.

ROBE DE CHAMBRE, s. f. Long vêtement en forme de robe, que les hommes portent dans la chambre.

ROBEHOMME, s. m. Com. du dép. du Calvados, cant. de Troarn, arr. de Caen. = Troarn.

ROBELAGE, s. m. Action de rober. T. de chapel.

ROBER, v. a. Enlever le poil d'un chapeau avec la peau de chien de mer. T. de chapel. — la garance, enlever l'épiderme de ses racines.

ROBERIE, s. f. Salle où l'on serre les robes des religieuses dans un cloître.

ROBERSAERT, s. m. Com. du dép. du Nord, cant. de Landrecies, arr. d'Avesnes. = Landrecies.

ROBERT, s. m. Mari débonnaire. Sauce —, sauce piquante avec échalote, vinaigre, etc.

ROBERT (St.-), s. m. Com. du dép. de la Corrèze, cant. d'Ayen, arr. de Brive. = Brive. Mine de fer.

ROBERT (St.-), s. m. Com. du dép. de Lot-et-Garonne, cant. de la Roque-Timbaut, arr. d'Agen. = Agen.

ROBERT-ESPAGNE, s. m. Com. du dép. de la Meuse, cant. et arr. de Bar-le-Duc. = Bar-le-Duc.

ROBERT-LE-DIABLE, s. m. Insecte lépidoptère, gamma, double C. T. d'hist. nat.

ROBERT-MAGNIL, s. m. Com. du dép. de la Haute-Marne, cant. de Montierender, arr. de Vassy. = Montierender.

ROBERTOT, s. m. Com. du dép. de la Seine-Inférieure, cant. d'Ourville, arr. d'Yvetot. = Doudeville.

ROBERVAL, s. m. Com. du dép. de l'Oise, cant. de Pont-Ste.-Maxence, arr. de Senlis. = Verberie.

ROBERVALIENNES, adj. f. pl. Se dit de lignes courbes, servant à transformer les figures. T. de géom.

ROBETTE, s. f. Petite robe de laine. T. inus.

ROBIAC, s. m. Com. du dép. du Gard, cant. de St.-Ambroix, arr. d'Alais. = St.-Ambroix.

ROBIÈRE, s. f. Lieu où l'on serre les robes. T. inus.

ROBIN, s. m. Homme de robe. T. de mépris. —, homme méprisable. —, Taureau; mener la vache au robin. T. fam.

ROBINE, s. f. Variété de poire. T. de jard.

ROBINE (la), s. f. Com. du dép. des Basses-Alpes, cant. et arr. de Digne. = Digne.

ROBINE-DE-VIC (canal de la), s. f. Ce canal qui passe près de la com. de Vic, dép. de l'Hérault, est alimenté par une source d'eau minérale, située aux environs de Montpellier, ainsi que par les eaux de l'étang de Vic. Il a été construit pour l'écoulement des eaux de cette source et des marécages qu'il traverse.

ROBINET, s. m. Cannelle, tuyau de bois ou de métal, qu'on adapte aux tonneaux, aux fontaines, etc., et qu'on ferme au moyen d'un bouchon percé, d'une clef; cette clef.

ROBINIER, s. m. Genre d'arbustes légumineux, faux acacia. T. de bot.

ROBION, s. m. Com. du dép. des Basses-Alpes, cant. et arr. de Castellanne. = Castellanne.

ROBIONS, s. m. Com. du dép. de Vaucluse, cant. de Cavaillon, arr. d'Avignon. = Avignon.

ROBORATIF, IVE, adj. Fortifiant. T. de méd.

ROBULE, s. m. Genre de coquilles univalves. T. d'hist. nat.

ROBUSTE, adj. Fort, vigoureux; homme robuste.

ROBUSTEMENT, adv. D'une manière robuste.

ROC, s. m. Masse de pierre très dure, enracinée dans la terre et élevée au-dessus de sa surface. —, tour, pièce du jeu d'échecs.

ROC (le), s. m. Com. du dép. du Lot, cant. de Peyrac, arr. de Gourdon. = Peyrac.

ROCAILLE, s. f. Cailloux, coquillages qui décorent une grotte. —, petite grotte de verre coloré.

ROCAILLEUR, s. m. Celui qui travaille en rocaille.

ROCAILLEUX, EUSE, adj. Rempli de cailloux, de rocaille; chemin rocailleux. —, inégal, raboteux. Fig. Style —, plein d'inégalités, très dur. Fig.

ROCAMADOUR, s. m. Com. du dép. du Lot, cant. de Gramat, arr. de Gourdon. = Gramat.

ROCAMBOLE, s. f. Echalote d'Espagne, sorte d'ail. —, ce qu'il y a de meilleur, de plus piquant dans un genre. Fig. et fam.

ROCAME, s. f. Plante voisine des trianthèmes. T. de bot.

ROCANTIN, s. m. Chanson composée de plusieurs vieux couplets. —, vieillard. (Vi.)

ROCAR, s. m. Merle du cap de Bonne-Espérance qui habite les rochers. T. d'hist. nat.

ROCBARON, s. m. Com. du dép. du Var, cant. de Roquebrussanne, arr. de Brignoles. = Brignoles.

ROCCELLA, s. f. Groseillier épineux. T. de bot.

ROCÉ, s. m. Com. du dép. de Loir-et-Cher, cant. de Selommes, arr. de Vendôme. = Vendôme.

ROCH (St.-), s. m. Com. du dép. d'Indre-et-Loire, cant. de Neuillé-Pont-Pierre, arr. de Tours. = Tours.

ROCHE, s. f. Roc isolé d'une grosseur considérable. —, pierre très dure; pierres durcies et réunies par le feu; espèce de borax; défaut de la terre cuite, vitrifiée. — vive, qui n'est point mêlée de terre. — d'émeraudes, de turquoises, petit amas de ces pierres. — à feu, mélange de soufre, de salpêtre et de poudre à canon dont se servent les artificiers. Cœur de —, dur, que rien ne saurait émouvoir. Fig. Homme de la vieille —, de mœurs antiques, d'une probité reconnue. Fig. et fam.

ROCHÉ, E, part. Entouré de borax pour souder.

ROCHE (la), s. f. Com. du dép. des Hautes-Alpes, cant. de l'Argentière, arr. de Briançon. = Briançon.

ROCHE (la), s. f. Com. du dép. des Hautes-Alpes, cant. et arr. de Gap. = Gap.

ROCHE, s. f. Com. du dép. du Doubs, cant. de Marchaux, arr. de Besançon. = Besançon.

ROCHÉ (la), s. f. Com. du dép. du Finistère, cant. de Ploudiry, arr. de Brest. = Brest.

ROCHE, s. f. Com. du dép. de l'Isère, cant. de la Verpillière, arr. de Vienne. = la Verpillière.

ROCHE, s. f. Com. du dép. de la Loire, cant. et arr. de Montbrison. = St.-Etienne.

ROCHE (la), s. f. Com. du dép. de la Haute-Loire, cant. et arr. de Brioude. = Lempde.

ROCHEBAUDIN, s. f. Com. du dép. de la Drôme, cant. de Dieulefit, arr. de Montélimar. = Montélimar.

ROCHE-BERNARD (la), s. f. Petite ville du dép. du Morbihan, chef-lieu de cant. de l'arr. de Vannes. Bur. d'enregist. et de poste.

Cette ville, qui jouit des avantages d'un port assez commode, est traversée par la Vilaine.

ROCHE-BLANCHE (la), s. f. Com. du dép. du Puy-de-Dôme, cant. de Veyre-Monton, arr. de Clermont. = Clermont-Ferrand.

ROCHE-BRUNE, s. f. Com. du dép. des Hautes-Alpes, cant. de Chorges, arr. d'Embrun. = Gap.

ROCHE-BRUNE, s. f. Com. du dép. de la Drôme, cant. du Buis, arr. de Nyons. = le Buis.

ROCHE-CHARLES, s. f. Com. du dép. du Puy-de-Dôme, cant. d'Ardes, arr. d'Issoire. = Ardes.

ROCHECHINARD, s. f. Com. du dép. de la Drôme, cant. de St.-Jean-en-Royans, arr. de Valence. = Romans.

ROCHECHIRON (la), s. f. Com. du dép. des Basses-Alpes, cant. de Banon, arr. de Forcalquier. = Forcalquier.

ROCHECHOUART, s. m. Petite ville du dép. de la Haute-Vienne, chef-lieu de sous-préf. et de cant.; tribunal de 1re inst.; conserv. des hypoth.; direct. des contrib. indir.; recev. part. des finances. Bur. d'enregist. et de poste. Forges et mines de fer aux environs.

ROCHE-CLERMAULT (la), s. f. Com. du dép. d'Indre-et-Loire, cant. et arr. de Chinon. = Chinon.

ROCHE-COLOMBE-ET-SAUVE-PLAN-

TADE, s. f. Com. du dép. de l'Ardèche, cant. de Villeneuve-de-Berg, arr. de Privas. = Villeneuve-de-Berg.

ROCHE-CORBON, s. f. Com. du dép. d'Indre-et-Loire, cant. de Vouvray, arr. de Tours. = Tours.

ROCHE-D'AGOUT, s. f. Com. du dép. du Puy-de-Dôme, cant. de Pionsat, arr. de Riom. = Auzance.

ROCHE-DE-BORD (la), s. f. Com. du dép. des Deux-Sèvres, cant. de Chenay, arr. de Melle. = Couhé.

ROCHE-DE-GLUN (la), s. f. Com. du dép. de la Drôme, cant. de Tain, arr. de Valence. = Tain.

ROCHE-DERRIEN (la), s. f. Com. du dép. des Côtes-du-Nord, chef-lieu de cant. de l'arr. de Lannion. Bur. d'enregist. = Tréguier.

ROCHE-EN-REGNIER, s. f. Com. du dép. de la Haute-Loire, cant. de Vorey, arr. du Puy. = le Puy.

ROCHE-ET-MERY, s. f. Com. du dép. des Ardennes, cant. d'Attigny, arr. de Vouziers. = Attigny.

ROCHE-ET-RAUCOURT, s. f. Com. du dép. de la Haute-Saône, cant. de Dampierre-sur-Salon, arr. de Gray. = Gray.

ROCHE-ET-TOIRIN, s. f. Com. du dép. de l'Isère, cant. et arr. de la Tour-du-Pin. = la Tour-du-Pin.

ROCHEFORT, s. m. Ville maritime du dép. de la Charente-Inférieure, chef-lieu de sous-préf. et de cant. ; trib. de 1re inst. et de comm. ; école d'hydrographie de 2e classe; société de littérature, sciences et arts ; école de médecine ; cabinet d'hist. nat. ; jardin de bot. ; biblioth. de la marine; conserv. des hypoth. ; direct. des contrib. indir. ; recev. part. des finances; bur. d'enregist. et de poste. Pop. 12,919 hab. env.

Cette ville, située à l'extrémité d'une vaste plaine, sur la rive droite de la Charente, à 4 l. de son embouchure dans l'Océan, a été bâtie par Louis XIV, en 1664; les rues en sont larges, tirées au cordeau et bordées de maisons régulièrement bâties. Les bassins de carénage, la corderie, les chantiers de construction, le bagne, l'arsenal, le port de la marine royale, le magnifique hôpital, la place d'Armes, sont dignes de l'attention des voyageurs; en un mot, cette ville est ceinte de beaux remparts plantés d'arbres, et possède un vaste bassin dont les eaux, par le moyen d'une pompe à feu, entretiennent la propreté des rues. Cependant les exhalaisons des marais environnans y rendent l'air malsain, particulièrement pendant les mois d'août, de septembre et d'octobre. Le port de la marine militaire est l'un des plus grands de France; il peut recevoir les vaisseaux du plus haut rang qui y sont toujours à flot; mais les abords en sont dangereux. Le port marchand reçoit des navires de 800 tonneaux, qui peuvent y entrer et en sortir avec leur cargaison. Plusieurs forts placés à l'embouchure de la Charente protègent les arrivages et défendent l'entrée de cette rivière. Fabr. de vinaigre, raffinerie de sucre, construction de navires, fonderie de canons. Comm. de grains, vins, eaux-de-vie, épiceries, sel ; armemens pour la pêche de la morue et le cabotage.

ROCHEFORT, s. m. Com. du dép. de la Côte-d'Or, cant. d'Aignay-le-Duc, arr. de Châtillon. = Aignay-le-Duc.

ROCHEFORT, s. m. Com. du dép. de la Drôme, cant. et arr. de Montélimar. = Montélimar.

ROCHEFORT, s. m. Com. du dép. du Gard, cant. de Villeneuve-les-Avignon, arr. d'Uzès. = Villeneuve-les-Avignon.

ROCHEFORT, s. m. Com. du dép. du Jura, chef-lieu de cant. de l'arr. de Dôle, où se trouve le bur. d'enregist. = Dôle.

ROCHEFORT, s. m. Com. du dép. de Maine-et-Loire, cant. de Chalonnes, arr. d'Angers. = Angers.

ROCHEFORT, s. m. Com. du dép. de la Haute-Marne, cant. d'Andelot, arr. de Chaumont. = Andelot.

ROCHEFORT, s. m. Com. du dép. du Morbihan, chef-lieu de cant. de l'arr. de Vannes. Bur. d'enregist. = Vannes. Fabr. d'étoffes de laine, tanneries.

ROCHEFORT, s. m. Com. du dép. du Puy-de-Dôme, chef-lieu de cant. de l'arr. de Clermont. Bur. d'enregist. = Clermont.

ROCHEFORT, s. m. Com. du dép. de Seine-et-Oise, cant. de Dourdan, arr. de Rambouillet. = Dourdan. Filature de coton.

ROCHEFORTIE, s. f. Genre de nerpruns. T. de bot.

ROCHEFORT-SANSONS, s. m. Com. du dép. de la Drôme, cant. de Bourg-du-Péage, arr. de Valence. = Valence. Fabr. d'huiles, papeteries.

ROCHEFOURCHAT, s. m. Com. du dép. de la Drôme, cant. de la Mothe-Chalençon, arr. de Die. = Saillans.

ROCHEGUDE, s. f. Com. du dép. de la Drôme, cant. de Pierrelatte, arr. de Montélimar. = Pierrelatte.

ROCHEGUDE, s. f. Com. du dép. du Gard, cant. de Barjac, arr. d'Alais. = Barjac.

ROCHEGUYON (la), s. f. Com. du dép. de Seine-et-Oise, cant. de Magny, arr. de Mantes. = Bonnières.

ROCHE-JEAN, s. m. Com. du dép. du Doubs, cant. de Mouthe, arr. de Pontarlier. = Pontarlier.

ROCHE-L'ABEILLE (la), s. f. Com. du dép. de la Haute-Vienne, cant. de Nexon, arr. de St.-Yrieix. = St.-Yrieix.

ROCHE-LA-MOLIÈRE, s. f. Com. du dép. de la Loire, cant. de Chambon, arr. de St.-Etienne. =St.-Etienne. Mine de houille.

ROCHE-LÈS-CLERVAL, s. f. Com. du dép. du Doubs, cant. de Clerval, arr. de Baume. = Baume.

ROCHE-LES-PEYROUX, s. f. Com. du dép. de la Corrèze, cant. de Neuvic, arr. d'Ussel. = Tulle.

ROCHELLE, s. f. Sorte de raisin.
—, pl. Toiles communes de la Touraine.

ROCHELLE (la), s. f. Ville maritime du dép. de la Charente-Inférieure, chef-lieu de préf., de sous-préf. et de 2 cant.; 12º div. des pont-et-chaussées; div. O. des douanes; cour d'assises à Saintes; trib. de 1re inst. et de comm.; évêché érigé dans le 17º siècle; chambre et bourse de comm.; académie royale des sciences et arts; société d'agric.; école de navigation de 3º classe; hôtel des monnaies (lettre H); bur. de garantie des matières d'or et d'argent; consulats étrangers; biblioth. pub. de 16,000 vol.; cabinet d'hist. nat.; ingénieur en chef des ponts-et-chaussées; direct. de l'enregist. et des domaines de 2º classe; direct. des contrib. dir. et indir.; recev. gén. des finances; payeur du dép.; bur. de poste. Pop. 11,080 hab. envir.
Cette ville, située au fond d'un golfe, sur l'Océan, avec un port sûr et commode précédée d'une très belle rade, est généralement bien bâtie; les rues en sont propres, bien percées et bordées, pour la plupart, de maisons soutenues par des arcades. On y remarque particulièrement la superbe place du Château, la Bourse, l'Hôtel-de-ville, le Champ-de-Mars et la promenade du Mail, d'où l'on découvre les îles de Ré, d'Aix et d'Oléron. Réamur, Dupaty, hommes de lettres, et l'amiral Duperré sont nés à la Rochelle. Fabr. de faïence; verrerie, filatures de coton, raffineries de sucre; construction de navires. Comm. considérable de vins, eaux-de-vie et esprits, bois, fer, sel, denrées coloniales de toute espèce, fromages, beurre, huile, armemens pour les îles et pour la pêche de la morue au banc de Terre-Neuve.

ROCHELLE (canal de la), s. f. Voy. Niort (canal de).

ROCHELLE (la), s. f. Com. du dép. de la Manche, cant. de la Haye-Pesnel, arr. d'Avranches. = Granville.

ROCHELLE (la), s. f. Com. du dép. de la Haute-Saône, cant. de Vitrey, arr. de Vesoul. = Cintrey.

ROCHELOIS, E, s. et adj. Habitant de la Rochelle; qui concerne cette ville.

ROCHE-MABILLE (la), s. f. Com. du dép. de l'Orne, cant. et arr. d'Alençon. = Alençon.

ROCHEMAURE, s. m. Com. du dép. de l'Ardèche, chef-lieu de cant. de l'arr. de Privas. Bur. d'enregist. = Montélimar.

ROCHEMENIER, s. m. Com. du dép. de Maine-et-Loire, cant. de Doué, arr. de Saumur. = Doué.

ROCHEMENTRU, s. m. Com. du dép. de la Loire-Inférieure, cant. de St.-Mars-la-Jaille, arr. d'Ancenis. =Candé.

ROCHENARD (la), s. f. Com. du dép. des Deux-Sèvres, cant. de Mauzé, arr. de Niort. = Mauzé.

ROCHE-NOIRE (la), s. f. Com. du dép. du Puy-de-Dôme, cant. de Vic-le-Comte, arr. de Clermont. = Billom.

ROCHE-PAULE, s. f. Com. du dép. de l'Ardèche, cant. de St.-Agrève, arr. de Tournon. = le Chaylard.

ROCHE-POSAY (la), s. f. Com. du dép. de la Vienne, cant. de Pleumartin, arr. de Châtellerault. = Châtellerault.
Etablissement d'eaux minérales très fréquenté.

ROCHER, s. m. Roc élevé, escarpé et terminé en pointe; masses informes, élevées, de pierres naturelles ou artificielles.
—, levain qui commence à mousser. T. de brasseur. —, partie de l'os temporal, dans l'intérieur duquel l'oreille interne est placée. T. d'anat. —, genre de testacés univalves. T. d'hist. nat.

ROCHER, v. a. Entourer une pièce de borax pour la souder. T. de bijoutier.
—, mousser, en parlant du levain. T. de brasseur.

ROCHER, s. m. Com. du dép. de l'Ardèche, cant. et arr. de Largentière. = Largentière.

ROCHES, s. f. Com. du dép. de la Creuse, cant. de Châtelus, arr. de Boussac. = Boussac.

ROCHES, s. f. Com. du dép. du Doubs, cant. de Blamont, arr. de Montbéliard. = Lisle-sur-le-Doubs.

ROCHES (les), s. f. pl. Com. du dép. de l'Isère, cant. et arr. de Vienne. = Vienne.

ROCHES, s. f. Com. du dép. de Loir-et-Cher, cant. de Marchénoir, arr. de Blois. = Montoire.

ROCHES (les), s. f. pl. Com. du dép. de Loir-et-Cher, cant. de Montoire, arr. de Vendôme. = Mer.

ROCHE-ST.-SECRET (la), s. f. Com. du dép. de la Drôme, cant. de Dieu-le-Fit, arr. de Montélimar. = Dieu-le-Fit.

ROCHE-SERVIÈRE (la), s. f. Com. du dép. de la Vendée, chef-lieu de cant. de l'arr. de Bourbon-Vendée. Bur. d'enregist. et de poste à Montaigu.

ROCHESSAUVE, s. f. Com. du dép. de l'Ardèche, cant. de Chomérac, arr. de Privas. = Privas.

ROCHESSON, s. m. Com. du dép. des Vosges, cant. de Saulxures, arr. de Remiremont. = Remiremont.

ROCHE-SUR-GRANE, s. f. Com. du dép. de la Drôme, cant. de Crest, arr. de Die. = Crest.

ROCHE-SUR-LE-BUIS (la), s. f. Com. du dép. de la Drôme, cant. du Buis, arr. de Nyons. = le Buis.

ROCHE-SUR-LINOTTE-ET-SORANS-LÈS-CORDIER, s. f. Com. du dép. de la Haute-Saône, cant. de Montbozon, arr. de Vesoul. = Rioz.

ROCHE-SUR-MARNE, s. f. Com. du dép. de la Haute-Marne, cant. de St.-Dizier, arr. de Vassy. = St.-Dizier.

ROCHE-SUR-ROGNON, s. f. Com. du dép. de la Haute-Marne, cant. de Donjeux, arr. de Vassy. = Andelot.

ROCHE-SUR-YON, s. f. Voy. BOURBON-VENDÉE.

ROCHET, s. m. Surplis à manches étroites; camail d'évêque. —, grosse bobine. —, roue à dents en forme de crémaillère.

ROCHETAILLÉE, s. f. Com. du dép. de la Loire, cant. et arr. de St.-Etienne. = St.-Etienne.

ROCHETAILLÉE, s. f. Com. du dép. de la Haute-Marne, cant. d'Auberive, arr. de Langres. = Langres.

ROCHETAILLÉE, s. f. Com. du dép. du Rhône, cant. de Neuville, arr. de Lyon. = Lyon.

ROCHETREJOUX, s. m. Com. du dép. de la Vendée, cant. de Chantonnay, arr. de Bourbon-Vendée. = Chantonnay.

ROCHETTE, s. f. Soude du Levant.

ROCHETTE (la), s. f. Com. du dép. des Basses-Alpes, cant. d'Entrevaux, arr. de Castellane. = Entrevaux.

ROCHETTE (la), s. f. Com. du dép. des Hautes-Alpes, cant. de la Bâtie-Neuve, arr. de Gap. = Gap.

ROCHETTE (la), s. f. Com. du dép. de la Charente, cant. de Larochefoucault, arr. d'Angoulême. = Larochefoucault.

ROCHETTE (la), s. f. Com. du dép. de la Creuse, cant. et arr. d'Aubusson. = Aubusson.

ROCHETTE (la), s. f. Com. du dép. de la Drôme, cant. de Crest, arr. de Die. = Crest.

ROCHETTE (la), s. f. Com. du dép. de la Drôme, cant. du Buis, arr. de Nyons. = Crest.

ROCHETTE (la), s. f. Com. du dép. de la Haute-Loire, cant. et arr. de Brioude. = Brioude.

ROCHETTE (la), s. f. Com. du dép. de Seine-et-Marne, cant. et arr. de Melun. = Melun.

ROCHIER, s. m. Faucon qui fait son nid dans les rochers. T. inus.

ROCHOIR, s. m. Boîte pour mettre le borax. T. d'arts et mét.

ROCHONVILLERS, s. m. Com. du dép. de la Moselle, cant. de Cattenom, arr. de Thionville. = Thionville.

ROCH-SUR-EGRENNE (St.-), s. m. Com. du dép. de l'Orne, cant. de Passais, arr. de Domfront. = Domfront.

ROCHY-CONDÉ, s. m. Com. du dép. de l'Oise, cant. de Niviller, arr. de Beauvais. = Beauvais.

ROCINELLE, s. f. Genre de crustacés. T. d'hist. nat.

ROCLES, s. m. Com. du dép. de l'Allier, cant. du Montet, arr. de Moulins. = le Montet.

ROCLES, s. m. Com. du dép. de l'Ardèche, cant. et arr. de Largentière. = Largentière.

ROCLES, s. m. Com. du dép. de la Lozère, cant. de Langogne, arr. de Mende. = Langogne.

ROCLINCOURT, s. m. Com. du dép. du Pas-de-Calais, cant. et arr. d'Arras. = Arras.

ROCOURT, s. m. Com. du dép. de l'Aisne, cant. de St.-Front, arr. de Château-Thierry. = Oulchy.

ROCOURT, s. m. Com. du dép. des Vosges, cant. de la Marche, arr. de Neufchâteau. = la Marche.

ROCQ, s. m. Com. du dép. du Nord, cant. de Maubeuge, arr. d'Avesnes. = Maubeuge.

ROCQUANCOURT, s. m. Com. du dép. du Calvados, cant. de Bourguébus, arr. de Caen. = Caen.

ROCQUE (la), s. f. Com. du dép. du Calvados, cant. de Vassy, arr. de Vire. = Condé-sur-Noireau.

ROCQUEFORT, s. m. Com. du dép. de la Seine-Inférieure, cant. de Fauville, arr. d'Yvetot. = Fauville.

ROCQUEMONT, s. m. Com. du dép.

de l'Oise, cant. de Crépy, arr. de Senlis. = Crépy.

ROCQUEMONT, s. m. Com. du dép. de la Seine-Inférieure, cant. de St.-Saens, arr. de Neufchâtel. = Neufchâtel.

ROCQUENCOURT, s. m. Com. du dép. de l'Oise, cant. de Breteuil, arr. de Clermont. = Breteuil. Fabr. de toiles.

ROCQUENCOURT, s. m. Com. du dép. de Seine-et-Oise, cant. et arr. de Versailles. = Versailles.

ROCQUE-SUR-RISLE (la), s. f. Com. du dép. de l'Eure, cant. de Quillebœuf, arr. de Pont-Audemer. = Pont-Audemer.

ROCQUIGNY, s. m. Com. du dép. de l'Aisne, cant. de la Chapelle, arr. de Vervins. = la Chapelle.

ROCQUIGNY, s. m. Com. du dép. des Ardennes, cant. de Chaumont, arr. de Rethel. = Rethel. Fabr. de toiles.

ROCQUIGNY, s. m. Com. du dép. du Pas-de-Calais, cant. de Bertincourt, arr. d'Arras. = Bapaume.

ROCROI, s. m. Ville fortifiée du dép. des Ardennes, chef-lieu de sous-préf. et de cant.; trib. de 1re inst.; société d'agric.; conserv. des hypoth.; direct. des contrib. indir.; recev. part. des finances; bur. d'enregist. et de poste.

Fabr. d'outils de ferblantiers et de charpentiers. Comm. de chevaux, bestiaux et bois.

ROC-ST.-ANDRÉ, s. m. Com. du dép. du Morbihan, cant. de Malestroit, arr. de Ploërmel. = Ploërmel.

RODABLE, s. m. Com. du dép. de la Meurthe, cant. d'Albestroff, arr. de Château-Salins. = Dieuze.

RODATION, s. f. Raccourcissement de poils. T. de méd.

RODE, s. m. Com. du dép. de la Moselle, cant. de Grostenquin, arr. de Sarreguemines. = Puttelange.

RODELACH, s. m. Com. du dép. de la Moselle, cant. de Bouzonville, arr. de Thionville. = Bouzonville.

RODELINGHEM, s. m. Com. du dép. du Pas-de-Calais, cant. d'Ardres, arr. de St.-Omer. = Ardres.

RODELLE, s. f. Com. du dép. de l'Aveyron, cant. de Bozouls, arr. de Rodez. = Rodez.

RODEMACK, s. m. Com. du dép. de la Moselle, cant. de Cattenom, arr. de Thionville. = Thionville.

RODENTES, s. m. pl. Mammifères rongeurs. T. d'hist. nat.

RÔDER, v. a. Tourner la noix, pièce de la batterie d'un fusil. T. d'arqueb.
—, v. n. Errer çà et là, tourner tout autour, courir d'un côté et d'autre; ne se dit qu'en mauvaise part.

RODEREN, s. m. Com. du dép. du Haut-Rhin, cant. de Thann, arr. de Belfort. = Belfort.

RODEREN, s. m. Com. du dép. du Haut-Rhin, cant. de Ribeauvillé, arr. de Colmar. = Schélestadt.

RODES, s. f. Com. du dép. des Pyrénées-Orientales, cant. de Vinça, arr. de Prades. = Perpignan.

RODET, s. m. Roue de moulin à eau. T. de charp.

RÔDEUR, s. m. Maraudeur, qui rôde la nuit pour dérober, etc.

RODEZ, s. m. Ancienne ville du dép. de l'Aveyron, chef-lieu de préf., de sous-préf. et d'un cant.; cour d'assises, trib. de 1re inst. et de comm.; évêché, érigé dans le cinquième siècle; chambre consult. des manuf.; société d'agric.; école des sourds-et-muets; biblioth. pub. de 15,000 vol.; cabinet d'hist. nat. et de phys.; ingén. en chef des ponts-et-chaussées; direct. de l'enregist. et des domaines, de 3e classe; direct. des contrib. dir. et indir.; recev. gén. des finances; payeur du dép.; bur. d'enregist. et de poste. Pop., 7,850 hab. env.

Cette ville, généralement mal bâtie, et percée de rues étroites et tortueuses, est située sur la pente d'une colline baignée par l'Aveyron; elle est entourée de promenades charmantes, disposées en terrasses, d'où la vue s'étend sur les sites les plus rians. On remarque principalement à Rodez, l'hôtel de la préf. et la cathédrale, superbe édifice gothique surmonté d'un clocher très élevé et d'une grande délicatesse de construction. Fabr. de serges et tricots pour les troupes, couvertures de laine, cuirs, cierges, bougies, chandelles, cartes à jouer; filat. de laine, teintureries. Comm. de chanvre, laines, fromages, cadis, toiles grises, mulets et bestiaux; pépinière dép.; dépôt d'étalons.

RODOIR ou COUDRET, s. m. Cuve de tanneur.

RODOME, s. m. Com. du dép. de l'Aude, cant. de Belcaire, arr. de Limoux. = Quillan.

RODOMONT, s. m. Fanfaron, faux brave.

RODOMONTADE, s. f. Fanfaronnade, forfanterie.

RODRIGUÈZE, s. f. Genre de plantes orchidées. T. de bot.

ROÉ (la), s. f. Com. du dép. de la

Mayenne, cant. de St.-Aignan, arr. de Château-Gontier. = Craon.

ROEDERSDORFF, s. m. Com. du dép. du Haut-Rhin, cant. de Ferrette, arr. d'Altkirch. = Altkirch.

ROELLE, s. f. Genre de plantes de la famille des campanulacées. T. de bot.

ROELLECOURT, s. m. Com. du dép. du Pas-de-Calais, cant. et arr. de St.-Pol. = St.-Pol.

ROELMAS, s. m. pl. Mouchoirs de coton des Indes.

ROESCHWOOG, s. m. Com. du dép. du Bas-Rhin, cant. de Bischwiller, arr. de Strasbourg. = Strasbourg.

ROEULT, s. m. Com. du dép. du Nord, cant. de Bouchain, arr. de Valenciennes. = Bouchain.

ROEUX, s. m. Com. du dép. du Pas-de-Calais, cant. et arr. d'Arras. = Arras.

ROËZÉ, s. m. Com. du dép. de la Sarthe, cant. de la Suze, arr. du Mans. = Fouletourte.

ROFFEY, s. m. Com. du dép. de l'Yonne, cant. de Flogny, arr. de Tonnerre. = Tonnerre.

ROFFIAC, s. m. Com. du dép. du Cantal, cant. et arr. de St.-Flour. = St.-Flour.

ROGALLE, s. f. Com. du dép. de l'Ariège, cant. d'Oust, arr. de St.-Girons. = St.-Girons.

ROGATIEN (St.-), s. m. Com. du dép. de la Charente-Inférieure, cant. de la Jarrie, arr. de la Rochelle. = la Rochelle.

ROGATIONS, s. f. pl. Prières publiques et processions que l'église fait pour les biens de la terre pendant les trois jours qui précèdent l'Ascension.

ROGATOIRE, adj. Se dit d'une commission adressée par un juge à un autre, pour faire une instruction dans le ressort du tribunal auquel ce dernier appartient.

ROGATON, s. m. Ecrit, papier inutile, ouvrage de rebut. —, pl. Restes de viandes, mets réchauffés.

ROGÉCOURT, s. m. Com. du dép. de l'Aisne, cant. de la Fère, arr. de Laon. = la Fère.

ROGER-BONTEMPS, s. m. Homme gai, qui prend le temps comme il vient, qui ne songe qu'à s'amuser. T. fam.

ROGERVILLE, s. f. Com. du dép. de la Seine-Inférieure, cant. de St.-Romain-de-Colbosc, arr. du Hâvre. = Harfleur.

ROGEVILLE, s. f. Com. du dép. de la Meurthe, cant. de Domèvre, arr. de Toul. = Pont-à-Mousson.

ROGGENHAUSEN, s. m. Com. du dép. du Haut-Rhin, cant. d'Ensisheim, arr. de Colmar. = Ensisheim.

ROGLIANO, s. m. Com. du dép. de la Corse, chef-lieu de cant. de l'arr. de Bastia. Bur. d'enregist. et de poste.

ROGNA, s. m. Com. du dép. du Jura, cant. des Bouchoux, arr. de St.-Claude. = St.-Claude.

ROGNAC, s. m. Com. du dép. des Bouches-du-Rhône, cant. de Berre, arr. d'Aix. = Aix.

ROGNE, s. f. Galle invétérée; mousse sur le bois.

ROGNÉ, E, part. Raccourci, diminué.

ROGNEMENT, s. m. Action de rogner un livre. T. de rel.

ROGNE-PIED, s. m. Outil de maréchal ferrant pour rogner le pied d'un cheval.

ROGNER, v. a. Raccourcir, diminuer, retrancher quelque chose d'un tout, des extrémités. — les ongles, retrancher des profits. Fig. et fam. —, ôter, supprimer une petite portion; rogner les appointemens.

ROGNES, s. m. Com. du dép. des Bouches-du-Rhône, cant. de Lambesc, arr. d'Aix. = Lambesc. Distilleries d'eaux-de-vie.

ROGNEUR, EUSE, s. Celui, celle qui rogne les pièces de monnaie.

ROGNEUX, EUSE, adj. Affecté de la rogne.

ROGNOIR, s. m. Outil, table pour rogner. T. de mét. — ou rogne-cul, platine pour aplatir le bout des chandelles.

ROGNON, s. m. Rein de certains animaux bon à manger; rognon de bœuf. —, testicules de coq. Mine en —, masses détachées. T. de métallurgie.

ROGNON, s. m. Com. du dép. du Doubs, cant. de Rougemont, arr. de Baume. = Baume.

ROGNONAS, s. m. Com. du dép. des Bouches-du-Rhône, cant. de Château-Renard, arr. d'Arles. = Avignon.

ROGNONER, v. n. Gronder, grommeler, murmurer entre ses dents. T. fam.

ROGNURE, s. f. Petite portion rognée. —, pl. Ce qu'on a enlevé d'une chose. —, restes de matériaux non employés. T. fam.

ROGNY, s. m. Com. du dép. de l'Aisne, cant. et arr. de Vervins. = Marle.

ROGNY, s. m. Com. du dép. de l'Yonne, cant. de Bléneau, arr. de Joigny. = Châtillon.

ROGOMME, s. m. Liqueur forte,

eau-de-vie. Voix de —, voix enrouée par l'abus des liqueurs fortes. T. fam.

ROGUE, adj. Fier, arrogant. T. fam.

ROGUES, s. f. Com. du dép. du Gard, cant. et arr. du Vigan. = le Vigan. Fabr. de bas de soie.

ROGY, s. m. Com. du dép. de la Somme, cant. d'Ailly-sur-Noye, arr. de Montdidier. = Breteuil.

ROHAIRE, s. m. Com. du dép. d'Eure-et-Loir, cant. de la Ferté-Vidame, arr. de Dreux. = Verneuil.

ROHAN, s. m. Com. du dép. du Morbihan, chef-lieu de cant. de l'arr. de Ploërmel. Bur. d'enregist. à la Trinité. = Josselin.

ROHR, s. m. Com. du dép. du Bas-Rhin, cant. de Truchtersheim, arr. de Strasbourg. = Strasbourg.

ROHRWILLER, s. m. Com. du dép. du Bas-Rhin, cant. de Bischwiller, arr. d'Haguenau. = Strasbourg.

ROI, s. m. Monarque, souverain d'un royaume. —, chef de certaines compagnies; roi d'armes. —, principale pièce du jeu d'échecs; chacune des quatre principales figures du jeu de carte; roi de pique, de carreau. —, le premier, le plus habile dans son genre; le roi des agioteurs. Le — des rois, Dieu. Le — des animaux, le lion. Le — des oiseaux, l'aigle. — de la mer, dauphin. — des corbeaux, oiseau du genre des paons. — des harengs, espèce de chien de mer. — des rougets, poisson rouge du genre du mulet. — des saumons, la truite. — des gobe-mouches, tyran huppé de l'île de Cayenne.

ROIDE, adj. Voy. RAIDE.

ROIFFÉ, s. m. Com. du dép. de la Vienne, cant. des Trois-Moutiers, arr. de Loudun. = Loudun.

ROIFFIEU, s. m. Com. du dép. de l'Ardèche, cant. d'Annonay, arr. de Tournon. = Annonay.

ROIGLISSE, s. f. Com. du dép. de la Somme, cant. de Roye, arr. de Montdidier. = Roye.

ROILLY, s. m. Com. du dép. de la Côte-d'Or, cant. de Précy-sous-Thil, arr. de Semur. = Semur.

ROINVILLE, s. f. Com. du dép. d'Eure-et-Loir, cant. d'Auneau, arr. de Chartres. = Gallardon.

ROINVILLE, s. f. Com. du dép. de Seine-et-Oise, cant. de Dourdan, arr. de Rambouillet. = Dourdan.

ROINVILLIERS, s. m. Com. du dép. de Seine-et-Oise, cant. de Méréville, arr. d'Etampes. = Etampes.

ROÏOC, s. m. Fausse rhubarbe, plante dont la racine donne une couleur fauve et jaune.

ROISEL, s. m. Com. du dép. de la Somme, chef-lieu de cant. de l'arr. de Péronne, où se trouvent les bur. d'enregist. et de poste.

ROISES (les), s. m. pl. Com. du dép. de la Meuse, cant. de Gondrecourt, arr. de Commercy. = Gondrecourt.

ROISSARD, s. m. Com. du dép. de l'Isère, cant. de Monestier-de-Clermont, arr. de Grenoble. = Grenoble.

ROISSY, s. m. Com. du dép. de Seine-et-Oise, cant. de Gonesse, arr. de Pontoise. Bur. de poste.

ROISSY-PONT-CARRÉ, s. m. Com. du dép. de Seine-et-Marne, cant. de Tournan, arr. de Melun. = Tournan.

ROITELET, s. m. Petit roi. T. iron. et fam. —, oiseau très petit du genre des passereaux.

ROIVILLE, s. f. Com. du dép. de l'Orne, cant. de Vimoutiers, arr. d'Argentan. = Vimoutiers.

ROIZEY, s. m. Com. du dép. de la Loire, cant. de Pélussin, arr. de St.-Etienne. = Condrieu.

ROIZY, s. m. Com. du dép. des Ardennes, cant. d'Asfeld, arr. de Rethel. = Rethel.

ROKEJEQUE, s. f. Plante du genre des portulacées. T. de bot.

ROLAMPONT, s. m. Com. du dép. de la Haute-Marne, cant. de Neuilly, arr. de Langres. = Langres.

ROLBING, s. m. Com. du dép. de la Moselle, cant. de Volmunster, arr. de Sarreguemines. = Bitche.

RÔLE, s. m. Liste, catalogue; rôle des contributions. —, partie d'une pièce de théâtre qu'un acteur doit savoir et débiter sur la scène; personnage qu'il représente. —, figure qu'on fait dans le monde, conduite réfléchie pour un but. Jouer un —, occuper un rang distingué, faire parler de soi. Fig. —, deux pages d'écriture. T. de praticien. —, liste des causes. T. de procéd. — de tabac, boudin de tabac. A tour de —, adv. Chacun à son tour.

RÔLER, v. n. Faire des rôles d'écriture. T. de procéd.

RÔLET, s. m. Petit rôle. Prop. et fig. Etre au bout de son —, ne savoir plus que dire, que faire. Fig. et fam.

ROLETTE, s. f. Toile de lin de Flandre.

RÔLEUR, s. m. Ouvrier qui forme les rôles de tabac.

ROLLAINVILLE, s. f. Com. du dép.

des Vosges, cant. et arr. de Neufchâteau. = Neufchâteau.

ROLLE, s. m. Genre d'oiseaux sylvains. T. d'hist. nat. —, s. f. Sorte de fourgon de chaufournier. —, espèce de molleton.

ROLLEBOISE, s. m. Com. du dép. de Seine-et-Oise, cant. de Bonnières, arr. de Mantes. = Bonnières.

ROLLENCOURT, s. m. Com. du dép. du Pas-de-Calais, cant. du Parcq, arr. de St.-Pol. = Hesdin.

ROLLEVILLE, s. f. Com. du dép. de la Seine-Inférieure, cant. de Montivilliers, arr. du Hâvre. = Montivilliers.

ROLLIER, s. m. Genre d'oiseaux sylvains qui ont de l'analogie avec le geai. T. d'hist. nat.

ROLLOT, s. m. Com. du dép. de la Somme, cant. et arr. de Montdidier. = Montdidier.

ROLOWAY, s. m. Guenon noirâtre. T. d'hist. nat.

ROM, s. m. Poisson du genre du pleuronecte, carrelet. T. d'hist. nat.

ROM, s. m. Com. du dép. des Deux-Sèvres, cant. de Chenay, arr. de Melle. = Couhé.

ROMAGNAT-ET-OPME, s. m. Com. du dép. du Puy-de-Dôme, cant. et arr. de Clermont. = Clermont.

ROMAGNE (la), s. f. Com. du dép. des Ardennes, cant. de Chaumont, arr. de Rhetel. = Rethel.

ROMAGNE, s. f. Com. du dép. de la Gironde, cant. de Targon, arr. de la Réole. = Cadillac.

ROMAGNE, s. f. Com. du dép. d'Ille-et-Vilaine, cant. et arr. de Fougères. = Fougères.

ROMAGNE (la), s. f. Com. du dép. de Maine-et-Loire, cant. de Montfaucon, arr. de Beaupréau. = Chollet.

ROMAGNE, s. f. Com. du dép. de la Vienne, cant. de Couhé, arr. de Civray. = Couhé.

ROMAGNE-SOUS-LES-CÔTES, s. f. Com. du dép. de la Meuse, cant. de Damvillers, arr. de Montmédy. = Damvillers.

ROMAGNE-SOUS-MONTFAUCON, s. f. Com. du dép. de la Meuse, cant. de Montfaucon, arr. de Montmédy. = Varennes-en-Argonne.

ROMAGNIEU, s. m. Com. du dép. de l'Isère, cant. de Pont-de-Beauvoisin, arr. de la Tour-du-Pin. = Pont-de-Beauvoisin.

ROMAGNY, s. m. Com. du dép. de la Manche, cant. et arr. de Mortain. = Mortain.

ROMAGNY, s. m. Com. du dép. du Haut-Rhin, cant. de Dannemarie, arr. de Belfort. = Belfort.

ROMAGNY, s. m. Com. du dép. du Haut-Rhin, cant. de Massevaux, arr. de Belfort. = Belfort.

ROMAIN, E, s. Citoyen de l'ancienne Rome, de la république romaine; habitant de Rome moderne. —, pl. Le peuple romain. Gros —, petit —, sortes de caractères d'imprimerie. —, adj. Qui appartient à Rome ancienne et moderne, aux Romains. Beauté —, femme qui a de grands traits, un port noble et majestueux. Ame —, grande, élevée, d'une fermeté inébranlable. Laitue —, espèce de laitue longue qu'on fait blanchir en la liant; chicon.

ROMAIN (St.-), s. m. Com. du dép. de l'Ardèche, cant. de St.-Agrève, arr. de Tournon. = le Chaylard.

ROMAIN (St.-), s. m. Com. du dép. de la Charente, cant. d'Aubeterre, arr. de Barbezieux. = la Graulle.

ROMAIN (St.-), s. m., ou BELLEROCHE, s. f. Com. du dép. de la Côte-d'Or, cant. de Nolay, arr. de Beaune. = Beaune.

ROMAIN (St.-), s. m. Com. du dép. de la Dordogne, cant. de Montpazier, arr. de Bergerac. = Thiviers.

ROMAIN (St.-), s. m. Com. du dép. de la Dordogne, cant. de St.-Pardoux-de-la-Rivière, arr. de Nontron. = Nontron.

ROMAIN (St.-), s. m. Com. du dép. de la Dordogne, cant. de Thiviers, arr. de Nontron. = Montpazier.

ROMAIN, s. m. Com. du dép. du Doubs, cant. de Rougemont, arr. de Baume. = Baume.

ROMAIN (St.-), s. m. Com. du dép. de l'Isère, cant. de Roussillon, arr. de Vienne. = le Péage.

ROMAIN, s. m. Com. du dép. du Jura, cant. de Gendrey, arr. de Dôle. = St.-Vyt.

ROMAIN (St.-), s. m. Com. du dép. de Loir-et-Cher, cant. de St.-Aignan, arr. de Blois. = St.-Aignan.

ROMAIN (St.-), s. m. Com. du dép. de Lot-et-Garonne, cant. de Puymirol, arr. d'Agen. = la Magistère.

ROMAIN, s. m. Com. du dép. de la Marne, cant. de Fismes, arr. de Reims. = Fismes.

ROMAIN, s. m. Com. du dép. de la Haute-Marne, cant. de Bourmont, arr. de Chaumont. = Bourmont.

ROMAIN, s. m. Com. du dép. de la Meurthe, cant. de Bayon, arr. de Lunéville. = Lunéville.

ROMAIN, s. m. Com. du dép. de la

Moselle, cant. de Longwy, arr. de Briey. = Longwy.

ROMAIN (St.-), s. m. Com. du dép. du Puy-de-Dôme, cant. de St.-Authême, arr. d'Ambert. = Ambert.

ROMAIN (St.-), s. m. Com. du dép. de Saône-et-Loire, cant. de la Chapelle-de-Guinchay, arr. de Mâcon. = la Maison-Blanche.

ROMAIN (St.-), s. m. Com. du dép. de la Somme, cant. de Poix, arr. d'Amiens. = Poix.

ROMAIN (St.-), s. m. Com. du dép. de la Vienne, cant. de Leigné-sur-Usseau, arr. de Châtellerault. = les Ormes.

ROMAIN (St.-), s. m. Com. du dép. de la Vienne, cant. de Charroux, arr. de Civray. = Civray.

ROMAIN-AUX-BOIS, s. m. Com. du dép. des Vosges, cant. de la Marche, arr. de Neufchâteau. = la Marche.

ROMAIN-D'AIX (St.-), s. m. Com. du dép. de l'Ardèche, cant. de Satillieu, arr. de Tournon. = Annonay.

ROMAIN-DE-BEAUMONT (St.-), s. m. Com. du dép. de la Charente-Inférieure, cant. de Cozes, arr. de Saintes. = Cozes.

ROMAIN-DE-BENET (St.-), s. m. Com. du dép. de la Charente-Inférieure, cant. de Saujon, arr. de Saintes. = Saujon.

ROMAIN-DE-COLBOSC (St.-), s. m. Com. du dép. de la Seine-Inférieure, chef-lieu de cant. de l'arr. du Hâvre. Bur. d'enregist. et de poste.

ROMAIN-DE-GOUZON (St.-), s. m. Com. du dép. du Rhône, cant. de Neuville, arr. de Lyon. = Lyon.

ROMAIN-DE-JALLIONAZ (St.-), s. m. Com. du dép. de l'Isère, cant. de Crémieu, arr. de la Tour-du-Pin. = Crémieu.

ROMAIN-DE-L'ERP (St.-), s. m. Com. du dép. de l'Ardèche, cant. de St.-Péray, arr. de Tournon. = St.-Péray.

ROMAIN-DE-POPEY (St.-), s. m. Com. du dép. du Rhône, cant. de Tarare, arr. de Villefranche. = Tarare.

ROMAIN-DE-ROCHE (St.-), s. m. Com. du dép. du Jura, cant. de Moirans, arr. de St.-Claude. = St.-Claude.

ROMAIN-DE-VIGNAGUE (St.-), s. m. Com. du dép. de la Gironde, cant. de Sauveterre, arr. de la Réole. = la Réole.

ROMAIN-D'URPHÉ (St.-), s. m. Com. du dép. de la Loire, cant. de St.-Just-en-Chevalet, arr. de Roanne. = Roanne.

ROMAINE, s. f. Laitue romaine. —, instrument pour peser avec un seul poids qu'on place à différentes distances du point de suspension. —, sorte de petit papier. —, cerceau pour suspendre les cierges.

ROMAINE, s. f. Com. du dép. de l'Aube, cant. de Ramerupt, arr. d'Arcis-sur-Aube. = Arcis-sur-Aube.

ROMAIN-EN-GAL (St.-), s. m. Com. du dép. du Rhône, cant. de Ste.-Colombe, arr. de Lyon. = Vienne.

ROMAIN-EN-GIER (St.-), s. m. Com. du dép. du Rhône, cant. de Givors, arr. de Lyon. = Lyon.

ROMAIN-EN-JARRET (St.-), s. m. Com. du dép. de la Loire, cant. de Rive-de-Gier, arr. de St.-Etienne. = Rive-de-Gier.

ROMAIN-EN-VIENNOIS (St.-), s. m. Com. du dép. de Vaucluse, cant. de Vaison, arr. d'Orange. = Carpentras.

ROMAIN-LA-CHALM (St.-), s. m. Com. du dép. de la Haute-Loire, cant. de St.-Didier-la-Séauve, arr. d'Yssingeaux. = Monistrol.

ROMAIN-LA-MOTTE (St.-), s. m. Com. du dép. de la Loire, cant. de St.-Haon-le-Châtel, arr. de Roanne. = Roanne.

ROMAIN-LA-VIRVÉE (St.-), s. m. Com. du dép. de la Gironde, cant. de Fronsac, arr. de Libourne. = Libourne.

ROMAIN-LE-PREUX (St.-), s. m. Com. du dép. de l'Yonne, cant. de St.-Julien-du-Sault, arr. de Joigny. = Joigny.

ROMAIN-LE-PUY (St.-), s. m. Com. du dép. de la Loire, cant. de St.-Rambert, arr. de Montbrison. = Montbrison.

ROMAIN-LES-ATHEUX (St.-), s. m. Com. du dép. de la Loire, cant. de St.-Genet-Malifaux, arr. de St.-Etienne. = St.-Etienne.

ROMAIN-SOUS-GOURDON (St.-), s. m. Com. du dép. de Saône-et-Loire, cant. de Mont-St.-Vincent, arr. de Châlons-sur-Saône. = Joncy.

ROMAIN-SOUS-VERSIGNY (St.-), s. m. Com. du dép. de Saône-et-Loire, cant. de Toulon-sur-Arroux, arr. de Charolles. = Perrecy.

ROMAINVILLE, s. f. Village du dép. de la Seine, cant. de Pantin, arr. de St.-Denis. = Pantin.

ROMAN, s. m. Com. du dép. de la Drôme, cant. de Châtillon, arr. de Die. = Die.

ROMAN, s. m. Récit fictif, en prose, d'aventures plus ou moins vraisemblables. — historique, dont le fond est puisé dans l'histoire. —, histoire, récit, sans vraisemblance, conte. Fig. —, tissu d'événements qui entrent dans l'action d'un poëme dramatique.

ROMAN, E, adj. Se dit d'un ancien idiome français, composé de celtique et de latin; langue romane.

ROMAN, s. m. Com. du dép. de l'Eure, cant. de Damville, arr. d'Evreux. = Damville.

ROMANCE, s. f. Petit poëme divisé en strophes, d'un style simple, touchant, et d'un goût un peu antique, dont le sujet est ordinairement élégiaque. —, air d'une mélodie douce, naturelle, d'une exécution facile et gracieuse.

ROMANCE-ACY, s. f. Com. du dép. des Ardennes, cant. et arr. de Rethel. = Rethel.

ROMANCHE (la), s. f. Rivière qui prend sa source dans le dép. des Hautes-Alpes, au milieu des montagnes, et se jette dans le Drac, un peu au-dessous de Vizille.

ROMANCIER, ÈRE, s. Faiseur de romans.

ROMAN-DE-MALEGARDE, s. m. Com. du dép. de Vaucluse, cant. de Vaison, arr. d'Orange. = Carpentras.

ROMANÈCHE, s. f. Com. du dép. de l'Ain, cant. de Céseriat, arr. de Bourg. = Bourg.

ROMANÈCHE, s. f. Com. du dép. de Saône-et-Loire, cant. de la Chapelle-de Guinchay, arr. de Mâcon. = La Maison-Blanche.

ROMANESQUE, adj. Qui tient du roman, fabuleux, qui manque de vraisemblance. —, exalté, exagéré; imagination romanesque. Fig.

ROMANESQUEMENT, adv. D'une manière romanesque.

ROMANGE, s. m. Com. du dép. du Jura, cant. de Rochefort, arr. de Dôle. = Dôle.

ROMANIE ou ROMÉLIE, s. f. Province de la Turquie, dont Constantinople est la capitale. Cette province, qui répond à l'ancienne Thrace, est baignée à l'E. par la mer Noire ou le pont Euxin, au S. par la mer de Marmara ou la Propontide.

ROMANISER, v. n. Faire des romans; donner à une histoire l'air d'un roman.

ROMANISTE, s. Romancier, romancière. T. inus.

ROMANS, s. m. Com. du dép. de l'Ain, cant. de Châtillon, arr. de Trévoux. = Châtillon-les-Dombes.

ROMANS, s. m. Ville du dép. de la Drôme, chef-lieu de cant. de l'arr. de Valence. Bur. d'enregist. et de poste.

Fabr. de draps, ratine, bonneteries de laine, huile de noix et liqueurs. Comm. de vins, huile d'olives, truffes, soie et pelleteries.

ROMANS (St.-), s. m. Com. du dép. de l'Isère, cant. de Pont-en-Royans, arr. de St.-Marcellin. = St.-Marcellin.

ROMANS (St.-), s. m. Com. du dép. des Deux-Sèvres, cant. de St.-Maixent, arr. de Niort. = Niort.

ROMANS-DE-CORDIÈRES (St.-), s. m. Com. du dép. du Gard, cant. de Sumène, arr. du Vigan. = Pont-St.-Esprit.

ROMANS-DES-CHAMPS (St.-), s. m. Com. du dép. des Deux-Sèvres, cant. de Prahecq, arr. de Niort. = Niort.

ROMANS-LES-MELLE (St.-), s. m. Com. du dép. des Deux-Sèvres, cant. et arr. de Melle. = Melle.

ROMANSWILLER, s. m. Com. du dép. du Bas-Rhin, cant. de Wasselonne, arr. de Strasbourg. = Strasbourg.

ROMANTIQUE, s. m. Le genre romantique. —, adj. Qui tient du roman, qui rappelle à l'imagination des aventures de roman. Genre —, genre bizarre, dévergondé, forcené, dans le goût de la dramaturgie allemande et anglaise.

ROMANTISME, s. m. Dépravation du merveilleux, du romanesque, invention bizarre, fiction monstrueuse qui révolte la raison et le goût.

ROMARIN, s. m. Arbuste aromatique, toujours vert, de la famille des labiées. — de Bohême, lède des jardins à feuilles étroites.

ROMAZIÈRES, s. f. Com. du dép. de la Charente-Inférieure, cant. d'Aunay, arr. de St.-Jean-d'Angely. = Aunay.

ROMAZY, s. m. Com. du dép. d'Ille-et-Vilaine, cant. de St.-Aubin-d'Aubigné, arr. de Rennes. = Antrain.

ROMBALIÈRE, s. f. Planche du bordage d'une galère. T. de mar.

ROMBAS, s. m. Com. du dép. de la Moselle, cant. et arr. de Briey. = Briey.

ROMBE, s. m. Espèce de coquillage.

ROMBIES-ET-MARCHIPONT, s. m. Com. du dép. du Nord, cant. et arr. de Valenciennes. = Valenciennes.

ROMBLY, s. m. Com. du dép. du Pas-de-Calais, cant. de Norrent-Fontes, arr. de Béthune. = Aire-sur-la-Lys.

ROME, s. f. Ville d'Italie, sur le Tibre, était autrefois la capitale du monde connu, et est aujourd'hui la capitale des états de l'église. Cette ville, dont on attribue la fondation à Romulus, fut d'abord assise sur une ou deux montagnes; dans la suite elle en renferma huit. Elle possédait huit ponts, communiquait au-dehors par quinze portes, recevait l'eau par vingt aqueducs et pouvait faire voyager ses armées par un grand nombre de beaux chemins ou voies publiques, dont quinze sortaient des portes de Rome, etc. Quoique déchue de son ancienne splendeur, on peut la considérer encore comme l'une des plus belles villes de l'Europe. Les monumens précieux qu'elle renferme, les débris de tant de chefs-d'œuvre, les magnifiques églises qui remplacent les temples antiques; une infinité de palais magnifiques, tout en un mot la rend un objet d'admiration pour les étrangers. Pop. 140,000 hab. env.

ROME (Ste.-), s. f. Com. du dép. de la Haute-Garonne, cant. et arr. de Villefranche. = Villefranche.

ROME (Ste.-), s. f. Com. du dép. de la Lozère, cant. de St.-Georges, arr. de de Florac. = Sévérac.

ROMECOURT, s. m. Com. du dép. de la Meurthe, cant. de Réchicourt-le-Château, arr. de Sarrebourg. = Dieuze.

ROME-DE-SERNON (St.-), s. m. Com. du dép. de l'Aveyron, cant. et arr. de St.-Affrique. = St.-Affrique.

ROME-DU-TARN (St.-), s. m. Petite ville du dép. de l'Aveyron, chef-lieu de cant. de l'arr. de St.-Affrique où se trouvent les bur. d'enregist. et de poste. Comm. de vins. Fabr. de mouchoirs.

ROMEGOUX, s. m. Com. du dép. de la Charente-Inférieure, cant. de St.-Porchaire, arr. de Saintes. = Saintes.

ROMELFING, s. m. Com. du dép. de la Meurthe, cant. de Fénétrange, arr. de Sarrebourg. = Sarrebourg.

ROMENAY, s. m. Com. du dép. de Saône-et-Loire, cant. de Tournus, arr. de Mâcon. = Tournus.

ROMENY, s. m. Com. du dép. de l'Aisne, cant. de Charly, arr. de Château-Thierry. = Château-Thierry.

ROMERIES, s. f. Com. du dép. du Nord, cant. de Solesmes, arr. de Cambrai. = le Quesnoy.

ROMERY, s. m. Com. du dép. de l'Aisne, cant. de Guise, arr. de Vervins. = Guise.

ROMES, s. f. pl. Les deux principales pièces du métier de basse-lisse.

ROMESCAMPS, s. m. Com. du dép. de l'Oise, cant. de Formerie, arr. de Beauvais. = Grandvilliers. Comm. de cidre.

ROMESTAING, s. m. Com. du dép. de Lot-et-Garonne, cant. de Bouglon, arr. de Marmande. = Castel-Jaloux.

ROMETTE, s. f. Com. du dép. des Hautes-Alpes, cant. et arr. de Gap. = Gap.

ROMEYER, s. m. Com. du dép. de la Drôme, cant. et arr. de Die. = Die.

ROMIGNY, s. m. Com. du dép. de la Marne, cant. de Ville-en-Tardenois, arr. de Reims. = Reims.

ROMIGUIERE (la), s. f. Com. du dép. de l'Aveyron, cant. de St.-Rome-du-Tarn, arr. de St.-Affrique. = St.-Affrique.

ROMILLÉ, s. m. Com. du dép. d'Ille-et-Vilaine, cant. de Bécherel, arr. de Montfort. = Montfort.

ROMILLY, s. m. Com. du dép. de l'Eure, cant. d'Ecouis, arr. des Andelys. = Conches. Fonderie de cuivre jaune et rouge; fabr. de cuivre en planches et de fil de laiton.

ROMILLY, s. m. Com. du dép. de l'Eure, cant. de Beaumont, arr. de Bernay. = Bernay.

ROMILLY, s. m. Com. du dép. de Loir-et-Cher, cant. de Droué, arr. de Vendôme. = la Ville-aux-Clercs.

ROMILLY-SUR-AIGRE, s. m. Com. du dép. d'Eure-et-Loir, cant. de Cloyes, arr. de Châteaudun. = Cloyes.

ROMILLY-SUR-SEINE, s. m. Com. du dép. de l'Aube, chef-lieu de cant. de l'arr. de Nogent-sur-Seine. Bur. d'enregist. = les Granges. Fabr. de bas de coton; huileries et corderies. Comm. de grains, fourrages et bois.

ROMONT, s. m. Com. du dép. des Vosges, cant. de Rambervillers, arr. d'Epinal. = Rambervillers.

ROMORANTIN, s. m. Ville du dép. de Loir-et-Cher, chef-lieu de sous-préf. et de cant.; trib. de 1re instance et de comm.; société d'agric.; direct. des contrib. indir.; conserv. des hypoth.; recev. part. des finances; bur. d'enregist. et de poste.

Cette ville est située au confluent de la Sauldre et du Morantin; on y remarque une promenade magnifique. Filatures de laine; manuf. de draps; tanneries, etc.

ROMPEMENT, s. m. Fatigue causée par le bruit, par une forte application; rompement de tête.

ROMPHAIRE (St.-), s. m. Com. du dép. de la Manche, cant. de Canisy, arr. de St.-Lô. = St.-Lô.

ROMPON, s. m. Com. du dép. de l'Ardèche, cant. de la Voulte, arr. de Privas. = la Voulte.

ROMPRE, v. a. Briser, casser, mettre en pièces. — rouer un criminel et lui casser les membres avec une barre de fer. —, arrêter, détourner le mouvement direct d'une chose; rompre le courant, le vent. —, enfoncer; rompre une porte. — un bataillon, le mettre en déroute. —, disjoindre, séparer; rompre un pont. —, enfreindre; rompre ses engagemens. —, faire cesser, rendre nul; rompre un traité. Fig. —, accoutumer, habituer, exercer; rompre à la fatigue, à la marche. — la tête, fatiguer par l'excès du bruit, par des discours importuns. Fig. — la glace, faire les premiers pas, surmonter les premières difficultés. —, v. n. Se casser, se briser pour être trop chargé, trop faible; se brouiller, cesser d'avoir des relations avec quelqu'un; mettre fin à un entretien, une discussion. Se —, v. pron. Se casser, se briser; se fatiguer excessivement. Fig. Se — le cou, se tuer en tombant, et fig., se ruiner. Se — au travail, s'y accoutumer. A tout —, adv. A toute extrémité, au pis-aller, tout au plus. Applaudir à tout —, avec transport.

ROMPU, E, part. Cassé, brisé; supplicié, mutilé sur la roue; fatigué par un exercice violent. Bâtons —, pièces de compartiment dans les vitres ; pièce de tapisserie où sont représentés des bâtons rompus et entremêlés.

ROMPURE, s. f. Endroit où le jet est rompu. T. de fond.

ROMULUS, s. m. Fils de Mars et de Rhéa Sylvia, fondateur de la ville de Rome qu'il peupla d'un ramas d'aventuriers avec lesquels il sut se rendre redoutable. N'ayant point de femmes, et les peuples voisins refusant de s'allier avec les siens, il célébra des jeux auxquels il invita les Sabins et les Sabines qui s'y rendirent en grand nombre. A un signal convenu, il s'empara de toutes les filles qu'il fit enlever par ses soldats. T. de myth.

RONAY, s. m. Com. du dép. de l'Orne, cant. de Putanges, arr. d'Argentan. = Falaise.

RONCE, s. f. Arbrisseau rampant, à tiges minces et pliantes, armé d'épines crochues, à fleurs rosacées, qui produit un fruit semblable à la mûre. —, pl. Obstacles, difficultés, dégoûts. Fig.

RONCE (la), s. f. Com. du dép. du Jura, cant. de Sellières, arr. de Lons-le-Saulnier. = Lons-le-Saulnier.

RONCENAY, s. m. Com. du dép. de l'Aube, cant. de Bouilly, arr. de Troyes. = Troyes.

RONCENAY (le), s. m. Com. du dép. de l'Eure, cant. de Damville, arr. d'Évreux. = Damville.

RONCERAIE, s. f. Haie remplie de ronces.

RONCEY, s. m. Com. du dép. de la Manche, cant. de Cerisy-la-Salle, arr. de Coutances. = Coutances.

RONCHAMP, s. m. Com. du dép. de la Haute-Saône, cant. de Champagney, arr. de Lure. = Lure.

RONCHAUD, s. m. Com. du dép. du Jura, cant. de Moirans, arr. de St.-Claude. = Orgelet.

RONCHEAUX, s. m. Com. du dép. du Doubs, cant. de Quingey, arr. de Besançon. = Quingey.

RONCHÈRES, s. f. Com. du dép. de l'Aisne, cant. de Fère-en-Tardenois, arr. de Château-Thierry. = Fère-en-Tardenois.

RONCHÈRES, s. f. Com. du dép. de l'Yonne, cant. de St.-Fargeau, arr. de Joigny. = St.-Fargeau.

RONCHEROLLES, s. f. Com. du dép. de la Seine-Inférieure, cant. de Darnetal, arr. de Rouen. = Rouen.

RONCHEROLLES-EN-BRAY, s. f. Com. du dép. de la Seine-Inférieure, cant. de Forges, arr. de Neufchâtel. = Forges.

RONCHEVILLE, s. f. Com. du dép. du Calvados, cant. et arr. de Pont-l'Evêque. = Pont-l'Evêque.

RONCHIN, s. m. Com. du dép. du Nord, cant. et arr. de Lille. = Lille.

RONCHOIS, s. m. Com. du dép. de la Seine-Inférieure, cant. d'Aumale, arr. de Neufchâtel. = Aumale.

RONCINELLE, s. f. Genre de ronces à graines nues. T. de bot.

RONCOURT, s. m. Com. du dép. de la Moselle, cant. et arr. de Briey. = Briey.

RONCOURT, s. m. Com. du dép. des Vosges, cant. de Bulgnéville, arr. de Neufchâteau. = Neufchâteau.

RONCQ, s. m. Com. du dép. du Nord, cant. de Turcoing, arr. de Lille. = Turcoing.

ROND, s. m. Cercle; figure, mouvement circulaire. En —, adv. Circulairement.

ROND, E, adj. De forme circulaire, sphérique. —, potelé; rebondi, enflé de graisse, de nourriture. —, qui agit sans façon, franc, sincère, sans détour; homme tout rond. Fig. Compte —, sans fraction. Ecriture —, dont les lettres sont arrondies. Période —, pleine, nombreuse, bien cadencée. T. de littér. Voix —, pleine. T. de mus.

RONDACHE, s. f. Grand bouclier rond.

RONDE, s. f. Ecriture ronde; la plus longue des notes de musique; sorte de danse en rond; air, chanson particulière à cette danse. —, visite des postes, la nuit, par un officier, pour s'assurer de la régularité du service; celui ou ceux qui font cette visite. A la —, adv. A l'entour, aux environs; les uns après les autres, chacun à son tour.

RONDE (la), s. f. Com. du dép. des Deux-Sèvres, cant. de Cerisay, arr. de Bressuire. = Bressuire.

RONDEAU, s. m. Petit poëme français de treize vers sur deux rimes avec deux repos, l'un au cinquième et l'autre au huitième vers, dont le premier mot se répète après le huitième vers et le dernier. —, air dont le premier vers ou couplet se répète. —, grande pelle du boulanger pour enfourner les pains bénits. —, peau de crible préparée, arrondie et prête à être percée.

RONDEFONTAINE, s. f. Com. du dép. du Doubs, cant. de Mouthe, arr. de Pontarlier. = Pontarlier.

RONDE-HAYE (la), s. f. Com. du dép. de la Manche, cant. de St.-Sauveur-Lendelin, arr. de Coutances. = Périers.

RONDELET, s. m. Bâton de bourrelier pour enfoncer la bourre.

RONDELET, TE, adj. Qui a un peu trop d'embonpoint.

RONDELETTES, s. f. pl. Toiles à voiles que l'on fabrique en Bretagne.

RONDELIER, s. m. Soldat qui portait une rondelle. —, plante de la famille des rubiacées. T. de bot.

RONDELIN, s. m. Homme gros et court. T. fam. inus.

RONDELLE, s. f. Petit bouclier rond; pièce de métal forgée en rond. —, outil de sculpteur, de marbrier, etc. —, poisson du genre du chétodon. —, pl. Petites têtes de chardon à carder.

RONDEMENT, adv. Uniment, également. —, sans façon, franchement; sincèrement, sans artifice. Fig. et fam.

RONDEUR, s. f. Figure de ce qui est rond; forme ronde. —, bonhomie, franchise. Fig.

RONDIER, s. m. Sorte de palmier. T. de bot.

RONDIES, s. f. pl. Cylindres pour arrondir les tables de plomb en tuyaux.

RONDIN, s. m. Bûche ronde, gros bâton.

RONDINÉ, E, part. Battu.

RONDINER, v. a. Battre avec un rondin.

RONDON, s. m. Rond. Fondre en —, avec impétuosité, en tournoyant. T. de fauc.

ROND-POINT, s. m. Place vide et circulaire au centre d'un grand espace;
extrémité d'une église opposée au portail.

RONEL, s. m. Com. du dép. du Tarn, cant. de Réalmont, arr. d'Albi. = Albi.

RONESQUES, s. m. Com. du dép. du Cantal, cant. de Vic, arr. d'Aurillac. = Vic-sur-Cère.

RONFLANT, E, adj. Qui ronfle. —, sonore, bruyant; style ronflant. Fig.

RONFLE, s. m. Espèce de jeu.

RONFLEMENT, s. m. Bruit fait en ronflant.

RONFLER, v. n. Faire un bruit plus ou moins fort en dormant. —, produire un bruit sourd en tournant avec rapidité. —, retentir, en parlant du canon. Fig.

RONFLEUR, EUSE, s. Celui, celle qui ronfle habituellement.

RONGE, s. m. Rumination. Faire le —, ruminer. T. de véner.

RONGÉ, E, part. Mâchuré, coupé avec les dents; miné, corrodé.

RONGEMENT, s. m. Action de ronger; effet de ce qui ronge.

RONGER, v. a. Couper peu à peu avec les dents, mâchurer; miner, corroder. —, consumer insensiblement en parlant des maladies, des chagrins, etc.; tourmenter, en parlant des remords. Fig. — quelqu'un, le gruger, manger son bien. Fig. et fam.

RONGÈRES, s. f. Com. du dép. de l'Allier, cant. de Varennes, arr. de la Palisse. = la Palisse.

RONGÈRES, s. f. Com. du dép. de l'Indre, cant. de Ste.-Sévère, arr. de la Châtre. = la Châtre.

RONGEUR, adj. m. Qui ronge. Ver —, remords qui tourmente un coupable. Fig. —, s. m. pl. Ordre de quadrupèdes qui rongent leurs alimens. T. d'hist. nat.

RONNET, s. m. Com. du dép. de l'Allier, cant. de Marcillat, arr. de Montluçon. = Montluçon.

RONNO, s. m. Com. du dép. du Rhône, cant. de Tarare, arr. de Villefranche. = Tarare.

RONQUEROLLES, s. f. Com. du dép. de Seine-et-Oise, cant. de l'Isle-Adam, arr. de Pontoise. = Chambly.

RONSENAC, s. m. Com. du dép. de la Charente, cant. de la Valette, arr. d'Angoulême. = Angoulême.

RONSOY, s. m. Com. du dép. de la Somme, cant. de Roisel, arr. de Péronne. = le Catelet.

RONTALON, s. m. Com. du dép. du Rhône, cant. de Mornant, arr. de Lyon. = Lyon.

RONTHON, s. m. Com. du dép. de la

Manche, cant. de Sartilly, arr. d'Avranches. = Avranches.

RONTIGNON, s. m. Com. du dép. des Basses-Pyrénées, cant. et arr. de Pau. = Pau.

RONVEAUX, s. m. Com. du dép. de la Meuse, cant. de Fresnes-en-Wœvre, arr. de Verdun. = Verdun.

RONXOUX, s. m. Com. du dép. de l'Orne, cant. de Moulins-la-Marche, arr. de Mortagne. = Moulins-la-Marche.

RONZIÈRES, s. f. Com. du dép. du Puy-de-Dôme, cant. de Champeix, arr. d'Issoire. = Issoire.

RONZUEL, s. m. Com. du dép. de l'Ain, cant. de Chalamont, arr. de Trévoux. = Meximieux.

ROOCOURT-LA-CÔTE, s. m. Com. du dép. de la Haute-Marne, cant. de Vignory, arr. de Chaumont. = Chaumont.

ROOST-WARENDIN, s. m. Com. du dép. du Nord, cant. et arr. de Douai. = Douai.

ROPALIQUE, adj. Dont les mots sont toujours en augmentant d'une syllabe; vers ropalique. T. de poés.

ROPALOCÈRES, s. m. pl. Globulicornes; famille d'insectes lépidoptères diurnes. T. d'hist. nat.

ROPHITE, s. m. Genre d'insectes hyménoptères. T. d'hist. nat.

ROPOGRAPHE, s. m. Peintre de petits sujets; celui qui taillait en figures les ifs, le buis. T. d'antiq.

ROPOURIER, s. m. Arbrisseau de la Guiane. T. de bot.

ROPPE, s. m. Com. du dép. du Haut-Rhin, cant. et arr. de Belfort. = Belfort.

ROPPENHEIM, s. m. Com. du dép. du Bas-Rhin, cant. de Bischwiller, arr. de Strasbourg. = Haguenau.

ROPPENTZWILLER, s. m. Com. du dép. du Haut-Rhin, cant. de Ferrette, arr. d'Altkirch. = Huningue.

ROPPEWILLER, s. m. Com. du dép. de la Moselle, cant. de Bitche, arr. de Sarreguemines. = Bitche.

ROQUE (la), s. f. Com. du dép. du Gard, cant. de Bagnols, arr. d'Uzès. = Bagnols.

ROQUE (la), s. f. Com. du dép. des Pyrénées-Orientales, cant. d'Argelès, arr. de Céret. = Collioure.

ROQUE-ALRIC (la), s. f. Com. du dép. de Vaucluse, cant. de Beaumes, arr. d'Orange. = Carpentras.

ROQUE-BAIGNARD (la), s. f. Com. du dép. du Calvados, cant. de Cambremer, arr. de Pont-l'Évêque. = Pont-l'Évêque.

ROQUE-BOUILLAC (la), s. f. Com. du dép. de l'Aveyron, cant. d'Aubin, arr. de Villefranche. = Rignac.

ROQUEBROU (la), s. f. Com. du dép. du Cantal, chef-lieu de cant. de l'arr. d'Aurillac. Bur. d'enregist. = Aurillac.

ROQUEBRUN, s. m. Com. du dép. de l'Hérault, cant. d'Olargues, arr. de St.-Pons. = St.-Chinian.

ROQUEBRUNE, s. f. Com. du dép. du Gers, cant. de Vic-Fezensac, arr. d'Auch. = Vic-Fezensac.

ROQUEBRUNE, s. f. Com. du dép. de la Gironde, cant. de Monségur, arr. de la Réole. = Monségur.

ROQUEBRUNE, s. f. Com. du dép. du Var, cant. de Fréjus, arr. de Draguignan. = Fréjus.

ROQUEBRUSSANE, s. f. Com. du dép. du Var, chef-lieu de cant. de l'arr. de Brignoles. Bur. d'enregist. = Brignoles. Distilleries d'eau-de-vie.

ROQUECEZIÈRE, s. f. Com. du dép. de l'Aveyron, cant. de St.-Sernin, arr. de St.-Affrique. = St.-Sernin.

ROQUECOR, s. m. Com. du dép. de Tarn-et-Garonne, cant. de Montaigut, arr. de Moissac. = Lauzerte.

ROQUECOURBE, s. f. Com. du dép. de l'Aude, cant. de Capendu, arr. de Carcassonne. = Carcassonne.

ROQUECOURBE, s. f. Petite ville du dép. du Tarn, chef-lieu de cant. de l'arr. de Castres. Bur. d'enregist. à Montredon. = Castres. Fabr. de bonneterie de laine.

ROQUE-D'ANTHERON (la), s. f. Com. du dép. des Bouches-du-Rhône, cant. de Lambesc, arr. d'Aix. = Lambesc. Filature de soie.

ROQUE-DEFA (la), s. f. Com. du dép. de l'Aude, cant. de Monthoumet, arr. de Carcassonne. = la Grasse.

ROQUEDUR, s. m. Com. du dép. du Gard, cant. de Sumène, arr. du Vigan. = Ganges.

ROQUE-ESCLAPON, s. m. Com. du dép. du Var, cant. de Comps, arr. de Draguignan. = Draguignan.

ROQUE-ESTERNON, s. m. Com. du dép. du Var, cant. de Coursegoules, arr. de Grasse. = Vence.

ROQUEFÈRE, s. m. Com. du dép. de l'Aude, cant. de Mas-Cabardès, arr. de Carcassonne. = Carcassonne.

ROQUEFEUIL, s. m. Com. du dép. de l'Aude, cant. de Belcaire, arr. de Limoux. = Quillan.

ROQUEFIXADE, s. f. Com. du dép. de l'Ariège, cant. de Lavelanet, arr. de Foix. = Mirepoix.

ROQUEFORT, s. m. Fromage de lait de brebis.

ROQUEFORT, s. m. Com. du dép. de l'Ariège, cant. de Lavelanet, arr. de Foix. = Mirepoix.

ROQUEFORT, s. m. Com. du dép. de l'Aveyron, cant. et arr. de St.-Affrique. = St.-Affrique. Fabr. de fromages très estimés.

ROQUEFORT, s. m. Com. du dép. des Bouches-du-Rhône, cant. de la Ciotat, arr. de Marseille. = Aubagne.

ROQUEFORT, s. m. Com. du dép. de la Haute-Garonne, cant. de Salies, arr. de St.-Gaudens. = St.-Martory.

ROQUEFORT, s. m. Com. du dép. du Gers, cant. de Jegun, arr. d'Auch.= Auch.

ROQUEFORT, s. m. Petite ville du dép. des Landes, chef-lieu de cant. de l'arr. de Mont-de-Marsan. Bur. d'enregist. et de poste.
Cette ville, située au confluent de l'Estampon, est traversée par la Douze. Fabr. de poterie; fours à chaux. Comm. de miel, laines et bestiaux.

ROQUEFORT, s. m. Com. du dép. de Lot-et-Garonne, cant. de Laplume, arr. d'Agen. = Agen.

ROQUEFORT, s. m. Com. du dép. du Var, cant. du Bar, arr. de Grasse. = Grasse.

ROQUEFORT - DE - SAULT - ET- BAILLAC, s. m. Com. du dép. de l'Aude, chef-lieu de cant. de l'arr. de Limoux. Bur. d'enregist. et de poste à Quillan. Fabr. de fromages, forges.

ROQUEFORT - DES - CORBIÈRES, s. m. Com. du dép. de l'Aude, cant. de Sijean, arr. de Narbonne. = Sijean.

ROQUELAURE, s. f. Sorte de manteau à la mode, auquel on donna le nom du duc de ce nom, célèbre par ses bons mots à la cour de Louis XIV.

ROQUELAURE, s. f. Com. du dép. de l'Aveyron, cant. et arr. d'Espalion.= Espalion.

ROQUELAURE, s. f. Com. du dép. du Gers, cant. et arr. d'Auch. =Auch.

ROQUELAURE - ST. - AUBIN, s. m. Com. du dép. du Gers, cant. de Cologne, arr. de Lombez. = Lombez.

ROQUEMAURE, s. f. Petite ville du dép. du Gard, chef-lieu de cant. de l'arr. d'Uzès. Bur. d'enregist. et de poste.
Cette ville, assise près du Rhône, est entourée de vignobles excellens. Fabr. de tonnellerie; filat. de soie, huileries, distilleries d'eaux-de-vie. Comm. de vins fins, eaux-de-vie et bestiaux.

ROQUEMAURE, s. f. Com. du dép. du Tarn, cant. de Rabastens, arr. de Gaillac. = Tarbes.

ROQUEPINE, s. f. Com. du dép. du Gers, cant. de Valence, arr. de Condom. = Condom.

ROQUER, v. n. Déplacer le roi, et le mettre après la tour ou roc. T. de jeu d'échecs.

ROQUERONDE-TIENDAS, s. m. Com. du dép. de l'Hérault, cant. de Lunas, arr. de Lodève. = Lodève.

ROQUES, s. m. Com. du dép. du Calvados, cant. et arr. de Lisieux. = Lisieux.

ROQUES, s. m. Com. du dép. de la Haute-Garonne, cant. et arr. de Muret. = Caraman.

ROQUES, s. m. Com. du dép. du Gers, cant. de Valence, arr. de Condom. = Condom.

ROQUESERIÈRE, s. f. Com. du dép. de la Haute-Garonne, cant. de Montastruc, arr. de Toulouse. = Toulouse.

ROQUES-HAUTES, s. f. Com. du dép. des Bouches-du-Rhône, cant. de Trets, arr. d'Aix. = Aix.

ROQUESSELS, s. m. Com. du dép. de l'Hérault, cant. de Roujan, arr. de Béziers. = Pézénas.

ROQUES-SUR-PERNES, s. m. Com. du dép. de Vaucluse, cant. de Pernes, arr. de Carpentras. = Carpentras.

ROQUET, s. m. Très petit chien. —, petit homme hargneux et rogue. Fig. et fam. —, ancien manteau. —, pl. Petites roches au fond de la mer. T. de pêch.

ROQUETAILLADE, s. f. Com. du dép. de l'Aude, cant. et arr. de Limoux. = Limoux.

ROQUETAILLADE, s. f. Com. du dép. de l'Aveyron, cant. de St.-Bauzély, arr. de Milhau. = Milhau.

ROQUETAILLADE, s. f. Com. du dép. du Gers, cant. et arr. d'Auch. = Auch.

ROQUE-TIMBAUT (la), s. f. Com. du dép. de Lot-et-Garonne, chef-lieu de cant. de l'arr. d'Agen, où se trouve le bur. d'enregist. = Agen.

ROQUETIN, s. m. Bobine pour le fil d'or.

ROQUETOIRE, s. m. Com. du dép. du Pas-de-Calais, cant. d'Aire, arr. de St.-Omer. = Aire-sur-la-Lys.

ROQUETTE, s. f. Plante potagère, annuelle, crucifère. —, espèce de bobine. —, signal avec des fusées. T. de mar.

ROQUETTE (la), s. f. Com. du dép. de l'Aveyron, cant. de Laguiole, arr. d'Espalion. = Espalion.

ROQUETTE (la), s. f. Com. du dép.

de l'Eure, cant. et arr. des Andelys. = les Andelys.

ROQUETTE (la), s. f. Com. du dép. du Var, cant. de Tavernes, arr. de Brignoles. = Barjols.

ROQUETTE (la), s. f. Com. du dép. du Var, cant. de Cannes, arr. de Grasse. = Cannes.

ROQUETTES, s. f. Com. du dép. de la Haute-Garonne, cant. et arr. de Muret. = Muret.

ROQUEVAIRE, s. m. Petite ville du dép. des Bouches-du-Rhône, chef-lieu de cant. de l'arr. de Marseille. Bur. d'enregist. et de poste. Fabr. de savon; papeterie. Comm. de savon, de soie grège, de vins muscats très recherchés, figues, raisins, amandes, avelines, etc.

ROQUEVIDAL, s. m. Com. du dép. du Tarn, cant. de Cuq-Toulza, arr. de Lavaur. = Lavaur.

ROQUEVIEILLE (la), s. f. Com. du dép. du Cantal, cant. et arr. d'Aurillac. =Aurillac.

ROQUIAGUE, s. m. Com. du dép. des Basses-Pyrénées, cant. et arr. de Mauléon. = Mauléon.

ROQUILLE, s. f. La plus petite des mesures du vin, quart de setier. —, pl. Confitures d'écorce d'orange.

ROQUILLE (la), s. f. Com. du dép. de la Gironde, cant. de Ste.-Foi-la-Grande, arr. de Libourne. = Ste.-Foi.

RORAGE, s. m. Rouissage. T. inus.

RORBACH, s. m. Com. du dép. de la Meurthe, cant. de Dieuze, arr. de Château-Salins. = Dieuze.

RORBACH, s. m. Com. du dép. de la Moselle, chef-lieu de cant. de l'arr. de Sarreguemines. Bur. d'enregist. = Bitche.

RORIDULA, s. f. Sous-arbrisseau d'Egypte. T. de bot.

RORIFÈRE, adj. Qui produit la rosée. Vaisseau —, lymphatique. T. d'anat.

RORQUAL, s. m. Espèce de baleine du Groënland. T. d'hist. nat.

RORSCHWIHR, s. m. Com. du dép. du Haut-Rhin, cant. de Ribeauvillé, arr. de Colmar. = Schélestadt.

RORTHAIS, s. m. Com. du dép. des Deux-Sèvres, cant. de Châtillon-sur-Sèvre, arr. de Bressuire. = Châtillon-sur-Sèvre.

RORTHRES, s. m. Com. du dép. d'Indre-et-Loire, cant. de Neuvy-le-Roi, arr. de Tours. = Neuvy-le-Roi.

ROS, ROT ou PEIGNE, s. m. Peigne pour tenir les fils des chaînes. T. de manuf.

ROSACE, s. f. Ornement en forme de rose. T. d'arch. —, voy. LAUROSE.

ROSACÉ, E, adj. Se dit des plantes dont la fleur ressemble à la rose.

ROSACÉES, s. f. pl. Famille de plantes dicotylédones, polypétales, à corolle périgyne. T. de bot.

ROSAGE, s. m. Plante du genre des rhodoracées. T. de bot.

ROSAIRE, s. m. Chapelet à quinze dizaines de grains. —, vaisseau pour distiller les roses.

ROSALIE, s. f. Répétition d'un passage dans un ton plus haut ou plus bas. T. de mus. —, capricorne. T. d'hist. nat.

ROSANS, s. m. Com. du dép. des Hautes-Alpes, chef-lieu de cant. de l'arr. de Gap. Bur. d'enregist. à Serres. = Gap. Fabr. de draperie.

ROSAT, adj. Dans lequel il entre des roses; miel rosat.

ROSÂTRE, adj. Qui a une teinte de rose. T. inus.

ROSAY, s. m. Com. du dép. du Jura, cant. de Beaufort, arr. de Lons-le-Saulnier. = Lons-le-Saulnier.

ROSAY, s. m. Com. du dép. de l'Eure, cant. de Lyons, arr. des Andelys. = Lyons-la-Forêt.

ROSAY, s. m. Com. du dép. de la Seine-Inférieure, cant. de Bellencombre, arr. de Dieppe. = St.-Saens. Papeteries.

ROSAZIA, s. f. Com. du dép. de la Corse, cant. de Salice, arr. d'Ajaccio. = Ajaccio.

ROSBIF, s. m. (mot anglais). Bœuf rôti.

ROSBRUCK, s. m. Com. du dép. de la Moselle, cant. de Forbach, arr. de Sarreguemines. = Forbach.

ROSCANVEL, s. m. Com. du dép. du Finistère, cant. de Crozon, arr. de Châteaulin. = Brest.

ROSCOË, s. m. Plante de la famille des scitaminées. T. de bot.

ROSCOFF, s. m. Com. du dép. du Finistère, cant. de St.-Pol-de-Léon, arr. de Morlaix. = St.-Pol-de-Léon. Cette com., bâtie sur le bord de l'Océan, vis-à-vis l'île de Bas, possède un port qui peut recevoir des bâtimens de 200 tonneaux. Comm. de salaisons. Entrepôt de rhum, thé et genièvre.

ROSCONNES, s. f. pl. Toiles de Bretagne.

ROSE, s. m. Couleur de la rose ordinaire; robe rose.

ROSE, s. f. Fleur odoriférante qui croît sur un arbuste épineux, et dont on compte un grand nombre d'espèces. —, jeune personne fraîche et jolie. Fig. —, ce qui a la forme d'une rose; diamant de peu d'épaisseur; fenêtre ronde. —, poisson de rivière, bleu, à queue rouge. —, pl. Couleurs vermeilles qui ajoutent à la blancheur de la peau. —, plaisirs, agrémens; cette vie n'est pas semée de roses. Fig.

ROSE, adj. Qui est de la couleur de la rose ordinaire; ruban rose.

ROSÉ, E, part. Rembruni, en parlant du rouge. T. de teint.—, adj. D'un rouge clair; vin rosé.

ROSEAU, s. m. Plante aquatique, graminée. —, homme faible, sans caractère. Fig. —, pl. Ornemens en forme de bâtons ou de cannes.

ROSE-CROIX, s. m. Dignité dans la franc-maçonnerie. —, pl. Empiriques qui prétendaient connaître la pierre philosophale, la clef de toutes les sciences.

ROSÉE, s. f. Petite pluie fraîche qui tombe le matin; vapeurs de la terre. — du ciel, ses bienfaits, ses consolations, son heureuse influence. Fig. —, sang qui paraît à la sole. T. de méd. vétér. —, faiblesse du drap qu'indique la couleur. T. de manuf. Tendre comme —, très tendre. Fig.

ROSEL, s. m. Com. du dép. du Calvados, cant. de Creully, arr. de Caen. = Caen.

ROSELÉES, adj. f. pl. Disposées en rosettes; feuilles roselées. T. de bot.

ROSELET, s. m. Hermine à poil jaunâtre.

ROSELIÈRE, s. f. Terrain qui produit des roseaux.

ROSELLE, s. f. Mauvis, grive rouge.

ROSENAU, s. m. Com. du dép. du Haut-Rhin, cant. d'Huningue, arr. d'Altkirch. = Huningue.

ROSENIE, s. f. Arbuste du cap de Bonne-Espérance. T. de bot.

ROSE NOIRE, s. f. Variété de figue.

ROSENWILLER, s. m. Com. du dép. du Bas-Rhin, cant. de Rosheim, arr. de Schélestadt. = Saverne.

ROSER, v. a. Donner au rouge un œil cramoisi, le rembrunir. T. de teinturier.

ROSERAIE, s. f. Lieu planté de rosiers.

ROSEREAUX, s. m. pl. Fourrures de Russie.

ROSETIER, s. m. Ouvrier qui fabrique des ros ou peignes; outil pour les faire.

ROSE-TRÉMIÈRE, s. f. Plante bisannuelle du genre des alcées. T. de bot.

ROSETTE, s. f. Petite rose; nœud de ruban en forme de petite rose; petit ornement de sculpture, de broderie imitant une rose. —, sorte de cuivre, de craie rouge. —, encre rouge d'imprimeur; petit clou; poinçon de ciseleur; disque sur le tour; petit cadran pour l'avance et le retard; sorte de linge ouvré. —, poisson de mer à corps pyramidal.

ROSETTIER, s. m. Outil de coutelier et d'orfèvre pour faire des rosettes.

ROSEY, s. m. Com. du dép. de la Haute-Saône, cant. de Scey-sur-Saône, arr. de Vesoul. = Vesoul.

ROSEY, s. m. Com. du dép. de Saône-et-Loire, cant. de Givry, arr. de Châlons-sur-Saône. = Buxy.

ROSHEIM, s. m. Petite ville du dép. du Bas-Rhin, chef-lieu de cant. de l'arr. de Schélestadt. Bur. d'enregist. = Strasbourg. Fabr. de poterie; bonneterie, taillanderie, blanchisserie de toiles, forges, teintureries, briqueterie, mines de fer.

ROSIER, s. m. Arbuste épineux qui porte les roses.

ROSIER, s. m. Com. du dép. de la Corrèze, cant. de Juillac, arr. de Brive. = Brive. Le pape Clément VI est né dans ce village.

ROSIER, s. m. Com. du dép. de la Corrèze, cant. d'Egletons, arr. de Tulle. = Brive.

ROSIÈRE, s. f. Jeune villageoise couronnée de roses pour récompense de sa vertu. —, poisson de rivière.

ROSIÈRE (la), s. f. Com. du dép. de la Haute-Saône, cant. de Faucogney, arr. de Lure. = Luxeuil.

ROSIÈRES, s. f. Com. du dép. de l'Aube, cant. et arr. de Troyes. = Troyes.

ROSIÈRES, s. f. Com. du dép. du Doubs, cant. de Pont-de-Roide, arr. de Montbéliard. = St.-Hyppolite-sur-le-Doubs.

ROSIÈRES, s. f. Com. du dép. de la Haute-Loire, cant. de Vorey, arr. du Puy. = le Puy.

ROSIÈRES, s. f. Com. du dép. du Loiret, cant. de Meung, arr. d'Orléans. = Orléans.

ROSIÈRES (la), s. f. Com. du dép. de la Seine-Inférieure, cant. de Forges, arr. de Neufchâtel. = Forges.

ROSIÈRES, s. f. Com. du dép. de la Somme, chef-lieu de cant. de l'arr. de

Montdidier. Bur. d'enregist. = Lihons-en-Santerre. Fabr. de bonneterie.

ROSIÈRES, s. f. Com. du dép. du Tarn, cant. de Monestiés, arr. d'Albi. = Albi.

ROSIÈRES-AUX-SALINES, s. f. Com. du dép. de la Meurthe, cant. de St.-Nicolas, arr. de Nancy. = St.-Nicolas-du-Port.

ROSIÈRES-EN-HAYE, s. f. Com. du dép. de la Meurthe, cant. de Domèvre, arr. de Toul. = Pont-à-Mousson

ROSIÈRES-SUR-MANCE, s. f. Com. du dép. de la Haute-Saône, cant. de Vitrey, arr. de Vesoul. = Cintrey.

ROSIERS (les), s. m. pl. Com. du dép. de Maine-et-Loire, cant. et arr. de Saumur. Bur. de poste.

ROSINAIRE, s. f. Plante graminée. T. de bot.

ROSMARIENS, s. m. pl. Animaux amphibies, morse, etc. T. d'hist. nat.

ROSNAY, s. m. Com. du dép. de l'Aube, cant. de Brienne-le-Château, arr. de Bar-sur-Aube. = Brienne-le-Château.

ROSNAY, s. m. Com. du dép. de l'Indre, cant. et arr. du Blanc. = le Blanc.

ROSNAY, s. m. Com. du dép. de la Marne, cant. de Ville-en-Tardenois, arr. de Reims. = Reims. Source d'eau minérale.

ROSNAY, s. m. Com. du dép. de la Vendée, cant. de Mareuil, arr. de Bourbon-Vendée. = Bourbon-Vendée.

ROSNES, s. m. Com. du dép. de la Meuse, cant. de Vavincourt, arr. de Bar-le-Duc. = Bar-le-Duc.

ROSNOEN, s. m. Com. du dép. du Finistère, cant. du Faou, arr. de Châteaulin. = Landerneau.

ROSNY, s. m. Com. du dép. de la Seine, cant. de Vincennes, arr. de Sceaux. = Bourg-la-Reine.

ROSNY, s. m. Com. du dép. de Seine-et-Oise, cant. et arr. de Mantes. Bur. de poste.

ROSOIR, s. m. Outil de facteur de clavecins.

ROSORES, s. m. pl. Mammifères rongeurs. T. d'hist. nat.

ROSOY, s. m. Com. du dép. de la Haute-Marne, cant. de Fays-Billot, arr. de Langres. = Fays-Billot.

ROSOY, s. m. Com. du dép. de l'Oise, cant. de Liancourt, arr. de Clermont. = Liancourt.

ROSPEZ, s. m. Com. du dép. des Côtes-du-Nord, cant. et arr. de Lannion. = Lannion.

ROSPIGLIANI, s. m. Com. du dép. de la Corse, cant. de Vezzani, arr. de Corte. = Bastia.

ROSPORDEN, s. m. Com. du dép. du Finistère, chef-lieu de cant. de l'arr. de Quimper. Bur. d'enregist. à Concarneau. Bur. de poste.

ROSSANE, s. f. Variété de pêche. T. de jard.

ROSSAY, s. m. Com. du dép. de la Vienne, cant. et arr. de Loudun. = Loudun.

ROSSE, s. f. Cheval usé, sans vigueur; mauvais cheval.

ROSSÉ, E, part. Rincé, frotté, battu.

ROSSÉE, s. f. Rincée, frottée. T. fam.

ROSSEL (Petite-), s. f. Com. du dép. de la Moselle, cant. de Forbach, arr. de Sarreguemines. = Forbach.

ROSSELANGE, s. f. Com. du dép. de la Moselle, cant. et arr. de Thionville. = Briey.

ROSSER, v. a. Donner une rincée, battre.

ROSSFELD, s. m. Com. du dép. du Bas-Rhin, cant. de Benfeld, arr. de Schélestadt. = Benfeld.

ROSSICLER ou ROSICLER, s. m. Mine d'argent du Pérou.

ROSSIGNOL, s. m. Petit oiseau de passage, passereau subulirostre qui tient le premier rang parmi les oiseaux chanteurs. —, Philomèle. T. de myth. —, personne qui a une voix légère et harmonieuse. Fig. et fam. —, jeu de l'orgue; petite flûte; crochet pour ouvrir les serrures; outil d'arts; coin de bois; pièce de bois sur la cuve du papetier. —, foulure au poignet. T. d'impr. —, opération faite à un cheval poussif. — d'Arcadie, âne. —, pl. Arcs-boutans dans une carrière.

ROSSIGNOLER, v. n. Imiter le chant du rossignol, faire des roulades.

ROSSIGNOLET, s. m. Petit rossignol. T. inus.

ROSSIGNOLS, s. m. Com. du dép. de la Dordogne, cant. de Verteillac, arr. de Ribérac. = Mareuil.

ROSSILLON, s. m. Com. du dép. de l'Ain, cant. de Virieu-le-Grand, arr. de Belley. = Belley. Comm. de vins.

ROSSINANTE, s. f. Nom du cheval de don Quichotte; mauvais cheval, rosse.

ROSSOLIS, s. m. Liqueur d'eau-de-vie, de sucre et de parfums. —, rosée du soleil, genre de plantes de la pentandrie, cinquième classe des végétaux. T. de bot.

ROSTANE, s. f. Manière d'apprêter les lapins.

ROSTEIG, s. m. Com. du dép. du Bas-Rhin, cant. de Petite-Pierre, arr. de Saverne. = Phalsbourg.

ROSTEIN, s. m. Grosse bobine trouée. T. de manuf.

ROSTELLAIRE, s. m. Genre de testacés univalves. T. d'hist. nat.

ROSTRALE, adj. f. Ornée de proues ; colonne rostrale.

ROSTRE, s. m. Bec. —, pl. Echafauds en forme de base de colonne d'où l'on haranguait le peuple romain. T. d'antiq.

ROSTRENEN, s. m. Com. du dép. des Côtes-du-Nord, chef-lieu de cant. de l'arr. de Guingamp. Bur. d'enregist. et de poste. Comm. de bestiaux qui sont élevés dans les environs.

ROSULT, s. m. Com. du dép. du Nord, cant. de St.-Amand, arr. de Valenciennes. = St.-Amand-les-Eaux.

ROSUREUX, s. m. Com. du dép. du Doubs, cant. de Russey, arr. de Montbéliard. = St.-Hyppolite-sur-le-Doubs.

ROT, s. m. Ventosité, gaz qui s'échappe de l'estomac et sort avec bruit par la bouche.

RÔT, s. m. Service de viandes rôties à la broche.

ROTACÉ, E, adj. Etalé en rond. T. de bot.

ROTACISME, s. m. Grasseyement, répétition de la lettre R.

ROTALE, s. f. Plante caryophyllée. T. de bot.

ROTALIER, s. m. Com. du dép. du Jura, cant. de Beaufort, arr. de Lons-le-Saulnier. = Lons-le-Saulnier.

ROTANGY, s. m. Com. du dép. de l'Oise, cant. de Crèvecœur, arr. de Clermont. = Crèvecœur.

ROTATEURS, s. et adj. m. pl. Se dit des muscles obturateurs, parce qu'ils font tourner la cuisse. T. d'anat.

ROTATION, s. f. Mouvement circulaire d'un corps, d'un os tournant sur lui-même. T. de phys. et d'anat. —, mouvement d'une planète autour de son axe. —, révolution d'une surface autour d'une ligne immobile, qu'on nomme axe de rotation. T. de géom.

ROTE, s. f. Juridiction de la cour de Rome composée de douze docteurs, nommés auditeurs de rote; espèce de guitare ronde.

ROTÉ, E, part. Lié avec une petite corde. T. de mar.

ROTER, v. a. Lier uniment avec une petite corde. T. de mar. —, v. n. Faire un rot.

ROTES, s. m. Com. du dép. de l'Eure, cant. et arr. de Bernay. = Bernay.

ROTH, s. m. Com. du dép. de la Moselle, cant. et arr. de Sarreguemines. = Sarreguemines.

ROTH, s. m. Com. du dép. du Bas-Rhin, cant. de Wissembourg, arr. d'Haguenau. = Wissembourg.

ROTHAU, s. m. Com. du dép. des Vosges, cant. de Schirmeck, arr. de St.-Dié. = Raon-l'Etape. Fabr. de tissus de coton ; mine de fer, forges et haut-fourneau.

ROTHBACH, s. m. Com. du dép. du Bas-Rhin, cant. de Niederbronn, arr. de Wissembourg. = Haguenau. Haut-fourneau et forges.

ROTHE, s. f. Plante corymbifère. T. de bot.

ROTHIÈRE (la), s. f. Com. du dép. de l'Aube, cant. de Soulaines, arr. de Bar-sur-Aube. = Brienne.

ROTHMANNIE, s. f. Plante du genre des rubiacées. T. de bot.

ROTHOIS-FRETTENCOURT, s. m. Com. du dép. de l'Oise, cant. de Formerie, arr. de Beauvais. = Aumale.

ROTHOIS-GAUDECHART, s. m. Com. du dép. de l'Oise, cant. de Marseille, arr. de Beauvais. = Grandvilliers.

ROTHONAY, s. m. Com. du dép. du Jura, cant. d'Orgelet, arr. de Lons-le-Saulnier. = Orgelet.

RÔTI, s. m. Viande rôtie. Voy. Rot.

RÔTI, E, part. Cuit à la broche ; veau rôti.

RÔTIE, s. f. Tranche de pain grillée. —, exhaussement sur un mur à demi-épaisseur. T. de maç. —, coquille du genre des rochers. T. d'hist. nat.

ROTIER, s. m. Voy. ROSETTIER.

ROTIN ou ROTANG, s. m. Espèce de palmier avec lequel on fait des cannes.

RÔTIR, v. a. Faire cuire de la viande à la broche, sur le gril. —, dessécher. —, v. n. Cuire à la broche, etc. —, être exposé à l'action d'un soleil ardent. Se —, v. pron. Se cuire au soleil, etc.

RÔTISSERIE, s. f. Etablissement de rôtisseur; sa boutique.

RÔTISSEUR, EUSE, s. Marchand de comestibles, qui vend des viandes rôties ou prêtes à mettre à la broche.

RÔTISSOIRE, s. f. Ustensile de cuisine pour faire rôtir beaucoup de viandes à la fois.

ROTONDE, s. f. Bâtiment rond en dedans comme en dehors. —, sorte de collet.

ROTONDITÉ, s. f. Qualité de ce qui

est rond. —, rondeur du corps; embonpoint excessif. T. fam.

ROTOQUAGE, s. m. Rétablissement de la marque des futaies coupées.

ROTOQUÉ, E, part. Marqué de nouveau, en parlant des futaies.

ROTOQUER, v. a. Rétablir la marque des futaies coupées, faire le rotocage.

ROTOURS (les), s. m. pl. Com. du dép. de l'Orne, cant. de Putanges, arr. d'Argentan. = Falaise.

ROTS, s. m. Com. du dép. du Calvados, cant. de Tilly-sur-Seulles, arr. de Caen. = Caen.

ROTTELSHEIM, s. m. Com. du dép. du Bas-Rhin, cant. de Brumath, arr. de Strasbourg. = Strasbourg.

ROTTERDAM, s. m. Ville maritime et très commerçante du royaume de Hollande, au confluent de la Merve et de la Rotte. Amirauté, bourse de commerce, banque; académie des sciences, école de dessin, de physique, d'histoire naturelle; manuf., fab. Comm. de vin de Bordeaux. Navigation active. Pop. 55,500 hab. env.

ROTTIER, s. m. Com. du dép. de la Drôme, cant. de la Motte-Chalançon, arr. de Die. = Die.

ROTTLÈRE, s. f. Plante des Indes. T. de bot.

ROTULE, s. f. Petit os plat, rond, qui sert à l'articulation de la cuisse avec la jambe, et forme le genou. —, arbrisseau de la Cochinchine. T. de bot.

ROTURE, s. f. Etat d'une personne ou d'un héritage qui n'appartenait point au corps de la noblesse avant la révolution; les roturiers.

ROTURÉ, E, adj. Devenu roturier.

ROTURIER, ÈRE, s. et adj. Vilain, qui n'était pas noble.

ROTURIÈREMENT, adv. En roture; selon les lois qui concernaient la roture.

ROU, s. m. Com. du dép. de Maine-et-Loire, cant. et arr. de Saumur. = Saumur.

ROUAGE, s. m. Toutes les roues d'une machine.

ROUAINE, s. f. Village du dép. des Basses-Alpes, cant. d'Annot, arr. de Castellanne. = Castellanne.

ROUAIROUX, s. m. Com. du dép. du Tarn, cant. de St.-Amans-la-Bastide, arr. de Castres. = Mazamet.

ROUAN, adj. Se dit d'un cheval dont la robe est mêlée de poils blancs, gris et bais.

ROUANNE, s. f. Instrument pour marquer les tonneaux.

ROUANNÉ, E, part. Marqué avec la rouanne.

ROUANNER, v. a. Marquer un tonneau avec une rouanne.

ROUANNETTE, s. f. Instrument dont se servent les charpentiers pour marquer le bois.

ROUANS, s. m. Com. du dép. de la Loire-Inférieure, cant. de Pellerin, arr. de Paimbœuf. = Paimbœuf.

ROUANT, adj. m. Qui étend sa queue, en parlant d'un paon. T. de blas.

ROUAUDIÈRE (la), s. f. Com. du dép. de la Mayenne, cant. de St.-Aignan, arr. de Château-Gontier. = Craon.

ROUBAIX, s. m. Ville du dép. du Nord, chef-lieu de cant. de l'arr. de Lille; chambre de manuf.; bur. d'enregist. et de poste.
Fabr. consid. de toiles, étoffes de laine, molletons, basins, étoffes pour gilet, nankinets, etc., filat. de laine et de coton; teintureries, genièvreries. Comm. de vins, grains, etc.

ROUBB ou QUART, s. m. Monnaie d'argent de Turquie, valant environ 18 sous.

ROUBBIÉ, s. m. Monnaie d'or de Turquie, 3 francs 52 cent.

ROUBIA, s. f. Com. du dép. de l'Aude, cant. de Ginestas, arr. de Narbonne. = Lézignan.

ROUBLE, s. m. Monnaie d'argent de Russie, environ 4 francs 60 cent. —, outil de briquetier.

ROUBSCHITE, s. f. Magnésie carbonatée. T. d'hist. nat.

ROUC ou ROCK, s. m. Voy CONDOR.

ROUCAMP, s. m. Com. du dép. du Calvados, cant. d'Aunay, arr. de Vire. = Aunay.

ROUCEUX, s. m. Com. du dép. des Vosges, cant. et arr. de Neufchâteau. = Neufchâteau.

ROUCHE, s. f. Carcasse de navire sur le chantier. T. de mar.

ROUCOU, s. m. Fécule rouge pour la médecine et la teinture, tirée de la semence du roucouyer.

ROUCOUÉ, E, part. Peint avec le roucou.

ROUCOUER, v. a. Teindre en rouge avec le roucou.

ROUCOULEMENT, s. m. Bruit du pigeon, de la tourterelle, en roucoulant.

ROUCOULER, v. n. Faire des roucoulemens, en parlant du pigeon, de la tourterelle. —, multiplier les roulades en chantant. Fig. et fam.

ROUCOURT, s. m. Com. du dép. du

Nord, cant. du Quesnoy, arr. d'Avesnes. = le Quesnoy.

ROUCOURT, s. m. Com. du dép. du Nord, cant. et arr. de Douai. = Douai.

ROUCOUYER, s. m. Arbre rosacé d'Amérique. T. de bot.

ROUCY, s. m. Com. du dép. de l'Aisne, cant. de Neufchâtel, arr. de Laon. = Fismes.

ROUDOU ou **REDOUL**, s. m. Voy. CORROYÈRE.

ROUDOUALET, s. m. Com. du dép. du Morbihan, cant. de Gourin, arr. de Pontivy. = le Faouet.

ROUE, s. f. Machine ronde et plate, tournant sur un essieu ou axe; sa forme; roue de charrette, de moulin, etc. —, supplice qu'on faisait subir à de grands criminels dont on attachait le corps sur une roue, après avoir brisé les os. Etre sur la —, souffrir des douleurs horribles. Fig. Faire la —, déployer sa queue en rond, en parlant du paon, du dinde, etc.; culbuter sur les mains, de côté et rapidement, en parlant des enfans et des faiseurs de tours. — de fortune, tambour où l'on enferme les billets de loterie pour les tirer au sort; vicissitudes humaines. Fig. — de câble, câble plié en rond. T. de mar.

ROUÉ, E, part. Exécuté sur la roue, qui a subi le supplice de la roue. —, s. m. Homme sans principes, sans délicatesse, sans mœurs. T. fam.

ROUECOURT, s. m. Com. du dép. de la Haute-Marne, cant. de Donjeux, arr. de Vassy. = Vignory.

ROUEDE, s. m. Com. du dép. de la Haute-Garonne, cant. de Salies, arr. de St.-Gaudens. = St.-Martory.

ROUELLE, s. f. Tranche coupée en rond; rouelle de veau, etc.

ROUELLÉ, s. m. Com. du dép. de l'Orne, cant. et arr. de Domfront. = Domfront.

ROUELLES, s. f. Com. du dép. de la Haute-Marne, cant. d'Auberive, arr. de Langres. = Langres. Verrerie fine.

ROUELLES, s. f. Com. du dép. de la Seine-Inférieure, cant. de Montivilliers, arr. du Hâvre. = Montivilliers.

ROUEN, s. m. Grande, riche et très ancienne ville maritime du dép. de la Seine-Inférieure, capitale de l'ancienne province de Normandie, chef-lieu de préf., de sous-préf. et de 6 cant.; de la 15ᵉ div. milit.; cour royale; archevêché érigé dans le 3ᵉ siècle; trib. de 1ʳᵉ inst. et de comm.; chambre et bourse de comm.; conseil de prud'hommes; hôtel des monnaies (lettre B); bur. de garantie des matières d'or et d'argent; consulats étrangers; académie royale des sciences et des arts; société d'agric. et d'assurance maritime, école d'hydrographie, de 3ᵉ classe; biblioth. pub.; musée de tableaux très riche, jardin de bot.; école de peint., sculpt. et archit.; ingén. en chef des ponts-et-chaussées; direct. de l'enregist. et des domaines de 1ʳᵉ classe; conserv. des hypoth.; direct. des douanes et des contrib. dir. et indir.; recev. gén. des finances; payeur du dép.; bur. d'enregist. et de poste. Pop. 100,000 hab. env.

Cette ville, située sur la rive droite de la Seine, au fond d'un superbe vallon, offre le tableau le plus magnifique, vue des hauteurs de Ste.-Catherine; mais l'intérieur est loin de répondre à cette première impression. Les rues y sont en général tortueuses, mal percées et bordées de maisons gothiques, la plupart construites en bois; cependant, depuis quelques années, on voit çà et là s'élever de belles constructions, et particulièrement sur le quai qui offre un coup d'œil fort agréable. La marée s'y élevant très haut, lui procure l'avantage de recevoir des vaisseaux de 200 tonneaux, et place Rouen au nombre des villes maritimes de France. On admire sur la rivière, toujours couverte de bâtimens de toute espèce, un superbe pont de pierres, achevé il y a quelques années, ainsi qu'un ancien pont de bateaux qui réunit le faubourg St.-Sever à la ville. Outre ces monumens, on y remarque encore l'archevêché, l'hôtel-de-ville, le grand théâtre, la halle aux toiles, les boulevarts, les casernes, la fontaine, surmontée de la statue de Jeanne d'Arc, située sur la place où fut brûlée cette héroïne; le palais de justice, monument gothique très curieux; la cathédrale, magnifique édifice dont le portail est l'un des plus beaux qu'on puisse voir.

Rouen, avant la conquête de la Gaule, était la capitale des peuples Velocasses; il devint, sous les empereurs romains, la métropole de la 2ᵉ Lyonnaise, et dans le 9ᵉ siècle, la principale ville des Normands. Cette ville s'enorgueillit à juste titre d'avoir vu naître Pierre et Thomas Corneille, Fontenelle, le P. Daniel, le peintre Jouvenel et Boyeldieu, compositeur de musique, etc. Manuf. de tissus de coton connus sous le nom général de rouenneries. Fabr. de draps, calicots, indiennes, mouchoirs, velours, bonneteries, couvertures, molletons, flanelles; acides minéraux et autres produits chimiques; faïence, toiles cirées, plomb de chasse et laminé, cartes, cartons; nombreuses filat. de coton et de laine; teintureries considérables; raffineries de sucre, blanchisseries, tanneries, épuration d'huiles, brasseries. Comm. de grains, vins, eaux-de-vie, salaisons, huiles de poissons, cuirs, drogueries, teintures, cotons filés, chanvre, fer, ardoises, brai, goudron, draps, toiles, rouenneries; entrepôt réel pour les denrées coloniales et marchandises venant de l'étranger. Comm. d'importation et d'exportation avec l'Amérique, le Levant, l'Italie, l'Espagne, le Portugal, la Hollande, le Nord et les dép. maritimes de la France.

ROUENNAIS, E, s. et adj. Habitant de Rouen; qui concerne cette ville.

ROUENNERIE, s. f. Toiles fabriquées à Rouen et dans ses environs.

ROUER, v. a. Exécuter, faire subir le supplice de la roue. — de coups, battre à l'excès. — un câble, le plier en rond. —, tromper, duper. Fig.

ROUERGAT, s. m. Sorte de champignon. T. de bot.

ROUERGUE (le), s. m. Voy. AVEYRON, dép. de (l').

ROUERIE, s. f. Action, tour de roué. T. fam.

ROUESSÉ-FONTAINE, s. m. Com. du dép. de la Sarthe, cant. de St.-Pater, arr. de Mamers. = Beaumont-le-Vicomte.

ROUESSÉ-VASSÉ, s. m. Com. du dép. de la Sarthe, cant. de Sillé, arr. du Mans. = Sillé-le-Guillaume.

ROUET, s. m. Machine à roue dont on se sert pour filer. —, roue d'acier des anciennes armes à feu; garniture d'une serrure; instrument d'arts et métiers. —, cercle de bois servant de fondation à un puits. T. de maç.

ROUET, s. m. Com. du dép. de l'Hérault, cant. de St.-Martin-de-Londres, arr. de Montpellier. = Ganges.

ROUETTE, s. f. Longue branche d'osier, de saule, devenue flexible dans l'eau.

ROUEZ, s. m. Com. du dép. de la Sarthe, cant. de Sillé, arr. du Mans. = Sillé-le-Guillaume. Mine de fer, carrières d'ardoises.

ROUFEUGERAI, s. m. Com. du dép. de l'Orne, cant. d'Athis, arr. de Domfront. = Condé-sur-Noireau.

ROUFFACH, s. m. Petite ville du dép. du Haut-Rhin, chef-lieu de cant. de l'arr. de Colmar. Bur. d'enregist. et de poste. Filat. de coton.

ROUFFANGE, s. m. Com. du dép. du Jura, cant. de Gendrey, arr. de Dôle. = St.-Vyt.

ROUFFIAC, s. m. Com. du dép. de l'Aveyron, cant. de Rieupeyroux, arr. de Villefranche. = Villefranche-de-Rouergue.

ROUFFIAC, s. m. Com. du dép. du Cantal, cant. de la Roquebrou, arr. d'Aurillac. = Aurillac.

ROUFFIAC, s. m. Com. du dép. de la Charente, cant. d'Aubeterre, arr. de Barbezieux. = Blanzac.

ROUFFIAC, s. m. Com. du dép. de la Charente-Inférieure, cant. de Pons, arr. de Saintes. = Pons.

ROUFFIAC, s. m. Com. du dép. de la Haute-Garonne, cant. et arr. de Toulouse. = Toulouse.

ROUFFIAC-D'AUDE, s. m. Com. du dép. de l'Aude, cant. de Montréal, arr. de Carcassonne. = Carcassonne.

ROUFFIAC-DE-BLANZAC, s. m. Com. du dép. de la Charente, cant. de Blanzac, arr. d'Angoulême. = Angoulême.

ROUFFIAC-DES-CORBIÈRES, s. m. Com. du dép. de l'Aude, cant. de Tuchan, arr. de Carcassonne. = la Grasse.

ROUFFIGNAC, s. m. Com. du dép. de la Charente-Inférieure, cant. de Montendre, arr. de Jonzac. = Montendre.

ROUFFIGNAC, s. m. Com. du dép. de la Dordogne, cant. de Cunèges, arr. de Bergerac. = Bergerac.

ROUFFIGNAC, s. m. Com. du dép. de la Dordogne, cant. de Montignac, arr. de Sarlat. = Montignac.

ROUFFIGNY, s. m. Com. du dép. de la Manche, cant. de Villedieu, arr. d'Avranches. = Villedieu.

ROUFFY, s. m. Com. du dép. de la Marne, cant. de Vertus, arr. de Châlons. = Vertus.

ROUFIA, s. m. Palmier de l'île de Madagascar. T. de bot.

ROUFIAC-ET-CARNAC, s. m. Com. du dép. du Lot, cant. de Luzech, arr. de Cahors. = Castelfranc.

ROUGE, s. m. La couleur rouge. —, sang qui monte au visage par honte ou par colère; fard. —, oiseau de rivière, espèce de canard à pieds rouges. —, adj. Dont la couleur ressemble à celle du feu, du sang, etc. —, rougi au feu; boulet rouge. Cheveux —, très roux. Mer —, golfe arabique qui sépare l'Asie de l'Afrique, depuis le détroit de Bab-el-Mandel jusqu'à l'isthme de Suez.

ROUGÉ, s. m. Com. du dép. de la Loire-Inférieure, chef-lieu de cant. de l'arr. de Châteaubriant, où se trouvent les bur. d'enregist. et de poste.

ROUGE (la), s. f. Com. du dép. de

l'Orne, cant. de Theil, arr. de Mortagne. = Nogent-le-Rotrou.

ROUGEATRE, adj. Qui tire sur le rouge.

ROUGEAUD, E, s. et adj. Dont la figure est enluminée. T. fam.

ROUGE-BORD, s. m. Verre rempli de vin rouge.

ROUGEFAIX, s. m. Com. du dép. du Pas-de-Calais, cant. d'Auxy-le-Château, arr. de St.-Pol. = Auxy-le-Château.

ROUGE-GORGE, s. m. Oiseau du genre des fauvettes à gorge rouge.

ROUGEGOUTTE, s. f. Com. du dép. du Haut-Rhin, cant. de Giromagny, arr. de Belfort. = Belfort.

ROUGEMONT, s. m. Com. du dép. de la Côte-d'Or, cant. de Montbard, arr. de Semur. = Montbard.

ROUGEMONT, s. m. Com. du dép. du Doubs, chef-lieu de cant. de l'arr. de Baume. Bur. d'enregist. = Baume. Forges.

ROUGEMONT, s. m. Com. du dép. du Haut-Rhin, cant. de Massevaux, arr. de Belfort. = Belfort.

ROUGEMONTIER, s. m. Com. du dép. de l'Eure, cant. de Routot, arr. de Pont-Audemer. = Bourg-Achard.

ROUGEMONTOT, s. m. Com. du dép. du Doubs, cant. de Marchaux, arr. de Besançon. = Besançon.

ROUGE-NOIR, s. m. Passereau du genre du gros bec dont le plumage est rouge et noir.

ROUGEOLE, s. f. Maladie contagieuse dans laquelle la peau se couvre de pétéchies ou petites taches rouges, purpurines ou livides, semblables à des piqûres de puces, qui se dissipent ordinairement le neuvième jour. —, coquille du genre porcelaine. T. d'hist. nat. —, mélampyre des champs. T. de bot.

ROUGEON, s. m. Espèce de spare. T. d'hist. nat.

ROUGE-PERIERS, s. m. Com. du dép. de l'Eure, cant. de Beaumont, arr. de Bernay. = le Neubourg.

ROUGE-QUEUE, s. f. Nom de plusieurs oiseaux qui ont la queue rouge.

ROUGERIES, s. f. Com. du dép. de l'Aisne, cant. de Sains, arr. de Vervins, = Marle.

ROUGES-EAUX (les), s. f. pl. Com. du dép. des Vosges, cant. de Brouvelieures, arr. de St.-Dié. = Bruyères.

ROUGET, s. m. Poisson de mer du genre du mulet, rouge, sans écailles.

ROUGE-TROGNE, s. f. Figure enluminée d'un ivrogne. T. fam.

ROUGETTE, s. f. Voy. CHIEN VOLANT.

ROUGEUR, s. f. Qualité de ce qui est rouge; couleur rouge. —, pl. Taches rouges sur la peau.

ROUGEUX, s. m. Com. du dép. de la Haute-Marne, cant. de Fays-Billot, arr. de Langres. = Fays-Billot.

ROUGI, E, part. Rendu rouge.

ROUGIES, s. f. Com. du dép. du Var, cant. de St-Maximin, arr. de Brignoles. = St.-Maximin.

ROUGIR, v. a. Rendre rouge. —, v. n. Devenir rouge. —, avoir de la honte, de la confusion. Fig. Se —, v. pron. Se teindre en rouge.

ROUGISSURE, s. f. Couleur de cuivre rouge.

ROUGNAC, s. m. Com. du dép. de la Charente, cant. de la Valette, arr. d'Angoulême. = Angoulême.

ROUGNAT, s. m. Com. du dép. de la Creuse, cant. d'Auzances, arr. d'Aubusson. = Auzances.

ROUGON, s. m. Com. du dép. des Basses-Alpes, cant. de Moustiers, arr. de Digne. = Riez.

ROUHE, s. m. Com. du dép. du Doubs, cant. de Quingey, arr. de Besançon. = Quingey.

ROUI, E, part. Trempé, macéré dans l'eau, en parlant du chanvre.

ROUILLAC, s. m. Com. du dép. de la Charente, chef-lieu de cant. de l'arr. d'Angoulême. Bur. d'enregist. = Angoulême. Comm. de vins, eaux-de-vie, grains.

ROUILLAC, s. m. Com. du dép. des Côtes-du-Nord, cant. de Broons, arr. de Dinan. = Broons.

ROUILLAC, s. m. Com. du dép. de la Dordogne, cant. de Cunèges, arr. de Bergerac. = Bergerac.

ROUILLAC, s. m. Com. du dép. du Gers, cant. de Miradoux, arr. de Lectoure. = Lectoure.

ROUILLE, s. f. Oxyde qui se forme à la surface de certains métaux exposés à l'humidité. —, ce qui altère, mine peu à peu. Fig. —, ignorance, grossièreté. —, maladie des plantes, substance roussâtre qui en couvre les tiges et les feuilles. T. de bot.

ROUILLE, s. m. Poisson du genre du labre. T. d'hist. nat.

ROUILLÉ, E, part. Couvert de rouille. —, inhabile par défaut de pratique. Fig. Plante —, attaqué de la rouille. T. de bot.

ROUILLÉ, s. m. Com. du dép. de la Vienne, cant. de Lusignan, arr. de Poitiers. = Lusignan.

ROUILLER, v. a. Oxyder le fer, les métaux, faire naître de la rouille. —, altérer, rendre moins propre à une fonction ; l'oisiveté rouille l'esprit. Fig. Se —, v. pron. Se couvrir de rouille. Se —, perdre son activité, sa force, son talent. Fig.

ROUILLEUX, EUSE, adj. De couleur de rouille. T. de bot.

ROUILLON, s. m. Com. du dép. de la Sarthe, cant. et arr. du Mans. = le Mans.

ROUILLURE, s. f. Effet de la rouille.

ROUILLY (le), s. m. Com. du dép. de Loir-et-Cher, cant. de Morée, arr. de Vendôme. = la Ville-aux-Clercs.

ROUILLY, s. m. Com. du dép. de Seine-et-Marne, cant. et arr. de Provins. = Provins.

ROUILLY-LÈS-SACEY, s. m. Com. du dép. de l'Aube, cant. de Piney, arr. de Troyes. = Troyes.

ROUILLY-ST.-LOUP, s. m. Com. du dép. de l'Aube, cant. de Lusigny, arr. de Troyes. = Troyes.

ROUIR, v. a. Faire macérer dans l'eau le chanvre, le lin, pour les rendre plus faciles à broyer. —, v. n. Se macérer, tremper dans l'eau, en parlant du chanvre, etc.

ROUISSAGE, s. m. Action de rouir.

ROUISSOIR, s. m. Voy. ROUTOIR.

ROUJAN, s. m. Com. du dép. de l'Hérault, chef-lieu de cant. de l'arr. de Béziers. Bur. d'enregist. = Pézénas. Comm. d'amandes et eaux-de-vie.

ROUJEOU, s. m. Com. du dép. de Loir-et-Cher, cant. de Selles-sur-Cher, arr. de Romorantin. = Selles-sur-Cher.

ROUJOT, s. m. Ecureuil de l'Inde. T. d'hist. nat.

ROUKOM, s. m. Espèce d'arbousier. T. de bot.

ROULADE, s. f. Action de rouler, chute en roulant du haut en bas. —, modulation de sons rapides sur une même syllabe. T. de mus. —, tranche de viande roulée et farcie. T. de cuis.

ROULAGE, s. m. Facilité de rouler. —, Action de rouler des tonneaux sur les ports. —, transport de marchandises par terre ; établissement pour ce transport ; frais de transport.

ROULAISON, s. f. Travail pour faire le sucre.

ROULANS, s. m. Com. du dép. du Doubs, chef-lieu de cant. de l'arr. de Baume. Bur. d'enregist. = Baume.

ROULANT, E, adj. Qui roule aisément ; voiture roulante. —, commode, favorable au charroi ; chemin roulant.

Veine —, qui vacille quand on met le doigt dessus. T. de chir.

ROULÉ, E, part. Plié en forme de rouleau.

ROULEAU, s. m. Paquet de ce qui est roulé ; rouleau de papier. —, cylindre de bois, de fer, etc., servant à divers usages.

ROULÉE, s. f. Nappe de filets dont les pêcheurs se servent sur la Loire. —, rincée, rossée. T. fam.

ROULEMENT, s. m. Mouvement de ce qui roule. —, tons différens poussés d'une même haleine en montant ou en descendant. T. de mus. —, mutation successive ; service fait tour à tour ; batterie de tambour sans interruption. T. d'art milit.

ROULER, v. a. Faire avancer en faisant tourner sur soi-même ; rouler un tonneau. —, plier en rouleau ; rouler du papier. —, carrosse, avoir équipage à soi. —, projeter, méditer ; rouler de sinistres desseins. Fig. — les yeux, les tourner de côté et d'autre, etc. —, v. n. Avancer en tournant sur soi-même. —, circuler, être dépensé, en parlant de l'argent ; être en train, en parlant des presses d'imprimerie. Fig. et fam. —, en parlant des personnes, courir le pays sans se fixer en aucun lieu. —, alterner, faire le service tour à tour. T. d'art milit. —, être l'objet, le sujet ; son discours roule sur les finances. —, être agité par les vagues, pencher d'un côté et d'autre. T. de mar. Se —, v. pron. Se tourner et retourner étant couché ; se rouler sur l'herbe.

ROULET, s. m. Fuseau de bois dur pour fouler les chapeaux. T. de chapel.

ROULET, s. m. Com. du dép. de la Charente, cant. et arr. d'Angoulême. = Angoulême.

ROULETTE, s. f. Petite roue, petite boule de bois, etc., qu'on attache aux pieds d'un meuble pour le mouvoir. —, chaise d'infirme à deux roues ; machine roulante pour maintenir un enfant debout et lui apprendre à marcher. —, jeu de hasard, plus dangereux et plus meurtrier que la peste ; table sur laquelle est établi ce jeu diabolique. —, instrument de fer en forme de petite roue. T. de relieur.

ROULEUR, s. m. Celui qui roule. T. inus. —, ouvrier briquetier qui brouette la terre préparée. —, charançon de la vigne. —, navire qui roule trop. T. de mar.

ROULEUSES, s. f. pl. Chenilles qui se roulent dans les feuilles où elles subissent leur métamorphose. T. d'hist. nat.

ROULIER, s. m. Charretier de roulage.

ROULING, s. m. Com. du dép. de la Moselle, cant. et arr. de Sarreguemines. = Sarreguemines.

ROULIS, s. m. Agitation d'un navire ballotté par les vagues et qui penche alternativement à droite et à gauche.

ROULLÉE, s. f. Com. du dép. de la Sarthe, cant. de la Fresnaye, arr. de Mamers. = Mamers.

ROULLENS, s. m. Com. du dép. de l'Aude, cant. de Montréal, arr. de Carcassonne. = Carcassonne.

ROULLOURS, s. m. Com. du dép. du Calvados, cant. et arr. de Vire. = Vire.

ROULOIR, s. m. Outil de cirier pour rouler la bougie. —, sorte d'ensuple du métier à bas.

ROULON, s. m. Bâton qui forme un échelon; balustre, ridelle, etc.

ROULOUL, s. m. Oiseau gallinacé, nudipède. T. d'hist. nat.

ROULURE, s. f. Défaut de liaison dans les couches du bois.

ROUMAGNE, s. m. Com. du dép. de Lot-et-Garonne, cant. de Lauzun, arr. de Marmande. = Marmande.

ROUMARE, s. m. Com. du dép. de la Seine-Inférieure, cant. de Maromme, arr. de Rouen. = Rouen.

ROUMAZIÈRES, s. f. Com. du dép. de la Charente, cant. de Chabanais, arr. de Confolens. = Chabanais.

ROUMEGOUX, s. m. Com. du dép. du Cantal, cant. de St.-Mamet, arr. d'Aurillac. = Aurillac.

ROUMEGOUX, s. m. Com. du dép. du Tarn, cant. de Réalmont, arr. d'Albi. = Albi.

ROUMENGOUX, s. m. Com. du dép. de l'Ariège, cant. de Mirepoix, arr. de Pamiers. = Mirepoix.

ROUMENS, s. m. Com. du dép. de la Haute-Garonne, cant. de Revel, arr. de Villefranche. = Revel.

ROUMIGUIÈRES, s. f. Com. du dép. de l'Hérault, cant. de Lunas, arr. de Lodève. = Lodève.

ROUMOULES, s. f. Com. du dép. des Basses-Alpes, cant. de Riez, arr. de Digne. = Riez.

ROUPALE, s. f. Plante du genre des protéoïdes. T. de bot.

ROUPEAU, s. m. Voy. BIHOREAU.

ROUPELDANGE, s. m. Com. du dép. de la Moselle, cant. de Boulay, arr. de Metz. = Boulay.

ROUPERROUX, s. m. Com. du dép. de l'Orne, cant. de Carrouges, arr. d'Alençon. = Carrouges.

ROUPERROUX, s. m. Com. du dép. de la Sarthe, cant. de Bonnétable, arr. de Mamers. = Bonnétable.

ROUPIE, s. f. Goutte d'eau qui pend au nez, qui en tombe. —, monnaie de l'Inde, environ 2 francs 47 cent.

ROUPIEUX, EUSE, adj. Qui a souvent la roupie au nez. T. fam.

ROUPILLE, s. f. Petite casaque de cavalier. (Vi.)

ROUPILLER, v. n. Sommeiller à demi. T. fam.

ROUPILLEUR, EUSE, s. Paresseux qui roupille toujours. T. fam.

ROUPY, s. m. Com. du dép. de l'Aisne, cant. de Vermand, arr. de St.-Quentin. = St.-Quentin.

ROUQUET, s. m. Lièvre mâle. T. de véner.

ROUQUETTE (la), s. f. Com. du dép. de l'Aveyron, cant. et arr. de Villefranche. = Villefranche-de-Rouergue.

ROUQUETTE (la), s. f. Com. du dép. de la Dordogne, cant. d'Eymet, arr. de Bergerac. = Bergerac.

ROURELLE, s. f. Arbre de la Guiane. T. de bot.

ROURET (le), s. m. Com. du dép. du Var, cant. du Bar, arr. de Grasse. = Grasse.

ROUSIES, s. f. Com. du dép. du Nord, cant. de Maubeuge, arr. d'Avesnes. = Maubeuge.

ROUSSABLES, s. m. pl. Cheminées où l'on fait saurer le hareng.

ROUSSAC, s. m. Com. du dép. de la Haute-Vienne, cant. de Nantiat, arr. de Bellac. = Bellac.

ROUSSAILLE, s. f. Menus poissons blancs pêchés dans les étangs, etc.

ROUSSAIROLLES, s. f. Com. du dép. du Tarn, cant. de Vaour, arr. de Gaillac. = Cordes.

ROUSSARDE, s. f. Espèce de cyprin. T. d'hist. nat.

ROUSSAS, s. m. Com. du dép. de la Drôme, cant. de Grignan, arr. de Montélimar. = Pierrelatte.

ROUSSÂTRE, adj. Qui tire sur le roux.

ROUSSAY, s. m. Com. du dép. de Maine-et-Loire, cant. de Montfaucon, arr. de Beaupréau. = Beaupréau.

ROUSSEAU, s. m. adj. Homme qui a des rousseurs, qui a les cheveux roux.

ROUSSELET, s. m. Petite poire musquée dont la peau est roussâtre.

ROUSSELINE, s. f. Variété de poire.

ROUSSELOY, s. m. Com. du dép. de l'Oise, cant. de Mouy, arr. de Clermont. = Clermont.

ROUSSENNAC, s. m. Com. du dép. de l'Aveyron, cant. de Montbazens, arr. de Villefranche. = Rignac.

ROUSSENT, s. m. Com. du dép. du Pas-de-Calais, cant. de Campagne, arr. de Montreuil. = Montreuil.

ROUSSEROLE, s. f. Sorte de grive. —, belle-de-nuit, plante.

ROUSSES (les), s. f. pl. Com. du dép. du Jura, cant. de Morez, arr. de St.-Claude. = Morez.

ROUSSES, s. f. Com. du dép. de la Lozère, cant. et arr. de Florac. = Florac.

ROUSSET, s. m. Espèce de folle. T. de pêch.

ROUSSET, s. m. Com. du dép. des Hautes-Alpes, cant. de Chorges, arr. d'Embrun. = Gap.

ROUSSET, s. m. Com. du dép. des Bouches-du-Rhône, cant. de Trets, arr. d'Aix. = Aix. Distilleries d'eaux-de-vie.

ROUSSET, s. m. Com. du dép. de la Drôme, cant. de Grignan, arr. de Montélimar. = Die.

ROUSSETTE, s. f. Fauvette des bois ; espèce de chien de mer; espèce de chauve-souris.

ROUSSEUR, s. f. Qualité de ce qui est roux. —, pl. Taches brunes sur la peau et particulièrement au visage.

ROUSSEY (le), s. m. Com. du dép. de Saône-et-Loire, cant. de Guiche, arr. de Charolles. = Joncy.

ROUSSI, s. m. Odeur d'une étoffe qui brûle. —, cuir rouge de Russie.

ROUSSI, E, part. Rendu roux.

ROUSSIER, s. m. Mine de fer terreuse, sablonneuse.

ROUSSIÈRE (la), s. f. Com. du dép. de l'Eure, cant. de Beaumesnil, arr. de Bernay. = Broglie.

ROUSSIEUX, s. m. Com. du dép. de la Drôme, cant. de Remusat, arr. de Nyons. = le Buis.

ROUSSI-GINOLHAC, s. m. Com. du dép. de l'Aveyron, cant. d'Entraygues, arr. d'Espalion. = Mur-de-Barrez.

ROUSSILLÉ, E, part. Brûlé légèrement.

ROUSSILLER, v. a. Brûler légèrement la surface, les extrémités.

ROUSSILLON (le), s. m. Ancienne province de France qui forme aujourd'hui le dép. des Pyrénées-Orientales, à l'exception des arr. de Perpignan et de Prades. Cette province, habitée par les Celtes, fut comprise, sous la domination romaine, dans la première Narbonnaise. Conquise par Louis XIII, elle fut réunie à la couronne de France par le traité des Pyrénées.

ROUSSILLON, s. m. Com. du dép. de l'Isère, chef-lieu de cant. de l'arr. de Vienne. Bur. d'enregist. = le Péage.

ROUSSILLON, s. m. Com. du dép. de Saône-et-Loire, cant. de Lucenay-l'Evêque, arr. d'Autun. = Lucenay.

ROUSSILLON, s. m. Com. du dép. de Vaucluse, cant. de Gordes, arr. d'Apt. = Apt.

ROUSSIN, s. m. Cheval entier de moyenne taille et un peu épais. — d'Arcadie, âne. T. fam.

ROUSSINES, s. f. Com. du dép. de la Charente, cant. de Montembœuf, arr. de Confolens. = Larochefoucault.

ROUSSINES, s. f. Com. du dép. de l'Indre, cant. de St.-Benoît-du-Sault, arr. du Blanc. = St.-Benoît-du-Sault.

ROUSSIR, v. a. Donner une couleur rousse, rendre roux en brûlant. —, v. n. Devenir roux. —, prendre une couleur rousse, en parlant du beurre qu'on fait fondre et des choses qu'on jette dedans.

ROUSSON, s. m. Com. du dép. du Gard, cant. de St.-Martin-de-Valgalgues, arr. d'Alais. = Alais.

ROUSSON, s. m. Com. du dép. de l'Yonne, cant. de Villeneuve-le-Roi, arr. de Joigny. = Villeneuve-le-Roi.

ROUSSY, s. m. Com. du dép. du Cantal; cant. de Montsalvy, arr. d'Aurillac. = Aurillac.

ROUSSY-LE-BOURG, s. m. Com. du dép. de la Moselle, cant. de Cattenom, arr. de Thionville. = Thionville.

ROUSSY-LE-VILLAGE, s. m. Com. du dép. de la Moselle, cant. de Cattenom, arr. de Thionville. = Thionville.

ROUSTÉ, E, part. Lié; se dit d'une pièce de bois qu'on fixe à une autre. T. de mar.

ROUSTER, v. a. Faire des roustures. T. de mar.

ROUSTURE, s. f. Liûre pour fixer une pièce de bois contre une autre. T. de mar.

ROUTAILLÉ, E, part. Suivi avec le limier. T. de véner.

ROUTAILLER, v. a. Suivre la bête avec le limier. T. de véner.

ROUTE, s. f. Grand chemin public; chemin de terre ou de mer que l'on suit ou que l'on doit suivre. —, ce que l'on éprouve en route. —, chemin et logement que l'on prescrit aux militaires qui voyagent par étape. —, grande allée dans un bois. —, espace que parcourent les astres, les eaux. —, conduite que l'on tient; moyens que l'on emploie pour parvenir à un but. Fig.

ROUTÉ, E, part. Habitué, exercé.

ROUTELLE, s. f. Com. du dép. du Doubs, cant. de Boussières, arr. de Besançon. = St.-Vyt.

ROUTER, v. a. Habituer, routiner.

ROUTES, s. f. Com. du dép. de la Seine-Inférieure, cant. d'Ourville, arr. d'Yvetot. = Doudeville.

ROUTIER, s. m. Homme rusé, expérimenté; vieux routier. —, livre de route. T. de mar.

ROUTIER, s. m. Com. du dép. de l'Aude, cant. d'Alaigne, arr. de Limoux. = Limoux.

ROUTINE, s. f. Capacité acquise par l'expérience et par la pratique beaucoup plus que par l'étude; habitude qui résulte d'une longue pratique.

ROUTINÉ, E, part. Habitué à faire une chose. T. fam.

ROUTINER, v. a. Faire apprendre par routine. Se —, v. pron. Se former, s'habituer par la pratique.

ROUTINIER, s. m. Homme qui agit par routine.

ROUTOIR, s. m. Fosse remplie d'eau, espèce de mare où l'on fait rouir le chanvre.

ROUTOT, s. m. Com. du dép. de l'Eure, chef-lieu de cant. de l'arr. de Pont-Audemer. Bur. d'enregist. à Bourg-Achard. = Bourg-Achard.

ROUTOT, s. m. Com. du dép. de la Seine-Inférieure, cant. de St.-Romain-de-Colbosc, arr. du Hâvre. = Harfleur.

ROUVENAC, s. m. Com. du dép. de l'Aude, cant. de Quillan, arr. de Limoux. = Quillan.

ROUVERDIN, s. m. Tangara vert du Pérou. T. d'hist. nat.

ROUVERET, s. m. Village du dép. de la Lozère, cant. de Ste.-Enimie, arr. de Florac. = Florac.

ROUVERIN, adj. m. Rempli de gerçures, cassant; fer rouverin.

ROUVERT, E, part. Ouvert de nouveau.

ROUVES, s. f. Com. du dép. de la Meurthe, cant. de Nomeny, arr. de Nancy. = Pont-à-Mousson.

ROUVIÈRE (la), s. f. Com. du dép. du Gard, cant. de St.-Chaptes, arr. d'Uzès. = Uzès.

ROUVIÈRE (Notre-Dame de la), s. f. Com. du dép. du Gard, cant. de Valleraugues, arr. du Vigan. = Nismes.

ROUVIÈRE (la), s. f. Com. du dép. de la Lozère, cant. et arr. de Mende. = Mende.

ROUVIGNIES, s. f. Com. du dép. du Nord, cant. et arr. de Valenciennes. = Valenciennes.

ROUVILLE, s. f. Com. du dép. du Loiret, cant. de Malesherbes, arr. de Pithiviers. = Malesherbes.

ROUVILLE, s. f. Com. du dép. de l'Oise, cant. de Crépy, arr. de Senlis. = Crépy.

ROUVILLE, s. f. Com. du dép. de la Seine-Inférieure, cant. de Bolbec, arr. du Hâvre. = Bolbec.

ROUVILLE, s. f. Com. du dép. de l'Oise, cant. de St.-Just-en-Chaussée, arr. de Clermont. = St.-Just-en-Chaussée.

ROUVRAY, s. m. Com. du dép. de la Côte-d'Or, cant. de Précy-sous-Thil, arr. de Semur. Bur. de poste. Fabr. de toiles, draperies et serges. Comm. de bois.

ROUVRAY, s. m. Com. du dép. de l'Eure, cant. de Vernon, arr. d'Evreux. = Pacy-sur-Eure.

ROUVRAY, s. m. Com. du dép. de la Seine-Inférieure, cant. de Forges, arr. de Neufchâtel. = Forges.

ROUVRAY, s. m. Com. du dép. de la Somme, cant. de Rosières, arr. de Montdidier. = Lihons-en-Santerre.

ROUVRAY, s. m. Com. du dép. de l'Yonne, cant. de Ligny, arr. d'Auxerre. = Auxerre.

ROUVRAY-ST.-DENIS, s. m. Com. du dép. d'Eure-et-Loir, cant. de Janville, arr. de Chartres. = Angerville.

ROUVRAY-STE.-CROIX, s. m. Com. du dép. du Loiret, cant. de Patay, arr. d'Orléans. = Orléans.

ROUVRAY-ST.-FLORENTIN, s. m. Com. du dép. d'Eure-et-Loir, cant. de Voves, arr. de Chartres. = Chartres.

ROUVRE, s. m. Gros chêne tortu, peu élevé, très dur.

ROUVRE, s. f. Com. du dép. de l'Aube, cant. et arr. de Bar-sur-Aube. = Bar-sur-Aube.

ROUVRE, s. f. Com. du dép. des Deux-Sèvres, cant. de Champdeniers, arr. de Niort. = Niort.

ROUVREL, s. m. Com. du dép. de la Somme, cant. d'Ailly-sur-Noye, arr. de Montdidier. = Amiens.

ROUVRES, s. f. Com. du dép. du Calvados, cant. de Bretteville-sur-Laise, arr. de Falaise. = Caen.

ROUVRES, s. f. Com. du dép. de la Côte-d'Or, cant. de Genlis, arr. de Dijon. = Genlis.

ROUVRES, s. f. Com. du dép. d'Eure-et-Loir, cant. d'Anet, arr. de Dreux. = Dreux.

ROUVRES, s. f. Com. du dép. du Loiret, cant. de Malesherbes, arr. de Pithiviers. = Pithiviers.

ROUVRES, s. f. Com. du dép. de la Haute-Marne, cant. d'Auberive, arr. de Langres. = Château-Vilain.

ROUVRES, s. f. Com. du dép. de la Meuse, cant. d'Etain, arr. de Verdun. = Etain.

ROUVRES, s. f. Com. du dép. de l'Oise, cant. de Betz, arr. de Senlis. = Senlis.

ROUVRES, s. f. Com. du dép. de Seine-et-Marne, cant. de Dammartin, arr. de Meaux. = Dammartin.

ROUVRES-EN-XAINTOIS, s. f. Com. du dép. des Vosges, cant. et arr. de Mirecourt. = Mirecourt.

ROUVRES-LA-CHÉTIVE, s. f. Com. du dép. des Vosges, cant. de Châtenois, arr. de Neufchâteau. = Neufchâteau.

ROUVRES-LES-BOIS-ET-POULIGNY, s. f. Com. du dép. de l'Indre, cant. de Levroux, arr. de Châteauroux. = Levroux.

ROUVRE-SOUS-MEILLY, s. m. Com. du dép. de la Côte-d'Or, cant. de Pouilly-en-Auxois, arr. de Beaune. = Arnay-le-Duc.

ROUVRIR, v. a. Ouvrir de nouveau. Se —, v. pron. S'ouvrir encore une fois.

ROUVROIS-SUR-MEUSE, s. m. Com. du dép. de la Meuse, cant. de St.-Mihiel, arr. de Commercy. = St.-Mihiel. Fabr. de draps croisés.

ROUVROIS-SUR-OTTAIN, s. m. Com. du dép. de la Meuse, cant. de Spincourt, arr. de Montmédy. = Longuion.

ROUVROY, s. m. Com. du dép. de l'Aisne, cant. de Rozoy-sur-Serre, arr. de Laon. = Rozoy-sur-Serre.

ROUVROY, s. m. Com. du dép. de l'Aisne, cant. et arr. de St.-Quentin. = St.-Quentin.

ROUVROY, s. m. Com. du dép. des Ardennes, cant. de Rumigny, arr. de Rocroi. = Mézières.

ROUVROY, s. m. Com. du dép. de la Marne, cant. de Ville-sur-Tourbe, arr. de Ste.-Ménehould. = Ste.-Ménehould.

ROUVROY, s. m. Com. du dép. de la Haute-Marne, cant. de Donjeux, arr. de Vassy. = Joinville.

ROUVROY, s. m. Com. du dép. du Pas-de-Calais, cant. de Vimy, arr. d'Arras. = Lens.

ROUVROY-LÈS-MERLE, s. m. Com. du dép. de l'Oise, cant. de Breteuil, arr. de Clermont. = Breteuil-sur-Noye.

ROUX, s. m. Couleur rousse. —, sauce faite avec du beurre roussi.

ROUX, ROUSSE, adj. Qui est d'une couleur entre le jaune et le rouge. Lune —, lune d'avril.

ROUXEVILLE, s. f. Com. du dép. de la Manche, cant. de Torigny, arr. de St.-Lô. = St.-Lô.

ROUXIÈRE (la), s. f. Com. du dép. de la Loire-Inférieure, cant. de Varades, arr. d'Ancenis. = Varades.

ROUX-MESNIL, s. m. Com. du dép. de la Seine-Inférieure, cant. d'Offranville, arr. de Dieppe. = Dieppe.

ROUX-MESNIL, s. m. Com. du dép. de la Seine-Inférieure, cant. de Valmont, arr. d'Yvetot. = Valmont.

ROUX-VENT, s. m. Vent d'avril, froid, sec et violent. T. de jard.

ROUX-VIEUX, s. m. Gale à la crinière du cheval. —, adj. Attaqué de cette gale; cheval roux-vieux.

ROUY, s. m. Com. du dép. de la Nièvre, cant. de St.-Saulge, arr. de Nevers. = Nevers. Fabr. de faïence.

ROUY-LE-GRAND, s. m. Com. du dép. de la Somme, cant. de Nesle, arr. de Péronne. = Nesle.

ROUY-LE-PETIT, s. m. Com. du dép. de la Somme, cant. de Nesle, arr. de Péronne. = Nesle.

ROUZ (le), s. m. Com. du dép. de l'Ardèche, cant. de Montpezat, arr. de Largentière. = Aubenas.

ROUZAUD, s. m. Com. du dép. de l'Ariège, cant. et arr. de Pamiers. = Pamiers.

ROUZE, s. f. Com. du dép. de l'Ariège, cant. de Quérigut, arr. de Foix. = Tarascon-sur-Ariège.

ROUZÈDE, s. f. Com. du dép. de la Charente, cant. de Montbron, arr. d'Angoulême. = Larochefoucault.

ROUZET, s. m. Village du dép. de Tarn-et-Garonne, cant. de Molières, arr. de Montauban. = Montauban.

ROUZIERS, s. m. Com. du dép. du Cantal, cant. de Maurs, arr. d'Aurillac. = Maurs.

ROUZIERS, s. m. Com. du dép. d'Indre-et-Loire, cant. de Neuillé-Pont-Pierre, arr. de Tours. = Neuvy-le-Roi.

ROVIGO, s. m. Ville de la Polésine, province de la ci-devant république de Venise, dont les possessions appartiennent aujourd'hui à la maison d'Autriche.

ROVILLE, s. f. Com. du dép. de la Meurthe, cant. de Haroué, arr. de Nancy. = Nancy. Fabr. d'instrumens aratoires perfectionnés.

Cette com. possède une ferme-modèle qui fut établie en France, en 1822, pour enseigner l'agriculture dans toutes ses branches.

ROVILLE-AUX-CHÊNES, s. f. Com.

du dép. des Vosges, cant. de Rambervillers, arr. d'Epinal. = Rambervillers.

ROVON, s. m. Com. du dép. de l'Isère, cant. de Vinay, arr. de St.-Marcellin. = Tullins.

ROYAL, E, adj. Qui appartient à un roi, lui est relatif; l'autorité royale. —, grand, magnifique. Fig.

ROYALE, s. f. Sorte de papier, de toile légère, de drap fin. —, variété de prunes, de laitues. T. de jard.

ROYALEMENT, adv. D'une manière royale.

ROYALISME, s. m. Affection pour le gouvernement monarchique, pour la royauté.

ROYALISTE, s. et adj. Partisan de la royauté, des institutions monarchiques.

ROYAN, s. m. Petite ville du dép. de la Charente-Inférieure, chef-lieu de cant. de l'arr. de Marennes. Bur. d'enregist. et de poste.
Cette petite ville, située à l'embouchure de la Gironde, possède un port assez commode qui est défendu par un fort. Etablissement de bains de mer très fréquentés. Pêche et comm. de sardines.

ROYAS, s. m. Com. du dép. de l'Ardèche, cant. de la Voulte, arr. de Privas. = la Voulte.

ROYAS, s. m. Com. du dép. de l'Isère, cant. de St.-Jean-de-Bournay, arr. de Vienne. = Bourgoin.

ROYAUCOURT-ET-CHAILVET, s. m. Com. du dép. de l'Aisne, cant. d'Anisy-le-Château, arr. de Laon. = Laon.

ROYAUCOURT-ET-DOMÉLIEN, s. m. Com. du dép. de l'Oise, cant. de Maignelay, arr. de Clermont. = Montdidier.

ROYAUME, s. m. Etat gouverné par un roi.

ROYAUMEIX, s. m. Com. du dép. de la Meurthe, cant. de Domèvre, arr. de Toul. = Toul.

ROYAUTÉ, s. f. Dignité de roi.

ROY-BOISSY, s. m. Com. du dép. de l'Oise, cant. de Marseille, arr. de Beauvais. = Grandvilliers.

ROYBON, s. m. Com. du dép. de l'Isère, chef-lieu de cant. de l'arr. de St.-Marcellin. Bur. d'enregist. = St.-Marcellin.

ROYE, s. m. Com. du dép. de la Haute-Saône, cant. et arr. de Lure = Lure.

ROYE, s. m. Petite ville du dép. de la Somme, chef-lieu de cant. de l'arr. de Montdidier. Bur. d'enregist. et de poste. Fabr. de bas de laine, filature de coton. Comm. de grains et farines pour l'approvisionnement de Paris.

ROYER, s. m. Com. du dép. de Saône-et-Loire, cant. de Tournus, arr. de Mâcon. = Tournus.

ROYÈRE, s. f. Com. du dép. de la Creuse, chef-lieu de cant. de l'arr. de Bourganeuf, où se trouvent les bur. d'enregist. et de poste.

ROYÈRES-HORS-LA-ROCHE, s. f. Com. du dép. de la Haute-Vienne, cant. de Nexon, arr. de St.-Yrieix. = St.-Yrieix.

ROYÈRES-ST.-LÉONARD, s. f. Com. du dép. de la Haute-Vienne, cant. de St.-Léonard, arr. de Limoges. = St.-Léonard.

ROYE-SUR-MATZ, s. m. Com. du dép. de l'Oise, cant. de Lassigny, arr. de Compiègne. = Roye.

ROYNAC, s. m. Com. du dép. de la Drôme, cant. de Crest, arr. de Die. = Crest.

ROYON, s. m. Com. du dép. du Pas-de-Calais, cant. de Fruges, arr. de Montreuil. = Fruges.

ROYVILLE, s. f. Com. du dép. de la Seine-Inférieure, cant. de Bacqueville, arr. de Dieppe. = Bacqueville.

ROZAY, s. m. Com. du dép. de la Marne, cant. de Heiltz-le-Maurupt, arr. de Vitry. = Vitry-le-Français.

ROZAY, s. m. Com. du dép. de Seine-et-Oise, cant. et arr. de Mantes. = Mantes.

ROZEL (le), s. m. Com. du dép. de la Manche, cant. des Pieux, arr. de Cherbourg. = Valognes.

ROZELIEURES, s. f. Com. du dép. de la Meurthe, cant. de Bayon, arr. de Lunéville. = Lunéville.

ROZÉRIEULLES, s. f. Com. du dép. de la Moselle, cant. de Gorze, arr. de Metz. = Metz.

ROZEROTTE, s. f. Com. du dép. des Vosges, cant. de Vittel, arr. de Mirecourt. = Mirecourt.

ROZÈS, s. m. Com. du dép. du Gers, cant. de Valence, arr. de Condom. = Vic-Fezensac.

ROZET, s. m. Com. du dép. du Doubs, cant. de Bussières, arr. de Besançon. = Besançon.

ROZET-ST.-ALBIN, s. m. Com. du dép. de l'Aisne, cant. de Neuilly-St.-Front, arr. de Château-Thierry. = Neuilly-St.-Front.

ROZIER, s. m. Com. du dép. de la Lozère, cant. de Meyrueis, arr. de Florac. = Meyrueis.

ROZIER-CÔTES-D'AUREC, s. m. Com. du dép. de la Loire, cant. de St.-Bonnet-le-Château, arr. de Montbrison. = St.-Etienne.

ROZIER-EN-DONZY, s. m. Com. du dép. de la Loire, cant. de Feurs, arr. de Montbrison. = Feurs.

ROZIÈRES, s. f. Com. du dép. de l'Aisne, cant. d'Oulchy-le-Château, arr. de Soissons. = Soissons.

ROZIÈRES, s. f. Com. du dép. de la Haute-Marne, cant. de Montierender, arr. de Vassy. = Montierender.

ROZIÈRES, s. f. Com. du dép. de l'Oise, cant. de Nanteuil, arr. de Senlis. = Nanteuil-le-Haudoin.

ROZIÈRES, s. f. Com. du dép. des Vosges, cant. de la Marche, arr. de Neufchâtel. = la Marche.

ROZIÈRES, s. f. et BAS-BALBIOU, s. m. Com. du dép. de l'Ardèche, cant. de Joyeuse, arr. de Largentière. = Joyeuse.

ROZIÈRES-DEVANT-BAR, s. f. Com. du dép. de la Meuse, cant. de Vavincourt, arr. de Bar-le-Duc. = Bar-le-Duc.

ROZIÈRES-EN-BLOIS, s. f. Com. du dép. de la Meuse, cant. de Gondrecourt, arr. de Commercy. = Gondrecourt.

ROZIERS-ST.-GEORGES, s. m. Com. du dép. de la Haute-Vienne, cant. de Châteauneuf, arr. de Limoges. = St.-Léonard.

ROZLANDRIEUX, s. m. Com. du dép. d'Ille-et-Vilaine, cant. de Dol, arr. de St.-Malo. = Dol.

ROZOY, s. m. Petite ville du dép. de Seine-et-Marne, chef-lieu de cant. de l'arr. de Coulommiers. Bur. d'enregist. et de poste.

ROZOY, s. m. Com. du dép. de l'Yonne, cant. et arr. de Sens. = Sens.

ROZOY-EN-MULCIEN, s. m. Com. du dép. de l'Oise, cant. de Betz, arr. de Senlis. = Lizy.

ROZOY-GATEBLED, s. m. Com. du dép. de l'Aisne, cant. de Condé, arr. de Château-Thierry. = Montmirail.

ROZOY-LE-GRAND, s. m. Com. du dép. de l'Aisne, cant. d'Oulchy-le-Château, arr. de Soissons. = Oulchy-le-Château.

ROZOY-LE-VIEIL, s. m. Com. du dép. du Loiret, cant. de Courtenai, arr. de Montargis. = Egreville.

ROZOY-SUR-SERRE, s. m. Com. du dép. de l'Aisne, chef-lieu de cant. de l'arr. de Laon. Bur. d'enregist. et de poste.

ROZ-SUR-COUESNON, s. m. Com. du dép. d'Ille-et-Vilaine, cant. de Pleine-Fougères, arr. de St.-Malo. = St.-Malo.

RU, s. m. Canal d'une pièce d'eau vive, ruisseau. (Vi.)

RUADE, s. f. Action d'un cheval qui rue. —, brutalité inattendue d'un homme grossier, emporté. Fig.

RUAGES, s. m. Com. du dép. de la Nièvre, cant. de Tannay, arr. de Clamecy. = Corbigny.

RUAN, s. m. Com. du dép. du Loiret, cant. d'Artenai, arr. d'Orléans. = Artenai.

RUAN, s. m. Com. du dép. de Loir-et-Cher, cant. de Droué, arr. de Vendôme. = Cloyes.

RUAUDIN, s. m. Com. du dép. de la Sarthe, cant. et arr. du Mans. = le Mans.

RUAUX, s. m. Com. du dép. des Vosges, cant. de Plombières, arr. de Remiremont. = Plombières.

RUBACE ou RUBACELLE, s. f. Rubis de couleur jaunâtre. T. de joaill.

RUBAN, s. m. Long tissu de fil, de soie; ce qui en a la forme. —, bande étroite sur la surface d'une coquille; genre de coquilles. — de mer, genre de poissons osseux. T. d'hist. nat.

RUBANÉ, E, part. et adj. Marqué de bandes longitudinales de diverses couleurs. T. de bot.

RUBANER, v. a. Garnir de rubans. T. inus. —, partager la cire en rubans. T. de cirier.

RUBANERIE, s. f. Fabrique, commerce, marchandise de rubanier.

RUBANIER, ÈRE, s. Fabricant et marchand de rubans. — d'eau, plante aquatique de diverses espèces.

RUBANTÉ, E, adj. Garni de rubans. —, en forme de rubans.

RUBASSE, s. f. Cristal coloré artificiellement.

RUBÉCOURT-ET-LAMÉCOURT, s. m. Com. du dép. des Ardennes, cant. et arr. de Sedan. = Sedan.

RUBÉFACTION, s. f. Action de déterminer la rougeur d'une partie au moyen des rubéfians. T. de méd.

RUBÉFIANT, E, s. et adj. Médicament externe qui irrite la peau et y produit de la rougeur. T. de méd.

RUBÉFIÉ, E, part. Rendu rouge par l'application d'un rubéfiant.

RUBÉFIER, v. a. Rougir la peau.

RUBELLES, s. f. Com. du dép. de Seine-et-Marne, cant. et arr. de Melun. = Melun.

RUBELLION, s. m. Poisson rouge du genre du spare. T. d'hist. nat.

RUBELLITE, s. f. Tourmaline rouge. T. d'hist. nat.

RUBEMPRÉ, s. m. Com. du dép. de la Somme, cant. de Villers-Bocage, arr. d'Amiens. = Amiens.

RUBÉOLE, s. f. Plante qui ressemble à la garance. T. de bot.

RUBERCY, s. m. Com. du dép. du Calvados, cant. de Trévières, arr. de Bayeux. = Bayeux.

RUBESCOURT, s. m. Com. du dép. de la Somme, cant. et arr. de Montdidier. = Montdidier.

RUBÈTE, s. f. Poison tiré d'une grenouille venimeuse.

RUBIACÉ, E, adj. Se dit des plantes qui donnent une teinture rouge.

RUBIACÉES, s. f. pl. Famille de plantes dicotylédones, monopétales, à corolle épigyne. T. de bot.

RUBICAN, s. et adj. Se dit d'un cheval noir, bai ou alezan, dont la robe est parsemée de poils blancs.

RUBICON, s. m. Petite rivière qui formait la limite de l'Italie et de la Gaule cisalpine.

RUBICOND, E, adj. Rouge, en parlant du visage. T. fam.

RUBIFICATION, s. f. Action de rendre rouge.

RUBIGNY, s. m. Com. du dép. des Ardennes, cant. de Chaumont, arr. de Rethel. = Rozoy-sur-Serre.

RUBIN, s. m. Gobe-mouches huppé d'Amérique. T. d'hist. nat.

RUBINE, s. f. Sulfate d'antimoine oxydé; rubine d'antimoine. — d'arsenic, arsenic sulfuré rouge. T. de chim. (Vi.)

RUBIS, s. m. Pierre précieuse; rouge et transparente; ce qui en a la forme et la couleur. —, boutons rouges sur la trogne d'un buveur. Fig. et fam. — sur l'ongle, exactement, rigoureusement. Vider un verre de vin —, de manière à ce qu'il n'en reste qu'autant qu'il en peut tenir sur l'ongle. —, oiseau du genre du colibri.

RUBORD, s. m. Premier rang d'un bordage. T. de mar.

RUBRICAIRE, s. m. Celui qui connaît les rubriques, qui y est attaché.

RUBRIQUE, s. f. Terre, craie, ocre rouge; encre rouge; titre de livre imprimé en rouge. —, fausse indication de la publication d'un livre; lieu d'où vient une nouvelle. —, ruse, détour, finesse. Fig. et fam. —, pl. Règles sur la manière d'officier; marques rouges qui les indiquent au bréviaire, au missel. —, titres de livres de droit; pratiques, règles, méthodes anciennes.

RUBROUCK, s. m. Com. du dép. du Nord, cant. de Cassel, arr. d'Hazebrouck. = Cassel.

RUCA, s. m. Com. du dép. des Côtes-du-Nord, cant. de Matignon, arr. de Dinan. = Plancoët.

RUCH, s. m. Com. du dép. de la Gironde, cant. de Sauveterre, arr. de la Réole. = Castillon.

RUCHE, s. f. Panier en forme de cloche, où les abeilles construisent leurs cellules et déposent le miel qu'elles recueillent sur le calice des fleurs; ce panier et les abeilles qu'il renferme. —, habitation d'insectes qui vivent en société. —, plusieurs rangs de tulle plissé qui ornent une collerette, un bonnet de dame. —, voy. CONQUE. T. d'anat. — aquatique, éponge habitée par une multitude d'insectes aquatiques.

RUCHÉE, s. f. Contenu d'une ruche.

RUCHER, s. m. Enclos où il y a beaucoup de ruches. T. inus.

RUCOURT, s. m. Com. du dép. de l'Oise, cant. d'Estrées-St-Denis, arr. de Compiègne. = Verberie.

RUCQUEVILLE, s. f. Com. du dép. du Calvados, cant. de Creully, arr. de Caen. = Caen.

RUDANIER, ÈRE, adj. Qui a la parole et les manières rudes. T. fam.

RUDE, adj. Apre au toucher, au goût. —, couvert d'inégalités, raboteux; chemin rude. —, désagréable à l'œil, à l'oreille; pinceau, voix rude. —, violent, impétueux; choc rude. —, fatigant, pénible; travail rude. —, difficile à supporter; froid rude. —, austère, sévère, l'opposé de traitable. —, bourru, brusque. —, redoutable; rude champion. —, fâcheux, déplaisant, difficile; tâche rude. Fig.

RUDELLES, s. f. Com. du dép. du Lot, cant. de Lacapelle, arr. de Figeac. = Figeac.

RUDEMENT, adv. D'une manière rude; avec rudesse. —, beaucoup. T. fam.

RUDENTÉ, E, adj. Se dit des colonnes dont les cannelures sont remplies d'une espèce de bâton jusqu'au tiers. T. d'arch.

RUDENTURE, s. f. Espèce de bâton dans le bas des cannelures d'une colonne. T. d'arch.

RUDÉRAL, E, adj. Se dit des plantes qui croissent au milieu des décombres, des masures. T. de bot.

RUDÉRATION, s. f. Grosse maçonnerie; bourdage; pavé de cailloutage.

RUDESSE, s. f. Défaut de ce qui est rude; rudesse de la peau, de la voix, etc. —, esprit inculte, caractère dur, grossier, manières inciviles; brusquerie, rigidité, etc. —, pl. Actions, paroles dures.

RUDGÉE, s. f. Plante du genre des rubiacées. T. de bot.

RUDIAIRE, s. m. Gladiateur qui était congédié avec honneur, après avoir fourni des preuves multipliées de son courage, de sa force et de son adresse. T. d'antiq.

RUDIMENT, s. m. Livre classique qui renferme les élémens de la langue latine. —, pl. Premiers principes d'un art, d'une science, élémens. —, premiers linéamens des organes. T. d'hist. nat. et de bot.

RUDOYÉ, E, part. Traité, mené durement.

RUDOYER, v. a. Traiter, mener durement, gourmander.

RUE, s. f. Chemin dans une ville, etc., bordé de maisons ; voie publique. —, espace vide, chemin dans une carrière. —, plante amère vivace, médicinale. — de chèvre, galéga officinal. — de murailles, doradille des murs.

RUÉ, E, part. Jeté avec force, lancé.

RUE (la), s. f. Petite rivière qui prend sa source dans l'arr. de Mauriac, et se jette dans la Dordogne, près de Bort.

RUE, s. f. Petite ville du dép. de la Somme, chef-lieu de cant. de l'arr. d'Abbeville. Bur. d'enregist. et de poste. Comm. de grains, bestiaux et poissons du pays.

RUEDERBACH, s. m. Com. du dép. du Haut-Rhin, cant. d'Hirsingue, arr. d'Altkirch. = Altkirch.

RUÉE, s. f. Amas de litière qu'on fait pourrir dans une basse cour, dans une rue, pour le mêler ensuite avec du fumier. T. d'agric.

RUEIL, s. m. Com. du dép. d'Eure-et-Loir, cant. de Brezolles, arr. de Dreux. = Verneuil.

RUEIL ou RUEL, s. m. Com. du dép. de Seine-et-Oise, cant. de Marly-le-Roi, arr. de Versailles. = Nanterre.

On remarque dans ce village une vaste caserne et dans ses environs le château de Malmaison, habité par l'impératrice Joséphine. Cette femme célèbre, morte en 1814, a été inhumée dans l'église de Ruel, où l'on admire le mausolée élevé à sa mémoire.

RUELISHEIM, s. m. Com. du dép. du Haut-Rhin, cant. d'Habsheim, arr. d'Altkirch. = Ensisheim.

RUELLE, s. f. Com. du dép. de la Charente, cant. et arr. d'Angoulême. = Angoulême.

Fonderie de canons de fer pour la marine royale ; moulin à poudre, forges et hauts-fourneaux.

RUELLE, s. f. Petite rue, passage étroit entre des maisons, des murs ; espace entre un des côtés du lit et la muraille.

RUELLÉ, E, part. Se dit d'une vigne dans laquelle il a été pratiqué des ruelles.

RUELLÉE, s. f. Fin du toit contre un mur plus élevé. T. de couvr.

RUELLER, v. a. Faire des ruelles, de petits chemins entre les rayons d'une vigne.

RUELLETTE, s. f. Petite ruelle.

RUER, v. a. Lancer avec force ; ruer une pierre. —, v. n. Jeter les pieds de derrière en l'air, en parlant du cheval, envoyer des ruades. Se —, v. pron. S'élancer, se précipiter sur...

RUE-ST.-PIERRE (la), s. f. Com. du dép. de l'Oise, cant. et arr. de Clermont. = Clermont.

RUE-ST.-PIERRE (la), s. f. Com. du dép. de la Seine-Inférieure, cant. de Clères, arr. de Rouen. = Rouen.

RUESNES, s. f. Com. du dép. du Nord, cant. du Quesnoy, arr. d'Avesnes. = le Quesnoy.

RUESTENHART, s. m. Com. du dép. du Haut-Rhin, cant. d'Ensisheim, arr. de Colmar. = Neuf-Brisack.

RUEUR, EUSE, s. et adj. Qui rue. T. inus.

RUEYRE, s. m. Com. du dép. du Lot, cant. de Lacapelle, arr. de Figeac. = Figeac.

RUFALBIN, s. m. Coucou du Sénégal.

RUFFEC, s. m. Petite ville du dép. de la Charente, chef-lieu de sous-préf. et de cant. ; trib. de 1re inst. ; conserv. des hypoth. ; direct. des contrib. indir. ; recev. part. des finances ; bur. d'enregist. et de poste. Comm. de truffes, marrons, grains et fromages.

RUFFEC, s. m. Com. du dép. de l'Indre, cant. et arr. du Blanc. = le Blanc.

RUFFEPEYRE, s. m. Com. du dép. de l'Aveyron, cant. de Marcillat, arr. de Rodez. = Rodez.

RUFFEY, s. m. Com. du dép. du Jura, cant. de Bletterans, arr. de Lons-le-Saulnier. = Lons-le-Saulnier.

RUFFEY, s. m. Com. du dép. du Doubs, cant. d'Audeux, arr. de Besançon. = Marnay.

RUFFEY-LÈS-BEAUNE, s. m. Com. du dép. de la Côte-d'Or, cant. et arr. de Beaune. = Beaune.

RUFFEY-LÈS-ÉCHIREY, s. m. Com. du dép. de la Côte-d'Or, cant. et arr. de Dijon. = Dijon.

RUFFIAC, s. m. Com. du dép. de Lot-et-Garonne, cant. de Bouglon, arr. de Marmande. = Castel-Jaloux.

RUFFIAC, s. m. Com. du dép. du Morbihan, cant. de Malestroit, arr. de Ploërmel. = Ploërmel.

RUFFIEU, s. m. Com. du dép. de l'Ain, cant. de Champagne, arr. de Belley. = Belley.

RUFFIGNÉ, s. m. Com. du dép. de la Loire-Inférieure, cant. et arr. de Châteaubriant. = Châteaubriant.

RUFFINE (Ste.-), s. f. Com. du dép. de la Moselle, cant. de Gorze, arr. de Metz. = Metz.

RUGINE, s. f. Instrument de chirurgie pour nettoyer les os. T. de chir.

RUGINÉ, E, part. Raclé, ratissé avec une rugine, en parlant des os. T. de chir.

RUGINER, v. a. Racler, ratisser un os avec une rugine. T. de chir.

RUGIR, v. n. Faire retentir les échos de sa voix terrible, en parlant du lion. —, pousser des cris de fureur. Fig.

RUGISSANT, E, adj. Qui rugit ; lion rugissant.

RUGISSEMENT, s. m. Cri du lion. —, pl. Cris de fureur. Fig.

RUGLES, s. m. Com. du dép. de l'Eure, chef-lieu de cant. de l'arr. d'Evreux. Bur. d'enregist. et de poste.
Manuf. et comm. de pointes, épingles, fil de fer et de laiton, aiguilles à tricoter, anneaux à rideaux, agrafes, fil à coudre, rubans de fil, bas. Forges et papeteries.

RUGNEY, s. m. Com. du dép. des Vosges, cant. de Charmes, arr. de Mirecourt. = Charmes.

RUGNY, s. m. Com. du dép. de l'Yonne, cant. de Cruzy, arr. de Tonnerre. = Tonnerre.

RUGOSITÉ, s. f. Ride sur une surface raboteuse.

RUGUEUX, EUSE, adj. Plein de rides, de rugosités. T. de bot.

RUGY, s. m. Com. du dép. de la Moselle, cant. de Vigy, arr. de Metz. = Metz.

RUHANS-ET-MILAUDON, s. m. Com. du dép. de la Haute-Saône, cant. de Montbozon, arr. de Vesoul. = Rioz.

RUILLÉE, s. f. Enduit de plâtre ou de mortier. T. de couvr.

RUILLÉ-EN-CHAMPAGNE, s. m. Com. du dép. de la Sarthe, cant. de Conlie, arr. du Mans. = Sillé-le-Guillaume.

RUILLÉ-FROID-FOND, s. m. Com. du dép. de la Mayenne, cant. de Grez, arr. de Château-Gontier. = Château-Gontier.

RUILLÉ-LES-GRAVELAIS, s. m. Com. du dép. de la Mayenne, cant. de Loiron, arr. de Laval. = Laval.

RUILLER, v. a. Faire des repères, pour dresser des plans et des surfaces. T. d'arch.

RUILLÉ-SUR-LE-LOIR, s. m. Com. du dép. de la Sarthe, cant. de la Chartre, arr. de St.-Calais. = la Chartre-sur-Loir.

RUINE, s. f. Dégradation, destruction d'un bâtiment. —, bouleversement, désastre, ravage, désolation ; perte du crédit, de la fortune. Fig. —, pl. Débris d'un bâtiment, d'un édifice ; paysage représentant des édifices ruinés.

RUINÉ, E, part. Abattu, démoli, tombé en ruines.

RUINER, v. a. Abattre, démolir. —, ravager les moissons, en parlant des orages, etc. ; dévaster, saccager, anéantir ; détruire le crédit, la fortune. Fig. —, faire des rainures. T. de maç. Se —, v. pron. Tomber en ruines ; causer sa ruine, dissiper son bien, sa fortune. Fig.

RUINES, s. f. Com. du dép. du Cantal, chef-lieu de cant. de l'arr. de St.-Flour. Bur. d'enregist. = St.-Flour.

RUINEUX, EUSE, adj. Qui menace ruine. —, qui occasionne des dépenses excessives, qui cause la ruine, qui compromet la fortune ; entreprise ruineuse.

RUINIFORME, adj. Qui représente des ruines. T. inus.

RUINOGUES, s. f. Com. du dép. des Pyrénées-Orientales, cant. et arr. de Céret. = Céret.

RUINURE, s. f. Entaille aux poteaux, aux cloisons, pour retenir les panneaux. T. de maç.

RUIPEYROUS, s. m. Com. du dép. des Basses-Pyrénées, cant. de Morlaas, arr. de Pau. = Pau.

RUISSEAU, s. m. Petit courant d'eau ; lit qui le contient. —, eau fangeuse qui coule dans les rues ; pente pour son écoulement dans les égouts. —, certaine quantité d'un liquide quelconque qui coule, est répandu ; un ruisseau de larmes, de sang. Fig.

RUISSEAUVILLE, s. f. Com. du dép. du Pas-de-Calais, cant. de Fruges, arr. de Montreuil. = Fruges.

RUISSELANT, E, adj. Qui ruisselle.

RUISSELER, v. n. Couler en forme de ruisseau.

RUIT, s. m. Com. du dép. du Pas-de-Calais, cant. de Houdain, arr. de Béthune. = Béthune.

RUIZ, s. m. Plante du genre des monimiées. T. de bot.

RULHE, s. m. Com. du dép. de l'Aveyron, cant. de Rignac, arr. de Rodez. = Rignac.

RULLAC-ET-ROUSSENNAC, s. m. Com. du dép. de l'Aveyron, cant. de Réquista, arr. de Rodez. = Rodez.

RULLY, s. m. Com. du dép. du Calvados, cant. de Vassy, arr. de Vire. = Condé-sur-Noireau.

RULLY, s. m. Com. du dép. de l'Oise, cant. de Pont-Ste.-Maxence, arr. de Senlis. = Senlis.

RULLY, s. m. Com. du dép. de Saône-et-Loire, cant. de Chagny, arr. de Châlons. = Chagny.

RUM, s. m. Espace dans la cale. T. de mar. —, voy. RHUM, TAFIA.

RUMAISNIL, s. m. Com. du dép. de la Somme, cant. de Conty, arr. d'Amiens. = Amiens.

RUMAUCOURT-ET-OSVILLERS, s. m. Com. du dép. du Pas-de-Calais, cant. de Marquion, arr. d'Arras. = Cambrai.

RUMB, s. m. Aire de vent, trente-deuxième partie de la boussole. T. de mar.

RUMÉE, s. f. Nerprun de l'île de St.-Domingue. T. de bot.

RUMEGIES, s. f. Com. du dép. du Nord, cant. de St.-Amand, arr. de Valenciennes. = St.-Amand-les-Eaux.

RUMENGOL, s. m. Com. du dép. du Finistère, cant. de Daoulas, arr. de Brest. = Landerneau.

RUMERSHEIM, s. m. Com. du dép. du Bas-Rhin, cant. de Truchtersheim, arr. de Strasbourg. = Strasbourg.

RUMERSHEIM, s. m. Com. du dép. du Haut-Rhin, cant. d'Ensisheim, arr. de Colmar. = Neuf-Brisack.

RUMESNIL, s. m. Com. du dép. du Calvados, cant. de Cambremer, arr. de Pont-l'Evêque. = Pont-l'Evêque.

RUMEUR, s. f. Bruit tumultueux précurseur d'une querelle, d'un soulèvement. —, bruit confus de voix à la suite d'un accident, d'un événement imprévu; clameur excitée par la crainte, l'indignation, la colère. —, bruit qui se répand, qui court dans le public.

RUMFORT (soupe à la), s. f. Soupe de légumes, de gélatine, qu'on distribue aux indigens.

RUMIA, s. f. Plante du genre des ombellifères. T. de bot.

RUMIGNY, s. m. Com. du dép. des Ardennes, chef-lieu de cant. de l'arr. de Rocroi. Bur. d'enregist. = Aubenton.

RUMIGNY, s. m. Com. du dép. de la Somme, cant. de Sains, arr. d'Amiens. = Amiens.

RUMILLY, s. m. Com. du dép. du Nord, cant. de Marcoing, arr. de Cambrai. = Cambrai.

RUMILLY, s. m. Com. du dép. du Pas-de-Calais, cant. de Hucqueliers, arr. de Montreuil. = Fruges.

RUMILLY-LES-VAUDES, s. m. Com. du dép. de l'Aube, cant. et arr. de Bar-sur-Seine. = Bar-sur-Seine.

RUMINANT, E, adj. Se dit des animaux qui ruminent.

RUMINANTS, s. m. pl. Ordre de quadrupèdes sans incisives à la mâchoire supérieure, dont l'estomac a quatre poches, et qui ont la faculté de faire revenir dans leur bouche, pour les broyer une seconde fois, les alimens qu'ils ont avalés. T. d'hist. nat.

RUMINATION, s. f. Action de ruminer.

RUMINÉE, s. f. Se dit d'une feuille oblongue, divisée par des incisions latérales. T. de bot.

RUMINER, v. n. Remâcher les alimens, en parlant du bœuf, etc. —, v. a. et n. Penser et repenser à une chose, la bien digérer dans son esprit. Fig. et fam.

RUMINGHEM, s. m. Com. du dép. du Pas-de-Calais, cant. d'Audruick, arr. de St.-Omer. = Ardres.

RUMMEH, s. m. Grand roseau d'Arabie. T. de bot.

RUMONT, s. m. Com. du dép. de la Meuse, cant. de Vavincourt, arr. de Bar-le-Duc. = Bar-le-Duc.

RUMONT, s. m. Com. du dép. de Seine-et-Marne, cant. de la Chapelle, arr. de Fontainebleau. = Malesherbes.

RUNAN, s. m. Com. du dép. des Côtes-du-Nord, cant. de Pontrieux, arr. de Guingamp. = Pontrieux.

RUNCINÉE, adj. f. Pinnatifide, bordée de dents semblables à celles d'une scie; feuille runcinée. T. de bot.

RUNES ou RUHNES, s. f. pl. Caractères sténographiques des anciens peuples du nord.

RUNGIS, s. m. Com. du dép. de la Seine, cant. de Villejuif, arr. de Sceaux. = Sceaux.

RUNIQUE, adj. Se dit de la langue et des monumens des anciens peuples du Nord.

RUNTZENHEIM, s. m. Com. du dép. du Bas-Rhin, cant. de Bischwiller, arr. de Strasbourg. = Haguenau.

RUONS, s. m. Com. du dép. de l'Ardèche, cant. de Vallon, arr. de Largentière. = Joyeuse.

RUPELLAIRE, s. f. Genre de coquilles bivalves. T. d'hist. nat.

RUPEREUX, s. m. Com. du dép. de Seine-et-Marne, cant. de Villiers, arr. de Provins. = Provins.

RUPESTRAL, E, adj. Qui croît sur les rochers; plante rupestrale. T. de bot.

RUPICOLE, s. m. Oiseau sylvain de

la Guiane, coq de roche. T. d'hist. nat.

RUPIERRE, s. f. Com. du dép. du Calvados, cant. de Troarn, arr. de Pont-l'Evêque. == Croissanville.

RUPIGNY, s. m. Com. du dép. de la Moselle, cant. de Vigy, arr. de Metz. == Metz.

RUPPES, s. f. Com. du dép. des Vosges, cant. de Coussey, arr. de Neufchâteau. == Neufchâteau.

RUPT, s. m. Com. du dép. du Jura, cant. d'Arinthod, arr. de Lons-le-Saulnier. == Orgelet.

RUPT, s. m. Com. du dép. de la Haute-Marne, cant. de Joinville, arr. de Vassy. == Joinville.

RUPT, s. m. Com. du dép. de la Haute-Saône, cant. de Scey-sur-Saône, arr. de Vesoul. == Port-sur-Saône.

RUPT, s. m. Com. du dép. des Vosges, cant. de Ramonchamp, arr. de Remiremont. == Raon-l'Etape.

RUPT-AUX-NONAINS, s. m. Com. du dép. de la Meuse, cant. d'Ancerville, arr. de Bar-le-Duc. == Bar-le-Duc.

RUPT-DEVANT-ST.-MIHIEL, s. m. Com. du dép. de la Meuse, cant. de Pierrefitte, arr. de Commercy. == St.-Mihiel.

RUPT-EN-WOËVRE, s. m. Com. du dép. de la Meuse, cant. et arr. de Verdun. == Verdun.

RUPTILE, adj. Qui s'ouvre en se rompant spontanément. T. de bot.

RUPTION, s. f. Solution de continuité. T. inus.

RUPTOIRE, s. m. Cautère potentiel. T. de méd.

RUPT-SUR-OTTAIN, s. m. Com. du dép. de la Meuse, cant. de Damvillers, arr. de Montmédy. == Longuion.

RUPTURE, s. f. Action par laquelle une chose est rompue; effet de cette action. —, infraction, violation; division, scission entre des particuliers, des états qui étaient en bonne intelligence. Fig. —, cassation d'un acte public ou particulier; rupture de la paix, etc. —, hernie; fracture. T. de chir. —, mélange des teintes. T. de peint.

RURAL, E, adj. Situé à la campagne, qui appartient aux champs, qui les concerne; économie rurale. —, agreste, rustique. Fig.

RURANGE, s. m. Com. du dép. de la Moselle, cant. de Boulay, arr. de Metz. == Boulay.

RURANGE, s. m. Com. du dép. de la Moselle, cant. de Metzervisse, arr. de Thionville. == Thionville.

RUREY, s. m. Com. du dép. du Doubs, cant. de Quingey, arr. de Besançon. == Quingey.

RUROGRAPHE, s. et adj. Qui décrit les champs, offre des enseignemens sur ce qui les concerne. T. inus.

RUSAMALE, s. f. Plante conifère. T. de bot.

RUSE, s. f. Astuce, finesse, artifice; moyen d'arriver à son but en trompant. —, détours que fait le gibier poursuivi.

RUSÉ, E, s. et adj. Fin, adroit, artificieux, plein de ruses.

RUSER, v. n. Agir de finesse, donner le change, employer la ruse, l'artifice.

RUSEUR, EUSE, adj. Qui emploie la ruse, fourbe. T. inus.

RUSIO, s. m. Com. du dép. de la Corse, cant. de St.-Laurent, arr. de Corte. == Bastia.

RUSME, s. m. Minéral du Levant.

RUSSAC, s. m. Village du dép. du Lot, cant. de Castelnau, arr. de Cahors. == Castelnau.

RUSSE, s. et adj. Habitant de la Russie; qui est relatif à cet empire.

RUSSÉ, s. m. Com. du dép. de Maine-et-Loire, cant. et arr. de Saumur. == Saumur.

RUSSEL, s. m. Arbrisseau grimpant de la Chine. T. de bot.

RUSSEY (le), s. m. Com. du dép. du Doubs, chef-lieu de cant. de l'arr. de Montbéliard. == Morteau.

RUSSIE, s. f. Vaste empire d'Europe, borné N. par la mer Glaciale, à l'E. par l'Asie, au S. par la mer d'Asof et la petite Tartarie, et à l'O. par la Pologne et la Suède. Cet empire, dont la puissance et l'étendue s'accroissent chaque jour, a des possessions en Asie et en Amérique. Sa pop. est d'environ 55,000,000 d'hab.

RUSSY, s. m. Com. du dép. du Calvados, cant. de Trévières, arr. de Bayeux. == Bayeux.

RUSSY-ET-MONTIGNY, s. m. Com. du dép. de l'Oise, cant. de Crépy, arr. de Senlis. == Crépy.

RUST, s. m. Com. du dép. des Vosges, cant. de Schirmeck, arr. de St.-Dié. == Raon-l'Etape.

RUSTAUD, E, s. et adj. Qui tient du rustre; impoli, grossier.

RUSTICE (St.-), s. m. Com. du dép. de la Haute-Garonne, cant. de Fronton, arr. de Toulouse. == Fronton.

RUSTICITÉ, s. f. Grossièreté des gens de la campagne; rudesse dans les manières, le langage, le ton; ignorance grossière des bienséances.

RUSTIQUE, adj. Champêtre, qui

concerne la campagne ; vie rustique. —; inculte, sans art; jardin rustique. —, rustaud, impoli, grossier. Fig. —, composé de pierres brutes naturelles ou imitées. Ordre —, le plus simple, le moins chargé d'ornemens. T. d'arch.:—, qui imite, représente la simple nature. T. de peint.

RUSTIQUÉ, E, part. Crépi suivant l'ordre rustique.

RUSTIQUEMENT, adv. D'une manière rustique.

RUSTIQUER, v. a. Crépir en façon d'ordre rustique.—, enduire de plâtre au balai. T. de maç.—une pierre, la tailler grossièrement, la piquer avec la pointe du marteau.

RUSTIQUES, s. f. Com. du dép. de l'Aude, cant. de Capendu, arr. de Carcassonne. = Carcassonne.

RUSTRE, s. m. Homme grossier, rustaud, manant. —, losange percée en rond; lance. T. de blas.—, adj. Rustique, très incivil, fort grossier.

RUSTREL, s. m. Com. du dép. de Vaucluse, cant. et arr. d'Apt. = Apt.

RUSTROFF, s. m. Com. du dép. de la Moselle, cant. de Sierck, arr. de Thionville. = Thionville.

RUT, s. m. Temps où les bêtes fauves, le cerf, etc., sont en amour.

RUTABAGA, s. m. Variété de raves originaires de Suède. T. de bot.

RUTACÉES, s. f. pl. Famille des rues, plantes dicotylédones polypétales à étamines hypogynes. T. de bot.

RUTALI, s. m. Com. du dép. de la Corse, cant. de Murato, arr. de Bastia. = Bastia.

RUTÈLE, s. f. Genre d'insectes coléoptères. T. d'hist. nat.

RUTIDE, s. m. Arbuste rubiacé. T. de bot.

RUTILANT, E, adj. Qui répand l'éclat de l'or; se dit de l'acide nitreux.

RUTULES, s. m. pl. Peuples d'Italie, célèbres par la guerre qu'ils soutinrent contre Enée.

RUVIGNY, s. m. Com. du dép. de l'Aube, cant. de Lusigny, arr. de Troyes. = Troyes.

RUY, s. m. Com. du dép. de l'Isère, cant. de Bourgoin, arr. de la Tour-du-Pin. = Bourgoin. Briqueteries et tuileries.

RUYAULCOURT, s. m. Com. du dép. du Pas-de-Calais, cant. de Bertincourt, arr. d'Arras. = Bapaume.

RUYSCHE, s. m. Genre de plantes d'Amérique. T. de bot.

RY, s. m. Com. du dép. de la Seine-Inférieure, cant. de Darnetal, arr. de Rouen. = Rouen. Fabr. de salpêtre.

RYANIE, s. f. Arbre liliacé. T. de bot.

RYDER, s. m. Monnaie d'or et d'argent de Hollande.

RYE, s. f. Rivage de la mer.

RYE, s. f. Com. du dép. du Jura, cant. de Chaumergy, arr. de Dôle. = Sellières.

RYECHIE, s. f. Genre d'insectes hyménoptères. T. d'hist. nat.

RYES, s. f. Com. du dép. du Calvados, chef-lieu de cant. de l'arr. de Bayeux, où se trouvent les bur. d'enregist. et de poste.

RYKSDALE, s. f. Monnaie d'argent de Danemarck.

RYPTIQUE, adj. Voy. RHYPTIQUE.

RYTHME, s. m. Voy. RHYTHME.

RYTINE, s. m. Cétacé herbivore. T. d'hist. nat.

RYZOPHAGE, s. m. Insecte coléoptère, cérylon. T. d'hist. nat.

S.

S, s. m. et f. Dix-neuvième lettre de l'alphabet, quinzième consonne.

SA, pron. possessif. Voy. Son.

SAACY, s. m. Com. du dép. de Seine-et-Marne, cant. de la Ferté-sous-Jouarre, arr. Meaux. = la Ferté-sous-Jouarre.

SAALES, s. f. Com. du dép. des Vosges, chef-lieu de cant. de l'arr. de St.-Dié. Bur. d'enregist. = St.-Dié.

SAANE-LE-BOURG, s. m. Com. du dép. de la Seine-Inférieure, cant. de Bacqueville, arr. de Dieppe. = Dieppe.

SAAR-UNION, s. m. Petite ville du dép. du Bas-Rhin, chef-lieu de cant. de l'arr. de Saverne. Bur. d'enregist. = Saverne.

SAARWERDEN, s. m. Petite ville du dép. du Bas-Rhin, cant. de Saar-Union, arr. de Saverne. = Sarrewerden. Fabr. de bonnets, bas, draps, toiles; brasserie, teinturerie, briqueterie et tuilerie; fontaine d'eau minérale.

SAASENHEIM, s. m. Com. du dép. du Bas-Rhin, cant. de Marckolsheim, arr. de Schélestadt. = Marckolsheim.

SABADEL, s. m. Com. du dép. du Lot, cant. de Lauzès, arr. de Cahors. = Cahors.

SABADEL, s. m. Com. du dép. du Lot, cant. de la Tronquière, arr. de Figeac. = Figeac.

SABAH, s. m. Point du jour chez les Turcs.

SABAILLAN, s. m. Com. du dép. du Gers, cant. et arr. de Lombez. = Lombez.

SABAILLON, s. m. Vin blanc sucré en Italie.

SABALOS, s. m. Com. du dép. des Hautes-Pyrénées, cant. de Pouyastruc, arr. de Tarbes. = Tarbes.

SABARAT, s. m. Com. du dép. de l'Ariège, cant. du Mas-d'Azil, arr. de Pamiers. = le Mas-d'Azil.

SABARROS, s. m. Com. du dép. des Hautes-Pyrénées, cant. de Castelnau-Magnoac, arr. de Bagnères. = Castelnau-Magnoac.

SABATTE, s. f. Semelle d'ancre. T. de mar.

SABAZAN, s. m. Com. du dép. du Gers, cant. d'Aignan, arr. de Mirande. = Nogaro.

SABBA, s. f. Sibylle qu'on suppose être celle de Cumes. T. de myth.

SABBAT, s. m. Dernier jour de la semaine, le samedi, jour consacré aux exercices de piété chez les juifs. —, assemblée nocturne de prétendus sorciers, de magiciens. —, grande dispute, vacarme, tapage, tintamarre. Fig. et fam.

SABBATAIRE, s. et adj. Rigoureux observateur du sabbat.

SABBATINE, s. f. Thèse de philosophie qu'on soutenait le samedi.

SABBATIQUE, adj. Se dit de chaque septième année chez les juifs.

SABBATISER, v. n. Observer, célébrer le sabbat.

SABECH, s. m. Oiseau de proie, autour d'une des cinq espèces principales.

SABÉISME ou SABISME, s. m. Religion des anciens mages et des Guèbres, adorateurs du feu, du soleil et des astres.

SABELLAIRE, s. f. Genre de vers marins. T. d'hist. nat.

SABELLE, s. f. Genre de vers marins qui habitent un étui formé de débris de coquilles. T. d'hist. nat.

SABERDACHE, s. f. Espèce de poche suspendue au ceinturon du hussard.

SABICE, s. f. Plante du genre des rubiacées. T. de bot.

SABINE, s. f. Savinier, petit arbuste toujours vert, d'une odeur pénétrante, dangereux emménagogue. T. de bot.

SABINE (Ste.-), s. f. Com. du dép. de la Côte-d'Or, cant. de Pouilly-en-Auxois, arr. de Beaune. = Dijon.

SABINE (Ste.-), s. f. Com. du dép. de la Dordogne, cant. de Beaumont, arr. de Bergerac. = Bergerac.

SABINE-ET-POCHÉ (Ste.-), s. f. Com. du dép. de la Sarthe, cant. de Conlie, arr. du Mans. = Beaumont-le-Vicomte.

SABINS, s. m. pl. Peuples voisins de Rome, à l'E. de cette ville. Romulus ayant fait enlever leurs filles au milieu d'une fête qu'il avait célébrée pour les attirer, il en résulta une guerre qui dura quatre cent cinquante-huit ans. Enfin, ils furent soumis par les Romains qui les admirent dans leurs légions.

SABLE, s. m. Terre fine, sèche, légère, sans consistance, mêlée de gravier. —, gravier dans les fleuves, les rivières. —, composition pour jeter en moule. T. de fondeur. —, couleur noire. T. de blas. —, voy. SABLIER. T. de mar. Bâtir sur le —, fonder une entreprise sur des combinaisons peu solides. Fig.

SABLÉ, E, part. Couvert de sable. Fontaine —, dans laquelle l'eau s'épure en filtrant à travers le sable.

SABLÉ, s. m. Petite ville du dép. de la Sarthe, chef-lieu de cant. de l'arr. de la Flèche. Bur. d'enregist. et de poste. Fabr. de gants de peau ; exploitation des carrières de marbre des environs. Comm. de grains, bois, bestiaux, charbon de terre, ardoises, etc.

SABLER, v. a. Couvrir de sable. —, boire, avaler d'un trait ; sabler un verre de champagne. Fig. —, battre mal, coudre grossièrement des livres. T. de rel.

SABLES, s. m. Com. du dép. de la Sarthe, cant. de Bonnétable, arr. de Mamers. = Bonnétable.

SABLES-D'OLONNE (les), s. m. pl. Ville maritime du dép. de la Vendée, chef-lieu de sous-préf. et de cant. ; trib. de 1re inst. ; école d'hydrographie ; conserv. des hypoth. ; direct. des contrib. indir. ; recev. part. des finances ; bur. d'enregist. et de poste.

Cette ville, dont les habitans sont presque tous, ou marins, ou pêcheurs, est située à l'embouchure de la Vie, et possède un port qui peut recevoir des navires de 150 tonneaux. Comm. de grains, sel, vin, bestiaux, poisson, etc. Pêche de la morue et de sardines.

SABLET, s. m. Com. du dép. de Vaucluse, cant. de Beaumes, arr. d'Orange. = Carpentras.

SABLEUR, s. m. Ouvrier qui fait les moules en sable. —, hardi buveur, qui sable le vin. T. fam.

SABLEUX, EUSE, adj. Mêlé de sable, dans quoi l'on trouve du sable.

SABLIER, s. m. Horloge composée de deux fioles de verre et de sable. —, sébile de bois, etc., dans laquelle on met du sable pour répandre sur l'écriture.

SABLIÈRE, s. f. Lieu d'où l'on tire le sable. —, longue pièce de bois qui supporte les solives. T. de charp.

SABLIÈRES, s. f. Com. du dép. de l'Ardèche, cant. de Joyeuse, arr. de Largentière. = Joyeuse.

SABLINE, s. f. Plante du genre des caryophyllées. T. de bot. —, adj. Qui croît dans les sables; plante sabline.

SABLON, s. m. Sable très fin; grès pulvérisé.

SABLON (le), s. m. Com. du dép. d'Indre-et-Loire, cant. de Richelieu, arr. de Chinon. = Richelieu.

SABLON (le), s. m. Com. du dép. de la Moselle, cant. et arr. de Metz. = Metz.

SABLONCEAU, s. m. Com. du dép. de la Charente-Inférieure, cant. de Saujon, arr. de Saintes. = Saujon.

SABLON-ET-ST.-MARTIN-DE-MAZERAT, s. m. Com. du dép. de la Gironde, cant. de Guître, arr. de Libourne, = Coutras.

SABLONNÉ, E, part. Nettoyé avec du sablon.

SABLONNER, v. a. Écurer, nettoyer avec du sablon.

SABLONNETTE, s. f. Endroit où l'on dépose le sable. T. de verr.

SABLONNEUX, EUSE, adj. Se dit d'un pays où il y a beaucoup de sable.

SABLONNIER, s. m. Marchand de sablon.

SABLONNIÈRE, s. f. Lieu d'où l'on tire le sablon. —, coffre pour le sable à moule. T. de fond.

SABLONNIÈRES, s. f. Com. du dép. de Seine-et-Marne, cant. de Rebais, arr. de Coulommiers. = Lagny.

SABLONS, s. m. Com. du dép. de l'Isère, cant. de Roussillon, arr. de Vienne. = Vienne.

SABONNÈRES, s. f. Com. du dép. de la Haute-Garonne, cant. de Rieumes, arr. de Muret. = St.-Lis.

SABORD, s. m. Embrasure sur les flancs d'un vaisseau pour tirer le canon. T. de mar.

SABOT, s. m. Chaussure en bois, d'une seule pièce. —, corne du pied du cheval. —, jouet d'enfant que l'on fait pirouetter avec un fouet. —, ornement de cuivre aux pieds d'un meuble; baignoire en forme de sabot; pièce de fer creuse qui garnit la pointe d'un pilotis; outil de cordier; navette de passementier; moule de chandelier. —, outil pour faire les moulures. T. de menuis. —, genre de testacés univalves. T. d'hist. nat. —, plante orchidée. T. de bot.

SABOTER, v. n. Faire du bruit en marchant avec des sabots, traîner le sabot. —, jouer au sabot.

SABOTIER, ÈRE, s. Fabricant de sabots; qui porte des sabots. —, s. f. Danse avec des sabots; air de cette danse.

SABOTTERIE (la), s. f. Com. du dép. des Ardennes, cant. de Tourteron, arr. de Vouziers. = Attigny.

SABOULÉ, E, part. Gourmandé; houspillé.

SABOULER, v. a. Gronder, gourmander; tirailler, tourmenter; houspiller. T. fam.

SABRAN, s. m. Com. du dép. du Gard, cant. de Bagnols, arr. d'Uzès. = Bagnols.

SABRE, s. m. Cimeterre recourbé ou droit, espèce de grand coutelas qui ne tranche que d'un côté, dont on arme l'infanterie et la cavalerie. —, outil de glacier. —, poisson voisin des gymnètres. T. d'hist. nat.

SABRÉ, E, part. Frappé à coups de sabre.

SABRENAS, s. m. Ouvrier maladroit qui travaille grossièrement. T. fam.

SABRENASSÉ, E, ou SABRENAUDÉ, E, part. Travaillé grossièrement. T. fam.

SABRENASSER ou SABRENAUDER, v. a. et n. Gâcher, travailler grossièrement. T. fam.

SABRER, v. a. Frapper, tuer à coups de sabre. — une affaire, l'expédier précipitamment, sans précaution. Fig. et fam.

SABRES, s. m. Com. du dép. des Landes, chef-lieu de cant. de l'arr. de Mont-de-Marsan. Bur. d'enregist. = Lipostey.

SABRETACHE, s. f. Voy. SABERDACHE.

SABREUR, s. m. Spadassin, soldat sanguinaire, qui aime à sabrer.

SABURON, s. m. Coquille du genre des casques. T. d'hist. nat.

SABURRAL, E, adj. Causé par la saburre. T. de méd.

SABURRE, s. f. Altération des sucs nourriciers dans les premières voies. T. de méd.

SAC, s. m. Poche de toile, etc., de toutes sortes de grandeurs; son contenu. —, ridicule, petit ornement de toilette qui tient lieu de poche, et que les dames portent à la main. —, habit de pénitent en grosse toile. —, pillage d'une ville, massacre des habitans. —, kyste, enveloppe qui contient la matière d'une tumeur enkystée. T. de chir. — lacrymal, petite poche vers le grand angle de l'œil. T. d'anat. —, espèce de filet en forme de manche; fond de filet. T. de pêch. Fond du —, secret d'une affaire. Fig. et fam.

SACARD, s. m. Homme qui ensevelit les pestiférés.

SACCADE, s. f. Brusque et violente secousse. —, inégalité du trait de plume, du discours, du style. —, vive réprimande, sévère et prompte correction. Fig.

SACCADÉ, E, part. Se dit d'un cheval mené par saccade. T. de man.

SACCADER, v. a. Donner des saccades à la bouche d'un cheval, en tirant la bride brusquement. T. de man.

SACCAGE, s. m. Bouleversement, confusion. —, amas confus. T. fam.

SACCAGÉ, E, part. Mis à sac, au pillage.

SACCAGEMENT, s. m. Sac d'une ville, pillage, dévastation.

SACCAGER, v. a. Faire le sac d'une ville, la mettre au pillage. —, faire un grand dégât, dévaster, bouleverser, détruire. Fig.

SACCAGEUR, s. m. Dévastateur, celui qui saccage.

SACCATIER ou SACQUATIER, s. m. Charretier qui voiture le charbon de terre en sac dans les forges.

SACCELLION, s. m. Arbre du Pérou. T. du bot.

SACCHARIFÈRE, adj. Se dit des plantes dont on extrait le sucre.

SACCHARIN, adj. Tiré du sucre; acide saccharin. T. de chim. (Vi.)

SACCHAROÏDE, adj. Qui ressemble à du sucre.

SACCHARUM, s. m. (mot latin). Genre de graminées qui comprend la canne à sucre. T. de bot.

SACCHOLACTE, s. m. Nom générique des sels formés par la combinaison de l'acide saccholactique avec différentes bases. T. de chim.

SACCHOLACTIQUE, adj. Se dit d'un acide formé par le sucre du lait. T. de chim.

SACCOURVIELLE, s. f. Com. du dép. de la Haute-Garonne, cant. de Bagnères, arr. de St.-Gaudens. = Bagnères-de-Luchon.

SACÉ, s. m. Com. du dép. de la Mayenne, cant. et arr. de Mayenne. = Mayenne.

SACÉENNES ou SACÉES, s. f. pl. Fêtes persannes et syriennes, en l'honneur d'Anaïtis, nom sous lequel ces peuples adoraient Vénus. T. de myth.

SACELLAIRE, s. m. Officier de l'église grecque à Constantinople.

SACERDOCE, s. m. Ministère des prêtres, le caractère sacré de leurs fonctions ecclésiastiques.

SACERDOTAL, E, adj. Qui appartient au sacerdoce, aux fonctions ecclésiastiques.

SACEY, s. m. Com. du dép. de la Manche, cant. de Pontorson, arr. d'Avranches. = Pontorson.

SACHÉ, s. m. Com. du dép. d'Indre-et-Loire, cant. d'Azay-le-Rideau, arr. de Chinon. = Azay-le-Rideau.

SACHÉE, s. f. Le contenu d'un sac.

SACHET, s. m. Petit sac. —, petite poche de toile dont on se sert pour mettre des odeurs, des médicamens.

SACHIN, s. m. Com. du dép. du Pas-de-Calais, cant. de Heuchin, arr. de St.-Pol. = St.-Pol.

SACHY, s. m. Com. du dép. des Ardennes, cant. de Carignan, arr. de Sedan. = Carignan.

SACIERGES, s. f. Com. du dép. de l'Indre, cant. de St.-Benoît-du-Sault, arr. du Blanc. = St.-Benoît-du-Sault.

SACKI, s. m. Bière qu'on fait avec le riz, aux Indes et au Japon.

SACLAS, s. m. Com. du dép. de Seine-et-Oise, cant. de Méréville, arr. d'Etampes. = Etampes. Moulins à farine; filatures de laine.

SACLAY, s. m. Com. du dép. de Seine-et-Oise, cant. de Palaiseau, arr. de Versailles. = Palaiseau.

SACOCHE, s. f. Espèce de valise, composée de deux poches en cuir, qu'on attache à la selle d'un cheval; bissac.

SACOME, s. m. Moulure en saillie; profil exact de toute moulure. T. d'arch.

SACONIN, s. m. Com. du dép. de l'Aisne, cant. de Vic-sur-Aisne, arr. de Soissons. = Soissons.

SACOUE, s. m. Com. du dép. des Hautes-Pyrénées, cant. de Mauléon-Barousse, arr. de Bagnères. = Montrejeau.

SACQ (le), s. m. Com. du dép. de l'Eure, cant. de Damville, arr. d'Evreux. = Damville.

SACQ (le), s. m. Com. du dép. de l'Orne, cant. de Putanges, arr. d'Argentan. = Argentan.

SACQUENAY, s. m. Com. du dép. de la Côte-d'Or, cant. de Selongey, arr. de Dijon. = Selongey.

SACQUENVILLE, s. f. Com. du dép. de l'Eure, cant. et arr. d'Evreux. = Evreux.

SACQUIER, s. m. Officier de port, qui fait décharger les sacs. T. de mar.

SACRAIRE, s. m. Petit temple. T. d'antiq.

SACRAMATON, s. m. Herbe potagère d'Amérique.

SACRAMENTAIRE, s. m. Ancien livre de liturgie. —, pl. Hérétiques qui ont publié des erreurs sur l'Eucharistie.

SACRAMENTAL, E, pl. SACRAMENTAUX, adj. Qui appartient à un sacrement; qui concerne les sacremens. Mot —, essentiel, décisif pour la conclusion d'une affaire. Fig.

SACRAMENTALEMENT, adv. D'une manière sacramentale ou sacramentelle.

SACRAMENTEL, LE, adj. Voy. SACRAMENTAL.

SACRE, s. m. Action de sacrer un roi, un évêque; cérémonies à cet effet. —, sorte de faucon.

SACRÉ, s. m. Les choses sacrées, l'opposé de profane.

SACRÉ, E, part. Qui a reçu l'onction sainte. —, adj. Saint, qui mérite une vénération particulière. —, consacré au culte; vases sacrés. —, l'opposé de profane; histoire sacrée. Ordres —, la prêtrise, le diaconat, le sous-diaconat. Le — collége, le collége, l'assemblée des cardinaux. —, respectable, inviolable; dépôt sacré. Fig. —, mis en réserve. —, se dit de tout ce qui appartient à l'os sacrum, artères, veines, glandes, etc. T. d'anat. Feu —, érysipèle. Mal —, épilepsie. T. de méd.

SACREMENT, s. m. Signe visible d'une grâce invisible, institué par Dieu, pour la sanctification des hommes. S'approcher des —, se confesser et communier. Le St.—, l'Eucharistie. Le —, le mariage. T. fam.

SACRER, v. a. Donner l'onction sainte, conférer un caractère sacré; sacrer un souverain. —, v. n. Jurer, blasphémer.

SACRET, s. m. Mâle du faucon qu'on nomme sacre.

SACRIFIABLE, adj. Qui peut ou doit être sacrifié.

SACRIFICATEUR, s. m. Prêtre de la religion juive ou païenne, préposé aux sacrifices; celui qui sacrifiait, qui offrait un sacrifice.

SACRIFICATOIRE, adj. Qui concernait les sacrifices.

SACRIFICATURE, s. f. Dignité, fonction de sacrificateur.

SACRIFICE, s. m. Offrande à Dieu. Le saint —, le sacrifice de la messe. —, cérémonie de la religion païenne, dans laquelle on égorgeait les victimes pour apaiser la colère des Dieux, pieux assassinat, horrible boucherie; le sacrifice d'Iphigénie. —, renoncement à quelque chose, abandon, concession d'une partie pour conserver le reste. Fig.

SACRIFIÉ, E, part. Offert en sacrifice, immolé.

SACRIFIER, v. a. et n. Offrir un sacrifice, immoler. —, se priver de quelque chose en faveur de quelqu'un. Fig. — quelqu'un, le rendre victime d'une combinaison politique ou d'un intérêt personnel, l'abandonner, l'exposer à un danger imminent. — son temps, l'employer entièrement. — aux grâces, avoir de la grâce dans le maintien, la conversation, le style, etc. — à une passion, etc., s'y abandonner, céder à son impulsion. Se —, v. pron. Immoler ses intérêts, se dévouer entièrement. Fig.

SACRILÉGE, s. m. Action impie; profanation des choses saintes; celui qui a commis, qui commet cette profanation. —, adj. Souillé d'un sacrilége, impie; action, pensée sacrilége.

SACRILÉGEMENT, adv. Avec sacrilége; d'une manière sacrilége.

SACRISTAIN, s. m. Homme qui prend soin de la sacristie d'une église, qui est gardien de tous les objets qu'elle renferme.

SACRISTE, s. m. Possesseur d'un bénéfice, d'une sacristie.

SACRISTIE, s. f. Endroit d'une église où les prêtres déposent leurs vêtemens, où l'on serre les vases sacrés, les ornemens du culte; produit des messes. —, bénéfice d'une abbaye.

SACRISTINE, s. f. Religieuse qui a soin d'une sacristie.

SACRO-COCCYGIEN, s. et adj. m. Petit muscle qui s'attache à l'épine de l'ischion, au sacrum et au coccix. T. d'anat.

SACRO-ÉPINEUX, s. et adj. m. Nom de deux ligamens des vertèbres. T. d'anat.

SACRO-FÉMORAL, s. et adj. m. Muscle grand fessier, ilio-sacro fémoral. T. d'anat.

SACRO-ILIAQUE, adj. Qui concerne l'os iliaque et le sacrum. T. d'anat.

SACRO-ILI-TROCHANTÉRIEN, s. et adj. m. Muscle pyramidal de la cuisse. T. d'anat.

SACRO-ISCHIATIQUE, s. et adj. m. Ligament du sacrum et de l'ischion. T. d'anat.

SACRO-LOMBAIRE, s. et adj. m. Muscle qui couvre toutes les vertèbres et s'étend depuis la première cervicale jusqu'au sacrum. T. d'anat.

SACRO-SCIATIQUE, s. et adj. m. Nom d'un ligament. Voy. ILIO-SACRO-SCIATIQUE. T. d'anat.

SACRO-TROCHANTÉRIEN, s. et adj. m. Voy. SACRO-ILI-TROCHANTÉRIEN. T. d'anat.

SACRUM, s. m. Grand os triangulaire, qui forme la base de la colonne vertébrale, à laquelle il sert d'appui. T. d'anat.

SACY, s. m. Com. du dép. de la Marne, cant. de Ville-en-Tardenois, arr. de Reims. = Reims.

SACY, s. m. Com. du dép. de l'Yonne, cant. de Vermanton, arr. d'Auxerre. = Vermanton.

SACY-LE-GRAND, s. m. Com. du dép. de l'Oise, cant. de Liancourt, arr. de Clermont. = Pont-St.-Maxence.

SACY-LE-PETIT, s. m. Com. du dép. de l'Oise, cant. de Liancourt, arr. de Clermont. = Pont-St.-Maxence.

SADDER, s. m. Livre qui contient les dogmes de la religion des Guèbres ou Parsis.

SADEILLAN, s. m. Com. du dép. du Gers, cant. de Miélan, arr. de Mirande. = Miélan.

SADILLAC, s. m. Com. du dép. de la Dordogne, cant. d'Eymet, arr. de Bergerac. = Bergerac.

SADIRAC, s. m. Com. du dép. de la Gironde, cant. de Créon, arr. de Bordeaux. = Bordeaux.

SADIRACQ, s. m. Com. du dép. des Basses-Pyrénées, cant. de Garlin, arr. de Pau. = Pau.

SADOT, s. m. Coquille du genre des pourpres. T. d'hist. nat.

SADOUR, s. m. Sorte de filet. T. de pêch.

SADOURNIN, s. m. Com. du dép. des Hautes-Pyrénées, cant. de Trie, arr. de Tarbes. = Trie.

SADROC, s. m. Com. du dép. de la Corrèze, cant. de Donzenac, arr. de Brive. = Donzenac.

SADUCÉENS, s. m. pl. Secte fameuse chez les anciens juifs, qui professait le matérialisme.

SADUCÉISME, s. m. Doctrine, hérésie des saducéens.

SAENS (St.-), s. m. Com. du dép. de la Seine-Inférieure, chef-lieu de cant. de l'arr. de Neufchâtel. Bur. d'enregist. et de poste. (Fabr. de colle forte, toiles ; tanneries et verreries. Comm. de blé, cuirs et bois.

SAESSOLSHEIM, s. m. Com. du dép. du Bas-Rhin, cant. d'Hochfelden, arr. de Saverne. = Saverne.

SAFFAIS, s. m. Com. du dép. de la Meurthe, cant. de St.-Nicolas, arr. de Nancy. = St.-Nicolas-du-Port.

SAFFLOS, s. m. Com. du dép. du Jura, cant. de Clairvaux, arr. de Lons-le-Saulnier. = Lons-le-Saulnier.

SAFFRÉ, s. m. Com. du dép. de la Loire-Inférieure, cant. de Nozai, arr. de Châteaubriant. = Nozai.

SAFFRES, s. m. Com. du dép. de la Côte-d'Or, cant. de Vitteaux, arr. de Semur. = Vitteaux.

SAFRAN, s. m. Plante bulbeuse, vivace, médicinale dont la fleur teint en jaune. —, préparation rouge, brune et jaune faite avec du fer. T. de chim. —, planche à l'extrémité du gouvernail d'un bateau. T. de mar.

SAFRANÉ, E, part. Préparé, jauni avec du safran. —, adj. De la couleur de safran. T. de bot.

SAFRANER, v. a. Préparer, jaunir avec du safran.

SAFRANIER, ÈRE, s. Personne ruinée, réduite à la misère. T. fam. et inus.

SAFRE, s. m. Oxyde gris-obscur du cobalt; couleur qu'on tire de cet oxyde. T. de chim. —, adj. Gourmand, goulu, glouton. T. fam.

SAFREMENT, adv. Goulument. T. fam. et inus.

SAGACE, adj. Plein de sagacité.

SAGACITÉ, s. f. Pénétration d'esprit, discernement, perspicacité qui fait découvrir ce qu'il y a de plus caché dans les choses.

SAGAIE, s. f. Dard ou javelot des Madécasses.

SAGAMITE, s. m. Pâte de blé d'Inde, au Canada.

SAGAPÉNUM, s. m. Sorte de gomme, qu'on nomme encore gomme sagapin ou séraphique.

SAGE, s. m. Philosophe; les sept sages de la Grèce. —, adj. Qui pense, parle, agit avec prudence, circonspection, retenue; qui est maître de ses passions, réglé dans ses mœurs, sa conduite. —, modeste, chaste, en parlant d'une femme. —, tranquille, posé, obéissant, studieux, en parlant d'un écolier.

SAGE-FEMME, s. f. Voy. ACCOUCHEUSE.

SAGELAT, s. m. Com. du dép. de la Dordogne, cant. de Belvès, arr. de Sarlat. = Belvès.

SAGEMENT, adv. Avec sagesse, d'une manière sage.

SAGÉNITE, s. f. Titane oxydé. T. d'hist. nat.

SAGESSE, s. f. Connaissance du cœur humain, des personnes et des choses, philosophie. —, circonspection, prudence, modération; vie réglée, exempte des faiblesses humaines. —, modestie, pudeur, chasteté. —, en parlant d'un enfant, docilité, soumission à ses devoirs.

SAGETTE, s. f. Flèche. (Vi.) — d'eau, plante aquatique.

SAGINE, s. f. Genre de plantes caryophyllées. T. de bot.

SAGITTAIRE, s. m. Archer. T. inus. —, l'un des douze signes du zodiaque. T. d'astr.

SAGITTALE, adj. f. Se dit d'une suture qui joint ensemble les deux pariétaux et qui s'étend de la suture coronale à la lambdoïde. T. d'hist. nat.

SAGITTÉ, E, adj. En forme de flèche ou de triangle dont la base est profondément échancrée par un angle rentrant. T. de bot.

SAGITTULE, s. f. Ver intestinal. T. d'hist. nat.

SAGNAT, s. m. Com. du dép. de la Creuse, cant. et arr. de Guéret. = Argenton-sur-Creuse.

SAGNES-ET-GOUDOULET (les), s. m. pl. Com. du dép. de l'Ardèche, cant. de Burzet, arr. de Largentière. = Aubenas.

SAGOIN ou SAGOUIN, s. m. Sorte de petit singe.

SAGONNE, s. f. Com. du dép. du Cher, cant. de Sancoins, arr. de St.-Amand. = Sancoins.

SAGONTE, s. f. Ancienne ville d'Espagne dont il ne reste que des ruines, aujourd'hui Murviedro, dans la province de Valence.

SAGOU, s. m. Moelle de plusieurs espèces de palmiers; fécule qu'on en tire.

SAGOUIN, E, s. Personne d'une excessive malpropreté. T. fam.

SAGOUTIER, s. m. Genre de palmiers monoïques dont on tire le sagou. T. de bot.

SAGRE, s. m. Espèce de chien de mer; genre d'insectes coléoptères. T. d'hist. nat.

SAGRIDES, s. f. pl. Insectes coléoptères. T. d'hist. nat.

SAGUM, s. m. ou SAIE, s. f. Vêtement militaire des Romains, des Perses et des Gaulois.

SAGY, s. m. Com. du dép. de Saône-et-Loire, cant. de Beaurepaire, arr. de Louhans. = Louhans.

SAGY, s. m. Com. du dép. de Seine-et-Oise, cant. de Marines, arr. de Pontoise. = Meulan.

SAHARA ou ZAHRA, s. m. Immense désert de l'Afrique septentrionale qui s'étend l'espace de cinq cents lieues sur trois cents, et n'offre qu'une plaine unie couverte d'un sable fin que le vent chasse en tourbillons. Toutefois, à l'E. et au N., on trouve quelques oasis habitées par des Arabes cruels et voleurs qui attaquent les caravanes, et sont aussi redoutables pour les voyageurs, que les lions, les tigres et autres bêtes féroces dont cette contrée inhospitalière est peuplée.

SAHORRE, s. m. Com. du dép. des Pyrénées-Orientales, cant. d'Oletto, arr. de Prades. = Prades.

SAHUNE, s. f. Com. du dép. de la Drôme, cant. de Remusat, arr. de Nyons. = Nyons.

SAHURS, s. m. Com. du dép. de la Seine-Inférieure, cant. de Grand-Couronne, arr. de Rouen. = Rouen.

SAÏ, s. m. Espèce de sapajou. T. d'hist. nat.

SAI, s. m. Com. du dép. de l'Orne, cant. et arr. d'Argentan. = Argentan.

SAID, s. m. Sorte de papier d'Egypte.

SAÏE, s. f. Petite brosse. T. d'orfév.

SAÏÉTÉ, E, part. Nettoyé avec la saïe. T. d'orf.

SAÏÉTER, v. a. Frotter, nettoyer avec la saïe. T. d'orf.

SAIGA, s. m. Espèce d'antilope du Nord. T. d'hist. nat.

SAIGNANT, E, adj. Qui dégoutte de sang; plaie saignante. —, récent et qui laisse un douloureux souvenir; injure saignante.

SAIGNÉ, E, part. Se dit d'une personne dont la veine a été ouverte par un chirurgien.

SAIGNÉE, s. f. Phlébotomie, ouverture d'une veine pour tirer du sang dans une maladie. —, évacuation du sang par cette ouverture; abondante saignée. —, rigole pour l'écoulement des eaux.

SAIGNEMENT, s. m. Ecoulement de sang, surtout par le nez.

SAIGNER, v. a. Ouvrir la veine pour tirer du sang, pour désemplir les vaisseaux sanguins. —, faire des saignées, des rigoles pour l'écoulement de l'eau. —, mettre à contribution, tirer de l'argent de quelqu'un par force ou par adresse. Fig. et fam. —, v. n. Perdre du sang par suite de la rupture de vaisseaux sanguins. —, être profondément affligé; se dit fig. du cœur. Se —, v. pron. S'ouvrir la veine. Se —, s'épuiser, donner de l'argent jusqu'à se mettre à la gêne; il s'est saigné pour marier sa fille. Fig. et fam.

SAIGNES, s. f. Com. du dép. du Cantal, chef-lieu de cant. de l'arr. de Mauriac. Bur. d'enregist. = Bort.

SAIGNES, s. f. Com. du dép. du Lot, cant. de St.-Céré, arr. de Figeac. = Gamat.

SAIGNEUR, s. m. Médecin partisan de la saignée, qui l'ordonne souvent.

SAIGNEUX, EUSE, adj. Sanglant; taché de sang. Bout —, col de veau, de mouton.

SAIGNEVILLE, s. f. Com. du dép. de la Somme, cant. de St.-Valery, arr. d'Abbeville. = Abbeville.

SAIGNON, s. m. Com. du dép. de Vaucluse, cant. et arr. d'Apt. = Apt.

SAIGNOTTER, v. n. Saigner un peu. T. fam. et inus.

SAIGUÈDE, s. f. Com. du dép. de la Haute-Garonne, cant. de St.-Lis, arr. de Muret. = St.-Lis.

SAIHOBI, s. m. Oiseau du Paraguay. T. d'hist. nat.

SAIL, s. m. Com. du dép. de la Loire, cant. de la Pacaudière, arr. de Roanne. = St.-Martin-d'Estréaux. Etablissement d'eau minérale.

SAILHAN, s. m. Com. du dép. des Hautes-Pyrénées, cant. de Vielle, arr. de Bagnères. = Arreau.

SAILLAC, s. m. Com. du dép. de la Corrèze, cant. de Meyssac, arr. de Brive. = Brive.

SAILLAC, s. m. Com. du dép. du Lot, cant. de Limogues, arr. de Cahors. = Cahors.

SAILLAGOUSE, s. f. Com. du dép. des Pyrénées-Orientales, chef-lieu de cant. de l'arr. de Prades. Bur. d'enregist. à Mont-Louis. = Mont-Louis.

SAILLANS, s. m. Com. du dép. de la Drôme, chef-lieu de cant. de l'arr. de Die. Bur. d'enregist. et de poste. Fabr. de soie et de coton; briqueteries.

SAILLANS, s. m. Com. du dép. de la Gironde, cant. de Fronsac, arr. de Libourne. = Libourne.

SAILLANT, E, adj. Qui avance en dehors, fait saillie; angle saillant. —, vif, brillant, qui frappe l'esprit; trait saillant. Fig.

SAILLANT, s. m. Com. du dép. du Puy-de-Dôme, cant. de Viverols, arr. d'Ambert. = Ambert.

SAILLÉ, E, part. Tiré avec force, en parlant d'un cordage avec lequel on hisse une manœuvre. T. de mar.

SAILLENARD, s. m. Com. du dép. de Saône-et-Loire, cant. de Beaurepaire, arr. de Louhans. = Louhans.

SAILLER, v. a. Tirer ou pousser avec force pour hisser une manœuvre. T. de mar.

SAILLI, E, part. Se dit d'une jument qui a été couverte par un étalon.

SAILLIE, s. f. Avance en dehors du corps de bâtiment. T. d'arch. —, sortie impétueuse avec interruption, en parlant d'un jet d'eau, etc. —, emportement; boutade, trait d'esprit brillant et inattendu. Fig.

SAILLIR, v. a. Couvrir une femelle, en parlant d'un cheval, d'un taureau. —, v. n. Sortir avec impétuosité et par secousses, en parlant des fluides. —, s'avancer en dehors. T. d'arch.

SAILLY, s. m. Com. du dép. des Ardennes, cant. de Carignan, arr. de Sedan. = Carignan.

SAILLY, s. m. Com. du dép. de la Haute-Marne, cant. de Poissons, arr. de Vassy. = Joinville.

SAILLY, s. m. Com. du dép. de la Moselle, cant. de Verny, arr. de Metz. = Metz.

SAILLY, s. m. Com. du dép. du Nord, cant. et arr. de Cambrai. = Cambrai.

SAILLY, s. m. Com. du dép. du Nord, cant. de Lannoy, arr. de Lille. = Lille.

SAILLY, s. m. Com. du dép. de Saône-et-Loire, cant. de St.-Gengoux-le-Royal, arr. de Mâcon. = Buxy.

SAILLY, s. m. Com. du dép. de Seine-et-Oise, cant. de Limay, arr. de Mantes. = Mantes.

SAILLY-AUX-BOIS, s. m. Village du dép. du Pas-de-Calais, cant. de Pas, arr. d'Arras. = Bapaume.

SAILLY-EN-OSTREVENT, s. m. Com. du dép. du Pas-de-Calais, cant. de Vitry, arr. d'Arras. = Douai.

SAILLY-LA-BOURSE, s. m. Com. du dép. du Pas-de-Calais, cant. de Cambrin, arr. de Béthune. = Béthune.

SAILLY-LE-SEC, s. m. Com. du dép. de la Somme, cant. de Nouvion, arr. d'Abbeville. = Abbeville.

SAILLY-LE-SEC, s. m. Com. du dép. de la Somme, cant. de Bray, arr. de Péronne. = Corbie.

SAILLY-LORETTE, s. m. Com. du dép. de la Somme, cant. de Bray, arr. de Péronne. = Corbie.

SAILLY-SAILLISEL, s. m. Com. du dép. de la Somme, cant. de Combles, arr. de Péronne. = Péronne.

SAILLY-SUR-LA-LYS, s. m. Com. du dép. du Pas-de-Calais, cant. de Laventie, arr. de Béthune. = Estaires.

SAIL-SOUS-COUZAN, s. m. Com. du dép. de la Loire, cant. de St.-Georges-en-Couzan, arr. de Montbrison.= Montbrison.

SAÏMIRI, s. m. Espèce de sapajou. T. d'hist. nat.

SAIN, E, adj. Qui est d'une bonne constitution, qui ne renferme point en soi de principes morbifiques; homme sain. —, qui n'est pas sujet à se gâter, qui n'est point gâté, en parlant des fruits, etc. —, salubre, favorable à la santé; air sain. —, qui jouit de toutes ses facultés; esprit sain. —, sage, droit, judicieux; jugement sain. Doctrine —, conforme aux décisions adoptées par l'église. Fig.

SAIN-BEL, s. m. Com. du dép. du Rhône, cant. de l'Arbresle, arr. de Lyon. = l'Arbresle.

SAIN-BOIS, s. m. Garou dont les feuilles ressemblent à celles du lin.

SAINCAISE, s. m. Com. du dép. de la Nièvre, cant. et arr. de Nevers. = Nevers.

SAIN-DOUX, s. m. Axonge, graisse de porc.

SAINEMENT, adv. D'une manière saine. —, judicieusement. Fig.

SAINETTE, s. f. Petit filet en forme de nappe. T. de pêch.

SAINFOIN, s. m. Plante vivace, à fleur pourprée, qui fournit un excellent fourrage; genre de plantes légumineuses dont on compte un grand nombre d'espèces indigènes et exotiques.

SAINGHIN-EN-MÉLANTOIS, s. m. Com. du dép. du Nord, cant. de Cysoing, arr. de Lille. = Lille.

SAINGHIN-EN-WEPPES, s. m. Com. du dép. du Nord, cant. de la Bassée, arr. de Lille. = la Bassée.

SAINPUITS, s. m. Com. du dép. de l'Yonne, cant. de St.-Sauveur, arr. d'Auxerre. = St.-Fargeau.

SAINS, s. m. Com. du dép. de l'Aisne, chef-lieu de cant. de l'arr. de Vervins, où est le bur. d'enregist. = Marle. Forges et hauts-fourneaux.

SAINS, s. m. Com. du dép. du Nord, cant. et arr. d'Avesnes. = Avesnes.

SAINS, s. m. Com. du dép. de la Somme, chef-lieu de cant. de l'arr. d'Amiens. Bur. d'enregist. à St.-Sauflieu. = Amiens.

SAINS-EN-GOHELLE, s. m. Com. du dép. du Pas-de-Calais, cant. de Houdain, arr. de Béthune. = Béthune.

SAINS-LES-FRESSIN, s. m. Com. du dép. du Pas-de-Calais, cant. de Fruges, arr. de Montreuil. = Fruges.

SAINS-LES-PERNES, s. m. Com. du dép. du Pas-de-Calais, cant. de Heuchin, arr. de St.-Pol. = St.-Pol.

SAINS-LES-MARQUION, s. m. Com. du dép. du Pas-de-Calais, cant. de Marquion, arr. d'Arras. = Cambrai.

SAINT (le), s. m. Com. du dép. du Morbihan, cant. de Gourin, arr. de Pontivy. = le Faouet.

SAINT, E, s. et adj. Essentiellement pur, souverainement parfait. —, qui participe à la béatitude céleste, bienheureux; personne qui, après avoir vécu selon la loi de Dieu, est morte en odeur de sainteté, a été canonisée. —, vertueux, juste, pieux; vénérable, très respectable. —, conforme à la loi de Dieu; vie sainte. —, consacré à Dieu; lieu saint. —, le patron d'une église, d'une fête; la Saint-Jean, la Saint-André.

SAINT-AUBINET, s. m. Pont de cordes. T. de mar.

SAINT-AUGUSTIN, s. m. Caractère d'imprimerie.

SAINTE (Grande-), s. f. Com. du dép. du Nord, cant. et arr. de Dunkerque. = Dunkerque.

SAINTE (Petite-), s. f. Com. du dép. du Nord, cant. et arr. de Dunkerque. = Dunkerque.

SAINTE-BARBE, s. f. Magasin à poudre, dans la soute d'un vaisseau de guerre. T. de mar.

SAINTE-HÉLÈNE, s. f. Ile de l'Océan Atlantique, devenue à jamais célèbre par la captivité et la mort de Napoléon.

SAINTE-LUCIE, s. f. L'une des Antilles, île d'Amérique qui appartient à l'Angleterre.

SAINTEMENT, adv. D'une manière sainte.

SAINTES, s. f. Ville du dép. de la Charente-Inférieure, chef-lieu de sous-préf. et de cant.; cour d'assises; trib.

de 1re inst. et de comm.; société d'agric.; biblioth. publique de 24,000 vol.; conserv. des hypoth.; direct. des contrib. indir.; recev. part. des fin. Bur. den-regist. et de poste.

Cette ville, située sur le penchant d'une montagne baignée par la Charente, était, avant la conquête des Gaules, la capitale des Sentones, et devint, sous la domination romaine, une place très importante. On y voit encore un arc de triomphe élevé, sous Tibère, à la mémoire de Germanicus, ainsi que les restes d'un amphithéâtre.

Fabr. d'étamines, serges, cadis, molletons, basins; bonneterie, faïence commune, porcelaine; teintureries. Comm. de grains, vins, bois de construction, laines et bestiaux.

SAINTES (les), s. f. pl. On donne ce nom à trois petites îles qui font partie des Antilles françaises, et qui sont situées au S. de la Guadeloupe, dans le gouvernement de laquelle elles sont comprises; elles forment ensemble une com. et un cant. de l'arr. de la Basse-Terre. Pop. 1,160 hab. env.

La plus grande de ces îles, appelée la Terre-de-Haut, située à l'E. des autres, est aussi la plus peuplée et la plus fertile. On y cultive: manioc, patates, coton, tabac, etc. Il n'y existe qu'une seule source d'eau potable qui tarit dans les grandes sécheresses. La position de ces îles, où les vaisseaux viennent mouiller, les rend en temps de guerre le point le plus important de la Guadeloupe dont elles protègent les communications et le cabotage.

SAINTETÉ, s. f. Pureté, perfection divine; qualité de celui ou de ce qui est saint. —, titre purement honorifique donné au pape.

SAINT-ÉTIENNE, s. m. Variété de froment.

SAINT-GALL, s. m. Canton de la confédération Suisse. —, ville capitale de ce canton, à trois lieues du lac de Constance.

SAINT-GERMAIN, s. m. Variété de poire.

SAINT-GOTHARD, s. m. Mont célèbre de la Suisse, où le Rhin et le Tesin prennent leur source. On y remarque une route magnifique pratiquée dans le roc.

SAINTINES, s. f. Com. du dép. de l'Oise, cant. de Crépy, arr. de Senlis. = Verberie.

SAINT-LAURENT, s. m. Grand fleuve de l'Amérique du nord, qui sort du lac Ontario, traverse une partie du Canada et se jette dans l'Atlantique où il forme un golfe considérable. Son cours est de 250 l.

SAINTONGE, s. f. Ci-devant province de France qui forme en grande partie les dép. de la Charente-Inférieure et de la Charente.

SAINTRY, s. m. Com. du dép. de Seine-et-Oise, cant. et arr. de Corbeil. = Corbeil.

SAINTS, s. m. Com. du dép. d'Ille-et-Vilaine, cant. de Pleine-Fougères, arr. de St.-Malo. = Pontorson.

SAINTS, s. m. Com. du dép. de Seine-et-Marne, cant. et arr. de Coulommiers. = Coulommiers.

SAINTS, s. m. Com. du dép. de l'Yonne, cant. de St.-Sauveur, arr. d'Auxerre. = St.-Fargeau.

SAINVILLE, s. f. Com. du dép. d'Eure-et-Loir, cant. d'Auneau, arr. de Chartres. = Gallardon. Fabr. de bonneterie.

SAÏQUE, s. m. Vaisseau de charge dont on se sert dans le Levant.

SAIRE (St.-), s. m. Com. du dép. de la Seine-Inférieure, cant. et arr. de Neufchâtel. = Neufchâtel.

SAIRE, s. m. Com. du dép. de la Vienne, cant. de Monts, arr. de Loudun. = Richelieu.

SAIRES-LA-VERRERIE, s. m. Com. du dép. de l'Orne, cant. de St.-Gervais-de-Meissei, arr. de Domfront. = Domfront.

SAISI, s. m. Débiteur dont les biens où les meubles sont sous la main de la justice.

SAISI, E, part. Pris, appréhendé, arrêté; séquestré judiciairement.

SAISIE, s. f. Acte du ministère d'un huissier; procès-verbal contenant l'énumération des biens meubles ou immeubles saisis en vertu d'un jugement. T. de procéd.

SAISIN, s. m. Drap du Languedoc qu'on exporte dans le Levant.

SAISINE, s. f. Prise de possession; possession actuelle. T. de procéd. (Vi.)

SAISIR, v. a. Prendre vivement et avec effort; arrêter, prendre au collet; appréhender au corps, s'emparer, se rendre maître. —, procéder à la saisie des biens ou des meubles d'un débiteur. Fig. —, mettre en possession; soumettre à la juridiction d'un tribunal. —, attaquer, se déclarer, en parlant des maux physiques et moraux. —, comprendre, concevoir, sentir. Fig. —, étonner; se prend en bonne ou mauvaise part. Se — v. pron. Prendre subite-

SAL 961 **SAL**

ment ; il se saisit d'un poignard. Se — de quelqu'un, l'arrêter.

SAISISSABLE, adj. Qui peut être saisi. T. de procéd.

SAISISSANT, s. m. Créancier à la requête duquel on procède à une saisie. T. de procéd.

SAISISSANT, E, adj. Qui surprend tout d'un coup ; froid saisissant.

SAISISSEMENT, s. m. Impression subite et violente sur les sens, occasionnée par un événement inattendu.

SAISON, s. f. Quatrième partie de l'année, le printemps, l'été, etc. —, temps où l'on a coutume de semer, de récolter, etc. —, chacun des âges de la vie ; temps propre à chaque chose. Fig. Hors de —, mal à propos. Arrière —, l'automne, le commencement de l'hiver.

SAISSAC, s. m. Petite ville du dép. de l'Aude, chef-lieu de cant. de l'arr. de Carcassonne. Bur. d'enregist. à Alzonne. = Carcassonne. Fabr. de draps ; forges.

SAISSEVAL, s. m. Com. du dép. de la Somme, cant. de Molliens-Vidame, arr. d'Amiens. = Picquigny.

SAIVRE, s. m. Com. du dép. des Deux-Sèvres, cant. de St.-Maixent, arr. de Niort. = St.-Maixent.

SAIX (le), s. m. Com. du dép. des Hautes-Alpes, cant. de Veynes, arr. de Gap. = Veynes.

SAIX, s. m. Com. du dép. du Tarn, cant. et arr. de Castres. = Castres.

SAIX, s. m. Com. du dép. de la Vienne, cant. des Trois-Moutiers, arr. de Loudun. = Loudun.

SAIZENAY, s. m. Com. du dép. du Jura, cant. de Salins, arr. de Poligny. = Salins.

SAIZERAIS, s. m. Com. du dép. de la Meurthe, cant. de Domèvre, arr. de Toul. = Pont-à-Mousson.

SAIZY, s. m. Com. du dép. de la Nièvre, cant. de Tannay, arr. de Clamecy. = Corbigny.

SAIZY, s. m. Com. du dép. de Saône-et-Loire, cant. d'Epinac, arr. d'Autun. = Nolay.

SAJAS, s. m. Com. du dép. de la Haute-Garonne, cant. de Rieumes, arr. de Muret. = Lombez.

SAJOU, s. m. Sapajou dont la face est couleur de chair. T. d'hist. nat.

SAKEM, s. m. Coquille du genre des pourpres. T. d'hist. nat.

SAKI, s. m. Genre de singes dont la queue est semblable à celle du renard. T. d'hist. nat.

SALA, s. m. Prière que les Turcs récitent le vendredi.

SALABRE, s. m. Espèce de truble. T. de pêch.

SALACE, adj. Qui est naturellement salé. T. inus.

SALACIE, s. f. Arbrisseau de la Chine. T. de bot.

SALACZAC, s. m. Martin-pêcheur. T. d'hist. nat.

SALADE, s. f. Mélange d'herbes crues ou de viandes cuites assaisonnées avec du poivre, du sel, de l'huile et du vinaigre. —, fruits crus coupés en rouelles et accommodés avec de l'eau-de-vie, du sucre, etc. ; salade d'orange. —, pain dans du vin. T. de man. —, ancienne armure de tête. —, correction, forte réprimande ; donner une salade. Fig. et fam.

SALADIER, s. m. Bassin dans lequel on sert la salade. —, sorte de panier pour secouer les herbes lavées.

SALAGE, s. m. Action de saler quelque chose ; droit de transport sur les bateaux de sel.

SALAGNAC, s. m. Com. du dép. de la Dordogne, cant. d'Exideuil, arr. de Périgueux. = Exideuil.

SALAGNON, s. m. Village du dép. de l'Isère, cant. de Bourgoin, arr. de la Tour-du-Pin. = Bourgoin.

SALAIRE, s. m. Paiement du travail, de petits services. —, récompense ; se prend en bonne ou mauvaise part.

SALAISON, s. f. Action de saler ; viandes, poissons salés ; saison où l'on a coutume de saler.

SALAIZE, s. f. Com. du dép. de l'Isère, cant. de Roussillon, arr. de Vienne. = le Péage.

SALAMALEC, s. m. (mot arabe). Révérence profonde.

SALAMANDRE, s. f. Reptile d'où suinte une liqueur quand on le brûle ; herbe incombustible des minières de Tartarie ; lézard aquatique. —, s. m. pl. Génies du feu.

SALAMANIE, s. f. Flûte turque faite avec un roseau.

SALAMANQUE, s. m. Province d'Espagne dans le royaume de Léon. —, ville capitale de cette province, célèbre par son université.

SALAMINE, s. f. Petite île de l'ancienne Grèce, au S. d'Eleusis et à l'O. du port appelé le Pyrée. Cette île, à trois lieues d'Athènes, se nomme aujourd'hui Colouri.

SALANGANE, s. f. Hirondelle de mer. Voy. Alcyon.

SALANS, s. m. Com. du dép. du Jura, cant. de Dampierre, arr. de Dôle. = St.-Vyt.

SALANT, adj. m. D'où l'on tire du sel ; marais salant.

SALARIÉ, E, part. Qui a reçu son salaire. —, s. m. Valet, domestique à gages ; ouvrier qui reçoit un salaire.

SALARIER, v. a. Donner un salaire ; récompenser.

SALASC, s. m. Com. du dép. de l'Hérault, cant. de Clermont, arr. de Lodève. = Clermont-Lodève.

SALAT (le), s. m. Rivière qui prend sa source dans les Pyrénées, dép. de l'Ariège, et se jette dans la Garonne près St.-Martory ; après un cours de dix-huit lieues env. Elle est flottable depuis St.-Girons jusqu'à son embouchure.

SALAUD, E, s. et adj. Sale, malpropre. T. fam.

SALAUNES, s. f. Com. du dép. de la Gironde, cant. de Castelnau, arr. de Bordeaux. = Bordeaux.

SALAVAS, s. m. Com. du dép. de l'Ardèche, cant. de Vallon, arr. de Largentière. = Barjac.

SALAVRE, s. m. Com. du dép. de l'Ain, cant. de Coligny, arr. de Bourg. = St.-Amour.

SALAXIS, s. m. Genre de bicornes. T. de bot.

SALAZAC, s. m. Com. du dép. du Gard, cant. de Pont-St.-Esprit, arr. d'Uzès. = Pont-St.-Esprit.

SALBANDE, s. f. Pierre entre le filon et la roche dure.

SALBERT, s. m. Com. du dép. du Haut-Rhin, cant. et arr. de Belfort. = Belfort.

SALBRIS, s. m. Com. du dép. de Loir-et-Cher, chef-lieu de cant. de l'arr. de Romorantin. Bur. d'enregist. et de poste. Fabr. de serges.

SALDE, s. f. Genre d'insectes hémiptères géocorises. T. d'hist. nat.

SALDORIJA, s. f. Espèce de sarriette. T. de bot.

SALE, adj. Crasseux, qui n'a pas soin de se nettoyer, qui fait toutes choses salement, en parlant des personnes. —, malpropre, rempli d'ordures, en parlant des choses. —, ordurier, obscène ; bas, vil, honteux. Fig. Gris —, terne. Côte —, remplie d'écueils cachés. T. de mar.

SALE (la), s. f. Com. du dép. de l'Isère, cant. de Corps, arr. de Grenoble. = Corps.

SALÉ, s. m. Chair de porc salée ; petit salé. Franc —, avance faite aux ouvriers imprimeurs sur leur banque. T. d'impr.

SALÉ, E, part. Saupoudré, assaisonné de sel. Eaux —, dont on tire le sel. Vendre —, vendre trop cher. Fig. Raillerie —, très mordante. T. fam.

SALECHAN, s. m. Com. du dép. des Hautes-Pyrénées, cant. de Mauléon-Barousse, arr. de Bagnères. = Montrejeau.

SALÈGRE, s. m. Pâte de millet, de chenevis et d'alpiste, avec du sel, pour les serins qui ont perdu l'appétit.

SALEICH, s. m. Com. du dép. de la Haute-Garonne, cant. de Salies, arr. de St.-Gaudens. = St.-Martory.

SALEIGNE, s. f. Com. du dép. de la Charente-Inférieure, cant. d'Aunay, arr. de St.-Jean-d'Angely. = Aunay.

SALEIX, s. m. Com. du dép. de l'Ariège, cant. de Vic-Dessos, arr. de Foix. = Tarascon-sur-Ariège.

SALELLES, s. f. Com. du dép. de l'Aveyron, cant. de St.-Sernin, arr. de St.-Affrique. = St.-Sernin.

SALELLES, s. f. Com. du dép. de la Lozère, cant. de Chanac, arr. de Marvejols. = Mende.

SALEMENT, adv. D'une manière sale, malproprement.

SALEMPOULIS, s. m. Toile fabriquée sur la côte de Coromandel.

SALENCY, s. m. Com. du dép. de l'Oise, cant. de Noyon, arr. de Compiègne. = Noyon.

SALENTHAL, s. m. Com. du dép. du Bas-Rhin, cant. de Marmoutier, arr. de Saverne. = Saverne.

SALÉON, s. m. Com. du dép. des Hautes-Alpes, cant. d'Orpierre, arr. de Gap. = Serres.

SALEP, s. m. Racine bulbeuse d'une espèce d'orchis.

SALER, v. a. Saupoudrer, couvrir de sel ; saler du porc frais. —, mettre du sel, assaisonner. —, vendre, faire payer trop cher. Fig. et fam. —, frapper, pincer, piquer. T. fam.

SALÉRANS, s. m. Com. du dép. des Hautes-Alpes, cant. de Ribiers, arr. de Gap. = Serres.

SALERM, s. m. Com. du dép. de la Haute-Garonne, cant. de l'Isle-en-Dodon, arr. de St.-Gaudens. = l'Isle-en-Dodon.

SALERNE, s. f. Ville du royaume de Naples, au fond du golfe de ce nom. Siége d'un archevêché.

SALERNES, s. f. Petite ville du dép. du Var, chef-lieu de cant. de l'arr. de Draguignan. Bur. d'enregist. à Aups. = Draguignan. Comm. de vins, huile d'olives, figues, soie et bestiaux.

SALERON, s. m. Partie creuse d'une salière où l'on met le sel.

SALERS, s. m. Petite ville du dép. du Cantal, chef-lieu de cant. de l'arr. de Mauriac. Bur. d'enregist. = St.-Martin-Valmeroux.
Cette ville est bâtie sur un roc volcanique baigné par la Maronne. Education de bestiaux. Fabr. de fil et de toiles.

SALESCHES, s. f. Com. du dép. du Nord, cant. du Quesnoy, arr. d'Avesnes. = le Quesnoy.

SALESPIEUSSOU, s. m. Com. du dép. du Tarn, cant. et arr. de Castres. = Castres.

SALESSE, s. f. Com. du dép. de la Creuse, cant. de Crocq, arr. d'Aubusson. = Felletin.

SALETÉ, s. f. Malpropreté, ordure, chose sale. —, obscénité. Fig.

SALETTE, s. f. Com. du dép. de la Drôme, cant. de Dieu-le-Fit, arr. de Montélimar. = Dieu-le-Fit.

SALETTE (la), s. f. Com. du dép. de l'Isère, cant. de Corps, arr. de Grenoble. = Corps.

SALETTES, s. f. Com. du dép. de la Haute-Loire, cant. de Monastier, arr. du Puy. = le Puy.

SALEUR, s. m. Celui qui sale le poisson, etc.

SALEUX-SALOUEL, s. m. Com. du dép. de la Somme, cant. de Sains, arr. d'Amiens. = Amiens.

SALICAIRE, s. f. Plante vivace, fébrifuge, vulnéraire, rafraîchissante, à fleurs rosacées. T. de bot.

SALICE, s. f. Com. du dép. de la Corse, chef-lieu de cant. de l'arr. d'Ajaccio. Bur. d'enregist. à Vico. = Ajaccio.

SALICETO, s. m. Com. du dép. de la Corse, cant. de Morosaglia, arr. de Corte. = Bastia.

SALICIANAT, s. m. Jeu d'orgue long de huit pieds.

SALICINÉES, s. f. pl. Famille des saules, aulnes et bouleaux. T. de bot.

SALICITÉ, s. f. Pétrification imitant les feuilles de saule. T. d'hist. nat.

SALICOQUE, s. f. Petite crevette. —, pl. Crustacés macroures. T. d'hist. nat.

SALICOR, s. m. Soude du Languedoc.

SALICORNE, s. f. Petit arbrisseau du genre des soudes.

SALICOT, s. m. Voy. BACILE.

SALIE, s. f. Genre d'insectes hyménoptères fouisseurs. T. d'hist. nat.

SALIENS, s. et adj. m. pl. Prêtres du dieu Mars, ainsi nommés, parce que, dans la célébration de leurs fêtes, ils sautaient et dansaient dans les rues de Rome. Poèmes —, en l'honneur de Mars. T. de myth.

SALIÈRE, s. f. Vase pour servir le sel sur la table. —, pl. Cavités qui se remarquent au-dessus des clavicules chez les personnes maigres. —, creux en forme de salières au-dessus des yeux d'un vieux cheval. —, outil de lapidaire.

SALIES, s. f. Petite ville du dép. de la Haute-Garonne, chef-lieu de cant. de l'arr. de St.-Gaudens. Bur. d'enregist. = St.-Martory. Source d'eau salée qui fournit du sel blanc; fabr. d'étoffes de laine; faïencerie.

SALIES, s. f. Petite ville du dép. des Basses-Pyrénées, chef-lieu de cant. de l'arr. d'Orthez. Bur. d'enregist. = Orthez. Source d'eau salée. Comm. de jambons, sel, chevaux, etc.

SALIÉS, s. m. Com. du dép. du Tarn, cant. et arr. d'Albi. = Albi.

SALIETTE, s. f. Conise, plante corymbifère à feuilles en forme de coin. T. de bot.

SALIFIABLE, adj. Se dit d'une substance qui peut être convertie en sel; base salifiable. T. de chim.

SALIFICATION, s. f. Formation du sel.

SALIGARIA, s. m. Petit oiseau brun, jaune, blanc et roux.

SALIGAUD, E, s. et adj. Sale, malpropre. T. fam.

SALIGNAC, s. m. Com. du dép. des Basses-Alpes, cant. de Valonne, arr. de Sisteron. = Sisteron.

SALIGNAC, s. m. Com. du dép. de la Charente-Inférieure, cant. de Mirambeau, arr. de Jonzac. = Mirambeau.

SALIGNAC, s. m. Com. du dép. de la Dordogne, chef-lieu de cant. de l'arr. de Sarlat. Bur. d'enregist. = Sarlat.

SALIGNAC, s. m. Com. du dép. de la Gironde, cant. de St.-André-de-Cubzac, arr. de Bordeaux. = St.-André-de-Cubzac.

SALIGNEY, s. m. Com. du dép. du Jura, cant. de Gendrey, arr. de Dôle. = Dôle.

SALIGNON, s. m. Pain de sel extrait de l'eau d'une fontaine salée.

SALIGNY, s. m. Com. du dép. de l'Allier, cant. de Dompierre, arr. de Moulins. = Donjon.

SALIGNY, s. m. Com. du dép. de la Vendée, cant. de Poiré, arr. de Bourbon-Vendée. = Bourbon-Vendée.

SALIGNY, s. m. Com. du dép. de l'Yonne, cant. et arr. de Sens. = Sens.

SALIGNY-LE-VIF, s. m. Com. du

SAL 964 SAL

dép. du Cher, cant. de Baugy, arr. de Bourges. = Villequiers.

SALIGOS, s. m. Com. du dép. des Hautes-Pyrénées, cant. de Luz, arr. d'Argelès. = Tarbes.

SALIGOT, s. m. Voy. TRIBULE.

SALIGRES, s. f. pl. Pierres sales dans les mines de sel gemme. —, voy. SALÈGRE.

SALIN, s. m. Alcali fixe végétal ; potasse calcinée. —, baquet à sel.

SALINAGE, s. m. Temps employé à faire le sel.

SALINDRES, s. f. Com. du dép. du Gard, cant. de St.-Martin-de-Valgalgues, arr. d'Alais. = Alais.

SALINE, s. f. Salaison ; chair, poisson salés. —, endroit où l'on fait le sel ; rocher, mine d'où l'on tire le sel.

SALINELLES, s. f. Com. du dép. du Gard, cant. de Sommières, arr. de Nismes. = Sommières.

SALINIER, s. m. Celui qui extrait l'alcali des soudes.

SALINS, s. m. pl. Sorte de pêcherie formée de filets.

SALINS, s. m. Com. du dép. du Cantal, cant. et arr. de Mauriac.=Mauriac.

SALINS, s. m. Ville du dép. du Jura, chef-lieu de cant. de l'arr. de Poligny. Bur. d'enregist. et de poste.

Cette ville, bâtie sur le penchant d'une colline, entre deux montagnes escarpées, possède un vaste établissement pour l'exploitation de fontaines d'eau salée qui produisent annuellement cent mille quintaux de sel. Elle fut entièrement détruite par un incendie en 1825 ; mais bientôt elle sortit de ses ruines au moyen des secours du gouvernement et du produit d'une souscription à laquelle la France entière s'empressa de contribuer. Comm. de vins, eaux-de-vie, fromages, cire, miel, sel, bois de sapin et de chêne, gypse, plâtre.

SALINS, s. m. Com. du dép. de Seine-et-Marne, cant. de Montereau, arr. de Fontainebleau. = Montereau.

SALIQUE, adj. Se dit d'une loi qui exclut les femmes et leurs descendans de la couronne de France.

SALIR, v. a. Rendre sale: ternir. —, souiller l'esprit, l'imagination. Fig. Se —, v. pron. Devenir sale ; toucher des choses sales, attraper des taches. Se —, perdre son éclat, sa fraîcheur, en parlant des couleurs. Se —, compromettre sa réputation, se déshonorer par quelque chose de vil, de honteux. Fig.

SALISSANT, E, adj. Qui salit ; qui se salit aisément.

SALISSON, s. f. Petite fille malpropre. T. fam.

SALISSURE, s. f. Ordure, souillure.

SALIVAIRE, adj. Qui concerne la salive. Glandes —, organes sécréteurs de la salive.

SALIVAL, s. m. Com. du dép. de la Meurthe, cant. et arr. de Château-Salins. = Moyenvic.

SALIVATION, s. f. Excrétion de la salive.

SALIVE, s. f. Humeur aqueuse dont la bouche est continuellement arrosée dans son état habituel, et qui sert à faciliter la digestion.

SALIVER, v. n. Faire une abondante excrétion de salive.

SALIVES, s. f. Com. du dép. de la Côte-d'Or, cant. de Grancey-le-Château, arr. de Dijon. = Grancey-le-Château.

SALKEN, s. m. Arbrisseau légumineux. T. de bot.

SALLAGRIFFON, s. m. Com. du dép. du Var, cant. de St.-Auban, arr. de Grasse. = Grasse.

SALLAU, s. m. Com. du dép. du Pas-de-Calais, cant. de Lens, arr. de Béthune. = Lens.

SALLE, s. f. Pièce principale d'un appartement pour recevoir les visites. — à manger, pièce dans laquelle on mange habituellement. —, grande pièce pour les bals, les leçons d'armes, etc. —, édifice consacré aux représentations théâtrales ; salle de spectacle. —, galerie d'un hôpital où sont les lits destinés aux malades : salle Saint-Louis. —, espèce de salle formée par des arbres dans un jardin. —, atelier de papetier.

SALLE (la), s. f. Com. du dép. des Hautes-Alpes, cant. de Monestier, arr. de Briançon. = Briançon. Fabr. de bonneterie ; filat. de coton, papeterie.

SALLE (la), s. f. Com. du dép. de Saône-et-Loire, cant. de Lugny, arr. de Mâcon. = St.-Oyen.

SALLE (la), s. f. Com. du dép. des Vosges, cant. et arr. de St.-Dié. = St.-Dié.

SALLEBŒUF, s. m. Com. du dép. de la Gironde, cant. de Créon, arr. de Bordeaux. = Bordeaux.

SALLEBRUNEAU, s. m. Com. du dép. de la Gironde, cant. de Sauveterre, arr. de la Réole. = la Réole.

SALLE-COQUEREL (la), s. f. Com. du dép. de l'Eure, cant. du Neubourg, arr. de Louviers. = le Neubourg.

SALLEDES, s. m. Com. du dép. du Puy-de-Dôme, cant. de Vic-le-Comte, arr. de Clermont. = Billom.

SALLE-DE-VIHIERS (la), s. f. Com.

du dép. de Maine-et-Loire, cant. de Vihiers, arr. de Saumur. = Vihiers.

SALLE-ET-LA-CHAPELLE-AUBRY (la), s. f. Com. du dép. de Maine-et-Loire, cant. de Montrevault, arr. de Beaupréau. = Beaupréau.

SALLÈLES, s. f. Com. du dép. de l'Aude, cant. de Conques, arr. de Carcassonne. = Carcassonne.

SALLELÉES (les), s. f. pl. Com. du dép. de l'Ardèche, cant. des Vans, arr. de Largentière. = Largentière.

SALLÈLES-D'AUDE, s. f. Com. du dép. de l'Aude, cant. de Ginestas, arr. de Narbonne. = Narbonne.

SALLEN, s. m. Com. du dép. du Calvados, cant. de Caumont, arr. de Bayeux. = Balleroy.

SALLENELLES, s. f. Com. du dép. du Calvados, cant. de Troarn, arr. de Caen. = Troarn.

SALLE-PRUNET (la), s. f. Com. du dép. de la Lozère, cant. et arr. de Florac. = Florac.

SALLERANT, s. m. Chef d'atelier d'une salle de papetier.

SALLERTAINE, s. f. Com. du dép. de la Vendée, cant. de Challans, arr. des Sables-d'Olonne. = Challans.

SALLES, s. f. Com. du dép. de la Charente, cant. et arr. de Barbezieux. = Barbezieux.

SALLES, s. f. Com. du dép. de la Charente, cant. de Montmoreau, arr. de Barbezieux. = Blanzac.

SALLES, s. f. Com. du dép. de la Charente, cant. de Segonzac, arr. de Cognac. = Cognac.

SALLES, s. f. Com. du dép. de la Charente, cant. de Villefagnan, arr. de Ruffec. = Ruffec.

SALLES, s. f. Com. du dép. de la Charente-Inférieure, cant. d'Aunay, arr. de St.-Jean-d'Angely. = Aunay.

SALLES, s. f. Com. du dép. de la Charente-Inférieure, cant. de la Jarrie, arr. de la Rochelle. = la Rochelle.

SALLES, s. f. Com. du dép. de la Drôme, cant. de Grignan, arr. de Montélimar. = Taulignan.

SALLES, s. f. Com. du dép. de la Haute-Garonne, cant. de Rieux, arr. de Muret. = Bagnères-de-Luchon.

SALLES, s. f. Com. du dép. du Gers, cant. de Cazaubon, arr. de Condom. = Nogaro.

SALLES, s. f. Com. du dép. de la Gironde, cant. de Belin, arr. de Bordeaux. = Bordeaux.

SALLES (les), s. f. pl. Com. du dép. de la Loire, cant. de Noirétable, arr. de Montbrison. = Thiers.

SALLES, s. f. Com. du dép. de Lot-et-Garonne, cant. de Monflanquin, arr. de Villeneuve. = Monflanquin.

SALLES, s. f. Com. du dép. des Hautes-Pyrénées, cant. et arr. d'Argelès. = Argelès.

SALLES, s. f. Com. du dép. du Rhône, cant. et arr. de Villefranche. = Villefranche.

SALLES, s. f. Com. du dép. des Deux-Sèvres, cant. de la Motte-St.-Heraye, arr. de Melle. = la Motte-St.-Heraye

SALLES, s. f. Com. du dép. du Tarn, cant. de Monestiés, arr. d'Albi. = Cordes.

SALLES (les), s. f. pl. Com. du dép. du Var, cant. d'Aups, arr. de Draguignan. = Aups.

SALLES-ADOUR, s. f. Com. du dép. des Hautes-Pyrénées, cant. et arr. de Tarbes. = Tarbes.

SALLES-COMTAUX, s. f. Petite ville du dép. de l'Aveyron, cant. de Marcillac, arr. de Rodez. = Rodez.

Cette petite ville est située sur un rocher d'où se précipite un ruisseau qui forme deux cascades derrière lesquelles on trouve une grotte charmante.

SALLES-COURBATIES, s. f. Com. du dép. de l'Aveyron, cant. d'Asprières, arr. de Villefranche. = Villefranche.

SALLES-CURAN, s. f. Com. du dép. de l'Aveyron, chef-lieu de cant. de l'arr. de Milhau. Bur. d'enregist. à St.-Bauzély. = Milhau.

SALLES-D'AUDE, s. f. Com. du dép. de l'Aude, cant. de Courson, arr. de Narbonne. = Limoux.

SALLES-DE-BELVÈS, s. f. Com. du dép. de la Dordogne, cant. de Belvès, arr. de Sarlat. = Belvès.

SALLES-EN-TOULON, s. f. Com. du dép. de la Vienne, cant. de Lussac, arr. de Montmorillon. = Chauvigny.

SALLES-ET-PRATVIEL, s. f. Com. du dép. de la Haute-Garonne, cant. de Bagnères-de-Luchon, arr. de St.-Gaudens. = Rieux.

SALLES-LAVAUGUYON (les), s. f. pl. Com. du dép. de la Haute-Vienne, cant. et arr. de Rochechouart. = Rochechouart.

SALLES-MONGISCARD, s. f. Com. du dép. des Basses-Pyrénées, cant. de Salies, arr. d'Orthez. = Orthez.

SALLESPISSE, s. f. Com. du dép. des Basses-Pyrénées, cant. et arr. d'Orthez. = Orthez.

SALLES-SUR-L'HERS, s. f. Com. du dép. de l'Aude, chef-lieu de cant. de l'arr. de Castelnaudary. Bur. d'enregist. à Belpech. = Castelnaudary.

SALMAGNE, s. f. Com. du dép. de la Meuse, cant. de Ligny, arr. de Bar-le-Duc. = Ligny.

SALMAISE, s. f. Com. du dép. de la Côte-d'Or, cant. de Flavigny, arr. de Semur. = Vitteaux.

SALMARINE, s. f. Poisson du genre du salmone. T. d'hist. nat.

SALMBACH, s. m. Com. du dép. du Bas-Rhin, cant. de Lauterbourg, arr. de Wissembourg. = Lauterbourg.

SALMIECH, s. m. Com. du dép. de l'Aveyron, cant. de Cassagnes-Begonhès, arr. de Rodez. = Rodez.

SALMIGONDIS, s. m. Ragoût d'un mélange de mets réchauffés. —, discours, ouvrage composé de choses disparates. Fig. et fam.

SALMIS, s. m. Ragoût de gibier d'eau qu'on commence par faire cuire sur le gril ou à la broche, et qu'on découpe ensuite pour le faire bouillir dans du vin ; salmis de bécassines.

SALMON, s. m. Com. du dép. de la Lozère, cant. de la Canourgue, arr. de Marvejols. = la Canourgue.

SALMONE, s. m. Genre de poissons abdominaux. T. d'hist. nat.

SALMONVILLE, s. f. Com. du dép. de la Seine-Inférieure, cant. de Darnetal, arr. de Rouen. = Rouen.

SALOIR, s. m. Vaisseau pour mettre les viandes salées, ou pour conserver le sel.

SALOMÉ, s. m. Com. du dép. du Nord, cant. de la Bassée, arr. de Lille. = la Bassée.

SALON, s. m. Salle, pièce d'un appartement décorée et meublée élégamment pour recevoir la société.

SALON, s. m. Com. du dép. de l'Aube, cant. de Méry-sur-Seine, arr. d'Arcis-sur-Aube. = Fère-Champenoise.

SALON, s. m. Petite ville du dép. des Bouches-du-Rhône, chef-lieu de cant. de l'arr. d'Aix. Bur. d'enregist. et de poste.

Cette ville est entourée d'une plaine fertile arrosée par le canal de Craponne.

L'un des plus anciens, et, sans contredit, le premier et le plus habile des dentistes de la capitale, M. Audibran, auteur de plusieurs ouvrages sur la fabrication des dents métalliques, est né dans cette petite ville.

Fabr. d'huile d'olives, chandelles et savon ; chapellerie, tannerie : filat. de soie ; nombreux moulins à huile.

SALON-ET-CHÂTEAU-MOISSIER, s. m. Com. du dép. de la Dordogne, cant. de Vergt, arr. de Périgueux. = Périgueux.

SALONIQUE ou THESSALONIQUE, s. f. Grande ville de la Romélie, capitale de la Macédoine. Cette ville, bâtie sur le golfe dont elle porte le nom, fait un comm. considérable en soie, coton, tabac, cire, etc. On y remarque de belles constructions, des antiquités grecques et romaines. Archevêché grec ; consulats étrangers. Pop. 70,000 hab. env.

SALONNE, s. f. Com. du dép. de la Meurthe, cant. et arr. de Château-Salins. = Château-Salins.

SALONS, s. m. Com. du dép. de la Corrèze, cant. d'Uzerche, arr. de Tulle. = Uzerche.

SALOPE, s. f. Prostituée, femme de mauvaise vie. —, adj. Sale, malpropre. T. fam.

SALOPEMENT, adv. Salement, malproprement, à la manière d'une salope. T. fam.

SALOPERIE, s. f. Saleté, malpropreté ; chose vilaine et de nulle valeur. —, propos ordurier, obscénité. T. fam.

SALORGE, s. m. Amas de sel.

SALORNAY-SUR-GUYE, s. m. Com. du dép. de Saône-et-Loire, cant. de Cluny, arr. de Mâcon. = Cluny.

SALPERVICK, s. m. Com. du dép. du Pas-de-Calais, cant. et arr. de St.-Omer. = St.-Omer.

SALPÊTRE, s. m. Acide nitreux combiné avec l'alcali fixe ; nitrate de potasse, sel qu'on extrait des vieux murs et qui fait la base de la poudre à canon. —, symbole de la vivacité ; vif comme salpêtre. T. fam.

SALPÊTREUX, EUSE, adj. Qui contient du salpêtre.

SALPÊTRIER, s. m. Entrepreneur commissionné par le gouvernement pour l'enlèvement des démolitions qui contiennent du salpêtre ; ouvrier qui lessive ces terres et travaille à la préparation du salpêtre.

SALPÊTRIÈRE, s. f. Lieu dans lequel on lessive les terres salpêtreuses, où l'on fait le salpêtre. —, hôpital de Paris où l'on ne reçoit que des femmes.

SALPIANTHE, s. m. Arbrisseau grimpant du Mexique. T. de bot.

SALPIGLOSSE, s. f. Plante herbacée du Pérou. T. de bot.

SALPINGO-MALLÉEN, s. et adj. m. Petit muscle du marteau, l'un des osselets de l'oreille interne. T. d'anat.

SALPINGO-PHARYNGIENS, s. et adj. m. pl. Nom d'une paire de petits muscles qui vont du bord cartilagineux de la trompe d'Eustache au pharynx. T. d'anat.

SALPINGO-STAPHYLIN, s. et adj.

m. Muscle qui part de la trompe d'Eustache et s'attache à la luette qu'il tire en arrière. T. d'anat.

SALPLICAT, s. m. Vernis du Japon mêlé d'or en poudre ou de rouge.

SALSE, s. f. Petit volcan qui vomit de l'air inflammable ou gaz hydrogène, du limon et des pierres.

SALSEIM, s. m. Com. du dép. de l'Ariège, cant. de Castillon, arr. de St.-Girons. = St.-Girons.

SALSEPAREILLE, s. f. Plante du genre des smilacées dont la racine est employée en médecine comme sudorifique et atténuante. — d'Allemagne, racine de la laiche.

SALSES, s. f. Com. du dép. de la Lozère, cant. de St.-Germain-du-Teil, arr. de Marvejols. = Marvejols.

SALSES, s. f. Petite ville du dép. des Pyrénées-Orientales, cant. de Rivesaltes, arr. de Perpignan. = Perpignan. Cette ville est entourée d'excellens vignobles ; fontaine d'eau salée.

SALSIFIS, s. m. Plante potagère du genre des chicoracées dont on mange la racine.

SALSIGNAC, s. m. Com. du dép. du Cantal, cant. de Saignes, arr. de Mauriac. = Bort.

SALSIGNE, s. f. Com. du dép. de l'Aude, cant. de Mas-Cabardès, arr. de Carcassonne. = Carcassonne.

SALSUGINEUX, EUSE, adj. Qui a rapport au sel.

SALTAIRE, s. m. Conservateur d'une maison de campagne et de ses dépendances, chez les anciens Romains. —, préposé à la garde des frontières chez les Lombards.

SALTATEUR, s. m. Danseur qui jouait dans les farces mimiques et exprimait par ses gestes et ses attitudes, les sentimens et les passions des personnages qu'il représentait. T. d'antiq.

SALTATION, s. f. Langage d'action, danse mimique. T. d'antiq.

SALT-EN-DONZY, s. m. Com. du dép. de la Loire, cant. de Feurs, arr. de Montbrison. = Feurs.

SALTIGRADES, s. m. pl. Insectes arachnides. T. d'hist. nat.

SALTIMBANQUE, s. m. Bateleur, farceur, bouffon, histrion, charlatan, marchand d'orviétan qui débite sa drogue sur des tréteaux. —, avocat discoureur qui gesticule d'une manière inconvenante et débite des bouffonneries. Fig.

SALTIQUE, s. m. Genre d'insectes arachnides. T. d'hist. nat.

SALUADE, s. f. Salutation en faisant la révérence. (Vi.)

SALUBRE, adj. Sain. —, qui contribue à la santé ; air salubre.

SALUBRITÉ, s. f. Qualité de ce qui est salubre.

SALUÉ, E, part. Qui a reçu des salutations.

SALUER, v. a. et n. Faire des salutations, des civilités. —, faire des complimens dans une lettre ; j'ai l'honneur de vous saluer. —, proclamer ; saluer empereur. —, incliner la pointe de l'épée pour marquer son respect. —, tirer le canon, en parlant d'un vaisseau de guerre qui mouille devant un fort. T. de mar.

SALURE, s. f. Qualité communiquée par le sel.

SALUT, s. m. Acte de politesse en usage chez tous les peuples civilisés, salutation, révérence. —, conservation, rétablissement dans le bien, ou préservation du mal. —, cessation d'incommodité, de danger, retour à la santé, à la sûreté, à la vie, à un état heureux. Fig. —, félicité éternelle ; faire son salut. —, cérémonies du culte catholique à la suite des vêpres.

SALUTAIRE, adj. Utile, indispensable pour la conservation de la santé, de la vue, des biens, de l'honneur ; remède, avis salutaire. —, nécessaire au salut de l'ame.

SALUTAIREMENT, adv. D'une manière salutaire.

SALUTATION, s. f. Salut, révérence ; action, manière de saluer.

SALVADOR (St.-), s. m. Ville capitale du Congo, royaume de Guinée, dans l'Afrique méridionale. Pop. 40,000 hab. envir. —, ville maritime de l'empire du Brésil, capitale de la province de Bahia. Port très commerçant ; chantiers de construction. Pop. 100,000 hab. envir.

SALVADORE, s. f. Plante de la famille des chénopodées. T. de bot.

SALVADOU (St.-), s. m. Com. du dép. de l'Aveyron, cant. de Rieupeyroux, arr. de Villefranche. = Villefranche-de-Rouergue.

SALVADOUR (St.-), s. m. Com. du dép. de la Corrèze, cant. de Seilhac, arr. de Tulle. = Tulle.

SALVAGE, s. m. Droit qu'on perçoit sur les marchandises qu'on a sauvées d'un vaisseau naufragé. T. de mar.

SALVAIGNAC, s. m. Com. du dép. du Tarn, chef-lieu de cant. de l'arr. de Gaillac. Bur. d'enregist. à Rabastens. = Rabastens.

SALVANHAC-CAJARS, s. m. Com. du dép. de l'Aveyron, cant. et arr. de Villefranche. = Villefranche-de-Rouergue.

SALVANHAC-ST.-LOUP, s. m. Com. du dép. de l'Aveyron, cant. d'Asprières, arr. de Villefranche. = Villefranche-de-Rouergue.

SALVATELLE, s. f. Petite veine qui rampe entre les troisième et quatrième os du métacarpe et va se décharger dans la basilique. T. d'anat.

SALVATIONS, s. f. pl. Ecritures pour répliquer aux réponses à griefs. T. de procéd.

SALVE, s. f. Décharge d'armes à feu, de pièces d'artillerie en batterie dans une place, en signe de réjouissance publique. —, bordée. T. de mar.

SALVE, s. m, (mot latin). Prière à la sainte Vierge.

SALVELINE, s. f. Poisson du genre du salmone. T. d'hist. nat.

SALVETAT (la), s. f. Com. du dép. de l'Aveyron, chef-lieu de cant. de l'arr. de Rodez. Bur. d'enregist. à Sauveterre. = Rodez.

SALVETAT (la), s. f. Com. du dép. du Cantal, cant. de St.-Mamet, arr. d'Aurillac. = Aurillac.

SALVETAT (la), s. f. Com. du dép. de la Haute-Garonne, cant. de Léguevin, arr. de Toulouse. = Caraman.

SALVETAT (la), s. f. Com. du dép. de la Haute-Garonne, cant. de Caramau, arr. de Villefranche. = Villefranche.

SALVETAT (la), s. f. Petite ville du dép. de l'Hérault, chef-lieu de cant. de l'arr. de St.-Pons où se trouvent les bur. d'enregist. et de poste. Fabr. de flanelles, ratines, molletons et draps.

SALVETAT-DES-CARTS (la), s. f. Com. du dép. de l'Aveyron, cant. de Najac, arr. de Villefranche. = Villefranche-de-Rouergue.

SALVIAC, s. m. Com. du dép. du Lot, chef-lieu de cant. de l'arr. de Gourdon où est le bur. d'enregist.=St.-Gaudens.

SALVI-DE-CARCAVÈS (St.-), s. m. Com. du dép. du Tarn, cant. de Vabre, arr. de Castres. = St.-Sernin.

SALVIZINET, s. m. Com. du dép. de la Loire, cant. de Feurs, arr. de Montbrison. = Feurs.

SALVY (St.-), s. m. Com. du dép. de Lot-et-Garonne, cant. de Port-Ste.-Marie, arr. d'Agen. = Aiguillon.

SALZA, s. m. Com. du dép. de l'Aude, cant. de Monthoumet, arr. de Carcassonne. = la Grasse.

SALZBOURG, s. m. Cercle des états autrichiens qui comprend la plus grande partie de l'ancien duché de ce nom. —, ville capitale de ce cercle où naquit Charlemagne. Pop. 18,000 hab. envir.

SALZUIT, s. m. Com. du dép. de la Haute-Loire, cant. de Paulhaguet, arr. de Brioude. = Brioude.

SAMADET, s. m. Com. du dép. des Landes, cant. de Geaune, arr. de St.-Sever. = St.-Sever.

SAMALIE, s. f. Genre d'oiseaux sylvains. T. d'hist. nat.

SAMAN, s. m. Com. du dép. de la Haute-Garonne, cant. de Boulogne, arr. de St.-Gaudens. = Boulogne.

SAMARAN, s. m. Com. du dép. du Gers, cant. de Masseube, arr. de Mirande. = Auch.

SAMARE, s. f. Fruit renfermé dans une capsule membraneuse, coriace. —, genre de nerprums. T. de bot.

SAMARIE, s. f. Ancienne ville de la Palestine.

SAMARITAIN, E, s. et adj. Habitant de Samarie; relatif à cette ancienne ville de la Terre-Sainte qui n'offre aujourd'hui qu'un pays inculte, habité par des Juifs, des Samaritains et des Chrétiens, et infesté par les Arabes bédouins.

SAMATAN, s. m. Petite ville du dép. du Gers, chef-lieu de cant. de l'arr. de Lombez où est le bur. d'enregist. = Lombez. Tanneries et briqueteries.

SAMAZAN, s. m. Com. du dép. du Marciac, arr. de Mirande. = Mirande.

SAMAZAN, s. m. Com. du dép. de Lot-et-Garonne, cant. du Mas-d'Agenais, arr. de Marmande. = Marmande.

SAMBAC, s. m. Jasmin d'Arabie. T. de bot.

SAMBIN, s. m. Com. du dép. de Loir-et-Cher, cant. de Contres, arr. de Blois. = Blois.

SAMBOUC ou SAMBOYER, s. m. Bois odoriférant qu'on trouve sur les côtes de Guinée. T. de bot.

SAMBOURG, s. m. Com. du dép. de l'Yonne, cant. d'Ancy-le-Franc, arr. de Tonnerre. = Ancy-le-Franc.

SAMBRE (la), s. f. Rivière qui prend sa source près de Fontenelle, dép. de l'Aisne, et se jette dans la Meuse à Namur. Son cours est de 60 l. env. Elle est navigable depuis Londrey jusqu'à son embouchure.

SAMBRE (canal de la), s. m. Ce canal sert de communication entre St.-Quentin et Charleroi.

SAMBUQUE, s. f. Instrument de musique à cordes. —, machine de guerre dont se servaient les anciens.

SAMEDI, s. m. Dernier jour de la semaine.

SAMÉON, s. m. Com. du dép. du Nord, cant. d'Orchies, arr. de Douai. = Orchies.

SAMEQUIN, s. m. Sorte de navire turc.

SAMER, s. m. Com. du dép. du Pas-de-Calais, chef-lieu de cant. de l'arr. de Boulogne. Bur. d'enregist. et de poste.

SAMERARIE, s. f. Pastel d'Arménie. T. de bot.

SAMEREY, s. m. Com. du dép. de la Côte-d'Or, cant. de St.-Jean-de-Losne, arr. de Beaune. = St.-Jean-de-Losne.

SAMES, s. m. Com. du dép. des Basses-Pyrénées, cant. de Bidache, arr. de Bayonne. = Bayonne.

SAMESTRE, s. m. Espèce de corail.

SAMIEN, ENNE, s. et adj. Habitant de l'île de Samos; qui concerne cette île. Terre —, terre blanche et gluante de Samos qui arrête le vomissement.

SAMIER, s. m. Rocher, coquillage du Sénégal. T. d'hist. nat.

SAMIS, s. m. Etoffe à lames d'or et d'argent qu'on fabrique à Venise.

SAMMARCOLE, s. m. Com. du dép. de la Vienne, cant. et arr. de Loudun. = Loudun.

SAMMERON, s. m. Com. du dép. de Seine-et-Marne, cant. de la Ferté-sous-Jouarre, arr. de Meaux. = la Ferté-sous-Jouarre.

SAMNITES, s. m. pl. Ancien peuple d'Italie, qui pouvait mettre sur pied une armée de quatre-vingt-dix mille hommes et qui résista pendant plus de soixante-dix ans aux armées romaines.

SAMOGNAT, s. m. Com. du dép. de l'Ain, cant. d'Izernore, arr. de Nantua. = Nantua.

SAMOGNIEUX, s. m. Com. du dép. de la Meuse, cant. de Charny, arr. de Verdun. = Verdun.

SAMOIÈDES ou SEMOYADES, s. m. pl. Peuplades qui habitent le nord de la Russie asiatique, vivant de chasse et de pêche et payant à la Russie un tribut en pelleteries.

SAMOIS, s. m. Com. du dép. de Seine-et-Marne, cant. et arr. de Fontainebleau. = Fontainebleau.

SAMOLE, s. f. Mouron d'eau, plante herbacée, anti-scorbutique. T. de bot.

SAMONAC, s. m. Com. du dép. de la Gironde, cant. de Bourg, arr. de Blaye. = Bourg-sur-Gironde.

SAMOREAU, s. m. Com. du dép. de Seine-et-Marne, cant. et arr. de Fontainebleau. = Fontainebleau.

SAMOREUX, s. m. Bâtiment plat et très long dont on se sert sur les canaux de la Hollande.

SAMOS, s. m. Ile de l'ancienne Grèce, aujourd'hui Sousam. Junon y était particulièrement adorée. T. de myth.

SAMOUILLAN, s. m. Com. du dép. de la Haute-Garonne, cant. d'Aurignac, arr. de St.-Gaudens. = Martres.

SAMOUL ou SAMOUR, s. m. Martre zibeline.

SAMOUSSY, s. m. Com. du dép. de l'Aisne, cant. de Sissonne, arr. de Laon. = Laon.

SAMPA, s. m. Palmier de l'île de Cayenne.

SAMPANS, s. m. Com. du dép. du Jura, cant. et arr. de Dôle. = Dôle.

SAMPIGNY, s. m. Com. du dép. de la Meuse, cant. de Pierrefitte, arr. de Commercy. = Commercy.

SAMPIGNY, s. m. Com. du dép. de Saône-et-Loire, cant. de Couches, arr. d'Autun. = Nolay.

SAMPOLO, s. m. Com. du dép. de la Corse, cant. de Zicavo, arr. d'Ajaccio. = Ajaccio.

SAMPZON, s. m. Com. du dép. de l'Ardèche, cant. de Vallon, arr. de Largentière. = Joyeuse.

SAM-SON, s. m. Liqueur alcoholique des Chinois.

SAMSON (St.-), s. m. Com. du dép. du Calvados, cant. de Dives, arr. de Pont-l'Evêque. = Troarn.

SAMSON (St.-), s. m. Com. du dép. des Côtes-du-Nord, cant. et arr. de Dinan. = Dinan.

SAMSON, s. m. Com. du dép. du Doubs, cant. de Quingey, arr. de Besançon. = Quingey.

SAMSON (St.-), s. m. Com du dép. de la Mayenne, cant. de Pré-en-Pail, arr. de Mayenne. = Pré-en-Pail.

SAMSON (St.-), s. m. Com. du dép. du Morbihan, cant. de Rohan, arr. de Ploërmel. = Josselin.

SAMSON (St.-), s. m. Com. du dép. de l'Oise, cant. de Formerie, arr. de Beauvais. = Songeons. Fabr. de creusets et de poterie.

SAMSON-DE-BON-FOSSÉ (St.-), s. m. Com. du dép. de la Manche, cant. de Canisy, arr. de St.-Lô. = St.-Lô.

SAMSONS, s. m. Com. du dép. des Basses-Pyrénées, cant. de Lembeye, arr. de Pau. = Pau.

SAMSON-SUR-RISCLE (St.-), s. m. Com. du dép. de l'Eure, cant. de Quillebœuf, arr. de Pont-Audemer. = Pont-Audemer.

SAMURAN, s. m. Com. du dép. des Hautes-Pyrénées, cant. de Mauléon-Barousse, arr. de Bagnères. = Montrejeau.

SAMYDE, s. f. Genre de plantes de la décandrie, dixième classe des végétaux. T. de bot.

SANA, s. f. Com. du dép. de la Haute-Garonne, cant. de Cazères, arr. de Muret. = Martres.

SANAS, s. m. Toile de coton des Indes.

SAN-BENITO, s. m. Vêtement mortuaire, jaune, des victimes du tribunal de l'inquisition.

SANCÉ, s. m. Com. du dép. de Saône-et-Loire, cant. et arr. de Mâcon. = Mâcon.

SANCERGUES, s. f. Com. du dép. du Cher, chef-lieu de cant. de l'arr. de Sancerre. Bur. d'enregist. = la Charité.

SANCERRE, s. m. Petite ville du dép. du Cher, chef-lieu de sous-préf. et de cant.; trib. de 1re inst.; société d'agric.; conserv. des hypoth.; recev. part. des finances. Bur. d'enregist. et de poste.

Cette ville se glorifie d'avoir vu naître le maréchal Macdonal. Comm. de laines, vins, grains, chanvre, noix et bestiaux. Exploitation de carrières de marbre jaune aux environs.

SANCEY (le Grand-), s. m. Com. du dép. du Doubs, cant. de Clerval, arr. de Baume. = Baume.

SANCEY (le Long-), s. m. Com. du dép. du Doubs, cant. de Clerval, arr. de Baume. = Baume-les-Dames.

SANCHEVILLE, s. f. Com. du dép. d'Eure-et-Loir, cant. de Bonneval, arr. de Châteaudun. = Bonneval.

SANCHEY, s. m. Com. du dép. des Vosges, cant. et arr. d'Epinal. = Epinal.

SANCHEZ, s. f. Scrofulaire du Pérou. T. de bot.

SANCIA, s. f. Com. du dép. du Jura, cant. d'Orgelet, arr. de Lous-le-Saulnier. = Orgelet.

SANCIR, v. n. Couler bas. T. de mar.

SANCOINS, s. m. Com. du dép. du Cher, chef-lieu de cant. de l'arr. de St.-Amand. Bur. d'enregist. et de poste. Comm. de grains, bois et bestiaux.

SANCOURT, s. m. Com. du dép. de l'Eure, cant. de Gisors, arr. des Andelys. = Gisors.

SANCOURT, s. m. Com. du dép. du Nord, cant. et arr. de Cambrai. = Cambrai.

SANCTIFIANT, E, adj. Qui sanctifie.

SANCTIFICATEUR, s. et adj. m. Qui travaille à sanctifier.

SANCTIFICATION, s. f. Action et effet de la grâce qui sanctifie. — du dimanche, des fêtes, leur célébration suivant la loi de l'église.

SANCTIFIÉ, E, part. Rendu saint.

SANCTIFIER, v. a. Rendre saint; la grâce sanctifie. —, mettre dans la voie du salut, rendre conforme à la loi divine. —, rendre sacré; J.-C. sanctifia les eaux du Jourdain. —, célébrer, fêter suivant la loi de l'Eglise.

SANCTION, s. f. Force, autorité donnée à une loi, par l'approbation du souverain; confirmation, rectification par un supérieur, d'un acte émané d'un inférieur. —, approbation. Fig.

SANCTIONNÉ, E, part. Approuvé, ratifié.

SANCTIONNER, v. a. Donner sa sanction; approuver; confirmer, ratifier.

SANCTUAIRE, s. m. Lieu le plus saint du temple des juifs, où reposait l'arche; partie d'une église où se trouve le maître-autel; l'église, le sacerdoce. —, lieu consacré aux beaux-arts; le sanctuaire des Muses. Fig.

SANCY, s. m. Com. du dép. de l'Aisne, cant. de Vailly, arr. de Soissons. = Soissons.

SANCY, s. m. Com. du dép. de la Moselle, cant. d'Audun-le-Roman, arr. de Briey. = Briey.

SANCY, s. m. Com. du dép. de Seine-et-Marne, cant. de Crécy, arr. de Meaux. = Crécy.

SANCY, s. m. Com. du dép. de Seine-et-Marne, cant. de Villiers-St.-Georges, arr. de Provins. = Provins.

SAND, s. m. Com. du dép. du Bas-Rhin, cant. de Benfeld, arr. de Schélestadt. = Benfeld.

SANDALE, s. f. Chaussure qui ne couvre le dessus du pied qu'en partie. —, semelle de bois, mobile, à charnière, pour le soufflet d'un petit jeu d'orgue. —, navire, ou allége du Levant. —, genre d'insectes coléoptères. T. d'hist. nat.

SANDALIER, s. m. Fabricant de sandales. T. inus.

SANDALINE, s. f. Petite étoffe de Venise.

SANDALIOLITHE, s. m. Madrépore fossile. T. d'hist. nat.

SANDAPILE, s. f. Brancard pour les enterremens. T. d'antiq.

SANDARAQUE, s. f. Résine blanche, sèche, du grand genévrier. —, orpiment rouge; substance dont se nourrissent les abeilles.

SANDARVILLE, s. f. Com. du dép. d'Eure-et-Loir, cant. d'Illiers, arr. de Chartres. = Chartres.

SANDASTRE, s. m. Pierre précieuse tachetée de jaune.

SANDAT, s. m. Poisson du genre du persègue. T. d'hist. nat.

SANDAUCOURT, s. m. Com. du dép. des Vosges, cant. de Châtenois, arr. de Neufchâteau. = Neufchâteau.

SANDERLING, s. m. Genre d'oiseaux échassiers. T. d'hist. nat.

SANDILLON, s. m. Com. du dép. du Loiret, cant. de Jargeau, arr. d'Orléans. = Orléans.

SANDIX, s. m. Céruse calcinée; espèce de minium.

SANDOUVILLE, s. f. Com. du dép. de la Seine-Inférieure, cant. de St.-Romain-de-Colbosc, arr. du Hàvre. = St.-Romain-de-Colbosc.

SANDOUX (St.-), s. m. Com. du dép. du Puy-de-Dôme, cant. de St.-Amant-Tallende, arr. de Clermont. = Clermont.

SANDRANS, s. m. Com. du dép. de l'Ain, cant. de Châtillon-les-Dombes, arr. de Trévoux. = Châtillon-les-Dombes.

SANDWICH, s. m. Archipel de onze îles dans l'Océan Pacifique. C'est dans l'une de ces îles, Owihy, que le capitaine Cook fut tué en 1779.

SANE-KADSURA, s. m. Arbrisseau du Japon. T. de bot.

SAN-FIORENZO ou ST.-FLORENT, s. m. Com. du dép. de la Corse, chef-lieu de cant. de l'arr. de Bastia. = Bastia. Voy. FLORENT (St.-).

SANG, s. m. Fluide rouge composé de différens autres liquides plus subtils, destiné par la nature à circuler perpétuellement dans les veines et les artères pour l'entretien de la vie. —, liqueur qui en tient lieu dans certains animaux. —, nature du tempérament; sang vif, etc. —, enfans par rapport à leurs père et mère. —, origine, extraction; sang noble. —, descendance, lignée, race; le sang de Louis XIV. —, meurtre, carnage. Epargner le —, la vie des hommes. Buveur de —, homme sanguinaire, terroriste. Force du —, pouvoir de la nature sur les sentimens de l'homme. S'engraisser du — des peuples, dévorer le fruit de leurs travaux, s'enrichir à leurs dépens. Fig.

SANGA, s. m. Arbre qui produit le vernis noir qu'emploient les Chinois.

SANGATTE, s. f. Com. du dép. du Pas-de-Calais, cant. de Calais, arr. de Boulogne. = Calais.

SANG-DE-DRAGON, s. m. Plante, espèce de patience; liqueur résineuse et médicinale qui découle de certains arbres.

SANG-FROID, s. m. Calme imperturbable, présence d'esprit dans les circonstances difficiles ou périlleuses. De —, adv. Avec réflexion, sans colère, sans emportement.

SANGHEN, s. m. Com. du dép. du Pas-de-Calais, cant. de Guines, arr. de Boulogne. = Ardres.

SANGIAC, s. m. Gouverneur turc.

SANGLADE, s. f. Grand coup de fouet, de sangle. (Vi.)

SANGLANT, E, adj. Ensanglanté; taché, souillé de sang. —, qui cause une grande effusion de sang; combat sanglant. —, offensant, outrageux; affront sanglant. Fig.

SANGLARGAN, s. m. Drogue médicinale de la Chine, qui arrête le sang.

SANGLE, s. f. Tissu de fils croisés en forme de bande plus ou moins large, pour garnir les cadres, les fonds de lits. —, bande de cuir pour serrer.

SANGLÉ, E, part. Serré avec une sangle. —, garni de sangles; fond sanglé.

SANGLER, v. a. Serrer avec une sangle de cuir; sangler un cheval. —, garnir de sangles; sangler un fond de lit. —, appliquer vigoureusement; sangler des coups de fouet. Fig.

SANGLIER, s. m. Espèce de porc sauvage. — de mer, poisson du genre du doré.

SANGLONS, s. m. pl. Fausses côtes dont on fortifie les bateaux.

SANGLOT, s. m. Soupir redoublé d'une voix entrecoupée; se dit surtout au pl.

SANGLOTER, v. n. Pousser des sanglots.

SANGSUE, s. f. Espèce de limace aquatique qui suce le sang, dont les médecins ordonnent l'application pour pratiquer une saignée locale. —, usurier, homme avide d'argent qui s'enrichit aux dépens d'autrui, exacteur. Fig.

SANGUIFICATIF, IVE, adj. Qui convertit en sang, qui forme le sang. T. de méd.

SANGUIFICATION, s. f. Transformation du chyle en sang, hématose. T. de méd.

SANGUIFIÉ, E, part. Transformé en sang. T. inus.

SANGUIFIER, v. a. Convertir en sang. T. inus.

SANGUIN, E, adj. Qui a beaucoup de sang, chez qui le sang domine; tempérament sanguin. —, de couleur de sang; marqueté de rouge. Valsseaux —, qui servent à la circulation du sang.

SANGUINAIRE, s. f. Plante papavéracée. T. de bot.

SANGUINAIRE, adj. Qui aime à répandre le sang; cruel, inhumain.

SANGUINE, s. f. Mine de fer, de couleur rougeâtre; crayon rouge. —, pierre précieuse couleur de sang. —, variété de la laitue cultivée.

SANGUINET, s. m. Com. du dép. des Landes, cant. de Parentis-en-Born, arr. de Mont-de-Marsan. = Liposley.

SANGUINOLAIRE, s. f. Mollusque acéphale. T. d'hist. nat.

SANGUINOLE, s. f. Variété de pêche. T. de jard.

SANGUINOLENT, E, adj. Teint, mêlé de sang. —, s. f. Poisson du genre du persègue. T. d'hist. nat.

SANGUISORBE, s. f. Genre de plantes rosacées, dont la pimprenelle est une espèce. T. de bot.

SANGUISUGES, s. m. pl. Insectes hémiptères qui sucent le sang des animaux. T. d'hist. nat.

SANHÉDRIN, s. m. Premier tribunal des anciens Juifs.

SA-NHON, s. m. Amome de la Cochinchine. T. de bot.

SANICLE, s. f. Plante vulnéraire, astringente, du genre des ombellifères. T. de bot.

SANIE, s. f. Pus séreux qui sort des ulcères, particulièrement de ceux qui se forment aux articulations. T. de chir.

SANIÈRES, s. f. Village du dép. des Basses-Alpes, cant. et arr. de Barcelonnette. = Barcelonnette.

SANIEUX, EUSE, adj. Qui tient de la nature de la sanie, du pus corrompu. T. de chir.

SANILHAC, s. m. Com. du dép. de l'Ardèche, cant. et arr. de Largentière. = Largentière.

SANILLAC (Notre-Dame de), s. m. Com. du dép. de la Dordogne, cant. de St.-Pierre-de-Chignac, arr. de Périgueux. = Périgueux.

SANILLAC - ET - SAGRIERS, s. m. Com. du dép. du Gard, cant. et arr. d'Uzès. = Uzès.

SANITAIRE, adj. Qui est relatif aux mesures propres à conserver la santé; ordonnances sanitaires. Cordon —, ligne militaire établie pour empêcher l'introduction des personnes et des marchandises qui viennent d'un pays infecté de la peste.

SANNAT, s. m. Com. du dép. de la Creuse, cant. d'Evaux, arr. d'Aubusson. = Chambon.

SANNE (la), s. f. Petite rivière qui prend sa source dans le dép. de la Seine-Inférieure, et se jette dans la Manche. Son cours est d'environ 7 lieues.

SANNERVILLE, s. f. Com. du dép. du Calvados, cant. de Troarn, arr. de Caen. = Troarn.

SANNES, s. f. Com. du dép. de Vaucluse, cant. de Pertuis, arr. d'Apt. = Pertuis.

SANNOIS, s. m. Com. du dép. de Seine-et-Oise, cant. d'Argenteuil, arr. de Versailles. = Franconville.

SANOUS, s. m. Com. du dép. des Hautes-Pyrénées, cant. de Vic, arr. de Tarbes. = Vic-en-Bigorre.

SANRY-LES-VIGY, s. m. Com. du dép. de la Moselle, cant. de Vigy, arr. de Metz. = Metz.

SANRY-SUR-NIED, s. m. Com. du dép. de la Moselle, cant. de Pange, arr. de Metz. = Metz.

SANS, prép. exclusive. Manquant de...; sans cœur. —, marque la négation, la restriction, l'absence, etc. —, entre dans plusieurs locutions adverbiales; sans doute, sans cesse. — que, sorte de conjonction.

SANSA, s. m. Com. du dép. des Pyrénées-Orientales, cant. d'Olette, arr. de Prades. = Prades.

SANSAC-DE-MARMIESSE, s. m. Com. du dép. du Cantal, cant. et arr. d'Aurillac. = Aurillac.

SANSAC-VEINAZÈS, s. m. Com. du dép. du Cantal, cant. de Montsalvy, arr. d'Aurillac. = Aurillac.

SANSAIS, s. m. Com. du dép. des Deux-Sèvres, cant. de Fontenay, arr. de Niort. = Niort.

SANSAN, s. m. Com. du dép. du Gers, cant. et arr. d'Auch. = Auch.

SANS-CŒUR, s. m. Lâche, poltron, fainéant. T. fam.

SANSCRIT, E, s. et adj. Langue des anciens habitans de l'Inde.

SANS-CULOTTE, s. m. Suppôt de l'anarchie, terroriste, révolutionnaire de la lie du peuple en 1793.

SANS-CULOTTERIE, s. f. Classe des sans-culottes.

SANS-CULOTTIDES, s. f. pl. Fêtes républicaines pendant les 5 jours complémentaires.

SANSEVIÈRE, s. f. Genre de plantes. T. de bot.

SANS-FLEUR, s. m. Sorte de pommier; son fruit.

SANSONNET, s. m. Etourneau. —, Poisson de mer, sorte de petit maquereau.

SANS-PEAU, s. m. Sorte de poirier.
—, s. f. Fruit de ce poirier.
SANSSAC-L'ÉGLISE, s. m. Com. du dép. de la Haute-Loire, cant. de Loudes, arr. du Puy. = le Puy.
SANSSAT, s. m. Com. du dép. de l'Allier, cant. de Varennes, arr. de Lapalisse. = St.-Gérand.
SANS-TACHE, s. m. Serpent blanc; poisson du genre du salmone.
SANS-VALLOIS, s. m. Com. du dép. des Vosges, cant. de Darney, arr. de Mirecourt. = Darney.
SANTA, s. m. Monnaie de l'île de Java, un sou, cinq centimes.
SANTAL, s. m. Bois des Indes, dont on compte trois espèces, blanc, rouge et citrin.
SANTANS, s. m. Com. du dép. du Jura, cant. de Montbarrey, arr. de Dôle. = Dôle.
SANTÉ, s. f. État d'une personne saine, qui se porte bien; se dit de l'âme, de l'esprit. Fig.—, toast; boire à la santé d'un convive.
SANTEAU, s. m. Com. du dép. du Loiret, cant. et arr. de Pithiviers. = Pithiviers.
SANTENAY, s. m. Com. du dép. de la Côte-d'Or, cant. de Nolay, arr. de Beaune. = Chagny.
SANTENAY, s. m. Com. du dép. de Loir-et-Cher, cant. d'Herbault, arr. de Blois. = Blois.
SANTENOGE, s. m. Com. du dép. de la Haute-Marne, cant. d'Auberive, arr. de Langres. = Langres.
SANTENY, s. m. Com. du dép. de Seine-et-Oise, cant. de Boissy-St.-Léger, arr. de Corbeil. = Brie-Comte-Robert.
SANTES, s. m. Com. du dép. du Nord, cant. de Haubourdin, arr. de Lille. = Lille.
SANTEUIL, s. m. Com. du dép. d'Eure-et-Loir, cant. d'Auneau, arr. de Chartres. = Chartres.
SANTEUIL, s. m. Com. du dép. de Seine-et-Oise, cant. de Marines, arr. de Pontoise. = Pontoise.
SANTIGNY, s. m. Com. du dép. de l'Yonne, cant. de Guillon, arr. d'Avallon. = Avallon.
SANTILLY, s. m. Com. du dép. d'Eure-et-Loir, cant. de Janville, arr. de Chartres. = Chartres.
SANTILLY, s. m. Com. du dép. de Saône-et-Loire, cant. de Buxy, arr. de Chalons. = Buxy.
SANTIN (St.-), s. m. Com. du dép. de l'Aveyron, cant. d'Aubin, arr. de Villefranche. = Rignac.

SANTIN-CANTALÈS (St.-), s. m. Com. du dép. du Cantal, cant. de la Roquebrou, arr. d'Aurillac. = Aurillac.
SANTIN-DE-MAURS (St.-), s. m. Com. du dép. du Cantal, cant. de Maurs, arr. d'Aurillac. = Maurs.
SANTOCHE, s. m. Com. du dép. du Doubs, cant. de Clerval, arr. de Baume. = l'Isle-sur-le-Doubs.
SANTOLINE, s. f. Plante vermifuge, du genre des corymbifères. T. de bot.
SANTON, s. m. Sorte de moine mahométan.
SANTOR, s. m. Arbre des Philippines. T. de bot.
SANTOSSE, s. m. Com. du dép. de la Côte-d'Or, cant. de Nolay, arr. de Beaune. = Nolay.
SANTRANGES, s. m. Com. du dép. du Cher, cant. de Léré, arr. de Sancerre. = Neuvy.
SANVE, s. f. Espèce de moutarde qui croît dans les blés.
SANVIC, s. m. Com. du dép. de la Seine-Inférieure, cant. d'Ingouville, arr. du Hâvre. = le Hâvre. Briqueteries importantes.
SANVIGNES, s. f. Com. du dép. de Saône-et-Loire, cant. de Toulon-sur-Arroux, arr. de Charolles. = Perrecy.
SANVITALIE, s. f. Plante corymbifère. T. de bot.
SANXAY, s. m. Com. du dép. de la Vienne, cant. de Lusignan, arr. de Poitiers. = Lusignan.
SANZAY, s. m. Com. du dép. des Deux-Sèvres, cant. d'Argenton-Château, arr. de Bressuire. = Thouars.
SANZEY, s. m. Com. du dép. de la Meurthe, cant. et arr. de Toul. = Toul.
SAOLON ou **SOLON**, s. m. Petite rivière qui prend sa source dans le dép. de la Haute-Marne et se jette dans la Saône, vis-à-vis de Beaujeu. Son cours est d'environ 10 l.
SAON, s. m. Com. du dép. du Calvados, cant. de Trévières, arr. de Bayeux. = Bayeux.
SAÔNE, s. f. Com. du dép. du Doubs, cant. et arr. de Besançon. = Besançon.
SAÔNE (la), s. f. Petite rivière qui prend sa source dans le dép. du Lot, et qui se jette dans la Garonne, près de l'embouchure du Gers. Son cours est de 14 lieues env.
SAÔNE (la), s. f. Rivière qui prend sa source à Vioménil, arr. de Mirecourt, dép. des Vosges, et qui est navigable depuis Gray jusqu'à Lyon, où elle se jette dans le Rhône. Les objets de transport

consistent en grains de toute espèce, de farines pour Lyon et Marseille; vins du midi, eaux-de-vie et esprits, huiles, sels, épiceries, denrées coloniales, fourrages, bois de chauffage et de construction, fer, etc. Le cours de la Saône est de 110 l. env.

SAÔNE (dép. de la Haute-), s. f. Chef-lieu de préf., Vesoul; 3 arr. ou sous-préf.: Vesoul, Gray, Lure; 28 cant. ou justices de paix; 579 com.; pop. 327,641 hab. env.; cour royale et diocèse de Besançon; 6° div. milit.; 5° div. des ponts-et-chaussées; 3° div. des mines; direct. de l'enregist. et des domaines de 3° classe; 8° arr. forestier.

Ce dép. est borné N. par les dép. des Vosges, E. par celui du Haut-Rhin, S. par ceux du Doubs et du Jura, et O. par ceux de la Côte-d'Or et de la Haute-Marne. Son territoire, généralement montagneux, offre cependant dans les arr. de Vesoul et de Gray quelques plaines très fertiles, des coteaux couverts de vignes et de bois, et de vastes prairies baignées par la Saône et l'Oignon; ses productions consistent en plantes céréales de toute espèce, sarrasin, maïs, pommes-de-terre, légumes, chataignes, noix, fruits, vin, cerises; beaucoup de bois, pins, sapins; fourrage excellent; gibier de toute espèce, poisson de rivière; belle race de chevaux de trait, propres au roulage et à la cavalerie; bêtes à cornes, chèvres, moutons mérinos et métis; quantité considérable de porcs; mines de fer très abondantes, manganèse oxydée, plomb sulfuré argentifère, cuivre gris argentifère et pyriteux, houille, marbre de différentes couleurs, granit vert, jaspe, albâtre, grès, plâtre, terres alumineuses et vitrioliques, argile à potier, marne, sable à verreries. Etablissement d'eaux minérales et thermales à Luxeuil; eaux minérales à Fédry et Rèpes; sources d'eau salée. Fabr. de toiles de ménage, toiles peintes, mouchoirs, droguets, bonneterie de laine et de coton, chapeaux de paille communs, ouvrages au tour; kirch-waser, fer en barres, tôle, fer-blanc, fil de fer, carrés de montres, vis à bois, instrumens aratoires, clous; blanchisseries de cire; filat. de coton, tanneries, brasseries: hauts-fourneaux, forges, fonderies, fileries, fer-blanteries; belles papeteries, verreries, tuileries, faïenceries; nombreux fours à chaux, moulins à blé, construction de bateaux. Comm. de grains, farines, fonte et fer forgé; vins du pays et du midi, fourrages, bois de construction, merrain, planches de sapin, beurre des montagnes de Servance, fromages, chevaux, bestiaux, cuirs, papiers, plâtre, glu. Entrepôt de sel des salines de l'est. Roulage très actif. Les rivières navigables sont la Saône et le Coney.

SAÔNE-ET-LOIRE (dép. de), s. f. Chef-lieu de préf., Mâcon; 5 arr. ou sous-préf.: Mâcon, Autun, Châlons, Charolles, Louhans; 48 cant. ou justices de paix; 601 com.; pop. 515,776 hab. env.; cour royale de Dijon; diocèse d'Autun; 18° div. milit.; 5° div. des ponts-et-chaussées; 3° div. des mines; direct. de l'enregist. et des domaines de 2° classe; 8° arr. forestier.

Ce dép. est borné N. par le dép. de la Côte-d'Or, E. par celui du Jura, S. par ceux de l'Ain, du Rhône et de la Loire, et O. par ceux de l'Allier et de la Nièvre. Il est coupé par une chaîne de montagnes et couvert de coteaux plantés de vignes. On y trouve de vastes forêts, d'immenses prairies qui produisent une grande quantité de foin, et des étangs très poissonneux.

Le dép. de Saône-et-Loire produit: froment, seigle, fruits, chanvre, vins très estimés; bons pâturages, foin, bois, beaucoup de gibier, bon poisson d'eau douce; nombreux bétail, chevaux, quantité de porcs; fer, cristal de roche, manganèse, houille; marbre rouge, blanc et noir; pierres lithographiques, pierres à bâtir; établissemens d'eaux minérales à Bourbon-Lancy; dépôt royal d'étalons à Cluny.

Fabr. de toiles, couvertures de laines et de coton, molleton, tapis de pieds, horlogerie, ustensiles de cuisine; poterie commune, tuiles; filat. de coton, tanneries, papeteries, faïenceries, hauts-fourneaux, forges, fonderies; manuf. royale de cristaux. Comm. de vins de Bourgogne et du midi, eaux-de-vie, vinaigre, grains, chanvre, fer, sel, cuirs, cristaux, pierres lithographiques et à bâtir; tuiles, charbon de terre, bois, merrain, cerceaux, chevaux et bestiaux. Les rivières navigables sont la Loire, la Saône, l'Arroux, la Seille et le Doubs.

SAONNET, s. m. Com. du dép. du Calvados, cant. de Trévières, arr. de Bayeux. = Bayeux.

SAOSNE-ET-MONTRENAULT, s. m. Com. du dép. de la Sarthe, cant. et arr. de Mamers. = Mamers.

SAOU, s. m. Com. du dép. de la Drôme, cant. de Crest, arr. de Die. = Crest. Fabr. de poterie, étoffes de laine, moulin à foulon.

SAOUARI, s. m. Arbre de la Guiane. T. de bot.

SAOÛL, E, adj. Voy. SOUL.

SAP (le), s. m. Com. du dép. de

l'Orne, cant. de Vimoutiers, arr. d'Argentan. Bur. de poste.

SAPA, s. m. Moût, raisiné; suc de raisins cuits.

SAPAJOU, s. m. Petit singe qui a le museau court et les fesses velues, sans callosités. T. d'hist. nat.

SAPAN, s. m. Bois de teinture du Japon. —, espèce de polatouche. T. d'hist. nat.

SAP-ANDRÉ (le), s. m. Com. du dép. de l'Orne, cant. de Gacé, arr. d'Argentan. = Gacé.

SAPE, s. f. Action de saper; travaux faits en sapant.

SAPÉ, E, part. Renversé, détruit par la sape, en parlant des fondemens d'un édifice.

SAPER, v. a. Fouir, creuser sous les fondemens d'un édifice pour le renverser, le détruire par les fondemens. —, miner, ruiner sourdement; saper les fondemens de l'autorité légitime. Fig.

SAPERDE, s. f. Insecte coléoptère, lamie. T. d'hist. nat.

SAPEUR, s. m. Soldat du génie, armé d'une hache, etc., pour travailler à la sape.

SAPHÈNE, s. f. et adj. Veine qu'on ouvre dans la saignée du pied.

SAPHI, s. m. Sorte d'amulette des nègres mahométans.

SAPHIQUE, adj. Se dit d'un vers grec ou latin de onze syllabes, qu'on suppose avoir été inventé par Sapho.

SAPHIR, s. m. Pierre précieuse bleue et transparente.

SAPHIRINE, s. f. Variété de calcédoine, de la couleur du saphir.

SAPHO, s. f. Lesbienne célèbre par son génie poétique et sa passion pour Phaon, laquelle, dit-on, se précipita du haut du promontoire de Leucade dans la mer Ionienne.

SAPICOURT, s. m. Com. du dép. de la Marne, cant. de Ville-en-Tardenois, arr. de Reims. = Reims.

SAPIDE, adj. Qui a du goût, de la saveur, l'opposé d'insipide.

SAPIENCE, s. f. Sagesse. (Vi.)

SAPIENTIAUX, adj. m. pl. Se dit de certains livres de l'Ecriture-Sainte, comme les Proverbes, l'Ecclésiaste, etc.

SAPIGNICOURT, s. m. Com. du dép. de la Marne, cant. de Thiéblemont, arr. de Vitry-le-Français. = St.-Dizier.

SAPIGNIES, s. f. Com. du dép. du Pas-de-Calais, cant. de Bapaume, arr. d'Arras. = Bapaume.

SAPIN, s. m. Grand arbre résineux, toujours vert, du genre des conifères. —, fiacre. T. fam.

SAPINE, s. f. Solive, planche de bois de sapin.

SAPINETTE, s. f. Petite coquille qui s'attache aux navires. —, sapin du Canada.

SAPINIÈRE, s. f. Lieu planté de sapins.

SAPMÈLE (le), s. m. Com. du dép. de l'Orne, cant. de Vimoutiers, arr. d'Argentan. = Gacé.

SAPOGNE, s. m. Com. du dép. des Ardennes, cant. de Flize, arr. de Mézières. = Mézières.

SAPOGNE, s. m. Com. du dép. des Ardennes, cant. de Carignan, arr. de Sedan. = Carignan.

SAPOIS, s. m. Com. du dép. du Jura, cant. de Champagnole, arr. de Poligny. = Champagnole.

SAPOIS, s. m. Com. du dép. des Vosges, cant. de Saulxures, arr. de Remiremont. = Remiremont.

SAPONACÉ, E, adj. De la nature du savon.

SAPONACÉES, s. f. pl. Famille de plantes dicotylédones, polypétales, à étamines hypogynes. T. de bot.

SAPONAIRE, s. f. Plante coryophyllée qui nettoie comme le savon.

SAPONAY, s. m. Com. du dép. de l'Aisne, cant. de Fère-en-Tardenois, arr. de Château-Thierry. = Fère-en-Tardenois.

SAPONCOURT, s. m. Com. du dép. de la Haute-Saône, cant. d'Amance, arr. de Vesoul. = Jussey.

SAPONIFICATION, s. f. Formation du savon. —, art, action de saponifier. T. de chim.

SAPONIFIÉ, E, part. Converti en savon. T. de chim.

SAPONIFIER v. a. Convertir en savon. T. de chim.

SAPORIFIQUE, adj. Qui produit la saveur T. de méd.

SAPOTE, s. f. Fruit du sapotier. T. de bot.

SAPOTIER, s. m. Grand arbre des Indes. T. de bot.

SAPOTILLE, s. f. Fruit du sapotillier. T. de bot.

SAPOTILLIER, s. m. Grand arbre des Antilles. T. de bot.

SAPPEY (le), s. m. Com. du dép. de l'Isère, cant. et arr. de Grenoble. = Grenoble.

SAPROPHAGES, s. m. pl. Insectes coléoptères pentamères. T. d'hist. nat.

SAPROPYRE, s. f. Fièvre putride. T. de méd.

SAPYGE, s. m. Genre d'insectes hyménoptères sapygites. T. d'hist. nat.

SAPYGITES, s. m. pl. Insectes hyménoptères fouisseurs. T. d'hist. nat.

SAQUEBUTE, s. f. Voy. TROMBONE.

SARABANDE, s. f. Danse grave à trois temps; air de cette danse.

SARACHE, s. f. Plante du genre des solannées. T. de bot.

SARAGOSSE, s. f. Ville d'Espagne, capitale de l'Arragon, sur l'Ebre. Assiégée par l'armée française en 1808 et 1809, les habitants de cette ville s'immortalisèrent par une résistance héroïque. Pop. 28,000 hab. env.

SARAMON, s. m. Petite ville du dép. du Gers, chef-lieu de cant. de l'arr. d'Auch. Bur. d'enregist. = Auch.

SARAN, s. m. Com. du dép. du Loiret, cant. et arr. d'Orléans. = Orléans.

SARANGOUSTI, s. m. Sorte de mastic.

SARANNE, s. f. Plante liliacée de Sibérie, dont on tire une liqueur enivrante.

SARAPHANE, s. f. Vêtement des paysannes russes.

SARASINOIS, s. m. Tapis de Turquie.

SARAZ, s. m. Com. du dép. du Doubs, cant. d'Amancey, arr. de Besançon. = Salins.

SARBACANE, s. f. Long tuyau pour lancer de petites boules en soufflant, ou pour servir de conducteur à la voix. Parler par —, par l'entremise d'autrui. Fig. et fam.

SARBAZAN, s. m. Com. du dép. des Landes, cant. de Roquefort, arr. de Mont-de-Marsan. = Roquefort.

SARBOTIÈRE, s. f. Vase dont se servent les limonadiers pour servir les glaces, les sorbets.

SARCANDA, s. m. Santal rouge.

SARCASME, s. m. Raillerie amère, insultante.

SARCASTIQUE, adj. De la nature du sarcasme. T. inus.

SARCÉ, s. m. Com. du dép. de la Sarthe, cant. de Mayet, arr. de la Flèche. = le Lude.

SARCEAUX, s. m. Com. du dép. de l'Orne, cant. et arr. d'Argentan. = Argentan.

SARCELLE, s. f. Voy. CERCELLE.

SARCELLES, s. f. Com. du dép. de Seine-et-Oise, cant. d'Ecouen, arr. de Pontoise. Bur. de poste. Fabr. de calicots, lavoirs de laine.

SARCENAS, s. m. Com. du dép. de l'Isère, cant. et arr. de Grenobe. = Grenoble.

SARCEY, s. m. Com. du dép. de la Haute-Marne, cant. de Nogent, arr. de Chaumont. = Chaumont.

SARCEY, s. m. Com. du dép. du Rhône, cant. de l'Arbresle, arr. de Lyon. = l'Arbresle.

SARCHE, s. m. Large cerceau sur lequel est tendue la peau d'un tambour, d'un crible, etc.

SARCICOURT, s. m. Com. du dép. de la Haute-Marne, cant. et arr. de Chaumont. = Chaumont.

SARCITES, s. f. pl. Pierres figurées représentant la chair de bœuf. T. d'hist. nat.

SARCLÉ, E, part. Se dit d'une planche de jardinage dont on a coupé l'herbe un sarcloir.

SARCLER, v. a. Couper l'herbe avec un sarcloir.

SARCLEUR, EUSE, s. Personne qui sarcle.

SARCLOIR, s. m. Instrument de jardinage en fer, garni d'un long manche, espèce de ratissoire ou de binette pour couper l'herbe.

SARCLURE, s. f. Herbes arrachées en sarclant.

SARCOCARPE, s. m. Chair du fruit. T. de bot.

SARCOCÈLE, s. m. Tumeur charnue, ordinairement dure et indolente qui a son siége dans les testicules, ou les vaisseaux spermatiques. T. de chir.

SARCOCHILE, s. f. Plante orchidée. T. de bot.

SARCOCOLLE, s. f. Suc gommo-résineux d'un blanc jaunâtre, avec lequel on fait des emplâtres agglutinatifs.

SARCOCOLLIER, s. m. Genre de plantes de la pentandrie, cinquième classe des végétaux. T. de bot.

SARCODACTILIS, s. f. Baie charnue, oblongue, rouge de feu. T. de bot.

SARCODE, s. m. Arbrisseau grimpant, légumineux, de la Cochinchine. T. de bot.

SARCODERME, s. m. Parenchyme de la graine. T. de bot.

SARCO-ÉPIPLOCÈLE, s. f. Hernie de l'épiploon compliquée de sarcocèle. T. de chir.

SARCO-ÉPIPLOMPHALE, s. f. Hernie ombilicale formée par le déplacement de l'épiploon, et accompagnée d'adhérence et d'excroissance charnue. T. de chir.

SARCO-HYDROCÈLE, s. f. Voy. HYDRO-SARCOCÈLE. T. de chir.

SARCOLINE, s. f. Plante du genre des chicoracées. T. de bot.

SARCOLITHE, s. f. Substance vitreuse. T. d'hist. nat.

SARCOLOBE, s. m. Plante du genre des apocynées. T. de bot.

SARCOLOGIE, s. f. Partie de l'anatomie qui traite des chairs.

SARCOMATEUX, EUSE, adj. Qui est de la nature du sarcome. T. de chir.

SARCOME, s. m. Grosse tumeur charnue, dure, ronde et indolente, qui se forme dans différentes parties du corps, et particulièrement au bas de la cavité des narines. T. de chir.

SARCOMPHALE, s. m. Sarcome au nombril. T. de chir.

SARCOPHAGE, s. m. Tombeau fait d'une sorte de pierre caustique, dans lequel les anciens renfermaient les corps qu'ils ne voulaient pas brûler. —, aujourd'hui cercueil, ou sa représentation dans les cérémonies funèbres. —, s. m. et adj. Médicament cathérétique, qui consume les chairs. T. de chir. —, qui mange la chair des quadrupèdes, l'opposé d'ichtyophage.

SARCOPHYLLE, s. m. Plante légumineuse. T. de bot.

SARCORAMPHE, s. m. Vautour à bec charnu. T. d'hist. nat.

SARCOS, s. m. Com. du dép. du Gers, cant. de Masseube, arr. de Mirande. = Auch.

SARCOSTOME, s. f. Insecte diptère. T. d'hist. nat.

SARCOSTOSE, s. f. Voy. OSTÉOSARCOSE. T. de chir.

SARCOTIQUE, adj. Voy. INCARNATIF. T. de chir.

SARCUS, s. m. Com. du dép. de l'Oise, cant. de Grandvilliers, arr. de Beauvais. = Grandvilliers. Fabr. de draps et de ratines.

SARCY, s. m. Com. du dép. de la Marne, cant. de Ville-en-Tardenois, arr. de Reims. = Reims.

SARDAIGNE, s. f. Île de la Méditerranée, au S. de l'île de Corse. Royaume de —, royaume d'Europe qui se compose 1° de la Savoie, du Piémont, Montferrat, comté de Nice, duché de Gênes et partie du Milanais ; 2° de l'île dont il porte le nom. Pop. 4,000,000 d'hab. env.

SARDAN, s. m. Com. du dép. du Gard, cant. de Quissac, arr. du Vigan. = Sauve.

SARDE, s. et adj. Habitant de la Sardaigne ; qui concerne l'île ou le royaume de ce nom.

SARDE-AGATE, s. f. Pierre précieuse qui tient de la cornaline et de l'agate.

SARDENT, s. m. Com. du dép. de la Creuse, cant. de Pontarion, arr. de Bourganeuf. = Guéret.

SARDIEU, s. m. Com. du dép. de l'Isère, cant. de St.-Etienne-de-St.-Geoirs, arr. de St.-Marcellin. = la Côte-St.-André.

SARDINE, s. f. Poisson de mer, espèce de petit hareng. —, agaric des Alpes.

SARDINIÈRE, s. f. Filet pour prendre les sardines. T. de pêch.

SARDINYA ; s. m. Village du dép. des Pyrénées-Orientales, cant. d'Olette, arr. de Prades. = Prades.

SARDIS, s. m. Grosse étoffe de laine que l'on fabrique en Bourgogne.

SARDOINE, s. f. Pierre précieuse, variété d'agate.

SARDOLLES, s. f. Com. du dép. de la Nièvre, cant. de St.-Benin-d'Azy, arr. de Nevers. = Decize.

SARDON, s. m. Bord d'un filet d'un fil plus fort et d'un tissu plus serré. T. de pêch.

SARDONIQUE ou SARDONIEN, adj. m. Convulsif, forcé, malin, ironique ; ris sardonique.

SARDONIX, s. f. Variété d'agate.

SARDOS (St.-), s. m. Com. du dép. de Lot-et-Garonne, cant. de Prayssas, arr. d'Agen. = Clairac.

SARDOS (St.-), s. m. Com. du dép. de Tarn-et-Garonne, cant. de Verdun, arr. de Castel-Sarrasin. = Grisolles.

SARDY, s. m. Com. du dép. de la Nièvre, cant. de Corbigny, arr. de Clamecy. = Corbigny.

SARE, s. m. Com. du dép. des Basses-Pyrénées, cant. d'Espelette, arr. de Bayonne. = Montrejeau.

SARGÉ, s. m. Com. du dép. de Loir-et-Cher, cant. de Montdoubleau, arr. de Vendôme. = Montdoubleau.

SARGÉ, s. m. Com. du dép. de la Sarthe, cant. et arr. du Mans. = le Mans.

SARGIE, s. f. Genre d'insectes diptères. T. d'hist. nat.

SARGON, s. m. Sorte de petit canard.

SARIAC, s. m. Com. du dép. des Hautes-Pyrénées, cant. de Castelnau-Magnoac, arr. de Bagnères. = Castelnau-Magnoac.

SARIBUS, s. m. Palmier de l'Inde. T. de bot.

SARICOVIENNE, s. f. Loutre du Canada. T. d'hist. nat.

SARI-DI-PORTOVECCHIO, s. m. Com. du dép. de la Corse, cant. de Portovecchio, arr. de Sartene. = Ajaccio.

SARI-D'ORCINO, s. m. Com. du dép. de la Corse, chef-lieu de cant. de l'arr. d'Ajaccio, où est le bur. d'enregist. = Ajaccio.

SARIGUE, s. m. Petit quadrupède d'Amérique, carnassier, pédimane, à queue prenante, et ayant sous le ventre une poche musculeuse.

SARILLES, s. f. pl. Sciure de bois d'orme avec du storax.

SARION, s. m. Natte pour emballer.

SARIONE, s. m. Jeune saumon.

SARISSE, s. f. Longue lance dont se servaient les Macédoniens. T. d'antiq.

SARISSOPHORE, s. m. Soldat macédonien armé d'une sarisse. T. d'antiq.

SARLABOUS, s. m. Com. du dép. des Hautes-Pyrénées, cant. de Lannemezan, arr. de Bagnères. = Bagnères-de-Bigorre.

SARLANDE, s. f. Com. du dép. de la Dordogne, cant. de Lanouaille, arr. de Nontron. = Exideuil.

SARLAT, s. m. Ville du dép. de la Dordogne, chef-lieu de sous-préf. et de cant.; trib. de 1re inst. et de comm.; conserv. des hypoth.; direct. des contrib. indir.; recev. part. des finances; bur. d'enregist. et de poste.

Cette ville, arrosée par le ruisseau qui porte son nom, est située entre deux montagnes escarpées. Mines de fer aux environs. Fabr. et comm. d'huile de noix; papeteries.

SARLIAC, s. m. Com. du dép. de la Dordogne, cant. de Savignac-les-Eglises, arr. de Périgueux. = Périgueux.

SARMAISE, s. m. Com. du dép. de Maine-et-Loire, cant. de Seiches, arr. de Baugé. = Baugé.

SARMATIE, s. f. Contrée d'Europe qui s'étendait depuis la Vistule jusque vers le nord de la mer Caspienne.

SARMAZES, s. m. Com. du dép. du Tarn, cant. de Cordes, arr. de Gaillac. = Cordes.

SARMENT, s. m. Rameau de la vigne, de plusieurs autres plantes rampantes ou grimpantes.

SARMENTACÉES, s. f. pl. Famille de plantes dicotylédones, polypétales, à étamines hypogynes. T. de bot.

SARMENTEUX, EUSE, adj. De la nature du sarment, qui en produit beaucoup.

SARNIGUET, s. m. Com. du dép. des Hautes-Pyrénées, cant. et arr. de Tarbes. = Tarbes.

SARNIN-DE-LA-BARDE (St.-), s. m. Com. du dép. de la Dordogne, cant. d'Issigeac, arr. de Bergerac. = Bergerac.

SARNOIS, s. m. Com. du dép. de l'Oise, cant. de Grandvilliers, arr. de Beauvais. = Grandvilliers.

Fabr. de lunettes.

SARON, s. m. Com. du dép. de la Marne, cant. d'Anglure, arr. d'Epernay. = Pont-le-Roi.

SARONIDE, s. m. Prêtre gaulois. Voy. DRUIDE.

SAROPODES, s. f. pl. Insectes hyménoptères apiaires. T. d'hist. nat.

SAROTHRE, s. f. Plante annuelle d'Amérique. T. de bot.

SAROUBÉ, s. m. Gecko de l'île de Madagascar. T. d'hist. nat.

SARP, s. m. Com. du dép. des Hautes-Pyrénées, cant. de Mauléon-Barousse, arr. de Bagnères. = Montrejeau.

SARPOUREUX, s. m. Com. du dép. des Basses-Pyrénées, cant. de Lagor, arr. d'Orthez. = Orthez.

SARRAGACHIES, s. f. Com. du dép. du Gers, cant. d'Aignan, arr. de Mirande. = Nogaro.

SARRAGAILLOLES, s. f. Com. du dép. du Gers, cant. de Miélan, arr. de Mirande. = Miélan.

SARRAGEOIS, s. m. Com. du dép. du Doubs, cant. de Mouthe, arr. de Pontarlier. = Pontarlier.

SARRAGUZAN, s. m. Com. du dép. du Gers, cant. de Miélan, arr. de Mirande. = Miélan.

SARRALBE, s. m. Petite ville du dép. de la Moselle, chef-lieu de cant. de l'arr. de Sarreguemines. Bur. d'enregist. = Sarreguemines.

Fabr. de gants, tabatières en carton vernissées; sources d'eau salée.

SARRALTROFF, s. m. Com. du dép. de la Meurthe, cant. de Fénétrange, arr. de Sarrebourg. = Sarrebourg.

SARRAN, s. m. Com. du dép. de la Corrèze, cant. de Corrèze, arr. de Tulle. = Tulle.

SARRAN, s. m. Com. du dép. du Gers, cant. de Mauvesin, arr. de Lectoure. = Gimont.

SARRANCE, s. f. Com. du dép. des Basses-Pyrénées, cant. d'Accous, arr. d'Oloron. = Oloron.

SARRANCOLIN, s. m. Com. du dép. des Hautes-Pyrénées, cant. d'Arreau, arr. de Bagnères. = Arreau.

Carrières de marbre, dit de Sarrancolin. Fabr. de bonneterie; papeteries; scieries hydrauliques.

SARRANE, s. f. Flûte double dont le son aigu ressemblait à celui que produit une scie. T. d'antiq.

SARRAS, s. m. Com. du dép. de l'Ardèche, cant. et arr. de Tournon. = St.-Vallier.

SARRASIN, s. m. et adj. Sorte de blé noir originaire d'Afrique, pays des Maures et des Sarrasins qui se répandirent en Europe.

SARRASINE, s. f. Voy. HERSE.

SARRASQUETTE, s. f. Com. du dép.

des Basses-Pyrénées, cant. de St.-Jean-Pied-de-Port, arr. de Mauléon. = St.-Jean-Pied-de-Port.

SARRAU, s. m. Souquenille de paysan, de charretier, etc.

SARRAZAC, s. m. Com. du dép. de la Dordogne, cant. de Lanouaille, arr. de Nontron. = Exideuil.

SARRAZAC, s. m. Com. du dép. du Lot, cant. de Martel, arr. de Gourdon. = Cressensac.

SARRAZIET, s. m. Com. du dép. des Landes, cant. et arr. de St.-Sever. = St.-Sever.

SARRE (la), s. f. Rivière qui prend sa source dans les Vosges, près du château de Salm, arr. de Sarrebourg, dép. de la Meurthe, et qui se jette dans la Moselle, au-dessous de Trèves. Cette rivière est flottable depuis Nidhoff jusqu'à son embouchure.

SARREBOURG, s. m. Ville du dép. de la Meurthe, chef-lieu de sous-préf. et de cant.; trib. de 1re inst.; société d'agric.; conserv. des hypoth.; direct. des contrib. indir.; recev. part. des fin.; bur. d'enregist. et de poste.
Cette ville, située sur la rive droite de la Sarre, fut cédée à la France en 1666, par le duc de Lorraine. Fabr. de siamoises, toiles de coton; limes, faulx, scies, fer-blanc; papeteries. Manuf. de porcelaine, de faïence, de poterie, de grès, etc.

SARRECAVE, s. f. Com. du dép. de la Haute-Garonne, cant. de Boulogne, arr. de St.-Gaudens. = Boulogne.

SARREGUEMINES, s. f. Ville du dép. de la Moselle, chef-lieu de sous-préf. et de cant.; trib. de 1re inst.; société d'agric.; conserv. des hypoth.; direct. des contrib. indir.; recev. part. des fin.; bur. d'enregist. et de poste.
Manuf. de poterie, de faïence et de porcelaine. Fabr. de tabatières de carton. Comm. de grains, de fruits, de bois de construction, etc.

SARREINSBERG, s. m. Com. du dép. de la Moselle, cant. de Bitche, arr. de Sarreguemines. = Bitche.

SARREINSMING, s. m. Com. du dép. de la Moselle, cant. et arr. de Sarreguemines. = Sarreguemines.

SARREMEZAN, s. m. Com. du dép. de la Haute-Garonne, cant de Boulogne, arr. de St.-Gaudens. = Boulogne.

SARRETTE, s. f. Spasme des nouveaux-nés. T. de méd.

SARREWERDEN, s. m. Village du dép. du Bas-Rhin, cant. et arr. de Saverne. Bur. de poste.

SARREY, s. m. Com. du dép. de la Haute-Marne, cant. de Montigny, arr. de Langres. = Montigny-le-Roi.

SARRIAC, s. m. Com. du dép. des Hautes-Pyrénées, cant. de Rabastens, arr. de Tarbes. = Castelnau-Magnoac.

SARRIANS, s. m. Com. du dép. de Vaucluse, cant. et arr. de Carpentras. = Carpentras. Comm. de foin et de safran.

SARRIETTE, s. f. Plante potagère du genre des labiées.

SARRIGNÉ, s. m. Com. du dép. de Maine-et-Loire, cant. et arr. d'Angers. = Angers.

SARROGNA-LE-BAS, s. m. Com. du dép. du Jura, cant. d'Orgelet, arr. de Lons-le-Saulnier. = Orgelet.

SARROLA-ET-CARCOPINO, s. f. Com. du dép. de la Corse, chef-lieu de cant. de l'arr. d'Ajaccio, où se trouvent les bur. d'enregist. et de poste.

SARRON, s. m. Com. du dép. des Landes, cant. d'Aire, arr. de St.-Sever. = Aire-sur-l'Adour.

SARRON, s. m. Com. du dép. de l'Oise, cant. de Liancourt, arr. de Clermont. = Pont-Ste.-Maxence.

SARROUILLES, s. f. Com. du dép. des Hautes-Pyrénées, cant. et arr. de Tarbes. = Tarbes.

SARROUX, s. m. Com. du dép. de la Corrèze, cant. de Bort, arr. d'Ussel. = Bort.

SARRUS, s. m. Com. du dép. du Cantal, cant. de Chaudesaigues, arr. de St.-Flour. = St.-Flour.

SARRY, s. m. Com. du dép. de la Marne, cant. de Marson, arr. de Châlons. = Châlons.

SARRY, s. m. Com. du dép. de Saône-et-Loire, cant. de Semur-en-Brionnais, arr. de Charolles. = Marcigny.

SARRY, s. m. Com. du dép. de l'Yonne, cant. de Noyers, arr. de Tonnerre. = Noyers.

SARS (le), s. m. Com. du dép. du Pas-de-Calais, cant. de Bapaume, arr. d'Arras. = Bapaume.

SARS-LE-BOIS, s. m. Com. du dép. du Pas-de-Calais, cant. d'Avesnes-le-Comte, arr. de St.-Pol. = Frévent.

SARS-POTERIES, s. m. Com. du dép. du Nord, cant. de Solre-le-Château, arr. d'Avesnes. = Solre-le-Château.

SARS-ROSIÈRES, s. m. Com. du dép. du Nord, cant. de St.-Amand, arr. de Valenciennes. = St.-Amand.

SART, s. m. Voy. GOÉMON.

SARTENE, s. m. Ville du dép. de la

Corse, chef-lieu de sous-préf. et de cant., trib. de 1re inst.; conserv. des hypoth.; recev. part. des fin.; bur. d'enregist. et de poste.

SARTES, s. f. Com. du dép. des Vosges, cant. et arr. de Neufchâteau. = Neufchâteau.

SARTHE (la), s. f. Rivière qui prend sa source près du village de Somme-Sarthe, arr. de Mortagne, dép. de l'Orne, et qui se jette dans la Mayenne au-dessus d'Angers. Cette rivière est flottable au Mans, et navigable à Arnage. Son cours est d'environ 50 l.

SARTHE (dép. de la), s. f. Chef-lieu de préf. le Mans; 4 arr. ou sous-préf.: le Mans, la Flèche, Mamers et St.-Calais; 33 cant. ou justices de paix; 393 com.; pop. 446,519 hab. env.; cour royale d'Angers; diocèse du Mans; 4e div. milit.; 15e div. des ponts-et-chaussées; 1re div. des mines; direct. de l'enregist. et des domaines de 3e classe, et du 11e arr. forestier.

Ce dép. est borné N. par celui de l'Orne, E. par ceux d'Eure-et-Loir et de Loir-et-Cher, S. par ceux d'Indre-et-Loire et de Maine-et-Loire, et O. par celui de la Mayenne. Son territoire se compose de vignobles d'assez bonne qualité, de plaines fertiles, de forêts assez vastes, et de quelques vallées arrosées par plusieurs rivières. Il produit toutes les plantes céréales, maïs, sarrasin, légumes de toute espèce, melons, marrons; chanvre, fruits, vin, cidre, bois; prairies naturelles et artificielles; quantité de gibier; poisson d'eau douce; chevaux de petite taille, peu de mulets, quantité de bêtes à cornes, moutons, mérinos, porcs. On y élève beaucoup de volailles; éducation en grand des abeilles; haras; fer, granit, ambre jaune, belles pierres de taille et pierres meulières, grès à paver, ardoises, argile, terre à foulon.

Manuf. de toiles à voiles, toiles jaunes, écrues et de couleur, pour les colonies. Fabr. d'étamines à pavillon; étoffes communes, couvertures, calicots, siamoises, mouchoirs, gants de peau, bougie renommée; nombreuses blanchisseries de toiles, papeteries, tanneries, forges. Comm. de fer, charbon de terre, marbre, chaux, verre, papiers, cuirs, plumes d'oies, toiles communes, grains, vins, sel, marrons, cire, miel, bougies, noix, fruits, graines de trèfle et de luzerne; bestiaux, volailles estimées. Les rivières navigables sont la Sarthe et le Loir.

SARTIE, s. f. Manœuvre qui tient lieu de haubans sur les galères. T. de mar. —, ou sartis, s. m. Cordage servant à haler les filets. T. de pêch.

SARTILLY, s. m. Com. du dép. de la Manche, chef-lieu de cant. de l'arr. d'Avranche, où se trouve le bur. d'enregist. = Granville.

SARTON, s. m. Com. du dép. du Pas-de-Calais, cant. de Pas, arr. d'Arras. = Doullens.

SARTOUX, s. m. Com. du dép. du Var, cant. de Cannes, arr. de Grasse. = Grasse.

SARTROUVILLE, s. f. Com. du dép. de Seine-et-Oise, cant. d'Argenteuil, arr. de Versailles. = Franconville.

SARZAY, s. m. Com. du dép. de l'Indre, cant. de Neuvy-St.-Sépulcre, arr. de la Châtre. = la Châtre.

SARZEAU, s. m. Com. du dép. du Morbihan, chef-lieu de cant. de l'arr. de Vannes. Bur. d'enregist. = Vannes.

SAS, s. m. Tissu de crin monté sur un cerceau pour passer la farine, le plâtre. Passer au gros —, examiner avec peu de soin. Fig. et fam. —, bassin fermé par une écluse. T. d'hydr.

SASA, s. m. Genre d'oiseaux sylvains. T. d'hist. nat.

SASIN, s. m. Oiseau mouche.

SASNIÈRES, s. f. Com. du dép. de Loir-et-Cher, cant. de St.-Amand, arr. de Vendôme. = Montoire.

SASSA, s. m. Acacia de Nubie. T. de bot.

SASSAFRAS, s. m. Grand arbre d'Amérique. T. de bot.

SASSANGY, s. m. Com. du dép. de Saône-et-Loire, cant. de Buxy, arr. de Châlons. = Buxy.

SASSAY, s. m. Com. du dép. de Loir-et-Cher, cant. de Contres, arr. de Blois. = Blois.

SASSÉ, E, part. Passé au sas.

SASSEGNIES, s. f. Com. du dép. du Nord, cant. de Berlaymont, arr. d'Avesnes. = Avesnes.

SASSENAGE, s. m. Com. du dép. de l'Isère, chef-lieu de cant. de l'arr. de Grenoble. Bur. d'enregist. et de poste. Comm. d'excellens fromages. —, fromage de cette commune. Pierre de —, sorte de pierre contre les maux d'yeux.

SASSENAY, s. m. Com. du dép. de Saône-et-Loire, cant. et arr. de Châlons. = Châlons.

SASSER, v. a. Passer au sas. —, examiner, éplucher, discuter; sasser une question. Fig. et fam.

SASSET, s. m. Petit sas.

SASSETOT-MAL-GARDÉ, s. m. Com.

du dép. de la Seine-Inférieure, cant. de Bacqueville, arr. de Dieppe. = Bacqueville.

SASSETOT-MAUCONDUIT, s. m. Com. du dép. de la Seine-Inférieure, cant. de Valmont, arr. d'Yvetot. = Cany.

SASSEVILLE, s. f. Com. du dép. de la Seine-Inférieure, cant. de Cany, arr. d'Yvetot. = Cany.

SASSEY, s. m. Com. du dép. de l'Eure, cant. et arr. d'Evreux. = Evreux.

SASSEY, s. m. Com. du dép. de la Meuse, cant. de Dun, arr. de Montmédy. = Dun.

SASSIE, s. f. Genre de plantes de l'octandrie, huitième classe des végétaux. T. de bot.

SASSIERGES, s. f. Com. du dép. de l'Indre, cant. d'Ardentes-St.-Vincent, arr. de Châteauroux. = Châteauroux.

SASSIS, s. m. Com. du dép. des Hautes-Pyrénées, cant. de Luz, arr. d'Argelès. = Tarbes.

SASSOIRE, s. f. Pièce du train d'un carrosse.

SASSOLIN, s. m. Acide boracique naturel.

SASSY, s. m. Com. du dép. du Calvados, cant. de Coulibœuf, arr. de Falaise. = Falaise.

SATAJO, s. m. Plante parasite de la côte du Malabar. T. de bot.

SATAN, s. m. Le chef des démons. —, singe du genre saki. T. d'hist. nat.

SATANÉ, E, adj. A la manière de Satan.

SATANIQUE, adj. Infernal, diabolique.

SATELLITE, s. m. Homme armé; soldat aveuglément soumis aux volontés d'un tyran. —, petite planète qui se meut autour d'une plus grande. T. d'astr. —, adj. Se dit de branches veineuses qui accompagnent les principaux troncs, sans avoir de noms particuliers. T. d'anat.

SATHONAY, s. m. Com. du dép. de l'Ain, cant. et arr. de Trévoux. = Lyon.

SATIÉTÉ, s. f. Réplétion d'alimens qui va jusqu'au dégoût. —, dégoût qui suit l'usage immodéré; satiété des plaisirs. Fig.

SATILIEU, s. m. Com. du dép. de l'Ardèche, chef-lieu de cant. de l'arr. de Tournon. Bur. d'enregist. et de poste à Annonay.

SATIN, s. m. Etoffe de soie plate, douce, moelleuse et lustrée. Peau de—, peau très douce. Fig.

SATINADE, s. f. Petite étoffe mince imitant le satin.

SATINAIRE, s. m. Fabricant de satin.

SATINÉ, E, part. Lustré comme du satin. Peau —, douce comme du satin. Fig. Tulipe—, d'un beau blanc de satin. T. de jard. fleur.

SATINER, v. a. Donner l'œil, le lustre du satin. —, v. n. Tirer sur le blanc du satin, en parlant d'une tulipe.

SATIRE, s. f. Peinture du vice, du ridicule, soit en vers, soit en prose; poème moral qui a pour but de censurer les vices, ou de tourner en ridicule les sottises humaines, etc. —, écrit, discours piquant, médisant, contre quelqu'un.

SATIRIQUE, s. m. et adj. Auteur de satire, enclin à la satire. —, qui appartient à la satire; poésie satirique. —, critique, mordant; propos satirique.

SATIRIQUEMENT, adv. D'une manière satirique.

SATIRISÉ, E, part. Raillé, critiqué.

SATIRISER, v. a. Railler, critiquer d'une manière satirique.

SATISFACTION, s. f. Contentement, joie, plaisir. —, réparation d'une offense, d'un tort. —, expiation de ses péchés.

SATISFACTOIRE, adj. Expiatoire.

SATISFAIRE, v. a. Contenter, procurer de la satisfaction. —, payer, dédommager, indemniser. —, rendre raison à celui qu'on a offensé. —, apaiser, assouvir; satisfaire sa vengeance. Fig.—l'esprit, l'oreille, leur être agréable. — l'attente, la remplir. — à, v. n. Remplir ses devoirs, ses obligations; satisfaire aux lois, à ses engagemens. Se —, v. pron. Contenter son désir.

SATISFAISANT, E, adj. Qui satisfait, contente.

SATISFAIT, E, part. Contenté, payé, indemnisé, etc.

SATOLAS-ET-BAUME, s. m. Com. du dép. de l'Isère, cant. de la Verpillière, arr. de Vienne. = la Verpillière.

SATONNAY, s. m. Com. du dép. de Saône-et-Loire, cant. de Lugny, arr. de Mâcon. = Cluny.

SATRAPE, s. m. Gouverneur de province chez les anciens Perses. —, grand seigneur despote, riche et voluptueux. Fig.

SATRAPIE, s. f. Gouvernement d'un satrape.

SATRON, s. m. Petit poisson qui sert d'appât. T. de pêch.

SATTEAU, s. m. Barque pour la pêche du corail.

SATUR (St.-), s. m. Com. du dép.

du Cher, cant. et arr. de Sancerre. = Sancerre.

SATURARGUES, s. f. Com. du dép. de l'Hérault, cant. de Lunel, arr. de Montpellier. = Lunel.

SATURATION, s. f. Etat d'un liquide saturé.

SATURÉ, E, part. Se dit d'un liquide dans lequel on a incorporé la quantité de matière qu'il peut dissoudre. T. de chim.

SATURER, v. a. Incorporer dans un liquide la quantité de matière qu'il peut dissoudre. T. de chim.

SATURIER, s. m. Arbrisseau de l'hexandrie, sixième classe des végétaux. T. de bot.

SATURNALES, s. f. pl. Fêtes en l'honneur de Saturne, qui se célébraient à Rome au mois de décembre, et durant lesquelles tous les rangs étaient confondus. T. de myth. —, fêtes bruyantes, licencieuses. Fig.

SATURNE ou LE TEMPS, s. m. Fils dénaturé de Cœlus, auquel il porta un coup de sa faulx meurtrière, pour l'empêcher d'avoir d'autres héritiers. Titan, son frère aîné, lui céda la couronne, à condition qu'il n'élèverait point d'enfans mâles, et qu'il les dévorerait aussitôt après leur naissance. Cependant Rhée, son épouse, parvint à soustraire à sa voracité Jupiter, Neptune et Pluton. Alors, pour le punir d'avoir violé son serment, Titan lui déclara la guerre et le fit prisonnier. Mais Jupiter étant devenu grand, le délivra et le rétablit sur son trône. Ingrat et perfide envers son fils comme il l'avait été envers son père, il tendit des piéges à son libérateur, qui se vit forcé de le détrôner. Pour se soustraire à la vengeance de Jupiter, il s'enfuit en Italie, où il reçut l'hospitalité de Janus, roi de cette contrée. Ce fut là qu'il enseigna l'agriculture aux hommes, et qu'instruit par les revers, il régna d'une manière à la fois si sage et si heureuse, que cette dernière époque fut nommée l'âge d'or. On le représente sous la figure d'un vieillard, tenant une faulx à la main, pour indiquer que rien ne saurait résister au temps, etc. T. de myth. —, planète la plus élevée. T. d'astr. —, le plomb. T. de chim.

SATURNIEN, NE, adj. Sombre, taciturne, mélancolique, l'opposé de jovial. T. inus.

SATURNILABE, s. m. Instrument pour observer les satellites de Saturne. T. d'astr.

SATURNIN (St.-), s. m. Com. du dép. de l'Aveyron, cant. de Campagnac, arr. de Milhau. = St.-Géniés.

SATURNIN (St.-), s. m. Com. du dép. du Cantal, cant. d'Allanche, arr. de Murat. = Murat.

SATURNIN (St.-), s. m. Com. du dép. de la Charente, cant. d'Hiersac, arr. d'Angoulême. = Angoulême.

SATURNIN (St.-), s. m. Com. du dép. du Cher, cant. de Château-Meillant, arr. de St.-Amand. = Château-Meillant.

SATURNIN (St.-), s. m. Com. du dép. de l'Hérault, cant. de Gignac, arr. de Lodève. = Gignac.

SATURNIN (St.-), s. m. Com. du dép. de la Lozère, cant. de la Canourgue, arr. de Marvejols. = la Canourgue.

SATURNIN (St.-), s. m. Com. du dép. de Maine-et-Loire, cant. des Ponts-de-Cé, arr. d'Angers. = Brissac.

SATURNIN (St.-), s. m. Com. du dép. de la Marne, cant. d'Anglure, arr. d'Epernay. = Sézanne.

SATURNIN (St.-), s. m. Com. du dép. de la Mayenne, cant. de St.-Aignan, arr. de Château-Gontier. = Craon.

SATURNIN (St.-), s. m. Village du dép. de l'Orne, cant. de Sées, arr. d'Alençon. = Sées.

SATURNIN (St.-), s. m. Com. du dép. du Puy-de-Dôme, cant. de St.-Amant-Talleude, arr. de Clermont. = Clermont.

SATURNIN (St.-), s. m. Com. du dép. de la Sarthe, cant. et arr. du Mans. = le Mans.

SATURNIN (St.-), s. m. Com. du dép. de Vaucluse, cant. et arr. d'Apt. = Apt.

SATURNIN (St.-), s. m. Com. du dép. de Vaucluse, cant. de l'Isle, arr. d'Avignon. = Avignon.

SATURNIN-DE-SECHAUD (St.-), s. m. Com. du dép. de la Charente-Inférieure, cant. de St.-Porchaire, arr. de Saintes. = Saintes.

SATURNIN-DU-BOIS (St.-), s. m. Com. du dép. de la Charente-Inférieure, cant. de Surgères, arr. de Rochefort. = Surgères.

SATURNITE, s. m. Plomb sulfuré. T. d'hist. nat.

SATYRE, s. m. Monstre moitié homme et moitié bouc, qui habitait les forêts et les montagnes. T. de myth. —, genre d'insectes lépidoptères. T. d'hist. nat.

SATYRE, s. f. Pièce satirique du théâtre grec, poème dramatique où des satyres et des silènes, qui composaient le chœur, amusaient les spectateurs par d'indécentes bouffonneries.

SATYRIASIS, s. m. Voy. PRIAPISME.

SATYRION, s. m. Genre de plantes orchidées. T. de bot.

SATYRIQUE, adj. Indécent, lubrique; danse satyrique.

SAUBENS, s. m. Com. du dép. de la Haute-Garonne, cant. et arr. de Muret. = Muret.

SAUBION, s. m. Com. du dép. des Landes, cant. de St.-Vincent-de-Tyros, arr. de Dax. = Dax.

SAUBOLE, s. m. Com. du dép. des Basses-Pyrénées, cant. de Morlaas, arr. de Pau. = Pau.

SAUBRIGUES, s. f. Com. du dép. des Landes, cant. de St.-Vincent-de-Tyros, arr. de Dax. = Dax.

SAUBUSSE-ET-GOURBY, s. m. Com. du dép. des Landes, cant. et arr. de Dax. = Dax.

SAUCATS, s. m. Com. du dép. de la Gironde, cant. de Labrède, arr. de Bordeaux. = Castres.

SAUCE, s. f. Assaisonnement liquide pour les divers alimens. Mettre à toutes —, employer à toutes sortes d'usages. Fig. et fam.

SAUCÉ, E, part. Trempé dans la sauce.

SAUCEDE, s. m. Com. du dép. des Basses-Pyrénées, cant. et arr. d'Oloron. = Oloron.

SAUCELLE (la), s. f. Com. du dép. d'Eure-et-Loir, cant. de Senonches, arr. de Dreux. = Brezolles.

SAUCER, v. a. Tremper dans la sauce. —, mouiller, en parlant de la pluie. Fig. —, réprimander, gronder, quereller. T. fam.

SAUCHAY-LE-BAS, s. m. Com. du dép. de la Seine-Inférieure, cant. d'Envermeu, arr. de Dieppe. = Dieppe.

SAUCHAY-LE-HAUT, s. m. Com. du dép. de la Seine-Inférieure, cant. d'Envermeu, arr. de Dieppe. = Dieppe.

SAUCHY-CAUCHY, s. m. Com. du dép. du Pas-de-Calais, cant. de Marquion, arr. d'Arras. = Cambrai.

SAUCHY-L'ESTRÉE, s. m. Com. du dép. du Pas-de-Calais, cant. de Marquion, arr. d'Arras. = Cambrai.

SAUCIER, s. m. Cuisinier qui fait les sauces. T. inus. —, taquet de bois creux. T. de mar.

SAUCIÈRE, s. f. Petit vase creux dans lequel on sert certaines sauces sur la table.

SAUCISSE, s. f. Chair de porc hachée, assaisonnée et renfermée dans un boyau ou dans une enveloppe de graisse. —, rouleau plein de poudre à canon ou d'artifice.

SAUCISSIER, ÈRE, s. Charcutier, marchand de saucisses.

SAUCISSON, s. m. Chair de porc fortement épicée, dans un gros boyau. —, longue charge de poudre à canon, roulée dans de la toile, pour faire jouer la mine. —, fagot de grosses branches pour les brèches, etc.

SAUCLIÈRES, s. f. Com. du dép. de l'Aveyron, cant. de Nant, arr. de Milhau. = Nant.

SAUCOURT, s. m. Com. du dép. de la Haute-Marne, cant. de Donjeux, arr. de Vassy. = Joinville.

SAUD (St.-), s. m. Com. du dép. de la Dordogne, cant. de St.-Pardoux-de-la-Rivière, arr. de Nontron. = Nontron.

SAUDEMONT, s. m. Com. du dép. du Pas-de-Calais, cant. de Vitry, arr. d'Arras. = Arras.

SAUDOY, s. m. Com. du dép. de la Marne, cant. de Sézanne, arr. d'Epernay. = Sézanne.

SAUDRON, s. m. Com. du dép. de la Haute-Marne, cant. de Poissons, arr. de Vassy. = Joinville.

SAUDRUPT, s. m. Com. du dép. de la Meuse, cant. d'Ancerville, arr. de Bar-le-Duc. = Bar-le-Duc.

SAUF, prép. Sans porter atteinte; sauf l'honneur. —, sans préjudice; hormis, excepté.

SAUF, VE, adj. Qui n'est point endommagé; qui est hors de danger.

SAUF-CONDUIT, s. m. Sorte de passe-port délivré par une autorité militaire dans un pays occupé par l'ennemi, pour aller et venir sans être inquiété. —, écrit donné par les syndics d'une faillite ou par un juge-commissaire, pour mettre le débiteur à l'abri des vengeances d'un créancier, dont les poursuites seraient contraires à l'intérêt de la masse. T. de procéd.

SAUFLIEU (St.-), s. m. Com. du dép. de la Somme, cant. de Sains, arr. d'Amiens. Bur. d'enregist. = Amiens.

SAUGE, s. f. Plante aromatique du genre des labiées.

SAUGEOT, s. m. Com. du dép. du Jura, cant. de St.-Laurent, arr. de St.-Claude. = Lons-le-Saulnier.

SAUGNAC, s. m. Com. du dép. des Landes, cant. et arr. de Dax. = Dax.

SAUGON, s. m. Com. du dép. de la Gironde, cant. de St.-Savin, arr. de Blaye. = Blaye.

SAUGRENÉE, s. f. Assaisonnement de pois.

SAUGRENU, E, adj. Impertinent, absurde, ridicule. T. fam.

SAUGUE, s. m. Bateau dont se servent les Provençaux pour la pêche.

SAUGUES, s. f. Petite ville du dép. de la Haute-Loire, chef-lieu de cant. de l'arr. du Puy. Bur. d'enregist. = Langeac. Comm. de dentelles et bestiaux.

SAUGUIS, s. m. Com. du dép. des

Basses-Pyrénées, cant. de Tardets, arr. de Mauléon. = Mauléon.

SAUJAC, s. m. Com. du dép. de l'Aveyron, cant. de Villeneuve, arr. de Villefranche. = Villefranche.

SAUJON, s. m. Com. du dép. de la Charente-Inférieure, chef-lieu de cant. de l'arr. de Saintes. Bur. d'enregist. et de poste. Fabr. de toiles et étoffes de laine. Comm. de sel, grains, vins, eaux-de-vie, etc.

SAULCE (la), s. f. Com. du dép. des Hautes-Alpes, cant. de Tallard, arr. de Gap. = Gap.

SAULCES-AUX-BOIS, s. f. Com. du dép. des Ardennes, cant. de Novion, arr. de Rethel. = Rethel.

SAULCES-CHAMPENOISES, s. f. Com. du dép. des Ardennes, cant. d'Attigny, arr. de Vouziers. = Attigny.

SAULCET, s. m. Com. du dép. de l'Allier, cant. de St.-Pourçain, arr. de Gannat. = St.-Pourçain.

SAULCHERY, s. m. Com. du dép. de l'Aisne, cant. de Charly, arr. de Château-Thierry. = Charly.

SAULCHOY, s. m. Com. du dép. du Pas-de-Calais, cant. de Campagne, arr. Montreuil. = Hesdin.

SAULCHOY-GALLET (le), s. m. Com. dép. de l'Oise, cant. de Crèvecœur, arr. de Clermont. = Crèvecœur.

SAULCHOY-SOUS-POIX, s. m. Com. du dép. de la Somme, cant. de Poix, arr. d'Amiens. = Poix.

SAULCHOY-SUR-DAVENESCOURT, s. m. Com. du dép. de la Somme, cant. de Moreuil, arr. de Montdidier.=Montdidier.

SAULÇOIS-LE-GROS, s. m. Com. du dép. du Jura, cant. de Chaussin, arr. de Dôle. = Dôle.

SAULCOURT, s. m. Com. du dép. de la Somme, cant. de Ham, arr. de Péronne. = St.-Valery-sur-Somme.

SAULCY, s. m. Com. du dép. de l'Aube, cant. de Soulaines, arr. de Bar-sur-Aube. = Bar-sur-Aube.

SAULCY (le), s. m. Com. du dép. des Vosges, cant. et arr. de St.-Dié.=Raon-l'Etape.

SAULCY (le), s. m. Com. du dép. des Vosges, cant. de Senones, arr. de St.-Dié. = St.-Dié.

SAULDRE (la Grande-), s. f. Rivière qui prend sa source auprès du village de Neuvy, arr. de Sancerre, dép. du Cher, et qui se jette dans le Cher, près de Selles, dép. de Loir-et-Cher, après un cours de 30 l.

SAULE, s. m. Arbre du genre des amentacées, qui croît dans les lieux humides.

SAULES, s. m. Com. du dép. du Doubs, cant. d'Ornans, arr. de Besançon. = Ornans.

SAULES, s. m. Com. du dép. de Saône-et-Loire, cant. de Buxy, arr. de Châlons. = Buxy.

SAULGE (St.-), s. m. Petite ville du dép. de la Nièvre, chef-lieu de cant. de l'arr. de Nevers. Bur. d'enregist. et de poste.

SAULGÉ, s. m. Com. du dép. de la Vienne, cant. et arr. de Montmorillon. = Montmorillon.

SAULGÉ-L'HÔPITAL, s. m. Com. du dép. de Maine-et-Loire, cant. de Thouarcé, arr. de Saumur. = Brissac.

SAULGES, s. m. Com. du dép. de la Mayenne, cant. de Meslay, arr. de Laval. = Laval.

SAULGOND, s. m. Com. du dép. de la Charente, cant. de Chabanais, arr. de Confolens. = St.-Junien.

SAULIAC, s. m. Com. du dép. du Lot, cant. de Lauzès, arr. de Cahors. = Cahors.

SAULIEU, s. m. Ville du dép. de la Côte-d'Or, chef-lieu de cant. de l'arr. de Semur. Bur. d'enregist. et de poste. Cette ville se glorifie d'avoir vu naître le maréchal de Vauban. Fabr. de draps et de feuillettes; filat. de coton. Comm. de vins, blé, chanvre, laines, bois, bestiaux, navets, etc.

SAULLES, s. m. Com. du dép. de la Haute-Marne, cant. de Fays-Billot, arr. de Langres. = Champlitte.

SAULMORY-ET-VILLEFRANCHE, s. m. Com. du dép. de la Meuse, cant. de Dun, arr. de Montmédy. = Stenay.

SAULNAY, s. m. Com. du dép. de l'Indre, cant. de Mézières-en-Brenne, arr. du Blanc. = Châtillon-sur-Indre.

SAULNES-HAUTE-ET-BASSE, s. f. Com. du dép. de la Moselle, cant. de Longwy, arr. de Briey. = Longwy.

SAULNIÈRES, s. f. Com. du dép. d'Eure-et-Loir, cant. et arr. de Dreux.= Dreux.

SAULNIÈRES, s. f. Com. du dép. d'Ille-et-Vilaine, cant. du Sel, arr. de Redon. = Redon.

SAULNOT, s. m. Com. du dép. de la Haute-Saône, cant. de Héricourt, arr. de Lure. = Héricourt.

SAULNY, s. m. Com. du dép. de la Moselle, cant. et arr. de Metz. = Metz.

SAULON-LA-CHAPELLE-ET-LAYER-LE-FRANC, s. m. Com. du dép. de la Côte-d'Or, cant. de Gevrey, arr. de Dijon. = la Baraque.

SAULON-LA-RUE, s. m. Com. du dép. de la Côte-d'Or, cant. de Gevrey, arr. de Dijon. = la Baraque.

SAULT, s. m. Com. du dép. des Basses-Pyrénées, cant. et arr. d'Orthez. = Orthez.

SAULT, s. m. Petite ville du dép. de Vaucluse, chef-lieu de cant. de l'arr. de Carpentras. Bur. d'enregist. = Apt.

SAULTAIN, s. m. Com. du dép. du Nord, cant. et arr. de Valenciennes. = Valenciennes.

SAULT-CHEVREUIL, s. m. Com. du dép. de la Manche, cant. de Villedieu, arr. d'Avranches. = Villedieu.

SAULT-LEZ-RETHEL, s. m. Com. du dép. des Ardennes, cant. et arr. de Rethel. = Rethel.

SAULT-ST.-REMY, s. m. Com. du dép. des Ardennes, cant. d'Asfeld, arr. de Rethel. = Rethel.

SAULTY, s. m. Com. du dép. du Pas-de-Calais, cant. d'Avesnes-le-Comte, arr. de St.-Pol. = Arras.

SAULVE (St.-), s. m. Com. du dép. du Nord, cant. et arr. de Valenciennes. = Valenciennes.

SAULX (la), s. f. Rivière qui prend sa source au-dessus du village de Pancey, arr. de Vassy, dép. de la Haute-Marne, et qui se jette dans la Marne au-dessous de Vitry-le-Brûlé, dép. de la Marne.

SAULX, s. m. Com. du dép. de la Haute-Saône, chef-lieu de cant. de l'arr. de Lure. Bur. d'enregist. à Luxeuil. = Vesoul.

SAULX-DEVANT-ST.-AUBIN, s. m. Com. du dép. de la Meuse, cant. de Void, arr. de Commercy. = Void.

SAULXEROTTE, s. f. Com. du dép. de la Meurthe, cant. de Colombey, arr. de Toul. = Colombey.

SAULX-LE-DUC ou SAULX-EN-MONTAGNE, s. m. Com. du dép. de la Côte-d'Or, cant. d'Is-sur-Tille, arr. de Dijon. = Is-sur-Tille.

SAULX-LES-CHARTREUX, s. m. Com. du dép. de Seine-et-Oise, cant. de Longjumeau, arr. de Corbeil. = Longjumeau.

SAULX-MARCHAIS, s. m. Com. du dép. de Seine-et-Oise, cant. de Montfort-l'Amaury, arr. de Rambouillet. = Neauphle.

SAULXURES, s. f. Com. du dép. de la Haute-Marne, cant. de Montigny, arr. de Langres. = Bourbonne.

SAULXURES, s. f. Com. du dép. des Vosges, cant. de Saales, arr. de St.-Dié. = St.-Dié.

SAULXURES, s. f. Com. du dép. des Vosges, chef-lieu de cant. de l'arr. de Remiremont. Bur. d'enregist. à Vagney. = Remiremont.

SAULXURES-LES-NANCY, s. f. Com. du dép. de la Meurthe, cant. et arr. de Nancy. = Nancy.

SAULXURES-LES-VANNES, s. f. Com. du dép. de la Meurthe, cant. de Colombey, arr. de Toul. = Colombey.

SAULZAIS-LE-POTHIER, s. m. Com. du dép. du Cher, chef-lieu de cant. de l'arr. de St.-Amand, où se trouvent les bur. d'enregist. et de poste.

SAULZET, s. m. Com. du dép. de l'Allier, cant. et arr. de Gannat. = Gannat.

SAULZET-LE-FROID, s. m. Com. du dép. du Puy-de-Dôme, cant. de St.-Amant-Tallende, arr. de Clermont. = Clermont.

SAULZOIR, s. m. Com. du dép. du Nord, cant. de Solesmes, arr. de Cambrai. = Cambrai.

SAUMANE, s. m. Com. du dép. des Basses-Alpes, cant. de Banon, arr. de Forcalquier. = Forcalquier.

SAUMANE, s. m. Com. du dép. du Gard, cant. de St.-André-de-Valborgne, arr. du Vigan. = St.-Jean-du-Gard.

SAUMANES, s. m. Com. du dép. de Vaucluse, cant. de l'Isle, arr. d'Avignon. = Avignon.

SAUMÂTRE, adj. Se dit de l'eau dont le goût approche de celui de l'eau de mer.

SAUMÉE, s. f. Mesure de terre, environ un arpent.

SAUMÉJAN, s. m. Com. du dép. de Lot-et-Garonne, cant. d'Houeillès, arr. de Nérac. = Castel-Jaloux.

SAUMERAY, s. m. Com. du dép. d'Eure-et-Loir, cant. de Bonneval, arr. de Châteaudun. = Bonneval.

SAUMIER, s. m. Harpon pour prendre les saumons. T. de pêch.

SAUMIÈRE, s. f. Trou dans la voûte d'un navire pour faire passer la tête du gouvernail. T. de mar.

SAUMON, s. m. Poisson de mer qui remonte les rivières, dont la chair rouge est très estimée. —, masse de plomb, d'étain ; vase de cirier.

SAUMON, s. m. Com. du dép. de Lot-et-Garonne, cant. et arr. de Nérac. = Nérac.

SAUMONNEAU, s. m. Petit saumon.

SAUMONNÉE, adj. f. Dont la chair est rouge comme celle du saumon ; truite saumonnée.

SAUMONT, s. m. Com. du dép. de la Seine-Inférieure, cant. de Forges, arr. de Neufchâtel. = Forges.

SAUMOS, s. m. Com. du dép. de la Gironde, cant. de Castelnau, arr. de Bordeaux. = Bordeaux.

SAUMUR, s. m. Ville du dép. de Maine-et-Loire, chef-lieu de sous-préf. et de 3 cant.; trib. de 1re inst. et de comm.; biblioth. publique; conserv. des hypoth.; direct. des contrib. indir.; recev. part. des finances; bur. d'enregist. et de poste. Pop. 10,325 h. env.

Cette ville, assise sur la pente d'une colline, sur la rive gauche de la Loire, est assez bien bâtie. On y remarque les superbes bâtimens de l'école de cavalerie et une belle halle.

Fabr. de toiles, mouchoirs, ouvrages en émail; raffineries de salpêtre. Comm. de grains, farines, maïs, légumes secs, vins, eaux-de-vie, huiles, chanvre, lin, fer, pruneaux, etc.

SAUMURE, s. f. Liqueur formée de sel fondu et du suc de la chose salée.

SAUNAGE, s. m. Débit, trafic de sel.

SAUNAY, s. m. Com. du dép. d'Indre-et-Loire, cant. de Château-Renault, arr. de Tours. = Château-Renault.

SAUNER, v. n. Faire du sel.

SAUNERIE, s. f. Fabrique et magasin de sel.

SAUNIER, s. m. Fabricant et marchand de sel.

SAUNIÈRE, s. f. Vaisseau de bois dans lequel on met le sel.

SAUNIÈRE, s. f. Com. du dép. de la Creuse, cant. et arr. de Guéret. = Guéret.

SAUNIÈRE, s. f. Com. du dép. de Saône-et-Loire, cant. de Verdun-sur-le-Doubs, arr. de Châlons. = Verdun.

SAUPE, s. f. Poisson du genre du spare. T. d'hist. nat.

SAUPIQUET, s. m. Sauce piquante.

SAUPOUDRÉ, E, part. Poudré de sel, de farine, etc.

SAUPOUDRER, v. a. Poudrer de sel, de farine, etc. —, donner une légère apparence. Fig. et fam.

SAUQUEUSE-ST.-LUCIEN, s. f. Com. du dép. de l'Oise, cant. de Niviller, arr. de Beauvais. = Beauvais.

SAUQUEVILLE, s. f. Com. du dép. de la Seine-Inférieure, cant. d'Offranville, arr. de Dieppe. = Dieppe.

SAUR, adj. m. Se dit d'un hareng salé et séché à la fumée.

SAURAGE, s. m. Première penne d'un oiseau avant la mue. T. de fauc.

SAURAIS, s. m. Com. du dép. des Deux-Sèvres, cant. de Thénezay, arr. de Parthenay. = Parthenay.

SAURAJE, s. m. Arbre de la famille des tilleuls. T. de bot.

SAURAT, s. m. Com. du dép. de l'Ariège, cant. de Tarascon, arr. de Foix. = Tarascon-sur-Ariège.

SAURE, s. m. Lest de galère. T. de mar. —, poisson du genre du salmone; du gastré. T. d'hist. nat. —, adj. De couleur jaune-brun; cheval saure. Voy. SAUR.

SAURÉ, E, part. Séché à la fumée; se dit du hareng.

SAURER, v. a. Faire sécher le hareng à la fumée.

SAURET, adj. Voy. SAUR.

SAURIENS, s. m. pl. Ordre de reptiles qui ont des pattes courtes et munies d'ongles, une longue queue et des mâchoires garnies de dents enchâssées, comme le lézard, etc. T. d'hist. nat.

SAURIER, s. m. Com. du dép. du Puy-de-Dôme, cant. de Champeix, arr. d'Issoire. = Issoire.

SAURIN, s. m. Hareng laité, nouvellement sauré.

SAURISSAGE, s. m. Action de saurer le hareng.

SAURISSERIE, s. f. Endroit où l'on saure le hareng.

SAURISSEUR, s. m. Celui qui saure les harengs.

SAURITE, s. f. Couleuvre; lézard. T. d'hist. nat.

SAURY (St.-), s. m. Com. du dép. du Cantal, cant. de St.-Mamet, arr. d'Aurillac. = Aurillac.

SAUSHEIM, s. m. Com. du dép. du Haut-Rhin, cant. de Habsheim, arr. d'Altkirch. = Mulhausen.

SAUSSAIE, s. f. Lieu planté de saules.

SAUSSAN, s. m. Com. du dép. de l'Hérault, cant. et arr. de Montpellier. = Montpellier.

SAUSSAY, s. m. Com. du dép. d'Eure-et-Loir, cant. d'Anet, arr. de Dreux. = Dreux.

SAUSSAY, s. m. Com. du dép. de la Seine-Inférieure, cant. d'Yerville, arr. d'Yvetot. = Rouen.

SAUSSAY-LA-VACHE, s. m. Com. du dép. de l'Eure, cant. d'Etrépagny, arr. des Andelys. = les Andelys.

SAUSSE, s. f. Liqueur chaude pour rehausser la couleur de l'or.

SAUSSEMESNIL, s. m. Com. du dép. de la Manche, cant. et arr. de Valognes. = Valognes.

SAUSSENAC, s. m. Com. du dép. du Tarn, cant. de Valderies, arr. d'Albi. = Albi.

SAUSSENS, s. m. Com. du dép. de la Haute-Garonne, cant. de Caraman, arr. de Villefranche. = Caraman.

SAUSSES, s. f. Com. du dép. des Basses-Alpes, cant. d'Entrevaux, arr. de Castellanne. = Entrevaux.

SAUSSEUIL, s. m. Com. du dép. des Ardennes, cant. d'Attigny, arr. de Vouziers. = Attigny.

SAUSSEUSEMARE, s. m. Com. du dép. de la Seine-Inférieure, cant. de Goderville, arr. du Hâvre. = le Hâvre.

SAUSSEUZEMARE, s. m. Com. du dép. de la Seine-Inférieure, cant. et arr. de Neufchâtel. = Neufchâtel.

SAUSSEY, s. m. Com. du dép. de la Côte-d'Or, cant. de Bligny-sur-Ouche, arr. de Beaune. = Beaune.

SAUSSEY, s. m. Com. du dép. de la Manche, cant. et arr. de Coutances. = Coutances.

SAUSSIGNAC-ET-RAZAC, s. m. Com. du dép. de la Dordogne, cant. de Cunèges, arr. de Bergerac. = Bergerac.

SAUSSINES, s. f. Com. du dép. de l'Hérault, cant. de Lunel, arr. de Montpellier. = Lunel.

SAUSSOTTE (la), s. f. Com. du dép. de l'Aube, cant. de Villenauxe, arr. de Nogent-sur-Seine. = Nogent-sur-Seine.

SAUSSURIE, s. f. Cataire à feuilles découpées. T. de bot.

SAUSSY, s. m. Com. du dép. de la Côte-d'Or, cant. de St.-Seine, arr. de Dijon. = St.-Seine.

SAUT, s. m. Action de sauter, élan à l'aide duquel on saute. —, chute. —, chute d'eau dans le courant d'une rivière. Au — du lit, au sortir du lit. T. fam. Faire le —, se déterminer, prendre un parti, nonobstant les difficultés, le péril. Fig. —de loup, fossé au bout d'une allée. —, transition brusque. T. de mus. — de Leucade, promontoire formé de rochers très escarpés dans une île de la mer Ionienne, en face de l'isthme qui sépare l'Achaïe du Péloponèse. C'est de la cime la plus élevée de ces rochers que les amans malheureux, dit-on, se précipitaient dans la mer, pour se guérir de leur amour. T. de myth.

SAUTAGE, s. m. Action de fouler le hareng à mesure qu'on l'encaque.

SAUTÉ, E, part. Franchi, traversé d'un saut.

SAUTÉE, s. f. Changement subit du vent qui passe d'un point à l'autre. T. de mar.

SAUTEL (le), s. m. Com. du dép. de l'Ariège, cant. de Lavelanet, arr. de Foix. = Mirepoix.

SAUTELLE, s. f. Sarment transplanté avec sa racine.

SAUTER, v. n.. Franchir, traverser d'un saut; sauter un fossé. —, omettre en parlant, en écrivant. Fig.—, v. n. S'élever de terre, s'élancer d'un lieu à un autre, de haut en bas. —, bondir, danser, cabrioler. —, se porter vivement vers quelqu'un, le saisir; sauter au collet, à la gorge. —, passer brusquement d'une chose à une autre, d'un état à un autre; parvenir aux emplois, aux grades supérieurs sans passer par les intermédiaires. Fig. — aux yeux, être de toute évidence. — aux nues, s'emporter, se mettre en colère. Faire —, renverser, bouleverser, détruire par explosion, et fig. faire perdre un emploi. Faire — la cervelle, se casser la tête d'un coup de pistolet. — le pas, mourir. T. fam. —, changer, en parlant du vent. T. de mar.

SAUTEREAU, s. m. Petit sauteur. T. inus. —, petite pièce mobile qui fait sauter les touches d'un clavier; sorte de pièce d'artillerie. — de brie ou de bris, pl. Sillons hauts et étroits qui font sauter les voitures.

SAUTERELLE, s. f. Insecte à longues antennes qui ne se meut qu'en sautant, genre d'orthoptères grilloïdes. —, instrument pour prendre les angles rectilignes; équerre mobile; fausse équerre. T. de math.

SAUTERNES, s. f. Com. du dép. de la Gironde, cant. de Langon, arr. de Bazas. = Langon. Vin blanc très estimé.

SAUTEUR, EUSE, s. Celui, celle qui saute souvent, aime à sauter; danseur de corde, funambule, qui fait des tours de force, des sauts périlleux. —, cheval de manége. —, poisson du genre du cyprin, du gastré. — des rochers, gazelle du cap de Bonne-Espérance. — de mer, langouste. —, pl. Insectes orthoptères. T. d'hist. nat.

SAUTEUSE, s. f. Sorte de chenille. —, poisson du genre du persègue.

SAUTEYRARGUES, s. f. Com. du dép. de l'Hérault, cant. de Claret, arr. de Montpellier. = Sauve.

SAUTILLANT, E, adj. Qui sautille.

SAUTILLEMENT, s. m. Action de sautiller.

SAUTILLER, v. n. Faire de petits sauts en marchant. —, changer brusquement de propos, en parlant comme en écrivant. Fig. et fam.

SAUTO-ET-FETGES, s. m. Com. du dép. des-Pyrénées-Orientales, cant. de Mont-Louis, arr. de Prades. = Mont-Louis.

SAUTOIR, s. m. Petit fichu qui se croise sur la poitrine. —, croix de St.-André. T. de blas. —, cliquet. T. d'horl. En —, adv. Passé autour du cou et tombant en forme de croix de St.-André sur la poitrine; fichu en sautoir.

SAUTRIAUX, s. m. pl. Petits bâtons dont les ouvriers en basse lisse se servent pour attacher les laines.

SAUTRON, s. m. Com. du dép. de la Loire-Inférieure, cant. de la Chapelle-sur-Erdre, arr. de Nantes. = Nantes.

SAUVAGAGE, s. m. Toile de coton blanche des Indes.

SAUVAGE, s. m. Action de sauver les marchandises naufragées. T. de mar.

SAUVAGE, s. Homme, femme vivant dans l'état de nature, sans religion, sans lois, sans habitation fixe, etc. —, adj. Qui vit au milieu des bois, qui ne connaît pas les avantages de la société, l'opposé de civilisé. —, qui fuit la société, qui aime à vivre seul ; brusque, bourru ; rustre, grossier. Fig. —, féroce, farouche ; animal sauvage. —, qui n'est point apprivoisé ; canard sauvage. —, désert, inculte ; lieux sauvages. —, qui croît sans culture ; fruit sauvage. Goût —, âpre. Feu —, espèce de dartre érysipélateuse au visage des enfans.

SAUVAGE-MAGNIL, s. m. Com. du dép. de la Haute-Marne, cant. de Montierender, arr. de Vassy. = Montierender.

SAUVAGEON, s. m. Jeune arbre fruitier non greffé.

SAUVAGÈRE (la), s. f. Com. du dép. de l'Orne, cant. de la Ferté-Macé, arr. de Domfront. = la Ferté-Macé.

SAUVAGERIE, s. f. Caractère sauvage, vie retirée, dégoût de la société. —, maison de campagne isolée.

SAUVAGES (le), s. m. Com. du dép. du Rhône, cant. de Tarare, arr. de Villefranche. = Tarare.

SAUVAGÈSE, s. f. Genre de violettes. T. de bot.

SAUVAGESSE, s. f. Femme sauvage. T. inus.

SAUVAGETÉ, s. f. Qualité de sauvage. T. inus.

SAUVAGIN, E, s. et adj. Se dit de la chair des bêtes sauvages, des oiseaux aquatiques ; goût sauvagin. —, s. f. Pelleterie d'animaux sauvages sans apprêt.

SAUVAGNAS, s. m. Com. du dép. de Lot-et-Garonne, cant. de la Roque-Timbaut, arr. d'Agen. = Agen.

SAUVAGNAT, s. m. Com. du dép. de la Charente, cant. de Montembœuf, arr. de Confolens. = Larochefoucault.

SAUVAGNAT, s. m. Com. du dép. du Puy-de-Dôme, cant. d'Herment, arr. de Clermont. = Clermont.

SAUVAGNAT, s. m. Com. du dép. du Puy-de-Dôme, cant. et arr. d'Issoire. = Issoire.

SAUVAGNEY, s. m. Com. du dép. du Doubs, cant. d'Audeux, arr. de Besançon. = Besançon.

SAUVAGNON, s. m. Com. du dép. des Basses-Pyrénées, cant. de Lescar, arr. de Pau. = Pau.

SAUVAGNY, s. m. Com. du dép. de l'Allier, cant. d'Hérisson, arr. de Montluçon. = Montmarault.

SAUVAIN, s. m. Com. du dép. de la Loire, cant. de St.-Georges-en-Couzan, arr. de Montbrison. = Montbrison.

SAUVANT (St.-), s. m. Com. du dép. de la Charente-Inférieure, cant. de Burie, arr. de Saintes. = Saintes.

SAUVAT, s. m. Com. du dép. du Cantal, cant. de Saignes, arr. de Mauriac. = Bort.

SAUVÉ, E, part. Délivré du péril, mis en sûreté.

SAUVE, s. m. Petite ville du dép. du Gard, chef-lieu de cant. de l'arr. du Vigan. Bur. d'enregist. et de poste. Fabr. de bonneterie en soie, en coton et en filoselle.

SAUVE-GARDE, s. f. Protection accordée par un général ou un officier supérieur pour garantir les personnes et les propriétés ; écrit, signe apparent pour faire connaître cette protection ; garde chargée de protéger. —, tout ce qui sert de défense, de protection. Fig. —, cordage, chaîne qui tient le gouvernail. T. de mar. —, gros lézard d'Amérique. T. d'hist. nat.

SAUVELADE, s. f. Com. du dép. des Basses-Pyrénées, cant. de Lagor, arr. d'Orthez. = Orthez.

SAUVE-MAJEURE (la), s. f. Com. du dép. de la Gironde, cant. de Créon, arr. de Bordeaux. = Bordeaux.

SAUVEMENT, s. m. Voy. SAUVAGE. T. de mar.

SAUVENSA, s. m. Com. du dép. de l'Aveyron, cant. de Najac, arr. de Villefranche. = Villefranche-de-Rouergue.

SAUVENT (St.-), s. m. Com. du dép. de la Vienne, cant. de Lusignan, arr. de Poitiers. = Lusignan.

SAUVE-QUI-PEUT, interj. et s. m. Cri des lâches qui fuient et répandent la terreur dans les rangs durant un combat. —, signal donné par le commandant d'une flotte dans un danger imminent. T. de mar.

SAUVER, v. a. Tirer du péril, délivrer, préserver, garantir. —, mettre en sûreté, conserver. —, procurer la béatitude éternelle, le salut. —, parer, épargner, éviter. —, observer, garder ;

sauver les apparences. —, déguiser, pallier. —, excuser, justifier. Se —, v. pron. S'échapper, s'évader, s'enfuir ; se retirer dans un lieu sûr pour y trouver un asile. Se —, faire son salut, gagner le ciel. Se —, se dédommager d'une perte.

SAUVE-RABAN, s. m. Anneau de corde. T. de mar.

SAUVERGNY, s. m. Com. du dép. de l'Ain, cant. de Ferney, arr. de Gex. = Gex.

SAUVES (St.-), s. m. Com. du dép. du Puy-de-Dôme, cant. de Tauves, arr. d'Issoire. = Tauves.

SAUVESSANGES, s. f. Com. du dép. du Puy-de-Dôme, cant. de Viverols, arr. d'Ambert. = Ambert.

SAUVETAGE, s. m. Etat hors de péril. Voy. SAUVAGE. T. de mar.

SAUVETAT (la), s. f. Com. du dép. de la Haute-Loire, cant. de Pradelles, arr. du Puy. = le Puy.

SAUVETAT-DE-FAVÈRES (la), s. f. Com. du dép. de Lot-et-Garonne, cant. de la Roque-Timbaut, arr. d'Agen. = Agen.

SAUVETAT-DU-DROT (la), s. f. Com. du dép. de Lot-et-Garonne, cant. de Duras, arr. de Marmande. = Marmande.

SAUVETÉ, s. f. Salut, sûreté, asile. (Vi.)

SAUVETERRE, s. f. Marbre noir à taches jaunes et blanches.

SAUVETERRE, s. f. Petite ville du dép. de l'Aveyron, chef-lieu de cant. de l'arr. de Rodez. Bur. d'enregist. = Rodez. Fabr. de bonneterie de laine. Comm. de vins.

SAUVETERRE, s. f. Petite ville du dép. de la Haute-Garonne, cant. de St.-Bertrand, arr. de St.-Gaudens. = St.-Gaudens.

SAUVETERRE, s. f. Com. du dép. du Gers, cant. et arr. de Lombez. = Lombez.

SAUVETERRE (la), s. f. Petite ville du dép. de la Gironde, chef-lieu de cant. de l'arr. de la Réole. Bur. d'enregist. = la Réole.

SAUVETERRE, s. f. Com. du dép. de Lot-et-Garonne, cant. d'Astaffort, arr. d'Agen. = Fumel.

SAUVETERRE, s. f. Com. du dép. de Lot-et-Garonne, cant. de Fumel, arr. de Villeneuve. = la Magistère.

SAUVETERRE, s. f. Petite ville du dép. des Basses-Pyrénées, chef-lieu de cant. de l'arr. d'Orthez. Bur. d'enregist. = Orthez.

SAUVETERRE, s. f. Com. du dép. des Hautes-Pyrénées, cant. de Matibourguet, arr. de Tarbes. = Tarbes.

SAUVETERRE, s. f. Com. du dép. du Tarn, cant. de St.-Amans-la-Bastide, arr. de Castres. = Mazamet.

SAUVETERRE, s. f. Com. du dép. de Tarn-et-Garonne, cant. de Lauzerte, arr. de Moissac. = Lauzerte.

SAUVEUR, s. m. Libérateur. Le —, J.-C.

SAUVEUR (St.-), s. m. Com. du dép. des Hautes-Alpes, cant. et arr. d'Embrun. = Embrun.

SAUVEUR (St.-), s. m. Com. du dép. de l'Aveyron, cant. de Cassagnes-Bégonhès, arr. de Rodez. = Rodez.

SAUVEUR (St.-), s. m. Com. du dép. de la Côte-d'Or, cant. de Pontailler-sur-Saône, arr. de Dijon. = Pontailler.

SAUVEUR (St.-), s. m. Com. du dép. de la Dordogne, cant. et arr. de Bergerac. = Bergerac.

SAUVEUR (St.-), s. m. Com. du dép. de la Dordogne, cant. de Monpont, arr. de Ribérac. = Monpont.

SAUVEUR (St.-), s. m. Com. du dép. de la Drôme, cant. de Saillans, arr. de Die. = Saillans.

SAUVEUR (St.-), s. m. Com. du dép. de la Drôme, cant. du Buis, arr. de Nyons. = Saillans.

SAUVEUR (St.-), s. m. Com. du dép. du Finistère, cant. de Sizun, arr. de Morlaix. = Landivisiau.

SAUVEUR (St.-), s. m. Com. du dép. de la Haute-Garonne, cant. de Fronton, arr. de Toulouse. = Fronton.

SAUVEUR (St.-), s. m. Com. du dép. de la Gironde, cant. de Pauillac, arr. de Lesparre. = St.-Laurent.

SAUVEUR (St.-), s. m. Com. du dép. de l'Isère, cant. et arr. de St.-Marcellin. = St.-Marcellin.

SAUVEUR (St.-), s. m. Com. du dép. de la Loire, cant. de Bourg-Argental, arr. de St.-Etienne. = Annonay.

SAUVEUR (St.-), s. m. Com. du dép. de la Meurthe, cant. de Lorquin, arr. de Sarrebourg. = Blamont.

SAUVEUR (St.-), s. m. Com. du dép. de l'Oise, cant. et arr. de Compiègne. = Verberie.

SAUVEUR (St.-), s. m. Com. du dép. du Puy-de-Dôme, cant. d'Arlanc, arr. d'Ambert. = Ambert.

SAUVEUR (St.-), s. m. Com. du dép. des Hautes-Pyrénées, cant. de Luz, arr. d'Argelès. = Argelès.

SAUVEUR (St.-), s. m. Com. du dép. de la Haute-Saône, cant. de Luxeuil, arr. de Lure. = Luxeuil.

SAUVEUR (St.-), s. m. Com. du dép. de la Seine-Inférieure, cant. de Goderville, arr. du Hâvre. = Montivilliers.

SAUVEUR (St.-), s. m. Com. du dép. des Deux-Sèvres, cant. et arr. de Bressuire. = Bressuire.

SAUVEUR (St.-), s. m. Com. du dép. de la Somme, cant. et arr. d'Amiens. = Amiens.

SAUVEUR (St.-), s. m. Com. du dép. de la Vienne, cant. et arr. de Châtellerault. = Châtellerault.

SAUVEUR (St.-), s. m. Com. du dép. de l'Yonne, chef-lieu de cant. de l'arr. d'Auxerre. Bur. d'enregist. = St.-Fargeau.

SAUVEUR-DE-BON-FOSSÉ (St.-), s. m. Com. du dép. de la Manche, cant. de Canisy, arr. de St.-Lô. = St.-Lô.

SAUVEUR-DE-CARROUGES (St.-), s. m. Com. du dép. de l'Orne, cant. de Carrouges, arr. d'Alençon. = Carrouges.

SAUVEUR-DE-CHAULIEU (St.-), s. m. Com. du dép. de la Manche, cant. de Sourdeval, arr. de Mortain. = Sourdeval.

SAUVEUR-DE-CRUZIÈRES (St.-), s. m. Com. du dép. de l'Ardèche, cant. des Vans, arr. de Largentière. = St.-Ambroix.

SAUVEUR-DE-FLÉE (St.-), s. m. Com. du dép. de Maine-et-Loire, cant. et arr. de Segré. = Segré.

SAUVEUR-DE-GINESTOUX (St.-), s. m. Com. du dép. de la Lozère, cant. de Châteauneuf, arr. de Mende. = Langogne.

SAUVEUR-DE-LÉVIGNAC (St.-), s. m. Com. du dép. de Lot-et-Garonne, cant. de Seyches, arr. de Marmande. = Marmande.

SAUVEUR-DE-MEILHAN (St.-), s. m. Com. du dép. de Lot-et-Garonne, cant. de Meilhan, arr. de Marmande. = Marmande.

SAUVEUR-DE-MONTAGUT (St.-), s. m. Com. du dép. de l'Ardèche, cant. de St.-Pierreville, arr. de Privas. = Privas.

SAUVEUR-DE-NUAILLÉ (St.-), s. m. Com. du dép. de la Charente-Inférieure, cant. de Courçon, arr. de la Rochelle. = Nuaillé.

SAUVEUR-DE-PEYRE (St.-), s. m. Com. du dép. de la Lozère, cant. d'Aumont, arr. de Marvejols. = Marvejols.

SAUVEUR-DE-PIERREPONT (St.-), s. m. Com. du dép. de la Manche, cant. de la Haye-du-Puits, arr. de Coutances. = Périers.

SAUVEUR-DE-PUYNORMAND (St.-) s. m. Com. du dép. de la Gironde, cant. de Lussac, arr. de Libourne. = Coutras.

SAUVEUR-DES-LANDES (St.-), s. m. Com. du dép. d'Ille-et-Vilaine, cant. et arr. de Fougères. = Fougères.

SAUVEUR-DES-POURCILS (St.-), s. m. Com. du dép. du Gard, cant. de Trèves, arr. du Vigan. = Meyrueis.

SAUVEUR-LA-POMMERAYE (St.-), s. m. Com. du dép. de la Manche, cant. de Bréhal, arr. de Coutances. = Granville.

SAUVEUR-LENDELIN (St.-), s. m. Com. du dép. de la Manche, chef-lieu de cant. de l'arr. de Coutances, où se trouve le bur. d'enregist. = Périers.

SAUVEUR-LES-BOIS (St.-), s. m. Com. du dép. de Seine-et-Marne, cant. de Donnemarie, arr. de Provins. = Bray-sur-Seine.

SAUVEUR-LE-VICOMTE (St.-), s. m. Com. du dép. de la Manche, chef-lieu de cant. de l'arr. de Valognes. Bur. d'enregist. = Valognes.

SAUVEUR-SUR-ÉCOLE (St.-), s. m. Com. du dép. de Seine-et-Marne, cant. et arr. de Melun. = Ponthierry.

SAUVE-VIE, s. f. Rue de murailles, doradille des murs, plante pectorale, sudorifique.

SAUVIAC, s. m. Com. du dép. du Gers, cant. et arr. de Mirande. = Castelnau.

SAUVIAC, s. m. Com. du dép. de la Gironde, cant. et arr. de Bazas. = Bazas.

SAUVIAN, s. m. Com. du dép. de l'Hérault, cant. et arr. de Béziers. = Béziers.

SAUVIAT, s. m. Com. du dép. du Puy-de-Dôme, cant. de Courpière, arr. de Thiers. = Thiers.

SAUVIAT, s. m. Com. du dép. de la Haute-Vienne, cant. de St.-Léonard, arr. de Limoges. = St.-Léonard.

SAUVIER (St.-), s. m. Com. du dép. de l'Allier, cant. d'Huriel, arr. de Montluçon. = Montluçon.

SAUVIGNAC-ET-MÉLAC, s. m. Com. du dép. de la Charente, cant. de Brossac, arr. de Barbezieux. = la Graulle.

SAUVIGNEY-LÈS-ANGIREY, s. m. Com. du dép. de la Haute-Saône, cant. et arr. de Gray. = Gray.

SAUVIGNEY-LES-PESMES, s. m. Com. du dép. de la Haute-Saône, cant. de Pesmes, arr. de Gray. = Gray.

SAUVIGNY, s. m. Com. du dép. de la Meuse, cant. de Vaucouleurs, arr. de Commercy. = Vaucouleurs.

SAUVIGNY-LE-BEURÉAL, s. m. Com. du dép. de l'Yonne, cant. de Guillon, arr. d'Avallon. = Avallon.

SAUVIGNY-LE-BOIS, s. m. Com. du dép. de l'Yonne, cant. et arr. d'Avallon. = Avallon.

SAUVIGNY-LES-BOIS, s. m. Com. du dép. de la Nièvre, cant. et arr. de Nevers. = Nevers.

SAUVILLE, s. f. Com. du dép. des Ardennes, cant. de Chesne, arr. de Vouziers. = Sedan.

SAUVILLE, s. f. Com. du dép. des Vosges, cant. de Bulgnéville, arr. de Neufchâteau. = la Marche.

SAUVILLERS - MONGIVAL, s. m. Com. du dép. de la Somme, cant. d'Ailly-sur-Noye, arr. de Montdidier. = Montdidier.

SAUVIMONT, s. m. Com. du dép. du Gers, cant. et arr. de Lombez. = Lombez.

SAUVOY, s. m. Com. du dép. de la Meuse, cant. de Void, arr. de Commercy. = Void.

SAUVY (St.-), s. m. Com. du dép. du Gers, cant. de Gimont, arr. d'Auch. = Gimont.

SAUX, s. m. Com. du dép. du Lot, cant. de Moncuq, arr. de Cahors. = Castelfranc.

SAUX-EN-WOEVRE, s. m. Com. du dép. de la Meuse, cant. de Fresne-en-Woevre, arr. de Verdun. = Verdun.

SAUXILLANGES, s. f. Com. du dép. du Puy-de-Dôme, chef-lieu de cant. de l'arr. d'Issoire. Bur. d'enregist. = Issoire. Fabr. de camelots, étamines, faulx, faucilles, lames de scies, etc.

SAUX-POMARÈDE, s. m. Com. du dép. de la Haute-Garonne, cant. et arr. de St.-Gaudens. = St.-Gaudens.

SAUXURES-LÈS-BULGNÉVILLE, s. f. Com. du dép. des Vosges, cant. de Bulgnéville, arr. de Neufchâteau. = Neufchâteau.

SAUZE (le), s. m. Com. du dép. des Hautes-Alpes, cant. de Savines, arr. d'Embrun. = Embrun.

SAUZELLES, s. f. Com. du dép. de l'Indre, cant. de Tournon-St.-Martin, arr. du Blanc. = le Blanc.

SAUZET, s. m. Com. du dép. de la Drôme, cant. de Marsanne, arr. de Montélimar. = Montélimar.

SAUZET, s. m. Com. du dép. du Gard, cant. de St.-Chaptes, arr. d'Uzès. = Nismes.

SAUZET, s. m. Com. du dép. du Lot, cant. de Luzech, arr. de Cahors. = Cahors.

SAUZÉ-VAUSSAIS, s. m. Com. du dép. des Deux-Sèvres, chef-lieu de cant. de l'arr. de Melle. Bur. d'enregist. et de poste.

SAUZON, s. m. Com. du dép. du Morbihan, cant. de Bellisle, arr. de Lorient. = Belle-Isle-en-Mer.

SAVACOU, s. m. Genre d'oiseaux échassiers. T. de bot.

SAVAMMENT, adv. D'une manière savante; avec connaissance, sciemment.

SAVANE, s. f. Au Canada, forêt d'arbres résineux. —, dans les colonies françaises d'Amérique, prairie.

SAVANT, E, s. et adj. Erudit, qui possède beaucoup de science; docte, habile. —, bien instruit, bien informé. —, qui renferme beaucoup d'érudition; ouvrage savant.

SAVANTAS ou SAVANTASSE, s. m. Pédant qui affecte de l'érudition et qui n'a que des connaissances superficielles.

SAVANTISSIME, adj. Très savant. T. fam. et inus.

SAVARTHÈS, s. m. Com. du dép. de la Haute-Garonne, cant. et arr. de St.-Gaudens. = St.-Gaudens.

SAVAS, s. m. Com. du dép. de l'Ardèche, cant. de Serrières, arr. de Tournon. = Annonay.

SAVAS-MÉPIN, s. m. Com. du dép. de l'Isère, cant. de St.-Jean-de-Bournay, arr. de Vienne. = Bourgoin.

SAVASSE, s. f. Com. du dép. de la Drôme, cant. de Marsanne, arr. de Montélimar. = Montélimar.

SAVATE, s. f. Vieux soulier; facteur qui porte les lettres dans les campagnes. —, maladroit. T. fam.

SAVE (la), s. f. Rivière dont la source se trouve près du village de Pinas, arr. de Bagnères, dép. des Hautes-Pyrénées, et qui se jette dans la Garonne après un cours d'environ 28 l.

SAVEL, s. m. Com. du dép. de la Drôme, cant. de Saillans, arr. de Die. = Saillans.

SAVEL, s. m. Com. du dép. de l'Isère, cant. de la Mure, arr. de Grenoble. = la Mure.

SAVENAY, s. m. Petite ville du dép. de la Loire-Inférieure, chef-lieu de sous-préf. et de cant.; trib. de 1re inst.; société d'agric.; conserv. de hypoth.; direct. des contrib. indir.; recev. part. des finances; bur. d'enregist. et de poste. Comm. de bestiaux et de sel.

SAVENEAU, s. m. ou SAVENELLE, s. f. Filet monté sur deux bâtons. T. de pêch.

SAVENNES, s. f. Com. du dép. de la Creuse, cant. et arr. de Guéret. = Guéret.

SAVENNES, s. f. Com. du dép. du Puy-de-Dôme, cant. de Bourg-Lastic, arr. de Clermont. = Tauves.

SAVENNIÈRES, s. f. Com. du dép. de Maine-et-Loire, cant. de St.-Georges-sur-Loire, arr. d'Angers. = St.-Georges-sur-Loire.

SAVERDUN, s. m. Petite ville du dép. de l'Ariège, chef-lieu de cant. de l'arr. de Pamiers. Bur. d'enregist. et de poste.

SAVÈRE, s. f. Com. du dép. de la Haute-Garonne, cant. de Rieumes, arr. de Muret. = Noé.

SAVERNE, s. m. Ville du dép. du Bas-Rhin, chef-lieu de sous-préf. et d'un cant.; trib. de 1re inst.; conserv. des hypoth.; direct. des contrib. indir.; recev. part. des finances; bur. d'enregist. et de poste.
Cette ville, située sur la Zorn, au pied des Vosges, est entourée de riches vignobles. Fabr. de draps, bonneterie; fonderie de fer et de cuivre, poterie. Comm. de bois, de tabac, etc.

SAVETÉ, E, part. Bousillé, fait mal-proprement; gâté.

SAVETER, v. a. Faire ou raccommo-der comme un savetier, bousiller. T. fam.

SAVETERIE, s. f. Boutique de save-tier où l'on raccommode et vend de vieux souliers.

SAVETIER, s. m. Carreleur de sou-liers, raccommodeur de vieux souliers. —, mauvais ouvrier. T. fam.

SAVEUR, s. f. Odeur, fumet des vian-des, du vin, qui flatte agréablement le goût et réveille l'appétit.

SAVEUSE, s. f. Com. du dép. de la Somme, cant. et arr. d'Amiens. = Amiens.

SAVIANGE, s. m. Com. du dép. de Saône-et-Loire, cant. de Buxy, arr. de Châlons. = Buxy.

SAVIE, s. f. Arbuste tithymaloïde. T. de bot.

SAVIÈRES, s. f. Com. du dép. de l'Aube, cant. de Méry-sur-Seine, arr. de Bar-sur-Aube. = Méry-sur-Seine.

SAVIGNA, s. f. Com. du dép. du Jura, cant. d'Arinthod, arr. de Lons-le-Saul-nier. = Orgelet.

SAVIGNAC, s. m. Com. du dép. de l'Ariège, cant. d'Ax, arr. de Foix. = Tarascon.

SAVIGNAC, s. m. Com. du dép. de la Dordogne, cant. du Bugue, arr. de Sarlat. = le Bugue.

SAVIGNAC, s. m. Com. du dép. de la Gironde, cant. d'Auros, arr. de Bazas. = la Réole.

SAVIGNAC, s. m. Com. du dép. de Lot-et-Garonne, cant. de Duras, arr. de Marmande. = Marmande.

SAVIGNAC, s. m. Com. du dép. de Lot-et-Garonne, cant. de Monflanquin, arr. de Villeneuve. = Monflanquin.

SAVIGNAC-DE-L'ISLE, s. m. Com. du dép. de la Gironde, cant. de Guitre, arr. de Libourne. = Coutras.

SAVIGNAC-DE-NONTRON, s. m. Com. du dép. de la Dordogne, cant. et arr. de Nontron. = Nontron.

SAVIGNAC-LAUSSOUE, s. m. Com. du dép. du Gers, cant. et arr. de Lom-bez. = Lombez.

SAVIGNAC-LEDRIER, s. m. Com. du dép. de la Dordogne, cant. de La-nouaille, arr. de Nontron. = Exideuil.

SAVIGNAC-LES-ÉGLISES, s. m. Com. du dép. de la Dordogne, chef-lieu de cant. de l'arr. de Périgueux, où se trouvent les bur. d'enregist. et de poste.

SAVIGNAC-MONA, s. m. Com. du dép. du Gers, cant. de Samatan, arr. de Lombez. = Lombez.

SAVIGNARGUE, s. f. Com. du dép. du Gard, cant. de Sauve, arr. du Vigan. = Sauve.

SAVIGNÉ, s. m. Com. du dép. d'Indre-et-Loire, cant. de Château-la-Vallière, arr. de Tours. = Langeais.

SAVIGNÉ, s. m. Com. du dép. de la Vienne, cant. et arr. de Civray. = Ci-vray.

SAVIGNÉ-L'ÉVÊQUE, s. m. Com. du dép. de la Sarthe, cant. et arr. du Mans. = le Mans.

SAVIGNÉ-SOUS-LE-LUDE, s. m. Com. du dép. de la Sarthe, cant. du Lude, arr. de la Flèche. = le Lude.

SAVIGNEUX, s. m. Com. du dép. de l'Ain, cant. de St.-Trivier-sur-Moguand, arr. de Trévoux. = Trévoux.

SAVIGNEUX, s. m. Com. du dép. de la Loire, cant. et arr. de Montbrison. = Montbrison.

SAVIGNY, s. m. Com. du dép. des Ardennes, cant. de Monthois, arr. de Vouziers. = Vouziers.

SAVIGNY, s. m. Com. du dép. d'Indre-et-Loire, cant. et arr. de Chinon. = Chi-non.

SAVIGNY, s. m. Com. du dép. de Loir-et-Cher, chef-lieu de cant. de l'arr. de Vendôme. Bur. d'enregist. à Montdou-bleau. = Vendôme.

SAVIGNY, s. m. Com. du dép. de la Manche, cant. de Cerisy-la-Salle, arr. de Coutances. = Coutances.

SAVIGNY, s. m. Com. du dép. de la Marne, cant. de Ville-en-Tardenois, arr. de Reims. = Reims.

SAVIGNY, s. m. Com. du dép. de la Haute-Marne, cant. de Fays-Billot, arr. de Langres. = Fays-Billot.

SAVIGNY, s. m. Com. du dép. du Rhône, cant. de l'Arbresle, arr. de Lyon. = l'Arbresle.

SAVIGNY, s. m. Com. du dép. de Seine-et-Marne, cant. et arr. de Melun. = Melun.

SAVIGNY, s. m. Com. du dép. de la Vienne, cant. de St.-Genest-Lencloître, arr. de Châtellerault. = Châtellerault.

SAVIGNY, s. m. Com. du dép. des Vosges, cant. de Charmes, arr. de Mirecourt. = Mirecourt.

SAVIGNY, s. m. Com. du dép. de l'Yonne, cant. de Chéroy, arr. de Sens. = Courtenai.

SAVIGNY-EN-REVERMONT, s. m. Com. du dép. de Saône-et-Loire, cant. de Beaurepaire, arr. de Louhans. = Louhans.

SAVIGNY-EN-SANCERRE, s. m. Com. du dép. du Cher, cant. de Léré, arr. de Sancerre. = Sancerre.

SAVIGNY-EN-SEPTAINE, s. m. Com. du dép. du Cher, cant. de Bauzy, arr. de Bourges. = Bourges.

SAVIGNY-EN-TERRE-PLAINE, s. m. Com. du dép. de l'Yonne, cant. de Guillon, arr. d'Avallon. = Avallon.

SAVIGNY-LE-SEC, s. m. Com. du dép. de la Côte-d'Or, cant. et arr. de Dijon. = Dijon.

SAVIGNY-LE-VIEUX, s. m. Com. du dép. de la Manche, cant. de Teilleul, arr. de Mortain. = Coutances.

SAVIGNY-POIL-FOL, s. m. Com. du dép. de la Nièvre, cant. de Luzy, arr. de Château-Chinon. = Luzy.

SAVIGNY-SOUS-BEAUNE, s. m. Com. du dép. de la Côte-d'Or, cant. et arr. de Beaune. = Beaune.

SAVIGNY-SOUS-MALAIN, s. m. Com. du dép. de la Côte-d'Or, cant. de Sombernon, arr. de Dijon. = Sombernon.

SAVIGNY-SUR-CANNE, s. m. Com. du dép. de la Nièvre, cant. de Fours, arr. de Nevers. = Decize.

SAVIGNY-SUR-GRONE, s. m. Com. du dép. de Saône-et-Loire, cant. de St.-Gengoux-le-Royal, arr. de Mâcon. = Buxy.

SAVIGNY-SUR-ORGE, s. m. Com. du dép. de Seine-et-Oise, cant. de Longjumeau, arr. de Corbeil. = Fromenteau.

SAVIGNY-SUR-SEILLE, s. m. Com. du dép. de Saône-et-Loire, cant. de Montret, arr. de Louhans. = Louhans.

SAVILLY, s. m. Com. du dép. de la Côte-d'Or, cant. de Liernais, arr. de Beaune. = Lucenay.

SAVIN (St.-), s. m. Com. du dép. de la Charente-Inférieure, cant. de St.-Savinien, arr. de St.-Jean-d'Angely. = St.-Savinien.

SAVIN (St.-), s. m. Com. du dép. de la Gironde, chef-lieu de cant. de l'arr. de Blaye. Bur. d'enregist. à Bourg. = Blaye.

SAVIN (St.-), s. m. Com. du dép. de l'Isère, cant. de Bourgoin, arr. de la Tour-du-Pin. = Bourgoin.

SAVIN (St.-), s. m. Com. du dép. des Hautes-Pyrénées, cant. et arr. d'Argelès. = Argelès.

SAVIN (St.-), s. m. Com. du dép. de la Vienne, chef-lieu de cant. de l'arr. de Montmorillon. Bur. d'enregist. et de poste.

SAVINE (Ste.-), s. f. Com. du dép. de l'Aube, cant. et arr. de Troyes. = Troyes.

SAVINES, s. f. Com. du dép. des Hautes-Alpes, chef-lieu de cant. de l'arr. d'Embrun, où se trouvent les bur. d'enregist. et de poste.

SAVINHAC, s. m. Com. du dép. de l'Aveyron, cant. et arr. de Villefranche. = Villefranche.

SAVINIEN (St.-), s. m. Com. du dép. de la Charente-Inférieure, chef-lieu de cant. de l'arr. de St.-Jean-d'Angely. Bur. d'enregist. et de poste. Comm. de grains, vins et eaux-de-vie.

SAVINIER, s. m. Voy. SABINE.

SAVINS, s. m. Com. du dép. de Seine-et-Marne, cant. de Donnemarie, arr. de Provins. = Donnemarie.

SAVIOL (St.-), s. m. Com. du dép. de la Vienne, cant. et arr. de Civray. = Civray.

SAVOIE, s. f. Province du royaume de Sardaigne, bornée N. cant. de Genève, E. Piémont, S. et O. France. Cette province, située au milieu des Alpes, fut conquise par les Français en 1792 et réunie à la France. Elle formait le dép. du Mont-Blanc.

SAVOILLANS, s. m. Com. du dép. de Vaucluse, cant. de Malaucène, arr. d'Orange. = Carpentras.

SAVOIR, s. m. Science, érudition ; connaissances acquises par l'étude et par l'expérience.

SAVOIR, v. a. Connaître ; savoir son métier. —, être instruit dans un art, une science ; être versé dans la théorie, dans la pratique de.... —, avoir dans l'esprit, la mémoire ; savoir sa leçon. —, apprendre, être informé. —, avoir le pouvoir, le moyen, l'esprit, l'adresse, la patience, le don de faire, etc. Faire —, instruire, informer. —, v. n. Avoir l'esprit orné, plein de connaissances utiles. —, à —, conj. qui servent à spécifier ce dont il s'agit. C'est à —, conj. dubitative. Peut-être que oui, peut-être que non.

SAVOIR-FAIRE, s. m. Habileté, industrie.

SAVOIR-VIVRE, s. m. Connaissance des usages du monde, urbanité.

SAVOISY, s. m. Com. du dép. de la Côte-d'Or, cant. de Laignes, arr. de Châtillon. = Montbard.

SAVOLLES, s. f. Com. du dép. de la Côte-d'Or, cant. de Mirabeau, arr. de Dijon. = Mirabeau-sur-Bèze.

SAVON, s. m. Composition d'huile ou autre corps gras avec un alcali, pour blanchir le linge, nettoyer les étoffes, etc. —, verte réprimande. T. fam. et iron. — de verre ou des verriers, mélange de manganèse et de matière vitreuse. — naturel, argile à foulon. —, pl. Combinaison d'huiles fixes avec des bases. T. de chim.

SAVONATES, s. f. pl. Combinaison des huiles volatiles avec différentes bases. T. de chim.

SAVONNAGE, s. m. Action de savonner; blanchissage avec le savon.

SAVONNÉ, E, part. Nettoyé, blanchi avec du savon.

SAVONNER, v. a. Blanchir, nettoyer avec du savon. —, réprimander vertement. T. fam. et iron.

SAVONNERIE, s. f. Fabrique de savon.

SAVONNETTE, s. f. Boule de savon préparée pour faire la barbe. — à vilain, charge qui anoblissait. —, arbrisseau épineux de l'île de Madagascar. — de mer ou marine, masse ronde d'œufs de poissons, de coquillages ou d'écume, qui moussent comme du savon.

SAVONNEUX, EUSE, adj. Qui tient de la qualité du savon.

SAVONNIER, s. m. Fabricant de savon. —, ou arbre aux savonnettes, arbre dont les fruits en grappes ont les propriétés du savon, genre de saponacées dont on compte une quinzaine d'espèces.

SAVONNIÈRE, s. f. Voy. SAPONAIRE.

SAVONNIÈRES, s. f. Com. du dép. d'Indre-et-Loire, cant. et arr. de Tours. = Tours.

SAVONNIÈRES-DEVANT-BAR, s. f. Com. du dép. de la Meuse, cant. et arr. de Bar-le-Duc. = Bar-le-Duc.

SAVONNIÈRES-EN-PERTOIS, s. f. Com. du dép. de la Meuse, cant. d'Ancerville, arr. de Bar-le-Duc. = St.-Dizier.

SAVONNIÈRES-EN-WOEVRE, s. f. Com. du dép. de la Meuse, cant. de Vigneulles, arr. de Commercy. = St.-Mihiel.

SAVONNOIR, s. m. Feutre enduit de savon pour lisser les cartes à jouer.

SAVONNULE, s. f. Nom générique des combinaisons des huiles essentielles avec les bases alcalines ou les acides. T. de chim.

SAVOUGES, s. f. Com. du dép. de la Côte-d'Or, cant. de Gevrey, arr. de Dijon. = la Baraque.

SAVOURÉ, E, part. Goûté avec délectation.

SAVOUREMENT, s. f. Action de savourer. T. inus.

SAVOURER, v. a. Goûter avec attention et plaisir. —, jouir avec délices; savourer la louange. Fig.

SAVOURET, s. m. Gros os de trumeau de bœuf qu'on met au pot. T. fam.

SAVOUREUSEMENT, adv. En savourant.

SAVOUREUX, EUSE, adj. Agréable au goût, qui a beaucoup de saveur. —, suave, délicieux. Fig.

SAVOURNIN (St.-), s. m. Com. du dép. des Bouches-du-Rhône, cant. de Roquevaire, arr. de Marseille. = Marseille.

SAVOURNON, s. m. Com. du dép. des Hautes-Alpes, cant. de Serres, arr. de Gap. = Serres.

SAVOYARD, E, s. et adj. Habitant de la Savoie ; qui concerne cette province.

SAVOYEUX, s. m. Com. du dép. de la Haute-Saône, cant. de Dampierre-sur-Salon, arr. de Gray. = Gray.

SAVRE ou SAVREAU, s. m. Filet semblable au bouteux. T. de pêch.

SAVY, s. m. Com. du dép. de l'Aisne, cant. de Vermand, arr. de St.-Quentin. = St.-Quentin.

SAVY-ET-BERLETTE, s. m. Com. du dép. du Pas-de-Calais, cant. d'Aubigny, arr. de St.-Pol. = Arras.

SAXATILE, adj. Qui habite les cavités des rochers, qui les fréquente ; reptile, poisson saxatile. T. d'hist. nat. —, qui croît sur les rochers parmi les pierres ; plante saxatile. T. de bot.

SAXE (la), s. f. Royaume d'Allemagne, borné N. O. et E. par la Prusse, S. par la Bohême et la Bavière.

SAXICAVE, s. m. Genre de coquillages. T. d'hist. nat.

SAXIFRAGE, s. f. Genre de plantes de la décandrie, dixième classe des végétaux. T. de bot. —, adj. Voy. LITHONTRIPTIQUE.

SAXIFRAGÉES, s. f. pl. Famille de

plantes dicotylédones, polypétales, à étamines périgynes. T. de bot.

SAXIGÈNE, adj. Se dit des polypes dont le tuyau se pétrifie. T. d'hist. nat.

SAXIN, s. m. Campagnol de Sibérie. T. d'hist. nat.

SAXON, NE, s. et adj. Originaire de Saxe; qui est relatif à ce royaume. —, s. m. pl. Peuples de la Germanie qui, avec les Anglais, s'emparèrent de la Grande-Bretagne à laquelle ces derniers ont laissé leur nom.

SAXON, s. m. Com. du dép. de la Meurthe, cant. de Vézelise, arr. de Nancy. = Vézelise.

SAXY-BOURDON, s. m. Com. du dép. de la Nièvre, cant. de St.-Saulge, arr. de Nevers. = Nevers.

SAYA, s. f. Etoffe de soie de la Chine.

SAYAT, s. m. Com. du dép. du Puy-de-Dôme, cant. et arr. de Clermont. = Clermont.

SAYE, s. f. Sorte de serge. Voy. SAIE.

SAYETTE, s. f. Petite étoffe de laine.

SAYETTERIE, s. f. Fabrique de sayettes.

SAYETTEUR, s. m. Fabricant de sayettes.

SAYNÈTE, s. f. Petite pièce bouffonne qu'on représente sur le théâtre espagnol.

SAYON, s. m. Sorte de vêtement grossier.

SAZE, s. m. Com. du dép. du Gard, cant. de Villeneuve, arr. d'Uzès. = Villeneuve-les-Avignon.

SAZERAY, s. m. Com. du dép. de l'Indre, cant. de Ste.-Sevère, arr. de la Châtre. = la Châtre.

SAZERET, s. m. Com. du dép. de l'Allier, cant. de Montmarault, arr. de Montluçon. = Montmarault.

SAZILLY, s. m. Com. du dép. d'Indre-et-Loire, cant. de l'Isle-Bouchard, arr. de Chinon. = l'Isle-Bouchard.

SAZOS, s. m. Com. du dép. des Hautes-Pyrénées, cant. de Luz, arr. d'Argelès. = Tarbes.

SBIRE, s. m. Sergent de police, archer en Italie, et surtout à Rome.

SCABELLON, s. m. Piédestal orné sur lequel on pose un buste, etc.

SCABIE, s. f. Sorte d'affection cutanée. T. de méd.

SCABIEUSE, s. f. Plante vivace, sudorifique, vulnéraire, qu'on administre dans les maladies de peau.

SCABIEUX, EUSE, adj. Qui ressemble à la gale. T. de méd.

SCABRE, adj. Rude, âpre au toucher. T. de bot.

SCABREUX, EUSE, adj. Rude, raboteux. T. inus. —, difficile, embarrassant, épineux, hasardeux, dangereux; entreprise scabreuse. Fig.

SCAER, s. m. Com. du dép. du Finistère, chef-lieu de cant. de l'arr. de Quimperlé où se trouve le bur. d'enregist. = Rosporden.

SCALAIRE, s. f. Genre de testacés univalves. T. d'hist. nat.

SCALDES, s. m. pl. Prêtres, poètes des Celtes.

SCALÈNE, adj. m. Se dit d'un triangle dont les côtés sont inégaux. T. de géom. —, se dit d'un muscle triangulaire placé entre les vertèbres cervicales et la partie supérieure de la poitrine. T. d'anat.

SCALIE, s. f. Plante de la syngénésie, dix-neuvième classe des végétaux. T. de bot.

SCALMES, s. m. pl. Voy. ÉCHOMES.

SCALOPE, s. m. Genre de mammifères insectivores. T. d'hist. nat.

SCALPEL, s. m. Sorte de couteau dont on se sert pour disséquer. T. d'anat.

SCAMANDRE, s. m. Fils de Jupiter et de Doris qui fut métamorphosé en fleuve, dont les eaux se promenaient autour de Troie. Pour lui donner un témoignage de sa tendresse, Jupiter lui accorda la faveur de fêter les jeunes filles au moment de leur mariage. Celles-ci, la veille de leurs noces, allaient se baigner dans le fleuve; alors Scamandre sortait de ses roseaux, les prenait par la main et les conduisait dans son palais. T. de myth.

SCAMMONÉE, s. f. Plante du genre des liserons, dont le suc résineux est purgatif. T. de bot.

SCAMMONITE, s. f. Vin de scammonée.

SCANDALE, s. m. Dangereux exemple; indignation que cause une chose, une action honteuse; grave indécence.

SCANDALEUSEMENT, adv. Avec scandale, d'une manière scandaleuse.

SCANDALEUX, EUSE, adj. Indécent, qui cause du scandale.

SCANDALISÉ, E, part. Se dit d'une personne à laquelle il a été causé du scandale.

SCANDALISER, v. a. Causer du scandale. Se —, v. pron. Prendre du scandale; s'offenser.

SCANDÉ, E, part. Se dit d'un vers dont on a marqué la mesure.

SCANDER, v. a. Indiquer la quantité des vers, dans les langues anciennes, et le nombre des syllabes dont ils se composent, dans les langues modernes. T. de poés.

SCANDIX, s. m. Genre de plantes ombellifères. T. de bot.

SCANDOULIÈRES, s. f. Com. du dép. de l'Aveyron, cant. de Rignac, arr. de Rodez. = Villeneuve-de-Berg.

SCANSORIPÈDES, s. m. pl. Oiseaux grimpeurs. T. d'hist. nat.

SCAPE, s. f. Tige d'une ancre. T. de mar.

SCAPHA, s. m. Voy. SCAPHOÏDE. T. d'anat.

SCAPHANDRE, s. m. Vêtement de liége ou de vessies remplies d'air pour se soutenir sur l'eau.

SCAPHÉ, s. m. Petit gnomon des anciens pour observer le soleil.

SCAPHÉPHORE, s. m. Etranger dans Athènes. T. d'antiq.

SCAPHIDIE, s. f. Genre d'insectes coléoptères. T. d'hist. nat.

SCAPHISME, s. m. Supplice de l'auge chez les Perses. T. d'antiq.

SCAPHITE, s. f. Genre de coquilles fossiles. T. d'hist. nat.

SCAPHOÏDE, s. et adj. m. Se dit de deux os, l'un du carpe et l'autre du tarse, auxquels on a donné ce nom à cause de leur ressemblance avec une barque. T. d'anat.

SCAPHOÏDO-ASTRAGALIEN, NE, adj. Se dit de l'articulation du scaphoïde avec l'astragale, et du ligament qui affermit cette articulation. T. d'anat.

SCAPHOÏDO-CUBOÏDIENNE, adj. f. Se dit de l'articulation du scaphoïde avec le cuboïde. T. d'anat.

SCAPHOÏDO-SUS-PHALANGIEN, s. m. Muscle abducteur du pouce. T. d'anat.

SCAPIFORME, adj. En forme de hampe. T. de bot.

SCAPIN, s. m. Nom d'un valet fourbe et intrigant de la comédie italienne.

SCAPULAIRE, s. m. Vêtement de certains religieux, composé d'une pièce d'étoffe en forme de sac auquel on fait une ouverture pour passer la tête, et qui descend jusqu'aux pieds. —, morceaux d'étoffe bénite que l'on porte sur soi au moyen de cordons. —, sorte de bandage ainsi nommé, parce qu'il appuie sur les épaules. T. de chir. —, pl. Nageoires situées près de la tête des poissons ; plumes près de l'articulation de l'aile d'un oiseau avec le corps. T. d'hist. nat. —, adj. Qui appartient aux épaules. T. d'anat.

SCAPULO-HUMÉRAL, s. et adj. m. Muscle rond de l'épaule. T. d'anat.

SCAPULO-HUMÉRO-OLÉCRANIEN, s. et adj. m. Muscle triceps brachial T. d'anat.

SCAPULO-HYOÏDIEN, s. et adj. m. Muscle omoplato-hyoïdien. T. d'anat.

SCAPULO-RADIAL, s. et adj. m. Muscle biceps du bras. T. d'anat.

SCAPULUM, s. m. (mot latin). L'omoplate.

SCARABÉE, s. m. Nom générique des insectes à ailes membraneuses renfermées dans des étuis écailleux. T. d'hist. nat.

SCARAMOUCHE, s. m. Nom d'un personnage de la comédie italienne, dont le caractère offrait un mélange de fanfaronnade et de poltronnerie.

SCARCINE, s. f. Genre de poissons osseux. T. d'hist. nat.

SCARDASSES, s. f. pl. Grosses cardes. T. de manuf.

SCARE, s. m. Genre de poissons thoraciques. T. d'hist. nat.

SCARIEUX, EUSE, adj. Sec, aride, membraneux, qui fait du bruit au toucher. T. de bot.

SCARIFICATEUR, s. m. Instrument de chirurgie dont on se servait autrefois pour faire plusieurs incisions à la peau, après l'application des ventouses. T. de chir.

SCARIFICATION, s. f. Incision que l'on fait à la peau et aux autres parties molles à l'aide d'un bistouri ou d'une lancette. T. de chir.

SCARIFIÉ, E, part. Incisé légèrement. T. de chir.

SCARIFIER, v. a. Faire de légères incisions à la peau, etc.

SCARITE, s. m. Genre d'insectes coléoptères. T. d'hist. nat.

SCARLATINE, adj. f. Se dit d'une fièvre accompagnée de rougeurs sur la peau. T. de méd.

SCARLATTE, s. f. Tangara du Mexique. T. d'hist. nat.

SCAROLE, s. f. Voy. ESCAROLE.

SCARPE (la), s. f. Rivière qui se forme de plusieurs sources, dont la principale se trouve à Montenescourt, arr. d'Arras, dép. du Pas-de-Calais, et qui se jette dans l'Escaut à Mortagne, dép. du Nord. Cette rivière, dont le cours est d'environ 25 l., est navigable au moyen d'écluses depuis Arras jusqu'à son embouchure.

SCATA, s. f. Com. du dép. de la Corse, cant. de Porta, arr. de Bastia. = Bastia.

SCATOPHAGE, s. m. Genre d'insectes diptères. T. d'hist. nat.

SCATOPSE, s. m. Insecte dont la larve vit dans les excrémens. T. d'hist. nat.

SCAURE, s. m. Genre d'insectes coléoptères. T. d'hist. nat.

SCAVISSON, s. m. Ecorce du laurier cassie. T. de bot.

SCAY (la tour de), s. m. Com. du dép. du Doubs, cant. de Marchaux, arr. de Besançon. = Ornans.

SCAZON, s. m. Vers latin qui diffère de l'iambe en ce que le cinquième pied est un iambe et le sixième un spondée. T. de poés.

SCEAU, s. m. Grand cachet qu'on applique sur les actes des chancelleries pour les rendre authentiques. —, inviolabilité du secret. Fig. Mettre le — à une chose, la terminer, la consommer entièrement. Fig. — de Notre-Dame, taminier commun. — de Salomon, grenouillet, plante astringente et vulnéraire à fleur monopétale. T. de bot.

SCEAUX, s. m. Com. du dép. du Loiret, cant. de Ferrières, arr. de Montargis. = Montargis.

SCEAUX, s. m. Com. du dép. de Maine-et-Loire, cant. de Châteauneuf, arr. de Segré. = Châteauneuf-sur-Sarthe.

SCEAUX, s. m. Com. du dép. de la Sarthe, cant. de Tuffé, arr. de Mamers. = la Ferté-Bernard.

SCEAUX, s. m. Com. du dép. de l'Yonne, cant. de Guillon, arr. d'Avallon. = Avallon.

SCEAUX, s. m. Petite ville du dép. de la Seine, chef-lieu de sous-préf. et d'un cant.; trib. de 1re inst. de Paris; bur. d'enregist. = Bourg-la-Reine.
Fabr. de faïence. Comm. considérable de bestiaux pour l'approvisionnement de Paris.

SCEL, s. m. Sceau. (Vi.)

SCÉLÉRAT, E, s. et adj. Coupable ou capable des plus grands crimes; méchant, pervers. —, en parlant des choses, abominable, atroce, exécrable.

SCÉLÉRATESSE, s. f. Crime affreux; atrocité, méchanceté noire, insigne perfidie.

SCÉLÉRATISME, s. m. Système de scélératesse.

SCÉLION, s. m. Genre d'insectes hyménoptères. T. d'hist. nat.

SCÉLITHE, s. f. Pétrification qui représente la jambe humaine. T. d'hist. nat.

SCELLAGE, s. m. Action de sceller les petites glaces.

SCELLÉ, s. m. Sceau apposé en vertu de l'autorité judiciaire sur les portes d'un appartement, etc., pour en interdire l'entrée.

SCELLÉ, E, part. Revêtu d'un sceau.

SCELLEMENT, s. m. Action de sceller. T. de maç.

SCELLER, v. a. Appliquer le sceau de l'état sur une lettre de chancellerie; apposer le scellé sur des meubles, etc. —, arrêter, fixer une pièce de bois ou de fer, etc., dans un mur avec du plâtre. —, fermer, boucher un vase avec du mastic. —, affermir, consolider, cimenter. Fig.

SCELLEUR, s. m. Officier qui appose le sceau.

SCÈNE, s. f. Partie du théâtre où se passe l'action dramatique, où jouent les acteurs. —, le théâtre, l'art dramatique; la scène française. —, division du poème dramatique déterminée par l'entrée d'un nouveau personnage. —, lieu où se passent des événemens extraordinaires; le boulevart vient d'offrir une scène épouvantable. —, toute action vive, animée; scène de plaisir, d'alarme. Fig. —, assemblage d'objets exposés à la vue; scène pittoresque. —, querelle vive, apostrophe imprévue; faire une scène à quelqu'un.

SCÉNIQUE, adj. Qui est relatif à la scène, au théâtre; jeux scéniques.

SCÉNITE, s. et adj. Qui habite sous des tentes.

SCÉNOGRAPHIE, s. f. Art de peindre des scènes, des décorations. —, représentation en perspective d'un objet projeté sur un plan horizontal. T. de math.

SCÉNOGRAPHIQUE, adj. Qui appartient à la scénographie.

SCÉNOGRAPHIQUEMENT, adv. Par le moyen de la scénographie.

SCÉNOPÉGIES, s. f. pl. Nom que donnaient les Grecs à la fête des tabernacles chez les Juifs. T. d'antiq.

SCÉNOPHYLAX, s. m. Officier grec qui présente au patriarche les vases et autres objets pour officier.

SCÉNOPINE, s. f. Genre d'insectes diptères. T. d'hist. nat.

SCÉOUTRES, s. f. Com. du dép. de l'Ardèche, cant. de Rochemaure, arr. de Privas. = Privas.

SCEPTICISME, s. m. Doctrine des Pyrrhoniens, des sceptiques, qui faisaient profession d'élever des doutes sur tout.

SCEPTIQUE, s. et adj. Partisan du scepticisme, pyrrhonien.

SCEPTRE, s. m. Bâton de commandement, symbole de la royauté. —, souveraineté, empire. Prop. et fig.

SCEY-EN-VARAIS, s. m. Com. du dép. du Doubs, cant. d'Ornans, arr. de Besançon. = Ornans.

SCEY-SUR-SAÔNE-ET-ST.-ALBIN, s. m. Com. du dép. de la Haute-Saône, chef-lieu de cant. de l'arr. de Vesoul. Bur. d'enregist. = Port-sur-Saône.

SCHABRAQUE, s. f. Partie du harnais d'un cheval de hussard, sorte de selle.

SCHACH ou SCACK, s. m. Pie-grièche de la Chine. T. d'hist. nat.

SCHAEFFERSHEIM, s. m. Com. du dép. du Bas-Rhin, cant. d'Erstein, arr. de Schélestadt. = Schélestadt.

SCHAFF, s. m. Etages pour mettre les manchons de verre.

SCHAFFHAUSEN, s. m. Com. du dép. du Bas-Rhin, cant. de Hochfelden, arr. de Saverne. = Saverne.

SCHAFFHAUSEN, s. m. Com. du dép. du Bas-Rhin, cant. de Seltz, arr. de Wissembourg. = Lauterbourg.

SCHAFFHOUSE, s. f. Ville capitale d'un canton suisse du même nom, borné N.-O. par les états de Bade, S.-E. par le cant. de Zurich.

SCHAKOT, s. m. Coiffure de l'infanterie de ligne, espèce de bonnet en feutre, garni d'une visière de cuir verni.

SCHALBACH, s. m. Com. du dép. de la Meurthe, cant. de Fénétrange, arr. de Sarrebourg. = Phalsbourg.

SCHALCKENDORF, s. m. Com. du dép. du Bas-Rhin, cant. de Bouxwiller, arr. de Saverne. = Saverne.

SCHALL, s. m. Longue pièce d'étoffe de soie ou de laine, dont les Orientaux se couvrent la tête. —, sorte de grand mouchoir en laine, etc., dont les femmes se couvrent les épaules. —, silure du Nil, poisson. T. d'hist. nat.

SCHARMUT, s. m. Poisson du genre du silure. T. d'hist. nat.

SCHARRACHBERGHEIM, s. m. Com. du dép. du Bas-Rhin, cant. de Wasselonne, arr. de Strasbourg. = Molsheim.

SCHÉELING, s. m. Voy. TUNGSTÈNE.

SCHEFFIELDE, s. f. Plante du genre des primulacées. T. de bot.

SCHEFFLÈRE, s. f. Plante ombellifère du genre des araliacées. T. de bot.

SCHEHA, s. m. Armoise de Judée. T. de bot.

SCHEIBENHARD, s. m. Com. du dép. du Bas-Rhin, cant. de Lauterbourg, arr. de Wissembourg. = Lauterbourg.

SCHEIK, s. m. Prélat turc. Voy. GUEIK.

SCHEILAN, s. m. Poisson du genre du silure. T. d'hist. nat.

SCHEL, s. m. Com. du dép. de la Moselle, cant. de Metzervisse, arr. de Thionville. = Thionville.

SCHÉLESTADT, s. m. Ville fortifiée du dép. du Bas-Rhin, chef-lieu de sous-préf. et d'un cant.; trib. de 1re inst.; conserv. des hypoth.; direct. des contrib. indir.; recev. part. des finances; bur. d'enregist. et de poste. Pop. 9,600 hab. env.

Cette ville, bien bâtie et en général bien percée, est située sur l'Ill, dans une plaine fertile. Fabr. de calicots, toiles métalliques, savon, potasse, salin, etc. Comm. de grains, vins, fruits, légumes, tabacs, bois, fourrages, etc.

SCHELHAMMÈRE, s. m. Plante, genre de mélanthacées de la Nouvelle-Hollande. T. de bot.

SCHELLING, s. m. Monnaie d'argent d'Angleterre, valant 1 franc 20 centimes. —, monnaie des Etats-Unis, dont la valeur varie suivant les diverses provinces.

SCHÉLOR, s. m. Résidu qui tombe au fond de la chaudière du saunier.

SCHÉMATISÉ, E, part. Considéré abstractivement. T. inus.

SCHÉMATISER, v. a. et n. Ne considérer les objets que comme des schèmes ou abstractions. T. inus.

SCHÈME, s. m. Objet, chose qui existe dans l'entendement, indépendamment de la matière et de l'espace; abstraction. T. de la philos. nébuleuse de Kant. —, plan, figure. T. de géom. —, représentation des planètes, chacune en son lieu, pour un instant donné. T. d'astr.

SCHEM-PARITI, s. m. Ketmie, plante malvacée de l'île de Madagascar. T. de bot.

SCHÉNANTHE, s. m. Jonc aromatique, plante alexipharmaque. T. de bot.

SCHÈNE, s. m. Mesure itinéraire des anciens et particulièrement des Egyptiens, environ 3000 toises.

SCHENOBATE, s. m. Danseur de corde dans l'ancienne Grèce.

SCHERBASTI ou CHYTE, s. m. La plus belle soie du Levant.

SCHÉRIF, s. m. Voy. EMIR.

SCHERLENHEIM, s. m. Com. du dép. du Bas-Rhin, cant. de Hochfelden, arr. de Saverne. = Saverne.

SCHERWILLER, s. m. Com. du dép. du Bas-Rhin, cant. de Villé, arr. de Schélestadt. = Schélestadt.

SCHET, s. m. Beau moucherolle, oiseau à longue queue de l'île de Madagascar.

SCHE-TOULOU, s. m. Espèce de beurre végétal.

SCHETSI, s. m. Mets russe, salmigondis.

SCHEUCHZERIE, s. f. Plante du genre des alismoïdes, qui croît dans les marais des Alpes. T. de bot.

SCHIDAKEDON, s. m. Fracture longitudinale d'un os long. T. de chir.

SCHIECH, s. m. Plante d'Arabie, qui, séchée et battue, tient lieu d'amadou. T. de bot.

SCHIEFERTON, s. m. Argile schisteuse. T. d'hist. nat.

SCHIGRE, s. m. Fromage des montagnes des Vosges et de la Suisse.

SCHILLERSDORF, s. m. Com. du dép. du Bas-Rhin, cant. de Bouxwiller, arr. de Saverne. = Saverne.

SCHILTIGHEIM, s. m. Com. du dép. du Bas-Rhin, cant. d'Oberhausbergen, arr. de Strasbourg. Bur. d'enregist. = Strasbourg.

SCHIN, s. m. Arbre térébinthacé. T. de bot.

SCHIPPUND, s. m. Poids d'Allemagne, 280 liv.

SCHIRMECK, s. m. Com. du dép. des Vosges, chef-lieu de cant. de l'arr. de St.-Dié. Bur. d'enregist. et de poste.

SCHIRRHEIN, s. m. Com. du dép. du Bas-Rhin, cant. de Bischwiller, arr. de Strasbourg. = Strasbourg.

SCHIRRHOFF, s. m. Com. du dép. du Bas-Rhin, cant. de Bischwiller, arr. de Strasbourg. = Haguenau.

SCHISANDRE, s. m. Arbuste ménispermoïde. T. de bot.

SCHISÉE, s. f. Famille de fougères. T. de bot.

SCHISMATIQUE, s. et adj. Qui est dans le schisme; qui fait schisme.

SCHISME, s. m. Séparation de la communion primitive, de la doctrine principale d'une religion. —, scission, division entre les partis. Faire —, se séparer. —, sorte de graine noire, émétique et purgative. T. de pharm. —, espèce de fétuque. T. de bot.

SCHISTE, s. m. Substance pierreuse qui se sépare en feuilles, comme l'ardoise; argile desséchée, mêlée de bitume et de mica. T. d'hist. nat.

SCHISTEUX, EUSE, adj. De la nature du schiste, feuilleté; roche schisteuse.

SCHISTIDION, s. m. Genre de mousses. T. de bot.

SCHISTURE, s. m. Ver intestinal. T. d'hist. nat.

SCHIZANTHE, s. m. Plante rhinantoïde. T. de bot.

SCHIZOLÈNE, s. m. Arbre de l'île de Madagascar. T. de bot.

SCHIZOPODES, s. m. pl. Crustacés macroures. T. d'hist. nat.

SCHLÉICHÈRE, s. m. Knépier, arbre de l'île de Ceylan. T. de bot.

SCHLEITHAL, s. m. Com. du dép. du Bas-Rhin, cant. de Lauterbourg, arr. de Wissembourg. = Lauterbourg.

SCHLICH, s. m. Minéral écrasé et préparé pour mettre en fusion.

SCHLIERBACH, s. m. Com. du dép. du Haut-Rhin, cant. de Landser, arr. d'Altkirch. = Mulhausen.

SCHLOSSER, s. m. Poisson du genre du gobie. T. d'hist. nat.

SCHLOT, s. m. Stalactite gypseuse. T. d'hist. nat.

SCHMALTZIE, s. f. Sumac aromatique, turpinie. T. de bot.

SCHMIÉDELIE, s. f. Arbrisseau de l'octandrie, huitième classe des végétaux. T. de bot.

SCHMITTWILLER, s. m. Com. du dép. de la Moselle, cant. de Rorbach, arr. de Sarreguemines. = Bitche.

SCHNECKENBUSCH, s. m. Com. du dép. de la Meurthe, cant. et arr. de Sarrebourg. = Sarrebourg.

SCHNERSHEIM, s. m. Com. du dép. du Bas-Rhin, cant. de Truchtersheim, arr. de Strasbourg. = Strasbourg.

SCHŒFFÈRE, s. f. Arbuste de la diœcie, vingt-deuxième classe des végétaux. T. de bot.

SCHOENAU, s. m. Com. du dép. du Bas-Rhin, cant. de Marckolsheim, arr. de Schélestadt. = Marckolsheim.

SCHOENBOURG, s. m. Com. du dép. du Bas-Rhin, cant. de Petite-Pierre, arr. de Saverne. = Phalsbourg.

SCHŒNECH, s. m. Com. du dép. de la Moselle, cant. de Forbach, arr. de Sarreguemines. = Forbach.

SCHOENENBOURG, s. m. Com. du dép. du Bas-Rhin, cant. de Soultz-sous-Forêts, arr. de Wissembourg. = Wissembourg.

SCHŒNODE, s. m. Plante vivace, joncoïde. T. de bot.

SCHŒPFIE, s. f. Arbuste caprifoliacé. T. de bot.

SCHOLLIE, s. f. Plante de la famille des apocynées. T. de bot.

SCHOPPERTEN, s. m. Com. du dép. du Bas-Rhin, cant. de Saar-Union, arr. de Saverne. = Sarrewerden.

SCHORBACH, s. m. Com. du dép. de la Moselle, cant. de Bitche, arr. de Sarreguemines. = Bitche.

SCHORL, s. m. Substance pierreuse, en cristaux de diverses couleurs, de beaucoup d'espèces. T. d'hist. nat.

SCHORLIFORME, adj. Qui tient du schorl. T. d'hist. nat.

SCHOTE, s. m. Espèce de gaiac du Sénégal. T. de bot.

SCHREKLING, s. m. Com. du dép. de la Moselle, cant. de Bouzonville, arr. de Thionville. = Bouzonville.

SCHREMANGE, s. m. Com. du dép. de la Moselle, cant. et arr. de Thionville. = Thionville.

SCHULTZIE, s. f. Plante de la didynamie, quatorzième classe des végétaux. T. de bot.

SCHUNDA-PANA, s. m. Palmier de l'Inde. T. de bot.

SCHWABWILLER, s. m. Com. du dép. du Bas-Rhin, cant. de Soultz-sous-Forêts, arr. de Wissembourg. = Wissembourg.

SCHWEIGHAUSEN, s. m. Com. du dép. du Bas-Rhin, cant. d'Haguenau, arr. de Strasbourg. = Haguenau. Fabr. de garance.

SCHWEIGHAUSEN, s. m. Com. du dép. du Haut-Rhin, cant. de Cernay, arr. de Belfort. = Cernay.

SCHWEINHEIM, s. m. Com. du dép. du Bas-Rhin, cant. de Marmoutiers, arr. de Saverne. = Saverne.

SCHWEIS-LES-SARRALBE, s. m. Com. du dép. de la Moselle, cant. de Sarralbe, arr. de Sarreguemines. = Sarrewerden.

SCHWERDORFF, s. m. Com. du dép. de la Moselle, cant. de Bouzonville, arr. de Thionville. = Bouzonville.

SCHWEYEN, s. m. Com. du dép. de la Moselle, cant. de Volmunster, arr. de Sarreguemines. = Bitche.

SCHWINDRATZHEIM, s. m. Com. du dép. du Bas-Rhin, cant. de Hochfelden, arr. de Saverne. = Saverne.

SCHWOBEN, s. m. Com. du dép. du Haut-Rhin, cant. et arr. d'Altkirch. = Altkirch.

SCHWOBSHEIM, s. m. Com. du dép. du Bas-Rhin, cant. de Marckolsheim, arr. de Schélestadt. = Marckolsheim.

SCIAGE, s. m. Action de scier le bois; travail du scieur.

SCIAGRAPHIE, s. f. Art de trouver l'heure par l'ombre des astres. T. d'astr. —, représentation de l'intérieur d'un édifice. T. d'arch.

SCIAMACHIE, s. f. Exercice d'armes, lutte simulée contre son ombre ou un poteau. T. d'antiq.

SCIATÈRE, s. f. Aiguille qui, par son ombre, marque la méridienne. T. de gnom.

SCIATÉRIQUE, s. et adj. Se dit d'un cadran qui indique l'heure par l'ombre de son aiguille. T. de gnom.

SCIATIQUE, s. m. et adj. Se dit de tout ce qui a rapport à l'os ischium, et d'une douleur rhumatismale fixée à la hanche. T. de chir. Voy. ISCHIATIQUE.

SCIE, s. f. Lame de fer longue et mince, à dents, pour couper le bois, et sans dents, pour fendre la pierre et le marbre. —, instrument de chirurgien pour diviser les parties osseuses dans les amputations, etc. T. de chir. —, peine, ennui, contradiction. Fig. et fam. —, espadon, grand poisson de mer cartilagineux. T. d'hist. nat.

SCIÉ, E, part. Coupé, divisé au moyen de la scie.

SCIECQ, s. m. Com. du dép. des Deux-Sèvres, cant. et arr. de Niort. = Niort.

SCIEMMENT, adv. Avec réflexion, avec connaissance de cause.

SCIENCE, s. f. Connaissance fondée sur des principes; système, ensemble de faits, de principes, de conséquences relatifs à un objet. —, instruction acquise par l'étude; savoir, érudition. —, connaissance que l'on a d'une chose; science du monde. — exacte, qui démontre rigoureusement, les mathématiques. — infuse, qui vient de Dieu par inspiration. Voy. SAVANT.

SCIENCÉ, adj. Savant. T. fam.

SCIÈNE, s. f. Genre de poissons thoraciques. T. d'hist. nat.

SCIENTIFIQUE, adj. Qui concerne les sciences abstraites.

SCIENTIFIQUEMENT, adv. D'une manière scientifique.

SCIER, v. a. Couper, fendre, diviser avec une scie. —, couper avec une faucille. —, ramer à rebours. T. de mar.

SCIERIE, s. f. Machine pour faire mouvoir plusieurs scies, au moyen de la vapeur ou de l'eau; atelier où l'on scie le marbre.

SCIÉRIES, s. f. pl. Fêtes qu'on célébrait en Arcadie en l'honneur de Bacchus. T. de myth.

SCIEUR, s. m. Ouvrier qui scie le bois. — de long, ouvrier qui coupe le bois en long pour faire des planches.

SCIEURAC, s. m. Com. du dép. du Gers, cant. de Vic-Fezensac, arr. d'Auch. = Condom.

SCIEURAC-ET-FLOURÈS, s. m. Com. du dép. du Gers, cant. de Marciac, arr. de Mirande. = Mirande.

SCILLE, s. f. Plante bulbeuse du genre des liliacées. T. de bot.

SCILLÉ, s. m. Com. du dép. des

Deux-Sèvres, cant. de Coulonges, arr. de Niort. = Niort.

SCILLITIQUE, adj. Composé avec la scille; vin scillitique.

SCILLOTE, s. f. Vase pour puiser de l'eau. T. de sal.

SCINCOÏDIENS, s. m. pl. Reptiles sauriens. T. d'hist. nat.

SCINDALEURE, s. m. Champignon tubuleux. T. de bot.

SCINDAPHE, s. f. Sorte de lyre des anciens, à quatre cordes.

SCINDÉ, E, part. Retranché. (Vi.)

SCINDER, v. a. Retrancher. (Vi.)

SCINQUE, s. m. Crocodile terrestre, espèce de lézard. T. d'hist. nat.

SCINTILLANT, E, adj. Qui scintille.

SCINTILLATION, s. m. Étincellement des étoiles, et fig., des yeux, des diamans.

SCINTILLER, v. a. Étinceler. Prop. et fig.

SCIOGRAPHIE, s. f. Voy. SCIAGRAPHIE.

SCIOMANCIE, s. f. Opération magique qui consiste à évoquer les ombres des morts pour les consulter sur l'avenir. T. de myth.

SCION, s. m. Rejeton, petite branche flexible.

SCIONNEUX, EUSE, adj. Rempli de scions.

SCIOPTIQUE, adj. m. Se dit d'un globe de bois percé circulairement pour y adapter une lentille. T. d'opt.

SCIOTÉRIQUE, adj. m. Horizontal, garni d'un télescope; cadran sciotérique. T. d'opt.

SCIOTTE, s. f. Scie à main dont se servent les marbriers.

SCIROPHORIES, s. f. pl. Fêtes qu'on célébrait dans Athènes en l'honneur de Minerve, dans lesquelles des jeunes gens tenaient à la main des ceps de vignes chargés de raisin. T. de myth.

SCIRPE, s. m. Plante du genre des cypéroïdes. T. de bot.

SCIRRHOSE, s. f. Tumeur livide résultant d'une inflammation intense. T. de méd.

SCIRTE, s. m. Genre d'insectes coléoptères. T. d'hist. nat.

SCISSILE, adj. Qui peut être fendu en lames.

SCISSION, s. f. Division, séparation, rupture, mésintelligence. —, partage des voix dans une assemblée.

SCISSIONNAIRES, s. et adj. m. pl. Membres d'une assemblée, etc., qui ont fait scission.

SCISSURE, s. f. Enfoncement pratiqué dans les os pour le passage des vaisseaux sanguins et des nerfs. T. d'anat. Voy. FISSURE.

SCITAMINÉES, s. f. pl. Famille des plantes dicotylédones, à étamines épigynes. T. de bot.

SCITIE, SATIE ou SÉTIE, s. f. Petit navire italien à voiles latines.

SCIURE, s. f. Partie du bois que ronge la scie.

SCIURIENS, s. m. pl. Famille d'animaux rongeurs du genre de l'écureuil. T. d'hist. nat.

SCLARÉE, s. f. Espèce de sauge. T. de bot.

SCLÉRANTHE, s. m. Fruit des nyctaginées. T. de bot.

SCLÉRÈME, s. m. Endurcissement du tissu cellulaire. T. de méd.

SCLÉRIASIS, s. m. Dureté, induration d'une partie quelconque; callosité du bord des paupières. T. de méd.

SCLÉRIE, s. f. Plante du genre des cypéroïdes. T. de bot.

SCLERNAX, s. m. Genre de plantes marines. T. de bot.

SCLÉROCARPE, s. m. Plante corymbifère d'Afrique. T. de bot.

SCLÉRODERME, s. m. Genre d'insectes hyménoptères. —, pl. Famille de poissons qu'on nomme aussi plectognates. T. d'hist. nat.

SCLÉROLÆNE, s. f. Arbuste de la Nouvelle-Hollande. T. de bot.

SCLÉROPHTHALMIE, s. f. Espèce d'ophthalmie, dans laquelle l'œil est sec, dur, rouge et douloureux. T. de chir.

SCLÉROSARCOME, s. m. Tumeur dure et charnue aux gencives. T. de chir.

SCLÉROSTOMES, s. m. pl. Voy. HAUSTELLES.

SCLÉROTHAMNE, s. m. Arbrisseau de la Nouvelle-Hollande. T. de bot.

SCLÉROTIQUE, s. et adj. f. Tunique qui revêt immédiatement le globe de l'œil, ainsi nommée, parce qu'elle est d'un tissu ferme, compacte et serré. T. d'anat.

SCLÉRYSME, s. m. Squirrhe au foie, sans engorgement. T. de méd.

SCOBIFORME, adj. Se dit d'une graine qui ressemble à de la sciure de bois. T. de bot.

SCOLAIRE, adj. Qui appartient, est relatif aux écoles, aux classes.

SCOLARITÉ, s. f. Droit que possédaient les écoliers de l'université de Paris de réclamer certains priviléges.

SCOLASSE-SUR-SARTHE (Ste.-), s. f.

Com. du dép. de l'Orne, cant. de Courtomer, arr. d'Alençon. = le Mêle.

SCOLASTIQUE, s. m. Ecrivain qui a traité ou qui traite de la théologie scolastique. —, s. f. Théologie des écoles. —, adj. Qui appartient à l'école.

SCOLASTIQUEMENT, adv. D'une manière scolastique.

SCOLCA, s. f. Com. du dép. de la Corse, cant. de Campitello, arr. de Bastia. = Bastia.

SCOLEX, s. m. Genre de vers intestinaux. T. d'hist. nat.

SCOLIASTE, s. m. Commentateur d'un ancien auteur grec.

SCOLIE, s. f. Chanson à boire, dans l'ancienne Grèce; commentaire pour l'intelligence d'un auteur grec; note grammaticale et critique pour faciliter l'intelligence d'un auteur classique. —, remarque relative à une proposition précédente. T. de géom. —, genre d'insectes hyménoptères. T. d'hist. nat.

SCOLIÈTES, s. f. pl. Insectes hyménoptères porte-aiguillons. T. d'hist. nat.

SCOLOPAX, adj. Se dit des oiseaux qui ont le bec long et effilé. T. d'hist. nat.

SCOLOPENDRE, s. f. Genre d'insectes myriapodes. — de mer, espèce de ver marin, hideux, phosphorique. T. d'hist. nat. —, plante médicinale du genre des doradilles. T. de bot.

SCOLOPENDROÏDE, s. f. Etoile de mer. T. d'hist. nat.

SCOLOPIE, s. f. Oranger de l'île de Ceylan. T. de bot.

SCOLOPOMACHÉRION, s. m. Sorte de scalpel ou de bistouri, alongé comme le bec d'une bécasse, un peu recourbé. T. de chir.

SCOLOPSIS, s. m. Poisson voisin des lutjans. T. d'hist. nat.

SCOLOSANTHE, s. m. Arbrisseau épineux des Antilles. T. de bot.

SCOLYME, s. m. Plante de la famille des chicoracées. T. de bot.

SCOLYTAIRES, s. m. pl. Insectes coléoptères xylophages. T. d'hist. nat.

SCOMBEROÏDE, s. m. Genre de poissons thoraciques. T. d'hist. nat.

SCOMBRE, s. m. Genre de poissons thoraciques. T. d'hist. nat.

SCOMBRÉSOCE, s. m. Genre de poissons abdominaux. T. d'hist. nat.

SCOPAIRE, s. f. Plante du genre des scrofulaires. T. de bot.

SCOPÉLISME, s. m. Action de répandre des pierres ou du gravier dans un champ pour l'empêcher de produire.

SCOPETIN, s. m. Cavalier armé d'une escopette.

SCOPOLIE, s. f. Arbre de l'île de Java. T. de bot.

SCORBÉ-CLERVAULT, s. m. Com. du dép. de la Vienne, cant. de St.-Genest-Lencloître, arr. de Châtellerault.=Châtellerault.

SCORBUT, s. m. Maladie contagieuse qui affecte particulièrement les gens de mer et les habitans du nord, et qui offre un assemblage de symptômes dont les plus ordinaires sont le relâchement, le gonflement, la lividité, le saignement des gencives, puis la chute des dents. T. de méd.

SCORBUTIQUE, s. m. Malade affecté du scorbut. —, adj. De la nature du scorbut.

SCORDIUM, s. m. Germandrée aquatique, plante. T. de bot.

SCORIE, s. f. Substance vitreuse qui nage sur la surface des métaux fondus. —, produit volcanique.

SCORFF (le), s. m. Rivière qui prend sa source dans le dép. du Morbihan, et qui se jette dans le port de Lorient.

SCORIFICATION, s. f. Action de réduire en scories.

SCORIFICATOIRE, s. m. Têt ou écuelle pour scorifier.

SCORIFIÉ, E, part. Réduit en scories.

SCORIFIER, v. a. Réduire en scories.

SCORODITE, s. m. Minéral vert-ponceau. T. d'hist. nat.

SCORODOPRASE, s. m. Plante qui tient de l'ail et du poireau, rocambole. T. de bot.

SCORPÈNE, s. f. Genre de poissons thoraciques. T. d'hist. nat.

SCORPIOÏDE, s. m. Voy. CHENILLE. T. de bot.

SCORPIOJELLE, s. f. Huile de scorpion.

SCORPION, s. m. Insecte aptère, venimeux, genre d'arachnides. —, tortue, coquille du genre des strombes. — de mer, poisson du genre de la scorpène. —, l'un des douze signes du zodiaque. T. d'astr.

SCORPIONE, s. f. Plante du genre des myosotes. T. de bot.

SCORSONÈRE ou SCORZONÈRE, s. f. Salsifis noir, genre de chicoracées. T. de bot.

SCORTIME, s. m. Coquille univalve. T. d'hist. nat.

SCOTIE, s. f. Moulure ronde et creuse entre les ornemens de la base d'une colonne. T. d'arch.

SCOTODINIE ou SCOTOMIE, s. f.

Vertige accompagné d'obscurcissement de la vue. T. de méd.

SCOTTIE, s. f. Arbuste de la Nouvelle-Hollande. T. de bot.

SCOUE, s. f. Extrémité d'une varangue courbée. T. de mar.

SCOUFFIN, s. m. Petit sac de jonc à deux ouvertures, qu'on remplit de pâte d'olives écrasées.

SCOURGEON, s. m. Voy. Escourgeon.

SCRAPTIE, s. f. Genre d'insectes coléoptères. T. d'hist. nat.

SCRIBE, s. m. Docteur, interprète de la loi chez les Juifs. —, copiste, écrivain public.

SCRIBÉE, s. f. Cucubale baccifère. T. de bot.

SCRIBOMANIE, s. f. Fureur d'écrire. T. inus.

SCRIGNAC, s. m. Com. du dép. du Finistère, cant. d'Huelgoat, arr. de Châteaulin. = Morlaix.

SCRIPTEUR, s. m. Officier qui écrit les bulles.

SCROBICULE, s. m. Fossette du cœur. T. d'anat.

SCROBICULEUX, EUSE, adj. Parsemé de petites cavités. T. de bot.

SCROFULAIRE, s. f. Genre de plantes de la didynamie angiospermie, employée en médecine comme émolliente. T. de bot.

SCROFULES, s. f. pl. Affection lymphatique, écrouelles, humeurs froides.

SCROFULEUX, EUSE, s. et adj. Affecté de scrofules; qui cause les écrouelles, T. de méd.

SCROTOCÈLE, s. f. Hernie qui descend dans le scrotum. T. de chir.

SCROTUM, s. m. Membrane cutanée qui sert d'enveloppe aux testicules, bourses. T. d'anat.

SCRUPT, s. m. Com. du dép. de la Marne, cant. de Thiéblemont, arr. de Vitry, = Vitry-le-Français.

SCRUPULE, s. m. Doute, irrésolution, perplexité sur ce qu'il convient de faire ou de ne pas faire. —, excessive délicatesse en matière de mœurs, d'opinions, de procédés; grande exactitude à remplir ses devoirs, à observer les règles; mûre réflexion; reste de difficultés, de doute, après la discussion, l'explication. —, petit poids de vingt-quatre grains.

SCRUPULEUSEMENT, adv. Avec scrupule, d'une manière scrupuleuse.

SCRUPULEUX, EUSE, s. et adj. Qui a, qui affecte des scrupules. —, très exact; minutieux; recherches scrupuleuses.

SCRUTATEUR, s. m. Dieu qui pénètre les plus secrètes pensées du cœur. —, examinateur clairvoyant, observateur profond. —, membre d'une assemblée chargé de la vérification du scrutin.

SCRUTATEUR, TRICE, adj. Qui sonde, examine, pénètre au fond des choses; œil scrutateur.

SCRUTÉ, E, part. Sondé, examiné à fond.

SCRUTER, v. a. Pénétrer dans les replis du cœur, en parlant de Dieu. —, sonder, examiner à fond; chercher à pénétrer dans les secrets d'autrui.

SCRUTIN, s. m. Election, délibération, vote, suffrage secret; billet roulé, ou boule qui contient ce vote.

SCUBAC, s. m. Liqueur spiritueuse dont la base est le safran.

SCULPTÉ, E, part. Façonné au ciseau, en parlant d'un ouvrage de sculpture.

SCULPTER, v. a. Donner au bois, au marbre, une forme, une figure quelconque en le taillant avec le ciseau.

SCULPTEUR, s. m. Artiste qui fait profession de sculpter.

SCULPTURE, s. f. Art de sculpter; ouvrage du sculpteur.

SCURRILE, adj. Bouffon, abject, indécent.

SCURRILEMENT, adv. Bassement, d'une manière bouffonne.

SCURRILITÉ, s. f. Plaisanterie basse, indécente, ignoble bouffonnerie.

SCUTARI, s. m. Ville d'Anatolie, vis-à-vis Constantinople dont elle forme en quelque sorte un faubourg. Pop. 30,000 hab. env.

SCUTELLE, s. f. Cupule des lichens. T. de bot.

SCUTELLÈRE, s. f. Genre d'insectes hémiptères. T. d'hist. nat.

SCUTIFORME, adj. En forme de bouclier; se dit du cartilage thyroïde. T. d'anat.

SCUTIGÈRE, s. m. Espèce de scolopendre. T. d'hist. nat.

SCUTULE, s. f. Myrte de la Cochinchine. T. de bot.

SCY, s. m. Com. du dép. de la Moselle, cant. et arr. de Metz. = Metz.

SCYBALES, s. m. pl. Excrémens durs et arrondis. T. de méd.

SCYE, s. f. Com. du dép. de la Haute-Saône, cant. de Port-sur-Saône, arr. de Vesoul. = Port-sur-Saône.

SCYLLA, s. f. Fille de Phorcus, dieu marin, qui fut transformée par l'enchanteresse Circé, sa rivale, en un monstre dont la partie inférieure ressemblait à un chien. Elle eut tant d'horreur de sa métamorphose qu'elle se précipita dans un gouffre de la mer de Sicile. Voy. CARYBDE. T. de myth. —, écueil sur la côte de la Calabre, dans le détroit de Messine, royaume de Naples.

SCYLLARE, s. m. Genre de crustacés décapodes. T. d'hist. nat.

SCYLLÉE, s. f. Mollusque gastéropode. T. d'hist. nat.

SCYPHIPHORE, s. m. Plante de la famille des algues. T. de bot.

SCYPHOFILIX, s. m. Fougère de l'île de Madagascar. T. de bot.

SCYTALE, s. m. Genre de serpens à crochets venimeux. T. d'hist. nat. —, s. f. Bande de cuir ou de parchemin roulée en spirale dont se servaient les Lacédémoniens pour écrire secrètement à l'aide de chiffres. T. d'antiq.

SCYTHE, s. et adj. Né en Scythie ; qui appartient à la Scythie.

SCYTHIE, s. f. Ancienne contrée du nord de l'Europe, sur les bords de la mer Noire.

SCYTHODE, s. f. Genre d'insectes arachnides. T. d'hist. nat.

SCYTHONÈME, s. f. Genre d'algues. T. de bot.

SCYTHROPS, s. m. Oiseau sylvain. T. d'hist. nat.

SE, pron. de la troisième personne. Soi. —, à soi, à eux, à elles.

SÉAFORTHIE, s. f. Palmier de la Nouvelle-Hollande. T. de bot.

SEAILLES, s. f. Com. du dép. du Gers, cant. d'Eauze, arr. de Condom. = Nogaro.

SÉANCE, s. f. Droit de siéger dans une assemblée. —, réunion des membres de cette assemblée pour délibérer ; durée de ses travaux. —, temps donné à un peintre, un sculpteur, pour copier les traits, faire un portrait. —, temps employé à une même chose. Fig. et fam.

SÉANT, s. m. Posture d'une personne assise sur son lit ; être sur son séant.

SÉANT, E, adj. Résidant, siégeant, qui tient séance. —, qui sied, décent, convenable. Fig.

SEAU, s. m. Vase pour puiser et transporter de l'eau ; contenu de ce vase. —, mesure de douze pintes.

SEAUGEOIRE, s. f. Ustensile pour mettre le sel dans les paniers. T. de sal.

SEAUNERON, s. m. Mal qui vient aux pieds des sauniers.

SÉBACÉ, E, adj. De la nature du suif. Glande —, glande qui filtre une humeur qui est à peu près de la consistance du suif. T. de méd.

SÉBACIQUE, adj. Se dit d'un acide qu'on retire de la graisse. T. de chim.

SÉBASTIEN (St.-), s. m. Ville maritime d'Espagne, capitale de la province de Guipuzcoa. Pop. 12,000 hab. env.

SÉBASTIEN (St.-), s. m. Com. du dép. de la Creuse, cant. de Dun, arr. de Guéret. = Argenton-sur-Creuse.

SÉBASTIEN (St.-), s. m. Com. du dép. de la Dordogne, cant. de Verteillac, arr. de Ribérac. = Ribérac.

SÉBASTIEN (St.-), s. m. Com. du dép. du Gard, cant. d'Anduze, arr. d'Alais. = Anduze.

SÉBASTIEN (St.-), s. m. Com. du dép. de la Loire-Inférieure, cant. et arr. de Nantes. = Nantes.

SÉBASTIEN (St.-), s. m. Village du dép. de la Loire-Inférieure, cant. de St.-Nazaire, arr. de Savenay.=Savenay.

SÉBASTIEN-DE-RAIDS (St.-), s. m. Com. du dép. de la Manche, cant. de Périers, arr. de Coutances. = Périers.

SÉBASTIEN-DU-BOISGENCELIN (St.-), s. m. Com. du dép. de l'Eure, cant. et arr. d'Evreux. = Evreux.

SÉBATE, s. m. Nom générique des sels formés par la combinaison de l'acide sébacique avec différentes bases. T. de chim.

SÉBAZAC, s. m. Com. du dép. de l'Aveyron, cant. de Bozouls, arr. de Rodez. = Rodez.

SÉBECOURT, s. m. Com. du dép. de l'Eure, cant. de Conches, arr. d'Evreux. = Conches.

SÉBÉE, s. f. Gentianelle de la Nouvelle-Hollande, plante. T. de bot.

SÉBESTE, s. m. Fruit du sébestier d'Egypte, en forme de petite prune noirâtre. T. de bot.

SÉBESTÉNIERS, s. m. pl. Famille de plantes dicotylédones, monopétales, à corolle hipogyne. T. de bot.

SÉBESTIER, s. m. Arbre d'Egypte et d'Amérique, de la famille des sébesténiers. T. de bot.

SÉBEVILLE, s. f. Com. du dép. de la Manche, cant. de Ste.-Mère-Eglise, arr. de Valognes. = Carentan.

SÉBIFÈRE, s. m. Arbre de la Chine, dont les fruits fournissent une huile sébacée. —, adj. Qui donne une sorte de suif ; plante sébifère. T. de bot.

SÉBILE, s. f. Jatte, écuelle de bois pour divers usages.

SÉBIO, s. m. Grosse baleine des mers du Japon. T. d'hist. nat.

SÉBONCOURT, s. m. Com. du dép.

de l'Aisne, cant. de Bohain, arr. de St.-Quentin. = St.-Quentin.

SÉBOURG, s. m. Com. du dép. du Nord, cant. et arr. de Valenciennes. = Valenciennes.

SÉBOUVILLE, s. f. Com. du dép. du Loiret, cant. et arr. de Pithiviers. = Pithiviers.

SÉBRAZAC, s. m. Com. du dép. de l'Aveyron, cant. et arr. d'Espalion. = Espalion.

SÉBY, s. m. Com. du dép. des Basses-Pyrénées, cant. d'Arthez, arr. d'Orthez. = Pau.

SEC, s. m. Sécheresse, l'opposé d'humide. —, fourrage sec. —, adv. Séchement. Boire —, sans mettre d'eau dans son vin; boire beaucoup sans s'enivrer. A —, sans eau; sans argent. Fig. et fam. Tout —, uniquement, absolument.

SEC, SÈCHE, adj. Qui a peu ou point d'humidité, aride. Raisin —, qu'on a fait sécher. —, l'opposé de mouillé, de moite, de vert, d'onctueux, etc. —, maigre, décharné; main sèche. —, qui n'est point affable, gracieux; mine, réponse sèche. Fig. —, dépourvu d'agrémens, d'ornemens ; style sec. Matière —, sujet ingrat, qui n'offre pas de développemens. Habit —, râpé, usé. Argent —, argent comptant. Vent —, vent du nord. Ame —, froide, insensible.

SÉCABLE, adj. Qui peut être coupé. T. didact.

SÉCANCE, s. f. Voy. SÉQUENCE.

SÉCANTE, s. f. Ligne qui en coupe une autre. T. de géom.

SÉCHAGE, s. m. Opération pour faire sécher.

SÉCHARIE, s. f. Femme qui fait sécher les pains de sel.

SÉCHAULT, s. m. Com. du dép. des Ardennes, cant. de Monthois, arr. de Vouziers. = Vouziers.

SÈCHE, s. f. Ile de sable, roche à fleur d'eau. T. de mar. — ou seiche, espèce de poisson ou de polype de mer dont on tire une liqueur noire qu'on emploie pour le lavis, et dont les os, réduits en poudre, ont des propriétés médicinales.

SÉCHÉ, E, part. Rendu sec, mis à sec.

SÉCHÉE, s. f. Espèce de filet. T. de pêch. —, travail pour faire sécher, temps du séchage; eau de potée. T. de manuf. de glaces.

SÉCHEMENT, adv. En lieu sec. —, d'une manière sèche, brusque, incivile. Fig.

SÉCHER, v. a. Rendre sec ; mettre à sec. — les larmes de quelqu'un, le consoler. Fig. —, v. n. Devenir sec; être consumé de langueur. — sur pied, se consumer d'ennui, de tristesse, languir.

SÉCHERAS, s. m. Com. du dép. de l'Ardèche, cant. et arr. de Tournon. = Tournon.

SÉCHERESSE, s. f. Etat, qualité de ce qui est sec ; temps, air sec, chaleur sans pluie. —, défaut d'aménité, sévérité, brusquerie. Fig. —, stérilité de pensées, etc., défaut de grâces, d'ornemens dans le style. —, état d'une ame qui ne trouve plus de consolation dans les exercices de piété.

SÉCHERIE, s. f. Bâtiment aéré dans lequel on fait sécher les toiles, etc.

SÉCHERON, s. m. Pré situé dans un lieu sec.

SÉCHEVAL, s. m. Com. du dép. des Ardennes, cant. de Renwez, arr. de Mézières. = Mézières.

SÉCHILIENNE, s. f. Com. du dép. de l'Isère, cant. de Vizille, arr. de Grenoble. = Grenoble.

SECHIN, s. m. Com. du dép. du Doubs, cant. de Roulans, arr. de Baume. = Baume.

SÉCHOIR, s. m. Sécherie; instrument pour faire sécher.

SECLIN, s. m. Com. du dép. du Nord, chef-lieu de cant. de l'arr. de Lille. Bur. d'enregist. = Lille. Fabr. d'huile ; filat. de lin et de coton ; raffineries de sel.

SECOND, s. m. Celui qui, ou ce qui occupe le second rang ; deuxième. —, celui qui sert, est employé sous un autre. —, collaborateur, conseil. —, témoin dans un duel, qui y prend part. —, joueur qui ne prime point à la paume. En —, adv. En sous-ordre.

SECOND, E, adj. numéral d'ordre, nombre qui suit immédiatement le premier. —, qui tient le second rang. —, inférieur; subordonné, subalterne. Eau —, eau forte, étendue d'eau. Sans —, adv. Sans égal, sans pareil.

SECONDAIRE, adj. Accessoire, qui ne vient qu'en second. Planète —, qui tourne autour d'une autre. T. d'astr.

SECONDE, s. f. Deuxième. —, classe qui précède la rhétorique. —, soixantième partie d'une minute. —, intervalle d'un ton ou de deux demi-tons. T. de mus. —, botte alongée sous les armes. T. d'escr.

SECONDÉ, E, part. Aidé, assisté, favorisé.

SECONDEMENT, adv. Deuxièmement, en second lieu.

SECONDER, v. a. Aider, assister, favoriser, servir, concourir au succès. Se —, v. récip. S'aider mutuellement.

SÉCONDIGNÉ, s. m. Com. du dép. des Deux-Sèvres, cant. de Brioux, arr. de Melle. = Melle. Fabr. de droguets, serges, molletons et ratines.

SECONDIGNY-EN-GATINE, s. m, Com. du dép. des Deux-Sèvres, chef-lieu de cant. de l'arr. de Parthenay. Bur. d'enregist. = Parthenay. Fabr. d'étoffes de laine, haras de chevaux et baudets.

SECONDIN (St.-), s. m. Com. du dép. de Loir-et-Cher, cant. d'Herbault, arr. de Blois. = Blois.

SECONDIN (St.-), s. m. Com. du dép. de la Vienne, cant. de Gençay, arr. de Civray. = Vivonne.

SECONDINES, s. f. Voy. ARRIÈRE-FAIX. T. de chir.

SECOUÉ, E, part. Remué, fortement ébranlé, qui a éprouvé une ou plusieurs secousses.

SECOUEMENT ou SECOÛMENT, s. m. Action de secouer.

SECOUER, v. a. Donner une secousse ou des secousses, agiter, remuer fortement pour ébranler, pour détacher les fruits; secouer un arbre. —, tirer par force de l'engourdissement, de l'apathie, exciter. Fig. — le joug, se rendre indépendant, se soustraire au joug de la tyrannie, des passions. — les oreilles, ne pas tenir compte de ce qu'on dit, rejeter une proposition. — quelqu'un, le réprimander, le tancer vertement. Se —, v. pron. Se remuer, s'agiter, faire de l'exercice pour empêcher l'engourdissement. Se —, se donner des distractions pour se débarrasser d'un chagrin, d'une idée pénible, importune. Fig.

SECOUEUR, s. m. Ouvrier qui secoue. T. de mét. —, outil pour rompre les chapes des moules quand le métal est coulé. T. de forges.

SECOURABLE, adj. Bienfaisant, charitable, qui aime à secourir. —, qui peut être secouru; peu usité en ce sens.

SECOURIR, v. a. Aider, assister, donner du secours. Se —, v. récip. S'aider, se donner mutuellement du secours.

SECOURS, s. m. Aide, assistance dans le besoin, le danger. —, renfort pour secourir une place assiégée, etc. Au —! exclam. pour implorer du secours. —, voy. SUCCURSALE.

SÉCOURT, s. m. Com. du dép. de la Moselle, cant. de Verny, arr. de Metz. = Metz.

SECOURU, E, part. Aidé, assisté dans le besoin.

SECOUSSE, s. f. Ébranlement de ce qui est secoué, agitation subite, au prop. et au fig.

SECQUEVILLE-EN-BESSIN, s. f. Com. du dép. du Calvados, cant. de Creully, arr. de Caen. = Caen.

SECQUEVILLE-LA-CAMPAGNE, s. f. Com. du dép. du Calvados, cant. de Bourguébus, arr. de Caen. = Caen.

SECRET, s. m. Ce qui doit être tenu caché et qu'il ne faut pas divulguer. —, ce qui n'est ou ne doit être connu que d'un petit nombre de personnes. —, discrétion, silence absolu sur une chose confiée. —, chose cachée, mystérieuse; fond de la pensée. —, invention, procédé particulier pour faire certaines choses, pour produire certains effets. —, recette, moyen de venir à bout d'une chose; manière, don de. —, silence, retraite, ombre, obscurité. Fig. —, cache pratiquée dans un coffre fort, etc. —, séquestration d'un prisonnier par ordre du juge instructeur; lieu dans lequel un détenu est provisoirement privé de toute communication; être au secret. —, ressort caché. T. de mécan. —, la lumière du canon. T. d'artill. En —, adv. Secrètement, en cachette, sans témoins, en confidence.

SECRET, ÈTE, adj. Caché, peu ou point connu. —, mystérieux, impénétrable; les secrets de la Providence. —, qui n'est pas apparent; le charme secret de la conversation. —, qu'on cherche à cacher; intrigue secrète. —, masqué, dérobé; porte secrète. —, inconnu, désert; lieu secret. —, en parlant des personnes, circonspect, discret.

SECRÉTAGE, s. m. Préparation des poils pour le feutre. T. de chap.

SECRÉTAIRE, s. m. Homme plus ou moins instruit chargé de rédiger les lettres, les dépêches, etc., de la personne qui l'emploie, ou d'écrire sous sa dictée. —, rédacteur des délibérations d'une assemblée. —, meuble pour écrire, serrer des papiers, etc. —, espèce de vautour d'Afrique.

SECRÉTAIRERIE, s. f. Bureau des secrétaires d'ambassade ou d'une administration.

SECRÉTARIAT, s. m. Emploi, fonction de secrétaire; ses bureaux.

SECRÈTE, s. f. Oraison que le prêtre dit à voix basse à la messe.

SÉCRÉTÉ, E, part. Se dit d'une humeur dont la sécrétion a été opérée. T. de méd.

SECRÈTEMENT, adv. D'une manière secrète, en secret, en cachette, en particulier.

SÉCRÉTER, v. a. Opérer la sécrétion d'une humeur. —, préparer le poil pour la composition du feutre. T. de chap.

SÉCRÉTEUR, adj. m. Voy. SÉCRÉTOIRE.

SÉCRÉTION, s. f. Filtration et séparation d'un fluide par un organe sécréteur, comme le foie pour la bile, et les reins pour les urines, etc. T. de méd.

SÉCRÉTOIRE ou **SÉCRÉTEUR**, adj. Se dit des organes qui sécrètent un fluide quelconque. T. de méd.

SECTAIRE, s. m. Membre d'une secte, hérétique.

SECTATEUR, s. m. Partisan d'un philosophe dont il professe et soutient la doctrine.

SECTE, s. f. Corps de doctrine; réunion de personnes qui professent cette doctrine. —, en matière de religion, réunion de personnes qui suivent une hérésie. Faire —, ne point partager l'opinion générale. Fig.

SECTEUR, s. m. Partie d'un cercle comprise entre deux rayons et l'arc qu'ils renferment. T. d'astr. —, instrument d'astronomie.

SECTILE, adj. Qu'on peut couper, fendre, scier.

SECTION, s. f. Action de couper, amputation. —, division ou subdivision d'un ouvrage, d'un compte, d'une ville, etc. —, ligne indiquant la division d'un cône, d'un cylindre, etc. Point de —, endroit où des lignes, des plans s'entrecoupent.

SÉCULAIRE, adj. Qui se reproduit de siècle en siècle. Jeux —, jeux qu'on célébrait à Rome à la fin ou au commencement de chaque siècle, en l'honneur de Diane et d'Apollon. T. de myth.

SÉCULARISATION, s. f. Action de séculariser.

SÉCULARISÉ, E, part. Se dit d'un couvent, d'un moine rendu séculier.

SÉCULARISER, v. a. Rendre au commerce du monde une personne ou une chose qui appartenait à la vie religieuse.

SÉCULARITÉ, s. f. Etat de séculier; juridiction séculière d'une église pour le temporel qui en dépend.

SÉCULIER, s. m. Homme du monde, laïque.

SÉCULIER, ÈRE, adj. Qui vit dans le siècle, dans le monde. —, laïque, mondain. Prêtre —, qui n'appartient point à un ordre monastique.

SÉCULIÈREMENT, adv. D'une manière séculière.

SÉCURIDACA, s. m. Genre de plantes de la diadelphie, deuxième classe des végétaux. T. de bot.

SÉCURITÉ, s. f. Confiance, tranquillité d'esprit bien ou mal fondée.

SÉCUTEUR, s. m. Gladiateur armé d'une épée, qui combattait contre les Rétiaires. T. d'antiq.

SEDAN, s. m. Drap de la fabrique de Sedan.

SEDAN, s. m. Ville du dép. des Ardennes, place de guerre de 3° classe; chef-lieu de sous-préf. et de deux cant.; trib. de 1re inst. et de comm.; chambre consult. des manuf.; biblioth. pub.; société d'agric.; conserv. des hypoth.; direct. des contrib. indir.; recev. part. des fin.; bur. d'enregist. et de poste. Pop. 10,600.

Cette ville, généralement bien bâtie, et située sur la rive droite de la Meuse, est regardée comme l'une des places les plus importantes de la France. On y remarque l'arsenal qui renferme les armes de plusieurs chevaliers célèbres. Sedan se glorifie, à juste titre, d'avoir vu naître le maréchal de Turenne, et le célèbre manufacturier Ternaux.

Manuf. renommée de draps fins, casimirs, castorines et autres lainages. Fabr. de bonneteries, armureries, fusils de chasse, forces à tondre les draps; fer-blanc, batterie de cuisine, quincaillerie; nombreuses teintureries; filatures de laine. Comm. de grains, bestiaux, draps, lin, chanvre, plantes médicinales, etc.

SÉDANOISE, s. f. Voy. PARISIENNE. T. d'impr.

SÉDATIF, IVE, s. et adj. Anodin, calmant; sel sédatif. T. de méd.

SEDEILHAC, s. m. Com. du dép. de la Haute-Garonne, cant. de Montrejeau, arr. de St.-Gaudens. = Montrejeau.

SÉDENTAIRE, adj. Qui demeure ordinairement assis; casanier, qui n'aime pas à sortir. —, fixé, attaché à un lieu; emploi sédentaire. Vie —, vie oisive, passée dans le même lieu.

SÉDENTAIREMENT, adv. D'une manière sédentaire. T. inus.

SÉDENTAIRES, s. f. pl. Insectes arachnides qui construisent une toile dans laquelle ils demeurent immobiles. T. d'hist. nat.

SÉDENTARITÉ, s. f. Etat d'une personne sédentaire. T. inus.

SÉDER-BANDES, s. f. pl. Plates-bandes qui accompagnent les compartimens de marqueterie.

SÉDERON, s. m. Com. du dép. de la Drôme, chef-lieu de cant. de l'arr. de Nyons. Bur. d'enregist. = le Buis.

SÉDIMENT, s. m. Hypostase, partie

grossière de l'urine qui tombe au fond du vase. T. de méd. —, dépôt, lie, féces d'un liquide. T. de chim. et de pharm.

SÉDITIEUSEMENT, adv. D'une manière séditieuse.

SÉDITIEUX, s. m. Factieux, rebelle, révolté.

SÉDITIEUX, EUSE, adj. Qui prend part à une sédition. —, enclin à la sédition, turbulent; esprit séditieux. —, qui tend à la sédition; propos séditieux.

SÉDITION, s. f. Soulèvement, révolte contre l'autorité légitime, rebellion.

SEDLITZ, s. m. Village de Bohême où il existe des eaux minérales dont on tire le sel purgatif de ce nom.

SÉDUCTEUR, TRICE, s. et adj. Corrupteur, qui séduit une fille, une femme. —, qui corrompt par insinuation, fait tomber dans l'erreur. —, qui prévient, entraîne; discours séducteur. Voy. SÉDUISANT.

SÉDUCTION, s. f. Action par laquelle on séduit; propriété de séduire. —, attrait, agrément. —, manége, artifice, flatterie pour séduire.

SÉDUIRE, v. a. Faire tomber en faute, abuser, corrompre, débaucher. —, tromper, faire tomber dans l'erreur. —, persuader, toucher, intéresser, plaire; charmer, attirer. Fig.

SÉDUISANT, E, adj. Attrayant, engageant, flatteur, insinuant, touchant, persuasif.

SEDZE, s. m. Com. du dép. des Basses-Pyrénées, cant. de Montaner, arr. de Pau. = Vic-en-Bigorre.

SEDZÈRE, s. m. Com. du dép. des Basses-Pyrénées, cant. de Morlaas, arr. de Pau. = Pau.

SÉES, s. f. Ancienne ville du dép. de l'Orne, chef-lieu de cant. de l'arr. d'Alençon.; évêché érigé dans le 4ᵉ siècle; société d'agric.; bur. d'enregist. et de poste. On remarque dans cette ville la cathédrale, beau monument gothique. Fabr. de bas tricotés, dentelles, draps, serges, étamines, basins, piqués, mousselines, etc. Comm. de grains.

SÉEZ-MESNIL, s. m. Com. du dép. de l'Eure, cant. de Conches, arr. d'Evreux. = Conches.

SÉGAL (St.-), s. m. Com. du dép. du Finistère, cant. et arr. de Châteaulin. = Châteaulin.

SÉGALAS, s. m. Com. du dép. de Lot-et-Garonne, cant. de Lauzun, arr. de Marmande. = Marmande.

SÉGALAS, s. m. Com. du dép. des Hautes-Pyrénées, cant. de Rabastens, arr. de Tarbes. = Tarbes.

SEGALASSIÈRE (la), s. f. Com. du dép. du Cantal, cant. de St.-Mamet, arr. d'Aurillac. = Aurillac.

SÉGESTRIE, s. f. Genre d'arachnides. T. d'hist. nat.

SÉGÉTAL, E, adj. Qui croît dans les champs cultivés. T. de bot.

SÉGETIÈRE, s. f. Filet en forme de tramail. T. de pêch.

SEGLAN, s. m. Com. du dép. de la Haute-Garonne, cant. d'Aurignac, arr. de St.-Gaudens. = Martres.

SÉGLIEN, s. m. Com. du dép. du Morbihan, cant. de Gléguérec, arr. de Pontivy. = Pontivy.

SÉGLIN (St.-), s. m. Com. du dép. d'Ille-et-Vilaine, cant. de Maure, arr. de Redon. = Plélan.

SEGMENT, s. m. Portion de cercle comprise entre l'arc et sa corde. T. de math.

SEGNY, s. m. Com. du dép. de l'Ain, cant. et arr. de Gex. = Gex.

SEGONZAC, s. m. Com. du dép. de l'Aveyron, cant. et arr. de St.-Affrique. = St.-Affrique.

SEGONZAC, s. m. Com. du dép. de la Charente, chef-lieu de cant. de l'arr. de Cognac. Bur. d'enregist. = Jarnac. Comm. d'eau-de-vie.

SEGONZAC, s. m. Com. du dép. de la Corrèze, cant. d'Ayen, arr. de Brive. = Brive.

SEGONZAC, s. m. Com. du dép. de la Dordogne, cant. de Montagrier, arr. de Ribérac. = Ribérac.

SEGOS, s. m. Com. du dép. du Gers, cant. de Riscle, arr. de Mirande. = Aire-sur-l'Adour.

SEGOUFFIELLE, s. f. Com. du dép. du Gers, cant. de l'Isle-Jourdain, arr. de Lombez. = l'Isle-Jourdain.

SEGOUGNAC, s. m. Com. du dép. de Lot-et-Garonne, cant. de Laplume, arr. d'Agen. = Agen.

SÉGOVIE, s. f. Province d'Espagne, entre Madrid et Valladolid, renommée par la belle qualité de ses laines. —, ville capitale de cette province, siége d'un évêché. Fabr. de draps fins, papier, faïence, etc.

SÉGRAIRIE, s. f. Bois possédé en commun.

SEGRAIS, s. m. Bois exploité à part.

SÉGRAYER, s. m. Copropriétaire d'une ségrairie.

SÈGRE (la), s. f. Rivière qui prend sa source dans le dép. des Pyrénées-Orientales, et qui se jette dans l'Èbre en Espagne, après un cours d'environ 50 l.

SEGRÉ, s. m. Ville du dép. de Maine-et-Loire, chef-lieu de sous-préf. et de cant.; trib. de 1re inst.; conserv. des hypoth.; direct. des contrib. indir.; recev. part. des finances; bur. d'enregist. et de poste. Fabr. de toiles. Comm. de grains, vins, bestiaux et ardoises.

SEGRÉE (Ste.-), s. f. Com. du dép. de la Somme, cant. de Poix, arr. d'Amiens. = Poix.

SÉGRÉGATION, s. f. Séparation. T. inus.

SÉGRÉGATIVEMENT, adv. Séparément. T. inus.

SÉGRÉGÉ, E, part. Séparé, mis à part. T. inus.

SÉGRÉGER, v. a. Séparer, mettre à part. T. inus.

SEGREVILLE, s. f. Com. du dép. de la Haute-Garonne, cant. de Caraman, arr. de Villefranche. = Caraman.

SÉGREYAGE, s. m. Ancien droit seigneurial sur les mutations.

SÉGREYER, s. m. Percepteur, receveur du droit de ségreyage.

SEGRIE, s. f. Com. du dép. de la Sarthe, cant. de Beaumont, arr. de Mamers. = Beaumont.

SEGRIE-FONTAINE, s. f. Com. du dép. de l'Orne, cant. d'Athis, arr. de Domfront. = Condé-sur-Noireau.

SEGROIS, s. m. Com. du dép. de la Côte-d'Or, cant. de Gevrey, arr. de Dijon. = Nuits.

SÉGRY-LA-PRÉE, ANCIENNE-ABBAYE-ET-GOUERS, s. m. Com. du dép. de l'Indre, cant. et arr. d'Issoudun. = Issoudun.

SÉGUÉDILLE, s. f. Chanson espagnole.

SÉGUIÈRE, s. f. Arbre épineux d'Amérique. T. de bot.

SEGUINE, s. f. Gouet de la Martinique. T. de bot.

SÉGUINIÈRE (la), s. f. Com. du dép. de Maine-et-Loire, cant. de Chollet, arr. de Beaupréau. = Chollet.

SÉGUR, s. m. Petite ville du dép. de l'Aveyron, cant. de Vezins, arr. de Milhau. = Sévérac.

SÉGUR, s. m. Com. du dép. du Cantal, cant. d'Allanche, arr. de Murat. = Murat.

SÉGUR, s. m. Com. du dép. de la Corrèze, cant. de Lubersac, arr. de Brive. = Uzerches.

SÉGUR (le), s. m. Com. du dép. du Tarn, cant. de Monestiés, arr. d'Albi. = Cordes.

SÉGURA, s. f. Com. du dép. de l'Ariège, cant. de Varilles, arr. de Pamiers. = Pamiers.

SEGURET, s. m. Com. du dép. de Vaucluse, cant. de Vaison, arr. d'Orange. = Carpentras.

SEGUS, s. m. Com. du dép. des Hautes-Pyrénées, cant. de Lourdes, arr. d'Argelès. = Lourdes.

SÉHEILAN, s. m. Poisson du genre du silure. T. d'hist. nat.

SÉHIME, s. f. Plante graminée d'Arabie. T. de bot.

SEIBA, s. m. Voy. CÉIBA.

SEICH, s. m. Com. du dép. des Hautes-Pyrénées, cant. de Nestier, arr. de Bagnères. = Montrejeau.

SEICHAMP, s. m. Com. du dép. de la Meurthe, cant. et arr. de Nancy. = Nancy.

SEICHE, s. f. Voy. SÈCHE.

SEICHEBRIÈRES, s. f. Com. du dép. du Loiret, cant. de Châteauneuf, arr. d'Orléans. = Châteauneuf.

SEICHEPREY, s. m. Com. du dép. de la Meurthe, cant. de Thiaucourt, arr. de Toul. = Pont-à-Mousson.

SEICHES, s. f. Com. du dép. de Maine-et-Loire, chef-lieu de cant. de l'arr. de Baugé, où se trouve le bur. d'enregist. = Angers.

SEIDRE, s. m. Prêtre persan.

SEIGLE, s. m. Céréale, plante graminée, à épis barbus; grain qu'elle produit; champ ensemencé de ce grain.

SEIGNALENS, s. m. Com. du dép. de l'Aude, cant. d'Alaigne, arr. de Limoux. = Limoux.

SEIGNÉ, s. m. Com. du dép. de la Charente-Inférieure, cant. d'Aunay, arr. de St.-Jean-d'Angely. = Aunay.

SEIGNELAY, s. m. Petite ville du dép. de l'Yonne, chef-lieu de cant. de l'arr. d'Auxerre. Bur. d'enregist. et de poste. Fabr. de draps, serges et couvertures de laine. Comm. de laine, vins et châtaignes.

SEIGNEULLE, s. f. Com. du dép. de la Meuse, cant. de Vavincourt, arr. de Bar-le-Duc. = Bar-le-Duc.

SEIGNEUR, s. m. Maître, possesseur d'une terre seigneuriale avec des droits honorifiques, des privilèges. —, titre honorifique qu'on donne à des personnes d'un haut rang. Le —, Dieu. Notre —, Jésus-Christ. Le grand —, l'empereur de Turquie.

SEIGNEURIAGE, s. m. Droit du seigneur. —, droit ou prime sur la fabrication des monnaies. Voy. BRASSAGE.

SEIGNEURIAL, E, adj. Qui appartient à une seigneurie; qui donne les droits de seigneur.

SEIGNEURIALEMENT, adv. En seigneur. T. inus.

SEIGNEURIE, s. f. Droits, autorité du seigneur sur un terre seigneuriale et ce qui en relève; terre seigneuriale. —, titre d'honneur.

SEIGNOSSE, s. f. Com. du dép. des Landes, cant. de Soustons, arr. de Dax. = Dax.

SEIGNY, s. m. Com. du dép. de la Côte-d'Or, cant. de Montbard, arr. de Semur. = Montbard.

SEIGY, s. m. Com. du dép. de Loir-et-Cher, cant. de St.-Aignan, arr. de Blois. = St.-Aignan.

SEIKHS, s. m. Peuples guerriers de l'Indostan dont la croyance est un déisme mêlé d'antiques superstitions. Lahore est la ville la plus comm. du pays qu'ils habitent. Pop. 5,000,000 d'hab. envir.

SEILH, s. m. Com. du dép. de la Haute-Garonne, cant. de Grenade, arr. de Toulouse. = Toulouse.

SEILHAC, s. m. Com. du dép. de la Corrèze, chef-lieu de cant. de l'arr. de Tulle où se trouvent les bur. d'enregist. et de poste.

SEILLAC, s. m. Com. du dép. de Loir-et-Cher, cant. d'Herbault, arr. de Blois. = Ecure.

SEILLANS, s. m. Com. du dép. du Var, cant. de Fayence, arr. de Draguignan. = Draguignan.

SEILLE (la), s. f. Rivière qui prend sa source près du village de Baume, dép. du Jura, et qui se jette dans la Saône à la Buchères, au-dessous de Tournus, dép. de Saône-et-Loire, après un cours d'environ 18 l.

SEILLE (la), s. f. Rivière qui prend sa source près de Dieuze, dép. de la Meurthe, et qui se jette dans la Moselle après un cours d'environ 20 l.

SEILLE, s. f. Seau pour vendanger. (Vi.)

SEILLEAU, s. m. Seau pour puiser de l'eau. T. de mar.

SEILLONNAZ, s. m. Com. du dép. de l'Ain, cant. d'Huis, arr. de Belley. = Belley.

SEILLONS, s. m. Com. du dép. du Var, cant. de Barjols, arr. de Brignolles. = St.-Maximin.

SEILLURE, s. f. Voy. SILLAGE. T. de mar.

SEIME, s. f. Division de l'ongle du cheval dès la couronne.

SEIN, s. m. Mamelle d'un femme; entre-deux des mamelles. —, cavité où la femme conçoit et porte son fruit. —, l'ame, le cœur de l'homme; déposer ses chagrins dans le sein d'un ami. —, intérieur; dans le sein de la terre. —, milieu, au physique et au moral. Le — d'Abraham, lieu de repos où se trouvaient les élus avant la venue de J.-C. Le — de l'église, la communion de l'église catholique. —, golfe, petite mer entourée de terre.

SEIN (île de), s. m. Ile et com. du dép. du Finistère, cant. de Pontcroix, arr. de Quimper. = Quimper. Comm. de poissons frais et salés.

SEINCHE, s. f. Enceinte formée de grands filets pour la pêche.

SEINCOS, s. m. Espèce de crocodile.

SEINE, s. f. Grand filet que l'on traîne sur les grèves. T. de pêch.

SEINE (la), s. f. Fleuve qui prend sa source entre St.-Seine et Chanceaux, dép. de la Côte-d'Or, et qui se jette dans la Manche au Hâvre par une superbe embouchure. Ce fleuve commence à être flottable à bûches perdues à Billy, dép. de la Côte-d'Or, et navigable à Marcilly, où il reçoit la rivière d'Aube. De Paris à Rouen, la navigation se fait au moyen de grands bateaux qui peuvent porter, à pleine charge, depuis 6 jusqu'à 1,100 milliers, et de bateaux à vapeur qui ne portent que 160 à 200 milliers. Les premiers mettent ordinairement 15 à 16 jours pour remonter de Rouen à Paris, et environ 8 à 10 jours pour descendre de Paris à Rouen; les seconds franchissent le même espace en 4 ou 5 jours pour la remonte, et en 2 jours pour la descente; ils font aussi le trajet du Hâvre à Paris en 7 à 8 jours, et de Paris au Hâvre en 4 ou 5. La navigation de la Seine, qui est d'une haute importance pour l'approvisionnement de Paris, est en général très facile; la marée s'y fait sentir jusqu'au-dessus de Rouen où peuvent remonter des navires de 200 tonneaux.

SEINE (St.-), s. m. Com. du dép. de la Nièvre, cant. de Fours, arr. de Nevers. = Decize.

SEINE (dép. de la), s. f. Chef-lieu de préf. Paris; 3 arr. ou sous-préf.: Paris, St.-Denis, Sceaux; 20 cant. ou justices de paix; 79 com. Pop. 1,200,000 hab. envir. Cour de cassation; cour des comptes; cour royale et diocèse de Paris; 1re div. milit.; 1re div. des ponts-et-chaussées; 1re div. des mines; direct. de l'enregist. et des domaines, de 1re classe; 1re arr. forestier et direct. des douanes de Paris.

Ce dép., dont la superficie est très bornée, est enclavé dans le dép. de Seine-et-Oise et couvert d'une quantité de bourgs, villages, maisons de plaisance et manuf. Le comm. y est favorisé par la navigation de la Seine et de la Marne et par un grand nombre de routes superbes, qui annoncent le voisinage de la capitale.

Voici un aperçu des productions de ce dép. : toutes les plantes céréales, fruits en abondance, vin, cidre, très peu de bois, pâturages, grand et menu gibier, poisson d'eau douce, vaches laitières, ânesses, chèvres, moutons mérinos, chèvres cachemires; nombreuses pépinières; culture des légumes potagers portée au plus haut degré de perfection; belles carrières de pierres à bâtir, plâtre d'excellente qualité; source d'eau minérale à Passy; manuf. de draps fins, tissus mérinos et cachemires, schalls, gazes, tulles, crêpes, blondes, dentelles, indiennes; papiers peints; fabr. de chapellerie, passementerie, mercerie, bonneterie de soie et de coton, broderies en tous genres, modes, nouveautés, chapeaux de paille et de soie, fleurs artificielles, sellerie et carrosserie, meubles, bronzes et dorures, acier poli, coutellerie de luxe, horlogerie, orfévrerie, joaillerie, bijouterie fine et fausse, plaqué d'or et d'argent, boutons de métal, or et argent battu, limes, outils, mécaniques de toutes espèces, instrumens de mathématiques, de physique et d'astronomie, quincaillerie fine, perles fausses, tabletterie, parfumerie, chocolats, liqueurs, gants de peau, cartonnage, brosses et pinceaux, bouchons de liége, cordes à instrument, plomb de chasse et laminé, caractères d'imprimerie, clous, bougies, chandelles, colle forte, acides minéraux, produits chimiques, amidon, savon, céruse, cuirs vernis, porcelaines et cristaux; nombreuses teintureries en soie, laine, fil et coton; blanchisseries de cire; raffineries de sucre et de sel, distilleries, amidonneries, lavoirs de laine; tanneries, corroieries, maroquineries; filat. de laine, de coton et de duvet cachemire; blanchisseries de toiles; verreries, faïenceries; appareils considérables pour la fabrication du gaz hydrogène servant à l'éclairage; exploitation en grand des carrières de pierres à bâtir et de plâtre; manuf. royale de glaces, de tabacs, de tapisseries, tapis de pieds, etc. Comm. de vins, eaux-de-vie, esprits, liqueurs, huiles, vinaigres, eaux minérales naturelles et factices, graines, farines, légumes secs, fourrages, beurre, fromages, marrons, comestibles, fruits, poissons d'eau douce, marée, huîtres, sel, fer, laine, coton, soie, épicerie, droguerie, denrées coloniales de toute espèce, bois de chauffage et de char-

pente; charbon de bois, houille, bois dés îles, couleurs et vernis, marbre, pierres de taille, tuiles, faïence, ardoise, porcelaine, cristaux, verre à vitres, draperie, toilerie, soieries, rubans et nouveautés; librairie, ustensiles d'imprimerie, gravures, lithographies, etc.; entrepôts de denrées et marchandises destinées à la consommation de Paris.

SEINE (canal de la), s. f. Ce canal se compose de deux branches; l'une, appelée canal St.-Denis, se jette dans la Seine au-dessous de St.-Denis; l'autre, appelée canal St.-Martin, aboutit dans les fossés de l'Arsenal, et sert de port ou de garre.

SEINE-EN-BACHE, s. f. Com. du dép. de la Côte-d'Or, cant. de St.-Jean-de-Losnes, arr. de Beaune. = St.-Jean-de-Losnes.

SEINE-ET-MARNE (dép. de), s. f. Chef-lieu de préf., Melun; 5 arr. ou sous-préf. : Melun, Coulommiers, Fontainebleau, Meaux, Provins; 29 cant. ou justices de paix; 555 com. Pop., 318,209 hab. env. Cour royale de Paris; diocèse de Meaux; 1re div. militaire; 1re div. des ponts-et-chaussées; 1re div. des mines; direct. de l'enregist. et des domaines de 2e classe.

Ce dép. est borné N. par les dép. de l'Aisne et de l'Oise, à l'E. par ceux de la Marne et de l'Aube, S. par ceux de l'Yonne et du Loiret, et O. par celui de Seine-et-Oise. Son territoire présente des plaines vastes et fertiles, de belles forêts, dont la plus grande est celle de Fontainebleau; des vignobles de médiocre qualité, de belles prairies, et d'excellens pâturages où l'on élève une grande quantité de bestiaux qui fournissent les fromages connus sous le nom de fromages de Brie. Il produit toutes les plantes céréales en quantité; fruits, raisins, chanvre, pâturages, vins ordinaires, cidre; bêtes fauves et menu gibier; beaucoup de poissons de rivières et d'étangs; bêtes à cornes, moutons mérinos; nombreuses carrières de pierres meulières d'excellente qualité, belles pierres de taille, beaucoup de plâtre, sable blanc, argile à poterie et faïence; établissement d'eaux minérales à Provins. Fabr. d'indiennes, toiles peintes, mouchoirs, chapellerie, acier, limes, essieux, ressorts de voitures, bougies, porcelaines, faïence, poterie, verres à vitres; filat. de coton, blanchisserie de toiles, tanneries considérables. Comm. très étendu de grains et de farines, vins, fruits, raisins, fromages de Brie, œufs, laine, chanvre, bestiaux, moutons, bois et charbon pour l'approvisionnement de

Paris. Les rivières navigables qui l'arrosent sont : la Seine, la Marne, l'Yonne et le Grand-Morin.

SEINE-ET-OISE (dép. de), s. f. Chef-lieu de préf., Versailles; 6 arr. ou sous-préf. : Versailles, Corbeil, Etampes, Mantes, Pontoise et Rambouillet; 36 cant. ou justices de paix; 688 com. Pop. 440,871 hab. env. Cour royale de Paris; diocèse de Versailles; 1re div. militaire; 1re div. des ponts-et-chaussées; 1re div. des mines; dir. de l'enregist. et des domaines, de 1re classe.

Ce dép. est borné N. par celui de l'Oise, E. par celui de Seine-et-Marne, S. par celui du Loiret, et O. par ceux d'Eure-et-Loir et de l'Eure. Son territoire, généralement uni, présente des plaines fertiles en grains de toute espèce, de belles prairies, et d'excellens pâturages qui nourrissent beaucoup de chevaux et quantité de menu bétail. On y recueille des fruits en abondance et beaucoup de vins de médiocre qualité; il produit toutes les plantes céréales, légumes secs de toute espèce, très-bons fruits, pépinières, belles prairies, bois, grand et menu gibier, bon poisson, beaucoup de chevaux, nombreux troupeaux de mérinos; culture en grand des arbres fruitiers; haras à Jouy et à Viroflay; bergerie royale à Rambouillet; belles carrières de pierres à plâtre; grès à paver, pierres meulières et lithographiques, craie, terre à potier, tourbe; établissement d'eaux minérales à Montmorency; manuf. d'armes, toiles peintes; fabr. de draps, basins, piqués, bonneterie, passementerie, blondes, tulles, gazes, sangles, surfaix, courroies, limes, clous, bougies, savon, colle forte, céruse, acides minéraux et produits chimiques, acide acétique et pyroligneux; filat. de coton, laine et chanvre; blanchisseries de toiles et de cire; lavoirs de laine, raffineries de sucre, martinets à cuivre, aciéries, plomberies; moulins à poudre, à foulon et à tabac; verreries, papeteries, tanneries, brasseries, fours à plâtre. Comm. considérable de blé et de farines, vins, eaux-de-vie, fruits, légumes, beurre, fromages, cuirs, laines, chevaux, bestiaux, bois, eaux minérales, grès, plâtre et charbon de terre. Les principales rivières qui l'arrosent sont : la Seine, la Marne et l'Oise, qui y sont navigables.

SEINE-INFÉRIEURE (dép. de la), s. f. Chef-lieu de préf., Rouen; 5 arr. ou sous-préf. : Dieppe, le Hâvre, Neufchâtel, Rouen, Yvetot; 50 cant. ou justices de paix; 966 com. Pop., 688,295 h. env. Cour royale et diocèse de Rouen; 14e div. milit.; 13e div. des ponts-et-chaussées; 2e div. des mines; direct. de l'enregist. et des domaines, de 1re classe, et div. N. des douanes, direct. à Rouen.

Ce dép. est borné N. et O. par la Manche, E. par les dép. de la Somme et de l'Oise, et S. par celui de l'Eure. Ses richesses territoriales, manufacturières et industrielles consistent en plantes céréales, sarrasin, légumes excellens, houblon, chanvre, lin, garance, gaude, pastel, chardon à bonnetier; nombreuses prairies naturelles et artificielles; pommes et poires à cidre, houx, bois, pins, sapins, joncs, varech, criste marine, algues, poissons de mer et d'eau douce, harengs, merlans, maquereaux, truites excellentes, huîtres; chevaux de très belle taille, ânes, quantité de vaches qui produisent du beurre et des fromages estimés, moutons mérinos et métis, beaucoup de porcs, volaille renommée et en abondance, abeilles; mines de fer, marbre, pierres de taille, grès à paver, pouding, terres sulfureuses, argile à potier, sable à verrerie, craie, marne, tourbe; établissement d'eaux minérales à forges; sources d'eaux minérales à Rouen, la Marquise, Aumale et Gournay. Manuf. considérables de draps fins, castorines, espagnolettes, flanelles et autres étoffes de laine; tissus de coton de toutes sortes, connus sous le nom de rouenneries; indiennes, mouchoirs de toile; fabr. de toiles, basins, coutils et schalls de coton, velours, bonneterie, dentelles; cordes, filets de pêche, pipes de terre, plomb de chasse, mouvemens de pendules; toiles cirées, colle forte, soufre raffiné, acides minéraux et végétaux; produits chimiques, savon, huiles; plumes à écrire, fanons de baleine; filat. en grand de coton, laine et lin; raffineries de sucre; épuration d'huiles; belles blanchisseries, nombreuses teintureries, corderies pour la marine et le commerce, fonderies, aciéries, taillanderies, verreries, faïenceries, poteries; belles papeteries, dont les produits sont renommés; tanneries, brasseries; construction de navires; manuf. royale de tabacs; pêche de la baleine, de la morue, du hareng et du maquereau. Comm. de grains, farines, graines de trèfle, vins, cidre, eaux-de-vie, genièvre, huile de poisson, vinaigre, lin, chanvre, laine, cuirs, papiers, soude, fer, acier; meules, craie, houille, bois de construction et de mâture, boissellerie, planches, résine, brai, goudron, beurre excellent, fromages de Neufchâtel; salaisons, épiceries, drogueries, coton et denrées coloniales de toute espèce; entrepôts réels et fictifs; entrepôt de sel et de denrées coloniales. Comm. considérable d'exportation et d'importation avec tous les points du globe. La Seine seule y est navigable.

SEINE - L'ABBAYE ou ST. - SEINE-EN-MONTAGNE, s. m. Com. du dép. de la Côte-d'Or, chef-lieu de cant. de l'arr. de Dijon. Bur. d'enreg. et de poste.

SEINE-PORT, s. m. Com. du dép. de Seine-et-Marne, cant. et arr. de Melun. = Melun.

SEINE-SUR-VINGEANNE (St.-), s. m. Com. du dép. de la Côte-d'Or, cant. de Fontaine-Française, arr. de Dijon. = Mirebeau-sur-Bèze.

SEING, s. m. Signature. — privé, signature apposée sur un acte rédigé entre particuliers, sans le concours d'un officier public.

SEINGBOUSSE, s. f. Com. du dép. de la Moselle, cant. de St.-Avold, arr. de Sarreguemines. = St.-Avold.

SEISSAN, s. m. Com. du dép. du Gers, cant. et arr. d'Auch. = Auch.

SEIX, s. m. Com. du dép. de l'Ariège, cant. d'Oust, arr. de St.-Girons. = St.-Girons.

SEIZAIN, s. m. Drap dont la chaîne est de seize cents fils. T. de manuf.

SEIZAINE, s. m. Paquet de seize choses; grosse ficelle d'emballeur.

SEIZE, s. m. Seizième partie d'une aune; seizième jour. —, pl. Factieux qui répandirent la terreur dans Paris au temps de la ligue. —, adj. num. indécl. Dix et six. —, seizième.

SEIZIÈME, s. m. La seizième partie d'un tout. —, s. Celui, celle, ou ce qui occupe le seizième rang. —, nombre ordinal qui suit immédiatement le quinzième.

SEIZIÈMEMENT, adv. En seizième lieu.

SEJÉ, s. m. Palmier des bords de l'Orénoque. T. de bot.

SÉJOUR, s. m. Temps durant lequel on demeure dans un lieu; habitation, demeure.

SÉJOURNÉ, E, adj. Qui a pris du repos. T. fam.

SÉJOURNER, v. n. Demeurer quelque temps dans un lieu, y faire séjour. —, rester en stagnation, en parlant des eaux, etc.

SEKIKA, s. m. Saxifrage de la Chine, plante. T. de bot.

SEL, s. m. Substance dure, friable, soluble, âcre au goût, qu'on tire des eaux de la mer ou des salines, et qui sert à l'assaisonnement des alimens. —, ce qu'il y a de vif, de piquant, dans les écrits ou le discours; raillerie délicate, repartie fine, causticité. Fig. Au gros —, sans préparation, sans raffinement. Fig. et fam. —, combinaison d'un acide avec une terre ou un alcali fixe. — essentiel, combinaison d'un acide végétal avec l'hydrogène et le carbone. T. de chim.

SEL (le), s. m. Com. du dép. d'Ille-et-Vilaine, chef-lieu de cant. de l'arr. de Redon. Bur. d'enregist. à Bain. = Bain.

SÉLAGE, s. m. Plante du genre des pyrénacées. T. de bot.

SELAINCOURT, s. m. Com. du dép. de la Meurthe, cant. de Colombey, arr. de Toul. = Colombey.

SELAM, s. m. Disposition emblématique des fleurs, dans l'Orient.

SÉLANDRIE, s. f. Genre d'insectes hyménoptères. T. d'hist. nat.

SÉLAQUES ou SÉLACIENS, s. m. pl. Famille de poissons. T. d'hist. nat.

SÉLECTION, s. f. Choix, triage avec examen. T. inus.

SÉLÈNE, s. m. Genre de poissons thoraciques. T. d'hist. nat.

SÉLÉNIFIQUE, adj. Qui produit la sélénite. T. de chim.

SÉLÉNIQUE, adj. Qui concerne la lune.

SÉLÉNITE, s. f. Sulfate de chaux, sorte de sel formé par la terre calcaire et l'acide vitriolique. T. de chim.

SÉLÉNITEUX, EUSE, adj. Qui a rapport à la sélénite; qui en contient. T. de chim.

SÉLÉNIUM, s. m. Métal acidifiable qui se rapproche de l'arsenic. T. d'hist. nat.

SÉLÉNIURES, s. f. pl. Combinaison du sélénium avec les métaux. T. de chim.

SÉLÉNOGRAPHIE, s. f. Description de la lune. T. d'astr.

SÉLÉNOGRAPHIQUE, adj. Qui a rapport à la sélénographie. T. d'astr.

SÉLÉNOPS, s. m. Genre d'insectes arachnides. T. d'hist. nat.

SÉLÉNOSTATE, s. m. Instrument pour observer la lune. T. d'astr.

SELENS, s. m. Com. du dép. de l'Aisne, cant. de Coucy-le-Château, arr. de Laon. = Coucy.

SELEUCIDE ou SAMARMAR, s. m. Oiseau d'Arabie, qui détruit les sauterelles.

SELICTAR-AGA, s. m. Officier turc qui porte le sabre impérial sur l'épaule dans les cérémonies publiques.

SÉLIGNÉ, s. m. Com. du dép. des Deux-Sèvres, cant. de Brioux, arr. de Melle. = Melle.

SELIGNEY, s. m. Com. du dép. du Jura, cant. de Chaussin, arr. de Dôle. = Dôle.

SELIN, s. m. Genre de plantes ombellifères. T. de bot.

SELINCOURT, s. m. Com. du dép. de la Somme, cant. de Hornoy, arr. d'Amiens. = Poix.

SELINS, s. m. Com. du dép. du Cantal, cant. de Riom, arr. de Mauriac. = Bort.

SÉLINUSCE, s. f. Terre médicinale, astringente et résolutive.

SELLE, s. f. Petit siége en bois. (Vi). —, sorte de siége qu'on attache sur le dos d'un cheval au moyen d'une sangle. — à tous chevaux, lieux communs; remède pour toutes les maladies, etc. Fig. et fam. —, chevalet, table, banc, etc. T. de mét. —, scorie sur le métal en fusion. —, défécation, déjection. T. de méd. —, poisson du genre du lutjan. T. d'hist. nat.

SELLÉ, E, part. Qui a la selle sur le dos, en parlant d'un cheval.

SELLE (la), s. f. Com. du dép. de l'Eure, cant. de Rugles, arr. d'Evreux. = Rugles.

SELLE (la), s. f. Com. du dép. d'Ille-et-Vilaine, cant. de la Guerche, arr. de Vitré. = la Guerche.

SELLE (la), s. f. Com. du dép. de Saône-et-Loire, cant. de Lucenay-l'Evêque, arr. d'Autun. = Autun.

SELLE (la), s. f. Petite rivière qui prend sa source dans le dép. du Nord et qui se jette dans l'Escaut au-dessous de Douchy, après un cours de 8 l.

SELLE-CRAONNAISE (la), s. f. Com. du dép. de la Mayenne, cant. de Craon, arr. de Château-Gontier. = Craon.

SELLÉE, s. f. Rangée de piles de carreaux.

SELLE-EN-COGLES (la), s. f. Com. du dép. d'Ille-et-Vilaine, cant. de St.-Brice, arr. de Fougères. = Fougères.

SELLE-EN-HERMOIS (la), s f. Com. du dép. du Loiret, cant. de Château-Renard, arr. de Montargis. = Montargis.

SELLE-EN-LUITRÉ (la), s. f. Com. du dép. d'Ille-et-Vilaine, cant. et arr. de Fougères. = Fougères.

SELLE-GUENAND (la), s. f. Com. du dép. d'Indre-et-Loire, cant. de Pressigny-le-Grand, arr. de Loches. = Preuilly.

SELLE-LA-FORGE (la), s. f. Com. du dép. de l'Orne, cant. de Flers, arr. de Domfront. = Condé-sur-Noireau.

SELLE-LES-BORDES (la), s. f. Com. du dép. de Seine-et-Oise, cant. de Dourdan, arr. de Rambouillet. = Limours.

SELLER, v. a. Mettre la selle sur le dos d'un cheval. Se —, v. pron. Se serrer, s'endurcir. T. d'agric.

SELLERIE, s. f. Atelier, boutique, commerce de sellier. —, lieu dans lequel on serre les selles, les harnais, etc.

SELLES, s. f. Com. du dép. de l'Eure, cant. et arr. de Pont-Audemer. = Pont-Audemer.

SELLES, s. f. Petite Ville du dép. de Loir-et-Cher, chef-lieu de cant. de l'arr. de Romorantin. Bur. d'enregist. et de poste. Fabr. de draps; moulins à farine. Comm. de grains, vins et fourrages.

SELLES, s. f. Com. du dép. de la Marne, cant. de Beine, arr. de Reims. = Reims.

SELLES, s. f. Com. du dép. du Pas-de-Calais, cant. de Desvres, arr. de Boulogne. = Samer.

SELLES, s. f. Com. du dép. de la Haute-Saône, cant. de Vauvillers, arr. de Lure. = Vesoul.

SELLE-ST.-AVANT (la), s. f. Com. du dép. d'Indre-et-Loire, cant. de la Haye, arr. de Loches. = Ste.-Maure.

SELLE-ST.-CLOUD (la), s. f. Com. du dép. de Seine-et-Oise, cant. de Marly-le-Roi, arr. de Versailles. = Versailles.

SELLE-ST.-DENIS (la), s. f. Com. du dép. de Loir-et-Cher, cant. de Salbris, arr. de Romorantin. = Salbris.

SELLE-SUR-LE-BIEF (la), s. f. Com. du dép. du Loiret, cant. de Courtenai arr. de Montargis. = Montargis.

SELLE-SUR-NAHON, s. f. Com. du dép. de l'Indre, cant. d'Ecueillé, arr. de Châteauroux. = Levroux.

SELLETTE, s. f. Petit siége de bois où l'on faisait asseoir les prévenus. Etre, mettre sur la —, subir ou faire subir un interrogatoire. —, boîte des décrotteurs où la pratique pose le pied; planchette; fond des crochets du porte-faix. —, partie de la charrue; sorte de selle du limonier. —, planche, établi. T. de mét.

SELLIER, s. m. Artisan qui fabrique des selles, des carrosses.

SELLIÈRE, s. f. Plante campanulacée. T. de bot.

SELLIÈRES, s. f. Com. du dép. du Jura, chef-lieu de cant. de l'arr. de Lons-le-Saulnier. Bur. d'enregist. et de poste.

SELOMMES, s. f. Com. du dép. de Loir-et-Cher, chef-lieu de cant. de l'arr.

de Vendôme, où se trouvent les bur. d'enregist. et de poste.

SELON, prép. Suivant, eu égard à..., conformément à..., à proportion de... C'est —, cela dépend des circonstances. T. fam.

SELONCOURT, s. m. Com. du dép. du Doubs, cant. de Blamont, arr. de Montbéliard. = Montbéliard.

SELONGEY, s. m. Petite ville du dép. de la Côte-d'Or, chef-lieu de cant. de l'arr. de Dijon. Bur. d'enregist. et de poste. Fabr. de droguets, serges, chapellerie; distillerie d'eaux-de-vie; éducation des abeilles. Comm. de grains, vins, chevaux, laines. Dépôt de chiffons pour les papeteries.

SELONNET, s. m. Com. du dép. des Basses-Alpes, cant. de Seyne, arr. de Digne. = Seyne.

SELOT, s. m. Coquillage du genre des nérites. T. d'hist. nat.

SELTZ, s. m. Petite ville du dép. du Bas-Rhin, chef-lieu de cant. de l'arr. de Wissembourg. Bur. d'enregist. = Lauterbourg.
Cette ville, située sur la rive gauche du Rhin, est renommée par ses eaux minérales, dont les propriétés sont stomachiques et apéritives.

SELVE (la), s. f. Com. du dép. de l'Aisne, cant. de Sissonne, arr. de Laon. = Laon.

SELVE (la), s. f. Com. du dép. de l'Aveyron, cant. de Réquista, arr. de Rodez. = Rodez.

SELVE (la), s. f. Com. du dép. des Pyrénées-Orientales, cant. et arr. de Céret. = Céret.

SELVE (St.-), s. m. Com. du dép. de la Gironde, cant. de Labrède, arr. de Bordeaux. = Castres.

SELVIGNY, s. m. Com. du dép. du Nord, cant. de Clary, arr. de Cambrai. = Cambrai.

SEM, s. m. Com. du dép. de l'Ariège, cant. de Vicdessos, arr. de Foix. = Tarascon-sur-Ariège.

SEMAILLE, s. f. Action de semer; temps de semer; grains semés; se dit surtout au pl.

SEMAINE, s. f. Les sept jours qui s'écoulent du dimanche au samedi. —, travail de six jours; prix de ce travail. Prêter à la petite —, prêter pour peu de temps, à un intérêt usuraire. — sainte, la semaine qui précède Pâques; livre contenant l'office de la quinzaine de Pâques. Etre de —, être chargé de certaines fonctions, dans certains chapitres; officier durant la semaine.

SEMAINIER, ÈRE, s. Celui, celle qui de semaine pour officier; acteur chargé de l'administration du théâtre pendant la semaine.

SEMALE ou **SEMAQUE**, s. f. bâtiment hollandais pour charger ou décharger les gros navires. T. de mar.

SEMALÉ, s. m. Com. du dép. de l'Orne, cant. et arr. d'Alençon. = Alençon.

SEMALENS, s. m. Com. du dép. du Tarn, cant. de Vielmur, arr. de Castres. = Castres.

SEMANTHRON ou **SÉMENTÉRION**, s. m. Planche garnie d'une branche de fer mobile qui tient lieu de cloche dans l'archipel grec.

SÉMAPHORE, s. m. Espèce de télégraphe.

SEMAREY, s. m. Com. du dép. de la Côte-d'Or, cant. de Pouilly-en-Auxois, arr. de Beaune. = Sombernon.

SEMBADEL, s. m. Com. du dép. de la Haute-Loire, cant. de la Chaise-Dieu, arr. de Brioude. = Brioude.

SEMBAS, s. m. Com. du dép. de Lot-et-Garonne, cant. et arr. de Villeneuve. = Villeneuve.

SEMBLABLE, adj. Pareil; de même nature ou qualité; qui ressemble en général.

SEMBLABLEMENT, adv. Pareillement.

SEMBLANÇAY, s. m. Com. du dép. d'Indre-et-Loire, cant. de Neuilly-Pont-Pierre, arr. de Tours. = Tours.

SEMBLANT, s. m. Apparence. Faire — de... feindre de... Ne faire — de rien, cacher ses desseins. T. fam.

SEMBLECEY, s. m. Com. du dép. de l'Indre, cant. de St.-Christophe, arr. d'Issoudun. = Selles.

SEMBLER, v. n. Paraître avoir telle ou telle qualité, telle manière d'être. —, v. impers. Y avoir apparence que; il semble; ce me semble.

SEMBLIDES, s. m. pl. Insectes névroptères. T. d'hist. nat.

SEMBOUÉS, s. m. Com. du dép. du Gers, cant. de Marciac, arr. de Mirande. = Mirande.

SEMÉ, E, part. Epandu, jeté çà et là; jonché de....

SEMÉAC, s. m. Com. du dép. des Hautes-Pyrénées, cant. et arr. de Tarbes. = Tarbes.

SEMÉAC-BLACHON, s. m. Com. du dép. des Basses-Pyrénées, cant. de Lembeye, arr. de Pau. = Pau.

SEMÉCOURT, s. m. Com. du dép. de la Moselle, cant. et arr. de Metz. = Metz.

SÉMÉIOLOGIE ou **SÉMÉIOTIQUE**, s. f. Partie de la médecine qui traite des signes des maladies, diagnostique.

SEMELAY, s. m. Com. du dép. de la Nièvre, cant. de Luzy, arr. de Château-Chinon. = Luzy.

SÉMÉLÉ, s. f. Fille de Cadmus et de Thébé, qui fut aimée de Jupiter dont elle eut Bacchus. T. de myth.

SEMELINE, s. f. Nom donné à de petits cristaux volcaniques. T. d'hist. nat.

SEMELLE, s. f. Pièce de cuir qui forme le dessous du soulier, de la botte, etc.; ce qui en a la forme. —, mesure de la longueur du pied ; pièce de bois dont on fortifie une poutre; second morceau du cimier ou de la cuisse du bœuf; sol d'une mine de charbon. —, planche de l'affût. T. d'artill. —, assemblage de planches en forme de semelle, pour aller à la bouline; fond d'un bateau. T. de mar. Poids de —, poids réel de l'essai des métaux. T. de monn.

SEMENCE, s. f. Ce que l'on sème, grain, graine, noyau, pépin. —, liqueur prolifique filtrée par les testicules et destinée à la réproduction de l'homme et des animaux. —, cause, principe, origine, source. Fig. —, espèce de petits clous. — de diamans, de perles, petits diamans, petites perles.

SEMENCINE, s. f. Voy. SANTOLINE.

SEMEN-CONTRA, s. m. Semence de la santoline. T. de pharm.

SEMENS, s. m. Com. du dép. de la Gironde, cant. de St.-Macaire, arr. de la Réole. = St.-Macaire.

SEMENTINADE, s. f. Temps des semences des grains. T. inus.

SEMENTINES, s. f. pl. Fêtes en l'honneur de Cérès et de Tellus, qu'on célébrait à Rome dans le temps des semailles. T. de myth.

SEMENTRON, s. m. Com. du dép. de l'Yonne, cant. de Courson, arr. d'Auxerre. = Toucy.

SEMER, v. a. Epandre sur une terre façonnée du grain, de la graine, etc. —, éparpiller, disséminer. — l'argent, être très libéral. — de l'argent, en répandre pour séduire, corrompre. —, faire naître, susciter, fomenter; jeter dans le public, dire, répéter en tous lieux; semer des erreurs, de fausses nouvelles, etc. Fig.

SEMERIES, s. f. Com. du dép. du Nord, cant. et arr. d'Avesnes. = Avesnes.

SEMERVILLE, s. f. Com. du dép. de l'Eure, cant. et arr. d'Evreux. = le Neubourg.

SEMERVILLE, s. f. Com. du dép. de Loir-et-Cher, cant. d'Auzouer-le-Marché, arr. de Blois. = Cloyes.

SEMESIES, s. f. Com. du dép. du Gers, cant. de Saramon, arr. d'Auch. = Auch.

SÉMESTRE, s. m. Espace de six mois. —, congé de six mois accordé à un militaire. —, adj. Qui dure six mois.

SÉMESTRIER, s. m. Militaire porteur d'un congé de sémestre.

SEMEUR, s. m. Cultivateur qui sème le grain, et fig., agitateur qui sème la discorde, de faux bruits. —, celui qui mesure, vérifie les canons. T. d'arqueb.

SEMEUSE, s. f. Com. du dép. des Ardennes, cant. et arr. de Mézières. = Mézières.

SEMEZANGES, s. f. Com. du dép. de la Côte-d'Or, cant. de Gevrey, arr. de Dijon. = Nuits.

SEMI, adj. indécl. qui entre dans la composition de certains mots. Demi.

SEMI-BRÈVE, s. f. Moitié d'une brève. T. inus.

SEMIDE, s. f. Com. du dép. des Ardennes, cant. de Machault, arr. de Vouziers. = Vouziers.

SEMI-DOUBLE, adj. Se dit des fleurs qui ont deux rangs de pétales. T. de bot. Fête, office —, qu'on célèbre avec moins de solennité qu'une fête double.

SEMI-FLOSCULEUX, EUSE, adj. A demi fleurons. T. de bot.

SEMILLAC, s. m. Com. du dép. de la Charente-Inférieure, cant. de Mirambeau, arr. de Jonzac. = Mirambeau.

SÉMILLANT, E, adj. Remuant; très vif. T. fam.

SEMILLY, s. m. Com. du dép. de la Haute-Marne, cant. de St.-Blin, arr. de Chaumont. = Andelot.

SEMI-LUNAIRE, adj. Se dit du second os de la première rangée du carpe et d'un ganglion situé derrière les capsules atrabilaires. T. d'anat.

SÉMINAIRE, s. m. Etablissement ecclésiastique destiné à l'éducation des jeunes gens qui veulent embrasser la carrière sacerdotale. —, adj. Voy. SÉMINAL.

SÉMINAL, E, adj. Qui a rapport à la semence, à la graine. T. d'anat. et de bot.

SÉMINARISTE, s. f. Elève dans un séminaire.

SÉMINATION, s. f. Dispersion des semences. T. de bot.

SÉMINIFÈRE, adj. Se dit des vésicules séminales ou séminaires. T. d'anat.

SÉMINIFORME, adj. En forme de semence. T. de bot.

SEMINULES, s. f. pl. Fructification des plantes privées d'organes sexuels. T. de bot.

SEMI-PITE, s. f. Petite monnaie valant la moitié d'une pite.

SEMI-PRÉBENDE, s. f. Bénéfice au-dessous du canonicat.

SEMI-PREUVE, s. f. Preuve incomplète.

SEMI-QUARTILE ou **SEMI-QUADRATE**, adj. f. Se dit de l'aspect de deux planètes distantes de la huitième partie du zodiaque; opposition semi-quartile. T. d'astr.

SEMI-QUINTILE, adj. f. Se dit de l'aspect de deux planètes distantes de la dixième partie du zodiaque; opposition semi-quintile. T. d'astr.

SÉMIRAMIS, s. f. Epouse de Ninus, roi des Assyriens, célèbre par son ambition, son courage et ses débauches. —, tragédie de Voltaire.

SEMIS, s. m. Plant d'arbres, de fleurs, etc.; art de faire lever les semences.

SEMI-SEXTILE, adj. Se dit de l'aspect de deux planètes distantes de la douzième partie du zodiaque; opposition semi-sextile. T. d'astr.

SEMITE, s. m. Coton des îles de l'Archipel.

SEMI-TÉRET, adj. m. Demi-cylindrique, sans irrégularités; corps semi-téret. T. inus.

SEMI-TON, s. m. La moitié d'un ton. T. de mus.

SEMI-TONIQUE, adj. f. Se dit d'une échelle chromatique composée en entier de semi-tons. T. de mus.

SEMI-TOPOGRAPHIE, s. f. Gravure qui n'offre que quelques détails.

SEMMADON, s. m. Com. du dép. de la Haute-Saône, cant. de Combeau-Fontaine, arr. de Vesoul. = Cintrey.

SEMOI, s. m. Com. du dép. du Loiret, cant. et arr. d'Orléans. = Orléans.

SEMOINE, s. f. Com. du dép. de l'Aube, cant. et arr. d'Arcis-sur-Aube. = Fère-Champenoise.

SEMOIR, s. m. Espèce de grand tablier pour porter le grain en semant; instrument, machine pour semer.

SEMONCE, s. f. Invitation à certaines cérémonies, avec certaines formalités.—, avertissement de mieux se conduire; réprimande. Fig.

SEMONCÉ, E, part. Averti, réprimandé.

SEMONCER, v. a. Faire une semonce, une réprimande. T. fam.

SEMOND, s. m. Com. du dép. de la Côte-d'Or, cant. de Baigneux-les-Juifs, arr. de Châtillon. = Baigneux-les-Juifs.

SEMONDANS, s. m. Com. du dép. du Doubs, cant. et arr. de Montbéliard. = Montbéliard.

SEMONDRE, v. a. qui n'a pas de temps composés. Inviter à une cérémonie; inviter. (Vi.)|

SEMONS, s. m. Com. du dép. de l'Isère, cant. de la Côte-St.-André, arr. de Vienne. = la Côte-St.-André.

SEMOTTE, s. f. Nouvelle pousse des choux étêtés. T. de jard.

SEMOULE, s. f. Fécule alimentaire en petits grains qui ne diffère du vermicelle que par la forme.

SEMOUSIES, s. f. Com. du dép. du Nord, cant. et arr. d'Avesnes. = Avesnes.

SEMOUSSAC, s. m. Com. du dép. de la Charente-Inférieure, cant. de Mirambeau, arr. de Jonzac. = Mirambeau.

SEMOUTIER, s. m. Com. du dép. de la Haute-Marne, cant. et arr. de Chaumont. = Chaumont.

SEMPER-VIRENS, s. m. (mots latins). Chèvrefeuille qui porte des feuilles et des fleurs pendant toute l'année. T. de fleur.

SEMPIGNY, s. m. Com. du dép. de l'Oise, cant. de Noyon, arr. de Compiègne. = Noyon.

SEMPITERNE ou **SEMPITERNILLE**, s. f. Etoffe de laine croisée, d'origine anglaise.

SEMPITERNEL, LE, adj. Qui existe, dure toujours. Vieille —, femme très vieille.

SEMPITERNILLE, s. f. Etoffe moins fine que la sempiterne.

SEMPITERNITÉ, s. f. Durée sans bornes de la vie. T. inus.

SEMPLE, s. m. Partie du métier d'étoffe de soie composée de ficelles, qui font lever tour à tour les diverses parties de la chaîne.

SEMPY, s. m. Com. du dép. du Pas-de-Calais, cant. Campagne, arr. de Montreuil. = Montreuil.

SEMUR, s. m. Ville du dép. de la Côte-d'Or, chef-lieu de sous-préf. et de cant.; trib. de 1re inst.; société d'agric.; biblioth. pub.; conserv. des hypoth.; recev. part. des fin.; bur. d'enregist. et de poste.

Cette ville, en général bien bâtie et bien percée, est assise sur un rocher granitique baigné par l'Armançon. On y remarque l'église paroissiale et le pont sur l'Armençon. Fabr. de draps, serges et toiles. Comm. de grains, vins, eaux-de-vie, laines, chanvre et bestiaux.

SEMUR, s. m. Com. du dép. de la Sarthe, cant. de Vibraye, arr. de St.-Calais. = Connerré.

SEMUR-EN-BRIONNAIS, s. m. Com. du dép. de Saône-et-Loire, chef-lieu de cant. de l'arr. de Charolles. Bur. d'enregist. à la Clayette. = Marcigny. Comm. de vins, blé et bestiaux.

SEMUSSAC, s. m. Com. du dép. de la

Charente-Inférieure, cant. de Cozes, arr. de Saintes. = Cozes.

SEMUY, s. m. Com. du dép. des Ardennes, cant. d'Attigny, arr. de Vouziers. = Attigny.

SEN (le), s. m. Com. du dép. des Landes, cant. de Labrit, arr. de Mont-de-Marsan. = Mont-de-Marsan.

SENAC, s. m. Com. du' dép. des Hautes-Pyrénées, cant. de Rabastens, arr. de Tarbes. = Tarbes.

SENAIDE, s. m. Com. du dép. des Vosges, cant. de la Marche, arr. de Neufchâteau. = la Marche.

SENAILLAC, s. m. Com. du dép. du Lot, cant. de Latronquière, arr. de Figeac. = St.-Céré.

SENAILLAC-ET-ARTIX, s. m. Com. du dép. du Lot, cant. de Lauzès, arr. de Cahors. = Cahors.

SENAILLY, s. m. Com. du dép. de la Côte-d'Or, cant. de Montbard, arr. de Semur. = Montbard.

SENAIRE, adj. m. Disposé six par six, en parlant des feuilles. T. de bot.

SENAN, s. m. Com. du dép. de l'Yonne, cant. d'Aillant, arr. de Joigny. = Joigny.

SENANIS, s. m. Philosophes gaulois qui succédèrent aux Druides.

SENANTES, s. m. Com. du dép. d'Eure-et-Loir, cant. de Nogent-le-Roi, arr. de Dreux. = Nogent-le-Roi.

SENANTES, s. m. Com. du dép. de l'Oise, cant. de Songeons, arr. de Beauvais. = Songeons.

SENAPE, s. m. Arbrisseau grimpant de l'île de Cayenne. T. de bot.

SENAPON, s. m. Arbre de la Guiane dont la racine enivre le poisson. T. de bot.

SENARD, s. m. Com. du dép. de la Meuse, cant. de Triaucourt, arr. de Bar-le-Duc. = St.-Menéhould.

SENARENS, s. m. Com. du dép. de la Haute-Garonne, cant. du Fousseret, arr. de Muret. = Martres.

SENARGENT, s. m. Com. du dép. de la Haute-Saône, cant. de Villersexel, arr. de Lure. = Vesoul.

SENARPONT, s. m. Com. du dép. de la Somme, cant. d'Oisemont, arr. d'Amiens. = Aumale.

SÉNAS, s. m. Com. du dép. des Bouches-du-Rhône, cant. d'Orgon, arr. d'Arles. = Orgon.

SÉNAT, s. m. Assemblée de personnages considérables, des pères conscrits, dans laquelle résidait la puissance souveraine au temps de la république romaine. —, en certains états de l'Europe,

assemblée qui partage l'autorité avec le pouvoir exécutif. — conservateur, corps des sénateurs français créés par la constitution de l'an 8.

SÉNAT, s. m. Com. du dép. de l'Allier, cant. de Chantelle-le-Château, arr. de Gannat. = Gannat.

SÉNATEUR, s. m. Membre d'un sénat.

SÉNATORERIE, s. f. En France, dignité, fonctions, apanage, résidence d'un sénateur, sous le régime impérial.

SÉNATORIAL, E, adj. Qui appartient au sénateur; dignité sénatoriale.

SÉNATORIEN, NE, adj. Sénatorial, qui appartient aux sénateurs; d'une famille de sénateur.

SÉNATRICE, s. f. Epouse d'un sénateur de Pologne, de Suède, etc.

SÉNATUS-CONSULTE, s. m. Décision, décret du sénat romain et du sénat français.

SENAU, s. m. Petit navire pour la course. T. de mar.

SENAUD, s. m. Com. du dép. du Jura, cant. de St.-Amour, arr. de Lons-le-Saulnier. = St.-Amour.

SENAUX-ET-POMARDELLE, s. m. Com. du dép. du Tarn, cant. de Lacaune, arr. de Castres. = Lacaune.

SENAY-ET-ST.-GEORGES, s. m. Com. du dép. du Jura, cant. d'Orgelet, arr. de Lons-le-Saulnier. = Orgelet.

SENCENAC, s. m. Com. du dép. de la Dordogne, cant. de Brantôme, arr. de Périgueux. = Bourdeilles.

SENDETS, s. m. Com. du dép. de la Gironde, cant. de Grignols, arr. de Bazas. = Bazas.

SENDETS, s. m. Com. du dép. des Basses-Pyrénées, cant. de Morlaas, arr. de Pau. = Pau.

SÉNÉ, s. m. Plante rosacée dont les gousses et la graine offrent un violent purgatif. — bâtard ou sauvage, émerus, coronille. — des Provençaux, turbith blanc. — des prés, gratiole.

SÉNÉ, s. m. Com. du dép. du Morbihan, cant. et arr. de Vannes. = Vannes.

SÉNÉBIÈRE, s. f. Genre de plantes crucifères. T. de bot.

SÉNÉCHAL, s. m. Ancien officier civil et militaire supérieur, chef de la noblesse quand on convoquait l'arrière-ban. —, autrefois chef d'une justice seigneuriale.

SÉNÉCHALE, s. f. Epouse d'un sénéchal.

SÉNÉCHAS, s. m. Com. du dép. du

Gard, cant. de Genolhac, arr. d'Alais. = Genolhac.

SÉNÉCHAUSSÉE, s. f. Juridiction d'un sénéchal; étendue de cette juridiction; lieu de ses audiences.

SÉNÉCILLE, s. f. Cinéraire de Sibérie, plante. T. de bot.

SENEÇON, s. m. Plante corymbifère dont la graine est bonne pour les oiseaux. T. de bot.

SÉNÉES, s. f. pl. Casse-séné, casse lancéolée. T. de bot.

SÉNÉGAL (le), s. m. Grand fleuve des côtes occidentales de l'Afrique qui prend sa source sur le versant des montagnes de Kongo, à 30 ou 40 l. des sources du Niger, et qui se jette dans l'Océan-Atlantique. Ce fleuve, qui donne son nom aux établissemens français dans cette partie de l'Afrique, peut avoir 250 l. de cours; il se divise en plusieurs branches, se déborde comme le Nil, et est navigable en tous temps sur une étendue de 60 l. Lors de la crue des eaux, on le remonte à plus de 200 l. de son embouchure, obstruée par un banc de sable très dangereux qui laisse néanmoins une passe pour les barques et petits navires pontés. Les établissemens français, sur les côtes, ont environ 120 l. sur le bord de la mer, et au-delà de 200 l. dans l'intérieur des terres. Les plus considérables de ces établissemens sont : l'île de Gorée, le Cap-Vert, le Pont-d'Arguin et l'île St.-Louis dans laquelle est bâtie la ville de ce nom qui est la résidence du gouverneur et le siége de l'administration, de la cour royale du Sénégal, d'un trib. de 1re inst. et d'un cant. ou justice de paix. Cette ville, peuplée de blancs, de mulâtres et de nègres, est le centre du comm. de la colonie. Pop. 9 à 10,000 hab. env.

SÉNÉGALI, s. m. Passereau du Sénégal. T. d'hist. nat.

SÉNÉGAMBIE, s. f. Vaste contrée d'Afrique à laquelle deux fleuves, le Sénégal et la Gambie, ont donné son nom. La France y possède plusieurs établissemens dont le chef-lieu est St.-Louis. Voy. SÉNÉGAL.

SENEGRÉ, s. m. Voy. FENU-GREC.

SÉNÉJAC, s. m. Com. du dép. de l'Aveyron, cant. de Marcillac, arr. de Rodez. = Rodez.

SÉNÉKA, s. m. Polygale de Virginie, plante dont la racine médicinale est employée contre la morsure des serpens à sonnettes. T. de bot.

SENELLE, s. f. Voy. CENELLE.

SENERGUES, s. m. Com. du dép. de l'Aveyron, cant. de Conques, arr. de Rodez. = Rodez.

SENESSE-DE-SANABUGUE, s. f. Com. du dép. de l'Ariège, cant. de Mirepoix, arr. de Pamiers. = Mirepoix.

SENESTIS, s. m. Com. du dép. de Lot-et-Garonne, cant. et arr. de Marmande. = Tonneins.

SÉNESTRE, s. m. Le côté gauche. T. de blas. —, adj. Gauche; le côté sénestre.

SÉNESTRÉ, E, adj. Qui a une pièce à gauche. T. de blas.

SÉNESTROCHÈRE, s. m. Bras gauche. T. de blas.

SENEUJOLS, s. m. Com. du dép. de la Haute-Loire, cant. de Cayres, arr. du Puy. = le Puy.

SÉNEVÉ, s. m. Plante crucifère dont la graine sert à faire la moutarde.

SENEVOY-LE-BAS, s. m. Com. du dép. de l'Yonne, cant. de Cruzy, arr. de Tonnerre. = Tonnerre.

SENEVOY-LE-HAUT, s. m. Com. du dép. de l'Yonne, cant. de Cruzy, arr. de Tonnerre. = Tonnerre.

SENEZ, s. m. Petite ville du dép. des Basses-Alpes, chef-lieu de cant. de l'arr. de Castellanne où se trouvent les bur. d'enregist. et de poste. Comm. de bestiaux. Filature de soie.

SENEZERGUES, s. f. Com. du dép. du Cantal, cant. de Montsalvy, arr. d'Aurillac. = Aurillac.

SENIER-DE-BEUVRON (St.-), s. m. Com. du dép. de la Manche, cant. de St.-James, arr. d'Avranches. = St.-James.

SENIER-SOUS-AVRANCHES (St.-), s. m. Com. du dép. de la Manche, cant. et arr. d'Avranches. = Avranches.

SÉNIEUR, s. m. Le plus ancien dans certaines communautés.

SENIL, s. m. Com. du dép. du Tarn, cant. et arr. de Lavaur. = Lavaur.

SENILLÉ, s. m. Com. du dép. de la Vienne, cant. et arr. de Châtellerault. = Châtellerault.

SENINGHEM, s. m. Com. du dép. du Pas-de-Calais, cant. de Lumbres, arr. de St.-Omer. = St.-Omer.

SENLECQUES, s. f. Com. du dép. du Pas-de-Calais, cant. de Desvres, arr. de Boulogne. = Samer.

SENLIS, s. m. Ville du dép. de l'Oise, chef-lieu de sous-préf. et de cant.; trib. de 1re inst., conserv. des hypoth.; direct. des contrib. indir.; recev. part. des finances; bur. d'enregist. et de poste. Cette ville, généralement mal bâtie, est située sur la Nonette. On y remarque l'ancienne cathédrale, monument gothique dont la flèche est très élevée. Fabr. de toiles, dentelles, chicorée café; filatures de laine et de coton. Comm. de grains, farines, vins, bois de charpente, etc.

SENLIS, s. m. Com. du dép. du Pas-de-Calais, cant. de Fruges, arr. de Montreuil. = Fruges.

SENLIS, s. m. Com. du dép. de la Somme, cant. d'Acheux, arr. de Doullens. = Albert.

SENLISSE, s. f. Com. du dép. de Seine-et-Oise, cant. de Chevreuse, arr. de Rambouillet. = Trappes.

SENNE, s. f. Sorte de filet. Voy. SEINE.

SENNEÇAY, s. m. Com. du dép. du Cher, cant. de Levet, arr. de Bourges. = Bourges.

SENNECÉ, s. m. Com. du dép. de Saône-et-Loire, cant. et arr. de Mâcon. = Mâcon.

SENNECEY, s. m. Com. du dép. de la Côte-d'Or, cant. et arr. de Dijon. = Dijon.

SENNECEY-EN-BRESSE, s. m. Com. du dép. de Saône-et-Loire, cant. de St.-Martin-en-Bresse, arr. de Châlons. = Verdun-sur-Saône.

SENNECEY-LE-GRAND, s. m. Com. du dép. de Saône-et-Loire, chef-lieu de cant. de l'arr. de Châlons. Bur. d'enregist. et de poste. Fabr. de machines hydrauliques et de pompes à vapeur.

SENNELY, s. m. Com. du dép. du Loiret, cant. de la Ferté-St.-Aubin, arr. d'Orléans. = la Ferté-St.-Aubin.

SENNER, v. n. Pêcher à la senne.

SENNETTE, s. f. Petite senne.

SENNEVIÈRES, s. f. Com. du dép. d'Indre-et-Loire, cant. et arr. de Loches. = Loches.

SENNEVIÈRES, s. f. Com. du dép. de l'Oise, cant. de Nanteuil, arr. de Senlis. = Nanteuil-le-Haudouin.

SENNEVILLE, s. f. Com. du dép. de l'Eure, cant. d'Ecouis, arr. des Andelys. = Ecouis.

SENNEVILLE, s. f. Com. du dép. de la Seine-Inférieure, cant. de St.-Romain-de-Colbosc, arr. du Hâvre. = St.-Romain-de-Colbosc.

SENNEVILLE-SOUS-FÉCAMP, s. f. Com. du dép. de la Seine-Inférieure, cant. de Valmont, arr. d'Yvetot. = Fécamp.

SENOCH (St.-), s. m. Com. du dép. d'Indre-et-Loire, cant. de Ligueil, arr. de Loches. = Loches.

SENON, s. m. Com. du dép. de la Meuse, cant. de Spincourt, arr. de Montmédy. = Etain.

SENONCHES, s. f. Com. du dép. d'Eure-et-Loir, chef-lieu de cant. de l'arr. de Dreux. Bur. d'enregist. = Châteauneuf-en-Thimerais. Fabr. de machines hydrauliques et de pompes à vapeur.

SENONCOURT, s. m. Com. du dép. de la Meuse, cant. de Souilly, arr. de Verdun. = Verdun.

SENONCOURT, s. m. Com. du dép. de la Haute-Saône, cant. d'Amance, arr. de Vesoul. = Vesoul.

SENONES, s. f. Com. du dép. de la Mayenne, cant. de St.-Aignan, arr. de Château-Gontier. = Craon.

SENONES, s. f. Com. du dép. des Vosges, chef-lieu de cant. de l'arr. de St.-Dié. Bur. d'enregist. = Raon-l'Etape. Fabr. de toiles, fil et coton.

SENONGES, s. f. Com. du dép. des Vosges, cant. de Darney, arr. de Mirecourt. = Darney.

SENONVILLE, s. f. Com. du dép. de la Meuse, cant. de Vigneulles, arr. de Commercy. = St.-Mihiel.

SENOTS, s. m. Com. du dép. de l'Oise, cant. de Chaumont, arr. de Beauvais. = Chaumont.

SENOUILLAC, s. m. Com. du dép. du Tarn, cant. et arr. de Gaillac. = Gaillac.

SENOUX (St.-), s. m. Com. du dép. d'Ille-et-Vilaine, cant. de Guichen, arr. de Redon. = Bain.

SENOVILLE, s. f. Com. du dép. de la Manche, cant. de Barneville, arr. de Valognes. = Valognes.

SENOZAN, s. m. Com. du dép. de Saône-et-Loire, cant. et arr. de Mâcon. = Mâcon.

SENRÉE, s. f. Plante d'Arabie de la famille des malvacées. T. de bot.

SENS, s. m. Faculté de sentir, de recevoir l'impression des corps extérieurs, des objets tangibles, visibles, sonores, odorans, sapides; chacun des organes qui exercent cette faculté. —, conception, intelligence, discernement, jugement, homme plein de sens. —, sentiment, opinion; abonder en son sens. —, acception, signification; sens propre, figuré. —, situation d'un corps, et fig., d'une personne, d'une affaire. —, sensualité, concupiscence. — dessus dessous, adv. Sans aucun ordre, à ne plus s'y reconnaître, tout étant bouleversé. — devant derrière, le devant se trouvant derrière; mis, présenté à rebours. A contre —, voy. CONTRE-SENS.

SENS, s. m. Com. du dép. d'Ille-et-

Vilaine, cant. de St.-Aubin-d'Aubigné, arr. de Rennes. = Antrain.

SENS, s. m. Com. du dép. de Saône-et-Loire, cant. de St.-Germain-du-Bois, arr. de Louhans. = Louhans.

SENS, s. m. Ville du dép. de l'Yonne, chef-lieu de sous-préf. et de deux cant.; archevêché érigé dans le 3ᵉ siècle ; trib. de 1ʳᵉ inst.; biblioth. pub.; conserv. des hypoth.; direct. des contrib. indir.; recev. part. des finances ; bur. d'enregist. et de poste. Pop. 8,690 hab. env.

Cette ville, située sur la rive droite de l'Yonne, est généralement bien bâtie et bien percée. On y remarque la cathédrale, superbe monument gothique qui renferme un mausolée en marbre blanc, chef-d'œuvre du célèbre Couston, érigé en l'honneur du Dauphin, fils de Louis XV, et de la Dauphine son épouse. Il s'y est tenu plusieurs conciles, dans l'un desquels, en 1140, fut condamné Abeilard.

Fabr. de serges, droguets, bougie, colle forte, blanc d'Espagne. Filat. de coton. Comm. de vins, grains, farines, chanvre, laines, bois, charbon, merrain, feuillettes, tuiles, briques, tan, écorces, cuirs estimés, etc.

SENSACQ, s. m. Com. du dép. des Landes, cant. de Geaune, arr. de St.-Sever. = St.-Sever.

SENSATION, s. f. Modification du sentiment, manière de sentir, impression que font les objets extérieurs sur les nerfs qui sont l'organe immédiat de la sensibilité. Faire —, produire une certaine impression dans le public. Fig.

SENS-BEAU-JEU, s. m. Com. du dép. du Cher, cant. et arr. de Sancerre. = Sancerre.

SENSÉ, E, adj. En parlant des personnes, qui a du bon sens, du jugement; sage, prudent, avisé. —, conforme à la raison, au bon sens ; se dit des choses.

SENSÉE (la), s. f. Rivière qui prend sa source près de Bapaume, dép. du Pas-de-Calais, et qui se jette dans l'Escaut, à Bouchain, dép. du Nord, après un cours d'environ 12 l.

SENSÉMENT, adv. D'une manière sensée, sagement, judicieusement, avec prudence.

SENSIBILISATION, s. f. Application de l'idée, de la conception à un objet sensible. T. de philos.

SENSIBILITÉ, s. f. Propriété des sens, faculté qui appartient à tous les êtres animés d'être sensibles à la douleur, à la joie que leur causent les objets extérieurs. —, sentiment de tendresse, d'humanité ; disposition à s'offenser des actions et des discours d'autrui; irritabilité, vivacité d'esprit et de jugement particulière aux poètes, aux gens de lettres et aux artistes. —, facilité de mouvement. T. de mécan.

SENSIBLE, adj. Qui est doué de sentiment, qui reçoit aisément l'impression des objets, au physique comme au moral. —, qui est aisément ému, touché, affecté, irrité. —, tendre, humain, compatissant. —, en parlant des choses, qui tombe sous les sens, se fait sentir, apercevoir aisément; qui fait une vive impression sur les sens, sur l'esprit.—, clair, manifeste, évident. Endroit—, chose qui touche, offense, irrite le plus. Note —, qui fait un demi-ton au-dessus de la tonique. T. de mus.

SENSIBLEMENT, adv. D'une manière sensible, qui se fait apercevoir; d'une manière qui touche, affecte le cœur profondément.

SENSIBLERIE, s. f. Affectation de sensibilité. T. fam.

SENSITIF, IVE, adj. Qui a la faculté de sentir. T. didact. —, qui appartient aux sens, aux sensations. T. de méd.

SENSITIVE, s. f. Plante exotique dont les feuilles se replient et semblent se faner quand on les touche.

SENSORIUM, s. m. Le cerveau considéré comme le centre des sensations et le siège de l'ame. T. didact.

SENSUALISME, s. m. Système des matérialistes qui n'admettent que l'influence des sens.

SENSUALITÉ, s. f. Attachement aux plaisirs des sens ; goût exclusif pour ces plaisirs; mollesse, volupté, épicurisme.

SENSUEL, LE, s. et adj. Livré à la sensualité, à la mollesse; voluptueux, épicurien. —, qui provient de l'attachement aux plaisirs des sens; appétits sensuels. —, qui flatte les sens; plaisirs sensuels.

SENSUELLEMENT, adv. D'une manière sensuelle, voluptueusement.

SENTE, s. f. Sentier. (Vi.)

SENTEIN, s. m. Com. du dép. de l'Ariège, cant. de Castillon, arr. de St.-Girons. = St.-Girons.

SENTELET, s. m. Petit sentier. (Vi.)

SENTELIE, s. f. Com. du dép. de la Somme, cant. de Conty, arr. d'Amiens. = Poix.

SENTENAC, s. m. Com. du dép. de l'Ariège, cant. de la Bastide-de-Seron, arr. de Foix. = Foix.

SENTENAC, s. m. Com. du dép. de l'Ariège, cant. d'Oust, arr. de St.-Girons. = St.-Girons.

SENTENCE, s. f. Décision, jugement d'un tribunal inférieur. —, décision, conclusion. Fig. — dit mémorable, apophthègme, maxime, pensée laconique qui renferme un grand sens.

SENTENCIÉ, E, part. Condamné par sentence.

SENTENCIER, v. a. Condamner par sentence à une peine afflictive.

SENTENCIEUSEMENT, adv. D'une manière sentencieuse.

SENTENCIEUX, EUSE, adj. Qui contient des sentences, des maximes. —, qui s'exprime sentencieusement; homme sentencieux.

SENTÈNE, s. f. Bout d'un écheveau avec lequel on lie ensemble les tours du fil.

SENTEUR, s. f. Odeur, parfum.

SENTHEIM, s. m. Com. du dép. du Haut-Rhin, cant. de Massevaux, arr. de Belfort. = Belfort.

SENTI, E, part. Ressenti, éprouvé, etc.

SENTIER, s. m. Chemin étroit à travers les champs, les bois. —, voie; sentier de l'honneur, de la vertu. Fig.

SENTIER (le), s. m. Com. du dép. d'Indre-et-Loire, cant. de Château-Renault, arr. de Tours. = Château-Renault.

SENTILLI, s. m. Com. du dép. de l'Orne, cant. d'Ecouché, arr. d'Argentan. = Argentan.

SENTIMENT, s. m. Faculté de sentir; impression que les objets font sur l'ame. —, sensibilité physique ou morale; perdre le sentiment. —, se dit des affections, des passions et de tous les mouvemens de l'ame; sentiment d'amour, de haine, d'humeur, de probité, etc. —, perception, connaissance de ce qui se passe en nous; avoir le sentiment de sa force, de sa faiblesse. —, opinion, avis; tel est mon sentiment. Avoir des —, avoir de la probité, de la générosité, de l'honneur. —, odorat du chien. T. de véner.

SENTIMENTAL, E, adj. Qui a le sentiment pour principe ou pour objet. —, où il entre une sensibilité excessive, affectée; genre sentimental.

SENTIMENTALISME, s. m. Affectation du genre sentimental.

SENTIMENTALITÉ, s. f. Caractère de l'être sentimental.

SENTINE, s. f. Partie basse d'un navire où s'écoulent les ordures. —, retraite de gens vicieux, corrompus. Fig.

SENTINELLE, s. f. Soldat en faction. Faire —, attendre, guetter. T. fam.

SENTIR, v. a. Recevoir une impression par les sens; ressentir, éprouver; avoir l'ame émue. —, conjecturer, pressentir, se douter; apercevoir, comprendre, connaître, juger, apprécier. —, avoir les manières, l'air, de la ressemblance avec.....; cela sent la tyrannie. —, flairer; sentir une rose. —, exhaler une odeur; sentir l'enfermé. —, avoir telle saveur. Faire —, faire éprouver; inculquer; faire comprendre. —, v. n. et impers. Répandre une odeur. —, absolument, sentir mauvais. Se —, v. pron. Connaître l'état de sa santé, et fig., ses forces, ses facultés, ses ressources. Se — de, participer à un bien, ou à un mal; éprouver les suites de..... Se — du goût, de l'inclination pour..., être enclin, porté vers..... Se faire —, causer une impression, surtout une impression pénible, douloureuse, et fig., se manifester.

SENTOUS, s. m. Com. du dép. des Hautes-Pyrénées, cant. de Galan, arr. de Tarbes. = Tarbes.

SENTZICH, s. m. Com. du dép. de la Moselle, cant. de Cattenom, arr. de Thionville. = Thionville.

SENUC, s. m. Com. du dép. des Ardennes, cant. de Grandpré, arr. de Vouziers. = Grandpré.

SENVEN-LEHART, s. m. Com. du dép. des Cotes-du-Nord, cant. de Bourbriac, arr. de Guingamp. = Guingamp.

SEOIR, v. n. Etre assis; ne se dit qu'aux part.; séant, sis. —, être convenable; ne se dit qu'au part. présent et aux troisièmes personnes. —, s'emploie impers. et souvent iron.; il vous sied bien d'invoquer la Providence!

SEP, s. m. Barre de fer dont la pointe s'enfonce dans la douille du soc. — de drisse, grosse pièce de bois carrée debout sur le premier pont. T. de mar. Voy. CEP.

SÉPALE, s. f. Découpure. T. de bot.

SÉPARABLE, adj. Qui peut être séparé, divisé, partagé, désuni.

SÉPARAGE, s. m. Séparation, triage. T. de mét.

SÉPARATIF, IVE, adj. Qui fait séparation, qui l'occasionne. T. didact.

SÉPARATION, s. f. Action de séparer ou de se séparer; chose qui sépare; chose séparée. —, cloison, mur de refend; petit espace retranché. —, désunion, brouillerie, abandon de communion. Fig. — de corps et de bien, cessation légale de cohabitation, de communauté de biens entre les époux; divorce.

SÉPARATOIRE, s. m. Vase dont se servent les chimistes pour opérer une séparation; instrument de chirurgie pour séparer.

SÉPARÉ, E, part. Désuni, disjoint, divisé, partagé.

SÉPARÉMENT, adv. A part l'un de l'autre; à l'écart; en particulier.

SÉPARER, v. a. Désunir les parties d'un tout, disjoindre ce qui était joint, uni. —, faire que des personnes et des choses qui se trouvaient ensemble n'y soient plus. —, éloigner; séquestrer. —, ranger; partager, diviser. —, ne pas confondre, distinguer. —, opérer une séparation, rompre une union, un mariage. Se —, v. pron. Se diviser en plusieurs parties; se détacher, se disjoindre. Se —, v. récip. Cesser de suivre le même chemin, la même direction; se quitter. Se —, cesser d'être unis; cesser de vivre ensemble, etc.

SÉPAUX, s. m. Com. du dép. de l'Yonne, cant. de St.-Julien-du-Sault, arr. de Joigny. = Joigny.

SÉPÉ, s. m. Double T de fer. T. d'arquebus.

SÉPEAU, s. m. Voy. CÉPEAU.

SÉPÉDON, s. m. Genre d'insectes diptères. T. d'hist. nat.

SÉPÉE, s. f. Voy. CÉPÉE.

SÉPHALITE, s. m. Sectaire mahométan qui donne à Dieu la forme humaine.

SÉPIA, s. f. Liqueur noire contenue dans une bourse membraneuse de la sèche. Voy. ce mot.

SÉPIACÉES, s. f. Famille des sèches. T. d'hist. nat.

SÉPIDIE, s. f. Genre d'insectes coléoptères. T. d'hist. nat.

SÉPIOLE, s. f. Espèce de sèche. T. d'hist. nat.

SÉPITE, s. m. Fossile qui ressemble à l'os de la sèche. T. d'hist. nat.

SEPMERIES, s. f. Com. du dép. du Nord, cant. du Quesnoy, arr. d'Avesnes. = le Quesnoy.

SEPMES, s. m. Com. du dép. d'Indre-et-Loire, cant. de la Haye, arr. de Loches. = Ste.-Maure.

SÉPOULE, s. f. Bobine de roseau.

SEPPOIS-LE-BAS, s. m. Com. du dép. du Haut-Rhin, cant. d'Hirsingue, arr. d'Altkirch. = Altkirch.

SEPPOIS-LE-HAUT, s. m. Com. du dép. du Haut-Rhin, cant. d'Hirsingue, arr. d'Altkirch. = Altkirch.

SEPS, s. m. Lézard à jambes courtes. T. d'hist. nat.

SEPT, s. m. Chiffre qui indique le nombre 7; carte marquée de sept points. —, septième jour; le sept du mois —, adj. numéral indécl. Six et un. —, après un nom propre, septième; Charles VII.

SEPTANE, adj. f. Se dit d'une fièvre dont les accès reviennent le septième jour. T. de méd.

SEPTANTE, s. m. adj. Soixante-dix. —, pl. Les soixante-dix traducteurs de l'ancien Testament, de l'hébreu en grec.

SEPTANTIÈME, s. m. et adj. Soixante-dixième. T. inus.

SEPTAS, s. m. Plante vivace du cap de Bonne-Espérance. T. de bot.

SEPTEMBRE, s. m. Neuvième mois de l'année.

SEPTEMBRISADE, s. f. Massacre des détenus en septembre 1792.

SEPTEMBRISÉ, E, part. Massacré.

SEPTEMBRISER, v. a. Assommer, massacrer sans distinction de rang, de sexe ni d'âge.

SEPTEMBRISEUR, s. m. Buveur de sang, assommeur qui prit part aux septembrisades.

SEPTÈME, s. m. Com. du dép. de l'Isère, cant. et arr. de Vienne.= Vienne. Forges et aciéries.

SEPTÈMES, s. m. Com. du dép. des Bouches-du-Rhône, cant. de Gardanne, arr. d'Aix. = Aix.

SEPTEMVIR, s. m. Magistrat de l'ancienne Rome.

SEPTÉNAIRE, s. m. Espace de sept ans de la vie de l'homme. —, s. et adj. Professeur dans une université pendant sept années consécutives. —, adj. Qui est au nombre de sept.

SEPTENNAL, E, adj. Qui se fait, se reproduit tous les sept ans.

SEPTENNALITÉ, s. f. Loi de circonstance qui prolongea la durée des fonctions législatives de deux ans, en 1823.

SEPTENTRION, s. m. Le nord, le pôle arctique. —, la petite ourse. T. d'astr.

SEPTENTRIONAL, E, adj. Du côté du septentrion; qui vient du Nord; boréal, austral, hyperboréen.

SEPTENTRIONAUX, s. m. pl. Les peuples du nord.

SEPTEUIL, s. m. Com. du dép. de Seine-et-Oise, cant. de Houdan, arr. de Mantes. = Mantes.

SEPTFONDS, s. m. Com. du dép. de Tarn-et-Garonne, cant. de Caussade, arr. de Montauban. = Caussade.

SEPTFONDS, s. m. Com. du dép. de l'Yonne, cant. de St.-Fargeau, arr. de Joigny. = St.-Fargeau.

SEPT-FONTAINES, s. f. Com. du dép. du Doubs, cant. de Levier, arr. de Pontarlier. = Pontarlier.

SEPT-FONTAINES (les), s. f. pl. Com. du dép. de la Haute-Saône, cant. de Fresne-St.-Mamès, arr. de Gray. = Cintrey.

SEPT-FORGES, s. f. Com. du dép. de l'Orne, cant. de Juvigny, arr. de Domfront. = le Ribay.

SEPT-FRÈRES, s. m. Com. du dép. du Calvados, cant. de St.-Sever, arr. de Vire. = Vire.

SEPTICIDE, adj. Se dit du péricarpe qui s'ouvre par des sutures correspondantes aux cloisons. T. de bot.

SEPTICOLOR, s. m. Tangara du Brésil, oiseau dont le plumage a sept nuances.

SEPTIDI, s. m. Septième jour de la décade républicaine.

SEPTIÈME, s. m. La septième partie d'un tout. —, s. Celui, celle qui, ou ce qui occupe le septième rang. —, s. f. Suite de sept cartes de même couleur. T. de jeu de piquet. —, intervalle dissonnant formé de six degrés diatoniques. T. de mus. —, adj. Nombre ordinal qui suit immédiatement le sixième.

SEPTIÈMEMENT, adv. En septième lieu.

SEPTIER, s. m. Voy. SETIER.

SEPTIFÈRE, adj. Qui porte une cloison. T. de bot.

SEPTIFORME, adj. En forme de cloison. T. de bot.

SEPTIQUE, adj. Corrosif, qui détermine la putréfaction des chairs. T. de chir.

SEPT-MEULES, s. f. Com. du dép. de la Seine-Inférieure, cant. d'Eu, arr. de Dieppe. = Eu.

SEPT-MONCEL, s. m. Com. du dép. du Jura, cant. et arr. de St.-Claude. = St.-Claude.

SEPT-MONTS, s. m. Com. du dép. de l'Aisne, cant. et arr. de Soissons. = Soissons.

SEPTOUTRE, s. m. Com. du dép. de la Somme, cant. d'Ailly-sur-Noye, arr. de Montdidier. = Montdidier.

SEPT-SARGES, s. f. Com. du dép. de la Meuse, cant. de Montfaucon, arr. de Montmédy. = Varennes.

SEPT-SAULX, s. m. Com. du dép. de la Marne, cant. de Verzy, arr. de Reims. = Reims.

SEPT-SORTS, s. m. Com. du dép. de Seine-et-Marne, cant. de la Ferté-sous-Jouarre, arr. de Meaux. = la Ferté-sous-Jouarre.

SEPTUAGÉNAIRE, s. et adj. Agé de soixante-dix ans.

SEPTUAGÉSIME, s. f. Troisième dimanche avant le carême.

SEPTUM, s. m. (mot latin). Cloison, séparation. T. d'anat.

SEPTUPLE, s. m. et adj. Sept fois autant.

SEPTUPLÉ, E, part. Répété sept fois.

SEPTUPLER, v. a. Répéter sept fois.

SEPT-VAUX, s. m. Com. du dép. de l'Aisne, cant. de Coucy-le-Château, arr. de Laon. = Coucy-le-Château.

SEPT-VENTS, s. m. Com. du dép. du Calvados, cant. de Caumont, arr. de Bayeux. = Balleroy.

SÉPULCRAL, E, adj. Qui concerne les sépulcres. Voix —, voix sourde qui semble sortir des tombeaux. Fig.

SÉPULCRE, s. m. Tombeau.

SÉPULTURE, s. f. Action d'inhumer, inhumation. Lieu de —, cimetière, tombeau.

SEPVIGNY, s. m. Com. du dép. de la Meuse, cant. de Vaucouleurs, arr. de Commercy. = Vaucouleurs.

SEPX, s. m. Com. du dép. de la Haute-Garonne, cant. de St.-Martory, arr. de St.-Gaudens. = St.-Martory.

SEQUANAIS, s. m. pl. Peuples de la Gaule, habitans de l'Helvétie, dans une partie du pays que nous connaissons aujourd'hui sous le nom de Franche-Comté.

SEQUEDIN, s. m. Com. du dép. du Nord, cant. de Haubourdin, arr. de Lille. = Lille.

SEQUEHART, s. m. Com. du dép. de l'Aisne, cant. du Catelet, arr. de St.-Quentin. = St.-Quentin.

SEQUELLE, s. f. Clique, nombre de gens qui se suivent, qui servent le même parti. T. de mép.

SÉQUENCE, s. f. Suite de cartes d'une même couleur. T. de jeu.

SÉQUESTRATION, s. f. Action de séquestrer.

SÉQUESTRE, s. m. Etat d'une chose litigieuse, remise provisoirement en main tierce; chose séquestrée; préposé à la garde de cette chose. —, en parlant des personnes, détention provisoire. —, voy. NÉCROSE. T. de méd.

SÉQUESTRÉ, E, part. Mis en séquestre.

SÉQUESTRER, v. a. Mettre en séquestre, mettre à part, à l'écart, en réserve. Se —, v. pron. S'éloigner, se retirer du commerce, du monde. Fig.

SEQUIN, s. m. Monnaie d'or, en circulation à Venise et dans le Levant.

SERAABÉ, E, part. Battu par petit tas, en parlant de la terre de pipes.

SERAABER, v. a. Battre la terre à pipes par petits tas.

SÉRAIL, s. m. Palais des empereurs turcs; partie de ce palais où les princes mahométans renferment leurs femmes. —, maison de prostitution; cercle de femmes galantes. Fig.

SERAIN ou SEREIN (le), s. m. Rivière qui prend sa source près du village de Mont-St.-Jean, dép. de la Côte-d'Or, et qui se jette dans l'Yonne, à Bonnard, après un cours d'environ 20 l.

SERAIN, s. m. Com. du dép. de l'Aisne, cant. de Bohain, arr. de St.-Quentin. = St.-Quentin.

SÉRAINCOURT, s. m. Com. du dép. des Ardennes, cant. de Château-Porcien, arr. de Rethel. = Rethel.

SÉRAINCOURT, s. m. Com. du dép. de Seine-et-Oise, cant. de Marines, arr. de Pontoise. = Meulan.

SÉRAN, s. m. Grande carde pour préparer le lin, le chanvre.

SÉRAN (le), s. m. Rivière qui prend sa source dans le dép. de l'Ain, et qui se jette dans le Rhône, à Rochefort, après un cours de 8 l.

SÉRAN, s. m. Com. du dép. du Tarn, cant. de St.-Paul, arr. de Lavaur. = Lavaur.

SÉRANCÉ, E, part. Passé au séran.

SÉRANCER, v. a. Passer au séran le lin, le chanvre, etc.

SÉRANCOLIN, s. m. Marbre isabelle tacheté de blanc et de rouge.

SÉRANDON, s. m. Com. du dép. de la Corrèze, cant. de Neuvic, arr. d'Ussel. = Ussel.

SÉRANON, s. m. Com. du dép. du Var, cant. de St.-Auban, arr. de Grasse. = Grasse.

SÉRANS, s. m. Com. du dép. de l'Oise, cant. de Chaumont, arr. de Beauvais. = Magny.

SÉRANS, s. m. Com. du dép. de l'Orne, cant. d'Ecouché, arr. d'Argentan. = Argentan.

SÉRANVILLE, s. f. Com. du dép. de la Meurthe, cant. de Gerbéviller, arr. de Lunéville. = Lunéville.

SÉRANVILLERS, s. m. Com. du dép. du Nord, cant. de Carnières, arr. de Cambrai. = Cambrai.

SÉRAPHE, s. m. Genre de coquilles. T. d'hist. nat.

SÉRAPHIN, s. m. Esprit céleste de la première hiérarchie des anges.

SÉRAPHIQUE, adj. Qui appartient aux séraphins, béatifique; vision séraphique. T. myst. Ordre —, ordre de Saint-François-d'Assises.

SÉRAPIS, s. m. Divinité égyptienne qu'on représentait sous une figure humaine, portant un boisseau sur la tête ou une règle à la main. T. de myth.

SÉRASQUIER, s. m. Général dans l'armée turque.

SERASSES, s. f. pl. Toiles de coton des Indes.

SÉRAUCOURT, s. m. Com. du dép. de l'Aisne, cant. de St.-Simon, arr. de St.-Quentin. = St.-Quentin.

SÉRAUCOURT, s. m. Com. du dép. de la Meuse, cant. de Triaucourt, arr. de Bar-le-Duc. = Verdun.

SÉRAUMONT, s. m. Com. du dép. des Vosges, cant. de Coussey, arr. de Neufchâteau. = Neufchâteau.

SÉRAZEREUX, s. m. Com. du dép. d'Eure-et-Loir, cant. de Châteauneuf, arr. de Dreux. = Dreux.

SERBANES, s. f. Com. du dép. de l'Allier, cant. d'Escurolles, arr. de Gannat. = Gannat.

SERBATONE, s. m. Euphorbe de la Caroline, plante. T. de bot.

SERBOCAL, s. m. Cylindre de verre sur lequel on passe un fil d'or.

SERBONNES, s. f. Com. du dép. de l'Yonne, cant. de Sergines, arr. de Sens. = Pont-sur-Yonne.

SERCHE, s. f. Bois fendu. Voy. ÉCLISSE.

SERCHES, s. f. Com. du dép. de l'Aisne, cant. de Braisne, arr. de Soissons. = Soissons.

SERCŒUR, s. m. Com. du dép. des Vosges, cant. de Châtel, arr. d'Epinal. = Epinal.

SERCUS, s. m. Com. du dép. du Nord, cant. et arr. de Hazebrouck. = Hazebrouck.

SERCY, s. m. Com. du dép. de Saône-et-Loire, cant. de Buxy, arr. de Châlons. = Buxy.

SERDEAU, s. m. Officier de la maison du Roi qui recevait les mets de la desserte pour les vendre; endroit où l'on faisait la vente de ces mets.

SERDINYA, s. f. Com. du dép. des Pyrénées-Orientales, cant. d'Olette, arr. de Prades. = Prades.

SERE, s. f. Com. du dép. du Gers, cant. de Masseube, arr. de Mirande. = Auch.

SÈRE-ARGELÈS, s. f. Com. du dép. des Hautes-Pyrénées, cant. et arr. d'Argelès. = Argelès.

SÈRE-BARÈGES, s. f. Com. du dép. des Hautes-Pyrénées, cant. de Luz, arr. d'Argelès. = Argelès.

SERÉCOURT, s. m. Com. du dép.

des Vosges, cant. de la Marche, arr. de Neufchâteau. = la Marche.

SERÉE, s. f. Com. du dép. des Basses-Pyrénées, cant. de Montaner, arr. de Pau. = Vic-en-Bigorre.

SERE-EZ-ANGLES, s. f. Com. du dép. des Hautes-Pyrénées, cant. de Lourdes, arr. d'Argelès. = Lourdes.

SEREILHAC, s. m. Com. du dép. de la Haute-Vienne, cant. d'Aixe, arr. de Limoges. = Limoges.

SEREIN, s. m. Rosée qui tombe au coucher du soleil, en été.

SEREIN, E, adj. Clair, pur, sans nuages; temps serein. —, doux et calme; esprit serein. —, gracieux, gai, ouvert; front serein. Fig. Jours —, heureux, sans inquiétude. Goutte —, privation subite de la vue, causée par l'obstruction du nerf optique. T. de méd.

SEREMPUY, s. m. Com. du dép. du Gers, cant. de Mauvesin, arr. de Lectoure. = Gimont.

SERENAC, s. m. Com. du dép. du Tarn, cant. de Valderies, arr. d'Albi. = Albi.

SÉRÉNADE, s. f. Concert de voix ou d'instrumens, donné dans la rue, au milieu de la nuit.

SÉRÉNISSIME, adj. Titre distinctif; décerné à quelques Princes; altesse sérénissime.

SÉRÉNITÉ, s. f. Etat de ce qui est serein, au prop. et au fig. —, titre honorifique donné à quelques Souverains.

SERENNES, s. f. Village du dép. des Basses-Alpes, cant. de St.-Paul, arr. de Barcelonnette. = Barcelonnette.

SÉRENT, s. m. Com. du dép. du Morbihan, cant. de Malestroit, arr. de Ploërmel. = Ploërmel.

SERÈQUE, s. m. Petit genêt des îles Canaries.

SÈRE-RUSTAIN, s. m. Com. du dép. des Hautes-Pyrénées, cant. de Trie, arr. de Tarbes. = Trie.

SÉREUX, EUSE, adj. Aqueux, chargé de sérosités.

SÉREVASI, s. m. Oiseau gros bec de l'île de France.

SÉRÉVILLER, s. m. Com. du dép. de l'Oise, cant. de Breteuil, arr. de Clermont. = Breteuil.

SEREZ, s. m. Com. du dép. de l'Eure, cant. de St.-André, arr. d'Evreux. = Evreux.

SEREZIN, s. m. Com. du dép. de l'Isère, cant. de Bourgoin, arr. de la Tour-du-Pin. = Bourgoin.

SEREZIN-DU-RHÔNE, s. m. Com. du dép. de l'Isère, cant. de St.-Symphorien-d'Ozon, arr. de Vienne. = St.-Symphorien-d'Ozon.

SERF, VE, s. et adj. Personne dont la liberté et les biens sont assujettis aux caprices d'un despote, d'un maître.

SERFOUETTE, s. f. Outil de jardinier pour serfouetter.

SERFOUETTÉ, E, part. Se dit d'une planche de jardinage dont on a remué la terre avec une serfouette.

SERFOUETTER, v. a. Serfouir, donner un léger labour autour des plantes.

SERFOUIR, v. a. Voy. SERFOUETTER.

SERGE, s. f. Etoffe légère de laine ou de soie.

SERGE (St.-), s. m. Com. du dép. d'Eure-et-Loir, cant. et arr. de Nogent-le-Rotrou. = Nogent-le-Rotrou.

SERGEAC, s. m. Com. du dép. de la Dordogne, cant. de Montignac, arr. de Sarlat. = Montignac.

SERGEANT, s. m. Grand arbre de Surinam, colonie hollandaise de la Guiane.

SERGENAUX, s. m. Com. du dép. du Jura, cant. de Chaumergy, arr. de Dôle. = Sellières.

SERGENON, s. m. Com. du dép. du Jura, cant. de Chaumergy, arr. de Dôle. = Sellières.

SERGENT, s. m. Huissier. —, sous-officier d'une compagnie d'infanterie, au-dessus du caporal. —, outil de charpentier et de menuisier pour assujettir les pièces sur l'établi.

SERGENTAILLERIE, s. f. Séquelle de sergens.

SERGENTÉ, E, part. Pressé par le moyen des sergens.

SERGENTER, v. a. Presser à l'aide d'un sergent. —, presser, importuner, fatiguer pour obtenir. Fig. inus.

SERGENTERIE, s. f. Office du sergent. (Vi.)

SERGER ou SERGIER, s. m. Fabricant, marchand de serges.

SERGERIE, s. f. Fabrique et commerce de serges.

SERGETTE, s. f. Sorte de serge fort légère.

SERGETTERIE, s. f. Fabrique et commerce de sergette.

SERGETTIER, s. m. Fabricant et marchand de sergette.

SERGINES, s. f. Com. du dép. de l'Yonne, chef-lieu de cant. de l'arr. de Sens. Bur. d'enregist. = Pont-sur-Yonne. Fab. d'étoffes de laine; comm. de vins.

SERGY, s. m. Com. du dép. de l'Ain, cant. de Ferney, arr. de Gex. = Ferney.

SERGY, s. m. Com. du dép. de l'Aisne, cant. de Fère-en-Tardenois, arr. de Château-Thierry. = Fère-en-Tardenois.

SERIALAIRE, s. f. Polypier sertulaire. T. d'hist. nat.

SERIAN, s. m. Com. du dép. du Gers, cant. de Marciac, arr. de Mirande. = Mirande.

SÉRICOMYIE, s. f. Insecte diptère syrphie. T. d'hist. nat.

SÉRICOSTOME, s. m. Insecte névroptère. T. d'hist. nat.

SERICOURT, s. m. Com. du dép. du Pas-de-Calais, cant. et arr. de St.-Pol. = Frévent.

SÉRIDIE, s. f. Plante du genre des cynarocéphales. T. de bot.

SÉRIE, s. f. Succession, suite de choses. —, division d'objets classés. —, suite de grandeurs qui croissent ou décroissent. T. de math.

SÉRIERS, s. m. Com. du dép. du Cantal, cant. et arr. de St.-Flour. = St.-Flour.

SÉRIES (St.-), s. m. Com. du dép. de l'Hérault, cant. de Lunel, arr. de Montpellier. = Lunel.

SÉRIEUSEMENT, adv. D'une manière sérieuse, gravement, sans raillerie, sans rire, tout de bon; avec suite, ardeur.

SÉRIEUX, s. m. Genre dont la plaisanterie est exclue, le contraire du frivole. —, ce qu'il y a de sérieux. —, gravité dans les manières; garder son sérieux. Prendre son —, cesser de badiner; être sur le point de se fâcher. Prendre au —, se formaliser d'une plaisanterie.

SÉRIEUX, EUSE, adj. Grave, posé, qui n'est pas gai, enjoué; visage, maintien, style sérieux. —, sincère, vrai; propos sérieux. —, solide, important, l'opposé de léger, de frivole. —, dangereux, qui peut avoir des suites fâcheuses; maladie sérieuse. —, qui n'est pas simulé; acte sérieux. T. de jurisp.

SÉRIFONTAINE, s. f. Com. du dép. de l'Oise, cant. du Condray-St.-Germier, arr. de Beauvais. = Gisors.

SÉRIGNAC, s. m. Com. du dép. de la Charente, cant. de Chalais, arr. de Barbezieux. = la Graulle.

SÉRIGNAC, s. m. Com. du dép. du Lot, cant. de Puy-l'Évêque, arr. de Cahors. = Castelfranc.

SÉRIGNAC, s. m. Com. du dép. de Lot-et-Garonne, cant. de Laplume, arr. d'Agen. = Agen.

SÉRIGNAC, s. m. Com. du dép. de Tarn-et-Garonne, cant. de Beaumont, arr. de Castel-Sarrasin. = Beaumont-en-Lomagne.

SÉRIGNAN, s. m. Com. du dép. de l'Hérault, cant. et arr. de Béziers. = Béziers.

SÉRIGNAN, s. m. Com. du dép. de Vaucluse, cant. et arr. d'Orange. = Orange.

SÉRIGNÉ, s. m. Com. du dép. de la Vendée, cant. de l'Hermenault, arr. de Fontenay. = Fontenay-le-Comte.

SÉRIGNI, s. m. Com. du dép. de l'Orne, cant. de Bellême, arr. de Mortagne. = Bellême.

SÉRIGNY, s. m. Com. du dép. de la Vienne, cant. de Leigné-sur-Usseau, arr. de Châtellerault. = Richelieu.

SERILHAC, s. m. Com. du dép. de la Corrèze, cant. de Beynat, arr. de Brive. = Brive.

SERIN, E, s. Petit oiseau jaune, originaire des îles Canaries, qui chante agréablement, passereau conirostre. —, nom de divers oiseaux du genre fringille.

SERINÉ, E, part. Instruit avec la serinette.

SERINER, v. a. Jouer des airs sur une serinette pour apprendre à chanter à un serin.

SERINETTE, s. f. Petit orgue à manivelle dont on se sert pour enseigner des airs à un serin.

SERINGAT, s. m. Voy. SYRINGA.

SÉRINGES-ET-NESLES, s. m. Com. du dép. de l'Aisne, cant. de Fère-en-Tardenois, arr. de Château-Thierry. = Fère-en-Tardenois.

SERINGUE, s. f. Cylindre creux de différentes grandeurs pour injecter les plaies profondes, donner des lavemens au moyen d'un piston et d'un siphon ou canule; espèce de petite pompe.

SERINGUÉ, E, part. Lavé, nettoyé avec une seringue.

SERINGUER, v. a. Injecter un médicament liquide, à l'aide d'une seringue.

SÉRIOLE, s. f. Plante du genre des chicoracées. T. de bot.

SERIS, s. m. Com. du dép. de Loir-et-Cher, cant. de Marchénoir, arr. de Blois. = Mer.

SERKIS, s. m. Thé des sultanes, plante cosmétique.

SERLEY, s. m. Com. du dép. de Saône-et-Loire, cant. de St.-Germain-du-Bois, arr. de Louhans. = Verdun.

SERMAISE, s. f. Com. du dép. de l'Oise, cant. de Guiscard, arr. de Compiègne. = Noyon.

SERMAISE, s. f. Com. du dép. de Seine-et-Oise, cant. de Dourdan, arr. de Rambouillet. = Dourdan.

SERMAISE, s. f. Com. du dép. du Loiret, cant. de Malesherbes, arr. de Pithiviers. = Pithiviers.

SERMAIZE, s. f. Petite ville du dép. de la Marne, cant. de Thiéblemont, arr. de Vitry. = Vitry-le-Français.

SERMAMAGNY, s. m. Com. du dép. du Haut-Rhin, cant. de Giromagny, arr. de Belfort. = Belfort.

SERMANGE, s. m. Com. du dép. du Jura, cant. de Gendrey, arr. de Dôle. = Dôle.

SERMANO, s. m. Com. du dép. de la Corse, chef-lieu de cant. de l'arr. de Corte, où se trouve le bur. d'enregist. = Bastia.

SERMENT, s. m. Affirmation devant Dieu et devant les hommes, qu'une chose est ou n'est pas telle. —, promesse solennelle; serment de fidélité. —, imprécation, blasphème, jurement.

SERMENTAIRE, s. f. Voy. LIVÈCHE.

SERMENTÉ, E, part. Voy. ASSERMENTÉ.

SERMENTISON, s. m. Com. du dép. du Puy-de-Dôme, cant. de Courpière, arr. de Thiers. = Thiers.

SERMENTOT, s. m. Com. du dép. du Calvados, cant. de Caumont, arr. de Bayeux. = Villers-Bocage.

SERMÉRIEU, s. m. Com. du dép. de l'Isère, cant. de Morestel, arr. de la Tour-du-Pin. = la Tour-du-Pin.

SERMERSHEIM, s. m. Com. du dép. du Bas-Rhin, cant. de Benfeld, arr. de Schélestadt. = Benfeld.

SERMESSE, s. f. Com. du dép. de Saône-et-Loire, cant. de Verdun, arr. de Châlons. = Verdun-sur-le-Doubs.

SERMIERS, s. m. Com. du dép. de la Marne, cant. de Verzy, arr. de Reims. = Reims.

SERMIZELLES, s. f. Com. du dép. de l'Yonne, cant. et arr. d'Avallon. = Avallon.

SERMOISE, s. f. Com. du dép. de l'Oise, cant. de Braisne, arr. de Soissons. = Braisne-sur-Vesle.

SERMOISE, s. f. Com. du dép. de la Nièvre, cant. et arr. de Nevers. = Nevers.

SERMON, s. m. Discours d'un orateur chrétien, prédication. —, remontrance longue et ennuyeuse. T. fam.

SERMONETTE, s. f. Espèce d'anémone. T. de jard. fleur.

SERMONNAIRE, s. m. Recueil, auteur de sermons. —, adj. Qui convient aux sermons; le genre sermonnaire.

SERMONNÉ, E, part. Réprimandé, fatigué de remontrances.

SERMONNER, v. a. Ennuyer, fatiguer par des remontrances.

SERMONNEUR, s. m. Ennuyeux discoureur qui fait des remontrances à tous propos.

SERMOYER, s. m. Com. du dép. de l'Ain, cant. de Pont-de-Vaux, arr. de Bourg. = Pont-de-Vaux.

SERMU, s. m. Com. du dép. du Jura, cant. de Voiteur, arr. de Lons-le-Saulnier. = Lons-le-Saulnier.

SERMUR, s. m. Com. du dép. de la Creuse, cant. d'Auzances, arr. d'Aubusson. = Auzances.

SERNHAC, s. m. Com. du dép. du Gard, cant. d'Aramon, arr. de Nismes. = Nismes.

SERNIN (St.-), s. m. Com. du dép. de l'Ardèche, cant. d'Aubenas, arr. de Privas. = Aubenas.

SERNIN (St.-), s. m. Com. du dép. de l'Aude, cant. de Belpech, arr. de Castelnaudary. = Carcassonne.

SERNIN (St.-), s. m. Com. du dép. de l'Aveyron, chef-lieu de cant. de l'arr. de St.-Affrique. Bur. d'enregist. et de poste.

SERNIN (St.-), s. m. Com. du dép. de Lot-et-Garonne, cant. de Duras, arr. de Marmande. = Marmande.

SERNIN (St.-), s. m. Com. du dép. du Tarn, cant. et arr. d'Albi. = Albi.

SERNIN (St.-), s. m. Com. du dép. du Tarn, cant. de Puy-Laurens, arr. de Lavaur. = Puy-Laurens.

SERNIN-DU-BOIS (St.-), s. m. Com. du dép. de Saône-et-Loire, cant. de Montcenis, arr. d'Autun. = Montcenis.

SERNIN-DU-PLAIN (St.-), s. m. Com. du dép. de Saône-et-Loire, cant. de Couches, arr. d'Autun. = Couches.

SERNY, s. m. Com. du dép. du Pas-de-Calais, cant. de Fauquemberque, arr. de St.-Omer. = Aire-sur-la-Lys.

SÉROCOURT, s. m. Com. du dép. des Vosges, cant. de la Marche, arr. de Neufchâteau. = la Marche.

SERON, s. m. Com. du dép. des Hautes-Pyrénées, cant. d'Ossun, arr. de Tarbes. = Tarbes.

SÉROSITÉ, s. f. Partie aqueuse du sang, du lait, etc.

SÉROTINE, s. f. Sorte de chauve-souris.

SERPE, s. f. Instrument tranchant en forme de croissant dont se servent les bûcherons pour émonder les arbres. Fait à coups de —, grossièrement, sans soin. Fig. —, poisson du golfe du Mexique. T. d'hist. nat.

SERPÉGER, v. n. Conduire un cheval en tournant. T. de man.

SERPENT, s. m. Animal rampant; classe de reptiles qui comprend divers genres dont plusieurs sont venimeux. —, le démon qui séduisit Eve sous la figure d'un serpent. —, personne ingrate, traître et perfide. Fig. Langue de —, langue médisante. —, gros instrument à vent pour la musique d'église; celui qui joue de cet instrument. Œil de —, petite pierre fine pour bagues. —, constellation boréale de vingt-quatre étoiles. T. d'astr.

SERPENT (la), s. f. Com. du dép. de l'Aude, cant. de Quillan, arr. de Limoux. = Quillan.

SERPENTAIRE, s. m. Constellation boréale de soixante-quatorze étoiles. T. d'astr. —, s. f. Plante de la famille des gouets. T. de bot.

SERPENTE, s. f. et adj. Sorte de papier fin et transparent.

SERPENTEAU, s. m. Petit serpent. —, fusée qui vole en serpentant dans l'air.

SERPENTEMENT, s. m. Partie d'une courbe qui va en serpentant. T. de géom.

SERPENTER, v. n. Avoir une marche, une direction, un cours tortueux.

SERPENTICOLE, s. m. Adorateur des serpens.

SERPENTIFORME, adj. En forme de serpent.

SERPENTIN, s. m. Pièce de la platine d'un mousquet à laquelle on attachait une mèche. —, tuyau de métal d'un alambic, en spirale.—, voy. QPHITE.

SERPENTINE, s. f. Pierre fine tachetée comme la peau d'un serpent. —, ancienne pièce de canon ornée de la figure d'un serpent. —, roche mélangée de quartz, de talc, d'argile, etc. —, tortue de la Chine à tête de serpent; couleuvre d'un blanc jaunâtre avec des bandes rousses sur le dos. —, plante rampante. —, adj. Très mobile; se dit de la langue du cheval. T. de man.

SERPENTINS, s. m. pl. Famille de champignons. T. de bot.

SERPER, v. n. Lever l'ancre d'une galère ou d'un navire de bas bord. T. de mar.

SERPETTE, s. f. Petite serpe de poche dont se servent les jardiniers pour tailler les arbres.

SERPICULE, s. f. Plante du genre des épilobiennes. T. de bot.

SERPIGINE, s. f. Maladie de peau accompagnée de fièvre et de pustules. T. de méd.

SERPIGINEUX, EUSE, adj. Qui serpente.

SERPILLIÈRE, s. f. Grosse toile d'emballage; tablier de garçon épicier, etc. —, Voy. COURTILIÈRE.

SERPOLET, s. m. Plante odoriférante, espèce de thym qui croît sur les montagnes.

SERPULE, s. f. Genre de vers marins. T. d'hist. nat.

SERPULÉES, s. f. pl. Famille de vers marins. T. d'hist. nat.

SERQUES, s. f. Com. du dép. du Pas-de-Calais, cant. et arr. de St.-Omer. = St.-Omer.

SERQUEUX, s. m. Com. du dép. de la Haute-Marne, cant. de Bourbonne, arr. de Langres. = Bourbonne.

SERQUEUX, s. m. Com. du dép. de la Seine-Inférieure, cant. de Forges, arr. de Neufchâtel. = Forges.

SERQUIGNY, s. m. Com. du dép. de l'Eure, cant. et arr. de Bernay.=Beaumont-le-Roger.

SERRABONNE, s. f. Com. du dép. des Pyrénées-Orientales, cant. de Vinça, arr. de Prades. = Perpignan.

SERRA-DI-FIUMORBO, s. f. Com. du dép. de la Corse, cant. de Prunelli, arr. de Corte. = Bastia.

SERRA-DI-SCOPAMENE-ET-SAN-MARTINO, s. f. Com. du dép. de la Corse, chef-lieu de cant. de l'arr. de Sartène. Bur. d'enregist. à Poggio-di-Nazza. =. Ajaccio.

SERRAGE, s. m. Revêtement intérieur d'un navire. T. de mar.

SERRAGGIO, s. m. Com. du dép. de la Corse, chef-lieu de cant. de l'arr. de Corte, où se trouve le bur. d'enregist. = Bastia.

SERRAIN (le), s. m. Com. du dép. d'Indre-et-Loire, cant. de Neuillé-Pont-Pierre, arr. de Tours. = Tours.

SERRALONGUE, s. f. Com. du dép. des Pyrénées-Orientales, cant. de Prats-de-Mollo, arr. de Céret. = Arles-sur-Tech.

SERRAN, s. m. Poisson du genre du persègue. T. d'hist. nat. —, grosse carde de perruquier.

SERRASALME, s. m. Poisson du genre du salmone. T. d'hist. nat.

SERRATILE, adj. Dur. et inégal; pouls serratile. T. de méd.

SERRATULE, s. f. Sarriete des teinturiers. T. de bot.

SERRE, s. f. Lieu pour serrer les plantes et les mettre à l'abri du froid pendant l'hiver. —, action de serrer, de préserver les fruits. —, pied des oiseaux de proie. —, main très forte; avoir la serre bonne. —, avide, avare. Fig. —, presse, coin. T. de mét.

SERRÉ, adv. Bien fort; il a gelé serré. —, étroitement, rigoureusement, violemment. Jouer —, jouer avec précaution, ne rien donner au hasard.

SERRÉ, E, part. Pressé fortement, étreint, comprimé; abrité, mis à couvert; enfermé, mis en réserve, etc. —, adj. Concis, laconique; style serré. Fig.

SERRE (la), s. f. Rivière dont on trouve la source près du village de Liart, dép. des Ardennes, et qui se jette dans l'Oise, au-dessous de la Fère, dép. de l'Aisne, après un cours d'environ 20 l.

SERRE, s. f. Com. du dép. du Doubs, cant. d'Audeux, arr. de Besançon. = Besançon.

SERRE-BAUQUIÈRES, s. m. pl. Longues pièces de bois qui supportent les baux. T. de mar.

SERRE-BOSSE, s. m. Corde qui saisit la bosse de l'ancre. T. de mar.

SERRE-BUSSIÈRE-VIEILLE (la), s. f. Com. du dép. de la Creuse, cant. de Chénérailles, arr. d'Aubusson. = Aubusson.

SERRE-CISEAUX, s. f. Outil qu'on serre dans un étau pour contenir les anneaux des ciseaux.

SERRE-COU, s. m. Instrument pour exercer une compression sur la veine jugulaire. T. de chir.

SERRÉE, s. f. Outil de saunier.

SERRE-FEU, s. m. Demi-cercle autour du creuset pour retenir le feu. T. de fond.

SERRE-FILE, s. m. Le dernier de la file. T. d'art milit.

SERRE-GOUTTIÈRES, s. f. pl. Pièces de bois qui entourent un navire et lui servent de lien.

SERRE-LES-MOULIÈRES, s. f. Com. du dép. du Jura, cant. de Gendrey, arr. de Dôle. = Dôle.

SERRE-LISSOSSE (la), s. f. Com. du dép. de l'Aveyron, cant. de Sauveterre, arr. de Rodez. = Rignac.

SERRÉMENT, adv. Avec trop d'économie. T. inus.

SERREMENT, s. m. Action de serrer, compression, étreinte. — de cœur, état qu'éprouve le cœur dans la tristesse, etc.

SERRE-NERPOL, s. f. Village du dép. de l'Isère, réuni à la com. de Nerpol, cant. de Vinay, arr. de St.-Marcellin. = St.-Marcellin.

SERRE-NŒUD, s. m. Instrument de chirurgie pour la ligature des polypes de l'utérus. T. de méd.

SERRE-PAPIERS, s. m. Casier, secrétaire, portefeuille, etc.

SERRE-POINT, s. m. Outil dont se servent les bourreliers pour serrer les points.

SERRER, v. a. Etreindre, presser fortement en liant, en embrassant. —, joindre, mettre près l'un de l'autre; serrer les rangs, l'écriture, etc. —, mettre à couvert, en sûreté; enfermer, mettre en réserve. — un nœud, le consolider en tirant les bouts. — les nœuds de l'amitié, la rendre plus intime. Fig. —, de près, poursuivre vivement. — son style, écrire d'une manière concise, laconique. —, plier; serrer les voiles. T. de mar. Se —, v. pron. Se rétrécir, se retirer. Se —, v. récip. Se presser l'un contre l'autre.

SERRES, s. f. Petite ville du dép. des Hautes-Alpes, chef-lieu de cant. de l'arr. de Gap. Bur. d'enregist. et de poste. Fabr. de draps, chapeaux, serrures, mégisseries, etc.

SERRES, s. f. Com. du dép. de l'Ariège, cant. et arr. de Foix. = Foix.

SERRES, s. f. Com. du dép. de l'Aude, cant. de Couize, arr. de Limoux. = Limoux.

SERRES, s. f. Com. du dép. de la Meurthe, cant. et arr. de Lunéville. = Lunéville.

SERRES, s. f. Com. du dép. des Basses-Pyrénées, cant. de St.-Jean-de-Luz, arr. de Bayonne. = St.-Jean-de-Luz.

SERRES-CASTETS, s. f. Com. du dép. des Basses-Pyrénées, cant. de Morlaas, arr. de Pau. = Pau.

SERRES-ET-ALLENS, s. f. Com. du dép. de l'Ariège, cant. de Tarascon, arr. de Foix. = Tarascon.

SERRES-GASTON, s. f. Com. du dép. des Landes, cant. de Hagetmau, arr. de St.-Sever. = St.-Sever.

SERRES-LOUX, s. f. Com. du dép. des Landes, cant. de Hagetmau, arr. de St.-Sever. = St.-Sever.

SERRES-MONTGUYARD, s. f. Com. du dép. de la Dordogne, cant. d'Eymet, arr. de Bergerac. = Bergerac.

SERRES-MORLAAS, s. f. Com. du dép. des Basses-Pyrénées, cant. de Morlaas, arr. de Pau. = Pau.

SERRES-STE.-MARIE, s. f. Com. du dép. des Basses-Pyrénées, cant. et arr. d'Orthez. = Orthez.

SERRETÉ, E, adj. Légèrement découpé; dentelé en forme de scie. T. de bot.

SERRE-TÊTE, s. m. Ruban avec lequel on se serre la tête; sorte de bonnet de nuit en toile, qu'on serre avec des cordons.

SERRETTE, s. f. Dent de poisson fossile. T. d'hist. nat. —, voy. SARRETTE.

SERRICORNES, s. m. pl. Insectes coléoptères. T. d'hist. nat.

SERRIÈRE, s. f. Pièce de fer pour boucher le trou du fourneau. T. de fond.

SERRIÈRES, s. f. Com. du dép. de l'Ardèche, chef-lieu de cant. de l'arr. de Tournon. Bur. d'enregist. = le Péage.

SERRIÈRES, s. f. Com. du dép. de la Meurthe, cant. de Nomeny, arr. de Nancy. =Pont-à-Mousson.

SERRIÈRES, s. f. Com. du dép. de Saône-et-Loire, cant. de Tramayes, arr. de Mâcon. = Mâcon.

SERRIÈRES-DE-BRIORD, s. f. Com. du dép. de l'Ain, cant. d'Huis, arr. de Belley. = Nantua.

SERRIGNY, s. m. Com. du dép. de la Côte-d'Or, cant. et arr. de Beaune. = Beaune.

SERRIGNY, s. m. Com. du dép. de l'Yonne, cant. et arr. de Tonnerre. = Tonnerre.

SERRIGNY-EN-BRESSE, s. m. Com. du dép. de Saône-et-Loire, cant. de St.-Germain-du-Bois, arr. de Louhans. = Verdun.

SERRIROSTRES, s. m. pl. Oiseaux dont le bec est dentelé. T. d'hist. nat.

SERRIS, s. m. Com. du dép. de Seine-et-Marne, cant. de Crécy, arr. de Meaux. = Lagny.

SERRON, s. m. Boîte dans laquelle on apporte les drogues des pays étrangers.

SERROPALPE, s. m. Insecte coléoptère hélopien. T. d'hist. nat.

SERROUVILLE, s. f. Com. du dép. de la Moselle, cant. d'Audun-le-Roman, arr. de Briey. = Longwy.

SERRULÉ, E, adj. Légèrement découpé, diminutif de serreté. T. de bot.

SERRURE, s. f. Machine en fer fixée à une porte, à un meuble, etc., pour l'ouvrir et fermer au moyen d'une clef.

SERRURERIE, s. f. Métier, commerce, ouvrage de serrurier.

SERRURIE, s. f. Genre établi aux dépens des protées. T. de bot.

SERRURIER, s. m. Forgeron, artisan qui fait des serrures et autres ouvrages en fer.

SERS, s. m. Com. du dép. de la Charente, cant. de la Valette, arr. d'Angoulême. = Angoulême.

SERSIFI, s. m. Voy. SALSIFIS.

SERTE, s. f. Enchâssement de pierreries. T. de bijout. —, cyprin, poisson. T. d'hist. nat.

SERTI, E, part. Enchâssé dans un chaton, en parlant d'une pierre. T. de bijout.

SERTINES, s. f. Com. du dép. de l'Ain, cant. de Pont-d'Ain, arr. de Bourg. = Pont-d'Ain.

SERTIR, v. a. Enchâsser une pierre fine dans un chaton. T. de bijout.

SERTISSURE, s. f. Manière dont une pierre est sertie. T. de bijout.

SERTS, s. m. Com. du dép. des Hautes-Pyrénées, cant. de Luz, arr. d'Argelès. = Tarbes.

SERTULAIRE, s. f. Genre de polypiers. T. d'hist. nat.

SERTULARIÉES, s. f. pl. Famille de polypiers sertulaires. T. d'hist. nat.

SERTULE, s. f. Assemblage de pédicelles uniflores naissant d'un même point. T. de bot.

SERUELLES, s. f. Com. du dép. du Cher, cant. de Châteauneuf, arr. de St.-Amand. = Châteauneuf.

SERUM, s. m. Mot latin qui signifie sérosité. Voy. ce mot. T. de méd.

SERVAGE, s. m. Etat d'abjection d'un serf qui rampe sous la domination d'un maître. —, esclavage d'amour. (Vi.)

SERVAIS, s. m. Com. du dép. de l'Aisne, cant. de la Fère, arr. de Laon. = la Fère.

SERVAIS (St.-), s. m. Com. du dép. du Finistère, cant. de Landivisiau, arr. de Morlaix. = Landivisiau.

SERVAL, s. m. Quadrupède carnivore de l'Inde qui tient du chat et de la panthère. T. d'hist. nat.

SERVAL, s. m. Com. du dép. de l'Aisne, cant. de Braisne, arr. de Soissons. = Fismes.

SERVAN (St.-), s. m. Ville du dép. d'Ille-et-Vilaine, chef-lieu de cant. de l'arr. de St.-Malô. Bur. d'enregist. et de poste. Pop. 9,900 hab. envir.
Cette ville, située près de la mer, et généralement bien bâtie, possède deux ports commodes qui peuvent recevoir les plus gros navires; l'un est destiné pour la marine royale, et l'autre pour le commerce. Fabr. de biscuits pour la marine, corderies. Comm. de vins, eaux-de-vie, biscuits; armemens pour la pêche de la morue et le cabotage.

SERVAN (St.-), s. m. Com. du dép. du Morbihan, cant. de Josselin, arr. de Ploërmel. = Josselin.

SERVANCE, s. f. Com. du dép. de la Haute-Saône, cant. de Melisey, arr. de Lure. = Lure.

SERVANCHES, s. f. Com. du dép. de la Dordogne, cant. de St.-Aulaye, arr. de Ribérac. = Ribérac.

SERVANT, adj. m. Chargé de servir à table chez le roi; gentilhomme servant. Frère —, frère d'un rang inférieur aux autres chevaliers et qui entrait dans l'ordre de Malte sans faire preuve de noblesse. Fief —, qui relevait d'un fief dominant. T. de féodal.

SERVANT, s. m. Com. du dép. du Puy-de-Dôme, cant. de Menat, arr. de Riom. = Montaigut.

SERVANTE, s. f. Domestique femelle. —, formule de politesse employée par les femmes; je suis votre servante. —, petite table sur laquelle on place les choses nécessaires au service. —, ustensile de cuisine sur lequel on pose la poêle à frire. —, petite planche sur laquelle repose la frisquette pendant qu'on étend la feuille sur le tympan. T. d'impr.

SERVANTINE, s. f. Variété de figue.

SERVAS, s. m. Com. du dép. du Gard, cant. de St.-Martin-de-Valgalgues, arr. d'Alais. = Alais.

SERVAVILLE, s. f. Com. du dép. de la Seine-Inférieure, cant. de Darnetal, arr. de Rouen. = Rouen.

SERVAZ, s. m. Com. du dép. de l'Ain, cant. et arr. de Bourg. = Bourg.

SERVEL, s. m. Com. du dép. des Côtes-du-Nord, cant. et arr. de Lannion. = Lannion.

SERVERETTE, s. f. Com. du dép. de la Lozère, chef-lieu de cant. de l'arr. de Marvejols. Bur. d'enregist. = St.-Chély. Fabr. de serges et de cadis.

SERVEUR, s. f. Enfant de chœur qui sert la messe.

SERVIABLE, adj. Officieux, prompt à rendre service.

SERVIABLEMENT, adv. D'une manière serviable, obligeamment.

SERVIAN, s. m. Petite ville du dép. de l'Hérault, chef-lieu de cant. de l'arr. de Béziers. Bur. d'enregist. à Puissalicon. = Béziers.

SERVICE, s. m. Usage que l'on tire d'une personne ou d'une chose. —, secours, assistance, bons offices, plaisir que l'on fait à quelqu'un; rendre service. —, action, manière, art de servir, de se faire servir; condition, emploi de domestique. —, fonction de ceux qui servent le prince ou l'état dans un poste public. —, absolument; le service militaire; temps que l'on a passé dans un emploi civil ou militaire. Etre au —, dans l'état militaire. Etre en —, en état de domesticité. — divin, célébration solennelle de l'office divin. — funèbre, messe haute, prières pour un mort. Voy. Obit. —, art, manière de diriger le cérémonial d'un repas. —, certaine quantité de linge, de vaisselle de même genre; service damassé. —, mets que l'on sert et dessert à la fois. —, au jeu de paume, action de celui qui envoie la balle le premier; côté du joueur auquel elle est envoyée. —, pl. Tout ce qu'on a fait pour l'état dans un emploi; récompenser les services.

SERVIDOU, s. m. Chaudière de savonnerie.

SERVIE, s. f. Province septentrionale de la Turquie européenne, bornée au N. par l'Esclavonie et la Hongrie dont elle est séparée par la Save et le Danube, E., Valachie et Bulgarie, S., Albanie et Romélie, O., Bosnie. Pop. 1,000,000 d'hab. envir.

SERVIÈRES, s. f. Com. du dép. de la Corrèze, chef-lieu de cant. de l'arr. de Tulle. Bur. d'enregist. et de poste à Argentat.

SERVIÈRES, s. f. Com. du dép. de la Lozère, cant. de St.-Amans, arr. de Mende. = Mende.

SERVIERS-ET-LA-BAUME, s. m. Com. du dép. du Gard, cant. et arr. d'Uzès. = Uzès.

SERVIÉS, s. m. Com. du dép. du Tarn, cant. de Vielmur, arr. de Castres. = Castres.

SERVIÉS-EN-VAL, s. m. Com. du dép. de l'Aude, cant. de la Grasse, arr. de Carcassonne. = la Grasse.

SERVIETTE, s. f. Linge de table pour s'essuyer la bouche et garantir les vêtemens; linge de propreté. —, bandage fort large qui sert dans les plaies de la poitrine et du bas-ventre. T. de chir.

SERVIGNAT, s. m. Com. du dép. de l'Ain, cant. de St.-Trivier-de-Courtes, arr. de Bourg. = Pont-de-Vaux.

SERVIGNEY, s. m. Com. du dép. du Doubs, cant. de Rougemont, arr. de Baume. = Baume.

SERVIGNY, s. m. Com. du dép. de la Manche, cant. de St.-Malo-de-la-Lande, arr. de Coutances. = Coutances.

SERVIGNY-LÈS-RAVILLE, s. m. Com. du dép. de la Moselle, cant. de Pange, arr. de Metz. = Metz.

SERVIGNY-LES-STE.-BARBE, s. m. Com. du dép. de la Moselle, cant. de Vigy, arr. de Metz. = Metz.

SERVILE, adj. Qui appartient à l'état d'esclave, de valet, de mercenaire; qui sent l'esclavage, qui tient de la servitude. —, bas, rampant; obéissance servile. Fig. —, littéral, sans oser s'écarter du texte; traduction servile. T. de littér.

SERVILEMENT, adv. D'une manière servile, au prop. et au fig. —, littéralement; traduire servilement.

SERVILISME, s. m. Esprit, système de servilité. T. inus.

SERVILITÉ, s. f. Esprit de servitude, bassesse d'ame. —, exactitude servile d'un traducteur.

SERVILLE, s. f. Com. du dép. d'Eure-et-Loir, cant. d'Anet, arr. de Dreux. = Houdan.

SERVILLE, s. f. Com. du dép. de la Seine-Inférieure, cant. de Goderville, arr. du Hâvre. = Fauville.

SERVILLY, s. m. Com. du dép. de l'Allier, cant. et arr. de la Palisse. = la Palisse.

SERVIN, s. m. Com. du dép. du Doubs, cant. et arr. de Baume. = Baume.

SERVIN, s. m. Com. du dép. du Pas-de-Calais, cant. de Houdain, arr. de Béthune. = Béthune.

SERVION, s. m. Outil de saunier pour retirer le sel.

SERVION, s. m. Com. du dép. des Ardennes, cant. de Rumigny, arr. de Rocroi. = Mézières.

SERVIOTE, s. f. Pièce de bois de sapin qui forme et contient l'éperon. T. de mar.

SERVIR, v. a. Etre en service, remplir les fonctions de domestique. —, ranger les mets sur la table; présenter d'un mets à un convive. —, aider, assister; rendre service. — Dieu, l'adorer, faire ce que sa loi commande. — la patrie, son pays, lui rendre d'importans services, s'illustrer par de grands talens; être militaire ou fonctionnaire public. —, manœuvrer; servir une pompe, le canon. —, v. n. Etre militaire; être dans l'état de domesticité. — à, être utile, propre à; concourir à, produire un effet. — de, tenir lieu, faire l'office de —, lancer la balle, le volant, etc. T. de jeu de paume. Se —, v. pron. Faire le travail qu'on pourrait faire faire par un domestique; prendre d'un mets qui est sur la table. Se — de, faire usage, employer; s'aider, se prévaloir de.

SERVITEUR, s. m. Domestique; bon, fidèle serviteur. —, entièrement dévoué, qui obéit avec empressement. — de Dieu, homme d'une grande piété. Votre —, formule de politesse. Je suis votre —, je vous salue, et fam., je ne suis pas de votre avis, je n'en ferai rien. Faire —, faire la révérence, saluer. T. fam.

SERVITUDE, s. f. Etat d'abjection d'un serf; dépendance, asservissement; se dit des personnes et des choses. —, contrainte, assujettissement. —, servilité. —, obligation à laquelle un immeuble est assujetti. T. de jurispr.

SERVON, s. m. Com. du dép. d'Ille-et-Vilaine, cant. de Château-Giron, arr. de Rennes. = Rennes.

SERVON, s. m. Com. du dép. de la Manche, cant. de Pontorson, arr. d'Avranches. = Pontorson.

SERVON, s. m. Com. du dép. de la Marne, cant. de Ville-sur-Tourbe, arr. de Ste.-Menéhould. = Ste.-Menéhould.

SERVON, s. m. Com. du dép. de Seine-et-Marne, cant. de Brie, arr. de Melun. = Brie-Comte-Robert.

SERY, s. m. Com. du dép. des Ardennes, cant. de Noiron, arr. de Rethel. = Rethel.

SERY, s. m. Com. du dép. de l'Oise, cant. de Crépy, arr. de Senlis. = Crépy.

SERY, s. m. Com. du dép. de l'Yonne, cant. de Vermanton, arr. d'Auxerre. = Vermanton.

SERY-LES-MÉZIÈRES, s. m. Com. du dép. de l'Aisne, cant. de Ribemont, arr. de St.-Quentin. = St.-Quentin.

SERZY, s. m. Com. du dép. de la Marne, cant. de Ville-en-Tardenois, arr. de Reims. = Reims.

SES, pron. pers. pl. Les siens, les siennes.

SÉSAME, s. m. Plante exotique dont la graine donne une huile à brûler.

SÉSAMOÏDE, s. f. Espèce de réséda, plante résolutive. T. de bot. —, adj. Se dit de petits os semblables à de la graine de sésame qui se trouvent dans quelques articulations, et particulièrement dans celles du métacarpe et du métatarse. T. d'anat.

SESBAN, s. m. Arbrisseau d'Egypte. T. de bot.

SESBOT, s. m. Arbre de l'île d'Amboine. T. de bot.

SÉSÉLI, s. m. Plante ombellifère, espèce de fenouil qui entre dans la composition de la thériaque.

SÉSÉRIN, s. m. Petit poisson de la Méditerranée. T. d'hist. nat.

SÉSIE, s. f. Genre d'insectes lépidoptères. T. d'hist. nat.

SÉSIGNA, s. f. Com. du dép. du Jura, cant. d'Arinthod, arr. de Lons-le-Saulnier. = Orgelet.

SESLÈRE, s. f. Plante graminée. T. de bot.

SESQUESTRE, s. m. Com. du dép. du Tarn, cant. et arr. d'Albi. = Albi.

SESQUIALTÈRE, adj. Se dit de nombres en rapport, comme deux est à trois. T. de math.

SESQUI-DOUBLE, adj. f. Dont le grand terme contient le petit deux fois et demie; raison sesqui-double. T. de math.

SESQUI-QUADRAT, adj. m. Se dit de l'aspect de deux planètes éloignées l'une de l'autre de cent trente-cinq degrés. T. d'astr.

SESQUI-TIERCE, adj. Qui contient l'unité et un tiers; raison sesqui-tierce. T. de math.

SESSE, s. f. Bande autour du turban des Orientaux. —, voy. ECOPE.

SESSÉE, s. f. Genre de plantes de la pentandrie, cinquième classe des végétaux. T. de bot.

SESSENHEIM, s. m. Com. du dép. du Bas-Rhin, cant. de Bischwiller, arr. de Strasbourg. = Haguenau.

SESSILE, adj. Sans pédoncule. T. de bot.

SESSILIFLORE, adj. A fleurs sessiles. T. de bot.

SESSION, s. f. Séance d'un concile; ses décisions. —, temps durant lequel un corps délibérant est assemblé; session du corps législatif.

SESTERCE, s. m. Monnaie d'argent de l'ancienne Rome, valant deux as et demi. Grand —, monnaie fictive représentant mille petits sesterces, environ deux cents francs.

SESTIER, s. m. Com. du dép. de la Corrèze, cant. de Sornac, arr. d'Ussel. = Ussel.

SÉTA, s. m. Poil du cochon, du sanglier. T. d'hist. nat.

SETACÉ, E, adj. Long et alongé comme une soie de porc. T. d'hist. nat.

SÉTAIRE, s. f. Plante de la famille des algues. T. de bot.

SÉTEUX, EUSE, adj. Garni de particules sétacées. T. de bot.

SÉTICORNES, s. m. pl. Voy. CHÉTOCÈRES. T. d'hist. nat.

SÉTIE, s. f. Barque des Turcs sur la mer Noire.

SETIER, s. m. Mesure de grains, de liquides. —, ou Septier, ancienne mesure de terre.

SÉTIFÈRE, adj. Voy. SÉTEUX.

SÉTON, s. m. Sorte de cautère ou d'égout artificiel qu'on fait à la peau en y introduisant une bandelette au moyen d'une aiguille. T. de chir. et de méd. vétér.

SETQUES, s. m. Com. du dép. du Pas-de-Calais, cant. de Lumbres; arr. de St.-Omer. = St.-Omer.

SEUCHEY, s. m. Com. du dép. de la Haute-Marne, cant. de Fays-Billot, arr. de Langres. = Champlitte.

SEUDRE (la), s. f. Rivière qui prend sa source près de Plassac, dép. de la Charente-Inférieure, arr. de Jonzac, et qui se perd dans l'Océan au-dessous de la Tremblade, après un cours d'environ 15 l. Cette rivière est navigable depuis Saujon jusqu'à son embouchure.

SEUF, s. m. Petit navire flamand. T. de mar.

SEUGNE (la), s. f. Rivière dont la source se trouve dans le dép. de la Charente-Inférieure, et qui se jette dans la Charente, au-dessus de Saintes, après un cours d'environ 15 l.

SEUGY, s. m. Com. du dép. de Seine-et-Oise, cant. de Luzarches, arr. de Pontoise. = Luzarches.

SEUIL, s. m. Pièce de bois ou de pierre au bas de l'ouverture d'une porte, en travers. —, traverse de la grenadière. T. de pêch.

SEUIL, s. m. Com. du dép. des Ardennes, cant. et arr. de Rethel. = Rethel.

SEUILLET, s. m. Bout de bordage couvrant la partie inférieure des sabords. T. de mar.

SEUILLET, s. m. Com. du dép. de l'Allier, cant. de Varennes, arr. de la Palisse. = Cusset.

SEUILLET, s. m. Com. du dép. d'Indre-et-Loire, cant. et arr. de Chinon. = Chinon.

SEUL, E, adj. Sans compagnie, qui n'est avec personne; sans liaisons, sans amis; sans suite, sans accompagnement. —, à l'exclusion de tout autre; ils croient être seuls infaillibles. —, unique; un seul Dieu. —, simple; la seule idée de nos discordes fait frémir.

SEULEMENT, adv. Rien de plus, pas davantage, uniquement, en tout; au moins, du moins; même.

SEULET, TE, adj. Diminutif de seul; en parlant des personnes, abandonné, délaissé.

SEUNE (la), s. f. Rivière qui prend sa source au-dessus de Montaigut, dép. de Tarn-et-Garonne, et qui se jette dans le Tarn, au-dessus de Puymirol, dép. de Lot-et-Garonne, après un cours de 10 l.

SEUR, s. m. Com. du dép. de Loir-et-Cher, cant. de Contres, arr. de Blois. = Blois.

SEURE (la), s. f. Com. du dép. de la Charente-Inférieure, cant. de Burie, arr. de Saintes. = Saintes.

SEURIN (St.-), s. m. Com. du dép. de la Gironde, cant. de Bourg, arr. de Blaye. = Bourg-sur-Gironde.

SEURIN-DE-CADOURNE (St.-), s. m. Com. du dép. de la Gironde, cant. et arr. de Lesparre. = Lesparre.

SEURIN-DE-CURSAC (St.-), s. m.

Com. du dép. de la Gironde, cant. et arr. de Blaye. = Blaye.

SEURIN-DE-PALEINE (St.-), s. m. Com. du dép. de la Charente-Inférieure, cant. de Pons, arr. de Saintes. = Pons.

SEURIN-D'EUZET (St.-), s. m. Com. du dép. de la Charente-Inférieure, cant. de Cozes, arr. de Saintes. = Cozes.

SEURIN-SUR-L'ISLE (St.-), s. m. Com. du dép. de la Gironde, cant. de Coutras, arr. de Libourne. = Coutras.

SEURRE, s. f. Petite ville du dép. de la Côte-d'Or, chef-lieu de cant. de l'arr. de Beaune. Bur. d'enregist. et de poste. Fabr. de vinaigre. Comm. de vins, blés, fourrages, fruits; bois de construction et de chauffage, merrain, planches, etc.

SEUX, s. m. Com. du dép. de la Somme, cant. de Molliens-Vidame, arr. d'Amiens. = Amiens.

SEUZEY, s. m. Com. du dép. de la Meuse, cant. de Vigneulles, arr. de Commercy. = St.-Mihiel.

SÈVE, s. f. Suc nutritif des végétaux, liqueur limpide, incolore, inodore, dont les fonctions peuvent être comparées à celles du sang dans les animaux. —, force du vin, du tabac, et fig. vigueur de la jeunesse.

SÈVE (St.-), s. m. Com. du dép. du Finistère, cant. et arr. de Morlaix. = Morlaix.

SÈVE (St.-), s. m. Com. du dép. de la Gironde, cant. et arr. de la Réole. = la Réole.

SÈVE (la), s. f. Rivière qui prend sa source près de Périers, dép. de la Manche, arr. de Coutances, et qui se jette dans la Douve, au-dessus de Carentan, après un cours d'environ 10 l.

SEVEL-CORONDE, s. f. Cannelle mucilagineuse de l'île de Ceylan. T. de bot.

SEVELINGE, s. f. Com. du dép. de la Loire, cant. de Belmont, arr. de Roanne. = St.-Symphorien-de-Lay.

SEVENANS, s. m. Com. du dép. du Haut-Rhin, cant. et arr. de Belfort. = Belfort.

SEVER (St.-), s. m. Com. du dép. de l'Aveyron, cant. de Belmont, arr. de St.-Affrique. = St.-Affrique.

SEVER (St.-), s. m. Com. du dép. du Calvados, chef-lieu de cant. de l'arr. de Vire. Bur. d'enregist. et de poste. Fab. de chaudronnerie.

SEVER (St.-), s. m. Com. du dép. de la Charente-Inférieure, cant. de Pons, arr. de Saintes. = Pons.

SEVER (St.-), s. m. Petite ville du dép. des Landes, chef-lieu de sous-préf. et de cant.; trib. de 1re inst.; conserv. des hypoth.; direct. des contrib. indir.; recev. part. des finances; bur. d'enregist. et de poste.

Cette ville, assez bien bâtie, est située sur la rive gauche de l'Adour. Elle se glorifie à juste titre d'avoir vu naître le général Lamarque. Fabr. d'huile de lin; faïencerie, etc. Comm. de vins, eaux-de-vie, eaux minérales, grains, marbre, pierres lithographiques, pierres de taille, grès, etc.

SEVER (St.-), s. m. Com. du dép. des Hautes-Pyrénées, cant. de Rabastens, arr. de Tarbes. = Tarbes.

SÉVÉRAC, s. m. Com. du dép. de l'Aveyron, cant. de Ste.-Geneviève, arr. d'Espalion. = Mur-de-Barrez.

SÉVÉRAC, s. m. Com. du dép. de la Loire-Inférieure, cant. de St.-Gildas, arr. de Savenay. = Nantes.

SÉVÉRAC-LE-CHÂTEAU, s. m. Petite ville du dép. de l'Aveyron, chef-lieu de cant. de l'arr. de Milhau. Bur. d'enregist. et de poste.

SÉVÉRAC-L'ÉGLISE, s. m. Com. du dép. de l'Aveyron, cant. de Layssac, arr. de Milhau. = Sévérac-le-Château.

SÉVÈRE, adj. Rigide, qui exige une extrême régularité, qui n'a point d'indulgence. —, qui annonce la sévérité; front sévère. —, cruel; un sévère destin. —, châtié, correct, dont on a banni une parure affectée; style sévère. —, d'un caractère noble, régulier; ornemens sévères. T. d'arts.

SÉVÈRE (Ste.-), s. f. Com. du dép. de la Charente, cant. de Jarnac, arr. de Cognac. = Jarnac.

SÉVÈRE (Ste.-), s. f. Com. du dép. de l'Indre, chef lieu de cant. de l'arr. de la Châtre. Bur. d'enregist. = la Châtre.

SÉVÈREMENT, adv. D'une manière sévère, avec sévérité.

SEVERIN (St.-), s. m. Com. du dép. de la Charente, cant. d'Aubeterre, arr. de Barbezieux. = la Graulle.

SEVERIN (St.-), s. m. Com. du dép. de la Charente-Inférieure, cant. de Loulay, arr. de St.-Jean-d'Angely. = St.-Jean-d'Angely.

SÉVÉRITÉ, s. f. Rigidité, défaut d'indulgence.

SÉVERONDE, s. f. Voy. SUBGRONDE.

SÉVEUX, EUSE, adj. Qui sert à la circulation de la sève; canal séveux. T. de bot.

SEVEUX, s. m. Com. du dép. de la

Haute-Saône, cant. de Fresne-St.-Mamés, arr. de Gray. = Gray.

SÉVICES, s. m. pl. Mauvais traitemens d'un mari envers sa femme; violences des parens envers leurs enfans. T. de jurisp.

SÉVIGNAC, s. m. Com. du dép. des Côtes-du-Nord, cant. de Broons, arr. de Dinan. = Broons.

SÉVIGNAC, s. m. Com. du dép. des Basses-Pyrénées, cant. d'Arudy, arr. d'Oloron. = Oloron.

SÉVIGNAC, s. m. Com. du dép. des Basses-Pyrénées, cant. de Thèze, arr. de Pau. = Pau.

SÉVIGNY, s. m. Com. du dép. des Ardennes, cant. de Château-Porcien, arr. de Rethel. = Rethel.

SÉVIGNY, s. m. Com. du dép. de l'Orne, cant. et arr. d'Argentan. = Argentan.

SÉVIGNY-LA-FORÊT, s. m. Com. du dép. des Ardennes, cant. et arr. de Rocroi. = Rocroi.

SÉVILLE, s. f. Grande et belle ville d'Espagne, capitale de l'Andalousie. Cette ville, située sur le Guadalquivir, est le siége d'un archevêché et d'une université célèbre. Elle est à 87 l. de Madrid.

SÉVIR, v. n. Agir, traiter avec rigueur; punir sévèrement. —, maltraiter. T. de procéd.

SEVIS, s. m. Com. du dép. de la Seine-Inférieure, cant. de Bellencombre, arr. de Dieppe. = Tôtes.

SEVOLE, s. f. Plante du genre des campanulacées. T. de bot.

SÉVRAGE, s. m. Temps, action de sévrer un enfant.

SEVRAI, s. m. Com. du dép. de l'Orne, cant. d'Ecouché, arr. d'Argentan. = Argentan.

SEVRAN, s. m. Com. du dép. de Seine-et-Oise, cant. de Gonesse, arr. de Pontoise. = Livry.

SEVRÉ, E, part. Se dit d'un enfant auquel on a ôté le sein de sa nourrice.

SÈVRE-NANTAISE (la), s. f. Rivière qui prend sa source près de Beugnon, dép. des Deux-Sèvres, arr. de Niort, et qui se jette dans la Loire, à Nantes, après un cours d'environ 30 l. Cette rivière est navigable depuis Monnières jusqu'à son embouchure.

SÈVRE-NIORTAISE (la), s. f. Rivière dont la source se trouve dans le dép. des Deux-Sèvres, arr. de Melle, et qui se perd dans l'Océan, à l'Anse-de-l'Aiguillon, Charente-Inférieure. Cette rivière est navigable depuis Niort jusqu'à son embouchure.

SEVRER, v. a. Priver un enfant à la mamelle du sein de sa nourrice, pour lui donner des alimens plus solides. — de..., priver, frustrer de... Fig. Se —, v. pron. Se priver, s'abstenir.

SÈVRES, s. f. Com. du dép. de la Vienne, cant. de St.-Julien, arr. de Poitiers. = Poitiers.

SÈVRES, s. f. Com. du dép. de Seine-et-Oise, chef-lieu de cant. de l'arr. de Versailles. Bur. d'enregist. et de poste. On remarque à Sèvres une superbe manuf. royale de porcelaine dite de Sèvres, connue dans toutes les parties de l'Europe pour la richesse et le fini de ses produits. Fabr. de schalls, façon de l'Inde, de produits chimiques, émaux, manuf. de faïence, verrerie à bouteille, etc. Comm. de vins, etc.

SÈVRES (dép. des Deux-), s. f. Chef-lieu de préf., Niort; 4 arr. ou sous-préf. : Niort, Bressuire, Melle et Parthenay; 31 cant. ou justices de paix; 366 com.; pop. 288,260 hab. env.; cour royale et diocèse de Poitiers; 12° div. des ponts-et-chaussées; 12° div. milit.; 1re div. des mines; direct. de l'enregist. et des domaines, de 3e classe.

Ce dép. est borné N. par celui de Maine-et-Loire, E. par celui de la Vienne, S. par ceux de la Charente et de la Charente-Inférieure, et O. par celui de la Vendée. Son sol, coupé par une chaîne de collines assez élevées et couvertes de forêts, renferme de belles vallées, des plaines fertiles, de riches vignobles et d'excellens pâturages, quelques landes incultes, beaucoup de marais, et un grand nombre d'étangs très poissonneux. Il est arrosé par une grande quantité de rivières et de ruisseaux, qui fertilisent de nombreuses et belles prairies. On y compte un grand nombre de haras pour la propagation des mulets qui sont regardés comme les meilleurs de l'Europe. C'est de ce dép. que sortent tous ceux dont on se sert dans le midi de la France et l'Espagne. Il produit toutes les plantes céréales, sarrasin, maïs, millet, légumes en abondance, choux, fourrages, fruits de toute espèce, houblon, peu de chanvre, vins médiocres, dont la plus grande partie est convertie en eaux-de-vie; mûriers, bois, grand et menu gibier, cerfs, sangliers, lièvres, lapins, outardes, etc.; bon poisson de rivière; chevaux, mulets, bêtes à cornes et à laine, beaucoup de porcs, quantité de volailles; fer, antimoine, pierres de taille calcaires, pierres meulières et à fusil, grès à paver, beaucoup de salpêtre, marne; pépinière dép.; dépôt royal d'étalons à St.-Maixent. Fabr. de toiles, étoffes de coton, mouchoirs, étoffes grossières et solides, pinchinats, serges, flanelles, bonneterie de laine, gants de peau renommés, peaux chamoisées, chapellerie, coutellerie, boissellerie, peignes de corne; souliers, confitures; filatures de coton, forges, hauts-fourneaux; poteries, tuileries, fours à chaux, belles papeteries. Comm. de grains, graines de trèfle et de luzerne, moutarde, vins de Bordeaux, eaux-de-vie, bois, fer, faïence, mules et mulets, chevaux, étalons, bestiaux gras et maigres, etc. Les principales rivières qui l'arrosent sont la Sèvre-Niortaise et le Mignon, qui y sont navigables.

SEVRET, s. m. Com. du dép. des Deux-Sèvres, cant. de Chenay, arr. de Melle. = St.-Maixent.

SEVREY, s. m. Com. du dép. de Saône-et-Loire, cant. et arr. de Châlons. = Châlons.

SEVRIN-D'ESTISSAC (St.-), s. m. Com. du dép. de la Dordogne, cant. de Neuvic, arr. de Ribérac.=Neuvic.

SEVRY, s. m. Com. du dép. du Cher, cant. de Sancergues, arr. de Sancerre. = Villequiers.

SEWEN, s. m. Com. du dép. du Haut-Rhin, cant. de Massevaux, arr. de Belfort. = Belfort.

SEXAGÉNAIRE, s. et adj. Agé de soixante ans.

SEXAGÉSIMAL, E, adj. Qui a le chiffre soixante pour dénominateur. T. de math.

SEXAGÉSIME, s. f. Dimanche qui précède le dimanche gras.

SEXANGLE, adj. Voy. HEXAGONE.

SEXANGULAIRE, s. m. Poisson du genre des branchiostèges. T. d'hist. nat. —, adj. A six angles.

SEXCLES, s. m. Com. du dép. de la Corrèze, cant. de Mercœur, arr. de Tulle. = Argentat.

SEX-DIGITAIRE, s. et adj. Né avec six doigts au pied ou à la main.

SEX-DIGITAL, E, adj. Se dit d'un pied ou d'une main qui a six doigts.

SEXE, s. m. Différence physique constitutive du mâle et de la femelle; se dit aussi des plantes. Le beau —, les femmes.

SEXEY-AUX-FORGES, s. m. Com. du dép. de la Meurthe, cant. et arr. de Toul. = Toul.

SEXEY-LES-BOIS, s. m. Com. du dép. de la Meurthe, cant. et arr. de Toul. = Toul.

SEX-FONTAINES, s. f. Com. du dép. de la Haute-Marne, cant. de Juzennecourt, arr. de Chaumont.= Chaumont.

SEXTANE, adj. Qui revient tous les six jours; fièvre sextane. T. de méd.

SEXTANT, s. m. Instrument qui contient la sixième partie du cercle, soixante degrés. — d'Uranie, constellation australe. T. d'astr.

SEXTE, s. m. Sixième livre des décrétales, rédigées par ordre du pape Boniface VIII. —, s. f. Heure canoniale.

SEXTIDI, s. m. Sixième jour de la décade républicaine.

SEXTIL, E, adj. Se dit de l'aspect de deux planètes distantes l'une de l'autre de soixante degrés. T. d'astr.

SEXTULE, s. m. Poids de quatre scrupules.

SEXTUPLE, s. m. et adj. Six fois autant.

SEXTUPLÉ, E, part. Répété six fois.

SEXTUPLER, v. a. Répéter six fois.

SEXUEL, LE, adj. Qui appartient au sexe, qui le caractérise.

SEY, s. m. Poisson du genre du gade. T. d'hist. nat.

SEYCHALLES, s. f. Com. du dép. du Puy-de-Dôme, cant. de Lezoux, arr. de Thiers. = Lezoux.

SEYCHES, s. m. Com. du dép. de Lot-et-Garonne, chef-lieu de cant. de l'arr. de Marmande. Bur. d'enregist. = Marmande.

SEYNE, s. f. Petite ville du dép. des Basses-Alpes, chef-lieu de cant. de l'arr. de Digne. Bur. d'enregist. et de poste. Fabr. de bonneterie.

SEYNE (la), s. f. Petite ville du dép. du Var, cant. d'Ollioules, arr. de Toulon. = Toulon. Cette ville, située au fond d'une golfe sur la Méditerranée, possède un petit port très fréquenté. Pêche et comm. d'excellent poisson; construction de navires.

SEYNES, s. f. Com. du dép. du Gard, cant. de Vézénobres, arr. d'Alais. = Alais.

SEYRE, s. m. Com. du dép. de la Haute-Garonne, cant. de Nailloux, arr. de Villefranche. = Villefranche.

SEYRESSE, s. f. Com. du dép. des Landes, cant. et arr. de Dax. = Dax.

SEYSSEL, s. m. Petite ville du dép. de l'Ain, chef-lieu de cant. de l'arr. de Bellay. Bur. d'enregist. et de poste. Filature de coton; construction de bâteaux. Comm. de vins, sel, asphalte, bois de construction, etc.

SEYSSES, s. m. Com. du dép. de la

Haute-Garonne, cant. et arr. de Muret. = Muret.

SEYSSES-SAVÈS, s. m. Com. du dép. du Gers, cant. de Samatan, arr. de Lombez. = Lombez.

SEYSSINS, s. m. Com. du dép. de l'Isère, cant. de Sassenage, arr. de Grenoble. = Grenoble.

SEYSSUEL-CHASSE-ET-ÉCUCY, s. m. Com. du dép. de l'Isère, cant. et arr. de Vienne. = Vienne.

SÉZANNE, s. f. Petite ville du dép. de la Marne, chef-lieu de cant. de l'arr. d'Epernay. Bur. d'enregist. et de poste. Fabr. de draps, serges, bonneterie, etc. Comm. de grains, vins, bois, etc.

SÉZÉRIA, s. f. Com. du dép. du Jura, cant. d'Orgelet, arr. de Lons-le-Saulnier. = Orgelet.

SHAVIE, s. f. Plante corymbifère. T. de bot.

SCHEFFILDIE, s. f. Petite plante rampante. T. de bot.

SHELTOPUSIK, s. m. Genre de reptiles intermédiaires entre les lézards et les serpens. T. d'hist. nat.

SHERARDE, s. f. Plante du genre des rubiacées. T. de bot.

SHÉRIF, s. m. Officier de la police judiciaire en Angleterre.

SI, s. m. La conj. si; hypothèse, supposition. —, septième note de la gamme. T. de mus. —, conj. conditionnelle, en cas que, pour vu que, dans le cas où, à moins que. —, particule affirmative, l'opposé de non. —, marque le doute; je ne sais si..... —, quelque; si forts que vous soyez. —, adv. Tellement, à tel point; vous êtes si perfides. —, avec ne, autant, aussi; vous n'êtes pas si près du but que vous le supposez. — bien que, adv. Tellement que, de telle sorte que.

SIAGNE (la), s. f. Rivière qui prend sa source dans le dép. du Var, et qui se perd dans la Méditerranée après un cours d'environ 12 l.

SIAGONAGRE, s. f. Goutte à la mâchoire inférieure. T. de méd.

SIAGONE, s. f. Genre d'insectes coléoptères. T. d'hist. nat.

SIAGONIE, s. f. Insecte coléoptère, brachélytre. T. d'hist. nat.

SIAGONOTES, s. m. pl. Poissons osseux. T. d'hist. nat.

SIALAGOGUE, s. et adj. Se dit des médicamens qui excitent les glandes salivaires et provoquent la sécrétion de la salive. T. de méd.

SIALIS, s. m. Genre d'insectes névroptères. T. d'hist. nat.

SIALISME, s. m. Salivation. Voy. PTYALISME. T. de méd.

SIALITE, s. f. Arbre du genre des magnoliers. T. de bot.

SIALOLOGIE, s. f. Traité sur la salive. T. de méd.

SIAM, s. m. Royaume d'Asie dont le sol fertile offre une vallée considérable arrosée par un fleuve qui a des débordemens réguliers comme le Nil. Ce royaume, borné N. par le Birman, E. Laos et Cambodje, O. baie du Bengale, et S. golfe de Siam, a une étendue d'environ 250 lieues du N. au S., et de 40 à 100 de l'E. à l'O. On en tire riz, sucre, poivre, bétel, cacao, etc. Mines d'or, argent et cuivre. L'éléphant s'y trouve au nombre des animaux domestiques. Pop. 2,000,000 d'hab. —, sorte de jeu de quilles.

SIAMOISE, s. f. Etoffe de coton à l'instar de celles de la fabrique du royaume de Siam.

SIAMPAN, s. m. Bateau chinois à voiles et à rames.

SIARROUY, s. m. Com. du dép. des Hautes-Pyrénées, cant. de Vic, arr. de Tarbes. = Vic-en-Bigorre.

SIAUGES-ST.-ROMAIN, s. m. Com. du dép. de la Haute-Loire, cant. de Langeac, arr. de Brioude. = Langeac.

SIBADILLE, s. f. Voy. CÉVADILLE.

SIBARISME, s. m. Système, mœurs, du sibarite.

SIBARITE, s. m. Homme endormi dans les bras de la volupté, qui croupit dans la mollesse.

SIBAS, s. m. Com. du dép. des Basses-Pyrénées, cant. de Tardets, arr. de Mauléon. = Mauléon.

SIBBALDIE, s. f. Plante du genre des rosacées. T. de bot.

SIBÉRIE, s. f. Immense contrée du nord de l'Asie qui s'étend de l'E. à l'O., entre les monts Ourals et l'Océan oriental, et qui est comprise entre le 57° et le 192° long. E., et le 50° et le 78° N.; elle a environ 1,500 l. de l'E. à l'O., et de 4 à 700 du S. au N. Ce pays, conquis par les Russes à la fin du seizième siècle, est inculte dans les 3/5°; mais à l'O. et au S. on y cultive avec succès blé, orge, sarrasin, etc. Les plaines et les forêts abondent en gibier; les lacs et les rivières fournissent une très grande quantité d'excellent poisson; quant aux montagnes, elles renferment des mines d'or, d'argent, cuivre, plomb, etc.; pierres précieuses qui forment le principal revenu du gouvernement russe, lequel impose en outre des tributs de pelleteries aux peuplades répandues çà et là dans ces climats glacés. La capitale de la

Sibérie est Tobolsk, où les Russes exilés ont apporté une teinture des arts et des sciences. Pop. 2,000,000 d'hab. env.

SIBÉRITE, s. f. Tourmaline, apyre rouge de Sibérie. T. d'hist. nat.

SIBIRIL, s. m. Com. du dép. du Finistère, cant. de St.-Pol-de-Léon, arr. de Morlaix. = St.-Pol-de-Léon.

SIBIVILLE, s. f. Com. du dép. du Pas-de-Calais, cant. et arr. de St.-Pol. = Frévent.

SIBOURNET (St.-), s. m. Com. du dép. de Lot-et-Garonne, cant. de Villeréal, arr. de Villeneuve. = Monflanquin.

SIBTHORPE, s. f. Plante rhinantoïde. T. de bot.

SIBYLLE, s. f. Vieille femme qui prétend à l'esprit, à la science. Fig. —, pl. Filles qui prédisaient l'avenir, prophétesses parmi lesquelles on distingue celle de Cumes qui, dit-on, ne devint sensible à la tendresse d'Apollon qu'à condition que ce dieu la ferait vivre autant d'années qu'elle pourrait tenir de grains de sable dans sa main. Elle devint si décrépite qu'il ne lui resta plus que la voix pour rendre ses oracles. T. de myth.

SIBYLLINS, adj. m. pl. Qui appartient aux sibylles; vers, oracles sibyllins.

SICAIRE, s. m. Assassin.

SICCATIF, s. m. Huile grasse mêlée à certaines couleurs pour les faire sécher. T. de peint.

SICCATIF, IVE, adj. Voy. DESSICATIF.

SICCIEU-ET-ST.-JULLIEN, s. m. Com. du dép. de l'Isère, cant. de Crémieu, arr. de la Tour-du-Pin. = Crémieu.

SICCITÉ, s. f. Qualité de ce qui est sec. T. didact.

SICHAMP, s. m. Com. du dép. de la Nièvre, cant. de Prémery, arr. de Cosne. = Nevers.

SICILE, s. f. La plus grande des îles de la Méditerranée appartenant au royaume de Naples. Cette île, qui se trouve à l'extrémité de l'Italie, dont elle est séparée par le détroit de Messine, était si fertile en blé qu'on la considérait comme le grenier du peuple romain. Le miel qu'on y recueillait près d'Hybla, au N.-O. de Syracuse, était aussi estimé que celui du mont Hymette, dans l'Attique. Elle n'a pas perdu de son extrême fertilité; mais elle n'est plus cultivée comme elle l'était au temps des Romains; l'industrie, le commerce, les sciences y languissent également par la négligence d'une administration vicieuse. Royaume des Deux-—, royaume d'Europe, composé de l'île dont il vient d'être parlé et des états napolitains, borné N. par les états romains, O., E. et S. par la Méditerranée. Pop. envir. 6,800,000 hab. Voy. NAPLES.

SICILIEN, NE, s. et adj. Habitant de la Sicile; qui concerne cette île. —, s. f. Sorte de danse; étoffe de Sicile.

SICILIQUE, s. m. Ancien poids de six scrupules.

SICINNIS, s. f. Sorte de danse des anciens.

SICINNISTE, s. m. Baladin qui dansait la sicinnis.

SICKERT, s. m. Com. du dép. du Haut-Rhin, cant. de Massevaux, arr. de Belfort. = Belfort.

SICKI, s. m. Arbre de l'île d'Amboine. T. de bot.

SICKINGIE, s. m. Arbre d'Amérique. T. de bot.

SICLE, s. m. Poids et monnaie des Hébreux.

SICOMORE, s. m. Voy. SYCOMORE.

SICRIN, s. m. Choquart d'Afrique. T. d'hist. nat.

SICYOS, s. m. Famille de plantes cucurbitacées. T. de bot.

SIDÉRAL, E, adj. Qui est relatif aux astres. Année —, temps de l'entière révolution de la terre.

SIDÉRATION, s. f. Attaque d'apoplexie ou de paralysie, décomposition de quelque partie du corps, gangrène complète. Voy. SPHACÈLE. T. de chir.

SIDÉRITE, s. f. Pierre précieuse; plante. Voy. CRAPAUDINE.

SIDÉROCLEPTE, s. m. Substance volcanique. T. d'hist. nat.

SIDÉRODENDRE, s. m. Arbre rubiacé. T. de bot.

SIDÉROLITHE, s. m. Genre de polypiers pierreux en forme d'étoile. T. d'hist. nat.

SIDÉROMANCIE, s. f. Divination par les étincelles qui jaillissent d'un fer rougi par le feu.

SIDÉROTECHNIE ou SIDÉRURGIE, s. f. Art de travailler le fer.

SIDEROTÈTE, s. f. Phosphure de fer. T. de chim.

SIDÉROXYLON, s. m. Bois de fer.

SIDEVILLE, s. m. Com. du dép. de la Manche, cant. d'Octeville, arr. de Cherbourg. = Cherbourg.

SIDIAILLES, s. f. Com. du dép. du Cher, cant. de Château-Meillant, arr. de St.-Amand. = Château-Meillant.

SIÈCLE, s. m. Durée, espace de cent ans. —, espace de temps indéterminé; les bizarreries de notre siècle. —, temps; les siècles passés. —, époque où florissait un homme célèbre; le siècle d'Homère, d'Alexandre, de Louis XIV. —, époque remarquable; siècle de lumière, de barbarie. —, temps où l'on vit; marcher avec son siècle. —, temps trop long; il y a un siècle que cela dure. Le —, les hommes d'à présent. —, le monde, la vie séculière. —, chacun des quatre âges imaginés par les poètes; siècle d'or, d'argent, de bronze et de fer.

SIECQ, s. m. Com. du dép. de la Charente-Inférieure, cant. de Matha, arr. de St.-Jean-d'Angely. = St.-Jean-d'Angely.

SIEG, s. m. Espèce de saumon.

SIÉGE, s. m. Meuble pour s'asseoir, chaise, fauteuil; ce sur quoi l'on s'assied en général; banc, banquette. —, place en avant d'un carrosse pour asseoir le cocher. —, enceinte réservée aux juges dans un tribunal; salle d'audience; corps des juges; leur juridiction. —, évêché et ses dépendances. Le Saint-—, la cour de Rome, le pape, sa dignité. —, capitale d'un état; lieu de résidence du gouvernement, centre. —, le fondement, l'anus. T. de méd. —, opération d'une armée pour s'emparer d'une ville fortifiée. T. d'art milit.

SIEGEN, s. m. Com. du dép. du Bas-Rhin, cant. de Seltz, arr. de Wissembourg. = Lauterbourg.

SIÉGER, v. n. Occuper un siége, en parlant des évêques, des juges. —, résider, être, avoir son foyer dans une partie quelconque, en parlant du mal. Fig.

SIÉGES, s. m. Com. du dép. du Jura, cant. des Bouchoux, arr. de St.-Claude. = St.-Claude.

SIÉGES (les), s. m. pl. Com. du dép. de l'Yonne, cant. de Villeneuve-l'Archevêque, arr. de Sens. = Villeneuve-l'Archevêque.

SIEN, s. m. Son bien, ce qui est à soi. Mettre du —, contribuer de son travail, de son argent. —, pl. les parens, les héritiers, les domestiques, etc., de quelqu'un; ceux qui dépendent de lui, lui appartiennent, sont de son parti.

SIEN, NE, adj. possessif et relatif. Qui est à lui ou à elle. Faire des —, faire des folies, des fredaines. T. fam.

SIENNE, s. f. Ville très ancienne de la Toscane, capitale de la province de ce nom; siége d'un archevêché et d'une université célèbre.

SIENNE, s. f. Com. du dép. de Saône-et-Loire, cant. et arr. de Châlons. = Châlons.

SIERCK, s. m. Petite ville du dép. de la Moselle, chef-lieu de cant. de l'arr. de Thionville. Bur. d'enregist. et de poste. Fabr. d'eau de Cologne. Comm. de vins, bois de construction, planches, etc.

SIERCK-HAUTE, s. f. Com. du dép. de la Moselle, cant. de Metzervisse, arr. de Thionville. = Thionville.

SIÉRENTZ, s. m. Com. du dép. du Haut-Rhin, cant. de Landser, arr. d'Altkirch. = Huningue.

SIERSTHAL, s. m. Com. du dép. de la Moselle, cant. de Rorbach, arr. de Sarreguemines. = Bitche.

SIERVILLE, s. f. Com. du dép. de la Seine-Inférieure, cant. de Clères, arr. de Rouen. = Rouen.

SIEST, s. m. Com. du dép. des Landes, cant. et arr. de Dax. = Dax.

SIESTE, s. f. Repos, sommeil durant la chaleur du jour, ou après le dîner.

SIEUR, s. m. Abréviation de monsieur; appellation de politesse et le plus souvent de familiarité et de mépris. —, monsieur. T. de procéd.

SIEURAC, s. m. Com. du dép. du Tarn, cant. de Réalmont, arr. d'Albi. = Albi.

SIEURAS, s. m. Com. du dép. de l'Ariège, cant. du Mas-d'Azil, arr. de Pamiers. = le Mas-d'Azil.

SIÉVOZ, s. m. Com. du dép. de l'Isère, cant. d'Entraigues, arr. de Grenoble. = la Mure.

SIEWILLER, s. m. Com. du dép. du Bas-Rhin, cant. de Drulingen, arr. de Saverne. = Phalsbourg.

SIEYES (les), s. m. pl. Com. du dép. des Basses-Alpes, cant. et arr. de Digne. = Digne.

SIFFLABLE, adj. Qui mérite d'être sifflé, en parlant d'un ouvrage dramatique.

SIFFLANT, E, adj. Qui siffle; qui fait entendre une sorte de sifflement.

SIFFLÉ, E, part. Se dit d'un oiseau auquel on a enseigné des airs, etc.

SIFFLEMENT, s. m. Son aigu, bruit perçant produit par la compression de l'air au moyen des lèvres ou d'un sifflet, etc. —, bruit que fait un serpent, une flèche, le vent, etc.

SIFFLER, v. a. Moduler un air en sifflant. — un oiseau, lui enseigner à siffler des airs. — un auteur, une pièce de théâtres; témoigner sa désapprobation par des coups de sifflets. — quelqu'un, l'instruire de ce qu'il doit dire ou faire dans certaines occasions. T. fam. —, v. n. Produire un son aigu avec la langue et les lèvres, en comprimant l'air, en soufflant dans un sifflet, etc. —, chanter, en parlant des oiseaux; crier, en parlant de certains reptiles. —, faire un bruit aigu, en parlant de l'air frappé par une balle, une flèche; se dit aussi du vent.

SIFFLET, s. m. Petit instrument à vent pour siffler. —, conduit aérien, la glotte. T. de chir. Couper le — à quelqu'un, le mettre hors d'état de répondre. Fig. et fam. —, pl. Improbations publiques; les sifflets du parterre.

SIFFLEUR, EUSE, s. Celui, celle qui siffle. —, oiseau du genre des troupiales; marmotte du Canada; sapajou, singe voltigeur d'Amérique.

SIFFRET (St.-), s. m. Com. du dép. du Gard, cant. et arr. d'Uzès. = Uzès.

SIFILET, s. m. Genre d'oiseaux sylvains. T. d'hist. nat.

SIGALENS, s. m. Village du dép. de la Gironde, cant. d'Auros, arr. de Bazas. = Bazas.

SIGALPHE, s. m. Genre d'insectes hyménoptères. T. d'hist. nat.

SIGARAS, s. m. Espèce de cigale d'Afrique. T. d'hist. nat.

SIGARET, s. m. Genre de vers mollusques. T. d'hist. nat.

SIGESBECK, s. m. Genre de plantes corymbifères. T. de bot.

SIGILLAIRE, s. f. Terre sigillée. —, pl. Fêtes romaines qu'on célébrait après les saturnales et dans lesquelles on se faisait présent de petites figures de cire et d'autres semblables colifichets. T. de myth.

SIGILLATEUR, s. m. Prêtre qui marquait les victimes.

SIGILLÉ, E, adj. Marqué d'un sceau. Terre —, terre glaise de l'Archipel, ordinairement marquée d'un sceau.

SIGISBÉ, s. m. Galant assidu qui accompagne une dame en Italie.

SIGISMOND (St.-), s. m. Com. du dép. de la Charente-Inférieure, cant. de St.-Genis, arr. de Jonzac. = St.-Genis.

SIGISMOND (St.-), s. m. Com. du dép. du Loiret, cant. de Patay, arr. d'Orléans. = Orléans.

SIGISMOND (St.-), s. m. Com. du dép. de Maine-et-Loire, cant. du Louroux-Béconnais, arr. d'Angers. = Ingrande.

SIGISMOND (St.-), s. m. Com. du dép. de la Vendée, cant. de Maillezais, arr. de Fontenay. = Fontenay-le-Comte.

SIGLE, s. m. Lettre initiale d'un mot; lettre isolée qui exprime un mot, une syllabe —, pl. Chiffres, notes abrégées d'écriture.

SIGLOY, s. m. Com. du dép. du Loiret, cant. de Jargeau, arr. d'Orléans. = Orléans.

SIGMATISME, s. m. Multiplicité des lettres sifflantes; ciel! si ceci se sait.

SIGMOÏDAL, adj. Voy. SIGMOÏDE.

SIGMOÏDE, adj. Se dit des valvules qui se trouvent à l'origine des troncs artériels qui partent des ventricules du cœur, parce qu'elles ont la forme de la lettre grecque nommée sigma (Σ). T. d'anat.

SIGNAC, s. m. Com. du dép. de la Haute-Garonne, cant. de St.-Béat, arr. de St.-Gaudens. = St.-Béat.

SIGNAGE, s. m. Tracé, dessin de vitrage. T. de vitrier.

SIGNAL, s. m. Signe convenu pour avertir.

SIGNALÉ, E, part. Caractérisé, dépeint, décrit. —, adj. remarquable; service signalé.

SIGNALEMENT, s. m. Description des traits et de l'extérieur d'une personne pour la faire reconnaître.

SIGNALER, v. a. Caractériser, décrire, donner le signalement de quelqu'un; avertir par des signaux. —, rendre remarquable; signaler son courage. Fig. Se —, v. pron. Se distinguer, se rendre remarquable, célèbre; se dit en bonne et en mauvaise part.

SIGNATAIRE, s. Celui, celle qui signe ou qui a signé une adresse, une pétition.

SIGNATURE, s. f. Nom d'une personne écrit de sa main au bas d'une lettre, d'un acte, etc.; seing; droit, action de signer. —, lettre, chiffre d'ordre au bas des feuilles d'impression. T. d'impr.

SIGNE, s. m. Ensemble des caractères à l'aide desquels les personnes ou les choses peuvent être distinguées de tous les individus de l'espèce. —, marque, indice, tout ce qui se présente à nos yeux et nous fait connaître certaines choses; les signes d'une maladie. —, démonstration extérieure, geste, mouvement pour exprimer la pensée. —, petite tache naturelle sur la peau. —, figure particulière adoptée dans les sciences et les arts pour abréger ou désigner. —, constellation; les signes du zodiaque. T. d'astr. —, phénomène, miracle. T. biblique.

SIGNÉ, E, part. Se dit d'un écrit au bas duquel des signatures ont été apposées.

SIGNER, v. a. Mettre, apposer sa signature, son seing, au bas d'un écrit. —, marquer. T. d'orfév. Se —, v. pron. Faire le signe de la croix.

SIGNES, s. m. Com. du dép. du Var,

cant. de Beausset, arr. de Toulon.=Brignoles.

SIGNET, s. m. Petit bout de ruban attaché au haut d'un livre pour marquer l'endroit où l'on en reste.

SIGNETTE, s. f. Cavesson creux et dentelé.

SIGNÉVILLE, s. f. Com. du dép. de la Haute-Marne, cant. d'Andelot, arr. de Chaumont. = Andelot.

SIGNIFIANCE, s. f. Témoignage. T. inus.

SIGNIFIANT, E, adj. Qui signifie, exprime beaucoup de choses.

SIGNIFICATEUR, s. m. Point de l'écliptique qui marque un événement. T. d'astrol.

SIGNIFICATIF, IVE, adj. Qui rend bien la pensée, contient un grand sens; expressif.

SIGNIFICATION, s. f. Signe qui donne l'idée d'une chose. —, acception, sens d'un mot. —, notification d'un acte de l'autorité judiciaire; acte notifié par huissier.

SIGNIFICATIVEMENT, adv. D'une manière significative.

SIGNIFIÉ, E, part. Exprimé, dénoté, marqué; déclaré, notifié.

SIGNIFIER, v. a. Etre le signe de quelque chose, dénoter, marquer, exprimer. —, vouloir dire; présenter l'idée. —, déclarer, faire connaître; notifier un acte de procédure, faire une signification.

SIGNOC ou SIGUENOG, s. m. Ecrevisse des mers de l'Inde.

SIGNY-L'ABBAYE, s. m. Com. du dép. des Ardennes, chef-lieu de cant. de l'arr. de Mézières. Bur. d'enregist.=Launois. Fabr. de schalls; forges et hauts-fourneaux.

SIGNY-LE-PETIT, s. m. Com. du dép. des Ardennes, chef-lieu de cant. de l'arr. de Rocroi. Bur. d'enregist. à Auvillars. = Aubenton.

SIGNY-MONTLIBERT, s. m. Com. du dép. des Ardennes, cant. de Carignan, arr. de Sedan. = Carignan.

SIGNY-SIGNETS, s. m. Com. du dép. de Seine-et-Marne, cant. de la Ferté-sous-Jouarre, arr. de Meaux.=la Ferté-sous-Jouarre.

SIGOGNE, s. f. Com. du dép. de la Charente, cant. de Jarnac, arr. de Cognac. = Cognac.

SIGOLÈNE (Ste.-), s. f. Com. du dép. de la Haute-Loire, cant. de Monistrol, arr. d'Yssiengeaux. = Monistrol.

SIGOLSHEIM, s. m. Com. du dép. du Haut-Rhin, cant. de Kaysersberg, arr. de Colmar.=Colmar.

SIGONCE, s. f. Com. du dép. des Basses-Alpes, cant. et arr. de Forcalquier. = Forcalquier.

SIGOTTIER, s. m. Com. du dép. des Hautes-Alpes, cant. de Serres, arr. de Gap. = Serres.

SIGOULÈS, s. m. Com. du dép. de la Dordogne, chef-lieu de cant. de l'arr. de Bergerac. Bur. d'enregist. à Eymet. = Bergerac.

SIGOURNAY-ET-CHASSAIS, s. m. Com. du dép. de la Vendée, cant. de Chantonnay, arr. de Bourbon-Vendée. =Chantonnay.

SIGOYER, s. m. Com. du dép. des Basses-Alpes, cant. de la Motte-du-Caire, arr. de Sisteron. = Sisteron.

SIGOYER, s. m. Com. du dép. des Hautes-Alpes, cant. de Tallard, arr. de Gap. = Gap.

SIGUER, s. m. Com. du dép. de l'Ariège, cant. de Vicdessos, arr. de Foix. = Tarascon.

SIGUETTE, s. f. Sorte d'embouchure. T. de maréchal ferrant.

SIGY, s. m. Com. du dép. de la Seine-Inférieure, cant. d'Argueil, arr. de Neufchâtel. = Gournay.

SIGY, s. m. Com. du dép. de Seine-et-Marne, cant. de Donnemarie, arr. de Provins. = Donnemarie.

SIGY-LE-CHÂTEL, s. m. Com. du dép. de Saône-et-Loire, cant. de St.-Gengoux-le-Royal, arr. de Mâcon. = Joncy.

SIJEAN, s. m. Petite ville du dép. de l'Aude, chef-lieu de cant. de l'arr. de Narbonne. Bur. d'enregist. et de poste.

SIKION, s. m. Liqueur qu'on trouve dans l'intestin des moutons et qui sert à teindre le coton.

SIL, s. m. Terre minérale, espèce d'ocre dont se servaient les anciens.

SILENCE, s. m. Divinité allégorique qu'on représentait sous la figure d'un homme tenant un doigt sur sa bouche. T. de myth. —, état d'une personne qui s'abstient de parler. —, calme qui règne dans une assemblée, l'opposé de bruit, de tumulte. —, indifférence, oubli d'une personne qui ne donne point de ses nouvelles, interruption d'une correspondance. —, omission d'un auteur sur un événement, etc. — d'une loi, oubli des cas qu'elle n'a point prévus. —, cessation de tout bruit; silence de la nuit, des vents. —, signe de la durée des notes et marque des pauses. T. de mus.

SILENCIAIRE, s. m. Dans l'ancienne Rome, esclave chargé d'imposer silence aux autres. —, officier des empereurs grecs, préposé au maintien de l'ordre et de la tranquillité.

SILENCIEUSEMENT, adv. En silence.

SILENCIEUX, EUSE, adj. Qui ne parle point, ou qui parle peu. —, calme où l'on n'entend aucun bruit ; se dit des lieux.

SILÈNE, s. m. Vieux satyre qui conserva la plus vive tendresse pour Bacchus, dont il avait été le père nourricier, et qui, monté sur un âne, suivit ce Dieu dans la conquête des Indes. A son retour, s'étant établi dans les campagnes d'Arcadie, il partagea sa vie entre le vin et les amours, et ne laissa pas s'écouler un jour sans s'enivrer. T. de myth. —, papillon diurne. T. de myth.

SILÉSIE, s. f. Ancien duché d'Allemagne qui appartient maintenant à l'Autriche et à la Prusse. —, sorte de drap fort léger.

SILEX, s. m. Quartz agate d'où jaillissent de vives étincelles; pierre à briquet, à fusil.

SILFIAC, s. m. Com. du dép. du Morbihan, cant. de Cléguérec, arr. de de Pontivy. = Pontivy.

SILHAC, s. m. Com. du dép. de l'Ardèche, cant. de Vernoux, arr. de Tournon. = Vernoux.

SILHOUETTE, s. f. Profil sur un papier blanc, d'après l'ombre d'une figure; portrait à la silhouette.

SILICE, s. f. Substance classée parmi les oxydes métalliques. T. de chim.

SILICEUX, EUSE, adj. De la nature du silex, de la silice. T. de chim.

SILICIUM, s. m. Corps simple, métal qui forme la silice combiné avec l'oxygène. T. de chim.

SILICULE, s. f. Petite silique. T. de bot.

SILICULEUX, EUSE, adj. En forme de silicule. T. de bot.

SILIGINOSITÉ, s. f. Propriété farineuse du blé.

SILIQUAIRE, s. m. Plante de l'hexandrie, sixième classe des végétaux. T. de bot.

SILIQUASTRE, s. m. Arbre de Judée; piment. T. de bot.

SILIQUE, s. f. Enveloppe de certains fruits, gousse.

SILIQUEUX, EUSE, adj. Dont le fruit offre une silique alongée. T. de bot.

SILLAGE, s. m. Trace d'un navire dans sa marche; vitesse de sa course. T. de mar. —, prolongement d'une veine de charbon. T. de mineur.

SILLAGO, s. m. Poisson qui a beaucoup d'analogie avec les gobies. T. d'hist. nat.

SILLANS, s. m. Com. du dép. de l'Isère, cant. de St.-Etienne-de-St.-Geoirs, arr. de St.-Marcellin. = Bourgoin.

SILLANS, s. m. Com. du dép. du Var, cant. de Tavernes, arr. de Brignoles. = Aups.

SILLARS, s. m. Com. du dép. de la Vienne, cant. et arr. de Montmorillon. = Montmorillon.

SILLAS, s. m. Com. du dép. de la Gironde, cant. de Grignols, arr. de Bazas. = Bazas.

SILLE, s. m. Poème satirique grec. —, s. f. Table pour poser les pains de sel. T. de sal.

SILLEGNY, s. m. Com. du dép. de la Moselle, cant. de Verny, arr. de Metz. = Metz.

SILLÈGUE, s. f. Com. du dép. des Basses-Pyrénées, cant. de St.-Palais, arr. de Mauléon. = St.-Palais.

SILLÉ-LE-GUILLAUME, s. m. Com. du dép. de la Sarthe, chef-lieu de cant. de l'arr. du Mans. Bur. d'enregist. et de poste. Fabr. de toiles fines et d'emballage. Comm. de graines de trèfle et de moutons.

SILLÉ-LE-PHILIPPE, s. m. Com. du dép. de la Sarthe, cant. de Montfort, arr. du Mans. = le Mans.

SILLER, v. n. Fendre les flots dans sa course et laisser à l'arrière une trace de son passage, en parlant d'un navire. T. de mar. Voy. CILLER.

SILLERY, s. m. Com. du dép. de la Marne, cant. de Verzy, arr. de Reims. = Reims.

SILLERY-LA-POTERIE, s. m. Com. du dép. de l'Aisne, cant. de Neuilly-St.-Front, arr. de Chateau-Thierry. = la Ferté-Milon.

SILLET, s. m. Morceau d'ivoire appliqué sur le manche d'un instrument de musique. T. de luth.

SILLEY, s. m. Com. du dép. du Doubs, cant. et arr. de Baume. = Ornans.

SILLEY, s. m. Com. du dép. du Doubs, cant. d'Amancey, arr. de Besançon. = Baume.

SILLI-EN-GOUFFERN, s. m. Com. du dép. de l'Orne, cant. d'Exmes, arr. d'Argentan. = Argentan.

SILLOMÈTRE, s. m. Instrument pour mesurer le sillage. T. de mar.

SILLON, s. m. Raie que fait dans la terre le soc de la charrue; élévation entre les raies. —, trait de lumière, trace. Fig. —, pl. Rides du front; rides à la voûte palatine de la bouche du cheval. —, anfractuosité qu'on observe à la surface du cerveau et du cervelet. T. d'anat. Voy. SILLAGE.

SILLONNÉ, s. m. Espèce de lézard.

SILLONNÉ, E, part. Empreint de sillons; ridé.

SILLONNER, v. a. Tracer, faire des sillons. —, rider. Fig. — les mers, naviguer. T. poét.

SILLY, s. m. Com. du dép. de l'Oise, cant. de Noailles, arr. de Beauvais. = Noailles.

SILLY-EN-SAULNOIS, s. m. Com. du dép. de la Moselle, cant. de Verny, arr. de Metz. = Metz.

SILLY-LE-LONG, s. m. Com. du dép. de l'Oise, cant. de Nanteuil, arr. de Senlis. = Nanteuil.

SILLY-SUR-NIED, s. m. Com. du dép. de la Moselle, cant. de Pange, arr. de Metz. = Metz.

SILMONT, s. m. Com. du dép. de la Meuse, cant. de Ligny, arr. de Bar-le-Duc. = Ligny.

SILO, s. m. Fosse pour conserver les grains.

SILOXÈRE, s. m. Plante de la syngénésie, dix-neuvième classe des végétaux. T. de bot.

SILPHE, s. m. Genre d'insectes coléoptères. T. d'hist. nat. —, plante de la famille des corymbifères. T. de bot. Voy. SYLPHE.

SILPHIDÉES, s. f. Famille d'insectes coléoptères. T. d'hist. nat.

SILPHION, s. m. Genre de plantes corymbifères. T. de bot.

SILURE, s. m. Genre de poissons abdominaux, à nageoires épineuses. T. d'hist. nat.

SILUS, s. m. Coquille du genre des volutes. T. d'hist. nat.

SILVAIN, s. m. Voy. SYLVAIN.

SILVAIN (St.-), s. m. Com. du dép. du Calvados, cant. de Bretteville-sur-Laise, arr. de Falaise. = Falaise.

SILVAIN (St.-), s. m. Com. du dép. de la Corrèze, cant. d'Argentat, arr. de Tulle. = Argentat.

SILVAIN (St.-), s. m. Com. du dép. de la Creuse, cant. de Bellegarde, arr. d'Aubusson = Aubusson.

SILVAIN (St.-), s. m. Com. du dép. de la Creuse, cant. de St.-Vaury, arr. de Guéret. = Guéret.

SILVAIN (St.-), s. m. Com. du dép. de Maine-et-Loire, cant. et arr. d'Angers. = Angers.

SILVAIN-BAS-LE-ROC (St.-), s. m. Com. du dép. de la Creuse, cant. et arr. de Boussac. = Boussac.

SILVAIN-SOUS-TOULX (St.-), s. m. Com. du dép. de la Creuse, cant. de Jarnages, arr. de Boussac. = Gouzon.

SILVANEZ, s. m. Com. du dép. de l'Aveyron, cant. de Camarez, arr. de St.-Affrique. = St.-Affrique.

SILVARECCIO, s. m. Com. du dép. de la Corse, cant. de Porta, arr. de Bastia. = Bastia.

SILVAROUVRE, s. m. Com. du dép. de la Haute-Marne, cant. de Château-Vilain, arr. de Chaumont. = Clairvaux.

SILVES, s. f. pl. Recueil de poésies latines; les silves de Stace.

SILVESTRE (St.-), s. m. Com. du dép. de l'Ardèche, cant. de St.-Péray, arr. de Tournon. = St.-Péray.

SILVESTRE (St.-), s. m. Com. du dép. de la Haute-Vienne, cant. de Laurières, arr. de Limoges. = Limoges.

SILVESTRE-CAPPEL (St.-), s. m. Com. du dép. du Nord, cant. de Steenvoorde, arr. de Hazebrouck. = Cassel.

SILYBE, s. m. Espèce de chardon. T. de bot.

SILZHEIM, s. m. Com. du dép. du Bas-Rhin, cant. de Saar-Union, arr. de Saverne. = Sarrewerden.

SIMABE, s. m. Arbrisseau de la Guiane. T. de bot.

SIMACOURBE, s. m. Com. du dép. des Basses-Pyrénées, cant. de Lembeye, arr. de Pau. = Pau.

SIMAGRÉE, s. f. Faux semblant. —, pl. Manières affectées, minauderies.

SIMAISE, s. f. Voy. CYMAISE.

SIMANDRE, s. m. Com. du dép. de l'Ain, cant. de Césériat, arr. de Bourg. = Bourg.

SIMANDRE, s. m. Com. du dép. de Saône-et-Loire, cant. de Cuisery, arr. de Louhans. = Tournus.

SIMANDRES, s. m. Com. du dép. de l'Isère, cant. de St.-Symphorien-d'Ozon, arr. de Vienne. = St.-Symphorien.

SIMARD, s. m. Com. du dép. de Saône-et-Loire, cant. de Montret, arr. de Louhans. = Louhans.

SIMAROUBA, s. m. Arbre de l'Amérique méridionale, dont la racine fournit une écorce médicinale. T. de bot.

SIMARRE, s. f. Robe longue et traînante que portaient les femmes, et dont s'affublent, dans certaines occasions, certains dignitaires de l'église et de la magistrature.

SIMA-UTSIGI, s. m. Arbre du Japon. T. de bot.

SIMBING, s. m. Sorte de petite harpe à sept cordes dont se servent les nègres.

SIMBLEAU, s. m. Cordeau pour tracer de grands cercles. T. d'arch.

SIMBLOT, s. m. Assemblage de ficelles au côté d'un métier pour tracer des figures sur une étoffe.

SIMBOR, s. m. Plante médicinale des Indes. T. de bot.

SIMBULÈTE, s. f. Plante d'Arabie. T. de bot.

SIMENCOURT, s. m. Com. du dép. du Pas-de-Calais, cant. de Beaumetz, arr. d'Arras. = Arras.

SIMÉON (St.-), s. m. Com. du dép. de l'Eure, cant. de Cormeilles, arr. de Pont-Audemer. = Pont-Audemer.

SIMÉON (St.-), s. m. Com. du dép. de Seine-et-Marne, cant. de la Ferté-Gaucher, arr. de Coulommiers. = Coulommiers.

SIMÉON-DE-BRESSIEUX (St.-), s. m. Com. du dép. de l'Isère, cant. de St.-Etienne-de-St.-Geoirs, arr. de St.-Marcellin. = la Côte-St.-André.

SIMERI, s. m. Coquille du genre mantelet. T. d'hist. nat.

SIMEUX (St.-), s. m. Com. du dép. de la Charente, cant. de Châteauneuf, arr. de Cognac. = Châteauneuf.

SIMEYROLS, s. m. Com. du dép. de la Dordogne, cant. de Carlux, arr. de Sarlat. = Sarlat.

SIMIANE, s. f. Com. du dép. des Basses-Alpes, cant. de Banon, arr. de Forcalquier. = Forcalquier.

SIMIANE, s. f. Com. du dép. des Bouches-du-Rhône, cant. de Gardanne, arr. d'Aix. = Aix.

SIMICON, s. m. Instrument de musique à trente-cinq cordes. T. de mus. anc.

SIMILAIRE, adj. De même nature, homogène. Nombre —, proportionnel. T. d'arith.

SIMILARITÉ, s. f. Homogénéité. T. inus.

SIMILITUDE, s. f. Ressemblance, rapport, analogie. —, comparaison. T. de rhét.

SIMILOR, s. m. Alliage de cuivre et de zinc.

SIMMING, s. m. Com. du dép. de la Moselle, cant. de Cattenom, arr. de Thionville. = Thionville.

SIMOÏS, s. m. Fleuve de Phrygie qui, de même que le Scamandre, souleva ses flots contre les Grecs lorsqu'ils opérèrent leur descente pour assiéger la ville de Troie. T. de myth.

SIMON (St.-), s. m. Com. du dép. de l'Aisne, chef-lieu de cant. de l'arr. de St.-Quentin, où se trouvent les bur. d'enregist. et de poste.

SIMON (St.-), s. m. Com. du dép. du Cantal, cant. et arr. d'Aurillac. = Aurillac.

SIMON (St.-), s. m. Com. du dép. de la Charente, cant. de Châteauneuf, arr. de Cognac. = Châteauneuf.

SIMON (St.-), s. m. Com. du dép. du Lot, cant. de Livernon, arr. de Figeac. = Figeac.

SIMON (St.-), s. m. Com. du dép. de Lot-et-Garonne, cant. de Mézin, arr. de Nérac. = Nérac.

SIMON (le), s. m. Com. du dép. de la Vendée, cant. de Ste.-Hermine, arr. de Fontenay. = Ste.-Hermine.

SIMON-DE-BORDES (St.-), s. m. Com. du dép. de la Charente-Inférieure, cant. et arr. de Jonzac. = Jonzac.

SIMON-DE-PELLOUAILLE (St.-), s. m. Com. du dép. de la Charente-Inférieure, cant. de Gemozac, arr. de Saintes. = Saintes.

SIMONIAQUE, s. m. et adj. Coupable de simonie; entaché de simonie.

SIMONIE, s. f. Convention illicite en matière spirituelle, trafic de choses saintes.

SIMOON, s. m. Vent empoisonné et brûlant des déserts d'Afrique.

SIMORRE, s. m. Com. du dép. du Gers, cant. et arr. de Lombez. = Lombez.

SIMOUSSES, s. f. pl. Ornemens en laine à la bride des mulets équipés pour la guerre.

SIMPHORIEN (St.-), s. m. Com. du dép. de l'Ardèche, cant. de Chomérac, arr. de Privas. = Privas.

SIMPHORIEN (St.-), s. m. Com. du dép. d'Eure-et-Loir, cant. de Maintenon, arr. de Chartres. = Dreux.

SIMPHORIEN (St.-), s. m. Com. du dép. de la Gironde, chef-lieu de cant. de l'arr. de Bazas, où se trouvent les bur. d'enregist. et de poste.

SIMPHORIEN (St.-), s. m. Com. du dép. d'Ille-et-Vilaine, cant. de Hédé, arr. de Rennes. = Hédé.

SIMPHORIEN (St.-), s. m. Com. du dép. de la Manche, cant. de Torigni, arr. de St.-Lô. = Torigni.

SIMPHORIEN (St.-), s. m. Com. du dép. de la Manche, cant. de Tilleul, arr. du Mortain. = Torigni.

SIMPHORIEN (St.-), s. m. Com. du dép. de Saône-et-Loire, cant. de la Chapelle-de-Guinchay, arr. de Mâcon. = la Maison-Blanche.

SIMPHORIEN (St.-), s. m. Com. du dép. de la Sarthe, cant. de Conlie, arr. du Mans. = Sillé-le-Guillaume.

SIMPHORIEN (St.-), s. m. Com. du dép. des Deux-Sèvres, cant. de Fontenay, arr. de Niort. = Niort.

SIMPHORIEN-DE-MARMAGNE (St.-),

s. m. Com. du dép. de Saône-et-Loire, cant. de Montcenis, arr. d'Autun. = Montcenis.

SIMPHORIEN-LES-BOIS (St.-), s. m. Com. du dép. de Saône-et-Loire, cant. de la Clayette, arr. de Charolles. = la Clayette.

SIMPHORIEN - LES - CHAROLLES (St.-), s. m. Com. du dép. de Saône-et-Loire, cant. et arr. de Charolles.=Charolles.

SIMPLE, s. m. Primitif, mot qui n'est dérivé d'aucun autre ; le simple et le composé. —, pl. Dénomination générale des plantes médicinales. —, adj. Qui n'est point composé. —, seul, unique ; l'opposé de double. —, qui renferme peu de parties distinctes. —, sans accessoires, sans ornemens ; qui exige peu de soins, de dépenses ; mise simple. Fig. —, facile à faire, à comprendre, à expliquer ; l'opposé de compliqué. —, sans restriction ; donation pure et simple. —, naïf, ingénu, sans déguisement, sans malice ; niais, crédule, qui se laisse facilement tromper. Médicamens —, qui ne contiennent qu'une seule substance ou qui n'ont encore subi aucune préparation. T. de pharm.

SIMPLE, s. m. Com. du dép. de la Mayenne, cant. de Cossé-le-Vivien, arr. de Château-Gontier. = Craon.

SIMPLEGADE, s. f. Genre de coquilles univalves. T. d'hist. nat.

SIMPLEMENT, adv. D'une manière simple, avec simplicité. —, sans ornement ; seulement ; naïvement, de bonne foi, sans finesse.

SIMPLESSE, s. f. Simplicité, bonhomie, douceur, ingénuité. (Vi.)

SIMPLICITÉ, s. f. Qualité de ce qui est simple ; candeur, ingénuité, naïveté. —, excessive crédulité, niaiserie, bêtise. Fig.

SIMPLICORNE, s. m. Insecte diptère, sarcostome. T. d'hist. nat.

SIMPLIFICATION, s. f. Action de simplifier ; état d'une chose simplifiée.

SIMPLIFIÉ, E, part. Rendu simple, moins composé.

SIMPLIFIER, v. a. Rendre simple, moins composé, moins difficile à comprendre, à expliquer ; simplifier un calcul.

SIMPLUDIAIRE, adj. Se dit de funérailles dans lesquelles les Romains se bornaient à de simples jeux, à la différence des funérailles indictives. T. d'antiq.

SIMPUVION, s. m. Vase sacré pour les libations. T. d'antiq.

SIMULACRE, s. m. Image, statue, idole, représentation d'une fausse divinité. —, spectre, fantôme. —, représentation, apparence vaine ; simulacre de royauté, de république. Fig.

SIMULATION, s. f. Déguisement, acte simulé. T. de procéd.

SIMULÉ, E, part. Feint, qui n'est point sérieux, qui n'est fait qu'en apparence ; acte simulé. T. de procéd.

SIMULE-GLACE, s. f. Surface de métal poli, simulant une glace.

SIMULER, v. a. Feindre, faire paraître réel ce qui ne l'est pas ; faire des actes frauduleux pour éluder la loi ou frustrer des créanciers, etc.

SIMULTANÉ, E, adj. Qui se fait, s'accomplit dans un seul instant.

SIMULTANÉITÉ, s. f. Coexistence.

SIMULTANÉMENT, adv. Au même instant, en même temps.

SIN, s. m. Arbre du Japon.

SIN, s. m. Com. du dép. du Nord, cant. et arr. de Douai. = Douai.

SINA, s. f. Soie de la Chine, qu'on emploie à fabriquer des gazes.

SINAÏ, s. m. Montagne de l'Arabie Pétrée, à 35 lieues de Jérusalem. C'est sur ce mont fameux que la Loi fut donnée aux Juifs.

SINAÏTE, adj. Qui appartient au mont Sinaï.

SINAPI, s. m. Voy. SÉNEVÉ. T. de bot.

SINAPISÉ, E, part. Se dit d'un malade auquel il a été appliqué des sinapismes.

SINAPISER, v. a. Appliquer des sinapismes sur les jambes d'un malade.

SINAPISME, s. m. Topique dont la moutarde est la base.

SINARD, s. m. Com. du dép. de l'Isère, cant. de Monestier-de-Clermont, arr. de Grenoble. = Grenoble.

SINCENY-AUTREVILLE, s. m. Com. du dép. de l'Aisne, cant. de Chauny, arr. de Laon. = Chauny.

SINCÈRE, adj. Franc, vrai, sans déguisement, sans artifice ; aveu sincère.

SINCÈREMENT, adv. Avec sincérité.

SINCÉRITÉ, s. f. Qualité de ce qui est sincère ; ouverture de cœur, véracité, franchise.

SINCEY-LÉS-ROUVRAY, s. m. Com. du dép. de la Côte-d'Or, cant. de Précy-sous-Thil, arr. de Semur. = Rouvray.

SINCIPITAL, E, adj. Qui est relatif au sinciput.

SINCIPUT, s. m. Partie antérieure et supérieure du front, où naissent les cheveux. T. d'anat.

SINDERÈS, s. m. Com. du dép. des Landes, cant. d'Arjuzanx, arr. de Mont-de-Marsan. = Tartas.

SINDOC, s. m. Arbre voisin du culilaban. T. de bot.

SINDON, s. m. Linceul dans lequel J.-C. fut enseveli. —, plumaceau de charpie pour remplir le trou du trépan quand on le panse. T. de chir.

SINÉCURE, s. f. Emploi salarié sans fonctions.

SINGANE, s. f. Arbrisseau grimpant, guttier. T. de bot.

SINGE, s. m. Quadrumane d'espèces très variées, celui des animaux qui a le plus de ressemblance avec l'homme. —, celui qui contrefait, qui imite. Fig.

SINGÉ, E, part. Imité, contrefait.

SINGER, v. a. Imiter, contrefaire.

SINGERIE, s. f. Grimace, geste, tour de singe, et fig., posture plaisante, imitation ridicule, tour malicieux.

SINGLÉRAC, s. m. Com. du dép. de la Dordogne, cant. d'Eymet, arr. de Bergerac. = Bergerac.

SINGLES, s. m. Com. du dép. du Puy-de-Dôme, cant. de Tauves, arr. d'Issoire. = Tauves.

SINGLING, s. m. Com. du dép. de la Moselle, cant. de Rorbach, arr. de Sarreguemines. = Sarreguemines.

SINGLIOTS, s. m. pl. Centre de l'ovale tracé au cordeau. T. de jard.

SINGLY, s. m. Com. du dép. des Ardennes, cant. d'Omont, arr. de Mézières. = Mézières.

SINGRIST, s. m. Com. du dép. du Bas-Rhin, cant. de Marmoutiers, arr. de Saverne. = Saverne.

SINGULARISER (se), v. pron. Se faire remarquer par des singularités, des actions, des manières, des opinions singulières.

SINGULARITÉ, s. f. Ce qui rend une chose singulière; manière extraordinaire d'agir, de parler, etc.

SINGULIER, s. m. Nombre qui ne marque qu'une personne ou qu'une chose. T. de gramm.

SINGULIER, ÈRE, adj. Unique, particulier, qui ne ressemble point aux autres. —, bizarre, extraordinaire; notre position est bien singulière. —, rare, excellent; cet élixir possède une vertu singulière. —, en parlant des personnes, fantasque, original. Combat —, duel, combat corps à corps, d'homme à homme.

SINGULIÈREMENT, adv. Particulièrement, spécialement; principalement; d'une manière singulière, affectée, bizarre. Fig.

SINGULTEUSE, adj. f. Gênée, qui semble entrecoupée par des sanglots; respiration singulteuse. T. de méd.

SINISTRE, adj. Qui cause, qui présage des malheurs. —, malheureux, funeste; aventure sinistre. —, méchant, pernicieux; projet sinistre. —, effrayant; regard sinistre.

SINISTREMENT, adv. D'une manière sinistre.

SINODENDRON, s. m. Genre d'insectes coléoptères. T. d'hist. nat.

SINON, adv. Autrement, sans quoi. —, particule exceptive, si ce n'est.

SINON, s. m. Fils de Sisyphe, le plus fourbe et le plus artificieux de tous les hommes de l'antiquité. En effet, les Grecs ayant feint de lever le siége de Troie, il se laissa prendre par les Troyens, et sut tellement leur en imposer par ses discours, qu'ils le reçurent dans leurs rangs et lui témoignèrent une confiance aveugle. Lorsque le cheval de bois fut introduit dans Troie, il en ouvrit les flancs où des combattans étaient enfermés et livra la ville aux Grecs. T. de myth.

SINOPE, s. f. Ville maritime très ancienne, d'Anatolie où naquit Diogène, philosophe grec qui s'est immortalisé par son cynisme.

SINOPLE, s. m. Sorte de craie verte ou rouge des environs de Sinope. —, la couleur verte. T. de blas. —, s. f. Anémone carnée. T. de bot.

SINSAT, s. m. Com. du dép. de l'Ariège, cant. de Cabannes, arr. de Foix. = Tarascon.

SINTOS ou **SINTOÏSME**, s. m. La plus ancienne des religions idolâtres du Japon.

SINUÉ, E, adj. Qui offre des échancrures arrondies; feuille sinuée. T. de bot.

SINUEUX, EUSE, adj. Tortueux; qui fait plusieurs tours et détours; qui se replie comme le serpent qui rampe; comme le ruisseau qui serpente. —, étroit, profond et tortueux, en parlant d'un ulcère. T. de chir.

SINUOLÉ, E, adj. Dont les bords sont légèrement flexueux. T. de bot.

SINUOSITÉ, s. f. Détour, que fait une chose sinueuse. —, pl. Enfoncemens pratiqués dans les os pour livrer passage aux tendons. T. d'anat.

SINUS, s. m. (mot latin). Perpendiculaire abaissée de l'extrémité d'un arc au rayon. T. de math. —, sorte de clapier, de cavité sinueuse où séjourne le pus. T. de chir. —, cavité; sinus de la dure-mère, du rocher, etc. T. d'anat. —, partie rentrante des bords d'une feuille. T. de bot.

SINZOR, s. m. Com. du dép. des Hautes-Pyrénées, cant. de Tournay, arr. de Tarbes. = Tarbes.

SION, s. m. Montagne de Syrie au S. de Jérusalem où était bâti le temple de Salomon.

SION, s. m. Com. du dép. du Gard, cant. de Nogaro, arr. de Condom. = Nogaro.

SION, s. m. Com. du dép. de la Loire-Inférieure, cant. de Derval, arr. de Châteaubriant. = Derval.

SIONIAC, s. m. Com. du dép. de la Corrèze, cant. de Beaulieu, arr. de Brive. = Tulle.

SIONNE, s. f. Com. du dép. des Vosges, cant. de Coussey, arr. de Neufchâteau. = Neufchâteau.

SIONVILLER, s. m. Com. du dép. de la Meurthe, cant. et arr. de Lunéville. = Lunéville.

SIORAC, s. m. Com. du dép. de la Dordogne, cant. et arr. de Ribérac. = Ribérac.

SIORAC-ET-FONGAUFIET, s. m. Com. du dép. de la Dordogne, cant. de Belvès, arr. de Sarlat. = Belvès.

SIOULE (la), s. f. Rivière qui prend sa source au pied du Mont-d'Or, dép. du Puy-de-Dôme, arr. de Clermont, et qui se jette dans l'Allier au-dessous de Coutigny, après un cours de 25 l.

SIOUVILLE, s. f. Com. du dép. de la Manche, cant. des Pieux, arr. de Cherbourg. = Cherbourg.

SIPANAOU, s. m. Arbre de la Guiane. T. de bot.

SIPANE, s. f. Plante rubiacée. T. de bot.

SIPARUNE, s. f. Plante de la monœcie, vingt-unième classe des végétaux. T. de bot.

SIPHON, s. m. Canule de différentes formes qui s'adapte à une seringue, etc. —, trombe. T. de mar. —, espèce d'aristoloche. T. de bot.

SIPHONANTHE, s. f. Plante pyrénacée. T. de bot.

SIPHONOBRANCHES, s. m. pl. Mollusques gastéropodes. T. d'hist. nat.

SIPHONOSTOMES, s. m. pl. Poissons abdominaux. T. d'hist. nat.

SIPHORINS, s. m. pl. Oiseaux nageurs. T. d'hist. nat.

SIPHYTUS, s. m. Plante marine. T. de bot.

SIPONCLE, s. m. Ver radiaire. T. d'hist. nat.

SIPPAGE, s. m. Manière de tanner les cuirs en deux mois, à l'instar des Danois.

SIQUE, s. m. Genre d'insectes diptères. T. d'hist. nat.

SIRAC, s. m. Com. du dép. du Gers, cant. de Cologne, arr. de Lombez. = Gimont.

SIRACH, s. m. Com. du dép. des Pyrénées-Orientales, cant. et arr. de Prades. = Prades.

SIRACOURT, s. m. Com. du dép. du Pas-de-Calais, cant. et arr. de St.-Pol. = St.-Pol.

SIRADAN, s. m. Com. du dép. des Hautes-Pyrénées, cant. de Mauléon-Barousse, arr. de Bagnères. = Montrejeau.

SIRAN (St.-), s. m. Com. du dép. du Cantal, cant. de la Roquebrou, arr. d'Aurillac. = Aurillac.

SIRAN, s. m. Com. du dép. de l'Hérault, cant. d'Olonzac, arr. de St.-Pons. = Azille.

SIRE, s. m. Autrefois seigneur; le sire de Créqui. —, titre qu'on donne aux Souverains. —, homme, personnage important. T. fam. Pauvre —, homme sans esprit, sans capacité, dont la situation fait pitié. Fig. et fam.

SIREIX, s. m. Com. du dép. des Hautes-Pyrénées, cant. d'Aucun, arr. d'Argelès. = Argelès.

SIRÈNE, s. f. Chacune des trois filles d'Achéloüs et de Calliope, monstres moitié femme et moitié poisson selon les peintres et les sculpteurs, ou plutôt moitié femme et moitié oiseau, comme le veulent Pline, Ovide, etc., qui chantaient avec tant de mélodie, qu'elles attiraient les passans pour les dévorer. Ulysse se garantit de leurs pièges en bouchant les oreilles de ses compagnons et en se faisant attacher lui-même au mât de son vaisseau. T. de myth. —, femme qui séduit par le charme de sa voix, par ses manières gracieuses. Fig. —, animal de la Caroline, entre la grenouille et le poisson; espèce d'anguille.

SIRÉNIA, s. f. Cétacé herbivore. T. d'hist. nat.

SIRÉNUSSE, s. m. Promontoire de la Lucanie, habité par les Sirènes. Ce fut de ce promontoire que, désespérées de n'avoir pu attirer Ulysse dans leurs pièges, elles se précipitèrent dans la mer où elles furent changées en rochers. T. de myth.

SIREUIL, s. m. Com. du dép. de la Charente, cant. de Liersac, arr. d'Angoulême. = Angoulême.

SIREUIL, s. m. Com. du dép. de la

Dordogne, cant. de St.-Cyprien-et-Lussas, arr. de Sarlat. = Sarlat.

SIRIASE, s. f. Congestion cérébrale occasionnée par le soleil. T. de méd.

SIRIUS, s. m. Etoile de la constellation du Grand-Chien. T. d'astr.

SIROC ou SIROCO, s. m. Vent brûlant du S.-E. qui règne sur la Méditerranée.

SIROD, s. m. Com. du dép. du Jura, cant. de Champagnole, arr. de Poligny. = Champagnole.

SIROP, s. m. Liqueur composée du suc des fruits, fleurs, etc., et de sucre clarifié qu'on fait épaissir sur le feu.

SIROS, s. m. Com. du dép. des Basses-Pyrénées, cant. de Lescar, arr. de Pau. = Pau.

SIROTER, v. n. Boire à petits coups et long-temps. T. fam.

SIRSACAS, s. m. Etoffe de coton des Indes.

SIRSUIR, s. m. Espèce de sarcelle. T. d'hist. nat.

SIRTES, s. f. pl. Sables mouvans. T. de mar.

SIRUPEUX, EUSE, adj. Qui a la consistance du sirop. T. de pharm.

SIRVENTE, s. f. Poésie gauloise ou provençale, consacrée particulièrement à la satire, et quelquefois à l'amour.

SIS, E, part. Assis, situé.

SISCO, s. m. Com. du dép. de la Corse, cant. de Brando, arr. de Bastia. = Bastia.

SISON, s. m. Berle aromatique. T. de bot.

SISSITE, s. m. Voy. ÆTITE.

SISSONNE, s. f. Com. du dép. de l'Aisne, chef-lieu de cant. de l'arr. de Laon. Bur. d'enregistr. à Notre-Dame-de-Liesse. = Laon.

SISSY, s. m. Com. du dép. de l'Aisne, cant. de Ribemont, arr. de St.-Quentin. = St.-Quentin.

SISTELS, s. m. Com. du dép. de Tarn-et-Garonne, cant. d'Auvillar, arr. de Moissac. = la Magistère.

SISTERON, s. m. Ville fortifiée du dép. des Basses-Alpes, chef-lieu de sous-préf. et de cant.; trib. de 1re inst.; société d'agric.; conserv. des hypoth.; direct. des contrib. indir.; recev. part. des finances; bur. d'enregist. et de poste. Cette ville est bâtie au pied d'un rocher, surmonté d'une citadelle. Comm. de vins.

SISTRE, s. m. Instrument de musique dont les Egyptiens et les Hébreux se servaient dans les cérémonies religieuses; espèce de luth. —, genre de coquilles. T. d'hist. nat.

SISYMBRE, s. m. Plante crucifère. T. de bot.

SISYPHE, s. m. Fils d'Eole, brigand qui, après avoir désolé l'Attique par ses cruautés, fut tué par Thésée. Cet homme était si méchant, qu'il fut condamné, dans les enfers, à rouler perpétuellement une grosse pierre ronde du bas d'une montagne en haut, d'où elle retombait sur-le-champ. T. de myth.

SITE, s. m. Situation; partie d'un paysage considérée relativement à son point de vue. T. de peint.

SITIOLOGIE, s. f. Partie de l'hygiène qui traite des substances alimentaires. T. de méd.

SITNIC, s. m. Petit quadrupède rongeur de Sibérie. T. d'hist. nat.

SITOCOME, s. m. Inspecteur des subsistances dans Athènes.

SITOPHYLAX, s. m. Magistrat d'Athènes qui veillait à ce que chaque citoyen n'achetât pas au-delà de cinquante mesures de blé, prescrites par la loi. T. d'antiq.

SITOPOLE, s. m. Marchand de blé en Grèce.

SITÔT QUE, conj. Dès que.

SITTELLE, s. f. Oiseau du genre des grimpereaux. T. d'hist. nat.

SITUATION, s. f. Assiette, position d'une ville, d'une maison, etc. —, posture des hommes, des animaux. —, état, disposition de l'ame, des affaires. Fig. —, complication intéressante dans la position des personnages d'une action dramatique, d'un roman. T. de littér.

SITUÉ, E, part. Sis, posé, placé dans une situation quelconque.

SITUER, v. a. Placer, poser, asseoir en quelque lieu, par rapport aux environs, aux parties du ciel.

SIVERGUES, s. f. Com. du dép. de Vaucluse, cant. de Bonnieux, arr. d'Apt. = Apt.

SIVRY, s. m. Com. du dép. de la Meurthe, cant. de Nomeny, arr. de Nancy. = Pont-à-Mousson.

SIVRY, s. m. Com. du dép. de Seine-et-Marne, cant. du Châtelet, arr. de Melun. = Melun.

SIVRY-LA-PERCHE, s. m. Com. du dép. de la Meuse, cant. et arr. de Verdun. = Verdun.

SIVRY-LEZ-BUZANCY, s. m. Com. du dép. des Ardennes, cant. de Buzancy, arr. de Vouziers. = Buzancy.

SIVRY-SUR-ANTE, s. m. Com. du dép. de la Marne, cant. de Dommartin-sur-Yèvre, arr. de Ste.-Menéhould. = Ste.-Menéhould,

SIVRY-SUR-MEUSE, s. m. Com. du dép. de la Meuse, cant. de Montfaucon, arr. de Montmédy. = Verdun.

SIX, s. m. Chiffre qui exprime le nombre six. —, carte marquée de six points, etc. —, sixième jour; le six du mois.

SIX, adj. numéral indécl. Deux fois trois. —, après un nom propre, sixième; Pie Six.

SIXAIN, s. m. Stance de six vers. —, paquet de six, en parlant de certaines choses; sixain de cartes.

SIXÉNAIRE, adj. Disposé six à six en verticille; feuille sixénaire. T. de bot.

SIX-FOURS, s. m. Com. du dép. du Var, cant. d'Ollioules, arr. de Toulon. = Toulon.

SIXIÈME, s. m. La sixième partie d'un tout. —, écolier qui est dans la classe nommée sixième. —, s. Celui, celle qui tient le sixième rang. —, s. f. Sixième classe d'un collége. —, au piquet, suite de six cartes de la même couleur. —, adj. numéral d'ordre. Qui correspond à six, qui vient après cinquième.

SIXIÈMEMENT, adv. En sixième lieu.

SIXT, s. m. Com. du dép. d'Ille-et-Vilaine, cant. de Pipriac, arr. de Redon. = Redon.

SIXTE, s. f. Intervalle de six tons de la gamme. T. de mus.

SIXTE (St.-), s. m. Com. du dép. de la Loire, cant. de Boën, arr. de Montbrison. = Roanne.

SIZE, s. f. Instrument dont se servent les joailliers pour trouver le poids des perles fines.

SIZERIN, s. m. Genre d'oiseaux sylvains. T. d'hist. nat.

SIZUN, s. m. Com. du dép. du Finistère, chef-lieu de cant. de l'arr. de Morlaix. Bur. d'enregist. à Landerneau. = Landivisiau.

SKIMMIE, s. m. Arbuste du Japon. T. de bot.

SKORSA, s. m. Substance minérale. T. d'hist. nat.

SLABRE, s. m. Petit navire dont on se sert dans les îles Bermudes; bateau pour la pêche du hareng.

SLANTZA, s. m. Espèce de sapin. T. de bot.

SLAVES (les), s. m. pl. L'une des deux races qui composent la population de l'Allemagne, peuples qui habitent la Poméranie et partie de la Hongrie.

SLOOP, s. m. (mot anglais). Chaloupe; petit bâtiment de guerre au-dessous de vingt canons. T. de mar.

SMALT, s. m. Verre provenant de la fusion du cobalt avec le sable et le sel alcali. T. de chim.

SMARAGDIN, E, adj. De couleur verte ou d'émeraude.

SMARAGDITE, s. f. Minéral d'un beau vert d'émeraude.

SMARAGDOPRASE, s. f. Emeraude d'un vert de poireau.

SMARIDE, s. f. Genre d'insectes arachnides. T. d'hist. nat.

SMARVE, s. m. Com. du dép. de la Vienne, cant. de Villedieu, arr. de Poitiers. = Poitiers.

SMECTITE, s. f. Pierre savonneuse, concrétion argileuse formée dans la glaise, propre à dégraisser.

SMEGME, s. m. Cosmétique dont se servaient les anciens pour blanchir la peau.

SMERDIS, s. m. Genre de crustacés stomapodes. T. d'hist. nat.

SMERINTHE, s. m. Genre d'insectes lépidoptères. T. d'hist. nat.

SMERMESNIL, s. m. Com. du dép. de la Seine-Inférieure, cant. de Londinières, arr. de Neufchâtel. = Neufchâtel.

SMIDSTIE, s. f. Plante voisine des joncoïdes. T. de bot.

SMILACÉES, s. f. pl. Famille de plantes monocotylédones, à étamines épigynes. T. de bot.

SMILAX, s. m. Plante sudorifique qui ressemble au lierre. T. de bot.

SMILLE, s. f. Marteau pour piquer le grès, le moellon.

SMILLÉ, E, part. Piqué avec la smille.

SMILLER, v. a. Piquer le moellon ou le grès avec la smille.

SMIRRINGUE, s. f. Poule d'eau de Pologne.

SMITHIE, s. f. Espèce de sainfoin. T. de bot.

SMITTEN, s. m. Grand singe d'Amérique. T. d'hist. nat.

SMOGLEUR, s. m. Espèce de petit navire anglais.

SMOLENSK, s. m. Grande et belle ville de Russie, capitale d'un gouvernement de ce nom, située sur le Dnieper. Cette ville a beaucoup souffert dans la campagne de Russie, en 1812. Depuis, elle a été reconstruite avec élégance. Pop. 12,000 hab. env.

SMYNTHURE, s. m. Genre de podurelles, d'insectes. T. d'hist. nat.

SMYRNE, s. f. Ancienne et célèbre ville de l'Asie mineure, aujourd'hui capitale de l'Anatolie, située sur une vaste baie de l'Archipel. Cette ville est la première des Echelles du Levant et l'entrepôt de tout le commerce de l'Orient avec l'Europe, l'Asie et l'Afrique. C'est une des sept qui se disputèrent la gloire d'avoir vu naître Homère. Pop. 100,000 hab. env.

SNETK, s. m. Petit poisson du genre cyprin, des lacs de Sibérie. T. d'hist. nat.

SOBOLE, s. f. Bulbe qui se développe dans les fleurs, et remplace les fruits. T. de bot.

SOBRALE, s. f. Genre de plantes orchidées. T. de bot.

SOBRE, adj. Qui a de la sobriété. —, frugal, où règne la sobriété; repas sobre. —, modéré, retenu; sobre en paroles. — de discours, qui ne les prodigue point. Fig.

SOBREMENT, adv. Avec sobriété, au prop. et au fig.

SOBREYRE, s. f. Plante aquatique du Pérou. T. de bot.

SOBRIÉTÉ, s. f. Frugalité, tempérance dans le boire et le manger. —, modération, retenue. Fig.

SOBRIQUET, s. m. Surnom burlesque, dérisoire.

SOC, s. m. Fer dont est armée la charrue pour ouvrir la terre.

SOCCAGE, s. m. Temps que le sel est à se former. T. de sal.

SOCCANNE, s. f. Com. du dép. de l'Orne, cant. de la Ferté-Frênel, arr. d'Argentan. = l'Aigle.

SOCCIA, s. f. Com. du dép. de la Corse, chef-lieu de cant. de l'arr. d'Ajaccio. Bur. d'enregist. à Vico. = Ajaccio.

SOCHAUX, s. m. Com. du dép. du Doubs, cant. d'Audincourt, arr. de Montbéliard. = Montbéliard.

SOCIABILITÉ, s. f. Qualité de l'homme sociable; aptitude à vivre en société.

SOCIABLE, adj. Fait pour vivre en société; doux, obligeant, accommodant; avec lequel il est aisé de vivre en bonne intelligence.

SOCIABLEMENT, adv. D'une manière sociable.

SOCIAL, E, adj. Qui concerne la société, lui appartient, lui est nécessaire; pacte social, vertus sociales. Guerre —, guerre qu'eut à soutenir Rome contre ses alliés, au temps de Marius et de Sylla.

SOCIÉTÉ, s. f. Hommes réunis par un pacte, pour s'entr'aider, se protéger et se défendre. —, acte d'association entre plusieurs personnes, pour la réussite d'une entreprise; société commerciale, etc. —, réunion de personnes associées par les goûts, les manières de vivre; cercle, compagnie; les personnes que l'on fréquente habituellement, liaison particulière. — (îles de la), groupe de sept îles, dans l'Océan-Pacifique, au nombre desquelles se trouve Otahiti.

SOCIN, s. m. Hérésiarque qui vivait au seizième siècle. Il rejetait les mystères, le péché originel et la divinité de J.-C. Effrayés de la violence de ses doctrines, les luthériens se liguèrent avec les catholiques pour le condamner.

SOCINIANISME, s. m. Hérésie de Socin.

SOCINIEN, s. m. Partisan des hérésies de Socin.

SOCLE, s. m. Base carrée; piédestal.

SOCLÉTIÈRE, s. f. Filet de fil fin pour la pêche de la sardine. T. de pêch.

SOCOURT, s. m. Com. du dép. des Vosges, cant. de Charmes, arr. de Mirecourt. = Charmes.

SOCQUE, s. m. Chaussure des acteurs comiques de l'antiquité. —, sorte de chaussure pliante, dont la semelle est en bois et le dessus en cuir.

SOCQUEMENT, s. m. Action de retirer les poêles des fourneaux. T. de sal.

SOCQUEUR, s. m. Ouvrier des salines.

SOCRATE, s. m. L'un des sages de la Grèce, philosophe qui fut condamné par un aréopage de juges corrompus, dont les noms sont arrivés jusqu'à nous chargés de l'exécration des siècles.

SOCRATIQUE, adj. Relatif à Socrate, à sa doctrine, à son école.

SOCX, s. m. Com. du dép. du Nord, cant. de Bergues, arr. de Dunkerque. = Bergues.

SODA, s. f. Mal de gorge, ardeur de l'estomac, céphalalgie. —, plante dont on tire la soude. T. de bot.

SODALISTE, s. m. Membre d'une même confrérie.

SODALITHE, s. m. Minéral qui renferme de la soude. T. d'hist. nat.

SODE, s. m. Com. du dép. de la Haute-Garonne, cant. de Bagnères-de-Luchon, arr. de St.-Gaudens. = Bagnères-de-Luchon.

SODIUM, s. m. Substance métallique, base de la soude. T. de chim.

SODOME, s. f. Ville de la Judée qui fut abîmée pour la punir des abominations dont s'étaient souillés ses habitans.

SODOMIE, s. f. Abomination des habitans de Sodome, péché contre nature.

SODOMITE, s. m. Homme coupable de sodomie.

SOETRICH, s. m. Com. du dép. de la Moselle, cant. de Cattenom, arr. de Thionville. = Thionville.

SOEUDRES, s. m. Com. du dép. de Maine-et-Loire, cant. de Châteauneuf, arr. de Segré. = Châteauneuf.

SŒUR, s. f. Fille ou femme née d'un même père et de la même mère qu'une autre personne, ou de l'un des deux. —, dénomination générale des filles vivant en communauté. Jeune —, jeune religieuse. — écoute, religieuse qui assiste aux entretiens du parloir. —, femme d'une curiosité indiscrète. Fig. et fam. Les neuf —, les Muses. T. poét.

SOFA, s. m. Voy. SOPHA.

SOFFITE, s. f. Plafond ou lambris formé de poutres croisées ou de corniches volantes, avec des compartimens et des renfoncemens enrichis de sculptures et de peintures. T. d'arch.

SOFI, s. m. Voy. SOPHI.

SOGNE (la), s. f. Com. du dép. de l'Eure, cant. de Damville, arr. d'Evreux. = Damville.

SOGNES, s. f. Com. du dép. de l'Yonne, cant. de Sergines, arr. de Sens. = Nogent-sur-Seine.

SOGNY-AUX-MOULINS, s. m. Com. du dép. de la Marne, cant. d'Ecury-sur-Coole, arr. de Châlons. = Châlons.

SOGNY-EN-L'ANGLE, s. m. Com. du dép. de la Marne, cant. d'Heiltz-le-Maurupt, arr. de Vitry. = Vitry-le-Français.

SOHER, s. m. Grand poisson du Gange, fleuve de l'Inde.

SOI, pron. sing. de la troisième personne, marquant le rapport de l'être à lui-même; il est impertinent de toujours parler de soi. —-même, marque un rapport plus intime. Etre à —, n'appartenir à personne, être indépendant. N'être plus à —, n'être plus libre; avoir perdu le sens. De —, de sa nature. En —, dans son principe, dans ce qui constitue. A part —, en son particulier, en soi-même. Sur —, sur sa personne. — disant. Voy. DISANT.

SOIE, s. f. Produit de l'industrie de certains vers ou chenilles; fil, étoffe de soie. —, poil long et dur du sanglier, du cochon et de quelques autres animaux. —, poil doux et long de quelques chiens. —, partie du fer d'une épée ou d'un couteau qui entre dans la poignée, dans le manche. —, filament rude des plantes; pédoncule des mousses. — minérale, amiante. — végétale, ouate. — d'Orient, plante à gousses soyeuses.

SOIERIE, s. f. Fabrique, magasin d'étoffe de soie.

SOIF, s. f. Besoin de boire, occasionné par l'altération du gosier et des parties voisines. —, désir ardent, immodéré; soif des honneurs, des richesses. Fig.

SOIGNÉ, E, part. Traité, fait avec soin.

SOIGNER, v. a. Avoir soin, traiter; soigner un malade. —, apporter beaucoup d'attention, faire, travailler avec soin; soigner son style. —, surveiller et traiter sévèrement. T. fam. Se —, v. pron. Avoir soin de sa personne.

SOIGNEUSEMENT, adv. Avec soin, attention, exactitude.

SOIGNEUX, EUSE, adj. Qui agit, travaille avec soin. —, actif, vigilant. — de..., désireux de...; soigneux de plaire.

SOIGNOLLES, s. f. Com. du dép. du Calvados, cant. de Bretteville-sur-Laise, arr. de Falaise. = Caen.

SOIGNOLLES, s. f. Com. du dép. de Seine-et-Marne, cant. de Brie, arr. de Melun. = Melun.

SOIGNY, s. m. Com. du dép. de la Marne, cant. Montmirail, arr. d'Epernay. = Montmirail.

SOILLY, s. m. Com. du dép. de la Marne, cant. de Dormans, arr. d'Epernay. = Dormans.

SOIN, s. m. Attention, application d'esprit à faire une chose. —, inquiétude, peine d'esprit, souci. Prendre — d'une personne, pourvoir à ses besoins. Avoir — d'une chose, veiller à sa conservation. —, pl. Démarches, devoirs, assiduités, sollicitude. Petits —, attentions délicates, prévenances.

SOINDRE, s. m. Com. du dép. de Seine-et-Oise, cant. et arr. de Mantes. = Mantes.

SOING, s. m. Com. du dép. de la Haute-Saône, cant. de Fresne-St.-Mamès, arr. de Gray. = Cintrey.

SOINGS, s. m. Com. du dép. de Loir-et-Cher, cant. de Selles-sur-Cher, arr. de Romorantin. = Selles-sur-Cher.

SOIR, s. m. Dernière partie, dernières heures du jour; première partie de la nuit.

SOIRANS-SOUFFRANS, s. m. Com. du dép. de la Côte-d'Or, cant. d'Auxonne. arr. de Dijon. = Auxonne.

SOIRÉE, s. f. Espace de temps depuis le déclin du jour jusqu'au moment où l'on se couche ordinairement. —, réunion de personnes, jeu, divertissement pendant la soirée.

SOISSONNAIS (le), s. m. Petit pays qui dépendait autrefois de la province de Picardie, et qui fait aujourd'hui partie du dép. de l'Aisne.

SOISSONS, s. m. Ville du dép. de l'Aisne, chef-lieu de sous-préf. et d'un canton; évêché érigé dans le 3e siècle;

trib. de 1re inst. et de comm.; école gratuite de dessin; biblioth. pub.; conserv. des hypoth.; direct. des contrib. indir.; recev. part. des finances; bur. d'enregist. et de poste; pop. 7,500 hab. env.
Cette ville, très ancienne, est située dans une vallée fertile, arrosée par l'Aisne. Patrie du général Charpentier. Fabr. de grosses toiles, treillis, bas, papiers peints; corderies et blanchisseries de toiles. Comm. de grains, farines, pois, haricots, lin, chanvre, laines, bétail, charbon, bois de chauffage et de construction.

SOISSONS, s. m. Com. du dép. de la Côte-d'Or, cant. de Pontailler, arr. de Dijon. = Pontailler.

SOISY, s. m. Com. du dép. de Seine-et-Marne, cant. de Bray, arr. de Provins. = Provins.

SOISY, s. m. Com. du dép. de Seine-et-Oise, cant. d'Enghien, arr. de Pontoise. = Enghien.

SOISY-SOUS-ÉTIOLES, s. m. Com. du dép. de Seine-et-Oise, cant. et arr. de Corbeil. = Corbeil.

SOISY-SUR-ÉCOLE, s. m. Com. du dép. de Seine-et-Oise, cant. de Milly, arr. d'Etampes. = Milly.

SOIT, conj. alternative qui s'emploie le plus souvent avec que. S'il arrive ou n'arrive pas que; ou, ou bien; en supposant telle chose ou telle autre; soit que la presse reste libre ou qu'on parvienne momentanément à l'enchaîner, elle ne périra pas. —, adv. Qu'il soit ainsi; d'accord, j'y consens.

SOIXANTAINE, s. f. Soixante ou environ. La —, soixante ans accomplis. T. fam.

SOIXANTE, adj. numéral indécl. Six fois dix, six dizaines.

SOIXANTER, v. n. Au jeu de piquet, quand on est parvenu à trente sans que l'adversaire ait pris un point; compter soixante.

SOIXANTIÈME, s. m. La soixantième partie d'un tout. —, s. Celui, celle qui occupe le soixantième rang. —, adj. Nombre ordinal de soixante.

SOIZE, s. m. Com. du dép. de l'Aisne, cant. de Rozoy-sur-Serre, arr. de Laon. = Rozoy-sur-Serre.

SOIZÉ, s. m. Com. du dép. d'Eure-et-Loir, cant. d'Authon, arr. de Nogent-le-Rotrou. = Nogent-le-Rotrou.

SOIZY-AUX-BOIS, s. m. Com. du dép. de la Marne, cant. de Montmirail, arr. d'Epernay. = Sézanne.

SOL, s. m. Terroir considéré suivant sa qualité. —, aire, superficie, fonds sur lequel on bâtit. —, cinquième note de la gamme. T. de mus. —, champ de l'écu. T. de blas. Voy. Sou.

SOLA, s. m. Bois de l'Inde, fort léger.

SOLACIÉ, E, part. Consolé. (Vi.)

SOLACIER, v. a. Soulager, consoler. (Vi.)

SOLAIN (St.-), s. m. Com. du dép. des Côtes-du-Nord, cant. et arr. de Dinan. = Dinan.

SOLAIRE, adj. Qui appartient, a rapport au soleil; cadran solaire. Fleur —, qui s'épanouit au lever du soleil et se ferme à son coucher. T. de bot. —, s. m. Bandage pour la saignée de l'artère temporale. T. de chir. —, s. et adj. Muscle considérable situé sous les deux grands jumeaux, avec lesquels il contribue à former le gras de la jambe. T. d'anat.

SOLAIZE, s. f. Com. du dép. de l'Isère, cant. de St.-Symphorien-d'Ozon, arr. de Vienne. = St.-Symphorien.

SOLAMIRE, s. f. Toile de crin, ou de soie d'un tamis.

SOLANDRES, s. f. pl. Malandres, ulcères au pli du jarret d'un cheval. T. de méd. vétér.

SOLANÉES, s. f. pl. Famille de plantes dicotylédones, monopétales, à corolle hypogyne. T. de bot.

SOLANGE (Ste.-), s. f. Com. du dép. du Cher, cant. des Aix-d'Angillon, arr. de Bourges. = Bourges.

SOLANINE, s. f. Substance vomitive et narcotique extraite de la morelle.

SOLANOÏDE, s. f. Douce-amère bâtarde. T. de bot.

SOLANUM, s. m. (mot latin). Douce-amère, genre de plantes qui comprend la morelle, la pomme de terre, etc. T. de bot.

SOLARO, s. m. Com. du dép. de la Corse, cant. de Prunelli, arr. de Corte. = Bastia.

SOLBACH, s. m. Com. du dép. du Bas-Rhin, cant. de Villé, arr. de Schélestadt. = Molsheim.

SOLBATU, E, adj. Se dit d'un cheval dont la sole est foulée. T. de méd. vétér.

SOLBATURE, s. f. Foulure de la sole du cheval. T. de méd. vétér.

SOLDANELLE, s. f. Espèce de liseron. T. de bot.

SOLDAT, s. m. En général, militaire soldé. —, spécialement, militaire sans grade, par opposition à ceux qui en possèdent. —, homme brave, déterminé. Fig. —, femme hardie, virago. T. fam. et iron. —, adj. Martial; air soldat.

SOLDATESQUE, s. f. sans pl. Les soldats; se prend en mauvaise part. —, troupe de soldats féroces et indisciplinés. —, adj. Qui tient du soldat ; ton soldatesque.

SOLDE, s. m. Paiement. —, s. f. Paie qu'on fait à la troupe, aux soldats.

SOLDÉ, E, part. Stipendié ; homme soldé. —, payé, en parlant d'un reliquat de compte.

SOLDER, v. a. Soudoyer, stipendier. —, payer le reliquat d'un compte.

SOLE, s. f. Certaine quantité de terre qu'on laisse reposer une année sur trois. —, dessous du pied d'un cheval, d'un mulet, etc. ; qui entoure le sabot. —, pièce de bois posée de plat. T. de charp. —, fond d'un navire sans quille. T. de mar. —, poisson du genre du pleuronecte ; éventail, coquillage du genre des peignes. T. d'hist. nat.

SOLÉAIRE, s. et adj. Voy. TIBIO-CAL-CANIEN. T. d'anat.

SOLÉARIA, s. m. Fossile numismale. T. d'hist. nat.

SOLÉCISME, s. m. Faute grossière contre la syntaxe.

SOLEIL, s. m. Grand astre qui éclaire et vivifie le monde, qui fertilise la terre et mûrit les moissons, etc. ; l'astre du jour ; représentation, figure de cet astre. —, ce qui éclaire, échauffe, guide, etc. Fig. — levant, crédit, pouvoir naissant. T. fam. —, cercle d'or et d'argent, garni de rayons, dans lequel est enchâssé un double cristal destiné à renfermer l'hostie. Voy. OSTENSOIR. —, l'or. T. d'alchim. —, voy. HÉLIANTHE, TOURNESOL. T. de bot.

SOLEILHAS, s. m. Com. du dép. des Basses-Alpes, cant. et arr. de Castellanne. = Castellanne.

SOLEMONT, s. m. Com. du dép. du Doubs, cant. de Pont-de-Roide, arr. de Montbéliard. = St.-Hyppolite.

SOLEMYE, s. f. genre de coquilles. T. d'hist. nat.

SOLEN, s. m. Boîte ronde, oblongue et creuse dans laquelle on plaçait un membre fracturé après sa réduction. T. de chir. —, genre de testacés. T. d'hist. nat.

SOLÉNA, s. m. Arbrisseau de la syngénésie, dix-neuvième classe de végétaux. T. de bot.

SOLÉNACÉES, s. f. pl. Famille de testacés qui comprend solen, mye, etc. T. d'hist. nat.

SOLÉNANDRE, s. f. Voy. GALAX. T. de bot.

SOLÉNIE, s. f. Genre de champignons. T. de bot.

SOLÉNITE, s. f. Solen fossile. T. d'hist. nat.

SOLENNEL, LE, adj. Accompagné de cérémonies religieuses, publiques et extraordinaires ; vœu solennel, fête solennelle. —, brillant, pompeux ; réception solennelle. —, authentique, revêtu des formalités requises ; arrêt solennel.

SOLENNELLEMENT, adv. D'une manière solennelle.

SOLENNISATION, s. f. Action de solenniser.

SOLENNISÉ, E, part. Célébré solennellement.

SOLENNISER, v. a. Célébrer avec solennité.

SOLENNITÉ, s. f. Cérémonie solennelle. —, pl. Formalités qui rendent un acte solennel. T. de procéd.

SOLÉNOSTOME, s. m. Fistulaire, poisson abdominal. T. d'hist. nat.

SOLENTE, s. m. Com. du dép. de l'Oise, cant. de Guiscard, arr. de Compiègne. = Roye.

SOLER (le), s. m. Com. du dép. des Pyrénées-Orientales, cant. de Millas, arr. de Perpignan. = Perpignan.

SOLÉRIEU, s. m. Com. du dép. de la Drôme, cant. de Pierrelatte, arr. de Montélimar. = Pierrelatte.

SOLERS, s. m. Com. du dép. de Seine-et-Marne, cant. de Tournan, arr. Melun. = Brie-Comte-Robert.

SOLESME, s. m. Com. du dép. de la Sarthe, cant. de Sablé, arr. de la Flèche. = Sablé.

SOLESMES, s. m. Com. du dép. du Nord. chef-lieu de cant. de l'arr. de Cambrai. Bur. d'enregist. = Cambrai. Fabr. de batiste, linon, mouchoirs, gazes, tissus de coton ; filature de coton, etc.

SOLÉTARD, s. m. Voy. SMECTITE.

SOLETTE, s. f. Tringle du métier à mailles. T. de pêch.

SOLEURE, s. f. Ville de Suisse sur l'Aar, chef-lieu du cant. de ce nom.

SOLEYMIEU, s. m. Com. du dép. de l'Isère, cant. de Crémieu, arr. de la Tour-du-Pin. = Crémieu.

SOLEYMIEUX, s. m. Com. du dép. de la Loire, cant. de St.-Jean-Soleymieux, arr. de Montbrison. = Montbrison.

SOLFATARE, s. f. Soufrière, ancien cratère.

SOLFÉGE, s. m. Assemblage de notes pour apprendre à solfier ; livre contenant les élémens de la musique.

SOLFIÉ, E, part. Se dit d'un air

dont on a nommé les notes en chantant.

SOLFIER, v. a. Chanter en nommant les notes sur le ton qui leur est propre.

SOLGNE, s. f. Com. du dép. de la Moselle, cant. de Verny, arr. de Metz. = Metz.

SOLIDAIRE, adj. Qui oblige les parties conjointement et solidairement; obligation solidaire. —, en parlant des personnes, obligé solidairement avec d'autres.

SOLIDAIREMENT, adv. D'une manière solidaire; en se cautionnant les uns les autres, un seul pour tous.

SOLIDARITÉ, s. f. Qualité de celui ou de ce qui est solidaire.

SOLIDE, s. m. Corps qui a de la consistance. —, ce qu'il y a de bon, d'utile. Fig. —, corps considéré comme ayant les trois dimensions. T. de math. —, adj. Qui a de la consistance, l'opposé de fluide. —, capable de résister au choc des corps, à l'injure des temps; l'opposé de fragile. —, qui est bien d'aplomb. —, réel, effectif, qui n'est point vain, chimérique; principe, esprit, amitié solide. Fig.

SOLIDEMENT, adv. D'une manière solide, au prop. et au fig.

SOLIDICORNES, s. m. pl. Coléoptères pentamères. T. d'hist. nat.

SOLIDIFICATION, s. f. Action de solidifier. T. de chim.

SOLIDIFIÉ, E, part. Rendu solide.

SOLIDIFIER, v. a. Rendre solide. Se —, v. pron. Devenir solide.

SOLIDISME, s. m. Doctrine médicale qui attribue toutes les maladies aux lésions des parties solides de l'économie animale.

SOLIDISTE, s. m. Médecin qui professe la doctrine du solidisme.

SOLIDITÉ, s. f. Qualité de ce qui est solide, au prop. et au fig.

SOLIERS, s. m. Com. du dép. du Calvados, cant. de Bourguébus, arr. de Caen. = Caen.

SOLIGNAC-ET-LE-VIGEN, s. m. Com. du dép. de la Haute-Vienne, cant. et arr. de Limoges. = Limoges.

SOLIGNAC-SOUS-ROCHE, s. m. Com. du dép. de la Haute-Loire, cant. de Bas, arr. d'Yssingeaux. = Craponne.

SOLIGNAC-SUR-LOIRE, s. m. Com. du dép. de la Haute-Loire, chef-lieu de cant. de l'arr. du Puy. Bur. d'enregist. = le Puy.

SOLIGNAT, s. m. Com. du dép. du Puy-de-Dôme, cant. et arr. d'Issoire. = Issoire.

SOLIGNI-LA-TRAPPE, s. m. Com. du dép. de l'Orne, cant. de Bazoche-sur-Hoêne, arr. de Mortagne. = Mortagne.

SOLIGNY-LES-ÉTANGS, s. m. Com. du dép. de l'Aube, cant. et arr. de Nogent-sur-Seine. = Nogent-sur-Seine.

SOLILOQUE, s. m. Monologue, discours d'une personne qui s'entretient avec elle-même. (Vi.)

SOLINE (Ste.-), s. f. C... du dép. des Deux-Sèvres, cant. de Chenay, arr. de Melle. = Couhé.

SOLINS, s. m. pl. Intervalles entre les solives; enduit de plâtre pour joindre les premières tuiles.

SOLIPÈDE, adj. Qui n'a qu'une corne à chaque pied, en parlant des animaux. —, s. m. pl. Classe de quadrupèdes dont la corne du pied est d'une seule pièce. T. d'hist. nat.

SOLITAIRE, s. m. Anachorète, ermite. —, jeu qu'on joue sur une table percée de trente-sept trous avec trente-six chevilles. —, gros diamant monté seul. —, dindon sauvage de l'île de Madagascar; espèce de merle. —, constellation australe de vingt-deux étoiles. T. d'astr. —, adj. Qui vit seul, qui aime la solitude. —, éloigné du commerce du monde, isolé, désert. Ver —, voy. TÉNIA.

SOLITAIREMENT, adv. D'une manière solitaire, à l'écart, loin du monde.

SOLITUDE, s. f. État d'une personne qui vit seule, éloignée du commerce du monde. —, lieu désert, éloigné de la vue et de la fréquentation des hommes.

SOLIVA, s. m. Plante de la syngénésie, dix-neuvième classe des végétaux. T. de bot.

SOLIVAGE, s. m. Supputation du nombre des solives que peut fournir une pièce de bois. T. de charp.

SOLIVE, s. f. Pièce de bois qui entre dans la composition de la charpente d'un plancher.

SOLIVEAU, s. m. Petite solive.

SOLLACARO, s. m. Com. du dép. de la Corse, cant. de Petreto-et-Bicchisano, arr. de Sartène. = Ajaccio.

SOLLES, s. f. pl. Pièces de bois sur lesquelles sont établies les piles du moulin à papier.

SOLLICITABLE, adj. Que l'on peut solliciter.

SOLLICITATION, s. f. Action de solliciter; instigation, instance; soins, démarches pour le succès d'une affaire. —, recommandation qu'on adresse à des juges, à des supérieurs, etc.

SOLLICITÉ, E, part. Postulé, demandé avec instance.

SOL 1056 SOM

SOLLICITER, v. a. Postuler, demander avec instance; solliciter un emploi, etc. — à, inciter, exciter à.....; solliciter à la révolte. —, faire des démarches pour faire réussir une affaire.

SOLLICITEUR, EUSE, s. Postulant; intrigant qui assiège les bureaux, les ministères pour demander des places, etc., qui fait métier de solliciter.

SOLLICITUDE, s. f. Anxiété, inquiétude, soins affectueux. Les — du siècle, pl. Le soin des affaires temporelles.

SOLLIÉS-FARLÈDE, s. m. Com. du dép. du Var, cant. de Solliés-Pont, arr. de Toulon. = Cuers.

SOLLIÉS-PONT, s. m. Com. du dép. du Var, chef-lieu de cant. de l'arr. de Toulon. Bur. d'enregist. et de poste. Comm. de figues, olives, oranges et citrons.

SOLLIÉS-TOUCAS, s. m. Com. du dép. du Var, cant. de Solliés-Pont, arr. de Toulon. = Cuers.

SOLLIÉS-VILLE, s. m. Com. du dép. du Var, cant. de Solliés-Pont, arr. de Toulon. = Cuers.

SOLO, s. m. Morceau de musique destiné à être joué ou chanté par un seul. —, voy. DÉSOBLIGEANTE.

SOLOGNE, s. f. Petit pays qui faisait partie de l'Orléanais, et qui est compris aujourd'hui dans le dép. de Loir-et-Cher.

SOLOGNY, s. m. Com. du dép. de Saône-et-Loire, cant. et arr. de Mâcon. = Mâcon.

SOLOMIAC, s. m. Com. du dép. du Gers, cant. de Mauvesin, arr. de Lectoure. = Gimont.

SOLRE-LE-CHÂTEAU, s. m. Com. du dép. du Nord, chef-lieu de cant. de l'arr. d'Avesnes. Bur. d'enregist. et de poste. Fabr. de dentelles. Comm. de bois, lin, laines, marbre, etc.

SOLRINES, s. f. Com. du dép. du Nord, cant. de Solre-le-Château, arr. d'Avesnes. = Solre-le-Château.

SOLSTICE, s. m. Temps où le soleil se trouve dans son plus grand éloignement de l'équateur.

SOLSTICIAL, E, adj. Qui a rapport aux solstices. T. d'astr.

SOLTERRE, s. f. Com. du dép. du Loiret, cant. de Châtillon-sur-Loing, arr. de Montargis. = Noyen-sur-Vernisson.

SOLUBILITÉ, s. f. Qualité de ce qui est soluble.

SOLUBLE, adj. Qui peut être résolu, susceptible de solution; problème soluble. —, qui peut se dissoudre, se fondre; corps soluble. T. de phys. et de chim. —, qui peut se détacher spontanément; calice soluble. T. de bot.

SOLUTIF, IVE, adj. Voy. LAXATIF.

SOLUTION, s. f. Dénouement, éclaircissement, explication; solution d'une difficulté, d'un problème. —, paiement. T. de procéd. —, action de s'incorporer à un liquide par la dissolution. T. de chim. — de continuité. Voy. ce dernier mot.

SOLUTRÉ, s. m. Com. du dép. de Saône-et-Loire, cant. et arr. de Mâcon. = Mâcon.

SOLUTUM, s. m. Produit d'une solution, d'une dissolution. T. de chim.

SOLVABILITÉ, s. f. Pouvoir, faculté, moyens de payer; état d'un débiteur solvable.

SOLVABLE, adj. Qui a les moyens de payer.

SOLVE (St.-), s. m. Com. du dép. de la Corrèze, cant. de Juillac, arr. de Brive. = Brive.

SOMACHE, adj. f. Salée; eau somache. T. de mar. Voy. SAUMATRE.

SOMAIN, s. m. Com. du dép. du Nord, cant. de Marchiennes, arr. de Douai. = Marchiennes.

SOMATOLOGIE, s. f. Traité, description des parties solides du corps humain. T. de méd.

SOMBACOURT, s. m. Com. du dép. du Doubs, cant. de Levier, arr. de Pontarlier. = Pontarlier.

SOMBERNON, s. m. Com. du dép. de la Côte-d'Or, chef-lieu de cant. de l'arr. de Dijon. Bur. d'enregist. et de poste. Fabr. de poterie de terre.

SOMBERRAUTE, s. f. Com. du dép. des Basses-Pyrénées, cant. de St.-Palais, arr. de Mauléon. = St.-Palais.

SOMBRE, adj. Peu éclairé, obscur, ténébreux; maison, forêt, nuit sombre. —, mélancolique, triste, rêveur; air, humeur sombre. —, qui annonce le soupçon, la défiance; sombres regards. —, embrouillé, difficile à comprendre; ces sombres matières. Couleur —, peu éclatante. Lumière —, faible et qui éclaire mal. Les — bords, les rivages —, les enfers. T. poét.

SOMBRER, v. n. Couler bas par l'effet d'un coup de vent, en parlant d'un navire sous voiles. T. de mar.

SOMBRIN, s. m. Com. du dép. du Pas-de-Calais, cant. d'Avesnes-le-Comte, arr. de St.-Pol. = Arras.

SOMBRUN, s. m. Com. du dép. des Hautes-Pyrénées, cant. de Maubourguet, arr. de Tarbes. = Tarbes.

SOMLOIRE, s. f. Com. du dép. de

Maine-et-Loire, cant. de Vihiers, arr. de Saumur. = Vihiers.

SOMMAGE, s. m. Ancien droit sur les bêtes de somme.

SOMMAGÉ, E, part. Se dit d'une futaille sur laquelle on a posé des sommiers. T. de tonnelier.

SOMMAGER, v. a. Poser sur une futaille des cercles doubles, des sommiers. T. de tonnelier.

SOMMAIL, s. m. Haut fond. T. de mar.

SOMMAINE, s. f. Com. du dép. de la Meuse, cant. de Vaubecourt, arr. de Bar-le-Duc. = Bar-le-Duc.

SOMMAING, s. m. Com. du dép. du Nord, cant. de Solesmes, arr. de Cambrai. = le Quesnoy.

SOMMAIRE, s. m. Extrait, précis, abrégé; énoncé succinct du contenu d'un livre. —, adj. Court, bref, succinct. Affaire —, qui doit être jugée sans être mise au rôle. T. de procéd.

SOMMAIREMENT, adv. Succinctement, en peu de mots, en abrégé.

SOMMANCOURT, s. m. Com. du dép. de la Haute-Marne, cant. et arr. de Vassy. = Vassy.

SOMMANT, s. m. Com. du dép. de Saône-et-Loire, cant. de Lucenay-l'Evêque, arr. d'Autun. = Lucenay-l'Evêque.

SOMMATION, s. f. Acte de mise en demeure signifié par le ministère d'un huissier. — respectueuse, acte de soumission, de déférence envers ses parens, par un enfant majeur, pour être admis à contracter mariage. T. de procéd. —, action de trouver la somme de plusieurs quantités. T. de math.

SOMMAUTHE, s. m. Com. du dép. des Ardennes, cant. de Buzancy, arr. de Vouziers. = Buzancy.

SOMME, s. m. Sommeil.

SOMME, s. f. Charge d'un cheval, d'un mulet, etc. Bête de —, animal propre à porter des fardeaux. —, certaine quantité d'argent; la modique somme de vingt-cinq millions. —, quantité, total, ensemble, portion, part; je vois chaque jour grossir la somme de nos maux. —, abrégé de toutes les parties d'une science; la somme de saint Thomas. T. de théologie. —, résultat de quantités additionnées. T. de math. —, douze milliers de clous. T. de cloutier. En —, adv. Enfin, en un mot.

SOMMÉ, E, part. Se dit d'une personne à laquelle il a été fait une sommation. —, adj. Surmonté. T. de blas. Pennes —, qui ont pris tout leur accroissement. T. de fauc.

SOMME (la), s. f. Rivière qui prend sa source à Font-Somme, arr. de St.-Quentin, dép. de l'Aisne, et se jette dans la Manche entre Crotoy et St.-Valery. La Somme, dans son état actuel, n'est navigable que depuis Amiens jusqu'à St.-Valery; mais, après l'achèvement du canal de ce nom, la navigation remontera jusqu'à St.-Simon, lieu où cette rivière communique à l'Oise par le canal de St.-Quentin.

SOMME (dép. de la), s. f. Chef-lieu de préf., Amiens; 5 arr. ou sous-préf. Abbeville, Doullens, Péronne, Montdidier et Amiens; 41 cant. ou justices de paix; 844 com. Pop. 526,500 hab. env. Cour royale et diocèse d'Amiens; 6° div. milit.; 2° div. des ponts-et-chaussées; 2° div. des mines; direction de l'enregist. et des domaines de 2ᵉ classe; div. N. des douanes, direct. à Abbeville.

Ce dép. est borné N. par celui du Pas-de-Calais, E. par celui de l'Oise, S. par celui de la Seine-Inférieure, et O. par la Manche. Son territoire, généralement uni, présente des plaines fertiles, des forêts assez étendues, quelques pâturages et des marais considérables. On y trouve aussi des prairies artificielles qui nourrissent un grand nombre de bestiaux et d'assez bons chevaux. Les produits du sol, des fabr. et manuf. consistent en plantes céréales, orge, légumes, graines oléagineuses, beaucoup de lin, houblon, pommes à cidre, choux, fourrage; prairies naturelles et artificielles, bois, cidre; beaucoup de gibier, poissons de mer et d'eau douce, truites saumonnées; bons chevaux, nombreux bétail, abeilles; grès à paver, plâtre, argile à potier, craie, quantité de tourbe; source d'eau minérale et dépôt royal d'étalons à Abbeville. Manuf. de pannes, velours de coton, étoffes pour meubles, draps fins, casimirs, escots, alépines, moquettes, camelots, poils de chèvre. Fabr. de toiles de chanvre, de coton et d'emballage, linons, mousselines, batistes, basins, piqués, mouchoirs fins; bonneterie en laine, sangles, surfaix, cordes, ficelles; serrurerie, quincaillerie, clous, métiers à bas; cuirs, papiers, huiles, savon vert, colle forte, acides minéraux et produits chimiques; belles blanchisseries de toiles; nombreuses filat. de coton, de laine et de lin; teintureries en laine, fil et coton; raffineries d'huiles; papeteries, tanneries, moulins à pulvériser les bois de teinture. Comm. de grains, farines, vins, eaux-de-vie, graines de trèfle et de luzerne, graines oléagineuses, charbons de terre, bestiaux, salaisons, cire, laines, lin, filasse, coton; fil de lin, toiles d'emballage, cordes et ficelles; denrées coloniales de toute espèce; entrepôt réel de sel; armemens pour les colonies; cabotage. Les principales rivières qui l'arrosent sont : la Somme, l'Authie et l'Avre qui y sont navigables.

SOMMEBIONNE, s. f. Com. du dép. de la Marne, cant. et arr. de Ste.-Menéhould. = Ste-Menéhould.

SOMMECAISE, s. f. Com. du dép. de l'Yonne, cant. d'Aillant, arr. de Joigny. = Joigny.

SOMMEDIEUE, s. f. Com. du dép. de la Meuse, cant. et arr. de Verdun. = Verdun.

SOMME-FONTAINE-ET-ST.-LUPIEN, s. m. Com. du dép. de l'Aube, cant. de Marcilly-le-Hayer, arr. de Nogent-sur-Seine. = Nogent-sur-Seine.

SOMMEIL, s. m. Affection naturelle du cerveau dans laquelle l'action des sens est suspendue pour la réparation des esprits que l'exercice de la veille a dissipés. —, envie de dormir. —, engourdissement d'esprit; état d'indolence, d'insensibilité, apathie. Fig. —, état d'une feuille, d'une fleur qui se ferme à certaines heures du jour. T. de bot. —, fils de l'Érèbe et de la Nuit. Ce Dieu habitait un palais où les rayons du jour ne pénétraient jamais. Il reposait dans une salle, sur un lit de plumes, entouré de rideaux noirs. Les Songes étaient couchés près de lui, et Morphée, son principal ministre, veillait à ce qu'on ne fît pas de bruit pour le réveiller. On le représente couché sur un lit, tenant une corne dans une main, et une dent d'éléphant dans l'autre. T. de myth.

SOMMEILLANT, E, adj. Qui sommeille.

SOMMEILLE, s. f. Com. du dép. de la Meuse, cant. de Vaubecourt, arr. de Bar-le-Duc. = Bar-le-Duc.

SOMMEILLER, v. n. Dormir d'un sommeil léger, imparfait. —, tomber dans une sorte d'apathie, négliger ses occupations, ses devoirs. Fig.

SOMMELAN, s. m. Com. du dép. de l'Aisne, cant. de Neuilly-St.-Front, arr. de Château-Thierry. = Neuilly-St.-Front.

SOMMELIER, ÈRE, s. Personne qui, dans une grande maison, est chargée du soin de la vaisselle, du linge, des vins, etc.

SOMMELLERIE, s. f. Fonction de sommelier; lieu qui renferme les objets dont il est chargé de prendre soin.

SOMMELONNE, s. f. Com. du dép. de la Meuse, cant. d'Ancerville, arr. de Bar-le-Duc. = St.-Dizier.

SOMME-PY, s. m. Com. du dép. de la Marne, cant. de Ville-sur-Tourbe, arr. de Ste.-Menéhould. = Châlons.
Fabr. de draps.

SOMMER, v. a. Faire sommation, mettre en demeure; enjoindre de faire une chose. —, trouver la somme de plusieurs quantités. T. de math.

SOMMERANCE, s. f. Com. du dép. des Ardennes, cant. de Grandpré, arr. de Vouziers. = Grandpré.

SOMMERÉCOURT, s. m. Com. du dép. de la Haute-Marne, cant. de Bourmont, arr. de Chaumont. = Bourmont.

SOMMEREUX, s. m. Com. du dép. de l'Oise, cant. de Grandvilliers, arr. de Beauvais. = Grandvilliers.

SOMMERMONT, s. m. Com. du dép. de la Haute-Marne, cant. de Joinville, arr. de Vassy. = Joinville.

SOMMERON, s. m. Com. du dép. de l'Aisne, cant. de la Capelle, arr. de Vervins. = la Capelle.

SOMMERVIEU, s. m. Com. du dép. du Calvados, cant. de Ryes, arr. de Bayeux. = Bayeux.

SOMMERVILLER, s. m. Com. du dép. de la Meurthe, cant. et arr. de Lunéville. = Lunéville.

SOMMERY, s. m. Com. du dép. de la Seine-Inférieure, cant. de St.-Saens, arr. de Neufchâtel. = Forges.

SOMMESNIL, s. m. Com. du dép. de la Seine-Inférieure, cant. d'Ourville, arr. d'Yvetot. = Yvetot.

SOMMESOUS, s. m. Com. du dép. de la Marne, cant. de Sompuits, arr. de Vitry-le-Français. = Fère-Champenoise.

SOMMESUIPPE, s. f. Com. du dép. de la Marne, cant. et arr. de Ste.-Menéhould. = Châlons.

SOMMET, s. m. Partie la plus élevée, le haut; sommet d'une montagne, d'une tour, de la tête. —, degré le plus élevé, dernier période; sommet des grandeurs. —, point le plus élevé d'un corps, d'une figure. T. de géom. et d'arch. —, partie la plus élevée d'une plante. T. de bot. —, fond d'une coquille. T. d'hist. nat.

SOMMETOURBE, s. f. Com. du dép. de la Marne, cant. et arr. de Ste.-Menéhould. = Ste.-Menéhould.

SOMMETTE (la), s. f. Com. du dép. du Doubs, cant. de Pierre-Fontaine, arr. de Baume. = Besançon.

SOMMETTE-EAUCOURT, s. f. Com. du dép. de l'Aisne, cant. de St.-Simon, arr. de St.-Quentin. = Ham.

SOMMEVAL, s. m. Com. du dép. de l'Aube, cant. de Bouilly, arr. de Troyes. = Troyes.

SOMMEVESLE, s. f. Com. du dép. de la Marne, cant. de Marson, arr. de Châlons. = Châlons.

SOMMEVILLE, s. f. Com. du dép. de la Haute-Marne, cant. de Chevillon, arr. de Vassy. = Joinville.

SOMMEVOIRE, s. f. Com. du dép. de la Haute-Marne, cant. de Montierender, arr. de Vassy. = Montierender. Fabr. de tiretaine.

SOMME-YÈVRE, s. f. Com. du dép. de la Marne, cant. de Dommartin-sur-Yèvre, arr. de Ste.-Menéhould. = Ste.-Menéhould.

SOMMIER, s. m. Bête de somme. —, matelas de crin servant de paillasse. —, coffre de voyage. —, coffre où les soufflets de l'orgue introduisent le vent qui, de là, pénètre dans les tuyaux; partie évidée du manche d'un violon. —, base, support, linteau; sommier de presse. —, massif de maçonnerie. —, cerceau double pour les futailles. —, officier de la maison du Roi qui portait à l'église, les carreaux, etc. —, gros registre de recette. T. de finance.

SOMMIÈRE, s. f. Corde pour serrer la charge d'une bête de somme.

SOMMIÈRES, s. f. Petite ville du dép. du Gard, chef-lieu de cant. de l'arr. de Nismes. Bur. d'enregist. et de poste. Fabr. considérables de draperie, couvertures de laine, molletons; tanneries et moulins à foulon.

SOMMIÈRES, s. f. Com. du dép. de la Vienne, cant. et arr. de Civray. = Civray.

SOMMITE, s. f. Cristal volcanique.

SOMMITÉ, s. f. La partie la plus élevée, au prop. et au fig.; sommités sociales. —, extrémité supérieure des plantes.

SOMNAMBULE, s. et adj. Personne qui marche, parle, agit en dormant.

SOMNAMBULISME, s. m. Maladie du somnambule. — artificiel. Voy. MAGNÉTISME ANIMAL.

SOMNIFÈRE, s. m. et adj. Qui provoque le sommeil.

SOMNOLENCE, s. f. Assoupissement peu profond, mais pénible et insurmontable. T. de méd.

SOMPT, s. m. Com. du dép. des Deux-Sèvres, cant. et arr. de Melle. = Melle.

SOMPTUAIRE, adj. Qui tend à reformer le luxe, à restreindre la dépense; loi somptuaire.

SOMPTUEUSEMENT, adv. D'une manière somptueuse.

SOMPTUEUX, EUSE, adj. Magnifique, splendide, très dispendieux; meubles somptueux.

SOMPTUOSITÉ, s. f. Magnificence, luxe qui occasionne de grandes dépenses.

SOMPUITS, s. m. Com. du dép. de la Marne, chef-lieu de cant. de l'arr. de Vitry. Bur. d'enregist. = Vitry-le-Français.

SOMSOIS, s. m. Com. du dép. de la Marne, cant. de Sompuits, arr. de Vitry. = Vitry-le-Français.

SON, s. m. Ce qui frappe l'ouïe, en général; bruit des instrumens de musique. — d'un mot, manière habituelle de le prononcer. —, pl. Chant, harmonie.

SON, s. m. Enveloppe du grain que le bluteau sépare de la farine après qu'il a été broyé sous les meules.

SON, SA, pron. possess. de la troisième personne. Ses, pl. Le sien, la sienne. On dit son, au féminin, pour éviter l'hiatus; son épée, son armée.

SON, s. m. Com. du dép. des Ardennes, cant. de Château-Porcien, arr. de Rethel. = Rethel.

SONAC, s. m. Com. du dép. de l'Aude, cant. de Chalabre, arr. de Limoux. = Limoux.

SONAT, s. m. Peau de mouton préparée par le mégissier.

SONATE, s. f. Pièce de musique instrumentale composée de plusieurs morceaux alternativement vifs et lents.

SONCHAMP, s. m. Com. du dép. de Seine-et-Oise, cant. de Dourdan, arr. de Rambouillet. = Rambouillet.

SONCOURT, s. m. Com. du dép. de la Haute-Marne, cant. de Vignory, arr. de Chaumont. = Vignory.

SONCOURT, s. m. Com. du dép. des Vosges, cant. de Châtenois, arr. de Neufchâteau. = Neufchâteau.

SONDE, s. f. Instrument de chirurgie, d'arts et métiers, de différentes matières et de différens calibres pour sonder. —, gros plomb au bout d'une longue corde pour connaître la profondeur de l'eau. T. de mar. Aller à la —, naviguer en se servant de la sonde de temps à autre. Détroit de la —, passage de la mer des Indes entre les îles de Sumatra et de Java. Iles de la —, nom général des îles qui se trouvent dans les parages de la mer des Indes, Sumatra, Java, Bornéo, etc.

SONDÉ, E, part. Se dit d'une plaie dans laquelle la sonde a été introduite.

SONDER, v. a. Introduire la sonde dans le sinus d'une plaie, etc. —, jeter la sonde pour connaître la profondeur de l'eau. —, chercher à pénétrer l'inclination, l'intention, la pensée. Fig. — le terrain, procéder avec circonspection, tâcher de connaître la marche à suivre dans une circonstance difficile. Fig. et fam.

SONDERNACH, s. m. Com. du dép. du Haut-Rhin, cant. de Munster, arr. de Colmar. = Colmar.

SONDERSDORFF, s. m. Com. du dép. du Haut-Rhin, cant. de Ferrette, arr. d'Altkirch. = Huningue.

SONDEUR, s. m. Chirurgien qui sonde une plaie; marin qui jette la sonde.

SONE (la), s. f. Com. du dép. de l'Isère, cant. et arr. de St.-Marcellin. = St.-Marcellin. Fabr. de métiers pour la filature des soies.

SONGE, s. m. Sensation produite par l'ébranlement du cerveau durant le sommeil; travail de l'imagination sur les objets dont elle a été vivement frappée, rêve. —, illusion, chimère. Fig. —, ce qui passe, s'évanouit avec rapidité; la vie n'est qu'un songe. En —, adv. Dans l'illusion d'un rêve. —, s. m. pl. Divinités infernales qui berçaient l'imagination du Sommeil et avaient des attributions particulières: on les représentait avec de grandes ailes de chauve-souris noires. T. de myth.

SONGÉ, E, part. Rêvé; imaginé.

SONGÉ, s. m. Com. du dép. de Loir-et-Cher, cant. de Savigny, arr. de Vendôme. = Montoire.

SONGEART, s. m. Homme pensif, rêveur. T. fam. et inus.

SONGE-CREUX, s. m. Sournois dont l'esprit est sans cesse occupé à méditer des projets chimériques ou des méchancetés.

SONGE-MALICE, s. Celui, celle qui s'applique à faire des niches, de mauvais tours.

SONGEONS, s. m. Com. du dép. de l'Oise, chef-lieu de cant. de l'arr. de Beauvais. Bur. d'enregist. à Gerberoy. Bur. de poste. Comm. de miroirs, lunettes, etc.; comm. de fer, fromages renommés, beurre, cidre et moutons.

SONGER, v. a. et n. Faire un songe, rêver. —, s'occuper de rêveries. —, penser, considérer; songez où vos prodigalités nous entraînent. — à..., donner ses soins, son attention, avoir quelque vue, quelque dessein; songez à vous tirer de l'embarras où vous êtes. — que, considérer, imaginer que; songez que vous nous avez promis des économies. Ne — qu'à, ne s'occuper que de....

SONGESON, s. m. Com. du dép. du Jura, cant. de Clairvaux, arr. de Lons-le-Saulnier. = Lons-le-Saulnier.

SONGEUR, EUSE, s. Surnom donné à Joseph, fils de Jacob, dans la Bible. —, Personne qui rêve profondément.

SONGIEU, s. m. Com. du dép. de l'Ain, cant. de Champagne, arr. de Belley. = Belley.

SONGY, s. m. Com. du dép. de la Marne, cant. et arr. de Vitry-le-Français. = Vitry-le-Français.

SONICA, adv. Précisément, justement, à point nommé. T. de jeu.

SONNA, s. m. Recueil des traditions religieuses de l'islamisme; supplément à l'Alcoran.

SONNAC, s. m. Com. du dép. de l'Aveyron, cant. d'Asprières, arr. de Villefranche. = Rignac.

SONNAC, s. m. Com. du dép. de la Charente-Inférieure, cant. de Matha, arr. de St.-Jean-d'Angely. = St.-Jean-d'Angely.

SONNAC, s. m. Com. du dép. du Lot, cant. de Livernon, arr. de Figeac. = Figeac.

SONNAILLE, s. f. Clochette attachée au cou des bestiaux dans les campagnes.

SONNAILLER, s. m. Celui des bestiaux qui marche ordinairement en tête du troupeau, et qui porte une clochette.

SONNAILLER, v. n. Sonner souvent et inutilement.

SONNANT, E, adj. Qui rend un son clair. Espèces —, monnaie d'or et d'argent. Fig. A l'heure —, à l'heure précise. Proposition mal —, qui n'est point orthodoxe. Fig.

SONNAY, s. m. Com. du dép. de l'Isère, cant. de Roussillon, arr. de Vienne. = le Péage.

SONNÉ, E, part. Se dit d'une cloche, d'une sonnette, etc., à laquelle on a fait rendre un son; indiqué, annoncé par un certain son.

SONNER, v. a. Faire rendre un son, tirer des sons; sonner les cloches. —, indiquer, annoncer par un certain son; sonner la messe, le dîner, la charge. —, agiter une sonnette pour appeler, faire venir; sonner son domestique. —, v. n. Rendre un son; la trompette sonne. —, être annoncé, indiqué par un son; la messe sonne. —, agiter une sonnette pour se faire ouvrir la porte. — bien ou mal, flatter l'oreille ou la blesser, être ou n'être pas harmonieux, placé à propos dans le discours. Fig. Faire — bien haut, vanter beaucoup. T. fam.

SONNERIE, s. f. Son de plusieurs cloches ensemble; la totalité des cloches d'une église. —, tous les ouvrages qui servent à faire sonner une horloge.

SONNET, s. m. Pièce de vers composée de deux quatrains sur deux rimes seulement, et de deux tercets.

SONNETTE, s. f. Petite cloche, clochette, grelot. —, machine pour enfoncer les pilotis; marteau de graveurs en lettres. —, lettre qui remue dans la forme. T. d'impr.

SONNETTIER, s. m. Fondeur et marchand de cloches, de sonnettes.

SONNEUR, s. m. Homme chargé de sonner les cloches dans une église. —, serpent, coracias huppé, vert, dont le cri imite les sonnettes du bétail.

SONNEVILLE, s. f. Com. du dép. de la Charente, cant. de Rouillac, arr. d'Angoulême. = Angoulême.

SONNEVILLE, s. f. Com. du dép. de la Charente, cant. de Segonzac, arr. de Cognac. = Barbezieux.

SONNEZ, s. m. Deux six. T. de jeu de trictrac.

SONNITES, s. m. pl. Mahométans qui observent rigoureusement la sonna.

SONOMÈTRE, s. m. Instrument pour mesurer et comparer les sons.

SONORE, adj. Capable de rendre des sons; corps sonore. —, dont le son est agréable, éclatant; voix sonore. —, favorable à la voix, aux sons; lieu sonore.

SONOREMENT, adv. D'une manière sonore.

SONORITÉ, s. f. Propriété d'un corps sonore. T. de phys.

SONQUAS, s. m. pl. Cafres de l'Afrique méridionale.

SONS-ET-ROUCHÈRES, s. m. Com. du dép. de l'Aisne, cant. de Marle, arr. de Laon. = Marle.

SONTHONNAX, s. m. Com. du dép. de l'Ain, cant. d'Izernore, arr. de Nantua. = Nantua.

SON-TO, s. m. Espèce de thé.

SON-TRA, s. m. Néflier de la Cochinchine.

SONZAY, s. m. Com. du dép. d'Indre-et-Loire, cant. de Neuillé-Pont-Pierre, arr. de Tours. = Neuvy-le-Roy.

SONZE, s. m. Sorte de gouet, plante. T. de bot.

SOORTS, s. m. Com. du dép. des Landes, cant de Soustons, arr. de Dax. = Dax.

SOPE, s. m. Poisson du genre du cyprin. T. d'hist. nat.

SOPEUR, s. f. Engourdissement voisin du sommeil. T. de méd.

SOPHA, s. m. Sorte d'estrade couverte d'un tapis. —, lit de repos servant de siége.

SOPHI, s. m. Le roi de Perse.

SOPHISME, s. m. Argument faux, raisonnement captieux.

SOPHISTE, s. m. Chez les anciens, philosophe, rhéteur; aujourd'hui, homme qui accrédite le mensonge par de faux raisonnemens, des sophismes.

SOPHISTICATION, s. f. Action de sophistiquer, falsification.

SOPHISTIQUE, adj. Trompeur, captieux.

SOPHISTIQUÉ, E, part. Altéré, falsifié.

SOPHISTIQUER, v. a. Altérer des drogues, falsifier une liqueur. —, v. n. En imposer par des sophismes.

SOPHISTIQUERIE, s. f. Falsification des liqueurs, freloterie, altération des drogues; fausse subtilité dans le raisonnement.

SOPHISTIQUEUR, s. m. Marchand qui frelate le vin, qui altère les drogues, etc. —, sophiste.

SOPHOMANIE, s. f. Manie, affectation de philosophie. T. inus.

SOPHONISTES, s. m. pl. Censeurs, dans Athènes. T. d'antiq.

SOPHORE, s. m. Plante du genre des légumineuses. T. de bot.

SOPHRONIE, s. f. Plante de la triandrie, troisième classe des végétaux. T. de bot.

SOPI, s. m. Poisson, espèce de spare. T. d'hist. nat.

SOPORATIF, IVE, s. m. et adj. Somnifère, qui a la propriété d'endormir, comme l'opium. —, ennuyeux. Fig. et fam.

SOPOREUX, EUSE, adj. Qui cause un assoupissement, un sommeil dangereux. T. de méd.

SOPORIFÈRE ou SOPORIFIQUE, s. m. et adj. Qui provoque le sommeil. Voy. SOPORATIF.

SOPPE-LE-BAS, s. m. Com. du dép. du Haut-Rhin, cant. de Massevaux, arr. de Belfort. = Belfort.

SOPPE-LE-HAUT, s. m. Com. du dép. du Haut-Rhin, cant. de Massevaux, arr. de Belfort. = Belfort.

SOQUENCE, s. m. Com. du dép. du Calvados, cant. de Mézidon, arr. de Lizieux. = Croissanville.

SOR, adj. m. Se dit d'un faucon qui n'a qu'un an. Voy. SAUR.

SOR, s. m. Com. du dép. de l'Ariége, cant. de Castillon, arr. de St.-Girons. = St.-Girons.

SORA, s. m. Bière du Pérou. —, hérisson de l'île de Madagascar. T. d'hist. nat. Voy. ESSERA.

SORANS-LES-BREUREY, NEUVELLE-LES-CROMARY et THEY, s. m. Com. réunies du dép. de la Haute-Saône, cant. de Rioz, arr. de Vesoul. = Rioz.

SORBA, s. m. Com. du dép. de la Corse, cant. de Vescovato, arr. de Bastia. = Bastia.

SORBAIS, s. m. Com. du dép. de l'Aisne, cant. de la Chapelle, arr. de Vervins. = Vervins.

SORBE, s. f. Fruit du sorbier.

SORBET, s. m. liqueur composée de citron, de sucre, d'ambre, etc., qu'on agite dans de l'eau ; jus sucré de fruits avec de l'eau.

SORBETIÈRE, s. f. Vase pour faire geler les sorbets, etc.

SORBETS, s. m. Com. du dép. du Gers, cant. de Nogaro, arr. de Condom. = Nogaro.

SORBETS, s. m. Com. du dép. des Landes, cant. de Geaune, arr. de St.-Sever. = St.-Sever.

SORBEY, s. m. Com. du dép. de la Meuse, cant. de Spincourt, arr. de Montmédy. = Longuion.

SORBEY, s. m. Com. du dép. de la Moselle, cant. de Pange, arr. de Metz. = Metz.

SORBIER, s. m. Cormier, arbre qui produit les sorbes.

SORBIER, s. m. Com. du dép. de l'Allier, cant. de Jaligny, arr. de Lapalisse. = Donjon.

SORBIER, s. m. Com. du dép. de la Loire, cant. de St.-Héand, arr. de St-Etienne. = St.-Chamond.

SORBIERS, s. m. Com. du dép. des Hautes-Alpes, cant. de Rosans, arr. de Gap. = Serres.

SORBOLLANO, s. m. Com. du dép. de la Corse, cant. de Moita, arr. de Sartène. = Ajaccio.

SORBON, s. m. Com. du dép. des Ardennes, cant. et arr. de Rethel. = Rethel. Patrie de Robert Sorbon, fondateur de la Sorbonne.

SORBONIQUE, s. f. et adj. Thèse que les bacheliers soutenaient en sorbonne.

SORBONISTE, s. m. Docteur, bachelier en sorbonne.

SORBONNE, s. f. Maison de l'ancienne faculté de théologie à Paris; cette faculté. —, lieu dans lequel on fait rechauffer le bois, la colle. T. de mét.

SORBS, s. m. Com. du dép. de l'Hérault, cant. du Caylar, arr. de Lodève. = Lodève.

SORCELLERIE, s. f. Opération magique des sorciers, maléfice; duperie, jonglerie, grossière imposture. Fig.

SORCIER, ÈRE, s. Imposteur que le peuple des campagnes croyait être en relation avec le diable, qu'il évoquait pour faire des maléfices, des conjurations. Vieux —, vieillard malfaisant. T. fam. N'être pas grand —, n'être pas fort habilé. Fig.

SORCY-ET-ST.-MARTIN, s. m. Com. du dép. de la Meuse, cant. de Void, arr. de Commercy. = Void.

SORDE, s. m. Com. du dép. des Landes, cant. de Peyrehorade, arr. de Dax. = Dax.

SORDIDE, adj. Bas, vil, en parlant d'un avare et de l'avarice. —, qui rend une sanie épaisse ; ulcère sordide. T. de chir.

SORDIDEMENT, adv. D'une manière sordide.

SORDIDITÉ, s. f. Avarice, lésine.

SORDUN, s. m. Jeu de l'orgue, très sourd.

SORE, s. f. Réunion de fructification dans les fougères. T. de bot.

SORE, s. f. Com. du dép. des Landes, chef-lieu de cant. de l'arr. de Mont-de-Marsan, où se trouve le bur. d'enregist. = Lipostey. Verrerie.

SORÉAC, s. m. Com. du dép. des Hautes-Pyrénées, cant. de Pouyastruc, arr. de Tarbes. = Tarbes.

SORÈDE, s. m. Com. du dép. des Pyrénées-Orientales, cant. d'Argelès, arr. de Céret. = Collioure.

SORÉDION, s. m. Voy. PROPAGULE.

SORÉE, s. f. Espèce de râle. T. d'hist. nat.

SOREL, s. m. Com. du dép. de la Somme, cant. d'Hallencourt, arr. d'Abbeville. = Abbeville.

SOREL, s. m. Com. du dép. de la Somme, cant. de Roisel, arr. de Péronne. = Péronne.

SOREL-MOUSSEL, s. m. Com. du dép. d'Eure-et-Loir, cant. d'Anet, arr. de Dreux. = Dreux. Forges, papeteries.

SORENG-ET-ÉPINAY, s. m. Com. du dép. de la Seine-Inférieure, cant. de Blangy, arr. de Neufchâtel. = Blangy.

SORER, v. a. Voy. SAURER.

SORET, s. m. Filet à mailles très étroites. T. de pêch.

SOREY, s. m. Com. du dép. des Ardennes, cant. de Novion, arr. de Rethel. = Rethel.

SORÈZE, s. f. Petite ville du dép. du Tarn, cant. de Dourgne, arr. de Castres. = Revel.

On y remarque une maison d'éducation qui jouit d'une grande célébrité.

SORGEAT, s. m. Com. du dép. de l'Ariège, cant. d'Ax, arr. de Foix. = Tarascon-sur-Ariège.

SORGES, s. f. Com. du dép. de la Dordogne, cant. de Savignac-les-Eglises, arr. de Périgueux. = Périgueux.

SORGUE (la), s. f. Rivière qui prend naissance à la fontaine de Vaucluse, dép. de Vaucluse, et qui se jette dans le Rhône au-dessus de Sorgues. Son cours est d'environ 8 l. Elle commence à être navigable très près de sa source jusqu'à son embouchure.

SORGUES (la), s. f. Petite rivière qui prend sa source au-dessus de Fondamente, et se jette dans le Dourdou, non loin de Vabres. Son cours est d'environ 9 l.

SORGUES, s. f. Com. du dép. de Vaucluse, cant. de Bédarrides, arr. d'Avignon. = Avignon. Fabr. de garance.

SORHAPURU, s. m. Com. du dép. des Basses-Pyrénées, cant. de St.-Palais, arr. de Mauléon. = St.-Palais.

SORHOLUS, s. m. Com. du dép. des Basses-Pyrénées, cant. de Tardets, arr. de Mauléon. = Mauléon.

SORIA, s. f. Ville du royaume d'Espagne, sur l'emplacement de l'ancienne Numance.

SORICIENS, s. m. pl. Mammifères carnassiers. T. d'hist. nat.

SORIE, s. f. Laine d'Espagne.

SORIGNY, s. m. Com. du dép. d'Indre-et-Loire, cant. de Montbazon, arr. de Tours. = Montbazon.

SORINDESE, s. m. Arbrisseau de l'île de Madagascar. T. de bot.

SORIO, s. m. Com. du dép. de la Corse, cant. de Santo-Pietro, arr. de Bastia. = Bastia.

SORITE, s. m. Argument formé d'une suite de propositions incohérentes. T. de log.

SORLIN, s. m. Com. du dép. de l'Ain, cant. de Lagnieu, arr. de Belley. = Ambérieux.
Comm. de vins blancs très estimés.

SORLIN (St.-), s. m. Com. du dép. de la Charente-Inférieure, cant. de Mirambeau, arr. de Jonzac. = Mirambeau.

SORLIN (St.-), s. m. Village du dép. de la Drôme, cant. du Grand-Serre, arr. de Valence. = Valence.

SORLIN (St.-), s. m. Com. du dép. de l'Isère, cant. de Morestel, arr. de la Tour-du-Pin. = la Tour-du-Pin.

SORLIN (St.-), s. m. Com. du dép. de l'Isère, cant. et arr. de Vienne. = Vienne.

SORLIN (St.-), s. m. Com. du dép. du Rhône, cant. de Mornant, arr. de Lyon. = Lyon.

SORLIN (St.-), s. m. Com. du dép. de Saône-et-Loire, cant. et arr. de Mâcon. = Mâcon.

SORMERY, s. m. Com. du dép. de l'Yonne, cant. de Flogny, arr. de Tonnerre. = St.-Florentin.

SORMET, s. m. Patelle crépidule. T. d'hist. nat.

SORMONNE, s. f. Com. du dép. des Ardennes, cant. de Renwez, arr. de Mézières. = Mézières.

SORMULE, s. m. Voy. SURMULET. T. d'hist. nat.

SORNAC, s. m. Com. du dép. de la Corrèze, chef-lieu de cant. de l'arr. d'Ussel, où se trouvent les bur. d'enregist. et de poste.

SORNAY, s. m. Com. du dép. de la Haute-Saône, cant. de Marnay, arr. de Gray. = Marnay.

SORNAY, s. m. Com. du dép. de Saône-et-Loire, cant. et arr. de Louhans. = Louhans.

SORNE, s. f. Scorie du fer.

SORNETTE, s. f. Discours frivole; se dit surtout au pl.

SORNÉVILLE, s. f. Com. du dép. de la Meurthe, cant. et arr. de Château-Salins. = Château-Salins.

SORNIN (St.-), s. m. Com. du dép. de l'Allier, cant. du Montet, arr. de Moulins. = le Montet.

SORNIN (St.-), s. m. Com. du dép. de la Charente, cant. de Montbron, arr. d'Angoulême. = Larochefoucault.

SORNIN (St.-), s. m. Com. du dép. de la Charente-Inférieure, cant. et arr. de Marennes. = Marennes.

SORNIN (St.-), s. m. Com. du dép. de la Creuse, cant. de Chambon, arr. de Boussac. = Chambon.

SORNIN (St.-), s. m. Com. du dép. de la Vendée, cant. des Moutiers-les-Maux-Faits, arr. des Sables-d'Olonne. = Avrillé.

SORNIN-LA-MARCHE (St.-), s. m. Com. du dép. de la Haute-Vienne, cant. du Dorat, arr. de Bellac. = le Dorat.

SORNIN-LA-VOLPS (St.-), s. m. Com. du dép. de la Corrèze, cant. de Lubersac, arr. de Brive. = Uzerche.

SORNIN-LEULAC (St.-), s. m. Com. du dép. de la Haute-Vienne, cant. de Château-Ponsac, arr. de Bellac. = Morterol.

SORORIAL, E, adj. Qui concerne la sœur. T. de jurisp.

SORORIANT, E, adj. Qui s'enfle, en parlant des mamelles. T. de méd.

SORORICIDE, s. m. Meurtrier d'une sœur.

SORQUAINVILLE, s. f. Com. du dép. de la Seine-Inférieure, cant. de Valmont, arr. d'Yvetot. = Fauville.

SORROCULO, s. m. Serpent du Brésil. T. d'hist. nat.

SORRUS, s. m. Com. du dép. du Pas-de-Calais, cant. et arr. de Montreuil. = Montreuil.

SORT, s. m. La destinée, considérée comme cause des événemens de la vie; effet, influence de la destinée, rencontre fortuite des événemens bons ou mauvais. —, moyens d'existence; faire un sort à quelqu'un. —, manière de décider une chose par le hasard; tirer au sort. —, maléfice d'un soi-disant sorcier; jeter un sort. — principal, capital d'une rente. T. de jurisp. —, divinité allégorique, le Destin, la Fortune. — prénestins, pl. Tablettes de chêne, chargées de sentences et renfermées dans une cassette de bois d'olivier; elles étaient tirées par un enfant qui les remettait à l'un des ministres, qu'on nommait sortilègue, pour en faire la lecture. T. de myth.

SORT, s. m. Com. du dép. des Landes, cant. de Montfort, arr. de Dax. = Dax.

SORTABLE, adj. Convenable; mariage sortable.

SORTE, s. f. Nature, espèce, genre; sorte d'esprit. —, rang, condition; manière, façon. De la —, adv. De cette manière-là. De la bonne —, sévèrement, de manière à remettre dans le devoir; comme il faut, pas trop. De — que, en — que. conj. De manière que, tellement que, si bien que. —, s. f. pl. Livres de fonds d'un libraire; choses vendues en détail.

SORTIE, s. f. Action de sortir; lieu par où l'on sort; issue, ouverture, porte; l'opposé d'entrée. —, transport à l'étranger, exportation. —, fin d'une assemblée, etc. — des classes, moment où l'on cesse ses études; attaque des assiégés contre les assiégeans, et fig. réfutation rigoureuse, critique, brusquerie, dure réprimande, violent emportement. A la —, adv. Au moment où l'on sort, et fig. à la fin; à la sortie de l'été.

SORTILÉGE, s. m. Maléfice, charme, jonglerie de sorcier.

SORTIR, s. m. Moment de la sortie. Au —, adv. A la sortie, au prop. et au fig.; au sortir de l'hiver.

SORTIR, v. a. Obtenir, avoir son effet; n'est usité qu'en procédure, à l'infinit. et à la troisième pers.

SORTIR, v. a. Faire passer dehors; sortir un cheval de l'écurie. —, transporter au dehors; sortir des marchandises. —, tirer; sortir d'embarras. Fig. —, v. n. Passer du dedans au dehors, d'une saison, d'une situation, d'un état à un autre. —, s'en aller; sortir de Paris. —, pousser au dehors par la végétation, l'éruption; paraître, avancer en dehors. —, être issu; tirer son origine; avoir pour principe; émaner; être créé, inventé, promulgué. Fig. — d'embarras, s'en tirer. — de la question, s'éloigner de son sujet, parler de choses qui y sont étrangères. — de son caractère, parler, agir en opposition à ses habitudes. —, v. n. et impers. Exhaler; il sort un parfum agréable de ces fleurs.

SORTOSVILLE, s. f. Com. du dép. de la Manche, cant. de Montebourg, arr. de Valognes. = Valognes.

SORTOSVILLE-EN-BEAUMONT, s. f. Com. du dép. de la Manche, cant. de Barneville, arr. de Valognes. = Valognes.

SORY, s. m. Pierre vitriolique. T. d'hist. nat.

SOS, s. m. Com. du dép. de Lot-et-Garonne, cant. de Mezin, arr. de Nérac. = Nérac.

SOSE, s. m. Espace de soixante ans dans la chronologie des Chaldéens.

SOSIE, s. m. Valet sous la figure duquel Mercure s'introduit chez Amphitryon, pour favoriser les amours de Jupiter et d'Alcmène, dans l'Amphitryon, comédie de Molière. —, s. f. Etoffe de l'Inde, fabriquée avec l'écorce d'un arbre.

SOSSAY, s. m. Com. du dép. de la Vienne, cant. et arr. de Châtellerault. = Châtellerault.

SOST, s. m. Com. du dép. des Hautes-Pyrénées, cant. de Mauléon-Barousse, arr. de Bagnères. = Montrejeau.

SOT, s. m. Raie à long bec. T. d'hist. nat.

SOT, TE, s. et adj. Qui manque d'esprit, de bon sens; qui fait et dit des sottises. —, en parlant des choses, dit, fait sans esprit, sans jugement; sot propos, sotte brochure. —, qui annonce la sottise; sotte précaution.

SOTADIQUE, adj. Iambique, irrégulier; vers sotadique.

SOTER, s. m. et adj. Sauveur, surnom donné à plusieurs princes. (Vi.)

SOTERIAU, s. m. Sorte de poisson de mer.

SOTÉRIES, s. f. pl. Fêtes célébrées en actions de grâces, quand on était délivré d'un péril. T. de myth.

SOTHIAQUE, adj. Période caniculaire de quatorze cent soixante ans; période sothiaque.

SOTIES, s. f. pl. Farces satiriques qui furent jouées sous les Halles, à Paris, en 1511.

SOT-L'Y-LAISSE, s. m. Morceau friand qu'on trouve au-dessus du croupion des volailles.

SOTOFORIN, s. m. Pièce de bois d'une galère.

SOTTEMENT, adv. D'une manière sotte.

SOTTESSARD, s. m. Com. du dép. du Jura, cant. de Bletterans, arr. de Lons-le-Saulnier. = Lons-le-Saulnier.

SOTTEVAST, s. m. Com. du dép. de la Manche, cant. de Bricquebec, arr. de Valognes. = Valognes.

SOTTEVILLE, s. f. Com. du dép. de la Manche, cant. des Pieux, arr. de Cherbourg. = Cherbourg.

SOTTEVILLE-LÈS-ROUEN, s. f. Com. du dép. de la Seine-Inférieure, cant. de Grand-Couronne, arr. de Rouen. = Rouen. Fabr. de produits chimiques.

SOTTEVILLE-SOUS-LE-VAL, s. f. Com. du dép. de la Seine-Inférieure, cant. d'Elbeuf, arr. de Rouen. = le Pont-de-l'Arche.

SOTTEVILLE-SUR-MER, s. f. Com. du dép. de la Seine-Inférieure, cant. de Fontaine, arr. d'Yvetot. = St.-Valery-en-Caux.

SOTTISE, s. f. sans pl. Défaut d'esprit, de jugement. —, avec pl. Actions, discours du sot; bizarrerie, travers. —, parole, action impertinente, injurieuse; obscénité.

SOTTISIER, ÈRE, s. Personnage grossier, qui débite des sottises, des injures. —, recueil de vers libres, de sottises.

SOTURAC, s. m. Com. du dép. du Lot, cant. de Puy-l'Evêque, arr. de Cahors. = Cahors.

SOTZELING, s. m. Com. du dép. de la Meurthe, cant. et arr. de Château-Salins. = Château-Salins.

SOU, s. m. Monnaie de cuivre valant douze deniers, la vingtième partie de la livre tournois. — parisis, de quinze deniers. —, portion d'intérêt; sou pour livre.

SOUABE (la), s. f. Cercle d'Allemagne, séparé de la France par le Rhin, borné au S. par la Suisse.

SOUAIN, s. m. Com. du dép. de la Marne, cant. de Ville-sur-Tourbe, arr. de Ste.-Menehould. = Châlons-sur-Marne.

SOUAL, s. m. Com. du dép. du Tarn, cant. de Dourgne, arr. de Castres. = Castres.

SOUANCÉ, s. m. Com. du dép. d'Eure-et-Loir, cant. et arr. de Nogent-le-Rotrou. = Nogent-le-Rotrou.

SOUANYAS, s. m. Com. du dép. des Pyrénées-Orientales, cant. d'Olette, arr. de Prades. = Prades.

SOUASTRE, s. m. Com. du dép. du Pas-de-Calais, cant. de Pas, arr. d'Arras. = Doullens.

SOUBAB, s. m. Espèce de vice-roi dans l'ancien empire du Mogol.

SOUBABIE, s. f. Dignité, territoire du Soubab.

SOUBAGNAN, s. m. Com. du dép. du Gers, cant. de Montesquiou, arr. de Mirande. = Mirande.

SOUBARBADE, s. f. Coup de poing sous le menton. T. inus.

SOUBARBE, s. f. Voy. SOUS-BARBE.

SOUBARDIERS, s. m. pl. Principaux étais de la machine à tirer les pierres de la carrière.

SOUBASSEMENT, s. m. Pente au bas d'un lit; piédestal continu servant de base à un édifice. Voy. STYLOBATE.

SOUBERME, s. m. Torrent d'eau de pluie et de neige fondue.

SOUBÈS, s. m. Com. du dép. de l'Hérault, cant. et arr. de Lodève. = Lodève.

SOUBISE, s. f. Petite ville du dép. de la Charente-Inférieure, cant. de St.-Agnant, arr. de Marennes. = Rochefort-sur-Mer.

SOUBLECAUSE, s. f. Com. du dép. des Hautes-Pyrénées, cant. de Castelnau-Rivière-Basse, arr. de Tarbes. = Tarbes.

SOUBRAN, s. m. Com. du dép. de la Charente-Inférieure, cant. de Mirambeau, arr. de Jonzac. = Mirambeau.

SOUBREBOST, s. m. Com. du dép. de la Creuse, cant. et arr. de Bourganeuf. = Bourganeuf.

SOUBRESAUT, s. m. Saut subit et à contre-temps. —, émotion subite. Fig. et fam. —, tressaillement involontaire, contraction spasmodique des nerfs. T. de méd.

SOUBRETTE, s. f. Femme de chambre intrigante. —, suivante de comédie, rôle de femme qui demande de la vivacité et une extrême volubilité de langue.

SOUBREVESTE, s. f. Vêtement militaire sans manches.

SOUBUSE, s. f. Oiseau de proie, femelle du busard.

SOUCÉ, s. m. Com. du dép. de la Mayenne, cant. d'Ambrières, arr. de Mayenne. = Mayenne.

SOUCELLES, s. f. Com. du dép. de Maine-et-Loire, cant. de Briollay, arr. d'Angers. = Angers.

SOUCHE, s. f. Pied d'un arbre, accompagné de ses racines et séparé du corps de cet arbre; grosse bûche. —, sot, stupide. T. fam. —, premier aïeul connu d'une longue postérité. —, massif de tuyaux de cheminée hors du toit; tuyau au milieu d'un bassin; cierge postiche. —, portion d'une feuille de papier séparée dans sa longueur, pour empêcher la falsification d'un passeport, etc.

SOUCHE (la), s. f. Com. du dép. de l'Ardèche, cant. de Thueyts, arr. de Largentière. = Aubenas.

SOUCHÉ, s. m. Com. du dép. des Deux-Sèvres, cant. et arr. de Niort. = Niort.

SOUCHET, s. m. Mauvaise pierre qu'on tire du fond du dernier banc d'une carrière. —, espèce de canard d'Amérique dont le bec s'élargit en forme de cuiller. —, plante aquatique médicinale du genre des cypéroïdes. T. de bot.

SOUCHETAGE, s. m. Visite et compte des souches abattues ; marque des bois de haute futaie qu'on veut abattre.

SOUCHETEUR, s. m. Expert pour la vérification du souchetage.

SOUCHEVÉ, E, part. Se dit d'une carrière dont on a ôté le souchet.

SOUCHEVER, v. a. Oter le souchet; séparer des lits de pierre.

SOUCHEVEUR, s. m. Carrier qui ôte le souchet.

SOUCHEZ, s. m. Com. du dép. du Pas-de-Calais, cant. de Vimy, arr. d'Arras. = Arras.

SOUCHON, s. m. Barre de fer grosse et courte.

SOUCHT, s. m. Com. du dép. de la Moselle, cant. de Rorbach, arr. de Sarreguemines. =Bitche.

SOUCI, s. m. Genre de plantes à fleurs radiées. T. de bot. —, soin mêlé d'inquiétude, chagrin, etc. Sans —, roger bontemps, personne dont rien n'altère la gaieté.

SOUCIA, s. f. Com. du dép. du Jura, cant. de Clairvaux, arr. de Lons-le-Saulnier. = Lons-le-Saulnier.

SOUCIE, s. f. Espèce de moineau. Voy. Poul.

SOUCIER (se), v. pron. S'inquiéter, se mettre en peine; estimer, faire cas ; s'emploie surtout avec la négative.

SOUCIEU-EN-JARREST, s. m. Com. du dép. du Rhône, cant. de St.-Genis-Laval, arr. de Lyon. = Lyon.

SOUCIEUX, EUSE, adj. triste, mélancolique, chagrin, inquiet, pensif; qui a du souci; qui l'annonce.

SOUCIRAC, s. m. Com. du dép. du Lot, cant. de St.-Germain, arr. de Gourdon. = Gourdon.

SOUCIS ou SOUTIS, s. m. Légère étoffe de soie des Indes.

SOUCLIN, s. m. Com. du dép. de l'Ain, cant. de Lagnieu, arr. de Belley. = Ambérieux.

SOUCOUPE, s. f. Petit vase en forme d'assiette qu'on met sous une tasse, etc.

SOUCRILLON, s. m. Espèce d'orge d'hiver.

SOUCROURETTE, s. f. Sarcelle d'Amérique.

SOUCY, s. m. Com. du dép. de l'Aisne, cant. de Villers-Cotterets, arr. de Soissons. = Villers-Cotterets.

SOUCY, s. m. Com. du dép. de l'Yonne, cant. et arr. de Sens. = Sens. Ce village s'honore, à juste titre, d'avoir vu naître J. Cousin, peintre et sculpteur du 16e siècle.

SOUDAIN, adv. A l'instant, au même instant ; tout à coup, aussitôt.

SOUDAIN, E, adj. Prompt, subit, qui vient tout à coup; révolution soudaine.

SOUDAINE-LA-VINADIÈRE, s. f. Com. du dép. de la Corrèze, cant. de Treignac, arr. de Tulle. = Uzerche.

SOUDAINEMENT, adv. Tout à coup, inopinément, subitement.

SOUDAINETÉ, s. f. Qualité de ce qui est soudain.

SOUDAN, s. m. Général des califes. —, depuis Saladin, sultan d'Egypte. —, partie centrale de l'Afrique, la Nigritie.

SOUDAN, s. m. Com. du dép. de la Loire-Inférieure, cant. et arr. de Châteaubriant. =Châteaubriant.

SOUDAN, s. m. Com. du dép. des Deux-Sèvres, cant. de la Mothe-Ste.-Héraye, arr. de Melle. = la Mothe-Ste.-Héraye.

SOUDARD ou SOUDART, s. m. Vieux soldat.

SOUDAT, s. m. Com. du dép. de la Dordogne, cant. de Bussières-Badil, arr. de Nontron. =Nontron.

SOUDAY, s. m. Com. du dép. de Loir-et-Cher, cant. de Montdoubleau, arr. de Vendôme. = Montdoubleau.

SOUDE, s. f. Genre de plantes marines dont on tire un alcali qui entre dans la composition du savon, et qui sert à blanchir, à faire le verre; substance minérale de plusieurs espèces.

SOUDÉ, E, part. Brasé.

SOUDEILLE, s. f. Com. du dép. de la Corrèze, cant. de Meymac, arr. d'Ussel. = Ussel.

SOUDÉ-NOTRE-DAME, s. m. Com. du dép. de la Marne, cant. de Sompuits, arr. de Vitry. =Vitry-le-Français.

SOUDER, v. a. Braser, joindre au moyen de la soudure.

SOUDÉ-STE-CROIX, s. m. Com. du dép. de la Marne, cant. de Sompuits, arr. de Vitry. =Vitry-le-Français.

SOUDOIR, s. m. Instrument de cirier pour souder.

SOUDORGUES, s. m. Com. du dép. du Gard, cant. de Lasalle, arr. du Vigan. = St.-Hippolyte-du-Fort.

SOUDOYÉ, E, part. Stipendié.

SOUDOYER, v. a. Prendre à sa solde, stipendier; s'assurer à prix d'argent le secours de quelqu'un.

SOUDRILLE, s. m. Soldat libertin, fripon. T. fam. et inus.

SOUDRON, s. m. Com. du dép. de la Marne, cant. d'Ecury-sur-Coole, arr. de Châlons. = Châlons-sur-Marne.

SOUDURE, s. f. Composition métallique dont on se sert pour souder le fer, etc.; endroit soudé; travail de l'ouvrier qui soude.

SOUEICH, s. m. Com. du dép. de la Haute-Garonne, cant. d'Aspet, arr. de St.-Gaudens. = St.-Gaudens.

SOUEIX, s. m. Com. du dép. de l'Ariège, cant. d'Oust, arr. de St.-Girons. = St.-Girons.

SOUEL, s. m. Com. du dép. du Tarn, cant. de Cordes, arr. de Gaillac. = Cordes.

SOUÈS, s. m. Com. du dép. des Hautes-Pyrénées, cant. et arr. de Tarbes. = Tarbes.

SOUES, s. m. Com. du dép. de la Somme, cant. de Picquigny, arr. d'Amiens. = Picquigny.

SOUESMES, s. m. Com. du dép. de Loir-et-Cher, cant. de Salbris, arr. de Romorantin. = Salbris.

SOUFFELWEYERSHEIM, s. m. Com. du dép. du Bas-Rhin, cant. de Bischwiller, arr. de Strasbourg.=Strasbourg.

SOUFFERT, E, part. Enduré, supporté; toléré.

SOUFFLAGE, s. m. Art, action de souffler le verre. —, bois ajouté au dehors d'un navire qui n'a pas assez de force pour porter ses voiles. T. de mar.

SOUFFLE, s. m. Vent qu'on fait en poussant l'air avec la bouche, haleine, respiration. —, vent léger, zéphir. —, inspiration, influence; souffle divin. Fig.

SOUFFLÉ, E, part. Se dit du feu dont on a ranimé l'ardeur à l'aide d'un soufflet.

SOUFFLEMENT, s. m. Action de souffler.

SOUFFLENHEIM, s. m. Com. du dép. du Bas-Rhin, cant. d'Oberhausbergen, arr. de Strasbourg. = Haguenau.

SOUFFLER, v. a. Attirer l'air avec la bouche ou un soufflet et le repousser violemment sur le feu pour l'allumer, sur une chandelle pour l'éteindre. — l'orgue, donner du vent aux tuyaux. —, faire enfler en soufflant; souffler du verre, un bœuf. —, escamoter, enlever, soustraire. T. fam. — un exploit, ne pas le signifier à domicile. T. de procéd. —, exciter, enflammer; souffler les brandons de la guerre civile. — quelqu'un, lui faire sa leçon, lui enseigner ce qu'il doit dire. — une chose, l'insinuer, la faire entendre adroitement. Fig. —, v. n. Respirer avec effort; se faire sentir, en parlant du vent. —, chercher la pierre philosophale.

SOUFFLERIE, s. f. Place, ensemble des soufflets de l'orgue.

SOUFFLET, s. m. Instrument dont on se sert pour souffler le feu. —, calèche dont le dessus se replie en forme de soufflet. —, coup du plat de la main sur la joue. —, échec, revers, dommage, contradiction, mortification, affront. Fig. et fam. —, poisson du genre du chétodon, du centrisque.

SOUFFLETADE, s. f. Soufflets déchargés coup sur coup.

SOUFFLETÉ, E, part. Qui a reçu un ou des soufflets.

SOUFFLETER, v. a. Donner un ou des soufflets à quelqu'un.

SOUFFLETEUR, EUSE, s. Celui celle qui donne des soufflets à tous propos.

SOUFFLEUR, EUSE, s. Celui, celle qui souffle en général. —, espèce de répétiteur, employé de théâtre ordinairement assis dans un trou pratiqué au-devant de la scène, qui suit attentivement sur la pièce manuscrite ou imprimée ce que les acteurs ont à débiter et leur remet sur la voie si la mémoire vient à leur manquer. —, alchimiste. Fig. et fam. —, adj. Se dit d'un cheval qui souffle beaucoup en courant. —, pl. Cétacés qui rejettent l'eau qu'ils respirent, comme la baleine, etc. T. d'hist. nat.

SOUFFLURE, s. f. Cavité qui se trouve dans un ouvrage de fonte, dans le verre, etc.

SOUFFRABLE, adj. Supportable; ne se dit guère qu'avec la négative.

SOUFFRANCE, s. f. Etat d'une personne qui souffre, douleur, peine de corps et d'esprit. —, tolérance de la part d'un propriétaire. T. de procéd. —, délai accordé à un comptable; ce compte est en souffrance.

SOUFFRANT, E, adj. Qui souffre; patient, endurant.

SOUFFRE-DOULEUR, s. m. sans s au pl. Personne, animal qu'on accable de fatigues, de mauvais traitemens;

chose qu'on emploie continuellement. —, personne contre laquelle on semble prendre à tâche de lancer des plaisanteries, des railleries. Fig.

SOUFFRETEUX, EUSE, adj. Malheureux, nécessiteux, qui languit dans la misère, la pauvreté.

SOUFFRIGNAC, s. m. Com. du dép. de la Charente, cant. de Montbron, arr. d'Angoulême. = Larochefoucault.

SOUFFRIR, v. a. Endurer; souffrir le martyre. —, supporter; souffrir les injures. —, éprouver, essuyer; souffrir un assaut, etc. —, permettre par tolérance, ne point s'opposer; souffrir quelques observations. —, en parlant des choses, recevoir, admettre; je ne puis souffrir le mensonge. —, s'accorder avec, être susceptible de...; la vérité ne souffre point d'altération. —, v. n. Eprouver une douleur physique ou morale. —, en parlant des choses, éprouver du dommage. —, ressentir les mauvais effets de.....; les institutions souffrent toujours de l'instabilité des lois.

SOUFRAGE, s. m. Action de soufrer; exposition des laines, des soies à la vapeur du soufre.

SOUFRE, s. m. Substance jaune, très inflammable, qui répand, en brûlant, une flamme bleuâtre accompagnée d'une odeur pénétrante et suffocante.

SOUFRÉ, E, part. Enduit de soufre; exposé à la vapeur du soufre.

SOUFRER, v. a. Enduire, frotter de soufre; exposer à la vapeur du soufre; introduire une mèche de soufre dans un tonneau pour donner de la force au vin.

SOUFRIÈRE, s. f. Mine de soufre; cratère d'un volcan éteint.

SOUFROIR, s. m. Petite étuve où l'on blanchit la laine et la soie par la vapeur du soufre.

SOUGÉ, s. m. Com. du dép. de l'Indre, cant. d'Ecueillé, arr. de Châteauroux. = Levroux.

SOUGÉAL, s. m. Com. du dép. d'Ille-et-Vilaine, cant. de Pleine-Fougères, arr. de St.-Malo. = Pontorson.

SOUGÉ-LE-GANELON, s. m. Com. du dép. de la Sarthe, cant. de Fresnay, arr. de Mamers. = Fresnay-le-Vicomte. Forges.

SOUGÈRES, s. f. Com. du dép. de l'Yonne, cant. de St.-Sauveur, arr. d'Auxerre. = St.-Fargeau.

SOUGRAIGNE, s. f. Com. du dép. de l'Aude, cant. de Couiza, arr. de Limoux. = Limoux.

SOUGY, s. m. Com. du dép. du Loiret, cant. d'Artenai, arr. d'Orléans. = Chevilly.

SOUGY, s. m. Com. du dép. de la Nièvre, cant. de Decize, arr. de Nevers. = Decize.

SOUHAIT, s. m. Vœu, désir. A —, adv. Abondamment, selon ses désirs.

SOUHAITABLE, adj. Désirable.

SOUHAITÉ, E, part. Désiré.

SOUHAITER, v. a. Former un souhait, des souhaits, désirer. —, faire des vœux pour. — le bonjour, le bonsoir, formule de politesse. En —, en refuser; je vous en souhaite. T. fam.

SOUHESMES (les), s. m. pl. Com. du dép. de la Meuse, cant. de Souilly, arr. de Verdun. = Verdun.

SOUHEY, s. m. Com. du dép. de la Côte-d'Or, cant. et arr. de Semur. = Semur.

SOUI ou SOI, s. m. Sauce des Japonais, extrait de toutes sortes de viandes avec des épices.

SOUICH, s. m. Com. du dép. du Pas-de-Calais, cant. d'Avesnes-le-Comte, arr. de St.-Pol. = Doullens.

SOUILHAGUET-BELALBRE, s. m. Com. du dép. du Lot, cant. et arr. de Gourdon. = Gourdon.

SOUILHANET, s. m. Com. du dép. de l'Aude, cant. et arr. de Castelnaudary. = Castelnaudary.

SOUILLAC-ET-BEAUREPOS, s. m. Petite ville du dép. du Lot, chef-lieu de cant. de l'arr. de Gourdon. Bur. d'enregist. et de poste. Trib. de comm. Fabr. de grosse draperie, outils aratoires, haches. Manuf. royale d'armes à feu. Comm. de vins, volailles truffées, sel, merrain, cuirs, etc.

SOUILLARD, s. m. Pièce de bois qui sert à unir les pieux d'un pont, etc. T. de charp.

SOUILLARDE, s. f. Grand vase pour laver la vaisselle.

SOUILLARDURE ou SOUILLARDIÈRE, s. f. Rouleau de vieux filets servant de lest. T. de pêch. —, endroit où le navire a touché, la mer étant basse. T. de mar.

SOUILLE, s. f. Bauge d'un sanglier. —, endroit où le navire a touché. Voy. SOUILLARDURE.

SOUILLÉ, E, part. Gâté, couvert d'ordures; flétri, déshonoré. Fig.

SOUILLE, s. f. Com. du dép. de l'Aude, cant. et arr. de Castelnaudary. = Castelnaudary.

SOUILLÉ, s. m. Com. du dép. de la Sarthe, cant. de Ballon, arr. de Mamers. = Mamers.

SOUILLER, v. a. Gâter, salir, couvrir d'ordures. —, flétrir, déshonorer. Fig. — ses mains de sang, commettre un assassinat. — sa réputation, son honneur, se perdre de réputation, se déshonorer par des actions infâmes. — le lit nuptial, commettre un adultère, etc. Se —, v. pron. Se couvrir d'ordures, se salir, et fig. se rendre coupable d'une infamie.

SOUILLON, s. Enfant malpropre qui salit ses vêtemens ; se dit surtout des filles. —, marie graillon, laveuse de vaisselle. T. fam.

SOUILLURE, s. f. Tache, saleté, ordure, malpropreté. —, impureté, pollution ; déshonneur, flétrissure. Fig.

SOUILLY, s. m. Com. du dép. de la Meuse, chef-lieu de cant. de l'arr. de Verdun. Bur. d'enregist. = Verdun.

SOUILLY, s. m. Com. du dép. de Seine-et-Marne, cant. de Claye, arr. de Meaux. = Claye.

SOUI-MANGA, s. m. Oiseau sylvain, espèce de grimpereau de l'île de Madagascar. T. d'hist. nat.

SOUIN, s. m. Com. du dép. des Hautes-Pyrénées, cant. et arr. d'Argelès. = Argelès.

SOÛL, E, adj. Entièrement repu, rassasié. —, ivre; homme soûl. —, rassasié jusqu'au dégoût ; je suis soûl de vos parades. T. fam. —, s. m. Rassasiement; manger tout son soûl.

SOULA, s. f. Com. du dép. de l'Ariège, cant. et arr. de Foix. = Foix.

SOULAC, s. m. Com. du dép. de la Gironde, cant. de St.-Vivien, arr. de Lesparre. = Lesparre.

SOULAGÉ, E, part. Allégé, en parlant d'un fardeau; assisté, secouru. Fig.

SOULAGEMENT, s. m. Diminution de mal, de douleur, de peine physique ou morale.

SOULAGER, v. a. Alléger le fardeau, la charge de quelqu'un ; diminuer le travail, la fatigue. —, adoucir, calmer, diminuer la douleur, la peine, etc. ; assister, secourir. Fig. Se —, v. pron. Se procurer du soulagement. Se —, v. récip. S'entr'aider, se secourir mutuellement.

SOULAGES, s. m. Com. du dép. de l'Aveyron, cant. de Laguiole, arr. d'Espalion. = Espalion.

SOULAGES, s. m. Com. du dép. du Cantal, cant. de Ruines, arr. de St.-Flour. = St.-Flour.

SOULAINCOURT, s. m. Com. du dép. de la Haute-Marne, cant. de Poissons, arr. de Vassy. = Joinville.

SOULAINE, s. f. Com. du dép. de Maine-et-Loire, cant. des Ponts-de-Cé, arr. d'Angers. = Brissac.

SOULAINES, s. f. Com. du dép. de l'Aube, chef-lieu de cant. de l'arr. de Bar-sur-Aube. Bur. d'enregist. = Bar-sur-Aube. Fabr. de bonneterie. Comm. de bestiaux; tuileries.

SOULAIRE-ET-BOURG, s. m. Com. du dép. de Maine-et-Loire, cant. de Briollay, arr. d'Angers. = Angers.

SOULAIRES, s. m. Com. du dép. d'Eure-et-Loir, cant. de Maintenon, arr. de Chartres. = Maintenon.

SOULAN, s. m. Com. du dép. de l'Ariège, cant. de Massat, arr. de St.-Girons. = St.-Girons.

SOULAN (St.-), s. m. Com. du dép. du Gers, cant. et arr. de Lombez. = Lombez.

SOULAN, s. m. Com. du dép. des Hautes-Pyrénées, cant. de Vielle, arr. de Bagnères. = Arreau.

SOULANGÉ, s. m. Com. du dép. de Maine-et-Loire, cant. de Doué, arr. de Saumur. = Doué.

SOULANGES, s. m. Com. du dép. de la Marne, cant. et arr. de Vitry-le-Français. = Vitry-le-Français.

SOULANGY, s. m. Com. du dép. du Calvados, cant. et arr. de Falaise. = Falaise.

SOULANGY, s. m. Com. du dép. du Cher, cant. des Aix-d'Angilon, arr. de Bourges. = Bourges.

SOULANT, E, adj. Qui soûle, rassasie. (Vi.)

SOÛLARD, s. et adj. Ivrogne, gourmand. T. fam.

SOULAS, s. m. Soulagement, consolation. (Vi.)

SOULATGÉ, s. m. Com. du dép. de l'Aude, cant. de Monthoumet, arr. de Carcassonne. = la Grasse.

SOULAUCOURT, s. m. Com. du dép. de la Haute-Marne, cant. de Bourmont, arr. de Chaumont. = Bourmont.

SOÛLAUD, E, s. et adj. Voy. SOULARD.

SOULAURES, s. m. Com. du dép. de la Dordogne, cant. de Montpazier, arr. de Bergerac. = Montpazier.

SOULCE-CERNAY, s. m. Com. du dép. du Doubs, cant. de St.-Hyppolite, arr. de Montbéliard. = St.-Hyppolite-sur-le-Doubs.

SOULCIET, s. m. Moineau du Canada.

SOÛLÉ, E, part. Rassasié ; enivré.

SOÛLER, v. a. Rassasier avec excès, au prop. et au fig. —, enivrer. T. fam. Se —, v. pron. Se gorger de nourriture, de vin, s'enivrer. Fig. et fam. Se —, jouir avec excès. T. fam.

SOULERET, s. m. Pièce de l'armure ancienne.

SOULES, s. f. Com. du dép. du Gers, cant. et arr. de Mirande. = Condom.

SOULES, s. m. Com. du dép. de la Manche, cant. de Canisy, arr. de St.-Lô. = St.-Lô.

SOULEUR, s. f. Frayeur subite, saisissement.

SOULEVÉ, E, part. Levé un peu, avec peine; révolté. Fig.

SOULÈVEMENT, s. m. Action de se soulever. —, grande agitation; soulèvement des flots. —, contraction de l'estomac, causée par l'extrême dégoût qu'inspire une chose. —, mouvement d'indignation; émotion populaire, sédition, révolte. Fig.

SOULEVER, v. a. Lever quelque chose de lourd à une petite hauteur, et avec peine. —, lever un peu, doucement; soulever un fardeau, la tête, un voile. —, agiter violemment; soulever les flots, en parlant des vents. —, exciter l'indignation; porter à la rebellion, révolter. —, v. n. Eprouver un extrême dégoût, en parlant du cœur. Faire — le cœur, donner des envies de vomir. Se —, v. pron. Se lever ou s'élever momentanément de soi-même avec effort. Se —, se révolter. Fig.

SOULGAN, s. m. Petit quadrupède de Sibérie qui tient du lièvre et du lapin, espèce de pika. T. d'hist. nat.

SOULGÉ-LE-BRUANT, s. m. Com. du dép. de la Mayenne, cant. de Montsurs, arr. de Laval. Bur. d'enregist. = Laval.

SOULIE (le), s. m. Com. du dép. de l'Hérault, cant. de la Salvetat, arr. de St.-Pons. = St.-Pons.

SOULIER, s. m. Chaussure de cuir, etc., dans laquelle est assujetti le pied au moyen de l'empeigne qui le recouvre plus ou moins.

SOULIÈRES, s. f. Com. du dép. de la Marne, cant. de Vertus, arr. de Châlons. = Vertus.

SOULIÈVRE, s. m. Com. du dép. des Deux-Sèvres, cant. d'Airvault, arr. de Parthenay. = Airvault.

SOULIGNAC, s. m. Com. du dép. de la Gironde, cant. de Targon, arr. de la Réole. = Cadillac.

SOULIGNÉ, E, part. Se dit d'un ou de plusieurs mots au-dessous desquels on a tiré une ligne.

SOULIGNEMENT, s. m. Action de souligner.

SOULIGNER, v. a. Tirer une ligne sous un ou plusieurs mots, pour indiquer à l'imprimeur que ces mots doivent être composés en italique, etc.

SOULIGNÉ-SOUS-BALLON-ET-ST.-REMY-DES-BOIS, s. m. Com. du dép. de la Sarthe, cant. de Ballon, arr. du Mans. = le Mans.

SOULIGNÉ-SOUS-VALLON-ET-FLACE, s. m. Com. du dép. de la Sarthe, cant. de la Suze, arr. du Mans. = le Mans.

SOULIGNEUR, s. m. Critique qui souligne les mots ou les passages sur lesquels il a des observations à faire. T. inus.

SOULIGNEUX, EUSE, adj. Moins dur que le bois; plante souligneuse.

SOULIGNONNE, s. f. Com. du dép. de la Charente-Inférieure, cant. de St.-Porchaire, arr. de Saintes. = Saintes.

SOULIGNY, s. m. Com. du dép. de l'Aube, cant. de Bouilly, arr. de Troyes. = Troyes.

SOULINE (Ste.-), s. f. Com. du dép. de la Charente, cant. de Brossac, arr. de Barbezieux. = la Graulle.

SOULIOTES, s. m. pl. Albanais de la vallée de Souli, célèbres par leur bravoure et leur esprit d'indépendance, qui se sont immortalisés au siége mémorable de Missolonghi.

SOULITRÉ, s. m. Com. du dép. de la Sarthe, cant. de Montfort, arr. du Mans. = Connerré.

SOULLANS, s. m. Com. du dép. de la Vendée, cant. de St.-Jean-de-Mont, arr. des Sables-d'Olonne. = Challans.

SOULLE (Ste.-), s. f. Com. du dép. de la Charente-Inférieure, cant. de la Jarrie, arr. de la Rochelle. = la Rochelle.

SOULOIR, v. n. Avoir coutume. (Vi.)

SOULOM, s. m. Com. du dép. des Hautes-Pyrénées, cant. et arr. d'Argelès. = Argelès. Mine de cuivre.

SOULOMES, s. m. Com. du dép. du Lot, cant. de la Bastide, arr. de Gourdon. = Gourdon.

SOULOSSE, s. f. Com. du dép. des Vosges, cant. de Coussey, arr. de Neufchâteau. = Neufchâteau.

SOULOUS, s. m. Ecriture dont les Turcs et les Arabes se servent pour les inscriptions, etc.

SOULTZ, s. m. Com. du dép. du Bas-Rhin, cant. de Molsheim, arr. de Strasbourg. = Molsheim. Etablissement de bains d'eaux minérales.

SOULTZ, s. m. Petite ville du dép. du Haut-Rhin, chef-lieu de cant. de l'arr. de Colmar. Bur. d'enregist. = Rouffach. Manuf. de rubans de soie.

SOULTZBACH, s. m. Com. du dép.

du Haut-Rhin, cant. de Munster, arr. de Colmar. = Colmar.
Sources d'eaux minérales renommées.

SOULTZMATT, s. m. Com. du dép. du Haut-Rhin, cant. de Rouffach, arr. de Colmar. = Rouffach.
Cette commune possède plusieurs fontaines d'eau minérale et un établissement de bains très fréquenté. Fabr. de mousselines et de toiles de coton.

SOULTZ-SOUS-FORÊTS, s. m. Petite ville du dép. du Bas-Rhin, chef-lieu de cant. de l'arr. de Wissembourg. Bur. d'enregist. = Wissembourg.
Mines d'asphalte, de pétrole, et de charbon de terre; source d'eau salée aux environs. Fabr. de bonneterie, corde, potasse et salin.

SOULVACHE, s. m. Com. du dép. de la Loire-Inférieure, cant. de Rougé, arr. de Châteaubriant. = Châteaubriant.

SOUMAINTRAIN, s. m. Com. du dép. de l'Yonne, cant. de Flogny, arr. de Tonnerre. = St.-Florentin.

SOUMANS, s. m. Com. du dép. de la Creuse, cant. et arr. de Boussac. = Boussac.

SOUMENSAC, s. m. Com. du dép. de Lot-et-Garonne, cant. de Duras, arr. de Marmande. = Marmande.

SOUMERAS, s. m. Com. du dép. de la Charente-Inférieure, cant. de Montendre, arr. de Jonzac. = Jonzac.

SOUMETTRE, v. a. Ranger sous l'autorité, réduire sous la domination, conquérir; dompter, maîtriser, humilier. —, présenter une chose à l'examen de quelqu'un, dans l'intention de déférer au jugement qu'il en portera. Se —, v. pron. Se ranger sous l'autorité d'un maître; se conformer aux volontés de quelqu'un, acquiescer, céder. Se —, s'engager, consentir à.....; s'en rapporter à......

SOUMIS, E, part. Rangé sous l'autorité d'un maître; conquis. —, adj. Dépendant; docile; respectueux, résigné. —, présenté pour être examiné, en parlant d'un projet, d'un contrat.

SOUMISSION, s. f. Disposition à obéir, déférence respectueuse. —, docilité envers les supérieurs; obéissance. —, engagement d'exécuter certains travaux, de faire certaines fournitures à telles conditions. —, promesse, obligation de payer une certaine somme. T. de jurisp. —, pl. Respects, satisfactions, excuses; propositions de se soumettre.

SOUMISSIONNAIRE, s. m. Entrepreneur, fournisseur qui fait une soumission pour un travail, une fourniture.

SOUMISSIONNÉ, E, part. Se dit de travaux ou de fournitures pour lesquels il a été fait une soumission.

SOUMISSIONNER, v. a. S'obliger par écrit à faire ou fournir, etc., moyennant un prix quelconque.

SOUMONT, s. m. Com. du dép. du Calvados, cant. et arr. de Falaise. = Falaise.

SOUMONT, s. m. Com. du dép. de l'Hérault, cant. et arr. de Lodève. = Lodève.

SOUMOULOU, s. m. Com. du dép. des Basses-Pyrénées, cant. de Pontacq, arr. de Pau. = Pau.

SOUPAPE, s. f. Languette mobile d'une pompe, d'un tuyau d'orgue; pour donner issue soit à l'eau, soit à l'air. —, tampon conique pour fermer un réservoir.

SOUPATOIRE, adj. Qui tient lieu de souper; dîner soupatoire. T. fam. inus.

SOUPÇON, s. m. Opinion, croyance désavantageuse, accompagnée de doute. —, simple conjecture. —, légère apparence, légère atteinte; soupçon de fièvre. Fig. —, très petite quantité d'une chose. T. fam.

SOUPÇONNABLE, adj. Que l'on peut soupçonner.

SOUPÇONNÉ, E, part. Conjecturé, pressenti, entrevu.

SOUPÇONNER, v. a. Concevoir un soupçon, des soupçons sur quelqu'un ou quelque chose. —, conjecturer, pressentir, entrevoir. —, v. n. Former des conjectures, se douter.

SOUPÇONNEUX, EUSE, adj. Enclin à soupçonner, défiant.

SOUPE, s. f. Potage, aliment composé de bouillon et de pain, etc. —, tranche de pain fort mince. Trempé comme une —, très mouillé. T. fam.

SOUPEAU, s. m. Bois qui fixe le soc de la charrue à oreille. T. d'agric.

SOUPE-DE-LAIT, s. m. et adj. De couleur blanche, tirant sur l'isabelle.

SOUPENTE, s. f. Courroie large et épaisse servant à suspendre la caisse d'un carrosse. —, espèce d'entre-sol, de faux plancher. —, barre de fer qui retient la hotte d'une cheminée de cuisine.

SOUPER ou SOUPÉ, s. m. Repas du soir; mets qui le composent; quantité d'alimens destinée au souper d'une ou de plusieurs personnes.

SOUPER, v. n. Prendre le dernier repas de la journée.

SOUPESÉ, E, part. Soulevé avec la

main pour connaître son poids, en parlant d'un fardeau.

SOUPESER, v. a. Soulever un fardeau avec la main pour juger de son poids.

SOUPEUR, EUSE, s. Celui, celle dont le principal repas est le souper. T. inus.

SOUPEX, s. m. Com. du dép. de l'Aude, cant. et arr. de Castelnaudary. = Castelnaudary.

SOUPIER, ÈRE, s. Personne qui aime la soupe, qui en mange beaucoup.

SOUPIÈRE, s. f. Vase creux pour servir la soupe.

SOUPIR, s. m. Aspiration et respiration forte, prolongée, et causée par le chagrin, la douleur, le plaisir, l'amour. Le dernier—, le dernier moment de la vie. —, pause du tiers ou du quart d'une mesure; signe qui l'indique. T. de mus.

SOUPIR, s. m. Com. du dép. de l'Aisne, cant. de Vailly, arr. de Soissons. = Braisne-sur-Vesle.

SOUPIRAIL, s. m. Ouverture à la voûte d'une cave, d'un souterrain, pour donner passage à l'air et à la lumière.

SOUPIRANT, s. m. Aspirant, galant, amoureux.

SOUPIRÉ, E, part. Débité, chanté; se dit des vers.

SOUPIRER, v. a. Dire, chanter avec grâce, tendresse et mélancolie; soupirer son amour, ses peines. —, v. n. Pousser des soupirs. — pour....., après, désirer ardemment, rechercher avec passion; soupirer pour la gloire, après le repos. — pour une belle, en être amoureux.

SOUPIREUR, Amant langoureux, qui ne cesse de soupirer son martyre. T. inus.

SOUPLE, adj. Maniable, flexible, qui se plie et se redresse facilement. —, agile, leste. Personne —, docile, complaisante, soumise. —, flatteur, insinuant; caractère souple.

SOUPLEMENT, adv. Avec souplesse, d'une manière souple, au prop. et au fig.

SOUPLESSE, s. f. Facilité à se mouvoir; flexibilité de corps, dextérité, agilité. —, docilité, complaisance, soumission; flexibilité d'esprit, de caractère, adresse, finesse. Fig. Tours de —, moyens artificieux, ruses, subtilités. Fig. et fam.

SOUPLET (St.-), s. m. Com. du dép. de la Marne, cant. de Beine, arr. de Reims. = Reims.

SOUPLICOURT, s. m. Com. du dép. de la Somme, cant. de Poix, arr. d'Amiens. = Poix.

SOUPPES, s. f. Com. du dép. de Seine-et-Marne, cant. de Château-Landon, arr. de Fontainebleau. Bur. de poste.

SOUPPLET (St.-), s. m. Com. du dép. du Nord, cant. du Catteau, arr. de Cambrai. = le Catteau.

SOUPPLETS (St.-), s. m. Com. du dép. de Seine-et-Marne, cant. de Dammartin, arr. de Meaux. = Dammartin.

SOUPROSSE, s. f. Petite ville du dép. des Landes, cant. de Tartas, arr. de St.-Sever. = Tartas.

SOUQUENILLE, s. f. Long surtout de grosse toile.

SOURAIDE, s. m. Com. du dép. des Basses-Pyrénées, cant. d'Espelette, arr. de Bayonne. = Bayonne.

SOURANS, s. m. Com. du dép. du Doubs, cant. de Lisle-sur-le-Doubs, arr. de Baume. = Lisle-sur-le-Doubs.

SOURBASSIE, s. f. Belle soie de Perse.

SOURBOURG, s. m. Com. du dép. du Bas-Rhin, cant. de Soultz-sous-Forêt, arr. de Wissembourg. = Wissembourg.

SOURCE, s. f. Eau qui s'échappe du pied des montagnes en soulevant le gravier, et court en serpentant à travers les vallons pour former une rivière; fontaine d'eau vive. —, principe, origine. Fig. —, base, fondement, occasion, sujet; endroit d'où une chose procède; premier auteur. Savoir de bonne —, d'une personne grave, qui n'avance rien au hasard. Couler de —, être dit ou écrit avec une extrême facilité. — du vent, point de l'horizon d'où le vent souffle. T. de mar.

SOURCIER, s. m. Naturaliste qui prétend pouvoir découvrir les sources.

SOURCIEUX-SUR-L'ARBRESLE, s. m. Com. du dép. du Rhône, cant. de l'Arbresle, arr. de Lyon. = l'Arbresle.

SOURCIL, s. m. Eminence recouverte de poils, en forme d'arc, qui se trouve au-dessus de la cavité de l'œil. Froncer le —, témoigner du mécontentement. Fig. —, poisson du genre du chétodon. T. d'hist. nat.

SOURCILIER, s. m. Saillie du four à glaces. —, muscle du sourcil; trou qu'on remarque à l'os coronal entre les deux apophyses orbitaires. T. d'anat. —, poisson du genre du blenne. T. d'hist. nat.

SOURCILIER, ÈRE, adj. Qui concerne le sourcil. T. d'anat.

SOURCILLER, v. n. Sortir en petites sources. —, remuer le sourcil. Ne pas —, ne laisser apercevoir sur son visage aucun signe d'altération, de trouble. Fig. et fam.

SOURCILLEUX, s. m. Sorte de lézard.

SOURCILLEUX, EUSE, adj. Haut, élevé; mont sourcilleux. —, altier, arrogant, orgueilleux. (Vi.)

SOURD, E, s. et adj. Dont l'ouïe est affectée, qui n'entend pas ou qui n'entend que très difficilement. — à, inexorable, inflexible; sourd à la voix du malheur. Fig. —, peu sonore, qui ne retentit pas comme il le devrait, en parlant d'un lieu. —, qui n'est pas éclatant, public; bruit sourd. —, ourdi en secret; intrigue sourde. Douleur —, qui n'est point vive, aiguë. Quantité —, incommensurable. T. de math. Couleur —, qui a peu d'éclat. T. de peint. Pierre —, obscure, sombre, brouillée. T. de lapidaire.

SOURDAUD, E, s. Personne un peu sourde. T. fam.

SOURDE, s. f. Petite bécassine.

SOURDELINE, s. f. Musette d'Italie, à quatre chalumeaux.

SOURDEMENT, adv. D'une manière sourde, peu retentissante. —, en secret, à la sourdine. Fig.

SOURDEVAL, s. m. Com. du dép. de la Manche, chef-lieu de cant. de l'arr. de Mortain. Bur. d'enregist. et de poste. Fabr. considérables de papiers.

SOURDEVAL-LES-BOIS, s. m. Com. du dép. de la Manche, cant. de Gavray, arr. de Coutances. ⹀ Coutances.

SOURDINE, s. f. Ressort d'une montre à répétition qui empêche le marteau de frapper sur le timbre. —, ce qui affaiblit le son dans un instrument de musique. A la —, adv. Sans bruit, en cachette. T. fam.

SOURDON, s. m. Com. du dép. de la Somme, cant. d'Ailly-sur-Noye, arr. de Montdidier. ⹀ Amiens.

SOURDRE, v. n. Sortir de terre, en parlant de l'eau; ne se dit qu'à l'infinitif et à la troisième personne du présent de l'indicatif. —, s'élever, en parlant d'un nuage. — au vent, le bien tenir, en parlant d'un navire. T. de mar.

SOURDUN, s. m. Com. du dép. de Seine-et-Marne, cant. de Villiers-St.-Georges, arr. de Provins. ⹀ Provins.

SOURICEAU, s. m. Petit d'une souris.

SOURICIÈRE, s. f. Piége pour prendre des souris.

SOURIQUOIS, E, adj. Qui concerne les souris, les rats; peuple souriquois. T. fam.

SOURIRE, s. m. Action de sourire. Voy. SOURIS.

SOURIRE, v. n. Rire gracieusement, sans éclat. — à..., approuver, agréer avec bienveillance; marquer de l'intelligence avec quelqu'un, de l'estime, de l'affection, de l'amour, par un sourire. —, offrir un aspect agréable, des idées riantes, en parlant des choses.

SOURIS, s. m. Ris léger et gracieux, de courte durée. —, ris de complaisance, de pitié, de mépris; souris perfide.

SOURIS, s. f. Petit quadrupède rongeur du genre des rats; couleur gris-cendré de cet animal. —, espace entre le pouce et l'index; muscle charnu d'un manche de gigot; cartilage des naseaux du cheval; clignotement fréquent; coquille du genre porcelaine.

SOURIVE, s. f. Trou au bord de l'eau, sous des racines.

SOURNIA, s. f. Com. du dép. des Pyrénées-Orientales, chef-lieu de cant. de l'arr. de Prades, où se trouve le bur. d'enregist. ⹀ St.-Paul-de-Fenouillet.

SOURNIAC, s. m. Com. du dép. du Cantal, cant. et arr. de Mauriac. ⹀ Mauriac.

SOURNOIS, E, s. et adj. Qui cache sa pensée, agit sourdement, à mauvais dessein, qui médite le mal en silence; homme, esprit sournois. —, pensif, sombre, morne; air sournois.

SOURNOISIE, s. f. Caractère d'un sournois.

SOURRIBES, s. f. Com. du dép. des Basses-Alpes, cant. de Volonne, arr. de Sisteron. ⹀ Sisteron.

SOURS, s. m. Com. du dép. d'Eure-et-Loir, cant. et arr. de Chartres. ⹀ Chartres.

SOURSAC, s. m. Com. du dép. de la Corrèze, cant. de Lapleau, arr. de Tulle. ⹀ Mauriac.

SOURSOMMEAU, s. m. Espèce de panier à pieds; ballot sur la somme.

SOURZAC, s. m. Com. du dép. de la Dordogne, cant. de Mussidan, arr. de Ribérac. ⹀ Mussidan. Forges et hauts-fourneaux.

SOUS, prép. Marque la situation d'une chose à l'égard d'une autre qui est au-dessus; sous la table. —, marque encore la subordination, la dépendance; sous son commandement. — le temps; sous le règne de Louis XIV. —, ce qui masque, déguise; sous prétexte. —, moyennant; sous telle condition. — les yeux, en vue. — la main, assez près pour être touché, saisi. — main, clandestinement. —, joint à certains mots, indique une chose qui est au-dessous d'une autre, qui lui est inférieure; sous-cutané, sous-arbrisseau. —, joint à un nom d'emploi, subordonné, qui aide; sous-préfet, sous-lieutenant.

SOUS-ACROMIO-HUMÉRAL et **SOUS-ACROMIO-CLAVI-HUMÉRAL**, s. et adj. m. Muscle deltoïde. T. d'anat.

SOUS-AFFERMÉ, E, ou **SOUS-FERMÉ, E**, part. Donné ou pris à sous-ferme.

SOUS-AFFERMER ou **SOUS-FERMER**, v. a. Rétrocéder tout ou partie de son bail.

SOUS-AILES, s. f. pl. Bas-côtés d'une église.

SOUS-ALTOÏDIEN, adj. m. Qui appartient à la seconde paire cervicale; nerf sous-altoïdien. T. d'anat.

SOUS-ARBRISSEAU, s. m. Plante entre l'arbrisseau et l'herbe; arbuste.

SOUS-AXILLAIRE, adj. Inséré au-dessous de l'aisselle. T. de bot.

SOUS-AXOÏDIEN, adj. m. Se dit d'un nerf de la troisième paire cervicale. T. d'anat.

SOUS-BAIL, s. m. Rétrocession de tout ou partie d'objets affermés en vertu d'un bail.

SOUS-BANDE, s. f. Bande sous les autres. T. de chir. —, bande sous les flasques. T. d'artill.

SOUS-BARBE, s. f. Coup sous le menton. —, partie de la bride à laquelle est attachée la gourmette. —, pièce de bois qui soutient l'étrave. T. de mar.

SOUS-BARQUE, s. f. Bordage d'un bateau foncet.

SOUS-BIBLIOTHÉCAIRE, s. m. Conservateur au-dessous du bibliothécaire.

SOUS-BIEF, s. m. Petit canal.

SOUS-BRIGADIER, s. m. Celui qui commande sous le brigadier.

SOUS-CAMÉRIER, s. m. Second camérier.

SOUS-CARBONATE, s. m. Combinaison de l'acide carbonique avec un excès de base. T. de chim.

SOUSCEYRAC, s. m. Com. du dép. du Lot, cant. de la Tronquière, arr. de Figeac. ⸺ St.-Céré.

SOUS-CHANTRE, s. m. Dignité d'un chapitre d'église.

SOUS-CHEVRON, s. m. Pièce de bois d'un comble en dôme. T. de charp.

SOUS-CLAVIER, ÈRE, s. et adj. Muscle situé entre la clavicule et la première côte. T. d'anat.

SOUS-CLERC, s. m. Ecclésiastique au-dessous du clerc.

SOUS-COMMIS, s. m. Garçon de bureau.

SOUS-COSTAL, E, adj. Situé sous les côtes. T. d'anat.

SOUSCRIPTEUR, s. m. Celui qui a souscrit pour recevoir un journal, un ouvrage, abonné; signataire d'une obligation, d'un effet de commerce.

SOUSCRIPTION, s. f. Signature au bas d'une obligation, d'un billet à ordre. —, signature au bas d'une lettre, accompagnée des formalités qu'exige la politesse. —, soumission par écrit, engagement d'exécuter un travail, de prendre livraison d'une chose et d'en payer le montant; reconnaissance donnée au souscripteur.

SOUSCRIRE, v. a. Approuver un écrit en apposant sa signature au bas. —, v. n. Avancer de l'argent ou s'engager à en donner plus tard pour l'édition d'un ouvrage littéraire, pour un travail, une entreprise, etc. — à, adhérer, consentir, approuver.

SOUSCRIT, E, part. Approuvé, signé.

SOUSCRIVANT, s. m. Souscripteur d'un billet à ordre.

SOUS-CUTANÉ, E, adj. Qui se trouve sous la peau. T. d'anat.

SOUS-DÉLÉGUER, v. a. Voy. SUBDÉLÉGUER.

SOUS-DIACONAT, s. m. Le troisième des ordres sacrés, au-dessous de diaconat.

SOUS-DIACRE, s. m. Qui est promu au sous-diaconat.

SOUS-DIAPHRAGMATIQUE, adj. Situé sous le diaphragme. T. d'anat.

SOUS-DIVISER, v. a. Voy. SUBDIVISER.

SOUS-DOMINANTE, s. f. Quatrième note du ton; note qui fait le quart au-dessus de la tonique. T. de mus.

SOUS-DOUBLE, adj. Qui offre la moitié. T. de math.

SOUS-DOUBLÉ, E, adj. En raison des racines carrées. T. de math.

SOUS-DOUBLI, s. m. Rang de tuiles à plat pour l'égout d'un toit. T. de couvr.

SOUS-DOYEN, s. m. Celui qui est au-dessous du doyen.

SOUS-ENTENDRE, v. a. Donner à entendre quelque chose qu'on ne croit pas devoir exprimer; ne pas exprimer une chose qui s'entend naturellement. Se —, v. pron. Devoir, pouvoir être sous-entendu.

SOUS-ENTENDU, s. m. Sous-entente, ce qu'on sous-entend sans arrière-pensée, pour abréger.

SOUS-ENTENDU, E, part. Qui n'est point exprimé, sans nuire au sens.

SOUS-ENTENTE, s. f. Ce qu'on sous-entend artificieusement.

SOUS-ÉPINEUX, EUSE, s. m. et adj. Muscle qui remplit la fosse sous-épineuse de l'omoplate; qui est situé sous l'épine. T. d'anat.

SOUS-FAÎTE, s. m. Pièce de bois sous le faîte. T. de charp.

SOUS-FAMILLE, s. f. Division d'une famille. T. d'hist. nat.

SOUS-FERME, s. f. Sous-bail.

SOUS-FERMIER, ÈRE, s. Sous-locataire, celui, celle qui accepte la rétrocession d'une ferme.

SOUS-FRÉTÉ, E, part. Sous-loué, en parlant d'un navire frété. T. de mar.

SOUS-FRÉTER, v. a. Sous-louer un navire frété. T. de mar.

SOUS-GARDE, s. f. Demi-cercle qui couvre la détente d'une arme à feu.

SOUS-GORGE, s. f. Morceau de cuir qui passe sous la gorge d'un cheval pour assujettir la bride.

SOUS-GOUVERNANTE, s. f. Gouvernante en second.

SOUS-GOUVERNEUR, s. m. Gouverneur en second.

SOUS-GUEULE, s. f. Bride.

SOUS-INTRODUCTEUR, s. m. Introducteur en second.

SOUSLENS, s. m. Com. du dép. des Landes, cant. d'Amou, arr. de St.-Sever. = St.-Sever.

SOUS-LIEUTENANCE, s. f. Grade de sous-lieutenant.

SOUS-LIEUTENANT, s. m. Officier d'une compagnie, subordonné du lieutenant.

SOUS-LOCATAIRE, s. Celui, celle qui sous-loue.

SOUS-LOCATION, s. f. Sous-bail, cession de tout ou partie d'une location.

SOUS-LOUÉ, E, part. Se dit d'un appartement, etc., dont on a cédé la jouissance à un tiers.

SOUS-LOUER, v. a. Louer à quelqu'un tout ou partie d'une maison dont on est locataire; prendre à loyer d'un principal locataire.

SOUS-MAÎTRE, ESSE, s. Celui, celle qui remplit les fonctions du maître ou de la maîtresse, qui commande à leur place.

SOUS-MARIN, E, adj. Qui est sous la mer.

SOUS-MAXILLAIRE, adj. Situé sous la mâchoire. T. d'anat.

SOUS-MAXILLO-CUTANÉ, s. m. et adj. Muscle du menton. T. d'anat.

SOUS-MAXILLO-LABIAL, s. m. et adj. Muscle triangulaire des lèvres. T. d'anat.

SOUS-MÉDIANTE, s. f. Sixième note du ton. T. de mus.

SOUS-MENTONNIER, ÈRE, adj. Situé sous le menton. T. d'anat.

SOUS-MÉTACARPO-LATÉRI-PHALANGIENS, s. m. pl. et adj. Muscles inter-osseux-palmaires. T. d'anat.

SOUS-MÉTATARSO-LATÉRI-PHALANGIENS, s. m. pl. et adj. Muscles inter-osseux-plantaires. T. d'anat.

SOUS-MOULINS, s. m. Com. du dép. de la Charente-Inférieure, cant. de Montendre, arr. de Jonzac. = Montendre.

SOUS-MULTIPLE, s. m. Nombre exactement compris plusieurs fois dans un autre. T. de math.

SOUS-NITRATE, s. m. Nitrate avec excès de base. T. de chim.

SOUS-NORMALE, s. f. Voy. Sous-perpendiculaire. T. de géom.

SOUS-OCCIPITAL, E, adj. Qui se trouve sous l'occiput. T. d'anat.

SOUS-OPTICO-SPHÉNO-SCLÉROTICIEN, s. m. et adj. Muscle abaisseur de l'œil. T. d'anat.

SOUS-ORBICULAIRE, adj. f. Se dit des feuilles presque rondes, mais plus larges que hautes. T. de bot.

SOUS-ORBITAIRE, adj. Situé sous l'orbite, sous la cavité de l'œil. T. d'anat.

SOUS-ORDRE, s. m. Subordonné à un autre pour le travail. —, distribution d'une somme adjugée à un créancier dans un ordre. T. de procéd. En —, adv. Sous la direction d'un chef, sous ses ordres.

SOUS-PARSAT, s. m. Com. du dép. de la Creuse, cant. de St.-Sulpice-les-Champs, arr. d'Aubusson. = Ahun.

SOUS-PÉNITENCERIE, s. f. Titre, office de sous-pénitencier.

SOUS-PÉNITENCIER, s. m. Aide du pénitencier.

SOUS-PERPENDICULAIRE, s. f. Partie de l'axe d'une courbe où l'ordonnée et la perpendiculaire se rencontrent. T. de géom.

SOUS-PHOSPHATE, s. m. Phosphate avec excès de base. T. de chim.

SOUS-PIED, s. m. sans s au pl. Petite courroie qui passe sous la semelle de la chaussure.

SOUS-PIERRE, s. m. Com. du dép. de la Drôme, cant. de Dieu-le-Fit, arr. de Montélimar. = Dieu-le-Fit.

SOUS-POPLITÉ, s. m. et adj. Muscle poplité. T. d'anat.

SOUS-PRÉCEPTEUR, s. m. Aide du précepteur dans ses fonctions.

SOUS-PRÉFECTURE, s. f. Charge, fonctions d'un sous-préfet; arrondissement qu'il administre; son hôtel; ses bureaux.

SOUS-PRÉFET, s. m. Administrateur d'un arrondissement de sous-préfecture.

SOUS-PRIEUR, E, s. Aide du prieur ou de la prieure.

SOUS-PROTE, s. m. Correcteur d'imprimerie, ouvrier en conscience qui dirige les travaux en l'absence du prote.

SOUS-PUBIEN, NE, adj. Situé au-dessous du pubis. T. d'anat.

SOUS-PUBIO-COCCYGIEN, s. m. et adj. Muscle releveur de l'anus. T. d'anat.

SOUS-PUBIO-CRÉTI-TIBIAL ou **SOUS-PUBIO-PRÉTIBIAL**, s. m. et adj. Muscle grêle interne de la cuisse. T. d'anat.

SOUS-PUBIO-FÉMORAL, s. m. et adj. Muscle second abducteur de la cuisse. T. d'anat.

SOUS-PUBIO-FÉMORAL, E, adj. Qui concerne la partie inférieure du pubis. T. d'anat.

SOUS-PUBIO-TROCHANTÉRIEN, s. m. et adj. Muscle sous-épineux. T. d'anat.

SOUS-RÉFECTORIER, ÈRE, s. Second réfectorier.

SOUS-RENTE, s. f. Prix de la cession d'une rente.

SOUS-RENTIER, s. m. Cessionnaire d'une rente.

SOUSSAC, s. m. Com. du dép. de la Gironde, cant. de Pellegrue, arr. de la Réole. = Monségur.

SOUS-SACRISTAIN, s. m. Aide du sacristain.

SOUSSANS, s. m. Com. du dép. de la Gironde, cant. de Castelnau, arr. de Bordeaux. = Bordeaux.

SOUS-SCAPULAIRE, s. m. Muscle qui s'attache à la face interne de l'omoplate et se termine par un tendon fort large à la petite tubérosité de l'os du bras. —, adj. Situé sous l'omoplate. T. d'anat.

SOUS-SCAPULO-TROCHIDIEN, s. m. et adj. Muscle sous-scapulaire. T. d'anat.

SOUS-SECRÉTAIRE, s. m. Employé qui écrit sous la dictée d'un secrétaire, qui le remplace.

SOUSSEY, s. m. Com. du dép. de la Côte-d'Or, cant. de Vitteaux, arr. de Semur. = Vitteaux.

SOUSSIGNÉ, E, part. Signé au-dessous, au bas. —, s. m. Celui qui signe ou doit signer un acte; le soussigné.

SOUSSIGNER, v. a. et n. Signer au bas d'un acte, mettre son nom au-dessous d'un écrit.

SOUSSONNE, s. f. Com. du dép. du Jura, cant. d'Arinthod, arr. de Lons-le-Saulnier. = Orgelet.

SOUS-SPINI-SCAPULO-TROCHITÉRIEN, s. m. et adj. Muscle sous-épineux. T. d'anat.

SOUS-SULFATE, s. m. Sulfate avec excès de base. T. de chim.

SOUS-TANGENTE, s. f. Partie de l'axe d'une courbe entre l'ordonnée et la tangente correspondante. T. de géom.

SOUS-TARTRATE, s. m. Tartrate avec excès de base. T. de chim.

SOUSTELLE, s. f. Com. du dép. du Gard, cant. de St.-Martin-de-Valgalgues, arr. d'Alais. = Alais.

SOUS-TENDANTE, s. f. Ligne droite tirée d'un bout d'un arc à l'autre. T. de géom.

SOUSTONS, s. m. Petite ville du dép. des Landes, chef-lieu de cant. de l'arr. de Dax. Bur. d'enregist. = Dax.

SOUSTRACTION, s. f. Action de soustraire. —, opération, règle d'arithmétique par laquelle on retranche un nombre d'un plus grand.

SOUSTRAIRE, v. a. Soutirer par adresse ou par fraude, dérober. —, retrancher un nombre d'un autre. T. d'arith. Se —, v. pron. Se dérober, se mettre à l'abri; se soustraire aux mauvais traitemens.

SOUS-TRAITANT, s. m. Sous-fermier.

SOUS-TRAITÉ, s. m. Sous-ferme.

SOUS-TRAITER, v. n. Prendre à ferme d'un traitant.

SOUS-TRIPLE, adj. Se dit de deux quantités dont l'une est contenue trois fois dans l'autre; raison sous-triple. T. de math.

SOUS-TROCHANTÉRIEN, NE, adj. Qui est au-dessous du trochanter. T. d'anat.

SOUSTYLAIRE, s. f. Ligne qui forme la commune section du plan d'un cadran et du méridien. T. de géom.

SOUS-VENTRIÈRE, s. f. Large courroie qui passe sous le ventre du limonier.

SOUSVILLE, s. f. Com. du dép. de l'Isère, cant. de la Mure, arr. de Grenoble. = la Mure.

SOUTANE, s. f. Habit ecclésiastique,

long, à manches étroites, qu'on serre avec une ceinture. —, l'état ecclésiastique. Fig.

SOUTANELLE, s. f. Petite soutane.

SOUTE, s. f. Retour en argent donné par celui des copartageans dont la part excède celle des autres cohéritiers. —, retranchement dans le fond d'un navire pour serrer les provisions de guerre et de bouche ; soute à poudre. —, petit canot.

SOUTENABLE, adj. Se dit d'une proposition, d'une cause qu'on peut défendre avec succès. —, supportable, tolérable. —, qu'on peut défendre, en parlant d'une position militaire.

SOUTENANT, s. m. Ecolier qui soutient sa thèse.

SOUTENELLE, s. f. Voy. POURPIER.

SOUTENEMENT, s. m. Appui, soutien. T. de maç. —, défense d'un compte. T. de procéd.

SOUTENEUR, s. m. Suppôt d'une maison de prostitution.

SOUTENIR, v. a. Servir d'appui; étayer ; porter, supporter. Prop. et fig. —, résister; soutenir le choc, un assaut. Prop. et fig. —, souffrir, endurer; soutenir la fatigue. Fig. —, maintenir; soutenir ses droits. —, favoriser; protéger ; secourir. —, défendre une opinion, une doctrine, etc. —, assurer, attester, affirmer; soutenir un mensonge. —, aider, assister; pourvoir aux nécessités de la vie, faire subsister; sustenter, en parlant des alimens. —, la dépense, la conversation ; en faire les frais. — son rang; vivre honorablement. Se —, v. pron. Se tenir, demeurer debout, ferme sur ses jambes, et fig., conserver sa santé, son crédit, son autorité. Se —, en parlant des choses, ne pas perdre de son éclat, etc.; demeurer en bon état; se maintenir. Se —, v. récip. S'empêcher de tomber l'un et l'autre, et fig., se prêter un mutuel secours.

SOUTENU, E, part. Appuyé. Prop. et fig. —, adj. Noble, élevé, soigné ; style soutenu. T. de littér.

SOUTERNON, s. m. Com. du dép. de la Loire, cant. de St.-Germain-Laval, arr. de Roanne. = Roanne.

SOUTERRAIN, s. m. Galerie, lieu voûté sous terre; cavité, retraite souterraine. —, pl. Voies ténébreuses, pratiques secrètes, menées sourdes. Fig.

SOUTERRAIN, E, adj. Pratiqué sous terre; lieu souterrain. —, qui sort de dessous terre; feux souterrains. —, secret, mystérieux; politique souterraine. Fig.

SOUTERRAINE (la), s. f. Petite ville du dép. de la Creuse, chef-lieu de cant. de l'arr. de Guéret. Bur. d'enregist. et de poste. Fabr. de toiles; comm. de fil et de chanvre.

SOUTERRÉ, E, adj. Caché sous terre, en parlant des fruits. T. de bot.

SOUTESCELLE, s. f. Arroche maritime. T. de bot.

SOUTHAMPTON, s. m. Ville maritime d'Angleterre dans le comté de Hampshire. Cette ville possède des bains de mer qui y attirent beaucoup de monde. Pop. 12,000 hab. env.

SOUTIEN, s. m. Etaie, support. —, appui, protection, défense. Fig.

SOUTIERS, s. m. Com. du dép. des Deux-Sèvres, cant. de Mazières, arr. de Parthenay. = Parthenay.

SOUTIRAGE, s. m. Action de soutirer.

SOUTIRÉ, E, part. Transvasé.

SOUTIRER, v. a. Transvaser une liqueur. —, obtenir peu à peu, avec adresse; soutirer de l'argent, un secret. Fig.

SOUTRAIT, s. m. Planche inférieure de la presse. T. de papet.

SOUVANS, s. m. Com. du dép. du Jura, cant. de Montbarrey, arr. de Dôle. = Dôle.

SOUVENANCE, s. f. Souvenir, mémoire. (Vi.)

SOUVENIR, s. m. Impression, image, pensée conservée et reproduite par la mémoire; faculté de la mémoire; ce qui rappelle l'idée de quelque chose. —, tablettes pour noter ce qu'il est important de ne point oublier.

SOUVENIR (se), v. pron. Avoir mémoire de... Se —, garder la mémoire d'un bienfait, le ressentiment d'une injure; ne pas oublier : avoir soin, s'occuper de.... S'en —, garder du ressentiment ; s'en repentir. Se —, v. impers. Avoir présent à la mémoire ; vous souvient-il de certaines journées?

SOUVENT, adv. Fréquemment, maintes fois.

SOUVERAIN, E, s. Celui, celle en qui réside la souveraineté, Roi, Empereur, etc. —, adj. Qui règne souverainement, absolu, indépendant. —, qui appartient, est relatif à la souveraineté. —, qui surpasse tous les autres ; qui est au plus haut point en son genre ; qui est préférable à tout. —, très efficace ; remède souverain. — mépris, profond mépris. Cour —, qui juge sans appel.

SOUVERAINEMENT, adv. D'une manière souveraine, indépendante ; avec une autorité absolue; sans appel ; parfaitement, excellemment. —, au dernier degré, au dernier point; souverainement ennuyeux.

SOUVERAINETÉ, s. f. Qualité, autorité du souverain; pouvoir souverain. —, état d'un souverain; étendue du pays qu'il gouverne.

SOUVIGNARGUES, s. f. Com. du dép. du Gard, cant. de Sommières, arr. de Nismes. = Sommières.

SOUVIGNÉ, s. m. Com. du dép. de la Charente, cant. de Villefagnan, arr. de Ruffec. = Ruffec.

SOUVIGNÉ, s. m. Com. du dép. d'Indre-et-Loire, cant. de Château-la-Vallière, arr. de Tours. = Tours.

SOUVIGNÉ, s. m. Com. du dép. des Deux-Sèvres, cant. de St.-Maixent, arr. de Niort. = St.-Maixent.

SOUVIGNÉ, s. m. Com. du dép. de la Sarthe, cant. de Sablé, arr. de la Flèche. = la Ferté-Bernard.

SOUVIGNÉ-SUR-MÊME, s. m. Com. du dép. de la Sarthe, cant. de la Ferté, arr. de Mamers. = Sablé.

SOUVIGNY, s. m. Petite ville du dép. de l'Allier, chef-lieu de cant. de l'arr. de Moulins. Bur. d'enregist. et de poste. Fabr. de soude; verrerie à bouteilles; comm. de vins, grains et bestiaux.

SOUVIGNY, s. m. Com. du dép. d'Indre-et-Loire, cant. d'Amboise, arr. de Tours. = Amboise.

SOUVIGNY, s. m. Com. du dép. de Loir-et-Cher, cant. de la Motte-Beuvron, arr. de Romorantin. = la Ferté-St.-Aubin.

SOUVILLE, s. f. Com. du dép. du Loiret, cant. et arr. de Pithiviers. = Pithiviers.

SOUYE, s. f. Com. du dép. des Basses-Pyrénées, cant. de Morlaas, arr. de Pau. = Pau.

SOUYEAUX, s. m. Com. du dép. des Hautes-Pyrénées, cant. de Pouyastruc, arr. de Tarbes. = Tarbes.

SOUZAY, s. m. Com. du dép. de Maine-et-Loire, cant. et arr. de Saumur. = Saumur.

SOUZILS, s. m. Com. du dép. de l'Aveyron, cant. et arr. de Villefranche. = Villefranche.

SOUZY, s. m. Com. du dép. du Rhône, cant. de St.-Laurent-de-Chamousset, arr. de Lyon. = l'Arbresle.

SOUZY-LA-BRICHE, s. m. Com. du dép. de Seine-et-Oise, cant. et arr. d'Etampes. = Etrechy.

SOVERBAÉE, s. f. Plante liliacée. T. de bot.

SOVERIA, s. f. Com. du dép. de la Corse, cant. d'Omessa, arr. de Corte. = Bastia.

SOYANS, s. m. Com. du dép. de la Drôme, cant. de Crest, arr. de Die. = Crest.

SOYAUX, s. m. Com. du dép. de la Charente, cant. et arr. d'Angoulême. = Angoulême.

SOYE, s. f. Com. du dép. du Cher, cant. de Levet, arr. de Bourges. = Bourges.

SOYE, s. f. Com. du dép. du Doubs, cant. de l'Isle-sur-le-Doubs, arr. de Baume. = l'Isle-sur-le-Doubs.

SOYECOURT, s. m. Com. du dép. de la Somme, cant. de Chaulnes, arr. de Péronne. = Lihons-en-Santerre.

SOYE-L'ÉGLISE, s. f. Com. du dép. du Cher, cant. de Saulzais, arr. de St.-Amand. = St.-Amand.

SOYER, s. m. Com. du dép. de la Marne, cant. d'Anglure, arr. d'Epernay. = Sézanne.

SOYERS, s. m. Com. du dép. de la Haute-Marne, cant. de la Ferté-sur-Amance, arr. de Langres. = Bourbonne.

SOYEUX, s. m. Nom de plusieurs sortes d'agarics. T. de bot.

SOYEUX, EUSE, adj. Doux au toucher, comme de la soie; poil soyeux. —, bien fourni de soie; taffetas soyeux. —, couvert de poils mous, serrés, couchés et luisans comme de la soie. T. de bot.

SOYONS, s. m. Com. du dép. de l'Ardèche, cant. de St.-Péray, arr. de Tournon. = St.-Péray.

SOYRIA, s. f. Com. du dép. du Jura, cant. de Clairvaux, arr. de Lous-le-Saulnier. = Lons-le-Saulnier.

SOZAY (le), s. m. Petite rivière dont la source se trouve à l'étang d'Oudan, dép. de la Nièvre, et qui se jette dans le Beuvron, près de Beaugy; elle est flottable sur toute l'étendue de son cours.

SOZY-ST.-MEYRONNE-ET-MAYRAC, s. m. Com. du dép. du Lot, cant. de Souillac, arr. de Gourdon. = Souillac.

SPA, s. m. Ville des Pays-Bas, célèbre par ses eaux minérales, gazeuses, qui y attirent un grand nombre d'étrangers. Fabr. d'objets de toilette en ivoire, bois peint, etc.

SPACIEMENT, s. m. Promenade des anciens chartreux.

SPACIEUSEMENT, adv. En grand espace, au large.

SPACIEUX, EUSE, adj. Etendu, vaste; se dit des lieux.

SPADA, s. f. Com. du dép. de la Meuse, cant. de St.-Mihiel, arr. de Commercy. = St.-Mihiel.

SPADASSIN, s. m. Bretteur, férailleur. (Vi.)

SPADICE ou SPADIX, s. m. Assemblage de fleurs renfermées dans une spathe, et sessiles sur un pédoncule commun. T. de bot.

SPADICÉ, E, adj. Qui offre des spadices. T. de bot.

SPADILLE, s. f. L'as de pique au jeu d'hombre et autres.

SPAGE, s. m. Espèce de raisin.

SPAGYRIE, s. f. Chimie. (Vi.)

SPAGYRIQUE, adj. Se dit de la chimie, parce qu'elle s'occupe d'analyse et de synthèse. Chimie—, analyse des métaux ; metallurgie.

SPAHI, s. m. Cavalier turc.

SPALANGIE, s. f. Genre d'insectes hyménoptères. T. d'hist. nat.

SPALAX, s. m. Voy. ASPALAX.

SPALMER, v. a. Voy. ESPALMER.

SPALT, s. m. Pierre luisante dont on se sert pour opérer la fusion des métaux. T. de fond. Voy. SPATH.

SPANOPOGON, s. m. Poils rares de la barbe et sujets à tomber.

SPARADRAP, s. m. Toile trempée dans un emplâtre agglutinatif fondu, qu'on polit sur le marbre après être refroidi. T. de chir.

SPARADRAPIER, s. m. Instrument pour préparer le sparadrap. T. de pharm.

SPARAILLON, s. m. Poisson du genre du spare. T. d'hist. nat.

SPARASSE, s. m. Genre d'insectes arachnides. T. d'hist nat.

SPARBACH, s. m. Com. du dép. du Bas-Rhin, cant. de Petite-Pierre, arr. de Saverne. = Saverne.

SPARE, s. m. Genre de poissons thoraciques. T. d'hist. nat.

SPARGANE, s. f. ou SPARGANION, s. m. Bande dont on enveloppe un enfant. —, plante, ruban d'eau. T. de bot.

SPARGANOPHORE, s. m. Plante de la syngénésie, dix-neuvième classe des végétaux. T. de bot.

SPARGANOSE, s. f. Distension des mamelles par l'abondance du lait. T. de méd.

SPARGELLE, s. f. Espèce de genêt, genistelle. T. de bot.

SPARGITIDE, adj. f. Sigillée ; terre spargitide.

SPARIÉ, E, adj. Jeté sur la côte. T. de mar.

SPARIES, s. f. pl. Tout ce que la mer rejette sur le rivage. Voy. ÉPAVE. T. de mar.

SPARLING, s. m. Plante de la côte du Malabar. T. de bot.

SPARMANNE, s. m. Arbrisseau de la famille des *** T. de bot.

SPARSILE, adj. f. Se dit des étoiles éparses, hors des constellations. T. d'astr.

SPARTE, s. f. Ville célèbre de l'ancienne Grèce, capitale de la Laconie, dont on retrouve les ruines à une lieue de Misitra, dans la Morée, autrefois le Péloponèse. —, s. m. Espèce de jonc, plante graminée dont on fait des cordages, des nattes, des chapeaux.

SPARTERIE, s. f. Fabrique de nattes, de tissus de Sparte.

SPARTIATE, s. et adj. Citoyen de Sparte ; qui est relatif à cette ville fameuse de l'ancienne Grèce.

SPARTION, s. m. Genre de plantes légumineuses. T. de bot.

SPARTON, s. m. Cordage de Sparte. T. de mar.

SPASMATIQUE, adj. Attaqué de spasme.

SPASME, s. m. Convulsion. T. de méd.—, chauve-souris de l'île de Ceylan. T. d'hist. nat.

SPASMODIQUE, adj. Se dit des mouvemens convulsifs, et des remèdes contre le spasme ou les convulsions. Voy. ANTISPASMODIQUE. T. de méd.

SPALMOLOGIE, s. f. Traité sur les convulsions, le spasme. T. de méd.

SPASMOSEUX, EUSE, adj. Sujet à éprouver des crampes.

SPATH, s. m. Pierre calcaire, feuilletée, calcinable et transparente. — adamantin, pierre très dure dont on se sert pour polir le diamant. — ammoniac, fluate d'ammoniac. — fluor, fluate de chaux. — pesant, pierre de Bologne, concrétion des bols blancs et gris.

SPATHACÉ, E, adj. Enveloppé d'une spathe. T. de bot.

SPATHE, s. m. Espèce de sabre des Gaulois. —, large scalpel. T. de chir.

SPATHE, s. f. Enveloppe membraneuse des boutons, des fleurs. T. de bot.

SPATHÈLE, s. f. Plante du genre des térébinthacées. T. de bot.

SPATHILLE, s. f. Petite spathe. T. de bot.

SPATHIQUE, adj. De la nature du spath, qui en contient. T. d'hist. nat.

SPATULE, s. f. Instrument de chirurgie et de pharmacie pour étendre les onguens sur les linges à emplâtres. —, échassier à bec en forme de spatule ; poisson du genre du pégase. T. d'hist. nat.

SPATULÉ, E, adj. En forme de spatule ; feuille spatulée. T. de bot.

SPAY, s. m. Com. du dép. de la Sarthe, cant. de la Suze, arr. du Mans. = le Mans.

SPÉ, s. m. Le plus ancien des enfans de chœur de la cathédrale de Paris.

SPEAUTRE, s. m. Métal.

SPECHBACH-LE-BAS, s. m. Com. du dép. du Haut-Rhin, cant. et arr. d'Altkirch. = Altkirch.

SPECHBACH-LE-HAUT, s. m. Com. du dép. du Haut-Rhin, cant. et arr. d'Altkirch. = Altkirch.

SPÉCIA, s. f. Solde d'un compte. T. de comm.

SPÉCIAL, E, adj. Déterminé; but spécial. —, particulier; pouvoir spécial. —, destiné particulièrement à....; tribunal spécial. —, notable, remarquable; faveur spéciale.

SPÉCIALEMENT, adv. D'une manière spéciale; particulièrement.

SPÉCIALISÉ, E, part. Désigné spécialement. T. inus.

SPÉCIALISER, v. a. Indiquer, désigner d'une manière spéciale. T. inus.

SPÉCIALITÉ, s. f. Détermination d'une chose spéciale. T. de procéd.

SPÉCIEUSEMENT, adv. D'une manière spécieuse, avec apparence de vérité.

SPÉCIEUX, EUSE, adj. Qui a une apparence de vérité et de justice. —, qui a une apparence séduisante et trompeuse, l'opposé de réel, de solide. Arithmétique —, l'algèbre.

SPÉCIFICATIF, IVE, adj. Qui spécifie; terme spécificatif.

SPÉCIFICATION, s. f. Détermination, désignation particulière et précise.

SPÉCIFIÉ, E, part. Déterminé, désigné, particularisé.

SPÉCIFIER, v. a. Déterminer, désigner nommément; particulariser, exprimer en détail.

SPÉCIFIQUE, s. m. Médicament dont les propriétés conviennent particulièrement à certaines maladies. —, adj. Spécial, particulier, propre à certaines choses plutôt qu'à telles autres. —, qui appartient à l'espèce, qui la caractérise. T. de bot. Pesanteur —, particulière à un corps. T. de phys.

SPÉCIFIQUEMENT, adv. D'une manière spécifique.

SPÉCIMEN, s. m. (mot latin). Exemple, modèle, échantillon.

SPECTACLE, s. m. Tout ce qui attire, fixe les regards, l'attention; spectacle digne de pitié. —, représentation théâtrale. —, jeux publics, cérémonies, réjouissances publiques. Etre en —, fixer l'attention publique. Donner, ou se donner en —, exposer ou s'exposer aux regards, aux jugemens, à la censure du public.

SPECTATEUR, TRICE, s. Témoin oculaire; celui, celle qui assiste à une représentation théâtrale, à une cérémonie publique, à un spectacle. —, celui, celle qui regarde, observe sans agir. Fig.

SPECTRE, s. m. Fantôme, figure fantastique. —, personne grande, hâve et maigre. Fig. et fam. —, Nuage coloré que forment sur le mur d'une chambre obscure les rayons de lumière rompus par le prisme. T. de phys. —, insecte orthoptère; chauve-souris, vampire; coquille du genre cône. T. d'hist. nat.

SPÉCULAIRE, s. f. Art de faire des miroirs. —, adj. Qui a la transparence du verre; pierre spéculaire. —, qui traite de la manière de faire des miroirs; science spéculaire. Fer —, poli.

SPÉCULATEUR, s. m. Observateur des astres, des phénomènes célestes. —, celui qui fait des spéculations financières, commerciales, industrielles, etc.

SPÉCULATIF, IVE, adj. Qui observe habituellement avec une grande attention, méditatif, contemplatif; esprit spéculatif. —, consistant en spéculation, théorique; science spéculative. —, s. m. Observateur qui raisonne profondément sur les matières politiques.

SPÉCULATION, s. f. Action de spéculer en général; observation exacte; réflexion, méditation; théorie; vues politiques, calculs, projets de finance, de commerce, etc.

SPÉCULATIVE, s. f. Science qui se borne à la spéculation, au simple raisonnement, théorie.

SPÉCULATIVEMENT, adv. D'une manière spéculative.

SPÉCULATOIRE, s. f. Explication des phénomènes célestes. T. inus.

SPÉCULÉ, E, part. Observé attentivement, en parlant des astres.

SPÉCULER, v. a. Observer les astres, etc. —, v. n. Méditer profondément sur...; faire des calculs, des raisonnemens sur les matières politiques; faire, d'après certaines probabilités, des projets de finance, de commerce, etc.

SPECULUM, s. m. (mot latin). Instrument de chirurgie, dont on se sert pour dilater l'anus, le vagin, etc. —, dilatateur ou dilatatoire. T. de chir.

SPEÉ ou CÉPÉE, s. f. Bois d'un an ou deux.

SPEIS, s. m. Substance étrangère, noirâtre, qui se sépare du bleu de Saxe.

SPELONCATO, s. m. Com. du dép. de la Corse, cant. d'Algajola, arr. de Calvi. = Bastia.

SPENCER, s. m. Vêtement d'homme et de femme, espèce de veste ou de corsage qu'on met par-dessus l'habit et la robe.

SPENDITEUR, s. m. Homme qui a eu la peste et ne peut plus en être attaqué.

SPERCHE, s. m. Insecte coléoptère hydrophilien. T. d'hist. nat.

SPERGULASTRE, s. m. Genre de plantes du genre des spergules. T. de bot.

SPERGULE, s. f. Plante annuelle du genre des caryophyllées. T. de bot.

SPERMA-CÉTI, s. m. Adipocire, blanc de baleine; huile blanche et concrète du crâne et de l'épine du dos du cachalot.

SPERMACOCE, s. m. Plante du genre des rubiacées. T. de bot.

SPERMA-DICTYON, s. m. Arbuste rubiacé de l'Inde. T. de bot.

SPERMATABOLE ou SEMBRADOR, s. m. Herse, semoir et charrue réunis. T. d'agric.

SPERMATIQUE, adj. Qui concerne le sperme; vaisseaux spermatiques.

SPERMATOCÈLE, s. f. Fausse hernie causée par la corrugation des vaisseaux déférens ou par une tumeur des testicules, etc. T. de chir.

SPERMATOLOGIE, s. f. Partie de la physiologie qui traite du sperme, de la génération, de la conception et de la formation du fœtus. T. de chir.

SPERMATOPÉ, E, s. m. et adj.. Aliment qui augmente le sperme.

SPERMATOPHAGE, s. et adj. Qui vit de graines.

SPERMATOSE, s. f. Formation du sperme.

SPERMAXIRE, s. m. Arbuste tithymaloïde. T. de bot.

SPERME, s. m. Matière séminale, semence dont l'animal est engendré.

SPERMIOLE, s. f. Frai des grenouilles.

SPERMODÉE, s. f. Choin des Indes, plante. T. de bot.

SPERMODERME, s. m. Genre de champignons. T. de bot.

SPÉRONATE, s. f. Chaloupe à rames, d'Italie.

SPÉRONELLE, s. f. Espèce de consoude.

SPET, s. m. Poisson du genre de l'ésoce. T. d'hist. nat.

SPÉZET, s. m. Com. du dép. du Finistère, cant. de Carhaix, arr. de Châteaulin. = Carhaix. Comm. de bestiaux.

SPHACÈLE, s. m. Destruction complète de la circulation du sang, extinction des propriétés vitales, mortification. T. de chir.

SPHACÉLÉ, E, adj. Qui est attaqué de sphacèle.

SPHACÉLER, v. n. Se gangréner, devenir noir, livide, froid, insensible, se corrompre. T. de méd.

SPHÆRIDIOPHORE, s. m. Indigotier à feuilles de lin. T. de bot.

SPHÆRULITHE ou SPHÉRULITHE, s. f. Obsidienne perlée. T. d'hist. nat.

SPHAGÉBRANCHE, s. m. Genre de poissons apodes. T. d'hist. nat.

SPHAIGNE, s. m. Genre de mousses. T. de bot.

SPHÉCISME, s. m. Air de flûte qui imitait le bourdonnement des guêpes. T. d'antiq.

SPHÉCODE, s. m. Genre d'insectes hyménoptères. T. d'hist. nat.

SPHÉCOTÈRE, s. m. Genre d'oiseaux sylvains. T. d'hist. nat.

SPHÉGIMES, s. m. pl. Insectes hyménoptères fouisseurs. T. d'hist. nat.

SPHÈNE, s. m. Schorl violet. T. d'hist. nat.

SPHÉNO-ÉPINEUX, EUSE, adj. Qui a rapport à l'épine du sphénoïde. T. d'anat.

SPHÉNOÏDAL, E, adj. Qui appartient au sphénoïde.

SPHÉNOÏDE, s. et adj. m. Os du crâne placé comme un coin entre les autres os de la tête avec la plupart desquels il s'articule. Voy. CRUCIFORME. T. d'anat.

SPHÉNO-MAXILLAIRE, adj. Qui a rapport aux os sphénoïde et maxillaire. T. d'anat.

SPHÉNO-PALATIN, E, adj. Qui concerne le sphénoïde et la voûte palatine. T. d'anat.

SPHÉNO-PTÉRIGO-PALATIN, s. et adj. Voy. PTÉRYGO-PALATIN. T. d'anat.

SPHÉNO-SALPINGO-[STAPHYLIN, s. et adj. Voy. PTÉRYGO-SAPHYLIN. T. d'anat.

SPHÉRANTHE, s. f. Plante du genre des cynarocéphales. T. de bot.

SPHÈRE, s. f. Globe au milieu duquel est un point nommé centre, d'où toutes les lignes tirées à la surface sont égales; machine ronde et mobile, composée de cercles qui représentent ceux que l'on imagine exister dans le ciel ; disposition du ciel suivant ces cercles; espace du cours d'une planète. — d'activité, espace au-delà duquel un agent naturel n'a plus d'action. T. de phys. —, étendue de pouvoir, de génie, de talent, de connaissances, etc. Fig. Sortir de sa —, sortir des bornes de sa condition. Fig. et fam.

SPHÉRICITÉ, s. f. Qualité, état de ce qui est sphérique.

SPHÉRIDIE, s. f. Insecte coléoptère sphéridiote. T. d'hist. nat.

SPHÉRIDIOTES, s. m. pl. Coléoptères palpicornes. T. d'hist. nat.

SPHÉRIE, s. f. Genre de champignons. T. de bot.

SPHÉRIQUE, adj. Rond comme une sphère ; qui appartient à la sphère.

SPHÉRIQUEMENT, adv. En forme sphérique.

SPHÉRISTE, s. m. Maître de paume. T. d'antiq.

SPHÉRISTÈRE, s. m. Lieu destiné aux exercices du jeu de paume. T. d'antiq.

SPHÉRISTIQUE, s. f. Art de jouer à la paume, au ballon. —, adj. Qui concerne le jeu de paume. T. d'antiq.

SPHÉRITE, s. m. Insecte coléoptère. T. d'hist. nat.

SPHÉROBOLE, s. m. Genre de champignons. T. de bot.

SPHÉROCARPE, s. m. Plante de la monandrie, première classe des végétaux ; genre de champignons. T. de bot.

SPHÉROCÉPHALE, s. m. Champignon à tête sphérique. T. de bot.

SPHÉROCÈRE, s. m. Genre d'insectes diptères. T. d'hist. nat.

SPHÉROCOQUE, s. m. Genre d'algues. T. de bot.

SPHÉROÏDAL, adj. m. Qui a l'apparence d'une sphère; se dit d'un diamant à quarante-huit faces bombées.

SPHÉROÏDE, s. f. Solide dont la figure approche de celle d'une sphère. T. de géom. —, genre de poissons branchiostèges. T. d'hist. nat.

SPHÉROLOBE, s. m. Plante légumineuse. T. de bot.

SPHÉROMACHIE, s. f. Exercice de la paume, du ballon. T. d'antiq.

SPHÉROME, s. m. Genre de crustacés. T. d'hist. nat.

SPHÉROMÈTRE, s. m. Instrument pour mesurer la courbure des verres. T. d'opt.

SPHÉROPHORE, s. m. Plante cryptogame, lichen. T. de bot.

SPHEX, s. m. Genre d'insectes hyménoptères fouisseurs. T. d'hist. nat.

SPHINCTER, s. m. Nom de certains muscles qui servent à resserrer l'orifice des conduits naturels ; sphincter de l'anus. T. d'anat.

SPHINCTÉRULE, s. f. Petite coquille. T. d'hist. nat.

SPHINGIDES, s. m. pl. Insectes lépidoptères. T. d'hist. nat.

SPHINX, s. m. Monstre ailé qui avait le visage et les mamelles d'une femme et le corps d'un lion. Junon, irritée contre les Thébains, parce que Alcmène avait écouté Jupiter, envoya ce monstre sur le mont Cythéron où il proposait une énigme et dévorait ceux qui ne la devinaient pas. Cette énigme consistait à savoir quel était l'animal qui avait quatre pieds le matin, deux à midi et trois le soir. Œdipe reconnaissant l'homme à ce portrait, développa le sens de cette énigme, et devint ainsi l'époux de Jocaste, sa propre mère, dont la main était le prix de celui qui vaincrait le monstre. T. de myth. —, buste de femme sur le corps d'un lion. T. de sculpt. —, espèce de singe; genre d'insectes lépidoptères. T. d'hist. nat.

SPHODRE, s. m. Féronie à palpes filiformes. T. d'hist. nat.

SPHRAGIDE, s. m. Argile ocreuse, terre de Lemnos. T. d'hist. nat.

SPHYMIQUE, adj. Qui a rapport au pouls. T. de méd.

SPHYRÈNE, s. m. Genre de poissons. T. d'hist. nat.

SPICA, s. m. (mot latin). Sorte de bandage en forme d'épi de blé. T. de chir.

SPICIFÈRE, s. m. Espèce de paon orné d'une aigrette en forme d'épi.

SPICILÉGE, s. m. Collection, recueil d'actes, de pièces, etc.

SPICKER, s. m. Com. du dép. du Nord, cant. de Bourbourg, arr. de Dunkerque. = Bourbourg.

SPICKEREN, s. m. Com. du dép. de la Moselle, cant. de Forbach, arr. de Sarreguemines. = Forbach.

SPIELMANE, s. m. Arbuste d'Afrique. T. de bot.

SPIGÈLE, s. f. Plante de la famille des gentianées. T. de bot.

SPILANTHE, s. m. Plante corymbifère. T. de bot.

SPINAL, E, adj. Qui appartient à l'épine, à la colonne vertébrale. T. d'anat.

SPINARELLE, s. f. Poisson du genre du gastré. T. d'hist. nat.

SPINA-VENTOSA, s. f. Maladie des os provenant d'une cause interne, d'un virus vénérien dégénéré, etc. Voy. Ostéosarcome. T. de méd.

SPINCOURT, s. m. Com. du dép. de la Meuse, chef-lieu de cant. de l'arr. de Montmédy. Bur. d'enregist. = Etain.

SPINELLANE, s. m. Espèce de spinelle. T. d'hist. nat.

SPINELLE, s. et adj. Pierre gemme d'un rouge pâle; rubis spinelle, rubis balais. T. d'hist. nat.

SPINESCENT, E, adj. Terminé en forme d'épine. T. de bot.

SPINI-AXOÏDO-OCCIPITAL, s. et adj. m. Muscle postérieur de la tête. T. d'anat.

SPINI-AXOÏDO-TRACHÉLI-ALTOÏDIEN, s. et adj. m. Muscle grand oblique, qui sert à l'extension de la tête. T. d'anat.

SPINIFÈRE, adj. Voy. ÉPINEUX.

SPINO-CRANIO-TRAPÉZIEN, s. et adj. m. Nerf spinal. T. d'anat.

SPINOSA, s. m. Fils d'un Juif portugais, né en Hollande en 1632, abjura sa religion et professa ouvertement l'évangile. Depuis, voulant approfondir le système de Descartes, il se rendit célèbre par son athéisme qu'il érigea en système. Il soutient que tous les corps répandus dans l'univers sont des modifications de la matière à laquelle il donne le nom de Dieu; que ce Dieu, de son imagination malade, n'est pas libre, et que le bien comme le mal se trouvent nécessairement dans la nature.

SPINOSISME, s. m. Doctrine de Spinosa, matérialisme pur.

SPINOSISTE, s. m. Athée, partisan de la doctrine de Spinosa.

SPINTHÈRE, s. m. Substance minérale à reflets étincelans. T. d'hist. nat.

SPINTHÉROMÈTRE, s. m. Instrument pour mesurer la force des étincelles électriques. T. de phys.

SPINTHRIENNE, adj. f. Qui représente des obscénités; médaille spinthrienne.

SPIPOLETTE, s. f. Espèce d'alouette des champs dont le ramage est agréable.

SPIRAL, s. m. Petit ressort en spirale. T. d'horlog.

SPIRAL, E, adj. Roulé en forme de spirale.

SPIRALE, s. f. Ligne courbe autour d'un cylindre, d'un cône. — d'Archimède, tuyau en spirale pour élever l'eau.

SPIRALÉ, E, adj. Tors ou roulé en spirale. T. de bot.

SPIRALEMENT, adv. En spirale.

SPIRATION, s. f. Manière dont le Saint-Esprit procède du Père et du Fils. T. de théol.

SPIRE, s. f. Tour de spirale. T. de géom. —, base d'une colonne qui va en serpentant. T. d'arch. —, tour de spirale des coquilles univalves. T. d'hist. nat.

SPIRE, s. f. Ville du royaume de Bavière, chef-lieu du cercle du Bas-Rhin.

SPIRÉE, s. f. Genre de plantes rosacées. T. de bot.

SPIRITUALISATION, s. f. Réduction des solides en esprit. T. de chim.

SPIRITUALISÉ, E, part. Se dit des corps mixtes dont on a extrait les parties spiritueuses. T. de chim.

SPIRITUALISER, v. a. Extraire les parties spiritueuses des corps mixtes. T. de chim. —, donner un sens spirituel, mystique. Fig.

SPIRITUALISTE, s. m. Partisan de la spiritualité.

SPIRITUALITÉ, s. f. Qualité de ce qui est esprit, l'opposé de matérialité. —, théologie mystique qui a pour objet la nature de l'âme, la vie intérieure; détachement du monde; méditation sur des choses spirituelles.

SPIRITUEL, s. m. Ce qui concerne la religion, le salut des âmes, l'opposé de temporel.

SPIRITUEL, LE, adj. Incorporel, qui est esprit; l'opposé de matériel. —, qui regarde la religion, la conduite des âmes; l'opposé de temporel. —, allégorique; l'opposé de littéral. —, qui a, qui annonce de l'esprit; dit, fait avec esprit; où il y a de l'esprit. Concert —, où l'on exécute de la musique sacrée. —, qui indique suffisamment ce que l'artiste n'a pas cru devoir exprimer. T. d'arts.

SPIRITUELLEMENT, adv. En esprit; d'une manière spirituelle, avec esprit.

SPIRITUEUX, EUSE, adj. Qui contient beaucoup d'alcohol, beaucoup d'esprit; subtil, pénétrant.

SPIRIVALVES, s. f. pl. Coquilles en spirales. T. d'hist. nat.

SPIRLIN, s. m. Poisson, espèce de cyprin. T. d'hist. nat.

SPIROGLYPHE, s. m. Genre de vers marins, logés dans un fourreau. T. d'hist. nat.

SPIROÏDE, adj. Contourné en spirale. T. d'anat.

SPIROLINE, s. f. Coquille spirale. T. d'hist. nat.

SPIRORBE, s. f. Genre de vers marins, logés dans un tuyau. T. d'hist. nat.

SPIROSPERME, s. m. Arbuste de l'île de Madagascar. T. de bot.

SPIRULE, s. f. Genre de testacés en spirale. T. d'hist. nat.

SPITHAME, s. f. Mesure grecque d'intervalle, trois palmes. T. d'antiq.

SPITZBERG, s. m. Groupe d'îles de la mer Glaciale, à l'E. du Groënland. Les Russes y ont un établissement pour la pêche de la baleine.

SPIURE, s. f. Poussière de charbon de terre, de houille.

SPIZAÈTE, s. m. Genre d'accipitres, d'oiseaux de proie. T. d'hist. nat.

SPLANCHNIQUE, adj. Qui est relatif aux viscères. T. d'anat.

SPLANCHNOGRAPHIE ou SPLANCHNOLOGIE, s. f. Traité, description anatomique des viscères. T. d'anat.

SPLANCHNOTOMIE, s. f. Dissection des viscères. T. d'anat.

SPLEEN, s. m. (mot anglais). Mélancolie, consomption dont les Anglais sont particulièrement affectés.

SPLÉNALGIE, s. f. Douleur de la rate.

SPLÉNALGIQUE, adj. Qui concerne la splénalgie, les affections de la rate.

SPLENDEUR, s. f. Grand éclat de lumière, et fig., d'honneur, de gloire; pompe, magnificence.

SPLENDIDE, adj. Magnifique; somptueux.

SPLENDIDEMENT, adv. D'une manière splendide.

SPLÉNEMPHRAXIS, s. m. Obstruction de la rate. T. de méd.

SPLÉNÉTIQUE, adj. Attaqué d'obstructions à la rate; qui est propre à guérir ces obstructions. T. de méd.

SPLÉNIFICATION, s. f. Dégénérescence d'un tissu organique devenu semblable à celui de la rate. T. de méd.

SPLÉNIQUE, adj. Qui appartient, a rapport à la rate. T. d'anat.

SPLÉNITE, s. f. Veine de la main gauche. T. d'anat.

SPLÉNITIS, s. f. Inflammation de la rate. T. de méd.

SPLÉNIUS, s. m. pl. Muscles extenseurs de la tête, ainsi nommés parce qu'on leur a trouvé de la ressemblance avec la rate. Voy. Cervico-Mastoïdien. T. d'anat.

SPLÉNOCÈLE, s. f. Hernie de la rate. T. de méd.

SPLÉNOGRAPHIE ou SPLÉNOLOGIE, s. f. Partie de l'anatomie relative à la rate; description de ce viscère. T. d'anat.

SPLÉNOPARECTAME, s. f. Volume excessif de la rate. T. d'anat.

SPLÉNOTOMIE, s. f. Dissection de la rate. T. d'anat.

SPODE, s. m. Oxyde de zinc. Voy. Tutie.

SPODOMANCIE, s. f. Voy. Téphramancie.

SPODUMÈNE, s. f. Voy. Triphane.

SPOIX, s. m. Com. du dép. de l'Aube, cant. de Vendeuvre, arr. de Bar-sur-Aube. = Bar-sur-Aube.

SPOIX, s. m. Com. du dép. de la Côte-d'Or, cant. d'Is-sur-Tille, arr. de Dijon. = Is-sur-Tille.

SPOLIATEUR, TRICE, s. et adj. Qui spolie, a spolié.

SPOLIATION, s. f. Action de spolier, fraude.

SPOLIÉ, E, part. Frustré, dépossédé par fraude.

SPOLIER, v. a. Frustrer, déposséder par fraude ou par violence.

SPONDAÏQUE, adj. m. Hexamètre, terminé par deux spondées; vers spondaïque. T. de poés. grecque ou latine. —, adj. Composé pour les spondées; air, musique spondaïque. T. d'antiq.

SPONDALIES, s. f. pl. Airs composés sur la musique spondaïque. T. d'antiq.

SPONDAULE, s. m. Musicien qui jouait de la flûte pendant les sacrifices. T. d'antiq.

SPONDÉASME, s. m. Altération dans le genre harmonique.

SPONDÉE, s. m. Pied de deux syllabes longues dans les vers grecs ou latins. T. de versification.

SPONDYLE, s. m. Vertèbre. T. d'anat. —, insecte coléoptère; espèce de chenille; genre de testacés bivalves. T. d'hist. nat. —, ou spondylolithes, s. m. pl. Vertèbres fossiles.

SPONDYNOÏTES, s. m. pl. Pétrifications de baculites, coquillages. T. d'hist. nat.

SPONGIABILITÉ, s. f. Faculté de devenir spongieux. T. inus.

SPONGIAIRES, s. m. pl. Eponges et autres substances voisines. T. d'hist. nat.

SPONGIEUX, EUSE, adj. De la nature de l'éponge, dont la structure poreuse ressemble à celle de l'éponge; qui absorbe les liquides.

SPONGILLE, s. f. Eponge d'eau douce. T. d'hist. nat.

SPONGIOLE, s. f. Organe absorbant des végétaux. T. de bot.

SPONGIOSITÉ, s. f. Qualité des substances spongieuses. T. inus.

SPONGITE, s. f. Pierre poreuse qui imite l'éponge. T. d'hist. nat.

SPONTANÉ, E, adj. Fait, dit volontairement; libre, volontaire. —, qui s'opère de soi-même, sans la participation de la volonté. Maladie —, qui survient sans causes extérieures. Évacuation —, qui n'a été provoquée par aucun médicament. T. de méd. Génération —, système d'une prétendue production d'animalcules, par aggrégation de corpuscules sans germe. T. d'hist. nat. Plante —, qui croit sans culture. T. de bot.

SPONTANÉITÉ, s. f. Qualité de ce qui est spontané; adhésion de la volonté.

SPONTANÉMENT, adv. D'une manière spontanée; de soi-même, de son plein gré.

SPONTON, s. m. Voy. ESPONTON.

SPONVILLE, s. f. Com. du dép. de la Moselle, cant. de Gorze, arr. de Metz. = Metz.

SPORADE, adj. Voy. SPARSILE. —, s. f. pl. Iles de l'Archipel, sur la côte d'Anatolie, entre Samos et Rhodes.

SPORADIQUE, adj. f. Se dit des maladies qui surviennent indifféremment, en tout temps et en tout lieu, par une prédisposition individuelle; l'opposé d'épidémique. T. de méd.

SPORANGE, s. f. Paroi externe de l'urne des mousses. T. de bot.

SPORANGIDIE, s. f. Paroi interne des mousses. T. de bot.

SPOROPHTHALMIE, s. f. Affection dartreuse qui se jette sur les yeux. T. de méd.

SPORTE, s. m. Panier dont se servaient les moines quêteurs.

SPORTULE, s. f. Distribution de monnaie, de pain et de vin qu'on faisait au peuple dans l'ancienne Rome; corbeille dans laquelle les pauvres recevaient ces distributions.

SPRINGALIE, s. f. Arbuste de la Nouvelle-Hollande. T. de bot.

SPRINGÉLIE, s. f. Arbrisseau de la Nouvelle-Hollande. T. de bot.

SPUMAIRE, s. f. Réticulaire blanche. T. de bot.

SPUMEUX, EUSE, adj. Ecumeux.

SPUMOSITÉ, s. f. Qualité, état de ce qui est spumeux, couvert d'écume.

SPURE, s. f. Voy. SPIURE.

SPUTATEUR ou CRACHEUR, s. m. Petit lézard à bave vénimeuse.

SPUTATION, s. f. Crachotement. T. de méd.

SPUTER, s. m. Métal blanc et dur.

SQUADRONISTE, s. m. Cardinal qui n'appartient à aucune faction dans un conclave.

SQUAJOTE, s. f. Espèce de héron.

SQUALE, s. m. Genre de poissons cartilagineux comme le requin, le chien de mer, etc. T. d'hist. nat.

SQUAMMEUX, EUSE, adj. Ecailleux, qui a du rapport avec les écailles. —, en forme d'écaille. Suture —, suture par laquelle la partie écailleuse des temporaux est unie avec l'échancrure inférieure des pariétaux. T. d'anat.

SQUAMMIFÈRE, s. m. Reptile chélonien, ophidien, saurien.

SQUAMMULES, s. f. pl. Petites écailles. T. de bot.

SQUARREUX, EUSE, adj. Garni de parties rapprochées, raides et recourbées. T. de bot.

SQUELETTE, s. m. Assemblage des os décharnés qui composent la charpente du corps humain, pour apprendre l'ostéologie. T. d'anat. —, carcasse; squelette d'un cheval. —, personne excessivement maigre. Fig.

SQUELETTOLOGIE, s. f. Ostéologie. T. d'anat.

SQUELETTOPÉE, s. f. Art de préparer un squelette. T. d'anat.

SQUENANCIE, s. f. Parfum de racine de jonc.

SQUIFFIEC, s. m. Com. du dép. des Côtes-du-Nord, cant. de Begard, arr. de Guingamp. = Guingamp.

SQUILLE, s. f. Genre de crustacés stomapodes. T. d'hist. nat.

SQUINANCIE, s. f. Voy. ESQUINANCIE.

SQUINE, ESQUINE ou CHINA, s. f. Espèce de salsepareille, racine médicinale des Indes. T. de bot.

SQUIRRHE, s. m. Tumeur chronique, dure, indolente, dont le siége principal est dans les glandes et dans le tissu cellulaire. T. de méd.

SQUIRRHEUX, EUSE, adj. De la nature du squirrhe. T. de méd.

ST! Interjection pour appeler, pour imposer silence.

STABILISME, s. m. Système de stabilité des institutions. T. inus.

STABILITÉ, s. f. Qualité de ce qui est stable; état durable, état de permanence.

STABLE, adj. Qui est dans un état, dans une situation ferme. —, durable, permanent. Fig.

STACHIDE ou STACHYS, s. f. Genre de plantes labiées. T. de bot.

STACKHOUSIE, s. f. Plante térébinthacée. T. de bot.

STACTE ou **STACTEN**, s. m. Myrrhe liquide.

STADE, s. m. Carrière de cent vingt-cinq pas géométriques, où les Grecs s'exerçaient à la course; mesure itinéraire de la même étendue.

STADIODROME, s. m. Celui qui courait l'espace d'un stade. T. d'antiq.

STADMANE, s. m. Grand arbre, aussi nommé bois de fer. T. de bot.

STAFFELFELDEN, s. m. Com. du dép. du Haut-Rhin, cant. de Cernay, arr. de Belfort. = Cernay.

STAGE, s. m. Résidence que devait faire un chanoine nouvellement élu, pour jouir des honneurs et des revenus attachés à sa prébende. —, espace de temps durant lequel les jeunes avocats sont tenus de fréquenter le barreau, pour être inscrits sur le tableau.

STAGIAIRE, s. et adj. Avocat qui fait son stage.

STAGIER, s. m. Chanoine qui faisait son stage.

STAGNANT, E, adj. Qui ne coule point, en parlant des eaux. —, qui ne fait aucun progrès. Fig. et fam. —, dont le cours est interrompu, en parlant du sang, des humeurs. T. de méd.

STAGNATION, s. f. Etat des eaux, des fluides qui ne coulent pas ; se dit du commerce, des affaires, etc. Fig. et fam.

STAGNER, v. n. Etre en stagnation.

STAIL (St.-), s. m. Com. du dép. des Vosges, cant. de Senones, arr. de St.-Dié. = Raon-l'Etape.

STAIMBOUG, s. m. Espèce de chamois.

STAINS, s. m. Com. du dép. de la Seine, cant. et arr. de St.-Denis. = St.-Denis.

STAINVILLE, s. f. Com. du dép. de la Meuse, cant. d'Ancerville, arr. de Bar-le-Duc. = Ligny.

STALACTITE, s. f. Concrétion pierreuse formée par l'eau, dans les grottes et les souterrains. T. d'hist. nat.

STALAGMITE, s. f. Stalactite en mamelon. T. d'hist. nat.

STALLE, s. f. Siége de bois dans le chœur d'une église.

STALTIQUE, adj. Qui rend égales les lèvres des plaies; répulsif. T. de méd.

STAMATE ou **STAMÈTE**, s. f. Sorte d'étoffe.

STAMENAIS, s. m. Bois courbe. T. de mar.

STAMINAL, E, adj. Qui a rapport à l'étamine des plantes. T. de bot.

STAMINÉ, E, adj. Avec étamines et apétale. T. de bot.

STAMINEUX, EUSE, adj. Dont les étamines sont très longues. T. de bot.

STAMINIFÈRE, adj. Qui porte une ou plusieurs étamines. T. de bot.

STAMPE, s. f. Instrument dont on se sert pour marquer les nègres; intervalle entre les veines des mines.

STANCE, s. f. Nombre déterminé de vers formant un couplet, strophe. —, pl. Petit poème composé de plusieurs de ces couplets.

STANGUE, s. f. Tige droite d'une ancre. T. de blas.

STANT, s. m. Baleineau de deux ans. T. de pêch.

STAPÉDIEN, s. et adj. m. Muscle de l'étrier. T. d'anat.

STAPÉLIE, s. f. Plante du genre des apocynées. T. de bot.

STAPHISAIGRE, s. m. Dauphinelle, plante qui excite la salivation, et fait mourir les poux. T. de bot.

STAPHYLE, s. f. Nom donné à la luette, à cause de sa ressemblance avec un grain de raisin. T. d'anat.

STAPHYLIER, s. m. Plante de la famille des rhamnoïdes. T. de bot.

STAPHYLIN, s. m. Genre d'insectes hémiptères. T. d'hist. nat. —, s. et adj. m. Muscle de la luette. T. d'anat.

STAPHYLINO-PHARYNGIEN, s. et adj. m. Voy. PALATO-PHARYNGIEN.

STAPHYLODENDRON, s. m. Staphylier, faux pistachier. T. de bot.

STAPHYLOME, s. m. Tumeur sur la cornée en forme de grain de raisin. T. de chir.

STAPLE, s. m. Com. du dép. du Nord, cant. et arr. d'Hazebrouck. = Hazebrouck.

STARIE, s. f. Retard qu'éprouve un navire dans un port. T. de mar.

STARKÉE, s. f. Plante de la syngénésie, dix-neuvième classe des végétaux. T. de bot.

STAROSTE, s. m. Gentilhomme polonais qui jouissait d'une starostie.

STAROSTIE, s. f. Fief que le roi de Pologne cédait à un gentilhomme pour l'aider à supporter les frais de la guerre.

STASE, s. f. Station, séjour d'une humeur, du sang, dans une partie. T. de méd.

STATÈRE, s. f. Monnaie de l'ancienne

Rome, valant un franc vingt-cinq centimes. —, s. f. Balance romaine, peson.

STATHOUDER, s. m. Chef de l'ancienne république de Hollande.

STATHOUDÉRAT, s. m. Dignité de stathouder; sa puissance, ses attributions; durée de ses fonctions.

STATICE, s. f. Plante du genre des polémoniacées. T. de bot.

STATION, s. f. Pause, demeure de peu de durée en un lieu; place où l'on s'arrête, courte résidence. —, poste fixe. —, visite des églises ou chapelles désignées pour gagner les indulgences; église où l'on prêche un avent, un carême. —, état d'une personne qui se tient debout. T. de méd. —, étendue de mer que parcourt un navire en croisière. T. de mar. —, état d'une planète qui paraît stationnaire. T. d'astr. —, lieu qu'on choisit pour faire une observation, prendre un angle, etc. T. de géom. —, dans les nivellemens, chaque endroit où l'on place l'instrument pour opérer.

STATIONNAIRE, s. m. Vaisseau en station. T. de mar. —, adj. A poste fixe. —, qui demeure toujours au même point, qui ne fait pas de progrès. Fig. Soldat —, posé en sentinelle, chez les anciens Romains. Vaisseau —, en croisière dans une station. T. de mar. Planète —, qui semble rester immobile. T. d'astr. Fièvre —, continue. T. de méd.

STATIONNALE, s. et adj. f. Eglise où l'on fait des stations pendant le jubilé.

STATIONNER, v. n. Faire une station, s'arrêter en un lieu.

STATIQUE, s. f. Science de l'équilibre des corps.

STATISTIQUE, s. f. Economie politique; tableau de l'étendue, de la population, des revenus, du commerce, etc., d'un pays. —, adj. Qui concerne la statistique.

STATMEISTRE, s. m. Dans plusieurs villes d'Allemagne, adjoint aux ammeistres ou échevins pour le gouvernement des villes municipales.

STATTMATTEN, s. m. Com. du dép. du Bas-Rhin, cant. de Bischwiller, arr. de Strasbourg. = Haguenau.

STATUAIRE, s. m. Sculpteur qui fait des statues. —, s. f. Art de faire des statues. —, adj. Propre à faire des statues; marbre statuaire. —, qui porte une statue; colonne statuaire.

STATUE, s. f. Figure humaine entière et de plein relief, en marbre, etc. —, personne qui a les mouvemens lents, qui semble ne pouvoir agir. Fig. Belle —, femme belle, mais sans esprit. Fig. et fam.

STATUÉ, E, part. Ordonné, réglé.

STATUER, v. a. et n. Ordonner, décider, régler.

STATU QUO, s. m. (mots latins). Etat antérieur, dans lequel étaient les choses; rester dans le statu quo.

STATURE, s. f. Hauteur de la taille d'une personne.

STATUT, s. m. Règlement pour la conduite d'une compagnie. —, pl. Lois parlementaires anglaises.

STAURACANTHE, s. m. Arbrisseau légumineux. T. de bot.

STAUROLÂTRE, s. m. Adorateur de la croix.

STAUROTIDE, s. f. Pierre cruciforme, voisine du grenat. Voy. MACLE.

STAUTONIE, s. f. Arbuste de la Chine. T. de bot.

STAVIGNIES, s. f. Com. du dép. de l'Oise, cant. et arr. de Beauvais. = Beauvais.

STAXIS, s. m. Effusion de sang, goutte à goutte.

STAZZONA, s. f. Com. du dép. de la Corse, cant. de Piedicroce, arr. de Corte. = Bastia.

STÉATITE, s. f. Marne feuilletée, savonneuse, qui se dissout dans l'eau.

STÉATOCÈLE, s. f. Fausse hernie, tumeur du scrotum formée d'une matière semblable à du suif. T. de chir.

STÉATOMATEUX, EUSE, adj. Qui tient du stéatome. T. de chir.

STÉATOME, s. m. Tumeur enkistée, indolente, qui renferme une matière semblable à de la graisse ou du suif. T. de chir.

STÉATORNIS, s. m. Oiseau de nuit. T. d'hist. nat.

STÉCHAS, s. m. Plante aromatique à fleurs labiées, dont on tire une huile essentielle pour les maux de nerfs. — citrin, immortelle jaune.

STEENBECQUE, s. m. Com. du dép. du Nord, cant. et arr. d'Hazebrouck. = Hazebrouck.

STEENBOK, s. m. Espèce d'antilope. T. d'hist. nat.

STEENE, s. m. Com. du dép. du Nord, cant. de Bergues, arr. de Dunkerque. = Bergues.

STEENVOORDE, s. m. Com. du dép. du Nord, chef-lieu de cant. de l'arr. d'Hazebrouck. Bur. d'enregist. = Cassel. Fabr. de fil; tanneries.

STEENWERCK, s. m. Com. du dép. du Nord, cant. de Bailleul, arr. d'Hazebrouck. = Bailleul.

STÉGANOGRAPHE, s. m. Homme versé dans la stéganographie.

STÉGANOGRAPEIE, s. f. Art d'écrire en chiffres et d'expliquer cette manière d'écrire.

STÉGANOGRAPHIQUE, adj. Qui appartient à la stéganographie.

STÉGANOGRAPHIQUEMENT, adv. Par le moyen de la stéganographie.

STÉGANOPE, s. m. Oiseau échassier. T. d'hist. nat.

STEGNOSE, s. f. Constriction des pores et des vaisseaux, constipation. T. de méd.

STÉGNOTIQUE, s. m. et adj. Astringent. T. de méd.

STÉGOSIE, s. f. Plante graminée. T. de bot.

STEIGE, s. m. Com. du dép. du Bas-Rhin, cant. de Villé, arr. de Schélestadt. = Schélestadt.

STEINBACH, s. m. Com. du dép. de la Moselle, cant. de Sarralbe, arr. de Sarreguemines. = Sarrewerden.

STEINBACH, s. m. Com. du dép. du Haut-Rhin, cant. de Cernay, arr. de Belfort. = Cernay. Mine de plomb.

STEINBOURG, s. m. Com. du dép. du Bas-Rhin, cant. et arr. de Saverne. = Saverne.

STEINBRUNN-LE-BAS, s. m. Com. du dép. du Haut-Rhin, cant. de Landser, arr. d'Altkirch. = Mulhausen.

STEINBRUNN-LE-HAUT, s. m. Com. du dép. du Haut-Rhin, cant. de Landser, arr. d'Altkirch. = Mulhausen.

STEINHEILITE, s. f. Quartz bleu. T. d'hist. nat.

STEINSELTZ, s. m. Com. du dép. du Bas-Rhin, cant. et arr. de Wissembourg. = Wissembourg.

STEINSULTZ, s. m. Com. du dép. du Haut-Rhin, cant. d'Hirsingue, arr. d'Altkirch. = Altkirch.

STELAGE, s. m. Ancien droit sur les grains.

STELAGIER, s. m. Fermier du stelage.

STÈLE, s. f. Colonne hermétique. T. d'antiq.

STÉLÉGRAPHIE, s. f. Art de graver des inscriptions sur des colonnes.

STELLAIRE, s. f. Plante de la famille des caryophillées. T. de bot.

STELLERIDES, s. f. pl. Radiaires échinodermes. T. d'hist. nat.

STELLION, s. m. Espèce de lézard.

STELLIONAT, s. m. Délit de celui qui vend un héritage à deux personnes, ou qui aliène le bien d'autrui comme étant sa propriété; vente d'un immeuble grevé d'hypothèques qu'on dissimule.

STELLIONATAIRE, s. m. Coupable de stellionat.

STELLITHES, s. f. pl. Articulations d'encrines fossiles. T. d'hist. nat.

STELLORKIS, s. m. Plante orchidée. T. de bot.

STEMMACANTHE, s. f. Plante de la famille des synanthérées. T. de bot.

STEMMATES, s. m. pl. Petits yeux lisses des insectes. T. d'hist. nat.

STEMMATOSPERME, s. m. Plante graminée. T. de bot.

STÉMODE, s. f. Plante personnée. T. de bot.

STÉMONITE, s. f. Genre de champignons. T. de bot.

STÉNANTHÈRE, s. m. Arbuste de la Nouvelle-Hollande. T. de bot.

STENAY, s. m. Petite ville du dép. de la Meuse, chef-lieu de cant. de l'arr. de Montmédy. Bur. d'enregist. et de poste. Fabr. de tonneaux; tanneries, brasseries. Forges et fourneaux.

STENCORE, s. m. Genre d'insectes coléoptères. T. d'hist. nat.

STÈNE, s. m. Genre de coléoptères. T. d'hist. nat.

STÉNÉLYTRES, s. m. pl. Coléoptères hétéromères. T. d'hist. nat.

STÉNIE, s. f. Drame larmoyant.

STÉNIQUE, adj. Qui resserre, fortifie. T. inus.

STÉNOCHILE, s. m. Arbrisseau voisin du daphnot. T. de bot.

STÉNOCHORIE, s. f. Rétrécissement des vaisseaux. T. de méd.

STÉNODERME, s. m. Genre de cheiroptères. T. d'hist. nat.

STÉNOGLOSSE, s. m. Plante orchidée. T. de bot.

STÉNOGRAPHE, s. m. Homme versé dans la sténographie; auteur d'un ouvrage sur cette matière.

STÉNOGRAPHIE, s. f. Art d'écrire aussi vite que la parole à l'aide d'abréviations; système, ensemble de ces abréviations.

STÉNOGRAPHIÉ, E, part. Se dit d'un discours recueilli par un sténographe.

STÉNOGRAPHIER, v. a. et n. Recueillir, au moyen d'abréviations sténographiques, le discours d'un orateur au fur et à mesure qu'il le débite.

STÉNOGRAPHIQUE, adj. Qui appartient à la sténographie.

STÉNOGRAPHIQUEMENT, adv. Par un sténographe.

STÉNOSOME, s. m. Genre de crustacés. T. d'hist. nat.

STÉNOSTOME, s. m. Genre de coléoptères. T. d'hist. nat.

STENTÉ, E, adj. Où l'on sent le travail; peiné. T. de peint.

STENTOR, s. m. Capitaine grec qui était au siége de Troie. Sa voix était si forte qu'à lui seul il faisait autant de bruit que cinquante hommes qui auraient crié tous ensemble. T. de myth. Voix de —, voix très forte. Fig.

STENTORÉE, adj. f. Se dit d'une voix tonnante comme celle de Stentor.

STÉPHANE, s. m. Genre d'insectes hyménoptères. T. d'hist. nat.

STÉPHANOMIE, s. f. Genre de radiaires mollasses. T. d'hist. nat.

STÉPHYLLE, s. m. Genre de mollusques céphalés. T. d'hist. nat.

STERCHI, s. m. Cigogne blanche. T. d'hist. nat.

STERCORAIRE, s. m. Genre d'oiseaux nageurs. —, scarabée. Voy. BOUSIER, FOUILLEMERDE. —, adj. Qui se nourrit d'excrémens.

STERCORATION, s. f. Matière fécale. T. de méd.

STERCULIACÉES, s. f. pl. Plante entre les malvacées et les tiliacées. T. de bot.

STERCULIE, s. f. Plante qui répand une odeur fétide. T. de bot.

STÈRE, s. m. Mesure des solides, et surtout du bois de chauffage, égale au mètre cube.

STÉRÉOBATE, s. m. Partie saillante de la base d'une colonne. T. d'arch.

STÉRÉOCAULE, s. m. Genre de lichens. T. de bot.

STÉRÉOGRAPHIE, s. f. Art de représenter les solides sur un plan.

STÉRÉOGRAPHIQUE, adj. Qui appartient à la stéréographie.

STÉRÉOMÉTRIE, s. f. Science qui traite de la mesure des solides.

STÉRÉOTOMIE, s. f. Science de la coupe des solides.

STÉRÉOTYPAGE, s. m. Action de stéréotyper.

STÉRÉOTYPE, s. m. Livre imprimé par les procédés de la stéréotypie. —, adj. Qui appartient à la stéréotypie; qui a été stéréotypé.

STÉRÉOTYPÉ, E, part. Imprimé par les procédés de la stéréotypie.

STÉRÉOTYPER, v. a. Convertir en formes solides des caractères mobiles; imprimer un ouvrage avec ces formes.

STÉRÉOTYPIE, s. f. Art de stéréotyper.

STÉRILE, adj. Qui ne produit pas de fruit et trahit l'espoir du cultivateur; terre stérile, etc. Femme —, femme qu'un vice de conformation empêche de devenir mère. Esprit —, qui n'imagine rien, ne produit rien. Sujet —, qui fournit peu à l'imagination. Admiration —, qui ne va pas jusqu'à imiter ce qu'on admire. Gloire —, dont on ne retire aucun avantage.

STÉRILISÉ, E, part. Rendu stérile.

STÉRILISER, v. a. Rendre stérile.

STÉRILITÉ, s. f. Etat de ce qui est stérile.

STERLING, s. m. Monnaie de compte anglaise. Voy. LIVRE.

STERNAL, E, adj. Qui est relatif au sternum. T. d'anat.

STERNBERGIE, s. f. Plante liliacée. T. de bot.

STERNE, s. f. Hirondelle de mer, genre d'oiseaux nageurs. T. d'hist. nat.

STERNENBERG, s. m. Com. du dép. du Haut-Rhin, cant. de Dannemarie, arr. de Belfort. = Belfort.

STERNICLE, s. m. Poisson du genre du salmone. T. d'hist. nat.

STERNO-CLAVICULAIRE, adj. Qui concerne la clavicule et le sternum. T. d'anat.

STERNO-COSTAUX, s. et adj. m. pl. Muscles triangulaires qui vont de chaque côté du sternum aux cinq dernières vraies côtes. T. d'anat.

STERNO-HUMÉRAL, s. et adj. m. Muscle grand pectoral. T. d'anat.

STERNO-HYOÏDIEN, s. et adj. m. Muscle qui s'attache au sternum, à la clavicule et à l'os hyoïde. T. d'anat.

STERNO-MASTOÏDIENS, s. et adj. m. pl. Muscles qui s'attachent au sternum et à la clavicule. T. d'anat.

STERNOPTYGES, s. m. pl. Poissons osseux. T. d'hist. nat.

STERNOPTYX, s. m. Poisson apode. T. d'hist. nat.

STERNO-PUBIEN, s. et adj. m. Muscle droit du bas-ventre. T. d'anat.

STERNO-THYROÏDIENS, s. et adj. m. pl. Muscles qui s'attachent au sternum et au cartilage thyroïde. T. d'anat.

STERNOXES, s. m. pl. Coléoptères serricornes. T. d'hist. nat.

STERNUM, s. m. Os long, plat, situé

à la partie antérieure de la poitrine. T. d'anat.

STERNUTATOIRE ou STERNUTATIF, IVE, s. et adj. Médicament qui fait éternuer. T. de méd.

STERTEUR, s. m. Celui qui ronfle en dormant. T. de méd.

STERTOREUSE, adj. f. Se dit de la respiration de ceux qui ronflent; respiration stertoreuse. T. de méd.

STÉTHOSCOPE, s. m. Instrument pour explorer la poitrine. T. de chir.

STETTEN, s. m. Com. du dép. du Haut-Rhin, cant. de Landser, arr. d'Altkirch. = Huningue.

STÉVENSIE, s. f. Plante rubiacée. T. de bot.

STÉVIE, s. f. Plante corymbifère. T. de bot.

STHÉNIE, s. f. Force des fibres musculaires. T. de méd.

STHÉNIQUE, adj. Qui provient d'un excès de force; maladie sthénique. T. de méd.

STIBIÉ, E, adj. Tiré de l'antimoine. T. de pharm.

STICHOMANTIE, s. f. Divination par le moyen de vers fatidiques ou de versets de la Bible ouverte au hasard.

STICHOMÉTRIE, s. f. Division par versets.

STICHONOMANTIE, s. f. Divination par des paroles gravées sur des écorces d'arbres.

STICHORKIS, s. m. Plante orchidée. T. de bot.

STIGMANTHE, s. m. Arbrisseau rubiacé. T. de bot.

STIGMAROTE, s. m. Plante de la diœcie, vingt-deuxième classe des végétaux. T. de bot.

STIGMATE, s. m. Marque d'une plaie. —, organe extérieur de la respiration de certains insectes. T. d'hist. nat. —, ommet du pistil. T. de bot.

STIGMATIQUE, adj. Qui appartient au stigmate.

STIGMATISÉ, E, part. Marqué avec un fer chaud, flétri. —, adj. Qui porte des stigmates.

STIGMATISER, v. a. Marquer avec un fer chaud, flétrir. —, imprimer le cachet d'une honte ineffaçable. Fig.

STIGMATOGRAPHIE, s. f. Art d'écrire avec des points.

STIGME, s. m. Genre d'insectes hyménoptères. T. d'hist. nat.

STIGMITES, s. f. pl. Pierres remplies de petits points. T. d'hist. nat.

STIGNY, s. m. Com. du dép. de l'Yonne, cant. d'Ancy-le-Franc, arr. de Tonnerre. = Ancy-le-Franc.

STILBE, s. m. Insecte hyménoptère chrysis. T. d'hist. nat. —, genre de plantes de la polygamie, vingt-troisième classe des végétaux. T. de bot.

STILBITE, s. f. Zéolithe lamelleuse. T. d'hist. nat.

STIL DE GRAIN, s. m. Couleur jaune pour la teinture.

STILL, s. m. Com. du dép. du Bas-Rhin, cant. de Molsheim, arr. de Strasbourg. = Molsheim.

STILLATION, s. f. Filtration naturelle de l'eau à travers les terres.

STILLATOIRE, adj. Qui tombe goutte à goutte, qui distille.

STILLICIDE, adj. Se dit de l'eau qui tombe d'un toit.

STILLINGE, s. m. Plante de la famille des tithymaloïdes. T. de bot.

STIMULANT, E, s. m. et adj. Médicament qui a la vertu d'exciter, de réveiller les organes; véhicule, particularité qui excite, aiguillonne, qui stimule. Fig.

STIMULATEUR, TRICE, adj. Qui stimule.

STIMULATION, s. f. Action des stimulans.

STIMULÉ, E, part. Excité, aiguillonné.

STIMULER, v. a. Exciter, animer, aiguillonner.

STIMULEUX, EUSE, adj. Garni de poils raides dont la piqûre est brûlante. T. de bot.

STIMULUS, s. m. (mot latin). Excitant. T. de méd.

STIPE, s. m. Plante graminée. T. de bot.

STIPENDIAIRE, s. m. et adj. Qui est à la solde d'un autre.

STIPENDIÉ, E, part. Payé, soldé.

STIPENDIER, v. a. Payer, prendre à sa solde; soudoyer des soldats.

STIPITÉ, E, adj. Rétréci comme un pieu par sa base. T. de bot.

STIPULACÉ, E, adj. Qui ressemble aux stipules. T. de bot.

STIPULAIRE, s. f. Plante rubiacée. —, adj. Qui concerne les stipules. T. de bot.

STIPULANT, E, adj. Contractant, qui stipule dans un acte.

STIPULATION, s. f. Clause, condition, convention. —, tout ce qui concerne les stipules. T. de bot.

STIPULE, s. f. Appendice du pétiole. T. de bot.

STIPULÉ, E, part. Se dit d'une clause

insérée dans un acte. —, adj. Pourvu de stipules. T. de bot.

STIPULER, v. a. Contracter, faire une stipulation, imposer une condition.

STIPULEUX, EUSE, adj. Pourvu de stipules plus longues que les feuilles. T. de bot.

STIPULICIDE, s. f. Plante caryophyllée. T. de bot.

STIROCRATIE, s. f. Gouvernement militaire.

STIZE, s. m. Genre d'insectes hyménoptères. T. d'hist. nat.

STOBÉE, s. f. Plante corymbifère. —, pl. Plantes cynarocéphales. T. de bot.

STOC, s. m. Base de l'enclume.

STOCKHOLM, s. m. Ville maritime, capitale du royaume de Suède, située à l'embouchure du lac Mœlar, dans la Baltique. Pop. 75,000 hab. env.

STOÉCHOLOGIE, s. f. Traité des élémens.

STOÏCIEN, s. m. Philosophe de la secte de Zénon, et fig., homme d'un caractère ferme, inébranlable, inaccessible aux faiblesses humaines.

STOÏCIEN, NE, adj. Qui appartient à la doctrine des stoïciens.

STOÏCISME, s. m. Philosophie de Zénon, et fig., fermeté d'ame, austérité, constance inébranlable dans l'adversité.

STOÏCITÉ, s. f. Stoïcisme pratique.

STOÏQUE, adj. Qui appartient au caractère des stoïciens, qui tient du stoïcisme.

STOÏQUEMENT, adv. En stoïcien; avec fermeté.

STOÏSME, s. m. Qualité de ce qui est stoïque.

STOKFICHE, s. m. Poisson salé et séché; espèce de morue sèche.

STOLE, s. f. Espèce de tunique que portaient les dames romaines.

STOLIDITÉ, s. f. Stupidité. T. inus.

STOLON, s. m. Drageon, bouture, petite branche.

STOLONIFÈRE, adj. Qui porte des drageons. T. de bot.

STOMACACE, s. f. Fétidité de la bouche, occasionnée par le ramollissement et l'engorgement des gencives. T. de méd.

STOMACAL, E, adj. Se dit des médicamens propres à fortifier l'estomac, à faciliter la digestion.

STOMACHIQUE, adj. Qui appartient à l'estomac. —, s. m. et adj. Médicament qui fortifie l'estomac.

STOMALGIE, s. f. Douleur de la bouche. T. de méd.

STOMAPODES, s. m. pl. Famille de crustacés. T. d'hist. nat.

STOMATE, s. f. Genre de testacés univalves. T. d'hist. nat.

STOMATIQUE, adj. Se dit des remèdes propres à guérir les affections de la bouche. T. de méd.

STOMO-GASTRIQUE, s. et adj. f. Artère coronaire stomachique. T. d'anat.

STOMOMATIQUE, adj. Qui appartient à l'acier, qui est d'acier.

STOMORRHAGIE, s. f. Hémorrhagie par la bouche. T. de méd.

STOMOXE, s. m. Genre d'insectes diptères. T. d'hist. nat.

STONNE, s. f. Com. du dép. des Ardennes, cant. de Raucourt, arr. de Sedan. = Sedan.

STOQUÉ, E, part. Entretenu, gouverné; se dit du feu des fourneaux. T. de raffin. de sucre.

STOQUER, v. a. Gouverner, entretenir le feu des fourneaux. T. de raffin. de sucre.

STOQUEUR, s. m. Outil pour arranger le feu des fourneaux, pelle, fourgon. T. de raffin. de sucre.

STORAX ou **STYRAX**, s. m. Arbre de l'Inde; résine odorante qui en découle.

STORCKENSOHN, s. m. Com. du dép. du Haut-Rhin, cant. de St.-Amarin, arr. de Belfort. = Cernay.

STORE, s. m. Rideau de fenêtre, de portière de carrosse, qui se lève et se baisse au moyen d'un ressort.

STORÈNE, s. f. Genre d'arachnides. T. d'hist. nat.

STORILLE, s. f. Coquille univalve. T. d'hist. nat.

STOROMESSITE ou **BARY-STRONTIANITE**, s. f. Pierre mélangée de baryte et de strontiane. T. d'hist. nat.

STOSSWIHR, s. m. Com. du dép. du Haut-Rhin, cant. de Munster, arr. de Colmar. = Colmar.

STOTZHEIM, s. m. Com. du dép. du Bas-Rhin, cant. de Benfeld, arr. de Schélestadt. = Barr.

STOURNE, s. m. Etourneau de la Louisiane. T. d'hist. nat.

STRABISME, s. m. Situation oblique du globe de l'œil qui rend louche, indisposition qui provient de la contraction de quelques muscles et du relâchement de leurs antagonistes. T. de chir.

STRABITE, s. et adj. Affecté de strabisme, louche.

STRAGULE, s. f. Enveloppe interne de la fructification dans les graminées. T. de bot.

STRAMOINE, s. f. Plante solanée. T. de bot. —, ou Stramonium, plante soporifique de plusieurs espèces. Voy. DATURE, MÉTEL, NOIX MÉTELLE, POMME ÉPINEUSE. T. de bot.

STRANGULATION, s. f. Etranglement, resserrement excessif.

STRANGURIE, s. f. Envie fréquente et involontaire d'uriner, accompagnée de douleur et de cuisson, dans laquelle l'urine sort goutte à goutte. T. de méd.

STRAPASSÉ, E, part. Maltraité, battu. (Vi.) —, fait à la hâte. T. de peint.

STRAPASSER, v. a. Maltraiter, battre. (Vi.) —, travailler à la hâte. T. de peint.

STRAPASSONNÉ, E, part. Peint grossièrement.

STRAPASSONNER, v. a. Peindre grossièrement.

STRAPONTIN, s. m. Siége garni, sur le devant d'un carrosse coupé.—, hamac. T. de mar.

STRAS, s. m. Composition qui imite le diamant.

STRASBOURG, s. m. Grande et très forte ville du dép. du Bas-Rhin, place de guerre de 1re classe; chef-lieu de préf., d'une sous-préf. et de 4 cant. ou just. de paix; 5e div. milit.; 4e div. des ponts-et-chaussées; évêché érigé dans le 4e siècle; trib. de 1re inst. et de comm.; bourse et chambre de comm.; conseil de prud'hommes; hôtel des monnaies (lettre double B); école d'artillerie; faculté de droit, de médecine, des sciences et des lettres; société d'agric., sciences et arts; école de dessin et d'accouchement; école spéciale de pharmacie; consistoire général des protestans; synagogue consistoriale du culte hébraïque; biblioth. pub. de 55,000 vol.; cabinet d'hist. nat.; muséum de peinture; jardin de bot.; ingén. en chef des ponts-et-chaussées; direct. de l'enregist. et des domaines, de 1re classe; direct. des contrib. dir. et indir.; recev. général des finances; payeur du dép.; bur. de poste. Pop. 50,000 hab. env.

Cette ville, généralement bien bâtie et bien percée, est située sur les rivières d'Ill et de Bruche, qui se jettent dans le Rhin, à un quart de l. de là. On y passe l'Ill sur plusieurs ponts de bois, à la naissance de plusieurs canaux importans, près du Rhin et à l'extrême frontière. Elle est dans une position très avantageuse pour le comm., et l'on peut la considérer comme l'entrepôt de toutes les productions de l'Alsace. On y remarque particulièrement le monument élevé au général Desaix dans l'île du Rhin, celui du général Kléber, le mausolée du maréchal de Saxe, chef-d'œuvre de Pigale; l'hôtel de ville, l'évêché, la préf., le château royal, la citadelle, l'arsenal, la place d'armes, l'observatoire, la salle de spectacle, les ponts du Rhin, la promenade de Broglie et l'île de Robertsau; mais ce que l'on y admire par-dessus tout, c'est la cathédrale, dont le clocher, haut de 445 pieds, est un chef-d'œuvre d'architecture gothique. Ce clocher, où l'on monte par 635 marches, est travaillé à jour et découpé comme de la dentelle. Il n'y a que la grande pyramide d'Egypte qui surpasse son élévation, et seulement de 3 pieds.

Strasbourg est une ville très ancienne, dont la fondation est attribuée à Drusus, beau-fils d'Auguste, qui fit construire un grand nombre de forteresses, pour arrêter les invasions des Germains; elle fut ravagée par Attila et fut rebâtie par Clovis. Située sur une voie romaine, elle prit, dans le 6e siècle, le nom de Strataeburgus ou Strasbourg; dans la suite elle fit partie de l'empire germanique, à titre de ville libre. Réunie à la France par capitulation, en 1681, Louis XIV compléta son système de défense, y ajouta une citadelle et en fit une des plus fortes places de la France. Patrie de Guttemberg, l'un des inventeurs de l'imprimerie, de Guillaume Baur, peintre célèbre du 17e siècle; d'Andrieux, auteur dramatique; du maréchal Kellerman et du général Kléber. Fabr. de draps, toiles, étoffes de coton, toiles à voiles, coutellerie, crics, boutons de métal, bijouterie d'acier, papiers peints, cartes à jouer, poêles de faïence, carrosserie, chapeaux de paille, instrumens de musique, orfévrerie, café-chicorée, huile, moutarde, amadou, produits chimiques, amidon; filatures de coton, blanchisseries de toiles, teintureries, brasseries considérables, raffineries de sucre, tanneries, chamoiseries, maroquineries et parcheminerles; fonderie royale de canons. Manuf. royale de tabacs. Comm. de grains, vins, eaux-de-vie, gentiane, bière, liqueurs, chanvre, laine, garance, tabac en feuilles, toiles, papiers, bonneterie, ganterie, acier, cuivre, or et argent battus, cordes, cuirs, maroquins, etc. Entrepôt du comm. de la France, de l'Allemagne de la Suisse et de l'Italie.

STRASSE, s. f. Bourre, rebut de la soie.

STRATAGÉMATIQUE, adj. Plein de stratagèmes.

STRATAGEME, s. m. Ruse de guerre, et fig., tour d'adresse, artifice, finesse, supercherie; subtilité, surprise dans les affaires.

STRATÈGE, s. m. Général athénien, qui a donné son nom à la science des évolutions militaires, à la stratégie.

STRATÉGIE, s. m. Science des évolutions militaires, des marches et des contre-marches à l'aide desquelles on surprend l'ennemi; l'art de la guerre.

STRATÉGIQUE, adj. Qui concerne la stratégie.

STRATIFICATION, s. f. Arrangement par couches de diverses substances. T. de chim.

STRATIFIÉ, E, part. Rangé par couches dans un vase. T. de chim.

STRATIFIER, v. a. Arranger par couches. T. de chim.

STRATIOME, s. m. Insecte diptère. T. d'hist. nat.

STRATIOTE, Plante aquatique, vulnéraire. T. de bot.

STRATOCRATIE, s. f. Gouvernement militaire. Voy. STIROCRATIE.

STRATOGRAPHIE, s. f. Description d'une armée, de tout ce qui la compose; hommes, chevaux, armes, etc.

STRATOPÉDARQUE, s. m. Général d'armée; commandant d'un camp; intendant des vivres.

STRAZÈCLE, s. m. Com. du dép. du Nord, cant. et arr. d'Hazebrouck.=Hazebrouck.

STRÉBLE, s. m. Arbre de la diœcie, vingt-deuxième classe des végétaux. T. de bot.

STRELET, s. m. Poisson du genre de l'acipensère. T. d'hist. nat.

STRÉLITZ, s. f. Plante de la famille des scitaminées. T. de bot. —, s. m. pl. Anciens corps d'infanterie moscovite.

STREPTACHNE, s. m. Plante graminée. T. de bot.

STREPTOGYNE, s. f. Plante graminée d'Amérique. T. de bot.

STREPTOSTACHYS, s. m. Plante graminée. T. de bot.

STRIBORD, s. m. Côté droit d'un navire, dextribord. T. de mar.

STRICAGE, s. m. Faible et dernier lainage.

STRICT, E, adj. Etroit, resserré. T. inus. —, rigoureux; obligation stricte. —, exacte, sévère; personne stricte. Fig. et fam.

STRICTEMENT, adv. D'une manière stricte.

STRICTURE, s. f. Mouvement convulsif. T. inus.

STRIDEUR, s. f. Bruit aigu, cri perçant. T. inus.

STRIÉ, s. m. Lézard à dos strié; poisson du genre du chétodon, du labre. T. d'hist. nat.

STRIÉ, E, adj. Couvert ou formé de stries; cannelé.

STRIÉE, s. f. Poisson du genre du persègue. T. d'hist. nat.

STRIES, s. f. pl. Fils dans le verre. —, cannelures des colonnes. T. d'arch. —, petites cannelures sur des coquillages, sur les écailles des poissons, les tiges des plantes, des feuilles. T. d'hist. nat. et de bot.

STRIGA, s. m. Plante de la diandrie, deuxième classe des végétaux. T. de bot.

STRIGILIE, s. f. Espèce d'aliboufier. T. de bot.

STRIGILLE, s. f. Instrument dont les anciens se servaient pour nettoyer la peau.

STRIGILLIFORME, adj. En forme de brosse. T. de bot.

STRILLE, s. f. Marteau pointu des deux bouts.

STRIQUÉ, E, part. Se dit du drap auquel on a mis la dernière main.

STRIQUER, v. a. Donner la dernière main aux draps, finir.

STRIURES, s. f. pl. Cannelures des colonnes, etc. Voy. STRIES.

STROBILE, s. m. Cône, pomme de pin. T. de bot.

STROBILIFÈRE, adj. Conifère. T. de bot.

STROBILIFORME, adj. En forme de cône. T. de bot.

STROMATE, s. m. Genre de poissons apodes. T. d'hist. nat. —, pl. mélange de ses pensées avec celles d'autrui.

STROMATECHNIE, s. f. Art de faire de la tapisserie.

STROMATOURGIE, s. f. Sorte de point dans la tapisserie.

STROMBAU, s. m. Grosse espingole.

STROMBE, s. m. Genre de testacés univalves. T. d'hist. nat.

STROMBITES, s. m. pl. Strombes fossiles. T. d'hist. nat.

STROMBOME, s. f. Genre de champignons. T. de bot.

STRONGLE, s. m. Ver intestinal. T. d'hist. nat.

STRONTIANE, s. f. Oxyde métallique d'un gris blanchâtre, d'une saveur urineuse. T. de chim.

STRONTIANITE, s. f. Carbonate de strontiane. T. de chim.

STRONTIUM, s. m. Métal brillant qui s'oxyde très facilement, base de la strontiane.

STROPHANTHE, s. m. Plante de la famille des apocynées. T. de bot.

STROPHE, s. f. Couplet, stance d'une ode, d'une chanson, etc.

STROUTH, s. m. Com. du dép. du Bas-Rhin, cant. de Petite-Pierre, arr. de Saverne. = Phalsbourg.

STRUCTEUR, s. m. Ordonnateur dans les repas, dans les fêtes. T. d'antiq.

STRUCTURE, s. f. Manière dont est construit un édifice; conformation d'un corps, et fig., d'un ouvrage de littérature, d'un poême.

STRUETH, s. m. Com. du dép. du Haut-Rhin, cant. d'Hirsingue, arr. d'Altkirch. = Altkirch.

STRUGULE, s. m. Habit antique; contre-pointe.

STRUMAIRE, s. f. Plante du genre des narcissoïdes. T. de bot.

STRUMES, s. f. pl. Voy. ECROUELLES.

STRUMFIE, s. f. Plante de la gynandrie, vingtième classe des végétaux. T. de bot.

STRUMMOSITÉ, s. f. Enflure du gosier. T. de méd.

STRUMSTRUM, s. m. Guitare indienne.

STRUTHIOLE, s. f. Plante du genre des daphnoïdes. T. de bot.

STRUTHIOPHAGE, s. et adj. Qui vit de sauterelles.

STRUTHOPODES, s. f. Femmes de l'Inde remarquables par la petitesse de leurs pieds.

STRYCHNÉES, s. f. pl. Plantes vomiques. T. de bot.

STRYCHNINE, s. f. Extrait alcoholique de noix vomiques.

STUARTE, s. m. Plante de la famille des malvacées. T. de bot.

STUC, s. m. Composition de marbre broyé et de chaux.

STUCATEUR, s. m. Ouvrier en stuc.

STUCKANGE, s. m. Com. du dép. de la Moselle, cant. de Metzervisse, arr. de Thionville. = Thionville.

STUDIEUSEMENT, adv. Avec soin, avec application.

STUDIEUX, EUSE, adj. Qui aime l'étude, s'y applique avec ardeur.

STUNDWILLER, s. m. Com. du dép. du Bas-Rhin, cant. de Seltz, arr. de Wissembourg. = Lauterbourg.

STUPÉFACTIF, IVE ou STUPÉFIANT, E, adj. Narcotique qui engourdit, paralyse le sentiment. T. de méd.

STUPÉFACTION, s. f. Engourdissement; diminution, perte du sentiment. T. de méd. —, étonnement extraordinaire, extatique. Fig.

STUPÉFAIT, E, adj. Étonné, interdit, immobile de surprise.

STUPÉFIÉ, E, part. Engourdi, privé de sentiment. T. de méd.

STUPÉFIER, v. a. Administrer un narcotique à un malade pour engourdir sa douleur et le priver de sa sensibilité. T. de méd. —, causer une surprise extrême. Fig.

STUPEUR, s. f. Engourdissement, assoupissement; diminution de sentiment et de mouvement. T. de méd. —, état d'immobilité causé par une extrême surprise ou par une douleur subite et profonde. Fig.

STUPIDE, s. et adj. Imbécille, incapable de concevoir une idée juste, idiot; hébété. —, qui annonce la stupidité, en provient, en porte le caractère, en parlant des choses.

STUPIDEMENT, adv. D'une manière stupide.

STUPIDITÉ, s. f. Imbécillité, idiotisme, bêtise, privation d'esprit et de jugement.

STURMIE, s. f. Agrostide à épis filiformes. T. de bot.

STUTTGARD, s. m. Ville d'Allemagne, capitale du royaume de Wurtemberg. Pop. 60,000 hab. env.

STUTZZELBRONN, s. m. Com. du dép. de la Moselle, cant. de Bitche, arr. de Sarreguemines. = Bitche.

STUZHEIM, s. m. Com. du dép. du Bas-Rhin, cant. de Truchtersheim, arr. de Strasbourg. = Strasbourg.

STYGIE, s. f. Genre de lépidoptères. T. d'hist. nat.

STYGIENNE, s. et adj. f. Eau forte. T. de chim.

STYLANDRE, s. f. Asclépiade pédicellée. T. de bot.

STYLE, s. m. Poinçon dont se servaient les anciens pour écrire sur des tablettes enduites de cire, et fig., manière de composer, d'écrire, d'arranger ses idées. —, manière de parler, d'agir, de procéder en justice, de rédiger les actes de procédure. T. fam. —, manière de supputer le temps; vieux, nouveau style. —, choix, ensemble de proportions, d'ornements. T. d'arch. —, aiguille d'un cadran solaire. T. de gnom. —, partie du pistil qui porte les stigmates. T. de bot.

STYLÉ, E, part. Dressé, formé.

STYLÉPHORE, s. m. Poisson à queue terminée par un long filet. T. d'hist. nat.

STYLER, v. a. Former, dresser, habituer. T. fam.

STYLET, s. m. Petit poignard très pointu, à lame triangulaire. —, apophise fort pointue qui se trouve à la face

inférieure de l'os du rocher. T. d'anat.
—, sonde longue et flexible dont on se sert pour connaître les clapiers et les sinuosités des plaies. T. de chir.

STYLIDIE, s. f. Plante orchidée; arbuste. T. de bot.

STYLITE, adj. Qui se tient sur une colonne.

STYLOBASION, s. m. Arbrisseau térébinthacé. T. de bot.

STYLOBATE, s. m. Piédestal d'une colonne; soubassement d'un édifice. T. d'arch.

STYLO-CÉRATO-HYOÏDIEN, s. et adj. m. Voy. STYLO-HYOÏDIEN. T. d'anat.

STYLO-CHONDRO-HYOÏDIEN, s. et adj. m. Voy. STYLO-HYOÏDIEN. T. d'anat.

STYLOCORINE, s. f. Arbre rubiacé. T. de bot.

STYLOGLOSSES, s. et adj. m. pl. Muscles grêles attachés à l'apophyse styloïde et à la langue. T. d'anat.

STYLO-HYOÏDIEN, s. et adj. m. Muscle qui s'étend de l'apophyse styloïde à l'os hyoïde. T. d'anat.

STYLOÏDE, s. et adj. Apophyse en forme de stylet. T. d'anat.

STYLO-MASTOÏDIEN, NE, adj. Qui a rapport aux apophyses styloïde et mastoïde. —, s. m. Petit trou situé à la base du crâne. T. d'anat.

STYLOMÉTRIE, s. f. Art de mesurer des colonnes.

STYLO-PHARYNGIENS, s. et adj. m. pl. Muscles de l'apophyse styloïde et du pharynx. T. d'anat.

STYLOPHORE, s. m. Chélidoine diphylle. T. de bot.

STYLOPS, s. m. Insecte voisin des xénos. T. d'hist. nat.

STYLOSANTHE, s. m. Plante légumineuse. T. de bot.

STYMATOSE, s. f. Hémorrhagie du canal de l'urètre. T. de méd.

STYPTICITÉ, s. f. Qualité astringente. T. de méd.

STYPTIQUE, s. et adj. Astringent. T. de méd.

STYRAX, s. m. Voy. STORAX.

STYX (le), s. m. Fleuve qui faisait neuf fois le tour des enfers, par les eaux duquel les Dieux ne juraient pas en vain; autrement ils étaient privés de leur divinité pendant cent ans. T. de myth.

SU, s. m. Connaissance de quelque chose. Voy. Vu.

SU, E, part. Connu, appris.

SUAGE, s. m. Humidité du bois. —, outil de serrurier, de chaudronnier. —, coût des graisses et du suif. T. de mar.

SUAGÉ, E, part. Bordé, en parlant d'un chaudron. T. de chaudron.

SUAGER, v. a. Border un chaudron. T. de chaudron.

SUAIRE, s. m. Linceul dans lequel on ensevelit un mort. Saint—, linceul de J.-C.

SUANT, E, adj. Qui sue.

SUARCE, s. m. Com. du dép. du Haut-Rhin, cant. de Dannemarie, arr. de Belfort. = Belfort.

SUAUCOURT-ET-PISSELOUP, s. m. Com. du dép. de la Haute-Saône, cant. de Champlitte, arr. de Gray. = Cintrey.

SUAUX, s. m. Com. du dép. de la Charente, cant. de St.-Claud, arr. de Confolens. = St.-Claud.

SUAVE, adj. Doux, agréable à l'odorat. —, qui flatte l'œil, l'oreille; charmant, délicieux. Fig.

SUAVEMENT, adv. D'une manière suave. T. inus.

SUAVITÉ, s. f. Qualité de ce qui est suave; douceur, agrément. —, charme, délice. Fig. —, pl. Consolations, douceurs de la prière. T. myst.

SUAVITEUX, EUSE, adj. Qui mène une vie délicieuse.

SUBALAIRE, adj. Qui vient sous les aisselles des branches. T. de bot.

SUBALTERNE, s. et adj. Subordonné, inférieur; employé subalterne.

SUBARMALE, s. f. Casaque grossière.

SUBDÉLÉGATION, s. f. Action de subdéléguer; acte qui la contient; district d'un subdélégué.

SUBDÉLÉGUÉ, s. m. Fondé de pouvoir d'un délégué, d'un ex-intendant de province, espèce de sous-préfet.

SUBDÉLÉGUÉ, E, part. Commis par un délégué.

SUBDÉLÉGUER, v. a. Transmettre tout ou partie de ses pouvoirs, à l'effet d'agir, de négocier, d'administrer.

SUBDIALE, s. f. Voy. HYPÈTHRE.

SUBDIVISÉ, E, part. Divisé, en parlant de la portion d'un tout déjà divisé.

SUBDIVISER, v. a. Diviser partie d'un tout déjà divisé; partager entre des cohéritiers une portion échue dans un partage.

SUBDIVISION, s. f. Division d'une partie, d'un lot échu dans un partage à des collatéraux.

SUBDRAY (le), s. m. Com. du dép. du Cher, cant. de Charost, arr. de Bourges. = Bourges.

SUBER, s. m. (mot latin). Liége.

SUBÉRATE, s. m. Nom générique des sels formés par la combinaison de l'acide subérique avec différentes bases. T. de chim.

SUBÉREUX, EUSE, adj. De la nature du liége.

SUBÉRIQUE, adj. Tiré du liége; acide subérique. T. de chim.

SUBGRONDATION, s. f. Enfoncement des os du crâne. T. de chir.

SUBGRONDE, s. f. Saillie du toit pour rejeter l'eau loin du mur. T. d'arch.

SUBHASTATION, s. f. Vente publique, au plus offrant et dernier enchérisseur.

SUBHASTÉ, E, part. Vendu aux enchères.

SUBHASTER, v. a. Vendre publiquement, aux enchères.

SUBI, E, part. Supporté, souffert, enduré.

SUBINTRANTE, adj. f. Se dit des fièvres dont l'accès commence avec la fin du précédent. T. de méd.

SUBIR, v. a. Acquiescer, obéir, se soumettre à ce qui est ordonné, prescrit; subir la loi de la majorité. —, essuyer, supporter, endurer, souffrir; subir son sort, une opération chirurgicale, etc. — un interrogatoire, un examen, être interrogé, examiné dans les formes prescrites. — une condamnation; subir la peine à laquelle on a été condamné.

SUBIT, E, adj. Prompt, soudain; mort subite.

SUBITEMENT, adv. Tout à coup, soudainement.

SUBJECTIF, IVE, adj. Qui appartient au sujet. T. de métaphys.

SUBJECTION, s. f. Figure de rhétorique qui consiste à prévenir et à combattre les objections qu'on pourrait faire.

SUBJECTIVITÉ, s. f. Qualité de ce qui est subjectif. T. de métaphys.

SUBJONCTIF, s. m. Mode du verbe subordonné à un autre. T. de gramm.

SUBJUGUÉ, E, part. Mis sous le joug, réduit par la force des armes.

SUBJUGUER, v. a. Mettre sous le joug, réduire à l'obéissance, conquérir. —, prendre de l'ascendant sur l'esprit de quelqu'un. Fig.

SUBLAINES, s. f. Com. du dép. d'Indre-et-Loire, cant. de Bléré, arr. de Tours. ⸺ Amboise.

SUBLES, s. f. Com. du dép. du Calvados, cant. et arr. de Bayeux. ⸺ Bayeux.

SUBLET, s. m. Sifflet d'oiseleur.

SUBLIGNY, s. m. Com. du dép. du Cher, cant. de Vailly, arr. de Sancerre. ⸺ Sancerre.

SUBLIGNY, s. m. Com. du dép. de la Manche, cant. de la Haye-Pesnel, arr. d'Avranches. ⸺ Granville.

SUBLIGNY, s. m. Com. du dép. de l'Yonne, cant. de Chéroy, arr. de Sens. ⸺ Sens.

SUBLIMATION, s. f. Volatilisation. T. de chim.

SUBLIMATOIRE, s. m. Vaisseau pour sublimer. T. de chim.

SUBLIME, s. m. Ce qu'il y a de grand, d'élevé, d'excellent dans les sentimens, les actions, les pensées, le style. — ou perforé, muscle fléchisseur des doigts. T. d'anat. —, adj. Le plus haut, le plus élevé, le plus grand, le plus noble dans son genre; esprit, pensée sublime.

SUBLIMÉ, s. m. Muriate de mercure. — corrosif, muriate oxygéné de mercure.

SUBLIMÉ, E, part. Volatilisé.

SUBLIMEMENT, adv. D'une manière sublime.

SUBLIMER, v. a. Volatiliser. T. de chim.

SUBLIMITÉ, s. f. Qualité de ce qui est sublime.

SUBLINGUAL, E, adj. Placé sous la langue. T. d'anat.

SUBLUNAIRE, adj. Qui est entre la terre et la lune, dans l'air, sur la terre. T. de phys.

SUBMARIN, E, adj. Qui est sous la mer. T. de phys.

SUBMENTAL, E, adj. Situé sous le menton. T. d'anat.

SUBMERGÉ, E, part. Inondé, enseveli sous l'eau.

SUBMERGER, v. a. Inonder, engloutir sous l'eau, couvrir d'eau.

SUBMERSIBLE, adj. Se dit de la fructification des plantes aquatiques, dont les fleurs rentrent dans l'eau dès que les ovaires sont fécondés. T. de bot.

SUBMERSION, s. f. Inondation qui couvre entièrement un pays.

SUBODORÉ, E, part. Senti de loin.

SUBODORER, v. a. Sentir de loin, et fig., prévoir. T. inus.

SUBORDINATION, s. f. Soumission à l'ordre établi entre des personnes, discipline, dépendance d'une personne à l'égard d'une autre.

SUBORDONNÉ, E, part. Soumis à la subordination.

SUBORDONNÉMENT, adv. En sous-ordre.

SUBORDONNER, v. a. Etablir la subordination, un ordre de dépendance de l'inférieur au supérieur.

SUBORNATEUR, TRICE, s. Séducteur, qui suborne des témoins.
SUBORNATION, s. f. Séduction.
SUBORNÉ, E, part. Séduit.
SUBORNER, v. a. Séduire, porter à commettre une action coupable, à trahir son devoir; suborner des témoins, etc.
SUBORNEUR, EUSE, s. Corrupteur, séducteur.
SUBRÉCARGUE, s. m. Fondé de pouvoir d'un armateur qui veille sur la cargaison; agent de la compagnie des Indes qui vend et achète pour elle dans ses comptoirs.
SUBRÉCOT, s. m. Surplus de l'écot excédant la dépense prévue. —, de-; mande en sus. Fig. et fam.
SUBREPTICE ou **SUBREPTIF, IVE**, adj. Obtenu par surprise, en altérant les faits; furtif, illicite.
SUBREPTICEMENT ou **SUBREPTIVEMENT**, adv. D'une manière subreptice, frauduleusement.
SUBREPTION, s. f. Décision surprise à un tribunal en dénaturant les faits, en déguisant la vérité.
SUBROGATEUR, s. m. Acte qui subroge un rapporteur à un autre; second rapporteur. —, adj. Qui exprime la subrogation; mot subrogateur. T. de procéd.
SUBROGATION, s. f. Acte par lequel on subroge. T. de procéd.
SUBROGATIS, s. m. Ordonnance qui subroge un tuteur à un autre. T. de procéd.
SUBROGÉ, E, part. Substitué, mis à la place d'un autre. T. de procéd.
SUBROGER, v. a. Substituer, mettre à la place d'un autre.
SUBROGÉ-TUTEUR, s. m. Second tuteur qui surveille la gestion du premier, et le remplace au besoin. T. de procéd.
SUBSELLES, s. m. pl. Chaire à prêcher. T. inus.
SUBSÉQUEMMENT, adv. Ensuite, après.
SUBSÉQUENT, E, adj. Qui suit, vient après.
SUBSIDE, s. m. Levée de deniers pour les besoins de l'état, impôt. —, secours d'argent donné par un état à des alliés.
SUBSIDIAIRE, adj. Qui fortifie le principal, qui vient à l'appui; moyen subsidiaire. T. de procéd.
SUBSIDIAIREMENT, adv. D'une manière subsidiaire. T. de procéd.
SUBSISTANCE, s. f. Nourriture et entretien. —, pl. Vivres, provisions de bouche.

SUBSISTER, v. n. Exister encore, continuer d'être, durer; demeurer en vigueur. —, avoir sa subsistance, vivre. — de, vivre au moyen de....
SUBSTANCE, s. f. Etre que l'on conçoit subsister par lui-même, à la différence de l'accident; substance corporelle, incorporelle. T. de philos. —, matière quelconque; substance pierreuse, etc. —, ce qu'il y a de succulent, quintescence, suc, et fig., le fond, l'esprit d'une affaire, d'un discours. —, ce qui est nécessaire pour la subsistance. En —, adv. En abrégé, sommairement.
SUBSTANTIEL, LE, adj. Plein de substance, au prop. et au fig.
SUBSTANTIELLEMENT, adv. Quant à la substance.
SUBSTANTIEUX, EUSE, adj. Substantiel. T. inus.
SUBSTANTIF, s. m. Nom qui désigne une personne ou une chose, une substance, un être. T. de gramm.
SUBSTANTIVEMENT, adv. En manière de substantif. T. de gramm.
SUBSTITUÉ, E, part. Mis à la place d'un autre.
SUBSTITUER, v. a. Mettre une personne ou une chose à la place d'une autre. —, appeler à une succession, à la place ou à défaut d'un autre. T. de procéd.
SUBSTITUT, s. m. Suppléant, adjoint; officier du parquet qui remplit les fonctions de procureur du roi.
SUBSTITUTION, s. f. Action de mettre une personne ou une chose à la place d'une autre. —, acte par lequel on dispose d'une partie ou de la totalité de ses biens en faveur d'une personne à l'exclusion d'une ou de plusieurs autres. T. de jurisp.
SUBSTRUCTION, s. f. Construction souterraine.
SUBSULTANT, E, adj. Se dit de la secousse d'un tremblement de terre.
SUBTERFUGE, s. m. Faux-fuyant, échappatoire, ruse.
SUBTERRANÉ, E, adj. Souterrain. T. inus.
SUBTIL, E, adj. Délié, fin, menu; matière subtile. —, qui s'insinue, qui pénètre promptement; venin subtil. —, qui a beaucoup de dextérité; escamoteur subtil. —, fin, adroit; esprit, raisonnement subtil. Fig. et fam.
SUBTILEMENT, adv. Avec subtilité, d'une manière subtile.
SUBTILISATION, s. f. Action de subtiliser certains liquides par l'action du feu.

SUBTILISÉ, E, part. Rendu subtil, délié, pénétrant.

SUBTILISER, v. a. Rendre subtil, délié, pénétrant; subtiliser une liqueur. —, tromper subtilement. T. fam. —, v. n. Raffiner, user de finesse.

SUBTILITÉ, s. f. Qualité de celui qui, ou de ce qui est subtil. —, tour d'adresse; ruse, finesse, tromperie; raffinement.

SUBTRIPLE, adj. Voy. Sous-Triple.

SUBULÉ, E, adj. Terminé en forme d'alène. T. de bot.

SUBULICORNES, s. m. pl. Insectes névroptères. T. d'hist. nat.

SUBULIROSTRES, s. m. pl. Passereaux qui ont le bec pointu comme une alène. T. d'hist. nat.

SUBURBAIN, s. m. Habitant d'un faubourg. T. inus.

SUBURBICAIRE, adj. f. Se dit des dix provinces qui composaient le diocèse de Rome. Eglise —, renfermée dans le diocèse de Rome.

SUBVENIR, v. n. Secourir, soulager; pourvoir. —, suffire; subvenir à la dépense de quelqu'un.

SUBVENTION, s. f. Secours d'argent, subside. —, surcharge d'impôt dans un cas d'urgence; subvention de guerre.

SUBVERSIF, IVE, adj. Qui renverse détruit; qui tend au renversement des institutions établies.

SUBVERSION, s. f. Renversement; subversion des lois. Fig.

SUBVERTI, E, part. Renversé. Fig.

SUBVERTIR, v. a. Renverser; subvertir les lois, le gouvernement. Fig.

SUC, s. m. Liquide que l'on obtient en exprimant une substance animale ou végétale; jus des viandes; ce qu'elles contiennent de plus succulent. — de la terre, principe de végétation qu'elle renferme. —, ce qu'il y a de meilleur, de plus substantiel dans un livre, etc. Fig.

SUCCÉDANÉ, E, adj. Se dit des médicamens qu'on peut substituer à d'autres dont ils ont la propriété. T. de pharm.

SUCCÉDER, v. n. Prendre la place d'un autre, le remplacer. —, venir après; un calme apparent succède à l'orage. —, hériter de quelqu'un par droit de succession. —, être favorable; tout succède à nos vœux. Se —, v. récip. Venir l'un après l'autre.

SUCCENTURIAUX, adj. m. pl. Se dit des capsules atrabilaires, corps glanduleux situés au-dessus et près des reins. T. d'anat.

SUCCENTURIER, s. et adj. m. Muscle voisin de l'os pubis. T. d'anat.

SUCCÈS, s. m. Issue quelconque d'une affaire. —, heureuse issue, réussite; avantage obtenu.

SUCCESSEUR, s. m. Celui qui succède à un autre dans une place.

SUCCESSIBLE, adj. Habile à succéder. T. de jurisp.

SUCCESSIF, IVE, adj. Qui se succède sans interruption. Droits —, droits héréditaires, par succession.

SUCCESSION, s. f. Suite de personnes dans un même rang, de temps, de choses. —, hérédité, héritage, biens qu'une personne laisse en mourant à ses héritiers.

SUCCESSIVEMENT, adv. L'un après l'autre, tour à tour; d'une manière successive.

SUCCESSORAL, E, adj. Exercé sur une succession. T. de procéd.

SUCCIEU, s. m. Com. du dép. de l'Isère, cant. de Bourgoin, arr. de la Tour-du-Pin. = Bourgoin.

SUCCIN, s. m. Ambre jaune, carabé, matière bitumineuse devenue fossile.

SUCCINATE, s. m. Nom générique des sels formés par la combinaison de l'acide succinique avec différentes bases. T. de chim.

SUCCINCT, E, adj. Court, bref, laconique, concis; discours succinct. —, qui s'énonce en peu de mots; orateur succinct. —, maigre, mesquin, léger; repas succinct. Fig.

SUCCINCTEMENT, adv. D'une manière succincte; en peu de mots; légèrement.

SUCCINIQUE, adj. Extrait du succin; acide succinique. T. de chim.

SUCCINITE, s. m. Grenat d'un jaune de succin. T. d'hist. nat.

SUCCION, s. f. Action de sucer, sucement.

SUCCISE, s. f. Espèce de scabieuse. T. de bot.

SUCCOMBER, v. n. Fléchir, être accablé sous le poids, le fardeau que l'on porte. —, avoir le désavantage, le dessous; céder, ne pas résister. Fig. — à, se laisser vaincre par...; succomber à la tentation.

SUCCOS, s. m. Com. du dép. des Basses-Pyrénées, cant. de St.-Palais, arr. de Mauléon. = St.-Palais.

SUCCUBES, s. m. pl. Génies malfaisans qui prenaient la forme de femmes pour séduire les hommes. T. de myth.

SUCCULEMMENT, adv. Avec une nourriture succulente.

SUCCULENT, E, adj. Qui a beaucoup de suc, substantiel, très nourrissant; mets succulent. —, plein de suc. T. de bot.

SUCCULENTES, s. f. pl. Famille de plantes. T. de bot.

SUCCURSALE, s. et adj. f. Eglise qui relève d'une église paroissiale.

SUCCUSSION, s. f. Action de secouer. T. de méd.

SUCÉ, s. m. Canard de St.-Domingue.

SUCÉ, E, part. Se dit d'une substance dont on a exprimé le suc avec les lèvres.

SUCÉ, s. m. Com. du dép. de la Loire-Inférieure, cant. de la Chapelle-sur-Erdre, arr. de Nantes. = Nantes.

SUCEBŒUF, s. m. Oiseau du Sénégal.

SUCEMENT, s. m. Action de sucer, succion.

SUCER, v. a. Attirer avec les lèvres un suc, une liqueur; se dit du suc ou de la liqueur qu'on attire et du corps dont on l'attire; sucer le sang, un os, une plaie. —, faire fondre, en remuant avec la bouche; sucer une dragée. —, soutirer, petit à petit, l'argent de la poche de quelqu'un.— avec le lait, contracter une habitude dès sa plus tendre enfance. Fig. et fam.

SUC-ET-SENTENAC, s. m. Com. du dép. de l'Ariége, cant. de Vic-Dessos, arr. de Foix. = Tarascon-sur-Ariège.

SUCEUR, s. m. Celui qui suce les plaies pour les guérir. — de miel, colibri, oiseau-mouche. —, pl. Ordre d'insectes aptères. T. d'hist. nat.

SUÇOIR, s. m. Organe d'un insecte, d'un crustacé, d'une plante qui lui sert à sucer son aliment. T. d'hist. nat. et de bot.

SUÇON, s. m. Marque rouge faite à la peau, en la suçant fortement.

SUÇOTÉ, E, part. Sucé à diverses reprises.

SUÇOTER, v. a. Sucer peu à peu, à diverses reprises.

SUCRE, s. m. Suc cristallisé d'une canne ou roseau de l'Inde, de raisin, de fruits, de racine, etc.

SUCRÉ, E, part. Se dit d'une chose dans laquelle on a mis du sucre; vin sucré. —, adj. Qui a le goût du sucre. —, doucereux, mielleux. Fig. et fam. Femme—, qui affecte de paraître douce, modeste, innocente. T. fam.

SUCRER, v. a. Mettre du sucre dans quelque chose, assaisonner avec du sucre.

SUCRERIE, s. f. Fabrique dans laquelle on prépare et raffine le sucre. —, pl. Friandises dont le sucre est la base; bonbons, dragées, confitures.

SUCRIER, s. m. Vase où l'on met le sucre. —, oiseau du genre du grimpereau.

SUCRIN, adj. m. Qui a le goût du sucre; melon sucrin.

SUCRION, s. m. Espèce d'orge qui se détache de sa balle.

SUCTION, s. f. Voy. SUCCION.

SUCY, s. m. Com. du dép. de Seine-et-Oise, cant. de Boissy-St.-Léger, arr. de Corbeil. = Boissy-St.-Léger. Fabr. de briques et de tuiles.

SUD, s. m. Le midi; vent qui vient de ce côté.

SUDATOIRE, s. f. Etuve pour exciter la transpiration, bain de vapeur.

SUDERMANIE, s. f. Ancienne province de Suède, riche en mines et en pâturages.

SUD-EST, s. m. Vent entre le sud et l'est.

SUDIS, s. m. Poisson osseux. T. d'hist. nat.

SUDORIFIQUE ou SUDORIFÈRE, adj. Qui provoque la sueur. T. de méd.

SUD-OUEST, s. m. Point entre le sud et l'ouest; vent qui souffle de ce côté.

SUD-SUD-EST, s. m. Point entre le sud et le sud-est; vent qui vient de là.

SUD-SUD-OUEST, s. m. Point entre le sud et le sud-ouest; vent qui souffle de ce point.

SUECH (le), s. m. Com. du dép. du Tarn, cant. de Monestiés, arr. d'Albi. = Cordes.

SUÈDE, s. f. Royaume d'Europe, borné N. par la Laponie norwégienne, E. par la Laponie russe, le golfe de Botnie et la Baltique, O. par la Norwège, le Sund et le Catégat. Ce royaume, auquel la Norwège a été réunie en 1814, possède une pop. de 3,550,000 hab. env. Ses richesses consistent en mines de fer, cuivre, alun, cuirs, pelleteries, etc. Bois de construction.

SUÉDOIS, E, adj. Habitant de la Suède; qui concerne ce royaume.

SUÉE, s. f. Inquiétude subite mêlée de crainte; dépense extraordinaire. T. pop.

SUER, v. a. et n. Pousser au-dehors par les pores un liquide séreux, lymphatique et salin, transpirer. — sang et eau, travailler beaucoup, se donner beaucoup de peine pour...... Fig. —, v. n. Suinter, en parlant des murs, du bois, etc.

SUERCE, s. f. Plante de la famille des gentianes. T. de bot.

SUERIE, s. f. Bâtiment dans lequel on fait ressuer et fermenter le tabac.

SUETTE, s. f. Sueur anglaise, maladie épidémique qui désola l'Angleterre dans les quinzième et seizième siècles. Cette maladie qui, comme le choléramorbus, emportait les malades en moins de vingt-quatre heures, s'annonçait par une sueur abondante et colliquative, accompagnée de frissons, de palpitations de cœur, de transport au cerveau, de nausées, d'hémorrhagies, etc. T. de méd.

SUETTE, s. f. Village du dép. de Maine-et-Loire, cant. de Seiches, arr. de Baugé. = Angers.

SUEUR, s. f. Humidité séreuse, lymphatique et saline qui sort par les tuyaux excrétoires de la peau, transpiration. —, pl. Peines qu'on se donne pour réussir. Fig.

SUÈVRES, s. f. Com. du dép. de Loir-et-Cher, cant. de Mer, arr. de Blois. = Mer.

SUEZ, s. m. Ville maritime d'Egypte située à l'extrémité septentrionale de la mer rouge. Isthme de —, langue de terre entre la Méditerranée et la mer Rouge, qui réunit l'Asie et l'Afrique.

SUFFÈTES, s. m. pl. Premiers magistrats de l'ancienne ville de Carthage.

SUFFIRE, v. n. Etre suffisant, etc. —, avoir les talens, les qualités nécessaires pour pouvoir fournir, subvenir, satisfaire à. —, v. impers. Etre assez; il suffit. Se —, v. pron. N'avoir pas besoin du secours d'autrui.

SUFFISAMMENT, adv. Assez, autant qu'il en faut.

SUFFISANCE, s. f. Ce qui suffit, est assez. —, capacité, érudition, aptitude à. —, vanité, présomption. A —, adv. Assez, suffisamment.

SUFFISANT, s. m. Fat, présomptueux.

SUFFISANT, E, adj. Qui suffit. —, qui a de la vanité, de la présomption, qui l'annonce; homme, air suffisant.

SUFFOCANT, E, adj. Qui produit la suffocation.

SUFFOCATION, s. f. Etouffement, oppression, extrême difficulté de respirer.

SUFFOQUÉ, E, part. Etouffé.

SUFFOQUER, v. a. Etouffer, faire perdre la respiration. —, v. n. perdre la respiration, éprouver des étouffemens, de l'oppression. — de colère, d'indignation, éprouver une vive colère, une extrême indignation. Fig.

SUFFRAGANT, s. et adj. m. Se dit d'un évêque par rapport à son métropolitain.

SUFFRAGE, s. m. Déclaration de sa volonté dans une délibération, dans une élection; voix, vote. —, témoignage de satisfaction, approbation. —, pl. Prières de l'église. T. de liturgie.

SUFFUMIGATION, s. f. Voy. FUMIGATION.

SUFFUSION, s. f. Epanchement; cataracte. T. de méd.

SUGAL, s. m. Petite coquille, volute. T. d'hist. nat.

SUGÈRES, s. f. Com. du dép. du Puy-de-Dôme, cant. de St.-Dier, arr. de Clermont. = Billom.

SUGGARE, s. m. Scolopendre, millepieds. T. d'hist. nat.

SUGGÉRÉ, E, part. Insinué, inspiré.

SUGGÉRER, v. a. Insinuer, inspirer, donner à quelqu'un l'idée de faire ou de dire une chose.

SUGGESTE, s. m. Loge des empereurs romains aux spectacles.

SUGGESTION, s. f. Insinuation, instigation; ne se dit qu'en mauvaise part.

SUGI ou **SUGGI**, s. m. Cyprès du Japon. T. de bot.

SUGILLATION, s. f. Ecchymose. T. de méd.

SUGNY, s. m. Com. du dép. des Ardennes, cant. de Monthois, arr. de Vouziers. = Vouziers.

SUHARE, s. m. Com. du dép. des Basses-Pyrénées, cant. de Tardets, arr. de Mauléon. = Mauléon.

SUHAST, s. m. Com. du dép. des Basses-Pyrénées, cant. de St.-Palais, arr. de Mauléon. = St.-Palais.

SUHESCUN, s. m. Com. du dép. des Basses-Pyrénées, cant. d'Iholdy, arr. de Mauléon. = St.-Palais.

SUICIDE, s. m. Acte de folie ou de lâcheté de celui qui se donne la mort. —, s. Celui, celle qui se tue.

SUICIDER (se), v. pron. Se tuer.

SUIE, s. f. Matière noire et épaisse que laisse la fumée sur son passage.

SUIF, s. m. Graisse de mouton, de bœuf, avec laquelle on fait la chandelle. —, graisse des bêtes fauves. T. de vener.

SUIN, s. m. Sels neutres séparés du verre.

SUIN, s. m. Com. du dép. de Saône-et-Loire, cant. de St.-Bonnet-de-Joux, arr. de Charolles. = St.-Bonnet-de-Joux.

SUINEUX, EUSE, adj. Gras de suint. T. inus.

SUINT, s. m. Humeur onctueuse qui suinte du corps des animaux et s'attache à leurs poils.

SUINTEMENT, s. m. Ecoulement de ce qui suinte.

SUINTER, v. n. Sortir, s'écouler insensiblement, en parlant d'un liquide, d'une humeur; se dit aussi de la place, du vase, etc., d'où s'écoule cette humeur, ce liquide. —, rendre une certaine humidité, en parlant d'un corps poreux.

SUIPPE (la), s. f. Rivière dont la source se trouve au-dessus de Suippes, dép. de la Marne, et qui se jette dans l'Aisne, près de Berry-au-Bac, après un cours d'environ 151.

SUIPPES, s. f. Petite ville du dép. de la Marne, chef-lieu de cant. de l'arr. de Châlons. Bur. d'enregist. = Châlons-sur-Marne. Chambre consultative des manuf. Fabr. d'étoffes de laine; teintureries et tanneries. Comm. considérable de bestiaux, grains, chanvre, etc.

SUISSE, s. f. Confédération helvétique, république fédérative, état neutre situé entre l'Allemagne, l'Italie et la France, borné N. Bade et Wurtemberg, E. Bavière et Milanais, S. Savoie, O. Rhin et les montagnes du Jura qui la séparent de la France.

SUISSE, s. m. Portier d'une grande maison, originaire ou non de la Suisse. —, homme brutal qui n'entend ni rime, ni raison. T. fam.

SUISSE, ESSE, s. Habitant de la Suisse, Helvétien.

SUISSE-BASSE, s. f. Com. du dép. de la Moselle, cant. de Grostenquin, arr. de Sarreguemines. = Sarreguemines.

SUISSE-HAUTE, s. f. Com. du dép. de la Moselle, cant. de Grostenquin, arr. de Sarreguemines. = Sarreguemines.

SUISSERIE, s. f. Loge du suisse, du portier.

SUITE, s. f. Ceux qui suivent, qui accompagnent, qui vont après quelqu'un, cortége. —, ce qui suit; postérité. —, ordre, liaison, connexité entre plusieurs choses; suite d'idées. —, enchaînement de choses qui se succèdent. —, effets, résultats d'un événement; les suites d'une révolution. —, continuation d'un ouvrage. —, choses de même espèce rangées par ordre; suite de portraits. Etre à la — d'un ambassadeur; être attaché à une légation. A la —, à la poursuite, au prop. et au fig.; après, dans l'ordre successif. De —, adv. L'un après l'autre, en ordre, en rang; sans discontinuation. Tout de —, sur-le-champ, aussitôt, sans délai, sans interruption.

SUIVABLE, adj. Bien égal; fil suivable. T. de manuf.

SUIVANT, prép. Selon, à proportion de. —, que, conj. Selon que.

SUIVANT, E, adj. Qui suit, qui vient après. —, qui accompagne; en ce sens, il s'emploie familièrement comme subst. pl.; n'avoir ni enfans, ni suivans.

SUIVANTE, s. f. Demoiselle qui accompagne une dame, femme de chambre, soubrette.

SUIVÉ, E, part. Enduit de suif. T. de mar.

SUIVER, v. a. Enduire de suif. T. de mar.

SUIVI, E, part. Accompagné, escorté. —, adj. Où il y a de l'ordre, de la liaison; raisonnement suivi. —, qui attire habituellement beaucoup de monde; spectacle suivi.

SUIVRE, v. a. Aller après; accompagner, escorter. —, aller, courir après pour atteindre; suivre à la piste. —, observer, épier, marcher sur les pas d'une personne signalée. —, continuer d'aller dans la même direction; suivre son chemin. —, être après, par rapport au temps, au lieu, à la situation, au rang, etc. — un avis, la mode, s'y conformer. — l'exemple de quelqu'un, imiter sa conduite. — son penchant, ses goûts, se laisser dominer par la passion. — le barreau, se consacrer à la profession d'avocat. —, fréquenter, être assidu; suivre les spectacles, les bals. — un cours, assister aux leçons d'un professeur, étudier la science qu'il enseigne. —, v. impers. Résulter; il suit de là que. Se —, v. récip. Se succéder, avoir de la liaison, du rapport.

SUIZY-LE-FRANC, s. m. Com. du dép. de la Marne, cant. de Sézanne, arr. d'Epernay. = Epernay.

SUJET, s. m. Cause, raison, motif; matière sur laquelle on écrit, on parle, on compose, etc. —, objet d'une science. —, motif d'un air. T. de mus. —, terme d'une proposition. T. de log. —, nominatif. T. de gramm. —, personne considérée sous le rapport de sa capacité, de sa conduite. —, arbre à greffer. T. de jardin.

SUJET, TE, adj. Soumis, qui est dans la dépendance, qui est subordonné, obligé d'obéir, de supporter, de payer, etc. —, astreint, assujetti, souvent exposé. —, habitué, accoutumé, porté, enclin; sujet à s'enivrer. —, s. et adj. Qui est sous la domination d'un souverain; sujets russes, prussiens, etc.

SUJÉTION, s. f. Dépendance, assujettissement ; exactitude obligée, assiduité gênante. —, pl. Incommodités, servitudes auxquelles une maison, etc., est sujette.

SULFATE, s. m. Nom générique des sels formés par la combinaison de l'acide sulfurique avec différentes bases. T. de chim.

SULFATÉ, E, adj. Chargé de sulfate. T. de chim.

SULFITE, s. m. Nom générique des sels formés par la combinaison de l'acide sulfureux avec différentes bases. T. de chim.

SULFURE, s. m. Combinaison du soufre avec les alcalis, les terres et les métaux. T. de chim.

SULFURÉ, E, adj. Se dit d'une combinaison dans laquelle il entre du soufre. —, rempli de soufre, qui tient de la nature du soufre. T. de chim.

SULFUREUX, EUSE, adj. Sulfuré. Acide —, formé par la combustion lente et imparfaite du soufre. T. de chim.

SULFURIQUE, adj. Formé par la combustion rapide et complète du soufre ; acide sulfurique. T. de chim.

SULFURO-NITREUX, adj. m. Formé par la combinaison des acides sulfurique et nitrique. T. de chim.

SULIAC (Ste.-), s. f. Com. du dép. d'Ille-et-Vilaine, cant. de Châteauneuf, arr. de St.-Malo. = Châteauneuf.

SULIGNAT, s. m. Com. du dép. de l'Ain, cant. de Châtillon-les-Dombes, arr. de Trévoux. = Châtillon-les-Dombes.

SULLA ou SCILLA, s. m. Espèce de sainfoin originaire de l'île de Malthe.

SULLY, s. m. Com. du dép. du Calvados, cant. et arr. de Bayeux. = Bayeux.

SULLY, s. m. Petite ville du dép. du Loiret, chef-lieu de cant. de l'arr. de Gien. Bur. d'enregist. = Gien.

SULLY, s. m. Com. du dép. de la Nièvre, cant. de Pouilly, arr. de Cosne. = Donzy. Comm. de chevaux ; mines de fer, forges.

SULLY, s. m. Com. du dép. de l'Oise, cant. de Songeons, arr. de Beauvais. = Songeons.

SULLY, s. m. Com. du dép. de Saône-et-Loire, cant. d'Epinac, arr. d'Autun. = Autun.

SULLY-LA-CHAPELLE, s. m. Com. du dép. du Loiret, cant. de Neuville, arr. d'Orléans. = Bois-Commun.

SULNIAC, s. m. Com. du dép. du Morbihan, cant. d'Elven, arr. de Vannes. = Vannes.

SULPICE (St.-), s. m. Com. du dép. de l'Ain, cant. de Bagé-le-Châtel, arr. de Bourg. = Mâcon.

SULPICE (St.-), s. m. Com. du dép. du Calvados, cant. et arr. de Bayeux. = Bayeux.

SULPICE (St.-), s. m. Com. du dép. de la Charente, cant. et arr. de Cognac. = Cognac.

SULPICE (St.-), s. m. Com. du dép. de la Charente, cant. et arr. de Ruffec. = Ruffec.

SULPICE (St.-), s. m. Com. du dép. de la Corrèze, cant. de Meymac, arr. d'Ussel. = Tulle.

SULPICE (St.-), s. m. Com. du dép. de la Creuse, cant. de Dun, arr. de Guéret. = Guéret.

SULPICE (St.-), s. m. Com. du dép. de la Haute-Garonne, cant. de Carbonne, arr. de Muret. = Noé.

SULPICE (St.-), s. m. Com. du dép. d'Ille-et-Vilaine, cant. de Liffré, arr. de Rennes. = Rennes.

SULPICE (St.-), s. m. Com. du dép. de Loir-et-Cher, cant. et arr. de Blois. = Blois.

SULPICE (St.-), s. m. Com. du dép. de la Loire, cant. et arr. de Roanne. = Roanne.

SULPICE (St.-), s. m. Com. du dép. du Lot, cant. de Cajarc, arr. de Figeac. = Figeac.

SULPICE (St.-), s. m. Com. du dép. de Maine-et-Loire, cant. des Ponts-de-Cé, arr. d'Angers. = Brissac.

SULPICE (St.-), s. m. Com. du dép. de la Mayenne, cant. et arr. de Château-Gontier. = Château-Gontier.

SULPICE (St.-), s. m. Com. du dép. de la Nièvre, cant. de Benin-d'Azy, arr. de Nevers. = Nevers.

SULPICE (St.-), s. m. Com. du dép. de l'Oise, cant. de Noailles, arr. de Beauvais. = Noailles.

SULPICE (St.-), s. m. Com. du dép. de la Haute-Saône, cant. de Villersexel, arr. de Lure. = Vesoul.

SULPICE (St.-), s. m. Com. du dép. de la Somme, cant. de Ham, arr. de Péronne. = Ham.

SULPICE (St.-), s. m. Com. du dép. du Tarn, cant. et arr. de Lavaur. = Lavaur.

SULPICE (St.-), s. m. Com. du dép. de la Vendée, cant. de la Châtaigneraye, arr. de Fontenay-le-Comte. = la Châtaigneraye.

SULPICE-D'ARNOULT (St.-), s. m. Com. du dép. de la Charente-Inférieure, cant. de St.-Porchaire, arr. de Saintes. = Saintes.

SULPICE - DE - BELLENGREVILLE (St.-), s. m. Com. du dép. de la Seine-Inférieure, cant. d'Envermeu, arr. de Dieppe. = Dieppe.

SULPICE-DE-BOIS-JÉROME (St.-), s. m. Com. du dép. de l'Eure, cant. d'Ecos, arr. des Andelys. = Vernon.

SULPICE-DE-FALEYRENS (St.-), s. m. Com. du dép. de la Gironde, cant. et arr. de Libourne. = Monségur.

SULPICE-DE-FAVIÈRES (St.-), s. m. Com. du dép. de Seine-et-Oise, cant. de Dourdan, arr. de Rambouillet. = Arpajon.

SULPICE - DE - GRAIMBOUVILLE (St.-), s. m. Com. du dép. de l'Eure, cant. de Beuzeville, arr. de Pont-Audemer. = Pont-Audemer.

SULPICE - DE - GUILLERAGUES (St.-), s. m. Com. du dép. de la Gironde, cant. de Monségur, arr. de la Réole. = la Réole.

SULPICE-DE-LA-PIERRE (St.-), s. m. Com. du dép. de la Seine-Inférieure, cant. de Tôtes, arr. de Dieppe. = Tôtes.

SULPICE-DE-MAREUIL (St.-), s. m. Com. du dép. de la Dordogne, cant. de Mareuil, arr. de Nontron. = Mareuil.

SULPICE-DE-NULLI (St.-), s. m. Com. du dép. de l'Orne, cant. et arr. de Mortagne. = Mortagne.

SULPICE-DE-POMIERS (St.-), s. m. Com. du dép. de la Gironde, cant. de Sauveterre, arr. de la Réole. = la Réole.

SULPICE-DE-ROUMAGNAC (St.-), s. m. Com. du dép. de la Dordogne, cant. et arr. de Ribérac. = Ribérac.

SULPICE-DE-ROYAN (St.-), s. m. Com. du dép. de la Charente-Inférieure, cant. de Royan, arr. de Marennes. = Royan.

SULPICE-DES-LANDES (St.-), s. m. Com. du dép. d'Ille-et-Vilaine, cant. de Fougeray, arr. de Redon. = Bain.

SULPICE-DES-LANDES (St.-), s. m. Com. du dép. de la Loire-Inférieure, cant. de St.-Mars-la-Jaille, arr. d'Ancenis. = Candé.

SULPICE-D'EXIDEUIL (St.-), s. m. Com. du dép. de la Dordogne, cant. de Lanouaille, arr. de Nontron. = Exideuil.

SULPICE-D'EYMET (St.-), s. m. Com. du dép. de la Dordogne, cant. d'Eymet, arr. de Bergerac. = Bergerac.

SULPICE - D'YZON - ET-CAMEYRAT (St.-), s. m. Com. du dép. de la Gironde, cant. de Carbon-Blanc, arr. de Bordeaux. = Bordeaux.

SULPICE-GUÉRÉTOIS (St.-), s. m. Com. du dép. de la Creuse, cant. de St.-Vaury, arr. de Guéret. = Guéret.

SULPICE-LAURIÈRES (St.-), s. m. Com. du dép. de la Haute-Vienne, cant. de Laurières, arr. de Limoges. = Chanteloube.

SULPICE-LE-DONZEIL (St.-), s. m. Com. du dép. de la Creuse, cant. de St.-Sulpice-les-Champs, arr. d'Aubusson. = Ahun.

SULPICE-LES-CHAMPS (St.-), s. m. Com. du dép. de la Creuse, chef-lieu de cant. de l'arr. d'Aubusson, où se trouvent les bur. d'enregist. et de poste.

SULPICE-LES-FEUILLES (St.-), s. m. Com. du dép. de la Haute-Vienne, chef-lieu de cant. de l'arr. de Bellac. Bur. d'enregist. à Arnac. = Arnac.

SULPICE-LE-VERDON (St.-), s. m. Com. du dép. de la Vendée, cant. de Roche-Servière, arr. de Bourbon-Vendée. = Montaigu.

SULPICE-SUR-RILLE (St.-), s. m. Com. du dép. de l'Orne, cant. de l'Aigle, arr. de Mortagne. = l'Aigle.

SULPICE-SUR-YÈRES (St.-), s. m. Com. du dép. de la Seine-Inférieure, cant. d'Eu, arr. de Dieppe. = Eu.

SULPICIEN, s. m. Séminariste de St.-Sulpice.

SULTAN, s. m. Titre du grand-seigneur et de plusieurs autres princes mahométans et tartares. —, homme altier, absolu, despote. Fig. et fam. —, meuble de toilette composé d'un double coussin rempli de parfums.

SULTANE, s. f. Titre des femmes du grand-seigneur, de l'empereur Ottoman. —, vaisseau de guerre turc.

SULTANIN, s. m. Monnaie d'or turque.

SULTZEREN, s. m. Com. du dép. du Haut-Rhin, cant. de Munster, arr. de Colmar. = Colmar.

SUMAC, s. m. Arbres et arbrisseaux du genre des térébinthacées. T. de bot.

SUMARA, s. m. Instrument de musique à vent dont se servent les Egyptiens.

SUMATRA, s. f. L'une des îles de la Sonde, qui n'est séparée de la presqu'île orientale de l'Inde que par le détroit de Malaca. Cette île appartient à plusieurs rois indiens; mais les Hollandais possèdent sur les côtes plusieurs forteresses qui les rendent maîtres du commerce.

SUMAU, s. m. Espèce de chat de la Chine.

SUMBLEPHARE, s. m. Adhérence de la paupière avec le globe de l'œil. T. de méd.

SUMÈNE, s. f. Petite ville du dép.

du Gard, chef-lieu de cant. de l'arr. du Vigan. Bur. d'enregist. = Ganges.

SUMPÍT, s. m. Poisson du genre centrisque. T. d'hist. nat.

SUMTUM, s. m. Seconde copie. T. de chancellerie.

SUNARTHE, s. m. Com. du dép. des Basses-Pyrénées, cant. de Sauveterre, arr. d'Orthez. = Orthez.

SUND (le), s. m. Détroit de la mer Baltique, entre la Suède et le Danemarck.

SUNDHAUSEN, s. m. Com. du dép. du Bas-Rhin, cant. de Marckolsheim, arr. Schélestadt. = Marckolsheim.

SUNDHOFFEN, s. m. Com. du dép. du Haut-Rhin, cant. d'Andolsheim, arr. de Colmar. = Colmar.

SUNHAR, s. m. Com. du dép. des Basses-Pyrénées, cant. de Tardets, arr. de Mauléon. = Mauléon.

SUNHARETTE, s. f. Com. du dép. des Basses-Pyrénées, cant. de Tardets, arr. de Mauléon. = Mauléon.

SUPER, v. n. Se boucher. T. de mar.

SUPÉRATION, s. f. Excédant du mouvement d'une planète par rapport à une autre. T. d'astr.

SUPERBE, s. m. Orgueilleux. —, espèce d'oiseau de paradis. —, s. f. Orgueil. —, adj. Rempli d'orgueil, d'arrogance; plein de fierté. —, qui s'estime trop, présume trop de ses moyens. —, pompeux, magnifique, somptueux. —, très bien fait, très beau, de très belle apparence; homme, maison superbe. —, s. et adj. m. Muscle releveur de l'œil. T. d'anat.

SUPERBEMENT, adv. D'une manière superbe, orgueilleuse; magnifiquement, somptueusement.

SUPERCARGUE, s. m. Voy. SUBRÉCARGUE.

SUPERCESSIONS, s. f. pl. Arrêts du conseil d'état contenant la décharge des comptables.

SUPERCHERIE, s. f. Tromperie, fraude artificieuse.

SUPÈRE, adj. Libre; ovaire supère. Fleur —, à ovaire infère. T. de bot.

SUPERFÉTATION, s. f. Formation d'un nouveau fœtus. —, redondance inutilité. Fig. et fam.

SUPERFICIAIRE, adj. Qui appartient à la superficie. T. inus.

SUPERFICIALITÉ, s. f. Etat de ce qui est superficiel.

SUPERFICIE, s. f. Surface; longueur et largeur sans profondeur. —, légère connaissance, notion superficielle.

SUPERFICIEL, LE, adj. Qui n'est qu'à la superficie, qui ne s'arrête qu'à la superficie. —, qui ne connaît rien à fond, qui n'approfondit rien; homme superficiel. —, peu approfondi, léger; connaissance superficielle.

SUPERFICIELLEMENT, adv. D'une manière superficielle, au prop. et au fig.

SUPERFIN, E, s. m. et adj. Très fin, de première qualité. T. de comm.

SUPERFLU, s. m. Ce qui est de trop; ce qu'on possède au-delà de ses besoins, du nécessaire.

SUPERFLU, E, adj. Qui est de trop; ornemens superflus. —, inutile; nos efforts seraient superflus.

SUPERFLUITÉ, s. f. Abondance inutile. Prop. et fig.

SUPÉRIEUR, E, s. Celui, celle qui a le commandement, l'autorité, qui dirige un monastère. —, adj. Qui est au-dessus; l'opposé d'inférieur, au physique comme au moral. —, plus élevé; officier supérieur. —, insigne, transcendant; talent supérieur. Cour —, qui juge en dernier ressort.

SUPÉRIEUREMENT, adv. D'une manière supérieure; beaucoup mieux; parfaitement bien.

SUPÉRIORITÉ, s. f. Elévation, excellence au-dessus des autres. —, autorité, prééminence du supérieur.

SUPERLATIF, s. m. Dernier degré dans les adjectifs de comparaison, exprimant la supériorité à un très haut point; très actif; le plus ambitieux. T. de gramm.

SUPERLATIF, IVE, adj. Qui exprime la supériorité à un très haut point; adjectif superlatif.

SUPERLATIVEMENT, adv. Au plus haut degré. T. fam.

SUPERNUMÉRAIRE, adj. Au-delà du nombre. T. inus.

SUPERPOSÉ, E, part. Posé dessus.

SUPERPOSER, v. a. Poser dessus. T. de math.

SUPERPOSITION, s. f. Action de poser une surface, un corps sur un autre.

SUPERPURGATION, s. f. Purgation excessive.

SUPERSÉDER, v. n. Surseoir. T. de procéd. (Vi.)

SUPERSENSIBLE, adj. Qui échappe à nos sens.

SUPERSTITIEUSEMENT, adv. D'une manière superstitieuse.

SUPERSTITIEUX, EUSE, s. et adj. Plein de superstition. —, où il entre de la superstition, qui l'annonce; pratiques superstitieuses. —, minutieux, exact à l'excès.

SUPERSTITION, s. f. Fausse idée de certaines pratiques religieuses, adoptées sans discernement. —, fausse croyance, aveugle crédulité en matière de religion ; pratique superstitieuse. —, vain présage qu'on tire d'un accident fortuit. —, exactitude outrée, soin minutieux.

SUPERSTRUCTURE, s. f. Addition inutile à un édifice, un ouvrage, superfluité.

SUPIN, s. m. Sorte de substantif verbal qui fait partie de l'infinitif. T. de gramm.

SUPINATEUR, s. et adj. m. Qui opère la supination. — le grand, muscle long et plat situé sur le condyle externe de l'os du bras. — le petit, muscle de l'avant-bras qui sert à la supination ainsi que le grand, sous lequel il est placé. T. d'anat.

SUPINATION, s. f. Position de la main tournée en dehors et en dessus. —, attitude d'un malade étendu sur le dos. T. d'anat. et de méd.

SUPPÉ, E, part. Humé. T. fam.

SUPPÉDITÉ, E, part. Foulé aux pieds. T. inus.

SUPPÉDITER, v. a. Fouler aux pieds, anéantir. T. inus.

SUPPER, v. a. Humer quelque chose. T. fam.

SUPPILOTE, s. m. Corbeau du Mexique.

SUPPLANTATEUR, s. m. Celui qui supplante, qui s'empare de l'emploi d'un autre.

SUPPLANTATION, s. f. Action de supplanter.

SUPPLANTÉ, E, part. Privé de son emploi par les démarches d'un concurrent.

SUPPLANTER, v. a. Faire perdre son emploi, son crédit à quelqu'un et s'en emparer.

SUPPLÉANT, s. m. et adj. Fonctionnaire nommé pour suppléer le titulaire dans l'exercice de sa charge ; juge suppléant.

SUPPLÉÉ, E, part. Ajouté, en parlant d'une chose qui manque à...

SUPPLÉER, v. a. Fournir, ajouter ce qui manque ; ajouter ce qu'il y a de sous-entendu. — quelqu'un, le remplacer, remplir ses fonctions. —, v. n. Réparer le défaut de quelque chose ; la valeur supplée au nombre.

SUPPLÉMENT, s. m. Ce qui supplée ; ce qui complète ; ce qu'on donne pour suppléer ; ce qu'on ajoute à un livre pour le rendre complet.

SUPPLÉMENTAIRE, adj. Qui sert de supplément, qui est mis en forme de supplément, ajouté ; article supplémentaire.

SUPPLET (St.-), s. m. Com. du dép. de la Moselle, cant. d'Audun-le-Roman, arr. de Briey. = Longwy.

SUPPLÉTIF, IVE, adj. Qui forme supplément, qui supplée, complète ; somme supplétive.

SUPPLIANT, E, adj. Qui prie, qui supplie ; voix suppliante.

SUPPLICATION, s. f. Humble et instante prière ; se dit surtout au pl. —, pl. Prières publiques ordonnées par le sénat romain en actions de grâces d'une victoire. T. d'antiq.

SUPPLICE, s. m. Punition corporelle infligée, par la justice. Le dernier —, la mort. —, douleur corporelle, vive et longue, et fig., affliction profonde, peine extrême, vive inquiétude, agitation violente. Être au —, être dans un très grand embarras, dans une anxiété extrême. Fig.

SUPPLICIÉ, E, part. Exécuté, puni de mort.

SUPPLICIER, v. a. Faire souffrir le supplice de la mort, exécuter un criminel condamné à mort.

SUPPLIÉ, E, part. Prié avec instance.

SUPPLIER, v. a. Prier humblement, avec instance.

SUPPLIQUE, s. f. Requête pour solliciter une grâce ; requête au pape. —, humble requête. T. fam.

SUPPLIX, s. m. Com. du dép. de la Seine-Inférieure, cant. de Montivilliers, arr. du Hâvre. = Montivilliers.

SUPPORT, s. m. Ce qui soutient une chose ; ce sur quoi elle porte. —, aide, appui, assistance, protection. Fig. —, outil d'arquebusier. —, partie de la presse qui modère le foulage. T. d'impr. —, pl. Figures qui soutiennent un écusson. T. de blas. —, parties extérieures de la plante. T. de bot.

SUPPORTABLE, adj. Qu'on peut supporter, souffrir ; douleur supportable. —, qu'on peut tolérer, excuser ; en ce sens il ne s'emploie guère qu'avec la négative.

SUPPORTABLEMENT, adv. D'une manière supportable.

SUPPORTANT, E, adj. Surmonté. T. de blas.

SUPPORTÉ, E, part. Porté, soutenu.

SUPPORTER, v. a. Porter, soutenir, servir de support. —, endurer ; tolérer ; souffrir avec patience, avec résignation. Fig.

SUPPOSABLE, adj. Que l'on peut supposer.

SUPPOSÉ, E, part. Allégué, avancé faussement. Nom —, faux nom. Enfant —, qui a d'autres père et mère que ceux qui lui sont attribués. — que, conj. Cela étant admis, reconnu.

SUPPOSER, v. a. Poser une chose comme étant établie, reçue, démontrée pour en tirer quelque induction; admettre l'existence d'une chose sans en être certain. —, alléguer comme vrai ce qui est faux. —, produire une pièce fausse; supposer un testament. — un enfant, vouloir l'introduire dans une famille à laquelle il n'appartient pas. Se —, v. pron. Se donner pour exemple; se mettre à la place.

SUPPOSITION, s. f. Proposition qu'on suppose vraie ou possible pour en tirer une induction; fausse allégation; chose controuvée. —, production en justice d'une pièce fausse.

SUPPOSITOIRE, s. m. Médicament solide en forme de cône qu'on introduit dans le rectum pour faire aller à la selle. T. de méd.

SUPPÔT, s. m. Partisan, fauteur; suppôt de l'anarchie.

SUPPRESSION, s. f. Action de supprimer, en général. —, retranchement. —, défaut d'évacuation de quelque humeur. T. de méd. — de part, obstacle apporté à la naissance d'un enfant; manœuvres à l'aide desquelles on est parvenu à cacher son existence ou son état civil.

SUPPRIMÉ, E, part. Empêché de paraître; annulé, aboli, abrogé.

SUPPRIMER, v. a. Empêcher ou faire cesser de paraître; supprimer les journaux. —, omettre, taire, passer sous silence; supprimer une circonstance. —, abroger, annuler, abolir; supprimer une ordonnance, une fête, etc. —, retrancher; supprimer le superflu.

SUPPURATIF, s. m. Maturatif, peptique, remède qui excite la suppuration. T. de méd.

SUPPURATIF, IVE, adj. Qui facilite la suppuration. T. de méd.

SUPPURATION, s. f. Formation, écoulement du pus. T. de méd.

SUPPURER, v. n. Rendre, jeter du pus; être en suppuration.

SUPPUTATION, s. f. Compte, calcul.

SUPPUTÉ, E, part. Calculé.

SUPPUTER, v. a. Compter, calculer.

SUPRÉMATIE, s. f. Droit qu'ont usurpé les rois d'Angleterre en se déclarant chefs de la religion anglicane. Serment de —, par lequel on reconnaît ce droit. —, prééminence.

SUPRÊME, s. f. Variété de poire. T. de jard.

SUPRÊME, adj. Au-dessus de tout en son genre, en son espèce; bonheur suprême. L'Etre —, Dieu. L'instant, l'heure —, la mort.

SUPT, s. m. Com. du dép. du Jura, cant. de Champagnole, arr. de Poligny. = Champagnole.

SUR, prép. qui marque la situation d'une chose à l'égard d'une autre qui la soutient, la position d'une chose au-dessus d'une autre. —, marque la proximité, joignant, tout proche; Boulogne-sur-Mer. —, dans; sur une requête. —, vers, contre. —, à l'égard de, au sujet de, concernant, pour, quant à, touchant, d'après. —, marque la supériorité, l'excellence; l'emporter sur.... —, indique l'état; sur un bon pied. —, désigne l'objet, le sujet; prêter sur gages. —, durant; sur ces entrefaites. —, environ; sur la fin. —, dans la composition des mots, marque excès, surabondance, etc.

SUR, E, adj. Acide, aigre, aigrelet.

SÛR, E, adj. Vrai, certain, indubitable; qui doit arriver infailliblement; qui produit ordinairement son effet. —, dans lequel il n'y a rien à craindre; lieu sûr. —, en qui l'on peut avoir confiance; personne sûre. Etre — de quelqu'un, compter sur sa parole, sur son secours, n'avoir aucun sujet de doute sur ses bons sentimens, son opinion. Etre — d'une chose, faire fond sur elle. Mémoire —, fidèle. Main —, ferme. Goût —, qui ne se trompe pas dans ses jugemens.

SURABONDAMMENT, adv. Plus que suffisamment.

SURABONDANCE, s. f. Excessive abondance.

SURABONDANT, E, adj. Qui surabonde; superflu.

SURABONDER, v. n. Etre très abondant.

SURACHAT, s. m. Remise faite sur les métaux portés à la monnaie.

SURACHETÉ, E, part. Payé au-delà de sa valeur.

SURACHETER, v. a. Acheter une chose plus qu'elle ne vaut.

SURAIGU, Ë, adj. Fort aigu. T. de mus.

SURAJOUTÉ, E, part. Ajouté en sus.

SURAJOUTER, v. a. Ajouter en sus de ce qui a été ajouté.

SURAL, E, adj. Se dit d'une artère et d'une veine qui portent le sang aux parties qui avoisinent le péroné, et à cet os lui-même.

SURALLER, v. n. Passer sur la voie sans japer, en parlant du chien courant. T. de vèner.

SURANCE, s. f. Com. du dép. des Vosges, cant. de Bains; arr. d'Epinal. == Bains.

SURANDOUILLER, s. m. Andouiller plus grand que les autres. T. de véner.

SURANNATION, s. f. Lettre pour renouveler un titre suranné. T. de chancellerie.

SURANNÉ, E, adj. Qui n'est plus valide, périmé. —, vieux, hors d'usage ; mode surannée.

SURANNER, v. n. Avoir plus d'un an de date; laisser passer le terme au-delà duquel un acte cesse d'être valide.

SURARBITRE, s. m. Arbitre choisi pour prononcer en cas de partage des autres.

SURARD, adj. m. Préparé avec des fleurs de sureau ; vinaigre surard.

SURATE, s. f. Ville de l'Indostan dans le Goudjerate. Cette ville a perdu de sa splendeur, mais elle fait encore un commerce important en coton, étoffes d'or et d'argent, indigo, acier. Pop. 70,000 hab. env.

SURBA, s. m. Com. du dép. de l'Ariège, cant. de Tarascon ; arr. de Foix. == Tarascon-sur-Ariège.

SURBACH (la), s. f. Rivière qui sort de la Bavière-Rhénane pour entrer en France, et se jette dans le Rhin près de Seltz, après un cours d'environ 15 l.

SURBAISSÉ, E, adj. Qui n'est point en plein ceintre, qui baisse au milieu. T. d'arch.

SURBAISSEMENT, s. m. Etat de ce qui est surbaissé; ce dont une arcade est surbaissée. T. d'arch.

SURBANDE, s. f. Bande qui s'applique sur la compresse. T. de chir.

SURBOUT, s. m. Pièce de bois tournant sur un pivot. T. de charp.

SURCAMPS, s. m. Com. du dép. de la Somme, cant. de Domart, arr. de Doullens. == Flixecourt.

SURCASE, s. f. Case remplie de trois ou quatre dames. T. de jeu de trictrac.

SURCENS, s. m. Première rente dont un bien seigneurial était chargé au-dessus du cens.

SURCHARGE, s. f. Surcroît de charge, au prop. et au fig.

SURCHARGÉ, E, part. Qui est trop chargé.

SURCHARGER, v. a. Charger trop. Prop. et fig.

SURCHAUFFÉ, E, part. Chauffé au-delà du degré, brûlé, en parlant du fer. T. de forges.

SURCHAUFFER, v. a. Laisser le fer trop long-temps dans le feu, le brûler. T. de forges.

SURCHAUFFURES, s. f. pl. Pailles, défauts dans le fer ou l'acier trop chauffé. T. de forges.

SURCILIER, s. et adj. Voy. SOURCILIER.

SURCOMPOSÉ, s. m. Combinaison des corps composés. T. de chim.

SURCOMPOSÉ, E, adj. Se dit des verbes dans lesquels on redouble l'auxiliaire avoir ; j'aurais eu fait. —, dont le pétiole commun se divise en plusieurs autres qui sont eux-mêmes divisés ; feuille surcomposée. T. de bot.

SURCOSTAUX, s. m. pl. Muscles releveurs des côtes qui s'attachent par l'une de leurs extrémités à l'apophyse transverse de la vertèbre qui est au-dessus de l'articulation de chaque côte, et par l'autre extrémité, à la côte qui est au-dessous. T. d'anat.

SURCROISSANCE, s. f. Excroissance. T. de chir.

SURCROÎT, s. m. Accroissement, augmentation; pour surcroît de malheur.

SURCROÎTRE, v. a. Augmenter au-delà des bornes. —, v. n. Croître au-dehors, en parlant des chairs superflues d'une plaie, etc. T. de chir.

SURCULEUX, EUSE, adj. Garni de nouvelles branches. T. de bot.

SURDEMANDE, s. f. Demande exagérée. T. de procéd.

SUR-DEMI-ORBICULAIRE, s. et adj. m. Orbiculaire des lèvres. T. d'anat.

SURDENT, s. f. Dent surnuméraire, qui pousse sur une autre. —, dent de cheval plus longue que les autres.

SURDITÉ, s. f. Perte ou diminution considérable de l'ouïe; défaut, opacité dans les pierreries.

SURDON, s. m. Com. du dép. de l'Orne, cant. de Sées, arr. d'Alençon. == Sées.

SURDORÉ, E, part. Doré doublement.

SURDORER, v. a. Appliquer une double dorure, dorer solidement, à fond.

SURDOS, s. m. Bande de cuir sur le dos du cheval pour soutenir les traits.

SURDOUX, s. m. Com. du dép. de la Haute-Vienne, cant. de Châteauneuf, arr. de Limoges. == Pierre-Buffière.

SURÉ, s. m. Com. du dép. de l'Orne, cant. de Pervenchères, arr. de Mortagne. == Mamers.

SUREAU, s. m. Arbrisseau du genre des caprifoliacées, dont les jeunes pousses sont remplies de moelle, et dont la fleur, sudorifique, émolliente, est employée en médecine.

SURÉCOT, s. m. Voy. SUBRÉCOT.

SURELLE, s. f. Oseille commune. Voy. ALLELUIA.

SÛREMENT, avec sûreté, en assurance, certainement.

SURÉMINENT, E, adj. Eminent au suprême degré.

SURENCHÈRE, s. f. Enchère au-dessus d'une autre.

SURENCHÉRIR, v. n. Enchérir au-dessus d'un autre.

SURÉPINEUX ou **SUSÉPINEUX**, s. m. Muscle qui s'attache par une de ses extrémités à toute la partie postérieure de la fosse surépineuse de l'omoplate. T. d'anat.

SURÉPINEUX, EUSE, adj. Qui est au-dessus de l'épine, de la colonne vertébrale. T. d'anat.

SURÉROGATION, s. f. Ce qu'on fait au-delà de ce qui est prescrit par la religion. T. de dévotion. —, ce qu'on fait au-delà de ses promesses.

SURÉROGATOIRE, adj. Au-delà de ce qu'on est obligé de faire, qui est de surérogation.

SURESNES, s. f. Com. du dép. de la Seine, cant. de Nanterre, arr. de St.-Denis. = Neuilly-sur-Seine. Fabr. de vinaigre; lavoirs de laines; teintureries.

SURET, ETE, adj. Un peu acide. T. fam.

SÛRETÉ, s. f. Etat de celui ou de ce qui est à l'abri de tout danger. En lieu de —, où il n'y a rien à craindre; en prison. T. fam. En — de conscience, sans blesser la conscience. —, caution, garantie, gage, nantissement. —, pl. Mesures de précaution.

SUR-EXCITATION, s. f. Augmentation de l'action vitale dans un tissu. T. de méd.

SURFACE, s. f. Extérieur, dehors d'un corps, superficie.

SURFAIRE, v. a. et n. Mettre un prix trop élevé à sa marchandise.

SURFAIT, E, part. Se dit d'une marchandise dont on a exagéré le prix.

SURFAIX, s. m. Grosse et large sangle dont on se sert pour affermir la selle sur le dos du cheval.

SURFEUILLE, s. f. Petite membrane qui couvre le bourgeon. T. de bot.

SURFLEURIR, v. n. Fleurir après avoir donné du fruit. T. de bot.

SURFOND, s. m. Com. du dép. de la Sarthe, cant. de Montfort, arr. du Mans. = Connerré.

SURFONTAINE-ET-FAY-LE-NOYER, s. m. Com. du dép. de l'Aisne, cant. de Ribemont, arr. de St.-Quentin. = St.-Quentin.

SURGARDE, s. m. Nouveau garde établi après d'autres.

SURGE, adj. f. Grasse, en suint; laine surge.

SURGEON, s. m. Rejeton qui sort du tronc, du pied d'un arbre. — d'eau, petit jet d'eau qui sort naturellement d'une terre, d'une roche.

SURGÈRES, s. f. Com. du dép. de la Charente-Inférieure, chef-lieu de cant. de l'arr. de Rochefort. Bur. d'enregist. et de poste. Fontaines d'eaux-minérales. Comm. de vins, eaux-de-vie, chevaux, bestiaux, etc.

SURGIR, v. n. Arriver, aborder; surgir à bon port. —, s'élever sur l'horizon peu à peu. (Vi.)

SURGLACÉ, E, part. Recouvert d'une couleur luisante. T. inus.

SURGLACER, v. a. Recouvrir d'une couleur luisante. T. inus.

SURGY, s. m. Com. du dép. de la Nièvre, cant. et arr. de Clamecy. = Clamecy.

SURHAUSSÉ, E, part. Renchéri.

SURHAUSSEMENT, s. m. Action de rehausser; état de ce qui est surhaussé.

SURHAUSSER, v. a. Renchérir, mettre à plus haut prix ce qui était déjà trop cher. —, élever plus haut. T. d'arch.

SURHUMAIN, E, adj. Qui est au-delà des facultés humaines, au phys. comme au moral.

SURHUMÉRALE, adj. f. Se dit des artères et des veines qui se distribuent aux muscles qui couvrent l'omoplate. T. d'anat.

SURIANE, s. m. Arbrisseau d'Amérique. T. de bot.

SURIAUVILLE, s. f. Com. du dép. des Vosges, cant. de Bulgnéville, arr. de Neufchâteau. = Neufchâteau.

SURIKATE, s. m. Petit quadrupède carnivore de la colonie hollandaise de Surinam, ressemblant à la mangouste, mais plus petit. T. d'hist. nat.

SURIN (St.-), s. m. Com. du dép. de la Charente, cant. de Châteauneuf, arr. de Cognac. = Châteauneuf.

SURIN, s. m. Com. du dép. des Deux-Sèvres, cant. de Champdeniers, arr. de Niort. = Niort.

SURIN, s. m. Com. du dép. de la Vienne, cant. et arr. de Civray. = Civray.

SURINAM, s. m. Colonie hollandaise de la Guiane, qui s'étend sur la rivière dont elle porte le nom. Sol fertile en sucre, café, coton, cacao, indigo.

SURIN-DE-PRATS (St.-), s. m. Com. du dép. de la Dordogne, cant. de Velines, arr. de Bergerac. = Castillon.

SURINTENDANCE, s. f. Inspection, direction générale; charge, demeure du surintendant.

SURINTENDANT, s. m. Agent supérieur de l'administration des finances.

SURINTENDANTE, s. f. Epouse d'un surintendant. —, dame qui possédait la première charge de la maison de la reine.

SUR-IRRITATION, s. f. Irritation morbide. T. de méd.

SURIS, s. m. Com. du dép. de la Charente, cant. de Chabanais, arr. de Confolens. = Chabanais.

SURJALLÉ, adj. m. Qui tourne sur jas et fait déraper l'ancre. T. de mar.

SURJET, s. m. Sorte de couture bord à bord.

SURJETÉ, E, part. Cousu en surjet.

SURJETER, v. a. Faire un surjet.

SURJOUX, s. m. Com. du dép. de l'Ain, cant. de Châtillon-sur-Michaille, arr. de Nantua. = Châtillon-sur-Michaille.

SURKERKAN, s. m. Espèce de campagnol. T. d'hist. nat.

SURLANGUE, s. f. Charbon à la langue des bestiaux.

SURLENDEMAIN, s. m. Le jour qui suit le lendemain.

SURLIÉ, E, part. Amarré avec du fil, en parlant du bout d'un câble. T. de mar.

SURLIER, v. a. Amarrer le bout d'un câble avec du fil de voile, etc. T. de mar.

SURLIÛRE, s. f. Action de surlier; effet de cette action.

SURLONGE, s. f. Partie du bœuf où se trouve l'aloyau.

SURMARCHER, v. n. Revenir sur ses erres. T. de véner.

SURME, s. m. Trompette égyptienne très bruyante.

SURMENER, v. a. Voy. ESTRAPASSER.

SURMESURE, s. f. Excédant de la mesure.

SURMONT, s. m. Com. du dép. du Doubs, cant. de Clairval, arr. de Baume. = Baume.

SURMONTABLE, adj. Qu'on peut surmonter.

SURMONTÉ, E, part. Elevé au-dessus; vaincu, dompté. Fig.

SURMONTER, v. a. Monter, s'élever au-dessus. —, avoir l'avantage, surpasser; vaincre, dompter. Fig. Se —, v. pron. Dompter ses passions; maîtriser ses penchans.

SURMOULE, s. m. Moule pris sur un autre.

SURMOULÉ, E, part. Pris sur un moule.

SURMOULER, v. a. Prendre un moule sur un autre.

SURMOUT, s. m. Vin tiré de la cuve avant sa fermentation.

SURMULET, s. m. Poisson du genre du mulet, barberin.

SURMULOT, s. m. Gros mulot roux, plus fort que le rat.

SURNAGER, v. n. Nager dessus, se soutenir sur un fluide. —, être encore debout après des événemens désastreux. Fig.

SURNAÎTRE, v. n. Naître par-dessus. T. inus.

SURNATUREL, LE, adj. Au-dessus des forces de la nature. —, extraordinaire.

SURNATURELLEMENT, adv. D'une manière surnaturelle.

SURNEIGÉES, s. f. Traces sur la neige, voies sur lesquelles la neige est tombée. T. de véner.

SURNIE, s. f. Oiseau de nuit; chouette, épervier.

SURNOM, s. m. Nom, épithète qu'on ajoute au nom propre d'une personne ou d'une famille.

SURNOMMÉ, E, part. Qui a un surnom.

SURNOMMER, v. a. Donner un surnom.

SURNUMÉRAIRE, s. m. Commis sans appointemens, aspirant à un emploi lucratif. —, adj. Qui est au-dessus du nombre déterminé. Os —, pièce osseuse qui se rencontre dans certains crânes, entre les pariétaux et l'occipital, os vormien. T. d'anat.

SURNUMÉRARIAT, s. m. Temps durant lequel un employé reste surnuméraire.

SURON, s. m. Voy. CÉRON.

SUROS, s. m. Tumeur osseuse à la partie interne du canon. T. de méd. vétér.

SUROXYGÉNÉ, E, adj. Qui contient de l'oxygène avec excès. T. de chim.

SURPARTIENT, E, adj. Excédant d'une quantité, d'une grandeur sur une autre. T. de math.

SURPASSÉ, E, part. Plus élevé, excédé.

SURPASSER, v. a. Etre plus élevé, excéder. —, être au-dessus, en bien ou en mal, l'emporter sur... Fig. —, excéder les forces, l'intelligence. —, causer un grand étonnement. Fig. et fam. Se —, v. pron. Faire encore mieux qu'à l'ordinaire. Se —, v. récip. L'emporter tour à tour l'un sur l'autre.

SURPAYÉ, E, part. Acheté trop cher.

SURPAYER, v. a. Acheter trop cher, payer au-delà de ce qui est dû.

SURPEAU, s. f. Première peau, épiderme, cuticule.

SURPENTE, s. f. Cordage double. T. de mar.

SURPLIS, s. m. Vêtement ecclésiastique en toile.

SURPLOMB, s. m. Défaut de ce qui n'est pas d'aplomb.

SURPLOMBÉ, E, part. Se dit d'une ligne ou d'une surface à angle aigu, penchée vers l'horizon.

SURPLOMBER, v. a. Faire pencher une ligne ou une surface à angle aigu vers l'horizon. —, v. n. N'être pas d'aplomb.

SURPLUÉES, adj. f. pl. Se dit des voies sur lesquelles il a plu. T. de vener.

SURPLUS, s. m. L'excédant, le reste. Au —, adv. Au reste; d'ailleurs.

SURPOIL, s. m. Trousseau des enfans que l'on marie.

SURPOINT, s. m. Raclure. T. de corroyeur.

SURPOSÉ, E, adj. Se dit des graines posées l'une sur l'autre longitudinalement. T. de bot.

SURPOUSSE, s. f. Nouvelle pousse.

SURPRENANT, E, adj. Qui cause de la surprise, étonnant.

SURPRENDRE, v. a. Prendre sur le fait, à l'improviste, au dépourvu, dans une action, une position où l'on ne croyait pas être vu. —, arriver, attaquer subitement. —, prendre furtivement; obtenir frauduleusement. —, intercepter; surprendre une correspondance. —, tromper, abuser. Fig. —, étonner. Fig.

SURPRIS, E, part. Pris sur le fait, au dépourvu. —, étonné. Fig.

SURPRISE, s. f. Action de surprendre. —, étonnement, trouble. Fig. —, erreur dans laquelle on a été entraîné par de faux rapports, tromperie.

SURQUES, s. m. Com. du dép. du Pas-de-Calais, cant. de Lumbres, arr. de St.-Omer. = Ardres.

SURRAIN, s. m. Com. du dép. du Calvados, cant. de Trévières, arr. de Bayeux. = Bayeux.

SURRÉNAL, E, adj. Situé au-dessus des reins. T. d'anat.

SUR-SATURÉ, E, adj. Se dit d'un sel neutre dans lequel la base salifiable se trouve en trop grande quantité. T. de chim.

SURSAUT, s. m. Surprise, brusque interruption du sommeil; être éveillé en sursaut.

SURSÉANCE, s. f. Suspension d'une affaire, délai pour prendre une décision. T. de procéd.

SURSEMAINE, s. f. Semaine d'avant ou d'après. T. inus.

SURSEMÉ, E, part. Semé sur une première semence. —, adj. Se dit des porcs ladres dont la langue est couverte de grains.

SURSEMER, v. a. Semer une terre déjà ensemencée.

SURSEOIR, v. a. et n. Remettre, suspendre, différer, en parlant des affaires, d'un jugement; surseoir à l'exécution d'un arrêt.

SURSIS, E, part. Différé, retardé. —, s. m. Délai. T. de procéd.

SURSOLIDE, s. et adj. Quatrième puissance d'une grandeur. T. d'alg.

SUR-SULFATE, s. m. Nom générique des sulfates dans lesquels l'acide se trouve en excès. T. de chim.

SURTAINVILLE, s. f. Com. du dép. de la Manche, cant. des Pieux, arr. de Cherbourg. = Valognes.

SUR-TARTRATE, s. m. Nom générique des tartrates contenant un excès d'acide. T. de chim.

SURTAUVILLE, s. f. Com. du dép. de l'Eure, cant. et arr. de Louviers. = Louviers.

SURTAUX, s. m. Taux qui excède les moyens du contribuable.

SURTAXE, s. f. Taxe trop forte, taxe ajoutée à d'autres.

SURTAXÉ, E, part. Surchargé d'impôt, taxé trop haut.

SURTAXER, v. a. Taxer trop haut.

SURTONDRE, v. a. Couper les extrémités les moins fines de la laine avant de la laver.

SURTONDU, E, part. Se dit de la laine dont on a coupé les extrémités les moins fines.

SURTOUT, s. m. Vêtement qu'on met par-dessus les habits. —, pièce de vaisselle très large pour mettre des fleurs, des fruits. —, moule supérieur; élévation du parapet; petite charrette en forme de manne qui sert à porter le bagage.

SURTOUT, adv. Avant toutes choses, notamment, principalement.

SURVEILLANCE, s. f. Action de surveiller.

SURVEILLANT, E, s. et adj. Qui surveille, qui est chargé de surveiller.

SURVEILLE, s. f. Avant-veille.

SURVEILLÉ, E, Observé, mis en surveillance.

SURVEILLER, v. a. et n. Veiller avec soin, avec autorité sur quelqu'un ou quelque chose; observer la conduite d'une personne.

SURVENANCE, s. f. Arrivée imprévue. T. de procéd.

SURVENANT, E, s. et adj. Qui survient.

SURVENDRE, v. a. Vendre trop cher.

SURVENDU, E, part. Vendu trop cher.

SURVENIR, v. n. Arriver inopinément ou de surcroît.

SURVENTE, s. f. Vente à un prix excessif. —, augmentation du vent. T. de mar.

SURVENTER, v. n. et impers. Augmenter, souffler avec violence, en parlant du vent. T. de mar.

SURVENU, E, adj. Venu inopinément.

SURVÊTIR, v. a. Mettre un vêtement par-dessus un autre.

SURVÊTU, E, part. Couvert d'un surtout, d'un manteau.

SURVIDÉ, E, part. Désempli.

SURVIDER, v. a. Oter ce qu'il y a de trop dans un vaisseau, désemplir.

SURVIE, s. f. Etat de celui qui survit à un autre, du survivant. T. de jurisp.

SURVIE, s. f. Com. du dép. de l'Orne, cant. d'Exmes, arr. d'Argentan. = Vimoutiers.

SURVILLE, s. f. Com. du dép. du Calvados, cant. et arr. de Pont-l'Evêque. = Pont-l'Evêque.

SURVILLE, s. f. Com. du dép. de l'Eure, cant. et arr. de Louviers. = Louviers.

SURVILLE, s. f. Com. du dép. de la Manche, cant. de la Haye-du-Puits, arr. de Coutances. = Périers.

SURVILLIERS, s. m. Com. du dép. de Seine-et-Oise, cant. de Luzarches, arr. de Pontoise. = Louvres.

SURVIVANCE, s. f. Droit de succéder à une charge après le décès du titulaire.

SURVIVANCIER, s. m. Possesseur d'une survivance.

SURVIVANT, E, adj. Qui survit.

SURVIVRE, v. n. Rester en vie après qu'un autre a cessé d'exister, et fig., vivre après une grande perte; survivre à sa gloire. Se —, v. pron. Vivre après la perte de ses facultés intellectuelles, et fig., après être tombé dans l'oubli, en parlant d'un homme de lettres, d'un personnage qui a joué un grand rôle.

SURY, s. m. Com. du dép. des Ardennes, cant. et arr. de Mézières. = Mézières.

SURY, s. m. Com. du dép. de la Loire, cant. de St.-Rambert, arr. de Montbrison. = Montbrison.

SURY, s. m. Com. du dép. du Loiret, cant. de Châteauneuf, arr. d'Orléans. = Châteauneuf-sur-Loire.

SURY-EN-LÉRÉ, s. m. Com. du dép. du Cher, cant. de Léré, arr. de Sancerre. = Cosne.

SURY-EN-VAUX, s. m. Com. du dép. du Cher, cant. et arr. de Sancerre. = Sancerre.

SURY-ÈS-BOIS, s. m. Com. du dép. du Cher, cant. de Vailly, arr. de Sancerre. = Aubigny.

SURZUR, s. m. Com. du dép. du Morbihan, cant. et arr. de Vannes. = Vannes.

SUS, prép. Sur; courir sus. —, interj. pour exciter, exhorter; sus donc! bâillonnez la presse. En —, adv. De plus, en outre, au-delà.

SUS, s. m. Com. du dép. des Basses-Pyrénées, cant. de Navarrenx, arr. d'Orthez. = Navarrenx.

SUSAIN, s. m. Partie du tillac, de la dunette au grand mât. T. de mar.

SUS-BANDE, s. f. Barre à charnière. T. d'artill.

SUS-BEC, s. m. Pituite âcre que les oiseaux rendent par le bec et qui en fait périr un grand nombre. T. de fauc.

SUS-CARPIENNE, s. et adj. f. Artère dorsale du carpe. T. d'anat.

SUSCEPTIBILITÉ, s. f. Propriété de recevoir les impressions qui déterminent l'exercice des fonctions organiques. T. de phys. —, disposition à s'offenser trop aisément; sensibilité excessive. Fig.

SUSCEPTIBLE, adj. Chatouilleux, qui s'offense très facilement; trop sensible. — de, capable de..., qui peut recevoir telle qualité, telle modification.

SUSCEPTION, s. f. Action de prendre les ordres sacrés.

SUSCES, s. m. pl. Taffetas du Bengale.

SUSCITATION, s. f. Suggestion; instigation.

SUSCITÉ, E, part. Causé, excité.

SUSCITER, v. a. Faire naître, causer, exciter; susciter des obstacles. —, faire paraître en certain temps, faire venir; donner le jour à....; Dieu suscite des libérateurs aux peuples qu'il aime.

SUSCRIPTION, s. f. Adresse sur une lettre.

SUSCY, s. m. Com. du dép. de Seine-et-Marne, cant. de Mormant, arr. de Melun. = Guignes.

SUSDIT, E, s. et adj. Nommé, énoncé ci-dessus. T. de procéd.

SUS-DOMINANTE, s. f. Note d'un degré au-dessus de la dominante, la sixième du ton. T. de mus.

SUS-ÉPINEUX, EUSE, s. et adj. Voy. SUR-ÉPINEUX. T. d'anat.

SUS-HYOÏDIEN, NE, adj. Qui est au-dessus de l'os hyoïde. T. d'anat.

SUSIN, s. m. Voy. SUSAIN.

SUS-MAXILLAIRE, s. et adj. m. Os maxillaire supérieur. T. d'anat.

SUS-MAXILLO-LABIAL, s. et adj. m. Muscle du nez et de la lèvre. T. d'anat.

SUS-MAXILLO-NASAL, s. et adj. m. Muscle dilatateur du nez. T. d'anat.

SUS-MÉTACARPO-LATÉRI-PHALANGIENS, s. et adj. m. pl. Muscles inter-osseux, supérieurs du métacarpe. T. d'anat.

SUS-MÉTATARSIENNE, s. et adj. f. Artère du métatarse. T. d'anat.

SUS-MÉTATARSO-LATÉRI-PHALANGIENS, s. et adj. m. pl. Muscles inter-osseux supérieurs du métatarse. T. d'anat.

SUSMIOU, s. m. Com. du dép. des Basses-Pyrénées, cant. de Navarrenx, arr. d'Orthez. = Navarrenx.

SUS-OPTICO-SPHÉNO-SCLÉROTICIEN, s. et adj m. Muscle droit supérieur de l'œil. = T. d'anat.

SUS-ORBITAIRE, adj. Situé au-dessus de l'orbite. T. d'anat.

SUSPECT, s. m. Homme suspecté de sentimens contraires au gouvernement des terroristes, d'actes contre-révolutionnaires, et, comme tel, mis en état de surveillance.

SUSPECT, E, adj. Soupçonné, dont il faut se défier, dont on n'est pas sûr; louche, équivoque.

SUSPECTÉ, E, part. Regardé comme suspect.

SUSPECTER, v. a. Considérer comme suspect, tenir pour suspect; soupçonner.

SUSPENDRE, v. a. Elever, attacher un corps en l'air de manière à le laisser pendre. —, interrompre, discontinuer, surseoir, différer; interdire temporairement un fonctionnaire. Fig.

SUSPENDU, E, part. Pendu en l'air.

SUSPENS, adj. m. Interdit; prêtre suspens. En —, adv. dans le doute, dans l'incertitude; dans l'indécision, sans savoir quel parti prendre.

SUSPENSE, s. f. Interdiction; état d'un prêtre interdit. T. de théol.

SUSPENSEUR, s. et adj. m. Voy. CRÉMASTER. T. d'anat.

SUSPENSIF, IVE, adj. Qui suspend, arrête, empêche la continuation des poursuites. T. de procéd.

SUSPENSION, s. f. Etat d'un cadavre suspendu. —, surséance; cessation d'opérations pour un temps; interdiction temporaire, suspense. —, figure de rhétorique qui consiste à tenir l'attention des auditeurs en suspens.

SUSPENSOIR, s. m. Sorte de bandage dont on se sert pour soutenir le scrotum; ligament. T. de chir.

SUSPENTE, s. f. Cordage capelé sur le mât de misaine. T. de mar.

SUSPICION, s. f. Soupçon, défiance.

SUS-PIED, s. m. Courroie de l'éperon qui passe sur le coude-pied.

SUSPIRIEUSE, adj. f. Se dit de la respiration lorsqu'elle produit le bruit qui constitue le soupir. T. de méd.

SUS-PUBIEN, NE, adj. Qui est au-dessus du pubis. T. d'anat.

SUS-PUBIO-FÉMORAL, s. et adj. m. Muscle pectiné. T. d'anat.

SUSSAC, s. m. Com. du dép. de la Haute-Vienne, cant. de Châteauneuf, arr. de Limoges. = Limoges.

SUS-ST.-LÉGER, s. m. Com. du dép. du Pas-de-Calais, cant. d'Avesnes-le-Comte, arr. de St.-Pol. = Doullens.

SUSSARGUES, s. f. Com. du dép. de l'Hérault, cant. de Castries, arr. de Montpellier. = Montpellier.

SUSSAT, s. m. Com. du dép. de l'Allier, cant. d'Ebreuil, arr. de Gannat. = Gannat.

SUSSAUTE, s. f. Com. du dép. des Basses-Pyrénées, cant. de St.-Palais, arr. de Mauléon. = St.-Palais.

SUS-SCAPULO-TROCHITÉRIEN, s. et adj. m. Muscle situé sur l'omoplate. T. d'anat.

SUSSEY, s. m. Com. du dép. de la Côte-d'Or, cant. de Liernais, arr. de Beaune. = Saulieu.

SUSSÉYEMENT, s. m. Prononciation vicieuse du J en Z.

SUS-SPINI-SCAPULO-TROCHITÉRIEN, s. et adj. m. Muscle sur-épineux. T. d'anat.

SUS-TARSIENNE, s. et adj. f. Artère du tarse. T. d'anat.

SUSTENTATION, s. f. Action de sustenter; aliment, nourriture suffisante pour soutenir la vie.

SUSTENTÉ, E, part. Alimenté, nourri.

SUSTENTER, v. a. Fournir une nourriture suffisante pour soutenir la vie; alimenter, nourrir.

SUSTENTIFIQUE, adj. Qui sustente. T. inus.

SUSVILLE, s. f. Com. du dép. de l'Isère, cant. de la Mure, arr. de Grenoble. = la Mure.

SUSYGIUM, s. m. Arbrisseau de la Jamaïque. T. de bot.

SUTHERLANDE, s. m. Arbre de l'Inde; baguenaudier frutescent. T. de bot.

SUTRIEU, s. m. Com. du dép. de l'Ain, cant. de Champagne, arr. de Belley. = Belley.

SUTURAL, E, adj. Qui naît ou dépend d'une suture. T. de bot.

SUTURE, s. f. Articulation au moyen de laquelle les os du crâne sont unis entre eux; suture coronale, sagittale, etc. T. d'anat. —, couture pour réunir des parties divisées, pour rapprocher les bords d'une plaie. T. de chir. —, raie longitudinale plus ou moins prononcée. T. de bot.

SUZAN, s. m. Com. du dép. de l'Ariège, cant. de la Bastide-de-Seron, arr. de Foix. = Foix.

SUZAN, s. m. Com. du dép. des Landes, cant. d'Arjuzanx, arr. de Mont-de-Marsan. = Tartas.

SUZANGE, s. m. Com. du dép. de la Moselle, cant. et arr. de Thionville. = Thionville.

SUZANNE, s. f. Com. du dép. des Ardennes, cant. de Tourteron, arr. de Vouziers. = Attigny.

SUZANNE (Ste.-), s. f. Com. du dép. du Doubs, cant. et arr. de Montbéliard. = Montbéliard.

SUZANNE (Ste.-), s. f. Com. du dép. de la Manche, cant. de Périers, arr. de Coutances. = Carentan.

SUZANNE (Ste.-), s. f. Com. du dép. de la Manche, cant. et arr. de St.-Lô. = St.-Lô.

SUZANNE (Ste.-), s. f. Petite ville du dép. de la Mayenne, chef-lieu de cant. de l'arr. de Laval. Bur. d'enregist. à Evron. = Evron. Papeterie.

SUZANNE (Ste.-), s. f. Com. du dép. des Basses-Pyrénées, cant. et arr. d'Orthez. = Orthez.

SUZANNE, s. f. Com. du dép. de la Somme, cant. de Bray, arr. de Péronne. = Péronne.

SUZANNECOURT, s. m. Com. du dép. de la Haute-Marne, cant. de Joinville, arr. de Vassy. = Joinville.

SUZAY, s. m. Com. du dép. de l'Eure, cant. et arr. des Andelys. = les Thilliers-en-Vexin.

SUZE, s. f. Ville du Piémont, chef-lieu d'une province qui se trouve au pied des Alpes, remarquable surtout par sa position à l'entrée de la route du mont Cénis.

SUZE, s. f. Com. du dép. de la Drôme, cant. de Crest, arr. de Die. = Crest.

SUZE (la), s. f. Petite ville du dép. de la Sarthe, chef-lieu de cant. de l'arr. du Mans. Bur. d'enregist. à Vallon. = Foulletourte. Fabr. d'étamines, chapeaux, bougies, etc.

SUZE-LA-ROUSSE, s. f. Com. du dép. de la Drôme, cant. de Pierrelatte, arr. de Montélimar. = Pierrelatte.

SUZÉMONT, s. m. Com. du dép. de la Haute-Marne, cant. et arr. de Vassy. = Vassy.

SUZERAIN, E, s. et adj. Qui possède un fief dont d'autres relèvent; seigneur suzerain.

SUZERAINETÉ, s. f. Qualité de suzerain.

SUZETTE, s. f. Com. du dép. de Vaucluse, cant. de Beaumes, arr. d'Orange. = Carpentras.

SUZON, s. m. Ruisseau dont la source se trouve près de Pange, dép. de la Côte-d'Or, et qui se réunit à l'Ouche dans Dijon; son cours est d'environ 8 l. On y pêche une grande quantité de truites excellentes.

SUZOY, s. m. Com. du dép. de l'Oise, cant. de Noyon, arr. de Compiègne. = Noyon.

SUZY, s. m. Com. du dép. de l'Aisne, cant. d'Anizy-le-Château, arr. de Laon. = Chavigny.

SVELTE, adj. Mince, élancé; taille svelte. —, léger, délié, élégant. T. de peint.

SWAN-PAN, s. m. Machine arithmétique des Chinois, composée de boules enfilées.

SY, s. m. Com. du dép. des Ardennes, cant. du Chesne, arr. de Vouziers. = Buzancy.

SYACOU, s. m. Tangara varié, oiseau du Brésil.

SYAM, s. m. Com. du dép. du Jura, cant. de Champagnole, arr. de Poligny. = Champagnole.

SYBARITE, s. m. Voy. SIBARITE.

SYBÉRITE, s. f. Voy. SIBÉRITE.

SYCOMANTIE, s. f. Divination par

les feuilles de figuier sur lesquelles on écrivait des questions relatives à des objets qu'il importait d'éclaircir. T. de myth.

SYCOMORE, s. m. Arbre qui tient du figuier par son fruit et du mûrier par ses feuilles ; figuier d'Egypte, érable blanc des montagnes, à larges feuilles semblables à celles de la vigne.

SYCOPHANTE, s. m. Dénonciateur de ceux qui exportaient les figues ; fourbe, imposteur, fripon, délateur. Fig.

SYCOPHANTIN, s. m. Bouffon parasite. T. inus.

SYCOSE, s. f. Tumeur à l'anus semblable à une figue ; rudesse des paupières. T. de chir.

SYDÉRITIS, s. f. Plante labiée. T. de bot.

SYÉNITE, s. f. Espèce de roche granitique. T. d'hist. nat.

SYKE, s. m. Caroubier égyptien. T. de bot.

SYLLABAIRE, s. m. Livre élémentaire pour apprendre à rassembler les syllabes.

SYLLABE, s. f. Voyelle seule ou jointe à d'autres lettres qui ne forment qu'un son.

SYLLABIQUE, adj. Qui appartient, a rapport aux syllabes.

SYLLABISATION, s. f. Action de former, de prononcer des syllabes.

SYLLABISER ou SYLLABER, v. a. Assembler des lettres pour en former des syllabes.

SYLLEPSE, s. f. Emploi d'un mot, au prop. et au fig., dans la même phrase. —, figure grammaticale par laquelle le discours répond plutôt à la pensée qu'aux règles ; par exemple : il est six heures, pour il est la sixième heure.

SYLLOGISER, v. n. Argumenter.

SYLLOGISME, s. m. Argument contenant trois propositions : la majeure, la mineure et la conséquence.

SYLLOGISTIQUE, adj. Qui appartient au syllogisme.

SYLPHE, s. m. ou SYLPHIDE, s. f. Génie aérien.

SYLVAIN, s. m. Dieu des forêts qui a donné son nom aux divinités champêtres. T. de myth. —, genre de coléoptères. —, pl. Famille d'oiseaux qui se nourrissent de fruits, de grains et d'insectes. T. d'hist. nat.

SYLVAIN (St.-), s. m. Com. du dép. de la Seine-Inférieure, cant de St.-Valery, arr. d'Yvetot. = St.-Valery-en-Caux.

SYLVANGE, s. m. Com. du dép. de la Moselle, cant. et arr. de Metz. = Metz.

SYLVATIQUE, adj. Qui croît dans les forêts. T. de bot.

SYLVESTRE, adj. Qui vient sans culture.

SYLVESTRE (St.-), s. m. Com. du dép. du Puy-de-Dôme, cant. de Randan, arr. de Riom. = Aigueperse.

SYLVESTRE (St.-), s. m. Com. du dép. de la Seine-Inférieure, cant. de Lillebonne, arr. du Hâvre. = Lillebonne.

SYLVESTRE-DE-CORMEILLES, s. m. Com. du dép. de l'Eure, cant. de Cormeilles, arr. de Pont-Audemer. = Pont-Audemer.

SYLVIA ou RHÉA-SYLVIA, s. f. Fille de Numitor, reine d'Albe, qui fut enfermée avec les vestales par Amulius, son oncle, parce qu'il ne voulait point de compétiteur au trône ; mais un jour, en allant puiser de l'eau dans le Tibre, dont un bras traversait le jardin des vestales, elle s'endormit sur le bord du fleuve, et rêva qu'elle était dans les bras du dieu Mars. En réalité, elle devint mère de Rémus et de Romulus, fondateurs de Rome. T. de myth.

SYMBOLE, s. m. Figure, image, signe qui désigne une chose, emblème, type. —, signe extérieur des sacremens ; formulaire contenant les articles fondamentaux de la foi. A —, adv. A crédit. T. d'impr.

SYMBOLIQUE, adj. Qui sert de symbole, emblématique, typique.

SYMBOLISATION, s. f. Sympathie. T. inus.

SYMBOLISER, v. n. Avoir de la conformité, du rapport. —, indiquer par des images.

SYMBOLOGIE, s. f. Traité des symptômes des maladies. T. de méd.

SYMÉTRIE, s. f. Proportion de grandeur et de figure des parties d'un corps entre elles et avec leur tout ; proportion d'égalité, de ressemblance ; rapport de formes ; ordonnance, régularité, uniformité.

SYMÉTRIQUE, adj. Qui a de la symétrie ; disposé, rangé avec symétrie.

SYMÉTRIQUEMENT, adv. Avec symétrie.

SYMÉTRISER, v. n. Faire symétrie.

SYMPATHIE, s. f. Analogie, conformité de goûts, de penchans, d'inclinations, d'humeurs, de caractères. —, correspondance entre certaines parties du corps. —, heureux mélange de couleurs. T. de peint.

SYMPATHIQUE, adj. Qui appartient

aux causes, aux effets de la sympathie.
—, s. et adj. Epithète donnée à plusieurs nerfs en raison des communications nombreuses qu'ils forment avec tous les autres nerfs. T. d'anat.

SYMPATHISANT, E, adj. Qui a de la sympathie avec une personne ou une chose.

SYMPATHISER, v. n. Avoir de la sympathie, se convenir, s'accorder, se rapporter.

SYMPATHISTE, s. m. Partisan du système de sympathie par transpiration.

SYMPÉCI-ÉLECTRIQUE, adj. Se dit d'un corps électrisable par lui-même.

SYMPÉTALIQUE, adj. Se dit des étamines dont les pétales réunis semblent n'en former qu'un. T. de bot.

SYMPHODE, s. m. Poisson thoracique. T. d'hist. nat.

SYMPHONIASTE, s. m. Compositeur de plain-chant.

SYMPHONIE, s. f. Concert d'instrumens de musique; composition musicale où le son des instrumens se marie avec la voix.

SYMPHONISTE, s. m. Compositeur de symphonies; musicien qui exécute des symphonies.

SYMPHORICARPE, s. m. Espèce de chèvrefeuille. T. de bot.

SYMPHORIEN (St.-), s. m. Com. du dép. des Basses-Alpes, cant. et arr. de Sisteron. = Sisteron.

SYMPHORIEN (St.-), s. m. Com. du dép. de l'Ardèche, cant. de Satilieu, arr. de Tournon. = Annonay.

SYMPHORIEN (St.-), s. m. Com. du dép. de l'Aveyron, cant de St.-Amans, arr. d'Espalion. = Milhau.

SYMPHORIEN (St.-), s. m. Com. du dép. de la Charente-Inférieure, cant. de St.-Agnant, arr. de Marennes. = Rochefort-sur-Mer.

SYMPHORIEN (St.-), s. m. Com. du dép. de l'Eure, cant. et arr. de Pont-Audemer. = Pont-Audemer.

SYMPHORIEN (St.-), s. m. Com. du dép. d'Indre-et-Loire, cant. et arr. de Tours. = Tours.

SYMPHORIEN (St.-), s. m. Com. du dép. de la Lozère, cant. de Grandrieu, arr. de Mende. = Langogne.

SYMPHORIEN (St.-), s. m. Com. du dép. de la Manche, cant. de la Haye-du-Puits, arr. de Coutances. = Périers.

SYMPHORIEN (St.-), s. m. Com. du dép. de la Haute-Vienne, cant. de Nantiat, arr. de Bellac. = Chanteloube.

SYMPHORIEN-DE-LAY (St.-), s. m. Petite ville du dép. de la Loire, chef-lieu de cant. de l'arr. de Roanne. Bur. d'enregist. et de poste. Fabr. importantes de toiles de coton, fil et coton, etc.; mine de houille.

SYMPHORIEN-DES-BRUYÈRES (St.-), s. m. Com. du dép. de l'Orne, cant. de l'Aigle, arr. de Mortagne. = l'Aigle.

SYMPHORIEN-D'OZON (St.-), s. m. Com. du dép. de l'Isère, chef-lieu de cant. de l'arr. de Vienne. Bur. d'enregist. et de poste. Fabr. de couvertures de laine, blanchisseries de toiles.

SYMPHORIEN-ET-JULIEN (St.-), s. m. Com. du dép. du Cher, cant. de Châteauneuf-sur-Cher, arr. de St.-Amand. = Châteauneuf-sur-Cher.

SYMPHORIEN-SUR-COISE (St.-), s. m. Petite ville du dép. du Rhône, chef-lieu de cant. de l'arr. de Lyon. Bur. d'enregist. = Chazelles. Fabr. de mousselines; tanneries, chamoiseries. Comm. de pelleterie.

SYMPHORIEN-SUR-SAÔNE (St.-), s. m. ou BELLEVUE-SUR-SAÔNE, s. f. Com. du dép. de la Côte-d'Or, cant. de St.-Jean-de-Losne, arr. de Beaune. = St.-Jean-de-Losne.

SYMPHYSE, s. f. Union naturelle des os. — du pubis, union des os pubis qui s'opère au moyen d'un cartilage intermédiaire, qui s'ossifie avec l'âge. T. d'anat. Opération de la —, section des os pubis pour faciliter l'accouchement. T. de chir.

SYMPHYSÉOTOMIE, s. f. Opération de la symphyse. T. de chir.

SYMPHYSIEN, NE, adj. Qui a rapport à l'une des symphyses. Couteau —, instrument pour la section des os pubis. T. de chir.

SYMPHYTE, s. f. Consoude tubéreuse. T. de bot.

SYMPHYTOGYNE, adj. f. Se dit des fleurs dont l'ovaire adhère au calice. T. de bot.

SYMPLÉGADE, s. f. Embrassement, accolade. T. inus.

SYMPLOCARPE, s. m. Genre d'aroïdes fétides. T. de bot.

SYMPLOQUE, s. m. Plaqueminier. T. de bot.

SYMPODE, adj. Se dit des poissons dont les pieds postérieurs sont réunis en nageoires. T. d'hist. nat.

SYMPOSIAQUE, s. f. Chanson de table. T. d'antiq.

SYMPOSIARQUE, s. m. Chef, ordonnateur d'une fête, président d'un banquet grec. T. d'antiq.

SYMPOSIE, s. f. Festin, banquet. T. d'antiq.

SYMPTOMATIQUE, adj. Qui appartient aux symptômes, qui en dépend. T. de méd.

SYMPTOMATOLOGIE, s. f. Partie de la médecine qui a pour objet l'étude des symptômes des maladies. T. de méd.

SYMPTÔME, s. m. Signe précurseur d'une maladie ou qui en indique le caractère. —, indice, présage des événemens politiques. Fig.

SYMPTOSE, s. f. Etat de dépérissement du corps ou de l'une de ses parties, atrophie. T. de méd.

SYNAGÉLASTIQUES, adj. m. pl. Se dit des poissons nageant par bandes.

SYNAGOGUE, s. f. Assemblée religieuse des Juifs, temple où ils se réunissent pour les cérémonies de leur culte. —, le culte juif, par opposition au culte catholique. —, société de gens ridicules qui déraisonnent, décident à tort et à travers. Fig. Enterrer la —, terminer avec éclat, finir d'une manière remarquable. Fig. et fam.

SYNAGRE, s. m. Poisson du genre du spare. —, s. f. Genre d'insectes hyménoptères. T. d'hist. nat.

SYNALÈPHE, s. f. Contraction de deux voyelles, comme quelqu'un, pour quelque un.

SYNALLAGMATIQUE, adj. Se dit d'une obligation réciproque, d'un contrat qui lie les deux parties.

SYNANCIE, s. f. Voy. CYNANCIE.

SYNANDRE, s. f. Plante de la didynamie, quatorzième classe des végétaux. T. de bot.

SYNANTHÉRÉ, E, adj. Se dit des plantes dont les anthères sont réunies. T. de bot.

SYNANTHÉRÉES, s. f. pl. Plantes chicoracées, corymbifères et cynarocéphales. T. de bot.

SYNANTHÉRIQUE, adj. Voy. SYNANTHÉRÉ. T. de bot.

SYNAPHE, s. f. Conjonction de deux astres.

SYNARTHROSE, s. f. Articulation immobile des os. T. d'anat.

SYNARTHROÏSME, s. m. Conglobation. T. de rhét.

SYNAULIE, s. f. Concert de flûtes qui se répondaient alternativement. T. d'antiq.

SYNAXAIRE ou SYNAXARION, s. m. Recueil abrégé de la vie des saints, en Grèce.

SYNAXE, s. f. Assemblée des chrétiens pour célébrer la cène. T. d'antiq.

SYNBRANGHE, s. m. Genre de poissons apodes. T. d'hist. nat.

SYNCARPE, s. m. Fruit composé de plusieurs fruits accolés. T. de bot.

SYNCARPHE, s. m. Plante du cap de Bonne-Espérance. T. de bot.

SYNCELLE, s. m. Inspecteur des ecclésiastiques, dans l'ancienne église grecque.

SYNCHONDROSE, s. f. Symphyse cartilagineuse. T. d'anat.

SYNCHONDROTOMIE, s. f. Section d'une symphyse. T. d'anat.

SYNCHRONE, adj. Simultané. Voy. ISOCHRONE.

SYNCHRONIQUE, adj. Qui se fait dans le même temps. Table —, qui représente les événemens arrivés à une même époque, en différens lieux.

SYNCHRONISME, s. m. Rapport de deux choses faites, arrivées dans le même temps.

SYNCHRONISTE, s. m. et adj. Contemporain.

SYNCHRONISTIQUE, adj. Qui a rapport au synchronisme.

SYNCHYSE, s. f. Figure de rhétorique, espèce d'hyperbate.

SYNCOPAL, E, adj. Qui est relatif à la syncope. Fièvre —, caractérisée par des syncopes réitérées. T. de méd.

SYNCOPE, s. f. Défaillance, pâmoison; tomber en syncope. —, retranchement d'une lettre ou d'une syllabe au milieu d'un mot. T. de gramm. —, liaison de la fin d'une mesure avec celle qui suit, ou d'un temps avec un autre dans la même mesure. T. de mus.

SYNCOPER, v. n. Faire une syncope. T. de mus.

SYNCRÂNIENNE, adj. f. Se dit de la mâchoire supérieure.

SYNCRÈSE, s. f. Concrétion, coagulation. T. de chim.

SYNCRÉTISME, s. m. Rapprochement, conciliation, réunion de sectes.

SYNCRÉTISTE, s. m. Celui qui cherche à rapprocher, à concilier les sectes.

SYNCRITIQUE, adj. Astringent. T. inus.

SYNDACTYLES, s. m. pl. Oiseaux nageurs. T. d'hist. nat.

SYNDÉRÈSE, s. f. Remords de conscience. T. de dévotion.

SYNDESMOGRAPHIE ou SYNDESMOLOGIE, s. f. Description des ligamens. T. d'anat.

SYNDESMO-PHARYNGIEN, s. et adj. m. Muscle qui s'attache aux ligamens du cartilage thyroïde et au pharynx. T. d'anat.

SYNDESMOSE, s. f. Symphyse ligamenteuse. T. d'anat.

SYNDESMOTOMIE, s. f. Dissection des ligamens. T. d'anat.

SYNDIC, s. m. Chargé des affaires d'une communauté, d'une corporation dont il est membre; créancier chargé de veiller aux intérêts de tous dans une faillite.

SYNDICAL, E, adj. Qui appartient au syndicat. Chambre —, chambre pour la police de la librairie.

SYNDICAT, s. m. Charge, fonction de syndic.

SYNDICAT-DE-ST.-ANDRÉ, s. m. Com. du dép. des Vosges, cant. et arr. de Remiremont. =Remiremont.

SYNECDOCHE ou SYNECDOQUE, s. f. Trope, figure de rhétorique par laquelle on fait entendre le plus en disant le moins; le tout pour la partie ou la partie pour le tout; le genre pour l'espèce ou l'espèce pour le genre, etc.

SYNÉCHIE, s. f. Concrétion de l'iris. T. de méd.

SYNÉRÈSE ou SYNECPHONÈSE, s. f. Réunion de deux syllabes en une seule dans le même mot. T. de gramm.

SYNERGIE, s. f. Concours d'actions entre divers organes. T. de méd.

SYNERGISTES, s. m. pl. Luthériens qui enseignent le concours de Dieu et du pécheur dans sa conversion.

SYNÉVROSE, s. f. Voy. SYNDESMOSE.

SYNÉZIZIS, s. m. Accrétion, accroissement de la pupille. T. de méd.

SYNGÉNÉSIE, s. f. Vingt-deuxième classe des végétaux dont les fleurs ont les étamines réunies par leurs sommets. T. de bot.

SYNGNATHE, s. m. Poisson du genre des branchiostèges. T. d'hist. nat.

SYNGRAPHE, s. m. Billet, obligation, promesse écrite.

SYNISTATES, s. m. pl. Insectes névroptères, libellulines. T. d'hist. nat.

SYNOCHYTE, s. f. Sorte de pierre précieuse.

SYNODAL, E, adj. Qui appartient, est relatif à un synode.

SYNODALEMENT, adv. En synode.

SYNODATIQUE, adj. m. Synodal. Acte —, d'un synode. Droit —, droit d'assister à un synode.

SYNODE, s. m. Assemblée d'ecclésiastiques pour les affaires d'un diocèse; assemblée des ministres protestans. —, poisson du genre de l'ésoce. T. d'hist. nat.

SYNODENDRES, s. m. pl. Coléoptères vivant sur les arbres. T. d'hist. nat.

SYNODIES, s. f. pl. Rentes payées par un curé à son évêque.

SYNODIQUE, s. m. Recueil d'actes d'un synode. —, adj. Écrite au nom des conciles aux évêques absens; lettre synodique. Mois —, temps qui s'écoule entre deux lunes consécutives. Mouvement — de la lune, mouvement d'une nouvelle lune à l'autre. T. d'astr.

SYNODITE, s. m. Moine vivant en communauté.

SYNONYME, s. et adj. Se dit des mots qui ont une signification à peu près semblable.

SYNONYMIE, s. f. Qualité, rapport des mots synonymes. —, figure de rhétorique qui exprime la même chose à l'aide de mots synonymes. —, concordance générale des noms donnés aux plantes par des auteurs différens. T. de bot.

SYNONYMIQUE, adj. Qui appartient à la synonymie, aux synonymes.

SYNONYMIQUEMENT, adv. En se servant de mots synonymes.

SYNONYMISTE, s. m. Auteur qui écrit sur les synonymes.

SYNOPLE, s. f. Anémone carnée. T. de blas.

SYNOPTIQUE, adj. Dont on aperçoit l'ensemble d'un seul coup d'œil; tableau synoptique.

SYNOQUE, s. et adj. Fièvre continue sans redoublement. T. de méd.

SYNOSIASTES ou SYNUSIASTES, s. m. pl. Hérétiques qui n'admettaient qu'une seule substance en J.-C.

SYNOSTÉOGRAPHIE ou SYNOSTÉOLOGIE, s. f. Description, traité des articulations. T. d'anat.

SYNOSTÉOTOMIE, s. f. Dissection des articulations. T. d'anat.

SYNOVIAL, E, adj. Qui appartient à la synovie. Glandes —, glandes destinées à filtrer la synovie. T. d'anat.

SYNOVIE, s. f. Humeur visqueuse et mucilagineuse, qui lubréfie les os, dans les articulations mobiles, etc.; elle est renfermée par des capsules ligamenteuses qui l'empêchent de s'écouler au dehors. T. d'anat.

SYNTAGME, s. m. Ordre, arrangement. T. inus.

SYNTAXE, s. f. Arrangement, construction des mots, des phrases suivant les règles grammaticales d'une langue; ensemble de ces règles; livre qui les contient.

SYNTAXIQUE, adj. Qui appartient à la syntaxe.

SYNTEXIS, s. f. Faiblesse, épuisement. T. de méd.

SYNTHÈSE, s. f. Méthode de composition, de raisonnement, d'analyse, en partant des causes aux effets, des prin.

cipes à leurs conséquences. Voy. ANALYSE. —, méthode de démonstration des théorêmes sans algèbre. T. de math. —, contraction suivant le sens. T. de gramm. —, composition méthodique des médicamens. T. de pharm. —, classe d'opérations dans lesquelles on range toutes celles qui consistent à réunir les parties séparées ou divisées contre nature. T. de chir.

SYNTHÉTIQUE, adj. Qui appartient à la synthèse.

SYNTHÉTIQUEMENT, adv. D'une manière synthétique.

SYNTHÉTISME, s. m. Espèce de synthèse de continuité pour les parties dures. T. de chir.

SYNTHOMIDE, s. f. Genre d'insectes lépidoptères. T. d'hist. nat.

SYPHILIS, s. f. Maladie vénérienne, vérole. T. de méd.

SYPHILITIQUE, adj. Qui concerne la syphilis.

SYPHON, s. m. Voy. SIPHON.

SYPHONOBRANCHES, s. m. pl. Mollusques acéphales. T. d'hist. nat.

SYRACUSE, s. f. Ville célèbre dans l'antiquité, sur la côte S.-E. de la Sicile. On compte 13 ou 14 souverains ou tyrans de Syracuse, depuis sa fondation par Archias, l'an 43 de Rome jusqu'à sa prise par Marcellus, l'an 541. Cette ville aujourd'hui n'a plus qu'une importance secondaire; néanmoins elle possède un port très commerçant et un évêché. Pop. 15,000 hab. env.

SYRIAC ou SYRIAQUE, s. m. La langue des anciens habitans de la Syrie. —, adj. f. Qui concerne cette langue.

SYRIE, s. f. Grande province d'Asie, entre la Méditerranée et l'Euphrate, qui forme aujourd'hui une province considérable de la Turquie asiatique, dont la capitale est Damas. Cette province, qui s'étendait depuis les frontières de la Cilicie, au N., jusqu'à la Palestine, fut érigée en royaume, sous les successeurs d'Alexandre; par la suite elle devint une province romaine. Ce pays, dont les richesses étaient immenses, est maintenant sans industrie, presque sans commerce.

SYRIEN, NE, s. et adj. Habitant de la Syrie; qui concerne cette contrée de l'Asie.

SYRIGMON, s. m. Flûte très aiguë des anciens.

SYRINGA, s. m. Arbrisseau à fleurs blanches, d'une odeur agréable.

SYRINGOTOME, s. m. Ancien instrument de chirurgie dont on se servait pour l'opération de la fistule à l'anus.

SYRINGOTOMIE, s. f. Opération de la fistule. T. de chir.

SYRINOÏDEG, s. et adj. f. Pierre qui ressemble à un amas de roseaux pétrifiés.

SYROP, s. m. Voy. SIROP.

SYRPHE, s. m. Genre de syrphies. T. d'hist. nat.

SYRPHIES, s. f. pl. Insectes diptères. T. d'hist. nat.

SYRTIS, s. m. Genre d'insectes hyménoptères. T. d'hist. nat.

SYSSARCOSE, s. f. Symphyse charnue. T. d'anat.

SYSTALTIQUE, adj. Qui contracte, resserre; mouvement systaltique. T. de chir.

SYSTÉMATIQUE, adj. Qui appartient aux systèmes; réglé d'après un système, bâti sur une supposition hypothétique. —, qui crée des systèmes; esprit systématique.

SYSTÉMATIQUEMENT, adv. D'une manière systématique.

SYSTÉMATISÉ, E, part. Réduit en système.

SYSTÉMATISER, v. a. Réduire en système. —, v. n. Se livrer à des systèmes.

SYSTÈME, s. m. Assemblage de propositions, de principes et de conséquences formant une doctrine, un dogme, une opinion; hypothèse; dessein, plan; réunion de principes de conduite. —, supposition d'un certain arrangement des différentes parties qui composent l'univers; système de Copernic, de Newton, etc. —, assemblage de corps ayant des rapports communs. T. de phys. —, classification méthodique des êtres. T. d'hist. nat. et de bot. —, ensemble d'organes composés des mêmes tissus et destinés à des fonctions analogues. T. d'anat.

SYSTOLE, s. f. Mouvement contractile des oreillettes, des ventricules du cœur et des artères. T. d'anat.

SYSTROPHE, s. m. Genre d'insectes hyménoptères. T. d'hist. nat.

SYSTYLE, s. m. Ancien édifice, à colonnes plus éloignées de deux diamètres que dans le pícnostyle. T. d'arch.

SYZYGIE, s. f. Conjonction et opposition d'une planète avec le soleil; temps de la nouvelle et de la pleine lune.

T.

T, s. m. Vingtième lettre de l'alphabet, seizième consonne. —, vis, outil en forme de T. —, sorte de bandage imitant le T, dont on se sert pour assujettir l'appareil dans l'opération de la taille, de la fistule à l'anus, etc. T. de chir.

TA, pron. possessif. Voy. Ton.

TABAC, s. m. Nicotiane, pétun, plante usuelle dont on fume et mâche les feuilles, et dont on tire une poudre sternutatoire, purgative. — des Vosges. Voy. Doronic.

TABACHIR ou TABASHIR, s. m. Matière terreuse du bambou.

TABAGIE, s. f. Café, estaminet; établissement de limonadier dans lequel on fume.

TABAGO, s. m. Petite île des Antilles appartenant à l'Angleterre. Cette île, dont le climat est tempéré, est très fertile en denrées coloniales.

TABAILLE, s. f. Com. du dép. des Basses-Pyrénées, cant. de Sauveterre, arr. d'Orthez. = Orthez.

TABALA, s. m. Grand tambour au son duquel dansent les nègres.

TABANAC, s. m. Com. du dép. de la Gironde, cant. de Créon, arr. de Bordeaux. = Castres.

TABAQUEUR, s. m. Papillon d'une chenille qu'on trouve sur les feuilles de tabac.

TABARD, s. m. Sorte d'habit. (Vi.)

TABARET, s. m. Petite linotte.

TABARIN, s. m. Bouffon très grossier, valet ou associé d'un charlatan nommé Maudar qui établissait ses tréteaux, à Paris, sur la place Dauphine, où il débitait son baume au commencement du dix-septième siècle. —, saltimbanque, bateleur. Fig.

TABARINAGE, s. f. Farce grossière, ignoble bouffonnerie.

TABATIÈRE, s. f. Petite boîte dans laquelle on met le tabac à priser.

TABBEL, s. m. Grand tambour turc.

TABELLAIRE, adj. En tables sculptées; impression tabellaire.

TABELLION, s. m. Notaire. (Vi.) —, notaire de village. T. fam.

TABELLIONNAGE, s. m. Office, fonction, étude d'un tabellion.

TABELLIONNÉ, E, part. Grossoyé, en parlant de l'expédition d'un contrat passé par-devant le tabellion.

TABELLIONNER, v. a. Grossoyer un acte reçu par le tabellion, en délivrer expédition.

TABERNACLE, s. m. Tente, pavillon sous lequel reposait l'Arche-d'Alliance durant le séjour des Israélites dans le désert. —, espèce de petit temple sur l'autel, où l'on enferme le saint ciboire pendant la messe. —, caisse. T. d'épinglier. —, endroit où l'on renferme la boussole. T. de mar.

TABERNAIRE, s. f. Farce qu'on jouait dans les boutiques, les hôtelleries. T. d'antiq.

TABERNE, s. m. Plante de la famille des apocynées. T. de bot.

TABÈS, s. m. (mot latin). Marasme, consomption, atrophie, phthisie, spleen; pus sanieux qui coule d'un ulcère malin. T. de méd.

TABIDE, adj. Attaqué de marasme, de consomption, phthisique. T. de méd.

TABIFIQUE, adj. Qui fait mourir de langueur, de consomption. T. de méd.

TABIS, s. m. Gros taffetas ondé.

TABISÉ, E, part. Ondé à la manière du tabis.

TABISER, v. a. Onder une étoffe à la manière du tabis.

TABLATURE, s. f. Marques disposées sur des livres pour indiquer le chant aux musiciens. Donner de la — à quelqu'un, lui causer de l'embarras, lui susciter une affaire fâcheuse. Fig. et fam.

TABLE, s. f. Meuble ordinairement en bois, de différentes formes, pour manger, jouer, etc. — de nuit, petit nécessaire pour plusieurs choses dont on peut avoir besoin durant la nuit. —, mets dont ce meuble est couvert habituellement; table somptueuse. Tenir —, y demeurer long-tems, donner souvent à manger. Aimer la —, la bonne chère. La sainte —, l'autel, et fig. —, la communion. —, lame de métal, morceau de pierre ou de marbre sur lequel on peut graver. —, suite de calculs mathématiques pour diverses opérations; table de logarithmes, etc. —, index, liste des matières contenues dans un ouvrage; table alphabétique. —, fond sur lequel les cordes d'un piano sont tendues. —, espèce d'ais de plomb servant à faire des tuyaux. Diamant en —, à surface plate. —, partie compacte des os du crâne. T.

d'anat. —, écu, écusson qui ne contient que la seule couleur du champ. T. de blas. — de marbre. Voy. MARBRE.

TABLEAU, s. m. Ouvrage de peinture sur une surface, sur une toile, représentant un sujet quelconque. —, peinture vive et naturelle d'une chose, de vive voix ou par écrit ; tout ce qui frappe les yeux et fait impression sur l'âme. —, liste des membres d'une corporation, par ordre de réception ; état, projet. —, ouvrage orné de cadres, de filets et d'accolades. T. d'impr.

TABLÉE, s. f. Situation d'un homme couché ; tous ceux qui se trouvent à la même table. T. fam.

TABLER, v. n. Caser. T. de jeu de trictrac. — sur..., compter, faire fond sur... T. fam.

TABLETIER, ERE, s. Fabricant et marchand de tabletterie ; de jeu de dames, d'échecs, de trictrac, etc.

TABLETTE, s. f. Petite table ; planche posée dans une armoire, etc., pour ranger les choses du ménage, les marchandises, etc. —, pierre plate qui termine les murs d'appui et autres ouvrages de maçonnerie ; table de pierre, de marbre, posée à plat sur le chambranle d'une cheminée, d'une fenêtre. —, médicament en pâte solide d'une forme plate ; tablette de chocolat. —, pl. Agenda, calpin. Mettre une chose sur ses —, faire en sorte de ne pas l'oublier. Fig. et fam.

TABLETTERIE, s. f. Fabrique, travail, boutique de tabletier.

TABLIER, s. m. Petite table à compartimens pour jouer aux échecs, aux dames. (Vi.) —, vêtement de toile, de soie, que les femmes mettent devant elles ; peau de veau, morceau de toile dont les artisans se servent pour préserver leurs vêtemens. —, ce qui a la forme d'un tablier. —, ornement sculpté sur la face d'un piédestal. —, partie d'un pont-levis qu'on abaisse pour livrer passage.

TABLIER (le), s. m. Com. du dép. de la Vendée, cant. et arr. de Bourbon-Vendée. = Bourbon-Vendée.

TABLOIN, s. m. Plate-forme de madriers pour placer une batterie de canons. T. d'artill.

TABOR, s. m. Haute montagne de la Palestine, célèbre dans nos annales militaires par la victoire qu'y remporta l'armée française.

TABOURAL, s. m. Sorte d'instrument de musique des Turcs.

TABOURER, v. n. Battre du tambour.

TABOURET, s. m. Petit siége à quatre pieds, sans bras ni dos. Avoir le —, avoir le droit de s'asseoir sur un pliant devant le roi et la reine. —, voy. BOURSE A PASTEUR.

TABOURIN, s. m. Calotte tournante en tôle sur une cheminée, pour l'empêcher de fumer. —, espace sur une galère, vers l'éperon.

TABRE, s. m. Com. du dép. de l'Ariège, cant. de Mirepoix, arr. de Pamiers. = Mirepoix.

TABULAIRE, s. f. Religieuse qui surveille et indique à ses compagnes les fonctions qu'elles ont à remplir.

TAC, s. m. Maladie contagieuse des moutons.

TACAMAQUE, s. f. Résine du Calaba, arbre d'Amérique.

TACCO, s. m. Coucou des Antilles. T. d'hist. nat.

TACET, s. m. (mot latin). Silence. Faire, tenir le —, demeurer en silence pendant que les autres exécutent. T. de mus. Garder le —, observer le plus rigoureux silence, ne dire mot. Fig. et fam.

TACHARD, s. m. Espèce de buse. T. d'hist. nat.

TACHE, s. f. Souillure sur un vêtement, etc. ; marque qui tache. —, impression défavorable que laisse dans le public une action coupable, répréhensible, qui blesse la délicatesse, l'honneur. —, défaut dans un ouvrage de littérature et d'art. —, marque naturelle sur le poil des animaux ; rousseur, lentille sur le visage, sur la peau. — du soleil, d'un astre, point obscur qu'on remarque sur son disque.

TÂCHE, s. f. Ouvrage qu'on donne à faire dans un temps limité ; travail imposé ; chose qu'on est obligé de faire, d'accomplir. Travailler, être à la —, gagner en raison de son travail. Prendre à —, saisir toutes les occasions de dire ou faire quelque chose.

TACHE (la), s. f. Com. du dép. de la Charente, cant. de Manles, arr. de Ruffec. = Manles.

TACHÉ, E, part. Souillé, sali ; marqué de taches.

TACHÉE, s. m. Poisson du genre du persègue. T. d'hist. nat.

TACHÉOGRAPHE, s. m. Voy. TACHYGRAPHE.

TACHER, v. a. Souiller, salir, faire une tache ou des taches. —, déshonorer, flétrir. Fig.

TÂCHER, v. n. S'efforcer de... ; faire son possible. — à..., viser, songer à... ; essayer de..., avoir pour but.

TACHETÉ, E, part. Parsemé de taches.
TACHETER, v. a. Parsemer de taches, marqueter.
TACHI, s. m. Arbrisseau grimpant de la Guiane. T. de bot.
TACHIBOTE, s. m. Arbrisseau de la Guiane. T. de bot.
TACHIGALE, s. m. Genre de plantes légumineuses. T. de bot.
TACHINE, s. f. Genre d'insectes coléoptères brachélytres. T. d'hist. nat.
TACHOIRES, s. m. Com. du dép. du Gers, cant. de Saramon, arr. d'Auch. = Auch.
TACHOMÈTRE, s. m. Instrument pour connaître la vitesse du mouvement d'une machine.
TACHOUZEN, s. m. Com. du dép. du Gers, cant. de Cazaubon, arr. de Condom. = Roquefort.
TACHYGRAPHE, s. m. Personne qui sait la tachygraphie, qui en fait sa profession.
TACHYGRAPHIE, s. f. Art d'écrire aussi vite que la parole à l'aide de caractères particuliers.
TACHYGRAPHIQUEMENT, adv. Au moyen de la tachygraphie.
TACHYPHONE, s. m. Genre d'oiseaux sylvains. T. d'hist. nat.
TACHYPORE, s. m. Genre de coléoptères. T. d'hist. nat.
TACITE, adj. Qui n'est pas formellement exprimé, sous-entendu, secret.
TACITEMENT, adv. D'une manière tacite, sans être formellement exprimé.
TACITURNE, adj. Qui parle peu, sombre, rêveur, mélancolique.
TACITURNITÉ, s. f. Humeur, tempérament d'une personne mélancolique, taciturne.†
TACOIGNIÈRES, s. f. Com. du dép. de Seine-et-Oise, cant. de Montfort-l'Amaury, arr. de Rambouillet. = Houdan.
TACOT, s. m. Instrument en cuir servant à la navette anglaise.
TACT, s. m. Sens du toucher. —, justesse et finesse du jugement en matière de goût. Fig.
TAC-TAC, s. m. Mot imitatif qui exprime un bruit réglé.
TACTÉE, s. f. Note dont on n'entend que le commencement. T. de mus.
TACTICIEN, s. m. Officier qui connaît les manœuvres, les évolutions militaires, la tactique.
TACTILE, adj. Qui est ou peut-être l'objet du tact, du toucher. T. didact.
TACTION, s. f. Action de toucher. T. didact.
TACTIQUE, s. f. Art de ranger des troupes en bataille, de faire des évolutions militaires. —, système, moyens d'attaque et de défense dans la conduite des affaires. Fig. et fam.
TADEN, s. m. Com. du dép. des Côtes-du-Nord, cant. et arr. de Dinan. = Dinan.
TADORNE, s. m. Espèce de canard qui élève ses petits dans un terrier.
TADOUSSE, s. f. Com. du dép. des Basses-Pyrénées, cant. de Garlin, arr. de Pau. = Pau.
TAEL, s. m. Monnaie de compte de la Chine, valant un peu plus de 7 fr.
TÆNIANOTE, s. m. Genre de poissons thoraciques. T. d'hist. nat.
TÆNIOÏDES, s. m. pl. Voy. PÉTALOSOMES. T. d'hist. nat.
TAFELSPATH, s. m. Substance minérale. T. d'hist. nat.
TAFFETAS, s. m. Etoffe de soie, mince et tissue comme la toile.
TAFIA, s. m. Eau-de-vie de sucre.
TAGÉNIE, s. f. Genre d'insectes coléoptères. T. d'hist. nat.
TAGET, s. m. Genre de plantes corymbifères. T. de bot.
TAGIEROT, s. m. Faucon d'Egypte.
TAGLIO-ET-ISOLACCIO, s. m. Com. du dép. de la Corse, cant. de Pero-et-Casevecchie, arr. de Bastia. = Bastia.
TAGNIÈRES (la), s. f. Com. du dép. de Saône-et-Loire, cant. de Mesvres, arr. d'Autun. = Toulon-sur-Arroux.
TAGNON, s. m. Com. du dép. des Ardennes, cant. de Juniville, arr. de Rethel. Bur. de poste.
TAGOLSHEIM, s. m. Com. du dép. du Haut-Rhin, cant. et arr. d'Altkirch. = Altkirch.
TAGSDORFF, s. m. Com. du dép. du Haut-Rhin, cant. et arr. d'Altkirch. = Altkirch.
TAGUAN, s. m. Grand écureuil volant.
TAHURC, s. m. Com. du dép. de la Marne, cant. de Ville-sur-Tourbe, arr. de Ste.-Menéhould. = Châlons-sur-Marne.
TAÏAUT, s. m. Exclamation, cri du chasseur pour mettre les chiens sur la voie au lever du gibier.
TAIE, s. f. Tache blanche qui se forme sur la cornée, albugo. T. de chir. —, enveloppe du fœtus et de quelques viscères. T. d'anat. —, ou Têt, s. m. Espèce de sac en mousseline, en toile, qui sert d'enveloppe à un oreiller.
TAIGNEVAUX, s. m. Com. du dép. du Jura, cant. de Chaussin, arr. de Dôle. = Dôle.

TAILHAC, s. m. Com. du dép. de la Haute-Loire, cant. de Pinols, arr. de Brioude. = Langeac.

TAILLABILITÉ, s. m. Etat de ceux qui étaient soumis à la taille.

TAILLABLE, adj. Sujet à la taille.

TAILLAC, s. m. Com. du dép. du Gers, cant. et arr. de Lectoure. = Lectoure.

TAILLADE, s. f. Coupure dans les chairs, balafre. —, sorte de fracture du crâne faite par un instrument tranchant. T. de chir. —, coupure en long dans une étoffe.

TAILLADÉ, E, part. Balafré.

TAILLADER, v. a. Faire des taillades, des balafres.

TAILLADES, s. f. Com. du dép. de Vaucluse, cant. de Cavaillon, arr. d'Avignon. = Avignon.

TAILLADIN, s. m. Tranche mince de citron, etc.

TAILLANCOURT, s. m. Com. du dép. de la Meuse, cant. de Vaucouleurs, arr. de Commercy. = Vaucouleurs.

TAILLANDERIE, s. f. Atelier, ouvrage, commerce du taillandier.

TAILLANDIER, s. m. Forgeron qui fait les outils des charpentiers, charrons, etc.; marchand qui vend ces outils.

TAILLANT, s. m. Tranchant d'un couteau, d'un sabre.

TAILLANT, s. m. Com. du dép. de la Charente-Inférieure, cant. de St.-Savinien, arr. de St.-Jean-d'Angely. = St.-Savinien.

TAILLANT (le), s. m. Com. du dép. de la Gironde, cant. de Blanquefort, arr. de Bordeaux. = Bordeaux.

TAILLE, s. f. Stature du corps; sa forme depuis l'aisselle jusqu'aux hanches, surtout en parlant des femmes; taille fine, élégante. —, hauteur et grosseur de certains animaux. —, tranchant d'une épée. —, manière de tailler les habits, les arbres, etc.; petit morceau de bois blanc sur lequel on fait des entailles pour marquer ce que l'on fournit ou reçoit; taille de pain, —, ancien impôt pour la perception duquel le receveur se servait de petites tailles de bois. —, opération de la pierre, lithotomie. T. de chir. —, trait du burin. T. de graveur. —, division du marc d'or ou d'argent. T. de monn.—, partie entre la basse-taille et la haute-contre; musicien dont la voix est à ce diapason. —, dans les mines, endroit où les mineurs travaillent, tranchent.

TAILLÉ, E, part. Coupé pour ajuster, en parlant d'un vêtement; retranché avec le marteau, le ciseau, etc.

TAILLEBOIS, s. m. Com. du dép. de l'Orne, cant. d'Athis, arr. de Domfront. = Condé-sur-Noireau.

TAILLEBOURG, s. m. Com. du dép. de la Charente-Inférieure, cant. de St.-Savinien, arr. de St.-Jean-d'Angely. = St.-Savinien.

TAILLEBOURG, s. m. Com. du dép. de Lot-et-Garonne, cant. et arr. de Marmande. = Marmande.

TAILLECAVAT, s. m. Com. du dép. de la Gironde, cant. de Monségur, arr. de la Réole. = Monségur.

TAILLECOURT, s. m. Com. du dép. du Doubs, cant. d'Audincourt, arr. de Montbéliard. = Montbéliard.

TAILLE-DOUCE, s. f. Gravure au burin, sur cuivre; estampe tirée sur cette gravure.

TAILLE-DOUCIER, s. m. Imprimeur en taille-douce.

TAILLEFONTAINE, s. f. Com. du dép. de l'Aisne, cant. de Villers-Cotterets, arr. de Soissons. = Villers-Cotterets.

TAILLE-MÈCHE, s. f. Instrument de cirier pour couper les mèches.

TAILLE-PIED, s. m. Com. du dép. de la Manche, cant. de St.-Sauveur-le-Vicomte, arr. de Valognes. = Valognes.

TAILLE-PLUME, s. m. Instrument de nouvelle invention pour tailler les plumes d'un seul coup.

TAILLER, v. a. Couper en plusieurs morceaux pour ajuster; retrancher avec le marteau, le ciseau, pour donner une forme quelconque; couper le superflu; tailler un habit, une pierre, un diamant, une vigne, etc. — en pièces, faire un grand carnage dans les rangs ennemis. — des croupières, mettre en fuite. Fig. et fam. — les morceaux à quelqu'un; limiter sa dépense; lui prescrire ce qu'il doit faire. —, faire l'opération de la taille pour extraire le calcul de la vessie. T. de chir. —, imposer à la taille. —, faire la taille. T. de monn. —, v. n. Tenir les cartes. — et rogner, disposer à sa fantaisie. — de l'avant, fendre l'onde et s'avancer rapidement. T. de mar.

TAILLERESSE, s. f. Ouvrière qui réduit les pièces de monnaie au poids prescrit par l'ordonnance.

TAILLEROLLE, s. f. Instrument pour couper le poil des étoffes de velours.

TAILLET, s. m. Outil tranchant pour couper le fer.

TAILLET, s. m. Com. du dép. des

Pyrénées - Orientales, cant. et arr. de Céret. = Céret.

TAILLETTE, s. f. Espèce d'ardoise.

TAILLEUR, s. m. Artisan, marchand qui fait et vend des habits d'hommes; tailleur d'habits. —, ouvrier qui taille; tailleur de pierres, etc. —, officier de la monnaie.

TAILLE-VENT, s. m. Oiseau de mer dont le vol est très rapide. —, sorte de voile. T. de mar.

TAILLEVILLE, s. f. Com. du dép. du Calvados, cant. de Douvres-la-Délivrande, arr. de Caen. = Caen.

TAILLIS, s. et adj. m. Bois en coupe réglée; jeune bois jusqu'à vingt-cinq ans.

TAILLIS (le), s. m. Com. du dép. d'Ille-et-Vilaine, cant. et arr. de Vitré. = Vitré.

TAILLOIR, s. m. Partie du chapiteau des colonnes sur laquelle pose l'architrave. T. d'arch.

TAILLON, s. m. Impôt, espèce de taille.

TAILLURE, s. f. Broderie, découpures appliquées sur une étoffe.

TAILLY, s. m. Com du dép. des Ardennes, cant. de Buzancy, arr. de Vouziers. = Buzancy.
Forges et hauts-fourneaux.

TAILLY, s. m. Com. du dép. de la Côte-d'Or, cant. et arr. de Beaune. = Beaune.

TAILLY, s. m. Com. du dép. de la Somme, cant. de Molliens-Vidame, arr. d'Amiens. = Airaines.

TAIN, s. m. Lame d'étain très mince qu'on soude derrière une glace. —, pl. Chantiers sur lesquels on pose le navire en construction. T. de mar.

TAIN, s. m. Petite ville du dép. de la Drôme, chef-lieu de cant. de l'arr. de Valence. Bur. d'enregist. et de poste.
Cette ville, située vis-à-vis Tournon, dont elle est séparée par le Rhône, peut être considérée comme l'entrepôt des vins de l'Ermitage et de Côte-Rôtie. Mine de vitriol très abondante.

TAINGY, s. m. Com. du dép. de l'Yonne, cant. de Courson, arr. d'Auxerre. = Toucy.

TAINTRUX, s. m. Com. du dép. des Vosges, cant. et arr. de St.-Dié. = St.-Dié.

TAIRAGI, s. m. Huître à perles. T. d'hist. nat.

TAIRE, v. a. Ne pas dire, garder le silence sur une chose. Faire —, imposer silence. Se —, v. pron. S'abstenir de parler, garder le silence. Se —, ne pas faire de bruit, en parlant des animaux, des vents, de la mer, etc. Se —, être discret; dissimuler. Fig.

TAISNIÈRES-EN-THIER, s. m. Com. du dép. du Nord, cant. et arr. d'Avesnes. = Avesnes.

TAISNIÈRES-SUR-HON, s. m. Com. du dép. du Nord, cant. de Bavay, arr. d'Avesnes. = Bavay.

TAISNIL, s. m. Com. du dép. de la Somme, cant. de Conty, arr. d'Amiens. = Amiens.

TAISSON, s. m. Blaireau; poisson du Chili.

TAISSY, s. m. Com. du dép. de la Marne, cant. et arr. de Reims.=Reims.

TAIT-SOU, s. m. Espèce de coucou bleu de l'île de Madagascar.

TAITULA, s. m. Espèce de stramonium. T. de bot.

TAIX, s. m. Com. du dép. du Tarn, cant. de Monestiés, arr. d'Albi. = Albi.

TAIZÉ, s. m. Com. du dép. de Saône-et-Loire, cant. de St.-Gengoux-le-Royal, arr. de Mâcon. = Cluny.

TAIZÉ, s. m. Com. du dép. des Deux-Sèvres, cant. de Thouars, arr. de Bressuire. = Thouars.

TAIZÉ-AIZIE, s. m. Com. du dép. de la Charente, cant. et arr. de Ruffec. = Ruffec. Fabr. de poterie de fonte et de chaudières à sucre.

TAIZY, s. m. Com. du dép. des Ardennes, cant. de Château-Porcien, arr. de Rethel. = Rethel.

TAJACU, s. m. Voy. Pécari.

TAJAN, s. m. Com. du dép. des Hautes-Pyrénées, cant. de Lannemezan, arr. de Bagnères. = Tarbes.

TAKIDROME, s. m. Espèce de lézard. T. d'hist. nat.

TALAIRAN, s. m. Com. du dép. de l'Aude, cant. de Lagrasse, arr. de Carcassonne. = Lagrasse.

TALAIS, s. m. Com. du dép. de la Gironde, cant. de St.-Vivien, arr. de Lesparre. = Lesparre.

TALAMASQUE, s. m. Figure hideuse sous laquelle on représente le diable.

TALAMY, s. m. Com. du dép. de la Corrèze, cant. de Bort, arr. d'Ussel. = Bort.

TALANCHE, s. m. Droguet, étoffe de fil et laine de Bourgogne.

TALANGE, s. m. Com. du dép. de la Moselle, cant. et arr. de Metz. = Metz.

TALANT, s. m. Com. du dép. de la Côte-d'Or, cant. et arr. de Dijon. = Dijon.

TALAPOIN, s. m. Prêtre du royaume

de Siam. —, petite et jolie guenon de ce royaume. T. d'hist. nat.

TALARO, s. m. Monnaie d'argent de Venise, 1 fr. 25 cent.

TALASANI, s. m. Com. du dép. de la Corse, cant. de Pero et Casevecchie, arr. de Bastia. = Bastia.

TALASSÈME, s. m. Ver pourvu d'organes extérieurs.

TALAU, s. m. Com. du dép. des Pyrénées-Orientales, cant. d'Olette, arr. de Prades. = Prades.

TALAZAC, s. m. Com. du dép. des Hautes-Pyrénées, cant. de Vic, arr. de Tarbes. = Vic-en-Bigorre.

TALBE, s. m. Docteur de la religion mahométane dans les royaumes de Fez et Maroc.

TALC, s. m. Pierre onctueuse au toucher, lamellée, transparente, et composée de parties à peu près égales de silex et de magnésie. T. d'hist. nat.

TALCITE, s. m. Talc calciné. T. d'hist. nat.

TALCY, s. m. Com. du dép. de l'Yonne, cant. de l'Isle-sur-le-Serein, arr. d'Avallon. = Avallon.

TALCY, s. m. Com. du dép. de Loiret-Cher, cant. de Marchénoir, arr. de Blois. = Mer.

TALED, s. m. Voile dont les Juifs se couvrent la tête dans leurs synagogues.

TALEMOUSSER, v. n. Donner un soufflet. T. fam. inus.

TALENCE, s. m. Com. du dép. de la Gironde, cant. et arr. de Bordeaux. = Bordeaux.

TALENCIEUX, s. m. Com. du dép. de l'Ardèche, cant. d'Annonay, arr. de Tournon. = Annonay.

TALENSAC, s. m. Com. du dép. d'Ille-et-Vilaine, cant. et arr. de Montfort. = Montfort.

TALENT, s. m. Certaine quantité d'or ou d'argent, dont le poids différait selon le pays. —, disposition, aptitude naturelle à certaines choses; capacité, habileté; facultés acquises par l'exercice d'un art; celui qui excelle dans un genre.

TALER, s. m. Voy. DALER.

TALESPUES, s. f. Com. du dép. de l'Aveyron, cant. de Sauveterre, arr. de Rodez. = Rodez.

TALIGALE, s. m. Gattilier de l'île de Cayenne. T. de bot.

TALIN, s. m. Genre de portulacées. T. de bot.

TALINGUER, v. a. Voy. ETALINGUER.

TALION, s. m. Punition proportionnée à l'offense.

TALISMAN, s. m. Pièce de métal fondue sous certaines constellations, et chargée de caractères auxquels la superstition attribuait des vertus surnaturelles. T. d'astrol. —, chose qui opère un effet subit, étonnant, merveilleux; se dit de l'amour, de l'or, etc. Fig.

TALISMANIQUE, adj. Qui appartient au talisman.

TALISSIEU, s. m. Com. du dép. de l'Ain, cant. de Champagne, arr. de Belley. = Belley.

TALITRE, s. m. Genre de crustacés. T. d'hist. nat.

TALIZAT, s. m. Com. du dép. du Cantal, cant. et arr. de St.-Flour. = St.-Flour.

TALLANS, s. m. Com. du dép. du Doubs, cant. de Rougemont, arr. de Baume. = Baume.

TALLARD, s. m. Espace du coursier à l'apostis, sur une galère. T. de mar.

TALLARD, s. m. Com. du dép. des Hautes-Alpes, chef-lieu de cant. de l'arr. de Gap, où est le bur. d'enregist. = Gap.

TALLE, s. f. Rejeton au pied d'un arbre; bulbe au pied d'une plante. T. de bot.

TALLENAY, s. m. Com. du dép. du Doubs, cant. de Marchaux, arr. de Besançon. = Besançon.

TALLER, v. n. Pousser des talles; prendre beaucoup d'accroissement. T. de bot.

TALLER, s. m. Com. du dép. des Landes, cant. de Castets, arr. de Dax. = Dax.

TALLEVANE, s. f. Grand pot à beurre en grès.

TALLEVAS, s. m. Sorte de grand bouclier.

TALLEVENDE-LE-GRAND, s. m. Com. du dép. du Calvados, cant. et arr. de Vire. = Vire.

TALLEVENDE-LE-PETIT, s. m. Com. du dép. du Calvados, cant. et arr. de Vire. = Vire.

TALLIPOT, s. m. Arbre de l'île de Ceylan; coryphe du Malabar, dont la moelle donne le sagou. T. de bot.

TALLONE, s. f. Com. du dép. de la Corse, cant. de Moïta, arr. de Corte. = Bastia.

TALLUD (le), s. m. Com. du dép. des Deux-Sèvres, cant. et arr. de Parthenay. = Parthenay.

TALLUD (le), s. m. Com. du dép. de la Vendée, cant. de Pouzauges, arr. de Fontenay-le-Comte. = Chantonnay.

TALMAS, s. m. Com. du dép. de la

Somme, cant. de Domart, arr. de Doullens. = Doullens.

TALMAY, s. m. Com. du dép. de la Côte-d'Or, cant. de Pontailler-sur-Saône, arr. de Dijon. = Pontailler.

TALMONT, s. m. Petite ville du dép. de la Charente-Inférieure, cant. de Cozes, arr. de Saintes. = Cozes.
Cette ville possède un petit port sur le bord de la mer. Comm. de vins.

TALMONT, s. m. Com. du dép. de la Vendée, chef-lieu de cant. de l'arr. des Sables-d'Olonne, où se trouve le bur. d'enregist. = Avrillé. Vastes marais salans.

TALMONTIER, s. m. Com. du dép. de l'Oise, cant. de Coudray-St.-Germer, arr. de Beauvais. = Gisors.

TALMOUSE, s. f. Pâtisserie composée de farine, d'œufs, de beurre et de fromage.

TALMUD, s. m. Livre qui contient la loi orale, la doctrine, la morale et les traditions des Juifs.

TALMUDIQUE, adj. Qui appartient au Talmud.

TALMUDISTE, s. m. Juif attaché à la doctrine du Talmud.

TALOCHE, s. f. Revers de la main, tape sur la tête. T. fam.

TALOIRE, s. f. Com. du dép. des Basses-Alpes, cant. et arr. de Castellanne. = Castellanne.

TALON, s. m. Partie inférieure et postérieure du pied située au bas des malléoles. —, partie postérieure de la chaussure, du pied des quadrupèdes; articulation au bas de la cuisse des oiseaux. —, partie charnue de la paume de la main. —, ce qui a la forme d'un talon; entame, dernier morceau d'un pain; extrémité, reste d'une chose coupée; fer du bas d'une pique, etc. —, moulure concave en bas, convexe en haut. T. d'arch. —, éperon. T. de man. —, partie des coquilles bivalves qui forme un bec très court au-dessus de la charnière. T. d'hist. nat. —, extrémité de la quille vers l'arrière. T. de mar. —, ce qui reste de cartes après qu'elles ont été distribuées aux joueurs. T. de jeu. Montrer les —, prendre la fuite. Fig. et fam.

TALON, s. m. Com. du dép. de la Nièvre, cant. de Tannay, arr. de Clamecy. = Tannay.

TALONNÉ, E, part. Poursuivi de très près.

TALONNER, v. a. Poursuivre de très près; presser vivement, importuner. Fig.

TALONNETTE, s. f. Garniture au talon d'un bas pour le renforcer.

TALONNIER, s. m. Ouvrier qui fait des talons de bois.

TALONNIÈRE, s. f. Cuir d'une sandale. —, pl. Ailes attachées aux talons de Mercure, de la Renommée.

TALPA, s. m. (mot latin). Espèce d'athérome qui se forme sous les tégumens de la tête, tumeur molle qui contient un pus blanc et épais comme de la bouillie. T. de chir.

TALPACHES, s. m. pl. Corps d'infanterie hongroise.

TALPIENS, s. m. pl. Taupes. T. d'hist. nat.

TALPINETTE, s. f. Musaraigne. T. d'hist. nat.

TALPOÏDE, s. m. Rat-taupe. T. d'hist. nat.

TALUS, s. m. Pente qu'on donne à un mur, à une terrasse, etc. En —, adv. En pente douce.

TALUTÉ, E, part. Mis en talus.

TALUTER, v. a. Mettre en talus, en pente.

TALUYERS, s. m. Com. du dép. du Rhône, cant. de Mornant, arr. de Lyon. = Lyon.

TAMANDUA ou TAMANDOUA, s. m. Quadrupède de l'Amérique méridionale, qui vit de fourmis. T. d'hist. nat.

TAMANOIR, s. m. Grand tamandua, quadrupède qui vit de fourmis. T. d'hist. nat.

TAMARICIN, s. m. Espèce de loir, quadrupède rongeur des côtes de la mer Caspienne. T. d'hist. nat.

TAMARIN, s. m. Espèce de sagouin. T. d'hist. nat. —, fruit du tamarinier.

TAMARINIER, s. m. Arbre des deux Indes, à fleurs rosacées, dont le fruit et la graine sont employés en médecine contre les fièvres, la dysenterie, etc. T. de bot.

TAMARIS ou TAMARISC, s. m. Arbre de la pentandrie; plante médicinale, fébrifuge. T. de bot.

TAMATIA, s. m. Petite grive du Brésil. T. d'hist. nat.

TAMBAC, s. m. Bois d'aloès.

TAMBOUL, s. m. Arbre de l'île de Madagascar. T. de bot.

TAMBOULA, s. m. Gros tambour des Nègres.

TAMBOUR, s. m. Caisse cylindrique, fermée par deux peaux tendues, sur l'une desquelles on frappe avec des baguettes pour régler la marche des troupes, battre le rappel, etc. —, militaire dont le service se borne à battre la caisse —, ce qui a la forme d'un tambour; instrument cylindrique évidé, sans fond, pour broder, raccommoder la dentelle, etc.; machine de bois ou d'osier, sous laquelle on place un réchaud pour sécher ou chauffer du linge; tamis d'émailleur pour balotter les perles factices; double tamis de confiseur pour passer le sucre en poudre; machine pour pétrir l'argile; avance de menuiserie avec une ouverture au-devant d'une porte, pour empêcher l'entrée du vent. —, extrémité supérieure de la colonne avec le chapiteau; pierre cylindrique qui fait partie du fût d'une colonne. T. d'arch. —, pièce cylindrique qui renferme le grand ressort. T. d'horlog. —, assemblage de planches à la proue, pour rompre les coups de mer. T. de mar. —, membrane située à l'entrée du canal auditif interne, qu'il sépare de la partie extérieure de l'oreille. T. d'anat. —, poisson du genre du labre. T. d'hist. nat.

TAMBOUR-DE-BASQUE, s. m. Petit tambour à un seul fond dont la caisse est entourée de plaques de cuivre et de grelots.

TAMBOURIN, s. m. Sorte de long tambour; personne qui joue de cet instrument. —, machine sur laquelle on porte les chaînes pour les plier. T. de manuf. — ou tabourin, perle en cymbale. T. de joaill.

TAMBOURINAGE, s. m. Action de tambouriner. T. fam.

TAMBOURINÉ, E, part. Proclamé au son du tambour.

TAMBOURINER, v. a. Réclamer, proclamer au son du tambour. —, v. n. Battre du tambour. T. fam.

TAMBOURINEUR, s. m. Celui qui tambourine. T. fam.

TAMERVILLE, s. f. Com. du dép. de la Manche, cant. et arr. de Valognes. = Valognes.

TAMIAS, s. m. Espèce d'écureuil. T. d'hist. nat.

TAMIER, s. m. Plante asparagoïde. T. de bot.

TAMIS, s. m. Sorte de sas pour passer des matières pulvérisées, pour clarifier des liqueurs. Passer au —, examiner sévèrement la conduite, les mœurs. Fig. et fam. —, pièce de bois que traversent les tuyaux de l'orgue.

TAMISAGE, s. m. Action de tamiser.

TAMISAILLE, s. f. Pièce de bois circulaire sur laquelle glisse la barre du gouvernail. T. de mar.

TAMISE, s. f. Etoffe de laine très rase.

TAMISE (la), s. f. Fleuve considérable de l'Angleterre qui traverse Londres où les vaisseaux du premier rang peuvent arriver, et qui se jette dans l'Océan après un cours d'environ 78 l.

TAMISÉ, E, part. Passé au tamis.

TAMISER, v. a. Passer une substance pulvérisée, une liqueur par le tamis. —, examiner la conduite avec sévérité. Fig. et fam.

TAMISEUR, s. m. Ouvrier qui tamise la matière du verre.

TAMNAY, s. m. Com. du dép. de la Nièvre, cant. de Châtillon, arr. de Château-Chinon. = Moulins-Engilbert.

TAMNIÉS, s. m. Com. du dép. de la Dordogne, cant. et arr. de Sarlat. = Sarlat.

TAMONE, s. f. Arbre de la Guiane. T. de bot.

TAMPANE, s. f. Pignon de la cage d'un moulin.

TAMPLON, s. m. Peigne de tisserand pour élargir le tissu.

TAMPOA, s. m. Arbre de la Guiane. T. de bot.

TAMPON, s. m. Bouchon de bois, de liège, etc. —, petit paquet de linge, de feutre, pour boucher, frotter, polir. —, plaque de fer, de cuivre ou de bois servant à boucher les trous que fait le canon. — d'écubiers, morceau de bois qui sert à fermer les écubiers. T. de mar.

TAMPONNÉ, E, part. Bouché avec un tampon.

TAMPONNEMENT, s. m. Introduction de tampons de charpie dans une plaie. T. de chir.

TAMPONNER, v. a. Boucher avec un tampon; mettre des tampons de charpie dans une plaie. T. de chir.

TAM-TAM, s. m. Instrument de musique militaire des Orientaux. Voy. TIMBALE.

TAN, s. m. Ecorce de chêne pilée pour tanner les cuirs.

TANACOMBE, s. m. Merle de l'île de Madagascar.

TANAISIE, s. f. Plante médicinale du genre des corymbifères, odorante, amère, fébrifuge, sudorifique, carminative, etc. T. de bot.

TANARON, s. m. Com. du dép. des Basses-Alpes, cant. de la Javie, arr. de Digne. = Digne.

TANAVELLE, s. f. Com. du dép. du Cantal, cant. et arr. de St.-Flour.= St.-Flour.

TANAY, s. m. Com. du dép. de la Côte-d'Or, cant. de Mirebeau, arr. de Dijon. = Mirebeau-sur-Bèze.

TANCARVILLE, s. f. Com. du dép. de la Seine-Inférieure, cant. de St.-Romain-de-Colbosc, arr. du Hâvre. = St.-Romain.

TANCÉ, E, part. Réprimandé vertement.

TANCER, v. a. Gronder, blâmer, réprimander vertement.

TANCHE, s. f. Poisson d'eau douce du genre du cyprin. —de mer, poisson du genre du labre.

TANCOIGNÉ, s. m. Com. du dép. de Maine-et-Loire, cant. de Vihiers, arr. de Saumur. = Vihiers.

TANCON, s. m. Com. du dép. de Saône-et-Loire, cant. de Chauffailles, arr. de Charolles. = la Clayette.

TANCONVILLE, s. f. Com. du dép. de la Meurthe, cant. de Lorquin, arr. de Sarrebourg. = Blamont.

TANCROU, s. m. Com. du dép. de Seine-et-Marne, cant. de Lizy, arr. de Meaux. = Lizy.

TANCUA, s. m. Com. du dép. du Jura, cant. de Morez, arr. de St.-Claude. = Morez.

TANDELET, s. m. Pièce de toile à la poupe pour garantir de la pluie. T. de mar.

TANDELIN, s. m. Hotte de saunier, en sapin.

TANDIS QUE, conj. Pendant le temps que.

TANDROLE, s. f. Sel qui surnage sur le verre fondu.

TANE, s. f. Ecorce de chêne.

TANG, s. m. Sorte de mousseline des Indes.

TANGAGE, s. m. Balancement du navire de l'avant à l'arrière, et réciproquement. T. de mar.

TANGARA, s. m. Genre d'oiseaux sylvains du Brésil. T. d'hist. nat.

TANGAROU, s. m. Tangara roux de la Guiane.

TANGAS, s. m. Monnaie de compte à Goa, ville de l'Indostan (5 francs).

TANGAVIO, s. m. Espèce de Tangara violet.

TANGENTE, s. f. Ligne droite qui touche une courbe. T. de géom.

TANGER, s. m. Ville du royaume de Fez, à quinze lieues S.-O. de Gibraltar.

TANGER, v. a. et n. Ranger une côte. T. de mar.

TANGHIN, s. m. Arbre de l'île de Madagascar. T. de bot.

TANGIBILITÉ, s. f. Forme du tact. T. didact.

TANGIBLE, adj. Que l'on peut toucher, palper. T. didact.

TANGRY, s. m. Com. du dép. du Pas-de-Calais, cant. d'Heuchin, arr. de St.-Pol. = St.-Pol.

TANG-TANG, s. m. Tambour des Nègres qui n'a qu'une peau.

TANGUE-DE-MER, s. f. Sable marin, terreux, qui sert d'engrais sur les côtes de Normandie.

TANGUER, v. n. Eprouver le tangage, enfoncer trop par l'avant. T. de mar.

TANGUEUR, s. et adj. m. Se dit d'un navire sujet à tanguer.

TANGUIGUY, s. m. Poisson d'eau douce des îles Philippines. T. d'hist. nat.

TANI, s. m. Soie du Bengale. —, arbre de l'Inde. T. de bot.

TANIBOUCIER, s. m. Arbre de la Guiane. T. de bot.

TANIÈRE, s. f. Cavité servant de retraite aux bêtes sauvages. —, retraite d'un homme sauvage. Prop. et fig.

TANIS, s. m. Com. du dép. de la Manche, cant. de Pontorson, arr. d'Avranches. = Pontorson.

TANJET, s. m. Sorte de mousseline des Indes.

TANLAY, s. m. Com. du dép. de l'Yonne, cant. de Cruzy, arr. de Tonnerre. = Tonnerre.

TANNAGE, s. m. Art, action de tanner les peaux, les cuirs.

TANNAY, s. m. Com. du dép. des Ardennes, cant. du Chesne, arr. de Vouziers. = Buzancy.

TANNAY, s. m. Petite ville du dép. de la Nièvre, chef-lieu de cant. de l'arr. de Clamecy. Bur. d'enregist. et de poste.

TANNAY-SUR-LOIRE, s. m. Com. du dép. de la Nièvre, cant. de Fours, arr. de Nevers. = Decize.

TANNE, s. f. Petite bube noire qui se forme dans les pores de la peau; petite tache sur la peau des bêtes fauves.

TANNÉ, E, part. Préparé avec du tan, en parlant des cuirs. —, qui est de couleur à peu près semblable à celle du tan.

TANNÉE, s. f. Tan usé qu'on a retiré des fosses.

TANNER, v. a. Préparer le cuir avec du tan. —, fatiguer, molester, ennuyer. Fig. et fam.

TANNERIE, s. f. Etablissement où l'on tanne les cuirs.

TANNERRE, s. f. Com. du dép. de l'Yonne, cant. de Bléneau, arr. de Joigny. = St.-Fargeau.

TANNEUR, s. m. Ouvrier qui tanne les cuirs; marchand qui vend des cuirs tannés.

TANNIÈRES, s. f. Com. du dép. de l'Aisne, cant. de Braisne, arr. de Soissons. = Braisne-sur-Vesle.

TANNIN, s. m. Principe végétal qui

se trouve dans l'écorce de chêne et autres substances, et qui seul se combine avec les cuirs.

TANNOIS, s. m. Com. du dép. de la Meuse, cant. de Ligny, arr. de Bar-le-Duc. = Ligny.

TANQUES, s. f. Com. du dép. de l'Orne, cant. d'Ecouché, arr. d'Argentan. = Argentan.

TANQUEUR, s. m. Porte-faix sur les ports.

TANROUGE, s. m. Plante du genre des saxifragées. T. de bot.

TANT, adv. de comparaison, de quantité indéfinie. Marque la proportion, le rapport; tellement, à tel point, en si grande quantité, à un tel excès. —, autant. — que, aussi loin, aussi longtemps que... — s'en faut, bien au contraire. Si — est que, supposé que la chose soit. — pis, — mieux, adv. dont on se sert pour exprimer qu'une chose est ou n'est pas avantageuse.

TANTALE, s. m. Fils de Jupiter et de la nymphe Plota. Les Dieux lui ayant fait la faveur de manger à sa table, il leur servit les membres de son fils Pélops. Justement indigné de cette atrocité, Jupiter l'en punit en le condamnant à avoir une faim et une soif perpétuelles. En conséquence, après l'avoir enchaîné, Mercure l'enfonça jusqu'au menton au milieu d'un lac des Enfers, et plaça près de sa bouche une branche chargée de fruits qui se redressait dès qu'il voulait en manger; quand il voulait boire, l'eau se retirait à l'instant. T. de myth. —, petite machine hydraulique. —, métal indissoluble par les acides. —, oiseau d'Amérique. T. d'hist. nat.

TANTALIDES, s. m. pl. Surnom donné par les poètes à Agamemnon et Ménélas, arrières-petits fils de Tantale. T. de myth.

TANTALIQUE, adj. Combinaison du tantale avec l'oxygène; acide tantalique. T. de chim.

TANTALITE, s. m. Minéral dont l'acide tantalique est la base.

TANTAMON, s. m. Plante de l'île de Madagascar. T. de bot.

TANTAN, s. m. Espèce de ricin. T. de bot.

TANTE, s. f. Sœur du père ou de la mère; épouse de l'oncle.

TANTELAINVILLE, s. f. Com. du dép. de la Moselle, cant. de Gorze, arr. de Metz. = Metz.

TANTONVILLE, s. f. Com. du dép. de la Meurthe, cant. d'Haroué, arr. de Nancy. = Vézelise.

TANTÔT, adv. de temps. Dans peu, bientôt; il n'y a pas long-temps. —, conj. alternative; tantôt plus, tantôt moins.

TANU (le), s. m. Com. du dép. de la Manche, cant. de la Haye-Pesnel, arr. d'Avranches. = Grandville.

TANUS, s. m. Com. du dép. du Tarn, cant. de Pampelonne, arr. d'Albi. = Albi.

TANVILLE, s. f. Com. du dép. de l'Orne, cant. de Sées, arr. d'Alençon. = Mortrée.

TANYSTOMES, s. m. pl. Insectes diptères. T. d'hist. nat.

TANZAC, s. m. Com. du dép. de la Charente-Inférieure, cant. de Gemozac, arr. de Saintes. = Pons.

TAON, s. m. Insecte diptère semblable à une grosse mouche qui tourmente les chevaux, les bestiaux, dont il perce la peau avec sa trompe pour leur sucer le sang. — marin, insecte pycnogonide.

TAONABE, s. f. Plante de la polyandrie, douzième classe des végétaux. T. de bot.

TAONIENS, s. m. pl. Insectes diptères tanystomes. T. d'hist. nat.

TAOURAI, s. m. Casse de l'Inde. T. de bot.

TAPABOR, s. m. Sorte de bonnet. T. de mar.

TAPAGE, s. m. Désordre accompagné d'un grand bruit. T. fam.

TAPAGEUR, s. m. Mauvais sujet qui a l'habitude de faire du tapage.

TAPARA, s. m. Martin-pêcheur de l'île de Cayenne.

TAPAYE, s. f. Stellion orbiculaire. T. d'hist. nat.

TAPE, s. f. Bonde. T. de brasserie. —, ce qui ferme la bouche du canon. T. de mar. —, bouchon. T. de mét. —, coup du plat de la main, soufflet. T. fam.

TAPÉ, E, part. Frappé, battu, souffleté. T. fam. Poire —, aplatie et séchée au four.

TAPE-CU, s. m. Bascule qui ferme l'entrée d'une barrière; sorte de jeu à bascule. —, mauvais cabriolet, voiture qui cahote. —, grande bonnette au bout de la vergue d'artimon. T. de mar.

TAPÉEN, s. m. Sorte de voile. T. de mar.

TAPEINIE, s. f. Espèce d'iris. T. de bot.

TAPER, v. a. Donner une tape, souffleter, battre. T. fam. — du pied, frapper la terre de colère ou d'impatience. — les cheveux, les crêper en les relevant avec le peigne. — les canons, leur mettre des tapes, des bouchons. T. de mar.

TAPETTE, s. f. Tampon pour étendre le vernis sur le cuivre.

TAPHIEN, s. m. Genre de cheiroptères. T. d'hist. nat.

TAPHRIE, s. f. Genre de coléoptères. T. d'hist. nat.

TAPIAI, s. m. Fourmi d'Amérique. T. d'hist. nat.

TAPIER, **TAPIA** ou **TAPIN**, s. m. Genre de capparidées. T. de bot.

TAPIÈRE, s. f. Longue pièce de bois qui est reçue par les coudelattes. T. de mar.

TAPINAGE, s. m. Lieu caché. T. inus.

TAPINOIS (En), adv. En cachette, furtivement. T. fam.

TAPINOSE, s. f. Figure de rhétorique, exténuation.

TAPIOCA, s. m. Fécule de manioc.

TAPION, s. m. Espace uni sur la mer. T. de mar.

TAPIR, s. m. Genre de mammifères pachydermes d'Amérique, de la grosseur d'un bœuf. T. d'hist. nat.

TAPIR (se), v. pron. Se cacher, en se tenant dans une posture contrainte.

TAPIRIER, s. m. Arbre de la Guiane. T. de bot.

TAPIS, s. m. Pièce d'étoffe dont on couvre une table, un parquet. — de verdure, herbe courte et menue sur un sol uni. Mettre sur le —, proposer une chose à l'examen, faire devenir l'objet de la conversation. Fig. et fam. Amuser le —, parler de choses vagues. Raser le —, galoper près de la terre. T. de man. — de Perse, coquille du genre rocher. T. d'hist. nat. — vert, ricin. T. de bot.

TAPISSÉ, E, part. Orné de tapisseries.

TAPISSENDIES, s. f. pl. Toiles de coton peintes.

TAPISSER, v. a. Revêtir, orner de tapisseries. —, joncher, semer. Fig. —, revêtir les cavités du corps à l'intérieur; se dit des membranes. T. de chir.

TAPISSERIE, s. f. Ouvrage à l'aiguille ou au métier, sur du canevas; étoffe tendue sur les murs d'un appartement. —, personnes qui ne sont que pour la représentation. Fig. et fam. —, membranes qui recouvrent quelque cavité du corps. T. d'anat.

TAPISSIER, s. m. Ouvrier qui travaille en tapisserie, qui garnit les canapés, les fauteuils, etc., et décore les appartemens; marchand de tapisseries, de tentures et de meubles de salon.

TAPISSIÈRE, s. f. Epouse d'un tapissier; femme qui tient une boutique de tapissier. —, voiture suspendue dont se servent les tapissiers pour transporter les meubles.

TAPITI, s. m. Quadrupède rongeur du Brésil, variété du lièvre ou du lapin.

TAPOGOME, s. m. Plante ligneuse dont la racine fournit l'ipécacuanha. T. de bot.

TAPON, s. m. Etoffe, soie, linge, etc., mis en tas et bouchonné. T. fam. —, tambour des Siamois. —, bouchon. T. de mar.

TAPONAS, s. m. Com. du dép. du Rhône, cant. de Belleville, arr. de Villefranche. = Belleville-sur-Saône.

TAPONNAT, s. m. Com. du dép. de la Charente, cant. de Montembœuf, arr. de Confolens. = Larochefoucault.

TAPOTÉ, E, part. Se dit d'une personne à laquelle il a été donné de petites tapes. T. fam.

TAPOTER, v. a. Donner de petites tapes, de légers coups, à plusieurs reprises. T. fam.

TAPSEL, s. m. Grosse toile de coton du Bengale.

TAPURE, s. f. Frisure des cheveux tapés avec le peigne. —, arbrisseau de la Guiane. T. de bot.

TAQUE, s. f. Plaque de fonte.

TAQUÉ, E, part. Se dit de la forme sur laquelle le metteur en pages a passé le taquoir. T. d'impr.

TAQUER, v. a. Passer le taquoir sur la forme. T. d'impr.

TAQUERET, s. m. Plaque de fonte sur la tympe du fourneau de forge.

TAQUET, s. m. Morceau de bois qui supporte un tasseau. —, piquet enfoncé rez de terre. T. de jard. —, crochet. T. de mar. —, planchette que l'on frappe pour rappeler l'oiseau. T. de fauc.

TAQUIN, E, s. et adj. Vilain, avare. T. inus. —, mutin, querelleur, contrariant. T. fam.

TAQUINÉ, E, part. Agacé, contrarié.

TAQUINEMENT, adv. D'une manière taquine.

TAQUINER, v. a. Agacer, contrarier. —, v. n. Avoir l'habitude de contrarier pour des riens. Se —, v. récip. Se contrarier mutuellement.

TAQUINERIE, s. f. Vilenie, avarice sordide. T. inus. —, agacerie, contrariété. T. fam.

TAQUOIR, s. m. Petite planche pour niveler la forme. T. d'impr.

TAQUON, s. m. Hausse que l'on met dessous les caractères ou le papier pour faire ressortir l'impression. T. d'impr.

TAQUONNÉ, E, part. Pourvu de taquons. T. d'impr.

TAQUONNER, v. a. Mettre des taquons, des hausses. T. d'impr.

TARA, s. m. Espèce de tamarin. T. de bot.

TARABAT, s. m. Instrument en bois pour réveiller les religieux.

TARABÉ, s. m. Perroquet vert du Brésil; amazone à tête rouge.

TARABEL, s. m. Com. du dép. de la Haute-Garonne, cant. de Lanta, arr. de Villefranche. = Caraman.

TARABISCOT, s. m. Cavité qui sépare la moulure; bouvet, sorte de rabot pour faire les rainures. T. de menuis.

TARABUSTÉ, E, part. Importuné, fatigué par du bruit, etc.; brusqué, traité rudement.

TARABUSTER, v. a. Importuner, fatiguer par du bruit, des discours à contre-temps. T. inus. —, brusquer, traiter rudement. T. fam.

TARADEAU, s. m. Com. du dép. du Var, cant. de Lorgues, arr. de Draguignan. = Luc.

TARAGAS, s. m. Voy. TARUGA.

TARAISON, s. f. Tuile qu'on met devant l'ouvreau pour en diminuer l'ouverture. T. de verr.

TARALE, s. m. Arbre de la Guiane. T. de bot.

TARANCHE, s. f. Grosse cheville de pressoir.

TARANI, s. m. Plante aquatique du Malabar. T. de bot.

TARANTAIZE, s. f. Com. du dép. de la Loire, caut. de Genêt-Malifaux, arr. de St.-Etienne. = St.-Etienne.

TARAQUIRA, s. m. Lézard du Brésil. T. d'hist. nat.

TARARE, s. m. Ventilateur, machine garnie de volans pour vanner le grain. —, interjection qui marque le peu de foi qu'on ajoute à une chose, ou le peu de cas qu'on en fait.

TARARE, s. m. Ville du dép. du Rhône, chef-lieu de cant. de l'arr. de Villefranche; chambre de comm.; conseil de prud'hommes; bur. d'enregist. et de poste. Pop., 6,900 hab. env. Manuf. considérables de mousselines brodées et unies. Fabr. et comm. de broderies; blanchisseries.

TARASCON, s. m. Petite ville du dép. de l'Ariège, chef-lieu de cant. de l'arr. de Foix; bur. d'enregist. et de poste.
Cette ville est située au confluent de l'Ariège et du torrent de Vic-Dessos. Mines de fer aux environs; carrières de marbre, et plusieurs grottes très curieuses. Fabr. de cuirs, forges.

TARASCON, s. m. Petite ville du dép. des Bouches-du-Rhône, chef-lieu de cant. de l'arr. d'Arles; trib. de 1re inst. et de comm.; conserv. des hypoth.; bur. d'enregist. et de poste. Fabr. de cadis, serges, tissus de filoselle et soie, indiennes, amidon, savon, cordages. Comm. de vins, eaux-de-vie, vinaigres, huiles, laines, charbon de terre, bois, etc. Pop. 11,000 hab. env.

TARASTEIX, s. m. Com. du dép. des Hautes-Pyrénées, cant. et arr. de Tarbes. = Tarbes.

TARAUD, s. m. Outil d'acier trempé pour faire le pas des vis. —, espèce de tarrière. T. de charron.

TARAUDÉ, E, part. Percé au moyen du taraud.

TARAUDER, v. a. Percer en forme d'écrou.

TARAXACUM, s. m. Plante chicoracée. T. de bot.

TARAXIS, s. m. Inflammation de l'œil, légère ophtalmie. T. de méd.

TARBES, s. m. Ville du dép. des Hautes-Pyrénées, chef-lieu de préf., de sous-préf. et de cant.; trib. de 1re inst. et de comm.; société d'agric.; école gratuite de dessin et d'arch.; biblioth. publique; ingén. en chef des ponts-et-chaussées; direct. des contrib. dir. et indir.; bur. de garantie des matières d'or et d'argent; recev. gén. des finances; direct. de l'enregist. et des domaines; bur. d'enregist. et de poste. Pop., 8,800 hab. env.
Cette ville est située sur l'Adour, au milieu d'une plaine fertile. Papeteries et tanneries. Comm. de vins blancs, fer, bestiaux, etc.

TARCENAY, s. m. Com. du dép. du Doubs, cant. d'Ornans, arr. de Besançon. = Ornans.

TARCHON ou TARCON, s. m. Espèce d'estragon.

TARCHONANTHUS, s. m. Genre de plantes dont les feuilles ressemblent à celles de l'estragon. T. de bot.

TARCIA, s. m. Com. du dép. du Jura, cant. de St.-Julien, arr. de Lons-le-Saulnier. = St.-Amour.

TARD, s. m. La fin du jour; partir sur le tard. —, adv. Après l'heure assignée, le temps prescrit, convenable; vers la fin du jour, sur le soir.

TARDAIS, s. m. Com. du dép. d'Eure-et-Loir, cant. de Senonches, arr. de Dreux. = Brezolles.

TARDE (la), s. f. Rivière dont la source se trouve dans le dép. de la Creuse, et qui se jette dans le Cher, après un cours d'environ 12 lieues. Elle est flottable à bûches perdues depuis Chambon jusqu'à son embouchure.

TARDENOIS, s. m. Petit pays qui faisait autrefois partie de la Picardie, et qui maintenant est compris dans le dép. de l'Aisne.

TARDER, v. n. Différer de faire. —, demeurer trop long-temps; s'amuser, s'arrêter, aller lentement en sorte que l'on arrive tard. —, v. impers. Avoir impatience; il me tarde d'en finir.

TARDES, s. f. Com. du dép. de la Creuse, cant. de Chambon, arr. de Boussac. = Chambon.

TARDETS, s. m. Com. du dép. des Basses-Pyrénées, chef-lieu de cant. de l'arr. de Mauléon, où se trouvent les bur. d'enregist. et de poste.

TARDIÈRE (la), s. f. Com. du dép. de la Vendée, cant. de la Châtaigneraye, arr. de Fontenay-le-Comte. = la Châtaigneraye.

TARDIF, IVE, adj. Qui vient tard; précaution tardive. —, lent; pas tardifs. Fruit —, qui mûrit après les autres de son espèce. Esprit —, qui se développe tard et avec peine. Fig.

TARDIFLORE, adj. Qui fleurit tard. T. de bot.

TARDIGRADE ou TARDIFÈRE, s. m. Insecte aquatique très lent. —, pl. Mammifères sans incisives, à longs doigts crochus et réunis. T. d'hist. nat.

TARDINGHEN, s. m. Com. du dép. du Pas-de-Calais, cant. de Marquise, arr. de Boulogne. = Marquise.

TARDIVEMENT, adv. D'une manière tardive.

TARDIVETÉ, s. f. Lenteur à croître, à produire, à mûrir. T. d'agric.

TARDOIRE (la), s. f. Rivière qui prend sa source dans le dép. de la Haute-Vienne, près de Châlus, et se jette dans la Charente, au-dessus de Manles, après un cours d'environ 20 l.

TARDONNE, s. f. Com. du dép. de l'Oise, cant. de Niviller, arr. de Beauvais. = Beauvais.

TARE, s. f. Déchet, diminution dans la qualité ou la quantité des marchandises; diminution du poids, de l'enveloppe, des barils, des pots, de l'emballage, etc. —, vice, défaut. Fig. et fam.

TARÉ, E, part. Pesé, en parlant d'un vase, etc., qu'on veut remplir. —, adj. Vicié, gâté, corrompu. —, perdu de réputation; homme taré. Fig.

TARENNE, s. f. Arbre de l'île de Ceylan. T. de bot.

TARENTE, s. f. Ville du royaume de Naples sur le golfe de ce nom. Pop. 19,000 hab. env.

TARENTIN, E, s. et adj. Habitant de Tarente; qui concerne cette ville.

TARENTISME, s. m. Maladie endémique dans la Pouille, causée par la piqûre d'une espèce d'araignée nommée tarentule.

TARENTULE, s. f. Grosse araignée qu'on trouve à Tarente et dans les environs, dont la piqûre a long-temps été considérée comme venimeuse. —, sorte de petit lézard.

TARER, v. a. Causer du déchet; peser un vase, etc., avant de le remplir.

TARERACH, s. m. Com. du dép. des Pyrénées-Orientales, cant. de Sournia, arr. de Prades. = Perpignan.

TARET, s. m. Genre de testacés. T. d'hist. nat.

TARFULIM, s. m. Palmier de l'Inde. T. de bot.

TARGASONNE, s. f. Com. du dép. des Pyrénées-Orientales, cant. de Saillagouse, arr. de Prades. = Mont-Louis.

TARGE, s. f. Ancien bouclier.

TARGÉ, s. m. Com. du dép. de la Vienne, cant. et arr. de Châtellerault. = Châtellerault.

TARGET, s. m. Bouclier des montagnards écossais.

TARGET, s. m. Com. du dép. de l'Allier, cant. de Chantelle-le-Château, arr. de Gannat. = Montmarault.

TARGETTE, s. f. Sorte de verrou.

TARGIONE, s. m. Genre de plantes cryptogames. T. de bot.

TARGON, s. m. Com. du dép. de la Gironde, chef-lieu de cant. de l'arr. de la Réole. Bur. d'enregist. à Créon. = Cadillac.

TARGUER (se), v. pron. Se vanter, se prévaloir avec ostentation, se glorifier.

TARGUM, s. m. Commentaire chaldaïque du texte hébreu de l'Ancien-Testament.

TARGUMIQUE, adj. Qui appartient au Targum.

TARGUMISTE, s. m. Auteur d'un Targum.

TARI ou SOURY, s. m. Liqueur agréable qui se tire des palmiers, des cocotiers.

TARI, E, part. Mis à sec, épuisé.

TARIER, s. m. Sorte de bec-figue, oiseau grand traquet.

TARIÈRE, s. f. Outil de charpentier, de charron, pour percer des trous ronds. —, espèce de sonde pour creuser la terre et trouver l'eau. —, tire-balle, tire-fond. T. de chir. —, genre de testacés univalves. T. d'hist. nat. Voy. TARET.

TARIF, s. m. Etat, taxe du prix des denrées, des marchandises; taux des monnaies. — des glaces, tableau qui en marque le prix en proportion de leur grandeur.

TARIFIÉ, E, part. Réduit à un tarif.

TARIFIER, v. a. Réduire à un tarif, taxer.

TARIN, s. m. Petit oiseau de passage d'un gris jaune, à tête noire.

TARIR, v. a. Mettre à sec, et fig., épuiser. —, arrêter, faire cesser. —, v. n. Cesser de couler, se sécher, se vider. —, cesser. Fig. Se —, v. pron. S'épuiser par l'évaporation.

TARIRI, s. m. Arbre des Indes dont la feuille produit une teinture violette et pourpre.

TARISSABLE, adj. Qui peut se tarir, être tari.

TARISSEMENT, s. m. Dessèchement.

TARLATANE ou **TARNATANE**, s. f. Toile de coton des Indes.

TARN (le), s. m. Rivière dont la source se trouve sur le versant méridional de la montagne de la Lozère, arr. de Florac, et qui se jette dans la Garonne, à 1 l. de Moissac. Son cours est d'environ 75 l.; elle est navigable depuis Gaillac jusqu'à son embouchure.

TARN (dép. du), s. m. Chef-lieu de préf., Albi; 4 arr. ou sous-préf. : Castres, Gaillac, Lavaur, Albi; 35 cant. ou justices de paix; 362 com.; pop. 327,655 hab. env. Cour royale de Toulouse; diocèse d'Albi; 9ᵉ div. milit.; 9ᵉ div. des ponts-et-chaussées; 5ᵉ div. des mines; direct. de l'enregist. et des domaines de 3ᵉ classe.

Ce dép. est borné N.-E. par celui de l'Aveyron, S.-E. par celui de l'Aude, et O. par ceux de Tarn-et-Garonne et de la Haute-Garonne; son territoire offre de belles et fertiles plaines entrecoupées de montagnes et de coteaux, au milieu desquels se trouvent de profondes vallées abondantes en pâturages. On y remarque aussi de belles forêts qui fournissent des bois de charpente, de chauffage et du merrain. Ses productions consistent en plantes céréales, légumes secs, lin, chanvre, fruits à noyau, pommiers, cerisiers, safran, pastel, anis, coriandre, vins de bonne qualité, bons pâturages, bois, gibier abondant, peu de bestiaux, beaucoup de bêtes à laine; fer, houille, marbre, plâtre, argile propre à la faïence et à la porcelaine. Manuf. de draps fins et communs, draps croisés, cadis, casimirs, flanelles, serges et autres étoffes de laine. Fabr. de toiles d'emballage, linge de table, siamoises, molletons, couvertures de coton, bonneteries de laine, futailles, liqueurs, confitures; filatures de soie et de coton; distilleries d'eau-de-vie; batteries de cuivre; belles verreries, papeteries, tanneries, teintureries. Comm. de grains, vins, fruits, prunes sèches, miel, cire, indigo, extrait de pastel, bestiaux, fer, charbon de terre, merrain et futailles. Les principales rivières, qui l'arrosent sont le Tarn et l'Agout, qui y sont navigables.

TARNAC, s. m. Com. du dép. de la Corrèze, cant. de Bugeat, arr. d'Ussel. = Ussel.

TARNES, s. m. Com. du dép. de la Gironde, cant. de Fronsac, arr. de Libourne. = St.-André-de-Cubzac.

TARN-ET-GARONNE (dép. de), s. m. Chef-lieu de préf. Montauban; 3 arr. ou sous-préf. : Montauban, Moissac, Castel-Sarrasin; 24 cant. ou justices de paix; 198 com.; pop. 241,590 hab. env. Cour royale de Toulouse; diocèse de Montauban; 10ᵉ div. milit.; 9ᵉ div. des ponts-et-chaussées; 5ᵉ div. des mines; direct. de l'enregist. et des domaines, 3ᵉ classe.

Ce dép. est borné N. par le dép. du Lot; E. par ceux de l'Aveyron et du Tarn; S. par celui de la Haute-Garonne; et O. par ceux du Gers et de Lot-et-Garonne. Son territoire, traversé par trois chaînes de coteaux, présente des plaines riches et bien cultivées, de belles prairies et des coteaux plantés de vignes. On y élève beaucoup de mules et de mulets, dont il se fait un comm. avantageux dans certains cant.; le mûrier blanc y est cultivé avec soin.

Productions : toutes les plantes céréales en très grande quantité, millet noir, maïs, sarrasin, légumes, melons, truffes, châtaignes, lin, chanvre, navette, toutes sortes de fruits, bois, gibier, très bon poisson, quantité de mules et de mulets qui font la principale richesse du pays, bêtes à cornes, peu de moutons, beaucoup de porcs, élève en grand de la volaille, éducation des abeilles et des vers à soie; minerai de fer, marbre, belles pierres de taille, argile à potier. Fabr. de toiles, draps communs, cadis, serges, étamines, bas de soie; coutellerie excellente, cartons d'apprêteurs, plumes à écrire, savons; filatures de laine; nombreuses faïenceries, papeteries, tanneries considérables. Comm. très étendu de grains et farines, vins, eaux-de-vie, prunes, pruneaux, huile, safran, laine, papiers, cuirs, draps fins et communs. Les principales rivières qui l'arrosent sont la Garonne, le Tarn et l'Aveyron, qui y sont navigables.

TARNOS, s. m. Com. du dép. des Landes, cant. de St.-Esprit, arr. de Dax. = Bayonne.

TARO, s. m. Monnaie de cuivre de l'île de Malte, valant quatre sous, ou vingt centimes.

TARON, s. m. Com. du dép. des Basses-Pyrénées, cant. de Garlin, arr. de Pau. = Pau.

TAROT, s. m. Basson (Vi.) —, pl. Cartes tarotées.

TAROTÉ, E, adj. Se dit des cartes dont le dos est couvert de compartimens.

TAROTIR, v. n. Se plaindre (Vi.)

TAROUPE, s. f. Espace entre les sourcils; poils qui croissent dans cet endroit.

TARPÉIEN, NE, adj. Nom donné à un rocher contigu au mont Capitolin, d'où les Romains précipitaient les citoyens condamnés à mort, pour avoir voulu aspirer à la souveraine puissance; mont Tarpéien, roche Tarpéienne. T. d'antiq.

TARQUIMPOL, s. m. Com. du dép. de la Meurthe, cant. de Dieuze, arr. de Château-Salins. = Dieuze.

TARQUIN, s. m. Roi de Rome dont la tyrannie fut renversée par Brutus-l'Ancien, qui établit la république. —, variété de poire. T. de jardin.

TARQUINIE, s. f. Ancienne ville d'Italie, en Etrurie, au N.-O. de Rome, qui donna son nom à la famille des Tarquins. Cette ville fut détruite vers la fin de la république romaine.

TARRAGONE, s. f. Ville maritime d'Espagne, siége d'un archevêché. Pop. 12,000 hab. env.

TARRAGONAIS, E, s. et adj. Habitant de Tarragone; qui appartient à cette ville.

TARRANS, s. m. Com. du dép. de la Corse, cant. de Valle-d'Alesani, arr. de Corte. = Bastia.

TARSAC, s. m. Com. du dép. du Gers, cant. de Riscle, arr. de Mirande. = Condom.

TARSACQ, s. m. Com. du dép. des Basses-Pyrénées, cant. de Moncin, arr. d'Oloron. = Pau.

TARSE, s. m. Partie postérieure du pied, située entre le métatarse et les os de la jambe; coude-pied. —, cartilage mince placé le long du bord de chaque paupière. T. d'anat. —, jambe des quadrupèdes, des oiseaux, de certains insectes. T. d'hist. nat.

TARSIEN, NE, adj. Qui a rapport au tarse. T. d'anat.

TARSIER, s. m. Espèce de gerboise, maki. T. d'hist. nat.

TARSO, s. m. Marbre très dur de Toscane.

TARSO-MÉTATARSIEN, NE, adj. Qui est relatif au tarse et au métatarse. T. d'anat.

TARSO-MÉTATARSI-PHALANGIEN DU POUCE, s. et adj. m. Muscle abducteur du gros orteil. T. d'anat.

TARSO-PHALANGIEN DU POUCE, s. et adj. m. Muscle court fléchisseur du gros orteil. T. d'anat.

TARSO-SOUS-PHALANGIEN DU PETIT ORTEIL, s. et adj. m. Muscle court fléchisseur du petit orteil. T. d'anat.

TARSO-SOUS-PHALANGIEN DU POUCE, s. et adj. m. Muscle court fléchisseur du gros orteil. T. d'anat.

TARSUL, s. m. Com. du dép. de la Côte-d'Or, cant. d'Is-sur-Tille, arr. de Dijon. = Is-sur-Tille. Forges et hauts-fourneaux.

TARTAN, s. m. Etoffe de laine à carreaux, de diverses couleurs, dont les Ecossais font des vêtemens.

TARTANE, s. f. Barque, petit bâtiment à voile latine sur la Méditerranée. T. de mar. —, grand filet à manche. T. de pêch.

TARTARAS, s. m. Com. du dép. de la Loire, cant. de Rive-de-Gier, arr. de St.-Etienne. = Rive-de-Gier.

TARTARE, s. m. Lieu des Enfers où les méchans étaient jetés pour y éprouver toutes sortes de supplices. T. de myth. — ou Tatars, pl. Nation asiatique, autrefois maîtresse des royaumes de Sibir ou Touran, d'Astrakhan, de la Crimée, et qui habite aujourd'hui la Tartarie indépendante.

TARTARE, adj. Qui concerne la Tartarie, les Tartares.

TARTAREUX, EUSE, adj. Qui a la qualité du tartre.

TARTARIE, s. f. Contrée de l'Asie-Centrale, séparée de la Russie au N. par diverses rivières et des stèpes, à l'O. par l'Oural et la mer Caspienne; de la Chine, à l'E., par des montagnes; bornée au S. par les pays Balkh, Khorassan et les monts Gaour. Pop. 5,000,000 d'hab. env.

TARTARIN, s. m. Espèce de singe. T. d'hist. nat.

TARTARIQUE, adj. Voy. TARTRIQUE.

TARTARISÉ, E, part. Purifié avec le sel de tartre. T. de chim.

TARTARISER, v. a. Purifier avec le sel de tartre. T. de chim.

TARTAS, s. m. Petite ville du dép. des Landes, chef-lieu de cant. de l'arr. de St.-Sever. Bur. d'enregist. et de poste. Fabr. d'huile de lin et de vinaigre. Comm. de grains, vins, eaux-de-vie, gibier, jambons, bois de construction, planches, matières résineuses, etc.; culture du safran; tanneries.

TARTE, s. f. Pâtisserie plate dans l'intérieur de laquelle sont des fruits, des confitures, etc.

TARTÉCOURT, s. m. Com. du dép. de la Haute-Saône, cant. de Jussey, arr. de Vesoul. = Jussey.

TARTELETTE, s. f. Petite tarte.

TARTEVELLE, s. f. Partie de la trémie du moulin à farine.

TARTIERS, s. m. Com. du dép. de l'Aisne, cant. de Vic-sur-Aisne, arr. de Soissons. = Soissons.

TARTIGNY, s. m. Com. du dép. de l'Oise, cant. de Breteuil, arr. de Clermont. = Breteuil.

TARTILIOSSE, s. f. Gâteau de blé d'inde.

TARTINE, s. f. Tranche de pain couverte de beurre, de confiture, etc.

TART-L'ABBAYE, s. m. Com. du dép. de la Côte-d'Or, cant. de Genlis, arr. de Dijon. = Genlis.

TART-LE-BAS, s. m. Com. du dép. de la Côte-d'Or, cant. de Genlis, arr. de Dijon. = Genlis.

TART-LE-HAUT, s. m. Com. du dép. de la Côte-d'Or, cant. de Genlis, arr. de Dijon. = Genlis.

TARTONÉMIE ou TARTONOME, s. f. Plante de la Nouvelle-Hollande. T. de bot.

TARTONNE, s. f. Com. du dép. des Basses-Alpes, cant. de Barrême, arr. de Digne. = Digne.

TARTONRAIRE, s. f. Espèce de thymelée, lauréole. T. de bot.

TARTRATE, s. m. Nom générique des sels formés par la combinaison de l'acide tartrique avec les bases. T. de chim.

TARTRE, s. m. Concrétion terreuse et saline, que dépose le vin sur les parois du tonneau. —, concrétion pierreuse sur les dents. — spathique, fluate de potasse. — stibié, voy. ÉMÉTIQUE. — vitriolé, sulfate de potasse.

TARTRE (le), s. m. Com. du dép. de Saône-et-Loire, cant. de St.-Germain-du-Bois, arr. de Louhans. = Louhans.

TARTRE-GAUDRAN (le), s. m. Com. du dép. de Seine-et-Oise, cant. de Houdan, arr. de Mantes. = Houdan.

TARTRE (le) ET-TROUVÉRAC, s. m. Com. du dép. de la Charente, cant. de Baignes, arr. de Barbezieux. = Barbezieux.

TARTRIQUE, adj. Extrait du tartre; acide tartrique. T. de chim.

TARTRITE, s. m. Voy. TARTRATE. T. de chim.

TARTUFE, s. m. Nom donné par Molière au principal personnage d'une comédie qui porte ce titre. —, hypocrite, faux dévot. Fig.

TARTUFERIE, s. f. Hypocrisie, caractère, action, maintien d'un tartufe. T. fam.

TARTUFIÉ, E, part. Se dit de l'épouse d'un tartufe.

TARTUFIER, v. a. Marier à un tartufe. —, v. n. Faire le tartufe, en avoir l'air, les manières.

TARUGA, s. m. Espèce de Vigogne du Pérou qui donne le bézoard occidental.

TARZY, s. m. Com. du dép. des Ardennes, cant. de Signy-le-Petit, arr. de Rocroy. = Aubenton.

TAS, s. m. Amas, monceau; tas de blé. —, quantité considérable, multitude; se dit en mauvaise part. —, enclume portative; butte de gazon sur les fortifications.

TASCHYSURE, s. m. Genre de poissons abdominaux. T. d'hist. nat.

TASMANIE, s. f. Voy. MAGNOLIER. T. de bot.

TASQUE, s. m. Com. du dép. du Gers, cant. de Plaisance, arr. de Mirande. = Mirande.

TASSAO, s. m. Tranches de bœuf salées, séchées au soleil.

TASSE, s. f. Sorte de vase pour boire, gobelet; son contenu.

TASSÉ, E, part. Mis en tas, pressé, serré. —, affaisé. T. d'arch. Figure —, sans développement. T. d'arts.

TASSÉ, s. m. Com. du dép. de la Sarthe, cant. de Brûlon, arr. de la Flèche. = Sablé.

TASSEAU, s. m. Petit morceau de bois qui sert à supporter une tablette. —, outil de tondeur. —, tas, enclume portative.

TASSÉE, s. f. Plein une tasse.

TASSEMENT, s. m. Action de tasser; effets de cette action.

TASSENIÈRES, s. f. Com. du dép. du Jura, cant. de Chaussin, arr. de Dôle. = Dôle.

TASSER, v. a. Mettre en tas; presser, serrer. Fig. —, v. n. Croître, multiplier, augmenter, s'élargir. T. d'agric. —, s'affaisser. T. d'arch.

TASSETTE, s. f. Armure des cuisses au défaut de la cuirasse.

TASSILLÉ, s. m. Com. du dép. de

la Sarthe, cant. de Loué, arr. du Mans. = le Mans.

TASSILLY, s. m. Com. du dép. du Calvados, cant. de Coulibœuf, arr. de Falaise. = Falaise.

TASSIN, s. m. Com. du dép. du Rhône, cant. de Vaugneray, arr. de Lyon. = Lyon.

TASSIOT, s. m. Lattes en croix pour commencer l'ouvrage. T. de vannier.

TASSO, s. m. Com. du dép. de la Corse, cant. de Zicavo, arr. d'Ajaccio. = Ajaccio.

TASSOLE, s. m. Plante du genre des nyctaginées. T. de bot.

TATABULA, s. m. Poisson de la mer des Indes. T. de bot.

TATAUBA, s. m. Arbre du Brésil dont le fruit, semblable à la mûre, est très délicat. T. de bot.

TÂTÉ, E, part. Touché, palpé, manié; sondé, éprouvé. Fig.

TÂTEMENT, s. m. Action de tâter, et fig., de sonder, d'éprouver.

TÂTE-POULE, s. m. Idiot qui s'amuse aux soins du ménage.

TÂTER, v. a. Faire des attouchements, toucher, palper; manier doucement une chose pour juger de sa consistance, de sa constitution physique. —, essayer; éprouver. Fig. —, sonder, mettre à l'épreuve; tâter quelqu'un. —, v. n. tâcher de connaître par expérience, faire l'essai; goûter. Se —, v. pron. S'examiner, se sonder, consulter ses besoins, ses penchans. Se —, v. récip. Se sonder l'un et l'autre. Fig.

TÂTEUR, EUSE, s. Celui, celle qui tâte. —, personne irrésolue. Fig. et fam.

TATEUTE, s. m. Tatou à huit bandes. T. d'hist. nat.

TÂTE-VIN, s. m. Instrument pour tirer du vin par le bondon.

TATI, s. m. Oiseau-mouche des Indes.

TATIGNON, s. m. Petit meuble du brodeur pour mettre la chandelle et les mouchettes.

TATILLON, NE, s. Celui, celle qui tatillonne, qui a l'habitude de tatillonner.

TATILLONNAGE, s. m. Action, propos de tatillon. T. fam.

TATILLONNER, v. n. Entrer mal à propos, inutilement, dans les plus petits détails. T. fam.

TATINGHEM, s. m. Com. du dép. du Pas-de-Calais, cant. et arr. de St.-Omer. = St.-Omer.

TÂTONNEMENT, s. m. Action de tâtonner. Prop. et fig. Méthode de —, essai de divers moyens.

TÂTONNER, v. n. Chercher dans l'obscurité en tâtant; tâter des pieds, des mains pour se conduire. —, procéder avec timidité, incertitude; hésiter. Fig. et fam.

TÂTONNEUR, EUSE, s. Personne qui tâtonne. Prop. et fig.

TÂTONS (à), adv. En tâtonnant dans l'obscurité. A —, en essayant, sans lumières, sans connaissances. Fig. et fam.

TATOU, s. m. Genre de mammifères édentés, dont le corps est revêtu d'un test osseux divisé par bandes. T. d'hist. nat.

TATOUAGE, s. m. Action de tatouer.

TATOUÉ, E, part. Se dit des personnes qui, à l'exemple des sauvages, ont eu la folie de se laisser graver sur la peau des dessins grossiers.

TATOUER, v. a. Graver des dessins sur la peau à l'aide d'aiguilles imprégnées de différentes couleurs.

TATOUETTE ou **TATUÈTE**, s. f. Espèce de tatou. T. d'hist. nat.

TATTIE, s. f. Genre de plantes de la polyandrie, douzième classe des végétaux. T. de bot.

TAU, s. m. La figure d'un T. T. de blas. —, bombyx dont les ailes portent un T. T. d'hist. nat.

TAUDION, s. m. Taudis. T. fam.

TAUDIS, s. m. Petit logement en désordre, malpropre; vilaine petite maison. T. fam.

TAUGON-LA-RONDE, s. m. Com. du dép. de la Charente-Inférieure, cant. de Courçon, arr. de la Rochelle. = Nuaillé.

TAUGOUR, s. m. Petit lévier qui sert à tenir un essieu de charrette.

TAULANNE, s. f. Com. du dép. des Basses-Alpes, cant. et arr. de Castellanne. = Castellanne.

TAULÉ, s. m. Com. du dép. du Finistère, chef-lieu de cant. de l'arr. de Morlaix, où se trouvent les bur. d'enregist. et de poste. Papeteries.

TAULHAC, s. m. Com. du dép. de la Haute-Loire, cant. et arr. du Puy. = le Puy.

TAULIGNAN, s. m. Petite ville du dép. de la Drôme, cant. de Grignan, arr. de Montélimar. Bur. de poste. Fabr. de serges. Filat. de soie.

TAULIS, s. m. Com. du dép. des Pyrénées-Orientales, cant. d'Arles, arr. de Céret. = Arles-sur-Tech.

TAUMALIN, s. m. Matière grasse dans les crabes, etc.

TAUPE, s. f. Petit quadrupède noir, insectivore, très nuisible dans les jardins où il détruit les plantes en soulevant la terre. —, coquille du genre des porcelaines. —, tumeur qui se forme à la tête. T. de chir.

TAUPIER, s. m. Homme qui fait métier de prendre les taupes.

TAUPIÈRE, s. f. Piège pour prendre les taupes.

TAUPIN, s. m. Genre d'insectes coléoptères; coquille du genre cône. —, pl. Milice française sous Charles VII.

TAUPINÉE ou TAUPINIÈRE, s. f. Butte de terre que la taupe élève en fouillant. —, petite élévation de terre; petite hutte, petite cabane. Fig. et fam.

TAUPONT, s. m. Com. du dép. du Morbihan, cant. et arr. de Ploërmel. = Ploërmel.

TAURE, s. f. Génisse.

TAUREAU, s. m. Quadrupède bisulce, ongulé et cornupède, mâle de la vache. Voix de —, très forte. —, l'un des douze signes du zodiaque. T. d'astr.

TAURELLIÈRE, s. f. Vache sujette à avorter.

TAURIAC, s. m. Com. du dép. de l'Aveyron, cant. de la Salvetat, arr. de Rodez. = Rodez.

TAURIAC, s. m. Com. du dép. de la Gironde, cant. de Bourg, arr. de Blaye. = Bourg-sur-Gironde.

TAURIAC, s. m. Com. du dép. du Lot, cant. de Brettenoux, arr. de Figeac. = St.-Céré.

TAURIAC, s. m. Com. du dép. du Tarn, cant. de Salvaignac, arr. de Gaillac. = Tarbes.

TAURICIDER, v. n. Donner des combats de taureaux. T. inus.

TAURIERS, s. m. Com. du dép. de l'Ardèche, cant. et arr. de Largentière. = Largentière.

TAURIGNAN-CASTET, s. m. Com. du dép. de l'Ariège, cant. de St.-Lizier, arr. de St.-Girons. = St.-Girons.

TAURIGNAN-VIEUX, s. m. Com. du dép. de l'Ariège, cant. de St.-Lizier, arr. de St.-Girons. = St.-Girons.

TAURIN-DES-IFS (St.-), s. m. Com. du dép. de l'Eure, cant. de Brionne, arr. de Bernay. = Brionne.

TAURINES, s. f. Village du dép. de l'Aveyron, cant. de Réquista, arr. de Rodez. = Rodez.

TAURINYA, s. m. Com. du dép. des Pyrénées-Orientales, cant. et arr. de Prades. = Prades.

TAURION (le), s. m. Rivière qui prend sa source dans le dép. de la Creuse, et se jette dans la Vienne au-dessous de St.-Priest-Taurion, dép. de la Haute-Vienne, après un cours d'environ 20 l.

TAURIQUE, adj. Se dit d'une presqu'île habitée par des Scytes cruels, qui immolaient des victimes humaines à Diane; Chersonèse taurique, aujourd'hui la Crimée. T. de myth.

TAURIZE, s. f. Com. du dép. de l'Aude, cant. de Lagrasse, arr. de Carcassonne. = Lagrasse.

TAUROBOLE, s. m. Sacrifice expiatoire d'un taureau en l'honneur de Cybèle. T. de myth.

TAUROBOLISER, v. n. Faire aux dieux le sacrifice d'un taureau.

TAUROCATAPSIE, s. f. Combat de taureaux.

TAUROCOLLE, s. f. Colle faite avec les nerfs, les pieds du taureau, etc.

TAUROPHAGE, s. et adj. Qui se nourrit de bœuf. —, surnom de Bacchus. T. de myth.

TAURUS, s. m. Crétois qui entretenait un commerce secret avec Pasiphaé, épouse de Minos, de laquelle il eut une fille, ce qui a donné lieu à la fable du Minotaure. T. de myth. —, chaîne de montagnes qui s'étendait depuis la Cilicie jusque vers l'Euphrate. T. de géogr. ancienne.

TAUSSAC, s. m. Com. du dép. de l'Aveyron, cant. de Mur-de-Barrez, arr. d'Espalion. = Mur-de-Barrez.

TAUSSAC-DOULS, s. m. Village du dép. de l'Hérault, cant. de St.-Gervais, arr. de Béziers. = Bédarieux.

TAUSSAC-ET-DOUCH, s. m. Com. du dép. de l'Hérault, cant. de St.-Gervais, arr. de Béziers. = Bédarieux.

TAUTAVEL, s. m. Com. du dép. des Pyrénées-Orientales, cant. de la Tour, arr. de Perpignan. = Perpignan.

TAUTE (la), s. f. Rivière dont la source se trouve près de St.-Sauveur-Lendelin, dép. de la Manche, et qui se jette dans la Douve, un peu au-dessous de Carentan, après un cours d'environ 8 lieues.

TAUTOCHRONE, adj. Voy. ISOCHRONE.

TAUTOGRAMME, s. et adj. m. Poème dont tous les mots commencent par la même lettre.

TAUTOLOGIE, s. f. Répétition inutile d'une même idée en termes différens.

TAUTOLOGIQUE, adj. Qui a rapport à la tautologie. Echo —, qui répète plusieurs fois les mêmes sons.

TAUTOMÉTRIE, s. f. Répétition servile des mêmes mesures. T. de poés.

TAUVES-ET-ST.-GAL, s. m. Com. du dép. du Puy-de-Dôme, chef-lieu de cant. de l'arr. d'Issoire. Bur. d'enregist. et de poste.

TAUX, s. m. Prix établi; fixation de l'intérêt de l'argent; somme à laquelle on était taxé pour la taille. —, se dit fig. du prix de la corruption, etc.
TAUX, s. m. Com. du dép. de l'Aisne, cant. d'Oulchy-le-Château, arr. de Soissons. = Oulchy.
TAUXIÈRES, s. f. Com. du dép. de la Marne, cant. d'Ay, arr. de Reims. = Epernay.
TAUXIGNY, s. m. Com. du dép. d'Indre-et-Loire, cant. et arr. de Loches. = Cormery.
TAVACO, s. m. Com. du dép. de la Corse, cant. de Sarrola, arr. d'Ajaccio. = Ajaccio.
TAVAÏOLE, s. f. Linge garni de dentelles, pour le baptême.
TAVALLE, s. f. Genre de conifères. T. de bot.
TAVANT, s. m. Com. du dép. d'Indre-et-Loire, cant. de l'Isle-Bouchard, arr. de Chinon. = l'Isle-Bouchard.
TAVAUX, s. m. Com. du dép. du Jura, cant. de Chemin, arr. de Dôle. Bur. d'enregist. = Dôle.
TAVEAUX-ET-PONTSÉRICOURT, s. m. Com. du dép. de l'Aisne, cant. de Marle, arr. de Laon. = Marle.
TAVEL, s. m. Com. du dép. du Gard, cant. de Roquemaure, arr. d'Uzès. = Roquemaure. Vins renommés.
TAVELÉ, E, part. Moucheté, tacheté.
TAVELER, v. a. Marqueter, moucheter, tacheter.
TAVELLE, s. f. Passement fort étroit; petite tringle pour frapper la trame.
TAVELURE, s. f. Bigarrure d'une peau tavelée.
TAVERA, s. f. Com. du dép. de la Corse, cant. de Bocognano, arr. d'Ajaccio. = Ajaccio.
TAVERNAY, s. m. Com. du dép. de Saône-et-Loire, cant. et arr. d'Autun. = Autun.
TAVERNE, s. f. Cabaret. T. de mépris.
TAVERNES, s. f. Com. du dép. du Tarn, chef-lieu de cant. de l'arr. de Brignoles. Bur. d'enregist. à Barjols. = Barjols.
TAVERNIER, ÈRE, s. Cabaretier.
TAVERNON, s. m. Arbre de St.-Domingue dont le fruit est semblable au citron. T. de bot.
TAVERS, s. m. Com. du dép. du Loiret, cant. de Beaugency, arr. d'Orléans. = Beaugency.
TAVEY, s. m. Com. du dép. de la Haute-Saône, cant. d'Héricourt, arr. de Lure. = Belfort.
TAVIGNANO (le), s. m. Rivière qui sort du Lac de Créno, et qui se jette dans la Méditerranée, près des ruines d'Aleria.
TAVON, s. m. Oiseau noir des îles Philippines. T. d'hist. nat.
TAVOUA, s. m. Perroquet de la Guiane. T. d'hist. nat.
TAVOULOU, s. m. Plante de l'île de Madagascar. T. de bot.
TAVOUTALA, s. m. Plante orchidée de l'île de Madagascar. T. de bot.
TAXANTHÈME, s. m. Plombaginée de la Nouvelle-Hollande. T. de bot.
TAXAT, s. m. Com. du dép. de l'Allier, cant. de Chantelle-le-Château, arr. de Gannat. = Gannat.
TAXATEUR, s. m. Employé de l'administration des postes qui taxe les lettres et paquets. —, celui qui fait la taxe des frais de procédure. T. de procéd.
TAXATION, s. f. Action de taxer; droit des gens de finance.
TAXE, s. f. Règlement du prix des denrées par l'autorité administrative; prix ainsi fixé. —, impôt; somme imposée. — de dépens, règlement des frais de procédure. T. de procéd.
TAXÉ, E, part. Réglé, fixé, arrêté, en parlant du prix des denrées, des frais d'un procès.
TAXENNES, s. f. Com. du dép. du Jura, cant. de Gendrey, arr. de Dôle. = Dôle.
TAXER, v. a. Régler le prix des subsistances, les frais de procédure; imposer une taxe. — de, accuser. Se —, v. pron. S'imposer une somme quelconque dans une dépense en commun. Se —, v. récip. S'accuser mutuellement.
TAXIARQUE, s. m. Commandant de l'infanterie athénienne.
TAXIDERMIE, s. f. Art d'empailler les animaux.
TAXIS, s. m. Espèce de synthèse de contiguité pour les parties molles; réduction méthodique de l'intestin ou de l'épiploon qu'on fait rentrer avec les doigts dans la capacité du bas-ventre. T. de chir.
TAXODION, s. m. Cyprès distique. T. de bot.
TAYAC, s. m. Village du dép. de l'Aveyron, cant. de Cassagnes-Bégonhès, arr. de Rodez. = Rodez.
TAYAC, s. m. Com. du dép. de la Dordogne, cant. de St.-Cyprien et Lussas, arr. de Sarlat. = le Bugue.
TAYAC, s. m. Com. du dép. de la Gironde, cant. de Lussac, arr. de Libourne. = Libourne.
TAYAYA, s. m. Espèce de cigogne. T. d'hist. nat.

TAYBOSC, s. m. Com. du dép. du Gers, cant. de Mauvesin, arr. de Lectoure. = Fleurance.

TAYE, s. f. Poisson thoracique. T. d'hist. nat.

TAYLORIE, s. f. Genre de mousses. T. de bot.

TAYON, s. m. Baliveau âgé de trois coupes.

TAYOVE, s. m. Chou caraïbe.

TAYRA, s. m. Petit quadrupède carnassier de la Guiane, qui ressemble à la fouine. T. d'hist. nat.

TAYRAC, s. m. Com. du dép. de Lot-et-Garonne, cant. de Beauville, arr. d'Agen. = Monflanquin.

TAZILLY-ET-FLÉTY, s. m. Com. du dép. de la Nièvre, cant. de Luzy, arr. de Château-Chinon. = Luzy.

TCHANG, s. m. Herbe odoriférante de la Chine. T. de bot.

TCHILOTOU, s. m. Tulipe de l'île de Madagascar. T. de bot.

TCHIR, s. m. Saumon des rivières de Sibérie. T. d'hist. nat.

TE, pron. personnel. Toi ; à toi.

TÉ, s. m. Disposition des fourneaux de mine en forme de T pour faire sauter des fortifications.

TEBBE, s. m. Quadrupède d'Afrique, d'une couleur brune. T. d'hist. nat.

TEBET, s. m. Hache dont sont armés les soldats turcs.

TECH (la), s. f. Rivière dont la source se trouve au-dessous de Prats-de-Mollo, et qui se jette dans la Méditerranée, entre l'étang de St.-Nazaire et Collioure. Son cours est d'environ 15 l.

TÊCHE-ET-BEAULIEU, s. m. Com. du dép. de l'Isère, cant. et arr. de St.-Marcellin. = St.-Marcellin.

TECHICHI, s. m. Quadrupède du Mexique. T. d'hist. nat.

TECHICTLI, s. m. Oiseau du Mexique. T. d'hist. nat.

TECHNIQUE, adj. Propre à un art, qui lui appartient. —, affecté aux arts; mot technique. Vers —, qui rappellent beaucoup de choses en peu de mots; qui renferment des faits, des préceptes.

TECHNOLITHES, s. f. pl. Pierres qui représentent des objets particuliers aux arts. T. d'hist. nat.

TECHNOLOGIE, s. f. Traité des arts; explication des termes consacrés dans les arts.

TECHNOLOGIQUE, adj. Qui appartient à la technologie.

TECHNOMORPHITES, s. f. pl. Pierres qui représentent des objets d'arts. T. d'hist. nat.

TÉCOLITHOS, s. m. Pierre en forme de noyau d'olive. T. d'hist. nat.

TÉCOLOTL, s. m. Hibou d'Amérique. T. d'hist. nat.

TÉCOU, s. m. Com. du dép. du Tarn, cant. de Cadelen, arr. de Gaillac. = Gaillac.

TECT, s. m. Partie de l'os frontal, sur lequel est planté le bois du cerf. T. de véner.

TECTAIRE, s. f. Coquille du genre sabot. T. d'hist. nat.

TECTIBRANCHES, s. m. pl. Mollusques dermobranches, adélobranches. T. d'hist. nat.

TECTIPENNES, s. m. pl. Famille d'insectes névroptères qui ont les ailes couchées sur le dos. T. d'hist. nat.

TECTRICES, s. f. pl. Plumes qui couvrent le dessus et le dessous des ailes, la base de la queue. T. d'hist. nat.

TECTUM DE SUIF, s. m. Couche de suif sur l'étain que l'on veut fondre.

TE DEUM, s. m. (mots lat). Hymne latine qui se chante dans les églises, en actions de grâces d'un événement heureux.

TÉDORO, s. m. Filet, espèce de folle. T. de pêch.

TÉEDIE, s. f. Capraire luisante. T. de bot.

TÉEDONDA, s. f. Bryone de l'Inde. T. de bot.

TÉESDALIE, s. f. Ibéride à tige nue. T. de bot.

TÉGUIXIN, s. m. Lézard. T. d'hist. nat.

TÉGUMENT, s. m. Tissu qui sert d'enveloppe aux différentes parties du corps, l'épiderme, la peau, la membrane adipeuse. T. d'anat. —, enveloppe immédiate de l'amende d'une graine. — floraux, enveloppes des organes sexuels. T. de bot.

TÉHRAN ou TÉHERAN, s. m. Ville capitale du royaume de Perse. Pop. 60,000 hab. env.

TEICH (le), s. m. Com. du dép. de la Gironde, cant. de la Teste-de-Buch, arr. de Bordeaux. = la Teste-de-Buch.

TEIGNASSE, s. f. Calotte enduite d'un emplâtre agglutinatif qu'on mettait sur la tête des teigneux.

TEIGNE, s. f. Espèce de dartre corrosive qui ronge les tégumens de la tête et les bulbes des cheveux. —, espèce de gale sur l'écorce des arbres. —, genre d'insectes lépidoptères qui rongent les étoffes. T. d'hist. nat. —, plante rampante qui détruit les prairies où elle se multiplie. T. de bot. —, pl. Pourriture à la fourchette du pied d'un cheval.

TEIGNERIE, s. f. Partie d'un hôpital où l'on panse les teigneux.

TEIGNEUX, EUSE, s. et adj. Personne qui a la teigne. Balles —, dont le cuir est trop humecté. T. d'impr.

TEIGNY, s. m. Com. du dép. de la Nièvre, cant. de Tannay, arr. de Clamecy. == Lormes.

TEIL (le), s. m. Com. du dép. de l'Ardèche, cant. de Viviers, arr. de Privas. == Viviers.

TEILHÈDE, s. m. Com. du dép. du Puy-de-Dôme, cant. de Combronde, arr. de Riom. == Riom.

TEILHET, s. m. Com. du dép. du Puy-de-Dôme, cant. de Menat, arr. de Riom. == Riom.

TEILLAGE, s. m. Action de teiller le chanvre; effets de cette action.

TEILLAI-LE-GAUDIN, s. m. Com. du dép. du Loiret, cant. d'Outarville, arr. de Pithiviers. == Thoury.

TEILLAI-ST.-BENOÎT, s. m. Com. du dép. du Loiret, cant. d'Outarville, arr. de Pithiviers. == Neuville-aux-Bois.

TEILLE, s. f. Ecorce de chanvre.

TEILLÉ, E, part. Se dit d'un brin de chanvre dont l'écorce a été enlevée.

TEILLÉ, s. m. Com. du dép. de la Loire-Inférieure, cant. de Riaillé, arr. d'Ancenis. == Ancenis.

TEILLÉ, s. m. Com. du dép. de la Sarthe, cant. de Ballon, arr. du Mans. == Beaumont-le-Vicomte.

TEILLER, v. a. Enlever l'écorce du chanvre, en la détachant avec les doigts.

TEILLET, s. m. Com. du dép. de l'Allier, cant. et arr. de Montluçon. == Montluçon.

TEILLET, s. m. Com. du dép. de l'Ariège, cant. de Mirepoix, arr. de Pamiers. == Mirepoix.

TEILLEUL (le), s. m. Com. du dép. de la Manche, chef-lieu de cant. de l'arr. de Mortain, où se trouvent les bur. d'enregist. et de poste.

TEILLEUR, EUSE, s. Celui, celle qui teille le chanvre.

TEILLOTS, s. m. Com. du dép. de la Dordogne, cant. de Hautefort, arr. de Périgueux. == Exideuil.

TEINDRE, v. a. Tremper une étoffe dans la teinture pour lui donner une couleur différente de celle qu'elle avait; imprimer une couleur; colorer un liquide, l'eau.

TEINT, s. m. Manière de teindre. —, coloris du visage; teint frais, vermeil.

TEINT, E, part. Se dit d'une étoffe qui a été passée à la teinture.

TEINTE, s. f. Degré de force des couleurs; mélange de couleurs.

TEINTURE, s. f. Art, manière, action de teindre; liqueur extraite des végétaux ou des minéraux pour teindre; impression de cette liqueur sur l'étoffe. —, extrait liquide et coloré d'une substance mixte, à l'aide d'une menstrue convenable. T. de pharm. —, couleur extraite d'un minéral. T. de chim. —, connaissance superficielle d'un art, d'une science; légère impression restée dans l'esprit. Fig.

TEINTURERIE, s. f. Profession, laboratoire du teinturier.

TEINTURIEN, NE, adj. Qui est propre à la teinture. Voy. TINCTORIAL. T. de bot.

TEINTURIER, ÈRE, s. Celui, celle qui exerce la profession de teindre les étoffes. —, homme de lettres qui corrige les écrits d'un autre. Fig. et fam. —, grand arbre d'Afrique dont le fruit donne une huile tinctoriale. —, sorte de raisin noir qui sert à teindre le vin.

TEIRA, s. m. Poisson du genre du chétodon.

TEISSIÈRES-LES-BOULIÈS, s. f. Com. du dép. du Cantal, cant. de Montsalvy, arr. d'Aurillac. == Aurillac.

TEISSIEU, s. m. Com. du dép. du Lot, cant. de Brettenoux, arr. de Figeac. == Figeac.

TÉITÉ, s. m. Tangara du Brésil.

TEL, LE, adj. Pareil, semblable. —, si grand; son avarice est telle que chacun en glose. —, de telle nature, qualité. —, répété, sert à établir la comparaison; tel maître, tel valet. — que, comme. — quel, médiocre, de peu de valeur. —, s. m. Quelqu'un indéterminément; un tel, une telle.

TÉLAMON, s. m. Fils d'Eaque, roi de Salamine. Ce héros, père du redoutable Ajax, fut le compagnon d'Hercule, et monta le premier à l'assaut, lorsque ce dernier s'empara de Troie, sous le règne de Laomédon. Il fut aussi du nombre des Argonautes. T. de myth.

TÉLÉBOÏTE, s. f. Coquille univalve. T. d'hist. nat.

TÉLÉGONE, s. m. Fils d'Ulysse et de Circé qui fut condamné par le Destin à devenir parricide. Ayant obtenu de l'enchanteresse, auprès de laquelle il avait été élevé, la permission d'aller voir son père, il s'embarqua pour Ithaque. Cependant Ulysse, pour éviter l'accomplissement de l'Oracle, avait abdiqué en faveur de son fils Télémaque, et s'était retiré dans un désert, de telle sorte qu'on le croyait mort. Vaine précaution! Voulant s'opposer à la descente de Télégone, qu'il supposait vouloir surprendre l'île d'Ithaque, il rassembla quelques hommes dans la campagne, se mit à leur tête, et bientôt en vint aux mains avec son propre fils, sous les coups duquel il périt, victime d'un sort barbare. Celui-ci s'empressa de quitter l'île d'Ithaque et vint se réfugier en Italie, où il fonda la ville de Tusculum. T. de myth.

TÉLÉGRAPHE, s. m. Machine renouvelée des anciens, pour transmettre en quelques heures les nouvelles qui intéressent le gouvernement, à l'aide de signaux répétés de distance en distance.

TÉLÉGRAPHIE, s. f. Art de construire, de diriger, d'observer les signaux transmis par le télégraphe; connaissance des signes télégraphiques.

TÉLÉGRAPHIQUE, adj. Qui appartient, est relatif aux télégraphes. Nouvelle —, transmise par le télégraphe.

TÉLÉGRAPHIQUEMENT, adv. Par la voie du télégraphe.

TÉLÉMAQUE, s. m. Fils d'Ulysse et de Pénélope. Parvenu à l'âge de quinze ans, il partit pour chercher son père et courut les mers, accompagné de Minerve sous la figure de Mentor, son gouverneur. Après un long voyage dans lequel sa vertu fut souvent exposée à des aventures périlleuses, dont Minerve sut profiter pour l'instruire et corriger les défauts de son caractère, il revint dans l'île d'Ithaque, où il retrouva Ulysse. T. de myth.

TÉLÉOBRANCHES, s. m. pl. Poissons cartilagineux. T. d'hist. nat.

TÉLÉOLOGUE, s. m. Instrument acoustique pour converser à de grandes distances.

TÉLÉOPODES, s. m. pl. Oiseaux-nageurs T. d'hist. nat.

TÉLÈPHE, s. m. Fils d'Hercule qui fut blessé par Achille au siége de Troie, et ne put être guéri qu'après avoir mis sur sa plaie un onguent fait de la rouille du fer dont il avait été blessé. T. de myth. —, plante du genre des portulacées. T. de bot.

TÉLÉPHIEN, adj. m. Se dit d'un ulcère malin très difficile à guérir, semblable à celui de Télèphe qui fut blessé par Achille. Voy. CHIRONIEN.

TÉLÉPHORE, s. m. Cicindèle, genre de coléoptères dont les larves tombent avec la neige poussée par un ouragan. T. d'hist. nat.

TÉLESCOPE, s. m. Instrument d'astronomie, lunette à réflexion qui rapproche les objets. —, constellation australe. T. d'astr.

TÉLESCOPIQUE, adj. Qui a rapport au télescope.

TÉLÉSIE, s. f. Pierre précieuse qui reçoit différens noms, selon sa couleur.

TÉLESTO, s. m. Polypier coralligène. T. d'hist. nat.

TELGRUC, s. m. Com. du dép. du Finistère, cant. de Crozon, arr. de Châteaulin. = Châteaulin.

TÉLIPOGON, s. m. Plante de la famille des orchidées. T. de bot.

TELLANCOURT, s. m. Com. du dép. de la Moselle, cant. de Longuion, arr. de Briey. = Longuion.

TELLECEY, s. m. Com. du dép. de la Côte-d'Or, cant. de Pontailler-sur-Saône, arr. de Dijon. = Pontailler-sur-Saône.

TELLEMENT, adv. De telle sorte, à tel point; si fort. — quellement, tel quel.

TELLETTE, s. f. Toile de crin du kas. T. de papet.

TELLICÉRIS, s. m. Arbre de l'Inde. T. de bot.

TELLIÈRE, s. f. Sorte de papier à placets.

TELLIÈRES-LE-PLESSIS, s. m. Com. du dép. de l'Orne, cant. de Courtomer, arr. d'Alençon. = Mêle.

TELLINE, s. f. Genre de coquilles bivalves. T. d'hist. nat.

TELLINIDE, s. f. Coquille bivalve. T. d'hist. nat.

TELLINITE, s. f. Telline fossile. T. d'hist. nat.

TELLURE, s. m. Métal d'un blanc d'étain, lamelleux, très fusible. T. d'hist. nat.

TÉLOCHÉ, s. m. Com. du dép. de la Sarthe, cant. d'Ecommoy, arr. du Mans. = Ecommoy. Fours à chaux.

TÉLON, s. m. Etoffe grossière, espèce de tiretaine.

TÉLOPÉE, s. f. Protée de la Nouvelle-Hollande. T. de bot.

TÉMÉRAIRE, s. m. et adj. En parlant des personnes, hardi avec imprudence; en parlant des choses, inconsidéré, hasardé.

TÉMÉRAIREMENT, adj. Avec témérité, inconsidérément, sans réflexion; contre le droit, la raison.

TÉMÉRITÉ, s. f. Hardiesse imprudente, inconsidérée.

TEMNODON, s. m. Poisson de la mer des Indes. T. d'hist. nat.

TÉMO, s. m. Arbre du Chili, toujours vert. T. de bot.

TÉMOIGNAGE, s. m. Rapport d'un ou de plusieurs témoins sur un fait, etc. —, sentiment, opinion. —, preuve; marque; témoignage d'amitié. — de la conscience, sentiment intime de la bonté ou de la méchanceté d'une action.

TÉMOIGNÉ, E, part. Attesté, certifié.

TÉMOIGNER, v. a. Attester, certifier, porter témoignage, déposer en justice. —, marquer, faire paraître, prouver; témoigner de la satisfaction. Fig.

TÉMOIN, s. m. Celui qui rend témoignage de ce qu'il a vu ou entendu, qui dépose en justice. —, ce qui sert à faire connaître, juger, retrouver, etc.; marque, indice; monument. Prendre à —, invoquer le témoignage. —, défaut de tonte du drap. T. de manuf. —, pl. Buttes laissées après le déblai; petits morceaux de tuile, etc., qu'on enterre sous les bornes d'un champ pour pouvoir s'assurer si elles n'ont point été déplacées. —, bords d'un livre non coupés. T. de rel. —, adv. Prenant pour preuve.

TEMPE, s. f. Partie latérale de la tête, de l'oreille au front.

TEMPÉ, s. m. Vallée de la Thessalie, située entre les monts Ossa et Olympe. Les Dieux et les Déesses allaient se promener et se réjouir dans cette vallée, la plus délicieuse qu'il y eût dans l'univers. T. de myth.

TEMPÉRAMENT, s. m. Complexion, constitution particulière du corps. —, disposition naturelle des solides et des fluides qui, par leur action réciproque, concourent aux fonctions de l'organisme; tempérament sec, bilieux, sanguin, etc. —, caractère, disposition; expédient; adoucissement; accommodement; ménagement. —, altération légère qu'on fait aux intervalles, modification. T. de mus.

TEMPÉRANCE, s. f. Vertu qui règle, qui modère les désirs sensuels, sagesse; frugalité, sobriété.

TEMPÉRANT, s. m. Calmant. T. inus.

TEMPÉRANT, E, adj. Sobre, modéré, qui a de la tempérance.

TEMPÉRATURE, s. f. Etat actuel, qualité, disposition de l'air froid ou chaud, sec ou humide. Voy. CLIMAT.

TEMPÉRÉ, s. m. Température moyenne, ce qui l'indique au thermomètre, etc.

TEMPÉRÉ, E, part. Modéré, adouci, calmé, soulagé. —, adj. Ni trop chaud, ni trop froid, en parlant de l'air, de la température. —, mesuré, sage, posé. Fig.

TEMPÉRER, v. a. Modérer, diminuer l'excès; adoucir, calmer, soulager; modifier, régler; arrêter, contenir, réprimer. Se —, v. pron. S'adoucir.

TEMPÊTE, s. f. Violente agitation de l'air, vent impétueux avec ou sans orage. —, soulèvement des esprits, tumulte, vacarme, mouvement séditieux, moment de crise dans les affaires d'état; persécution violente. Fig.

TEMPÊTER, v. n. Vociférer, s'emporter, se déchaîner, se mettre en furie.

TEMPÉTUEUX, EUSE, adj. Sujet aux tempêtes, qui les cause.

TEMPLE, s. m. Edifice public consacré aux cérémonies du culte chez les anciens et les modernes; église. —, mesure pour espacer les mortaises d'une jante. T. de charr. —, pl. Perches horizontales pour les bourdigues. T. de pêch.

TEMPLE (le), s. m. Com. du dép. de la Charente, cant. de Rouillac, arr. d'Angoulême. ⸺ Angoulême.

TEMPLE (le), s. m. Com. du dép. de la Gironde, cant. de Castelnau, arr. de Bordeaux. ⸺ Lesparre.

TEMPLE (le), s. m. Com. du dép. de Loir-et-Cher, cant. de Montdoubleau, arr. de Vendôme. ⸺ Montdoubleau.

TEMPLE (le), s. m. Com. du dép. de la Loire-Inférieure, cant. de St.-Etienne-de-Montluc, arr. de Savenai. ⸺ Savenai.

TEMPLE (le), s. m. Com. du dép. de Lot-et-Garonne, cant. de Ste.-Livrade, arr. de Villeneuve. ⸺ Ste.-Livrade.

TEMPLE (le), s. m. Com. du dép. des Deux-Sèvres, cant. de Châtillon-sur-Sèvre, arr. de Bressuire. ⸺ Châtillon-sur-Sèvre.

TEMPLE-D'AYEN, s. m. Com. du dép. de la Corrèze, cant. d'Ayen, arr. de Brive. ⸺ Brive.

TEMPLE-LAGUYON (le), s. m. Com. du dép. de la Dordogne, cant. d'Hautefort, arr. de Périgueux. ⸺ Exideuil.

TEMPLEMARS, s. m. Com. du dép. du Nord, cant. de Seclin, arr. de Lille. ⸺ Lille.

TEMPLET, s. m. Petite tringle mobile. T. de relieur.

TEMPLEUVE, s. m. Com. du dép. du Nord, cant. de Cysoing, arr. de Lille. ⸺ Lille.

TEMPLEUX-LA-FOSSE, s. m. Com. du dép. de la Somme, cant. de Roisel, arr. de Péronne. ⸺ Péronne.

TEMPLEUX-LE-GUÉRARD, s. m. Com. du dép. de la Somme, cant. de Roisel, arr. de Péronne. = Péronne.

TEMPLIER, s. m. Chevalier d'un ancien ordre religieux et militaire qui fut proscrit sous Philippe-le-Bel.

TEMPLU ou **TEMPLET**, s. m. Instrument destiné à tendre l'étoffe sur le métier.

TEMPORAIRE, adj. Qui n'est que pour un temps, par opposition à définitif, perpétuel, inamovible.

TEMPORAIREMENT, adv. Pour un temps.

TEMPORAL, E, adj. Qui a rapport aux tempes. —, s. m. Os des tempes qui forme la partie latérale, moyenne et inférieure de la tête. T. d'anat.

TEMPORALITÉ, s. f. Juridiction du domaine temporel d'un évêque, d'un chapitre, d'une abbaye.

TEMPOREL, s. m. Revenu d'un bénéfice; autorité, puissance, affaire séculière.

TEMPOREL, LE, adj. Qui passe avec le temps; périssable, séculier, l'opposé d'éternel, de spirituel.

TEMPORELLEMENT, adv. Durant un temps, l'opposé d'éternellement.

TEMPORISATION, s. f. ou **TEMPORISEMENT**, s. m. Action de temporiser, retardement dans l'espoir d'un temps plus favorable.

TEMPORISER, v. n. Retarder, différer dans l'attente d'un meilleur avenir; gagner du temps.

TEMPORISEUR, s. m. Homme qui temporise, qui met le temps à profit.

TEMPORO-AURICULAIRE, s. et adj. m. Muscle de l'oreille. T. d'anat.

TEMPORO-MAXILLAIRE, s. et adj. m. Temporal, muscle crotaphite. T. d'anat.

TEMPS, s. m. Succession de momens; mesure de la durée des êtres. —, les siècles, les différens âges; partie de la vie humaine; durée de la vie par rapport à l'usage qu'on en fait. —, terme préfix; époque, échéance; jour, heure, moment précis. —, délai, loisir; conjoncture, occasion, circonstance favorable; saison propre à chaque chose. —, état des choses, des usages, des mœurs; état de l'air, de l'atmosphère, température. —, inflexion des verbes qui marque le moment de l'action dont on parle. T. de gramm. —, mesure, mouvement; durée distinguée par des mesures. T. de mus. et d'escr. — d'élection, moment choisi pour faire une opération. T. de chir. A —, adv. Dans le moment prescrit; assez tôt; justement, quand il fallait; pour un temps fixé. En — et lieu, dans le temps et le lieu convenables; quand il sera nécessaire. Dans le —, alors, autrefois. Tout d'un —, tout de suite. En même —, dans le même moment, ensemble. De — en —, de fois à autre. De — à autre, par intervalles. De tout —, toujours. —, voy. SATURNE. T. de myth.

TÉMULENCE, s. f. Délire de l'ivresse. T. de méd.

TENABLE, adj. Où l'on peut se défendre, en parlant d'un poste militaire, d'une place de guerre, et fig., où l'on peut rester sans trop de risques, de peines, d'incommodités.

TENACE, adj. Visqueux, gluant; qui s'attache fortement de soi-même. —, entêté, opiniâtre; avare, crasseux. Fig. —, en parlant des choses, qui annonce de la ténacité. —, qui s'accroche. T. de bot.

TENACEMENT, adv. Avec ténacité, opiniâtrement.

TÉNACITÉ, s. f. Viscosité; entêtement, opiniâtreté; avarice. Fig.

TENAGODE, s. m. Vermiculaire à tuyau. T. d'hist. nat.

TENAILLE, s. f. Outil de fer pour saisir, arracher. — incisive, instrument de chirurgie dont on se sert pour couper les os, les cartilages, les esquilles. —, ouvrage de fortification près la courtine. —, poisson qui a la bouche en forme de tenaille. T. d'hist. nat.

TENAILLÉ, E, part. Se dit d'un criminel dont on déchirait les chairs avec des tenailles ardentes.

TENAILLÉE, s. f. Certaine quantité d'objets pris avec des tenailles. T. de mét.

TENAILLER, v. a. Tourmenter, déchirer, arracher les chairs avec des tenailles ardentes.

TENAILLON, s. m. Ouvrage construit vis-à-vis l'une des faces de la courtine. T. de fortif.

TENANCIER, ÈRE, s. Celui, celle qui tenait des terres dépendantes d'un fief. —, propriétaire.

TENANT, s. m. Champion qui, confiant dans sa force et sa dextérité, offrait de tenir tête à tous les assaillans, dans un tournoi. —, défenseur d'une opinion; celui qui s'est impatronisé dans une maison où il domine; galant en titre. —, pl. Limites; tenans et aboutissans. Tout d'un —, adv. De suite, sans interruption.

TENANT, E, adj. Qui tient; avare. Rancune —, gardée, conservée. T. fam.

TÉNAR, s. m. Voy. THÉNAR. T. d'anat.

TÉNARE, s. m. Nom d'un endroit du promontoire de Malée, dans la Laconie, d'où l'on supposait qu'il était possible de descendre aux Enfers par des cavernes profondes et ténébreuses; l'Enfer. T. de myth.

TENAY, s. m. Com. du dép. de l'Ain, cant. de St.-Rambert, arr. de Belley. = St.-Rambert. Fabr. de toiles; filat. de laines peignées.

TENCE, s. m. Com. du dép. de la Haute-Loire, chef-lieu de cant. de l'arr. d'Yssingeaux. Bur. d'enregist. = Yssingeaux. Fabr. de dentelles; papeterie.

TENCIN, s. m. Com. du dép. de l'Isère, cant. de Goncelin, arr. de Grenoble. = Goncelin.

TENDANCE, s. f. Action de tendre vers un point. —, direction du mouvement d'un corps vers ce point. —, penchant, inclination, disposition de l'âme vers un objet. —, série de raisonnemens qui laissent apercevoir un but répréhensible; se dit en mauvaise part.

TENDANT, E, adj. Conduisant, aboutissant à...; tourné, dirigé vers... —, qui tend à une fin, qui a pour but de... Fig.

TENDELET, s. m. Voy. TANDELET. T. de mar.

TENDERIE, s. f. Chasse dans laquelle on tend des piéges.

TENDEUR, s. m. Celui qui tend, qui est chargé de tendre quelque chose. — de piéges, fourbe qui cherche habituellement à tromper. Fig.

TENDINEUX, EUSE, adj. Qui est de la nature des tendons. T. d'anat.

TENDOIR, s. m. Bâton qui arrête la poitrinière. T. de mét.

TENDOIRES, s. f. pl. Longues perches pour étendre les étoffes au sortir de la teinture.

TENDON, s. m. Extrémité d'un muscle qui forme un cordon blanchâtre. T. d'anat.

TENDON, s. m. Com. du dép. des Vosges, cant. et arr. de Remiremont. = Bruyères.

TENDOS, s. m. Com. du dép. de la Seine-Inférieure, cant. de Clères, arr. de Rouen. = Rouen.

TENDRAC ou TENREC, s. m. Genre de mammifères insectivores. T. d'hist. nat.

TENDRE, s. m. Tendresse, passion amoureuse. —, troisième morceau du cimier. T. de boucherie.

TENDRE, adj. Qui n'est pas dur, qui peut être aisément divisé, coupé; bois tendre. —, aisé à broyer, à manger; viande tendre. —, mou et frais, nouvellement cuit; pain tendre. —, flexible; faible, aisément pénétré par les impressions de l'air; écorce, peau tendre. —, délicat, douillet. —, facile à émouvoir, à toucher; bon, humain; sensible à l'amitié, à l'amour. —, qui excite la sensibilité, qui exprime la tendresse, touchant, gracieux; vers, musique tendre. —, jeune; tendre enfance.

TENDRE, v. a. Bander, raidir; tendre un arc. —, dresser, étendre; tendre les voiles. —, tapisser; tendre un appartement. —, présenter en avançant; tendre la main. —, poser, en parlant des filets, des piéges. — un piége ou des piéges, chercher à tromper. Fig. —, v. n. Aller, se diriger vers un but. Prop. et fig. —, avoir en vue, pour but; tendre au despotisme.

TENDREMENT, adv. D'une manière tendre; avec tendresse. —, délicatement, sans dureté. T. de peint.

TENDRESSE, s. f. Sensibilité à l'amitié, à l'amour; amour tendre et passionné. —, délicatesse. T. d'arts. —, pl. Marques, témoignages d'affection.

TENDRETÉ, s. f. Qualité de ce qui est tendre; se dit des viandes, des fruits, des légumes.

TENDRIFIÉ, E, part. Attendri. T. inus.

TENDRIFIER, v. a. Rendre tendre, attendrir. T. inus.

TENDRIS, s. m. Filet de la vigne. T. inus.

TENDRON, s. m. Bourgeon, rejeton. —, jeune fille. Fig. et fam. —, pl. Cartilages à l'extrémité de la poitrine de quelques animaux. — de l'oreille, partie cartilagineuse de l'oreille externe. T. d'anat.

TENDRON, s. m. Com. du dép. du Cher, cant. de Néronde, arr. de St.-Amand. = Villequiers.

TENDU, s. m. Com. du dép. de l'Indre, cant. d'Argenton, arr. de Châteauroux. = Argenton-sur-Creuse.

TENDU, E, part. Bandé, raidi; dressé, étendu. Esprit —, fortement appliqué. Fig. —, contraint, pénible, en parlant du style.

TENDUE, s. f. Canton où sont posés des piéges, les lacs. Voy. TENDERIE.

TÉNÈBRES, s. f. pl. Privation absolue de lumière, obscurité profonde, la nuit. —, erreur, égarement, ignorance, aveuglement. Fig. —, office du soir, les mercredi, jeudi et vendredi de la semaine sainte.

TÉNÉBREUSEMENT, adv. D'une manière ténébreuse; dans les ténèbres.

TÉNÉBREUX, EUSE, adj. Environné de ténèbres, entièrement privé de lumière. Voix —, forte et sombre. —, inextricable, rempli d'obscurité; dissimulé, caché, qui s'enveloppe d'un mystère dangereux. Fig.

TÉNÉBRICOLES, s. m. pl. Insectes coléoptères. T. d'hist. nat.

TÉNÉBRION, s. m. Genre de coléoptères qui fuient la lumière. T. d'hist. nat.

TÉNÉBRIONITES, s. m. pl. Coléoptères hétéromères. T. d'hist. nat.

TÉNÉDOS, s. m. Ile de l'Archipel, à l'entrée des Dardanelles, sur la côte d'Anatolie. Cette île produit d'excellent vin muscat.

TÉNEMENT, s. m. Métairie dépendante d'une seigneurie; prescription. (Vi.)

TÉNÉRIFFE, s. m. Ile d'Afrique, l'une des Canaries, à l'E. de Palma, en partie couverte de hautes montagnes parmi lesquelles on distingue le pic de ce nom. Cette île jouit d'un climat délicieux; son sol est d'une très grande fertilité en grains, vins et fruits.

TENESME, s. m. Epreintes fort douloureuses au fondement, avec des envies continuelles et presque inutiles d'aller à la selle. T. de méd.

TENETTE, s. f. Espèce de pincette destinée à saisir et à retirer la pierre de la vessie, dans l'opération de la taille. T. de chir.

TENEUR, s. m. Troisième oiseau qui attaque le héron. T. de fauc. — de livres, commis chargé d'inscrire l'entrée et la sortie des marchandises, etc. T. de fin. et de comm.

TENEUR, s. f. Le contenu d'un écrit.

TENEUR, s. m. Com. du dép. du Pas-de-Calais, cant. d'Heuchin, arr. de St.-Pol. = St.-Pol.

TÉNIA, s. m. Ver solitaire, genre de vers intestinaux, aplatis comme un ruban, qui atteignent plusieurs mètres de longueur. —, poisson du genre du cépode. T. d'hist. nat.

TÉNIE, s. f. Moulure plate, listel de l'épistyle dorique. T. d'arch.

TÉNIOÏDES, s. m. pl. Vers intestinaux. T. d'hist. nat.

TENIR, v. a. Avoir à la main, entre les mains. —, avoir en sa possession; tenir une terre à loyer. —, occuper un espace; tenir beaucoup de place. —, contenir, renfermer; bouteille qui tient un litre. —, mettre et garder dans un lieu; tenir en prison. —, maintenir, entretenir; tenir une maison en bon état. —, arrêter, fixer, empêcher d'aller, d'avancer, etc. —, occuper durant quelque temps; présider, diriger, régir, etc. —, réputer, estimer, croire. — des discours, des propos, parler, converser, médire. —, les livres, remplir les fonctions de teneur de livres dans une maison de banque, etc. — de, avoir apporté en naissant, avoir appris de; être redevable, etc. —, v. n. Être attaché à quelque chose, être difficile à arracher ou déplacer; être contigu; être compris dans un certain espace, dans une certaine mesure; demeurer en un certain état; durer, subsister sans aucun changement, sans aucune altération. —, faire résistance. Prop. et fig. — à, être attaché à... Prop. et fig. — de, avoir de la ressemblance, du rapport. — pour, être partisan de... — contre, résister. — que, penser que... En —, être dupe, amoureux, ivre. T. fam. —, v. impers. Dépendre; ne se dit que dans le sens négatif ou interrogatif. Se —, v. pron. Etre, demeurer dans un lieu, une situation, une posture. Se —, avoir lieu, en parlant d'une réunion, d'une assemblée. Se — à, tenir quelque chose, pour s'empêcher de tomber, et fig., s'arrêter, se fixer à... S'en — à, se borner à...

TENNEMARE, s. m. Com. du dép. de la Seine-Inférieure, cant. de Goderville, arr. du Hâvre. = Montivilliers.

TENNIE, s. f. Com. du dép. de la Sarthe, cant. de Conlie, arr. du Mans. = Sillé-le-Guillaume.

TENON, s. m. Bout d'une pièce de bois qu'on fait entrer dans la mortaise.

TENONTAGRE, s. f. Goutte aux tendons. T. de méd.

TÉNOR, s. m. Voix moyenne entre la haute-contre et la basse-taille; chanteur qui a cette voix.

TENQUIN-GROS, s. m. Voy. GROS-TENQUIN.

TENQUIN (Petit-), s. m. Com. du dép. de la Moselle, cant. de Gros-Tenquin, arr. de Sarreguemines. = Puttelange.

TENSIF, IVE, adj. Accompagné de tension. T. de méd.

TENSION, s. f. Etat de ce qui est tendu; dilatation. —, grande application d'esprit. Fig.

TENSON, s. m. Dispute galante entre deux anciens poëtes français. (Vi.)

TENTACULAIRE, s. m. Ver intestinal sur le foie de la dorade. T. d'hist. nat.

TENTACULES, s. f. pl. Cornes mobiles, sortes de bras des mollusques. T. d'hist. nat.

TENTANT, E, adj. Qui tente, est fait pour tenter.

TENTATEUR, TRICE, s. et adj. Celui, celle qui tente, cherche à séduire. Esprit —, le Démon.

TENTATIF, IVE, adj. Qui tente. T. inus.

TENTATION, s. f. Mouvement intérieur qui porte au mal. —, envie; vif désir.

TENTATIVE, s. f. Action, démarche pour réussir; essai. —, premier acte que l'on fait en théologie. —, ligature de plomb. T. de vitr.

TENTE, s. f. Pavillon où les soldats se mettent à couvert dans un camp; pavillon en toile, pour divers usages. —, petit rouleau de charpie, qu'on introduit dans les plaies, pour entretenir la suppuration. T. de chir. —, étente, palis. T. de pêch.

TENTÉ, E, part. Porté au mal, à ce qui est défendu.

TENTELING, s. m. Com. du dép. de la Moselle, cant. de Forbach, arr. de Sarreguemines. = Forbach.

TENTEMENT, s. m. Mouvement de l'épée, espèce de feinte. T. d'escr.

TENTER, v. a. Porter, exciter au mal, à ce qui est défendu. —, fournir l'occasion de mal faire, pour éprouver; Dieu tenta Abraham. —, exciter le désir, donner envie. —, mettre en usage pour le succès, essayer, faire l'épreuve. —, hasarder, risquer; s'exposer à... —, v. n. Essayer, tâcher, faire en sorte; il tente aujourd'hui d'enchaîner la pensée.

TENTHRÈDE, s. f. Genre d'insectes hyménoptères, mouches à scie. T. d'hist. nat.

TENTHRÉDINES, s. f. pl. Insectes hyménoptères, porte-scies. T. d'hist. nat.

TENTIPELLE, s. m. Cosmétique pour effacer les rides de la peau.

TENTOI, s. m. Barre pour tourner et tendre les ensuples. T. de manuf.

TENTURE, s. f. Tapisserie, étoffe, papier peint, qui couvrent ou sont destinés à couvrir les murs d'un appartement, etc.

TENTYRIE, s. f. Genre d'insectes coléoptères. T. d'hist. nat.

TENU (le), s. m. Rivière dont la source se trouve au Port-du-Prieuré, dép. de la Loire-Inférieure, et qui se jette dans le lac de Grand-Lieu, à Port-St-Père, après un cours d'environ 7 l. Elle est navigable depuis Mesme jusqu'à son embouchure.

TENU, E, part. et adj. Entretenu, soigné, bien cultivé. —, assujetti, contraint, astreint. —, fort délié; peu compacte. T. didact. Urine —, limpide comme de l'eau. T. de méd.

TENUE, s. f. Durée d'une assemblée; assiette ferme à cheval; manière de se tenir, contenance, maintien. —, manière de tenir la plume en écrivant. —, action du joueur de trictrac, qui continue de jouer sans lever ses dames, ayant marqué un ou plusieurs trous. —, continuation d'un même ton. T. de mus. — de livres, action de tenir les livres de commerce; connaissances nécessaires pour cet objet. Fond de bonne ou de mauvaise —, bon ou mauvais pour l'ancrage. T. de mar. — noble, fief relevant d'un autre. T. de droit féodal. Tout d'une —, adv. Sans interruption.

TÉNUIROSTRES, s. m. pl. Passereaux à bec long, étroit et grêle. T. d'hist. nat.

TÉNUITÉ, s. f. Qualité d'une chose ténue, déliée. —, petitesse, exiguité. Fig.

TENURE, s. f. Mouvance d'un fief. T. de droit féodal. —, filandre, brin de soie superflu. T. de passementier.

TÉORBE, s. m. Voy. THÉORBE.

TÉPHRAMANCIE, s. f. Divination par les cendres du sacrifice jetées ou soufflées en l'air. T. d'antiq.

TÉRA, s. f. Auget de potier pour mouiller les mains.

TERAMNE, s. m. Genre de plantes légumineuses. T. de bot.

TÉRANE, s. f. Champignon spongieux. T. de bot.

TÉRAPÈNE, s. f. Tortue d'Amérique. T. d'hist. nat.

TÉRAT-BOULAN, s. m. Merle des Indes.

TÉRATOSCOPIE, s. f. Science des prodiges, divination par les spectres, les fantômes.

TERCÉ, s. m. Com. du dép. de la Vienne, cant. de St.-Julien, arr. de Poitiers. = Poitiers.

TERCÉ, E, part. Se dit d'une vigne à laquelle on a donné un troisième labour. T. d'agric.

TERCEIRA ou TERCÈRE, s. f. Ile principale des Açores, qui appartient au Portugal. Cette île, environnée de rochers et de forêts, est très fertile dans l'intérieur. Pop. 50,000 hab. env.

TERCER, v. a. Donner un troisième labour à la vigne. T. d'agric.

TERCET, s. m. Couplet de trois vers. T. de poés.

TERCILLAT, s. m. Com. du dép. de la Creuse, cant. de Châtelus, arr. de Boussac. = Boussac.

TERCIS, s. m. Com. du dép. des Landes, cant. et arr. de Dax. = Dax.

TERDEGHEM, s. m. Com. du dép. du Nord, cant. de Steenvoorde, arr. d'Hazebrouck. = Cassel.

TÉRÉBELLE, s. f. Mollusque logé dans un tube membraneux. T. d'hist. nat.

TÉRÉBENTHINE, s. f. Résine tirée par incision du térébinthe et de plusieurs autres arbres.

TÉRÉBINTHACÉE-LIANE, s. f. Arbrisseau de la Louisiane. T. de bot.

TÉRÉBINTHACÉES, s. f. pl. Plantes dicotylédones polypétales, à étamines périgynes. T. de bot.

TÉRÉBINTHE, s. m. Pistachier sauvage, arbre résineux, toujours vert. T. de bot.

TÉRÉBRANS s. m. pl. Insectes hyménoptères. T. d'hist. nat.

TÉRÉBRATION, s. f. Action de percer un arbre pour en tirer la gomme, la résine.

TÉRÉBRATULE, s. f. Genre de testacés bivalves. T. d'hist. nat.

TÉRÉBRATULITHES, s. f. pl. Térébratules fossiles. T. d'hist. nat.

TÉRÉDILES, s. f. pl. Coléoptères pentamères. T. d'hist. nat.

TÉRÉDINE, s. f. Genre de vers marins. T. d'hist. nat.

TÉRÉE, s. m. Fils de Mars, roi de Thrace, mari de Progné, qui fut métamorphosé en épervier. T. de myth.

TÉRÉGAM, s. m. Grand figuier du Malabar. T. de bot.

TÉRÉNIABIN, s. m. Manne liquide de Perse, de la couleur et de la consistance du miel.

TÉRÈS, s. m. (mot latin.) Lombric, ver qui s'engendre dans le corps humain. T. d'hist. nat.

TÉRET, TE, adj. Sans angles cylindriques. T. de bot.

TÉRÉTICAUDES, s. m. pl. Reptiles sauriens à queues cylindriques. T. d'hist. nat.

TÉRÉTIFORMES, s. m. pl. Coléoptères à corps cylindrique. T. d'hist. nat.

TÉRÉTIROSTRES, s. m. pl. Oiseaux échassiers à bec cylindrique. T. d'hist. nat.

TÉRÉTIUSCULE, adj. Presque téret. T. de bot.

TERGÉMINÉE, adj. f. Se dit d'une feuille à pétiole bifide qui porte deux folioles sur chaque extrémité, et deux autres à l'endroit où le pétiole commun se bifurque. T. de bot.

TERGIVERSATEUR, s. et adj. m. Homme qui hésite, tergiverse.

TERGIVERSATION, s. f. Action de tergiverser; hésitation, biais, fauxfuyant.

TERGIVERSER, v. n. Hésiter, biaiser, chercher des détours.

TERGNIER, s. m. Com. du dép. de l'Aisne, cant. de la Fère, arr. de Laon. = la Fère.

TERIN, s. m. Mulet de serin et de linotte.

TÉRINGALE, s. f. Mousseline des Indes.

TERJAT, s. m. Com. du dép. de l'Allier, cant. de Marcillat, arr. de Montluçon. = Montluçon.

TERME, s. m. Divinité gardienne des limites rurales chez les anciens Romains. —, statue terminée en forme de pilastre qui servait de limite; être comme un Terme. —, fin, borne, par rapport aux lieux, aux temps; limite en général. —, fin d'un temps prescrit, déterminé. —, temps préfix de paiement, somme due au bout de ce temps; payer un terme. —, temps, moment de l'accouchement. —, but, fin, objet qu'on se propose.—, mot, expression; locution particulière à un art, à une science; teneur d'une loi, etc.; clauses d'un contrat, d'un acte, etc.—, attribut d'une proposition. T. de log. —, pl. Etat, par rapport à une affaire; dispositions réciproques entre personnes.

TERMÈS ou **TERMITE**, s. m. Insecte névroptère du Sénégal, qui ressemble à la fourmi, vit en famille et ronge les bois. T. d'hist. nat.

TERMES, s. m. Com. du dép. des Ardennes, cant. de Grand-Pré, arr. de Vouziers. = Grand-Pré.

TERMES, s. m. Com. du dép. de l'Aude, cant. de Monthoumet, arr. de Carcassonne. = la Grasse.

TERMES, s. m. Com. du dép. de la Lozère, cant. de Fournels, arr. de Marvejols. = St.-Chély.

TERMINAISON, s. f. Syllabe finale d'un mot, désinence.

TERMINAL, E, adj. Qui forme le sommet, le termine. T. de bot. —, s. f. pl. Fêtes en l'honneur du dieu Terme et de Jupiter Terminalis. T. de myth.

TERMINALIS, s. m. (mot latin.) Surnom de Jupiter, sous la protection duquel étaient les bornes des champs. T. de myth.

TERMINATIF, IVE, adj. Qui termine. T. inus.

TERMINÉ, E, part. Borné, limité, circonscrit; achevé, fini.

TERMINER, v. a. Borner, limiter, circonscrire; achever, finir. —, mettre fin; terminer sa carrière. —, résoudre, conclure. Se —, v. pron. Aboutir, confiner; cesser, prendre fin; s'achever, s'accomplir. Se —, avoir telle terminaison. T. de gramm.

TERMINIERS, s. m. Com. du dép. d'Eure-et-Loir, cant. d'Orgères, arr. de Châteaudun. Bur. d'enregist. = Artenai.

TERMINOLOGIE, s. f. Abus d'expressions scolastiques.

TERMINTHE, s. m. Espèce de tubercule inflammatoire sur lequel se forme une pustule noire et ronde qui se déssèche et dégénère en bouton écailleux semblable au fruit du térébinthe. T. de méd.

TERMITE, s. m. Voy. TERMÈS.

TERMITINES, s. f. pl. Névroptères planipennes. T. d'hist. nat.

TERNA, s. m. Com. du dép. du Pas-de-Calais, cant. et arr. de St.-Pol. = St.-Pol.

TERNAIRE, adj. Composé de trois unités, qui vaut trois; nombre ternaire.

TERNAND, s. m. Com. du dép. du Rhône, cant. de Bois-d'Oingt, arr. de Villefranche. = Tarare. Fabr. de toiles. Fonderies de cuivre.

TERNANT, s. m. Com. du dép. de la Charente-Inférieure, cant. et arr. de St.-Jean-d'Angely. = St.-Jean-d'Angely.

TERNANT, s. m. Com. du dép. de la Côte-d'Or, cant. de Gevrey, arr. de Dijon. = Nuits.

TERNANT, s. m. Com. du dép. de l'Orne, cant. de la Ferté-Fresnel, arr. d'Argentan. = le Sap.

TERNANT, s. m. Com. du dép. du Puy-de-Dôme, cant. d'Ardes, arr. d'Issoire. = Ardes.

TERNANT-ET-HIRY, s. m. Com. du dép. de la Nièvre, cant. de Fours, arr. de Nevers. = Decize.

TERNAT, s. m. Com. du dép. de la Haute-Marne, cant. d'Auberive, arr. de Langres. = Château-Vilain.

TERNAY, s. m. Com. du dép. de l'Isère, cant. de St.-Symphorien-d'Ozon, arr. de Vienne. = St.-Symphorien-d'Ozon. Fabr. de fusin pour le dessin. Filat. de soie.

TERNAY, s. m. Com. du dép. de Loir-et-Cher, cant. de Montoire, arr. de Vendôme. = Montoire.

TERNAY, s. m. Com. du dép. de la Vienne, cant. des Trois-Moutiers, arr. Loudun. = Loudun.

TERNE, s. m. Trois numéros pris et sortis ensemble à la loterie. —, au loto, trois numéros sur une même ligne horizontale. —, pl. Deux trois amenés du même coup au jeu de trictrac.

TERNE, adj. Qui n'a pas l'éclat qu'il doit avoir, qui a peu d'éclat.

TERNÉ, E, adj. Disposé par trois sur un pétiole commun. T. de bot.

TERNES (les), s. m. pl. Com. du dép. du Cantal, cant. et arr. de St.-Flour. = St.-Flour.

TERNI, E, part. et adj. Rendu terne; qui a perdu son lustre, son éclat.

TERNIER, s. m. Grimpereau des murailles.

TERNIR, v. a. Oter ou diminuer le lustre, l'éclat, la couleur. —, porter atteinte à l'honneur, à la réputation. Fig. Se —, v. pron. Perdre de son lustre, devenir terne.

TERNISSURE, s. f. Action de ce qui ternit; état de ce qui est terni.

TERNSTROME, s. f. Genre d'hilospermes. T. de bot.

TERNUAY-ST.-HILAIRE-ET-MELAY, s. m. Com. du dép. de la Haute-Saône, cant. de Melisay, arr. de Lure. = Lure.

TERNY-ET-SORNY, s. m. Com. du dép. de l'Aisne, cant. de Vailly, arr. de Soissons. = Soissons.

TEROULLE, s. f. Terre légère et noirâtre qui indique les mines du charbon de terre.

TERPAM, s. m. Faulx emmanchée, arme des Turcs.

TERPOUG, s. m. Poisson à écailles hérissées. T. d'hist. nat.

TERPSICHORE, s. f. L'une des neuf Muses, déesse de la musique et de la danse. On la représente sous la figure d'une jeune fille vive et enjouée, environnée de guirlandes et tenant une harpe, au son de laquelle elle dirige ses pas en cadence. T. de myth.

TERRAGE, s. m. Ancien droit seigneurial sur une portion des fruits dans l'étendue d'une censive; action d'enlever le sirop du sucre.

TERRAGEAU ou TERRAGEUR, s. m. Seigneur qui jouissait du droit de terrage.

TERRAGÉ, E, part. Levé, en parlant de droit de terrage. T. de droit féodal.

TERRAGER, v. a. Lever le droit de terrage.

TERRAGNOL, adj. m. Qui va terre à terre, lourd. T. de man.

TERRAIGNOLE, adj. Chargé d'épaules. T. de man.

TERRAILLE, s. f. Sorte de poterie fine d'Erzerum.

TERRAIN ou TERREIN, s. m. Espace de terre considéré par rapport à sa nature, à des travaux qu'on y fait ou qu'on pourrait y faire exécuter, à quelque action qui s'y passe; terrain fertile, propre à construire un édifice, etc. —, sujet, objet de discussion. Fig. Ménager le —, employer avec réserve les moyens de succès. Connaître le —, la nature des choses dont on s'occupe, les dispositions des personnes dont dépend le succès d'une affaire. Etre sur son —, parler sur des matières dans lesquelles on est versé. Gagner du —, s'avancer peu à peu vers le but qu'on se propose. Sonder le —, étudier les dispositions, les intentions des personnes avec lesquelles on est en négociation.

TERRAL, s. m. Vent de terre. T. de mar.

TERRAMESNIL, s. m. Com. du dép. de la Somme, cant. et arr. de Doullens. = Doullens.

TERRANS, s. m. Com. du dép. de Saône-et-Loire, cant. de Pierre, arr. de Louhans. = Verdun-sur-Saône.

TERRAQUÉ, E, adj. Composé de terre et d'eau.

TERRASSE, s. f. Levée de terre; partie de jardin sur cette levée; ouvrage de maçonnerie en forme de balcon; toit en plate-forme; galerie découverte. —, premier plan d'un paysage. T. de peint.

TERRASSE (la), s. f. Com. du dép. de l'Isère, cant. du Touvet, arr. de Grenoble. = le Touvet.

TERRASSÉ, E, part. Garni de terre; jeté par terre, renversé.

TERRASSER, v. a. Garnir, fortifier en comblant de terre, remblayer. —, jeter, étendre par terre, renverser. —, réduire par la force des raisonnemens à ne pouvoir répondre; faire perdre courage, consterner; paralyser les forces, accabler. Fig. Se —, v. pron. Se fortifier en se couvrant d'ouvrages de terre. T. d'art milit.

TERRASSEUR, s. m. Ouvrier qui travaille à hourder des cloisons, des planchers. Voy. TERRASSIER.

TERRASSEUX, EUSE, adj. Qui contient des parties tendres, en parlant du marbre, etc.

TERRASSIER, s. m. Ouvrier qui travaille à des terrasses, qui remue et transporte les terres, etc.

TERRASSON, s. m. Petite ville du dép. de la Dordogne, chef-lieu de cant. de l'arr. de Sarlat. Bur. d'enregist. et et de poste.

TERRATS, s. m. Com. du dép. des Pyrénées-Orientales, cant. de Thuir, arr. de Perpignan. = Perpignan.

TERRAUBE, s. m. Com. du dép. du Gers, cant. et arr. de Lectoure. = Lectoure.

TERRE, s. f. L'un des quatre élémens des anciens; matière homogène, molle, friable, répandue sur la surface des continens, et servant de couche aux végétaux; cette matière mélangée et considérée d'après les corps qu'elle contient; terre glaise, sablonneuse, etc. —, considérée d'après les façons qu'elle reçoit, ou selon les usages auxquels on l'emploie; terre cultivée, terre à potier, etc. —, le globe terrestre; la terre ferme par opposition à la mer; le fond de la mer; ses bords; rive, rivage. —, partie du globe, contrée, pays; mourir sur une terre étrangère. —, domaine, fonds, propriété, héritage; étendue de terrain cultivable. —, le sol composé ou non de terre. —, les habitans de la terre, le genre humain. Fig. —, les biens, les plaisirs de la vie présente. T. de poésie sacrée. Battre un homme à —, battre un homme sans défense, vaincu. Aller — à —, ne point sortir de sa condition, ou avoir l'esprit borné. Chasser sur les — d'autrui, entreprendre sur ses droits. Fig. et fam. —, la planète sur laquelle nous vivons, qui a pour satellite la lune. T. d'astr. —, caput mortuum, résidu. T. de chim.

TERRE (Ste.-), s. f. Com. du dép. de la Gironde, cant. de Castillon, arr. de Libourne. = Castillon.

TERRÉ, E, part. Garni de nouvelle terre.

TERRE-À-TERRE, s. m. Pas de danse sans sauter. —, suite de sauts fort bas. T. de man.

TERREAU, s. m. Terre mêlée d'immondices, de fumier pourri; fumier réduit en terre; terre franche, terre végétale.

TERREAUTÉ, E, part. Se dit d'une terre sur laquelle on a répandu du terreau.

TERREAUTER, v. a. Répandre du terreau.

TERREBASSE, s. f. Com. du dép. de la Haute-Garonne, cant. d'Aurignac, arr. de St.-Gaudens. = Martres.

TERRE-CLAPIER (la), s. f. Com. du dép. du Tarn, cant. de Réalmont, arr. d'Albi. = Albi.

TERREFONDRÉE, s. f. Com. du dép. de la Côte-d'Or, cant. de Recey-sur-Ourche, arr. de Châtillon. = Aignay-le-Duc.

TERRE-HAUT, s. f. Com. du dép. de la Sarthe, cant. de Bonnétable, arr. de Mamers. = Bonnétable.

TERRE-MÉRITE, s. f. Racine de curcuma réduite en poudre.

TERRE-NEUVE (île de), s. f. Île située dans l'Océan sur la côte orientale de l'Amérique septentrionale, à l'E. du golfe St.-Laurent. On lui donne environ 117 l. de long, sur 66 de large. C'est à 60 l. de Terre-Neuve qu'est le grand banc, fameux par la pêche de la morue.

TERRE-NEUVIER, s. et adj. Marin, navire qui va pêcher au banc de Terre-Neuve.

TERRE-NOIX, s. f. Plante ombellifère, astringente. T. de bot.

TERRE-PLEIN, s. m. Surface plate et unie d'un amas de terre. T. de fortif. —, terre rapportée entre deux murs.

TERRER, v. a. Garnir de nouvelle terre. — une étoffe, l'enduire de terre à foulon. — du sucre, le blanchir au moyen d'une terre grasse. —, v. n. et se —, v. pron. S'enfoncer dans un terrier, en parlant du lapin, etc; se mettre à couvert du feu de l'ennemi par des ouvrages en terre. T. d'art milit.

TERRESTRE, adj. Qui appartient à la terre; paradis terrestre. —, de la nature de la terre; résidu terrestre. —, sensuel, charnel, l'opposé de spirituel, d'éternel.

TERRESTRÉITÉS, s. f. pl. Parties les plus grossières des substances. T. de chim.

TERRETTE (la), s. f. Petite rivière dont la source se trouve près de Carantilly, dép. de la Manche, et qui est navigable depuis St.-Pierre-d'Artenay jusqu'à son embouchure.

TERREUR, s. f. Vive émotion de l'âme causée par la vue d'un grand mal, d'un grand péril; épouvante, grande crainte; celui, ceux qui l'inspirent. —, règne du despotisme révolutionnaire en France, des fureurs démagogiques d'un ramas d'énergumènes qui se noyèrent dans le sang de leurs concitoyens en 1793.

TERREUX, EUSE, adj. Mêlé de terre; sable terreux. —, gâté, sali de terre; de couleur de terre. Goût —, goût de terre.

TERRIBLE, adj. Qui cause, répand de la terreur. —, étonnant, étrange, extraordinaire; inquiétant, embarrassant. T. fam.

TERRIBLEMENT, adv. D'une manière terrible, épouvantable. —, extrêmement, excessivement. T. fam.

TERRIEN, NE, s. Possesseur d'une grande étendue de terrain, de plusieurs domaines.

TERRIER, s. m. Cavité, trou dans la terre en forme de boyau qui sert de retraite aux lapins, aux renards, etc. —, retraite obscure; pays natal. Fig. et fam.

—, chien anglais de petite espèce qui se fourre dans les terriers de renard, de blaireau, etc. —, adj. Qui contenait le dénombrement des terres situées dans une censive; papier terrier.

TERRIER, s. m. Com. du dép. des Ardennes, cant. de Tourteron, arr. de Vouziers. = Launois.

TERRIÈRES ou **FERRIÈRES**, s. f. Com. du dép. de la Manche, cant. du Teilleul, arr. de Mortain. = St.-Hilaire.

TERRIFICATION, s. f. Assemblage des parties terreuses dans la fermentation. T. de chir.

TERRIFIÉ, E, part. Épouvanté.

TERRIFIER, v. a. Remplir de terreur, épouvanter. —, convertir en terre. T. de chim.

TERRINE, s. f. Vase de terre en forme de cône tronqué; ragoût cuit dans ce vase.

TERRINÉE, s. f. Plein une terrine.

TERRIR, v. a. Venir pondre à terre, en parlant des tortues; approcher de terre, en parlant des poissons. —, prendre terre. T. de mar.

TERRISSE (la), s. f. Com. du dép. de l'Aveyron, cant. de Ste.-Geneviève, arr. d'Espalion. = Mur-de-Barrez.

TERRITÈLES, s. f. pl. Arachnides fileuses. T. d'hist. nat.

TERRITOIRE, s. m. Étendue de pays soumise à un souverain; le territoire français. —, espace de terre qui dépend d'une juridiction, etc.

TERRITORIAL, E, adj. Qui concerne, appartient au territoire.

TERROIR, s. m. Espace de terre considéré par rapport à l'agriculture; terroir fertile, etc. Sentir le —, avoir un goût particulier au vignoble qui les produit, en parlant des vins, et fig., avoir quelque chose de particulier au pays, aux principes de son auteur, en parlant d'un ouvrage de littérature et d'art.

TERROLLES, s. f. Com. du dép. de l'Aude, cant. de Couiza, arr. de Limoux. = Limoux.

TERRON-LEZ-VENDRESSE, s. m. Com. du dép. des Ardennes, cant. d'Omont, arr. de Mézières. = Sedan.

TERRON-SUR-AISNE, s. m. Com. du dép. des Ardennes, cant. et arr. de Vouziers. = Vouziers.

TERRORIFIÉ, E, part. Agité, intimidé par la terreur.

TERRORIFIER, v. a. Inspirer de la terreur, employer la terreur comme moyen de gouvernement.

TERRORISER, v. a. et n. Établir un système de terreur pour opprimer les citoyens.

TERRORISME, s. m. Système des terroristes; régime de la terreur sous lequel gémit la France de 1793 et 1794.

TERRORISTE, s. m. Agent, fauteur des assassinats commis sous le règne de la terreur.

TERROU, s. m. Com. du dép. du Lot, cant. de Latrònquière, arr. de Figeac. = St.-Céré.

TERRURE, s. f. Action de terrir.

TERRY, s. m. Village du dép. du Lot, cant. de Castelnau, arr. de Cahors. = Castelnau-de-Mont-Ratier.

TERSANNES, s. f. Com. du dép. de la Haute-Vienne, cant. du Dorat, arr. de Bellac. = le Dorat.

TERSINE, s. f. Espèce de cotinga d'Amérique. T. d'hist. nat.

TERSOU, s. m. Com. du dép. de l'Aveyron, cant. de Rignac, arr. de Rodez. = Rignac.

TERSSAC, s. m. Com. du dép. du Tarn, cant. et arr. d'Albi. = Albi.

TERTIAIRE, adj. Du troisième degré, de la troisième grandeur.

TERTIANAIRE, adj. Qui revient tous les trois jours.

TERTRE, s. m. Petite éminence de terre, colline, monticule dans une plaine.

TERTRE - ST. - DENIS (le), s. m. Com. du dép. de Seine-et-Oise, cant. de Bonnières, arr. de Mantes. = Mantes.

TERTRY, s. m. Com. du dép. de la Somme, cant. de Ham, arr. de Péronne. = Péronne.

TERTU, s. m. Com. du dép. de l'Orne, cant. de Trun, arr. d'Argentan. = Argentan.

TERVES, s. f. Com. du dép. des Deux-Sèvres, cant. et arr. de Bressuire. = Bressuire.

TERVILLE, s. f. Com. du dép. de la Moselle, cant. et arr. de Thionville. = Thionville.

TES, pron. possessif pl. Les tiens, les tiennes. Voy. Ton.

TÉSIN ou TESSIN, s. m. Canton de la confédération Helvétique, ainsi nommé d'une rivière d'Italie, sur les bords de laquelle Annibal défit l'armée romaine.

TESPÉSIE, s. f. Arbre légumineux d'Afrique. T. de bot.

TESQUISANA, s. f. Pie du Mexique. T. d'hist. nat.

TESSANCOURT, s. m. Com. du dép. de Seine-et-Oise, cant. de Meulan, arr. de Versailles. = Meulan.

TESSARIE, s. f. Arbrisseau du Pérou. T. d'hist. nat.

TESSÉ, s. m. Com. du dép. de la Mayenne, cant. de Lassay, arr. de Mayenne. = Pré-en-Pail.

TESSEAUX, s. m. pl. Pièces de bois qui soutiennent les hunes. T. de mar.

TESSEL, s. m. Com. du dép. du Calvados, cant. de Tilly-sur-Seulles, arr. de Caen. = Tilly-sur-Seulles.

TESSE-LA-MADELAINE, s. m. Com. du dép. de l'Orne, cant. de Juvigny, arr. de Domfront. = Pré-en-Pail. Forges et tréfilerie.

TESSELÉ, E, adj. En forme de carreaux de damier. T. inus.

TESSIÈRES-DE-CORNET, s. m. Com. du dép. du Cantal, cant. et arr. d'Aurillac. = Aurillac.

TESSON, s. m. Morceau d'un vase de terre cassé.

TESSON, s. m. Com. du dép. de la Charente-Inférieure, cant. de Gemozac, arr. de Saintes. = Saintes.

TESSONNIÈRE, s. f. Com. du dép. des Deux-Sèvres, cant. de St.-Loup, arr. de Parthenay. = Airvault.

TESSOUALLE (la), s. f. Com. du dép. de Maine-et-Loire, cant. de Chollet, arr. de Beaupréau. = Chollet. Blanchisseries de toiles.

TESSURE, s. f. Pièces d'appelets réunies. T. de pêch.

TESSY, s. m. Com. du dép. du Calvados, cant. de Trévières, arr. de Bayeux. = Bayeux.

TESSY, s. m. Com. du dép. de la Manche, chef-lieu de cant. de l'arr. de St.-Lô. Bur. d'enregist. = Torigny.

TEST, s. m. Serment d'abjuration du catholicisme imposé par l'intolérance du protestantisme anglais. —, substance la plus dure d'une coquille; enveloppe dure des mollusques conchylifères, des tortues, des crustacés et des oursins. —, enveloppe écailleuse de la graine. T. de bot. —, voy. TÊT. T. de chim.

TESTACÉ, E, adj. Couvert d'écailles ou de coquilles. T. d'hist. nat. —, s. m. pl. Coquillages.

TESTACELLE, s. f. ou TESTACELLIER, s. m. Mollusque céphalé. T. d'hist. nat.

TESTACITES, s. f. pl. Coquilles fossiles. T. d'hist. nat.

TESTAMENT, s. m. Acte authentique ou privé renfermant les dernières volontés d'une personne. L'ancien —, la Bible. Le nouveau —, les épîtres et les évangiles.

TESTAMENTAIRE, adj. Qui est relatif au testament; indiqué, énoncé, prescrit dans un testament; désigné, constitué par un testament; disposition, héritier, exécuteur testamentaire.

TESTATEUR, TRICE, s. Personne qui fait ou a fait son testament.

TESTE-DE-BUCH (la), s. f. Com. du dép. de la Gironde, chef-lieu de cant. de l'arr. de Bordeaux. Bur. d'enregist. et de poste.

On y remarque un port très fréquenté sur le bord méridional du bassin d'Arcachon ; aux environs, marais salans d'un rapport considérable. Fabr. de porcelaines ; forges ; pêche d'huîtres excellentes. Comm. de vins rouges du pays, et de produits chimiques.

TESTER, v. n. Faire son testament.

TESTET, s. m. Com. du dép. de l'Aveyron, cant. de Rignac, arr. de Rodez. = Rignac.

TESTICULAIRE, adj. Qui appartient, est relatif aux testicules. T. d'anat.

TESTICULES, s. m. pl. Corps glanduleux renfermés dans le scrotum, organes immédiats de la copulation. T. d'anat.

TESTIF, s. m Poil de chameau.

TESTIMONIAL, E, adj. Qui rend témoignage ; preuve testimoniale.

TESTON, s. m. Ancienne monnaie d'argent.

TESTONNÉ, E, part. Coiffé, frisé.

TESTONNER, v. a. Coiffer, friser. (Vi.)

TESTUDO, s. m. (mot latin). Tumeur enkistée qui se forme à la tête, et qui est analogue au melicéris. Plus molle que l'athérôme ou le talpa, elle est large et ronde comme une écaille de tortue d'où lui vient son nom. T. de chir.

TÊT, s. m. Toit à porc. —, vase pour faire en grand l'opération de la coupelle. T. de chim. —, front d'un cerf. T. de véner. Voy. TAIE, TESSON et TEST.

TET, s. f. Rivière dont la source se trouve dans l'arr. de Prades, dép. des Pyrénées-Orientales, et qui se jette dans la Méditerranée au-dessous de Ste-Marie-de-la-Salanque ; après un cours d'environ 25 l.

TÉTAIGNE, s. f. Com. du dép. des Ardennes, cant. de Mouzon, arr. de Sedan. = Carignan.

TÉTANOCÈRE, s. m. Genre d'insectes diptères. T. d'hist. nat.

TÉTANOS, s. m. Contraction spasmodique de tous les muscles, dans laquelle le corps se tient droit et raide comme un pieu. T. de méd.

TÉTARD, s. m. Larve de la grenouille et du crapaud ; poisson du genre du persègue, chevesne.

TÉTARTOPHIE, s. f. Fièvre intermittente dont les paroximes reviennent tous les quatre jours ; fièvre quarte. T. de méd.

TÉTASSES, s. f. pl. Mamelles flasques et pendantes. T. fam.

TÊTE, s. f. Boîte osseuse recouverte de muscles et de tégumens, qui s'étend depuis le vertex jusqu'à la première vertèbre du cou, et qui renferme dans sa cavité le cerveau, le cervelet, la moelle alongée, la dure et la pie-mère. T. d'anat. —, représentation d'une tête humaine ; chevelure. —, personne, individu ; dîner à six francs par tête. —, sens, intelligence, jugement ; esprit, imagination. —, présence d'esprit, sang-froid, fermeté, persévérance ; homme de tête. —, volonté, caprice, fantaisie ; faire à sa tête. —, cime, sommet des arbres ; extrémité supérieure de certaines plantes, de certains légumes ; tête de pavot, de chou. —, extrémité de certaines choses ; tête d'épingle, de clou. —, partie antérieure ; tête de pont. —, commencement ; en tête d'un livre. —, élite ; acheter la tête du blé, du vin. Être à la —, commander, gérer, administrer en chef. —, côté d'une monnaie où se trouve l'effigie. —, bois de cerf. T. de vén. — de dragon, nœud ascendant de la lune. T. d'astr. — morte, voy. CAPUT MORTUUM. T. de chir.

TÉTÉ, E, part. Se dit d'une femme ou de la femelle d'un animal dont l'enfant ou le petit a sucé le lait.

TÊTE-À-PERRUQUE, s. f. Tête de bois servant un pied, pour poser une perruque. —, vieillard ignorant, entêté, qui tient opiniâtrément aux vieux préjugés, aux habitudes, aux modes anciennes, etc.

TÊTE-À-TÊTE, s. m. Entretien particulier de deux personnes. —, adv. Seul à seul, en particulier.

TÊTE-DE-CHAT, s. f. Moellon trop arrondi. T. de maç.

TÊTE-DE-MORE, s. f. Vase pour les opérations chimiques.

TÊTE-DE-NÈGRE, adj. Se dit d'une couleur brune tirant sur le noir.

TÉTEGHEM, s. m. Com. du dép. du Nord, cant. et arr. de Dunkerque. = Dunkerque.

TÉTÉMA, s. m. Espèce de grive de Cayenne.

TÉTER, v. a. et n. Sucer le lait de la mamelle d'une femme ou de la femelle d'un animal.

TÉTERCHEN, s. m. Com. du dép. de la Moselle, cant. de Boulay, arr. de Metz. = Boulay.

TÉTHIPOTÉIBA, s. m. Plante médicinale du Brésil. T. de bot.

TÉTHYS, s. f. Fille de Cœlus et de Vesta, épouse de l'Océan, dont elle eut un grand nombre de filles, nommées Océanitides ou Océanies. On la représente ordinairement sur un char en forme de coquille, traîné par des dauphins. Voy. Thétis. T. de myth.

TÉTIÈRE, s. f. Petite coiffe de toile qu'on met aux enfans nouveaux nés. —, partie de la bride d'un cheval qui s'adapte à la tête. —, bois en tête des pages. T. d'impr.

TÉTIGOMÈTRE, s. m. Genre d'insectes hémiptères. T. d'hist. nat.

TÉTIN, s. m. Bout de la mamelle.

TÉTINE, s. f. Pis de la vache ou de la truie. —, siphon renversé, évasé par un bout, en forme de pipe à fumer, pour tirer le lait des mamelles. —, creux, enfoncement fait à une cuirasse par une balle.

TÉTING, s. m. Com. du dép. de la Moselle, cant. de Faulquemont, arr. de Metz. = St.-Avold.

TÉTOIR, s. m. Cavité, anche qui enchasse les têtes d'épingles; outil d'épinglier pour river les têtes.

TÉTON, s. m. Bouton rouge, situé au milieu des mamelons, et entouré d'une auréole. —, oursin fossile. T. d'hist. nat. — de Vénus, variété de pêche. T. de jard.

TÉTONNIÈRE, s. f. Femme qui a de gros tétons. T. fam. —, bandage pour le sein.

TÉTRACÈRES, s. m. pl. Insectes à quatre antennes; mollusques nudibranches. T. d'hist. nat.

TÉTRACORDE, s. m. Lyre à quatre cordes; système de musique à quatre tons.

TÉTRADACTYLE, adj. Se dit des oiseaux qui ont quatre doigts à chaque pied. —, s. m. pl. Oiseaux échassiers. T. d'hist. nat.

TÉTRADÉCAPODES, s. m. pl. Entomozoaires. T. d'hist. nat.

TÉTRADION, s. m. Arbre térébinthacé. T. de bot.

TÉTRADIQUE, adj. Qui appartient au nombre de quatre.

TÉTRADITES, s. m. pl. Hérétiques qui avaient un grand respect pour le nombre quatre.

TÉTRADRACHME, s. m. Monnaie grecque valant quatre drachmes.

TÉTRADYNAME, adj. Qui appartient à la tétradynamie. T. de bot.

TÉTRADYNAMIE, s. f. Quinzième classe des végétaux. T. de bot.

TÉTRAÈDRE, s. m. Corps régulier, formé de quatre triangles égaux et équilatéraux. T. de géom.

TÉTRAGNATE, s. f. Genre d'arachnides. T. d'hist. nat.

TÉTRAGONE, adj. Qui a quatre angles et quatre côtés. T. de géom. —, s. f. Genre de ficoïdes. T. de bot.

TÉTRAGONISME, s. m. Quadrature du cercle. T. de géom.

TÉTRAGONURE, s. m. Poisson abdominal. T. d'hist. nat.

TÉTRAGULE, s. m. Ver intestinal. T. d'hist. nat.

TÉTRAGYNIE, s. f. Quatrième ordre des treize premières classes des végétaux. T. de bot.

TÉTRALOGIES, s. f. pl. Chez les Grecs, quatre pièces dramatiques, trois tragédies et une satire, avec lesquelles les poètes se présentaient au concours dans les fêtes de Bacchus. T. d'antiq.

TÉTRAMÈTRE, s. m. Vers grec ou latin, de quatre pieds. —, pl. Coléoptères dont les tarses ont quatre articles. T. d'hist. nat.

TÉTRAMNE, s. m. Genre de plantes vivaces de la diadelphie. T. de bot.

TÉTRANDRIE, s. f. Quatrième classe des végétaux, dont les fleurs sont pourvues de quatre étamines égales. T. de bot.

TÉTRANTHE, s. m. Plante de la syngénésie, dix-neuvième classe des végétaux. T. de bot.

TÉTRAODION, s. m. Hymne grec en quatre parties.

TÉTRAODONS, s. m. pl. Poissons cartilagineux qui ont quatre dents. T. d'hist. nat.

TÉTRAORIE, s. f. Course avec quatre chevaux; quadrige. T. d'antiq.

TÉTRAPASTE, s. m. Machine à quatre poulies pour élever des fardeaux. T. de mécan.

TÉTRAPÉTALE, adj. Se dit des corolles à quatre pétales. T. de bot.

TÉTRAPHYLLE, adj. Composé de quatre folioles. T. de bot.

TÉTRAPILE, s. m. Arbuste de la Cochinchine. T. de bot.

TÉTRAPLE, s. m. Bible d'Origène, à quatre colonnes ou versions.

TÉTRAPODE, s. et adj. Quadrupède.

TÉTRAPODES, s. m. pl. Poissons écailleux lacertoïdes. T. d'hist. nat.

TÉTRAPODOLITHE, s. f. Pétrification de quadrupèdes. T. d'hist. nat.

TÉTRAPODOLOGIE, s. f. Traité des quadrupèdes. T. d'hist. nat.

TÉTRAPOGON, s. m. Plante d'Afrique. T. de bot.

TÉTRAPOLE, s. f. Contrée renfermant quatre villes.

TÉTRAPTÈRE, adj. Qui a quatre ailes. T. d'hist. nat.

TÉTRAPTURE, s. m. Poisson thoracique. T. d'hist. nat.

TÉTRARCHAT, s. m. Dignité de tétrarque. T. d'antiq.

TÉTRARCHIE, s. f. Quatrième partie d'un état démembré.

TÉTRARHYNQUE, s. m. Genre de vers intestinaux. T. d'hist. nat.

TÉTRARQUE, s. m. Chef d'une tétrarchie. T. d'antiq.

TÉTRARRHÈNE, s. f. Genre de graminées. T. de bot.

TÉTRAS, s. m. Genre de gallinacés, coq de bruyère. T. d'hist. nat.

TÉTRASPASTON, s. m. Voy. TÉTRAPASTE.

TÉTRASPERME, adj. Qui renferme quatre graines. T. de bot.

TÉTRASTE, s. f. Mesure grecque des liquides.

TÉTRASTIQUE, s. m. Quatrain, stance, épigramme de quatre vers. T. de poés.

TÉTRASTYLE, s. m. Edifice soutenu par quatre colonnes de front. T. d'arch.

TÉTRASYLLABE, adj. Composé de quatre syllabes.

TÉTRATOME, s. m. Genre d'insectes coléoptères. T. d'hist. nat.

TÉTRIX, s. m. Genre d'insectes orthoptères. T. d'hist. nat.

TÉTROBOLE, s. f. Monnaie grecque qui valait quatre oboles.

TÉTRODON, s. m. Poisson branchiostège. T. d'hist. nat.

TETTE, s. f. Bout de la mamelle des animaux femelles.

TETTE-CHÈVRE, s. m. Crapaud-volant, engoulevent, oiseau nocturne de la famille des planirostres. T. d'hist. nat.

TETTIGONE, s. m. Genre d'insectes hémiptères. T. d'hist. nat.

TETTIN, s. m. Ouverture du four à potier.

TÊTU, s. m. Gros marteau de maçon; sorte de poisson.

TÊTU, E, adj. Entêté, obstiné, opiniâtre.

TEUCER, s. m. Roi de la Troade, aïeul de Tros, qui donna son nom à la ville de Troie. T. de myth.

TEUCRIETTE, s. f. Véronique des prés.

TEULAT, s. m. Com. du dép. du Tarn, cant. et arr. de Lavaur. = Lavaur.

TEULET, s. m. Com. du dép. du Tarn, cant. de Villefranche, arr. d'Albi. = Albi.

TEULIÈRES, s. f. Com. du dép. de l'Aveyron, cant. de Rieupeyroux, arr. de Villefranche. = Villefranche-de-Rouergue.

TEURTÉVILLE-BOSCAGE, s. m. Com. du dép. de la Manche, cant. de Quettehou, arr. de Valognes. = Valognes.

TEURTÉVILLE-HAGUE, s. m. Com. du dép. de la Manche, cant. d'Octeville, arr. de Cherbourg. = Cherbourg.

TEUTHIS, s. m., ou TEUTHIE, s. f. Genre de poissons abdominaux. T. d'hist. nat.

TEUTONIQUE, adj. Qui appartient aux Teutons, aux Allemands.

TEUTONS, s. m. pl. Anciens peuples de la Germanie.

TEVERTIN, s. m. Pierre dure et grisâtre.

TEXEL, s. m. Ile du royaume de Hollande, à l'entrée du Zuyderzée.

TEXON, s. m. Com. du dép. de la Haute-Vienne, cant. de Châlus, arr. de St.-Yrieix. = Châlus.

TEXTE, s. m. Les propres expressions d'un auteur, considérées par rapport aux commentaires, aux traductions. —, extrait littéral, passage, citation d'un écrivain; passage de l'Écriture qui fait le sujet d'un sermon. —, matière, sujet d'un discours. Fig. Gros —, caractère entre le gros-romain et le saint-augustin. Petit—, caractère entre le petit-romain et la mignonne. T. d'impr.

TEXTILE, adj. Qui peut être tiré en filets, propres à faire un tissu.

TEXTUAIRE, s. m. Livre renfermant un texte sans commentaires. —, pl. Sectaires qui ne s'attachent qu'au texte des livres sacrés.

TEXTUEL, LE, adj. Renfermé dans le texte, conforme au texte.

TEXTUELLEMENT, adv. Sans s'écarter du texte, mot pour mot.

TEXTURE, s. f. Action de tisser; état d'une chose tissée. —, tissu, enchaînement, liaison d'un ouvrage littéraire. —, disposition des parties constituantes d'un corps. T. de phys. —, économie des divers tissus qui entrent dans la composition d'un organe. T. d'anat.

TEYJAC, s. m. Com. du dép. de la Dordogne, cant. et arr. de Nontron. = Nontron.

TEYSSIÈRES, s. f. Com. du dép. de la Drôme, cant. de Dieu-le-Fit, arr. de Montélimar. = Dieu-le-Fit.

TEYSSODE, s. m. Com. du dép. du Tarn, cant. de St.-Paul, arr. de Lavaur. = Lavaur.

THAAS, s. m. Com. du dép. de la Marne, cant. de Fère-Champenoise, arr. d'Épernay. = Fère-Champenoise.

THAIMS, s. m. Com. du dép. de la Charente-Inférieure, cant. de Gemozac, arr. de Saintes. = Cozes.

THAIRÉ, s. m. Com. du dép. de la Charente-Inférieure, cant. d'Aigrefeuille, arr. de Rochefort. = Surgères.

THAÏS, s. m. Genre d'insectes lépidoptères. T. d'hist. nat.

THAIX, s. m. Com. du dép. de la Nièvre, cant. de Fours, arr. de Nevers. = Decize.

THAL, s. m. Com. du dép. du Bas-Rhin, cant. de Drulingen, arr. de Saverne. = Phalsbourg.

THAL, s. m. Com. du dép. du Bas-Rhin, cant. de Marmoutier, arr. de Saverne. = Saverne.

THALAMÉ, s. m. Fiole à long cou.

THALAMIEN ou THALAMITE, s. m. Rameur athénien, au dernier rang. T. d'antiq.

THALAMULE, s. m. Coquille univalve. T. d'hist. nat.

THALASSIE, s. f. Plante aquatique. T. de bot.

THALASSOCRATE, s. m. Dominateur des mers. T. inus.

THALASSOCRATIE, s. f. Empire des mers. T. inus.

THALASSOMÈTRE, s. m. Sonde marine.

THALER, s. m. Monnaie allemande de diverses valeurs.

THALICTRON, s. m. Plante vulnéraire, vermifuge, du genre des renonculacées. T. de bot.

THALIE, s. f. L'une des neuf Muses, qui présidait à la comédie et à la poésie lyrique. On la représente sous la figure d'une jeune fille couronnée de lierre, tenant un masque à la main, et chaussée de brodequins. —, l'une des grâces. T. de myth. —, plante de la monandrie. T. de bot.

THALLE, s. f. Support de quelques lichens. T. de bot.

THALLITE ou DELPHINITE, s. m. Schorl vert du Dauphiné. T. d'hist. nat.

THALLOPHORE, s. m. Vieillard qui portait une branche d'olivier dans les quinquatries ou panathénées. T. de myth.

THALLYSIES, s. f. pl. Sacrifices que l'on faisait dans les fêtes de Cérès et de Bacchus, après la récolte. T. de myth.

THANATOPHILE, s. m. Genre d'insectes coléoptères. T. d'hist. nat.

THANN, s. m. Petite ville du dép. du Haut-Rhin, chef-lieu de cant. de l'arr. de Belfort. Bur. d'enregist. et de poste.
Cette ville, située sur la rive droite de la Thurr, est entourée de vignobles renommés. Manuf. de toiles peintes; fabr. de bonneterie, toiles de coton, siamoises; produits chimiques; filat. de coton, forges et martinets.

THANNENKIRCH, s. m. Com. du dép. du Haut-Rhin, cant. de Ribeauvillé, arr. de Colmar. = Schélestadt.

THANVILLÉ, s. m. Com. du dép. du Bas-Rhin, cant. de Villé, arr. de Schélestadt. = Schélestadt.

THAON, s. m. Com. du dép. du Calvados, cant. de Creully, arr. de Caen. = Caen.

THAON, s. m. Com. du dép. des Vosges, cant. de Châtel, arr. d'Épinal. = Épinal.

THAPSIE, s. f. Genre de plantes ombellifères. T. de bot.

THARAUX, s. m. Com. du dép. du Gard, cant. de Barjac, arr. d'Alais. = Barjac.

THARGÉLIES, s. f. pl. Fêtes célébrées dans Athènes en l'honneur d'Apollon et de Diane. T. de myth.

THARGÉLION, s. m. Onzième mois de l'année athénienne. T. d'antiq.

THAROISEAU, s. m. Com. du dép. de l'Yonne, cant. de Vézelay, arr. d'Avallon. = Vézelay.

THAROT, s. m. Com. du dép. de l'Yonne, cant. et arr. d'Avallon. = Avallon.

THAULACHE, s. f. Arme des Francs, hallebarde, hache d'arme, tonnelle.

THAUMATURGE, s. m. et adj. Qui fait des miracles.

THAUMATURGIE, s. f. Science des miracles.

THAUMIERS, s. m. Com. du dép. du Cher, cant. de Charenton, arr. de St.-Amand. = Dun-le-Roi.

THAURON, s. m. Com. du dép. de la Creuse, cant. de Pontarion, arr. de Bourganeuf. = Bourganeuf.

THAUVENAY, s. m. Com. du dép. du Cher, cant. et arr. de Sancerre. = Sancerre.

THÉ, s. m. Arbrisseau de la Chine

dont les feuilles sont apportées en Europe, où l'on en fait un très grand cas. —, infusion de ces feuilles pour la digestion, le flux de ventre, etc. —, réunion du soir où l'on sert du thé. — bou, séché au soleil. — vert, séché au four.

THÉANDRIQUE, adj. Divin et humain à la fois.

THÉANTROPE, s. m. Homme Dieu, J.-C.

THÉANTROPIE, s. f. Erreur des théantropistes.

THÉANTROPISTE, s. m. Celui qui attribue à Dieu les passions humaines.

THÉATIN, E, s. Religieux.

THÉÂTRAL, E, adj. Qui appartient au théâtre, lui est propre, ne convient qu'à lui; qui concerne la scène, les ouvrages dramatiques.

THÉÂTRALEMENT, adv. D'une manière théâtrale.

THÉÂTRE, s. m. Edifice consacré aux représentations dramatiques; salle de spectacle; la scène; les acteurs. —, profession de comédien. —, art dramatique, ses productions chez un peuple. —, ensemble des ouvrages dramatiques propres à un théâtre; le théâtre Français. —, ouvrages dramatiques d'un auteur, recueil de ces ouvrages; théâtre de Racine. —, sorte d'échafaud. —, lieu où se passent, où se sont passés certains événemens; le théâtre de la guerre. Fig. —, place, dignité qui met en évidence; lieu où l'on peut développer ses grands talens, ses belles qualités. Roi de —, sans autorité, méprisé de ses peuples et des peuples voisins.

THÉBAÏDE, s. f. Solitude profonde. —, poème de Stace; tragédie de Racine.

THÉBAIN, E, s. Habitant de Thèbes.

THÉBAÏQUE, adj. Se dit d'un beau granit d'Egypte; pierre thébaïque.

THÈBE, s. f. Com. du dép. des Hautes-Pyrénées, cant. de Mauléon-Barousse, arr. de Bagnères. = Montrejeau.

THÈBES, s. f. Ville célèbre de l'ancienne Grèce, fondée par Cadmus, à laquelle Thébé, épouse de Mars, donna son nom. Cette ville était située dans la Béotie, et fut rebâtie, dit-on, au son de la lyre d'Amphion, c'est-à-dire que ce roi persuada par son éloquence, aux peuples répandus dans les campagnes et les rochers des environs, de venir y demeurer. T. de myth.

THÉDING, s. m. Com. du dép. de la Moselle, cant. de Forbach, arr. de Sarreguemines. = Forbach.

THÉEZANS, s. m. Arbrisseau de la Chine. T. de bot.

THÉGONNEC (St.-), s. m. Com. du dép. du Finistère, chef-lieu de cant. de l'arr. de Morlaix, où se trouvent les bur. d'enregist. et de poste.

THEGRA, s. m. Com. du dép. du Lot, cant. de Gramat, arr. de Gourdon. = Gramat.

THÉHILLAC, s. m. Com. du dép. du Morbihan, cant. de la Roche-Bernard, arr. de Vannes. = la Roche-Bernard.

THÉIÈRE, s. f. Vase pour faire infuser et pour servir le thé.

THÉIFORME, adj. En forme de thé; préparé comme le thé; infusion théiforme. T. de pharm.

THEIL (le), s. m. Com. du dép. de l'Allier, cant. du Montet, arr. de Moulins. = le Montet.

THEIL (le), s. m. Com. du dép. du Calvados, cant. de Honfleur, arr. de Pont-l'Evêque. = Pont-l'Evêque.

THEIL (le), s. m. Com. du dép. du Calvados, cant. de Vassy, arr. de Vire. = Honfleur.

THEIL (le), s. m. Com. du dép. de l'Eure, cant. de Rugles, arr. d'Evreux. = le Neubourg.

THEIL (le), s. m. Com. du dép. d'Ille-et-Vilaine, cant. de Rethiers, arr. de Vitré. = la Guerche.

THEIL (le), s. m. Com. du dép. de la Manche, cant. de St.-Pierre-Eglise, arr. de Cherbourg. = Cherbourg.

THEIL (le), s. m. Com. du dép. de l'Orne, chef-lieu de cant. de l'arr. de Mortagne. Bur. d'enregist. = Bellême. Papeterie.

THEIL, s. m. Com. du dép. de l'Yonne, cant. de Villeneuve-l'Archevêque, arr. de Sens. = Villeneuve-l'Archevêque. Raffineries de sucre de betteraves.

THEILLAY-LE-PAILLEUX, s. m. Com. du dép. de Loir-et-Cher, cant. de Salbris, arr. de Romorantin. = Salbris.

THEILLEMENT (le), s. m. Com. du dép. de l'Eure, cant. de Bourgthéroulde, arr. de Pont-Audemer. = Bourgthéroulde.

THEIL-NOLENT (le), s. m. Com. du dép. de l'Eure, cant. de Thiberville, arr. de Bernay. = Bernay.

THEIL-RABIER, s. m. Com. du dép. de la Charente, cant. de Villefagnan, arr. de Ruffec. = Ruffec.

THÉISME, s. m. Croyance à l'existence d'un Dieu, le contraire d'athéisme.

THÉISTE, s. m. Celui qui reconnaît l'existence d'un Dieu tout puissant.

THEIX, s. m. Com. du dép. du Morbihan, cant. et arr. de Vannes. = Vannes.

THEIZÉ, s. m. Com. du dép. du Rhône, cant. du Bois-d'Oingt, arr. de Villefranche. = Villefranche-sur-Saône.

THEL, s. m. Com. du dép. du Rhône, cant. de St.-Nizier-d'Azergues, arr. de Villefranche. = Beaujeu.

THÈLE, s. f. Plante du genre des plombaginées. T. de bot.

THÉLIGNY, s. m. Com. du dép. de la Sarthe, cant. de la Ferté-Bernard, arr. de Mamers. = la Ferté-Bernard.

THÉLIGONE, s. m. Plante de la famille des urticées. T. de bot.

THÉLIMITRE, s. m. Plante orchidée. T. de bot.

THÉLIS-LA-COMBE, s. m. Com. du dép. de la Loire, caut. de Bourg-Argental, arr. de St.-Etienne. = Annonay.

THÉLO (St.-), s. m. Com. du dép. des Côtes-du-Nord, cant. d'Uzel, arr. de Loudéac. = Loudéac.

THÉLOD, s. m. Com. du dép. de la Meurthe, cant. de Vézelise, arr. de Nancy. = Vézelise.

THELPHISSE, s. m. Tubulaire d'eau douce. T. d'hist. nat.

THELPLUSE, s. f. Genre de crustacés. T. d'hist. nat.

THÉLUS, s. m. Com. du dép. du Pas-de-Calais, cant. de Vimy, arr. d'Arras. = Arras.

THELXIOPE, s. m. Genre de crustacés. T. d'hist. nat.

THÉLYPHONE, s. f. Genre d'arachnides. T. d'hist. nat.

THÈME, s. m. Composition d'un écolier; ce qu'on lui donne à traduire en langue morte ou étrangère. —, sujet, matière, proposition à prouver ou éclaircir. —, situation des astres, au moment de la naissance, pour tirer un horoscope. T. d'astrol. —, division territoriale, en Grèce. —, radical d'un verbe. T. de gramm. grecque.

THÉMÈDE, s. f. Plante graminée d'Arabie. T. de bot.

THÉMÉRICOURT, s. m. Com. du dép. de Seine-et-Oise, cant. de Marines, arr. de Pontoise. = Meulan.

THÉMINES, s. f. Com. du dép. du Lot, cant. de Capelle, arr. de Figeac. = Gramat.

THÉMINETTES, s. f. Com. du dép. du Lot, cant. de Lacapelle-Marival, arr. de Figeac. = Figeac.

THÉMIS, s. f. Fille de Cœlus, déesse de la justice. On la représente un bandeau sur les yeux et tenant une balance à la main, que Jupiter plaça au nombre des douzes signes du zodiaque. T. de myth. —, la justice. Fig. —, constellation de la vierge. T. d'astr.

THÉNAC, s. m. Com. du dép. de la Charente-Inférieure, cant. et arr. de Saintes. = Saintes.

THÉNAC, s. m. Com. du dép. de la Dordogne, cant. de Cunèges, arr. de Bergerac. = Ste.-Foi.

THÉNAILLES, s. f. Com. du dép. de l'Aisne, cant. et arr. de Vervins. = Vervins.

THÉNAR, s. m. Muscle adducteur du pouce qui forme avec d'autres muscles, au-dessous de ce doigt, vers la paume de la main, une éminence charnue qu'on nomme mont de Vénus. — du pied, adducteur du gros orteil, situé sous le bord interne de la plante du pied. T. d'anat.

THÉNARDIE, s. f. plante apocynée. T. de bot.

THÉNAY, s. m. Com. du dép. de l'Indre, cant. de St.-Gaultier, arr. du Blanc. = Argenton-sur-Creuse.

THÉNAY, s. m. Com. du dép. de Loir-et-Cher, cant. de Montrichard, arr. de Blois. = Blois.

THENELLES, s. f. Com. du dép. de l'Aisne, cant. de Ribemont, arr. de St.-Quentin. = Origny-Ste.-Benoîte.

THÉNEUIL, s. m. Com. du dép. d'Indre-et-Loire, cant. de l'Isle-Bouchard, arr. de Chinon. = l'Isle-Bouchard.

THÉNEUILLE, s. f. Com. du dép. de l'Allier, cant. de Cérilly, arr. de Montluçon. = Cérilly.

THÉNEZAY, s. m. Com. du dép. des Deux-Sèvres, chef-lieu de cant. de l'arr. de Parthenay. Bur. d'enregist. et de poste.

THÉNIOUX, s. m. Com. du dép. du Cher, cant. de Vierzon-Ville, arr. de Bourges. = Vierzon-Ville.

THÉNISSEY, s. m. Com. du dép. de la Côte-d'Or, cant. de Flavigny, arr. de Semur. = Flavigny.

THÉNISY, s. m. Com. du dép. de Seine-et-Marne, cant. de Donnemarie, arr. de Provins. = Donnemarie.

THENNELIÈRES, s. f. Com. du dép. de l'Aube, cant. de Lusigny, arr. de Troyes. = Troyes.

THENNES, s. f. Com. du dép. de la Somme, cant. de Moreuil, arr. de Montdidier. = Amiens.

THENON, s. m. Com. du dép. de la Dordogne, chef-lieu de cant. de l'arr. de Périgueux. Bur. d'enregist. à Chignac. = Périgueux.

THENORGUES, s. m. Com. du dép.

des Ardennes, cant. de Buzancy, arr. de Vouziers. = Buzancy.

THÉOCRATIE, s. f. Gouvernement dont les chefs étaient considérés comme les ministres de Dieu, qui leur manifestait ses volontés. Tel fut celui des Hébreux jusqu'à Saül. —, gouvernement soumis à l'influence immédiate des prêtres.

THÉOCRATIQUE, adj., Qui appartient à la théocratie.

THÉOCRATIQUEMENT, adv. D'une manière théocratique.

THÉODICÉE, s. f. Justice de Dieu ; titre d'un ouvrage de Leibnitz.

THÉODOLITE, s. m. Instrument pour arpenter.

THÉODORÉE, s. f. Saussurée amère. T. de bot.

THÉODORIT (St.-), s. m. Com. du dép. du Gard, cant. de Quissac, arr. du Vigan. = Sauve.

THÉODOXE, s. m. Nérite fluviatile. T. de bot.

THÉOFFRAY (St.-), s. m. Com. du dép. de l'Isère, cant. de la Mure, arr. de Grenoble. = la Mure.

THÉOGAMIES, s. f. pl. Fêtes en mémoire du mariage de Pluton et de Proserpine. T. de myth.

THÉOGONIE, s. f. Naissance, généalogie des Dieux. —, système religieux des païens ; ouvrage sur cette matière.

THÉOLOGAL, s. m. Chanoine chargé d'enseigner la théologie.

THÉOLOGAL, E, adj. Qui a Dieu pour objet. Vertus —, la foi, l'espérance et la charité.

THÉOLOGALE, s. f. Charge, dignité, prébende de théologal.

THÉOLOGIE, s. f. Science qui a pour objet Dieu et les doctrines de la religion. —, classe où cette science est enseignée; traité, recueil théologique.

THÉOLOGIEN, s. m. Professeur versé dans les matières théologiques, qui écrit sur la théologie ou l'enseigne ; écolier qui l'étudie.

THÉOLOGIQUE, adj. Qui appartient à la théologie, la concerne, lui est relatif.

THÉOLOGIQUEMENT, adv. Selon les principes de la théologie ; en théologien.

THÉOLOGIUM, s. m. Lieu du théâtre d'où parlaient les Dieux. T. d'antiq.

THÉOLS (le), s. m. Rivière dont la source se trouve près de St.-Christophe, dép. de l'Indre, et qui se jette dans l'Ar-

non, au-dessus de Reuilly. Son cours est d'environ 12 l.

THÉOMACHES, s. m. pl. Géants qui combattirent les Dieux.

THÉOMANCIE, s. f. Divination en supposant être inspiré par une Divinité.

THÉOMAQUE, adj. Ennemi de Dieu. T. inus.

THÉOPHILANTHROPE, s. m. Théiste ami des hommes.

THÉOPHILANTHROPIE, s. f. Doctrine, secte de théophilanthropes ; espèce de religion que des charlatans voulurent établir en France, en 1796.

THÉOPHILANTHROPIQUE, adj. Qui concerne, caractérise la théophilanthropie.

THÉOPHILE, adj. Qui aime Dieu.

THÉOPSIE, s. f. Apparition des Dieux.

THÉORBE, s. m. Instrument de musique, espèce de luth.

THÉORBISTE, s. m. Musicien qui joue du théorbe.

THÉORE, s. m. Citoyen de Sparte, député pour les solennités religieuses.

THÉORÈME, s. m. Proposition d'une vérité spéculative qu'on peut démontrer. T. de math.

THÉORÉTIQUE, adj. Qui appartient à la théorie, indépendant de l'expérience.

THÉORÈTRE, s. m. Présent offert à une jeune fille à l'occasion de son mariage. T. d'antiq.

THÉORICIEN, s. m. Celui qui connaît les principes d'un art sans le pratiquer.

THÉORIE, s. f. Partie spéculative d'une science ; principes d'un art sans la pratique ; ouvrage sur ce sujet. —, développement des principes de la manœuvre. T. d'art milit. —, procession des théores à Sparte. T. d'antiq.

THÉORIQUE, adj. Qui appartient à la théorie.

THÉORIQUEMENT, adv. D'une manière théorique, à l'aide de la théorie.

THÉORISTE, s. m. Auteur d'une théorie.

THÉOSOPHE, s. m. Théologien. T. inus. —, pl. Illuminés qui se prétendaient en commerce avec Dieu.

THÉOSOPHIE, s. f. Système des théosophes.

THERAIN (le), s. m. Rivière dont la source se trouve dans le dép. de la Seine-Inférieure, et qui se jette dans l'Oise au-dessous de Creil, après un cours d'environ 20 l.

THÉRAPEUTES, s. m. pl. Moines Juifs qui se livraient à une vie contemplative; branche des Esséniens.

THÉRAPEUTIQUE, s. f. Partie de la médecine qui a pour objet le traitement des maladies, et qui comprend la diététique, la pharmacie et la chirurgie. —; adj. Qui appartient à la thérapeutique; qui a rapport aux thérapeutes.

THÉRENCE (St.-), s. m. Com. du dép. de l'Allier, cant. de Marcillat, arr. de Montluçon. = Montluçon.

THÉRIACAL, E, adj. Qui a la propriété de la thériaque.

THÉRIACOLOGIE, s. f. Traité sur les bêtes venimeuses.

THÉRIAQUE, s. f. Electuaire qui a pour base la chair de vipère.

THÉRIDION, s. m. Genre d'arachnides. T. d'hist nat.

THÉRINES, s. f. Com. du dép. de l'Oise, cant. de Songeons, arr. de Beauvais. = Grandvilliers.

THÉRIOTOMIE, s. f. Voy. ZOOTOMIE.

THÉRISTRE, s. m. Grand voile des femmes dans l'Orient; espèce de chemise des anciens.

THERMAL, E, adj. Se dit des eaux minérales et chaudes.

THERMANTIDES, s. f. pl. Pouzzolanes. T. d'hist. nat.

THERMANTIQUE, s. et adj. m. Qui réchauffe, qui ranime la chaleur naturelle. T. de méd.

THERMES, s. m. pl. Citernes d'eaux minérales; bains publics des Anciens.

THERMES, s. m. Com. du dép. du Gers, cant. d'Aignan, arr. de Mirande. = Nogaro.

THERMES, s. m. Com. du dép. des Hautes-Pyrénées, cant. de Castelnau-Magnoac, arr. de Bagnères. = Castelnau-Magnoac.

THERMIDOR, s. m. Onzième mois de l'année républicaine, partie de juillet et d'août.

THERMINTHE, s. f. Pustule rouge.

THERMOGÈNE, s. m. Voy. CALORIQUE.

THERMOLAMPE, s. m. Poêle dans lequel la fumée décomposée, éclaire par sa combustion.

THERMOMÈTRE, s. m. Instrument de météorologie qui contient une liqueur dont la condensation, ou la raréfaction indique les degrés du froid et du chaud.

THERMOPYLES, s. f. pl. Défilé du mont Œta, dans la Thessalie, célèbre par le dévouement de trois cents Spartiates commandés par Léonidas.

THERMOSCOPE, s. m. Espèce de thermomètre.

THÉRONDELS, s. m. Com. du dép. de l'Aveyron, cant. de Mur-de-Barrez, arr. d'Espalion. = Mur-de-Barrez.

THÉROUANNE, s. f. Petite ville du dép. du Pas-de-Calais, cant. d'Aire, arr. de St.-Omer. = Aire-sur-la-Lys.

THERSITE, s. m. Grec aussi lâche qu'insolent, qui fut tué par Achile, d'un coup de poing; lâche comme Thersite. T. de myth.

THERVAY, s. m. Com. du dép. du Jura, cant. de Montmirey, arr. de Dôle. = Gray.

THÉSAURISEMENT, s. m. Accumulation de trésors, d'argent.

THÉSAURISER, v. n. Entasser écus sur écus, amasser des trésors, de l'argent.

THÉSAURISEUR, EUSE, s. et adj. Qui thésaurise.

THÈSE, s. f. Proposition, question dans le discours ordinaire; question de droit, de médecine, etc., qu'on soutient publiquement dans les écoles, dans les universités; feuille imprimée qui contient l'énoncé de ces questions.

THÉSÉE, s. m. Fils d'Egée et d'Ethra. Ce héros marcha sur les traces d'Hercule, dont il était le compagnon, et comme lui, dompta plusieurs monstres, entre autres le Minotaure, dont il devait être la proie. Il enleva tour à tour Hélène, Ariane, Phèdre et tant d'autres, et fut infidèle à la plupart, particulièrement à Ariane, qu'il abandonna dans l'île de Naxos. Etant descendu aux enfers avec Pirithoüs, pour l'aider à enlever Proserpine, il fut condamné à rester attaché à une pierre, et y demeura jusqu'à ce que Hercule vint l'en délivrer. Vainqueur des Amazones, il épousa leur reine, Antiope, dont il eut un fils, nommé Hippolyte, qu'il abandonna à la fureur de Neptune, sur la foi de Phèdre, dont le jeune prince avait méprisé la flamme incestueuse. Ayant été fait prisonnier par les pirates, Ménesthée, arrière-petit-fils d'Erecthée, s'empara de ses états; mais, à son retour, il chassa l'usurpateur et remonta sur son trône qu'il laissa à ses enfans. On croit qu'il mourut dans Athènes où il lui fut élevé des autels. T. de myth.

THÉSION, s. m. Genre d'éléagnoïdes. T. de bot.

THESMOPHORIES, s. f. pl. Fêtes qu'on célébrait dans Athènes en l'honneur de Cérès thesmophore, c'est-à-dire législatrice. T. de myth.

THESMOTHÈTE, s. m. Magistrat gardien des lois dans Athènes. T. d'antiq.

THESPÉZIE, s. f. Ketmie à feuilles de peuplier. T. de bot.

THESSALIE, s. f. Grande et ancienne contrée de la Grèce entre la Macédoine, au N., et la Grèce propre, au S.

THESSALONIQUE, s. f. Voy. SALONIQUE.

THÉSY, s. m. Com. du dép. du Jura, cant. de Salins, arr. de Poligny. = Salins.

THÉSY-GLIMONT, s. m. Com. du dép. de la Somme, cant. de Sains, arr. d'Amiens. = Amiens.

THÈTES, s. m. pl. Classe des artisans dans la ville d'Athènes. T. d'antiq.

THETIEU, s. m. Com. du dép. des Landes, cant. et arr. de Dax. = Dax.

THÉTIS, s. f. Fille de Nérée, dieu marin, qui épousa Doris, sa sœur, dont il eut les Néréides. Séduit par l'éclat de sa beauté, Jupiter voulut épouser Thétis; mais Prométhée ayant prédit qu'elle donnerait le jour à un fils qui deviendrait plus grand que son père, il fut résolu qu'elle épouserait un mortel, et l'on fit choix de Pélée, roi de la Phthiotide. L'olympe, tous les Dieux des enfers et des mers, furent invités à leurs noces, excepté la Discorde qui, pour se venger, jeta sur la table une pomme d'or sur laquelle étaient écrits ces mots : A la plus belle. Bientôt, Junon, Pallas et Vénus se disputèrent la fatale pomme, qui fut adjugée à cette dernière par le berger Pâris. C'est de là que sortirent tous les maux qui affligèrent la famille de Priam, la ruine de Troie, etc. De l'hymen de Thétis et de Pélée, naquit Achille qui, dans la suite, fut contraint d'aller au siège de Troie, où il se couvrit de gloire. C'est la colère de ce héros, auquel Agamemnon avait enlevé Briséis, sa captive, qui fait le sujet de l'Iliade, poëme d'Homère. T. de myth. —, mollusque nu. T. d'hist. nat.

THEULEY, s. m. Com. du dép. de la Haute-Saône, cant. de Dampierre-sur-Salon, arr. de Gray. = Gray.

THÉURGIE ou MAGIE BLANCHE, s. f. Opération magique pour évoquer les dieux bienfaisans. T. de myth.

THÉURGIQUE, adj. Qui concerne la théurgie.

THEUS, s. m. Com. du dép. des Hautes-Alpes, cant. de Chorges, arr. d'Embrun. = Gap.

THEUVILLE, s. f. Com. du dép. d'Eure-et-Loir, cant. de Voves, arr. de Chartres. = Chartres.

THEUVILLE, s. f. Com. du dép. de Seine-et-Oise, cant. de Marines, arr. de Pontoise. = Pontoise.

THEUVILLE-AUX-MAILLOTS, s. f. Com. du dép. de la Seine-Inférieure, cant. de Valmont, arr. d'Yvetot. = Valmont.

THEUVY, s. m. Com. du dép. d'Eure-et-Loir, cant. de Châteauneuf, arr. de Dreux. = Châteauneuf.

THEUX, s. m. Com. du dép. du Gers, cant. et arr. de Mirande. = Mirande.

THÉVET-ST.-JULIEN-ET-THÉVET-ST.-MARTIN, s. m. Com. du dép. de l'Indre, cant. et arr. de la Châtre. = la Châtre.

THÉVILLE, s. f. Com. du dép. de la Manche, cant. de St.-Pierre-Eglise, arr. de Cherbourg. = Cherbourg.

THÉVRAY, s. m. Com. du dép. de l'Eure, cant. de Beaumesnil, arr. de Bernay. = Conches.

THEY, s. m. Com. du dép. de la Meurthe, cant. de Vézelise, arr. de Nancy. = Vézelise.

THEYRAN, s. m. Com. du dép. de l'Hérault, cant. de Castries, arr. de Montpellier. = Montpellier.

THEYS, s. m. Com. du dép. de l'Isère, cant. de Goncelin, arr. de Grenoble. = Goncelin.

THEY-SOUS-MONTFORT, s. m. Com. du dép. des Vosges, cant. de Vittel, arr. de Mirecourt. = Mirecourt.

THEYSSILLIEU, s. m. Com. du dép. de l'Ain, cant. d'Hauteville, arr. de Belley. = Belley.

THÉZA, s. m. Com. du dép. des Pyrénées-Orientales, cant. et arr. de Perpignan. = Perpignan.

THÉZAC, s. m. Com. du dép. de la Charente-Inférieure, cant. de Cozes, arr. de Saintes. = Cozes.

THÉZAN, s. m. Com. du dép. de l'Aude, cant. de Durban, arr. de Narbonne. = la Grasse.

THÉZAN, s. m. Petite ville du dép. de l'Hérault, cant. de Murviel, arr. de Béziers. = Béziers.

THÈZE, s. m. Com. du dép. des Basses-Alpes, cant. de la Motte-du-Caire, arr. de Sisteron. = Sisteron.

THÈZE, s. m. Com. du dép. des Basses-Pyrénées, chef-lieu de cant. de l'arr. de Pau. Bur. d'enregist. à Garlin. = Pau.

THÉZÉE, s. f. Com. du dép. de Loir-et-Cher, cant. de St.-Aignan, arr. de Blois. = St.-Aignan.

THÉZELS, s. m. Village du dép. du Lot, cant. de Castelnau, arr. de Cahors. = Castelnau-de-Mont-Ratier.

THÉZEY-ST.-MARTIN, s. m. Com. du dép. de la Meurthe, cant. de Nomeny, arr. de Nancy. = Blamont.

THÉZIERS, s. m. Com. du dép. de l'Aude, cant. de Chalabre, arr. de Limoux. = Limoux.

THÉZIERS, s. m. Com. du dép. du Gard, cant. d'Aramon, arr. de Nismes. = Beaucaire.

THI, s. m. Arbre du Tonquin. T. de bot.

THIA, s. m. Genre de crustacés. T. d'hist. nat. —, s. f. Mère du Soleil, de la Lune et d'Aurore. T. de myth.

THIAIS, s. m. Com. du dép. de la Seine, cant. de Villejuif, arr. de Sceaux. = Choisy-le-Roi.

THIANCOURT, s. m. Com. du dép. du Haut-Rhin, cant. de Delle, arr. de Belfort. = Delle.

THIANGES, s. m. Com. du dép. de la Nièvre, cant. de Decize, arr. de Nevers. = Decize.

THIANT, s. m. Com. du dép. du Nord, cant. et arr. de Valenciennes. = Valenciennes.

THIASE, s. f. Danse des bacchantes.

THIAUCOURT, s. m. Com. du dép. de la Meurthe, chef-lieu de cant. de l'arr. de Toul. Bur. d'enregist. = Pont-à-Mousson. Comm. de grains, vins, huile, bois, fourrages, etc.

THIAVILLE, s. f. Com. du dép. de la Meurthe, cant. de Baccarat, arr. de Lunéville. = Baccarat.

THIBAULT (St.-), s. m. Com. du dép. de l'Aube, cant. de Bouilly, arr. de Troyes. = Troyes.

THIBAULT (St.-), s. m. Com. du dép. de la Côte-d'Or, cant. de Vitteaux, arr. de Semur. = Vitteaux.

THIBAULT (St.-), s. m. Com. du dép. de l'Oise, cant. de Grandvilliers, arr. de Beauvais. = Grandvilliers.

THIBAULT (St.-), s. m. Com. du dép. de Seine-et-Marne, cant. de Lagny, arr. de Meaux. = Lagny.

THIBAUT (St.-), s. m. Com. du dép. de l'Aisne, cant. de Braisne, arr. de Soissons. = Fismes.

THIBERMESNIL, s. m. Com. du dép. de la Seine-Inférieure, cant. d'Yerville, arr. d'Yvetot. = Doudeville.

THIBERVILLE, s. f. Com. du dép. de l'Eure, chef-lieu de cant. de l'arr. de Bernay. Bur. d'enregist. et de poste. Fabr. de rubans de fil.

THIBÉRY (St.-), s. m. Petite ville du dép. de l'Hérault, cant. de Pézenas, arr. de Béziers. = Pézenas.

THIBIE, s. f. Com. du dép. de la Marne, cant. d'Ecury-sur Coole, arr. de Châlons. = Châlons-sur-Marne.

THIBIVILLIERS, s. m. Com. du dép. de l'Oise, cant. de Chaumont, arr. de Beauvais. = Chaumont-en-Vexin.

THIBOUVILLE, s. f. Com. du dép. de l'Eure, cant. de Beaumont, arr. de Bernay. = Brionne.

THICOURT, s. m. Com. du dép. de la Moselle, cant. de Faulquemont, arr. de Metz. = St.-Avold.

THIE, s. f. Instrument de fileuse pour mettre le bout du fuseau.

THIÉBAUD (St.-), s. m. Com. du dép. du Jura, cant. de Salins, arr. de Poligny. = Salins.

THIÉBAULT (St.-), s. m. Com. du dép. de la Haute-Marne, cant. de Bourmont, arr. de Chaumont. = Bourmont.

THIÉBAUMÉNIL, s. m. Com. du dép. de la Meurthe, cant. et arr. de Lunéville. = Lunéville.

THIÉBLEMONT, s. m. Com. du dép. de la Marne, chef-lieu de cant. de l'arr. de Vitry. Bur. d'enregist. = Vitry-le-Français.

THIÉBOUHANS, s. m. Com. du dép. du Doubs, cant. de Maiche, arr. de Montbéliard. = St.-Hyppolite-sur-le-Doubs.

THIÉDEVILLE, s. f. Com. du dép. de la Seine-Inférieure, cant. de Tôtes, arr. de Dieppe. = Tôtes.

THIEFFRANS, s. m. Com. du dép. de la Haute-Saône, cant. de Montbozon, arr. de Vesoul. = Vesoul.

THIEL, s. m. Com. du dép. de l'Allier, cant. de Chevagne, arr. de Moulins. = Moulins.

THIENANS, s. m. Com. du dép. de la Haute-Saône, cant. de Montbozon, arr. de Vesoul. = Vesoul.

THIENNES, s. f. Com. du dép. du Nord, cant. et arr. d'Hazebrouck. = Aire-sur-la-Lys.

THIEPVAL, s. m. Com. du dép. de la Somme, cant. d'Albert, arr. de Péronne. = Albert.

THIERGEVILLE, s. f. Com. du dép. de la Seine-Inférieure, cant. de Valmont, arr. d'Yvetot. = Valmont.

THIERNU, s. m. Com. du dép. de l'Aisne, cant. de Marle, arr. de Laon. = Marle.

THIERRY (St.-), s. m. Com. du dép. de la Marne, cant. de Bourgogne, arr. de Reims. = Reims.

THIERS, s. m., Com. du dép. de l'Oise, cant. et arr. de Senlis. = Senlis.

THIERS, s. m. Ville du dép. du Puy-de-Dôme, chef-lieu de sous-préf. et de cant.; trib. de 1re inst. et de comm.; chambre consult. des manuf.; conseil de prud'hommes; conserv. des hypoth.; direct. des contrib. indir.; recev. part. des finances; bur. d'enregist. et de poste. Pop., 11,600 hab. env.
Cette ville, située au pied d'un rocher à pic, près de la Durole, qui se réunit à la Dore à peu de distance de là, possède des fabr. considérables de coutellerie, quincaillerie, draps, broderies, fils à coudre; tabletterie, papeteries, etc.; tanneries. Comm. de basalte, porphyre, faïence, meules à moulin.

THIERVILLE, s. f. Com. du dép. de l'Eure, cant. de Montfort, arr. de Pont-Audemer. = Pont-Audemer.

THIERVILLE, s. f. Com. du dép. de la Meuse, cant. de Charny, arr. de Verdun. = Verdun.

THIESCOURT, s. m. Com. du dép. de l'Oise, cant. de Lassigny, arr. de Compiègne. = Noyon.

THIÉTREVILLE, s. f. Com. du dép. de la Seine-Inférieure, cant. de Valmont, arr. d'Yvetot. = Valmont.

THIEULIN (le), s. m. Com. du dép. d'Eure-et-Loir, cant. de la Loupe, arr. de Nogent-le-Rotrou. = Champrond.

THIEULLOY-L'ABBAYE, s. m. Com. du dép. de la Somme, cant. d'Hornoy, arr. d'Amiens. = Poix.

THIEULLOY-LA-VILLE, s. m. Com. du dép. de la Somme, cant. de Poix, arr. d'Amiens. = Poix.

THIEULOYE (la), s. f. Com. du dép. du Pas-de-Calais, cant. d'Aubigny, arr. de St.-Pol. = St.-Pol.

THIEULOY-ST.-ANTOINE, s. m. Com. du dép. de l'Oise, cant. de Grandvilliers, arr. de Beauvais. = Grandvilliers.

THIEUX, s. m. Com. du dép. de l'Oise, cant. de Froissy, arr. de Clermont. = Clermont.

THIEUX, s. m. Com. du dép. de Seine-et-Marne, cant. de Dammartin, arr. de Meaux. = Dammartin.

THIÉVILLE, s. f. Com. du dép. du Calvados, cant. de St.-Pierre-sur-Dives, arr. de Lisieux. = Croissanville.

THIÈVRES, s. f. Com. du dép. du Pas-de-Calais, cant. de Pas, arr. d'Arras. = Doullens.

THIÉVRES, s. f. Com. du dép. de la Somme, cant. d'Acheux, arr. de Doullens. = Doullens.

THIGNONVILLE, s. f. Com. du dép. du Loiret, cant. de Malesherbes, arr. de Pithiviers. = Pithiviers.

THIL, s. m. Com. du dép. de l'Ain, cant. de Montluel, arr. de Trévoux. = Montluel.

THIL, s. m. Com. du dép. de l'Aube, cant. de Soulaines, arr. de Bar-sur-Aube. = Bar-sur-Aube.

THIL (le), s. m. Com. du dép. de l'Eure, cant. d'Etrépagny, arr. des Andelys. = Ecouis.

THIL, s. m. Com. du dép. de la Haute-Garonne, cant. de Grenade, arr. de Toulouse. = Grenade-sur-Garonne.

THIL, s. m. Com. du dép. de la Marne, cant. de Bourgogne, arr. de Reims. = Reims.

THIL, s. m. Com. du dép. de la Moselle, cant. de Longwy, arr. de Briey. = Longwy.

THIL (Notre-Dame-du-), s. m. Com. du dép. de l'Oise, cant. et arr. de Beauvais. = Beauvais.

THILACION ou THILQUI, s. m. Arbre de la Cochinchine. T. de bot.

THILAY, s. m. Com. du dép. des Ardennes, cant. de Monthermé, arr. de Mézières. = Mézières.

THIL-CHÂTEL. Voy. TRÉCHATEAU.

THIL-EN-BRAY, s. m. Com. du dép. de la Seine-Inférieure, cant. de Forges, arr. de Neufchâtel. = Forges.

THILI, s. m. Grive du Chili. T. d'hist. nat.

THILLAY (le), s. m. Com. du dép. de Seine-et-Oise, cant. de Gonesse, arr. de Pontoise. = Gonesse.

THILLEUL-LAMBERT (le), s. m. Com. du dép. de l'Eure, cant. et arr. d'Evreux. = le Neubourg.

THILLEUX, s. m. Com. du dép. de la Haute-Marne, cant. de Montierender, arr. de Vassy. = Montierender.

THILLIERS (les), s. m. pl. Com. du dép. de l'Eure, cant. d'Etrépagny, arr. des Andelys. Bur. de poste.

THILLOIS, s. m. Com. du dép. de la Marne, cant. et arr. de Reims. = Reims.

THILLOMBOIS, s. m. Com. du dép. de la Meuse, cant. de Pierrefitte, arr. de Commercy. = St.-Mihiel.

THILLOT, s. m. Com. du dép. de la Meuse, cant. de Fresne-en-Wœvre, arr. de Verdun. = St.-Mihiel.

THILOGLOTTE, s. f. Plante de la famille des orchidées. T. de bot.

THILOUZE, s. f. Com. du dép. d'Indre-et-Loire, cant. d'Azay-le-Rideau, arr. de Chinon. = Azay-le-Rideau.

THIL-SUR-ARROUX, s. m. Com. du dép. de Saône-et-Loire, cant. de St.-Léger-sous-Beuvray, arr. d'Autun. = Luzy.

THIMERT, s. m. Com. du dép. d'Eure-et-Loir, cant. de Châteauneuf, arr. de Dreux. = Châteauneuf-en-Thimerais.

THIMONVILLE, s. f. Com. du dép. de la Moselle, cant. de Pange, arr. de Metz. = Metz.

THINES, s. f. Com. du dép. de l'Ardèche, cant. des Vans, arr. de Largentière. = les Vans.

THIN-LE-MOUTIER, s. m. Com. du dép. des Ardennes, cant. de Signy-l'Abbaye, arr. de Mézières. = Mézières.

THIOLIÈRES, s. f. Com. du dép. du Puy-de-Dôme, cant. et arr. de St.-Rambert. = St.-Rambert.

THIONNE, s. f. Com. du dép. de l'Allier, cant. de Jaligny, arr. de Lapalisse. = Lapalisse.

THIONVILLE, s. f. Ville fortifiée du dép. de la Moselle, chef-lieu de sous-préf. et de cant.; trib. de 1re inst.; société d'agric.; conserv. des hypoth.; direct. des contrib. indir.; direct. des douanes; recev. part. des finances; bur. d'enregist. et de poste; Pop. 5,820 hab. envir.
Cette ville, agréablement située sur la rive gauche de la Moselle, est défendue par des fortifications imposantes. Fabr. de bonneterie, eau de cologne, colle forte; brasseries et tanneries. Comm. de grains, légumes, chanvre, lin, etc.

THIONVILLE, s. f. Com. du dép. de Seine-et-Oise, cant. de Méréville, arr. d'Etampes. = Augerville.

THIONVILLE, s. f. Com. du dép. de Seine-et-Oise, cant. de Houdan, arr. de Mantes. = Houdan.

THIOUVILLE, s. f. Com. du dép. de la Seine-Inférieure, cant. d'Ourville, arr. d'Yvetot. = Fauville.

THIRAUCOURT, s. m. Com. du dép. des Vosges, cant. et arr. de Mirecourt. = Mirecourt.

THIRÉ, s. m. Com. du dép. de la Vendée, cant. de Ste.-Hermine, arr. de Fontenay. = Ste.-Hermine.

THIRON-GARDAIS, s. m. Com. du dép. d'Eure-et-Loir, chef-lieu de cant. de l'arr. de Nogent-le-Rotrou. Bur. d'enregist. = Nogent-le-Rotrou.

THIRSE, s. m. Tortue du Nil. T. d'hist. nat.

THIS, s. m. Com. du dép. des Ardennes, cant. et arr. de Mézières. = Mézières.

THISE, s. f. Com. du dép. du Doubs, cant. de Marchaux, arr. de Besançon. = Besançon.

THIVARS, s. m. Com. du dép. d'Eure-et-Loir, cant. et arr. de Chartres. = Chartres.

THIVENCELLE, s. f. Com. du dép. du Nord, cant. de Condé, arr. de Valenciennes. = Condé-sur-l'Escaut.

THIVERVAL, s. m. Com. du dép. de Seine-et-Oise, cant. de Poissy, arr. de Versailles. = Neauphle.

THIVET, s. m. Com. du dép. de la Haute-Marne, cant. de Nogent, arr. de Chaumont. = Langres.

THIVIERS, s. m. Com. du dép. de la Dordogne, chef-lieu de cant. de l'arr. de Nontron. Bur. d'enregist. et de poste. Fabr. de faïence, papiers, etc. Comm. de cuirs, fers, épiceries, fromages, truffes et bestiaux.

THIVILLE, s. f. Com. du dép. d'Eure-et-Loir, cant. et arr. de Châteaudun. = Châteaudun.

THIZAY, s. m. Com. du dép. de l'Indre, cant. et arr. d'Issoudun. = Issoudun.

THIZAY, s. m. Com. du dép. d'Indre-et-Loire, cant. et arr. de Chinon. = Chinon.

THIZY, s. m. Com. du dép. du Rhône, chef-lieu de cant. de l'arr. de Villefranche. Bur. d'enregist. = St.-Symphorien. Fabr. considérables de toiles; filat. de coton. Comm. de coton et laine.

THIZY, s. m. Com. du dép. de l'Yonne, cant. de Guillon, arr. d'Avallon. = Avallon.

THLASE, s. f. ou THLASME, s. m. Voy. PHLASME. T. de chir.

THLASPI, s. m. Plante de la famille des crucifères. T. de bot.

THLASPIDIOÏDE, s. m. Arbrisseau des deux Indes. T. de bot.

THLIPSIE, s. f. Compression des parois d'un vaisseau. T. de méd.

THOA, s. m. Polypier sertulaire. T. d'hist. nat. —, arbrisseau résineux. T. de bot.

THOARD, s. m. Com. du dép. des Basses-Alpes, cant. et arr. de Digne. = Digne.

THODURE, s. f. Com. du dép. de l'Isère, cant. de Roybon, arr. de St.-Marcellin. = la Côte-St.-André.

THOIRAS, s. m. Com. du dép. du Gard, cant. de la Salle, arr. du Vigan. = Anduze.

THOIRÉ, s. m. Com. du dép. de la Sarthe, cant. de Château-du-Loir, arr. de St.-Calais. = Château-du-Loir.

THOIRES, s. f. Com. du dép. de la

Côte-d'Or, cant. de Montigny-sur-Aube, arr. de Châtillon. = Châtillon-sur-Seine.

THOIRÉ-SOUS-CONTENSOR, s. m. Com. du dép. de la Sarthe, cant. de St.-Pater, arr. de Mamers. = Château-du-Loir.

THOIRIA, s. m. Com. du dép. du Jura, cant. de Clairvaux, arr. de Lons-le-Saulnier. = Lons-le-Saulnier.

THOIRY, s. m. Com. du dép. de l'Ain, cant. de Ferney, arr. de Gex. = Ferney.

THOIRY, s. m. Com. du dép. de Seine-et-Oise, cant. de Montfort-l'Amaury, arr. de Rambouillet. = Montfort-l'Amaury.

THOISSEY, s. m. Petite ville du dép. de l'Ain, chef-lieu de cant. de l'arr. de Trévoux. Bur. d'enregist. et de poste.
Cette petite ville est située sur la Chalaronne au milieu d'une plaine fertile. Fabr. de cire et de bougie.

THOISSIA, s. m. Com. du dép. du Jura, cant. de St.-Amour, arr. de Lons-le-Saulnier. = St.-Amour.

THOISY-LA-BERCHÈRE, s. m. Com. du dép. de la Côte-d'Or, cant. de Saulieu, arr. de Semur. = Saulieu.

THOISY-LE-DÉSERT, s. m. Com. du dép. de la Côte-d'Or, cant. de Pouilly-en-Auxois, arr. de Beaune. = Sombernon.

THOIX (St.-), s. m. Com. du dép. du Finistère, cant. de Châteauneuf, arr. de Châteaulin. = Châteaulin.

THOIX, s. m. Com. du dép. de la Somme, cant. de Conty, arr. d'Amiens. = Grandvilliers.

THOL, s. m. Com. du dép. de la Haute-Marne, cant. de Clefmont, arr. de Chaumont. = Chaumont-en-Bassigny.

THOLLET, s. m. Com. du dép. de la Vienne, cant. de la Trimouille, arr. de Montmorillon. = Montmorillon.

THOLONET, s. m. Com. du dép. des Bouches-du-Rhône, cant. et arr. d'Aix. = Aix.

THOLUS, s. m. Pièce ou clef de charpente.

THOLY (le), s. m. Com. du dép. des Vosges, cant. et arr. de Remiremont. = Bruyères.

THOMAS (St.-), s. m. Com. du dép. de l'Aisne, cant. de Craonne, arr. de Laon. = Laon.

THOMAS (St.-), s. m. Com. du dép. de la Charente-Inférieure, cant. de St.-Porchaire, arr. de Saintes. = Tonnay-Charente.

THOMAS (St.-), s. m. Com. du dép. de la Drôme, cant. de St.-Jean-en-Royans, arr. de Valence. = Romans.

THOMAS (St.-), s. m. Com. du dép. de la Haute-Garonne, cant. de St.-Lys, arr. de Muret. = l'Isle-Jourdain.

THOMAS (St.-), s. m. Com. du dép. de la Manche, cant. et arr. de St.-Lô. = St.-Lô.

THOMAS (St.-), s. m. Com. du dép. de la Marne, cant. de Ville-sur-Tourbe, arr. de Ste.-Menéhould. = Ste.-Menéhould.

THOMAS-DE-CONAC (St.-), s. m. Com. du dép. de la Charente-Inférieure, cant. de Mirambeau, arr. de Jonzac. = Mirambeau.

THOMAS-DE-COURCERIERS (St.-), s. m. Com. du dép. de la Mayenne, cant. de Bais, arr. de Mayenne. = Mayenne.

THOMAS-LA-GARDE (St.-), s. m. Com. du dép. de la Loire, cant. de St.-Jean-Soleymieux, arr. de Montbrison. = Montbrison.

THOMÉ (St.-), s. m. Com. du dép. de l'Ardèche, cant. de Viviers, arr. de Privas. = Viviers.

THOMER, s. m. Com. du dép. de l'Eure, cant. de Damville, arr. d'Evreux. = Damville.

THOMERY, s. m. Com. du dép. de Seine-et-Marne, cant. de Moret, arr. de Fontainebleau. = Fontainebleau.

THOMIREY, s. m. Com. du dép. de la Côte-d'Or, cant. de Bligny-sur-Ouche, arr. de Beaune. = Beaune.

THOMISE, s. f. Genre d'arachnides. T. d'hist. nat.

THOMISME, s. m. Doctrine de saint Thomas-d'Aquin, sur la grâce et la prédestination.

THOMISTE, s. m. Partisan de la doctrine de saint Thomas-d'Aquin.

THON, s. m. Gros poisson de la Méditerranée du genre du scombre.

THONAC, s. m. Com. du dép. de la Dordogne, cant. de Montignac, arr. de Sarlat. = Montignac.

THONAIRE, s. m. Filet pour la pêche du thon.

THONAN (St.-), s. m. Com. du dép. du Finistère, cant. de Landerneau, arr. de Brest. = Landerneau.

THONINE, s. f. Chair de thon marinée.

THONNANCE-LES-JOINVILLE, s. m. Com. du dép. de la Haute-Marne, cant. de Joinville, arr. de Vassy. = Joinville.

THONNANCE-LES-MOULINS, s. m. Com. du dép. de la Haute-Marne, cant. de Poissons, arr. de Vassy. = Joinville.

THONNE-LA-LONG, s. m. Com. du dép. de la Meuse, cant. et arr. de Montmédy. = Montmédy.

THONNE-LES-PRÉS, s. m. Com. du dép. de la Meuse, cant. et arr. de Montmédy. = Montmédy.

THONNE-LE-THIL, s. m. Com. du dép. de la Meuse, cant. et arr. de Montmédy. = Montmédy.

THONNELLE, s. f. Com. du dép. de la Meuse, cant. et arr. de Montmédy. = Montmédy.

THONS (les), s. m. pl. Com. du dép. des Vosges, cant. de la Marche, arr. de Neufchâteau. = la Marche.

THIONVILLE, s. f. Com. du dép. de la Moselle, cant. de Faulquemont, arr. de Metz. = St.-Avold.

THOPH, s. m. Espèce de tympanon des Hébreux.

THOR, s. m. Com. du dép. de Vaucluse, cant. et arr. d'Avignon. = Avignon.

THORA, s. f. Espèce d'asphodèle, plante dont le suc empoisonne les armes. T. de bot.

THORACENTHÈSE, s. f. Opération de l'empyème. T. de chir.

THORACHIQUE ou THORACIQUE, adj. Qui appartient, a rapport à la poitrine. Canal —, conduit très mince et transparent, qui monte entre la veine azygos et l'aorte jusqu'à la cinquième vertèbre du dos, et plus haut, passe par derrière l'aorte à gauche et monte derrière la veine sous-clavière où il se termine. T. d'anat. —, pectoral, favorable dans les maladies de poitrine. T. de méd.

THORACIQUES, s. m. pl. Poissons osseux, à nageoires ventrales placées sous les pectorales; crustacés proprement dits. T. d'hist. nat.

THORACO-FACIAL, s. et adj. m. Muscle qui s'étend de la poitrine à la face. T. d'anat.

THORAILLES, s. f. Com. du dép. du Loiret, cant. de Courtenai, arr. de Montargis. = Courtenai.

THORAISE, s. f. Com. du dép. du Doubs, cant. de Boussières, arr. de Besançon. = Quingey.

THORAME-BASSE, s. f. Com. du dép. des Basses-Alpes, cant. de Colmars, arr. de Castellanne. = Digne.

THORAME-HAUTE, s. f. Com. du dép. des Basses-Alpes, cant. de Colmars, arr. de Castellanne. = Digne.

THORAS, s. m. Com. du dép. de la Haute-Loire, cant. de Saugues, arr. du Puy. = Langeac.

THORAX, s. m. (mot latin). Capacité de la poitrine; charpente osseuse de la poitrine dans le squelette. T. d'anat.

THORÉ, s. m. Com. du dép. de Loir-et-Cher, cant. et arr. de Vendôme. = Vendôme.

THORÉE, s. f. Com. du dép. de la Sarthe, cant. du Lude, arr. de la Flèche. = le Lude.

THORENC, s. m. Com. du dép. de l'Ardèche, cant. de Serrières, arr. de Tournon. = St.-Vallier.

THORETTE (Ste-), s. f. Com. du dép. du Cher, cant. de Mehun-sur-Yèvre, arr. de Bourges. = Bourges.

THOREY, s. m. Com. du dép. de la Meurthe, cant. de Vézelise, arr. de Nancy. = Vézelise.

THOREY, s. m. Com. du dép. de l'Yonne, cant. de Cruzy, arr. de Tonnerre. = Tonnerre.

THOREY-LES-ÉPOISSES, s. m. Com. du dép. de la Côte-d'Or, cant. de Genlis, arr. de Dijon. = Genlis.

THOREY-SOUS-CHARNY, s. m. Com. du dép. de la Côte-d'Or, cant. de Saulieu, arr. de Semur. = Vitteaux.

THOREY-SUR-OUCHE, s. m. Com. du dép. de la Côte-d'Or, cant. de Bligny-sur-Ouche, arr. de Beaune. = Beaune.

THORIGNÉ, s. m. Com. du dép. d'Ille-et-Vilaine, cant. et arr. de Rennes. = Rennes.

THORIGNÉ, s. m. Com. du dép. de Maine-et-Loire, cant. de Châteauneuf, arr. de Segré. = Châteauneuf-sur-Sarthe.

THORIGNÉ, s. m. Com. du dép. de la Mayenne, cant. de Ste.-Suzanne, arr. de Laval. = Evron.

THORIGNÉ, s. m. Com. du dép. de la Sarthe, cant. de Bouloire, arr. de St.-Calais. = Connerré.

THORIGNÉ, s. m. Com. du dép. des Deux-Sèvres, cant. de Celles, arr. de Melle. = St.-Maixent.

THORIGNY, s. m. Com. du dép. de Seine-et-Marne, cant. de Lagny, arr. de Meaux. = Lagny.

THORIGNY, s. m. Com. du dép. de la Vendée, cant. et arr. de Bourbon-Vendée. = Bourbon-Vendée.

THORIGNY, s. m. Petite ville du dép. de l'Yonne, cant. de Villeneuve-l'Archevêque, arr. de Sens. = Sens.

THORIGNY-SUR-LE-MIGNON, s. m. Com. du dép. des Deux-Sèvres, cant. de Beauvoir, arr. de Niort. = Niort.

THORONET, s. m. Com. du dép. du Var, cant. de Lorgues, arr. de Draguignan. = le Luc.

THORS, s. m. Com. du dép. de l'Aube, cant. de Soulaines, arr. de Bar-sur-Aube. = Bar-sur-Aube.

THORS, s. m. Com. du dép. de la Charente-Inférieure, cant. de Matha, arr. de St.-Jean-d'Angely. = St.-Jean-d'Angely.

THORY, s. m. Com. du dép. de la Somme, cant. d'Ailly-sur-Noye, arr. de Montdidier. = Breteuil.

THOSTE, s. m. Com. du dép. de la Côte-d'Or, cant. de Précy-sous-Thil, arr. de Semur. = Semur.

THOU (le), s. m. Com. du dép. de la Charente-Inférieure, cant. d'Aigrefeuille, arr. de Rochefort. = Surgères.

THOU, s. m. Com. du dép. du Cher, cant. de Vailly, arr. de Sancerre. = Aubigny.

THOU, s. m. Com. du dép. du Loiret, cant. de Briare, arr. de Gien. = Bonny.

THOUARCÉ-ET-LE-CHAMP, s. m. Com. du dép. de Maine-et-Loire, chef-lieu de cant. de l'arr. d'Angers. Bur. d'enregist. et de poste à Brissac.

THOUARÉ, s. m. Com. du dép. de la Loire-Inférieure, cant. de Carquefou, arr. de Nantes. = Nantes.

THOUARS, s. m. Com. du dép. de l'Ariège, cant. du Mas-d'Azil, arr. de Pamiers. = Rieux.

THOUARS, s. m. Petite ville du dép. des Deux-Sèvres, chef-lieu de cant. de l'arr. de Bressuire. Bur. d'enregist. et de poste. Fabr. de coutellerie, chapeaux, droguets, toiles; comm. de grains, eaux-de-vie et bestiaux.

THOUARSAIS, s. m. Com. du dép. de la Vendée, cant. de la Châtaigneraye, arr. de Fontenay-le-Comte. = la Châtaigneraye.

THOUARSE, s. f. Plante graminée de l'île de Madagascar. T. de bot.

THOUET (le), s. m. Rivière qui prend sa source au-dessus de Secondigny, dép. des Deux-Sèvres, et se jette dans la Loire, près de St.-Florent, dép. de Maine-et-Loire, après un cours d'environ 24 l. Elle est navigable au moyen de plusieurs pertuis.

THOUINIE, s. f. Savonnier. T. de bot.

THOULT (le), s. m. Com. du dép. de la Marne, cant. de Montmirail, arr. d'Epernay. = Montmirail.

THOUR (le), s. m. Com. du dép. des Ardennes, cant. d'Asfeld, arr. de Rethel. = Rethel.

THOUREIL (le), s. m. Com. du dép. de Maine-et-Loire, cant. de Gennes, arr. de Saumur. = Saumur.

THOURIE, s. f. Com. du dép. d'Ille-et-Vilaine, cant. de Rethiers, arr. de Vitré. = Châteaubriant.

THOURON, s. m. Com. du dép. de la Haute-Vienne, cant. de Nantiat, arr. de Bellac. = Châlus.

THOUROTTE, s. f. Com. du dép. de l'Oise, cant. de Ribécourt, arr. de Compiègne. = Compiègne.

THOURY, s. m. Com. du dép. de Loir-et-Cher, cant. de Neung-sur-Beuvron, arr. de Romorantin. = Beaugency.

THOURY-FEROTTES, s. m. Com. du dép. de Seine-et-Marne, cant. de Lorrez, arr. de Fontainebleau. = Montereau.

THOUS, s. m. Espèce de chien de Surinam.

THOUX, s. m. Com. du dép. du Gers, cant. de Cologne, arr. de Lombez. = l'Isle-Jourdain.

THRACE, s. f. Grande contrée d'Europe qui s'étendait depuis la Macédoine, à l'O., jusqu'à la mer Noire. —, s. m. pl. Gladiateurs armés d'un bouclier et d'un poignard.

THRAN, s. m. Huile de poisson.

THRANIT, s. m. Rameur athénien, au premier rang.

THRASIE, s. f. Plante graminée. T. de bot.

THRÉEKELDIE, s. f. Arbuste de la Nouvelle-Hollande. T. de bot.

THRÈNE, s. m. Chant lugubre. T. d'antiq.

THRÉNÉTIQUE, s. f. Flûte pour les thrènes. T. d'antiq.

THRÉNODIE, s. f. Chant funèbre. T. d'antiq.

THRIES, s. m. pl. Sorts que l'on jetait dans une urne. T. d'antiq.

THRINAX, s. m. Palmier. T. de bot.

THRIPS, s. m. Genre d'insectes hémiptères. T. d'hist. nat.

THRIXPERME, s. m. Plante orchidée de la Chine. T. de bot.

THROMBE, s. f. Voy. TROMBE.

THROMBUS, s. m. Tumeur formée par du sang épanché et grumelé aux environs de l'ouverture d'une veine. T. de chir.

THROSQUE, s. m. Genre d'insectes coléoptères. T. d'hist. nat.

THRYALLE, s. m. Arbuste du Brésil. T. de bot.

THRYOCÉPHALE, s. m. Plante de la famille des cypéroïdes. T. de bot.

THRYOTHORE, s. m. Genre d'oiseaux sylvains, grimpereaux. T. d'hist. nat.

THRYSANTHE, s. m. Glycine frutescente. T. de bot.

THUAL (St.-), s. m. Com. du dép. d'Ille-et-Vilaine, cant. de Tinténiac, arr. de St.-Malo. = Bécherel.

THUBŒUF, s. m. Com. du dép. de la Mayenne, cant. de Lassay, arr. de Mayenne. = le Ribay.

THUCION, s. m. Gros timon de navire.

THUDEIL, s. m. Com. du dép. de la Corrèze, cant. de Beaulieu, arr. de Brive. = Tulle.

THUELLINS, s. m. Com. du dép. de l'Isère, cant. de Morestel, arr. de la Tour-du-Pin. = la Tour-du-Pin.

THUÉS-DE-LLAR, s. m. Com. du dép. des Pyrénées-Orientales, cant. d'Olette, arr. de Prades. = Prades.

THUÉS-EN-TREVAILLS, s. m. Com. du dép. des Pyrénées-Orientales, cant. d'Olette, arr. de Prades. = Prades.

THUEYTS, s. m. Com. du dép. de l'Ardèche, chef-lieu de cant. de l'arr. de Largentière. Bur. d'enregist. et de poste.

THUGNY, s. m. Com. du dép. des Ardennes, cant. et arr. de Rethel. = Rethel.

THUIA ou THUYA, s. m. Genre de conifères. T. de bot.

THUILÉE, s. f. Tortue d'Amérique.

THUILES, s. f. Com. du dép. des Basses-Alpes, cant. et arr. de Barcelonnette. = Barcelonnette.

THUILLEY-AUX-GROSEILLES, s. m. Com. du dép. de la Meurthe, cant. de Colombey, arr. de Toul. = Colombey.

THUILLIERS, s. m. Com. du dép. des Vosges, cant. de Vittel, arr. de Mirecourt. = Darney.

THUIR, s. m. Petite ville du dép. des Pyrénées-Orientales, chef-lieu de cant. de l'arr. de Perpignan. Bur. d'enregist. = Perpignan.

THUISY, s. m. Com. du dép. de la Marne, cant. de Verzy, arr. de Reims. = Reims.

THUIT (le), s. m. Com. du dép. de l'Eure, cant. et arr. des Andelys. = les Andelys.

THUIT-ANGER (le), s. m. Com. du dép. de l'Eure, cant. d'Amfreville, arr. de Louviers. = Elbeuf.

THUIT-HÉBERT (le), s. m. Com. du dép. de l'Eure, cant. de Bourgthéroulde, arr. de Pont-Audemer. = Bourgthéroulde.

THUIT-SIGNOL (le), s. m. Com. du dép. de l'Eure, cant. d'Amfreville, arr. de Louviers. = Elbeuf.

THUIT-SIMER (le), s. m. Com. du dép. de l'Eure, cant. d'Amfreville, arr. de Louviers. = Bourgthéroulde.

THULAY, s. m. Com. du dép. du Doubs, cant. de Blamont, arr. de Montbéliard. = l'Isle-sur-le-Doubs.

THUMÉRÉVILLE, s. f. Com. du dép. de la Moselle, cant. de Conflans, arr. de Briey. = Metz.

THUMERIES, s. f. Com. du dép. du Nord, cant. de Pont-à-Marcq, arr. de Lille. = Carvin.

THUN, s. m. Com. du dép. du Nord, cant. de St.-Amand, arr. de Valenciennes. = St.-Amand-les-Eaux.

THUNBERGE, s. f. Genre d'acanthoïdes. T. de bot.

THUN-L'ÉVÊQUE, s. m. Com. du dép. du Nord, cant. et arr. de Cambrai. = Cambrai.

THUN-ST.-MARTIN, s. m. Com. du dép. du Nord, cant. et arr. de Cambrai. = Cambrai.

THURAGEAU, s. m. Com. du dép. de la Vienne, cant. de Mirebeau, arr. de Poitiers. = Mirebeau.

THURAIRE, s. m. Arbuste du Chili. T. de bot.

THURÉ, s. m. Com. du dép. de la Vienne, cant. et arr. de Châtellerault. = Châtellerault.

THURET, s. m. Com. du dép. du Puy-de-Dôme, cant. d'Aigueperse, arr. de Riom. = Aigueperse.

THUREY, s. m. Com. du dép. du Doubs, cant. de Marchaux, arr. de Besançon. = Besançon.

THUREY, s. m. Com. du dép. de Saône-et-Loire, cant. de St.-Germain-du-Bois, arr. de Louhans. = Louhans.

THURGOVIE, s. f. Canton de la Confédération suisse, habité par des Allemands. Ce canton, dont le sol est uni et très fertile, est borné N.-E., lac de Constance; S.-E., St.-Gall; S.-O., Zurich. Comm. de toile, soie et coton. Pop. 81,000 hab. env.

THURIAL (St.-), s. m. Com. du dép. d'Ille-et-Vilaine, cant. de Plélan, arr. de Montfort. = Plélan.

THURIBULAIRE, adj. Qui encense. T. inus.

THURIEN (St.-), s. m. Com. du dép. du Finistère, cant. de Scaer, arr. de Quimperlé. = Quimperlé.

THURIFÉRAIRE, s. m. Qui porte l'encensoir.

THURIFÈRE, adj. Qui produit l'encens.

THURIN (St.-), s. m. Com. du dép. de la Loire, cant. de St.-Germain-Laval, arr. de Roanne. = Roanne.

THURINS, s. m. Com. du dép. du

Rhône, cant. de Vaugneray, arr. de Lyon. = Lyon.

THURY, s. m. Com. du dép. de la Côte-d'Or, cant. de Nolay, arr. de Beaune. = Nolay.

THURY, s. m. Com. du dép. de la Moselle, cant. et arr. de Metz. = Metz.

THURY, s. m. Com. du dép. de l'Yonne, cant. de St.-Sauveur, arr. d'Auxerre. = St.-Fargeau.

THURY-EN-VALOIS, s. m. Com. du dép. de l'Oise, cant. de Betz, arr. de Senlis. = Clermont-en-Beauvoisis.

THURY-HARCOURT, s. m. Com. du dép. du Calvados, chef-lieu de cant. de l'arr. de Falaise. Bur. d'enregist. et de poste.

THURY-SOUS-CLERMONT, s. m. Com. du dép. de l'Oise, cant. de Mouy, arr. de Clermont. = Clermont-en-Beauvoisis.

THUY, s. m. Com. du dép. des Hautes-Pyrénées, cant. de Pouyastruc, arr. de Tarbes. = Tarbes.

THYESTE, s. m. Fils de Pélops et d'Hippodamie et frère d'Atrée. Ayant entretenu un commerce incestueux avec Érope, sa belle-sœur, épouse d'Atrée, celui-ci, pour se venger, mit en pièces l'enfant né de ce commerce incestueux et fit servir ses membres à Thyeste, dans un festin. Le soleil se cacha, dit-on, pour ne point éclairer cette atrocité. T. de myth.

THYM, s. m. Sous-arbrisseau à fleurs en épi, plante odoriférante, incisive, apéritive, céphalique.

THYMALE, s. m. Genre d'insectes coléoptères. T. d'hist. nat.

THYMBRA, s. f. Plante odoriférante qui ressemble au thym.

THYMÉLÉ, s. m. Orchestre grec. T. d'antiq.

THYMÉLÉE, s. f. Voy. LAURÉOLE. —, pl. Daphnoïdes. T. de bot.

THYMIATECHNIE, s. f. Art de composer des parfums, de les employer en médecine, de les administrer en fumigations.

THYMION, s. m. Grosse verrue à l'anus, aux parties naturelles, etc.

THYMIQUE, adj. Qui a rapport au thymus. T. de méd.

THYMNE, s. f. Genre d'insectes hyménoptères. T. d'hist. nat.

THYMUS, s. m. Sorte de verrue qui diffère du thymion par sa conformation et son caractère. T. de chir. —, corps glanduleux situé en partie entre la duplicature de la portion antérieure et supérieure du médiastin et les gros vaisseaux du cœur. T. d'anat.

THYRÉOPHORE, s. m. Genre d'insectes diptères. T. d'hist. nat.

THYRIDE, s. f. Genre de lépidoptères. T. d'hist. nat.

THYRO-ARYTÉNOÏDIEN, NE, s. m. et adj. Qui est relatif aux cartilages thyroïde et aryténoïde. T. d'anat.

THYROCÈLE, s. f. Voy. GOÎTRE.

THYRO-ÉPIGLOTTIQUE, s. m. et adj. Qui concerne le cartilage thyroïde et l'épiglotte. T. d'anat.

THYRO-HYOÏDIEN, NE, s. m. et adj. Qui a rapport au cartilage thyroïde et à l'os hyoïde. T. d'anat.

THYROÏDE, s. m. et adj. Grand cartilage en forme de bouclier, qui occupe la partie antérieure du larynx. T. d'anat.

THYROÏDIEN, NE, s. et adj. Qui appartient au cartilage ou à la glande thyroïde. T. d'anat.

THYRO-PALATIN, s. et adj. m. Muscle du thyroïde et du palais. T. d'anat.

THYRO-PHARYNGIEN, s. m. et adj. Muscle du thyroïde et du pharynx. T. d'anat.

THYRO-PHARYNGO-STAPHYLIN, s. m. et adj. Muscle qui appartient au cartilage thyroïde, au pharynx et à la luette. T. d'anat.

THYRO-STAPHYLIN, s. m. et adj. Voy. PALATO-PHARYNGIEN. T. d'anat.

THYRSE, s. m. Baguette ou pique entourée de pampres, de raisins et de lierre, dont les prêtres de Bacchus et les bacchantes étaient armés. T. de myth. —, disposition des fleurs en pyramide, comme le lilas.

THYRSIFÈRE, adj. Qui porte des fleurs en thyrse. T. de bot.

THYRSIFLORE, adj. Se dit des fleurs en forme de thyrse. T. de bot.

THYRSOÏDE, adj. En forme de thyrse.

THYSANE, s. m. Arbre térébinthacé. T. de bot.

THYSANOURES, s. m. pl. Insectes aptères. T. d'hist. nat.

THYSITES ou THYITES, s. m. Marbre panaché de vert.

TIARE, s. f. Ornement de tête des Princes et des Sacrificateurs, chez les anciens Perses. —, bonnet de cérémonie des Papes, orné de trois couronnes les unes au-dessus des autres.

TIARELLE, s. f. Plante, genre de saxifragées. T. de bot.

TIARIDIUM, s. m. Plante voisine des héliotropes. T. de bot.

TIBET, s. m. Grande contrée d'Asie,

connue depuis le 13e siècle, qui s'étend au N. de l'Indostan, à l'E. de la grande Boukharie, S. de la petite, O. de la Chine, N.-O. des Birmans. Ce pays, à peine exploré, est d'une richesse extraordinaire en tout genre; c'est là qu'on trouve les chèvres renommées dont le poil est employé à la fabrication des schalls précieux qui nous viennent de l'Inde, des cachemires.

TIBIA, s. m. (mot latin). Nom donné par les anciens anatomistes à l'os le plus considérable de la jambe, parce qu'ils lui ont trouvé de la ressemblance avec une flûte. T. d'anat.

TIBIAL, E, adj. Se dit des muscles, nerfs, artères et veines qui appartiennent au tibia, à la jambe. T. d'anat.

TIBIANE, s. m. Polypier sertulaire. T. d'hist. nat.

TIBIO-CALCANIEN, s. m. et adj. Muscle qui s'étend de la ligne oblique du tibia au calcanéum. T. d'anat.

TIBIO-MALLÉOLAIRE, s. et adj. f. Veine saphène interne. T. d'anat.

TIBIO-PÉRONÉI-CALCANIEN, s. et adj. m. Voy. Tibio-Calcanien.

TIBIO-PÉRONÉO-TARSIEN, s. m. et adj. Muscle long péronier. T. d'anat.

TIBIO - SOUS - PHALANGETTIEN-COMMUN, s. m. et adj. Muscle fléchisseur des orteils. T. d'anat.

TIBIO-SOUS-TARSIEN, s. m. et adj. Muscle jambier antérieur. T. d'anat.

TIBIO-TARSIEN, NE, adj. Qui a rapport au tibia et au tarse. T. d'anat.

TIBIRAN-JAUSSAC, s. m. Com. du dép. des Hautes-Pyrénées, cant. de Nestier, arr. de Bagnères. = Montrejeau.

TIBORON, s. m. Requin.

TIBOUCHINA, s. m. Arbrisseau de la Guiane. T. de bot.

TIBRE, s. m. Fleuve célèbre d'Italie qui prend sa source dans les Apennins, passe à Rome, et se jette dans la Méditerranée, à Ostie.

TIC, s. m. Mouvement convulsif et souvent répété d'un membre ou d'une partie du visage; mouvement convulsif des chevaux, des oiseaux, etc. —, habitude ridicule. Fig.

TICHEMONT, s. m. Com. du dép. de la Moselle, cant. et arr. de Bricy. = Bricy.

TICHEVILLE, s. f. Com. du dép. de l'Orne, cant. de Vimoutiers, arr. d'Argentan. = Vimoutiers.

TICHEY, s. m. Com. du dép. de la Côte-d'Or, cant. de Seurre, arr. de Beaune. = Seurre.

TICHODROMA, s. m. Grimpereau de muraille. T. d'hist. nat.

TICORE, s. m. Arbrisseau de la Guiane. T. de bot.

TIC-TAC, s. m. Onomatopée, bruit du balancier.

TIÈDE, adj. Qui est entre le chaud et le froid. —, nonchalant, insouciant, qui manque d'activité, de ferveur. Fig.

TIÈDEMENT, adv. Avec tiédeur, nonchalance.

TIÉDEUR, s. f. Qualité de ce qui est tiède. —, relâchement, ralentissement, diminution d'activité, d'ardeur, de zèle, de ferveur. Fig.

TIÉDIR, v. n. Devenir tiède. Voy. Attiédir.

TIEFFENBACH, s. m. Com. du dép. du Bas-Rhin, cant. de Petite-Pierre, arr. de Saverne. = Schélestadt.

TIEFFRAIN, s. m. Com. du dép. de l'Aube, cant. d'Essoye, arr. de Bar-sur-Seine. = Bar-sur-Seine.

TIEMBRONNE, s. m. Com. du dép. du Pas-de-Calais, cant. de Fauquemberque, arr. de St.-Omer. = St.-Omer.

TIEN, s. m. Ce qui est à toi, t'appartient; ton bien, ton avoir, ton dû; ce qui vient de toi. —, pl. Tes parens, tes alliés, tes amis, ceux qui te touchent de près.

TIEN, NE, adj. pron. possessif. Qui est à toi, t'appartient.

TIENS, s. m. Possession actuelle; un tiens vaut mieux que deux tu l'auras. T. fam.

TIERCE, s. f. La seconde des heures canoniales. —, troisième épreuve. T. d'impr. —, intervalle de deux sons séparés par un seul. T. de mus. —, trois cartes de même couleur et de suite, au jeu de piquet. — garde où le poignet est tourné en dedans. T. d'escr. =, soixantième partie d'une seconde. T. de math.

TIERCÉ, s. m. Com. du dép. de Maine-et-Loire, cant. de Briollay, arr. d'Angers. = Châteauneuf-sur-Sarthe.

TIERCÉ, E, part. Séparé en trois. —, adj. Divisé en trois parties. T. de blas.

TIERCE-FEUILLE, s. f. Un trèfle avec une queue. T. de blas.

TIERCELET, s. m. Mâle de certains oiseaux de proie, plus petit d'un tiers que la femelle.

TIERCELET, s. m. Com. du dép. de la Moselle, cant. de Longwy, arr. de Bricy. = Longwy.

TIERCEMENT, s. m. Augmentation d'un tiers du prix d'une chose.

TIERCENT (le), s. m. Com. du dép.

d'Ille-et-Vilaine, cant. de St.-Brice, arr. de Fougères. = St.-Aubin-du-Cormier.

TIERCER, v. a. et n. Séparer une chose en trois. —, donner un troisième labour. T. d'agric. —, faire un tiercement, hausser d'un tiers le prix d'une adjudication. —, v. n. Servir de tiers au jeu de paume.

TIERCERON, s. m. Nervure d'une voûte gothique. T. d'arch.

TIERCEUR, s. m. Celui qui fait un tiercement.

TIERCEVILLE, s. f. Com. du dép. du Calvados, cant. de Ryes, arr. de Bayeux. = Bayeux.

TIERCIAIRE, adj. Du tiers-état.

TIERCIÈRE, s. f. Filet en forme de manche. T. de pêch.

TIERCINE, s. f. Tuile fendue en long.

TIERÇON, s. m. Le tiers d'une mesure de liquides. —, caisse à savon.

TIERS, s. m. La troisième partie d'un tout; une troisième personne. Le — et le quart, toutes sortes de personnes; tout le monde, sans choix. T. fam.

TIERS, ERCE, adj. Troisième. Fièvre —, dont les accès reviennent de deux jours l'un.

TIERS-ANS, s. m. Sanglier de trois ans. T. de véner.

TIERS-ÉTAT, s. m. Troisième ordre de l'état, avant la révolution.

TIERS-ORDRE, s. m. Association de séculiers et de réguliers, soumis à des règles claustrales.

TIERS-POINT, s. m. Triangle; trois points disposés en triangle. —, sorte de lime. T. d'horl. —, courbure d'une voûte gothique. T. d'arch. —, prisme. T. de perspective.

TIERS-POTEAU, s. m. Pièce de bois pour les cloisons. T. de charp.

TIESTE, s. m. Com. du dép. du Gers, cant. de Plaisance, arr. de Mirande. = Plaisance.

TIEULET, s. m. Très petit fagot.

TIEZAC, s. m. Com. du dép. du Cantal, cant. de Vic, arr. d'Aurillac. = Vic-sur-Cère.

TIFFAUGES, s. m. Petite ville du dép. de la Vendée, cant. de Mortagne, arr. de Bourbon-Vendée. = Mortagne.

TIGARIER, s. m. Arbrisseau de la Guiane.

TIGE, s. f. Partie de l'arbre, de la plante, qui contient les branches, les feuilles et les fleurs; souche. —, premier père, branche principale, souche; extraction, lignée. T. de généalogie. —, arbre d'une roue. T. d'horlog. —, partie de la clef, depuis l'anneau jusqu'au bout du panneton. T. de serr. —, le corps de la botte. T. de bottier. —, pied d'une colonne. T. d'arch.

TIGÉ, E, adj. A tige d'un émail différent. T. de blas.

TIGEAUX, s. m. Com. du dép. de Seine-et-Marne, cant. de Rozoy, arr. de Coulommiers. = Rozoy-en-Brie.

TIGERON, s. m. Petite tige.

TIGERY-ET-ORMOY, s. m. Com. du dép. de Seine-et-Oise, cant. et arr. de Corbeil. = Corbeil.

TIGETTE, s. f. Tige cannelée du chapiteau corinthien d'où naissent les volutes. T. d'arch.

TIGEUX, EUSE, adj. Voy. MULTICAULE.

TIGNAC, s. m. Com. du dép. de l'Ariège, cant. d'Ax, arr. de Foix. = Tarascon-sur-Ariège.

TIGNASSE, s. f. Mauvaise perruque.

TIGNÉ, s. m. Com. du dép. de Maine-et-Loire, cant. de Vihiers, arr. de Saumur. = Vihiers.

TIGNÉCOURT, s. m. Com. du dép. des Vosges, cant. de la Marche, arr. de Neufchâteau. = la Marche.

TIGNET (le), s. m. Com. du dép. du Var, cant. de St.-Vallier, arr. de Grasse. = Grasse.

TIGNIEU, s. m. Com. du dép. de l'Isère, cant. de Crémieu, arr. de La Tour-du-Pin. = Crémieu.

TIGNOLLE, s. f. Petit bateau pour la pêche.

TIGNON, s. m. Chignon.

TIGNONÉ, E, part. Bouclé, frisé, en parlant des cheveux du tignon.

TIGNONER, v. a. Friser, boucler les cheveux du tignon. Se —, v. récip. Se prendre aux cheveux. T. fam.

TIGNY-NOYELLE, s. m. Com. du dép. du Pas-de-Calais, cant. et arr. de Montreuil-sur-Mer. = Montreuil.

TIGRE, s. m. Grand quadrupède carnivore très féroce, du genre du chat, dont la peau est marquée de taches en forme de bandes longues et transversales, depuis le sommet du dos jusque sous les flancs. —, homme barbare, féroce, sanguinaire. Fig. —chat, espèce de serval. — d'eau, tigre de la Chine qui se nourrit de poissons. — marin, phoque tacheté. — puce, insecte rond qui dévore les feuilles du poirier. — ou Tigré, poisson du genre du squale. —, coquille des genres cône et porcelaine. —, constellation australe. T. d'astr. —, adj. m. Tigré; cheval tigre.

74

TIGRÉ, E, part. Rayé, moucheté comme le tigre.

TIGRER, v. a. Rayer, moucheter comme la peau du tigre, de la panthère; tigrer une fourrure.

TIGRESSE, s. f. Femelle du tigre, et fig., femme méchante, cruelle, impitoyable.

TIGRIDIE, s. f. Plante irridée. T. de bot.

TIGRINE, s. f. Coquille du genre vénus. T. d'hist. nat.

TIGY, s. m. Com. du dép. du Loiret, cant. de Jargeau, arr. d'Orléans. = Orléans.

TIJE, s. m. Oiseau, grand manakin.

TILH, s. m. Com. du dép. des Landes, cant. de Pouillon, arr. de Dax. = Dax.

TILIACÉES, s. f. pl. Famille des tilleuls. T. de bot.

TILIGUERTA, s. m. Espèce de lézard. T. d'hist. nat.

TILLA, s. m. Brique de terre propre à faire des creusets.

TILLAC, s. m. Le plus haut pont d'un navire. T. de mar.

TILLAC, s. m. Com. du dép. du Gers, cant. de Marciac, arr. de Mirande. = Mirande.

TILLARD, s. m. Com. du dép. de l'Oise, cant. de Noailles, arr. de Beauvais. = Noailles.

TILLAYE, s. f. Com. du dép. de la Vendée, cant. de Pouzauges, arr. de Fontenay. = Pouzauges.

TILLAY-LE-PÉNEUX, s. m. Com. du dép. d'Eure-et-Loir, cant. d'Orgères, arr. de Châteaudun. = Toury.

TILLE, s. f. Petit tillac de bateau. —, écorce de jeunes tilleuls, du chanvre, etc. Voy. TEILLE. —, outil qui sert de hache et de marteau. —, genre de coléoptères perce-bois. T. d'hist. nat.

TILLE (la), s. f. Rivière du dép. de la Côte-d'Or, formée de deux ruisseaux qui se réunissent au-dessous d'Is-sur-Tille. Elle se jette dans la Saône entre Auxonne et St.-Jean-de-Losne, après un cours d'environ 18 l.

TILLÉ, s. m. Com. du dép. de l'Oise, cant. de Niviller, arr. de Beauvais. = Beauvais.

TILLÉE, s. f. Genre de plantes de la tétrandrie, quatrième classe des végétaux. T. de bot.

TILLENAY, s. m. Com. du dép. de la Côte-d'Or, cant. d'Auxonne, arr. de Dijon. = Auxonne.

TILLER, v. a. Voy. TEILLER.

TILLETTE, s. f. Ardoise d'échantillon.

TILLEUL, s. m. Grand et bel arbre à fleurs rosacées, médicinales.

TILLEUL (le), s. m. Com. du dép. du Calvados, cant. de St.-Pierre-sur-Dives, arr. de Lisieux. = Croissanville.

TILLEUL (le), s. m. Com. du dép. de la Seine-Inférieure, cant. de Criquetot-l'Esneval, arr. du Hâvre. = Montivilliers.

TILLEUL-DAME-AGNÈS (le), s. m. Com. du dép. de l'Eure, cant. de Beaumont, arr. de Bernay. = Conches.

TILLEUL-EN-OUCHE, s. m. Com. du dép. de l'Eure, cant. de Beaumesnil, arr. de Bernay. = Broglie.

TILLEUL-FOL-ENFANT (le), s. m. Com. du dép. de l'Eure, cant. et arr. de Bernay. = Bernay.

TILLEUL-OTHON (le), s. m. Com. du dép. de l'Eure, cant. de Beaumont, arr. de Bernay. = Beaumont-le-Roger.

TILLEUX, s. m. Com. du dép. des Vosges, cant. et arr. de Neufchâteau. = Neufchâteau.

TILLI ou TILLY, s. m. Merle cendré d'Amérique.

TILLIÈRES, s. f. Com. du dép. de l'Eure, cant de Verneuil, arr. d'Evreux. Bur. de poste. Fabr. de clous d'épingles.

TILLIERS, s. m. Com. du dép. de Maine-et-Loire, cant. de Montfaucon, arr. de Beaupréau. = Beaupréau.

TILLOIS, s. m. Com. du dép. de la Marne, cant. de Dommartin-sur-Yèvre, arr. de St.-Menéhould. = Châlons-sur-Marne.

TILLOLOY, s. m. Com. du dép. de la Somme, cant. de Royc, arr. de Montdidier. = Roye.

TILLOTTÉ, s. f. Petit bateau de pêcheur sans quille ni gouvernail. —, voy. MAQUE.

TILLOU, s. m. Com. du dép. des Deux-Sèvres, cant. de Chef-Boutonne, arr. de Melle. = Melle.

TILLOUZE, s. f. Com. du dép. des Hautes-Pyrénées, cant. de Lannemezan, arr. de Bagnères. = Bagnères-de-Bigorre.

TILLOY, s. m. Com. du dép. du Nord, cant. et arr. de Cambrai. = Cambrai.

TILLOY, s. m. Com. du dép. du Nord, cant. de Marchiennes, arr. de Douai. = Marchiennes.

TILLOY, s. m. Com. du dép. du Pas-de-Calais, cant. d'Aubigny, arr. de St.-Pol. = Arras.

TILLOY-FLORIVILLE, s. m. Com. du dép. de la Somme, cant. de Gamaches, arr. d'Abbeville. = Blangy.

TILLOY-LÈS-CONTY, s. m. Com. du dép. de la Somme, cant. de Conty, arr. d'Amiens. = Amiens.

TILLOY-LEZ-BAPAUME, s. m. Com. du dép. du Pas-de-Calais, cant. de Bapaume, arr. d'Arras. = Bapaume.

TILLOY-LEZ-MOFFLAINES, s. m. Com. du dép. du Pas-de-Calais, cant. et arr. d'Arras. = Arras.

TILLY, s. m. Com. du dép. de l'Eure, cant. d'Ecos, arr. des Andelys. = Vernon.

TILLY, s. m. Com. du dép. de l'Indre, cant. de Bélâbre, arr. du Blanc. = St.-Benoît-du-Sault.

TILLY, s. m. Com. du dép. de la Meuse, cant. de Souilly, arr. de Verdun. = Verdun.

TILLY, s. m. Com. du dép. de Seine-et-Oise, cant. de Houdan, arr. de Mantes. = Houdan.

TILLY-CAPPEL, s. m. Com. du dép. du Pas-de-Calais, cant. de Heuchin, arr. de St.-Pol. = St.-Pol.

TILLY-LA-CAMPAGNE, s. m. Com. du dép. du Calvados, cant. de Bourguébus, arr. de Caen. = Caen.

TILLY-SUR-SEULLES, s. m. Com. du dép. du Calvados, chef-lieu de cant. de l'arr. de Caen. Bur. d'enregist. et de poste. Comm. de beurre salé; papeterie.

TILQUES, s. f. Com. du dép. du Pas-de-Calais, cant. et arr. de St.-Omer. = St.-Omer.

TIMAR, s. m. Bénéfice militaire en Turquie.

TIMARIOT, s. m. Soldat turc qui jouit d'un timar.

TIMBALE, s. f. Instrument de musique militaire à l'usage de la cavalerie; peau tendue sur un demi-globe de cuivre. —, sorte de gobelet. —, pl. Petites raquettes pour jouer au volant.

TIMBALIER, s. m. Celui qui bat les timbales.

TIMBO, s. m. Liane du Brésil.

TIMBRE, s. m. Cloche que frappe un marteau; son qu'elle produit. —, son de la voix. —, marque du gouvernement empreinte sur le papier dont on se sert pour les actes judiciaires, etc.; droit sur ce papier; administration chargée de la perception de ce droit; son local; ses bureaux. —, marque particulière dans les divers bureaux de poste. —, corde à boyau en double sur un tambour. —, quarante peaux de martres, de putois, etc., ensemble; casque au-dessus de l'écu. T. de blas. —, la tête de l'homme, le cerveau; timbre fêlé. T. fam.

TIMBRÉ, E, part. et adj. Empreint d'un timbre; papier timbré. —, un peu fou; cerveau timbré. Armes —, chargées d'un timbre. T. de blas.

TIMBRER, v. a. Mettre un timbre sur une feuille de papier, etc. —, écrire en tête d'un acte sa date et le sommaire de ce qu'il contient. —, mettre un timbre à une armoirie.

TIMBREUR, s. m. Employé qui appose le timbre.

TIMIDE, adj. Craintif, peureux. —, qui a une crainte modeste; la timide innocence. —, qui annonce la timidité, la crainte; regard timide.

TIMIDEMENT, adv. Avec timidité.

TIMIDITÉ, s. f. Défaut de hardiesse, d'assurance.

TIMIER, s. m. Cormier à grappes. T. de bot.

TIMITI, s. m. Palmier des bords de l'Orénoque. T. de bot.

TIMON, s. m. Longue pièce de bois au train d'un carrosse où l'on attèle les chevaux; limon de charrette. —, barre du gouvernail d'un navire, et fig., gouvernement d'un état, des affaires, etc.

TIMONNER, v. n. Commander la manœuvre au timonnier. T. de mar.

TIMONNERIE, s. f. Espace sur le gaillard d'arrière. T. de mar.

TIMONNIER, s. m. Cheval attelé au timon. —, matelot qui dirige le gouvernail sous les ordres du pilote. T. de mar.

TIMOR, s. La plus grande et la plus méridionale des îles Moluques, au N.-O. de la Nouvelle-Hollande.

TIMORÉ, E, adj. Timide, craintif; esprit timoré. —, qui craint d'offenser Dieu, rempli d'une crainte salutaire; conscience timorée.

TIMORPHITE, s. f. Pierre figurée, imitant le fromage.

TIMORY, s. m. Com. du dép. du Loiret, cant. de Lorris, arr. de Montargis. = Montargis.

TIN, s. m. Pièce de bois qui soutient la quille d'un navire sur le chantier. T. de mar. —, arbre de la Jamaïque. T. de bot.

TINAMOU, s. m. Genre de gallinacés de l'Amérique méridionale. T. d'hist. nat.

TINCEY-ET-PONTREBEAU, s. m. Com. du dép. de la Haute-Saône, cant. de Dampierre-sur-Salon, arr. de Gray. = Cintrey.

TINCHAL, s. m. Chrysocolle, borax brut.

TINCHEBRAY, s. m. Petite ville du

dép. de l'Orne, chef-lieu de cant. de l'arr. de Domfront; trib. de comm.; chambre consultative des manuf. Bur. d'enregist. et de poste.

Fabr. considérable de quincaillerie, clous, outils et ustensiles de cuisine en fer; étoffes de fil, laine et coton; tanneries. Comm. de fil, chevaux, etc.

TINCOURT, s. m. Com. du dép. de la Somme, cant. de Roisel, arr. de Péronne. = Péronne.

TINCQUES, s. f. Com. du dép. du Pas-de-Calais, cant. d'Aubigny, arr. de St.-Pol. = Arras.

TINCRY, s. m. Com. du dép. de la Meurthe, cant. de Delme, arr. de Château-Salins. = Château-Salins.

TINCTORIAL, E, adj. Qui sert à teindre. T. inus.

TINE, s. f. Espèce de tonneau. — de beurre, coquille du genre cône. T. d'hist. nat.

TINÉITES, s. f. pl. Coléoptères nocturnes. T. d'hist. nat.

TINET, s. m. Bâton pour porter les tines, les tinettes. —, espèce de treuil pour suspendre les bœufs tués.

TINETTE, s. f. Petite tine, baquet.

TINGIS, s. m. Genre d'insectes hémiptères. T. d'hist. nat.

TINGRY, s. m. Com. du dép. du Pas-de-Calais, cant. de Samer, arr. de Boulogne. = Samer.

TINGUER, v. n. Tenir, consentir; être caution de quelqu'un au jeu.

TINOPORE, s. m. Genre de coquilles univalves. T. d'hist. nat.

TINQUEUX, s. m. Com. du dép. de la Marne, cant. et arr. de Reims. = Reims.

TINTAMARRE, s. m. Bruit éclatant, vacarme.

TINTAMARRER, v. n. Faire du tintamarre. T. fam.

TINTE (la), s. f. Rivière dont la source se trouve au-dessus de Damvilliers, dép. de la Meuse, et qui se jette dans le Chiers, près de Montmédy après cours un d'environ 10 l.

TINTÉ, E, part. Sonné lentement, à petits coups, en parlant d'une cloche.

TINTEMENT, s. m. Prolongation du son d'une cloche qui va toujours en diminuant; sonnerie à petits coups. — d'oreilles, sifflement dans l'oreille comme si l'on entendait le son prolongé d'une cloche.

TINTENAGUE, s. m. Voy. TOUTENAGUE.

TINTÉNIAC, s. m. Com. du dép. d'Ille-et-Vilaine, chef lieu de cant. de l'arr. de St.-Malo. Bur. d'enregist. = Hédé.

TINTER, v. a. Faire sonner lentement une cloche en la frappant d'un seul côté. —, v. n. Sonner lentement. —, éprouver un tintement; se dit de l'oreille de quelqu'un dont on parle, du cerveau d'un fou.

TINTIN, bruit d'une sonnette.

TINTO, s. m. La première qualité du vin d'Alicante.

TINTOUIN ou TINTOIN, s. m. Bourdonnement dans les oreilles (Vi.) —, inquiétude, embarras d'une affaire. Fig. et fam.

TINTRY, s. m. Com. du dép. de Saône-et-Loire, cant. d'Epinac, arr. d'Autun. = Couches.

TINTURY, s. m. Com. du dép. de la Nièvre, cant. de Châtillon, arr. de Château-Chinon. = Moulins-Engilbert.

TION, s. m. Ciseau ou caillou plat taillé au ciseau pour nettoyer le creuset.

TIOUIL, s. m. Cuillère pour écumer le métal fondu.

TIPHAINE, s. f. Epiphanie. (Vi.)

TIPHIE, s. f. Insecte hyménoptère. T. d'hist. nat.

TIPHION, s. m. Tussilage commun. T. de bot.

TIPULAIRES, s. f. pl. Famille d'insectes diptères. T. d'hist. nat.

TIPULE, s. f. Insecte diptère. T. d'hist. nat.

TIQUE, s. f. Genre d'insectes aptères qui s'attachent à la peau des animaux et se gorgent de leur sang.

TIQUER, v. n. Avoir le tic, en parlant du cheval.

TIQUETÉ, E, adj. Tacheté.

TIQUEUR, s. m. et adj. Cheval qui a le tic.

TIQUILIE, s. f. Plante borraginée. T. de bot.

TIR, s. m. Explosion d'une arme à feu pointée dans une direction quelconque. —, lieu où l'on s'exerce à tirer le pistolet, le fusil.

TIRADE, s. f. Morceau d'une certaine étendue, soit en prose, soit en vers. —, remplissage, lieux communs dont les poètes dramatiques défigurent leurs ouvrages. Tout d'une —, sans s'arrêter. —, liaison des notes, transition. T. de mus.

TIRAGE, s. m. Action de tirer. —, chemin de halage pour les chevaux. — des métaux, action de les passer par la filière. — de la loterie, action de tirer les numéros de la roue. —, action d'imprimer, impression.

TIRAILLÉ, E, part. Tiré à diverses

reprises, de côté et d'autre ; importuné. Fig.

TIRAILLEMENT, s. m. Action de tirailler, agitation, secousse, ébranlement de quelque partie du corps. —, incertitude, perplexité continuelle. Fig.

TIRAILLER, v. a. Tirer à diverses reprises, de côté et d'autre, avec importunité, violence. —, importuner. Fig. et fam. —, v. n. Tirer une arme à feu souvent et maladroitement. —, commencer l'attaque par un feu de tirailleurs ; faire feu isolément et sans ordre. T. d'art milit. Se —, v. récip. Se tirer mutuellement par secousse, et fig., échanger des coups de fusil.

TIRAILLERIE, s. f. Action de tirailler, de faire feu sans ordre et sans but.

TIRAILLEUR, s. m. Chasseur maladroit ; soldat d'infanterie légère détaché en avant pour commencer le feu. T. d'art milit.

TIRANGES, s. m. Com. du dép. de la Haute-Loire, cant. de Bas, arr. d'Yssingeaux. = Craponne.

TIRANT, s. m. Cordon pour ouvrir et fermer une bourse ; cuir, ruban pour nouer des souliers, monter des bottes, etc. —, pièce de bois mince à laquelle sont attachées les cordes d'un violon, etc. —, sorte de nœud de cuir pour serrer les cordes et tendre les peaux d'un tambour ; lame de fer du métier à bas ; pièce de bois, barre de fer pour maintenir les charpentes. —, nerf jaunâtre dans la viande de boucherie. —, quantité d'eau que déplace un navire ; hauteur d'eau qui le met à flots. T. de mar.

TIRARIE, s. f. Ouvrière qui tire le sel de la chaudière.

TIRASSE, s. f. Clavier de pédale. —, filet pour prendre des perdrix, des cailles, à l'aide d'un chien d'arrêt.

TIRASSÉ, E, part. Pris à la tirasse.

TIRASSER, v. a. et n. Chasser, prendre à la tirasse.

TIRCIS, s. m. Lépidoptère diurne. T. d'hist. nat.

TIRE, s. f. Six coupons de batiste. Tout d'une —, adv. Sans discontinuer.

TIRÉ, s. m. Chasse au fusil.

TIRÉ, E, part. et adj. Amené à soi, ôté. —, fatigué, maigri ; visage tiré. Fig.

TIRE-À-BARRE, s. m. Outil de tonnelier pour placer la barre du fond d'une futaille.

TIRE-BALLE, s. m. Instrument pour retirer la balle d'un fusil. —, instrument de chirurgie de plusieurs espèces pour extraire une balle d'une plaie d'arme à feu.

TIRE-BORD, s. m. Instrument pour ramener à sa place un bordage écarté.

TIRE-BOTTE, s. m. Tissu de fil ou de soie attaché à la tige de la botte pour la chausser ; machine qui emboîte le talon de la botte et sert à l'ôter. —, gros galon pour border.

TIRE-BOUCHON, s. m. Vis de fer pour déboucher les bouteilles. —, mèche de cheveux frisés en forme de tire-bouchon.

TIRE-BOUCLER, s. m. Outil pour dégauchir les mortaises. T. de charp.

TIRE-BOURRE, s. m. Espèce de tire-bouchon qu'on adapte à la baguette d'un fusil pour tirer les bourres.

TIRE-BOUTON, s. m. Sorte de crochet pour boutonner les guêtres.

TIRE-BRAISE, s. m. Espèce de râteau en fer pour tirer la braise du four.

TIRE-CLOU, s. m. Espèce de pied de biche pour arracher les clous des chevrons. T. de couvr.

TIRE-D'AILE, s. m. Vol précipité de l'oiseau quand il croit apercevoir du danger. Voler à —, le plus vite possible.

TIRE-DENT, s. m. Pince plate pour redresser les dents d'un peigne.

TIRÉE, s. f. Portion de glace que l'on polit à la fois.

TIRE-FIENTE, s. m. Fourche pour le fumier.

TIRE-FILET, s. m. Outil pour former des filets sur les métaux. Voy. Trusquin.

TIRE-FOIN, s. m. Outil pour nettoyer. T. de mar.

TIRE-FOND, s. m. Outil de tonnelier pour ajuster le fond des tonneaux. —, instrument de chirurgie, espèce de tire-balle dont on se sert pour enlever la portion d'os sciée par le trépan. —, genre de coquilles. T. d'hist. nat.

TIRE-LAISSE, s. m. Appât, faux espoir donné. (Vi.)

TIRE-LARIGOT (à), adv. Excessivement ; boire à tire-larigot. T. fam.

TIRE-LIGNE, s. m. Instrument d'architecture pour tirer des lignes. —, mauvais architecte qui ne sait que tracer des plans sans invention.

TIRELIRE, s. f. Petit vase de terre pour mettre de l'argent par une petite fente pratiquée en haut.

TIRE-LIRER, v. n. Crier comme l'alouette. T. inus.

TIRE-LISSES, s. f. pl. Voy. Contre-lames.

TIRE-MOELLE, s. m. Instrument de table pour tirer la moelle d'un os.

TIRENT, s. m. Com. du dép. du Gers, cant. de Saramon, arr. d'Auch. = Gimont.

TIRE-PIÈCE, s. m. Ecumoire de raffineur de sucre.

TIRE-PIED, s. m. Grande lanière de cuir dont les cordonniers se servent pour maintenir l'ouvrage sur le genou.

TIREPIED, s. m. Com. du dép. de la Manche, cant. de Brecey, arr. d'Avranches. = Avranches.

TIRE-PLOMB, s. m. Rouet de vitrier pour tirer le plomb en petites lames.

TIRE-POIL, s. m. Procédé pour blanchir les flans.

TIRE-POINT, s. m. Tringle pour soutenir les toiles. T. de cirier.

TIRE-PUS, s. m. Seringue de moyenne grosseur, à siphon long et recourbé, dont on se sert pour vider une plaie profonde, du pus ou du sang épanché qui y séjournait. T. de chir.

TIRER, v. a. Attirer à soi, après soi; tirer la porte, la charrue, etc. —, ôter; tirer les bottes, une épine du pied. — de l'eau, puiser. — du vin, le prendre au tonneau. — du sang, pratiquer une saignée. — une vache, la traire. —, extraire en distillant, etc.; tirer le suc des plantes. —, extraire; tirer des pensées d'un livre. Fig. —, étendre; tirer du linge. —, délivrer, dégager; tirer de prison, d'embarras. —, exiger, extorquer; tirer de l'argent de la poche de quelqu'un. —, recevoir, recueillir; tirer du profit, etc. —, tracer; tirer une ligne. —, imprimer; tirer une feuille. T. d'impr. —, vanité d'une chose, s'en prévaloir. — la langue, l'avancer, la pousser hors de la bouche, et fig., attendre long-temps après une chose de première nécessité. — au clair, séparer la partie clarifiée d'un liquide d'avec son sédiment. — un métal, le passer par la filière. — son origine, sa source, être issu, sortir. — une conséquence, inférer, conclure. — en longueur, différer, temporiser. — vengeance, se venger. — les cartes, dire la bonne aventure. —, avoir besoin de telle profondeur pour être à flot, en parlant d'un navire. T. de mar. —, v. a. et n. Lancer des armes de trait, décharger des armes à feu. — des armes, faire des armes; tirer le fleuret. —, avoir du rapport, être à peu près semblable, en parlant des couleurs surtout. — sur quelqu'un, en dire du mal. Fig. — une lettre de change, l'adresser à un correspondant pour en acquitter le montant. —, s'en remettre à la décision du sort. — la loterie, prendre au hasard, dans la roue, le nombre déterminé des numéros gagnans. — à sa fin, être près de mourir, et fig., en parlant des choses, être près de cesser, de finir. Se —, v. pron. Se dégager, se délivrer; se tirer d'embarras.

TIRE-RACINE, s. m. Espèce de pied de biche, poussoir. T. de chir.

TIRET, s. m. Petit morceau de parchemin tortillé pour attacher les pièces d'un dossier; petite barre qui joint les mots, division, trait d'union.

TIRETAINE, s. f. Etoffe commune moitié laine et moitié fil, droguet.

TIRE-TERRE, s. m. Pioche de carrier.

TIRE-TÊTE, s. m. Instrument de chirurgie pour extraire de la matrice la tête d'un enfant mort.

TIRETTE, s. f. Morceau de cuir au bout de la semelle. T. de cordonnier. —, registre, ouverture de fourneau. T. de chim.

TIREUR, s. m. Celui qui tire. T. d'escr., de véner. et d'art milit. —, celui qui tire une lettre de change sur un autre. — d'or, ouvrier qui tire, bat et file l'or, l'argent.

TIREUSE DE CARTES, s. f. Diseuse de bonne aventure.

TIRE-VEILLE, s. f. Corde pour soutenir ceux qui montent à bord d'un vaisseau. T. de mar.

TIRICA, s. m. Perroquet de l'île de Luçon.

TIRIT, s. m. Palmier de l'Amérique méridionale.

TIROIR, s. m. Petite caisse sans dessus, emboîtée dans un meuble. Pièce à —, pièce épisodique, dont les scènes n'ont aucune liaison entre elles. Fig. —, cylindre denté pour friser les étoffes. —, paire d'ailes de chapon, pour rappeler l'oiseau sur le poing. T. de fauc.

TIROLLE, s. f. Filet pour le petit poisson. T. de pêch.

TIRONIEN, NE, adj. Se dit des lettres, des signes d'abréviation inventés par Tiron, affranchi de Cicéron.

TIROT, s. m. Petit bateau.

TIRRAPHIS, s. m. Plante graminée. T. de bot.

TIRTOIR, s. m. Tenaille de tonnelier, pour faire entrer les derniers cerceaux d'un tonneau.

TIRU, s. m. Poisson abdominal. T. d'hist. nat.

TISAGE, s. m. Action de chauffer le four à glaces.

TISANE, s. f. Légère décoction de

plantes, de graines, qu'on donne à boire aux malades.

TISANNERIE, s. f. Laboratoire d'un hôpital où l'on prépare les tisanes.

TISART, s. m. Ouverture du four à glaces.

TISER, v. a. et n. Entretenir le feu dans un four.

TISEUR, s. m. Celui qui chauffe le four, qui tise le feu.

TISIPHONE, s. f. Fille d'enfer, l'une des Euménides. T. de myth.

TISON, s. m. Reste d'un morceau de bois dont une partie a été brûlée. — d'enfer, personne d'une méchanceté diabolique. — de discorde, sujet de guerre continuelle. Fig.

TISONNÉ, E, adj. Parsemé de taches noires irrégulières ; cheval tisonné.

TISONNER, v. n. Remuer les tisons mal à propos, par habitude.

TISONNEUR, EUSE, s. Personne qui aime à tisonner.

TISONNIER, s. m. Tige de fer avec un crochet, pour attiser le feu. T. de forgeron.

TISSAGE, s. m. Action de tisser.

TISSE, s. f. Nappe de filet. T. de pêch.

TISSÉ, E, part. Se dit d'un tissu fabriqué.

TISSER, v. a. Faire, fabriquer un tissu.

TISSERAND, s. m. Ouvrier qui fait de la toile, des étoffes. —, espèce de capricorne. —, pl. Famille d'oiseaux sylvains. T. d'hist. nat.

TISSERANDERIE, s. f. Profession de tisserand.

TISSERIN, s. m. Genre de tisserands, d'oiseaux sylvains. T. d'hist. nat.

TISSEUR, s. m. Celui qui tisse, en général.

TISSEY, s. m. Com. du dép. de l'Yonne, cant. et arr. de Tonnerre. = Tonnerre.

TISSIER, s. m. Tisserand.

TISSU, s. m. Ouvrage de fils entrelacés, fait au métier ; ruban large, gance, etc. —, liaison de plusieurs choses entrelacées, qui font un corps. —, ordre, suite ; tissu d'un discours. —, suite de choses accumulées ; tissu de calomnies, d'intrigues. —, assemblage des parties qui composent les organes. T. d'anat.

TISSU, E, part. du verbe tistre et adj. Composé de fils entrelacés.

TISSURE, s. f. Liaison de ce qui est tissu. —, disposition, liaison d'une composition littéraire. Fig.

TISSUTIER, s. m. Passementier, rubanier.

TISTRE, v. a. Tisser. (Vi.).

TITAN, s. m. Fils de Cœlus et de Vesta, frère aîné de Saturne auquel il céda la couronne, à condition qu'il n'élèverait point d'enfans mâles. Cette condition ayant été violée, il fit de vains efforts pour remonter sur le trône, ainsi que les géans, ses fils, qui voulurent escalader le ciel et furent foudroyés par Jupiter. T. de myth.

TITANE, s. m. Substance métallique d'un jaune rougeâtre. T. d'hist. nat.

TITANITE, s. m. Schorl rouge. T. d'hist. nat.

TITARÈS, s. m. Chevalier, oiseau aquatique à pieds rouges. T. d'hist. nat.

TITERIE, s. m. Province centrale de la régence d'Alger, dont la ville de ce nom est la capitale.

TITHONE, s. m. Plante corymbifère. T. de bot.

TITHYMALE, s. f. Euphorbe, plante dont le suc est laiteux et corrosif. T. de bot.

TITHYMALOÏDES, s. f. pl. Plantes herbacées, voisines du tithymale. T. de bot.

TITIA, s. m. Oiseau voisin des coucous. T. d'hist. nat.

TITIEN, s. m. Arbre de l'île d'Amboine. T. de bot.

TITILLANT, E, adj. Qui chatouille ; qui fait éprouver un mouvement de titillation, en parlant du vin.

TITILLATION, s. f. Léger chatouillement.

TITILLER, v. a. et n. Chatouiller légèrement ; éprouver un mouvement de titillation.

TITIRE, s. m. Lépidoptère satyre. T. d'hist. nat.

TITIRI ou TITRI, s. m. Petit poisson de rivière. T. d'hist. nat.

TITOULIHUE, s. m. Arbre à suc laiteux. T. de bot.

TITRE, s. m. Inscription à la tête d'un livre, d'un chapitre. —, qualification honorable ; nom de dignité, de distinction, de prééminence. —, qualification désignant certaines relations ; titre d'ami, de bienfaiteur. —, acte authentique qui établit un droit, une qualité ; droit de posséder, d'agir ; justes prétentions à quelque chose ; ce qui les justifie. — nouvel, titre renouvelé pour empêcher la prescription, etc. —, degré de finesse de l'or, de l'argent. T. de monn. —, relais de chiens. T. de véner. —, trait sur une lettre. T. de liturgie. A — de, adv. En qualité, sous prétexte de... A bon —, à juste —, avec fondement, raison, justice; légitimement. En —, de droit, légalement, et fig., notbirement, extrêmement; fripon en titre.

TITRÉ, E, part. et adj. Qui a un titre.

TITRE-PLANCHE, s. m. Titre de livre gravé.

TITRER, v. a. Donner un titre honorifique à une personne, à une terre; donner des prérogatives.

TITRIER, s. m. Fabricateur de faux titres.

TITUBANT, E, adj. Chancelant. (Vi.)

TITUBATION, s. f. Action de chanceler. —, mouvement de libration. T. d'astr.

TITUBER, v. n. Chanceler, en parlant d'un homme ivre. T. inus.

TITULAIRE, s. m. Revêtu d'un titre, qui a l'investiture d'une charge, d'un bénéfice. —, adj. Qui a un titre sans possession, sans fonctions.

TIVEL, s. m. Coquille du genre vénus. T. d'hist. nat.

TIVERNON, s. m. Com. du dép. du Loiret, cant. d'Outarville, arr. de Pithiviers. = Toury.

TIVERNY, s. m. Com. du dép. de l'Oise, cant. de Creil, arr. de Senlis. = Creil.

TIVIERS, s. m. Com. du dép. du Cantal, cant. et arr. de St.-Flour. = St.-Flour.

TIVOLAGGIO, s. m. Com. du dép. de la Corse, cant. et arr. de Sartene. = Ajaccio.

TIVOUCH, s. m. Oiseau de l'île de Madagascar. T. d'hist. nat.

TIZAC, s. m. Com. du dép. de l'Aveyron, cant. Rieupeyroux, arr. de Villefranche. = Villefranche.

TIZAC-DE-CURTON, s. m. Com. du dép. de la Gironde, cant. de Brannes, arr. de Libourne. = Coutras.

TIZAC-DE-GALGON, s. m. Com. du dép. de la Gironde, cant. de Guitre, arr. de Libourne. = Coutras.

TIZON, s. m. Com. du dép. de l'Allier, cant. d'Ebreuil, arr. de Gannat. = Gannat.

TLAMOTOTLI, s. m. Ecureuil du Mexique. T. d'hist. nat.

TMÈSE, s. m. Division en deux d'un mot composé. T. de gramm.

TOAST, s. m. (mot anglais). Santé portée en buvant.

TOASTER, v. a. et n. Porter une santé, un toast.

TOBOLSK, s. m. Gouvernement de la Russie asiatique, qui comprend la partie occidentale de la Sibérie. —, ville capitale de la Sibérie, à 750 l. E. de Moscou. Pop. 20,000 hab., descendans la plupart des exilés et des prisonniers suédois faits à la bataille de Poltava.

TOBOSO, s. m. Village d'Espagne, dans la Manche, célèbre par la naissance de l'incomparable Dulcinée de Don Quichotte.

TOC, s. m. Jeu de trictrac.

TOCAN, s. m. Jeune saumon.

TOCANE, s. f. Vin nouveau de la mère goutte.

TOCANE, s. f. Com. du dép. de la Dordogne, cant. de Montagrier, arr. de Ribérac. = Ribérac.

TOCOLIN, s. m. Troupiale gris du Mexique. T. d'hist. nat.

TOCONY, s. f. Toile de l'Amérique espagnole.

TOCOYENNE, s. f. Arbrisseau de la famille des rubiacées. T. de bot.

TOCQUET, s. m. Espèce de lézard du royaume de Siam.

TOCQUEVILLE, s. f. Com. du dép. de l'Eure, cant. de Quillebeuf, arr. de Pont-Audemer. = Pont-Audemer.

TOCQUEVILLE, s. f. Com. du dép. de la Manche, cant. de St.-Pierre-Eglise, arr. de Cherbourg. = Valognes.

TOCQUEVILLE, s. f. Com. du dép. de la Seine-Inférieure, cant. de Goderville, arr. du Hâvre. = Fauville.

TOCQUEVILLE-EN-CAUX, s. f. Com. du dép. de la Seine-Inférieure, cant. de Bacqueville, arr. de Dieppe. = Bacqueville.

TOCQUEVILLE-SUR-EU, s. f. Com. du dép. de la Seine-Inférieure, cant. d'Eu, arr. de Dieppe. = Dieppe.

TOCRO, s. m. Gallinacé nudipède. T. d'hist. nat.

TOCSIN, s. m. Son d'une cloche qu'on frappe à coups précipités pour donner l'alarme, —, événement, écrit qui donne l'éveil, excite du trouble. Fig. Sonner le — sur quelqu'un, animer le public contre lui. Fig.

TODDALIE, s. f. Genre de plantes de la pentandrie, cinquième classe des végétaux. T. de bot.

TODDI, s. m. Liqueur spiritueuse, tirée du palmier.

TODÉE, s. f. Espèce de fougère. T. de bot.

TODIER, s. m. Petit oiseau d'Amérique, voisin du martin-pêcheur. T. d'hist. nat.

TOEUFLES, s. m. Com. du dép. de

la Somme, cant. de Moyenneville, arr. d'Abbeville. = Abbeville.

TOF, s. m. Voy. Tophus.

TOGE, s. f. Robe longue des anciens Romains en temps de paix. —, la magistrature. Fig.

TOGES, s. f. Com. du dép. des Ardennes, cant. et arr. de Vouziers. = Vouziers.

TOGNY-AUX-BOEUFS, s. m. Com. du dép. de la Marne, cant. d'Ecury-sur-Coole, arr. de Châlons. = Châlons-sur-Marne.

TOI, pron. singulier de la deuxième personne. Voy. Tu.

TOIGNÉ, s. m. Com. du dép. de la Sarthe, cant. de Marolles, arr. de Mamers. = Mamers.

TOILE, s. f. Tissu de fil de lin, de chanvre ou de coton. —, tissu des araignées. —, rideau de théâtre, de jeu de paume; tente. —, pl. Filets pour prendre des sangliers, des cerfs, etc.

TOILÉ, s. m. Le fond de la dentelle.

TOILERIE, s. f. Marchandise de toile.

TOILETTE, s. f. Toile étendue sur une table, où l'on met ce qui sert à l'ajustement ; cette table. —, sorte de meuble, orné d'une glace ; meuble pour renfermer tout ce qui est relatif à la coiffure. —, détails de l'ajustement, costume, parure. —, sorte de tablier; petite toile. —, diaphragme.

TOILIER, ERE, s. Fabricant, marchand de toiles.

TOIRAC-ST.-PIERRE, s. m. Com. du dép. du Lot, cant. de Cajarc, arr. de Figeac. = Figeac.

TOIRETTE, s. f. Com. du dép. du Jura, cant. d'Arinthod, arr. de Lons-le-Saulnier. = Orgelet.

TOISAC, s. m. Com. du dép. de l'Aveyron, cant. et arr. de Rodez. = Rodez.

TOISE, s. f. Mesure, dimension, étendue, longueur de six pieds. Mesurer à la —, n'avoir égard qu'à la taille. Mesurer à sa —, juger des autres d'après soi. Fig. et fam.

TOISÉ, s. m. Mesurage à la toise; nombre de toises d'un ouvrage. —, art de mesurer les surfaces et les solides. T. de math.

TOISÉ, E, part. Mesuré à la toise. Affaire —, mal terminée. T. fam.

TOISER, v. a. Mesurer avec la toise. — quelqu'un, l'examiner attentivement, avec dédain.

TOISEUR, s. m. Vérificateur des travaux, qui fait le toisé d'un bâtiment.

TOISON, s. f. Dépouille d'un mouton, d'une brebis. — d'or, toison suspendue à un arbre dans une forêt de la Colchide consacrée au dieu Mars. Cette toison était gardée par un dragon qui dévorait tous ceux qui en approchaient. Elle fut enlevée par Jason à l'aide des conseils de Médée qui sut endormir ce dragon. T. de myth. —, ordre militaire espagnol.

TOIT, s. m. Couverture d'un bâtiment; espèce d'auvent; ais en forme de toit dans un jeu de paume. —, partie de roche qui couvre le filon. T. de mineur. — chinois, coquille du genre patelle. T. dhist. nat. Dire une chose sur les —, la publier, la divulguer. Fig. et fam.

TOITURE, s. f. Tout ce qui concerne les toits, leur construction, leur entretien, les divers matériaux qu'on y emploie; toit.

TOKAI, s. m. Bourg de Hongrie, célèbre par les vins exquis qu'y récolte la cour d'Autriche, à laquelle appartient le vignoble.

TOLAÏ, s. m. Quadrupède rongeur. T. d'hist. nat.

TÔLE, s. f. Fer en feuilles; plaque trouée d'émailleur.

TOLÈDE, s. f. Ancienne et célèbre ville d'Espagne, sur le Tage, chef-lieu de la province de ce nom. Cette ville a été le siége de dix-sept conciles. Pop. 25,000 hab. envir.

TOLÉRABLE, adj. Qu'on peut tolérer, supporter, admettre.

TOLÉRABLEMENT, adv. D'une manière tolérable.

TOLÉRANCE, s. f. Condescendance pour ce qu'on croit ne devoir ou ne pouvoir empêcher; indulgence pour les opinions qui ne sont pas d'accord avec les nôtres; permission du libre exercice d'un culte. —, déficit que l'on tolère dans un marc d'or ou d'argent fabriqué en espèces.

TOLÉRANT, E, adj. Indulgent, qui tolère, surtout en matière de religion.

TOLÉRANTISME, s. m. Système de tolérance religieuse, indifférence en matière de religion.

TOLÉRÉ, E, part. Souffert, supporté.

TOLÉRER, v. a. et n. Souffrir ce qui est ou ce qu'on ne croit pas convenable, ce qu'on ne devrait pas permettre d'après ses principes.

TOLET, s. m. Com. du dép. de l'Aveyron, cant. et arr. d'Espalion. = Espalion.

TOLETS, s. m. pl. Voy. Echomes.

TOLLA, s. f. Com. du dép. de la

Corse, cant. de Bastelica, arr. d'Ajaccio. = Ajaccio.

TOLLAINCOURT, s. m. Com. du dép. des Vosges, cant. de la Marche, arr. de Neufchâteau. = la Marche.

TOLLÉ, s. m. Mot latin qui signifie : frappez. Crier — sur quelqu'un, exciter l'indignation contre lui.

TOLLENON, s. m. Perche en bascule pour tirer l'eau d'un puits.

TOLLENT, s. m. Com. du dép. du Pas-de-Calais, cant. d'Auxy-le-Château, arr. de St.-Pol. = Auxy-le-Château.

TOLLEVAST, s. m. Com. du dép. de la Manche, cant. d'Octeville, arr. de Cherbourg. = Cherbourg.

TOLMERE, s. m. Voy. HÉMÉROBE.

TOLPIDES, s. f. pl. Famille des chicoracées. T. de bot.

TOLU ou TOLUT, s. m. Arbre résineux du Mexique; baume qu'il fournit.

TOMAN, s. m. Somme de compte en Perse, quarante-six francs.

TOMATE, s. f. Variété de la pomme d'amour qu'on emploie pour certaines sauces.

TOMBAC, s. m. Alliage de cuivre et de zinc; cuivre jaune.

TOMBE, s. f. Table de pierre, etc., qui couvre une sépulture; sépulcre, tombeau. —, la mort. Fig.

TOMBÉ, s. m. Pas de danse.

TOMBE (la), s. f. Com. du dép. de Seine-et-Marne, cant. de Bray, arr. de Provins. = Montereau.

TOMBEAU, s. m. Monument funèbre, mausolée, tombe, sépulcre. —, lieu où l'on est condamné à mourir, et fig., la mort. —, ce qui détruit, anéantit; fin, destruction.

TOMBEBEUF, s. m. Com. du dép. de Lot-et-Garonne, cant. de Monclar, arr. de Villeneuve. = Tonneins.

TOMBELIER, s. m. Charretier qui conduit un tombereau.

TOMBELLE, s. f. Petite tombe.

TOMBER, v. n. Etre emporté, entraîné de haut en bas, par son propre poids. —, faire une chute; être abattu, renversé, terrassé. — aux genoux de quelqu'un, s'y jeter. — mort, mourir d'apoplexie, subitement. — malade, le devenir. — sur l'ennemi, fondre sur lui. —, être pendant, en parlant d'un vêtement, des cheveux; avoir sa direction de haut en bas. —, se diriger vers un point, en parlant des regards. —, aboutir, se jeter; la Saône tombe dans le Rhône. —, échoir en partage; venir sous la puissance, sous l'autorité, au pouvoir de. —, passer rapidement d'un état dans un pire; tomber dans la misère. —, déchoir de réputation, de crédit; faiblir; dégénérer; s'anéantir. —, échouer, ne pas réussir, en parlant de la représentation d'un drame. —, faillir, pécher. —, donner dans; tomber dans un piége. —, discontinuer, cesser, en parlant du vent, du jour. —, coïncider; avoir lieu, en parlant d'un jour, d'une époque. —, v. impers. Il tombe de la pluie, de la neige; il pleut, il neige.

TOMBEREAU, s. m. Sorte de charrette garnie de planches; ce qu'elle contient. —, retranchement derrière la bonde d'un étang. —, claie pour prendre des oiseaux.

TOMBERELLE, s. f. Filet. Voy. TONNELLE.

TOMBLAINE, s. f. Com. du dép. de la Meurthe, cant. et arr. de Nancy. = Nancy. Fabr. de draps et filature de laine.

TOMBOUCTOU, s. m. Grande ville de la Nigritie, capitale d'un royaume situé sur les bords du Niger. Cette ville, dont on ne connaît pas encore la position géographique, est en ce moment l'objet des recherches de plusieurs sociétés savantes.

TOME, s. m. Volume d'un ouvrage. Etre le second — de quelqu'un, lui ressembler. Fig. et fam.

TOMÉ, E, part. Indiqué par des chiffres, en parlant de l'ordre des tomes.

TOMELLEUSE, adj. f. Se dit de l'une des parties constituantes de la couleur du sang.

TOMELLINE, s. f. Matière tomelleuse.

TOMENTEUX, EUSE, adj. Cotonneux, velouté. T. d'anat. et de bot.

TOMENTUM, s. m. Substance vasculaire, douce et pulpeuse, qui se rencontre à l'extrémité de quelque partie du corps humain. T. d'anat.

TOMER, v. a. Etiqueter, indiquer par des chiffres l'ordre des tomes. —, multiplier les tomes.

TOMIE, s. f. Action de couper, coupure. T. didact.

TOMINO, s. m. Com. du dép. de la Corse, cant. de Rogliano, arr. de Bastia. = Bastia.

TOMIQUE, s. m. Genre d'insectes coléoptères. T. d'hist. nat.

TOMME, s. m. Masse de caillé fermenté.

TOMOTOCIE, s. f. Opération césarienne. T. de chir.

TON, s. m. Degré d'élévation ou d'abaissement d'un son; inflexion, degré d'élévation ou d'abaissement de la voix. —, langage; manières, procédés. Fig.

—, langage et manières d'une certaine classe de la société; le ton de la cour. Le bon —, les manières polies, gracieuses des gens bien élevés. —, caractère de l'élocution ; du style. T. de littér.
—, degré d'élévation du son des instrumens; mode dans lequel un morceau de musique est composé; intervalle entre deux notes consécutives de la gamme ; mode du chant des psaumes. T. de mus.
—, degré de force du coloris; harmonie, couleur dominante. T. de peint. —, degré de force, de tension propre à chaque tissu organique. T. de méd. —, partie du mât, du chouquet à la hune. T. de mar.

TON, TA, pron. possessif. Le tien, la tienne.

TONALCHILE, s. m. Une des quatre espèces de poivre qu'on tire de la Guinée.

TONCA, TONKA ou TONGA, s. m. Fruit du Coumarou de la Guiane, sorte de fève qui sert à aromatiser le tabac.

TONDAILLE, s. f. Laine tondue.

TONDAISON, s. f. Action de tondre les moutons; tonte.

TONDEUR, s. m. Ouvrier qui tond.

TONDI, s. m. Arbre du Malabar. T. de bot.

TONDIN, s. m. Petite baguette au bas des colonnes. T. d'arch. —, gros cylindre à l'usage des plombiers.

TONDRE, v. a. et n. Couper la laine, le poil des animaux, des étoffes, les branches des arbres. —, raser ou couper les cheveux. Fig. et fam.

TONDU, E, part. Dépouillé de sa laine, de son poil, etc. —, s. et adj. Qui a les cheveux coupés ras. Fig. et fam.

TONG, s. m. Arbre de la Chine. T. de bot.

TONG-CHU, s. m. Plante du genre des sterculiacées. T. de bot.

TONICITÉ, s. f. Force des solides; tension, contractilité, l'opposé d'atonie. T. de méd.

TONIE, s. f. Canot des Indes.

TONILIÈRE, s. f. Bateau dont la tête est garnie d'une poche de filet. T. de pêch.

TONINE, s. f. Plante aquatique de la Guiane. T. de bot.

TONIQUE, s. m. Remède tonique. T. de méd. —, s. et adj. f. Note fondamentale d'un ton ou d'un mode. T. de mus. —, adj. Qui a la propriété d'exciter, par degrés insensibles, l'action organique des divers agens de l'économie animale. Mouvement —, mouvement de tension, de contraction des fibres. T. de méd.

TONKIN, s. m. Arbre grimpant de la Chine. T. de bot.

TONLIEU, s. m. Droit seigneurial qu'on payait pour étaler sa marchandise dans un marché.

TONNAC, s. m. Com. du dép. du Tarn, cant. de Cordes, arr. de Gaillac. = Cordes.

TONNAGE, s. m. Droit que paient, en Angleterre, les navires marchands, à raison de tant par tonneau.

TONNANT, E, adj. Qui tonne; Jupiter tonnant. —, bruyant, éclatant, retentissant; voix tonnante. Fig.

TONNAY-BOUTONNE, s. m. Petite ville du dép. de la Charente-Inférieure, chef-lieu de cant. de l'arr. de St.-Jean-d'Angely. Bur. d'enregist. à St.-Savinien. = St.-Jean-d'Angely.

TONNAY - CHARENTE. Voy. CHARENTE.

TONNE, s. f. Grand tonneau; ce qu'il contient. —, baril défoncé qui couvre la tête d'un mât. T. de mar. —, genre de testacés univalves. T. d'hist. nat.

TONNEAU, s. m. Petite tonne, vaisseau en bois, à deux fonds, revêtu de cercle, et un peu renflé par le milieu ; son contenu, mesure de liquides. —, poids de deux mille livres; quarante pieds cubes. T. de mar. —, variété de poire. T. de jard.

TONNÉE, adj. f. Percée, rongée par les insectes; peau tonnée.

TONNEINS, s. m. Petite ville du dép. de Lot-et-Garonne, chef-lieu de cant. de l'arr. de Marmande. Bur. d'enregist. et de poste. Fabr. de cordages. Manuf. royale de tabacs ; tanneries. Comm. de blé, vins, eaux-de-vie, pruneaux, etc.

TONNELAGE, s. m. Ce qui concerne la tonnellerie. T. inus.

TONNELER, v. n. Prendre du gibier à la tonnelle. —, faire tomber dans quelque piége. Fig.

TONNELET, s. m. Petit panier qui relève le bas d'un habit à la romaine.

TONNELEUR, s. m. Chasseur qui prend du gibier à la tonnelle.

TONNELIER, s. m. Artisan qui fait et raccommode les tonneaux, etc.

TONNELLE, s. f. Berceau de treillage couvert de verdure. —, filet pour prendre des perdreaux, des cailles, du poisson, etc. —, espèce d'habit à la romaine. —, pl. Ouvertures d'un four à glaces.

TONNELLERIE, s. f. Profession, boutique de tonnelier.

TONNELON, s. m. Pont à bascule.

TONNENCOURT, s. m. Com. du dép. du Calvados, cant. de Livarot, arr. de Lisieux. = Lisieux.

TONNER, v. n. Détoner, gronder, en parlant du tonnerre, du canon. —, parler avec véhémence, menacer avec autorité. Fig. —, v. impers. Se faire entendre, en parlant du tonnerre; il tonne.

TONNERRE, s. m. Bruit éclatant produit par le frottement et l'explosion de deux nuages chargés d'électricité; la foudre. Voix de —, très forte et très retentissante. —, orateur véhément. Fig. —, la culasse d'une arme à feu où se met la charge.

TONNERRE, s. m. Ville du dép. de l'Yonne, chef-lieu de sous-préf. et de cant.; trib. de 1re inst.; société d'agric.; conserv. des hypoth.; direct. des contrib. indir.; recev. part. des finances; bur. d'enregist. et de poste.

Cette ville est bâtie sur un rocher d'où s'échappe une fontaine, dont la source est tellement abondante, qu'à peu de distance de là, elle fait tourner plusieurs moulins. Vins très renommés. Fabr. de faïence et de poterie de terre; tanneries, papeteries, clouteries; carrières de pierres de taille aux environs. Comm. de vins, grains, épiceries, écorces, etc.

TONNEVILLE, s. f. Com. du dép. de la Manche, cant. de Beaumont, arr. de Cherbourg. = Cherbourg.

TONNEVILLE, s. f. Com. du dép. de la Seine-Inférieure, cant. de Fontaine, arr. d'Yvetot. = St.-Valery-en-Caux.

TONNITE, s. f. Tonne fossile. T. d'hist. nat.

TONNOY, s. m. Com. du dép. de la Meurthe, cant. de St.-Nicolas, arr. de Nancy. = St.-Nicolas-du-Port.

TONNUE, s. f. Voy. Tomme.

TONOTECHNIE, s. f. Art de noter les cylindres de certains instrumens. T. de mus.

TONQUÉDEC, s. m. Com. du dép. des Côtes-du-Nord, cant. de Plouaret, arr. de Lannion. = Lannion.

TONSELLE, s. f. Genre de plantes de la triandrie, troisième classe des végétaux. T. de bot.

TONSILLAIRE, adj. Qui a rapport aux tonsilles ou amygdales. T. d'anat.

TONSILLES, s. f. pl. Voy. Amygdales.

TONSURE, s. f. Cérémonie d'église, dans laquelle les jeunes gens qui se destinent à l'état ecclésiastique sont tonsurés; petite portion de cheveux qu'on leur coupe en rond sur la tête; endroit où les cheveux sont coupés.

TONSURÉ, s. m. et adj. Séminariste qui a reçu la tonsure.

TONSURER, v. a. Donner la tonsure.

TONTANE, s. f. Plante de la tétrandrie, quatrième classe des végétaux. T. de bot.

TONTE, s. f. Action de tondre les moutons, les draps, les arbres, etc.; laine tondue; temps où l'on tond les troupeaux.

TONTINE, s. f. Sorte de rente viagère sur plusieurs têtes, avec accroissement pour les survivans; administration, bureaux pour recevoir ces rentes.

TONTINIER, ÈRE, s. Celui, celle qui possède des rentes sur une tontine.

TONTISSE, s. f. Sorte de tapisserie faite avec des tontures de drap. —, adj. Qui imite la tontisse; papier tontisse.

TONTUIT, s. m. Com. du dép. du Calvados, cant. de Blangy, arr. de Pont-l'Evêque. = Pont-l'Evêque.

TONTURE, s. f. Poil tondu sur les draps. —, branches, feuillages qu'on retranche des arbres, des palissades. —, courbure. T. de mar.

TOPARCHIE, s. f. Petit état; gouvernement d'un canton, etc. T. inus.

TOPARQUE, s. m. Chef d'une toparchie. T. inus.

TOPAZE, s. f. Pierre précieuse, transparente, d'un jaune d'or vif.

TOPAZOLITHE, s. f. Grenat d'un jaune de topaze, très pâle. T. d'hist. nat.

TOPE! interj. J'y consens. T. fam.

TOPER, v. n. Accepter la mise d'un joueur. —, demeurer d'accord; accepter une proposition. T. fam.

TOPHACÉ, E, adj. Qui est de la nature du tophus. T. de méd.

TOPHUS, s. m. Tumeur remplie d'une matière crayeuse. —, gonflement calleux du périoste. T. de méd.

TOPINAMBOUR, s. m. Plante originaire de l'Amérique du Nord, qui produit de gros tubercules semblables aux pommes de terre; ces tubercules bons à manger.

TOPIQUE, s. m. et adj. Remède externe qu'on applique sur les parties malades. —, se dit encore des médicamens, tant internes qu'externes, qui sont destinés à certaines parties. T. de méd. —, pl. Lieux communs de rhétorique. Fig.

TOPOBÉE, s. f. Plante parasite de la Guiane. T. de bot.

TOPOGRAPHIE, s. f. Description exacte et détaillée d'un lieu, d'un canton particulier.

TOPOGRAPHIQUE, adj. Qui appartient à la topographie.

TOQUE, s. f. Sorte de chapeau à dessus plat, dont le bord est roulé ou retroussé. —, centaurée bleue, plante labiée, vulnéraire, détersive, apéritive. T. de bot.

TOQUÉ, E, part. Heurté, frappé. —, adj. Coiffé d'une toque. T. inus. —, qui a le cerveau fêlé. T. fam.

TOQUER, v. a. Toucher, frapper, heurter; choquer, trinquer. (Vi.)

TOQUERIE, s. f. Foyer d'un fourneau de forge.

TOQUET, s. m. Sorte de bonnet d'enfant, de coiffure de femme.

TOQUEUX, s. m. Fourgon de raffineur de sucre.

TORAILLE, s. f. Corail brut.

TORAL, s. m. Terre qui sépare deux héritages. T. inus.

TORCÉ, s. m. Com. du dép. d'Ille-et-Vilaine, cant. d'Argentré, arr. de Vitré. = Vitré.

TORCÉ, s. m. Com. du dép. de la Mayenne, cant. de Ste.-Suzanne, arr. de Laval. = Evron.

TORCÉ, s. m. Com. du dép. de la Sarthe, cant. de Montfort, arr. du Mans. = Bonnétable.

TORCENAY, s. m. Com. du dép. de la Haute-Marne, cant. de Fays-Billot, arr. de Langres. = Langres.

TORCHAMP, s. m. Com. du dép. de l'Orne, cant. de Passais, arr. de Domfront. = Domfront. Fabr. de toiles.

TORCHE, s. f. Flambeau composé d'un bâton de sapin ou d'un bout de grosse corde enduite de résine, de cire, brandon. —, écheveau de fil d'or, coupé par aiguillées, pour broder; paquet de fil de fer ou de laiton, roulé en cerceau. —, rang de quatre cerceaux sur un tonneau. T. de tonnel. —, fumées qui se détachent. T. de véner.

TORCHÉ, E, part. Frotté, essuyé, nettoyé.

TORCHE-CUL, s. m. Linge, papier pour s'essuyer le derrière. —, chose souverainement méprisable. Fig. et fam.

TORCHEFELON, s. m. Com. du dép. de l'Isère, cant. et arr. de la Tour-du-Pin. = la Tour-du-Pin.

TORCHE-FER, s. m. Torchon pour essuyer le fer. T. de mét.

TORCHE-NEZ, s. m. Morailles; tourniquet pour serrer une corde qu'on passe autour de la lèvre supérieure d'un cheval difficile.

TORCHE-PINCEAU, s. m. Linge pour essuyer les pinceaux. T. de peint.

TORCHEPOT, s. m. Grimpereau, petit oiseau d'un bleu cendré.

TORCHER, v. a. Frotter, essuyer pour enlever l'ordure; nettoyer en frottant. —, faire à la hâte, travailler grossièrement; battre. Fig. et fam. —, enduire de terre grasse; construire un mur avec de la bauge. T. de maç. —, faire un cordon en osier. T. de vannier.

TORCHÈRE, s. f. Espèce de guéridon élevé pour poser un flambeau.

TORCHETTE, s. f. Osier tortillé au milieu d'une hotte.

TORCHEVILLE, s. f. Com. du dép. de la Meurthe, cant. d'Albestroff, arr. de Château-Salins. = Dieuze.

TORCHIS, s. m. Terre grasse, mêlée de foin ou de paille, pour construire des murs, bauge.

TORCHON, s. m. Serviette de grosse toile pour essuyer la vaisselle, les meubles, etc. —, femme malpropre. Fig. et fam.

TORCIEU, s. m. Com. du dép. de l'Ain, cant. de St.-Rambert, arr. de Belley. = St.-Rambert.

TORCINÉ, E, part. Tordu; se dit du verre chaud.

TORCINER, v. a. Tordre le verre chaud.

TORCOL, s. m. Genre d'oiseaux sylvains. T. d'hist. nat.

TORCY, s. m. Com. du dép. des Ardennes, cant. et arr. de Sedan. = Sedan.

TORCY, s. m. Com. du dép. du Pas-de-Calais, cant. de Fruges, arr. de Montreuil. = Fruges.

TORCY, s. m. Com. du dép. de Saône-et-Loire, cant. de Montcenis, arr. d'Autun. = Montcenis.

TORCY, s. m. Com. du dép. de Seine-et-Marne, cant. de Lagny, arr. de Meaux. = Lagny.

TORCY-ET-POULLIGNY, s. m. Com. du dép. de la Côte-d'Or, cant. et arr. de Semur. = Semur.

TORCY-LE-GRAND, s. m. Com. du dép. de l'Aube, cant. et arr. d'Arcis-sur-Aube. = Arcis-sur-Aube.

TORCY-LE-GRAND, s. m. Com. du dép. de la Seine-Inférieure, cant. de Longueville, arr. de Dieppe. = Rouen.

TORCY-LE-PETIT, s. m. Com. du dép. de l'Aube, cant. et arr. d'Arcis-sur-Aube. = Arcis-sur-Aube.

TORCY-LE-PETIT, s. m. Com. du dép. de la Seine-Inférieure, cant. de Longueville, arr. de Dieppe. = Rouen.

TORDAGE, s. m. Façon donnée à la laine, à la soie, en doublant et tordant les fils sur les moulinets.

TORDE, s. f. Anneau de corde au bout des vergues. T. de mar.

TORDÈRE, s. f. Com. du dép. des Pyrénées-Orientales, cant. de Thuir, arr. de Perpignan. = Perpignan.

TORDEUR, EUSE, s. Celui, celle qui fait le tordage.

TORDEUSES, s. f. pl. Lépidoptères nocturnes qui tordent les feuilles. T. d'hist. nat.

TORDION, s. m. Ancienne danse, vive, légère, à trois temps.

TORDOIR, s. m. Machine à retordre.

TORDOUET, s. m. Com. du dép. du Calvados, cant. d'Orbec, arr. de Lisieux. = Orbec.

TORDRE, v. a. Tourner en long et de biais en serrant; tordre du linge, etc. —, tourner en sens contraire, de travers; tordre les bras, etc. —, mal interpréter, donner un sens faux; tordre le sens d'une loi, d'un texte. Se —, v. pron. Se tourner de travers, se contourner. Se — les bras, les mains, les tourner à contre-sens.

TORDYLE, s. m. Plante ombellifère. T. de bot.

TORE, s. m. Gros anneaux ou moulure ronde de la base des colonnes. Voy. ASTRAGALE. T. d'arch. —, réceptacle cylindrique de certains fruits. T. de bot.

TORÉA, s. m. Oiseau aquatique, petit corlieu. T. d'hist. nat.

TORÉADOR, s. m. (mot espagnol). Athlète qui combat contre un taureau dans une arène.

TORÉNIE, s. f. Scrofulaire, plante de la didynamie, quatorzième classe des végétaux. T. de bot.

TORÉSIE, s. f. Plante graminée du Pérou. T. de bot.

TOREUMATOGRAPHIE, s. f. Art de connaître, de décrire les bas-reliefs antiques.

TOREUTIQUE, s. f. Art. de graver le bois en relief.

TORFOU, s. m. Com. du dép. de Maine-et-Loire, cant. de Montfaucon, arr. de Beaupréau. = Chollet.

TORFOU, s. m. Com. du dép. de Seine-et-Oise, cant. de la Ferté-Aleps, arr. d'Etampes. = Etréchy.

TORGIA-ET-CARDO, s. m. Com. du dép. de la Corse, cant. de Ste.-Marie, arr. d'Ajaccio. = Ajaccio.

TORIGNY, s. m. Petite ville du dép. de la Manche, chef-lieu de cant. de l'arr. de St.-Lô. Bur. d'enregist. et de poste.

TORILE, s. f. Caucalide noueuse, plante ombellifère. T. de bot.

TORMENTILLE, s. f. Plante rosacée, à racine vulnéraire, astringente et fébrifuge. T. de bot.

TORMINAL, E, ou TORMINEUX, EUSE, adj. Qui cause des tranchées, la dysenterie.

TORNAC, s. m. Com. du dép. du Gard, cant. d'Anduze, arr. d'Alais. = Anduze.

TORNAY, s. m. Com. du dép. de la Haute-Marne, cant. de Fays-Billot, arr. de Langres. = Fays-Billot.

TORNEBOUTTE, s. f. Voy. TOURNEBOUT.

TORON, s. m. Brin de fil de caret qui entre dans la composition d'un cordage.

TORP, s. m. Com. du dép. du Calvados, cant. et arr. de Falaise. = Falaise.

TORP (le), s. m. Com. du dép. de la Seine-Inférieure, cant de Doudeville, arr. d'Yvetot. = Doudeville.

TORPES, s. f. Com. du dép. du Doubs, cant. de Boussières, arr. de Besançon. = St.-Vyt.

TORPES, s. f. Com. du dép. de Saône-et-Loire, cant. de Pierre, arr. de Louhans. = Verdun-sur-Saône.

TORPEUR, s. f. Engourdissement profond, privation momentanée de sentiment.

TORPIDE, adj. Qui cause la torpeur, qui en est atteint. T. inus.

TORPILLE, s. f. Poisson de mer du genre de la raie qui engourdit les poissons à une certaine distance, au moyen d'une sorte d'appareil électrique composé d'une immensité de tuyaux placés verticalement les uns à côté des autres.

TORPT (le), s. m. Com. du dép. de l'Eure, cant. de Beuzeville, arr. de Pont-Audemer. = Pont-Audemer.

TORQUE, s. f. Bourrelet qui se place sur le heaume. T. de blas. —, fil de laiton en forme de cercle. Voy. TORCHE.

TORQUÉ, E, part. Roulé en forme de corde; se dit du tabac.

TORQUER, v. a. Corder les feuilles de tabac.

TORQUESNE (le), s. m. Com. du dép. du Calvados, cant. de Blangy, arr. de Pont-l'Evêque. = Pont-l'Evêque.

TORQUET, s. m. Instrument d'écurie. Donner le — à quelqu'un, le tromper, lui donner le change. T. fam.

TORQUETTE, s. f. Marée entortillée dans la paille. —, feuilles de tabac roulées.

TORQUEUR, s. m. Ouvrier qui roule le tabac.

TORREBREN, s. m. Com. du dép. du

Gers, cant. de Montréal, arr. de Condom. = Condom.

TORRÉFACTION, s. f. Action de torréfier.

TORRÉFIÉ, E, part. Grillé, rôti.

TORRÉFIER, v. a. Appliquer une chaleur violente à un corps; griller, rôtir.

TORREILLES, s. f. Com. du dép. des Pyrénées-Orientales, cant. de Rivesaltes, arr. de Perpignan. = Perpignan.

TORREIN, s. m. Amas de matières étrangères qui traversent un bloc d'ardoise.

TORREN, s. m. Com. du dép. des Pyrénées-Orientales, cant. d'Olette, arr. de Prades. = Prades.

TORRENT, s. m. Lit creusé par les eaux qui se précipitent des montagnes; courant impétueux de ces eaux qui cesse avec la cause qui l'a fait naître. —, abondance; torrent de larmes. Fig. —, impétuosité, cours rapide; le torrent des révolutions, des mauvaises mœurs.

TORRENTIN, E, adj. Qui appartient au torrent. T. inus.

TORRENTUEUX, EUSE, adj. Qui a la rapidité, l'impétuosité d'un torrent. T. inus.

TORRIDE, adj. Brûlant, entre les deux zones tempérées; zône torride.

TORS, s. m. Degré de torsion donné à un cordage.

TORS, E, adj. Tordu, ou qui paraît l'être. —, tortu. T. de bot.

TORSAC, s. m. Com. du dép. de la Charente, cant. de la Valette, arr. d'Angoulême. = Angoulême.

TORSADE, s. f. Etoffe torse en forme de rouleau; ce qui l'imite.

TORSE, s. m. Statue qui n'a que le tronc. T. de sculpt. —, s. f. Bois tourné en serpentant. T. de tourneur.

TORSE, E, part. Contourné en spirale. T. d'arch.

TORSER, v. a. Contourner une colonne en spirale, la rendre torse. T. d'arch.

TORSIAC, s. m. Com. du dép. de la Haute-Loire, cant. de Bresle, arr. de Brioude. = Massiac.

TORSION, s. f. Effet produit en tordant ou en se tordant.

TORSOIR, s. m. Garrot de chamoiseur.

TORT, s. m. Lésion, dommage qu'on éprouve ou qu'on fait éprouver. —, ce qui est contre la raison, le droit, la justice. A —, adv. Injustement, sans raison. A — et à travers, sans discernement, sans considération.

TORTEBESSE, s. f. Com. du dép. du Puy-de-Dôme, cant. de Herment, arr. de Clermont. = Clermont.

TORTE-FONTAINE, s. f. Com. du dép. du Pas-de-Calais, cant. de Hesdin, arr. de Montreuil. = Hesdin.

TORTELLE, s. f. Voy. VÉLAR.

TORTEQUESNE, s. m. Com. du dép. du Pas-de-Calais, cant. de Vitry, arr. d'Arras. = Douai.

TORTEVAL, s. m. Com. du dép. du Calvados, cant. de Caumont, arr. de Bayeux. = Balleroy.

TORTEZAIS, s. m. Com. du dép. de l'Allier, cant. de Hérisson, arr. de Montluçon. = Montmarault.

TORTICOLIS, s. m. Douleur rhumatismale qui empêche de tourner le cou. —, faux dévot, hypocrite. Fig. et fam. —, s. m. et adj. Qui a le cou de travers, la tête un peu penchée.

TORTIL, s. m. Diadème sur une tête de More. T. de blas.

TORTILE, adj. Susceptible de torsion spontanée. T. de bot.

TORTILLAGE, s. m. Façon de s'exprimer, confuse et embarrassée.

TORTILLANT, E, adj. Qui entoure un corps; se dit des serpens et de la grive. T. de blas.

TORTILLÉ, E, part. Tordu. Tête —, ornée d'un tortil. T. de blas.

TORTILLEMENT, s. m. Action de tortiller; état d'une chose tortillée. —, direction oblique, biais, petits détours dans les affaires. Fig. et fam.

TORTILLER, v. a. Tordre à plusieurs tours. —, v. n. Biaiser en affaires, chercher des détours, des subterfuges. T. fam.

TORTILLÈRE, s. f. Petite allée tortueuse dans l'épaisseur d'un bois.

TORTILLIS, s. m. Vermoulure sur un bossage rustique. T. d'arch.

TORTILLON, s. m. Linge, torchon tortillé en rond; bourrelet sur la tête pour porter un fardeau. —, servante arrivant de son village. Fig. et fam. —, clous qui ornent un bahut. T. de coffretier.

TORTIN, s. m. Tapisserie de laine torse.

TORTIONNAIRE, adj. Violent, inique. T. de jurisp.

TORTIONNÉ, E, part. Détourné, tordu, en parlant d'un texte.

TORTIONNER, v. a. Tordre un texte. T. inus.

TORTIS, s. m. Assemblage de fils tordus ensemble. —, couronne, guirlande de fleurs. —, fil de perles autour d'une couronne de baron. T. de blas.

TORTISAMBERT, s. m. Com. du

dép. du Calvados, cant. de Livarot, arr. de Lisieux. = Vimoutiers.

TORTOIR, s. m. Garrot dont se servent les charretiers pour serrer les gerbes, etc.

TORTORELLE, s. f. Machine de guerre.

TORTOSE, s. f. Ville fortifiée du royaume d'Espagne, dans la Catalogne.

TORTU, s. m. Serpent du genre du boa, à gros dos. —, adv. De travers.

TORTU, E, adj. Qui n'est pas droit, contrefait. —, qui manque absolument de justesse; raisonnement tortu. Fig. et fam.

TORTUE, s. f. Quadrupède amphibie couvert d'une écaille dure, qui marche avec une extrême lenteur; genre de reptiles chéloniens. Marcher à pas de —, très lentement. Fig. et fam. —, papillon diurne; embarcation couverte pour un trajet de mer. —, galerie couverte pour approcher des murs d'une ville assiégée; espèce de toit que formaient les soldats romains en réunissant leurs boucliers au-dessus de leurs têtes. T. d'antiq. —, constellation de la lyre. T. d'astr. — (île de la), l'une des Antilles, à 2 lieues de la côte septentrionale de St.-Domingue.

TORTUÉ, E, part. Rendu tortu.

TORTUER, v. a. Rendre tortu. Se —, v. pron. Devenir tortu.

TORTUEUSEMENT, adv. D'une manière tortueuse.

TORTUEUX, EUSE, adj. Qui fait plusieurs tours et retours, sinueux; qui forme des replis, en parlant du corps des serpens. —, qui manque de droiture. Fig. —, courbé inégalement, en divers sens. T. de bot.

TORTUOSITÉ, s. f. Etat de ce qui est tortueux.

TORTURE, s. f. Gêne, tourment qu'on fait souffrir. —, la question, souffrances horribles qu'on faisait endurer à un accusé, pour lui arracher l'aveu du crime qu'on lui imputait; douleur violente, —, souci rongeur, anxiété, perplexité; grande contension d'esprit. Fig.

TORTURÉ, E, part. Qui a subi la torture.

TORTURER, v. a. Mettre à la torture, faire éprouver la torture. — le sens d'un mot, lui faire signifier ce qu'il ne dit pas. Fig.

TORULEUX, EUSE, adj. Renflé et contracté sans articulation; se dit des siliques. T. de bot.

TORVILLIERS, s. m. Com. du dép. de l'Aube, cant. et arr. de Troyes. = Troyes.

TORXÉ, s. m. Com. du dép. de la Charente-Inférieure, cant. de Tonnay-Boutonne, arr. de St.-Jean-d'Angely. = St.-Jean-d'Angely.

TORY, s. m. (mot anglais). Royaliste, en Angleterre, opposé aux Whigs; anglican rigide, partisan de l'obéissance passive.

TOSCAN, s. m. Le plus pur des dialectes italiens.

TOSCAN, E, s. et adj. Originaire de la Toscane; qui concerne ce duché. Ordre — ou rustique, l'un des cinq ordres d'architecture.

TOSCANE, s. f. L'ancienne Etrurie, grand-duché d'Italie, borné N. et E. par les duchés de Parme, de Modène et les états romains, et S.-S.-O. par la mer de Toscane. Cette riche contrée, qui a produit un grand nombre d'hommes célèbres, et où la langue italienne est parlée dans toute sa pureté, est divisée en trois provinces : Pise, Sienne et Florence. Elle est gouvernée par un archiduc d'Autriche. Pop. 1,200,000 hab. env.

TOSNY, s. m. Com. du dép. de l'Eure, cant. de Gaillon, arr. de Louviers. = Louviers.

TOSSE, s. f. Com. du dép. des Landes, cant. de Soustons, arr. de Dax. = Dax.

TOSSIAT, s. m. Com. du dép. de l'Ain, cant. de Pont-d'Ain, arr. de Bourg. = Pont-d'Ain.

TOSTAT, s. m. Com. du dép. des Hautes-Pyrénées, cant. de Rabasteus, arr. de Tarbes. = Tarbes.

TOSTE, s. m. Banc de rameurs, dans une chaloupe. T. de mar. Voy. TOAST.

TOSTES, s. m. Com. du dép. de l'Eure, cant. de Pont-de-l'Arche, arr. de Louviers. = Pont-de-l'Arche.

TOSTION, s. f. Torréfaction.

TÔT, adv. Vite, incontinent, dans peu de temps; l'opposé de tard. — ou tard, dans un temps indéterminé, mais infailliblement.

TOT (le), s. m. Com. du dép. de la Seine-Inférieure, cant. de Clères, arr. de Rouen. = Rouen.

TOTAINVILLE, s. f. Com. du dép. des Vosges, cant. et arr. de Mirecourt.= Mirecourt.

TOTAL, s. m. Le tout, la totalité; montant d'une addition. Au —, adv. Tout compensé, considéré.

TOTAL, E, adj. Entier, complet.

TOTALEMENT, adv. Entièrement; complètement.

TOTALISÉ, E, part. Réuni en un tout. T. inus.

TOTALISER, v. a. Former un total. T. inus.

TOTALITÉ, s. f. Le total.

TOTES, s. f. Com. du dép. du Calvados, cant. de St.-Pierre-sur-Dives, arr. de Lisieux. = Croissanville.

TOTES, s. f. Com. du dép. de la Seine-Inférieure, chef-lieu de cant. de l'arr. de Dieppe. Bur. d'enregist. et de poste.

TOTIPALMES, s. m. pl. Oiseaux palmipèdes. T. d'hist. nat.

TOTOMBO, s. m. Coquille du genre buccin. T. d'hist. nat.

TOTON, s. m. Espèce de dé à quatre faces que les enfans font pirouetter au moyen d'un pivot.

TOTTÉE, s. f. Arbrisseau de l'Inde T. de bot.

TOUAGE, s. m. Action de touer, halage. T. de mar.

TOUAILLE, s. f. Grand essuie-main sur un rouleau de bois.

TOUAILLON, s. m. Serviette. (Vi.)

TOUAN, s. m. Petit quadrupède de la Guiane, du genre du sarigue. T. d'hist. nat.

TOUANSE ou **TOUANTE**, s. f. Etoffe de soie de la Chine.

TOUARS, s. m. Com. du dép. de Lot-et-Garonne, cant. de Lavardac, arr. de Nérac. = Nérac.

TOUCAN, s. m. Genre d'oiseaux grimpeurs de l'Amérique méridionale, dont le bec est énorme. T. d'hist. nat. —, constellation australe. T. d'astr.

TOUCH (la), s. f. Rivière dont la source se trouve près de Lussan, dép. de la Haute-Garonne, et qui se jette dans la Garonne, au-dessous de Toulouse. Son cours est d'environ 12. l.

TOUCHANT, prép. Concernant, au sujet de.

TOUCHANT, E, adj. Qui touche le cœur, émeut la sensibilité, attendrit, fait naître la pitié.

TOUCHAUX, s. m. pl. Aiguilles d'essai. T. d'orfèv.

TOUCHAY, s. m. Com. du dép. du Cher, cant. de Linières, arr. de St.-Amand. = Linières.

TOUCHE, s. f. Petite pièce d'ébène ou d'ivoire sur laquelle on appuie le doigt pour tirer des sons d'un clavier; corde du luth. —, manière de toucher un instrument de musique. —, épreuve de l'or ou de l'argent. Pierre de —, sorte de pierre noire sur laquelle on frotte l'or et l'argent pour l'éprouver à l'aide de l'eau forte; et fig., revers, disgrâce, adversité. —, dessin, peinture; manière de faire ressortir le caractère des objets. T. de litt. et d'arts. —, manière de toucher les caractères avec le rouleau ou les balles. T. d'impr. —, troupeau de bœufs gras que l'on conduit au marché.

TOUCHÉ, E, part. Se dit d'une personne ou d'une chose sur laquelle on a mis la main, le doigt, etc.

TOUCHE (la), s. f. Com. du dép. de la Drôme, cant. et arr. de Montélimar. = Montélimar.

TOUCHER, s. m. Le sens par lequel on discerne les qualités palpables des choses. —, manière de tirer des sons de certains instrumens de musique.

TOUCHER, v. a. et n. Mettre la main, le doigt, etc., à ou sur quelque chose; opérer le contact. —, frapper, battre. —, recevoir de l'argent; toucher le montant d'une lettre de change. —, éprouver les métaux avec la pierre de touche. —, exprimer; parler incidemment de... —, intéresser, émouvoir, causer de l'attendrissement; toucher l'esprit, le cœur. —, concerner, regarder; appartenir par les liens du sang. —, jouer de certains instrumens de musique; toucher du forte-piano. —, distribuer l'encre sur les formes avec le rouleau ou les balles. T. d'impr. —, heurter le fond, un rocher; aborder. T. de mar. —, v. n. Etre proche, contigu; poser contre. —, en parlant du temps, approcher; toucher au terme, à sa fin. —, atteindre à; toucher au but. —, prendre, ôter quelque partie d'une chose; personne n'y touche. —, appartenir; avoir rapport à.... Fig. Se —, v. récip. Etre contigu; se joindre, être adhérent.

TOUCHES (les), s. f. pl. Com. du dép. de la Loire-Inférieure, cant. de Nort, arr. de Châteaubriant. = Nantes.

TOUCHES, s. f. Com. du dép. de Saône-et-Loire, cant. de Givry, arr. de Châlons. = le Bourgneuf.

TOUCHES-DE-PERIGNY (les), s. f. pl. Com. du dép. de la Charente-Inférieure, cant. de Matha, arr. de St.-Jean-d'Angely. = St.-Jean-d'Angely.

TOUCHET (Notre-Dame-de), s. m. Com. du dép. de la Manche, cant. et arr. de Mortain. = Mortain.

TOUCHEUR, s. m. Conducteur de bestiaux; toucheur de bœufs.

TOUCHIROA, s. m. Arbre légumineux de la Guiane. T. de bot.

TOUCQUE (la), s. f. Rivière qui prend sa source à Champ-Haut, dép. de l'Orne, et qui se jette dans la Manche, au-dessous de Touques, dép. du Calvados, après un cours d'environ 20 l. Elle est navigable depuis Lisieux jusqu'à son embouchure.

TOUCY, s. m. Com. du dép. de l'Yonne, chef-lieu de cant. de l'arr. d'Auxerre. Bur. d'enregist. et de poste.

Fontaine d'eau minérale. Fabr. de grosse draperie et de feuillettes ; tanneries. Comm. de bestiaux.

TOUE, s. f. Long bateau de planches de sapin ; espèce de bac ; touage.

TOUÉ, E, part. Halé.

TOUÉE, s. f. Cordage pour haler un navire. T. de mar.

TOUELS, s. m. Com. du dép. de l'Aveyron, cant. de St.-Rome-du-Tarn, arr. de St.-Affrique. = St.-Affrique.

TOUER, v. a. Haler un navire, faire arriver au rivage au moyen d'un cabestan. T. de mar.

TOUEUX ou TOUEUR, s. m. Matelot qui toue. T. de mar.

TOUFAN, s. m. Tourbillon. Voy. RÉVOLIN.

TOUFFAILLES, s. f. Com. du dép. de Tarn-et-Garonne, cant. de Bourg-de-Visa, arr. de Moissac. = Lauzerte.

TOUFFE, s. f. Assemblage de certaines choses très nombreuses et très rapprochées ; touffe d'arbres, de cheveux.

TOUFFÉ, E, part. Mis en touffe.

TOUFFER, v. a. Mettre en touffe.—, v. n. se former en touffe.

TOUFFEUR, s. f. Exhalaison qui saisit en entrant dans un lieu très chaud.

TOUFFLERS, s. m. Com. du dép. du Nord, cant. de Lannoy, arr. de Lille. = Lille.

TOUFFRÉVILLE, s. f. Com. du dép. du Calvados, cant. de Troarn, arr. de Caen. = Troarn.

TOUFFREVILLE, s. f. Com. du dép. de l'Eure, cant. de Lyons, arr. des Andelys. = Lyons-la-Forêt.

TOUFFREVILLE-LA-CABLE, s. f. Com. du dép. de la Seine-Inférieure, cant. de Caudebec, arr. d'Yvetot. = Caudebec.

TOUFFREVILLE-LA-CORBELINE, s. f. Com. du dép. de la Seine-Inférieure, cant. et arr. d'Yvetot.=Yvetot.

TOUFFREVILLE-SUR-EU, s. f. Com. du dép. de la Seine-Inférieure, cant. d'Eu, arr. de Dieppe. = Eu.

TOUFFU, E, adj. Qui est en touffe, épais, bien garni ; bois touffu.

TOUG ou TOUC, s. m. Etendard turc, queue de cheval au bout d'une demi-pique.

TOUGET, s. m. Petite ville du dép. du Gers, cant. de Cologne, arr. de Lombez. = Gimont.

TOUGIN, s. m. Com. du dép. de l'Ain, cant. et arr. de Gex. = Gex.

TOUI, s. m. Le plus petit des perroquets. T. d'hist. nat.

TOUILLE, s. f. Com. du dép. de la Haute-Garonne, cant. de Salies, arr. de St.-Gaudens. = St.-Martory.

TOUILLON, s. m. Com. du dép. de la Côte-d'Or, cant. de Baigneux-les-Juifs, arr. de Châtillon. = Montbard.

TOUILLON-ET-LOUTELET, s. m. Com. du dép. du Doubs, cant. et arr. de Pontarlier. = Pontarlier.

TOUILS (les), s. m. pl. Com. du dép. de la Drôme, cant. de Bourdeaux, arr. de Die. = Die.

TOUIT, s. m. Oiseau sylvain. Voy. PERICALLE. T. d'hist. nat.

TOUJOURS, adv. de temps. Sans cesse ; sans relâche ; sans fin.—, en toute occasion, en toute rencontre ; sans exception ; le plus souvent, ordinairement. —en attendant ; par avance ; cependant, néanmoins ; au moins. T. fam. Pour —, à perpétuité, à jamais.

TOUJOUZE, s. f. Com. du dép. du Gers, cant. de Nogaro, arr. de Condom. = Nogaro.

TOUL, s. m. Ville du dép. de la Meurthe, chef-lieu de sous-préf. et de cant. ; trib. de 1re inst. ; société d'agric. ; conserv. des hypoth. ; direct. des contrib. dir. ; recev. part. des finances ; Bur. d'enregist. et de poste. Pop. 7,500 hab. env.

Cette ville, située sur la Moselle, est bâtie entre deux coteaux couverts de vignes. On y remarque une belle cathédrale d'architecture gothique. Fabr. de toiles, cotonnades, lainages ; chapellerie, bonneterie. Filat. de coton ; tanneries. Manuf. de faïence aux environs. Comm. de vins et d'eaux-de-vie.

TOULAUD, s. m. Com. du dép. de l'Ardèche, cant. de St.-Péray, arr. de Tournon. = St.-Péray.

TOULÈNE, s. f. Com. du dép. de la Gironde, cant. de Langon, arr. de Bazas. = Langon.

TOULET, s. m. Cheville qui retient la rame. T. de mar.

TOULETIÈRE, s. f. Bois qui soutient la rame. T. de mar.

TOULICHIBA, s. m. Plante légumineuse. T. de bot.

TOULICI, s. m. Arbre de la Guiane. T. de bot.

TOULIGNY, s. m. Com. du dép. des Ardennes, cant. d'Omont, arr. de Mézières. = Launois.

TOULIPA, s. m. Arbre de l'Inde. T. de bot.

TOULIS-ET-ATTENCOURT, s. m. Com. du dép. de l'Aisne, cant. de Marle, arr. de Laon. = Marle.

TOULON, s. m. Com. du dép. de l'Allier, cant. et arr. de Moulins. = Moulins.

TOULON, s. m. Com. du dép. de la Marne, cant. de Vertus, arr. d'Epernay. = Vertus.

TOULON, s. m. Ville maritime du dép. du Var, chef-lieu de sous-préf. et de 2 cant. ou justices de paix; trib. de 1re inst. et de comm.; préf. maritime; école d'hydrographie, de 2e classe; biblioth. publique; jardin bot.; conserv. des hypoth.; direct. des douanes; direct. des contrib. indir.; recev. part. des finances. Bur. d'enregist. et de poste. Pop. 30,175 hab. env. Dist. de Paris 215 l. env.

Cette ville, admirablement située sur la Méditerranée, et dominée au N. par de hautes montagnes, est défendue du côté de la terre par des fortifications élevées d'après le système de Vauban. Elle est généralement bien bâtie; mais la plupart de ses rues sont étroites et irrégulières, à l'exception du quartier neuf, où se trouvent les établissemens de la marine royale. La place publique est plantée d'arbres et décorée de plusieurs édifices majestueux, parmi lesquels on distingue l'hôtel-de-ville. On remarque particulièrement l'arsenal, la fonderie, les chantiers, l'école des gardes marines, la superbe corderie, le bassin de carénage, l'hôpital général, la citadelle, le bagne, les galères, le lazaret, etc., etc.

Son port, l'un des plus vastes et des plus sûrs que l'on connaisse, se divise en deux parties qui communiquent ensemble par un chenal. Le port neuf, bordé de beaux et larges quais, est destiné au comm.; le vieux, qui est le port milit., contient les chantiers de construction, les forges, la mâture, la corderie, la voilerie, les magasins et l'arsenal maritime, l'un des plus considérables de l'Europe. La rade, à l'abri des vents et de la tempête, l'une des plus sûres de la Méditerranée, est défendue par des ouvrages considérables et par plusieurs forts qui rendent la ville imprenable du côté de la mer.

Fabr. de draps, bonneterie, savon, chandelles, chocolat; tanneries; construction de navires; fonderie de canons. Comm. de grains, farines, salaisons, vins, eaux-de-vie, câpres; raisins secs, figues, amandes, oranges, jujubes et autres fruits excellens.

TOULONE, s. m. Arbuste de l'île de Madagascar. T. de bot.

TOULONJAC, s. m. Com. du dép. de l'Aveyron, cant. et arr. de Villefranche-de-Rouergue. = Villefranche.

TOULON-SUR-ARROUX, s. m. Com. du dép. de Saône-et-Loire, chef-lieu de cant. de l'arr. de Charolles. Bur. d'enregist. et de poste.

Cette com. est située sur l'Arroux, au milieu d'une campagne fertile. Comm. de grains, bestiaux, merrain, bois de construction, etc.

TOULOU, s. m. Genre d'oiseaux sylvains. T. d'hist. nat.

TOULOUGES, s. f. Com. du dép. des Pyrénées-Orientales, cant. et arr. de Perpignan. = Perpignan.

TOULOUSAIN, E, s. et adj. Habitant de Toulouse; qui concerne cette ville.

TOULOUSE, s. f. Grande et belle ville du dép. de la Haute-Garonne, chef-lieu de préf., d'une sous-préf. et de 4 cant. ou justices de paix; 10e div. milit.; archevêché érigé dans le 3e siècle; cour royale; trib. de 1re inst. et de comm.; chambre et bourse de comm.; hôtel des monnaies (lettre M); bur. de garantie des matières d'or et d'argent; académie littéraire, la plus ancienne de l'Europe, connue sous le nom de Jeux-Floraux; école secondaire de médecine; société d'agric.; école d'artillerie; biblioth. pub. de 50,000 vol.; musée; ingén. en chef des ponts-et-chaussées; direct. de l'enregist. et des domaines, de 1re classe; direct. des contrib. dir. et indir.; entrepôt des douanes; recev. général des finances; bur. d'enregist. et de poste. Pop. 69,740 hab. env.

Cette ville est dans une situation charmante, sur la Garonne, qui la divise en deux parties; elle est généralement bien bâtie en briques et ceinte de remparts flanqués de grosses tours. Ses rues sont larges, propres, assez bien percées, et ses promenades très agréables. Les campagnes environnantes offrent un coup d'œil enchanteur; on y découvre à chaque pas des paysages charmans. L'époque de la fondation de Toulouse se perd dans la nuit des temps; elle était déjà considérable au cinquième siècle de la fondation de Rome. Servilius-Capius la prit sur les Tectosages, l'an 648, et dans la suite elle fut mise au nombre des villes libres alliées des Romains, qui en firent une colonie. Ses gouverneurs, ainsi que les empereurs romains, la décorèrent de plusieurs beaux édifices, et entre autres d'un capitole, d'un palais et d'un amphithéâtre. Les beaux-arts et les lettres ont toujours été cultivés avec succès dans cette ville qui, du temps des Romains, était déjà célèbre par son amour pour les sciences. Elle se glorifie d'avoir vu naître Clémence Isaure qui fonda la célèbre académie des Jeux-Floraux; Cujas, Campistron, Palaprat, Baour-Lormian, Cailhava, Bertrand de Molleville, M. de Villèle, président du conseil et l'un des hommes d'état les plus distingués de la restauration ; les généraux Dupuy, Roguet et Verdier. Fabr. de grosses draperies, couvertures de laine, soieries, gazes, indiennes, amidon, vermicelle, bougies, carton, cordes d'instrumens, papiers peints, faïence, faulx ; filat. de coton, teintureries, distilleries d'eaux-de-vie, martinets à cuivre, fonderies, tanneries et maroquineries ; fonderie de canon, poudrerie et raffinerie royale ; manuf. royale de tabac. Comm. de grains et farines pour les colonies, vins, eaux-de-vie, denrées coloniales et du midi, épicerie, huile, savons, fer, laines d'Espagne, plumes et duvet. Entrepôt des fers de l'Ariège et d'un grand comm. entre l'Espagne et les dép. de l'intérieur.

On remarque principalement à Toulouse, la belle promenade de l'Esplanade, le cours Dillon, situé sur la rive gauche de la Garonne ; les allées qui longent le canal des deux mers jusqu'à son embouchure dans la Garonne, et qui forment, sur une espace de plus d'une lieue, une promenade délicieuse ; l'hôtel-de-ville de construction moderne, où l'on voit la statue de Clémence Isaure ; les places de la préf., de l'hôtel-de-ville et autres ; la cathédrale, l'église de St.-Saturnin ; le pont sur la Garonne, à l'extrémité duquel s'élève un arc-de-triomphe. Dist. de Paris 180 l. env.

TOULOUSE, s. f. Com. du dép. du Jura, cant. de Sellières, arr. de Lons-le-Saulnier. = Sellières.

TOULOUZETTE, s. f. Com. du dép. des Landes, cant. de Mugron, arr. de St.-Sever. = St.-Sever.

TOULUCH, s. m. Com. du dép. de l'Aveyron, cant. de St.-Amans, arr. d'Espalion. = Mur-de-Barrez.

TOULX-STE.-CROIX, s. m. Com. du dép. de la Creuse, cant. et arr. de Boussac. = Boussac.

TOUPAT-CAODDE, s. m. Arbre de l'île de Ceylan. T. de bot.

TOUPE, s. f. Paquet très dur de cheveux. T. inus.

TOUPET, s. m. Petite touffe de cheveux, de crins, etc. ; cheveux sur le haut du front. —, mouvement de colère, hardiesse. T. fam.

TOUPIE, s. f. Jouet d'enfant, en forme de poire, que l'on fait tourner au moyen d'une ficelle. —, prostituée du plus bas étage. Fig. et fam. —, genre de testacés univalves. T. d'hist. nat.

TOUPILLER, v. n. Tourner comme une toupie, aller et venir sans savoir pourquoi. T. fam. inus.

TOUPILLON, s. m. Petit toupet ; branches d'oranger rapprochées.

TOUPIN, s. m. Outil de cordier pour réunir les fils.

TOUPRAS, s. m. Câble pour amarrer. T. de mar.

TOUQUE, s. f. Navire pour la pêche du hareng, etc.

TOUQUES, s. f. Com. du dép. du Calvados, cant. et arr. de Pont-l'Evêque. Bur. de poste.

Cette com. possède un petit port sur la Toucque, près de la Manche. Comm. de grains, cidre, bestiaux, bois, etc.

TOUQUETTES, s. f. Com. du dép. de l'Orne, cant. de la Ferté-Fresnel arr. d'Argentan. = Gacé.

TOUQUIN, s. m. Com. du dép. de Seine-et-Marne, cant. de Rozoy, arr. de Coulommiers. = Rozoy-en-Brie.

TOUR, s. m. Mouvement en rond, etc., —, allée et venue, promenade ; faire un tour. —, circuit, circonférence d'un corps, d'une ville, etc. —, objet de toilette en rond ; tour de gorge, de cheveux. —, action qui exige de la dextérité, de l'adresse, de l'agilité, de la souplesse. — de force, action qui exige de la force, et fig., grande difficulté vaincue. —, trait d'habileté, de finesse, de ruse ; tour de fripon. —, manière de rendre ses pensées, d'arranger ses termes, élocution ; tour de phrase. —, rang successif, alternatif ; chacun à son tour. —, niche, attrape. Fig. et fam. —, armoire tournant sur un pivot, qui sert aux religieuses à recevoir ce qu'on leur apporte du dehors. —, machine pour tourner le bois, les métaux, etc., et les façonner au moyen d'un ciseau. Fait au —, très bien fait. Fig. et fam. — à —, adv. Chacun à son tour, l'un après l'autre, alternativement, successivement.

TOUR, s. f. Bâtiment élevé, rond ou à pans et ordinairement fortifié. —, clocher en forme de tour. —, pièce du jeu d'échecs. —, enceinte de bourdigues. T. de pêch. — de Babel. Voy. ce mot.

TOUR, s. f. Com. du dép. du Calvados, cant. de Trevières, arr. de Bayeux. = Bayeux.

TOUR (la), s. f. Com. du dép. de la Loire, cant. de St.-Héand, arr. de St.-Etienne. = St.-Etienne.

TOUR, s. f. Com. du dép. de Loir-et-Cher, cant. de Bracieux, arr. de Blois. = Blois.

TOURACO, s. m. Genre d'oiseaux sylvains. T. d'hist. nat.

TOURAILLE, s. f. Etuve pour sécher le grain. T. de brasseur.

TOURAILLE, s. f. Com. du dép. de la Meuse, cant. de Gondrecourt, arr. de Commercy. = Gondrecourt.

TOURAILLES, s. f. Com. du dép. de Loir-et-Cher, cant. de Selommes, arr. de Vendôme. = Blois.

TOURAILLES (les), s. f. pl. Com. du dép. de l'Orne, cant. d'Athis, arr. de Domfront. = Condé-sur-Noireau.

TOURAILLON, s. m. Germe du grain séché. T. de brass.

TOURAINE (la), s. f. Ci-devant province de France dont Tours était la capitale, et qui forme aujourd'hui le dép. d'Indre-et-Loire, et partie de celui de la Vienne.

TOURANGEAU, ELLE, s. et adj. Habitant de la Touraine; qui est relatif à cette ancienne province de France.

TOURANGETTE, s. f. Petite serge d'Orléans.

TOURANNES, s. f. Com. du dép. de l'Isère, cant. de Clelles, arr. de Grenoble. = Grenoble.

TOUR-BAS-ELNE (la), s. f. Com. du dép. des Pyrénées-Orientales, cant. et arr. de Perpignan. = Perpignan.

TOURBE, s. f. Terre bitumineuse, combustible, formée de débris de plantes, dans les endroits marécageux. —, multitude confuse. Fig.

TOURBES, s. f. Com. du dép. de l'Hérault, cant. de Servian, arr. de Béziers. = Pézenas.

TOURBETTE, s. f. Sorte de mousse. T. de bot.

TOURBEUX, EUSE, adj. Propre à faire de la tourbe.

TOURBIER, s. m. Celui qui tire de la tourbe.

TOURBIÈRE, s. f. Endroit d'où l'on tire la tourbe.

TOURBILLEUX, EUSE, adj. Qui tourbillonne.

TOURBILLON, s. m. Vent impétueux qui tournoie; se dit de l'eau, du feu, etc. —, matière aérienne qui tourne autour d'un astre, suivant le système de Descartes. —, tout ce qui subjugue, entraîne les hommes; le tourbillon du monde. —, pl. Pierres dures dans les veines de charbon de terre. — vasculaires ou vaisseaux tournoyans, petits vaisseaux dont la choroïde est parsemée. T. d'anat.

TOURBILLONNANT, E, adj. Qui tourbillonne, fait tourbillonner.

TOURBILLONNEMENT, s. m. Mouvement en forme de tourbillon.

TOURBILLONNER, v. n. Aller en tournoyant, tournoyer.

TOUR-BLANCHE, s. f. Com. du dép. de la Dordogne, cant. de Verteillac, arr. de Ribérac. = Marcuil.

TOURCELLE-CHAUMONT, s. f. Com. du dép. des Ardennes, cant. de Machault, arr. de Vouziers. = Vouziers.

TOURCH, s. m. Com. du dép. du Finistère, cant. de Rosporden, arr. de Quimper. = Rosporden.

TOURCOING ou TURCOING, s. m. Petite ville du dép. du Nord, chef-lieu de cant. de l'arr. de Lille. Bur. d'enregist. et de poste. Fabr. de linge de table, camelot, molleton, printanières et autres étoffes; savon, briques. Filat. de laine, poil de chèvres et coton; raffineries de sucre; distilleries d'eaux-de-vie. Pop. 16,700 hab. env.

TOURD, s. m. Poisson du genre du labre. T. d'hist. nat.

TOUR-D'AYGUES (la), s. f. Com. du dép. de Vaucluse, cant. de Pertuis, arr. d'Apt. = Pertuis.

TOURDE ou TOURDELLE, s. f. Espèce de grive.

TOUR-DE-CUVE, s. m. Tablette autour de la cuve. T. de papet.

TOUR-DE-LIT, s. m. Etoffe, ornement autour du lit.

TOUR-DE-SAVIGNY (la), s. f. Com. du dép. du Rhône, cant. de l'Arbresle, arr. de Lyon. = l'Arbresle.

TOURDILLE, adj. Se dit d'un gris sale, en parlant de la robe d'un cheval; gris tourdille.

TOUR-DU-MEIX (la), s. f. Com. du dép. du Jura, cant. d'Orgelet, arr. de Lons-le-Saulnier. = Orgelet.

TOURDUN, s. m. Com. du dép. du Gers, cant. de Marciac, arr. de Mirande. = Mirande.

TOUR-DU-PIN (la), s. f. Petite ville du dép. de l'Isère, chef-lieu de souspréf. et de cant.; recev. part. des finances; bur. d'enregist. et de poste.

TOURÉ, E, part. Replié plusieurs fois; se dit de la pâte. T. de pâtissier.

TOURELLE, s. f. Petite tour. —, partie saillante des buffets d'orgues, composée de plusieurs tuyaux.

TOURELLÉ, E, adj. Garni de tours.

TOURER, v. a. Replier la pâte plusieurs fois. T. de pâtissier.

TOURET, s. m. Instrument de tour; petit tour de lapidaire; petite roue mue par une grande machine à roue pour graver les pierres; grosse bobine; cylindre pour dévider; rouet à filer.

TOURETTE, s. f. Genre de plantes crucifères. T. de bot.

TOURETTE (la), s. f. Com. du dép.

de la Loire, cant. de St.-Bonnet-le-Château, arr. de Montbrison. = St.-Etienne.

TOUR-GÉLIN (la), s. f. Com. du dép. d'Indre-et-Loire, cant. de Richelieu, arr. de Chinon. = Richelieu.

TOURGEVILLE, s. f. Com. du dép. du Calvados, cant. et arr. de Pont-l'Evêque. = Touques.

TOURIE, s. f. Grande bouteille de grès où l'on met ordinairement les eaux fortes.

TOURIÈRE, s. et adj. f. Domestique de l'extérieur qui fait passer au tour ce qu'on apporte pour les besoins du couvent; sœur tourière. —, religieuse préposée pour avoir soin du tour dans l'intérieur; mère tourière.

TOURILLON, s. m. Pivot d'une porte cochère, d'un pont-levis, d'un canon.

TOURLANDRY (la), s. f. Com. du dép. de Maine-et-Loire, cant. de Chemillé, arr. de Beaupréau. = Chemillé.

TOURLAVILLE, s. f. Com. du dép. de la Manche, cant. d'Octeville, arr. de Cherbourg. = Cherbourg. Manuf. de glaces, verrerie; carrières d'ardoises.

TOURLIAC, s. m. Com. du dép. de Lot-et-Garonne, cant. de Villeréal, arr. de Villeneuve. = Monflanquin.

TOURLOUROU, s. m. Petit crabe terrestre d'Amérique. —, soldat d'infanterie. T. fam.

TOURLOURY, s. m. Palmier de l'île de Cayenne.

TOURLY, s. m. Com. du dép. de l'Oise, cant. de Chaumont, arr. de Beauvais. = Chaumont-en-Vexin.

TOURMALINE, s. f. Substance minérale cristallisée, pierre précieuse et à demi-transparente qui devient électrique par la chaleur. T. d'hist. nat.

TOURMENT, s. m. Douleur violente; supplice, torture. —, vive inquiétude, chagrin, anxiété. Fig.

TOURMENTANT, E, adj. Qui tourmente. —, qui fatigue par des importunités. T. fam.

TOURMENTE, s. f. Orage, bourrasque, tempête sur mer. —, violente agitation dans un pays; tourmente révolutionnaire. Fig.

TOURMENTÉ, E, part. Livré aux tourmens physiques ou moraux.

TOURMENTER, v. a. Faire souffrir quelque tourment de corps ou d'esprit; inquiéter vivement; agiter violemment. —, importuner; harceler. —, donner de la peine; travailler avec effort, sans aisance, sans grâce. T. de peint. Se —, v. pron. S'agiter, se remuer; s'inquiéter, se mettre fortement en peine. Se —, se déjeter, en parlant du bois.

TOURMENTEUX, EUSE, adj. Sujet aux tourmentes, aux tempêtes; parages tourmenteux.

TOURMENTIN, s. m. Perroquet du mât de beaupré. T. de mar.

TOURMIGNIES, s. f. Com. du dép. du Nord, cant. de Pont-à-Marcq, arr. de Lille. = Lille.

TOURMONT, s. m. Com. du dép. du Jura, cant. et arr. de Poligny. = Poligny.

TOURNAGE, s. m. Taquet à oreilles pour tourner les manœuvres. T. de mar.

TOURNAILLER, v. n. Faire beaucoup de tours et de détours, sans s'éloigner d'un point; aller, venir, sans utilité. —, rôder autour. T. fam.

TOURNAIRE, s. m. Chanoine de semaine, hebdomadier.

TOURNAI-SUR-DIVE, s. m. Com. du dép. de l'Orne, cant. de Trun, arr. d'Argentan. = Argentan.

TOURNAN, s. m. Com. du dép. du Gers, cant. et arr. de Lombez. = Lombez.

TOURNAN, s. m. Petite ville du dép. de Seine-et-Marne, chef-lieu de cant. de l'arr. de Melun. Bur. d'enregist. et de poste.

TOURNANS, s. m. Com. du dép. du Doubs, cant. de Rougemont, arr. de Baume. = Baume.

TOURNANT, s. m. Endroit où l'eau tourne continuellement; espace où l'on tourne une voiture; coude d'une rue, d'un chemin. —, roue; le tournant d'une usine. T. de mét.

TOURNANT, E, adj. Qui tourne; pont tournant.

TOURNAS, s. m. Com. du dép. de la Haute-Garonne, cant. d'Aurignac, arr. de St.-Gaudens. = Martres.

TOURNASSÉ, E, part. Travaillé sur le tour. T. de potier.

TOURNASSER, v. a. Travailler sur le tour; réparer les inégalités de la porcelaine, la tourner délicatement. T. de potier.

TOURNASSIN, s. m. Outil pour tournasser la porcelaine avant de la mettre au four.

TOURNASSINE, s. f. Masse de terre préparée pour être tournée.

TOURNAVEAUX, s. m. Com. du dép. des Ardennes, cant. de Monthermé, arr. de Mézières. = Mézières.

TOURNAY, s. m. Com. du dép. du

Calvados, cant. de Villers-Bocage, arr. de Caen. = Villers-Bocage.

TOURNAY, s. m. Com. du dép. des Hautes-Pyrénées, chef-lieu de cant. de l'arr. de Tarbes. Bur. d'enregist. = Tarbes.

TOURNE (le), s. m. Com. du dép. de la Gironde, cant. de Créon, arr. de Bordeaux. = Castres.

TOURNÉ, E, part. Agité circulairement, mu en rond; travaillé au tour. —, adj. Mûr, en parlant de certains fruits; altéré, gâté, en parlant du vin, du lait, d'une sauce. Sang —, décomposé par l'effet d'une extrême frayeur. Personne bien ou mal —, bien ou mal faite. Fig. et fam. Esprit mal —, qui prend tout de travers. Fig.

TOURNE-À-GAUCHE, s. m. Crochet de forgeron. —, outil de serrurier qui sert de clef pour tourner les autres outils; outil qui sert à tourner le taraud pour faire des vis.

TOURNEBOULÉ, E, part. Bouleversé. (Vi.)

TOURNEBOULER, v. a. Agiter, remuer, bouleverser. (Vi.)

TOURNEBOUT, s. m. Espèce de flûte à bec courbe.

TOURNEBRIDE, s. m. Espèce de cabaret près d'un château.

TOURNEBROCHE, s. m. Mécanique pour faire tourner la broche; petit garçon qui la tourne; chien qui la fait tourner.

TOURNEBU, s. m. Com. du dép. du Calvados, cant. de Thury-Harcourt, arr. de Falaise. = Thury-Harcourt.

TOURNECOUPE, s. m. Com. du dép. du Gers, cant. de St.-Clar, arr. de Lectoure. = St.-Clar.

TOURNEDOS, s. m. Com. du dép. de l'Eure, cant. et arr. d'Evreux.=Evreux.

TOURNEDOS, s. m. Com. du dép. de l'Eure, cant. de Pont-de-l'Arche, arr. de Louviers. = Louviers.

TOURNEDOZ, s. m. Com. du dép. du Doubs, cant. de Clerval, arr. de Baume. = l'Isle-sur-le-Doubs.

TOURNÉE, s. f. Voyage en plusieurs endroits; voyage annuel, périodique, pour inspecter, etc. —, petite course en divers endroits; promenade. —, grande pioche, dont le fer long est plat d'un côté et pointu de l'autre, pour défoncer les terres. —, seine traînée par deux bateaux. T. de pêch.

TOURNEFEUILLE, s. f. Com. du dép. de la Haute-Garonne, cant. et arr. de Toulouse. = Toulouse.

TOURNE-FEUILLET, s. m. Petit ruban pour tourner les feuillets d'un livre.

TOURNEFIL, s. m. Fusil carré pour donner le fil aux outils.

TOURNEHEM, s. m. Com. du dép. du Pas-de-Calais, cant. d'Ardres, arr. de St.-Omer. = Ardres.

TOURNELLE, s. f. Petite tour. (Vi.) —, chambre du parlement qui connaissait des affaires criminelles.

TOURNEMIRE, s. f. Com. du dép. de l'Aveyron, cant. et arr. de St.-Affrique. = St.-Affrique.

TOURNEMIRE, s. f. Com. du dép. du Cantal, cant. de St.-Cernin, arr. d'Aurillac. = Aurillac.

TOURNE-PIERRE, s. m. Oiseau insectivore qui retourne les pierres.

TOURNER, v. a. Faire faire un tour, des tours; agiter circulairement, mouvoir en rond; tourner la broche. —, diriger; tourner ses pas, etc., et fig., ses idées, ses projets. —, mettre en un autre sens; tourner le pain, une carte. —, faire changer, influencer les déterminations, conduire à son gré. —, interpréter, donner un certain sens; tourner en ridicule; se dit en mauvaise part. —, questionner pour surprendre, pour faire tomber en contradiction. — le dos, s'enfuir. — le dos à quelqu'un, le mépriser ou abandonner ses intérêts. — la tête à quelqu'un, l'importuner, l'étourdir, lui troubler la raison, le faire devenir fou. —, traduire, arranger ses phrases, ses pensées, d'une manière quelconque. T. de littér. —, prendre à revers, cerner. T. d'art milit. —, travailler, façonner au tour. —, v. n. Aller circulairement, se mouvoir en rond. —, changer de direction, en parlant du vent; se mouvoir d'un sens dans un autre. —, prendre telle direction; tourner à droite, à gauche. —, faire le tour; parcourir; aller çà et là, rôder. —, contribuer à produire un effet; tourner à la gloire, au profit, etc. —, changer en bien ou en mal, avoir une bonne ou mauvaise issue. —, commencer à mûrir, en parlant de certains fruits. —, s'altérer, se gâter, en parlant du vin, du lait, etc. —, travailler au tour. Se —, v. pron. Se mettre dans un sens contraire à celui où l'on était. Se — vers, diriger son attention vers. Se — en, se changer en...; ne se dit que des choses. Se — du côté de quelqu'un, embrasser son parti. Se —, v. pron. et récip. S'opposer; se tourner les uns contre les autres.

TOURNES, s. f. Com. du dép. des Ardennes, cant. de Renwez, arr. de Mézières. = Mézières.

TOURNE-SOL, s. m. Soleil, hélianthe à grandes fleurs; teinture bleue qu'on obtient de sa graine.

TOURNETTE, s. f. Cage tournante de l'écureuil; sorte de dévidoir; plateau tournant qui soutient le vase que l'on peint.

TOURNEUR, s. m. Artisan qui fait des ouvrages au tour; manouvrier qui tourne la roue, etc.

TOURNEUR (le), s. m. Com. du dép. du Calvados, cant. de Bény-Bocage, arr. de Vire. = Vire.

TOURNE-VENT, s. m. Gueule-de-loup, tuyau qui tourne au vent sur le faîte d'une cheminée, pour garantir de la fumée.

TOURNEVILLE, s. f. Com. du dép. de l'Eure, cant. et arr. d'Evreux. = Evreux.

TOURNEVIRE, s. f. Cordage pour lever l'ancre. T. de mar.

TOURNEVIRÉ, E, part. Tourné, examiné. T. inus.

TOURNEVIRER, v. a. Tourner, examiner; faire d'une personne ce que l'on veut. T. fam. inus.

TOURNEVIS, s. m. Instrument pour serrer ou desserrer les vis.

TOURNHAC, s. m. Com. du dép. de l'Aveyron, cant. d'Asprières, arr. de Villefranche. = Rignac.

TOURNIAC, s. m. Com. du dép. du Cantal, cant. de Pléaux, arr. de Mauriac. = Mauriac.

TOURNIÈRES, s. f. Com. du dép. du Calvados, cant. de Balleroy, arr. de Bayeux. = Balleroy.

TOURNILLE, s. f. Petit instrument de bonnetier pour relever les mailles tombées.

TOURNIOLLE, s. f. Espèce de panaris qui fait le tour de l'ongle. —, coup de poing. T. fam.

TOURNIQUET, s. m. Croix mobile qui tourne horizontalement sur un pivot, pour ne laisser passer que les piétons; moulinet; dévidoir; outil, pièce qui tourne; bâton pour tourner, serrer. —, instrument dont on se sert pour comprimer les vaisseaux sanguins d'un membre, et faciliter les opérations. T. de chir. —, petit coléoptère qui tournoie sur l'eau. T. d'hist. nat.

TOURNIS, s. m. Maladie des moutons qui les fait tourner en chancelant.

TOURNISSAN, s. m. Com. du dép. de l'Aude, cant. de la Grasse, arr. de Carcassonne. = la Grasse.

TOURNISSES, s. f. pl. Poteaux de remplissage. T. de charp.

TOURNOI, s. m. Fête publique et militaire où les chevaliers du vieux temps signalaient leurs prouesses.

TOURNOIEMENT ou **TOURNOÎMENT**, s. m. Action de tournoyer, de ce qui tournoie.

TOURNOIR, s. m. Moulin de cartonnier.

TOURNOIRE, s. f. Bois de houx dont les potiers se servent pour faire tourner leur roue.

TOURNOIS, s. et adj. Nom donné à l'ancienne monnaie qu'on fabriquait à Tours. Livre —, vingt sous.

TOURNOISIS, s. m. Com. du dép. du Loiret, cant. de Patay, arr. d'Orléans. = Orléans.

TOURNON, s. m. Petite ville du dép. de l'Ardèche, chef-lieu de sous-préf. et de cant.; trib. de 1re inst.; société d'agric.; conserv. des hypoth.; direct. des contrib. indir.; recev. part. des finances; bur. d'enregist. et de poste. Fabr. de ratines. Comm. de vins fins; soie double; tissus de filoselle; bois de charpente, mine de plomb, etc.

TOURNON, s. m. Com. du dép. d'Indre-et-Loire, cant. de Preuilly, arr. de Loches. = Preuilly.

TOURNON, s. m. Petite ville du dép. de Lot-et-Garonne, chef-lieu de cant. de l'arr. de Villeneuve. Bur. d'enregist. = Fumel. Fabr. de serges.

TOURNON-ST.-MARTIN, s. m. Com. du dép. de l'Indre, chef-lieu de cant. de l'arr. du Blanc. Bur. d'enregist. = le Blanc.

TOURNOUS-DARRÉ, s. m. Com. du dép. des Hautes-Pyrénées, cant. de Trie, arr. de Tarbes. = Trie.

TOURNOUS-DEVANT, s. m. Com. du dép. des Hautes-Pyrénées, cant. de Galan, arr. de Tarbes. = Trie.

TOURNOYANT, E, adj. Qui tournoie.

TOURNOYER, v. n. Tourner en faisant plusieurs tours. —, biaiser, chercher des détours. Fig. et fam.

TOURNURE, s. f. Conformation, disposition, habitude du corps. —, ordre dans lequel une chose est arrangée. —, résultat de la direction donnée à une affaire, etc.; manière de présenter une chose; méthode de conduite. —, résultat du tour donné à une phrase, etc. —, d'esprit, genre d'esprit. —, art, ouvrage des tourneurs. —, zeste. T. de confiseur. Voy. Tour.

TOURNUS, s. m. Petite ville du dép. de Saône-et-Loire, chef-lieu de cant. de l'arr. de Mâcon; trib. de comm.; bur. d'enregist. et de poste.

Cette ville est agréablement située sur la rive droite de la Saône. Fabr. de couvertures de laine et de coton, molletons, chapeaux; salin. Comm. de grains, vins, etc.; pierres à bâtir.

TOURNY, s. m. Com. du dép. de l'Eure, cant. d'Ecos, arr. des Andelys. = Vernon.

TOUROCCO., s. m. Tourterelle du Sénégal.

TOURON, s. m. Tranche de fruit confite.

TOURON, s. m. Com. du dép. du Gers, cant. de Mauvesin, arr. de Lectoure. = Gimont.

TOUROULIER, s. m. Arbre de l'icosandrie, douzième classe des végétaux. T. de bot.

TOUROUVRE, s. f. Com. du dép. de l'Orne, chef-lieu de cant. de l'arr. de Mortagne. Bur. d'enregist. et de poste. Verrerie; forges et affinerie.

TOUROUZELLE, s. f. Com. du dép. de l'Aude, cant. de Lésignan, arr. de Narbonne. = Lésignan.

TOURREILLES, s. f. Com. du dép. de l'Aude, cant. et arr. de Limoux. = Limoux.

TOURRENQUETS, s. m. Com. du dép. du Gers, cant. et arr. d'Auch. = Auch.

TOURRENS, s. m. Com. du dép. du Gers, cant. et arr. d'Auch. = Auch.

TOURRÉTIE, s. f. Plante grimpante du Pérou. T. de bot.

TOURRETTE (la), s. f. Com. du dép. de l'Aude, cant. du Mas-Cabardès, arr. de Carcassonne. = Carcassonne.

TOURRETTES (les), s. f. pl. Com. du dép. de la Drôme, cant. de Marsanne, arr. de Montélimar. = Montélimar.

TOURRETTES-PRÈS-FAYENCE, s. f. Com. du dép. du Var, cant. de Fayence, arr. de Draguignan. = Draguignan.

TOURRETTES-PRÈS-VENCE, s. f. Com. du dép. du Var, cant. du Bar, arr. de Grasse. = Vence.

TOURRIERS, s. m. Com. du dép. de la Charente, cant. de St.-Amant-de-Boixe, arr. d'Angoulême. = Manles.

TOURS, s. m. Grande, belle et très ancienne ville du dép. d'Indre-et-Loire, chef-lieu de préf., d'une sous-préf. et de 3 cant. ou just. de paix; 4° div. milit.; archevêché érigé dans le 3° siècle; trib. de 1re inst. et de comm.; chambre de comm.; conseil de prud'hommes; société d'agric., sciences, arts et belles-lettres; ingén. en chef des ponts-et-chaussées; direct. de l'enregist. et des domaines, de 2° classe; direct. des contrib. dir. et indir.; recev. gén. des fin.; Bur. de poste. Pop. 25,000 hab. env.

Cette ville, située sur la rive gauche de la Loire, à l'extrémité d'une belle plaine qui s'étend entre ce fleuve et le Cher, présente, à son entrée, un pont qui traverse le cours majestueux de la Loire, et que l'on admire comme l'un des plus beaux de l'Europe. A l'issue de ce superbe pont, s'ouvre une rue large et spacieuse formée de maisons construites avec élégance et bordées de chaque côté de trottoirs. Cette rue traverse la ville dans le sens de sa largeur, et aboutit à la route de Poitiers qui semble en être le prolongement. Quant à l'intérieur de la ville, il est généralement mal bâti et la plupart des rues sont étroites et mal percées; cependant on y trouve quelques beaux quartiers.

L'origine de Tours remonte à une époque très reculée. Après la conquête des Gaules, elle devint la capitale de la 3° Lyonnaise; occupée successivement par les Visigoths et par les Francs, elle fut réunie à la couronne, ainsi que la Touraine, en 1202. Les états-généraux y furent assemblés en 1470, 1484 et 1506. Henri III y transféra le parlement de Paris, ainsi que les autres cours supérieures en 1589. Destouches, auteur comique, M. Bouilly, auteur dramatique, et Maréscot, général du génie, sont nés à Tours.

Fabr. d'étoffes de soie, draps, serges, rubans, passementeries; plomb de chasse, pipes, faïence, poterie; filatures de laine, lavoirs pour les laines; brasseries, tanneries. Comm. de grains, vins, eaux-de-vie, vinaigre; pruneaux renommés, amandes, fruits secs, cire, bougies, amidon, chanvre, laine, soie, cuirs. On remarque particulièrement, à Tours, la cathédrale, bel édifice gothique; l'hôtel de la préf., le mail et le pont sur la Loire.

TOURS, s. m. Com. du dép. du Puy-de-Dôme, cant. de St.-Dier, arr. de Clermont. = Billom.

TOURS, s. m. Com. du dép. de la Somme, cant. de Moyenneville, arr. d'Abbeville. = Abbeville.

TOUR-SUR-MARNE, s. m. Com. du dép. de la Marne, cant. d'Ay, arr. de Reims. = Epernay. Comm. de vins.

TOURTE, s. f. Sorte de pâtisserie, garnie de viande, de fruits, etc.; grand pain rond. —, marc de noix, de graine de lin, etc. —, tourterelle de la Caroline; lanterne du tordoir. —, plateau d'argile, sous le verre. T. de verr.

TOURTEAU, s. m. Sorte de gâteau. —, pièce ronde. T. de blas.

TOURTELET, s. m. Feuille de pâte. T. de pâtissier.

TOURTELETTE, s. f. Vieille corde goudronnée servant de torche. —, tourterelle d'Afrique.

TOURTENAY, s. m. Com. du dép.

des Deux-Sèvres, cant. de Thouars, arr. de Bressuire. = Thouars.

TOURTEREAU, s. m. Petit de la tourterelle. —, pl. Jeunes amans, jeunes époux vivement épris l'un de l'autre. Fig. et fam.

TOURTERELLE, s. f. Oiseau du genre du pigeon. —, coquille du genre strombe. Voy. TOURTRE.

TOURTERON, s. m. Com. du dép. des Ardennes, chef-lieu de cant. de l'arr. de Vouziers. Bur. d'enregist. au Chesne. = Attigny.

TOUR-TERRIÈRE, s. f. Rouleau pour rouler des fardeaux.

TOURTIÈRE, s. f. Ustensile de cuisine pour faire cuire les tourtes.

TOURTILLON, s. m. Petit tourteau. T. inus.

TOURTOIRAC, s. m. Com. du dép. de la Dordogne, cant. de Hautefort, arr. de Périgueux. = Exideuil.

TOURTOIRE, s. f. Houssine pour faire les battues. T. de véner.

TOURTOUR, s. m. Com. du dép. du Var, cant. de Salernes, arr. de Draguignan. = Draguignan.

TOURTOURELLE, s. f. Voy. PASTENAGUE.

TOURTOURO, s. m. Sorte de grosse prune.

TOURTOUSE, s. f. Corde au cou du patient.

TOURTOUSE-ET-LASSERRE, s. m. Com. du dép. de l'Ariège, cant. de Ste.-Croix, arr. de St.-Girons. = St.-Girons.

TOURTRE, s. f. Tourterelle considérée comme gibier.

TOURTRES, s. f. Com. du dép. de Lot-et-Garonne, cant. de Monclar, arr. de Villeneuve. = Tonneins.

TOURTROL, s. m. Com. du dép. de l'Ariège, cant. de Mirepoix, arr. de Pamiers. = Mirepoix.

TOURVES, s. f. Com. du dép. du Var, cant. et arr. de Brignoles. = St.-Maximin. Fabr. de savon et d'eaux-de-vie; papeteries et tanneries.

TOURVILLE, s. f. Com. du dép. du Calvados, cant. d'Evrecy, arr. de Caen. = Caen.

TOURVILLE, s. f. Com. du dép. du Calvados, cant. et arr. de Pont-l'Évêque. = Pont-l'Évêque.

TOURVILLE, s. f. Com. du dép. de l'Eure, cant. d'Amfreville, arr. de Louviers. = le Neubourg.

TOURVILLE, s. f. Com. du dép. de l'Eure, cant. et arr. de Pont-Audemer. = Pont-Audemer.

TOURVILLE, s. f. Com. du dép. de la Manche, cant. de St.-Malo-de-la-Lande, arr. de Coutances. = Coutances.

TOURVILLE, s. f. Com. du dép. de la Seine-Inférieure, cant. de Fécamp, arr. du Hâvre. = Fécamp.

TOURVILLE-LA-CHAPELLE, s. f. Com. du dép. de la Seine-Inférieure, cant. d'Envermeu, arr. de Dieppe. = Dieppe.

TOURVILLE-LA-RIVIÈRE, s. f. Com. du dép. de la Seine-Inférieure, cant. d'Elbeuf, arr. de Rouen. = Pont-de-l'Arche.

TOURVILLE-SUR-ARQUES, s. f. Com. du dép. de la Seine-Inférieure, cant. d'Offranville, arr. de Dieppe. = Dieppe.

TOURY, s. m. Com. du dép. d'Eure-et-Loir, cant. de Janville, arr. de Chartres. Bur. de poste. Raffineries de sucre de betteraves.

TOURY-SUR-ABRON, s. m. Com. du dép. de la Nièvre, cant. de Dornes, arr. de Nevers. = Decize.

TOURY-SUR-JOUR, s. m. Com. du dép. de la Nièvre, cant. de Dornes, arr. de Nevers. = Nevers.

TOUSELLE, s. f. Froment à épi sans barbe, dont le grain est fort gros.

TOUSSAINT, s. f. Fête de tous les saints, le premier de novembre.

TOUSSAINT (Notre-Dame-de-la), s. f. Com. du dép. de la Seine-Inférieure, cant. de Valmont, arr. d'Yvetot. = Fécamp.

TOUSSER, v. n. Expirer avec bruit, par saccades, pour expectorer les mucosités qui irritent la gorge et la trachée artère. —, imiter le bruit de la toux à dessein.

TOUSSERIE, s. f. Action de tousser. T. fam.

TOUSSEUR, EUSE, s. Celui, celle qui tousse souvent.

TOUSSIEU, s. m. Com. du dép. de l'Isère, cant. d'Heyrieu, arr. de Vienne. = la Verpillière.

TOUSSIEUX, s. m. Com. du dép. de l'Ain, cant. et arr. de Trévoux. = Trévoux.

TOUSSON, s. m. Com. du dép. de Seine-et-Marne, cant. de la Chapelle, arr. de Fontainebleau. = Milly.

TOUSSUS-LE-NOBLE, s. m. Com. du dép. de Seine-et-Oise, cant. de Palaiseau, arr. de Versailles. = Versailles.

TOUT, s. m. Chose considérée en son entier; toutes choses; tout le monde. Le —, la totalité; le principal, le plus important, le point essentiel. —, adv. Entièrement, sans exception, sans réserve. —, particule explétive; tout bonnement, tout en riant, tout au plus. — comme, de même que, ainsi que. — du long, depuis le commencement jusqu'à la fin. En —, tout compris. —, voy. après, bon, coup, même, etc.

TOUT, E, adj., pl. m. Tous. Se dit

d'une chose considérée dans son entier, de l'universalité des choses. —, relativement au nombre; tous les hommes. —, relativement à l'étendue; toute la ville. —, relativement à l'entière faculté physique ou morale; de toutes ses forces, de tout son pouvoir. —, chaque; toute peine mérite salaire. —, encore que, quoique, très, quelque; toute glorieuse qu'elle est.

TOUT À COUP, adv. Soudain, incontinent.

TOUT-À-FAIT, adv. Entièrement.

TOUTAINVILLE, s. f. Com. du dép. de l'Eure, cant. et arr. de Pont-Audemer. = Pont-Audemer.

TOUT BEAU, interj. Voy. BEAU.

TOUTE-BONNE, s. f. Plante labiée, orvale.

TOUTEFOIS, adv. Cependant, néanmoins.

TOUTENAGUE, s. f. Alliage de zinc et d'étain.

TOUTENANT, s. m. Com. du dép. de Saône-et-Loire, cant. de Verdun-sur-le-Doubs, arr. de Châlons. = Verdun-sur-le-Doubs.

TOUTENCOURT, s. m. Com. du dép. de la Somme, cant. d'Acheux, arr. de Doullens. = Albert.

TOUTENS, s. m. Com. du dép. de la Haute-Garonne, cant. de Caraman, arr. de Villefranche. = Caraman.

TOUT-ENSEMBLE, s. m. L'ensemble, la totalité de l'ouvrage. T. d'arts.

TOUTE-PRÉSENCE, s. f. Attribut de Dieu qui est en tous lieux, qui est présent partout.

TOUTE-PUISSANCE, s. f. Puissance infinie de Dieu.

TOUTE-SAINE, s. f. Plante à fleurs rosacées.

TOUTE-SCIENCE, s. f. Science infinie, qui embrasse tout.

TOUTE-TABLE, s. f. Espèce de jeu de trictrac.

TOUTOU, s. m. Petit chien, roquet. T. fam.

TOUT-OU-RIEN, s. m. Pièce de la quadrature d'une répétition.

TOUT-PUISSANT (le), s. m. Dieu.

TOUT-PUISSANT, TOUTE-PUISSANTE, adj. Qui a un pouvoir sans bornes.

TOUTRY, s. m. Com. du dép. de la Côte-d'Or, cant. et arr. de Semur. = Semur.

TOUVET (le), s. m. Com. du dép. de l'Isère, chef-lieu de cant. de l'arr. de Grenoble. Bur. d'enregist. et de poste.

TOUVILLE, s. f. Com. du dép. de l'Eure, cant. de Montfort, arr. de Pont-Audemer. = Pont-Audemer.

TOUVOIS, s. m. Com. du dép. de la Loire-Inférieure, cant. de Legé, arr. de Nantes. = Machecoul.

TOUVRE (la), s. f. Rivière dont la source se trouve dans l'arr. d'Angoulême, et qui se jette dans la Charente après un cours de 3 l. Elle fait tourner un grand nombre de moulins, porte bateau à peu de distance de sa source, qui est très abondante, et alimente la fonderie de canons de Ruelle. On y pêche beaucoup d'excellens poissons.

TOUVRE, s. f. Com. du dép. de la Charente, cant. et arr. d'Angoulême. = Angoulême.

TOUX, s. f. Expiration violente, bruyante et saccadée; mouvement spasmodique des muscles du larynx et de la poitrine, pour se débarrasser des mucosités qui irritent la gorge et la trachée artère. T. de méd.

TOUYOU, s. m. Espèce d'autruche de la Guiane.

TOUZ, s. m. Poil de la poitrine des chèvres sauvages du Thibet, avec lequel on fait les plus beaux cachemires.

TOUZAC, s. m. Com. du dép. de la Charente, cant. de Châteauneuf, arr. de Cognac. = Barbezieux.

TOUZAC-ET-VIRE, s. m. Com. du dép. du Lot, cant. de Puy-l'Évêque, arr. de Cahors. = Castelfranc.

TOVARIE, s. f. Plante du Pérou. T. de bot.

TOVOMITE, s. m. Guttier de la Guiane. T. de bot.

TOX, s. m. Com. du dép. de la Corse, cant. de Pietro, arr. de Corte. = Bastia.

TOXÉRITES, s. f. pl. Coquilles fossiles. T. d'hist. nat.

TOXICODENDRON, s. m. Espèce de sumac dont le suc laiteux teint en noir. T. de bot.

TOXICOLOGIE, s. f. Traité sur les poisons.

TOXIQUE, s. m. Nom générique des poisons. —, genre de coléoptères. T. d'hist. nat.

TOXOTREMA, s. f. Coquille voisine des hélices. T. d'hist. nat.

TOYÈRE, s. f. Douille dans laquelle s'adapte le manche d'une hache.

TOY-VIAM, s. m. Com. du dép. de la Corrèze, cant. de Bugeat, arr. d'Ussel. = Ussel.

TOZZIE, s. f. Plante herbacée. T. de bot.

TRABAN, s. m. Soldat allemand de la garde de l'Empereur d'Autriche.

TRABE, s. m. Météore enflammé, en forme de poutre; bâton qui supporte une enseigne, une bannière, etc.

TRABÉATION, s. f. L'année de la passion de J.-C.

TRABÉE, s. f. Robe triomphale des généraux romains. T. d'antiq.

TRAC, s. m. Allure du cheval, du mulet; piste. (Vi.)

TRACAL, s. m. Oiseau d'Amérique, entre les motteux et les alouettes. T. d'hist. nat.

TRACANÉ, E, part. Dévidé.

TRACANER, v. a. Dévider le fil, la soie, ou le fil de métal, avant de couvrir. T. de tireur d'or.

TRACANOIR, s. m. Dévidoir, machine pour tracaner.

TRAÇANT, E, adj. Qui s'étend horizontalement et à peu de profondeur, en parlant des racines. T. de bot.

TRACAS, s. m. Mouvement accompagné de désordre, d'embarras, souvent pour de petites choses. —, trappes en forme d'échelles. T. de raffineur

TRACASSÉ, E, part. Tourmenté pour des bagatelles.

TRACASSER, v. a. Tourmenter, et fig., causer de l'inquiétude. —, v. n. Se donner beaucoup de mouvement pour peu de chose; aller, venir, en agissant. —, faire le tracassier, le brouillon. Se —, v. pron. Se tourmenter, s'inquiéter. T. fam.

TRACASSERIE, s. f. Mauvaise difficulté, chicane; incident qui inquiète; discours malin, propos qui tend à exciter de la brouille. T. fam.

TRACASSIER, ÈRE, s. Vétilleur, celui, celle qui se donne beaucoup de mouvement pour des bagatelles, qui chicane sur des riens; brouillon. T. fam. —, adj. Porté à tracasser, à tourmenter pour des vétilles; administration, police tracassière.

TRACE, s. f. Vestige d'un homme, d'un animal, ses pas; frayer d'une voiture; marque, empreinte que laisse une chose. —, ligne tracée sur le sol pour un plan; premier trait; premiers points d'aiguille. —, impression des objets sur l'esprit. Fig. Marcher sur les —, prendre pour modèle, imiter, suivre l'exemple. —, sorte de papier gris. T. de papet.

TRACÉ, s. m. Trait d'un plan, d'un profil.

TRACÉ, E, part. Se dit d'un plan dont on a tiré les lignes.

TRACE-BOUCHE, s. m. Outil de facteur d'orgues.

TRACELET, s. m. Voy. **TRACERET**.

TRACEMENT, s. m. Action de tracer; effets de cette action.

TRACER, v. a. Tirer les lignes d'un dessin, d'un plan, sur le papier, la toile, etc. — un chemin, en prendre l'alignement pour l'exécuter ensuite. — le chemin, donner l'exemple. —, écrire. Fig. —, v. n. Etendre ses racines horizontalement, en parlant d'un arbre.

TRACERET, s. m. Outil de fer pointu pour tracer des lignes.

TRACE-SAUTEREAU, s. m. Outil de facteur de clavecins.

TRACEUR, s. m. Celui qui trace un plan sur le terrain. T. de jard.

TRACHÉAL, E, adj. Qui a rapport à la trachée-artère; artères, veines trachéales. T. d'anat.

TRACHÉE, s. f. Organe respiratoire dans les insectes; petite ouverture au manteau des coquillages. T. d'hist. nat. —, vaisseau par lequel l'air vivifie les plantes. T. de bot. — artère, canal aérien, en partie membraneux et en partie cartilagineux, qui s'étend depuis le larynx jusqu'au poumon. T. d'anat.

TRACHÉITE, s. f. Inflammation de la trachée-artère. T. de méd.

TRACHÉLAGRE, s. f. Goutte dans la région du cou. T. de méd.

TRACHÈLE, s. f. Plante de la famille des campanulacées. T. de bot.

TRACHÉLI-ALTOÏDO-BASILAIRE, s. et adj. m. Muscle droit latéral de la tête. T. d'anat.

TRACHÉLIEN, NE, adj. Voy. CERVICAL. T. d'anat.

TRACHÉLO-ALTOÏDO-OCCIPITAL, s. et adj. m. Muscle oblique supérieur de la tête. T. d'anat.

TRACHÉLO-CERVICALE, s. et adj. f. Artère cervicale profonde. T. d'anat.

TRACHÉLO-COSTAL, s. et adj. m. Voy. COSTO-TRACHÉLIEN. T. d'anat.

TRACHÉLO-DIAPHRAGMATIQUE, adj. Se dit de la quatrième paire des nerfs cervicaux. T. d'anat.

TRACHÉLO-DORSAL, s. et adj. m. Nerf spinal. T. d'anat.

TRACHÉLO-MASTOÏDIEN, s. et adj. m. Muscle petit complexus. T. d'anat.

TRACHÉLO-OCCIPITAL, s. et adj. m. Muscle grand complexus. T. d'anat.

TRACHÉLOPHYME, s. m. Gonflement du cou. T. de méd.

TRACHÉLO-SCAPULAIRE, s. et adj. m. Muscle angulaire de l'omoplate. T. d'anat.

TRACHÉLO-SOUS-CUTANÉ, E, adj. Se dit de la veine jugulaire externe. Nerfs —, nerfs du plexus cervical. T. d'anat.

TRACHÉLO-SOUS OCCIPITAL (grand

et petit), s. et adj. m. Muscles droits antérieurs de la tête. T. d'anat.

TRACHÉOCÈLE, s. f. Tumeur à la trachée-artère. T. de chir.

TRACHÉOTOMIE, s. f. Section de la trachée-artère. Voy. BRONCHOTOMIE. T. de chir.

TRACHINE, s. m. Genre de poissons jugulaires. T. d'hist. nat.

TRACHINOTE, s. m. Poisson thoracique. T. d'hist. nat.

TRACHIURE, s. m. Genre de poissons apodes. T. d'hist. nat.

TRACHOME, s. m. Aspérité de la partie inférieure des paupières. T. de méd.

TRACHYS, s. m. Plante graminée de l'Inde. T. de bot.

TRACHYSCÈLE, s. m. Genre d'insectes coléoptères. T. d'hist. nat.

TRAÇOIR, s. m. Poinçon d'acier pour dessiner sur métaux.

TRACTABILITÉ, s. f. Ductilité. T. inus.

TRACTATION, s. f. Manière de traiter une matière. T. inus.

TRACTION, s. f. Action d'une puissance qui tire un corps mobile. Voy. ATTRACTION.

TRACTOIRE ou TRACTRICE, s. f. Ligne courbe que décrit une corde tirée. T. de géom.

TRACY, s. m. Com. du dép. de la Nièvre, cant. de Pouilly, arr. de Cosne. = Cosne.

TRACY-BOCAGE, s. m. Com. du dép. du Calvados, cant. de Villers-Bocage, arr. de Caen. = Villers-Bocage.

TRACY-LE-MONT, s. m. Com. du dép. de l'Oise, cant. d'Attichy, arr. de Compiègne. = Ribécourt. Fabr. de toiles de coton.

TRACY-LE-VAL, s. m. Com. du dép. de l'Oise, cant. de Ribécourt, arr. de Compiègne. = Ribécourt.

TRACY-SUR-MER, s. m. Com. du dép. du Calvados, cant. de Ryes, arr. de Bayeux. = Bayeux.

TRADES, s. f. Com. du dép. du Rhône, cant. de Monsol, arr. de Villefranche. = Beaujeu.

TRADITEUR, s. m. Celui qui, dans le temps de la persécution de l'église, livrait les livres sacrés aux Païens. T. d'hist. ecclésiastique.

TRADITION, s. f. Voie par laquelle les faits, les dogmes, etc., sont transmis d'âge en âge; chose transmise de vive voix. —, action de livrer une chose à quelqu'un. T. de jurisp.

TRADITIONNAIRE, s. m. Savant Juif qui explique l'écriture par les traditions du Talmud.

TRADITIONNEL, LE, adj. Qui a rapport à la tradition; fondé sur la tradition.

TRADITIONNELLEMENT, adv. Selon la tradition.

TRADITIVE, s. f. et adj. Chose traditionnelle. T. inus.

TRADUCTEUR, s. m. Littérateur qui traduit ou qui a traduit un ouvrage d'une langue dans une autre.

TRADUCTION, s. f. Action de traduire, version d'un ouvrage d'une langue dans une autre; ouvrage traduit.

TRADUIRE, v. a. Faire une traduction, rendre dans une langue les images, les pensées d'un livre écrit dans une autre. —, citer en justice; transférer quelqu'un d'un lieu dans un autre. —, tourner en ridicule. Fig.

TRADUISIBLE, adj. Qui peut être traduit.

TRAENHEIM, s. m. Com. du dép. du Bas-Rhin, cant. de Wasselonne, arr. de Strasbourg. = Molsheim.

TRAFIC, s. m. Commerce, négoce, et fig., vente, convention illicite.

TRAFIQUANT, s. m. Commerçant, négociant.

TRAFIQUÉ, E, part. Négocié, vendu.

TRAFIQUER, v. a. et n. Faire trafic, commercer. —, faire des bassesses pour se procurer de l'argent. Fig.

TRAFIQUEUR, s. m. Brocanteur, marchand. T. inus.

TRAFUSOIR, s. m. Machine pour séparer les écheveaux de soie.

TRAGACANTHE, s. f. Espèce d'astragale. T. de bot.

TRAGÉDIE, s. f. Poème dramatique dont l'action a pour but d'exciter la terreur, l'admiration ou la pitié. —, art de composer, de représenter des tragédies; le genre tragique. —, événement funeste. Fig.

TRAGÉDIEN, NE, s. Acteur tragique.

TRAGÉDISTE, s. m. Auteur de tragédies. T. inus.

TRAGÉLAPHE, s. m. Cerf de la forêt des Ardennes.

TRAGI-COMÉDIE, s. f. Titre que portent la plupart des drames antérieurs à Corneille, dans lesquels on trouve une réunion bizarre d'aventures romanesques, tragiques, comiques ou bouffonnes.

TRAGI-COMIQUE, adj. Qui appartient à la tragi-comédie; qui tient du tragique et du comique.

TRAGIE, s. f. Plante du genre des tithymaloïdes. T. de bot.

TRAGIEN, NE, adj. Qui appartient au tragus. T. d'anat.

TRAGIQUE, s. m. Principaux ressorts de la tragédie; ce qui constitue ce genre de poème; style, acteur, auteur de tragédies. —, ce qu'il y a de funeste dans un événement. Fig. Prendre les choses au —, du côté le plus fâcheux. Fig. et fam. —, adj. Qui appartient à la tragédie, lui est propre; style, auteur, acteur tragique. —, funeste. Fig.

TRAGIQUEMENT, adv. D'une manière tragique, funeste.

TRAGNY, s. m. Com. du dép. de la Moselle, caut. de Pange, arr. de Metz. = Metz.

TRAGUS, s. m. Petit bouton qui se remarque à la partie antérieure et au-dessous de l'extrémité du pli de l'oreille. T. d'anat.

TRAHI, E, part. Trompé d'une manière perfide.

TRAHINE, s. f. Voy. BOULIÈCHE.

TRAHIR, v. a. et n. Tromper avec perfidie, manquer de foi, user de trahison. — l'honneur, manquer à l'honneur. — sa conscience, agir contre ses inspirations. —, ne pas répondre à l'attente; les événemens ont trahi mon espoir. —, déceler, révéler; trahir un secret. Se —, v. pron. Se déceler par indiscrétion, par imprudence.

TRAHISON, s. f. Lâcheté, perfidie; action du traître. Haute—, crime contre la sûreté de l'état, la personne du souverain.

TRAILLE, s. f. Espèce de bac pour traverser les grandes rivières; corde de ce bac; pont volant.

TRAILLER, v. a. Tirer la corde d'un filet en la secouant. T. de pêch.

TRAILLET, s. m. Châssis pour rouler une corde. T. de pêch.

TRAILLON, s. m. Espèce de traille.

TRAIN, s. m. Allure des chevaux, etc. —, façon de marcher d'une personne, etc.; aller bon train. —, manière de conduire; mener bon train, faire aller vite, et fig., ne pas ménager. —, manière dont on fait mouvoir une machine. Mettre en —, en mouvement, et fig., commencer. —, promptitude à faire quelque chose. —, cours des choses, courant des affaires. Fig. —, manière de vivre; train de vie réglé. —, humeur, disposition; être en train de rire. Mettre en —, exciter à la gaieté, au plaisir. —, suite de valets, de chevaux; le train d'un grand seigneur. —, bruit, tapage. Fig et fam. —, la partie de devant et de derrière des chevaux, mulets, bœufs, etc. —, long radeau de bois flotté; assemblage de bateaux attachés les uns aux autres. —, partie motrice d'une machine; charronnage qui porte la caisse d'un carrosse. —, tout l'attirail nécessaire pour le service de l'artillerie. T. d'art milit.

TRAÎNAGE, s. m. Manière de voyager sur des traîneaux.

TRAÎNANT, E, adj. Qui traîne à terre; robe traînante. —, faible, débile, maladif, valétudinaire. —, ennuyeux, froid, lâche, languissant; style traînant. Fig.

TRAÎNARD, s. m. Voy. TRAÎNEUR.

TRAÎNASSE, s. f. Voy. RENOUÉE, plante. —, ou Traîneau, grand filet qu'on traîne sur les chaumes à l'aide de perches, pour prendre des alouettes, des perdrix. Voy. TRAÎNÉE.

TRAINAY, s. m. Com. du dép. de la Nièvre, cant. de Dornes, arr. de Nevers. = St.-Pierre-le-Moutier.

TRAÎNE, s. f. Filet qu'on traîne. Voy. TRAÎNASSE. Perdreaux en —, qui ne volent pas encore. —, menue corde pour plonger quelque chose dans la mer. T. de mar. Bateau à la —, traîné par un autre. Voy. TRAÎNÉE.

TRAÎNÉ, E, part. Tiré après soi.

TRAÎNEAU, s. m. Voiture sans roue pour transporter des marchandises, pour voyager sur la neige, sur la glace. — peau servant de leurre. T. de fauc. —, grand filet qu'on traîne dans les rivières. T. de pêch. Voy. TRAÎNASSE.

TRAÎNE-BUISSON, s. m. Fauvette d'hiver.

TRAÎNE-CHARRUE, s. m. Motteux, oiseau qui suit les charretiers de labour.

TRAÎNÉE, s. f. Petite quantité de certaines choses répandues en long. —, longue suite de poudre à canon qui sert à mettre le feu à une mine. —, ou traînasse, long filet à nœuds du fraisier, etc. —, ou traîne, trace qu'on fait avec des morceaux de charogne pour attirer le loup dans un piége.

TRAÎNEL, s. m. Com. du dép. de l'Aube, cant. et arr. de Nogent sur-Seine. = Nogent-sur-Seine.

TRAÎNELLE, s. f. Petit sac pour prendre des lançons, etc. T. de pêch.

TRAÎNE-MALHEUR, s. m. Homme de mauvais augure, qui porte malheur.

TRAÎNE-POTENCE, s. m. Homme qui porte malheur à ceux qui soutiennent son parti, qui entraîne de la révolte à l'échafaud.

TRAÎNER, v. a. Tirer après soi; mener après soi, avec soi; se faire suivre.

—, entraîner; attirer; être la cause, la source de....; différer, prolonger. Fig. —, tracer des lignes pour la coupe des pierres; former des moulures en plâtre avec le calibre; en bois, avec le rabot. T. d'arch. —, v. n. Pendre jusqu'à terre; être laissé négligemment en un coin, n'être pas rangé, n'être pas à sa place, en parlant des choses. —, être épars çà et là. —, rester stationnaire, ou n'avancer que très lentement, en parlant d'une affaire; être froid, languissant, en parlant du style, etc. —, être en langueur, en parlant d'une personne; durer long-temps, en parlant d'une maladie. —, rester en arrière du corps en marche. T. d'art milit. —, aller moins vite que la flotte, se dit d'un vaisseau. T. de mar. Se —, v. pron. Se glisser en rampant; marcher lentement, avec peine.

TRAÎNE-RAPIÈRE, s. m. Spadassin, brétailleur. T. fam. et inus.

TRAÎNERIE, s. f. Lenteur désagréable de la musique. T. inus.

TRAÎNEUR, s. m. Chasseur au traîneau. —, soldat qui reste en arrière par infirmité ou pour piller. —, chien en arrière de la meute. T. de véner. Voy. LAMBIN.

TRAÎNOIRE, s. f. Levier à deux branches pour soulever le soc dans les chemins. T. d'agric.

TRAINOU, s. m. Com. du dép. du Loiret, cant. de Neuville, arr. d'Orléans. = Neuville-aux-Bois.

TRAIRE, v. a. Presser le trayon entre ses doigts pour tirer le lait des vaches, des ânesses, des chèvres. —, attirer, tirer adroitement à soi. Fig.

TRAIT, s. m. Dard, javelot, flèche. —, ce qui blesse comme le dard; trait de médisance, de calomnie. —, pensée vive, brillante, qui frappe le lecteur ou l'auditeur; passage, citation, chose racontée pour fixer l'attention. —, fait, événement; trait historique. —, acte, action, procédé; trait d'humanité, d'ingratitude. —, tromperie, perfidie, infidélité. T. fam. —, rapport d'une chose à une autre. —, ce qu'on avale d'une liqueur sans prendre haleine; action d'avaler tout d'une haleine; boire à longs traits. —, ligne tracée ou qui imite les contours, la forme; linéament du visage. —, longe de corde ou de cuir pour atteler les chevaux. Cheval de —, employé à la voiture. —, espace nécessaire pour tirer, haler, etc. —, passage de la scie à travers un morceau de bois. —, ce qui emporte l'équilibre d'une balance. —, avantage de jouer le premier. T. de jeu d'échecs. —, verset qu'on chante après l'épître. —, coupe des pierres employées dans une voûte, etc. —, attache du limier. T. de véner. —, ligne qui partage l'écu; rangée de petits carreaux. T. de blas. D'un —, tout d'un —, adv. A la fois, d'un seul coup, tout d'une haleine. — pour —, exactement, fidèlement, en parlant de la ressemblance.

TRAIT, E, part. Tiré, passé par la filière; or, argent trait.

TRAIT (le), s. m. Com. du dép. de la Seine-Inférieure, cant. de Duclair, arr. de Rouen. = Caudebec.

TRAITABLE, adj. Doux, accommodant, avec qui l'on peut facilement traiter. —, abordable, accessible; docile, soumis. Métal —, maniable, ductile.

TRAITANT, s. m. Financier qui affermait le recouvrement de certains impôts.

TRAITE, s. f. Chemin fait ou à faire sans s'arrêter. —, transport des marchandises d'un pays dans un autre; droit qu'elles paient. — des Nègres, trafic infâme de Nègres qu'on entasse dans un navire pour les revendre aux Antilles, etc. —, commerce de banque; lettre de change. —, diminution de la valeur intrinsèque des monnaies.

TRAITÉ, s. m. Ouvrage sur une matière, une science; traité d'anatomie, de physique. —, convention entre particuliers, entre souverains; traité de paix, de commerce.

TRAITÉ, E, part. Exposé, développé; régalé; pansé, etc.

TRAITEMENT, s. m. Accueil, réception, manière d'agir. —, honneur que l'on rend à un ambassadeur, etc. —, avantage que l'on fait; récompense. —, appointemens d'un employé, d'un fonctionnaire public. —, médication, manière de soigner un malade; médicament, pansement, etc.

TRAITER, v. a. Agir, en user avec quelqu'un de telle ou telle manière; traiter favorablement, rudement, etc. —, qualifier; se prend surtout en mauvaise part. —, donner à manger, régaler. — un malade, lui administrer des soins, des médicamens, le panser. — un sujet, l'exécuter. T. de peint. —, v. a. et n. Travailler à quelque accommodement, à une négociation; parler, discourir, disserter, raisonner; écrire sur une matière. —, v. n. Négocier pour vendre, acheter, etc., passer les actes nécessaires; contracter, transiger. —, offrir des renseignemens, des détails sur telle matière, en parlant d'un ouvrage. Se —, v. pron. Se médicamenter soi-même. Se — bien, faire bonne chère.

TRAITEUR, s. m. Restaurateur. —, celui qui fait la traite des nègres.

TRAITIÉFONTAINE, s. f. Com. du dép. de la Haute-Saône, cant. de Rioz, arr. de Vesoul. = Rioz.

TRAITOIR, s. m., ou **TRAITOIRE**, s. f. Instrument pour alonger les cerceaux. T. de tonnell.

TRAÎTRE, ESSE, s. Fourbe qui abuse de la confiance, qui commet ou a commis une trahison, qui fait du mal en secret. En —, adv. En trahison. —, adj. Perfide; dangereux, malfaisant sans le paraître.

TRAÎTREUSEMENT, adv. En traître, d'une manière traîtresse.

TRAJAN, s. m. Empereur romain, protecteur des lettres, rigoureux observateur des lois, qui mérita le surnom de Très-Bon. Il vainquit les Daces, et la colonne Trajane, qui subsiste encore, est un monument de sa victoire.

TRAJANE, adj. f. Se dit de la colonne qui fut élevée à Trajan.

TRAJECTILE, s. m. Tout ce qui sert à la navigation.

TRAJECTOIRE, s. f. Courbe que décrit un corps détourné de sa direction. T. de géom.

TRAJET, s. m. Espace à traverser par eau, particulièrement; action de parcourir cet espace. Le noir —, la mort. T. poét. Voy. TRAITE.

TRALAIGUES, s. f. Com. du dép. du Puy-de-Dôme, cant. de Pontaumur, arr. de Riom. = Auzances.

TRALE, s. m. Sorte de grive.

TRALLIANE, s. m. Arbrisseau grimpant. T. de bot.

TRALONCA, s. f. Com. du dép. de la Corse, cant. de Sermano, arr. de Corte. = Bastia.

TRAMAIL, s. m. ou **TRAMAILLADE**, s. f. Grand filet pour pêcher dans les rivières, pour prendre des oiseaux.

TRAMAILLONS ou **TRAMAUX**, s. m. pl. Drèges composées de trois filets l'un sur l'autre. T. de pêch.

TRAMAIN, s. m. Com. du dép. des Côtes-du-Nord, cant. de Jugon, arr. de Dinan. = Broons.

TRAMASSEUSE, s. f. Ouvrière qui finit les pipes.

TRAMAYES, s. f. Com. du dép. de Saône-et-Loire, chef-lieu de cant. de l'arr. de Mâcon. Bur. d'enregist. = Mâcon.

TRAMBLY, s. m. Com. du dép. de Saône-et-Loire, cant. de Matour, arr. de Mâcon. = Mâcon.

TRAME, s. f. Fil passé entre la chaîne à l'aide d'une navette. —, machination, complot. Fig. — de la vie, durée de la vie. T. poét.

TRAMÉ, E, part. Machiné, comploté. Fig.

TRAMECOURT, s. m. Com. du dép. du Pas-de-Calais, cant. du Parcq, arr. de St.-Pol. = Fruges.

TRAMER, v. a. Passer la trame entre les fils de la chaîne; ourdir, machiner, comploter. Fig.

TRAMERY, s. m. Com. du dép. de la Marne, cant. de Ville-en-Tardenois, arr. de Reims. = Reims.

TRAMEUR, s. m. Ouvrier qui dispose les fils des trames.

TRAMEZAYGUES, s. f. Com. du dép. des Hautes-Pyrénées, cant. de Vielle, arr. de Bagnères. = Arreau.

TRAMIÈRE, s. f. Espèce de serge.

TRAMILLON, s. m. Petit tramail.

TRAMOIS, s. m. Voy. TRÉMOIS.

TRAMOLÉ, s. m. Com. du dép. de l'Isère, cant. de St.-Jean-de-Bournay, arr. de Vienne. = Bourgoin.

TRAMONTANE, s. f. Vent, étoile du nord sur la Méditerranée. Perdre la —, se troubler. Fig. et fam.

TRAMONT-ÉMY, s. m. Com. du dép. de la Meurthe, cant. de Colombey, arr. de Toul. = Vézelise.

TRAMONT-LASSUS, s. m. Com. du dép. de la Meurthe, cant. de Colombey, arr. de Toul. = Vézelise.

TRAMONT-ST.-ANDRÉ, s. m. Com. du dép. de la Meurthe, cant. de Colombey, arr. de Toul. = Vézelise.

TRAMOYE, s. f. Com. du dép. de l'Ain, cant. et arr. de Trévoux. = Lyon.

TRAMPOT, s. m. Com. du dép. des Vosges, cant. et arr. de Neufchâteau. = Neufchâteau.

TRANCAULT, s. m. Com. du dép. de l'Aube, cant. de Marcilly-le-Hayer, arr. de Nogent-sur-Seine. = Nogent-sur-Seine.

TRANCHANT, s. m. La partie coupante d'un rasoir, d'un couteau, d'un sabre, etc.

TRANCHANT, E, adj. Qui tranche, qui a la propriété de trancher, de couper. —, qui décide hardiment; esprit tranchant. Fig. —, qui annonce trop d'assurance; ton tranchant. —, péremptoire, décisif: raison tranchante. Couleur —, très vive, qui n'est point fondue avec une autre; qui lui est entièrement opposée.

TRANCHE, s. f. Morceau coupé un peu mince; ne se dit guère que de ce qui se mange; tranche de jambon. —, coin, ciseau pour couper le fer chaud; outil de carrier. —, bord rogné d'un livre. T. de rel. —, circonférence où est la légende. T. de monn. —, section d'un solide parallèle à sa base. T. de géom.

TRANCHÉ, E, part. Séparé par un instrument tranchant. Ecu —, divisé en deux, diagonalement. T. de blas.

TRANCHE (la), s. f. Com. du dép. de la Vendée, cant. de Moutiers-les-Mauxfaits, arr. des Sables-d'Olonne. = Avrillé.

TRANCHE-ARTÈRE, s. f. Campanule ou gantelée, plante.

TRANCHÉE, s. f. Fossé pour l'écoulement des eaux. —, fossé pratiqué pour se mettre à couvert du feu des assiégés. T. de fortif. —, pl. Douleurs aiguës dans les intestins, coliques violentes.

TRANCHEFIL, s. m. Outil pour le velouté des tapis.

TRANCHEFILE, s. f. Petit bourrelet recouvert de fil qui tient assemblés les cahiers d'un volume. T. de rel. —, couture de gros fil. T. de cordonn. —, chaînette au mors de la bride. T. de man.

TRANCHEFILÉ, E, part. Recouvert, en parlant de la tranchefile.

TRANCHEFILER, v. a. Recouvrir la tranchefile.

TRANCHELARD, s. m. Couteau de cuisine à lame fort mince, pour couper le lard.

TRANCHE-MONTAGNE, s. m. Fanfaron, fier-à-bras. T. fam.

TRANCHER, v. a. Séparer avec un instrument tranchant, couper. — les jours, faire mourir. T. poét. —, résoudre; trancher la question. — une difficulté, la lever tout à coup. — le mot, donner une parole décisive, dire la vérité tout entière. —, v. n. Avoir des nuances vives et différentes; se dit des couleurs. —, décider, prononcer hardiment. — court, net, expliquer, terminer en peu de mots. — du grand seigneur, faire l'homme d'importance, le grand seigneur. Fig.

TRANCHET, s. m. Outil de cordonnier, de bourrelier, pour couper le cuir; de serrurier, pour couper le fer chaud; de plombier, pour couper le plomb.

TRANCHEUR, s. m. Celui qui ouvre la morue.

TRANCHIS, s. m. Recouvrement de tuiles ou d'ardoises échancrées. T. de couvreur.

TRANCHOIR, s. m. Plateau de bois sur lequel on coupe la viande. —, pièce de verre en forme de croix de Lorraine. T. de vitrier.

TRANCLIÈRE (la), s. f. Com. du dép. de l'Ain, cant. de Pont-d'Ain, arr. de Bourg. = Pont-d'Ain.

TRANCRAINVILLE, s. f. Com. du dép. d'Eure-et-Loir, cant. de Janville, arr. de Chartres. = Toury.

TRANGÉ, s. m. Com. du dép. de la Sarthe, cant. et arr. du Mans. = le Mans.

TRANGER (le), s. m. Com. du dép. de l'Indre, cant. de Châtillon-sur-Indre, arr. de Châteauroux. = Châtillon-sur-Indre.

TRANGLES, s. f. pl. Fasces rétrécies en nombre impair. T. de blas.

TRANLÉ, E, part. Cherché au hasard, en parlant d'un cerf qui n'a point été détourné. T. de vèner.

TRANLER, v. a. Quêter, chercher un cerf, lorsqu'il n'a pas été détourné. T. de vèner.

TRANLOY (le), s. m. Com. du dép. du Pas-de-Calais, cant. de Bapaume, arr. d'Arras. = Bapaume.

TRANNE, s. f. Com. du dép. de l'Aube, cant. de Vendeuvre, arr. de Bar-sur-Aube. = Bar-sur-Aube.

TRANQUEVILLE, s. f. Com. du dép. des Vosges, cant. de Coussey, arr. de Neufchâteau. = Neufchâteau.

TRANQUILLE, adj. Paisible, calme; qui n'est point agité; qui est exempt de trouble; qui annonce la tranquillité.

TRANQUILLEMENT, adv. D'une manière tranquille.

TRANQUILLISANT, E, adj. Rassurant, qui tranquillise.

TRANQUILLISÉ, E, part. Rendu tranquille, calmé.

TRANQUILLISER, v. a. Rendre tranquille, calmer. Se —, v. pron. Cesser d'être agité, et fig., d'être inquiet.

TRANQUILLITÉ, s. f. Etat de ce qui est tranquille; repos, calme, sécurité, quiétude.

TRANS, prép. latine qui entre dans la composition de plusieurs mots, et signifie entre, à travers, au-delà.

TRANS, s. m. Com. du dép. d'Ille-et-Vilaine, cant. de Pleine-Fougères, arr. de St.-Malo. = Antrain.

TRANS, s. m. Com. du dép. de la Loire-Inférieure, cant. de Riaillé, arr. d'Ancenis. = Ancenis.

TRANS, s. m. Com. du dép. de la Mayenne, cant. de Bais, arr. de Mayenne. = Villaines.

TRANS, s. m. Com. du dép. du Var, cant. et arr. de Draguignan. = Draguignan. Fabr. de soie torse et organsinée;

mines de fer et carrière d'albâtre aux environs

TRANSACTION, s. f. Convention, arrangement, accord, pour terminer des contestations; acte contenant les stipulations respectives des parties qui transigent.

TRANSACTIONNEL, LE, adj. Portant transaction.

TRANSALPIN, E, adj. Au-delà des Alpes; Gaule transalpine.

TRANSANIMATION, s. f. Métempsycose.

TRANSCENDANCE, s. f. Supériorité marquée, éminente, de talent, de génie.

TRANSCENDANT, E, adj. Elevé, sublime, qui excelle en son genre. Equation —, qui ne renferme que des différentielles. Mathématiques —, qui s'occupent du calcul de ces équations.

TRANSCISION, s. f. Coupure horizontale, en travers.

TRANSCOLATION, s. f. Filtration. T. de chim.

TRANSCRIPTION, s. f. Action de transcrire; mise au net, copie, expédition.

TRANSCRIRE, v. a. Mettre au net, copier, expédier un écrit.

TRANSE, s. f. Vive appréhension d'un mal qu'on croit prochain; peur, frayeur qui fait frissonner.

TRANSÉLÉMENTATION, s. f. Transmutation, transformation des élémens. T. inus.

TRANSFÉRABLE, adj. Qui peut être transféré.

TRANSFÉRÉ, E, part. Porté d'un lieu dans un autre; cédé, transporté.

TRANSFÉREMENT, s. m. Action de transférer; effet de cette action.

TRANSFÉRER, v. a. Faire passer d'un lieu, d'une personne, d'un temps à un autre; céder, transporter.

TRANSFERT, s. m. Cession, transport de la propriété d'une rente.

TRANSFIGURATEUR, s. m. Voy. KALÉIDOSCOPE.

TRANSFIGURATION, s. f. Changement d'une figure en une autre; la transfiguration de J.-C. —, tableau représentant cette transfiguration.

TRANSFIGURÉ, E, part. Changé de figure.

TRANSFIGURER, v. a. Changer de figure, de forme, en parlant de J.-C. Se —, v. pron. Prendre une autre figure.

TRANSFIL, s. m. Gros fil de laiton au bord de la forme à papier.

TRANSFILAGE, s. m. Action de transfiler. T. de mar.

TRANSFILÉ, E, part. Entouré de ficelle, en parlant d'un cordage. T. de mar.

TRANSFILER, v. a. Entourer un cordage avec du merlin, de la ficelle. T. de mar.

TRANSFORMATION, s. f. Changement de forme, métamorphose.

TRANSFORMÉ, E, part. Changé de forme, métamorphosé.

TRANSFORMER, v. a. Changer d'une forme en une autre, métamorphoser. — une équation, la changer en une autre, d'une forme différente. T. d'algèb. Se —, v. pron. Se métamorphoser, se déguiser, prendre plusieurs caractères.

TRANSFUGE, s. m. Soldat qui passe à l'ennemi; celui qui abandonne un parti pour se jeter dans un autre.

TRANSFUSÉ, E, part. Se dit d'un liquide que l'on a fait passer d'un récipient dans un autre.

TRANSFUSER, v. a. Faire passer un liquide d'un récipient dans un autre; opérer la transfusion du sang.

TRANSFUSEUR, s. m. Partisan de la transfusion du sang; chirurgien qui l'opère.

TRANSFUSION, s. f. Action de transfuser; opération de chirurgie qui consiste à tirer le sang d'un animal pour le verser dans les veines d'un autre.

TRANSGRESSÉ, E, part. Enfreint, en parlant d'une loi.

TRANSGRESSER, v. a. Contrevenir à une loi, aux préceptes divins, à un ordre, etc., l'enfreindre, l'outrepasser.

TRANSGRESSEUR, s. m. Infracteur, contrevenant.

TRANSGRESSION, s. f. Violation d'une loi, infraction, contravention.

TRANSHUMANCE, s. f. Parcours des bestiaux.

TRANSHUMÉ, E, part. Mené paître au loin.

TRANSHUMER, v. a. Abandonner des pâturages desséchés par l'ardeur du soleil pour aller en chercher de plus frais, de plus abondans dans les montagnes.

TRANSI, E, part. Pénétré de froid; saisi de frayeur. Fig. Amoureux —, amant que l'excès de sa passion rend tremblant, interdit auprès de sa belle.

TRANSIGER, v. a. Passer une transaction pour terminer un différend, un procès, se désister de ses prétentions.

TRANSIR, v. a. Pénétrer et engourdir de froid. —, rendre tremblant, saisir de frayeur, pénétrer de crainte, d'effroi. Fig. —, v. n. Etre saisi de froid, et fig., de crainte, de frayeur.

TRANSISSEMENT, s. m. Etat d'une personne saisie de froid ou de peur.

TRANSIT, s. m. (mot latin). Voy. PASSAVANT.

TRANSITIF, IVE, adj. Qui marque l'action d'un sujet sur un autre; verbe transitif. T. de gramm.

TRANSITION, s. f. Manière de passer d'un raisonnement à un autre, de lier ensemble les parties d'un discours; locutions, tours qu'on emploie à cet effet. —, manière d'adoucir le passage d'un ton à l'autre. T. de mus.

TRANSITOIRE, adj. Passager. T. didact.

TRANSLATÉ, E, part. Traduit. (Vi.)

TRANSLATER, v. a. Traduire d'une langue dans une autre (Vi.)

TRANSLATEUR, s. m. Traducteur. (Vi.) —, traducteur servile. T. fam.

TRANSLATIF, IVE, adj. Qui transmet, transfère la propriété. T. inus.

TRANSLATION, s. f. Action de transférer; transport de reliques; remise d'une fête.

TRANSLAY, s. m. Com. du dép. de la Somme, cant. de Gamaches, arr. d'Abbeville. = Abbeville.

TRANSLUCIDE, adj. Transparent. T. de minéralogie.

TRANSLUCIDITÉ, s. f. Sorte de transparence des minéraux, des pierres, etc.

TRANSMARIN, E, adj. Qui est au-delà de la mer.

TRANSMETTRE, v. a. Céder, transporter ses droits, la jouissance de sa propriété à un autre. —, faire passer; transmettre son nom à la postérité.

TRANSMIGRATION, s. f. Passage d'un peuple qui abandonne un pays, pour aller s'établir dans un autre. — de Babylone, séjour des Juifs dans cette ville. — des ames, métempsycose.

TRANSMIS, E, part. Cédé, transporté.

TRANSMISSIBILITÉ, s. f. Qualité de ce qui est transmissible.

TRANSMISSIBLE, adj. Qui peut être transmis, aliénable; droits transmissibles.

TRANSMISSION, s. f. Cession, vente, transport. —, réfraction; propriété des corps diaphanes. T. de phys.

TRANSMUABLE, adj. Qui peut être changé, transmué.

TRANSMUÉ, E, part. Changé, transformé, en parlant d'un métal.

TRANSMUER, v. a. Changer, transformer un métal en un autre plus précieux.

TRANSMUTABILITÉ, s. f. Propriété de ce qui est transmutable.

TRANSMUTABLE, adj. Sujet à des métamorphoses; insecte transmutable.

TRANSMUTATIF, IVE, adj. Qui change.

TRANSMUTATION, s. f. Changement d'une chose en une autre; se dit surtout des métaux.

TRANSNOVÉ, E, part. Porté à l'excès, en parlant de la mode.

TRANSNOVER, v. a. Innover, porter à l'excès la manie des nouveautés, de la mode. T. inus.

TRANSPARAÎTRE, v. n. Paraître à travers. T. inus.

TRANSPARENCE, s. f. Qualité de ce qui est transparent.

TRANSPARENT, s. m. Papier, verre à travers lequel on voit les objets; papier rayé en noir pour s'habituer à écrire droit.

TRANSPARENT, E, adj. Diaphane; à travers de qui l'on voit; clair, limpide.

TRANSPARENTE, s. f. Variété de pomme. T. de jard.

TRANSPERCÉ, E, part. Percé d'outre en outre.

TRANSPERCER, v. a. Percer d'outre en outre, de part en part.

TRANSPIRABLE, adj. Qui peut sortir par la transpiration.

TRANSPIRATION, s. f. Evacuation d'humeurs séreuses, lymphatiques, etc., par toutes les habitudes du corps. T. de méd. —, perte que font les végétaux à travers leur surface.

TRANSPIRER, v. n. Exhaler, sortir par les pores, en parlant des humeurs; laisser sortir par la transpiration, suer. —, commencer à se répandre, à s'ébruiter, en parlant d'une nouvelle, etc. Fig.

TRANSPLANTATION, s. f. Action de transplanter.

TRANSPLANTÉ, E, part. Arraché d'un lieu et planté dans un autre, en parlant d'une plante.

TRANSPLANTER, v. a. Arracher une plante pour la planter ailleurs. —, tranférer, transporter d'un pays dans un autre; transplanter une colonie.

TRANSPORT, s. m. Action de transporter. —, vente, cession, transfert.—, mouvement passionné, impétueux; emportement; délire passager, suite d'une fièvre violente. —, enthousiasme poétique.

TRANSPORTANT, E, adj. Qui transporte, qui excite une passion. T. inus.

TRANSPORTÉ, E, part. Porté d'un lieu dans un autre; cédé, transféré,

TRANSPORTER, v. a. Porter d'un lieu dans un autre. —, céder, transférer authentiquement. —, irriter, mettre hors de soi, en parlant des passions; animer, échauffer, enflammer, enthousiasmer, etc. Fig. Se —, v. pron. Aller, se rendre en un lieu; se porter sur les lieux. T. de procéd. Se —, se placer en imagination; céder au mouvement des passions; s'échauffer, s'emporter; céder à son enthousiasme. Fig.

TRANSPOSABLE, adj. Que l'on peut transposer.

TRANSPOSÉ, E, part. Changé de place.

TRANSPOSER, v. a. Changer de place; mettre une chose hors de la place qu'elle devrait occuper. —, chanter, jouer sur un ton différent de celui sur lequel l'air est noté. T. de mus.

TRANSPOSITION, s. f. Action de transposer; changement dans l'ordre des choses, renversement de l'ordre accoutumé; transposition des mots, des pages. —, changement de ton. T. de mus. —, opération faite en transposant. T. d'algèb.

TRANSSUBSTANTIATION, s. f. Changement d'une substance en une autre; transformation de la substance du pain et du vin en celle du corps et du sang de J.-C. dans l'eucharistie.

TRANSSUBSTANTIÉ, E, part. Changé en une autre; se dit d'une substance.

TRANSSUBSTANTIER, v. a. Changer une substance en une autre.

TRANSSUDATION, s. f. Action de transsuder.

TRANSSUDER, v. a. Passer au travers des pores par une sorte de sueur.

TRANSVASÉ, E, part. Versé d'un vase dans un autre.

TRANSVASER, v. a. Soutirer, verser une liqueur d'un vase dans un autre.

TRANSVERSAIRE, adj. Qui a rapport aux apophyses transverses. —, s. et adj. Nom donné par les anatomistes à un grand nombre de muscles; transversaire grand, petit du col, transversaire du pied, épineux ou demi-épineux du dos, etc. T. d'anat.

TRANSVERSAL, E, adj. Qui coupe obliquement. T. de géom. —, se dit en général de tout ce qui est situé transversalement, relativement à un autre corps dont la direction est considérée comme longitudinale. T. d'anat.

TRANSVERSALEMENT, adv. De biais, obliquement.

TRANSVERSE, adj. Oblique; apophyse transverse. T. d'anat.

TRANSVERSO-SPINAL, s. et adj. m. Muscle transversaire épineux. T. d'anat.

TRANSVIDÉ, E, part. Transvasé.

TRANSVIDER, v. a. Transvaser, vider un vase en versant son contenu dans un autre.

TRANSYLVANIE, s. f. Principauté d'Allemagne qui appartient à la maison d'Autriche, bornée N. et O. par la Hongrie, S. par la Valachie, et à l'E. par la Moldavie.

TRANTRAN, s. m. Le cours de certaines choses, de certaines affaires, manière de les conduire. T. fam.

TRANTRANER, v. n. Suivre le trantran. T. fam. et inus.

TRANZAULT, s. m. Com. du dép. de l'Indre, cant. de Neuvy-St.-Sépulcre, arr. de la Châtre. = la Châtre.

TRAPAN, s. m. Haut de l'escalier où finit la rampe.

TRAPELLE, s. f. Souricière à trappe.

TRAPETTE, s. f. Baguette entre les lisses.

TRAPÈZE, s. m. Quadrilatère dont les côtés ne sont ni égaux, ni parallèles. T. et géom. —, s. et adj. m. Premier os de la seconde rangée du carpe; grand muscle large et mince de l'omoplate, ainsi nommé parce qu'il a la figure d'un carré irrégulier. T. d'anat.

TRAPÉZIFORME, adj. En forme de trapèze. T. d'anat. et de géom.

TRAPÉZOÏDE, s. m. Quadrilatère dont deux côtés seulement sont parallèles. —, s. et adj. m. Deuxième os de la seconde rangée du carpe. Ligament —, portion antérieure du ligament coraco-claviculaire. T. d'anat.

TRAPP, s. m. Basalte antique; roche cornéenne.

TRAPPE, s. f. Sorte de porte au niveau du plancher; son ouverture; porte, fenêtre à coulisses; piége dans une fosse. — (la), ordre religieux très austère; couvent de trappistes fondé, en 1140, aux environs de Mortagne, dép. de l'Orne.

TRAPPES, s. f. Com. du dép. de Seine-et-Oise, cant. et arr. de Versailles. Bur. de poste.

TRAPPISTE, s. m. Religieux de la Trappe.

TRAPU, E, adj. Gros et court, ramassé; homme trapu.

TRAQUE, s. f. Action de traquer. T. de véner.

TRAQUÉ, E, part. Se dit d'un bois parcouru par des traqueurs pour cerner le gibier.

TRAQUENARD, s. m. Piége pour les bêtes puantes. —, espèce d'amble rompu; cheval qui a ce train, cette allure. T. de man.

TRAQUER, v. a. Former une enceinte dans un bois et le parcourir en se rapprochant de manière à cerner le gibier.

TRAQUET, s. m. Bois attaché à une corde dont le mouvement fait tomber le blé sous la meule du moulin. —, sorte de piége. —, petit oiseau brun du genre du bec-figue.

TRAQUEUR, s. m. Homme payé pour traquer, pour rabattre le gibier.

TRASS, s. m. Tuf volcanique. T. d'hist. nat.

TRASSANEL, s. m. Com. du dép. de l'Aude, cant. du Mas-Cabardès, arr. de Carcassonne. = Carcassonne.

TRASTRAVAT, s. m. et adj. Cheval qui a, aux deux pieds, des balzanes en diagonales.

TRASYMÈNE, s. m. Lac situé dans la partie orientale de l'Etrurie, à l'O. de Pérouse, où les Romains, commandés par Flaminius, furent vaincus par Annibal, l'an de Rome 536.

TRATTES, s. f. pl. Pièces de bois qui portent la cage d'un moulin à vent.

TRATTINNICKIA, s. m. Arbre du Brésil. T. de bot.

TRAUBACH-LE-BAS, s. m. Com. du dép. du Haut-Rhin, cant. de Dannemarie, arr. de Belfort. = Belfort.

TRAUBACH-LE-HAUT, s. m. Com. du dép. du Haut-Rhin, cant. de Dannemarie, arr. de Belfort. = Belfort.

TRAUMATIQUE, s. m. Espèce d'onguent. —, adj. Vulnéraire, qui favorise la suppuration. T. de chir.

TRAUSSE, s. f. Com. du dép. de l'Aude, cant. de Peyriac-Minervois, arr. de Carcassonne. = Azille.

TRAVADE, s. f. Vent orageux qui change sans cesse de direction et fait le tour du compas en moins d'une heure. T. de mar.

TRAVAIL, s. m., pl. Travaux. Labeur; fatigue; peine qu'on prend. —, ouvrage fait, à faire, ou que l'on fait. —, douleur de l'enfantement, accouchement. T. de chir. —, pl. Ouvrages de fortifications. —, entreprise pénible et glorieuse; les travaux d'Hercule. — forcés, les travaux auxquels sont condamnés les criminels. —, sans pl. Endroit où le sanglier a fouillé la terre. T. de véner. —, pl. Travails. Rapport d'un ministre d'état; compte rendu à un supérieur. —, machine en charpente pour comprimer les mouvemens d'un cheval difficile que l'on ferre.

TRAVAILLAN, s. m. Com. du dép. de Vaucluse, cant. et arr. d'Orange. = Orange.

TRAVAILLÉ, E, part. Fait, façonné avec soin. — d'un mal, qui en est affligé. Fig. —, fatigué. T. de man. —, peiné. T. d'arts.

TRAVAILLER, v. a. Façonner la matière; travailler l'or, etc. —, faire, opérer, exécuter avec soin, en parlant des ouvrages de littérature, de science et d'arts. — quelqu'un, exercer des poursuites contre lui, le faire souffrir, l'affliger; l'agiter, en parlant d'un mal, d'un chagrin, d'une inquiétude, etc. Fig. — les esprits, les échauffer, les exciter à la sédition. — un cheval, le manier, l'exercer. T. de man. —, v. n. Faire un travail manuel ou d'esprit, s'occuper. —, se donner de la peine pour atteindre à un but quelconque. —, s'attacher, s'appliquer à... —, digérer mal, en parlant de l'estomac; fermenter en parlant des liqueurs; se déjeter, en parlant du bois, d'un mur. —, changer de ton, avec le temps; se dit des couleurs. T. de peint. Se —, v. pron. Se tourmenter, s'inquiéter.

TRAVAILLES, s. f. Com. du dép. de l'Eure, cant. et arr. des Andelys. = les Thilliers-en-Vexin.

TRAVAILLEUR, s. m. Laborieux, qui aime le travail, qui travaille beaucoup. —, soldat employé à des travaux, pionnier. T. d'art milit.

TRAVAISON, s. f. Haut du mur qui porte la charpente.

TRAVAT, s. m. et adj. Cheval qui a des balzannes du même côté.

TRAVATES, s. m. pl. Ouragans d'une violence extraordinaire sur la côte de Guinée. T. de mar.

TRAVÉE, s. f. Espace entre deux poutres, entre deux colonnes, entre la poutre et la muraille. —, rang de balustre entre deux colonnes ou piédestaux.

TRAVERS, s. m. Etendue d'un corps considéré dans sa largeur; travers de doigt. —, biais, irrégularité d'un lieu, etc. —, bizarrerie d'esprit, caprice. Fig. En —, adv. D'un côté à l'autre suivant la largeur. De —, de biais, de côté, obliquement, et fig., à contresens, gauchement, maladroitement. A —, au —, au milieu, par le milieu; entre, parmi. Par le —, par la hauteur, vis-à-vis, à l'opposite. T. de mar.

TRAVERSABLE, adj. Que l'on peut traverser.

TRAVERSAGE, s. m. Façon donnée au drap en le tondant à l'envers. T. de manuf.

TRAVERSANT ou **TRAVERSIN**, s. m. Fléau de balance.

TRAVERSE, s. f. Pièce de charpente en travers pour en affermir d'autres.

Chemin de —, chemin qui coupe à travers champs, au plus court. —, retranchement dans un fossé sec, tranchée. T. de fortif. —, pl. Revers; obstacles; afflictions; oppositions; contrariétés; accidens, malheurs. Fig. A la —, adv. Se dit d'un obstacle inopiné.

TRAVERSÉ, E, part. Passé à travers, d'un côté à l'autre. —, adj. Se dit d'un cheval étoffé, qui a les épaules larges.

TRAVERSÉE, s. f. Trajet, voyage par mer.

TRAVERSEMENT, s. f. Action de traverser. T. inus.

TRAVERSER, v. a. Passer à travers, d'un côté à l'autre; traverser une contrée, une rivière. —, être au travers de. —, percer de part en part; pénétrer. —, susciter des obstacles, contrecarrer. Fig.

TRAVERSÈRES, s. f. Com. du dép. du Gers, cant. de Saramon, arr. d'Auch. = Auch.

TRAVERSIER, s. m. Petit navire à un mât; pièce de bois qui lie par l'avant les deux côtés d'une chaloupe. —, pinnule mobile le long de la flèche de l'arbalète. T. d'astr.

TRAVERSIER, ÈRE, adj. Qui traverse; rue traversière. —, qui sert à traverser; barque traversière. Vent —, qui empêche de sortir du port. Flûte —, dont on joue en travers.

TRAVERSIN, s. m. Oreiller long. —, pièces du fond d'une futaille. T. de tonnel. —, pièce de bois en travers. T. de mar. —, longue broche de bois. T. de boucherie.

TRAVERSINE, s. f. Solive entaillée pour les radiers. T. de charp.

TRAVES, s. f. Com. du dép. de la Haute-Saône, cant. de Scey-sur-Saône, arr. de Vesoul. = Port-sur-Saône.

TRAVESCY, s. m. Com. du dép. de l'Aisne, cant. de la Fère, arr. de Laon. = la Fère. Fabr. de toiles.

TRAVESTI, E, part. Déguisé.

TRAVESTIR, v. a. Déguiser. — un auteur, le traduire en style burlesque; une pensée, la présenter sous une forme différente. Se —, v. pron. Se masquer, se déguiser. Se —, déguiser son caractère, sa manière d'agir. Fig.

TRAVESTISSEMENT, s. m. Déguisement.

TRAVET (le), s. m. Com. du dép. du Tarn, cant. d'Alban, arr. d'Albi. = Albi.

TRAVEXIN, s. m. Com. du dép. des Vosges, cant. de Saulxures, arr. de Remiremont. = Remiremont.

TRAVON, s. m. Pièce de bois qui traverse la largeur d'un pont, et qui porte les poutrelles.

TRAVOUIL, s. m. Dévidoir pour mettre le fil en écheveaux.

TRAVOUILLER, v. n. Dévider.

TRAVOUILLETTE, s. f. Petit morceau de bois qui soutient les fusées du travouil.

TRAVOUL, s. m. Bois plat, endenté, pour plier la ligne.

TRAVURE, s. f. Levée à l'arrière d'un bateau.

TRAYES, s. f. Com. du dép. des Deux-Sèvres, cant. de Moncoutant, arr. de Parthenay. = Bressuire.

TRAYON, s. m. Bout du pis d'une vache, d'une chèvre, etc.

TRÉ, s. m. Trompette très aigre dont on se sert dans le royaume de Siam.

TRÉAL, s. m. Com. du dép. du Morbihan, cant. de Carentoir, arr. de Vannes. = Ploërmel.

TRÉAUVILLE, s. f. Com. du dép. de la Manche, cant. des Pieux, arr. de Cherbourg. = Cherbourg.

TRÉBABU, s. m. Com. du dép. du Finistère, cant. de St.-Renan, arr. de Brest. = Brest.

TRÉBAN, s. m. Com. du dép. de l'Allier, cant. du Montet, arr. de Moulins. = St.-Pourçain.

TRÉBAN, s. m. Com. du dép. du Tarn, cant. de Pampelonne, arr. d'Albi. = Albi.

TRÉBAS, s. m. Com. du dép. du Tarn, cant. de Valence, arr. d'Albi. = Albi.

TRÉBÉDAN, s. m. Com. du dép. des Côtes-du-Nord, cant. de Plélan, arr. de Dinan. = Dinan.

TRÉBELLIANIQUE ou TRÉBELLIENNE, adj. f. Se dit du quart de la succession grevée de fidéicommis; quarte trébellianique. T. de jurisp.

TRÈBES, s. f. Com. du dép. de l'Aude, cant. de Capendu, arr. de Carcassonne. = Carcassonne.

TRÉBEURDEN, s. m. Com. du dép. des Côtes-du-Nord, cant. de Perros-Guirec, arr. de Lannion. = Lannion.

TRÉBIEF, s. m. Com. du dép. du Jura, cant. de Nozeroy, arr. de Poligny. = Champagnole.

TRÉBOEUF, s. m. Com. du dép. d'Ille-et-Vilaine, cant. du Sel, arr. de Redon. = Bain.

TRÉBONS, s. m. Com. du dép. de la Haute-Garonne, cant. de Bagnères-de-Luchon, arr. de St.-Gaudens. = Bagnères-de-Luchon.

TRÉBONS, s. m. Com. du dép. de la Haute-Garonne, cant. et arr. de Villefranche. = Villefranche.

TRÉBONS, s. m. Com. du dép. des Hautes-Pyrénées, cant. et arr. de Bagnères. = Bagnères.

TRÉBRIVAN, s. m. Com. du dép. des Côtes-du-Nord, cant. de Maël-Carhaix, arr. de Guingamp. = Carhaix.

TRÉBRY, s. m. Com. du dép. des Côtes-du-Nord, cant. de Moncontour, arr. de St.-Brieuc. = Moncontour.

TRÉBUCHANT, E, adj. Qui trébuche; qui est de poids, en parlant des monnaies.

TRÉBUCHEMENT, s. m. Action de trébucher, chute. (Vi.)

TRÉBUCHER, v. n. Faire un faux pas, chopper, broncher. —, tomber. (Vi.) —, emporter par sa pesanteur le contre-poids qui se trouve dans une balance, etc.

TRÉBUCHET, s. m. Petite balance pour les monnaies; machine pour prendre les oiseaux.

TREC, s. m. Laque naturelle du royaume de Pégu.

TRÉCHÂTEAU ou THIL-CHÂTEL, s. m. Com. du dép. de la Côte-d'Or, cant. d'Is-sur-Tille, arr. de Dijon. = Is-sur-Tille. Forges, martinets et hauts-fourneaux.

TRÉCHEUR, s. m. Espèce d'orle. T. de blas.

TRÉCHRUS, s. m. Genre d'insectes coléoptères. T. d'hist. nat.

TRÉCLUN, s. m. Com. du dép. de la Côte-d'Or, cant. d'Auxonne, arr. de Dijon. = Auxonne.

TRÉCON, s. m. Com. du dép. de la Marne, cant. de Vertus, arr. de Châlons. = Vertus.

TRÉDANIEL, s. m. Com. du dép. des Côtes-du-Nord, cant. de Moncontour, arr. de St.-Brieuc. = Moncontour.

TRÉDARZEC, s. m. Com. du dép. des Côtes-du-Nord, cant. de Lézardrieux, arr. de Lannion. = Tréguier.

TRÉDIAS, s. m. Com. du dép. des Côtes-du-Nord, cant. de Broons, arr. de Dinan. = Broons.

TRÉDREZ, s. m. Com. du dép. des Côtes-du-Nord, cant. de Plestin, arr. de Lannion. = Lannion.

TRÉDUDER, s. m. Com. du dép. des Côtes-du-Nord, cant. de Plestin, arr. de Lannion. = Lannion.

TREFCON, s. m. Com. du dép. de l'Aisne, cant. de Vermand, arr. de St.-Quentin. = Ham.

TRÉFENDEL, s. m. Com. du dép. d'Ille-et-Vilaine, cant. de Plélan, arr. de Montfort. = Plélan.

TREFFAY, s. m. Com. du dép. du Jura, cant. des Planches, arr. de Poligny. = Champagnole.

TREFFIAGAT, s. m. Com. du dép. du Finistère, cant. de Pont-l'Abbé, arr. de Quimper. = Quimper.

TREFFIEUC, s. m. Com. du dép. de la Loire-Inférieure, cant. de Nozay, arr. de Châteaubriant. = Nozay.

TREFFORT, s. m. Petite ville du dép. de l'Ain, chef-lieu de cant. de l'arr. de Bourg. Bur. d'enregist. = Bourg.

TREFFORT, s. m. Com. du dép. de l'Isère, cant. de Monestier-de-Clermont, arr. de Grenoble. = Grenoble.

TREFFRIN, s. m. Com. du dép. des Côtes-du-Nord, cant. de Maël-Carhaix, arr. de Guingamp. = Carhaix.

TRÉFILÉ, E, part. Passé par la filière.

TRÉFILER, v. a. Faire passer par la filière.

TRÉFILERIE, s. f. Machine pour tirer à la filière; atelier de tréfileur.

TRÉFILEUR, s. m. Artisan qui travaille à la tréfilerie.

TRÉFLAOUÉNAN, s. m. Com. du dép. du Finistère, cant. de Plouzévédé, arr. de Morlaix. = St.-Pol-de-Léon.

TRÈFLE, s. m. Plante vivace, à feuilles ternées, de diverses espèces, qui donne un excellent fourrage; figure de sa feuille. —, couleur noire du jeu de cartes, figurée en feuilles de trèfle. — d'eau. Voy. MÉNIANTHE.

TRÉFLÉ, E, part. Mal rengréné. T. de monn. —, adj. Se dit des feuilles et des croix terminées en trèfle. T. de bot. et de blas. Mine —, à trois chambres.

TRÉFLÉAN, s. m. Com. du dép. du Morbihan, cant. d'Elven, arr. de Vannes. = Vannes.

TRÉFLER, v. a. Faire un mauvais rengrénement. T. de monn.

TRÉFLÉVENEZ, s. m. Com. du dép. du Finistère, cant. de Ploudiry, arr. de Brest. = Landerneau.

TRÉFLEZ, s. m. Com. du dép. du Finistère, cant. de Plouescat, arr. de Morlaix. = Lesneven.

TRÉFLIER, s. m. Chaînetier. (Vi.)

TRÉFOLS, s. m. Com. du dép. de la Marne, cant. de Montmirail, arr. d'Epernay. = Sézanne.

TRÉFONCIER, s. m. Propriétaire de bois sujets à certains droits.

TRÉFONDRE, v. a. Souder parfaitement; fondre de part en part en soudant.

TRÉFONDS, s. m. Propriété des mines qui peuvent exister sous un terrain.

TRÉFONDU, E, part. Soudé entièrement.

TRÉFORÊT, s. m. Com. du dép. de la Seine-Inférieure, cant. de Forges, arr. de Neufchâtel. = Forges.

TRÉFUMEL, s. m. Com. du dép. des Côtes-du-Nord, cant. d'Evran, arr. de Dinan. = Dinan.

TRÉGARENTEC, s. m. Com. du dép. du Finistère, cant. de Lesneven, arr. de Brest. = Lesneven.

TRÉGARVAN, s. m. Com. du dép. du Finistère, cant. de Grozon, arr. de Châteaulin. = Châteaulin.

TRÉGASTEL, s. m. Com. du dép. des Côtes-du-Nord, cant. de Perros-Guirec, arr. de Lannion. = Lannion.

TRÉGENESTRE, s. m. Com. du dép. des Côtes-du-Nord, cant. de Perros-Guirec, arr. de Lannion. = Lannion.

TRÉGLAMUS, s. m. Com. du dép. des Côtes-du-Nord, cant. de Bellisle-en-Terre, arr. de Guingamp. = Guingamp.

TRÉGLONOU, s. m. Com. du dép. du Finistère, cant. de Ploudalmézeau, arr. de Brest. = Brest.

TRÉGOMAR, s. m. Com. du dép. des Côtes-du-Nord, cant. de Lamballe, arr. de St.-Brieuc. = Lamballe.

TRÉGOMEUR, s. m. Com. du dép. des Côtes-du-Nord, cant. de Châtelaudren, arr. de St.-Brieuc. = Châtelaudren.

TRÉGON, s. m. Com. du dép. des Côtes-du-Nord, cant. de Ploubalay, arr. de Dinan. = Plancoët.

TRÉGONNEAU, s. m. Com. du dép. des Côtes-du-Nord, cant. de Bégard, arr. de Guingamp. = Guingamp.

TRÉGOUREZ, s. m. Com. du dép. du Finistère, cant. de Châteauneuf, arr. de Châteaulin. = Châteaulin.

TRÉGROM, s. m. Com. du dép. des Côtes-du-Nord, cant. de Plouaret, arr. de Lannion. = Bellisle-en-Terre.

TRÉGUEL, s. m. Oiseau du Chili. T. d'hist. nat.

TRÉGUENNEC, s. m. Com. du dép. du Finistère, cant. de Pont-l'Abbé, arr. de Quimper. = Quimper.

TRÉGUEUX, s. m. Com. du dép. des Côtes-du-Nord, cant. et arr. de St.-Brieuc. = St.-Brieuc.

TRÉGUIDEL, s. m. Com. du dép. des Côtes-du-Nord, cant. de Lanvollon, arr. de St.-Brieuc. = Châtelaudren.

TRÉGUIER (le), s. m. Rivière formée par celles de Guindy et de Jaudy, qui se réunissent à Tréguier, où elles offrent un large et profond canal, navigable depuis la ville de ce nom jusqu'à la mer. Son cours est d'environ 15,000 mètres.

TRÉGUIER, s. m. Petite ville du dép. des Côtes-du-Nord, chef-lieu de cant. de l'arr. de Lannion. Bur. d'enregist. et de poste. Port sûr et commode sur le Tréguier, qui peut recevoir de gros vaisseaux marchands. Fabr. d'huile de lin; papeterie. Comm. de blé, vins, eaux-de-vie, huîtres, laines, toiles, chevaux, bestiaux.

TRÉGUNC, s. m. Com. du dép. du Finistère, cant. de Concarneau, arr. de Quimper. = Concarneau.

TRÉHET, s. m. Com. du dép. de Loir-et-Cher, cant. de Montoire, arr. de Vendôme. = Montoire.

TRÉHORENTEUC, s. m. Com. du dép. du Morbihan, cant. de Mauron, arr. de Ploërmel. = Ploërmel.

TRÉHOU (le), s. m. Com. du dép. du Finistère, cant. de Ploudiry, arr. de Brest. = Landerneau.

TREIGNAC, s. m. Petite ville du dép. de la Corrèze, chef-lieu de cant. de l'arr. de Tulle. Bur. d'enregist. = Uzerche. Fabr. de chapeaux; bas à l'aiguille; filat. de coton. Comm. de laines, moutons, cire. On trouve, à peu de distance de cette ville, des sources d'eaux minérales employées avec avantage dans les maladies cutanées.

TREIGNAT, s. m. Com. du dép. de l'Allier, cant. d'Huriel, arr. de Montluçon. = Montluçon.

TREIGNY, s. m. Com. du dép. de la Nièvre, cant. de Brinon, arr. de Clamecy. = Varzy.

TREIGNY, s. m. Com. du dép. de l'Yonne, cant. de St.-Sauveur, arr. d'Auxerre. = St.-Fargeau.

TREILLAGE, s. m. Assemblage de lattes, de fil de fer, en treillis.

TREILLAGÉ, E, part. Garni de treillage.

TREILLAGER, v. a. Garnir de treillage.

TREILLAGEUR, s. m. Ouvrier qui fait du treillage.

TREILLE, s. f. Treillage pour la vigne; berceau recouvert de vignes; ceps élevés contre un mur. Jus de la —, le vin. —, tas d'ardoises rangées. —, sorte de filet. T. de pêch.

TREILLES, s. f. Com. du dép. de l'Aude, cant. de Sijean, arr. de Narbonne. = Sijean.

TREILLES, s. f. Com. du dép. du

Loiret, cant. de Ferrières, arr. de Montargis. = Montargis.

TREILLÈRES, s. f. Com. du dép. de la Loire-Inférieure, cant. de la Chapelle-sur-Erdre, arr. de Nantes. = Nantes.

TREILLIS, s. m. Petits barreaux de bois, de fer, qui se croisent et forment des carrés. —, sorte de toile gommée, de grosse toile à sacs. —, châssis divisé en carreaux.

TREILLISÉ, E, part. Garni de treillis. —, fretté. T. de blas.

TREILLISER, v. a. Garnir de treillis.

TREIX, s. m. Com. du dép. de la Haute-Marne, cant. et arr. de Chaumont. = Chaumont.

TREIZAIN, s. m. Treize gerbes, treize cartes, etc.

TREIZAINE, s. f. Nombre de treize. (Vi.)

TREIZE, s. m. Le treizième jour; le treize du mois. —, adj. numéral indécl. Dix et trois. —, treizième.

TREIZE-SAINTS, s. m. Com. du dép. de l'Orne, cant. d'Ecouché, arr. d'Argentan. = Argentan.

TREIZE-SEPTIERS, s. m. Com. du dép. de la Vendée, cant. de Montaigu, arr. de Bourbon-Vendée. = Montaigu.

TREIZE-VENTS, s. m. Com. du dép. de la Vendée, cant. de Mortagne, arr. de Bourbon-Vendée. = les Herbiers.

TREIZIÈME, s. m. La treizième partie d'un tout. —, s. Celui, celle qui occupe le treizième rang. —, s. f. Intervalle formant la sixte. T. de mus. —, adj. Nombre ordinal qui suit le douzième.

TREIZIÈMEMENT, adv. en treizième lieu.

TRÉJETAGE, s. m. Action de transvaser le verre fondu. T. de verr.

TRÉJOULS, s. m. Com. du dép. de Tarn-et-Garonne, cant. de Lauzerte, arr. de Moissac. = Lauzerte.

TRÉLANS, s. m. Com. du dép. de la Lozère, cant. de St.-Germain-du-Teil, arr. de Marvejols. = la Canourgue.

TRÉLAZÉ, s. m. Com. du dép. de Maine-et-Loire, cant. et arr. d'Angers. = Angers. Carrières d'ardoises.

TRÉLEVERN, s. m. Com. du dép. des Côtes-du-Nord, cant. de Perros-Guirec, arr. de Lannion. = Tréguier.

TRÉLINGAGE, s. m. Cordage terminé par plusieurs branches. T. de mar.

TRELINGUER, v. n. Se servir d'un cordage à plusieurs branches. T. de mar.

TRELINS, s. m. Com. du dép. de la Loire, cant. de Boën, arr. de Montbrison. = Montbrison.

TRÉLISSAC, s. m. Com. du dép. de la Dordogne, cant. et arr. de Périgueux. = Périgueux.

TRELIVAN, s. m. Com. du dép. des Côtes-du-Nord, cant. et arr. de Dinan. = Dinan.

TRELLY, s. m. Com. du dép. de la Manche, cant. de Mont-Martin-sur-Mer, arr. de Coutances. = Coutances.

TRÉLODY-ET-POTENSAC (St.-), s. m. Com. du dép. de la Gironde, cant. et arr. de Lesparre. = Lesparre.

TRÉLON, s. m. Com. du dép. du Nord, chef-lieu de cant. de l'arr. d'Avesnes. Bur. d'enregist. = Avesnes.

TRÉLOUP, s. m. Com. du dép. de l'Aisne, cant. de Condé, arr. de Château-Tierry. = Dormans.

TRÉMA, s. m. Les deux points qu'on met sur une voyelle pour avertir qu'elle doit être prononcée séparément de la voyelle précédente. —, adj. Accentué de deux points : ë, ï, ü.

TRÉMADOTES, s. m. pl. Vers intestinaux. T. d'hist. nat.

TRÉMAOUÉZAN, s. m. Com. du dép. du Finistère, cant. de Landerneau, arr. de Brest. = Landerneau.

TRÉMATOPNÉS, s. m. pl. Poissons cartilagineux. T. d'hist. nat.

TRÉMAUVILLE, s. f. Com. du dép. de la Seine-Inférieure, cant. de Fauville, arr. d'Yvetot. = Fauville.

TREMBLADE (la), s. f. Petite ville du dép. de la Charente-Inférieure, chef-lieu de cant. de l'arr. de Marennes. Bur. d'enregist. et de poste.

Située à 1 l. de l'Océan, à l'embouchure de la Seudre, elle possède un port qui peut recevoir des bâtimens de 600 tonneaux. Fabr. d'esprit-de-vin, verrerie. Comm. de vins, eaux-de-vie, sel, vinaigre, huîtres vertes, etc.

TREMBLAIE, s. f. Lieu planté de trembles.

TREMBLANT, s. m. Soupape d'orgues qui fait trembler le son.

TREMBLANT, E, adj. Qui tremble. —, rempli d'une grande crainte; tremblant pour les jours de son fils. Pièce —, morceau de bœuf épais, entremêlé de graisse T. de boucher.

TREMBLANTE, s. f. Espèce d'anguille.

TREMBLAY (le), s. m. Com. du dép. de l'Eure, cant. du Neubourg, arr. de Louviers. = le Neubourg.

TREMBLAY, s. m. Com. du dép.

d'Ille-et-Vilaine, cant. d'Antrain, arr. de Fougères. = Antrain.

TREMBLAY (le), s. m. Com. du dép. de Maine-et-Loire, cant. de Pouancé, arr. de Segré. = Segré.

TREMBLAY, s. m. Com. du dép. de Seine-et-Oise, cant. de Gonesse, arr. de Pontoise. = Gonesse.

TREMBLAY (le), s. m. Com. du dép. de Seine-et-Oise, cant. de Montfort-l'Amaury, arr. de Rambouillet. = Mantes.

TREMBLAY-LE-VICOMTE (le), s. m. Com. du dép. d'Eure-et-Loir, cant. de Châteauneuf, arr. de Dreux. = Dreux.

TREMBLE, s. m. Espèce de peuplier à feuilles pendantes, très mobiles.

TREMBLECOURT, s. m. Com. du dép. de la Meurthe, cant. de Domèvre, arr. de Toul. = Toul.

TREMBLEMENT, s. m. Agitation de celui ou de ce qui tremble. — de terre, violente secousse qui ébranle la terre. —, grande crainte. Fig. —, agitation continuelle et involontaire du corps ou de quelque membre. —, cadence précipitée. T. de mus.

TREMBLER, v. n. Etre agité, être mu par de fréquentes secousses. —, n'être pas ferme, s'ébranler facilement, vaciller. —, avoir peur, éprouver une grande crainte. Fig. Faire —, inspirer une grande terreur.

TREMBLEUR, EUSE, s. Celui, celle qui tremble. —, homme pusillanime, craintif, peureux. Fig. —, voy. QUAKER. —, poisson électrique du genre du silure. —, singe brun à queue prenante, pieds et mains bleuâtres. T. d'hist. nat.

TREMBLE-VIF, s. m. Com. du dép. de Loir-et-Cher, cant. de Salbris, arr. de Romorantin. = la Ferté-St.-Aubin.

TREMBLOIS (le), s. m. Com. du dép. des Ardennes, cant. de Carignan, arr. de Sedan. = Carignan.

TREMBLOIS (le), s. m. Com. du dép. de la Haute-Saône, cant. et arr. de Gray. = Gray.

TREMBLOTANT, E, adj. Qui tremblote. Astre —, bougie allumée. T. poét.

TREMBLOTER, v. n. Diminutif de trembler. T. fam.

TREME, s. m. Arbre de la Cochinchine. T. de bot.

TRÉMEAU, s. m. Partie du parapet comprise entre deux embrasures. T. de fortif.

TRÉMÉFACTION, s. f. Tremblement, action d'épouvanter. T. inus.

TRÉMÉHEUC, s. m. Com. du dép. d'Ille-et-Vilaine, cant. de Combourg, arr. de St.-Malo. = Combourg.

TRÉMELLE, s. f. Substance végétale presque microscopique, en forme de filets verts, sur les eaux stagnantes. T. de bot.

TRÉMÉLOIR, s. m. Com. du dép. des Côtes-du-Nord, cant. de Châtelaudren, arr. de St.-Brieuc. = St.-Brieuc.

TRÉMENTINE, s. f. Com. du dép. de Maine-et-Loire, cant. de Chollet, arr. de Beaupréau. = Chollet. Fabr. de mouchoirs, toiles, indiennes.

TRÉMÉOC, s. m. Com. du dép. du Finistère, cant. de Pont-l'Abbé, arr. de Quimper. = Quimper.

TRÉMEREUC, s. m. Com. du dép. des Côtes-du-Nord, cant. de Ploubalay, arr. de Dinan. = Dinan.

TRÉMERY, s. m. Com. du dép. de la Moselle, cant. de Vigy, arr. de Metz. = Metz.

TRÉMEUR, s. f. Crainte, frayeur, terreur. T. inus.

TRÉMEUR, s. m. Com. du dép. des Côtes-du-Nord, cant. de Broons, arr. de Dinan. = Broons.

TRÉMÉVEN, s. m. Com. du dép. des Côtes-du-Nord, cant. de Lanvollon, arr. de St.-Brieuc. = Paimpol.

TRÉMÉVEN, s. m. Com. du dép. du Finistère, cant. et arr. de Quimperlé. = Quimperlé.

TRÉMEX, s. m. Genre d'insectes hyménoptères. T. d'hist. nat.

TRÉMIE, s. f. Grande auge carrée dans laquelle on verse le grain qui tombe entre les meules du moulin à farine. —, sorte de petite auge pour mettre de la graine aux oiseaux en cage. —, mesure pour le sel. Bandes de —, bandes de fer qui servent à soutenir les âtres et les languettes des cheminées.

TRÉMIÈRE, adj. f. Se dit d'une rose dont les fleurs sont rangées par étages ; rose trémière.

TRÉMILLY, s. m. Com. du dép. de la Haute-Marne, cant. de Doulevant, arr. de Vassy. = Doulevant.

TRÉMINIS, s. m. Com. du dép. de l'Isère, cant. de Mens, arr. de Grenoble. = Mens.

TRÉMION, s. m. Support de la trémie d'un moulin à farine.

TRÉMOINS, s. m. Com. du dép. de la Haute-Saône, cant. d'Héricourt, arr. de Lure. = Belfort.

TRÉMOIS, s. m. Menus blés ; semences de mars.

TRÉMOLAT, s. m. Com. du dép. de la Dordogne, cant. de St.-Alvère, arr. de Bergerac. = le Buguc.

TRÉMOLITHE, s. f. Grammatite, substance minérale blanche. T. d'hist. nat.

TRÉMOND, s. m. Com. du dép. de Maine-et-Loire, cant. de Vihiers, arr. de Saumur. = Vihiers.

TRÉMONS, s. m. Com. du dép. de Lot-et-Garonne, cant. de Penne, arr. de Villeneuve. = Villeneuve-sur-Lot.

TRÉMONT, s. m. Com. du dép. de la Meuse, cant. et arr. de Bar-le-Duc. = Bar-le-Duc.

TRÉMONT, s. m. Com. du dép. de l'Orne, cant. de Courtomer, arr. d'Alençon. = Sées.

TREMONZEY, s. m. Com. du dép. des Vosges, cant. de Bains, arr. d'Epinal. = Bains.

TRÉMOREL, s. m. Com. du dép. des Côtes-du-Nord, cant. de Merdrignac, arr. de Loudéac. = Broons.

TRÉMOUILLE-MARCHAL, s. f. Com. du dép. du Cantal, cant. de Champs, arr. de Mauriac. = Bort.

TRÉMOUILLES, s. f. Com. du dép. de l'Avéyron, cant. de Pont-de-Salars, arr. de Rodez. = Rodez.

TRÉMOUILLE-ST.-LOUP, s. f. Com. du dép. du Puy-de-Dôme, cant. de la Tour, arr. d'Issoire. = Tauves.

TRÉMOULET, s. m. Com. du dép. de l'Ariége, cant. de Saverdun, arr. de Pamiers. = Pamiers.

TRÉMOUSSEMENT, s. m. Action de se trémousser.

TRÉMOUSSER, v. n. S'agiter, se remuer vivement. Se —, v. pron. S'agiter d'un mouvement vif et irrégulier, et fig., se donner beaucoup de mouvement, faire des démarches, etc.

TRÉMOUSSOIR, s. m. Machine propre à se donner du mouvement, à faire de l'exercice sans sortir de son appartement.

TREMPE, s. f. Action, manière de tremper le fer; qualité qu'il contracte quand on le trempe. —, action, manière de tremper le papier, la mèche des bougies, etc. —, eau pour faire fermenter le grain. —, humeur, caractère; sorte. Fig. et fam.

TREMPÉ, E, part. Mouillé, plongé dans un liquide. —, adj. Très mouillé par la pluie, en parlant des personnes. T. fam.

TREMPEMENT, s. m. Action de tremper. T. inus.

TREMPER, v. a. Mouiller par immersion, ou en jetant un liquide sur quelqu'un ou quelque chose. — la soupe, verser le bouillon sur les tranches de pain. — son vin, y mettre de l'eau. — le fer, l'acier, le plonger tout rouge dans une eau préparée, pour le durcir. — ses mains dans le sang, commettre un assassinat, un meurtre. —, v. n. Etre dans l'eau, dans un liquide. —, participer, être d'intelligence, de connivence, de complicité. Fig.

TREMPERIE, s. f. Endroit où l'on trempe le papier, où l'on nettoie les formes. T. d'impr.

TREMPIS, s. m. Eau dans laquelle a trempé la morue. —, atelier d'amidonnier. —, liqueur acide pour nettoyer les cuirs, les métaux; ce qui trempe. T. de mét.

TREMPLIN, s. m. Planche inclinée et très élastique, d'où les sauteurs prennent leur élan.

TREMPOIRE, s. f. Cuve pour préparer l'indigo.

TREMPURE, s. f. Poids, bascule de meunier.

TRÉMUE, s. f. Entourage de planches. T. de mar.

TREMUSON, s. m. Com. du dép. des Côtes-du-Nord, cant. et arr. de St.-Brieuc. = St.-Brieuc.

TRENCLE, s. m. Com. du dép. de Lot-et-Garonne, cant. de Castel-Jaloux, arr. de Nérac. = Castel-Jaloux.

TRÉNAL, s. m. Com. du dép. du Jura, cant. et arr. de Lons-le-Saulnier. = Lons-le-Saulnier.

TRENSACQ, s. m. Com. du dép. des Landes, cant. de Sabres, arr. de Mont-de-Marsan. = Lipostey.

TRENTAIN, s. m. Sorte de drap de laine. —, chacun trente. T. de jeu de paume.

TRENTAINE, s. f. Nombre de trente.

TRENTE, s. m. Trentième jour; le trente du mois. — un, — et quarante, jeux de hasard. —, adj. numéral indécl. Trois fois dix.

TRENTE, s. m. Ville du Tyrol, sur l'Adige, célèbre par le concile qui s'y rassembla en 1545, et qui dura 18 ans. Manuf. de soieries. Pop. 16,000 hab. envir.

TRENTE-DEUX-PIEDS, s. m. Jeu de l'orgue.

TRENTIÈME, s. m. La trentième partie. —, s. Celui, celle qui occupe le trentième rang. —, adj. Nombre ordinal de trente.

TRENTIN, E, s. et adj. Habitant de la ville de Trente, qui concerne cette ville.

TRENTRILLE, s. f. Fil passé dans les mailles du filet.

TRÉOGAN, s. m. Com. du dép. des

Côtes-du-Nord, cant. de Maël-Carhaix, arr. de Guingamp. = Rostrenen.

TRÉOGOT, s. m. Com. du dép. du Finistère, cant. de Plougastel-St.-Germain, arr. de Quimper. = Quimper.

TRÉON, s. m. Com. du dép. d'Eure-et-Loir, cant. et arr. de Dreux. = Dreux.

TRÉOU, s. m. Voile carrée de galère. T. de mar.

TRÉOUERGAT, s. m. Com. du dép. du Finistère, cant. de Plabennec, arr. de Brest. = Brest.

TREPAIL, s. m. Com. du dép. de la Marne, cant. de Verzy, arr. de Reims. = Epernay.

TRÉPAN, s. m. Instrument de chirurgie, en forme de vilebrequin, pour percer les os, principalement ceux du crâne. Opération du —, opération qui consiste à trouer méthodiquement un os du crâne, pour donner issue à quelque liqueur épanchée. T. de chir. —, espèce de tarière. T. de mét.

TRÉPANATION, s. f. Application du trépan. T. de chir.

TRÉPANÉ, E, part. Se dit du sujet qui a subi l'opération du trépan, et de l'os qui a été perforé durant l'opération. T. de chir.

TRÉPANER, v. a. Appliquer le trépan; faire l'opération du trépan. T. de chir.

TRÉPAS, s. m. Passage d'une vie à l'autre; mort, en parlant de l'homme. T. poét.

TRÉPASSÉ, s. m. Mort.

TRÉPASSEMENT, s. m. Moment de la mort; trépas. (Vi.)

TRÉPASSER, v. n. Mourir de mort naturelle.

TRÉPEREL, s. m. Com. du dép. du Calvados, cant. et arr. de Falaise. = Falaise.

TRÉPHINE, s. f. Com. du dép. des Côtes-du-Nord, cant. de Bothoa, arr. de Guingamp. = Rostrenen.

TRÉPHINE, s. f. Espèce de trépan employé par les chirurgiens anglais.

TRÉPIDATION, s. f. Balancement du N. au S. et du S. au N., que les anciens astronomes attribuaient au firmament. —, tremblement des membres, des nerfs. T. de méd.

TRÉPIED, s. m. Ustensile de cuisine à trois pieds. —, siége à trois pieds, sur lequel les prêtres et les prêtresses d'Apollon se plaçaient pour rendre leurs oracles. Celui de Delphes était couvert de la peau du serpent python. T. de myth.

TRÉPIGNEMENT, s. m. Action de trépigner.

TRÉPIGNER, v. n. Frapper des pieds contre terre par un mouvement de colère ou de joie.

TRÉPOINT, s. m. Bande de cuir sur laquelle on coud la semelle. T. de cordon.

TRÉPOINTE, s. f. Cuir cousu entre deux autres.

TRÉPORT, s. m. Pièce du château de poupe. T. de mar.

TRÉPORT, s. m. Com. du dép. de la Seine-Inférieure, cant. d'Eu, arr. de Dieppe. = Eu.

Située à l'embouchure de la Bresle, cette com. possède un port et une rade sur l'Océan. Fabr. de dentelles et de filets; pêche du hareng et de quantité d'autres poissons.

TRÉPOT, s. m. Com. du dép. du Doubs, cant. d'Ornans, arr. de Besançon. = Ornans.

TREPT, s. m. Com. du dép. de l'Isère, cant. de Crémieu, arr. de la Tour-du-Pin. = Crémieu.

TRÉPUDIER, v. n. Danser en trépignant. (Vi.)

TRÈS, particule qui marque un haut degré dans la qualité énoncée par l'adjectif ou l'adverbe auquel il est joint; très bon, très sagement.

TRÉSAILLE, s. f. Pièce de bois sur le brancard du tombereau, pour l'assujettir.

TRÉSAUVAUX, s. m. Com. du dép. de la Meuse, cant. de Fresnes-en-Woëvre, arr. de Verdun. = Verdun.

TRESCAULT, s. m. Com. du dép. du Pas-de-Calais, cant. de Bertincourt, arr. d'Arras. = Cambrai.

TRESCHENU, s. m. Com. du dép. de la Drôme, cant. de Châtillon, arr. de Die. = Die.

TRESCLEOUX, s. m. Com. du dép. des Hautes-Alpes, cant. d'Orpierre, arr. de Gap. = Serres.

TRÉ-SEPT, s. m. Sorte de jeu de cartes.

TRÈS HAUT (le), s. m. Dieu.

TRÉSILLEY, s. m. Com. du dép. de la Haute-Saône, cant. de Rioz, arr. de Vesoul. = Rioz.

TRÉSILLON, s. m. Bois qu'on met entre les ais sciés, pour les empêcher de gauchir. —, petit levier de bois. T. de mar.

TRÉSILLONNÉ, E, part. Garni de trésillons.

TRÉSILLONNER, v. a. Garnir de

trésillons. T. de charp. —, serrer avec le trésillon. T. de mar.

TRESLON, s. m. Com. du dép. de la Marne, cant. de Ville-en-Tardenois, arr. de Reims. = Reims.

TRÉSOR, s. m. Amas d'or, d'argent, de choses précieuses mises en réserve; lieu où ces richesses sont déposées; endroit d'une église où l'on garde les reliques, les ornemens, etc. — public, la trésorerie. —, chose d'une excellence, d'une utilité singulière; se dit aussi des personnes. —, pl. Grandes richesses.

TRÉSORERIE, s. f. Bénéfice, dignité dans certains chapitres. —, le trésor public, le département des finances; hôtel, bureaux, employés de cette administration.

TRÉSORIER, s. m. Chanoine pourvu d'une trésorerie; gardien d'un trésor; officier qui reçoit et distribue les deniers d'un prince, d'une communauté, etc.

TRESQUES, s. f. Com. du dép. du Gard, cant. de Bagnols, arr. d'Uzès. = Bagnols.

TRESQUILLES, s. f. pl. Laines en suint du Levant.

TRESSAILLEMENT, s. m. Emotion, agitation subite d'une personne qui tressaille; mouvement subit et convulsif des nerfs. T. de méd.

TRESSAILLI, adj. m. Se dit d'un nerf déplacé par un effort; nerf tressailli.

TRESSAILLIR, v. n. Eprouver une agitation vive et passagère, une sorte de mouvement convulsif. —, être vivement ému par...

TRESSAINT, s. m. Com. du dép. des Côtes-du-Nord, cant. et arr. de Dinan. = Dinan.

TRESSAN, s. m. Com. du dép. de l'Hérault, cant. de Gignac, arr. de Lodève. = Gignac.

TRESSANDANS, s. m. Com. du dép. du Doubs, cant. de Rougemont, arr. de Baume. = Baume.

TRESSANGE, s. m. Com. du dép. de la Moselle, cant. d'Audun-le-Roman, arr. de Briey. = Thionville.

TRESSAUT, s. m. Tressaillement de joie. T. inus.

TRESSAUTER, v. n. Tressaillir.

TRESSE, s. f. Tissu plat de fils, de cheveux entrelacés.

TRESSÉ, E, part. Cordonné en tresse.

TRESSÉ, s. m. Com. du dép. d'Ille-et-Vilaine, cant. de Combourg, arr. de St.-Malo. = Châteauneuf.

TRESSER, v. a. Cordonner en tresse; faire une tresse.

TRESSERRE, s. f. Com. du dép. des Pyrénées-Orientales, cant. de Thuir, arr. de Perpignan. = Perpignan.

TRESSES, s. f. Com. du dép. de la Gironde, cant. de Carbon-Blanc, arr. de Bordeaux. = Bordeaux.

TRESSEUR, EUSE, s. Celui, celle qui tresse des cheveux pour les perruques, etc.

TRESSIGNAUX, s. m. Com. du dép. des Côtes-du-Nord, cant. de Lanvollon, arr. de St.-Brieuc. = Châtelaudren.

TRESSIN, s. m. Com. du dép. du Nord, cant. de Lannoy, arr. de Lille. = Lille.

TRESSOIR, s. m. Instrument pour tresser les cheveux; outil de gaînier, pour espacer les clous d'ornement.

TRESSON, s. m. Sorte de folle; seine à petites mailles. T. de pêch.

TRESSON, s. m. Com. du dép. de la Sarthe, cant. de Bouloire, arr. de St.-Calais. = St.-Calais. Fabr. de toiles.

TREST, s. m. Toile à voiles pour les bateaux pêcheurs.

TRESTOIRE, s. f. Tenaille de vannier, en bois.

TRÉTEAU, s. m. Pièce de bois longue et étroite, sur quatre pieds, servant de support à une table, etc. — pl. Théâtre forain; planches sur lesquelles montent les saltimbanques, etc.

TRÉTEAU, s. m. Com. du dép. de l'Allier, cant. de Jaligny, arr. de Lapalisse. = Lapalisse.

TRÉTOIRE (la), s. f. Com. du dép. de Seine-et-Marne, cant. de Rebais, arr. de Coulommiers. = Rebais.

TRÉ-TRÉ-TRÉ, s. m. Singe de l'île de Madagascar. T. d'hist. nat.

TRETS, s. m. Com. du dép. des Bouches-du-Rhône, chef-lieu de cant. de l'arr. d'Aix, où se trouvent les bur. d'enregist. et de poste. Fabr. de savon. Carrières de marbre et mines de houille.

TRETU, s. m. Com. du dép. du Jura, cant. de St.-Laurent, arr. de St.-Claude. = Lons-le-Saulnier.

TRÉTUDANS, s. m. Com. du dép. du Haut-Rhin, cant. et arr. de Belfort. = Belfort.

TREU, s. m. ou TREUILLE, s. f. Petite truble pour les chevrettes. T. de pêch. — ou truage, s. m. Droit seigneurial sur les marchandises, le gibier.

TREUIL, s. m. Cylindre horizontal avec des leviers, pour soulever, attirer.

TREUVE, s. f. ou TREUF, s. m. Invention. (Vi.)

TREUVER, v. a. Trouver. (Vi.)

TREUX, s. m. Com. du dép. de la Somme, cant. de Bray, arr. de Péronne. = Albert.

TREUZY, s. m. Com. du dép. de Seine-et-Marne, cant. de Nemours, arr. de Fontainebleau. = Nemours.

TREVANS, s. m. Com. du dép. des Basses-Alpes, cant. de Mezel, arr. de Digne. = Digne.

TRÊVE, s. f. Suspension d'armes, cessation d'hostilités pour un temps déterminé. —, relâche, cessation; faire trêve à sa douleur. — de raillerie, cesser de railler. T. fam.

TRÉVÉ, s. m. Com. du dép. des Côtes-du-Nord, cant. et arr. de Loudéac. = Loudéac.

TREVENEUC, s. m. Com. du dép. des Côtes-du-Nord, cant. d'Etables, arr. de St.-Brieuc. = St.-Brieuc.

TRÉVERAY, s. m. Com. du dép. de la Meuse, cant. de Gondrecourt, arr. de Commercy. = Ligny.

TRÉVEREC, s. m. Com. du dép. des Côtes-du-Nord, cant. de Lanvollon, arr. de St.-Brieuc. = Pontrieux.

TRÉVÉRIEN, s. m. Com. du dép. d'Ille-et-Vilaine, cant. de Tinténiac, arr. de St.-Malo. = Hédé.

TRÈVES, s. f. Ville d'Allemagne, sur la Moselle, capitale de la province de ce nom. Université fondée en 1455. Pop. 10,000 hab. env.

TRÈVES, s. f. Com. du dép. du Gard, chef-lieu de cant. de l'arr. du Vigan, où se trouvent les bur. d'enregist. et de poste.

TRÈVES, s. f. Com. du dép. de Maine-et-Loire, cant. de Gennes, arr. de Saumur. = les Rosiers.

TREVEY, s. m. Com. du dép. de la Haute-Saône, cant. de Montbozon, arr. de Vesoul. = Vesoul.

TREVIEN, s. m. Com. du dép. du Tarn, cant. de Monestier, arr. d'Albi. = Albi.

TRÉVIER, s. m. Maître des voiles. Voy. VOILIER. T. de mar.

TREVIÈRES, s. f. Com. du dép. du Calvados, chef-lieu de cant. de l'arr. de Bayeux. Bur. d'enregist. = Bayeux. Comm. de beurre salé, bestiaux, suif, etc.

TRÉVILLACH, s. m. Com. du dép. des Pyrénées-Orientales, cant. de Sournia, arr. de Prades. = Quillan.

TRÉVILLE, s. f. Com. du dép. de l'Aude, cant. et arr. de Castelnaudary. = Castelnaudary.

TRÉVILLERS, s. m. Com. du dép. du Doubs, cant. de Maîche, arr. de Montbéliard. = St.-Hippolyte-sur-le-Doubs.

TRÉVILLY, s. m. Com. du dép. de l'Yonne, cant. de Guillon, arr. d'Avallon. = Avallon.

TRÉVIRE, s. f. Cordage en double pour embarquer les futailles, etc. T. de mar.

TRÉVIRÉ, E, part. Chaviré, en parlant d'un câble, d'une manœuvre. T. de mar.

TRÉVIRER, v. a. Chavirer un câble, une manœuvre. T. de mar.

TRÉVISE, s. f. Ancienne et forte ville du royaume Lombardo-Vénitien. Manuf. de soieries, cotonnades, coutellerie. Comm. considérable de bestiaux, blé, fruits, etc. Pop. 12,000 hab.

TRÉVOL, s. m. Com. du dép. de l'Allier, cant. et arr. de Moulins. = Moulins.

TRÉVOU-TRÉGUIGNEC, s. m. Com. du dép. des Côtes-du-Nord, cant. de Perros-Guirec, arr. de Lannion. = Tréguier.

TRÉVOUX, s. m. Petite ville du dép. de l'Ain, chef-lieu de sous-préf. et de cant.; trib. de 1re inst.; société d'agric.; conserv. des hypot.; direct. des contrib. indir.; bur. de garantie des matières d'or et d'argent; recev. part. des finances. Bur. d'enregist. et de poste. Fabr. d'orfévrerie, joaillerie; affinage, tirage et battage d'or et d'argent.

TRÉVOUX, s. m. Com. du dép. du Finistère, cant. de Bannalec, arr. de Quimperlé. = Quimperlé.

TRÉVRON, s. m. Com. du dép. des Côtes-du-Nord, cant. et arr. de Dinan. = Dinan.

TRÉWIE, s. f. Plante de la diœcie, vingt-deuxième classe des végétaux. T. de bot.

TRÉZALÉ, E, adj. Fendillé, en parlant d'un tableau, d'une porcelaine.

TRÉZALER (se), v. pron. Se gercer, se fendre, se fêler. T. fam.

TRÉZAN, s. m. Com. du dép. du Loiret, cant. de Malesherbes, arr. de Pithiviers. = Malesherbes.

TRÉZANNE, s. f. Com. du dép. de l'Isère, cant. de Clelles, arr. de Grenoble. = Grenoble.

TRÉZÉLIDÉ, s. m. Com. du dép. du Finistère, cant. de Plouzévédé, arr. de Morlaix. = Landivisiau.

TREZELLE, s. f. Com. du dép. de l'Allier, cant. de Jaligny, arr. de Lapalisse. = Lapalisse.

TRÉZÈNE, s. m. Fils de Pélops. Il bâtit dans le Péloponèse une ville à laquelle il donna son nom. T. de myth.

TRÉZENY, s. m. Com. du dép. des

Côtes-du-Nord, cant. de Tréguier, arr. de Lannion. == Lannion.

TREZIOUX, s. m. Com. du dép. du Puy-de-Dôme, cant. de St.-Dier, arr. de Clermont. == Billom.

TRI, s. m. Sorte de jeu d'hombre que l'on joue à trois. —, triage. T. de mét.

TRIAC, s. m. Com. du dép. de la Charente, cant. de Jarnac, arr. de Cognac. == Jarnac.

TRIACLERIE, s. f. Fabrication de thériaque. —, sophistication, charlatanerie. Fig. (Vi.)

TRIACLEUR, s. m. Marchand de thériaque, et fig., saltimbanque, charlatan. (Vi.)

TRIACONTAÈDRE, adj. Se dit des cristaux dont la surface est de trente rhombes. T. d'hist. nat.

TRIADE-HARMONIQUE, s. f. Accord parfait. T. de mus.

TRIADIQUE, s. et adj. f. Dans l'église grecque, hymne dont chaque strophe finit par la louange de la Ste.-Trinité et de la Ste.-Vierge.

TRIADOU (le), s. m. Com. du dép. de l'Hérault, cant. des Matelles, arr. de Montpellier. == Montpellier.

TRIAÈNE, s. f. Plante graminée du Mexique. T. de bot.

TRIAGE, s. m. Action de trier; choix entre plusieurs choses; chose triée. —, séparation du minerai. —, canton d'un bois divisé par coupes. T. d'eaux et forêts.

TRIAILLES, s. f. pl. Cartes de la plus mauvaise qualité.

TRIAIRES, s. m. pl. Soldats du troisième corps de la légion romaine. T. d'antiq.

TRIAIZE, s. m. Com. du dép. de la Vendée, cant. de Luçon, arr. de Fontenay. == Luçon.

TRIALOGUE, s. m. Dialogue entre trois personnes. T. inus.

TRIANDERIE, s. f. Troisième classe des végétaux, dont les plantes ont trois étamines. T. de bot.

TRIANGLE, s. m. Figure qui a trois côtés et trois angles; instrument de musique en acier, qui en a la forme. —, constellation de trois étoiles. T. d'astr.

TRIANGULAIRE, adj. Qui a trois angles. —, s. m. Muscle des lèvres qui s'attache par son extrémité inférieure à la face externe de la mâchoire inférieure. — de la verge, petit muscle qui naît de la partie antérieure du sphincter de l'anus, et s'insère à la partie postérieure et inférieure des accélérateurs ou du bulbe de l'urètre. — du nez, petit muscle qui s'étend depuis le sourcilier jusqu'au cartilage qui forme l'aile du nez où il se termine par une large aponévrose. T. d'anat.

TRIANGULAIREMENT, adv. En forme de triangle.

TRIANGULATION, s. f. Art de tracer des triangles; ensemble, combinaison de ces triangles.

TRIANGULÉ, E, adj. A trois angles. T. de bot.

TRIANTHÈME, s. f. Plante du genre des portulacées. T. de bot.

TRIANTHÈRE, s. m. Plante graminée. T. de bot.

TRIAUCOURT, s. m. Com. du dép. de la Meuse, chef-lieu de cant. de l'arr. de Bar-le-Duc. Bur. d'enregist. à Autrécourt. == Ste-Menéhould.

TRIBALE, s. f. Porc frais cuit dans la graisse. T. inus.

TRIBEHOU, s. m. Com. du dép. de la Manche, cant. de St.-Jean-de-Daye, arr. de St.-Lô. == St.-Lô.

TRIBOMÈTRE, s. m. Instrument pour connaître le frottement. T. de phys.

TRIBON, s. m. Casaque courte des Spartiates. T. d'antiq.

TRIBORD, s. m. Côté droit du navire vu de la poupe. T. de mar.

TRIBORDAIS, s. m. Partie de l'équipage qui fait le quart du tribord. T. de mar.

TRIBOULÉ, E, adj. Mal tiré; se dit des bas. T. fam.

TRIBOULET, s. m. Grosse quille de bois.

TRIBRAQUE, s. m. Pied de vers grec ou latin de trois brèves. T. de versif.

TRIBU, s. f. Division, classe du peuple dans l'ancienne Rome. —, chez les Israélites famille, descendans de chacun des douze patriarches. —, peuplade; tribu de tartares. —, sous-famille. T. d'hist. nat.

TRIBULATION, s. f. Affliction, adversité.

TRIBULCON, s. m. Espèce de tireballe. T. de chir.

TRIBULE, s. f. Plante annuelle des pays méridionaux, qui croît parmi les blés auxquels elle est contraire. T. de bot. —, aquatique. Voy. MACLE.

TRIBUN, s. m. Magistrat de l'ancienne Rome, chargé spécialement de défendre les droits et les intérêts du peuple. —, membre du tribunat.

TRIBUNAL, s. m. Siége des magistrats, des juges; leur juridiction. — de la pénitence, confessionnal; la confession.

TRIBUNAT, s. m. Charge, dignité de tribun; durée de cette dignité. —, assemblée de tribuns établie en France par la constitution de l'an VIII, pour l'examen des projets de loi.

TRIBUNE, s. f. Lieu élevé d'où les orateurs grecs et romains haranguaient le peuple. —, dans la salle d'une assemblée délibérante, espace ménagé pour l'orateur, d'où celui-ci domine l'auditoire et peut se faire entendre; lieu destiné aux auditeurs. — sacrée, la chaire. —, dans une église, galerie élevée, estrade pour les musiciens. —, balcon autour de la lanterne d'un dôme.

TRIBUNITIEN, NE, adj. Qui appartient aux tribuns, au tribunat; autorité tribunitienne.

TRIBUT, s. m. Contribution qu'un prince, un état, paie à un autre dont il dépend; impôt, subside. —, hommage qu'on est obligé d'accorder, dette, devoir; tribut d'estime, de reconnaissance. —, tribulations inséparables de la condition humaine; tribut de douleurs, de larmes. Payer — à la nature, mourir.

TRIBUTAIRE, s. et adj. m. Qui paie tribut.

TRIC, s. m. Signal pour quitter le travail. T. d'impr.

TRICAPSULAIRE, adj. A trois capsules. T. de bot.

TRICAT (St.-), s. m. Com. du dép. du Pas-de-Calais, cant. de Calais, arr. de Boulogne. = Calais.

TRICBALAC, s. m. Instrument composé de deux marteaux mobiles sur une planchette.

TRICÉNAIRE, adj. de trente doigts, de trente pieds, de trente jours. T. inus.

TRICÉPHALE, adj. A trois têtes.

TRICEPS, s. et adj. m. (mot latin.) Se dit des muscles dont l'extrémité supérieure est formée de trois faisceaux distincts qui se réunissent en un seul ventre; triceps brachial, crural, etc. T. d'anat.

TRICER, s. m. Arbre de la Cochinchine. T. de bot.

TRICÉRAIA, s. m. Arbre du Mexique. T. de bot.

TRICHARI, s. m. Arbre de la Cochinchine. T. de bot.

TRICHÉ, E, part. Trompé au jeu. T. fam.

TRICHER, v. a. et n. Tromper, filouter au jeu. T. fam.

TRICHERIE, s. f. Tromperie au jeu, en de petites choses. T. fam.

TRICHEUR, EUSE, s. Celui, celle qui triche au jeu. T. fam.

TRICHEY, s. m. Com. du dép. de l'Yonne, cant. de Cruzy, arr. de Tonnerre. = Tonnerre.

TRICHIASE ou TRICHIASIS, s. m. Maladie des paupières dans laquelle les poils se dirigent vers le globe de l'œil; maladie des reins dans laquelle les urines sont chargées de filamens semblables à des poils. Voy. POIL, maladie des mamelles. T. de méd.

TRICHIE, s. f. Genre d'insectes coléoptères. T. d'hist. nat. —, genre de champignons. T. de bot.

TRICHILIER, s. m. Azédarac. T. de bot.

TRICHINION, s. m. Genre d'amaranthacées. T. de bot.

TRICHISME, s. m. Fracture presque imperceptible des os plats. T. de bot.

TRICHITES, s. f. pl. Vitriol concret en cristaux capsulaires.

TRICHIURE, s. f. Genre de poissons apodes. T. d'hist. nat.

TRICHOCÉPHALE, s. m. Ver intestinal qu'on trouve souvent dans le cœcum, trichure. T. d'hist. nat.

TRICHOCÈRE, s. m. Genre de plantes orchidées. T. de bot.

TRICHOCERQUE, s. m. Polype amorphe. Voy. CERCAIRE.

TRICHOCHLOA, s. m. Genre de plantes graminées. T. de bot.

TRICHOCLADE, s. m. Arbre de la diœcie, vingt-deuxième classe des végétaux. T. de bot.

TRICHOCLINE, s. f. Doronic blanchâtre. T. de bot.

TRICHODE, s. m. Genre de polypes amorphes. T. d'hist. nat.

TRICHODESME, s. m. Bourrache des Indes. T. de bot.

TRICHODION, s. m. Genre de graminées. T. de bot.

TRICHOMANES, s. m. pl. Famille de fougères. T. de bot.

TRICHOME, s. m. Voy. PLIQUE.

TRICHOON, s. m. Plante graminée de l'Inde. T. de bot.

TRICHOPHORE, s. m. Plante entre les linaigrettes et les scirpes. T. de bot.

TRICHOPHYLLE, s. m. Actinelle laineuse. T. de bot.

TRICHOPODE, s. m. Genre de poissons thoraciques. T. d'hist. nat.

TRICHORDE, s. m. Pandore à trois cordes.

TRICHOSTÈME, s. f. Genre de plantes labiées. T. de bot.

TRICHOTOME, adj. Qui se divise en trois. T. d'anat.

TRICHOTTERIE, s. f. Petite tricherie. (Vi.)

TRICHURES, s. m. pl. Vers intestinaux. T. d'hist. nat.

TRICHURIDE, s. m. Voy. TRICHOCÉPHALE. T. d'hist. nat.

TRICLASITE ou **TRIKLASITE**, s. m. Minéral de couleur vert olive.

TRICLINIUM, s. m. ou **TRICLINE**, s. f. Salle à manger dans laquelle étaient dressés trois lits. T. d'antiq.

TRICLINION, s. m. Arbrisseau araliacé. T. de bot.

TRICOIS, s. m. Ornement, broderie.

TRICOISES, s. f. pl. Sortes de tenailles des maréchaux.

TRICOLOR, s. m. Tangara. T. d'hist. nat. —, espèce d'amaranthe, plante dont les feuilles sont mêlées de vert, de jaune et de rouge. T. de bot.

TRICOLORE, adj. De trois couleurs. Cocarde, drapeau —, rouge, bleu et blanc.

TRICON, s. m. Trois cartes semblables. T. fam.

TRICONVILLE, s. f. Com. du dép. de la Meuse, cant. et arr. de Commercy. = Ligny.

TRICOSINE, s. f. Tuile fendue en long.

TRICOT, s. m. Bâton gros et court. —, ouvrage tricoté. —, coquille du genre cône. T. d'hist. nat.

TRICOT, s. m. Com. du dép. de l'Oise, cant. de Maignelay, arr. de Clermont. = Montdidier. Fabr. d'étoffes de laine.

TRICOTAGE, s. m. Action de tricoter; travail, ouvrage d'une personne qui tricote.

TRICOTÉ, E, part. Se dit des bas et des tissus faits avec des aiguilles.

TRICOTÉE, s. f. Corbeille, came à réseau.

TRICOTER, v. a. Former des mailles au moyen de longues aiguilles émoussées. —, v. a. et n. Remuer les jambes sans avancer. T. de man.

TRICOTERIE, s. f. Petite intrigue de tricoteuses. T. fam. et inus.

TRICOTETS, s. m. pl. Ancienne danse.

TRICOTEUR, EUSE, s. Personne qui tricote.

TRICOUSE ou **TRICOUZE**, s. f. Guêtre de gros draps.

TRIC-TRAC, s. m. Sorte de jeu avec des dames et des dés; table creuse partagée en deux et incrustée de vingt-quatre flèches, sur laquelle on joue.

TRICUSPIDAIRE, s. m. Ver intestinal. T. d'hist. nat. —, arbre du Pérou. T. de bot.

TRICUSPIDAL, E ou **TRICUSPIDE**, adj. A trois pointes. T. d'anat. Voy. TRIGLOCHINES.

TRICYCLE, s. m. Arbre du Brésil. T. de bot. —, grand carrosse public à trois roues dont on a cessé de faire usage.

TRIDACTYLE, s. m. Genre d'insectes orthoptères. —, adj. Qui a trois doigts. T. d'hist. nat.

TRIDACTYLITE, s. f. Plante du genre des saxifragées. T. de bot.

TRIDAX, s. m. Plante du Mexique. T. de bot.

TRIDE, adj. Vif, prompt, ardent, serré. T. de man.

TRIDENT, s. m. Fourche à trois dents ou pointes. —, attribut de Neptune, et poét., l'empire des mers.

TRIDENTÉ, E, adj. A trois dents; feuille tridentée. T. de bot.

TRIDENTULA, s. f. Dent pétrifiée. T. de bot.

TRIDESME, s. f. Plante du genre des tithymaloïdes. T. de bot.

TRIDI, s. m. Troisième jour de la décade républicaine.

TRIE, s. f. Sorte de morue verte; couleuvre.

TRIÉ, E, part. Choisi parmi plusieurs choses.

TRIE (St.-), s. m. Com. du dép. de la Dordogne, cant. d'Exideuil, arr. de Périgueux. = Exideuil.

TRIE, s. m. Com. du dép. des Hautes-Pyrénées, chef-lieu de cant. de l'arr. de Tarbes. Bur. d'enregist. et de poste. Distilleries d'eaux-de-vie.

TRIÈDRE, adj. A trois côtés. T. de géom.

TRIEL, s. m. Com. du dép. de Seine-et-Oise, cant. de Poissy, arr. de Versailles. Bur. de poste. Comm. de vins; carrières de pierres meulières et de plâtre.

TRIEMBACH, s. m. Com. du dép. du Bas-Rhin, cant. de Villé, arr. de Schélestadt. = Schélestadt.

TRIENNAL, E, adj. Qui dure, a duré trois ans; qui revient tous les trois ans.

TRIENNALITÉ, s. f. Durée de trois ans.

TRIENNAT, s. m. Exercice, espace de trois ans.

TRIENTALE, s. f. Plante primulacée. T. de bot.

TRIER, v. a. Choisir entre plusieurs choses, séparer le bon du mauvais.

TRIÉRARCHIE, s. f. Charge de triérarque ; armement et commandement d'une galère athénienne. T. d'antiq.

TRIÉRARQUE, s. m. Capitaine d'une galère athénienne, d'une trirème ; citoyen qui était obligé d'équiper une galère à ses frais. T. d'antiq.

TRIESTE, s. f. Ville capitale d'un gouvernement de ce nom qui fait partie des possessions de la maison d'Autriche en Italie. Cette ville maritime, à l'extrémité N.-O. du golfe de Venise, est le centre d'un commerce immense entre les provinces autrichiennes et turques.

TRIÉTÉRIDE, s. f. Espace, révolution de trois ans.

TRIÉTÉRIQUE, adj. Qui se fait, arrive tous les trois ans.

TRIEUR, EUSE, s. m. Celui, celle qui fait le triage. T. de mét.

TRIEUX (le), s. m. Rivière dont la source se trouve dans l'arr. de St.-Brieuc, dép. des Côtes-du-Nord, et qui se jette dans la Manche après un cours de 18 l. Elle est navigable depuis Pontrieux jusqu'à son embouchure.

TRIEUX, s. m. Com. du dép. de la Moselle, cant. d'Audun-le-Roman, arr. de Briey. = Briey.

TRIEY, s. m. Com. du dép. de la Côte-d'Or, cant. de Pontailler-sur-Saône, arr. de Dijon. = Pontailler-sur-Saône.

TRIFÉMORO-ROTULIEN, s. et adj. m. Triceps crural. T. d'anat.

TRIFIDE, adj. Fendu en trois. T. de bot.

TRIGAME, s. m. et adj. Marié à trois personnes à la fois, qui a trois femmes.

TRIGAMIE, s. f. Etat du trigame.

TRIGANCE, s. f. Com. du dép. du Var, cant. de Comps, arr. de Draguignan. = Draguignan.

TRIGASTRIQUE, adj. Se dit des muscles qui ont trois portions charnues. T. d'anat.

TRIGAUD, E, s. et adj. Fourbe, tracassier, qui use de finesses.

TRIGAUDER, v. n. Employer des détours, user de finesses. T. fam.

TRIGAUDERIE, s. f. Détour, ruse, finesse. T. fam.

TRIGAVOU, s. m. Com. du dép. des Côtes-du-Nord, cant. de Ploubalay, arr. de Dinan. = Dinan.

TRIGE, s. m. Char attelé de trois chevaux. T. d'antiq.

TRIGÉMEAU, s. m. Enfant né avec deux autres de la même mère et en même temps.

TRIGLE, s. m. Genre de poissons thoraciques. T. d'hist. nat.

TRIGLOCHINES, s. f. pl. Valvules triangulaires dans les ventricules du cœur. T. d'anat.

TRIGLOTTISME, s. m. Phrase composée de trois langues ; mot composé de trois autres de diverses langues.

TRIGLYPHE, s. m. Ornement d'architecture dans la frise dorique, composé de cannelures en triangle et de demi-cannelures sur les côtés. T. d'archit.

TRIGNY, s. m. Com. du dép. de la Marne, cant. de Fismes, arr. de Reims. = Reims.

TRIGONANT, s. m. Com. du dép. de la Dordogne, cant. de Savignac-les-Eglises, arr. de Périgueux. = Périgueux.

TRIGONE, s. m. Espèce de sistre des anciens. —, instrument pour tracer les arcs des signes sur les cadrans. T. de gnom. —, genre d'insectes hyménoptères. T. d'hist. nat.

TRIGONE, adj. A trois angles et trois côtés.

TRIGONELLE, s. f. Plante légumineuse. T. de bot.

TRIGONIE, s. f. Mollusque acéphale. T. d'hist. nat.

TRIGONIER, s. m. Arbrisseau de la Guiane. T. de bot.

TRIGONIMA, s. m. Genre de coquilles univalves. T. d'hist. nat.

TRIGONOMÉTRIE, s. f. Art de mesurer les triangles.

TRIGONOMÉTRIQUE, adj. Qui appartient à la trigonométrie.

TRIGONOMÉTRIQUEMENT, adv. Suivant les règles de la trigonométrie.

TRIGUÈRE, s. f. Plante solanée. T. de bot.

TRIGUIÈRES, s. f. Com. du dép. du Loiret, cant. de Château-Renard, arr. de Montargis. = Montargis.

TRIGYNIE, s. f. Troisième ordre des treize premières classes des végétaux dont la fleur a trois pistils. T. de bot.

TRIJUGUÉ, E, adj. Se dit d'une feuille pinnée et qui a trois paires de folioles. T. de bot.

TRIJUMEAUX, s. m. pl. et adj. Nerfs de la cinquième paire cérébrale qui se divisent en trois branches. T. d'anat.

TRIL, s. m. ou TRILLE, s. f. Espèce de cadence. T. de mus.

TRILATÉRAL, E, adj. Qui a trois côtés.

TRILATÈRE, s. m. Triangle.

TRILBARDOU, s. m. Com. du dép. de Seine-et-Marne, cant. de Claye, arr. de Meaux. = Meaux.

TRILÉPISION, s. m. Arbre de l'île de Madagascar. T. de bot.

TRILIX, s. m. Arbrisseau de l'Amérique. T. de bot.

TRILLA, s. m. Com. du dép. des Pyrénées-Orientales, cant. de Sournia, arr. de Prades. = Quillan.

TRILLIACÉES, s. f. pl. Liliacées. T. de bot.

TRILLON, s. m. Mille billions. T. d'arith. —, plante de la famille des liliacées. T. de bot.

TRILOBÉ, E, adj. A trois lobes. T. de bot.

TRILOBITES, s. m. pl. Animaux fossiles. T. d'hist. nat.

TRILOCULAIRE, adj. A trois loges. T. de bot.

TRILOGIE, s. f. Trois pièces de théâtre avec lesquelles les poëtes grecs se présentaient au concours; entretien entre trois interlocuteurs.

TRILPORT, s. m. Com. du dép. de Seine-et-Marne, cant. et arr. de Meaux. = Meaux.

TRIMBACH, s. m. Com. du dép. du Bas-Rhin, cant. de Wissembourg, arr. d'Haguenau. —Lauterbourg.

TRIMBALLÉ, E, part. Traîné, porté partout. T. fam.

TRIMBALLER, v. a. Remuer; traîner, porter partout. T. fam.

TRIMER, v. n. Marcher, aller vite; courir. T. fam.

TRIMER, s. m. Com. du dép. d'Ille-et-Vilaine, cant. de Tinténiac, arr. de St.-Malo. = Bécherel.

TRIMESTRE, s. m. Espace de trois mois; paiement pour trois mois.

TRIMÈTRE, adj. Ïambique; vers trimètre. T. de poés.

TRIMOET (St.-), s. m. Com. du dép. des Côtes-du-Nord, cant. de Moncontour, arr. de St.-Brieuc. = Lamballe.

TRIMOUILLE (la), s. f. Petite ville du dép. de la Vienne, chef-lieu de cant. de l'arr. de Montmorillon, où se trouvent les bur. d'enregist. et de poste.

TRIN ou TRINE, adj. Se dit de la situation de deux planètes éloignées l'une de l'autre du tiers du zodiaque; trine aspect. T. d'ast.

TRINAY, s. m. Com. du dép. du Loiret, cant. d'Artenay, arr. d'Orléans. = Orléans.

TRINERVÉ, E, adj. A trois nervures longitudinales. T. de bot.

TRINGA, s. m. Genre d'oiseaux échassiers. T. d'hist. nat.

TRINGLE, s. f. Verge de fer dans laquelle glissent les anneaux d'un rideau; baguette équarrie; instrument de vitrier, de menuisier, de boucher.

TRINGLÉ, E, part. Se dit d'une ligne tirée au cordeau sur une poutre, etc. T. de charp.

TRINGLER, v. a. et n. Tracer une ligne droite sur une pièce de bois à l'aide d'un cordeau frotté de blanc d'Espagne, etc. T. de charp.

TRINGLETTE, s. f. Outil de vitrier pour ouvrir le plomb; pièce de verre.

TRINIT (St.-), s. m. Com. du dép. de Vaucluse, cant. de Sault, arr. de Carpentras. = Apt.

TRINITAIRE, s. m. Religieux de l'ordre des mathurins.

TRINITAT (la), s. f. Com. du dép. du Cantal, cant. de Chaudes-Aigues, arr. de St.-Flour. = St.-Flour.

TRINITÉ, s. f. Un seul Dieu en trois personnes, le Père, le Fils et le Saint-Esprit; fête de l'Eglise catholique. — (île de la), la plus fertile et la plus riche des Antilles, à l'entrée du golfe de Paria, qui fut découverte par Colomb. Cette île produit sucre, café, cacao, indigo, cannelle, etc.; bons pâturages dans lesquels paissent de nombreux troupeaux de bestiaux et de chevaux.

TRINITÉ (la), s. f. Com. du dép. de l'Eure, cant. et arr. d'Evreux.=Evreux.

TRINITÉ (la), s. f. Com. du dép. de la Manche, cant. de Villedieu, arr. d'Avranches. = Villedieu.

TRINITÉ (la), s. f. Com. du dép. du Morbihan, chef-lieu de cant. de l'arr. de Ploërmel. Bur. d'enregist. = le Faouet.

TRINITÉ (la), s. f. Com. du dép. du Morbihan, cant. et arr. de Vannes. = Vannes.

TRINITÉ-DES-JONQUIÈRES (la), s. f. Com. du dép. de la Seine-Inférieure, cant. de Londinières, arr. de Neufchâtel. = Neufchâtel.

TRINITÉ-DES-LAITIERS (la), s. f. Com. du dép. de l'Orne, cant. de Gacé, arr. d'Argentan. = Gacé.

TRINITÉ-DE-THOUBERVILLE (la), s. f. Com. du dép. de l'Eure, cant. de Routot, arr. de Pont-Audemer.=Bourg-Achard.

TRINITÉ-DU-MESNIL-JOSSELIN (la), s. f. Com. du dép. de l'Eure, cant. de Broglie, arr. de Bernay.=Montreuil-l'Argilé.

TRINITÉ-DU-MONT (la), s. f. Com. du dép. de la Seine-Inférieure, cant. de Lillebonne, arr. du Hâvre. = Lillebonne.

TRINITÉ-SUR-AVRE (la), s. f. Com. du dép. de l'Orne, cant. de Tourouvre, arr. de Mortagne. = Saint-Maurice.

TRINOME, s. m. Quantité composée de trois termes. T. d'algèb.

TRINQUART, s. m. Petit navire pour la pêche du hareng.

TRINQUER, v. n. Choquer les verres avant de boire. T. fam.

TRINQUERIN, s. m. Le plus haut bordage extérieur d'une galère. T. de mar.

TRINQUET, s. m. Second arbre enté sur le maître mât d'une galère; voile et mât de l'avant d'une galère. T. de mar.

TRINQUETIN, s. m. Troisième voile d'une galère. T. de mar.

TRINQUETTE, s. f. Voile triangulaire; voile latine. T. de mar.

TRIO, s. m. Musique à trois parties principales ou récitantes. —, trois personnes réunies et liées d'intérêt. Fig. et fam.

TRIOBOLE, s. m. Poids de trois oboles. T. d'antiq. —, s. f. Monnaie grecque de la valeur de trois oboles.

TRIODIE, s. f. Plante graminée. T. de bot.

TRIODOPSIS, s. m. Genre de coquillages univalves. T. d'hist. nat.

TRIŒCIE, s. f. Troisième ordre de la vingt-troisième classe des végétaux qui, sur trois individus de la même espèce, portent, l'un des fleurs hermaphrodites, l'autre des fleurs mâles, et le troisième des fleurs femelles. T. de bot.

TRIOLET, s. m. Petite pièce de huit vers. —, trèfle des prés.

TRIOLLE, s. f. Voy. TIROLLE.

TRIOMPHAL, E, adj. Se dit du triomphe et du triomphateur.

TRIOMPHALEMENT, adv. D'une manière triomphante, en triomphe.

TRIOMPHANT, E, adj. Qui triomphe, victorieux; héros, bras triomphant. Entrée —, entrée superbe, pompeuse. Air —, air de confiance, de satisfaction que donne le succès.

TRIOMPHATEUR, s. m. Général qui, après avoir remporté une victoire, entrait en triomphe dans Rome; victorieux, qui a reçu les honneurs du triomphe.

TRIOMPHE, s. m. Cérémonie pompeuse à l'entrée d'un général victorieux dans Rome. Voy. OVATION. —, grande victoire, grand succès militaire; tout ce qui sert à le célébrer. —, victoire, grand succès; le triomphe de la raison. —, joie d'avoir réussi. —, effet d'un charme qui séduit, qui entraîne; le triomphe de la beauté, de l'éloquence. —, ce en quoi une personne excelle.

TRIOMPHE, s. f. Sorte de jeu de cartes; carte que l'on retourne.

TRIOMPHER, v. n. Recevoir les honneurs du triomphe. —, vaincre. —, exceller en quelque chose; être ravi de joie. Fig. —, remporter un avantage sur quelqu'un, l'emporter sur. —, tirer vanité de quelque chose.

TRIONYX, s. m. Tortue à carapace molle. T. d'hist. nat.

TRIOPTÈRE, s. f. Genre de malpighiacées. T. de bot.

TRIORCHITE, s. m. Priapolyte à trois testicules.

TRIORS, s. m. Com. du dép. de la Drôme, cant. de Romans, arr. de Valence. = Romans.

TRIOSTE, s. m. Plante du genre des caprifoliacées. T. de bot.

TRIOULOU, s. m. Com. du dép. du Cantal, cant. de Maurs, arr. d'Aurillac. = Maurs.

TRIPAILLE, s. f. Entrailles des animaux. T. fam.

TRIPAN, s. m. Grosse holoturie. T. d'hist. nat.

TRIPARTIBLE, adj. Qui peut être divisé en trois. T. de bot.

TRIPARTITE, adj. Divisée en trois; se dit d'une histoire abrégée de celles d'Eusèbe, Socrate et Sozomène.

TRIPARTITION, s. f. Voy. TRISECTION.

TRIPE, s. f. Partie des entrailles d'un animal; se dit surtout au pl. — de velours, étoffe de laine imitant le velours. —, résidu de la colle. T. de papet. Cuir en —, peau de bœuf pelée et trempée. T. de tann.

TRIPE-MADAME, s. m. Sorte d'herbe bonne à manger en salade.

TRIPERIE, s. f. Boutique de tripier; lieu d'un marché où l'on vend les tripes.

TRIPÉTALE ou TRIPÉTALÉ, E, adj. A trois pétales. T. de bot.

TRIPETTE, s. f. Petite tripe. Ne valoir pas —, rien. T. fam.

TRIPHANE, s. f. Substance minérale lamelleuse, d'un vert blanchâtre. T. d'hist. nat.

TRIPHAQUE, s. m. Arbre d'Afrique. T. de bot.

TRIPHORE, s. f. Aréthuse pendante. T. de bot.

TRIPHTHONGUE, s. f. Triple voix, triple son. —, syllabe composée de trois voyelles. T. de gramm.

TRIPHYLLE, adj. Composé de trois feuilles. T. de bot.

TRIPHYLLOÏDES, s. m. pl. Trèfles. T. de bot.

TRIPIER, ÈRE, s. Celui, celle qui prépare et vend des tripes. —, adj. Qui ne peut être dressé; oiseau tripier. T. de fauc.

TRIPILE, adj. Se dit d'un insecte dont le derrière est garni de trois appendices en forme de poils. T. d'hist. nat.

TRIPINNE, s. f. Arbre de la Cochinchine. T. de bot.

TRIPLARIS, s. m. Arbre de la Guiane. T. de bot.

TRIPLASIS, s. m. Plante graminée d'Amérique. T. de bot.

TRIPLAX, s. m. Genre d'insectes coléoptères. T. d'hist. nat.

TRIPLE, s. m. Trois fois autant. —, adj. Qui contient trois fois une quantité, une grandeur; nombre, portion triple.

TRIPLÉ, E, part. Rendu triple.

TRIPLE-CROCHE, s. f. Note qui vaut la moitié d'une double-croche. T. de mus.

TRIPLE-FEUILLE, s. f. Ophryse à feuilles ovales. T. de bot.

TRIPLEMENT, s. m. Augmentation jusqu'au triple. —, adv. D'une manière triple; en trois façons.

TRIPLER, v. a. Rendre triple. —, v. n. Devenir triple.

TRIPLEVILLE, s. f. Com. du dép. de Loir-et-Cher, cant. d'Auzouer-le-Marché, arr. de Blois. = Châteaudun.

TRIPLICATA, s. m. Troisième expédition. T. de fin.

TRIPLICITÉ, s. f. Quantité triplée. — de personnes, la Trinité. T. de théol.

TRIPLINERVÉ, E, adj. Se dit d'une feuille dont les trois nervures sont réunies au-dessous de la base. T. de bot.

TRIPLIQUE, s. f. Réponse à des dupliques. T. de procéd.

TRIPLIQUER, v. n. Répondre à des dupliques. T. de procéd.

TRIPLITE, s. m. Manganèse phosphatée. T. d'hist. nat.

TRIPOLI, s. m. Le plus oriental des états barbaresques, borné N. Méditerranée, E. désert de Barcah, O. Tunis, S. déserts sablonneux qui se joignent au Sahara. —, ville capitale de cette régence, située sur un promontoire de la Méditerranée. —, pachalic de Syrie, qui comprend en partie l'ancienne Phénicie, situé entre le Liban et la Méditerranée. —, sorte d'argile ferrugineuse qui sert à polir les métaux.

TRIPOLI, E, part. Nettoyé avec du tripoli.

TRIPOLIR, v. a. Frotter, nettoyer avec du tripoli.

TRIPOLISSÉ, E, part. Aiguisé avec une pierre enduite de tripoli et d'huile.

TRIPOLISSER, v. a. Aiguiser avec une pierre sur laquelle on a mis du tripoli et de l'huile.

TRIPOLITAIN, E, s. et adj. Habitant de la régence de Tripoli; qui concerne cette régence.

TRIPOT, s. m. Jeu de paume. (Vi.) —, maison de jeu, de débauche, et fig., mauvaise compagnie. —, grande cuve. T. de sal.

TRIPOTAGE, s. m. Mélange de choses désagréables au goût, malpropres. —, assemblage de choses incohérentes. Fig. —, intrigue, manigance. T. fam.

TRIPOTÉ, E, part. Mélangé; brouillé, gâté.

TRIPOTER, v. a. et n. Mêler, mélanger; toucher, manier souvent, faire un tripotage. —, intriguer, manigancer. Fig. — une affaire, l'embrouiller, la gâter. T. fam.

TRIPOTIER, ÈRE, s. Chef d'un tripot; celui, celle qui tripote, qui intrigue. Fig.

TRIPSAQUE, s. m. Plante graminée. T. de bot.

TRIPTÈRE, adj. A trois ailes. T. de bot.

TRIPTERELLE, s. f. Plante annuelle d'Amérique. T. de bot.

TRIPTÉRONOTE, s. m. Poisson abdominal. T. d'hist. nat.

TRIPTÉRYGIEN, adj. m. Se dit d'un poisson qui a trois nageoires. T. d'hist. nat.

TRIPTOLÈME, s. m. Fils de Céléus, roi d'Eleusis. Cérès, en reconnaissance des bons offices de ce roi, enseigna l'agriculture à son fils. T. de myth.

TRIQUE, s. f. Gros bâton, gourdin. T. fam.

TRIQUE-BALLE, s. f. Machine pour transporter les canons. T. d'artill.

TRIQUE-MADAME, s. m. Orpin à fleurs blanches.

TRIQUENIQUE, s. f. Bagatelle, affaire de rien. T. fam.

TRIQUER, v. a. Tirer les triques, trier le bois.

TRIQUERVILLE, s. f. Com. du dép. de la Seine-Inférieure, cant. de Lillebonne, arr. du Havre. = Lillebonne.

TRIQUESTRE, s. f. Figure à trois jambes contournées.

TRIQUET, s. m. Battoir fort étroit pour jouer à la paume. —, sorte d'échafaud. T. de couvr.

TRIQUÈTRE, adj. A trois faces planes. T. de bot.

TRIQUEVILLE, s. f. Com. du dép. de l'Eure, cant. et arr. de Pont-Audemer. = Pont-Audemer.

TRIRAPHIS, s. m. Plante graminée. T. de bot.

TRIRÈGNE, s. m. Tiare du Pape.

TRIRÈME, s. f. Galère des anciens, à trois rangs de rames. T. d'antiq.

TRISAÏEUL, E, s. Père, mère du bisaïeul ou de la bisaïeule.

TRISANNUEL, LE, adj. Qui dure trois ans. T. de bot.

TRISANTHE, s. m. Plante de la pentandrie, cinquième classe des végétaux. T. de bot.

TRISARCHIE, s. f. Voy. TRIUMVIRAT.

TRISCALE, s. f. Couleuvre. T. d'hist. nat.

TRISCAPULO - HUMÉRO - OLÉCRANIEN, s. et adj. m. Triceps brachial. T. d'anat.

TRISECTION, s. f. Division en trois parties égales. T. de géom.

TRISÉTAIRE, s. m. Genre de plantes de la triandrie, troisième classe des végétaux. T. de bot.

TRISME, s. m. Resserrement convulsif des mâchoires, grincement.

TRISMÉGISTE, adj. m. Trois fois grand, surnom de Mercure. T. de myth. —, s. m. Caractère entre le gros et le petit-canon. T. d'impr.

TRISOLYMPIONIQUE, s. m. et adj. Athlète qui avait triomphé trois fois aux jeux olympiques.

TRISOPTÈRE, s. m. Poisson, espèce de gade. T. d'hist. nat.

TRISPATE, s. f. Machine à trois poulies.

TRISPERME, adj. Qui porte trois graines ou trois semences. T. de bot.

TRISPLANCHNIQUE, s. m. et adj. Nerf inter-costal. T. d'anat.

TRISSE, s. f. Voy. DROSSE. T. de mar.

TRISSYLLABE, adj. Composé de trois syllabes.

TRISTAN, s. m. Lépidoptère nocturne. T. d'hist. nat.

TRISTANIE, s. f. Myrte de la Nouvelle-Hollande. T. de bot.

TRISTE, adj. Accablé de déplaisir, de chagrin, affligé, attristé. —, mélancolique, morne, soucieux. —, affligeant, chagrinant, etc. —, qui inspire de la tristesse; ennuyeux, fastidieux. —, malheureux, funeste; infortuné. —, qui annonce la tristesse. —, pénible, difficile à supporter. —, sans talens, sans capacité, en parlant des personnes; qui offre peu de ressources, chétif, pitoyable, en parlant des choses. —, obscur, sombre, en parlant du temps, des lieux.

TRISTEMENT, adv. D'une manière triste, avec tristesse.

TRISTESSE, s. f. Grand déplaisir; affliction, abattement d'esprit causé par le chagrin. —, humeur sombre, mélancolie; l'opposé de joie, de plaisir.

TRISULCE, adj. A pieds divisés en trois. T. d'hist. nat.

TRISULE ou SEL TRIPLE, s. m. Sel produit par deux sels neutres. T. de chim.

TRITELING, s. m. Com. du dép. de la Moselle, cant. de Faulquemont, arr. de Metz. = St.-Avold.

TRITÉOPHIE, s. f. Espèce de fièvre tierce. T. de méd.

TRITERNÉES, s. f. pl. et adj. Posées par trois sur un pétiole commun; feuilles triternées. T. de bot.

TRITHÉISME, s. m. Hérésie qui admet trois Dieux.

TRITHÉISTE, s. m. Hérésiarque qui professe le trithéisme.

TRITH-ST.-LÉGER, s. m. Com. du dép. du Nord, cant. et arr. de Valenciennes. = Valenciennes.

TRITICITÉ, s. f. Pierre figurée qui imite un épi de blé. T. d'hist. nat.

TRITOME, s. m. Genre d'insectes coléoptères. T. d'hist. nat. —, s. f. Plante liliacée. T. de bot.

TRITON, s. m. Dieu marin, fils de Neptune et de la nymphe Salacia. La partie supérieure de son corps était semblable à celui de l'homme, et le reste ressemblait à un poisson. T. de myth. —, machine pour plonger dans l'eau. —, intervalle dissonant de trois tons. T. de mus.

TRITONIE, s. f. Surnom de Minerve qui fut élevée sur le bord d'un marais de la Béotie, nommée Triton. T. de myth. —, genre de vers marins. T. d'hist. nat.

TRI-TRI, s. m. Frai de poisson fluviatile.

TRITRILLE, s. m. Sorte de jeu de cartes.

TRITURABLE, adj. Qui peut être broyé, pilé.

TRITURATION, s. f. Broiement, réduction en poudre. T. de chim. —, action des dents qui broient les alimens, mastication; digestion.

TRITURÉ, E, part. Broyé, pulvérisé.

TRITURER, v. a. Pulvériser une substance. T. de chim. —, broyer les alimens, digérer. T. de méd.

TRIUMVIR, s. m. Magistrat qui partageait le pouvoir exécutif avec deux collègues, dans l'ancienne Rome. —, Octave, Antoine et Lépide qui s'emparèrent de l'autorité après la mort de César.

TRIUMVIRAL, E, adj. Qui appartient au triumvirat, aux triumvirs.

TRIUMVIRAT, s. m. Gouvernement

des triumvirs qui usurpèrent l'autorité et achevèrent de renverser la république romaine. —, gouvernement de trois chefs de parti qui ont usurpé le pouvoir. Fig.

TRIURE, s. m. Poisson apode. T. d'hist. nat.

TRIVALVE ou TRIVALVÉ, E, adj. Se dit d'une capsule à trois valves. T. de bot.

TRIVELIN, s. m. Nom d'un bouffon du théâtre de la foire St.-Germain. —, voy. LANGUE DE CARPE.

TRIVELINADE, s. f. Farce, geste de baladin, bouffonnerie.

TRIVENTER ou TRIVENTRE, s. m. Insecte à trois ventres. —, adj. Se dit d'un muscle qui a trois ventres, et que l'on distingue du triceps en ce que celui-ci a constamment trois tendons, tandis que le triventer peut n'en avoir qu'un ou deux. T. d'anat.

TRIVIAIRE, adj. Se dit d'une place, d'un carrefour où aboutissent trois chemins, trois rues.

TRIVIAL, E, adj. Commun, usé, rebattu ; locution, pensée triviale.

TRIVIALEMENT, adv. D'une manière triviale.

TRIVIALITÉ, s. f. Caractère de ce qui est usé, de ce qui est trivial. —, pl. Choses triviales.

TRIVIER-DE-COURTES (St.-), s. m. Petite ville du dép. de l'Ain, chef-lieu de cant. de l'arr. de Bourg. Bur. d'enregist. = Pont-de-Vaux. Comm. de blé et de poisson.

TRIVIER-SUR-MOGNAND (St.-), s. m. Petite ville du dép. de l'Ain, chef-lieu de cant. de l'arr. de Trévoux. Bur. d'enregist. = Trévoux.

TRIVY, s. m. Com. du dép. de Saône-et-Loire, cant. de Matour, arr. de Mâcon. = Mâcon.

TRIXIDE, s. f. Plante de la triandrie, troisième classe des végétaux. T. de bot.

TRIZAC, s. m. Com. du dép. du Cantal, cant. de Riom, arr. de Mauriac. = Mauriac.

TRIZAY, s. m. Com. du dép. de la Charente-Inférieure, cant. de St.-Porchaire, arr. de Saintes. = Tonnay-Charente.

TRIZAY-AU-PERCHE, s. m. Com. du dép. d'Eure-et-Loir, cant. et arr. de Nogent-le-Rotrou. = Nogent-le-Rotrou.

TRIZAY-LES-BONNEVAL, s. m. Com. du dép. d'Eure-et-Loir, cant. de Bonneval, arr. de Châteaudun. = Bonneval.

TRIZY, s. m. Com. du dép. de Saône-et-Loire, cant. de Bourbon-Lancy, arr. de Charolles. = Couches.

TRO, s. m. Violon du royaume de Siam.

TROADE, s. f. Nom d'une plaine de l'Anatolie, vis-à-vis Ténédos, où l'on remarque de nombreuses ruines et des tombeaux qui indiquent l'emplacement de la célèbre ville de Troie.

TROARN, s. m. Com. du dép. du Calvados, chef-lieu de cant. de l'arr. de Caen. Bur. d'enregist. à Balleroy. Bur. de poste.

TROC, s. m. Echange. — pour —, une chose pour une autre, sans retour.

TROCAR ou TROCART, s. m. Voy. TROIS-QUARTS.

TROCHAÏQUE, adj. Composé de trochées ; vers trochaïque. T. de poés.

TROCHANTER (grand et petit), s. m. Tubérosités du fémur auxquelles s'attachent les muscles qui font tourner la cuisse. T. d'anat.

TROCHANTÉRIEN, NE, adj. Qui concerne le trochanter. T. d'anat.

TROCHANTIN, s. m. Petit trochanter. T. d'anat.

TROCHANTINIEN, NE, adj. Se dit du petit trochanter, du trochantin. T. d'anat.

TROCHE, s. f. Coquille univalve. T. d'hist. nat. —, pl. Fumées d'hiver mal formées. T. de véner.

TROCHE, s. m. Com. du dép. de la Corrèze, cant. de Vigeois, arr. de Brive. = Uzerche.

TROCHÉE, s. m. Pied de vers grec ou latin de deux syllabes, une brève et une longue. T. de poés.

TROCHEREAU, s. m. Pin des marais. T. de bot.

TROCHÈRES, s. f. Com. du dép. de la Côte-d'Or, cant. de Mirebeau, arr. de Dijon. = Mirebeau-sur-Bèze.

TROCHET, s. m. Billot à trois pieds. T. de tonn. —, fleurs, fruits en forme de bouquet. T. de jard.

TROCHÉTIE, s. f. Espèce de sang-sue qui vit hors de l'eau, dans les lieux humides. T. d'hist. nat.

TROCHILE, s. m. Ornement d'architecture. Voy. SCOTIE.

TROCHILITHES, s. f. pl. Toupies pétrifiées. T. d'hist. nat.

TROCHIN, s. m. La plus petite des tubérosités de l'extrémité scapulaire de l'humérus. T. d'anat.

TROCHINIEN, NE, adj. Se dit du trochin. T. d'anat.

TROCHISQUE, s. m. Médicament en tablettes rondes et sèches. T. de pharm.

TROCHITE, s. m. Astérie, pierre

étoilée. —., pl. Voy. TROCHILITHES. T. d'hist. nat.

TROCHITER, s. m. La plus grosse des tubérosités de l'extrémité scapulaire de l'humérus. T. d'anat.

TROCHITÉRIEN, NE, adj. Qui a rapport au trochiter. T. d'anat.

TROCHLÉATEUR, s. m. Muscle grand oblique de l'œil. —, adj. Se dit des nerfs qui forment la cinquième paire cérébrale. T. d'anat.

TROCHLÉE, s. f. Anneau cartilagineux par lequel passe le trochléateur. T. d'anat.

TROCHOÏDE, s. f. Voy. CYCLOÏDE.

TROCHOLIQUE, s. f. Partie des mathématiques qui traite de la propriété des mouvemens circulaires.

TROCHURE, s. f. Bois de cerf en trochet. T. de véner.

TROCHUS, s. m. Coquillage en sabot. T. d'hist. nat.

TROCY, s. m. Com. du dép. de Seine-et-Marne, cant. de Lizy, arr. de Meaux. = Lizy.

TROÈNE, s. m. Arbrisseau dont la fleur et la feuille ont des propriétés antiscorbutiques, et dont les baies fournissent le bleu turquin. T. de bot.

TROESNES, s. m. Com. du dép. de l'Aisne, cant. de Neuilly-St.-Front, arr. de Château-Thierry. = la Ferté-Milon.

TROGLODYTE, s. m. Orang d'Afrique. T. d'hist. nat. —, pl. Peuple d'Afrique qui habitait des cavernes; mineurs, ceux qui habitent sous terre. —, oiseaux sylvains chanteurs. T. d'hist. nat.

TROGNE, s. f. Visage plein qui offre quelque chose de facétieux. Rouge —, visage enluminé, face d'ivrogne. T. fam.

TROGNON, s. m. Le milieu d'un légume, d'un fruit dont on a ôté tout ce qu'il y avait de bon à manger; trognon chou, de pomme.

TROGONTHÉRIUM, s. m. Débris fossile de castor. T. d'hist. nat.

TROGOSSITAIRES, s. m. pl. Insectes coléoptères. T. d'hist. nat.

TROGOSSITE, s. m. Genre de trogossitaires. T. d'hist. nat.

TROGUE, s. f. Chaîne des draps mélangés. T. de manuf.

TROGUÉRY, s. m. Com. du dép. des Côtes-du-Nord, cant. de la Roche-Derrien, arr. de Lannion. = Tréguier.

TROGUES, s. m. Com. du dép. d'Indre-et-Loire, cant. de l'Isle-Bouchard, arr. de Chinon. = l'Isle-Bouchard.

TROGULE, s. m. Genre d'arachnides. T. d'hist. nat.

TROIE, s. f. Ville fameuse de la Phrygie, sur le bord de la mer, près de l'Hellespont. Après un siége de dix ans, les Grecs s'en emparèrent au moyen d'un grand cheval de bois dans lequel les troupes étaient enfermées, et la renversèrent de fond en comble.

TROIS, s. m. Chiffre exprimant trois unités; carte marquée de trois piques, de trois trèfles, etc. —, troisième jour; le trois de ce mois. —, adj. numéral indécl. Deux et un. —, troisième, Henri III.

TROIS-CHAMPS, s. m. Com. du dép. de la Haute-Marne, cant. de Varennes, arr. de Langres. = Langres.

TROIS-ÉPINES, s. m. Poisson du genre du gastré. T. d'hist. nat.

TROIS-ESTOTS, s. m. Com. du dép. de l'Oise, cant. de St.-Just-en-Chaussée, arr. de Clermont. = St.-Just.

TROIS-FONDS, s. m. Com. du dép. de la Creuse, cant. de Jarnages, arr. de Boussac. = Gouzon.

TROIS-FONTAINES, s. f. Com. du dép. de la Marne, cant. de Thiéblemont, arr. de Vitry-le-Français. = St.-Dizier.

TROIS-FONTAINES, s. f. Com. du dép. de la Haute-Marne, cant. et arr. de Vassy. = Vassy.

TROIS-FONTAINES, s. f. Com. du dép. de la Meurthe, cant. et arr. de Sarrebourg. = Sarrebourg.

TROIS-GOTS, s. m. Com. du dép. de la Manche, cant. de Tessy, arr. de St.-Lô. = Torigni.

TROISIÈME, s. m. La troisième partie d'un tout; écolier qui étudie en troisième. —, s. Celui, celle qui occupe le troisième rang. —, s. f. Troisième classe. —, adj. nombre ordinal de trois, qui est après le deuxième.

TROISIÈMEMENT, adv. En troisième lieu.

TROIS-MONTS, s. m. Com. du dép. du Calvados, cant. d'Evrecy, arr. de Caen. = Thury-Harcourt.

TROIS-MOUTIERS (les), s. m. pl. Com. du dép. de la Vienne, chef-lieu de cant. de l'arr. de Loudun, où sont les bur. d'enregist. et de poste.

TROIS-PALIS, s. m. Com. du dép. de la Charente, cant. d'Hiersac, arr. d'Angoulême. = Angoulême.

TROIS-PIERRES (les), s. f. pl. Com. du dép. de la Seine-Inférieure, cant. de St.-Romain-de-Colbosc, arr. du Hâvre. = St.-Romain.

TROIS-PUITS, s. m. Com. du dép. de la Marne, cant. et arr. de Reims. = Reims.

TROIS-QUARTE, s. f. Grosse lime triangulaire.

TROIS-QUARTS, s. m. Poinçon d'acier cylindrique et terminé par une pointe triangulaire très aiguë, dont on se sert pour opérer la ponction. T. de chir.

TROISSEREUX, s. m. Com. du dép. de l'Oise, cant. de Niviller, arr. de Beauvais. = Beauvais.

TROISSY, s. m. Com. du dép. de la Marne, cant. de Dormans, arr. d'Epernay. = Dormans.

TROIS-VEAUX, s. m. Com. du dép. du Pas-de-Calais, cant. et arr. de St.-Pol. = St.-Pol.

TROIS-VÈVRES, s. f. Com. du dép. de la Nièvre, cant. de St.-Benin-d'Azy, arr. de Nevers. = Decize.

TROIS-VILLES, s. f. Com. du dép. du Nord, cant. du Catteau, arr. de Cambrai. = le Catteau.

TROIS-VILLES, s. f. Com. du dép. des Basses-Pyrénées, cant. de Tardets, arr. de Mauléon. = Mauléon.

TROJAN (St.-), s. m. Com. du dép. de la Charente, cant. et arr. de Cognac. = Cognac.

TROJAN (St.-), s. m. Com. du dép. de la Charente-Inférieure, cant. de Château, arr. de Marennes. = Marennes.

TROJAN (St.-), s. m. Com. du dép. de la Gironde, cant. de Bourg, arr. de Blaye. = Bourg-sur-Gironde.

TRÔLER, v. a. et n. Mener avec soi de tous côtés, avec indiscrétion, sans nécessité. —, v. n. Aller, courir çà et là. T. fam.

TROLLE, s. f. Espèce de clisse. —, action de découpler les chiens. T. de véner. —, gaissenie, plante. T. de bot.

TROLLER, v. n. Faire une espèce de clisse avec des branches.

TROMAREY-ET-CHANCEVIGNEY, s. m. Com. du dép. de la Haute-Saône, cant. de Marnay, arr. de Gray. = Marnay.

TROMBE, s. f. Nuée épaisse, composée par des vents contraires qui forment un tourbillon; colonne d'air et d'eau en cône renversé. —, instrument de percussion. T. de mus.

TROMBIDION, s. m. Genre d'insectes arachnides. T. d'hist. nat.

TROMBLON, s. m. Gros pistolet à bouche évasée.

TROMBONE, s. m. Instrument de musique à vent; musicien qui joue de cet instrument.

TROMBORN, s. m. Com. du dép. de la Moselle, cant. de Bouzonville, arr. de Thionville. = Bouzonville.

TROMP (le), s. m. Com. du dép. de la Creuse, cant. d'Evaux, arr. d'Aubusson. = Chambon.

TROMPE, s. f. Espèce de cor de chasse. —, trompette; publier à son de trompe. —, museau de l'éléphant qui s'alonge et se recourbe; long suçoir des insectes ailés. —, guimbarde, petit instrument de fer. —, coupe en forme de coquille; pierres qui soutiennent une tourelle en saillie. T. d'arch. —, machine qui fait l'office de soufflet. T. d'hydr. — d'Eustache, canal de l'oreille qui conduit à la caisse du tambour. —, pl. coquillages de mer en spirale. — de fallope ou oviducs, tuyaux coniques qui aboutissent au fond de la matrice, où ils se terminent. T. d'anat.

TROMPÉ, E, part. Induit en erreur.

TROMPE-L'OEIL, s. m. Tableau qui représente un verre cassé, un carton, une toile.

TROMPER, v. a. User d'artifice pour induire en erreur. —, échapper à la surveillance; tromper un argus. —, faire ou dire quelque chose contre l'attente, en bien ou en mal. —, se distraire; tromper ses ennuis. Fig. —, en parlant des choses, donner lieu à quelque erreur, à quelque méprise. —, faire illusion, en parlant des passions. Se —, v. pron. S'abuser, être dans l'erreur; se méprendre. Se — de chemin, de jour, prendre un chemin, un jour, etc., pour un autre.

TROMPERIE, s. f. Artifice; déception; fraude, supercherie.

TROMPETÉ, E, part. Publié à son de trompe.

TROMPETER, v. a. Publier à son de trompe, et fig., divulguer. —, v. n. Crier, en parlant de l'aigle.

TROMPETEUR, s. m. Voy. BUCCINATEUR. T. d'anat.

TROMPETTE, s. m. Musicien d'un régiment de cavalerie, qui sonne de la trompette. —, oiseau criallard, agami.

TROMPETTE, s. f. Instrument de musique à vent, dont on sonne pour le service de la cavalerie. — héroïque, poésie épique; — sacrée, poésie sacrée. Emboucher la —, prendre le ton sublime. —, personne indiscrète qui publie ce qu'elle sait, surtout en mal. —, l'un des jeux de l'orgue. — marine, instrument de musique à une corde. —, variété de courge. T. de jard. —, buccin; fistulaire; centrisque. T. d'hist. nat. — blanche, agaric blanc. — de Méduse, narcisse sauvage. T. de bot.

TROMPEUR, EUSE, s. Fourbe, imposteur, séducteur. —, filou, poisson du genre du spare. T. d'hist. nat. —, adj. Qui trompe, en général; personne, mine trompeuse.

TROMPILLON, s. m. Petite trompe; naissance d'une trompe. T. d'arch.

TRONC, s. m. Le corps d'un arbre, la tige sans les branches, et fig., souche d'une famille. —, se dit du principal, du centre, de l'être le plus important, le plus puissant; s'attacher au tronc. —, partie du corps humain depuis le sommet de la tête jusqu'au pubis, en devant, et jusqu'au coccys, en arrière. —, boîte pour déposer les charités, dans une église. —, fût d'une colonne; dé d'un piédestal. T. d'arch.

TRONCENS, s. m. Com. du dép. du Gers, cant. de Marciac, arr. de Mirande. = Mirande.

TRONCENS-LAFFITE, s. m. Com. du dép. du Gers, cant. et arr. de Mirande. = Mirande.

TRONCHE, s. f. Pièce de bois de charpente, grosse et courte.

TRONCHE (la), s. f. Com. du dép. de l'Isère, cant. et arr. de Grenoble.=Grenoble.

TRONCHET, s. m. Billot pour les bigornes. T. d'orfèv., etc. Voy. TROCHET.

TRONCHET (le), s. m. Com. du dép. de la Sarthe, cant. de Beaumont, arr. de Mamers. = Beaumont-le-Vicomte.

TRONCHOY, s. m. Com. du dép. de la Somme, cant. d'Hornoy, arr. d'Amiens. = Poix.

TRONCHOY, s. m. Com. du dép. de l'Yonne, cant. de Flogny, arr. de Tonnerre. = Tonnerre.

TRONÇON, s. m. Morceau séparé d'une plus grande pièce; tronçon d'épée. —, tranche de certains poissons; tronçon d'anguille. —, gros tuyau de grès. T. d'hydr.

TRONÇONNÉ, E, part. Coupé par tronçons.

TRONÇONNER, v. a. Couper par tronçons.

TRONCQ (le), s. m. Com. du dép. de l'Eure, cant. du Neubourg, arr. de Louviers. = le Neubourg.

TRONCY, s. m. Com. du dép. de Saône-et-Loire, cant. de St.-Germain-du-Plain, arr. de Châlons. = Châlons.

TRONDES, s. f. Com. du dép. de la Meurthe, cant. et arr. de Toul. = Toul.

TRÔNE, s. m. Siége d'un souverain dans ses fonctions solennelles, et fig., puissance souveraine. —, siége du Pape, d'un archevêque, dans les cérémonies. —, pl. Troisième ordre de la hiérarchie céleste.

TRONGET, s. m. Com. du dép. de l'Allier, cant. du Montet, arr. de Moulins. = le Montet. Mine de houille.

TRONIÈRE, s. f. Ouverture dans les batteries, pour tirer le canon. T. d'artill.

TRONQUAY (le), s. m. Com. du dép. du Calvados, cant. de Balleroy, arr. de Bayeux. = Bayeux.

TRONQUAY (le), s. m. Com. du dép. de l'Eure, cant. de Lyons, arr. des Andelys. = Lyons-la-Forêt.

TRONQUÉ, E, part. Se dit d'une statue, d'un livre dont on a retranché ou supprimé une partie. —, terminé par une partie transversale. T. de bot.

TRONQUER, v. a. Retrancher une partie de….; tronquer une statue. —, vicier, dénaturer par des suppressions; tronquer un ouvrage, un discours. Fig.

TRONQUOY (le), s. m. Com. du dép. de l'Oise, cant. de Maignelay, arr. de Clermont. = Montdidier.

TRONSANGES, s. m. Com. du dép. de la Nièvre, cant. de la Charité, arr. de Cosne. = la Charité.

TRONVILLE, s. f. Com. du dép. de la Meuse, cant. de Ligny, arr. de Bar-le-Duc. = Ligny.

TRONVILLE, s. f. Com. du dép. de la Moselle, cant. de Gorze, arr. de Metz. = Metz.

TROO, s. m. Com. du dép. de Loir-et-Cher, cant. de Montoire, arr. de Vendôme. = Montoire. Fabr. de draps.

TROP, s. m. Excédant, superflu, surabondance, excès. —, adv. Plus qu'il ne faut, avec excès. —, avec la négative, guère.

TROPE, s. m. Emploi d'une expression dans un sens figuré; figure de rhétorique.

TROPEZ (St.-), s. m. Com. du dép. du Var, chef-lieu de cant. de l'arr. de Draguignan; trib. de comm.; conseil de prud'hommes pêcheurs. Bur. d'enregist. et de poste.

Cette com., agréablement située sur la Méditerranée, possède un port très fréquenté, défendu par une citadelle; on y pêche beaucoup de coraux. Construction de navires; comm. de thon mariné, anchois salés; exportation de vins, miel, huile, marrons, liége brut et en bouchons, bois; grand et petit cabotage.

TROPHÉE, s. m. Dépouille d'un ennemi vaincu; faisceau d'armes, de drapeaux, pour servir de monument d'une victoire. —, victoire. Fig. Faire —, tirer vanité.

TROPHIS, s. m. Arbre de la Jamaïque. T. de bot.

TROPHOLOGIE, s. f. Diète réglée. T. de méd.

TROPHONE, s. f. Buccin feuilleté. T. d'hist. nat.

TROPIQUE, s. m. Petit cercle de la sphère, parallèle à l'équateur et terme du cours du soleil; tropique du Cancer, du Capricorne. —, adj. Qui s'écoule d'un équinoxe au même équinoxe de l'année suivante; année tropique. Plante —, qui ne s'ouvre que du lever au coucher du soleil. T. de bot.

TROPOLOGIE, s. f. Connaissance des mœurs; traité sur les mœurs.

TROPOLOGIQUE, adj. Se dit de la tropologie. Sens —, figuré. T. de rhét.

TROPPAU, s. m. Ville fortifiée de la Moravie, chef-lieu d'un cercle de la Silésie autrichienne. Il s'est tenu un congrès dans cette ville, en 1820. Pop. 10,000 hab. env.

TROQUÉ, E, part. Echangé.

TROQUER, v. a. Faire un troc, changer.

TROQUEUR, EUSE, s. Celui, celle qui aime à troquer.

TROS, s. m. Fils d'Erichthonius, roi de la fameuse ville de Troie, à laquelle il a donné son nom. T. de myth.

TROSCART, s. m. Plante de la famille des alismoïdes. T. de bot.

TROSLY-BREUIL, s. m. Com. du dép. de l'Oise, cant. d'Attichy, arr. de Compiègne. = Compiègne.

TROSLY-LOIRE, s. m. Com. du dép. de l'Aisne, cant. de Coucy-le-Château, arr. de Laon. = Coucy.

TROSNAY, s. m. Com. du dép. de la Marne, cant. de Montmirail, arr. d'Epernay. = Montmirail.

TROT, s. m. Allure du cheval entre le pas et le galop.

TROTTADE, s. f. Petite course à cheval. T. fam. inus.

TROTTE, s. f. Espace de chemin; course. T. fam.

TROTTE-MENU, adj. Qui marche très vite et à petits pas, comme les souris.

TROTTER, v. n. Aller au trot, le trot. —, marcher beaucoup, faire de nombreuses courses. T. fam.

TROTTERIE, s. f. Petite course. T. fam. inus.

TROTTEUR, s. m. Cheval dont l'allure est le trot.

TROTTIN, s. m. Petit laquais. T. fam.

TROTTINER, v. n. Diminutif de trotter. —, marcher vite et à petit pas. T. fam.

TROTTOIR, s. m. Chemin élevé; pratiqué le long des quais, des ponts et des rues. Etre sur le —, être sur le chemin de la fortune, en crédit. Fig.

TROU, s. m. Ouverture d'une longueur et d'une largeur à peu près égales. —, creux. —, petit logement, petite maison, petit village, etc. Fig. et fam. Boucher un —, payer une dette. Faire un — à la lune, s'esquiver sans payer. Boire comme un —, beaucoup. Fig. et fam. —, avantage de douze points au jeu de trictrac.

TROUAN-LE-GRAND, s. m. Com. du dép. de l'Aube, cant. de Ramerupt, arr. d'Arcis-sur-Aube. = Arcis-sur-Aube.

TROUAN-LE-PETIT, s. m. Com. du dép. de l'Aube, cant. de Ramerupt, arr. d'Arcis-sur-Aube. = Arcis-sur-Aube

TROUANS, s. m. Com. du dép. de la Côte-d'Or, cant. de St.-Jean-de-Losne, arr. de Beaune. = St.-Jean-de-Losne.

TROUBADOUR, s. m. Ancien poète provençal.

TROUBAT, s. m. Com. du dép. des Hautes-Pyrénées, cant. de Mauléon-Barousse, arr. de Bagnères. = Montrejeau.

TROUBLE, s. m. Brouillerie, désordre. —, altération dans les sens, dans la voix; agitation, émotion, inquiétude. —, atteinte à la propriété, à la jouissance. T. de procéd. —, pl. Emeutes, séditions, guerres civiles. —, adj. Brouillé, qui n'est pas clair. —, adv. Embrouillé. Voir —, ne pas voir les objets distinctement.

TROUBLÉ, E, part. Rendu trouble; brouillé.

TROUBLEAU, s. m. Filet, instrument pour la pêche.

TROUBLE-FÊTE, s. m. Importun, fâcheux qui vient troubler la joie d'une compagnie.

TROUBLER, v. a. Rendre trouble. —, agiter, inquiéter. —, intimider, interrompre; faire perdre la mémoire, le fil des idées. —, apporter du trouble, du désordre. —, inquiéter dans la possession, la jouissance d'une propriété. T. de procéd. Se —, v. pron. Devenir trouble. Se —, perdre sa présence d'esprit, son sang-froid; s'intimider, s'embarrasser. Fig.

TROUDEVILLE, s. f. Com. du dép. de la Seine-Inférieure, cant. de Valmont, arr. d'Yvetot. = Valmont.

TROUÉ, E, part. Percé.

TROUÉE, s. f. Ouverture pratiquée dans l'épaisseur d'un mur, d'une haie, d'un bois, etc. —, passage qu'on s'ouvre à travers les rangs ennemis. Fig.

TROUELLE, s. f. Baguette passée

entre les mailles du filet pour le tenir ouvert. T. de pêch.

TROUER, v. a. Faire une ouverture, un trou; percer.

TROU-ET-CRENNES, s. m. Com. du dép. de l'Orne, cant. et arr. d'Argentan. = Argentan.

TROUHAUT, s. m. Com. du dép. de la Côte-d'Or, cant. de St.-Seine, arr. de Dijon. = St.-Seine.

TROUILLE, s. f. Sorte de pain avec le résidu du colza dont on a extrait l'huile.

TROULEY, s. m. Com. du dép. des Hautes-Pyrénées, cant. de Rabastens, arr. de Tarbes. = Tarbes.

TROU-MADAME, s. m. Sorte de jeu avec des billes, sur une table terminée par une traverse percée de plusieurs trous; cette table.

TROUNG-KHÉ, s. m. Erable de la Cochinchine, plante. T. de bot.

TROUPE, s. f. Multitude de personnes ou d'animaux; assemblée, réunion de personnes. —, corps militaires, armée. —, société de comédiens.

TROUPEAU, s. m. Troupe d'animaux domestiques, de bestiaux, sous la conduite d'un pâtre. —, population d'un diocèse, d'une paroisse, ouailles. Fig.

TROUPELET, s. m. Petit troupeau. T. fam. inus.

TROUPIAC, s. m. Com. du dép. du Tarn, cant. de Labruguière, arr. de Castres. = Castres.

TROUPIALE, s. m. Oiseau du genre de l'étourneau, d'un grand nombre d'espèces. T. d'hist. nat.

TROUS (les), s. m. pl. Com. du dép. de Seine-et-Oise, cant. de Limours, arr. de Rambouillet. = Limours.

TROUSSE, s. f. Faisceau de choses liées ensemble; carquois. —, sorte de portefeuille dans lequel sont rangés les instrumens de chirurgie; racine de blé à plusieurs tiges. —, pl. Chausses que portaient les chevaliers, les pages. —, Cordages. T. de charp. Aux —, adv. A la poursuite; être aux trousses d'un voleur. En —, en croupe, par derrière.

TROUSSÉ, E, part. Relevé, en parlant d'un vêtement. —, fait, arrangé bien ou mal. T. fam.

TROUSSEAUVILLE, s. m. Com. du dép. du Calvados, cant. de Dives, arr. de Pont-l'Évêque. = Dives.

TROUSSE-BARRE, s. m. Pièce d'un train de bois pour joindre les coupons.

TROUSSE-GALANT. s. m. Voy. CHOLÉRA-MORBUS. T. fam.

TROUSSENCOURT, s. m. Com. du dép. de l'Oise, cant. de Breteuil, arr. de Clermont. = Breteuil-sur-Noye.

TROUSSE-PÊTE, s. f. Petite fille. T. fam. inus.

TROUSSE-QUEUE, s. m. Cuir qui enveloppe et rebrousse la queue du cheval.

TROUSSE-QUIN, s. m. Pièce de bois cintrée et garnie, sur le derrière d'une selle.

TROUSSER, v. a. Replier, relever les vêtemens qui pendent. —, expédier précipitamment; faire mourir promptement. Fig. et fam. — bagage, partir brusquement. Se —, v. pron. Relever ses vêtemens, ses jupes.

TROUSSEY, s. m. Com. du dép. de la Meuse, cant. de Void, arr. de Commercy. = Void.

TROUSSIS, s. m. Pli qu'on fait à une jupe, à une robe, etc., pour la raccourcir.

TROUSSOIRE, s. f. Pince d'émailleur.

TROUVABLE, adj. Que l'on peut trouver.

TROUVAILLE, s. f. Chose trouvée heureusement.

TROUVANS, s. m. Com. du dép. du Doubs, cant. de Rougemont, arr. de Baume. = Baume.

TROUVÉ, E, part. Rencontré; imaginé; découvert, inventé. Fig.

TROUVER, v. a. Rencontrer une personne ou une chose, soit qu'on la cherche, soit qu'on ne la cherche pas; rencontrer, dans un sens général. —, découvrir, imaginer, inventer. Fig. —, sentir, éprouver; trouver du plaisir. —, remarquer, observer; estimer, juger. — bon ou mauvais, approuver ou blâmer. — que....., juger que..... Aller — quelqu'un, l'aller voir. Se —, v. pron. Exister, être; se rencontrer, se présenter. Se —, être, se rendre en un lieu; être dans tel ou tel état; se sentir bien ou mal. Se — bien d'une chose, avoir lieu d'en être content. —, v. impers. Arriver; il se trouva que..... Se —, v. récipr. Se rencontrer l'un l'autre, les uns, les autres.

TROUVÈRE ou TROUVEUR, s. m. Ancien poète languedocien.

TROUVEUR, s. m. Petite lunette dioptrique sur le télescope.

TROUVILLE, s. f. Com. du dép. du Calvados, cant. et arr. de Pont-l'Évêque. = Touques.

TROUVILLE, s. f. Com. du dép. de la Seine-Inférieure, cant. de Bolbec, arr. du Hâvre. = Bolbec.

TROUVILLE-LA-HAULLE, s. f. Com.

du dép. de l'Eure, cant. de Quillebeuf, arr. de Pont-Audemer.=Pont-Audemer.

TROUY, s. m. Com. du dép. du Cher, cant. de Levet, arr. de Bourges. = Bourges.

TROX, s. m. Genre d'insectes coléoptères. T. d'hist. nat.

TROYES, s. f. Ancienne et grande ville du dép. de l'Aube, chef-lieu d'une préf., d'une sous-préf. et de 3 cant. ou just. de paix; cour d'assises; trib. de 1re inst. et de comm.; évêché érigé dans le quatrième siècle; chambre de comm.; conseil de prud'hommes; société d'agric., sciences et belles-lettres; bibliothèque publ., de 45,000 vol. et 4,000 manuscrits; ingén. en chef des ponts-et-chaussées; direct. de l'enregist. et des domaines, de 3e classe; conserv. des hypoth.; direct. des contrib. dir. et indir.; bur. de garantie des matières d'or et d'argent; recev. gén. des finances; payeur du dép.; bur. d'enregist. et de poste. Pop., 25,590 hab. env.

Cette ville est située sur la rive gauche de la Seine, qui l'entoure en partie et y alimente, par divers canaux, un grand nombre d'usines et de manufactures. Ses rues, larges et assez bien percées, sont bordées d'anciennes maisons, pour la plupart bâties en bois, et d'un aspect sombre et triste. Patrie de François Girardon, sculpteur célèbre; de Pierre Mignard, peintre célèbre, et du pape Urbain IV. Manuf. considérables de bonneterie en coton très estimées, de toiles de coton, basins, molletons, calicots, percales, finettes, coutils blancs, draps, ratines, couvertures de laine, toiles peintes. Fabr. de lacets; savon noir, blanc de Troyes; moutarde, cierges, peignes de corne, cordes d'instrumens, amidon, etc. Nombreuses et belles filatures de laine et de coton; huileries, brasseries; belles blanchisseries de bas et de toiles; papeteries, foulons; moulins à tan, tanneries, corroieries et chamoiseries; blanchisseries de cire. Comm. de blé, navette, légumes secs, vins, eaux-de-vie, épicerie, denrées coloniales; charcuterie renommée; chanvre, cire, laine, bonneterie, toile, draperie, rouennerie, boissellerie, bois de construction; fer, plomb laminé, etc. On remarque, à Troyes, la cathédrale, immense bâtiment gothique; l'ancienne collégiale de Saint-Urbain et l'hôtel-de-ville.

TROYEN, NE, s. et adj. Habitant de l'ancienne Troie; qui l'a concerne.

TROYLLAS, s. m. Com. du dép. des Pyrénées-Orientales, cant. de Thuir, arr. de Perpignan. = Perpignan.

TROYON, s. m. Com. du dép. de la Meuse, cant. de St.-Mihiel, arr. de Commercy. = St.-Mihiel.

TRUAND, s. m. Traverse en forme de marche-pied. T. de tisser.

TRUAND, E, s. et adj. Fainéant, vagabond, mendiant. (Vi.)

TRUANDAILLE, s. f. Classe de mendians. (Vi.)

TRUANDER, v. a. Gueuser, mendier. (Vi.)

TRUANDERIE, s. f. Métier de mendiant, de truand. Rue de la —, des truands. (Vi.)

TRUAU, s. m. Sorte de filet. T. de pêch.

TRUBLE, s. f. Filet qui forme l'entonnoir quand on le sort de l'eau au moyen d'une gaule. T. de pêch.

TRUBLEAU, s. m. Petite truble. T. de pêch.

TRUC, s. m. Espèce de billard. —, secret, manière de faire. T. fam.

TRUCHEMAN ou TRUCHEMENT, s. m. Interprète qui explique à deux personnes, parlant des langues différentes, ce qu'elles se disent l'une à l'autre. —, entremetteur. Fig. et fam.

TRUCHER, v. n. Mendier par paresse, par fainéantise. T. fam.

TRUCHÈRE (la), s. f. Com. du dép. de Saône-et-Loire, cant. de Tournus, arr. de Mâcon. = Tournus.

TRUCHEUR, EUSE, s. Personne qui mendie. T. fam.

TRUCHTERSHEIM, s. m. Com. du dép. du Bas-Rhin, chef-lieu de cant. de l'arr. de Strasbourg. Bur. d'enregist. à Schiltigheim. = Strasbourg. Fabr. de cordages. Culture de la garance et du tabac.

TRUCQ (le), s. m. Com. du dép. de la Creuse, cant. de la Courtine, arr. d'Aubusson. = Felletin.

TRUCULENT, E, adj. Farouche; brutal. T. inus.

TRUCY, s. m. Com. du dép. de l'Aisne, cant. de Craonne, arr. de Laon. = Laon.

TRUCY-L'ORGUEILLEUX, s. m. Com. du dép. de la Nièvre, cant. et arr. de Clamecy. = Clamecy.

TRUCY-SUR-YONNE, s. m. Com. du dép. de l'Yonne, cant. de Coulange-sur-Yonne, arr. d'Auxerre. = Vermanton.

TRUDAINE, s. f. Impertinence, niaiserie, moquerie. —, adj. Enjoué, plaisant. (Vi.)

TRUEL (le), s. m. Com. du dép. de l'Aveyron, cant. de St.-Rome-du-Tarn, arr. de St.-Affrique. = St.-Affrique.

TRUELLE, s. f. Instrument de maçon pour prendre le mortier, le plâtre, et crépir les murs.

TRUELLÉE, s. f. La quantité de plâtre qui peut tenir sur une truelle. T. de maç.

TRUELLETTE, s. f. Petite truelle. T. de maç.

TRUFFE, s. f. Substance végétale souterraine, sans tige ni racine, charnue, informe, raboteuse, tirant sur le noir, qui offre un aliment recherché, et dont le mode de reproduction est inconnu. — d'eau, tribule aquatique.

TRUFFÉ, E, part. Garni, farci de truffes; volaille truffée.

TRUFFER, v. a. Garnir, farcir de truffes. —, tromper. T. fam.

TRUFFERIE, s. f. Tromperie. T. fam.

TRUFFETTE, s. f. Toile de lin.

TRUFFEUR, s. m. Trompeur. T. inus.

TRUFFIÈRE, s. m. Endroit où il vient des truffes.

TRUGNY, s. m. Com. du dép. des Ardennes, cant. et arr. de Rethel. = Rethel.

TRUGNY, s. m. Com. du dép. de la Côte-d'Or, cant. de Seurre, arr. de Beaune. = Seurre.

TRUIE, s. f. Femelle du porc. — de mer, poisson du genre de la scorpène.

TRUINAS, s. m. Com. du dép. de la Drôme, cant. de Bourdeaux, arr. de Die. = Crest.

TRUITE, s. f. Poisson d'un manger fort délicat qui se trouve à la source des rivières d'eau vive, ainsi que l'écrevisse. — saumonée, qui tient de la couleur et du goût du saumon. —, cage carrée, en fer ou en brique. T. de brass.

TRUITÉ, E, adj. Blanc et marqué de petites taches rousses comme une truite; cheval truité.

TRUITON, s. m. Petite truite.

TRULLE, s. f Sorte de grand havenet. T. de pêch.

TRULLISATION, s. f. Mortier travaillé à la truelle. T. inus.

TRULLOTTE, s. f. Sorte de filet. T. de pêch.

TRUMEAU, s. m. Jarret de bœuf, coupé pour être mangé. —, espace intérieur entre deux fenêtres; glace appliquée ou destinée à être appliquée sur cet espace.

TRUMILLY, s. m. Com. du dép. de l'Oise, cant. de Crépy, arr. de Senlis. = Crépy.

TRUMPEAU, s. m. Espèce de cachalot. T. d'hist. nat.

TRUN, s. m. Com. du dép. de l'Orne, chef-lieu de cant. de l'arr. d'Argentan. Bur. d'enregist. = Argentan.

TRUNGY, s. m. Com. du dép. du Calvados, cant. de Balleroy. arr. de Bayeux. = Balleroy.

TRUSION, s. f. Mouvement du sang artériel ; mouvement de trusion. T. de méd.

TRUSQUIN, s. m. Outil de menuisier, etc., pour tracer des lignes parallèles.

TRUTEMER-LE-GRAND, s. m. Com. du dép. du Calvados, cant. et arr. de Vire. = Vire.

TRUTEMER-LE-PETIT, s. m. Com. du dép. du Calvados, cant. et arr. de Vire. = Vire.

TRUXALE, s. f. Genre d'insectes orthoptères. T. d'hist. nat.

TRUYÈRE (la), s. f. Rivière qui prend sa source près de St.-Amant, dép. de la Lozère, et se jette dans le Lot, au-dessous d'Entraigues, dép. de l'Aveyron, après un cours d'environ 35 l.

TRUYES, s. f. Com. du dép. d'Indre-et-Loire, cant. de Montbazon, arr. de Tours. = Cormery.

TRYE-CHÂTEAU, s. m. Com. du dép. de l'Oise, cant. de Chaumont, arr. de Beauvais. = Gisors. Fabr. de tuiles; fours à chaux.

TRYGONOBATE, s. m. Espèce de raie. T. d'hist. nat.

TRYPHÈRE, s. m. Opiat pour fortifier l'estomac. T. de pharm.

TRYPOXYLON, s. m. Genre d'insectes hyménoptères. T. d'hist. nat.

TSCHETTI, s. m. Espèce de piment. T. de bot.

TSIA-IP, s. m. Arbrisseau de la Chine. T. de bot.

TSIELA, s. m. Figuier de l'Inde. T. de bot.

TSIMAMASOR, s. m. Arbuste de l'île de Madagascar. T. de bot.

TSIN, s. m. Substance minérale de la Chine, d'un bleu foncé. T. d'hist. nat.

TU, TOI, TE, pron. singulier de la seconde personne.

TUABLE, adj. Qu'on peut tuer. T. inus.

TUAGE, s. m. Travail pour tuer et accommoder un cochon.

TUANT, E, adj. Fatigant, pénible, accablant. —, ennuyeux, importun, incommode à l'excès. Fig.

TU-AUTEM, s. m. (mots latins.) Le point essentiel, la difficulté. T. fam.

TUBAIRE, adj. Qui a rapport aux trompes de fallope. T. d'anat.

TUBE, s. m. Tuyau ou cylindre creux. —, canon de fusil. Fig. —, partie inférieure d'une corolle monopétale. T. de bot.

TUBÉRASTRE, s. m. Bolet d'Italie. T. de bot.

TUBERCULAIRE, s. m. Genre de champignons. T. de bot.

TUBERCULE, s. m. Petite éminence ou tumeur inégale et raboteuse qui ressemble à de petits grains de millet unis ensemble par une membrane commune. T. d'anat. —, petite excroissance qui survient à une feuille. T. de bot.

TUBERCULEUX, s. m. Poisson du genre du baliste. T. d'hist. nat.

TUBERCULEUX, EUSE, adj. Qui est relatif aux tubercules. T. de méd. —, garni de tubercules. T. de bot.

TUBÉREUSE, s. f. Plante à racine bulbeuse, narcissoïde, dont la fleur est très odorante. —, adj. Se dit d'une racine charnue et solide. T. de bot.

TUBER-ISCHIO-TROCHANTÉRIEN, s. et adj. m. Muscle carré crural. T. d'anat.

TUBÉROÏDE, s. f. Plante parasite qui vit sur l'oignon du safran.

TUBÉROSITÉ, s. f. Petite tumeur charnue, raboteuse comme une pomme de terre. —, éminence raboteuse qui se remarque à la surface externe de plusieurs os. T. d'anat. —, éminence sur une racine. T. de bot.

TUBERSENT, s. m. Com. du dép. du Pas-de-Calais, cant. d'Etaples, arr. de Montreuil. = Montreuil.

TUBICINE, s. m. Celui qui sonnait de la trompette. T. d'antiq.

TUBICINELLE, s. f. Balanite. T. d'hist. nat.

TUBICOLAIRE, s. f. Polype cilié. T. d'hist. nat.

TUBICOLE, s. m. Annélide branchiodèle. T. d'hist. nat.

TUBICOLÉES, s. f. pl. Testacés conchifères. T. d'hist. nat.

TUBIFÈRES, s. m. pl. Famille de champignons. T. de bot.

TUBILOMBRIC, s. m. Lombric tubuleux. T. d'hist. nat.

TUBIPORE, s. m. Polypier pierreux. T. d'hist. nat.

TUBITÈLES, s. f. pl. Arachnides. T. d'hist. nat.

TUBŒUF, s. m. Com. du dép. de l'Orne, cant. de l'Aigle, arr. de Mortagne. = l'Aigle.

TUBU ou CALAPPA-TUBU, s. m. Cocotier des îles Malaises. T. de bot.

TUBULAIRE, s. f. Polypier nu. T. d'hist. nat.

TUBULÉ, E, adj. Garni d'un tube, d'un tuyau. —, muni d'une ou de plusieurs tubulures. T. de chim.

TUBULEUX, EUSE, ou TUBILIFORME, adj. En forme de tube.

TUBULICOLE, adj. Qui habite un tuyau; ver tubulicole.

TUBULINE, s. f. Champignon du genre sphérocarpe. T. de bot.

TUBULITHE, s. f. Dentale fossile. T. d'hist. nat.

TUBULURE, s. f. Ouverture d'un vaisseau chimique pour recevoir un tube.

TUBULUS, s. m. Production marine animale. T. d'hist. nat.

TUCAN, s. m. Espèce de taupe du Mexique. T. d'hist. nat.

TUCHAN, s. m. Com. du dép. de l'Aude, chef-lieu de cant. de l'arr. de Carcassonne. Bur. d'enregist. et de poste à Lagrasse.

TUCQUEGNIEUX, s. m. Com. du dép. de la Moselle, cant. d'Audun-le-Roman, arr. de Briey. = Briey.

TUDE (la), s. f. Petite rivière dont la source se trouve dans le cant. de la Valette, dép. de la Charente, et qui se jette dans la Dronne, après un cours d'environ 8 l.

TUDELLE, s. f. Com. du dép. du Gers, cant. de Vic-Fezensac, arr. d'Auch. = Vic-Fezensac.

TUDESQUE, s. m. Langue des anciens Allemands. —, adj. Germanique. —, dur, rocailleux, barbare à l'oreille; style tudesque. Fig.

TUDY (l'Isle-), s. f. Com. du dép. du Finistère, cant. de Pont-l'Abbé, arr. de Quimper. = Quimper.

TUE-BREBIS, s. m. Voy: GRASSETTE.
TUE-CHIEN, s. m. Voy. COLCHIQUE.
TUE-LOUP, s. m. Voy. ACONIT.
TUE-POISSON, s. m. Voy. BAILLÈRE.

TUER, v. a. Ôter la vie d'une manière violente; ne se dit ni des criminels, ni de ceux qui ont été empoisonnés, noyés, étouffés. —, altérer la santé, fatiguer excessivement; causer un profond chagrin; inquiéter. —, importuner, incommoder. Fig. —, détruire; éteindre; faire disparaître, éclipser, anéantir. —, en parlant des animaux, assommer, égorger. Se —, v. pron. Se donner la mort, se suicider. Se —, altérer sa santé, se fatiguer, se tourmenter à l'excès. Se — à... ou de... se donner beaucoup de peine pour....

TUERIE, s. f. Carnage, massacre. —, abattoir.

TUERO, s. m. Plante ombellifère. T. de bot.

TUE-TÊTE (à), adv. De toute sa force; crier à tue-tête.

TUEUR, s. m. Celui qui tue les porcs, etc. —, bretteur, coupe-jarret, assassin. — de gens, fanfaron, faux-brave. T. fam.

TUE-VENT, s. m. Abri de paillasson ou de planches.

TUF, s. m. Sorte de pierre tendre; terre blanche, sèche et dure sous la terre végétale. — calcaire, mêlé de terre calcaire. — volcanique, formé par les cendres d'un volcan. —, ignorance recouverte d'une teinte de savoir. Fig. —, sorte de grosse étoffe.

TUFEAU, s. m. Pierre de tuf.

TUFFÉ, s. m. Com. du dép. de la Sarthe, chef-lieu de cant. de l'arr. de Mamers. Bur. d'enregist. à Bonnétable. = Connerré. Fabr. et comm. de toiles de chanvre, faïence et poterie estimées.

TUFIER, ÈRE, adj. Qui est de la nature du tuf.

TUFFIÈRE, s. m. Nom d'un personnage de comédie, d'un marquis bouffi d'orgueil.

TUGDUHAL, s. m. Com. du dép. du Morbihan, cant. de Guémené, arr. de Pontivy. = le Faouet.

TUGERAS, s. m. Com. du dép. de la Charente-Inférieure, cant. de Montendre, arr. de Jonzac. = Montendre.

TUGNY-ET-PONT-DE-TUGNY, s. m. Com. du dép. de l'Aisne, cant. de St.-Simon, arr. de St.-Quentin. = Ham.

TUGUE ou TUGE, s. f. Espèce de faux tillac au-devant de la dunette, pour se mettre à l'abri du vent et du soleil. T. de mar.

TUILAGE, s. m. Dernière façon aux draps.

TUILE, s. f. Plaque de terre cuite pour couvrir les toits. —, planchette recouverte d'un mastic, pour coucher le poil du drap. —, espèce de lingotière. T. d'orfév.

TUILÉ, E, part. Poli, lustré avec la tuile, en parlant du drap. —, adj. Voy. IMBRIQUÉ.

TUILEAU, s. m. Morceau de tuile.

TUILÉE, s. f. Voy. FAÎTIÈRE.

TUILER, v. a. Polir, lustrer le drap avec la tuile. —, v. n. Entonner un verset avant la fin du précédent. T. fam.

TUILERIE, s. f. Etablissement où l'on fait de la tuile. Les —, pl. Palais habité par la cour de France, à Paris.

TUILERIE (la), s. f. Com. du dép. du Jura, cant. de Montmirey, arr. de Dôle. = Dôle.

TUILETTE, s. f. Plaque d'argile.

TUILHAC, s. m. Com. du dép. de la Gironde, cant. de Bourg, arr. de Blaye. = Bourg-sur-Gironde.

TUILIER, s. m. Ouvrier qui fait des tuiles.

TUITION, s. f. Action de voir; protection. (Vi.)

TULA, s. m. Plante rubiacée du Pérou. T. de bot.

TULAXODE, s. m. Vermiculaire conique. T. d'hist. nat.

TULBAGE, s. m. Espèce de narcisse. T. de bot.

TULETTE, s. f. Com. du dép. de la Drôme, cant. de Pierrelatte, arr. de Montélimar. = Pierrelatte.

TULIPAIRE, s. m. Polypier des Antilles. T. d'hist. nat.

TULIPE, s. f. Plante bulbeuse, genre de liliacées renfermant un grand nombre d'espèces; sa fleur printannière, sans odeur. — du Cap, hémanthe écarlate. —, coquille du genre du cône. T. d'hist. nat.

TULIPIER, s. m. Arbre tulipifère d'Amérique. T. de bot.

TULIPIFÈRES, s. m. pl. Famille de plantes dicotylédones, polypétales, à étamines hypogynes. T. de bot.

TULLE, s. m. Espèce de dentelle.

TULLE (Ste.-), s. f. Com. du dép. des Basses-Alpes, cant. de Manosque, arr. de Forcalquier. = Manosque.

TULLE, s. f. Ville du dép. de la Corrèze, chef-lieu de préf., d'une sous-préf. et de 2 cant.; trib. de 1re inst. et de comm.; biblioth. pub.; ingén. des ponts-et-chaussées; direct. de l'enregist. et des domaines; conserv. des hypoth.; direct. des contrib. dir. et indir.; bur. de garantie des matières d'or et d'argent; recev. gén. des finances. Bur. d'enregist. et de poste. Pop. 8,480 hab. env.

Cette ville est située au confluent de la Corrèze et du Solan, dans un pays montagneux et semé de précipices.

Fabr. de dentelles, bougies. Filat. de coton; distilleries d'eaux-de-vie. Comm. d'huile de noix, laines, pelleteries, cuirs, et chevaux estimés.

TULLINS, s. m. Petite ville du dép. de l'Isère, chef-lieu de cant. de l'arr. de St.-Marcellin. Bur. d'enregist. et de poste. Fabr. de jus de cerises; forges, aciéries, martinets pour le cuivre aux environs.

TULLY, s. m. Com. du dép. de la Somme, cant. d'Ault, arr. d'Abbeville. = Eu.

TUMÉFACTION, s. f. Elévation d'une

partie au-dessus du niveau naturel, gonflement, enflure. T. de chir.

TUMÉFIÉ, E, part. Se dit d'une partie contuse, où il s'est formé une tumeur.

TUMÉFIER, v. a. Faire une contusion, occasionner une tumeur. Se —, v. pron. Devenir enflé par l'engorgement des vaisseaux. T. de chir.

TUMEUR, s. f. Enflure, élévation contre nature qui survient dans quelque partie du corps. T. de chir.

TUMULAIRE, adj. Qui est relatif à la tombe; pierre tumulaire.

TUMULTE, s. m. Vacarme, trouble, grand mouvement tumultueux accompagné de bruit et de désordre. En —, adv. En confusion, en désordre.

TUMULTUAIRE, adj. Fait avec désordre, avec trouble et précipitation contre les formes et les lois; délibération tumultuaire.

TUMULTUAIREMENT, adv. d'une manière tumultuaire.

TUMULTUEUSEMENT, adv. D'une manière tumultueuse, en tumulte.

TUMULTUEUX, EUSE, adj. Confus, bruyant; cris tumultueux. —, où règne le tumulte; assemblée tumultueuse. —, emporté, séditieux; esprit tumultueux.

TUNGA, s. m. Puce d'Amérique, qui pénètre sous les ongles des orteils.

TUNGSTATE, s. m. Nom générique des sels formés par la combinaison de l'acide tungstique avec différentes bases. T. de chim.

TUNGSTHÈNE, s. m. Demi-métal très dur, très cassant, acidifiable, calcinable, crystallisable en forme d'octaèdre. T. d'hist. nat.

TUNGSTIQUE, adj. Dont le tungsthène est la base; acide tungstique.

TUNHIEN, s. m. Arbrisseau de la Cochinchine. T. de bot.

TUNICELLE, s. f. Petite tunique.

TUNICIERS, s. m. pl. Animaux sans vertèbres. T. d'hist. nat.

TUNIQUE, s. f. Vêtement de dessous des anciens; partie du vêtement d'un évêque sous la chasuble. Voy. DALMATIQUE. —, membrane, pellicule. T. d'anat. et de bot.

TUNIS, s. m. Etat barbaresque entre Alger et Tripoli, borné N. et O. par la Méditerranée. —, ville capitale de cette régence, sur un lac qui communique à la Méditerranée, près l'emplacement de l'ancienne Carthage.

TUNISIEN, NE, s. et adj. Habitant de Tunis; qui concerne la régence et la ville de Tunis.

TUNTING, s. m. Com. du dép. de la Moselle, cant. de Sierck, arr. de Thionville. = Thionville.

TUORBE, s. m. Voy. TUORBE.

TUPIGNY, s. m. Com. du dép. de l'Aisne, cant. de Wasigny, arr. de Vervins. = Guise.

TUPINAMBIS, s. m. Lézard d'Amérique. T. d'hist. nat.

TUPIN-ET-SEMONS, s. m. Com. du dép. du Rhône, cant. de Ste.-Colombe, arr. de Lyon. = Condrieu.

TUPISTRE, s. m. Plante de l'hexandrie, sixième classe des végétaux. T. de bot.

TUQUET, s. m. Sorte de hibou.

TURBAN, s. m. Coiffure des musulmans et de la plus grande partie des orientaux. Prendre le —, se faire mahométan. —, pl. Toile de coton rayée pour couvrir les turbans.

TURBARIÉ, E, adj. Se dit des lieux d'où l'on tire la tourbe.

TURBATIF, IVE, adj. Qui trouble. T. inus.

TURBE, s. f. Multitude, nombre de personnes réunies. (Vi.)

TURBÉ, s. m. Chapelle sépulcrale d'une mosquée impériale; tombeau d'une sultane.

TURBIER, s. m. Témoin entendu par turbe. (Vi.)

TURBINE, s. f. Jubé claustral.

TURBINÉ, E, adj. Contourné en spirale, en forme de cône renversé. T. d'hist. nat. et de bot.

TURBINELLE, s. f. Mollusque céphalé, gastéropode. T. d'hist. nat.

TURBINELLIER, s. m. Animal renfermé dans les turbinelles. T. d'hist. nat.

TURBINITES, s. f. Coquillage fossile en spirale. T. d'hist. nat.

TURBITH, s. m. Espèce de liseron de l'île de Ceylan, à racines purgatives. — minéral, sulfate de mercure jaune.

TURBOT, s. m. Poisson de mer plat, du genre du pleuronecte.

TURBOTIÈRE, s. f. Vase de cuivre à double fond, dont l'un est percé, pour faire cuire le turbot.

TURBOTIN, s. m. Petit turbot.

TURBULEMMENT, adv. D'une manière turbulente.

TURBULENCE, s. f. Caractère d'une personne turbulente; impétuosité bruyante, trouble.

TURBULENT, E, adj. Impétueux, porté à faire du bruit, à exciter du trouble.

TURC, TURQUE, s. Originaire de la Turquie. —, la langue turque. —, homme inexorable, sans pitié. Fig. —, sorte de petit ver qui ronge les arbres. Le grand —, l'empereur de Turquie. —, adj. Qui appartient à la Turquie; qui concerne les Turcs, leur est propre. Chien —, espèce de chien sans poil.

TURCEY, s. m. Com. du dép. de Côte-d'Or, cant. de Vitteaux, arr. de Semur. = Semur.

TURCIE, ou **TURBIE**, s. f. Levée de terre pour empêcher le débordement d'une rivière.

TURCKHEIM, s. m. Petite ville du dép. du Haut-Rhin, cant. de Wintzenheim, arr. de Colmar. = Colmar. Cette ville, située sur la Fecht, est entourée de bons vignobles. Comm. de vins; papeterie; mine de vif-argent aux environs.

TURCOL, s. m. Hermitage des Brachmanes.

TURCOMANE, s. et adj. Partisan, admirateur des Turcs.

TURCOMANIE, s. f. Engouement pour les mœurs et les coutumes turques; admiration pour le despotisme du gouvernement turc.

TURCOPHILE, s. m. Ami des Turcs.

TURCOPOLE, s. et adj. Né d'un Turc et d'une Grecque.

TURCOPOLIER, s. m. Dignité, chef de la langue anglaise dans l'ordre de Malte.

TURELURE, s. f. Refrain de chanson. C'est toujours la même —, c'est toujours la même chose, la même chanson. T. fam.

TURENNE, s. f. Petite ville du dép. de la Corrèze, cant. de Meyssac, arr. de Brive. = Creissensac. Mines de fer, cuivre, étain et plomb.

TURGESCENCE, s. f. Voy. Orgasme. T. de méd.

TURGESCENT, E, adj. Qui se gonfle, qui s'enfle. T. de méd.

TURGIDE, adj. Boursouflé. T. inus.

TURGON, s. m. Com. du dép. de la Charente, cant. de Champagne-Moulin, arr. de Confolens. = Ruffec.

TURGOT, s. m. Sorte de papier.

TURGOTINE, s. f. Sorte de voiture publique.

TURGY, s. m. Com. du dép. de l'Aube, cant. de Chaource, arr. de Bar-sur-Seine. = Chaource.

TURIE, s. f. Plante du genre des cucurbitacées. T. de bot.

TURION, s. m. Bourgeon radical des plantes vivaces. T. de bot.

TURIQUE, s. et adj. f. Gomme arabique.

TURLOTTE, s. f. Pêche à la ligne.

TURLUPIN, s. m. Acteur comique, célèbre farceur du théâtre de l'hôtel de Bourgogne où il a joué pendant plus de cinquante ans. —, mauvais plaisant qui fait de mauvaises pointes, des jeux de mots remplis d'équivoques grossières. Fig.

TURLUPINADE, s. f. Plaisanterie de Turlupin, pointe triviale, mauvais jeu de mots.

TURLUPINÉ, E, part. Tourmenté par des turlupinades; tourné en ridicule.

TURLUPINER, v. a. Se moquer de quelqu'un en débitant des turlupinades, tourner en ridicule. —, v. n. faire des turlupinades, de mauvaises plaisanteries.

TURLURETTE, s. f. Sorte de guitare dont jouaient les mendians sous Charles VI.

TURLUT, s. m. Sorte d'alouette.

TURLUTAINE, s. f. Serinette. T. fam. et inus.

TURLUTER, v. n. Imiter le chant du turlut; contrefaire le son du flageolet.

TURME, s. f. Partie d'une légion romaine. T. d'antiq.

TURNAIRE, s. m. Chanoine qui nomme à son tour aux bénéfices vacans.

TURNEPS, s. m. Chou de Laponie, espèce de navet; énorme rave.

TURNÈRE, s. f. Plante de la famille des portulacées. T. de bot.

TURNIX, s. m. Caille de l'île de Madagascar. T. d'hist. nat.

TURNUS, s. m. Roi des Rutules auquel la main de Lavinie avait été promise. Il fut tué par Enée, son rival, dans un combat singulier.

TURNY, s. m. Com. du dép. de l'Yonne, cant. de Brinon, arr. de Joigny. = St.-Florentin.

TURPITUDE, s. f. Ignominie; action honteuse; obscénité.

TURPOT, s. m. Solive au château d'avant. T. de mar.

TURQUANT, s. m. Com. du dép. de Maine-et-Loire, cant. et arr. de Saumur. = Saumur.

TURQUERIE, s. f. Manière turque. T. inus.

TURQUESTEIN, s. m. Com. du dép. de la Meurthe, cant. de Lorquin, arr. de Sarrebourg. = Blamont.

TURQUET, s. m. Petit chien; sorte de froment.

TURQUETTE, s. f. Voy. Herniole.

TURQUEVILLE, s. f. Com. du dép. de la Manche, cant. de Ste.-Mère-Eglise, arr. de Valognes. = Ste.-Mère-Eglise.

TURQUIE, s. f. Vaste empire dont la puissance militaire fit trembler l'Europe chrétienne et qui, resté stationnaire au milieu des progrès de la civilisation, s'est trouvé débordé par ses puissans voisins, qui so sont emparés successivement de la majeure partie de ses possessions en Europe. Cet empire se divisait en Turquie européenne et en Turquie asiatique. La première comprenait, au N., la Moldavie, la Valachie, la Bosnie et la Bulgarie; au centre, la Romélie et l'Albanie; au S., la Morée, les îles de l'Archipel et Candie. La seconde se composait de l'Anatolie, la Caramanie, pays de Roum, l'île de Chypre, Syrie, Arménie, Géorgie, Diarbékir, Kourdistan et Mésopotamie. Quant aux possessions Turques en Afrique, l'Egypte avec une partie de la Nubie, les régences d'Alger, de Tunis et de Tripoli, le pouvoir du grand-seigneur n'y était que nominal; les pachas ou deys lui rendant seulement hommage et étant censés tenir de lui leur investiture.

TURQUIN, s. m. Oiseau, tangara bleu du Brésil. —, adj. Foncé, couvert; bleu turquin.

TURQUOISE, s. f. Pierre précieuse, bleue, sans transparence. —, sorte d'étoffe croisée.

TURRÉE, s. f. Genre de méliacées. T. de bot.

TURRETOT, s. m. Com. du dép. de la Seine-Inférieure, cant. de Criquetot-l'Esneval, arr. du Hâvre. = le Hâvre.

TURRIERS, s. m. Com. du dép. des Basses-Alpes, chef-lieu de cant. de l'arr. de Sisteron, où se trouve le bur. d'enregist. = Sisteron.

TURRILITHE, s. f. Testacé fossile. T. d'hist. nat.

TURRITELLE, s. f. Genre de testacés univalves. T. d'hist. nat.

TURSAC, s. m. Com. du dép. de la Dordogne, cant. de St.-Cyprien-et-Lussas, arr. de Sarlat. = le Bugue.

TUSCULANES, s. f. pl. Œuvres philosophiques de Cicéron.

TUSÈBE, s. m. Marbre noir.

TUSSILAGE, s. m. Plante corymbifère. T. de bot.

TUSSON, s. m. Com. du dép. de la Charente, cant. d'Aigre, arr. de Ruffec. = Aigre.

TUT, s. m. ou TUTE, s. f. Creuset d'essai, à pattes.

TUTÉLAIRE, adj. Qui tient sous sa garde, sous sa protection; génie tutélaire.

TUTELLE, s. f. Autorité donnée par la loi, le magistrat, ou par testament pour prendre soin de la personne et des biens d'un mineur; état d'un mineur. —, défense, protection; état d'une personne qui se laisse gouverner par une autre; dépendance, surveillance gênante. Fig.

TUTEUR, TRICE, s. Protecteur, administrateur comptable de la personne et des biens d'un mineur. —, perche qui soutient un jeune arbre. T. de jard.

TUTIE, s. f. Suie métallique, oxyde de zinc.

TUTOIEMENT ou TUTOÎMENT, s. m. Action de tutoyer.

TUTOYÉ, E, part. Se dit d'une personne avec laquelle on est sur le pied de l'égalité, qu'on a coutume d'appeler toi, tu.

TUTOYER, v. a. Se servir des mots tu, toi, te, en parlant à quelqu'un.

TUTOYEUR, EUSE, s. Personne grossière qui a l'habitude de tutoyer.

TUYAU, s. m. Canal de métal, de bois, de terre cuite, etc. Voy. TUBE. —, tige creuse de certaines plantes; bout creux des plumes; partie de la cheminée qui sert de conduit à la fumée; canal qui communique du siége à la fosse des lieux d'aisance. —, poisson du genre du syngnathe. — de mer, coquillage en forme de chalumeau. T. d'hist. nat.

TUYÈRE, s. f. Ouverture d'un fourneau de forge, pour le bec du soufflet.

TUZAGUET, s. m. Com. du dép. des Hautes-Pyrénées, cant. de Nestier, arr. de Bagnères. = Montrejeau.

TUZAN (le), s. m. Com. du dép. de la Gironde, cant. de St.-Symphorien, arr. de Bazas. = Bazas.

TUZIE, s. f. Com. du dép. de la Charente, cant. de Villefagnan, arr. de Ruffec. = Ruffec.

TY, s. m. Flûte chinoise à six trous.

TYLIPHORE, s. f. Genre d'arbustes de la Nouvelle-Hollande. T. de bot.

TYLODINA, s. f. Genre de mollusques. T. d'hist. nat.

TYLOPODES, s. m. pl. Mammifères ruminans. T. d'hist. nat.

TYMBRE, s. m. Sarriette de l'île de Crète.

TYMORPHITE, s. m. Pierre qui ressemble au fromage.

TYMPAN, s. m. Membrane située à l'entrée du canal auditif. Voy. TAMBOUR. —, peau sur un châssis. T. d'impr. —, espace du fronton entre les trois corniches. T. d'arch. —, panneau encadré. T. de menuis. —, machine en forme de roue qui sert à élever l'eau. T. d'hydr. —, pignon enté. T. de mécan.

TYMPANE, s. f. Champignon sessile. T. de bot.

TYMPANIQUE, adj. Qui a rapport à la cavité du tympan. T. d'anat.

TYMPANISÉ, E, part. Décrié hautement, exposé à la risée publique.

TYMPANISER, v. a. Décrier hautement, se moquer publiquement de quelqu'un.

TYMPANITE, s. f. Hydropisie sèche causée par une accumulation de gaz dans les intestins. T. de méd.

TYMPANNE, s. f. Pièce d'étoffe étendue d'un pilier à l'autre. T. inus.

TYMPANON, s. m. Instrument de musique à cordes qu'on touche avec des baguettes.

TYMPE, s. f. Pierre devant le fourneau de forges.

TYNDARE, s. m. Roi d'Œbalie, mari de Léda. T. de myth.

TYNDARIDES, s. m. pl. Castor et Pollux, fils de Tyndare et, en général, les descendans de ce roi. T. de myth.

TYPE, s. m. Modèle, figure originale; symbole, emblème sur le champ d'une médaille. —, description graphique. T. d'astr. —, ordre dans lequel se manifestent et se succèdent les symptômes d'une maladie. T. de méd.

TYPHIQUE, adj. Qui a rapport au typhus.

TYPHLE, s. m. Poisson du genre du syngnathe. T. d'hist. nat.

TYPHLOPS, s. m. Reptile ophidien. T. d'hist. nat.

TYPHOÏDE, adj. Se dit d'une fièvre ardente et continue. Voy. TYPHUS. T. de méd.

TYPHOÏDES, s. f. pl. Famille de plantes monocotylédones à étamines hypogynes. T. d'hist. nat.

TYPHOMANIE, s. f. Délire léthargique, coma vigil. T. de méd.

TYPHON, s. m. Vent furieux, d'une violence extrême. Voy. TROMBE.

TYPHU, s. m. Plante aquatique en forme de masse.

TYPHUS, s. m. Fièvre continue, aiguë, avec prostration des forces. T. de méd.

TYPIQUE, adj. Allégorique, symbolique.

TYPOGRAPHE, s. m. Compositeur d'imprimerie.

TYPOGRAPHIE, s. f. Art de l'imprimerie.

TYPOGRAPHIQUE, adj. Qui appartient, est relatif à la typographie.

TYPOGRAPHIQUEMENT, adv. A la manière des typographes.

TYPOGRAPHISTE, s. m. Typographe. T. inus.

TYPOLITHE, s. f. Pierre figurée qui porte des empreintes de pierres ou d'animaux. T. d'hist. nat.

TYPOMANE, s. m. Auteur qui a la manie de faire imprimer.

TYPOMANIE, s. f. Manie, fureur de se faire imprimer.

TYR, s. m. Ancienne ville de Phénicie.

TYRAN, s. m. Usurpateur de la puissance souveraine. —, prince injuste et cruel qui méconnaît les lois et gouverne despotiquement, sans frein. —, celui qui abuse de son autorité; tyran domestique. —, se dit de tout ce qui tyrannise, violente, réduit à une sorte d'esclavage —, genre d'oiseaux sylvains. T. d'hist. nat.

TYRANNEAU, s. m. Tyran subalterne. —, genre d'oiseaux sylvains. T. d'hist. nat.

TYRANNICIDE, s. m. et adj. Celui qui tue un tyran.

TYRANNIE, s. f. Domination usurpée, gouvernement d'un tyran, d'un usurpateur. —, gouvernement injuste et cruel, abus de la force, du pouvoir. —, toute sorte d'oppression et de violence. —, empire despotique des passions, de certaines choses sur l'esprit. Fig.

TYRANNIQUE, adj. Qui tient de la tyrannie.

TYRANNIQUEMENT, adv. D'une manière tyrannique.

TYRANNISÉ, E, part. Gouverné, traité tyranniquement.

TYRANNISER, v. a. Gouverner, traiter tyranniquement. Prop. et fig.

TYRIAMÉTHYSTE, s. f. Pierre précieuse de couleur purpurine.

TYRIANTIN, adj. m. Se dit d'un cristal de couleur de pourpre violette.

TYRIE, s. m. Serpent.

TYRIMNE, s. m. Chardon panaché. T. de bot.

TYROL, s. m. Pays montagneux qui appartient à l'empire d'Autriche, sur les confins de l'Allemagne et de l'Italie, borné N. par la Bavière, E. Salzbourg, S. par le royaume Lombardo-Vénitien, et O. par la Suisse.

TYROMANCIE, s. f. Divination par le fromage.

TYROMORPHYTE, s. f. Pierre qui imite un morceau de fromage. Voy. TYMORPHITE.

TYRON, s. m. Soldat de nouvelle levée. T. d'antiq.

TYROQUI, s. m. Plante du Brésil. T. de bot.

TYROTARIQUE, s. m. Aliment des

Romulus composé de fromage et de plusieurs autres substances salées.

TYRSYGÈRE, adj. Qui porte du lierre; orné de lierre.

TZAR, s. m. Voy. Czar.

TZÉIRAN, s. m. Espèce de gazelle d'Asie, à cornes en branches de lierre. T. d'hist. nat.

TZETZÉLIEN, s. m. Cymbale d'airain des Lévites.

U.

U, s. m. Vingt-unième lettre de l'alphabet, cinquième voyelle.

UBAYE, s. f. Com. du dép. des Basses-Alpes, cant. de Lauzet, arr. de Barcelonnette. = Barcelonnette.

UBAYE (l'), s. f. Rivière qui prend sa source dans l'arr. de Barcelonnette, dép. des Basses-Alpes, et qui se jette dans la Durance à 1 l. au-dessous d'Ubaye, après un cours d'environ 16 l.

UBERACH, s. m. Com. du dép. du Bas-Rhin, cant. de Niederbronn, arr. de Wissembourg. = Wissembourg.

UBERKINGER, s. m. Com. du dép. de la Moselle, cant. de Sarralbe, arr. de Sarreguemines. = Sarreguemines.

UBERTÉ, s. f. Abondance.

UBEXY, s. m. Com. du dép. des Vosges, cant. de Charmes, arr. de Mirecourt. = Charmes.

UBION, s. m. Plante du genre des asparagoïdes. T. de bot.

UBIQUISTE, s. m. Dans l'ancienne université de Paris, docteur en théologie qui n'était attaché à aucun collége. —, homme à qui tous les lieux sont indifférens, qui se trouve bien partout.

UBIQUITAIRES, s. m. pl. Luthériens qui admettent la présence de J.-C. dans l'eucharistie.

UBIQUITÉ, s. f. Omniprésence. T. inus.

UBITRE, s. m. Poisson du Brésil.

UBRAYE, s. f. Com. du dép. des Basses-Alpes, cant. d'Annot, arr. de Castellanne. = Entrevaux.

UBRIDE, adj. Voy. Hybride.

UCCIANI, s. m. Com. du dép. de la Corse, cant. de Bocognano, arr. d'Ajaccio. = Ajaccio.

UCEL, s. m. Com. du dép. de l'Ardèche, cant. d'Aubenas, arr. de Privas. = Aubenas.

UCHAC-ET-PARENTIS, s. m. Com. du dép. des Landes, cant. et arr. de Mont-de-Marsan. = Mont-de-Marsan.

UCHAUD, s. m. Com. du dép. du Gard, cant. de Vauvert, arr. de Nismes. = Nismes.

UCHAUX, s. m. Com. du dép. de Vaucluse, cant. et arr. d'Orange. = Orange.

UCHENTEIN, s. m. Com. du dép. de l'Ariége, cant. de Castillon, arr. de St.-Girons. = St.-Girons.

UCHIZI, s. m. Com. du dép. de Saône-et-Loire, cant. de Tournus, arr. de Mâcon. = Tournus.

UCHON, s. m. Com. du dép. de Saône-et-Loire, cant. de Mesvres, arr. d'Autun. = Autun.

UCKANGE, s. m. Com. du dép. de la Moselle, cant. et arr. de Thionville. = Thionville.

UDINE, s. f. Ville du royaume Lombardo-Vénitien, siége d'un archevêché. Pop. 17,000 hab. env.

UDOMÈTRE, s. m. Voy. Hygromètre.

UDORE, s. f. Elodée du Canada. T. de bot.

UDROMÈTRE, s. m. Voy. Ombromètre.

UEBERKUMEN, s. m. Com. du dép. du Haut-Rhin, cant. de Dannemarie, arr. de Belfort. = Belfort.

UEBERSTRASS, s. m. Com. du dép. du Haut-Rhin, cant. de Hirsingue, arr. d'Altkirch. = Altkirch.

UFFHEIM, s. m. Com. du dép. du Haut-Rhin, cant. de Landser, arr. d'Altkirch. = Huningue.

UFFHOLTZ, s. m. Com. du dép. du Haut-Rhin, cant. de Cernay, arr. de Belfort. = Cernay.

UGLAS, s. m. Com. du dép. des Hautes-Pyrénées, cant. de Lannemezan, arr. de Bagnères. = Tarbes.

UGNA, s. m. Com. du dép. du Jura, cant. d'Arinthod, arr. de Lons-le-Saulnier. = Orgelet.

UGNOUAS, s. m. Com. du dép. des Hautes-Pyrénées, cant. de Rabastens, arr. de Tarbes. = Tarbes.

UGNY, s. m. Com. du dép. de la Meuse, cant. de Vaucouleurs, arr. de Commercy. = Vaucouleurs.

UGNY, s. m. Com. du dép. de la Moselle, cant. de Longuion, arr. de Briey. = Longuion.

UGNY-LE-GAY, s. m. Com. du dép. de l'Aisne, cant. de Chauny, arr. de Laon. = Chauny.

UGNY-L'ÉQUIPÉE, s. m. Com. du dép. de la Somme, cant. de Ham, arr. de Péronne. = Ham.

UGOLA, s. m. Champignon clavaire. T. de bot.

UHART-CIZE, s. m. Com. du dép. des Basses-Pyrénées, cant. de St.-Jean-Pied-de-Port, arr. de Mauléon. = St.-Jean-Pied-de-Port.

UHART-MIXE, s. m. Com. du dép. des Basses-Pyrénées, cant. de St.-Palais, arr. de Mauléon. = St.-Palais.

UHLWILLER, s. m. Com. du dép. du Bas-Rhin, cant. d'Haguenau, arr. de Strasbourg. = Haguenau.

UHRWILLER, s. m. Com. du dép. du Bas-Rhin, cant. de Niederbronn, arr. de Wissembourg. = Haguenau.

UKASE, s. m. Edit du czar, de l'empereur de Russie.

UKRAINE, s. f. Ancienne dénomination de la partie S.-O. de la Russie, qui forme aujourd'hui plusieurs gouvernemens.

UKRANIEN, NE, s. et adj. Habitant de l'Ukraine; qui concerne cette contrée de la Russie.

ULA, s. m. Arbrisseau de la côte du Malabar.

ULCÉRATION, s. f. Ulcère superficiel; formation d'un ulcère. —, rancune, ressentiment profond. Fig.

ULCÈRE, s. m. Solution de continuité, ancienne, dans une partie molle, avec érosion de substance et écoulement de pus. T. de chir.

ULCÉRÉ, E, part. Formé en ulcère, affecté d'ulcère. —, qui garde un profond ressentiment. Fig. Conscience —, pressée, tourmentée par des remords.

ULCÉRER, v. a. Causer, produire un ulcère. —, blesser, irriter, faire naître un ressentiment profond et durable. Fig. —, v. n. et s'—, v. pron. Dégénérer en ulcère.

ULCÉREUX, EUSE, adj. De la nature de l'ulcère; couvert d'ulcères.

ULCOT, s. m. Com. du dép. des Deux-Sèvres, cant. d'Argenton-Château, arr. de Bressuire. = Argenton-Château.

ULÉIOTE, s. f. Genre d'insectes coléoptères. T. d'hist. nat.

ULEMAIN-LARUE, s. m. Village du dép. des Vosges, cant. de Xertigny, arr. d'Épinal. = Epinal.

ULIGINAIRE, adj. Qui croît dans les lieux uligineux. T. de bot.

ULIGINEUX, EUSE, adj. Humide, marécageux. T. de bot.

ULLOA, s. m. Arbuste parasite du Pérou. T. de bot.

ULLY-ST.-GEORGES, s. m. Com. du dép. de l'Oise, cant. de Neuilly-en-Thelle, arr. de Senlis. = Clermont-en-Beauvoisis.

ULM, s. m. Ville fortifiée du royaume de Wurtemberg, sur la rive gauche du Danube.

ULMACÉES, s. f. pl. Famille de plantes. T. de bot.

ULMAIRE, s. f. Plante, espèce de spirée. T. de bot.

ULMES (les), s. m. pl. Com. du dép. de Maine-et-Loire, cant. de Doué, arr. de Saumur. = Doué.

ULMINE, s. f. L'un des principes immédiats des végétaux, extrait de l'orme noir. T. d'hist. nat.

ULOBORE, s. m. Genre d'insectes arachnides. T. d'hist. nat.

ULOPHONE, s. m. Gomme vénéneuse.

ULOTA, s. m. Genre de mousses. T. de bot.

ULPHACE (St.-), s. m. Com. du dép. de la Sarthe, cant. de Montmirail, arr. de Mamers. = la Ferté-Bernard.

ULRIC (St.-), s. m. Com. du dép. du Haut-Rhin, cant. de Hirsingue, arr. d'Altkirch. = Altkirch.

ULTÉRIEUR, E, adj. Qui est au-delà; l'opposé de citérieur. —, qui vient, qui a été fait après, en parlant d'une demande, d'une proposition.

ULTÉRIEUREMENT, adv. Par delà. —, outre, depuis ce qui a été dit ou fait.

ULTIMATUM, s. m. (mot latin.) Dernière et irrévocable condition d'un traité. T. de diplom.

ULTRA, s. m. (mot latin.) Homme exagéré dans ses principes politiques.

ULTRACISME, s. m. Exagération dans les opinions politiques.

ULTRAMÉDIAIRE, adj. f. Qui passe la moitié du juste prix; lésion ultramédiaire.

ULTRAMONDAIN, E, adj. au-delà du monde; espace ultra-mondain.

ULTRAMONTAIN, s. m. Partisan de la souveraineté absolue et universelle du pape.

ULTRAMONTAIN, E, s. et adj. Qui est au-delà des montagnes, des Alpes, Italien; qui est admis, reçu au-delà des Alpes.

ULTRAMONTANISME, s. m. Système des ultramontains, des partisans de la souveraineté universelle du pape.

ULTRA-RÉVOLUTIONNAIRE, s. et

adj. Fanatique, dangereux novateur qui, pour atteindre à une perfectibilité idéale, cherche à saper les fondemens de l'édifice social ; homme possédé de la funeste manie de renverser les institutions de son pays, sans s'inquiéter de ce qu'on pourrait mettre à la place.

ULTRA-ROYALISTE, s. m. Partisan aveugle de l'absolutisme, d'une monarchie sans contrôle; royaliste outré.

ULULA, s. f. Grande chevêche. T. d'hist. nat.

ULVE, s. f. Espèce d'algue. T. de bot.

ULYSSE, s. m. Fils de Laërte et d'Anticlée, roi de deux petites îles de la mer Ionienne, Ithaque et Dulichie. Il contrefit l'insensé pour ne point être forcé de quitter sa famille à l'époque du siége de Troie; mais cette ruse fut découverte par Palamède. Il partit, et lui-même se signala bientôt par sa prudence et ses artifices. En effet, ce fut lui qui alla chercher Achille à la cour de Lycomède où il parvint à le découvrir, déguisé en femme, en présentant aux dames des bijoux parmi lesquels il avait mêlé des armes dont le jeune prince fit choix. En un mot, Ulysse est un des héros grecs que le génie d'Homère a immortalisés ; il était l'âme de tous les conseils comme de toutes les grandes entreprises. Ce fut lui qui, de concert avec Diomède, enleva le palladium. Après la prise de Troie, s'étant embarqué pour retourner dans sa patrie, il lutta pendant dix ans contre les tempêtes et fut jeté successivement dans l'île de Circé, où cette enchanteresse, qui eut de lui un fils nommé Télégone, voulut le retenir ; en changeant ses compagnons en pourceaux ; puis dans l'île de Calypso, et dans l'île des cyclopes où Polyphème dévora quatre de ses soldats et l'enferma dans son antre, dont il sortit adroitement. Enfin, après un dernier naufrage sur les côtes d'Afrique, tous ses vaisseaux ayant été submergés, il se sauva seul sur un morceau de bois et arriva dans l'île d'Ithaque, sans être reconnu de personne. Néanmoins, il se mit au nombre des concurrens qui devaient tendre un arc dont la main de Pénélope devait être le prix. Seul il parvint à tendre cet arc, se fit reconnaître, rentra dans le sein de sa famille et fit périr tous ses rivaux. Peu de temps après il abdiqua en faveur de Télémaque, parce qu'il avait appris de l'oracle qu'il mourrait de la main de son fils. Il fut en effet tué par Télégone qu'il avait eu de Circé. T. de myth.

UMARI, s. m. Genre de plantes légumineuses. T. de bot.

UMBILIC, s. m. Cotylet umbiliqué. T. de bot. — chevalier, espèce de salmone. — marin, toupie. T. d'hist. nat. Voy. OMBILIC.

UMBLE, s. m. Voy. OMBLE.

UMBON, s. m. Centre extérieur d'un bouclier.

UMIMUK, s. m. Bœuf du nord. T. d'hist. nat.

UM-KI, s. m. Arbrisseau de la Chine. T. de bot.

UMPEAU, s. m. Com. du dép. d'Eure-et-Loir, cant. d'Auneau, arr. de Chartres. = Gallardon.

UN, s. m. Chiffre qui marque le nombre 1.

UN, E, adj. numéral. Le premier de tous les nombres, qui n'admet pas de pluralité. —, seul, unique ; Dieu est un. —, simple; l'action du poëme dramatique doit être une. —, s'emploie comme article et a pour pl. des. C'est tout —, il n'importe, cela est égal. l'— et l'autre, tous les deux. l'— l'autre, les — les autres, pron. indéfini qui marque réciprocité. — à —, adv. Un seul à chaque fois, séparément, successivement, tour à tour, l'un après l'autre.

UNAC, s. m. Com. du dép. de l'Ariége, cant. de Cabannes, arr. de Foix. = Tarascon-sur-Ariége.

Aux environs carrières d'ardoises.

UNANIME, adj. Qui est d'une commune voix, d'un commun accord, d'un même sentiment.

UNANIMEMENT, adv. D'une commune voix, d'un commun sentiment, d'un commun accord.

UNANIMITÉ, s. f. Conformité de sentimens, universalité des suffrages, etc.

UNAU, s. m. Mammifère tardigrade d'Amérique, une des deux espèces de paresseux. T. d'hist. nat.

UNCAIRE-GAMBIR, s. m. Arbre de l'Inde. T. de bot.

UNCEY-LE-FRANC, s. m. Com. du dép. de la Côte-d'Or, cant. de Vitteaux, arr. de Semur. = Vitteaux.

UNCHAIR, s. m. Com. du dép. de la Marne, cant. de Fismes, arr. de Reims. = Fismes.

UNCIFORME, adj. En forme d'ongle, crochu. Os —, se dit du quatrième os de la seconde rangée du carpe. T. d'anat.

UNCINAIRE, s. f. Genre de vers intestinaux. T. d'hist. nat.

UNDÉCIMAL, s. m. Poisson du genre du silure. T. d'hist. nat.

UNDICULATION, s. f. Imitation de l'ondulation des eaux dans un tableau, une gravure.

UNDUREIN, s. m. Com. du dép. des Basses-Pyrénées, cant. et arr. de Mauléon. = Mauléon.

UNGERSHEIM, s. m. Com. du dép. du Haut-Rhin, cant. de Soultz, arr. de Colmar. = Ensisheim.

UNGUÉALE ou UNGUIFÈRE, adj. f. Se dit des phalanges sur lesquelles sont placées les ongles. T. d'anat.

UNGUICULÉ, E, adj. Qui a des ongles. T. d'hist. nat.

UNGUIS, s. m. (mot latin.) Nom donné à deux petits os placés dans chaque orbite, et qui ont quelque ressemblance avec la figure d'un ongle; on les nomme aussi lacrymaux. T. d'anat.

UNGULÉ, E, adj. Qui a l'extrémité des doigts garnie de corne. T. d'hist. nat.

UNI, s. m. Etoffe d'une seule couleur. —, adv. Uniment. A l'—, de niveau, à égale hauteur.

UNI, E, part. et adj. Aplani, rendu égal; joint, marié. —, qui est tout d'une même couleur; sans ornement, au prop. et au fig.; habit, style uni. —, lié d'amitié, d'intérêts.

UNIAC, s. m. Com. du dép. d'Ille-et-Vilaine, cant. de Montauban, arr. de Montfort. = Montfort.

UNIAS, s. m. Com. du dép. de la Loire, cant. de St.-Rambert, arr. de Montbrison. = Montbrison.

UNIBRANCHAPERTURE, s. f. Synbranche, poisson abdominal. T. d'hist. nat.

UNICAPSULAIRE, adj. A une capsule. T. de bot.

UNICITÉ, s. f. Qualité de ce qui est unique.

UNICORNE, s. f. Voy. LICORNE.

UNIÈME, adj. Nombre ordinal de un, une; ne s'emploie qu'après les nombres vingt, trente, etc.; vingt et unième.

UNIÈMEMENT, adv. qui s'emploie avec les mêmes nombres que unième.

UNIENVILLE, s. f. Com. du dép. de l'Aube, cant. de Vendeuvre, arr. de Bar-sur-Aube. = Brienne.

UNIEUX, s. m. Com. du dép. de la Loire, cant. de Chambon, arr. de St.-Etienne. = St.-Etienne.

UNIFLORE, adj. Qui ne porte qu'une fleur. T. de bot.

UNIFOLIUM, s. m. Muguet quadrifide. T. de bot.

UNIFORME, s. m. Habit militaire propre aux soldats de chaque régiment. —, adj. Egal, pareil, semblable, qui a la même forme. Prop. et fig. —, qui ne se dément pas; conduite uniforme. —, qui manque de variété; style uniforme.

UNIFORMÉMENT, adv. D'une manière uniforme, avec uniformité.

UNIFORMISÉ, E, part. Rendu uniforme. T. inus.

UNIFORMISER, v. a. Rendre uniforme. T. inus.

UNIFORMITÉ, s. f. Ressemblance d'une chose avec elle-même, ou de plusieurs choses entre elles.

UNILABIÉE, adj. f. Se dit d'une corolle irrégulière qui ne s'ouvre que d'un côté. T. de bot.

UNILATÉRAL, E, adj. Situé d'un seul côté. Voy. HOMOMALLE. T. de bot.

UNILOBÉ, E, adj. Qui n'a qu'un lobe. T. de bot.

UNILOCULAIRE, adj. Qui n'a qu'une loge. T. de bot.

UNIMENT, adv. D'une manière unie, égale, toujours la même. —, simplement, sans façon.

UNIOLE, s. f. Plante graminée. T. de bot.

UNION, s. f. Jonction de deux ou plusieurs choses. —, mariage; concorde, accord, société. Fig. —, accord de couleurs. T. de peint. —, ensemble d'un cheval. T. de man. —, perle en poire. T. de joaill.

UNION (l') ou BELBÈZE-ET-LA-COURNAUDERIE, s. f. Com. du dép. de la Haute-Garonne, cant. et arr. de Toulouse. = Toulouse.

UNIPÉTALÉ, E, adj. Qui n'a qu'un pétale. T. de bot.

UNIQUE, adj. Seul; qui n'a pas son pareil; excellent dans son genre. —, singulier, bizarre, très extraordinaire. T. fam.

UNIQUEMENT, adv. Singulièrement; exclusivement à toute autre chose, au-dessus de tout, préférablement à tout.

UNIR, v. a. Rendre égal, polir, aplanir. —, joindre deux ou plusieurs choses. —, marier; resserrer les nœuds de l'amitié, de la bonne intelligence; rendre l'intérêt commun. S'—, v. récip. Se joindre, en parlant des choses. S'—, se marier; contracter une alliance; faire cause commune, s'associer.

UNISEXÉ, E, adj. Qui n'a qu'un sexe. T. de bot.

UNISSANT, adj. Se dit d'un bandage pour réunir les parties divisées. T. de chir.

UNISSON, s. m. Accord de plusieurs voix ou de plusieurs instrumens qui ne forment qu'un même son; se dit, fig., des esprits, etc.

UNITAIRE, adj. m. Qui n'a subi qu'un décroissement par rangée; cristal unitaire. T. d'hist. nat.

UNITAIRES, s. m. pl. Sociniens.

UNITÉ, s. f. Principe des nombres; tout individu, toute grandeur considérée isolément, et ne formant qu'un tout; l'opposé de pluralité. —, dans le poëme dramatique, action principale à laquelle toutes les autres sont subordonnées; unité d'action, de lieu, de temps. T. de littér.

UNITIF, IVE, adj. Se dit de l'état de l'ame dans l'exercice du pur amour; vie unitive. T. myst.

UNIVALVE, adj. Se dit des testacés dont la coquille est d'une seule pièce, et d'un péricarpe qui ne s'ouvre que d'un seul côté. T. d'hist. nat. et de bot.

UNIVERS, s. m. Le monde entier, tous les corps célestes. —, la terre, ensemble du globe et de ses habitans.

UNIVERSALISÉ, E, part. Rendu universel.

UNIVERSALISER, v. a. Rendre universel.

UNIVERSALISME, s. m. Système de ceux qui n'admettent pour autorité que le suffrage universel.

UNIVERSALISTE, s. m. Partisan de l'universalisme; celui qui croit à la grâce universelle.

UNIVERSALITÉ, s. f. Généralité, toutes les choses de même nature, tout. —, totalité; l'universalité des biens. T. de jurisp. —, qualité d'une proposition universelle. T. de log.

UNIVERSEL, s. m., pl. Universaux. Ce qu'il y a de commun dans les individus d'un même genre. T. de log. —, pl. Circulaire des anciens rois de Pologne pour la convocation des diètes.

UNIVERSEL, LE, adj. Général, qui s'étend à tout, partout. —, qui renferme, qui comprend tout; cru, reçu, répandu, professé partout; unanime. Homme —, propre à tout, qui excelle en tous genres.

UNIVERSELLEMENT, adv. Généralement.

UNIVERSITAIRE, qui concerne l'université; impôt universitaire.

UNIVERSITÉ, s. f. Administration établie pour diriger et surveiller l'enseignement public; corps de professeurs et d'écoliers, collége.

UNIVOCATION, s. f. Caractère de ce qui est univoque.

UNIVOQUE, adj. Commun à plusieurs choses; qui a le même son qu'un autre; nom univoque. T. de log. et de gramm. Signes —, particuliers à une maladie. T. de méd.

UNONE, s. m. Genre de plantes de la polyandrie, douzième classe des végétaux. T. de bot.

UNTERWALD, s. m. Canton suisse.

UNVERRE, s. m. Com. du dép. d'Eure-et-Loir, cant. de Brou, arr. de Châteaudun. = Brou.

UNXIE, s. f. Plante herbacée de Surinam. T. de bot.

UNY-ST.-GEORGES, s. m. Com. du dép. de l'Oise, cant. de Liancourt, arr. de Clermont. = Clermont.

UNZAINE, s. f. Sorte de bateau pour le sel.

UNZENT, s. m. Com. du dép. de l'Ariège, cant. et arr. de Pamiers. = Pamiers.

UPAIX, s. m. Com. du dép. des Hautes-Alpes, cant. de Laragne, arr. de Gap. = Sisteron.

UPAS, s. m. Ipo, arbre de l'île de Java. T. de bot.

UPEN-D'AMONT-ET-D'AVAL, s. m. Com. du dép. du Pas-de-Calais, cant. de Lumbres, arr. de St.-Omer. = Aire-sur-la-Lys.

UPÉROTE, s. f. Coquille fossile. T. d'hist. nat.

UPIE, s. f. Com. du dép. de la Drôme, cant. de Chabeuil, arr. de Valence.= Valence.

UPIS, s. m. ou UPIDE, s. f. Genre d'insectes coléoptères. T. d'hist. nat.

UPLAND, s. m. Ancienne province de Suède, dont Stockholm est la capitale.

UPSAL, s. m. Ancienne ville de Suède, résidence des rois jusqu'au dixième siècle. Etablissemens scientifiques, université célèbre où professa Linnée; archevêché. Pop. 5,000 hab. envir.

UR, s. m. Com. du dép. des Pyrénées-Orientales, cant. de Saillagouse, arr. de Prades. = Mont-Louis.

URA, s. m. Ecrevisse du Brésil. T. d'hist. nat.

URAGNOUX, s. m. Com. du dép. du Gers, cant. de Plaisance, arr. de Mirande. = Plaisance.

URALEPSIS, s. m. Canche purpurine. T. de bot.

URALIER, s. m. Arbrisseau de la Nouvelle-Hollande. T. de bot.

URANE ou URANITE, s. m. Métal gris et peu fusible. T. d'hist. nat.

URANIE, s. f. Celle des neuf Muses qui présidait à l'astronomie. On la représente sous la figure d'une jeune fille, vêtue d'une robe couleur d'azur, couronnée d'étoiles, soutenant un globe avec les deux mains et ayant autour d'elle plusieurs instrumens de mathématiques. T. de myth. —, genre d'Insectes lépidoptères. T. d'hist. nat.

URANOCHRE, s. m. Oxyde d'Urane. T. de chim.

URANOGRAPHIE ou URANOLOGIE, s. f. Description du ciel.

URANOGRAPHIQUE, adj. Qui appartient à l'uranographie.

URANOMÉTRIE, s. f. Art de mesurer les astres.

URANOMORPHITE, s. f. Dentrite à empreintes représentant les corps célestes. T. d'hist. nat.

URANOSCOPE, s. m. Genre de poissons du genre du callyonime dont les yeux, très rapprochés, sont tournés vers le ciel. T. d'hist. nat.

URANOTE, s. f. Plante cynarocéphale. T. de bot.

URANUS, s. m. Coelus, père de Saturne. T. de myth. —, planète la plus éloignée, dont la révolution est de quatre-vingt-quatre ans et qui a six satellites. T. d'astr.

URAO, s. m. Carbonate de soude. T. d'hist. nat.

URATE, s. m. Nom générique des sels formés par la combinaison de l'acide urique avec différentes bases. T. de chim.

URBACH, s. m. Com. du dép. de la Moselle, cant. de Volmunster, arr. de Sarreguemines. = Bitche.

URBAIN, E, adj. Qui appartient à la ville.

URBAIN (St.-), s. m. Com. du dép. du Finistère, cant. de Daoulas, arr. de Brest. = Landerneau.

URBAIN (St.-), s. m. Com. du dép. de la Haute-Marne, cant. de Donjeux, arr. de Vassy. = Joinville. Comm. de vins estimés.

URBAIN (St.-), s. m. Com. du dép. de la Vendée, cant. de Beauvoir, arr. des Sables-d'Olonne. = Beauvoir-sur-Mer.

URBALACONE, s. m. Com. du dép. de la Corse, cant. de Ste.-Marie, arr. d'Ajaccio. = Ajaccio.

URBANITÉ, s. f. Politesse acquise par l'usage du monde, manières aisées, gracieuses, ton de la bonne compagnie.

URBANYA, s. m. Com. du dép. des Pyrénées-Orientales, cant. et arr. de Prades. = Prades.

URBARY (St.-), s. m. Village du dép. du Gers, cant. de Fleurance, arr. de Lectoure. = Fleurance.

URBAY, s. m. Com. du dép. du Haut-Rhin, cant. de St.-Amarin, arr. de Belfort. = Cernay.

URBEIS, s. m. Com. du dép. du Bas-Rhin, cant. de Villé, arr. de Schélestadt. = Schélestadt.

URBISE, s. f. Com. du dép. de la Loire, cant. de la Pacaudière, arr. de Roanne. = St.-Martin-d'Estreaux.

URÇAY, s. m. Com. du dép. de l'Allier, cant. de Cérilly, arr. de Montluçon. = Cérilly.

URCEL, s. m. Com. du dép. de l'Aisne, cant. d'Auizy-le-Château, arr. de Laon. = Chavignon. Fabr. de vitriol.

URCÉOLE, s. f. Plante de la famille des apocynées. T. de bot.

URCÉOLÉ, E, adj. Se dit des calices en forme de cruche, larges du ventre et rétrécis vers leur orifice. T. de bot.

URCEREY, s. m. Com. du dép. du Haut-Rhin, cant. et arr. de Belfort. = Belfort.

URCIERS, s. m. Com. du dép. de l'Indre, cant. de St.-Sévère, arr. de la Châtre. = la Châtre.

URCISSE (St.-), s. m. Village du dép. du Lot, cant. et arr. de Cahors. = Cahors.

URCISSE (St.-), s. m. Com. du dép. de Lot-et-Garonne, cant. de Puymirol, arr. d'Agen. = la Magistère.

URCISSE (St.-), s. m. Com. du dép. du Tarn, cant. de Salvaignac, arr. de Gaillac. = Rabastens.

URCISSE (St.-), s. m. Village du dép. de Tarn-et-Garonne, cant. de Lauzerte, arr. de Moissac. = Lauzerte.

URCIZE (St.-), s. m. Com. du dép. du Cantal, cant. de Chaudes-Aigues, arr. de St.-Flour. = St.-Flour.

URCUIT, s. m. Com. du dép. des Basses-Pyrénées, cant. et arr. de Bayonne. = Bayonne.

URCURAY, s. m. Village du dép. des Basses-Pyrénées, cant. de Hasparren, arr. de Bayonne. = Bayonne.

URCY, s. m. Com. du dép. de la Côte-d'Or, cant. de Gevrey, arr. de Dijon. = Dijon.

URDENS, s. m. Com. du dép. du Gers, cant. de Fleurance, arr. de Lectoure. = Fleurance.

URDÈS, s. m. Com. du dép. des Basses-Pyrénées, cant. d'Arthez, arr. d'Orthez. = Orthez.

URDOS, s. m. Com. du dép. des Basses-Pyrénées, cant. d'Accous, arr. d'Oloron. = Oloron.

URE ou URUS, s. m. Espèce de taureau sauvage, commun dans la Lithuanie.

UREBEC, s. m. Voy. GRIBOURI.

URÈDE ou UREDO, s. m. Tache colorée qu'on voit sur les feuilles et les écorces, et qui produit un très petit champignon.

URÉE, s. f. Substance particulière qui constitue l'urine. T. de chim.

URÈNE, s. f. Genre de plantes malvacées. T. de bot.

URETEAU, s. m. Corde à poulies. T. de mar.

URÉTÈRE, s. m. Canal membraneux, double, qui porte l'urine des reins, où elle s'est séparée du sang, dans la vessie qui lui sert de réservoir. T. d'anat.

URÉTÉRITE ou **URÉTÉRITIS**, s. f. Inflammation de l'urétère ou de l'urèthre. T. de méd.

URÉTÉRO-PHLEGMATIQUE, adj. Causé par des mucosités dans l'urétère. T. de méd.

URÉTÉRO-PYIQUE, adj. Qui est produit par la présence du pus dans l'urétère. T. de méd.

URÉTÉRO-STOMATIQUE, adj. Causé par l'obstruction de l'urétère. T. de méd.

URÉTHRAL ou **URÉTIQUE**, adj. Qui appartient à l'urèthre. T. de méd.

URÉTHRALGIE, s. f. Névralgie de l'urèthre. T. de méd.

URÈTHRE ou **URÈTRE**, s. m. Conduit membraneux en forme d'entonnoir, qui reçoit l'urine de la vessie et la porte au dehors. T. d'anat.

URÉTHRITE, s. f. Inflammation de l'urèthre. T. de méd.

URÉTHRO-BUBAIRE, s. et adj. f. Artère transverse du périnée. T. d'anat.

URÉTHROPHRAXIE, s. f. Rétrécissement du canal de l'urèthre. T. de méd.

URÉTHRORRHAGIE, s. f. Hémorrhagie de l'urèthre. T. de méd.

URÉTHRORRHÉE, s. f. Ecoulement par l'urèthre. T. de méd.

URÉTHROTOME, s. m. Instrument de chirurgie pour inciser l'urèthre.

URÉTHROTOMIE, s. f. Incision de l'urèthre. T. de chir.

URÉTHRYMÉNODE, adj. f. Se dit d'une membrane du canal de l'urèthre. T. d'anat.

URGENCE, s. f. Caractère de ce qui est urgent; nécessité pressante de prendre une résolution, de prononcer, d'agir sans délai.

URGENT, E, adj. Pressant, qui ne souffre point de délai; affaire urgente.

URGONS, s. m. Petite ville du dép. des Landes, cant. de Geaune, arr. de St.-Sever. = St.-Sever.

URGOSSE, s. m. Com. du dép. du Gers, cant. de Nogaro, arr. de Condom. = Nogaro.

URI, s. m. Canton de la confédération helvétique, borné N. Unterwald et Schweitz, E. Glaris et Grisons, S. Tésin, O. Berne et Valais.

URIASE, s. f. Voy. LITHIASIE.

URIEN (St.-), s. m. Com. du dép. de l'Eure, cant. de Quillebeuf, arr. de Pont-Audemer. = Pont-Audemer.

URIGNE, s. m. Loup marin.

URIMÉNIL, s. m. Com. du dép. des Vosges, cant. de Xertigny, arr. d'Epinal. = Epinal.

URINAIRE, adj. Se dit des conduits de l'urine; voies urinaires. T. d'anat.

URINAL, s. m. Vase à col incliné pour uriner.

URINATEUR, s. m. Plongeur, pêcheur de perles.

URINE, s. f. Sérosité saline dont la sécrétion s'opère dans les reins d'où elle passe dans la vessie, puis au dehors, en suivant le canal de l'urèthre. T. d'anat.

URINER, v. n. Pisser, évacuer l'urine.

URINEUX, EUSE, adj. De la nature de l'urine; qui a l'odeur de l'urine fermentée; se dit du sel alcali volatil, etc.

URIQUE, adj. Se dit d'un acide qui se trouve dans l'urine, et qui est une des bases du calcul de la vessie. T. de chim.

URMATT, s. m. Com. du dép. du Bas-Rhin, cant. de Molsheim, arr. de Strasbourg. = Strasbourg.

URNE, s. f. Vase antique dans lequel étaient renfermées les cendres des morts, où l'on déposait les billets pour tirer au sort. —, sorte de vase pour le scrutin; vase sur lequel sont appuyées les figures des fleuves; vase de forme antique servant d'ornement. —, voy. PYXIDULE. T. de bot.

UROCÈRE, s. m. Insecte hyménoptère. T. d'hist. nat.

UROCHLOÉ, s. m. Plante graminée. T. de bot.

UROCRISE, s. f. Examen de l'urine pour juger l'état d'un malade.

UROCRITÈRE, s. m. Jugement, ordonnance d'un uromante.

URODELLES, s. m. pl. Reptiles bactraciens. T. d'hist. nat.

URODYNIE, s. f. Douleur qu'on éprouve en urinant. T. de méd.

UROMANCIE, s. f. Art prétendu de deviner les maladies par l'inspection des urines.

UROMANTE, s. m. Charlatan, empirique, dont la science ne s'étend pas au-delà du contenu d'un pot de chambre.

UROPODE, s. m. Genre d'insectes arachnides. —, pl. Brévipennes, oiseaux palmipèdes. T. d'hist. nat.

UROPRESTE, s. m. Insecte hyménoptère. T. d'hist. nat.

UROSCOPIE, s. f. Voy. UROMANCIE.

UROST, s. m. Com. du dép. des Basses-Pyrénées, cant. de Morlaas, arr. de Pau. = Pau.

UROU, s. m. Com. du dép. de l'Orne, cant. et arr. d'Argentan. = Argentan.

URQUAIN, s. m. Madrier pour poser la meule du potier.

URRUGNE, s. f. Com. du dép. des Basses-Pyrénées, cant. de St.-Jean-de-Luz, arr. de Bayonne. = St.-Jean-de-Luz.

URS, s. m. Com. du dép. de l'Ariège, cant. de Cabannes, arr. de Foix. = Tarascon-sur-Ariège.

URSCHENHEIM, s. m. Com. du dép. du Haut-Rhin, cant. d'Andolsheim, arr. de Colmar. = Colmar.

URSIN, s. m. Espèce de phoque. T. d'hist. nat.

URSIN (St.-), s. m. Com. du dép. de la Manche, cant. de la Haye-Pesnel, arr. d'Avranches. = Granville.

URSINIE, s. f. Plante corymbifère. T. de bot.

URSON, s. m. Espèce de porc-épic d'Amérique. T. d'hist. nat.

URSULINES, s. f. pl. Religieuses.

URSY, s. m. Village du dép. de la Nièvre, cant. de Pougues, arr. de Nevers. = Pougues.

URT, s. m. Com. du dép. des Basses-Pyrénées, cant. de la Bastide-Clairence, arr. de Bayonne. = Bayonne.

URTACA, s. f. Com. du dép. de la Corse, cant. de Lama, arr. de Bastia. = Bastia.

URTICAIRE, s. f. Eruption semblable à celle produite par l'application des feuilles d'orties sur la peau. T. de méd.

URTICATION, s. f. Excitation cutanée au moyen des orties. T. de méd.

URTICÉES, s. f. pl. Famille des orties. T. de bot.

URTIÈRE, s. f. Com. du dép. du Doubs, cant. de Maiche, arr. de Montbéliard. = St.-Hippolyte-sur-le-Doubs.

URTIS, s. m. Com. du dép. des Basses-Alpes, cant. de Turriers, arr. de Sisteron. = Sisteron.

URUFFE, s. m. Com. du dép. de la Meurthe, cant. de Colombey, arr. de Toul. = Colombey.

URVAL, s. m. Com. du dép. de la Dordogne, cant. de Cadouin, arr. de Bergerac. = Belvès.

URVILLE, s. f. Com. du dép. de l'Aube, cant. et arr. de Bar-sur-Aube. = Bar-sur-Aube.

URVILLE, s. f. Com. du dép. du Calvados, cant. de Bretteville-sur-Laise, arr. de Falaise. = Caen.

URVILLE, s. f. Com. du dép. de la Manche, cant. de Montebourg, arr. de Valognes. = Valognes.

URVILLE, s. f. Com. du dép. des Vosges, cant. de Bulgnéville, arr. de Neufchâteau. = la Marche.

URVILLE-HAGUE, s. f. Com. du dép. de la Manche, cant. de Beaumont, arr. de Cherbourg. = Cherbourg.

URVILLE-PRÈS-LA-MER, s. f. Village du dép. de la Manche, cant. de Montmartin-sur-Mer, arr. de Valognes. = Valognes.

URVILLIERS, s. m. Com. du dép. de l'Aisne, cant. de Moy, arr. de St.-Quentin. = St.-Quentin.

URY, s. m. Com. du dép. de Seine-et-Marne, cant. de la Chapelle, arr. de Fontainebleau. = Fontainebleau.

URZY, s. m. Com. du dép. de la Nièvre, cant. de Pougues, arr. de Nevers. = Nevers.

US, s. m. pl. Usages d'un pays; les us et coutumes. T. de procéd.

USAGE, s. m. Coutume, pratique reçue. —, emploi; manière dont on fait emploi; expérience, facilité acquise; exercice. —, manière de parler une langue. —, droit de se servir, de jouir personnellement d'une chose dont la propriété appartient à autrui; droit de pacage. —, jouissance, possession. —, pl. Livres d'église.

USAGE (St.-), s. m. Com. du dép. de l'Aube, cant. d'Essoye, arr. de Bar-sur-Seine. = Bar-sur-Seine.

USAGE (St.-) ou BON-USAGE, s. m. Com. du dép. de la Côte-d'Or, cant. de St.-Jean-de-Losne, arr. de Beaune. = St.-Jean-de-Losne.

USAGER, s. m. Celui qui a droit d'usage, de pacage, etc.

USANCE, s. f. Terme de trente jours pour le paiement d'une lettre de change. T. de comm.

USANT, E, adj. Majeur qui a le libre exercice de sa personne et de ses biens; fille usant de ses droits. T. de pratique.

USBECKS, s. m. pl. Tartares qui habitent la grande Boukharie.

USCLADE-ET-RIOUTORD, s. m. Com. du dép. de l'Ardèche, cant. de Montpezat, arr. de Largentière. = Aubenas.

USCLAS, s. m. Com. du dép. de l'Hérault, cant. et arr. de Lodève. = Lodève.

USCLAS-D'HÉRAULT, s. m. Com. du dép. de l'Hérault, cant. de Montagnac, arr. de Béziers. = Pézénas.

USÉ, E, part. Détérioré par l'usage, consommé; altéré, affaibli, diminué par l'usage ou le temps. —, en parlant des personnes, épuisé par l'intempérance ou le travail.

USER, s. m. Service, usage, en parlant des choses; cette étoffe est d'un bon user.

USER, v. a. Consommer; user du tabac. —, détériorer insensiblement par l'usage; user son habit, ses bottes. —, diminuer par le frottement. —, fatiguer, épuiser; user ses forces, sa santé. —, affaiblir, amoindrir, diminuer; user son crédit, ses ressources. Fig. —, v. n. Faire usage, se servir de.....; user d'un remède, d'artifice, etc. En —, agir bien ou mal. S'—, v. pron. Se consommer, se détériorer, se détruire par l'usage. S'—, perdre ses forces. Fig.

USIE, s. f. Genre d'insectes diptères. T. d'hist. nat.

USINE, s. f. Moulin sur l'eau; machine mue par les élémens, l'eau, le feu, etc.

USITÉ, E, adj. Admis, consacré par l'usage; pratiqué ordinairement, employé communément, dont l'usage est habituel.

USNE, s. m. Gros câble pour amarrer les trains.

USNÉE, s. f. Espèce de lichen. T. de bot.

USOS, s. m. Com. du dép. des Basses-Pyrénées, cant. et arr. de Pau. = Pau.

USQUAIN, s. m. Com. du dép. des Basses-Pyrénées, cant. de Sauveterre, arr. d'Orthez. = Orthez.

USSAC, s. m. Com. du dép. de la Corrèze, cant. et arr. de Brive. = Brive.

USSASI, s. m. Arbre de l'Inde. T. de bot.

USSAT, s. m. Com. du dép. de l'Ariège, cant. de Tarascon, arr. de Foix. = Tarascon-sur-Ariège.

USSAU, s. m. Com. du dép. des Basses-Pyrénées, cant. de Garlin, arr. de Pau. = Pau.

USSEAU, s. m. Com. du dép. de la Charente-Inférieure, cant. de Pons, arr. de Saintes. = Pons.

USSEAU, s. m. Com. du dép. des Deux-Sèvres, cant. de Mauzé, arr. de Niort. = Mauzé.

USSEAU, s. m. Com. du dép. de la Vienne, cant. de Leigné-sur-Usseau, arr. de Châtellerault. = Châtellerault.

USSEL, s. m. Com. du dép. de l'Allier, cant. de Chantelle-le-Château, arr. de Gannat. = Gannat.

USSEL, s. m. Com. du dép. du Cantal, cant. et arr. de St.-Flour. = St.-Flour.

USSEL, s. m. Petite ville du dép. de la Corrèze, chef-lieu de sous-préf. et de cant.; société d'agric.; trib. de 1re inst.; direct. des contrib. indir.; recev. part. des finances; bur. d'enregist. et de poste. Fabr. d'étoffes de laine. Comm. de toiles, chanvre, poterie, cire.

USSEL, s. m. Com. du dép. du Lot, cant. de St.-Germain, arr. de Gourdon. = Gourdon.

USSON, s. m. Com. du dép. de la Loire, cant. de St.-Bonnet-le-Château, arr. de Montbrison. = Craponne.

USSON, s. m. Petite ville du dép. du Puy-de-Dôme, cant. de Sauxillanges, arr. d'Issoire. = Issoire.
Cette ville est située sur le sommet d'une montagne, au milieu d'une contrée riante et fertile.

USSON, s. m. Com. du dép. de la Vienne, cant. de Gençay, arr. de Civray. = Civray.

USSY, s. m. Com. du dép. du Calvados, cant. et arr. de Falaise. = Falaise.

USSY, s. m. Com. du dép. de Seine-et-Marne, cant. de la Ferté-sous-Jouarre, arr. de Meaux. = la Ferté-sous-Jouarre.

USTARITS, s. m. Com. du dép. des Basses-Pyrénées, chef-lieu de cant. de l'arr. de Bayonne, où est le bur. d'enregist. = Bayonne. Fabr. d'étoffes de laine; faïenceries, clouteries, verreries et tanneries.

USTENSILE, s. m. Petit meuble de ménage, et surtout de cuisine. —, pl. Instrumens propres à certains arts.

USTENSILÉ, E, part. Pourvu d'ustensiles. (Vi.)

USTENSILER, v. a. Garnir d'ustensiles. (Vi.)

USTÉRIE, s. f. Arbrisseau de la monandrie, onzième classe des végétaux; jacinthe des bois. T. de bot.

USTION, s. f. Action de cautériser; effet du cautère actuel. T. de chir. —, calcination, combustion. T. de chim.

USTOU, s. m. Com. du dép. de l'Ariège, cant. d'Oust, arr. de St.-Girons. = St.-Girons.

USTRINE, s. f. Lieu où l'on brûlait les morts. T. d'antiq.

USTULATION, s. f. Action de faire sécher, griller. T. de pharm.

USUCAPION, s. f. Espèce de proscription dans le droit romain. T. de procéd.

USUEL, LE, adj. Dont on se sert; fait pour servir habituellement.

USUELLEMENT, adv. Communément, habituellement, à l'ordinaire.

USUFRUCTUAIRE, adj. Qui ne donne que la faculté de jouir des fruits. T. de jurisp.

USUFRUIT, s. m. Jouissance des fruits, des revenus d'un bien dont la propriété appartient à un autre.

USUFRUITIER, ÈRE, s. Celui, celle qui jouit d'un bien, qui en a l'usufruit.

USUGE (St.-), s. m. Com. du dép. de Saône-et-Loire, cant. et arr. de Louhans. = Louhans.

USUM (Ad), s. m. et adj. (mots latins). Se dit d'un livre ou d'une collection de livres imprimés pour le Dauphin.

USUN, s. m. Espèce de cerise du Pérou. T. de bot.

USURAIRE, adj. Se dit d'un contrat ou d'un prêt onéreux, à usure.

USURAIREMENT, adv. D'une manière usuraire.

USURE, s. f. Intérêt de l'argent à un taux illégal; profit exorbitant sur de l'argent ou des marchandises vendues à crédit. Avec —, en faisant plus de bien ou de mal qu'on n'en a reçu. Fig. —, dépérissement des vêtemens, etc., par le long usage.

USURER, v. a. Prêter à usure.

USURIER, ÈRE, s. Personne qui prête à usure, qui fait un profit illégitime.

USURPATEUR, TRICE, s. Personne qui, par ruse ou par violence, s'empare d'un bien, d'une autorité, d'un titre, etc., qui ne lui appartient pas; qui s'empare de la souveraineté.

USURPATION, s. m. Action d'usurper.

USURPÉ, E, part. Se dit d'un bien, d'un trône, dont on s'est emparé par ruse ou par violence.

USURPER, v. a. S'emparer par ruse ou par violence d'un bien, d'un trône, qui appartient à autrui. — l'estime, en jouir sans la mériter. Fig.

UT, s. f. Première et dernière note de la gamme.

UTÉRIN, E, adj. Né de la même mère, mais non du même père; frère utérin. —, qui concerne la matrice. Fureur —, nymphomanie, délire amoureux caractérisé par des regards, des gestes et des propos lascifs. T. de méd.

UTÉRUS, s. m. (mot latin). La matrice. T. d'anat.

UTILE, s. m. Ce qui est utile; préférer l'utile à l'agréable. —, adj. Profitable, avantageux, qui sert ou peut servir à quelque chose; qui est ou peut être de quelque utilité.

UTILEMENT, adv. D'une manière utile, avantageuse, profitable.

UTILISATION, s. f. Action d'utiliser. T. inus.

UTILISÉ, E, part. Rendu utile.

UTILISER, v. a. Rendre utile, profitable.

UTILITÉ, s. f. Avantage, profit; usage; secours. —, pl. Emploi d'un acteur qui, au besoin, joue plusieurs rôles.

UTIN (St.-), s. m. Com. du dép. de la Marne, cant. de Sompuis, arr. de Vitry-le-Français. = Vitry-le-Français.

UTINET, s. m. Petit maillet à long manche dont se servent les tonneliers. —, escabeau de faiseuse de dentelle.

UTIQUE, s. f. Ville d'Afrique, vers le N.-O. de Carthage; Caton d'Utique.

UTOPIE, s. f. Plan d'un gouvernement imaginaire, et parfaitement réglé pour le bonheur de tous.

UTRECHT, s. m. Ville considérable du royaume des Pays-Bas, capitale de la province du même nom, située sur un bras du Rhin. Cette ville, où l'on remarque de beaux édifices et de nombreux établissemens scientifiques, est célèbre par le traité de paix de 1713. Pop. 35,000 hab. env.

UTRICULAIRE, s. m. Joueur de cornemuse. —, s. f. Genre de plantes personnées. T. de bot.

UTRICULE, s. m. Petite vessie. —, sac, tunique. T. de bot.

UTTENHEIM, s. m. Com. du dép. du Bas-Rhin, cant. d'Erstein, arr. de Schélestadt. = Strasbourg.

UTTENHOFFEN, s. m. Com. du dép. du Bas-Rhin, cant. de Niederbronn, arr. de Wissembourg. = Haguenau.

UTTWILLER, s. m. Com. du dép. du Bas-Rhin, cant. de Bouxwiller, arr. de Saverne. = Saverne.

UVAGE, s. m. Bords d'une cuve de raffineur.

UVAURE, s. m. espèce de veau marin.

UVE, s. f. Pommade de blanc de plomb.

UVÉE, s. f. Seconde tunique du globe de l'œil, ainsi nommée parce qu'elle ressemble à un grain de raisin. T. d'anat.

UVERNET, s. m. Com. du dép. des Basses-Alpes, cant. et arr. de Barcelonnette. = Barcelonnette.

UVETTE, s. f. Plante conifère. T. de bot.
UVULAIRE, s. f. Genre de liliacées. T. de bot. —, adj. Se dit de petits cryptes glanduleux qui environnent la luette. T. d'anat.
UVULE, s. f. Voy. LUETTE.
UXEAU, s. m. Com. du dép. de Saône-et-Loire, cant. de Gueugnon, arr. de Charolles. = Toulon-sur-Arroux.
UXEGNEY, s. m. Com. du dép. des Vosges, cant. et arr. d'Epinal. = Epinal.
UXELLES, s. f. Com. du dép. du Jura, cant. de St.-Laurent, arr. de St.-Claude. = Lons-le-Saulnier.
UXELOUP, s. m. Com. du dép. de la Nièvre, cant. de St.-Pierre-le-Moutier, arr. de Nevers. = St.-Pierre-le-Moutier.
UXEM, s. m. Com. du dép. du Nord, cant. et arr. de Dunkerque. = Dunkerque.
UZ, s. m. Com. du dép. des Hautes-Pyrénées, cant. et arr. d'Argelès. = Argelès.
UZAN, s. m. Com. du dép. des Basses-Pyrénées, cant. d'Arzacq, arr. d'Orthez. = Orthez.
UZAY et LEVENON, s. m. Com. du dép. du Cher, cant. de Châteauneuf-sur-Cher, arr. de St.-Amand. = Châteauneuf-sur-Cher.
UZE (St.-), s. m. Com. du dép. de la Drôme, cant. de St.-Vallier, arr. de Valence. = St.-Vallier.
UZECH-DES-OULES, s. m. Village du dép. du Lot, cant. de St.-Germain, arr. de Gourdon. = Gourdon.
UZEIN, s. m. Com. du dép. des Basses-Pyrénées, cant. de Lescar, arr. de Pau. = Pau.
UZEL, s. m. Petite ville du dép. des Côtes-du-Nord, chef-lieu de cant. de l'arr. de Loudéac. Bur. d'enregist. et de poste. Chambre consultative des manuf.

Fabr. de toiles; comm. considérable de toiles, fil, sabots, bestiaux, etc.
UZELLE, s. f. Com. du dép. du Doubs, cant. de Rougemont, arr. de Baume. = Baume.
UZEMAIN, s. m. Com. du dép. des Vosges, cant. de Xertigny, arr. d'Epinal. = Epinal. Forges, fonderie et martinets.
UZEMAIN-LA-RUE, s. f. Com. du dép. des Vosges, cant. de Xertigny, arr. d'Epinal. = Epinal.
UZER, s. m. Com. du dép. de l'Ardèche, cant. et arr. de Largentière. = Largentière.
UZER, s. m. Com. du dép. des Hautes-Pyrénées, cant. et arr. de Bagnères. = Bagnères-de-Bigorre.
UZERCHE, s. f. Jolie ville du dép. de la Corrèze, chef-lieu de cant. de l'arr. de Tulle. Bur. d'enregist. et de poste.
Cette ville est agréablement située et bien bâtie, sur la pente d'une colline au pied de laquelle coule la Vezère. On remarque dans ses environs, de belles forges et l'ermitage de madame de Genlis.
UZÈS, s. m. Ville du dép. du Gard, chef-lieu de sous-préf. et de cant.; trib. de 1re inst.; société d'agric.; conserv. des hypoth.; direct. des contrib. indir.; recev. part. des finances. Bur. d'enregist. et de poste. Pop. 5,620 hab.
Sources d'eaux minérales, beaucoup d'oliviers et de mûriers dans les environs. Fabr. de bonneterie en bourre de soie et filoselle, draps, cartons estimés; tanneries, papeteries; filat. de soie. Comm. de grains, vins, eaux-de-vie, huile d'olives, bestiaux, amidon, etc.
UZESTE, s. m. Com. du dép. de la Gironde, cant. de Villandraut, arr. de Bazas. = Bazas.
UZIFURE, s. m. Cinabre de soufre et de mercure. T. de chim.

V.

V. s. m. Vingt-deuxième lettre de l'alphabet, dix-septième consonne, lettre numérale cinq.
VA, s. m. Addition à la vade, à la mise au jeu. —, figuier du Tonquin, contrée de l'Asie méridionale. T. de bot. —, adv. Soit, d'accord, j'y consens. T. fam.
VAAS, s. m. Com. du dép. de la Sarthe, cant. de Mayet, arr. de la Flèche. = Château-du-Loir.
VAAST (St.-), s. m. Com. du dép. du Calvados, cant. de Tilly-sur-Seulles, arr. de Caen. = Dives.
VAAST (St.-), s. m. Com. du dép. du Calvados, cant. de Dives, arr. de Pont-l'Evêque. = Tilly-sur-Seulles.
VAAST (St.-), s. m. Com. du dép.

de la Manche, cant. de Quettehou, arr. de Valognes. Bur. d'enregist. et de poste. Pêche de la morue, huîtres; cabotage.

VAAST (St.-), s. m. Com. du dép. du Nord, cant. de Solesmes, arr. de Cambrai. = Bavay.

VAAST-DE-LONGMONT (St.-), s. m. Com. du dép. de l'Oise, cant. de Pont-Ste.-Maxence, arr. de Senlis. = Verberie.

VAAST-D'ÉQUIQUEVILLE (St.-), s. m. Com. du dép. de la Seine-Inférieure, cant. d'Envermeu, arr. de Dieppe. = Dieppe.

VAAST-DIEPPEDULLE (St.-), s. m. Com. du dép. de la Seine-Inférieure, cant. d'Ourville, arr. d'Yvetot. = Doudeville.

VAAST-DU-VAL (St.-), s. m. Com. du dép. de la Seine-Inférieure, cant. de Tôtes, arr. de Dieppe. = Tôtes.

VAAST-LES-MELLO (St.-), s. m. Com. du dép. de l'Oise, cant. de Creil, arr. de Senlis. = Creil.

VABRE, s. f. Com. du dép. de l'Aveyron, cant. et arr. de Rodez. = Rodez.

VABRE, s. f. Com. du dép. du Tarn, chef-lieu de cant. de l'arr. de Castres. Bur. d'enregist. = Castres. Fabr. de toiles de coton, basins, flanelles, etc.

VABRÉ, s. m. Com. du dép. de l'Aveyron, cant. de Rieupeyroux, arr. de Villefranche. = Mur-de-Barrez.

VABRES, s. f. Com. du dép. de l'Aveyron, cant. et arr. de St.-Affrique. = St.-Affrique.

VABRES, s. f. Com. du dép. du Cantal, cant. et arr. de St.-Flour. = St.-Flour.

VABRES, s. f. Com. du dép. du Gard, cant. de Lasalle, arr. du Vigan. = St.-Hippolyte.

VABRES, s. f. Com. du dép. de la Haute-Loire, cant. de Saugues, arr. du Puy. = Langeac.

VACANCE, s. f. Temps durant lequel une place n'est pas remplie. —, interruption momentanée des études; vacation des tribunaux.

VACANT, E, adj. Qui a cessé d'être occupé, qui est à remplir; place vacante. —, qui n'est pas réclamé; succession vacante. T. de jurisp.

VACARME, s. m. Tapage, grand bruit, tintamare.

VACATION, s. f. Métier, profession. T. inus. —, temps qu'un fonctionnaire public consacre à une affaire; honoraires qui lui sont dus pour ses travaux. —, pl. cessation annuelle des séances des tribunaux. Chambre des —, chambre qui connaît des affaires urgentes pendant les vacations.

VACCIN, s. m. Virus qui se forme sur le pis de la vache et qui préserve de la variole, découverte précieuse due à Jenner, médecin anglais dans le comté de Lancastre.

VACCINABLE, adj. Qui peut être vacciné.

VACCINAL, E, adj. Qui concerne la vaccine.

VACCINATEUR, s. m. Chirurgien qui vaccine.

VACCINATION, s. f. Inoculation du vaccin.

VACCINE, s. f. Maladie cutanée particulière aux vaches, sur le pis desquelles naissent des pustules dont le virus préserve de la variole.

VACCINÉ, E, part. Inoculé avec le vaccin.

VACCINER, v. a. Faire une légère piqûre au bras avec une lancette chargée de vaccin.

VACCINIQUE, adj. Voy. VACCINAL.

VACHE, s. f. Femelle du taureau, animal domestique qui forme une des principales richesses de l'agriculture. — à lait, vache qui donne du lait, et fig., personne ou chose dont on tire un profit considérable et continuel. —, peau de vache corroyée. —, grand coffre plat, couvert d'un cuir de vache, dans lequel le conducteur d'une diligence sert les effets des voyageurs. —, corde du berceau de presse. T. d'impr. —, pyramide de sel. T. de sal.

VACHE, s. f. Com. du dép. de la Drôme, cant. et arr. de Valence. = Valence.

VACHENDORF, s. m. Plante de la famille des iris. T. de bot.

VACHER, ÈRE, s. Pâtre, servante qui garde les vaches. —, rustique, grossier. Fig. et fam.

VACHERAUVILLE, s. f. Com. du dép. de la Meuse, cant. de Charny, arr. de Verdun. = Verdun.

VACHERES, s. f. Com. du dép. des Basses-Alpes, cant. de Reillanne, arr. de Forcalquier. = Manosque.

VASCHERES, s. f. Com. du dép. de la Drôme, cant. et arr. de Die. = Die.

VACHERESSE - ET - LA - ROUILLIE (la), s. f. Com. du dép. des Vosges, cant. de Bulgnéville, arr. de Neufchâteau. = la Marche.

VACHERESSES-LES-BASSES, s. f. Com. du dép. d'Eure-et-Loir, cant. de Nogent, arr. de Dreux. = Nogent le-Rotrou.

VACHERIE, s. f. Etable à vaches.

VACHERIE (la), s. f. Com. du dép. de l'Eure, cant. et arr. de Louviers. = Louviers.

VACHIN, s. m. Cuir apprêté d'une jeune vache.

VACIE, s. f. Classe des Druides qui présidaient aux sacrifices.

VACIET, s. m. Hyacinthe, myrtille.

VACILLANT, E, adj. Qui vacille. —, chancelant, incertain, irrésolu. Fig.

VACILLATION, s. f. Mouvement de ce qui vacille. —, variation dans les réponses, inconstance dans les sentimens; incertitude, irrésolution. Fig.

VACILLATOIRE, adj. Incertain, douteux. T. inus.

VACILLER, v. n. Branler, chanceler; se balancer légèrement. —, hésiter en répondant; être irrésolu. Fig.

VACILLITÉ, s. f. Caractère d'un esprit irrésolu, vacillant. T. inus.

VACKE, s. f. Roche argileuse. T. d'hist. nat.

VACOGNES, s. f. Com. du dép. du Calvados, cant. d'Evrecy, arr. de Caen. = Caen.

VACON, s. m. Com. du dép. de la Meuse, cant. de Void, arr. de Commercy. = Void.

VACOS, s. m. Fourmi venimeuse des Indes. T. d'hist. nat.

VACQUEIRAS, s. m. Com. du dép. de Vaucluse, cant. de Beaumes, arr. d'Orange. = Carpentras.

VACQUERIE (la), s. f. Com. du dép. du Calvados, cant. de Caumont, arr. de Bayeux. = Balleroy.

VACQUERIE (la), s. f. Com. du dép. de l'Hérault, cant. et arr. de Lodève. = Lodève.

VACQUERIE, s. f. Com. du dép. de la Somme, cant. de Bernaville, arr. de Doullens. = Doullens.

VACQUERIE-LE-BOUCQ, s. f. Com. du dép. du Pas-de-Calais, cant. d'Auxy-le-Château, arr. de St.-Pol. = Frévent.

VACQUERIETTE, s. f. Com. du dép. du Pas-de-Calais, cant. du Parcq, arr. de St.-Pol. = Hesdin.

VACQUEUR, s. m. Com. du dép. de la Haute-Vienne, cant. et arr. de Bellac. = Bellac.

VACQUEVILLE, s. f. Com. du dép. de la Meurthe, cant. de Baccarat, arr. de Lunéville. = Baccarat.

VACQUIÈRES, s. f. Com. du dép. de l'Hérault, cant. de Claret, arr. de Montpellier. = Sauve.

VACQUIERS, s. m. Com. du dép. de la Haute-Garonne, cant. de Fronton, arr. de Toulouse. = Fronton.

VACUISME, s. m. Système des partisans du vide dans la nature.

VACUISTE, s. m. Celui qui admet le vide dans la nature.

VACUITÉ, s. f. État d'une chose vide. T. de phys. et de méd.

VADANS, s. m. Com. du dép. du Jura, cant. d'Arbois, arr. de Poligny. = Arbois.

VADANS, s. m. Com. du dép. de la Haute-Saône, cant. de Pesmes, arr. de Gray. = Gray.

VADE, s. f. Mise au jeu; intérêt dans une affaire.

VADE IN PACE, s. m. (mots latins). Prison des moines.

VADELAINCOURT, s. m. Com. du dép. de la Meuse, cant. de Souilly, arr. de Verdun. = Verdun.

VADEMANQUE, s. f. Diminution des fonds d'une caisse. T. de banque.

VADE MECUM, s. m. (mots latins). Chose qu'on porte ordinairement avec soi.

VADENAY, s. m. Com. du dép. de la Marne, cant. de Suippes, arr. de Châlons. = Châlons.

VADENCOURT, s. m. Com. du dép. de la Somme, cant. de Villers-Bocage, arr. d'Amiens. = Albert.

VADENCOURT-ET-BOCHÉRIES, s. m. Com. du dép. de l'Aisne, cant. de Guise, arr. de Vervins. = Guise.

VADONVILLE-SUR-MEUSE, s. f. Com. du dép. de la Meuse, cant. et arr. de Commercy. = Commercy. Fabr. de fers forgés et de fonte; forges et hauts-fourneaux.

VADROUILLE, s. f. Faubert, balai pour nettoyer un navire. T. de mar.

VAE ou VOAE, s. f. Plante de l'île de Madagascar. T. de bot.

VA-ET-VIENT, s. m. Machine adaptée au dévidoir. T. de manuf.

VAGABOND, s. m. Gueux, vaurien, fainéant, libertin.

VAGABOND, E, adj. Qui est sans asile, qui erre çà et là.

VAGABONDAGE, s. m. État de vagabond.

VAGABONDER, v. n. Faire le vagabond. T. fam.

VAGANS, s. m. pl. Pirates qui désolent les côtes pendant les tempêtes.

VAGIN, s. m. Conduit membraneux qui s'étend entre le rectum et l'urèthre, depuis la vulve jusqu'à l'orifice de la matrice. T. d'anat.

VAGINAL, E, adj. Qui a rapport au vagin; apophyse, tunique vaginale. T. d'anat.

VAGINANT, E, adj. En forme de gaîne. T. de bot.

VAGINELLE, s. f. Genre de vers à tuyaux. T. d'hist. nat. Voy. LÉPIDOSPERME.

VAGIR, v. n. Pousser des vagissemens.

VAGISSEMENT, s. m. Cris d'un enfant nouveau-né.

VAGNAS, s. m. Com. du dép. de l'Ardèche, cant. de Vallon, arr. de Largentière. = Barjac.

VAGNEY, s. m. Com. du dép. des Vosges, cant. de Saulxures, arr. de Remiremont. Bur. d'enregist. = Remiremont. Fabr. de poterie de fer.

VAGUE, s. m. Grand espace vide, le milieu de l'air. T. poét. —, s. f. Flot, lame d'eau. —, adj. Illimité, qui n'a point de bornes fixes, et fig., qui manque de précision, indéfini, indéterminé, sans fixité. Terrain —, inculte. Couleur —, vaporeuse. T. de peint. Nerfs —, pl. Huitième paire de nerfs cérébraux. T. d'anat.

VAGUEMENT, adv. D'une manière vague.

VAGUEMESTRE, s. m. Sous-officier chargé du soin des équipages militaires.

VAGUER, v. n. Errer çà et là, aller à l'aventure.

VAGUESSE, s. f. Espace entre les colonnes. T. d'arch. —, ton aérien, légèreté de teinte. T. de peint.

VAGUETTE, s. f. Petite peau de vache du Levant; guêtre des couvreurs.

VAHATCH, s. m. Arbrisseau de l'île de Madagascar. T. de bot.

VAHE, s. m. Plante de la famille des apocynées. T. de bot.

VAHL, s. m. Com. du dép. de la Meurthe, cant. d'Albestroff, arr. de Château-Salins. = Château-Salins.

VAHLBOME, s. m. Arbrisseau des Indes. T. de bot.

VAHLIE, s. f. Arbrisseau de la pentandrie, cinquième classe des végétaux. T. de bot.

VAICHIS, s. m. Com. du dép. de l'Ariège, cant. d'Ax, arr. de Foix. = Tarascon.

VAIGES, s. f. Com. du dép. de la Mayenne, cant. de Ste.-Suzanne, arr. de Laval. = Evron.

VAIGRAGE, s. m. Action de vaigrer; lambris de navire. T. de mar.

VAIGRÉ, E, part. Lambrissé; se dit d'un navire. T. de mar.

VAIGRER, v. a. Lambrisser un navire. T. de mar.

VAIGRES, s. m. pl. Planches qui forment le revêtement intérieur d'un navire. T. de mar.

VAILHAN, s. m. Com. du dép. de l'Hérault, cant. de Roujan, arr. de Béziers. = Pézénas.

VAILLAC, s. m. Com. du dép. du Lot, cant. de la Bastide, arr. de Gourdon. = Gourdon.

VAILLAMMENT, adv. Avec vaillance.

VAILLANCE, s. f. Valeur, courage.

VAILLANQUES, s. m. Com. du dép. de l'Hérault, cant. de Matelles, arr. de Montpellier. = Montpellier.

VAILLANT, s. m. et adv. Tout ce qu'on possède; n'avoir plus rien vaillant.

VAILLANT, E, adj. Valeureux, courageux.

VAILLANT, s. m. Com. du dép. de la Haute-Marne, cant. de Prauthoy, arr. de Langres. = Langres.

VAILLANTISE, s. f. Action de valeur, de bravoure. (Vi.) —, bravade, fanfaronnade. T. fam. et iron.

VAILLE QUE VAILLE, adv. Quelle que soit la valeur; à tout hasard. T. fam.

VAILLOURLHES, s. f. Com. du dép. de l'Aveyron, cant. et arr. de Villefranche. = Villefranche.

VAILLY, s. m. Petite ville du dép. de l'Aisne, chef-lieu de cant. de l'arr. de Soissons. Bur. d'enregist. = Soissons. Comm. de vins et de vinaigres.

VAILLY, s. m. Com. du dép. de l'Aube, cant. et arr. de Troyes. = Troyes.

VAILLY, s. m. Com. du dép. du Cher, chef-lieu de cant. de l'arr. de Sancerre. Bur. d'enregist. et de poste à Aubigny.

VAIN, E, adj. Inutile, qui ne produit rien. —, chimérique, frivole. —, en parlant des personnes, orgueilleux, superbe. Temps —, chaud et couvert. Terre —, inculte. En —, adv. Voy. ENVAIN.

VAINCRE, v. a. Remporter la victoire, un avantage décisif sur l'ennemi, et fig., sur ses concurrens, ses compétiteurs. —, surpasser quelqu'un en générosité, en libéralité, etc.; surmonter un obstacle, une difficulté, une passion, etc. —, fléchir, persuader. Se —, v. pron. Dompter ses passions.

VAINCU, s. m. Ennemi, rival dont on a triomphé.

VAINCU, E, part. Battu, défait, subjugué.

VAINEMENT, adv. Envain, inutilement.

VAINES, s. m. pl. Fumées légères et mal formées. T. de véner.

VAINQUEUR, s. m. et adj. Celui qui a vaincu. Prop. et fig.

VAINS, s. m. Com. du dép. de la Manche, cant. et arr. d'Avranches. = Avranches.

VAIR, s. m. Fourrure blanche et grise, émaux d'argent et d'azur. T. de blas.

VAIRÉ, E, adj. Qui imite le vair. T. de blas.

VAIRÉ, s. m. Herbes des roches auxquelles s'attachent les huîtres.

VAIRÉ, s. m. Com. du dép. de la Vendée, cant. et arr. des Sables-d'Olonne. = la Mothe-Achard.

VAIRE (le grand), s. m. Com. du dép. du Doubs, cant. de Marchaux, arr. de Besançon. = Besançon.

VAIRE (le petit), s. m. Com. du dép. du Doubs, cant. de Marchaux, arr. de Besançon. = Besançon.

VAIRES, s. m. Com. du dép. de Seine-et-Marne, cant. de Lagny, arr. de Meaux. = Lagny.

VAIRE-SOUS-CORBIE, s. m. Com. du dép. de la Somme, cant. de Corbie, arr. d'Amiens. = Corbie.

VAIRON, s. m. Petit poisson de couleurs variées, espèce de goujon. —, adj. Se dit de l'œil dont la prunelle est entourée d'un cercle blanchâtre. Cheval —, qui a un œil d'une couleur et le second de l'autre.

VAISE, s. f. L'un des faubourgs et chef-lieu de cant. de la ville de Lyon. = Lyon.

VAISON, s. m. Com. du dép. de Vaucluse, chef-lieu de cant. de l'arr. d'Orange. Bur. d'enregist. = Carpentras.

VAISSAC, s. m. Com. du dép. de Tarn-et-Garonne, cant. de Négrepelisse, arr. de Montauban. = Montauban.

VAISSEAU, s. m. Vase, ustensile destiné à contenir des liquides; ensemble, intérieur d'un grand bâtiment, d'une église. —, navire. —, pl. Canaux dans lesquels circulent les fluides de l'économie animale, artères, veines. T. d'anat. —, canaux qui servent à la circulation de la sève. T. de bot.

VAISSELLE, s. f. Ustensiles de table, plats, assiettes, etc.

VAITE, s. m. Com. du dép. de la Haute-Saône, cant. de Dampierre-sur-Salon, arr. de Gray. = Cintrey.

VAIVRE, s. m. Com. du dép. du Doubs, cant. de Pont-de-Roide, arr. de Montbéliard. = l'Isle-sur-le-Doubs.

VAIVRE, s. m. Com. du dép. du Jura, cant. et arr. de Poligny. = Poligny.

VAIVRE, s. m. Com. du dép. de la Haute-Saône, cant. de St.-Loup, arr. de Lure. = Luxeuil.

VAIVRE-ET-ONTOILLE, s. m. Com. du dép. de la Haute-Saône, cant. et arr. de Vesoul. = Vesoul.

VAIZE (St.-), s. m. Com. du dép. de la Charente-Inférieure, cant. et arr. de Saintes. = Saintes.

VAL, s. m. Vallée. Le pl. Vaux ne se dit que dans cette phrase; courir par monts et par vaux. Voy. MONT.

VAL (le), s. m. Com. du dép. de la Sarthe, cant. et arr. de Mamers. = Mamers.

VAL (le), s. m. Com. du dép. du Var, cant. et arr. de Brignoles. = Brignoles.

VALABLE, adj. Recevable, admissible; caution, excuse valable.

VALABLEMENT, adv. D'une manière valable.

VALABRIS, s. m. Com. du dép. du Gard, cant. et arr. d'Uzès. = Uzès.

VALACHIE, s. f. Province de la Turquie d'Europe, bornée N.-O. par la Transylvanie, N. Moldavie, E. Pruth qui la sépare de la Bessarabie et de la mer Noire, S. Danube qui la sépare de la Bulgarie, et S.-O. par la Servie.

VALADI, s. m. Com. du dép. de l'Aveyron, cant. de Marcillat, arr. de Rodez. = Rodez.

VALAILLES, s. f. Com. du dép. de l'Eure, cant. et arr. de Bernay. = Bernay.

VALAIRE, s. f. Com. du dép. de Loir-et-Cher, cant. de Contres, arr. de Blois. = Blois.

VALAIS, s. m. Cant. de la confédération suisse, borné N. par les cant. de Berne et de Vaud, E. par le cant. d'Uri, S. par les provinces sardes, et O. par le lac de Genève.

VALAN, s. m. Arbre de l'Inde. T. de bot.

VALANÇAY, s. m. Petite ville du dép. de l'Indre, chef-lieu de cant. de l'arr. de Châteauroux. Bur. d'enregist. et de poste. Fabr. de bonneterie et de coutellerie; filature de laine.

On y remarque un superbe château où M. de Talleyrand, qui en est le propriétaire, reçut Ferdinand VII, prisonnier de Napoléon.

VALANCE, s. f. Plante de la famille des rubiacées. T. de bot.

VALANGOUJARD, s. m. Com. du dép. de Seine-et-Oise, cant. de Marines, arr. de Pontoise. = Pontoise.

VALANT, adj. Qui vaut; dans les formes. T. de procéd.

VALANTIGNY, s. m. Com. du dép. de l'Aube, cant. de Brienne, arr. de Bar-sur-Aube. = Brienne.

VALAQUE, s. et adj. Habitant de la Valachie; qui concerne cette province.

VALASSE (le), s. m. Com du dép. de la Seine-Inférieure, cant. de Lillebonne, arr. du Hâvre. = Lillebonne.

VALAURIE, s. f. Com. du dép. de la Drôme, cant. de Grignan, arr. de Montélimar. = Pierrelatte.

VALAVOIRE, s. f. Com. du dép. des Basses-Alpes, cant. de la Motte-du-Caire, arr. de Sisteron. = Sisteron.

VALBELEIX, s. m. Com. du dép. du Puy-de-Dôme, cant. de Besse, arr. d'Issoire. = Besse.

VALBELLE, s. f. Com. dép. des Basses-Alpes, cant. de Noyers, arr. de Sisteron. = Sisteron.

VALBENOITE, s. f. Com. du dép. de la Loire, cant. et arr. de St.-Etienne. = St.-Etienne.

VALBERT (St.-), s. m.Com. du dép. de la Haute-Saône, cant. de Luxeuil, arr. de Lure. = Belfort.

VALBONNAIS, s. m. Com. du dép. de l'Isère, cant. d'Entraigues, arr. de Grenoble. = la Mure.

VALBONNE, s. f. Com. du dép. du Var, cant. du Bar, arr. de Grasse. = Grasse.

VALCABRÈRE, s. f. Com. du dép. de la Haute-Garonne, cant. de St.-Bertrand, arr. de St.-Gaudens. = Montrejeau.

VALCANVILLE, s. f. Com. du dép. de la Manche, cant. de Quettehou, arr. de Valognes. = Valognes.

VALCIVIÈRES, s. f. Com. du dép. du Puy-de-Dôme, cant. et arr. d'Ambert. = Ambert.

VALCONGRAIN, s. m. Com. du dép. du Calvados, cant. de Villers-Bocage, arr. de Caen. = Aulnay-sur-Odon.

VALCORBON, s. m. Com. du dép. de l'Eure, cant. d'Ecos, arr. des Andelys. = Vernon.

VALCOURNOUSE, s. f. Com. du dép. du Tarn, cant. de St.-Paul, arr. de Lavaur. = Lavaur.

VALCOURT, s. m. Com. du dép. de la Haute-Marne, cant. de St.-Dizier, arr. de Vassy. = St.-Dizier.

VALDAHON, s. m. Com. du dép. du Doubs, cant. de Vercel, arr. de Baume. = Besançon.

VAL-D'AJOL (le), s. m. Com. du dép. des Vosges, cant. de Plombières, arr. de Remiremont. = Plombières.

VALDAMPIERRE, s.m.Com. du dép. de l'Oise, cant. d'Auneuil, arr. de Beauvais. = Méru.

VAL-DAVID (le), s. m. Com. du dép. de l'Eure, cant. de St.-André, arr. d'Évreux. = Evreux.

VAL-DE-BON-MOUTIER, s. m. Com. du dép. de la Meurthe, cant. de Lorquin, arr. de Sarrebourg. = Blamont.

VALDECIE (le), s. m. Com. du dép. de la Manche, cant. de Barneville, arr. de Valognes. = Valognes.

VAL-DE-LA-HAYE, s. m. Com. du dép. de la Seine-Inférieure, cant. de Grand-Couronne, arr. de Rouen. = Rouen.

VALDELANCOURT, s. m. Com. du dép. de la Haute-Marne, cant. de Juzennecourt, arr. de Chaumont. = Chaumont.

VAL-DE-MERCY, s. m. Com. du dép. de l'Yonne, cant. de Coulange-la-Vineuse, arr. d'Auxerre. = Auxerre.

VALDERIES, s. f. Com. du dép. du Tarn, chef-lieu de cant. de l'arr. d'Albi. Bur. d'enregist. à Pampelonne. = Albi.

VAL-DE-ROULANS, s. m. Com. du dép. du Doubs, cant. de Roulans, arr. de Baume. = Baume.

VALDEROURE, s. m. Com. du dép. du Var, cant. de St.-Auban, arr. de Grasse. = Grasse.

VALDÉSIES, s. f. pl. Plantes de la dodécandrie, douzième classe des végétaux. T. de bot.

VAL-DES-PRÉS, s. m. Com. du dép. des Hautes-Alpes, cant. et arr. de Briançon. = Briançon.

VALDESTEINE, s. f. Plante rubiacée. T. de bot.

VAL-DE-SUZON, s. m. Com. du dép. de la Côte-d'Or, cant. de St.-Seine, arr. de Dijon. = St.-Seine.

VALDIEU, s. m. Com. du dép. du Haut-Rhin, cant. de Dannemarie, arr. de Belfort. = Belfort.

VALDOYE, s. f. Com. du dép. du Haut-Rhin, cant. et arr. de Belfort. = Belfort.

VALDROME, s. m. Com. du dép. de la Drôme, cant. de la Mothe-Chalançon, arr. de Die. = Die.

VALDURENQUE, s. m. Com. du dép. du Tarn, cant. de Labruguière, arr. de Castres. = Castres.

VAL-DU-ROI (le), s. m. Com. du dép. de la Seine-Inférieure, cant. d'Eu, arr. de Dieppe. = Eu.

VAL-DU-THEIL (le), s. m. Com. du dép. de l'Eure, cant. de Beaumesnil, arr. de Bernay. = Broglie.

VALDWESTROFF, s. m. Com. du dép. de la Moselle, cant. de Sierck, arr. de Thionville. = Bouzonville.

VALDWISSE, s. f. Com. du dép. de la Moselle, cant. de Sierck, arr. de Thionville. = Thionville.

VALEILLE, s. f. Com. du dép. de la

Loire, cant. de Feurs, arr. de Montbrison. = Feurs.

VALEILLES, s. f. Com. du dép. de Tarn-et-Garonne, cant. de Montaigut, arr. de Moissac. = Lauzerte.

VALEINS, s. m. Com. du dép. de l'Ain, cant. de Thoissey, arr. de Trévoux. = Thoissey.

VALEMPOULIERES, s. f. Com. du dép. du Jura, cant. de Champagnole, arr. de Poligny. = Champagnole.

VALENCE, s. f. Ville considérable d'Espagne, capitale de la province ou royaume de ce nom, sur le Guadalaviar. Archevêché, université; comm. de soieries, laines, etc. Pop. 80,000 hab. env.

VALENCE, s. f. Ancienne ville du dép. de la Drôme, chef-lieu de préf., d'une sous-préf., d'un cant. ou just. de paix; trib. de 1re inst.; école d'artillerie et arsenal de construction; société d'agric., comm. et arts; évêché érigé dans le 4e siècle; biblioth. pub. de 14,000 vol.; ingén. en chef des ponts-et-chaussées; direct. de l'enregist. et des domaines, de 3e classe; conserv. des hypoth.; direct. des contrib. dir. et indir.; bur. de garantie des matières d'or et d'argent; recev. général des finances; payeur du dép.; bur. d'enregist. et de poste. Pop. 10,285 hab. env.

Cette ville, située sur la rive gauche du Rhône, au milieu de belles prairies, est généralement mal bâtie et percée de rues étroites et tortueuses. On y remarque une ancienne citadelle, le palais-de-justice nouvellement construit et de jolies promenades sur les bords du Rhône, hors de la ville. Patrie de Championnet, général distingué de l'armée d'Italie. Fabr. de mouchoirs, toiles peintes, blanc de plomb. Filat. de coton, teintureries, brasseries, tanneries. Comm. de grains, vins, eaux-de-vie, fruits du midi, soie, huile d'olives et de noix, draps, rouenneries, cuirs et papiers.

VALENCE, s. f. Com. du dép. de la Charente, cant. de Manles, arr. de Ruffec. = Manles.

VALENCE, s. f. Com. du dép. du Gers, chef-lieu de cant. de l'arr. de Condom. Bur. d'enregist. = Condom.

VALENCE, s. f. Petite ville du dép. du Tarn, chef-lieu de cant. de l'arr. d'Albi. Bur. d'enregist. = Albi.

VALENCE, s. f. Petite ville du dép. de Tarn-et-Garonne, chef-lieu de cant. de l'arr. de Moissac. Bur. d'enregist. et de poste. Fabr. de cuirs. Comm. et apprêts de plumes à écrire.

VALENCE, s. f. Com. du dép. de Seine-et-Marne, cant. du Châtelet, arr. de Melun. = Montereau.

VALENCIENNES, s. f. Ville fortifiée du dép. du Nord, chef-lieu de sous-préf., et de 3 cant. ou justices de paix; trib. de 1re inst. et de comm.; chambre consultative des manuf.; biblioth. pub. de 8,000 vol.; cabinet d'hist. nat.; musée; conserv. des hypoth.; direct. des douanes, recev. part. des finances; bur. d'enregist. et de poste. Pop. 19,840 hab. env.

Cette ville, située au confluent de l'Escaut et de la Rouelle, est défendue par une citadelle et des fortifications construites par Vauban; elle est regardée comme une des places les plus importantes du royaume. Prise par Louis XIV en 1677, l'année suivante elle fut réunie à la France par le traité de Nimègue. L'armée autrichienne, après un siège opiniâtre, s'en empara en 1793; mais, un mois après, elle fut obligée de l'abandonner. Patrie de Froissard, historien du 14e siècle, et du général Despinoy. Fabr. considérables de batistes et de dentelles renommées, de toiles fines, amidon, salpêtre, huile de colza et de lin, chicorée-café, bleu d'azur, bimbloterie, faïence et poterie fine, pipes, blanchisseries de toiles, tanneries, raffineries de sel, savonneries, distilleries d'eaux-de-vie de grains. Comm. de vins, eaux-de-vie, charbon de terre, bois de chauffage et de construction, linons, dentelles et articles de ses nombreuses manuf.

VALENCIN, s. m. Com. du dép. de l'Isère, cant. d'Heyrieu, arr. de Vienne. = la Verpillière.

VALENCOGNE, s. f. Com. du dép. de l'Isère, cant. de Virieu, arr. de la Tour-du-Pin. = Virieu.

VALENNES, s. f. Com. du dép. de la Sarthe, cant. de Vibraye, arr. de St.-Calais. = St.-Calais.

VALENSOLLE, s. f. Com. du dép. des Basses-Alpes, chef-lieu de cant. de l'arr. de Digne. Bur. d'enregist. = Riez. Fabr. de Coutellerie.

VALENTÉES, s. f. Com. du dép. du Gers, cant. et arr. de Mirande. = Mirande.

VALENTIGNEY, s. m. Com. du dép. du Doubs, cant. d'Audincourt, arr. de Montbéliard. = Montbéliard.

VALENTIN, s. m. Com. du dép. du Doubs, cant. de Marchaux, arr. de Besançon. = Besançon.

VALENTIN (St.-), s. m. Com. du dép. de l'Indre, cant. et arr. d'Issoudun. = Issoudun.

VALENTINE, s. f. Petite ville du dép. de la Haute-Garonne, cant. et arr. de St.-Gaudens. = St.-Gaudens.

VALENTINIE, s. f. Arbuste des Antilles. T. de bot.

VALENTON, s. m. Com. du dép. de Seine-et-Oise, cant. de Boissy-St.-Léger, arr. de Corbeil. = Villeneuve-St.-Georges.

VALERGUES, s. f. Com. du dép. de l'Hérault, cant. de Castries, arr. de Montpellier. = Montpellier.

VALÉRIANE, s. f. Plante médicinale de plusieurs espèces. T. de bot.

VALÉRIANÉES, s. f. pl. Plantes dipsacées. T. de bot.

VALÉRIANELLE, s. f. Mâche. T. de bot.

VALÉRIEN (St.-), s. m. Com. du dép. de la Vendée, cant. de l'Hermenault, arr. de Fontenay. = Fontenay.

VALÉRIEN (St.-), s. m. Com. du dép. de l'Yonne, cant. de Chéroy, arr. de Sens. = Chéroy.

VALERNES, s. f. Com. du dép. des Basses-Alpes, cant. de la Motte-du-Caire, arr. de Sisteron. = Sisteron.

VALEROY, s. m. Com. du dép. du Doubs, caut. de Marchaux, arr. de Besançon. = Besançon.

VALERY (St.-), s. m. Com. du dép. de la Seine-Inférieure, cant. de Londinières, arr. de Neufchâtel. = Neufchâtel.

VALERY-EN-CAUX (St.-), s. m. Petite ville du dép. de la Seine-Inférieure, chef-lieu de cant. de l'arr. d'Yvetot. Bur. d'enregist. et de poste.
Cette ville, située sur la Manche, possède un petit port, précédé d'une belle rade. C'est dans ce port que s'embarqua Guillaume-le-Conquérant pour la conquête de l'Angleterre. Fabr. de soude ; filat. de coton ; armemens pour la pêche de la morue. Comm. de fer et de charbon de terre.

VALERY-SUR-SOMME (St.-), s. m. Petite ville du dép. de la Somme, chef-lieu de cant. de l'arr. d'Abbeville ; trib. de comm. ; école d'hydrographie ; bur. d'enregist. et de poste.
Bâtie sur la Manche, à l'embouchure de la Somme, cette ville possède un petit port qui reçoit des bâtimens de 300 tonneaux. Fabr. de câbles, cordages ; construction de navires. Comm. de toiles à voiles et d'emballage, de vins, eaux-de-vie, fromage de Hollande, etc.

VALESCOURT, s. m. Com. du dép. de l'Oise, cant. de St.-Just-en-Chaussée, arr. de Clermont. = St.-Just.

VALET, s. m. Domestique, serviteur ; valet de pied, valet de chambre, etc. Faire le bon —, faire le complaisant, l'empressé. Fig. Ame de —, ame basse, servile. —, figure du jeu de cartes. —, poids derrière une porte pour la faire fermer seule ; petit support, appui derrière une glace portative posée sur une table, etc. —, instrument pour assujettir le bois sur l'établi. T. de menuis. —, peloton de fil caret pour retenir la charge dans le canon. T. de mar.

VALETAGE, s. m. Service de valet. T. fam.

VALETAILLE, s. f. Troupe, multitude de valets. T. de mépris.

VALET-À-PATIN, s. m. Sorte de pince pour faire la ligature des vaisseaux dans les amputations, etc. T. de chir.

VALETER, v. n. Flatter bassement, faire le bon valet auprès de quelqu'un dans des vues intéressées, faire beaucoup de courses, de démarches désagréables.

VALETON, s. m. Petit valet. T. inus.

VALÉTUDINAIRE, adj. Se dit d'une personne dont la santé est délabrée, qui est toujours malade.

VALETTE (la), s. f. Ville capitale de l'île de Malte, située sur la côte orientale de cette île. Cette ville, bâtie sur un rocher, et fortifiée par la nature et l'art, fut pendant long-temps le boulevart de la chrétienté ; elle possède une rade vaste et sûre divisée en cinq ports. Pop. 50,000 hab. env.

VALETTE (la), s. f. Com. du dép. de l'Aude, cant. de Montréal, arr. de Carcassonne. = Carcassonne.

VALETTE (la), s. f. Com. du dép. de la Charente, chef-lieu de cant. de l'arr. d'Angoulême. Bur. d'enregist. = Angoulême.

VALETTE (la), s. f. Com. du dép. de l'Isère, cant. d'Entraigues, arr. de Grenoble. = la Mure.

VALETTE (la), s. f. Com. du dép. de la Moselle, cant. de St.-Avold, arr. de Sarreguemines. = St.-Avold.

VALEUIL, s. m. Com. du dép. de la Dordogne, cant. de Brantôme, arr. de Périgueux. = Périgueux.

VALEUR, s. f. Prix d'une chose, ce qu'elle vaut, équivalent. —, durée d'une note. T. de mus. — des mots, leur acception, leur signification précise. Terre en —, terre cultivée, ensemencée. T. d'agric. —, bravoure, vaillance.

VALEUREUSEMENT, adv. Avec valeur.

VALEUREUX, EUSE, adj. Brave, vaillant.

VALEYRAC, s. m. Com. du dép. de la Gironde, cant. et arr. de Lesparre. = Lesparre.

VALFF, s. m. Com. du dép. du Bas-

Rhin, cant. d'Obernai, arr. de Schélestadt. = Barr.

VALFIN, s. m. Com. du dép. du Jura, cant. et arr. de St.-Claude. = St.-Claude.

VALFIN, s. m. Com. du dép. du Jura, cant. d'Arinthod, arr. de Lons-le-Saulnier. = Orgelet.

VALFLAUNES, s. m. Com. du dép. de l'Hérault, cant. de Claret, arr. de Montpellier. = Sauve.

VALFRAMBERT, s. m. Com. du dép. de l'Orne, cant. et arr. d'Alençon. = Alençon.

VALFROICOURT, s. m. Com. du dép. des Vosges, cant. de Vittel, arr. de Mirecourt. = Mirecourt.

VALGORGE, s. m. Com. du dép. de l'Ardèche, chef-lieu de cant. de l'arr. de Largentière, où se trouvent les bur. d'enregist. et de poste.

VALHEY, s. m. Com. du dép. de la Meurthe, cant. et arr. de Lunéville. = Lunéville.

VALHUON, s. m. Com. du dép. du Pas-de-Calais, cant. d'Heuchin, arr. de St.-Pol. = St.-Pol.

VALIDATION, s. f. Action de valider. T. de procéd.

VALIDE, adj. Valable, qui a les conditions requises par la loi. —, en parlant des personnes, sain, vigoureux.

VALIDÉ, s. f. Sultane, mère de l'empereur de Turquie.

VALIDÉ, E, part. Rendu valide.

VALIDEMENT, adv. D'une manière valide, valablement.

VALIDER, v. a. Rendre valide. T. de procéd.

VALIDITÉ, s. f. Force et vertu qu'un acte, une procédure, etc., reçoivent des formalités requises pour les rendre valides; qualité d'une chose faite dans les formes.

VALIÈRE (Ste.-), s. f. Com. du dép. de l'Aude, cant. de Ginestas, arr. de Narbonne. = Narbonne.

VALIERGUES, s. f. Com. du dép. de la Corrèze, cant. et arr. d'Ussel. = Ussel.

VALIGNAT, s. m. Com. du dép. de l'Allier, cant. d'Ebreuil, arr. de Gannat. = Gannat.

VALIGNY-LE-MONIAL, s. m. Com. du dép. de l'Allier, cant. de Cérilly, arr. de Montluçon. = Cérilly.

VALIGUIÈRES, s. f. Com. du dép. du Gard, cant. de Remoulins, arr. d'Uzès. = Uzès.

VALINCO, s. m. Rivière du dép. de la Corse qui prend sa source dans la Pive-de-Scopamène, passe non loin de Sartène, et va se jeter dans le golfe de Valinco.

VALINES, s. f. Com. du dép. de la Somme, cant. d'Ault, arr. d'Abbeville. = Abbeville.

VALINGA, s. m. Espèce de cornemuse des Russes.

VALISE, s. f. Long sac de cuir propre à être attaché sur la croupe du cheval et qui s'ouvre dans sa longueur.

VALISNIÈRE, s. f. Plante aquatique. T. de bot.

VALJOUAN, s. m. Com. du dép. de Seine-et-Marne, cant. de Donnemarie, arr. de Provins. = Nangis.

VALJOUFFREY, s. m. Com. du dép. de l'Isère, cant. d'Entraigues, arr. de Grenoble. = la Mure.

VALJOUZE, s. f. Com. du dép. du Cantal, cant. de Massiac, arr. de St.-Flour. = Massiac.

VALLA (la), s. f. Com. du dép. de la Loire, cant. de St.-Chamond, arr. de St.-Etienne. = St.-Etienne.

VALLA (la), s. f. Com. du dép. de la Loire, cant. de Noirétable, arr. de Montbrison. = Thiers.

VALLABRÈGUES, s. f. Com. du dép. du Gard, cant. d'Aramon, arr. de Nismes. = Tarascon.

VALLADOLID, s. m. Ville d'Espagne, capitale de la province de ce nom, dans le royaume de Léon. Pop. 20,000 hab. envir.

VALLAIRE, adj. f. Se dit d'une couronne que les Romains décernaient à celui qui arrivait le premier dans les retranchemens ennemis. T. d'antiq.

VALLAN, s. m. Com. du dép. de l'Yonne, cant. et arr. d'Auxerre. = Auxerre.

VALLANS, s. m. Com. du dép. des Deux-Sèvres, cant. de Fontenay, arr. de Niort. = Mauzé.

VALLANT-ST.-GEORGES, s. m. Com. du dép. de l'Aube, cant. de Méry-sur-Seine, arr. d'Arcis-sur-Aube. = Méry-sur-Seine.

VALLAURIS, s. m. Com. du dép. du Var, cant. d'Antibes, arr. de Grasse. = Cannes.

VALLAY, s. m. Com. du dép. de la Haute-Saône, cant. de Pesmes, arr. de Gray. = Gray.

VALLECALLE, s. f. Com. du dép. de la Corse, cant. de Valle, arr. de Corte. = Bastia.

VALLE-D'ALESANI, s. m. Com. du dép. de la Corse, chef-lieu de cant. de l'arr. de Corte. = Bastia.

VALLE-DI-CAMPOLORO, s. m. Com.

du dép. de la Corse, cant. de Cervione, arr. de Bastia. = Bastia.

VALLE-DI-MEZZANA, s. m. Com. du dép. de la Corse, cant. de Sarrola, arr. d'Ajaccio. = Ajaccio.

VALLE-DI-ROSTINO, s. m. Com. du dép. de la Corse, cant. de Morosaglia, arr. de Corte. = Bastia.

VALLE-D'OREZZA, s. m. Com. du dép. de la Corse, cant. d'Orezza, arr. de Corte. = Bastia.

VALLÉE, s. f. Espace entre des montagnes; pays au pied d'une montagne, vallon. —, marché de Paris, sur les bords de la Seine, où se vend la volaille. — de larmes, la terre. T. de poésie sacrée.

VALLÉE (la), s. f. Com. du dép. de la Charente-Inférieure, cant. de St.-Porchaire, arr. de Saintes. = Tonnay-Charente.

VALLÉE-AUX-BLÉS (la), s. f. Com. du dép. de l'Aisne, cant. et arr. de Vervins. = Vervins.

VALLÉE-DE-CAROL (la), s. f. Com. du dép. des Pyrénées-Orientales, cant. de Saillagouse, arr. de Prades. = Mont-Louis.

VALLÈGUE, s. m. Com. du dép. de la Haute-Garonne, cant. et arr. de Villefranche. = Villefranche.

VALLENAY, s. m. Com. du dép. du Cher, cant. de Châteauneuf-sur-Cher, arr. de St.-Amand. = Châteauneuf-sur-Cher.

VALLENIE, s. f. Gatilier. T. de bot.

VALLÉRANGE, s. m. Com. du dép. de la Moselle, cant. de Grostenquin, arr. de Sarreguemines. = St.-Avold.

VALLERARGUES, s. m. Com. du dép. du Gard, cant. de Lusson, arr. d'Uzès. = Uzès.

VALLERAUGUE, s. m. Petite ville du dép. du Gard, chef-lieu de cant. de l'arr. du Vigan. Bur. d'enregist. = le Vigan. Fabr. de soie ouvrée; entrepôt de bois de service.

VALLÈRE, s. f. Com. du dép. d'Indre-et-Loire, cant. d'Azay-le-Rideau, arr. de Chinon. = Azay-le-Rideau.

VALLERET, s. m. Com. du dép. de la Haute-Marne, cant. et arr. de Vassy. = Vassy.

VALLEREUIL, s. m. Com. du dép. de la Dordogne, cant. de Neuvic, arr. de Ribérac. = Neuvic.

VALLERIN (St.-), s. m. Com. du dép de Saône-et-Loire, cant. de Buxy, arr de Châlons. = Buxy.

VALLEROIS-LE-BAS-ET-BASLIÈRES, s. m. Com. du dép. de la Haute-Saône, cant. de Noroy-le-Bourg, arr. de Vesoul. = Vesoul.

VALLEROIS-LORIOZ-ET-AUTRICOURT, s. m. Com. du dép. de la Haute-Saône, cant. de Noroy-le-Bourg, arr. de Vesoul. = Vesoul.

VALLEROY, s. m. Com. du dép. de la Haute-Marne, cant. de Fays-Billot, arr. de Langres. = Fays-Billot.

VALLEROY, s. m. Com. du dép. de la Moselle, cant. et arr. de Briey. = Briey.

VALLEROY-AUX-SAULES, s. m. Com. du dép. des Vosges, cant. de Vittel, arr. de Mirecourt. = Mirecourt.

VALLEROY-LE-SEC, s. m. Com. du dép. des Vosges, cant. de Vittel, arr. de Mirecourt. = Darney.

VALLERY (St.-), s. m. Com. du dép. de l'Oise, cant. de Formerie, arr. de Beauvais. = Aumale.

VALLERY, s. m. Com. du dép. de l'Yonne, cant. de Chéroy, arr. de Sens. = Chéroy.

VALLÈSE, s. f. Arbrisseau de la pentandrie, cinquième classe des végétaux. T. de bot.

VAL-LES-FAULQUEMONT, s. m. Com. du dép. de la Moselle, cant. de Faulquemont, arr. de Metz. = St.-Avold.

VALLESVILLES, s. f. Com. du dép. de la Haute-Garonne, cant. de Lanta, arr. de Villefranche. = Caraman.

VALLET, s. m. Com. du dép. de la Charente-Inférieure, cant. de Montendre, arr. de Jonzac. = Montendre.

VALLET, s. m. Com. du dép. de la Loire-Inférieure, chef-lieu de cant. de l'arr. de Nantes. Bur. d'enregist. à Clisson. = Clisson.

VALLETOT, s. m. Com. du dép. de l'Eure, cant. de Routot, arr. de Pont-Audemer. = Bourg-Achard.

VALETTE, s. f. Com. du dép. de Lot-et-Garonne, cant. de Castillonnès, arr. de Villeneuve. = Marmande.

VALLETTE (la), s. f. Com. du dép. du Var, cant. et arr. de Toulon. = Toulon.

VALLEVILLE, s. f. Com. du dép. de l'Eure, cant. de Brionne, arr. de Bernay. = Brionne.

VALLICA, s. f. Com. du dép. de la Corse, cant. d'Olmi-et-Capella, arr. de Calvi. = Bastia.

VALLIER (St.-), s. m. Com. du dép. de la Charente, cant. de Brossac, arr. de Barbezieux. = la Graulle.

VALLIER, s. m. Com. du dép. de la Drôme, chef-lieu de cant. de l'arr. de Valence. Bur. d'enregist. et de poste. Fabr. de crêpes et organsins; manuf.

de faïence; filat. de soie; tanneries et teintureries.

VALLIER (St.-), s. m. Com. du dép. de la Haute-Marne, cant. et arr. de Langres. = Langres.

VALLIER (St.-), s. m. Com. du dép. de Saône-et-Loire, cant. de Mont-St.-Vincent, arr. de Châlons. = Joncy.

VALLIER (St.-), s. m. Com. du dép. du Var, chef-lieu de cant. de l'arr. de Grasse. Bur. d'enregist. = Grasse.

VALLIER (St.-), s. m. Com. du dép. des Vosges, cant. de Dompaire, arr. de Mirecourt. = Charmes.

VALLIÈRE, s. f. Com. du dép. de la Creuse, cant. de Felletin, arr. d'Aubusson. = Felletin. Comm. considérable de bestiaux élevés aux environs.

VALLIÈRES, s. f. Com. du dép. de l'Aube, cant. de Chaource, arr. de Bar-sur-Seine. = Chaource.

VALLIÈRES, s. f. Com. du dép. de Loir-et-Cher, cant. de Montrichard, arr. de Blois. = Montrichard.

VALLIÈRES, s. f. Com. du dép. de la Moselle, cant. et arr. de Metz. = Metz.

VALLIQUERVILLE, s. f. Com. du dép. de la Seine-Inférieure, cant. et arr. d'Yvetot. = Yvetot. Fabr. de calicots, basins, siamoises, velours de cotons, etc.

VALLISNIÈRE, s. f. Plante de la famille des hydrocaridées. T. de bot.

VALLOIS, s. m. Com. du dép. de la Meurthe, cant. de Gerbéviller, arr. de Lunéville. = Lunéville.

VALLOIS (les), s. m. pl. Com. du dép. des Vosges, cant. de Darnay, arr. de Mirecourt. = Mirecourt.

VALLON, s. m. Petite vallée, espace entre deux coteaux. Sacré —, vallon consacré aux Muses, arrosé par le fleuve Permesse et la fontaine d'Hippocrène, où paissait le cheval Pégase. T. de myth.

VALLON, s. m. Com. du dép. de l'Allier, cant. de Hérisson, arr. de Montluçon. = Hérisson.

VALLON, s. m. Petite ville du dép. de l'Ardèche, chef-lieu de cant. de l'arr. de Largentière. Bur. d'enregist.=Barjac.

VALLON, s. m. Com. du dép. de la Sarthe, cant. de Loué, arr. du Mans. = le Mans.

VALLOUISE, s. f. Com. du dép. des Hautes-Alpes, cant. de l'Argentière, arr. de Briançon. = Briançon. Mine de plomb.

VAL-MARTIN, s. m. Com. du dép. de la Seine-Inférieure, cant. de Clères, arr. de Rouen. = Rouen.

VALMASCLE, s. m. Com. du dép. de l'Hérault, cant. de Clermont, arr. de Lodève. =Clermont-Lodève.

VALMERAY, s. m. Com. du dép. du Calvados, cant. de Bourguébus, arr. de Caen. = Croissanville.

VALMESTROFF, s. m. Com. du dép. de la Moselle, cant. de Metzervisse, arr. de Thionville. = Thionville.

VALMIGÈRE, s. m. Com. du dép. de l'Aude, cant. de Couiza, arr. de Limoux. = Limoux.

VALMONDOIS, s. m. Com. du dép. de Seine-et-Oise, cant. de l'Ile-Adam, arr. de Pontoise. = Beaumont-sur-Oise.

VALMONT, s. m. Com. du dép. de la Moselle, cant. de St.-Avold, arr. de Sarreguemines. = St.-Avold.

VALMONT, s. m. Com. du dép. de la Seine-Inférieure, chef-lieu de cant. de l'arr. d'Yvetot. = Bur. d'enregist. et de poste.

VALMUNSTER, s. m. Com. du dép. de la Moselle, cant. de Boulay, arr. de Metz. = Boulay.

VALMY, s. m. Com. du dép. de la Marne, cant. et arr. de Ste.-Menéhould. = Ste.-Menéhould.

On remarque près de ce village le tombeau du général Kellerman qui, à la tête de l'armée française, vainquit les Prussiens en cet endroit, le 20 septembre 1792.

VALOGNES, s. m. Ville du dép. de la Manche, chef-lieu de sous-préf. et de cant.; trib. de 1re inst.; conserv. des hypoth.; direct. des contrib. indir.; bur. de garantie des matières d'or et d'argent; recev. part. des finances; bur. d'enregist. et de poste.

Cette ville, située sur le Merderet, est la patrie de Letourneur et de Vic-d'Azir, célèbre médecin. Fabr. de dentelles, blondes; manuf. de porcelaine, teintureries et tanneries. Comm. de toiles, laines, plumes d'oie, fil, miel, beurre, poissons, gibiers, vins, eaux-de-vie et liqueurs.

VALOIR, v. a. Procurer, faire obtenir; rapporter, produire. —, v. n. Etre d'un certain prix; tenir lieu, avoir la force, la signification de... Faire —, présenter sous un jour avantageux, donner de l'importance à une chose. Faire — une terre, la cultiver; de l'argent, le placer de manière à le faire rapporter. Se faire —, soutenir ses droits; exalter son mérite réel ou supposé, son autorité, son crédit, etc. — mieux, être meilleur, plus avantageux, etc. A —, à compte, à imputer sur... T. de comm.

VALOJOUX, s. m. Com. du dép. de la Dordogne, cant. de Montignac, arr. de Sarlat. = Montignac.

VALON, s. m. Village du dép. de l'Aveyron, cant. de Mur-de-Barrez, arr. d'Espalion. = Mur-de-Barrez.

VALONNE, s. f. Com. du dép. du Doubs, cant. de Pont-de-Roide, arr. de Montbéliard. = St.-Hyppolite-sur-le-Doubs.

VALOREILLE, s. f. Com. du dép. du Doubs, cant. de St.-Hyppolite, arr. de Montbéliard. = St.-Hyppolite-sur-le-Doubs.

VALOUZE, s. f. Com. du dép. de la Drôme, cant. et arr. de Nyons. = Nyons.

VALPRIONDE, s. f. Com. du dép. du Lot, cant. de Moncuq, arr. de Cahors. = Cahors.

VALPUISEAUX, s. m. Com. du dép. de Seine-et-Oise, cant. de Milly, arr. d'Etampes. = Milly.

VALRÉAS, s. m. Petite ville du dép. de Vaucluse, chef-lieu de cant. de l'arr. d'Orange. Bur. d'enregist. et de poste.

Cette ville est assise au pied de la Lance, sur la petite rivière de la Corronne. C'est là que naquit le célèbre abbé Maury, qui parvint au cardinalat, puis à l'archevêché de Paris.

VALROS, s. m. Com. du dép. de l'Hérault, cant. de Servian, arr. de Béziers. = Pézénas.

VALS, s. m. Com. du dép. de l'Ardèche, cant. d'Aubenas, arr. de Privas. = Aubenas.

On y trouve plusieurs sources d'eaux minérales. Fabr. de papiers.

VALS, s. m. Com. du dép. de l'Ariège, cant. de Mirepoix, arr. de Pamiers. = Mirepoix.

VAL-ST.-ELOY (le), s. m. Com. du dép. de la Haute-Saône, cant. de Port-sur-Saône, arr. de Vesoul. = Vesoul.

VALSAINTES, s. f. Com. du dép. des Basses-Alpes, cant. de Banon, arr. de Forcalquier. = Forcalquier.

VAL-ST.-GERMAIN (le), s. m. Com. du dép. de Seine-et-Oise, cant de Dourdan, arr. de Rambouillet.=Dourdan.

VAL-ST.-PAIR, s. m. Com. du dép. de la Manche, cant. et arr. d'Avranches. = Avranches.

VALSE, s. f. Sorte de danse allemande, dans laquelle le cavalier et sa dame sont comme enlacés et parcourent voluptueusement l'espace en tournant en mesure au son de la musique.

VALSEMÉ, s. m. Com. du dép. du Calvados, cant. de Cambremer, arr. de Pont-l'Evêque. = Pont-l'Evêque.

VALSER, v. n. Exécuter une valse.

VALSERINE (la), s. f. Rivière dont la source se trouve dans les montagnes du Jura ; elle passe à Châtillon-de-Michaille et se jette dans le Rhône un peu au-dessus de la perte de ce fleuve. Son cours est d'environ 11 l.

VALSERRES, s. f. Com. du dép. des Hautes-Alpes, cant. de la Batie-Neuve, arr. de Gap. = Gap.

VALSERY, s. m. Com. du dép. de l'Aisne, cant. de Vic-sur-Aisne, arr. de Soissons. = Soissons.

VALS-LE-CHASTEL, s. m. Com. du dép. de la Haute-Loire, cant. de Paulhaguet, arr. de Brioude.=Brioude.

VALSONNE, s. f. Com. du dép. du Rhône, cant. de Tarare, arr. de Villefranche. = Tarare.

VAL-SOUS-CHATEAUNEUF, s. m. Com. du dép. du Puy-de-Dôme, cant. de Jumeaux, arr. d'Issoire. = Issoire.

VALS-PRÈS-LE-PUY, s. m. Com. du dép. de la Haute-Loire, cant. et arr. du Puy. = le Puy.

VAL-SUR-MER (Notre-Dame-du), s. m. Com. du dép. de l'Eure, cant. de Beuzeville, arr. de Pont-Audemer. = Pont-Audemer.

VALTELINE, s. f. Province du royaume Lombardo-Vénitien, située entre les Alpes et le lac de Côme.

VALTEMBOURG, s. m. Com. du dép. de la Meurthe, cant. de Phalsbourg, arr. de Sarrebourg. =Sarrebourg.

VALTHÈRE, s. f. Plante de la famille des sterculiacées. T. de bot.

VALTIN (le), s. m. Com. du dép. des Vosges, cant. de Fraize, arr. de St.-Dié. = St.-Dié.

VALU, E, part. Qui a rapporté un profit quelconque, qui a produit un bien ou un mal, etc.

VALUABLE, adj. De quelque prix. T. inus.

VALUE (plus), s. f. Valeur en sus de l'estimation, du prix. T. de procéd.

VALUEJOLS, s. m. Com. du dép. du Cantal, cant. et arr. de St.-Flour. = St.-Flour.

VALVE, s. f. Pièce d'une coquille, écaille. Voy. UNIVALVE, BIVALVE, MUTIVALVE. T. d'hist. nat. — , segment du péricarpe ouvert spontanément. T. de bot.

VALVÉE ou VALVÉAIRE, s. f. Coquillage discoïde. T. d'hist. nat.

VALVIER, s. m. Mollusque renfermé dans les valvés. T. d'hist. nat.

VALVIGNÈRES, s. f. Com. du dép. de l'Ardèche, cant. de Viviers, arr. de Privas. = Viviers.

VALVULAIRE, adj. Qui a beaucoup de valvules. T. de bot.

VALVULE, s. f. Soupape. T. de mécan. —, repli membraneux en forme de soupape. T. d'anat. —, voy. VALVE. T. de bot.

VAMPI, s. m. Oranger de la Chine. T. de bot.

VAMPIRE, s. m. Mort qui sortait de son tombeau pour sucer le sang des vivans, selon la croyance du peuple dans les temps d'ignorance et de superstition. —, maltotier qui profite des malheurs publics et s'engraisse de la substance du peuple. —, chauve-souris monstrueuse d'Amérique, qui suce le sang des hommes et des animaux endormis, sans les éveiller.

VAMPIRISME, s. m. Etat des vampires. T. inus.

VAN, s. m. Instrument d'osier en forme de coquille, dont on se sert pour vanner le grain, etc.

VANANT, E, adj. D'une qualité inférieure. T. de papet.

VANAULT-LE-CHÂTEL, s. m. Com. du dép. de la Marne, cant. d'Heiltz-le-Maurupt, arr. de Vitry-le-Français. = Vitry-le-Français.

VANAULT-LES-DAMES, s. m. Com. du dép. de la Marne, cant. d'Heiltz-le-Maurupt, arr. de Vitry-le-Français. = Vitry-le-Français.

VANÇAIS, s. m. Com. du dép. des Deux-Sèvres, cant. de Chenoy, arr. de Melle. = Couhé.

VANCASSAIE, s. f. Petite orange de l'île de France.

VANCÉ, s. m. Com. du dép. de la Sarthe, cant. et arr. de St.-Calais.=St.-Calais. Tuileries.

VANCHY, s. m. Com. du dép. de l'Ain, cant. de Collonge, arr. de Gex.= Collonge.

VANCLANS, s. m. Com. du dép. du Doubs, cant. de Vercel, arr. de Baume. = Besançon.

VANCOLE, s. f., ou **VANCOHO**, s. m. Scorpion de l'île de Madagascar.

VANDALE, s. et adj. m. Ennemi des lettres, des sciences et des arts, qui détruit leurs monumens. —, pl. Peuples de la Germanie qui, vers la fin de l'an 405, forcèrent les barrières de l'empire Romain, près de Mayence. Chassés par l'armée romaine, et forcés de passer les Pyrénées, ils s'établirent en Espagne, d'abord dans la Gallicie, puis dans la Bétique qui prit le nom de Vandalicia, d'où s'est formé celui d'Andalousie que cette province porte aujourd'hui. Bientôt ils passèrent en Afrique, où ils fondèrent un empire qui subsista un peu plus d'un siècle.

VANDALISME, s. m. Système, régime destructif des lettres, des sciences, des arts et de leurs monumens.

VANDEINS, s. m. Com. du dép. de l'Ain, cant. de Châtillon-les-Dombes, arr. de Trévoux. = Châtillon-les-Dombes.

VANDEL, s. m. Com. du dép. d'Ille-et-Vilaine, cant. de St.-Aubin-du-Cormier, arr. de Fougères.=St.-Aubin-du-Cormier.

VANDELAINVILLE, s. f. Com. du dép. de la Meurthe, cant. de Thiaucourt, arr. de Toul. = Pont-à-Mousson.

VANDELANS, s. m. Com. du dép. de la Haute-Saône, cant. de Rioz, arr. de Vesoul. = Rioz.

VANDELÉE (la), s. f. Com. du dép. de la Manche, cant. de St.-Malo-de-la-Lande, arr. de Coutances. = Coutances.

VANDELÉVILLE, s. f. Com. du dép. de la Meurthe, cant. de Colombey, arr. de Toul. = Vézelise.

VANDELICOURT, s. m. Com. du dép. de l'Oise, cant. de Ribécourt, arr. de Compiègne. = Compiègne.

VANDELOGNE, s. f. Com. du dép. des Deux-Sèvres, cant. de Thenezay, arr. de Parthenay. = Parthenay.

VANDENESSE, s. f. Com. du dép. de la Côte-d'Or, cant. de Pouilly-en-Auxois, arr. de Beaune. = Sombernon.

VANDENESSE, s. f. Com. du dép. de la Nièvre, cant. de Moulins-Engilbert, arr. de Château-Chinon.=Moulins-Engilbert. Forges et hauts-fourneaux.

VANDEUIL, s. m. Com. du dép. de la Marne, cant. de Fismes, arr. de Reims. = Reims.

VANDIÈRES, s. f. Com. du dép. de la Marne, cant. de Châtillon, arr. de Reims. = Dormans.

VANDIÈRES, s. f. Com. du dép. de la Meurthe, cant. de Pont-à-Mousson, arr. de Nancy. = Pont-à-Mousson.

VANDIMARE, s. f. Com. du dép. de l'Eure, cant. d'Ecouis, arr. des Andelys. = Ecouis.

VANDŒUVRES, s. f. Com. du dép. la Meurthe, cant. et arr. de Nancy. = Nancy.

VANDOISE, s. f. Poisson d'eau douce du genre du cyprin. Voy. DARD.

VANDRÉ, s. m. Com. du dép. de la Charente-Inférieure, cant. de Surgères, arr. de Rochefort. = Surgères.

VANDRILLE (St.-), s. m. Com. du dép. de la Seine-Inférieure, cant. de Caudebec, arr. d'Yvetot. = Yvetot.

VANDY, s. m. Com. du dép. des Ar

dennes, cant. et arr. de Vouziers. == Vouziers.

VANESSE, s. f. Genre d'insectes lépidoptères. T. d'hist. nat.

VANGA, s. m. Becarde à ventre blanc. T. d'hist. nat.

VANGERON, s. m. Poisson du lac de Genève, espèce de gardon.

VANGEUR, s. m. Ouvrier briquetier qui pétrit la terre ; tuilier qui forme les vasons.

VANGUIER, s. m. Arbre de la famille des rubiacées. T. de bot.

VANHOM, s. m. Curcuma du Japon. T. de bot.

VANIÈRE, s. f. Espèce d'ortie. T. de bot.

VANILLE, s. f. Graine du vanillier.

VANILLIER, s. m. Plante exotique, sarmenteuse, grimpante, à gousses remplies de graines d'une saveur aromatique.

VANITÉ, s. f. Instabilité ; la vanité des grandeurs humaines. —, frivolité, futilité ; il n'a de pl. qu'en ce sens. —, amour-propre, qui a pour objet des choses frivoles ou étrangères ; présomption, orgueil. Tirer —, se glorifier. Sans —, adv. Sans se vanter.

VANITEUX, EUSE, adj. Qui a une vanité puérile et ridicule.

VANLAY, s. m. Com. du dép. de l'Aube, cant. de Chaource, arr. de Bar-sur-Seine. == Chaource.

VANNAIRE, s. m. Com. du dép. de la Côte-d'Or, cant. et arr. de Châtillon. == Châtillon-sur-Seine.

VANNE, s. f. Espèce de porte en bois, qui se hausse et se baisse au moyen d'une vis, pour arrêter ou modifier le courant d'eau d'une usine. Voy. ÉCLUSE. —, partie liquide des matières fécales. —, grande plume de l'aile. T. de fauc.

VANNE (la), s. f. Rivière qui prend sa source dans le dép. de l'Aube, près Fontvannes et se jette dans l'Yonne, à Sens, après un cours d'environ 15 l. Elle est flottable depuis Estissac jusqu'à son embouchure.

VANNE, s. f. Com. du dép. de la Haute-Saône, cant. de Dampierre-sur-Salon, arr. de Gray. == Cintrey.

VANNÉ, E, part. Nettoyé, avec un van ; se dit des graines.

VANNEAU, s. m. Oiseau aquatique du genre des échassiers. —, pl. Les plus grosses plumes de l'aile. T. de fauc.

VANNEAU (le), s. m. Com. du dép. des Deux-Sèvres, cant. de Fontenay, arr. de Niort. == Niort.

VANNECOURT, s. m. Com. du dép. de la Meurthe, cant. et arr. de Château-Salins. == Château-Salins.

VANNECROCQ, s. m. Com. du dép. de l'Eure, cant. de Beuzeville, arr. de Pont-Audemer. == Pont-Audemer.

VANNER, v. a. Nettoyer le grain avec un van, une vannette. —, disparaître, s'enfuir. T. fam.

VANNERIE, s. f. Métier, ouvrage, marchandise de vannier.

VANNES, s. f. Com. du dép. du Loiret, cant. de la Ferté-St.-Aubin, arr. d'Orléans. == Orléans.

VANNES, s. f. Ville maritime du dép. du Morbihan, chef-lieu de préf., de sous-préf. et de cant.; trib. de 1re inst. et de comm.; société d'agric.; direct. des contrib. dir. et indir.; bur. de garantie des matières d'or et d'argent; recev. général des finances. Bur. d'enregist. et de poste. Pop. 11,300 hab. env. Cette ville, située au fond d'une baie, à 3 l. de l'Océan, possède un port vaste et sûr qui peut recevoir des bâtimens de 200 tonneaux. Fabr. de grosses draperies; tanneries; pêche de la sardine et de congres. Comm. de grains, vins, eaux-de-vie, drogueries, épiceries, poissons salés, cire, toiles à voiles, cordages, cuirs, fer.

VANNES, s. f. Com. du dép. de la Meurthe, cant. de Colombey, arr. de Toul. == Colombey.

VANNET, s. m. Coquille dont on voit le fond. T. de blas.

VANNETTE, s. f. Sorte de corbeille plate pour vanner l'avoine.

VANNEUR, s. m. Batteur en grange qui vanne le grain battu.

VANNIER, s. m. Ouvrier qui travaille en osier, qui fait des vans, des paniers, etc.

VANNOIR, s. m. Bassin pour agiter les clous d'épingle.

VANNOZ, s. m. Com. du dép. du Jura, cant. de Champagnole, arr. de Poligny. == Champagnole.

VANOSC, s. m. Com. du dép. de l'Ardèche, cant. d'Annonay, arr. de Tournon. == Annonay.

VANS (les), s. m. pl. Petite ville du dép. de l'Ardèche, chef-lieu de cant. de l'arr. de Largentière. Bur. d'enregist. et de poste. Fabr. et comm. d'étoffes de soie et filoselle.

VANTAIL, s. m., pl. Vantaux. Battant d'une porte ou d'une fenêtre qui s'ouvre des deux côtés. —, pl. Volets de fenêtres.

VANTANE, s. f. Genre de plantes de la polyandrie, douzième classe des végétaux. T. de bot.

VANTARD, E, s. et adj. Hâbleur, qui se vante. T. fam.

VANTÉ, E, part. Loué; prôné, préconisé.

VANTER, v. a. Parler de quelqu'un avec de grands éloges; prôner, préconiser. Se —, v. pron. Parler de soi trop avantageusement, faire son propre éloge. Se — de.....; se glorifier, se faire fort de.....

VANTERIE, s. f. Vaine louange qu'on se donne à soi-même, et qui caractérise une sotte présomption.

VANTEUR, s. m. Celui qui se vante. T. fam. inus.

VANTILLER, v. n. Mettre des dosses ou de fortes planches pour retenir l'eau. T. de charp.

VANTOUX, s. m. Com. du dép. de la Côte-d'Or, cant. et arr. de Dijon. = Dijon.

VANTOUX, s. m. Com. du dép. de la Moselle, cant. et arr. de Metz. = Metz.

VANTOUX-ET-LONGEVELLE, s. m. Com. du dép. de la Haute-Saône, cant. de Gy, arr. de Gray. = Gy.

VA-NU-PIEDS, s. m. Pauvre, qui n'a pas de souliers aux pieds, et, fig., homme qui est sans ressources, qui vit de celles que lui produit une honteuse industrie.

VANVES, s. m. Com. du dép. de la Seine, cant. et arr. de Sceaux. = Issy.

VANVEY, s. m. Com. du dép. de la Côte-d'Or, cant. et arr. de Châtillon. = Châtillon-sur-Seine. Fonderie et clouterie.

VANVILLIÉ, s. m. Com. du dép. de Seine-et-Marne, cant. de Nangis, arr. de Provins. = Nangis.

VANXAINS, s. m. Com. du dép. de la Dordogne, cant. et arr. de Ribérac. = Ribérac.

VANY, s. m. Com. du dép. de la Moselle, cant. et arr. de Metz. = Metz.

VANZAC, s. m. Com. du dép. de la Charente-Inférieure, cant. de Montendre, arr. de Jonzac. = Montendre.

VANZAY, s. m. Com. du dép. des Deux-Sèvres, cant. de Chenay, arr. de Melle. = Couhé.

VAOUR, s. m. Com. du dép. du Tarn, chef-lieu de cant. de l'arr. de Gaillac. Bur. d'enregist. et de poste à Cordes.

VAPEUR, s. f. Espèce de fumée qui s'exhale des corps humides; liquide dilaté dans l'atmosphère. —, imitation de la vapeur du ciel, de l'air. —, pl. Affections hystériques et hypocondriaques.

VAPORANT, E, adj. Qui exhale des parfums. T. inus.

VAPORATION, s. f. Action de la vapeur sur un corps.

VAPOREUX, EUSE, s. et adj. Qui a des vapeurs, sujet aux vapeurs, en parlant des personnes. —, qui cause des vapeurs; aliment vaporeux. —, rempli de vapeurs; ciel vaporeux. —; se dit de l'imitation des vapeurs de l'atmosphère. T. de peint.

VAPORISATION, s. f. Action par laquelle une substance se réduit en vapeurs; conversion d'un liquide en vapeurs. Voy. ÉVAPORATION.

VAPORISER (se), v. pron. Se réduire en vapeurs.

VAPPON, s. m. Genre d'insectes diptères. T. d'hist. nat.

VAQUER, v. n. Être vacant, en parlant des emplois, et quelquefois des logemens. —, être en vacances, en parlant des tribunaux. — à quelque chose, s'y appliquer, s'y adonner, la faire.

VACQUERIE (la), s. f. Com. du dép. de l'Oise, cant. de Grandvilliers, arr. de Beauvais. = Grandvilliers.

VAR (le), s. m. Rivière qui prend sa source dans le comté de Nice. Après un cours d'environ 6 l., elle entre dans le dép. des Basses-Alpes, se joint à l'Esteron, et sert de limite entre la France et le comté de Nice, depuis sa jonction avec cette rivière jusqu'à son embouchure dans la Méditerranée, près du village de St.-Laurent. La rapidité de cette rivière, qui change plusieurs fois de lit, en fait un passage difficile et dangereux. Elle est traversée, à peu de distance de son embouchure, par un pont de bois, de 2,400 pieds de longueur sur 24 de large, qui établit une communication entre Nice et le dép. du Var. Le cours du Var est d'environ 25 lieues.

VAR (dép. du), s. m. Chef-lieu de préf., Draguignan; 4 arr. ou sous-préf. : Brignoles, Draguignan, Grasse, Toulon; 35 cant. ou justices de paix; 210 com. Pop., 311,095 hab. env. Cour royale d'Aix; diocèse de Fréjus; 8e div. milit.; 8e div. des ponts-et-chaussées; 4e div. des mines; direct. de l'enregist. et des domaines, de 2e classe; div. S. des douanes, direct. à Toulon.

Ce dép. est borné N. par celui des Basses-Alpes, N.-E. par le Piémont, S. et S.-E. par la Méditerranée et O. par le dép. des Bouches-du-Rhône. Couvert de hautes montagnes dans la partie septentrionale, il ne fournit qu'environ la moitié du grain nécessaire à la consommation de ses habitans; mais, en retour, il est couvert de vignes qui donnent abondamment des vins blancs et rouges et du vin muscat d'excellente qualité. Il produit, en outre, quantité de fruits qui lui sont particuliers, et qui viennent en abondance et meilleurs que dans toute autre contrée. Les champs y sont presque entièrement plantés ou bordés de mûriers pour la nourriture des vers à soie, dont la récolte est considérable et d'une grande ressource pour les habitants. L'oranger, l'olivier, le jasmin, la tubéreuse, l'héliotrope, et quantité d'arbres et de fleurs odoriférantes, y croissent en pleine terre, embaument l'air de leurs parfums, et ajoutent un charme particulier aux beautés naturelles de cette contrée, où la douceur du climat n'est égalée que par la beauté du ciel. Les îles d'Hyères et de Lérins dépendent aussi de ce dép. Elles sont peu importantes, et en partie incultes, à l'exception de celle de Porquerolles.

Productions territoriales et industrielles : céréales de diverses espèces; quantité de fruits, prunes, brugnons, jujubes, avelines, amandes, oranges, limons, grenades, câpres; quantité de vins forts et généreux; beaucoup de miel; belles plantations de mûriers et d'oliviers; bois, sapins, liége; beaucoup de gibier, poissons de mer et d'eau douce; peu de chevaux, beaucoup de mules et de mulets, bêtes à cornes, moutons, chèvres, porcs; éducation en grand des abeilles et des vers à soie; culture en grand des fleurs de toute espèce pour la parfumerie; jardin de botanique à Toulon; houille, marbres très variés, porphyre, jaspe, granit, pouzolane, chrôme, pierres de taille, plâtre, marne. Fabr. de grosse draperie, parfumerie, essences, liqueurs, huile d'olives, savons recherchés, sel de saturne, bouchons de liége, cuirs; nombreuses distilleries; papeteries, verreries, poteries, tanneries renommées. Comm. considérable d'huile d'olives, vins de liqueurs, eaux-de-vie, liqueurs, essences, parfums, fruits confits, raisins de caisse, figues, marrons, oranges, citrons, miel, poissons salés, anchois, sardines, bois, corail. Grand et petit cabotage. Les principales rivières qui l'arrosent sont le Var, l'Argent, l'Artubès, le Loup, l'Esteron, la Bresque, la Siagne et l'Artuby.

VARACIEUX, s. m. Com. du dép. de l'Isère, cant. de Vinay, arr. de St.-Marcellin. = St.-Marcellin.

VARADES, s. f. Petite ville du dép. de la Loire-Inférieure, chef-lieu de cant. de l'arr. d'Ancenis, où se trouve le bur. d'enregist. Bur. de poste. Verrerie à bouteilles.

VARAGES, s. m. Com. du dép. du Var, cant. de Barjols, arr. de Brignoles. = Barjols.

VARAIGNE, s. f. Première ouverture des marais salans, par laquelle on introduit l'eau de la mer dans les réservoirs.

VARAIGNES, s. f. Com. du dép. de la Dordogne, cant. de Bussière-Badil, arr. de Nontron. = Nontron. Mines de fer et d'antimoine.

VARAIRE, s. f. Plante de la famille des joncoïdes. T. de bot.

VARAIZE, s. f. Com. du dép. de la Charente-Inférieure, cant. et arr. de St.-Jean-d'Angély. = St.-Jean-d'Angely.

VARAMBON, s. m. Com. du dép. de l'Ain, cant. de Pont-d'Ain, arr. de Bourg. = Pont-d'Ain.

VARAN, s. m. Arbre de l'île d'Amboine. T. de bot.

VARANCOCO, s. m. Arbrisseau des Indes. T. de bot.

VARANDÉ, E, part. Se dit des harengs qu'on a fait égoutter après les avoir tirés de la saumure.

VARANDER, v. a. Faire égoutter les harengs en les tirant de la saumure.

VARANDEUR, s. m. Inspecteur de la salaison des harengs.

VARANGES, s. m. Com. du dép. de la Côte-d'Or, cant. de Genlis, arr. de Dijon. = Genlis.

VARANGÉVILLE, s. f. Com. du dép. de la Meurthe, cant. de St.-Nicolas, arr. de Nancy. = St.-Nicolas-du-Port.

VARANGUE, s. f. Membre d'un navire, chevron courbe sur la quille. T. de mar.

VARAVILLE, s. f. Com. du dép. du Calvados, cant. de Troarn, arr. de Caen. = Troarn. Fabr. de fromages.

VARAYRE, s. m. Com. du dép. du Lot, cant. de Limogne, arr. de Cahors. = Cahors.

VARCES, s. m. Com. du dép. de l'Isère, cant. de Vif, arr. de Grenoble. = Grenoble.

VARDES, s. m. Com. du dép. de la Seine-Inférieure, cant. de Gournay, arr. de Neufchâtel. = Gournay.

VARDIOLE, s. f. Espèce d'oiseau de paradis. T. d'hist. nat.

VARE, s. f. Mesure espagnole qui équivaut à une aune et demie.

VAREC ou VARECH, s. m. Vaisseau submergé; débris que la mer rejette sur ses bords. T. de mar. —, plante aquatique, genre d'algues. T. de bot.

VAREDDES, s. m. Com. du dép. de Seine-et-Marne, cant. et arr. de Meaux. = Meaux.

VAREILLES, s. f. Com. du dép. de

la Creuse, cant. de la Souterraine, arr. de Guéret. = la Souterraine.

VAREILLES, s. f. Com. du dép. de Saône-et-Loire, cant. de la Clayette, arr. de Charolles. = la Clayette.

VAREILLES, s. f. Com. du dép. de l'Yonne, cant. de Villeneuve-l'Archevêque, arr. de Sens. = Sens.

VAREN, s. m. Com. du dép. de Tarn-et-Garonne, cant. de St.-Antonin, arr. de Montauban. = St.-Antonin.

VARENGÉVILLE, s. f. Com. du dép. de la Seine-Inférieure, cant. d'Offranville, arr. de Dieppe. = Dieppe.

VARENGÉVILLE (Notre-Dame-de-), s. f. Com. du dép. de la Seine-Inférieure, cant. de Duclair, arr. de Rouen. = Rouen.

VARENGÉVILLE (St.-Pierre-de-), s. f. Com. du dép. de la Seine-Inférieure, cant. de Duclair, arr. de Rouen. = Rouen.

VARENGUEBECQ, s. m. Com. du dép. de la Manche, cant. de la Haye-du-Puits, arr. de Coutances. = Carentan.

VARENNE, s. f. Terre inculte, étendue de pays que le roi se réservait pour la chasse. — du Louvre, juridiction qui connaissait des délits de chasse commis dans la Varenne.

VARENNE (la), s. f. Com. du dép. de Maine-et-Loire, cant. de Champtoceaux, arr. de Beaupréau. = Ancenis.

VARENNE-L'ARCONCE, s. f. Com. du dép. de Saône-et-Loire, cant. de Semur-en-Brionnais, arr. de Charolles. = Mâcon.

VARENNE-REUILLON, s. f. Com. du dép. de Saône-et-Loire, cant. de Digoin, arr. de Charolles. = Digoin.

VARENNES, s. f. Com. du dép. de la Dordogne, cant. de Lalinde, arr. de Bergerac. = Bergerac.

VARENNES, s. f. Com. du dép. de la Haute-Garonne, cant. de Montgiscard, arr. de Villefranche. = Villefranche.

VARENNES, s. f. Com. du dép. de l'Indre, cant. de St.-Christophe, arr. d'Issoudun. = la Châtre.

VARENNES, s. f. Com. du dép. d'Indre-et-Loire, cant. de Ligueil, arr. de Loches. = Loches.

VARENNES, s. f. Com. du dép. du Loiret, cant. de Lorris, arr. de Montargis. = Noyen-sur-Vernisson.

VARENNES, s. f. Com. du dép. de la Haute-Marne, chef-lieu de cant. de l'arr. de Langres. Bur. d'enregist. = Langres.

VARENNES, s. f. Petite ville du dép. de la Meuse, chef-lieu de cant. de l'arr. de Verdun. Bur. d'enregist. et de poste. Fabr. de cuirs, verreries, papeteries.

VARENNES, s. f. Com. du dép. de la Nièvre, cant. de Pougues, arr. de Nevers. = Nevers.

VARENNES, s. f. Com. du dép. du Puy-de-Dôme, cant. de Sauxillanges, arr. d'Issoire. = Issoire.

VARENNES, s. f. Com du dép. de Seine-et-Marne, cant. de Montereau, arr. de Fontainebleau. = Montereau.

VARENNES, s. f. Com. du dép. de Seine-et-Oise, cant. de Boissy-St.-Léger, arr. de Corbeil. = Brie-Comte-Robert.

VARENNES, s. f. Com. du dép. de la Somme, cant. d'Acheux, arr. de Doullens. = Albert.

VARENNES, s. f. Com. du dép. de Tarn-et-Garonne, cant. de Villebrumier, arr. de Montauban. = Montauban.

VARENNES, s. f. Com. du dép. de la Vienne, cant. de Mirebeau, arr. de Poitiers. = Mirebeau.

VARENNES, s. f. Com. du dép. de l'Yonne, cant. de Ligny, arr. d'Auxerre. = Avallon.

VARENNES-LE-GRAND, s. f. Com. du dép. de Saône-et-Loire, cant. et arr. de Châlons. = Châlons.

VARENNES-LÈS-MÂCON, s. f. Com. du dép. de Saône-et-Loire, cant. et arr. de Mâcon. = Mâcon.

VARENNES-LÈS-NARCY, s. f. Com. du dép. de la Nièvre, cant. de la Charité, arr. de Cosne. = la Charité.

VARENNES-ST.-HONORAT, s. f. Com. du dép. de la Haute-Loire, cant. d'Allègre, arr. du Puy. = le Puy.

VARENNES-ST.-SAUVEUR, s. f. Com. du dép. de Saône-et-Loire, cant. de Cuizeaux, arr. de Louhans. = St.-Amour.

VARENNES-SOUS-DUN, s. f. Com. du dép. de Saône-et-Loire, cant. de la Clayette, arr. de Charolles. = la Clayette.

VARENNES-SOUS-MONTSOREAU, s. f. Com. du dép. de Maine-et-Loire, cant. et arr. de Saumur. = Chouzé.

VARENNES-SUR-ALLIER, s. f. Petite ville du dép. de l'Allier, chef-lieu de cant. de l'arr. de la Palisse. Bur. d'enregist. et de poste.

VARENNES-SUR-LE-DOUBS, s. f. Com. du dép. de Saône-et-Loire, cant. de Pierre, arr. de Louhans. = Verdun-sur-Saône.

VARENNES-SUR-MORGES, s. f. Com. du dép. du Puy-de-Dôme, cant. d'Ennezat, arr. de Riom. = Riom.

VARENNES-SUR-TRÈCHE, s. f. Com. du dép. de l'Allier, cant. de Jaligny, arr. de la Palisse. = la Palisse.

VARENT (St.-), s. m. Com. du dép. des Deux-Sèvres, chef-lieu de cant. de l'arr. de Bressuire. Bur. d'enregist. à Thouars. = Thouars.

VARES-CRUES, s. f. Briques mal cuites.

VARESNES, s. f. Com. du dép. de l'Oise, cant. de Noyon, arr. de Compiégne. = Noyon.

VARESSIA, s. f. Com. du dép. du Jura, cant. d'Orgelet, arr. de Lons-le-Saulnier. = Orgelet.

VARET, s. m. Navire submergé. Voy. VAREC.

VARETS, s. m. Com. du dép. de la Corrèze, cant. et arr. de Brive. = Brive.

VARI, s. m. Maki noir et blanc. T. d'hist. nat.

VARIABILITÉ, s. f. Disposition habituelle à varier.

VARIABLE, adj. Sujet à varier, qui change souvent, inconstant; temps, esprit variable.

VARIANT, E, adj. Qui change souvent; humeur variante.

VARIANTES, s. f. pl. Diverses leçons d'un même texte.

VARIATION, s. f. Action, effet de tout ce qui varie. —, pl. Ornemens ajoutés à un air en laissant subsister le fond et le mouvement. T. de mus.

VARICE, s. f. Tumeur formée par la dilatation d'une veine. T. de chir. —, pl. Saillies du bourrelet de certaines coquilles. T. d'hist. nat.

VARICELLE, s. f. Petite vérole volante. T. de méd.

VARICOCÈLE, s. f. Espèce de cirsocèle, tumeur variqueuse du scrotum. T. de chir.

VARICOMPHALE, s. m. Tumeur variqueuse produite par la dilatation de quelques vaisseaux de l'ombilic. T. de chir.

VARIÉ, E, part. Diversifié; qui offre de la variété.

VARIER, v. a. Diversifier, apporter de la variété. —, v. n. Changer accidentellement; manquer de fixité.

VARIÉTÉ, s. f. Diversité. —, pl. Mélanges; articles politiques ou littéraires d'un journal.

VARIÉTUR (ne), adv. (mots latins). Se dit des précautions prises pour constater l'état d'une pièce de manière à ce qu'il n'y soit rien changé. T. de proced.

VARILLES, s. f. Com. du dép. de l'Ariège, chef-lieu de cant. de l'arr. de Pamiers, où se trouvent les bur. d'enregist. et de poste.

VARIMONT, s. m. Com. du dép. de la Marne, cant. de Dammartin-sur-Yèvre, arr. de Ste.-Ménehould. = Ste.-Ménehould.

VARIMPRÉ, s. m. Com. du dép. de la Seine-Inférieure, cant. de Blangy, arr. de Neufchâtel. = Neufchâtel.

VARINFROY, s. m. Com. du dép. de l'Oise, cant. de Betz, arr. de Senlis. = Lisy.

VARIOLAIRE, s. m. Genre de champignons. T. de bot.

VARIOLE, s. f. Petite vérole, maladie épidémique qui moissonnait les enfans, avant la découverte de la vaccine. —, espèce d'alouette de l'Amérique méridionale. T. d'hist. nat.

VARIOLEUX, EUSE, s. et adj. Attaqué de la variole.

VARIOLIQUE, adj. Qui appartient, a rapport à la variole. T. de méd.

VARIOLITHES, s. f. pl. Cailloux parsemés de taches semblables à celles de la variole. T. d'hist. nat.

VARIQUEUX, EUSE, adj. Qui a rapport aux varices; qui en est affecté. T. de chir. Coquille —, dont le bourrelet a des varices. T. d'hist. nat.

VARISCOURT, s. m. Com. du dép. de l'Aisne, cant. de Neufchâtel, arr. de Laon. = Reims.

VARIZE, s. f. Com. du dép. d'Eure-et-Loir, cant. d'Orgères, arr. de Châteaudun. = Châteaudun.

VARIZE, s. f. Com. du dép. de la Moselle, cant. de Boulay, arr. de Metz. = Boulay.

VARLET, s. m. Page dans l'ancienne chevalerie.

VARLOPE, s. f. Outil de menuisier pour polir le bois.

VARLOPÉ, E, part. Poli à l'aide d'une varlope.

VARLOPER, v. a. Polir avec la varlope.

VARMONZEY, s. m. Com. du dép. des Vosges, cant. de Charmes, arr. de Mirecourt. = Charmes.

VARNÉVILLE, s. f. Com. du dép. de la Meuse, cant. de St.-Mihiel, arr. de Commercy. = St.-Mihiel.

VARNÉVILLE-AUX-GRÈS, s. f. Com. du dép. de la Seine-Inférieure, cant. de Tôtes, arr. de Dieppe. = Tôtes.

VARNEY, s. m. Com. du dép. de la Meuse, cant. de Revigny, arr. de Bar-le-Duc. = Bar-le-Duc.

VAROGNE, s. f. Com. du dép. de la Haute-Saône, cant. et arr. de Vesoul. = Vesoul.

VAROUVILLE, s. f. Com. du dép. de

la Manche, cant. de St.-Pierre-Eglise, arr. de Cherbourg. = Cherbourg.

VARRAINS, s. m. Com. du dép. de Maine-et-Loire, cant. et arr. de Saumur. = Saumur.

VARRE, s. f. Espèce de harpon pour prendre des tortues.

VARRÉ, E, part. Harponné avec la varre.

VARRER, v. a. Harponner des tortues avec la varre.

VARRÈS, s. m. Com. du dép. de Lot-et-Garonne, cant. de Tonneins, arr. de Marmande. = Tonneins.

VARRETÉE, s. f. Ganse pour joindre les filets. T. de pêch.

VARREUR, s. m. Harponneur de tortues.

VARROIS-ET-CHAIGNOT, s. m. Com. du dép. de la Côte-d'Or, cant. et arr. de Dijon. = Dijon.

VARROQUIER, s. m. Jonc de la Nouvelle-Hollande. T. de bot.

VARS, s. m. Com. du dép. des Hautes-Alpes, cant. de Guillestre, arr. d'Embrun. = Mont-Dauphin.

VARS, s. m. Com. du dép. de la Charente, cant. de St.-Amand-de-Boixe, arr. d'Angoulême. = Angoulême.

VARS, s. m. Com. du dép. de la Corrèze, cant. d'Ayen, arr. de Brive. = Brive.

VARS, s. m. Com. du dép. de la Haute-Saône, cant. d'Autrey, arr. de Gray. = Gray.

VARSOVIE, s. f. Ville capitale du royaume de Pologne, sur la Vistule. Cette ville possède de très beaux édifices, divers établissemens militaires, des sociétés scientifiques, plusieurs théâtres, de nombreuses fabriques et manufactures, et un commerce très étendu. Pop. 104,000 hab. env.

VARVANNES, s. f. Com. du dép. de la Seine-Inférieure, cant. de Tôtes, arr. de Dieppe. = Tôtes.

VARVINAY, s. m. Com. du dép. de la Meuse, cant. de Vigneulles, arr. de Commercy. = Commercy.

VARVOUSTE, s. m. Filet à manche. T. de pêch.

VARZAY, s. m. Com. du dép. de la Charente-Inférieure, cant. et arr. de Saintes. = Saintes.

VARZY, s. m. Petite ville du dép. de la Nièvre, chef-lieu de cant. de l'arr. de Clamecy. Bur. d'enregist. et de poste.

VASART, adj. m. Vaseux; fond vasart. T. de mar.

VASBERG, s. m. Com. du dép. de la Moselle, cant. de Boulay, arr. de Metz. = St.-Avold.

VASCOEIL, s. m. Com. du dép. de l'Eure, cant. de Lyons, arr. des Andelys. = Lyons-la-Forêt.

VASCULAIRE ou VASCULEUX, EUSE, adj. Rempli de vaisseaux; qui concerne les vaisseaux, les veines, les artères, etc., ou résulte de leur ensemble. T. d'anat.

VASCULE, s. f. Petite cavité, petit creux. T. inus.

VASCULIFORME, adj. En forme de cornet, de godet.

VASE, s. m. Vaisseau pour contenir des liquides, des fleurs, etc. —, ornement qui imite ce vaisseau. — sacrés, vases dont on se sert pour l'office divin.

VASE, s. f. Bourbe au fond de l'eau, limon.

VASEAU, s. m. Sébile de bois; jatte dont se servent les épingliers.

VASEUX, EUSE, adj. Rempli de vase, bourbeux.

VASIÈRE, s. f. Grand bassin à l'usage des salines.

VASISTAS, s. m. Petite ouverture mobile d'une porte, d'une fenêtre.

VASLES, s. f. Com. du dép. des Deux-Sèvres, cant. de Ménigoute, arr. de Parthenay. = Parthenay.

VASON, s. m. Motte de terre préparée pour faire la tuile, la brique.

VASOUY, s. m. Com. du dép. du Calvados, cant. de Honfleur, arr. de Pont-l'Évêque. = Pont-l'Évêque.

VASPERVILLER, s. m. Com du dép. de la Meurthe, cant. de Lorquin, arr. de Sarrebourg. = Sarrebourg.

VASSAL, E, s. Personne qui relevait d'un seigneur à cause d'un fief.

VASSEL, s. m. Com. du dép. du Puy-de-Dôme, cant. de Vertaizon, arr. de Clermont. = Billom.

VASSELAGE, s. m. Etat de servitude du vassal; redevances, corvées que le seigneur avait droit d'exiger de son vassal.

VASSELAY, s. m. Com. du dép. du Cher, cant. de St.-Martin-d'Auxigny, arr. de Bourges. = Bourges.

VASSELIN, s. m. Com. du dép. de l'Isère, cant. et arr. de la Tour-du-Pin. = la Tour-du-Pin.

VASSENS, s. m. Com. du dép. de l'Aisne, cant. de Coucy-le-Château, arr. de Laon. = Noyon.

VASSENY, s. m. Com. du dép. de l'Aisne, cant. de Braisne, arr. de Soissons. = Braisne-sur-Vesle.

VASSIEUX, s. m. Com. du dép. de la

Drôme, cant. de la Chapelle-en-Vercors, arr. de Die. = Die.

VASSIMONT, s. m. Com. du dép. de la Marne, cant. de Fère-Champenoise, arr. d'Epernay. = Fère-Champenoise.

VASSINCOURT, s. m. Com. du dép. de la Meuse, cant. de Revigny, arr. de Bar-le-Duc. = Bar-le-Duc.

VASSOGNE, s. f. Com. du dép. de l'Aisne, cant. de Craonne, arr. de Laon. = Fismes.

VASSOLES, s. f. pl. Pièce de bois entre les panneaux de caillebotis. T. de mar.

VASSONVILLE, s. f. Com. du dép. de la Seine-Inférieure, cant. de Tôtes, arr. de Dieppe. = Tôtes.

VASSY, s. m. Com. du dép. du Calvados, chef-lieu de cant. de l'arr. de Vire. Bur. d'enregist. et de poste à Condé-sur-Noireau.

VASSY, s. m. Ville du dép. de la Haute-Marne, chef-lieu de sous-préf. et de cant.; trib. de 1re inst.; conserv. des hypoth.; direct. des contrib. indir.; recev. part. des finances. Bur. d'enregist. et de poste.

Fabr. de droguets, calicots; ouvrages en fer, poterie de terre. Filat. de coton; tanneries; blanchisseries de cire. Comm. de bois, charbons, etc.

VASSY, s. m. Com. du dép. de l'Yonne, cant. de Guillon, arr. d'Avallon. = Avallon.

VAST (le), s. m. Com. du dép. de la Manche, cant. de St.-Pierre-Eglise, arr. de Cherbourg. = Valognes. Filat. considérable de coton, dans laquelle plus de 1,000 ouvriers sont occupés. Fabr. de calicots.

VASTE, adj. Qui est d'une grande étendue; qui passe les bornes ordinaires, très grand, immense. Esprit —, capable de concevoir et d'exécuter de grandes choses, qui embrasse plusieurs sciences à la fois. —, interne et externe, s. et adj. m. Muscles considérables qui, avec le muscle crural, peuvent être considérés comme un triceps de la jambe. T. d'anat.

VAST-EN-CHAUSSÉE (St.-), s. m. Com. du dép. de la Somme, cant. de Villers-Bocage, arr. d'Amiens. = Amiens.

VASTEVILLE, s. f. Com. du dép. de la Manche, cant. de Beaumont, arr. de Cherbourg. = Cherbourg.

VASTITUDE, s. f. Grande étendue. (Vi.)

VASTRES, s. m. pl. Poissons voisins des ésoces. T. d'hist. nat.

VASTRES (les), s. m. pl. Com. du dép. de la Haute-Loire, cant. de Fay-le-Froid, arr. du Puy. = le Puy.

VASULITHE, s. f. Coquille fossile. T. d'hist. nat.

VATAN, s. m. Petite ville du dép. de l'Indre, chef-lieu de cant. de l'arr. d'Issoudun. Bur. d'enregist. et de poste. Comm. de laines.

VATEAU, s. m. Voy. VAUTOIR.

VATECRIT, s. m. Com. du dép. de la Seine-Inférieure, cant. de Valmont, arr. d'Yvetot. = Valmont.

VATERIE, s. f. Arbre de la Cochinchine. T. de bot.

VATHIMÉNIL, s. m. Com. du dép. de la Meurthe, cant. de Gerbéviller, arr. de Lunéville. = Lunéville.

VATICAN, s. m. Palais du pape, et fig., la cour de Rome. Les foudres du —, bulles d'excommunication.

VATICANUS, s. m. Dieu qui rendait ses oracles dans un champ près de Rome. T. de myth.

VATICINATEUR, s. m. Celui qui prédit l'avenir, devin. T. inus.

VATICINATION, s. f. Prédiction de l'avenir. T. inus.

VATICINER, v. n. Prédire l'avenir. T. inus.

VATIERVILLE, s. f. Com. du dép. de la Seine-Inférieure, cant. et arr. de Neufchâtel. = Neufchâtel.

VATILLIEU, s. m. Com. du dép. de l'Isère, cant. de Tullins, arr. de St.-Marcellin. = Tullins.

VATIMESNIL, s. m. Com. du dép. de l'Eure, cant. d'Etrépagny, arr. des Andelys. = les Thilliers-en-Vexin.

VATIMONT, s. m. Com. du dép. de Moselle, cant. de Faulquemont, arr. de Metz. = St.-Avold.

VATIQUE, s. m. Arbre de la Chine. T. de bot.

VA-TOUT, s. m. Vade ou renvi de tout ce qu'on a d'argent devant soi. T. de jeu de brelan.

VATROUILLE, s. f. Tampon emmanché pour laver le poisson. T. de pêch.

VATRY, s. m. Com. du dép. de la Marne, cant. d'Ecury-sur-Coole, arr. de Châlons. = Châlons-sur-Marne.

VATTETOT-SOUS-BEAUMONT, s. m. Com. du dép. de la Seine-Inférieure, cant. de Goderville, arr. du Hâvre. = Bolbec.

VATTETOT-SUR-MER, s. m. Com. du dép. de la Seine-Inférieure, cant. de Fécamp, arr. du Hâvre. = Fécamp.

VATTEVILLE, s. f. Com. du dép. de l'Eure, cant. de Pont-de-l'Arche, arr. de Louviers. = les Andelys.

VATTEVILLE, s. f. Com. du dép.

de la Seine-Inférieure, cant. de Caudebec, arr. d'Yvetot. = Caudebec.

VAUBADON, s. m. Com. du dép. du Calvados, cant. de Balleroy, arr. de Bayeux. = Balleroy.

VAUBAN (canal de), ou de NEUF-BRISACH, s. m. Ce canal a sa prise d'eau au déversoir de Modenheim et se termine dans les ouvrages de la place de Neufbrisach.

VAUBAN, s. m. Com. du dép. de Saône-et-Loire, cant. de la Clayette, arr. de Charolles. = la Clayette.

VAUBECOURT, s. m. Petite ville du dép. de la Meuse, chef-lieu de cant. de l'arr. de Bar-le-Duc. Bur. d'enregist. et de poste.

VAUBEXY, s. m. Com. du dép. des Vosges, cant. de Dompaire, arr. de Mirecourt. = Mirecourt.

VAUBOURG (Ste.-), s. f. Com. du dép. des Ardennes, cant. d'Attigny, arr. de Vouziers. = Attigny.

VAUCÉ, s. m. Com. du dép. de la Mayenne, cant. d'Ambrières, arr. de Mayenne. = Mayenne.

VAUCÉ, s. m. Com. du dép. de l'Orne, cant. de Passais, arr. de Domfront. = Domfront.

VAUCELLES, s. f. Com. du dép. du Calvados, cant. et arr. de Bayeux. = Bayeux.

VAUCELLES-ET-BEFFECOURT, s. m. Com. du dép. de l'Aisne, cant. d'Anisy-le-Château, arr. de Laon. = Laon.

VAUCHAMPS, s. m. Com. du dép. du Doubs, cant. de Roulans, arr. de Baume. = Besançon.

VAUCHAMPS, s. m. Com. du dép. de la Marne, cant. de Montmirail, arr. d'Epernay. = Montmirail.

VAUCHASSIS, s. m. Com. du dép. de l'Aube, cant. d'Estissac, arr. de Troyes. = Estissac.

VAUCHELLES, s. f. Com. du dép. de l'Oise, cant. de Noyon, arr. de Compiègne. = Noyon.

VAUCHELLES, s. f. Com. du dép. de la Somme, cant. et arr. d'Abbeville. = Abbeville.

VAUCHELLES-LÈS-AUTHIES, s. f. Com. du dép. de la Somme, cant. d'Acheux, arr. de Doullens. = Doullens.

VAUCHELLES-LES-DOMART, s. f. Com. du dép. de la Somme, cant. de Domart, arr. de Doullens. = Flixecourt.

VAUCHERIE, s. f. Espèce de conferve. T. de bot.

VAUCHIGNON, s. m. Com. du dép. de la Côte-d'Or, cant. de Nolay, arr. de Beaune. = Nolay.

VAUCHONVILLIERS, s. m. Com. du dép. de l'Aube, cant. de Vendeuvre, arr. de Bar-sur-Aube. = Vendeuvre.

VAUCHOUX, s. m. Com. du dép. de la Haute-Saône, cant. de Port-sur-Saône, arr. de Vesoul. = Port-sur-Saône.

VAUCHRÉTIEN, s. m. Com. du dép. de Maine-et-Loire, cant. de Thouarcé, arr. de Saumur. = Brissac.

VAUCIENNE, s. f. Com. du dép. de la Marne, cant. et arr. d'Epernay. = Epernay.

VAUCIENNES, s. f. Com. du dép. de l'Oise, cant. de Crépy, arr. de Senlis. = Villers-Cotterets.

VAUCLAIX, s. m. Com. du dép. de la Nièvre, cant. de Corbigny, arr. de Clamecy. = Corbigny.

VAUCLERC, s. m. Com. du dép. de la Marne, cant. de Thiéblemont, arr. de Vitry-le-Français. = Vitry-le-Français.

VAUCLÈRE-ET-LA-VALLÉE-FOULON, s. m. Com. du dép. de l'Aisne, cant. de Craonne, arr. de Laon. = Laon.

VAUCLUSE (dép. de), s. f. Chef-lieu de préf., Avignon; 4 arr. ou sous-préf.: Orange, Avignon, Carpentras, Apt; 22 cant. ou justices de paix; 148 com.; pop. 233,048 hab. env.; cour royale de Nismes; diocèse d'Avignon; 8° div. milit.; 8° div. des ponts-et-chaussées; 4° div. des mines; dir. de l'enregist. et des domaines de 3° classe; 19° arr. forestier.

Ce dép., ainsi nommé d'une superbe fontaine immortalisée par les vers de Pétrarque, est borné, N. par celui de la Drôme, E. par celui des Basses-Alpes, S. par celui des Bouches-du-Rhône, et O. par celui du Gard. Il est entrecoupé de plaines sablonneuses, de marécages, de coteaux et de montagnes calcaires. Le sol, généralement peu fertile en grains, est loin de suffire à la consommation des habitans; mais il est couvert de nombreux vignobles qui fournissent des vins très estimés. Ses productions consistent en céréales, maïs, millet, beaucoup de sarrasin, avoine, châtaignes, truffes, légumes, tous les fruits du midi en abondance; safran, garance, gaude, épine-vinette, graines d'Avignon, anis vert, coriandre!, quantité de plantes, écorces aromatiques et médicinales; miel estimé; vins d'excellente qualité; bois, menu gibier; beaucoup de poissons de rivière; nombreux troupeaux de bêtes à laine; abeilles, cantharides, éducation très étendue des vers à soie; nombreuses pépinières; superbes orangers; fer, houille, jaspe, calcédoine, pierres de taille, grès à paver, terres à porcelaine et à creusets; sables de diverses couleurs. Eaux minérales à Aurel, à Vaqueyras et à Veleron; sources salées non exploitées.

Fabr. d'étoffes de soie, indiennes, huile d'olive, essence de lavande, savon, acides minéraux, bougies; chaudronnerie. Filat. de coton et de soie; batterie de cuivre; moulins à garance, papeteries, teintureries, faïenceries, poteries, tanneries. Comm. considérable de graines de trèfle et de luzerne, vins, eaux-de-vie, huile d'olives, essences, safran, truffes, fruits du midi, graines d'Avignon, couleurs, cire, soie, laine, denrées coloniales de toute espèce. Les principales rivières qui l'arrosent, sont le Rhône, qui y est navigable, la Durance, l'Aigues, l'Ouvèze, le Calavon, le Léron et la Tolerne.

VAUCLUSE, s. f. Com. du dép. du Doubs, cant. de Maiche, arr. de Montbéliard. = St.-Hyppolite-sur-le-Doubs.

VAUCLUSE, s. f. Com. du dép. de Vaucluse, cant. de l'Isle, arr. d'Avignon. = Avignon. Papeteries considérables.

VAUCLUSOTTE, s. f. Com. du dép. du Doubs, cant. de Maiche, arr. de Montbéliard. = St.-Hyppolite-sur-le-Doubs.

VAUCOGNE, s. f. Com. du dép. de l'Aube, cant. de Ramerupt, arr. d'Arcis-sur-Aube. = Arcis-sur-Aube.

VAUCONCOURT, s. m. Com. du dép. de la Haute-Saône, cant. de Dampierre-sur-Salon, arr. de Gray. = Cintrey.

VAUCOULEURS, s. m. Petite ville du dép. de la Meuse, chef-lieu de cant. de l'arr. de Commercy. Bur. d'enregist. et de poste.

Cette ville est assise sur un riant coteau, baigné par la Meuse. Fabr. de cotonnades, bonneterie; tanneries.

VAUCOUR, s. m. Table de potier, près du tour.

VAUCOURT, s. m. Com. du dép. de la Meurthe, cant. de Blamont, arr. de Lunéville. = Blamont.

VAUCOURTOIS, s. m. Com. du dép. de Seine-et-Marne, cant. de Crécy, arr. de Meaux. = Crécy.

VAUCREMONT, s. m. Com. du dép. de la Moselle, cant. de Pange, arr. de Metz. = Metz.

VAUCRESSON, s. m. Com. du dép. de Seine-et-Oise, cant. de Sèvres, arr. de Versailles. = Versailles.

VAUD, s. m. Canton de la confédération Suisse, borné N. par le cant. et le lac de Neufchâtel, E. Fribourg et Berne, S. Valais et lac de Genève, O. France.

VAUDANCOURT, s. m. Com. du dép. de la Marne, cant. d'Avize, arr. d'Epernay. = Epernay.

VAUDANCOURT, s. m. Com. du dép. de l'Oise, cant. de Chaumont, arr. de Beauvais. = Gisors.

VAUDEBARIER, s. m. Com. du dép. de Saône-et-Loire, cant. et arr. de Charolles. = Charolles.

VAUDELENAY-RILLÉ (le), s. m. Com. du dép. de Maine-et-Loire, cant. de Montreuil-Bellay, arr. de Saumur. = Doué.

VAUDELOGES, s. f. Com. du dép. du Calvados, cant. de St.-Pierre-sur-Dives, arr. de Lisieux. = Croissanville.

VAUDEMANGES, s. f. Com. du dép. de la Marne, cant. de Suippes, arr. de Châlons. = Châlons-sur-Marne.

VAUDEMONT, s. m. Petite ville du dép. de la Meurthe, cant. de Vézelise, arr. de Nancy. = Vézelise.

VAU-DE-ROUTE (à), adv. Précipitamment, en désordre.

VAUDES, s. f. Com. du dép. de l'Aube, cant. et arr. de Bar-sur-Seine. = Bar-sur-Seine.

VAUDESINCOURT, s. m. Com. du dép. de la Marne, cant. de Beine, arr. de Reims. = Reims.

VAUDESSON, s. m. Com. du dép. de l'Aisne, cant. de Vailly, arr. de Soissons. = Chavignon.

VAUDEURS, s. m. Com. du dép. de l'Yonne, cant. de Cérisiers, arr. de Joigny. = Sens.

VAUDEVANT, s. m. Com. du dép. de l'Ardèche, cant. St.-Félicien, arr. de Tournon. = Tournon.

VAUDEVILLE, s. m. Chanson épigrammatique sur un air connu, facile à chanter. —, petite pièce de théâtre, en prose, mêlée de couplets. —, théâtre de Paris fondé en 1792, exclusivement destiné à la représentation de ces pièces.

VAUDEVILLE, s. f. Com. du dép. de la Meurthe, cant. d'Haroué, arr. de Nancy. = Vézelise.

VAUDÉVILLE, s. f. Com. du dép. de la Meuse, cant. de Gondrecourt, arr. de Commercy. = Gondrecourt.

VAUDÉVILLE, s. f. Com. du dép. des Vosges, cant. et arr. d'Epinal. = Epinal.

VAUDEVILLISTE, s. m. Auteur de vaudevilles.

VAUDHERLAN, s. m. Com. du dép. de Seine-et-Oise, cant. de Gonesse, arr. de Pontoise. = Louvres.

VAUDIGNY, s. m. Com. du dép. de la Meurthe, cant. d'Haroué, arr. de Nancy. = Vézelise.

VAUDIOUX, s. m. Com. du dép. du Jura, cant. de Champagnole, arr. de Poligny. = Champagnole.

VAUDONCOURT, s. m. Com. du dép. du Doubs, cant. de Blamont, arr. de Montbéliard. = Montbéliard.

VAUDONCOURT, s. m. Com. du dép. de la Meuse, cant. de Spincourt, arr. de Montmédy. = Etain.

VAUDONCOURT, s. m. Com. du dép. de la Moselle, cant. de Pange, arr. de Metz. = Metz.

VAUDONCOURT, s. m. Com. du dép. des Vosges, cant. de Bulgnéville, arr. de Neufchâteau. = Neufchâteau.

VAUDOUÉ (le), s. m. Com. du dép. de Seine-et-Marne, cant. de la Chapelle, arr. de Fontainebleau. = Milly.

VAUDOUX, s. m. Danse des Nègres, dans laquelle la tête se meut comme par ressort.

VAUDOY, s. m. Com. du dép. de Seine-et-Marne, cant. de Rozoy, arr. de Coulommiers. = Rozoy-en-Brie.

VAUDRECHING, s. m. Com. du dép. de la Moselle, cant. de Bouzonville, arr. de Thionville. = Bouzonville.

VAUDRECOURT, s. m. Com. du dép. de la Haute-Marne, cant. de Bourmont, arr. de Chaumont. = Bourmont.

VAUDRÉMONT, s. m. Com. du dép. de la Haute-Marne, cant. de Juzennecourt, arr. de Chaumont. = Juzennecourt.

VAUDREUIL (Notre-Dame du), s. m. Com. du dép. de l'Eure, cant. du Pont-de-l'Arche, arr. de Louviers. = Pont-de-l'Arche.

VAUDREUILLE, s. f. Com. du dép. de la Haute-Garonne, cant. de Revel, arr. de Villefranche. = Revel.

VAUDREVILLE, s. f. Com. du dép. de la Manche, cant. de Montebourg, arr. de Valognes. = Montebourg.

VAUDREVILLE, s. f. Com. du dép. de la Seine-Inférieure, cant. de Longueville, arr. de Dieppe. = Rouen.

VAUDREY, s. m. Com. du dép. du Jura, cant. de Montbarrey, arr. de Dôle. = Dôle.

VAUDRICOURT, s. m. Com. du dép. du Pas-de-Calais, cant. de Houdain, arr. de Béthune. = Béthune.

VAUDRICOURT, s. m. Com. du dép. de la Somme, cant. d'Ault, arr. d'Abbeville. = St.-Valery-sur-Somme.

VAUDRILLE (St.-), s. m. Com. du dép. de l'Orne, cant. de Merlerault, arr. d'Argentan. = Argentan.

VAUDRIMESNIL, s. m. Com. du dép. de la Manche, cant. de St.-Sauveur-Lendelin, arr. de Coutances. = Périers.

VAUDRINGHEM, s. m. Com. du dép. du Pas-de-Calais, cant. de Lumbres, arr. de St.-Omer. = St.-Omer.

VAUDRIVILLERS, s. m. Com. du dép. du Doubs, cant. et arr. de Baume. = Baume.

VAUDRY, s. m. Com. du dép. du Calvados, cant. et arr. de Vire. = Vire.

VAUFRANCHE (la), s. f. Com. du dép. de la Creuse, cant. et arr. de Boussac. = Boussac.

VAUFREY, s. m. Com. du dép. du Doubs, cant. de St.-Hyppolite, arr. de Montbéliard. = St.-Hyppolite-sur-le-Doubs.

VAUGINES, s. f. Com. du dép. de Vaucluse, cant. de Cadenet, arr. d'Apt. = Cadenet.

VAUGIRARD, s. m. Com. du dép. de la Seine, cant. et arr. de Sceaux, banlieue de Paris. Fabr. de cartons, colle-forte, cordes d'instrumens; raffinerie de sucre; produits chimiques, bleu de Prusse, fer en barres.

VAUGNERAY, s. m. Com. du dép. du Rhône, chef-lieu de cant. de l'arr. de Lyon. Bur. d'enregist. à Grezieu-la-Varenne. = Lyon. Mine de houille.

VAUGRIGNEUSE, s. f. Com. du dép. de Seine-et-Oise, cant. de Limours, arr. de Rambouillet. = Limours.

VAUGRIS, s. m. Com. du dép. de l'Isère, cant. et arr. de Vienne. = Vienne.

VAUHALLAN, s. m. Com. du dép. de Seine-et-Oise, cant. de Palaiseau, arr. de Versailles. = Palaiseau.

VAUJANY, s. m. Com. du dép. de l'Isère, cant. de Bourg-d'Oisans, arr. de Grenoble. = Bourg-d'Oisans. Mines de cuivre et de plomb.

VAUJOURS, s. m. Com. du dép. de Seine-et-Oise, cant. de Gonesse, arr. de Pontoise. = Livry.

VAULNAVEYS-LE-BAS, s. m. Com. du dép. de l'Isère, cant. de Vizille, arr. de Grenoble. = Vizille.

VAULNAVEYS-LE-HAUT, s. m. Com. du dép. de l'Isère, cant. de Vizille, arr. de Grenoble. = Vizille.

VAULRY, s. m. Com. du dép. de la Haute-Vienne, cant. de Nantiat, arr. de Bellac. = Bellac.

VAULX, s. m. Com. du dép. du Pas-de-Calais, cant. de Croisille, arr. d'Arras. = Bapaume.

VAULX-EN-VELIN, s. m. Com. du

dép. de l'Isère, cant. de Meyzieu, arr. de Vienne. = Lyon.

VAULX-MILIEU, s. m. Com. du dép. de l'Isère, cant. de la Verpillière, arr. de Vienne. = la Verpillière.

VAUMAIN (le), s. m. Com. du dép. de l'Oise, cant. du Coudray-St.-Germer, arr. de Beauvais. = Chaumont-en-Vexin.

VAUMAS, s. m. Com. du dép. de l'Allier, cant. de Dompierre, arr. de Moulins. = Moulins.

VAUMEILH, s. m. Com. du dép. des Basses-Alpes, cant. de la Motte-du-Caire, arr. de Sisteron. = Sisteron.

VAUMOISE, s. f. Com. du dép. de l'Oise, cant. de Crépy, arr. de Senlis. = Crépy.

VAUMORT, s. m. Com. du dép. de l'Yonne, cant. et arr. de Sens. = Sens.

VAUNAC, s. m. Com. du dép. de la Dordogne, cant. de Thiviers, arr. de Nontron. = Thiviers.

VAUNAVEYS, s. m. Com. du dép. de la Drôme, cant. de Crest, arr. de Die. = Crest.

VAUNOISE, s. f. Com. du dép. de l'Orne, cant. de Bellême, arr. de Mortagne. = Bellême.

VAUPALIÈRE (la), s. f. Com. du dép. de la Seine-Inférieure, cant. de Maromme, arr. de Rouen. = Rouen.

VAUPILLON, s. m. Com. du dép. d'Eure-et-Loir, cant. de la Loupe, arr. de Nogent-le-Rotrou. = Champrond.

VAUPOISSON, s. m. Com. du dép. de l'Aube, cant. de Ramerupt, arr. d'Arcis-sur-Aube. = Arcis-sur-Aube.

VAUQUELINIE, s. f. Plante rosacée. T. de bot.

VAUQUOIS, s. m. Com. du dép. de la Meuse, cant. de Varennes, arr. de Verdun. = Varennes.

VAURÉAL, s. m. Com. du dép. de Seine-et-Oise, cant. et arr. de Pontoise. = Pontoise.

VAUREFROY, s. m. Com. du dép. de la Marne, cant. de Fère-Champenoise, arr. d'Epernay. = Fère-Champenoise.

VAUREILLES, s. f. Com. du dép. de l'Aveyron, cant. de Montbazens, arr. de Villefranche. = Rignac.

VAUREZIS, s. m. Com. du dép. de l'Aisne, cant. et arr. de Soissons. = Soissons.

VAURIEN, s. m. Mauvais sujet, fainéant, qui ne veut rien faire, rien valoir. T. fam.

VAURIS, s. m. Com. du dép. de Lot-et-Garonne, cant. de Monflanquin, arr. de Villeneuve. = Fumel.

VAUROUX, s. m. Com. du dép. de l'Oise, cant. du Coudray-St.-Germer, arr. de Beauvais. = Beauvais.

VAURY (St.-), s. m. Petite ville du dép. de la Creuse, chef-lieu de cant. de l'arr. de Guéret où est le bur. d'enregist. = Guéret.

VAUSSEROUX, s. m. Com. du dép. des Deux-Sèvres, cant. de Ménigoute, arr. de Parthenay. = Parthenay.

VAUSSIEUX, s. m. Com. du dép. du Calvados, cant. de Creully, arr. de Caen. = Bayeux.

VAUTEBOIS, s. m. Com. du dép. des Deux-Sèvres, cant. de Ménigoute, arr. de Parthenay. = St.-Maixent.

VAUTHIERMONT, s. m. Com. du dép. du Haut-Rhin, cant. de Fontaine, arr. de Belfort. = Belfort.

VAUTOIR, s. m. Ratelier pour distribuer les fils de la chaîne des tapis. T. de manuf.

VAUTORTE, s. f. Com. du dép. de la Mayenne, cant. d'Ernée, arr. de Mayenne. = Ernée.

VAUTOUR, s. m. Oiseau de proie, très vorace, à tête et cou nus. —, homme dur, inhumain, rapace; remords. Fig.

VAUTOURINS, s. m. pl. Accipitres. T. d'hist. nat.

VAUTRAIT, s. m. Equipage pour la chasse aux sangliers.

VAUTRER, v. n. Chasser avec le vautrait. Se —, v. pron. Se rouler dans la boue, dans la fange. Se — dans la débauche, s'y livrer sans frein. Fig.

VAUVENARGUES, s. m. Com. du dép. des Bouches-du-Rhône, cant. et arr. d'Aix. = Aix.

VAUVERT, s. m. Petite ville du dép. du Gard, chef-lieu de cant. de l'arr. de Nismes. Bur. d'enregist. = Nismes. Distilleries d'eaux-de-vie. Fabr. de salpêtre.

VAUVILLE, s. f. Com. du dép. du Calvados, cant. de Dives, arr. de Pont-l'Evêque. = Touques.

VAUVILLE, s. f. Com. du dép. de la Manche, cant. de Beaumont, arr. de Cherbourg. = Cherbourg.

VAUVILLERS, s. m. Com. du dép. de la Haute-Saône, chef-lieu de cant. de l'arr. de Lure. Bur. d'enregist. = Vesoul.

VAUVILLERS, s. m. Com. du dép. de la Somme, cant. de Chaulnes, arr. de Péronne. = Lihons-en-Santerre.

VAUX, s. m. Com. du dép. de l'Ain, cant. de Lagnieu, arr. de Belley. = Ambérieux.

VAUX, s. m. Com. du dép. de l'Aisne, cant. de Vermand, arr. de St.-Quentin. = Fère-en-Tardenois.

VAUX, s. m. Com. du dép. de l'Al-

VAU 1271 VAU

ller, cant. et arr. de Montluçon. = Montluçon.

VAUX, s. m. Com. du dép. des Ardennes, cant. de Mouzon, arr. de Sedan. = Mouzon.

VAUX, s. m. Com. du dép. du Calvados, cant. et arr. de Lisieux. = Lisieux.

VAUX, s. m. Com. du dép. du Doubs, cant. d'Audeux, arr. de Besançon. = Besançon.

VAUX (le), s. m. Com. du dép. de la Haute-Garonne, cant. de Revel, arr. de Villefranche. = Revel.

VAUX (Notre-Dame de), s. m. Com. du dép. de l'Isère, cant. de la Mure, arr. de Grenoble. = la Mure.

VAUX, s. m. Com. du dép. du Jura, cant. et arr. de St.-Claude. = Morez.

VAUX, s. m. Com. du dép. du Jura, cant. et arr. de Poligny. = Poligny.

VAUX, s. m. Com. du dép. de la Haute-Marne, cant. de Prauthoy, arr. de Langres. = Langres.

VAUX, s. m. Com. du dép. de la Meuse, cant. de Charny, arr. de Verdun. = Verdun.

VAUX, s. m. Com. du dép. de la Moselle, cant. de Gorze, arr. de Metz. = Metz. Fabr. considérables de draps.

VAUX, s. m. Com. du dép. de l'Oise, cant. de Maignelay, arr. de Clermont. = Clermont-en-Beauvoisis.

VAUX, s. m. Com. du dép. du Rhône, cant. et arr. de Villefranche. = Villefranche.

VAUX, s. m. Com. du dép. de Seine-et-Oise, cant. de Meulan, arr. de Versailles. Bur. de poste.

VAUX, s. m. Com. du dép. de la Vienne, cant. de Leigné-sur-Usseau, arr. de Châtellerault. = Châtellerault.

VAUX, s. m. Com. du dép. de l'Yonne, cant. et arr. d'Auxerre. = Auxerre.

VAUXAILLON, s. m. Com. du dép. de l'Aisne, cant. d'Anisy-le-Château, arr. de Laon. = Chavignon.

VAUX-AUDIGNY, s. m. Com. du dép. de l'Aisne, cant. de Wasigny, arr. de Vervins. = Guise.

VAUX-BONS, s. m. Com. du dép. de la Haute-Marne, cant. et arr. de Langres. = Langres.

VAUXBUIN, s. m. Com. du dép. de l'Aisne, cant. et arr. de Soissons. = Soissons.

VAUXCERÉ, s. m. Com. du dép. de l'Aisne, cant. de Braisne, arr. de Soissons. = Fismes.

VAUX-CHAMPAGNE, s. m. Com. du dép. des Ardennes, cant. d'Attigny, arr. de Vouziers. = Attigny.

VAUX-DE-CHAMBLY, s. m. Com. du dép. du Jura, cant. de Clairvaux, arr. de Lons-le-Saulnier. = Lons-le-Saulnier.

VAUX-EN-AMIÉNOIS, s. m. Com. du dép. de la Somme, cant. de Villers-Bocage, arr. d'Amiens. = Amiens.

VAUX-EN-COUHÉ, s. m. Com. du dép. de la Vienne, cant. de Couhé, arr. de Civray. = Couhé.

VAUX-EN-DIEULET, s. m. Com. du dép. des Ardennes, cant. de Buzancy, arr. de Vouziers. = Buzancy.

VAUX-EN-PRÉ, s. m. Com. du dép. de Saône-et-Loire, cant. de Mont-St.-Vincent, arr. de Châlons. = Joncy.

VAUX-ET-CHANTEGRUE, s. m. Com. du dép. du Doubs, cant. de Mouthe, arr. de Pontarlier. = Pontarlier.

VAUX-LA-DOUCE, s. m. Com. du dép. de la Haute-Marne, cant. de la Ferté-sur-Amance, arr. de Langres. = Bourbonne.

VAUX-LA-GRANDE, s. m. Com. du dép. de la Meuse, cant. de Void, arr. de Commercy. = Ligny.

VAUX-LA-PETITE, s. m. Com. du dép. de la Meuse, cant. de Void, arr. de Commercy. = Ligny.

VAUX-LA-VALETTE, s. m. Com. du dép. de la Charente, cant. de la Valette, arr. d'Angoulême. = Angoulême.

VAUX-LE-MONCELOT, s. m. Com. du dép. de la Haute-Saône, cant. de Gy, arr. de Gray. = Gy.

VAUX-LE-PARDOULT, s. m. Com. du dép. de l'Orne, cant. d'Ecouché, arr. d'Argentan. = Argentan.

VAUX-LE-PÉNIL, s. m. Com. du dép. de Seine-et-Marne, cant. et arr. de Melun. = Melun.

VAUX-LÈS-PALAMEIX, s. m. Com. du dép. de la Meuse, cant. de Vigneulles, arr. de Commercy. = St.-Mihiel.

VAUX-LEZ-MOURON, s. m. Com. du dép. des Ardennes, cant. de Monthois, arr. de Vouziers. = Vouziers.

VAUX-LEZ-RUBIGNY, s. m. Com. du dép. des Ardennes, cant. de Chaumont, arr. de Rethel. = Rozoy-sur-Serre.

VAUX-MARQUENNEVILLE, s. m. Com. du dép. de la Somme, cant. d'Halleucourt, arr. d'Abbeville. = Abbeville.

VAUX-MONTREUIL, s. m. Com. du dép. des Ardennes, cant. de Novion, arr. de Rethel. = Launois.

VAUX-RENARD, s. m. Com. du dép. du Rhône, cant. de Beaujeu, arr. de Villefranche. = Beaujeu.

VAUX-ROUILLAC, s. m. Com. du dép. de la Charente, cant. de Rouillac, arr. d'Angoulême. = Angoulême.

VAUX-ROUY, s. m. Com. du dép. de la Seine-Inférieure, cant. de Duclair, arr. de Rouen. = Rouen.

VAUX-ST.-SEINE ou VAUX-SAULE, s. m. Com. du dép. de la Côte-d'Or, cant. de St.-Seine, arr. de Dijon. = St.-Seine.

VAUX-ST.-SULPICE, s. m. Com. du dép. de l'Ain, cant. de Hauteville, arr. de Belley. = St.-Rambert.

VAUX-SOUS-BORNAY, s. m. Com. du dép. du Jura, cant. et arr. de Lons-le-Saulnier. = Lons-le-Saulnier.

VAUX-SOUS-CORBIE, s. m. Com. du dép. de la Somme, cant. de Corbie, arr. d'Amiens. = Corbie.

VAUX-SOUS-COULOMBE, s. m. Com. du dép. de Seine-et-Marne, cant. de Lizy, arr. de Meaux. = Lizy.

VAUX-SUR-AURE, s. m. Com. du dép. du Calvados, cant. de Ryes, arr. de Bayeux. = Bayeux.

VAUX-SUR-BLAISE, s. m. Com. du dép. de la Haute-Marne, cant. et arr. de Vassy. = Vassy.

VAUX-SUR-EURE, s. m. Com. du dép. de l'Eure, cant. de Pacy, arr. d'Evreux. = Pacy-sur-Eure.

VAUX-SUR-LUNAIN, s. m. Com. du dép. de Seine-et-Marne, cant. de Lorrez, arr. de Fontainebleau. = Egreville.

VAUX-SUR-RISCLE, s. m. Com. du dép. de l'Eure, cant. de Rugles, arr. d'Evreux. = Rugles.

VAUX-SUR-ST.-URBAIN, s. m. Com. du dép. de la Haute-Marne, cant. de Donjeux, arr. de Vassy. = Joinville.

VAUX-SUR-SEULLES, s. m. Com. du dép. du Calvados, cant. de Creully, arr. de Caen. = Bayeux.

VAUXTIN, s. m. Com. du dép. de l'Aisne, cant. de Braisne, arr. de Soissons. = Soissons.

VAUZÉ, s. m. Com. du dép. de Basses-Pyrénées, cant. de Lembeye, arr de Pau. = Pau.

VAUZELLES, s. f. Com. du dép. des Ardennes, cant. de Novion, arr. de Rethel. = Rethel.

VAVAIN, s. m. Gros câble.

VAVINCOURT, s. m. Com. du dép. de la Meuse, chef-lieu de cant. de l'arr. de Bar-le-Duc, où se trouvent les bur. d'enregist. et de poste.

VAVRAY-LE-GRAND, s. m. Com. du dép. de la Marne, cant. de Heiltz-le-Maurupt, arr. de Vitry-le-Français. = Vitry-le-Français.

VAVRAY-LE-PETIT, s. m. Com. du dép. de la Marne, cant. de Heiltz-le-Maurupt, arr. de Vitry-le-Français. = Vitry-le-Français.

VAXAINVILLE, s. f. Com. du dép. de la Meurthe, cant. de Baccarat, arr. de Lunéville. = Baccarat.

VAXEL, s. m. Mesure en forme de muid pour le sel.

VAXONCOURT, s. m. Com. du dép. des Vosges, cant. du Châtelet, arr. d'Epinal. = Charmes.

VAXY, s. m. Com. du dép. de la Meurthe, cant. et arr. de Château-Salins. = Château-Salins.

VAY, s. m. Com. du dép. de la Loire-Inférieure, cant. de Nozai, arr. de Châteaubriant. = Nozai.

VAYLATS, s. m. Com. du dép. du Lot, cant. de Lalbenque, arr. de Cahors. = Cahors.

VAYRAC, s. m. Com. du dép. du Lot, chef-lieu de cant. de l'arr. de Gourdon. Bur. d'enregist. et de poste à Martel.

VAYRAC, s. m. Com. du dép. de la Haute-Vienne, cant. de Nieul, arr. de Limoges. = Limoges.

VAYRES, s. f. Com. du dép. de la Gironde, cant. de Fronsac, arr. de Libourne. = Libourne.

VAYRES, s. f. Com. du dép. de Seine-et-Oise, cant. de la Ferté-Aleps, arr. d'Etampes. = la Ferté-Aleps.

VAYRES, s. f. Com. du dép. de la Haute-Vienne, cant. et arr. de Rochechouart. = Rochechouart.

VAYVODE, s. m. Gouverneur dans la Pologne, la Moldavie, la Valachie, etc.

VAYVODIE, s. f. Province gouvernée par un vayvode.

VAZEILLES-LIMANDRE, s. f. Com. du dép. de la Haute-Loire, cant. de Loudes, arr. du Puy. = le Puy.

VAZEILLES-PRÈS-SAUGUES, s. f. Com. du dép. de la Haute-Loire, cant. de Saugues, arr. du Puy. = Langeac.

VAZERAC, s. m. Com. du dép. de Tarn-et-Garonne, cant. de Molières, arr. de Montauban. = Castelnau.

VEAU, s. m. Petit de la vache; sa chair; sa peau apprêtée. —, bois ôté d'une pièce taillée en courbe. T. de charp. — aquatique, sorte de ver aquatique très délié. — marin, animal amphibie. Voy. PHOQUE.

VEAUCE, s. f. Com. du dép. de l'Allier, cant. d'Ebreuil, arr. de Gannat. = Gannat.

VEAUCHE, s. f. Com. du dép. de la Loire, cant. de St.-Galmier, arr. de Montbrison. = Chazelles.

VEAUCHETTE, s. f. Com. du dép. de

la Loire, cant. de St.-Rambert, arr. de Montbrison. = Chazelles.

VEAUGUES, s. f. Com. du dép. du Cher, cant. et arr. de Sancerre. = Sancerre.

VEAUNES, s. f. Com. du dép. de la Drôme, cant. de Tain, arr. de Valence. = Tain.

VEAUVILLE-LÈS-BAONS, s. f. Com. du dép. de la Seine-Inférieure, cant. et arr. d'Yvetot. = Yvetot.

VEAUVILLE-LÈS-QUELLES, s. f. Com. du dép. de la Seine-Inférieure, cant. d'Ourville, arr. d'Yvetot. = Yvetot.

VEAUX, s. m. Com. du dép. de la Charente-Inférieure, cant. de Royan, arr. de Marennes. = Royan.

VÉBÈRE, s. f. Plante de la pentandrie, cinquième classe des végétaux; genre de mousses. T. de bot.

VÈBRE, s. f. Com. du dép. de l'Ariège, cant. des Cabannes, arr. de Foix. = Tarascon-sur-Ariège.

VÉBRET, s. m. Com. du dép. du Cantal, cant. de Saignes, arr. de Mauriac. = Bort.

VÉBRON, s. m. Com. du dép. de la Lozère, cant. et arr. de Florac. = Florac.

VECKERSVILLER, s. m. Com. du dép. de la Meurthe, cant. de Fénétrange, arr. de Sarrebourg. = Phalsbourg.

VECKRING, s. m. Com. du dép. de la Moselle, cant. de Metzervisse, arr. de Thionville. = Thionville.

VECQUEMONT, s. m. Com. du dép. de la Somme, cant. de Corbie, arr. d'Amiens. = Corbie.

VECQUEVILLE, s. f. Com. du dép. de la Haute-Marne, cant. de Joinville, arr. de Vassy. = Joinville.

VECTEUR, adj. m. Se dit d'un rayon qu'on suppose tiré du soleil à une planète. T. d'astr.

VÉDAM, s. m. Livre sacré des Indiens.

VÉDASSE ou VAIDASSE, s. f. Sel alcali fixe tiré des plantes marines; sorte de potasse.

VÉDELET, s. m. Pâtre qui soigne les veaux. T. inus.

VÉDELIE, s. f. Espèce de polymnie. T. de bot.

VEDENES, s. f. Com. du dép. de Vaucluse, cant. de Bédarrides, arr. d'Avignon. = Avignon.

VEDETTE, s. f. Sentinelle de cavalerie; guérite sur un rempart. —, place vacante pour mettre le titre de la personne à laquelle on écrit.

VÉDRIGNANS, s. m. Com. du dép. des Pyrénées-Orientales, cant. de Saillagouse, arr. de Prades. = Mont-Louis.

VEDRINES, s. f. Com. du dép. de la Haute-Loire, cant. et arr. de Brioude. = Brioude.

VEDRINES-ST.-LOUP, s. f. Com. du dép. du Cantal, cant. de Ruines, arr. de St.-Flour. = St.-Flour.

VÉDRINETES, s. f. Com. du dép. de l'Aveyron, cant. de Ste.-Geneviève, arr. d'Espalion. = Mur-de-Barrez.

VÉEL, s. m. Com. du dép. de la Meuse, cant. et arr. de Bar-le-Duc. = Bar-le-Duc.

VÉGENNES, s. f. Com. du dép. de la Corrèze, cant. de Beaulieu, arr. de Brive. = Tulle.

VÉGÉTABLE, adj. Qui est susceptible de végétation.

VÉGÉTAL, s. m. Tout ce qui croît par la végétation; être organisé, sans viscères, adhérant essentiellement au sol dont il tire sa substance.

VÉGÉTAL, E, adj. Qui appartient à la végétation, à ce qui végète. Règne —, ensemble des végétaux. Sel —, extrait des plantes. Terre —, propre à la végétation.

VÉGÉTALISATION, s. f. Conversion en végétal.

VÉGÉTANT, E, adj. Qui tire sa nourriture des sucs de la terre, qui végète.

VÉGÉTATIF, IVE, adj. Qui a la faculté de végéter; qui fait végéter.

VÉGÉTATION, s. f. Action de végéter, développement successif des parties constituantes d'un végétal.

VÉGÉTER, v. n. Germer, prendre racine en terre, et se développer sur le sol au gré de celui qui règle les saisons, sans jouir de la faculté de se mouvoir. —, croupir dans l'oisiveté, la misère; vivre dans un état de stupidité, d'imbécillité. Fig.

VÉGÉTO-MINÉRALE, adj. f. Se dit de l'acétate de plomb liquide étendu d'eau; eau végéto-minérale. T. de chim.

VEGRE (la), s. f. Rivière qui prend sa source près de Sillé-le-Guillaume, dép. de la Sarthe, et se jette dans la Sarthe, au-dessous de Parcé, après un cours d'environ 12 l.

VÉHÉMENCE, s. f. Mouvement fort et rapide, impétuosité; véhémence des vents. —, violence, fougue; véhémence des passions. —, vivacité, force, énergie; parler avec véhémence. Fig.

VÉHÉMENT, E, adj. Ardent, impétueux, fougueux; passion véhémente. —, plein de feu, d'énergie; discours véhément. Fig.

VÉHÉMENTEMENT, adv. Très fort; véhémentement soupçonné. T. de procéd.

VÉHICULE, s. m. Ce qui sert à l'action, au passage de... T. de phys. —, ce qui prépare, stimule l'esprit. Fig.

VÉHO, s. m. Com. du dép. de la Meurthe, cant. de Blamont, arr. de Lunéville. = Blamont.

VEIES, s. m. Ancienne ville d'Etrurie au N.-E. de Rome. Cette ville, l'une des plus considérables de l'Italie par la richesse et le courage de ses habitans, était dans une situation si favorable, qu'après la prise de Rome par les Gaulois, on agita la question de savoir s'il ne conviendrait pas d'y établir le siége de la république romaine.

VEIENS, s. m. pl. Habitans de Veies.

VEIGÈLE, s. m. Arbuste du Japon. T. de bot.

VEIGNÉ, s. m. Com. du dép. d'Indre-et-Loire, cant. de Montbazon, arr. de Tours. = Montbazon.

VEILLANS, s. m. Com. du dép. de Loir-et-Cher, cant. et arr. de Romorantin. = Romorantin.

VEILLANT, E, adj. Qui veille.

VEILLAQUE, s. m. Homme de mauvaise foi. T. inus.

VEILLE, s. f. Etat du corps dans lequel les sens sont en action; l'opposé de sommeil. —, privation du sommeil pendant la nuit; se dit surtout au pl. —, division, partie de la nuit chez les anciens. —, le jour précédent; la veille de la Toussaint. Etre à la — de....., sur le point de. —, pl. Grande et longue application à l'étude, au travail d'esprit.

VEILLÉ, E, part. Surveillé, observé, épié.

VEILLÉE, s. f. Action de veiller près d'un malade. —, réunion de personnes pour passer une partie de la nuit à travailler, à se divertir, etc.

VEILLER, v. a. Passer la nuit auprès de quelqu'un. —, avoir l'œil, surveiller, observer, épier. — v. n. S'abstenir de dormir durant le temps destiné au sommeil, ne point se coucher, passer la nuit. —, avoir une insomnie, ne pouvoir dormir. — à, prendre garde à, avoir soin de.

VEILLES, s. f. Com. du dép. du Tarn, cant. et arr. de Lavaur. = Lavaur.

VEILLEUR, EUSE, s. Ecclésiastique, garde-malade qui veille auprès d'un mort.

VEILLEUSE, s. f. Petite lampe qu'on laisse allumée durant la nuit.

VEILLOIR, s. m. Table pour travailler la nuit.

VEILLOTTE, s. f. Petit tas de foin sur le pré.

VEILLY, s. m. Com. du dép. de la Côte-d'Or, cant. de Bligny-sur-Ouche, arr. de Beaune. = Arnay-le-Duc.

VEINE, s. f. Vaisseau sanguin, conduit membraneux qui rapporte au cœur le sang des extrémités du corps. Ouvrir la —, pratiquer une saignée. N'avoir point de sang dans les —, être sans courage, sans énergie. —, couche de terre, de sable, de métal. —, raie d'une autre nature ou couleur, marque, raie dans le bois, le marbre, etc. — d'eau, filet d'eau sous terre. —, génie, verve, inspiration poétique. —, disposition d'esprit; être dans une bonne veine. T. fam.

VEINÉ, E, part. et adj. Qui a des veines; marbre, bois veiné.

VEINER, v. a. Imiter les veines du bois, du marbre. T. de peint.

VEINEUX, EUSE, adj. Qui appartient, a rapport aux veines; plein de veines.

VEINULE, s. f. Petite veine, en parlant des mines.

VEISCHEIM, s. m. Com. du dép. de la Meurthe, cant. de Phalsbourg, arr. de Sarrebourg. = Phalsbourg.

VEISSENET (la), s. f. Com. du dép. du Cantal, cant. et arr. de Murat. = Murat.

VEISSIE, s. f. Genre de mousses. T. de bot.

VEIX, s. m. Com. du dép. de la Corrèze, cant. de Treignac, arr. de Tulle. = Uzerche.

VELAINE, s. m. Com. du dép. de la Meuse, cant. de Ligny, arr. de Bar-le-Duc. = Ligny.

VELAINE-EN-HAYE, s. m. Com. du dép. de la Meurthe, cant. et arr. de Nancy. = Nancy.

VELAINE-SUR-AMANCE, s. m. Com. du dép. de la Meurthe, cant. et arr. de Nancy. = Nancy.

VÉLANIE, s. m. Très bel espèce de chêne dont le gland est employé pour la teinture.

VELANNE-LA-VILLE-ET-LE-BOIS, s. m. Com. du dép. de Seine-et-Oise, cant. de Magny, arr. de Mantes. = Magny.

VÉLAR, s. m. Genre de plantes crucifères. T. de bot.

VÉLARS-SUR-OUCHE, s. m. Com. du dép. de la Côte-d'Or, cant. et arr. de Dijon. = Dijon.

VÉLATE, s. f. Coquille fossile. T. d'hist. nat.

VELAUT! interj. Cri de chasse pour exciter les chiens.

VÉLAUX, s. m. Com. du dép. des Bouches-du-Rhône, cant. de Berre, arr. d'Aix. = Aix.

VELEÏNA, s. f. Plante aromatique de l'Inde. T. de bot.

VELELLE, s. f. Genre de vers radiaires. T. d'hist. nat.

VELENNES, s. f. Com. du dép. de la Somme, cant. de Conty, arr. d'Amiens. = Poix.

VÊLER, v. n. Mettre bas, en parlant de la vache.

VELESMES, s. m. Com. du dép. du Doubs, cant. de Boussières, arr. de Besançon. = St.-Vyt.

VELESMES, s. m. Com. du dép. de la Haute-Saône, cant. et arr. de Gray. = Gray.

VÉLET, s. m. Petit voile de religieuse.

VÉLET, s. m. Com. du dép. de la Haute-Saône, cant. et arr. de Gray. = Gray.

VELÈZE, s. m. Plante caryophyllée. T. de bot.

VÉLIE, s. f. Genre d'insectes hémiptères. T. d'hist. nat.

VÉLIE, s. f. Com. du dép. de la Marne, cant. de Vertus, arr. de Châlons. = Vertus.

VÉLIEUX, s. m. Com. du dép. de l'Hérault, cant. et arr. de St.-Pons. = St.-Pons.

VÉLIN, s. m. Peau de veau préparée pour l'impression, l'écriture, etc. —, s. et adj. m. Qui imite le vélin, sans vergeure; papier vélin.

VÉLINES, s. f. Com. du dép. de la Dordogne, chef-lieu de cant. de l'arr. de Bergerac. Bur. d'enregist. à St.-Méard. = Ste.-Foi.

VÉLITES, s. m. pl. Soldats armés à la légère dans l'armée romaine. —, corps de jeunes soldats français destinés à former des sous-officiers pour les régimens de la garde impériale.

VÉLIZY, s. m. Com. du dép. de Seine-et-Oise, cant. et arr. de Versailles. = Versailles.

VELLA, s. m. Genre de plantes crucifères. T. de bot.

VELLÈCHE, s. m. Com. du dép. de la Vienne, cant. de Leigné-sur-Usseau, arr. de Chatellerault. = les Ormes.

VELLECHEVREUX, s. m. Com. du dép. de la Haute-Saône, cant. de Villersexel, arr. de Lure. = Villersexel.

VELLECLAIRE, s. f. Com. du dép. de la Haute-Saône, cant. de Gy, arr. de Gray. = Gy.

VELLEFAUX, s. m. Com. du dép. de la Haute-Saône, cant. de Montbozon, arr. de Vesoul. = Vesoul.

VELLEFREY-ET-VELLEFRANGE, s. m. Com. du dép. de la Haute-Saône, cant. de Gy, arr. de Gray. = Gy.

VELLEFRYE, s. f. Com. du dép. de la Haute-Saône, cant. et arr. de Vesoul. = Vesoul.

VELLEGUINDRY-ET-LEVRECEY, s. m. Com. du dép. de la Haute-Saône, cant. de Scey-sur-Saône, arr. de Vesoul. = Vesoul.

VELLÉITÉ, s. f. Volonté faible et imparfaite, sans effets.

VELLÈJE, s. f. Plante de la famille des campanulacées. T. de bot.

VELLE-LE-CHÂTEL, s. m. Com. du dép. de la Haute-Saône, cant. de Scey-sur-Saône, arr. de Vesoul. = Vesoul.

VELLEMENFROY, s. m. Com. du dép. de la Haute-Saône, cant. de Saulx, arr. de Lure. = Vesoul.

VELLEMOZ, s. m. Com. du dép. de la Haute-Saône, cant. de Gy, arr. de Gray. = Gray.

VELLENNES, s. f. Com. du dép. de l'Oise, cant. de Niviller, arr. de Beauvais. = Beauvais.

VELLERON, s. m. Com. du dép. de Vaucluse, cant. de Pernes, arr. de Carpentras. = Avignon.

VELLEROT-LES-BELVOIR, s. m. Com. du dép. du Doubs, cant. de Clerval, arr. de Baume. = Baume.

VELLEROT-LES-VERCEL, s. m. Com. du dép. du Doubs, cant. de Pierrefontaine, arr. de Baume. = Baume.

VELLES, s. f. Com. du dép. de l'Indre, cant. d'Ardentes-St.-Vincent, arr. de Châteauroux. = Châteauroux.

VELLES, s. f. Com. du dép. de la Haute-Marne, cant. de la Ferté-sur-Amance, arr. de Langres. = Fays-Billot.

VELLESCOT, s. m. Com. du dép. du Haut-Rhin, cant. de Delle, arr. de Belfort. = Delle.

VELLE-SUR-MOSELLE, s. f. Com. du dép. de la Moselle, cant. de Bayon, arr. de Lunéville. = Nancy.

VELLEVANS, s. m. Com. du dép. du Doubs, cant. de Clerval, arr. de Baume. = Baume.

VELLEXON-QUEUTREY-ET-VAUDEY, s. m. Com. du dép. de la Haute-Saône, cant. de Fresne-St.-Mamès, arr. de Gray. = Gray.

VELLICATION, s. f. Mouvement convulsif des fibres. T. inus.

VELLOREILLES-LES-CHOYE, s. m. Com. du dép. de la Haute-Saône, cant. de Gy, arr. de Gray. = Gy.

VELLUIRE, s. m. Com. du dép. de la Vendée, cant. et arr. de Fontenay. = Fontenay-le-Comte.

VELMANYA, s. m. Com. du dép. des Pyrénées-Orientales, cant. de Vinça, arr. de Prades. = Prades.

VÉLOCE, adj. Très rapide, en parlant du mouvement d'une planète. T. d'astr.

VÉLOCIFÈRE, s. m. Voiture légère et très rapide.

VÉLOCIPÈDE, s. m. Machine sur laquelle on se fait rouler soi-même. —, adj. A pieds légers.

VÉLOCITÉ, s. f. Vitesse, promptitude, rapidité.

VELONNE-ET-ORNETO, s. m. Com. du dép. de la Corse, cant. de Pero-et-Casevecchie, arr. de Bastia. = Bastia.

VÉLORCEY, s. m. Com. du dép. de la Haute-Saône, cant. de Saulx, arr. de Lure. = Luxeuil.

VÉLOSNES, s. f. Com. du dép. de la Meuse, cant. et arr. de Montmédy. = Montmédy.

VÉLOT, s. m. Peau de veau venu avant terme. T. de parcheminier.

VÉLOTE, s. m. Genre de plantes légumineuses. T. de bot.

VELOTTE-ET-TALIGNÉCOURT, s. m. Com. du dép. des Vosges, cant. de Dompaire, arr. de Mirecourt. = Mirecourt.

VELOURS, s. m. Etoffe de soie ou de coton à poil court et serré, très moelleuse d'un côté et lisse de l'autre. —, pelouse. Jouer sur le —, sur son gain. Fig. — anglais, coquille du genre cône. — vert, gribouri soyeux, fleur des vignes. T. d'hist. nat.

VELOUTÉ, s. m. Galon fabriqué comme le velours; surface semblable à celle du velours. —, ce qu'il y a d'agréable, de doux dans un fruit, etc.; le velouté de la pêche. —, membrane qui tapisse l'intérieur de l'estomac, les intestins et la vésicule du fiel. T. d'anat.

VELOUTÉ, E, part. Façonné à l'imitation du velours. —, adj. Dont la surface imite le velours, qui est doux au toucher. Fleur —, qui a du duvet. Vin —, vin agréable à boire, d'un rouge un peu foncé.

VELOUTER, v. a. Donner l'apparence du velours. T. de manuf.

VELTAGE, s. m. Mesurage à la velte.

VELTE, s. f. Mesure de liquides, sept litres; instrument pour jauger les futailles.

VELTÉ, E, part. Jaugé avec la velte.

VELTER, v. a. Mesurer un liquide avec la velte.

VELTEUR, s. m. Employé dont la fonction est de velter.

VELTIS, s. m. Espèce de chardon. T. de bot.

VELU, s. m. Poisson du genre du baliste. T. d'hist. nat. —, partie velue de la surface d'une plante. T. de bot.

VELU, s. m. Com. du dép. du Pas-de-Calais, cant. de Bertincourt, arr. d'Arras. = Bapaume.

VELU, E, adj. Couvert de poil ou d'un duvet long et serré.

VELUE, s. f. Sorte de chenille. —, peau sur la tête du cerf. T. de véner.

VELVING, s. m. Com. du dép. de la Moselle, cant. de Boulay, arr. de Metz. = Boulay.

VELVOTE, s. f. Voy. ELATINE.

VÉMARS, s. m. Com. du dép. de Seine-et-Oise, cant. de Luzarches, arr. de Pontoise. = Louvres.

VENABLES, s. m. Com. du dép. de l'Eure, cant. de Gaillon, arr. de Louviers. = Gaillon.

VENADE, s. m. Espèce de petit cerf du Pérou.

VENAISON, s. f. Chair de bête fauve, du chevreuil, etc.; odeur de cette chair. —, embonpoint du cerf. T. de véner.

VÉNAL, E, adj. Qui est à prix d'argent, qui est à vendre, et, fig., qui n'agit que pour de l'argent. Ame —, vile, intéressée. Plume —, auteur mercenaire qui écrit suivant la passion de celui qui le paie. —, renfermé dans les veines, veineux; sang vénal. T. d'anat.

VÉNALEMENT, adv. D'une manière vénale, à prix d'argent.

VÉNALITÉ, s. f. Bassesse de ce qui est vénal.

VÉNANA, s. m. Arbre de l'île de Madagascar. T. de bot.

VÉNANOS, s. m. Cerf de la Californie. T. d'hist. nat.

VENANSAULT, s. m. Com. du dép. de la Vendée, cant. et arr. de Bourbon-Vendée. = Bourbon-Vendée.

VENANT, s. m. et adj. Qui vient;

dire des impertinences à tous venans. Bien —, adv. Bien assuré.

VENANT (St.-), s. m. Petite ville du dép. du Pas-de-Calais, cant. de Lillers, arr. de Béthune. Bur. de poste.

VENAREY, s. m. Com. du dép. de la Côte-d'Or, cant. de Flavigny, arr. de Semur. = Flavigny.

VENARSAL, s. m. Com. du dép. de la Corrèze, cant. de Donzenac, arr. de Brive. = Donzenac.

VENAS, s. m. Com. du dép. de l'Allier, cant. de Hérisson, arr. de Montluçon. = Hérisson.

VÉNASQUE, s. m. Petite ville du dép. de Vaucluse, cant. de Pernes, arr. de Carpentras. = Carpentras.

VENCE, s. m. Petite ville du dép. du Var, chef-lieu de cant. de l'arr. de Grasse. Bur. d'enregist. et de poste.

VENDABLE, adj. Qui peut être vendu.

VENDANGE, s. f. Récolte du raisin pour faire le vin. —, pl. Temps de cette récolte.

VENDANGÉ, E, part. Cueilli, récolté, en parlant du raisin.

VENDANGEOIR, s. m. Lieu dans lequel on dépose la vendange.

VENDANGER, v. a. et n. Cueillir le raisin, faire la vendange. —, ruiner, détruire les vignes, en parlant de la grêle. T. fam.

VENDANGEUR, EUSE, s. Celui, celle qui coupe le raisin, qui fait la vendange.

VENDARGUES, s. m. Com. du dép. de l'Hérault, cant. de Castres, arr. de Montpellier. = Montpellier.

VENDAT, s. m. Com. du dép. de l'Allier, cant. d'Escurolles, arr. de Gannat. = Gannat.

VENDAYS, s. m. Com. du dép. de la Gironde, cant. et arr. de Lesparre. = Lesparre.

VENDÉE (la), s. f. Rivière qui prend sa source dans le dép. des Deux-Sèvres, et qui se jette dans la Sèvre-Niortaise, près de Marault. Elle est navigable depuis Fontenay jusqu'à son embouchure.

VENDÉE (dép. de la), s. f. Chef-lieu de préf., Bourbon-Vendée; 3 arr. ou sous-préf. : Bourbon-Vendée, Fontenay-le-Comte, les Sables-d'Olonne ; 30 cant. ou justices de paix ; 318 com. Pop., 322,830 hab. Cour royale de Poitiers; diocèse de Luçon; 12e div. milit.; 12e div. des ponts-et-chaussées; 1re div. des mines; direct. de l'enregist. et des domaines, de 3e classe; 10e arr. forestier.

Ce dép. est borné N. par ceux de la Loire-Inférieure et de Maine-et-Loire, E. par celui des Deux-Sèvres, S. par celui de la Charente-Inférieure, et O. par l'Océan. Son territoire se divise naturellement en trois parties distinctes et séparées, qu'on nomme le Bocage, le Marais et la Plaine, auxquelles il faut ajouter les îles de Bouin, de Noirmoutiers et l'Isle-Dieu. Le sol du Bocage, ainsi nommé à cause de la quantité de bois dont il est couvert, est sillonné par une multitude de ruisseaux qui, par la fraîcheur et l'humidité qu'ils entretiennent, contribuent à sa fertilité. Il produit quantité de blé, de vins d'assez bonne qualité, et abonde en gras pâturages. La plupart des champs y sont clos de haies vives, le long desquelles sont plantés des arbres de diverses espèces. On désigne sous le nom de Marais toute la partie des côtes autrefois couverte par la mer qui l'a abandonnée depuis plusieurs siècles. Ce pays, l'un des plus malsains et des plus fertiles de la France, en est aussi un des mieux cultivés. On y récolte quantité de chanvre d'excellente qualité ; le blé, l'orge et l'avoine s'y récoltent en abondance ; les légumes y viennent d'une grosseur extraordinaire; les pâturages sont couverts de chevaux, de bœufs et de moutons, de belle race et de la plus forte taille. Sur le côté, des marais salans considérables donnent une quantité prodigieuse de sel; mais les vapeurs méphitiques qu'ils exhalent, jointes à celles qui s'élèvent des nombreux canaux de dessèchement, multipliés à l'infini dans ces contrées, produisent les plus funestes effets sur la santé des habitans de ce pays, réduits à ne boire que de l'eau saumâtre, car il ne s'y trouve pas une seule source d'eau potable. Le sol de la Plaine est très fertile, et se prête à tous les genres de culture. On y recueille abondamment des grains de toute espèce et des vins blancs médiocres. Les îles de Bouin et de Noirmoutiers sont généralement fertiles en grains, et possèdent des marais salans d'un grand produit. L'Isle-Dieu est petite, de peu d'importance, et produit à peine le quart des céréales nécessaires pour la subsistance de ses habitans.

Productions : céréales de toute espèce et en abondance ; très bons légumes, haricots blancs, fèves de marais, lin, chanvre, fruits à couteaux, châtaignes, cerises, noix; vin, bois, belles prairies naturelles et artificielles; choux verts pour fourrages; beaucoup de menu gibier; poissons de mer; chevaux, mulets, bêtes à cornes; fer, pierres à bâtir, pierres meulières, granit, argile à faïence et à poterie. Fabr. de toiles de ménage, draps communs, étoffes de laine; chapellerie, cordes, grosse poterie, soude de varech; papeteries, brasseries, tanneries; exploitation en grand des marais salans; pêche du poisson de mer et de la sardine. Comm. de grains, graines et légumes de toute espèce; vins de Bordeaux et d'Aunis, denrées du midi; charbon de bois, bois à brûler, merrain, cerceaux, feuillards; chevaux, mules et bestiaux. Les rivières navigables sont : la Vendée, l'Autise, la Sèvre-Niortaise, le Lay, la Vie et le canal de Luçon.

VENDÉEN, NE, s. et adj. Habitant de la Vendée; qui concerne ce département.

VENDEGIES-AU-BOIS, s. f. Com. du dép. du Nord, cant. du Quesnoy, arr. d'Avesnes. = le Quesnoy.

VENDEGIES-SUR-ESCAILL, s. f. Com. du dép. du Nord, cant. de Solesmes, arr. de Cambrai. = le Quesnoy.

VENDEJANG, s. m. Arbre de la Chine. T. de bot.

VENDELLES, s. f. Com. du dép. de l'Aisne, cant. de Vermand, arr. de St.-Quentin. = St.-Quentin.

VENDELOVES, s. f. Com. du dép. de l'Aveyron, cant. et arr. de St.-Affrique. = St.-Affrique.

VENDÉMIAIRE, s. m. Premier mois de l'année républicaine, partie de septembre et d'octobre.

VENDÉMIAN, s. m. Com. du dép. de l'Hérault, cant. de Gignac, arr. de Lodève. = Gignac.

VENDÉMIES, s. f. Com. du dép. de l'Aude, cant. et arr. de Limoux. = Limoux.

VENDENESSE-LÈS-CHAROLLES, s. f. Com. du dép. de Saône-et-Loire, cant. et arr. de Charolles. = Charolles.

VENDENESSE-SUR-ARROUX, s. f. Com. du dép. de Saône-et-Loire, cant. de Gueugnon, arr. de Charolles. = Toulon-sur-Arroux.

VENDENHEIM, s. m. Com. du dép. du Bas-Rhin, cant. de Brumath, arr. de Strasbourg. = Strasbourg.

VENDES, s. f. Com. du dép. du Calvados, cant. de Tilly-sur-Seulles, arr. de Caen. = Tilly-sur-Seulles.

VENDEUIL, s. m. Com. du dép. de l'Aisne, cant. de Moy, arr. de St.-Quentin. = la Fère.

VENDEUIL-CAPLY, s. m. Com. du dép. de l'Oise, cant. de Breteuil, arr. de Clermont. = Breteuil-sur-Noye.

VENDEUR, EUSE, s. Celui, celle qui vend, qui fait un petit commerce; vendeur d'habits.

VENDEUR, ERESSE, s. Celui, celle qui contracte ou a contracté une vente. T. de procéd.

VENDEUVRE, s. m. Petite ville du dép. de l'Aube, chef-lieu de cant. de l'arr. de Bar-sur-Aube. Bur. d'enregist. et de poste. Fabr. de faïence, papeterie. Comm. de moutons.

VENDEUVRE, s. m. Com. du dép. de la Vienne, cant. de Neuville, arr. de Poitiers. = Poitiers.

VENDEVILLE, s. f. Com. du dép. du Nord, cant. de Séclin, arr. de Lille. = Lille.

VENDHUILE, s. f. Com. du dép. de l'Aisne, cant. du Catelet, arr. de St.-Quentin. = le Catelet.

VENDICATION, s. f. Voy. REVENDICATION.

VENDIERES, s. f. Com. du dép. de l'Aisne, cant. de Charly, arr. de Château-Thierry. = Montmirail.

VENDINE, s. f. Com. du dép. de la Haute-Garonne, cant. de Caraman, arr. de Villefranche. = Caraman.

VENDIN-LE-VIEL, s. m. Com. du dép. du Pas-de-Calais, cant. de Lens, arr. de Béthune. = Lens.

VENDIN-LEZ-BÉTHUNE, s. m. Com. du dép. du Pas-de-Calais, cant. et arr. de Béthune. = Béthune.

VENDITION, s. f. Vente. T. inus.

VENDLANDE, s. m. Arbrisseau de la Caroline. T. de bot.

VENDŒUVRE, s. m. Com. du dép. du Calvados, cant. de Coulibœuf, arr. de Falaise. = Croissanville.

VENDŒUVRES-ET-BAUCHÉ, s. m. Com. du dép. de l'Indre, cant. de Buzançais, arr. de Châteauroux. = Buzançais. Forges.

VENDOIRE, s. m. Com. du dép. de la Dordogne, cant. de Verteillac, arr. de Ribérac. = Mareuil.

VENDÔME, s. m. Ville du dép. de Loir-et-Cher, chef-lieu de sous-préf. et de cant.; trib. de 1re inst.; société d'agric.; biblioth. publique de 3,000 vol.; conserv. des hypoth.; direct. des contrib. indir.; recev. part. des finances; bur. d'enregist. et de poste.

Cette ville, au milieu de laquelle passe le Loir, est bien bâtie, bien percée et entourée de vignes. Fabr. d'étoffes de laine, cotonnade, gants de peau; papeteries, tanneries, mégisseries.

VENDRANGE, s. f. Com. du dép. de la Loire, cant. de St.-Symphorien-de-

Lay, arr. de Roanne.=St.-Symphorien-de-Lay.

VENDRE, v. a. Céder, transporter pour un prix, aliéner. —, découvrir, dénoncer, trahir; révéler un secret dans des vues d'intérêt. — son honneur, se déshonorer pour de l'argent. — cher sa vie, la défendre courageusement jusqu'à la dernière extrémité. Se —, v. pron. Etre d'un bon débit. Se —, dévoiler par imprudence ou par maladresse ce qu'on avait intérêt à tenir caché. Se —, se livrer pour de l'argent, des emplois, des dignités.

VENDREDI, s. m. L'un des jours de la semaine. — saint, le vendredi de la semaine sainte.

VENDRENNES, s. f. Com. du dép. de la Vendée, cant. des Herbiers, arr. de Bourbon-Vendée. = St.-Fulgent.

VENDRES, s. m. Com. du dép. de l'Hérault, cant. et arr. de Béziers. = Béziers.

VENDRESSE, s. f. Com. du dép. des Ardennes, cant. d'Omont, arr. de Mézières. = Mézières. Fabr. de bombes et de boulets.

VENDRESSE, s. f., et TROYON, s. m. Com. du dép. de l'Aisne, cant. de Craonne, arr. de Laon. = Laon.

VENDREST, s. m. Com. du dép. de Seine-et-Marne, cant. de Lizy, arr. de Meaux. = Lizy.

VENDU, E, part. Cédé à prix d'argent, aliéné. —, dévoué aux combinaisons d'un parti dans des vues intéressées. Fig.

VENDUE-MIGNOT (la), s. f. Com. du dép. de l'Aube, cant. de Bouilly, arr. de Troyes. = Troyes.

VENÉ, E, part. Chassé, couru par les forêts, les champs, en parlant d'une bête fauve. —, adj. Qui commence à se gâter, en parlant de la chair de ces animaux.

VENEFFLES, s. m. Com. du dép. d'Ille-et-Vilaine, cant. de Château-Giron, arr. de Rennes. = Rennes.

VÉNÉFICE, s. m. Empoisonnement; crime d'empoisonnement. T. de procéd. criminelle.

VÉNEJAN, s. m. Com. du dép. du Gard, cant. de Bagnols, arr. d'Uzès. = Bagnols.

VENELLE, s. f. Petite rue, ruelle. Enfiler la —, fuir. Fig. et fam.

VENELLES, s. f. Com. du dép. des Bouches-du-Rhône, cant. et arr. d'Aix. = Aix.

VÉNÉNEUX, EUSE, adj. Se dit des plantes dont le suc renferme du venin.

VÉNÉNIFIQUE, adj. Qui forme le poison.

VENER, v. a. Chasser, courre une bête fauve pour en attendrir la chair.

VÉNÉRABLE, adj Digne de vénération; titre qu'on donne au président d'une loge de F.·. M.·.

VÉNÉRABLEMENT, adv. D'une manière vénérable.

VÉNÉRAND, s. m. Com. du dép. de la Charente-Inférieure, cant. et arr. de Saintes. = Saintes.

VÉNÉRAND (St.-), s. m. Com. du dép. de la Haute-Loire, cant. de Saugues, arr. du Puy. = Langeac.

VÉNÉRATION, s. f. Profond respect pour les choses saintes; estime respectueuse pour les personnes.

VÉNÈRE, s. m. Com. du dép. de la Haute-Saône, cant. de Pesmes, arr. de Gray. = Gray.

VÉNÉRÉ, E, part. Révéré, en parlant des personnes, des lieux et des objets consacrés au culte.

VÉNÉRER, v. a. Révérer les personnes et les choses saintes; avoir de la vénération pour quelqu'un.

VÉNÉRICARDE, s. f. Testacé fossile. T. d'hist. nat.

VÉNERIE, s. f. Art. de chasser la bête fauve et toutes sortes de gibier avec des chiens courans; tout ce qui appartient à cette chasse, logement des officiers, l'équipage, les chiens, etc.

VÉNÉRIEN, NE, adj. Se dit du commerce charnel entre homme et femme; acte vénérien. Maladie —, maladie syphilitique.

VÉNÉRIEN, s. m. Com. du dép. de l'Isère, cant. de Crémieu, arr. de la Tour-du-Pin. = Crémieu.

VENEROLLES, s. f. Com. du dép. de l'Aisne, cant. de Wasigny, arr. de Vervins. = Guise.

VENERQUE, s. m. Com. du dép. de la Haute-Garonne, cant. d'Auterrive, arr. de Muret. = Auterrive.

VÉNÉRUPE, s. f. Genre de coquilles bivalves. T. d'hist. nat.

VENÈS, s. m. Com. du dép. du Tarn, cant. de Lautrec, arr. de Castres. = Castres.

VENESMES, s. m. Com. du dép. du Cher, cant. de Châteauneuf-sur-Cher, arr. de St.-Amand. = Châteauneuf-sur-Cher.

VENESTANVILLE, s. f. Com. du dép. de la Seine-Inférieure, cant. de Bacqueville, arr. de Dieppe. = Bacqueville.

VENESVILLE, s. f. Com. du dép. de la Seine-Inférieure, cant. de Cany, arr. d'Yvetot. = Cany.

VENETOU, s. m. Espèce de jacana. T. d'hist. nat.

VENETS, s. m. pl. Filets pour les bas parcs. T. de pêch.

VENETTE, s. f. Peur, frayeur, alarme. T. fam.

VENETTE, s. f. Com. du dép. de l'Oise, cant. et arr. de Compiègne. = Compiègne.

VENEUR, s. m. Employé de la vénerie qui a la direction de la meute. Grand —, grand officier de la maison du roi qui commande aux officiers de la vénerie.

VENEUX-NADON, s. m. Com. du dép. de Seine-et-Marne, cant. de Moret, arr. de Fontainebleau. = Moret.

VENEY, s. m. Com. du dép. de la Meurthe, cant. de Baccarat, arr. de Lunéville. = Baccarat.

VENEZUELA, s. m. L'une des trois grandes provinces qui forment aujourd'hui la république de Colombie, bornée N. par la mer des Antilles, E. Atlantique, S.-E. Guyane portugaise, S.-O. et O. Nouvelle-Grenade.

VENEZ-Y-VOIR, s. m. Chose insignifiante, bagatelle, attrape. T. fam.

VENGÉ, E, part. Se dit d'une offense dont on a obtenu satisfaction.

VENGEANCE, s. f. Désir, action de se venger, de tirer satisfaction d'une offense; effet de cette action.

VENGEONS, s. m. Com. du dép. de la Manche, cant. de Sourdeval, arr. de Mortain. = Sourdeval. Papeteries.

VENGER, v. a. Tirer raison, satisfaction d'une offense; venger l'honneur de son pays, etc. Se —, v. pron. Se faire raison, tirer satisfaction. Se — d'un affront, en tirer vengeance.

VENGEUR, GERESSE, s. m. et adj. Qui punit, qui venge. —, nom d'un vaisseau de guerre français dont l'équipage s'est immortalisé au combat de Trafalgar.

VENGOLINE, s. f. Verdier d'Afrique. T. d'hist. nat.

VENIAT, s. m. (mot latin). Ordre d'un juge supérieur à un inférieur de se présenter en personne pour rendre compte de sa conduite.

VÉNIEL, LE, adj. Qui mérite pardon, qu'on peut pardonner. Péché —, qui ne fait point perdre la grâce; l'opposé de péché mortel. T. de théol.

VÉNIELLEMENT, adv. Légèrement; pécher véniellement.

VENIERS, s. m. Com. du dép. de la Vienne, cant. et arr. de Loudun. = Loudun.

VENI MECUM, s. m. (mots latins). Voy. VADE MECUM.

VENIMEUX, s. m. Poisson du genre du persègue.

VENIMEUX, EUSE, adj. Qui a du venin, en parlant des animaux. Langue —, médisante, mordante. Fig. et fam.

VENIN, s. m. Suc des plantes vénéneuses; liqueur empoisonnée que distillent certains animaux. —, influence contagieuse de certaines maladies; le venin de la peste. —, malignité, rancune, haine cachée. Fig.

VENIR, v. n. Se transporter d'un lieu à un autre en se rapprochant de celui qui parle; arriver au lieu dans lequel est celui qui parle. —, arriver fortuitement; échoir; succéder; naître, croître, profiter; monter, s'élever; couler, sortir. — de, être issu; dériver; procéder, émaner, tirer son origine, être produit par. Faire —, faire apporter, en parlant des choses; mander, appeler, en parlant des personnes. Voir —, attendre pour juger du dessein, des vues d'une personne. En — aux mains, se battre. En — à son honneur, réussir. — bien ou mal; se dit de l'impression plus ou moins nette, de la couleur plus ou moins vive, des formes, des contours plus ou moins prononcés. T. d'arts. —, v. imp. Echoir; provenir.

VENISE, s. f. Ville célèbre par sa république aristocratique et sa puissance maritime, aujourd'hui capitale du royaume Lombardo-Vénitien. Cette ville, assise à l'extrémité septentrionale de l'Adriatique, s'élève sur cent trente-huit petites îles, qui forment entre elles plus de quatre cents canaux qu'on traverse sur un beaucoup plus grand nombre de ponts. Ces canaux sont couverts de jolies gondoles qui remplacent les carrosses qu'on voit circuler dans les autres capitales de l'Europe. On y remarque une foule d'édifices admirables, la plupart des églises, l'ancien palais du doge, la fameuse place St.-Marc, l'arsenal, la bibliothèque, les théâtres, etc. Le carnaval, qui dure depuis Noël jusqu'au mercredi des Cendres, y attire un concours prodigieux d'étrangers. Pop. 180,000 hab. env.

VENISE, s. f. Com. du dép. du Doubs, cant. de Marchaux, arr. de Besançon. = Besançon.

VENISEY, s. m. Com. du dép. de la Haute-Saône, cant. d'Amance, arr. de Vesoul. = Jussey.

VENISSIEU, s. m. Com. du dép. de l'Isère, cant. de St.-Symphorien-d'Ozon, arr. de Vienne. = Lyon.

VÉNITIEN, NE, s. et adj. Habitant de Venise; qui appartient à cette ville.

VENIZEL, s. m. Com. du dép. de l'Aisne, cant. et arr. de Soissons. = Soissons.

VENIZY, s. m. Com. du dép. de l'Yonne, cant. de Brienon, arr. de Joigny. = St.-Florentin.

VENNANS, s. m. Com. du dép. du Doubs, cant. de Roulans, arr. de Baume. = Baume.

VENNECY, s. m. Com. du dép. du Loiret, cant. de Neuville, arr. d'Orléans. = Orléans.

VENNES, s. f. Com. du dép. du Doubs, cant. de Pierrefontaine, arr. de Baume. = Morteau.

VENNEZEY, s. m. Com. du dép. de la Meurthe, cant. de Gerbéviller, arr. de Lunéville. = Lunéville.

VENOIX, s. m. Com. du dép. du Calvados, cant. et arr. de Caen. = Caen.

VENON, s. m. Com. du dép. de l'Eure, cant. du Neubourg, arr. de Louviers.= le Neubourg.

VENON, s. m. Com. du dép. de l'Isère, cant. et arr. de Grenoble. = Grenoble.

VENOSC, s. m. Com. du dép. de l'Isère, cant. du Bourg-d'Oisans, arr. de Grenoble. = le Bourg-d'Oisans.

VENOUSE, s. f. Com. du dép. de l'Yonne, cant. de Ligny, arr. d'Auxerre. = Auxerre.

VENOY, s. m. Com. du dép. de l'Yonne, cant. et arr. d'Auxerre. = Auxerre.

VENSAC, s. m. Com. du dép. de la Gironde, cant. de St.-Vivien, arr. de Lesparre. = Lesparre.

VENSAT, s. m. Com. du dép. du Puy-de-Dôme, cant. d'Aigueperse, arr. de Riom. = Aigueperse.

VENT, s. m. Air mu avec plus ou moins de force. —, air agité par quelque mouvement; faire du vent avec un éventail. —, gaz renfermés dans les intestins, flatuosités. —, respiration, haleine, souffle; odeur, émanation des corps. —, présomption, vanité. Fig. —, pl. Divinités poétiques, fils du Ciel et de la Terre, enchaînés dans des cavernes par Éole, leur roi. Les quatre principaux étaient Eurus, Auster, Aquilon et Favonius. T. de myth.

VENTABREN, s. m. Com. du dép. des Bouches-du-Rhône, cant. de Berre, arr. d'Aix. = Aix. Fabr. d'huile superfine.

VENTAIL, s. m., pl. Ventaux. Partie inférieure d'un casque. Voy. VANTAIL.

VENTAVRON, s. m. Com. du dép. des Hautes-Alpes, cant. de Laragne, arr. de Gap. Bur. d'enregist. = Gap. Mine de plomb.

VENTE, s. f. Cession, transport de la propriété d'une chose, moyennant un prix stipulé. —, débit de marchandises. —, coupe de bois en des temps réglés. —, pl. Droit sur les ventes faites dans l'étendue de la censive. T. de droit féodal.

VENTEAU, s. m. Charpente pour former une écluse.

VENTEJOUX, s. m. Com. du dép. de la Corrèze, cant. et arr. d'Ussel. = Ussel.

VENTELAY, s. m. Com. du dép. de la Marne, cant. de Fismes, arr. de Reims. = Fismes.

VENTELET, s. m. Petit vent. T. fam. inus.

VENTENAC, s. m. Com. du dép. de l'Ariège, cant. de Lavelanet, arr. de Foix. = Mirepoix.

VENTENAC-CABARDÈS, s. m. Com. du dép. de l'Aude, cant. d'Alzonne, arr. de Carcassonne. = Carcassonne.

VENTENAC-D'AUDE, s. m. Com. du dép. de l'Aude, cant. de Ginestas, arr. de Narbonne. = Narbonne.

VENTENACIE, s. f. Plante d'Afrique. T. de bot.

VENTER, v. n. et impers. Faire du vent.

VENTEROL, s. m. Com. du dép. des Basses-Alpes, cant. de Turriers, arr. de Sisteron. = Sisteron.

VENTEROL, s. m. Com. du dép. de la Drôme, cant. et arr. de Nyons. = Nyons. Comm. de truffes.

VENTES (les), s. f. pl. Com. du dép. de l'Eure, cant. et arr. d'Evreux. = Evreux.

VENTES-DE-BOURSES (les), s. f. pl. Com. du dép. de l'Orne, cant. de Mêle-sur-Sarthe, arr. d'Alençon. = Mêle.

VENTES-MARS-MÉZANG (les), s. f. pl. Com. du dép. de la Seine-Inférieure, cant. de Blangy, arr. de Neufchâtel. = Neufchâtel.

VENTES-ST.-REMY (les), s. f. pl. Com. du dép. de la Seine-Inférieure, cant. de St.-Saens, arr. de Neufchâtel. = Neufchâtel.

VENTEUGES, s. f. Com. du dép. de la Haute-Loire, cant. de Saugues, arr. du Puy. = Langeac.

VENTEUIL, s. m. Com. du dép. de la Marne, cant. et arr. d'Epernay.=Epernay.

VENTEUX, EUSE, adj. Où règnent les vents; saison venteuse. —, qui cause

II.   81 des vents; aliment venteux. —, occasionné par les vents; colique venteuse.

VENTIER, s. m. Marchand de bois qui achète une forêt et la fait débiter sur les lieux.

VENTILATEUR, s. m. Machine qui sert à renouveler l'air dans un lieu fermé.

VENTILATION, s. f. Prisée, estimation avant partage.

VENTILÉ, E, part. Evalué pour la formation des lots, et procéder au partage des biens d'une succession.

VENTILER, v. a. Procéder à l'estimation des biens d'une succession pour composer les lots; évaluer les différentes parties d'un bien vendu en bloc.

VENTILLAC, s. m. Com. du dép. de Tarn-et-Garonne, cant. et arr. de Castel-Sarrasin. = Castel-Sarrasin.

VENTILLÉ, E, part. Garni de planches, en parlant d'un bateau.

VENTILLER, v. a. Mettre des planches sur le bord d'un bateau pour empêcher l'eau d'y pénétrer.

VENTIS, s. m. pl. Arbres arrachés. T. inus.

VENTISERI, s. m. Com. du dép. de la Corse, cant. de Prunelli, arr. de Corte. = Bastia.

VENTOLIER, adj. m. Qui résiste au vent; oiseau bon ventolier. T. de fauc.

VENTOSE, s. m. Sixième mois de l'année républicaine, partie de février et de mars.

VENTOSITÉ, s. f. Se dit surtout au pl. Amas de vents, de gaz dans les intestins.

VENTOUSE, s. f. Ouverture pratiquée dans un conduit pour donner passage à l'air. —, vaisseau de verre ou de de métal qu'on applique sur la peau pour y produire une irritation locale en raréfiant l'air par le moyen du feu, ou en faisant le vide. T. de chir.

VENTOUSE, s. f. Com. du dép. de la Charente, cant. de Manles, arr. de Ruffec. = Manles.

VENTOUSÉ, E, part. Se dit d'un malade auquel il a été appliqué des ventouses. T. de chir.

VENTOUSER, v. a. Appliquer des ventouses. T. de chir.

VENTRAL, E, adj. Qui appartient au ventre.

VENTRE, s. m. Nom. de trois grandes cavités du corps et particulièrement de l'abdomen. —, portion charnue d'un muscle. T. d'anat. —, matrice, partie du corps des femelles où s'opère le travail de la génération. —, ce qui ressemble au ventre; saillie bombée d'un mur, capacité d'un vase. —, plaque de bois sur l'estomac du tourneur.

VENTREBLEU! VENTRE-SAINT-GRIS! interj. Sorte de juremens familiers.

VENTRÉE, s. f. Portée de la femelle d'un animal; tous les petits qu'elle met bas en une fois.

VENTRICULE, s. m. Petite cavité particulière à certains organes; ventricule du cerveau, du cœur. —, estomac des animaux ruminans.

VENTRIÈRE, s. f. Large sangle qu'on passe sous le ventre du cheval pour assujettir le harnais. —, charpente qui traverse et soutient une digue. —, serviette ou large bande de linge pour soutenir le ventre des femmes enceintes, etc. T. de chir.

VENTRILOQUE, s. et adj. Engastrimythe, qui parle en aspirant et modifie sa voix de telle sorte que les sons semblent sortir du ventre.

VENTRILOQUIE, s. f. Jonglerie du ventriloque.

VENTRIPOTENT, adj. m. Qui a un gros ventre. T. inus.

VENTRON, s. m. Com. du dép. des Vosges, cant. de Saulxures, arr. de Remiremont. = Remiremont.

VENTROUILLER (se), v. pron. Se vautrer.

VENTROUSE (la), s. f. Com. du dép. de l'Orne, cant. de Tourouvre, arr. de Mortagne. = St.-Maurice.

VENTRU, s. m. Poisson du genre du bouclier.

VENTRU, E, adj. Qui a un gros ventre. —, renflé vers le milieu. T. de bot.

VENTURON, s. m. Oiseau, espèce de fringile.

VENUE, s. f. Arrivée. —, croissance, taille. Fig. —, premier coup aux quilles. T. de jeu. Tout d'une —, adv. Tout droit; tout à la fois.

VÉNULE, s. f. Petite veine.

VÉNUS, s. f. Fille du Ciel et de la Terre, ou de la Mer selon quelques auteurs, Déesse de la beauté, épouse de Vulcain. Cette Déesse eut une infinité d'adorateurs, entre autres le dieu Mars avec lequel elle fut surprise en tête à tête par Vulcain qui entoura les amans d'une grille imperceptible, puis appela les autres dieux pour être témoins de sa mésaventure et se moquer de lui. C'est de ce commerce adultère que naquit Cupidon. Dans la suite elle épousa Anchise, prince troyen, dont elle eut Enée, auquel elle fit faire des armes par Vulcain, lorsque ce prince partit, après la prise de Troie, pour aller fonder un empire en Italie. Son amour pour Adonis a été célébré par les poètes, et a fourni le sujet de plusieurs pièces de théâtre; elle quitta le ciel pour le suivre en tous lieux. Vénus était toujours accompagnée des Grâces, des Ris, des Jeux et des Plaisirs; elle possédait une ceinture qui inspirait infailliblement la tendresse, de telle sorte que Junon la lui emprunta pour se faire aimer de Jupiter, etc. C'est par le charme irrésistible de cette ceinture qu'elle obtint de Pâris la pomme que la Discorde avait jetée sur la table aux noces de Thétis et de Pelée. Cette déesse avait des temples partout. Les plus renommés étaient ceux d'Amathonte, de Lesbos, de Paphos, de Gnide et de Cythère. On la représente ordinairement avec Cupidon, son fils, sur un char traîné par des pigeons ou par des cygnes, et quelquefois montée sur un bouc. T. de myth. —, femme de la plus rare beauté, très bien faite, remplie de grâces. Fig. —, planète la plus près du soleil après Mercure. T. d'astr. —, le cuivre. T. de chim. —, genre de testacés univalves. T. d'hist. nat.

VÉNUSTÉ, s. f. Beauté, grâce, agrément. T. inus.

VENZAC, s. m. Com. du dép. de l'Aveyron, cant. et arr. de Villefranche. = Villefranche.

VENZOLASCA, s. f. Com. du dép. de la Corse, cant. de Vescovato, arr. de Bastia. = Bastia.

VÉOURE (la), s. f. Petite rivière qui prend sa source dans le dép. de la Drôme, et se perd dans le Rhône, vis-à-vis Beauchâtel. Son cours est de 9 l. environ.

VÊPRES, s. f. pl. Office divin que l'on célèbre le soir.

VER, s. m. Insecte long et rampant sans os ni vertèbres. — rongeur, remords. —, nerf de la langue du chien. T. de véner. — à soie, chenille, insecte qui file la soie. — solitaire. Voy. TÉNIA. — luisant. Voy. LAMPYRE.

VER, s. m. Com. du dép. du Calvados, cant. de Ryes, arr. de Bayeux. = Bayeux.

VER, s. m. Com. du dép. de la Manche, cant. de Gavray, arr. de Coutances. = Coutances.

VER, s. m. Com. du dép. de l'Oise, cant. de Nanteuil, arr. de Senlis. = Dammartin.

VÉRAC, s. m. Com. du dép. de la Gironde, cant. de Fronzac, arr. de Libourne. = St.-André-de-Cubzac.

VÉRACITÉ, s. f. Attachement constant à la vérité; caractère de vérité, bonne foi, sincérité, franchise.

VERA-CRUZ, s. f. Ville de l'Amérique méridionale, sur le golfe du Mexique, où elle possède un port très commerçant, le seul qui existe sur ce golfe. Cette ville est bien bâtie, mais malsaine. Pop. 16,000 hab. env.

VÉRAIN (St.-), s. m. Com. du dép. de la Nièvre, cant. de St.-Amand, arr. de Cosne. = Neuvy-sur-Loire. Fabr. de poterie de terre.

VÉRAN (St.-), s. m. Com. du dép. des Hautes-Alpes, cant. d'Aiguilles, arr. de Briançon. = Mont-Dauphin.

VÉRAN (St.-), s. m. Com. du dép. de l'Aveyron, cant. de Peyreleau, arr. de Milhau. = Milhau.

VÉRAND (St.-), s. m. Com. du dép. de l'Isère, cant. et arr. de St.-Marcellin. = St.-Marcellin.

VÉRAND (St.-), s. m. Com. du dép. du Rhône, cant. du Bois-d'Oingt, arr. de Villefranche. = Tarare.

VÉRAND (St.-), s. m. Com. du dép. de Saône-et-Loire, cant. de la Chapelle-de-Guinchay, arr. de Mâcon. = Mâcon.

VÉRANNE, s. f. Com. du dép. de la Loire, cant. de Pélussin, arr. de St.-Etienne. = Condrieu.

VÉRARGUES, s. f. Com. du dép. de l'Hérault, cant. de Lunel, arr. de Montpellier. = Lunel.

VÉRATRINE, s. f. Substance médicinale extraite de l'ellébore.

VERATRUM, s. m. Plante, ellébore blanc.

VERAUX, s. m. Com. du dép. du Cher, cant. de Sancoins, arr. de St.-Amand. = Sancoins.

VERBAL, E, adj. Dérivé du verbe; adjectif verbal. —, de vive voix; promesse verbale.

VERBALEMENT, adv. De bouche, de vive voix.

VERBALISER, v. n. Dresser un procès-verbal.

VERBE, s. m. Partie de l'oraison qui désigne une action physique ou abstraite, faite ou reçue par le sujet, ou simplement l'état du sujet; verbe actif, passif, neutre, pronominal, réciproque, etc. —, son de la voix; avoir le verbe haut. —, deuxième personne de la Trinité, J.-C.

VERBÉNACÉES, s. f. pl. Pyrénacées. T. de bot.

VERBÉRATION, s. f. Choc, commotion de l'air qui produit le son. T. de phys.

VERBERIE, s. f. Petite ville du dép.

de l'Oise, cant. de Pont-Ste.-Maxence, arr. de Senlis. Bur. de poste.

Fabr. de couperose et d'alun; tuileries, fours à chaux. Comm. de chanvre et d'oignons. Fontaines d'eau minérale aux environs.

VERBÉSINE, s. f. Plante corymbifère. T. de bot.

VERBEUX, EUSE, adj. Redondant, diffus; qui abonde en paroles inutiles. T. fam.

VERBIAGE, s. m. Abondance de paroles inutiles, superflues, dépourvues de sens; babil; caquet; bavardage. T. fam.

VERBIAGER, v. n. Babiller, caqueter, bavarder. T. fam.

VERBIAGEUR, EUSE. s. Babillard, bavard.

VERBIESLES, s. f. Com. du dép. de la Haute-Marne, cant. et arr. de Chaumont. = Chaumont.

VERBIEST, s. m. Prêtre arménien.

VERBOQUET, s. m. Cordeau pour attacher les pièces au câble de l'engin.

VERBOSC, s. m. Com. du dép. de la Seine-Inférieure, cant. et arr. d'Yvetot. = Yvetot.

VERBOSITÉ, s. f. Superfluité de paroles.

VERCEL, s. m. Com. du dép. du Doubs, chef-lieu de cant. de l'arr. de Baume. Bur. d'enregist. = Besançon. Fabr. de bonneterie; tanneries.

VERCHAMP-ET-GUISEUIL, s. m. Com. du dép. de la Haute-Saône, cant. de Montbozon, arr. de Vesoul. = Rioz.

VERCHENY, s. m. Com. du dép. de la Drôme, cant de Saillans, arr. de Die. = Saillans.

VERCHERS (les), s. m. pl. Com. du dép. de Maine-et-Loire, cant. de Doué, arr. de Saumur. = Doué.

VERCHIN, s. m. Com. du dép. du Pas-de-Calais, cant. de Fruges, arr. de Montreuil. = Fruges.

VERCHIN-ET-MAUGRÉ, s. m. Com. du dép. du Nord, cant. et arr. de Valenciennes. = Valenciennes.

VERCHOCQ, s. m. Com. du dép. du Pas-de-Calais, cant. de Hucqueliers, arr. de Montreuil. = Fruges.

VERCIA, s. f. Com. du dép. du Jura, cant. de Beaufort, arr. de Lons-le-Saulnier. = Lons-le-Saulnier.

VERCIEU, s. m. Com. du dép. de l'Isère, cant. de Morestel, arr. de la Tour-du-Pin. = Crémieu.

VERCLAUSE, s. f. Com. du dép. de la Drôme, cant. de Remusat, arr. de Nyons. = le Buis.

VERCOIRAN, s. m. Com. du dép. de la Drôme, cant. du Buis, arr. de Nyons. = le Buis.

VER-COQUIN, s. m. Sorte de chenille qui ronge les bourgeons de la vigne. —, ver qui s'engendre dans la tête des animaux et les fait mourir. —, espèce de frénésie qu'on attribuait à un ver logé dans le cerveau. —, caprice, fantaisie. Fig. et fam.

VERCOURT, s. m. Com. du dép. de la Somme, cant. de Rue, arr. d'Abbeville. = Abbeville.

VERD, VERTE, adj. Voy. VERT.

VERDACHES, s. f. Com. du dép. des Basses-Alpes, cant. de Seyne, arr. de Digne. = Seyne.

VERDAGON, s. m. Vin excessivement vert.

VERDALLE, s. f. Com. du dép. du Tarn, cant. de Dourgne, arr. de Castres. = Revel.

VERDÂTRE, adj. Tirant sur le vert.

VERDAUD, E, adj. Aigrelet, un peu vert. T. inus.

VERDÉE, s. f. Petit vin blanc de Toscane qui tire sur le vert.

VERDEGAS, s. m. Com. du dép. de Lot-et-Garonne, cant. de Castelmoron, arr. de Marmande. = Tonneins.

VERDELET, TE, adj. Diminutif de vert; vin, vieillard verdelet.

VERDELOT, s. m. Com. du dép. de Seine-et-Marne, cant. de Rebais, arr. de Coulommiers. = Rebais.

VERDENAL, s. m. Com. du dép. de la Meurthe, cant. de Blamont, arr. de Lunéville. = Blamont.

VERDEREL, s. m. Com. du dép. de l'Oise, cant. de Niviller, arr. de Beauvais. = Beauvais.

VERDERIE, s. f. Étendue de bois qui était soumise à la juridiction d'un verdier; cette juridiction.

VERDERIN, s. m. Oiseau, espèce de verdier.

VERDÉRONNE, s. f. Com. du dép. de l'Oise, cant. de Liancourt, arr. de Clermont. = Liancourt.

VERDEROUX, s. m. Tangara vert de la Guyane.

VERDÉS, s. f. Com. du dép. de Loir-et-Cher, cant. d'Auzouer-le-Marché, arr. de Blois. = Châteaudun.

VERDESE, s. m. Com. du dép. de la Corse, cant. de Piedicroce, arr. de Corte. = Bastia.

VERDET, s. m. Poisson du genre de l'ésoce. —, voy. VERT-DE-GRIS.

VERDETS, s. m. Com. du dép. des Basses-Pyrénées, cant. et arr. d'Oloron. = Oloron.

VERDEUR, s. f. Sève des végétaux; acidité du vin; défaut de maturité des fruits. —, vigueur des jeunes gens, des vieillards; âcreté de paroles. Fig. et fam.

VERDEY, s. m. Com. du dép. de la Marne, cant. de Sézanne, arr. d'Epernay. = Sézanne.

VERDEZUN, s. m. Com. du dép. de la Lozère, cant. de Malzieu, arr. de Marvejols. = St.-Chély.

VERDI, E, part. Peint en vert.

VERDIER, s. m. Officier qui commandait aux gardes d'une forêt. —, passereau du genre gros bec, à dos vert, de la grosseur du bruant.

VERDIER (le), s. m. Com. du dép. du Tarn, cant. de Castelnau-Montmirail, arr. de Gaillac. = Gaillac.

VERDIÈRE (la), s. f. Com. du dép. du Var, cant. de Ginasservis, arr. de Brignoles. = Barjols.

VERDIGNY, s. m. Com. du dép. du Cher, cant. et arr. de Sancerre. = Sancerre.

VERDILLE, s. f. Com. du dép. de la Charente, cant. d'Aigre, arr. de Ruffec. = Aigre.

VERDILLON, s. m. Châssis de tapissier de haute-lice, qui tient la chaîne. —, levier de fer pour détacher les blocs d'ardoise.

VERDILLY, s. m. Com. du dép. de l'Aisne, cant. et arr. de Château-Thierry. = Château-Thierry.

VERDIN, s. m. Espèce de merle de la Cochinchine.

VERDINÈRE, s. f. Verdier du Bahama, l'une des îles Lucayes.

VERDIR, v. a. Peindre en vert, rendre vert. —, v. n. Devenir vert.

VERDON, s. m. Variété du verdier en Angleterre.

VERDON (le), s. m. Rivière qui prend sa source dans le dép. des Basses-Alpes, et qui se jette dans la Durance près de Cadarache. Son cours est d'environ 35 lieues.

VERDON, s. m. Com. du dép. de la Dordogne, cant. de Lalinde, arr. de Bergerac. = Bergerac.

VERDON, s. m. Com. du dép. de la Marne, cant. de Montmirail, arr. d'Epernay. = Montmirail.

VERDONNET, s. m. Com. du dép. de la Côte-d'Or, cant. de Laignes, arr. de Châtillon. = Laignes.

VERDOYANT, E, adj. Qui verdoie, qui tire sur le vert; plaine verdoyante.

VERDOYER, v. n. Verdir, devenir vert.

VERDUN, s. m. Com. du dép. de l'Ariège, cant. de Cabannes, arr. de Foix. = Tarascon-sur-Ariège.

VERDUN, s. m. Com. du dép. de l'Aude, cant. et arr. de Castelnaudary. = Castelnaudary.

VERDUN, s. m. Ville fortifiée du dép. de la Meuse, chef-lieu de sous-préf. et de cant. Trib. de 1re inst. et de comm.; conserv. des hypoth.; direct. des contrib. indir.; bur. de garantie des matières d'or et d'argent; recev. part. des finances.; bur. d'enregist. et de poste. Cette ville, située sur la Meuse, est défendue par une citadelle. Fabr. de liqueurs et dragées très estimées. Filat. de laine et de coton ; blanchisseries de cire; tanneries et teintureries; comm. de vins, liqueurs, anis, huile, clous, etc.

VERDUN, s. m. Petite ville du dép. de Tarn-et-Garonne, chef-lieu de cant. de l'arr. de Castel-Sarrasin. Bur. d'enregist. = Grizolles. Fabr. de cadis; tanneries.

VERDUNOIS, E, adj. Habitant de Verdun; qui appartient à cette ville.

VERDUN-SUR-LE-DOUBS ou **SUR-SAÔNE**, s. m. Petite ville du dép. de Saône-et-Loire, chef-lieu de cant. de l'arr. de Châlons. Bur. d'enregist. et de poste. Fabr. de poterie commune et de tuiles ; comm. de vins, grains, fruits, fourrages, fer, etc.

VERDURE, s. f. Herbe, feuilles vertes. —, tapisserie représentant le feuillage.

VERDURIER, s. m. Pourvoyeur de salades dans les maisons royales.

VERDUZAN, s. m. Com. du dép. du Gers, cant. de Valence, arr. de Condom. = Condom.

VÉRET, s. m. Com. du dép. du Calvados, cant. de Trévières, arr. de Bayeux. = Bayeux.

VÉRÉTILLE, s. f. Genre de polypiers libres. T. d'hist. nat.

VERETZ, s. m. Com. du dép. d'Indre-et-Loire, cant. et arr. de Tours. = Tours.

VÉREUX, s. m. Com. du dép. de la Haute-Saône, cant. de Dampierre-sur-Salon, arr. de Gray. = Gray.

VÉREUX, EUSE, adj. Où il y a des vers, gâté par les vers; fruit véreux. —, très suspect, mauvais ; cas véreux, caution véreuse.

VERFEIL, s. m. Com. du dép. de la Haute-Garonne, chef-lieu de cant. de l'arr. de Toulouse. Bur. d'enregist. à Montastruc. = Toulouse.

VERFEIL, s. m. Com. du dép. de Tarn-et-Garonne, cant. de St.-Antonin, arr. de Montauban. = St.-Antonin.

VERFEUIL, s. m. Com. du dép. du Gard, cant. de Lussan, arr. d'Uzès. = Bagnols.

VERGADELLE, s. f. Spare, merlus, poissons. T. d'hist. nat.

VERGAVILLE, s. f. Com. du dép. de la Meurthe, cant. de Dieuze, arr. de Château-Salins. = Dieuze. Tanneries.

VERGE, s. f. Baguette longue et flexible; baguette de bédeau, d'huissier, etc. —, longue tringle; anneau sans chatons; mesure de longueur et de superficie. —, pénis, membre viril. T. d'anat. —, pl. Brins de bouleau, d'osier, etc. avec lesquels on donne le fouet aux enfans. —, météore lumineux.

VERGE (Ste.-), s. f. Com. du dép. des Deux-Sèvres, cant. de Thouars, arr. de Bressuire. = Thouars.

VERGÉ, E, part. Mesuré avec la verge. —, adj. Imparfaitement uni, en parlant des étoffes. T. de manuf.

VERGEAGE, s. f. Mesurage à la verge.

VERGEAL, s. m. Com. du dép. d'Ille-et-Vilaine, cant. d'Argentré, arr. de Vitré. = Vitré.

VERGE-D'OR, s. f. plante corymbifère à fleurs jaunes.

VERGÉE, s. f. Mesure de terre, trois cent cinquante-huit toises carrées.

VERGENCE, s. f. Tendance des humeurs vers une partie. T. de méd.

VERGENNE (la), s. f. Com. du dép. de la Haute-Saône, cant. de Villersexel, arr. de Lure. = Lure.

VERGEOISES, s. f. pl. Sorte de sucre.

VERGER, s. m. Terrain clos, planté d'arbres à fruits.

VERGER, v. a. Mesurer avec la verge.

VERGER (le), s. m. Com. du dép. d'Ille-et-Vilaine, cant. et arr. de Montfort. = Montfort.

VERGEROLLE, s. f. Plante corymbifère. T. de bot.

VERGEROUX, s. m. Com. du dép. de la Charente-Inférieure, cant. et arr. de Rochefort. = Rochefort.

VERGES, s. f. Com. du dép. du Jura, cant. de Conliège, arr. de Lons-le-Saulnier. = Lons-le-Saulnier.

VERGETÉ, E, part. Brossé, nettoyé avec une vergette. —, adj. Rayé, moucheté; teint vergeté. Tige —, à rameaux faibles et inégaux. T. de bot.

VERGETER, v. a. Brosser, nettoyer avec une vergette.

VERGETIER, s. m. Brossier, fabricant, marchand de vergettes.

VERGETOT, s. m. Com. du dép. de la Seine-Inférieure, cant. de Criquetot-Lesneval, arr. du Hâvre = Montivilliers.

VERGETTE, s. f. Brosse douce pour nettoyer les habits, etc. —, cercle qui tend la peau du tambour. —, pal diminué. T. de blas.

VERGETURES, s. f. pl. Petites raies rougeâtres sur la peau.

VERGEURE, s. f. Fils de laiton sur la forme; traits qu'ils laissent sur le papier. T. de papet.

VERGEZAC, s. m. Com. du dép. de la Haute-Loire, cant. de Loudes, arr. du Puy. = le Puy.

VERGEZE, s. f. Com. du dép. du Gard, cant. de Vauvert, arr. de Nismes. = Calvisson.

VERGHEAS, s. m. Com. du dép. du Puy-de-Dôme, cant. de Pionsat, arr. de Riom. = Auzances.

VERGIES, s. f. Com. du dép. de la Somme, cant. d'Oisemont, arr. d'Amiens. = Abbeville.

VERGIGNY, s. m. Com. du dép. de l'Yonne, cant. de St.-Florentin, arr. d'Auxerre. = St.-Florentin.

VERGISSON, s. m. Com. du dép. de Saône-et-Loire, cant. et arr. de Mâcon. = Mâcon.

VERGLACÉ, E, adj. Couvert de verglas.

VERGLACER, v. n. et impers. Se glacer, faire du verglas.

VERGLAS, s. m. Pluie qui se glace en tombant, ou dès qu'elle est tombée; superficie glacée.

VERGNE, s. m. Nom vulgaire de l'aune, arbre qui croît dans les lieux humides.

VERGNÉ, s. m. Com. du dép. de la Charente-Inférieure, cant. de Loulay, arr. de St.-Jean-d'Angely. = St.-Jean-d'Angely.

VERGNE (la), s. f. Com. du dép. de la Charente-Inférieure, cant. et arr. de St.-Jean-d'Angely. = St.-Jean-d'Angely.

VERGOGNAN, s. m. Com. du dép. du Gers, cant. de Riscle, arr. de Mirande. = Nogaro.

VERGOGNE, s. f. Honte. (Vi.)

VERGONCEY, s. m. Com. du dép. de la Manche, cant. de St.-James, arr. d'Avranches. = St.-James.

VERGONGHEON, s. m. Com. du dép. de la Haute-Loire, cant. d'Auzon, arr. de Brioude. = Lempde.

VERGONNES, s. f. Com. du dép. de Maine-et-Loire, cant. de Pouancé, arr. de Segré. = Segré.

VERGONS, s. m. Com. du dép. des Basses-Alpes, cant. d'Annot, arr. de Castellanne. = Castellanne.

VERGRANNE, s. f. Com. du dép. du Doubs, cant. et arr. de Baume. = Baume.

VERGT, s. m. Com. du dép. de la Dordogne, chef-lieu de cant. de l'arr. de Périgueux. Bur. d'enregist. = Périgueux.

VERGT-DE-BIRON (le), s. m. Com. du dép. de la Dordogne, cant. de Montpazier, arr. de Bergerac. = Montpazier.

VERGUE, s. f. Pièce de bois longue et ronde attachée au travers du mât pour soutenir la voile. T. de mar.

VERGUIER (le), s. m. Com. du dép. de l'Aisne, cant. de Vermand, arr. de St.-Quentin. = St.-Quentin.

VÉRIA, s. m. Com. du dép. du Jura, cant. de St.-Amour, arr. de Lons-le-Saulnier. = St.-Amour.

VÉRICLE (diamant de), s. m. Faux diamant ou cristal.

VÉRICOURT, s. m. Com. du dép. de l'Aube, cant. de Ramerupt, arr. d'Arcis-sur-Aube. = Arcis-sur-Aube.

VÉRIDICITÉ, s. f. Caractère de vérité dans le discours; caractère du véridique. Voy. VÉRACITÉ.

VÉRIDIQUE, s. et adj. Qui aime à dire la vérité; vrai, sincère.

VÉRIÈRE, s. f. Vitraux d'église; verrerie. T. inus.

VÉRIÈRES, s. f. Com. du dép. de l'Aveyron, cant. de St.-Bauzély, arr. de Milhau. = Milhau.

VÉRIFICATEUR, s. m. Commis à la vérification d'un compte, d'une recette, d'une pièce arguée de faux, etc.

VÉRIFICATION, s. f. Action de vérifier. —, enregistrement d'un édit.

VÉRIFIÉ, E, part. Examiné, comparé pour s'assurer de l'exactitude, de l'identité, etc.

VÉRIFIER, v. a. Faire voir la vérité d'une chose, d'une proposition, etc.; s'assurer de l'exactitude, de l'identité, etc.; examiner, comparer, collationner. — un édit, procéder à son enregistrement. Se —, v. pron. Se réaliser, en parlant d'une nouvelle prématurée, d'un événement prédit, annoncé, etc.

VÉRIGNON, s. m. Com. du dép. du Var, cant. d'Aups, arr. de Draguignan. = Aups.

VÉRIGNY, s. m. Com. du dép. d'Eure-et-Loir, cant. de Courville, arr. de Chartres. = Courville.

VÉRIN, s. m. Machine à vis et à écrou pour élever des fardeaux, espèce de cric.

VÉRINE, s. f. La meilleure espèce de tabac d'Amérique.

VÉRINES, s. f. Com. du dép. de la Charente-Inférieure, cant. de la Jarrie, arr. de la Rochelle. = la Rochelle.

VÉRINES, s. f. Com. du dép. de l'Oise, cant. de Crépy, arr. de Senlis. = Verberie.

VÉRISIMILITUDE, s. f. Vraisemblance. T. inus.

VERISSEY, s. m. Com. du dép. de Saône-et-Loire, cant. de Montret, arr. de Louhans. = Louhans.

VÉRITABLE, adj. Qui existe réellement; conforme à la vérité. —, vrai, qui n'est pas falsifié. —, bon, excellent, en son genre; solide, ferme, invariable.

VÉRITABLEMENT, adv. Conformément à la vérité, réellement.

VÉRITÉ, s. f. Qualité de ce qui est, de ce qui existe réellement; conformité de l'idée avec son objet, du discours avec la pensée, du récit avec le fait; l'opposé d'erreur, de fausseté, de mensonge. — physique, science du rapport qui existe entre les corps. — morale, science du rapport entre les personnes. —, principe, axiome, maxime, sentence; sincérité, bonne foi. —, expression fidèle de la nature. T. d'arts. —, pl. Choses vraies. Dire à quelqu'un ses —, lui reprocher ses défauts, ses torts. En —, adv. Certainement, assurément; sincèrement. A la —, à dire le vrai, de fait; il est vrai, il est certain.

VERIZET, s. m. Com. du dép. de Saône-et-Loire, cant. de Lugny, arr. de Mâcon. = St.-Oyen.

VERJAGE, s. m. Défaut dans les étoffes dont les fils sont d'inégales grosseurs.

VERJON, s. m. Com. du dép. de l'Ain, cant. de Coligny, arr. de Bourg. = St.-Amour.

VERJUS, s. m. Raisin cueilli avant sa maturité; espèce de gros raisin vert; jus, confiture de ce raisin. —, vin trop vert.

VERJUTÉ, E, adj. Acide comme le verjus.

VERJUX, s. m. Com. du dép. de Saône-et-Loire, cant. de Verdun-sur-le-Doubs, arr. de Châlons. = Verdun-sur-le-Doubs.

VERLANS, s. m. Com. du dép. de la Haute-Saône, cant. d'Héricourt, arr. de Lure. = Belfort.

VERLE, s. f. Jauge pour les tonneaux.

VER-LE-GRAND, s. m. Com. du dép. de Seine-et-Oise, cant. d'Arpajon, arr. de Corbeil. = Arpajon.

VER-LE-PETIT, s. m. Com. du dép. de Seine-et-Oise, cant. d'Arpajon, arr. de Corbeil. = Arpajon. Fabr. d'ustensiles de cuisine et autres, en cuivre.

VER-LÈS-CHARTRES, s. m. Com. du dép. d'Eure-et-Loir, cant. et arr. de Chartres. = Chartres.

VERLHAC-ST.-JEAN, s. m. Com. du dép. de Tarn-et-Garonne, cant. de Montech, arr. de Castel-Sarrasin. = Montauban.

VERLHAC-TESCOU, s. m. Com. du dép. de Tarn-et-Garonne, cant. de Villebrumier, arr. de Montauban. = Montauban.

VERLIN, s. m. Com. du dép. de l'Yonne, cant. de St.-Julien-du-Sault, arr. de Joigny. = Villeneuve-le-Roi.

VERLINCTUN, s. m. Com. du dép. du Pas-de-Calais, cant. de Samer, arr. de Boulogne. = Samer.

VERLINGHEM, s. m. Com. du dép. du Nord, cant. du Quesnoy-sur-Deule, arr. de Lille. = Lille.

VERLUS, s. m. Com. du dép. du Gers, cant. de Riscle, arr. de Mirande. = Aire-sur-l'Adour.

VERLY, s. m. Com. du dép. de l'Aisne, cant. de Wasigny, arr. de Vervins. = Vervins.

VERMAND, s. m. Com. du dép. de l'Aisne, chef-lieu de cant. de l'arr. de St.-Quentin, où se trouvent les bur. d'enregist. et de poste.

VERMANDOVILLERS, s. m. Com. du dép. de la Somme, cant. de Chaulnes, arr. de Péronne. = Lihons-en-Santerre.

VERMANTON, s. m. Petite ville du dép. de l'Yonne, chef-lieu de cant. de l'arr. d'Auxerre. Bur. d'enregist. et de poste. Comm. de vins, bois de chauffage, etc.

VERMEIL, s. m. Argent doré; composition pour donner de l'éclat à la dorure.

VERMEIL, LE, adj. D'un rouge plus foncé que l'incarnat. —, frais et coloré; bouche vermeille.

VERMEILLE, s. f. Pierre précieuse d'un rouge cramoisi et orangé.

VERMEILLONNÉ, E, part. Doré.

VERMEILLONNER, v. a. Appliquer le vermeil.

VERMELLE, s. f. Village du dép. de l'Isère, cant. de Bourgoin, arr. de la Tour-du-Pin. = Bourgoin.

VERMELLES, s. f. Com. du dép. du Pas-de-Calais, cant. de Cambrin, arr. de Béthune. = Béthune.

VERMICELLE, s. m. Pâte non fermentée, en filamens, pour les potages.

VERMICELLIER, s. m. Fabricant et marchand de vermicelle et autres pâtes; potage de cette pâte.

VERMICULAIRE, s. f. Genre de testacés univalves. T. d'hist. nat. —, genre de champignons. Voy. JOUBARBE. T. de bot. —, adj. Qui a rapport aux vers, qui leur ressemble. —, voy. PÉRISTALTIQUE. T. de méd.

VERMICULANT, adj. m. Se dit du pouls dont les battemens ressemblent aux mouvemens ondoyans des vers. T. de méd.

VERMICULÉ, E, adj. Qui représente des traces de vers. T. d'archit.

VERMICULITHES, s. f. pl. Corps marins pétrifiés qui ressemblent à des vers. T. d'hist. nat.

VERMIFORME, adj. En forme de ver; se dit d'une partie des lames qui composent le cervelet. T. d'anat. —, s. m. pl. Martres. T. d'hist. nat.

VERMIFUGE, s. m. et adj. Anthelmintique, qui chasse, fait mourir les vers. T. de méd.

VERMILANGUES, s. m. pl. Mammifères édentés, fourmiller, pangolin. T. d'hist. nat.

VERMILLER, v. n. Fouiller la terre avec son boutoir, en parlant du sanglier. T. de véner.

VERMILLON, s. m. Oxyde de mercure sulfuré d'un rouge éclatant; couleur qu'on en tire. —, couleur vermeille des joues et des lèvres. Fig.

VERMILLONNÉ, E, part. Colorié avec du vermillon.

VERMILLONNER, v. a. Peindre, colorier avec du vermillon. —, vermiller, chercher des vers pour pâturer. T. de véner.

VERMINE, s. f. Insectes incommodes, malpropres, poux, puces, punaises, etc. —, gens de mauvaise vie, gueux, mendiant. Fig.

VERMINEUX, EUSE, adj. Qui contient des vers. Fièvre —, occasionnée par des vers. T. de méd.

VERMISSEAU, s. m. Petit ver de terre. — de mer, coquillage en forme de tuyau.

VERMONDANS, s. m. Com. du dép. du Doubs, cant. de Pont-de-Roide, arr. de Montbéliard. = l'Isle-sur-le-Doubs.

VERMONT (le), s. m. Com. du dép. des Vosges, cant. de Senones, arr. de St.-Dié. = Raon-l'Etape.

VERMONT, s. m. L'un des Etats-Unis de l'Amérique septentrionale, borné N. Canada, E. New-Hampshire, E. Massachusets, O. Newyork. Cet Etat, arrosé par le Connecticut, est couvert de forêts giboyeuses, de rivières et de lacs poissonneux. On y trouve des mines de fer, plomb, cuivre, ocre, jaspe, de la terre à porcelaine, etc. Comm. de grains, fer, bestiaux, pelleterie.

VERMOULER (se), v. pron. Etre piqué des vers, devenir vermoulu.

VERMOULU, E, adj. Piqué des vers.

VERMOULURE, s. f. Piqûre, trace de vers, poudre qui sort du bois rongé par les vers.

VERMOUT, s. m. Vin mêlé d'absinthe.

VERN, s. m. Com. du dép. d'Ille-et-Vilaine, cant. et arr. de Rennes. = Rennes.

VERN, s. m. Com. du dép. de Maine-et-Loire, cant. du Lion-d'Angers, arr. de Segré. = le Lion-d'Angers.

VERNAIE, s. f. Aunaie. T. inus.

VERNAIS, s. m. Com. du dép. du Cher, cant. de Charenton, arr. de St.-Amand. = St.-Amand.

VERNAISON, s. m. Com. du dép. du Rhône, cant. de St.-Genis-Laval, arr. de Lyon. = Lyon. Fabr. de toiles peintes et mouchoirs.

VERNAJOUL, s. m. Com. du dép. de l'Ariège, cant. et arr. de Foix. = Foix.

VERNAL, E, adj. Qui appartient au printemps; équinoxe vernale.

VERNANCOURT, s. m. Com. du dép. de la Marne, cant. de Heiltz-le-Maurupt, arr. de Vitry-le-Français. = Vitry-le-Français.

VERNANTES, s. f. Com. du dép. de Maine-et-Loire, cant. de Longué, arr. de Baugé. = Saumur.

VERNANTOIS, s. m. Com. du dép. du Jura, cant. et arr. de Lons-le-Saulnier. = Lons-le-Saulnier.

VERNASSAL, s. m. Com. du dép. de la Haute-Loire, cant. d'Allègre, arr. du Puy. = le Puy.

VERNAUX, s. m. Com. du dép. de l'Ariège, cant. de Cabannes, arr. de Foix. = Tarascon-sur-Ariège.

VERNAY, s. m. Com. du dép. de la Loire, cant. de Perreux, arr. de Roanne. = Roanne.

VERNAY, s. m. Com. du dép. du Rhône, cant. de Beaujeu, arr. de Villefranche. = Beaujeu.

VERNAZ, s. m. Com. du dép. de l'Isère, cant. de Crémieu, arr. de la Tour-du-Pin. = Crémieu.

VERNE, s. m. Voy. VERGUE.

VERNE, s. m. Com. du dép. du Doubs, cant. et arr. de Baume. = Baume.

VERNÈGUES, s. f. Com. du dép. des Bouches-du-Rhône, cant. d'Eyguières, arr. d'Arles. = Lambesc.

VERNEIGES, s. f. Com. du dép. de la Creuse, cant. de Chambon, arr. de Boussac. = Chambon.

VERNEIL (le chétif), s. m. Com. du dép. de la Sarthe, cant. de Mayet, arr. de la Flèche. = Château-du-Loir.

VERNEIX, s. m. Com. du dép. de l'Allier, cant. et arr. de Montluçon. = Montluçon.

VERNET (le), s. m. Com. du dép. de l'Allier, cant. d'Escurolles, arr. de Gannat. = Gannat.

VERNET (le), s. m. Com. du dép. de l'Allier, cant. de Cusset, arr. de Lapalisse. = Cusset. Papeterie.

VERNET (le), s. m. Com. du dép. des Basses-Alpes, cant. de Seyne, arr. de Digne. = Seyne.

VERNET (le), s. m. Com. du dép. de l'Ariège, cant. de Saverdun, arr. de Pamiers. = Saverdun.

VERNET (le), s. m. Com. du dép. de la Haute-Garonne, cant. d'Auterrive, arr. de Muret. = Auterrive.

VERNET (le), s. m. Com. du dép. de la Haute-Loire, cant. de Loudes, arr. du Puy. = le Puy.

VERNET (le), s. m. Com. du dép. du Puy-de-Dôme, cant. de St.-Amand-Tallende, arr. de Clermont. = Clermont-Ferrand.

VERNET, s. m. Com. du dép. des Pyrénées-Orientales, cant. et arr. de Prades. = Perpignan. Etablissement d'eaux thermales.

VERNET-ET LAVARENNE (le), s. m. Com. du dép. du Puy-de-Dôme, cant. de Sauxillanges, arr. d'Issoire. = Issoire.

VERNET-LE-HAUT, s. m. Com. du dép. de l'Aveyron, cant. d'Asprières, arr. de Villefranche. = Rignac.

VERNET-SOUTIRA, s. m. Com. du dép. de l'Aveyron, cant. d'Asprières, arr. de Villefranche. = Villefranche-de-Rouergue.

VERNEUGHEOL, s. m. Com. du dép. du Puy-de-Dôme, cant. d'Herment, arr. de Clermont. = Clermont-Ferrand.

VERNEUIL, s. m. Com. du dép. de l'Allier, cant. de St.-Pourçain, arr. de Gannat. = St.-Pourçain.

VERNEUIL, s. m. Com. du dép. de la Charente, cant. de Montembœuf, arr. de Confolens. = Larochefoucault.

VERNEUIL, s. m. Com. du dép. du Cher, cant. de Dun-le-Roi, arr. de St.-Amand. = Dun-le-Roi.

VERNEUIL, s. m. Petite ville du dép. de l'Eure, chef-lieu de cant. de l'arr. d'Evreux, biblioth. publique de 3,000 vol., bur. d'enregist. et de poste.
Cette ville est bien bâtie et agréablement située sur l'Avre et l'Iton. Fabr. de toiles de chanvre et de lin, bouracans, coutils, flanelles et bonneteries; poterie et quincaillerie; forges, laminoirs pour le cuivre; tanneries. Comm. de laines, étoffes, veaux et basanes.

VERNEUIL, s. m. Com. du dép. de

l'Indre, cant. et arr. de la Châtre. = la Châtre.

VERNEUIL, s. m. Com. du dép. d'Indre-et-Loire, cant. de Richelieu, arr. de Chinon. = Richelieu.

VERNEUIL, s. m. Com. du dép. d'Indre-et-Loire, cant. et arr. de Loches. = Loches.

VERNEUIL, s. m. Com. du dép. de la Marne, cant. de Dormans, arr. d'Epernay. = Dormans.

VERNEUIL, s. m. Com. du dép. de la Nièvre, cant. de Decize, arr. de Nevers. = Decize.

VERNEUIL, s. m. Com. du dép. de l'Oise, cant. de Pont-Ste.-Maxence, arr. de Senlis. = Creil.

VERNEUIL, s. m. Com. du dép. de Seine-et-Marne, cant. de Mormant, arr. de Melun. = Guignes.

VERNEUIL, s. m. Com. du dép. de la Haute-Vienne, cant. d'Aixe, arr. de Limoges. = Limoges.

VERNEUIL-COURTONNE, s. m. Com. du dép. de l'Aisne, cant. de Craonne, arr. de Laon. = Laon.

VERNEUIL-LE-GRAND, s. m. Com. du dép. de la Meuse, cant. et arr. de Montmédy. = Montmédy.

VERNEUIL-LE-PETIT, s. m. Com. du dép. de la Meuse, cant. et arr. de Montmédy. = Montmédy.

VERNEUIL-MOUTIERS, s. m. Com. du dép. de la Haute-Vienne, cant. du Dorat, arr. de Bellac. = Limoges.

VERNEUIL-SOUS-COUCY, s. m. Com. du dép. de l'Aisne, cant. de Coucy-le-Château, arr. de Laon. = Coucy.

VERNEUIL-SUR-SEINE, s. m. Com. du dép. de Seine-et-Oise, cant. de Poissy, arr. de Versailles. = Poissy.

VERNEUIL-SUR-SERRE, s. m. Com. du dép. de l'Aisne, cant. de Crécy-sur-Serre, arr. de Laon. = Laon.

VERNEUSE, s. f. Com. du dép. de l'Eure, cant. de Broglie, arr. de Bernay. = Montreuil-l'Argilé.

VERNEVILLE, s. f. Com. du dép. de la Moselle, cant. de Gorze, arr. de Metz. = Metz.

VERNI, E, part. Enduit de vernis.

VERNICIER, s. m. Arbre de la Chine. T. de bot.

VERNIE, s. f. Com. du dép. de la Sarthe, cant. de Beaumont, arr. de Mamers. = Beaumont-le-Vicomte.

VERNIER-FONTAINE, s. m. Com. du dép. du Doubs, cant. de Vercel, arr. de Baume. = Ornans.

VERNIMBOK, s. m. Bois de Fernambouc pour la teinture.

VERNINES-AURIÈRES, s. f. Com. du dép. du Puy-de-Dôme, cant. de Rochefort, arr. de Clermont. = Clermont-Ferrand.

VERNIOLLE, s. f. Com. du dép. de l'Ariège, cant. de Varilles, arr. de Pamiers. = Pamiers.

VERNIOZ, s. m. Com. du dép. de l'Isère, cant. de Roussillon, arr. de Vienne. = le Péage.

VERNIR, v. a. Enduire de vernis, appliquer le vernis sur un tableau, etc.

VERNIS, s. m. Arbrisseau d'Asie et d'Amérique- T. de bot. —, sandaraque; gomme de genièvre; composition avec laquelle on vernit. —, enduit liquide dont on couvre la surface des corps pour leur donner de l'éclat et les conserver. —, couleur, apparence brillante, favorable; déguisement, fard. Fig. —, notion légère; vernis de savoir. Fig.

VERNISSÉ, E, part. Verni; se dit de la poterie.

VERNISSER, v. a. Vernir la poterie.

VERNISSEUR, s. m. Artisan qui fait, qui emploie le vernis.

VERNISSIER, s. m. Arbre de la Chine qui donne une sorte de vernis.

VERNISSURE, s. f. Application du vernis.

VERNIX, s. m. Com. du dép. de la Manche, cant. de Brecey, arr. d'Avranches. = Avranches.

VERNOIL-LE-FOURIER, s. m. Com. du dép. de Maine-et-Loire, cant. de Longué, arr. de Baugé. = Saumur.

VERNOIS, s. m. Com. du dép. du Doubs, cant. de Pont-de-Roide, arr. de Montbéliard. = Montbéliard.

VERNOIS (le), s. m. Com. du dép. du Jura, cant. de Voiteur, arr. de Lons-le-Saulnier. = Lons-le-Saulnier.

VERNOIS-ET-LE-FOL, s. m. Com. du dép. du Doubs, cant. de St.-Hyppolite, arr. de Montbéliard. = St.-Hyppolite-sur-le-Doubs.

VERNOIS-LES-VESVRES, s. m. Com. du dép. de la Côte-d'Or, cant. de Selongey, arr. de Dijon. = Selongey. Haut-fourneau.

VERNOIS-SUR-MANCE, s. m. Com. du dép. de la Haute-Saône, cant. de Vitrey, arr. de Vesoul. = Jussey.

VERNOLS, s. m. Com. du dép. du Cantal, cant. d'Allanche, arr. de Murat. = Murat.

VERNON, s. m. Com. du dép. de l'Ardèche, cant. de Joyeuse, arr. de Largentière. = Joyeuse.

VERNON, s. m. Petite ville du dép. de l'Eure, chef-lieu de cant. de l'arr. d'Evreux. Bur. d'enregist. et de poste.

Fabr. de calicots, indiennes, velours de coton; tanneries; tuileries; filatures de coton; construction de machines de guerre; comm. de blé, farines, vins, laines et plumes.

VERNON, s. m. Com. du dép. de la Vienne, cant. de la Villedieu, arr. de Poitiers. = Poitiers.

VERNONVILLIERS, s. m. Com. du dép. de l'Aube, cant. de Soulaines, arr. de Bar-sur-Aube. = Bar-sur-Aube.

VERNOSC, s. m. Com. du dép. de l'Ardèche, cant. d'Annonay, arr. de Tournon. = Annonay.

VERNOT, s. m. Com. du dép. de la Côte-d'Or, cant. d'Is-sur-Tille, arr. de Dijon. = Is-sur-Tille.

VERNOU, s. m. Com. du dép. d'Indre-et-Loire, cant. de Vouvray, arr. de Tours. = Tours.

VERNOU, s. m. Com. du dép. de Loir-et-Cher, cant. et arr. de Romorantin. = Romorantin.

VERNOU, s. m. Com. du dép. de Seine-et-Marne, cant. de Moret, arr. de Fontainebleau. = Moret.

VERNOUILLET, s. m. Com. du dép. d'Eure-et-Loir, cant. et arr. de Dreux. = Dreux.

VERNOUILLET, s. m. Com. du dép. de Seine-et-Oise, cant. de Poissy, arr. de Versailles. = Poissy.

VERNOUX, s. m. Com. du dép. de l'Ain, cant. de Trivier-de-Courtes, arr. de Bourg. = Pont-de-Vaux.

VERNOUX, s. m. Petite ville du dép. de l'Ardèche, chef-lieu de cant. de l'arr. de Tournon. Bur. d'enregist. et de poste.

VERNOUX-EN-GATINE, s. m. Com. du dép. des Deux-Sèvres, cant. de Secondigny-en-Gatine, arr. de Parthenay. = Parthenay. Fabr. de droguets, tiretaine, molleton.

VERNOUX-SUR-BOUTONNE, s. m. Com. du dép. des Deux-Sèvres, cant. de Brioux, arr. de Melle. = Melle.

VERNOY, s. m. Com. du dép. de l'Yonne, cant. de Chéroy, arr. de Sens. = Courtenay.

VERNUSSE, s. f. Com. du dép. de l'Allier, cant. d'Ebreuil, arr. de Gannat. = Montmarault.

VERNY, s. m. Com. du dép. de la Moselle, chef-lieu de cant. de l'arr. de Metz. Bur. d'enregist. à Pournoy-la-Grasse. = Metz.

VÉRO, s. m. Com. du dép. de la Corse, cant. de Bocognano, arr. d'Ajaccio. = Ajaccio.

VÉROLE, s. f. Syphilis, maladie vénérienne. Petite —, voy. VARIOLE. —, coquille du genre porcelaine. T. d'hist. nat.

VÉROLÉ, E, adj. Qui a la vérole.

VÉROLIQUE, adj. Qui appartient à la vérole; pustule vérolique.

VÉRON, s. m. Com. du dép. de l'Yonne, cant. et arr. de Sens. = Sens.

VÉRONE, s. f. Ville du royaume Lombardo-Vénitien, sur l'Adige, dans laquelle on remarque de très beaux édifices, des ruines et des antiquités romaines magnifiques. Evêché; manuf. considérables de soieries. Cette ville, où il s'est tenu un congrès en 1822, est la patrie de Catulle, de Cornélius Népos, de Vitruve, Pline l'ancien, Paul Véronèse et de Scipion Maffeï, etc. Pop. 50,000 hab. env.

VÉRONIQUE, s. f. Plante, genre de rhinantoïdes.

VÉRONNE, s. f. Com. du dép. de la Drôme, cant. de Saillans, arr. de Die. = Saillans.

VÉRONNES-LES-GRANDES, s. f. Com. du dép. de la Côte-d'Or, cant. de Selongey, arr. de Dijon. = Selongey.

VÉRONNES-LES-PETITES, s. f. Com. du dép. de la Côte-d'Or, cant. de Selongey, arr. de Dijon. = Selongey.

VEROSVRES, s. f. Com. du dép. de Saône-et-Loire, cant. de St.-Bonnet-de-Joux, arr. de Charolles. = St.-Bonnet-de-Joux.

VÉROTER, v. n. Chercher des vers, en parlant des oiseaux.

VÉROTIER, s. m. Pêcheur qui cherche des vers.

VÉROTIS, s. m. pl. Vers rouges, pour appât. T. de pêch.

VERPEL, s. m. Com. du dép. des Ardennes, cant. de Buzancy, arr. de Vouziers. = Buzancy.

VERPILLIÈRE (la), s. f. Com. du dép. de l'Isère, chef-lieu de cant. de l'arr. de Vienne. Bur. d'enregist. à Heyrieu. Bur. de poste.

VERPILLIÈRES, s. f. Com. du dép. de l'Aube, cant. d'Essoye, arr. de Bar-sur-Seine. = Bar-sur-Seine.

VERPILLIÈRES, s. f. Com. du dép. de la Somme, cant. de Roye, arr. de Montdidier. = Roye.

VERPUNTES, s. f. pl. Vergeoises refondues.

VERQUIÈRES, s. f. Com. du dép. des Bouches-du-Rhône, cant. d'Orgon, arr. d'Arles. = St.-Remy.

VERQUIGNEUL, s. m. Com. du dép. du Pas-de-Calais, cant. et arr. de Béthune. = Béthune.

VERQUIN, s. m. Com. du dép. du

Pas-de-Calais, cant. et arr. de Béthune. = Béthune.

VERRAT, s. m. Pourceau mâle non châtré.

VERRE, s. m. Corps transparent et fragile, produit par la fusion d'un mélange de sable et d'alcali fixe; ce mélange fondu pour divers usages; verre de montre, de lunettes.—, vase de verre pour boire; contenu de ce vase. —d'antimoine, oxyde d'antimoine sulfuré, vitreux. — de Moscovie, mica à grandes lames, qui sert de vitre. — des volcans, lave vitreuse. — à boire, agaric de couleur rousse. T. de bot.

VERRE (la), s. f. Rivière qui prend sa source dans le dép. du Tarn, au-dessus de Villeneuve, et qui se jette dans l'Aveyron après un cours d'environ 12 l.

VERRÉE, s. f. Le contenu d'un verre.

VERRERIE, s. f. Art de faire le verre; fabrique, ouvrages de verre.

VERRERIE-SOPHIE, s. f. Com. du dép. de la Moselle, cant. de Forbach, arr. de Sarreguemines. = Forbach.

VERREYROLLES, s. f. Com. du dép. de la Haute-Loire, cant. de Saugues, arr. du Puy. = Langeac.

VERREY-SOUS-DRÉE, s. m. Com. du dép. de la Côte-d'Or, cant. de Sombernon, arr. de Dijon. = Sombernon.

VERREY-SOUS-SALMAISE, s. m. Com. du dép. de la Côte-d'Or, cant. de Flavigny, arr. de Sémur. = Vitteaux.

VERRIE, s. f. Com. du dép. de Maine-et-Loire, cant. et arr. de Saumur. = Saumur.

VERRIE (la), s. f. Com. du dép. de la Vendée, cant. de Mortagne, arr. de Bourbon-Vendée. = Mortagne-sur-Serre.

VERRIER, s. m. Fabricant de verre, d'ouvrages de verre, marchand de verrerie. —, sorte de panier à compartimens pour mettre les verres à boire.

VERRIÈRE, s. f. Ustensile de table, espèce de cuvette pour les verres à pied. —, serre couverte de châssis vitrés. T. de jard.

VERRIÈRE (la), s. f. Com. du dép. de l'Oise, cant. de Grandvilliers, arr. de Beauvais. = Granvilliers.

VERRIÈRE (la), s. f. Com. du dép. de Seine-et-Oise, cant. de Chevreuse, arr. de Rambouillet. = Trappes.

VERRIÈRE-LA-GRANDE, s. f. Com. du dép. de Saône-et-Loire, cant. de St.-Léger-sous-Beuvroy, arr. d'Autun. = Autun.

VERRIÈRE-LA-PETITE, s. f. Com. du dép. de Saône-et-Loire, cant. de Lucenay-l'Evêque, arr. d'Autun. = Lucenoy.

VERRIÈRES, s. f. Com. du dép. des Ardennes, cant. du Chesne, arr. de Vouziers. = Buzancy.

VERRIÈRES, s. f. Com. du dép. de l'Aube, cant. de Lusigny, arr. de Troyes. = Troyes.

VERRIÈRES, s. f. Com. du dép. de l'Aveyron, cant. d'Estaing, arr. d'Espalion. = Espalion.

VERRIÈRES, s. f. Com. du dép. de la Charente, cant. de Segonzac, arr. de Cognac. = Barbezieux.

VERRIÈRES, s. f. Com. du dép. de la Loire, cant. et arr. de Montbrison. = Montbrison.

VERRIÈRES, s. f. Com. du dép. de la Loire, cant. de St.-Germain-Laval, arr. de Roanne. = Roanne.

VERRIÈRES, s. f. Com. du dép. de la Marne, cant. et arr. de Ste.-Ménéhould. = Ste.-Ménéhould.

VERRIÈRES, s. f. Com. du dép. de l'Orne, cant. de Nocé, arr. de Mortagne. = Rémalard.

VERRIÈRES, s. f. Com. du dép. du Puy-de-Dôme, cant. de Champeix, arr. d'Issoire. = Issoire.

VERRIÈRES, s. f. Com. du dép. de Seine-et-Oise, cant. de Palaiseau, arr. de Versailles. = Mantes.

VERRIÈRES, s. f. Com. du dép. de la Vienne, cant. de Lussac, arr. de Montmorillon. = Lisle-Jourdain. Fabr. d'instrumens aratoires; forges et hauts-fourneaux.

VERRIÈRES-DE-JOUX, s. f. Com. du dép. du Doubs, cant. et arr. de Pontarlier. = Pontarlier.

VERRIÈRES-D'ONZAINES, s. f. Com. du dép. des Vosges, cant. de Châtel, arr. d'Epinal. = Charmes.

VERRIÈRES-DU-GROS-BOIS, s. f. Com. du dép. du Doubs, cant. de Vercel, arr. de Baume. = Besançon.

VERRILLON, s. m. Espèce d'harmonica.

VERRINE, s. f. Verre devant un tableau, un reliquaire, etc. (Vi.) —, discours de Cicéron contre Verrès. —, forte vis. T. de charp.

VERRINE-EN-ROM, s. f. Com. du dép. des Deux-Sèvres, cant. de Chenay, arr. de Melle. = Melle.

VERRINE-SOUS-CELLES, s. f. Com. du dép. des Deux-Sèvres, cant. de Celles, arr. de Melle. = Melle.

VERRON, s. m. Com. du dép. de la

Sarthe, cant. et arr. de la Flèche. = la Flèche.

VERRONNE (la), s. f. Rivière qui prend sa source dans le dép. de l'Isère, au-dessus d'Eclore, et qui se jette dans la Gère au-dessous de Vienne, après un cours d'environ 8 l.

VERROT, s. m. Verroterie pour la traite des Nègres, en Afrique.

VERROTERIE, s. f. Menue marchandise de verre.

VERROU, s. m. fermeture de porte qui va et vient entre deux crampons.

VERROUILLÉ, E, part. Fermé au verrou.

VERROUILLER, v. a. Fermer une porte au verrou. Se —, v. pron. S'enfermer au verrou.

VERRUCAIRE, s. f. Héliotrope, hypoxylon, varec, plantes. T. de bot.

VERRUE, s. f. Petite excroissance ronde et raboteuse au visage, aux mains, etc. Voy. POIREAU.

VERRUE, s. f. Com. du dép. de la Vienne, cant. de Monts, arr. de Loudun. = Mirebeau.

VERRUQUEUX, EUSE, adj. Couvert de verrues; en forme de verrue.

VERRUYE, s. f. Com. du dép. des Deux-Sèvres, cant. de Mazières, arr. de Parthenay. = St.-Maixent.

VERS, s. m. Assemblage de syllabes, de mots mesurés et cadencés d'après les règles de la versification. — blancs, non rimés. — libres, de différentes mesures.

VERS, prép. de lieu. Aux environs, du côté de; vers Pantin. —, auprès de....; venez vers moi. —, prép. de temps. Environ; vers le mois de septembre.

VERS, s. m. Com. du dép. de la Drôme, cant. de Sederon, arr. de Nyons. = le Buis.

VERS, s. m. Com. du dép. du Gard, cant. de Remoulins, arr. d'Uzès. = Uzès.

VERS, s. m. Com. du dép. du Jura, cant. de Champagnole, arr. de Poligny. = Champagnole.

VERS, s. m. Com. du dép. de Saône-et-Loire, cant. de Sennecey-le-Grand, arr. de Châlons. = Tournus.

VERSADE, s. f. Action de verser en voiture.

VERSAILLES, s. f. Ville du dép. de Seine-et-Oise, chef-lieu de préf., d'une sous-préf. et de 3 cant. ou justices de paix; cour d'assises; trib. de 1re inst. et de comm.; évêché érigé dans le dix-neuvième siècle; société d'agric., sciences, lettres et arts; école gratuite de dessin; biblioth. publique de 40,000 vol.; musée; ingén. en chef des ponts-et-chaussées; direct. de l'enregist. et des domaines, de 1re classe; conserv. des hypoth.; direct. des contrib. dir. et indir.; bur. de garantie des matières d'or et d'argent; recev. général des finances; payeur du dép.; bur. d'enregist. et de poste. Pop. 29,795 hab. env.

Versailles n'était, en 1672, qu'un rendez-vous de chasse, bâti par Louis XIII. Un peu plus tard, le paysage ayant plu à Louis XIV, ce monarque résolut d'en faire le lieu ordinaire de sa résidence, malgré les obstacles sans nombre que la nature offrait à l'exécution d'un pareil projet. A sa voix, les artistes accoururent de toutes parts, et firent en peu de temps, de ce village, l'une des villes les plus belles de France, et d'un rendez-vous de chasse le plus vaste et le plus magnifique palais qui soit connu. Les dépenses faites pour ces constructions et pour y amener les eaux de la Seine sont presque incalculables. Peu de villes, en Europe, peuvent entrer en comparaison avec celle-ci, tant par le nombre de ses édifices, que par la régularité de ses constructions; ses rues sont larges, tirées au cordeau et ornées de nombreuses fontaines. On y arrive de Paris, de Sceaux, et de St.-Cloud, par trois longues avenues plantées d'arbres. La grande avenue, divisée en trois allées, partage Versailles en vieille et nouvelle ville, et se termine à la place d'Armes, en face du château. Toutes les promenades qui l'environnent sont charmantes et sa proximité de Paris, en rend le séjour très agréable. Le château où les rois faisaient leur résidence avant la révolution, est surtout remarquable par la majesté de ses bâtimens, la beauté de son parc, de ses jardins et de ses eaux plates et jaillissantes, dont l'effet surpasse tout ce que le monde connu offre de plus étonnant en ce genre. Ce château qui, du côté de la grande place, n'a que peu d'apparence, déploie sur la terrasse des jardins une façade imposante de 300 toises de long. On admire dans l'intérieur, la grande galerie, la chapelle, la salle de spectacle, la galerie de tableaux, les grands appartemens, décorés des plus riches ornemens, et surtout la magnificence des plafonds qui atteste le génie des artistes en tous genres qui ont illustré le règne de Louis-le-Grand. Le jardin est orné d'allées et de bosquets charmans; de statues de marbre et de bronze; de fontaines, de bassins garnis de marbre et embellis de jets d'eau; de groupes en bronze, d'une orangerie et d'un canal. Ces bassins et ces fontaines sont alimentés par l'aqueduc de Marly. En arrière on trouve un parc de 4 l. d'étendue, dans lequel sont enclavés les châteaux du grand et du petit Trianon, tous deux bâtis avec élégance et somptuosité.

Outre le château, le parc, le grand et le petit Trianon, on admire encore à Versailles les églises de Notre-Dame et de St.-Louis, bâties par Mansard; la préfecture, l'hôtel-de-ville, et les écuries du roi, beaux bâtimens, qui peuvent contenir 3 à 4,000 chevaux, la salle de spectacle, etc.

Parmi les hommes célèbres qui sont nés dans cette ville, nous citerons Louis XVI, l'abbé de l'Epée, Ducis et M. Tissot, hommes de lettres; le général Hoche, le maréchal Berthier et le général Gourgaud.

Fabr. de limes, bijouterie, bougies; carton de pâte; filat. de coton, blanchisseries de cire, brasseries et tanneries. Comm. de grains, épiceries, arbres à fruits.

VERSAILLEUX, s. m. Com. du dép. de l'Ain, cant. de Chalamont, arr. de Trévoux. = Meximieux.

VERSAINVILLE, s. f. Com. du dép. du Calvados, cant. et arr. de Falaise.= Falaise.

VERSANNE (la), s. f. Com. du dép. de la Loire, cant. de Bourg-Argental, arr. de St.-Etienne. = Annonay.

VERSANT, s. m. Pente, côté d'une montagne par lequel coulent les eaux.

VERSANT, E, adj. Sujet à verser, en parlant des voitures.

VERSATILE, adj. Sujet au changement, inconstant, variable; esprit versatile. Anthère —, fixée par un point, mais mobile. T. de bot.

VERSATILITÉ, s. f. Disposition à changer; légèreté, inconstance.

VERSAUGUES, s. f. Com. du dép. de Saône-et-Loire, cant. de Paray-le-Monial, arr. de Charolles. = Marcigny.

VERSE, s. f. Manne d'osier contenant trente-cinq livres de charbon de terre. —, adj. m. Excès du rayon sur le cosinus; sinus verse. T. de géom. A —, adv. Abondamment; il pleut à verse.

VERSÉ, E, part. Epanché, répandu; tombé, renversé. Blé —, couché par le vent. —, adj. Expert, habile, instruit à fond dans une science, un art. Fig.

VERSEAU, s. m. L'un des douze signes du zodiaque, dans lequel Ganymède fut changé. T. d'astr. et de myth.

VERSEILLES-LE-BAS, s. f. Com. du dép. de la Haute-Marne, cant. de Longeau, arr. de Langres. = Langres.

VERSEILLES-LE-HAUT, s. f. Com. du dép. de la Haute-Marne, cant. de Longeau, arr. de Langres. = Langres.

VERSELLER, v. n. Chanter des psaumes par versets.

VERSEMENT, s. m. Action de verser de l'argent dans une caisse.

VERSER, v. a. Répandre, épancher, transvaser. — le sang innocent, faire mourir un innocent. — son sang pour la patrie, être blessé ou tué en combattant pour elle. — de l'argent, faire un versement. — le mépris, le ridicule sur quelqu'un, le rendre méprisable, le couvrir de ridicule. Fig. —, v. a. et n. Coucher, se coucher, en parlant des grains sur pied. —, faire tomber, ou tomber sur le côté, en parlant des voitures et des personnes qui sont dedans.

VERSET, s. m. Passage de l'Ecriture-Sainte, court et formant un sens complet. —, signe ỷ placé en tête pour l'indiquer.

VERS-ET-VELLES, s. m. Com. du dép. du Lot, cant. de St.-Géry, arr. de Cahors. = Cahors.

VERS-HÉBECOURT, s. m. Com. du dép. de la Somme, cant. de Sains, arr. d'Amiens. = Péronne.

VERSICULET, s. m. Petit vers.

VERSIFICAILLEUR, s. m. Mauvais versificateur. T. inus.

VERSIFICATEUR, s. m. Auteur qui possède le mécanisme des vers, qui fait des vers avec beaucoup de facilité, sans génie ni invention.

VERSIFICATION, s. f. Art, manière de versifier; cadence, harmonie des vers.

VERSIFIÉ, E, part. Mis en vers.

VERSIFIER, v. a. Mettre en vers. —, v. n. Faire des vers, écrire en vers.

VERSIFIEUR, s. m. Voy. VERSIFICATEUR.

VERSIGNY, s. m. Com. du dép. de l'Aisne, cant. de la Fère, arr. de Laon. = la Fère.

VERSIGNY, s. m. Com. du dép. de l'Oise, cant. de Nanteuil, arr. de Senlis. = Nanteuil-le-Haudouin.

VERSION, s. f. Interprétation, traduction d'une langue en une autre; devoir, traduction d'un écolier. —, manière de raconter un fait. T. fam. Voy. TRADUCTION.

VERSO, s. m., sans pl. Seconde page d'un feuillet; l'opposé de recto.

VERSOIR, s. m. Partie de la charrue voisine du soc et destinée à verser la terre sur le sillon.

VERSOLS-ET-LA-PEYRE, s. m. Com. du dép. de l'Aveyron, cant. de Camarès, arr. de St.-Affrique. = St.-Affrique.

VERSON, s. m. Com. du dép. du Calvados, cant. d'Evrecey, arr. de Caen. = Caen.

VERSONEX, s. m. Com. du dép. de l'Ain, cant. de Ferney, arr. de Gex. = Gex.

VERSOUD (le), s. m. Com. du dép. de l'Isère, cant. de Domène, arr. de Grenoble. = Grenoble.

VERS-SOUS-SELLIÈRES, s. m. Com. du dép. du Jura, cant. de Sellières, arr. de Lons-le-Saulnier. = Sellières.

VERT, s. m. La couleur verte. —, herbes vertes qu'on fait manger aux chevaux pour les purger; mettre un cheval au vert. —, fruits, graines qui ne sont point dans leur maturité; verdure, acidité.

VERT, E, adj. Qui est de la couleur des herbes printanières, des feuilles d'arbres. —, qui a encore de la sève, qui n'est pas encore sec; bois vert. —, qui n'est pas mûr; fruit vert. Vin —, qui a de la verdeur. Cuir —, non corroyé. Morue —, non séchée. —, qui a de la vigueur, ferme, résolu; étourdi, évaporé. Fig.

VERT, s. m. Com. du dép. des Landes, cant. de Lambris, arr. de Mont-de-Marsan. = Mont-de-Marsan.

VERT (St.-), s. m. Com. du dép. de la Haute-Loire, cant. d'Auzon, arr. de Brioude. = Brioude.

VERT, s. m. Com. du dép. de Seine-et-Oise, cant. et arr. de Mantes. = Mantes.

VERT (le), s. m. Com. du dép. des Deux-Sèvres, cant. de Brioux, arr. de Melle. = Melle.

VERTAIN, s. m. Com. du dép. du Nord, cant. de Solesmes, arr. de Cambrai. = le Quesnoy.

VERTAIZON, s. m. Com. du dép. du Puy-de-Dôme, chef-lieu de cant. de l'arr. de Clermont. Bur. d'enregist. et de poste à Billom.

VERTAMBOZ, s. m. Com. du dép. du Jura, cant. de Clairvaux, arr. de Lons-le-Saulnier. = Lons-le-Saulnier. Forges et martinets.

VERTAULT, s. m. Com. du dép. de la Côte-d'Or, cant. de Laignes, arr. de Châtillon. = Laignes.

VERT-BLANC, s. m. Poisson du genre du spare.

VERT-CAMPAN, s. m. Sorte de marbre.

VERT-D'AZUR ou VERT DE MONTAGNE, s. m. Cuivre carbonaté, vert.

VERT-DE-CORROYEUR, s. m. Mélange de gaude et de vert-de-gris pour teindre le cuir.

VERT-DE-CORSE, s. m. Mélange de diallage et de jade.

VERT-DE-CUIVRE, s. m. Mine de cuivre.

VERT-DE-GRIS, s. m. Rouille verte, vénéneuse, sur le cuivre; oxyde de cuivre.

VERT-D'ÉGYPTE ou VERT-ANTIQUE, s. m. Marbre noir et vert, veiné de blanc.

VERT-DE-SUSE, s. m. Sorte de marbre.

VERT-DE-TERRE ou VERT-D'EAU, s. m. Pierre d'Arménie.

VERT-DE-VESSIE, s. m. Couleur verte tirée du nerprun.

VERT-D'IRIS, s. m. Couleur tirée de l'iris, dont on se sert pour peindre en vert.

VERT-DORÉ, s. m. Oiseau-mouche de l'île de Cayenne, espèce de grive.

VERTE-BONNE, s. f. Variété de prune, de laitue.

VERTÉBRAL, E, adj. Qui appartient, a rapport aux vertèbres; colonne vertébrale. T. d'anat.

VERTÈBRE, s. f. L'un des vingt-quatre os qui forment la colonne vertébrale, l'épine du dos, et qui porte le nom de la partie qu'elle occupe; vertèbre cervicale, dorsale et lombaire. T. d'anat.

VERTÉBRÉ, E, adj. Pourvu de vertèbres. T. d'hist. nat.

VERTÉBRITES, s. f. pl. Vertèbres fossiles. T. d'hist. nat.

VERTÉBRO-ILIAQUE, s. et adj. f. Articulation de la dernière vertèbre avec l'os iliaque. T. d'anat.

VERTEILLAC, s. m. Com. du dép. de la Dordogne, chef-lieu de cant. de l'arr. de Ribérac. Bur. d'enregist. = Ribérac.

VERTELLE, s. f. Espèce de bonde des marais salans.

VERTE-LONGUE, s. f. Variété de poire.

VERTEMELLES, s. f. pl. Charnières pour tenir le gouvernail suspendu. T. de mar.

VERTEMENT, adv. Avec fermeté, vigueur.

VERTEMOUTE, s. f. Droit du seigneur sur un moulin banal. T. de droit féodal.

VERT-EN-DROUAIS, s. m. Com. du dép. d'Eure-et-Loir, cant. et arr. de Dreux. = Dreux.

VERTEUIL, s. m. Petite ville du dép.

de la Charente, cant. et arr. de Ruffec. = Ruffec. Comm. de grains; tanneries.

VERTEUIL, s. m. Com. du dép. de la Gironde, cant. de Pauillac, arr. de Lesparre. = Pauillac.

VERTEUIL, s. m. Com. du dép. de Lot-et-Garonne, cant. de Castelmoron, arr. de Marmande. = Tonneins.

VERTEVELLES, s. f. pl. Anneaux dans lesquels passe un verrou.

VERTEX, s. m. (mot latin). Sinciput, le sommet de la tête. T. d'anat.

VERTICAL, E, adj. Perpendiculaire à l'horizon.

VERTICALEMENT, adv. Perpendiculairement à l'horizon.

VERTICALITÉ, s. f. Situation verticale.

VERTICAUX, s. m. pl. Grands cercles de la sphère, perpendiculaires à l'horizon. T. d'astr.

VERTICILLAIRE, s. m. Arbre du Pérou. T. de bot.

VERTICILLE, s. m. Assemblage de feuilles ou de fleurs disposées en forme d'anneaux autour d'une tige. T. de bot.

VERTICILLÉ, E, adj. Qui est en forme de verticille, qui porte des verticilles. T. de bot.

VERTICITÉ, s. f. Tendance d'un corps vers un point de l'aimant, vers le nord. T. de phys.

VERTIGE, s. m. Affection cérébrale dans laquelle il semble que tous les objets tournent et qu'on tourne soi-même. Voy. SCOTODINIE ou SCOTOMIE. —, aliénation mentale, folie. Fig.

VERTIGINEUX, EUSE, adj. Affecté de vertiges, qui y est sujet.

VERTIGO, s. m. Tournoiement de tête particulier aux chevaux, aux moutons. —, lubie, fantaisie, grain de folie. Fig. et fam.

VERTILLY, s. m. Com. du dép. de l'Yonne, cant. de Sergines, arr. de Sens. = Pont-sur-Yonne.

VERTIQUEUX, EUSE, adj. Qui va en tournoyant.

VERT-LA-GRAVELLE, s. m. Com. du dép. de la Marne, cant. de Vertus, arr. d'Epernay. = Vertus.

VERTOLAYE, s. f. Com. du dép. du Puy-de-Dôme, cant. d'Olliergues, arr. d'Ambert. = Ambert.

VERTON, s. m. Com. du dép. du Pas-de-Calais, cant. et arr. de Montreuil. = Montreuil.

VERTOU, s. m. Petite ville du dép. de la Loire-Inférieure, chef-lieu de cant. de l'arr. de Nantes, où se trouvent les bur. d'enregist. et de poste.

VERT-PERLÉ, s. m. Colibri de St.-Domingue.

VERTRIEU, s. m. Com. du dép. de l'Isère, cant. de Crémieu, arr. de la Tour-du-Pin. = Crémieu.

VERT-ST.-DENIS, s. m. Com. du dép. de Seine-et-Marne, cant. et arr. de Melun. = Melun.

VERTU, s. f. Disposition, tendance habituelle de l'ame qui porte à faire le bien et à fuir le mal; suite d'efforts constamment et efficacement dirigés vers ce qui est juste et honnête. —, tendance particulière vers tel ou tel but moral, vers tel ou tel genre de bonnes actions. —, chasteté, en parlant des femmes. —, force, fermeté, courage. —, en parlant des choses, propriété, efficacité. —, pl. l'un des ordres de la hiérarchie céleste. En — de, adv. En conséquence de....., conformément à....., en exécution de.....

VERTU (Ste.-), s. f. Com. du dép. de l'Yonne, cant. de Noyers, arr. de Tonnerre. = Noyers.

VERTUEUSEMENT, adv. D'une manière vertueuse.

VERTUEUX, EUSE, adj. Qui a de la vertu; qui part d'un principe de vertu. —, chaste, en parlant des femmes.

VERTUGADE, s. m. Ancien ajustement de femme.

VERTUGADIER, s. m. Fabricant et marchand de vertugadins.

VERTUGADIN, s. m. Gros bourrelet que les femmes portaient au-dessous de leur corps de jupe.

VERTUMNE, s. m. Dieu des jardins et des vergers, qui présidait à l'automne, saison de l'année où l'on célébrait des fêtes en son honneur. T. de myth. Voy. POMONE.

VERTUS, s. f. Com. du dép. de la Marne, chef-lieu de cant. de l'arr. de Châlons. Bur. d'enregist. et de poste. Comm. de vins rouges de son terroir.

VERTUZEY, s. m. Com. du dép. de la Meuse, cant. et arr. de Commercy. = Commercy.

VÉRULAME, s. m. Arbrisseau rubiacé. T. de bot.

VERUMONTANUM, s. m. Eminence alongée, située au commencement du canal de l'urèthre, près de la vessie. T. d'anat.

VERVAN, s. m. Com. du dép. de la Charente, cant. de St.-Amant-de-Boixe, arr. d'Angoulême. = Manles.

VERVANT, s. m. Com. du dép. de la Charente-Inférieure, cant. et arr. de St.-Jean-d'Angely. = St.-Jean-d'Angely.

VERVE, s. f. Enthousiasme poétique, feu créateur qui enflamme le poète, l'orateur, le peintre, etc. —, caprice, fantaisie. T. fam.

VERVEINE, s. f. Plante vulnéraire, apéritive, fébrifuge. T. de bot.

VERVELLE, s. f. Anneau, plaque gravée au pied de l'oiseau, portant le nom et les armes de celui auquel il appartient. T. de fauc.

VERVEUX, s. m. Filet en forme d'entonnoir, monté sur des cerceaux. T. de pêch.

VERVEZELLE, s. f. Com. du dép. des Vosges, cant. de Brouvelieure, arr. de St.-Dié. = Bruyères.

VERVINS, s. m. Petite ville du dép. de l'Aisne, chef-lieu de sous-préf. et de cant.; trib. de 1re inst. et de comm.; conserv. des hypoth.; direct. des contrib. indir.; recev. part. des finances; bur. d'enregist. et de poste.

VÉRY, s. m. Com. du dép. de la Meuse, cant. de Varennes, arr. de Verdun. = Varennes-en-Argonne.

VERZÉ, s. m. Com. du dép. de Saône-et-Loire, cant. et arr. de Mâcon. = Mâcon.

VERZEILLE, s. f. Com. du dép. de l'Aude, cant. de St.-Hilaire, arr. de Limoux. = Limoux.

VERZENAY, s. m. Com. du dép. de la Marne, cant. de Verzy, arr. de Reims. = Reims.

VERZY, s. m. Com. du dép. de la Marne, chef-lieu de cant. de l'arr. de Reims, où se trouvent les bur. d'enregist. et de poste. Vins fort estimés.

VESAIGNES-SOUS-LA-FAUCHE, s. f. Com. du dép. de la Haute-Marne, cant. de St.-Blin, arr. de Chaumont. = Andelot.

VESAIGNES-SUR-MARNE, s. f. Com. du dép. de la Haute-Marne, cant. de Nogent, arr. de Chaumont. = Langres.

VÉSANIE, s. f. Altération des facultés mentales, sans fièvre. T. de méd.

VESC, s. m. Com. du dép. de la Drôme, cant. de Dieu-le-Fit, arr. de Montélimar. = Dieu-le-Fit.

VESCE, s. f. Plante légumineuse, papilionacée, qui produit un grain rond et noirâtre avec lequel on nourrit les pigeons.

VESCEMONT, s. m. Com. du dép. du Haut-Rhin, cant. de Giromagny, arr. de Belfort. = Belfort.

VESCERON, s. m. Espèce de vesce sauvage.

VESCLES, s. f. Com. du dép. du Jura, cant. d'Arinthod, arr. de Lons-le-Saulnier. = Orgelet.

VESCOURS, s. m. Com. du dép. de l'Ain, cant. de St.-Trivier-de-Courtes, arr. de Bourg. = Pont-de-Vaux.

VESCOVATO, s. m. Com. du dép. de la Corse, chef-lieu de cant. de l'arr. de Bastia. Bur. d'enregist. à Pero. = Bastia.

VESDUN, s. m. Com. du dép. du Cher, cant. de Saulzais-le-Pothier, arr. de St.-Amand. = Château-Meillant.

VÉSICAL, E, adj. Qui a rapport à la vessie. T. d'anat.

VÉSICANT, s. et adj. m. Médicament épispastique. T. de méd. —, s. m. pl. Famille d'insectes. T. d'hist. nat.

VÉSICATION, s. f. Effet des topiques vésicans; naissance des vésicules. T. de chir.

VÉSICATOIRE, s. m. et adj. Topique vésicant, médicament externe qui produit des vésicules sur la peau, et donne un écoulement aux sérosités. —, plaie qui résulte de l'application du vésicatoire proprement dit.

VÉSICULAIRE, adj. En forme de vésicule; couvert de vésicules. T. de bot.

VÉSICULE, s. f. Petite vessie.

VÉSICULEUX, EUSE, adj. Qui ressemble à de petites vessies. T. d'anat.

VÉSIGNEUL-SUR-COOLE, s. m. Com. du dép. de la Marne, cant. d'Ecury-sur-Coole, arr. de Châlons. = Châlons-sur-Marne.

VÉSIGNEUL-SUR-MARNE, s. m. Com. du dép. de la Marne, cant. de Marson, arr. de Châlons. = Châlons-sur-Marne.

VÉSIGON, s. m. Tumeur molle au jarret du cheval. T. de méd. vétér.

VÉSINE ou AISNE, s. f. Com. du dép. de l'Ain, cant. de Bagé-le-Châtel, arr. de Bourg. = Mâcon.

VESLE (la), s. f. Rivière qui prend sa source dans le dép. de la Marne, près de Tilloy, et se jette dans l'Aisne, au-dessous de Vailly, après un cours d'environ 28 l.

VESLES-ET-CAUMONT, s. f. Com. du dép. de l'Aisne, cant. de Marle, arr. de Laon. = Marle.

VESLUD, s. m. Com. du dép. de l'Aisne, cant. et arr. de Laon. = Laon.

VESLY, s. m. Com. du dép. de l'Eure, cant. de Gisors, arr. des Andelys. = les Thilliers-en-Vexin.

VESLY, s. m. Com. du dép. de la Manche, cant. de Lessay, arr. de Coutances. = Périers.

VÉSOU, s. m. Jus exprimé de la canne à sucre.

VESOUL, s. m. Ville du dép. de la Haute-Saône, chef-lieu de préf., d'une sous-préf. et d'un cant.; trib. de 1re inst.; société d'agric., sciences et arts; direct. des contrib. dir. et indir.; bur. de garantie des matières d'or et d'argent; recev. gén. des finances; direct. de l'enregist. et des domaines; bur. de poste.
Cette ville est agréablement située près du Durgeon, au pied d'une montagne couverte de vignes. A peu de distance de là on trouve une source d'eau minérale. Fabr. de percales, calicots, ouvrages au tour; tanneries, chamoiseries, blanchisseries de cire. Comm. de grains, épiceries, vins, fourrages, clous, sel, etc.

VESPER, s. m. Voy. HESPER.

VESPÉRAL, s. m. Livre de vêpres. T. inus.

VESPÉRIE, s. f. Dernière thèse de théologie, de médecine. —, réprimande. T. fam.

VESPÉRISER, v. a. Réprimander quelqu'un. T. inus.

VESPERTILION, s. m. Genre de cheiroptères. T. d'hist. nat.

VESPIAIRE, s. m. Qui arrache les épines et les orties. T. inus.

VESPIERRE (la), s. f. Com. du dép. du Calvados, cant. d'Orbec, arr. de Lisieux. = Orbec.

VESQUEVILLE, s. f. Com. du dép du Calvados, cant. et arr. de Falaise.= Falaise.

VESSE, s. f. Vent qui sort sans bruit par l'anus.

VESSE, s. f. Com. du dép. de l'Allier, cant. d'Escurolles, arr. de Gannat. = Cusset.

VESSEAUX, s. m. Com. du dép. de l'Ardèche, cant. d'Aubenas, arr. de Privas. = Aubenas.

VESSE-DE-LOUP, s. f. Genre de champignons. T. de bot.

VESSER, v. n. Lâcher une vesse.

VESSEUR, EUSE, s. Personne qui vesse habituellement. T. fam.

VESSEY, s. m. Com. du dép. de la Manche, cant. de Pontorson, arr. d'Avranches. = Pontorson.

VESSIE, s. f. Sac membraneux en forme de bouteille renversée, qui sert de réservoir à l'urine; petite ampoule sous l'épiderme.

VESSIR, v. n. Se dit des bulles d'air qui sortent du métal.

VESTA, s. f. Nom donné à Cybèle par la plupart des auteurs, parce qu'elle était la Déesse du feu. Il n'appartenait qu'à des vierges de célébrer les mystères du culte de Vesta, et leur unique occupation était d'entretenir le feu sacré dans ses temples, mais quand elles le laissaient éteindre ou qu'elles manquaient à leur vœu de virginité, elles étaient condamnées à être enterrées vivantes. T. de myth.

VESTALE, s. f. Vierge consacrée au culte de Vesta, et fig., fille ou femme très chaste.

VESTALIES, s. f. pl. Fêtes que les Romains célébraient en l'honneur de Vesta. T. de myth.

VESTARQUE, s. m. Grand maître de la garde-robe du sultan.

VESTE, s. f. Vêtement long que les Orientaux portent sous la robe. —, espèce d'habit à courtes basques; gilet à poches tombantes.

VESTÉRINGIE, s. f. Cunile frutescente. T. de bot.

VESTIAIRE, s. m. Garde-robe de couvent; dépense pour l'habillement.

VESTIBULAIRE, adj. Qui a rapport au vestibule. T. d'anat.

VESTIBULE, s. m. Première pièce d'un bâtiment, servant de passage pour pénétrer dans l'intérieur. —, première cavité du labyrinthe de l'oreille. T. d'anat.

VESTIE, s. f. Herbe voisine du cantus. T. de bot.

VESTIGE, s. m. Se dit surtout au pl. Empreinte que laisse sur le sol le pied de l'homme ou de l'animal. —, restes informes d'anciens édifices, d'anciens usages; signe, marque, indice. —, espèce de fracture des os plats qui ne consiste que dans une simple incision, et ne laisse que la marque de l'instrument qui l'a faite. T. de chir.

VESTIMENTAL, E, adj. Qui a rapport aux vêtemens. T. inus.

VESTIPOLINE, s. f. Petite étoffe de laine.

VESTRIC-ET-CAUDIAC, s. m. Com. du dép. du Gard, cant. de Vauvert, arr. de Nismes. = Nismes.

VÉSUVE, s. m. Montagne située à trois lieues S.-E. de Naples, célèbre par ses éruptions volcaniques. Le cratère du volcan est à 3,700 pieds au-dessus de la mer, et vomit continuellement des flammes.

VESVRES, s. f. Com. du dép. de la Côte-d'Or, cant. de Vitteaux, arr. de Semur. = Vitteaux.

VESVRES-SOUS-CHALANCEY, s. f. Com. du dép. de la Haute-Marne, cant. de Prauthoy, arr. de Langres. = Langres.

VETADE, s. f. Coquille du genre vénus. T. d'hist. nat.

VÊTEMENT, s. m. Habillement, tout ce qui sert à couvrir le corps.

VÉTÉRAN, s. m. Ancien magistrat qui, après un certain temps, jouit des prérogatives de sa charge, sans l'exercer. —, militaire faisant partie d'un corps d'anciens soldats qui font le service dans l'intérieur des villes. —, écolier qui redouble une classe.

VÉTÉRANCE, s. f. Qualité de vétéran.

VÉTÉRINAIRE, s. m. Médecin vétérinaire qui a étudié l'anatomie du cheval et des animaux, leurs maladies, etc., et qui exerce en vertu d'un diplôme, délivré par les professeurs d'une école vétérinaire.—, adj. Qui appartient à la médecine des animaux; école vétérinaire.

VETHEUIL, s. m. Com. du dép. de Seine-et-Oise, cant. de Magny, arr. de Mantes. = Bonnières.

VÉTILLARD, E, adj. Voy. VÉTILLEUX.

VÉTILLE, s. f. Bagatelle, minutie, chose de peu d'importance. —, petite fusée; petit anneau; outil de chaînetier.

VÉTILLER, v. n. S'amuser à des vétilles, à des bagatelles; faire des difficultés pour des riens; chicaner pour des vétilles.

VÉTILLERIE, s. f. Chicanerie; raisonnement captieux.

VÉTILLEUR, EUSE, s. Celui, celle qui s'amuse à des vétilles, qui a l'habitude de vétiller; chipotier, tracassier.

VÉTILLEUX, EUSE, adj. Plein de petites difficultés; dont les moindres détails exigent de l'attention. —, s. et adj. Vétilleur.

VÊTIR, v. a. Habiller, donner des vêtemens. —, mettre un vêtement; vêtir un habit. Se —, v. pron. Se donner des vêtemens; mettre ses habits. Se — à la française, suivre la mode française.

VÉTO, s. m. (mot latin). Formule qu'employaient les tribuns du peuple pour s'opposer à l'exécution des décrets du sénat romain. —, formule employée par le souverain pour s'opposer à une loi; par un particulier, pour s'opposer à la décision de plusieurs. Droit de —, d'opposition.

VETRIGNE, s. f. Com. du dép. du Haut-Rhin, cant. et arr. de Belfort. = Belfort.

VÊTU, E, part. Pourvu d'habits; habillé.

VÊTURE, s. f. Cérémonie de la prise d'habit d'un religieux. T. claustral.

VÉTUSTÉ, s. f. Ancienneté des édifices qui ont éprouvé l'injure du temps.

VÉTY-VER, s. m. Plante graminée des Indes. T. de bot.

VEUF, VEUVE, adj. Qui a perdu sa femme; dont le mari est mort. —, privé de... Fig. Eglise —, collégiale qui a été cathédrale et où il y avait un évêque.

VEUIL, s. m. Com. du dép. de l'Indre, cant. de Valançay, arr. de Châteauroux. = Valançay.

VEUILLY-LA-POTERIE, s. m. Com. du dép. de l'Aisne, cant. de Neuilly-St.-Front, arr. de Château-Thierry. = Gandelu.

VEULE, adj. Mou, faible, sans énergie; homme veule. —, trop menu, qui a peine à se soutenir; branche veule. Terre —, terre légère.

VEULES, s. f. Com. du dép. de la Seine-Inférieure, cant. de St.-Valery, arr. d'Yvetot. = St.-Valery-en-Caux. Fabr. de toiles peintes.

VEULETTE, s. f. Com. du dép. de la Seine-Inférieure, cant. de Cany, arr. d'Yvetot. = Cany.

VEURDRE (le), s. m. Petite ville du dép. de l'Allier, cant. de Lurcy-Lévy, arr. de Moulins.=St.-Pierre-le-Moutier. Forges; verrerie considérable aux environs, où l'on fabrique chaque année environ 500,000 bouteilles.

VEUREY, s. m. Com. du dép. de l'Isère, cant. de Sassenage, arr. de Grenoble. = Grenoble.

VEUVAGE, s. m. Le temps qu'on est veuf ou veuve, viduité.

VEUVE, s. f. Femme qui a perdu son mari. —, tulipe panachée de blanc et de violet. —, coquillage noir et blanc de la famille des limaçons; passereau d'Asie et d'Afrique; — coquette, poisson du genre du chétodon. T. d'hist. nat. —, scabieuse à fleur brune. T. de bot.

VEUVE (la), s. f. Com. du dép. de la Marne, cant. et arr. de Châlons. = Châlons-sur-Marne.

VEUVES, s. f. Com. du dép. de Loir-et-Cher, cant. d'Herbault, arr. d'Orléans. = Ecure.

VEUVEY-SUR-OUCHE, s. m. Com. du dép. de la Côte-d'Or, cant. de Bligny-sur-Ouche, arr. de Beaune. = Beaune.

VEUXHAULLES, s. m. Com. du dép. de la Côte-d'Or, cant. de Montigny-sur-Aube, arr. de Châtillon. = Châtillon-sur-Seine.

VÉVY, s. m. Com. du dép. du Jura, cant. de Conliège, arr. de Lons-le-Saulnier. = Lons-le-Saulnier.

VEXAINCOURT, s. m. Com. du dép. des Vosges, cant. de Raon-l'Etape, arr. de St.-Dié. = Raon-l'Etape.

VEXATION, s. f. Action de vexer;

oppression, persécution; action, discours vexatoires.

VEXATOIRE, adj. Qui vexe, a le caractère de la vexation.

VEXÉ, E, part. Tourmenté, opprimé, persécuté.

VEXER, v. a. Causer volontairement et injustement de la peine; opprimer, persécuter.

VEXILLAIRE, s. m. Porte-étendard. T. inus. —, adj. m. pl. Se dit des signaux d'enseigne ou de pavillon. T. de mar.

VEXIN (le), s. m. Pays qui dépendait de l'Ile-de-France et de la Normandie, et qui maintenant se trouve compris dans le dép. de l'Eure.

VEY (le), s. m. Com. du dép. du Calvados, cant. de Thury-Harcourt, arr. de Falaise. = Thury-Harcourt.

VEYLE (la), s. f. Rivière qui prend sa source dans le dép. de l'Ain, près de Chalamont, et se jette dans la Saône, vis-à-vis de Mâcon. Son cours est d'environ 14 lieues.

VEYMERANGE, s. f. Com. du dép. de la Moselle, cant. et arr. de Thionville. = Thionville.

VEYNAC, s. m. Com. du dép. de l'Aveyron, cant. de Réquista, arr. de Rodez. = Rodez.

VEYNES, s. f. Com. du dép. des Hautes-Alpes, chef-lieu de cant. de l'arr. de Gap. Bur. d'enregist. et de poste.

VEYRAS, s. m. Com. du dép. de l'Ardèche, cant. et arr. de Privas. = Privas.

VEYREAU, s. m. Com. du dép. de l'Aveyron, cant. de Peyreleau, arr. de Milhau. = Milhau.

VEYRE-MONTON, s. m. Com. du dép. du Puy-de-Dôme, chef-lieu de cant. de l'arr. de Clermont. Bur. d'enregist. à St.-Amand-Tallande. Bur. de poste.

VEYRIÈRES, s. f. Com. du dép. de la Corrèze, cant. de Bort, arr. d'Ussel. = Bort.

VEYRIÈRES-ET-PROUDELLES, s. f. Com. du dép. du Cantal, cant. de Saignes, arr. de Mauriac. = Bort.

VEYRIGNAC, s. m. Com. du dép. de la Dordogne, cant. de Carlux, arr. de Sarlat. = Sarlat.

VEYRINES, s. f. Com. du dép. de la Dordogne, cant. de Domme, arr. de Sarlat. = Sarlat.

VEYRINES, s. f. Com. du dép. de la Dordogne, cant. de Vergt, arr. de Périgueux. = Périgueux.

VEYRINS, s. m. Com. du dép. de l'Isère, cant. de Morestel, arr. de la Tour-du-Pin. = la Tour-du-Pin.

VEYRUNE (la), s. f. Com. du dép. de l'Ardèche, cant. de St.-Etienne-de-Lugdarès, arr. de Largentière. = Langogne.

VEYSSILIEU, s. m. Com. du dép. de l'Isère, cant. de Crémieu, arr. de la Tour-du-Pin. = Crémieu.

VEYZIAT, s. m. Com. du dép. de l'Ain, cant. d'Oyonnax, arr. de Nantua. = Nantua.

VEZ, s. m. Com. du dép. de l'Oise, cant. de Crépy, arr. de Senlis. = Villers-Cotterets.

VÉZAC, s. m. Com. du dép. du Cantal, cant. et arr. d'Aurillac. = Aurillac.

VÉZAC, s. m. Com. du dép. de la Dordogne, cant. et arr. de Sarlat. = Sarlat.

VÉZANCY, s. m. Com. du dép. de l'Ain, cant. et arr. de Gex. = Gex.

VÉZANNES, s. f. Com. du dép. de l'Yonne, cant. et arr. de Tonnerre. = Tonnerre.

VÉZAPONIN, s. m. Com. du dép. de l'Aisne, cant. de Vic-sur-Aisne, arr. de Soissons. = Vic-sur-Aisne.

VÈZE, s. m. Com. du dép. du Cantal, cant. d'Allanche, arr. de Murat. = Murat.

VÉZELAY, s. m. Petite ville du dép. de l'Yonne, chef-lieu de cant. de l'arr. d'Avallon. Bur. d'enregist. et de poste.

VÉZELISE, s. f. Petite ville du dép. de la Meurthe, chef-lieu de cant. de l'arr. de Nancy. Bur. d'enregist. et de poste. Fabr. de calicots; moulins à tan. Comm. de grains et de vins.

VÉZELOIS, s. m. Com. du dép. du Haut-Rhin, cant. et arr. de Belfort. = Belfort.

VÉZENAY, s. m. Com. du dép. de l'Ain, cant. et arr. de Gex. = Gex.

VÉZÉNOBRES, s. m. Com. du dép. du Gard, chef-lieu de cant. de l'arr. d'Alais. Bur. d'enregist. = Alais.

VEZÈRE (la), s. f. Rivière qui prend sa source dans le dép. de la Corrèze, près de Chavagnes, et se jette dans la Dordogne à Limeuil. Son cours est d'environ 38 l.

VEZÈRE-HAUTE (la), s. f. Rivière qui prend sa source dans le dép. de la Corrèze, près de Benaye, et se jette dans Lisle, à deux lieues au-dessus de Périgueux. Son cours est d'environ 16 l.

VÉZERONCE, s. f. Com. du dép. de l'Isère, cant. de Morestel, arr. de la Tour-du-Pin. = la Tour-du-Pin.

VEZET, s. m. Com. du dép. de la

Haute-Saône, cant. de Fresne-St.-Mamès, arr. de Gray. = Cintrey.

VÉZÉZOUX, s. m. Com. du dép. de la Haute-Loire, cant. d'Auxon, arr. de Brioude. = Brioude.

VÉZIER (le), s. m. Com. du dép. de la Marne, cant. de Montmirail, arr. d'Epernay. = la Ferté-Gaucher.

VEZIERS, s. m. Com. du dép. de la Vienne, cant. des Trois-Moutiers, arr. de Loudun. = Loudun.

VÉZILLON, s. m. Com. du dép. de l'Eure, cant. et arr. des Andelys. = les Andelys.

VÉZILLY, s. m. Com. du dép. de l'Aisne, cant. de Fère-en-Tardenois, arr. de Château-Thierry. = Fère-en-Tardenois.

VEZIN, s. m. Com. du dép. d'Ille-et-Vilaine, cant. et arr. de Rennes. = Rennes.

VEZING, s. m. Com. du dép. de la Moselle, cant. de Longuion, arr. de Briey. = Longuion.

VEZINNES, s. f. Com. du dép. de l'Yonne, cant. et arr. de Tonnerre. = Tonnerre.

VEZINS, s. m. Com. du dép. de l'Aveyron, chef-lieu de cant. de l'arr. de Milhau. Bur. d'enregist. et de poste à Sévérac.

VEZINS, s. m. Com. du dép. de Maine-et-Loire, cant. de Chollet, arr. de Beaupréau. = Chollet.

VEZINS, s. m. Com. du dép. de la Manche, cant. d'Isigny, arr. de Mortain. = St.-Hilaire.

VEZON, s. m. Com. du dép. de la Moselle, cant. de Verny, arr. de Metz. = Metz.

VÉZOT, s. m. Com. du dép. de la Sarthe, cant. et arr. de Mamers. = Mamers.

VÉZOUSE (la), s. f. Rivière qui prend sa source dans le dép. de la Meurthe, et se jette dans la Meurthe, au-dessous de Lunéville, après un cours d'environ 22 l. Elle est flottable depuis Cirey jusqu'à son embouchure.

VEZZANI, s. m. Com. du dép. de la Corse, chef-lieu de cant. de l'arr. de Corte. Bur. d'enregist. = Bastia.

VIA, s. m. Com. du dép. des Pyrénées-Orientales, cant. de Saillagouse, arr. de Prades. = Mont-Louis.

VIABILITÉ, s. f. Qualité, état de l'enfant viable. T. de méd.

VIABLE, adj. Assez âgé et assez fort pour faire espérer qu'il vivra, en parlant d'un enfant dans le sein de sa mère.

VIABON, s. m. Com. du dép. d'Eure-et-Loir, cant. de Voves, arr. de Chartres. = Toury.

VIADITA, s. f. Espèce de sagouin. T. d'hist. nat.

VIAGER, s. m. Revenu viager. En —, adv. A vie ; donner son bien en viager.

VIAGER, ÈRE, adj. Dont on ne doit jouir que durant la vie ; rente viagère.

VIALA-DU-PAS-DE-JAUX (le), s. m. Com. du dép. de l'Aveyron, cant. de Cornus, arr. de St.-Affrique. = St.-Affrique.

VIALA-DU-TARN (le), s. m. Com. du dép. de l'Aveyron, cant. de St.-Bauzély, arr. de Milhau. = Milhau.

VIALAS, s. m. Com. du dép. de la Lozère, cant. de Pont-de-Montvert, arr. de Florac. = Villefort. Mines de plomb et d'argent.

VIALER, s. m. Com. du dép. des Basses-Pyrénées, cant. de Garlin, arr. de Pau. = Pau.

VIAM, s. m. Com. du dép. de la Corrèze, cant. de Bugeat, arr. d'Ussel. = Ussel.

VIANCE (St.-), s. m. Com. du dép. de la Corrèze, cant. de Donzenac, arr. de Brive. = Donzenac.

VIANDE, s. f. Chair des animaux, des oiseaux, dont l'homme fait sa nourriture. —, chair de poisson.

VIANDER, v. n. Pâturer, en parlant des bêtes fauves. T. de véner.

VIANDIS, s. m. Pâture des bêtes fauves. T. de véner.

VIANE, s. f. Petite ville du dép. du Tarn, cant. de Lacaune, arr. de Castres. = Lacaune. Fabr. de basins et de toiles de coton.

VIANGES, s. f. Com. du dép. de la Côte-d'Or, cant. de Liernais, arr. de Beaune. = Lucenay.

VIANNE, s. f. Com. du dép. de Lot-et-Garonne, cant. de Lavardac, arr. de Nérac. = Nérac.

VIAPRES-LE-GRAND, s. m. Com. du dép. de l'Aube, cant. de Méry-sur-Seine, arr. d'Arcis-sur-Aube. = Arcis-sur-Aube.

VIAPRES-LE-PETIT, s. m. Com. du dép. de l'Aube, cant. de Méry-sur-Seine, arr. d'Arcis-sur-Aube. = Arcis-sur-Aube.

VIARA, s. f. Divination par un homme rencontré à sa droite, dans un chemin.

VIARMES, s. f. Com. du dép. de Seine-et-Oise, cant. de Luzarches, arr. de Pontoise. = Luzarches. Filat. de coton.

VIAS, s. m. Com. du dép. de l'Hérault, cant. d'Agde, arr. de Béziers. = Agde.

VIATEUR, s. m. Officier chargé de rassembler le sénat romain. T. d'antiq.

VIATIQUE, s. m. Provision, argent pour le voyage.—, le sacrement de l'Eucharistie administré à une personne dangereusement malade.

VIAUD (St.-), s. m. Com. du dép. de la Loire-Inférieure, cant. de St.-Père-en-Retz, arr. de Paimbœuf. = Paimbœuf.

VIAUR (le), s. m. Rivière qui prend sa source dans le dép. de l'Aveyron, près de Vezins, et se jette dans l'Aveyron, au-dessus de Najac, après un cours d'environ 25 l.

VIAZAC, s. m. Com. du dép. du Lot, cant. et arr. de Figeac. = Figeac.

VIBAL (le), s. m. Com. du dép. de l'Aveyron, cant. de Pont-de-Salars, arr. de Rodez. = Rodez.

VIBERSVILLER, s. m. Com. du dép. de la Meurthe, cant. d'Albestroff, arr. de Château-Salins. = Dieuze.

VIBEUF, s. m. Com. du dép. de la Seine-Inférieure, cant. d'Yerville, arr. d'Yvetot. = Doudeville.

VIBICES, s. f. pl. Taches à la peau dans le scorbut. T. de méd.

VIBORD, s. m. Planches qui entourent le pont d'en haut et servent de parapet. T. de mar.

VIBORGIE, s. f. Plante légumineuse. T. de bot.

VIBORQUIA, s. m. Arbrisseau légumineux. T. de bot.

VIBRAC, s. m. Com. du dép. de la Charente, cant. de Châteauneuf, arr. de Cognac. = Châteauneuf.

VIBRAC, s. m. Com. du dép. de la Charente-Inférieure, cant. et arr. de Jonzac. = Jonzac.

VIBRALITÉ, s. f. Balancement. T. de méd. inus.

VIBRANT, E, adj. Qui vibre, qui est en vibration. Pouls —, dur, tendu et fréquent. T. de méd.

VIBRATION, s. f. Arc décrit par le pendule mis en mouvement; tremblement des cordes d'un instrument de musique, de la corde d'un arc, du pouls, des nerfs, etc.

VIBRAYE, s. f. Com. du dép. de la Sarthe, chef-lieu de cant. de l'arr. de St.-Calais. Bur. d'enregist. = la Ferté-Bernard. Fabr. de cuirs; mines de fer et forges aux environs.

VIBRER, v. n. Faire des vibrations.

VIBRION, s. m. Ver infusoire. T. d'hist. nat.

VIC, s. m. Com du dép. de l'Ariège,

cant. d'Oust, arr. de St.-Girons. = Foix.

VIC ou VIC-SUR-CÈRE, s. m. Petite ville du dép. du Cantal, chef-lieu de cant. de l'arr. d'Aurillac. Bur. d'enregist. et de poste. Etablissement d'eaux minérales très fréquenté.

VIC, s. m. Com. du dép. de l'Hérault, cant. de Frontignan, arr. de Montpellier. = Montpellier.

VIC, s. m. Petite ville du dép. de la Meurthe, chef-lieu de cant. de l'arr. de Château-Salins; trib. de 1re inst.; bur. d'enregist. = Moyenvic. Mine de sel gemme considérable. Fabr. de bonneterie de laine, draperie. Comm. de vins, grains et plâtre.

VIC, s. m. Petite ville du dép. des Hautes-Pyrénées, chef-lieu de cant. de l'arr. de Tarbes. Bur. d'enregist. et de poste. Distilleries d'eau-de-vie. Fabr. de cuirs.

VIC, s. m. Com. du dép. de la Vienne, cant. de St.-Savin, arr. de Montmorillon. = Angle.

VICAIRE, s. m. Prêtre placé auprès d'un curé pour l'aider dans ses fonctions. Grand —, dignitaire ecclésiastique qui administre en l'absence de l'évêque ou de l'archévêque. — de J.-C., titre du pape, du saint-père.

VICAIRIE, s. f. Paroisse, église desservie par un vicaire. Voy. VICARIAT.

VICARIAL, E, adj. Qui a rapport au vicaire, au vicariat.

VICARIAT, s. m. Fonction, emploi de vicaire; sa durée.

VICARIER, v. n. Remplir les fonctions de vicaire dans une paroisse. —, être réduit à un emploi subalterne. T. inus.

VIC-DE-CHASSENAY, s. m. Com. du dép. de la Côte-d'Or, cant. et arr. de Semur. = Semur.

VIC-DES-PRÉS, s. m. Com. du dép. de la Côte-d'Or, cant. de Bligny-sur-Ouche, arr. de Beaune. = Beaune.

VIC-DESSOS, s. m. Com. du dép. de l'Ariège, chef-lieu de cant. de l'arr. de Foix. Bur. d'enregist. et de poste à Tarascon-sur-Ariège. Mines de fer; forges considérables.

VICE, s. m. Défaut, imperfection de l'ame, du corps, des choses; disposition habituelle à faire le mal; débauche, libertinage, corruption.

VICE-AMIRAL, s. m. Officier supérieur de marine qui commande sous-l'amiral et en son absence; second vaisseau d'une flotte monté par le vice-amiral.

VICE-AMIRAUTÉ, s. f. Charge de vice-amiral.

VICE-BAILLI, s. m. Officier de robe courte qui remplissait les fonctions de prévôt des maréchaux.

VICE-CHANCELIER, s. m. Magistrat qui remplace le chancelier en l'absence de ce dernier.

VICE-CONSUL, s. m. Agent diplomatique qui remplit les fonctions de consul dans certains cas.

VICE-CONSULAT, s. m. Emploi du vice-consul.

VICE-GÉRANT, s. m. Suppléant de l'official.

VICEL (le), s. m. Com. du dép. de la Manche, cant. de Quettehou, arr. de Valognes. = Valognes.

VICE-LÉGAT, s. m. Envoyé de la cour de Rome, qui fait les fonctions de légat.

VICE-LÉGATION, s. f. Emploi de vice-légat.

VICENCE, s. f. Ville du royaume Lombardo-Vénitien, chef-lieu d'une province. Cette ville, où l'on remarque de fort beaux édifices, possède des fabr. de soieries, draps, etc. Pop. 24,000 hab. environ.

VICENNAL, E, adj. De vingt ans; qui se fait après vingt ans.

VICE-PRÉSIDENT, s. m. Magistrat qui remplit les fonctions du président en son absence.

VICE-PROCUREUR, s. m. Procureur général dans l'île de Malte.

VICE-REINE, s. f. Epouse d'un vice-roi ; Princesse qui gouverne avec l'autorité d'un vice-roi.

VICE-ROI, s. m. Prince qui gouverne un état qui a, ou qui conserve le titre de royaume.

VICE-ROYAUTÉ, s. f. Dignité de vice-roi ; les états qu'il gouverne.

VICE-SÉNÉCHAL, s. m. Lieutenant du sénéchal.

VICE-VERSA (et), adv. (mots latins). Réciproquement.

VIC-EXEMPLET ou VIC-SUR-AUBOIS, s. m. Com. du dép. de l'Indre, cant. et arr. de la Châtre. = la Châtre.

VIC-FEZENSAC, s. m. Petite ville du dép. du Gers, chef-lieu de cant. de l'arr. d'Auch. Bur. d'enregist. et de poste. Fabr. de tartre; distilleries d'eau-de-vie. Comm. considérable d'eau-de-vie d'Armagnac, vins, grains, cerceaux de châtaignier, etc.

VICHEL, s. m. Com. du dép. du Puy-de-Dôme, cant. de St.-Germain-Lembron, arr. d'Issoire. = Issoire.

VICHÈRES, s. f. Com. du dép. d'Eure-et-Loir, cant. et arr. de Nogent-le-Rotrou. = Nogent-le-Rotrou.

VICHEREY, s. m. Com. du dép. des Vosges, cant. de Châtenois, arr. de Neufchâteau. = Neufchâteau.

VICHY, s. m. Petite ville du dép. de l'Allier, cant. de Cusset, arr. de Lapalisse. = Cusset.

Cette ville, située sur la rive droite de l'Allier, est renommée par les eaux minérales qui se trouvent dans les environs. Ces eaux sont apéritives, diurétiques, purgatives et d'un fréquent usage en médecine. Tous les ans, du 15 mai au 15 septembre, Vichy est le rendez-vous d'une nombreuse société.

VICIÉ, E, part. Altéré, gâté, corrompu.

VICIER, v. a. Altérer, gâter, corrompre. —, rendre nul. T. de procéd.

VICIEUSEMENT, adv. D'une manière vicieuse.

VICIEUX, EUSE, adj. Qui a quelque vice ; enclin, adonné au vice, au libertinage. —, ombrageux, rétif, qui rue, mord, etc., en parlant d'un cheval. —, défectueux, qui blesse les règles; construction vicieuse.

VICINAL, E, adj. Voisin d'un autre ; chemin vicinal.

VICISSITUDE, s. f. Révolution réglée des saisons, etc. —, instabilité, mutabilité des choses humaines.

VIC-LE-COMTE, s. m. Petite ville du dép. du Puy-de-Dôme, chef-lieu de cant. de l'arr. de Clermont. Bur. d'enregist. = Billom. L'auteur de Gil-Blas et de Turcaret, Lesage, est né dans cette ville. Sources d'eaux minérales.

VIC-LE-FESQ, s. m. Com. du dép. du Gard, cant. de Quissac, arr. du Vigan. = Sommières.

VICO, s. m. Com. du dép. de la Corse, chef-lieu de cant. de l'arr. d'Ajaccio. Bur. d'enregist. = Ajaccio. Comm. de vins et d'huile d'olives.

VICO-ET-NESA, s. m. Com. du dép. de la Corse, cant. de Vico, arr. d'Ajaccio. = Ajaccio.

VICOGNE (la), s. f. Com. du dép. de la Somme, cant. de Domart, arr. de Doullens. = Doullens.

VICOMTE, s. m. Gentilhomme qui possédait une vicomté.

VICOMTÉ, s. f. Terre dont la possession donnait à un gentilhomme le titre de vicomte.

VICOMTESSE, s. f. Epouse d'un vicomte ; dame qui possédait une vicomté.

VICQ, s. m. Com. du dép. de l'Allier, cant. d'Ebreuil, arr. de Gannat. = Gannat.

VICQ, s. m. Com. du dép. de la Dordogne, cant. de Lalinde, arr. de Bergerac. = Bergerac.

VICQ, s. m. Com. du dép. des Landes, cant. de Montfort, arr. de Dax. = Tartas.

VICQ, s. m. Com. du dép. de la Haute-Marne, cant. de Varennes, arr. de Langres. = Bourbonne.

VICQ, s. m. Com. du dép. du Nord, cant. de Condé, arr. de Valenciennes. = Condé.

VICQ, s. m. Com. du dép. de Seine-et-Oise, cant. de Montfort-l'Amaury, arr. de Rambouillet. = Montfort-l'Amaury.

VICQ, s. m. Com. du dép. de la Haute-Vienne, cant. de St.-Germain-les-Belles, arr. de St.-Yrieix. = Pierre-Buffière.

VICQ-SUR-NAHON, s. m. Com. du dép. de l'Indre, cant. de Valançay, arr. de Châteauroux. = Valançay.

VICQUEMARE, s. f. Com. du dép. de la Seine-Inférieure, cant. de Doudeville, arr. d'Yvetot. = Doudeville.

VICQUES, s. f. Com. du dép. du Calvados, cant. de Coulibœuf, arr. de Falaise. = Falaise.

VIC-ST.-CHARTIER, s. m. Com. du dép. de l'Indre, cant. et arr. de la Châtre. = la Châtre.

VIC-ST.-GERVAIS, s. m. Com. du dép. de la Sarthe, cant. et arr. de St.-Calais. = St.-Calais.

VIC-SOUS-THIL, s. m. Com. du dép. de la Côte-d'Or, cant. de Précy-sous-Thil, arr. de Semur. = Semur.

VIC-SUR-AISNE, s. m. Com. du dép. de l'Aisne, chef-lieu de cant. de l'arr. de Soissons. Bur. d'enregist. et de poste. Comm. de bestiaux.

VICTEUR (St.-), s. m. Com. du dép. de la Sarthe, cant. de Fresnay, arr. de Mamers. = Fresnay-le-Vicomte.

VICTIMAIRE, s. m. Celui qui fournissait les victimes ou faisait les apprêts du sacrifice. T. d'antiq.

VICTIME, s. f. Animal que les Juifs immolaient à Dieu ou plutôt à leurs prêtres, qui en gardaient la meilleure part. —, personne, animal que les peuples barbares de l'antiquité égorgeaient en l'honneur des Dieux, sur la foi d'un oracle imposteur. —, personne sacrifiée aux passions, aux intérêts d'autrui; qui souffre un grand préjudice de... Fig. —, personne dupe de sa bonne foi, égarée par... Fig. et fam.

VICTIMÉ, E, part. Rendu victime, immolé.

VICTIMER, v. a. Rendre victime; immoler à la plaisanterie. T. fam.

VICTOIRE, s. f. Avantage remporté sur l'armée ennemie, gain d'une bataille. —, avantage remporté, heureux succès. Fig. — ou Nicé, Divinité allégorique qu'on représente sous la figure d'une jeune fille toujours gaie, avec des ailes, tenant d'une main une couronne d'olivier et de laurier, et de l'autre une branche de palmier. T. de myth.

VICTOR (St.-), s. m. Com. du dép. de l'Allier, cant. et arr. de Montluçon. = Montluçon.

VICTOR (St.-), s. m. Com. du dép. de l'Ardèche, cant. de St.-Félicien, arr. de Tournon. = Tournon.

VICTOR (St.-), s. m. Com. du dép. de l'Ariège, cant. et arr. de Pamiers.= Pamiers.

VICTOR (St.-), s. m. Com. du dép. de l'Aveyron, cant. de St.-Rome-du-Tarn, arr. de St.-Affrique. = St.-Affrique.

VICTOR (St.-), s. m. Com. du dép. du Cantal, cant. de Laroquebrou, arr. d'Aurillac.= Aurillac.

VICTOR (St.-), s. m. Com. du dép. du Cantal, cant. de Massiac, arr. de St.-Flour. = Massiac.

VICTOR (St.-), s. m. Com. du dép. de la Creuse, cant. et arr. de Guéret.= Guéret.

VICTOR (St.-), s. m. Com. du dép. de la Dordogne, cant. de Montagrier, arr. de Ribérac. = Ribérac.

VICTOR (St.-), s. m. Com. du dép. de l'Eure, cant. de Verneuil, arr. d'Evreux. = Verneuil.

VICTOR (St.-), s. m. Com. du dép. de la Loire, cant. de St.-Symphorien-de-Lay, arr. de Roanne. = St.-Symphorien-de-Lay.

VICTOR (St.-), s. m. Com. du dép. du Puy-de-Dôme, cant. de Besse, arr. d'Issoire. = Besse.

VICTOR (St.-), s. m. Com. du dép. du Puy-de-Dôme, cant. de St.-Remy, arr. de Thiers. =Thiers.

VICTOR-DE-BUTHON (St.-), s. m. Com. du dép. d'Eure-et-Loir, cant. de la Loupe, arr. de Nogent-le-Rotrou. = Champrond.

VICTOR-DE-CESSIEU (St.-), s. m. Com. du dép. de l'Isère, cant. et arr. de la Tour-du-Pin. = la Tour-du-Pin.

VICTOR-DE-CHRÉTIENVILLE (St.-), s. m. Com. du dép. de l'Eure, cant. et arr. de Bernay. = Bernay.

VICTOR-DE-MALCAP (St.-), s. m. Com. du dép. du Gard, cant. de St.-Ambroix, arr. d'Alais. = St.-Ambroix.

VICTOR-DE-MORESTEL (St.-), s. m. Com. du dép. de l'Isère, cant. de Morestel, arr. de la Tour-du-Pin. = la Tour-du-Pin.

VICTOR-D'ÉPINE (St.-), s. m. Com. du dép. de l'Eure, cant. de Brionne, arr. de Bernay. = Brionne.

VICTOR-DE-RÉNO (St.-), s. m. Com. du dép. de l'Orne, cant. de Longny, arr. de Mortagne. = Longny.

VICTOR-DES-OULES (St.-), s. m. Com. du dép. du Gard, cant. et arr. d'Uzès. = Uzès.

VICTORET (St.-), s. m. Com. du dép. des Bouches-du-Rhône, cant. de Martigues, arr. d'Aix. = Martigues.

VICTORIAL, E, adj. Qui concerne la victoire.

VICTORIEUSEMENT, adv. D'une manière victorieuse, surtout au fig.; réfuter victorieusement.

VICTORIEUX, EUSE, adj. Qui a remporté la victoire; armée victorieuse. —, qui a surmonté un obstacle, qui détruit les objections, etc. Fig.

VICTORIN, s. m. Chanoine de St.-Victor.

VICTOR-L'ABBAYE (St.-), s. m. Com. du dép. de la Seine-Inférieure, cant. de Tôtes, arr. de Dieppe. = Tôtes.

VICTOR-LA-CAMPAGNE (St.-), s. m. Com. du dép. de la Seine-Inférieure, cant. d'Yerville, arr. d'Yvetot. = Rouen.

VICTOR-LACOSTE (St.-), s. m. Com. du dép. du Gard, cant. de Roquemaure, arr. d'Uzès. = Roquemaure.

VICTOR-MALESCOURS (St.-), s. m. Com. du dép. de la Haute-Loire, cant. de St.-Didier-la-Séauve, arr. d'Yssingeaux. = Monistrol.

VICTOR-SUR-ARLANC (St.-), s. m. Com. du dép. de la Haute-Loire, cant. de la Chaise-Dieu, arr. de Brioude. = Craponne.

VICTOR-SUR-LOIRE (St.-), s. m. Com. du dép. de la Loire, cant. de Chambon, arr. de St.-Etienne. = St.-Etienne.

VICTOR-SUR-OUCHE (St.-), s. m. Com. du dép. de la Côte-d'Or, cant. de Sombernon, arr. de Dijon. = Sombernon.

VICTOT, s. m. Com. du dép. du Calvados, cant. de Cambremer, arr. de Pont-l'Evêque. = Croissanville.

VICTOUR (St.-), s. m. Com. du dép. de la Corrèze, cant. de Bort, arr. d'Ussel. = Bort.

VICTUAILLE, s. f. Vivres, provision de bouche. —, pl. Vivres chargés sur un navire.

VICTUAILLEUR, s. m. Pourvoyeur d'un navire. T. de mar.

VICTURNIEN (St.-), s. m. Com. du dép. de la Haute-Vienne, cant. de St.-Junien, arr. de Rochechouart. = St.-Junien.

VIDAI, s. m. Com. du dép. de l'Orne, cant. de Pervenchères, arr. de Mortagne. = Mêle.

VIDAILLAC, s. m. Com. du dép. du Lot, cant. de Limogne, arr. de Cahors. = Cahors.

VIDAILLAN, s. m. Com. du dép. du Gers, cant. et arr. de Mirande. = Mirande.

VIDAILLAT, s. m. Com. du dép. de la Creuse, cant. de Pontarion, arr. de Bourganeuf. = Aubusson.

VIDAIX, s. m. Com. du dép. de la Haute-Vienne, cant. et arr. de Rochechouart. = Rochechouart.

VIDAL (St.-), s. m. Com. du dép. de la Haute-Loire, cant. de Loudes, arr. du Puy. = le Puy.

VIDALOS, s. m. Com. du dép. des Hautes-Pyrénées, cant. et arr. d'Argelès. = Argelès.

VIDAME, s. m. Celui qui tenait des terres d'un évêque, à charge de défendre le temporel de l'évêché.

VIDAMÉ, s. m. ou VIDAMIE, s. f. Dignité, charge de vidame.

VIDANGE, s. f. Action de vider ou de se vider. —, état d'un tonneau, d'un vase qui n'est pas entièrement plein. —, évacuation ou enlèvement d'immondices, d'excrémens; —, lochies. T. de méd.

VIDANGEUR, s. m. Entrepreneur de vidanges; gadouard qui nettoie les fosses d'aisance, les puits, les citernes.

VIDAUBAN, s. m. Com. du dép. du Var, cant. du Luc, arr. de Draguignan. = le Luc.

VIDE, s. m. Espace vide, où il n'y a rien, pas même de l'air. —, manque, absence, privation; nullité, néant. Fig. A —, adv. Sans rien emporter; sans rien contenir. —, adj. Qui n'est rempli que d'air, au lieu des choses qui ont coutume d'y être; qui n'est pas rempli, ne contient rien, en général. —, qui n'est pas occupé; dégarni. Tête —, sans idées. Cœur —, dépourvu de sentiment, d'affections. Mot — de sens, qui ne signifie rien.

VIDÉ, E, part. Désempli, rendu vide.

VIDE-BOUTEILLE, s. m., sans s. au pl. Petite maison avec un jardin près de la ville, où l'on reçoit des amis.

VIDECONSVILLE, s. f. Com. du dép. de la Manche, cant. de Quettehou, arr. de Valognes. = St.-Vaast.

VIDELLE, s. f. Instrument de pâtissier pour couper la pâte. —, outil de fer-blanc pour évider les fruits à confire.

VIDELLES, s. f. Com. du dép. de Seine-et-Oise, cant. de la Ferté-Aleps, arr. d'Etampes. = la Ferté-Aleps.

VIDE-POCHE, s. m., sans s. au pl. Meuble pour déposer ce qu'on a dans ses poches.

VIDER, v. a. Rendre vide, désemplir; ôter d'une chose, d'un lieu ce qui l'emplissait, l'occupait. — un différent, terminer, finir par une transaction. — les lieux, déménager par autorité de justice. T. de procéd.

VIDIMÉ, E, part. Collationné; certifié conforme. T. de procéd.

VIDIMER, v. a. Collationner une copie, la certifier conforme à l'original. T. de procéd.

VIDIMUS, s. m. (mot latin.) Visa. T. de procéd.

VIDOU, s. m. Com. du dép. des Hautes-Pyrénées, cant. de Trie, arr. de Tarbes. = Trie.

VIDOURLE (le), s. m. Rivière qui prend sa source dans le dép. du Gard, près de la Cadière, et qui se jette dans l'étang de Maugnio, entre les canaux de Lunel et de la Radette.

VIDOUVILLE, s. f. Com. du dép. de la Manche, cant. de Torigni, arr. de St.-Lô. = Torigni.

VIDOUZE, s. f. Com. du dép. des Hautes-Pyrénées, cant. de Maubourguet, arr. de Tarbes. = Tarbes.

VIDRECOME, s. m. Mot emprunté de l'allemand. Grand verre à boire.

VIDUITÉ, s. f. Etat de l'époux survivant qui n'est pas remarié; veuvage.

VIDURE, s. f. Ce qu'on ôte de quelque chose que l'on vide; ouvrage à jour.

VIE, s. f. Manière d'être des corps organisés qui les distingue des corps inorganiques; ensemble des fonctions organiques; état de l'animal qui sent et se meut; union de l'âme et du corps. —, espace de temps de la naissance à la mort. —, existence de l'âme après la mort; la vie éternelle. —, nourriture, subsistance; gagner sa vie. —, ce qui remplit la vie; manière de vivre, de se traiter, de se conduire; occupations habituelles. —, histoire des événemens remarquables de la vie d'un homme; vie de Plutarque. —, crierie, querelle; débauche. T. fam. —, chaleur, âme du style, des compositions. T. de littér. et d'arts. A —, adv. Pour toute la durée de la vie d'un individu.

VIE (la), s. f. Petite rivière qui prend sa source dans le dép. de l'Orne, près de Survie, et se jette dans la Dive, au-dessous de Corbon, après un cours d'environ 12 l. La vie est navigable depuis Corbon jusqu'à son embouchure.

VIE (la), s. f. Petite rivière qui prend sa source dans le dép. de la Vendée, près de Belleville, et se jette dans l'Océan, au port de St.-Gilles. Son cours est de 10 l. environ.

VIEFVILLERS, s. m. Com. du dép. de l'Oise, cant. de Crèvecœur, arr. de Clermont. = Crèvecœur.

VIEIL, adj. Voy. VIEUX.

VIEIL-BAUGE, s. m. Voy. BAUGÉ-LE-VIEIL.

VIEIL-EVREUX, s. m. Com. du dép. de l'Eure, cant. et arr. d'Evreux. = Evreux.

VIEILLARD, s. m. Homme parvenu au dernier âge de la vie.

VIEILLE, s. f. Femme très âgée. —, poisson du genre du baliste.

VIEILLE-BRIOUDE, s. f. Com. du dép. de la Haute-Loire, cant. et arr. de Brioude. = Brioude.

VIEILLE-CHAPELLE, s. f. Com. du dép. du Pas-de-Calais, cant. et arr. de Béthune. = Béthune.

VIEILLE-ÉGLISE, s. f. Com. du dép. du Pas-de-Calais, cant. d'Audruick, arr. de St.-Omer. = Ardres.

VIEILLE-ÉGLISE, s. f. Com. du dép. de Seine-et-Oise, cant. et arr. de Rambouillet. = Rambouillet.

VIEILLE-HESDIN, s. f. Com. du dép. du Pas-de-Calais, cant. du Parcq, arr. de St.-Pol. = St.-Pol.

VIEILLE-LOYE, s. f. Com. du dép. du Jura, cant. de Montbarrey, arr. de Dôle. = Dôle.

VIEILLE-LYRE (la), s. f. Com. du dép. de l'Eure, cant. de Rugles, arr. d'Evreux. = Conches. Forges et fabr. de clous.

VIEILLEMENT, adv. A la manière des vieilles gens.

VIEILLERIE, s. f. Chose vieille, usée. —, pl. Idées rebattues.

VIEILLES, s. f. Com. du dép. de l'Eure, cant. de Beaumont, arr. de Bernay. = Beaumont-le-Roger.

VIEILLES-MAISONS, s. f. pl. Com. du dép. du Loiret, cant. de Lorris, arr. de Montargis. = Lorris.

VIEILLESPESSE, s. f. Com. du dép. du Cantal, cant. et arr. de St.-Flour. = St.-Flour.

VIEILLESSE, s. f. Divinité infernale, fille de l'Érèbe et de la Nuit. T. de myth.
—, le dernier âge de la vie; grand âge.
—, les vieilles gens.

VIEILLE-TOULOUSE, s. f. Com. du dép. de la Haute-Garonne, cant. de Castanet, arr. de Toulouse. = Toulouse.

VIEILLE-VIE, s. f. Com. du dép. du Cantal, cant. de Montsalvy, arr. d'Aurillac. = Aurillac.

VIEILLE-VIGNE, s. f. Com. du dép. de la Haute-Garonne, cant. et arr. de Villefranche. = Villefranche.

VIEILLE-VIGNE, s. f. Com. du dép. de la Loire-Inférieure, cant. d'Aigrefeuille, arr. de Nantes. = Montaigu.

VIEILLE-VILLE (la), s. f. Com. du dép. des Ardennes, cant. de Novion, arr. de Rethel. = Rethel.

VIEILLEY, s. m. Com. du dép. du Doubs, cant. de Marchaux, arr. de Besançon. = Besançon.

VIEILLI, E, part. Rendu vieux.

VIEILLIR, v. a. Rendre vieux; faire paraître vieux. —, v. n. Devenir vieux. —, s'user, passer de mode, en parlant des choses.

VIEILLISSANT, E, adj. Qui vieillit, qui devient vieux.

VIEILLISSEMENT, s. m. Etat de ce qui devient vieux, acheminement à la vieillesse.

VIEILLOT, TE, adj. Qui commence à devenir, à paraître vieux.

VIEIL-ST.-REMY, s. m. Com. du dép. des Ardennes, cant. de Novion, arr. de Rethel. = Rethel.

VIEL-ARCY, s. m. Com. du dép. de l'Aisne, cant. de Braisne, arr. de Soissons. = Braisne-sur-Vesle.

VIEL-CAPET, s. m. Com. du dép. du Gers, cant. de Nogaro, arr. de Condom. = Nogaro.

VIEL-DAMPIERRE, s. m. Com. du dép. de la Marne, cant. de Dommartin-sur-Yèvre, arr. de Ste.-Ménéhould. = Ste.-Ménéhould.

VIELLA, s. m. Com. du dép. du Gers, cant. et arr. de Lombez. = Lombez.

VIELLA, s. m. Com. du dép. du Gers, cant. de Riscle, arr. de Mirande. = Nogaro.

VIELLA, s. m. Com. du dép. des Hautes-Pyrénées, cant. de Luz, arr. d'Argelès. = Tarbes.

VIELLE, s. f. Instrument de musique dont les cordes sont frottées et vibrées par une roue.

VIELLE, s. f. Com. du dép. des Landes, cant. d'Aire, arr. de St.-Sever. = St.-Sever.

VIELLE, s. f. Com. du dép. des Hautes-Pyrénées, chef-lieu de cant. de l'arr. de Bagnères. Bur. d'enregist. à Arreau. = Arreau.

VIELLE, s. f. Com. du dép. des Hautes-Pyrénées, cant. de Tournay, arr. de Tarbes. = Tarbes.

VIELLE-ET-ST.-GIRONS, s. f. Com. du dép. des Landes, cant. de Castets, arr. de Dax. = Dax.

VIELLE-LOURON, s. f. Com. du dép. des Hautes-Pyrénées, cant. de Bordères, arr. de Bagnères. = Arreau.

VIELLENAVE, s. f. Com. du dép. des Basses-Pyrénées, cant. d'Arthez, arr. d'Orthez. = Orthez.

VIELLENAVE, s. f. Com. du dép. des Basses-Pyrénées, cant. de Bidache, arr. de Bayonne. = St.-Palais.

VIELLENAVE, s. f. Com. du dép. des Basses-Pyrénées, cant. de Navarrenx, arr. d'Orthez. = Navarrenx.

VIELLE-PINTE, s. f. Com. du dép. des Basses-Pyrénées, cant. de Montaner, arr. de Pau. = Vic-en-Bigorre.

VIELLER, v. n. Jouer de la vielle.

VIELLE-SÉGUR, s. f. Com. du dép. Basses-Pyrénées, cant. de Lagor, arr. d'Orthez. = Navarrenx.

VIELLE-SOUBIRAN, s. f. Com. du dép. des Landes, cant. de Roquefort, arr. de Mont-de-Marsan. = Dax.

VIELLEUR, EUSE, s. Celui, celle qui joue de la vielle. —, insecte qui imite le son de la vielle.

VIELMANNAY, s. m. Com. du dép. de la Nièvre, cant. de Pouilly, arr. de Cosne. = Pouilly.

VIELMOUTIER, s. m. Com. du dép. du Pas-de-Calais, cant. de Desvres, arr. de Boulogne. = Samer.

VIELMUR, s. m. Com. du dép. du Tarn, chef-lieu de cant. de l'arr. de Castres, où se trouvent les bur. d'enregist. et de poste.

VIELPRAT, s. m. Com. du dép. de la Haute-Loire, cant. de Pradelles, arr. du Puy. = le Puy.

VIELS-MAISONS, s. m. Com. du dép. de l'Aisne, cant. de Charly, arr. de Château-Thierry. Bur. de poste.

VIELVERGE, s. f. Com. du dép. de la Côte-d'Or, cant. de Pontailler-sur-Saône, arr. de Dijon. = Pontailler.

VIENNAY, s. m. Com. du dép. des Deux-Sèvres, cant. et arr. de Parthenay. = Parthenay.

VIENNE, s. f. Capitale de l'empire d'Autriche, sur le Danube. Cette ville, très ancienne, résidence de la cour d'Autriche, renferme un grand nombre de beaux édifices et d'établissemens scientifiques, des fabr., des manuf., etc. Elle est le centre d'un comm. considérable avec la Turquie et l'Italie. Pop., 270,000 hab. env.

VIENNE (la), s. f. Rivière qui prend sa source dans le dép. de la Corrèze, sur le plateau de Millevache; elle est flottable depuis Tarnac jusqu'à Limoges, et navigable depuis Chitré jusqu'à son embouchure dans la Loire, où elle se jette, après un cours de 75 l.

VIENNE, s. f. Ville du dép. de l'Isère, chef-lieu de sous-préf. et de 2 cant. ou just. de paix; trib. de 1re inst. et de comm.; chambre consultat. des manuf.; biblioth. publ. de 11,000 vol.; musée; conserv. des hypoth.; direct. des contrib. indir.; recev. partic. des finances; bur. d'enregist. et de poste. Pop., 13,780 hab. env.

Cette ville, resserrée entre les montagnes et la rive gauche du Rhône, est située en amphithéâtre sur la pente d'un coteau, et traversée par la Gère. Les rues en sont étroites, escarpées et bordées de maisons mal bâties; cependant, la partie traversée par la grande route de Lyon à Marseille s'est beaucoup embellie depuis quelques années. On y remarque particulièrement la belle église gothique de St.-Maurice, et, parmi les monumens dont les Romains l'enrichirent, un temple bien conservé, entouré de colonnes, et dans lequel sont réunis une infinité d'objets d'antiquités très curieux. On y voit aussi un bel arc-de-triomphe, les ruines d'un temple de Castor et Pollux, celles d'un pont antique sur le Rhône; et, sur la droite de la route de Marseille, près des murs de la ville, un tombeau bien conservé, de forme carrée, surmonté d'un obélisque. On ignore à quel personnage ce tombeau fut élevé.

Vienne, dont l'origine est fort ancienne, était la capitale des Allobroges. Les Romains en firent la résidence du préfet des Gaules, lui donnèrent le titre de métropole de la Viennaise, et y firent exécuter des travaux pour sa défense et son embellissement. Devenue capitale du royaume des Bourguignons, en 432, elle tomba au pouvoir des Francs, en 534. Charles-le-Chauve s'en empara en 871. Enfin, après d'autres révolutions, elle suivit le sort du Dauphiné, et fut réunie à la couronne de France, sous Philippe-de-Valois, en 1349.

Manuf. considérables de draps croisés. Fabr. de toiles communes, cartons laminés; filatures de soie, tanneries, corderies, papeteries; exploitation de mines de plomb et d'une nitrière. Comm. de draps, fer, acier, cuivre, plomb, laiton, etc.

VIENNE, s. f. Com. du dép. de Seine-et-Oise, cant. de Magny, arr. de Mantes. = Mantes.

VIENNE, s. f. Com. du dép. du Calvados, cant. de Ryes, arr. de Bayeux.= Bayeux.

VIENNE (dép. de la), s. f. Chef-lieu de préf., Poitiers; 5 arr. ou sous-préf. : Poitiers, Châtellerault, Civray, Loudun, Montmorillon; 31 cant. ou justices de paix; 306 com. Pop., 267,670 hab. env.; cour royale et diocèse de Poitiers ; de la 12e div. milit., 12e div. des ponts-et-chaussées, 1re div. des mines; direct. de l'enregist. et des domaines, de 3e classe, et du 10e arr. forestier.

Ce dép. est borné N.-E. par celui d'Indre-et-Loire, E. par celui de l'Indre, S. par ceux de la Charente et de la Haute-Vienne, et O. par le dép. des Deux-Sèvres. Son territoire est inégal, varié, et entrecoupé de montagnes, de coteaux, de plaines fertiles, de landes, de bruyères, de vastes forêts et d'excellens pâturages. Le sol, quoique de médiocre qualité, produit cependant des grains de toute espèce, des légumes, des fruits et beaucoup de vins, dont la majeure partie est convertie en eaux-de-vie. Les pâturages nourrissent quantité de bêtes à laine, de chevaux et de mulets. Ses productions consistent en diverses espèces de céréales, légumes, pommes de terre, truffes excellentes, châtaignes, très bons fruits, noix, amandes, miel, cire, chanvre, vin, lin, bois; menu gibier, poisson de rivières; peu de chevaux, mules, bêtes à cornes, moutons, chèvres, porcs, volailles; pierres meulières, pierres à aiguiser, pierres lithographiques, pierres à chaux, argile à poterie, marne, etc.; établissement d'eaux minérales à la Rocheposay; sources d'eaux minérales à Availles. Fabr. de serges, grosses étoffes de laine, couvertures, dentelles communes, bonneterie; coutellerie fine; selleries, tanneries; hauts-fourneaux, forges; papeteries. Comm. de grains, farines, légumes secs, châtaignes, vins, eaux-de-vie, noix, faîne, cire, miel, laine, chanvre, lin, cuirs, fers, ardoises, etc. Les principales rivières qui l'arrosent sont : la Vienne, qui y est navigable; la Dive, la Gartempe, la Vonne, l'Anglin, l'Envigue, l'Auzance, le Clain, le Saleron et la Charente.

VIENNE (dép. de la Haute-), s. f. Chef-lieu de préf., Limoges; 4 arr. ou sous-préf. : Limoges, Bellac, St.-Yrieix, Rochechouart; 27 cant. ou just. de paix; 222 com. Pop., 276,350 hab. env.; cour royale et diocèse de Limoges; de la 15° div. milit., 12° div. des ponts-et-chaussées, 1re div. des mines; direct. de l'enregist. et des domaines de 3° classe, et du 15° arr. forestier.

Ce dép. est borné N. par les dép. de la Vienne et de l'Indre, E. par celui de la Creuse, S. par ceux de la Corrèze et de la Dordogne, et O. par celui de la Charente. Son territoire est en grande partie couvert de montagnes, entre lesquelles se trouvent quelques plaines peu fertiles, d'excellentes prairies, beaucoup de landes et de bruyères. Ces montagnes sont couvertes de bois et de châtaigniers dont les fruits sont, avec une espèce de rave qui se cultive dans le dép., la principale nourriture des habitans. Dans les campagnes, on supplée au pain par les châtaignes.

Productions : peu de froment; seigle, sarrasin, légumes, raves, châtaignes en abondance; excellens foins, bons fourrages dans les montagnes; beaucoup de gibier, très beaux chevaux, mulets, bœufs; étain, fer, antimoine, marbre, porphyre, serpentine, kaolin en abondance; pépinière départementale, haras. Manuf. considérables de porcelaines; fabr. de gros draps, casimirs, droguets, couvertures, flanelles, toiles communes, mouchoirs, liqueurs; blanchisseries de toiles et de cire; filatures de coton et de laine; forges, hauts-fourneaux; batteries de cuivre, tréfileries, clouteries, tanneries considérables; nombreuses papeteries, dont les produits sont très estimés; brasseries, verreries, poteries et faïenceries. Comm. de châtaignes, vins, chanvres, bois, chevaux, mulets, gros bétail; fer, acier, kaolin et porcelaine. Entrepôt du comm. de Toulouse et du midi de la France. Les principales rivières qui l'arrosent sont : la Vienne, la Gartempe, la Dive, la Vezère, la Briance, le Taurion et la Tardoire.

VIENNE-EN-VAL, s. f. Com. du dép. du Loiret, cant. de Jargeau, arr. d'Orléans. = Orléans.

VIENNE-LA-VILLE, s. f. Com. du dép. de la Marne, cant. de Ville-sur-Tourbe, arr. de Ste.-Menéhould.=Ste.-Menéhould.

VIENNE-LE-CHÂTEAU, s. f. Com. du dép. de la Marne, cant. de Ville-sur-Tourbe, arr. de Ste.-Menéhould.=Ste.-Menéhould. Fabr. de cuirs.

VIENNEY-GRANGES, s. m. Com. du dép. du Doubs, cant. de Roulans, arr. de Baume. = Baume.

VIENNOIS, E, s. et adj. Habitant de Vienne ; qui concerne cette ville.

VIENS, s. m. Com. du dép. de Vaucluse, cant. et arr. d'Apt. = Apt. Mines d'ocre.

VIENVILLE, s. f. Com. du dép. des Vosges, cant. de Corcieux, arr. de St.-Dié. = Bruyères.

VIER, s. m. Com. du dép. des Hautes-Pyrénées, cant. et arr. d'Argelès. = Argelès.

VIERGE, s. f. Fille qui a sa virginité. La sainte —, la mère de Jésus-Christ. —, sixième signe du zodiaque. —, adj. Qui a vécu dans une continence parfaite. —, qui n'a point encore servi; qui n'a point encore produit; à quoi personne n'a touché, en parlant des choses. Terre —, qui n'a pas été labourée. Huile —, fournie par les olives, sans pression. Cire —, qui n'a point été fondue. Métal —, qu'on trouve pur au fond de la terre. Réputation —, intacte. Fig. Teinte —, sans mélange. T. de peint.

VIERSAT, s. m. Com. du dép. de la Creuse, cant. de Chambon, arr. de Boussac. = Chambon.

VIERVILLE, s. f. Com. du dép. du Calvados, cant. de Trévières, arr. de Bayeux. = Bayeux.

VIERVILLE, s. f. Com. du dép. d'Eure-et-Loir, cant. d'Auneau, arr. de Chartres. = Angerville.

VIERVILLE, s. f. Com. du dép. de la Manche, cant. de Ste.-Mère-Eglise, arr. de Valognes. = Carentan.

VIERZON-VILLAGE, s. m. Com. du dép. du Cher, cant. de Vierzon-Ville, arr. de Bourges. = Vierzon-Ville.

VIERZON-VILLE, s. m. Ville du dép. du Cher, chef-lieu de cant. de l'arr. de Bourges. Bur. d'enregist. et de poste. Manuf. de porcelaines et de faïence. Fabr. de draps et bonneterie; fonderie de poterie de fonte. Comm. d'acier, clous, bois, vins, moutons, etc.

VIERZY, s. m. Com. du dép. de l'Aisne, cant. d'Oulchy-le-Château, arr. de Soissons. = Soissons.

VIESLY, s. m. Com. du dép. du Nord, cant. de Solesmes, arr. de Cambrai. = le Catteau.

VIESSOIS, s. m. Com. du dép. du Calvados, cant. de Vassy, arr. de Vire. = Vire.

VIÉTHOREY, s. m. Com. du dép. du Doubs, cant. de Rougemont, arr. de Baume. = Baume.

VIEU, s. m. Com. du dép. de l'Ain, cant. de Champagne, arr. de Belley. = Belley.

VIEURE, s. m. Com. du dép. de

'Allier, cant. de Bourbon-l'Archambault, arr. de Moulins. = Bourbon-l'Archambault.

VIEUSSAN, s. m. Com. du dép. de l'Hérault, cant. d'Olargues, arr. de St.-Pons. = St.-Chinian.

VIEUSSEUXIE, s. f. Plante de la famille des iridées. T. de bot.

VIEUVICQ, s. m. Com. du dép. d'Eure-et-Loir, cant. de Brou, arr. de Châteaudun. = Illiers.

VIEUVY, s. m. Com. du dép. de la Mayenne, cant. de Gorron, arr. de Mayenne. = Mayenne.

VIEUX, s. m. Homme âgé, vieillard. —, l'opposé du nouveau, du neuf.

VIEUX, VIEILLE, adj.; on dit vieil au m. quand le substantif qui suit commence par une voyelle ou par une h muette. Qui vit depuis long-temps, fort avancé en âge. —, qui n'a plus la vivacité de la jeunesse; l'opposé de jeune. —, qui est tel depuis long-temps, par rapport à nous; vieil ami, vieux camarade. —, qui existe, qui dure depuis long-temps, au physique et au moral; vieil arbre, vieille amitié. —, ancien, antique; vieux monument. —, en parlant de certaines choses, l'opposé de nouveau; vieille rancune, vieille dette. —, passé de mode, suranné; vieille méthode. —, endommagé, gâté, usé; vieil habit. Le — temps, le temps passé, ses usages, etc.

VIEUX, s. m. Com. du dép. du Calvados, cant. d'Évrecy, arr. de Caen. = Caen. Carrières de marbre.

VIEUX (les), s. m. pl. Com. du dép. de la Seine-Inférieure, cant. de Duclair, arr. de Rouen. = Barentin.

VIEUX, s. m. Com. du dép. du Tarn, cant. de Castelnau-Montmirail, arr. de Gaillac. = Gaillac.

VIEUX-BELLÊME, s. m. Com. du dép. de l'Orne, cant. de Bellême, arr. de Mortagne. = Bellême.

VIEUX-BERQUIN, s. m. Com. du dép. du Nord, cant. de Bailleul, arr. d'Hazebrouck. = Merville.

VIEUX-BOUCAU, s. m. Com. du dép. des Landes, cant. de Soustons, arr. de Dax. = Dax.

VIEUX-BOURG (le), s. m. Com. du dép. du Calvados, cant. de Blangy, arr. de Pont-l'Évêque. = Pont-l'Évêque.

VIEUX-BOURG (le), s. m. Com. du dép. des Côtes-du-Nord, cant. de Quintin, arr. de St.-Brieuc. = Quintin.

VIEUX-CÉRIER, s. m. Com. du dép. de la Charente, cant. de Champagne-Mouton, arr. de Confolens. = Ruffec.

VIEUX-CHAMPAGNE, s. m. Com. du dép. de Seine-et-Marne, cant. de Nangis, arr. de Provins. = Nangis.

VIEUX-CHÂTEAU ou LAURE-SUR-SEREIN, s. m. Com. du dép. de la Côte-d'Or, cant. et arr. de Semur. = Semur.

VIEUX-CONDÉ, s. m. Com. du dép. du Nord, cant. de Condé, arr. de Valenciennes. = Condé-sur-l'Escaut. Fabr. de vinaigres.

VIEUX-D'IZENAVE, s. m. Com. du dép. de l'Ain, cant. de Brenod, arr. de Nantua. = Cerdon.

VIEUX-FERRETTE, s. m. Com. du dép. du Haut-Rhin, cant. de Ferrette, arr. d'Altkirch. = Altkirch.

VIEUX-FUMÉ, s. m. Com. du dép. du Calvados, cant. de Bretteville-sur-Laise, arr. de Falaise. = Croissanville.

VIEUX-LEZ-ASFELD, s. m. Com. du dép. des Ardennes, cant. d'Asfeld, arr. de Rethel. = Reims.

VIEUX-LEZ-MANRE, s. m. Com. du dép. des Ardennes, cant. de Monthois, arr. de Vouziers. = Vouziers.

VIEUX-LIXHEIM, s. m. Com. du dép. de la Meurthe, cant. de Fénétrange, arr. de Sarrebourg. = Sarrebourg.

VIEUX-MAISONS. Voy. VIELS-MAISONS.

VIEUX-MAISONS, s. m. Com. du dép. de Seine-et-Marne, cant. de Villiers-St.-Georges, arr. de Provins. = la Ferté-Gaucher.

VIEUX-MANOIR, s. m. Com. du dép. de la Seine-Inférieure, cant. de Buchy, arr. de Rouen. = Rouen.

VIEUX-MARCHÉ, s. m. Village du dép. des Côtes-du-Nord, cant. de Plouaret, arr. de Lannion. Bur. d'enregist. = Lannion.

VIEUX-MAREUIL, s. m. Com. du dép. de la Dordogne, cant. de Mareuil, arr. de Nontron. = Mareuil.

VIEUX-MESNIL, s. m. Com. du dép. du Nord, cant. de Berlaymont, arr. d'Avesnes. = Maubeuge.

VIEUX-MOULIN, s. m. Com. du dép. de l'Oise, cant. et arr. de Compiègne. = Compiègne.

VIEUX-MOULIN, s. m. Com. du dép. des Vosges, cant. de Senones, arr. de St.-Dié. = Raon-l'Étape.

VIEUX-MOULINS, s. m. Com. du dép. de la Haute-Marne, cant. et arr. de Langres. = Langres.

VIEUX-PONT, s. m. Com. du dép. du Calvados, cant. de St.-Pierre-sur-Dives, arr. de Lisieux. = Croissanville.

VIEUX-PONT, s. m. Com. du dép. de l'Orne, cant. d'Écouché, arr. d'Argentan. = Argentan.

VIEUX-PORT, s. m. Com. du dép. de l'Eure, cant. de Quillebeuf, arr. de Pont-Audemer. = Pont-Audemer.

VIEUX-RENG, s. m. Com. du dép. du Nord, cant. de Maubeuge, arr. d'Avesnes. = Maubeuge.

VIEUX-ROUEN, s. m. Com. du dép. de la Seine-Inférieure, cant. d'Aumale, arr. de Neufchâtel. = Aumale.

VIEUX-RUE (le), s. m. Com. du dép. de la Seine-Inférieure, cant. de Darnetal, arr. de Rouen. = Rouen.

VIEUX-RUFFEC, s. m. Com. du dép. de la Charente, cant. et arr. de Ruffec. = Ruffec.

VIEUX-THANN, s. m. Com. du dép. du Haut-Rhin, cant. de Thann, arr. de Belfort. = Cernay.

VIEUX-UROU, s. m. Com. du dép. de l'Orne, cant. d'Exmes, arr. d'Argentan. = Nonant.

VIEUX-VIEL, s. m. Com. du dép. d'Ille-et-Vilaine, cant. de Pleine-Fougères, arr. de St.-Malo. = Pontorson.

VIEUX-VILLEZ, s. m. Com. du dép. de l'Eure, cant. de Gaillon, arr. de Louviers. = Louviers.

VIEUX-VY-SUR-COUESNON, s. m. Com. du dép. d'Ille-et-Vilaine, cant. de St.-Aubin-d'Aubigné, arr. de Rennes.= Antrain.

VIEUZAC, s. m. Com. du dép. des Hautes-Pyrénées, cant. et arr. d'Argelès. = Argelès.

VIEUZOS, s. m. Com. du dép. des Hautes-Pyrénées, cant. de Castelnau-Magnoac, arr. de Bagnères.=Castelnau-Magnoac.

VIÉVIGNE, s. f. Com. du dép. de la Côte-d'Or, cant. de Mirebeau, arr. de Dijon. = Mirebeau-sur-Bèze.

VIÉVILLE, s. f. Com. du dép. de la Haute-Marne, cant. de Vignory, arr. de Chaumont. = Vignory.

VIÉVILLE (la), s. f. Com. du dép. de la Somme, cant. d'Albert, arr. de Péronne. = Albert.

VIÉVILLE-EN-HAYE, s. f. Com. du dép. de la Meurthe, cant. de Thiaucourt, arr. de Toul. = Pont-à-Mousson.

VIÉVILLE-SOUS-LES-CÔTES, s. f. Com. du dép. de la Meuse, cant. de Vigneulles, arr. de Commercy. = St.-Mihiel.

VIÉVY, s. m. Com. du dép. de la Côte-d'Or, cant. d'Arnay-le-Duc, arr. de Beaune. = Arnay-le-Duc.

VIÉVY, s. m. Com. du dép. de Loir-et-Cher, cant. d'Auzouer-le-Marché, arr. de Blois. = Blois.

VIEY, s. m. Com. du dép. des Hautes-Pyrénées, cant. de Luz, arr. d'Argelès. = Argelès.

VIF, s. m. La chair vive. —, le cœur d'un arbre. Couper dans le —, la chair vive, et fig., ne pas ménager la sensibilité. Piquer au —, offenser grièvement. Fig.

VIF, IVE, adj. Qui est en vie, qui est vivant. —, plein de vigueur, d'activité; enfant, cheval vif. —, animé, plein de feu; œil vif. — couleur, qui a beaucoup d'éclat. —, qui fait une forte impression; froid vif. —, actif, ardent; imagination vive. —, bouillant, colère, emporté; caractère vif. Passions —, qu'il est difficile de vaincre. Eau —, qui coule de source. Haie —, composée de plant vif, d'arbustes vivans.

VIF, s. m. Com. du dép. de l'Isère, chef-lieu de cant. de l'arr. de Grenoble. Bur. d'enregist. = Grenoble. Filat. de soie; fabr. de poterie.

VIF-ARGENT, s. m. Mercure, métal blanc, liquide à la température ordinaire.

VIFFORT, s. m. Com. du dép. de l'Aisne, cant. de Condé, arr. de Château-Thierry. = Château-Thierry.

VIGAN (le), s. m. Petite ville du dép. du Gard, chef-lieu de sous-préf. et de cant.; trib. de 1re inst.; chambre consultative des manuf.; société d'agric.; conserv. des hypoth.; direct. des contrib. indir.; recev. part. des finances; bur. d'enregist. et de poste.
Filat. de coton; fabr. de soie et de coton. Comm. de vins, huile, bestiaux, etc.

VIGAN (le), s. m. Com. du dép. du Lot, cant. et arr. de Gourdon. = Gourdon.

VIGEAN, s. m. Com. du dép. du Cantal, cant. et arr. de Mauriac. = Mauriac.

VIGEANT (le), s. m. Com. du dép. de la Vienne, cant. de l'Isle-Jourdain, arr. de Montmorillon. = L'Isle-Jourdain.
Mine d'or et d'argent.

VIGEARDE, s. f. Com. du dép. du Jura, cant. de Gendrey, arr. de Dôle. = St.-Vyt.

VIGEOIS, s. m. Com. du dép. de la Corrèze, chef-lieu de cant. de l'arr. de Brive. Bur. d'enregist. et de poste à Uzerche. Papeterie.

VIGER, s. m. Com. du dép. des Hautes-Pyrénées, cant. de Lourdes, arr. d'Argelès. = Lourdes.

VIGEVILLE, s. f. Com. du dép. de la Creuse, cant. d'Ahun, arr. de Guéret. = Chénérailles.

VIGGIANELLO, s. m. Com. du dép.

de la Corse, cant. d'Olmeto, arr. de Sartène. = Ajaccio.

VIGIE, s. f. Sentinelle sur un mât, un rocher, en pleine mer. T. de mar.

VIGIER, v. n. Etre en observation. T. de mar.

VIGIGRAPHE, s. m. Espèce de télégraphe des vigies; celui qui le fait mouvoir, observe ses mouvemens. T. de mar.

VIGILAMMENT, adv. Avec vigilance, d'une manière vigilante; attentivement, soigneusement.

VIGILANCE, s. f. Attention suivie et active.

VIGILANT, E, adj. Soigneux, attentif; qui veille avec soin à ce qu'il doit faire, qui est plein de vigilance.

VIGILE, s. f. Veille de certaines fêtes.

VIGLAIN, s. m. Com. du dép. du Loiret, cant. de Sully, arr. de Gien. = Gien.

VIGNACOURT, s. m. Com. du dép. de la Somme, cant. de Picquigny, arr. d'Amiens. = Flixecourt.

VIGNAGE, s. m. Ancien droit seigneurial sur les produits de la vigne.

VIGNALE, s. m. Com. du dép. de la Corse, cant. de Borgo, arr. de Bastia. = Bastia.

VIGNAT, s. m. Grosse coquille.

VIGNATS, s. m. Com. du dép. du Calvados, cant. de Coulibœuf, arr. de Falaise. = Falaise.

VIGNAUX, s. m. Com. du dép. de la Haute-Garonne, cant. de Cadours, arr. de Toulouse. = l'Isle-Jourdain.

VIGNE, s. f. Arbrisseau sarmenteux d'un grand nombre d'espèces qui produit le raisin; terre plantée de vigne. —, maison de plaisance aux environs de Rome. Travailler à la — du Seigneur, à la conversion des ames, à l'instruction des fidèles. Etre dans les —, être ivre. T. fam. — de Judée, douce-amère. — du nord, houblon. — vierge, plante grimpante d'Amérique.

VIGNEAUX, s. m. Com. du dép. des Hautes-Alpes, cant. de l'Argentière, arr. de Briançon. = Briançon.

VIGNEC, s. m. Com. du dép. des Hautes-Pyrénées, cant. de Vielle, arr. de Bagnères. = Arreau.

VIGNELY, s. m. Com. du dép. de Seine-et-Marne, cant. de Claye, arr. de Meaux. = Meaux.

VIGNEMONT, s. m. Com. du dép. de l'Oise, cant. de Bessons, arr. de Compiègne. = Compiègne.

VIGNERON, s. m. Cultivateur de vignes.

VIGNES, s. f. Com. du dép. de la Haute-Marne, cant. d'Andelot, arr. de Chaumont. = Andelot.

VIGNES, s. f. Com. du dép. des Basses-Pyrénées, cant. d'Arzacq, arr. d'Orthez. = Pau.

VIGNES, s. f. Com. du dép. de l'Yonne, cant. de Guillon, arr. d'Avallon. = Avallon.

VIGNETTE, s. f. Petite estampe qu'on met en tête d'un livre.

VIGNEULE, s. f. Com. du dép. de la Meurthe, cant. de Bayon, arr. de Lunéville. = St.-Nicolas-du-Port.

VIGNEULLES, s. f. Com. du dép. de la Meuse, chef-lieu de cant. de l'arr. de Commercy. Bur. d'enregist. = St.-Mihiel. Brasseries.

VIGNEULLES, s. f. Com. du dép. de la Moselle, cant. et arr. de Metz. = Metz.

VIGNEULLES-BASSE, s. f. Com. du dép. de la Moselle, cant. de Faulquemont, arr. de Metz. = St.-Avold.

VIGNEULLES-HAUTE, s. f. Com. du dép. de la Moselle, cant. de Faulquemont, arr. de Metz. = St.-Avold.

VIGNEUL-SOUS-MONTMÉDY, s. m. Com. du dép. de la Meuse, cant. et arr. de Montmédy. = Montmédy.

VIGNEUX, s. m. Com. du dép. de l'Aisne, cant. de Rozoy-sur-Serre, arr. de Laon. = Montcornet.

VIGNEUX, s. m. Com. du dép. de la Loire-Inférieure, cant. de St.-Etienne-de-Montluc, arr. de Savenai. = Savenai.

VIGNEUX, s. m. Com. du dép. de Seine-et-Oise, cant. de Boissy-St.-Léger, arr. de Corbeil. = Villeneuve-St.-Georges.

VIGNE-VIEILLE, s. f. Com. du dép. de l'Aude, cant. de Monthoumet, arr. de Carcassonne. = Lagrasse.

VIGNIEU, s. m. Com. du dép. de l'Isère, cant. et arr. de la Tour-du-Pin. = la Tour-du-Pin.

VIGNOBLE, s. m. Coteau, terrain planté de vignes.

VIGNOC, s. m. Com. du dép. d'Ille-et-Vilaine, cant. d'Hédé, arr. de Rennes. = Hédé.

VIGNOL, s. m. Com. du dép. de la Nièvre, cant. de Tannay, arr. de Clamecy. = Corbigny.

VIGNOLES, s. f. Com. du dép. de la Haute-Garonne, cant. de Boulogne, arr. de St.-Gaudens. = Boulogne.

VIGNOLETTE, s. f. Petite vigne. T. inus.

VIGNOLLES, s. f. Com. du dép. de

la Charente, cant. et arr. de Barbezieux. = Barbezieux.

VIGNOLLES, s. f. Com. du dép. de la Côte-d'Or, cant. et arr. de Beaune. = Beaune.

VIGNOLS, s. m. Com. du dép. de la Corrèze, cant. de Juillac, arr. de Brive. = Brive.

VIGNONET, s. m. Com. du dép. de la Gironde, cant. de Castillon, arr. de Libourne. = Castillon.

VIGNONET, s. m. Com. du dép. du Cantal, cant. de Saignes, arr. de Mauriac. = Bort.

VIGNORY, s. m. Petite ville du dép. de la Haute-Marne, chef-lieu de cant. de l'arr. de Chaumont. Bur. d'enregist. et de poste. Fabr. considérables de bas de laine tricotés.

VIGNOT, s. m. Table pour étaler la morue en sortant de l'eau. —, biourneau, coquillage du genre des limaçons.

VIGNOT, s. m. Com. du dép. de la Meuse, cant. et arr. de Commercy. = Commercy. Source d'eau salée.

VIGNOUX-SOUS-LES-AIX, s. m. Com. du dép. du Cher, cant. de St.-Martin-d'Auxigny, arr. de Bourges. = Bourges.

VIGNOUX-SUR-BARANGEON, s. m. Com. du dép. du Cher, cant. de Vierzon-Ville, arr. de Bourges. = Vierzon-Ville.

VIGNY, s. m. Com. du dép. de la Moselle, cant. de Verny, arr. de Metz. = Metz.

VIGNY, s. m. Com. du dép. de Saône-et-Loire, cant. de Paray-le-Monial, arr. de Charolles. = Paray-le-Monial.

VIGNY, s. m. Com. du dép. de Seine-et-Oise, cant. de Marines, arr. de Pontoise. = Meulan.

VIGO (emplâtre de), s. m. Emplâtre mercuriel de la composition d'un chirurgien italien nommé Vigo. T. de pharm.

VIGOGNE, s. m. Quadrupède ruminant de l'Amérique méridionale, espèce de lhama dont la laine est très fine. —, laine de ce quadrupède. —, chapeau de vigogne.

VIGOR (St.-), s. m. Com. du dép. de l'Eure, cant. et arr. d'Evreux. = Pacy-sur-Eure.

VIGOR (St.-), s. m. Com. du dép. de la Seine-Inférieure, cant. de St.-Romain-de-Colbosc, arr. du Hâvre. = St.-Romain.

VIGOR-DE-MIEUX (St.-), s. m. Com. du dép. du Calvados, cant. et arr. de Falaise. = Falaise.

VIGOR-DES-MEZERETS (St.-), s. m. Com. du dép. du Calvados, cant. de Condé-sur-Noireau, arr. de Vire. = Condé-sur-Noireau.

VIGOR-DES-MONTS (St.-), s. m. Com. du dép. de la Manche, cant. de Tessy, arr. de St.-Lô. = Torigni.

VIGOR-LE-GRAND (St.-), s. m. Com. du dép. du Calvados, cant. et arr. de Bayeux. = Bayeux.

VIGOTE ou VIGORTE, s. f. Planche trouée pour assortir les boulets. T. d'artill.

VIGOULANT, s. m. Com. du dép. de l'Indre, cant. de Ste.-Sévère, arr. de la Châtre. = la Châtre.

VIGOULET, s. m. Com. du dép. de la Haute-Garonne, cant. de Castanet, arr. de Toulouse. = Toulouse.

VIGOUREUSEMENT, adv. Avec force, vigueur; d'une manière vigoureuse.

VIGOUREUX, EUSE, adj. Qui a de la vigueur. Au prop. et au fig. —, fait avec vigueur, énergie; attaque, réponse vigoureuse.

VIGOUX, s. m. Com. du dép. de l'Indre, cant. de St.-Benoît-du-Sault, arr. du Blanc. = St.-Benoît-du-Sault.

VIGUERIE, s. f. Charge de viguier; sa juridiction.

VIGUERON, s. m. Com. du dép. de Tarn-et-Garonne, cant. de Beaumont, arr. de Castel-Sarrasin. = Beaumont-de-Lomagne.

VIGUEUR, s. f. Force pour agir, ardeur, courage; se dit aussi des animaux, de l'activité de la végétation. —, force d'âme qui rend capable d'entreprendre et d'exécuter des choses hardies, difficiles; force d'esprit que l'âge n'affaiblit pas; ardeur réunie à la force, à la constance dans le travail, les affaires, etc. Fig. Etre en —, être suivi, exécuté, en parlant des lois. —, force de pensée, de style, de dessin, de coloris. T. de littér. et d'arts.

VIGUIER, s. m. Ancien juge qui remplissait les fonctions de prévôt dans le midi de la France.

VIGY, s. m. Com. du dép. de la Moselle, chef-lieu de cant. de l'arr. de Metz. Bur. d'enregist. = Metz.

VIHIERS, s. m. Petite ville du dép. de Maine-et-Loire, chef-lieu de cant. de l'arr. de Saumur. Bur. d'enregist. et de poste.

VIJON, s. m. Com. du dép. de l'Indre, cant. de Ste.-Sévère, arr. de la Châtre. = la Châtre.

VIL, E, adj. Bas, abject, méprisable. —, qui annonce un esprit, des principes abjects; action vile. —, de peu de valeur; à vil prix.

VILAIN, s. m. Au temps de la féodalité, paysan, manant, roturier. —, méchant ; avare.

VILAIN, E, adj. Qui n'est pas beau, qui déplaît à la vue; vilaine tête. —, sale, crasseux, dégoûtant; désagréable, incommode, fâcheux. —, déshonnête, méchant; dangereux. —, avare, parcimonieux.

VILAINE (la), s. f. Rivière qui prend sa source dans le dép. de la Mayenne, près de Juvigné, et se jette dans l'Océan, un peu au-dessous de cette dernière ville. La Vilaine est navigable depuis Cesson jusqu'à son embouchure; son cours est d'environ 45 l.

VILAINEMENT, adv. D'une manière honteuse, lâche; malproprement; sordidement. T. fam.

VILAINES-LA-CARELLE, s. f. Com. du dép. de la Sarthe, cant. et arr. de Mamers. = Mamers.

VILAINES-LA-GONAIS, s. f. Com. du dép. de la Sarthe, cant. de la Ferté-Bernard, arr. de Mamers. = la Ferté-Bernard.

VILAINES-SOUS-LUCÉ, s. f. Com. du dép. de la Sarthe, cant. de Lucé, arr. de St.-Calais. = le Mans.

VILAINES-SOUS-MALICORNE, s. f. Com. du dép. de la Sarthe, cant. de Malicorne, arr. de la Flèche. = la Flèche.

VILATE (la), s. f. Com. du dép. de l'Ardèche, cant. de Coucouron, arr. de Largentière. = Langogne.

VILBERT, s. m. Com. du dép. de Seine-et-Marne, cant. de Rozoy, arr. de Coulommiers. = Rozoy-en-Brie.

VILCEY-SUR-TREY, s. m. Com. du dép. de la Meurthe, cant. de Thiaucourt, arr. de Toul. = Pont à-Mousson.

VILDÉ-GUINGALAN, s. m. Com. du dép. des Côtes-du-Nord, cant. de Plélan, arr. de Dinan. = Dinan.

VILDERSBACH, s. m. Com. du dép. des Vosges, cant. de Schirmeck, arr. de St.-Dié. = Raon-l'Etape.

VILEBREQUIN, s. m. Outil de menuisier pour percer, trouer. —, sorte de coquille.

VILEMENT, adv. D'une manière vile, abjecte.

VILENIE, s. f. Ordure, saleté. —, obscénité, propos injurieux; avarice sordide, trait d'avarice, action basse et vile.

VILETÉ ou VILITÉ, s. f. Défaut d'une chose vile, de peu d'importance ou à bas prix.

VILHAIN (le), s. m. Com. du dép. de l'Allier, cant. de Cérilly, arr. de Montluçon. = Cérilly.

VILHONNEUR, s. m. Com. du dép. de la Charente, cant. de Larochefoucault, arr. d'Angoulême. = Larochefoucault.

VILHOSC, s. m. Com. du dép. des Basses-Alpes, cant. et arr. de Sisteron. = Sisteron.

VILIPENDÉ, E, part. Traité de vil, méprisé.

VILIPENDER, v. a. Traiter de vil, déprimer, mépriser avec excès.

VILLA, s. m. (mot latin). Maison de campagne; la villa Orsini. —, plante graminée. T. de bot.

VILLABE, s. m. Com. du dép. de Seine-et-Oise, cant. et arr. de Corbeil. = Corbeil.

VILLABON, s. m. Com. du dép. du Cher, cant. de Baugy, arr. de Bourges. = Villequiers.

VILLAC, s. m. Com. du dép. de la Dordogne, cant. de Terrasson, arr. de Sarlat. = Terrasson.

VILLACE, s. f. Grande ville mal bâtie, mal peuplée. T. inus.

VILLACERF, s. m. Com. du dép. de l'Aube, cant. et arr. de Troyes. = Troyes.

VILLAC-ET-AIGUILLANES, s. m. Com. du dép. de l'Ariège, cant. de Lavelanet, arr. de Foix. = Mirepoix.

VILLACOURT, s. m. Com. du dép. de la Meurthe, cant. de Bayon, arr. de Lunéville. = Charmes.

VILLADIN, s. m. Com. du dép. de l'Aube, cant. de Marcilly-le-Hayer, arr. de Nogent-sur-Seine. = Nogent-sur-Seine.

VILLAFANS, s. m. Com. du dép. de la Haute-Saône, cant. de Villersexel, arr. de Lure. = Vesoul.

VILLAGE, s. m. Assemblage d'habitations dans la campagne, plus considérable qu'un hameau, et qui dépend d'une commune.

VILLAGE-NEUF, s. m. Com. du dép. du Haut-Rhin, cant. d'Huningue, arr. d'Altkirch. = Huningue.

VILLAGEOIS, E, s. Habitant d'un village. —, adj. Qui appartient, a rapport au village, aux villageois.

VILLAINE, s. f. Com. du dép. d'Indre-et-Loire, cant. [d'Azay-le-Rideau, arr. de Chinon. = Azay-le-Rideau. Fabr. de toiles.

VILLAINE, s. f. Com. du dép. de Seine-et-Oise, cant. d'Ecouen, arr. de Pontoise. = Poissy.

VILLAINES-EN-DUESMOIS, s. f. Com. du dép. de la Côte-d'Or, cant. de Baigneux-les-Juifs, arr. de Châtillon. = Baigneux-les-Juifs.

VILLAINES-LA-JUHEL, s. f. Com. du dép. de la Mayenne, chef-lieu de cant. de l'arr. de Mayenne. Bur. d'enregist. et de poste. Fab. de frocs.

VILLAINES-LES-PREVOTTES, s. f. Com. du dép. de la Côte-d'Or, cant. de Montbard, arr. de Semur. = Montbard.

VILLAINE-VAUX-LÉPRON, s. f. Com. du dép. des Ardennes, cant. de Rumigny, arr. de Rocroi. = Mézières.

VILLAINNE, s. f. Com. du dép. de l'Allier, cant. de St.-Pourçain, arr. de Gannat. = St.-Pourçain.

VILLAINVILLE, s. f. Com. du dép. de la Seine-Inférieure, cant. de Criquetot-l'Esneval, arr. du Hàvre. = Montivilliers.

VILLALET, s. m. Com. du dép. de l'Eure, cant. de Damville, arr. d'Evreux. = Damville.

VILLALIER, s. m. Com. du dép. de l'Aude, cant. de Conques, arr. de Carcassonne. = Carcassonne.

VILLAMBLAIN, s. m. Com. du dép. du Loiret, cant. de Patay, arr. d'Orléans. = Orléans.

VILLAMBLARD, s. m. Com. du dép. de la Dordogne, chef-lieu de cant. de l'arr. de Bergerac. Bur. d'enregist. = Bergerac.

VILLAMÉE, s. f. Com. du dép. d'Ille-et-Vilaine, cant. de Louvigné-du-Désert, arr. de Fougères. = Fougères. Tanneries.

VILLAMPUY, s. m. Com. du dép. d'Eure-et-Loir, cant. et arr. de Châteaudun. = Châteaudun.

VILLANDRAUT, s. m. Com. du dép. de la Gironde, chef-lieu de cant. de l'arr. de Bazas. Bur. d'enregist. = Bazas.

VILLANDRY, s. m. Com. du dép. d'Indre-et-Loire, cant. et arr. de Tours. = Tours.

VILLANELLE, s. f. Pièce de poésie pastorale dont tous les couplets se terminent par le même refrain.

VILLANGRETTE, s. f. Com. du dép. du Jura, cant. de Chemin, arr. de Dôle. = Dôle.

VILLANIÈRE, s. f. Com. du dép. de l'Aude, cant. du Mas-Cabardès, arr. de Carcassonne. = Carcassonne.

VILLANOVE, s. f. Plante corymbifère. T. de bot.

VILLANTROIS, s. m. Com. du dép. de l'Indre, cant. de Valançay, arr. de Châteauroux. = Valançay.

VILLAPOURÇON, s. m. Com. du dép. de la Nièvre, cant. de Moulins-Engilbert, arr. de Château-Chinon. = Moulins-Engilbert.

VILLARD, s. m. Com. du dép. de la Creuse, cant. de Dun, arr. de Guéret. = Bourganeuf.

VILLARD (le), s. m. Com. du dép. du Jura, cant. de Clairvaux, arr. de Lons-le-Saulnier. = St.-Amour.

VILLARD (le), s. m. Com. du dép. du Jura, cant. de St.-Julien, arr. de Lons-le-Saulnier. = Lons-le-Saulnier.

VILLARD, s. m. Com. du dép. de la Lozère, cant. de Chanac, arr. de Marvejols. = Mende.

VILLARD-BONNOT, s. m. Com. du dép. de l'Isère, cant. de Domène, arr. de Grenoble. = Grenoble.

VILLARD-D'ARÈNE, s. m. Com. du dép. des Hautes-Alpes, cant. de la Grave, arr. de Briançon. = la Grave.

VILLARD-DE-LANS, s. m. Com. du dép. de l'Isère, chef-lieu de cant. de l'arr. de Grenoble. Bur. d'enregist. = Grenoble. Mine de houille.

VILLARDEBELLE, s. f. Com. du dép. de l'Aude, cant. de Couiza, arr. de Limoux. = Limoux.

VILLARD-EYMOND, s. m. Com. du dép. de l'Isère, cant. du Bourg-d'Oisans, arr. de Grenoble. = le Bourg-d'Oisans.

VILLARDONNEL, s. m. Com. du dép. de l'Aude, cant. du Mas-Cabardès, arr. de Carcassonne. = Carcassonne.

VILLARD-RAYMOND, s. m. Com. du dép. de l'Isère, cant. du Bourg-d'Oisans, arr. de Grenoble. = le Bourg-d'Oisans.

VILLARD-RECULAS, s. m. Com. du dép. de l'Isère, cant. du Bourg-d'Oisans, arr. de Grenoble. = le Bourg-d'Oisans.

VILLARDS, s. m. Com. du dép. de la Dordogne, cant. de Champagnac-de-Belair, arr. de Nontron. = le Bugue.

VILLARD-ST.-CHRISTOPHE, s. m. Com. du dép. de l'Isère, cant. de la Mure, arr. de Grenoble. = la Mure.

VILLARD-ST.-PANCRASSE, s. m. Com. du dép. des Hautes-Alpes, cant. et arr. de Briançon. = Briançon.

VILLAR-EN-VAL, s. m. Com. du dép. de l'Aude, cant. de la Grasse, arr. de Carcassonne. = la Grasse.

VILLARÈSE, s. f. Arbrisseau du Pérou. T. de bot.

VILLARGENT, s. m. Com. du dép. de la Haute-Saône, cant. de Villersexel, arr. de Lure. = Vesoul.

VILLARGOIX, s. m. Com. du dép. de la Côte-d'Or, cant. de Saulieu, arr. de Semur. = Saulieu.

VILLARIÉS, s. m. Com. du dép. de la Haute-Garonne, cant. de Fronton, arr. de Toulouse. = Toulouse.

VILLAR-LOUBIÈRE, s. m. Com.

du dép. des Hautes-Alpes, cant. de St.-Firmin, arr. de Gap. = Corps.

VILLARS, s. m. Com. du dép. de l'Ain, cant. de St.-Trivier-sur-Mognand, arr. de Trévoux. = Gex.

VILLARS, s. m. Com. du dép. de la Charente, cant. de la Valette, arr. d'Angoulême. = Angoulême.

VILLARS, s. m. Com. du dép. de la Charente-Inférieure, cant. de Gemozac, arr. de Saintes. = Pons.

VILLARS, s. m. Com. du dép. d'Eure-et-Loir, cant. de Voves, arr. de Chartres. = Chartres.

VILLARS, s. m. Com. du dép. du Jura, cant. et arr. de St.-Claude. = St.-Claude.

VILLARS, s. m. Com. du dép. de la Loire, cant. de St.-Héand, arr. de St.-Etienne. = St.-Etienne.

VILLARS (le), s. m. Com. du dép. de Saône-et-Loire, cant. de Tournus, arr. de Mâcon. = Tournus.

VILLARS, s. m. Com. du dép. de Vaucluse, cant. et arr. d'Apt. = Apt.

VILLAR-ST.-ANSELME, s. m. Com. du dép. de l'Aude, cant. de St.-Hilaire, arr. de Limoux. = Limoux.

VILLARS-BRANDIS, s. m. Com. du dép. des Basses-Alpes, cant. et arr. de Castellanne. = Castellanne.

VILLARS-COLMARS, s. m. Com. du dép. des Basses-Alpes, cant. de Colmars, arr. de Castellanne. = Digne.

VILLARS-EN-AZOIS, s. m. Com. du dép. de la Haute-Marne, cant. de Châteauvilain, arr. de Chaumont. = Clairvaux.

VILLARS-FONTAINE, s. m. Com. du dép. de la Côte-d'Or, cant. de Nuits, arr. de Beaune. = Nuits.

VILLARSIE, s. f. Plante de la Caroline. T. de bot.

VILLARS-LE-POTEL, s. m. Com. du dép. de la Haute-Saône, cant. de Jussey, arr. de Vesoul. = Jussey.

VILLARS-LES-BLAMONT, s. m. Com. du dép. du Doubs, cant. de Blamont, arr. de Montbéliard. = l'Isle-sur-le-Doubs.

VILLARS-LES-BOIS, s. m. Com. du dép. de la Charente-Inférieure, cant. de Burie, arr. de Saintes. = Saintes.

VILLARS-LE-SEC, s. m. Com. du dép. du Haut-Rhin, cant. de Delle, arr. de Belfort. = Delle.

VILLARS-MONTROYER, s. m. Com. du dép. de la Haute-Marne, cant. d'Auberive, arr. de Langres. = Langres.

VILLARS - PAUTRAS - ET - VILLENOTTE, s. m. Com. du dép. de la Côte-d'Or, cant. et arr. de Semur. = Semur.

VILLARS-ST.-GEORGES, s. m. Com. du dép. du Doubs, cant. de Boussières, arr. de Besançon. = Quingey.

VILLARS-ST.-MARCELLIN, s. m. Com. du dép. de la Haute-Marne, cant. de Bourbonne, arr. de Langres. = Bourbonne.

VILLARS-ST.-SAUVEUR, s. m. Com. du dép. du Jura, cant. et arr. de St.-Claude. = St.-Claude.

VILLARS-SOUS-DAMPJOUX, s. m. Com. du dép. du Doubs, cant. de Pont-de-Roide, arr. de Montbéliard. = St.-Hyppolite-sur-le-Doubs.

VILLARS-SOUS-ÉCOT, s. m. Com. du dép. du Doubs, cant. de Pont-de-Roide, arr. de Montbéliard. = l'Isle-sur-le-Doubs.

VILLARZEL, s. m. Com. du dép. de l'Aude, cant. de Conques, arr. de Carcassonne. = Carcassonne.

VILLARZEL-DU-RAZÈS, s. m. Com. du dép. de l'Aude, cant. d'Alaigne, arr. de Limoux. = Limoux.

VILLAS, s. m. Com. du dép. de Lot-et-Garonne, cant. de Villeréal, arr. de Villeneuve. = Monflanquin.

VILLASAVARY, s. m. Com. du dép. de l'Aude, cant. de Fangeaux, arr. de Castelnaudary. = Castelnaudary.

VILLATE, s. f. Com. du dép. de la Haute-Garonne, cant. et arr. de Muret. = Muret.

VILLATIQUE, adj. Qui appartient à une contrée, lui ressemble.

VILLAUDRIC, s. m. Com. du dép. de la Haute-Garonne, cant. de Fronton, arr. de Toulouse. = Fronton.

VILLAUTOU, s. m. Com. du dép. de l'Aude, cant. de Belpech, arr. de Castelnaudary. = Castelnaudary.

VILLAVARDS, s. m. Com. du dép. de Loir-et-Cher, cant. de Montoire, arr. de Vendôme. = Montoire.

VILLE, s. f. Assemblage plus ou moins considérable de maisons disposées par rues, dont les habitans se livrent à l'industrie, au commerce, aux arts. A la —, dans les villes, par opposition à la campagne. En —, hors de chez soi. Ouvrage de —, de peu d'étendue et qu'on tire en petit nombre. T. d'impr.

VILLE, s. f. Com. du dép. de l'Oise, cant. de Noyon, arr. de Compiègne. = Noyon.

VILLÉ, s. m. Com. du dép. du Bas-Rhin, chef-lieu de cant. de l'arr. de Schélestadt. Bur. d'enregist. = Schélestadt. Fabr. de bonneterie, chaud'ronnerie ; potasse, salin ; tanneries, tuileries et briqueteries.

VILLEAU, s. m. Com. du dép. d'Eure-et-Loir, cant. de Voves, arr. de Chartres. = Chartres.

VILLE-AU-BOIS (la), s. f. Com. du dép. de l'Aisne, cant. de Neufchâtel, arr. de Laon. = Laon.

VILLE-AU-MONTOIS, s. f. Com. du dép. de la Moselle, cant. de Longwy, arr. de Briey. = Longwy.

VILLE-AU-VAL, s. f. Com. du dép. de la Meurthe, cant. de Pont-à-Mousson, arr. de Nancy. = Pont-à-Mousson.

VILLE-AUX-BOIS (la), s. f. Com. du dép. de l'Aube, cant. de Soulaines, arr. de Bar-sur-Aube. = Vendeuvre.

VILLE-AUX-BOIS (la), s. f. Com. du dép. de la Haute-Marne, cant. et arr. de Chaumont. = Château-Vilain.

VILLE-AUX-BOIS-LÈS-DIZY (la), s. f. Com. du dép. de l'Aisne, cant. de Rozoy-sur-Serre, arr. de Laon. = Montcornet.

VILLE-AUX-BOIS-LES-VENDEUVRE (la), s. f. Com. du dép. de l'Aube, cant de Vendeuvre, arr. de Bar-sur-Aube. = Vendeuvre.

VILLE-AUX-CLERCS (la), s. f. Com. du dép. de Loir-et-Cher, cant. de Morée, arr. de Vendôme. Bureau de poste.

VILLE-AUX-DAMES (la), s. f. Com. du dép. d'Indre-et-Loire, cant. et arr. de Tours. = Tours.

VILLE-AUX-NONAINS (la), s. f. Com. du dép. d'Eure-et-Loir, cant. de Senonches, arr. de Dreux. = Châteauneuf-en-Thimerais.

VILLE-AUX-PRÉS (la), s. f. Com. du dép. de la Moselle, cant. de Conflans, arr. de Briey. = Metz.

VILLE-BADIN, s. f. Com. du dép. de l'Orne, cant. d'Exmes, arr. d'Argentan. = Nonant.

VILLEBAROU, s. m. Com. du dép. de Loir-et-Cher, cant. et arr. de Blois. = Blois.

VILLEBAUDON, s. m. Com. du dép. de la Manche, cant. de Percy, arr. de St.-Lô. = Villedieu.

VILLEBAZY, s. m. Com. du dép. de l'Aude, cant. de St.-Hilaire, arr. de Limoux. = Limoux.

VILLEBÉON, s. m. Com. du dép. de Seine-et-Marne, cant. de Lorrez, arr. de Fontainebleau. = Egreville.

VILLEBERNIER, s. m. Com. du dép. de Maine-et-Loire, cant. et arr. de Saumur. = Saumur.

VILLEBERNY, s. m. Com. du dép. de la Côte-d'Or, cant. de Vitteaux, arr. de Semur. = Vitteaux.

VILLEBICHOT, s. m. Com. du dép. de la Côte-d'Or, cant. de Nuits, arr. de Beaune. = Nuits.

VILLEBLEVIN, s. m. Com. du dép. de l'Yonne, cant. de Pont-sur-Yonne, arr. de Sens. = Villeneuve-la-Guyard.

VILLEBOIS, s. m. Com. du dép. de l'Ain, cant. de Lagnieu, arr. de Belley. = Ambérieux. Carrières de pierres de taille très importantes.

VILLEBOIS, s. m. Com. du dép. de la Drôme, cant. de Séderon, arr. de Nyons. = le Buis.

VILLEBON, s. m. Com. du dép. d'Eure-et-Loir, cant. de la Loupe, arr. de Nogent-le-Rotrou. = Courville.

VILLEBON, s. m. Com. du dép. de Seine-et-Oise, cant. de Palaiseau, arr. de Versailles. = Palaiseau.

VILLEBOU, s. m. Com. du dép. de Loir-et-Cher, cant. de Droué, arr. de Vendôme. = Cloyes.

VILLEBOUGIS, s. m. Com. du dép. de l'Yonne, cant. de Chéroy, arr. de Sens. = Chéroy.

VILLEBOURG, s. m. Com. du dép. d'Indre-et-Loire, cant. de Neuvy-le-Roi, arr. de Tours. = Neuvy-le-Roi.

VILLEBRAMAR, s. m. Com. du dép. de Lot-et-Garonne, cant. de Monclar, arr. de Villeneuve. = Tonneins.

VILLEBRET, s. m. Com. du dép. de l'Allier, cant. de Marcillat, arr. de Montluçon. = Montluçon.

VILLEBRUMIER, s. m. Com. du dép. de Tarn-et-Garonne, chef-lieu de cant. de l'arr. de Montauban, où est le bur. d'enregist. = Montauban.

VILLECELIN, s. m. Com. du dép. du Cher, cant. de Linières, arr. de St.-Amand. = Linières.

VILLECERF, s. m. Com. du dép. de Seine-et-Marne, cant. de Moret, arr. de Fontainebleau. = Moret.

VILLECEY-SUR-MAD, s. m. Com. du dép. de la Moselle, cant. de Gorze, arr. de Metz. = Metz.

VILLECHANTRIA, s. m. Com. du dép. du Jura, cant. de St.-Julien, arr. de Lons-le-Saulnier. = St.-Amour.

VILLE-CHAUVE, s. f. Com. du dép. de Loir-et-Cher, cant. de St.-Amand, arr. de Vendôme. = Château-Renault.

VILLECHENÈVE, s. f. Com. du dép. du Rhône, cant. de St.-Laurent-Chamousset, arr. de Lyon. = l'Arbresle.

VILLECHÉTIF, s. m. Com. du dép. de l'Aube, cant. et arr. de Troyes. = Troyes.

VILLE-CHÉTIVE, s. f. Com. du dép. de l'Yonne, cant. de Cérisiers, arr. de Joigny. = Sens.

VILLECHIEN, s. m. Com. du dép. de la Manche, cant. et arr. de Mortain. = Mortain.

VILLECIEN, s. m. Com. du dép. de l'Yonne, cant. et arr. de Joigny. = Joigny.

VILLECLOYE, s. f. Com. du dép. de la Meuse, cant. et arr. de Montmédy. = Montmédy.

VILLECOMTAL, s. m. Petite ville du dép. de l'Aveyron, cant. d'Estaing, arr. d'Espalion. = Espalion. Fabr. de toiles.

VILLE-COMTAL, s. m. Com. du dép. du Gers, cant. de Miélan, arr. de Mirande. = Miélan.

VILLE-COMTE, s. m. ou BELLE-FONTAINE, s. f. Com. du dép. de la Côte-d'Or, cant. d'Is-sur-Tille, arr. de Dijon. = Is-sur-Tille.

VILLECONIN, s. m. Com. du dép. de Seine-et-Oise, cant. et arr. d'Etampes. = Etréchy.

VILLECOURT, s. m. Com. du dép. de la Somme, cant. de Ham, arr. de Péronne. = Péronne.

VILLECRESNE, s. f. Com. du dép. de Seine-et-Oise, cant. de Boissy-St.-Léger, arr. de Corbeil. = Boissy-St.-Léger.

VILLECROZE, s. f. Com. du dép. du Var, cant. de Salernes, arr. de Draguignan. = Draguignan. Moulins à huile.

VILLECUN, s. m. Com. du dép. de l'Hérault, cant. et arr. de Lodève. = Lodève.

VILLE-D'AVRAY, s. f. Com. du dép. de Seine-et-Oise, cant. de Sèvres, arr. de Versailles. = Sèvres.

VILLE-DEVANT-BELRAIN, s. f. Com. du dép. de la Meuse, cant. de Pierrefitte, arr. de Commercy. = St.-Mihiel.

VILLE-DEVANT-CHAUMONT, s. f. Com. du dép. de la Meuse, cant. de Damvillers, arr. de Montmédy. = Damvillers.

VILLE-DIEU (la), s. f. Com. du dép. de l'Ardèche, cant. de Villeneuve-de-Berg, arr. de Privas. = Villeneuve-de-Berg.

VILLE-DIEU, s. f. Com. du dép. du Cantal, cant. et arr. de St.-Flour. = St.-Flour.

VILLE-DIEU (la), s. f. Com. du dép. de la Charente-Inférieure, cant. d'Aunay, arr. de St.-Jean-d'Angely. = Aunay.

VILLE-DIEU (la), s. f. Com. du dép. de la Côte-d'Or, cant. de Laignes, arr. de Châtillon. = Laignes.

VILLE-DIEU, s. f. Com. du dép. de la Creuse, cant. de Gentioux, arr. d'Aubusson. = Felletin.

VILLEDIEU (la), s. f. Com. du dép. du Doubs, cant. de Vercel, arr. de Baume. = Baume.

VILLEDIEU (la), s. f. Com. du dép. du Doubs, cant. de Mouthe, arr. de Pontarlier. = Pontarlier.

VILLEDIEU, s. f. Com. du dép. de l'Indre, cant. de Buzançais, arr. de Châteauroux. = Châteauroux.

VILLEDIEU, s. f. Com. du dép. de Loir-et-Cher, cant. de Selles-sur-Cher, arr. de Romorantin. = Selles-sur-Cher.

VILLEDIEU, s. f. Com. du dép. de Loir-et-Cher, cant. de Montoire, arr. de Vendôme. = Montoire.

VILLEDIEU, s. f. Com. du dép. de la Lozère, cant. de St.-Amans, arr. de Mende. = Mende.

VILLEDIEU, s. f. Com. du dép. de la Manche, chef-lieu de cant. de l'arr. d'Avranches. Bur. d'enregist. et de poste. Fabr. considérables de chaudronnerie, poêles; mécaniques pour filatures, toiles de crin; fonderies de cuivre.

VILLEDIEU, s. f. Com. du dép. de la Sarthe, cant. de Brûlon, arr. de la Flèche. = Sablé.

VILLEDIEU, s. f. Com. du dép. de la Seine-Inférieure, cant. de Forges, arr. de Neufchâtel. = Forges.

VILLEDIEU, s. f. Com. du dép. de Vaucluse, cant. de Vaison, arr. d'Orange. = Carpentras.

VILLEDIEU (la), s. f. Com. du dép. de la Vienne, chef-lieu de cant. de l'arr. de Poitiers, où se trouve le bur. d'enregist. = Vivone.

VILLEDIEU-EN-FONTENETTE (la), s. f. Com. du dép. de la Haute-Saône, cant. de Saulx, arr. de Lure. = Vesoul.

VILLEDIEU-ET-LA-BLOUÈRE, s. f. Com. du dép. de Maine-et-Loire, cant. et arr. de Beaupréau. = Beaupréau.

VILLEDIEU-LES-BAILLEUL, s. f. Com. du dép. de l'Orne, cant. de Trun, arr. d'Argentan. = Argentan.

VILLEDIEU-LES-QUENOCHE (la), s. f. Com. du dép. de la Haute-Saône, cant. de Montbozon, arr. de Vesoul. = Rioz.

VILLE-DI-PARASO, s. m. Com. du dép. de la Corse, cant. de Belgodere, arr. de Calvi. = Bastia.

VILLE-DI-PIETRABUGNO, s. m. Com. du dép. de la Corse, cant. de San-Martino, arr. de Bastia. = Bastia.

VILLEDOMAIN, s. m. Com. du dép. d'Indre-et-Loire, cant. de Montrésor, arr. de Loches. = Loches.

VILLE-DOMER, s. f. Com. du dép. d'Indre-et-Loire, cant. de Château-Renault, arr. de Tours. = Château-Renault.

VILLE-DOMMANGE, s. f. Com. du dép. de la Marne, cant. de Ville-en-Tardenois, arr. de Reims. = Reims.

VILLEDOUX, s. m. Com. du dép. de la Charente-Inférieure, cant. de Marans, arr. de la Rochelle. = Marans.

VILLEDUBERT, s. m. Com. du dép. de l'Aude, cant. de Capendu, arr. de Carcassonne. = Carcassonne.

VILLE-DU-BOIS (la), s. f. Com. du dép. de Seine-et-Oise, cant. de Palaiseau, arr. de Versailles. = Linas.

VILLE-DU-PONT (la), s. f. Com. du dép. du Doubs, cant. de Montbenoît, arr. de Pontarlier. = Pontarlier.

VILLE-EN-BLAISOIS, s. f. Com. du dép. de la Haute-Marne, cant. et arr. de Vassy. = Vassy.

VILLE-EN-SELVE, s. f. Com. du dép. de la Marne, cant. de Verzy, arr. de Reims. = Reims.

VILLE-EN-TARDENOIS, s. f. Com. du dép. de la Marne, chef-lieu de cant. de l'arr. de Reims. Bur. d'enregist. = Reims.

VILLE-EN-VERMOIS, s. f. Com. du dép. de la Meurthe, cant. de St.-Nicolas, arr. de Nancy. = St.-Nicolas-du-Port.

VILLE-EN-WOEVRE, s. f. Com. du dép. de la Meuse, cant. de Fresnes-en-Woevre, arr. de Verdun. = Etain.

VILLEFAGNAN, s. m. Com. du dép. de la Charente, chef-lieu de cant. de l'arr. de Ruffec. Bur. d'enregist. = Ruffec.

VILLE-FALAVIER, s. f. Com. du dép. de l'Isère, cant. de la Verpillière, arr. de Vienne. = la Verpillière.

VILLEFARGEAU, s. m. Com. du dép. de l'Yonne, cant. et arr. d'Auxerre. = Auxerre.

VILLEFAVARD, s. m. Com. du dép. de la Haute-Vienne, cant. et arr. de Bellac. = le Dorat.

VILLEFERRY, s. m. Com. du dép. de la Côte-d'Or, cant. de Vitteaux, arr. de Semur. = Vitteaux.

VILLEFERT, s. m. Com. du dép. de la Creuse, cant. de la Courtine, arr. d'Aubusson. = Felletin.

VILLEFLOURE, s. f. Com. du dép. de l'Aude, cant. de St.-Hilaire, arr. de Limoux. = Limoux.

VILLEFOLLET, s. m. Com. du dép. des Deux-Sèvres, cant. de Brioux, arr. de Melle. = Melle.

VILLEFORT, s. m. Com. du dép. de l'Aude, cant. de Chalabre, arr. de Limoux. = Quillan.

VILLEFORT, s. m. Petite ville du dép. de la Lozère, chef-lieu de cant. de l'arr. de Mende. Bur. d'enregist. et de poste. Mines de plomb et de cuivre. Fabr. de cadis. Comm. de blé, vins, châtaignes, soie, sel, plomb de chasse et bestiaux.

VILLEFRANCHE, s. f. Petite ville du dép. de l'Allier, cant. de Montmarault, arr. de Montluçon. = Montmarault.

VILLEFRANCHE, s. f. Ville du dép. de l'Aveyron, chef-lieu de sous-préf. et de cant.; trib. de 1re inst.; société d'agric.; conserv. des hypoth.; direct. des contrib. indir.; recev. part. des finances; bur. d'enregist. et de poste. Pop. 9,600 hab.

Cette ville est située au confluent de l'Alzon et de l'Aveyron, au milieu de belles prairies et de bons vignobles. Fabr. de toiles grises et d'emballage. Ouvrages en cuivre; tanneries, batteries de fer. Comm. de vins, grains, truffes, champignons, jambons, etc.

VILLEFRANCHE, s. f. Com. du dép. de la Drôme, cant. de Séderon, arr. de Nyons. = le Buis.

VILLEFRANCHE, s. f. Com. du dép. du Gers, cant. et arr. de Lombez. = Lombez.

VILLEFRANCHE, s. f. Com. du dép. de Loir-et-Cher, cant. de Mennetous, arr. de Romorantin. = Romorantin.

VILLEFRANCHE, s. f. Com. du dép. de Lot-et-Garonne, cant. de Casteljaloux, arr. de Nérac. = Casteljaloux.

VILLEFRANCHE, s. f. Ville fortifiée du dép. des Pyrénées-Orientales, cant. et arr. de Prades. = Prades.

Cette ville, défendue par un château qui domine la gorge des montagnes, est entourée de fortifications très bien construites. Carrières de marbres aux environs.

VILLEFRANCHE, s. f. Ville du dép. du Rhône, chef-lieu de sous-préf. et de cant.; trib. de 1re inst. et de comm.; société d'agric.; conserv. des hypoth.; direct. des contrib. indir.; recev. part. des finances; bur. d'enregist. et de poste. Fabr. de toiles, nankinets, basins. Comm. de fil, de chanvre, coton filé, bestiaux, etc.

VILLEFRANCHE, s. f. Petite ville du dép. du Tarn, chef-lieu de cant. de l'arr. d'Albi. Bur. d'enregist. = Albi. Mine de fer considérable.

VILLEFRANCHE, s. f. Com. du dép. de l'Yonne, cant. de Charny, arr. de Joigny. == Joigny. Source d'eau minérale.

VILLEFRANCHE-DE-BELVÈS, s. f. Com. du dép. de la Dordogne, chef-lieu de cant. de l'arr. de Sarlat. Bur. d'enregist. à Belvès. == Belvès.

VILLEFRANCHE-DE-LAURAGUAIS, s. f. Petite ville du dép. de la Haute-Garonne, chef-lieu de sous-préf. et de cant.; trib. de 1re inst.; société d'agric.; conserv. des hypoth.; direct. des contrib. indir.; recev. part. des finances; bur. d'enregist. et de poste. Fabr. de toiles à voiles et de poterie de terre. Comm. de grains, toiles, cuirs, etc.

VILLEFRANCHE - DE - LONCHAPT, s. f. Com. du dép. de la Dordogne, chef-lieu de cant. de l'arr. de Bergerac. Bur. d'enregist. à St.-Méard-de-Gurçon. == Monpont.

VILLEFRANCŒUR, s. m. Com. du dép. de Loir-et-Cher, cant. d'Herbault, arr. de Blois. == Blois.

VILLEFRANCON, s. m. Com. du dép. de la Haute-Saône, cant. de Gy, arr. de Gray. == Gy.

VILLEFRANQUE, s. f. Com. du dép. des Basses-Pyrénées, cant. d'Ustarits, arr. de Bayonne. == Bayonne.

VILLEFRANQUE, s. f. Com. du dép. des Hautes-Pyrénées, cant. de Castelnau-Rivière-Basse, arr. de Tarbes. == Tarbes.

VILLEGAGNON, s. m. Com. du dép. de Seine-et-Marne, cant. de Nangis, arr. de Provins. == Provins.

VILLEGAILHENC, s. m. Com. du dép. de l'Aude, cant. de Conques, arr. de Carcassonne. == Carcassonne.

VILLEGARDIN, s. m. Com. du dép. de l'Yonne, cant. de Chéroy, arr. de Sens. == Chéroy.

VILLEGATS, s. m. Com. du dép. de la Charente, cant. et arr. de Ruffec. == Ruffec.

VILLEGATS, s. m. Com. du dép. de l'Eure, cant. de Pacy, arr. d'Evreux. == Pacy-sur-Eure.

VILLEGAUDIN, s. m. Com. du dép. de Saône-et-Loire, cant. de St.-Martin-en-Bresse, arr. de Châlons. == Verdun-sur-Saône.

VILLEGENON, s. m. Com. du dép. du Cher, cant. de Vailly, arr. de Sancerre. == Aubigny.

VILLEGLY, s. m. Com. du dép. de l'Aude, cant. de Conques, arr. de Carcassonne. == Carcassonne.

VILLEGONGIS, s. m. Com. du dép. de l'Indre, cant. de Levroux, arr. de Châteauroux. == Levroux.

VILLEGOUGE, s. f. Com. du dép. de la Gironde, cant. de Fronsac, arr. de Libourne. == Libourne.

VILLEGOUIN, s. m. Com. du dép. de l'Indre, cant. d'Ecueillé, arr. de Châteauroux. == Levroux.

VILLEGRUIS, s. m. Com. du dép. de Seine-et-Marne, cant. de Villiers-St.-Georges, arr. de Provins. == Villenauxe.

VILLEGUSIEN, s. m. Com. du dép. de la Haute-Marne, cant. de Longeau, arr. de Langres. == Langres.

VILLEHARDOUIN, s. m. Com. du dép. de l'Aube, cant. de Piney, arr. de Troyes. == Troyes.

VILLEHERVIERS, s. m. Com. du dép. de Loir-et-Cher, cant. et arr. de Romorantin. == Romorantin.

VILLE - HOUDLEMONT, s. f. Com. du dép. de la Moselle, cant. de Longwy, arr. de Briey. == Longwy.

VILLE-ISSEY, s. f. Com. du dép. de la Meuse, cant. et arr. de Commercy. == Commercy.

VILLEJÉSUS, s. m. Com. du dép. de la Charente, cant. d'Aigre, arr. de Ruffec. == Aigre.

VILLEJOUBERT, s. m. Com. du dép. de la Charente, cant. de St.-Amant-de-Boixe, arr. d'Angoulême. == Mansle.

VILLEJUIF, s. m. Com. du dép. de la Seine, chef-lieu de cant. de l'arr. de Sceaux. Bur. d'enregist. Banlieue de Paris. Fabr. de toiles cirées, de savon. Comm. de vins, grains, foin, etc. Carrières de pierres meulières et de pierres à bâtir.

VILLEJUST, s. m. Com. du dép. de Seine-et-Oise, cant. de Palaiseau, arr. de Versailles. == Longjumeau.

VILLELAURE, s. f. Com. du dép. de Vaucluse, cant. de Cadenet, arr. d'Apt. == Cadenet.

VILLE-LES-ANLEZY, s. f. Com. du dép. de la Nièvre, cant. de Beniu-d'Azy, arr. de Nevers. == Decize.

VILLE-L'ÉVÊQUE (la), s. f. Com. du dép. d'Eure-et-Loir, cant. d'Anet, arr. de Dreux. == Houdan.

VILLELOIN, s. m. Com. du dép. d'Indre-et-Loire, cant. de Montrésor, arr. de Loches. == Loches.

VILLELONGUE, s. f. Com. du dép. de l'Aude, cant. et arr. de Limoux. == Limoux.

VILLELONGUE, s. f. Com. du dép. de l'Aveyron, cant. de Sauveterre, arr. de Rodez. == Rodez.

VILLELONGUE, s. f. Com. du dép.

des Hautes-Pyrénées, cant. et arr. d'Argelès. = Argelès.

VILLELONGUE-DE-LA-SALANQUE, s. f. Com. du dép. des Pyrénées-Orientales, cant. et arr. de Perpignan. = Perpignan.

VILLELONGUE-DES-MONTS, s. f. Com. du dép. des Pyrénées-Orientales, cant. d'Argelès, arr. de Céret. = Collioure.

VILLELOUP, s. m. Com. du dép. de l'Aube, cant. et arr. de Troyes. = Troyes.

VILLELUIS, s. m. Com. du dép. de Seine-et-Marne, cant. de Bray, arr. de Provins. = Bray-sur-Seine.

VILLEMADE, s. f. Com. du dép. de Tarn-et-Garonne, cant. et arr. de Montauban. = Montauban.

VILLEMAGNE, s. f. Com. du dép. de l'Aude, cant. et arr. de Castelnaudary. = Castelnaudary.

VILLEMAGNE, s. f. Com. du dép. de l'Hérault, cant. de St.-Gervais, arr. de Béziers. = Bédarieux.

VILLEMAIN, s. m. Com. du dép. des Deux-Sèvres, cant. de Chef-Boutonne, arr. de Melle. = Chef-Boutonne.

VILLEMANDEUR, s. m. Com. du dép. du Loiret, cant. et arr. de Montargis. = Montargis.

VILLEMANOCHE, s. f. Com. du dép. de l'Yonne, cant. de Pont-sur-Yonne, arr. de Sens. = Pont-sur-Yonne.

VILLEMARDY, s. m. Com. du dép. de Loir-et-Cher, cant. de Selommes, arr. de Vendôme. = Vendôme.

VILLEMARÉCHAL, s. m. Com. du dép. de Seine-et-Marne, cant. de Lorrez, arr. de Fontainebleau. = Egreville.

VILLEMAREUIL, s. m. Com. du dép. de Seine-et-Marne, cant. de Crécy, arr. de Meaux. = Meaux.

VILLEMAUR, s. m. Com. du dép. de l'Aube, cant. d'Estissac, arr. de Troyes. = Estissac.

VILLEMBITS, s. m. Com. du dép. des Hautes-Pyrénées, cant. de Trie, arr. de Tarbes. = Trie.

VILLEMBRAY, s. m. Com. du dép. de l'Oise, cant. de Songeons, arr. de Beauvais. = Beauvais.

VILLEMER, s. m. Com. du dép. de Seine-et-Marne, cant. de Moret, arr. de Fontainebleau. = Moret.

VILLEMER, s. m. Com. du dép. de l'Yonne, cant. d'Aillant, arr. de Joigny. = Bassou.

VILLEMEREUIL, s. m. Com. du dép. de l'Aube, cant. de Bouilly, arr. de Troyes. = Troyes.

VILLEMERVRY, s. m. Com. du dép. de la Haute-Marne, cant. d'Auberive, arr. de Langres. = Langres.

VILLEMEUX, s. m. Com. du dép. d'Eure-et-Loir, cant. de Nogent-le-Roi, arr. de Dreux. = Nogent-le-Roi.

VILLE-MOIRIEU, s. f. Com. du dép. de l'Isère, cant. de Crémieu, arr. de la Tour-du-Pin. = la Tour-du-Pin.

VILLEMOIRON, s. m. Com. du dép. de l'Aube, cant. d'Aix-en-Othe, arr. de Troyes. = Estissac.

VILLEMOISAN, s. m. Com. du dép. de Maine-et-Loire, cant. de Louroux-Béconnais, arr. d'Angers. = Ingrande.

VILLEMOISSON-SUR-ORGE, s. m. Com. du dép. de Seine-et-Oise, cant. de Longjumeau, arr. de Corbeil. = Longjumeau.

VILLEMOLAQUE, s. f. Com. du dép. des Pyrénées-Orientales, cant. de Thuir, arr. de Perpignan. = Perpignan.

VILLEMONBLE, s. f. Com. du dép. de la Seine, cant. de Vincennes, arr. de Sceaux. = Bondy.

VILLEMONTAIS, s. m. Com. du dép. de la Loire, cant. et arr. de Roanne. = Roanne.

VILLEMONTOIRE, s. f. Com. du dép. de l'Aisne, cant. d'Oulchy-le-Château, arr. de Soissons. = Soissons.

VILLEMONTRY, s. m. Com. du dép. des Ardennes, cant. de Mouzon, arr. de Sedan. = Mouzon.

VILLEMORIEN, s. m. Com. du dép. de l'Aube, cant. et arr. de Bar-sur-Seine. = Bar-sur-Seine.

VILLEMORIN, s. m. Com. du dép. de la Charente-Inférieure, cant. d'Aunay, arr. de St.-Jean-d'Angely. = Aunay.

VILLEMORON, s. m. Com. du dép. de la Haute-Marne, cant. d'Auberive, arr. de Langres. = Langres.

VILLEMORT, s. m. Com. du dép. de la Vienne, cant. de St.-Savin, arr. de Montmorillon. = St.-Savin.

VILLEMOUSTAUSSOU, s. m. Com. du dép. de l'Aude, cant. de Conques, arr. de Carcassonne. = Carcassonne.

VILLEMOUTIER, s. m. Com. du dép. de l'Ain, cant. de Coligny, arr. de Bourg. = St.-Amour.

VILLEMOUTIERS, s. m. Com. du dép. du Loiret, cant. de Bellegarde, arr. de Montargis. = Montargis.

VILLEMOYENNE, s. f. Com. du dép. de l'Aube, cant. et arr. de Bar-sur-Seine. = Bar-sur-Seine.

VILLEMUR, s. m. Petite ville du dép. de la Haute-Garonne, chef-lieu de cant. de l'arr. de Toulouse. Bur. d'enregist. = Fronton.

VILLEMUR, s. m. Com. du dép. des Hautes-Pyrénées, cant. de Castelnau-Magnoac, arr. de Bagnères. = Castelnau-Magnoac.

VILLEMURLIN, s. m. Com. du dép. du Loiret, cant. de Sully, arr. de Gien. = Gien.

VILLEMUS, s. m. Com. du dép. des Basses-Alpes, cant. de Reillanne, arr. de Forcalquier. = Manosque.

VILLENAUXE, s. f. Petite ville du dép. de l'Aube, chef-lieu de cant. de l'arr. de Nogent-sur-Seine. Bur d'enregist. et de poste. Fabr. d'ouvrages de vannerie; taillanderie, tannerie. Comm. de vins blancs et vinaigres.

VILLENAUX-LA-PETITE, s. f. Com. du dép. de Seine-et-Marne, cant. de Bray, arr. de Provins. = Bray-sur-Seine.

VILLENAVE, s. f. Com. du dép. des Landes, cant. de Tartas, arr. de St.-Sever. = Tartas.

VILLENAVE, s. f. Com. du dép. des Basses-Pyrénées, cant. de Garlin, arr. de Pau. = Pau.

VILLENAVE, s. f. Com. du dép. des Hautes-Pyrénées, cant. de Luz, arr. d'Argelès. = Argelès.

VILLENAVE-DE-RIONS, s. f. Com. du dép. de la Gironde, cant. de Cadillac, arr. de Bordeaux. = Cadillac.

VILLENAVE-D'ORNON, s. f. Com. du dép. de la Gironde, cant. de Pessac, arr. de Bordeaux. = Bordeaux.

VILLENAVE - PRÈS - BEANE, s. f. Com. du dép. des Hautes-Pyrénées, cant. d'Ossun, arr. de Tarbes. = Tarbes.

VILLENAVE-PRÈS-MASSAC, s. f. Com. du dép. des Hautes-Pyrénées, cant. de Vic, arr. de Tarbes. = Vic-en-Bigorre.

VILLENAVOTTE, s. f. Com. du dép. de l'Yonne, cant. de Pont-sur-Yonne, arr. de Sens. = Pont-sur-Yonne.

VILLENEUVE, s. f. Com. du dép. de l'Ain, cant. de St.-Trivier-sur-Mognand, arr. de Trévoux. = Trévoux.

VILLENEUVE, s. f. Com. du dép. de l'Allier, cant. et arr. de Moulins. = Moulins.

VILLENEUVE, s. f. Com. du dép. des Basses-Alpes, cant. et arr. de Forcalquier. = Forcalquier.

VILLENEUVE, s. f. Com. du dép. de l'Ariège, cant. de Castillon, arr. de St.-Girons. = St.-Girons.

VILLENEUVE, s. f. Com. du dép. de l'Aveyron, chef-lieu de cant. de l'arr. de Villefranche-de-Rouergue, où se trouve le bur. d'enregist. = Villefranche-de-Rouergue.

VILLENEUVE, s. f. Com. du dép. de la Charente-Inférieure, cant. de Loulay, arr. de St.-Jean-d'Angely. = Nuaillé.

VILLENEUVE, s. f. Com. du dép. du Gers, cant. de Samatan, arr. de Lombez. = Lombez.

VILLENEUVE, s. f. Com. du dép. du Gers, cant. et arr. de Mirande. = Mirande.

VILLENEUVE, s. f. Com. du dép. de la Gironde, cant. de Bourg, arr. de Blaye. = Bourg-sur-Gironde.

VILLENEUVE, s. f. Com. du dép. de l'Isère, cant. de St.-Jean-de-Bournay, arr. de Vienne. = Vienne.

VILLENEUVE, s. f. Com. du dép. du Jura, cant. et arr. de Lons-le-Saulnier. = Lons-le-Saulnier.

VILLENEUVE, s. f. Com. du dép. des Landes, chef-lieu de cant. de l'arr. de Mont-de-Marsan, où se trouvent les bur. d'enregist. et de poste. Fabr. d'étoffes de laine.

VILLENEUVE, s. f. Com. du dép. de Loir-et-Cher, cant. de Neung-sur-Beuvron, arr. de Romorantin. = la Ferté-St.-Aubin.

VILLENEUVE (la), s. f. Com. du dép. de la Haute-Marne, cant. de Montigny, arr. de Langres. = Montigny-le-Roi.

VILLENEUVE, s. f. Com. du dép. du Puy-de-Dôme, cant. de St.-Germain-Lembron, arr. d'Issoire. = Issoire.

VILLENEUVE, s. f. Com. du dép. des Pyrénées-Orientales, cant. de Saillagouse, arr. de Prades. = Mont-Louis.

VILLENEUVE (la), s. f. Com. du dép. de Saône-et-Loire, cant. de Verdun-sur-le-Doubs, arr. de Châlons. = Buxy.

VILLENEUVE, s. f. Com. du dép. du Tarn, cant. et arr. d'Albi. = Albi.

VILLENEUVE, s. f. Com. du dép. du Tarn, cant. et arr. de Lavaur. = Lavaur.

VILLENEUVE (la), s. f. Com. du dép. de la Haute-Vienne, cant. d'Eymoutiers, arr. de Limoges. = Limoges.

VILLENEUVE-ANGOULÊME, s. f. Com. du dép. de l'Hérault, cant. de Frontignan, arr. de Montpellier. = Montpellier.

VILLENEUVE-AU-CHATELOT, s. f. Com. du dép. de l'Aube, cant. de Villenauxe, arr. de Nogent-sur-Seine. = Villenauxe.

VILLENEUVE-AU-CHEMIN, s. f. Com. du dép. de l'Aube, cant. d'Ervy, arr. de Troyes. = Ervy.

VILLENEUVE-AU-ROI, s. f. Com. du dép. de la Haute-Marne, cant. de

Juzennecourt, arr. de Chaumont. = Chaumont.

VILLENEUVE-AUX-CHÊNES (la), s. f. Com. du dép. de l'Aube, cant. de Vendeuvre, arr. de Bar-sur-Aube. = Vendeuvre.

VILLENEUVE-AUX-FRESNES (la), s. f. Com. du dép. de la Haute-Marne, cant. de Juzennecourt, arr. de Chaumont. = Bar-sur-Aube.

VILLENEUVE-AUX-RICHES-HOMMES, s. f. Com. du dép. de l'Aube, cant. de Marcilly-le-Hayer, arr. de Nogent-sur-Seine. = Nogent-sur-Seine.

VILLENEUVE-CONTELAS, s. f. Com. du dép. du Var, cant. de Tavernes, arr. de Brignoles. = Aups.

VILLENEUVE-D'AGEN, s. f. Petite ville du dép. de Lot-et-Garonne, chef-lieu de sous-préf. et de cant. trib. de 1re inst.; société d'agric.; conserv. des hypoth.; direct. des contrib. indir.; recev. part. des finances; bur. d'enregist. et de poste. Fabr. de toiles; tanneries, tuileries, martinets pour le cuivre. Comm. de vins, grains, bestiaux, pruneaux, papiers, fer, cuirs, etc.

VILLENEUVE-D'AMONT, s. f. Com. du dép. du Doubs, cant. de Levier, arr. de Pontarlier. = Salins.

VILLENEUVE-D'AVAL, s. f. Com. du dép. du Jura, cant. de Villers-Farlay, arr. de Poligny. = Arbois.

VILLENEUVE-DE-BERG, s. f. Petite ville du dép. de l'Ardèche, chef-lieu de cant. de l'arr. de Privas. Bur. d'enregist. et de poste. Education des vers à soie.

VILLENEUVE-DE-DURAS, s. f. Com. du dép. de Lot-et-Garonne, cant. de Duras, arr. de Marmande.=Marmande.

VILLENEUVE-DE-LA-RAHO, s. f. Com. du dép. des Pyrénées-Orientales, cant. et arr. de Perpignan.=Perpignan.

VILLENEUVE-DE-LA-RIVIÈRE, s. f. Com. du dép. des Pyrénées-Orientales, cant. et arr. de Perpignan.=Perpignan.

VILLENEUVE-DE-LÉCUSSAN, s. f. Com. du dép. de la Haute-Garonne, cant. de Montrejeau, arr. de St.-Gaudens. = Montrejeau.

VILLENEUVE-DE-MEZIN, s. f. Com. du dép. de Lot-et-Garonne, cant. de Mezin, arr. de Nérac. = Nérac.

VILLENEUVE-DE-RIVIÈRE, s. f. Com. du dép. de la Haute-Garonne, cant. et arr. de St.-Gaudens. = St.-Gaudens.

VILLENEUVE-D'OLMES, s. f. Com. du dép. de l'Ariège, cant. de Lavelanet, arr. de Foix. = Mirepoix.

VILLENEUVE-DU-BOSC, s. f. Com. du dép. de l'Ariège, cant. et arr. de Foix. = Foix.

VILLENEUVE-DU-PARÉAGE, s. f. Com. du dép. de l'Ariège, cant. et arr. de Pamiers. = Pamiers.

VILLENEUVE-EN-CHÉVRIE (la), s. f. Com. du dép. de Seine-et-Oise, cant. de Bonnières, arr. de Mantes. = Bonnières.

VILLENEUVE-EN-MONTAGNE, s. f. Com. du dép. de Saône-et-Loire, cant. de Buxy, arr. de Châlons. = Buxy.

VILLENEUVE-FRONVILLE, s. f. Com. du dép. de Loir-et-Cher, cant. de Marchénoir, arr. de Blois. = Blois.

VILLENEUVE-LA-COMPTAL, s. f. Com. du dép. de l'Aude, cant. et arr. de Castelnaudary. = Castelnaudary.

VILLENEUVE-LA-DONDAGRE, s. f. Com. du dép. de l'Yonne, cant. de Chéroy, arr. de Sens. = Sens.

VILLENEUVE-LA-GUYARD, s. f. Petite ville du dép. de l'Yonne, cant. de Pont-sur-Yonne, arr. de Sens. Bur. de poste.

VILLENEUVE-LA-HURÉE, s. f. Com. du dép. de Seine-et-Marne, cant. de Rozoy, arr. de Coulommiers. = Rozoy-en-Brie.

VILLENEUVE-LA-LIONNE, s. f. Com. du dép. de la Marne, cant. d'Esternay, arr. d'Epernay. = la Ferté-Gaucher.

VILLENEUVE-LA-MAIZE-ET-LA-BELLENOYE, s. f. Com. du dép. de la Haute-Saône, cant. et arr. de Vesoul. = Vesoul.

VILLENEUVE-L'ARCHEVÊQUE ou VILLENEUVE-SUR-VANNES, s. f. Petite ville du dép. de l'Yonne, chef-lieu de cant. de l'arr. de Sens. Bur. d'enregist. et de poste. Fabr. de draps; filat. de laine; tanneries; comm. de vins, bois, charbon, chanvre, etc.

VILLENEUVE-LE-COMTE, s. f. Com. du dép. de Seine-et-Marne, cant. de Rozoy, arr. de Coulommiers. = Crécy.

VILLENEUVE-LE-ROI (la), s. f. Com. du dép. de l'Oise, cant. de Méru, arr. de Beauvais. = Méru.

VILLENEUVE-LE-ROI, s. f. Com. du dép. de Seine-et-Oise, cant. de Longjumeau, arr. de Corbeil. = Longjumeau.

VILLENEUVE-LE-ROI, s. f. Petite ville du dép. de l'Yonne, chef-lieu de cant. de l'arr. de Joigny. Bur. d'enregist. et de poste. Fabr. de grosse draperie; tanneries; pépinières; comm. de vins, eaux-de-vie, raisiné, bois, charbon, etc.

VILLENEUVE-LÈS-AVIGNON, s. f. Petite ville du dép. du Gard, chef-lieu de cant. de l'arr. d'Uzès; biblioth. publique de 7,200 vol. Bur. d'enregist. et de poste. Fabr. de toiles, étoffes de soie, cordes, chapeaux, salpêtre; fours à chaux; tuileries; comm. de vins.

VILLENEUVE-LÈS-BÉZIERS, s. f. Petite ville du dép. de l'Hérault, cant. et arr. de Béziers. = Béziers.

VILLENEUVE-LÈS-BORDES, s. f. Com. du dép. de Seine-et-Marne, cant. de Donnemarie, arr. de Provins. = Nangis.

VILLENEUVE-LÈS-BOULOT, s. f. Com. du dép. de la Haute-Garonne, cant. de Fronton, arr. de Toulouse. = Fronton.

VILLENEUVE-LÈS-CERFS, s. f. Com. du dép. du Puy-de-Dôme, cant. de Randan, arr. de Riom. = Aigueperse.

VILLENEUVE-LÈS-CHANOINES, s. f. Com. du dép. de l'Aude, cant. de Peyriac-Minervois, arr. de Carcassonne. = Carcassonne.

VILLENEUVE-LÈS-CHARLEVILLE, s. f. Com. du dép. de la Marne, cant. de Montmirail, arr. d'Epernay. = Sézanne.

VILLENEUVE-LÈS-CHARNOZ, s. f. Com. du dép. du Jura, cant. de St.-Julien, arr. de Lons-le-Saulnier. = St.-Amour.

VILLENEUVE-LÈS-CUGNAUX, s. f. Com. du dép. de la Haute-Garonne, cant. et arr. de Muret. = Muret.

VILLENEUVE-LÈS-GENETS, s. f. Com. du dép. de l'Yonne, cant. de Bléneau, arr. de Joigny. = St.-Fargeau.

VILLENEUVE-LÈS-MONTRÉAL, s. f. Com. du dép. de l'Aude, cant. de Montréal, arr. de Carcassonne. = Carcassonne.

VILLENEUVE-LEZ-ROUFFY, s. f. Com. du dép. de la Marne, cant. de Vertus, arr. d'Epernay. = Epernay.

VILLENEUVE-LEZ-SARROGNA, s. f. Com. du dép. du Jura, cant. d'Orgelet, arr. de Lons-le-Saulnier. = Orgelet.

VILLENEUVE-LOUBET, s. f. Com. du dép. du Var, cant. de Vence, arr. de Grasse. = Antibes.

VILLENEUVE-ST.-DENIS, s. f. Com. du dép. de Seine-et-Marne, cant. de Rozoy, arr. de Coulommiers. = Lagny.

VILLENEUVE-ST.-GEORGES, s. f. Petite ville du dép. de Seine-et-Oise, cant. de Boissy-St.-Léger, arr. de Corbeil. Bur. de poste. Raffinerie de sucre; tanneries; comm. de vins, eaux-de-vie, grains, farines, etc.

VILLENEUVE-ST.-GERMAIN, s. f. Com. du dép. de l'Aisne, cant. et arr. de Soissons. = Soissons.

VILLENEUVE-ST.-MARTIN (la), s. f. Com. du dép. de Seine-et-Oise, cant. de Marines, arr. de Pontoise. = Meulan.

VILLENEUVE-ST.-NICOLAS, s. f. Com. du dép. d'Eure-et-Loir, cant. de Voves, arr. de Chartres. = Voves.

VILLENEUVE-ST.-SALVE, s. f. Com. du dép. de l'Yonne, cant. de Ligny, arr. d'Auxerre. = Auxerre.

VILLENEUVE-ST.-VISTRE, s. f. Com. du dép. de la Marne, cant. de Sézanne, arr. d'Epernay. = Sézanne.

VILLENEUVE-SOUS-BELLOT, s. f. Com. du dép. de Seine-et-Marne, cant. de Rebais, arr. de Coulommiers. = Rebais.

VILLENEUVE-SOUS-CHARIGNY, s. f. Com. du dép. de la Côte-d'Or, cant. et arr. de Semur. = Semur.

VILLENEUVE-SOUS-DAMMARTIN, s. f. Com. du dép. de Seine-et-Marne, cant. de Dammartin, arr. de Meaux. = Dammartin.

VILLENEUVE-SOUS-THURY, s. f. Com. du dép. de l'Oise, cant. de Betz, arr. de Senlis. = la Ferté-Milon.

VILLENEUVE-SUR-AUVERS, s. f. Com. du dép. de Seine-et-Oise, cant. de la Ferté-Aleps, arr. d'Etampes. = Etréchy.

VILLENEUVE-SUR-CHER, s. f. Com. du dép. du Cher, cant. de Charost, arr. de Bourges. = Bourges.

VILLENEUVE-SUR-CONIE, s. f. Com. du dép. du Loiret, cant. de Patay, arr. d'Orléans. = Orléans.

VILLENEUVE-SUR-FÈRE, s. f. Com. du dép. de l'Aisne, cant. de Fère-en-Tardenois, arr. de Château-Thierry. = Fère-en-Tardenois.

VILLENEUVE-SUR-VERBERIE, s. f. Com. du dép. de l'Oise, cant. de Pont-Ste.-Maxence, arr. de Senlis. = Verberie.

VILLENEUVETTE, s. f. Com. du dép. de l'Hérault, cant. de Clermont, arr. de Lodève. = Clermont-Lodève.

VILLENNES, s. f. Com. du dép. de Seine-et-Oise, cant. de Poissy, arr. de Versailles. = Poissy.

VILLENOUVELLE, s. f. Com. du dép. de la Charente-Inférieure, cant. de Loulay, arr. de St.-Jean-d'Angely. = St. Jean-d'Angely.

VILLENOUVELLE, s. f. Com. du dép. de la Haute-Garonne, cant. et arr. de Villefranche. = Villefranche.

VILLENOY, s. m. Com. du dép. de

Seine-et-Marne, cant. et arr. de Meaux. = Meaux.

VILLENY, s. m. Com. du dép. de Loir-et-Cher, cant. de Neung-sur-Beuvron, arr. de Romorantin. = la Ferté-St.-Aubin.

VILLEPAIL, s. m. Com. du dép. de la Mayenne, cant. de Villaines, arr. de Mayenne. = Villaines.

VILLEPARISIS, s. m. Com. du dép. de Seine-et-Marne, cant. de Claye, arr. de Meaux. Bur. de poste.

VILLEPAROIS, s. m. Com. du dép. de la Haute-Saône, cant. et arr. de Vesoul. = Vesoul.

VILLEPERDRIX, s. m. Com. du dép. de la Drôme, cant. de la Motte-Chalançon, arr. de Die. = Nyons.

VILLEPERDUE, s. f. Com. du dép. d'Indre-et-Loire, cant. de Montbazon, arr. de Tours. = Montbazon.

VILLEPEROT, s. m. Com. du dép. de l'Yonne, cant. de Pont-sur-Yonne, arr. de Sens. = Pont-sur-Yonne.

VILLEPINTE, s. f. Petite ville du dép. de l'Aude, cant. et arr. de Castelnaudary. = Castelnaudary.

VILLEPINTE, s. f. Com. du dép. de Seine-et-Oise, cant. de Gonesse, arr. de Pontoise. = Livry.

VILLEPORCHER, s. m. Com. du dép. de Loir-et-Cher, cant. de St.-Amand, arr. de Vendôme. = Château-Renault.

VILLEPOT, s. m. Com. du dép. de la Loire-Inférieure, cant. de Rougé, arr. de Châteaubriant. = Châteaubriant.

VILLEPOUGE, s. f. Com. du dép. de la Charente-Inférieure, cant. de St.-Hilaire, arr. de St.-Jean-d'Angely. = St.-Jean-d'Angely.

VILLEPREUX, s. m. Com. du dép. de Seine-et-Oise, cant. de Marly-le-Roi, arr. de Versailles. = Versailles.

VILLEQUIER, s. m. Com. du dép. de la Seine-Inférieure, cant. de Caudebec, arr. d'Yvetot. = Caudebec.

VILLEQUIER-AU-MONT-ET-GUYENCOURT, s. m. Com. du dép. de l'Aisne, cant. de Chauny, arr. de Laon. = Chauny.

VILLEQUIERS, s. m. Com. du dép. du Cher, cant. de Baugy, arr. de Bourges. Bur. de poste.

VILLERABLE, s. m. Com. du dép. de Loir-et-Cher, cant. et arr. de Vendôme. = Vendôme.

VILLERACH, s. m. Com. du dép. des Pyrénées-Orientales, cant. et arr. de Prades. = Prades.

VILLERBON, s. m. Com. du dép. de Loir-et-Cher, cant. et arr. de Blois. = Ménars.

VILLERÉAL, s. m. Petite ville du dép. de Lot-et-Garonne, chef-lieu de cant. de l'arr. de Villeneuve. Bur. d'enregist. = Monflanquin.

VILLEREAU, s. m. Com. du dép. du Nord, cant. du Quesnoy, arr. d'Avesnes. = le Quesnoy.

VILLEREAU, s. m. Com. du dép. du Loiret, cant. de Neuville, arr. d'Orléans. = Neuville-aux-Bois.

VILLEREAU, s. m. Com. du dép. du Loiret, cant. de Puiseaux, arr. de Pithiviers. = Pithiviers.

VILLÈRES, s. f. Com. du dép. du Gers, cant. de Riscle, arr. de Mirande. = Aire-sur-l'Adour.

VILLEREST, s. m. Com. du dép. de l'Eure, cant. d'Ecouis, arr. des Andelys. = Ecouis.

VILLERET, s. m. Com. du dép. de l'Aisne, cant. du Catelet, arr. de St.-Quentin. = le Catelet.

VILLERET, s. m. Com. du dép. de l'Aube, cant. de Brienne-le-Château, arr. de Bar-sur-Aube. = Brienne.

VILLERET, s. m. Com. du dép. de la Loire, cant. et arr. de Roanne. = Roanne.

VILLEREVERSURE, s. f. Com. du dép. de l'Ain, cant. de Césériat, arr. de Bourg. = Bourg.

VILLERMAIN, s. m. Com. du dép. de Loir-et-Cher, cant. d'Auzouer-le-Marché, arr. de Blois. = Beaugency.

VILLEROMAIN, s. m. Com. du dép. de Loir-et-Cher, cant. de Selommes, arr. de Vendôme. = Vendôme.

VILLERON, s. m. Com. du dép. de Seine-et-Oise, cant. de Luzarches, arr. de Pontoise. = Louvres.

VILLEROUGE, s. f. Com. du dép. de l'Aude, cant. de Monthoumet, arr. de Carcassonne. = la Grasse.

VILLEROY, s. m. Com. du dép. de la Meuse, cant. de Void, arr. de Commercy. = Void.

VILLEROY, s. m. Com. du dép. de Seine-et-Marne, cant. de Claye, arr. de Meaux. = Meaux.

VILLEROY, s. m. Com. du dép. de la Somme, cant. de Crécy, arr. d'Abbeville. = Abbeville.

VILLEROY, s. m. Com. du dép. de la Somme, cant. d'Oisemont, arr. d'Amiens. = Abbeville.

VILLEROY, s. m. Com. du dép. de l'Yonne, cant. de Chéroy, arr. de Sens. = Sens.

VILLERS, s. m. Com. du dép. de

l'Indre, cant. et arr. de Châteauroux. = Châteauroux.

VILLERS, s. m. Com. du dép. de la Loire, cant. de Charlieu, arr. de Roanne. = Roanne.

VILLERS, s. m. Com. du dép. des Vosges, cant. et arr. de Mirecourt. = Mirecourt.

VILLERS-AGRON-AIGUISY, s. m. Com. du dép. de l'Aisne, cant. de Fère-en-Tardenois, arr. de Château-Thierry. = Fère-en-Tardenois.

VILLERS-ALLERAND, s. m. Com. du dép. de la Marne, cant. de Verzy, arr. de Reims. = Reims.

VILLERS-AU-FLOS, s. m. Com. du dép. du Pas-de-Calais, cant. de Bapaume, arr. d'Arras. = Bapaume.

VILLERS-AU-TERTRE, s. m. Com. du dép. du Nord, cant. d'Arleux, arr. de Douai. = Douai.

VILLERS-AUTREAU, s. m. Com. du dép. du Nord, cant. de Clary, arr. de Cambrai. = Cambrai.

VILLERS-AUX-BOIS, s. m. Com. du dép. du Pas-de-Calais, cant. de Vimy, arr. d'Arras. = Arras.

VILLERS-AUX-BOIS, s. m. Com. du dép. de la Marne, cant. d'Avize, arr. d'Epernay. = Vertus.

VILLERS-AUX-CORNEILLES, s. m. Com. du dép. de la Marne, cant. d'Ecury-sur-Coole, arr. de Châlons. = Châlons.

VILLERS-AUX-ÉRABLES, s. m. Com. du dép. de la Somme, cant. de Moreuil, arr. de Montdidier. = Montdidier.

VILLERS-AUX-NŒUDS, s. m. Com. du dép. de la Marne, cant. de Verzy, arr. de Reims. = Reims.

VILLERS-AUX-OYES, s. m. Com. du dép. de la Meurthe, cant. de Delme, arr. de Château-Salins. = Château-Salins.

VILLERS-AUX-VENTS, s. m. Com. du dép. de la Meuse, cant. de Revigny, arr. de Bar-le-Duc. = Bar-le-Duc.

VILLERS-BETTNACH, s. m. Com. du dép. de la Moselle, cant. de Vigy, arr. de Metz. = Boulay.

VILLERS-BOCAGE, s. m. Petite ville du dép. du Calvados, chef-lieu de cant. de l'arr. de Caen. Bur. d'enregist. et de poste. Pêche considérable de harengs.

VILLERS-BOCAGE, s. m. Com. du dép. de la Somme, chef-lieu de cant. de l'arr. d'Amiens. Bur. d'enregist. = Amiens.

VILLERS-BOUTON, s. m. Com. du dép. de la Haute-Saône, cant. de Rioz, arr. de Vesoul. = Rioz.

VILLERS-BRETONNEUX, s. m. Com. du dép. de la Somme, cant. de Corbie, arr. d'Amiens. = Corbie.

VILLERS-BRULIN, s. m. Com. du dép. du Pas-de-Calais, cant. d'Aubigny, arr. de St.-Pol. = Arras.

VILLERS-BUSON, s. m. Com. du dép. du Doubs, cant. d'Audeux, arr. de Besançon. = Besançon.

VILLERS-CAMPEAU, s. m. Com. du dép. du Nord, cant. de Marchiennes, arr. de Douai. = Marchiennes.

VILLERS-CAMPSART, s. m. Com. du dép. de la Somme, cant. d'Hornoy, arr. d'Amiens. = Aumale.

VILLERS-CANIVET, s. m. Com. du dép. du Calvados, cant. et arr. de Falaise. = Falaise.

VILLERS-CARBONNEL, s. m. Com. du dép. de la Somme, cant. et arr. de Péronne. = Péronne.

VILLERS-CERNAY, s. m. Com. du dép. des Ardennes, cant. et arr. de Sedan. = Sedan.

VILLERS-CHAMBELLAN, s. m. Com. du dép. de la Seine-Inférieure, cant. de Duclair, arr. de Rouen. = Barentin.

VILLERS-CHÂTEL, s. m. Com. du dép. du Pas-de-Calais, cant. d'Aubigny, arr. de St.-Pol. = Arras.

VILLERS-CHIEF, s. m. Com. du dép. du Doubs, cant. de Pierrefontaine, arr. de Baume. = Baume.

VILLERS-COTTERETS, s. m. Petite ville du dép. de l'Aisne, chef-lieu de cant. de l'arr. de Soissons. Bur. d'enregist. et de poste.
Cette ville est en grande partie entourée par la belle forêt de Retz. Fabr. de bonneterie, schalls, peignes de corne et huile de faînes.

VILLERS-DEVANT-DUN, s. m. Com. du dép. de la Meuse, cant. de Dun, arr. de Montmédy. = Dun.

VILLERS-DEVANT-LETHOUR, s. m. Com. du dép. des Ardennes, cant. d'Asfeld, arr. de Rethel. = Rethel.

VILLERS-DEVANT-MÉZIÈRES, s. m. Com. du dép. des Ardennes, cant. et arr. de Mézières. = Mézières.

VILLERS-DEVANT-MOUZON, s. m. Com. du dép. des Ardennes, cant. de Mouzon, arr. de Sedan. = Mouzon.

VILLERS-DEVANT-RAUCOURT, s. m. Com. du dép. des Ardennes, cant. de Raucourt, arr. de Sedan. = Sedan.

VILLERS-ÉCALLES, s. m. Com. du dép. de la Seine-Inférieure, cant. de Duclair, arr. de Rouen. = Barentin.

VILLERS-EN-ARGONNE, s. m. Com.

du dép. de la Marne, cant. et arr. de Ste.-Menéhould. = Ste.-Menéhould.

VILLERS-EN-ARTHIE, s. m. Com. du dép. de Seine-et-Oise, cant. de Magny, arr. de Mantes. = Magny.

VILLERS-EN-CAUCHIES, s. m. Com. du dép. du Nord, cant. de Carnières, arr. de Cambrai. = Cambrai.

VILLERS-EN-HAYE, s. m. Com. du dép. de la Meurthe, cant. de Domèvre, arr. de Toul. = Pont-à-Mousson.

VILLERS-EN-OUCHE, s. m. Com. du dép. de l'Orne, cant. de la Ferté-Frênel, arr. d'Argentan. = l'Aigle.

VILLERS-EN-PRAYÈRES, s. m. Com. du dép. de l'Aisne, cant. de Braisne, arr. de Soissons. = Fismes.

VILLERS-EN-VEXIN, s. m. Com. du dép. de l'Eure, cant. d'Etrépagny, arr. des Andelys. = les Thilliers-en-Vexin.

VILLERSÉRINE, s. f. Com. du dép. du Jura, cant. de Sellières, arr. de Lons-le-Saulnier. = Poligny.

VILLERSEXEL, s. m. Com. du dép. de la Haute-Saône, chef-lieu de cant. de l'arr. de Lure. Bur. d'enregist. et de poste.

VILLERS-FARLAY, s. m. Com. du dép. du Jura, chef-lieu de cant. de l'arr. de Poligny. Bur. d'enregist. à Arbois. = Arbois.

VILLERS-FAUCON, s. m. Com. du dép. de la Somme, cant. de Roisel, arr. de Péronne. = Péronne. Fabr. de mousselines.

VILLERS-FRANQUEUX, s. m. Com. du dép. de la Marne, cant. de Bourgogne, arr. de Reims. = Reims.

VILLERS-GRELOT, s. m. Com. du dép. du Doubs, cant. de Roulans, arr. de Baume. = Baume.

VILLERS-GUISLAIN, s. m. Com. du dép. du Nord, cant. de Marcoing, arr. de Cambrai. = Cambrai.

VILLERS-HÉLON, s. m. Com. du dép. de l'Aisne, cant. de Villers-Cotterets, arr. de Soissons. = Villers-Cotterets.

VILLERS-LA-CHÈVRE, s. m. Com. du dép. de la Moselle, cant. de Longuion, arr. de Briey. = Longuion.

VILLERS-LA-COMBE, s. m. Com. du dép. du Doubs, cant. de Pierrefontaine, arr. de Baume. = Baume.

VILLERS-LA-FAYE, s. m. Com. du dép. de la Côte-d'Or, cant. de Nuits, arr. de Beaune. = Nuits.

VILLERS-LA-MONTAGNE, s. m. Com. du dép. de la Moselle, cant. de Longwy, arr. de Briey. = Longwy.

VILLERS-LAQUENEXY, s. m. Com. du dép. de la Moselle, cant. de Pange, arr. de Metz. = Metz.

VILLERS-LA-VILLE, s. m. Com. du dép. de la Haute-Saône, cant. de Villersexel, arr. de Lure. = Vesoul.

VILLERS-LE-PATRAS, s. m. Com. du dép. de la Côte-d'Or, cant. et arr. de Châtillon. = Châtillon-sur-Seine.

VILLERS-LE-ROND, s. m. Com. du dép. de la Moselle, cant. de Longuion, arr. de Briey. = Longuion.

VILLERS-LES-BOIS, s. m. Com. du dép. du Jura, cant. et arr. de Poligny. = Poligny.

VILLERS-LE-SEC, s. m. Com. du dép. de l'Aisne, cant. de Ribemont, arr. de St.-Quentin. = St.-Quentin.

VILLERS-LE-SEC, s. m. Com. du dép. du Doubs, cant. et arr. de Baume. = Baume.

VILLERS-LE-SEC, s. m. Com. du dép. de la Marne, cant. d'Heiltz-le-Maurupt, arr. de Vitry-le-Français. = Vitry-le-Français.

VILLERS-LE-SEC, s. m. Com. du dép. de la Meuse, cant. de Montier-sur-Saulx, arr. de Bar-le-Duc. = Ligny.

VILLERS-LE-SEC-ET-IGNY (St.-), s. m. Com. du dép. de la Haute-Saône, cant. de Noroy-le-Bourg, arr. de Vesoul. = Vesoul.

VILLERS-LÈS-GUISE, s. m. Com. du dép. de l'Aisne, cant. de Guise, arr. de Vervins. = Guise.

VILLERS-LÈS-LUXEUIL, s. m. Com. du dép. de la Haute-Saône, cant. de Saulx, arr. de Lure. = Luxeuil.

VILLERS-LÈS-MANGIENNES, s. m. Com. du dép. de la Meuse, cant. de Spincourt, arr. de Montmédy. = Damvillers.

VILLERS-LÈS-MOIVRONS, s. m. Com. du dép. de la Meurthe, cant. de Nomeny, arr. de Nancy. = Nancy.

VILLERS-LÈS-NANCY, s. m. Com. du dép. de la Meurthe, cant. et arr. de Nancy. = Nancy.

VILLERS-LÈS-POTS, s. m. Com. du dép. de la Côte-d'Or, cant. d'Auxonne, arr. de Dijon. = Auxonne.

VILLERS-LÈS-ROMBAS, s. m. Com. du dép. de la Moselle, cant. et arr. de Briey. = Briey.

VILLERS-LÈS-ROYE, s. m. Com. du dép. de la Somme, cant. de Roye, arr. de Montdidier. = Roye.

VILLERS-LE-TEMPLE, s. m. Com. du dép. de la Haute-Saône, cant. de Rioz, arr. de Vesoul. = Rioz.

VILLERS-LE-TILLEUL, s. m. Com. du dép. des Ardennes, cant. de Flize, arr. de Mézières. = Mézières.

VILLERS-LE-TOURNEUR, s. m. Com. du dép. des Ardennes, cant. de Novion, arr. de Rethel. = Launois.

VILLERS-LEZ-CAGNICOURT, s. m. Com. du dép. du Pas-de-Calais, cant. de Vitry, arr. d'Arras. = Arras.

VILLERS-L'HÔPITAL, s. m. Com. du dép. du Pas-de-Calais, cant. d'Auxy-le-Château, arr. de St.-Pol. = Auxy-le-Château.

VILLERS-L'ORME, s. m. Com. du dép. de la Moselle, cant. et arr. de Metz. = Metz.

VILLERS-MARMERY, s. m. Com. du dép. de la Marne, cant. de Verzy, arr. de Reims. = Reims.

VILLERS-PATER, s. m. Com. du dép. de la Haute-Saône, cant. de Montbozon, arr. de Vesoul. = Rioz.

VILLERS-PLOUICH, s. m. Com. du dép. du Nord, cant. de Marcoing, arr. de Cambrai. = Cambrai.

VILLERS-POL, s. m. Com. du dép. du Nord, cant. du Quesnoy, arr. d'Avesnes. = le Quesnoy.

VILLERS-ROBERT, s. m. Com. du dép. du Jura, cant. de Chaussin, arr. de Dôle. = Dôle.

VILLERS-ROTTIN, s. m. Com. du dép. de la Côte-d'Or, cant. d'Auxonne, arr. de Dijon. = Auxonne.

VILLERS-ST.-BARTHÉLEMY, s. m. Com. du dép. de l'Oise, cant. d'Auneuil, arr. de Beauvais. = Beauvais.

VILLERS-ST.-CHRISTOPHE, s. m. Com. du dép. de l'Aisne, cant. de St.-Simon, arr. de St.-Quentin. = Ham.

VILLERS-ST.-FRAMBOURG, s. m. Com. du dép. de l'Oise, cant. et arr. de Senlis. = Senlis.

VILLERS-ST.-GENETS, s. m. Com. du dép. de l'Oise, cant. de Betz, arr. de Senlis. = Nanteuil-le-Haudoin.

VILLERS-ST.-PAUL, s. m. Com. du dép. de l'Oise, cant. de Creil, arr. de Senlis. = Creil.

VILLERS-ST.-SÉPULCRE, s. m. Com. du dép. de l'Oise, cant. de Noailles, arr. de Beauvais. = Noailles.

VILLERS-SOUS-AILLY, s. m. Com. du dép. de la Somme, cant. d'Ailly-le-Haut-Clocher, arr. d'Abbeville. = Flixecourt.

VILLERS-SOUS-BONCHAMP, s. m. Com. du dép. de la Meuse, cant. de Fresnes-en-Woevre, arr. de Verdun. = Verdun.

VILLERS-SOUS-CHALAMONT, s. m. Com. du dép. du Doubs, cant. de Levier, arr. de Pontarlier. = Salins.

VILLERS-SOUS-CHÂTILLON, s. m. Com. du dép. de la Marne, cant. de Châtillon, arr. de Reims. = Dormans.

VILLERS-SOUS-COUSANCES, s. m. Com. du dép. de la Meuse, cant. de Souilly, arr. de Verdun. = St.-Dizier.

VILLERS-SOUS-FOUCARMONT, s. m. Com. du dép. de la Seine-Inférieure, cant. de Blangy, arr. de Neufchâtel. = Neufchâtel.

VILLERS-SOUS-MONTRON, s. m. Com. du dép. du Doubs, cant. d'Ornans, arr. de Besançon. = Ornans.

VILLERS-SOUS-PAREID, s. m. Com. du dép. de la Meuse, cant. de Fresnes-en-Woevre, arr. de Verdun. = Etain.

VILLERS-SOUS-PRENY, s. m. Com. du dép. de la Meurthe, cant. de Pont-à-Mousson, arr. de Nancy. = Pont-à-Mousson.

VILLERS-SOUS-ST.-LEU, s. m. Com. du dép. de l'Oise, cant. de Creil, arr. de Senlis. = Chantilly.

VILLERS-STENCOURT, s. m. Com. du dép. de la Moselle, cant. de Pange, arr. de Metz. = Metz.

VILLERS-SUR-AUCHY, s. m. Com. du dép. de l'Oise, cant. de Songeons, arr. de Beauvais. = Gournay.

VILLERS-SUR-AUMALE, s. m. Com. du dép. de la Seine-Inférieure, cant. d'Aumale, arr. de Neufchâtel. = Aumale.

VILLERS-SUR-AUTHIE, s. m. Com. du dép. de la Somme, cant. de Rue, arr. d'Abbeville. = Abbeville.

VILLERS-SUR-BAR, s. m. Com. du dép. des Ardennes, cant. et arr. de Sedan. = Sedan.

VILLERS-SUR-BONNIÈRES, s. m. Com. du dép. de l'Oise, cant. de Marseille, arr. de Beauvais. = Grandvilliers.

VILLERS-SUR-COUDUN, s. m. Com. du dép. de l'Oise, cant. de Ressons, arr. de Compiègne. = Compiègne.

VILLERS-SUR-FÈRE, s. m. Com. du dép. de l'Aisne, cant. de Fère-en-Tardenois, arr. de Château-Thierry. = Fère-en-Tardenois.

VILLERS-SUR-GLOS, s. m. Com. du dép. du Calvados, cant. et arr. de Lisieux. = Lisieux.

VILLERS-SUR-LE-MONT, s. m. Com. du dép. des Ardennes, cant. de Flize, arr. de Mézières. = Mézières.

VILLERS-SUR-LE-ROULE, s. m. Com. du dép. de l'Eure, cant. de Gaillon, arr. de Louviers. = Gaillon.

VILLERS-SUR-MARNE, s. m. Com. du dép. de l'Aisne, cant. de Charly, arr. de Château-Thierry. = Charly.

VILLERS-SUR-MER, s. m. Com. du dép. du Calvados, cant. de Dives, arr. de Pont-l'Evêque. = Dives.

VILLERS-SUR-MEUSE, s. m. Com. du dép. de la Meuse, cant. de Souilly, arr. de Verdun. = Verdun.

VILLERS-SUR-NICOLE, s. m. Com. du dép. du Nord, cant. de Maubeuge, arr. d'Avesnes. = Maubeuge.

VILLERS-SUR-PORT, s. m. Com. du dép. de la Haute-Saône, cant. de Port-sur-Saône, arr. de Vesoul. = Port-sur-Saône.

VILLERS-SUR-SAULNOT, s. m. Com. du dép. de la Haute-Saône, cant. de Héricourt, arr. de Lure. = Héricourt.

VILLERS-SUR-SINCON, s. m. Com. du dép. du Pas-de-Calais, cant. d'Aubigny, arr. de St.-Pol. = Arras.

VILLERS-SUR-TRYE, s. m. Com. du dép. de l'Oise, cant. de Chaumont, arr. de Beauvais. = Gisors.

VILLERS-TOURNELLE, s. m. Com. du dép. de la Somme, cant. d'Ailly-sur-Noye, arr. de Montdidier. = Montdidier.

VILLERS-VAUDEY, s. m. Com. du dép. de la Haute-Saône, cant. de Dampierre-sur-Salon, arr. de Gray. = Cintrey.

VILLERS-VERMONT, s. m. Com. du dép. de l'Oise, cant. de Formerie, arr. de Beauvais. = Songeons.

VILLERS-VICOMTE, s. m. Com. du dép. de l'Oise, cant. de Breteuil, arr. de Clermont. = Breteuil-sur-Noye.

VILLERUPT, s. m. Com. du dép. de la Moselle, cant. de Longwy, arr. de Briey. = Longwy.

VILLERVILLE, s. f. Com. du dép. du Calvados, cant. et arr. de Pont-l'Evêque. = Touques.

VILLERY, s. m. Com. du dép. de l'Aube, cant. de Bouilly, arr. de Troyes. = Troyes.

VILLES, s. f. Com du dép. de l'Ain, cant. de Châtillon-de-Michaille, arr. de Nantua. = Châtillon-de-Michaille.

VILLES, s. f. Com. du dép. de Vaucluse, cant. de Mormoiron, arr. de Carpentras. = Carpentras.

VILLE-ST.-JACQUES, s. f. Com. du dép. de Seine-et-Marne, cant. de Moret, arr. de Fontainebleau. = Montereau.

VILLE-ST.-OUEN, s. f. Com. du dép. de la Somme, cant. de Picquigny, arr. d'Amiens. = Flixecourt.

VILLESAVOYE, s. f. Com. du dép. de l'Aisne, cant. de Braisne, arr. de Soissons. = Fismes.

VILLESELVE, s. f. Com. du dép. de l'Oise, cant. de Guiscard, arr. de Compiègne. = Guiscard.

VILLESENEUX, s. m. Com. du dép. de la Marne, cant. de Vertus, arr. de Châlons. = Vertus.

VILLESÈQUE, s. m. Com. du dép. du Lot, cant. de Luzech, arr. de Cahors. = Cahors.

VILLESÈQUE-DES-CORBIÈRES, s. m. Com. du dép. de l'Aude, cant. de Sijean, arr. de Narbonne. = Sijean.

VILLESÈQUE-LANDE, s. m. Com. du dép. de l'Aude, cant. d'Alzonne, arr. de Carcassonne. = Alzonne.

VILLESISCLE, s. f. Com. du dép. de l'Aude, cant. de Fanjeaux, arr. de Castelnaudary. = Alzonne.

VILLE-SOUS-ANJOU, s. f. Com. du dép. de l'Isère, cant. de Roussillon, arr. de Vienne. = le Péage.

VILLE-SOUS-CORBIE, s. f. Com. du dép. de la Somme, cant. de Bray, arr. de Péronne. = Albert.

VILLE-SOUS-LA-FERTÉ, s. f. Com. du dép. de l'Aube, cant. et arr. de Bar-sur-Aube. = Clairvaux.

VILLE-SOUS-ORBAIS, s. f. Com. du dép. de la Marne, cant de Montmort, arr. d'Epernay. = Epernay.

VILLESPASSANS, s. m. Com. du dép. de l'Hérault, cant. de St.-Chinian, arr. de St.-Pons. = St.-Chinian.

VILLESPY, s. m. Com. du dép. de l'Aube, cant. et arr. de Castelnaudary. = Castelnaudary.

VILLE-SUR-ARCE, s. f. Com. du dép. de l'Aube, cant. et arr. de Bar-sur-Seine. = Bar-sur-Seine.

VILLE-SUR-ILLON, s. f. Com. du dép. des Vosges, cant. de Dompaire, arr. de Mirecourt. = Mirecourt.

VILLE-SUR-IRON, s. f. Com. du dép. de la Moselle, cant. de Conflans, arr. de Briey. = Metz.

VILLE-SUR-JARNIOUX, s. f. Com. du dép. du Rhône, cant. de Bois-d'Oingt, arr. de Villefranche. = Villefranche-sur-Saône.

VILLE-SUR-RETOURNE, s. f. Com. du dép. des Ardennes, cant. de Juniville, arr. de Rethel. = Rethel.

VILLE-SUR-SAULX, s. f. Com. du dép. de la Meuse, cant. d'Ancerville, arr. de Bar-le-Duc. = Bar-le-Duc.

VILLE-SUR-TERRE, s. f. Com. du dép. de l'Aube, cant. de Soulaines, arr. de Bar-sur-Aube. = Bar-sur-Aube.

VILLE-SUR-TOURBE, s. f. Com. du dép. de la Marne, chef-lieu de cant. de l'arr. de Ste.-Ménehould. Bur. d'enregist. = Ste.-Ménehould.

VILLETANNEUSE, s. f. Com. du dép. de la Seine, cant. et arr. de St.-Denis. = St.-Denis.

VILLETELLE, s. f. Com. du dép. de l'Hérault, cant. de Lunel, arr. de Montpellier. = Lunel.

VILLETERTRE (la), s. f. Com. du dép. de l'Oise, cant. de Chaumont, arr. de Beauvais.=Chaumont-en-Beauvoisis.

VILLETHIÉRY, s. m. Com. du dép. de l'Yonne, cant. de Pont-sur-Yonne, arr. de Sens. = Villeneuve-la-Guyard.

VILLETON, s. m. Com. du dép. de Lot-et-Garonne, cant. du Mas-d'Agénais, arr. de Marmande.=Tonneins.

VILLETOUREIX, s. m. Com. du dép. de la Dordogne, cant. et arr. de Ribérac. = Ribérac.

VILLETRITOULS, s. m. Com. du dép. de l'Aude, cant. de Lagrasse, arr. de Carcassonne. = Lagrasse.

VILLETRUN, s. m. Com. du dép. de Loir-et-Cher, cant. de Selommes, arr. de Vendôme. = Vendôme.

VILLETTE ou VILLOTTE, s. f. Très petite ville. T. fam.

VILLETTE, s. f. Com. du dép. des Ardennes, cant. et arr. de Sedan. = Sedan.

VILLETTE, s. f. Com. du dép. de l'Aube, cant. et arr. d'Arcis-sur-Aube. = Arcis-sur-Aube.

VILLETTE (la), s. f. Com. du dép. du Calvados, cant. de Thury-Harcourt, arr. de Falaise. = Thury-Harcourt.

VILLETTE, s. f. Com. du dép. du Jura, cant. et arr. de Dôle. = Dôle.

VILLETTE, s. f. Com. du dép. du Jura, cant. de St.-Amour, arr. de Lons-le-Saulnier. = Orgelet.

VILLETTE (la), s. f. Com. du dép. du Jura, cant. d'Orgelet, arr. de Lons-le-Saulnier. = Orgelet.

VILLETTE, s. f. Com. du dép. du Jura, cant. d'Arbois, arr. de Poligny. = Poligny.

VILLETTE, s. f. Com. du dép. de la Moselle, cant. de Longuion, arr. de Briey. = Longuion.

VILLETTE (la), s. f. Com. du dép. de la Seine, cant. de Pantin, arr. de St.-Denis. Bur. de poste. Entrepôt considérable de vins, houille, charbon, tuiles, qui arrivent par le canal de l'Ourcq. Comm. de savon, vinaigre, porcelaines; raffineries d'huile.

VILLETTE, s. f. Com. du dép. de Seine-et-Oise, cant. et arr. de Mantes.= Mantes.

VILLETTE, s. f. Com. du dép. du Tarn, cant. de Salvaignac, arr. de Gaillac. =Tarbes.

VILLETTE-D'ANTHON, s. f. Com. du dép. de l'Isère, cant. de Meyzieu, arr. de Vienne. = Crémieu.

VILLETTE-DE-LOYES, s. f. Com. du dép. de l'Ain, cant. de Chalamont, arr. de Trévoux. = Meximieux.

VILLETTE-LES-BOIS, s. f. Com. du dép. d'Eure-et-Loir, cant. de Châteauneuf, arr. de Dreux.=Châteauneuf-en-Thimerais.

VILLETTE-LES-CORNOD, s. f. Com. du dép. du Jura, cant. d'Arinthod, arr. de Lons-le-Saulnier. = Orgelet.

VILLETTES, s. f. Com. du dép. de l'Eure, cant. du Neubourg, arr. de Louviers. = le Neubourg.

VILLETTE-SERPAIZE-ET-CHUZELLE, s. f. Com. du dép. de l'Isère, cant. et arr. de Vienne. = Vienne.

VILLEURBANNE, s. f. Com. du dép. de l'Isère, cant. de Meyzieu, arr. de Vienne. = Lyon.

VILLEUX, EUSE, adj. Couvert d'un duvet mou. T. de bot.

VILLEVALLIER, s. m. Com. du dép. de l'Yonne, cant. et arr. de Joigny. Bur. de poste.

VILLEVAUDÉ, s. m. Com. du dép. de Seine-et-Marne, cant. de Claye, arr. de Meaux. = Meaux.

VILLEVAYRÉ, s. m. Com. du dép. de l'Aveyron, cant. de Najac, arr. de Villefranche. = Villefranche-de-Rouergue.

VILLEVENARD, s. m. Com. du dép. de la Marne, cant. de Montmort, arr. d'Epernay. = Sézanne.

VILLEVÊQUE, s. m. Com. du dép. de Maine-et-Loire, cant. et arr. d'Angers. =Angers.

VILLEVEYRAC, s. m. Com. du dép. de l'Hérault, cant. de Mèze, arr. de Montpellier. = Mèze.

VILLEVIEILLE, s. f. Com. du dép. des Basses-Alpes, cant. d'Entrevaux, arr. de Castellanne. = Entrevaux.

VILLEVIEILLE, s. f. Com. du dép. du Gard, cant. de Sommières, arr. de Nismes. = Sommières.

VILLEVIEUX, s. m. Com. du dép. du Jura, cant. de Bletterans, arr. de Lons-le-Saulnier. = Lons-le-Saulnier.

VILLEVILLON, s. m. Com. du dép. d'Eure-et-Loir, cant. d'Authon, arr. de Nogent-le-Rotrou. = Brou.

VILLEVOCANCE, s. f. Com. du dép. de l'Ardèche, cant. d'Annonay, arr. de Tournon. =Annonay.

VILLEVOCQUES, s. f. Com. du dép. du Loiret, cant. et arr. de Montargis. = Montargis.

VILLEVOTTE, s. f. Com. du dép. de la Marne, cant. de Sézanne, arr. d'Epernay. = Sézanne.

VILLEXANTON, s. m. Com. du dép. de Loir-et-Cher, cant. de Mer, arr. de Blois. = Mer.

VILLEXAVIER, s. m. Com. du dép. de la Charente-Inférieure, cant. et arr. de Jonzac. = Jonzac.

VILLEY (le), s. m. Com. du dép. du Jura, cant. de Chaumergy, arr. de Dôle. = Sellières.

VILLEY-LE-SEC, s. m. Com. du dép. de la Meurthe, cant. et arr. de Toul. = Toul.

VILLEY-ST.-ÉTIENNE, s. m. Com. du dép. de la Meurthe, cant. de Domèvre, arr. de Toul. = Toul.

VILLEY-SUR-TILLE, s. m. Com. du dép. de la Côte-d'Or, cant. d'Is-sur-Tille, arr. de Dijon. = Is-sur-Tille.

VILLEZ-SOUS-BAILLEUL, s. m. Com. du dép. de l'Eure, cant. de Vernon, arr. d'Evreux. = Vernon.

VILLEZ-SUR-DAMVILLE, s. m. Com. du dép. de l'Eure, cant. de Damville, arr. d'Evreux. = Damville.

VILLEZ-SUR-LE-NEUBOURG, s. m. Com. du dép. de l'Eure, cant. du Neubourg, arr. de Louviers. = le Neubourg.

VILLICAIN, s. m. et adj. Concierge, économe. (Vi.)

VILLICHE, s. f. Plante du Mexique. T. de bot.

VILLIE, s. f. Com. du dép. du Rhône, cant. de Beaujeu, arr. de Villefranche. = la Maison-Blanche, hameau de la com. de Romanèche.

VILLIERS, s. m. Com. du dép. de la Côte-d'Or, cant. de Liernais, arr. de Beaune. = Lucenay.

VILLIERS, s. m. Com. du dép. de l'Indre, cant. de Mézières-sur-Brenne, arr. du Blanc. = Châtillon-sur-Indre.

VILLIERS, s. m. Com. du dép. de Loir-et-Cher, cant. et arr. de Vendôme. = Vendôme.

VILLIERS, s. m. Com. du dép. de la Manche, cant. de St.-James, arr. d'Avranches. = St.-James.

VILLIERS, s. m. Com. du dép. de la Mayenne, cant. de Grez, arr. de Château-Gontier. = Château-Gontier.

VILLIERS, s. m. Com. du dép. de l'Orne, cant. et arr. de Mortagne. = Mortagne.

VILLIERS, s. m. Com. du dép. de la Vienne, cant. et arr. de Loudun. = Loudun.

VILLIERS, s. m. Com. du dép. de la Vienne, cant. de Neuville, arr. de Poitiers. = Poitiers.

VILLIERS-ADAM, s. m. Com. du dép. de Seine-et-Oise, cant. de l'Isle-Adam, arr. de Pontoise. = Pontoise.

VILLIERS-AU-BOUIN, s. m. Com. du dép. d'Indre-et-Loire, cant. de Château-la-Vallière, arr. de Tours. = le Lude.

VILLIERS-AUX-BOIS, s. m. Com. du dép. de la Haute-Marne, cant. et arr. de Vassy. = Vassy.

VILLIERS-AUX-CHÊNES, s. m. Com. du dép. de la Haute-Marne, cant. de Doulevant, arr. de Vassy. = Doulevant.

VILLIERS-AUX-CORNEILLES, s. m. Com. du dép. de la Marne, cant. d'Anglure, arr. d'Epernay. = Pont-le-Roi.

VILLIERS-BONNEUX, s. m. Com. du dép. de l'Yonne, cant. de Sergines, arr. de Sens. = Sens.

VILLIERS-COUTURE, s. m. Com. du dép. de la Charente-Inférieure, cant. d'Aunay, arr. de St.-Jean-d'Angely. = Aunay.

VILLIERS-EN-BIERRE, s. m. Com. du dép. de Seine-et-Marne, cant. et arr. de Melun. = Melun.

VILLIERS-EN-BOIS, s. m. Com. du dép. des Deux-Sèvres, cant. de Brioux, arr. de Melle. = Melle.

VILLIERS-EN-DESSŒUVRE, s. m. Com. du dép. de l'Eure, cant. de Pacy, arr. d'Evreux. = Pacy-sur-Eure. Comm. de bestiaux.

VILLIERS-EN-LIEU, s. m. Com. du dép. de la Haute-Marne, cant. de St.-Dizier, arr. de Vassy. = St.-Dizier.

VILLIERS-EN-PLAINE, s. m. Com. du dép. des Deux-Sèvres, cant. de Coulanges, arr. de Niort. = Niort.

VILLIERS-FAUX, s. m. Com. du dép. de Loir-et-Cher, cant. et arr. de Vendôme. = Vendôme.

VILLIERS-FOSSARD, s. m. Com. du dép. de la Manche, cant. de St.-Clair, arr. de St.-Lô. = St.-Lô.

VILLIERS-HERBISSE, s. m. Com. du dép. de l'Aube, cant. et arr. d'Arcis-sur-Aube. = Arcis-sur-Aube.

VILLIERS-LE-BACLE, s. m. Com. du dép. de Seine-et-Oise, cant. de Palaiseau, arr. de Versailles. = Chevreuse.

VILLIERS-LE-BEL, s. m. Com. du dép. de Seine-et-Oise, cant. d'Ecouen, arr. de Pontoise. = Ecouen. Fabr. de dentelles. Comm. de grains.

VILLIERS-LE-BOIS, s. m. Com. du dép. de l'Aube, cant. de Chaource, arr. de Bar-sur-Seine. = Chaource.

VILLIERS-LE-DUC ou VILLIERS-LA-FORÊT, s. m. Com. du dép. de la

Côte-d'Or, cant. et arr. de Châtillon-sur-Seine. = Châtillon.

VILLIERS-LE-MAHIEU, s. m. Com. du dép. de Seine-et-Oise, cant. de Montfort-l'Amaury, arr. de Rambouillet. = Montfort-l'Amaury.

VILLIERS-LE-MORHIERS, s. m. Com. du dép. d'Eure-et-Loir, cant. de Nogent-le-Roi, arr. de Dreux. = Maintenon.

VILLIERS-LE-ROUX, s. m. Com. du dép. de la Charente, cant. de Villefagnan, arr. de Ruffec. = Ruffec.

VILLIERS-LES-APREY, s. m. Com. du dép. de la Haute-Marne, cant. de Longeau, arr. de Langres. = Langres.

VILLIERS-LE-SEC, s. m. Com. du dép. du Calvados, cant. de Ryes, arr. de Bayeux. = Bayeux.

VILLIERS-LE-SEC, s. m. Com. du dép. de la Haute-Marne, cant. et arr. de Chaumont-en-Bassigny. = Chaumont.

VILLIERS-LE-SEC, s. m. Com. du dép. de la Nièvre, cant. de Varzy, arr. de Clamecy. = Varzy.

VILLIERS-LE-SEC, s. m. Com. du dép. de Seine-et-Oise, cant. d'Ecouen, arr. de Pontoise. = Luzarches.

VILLIERS-LES-HAUTS, s. m. Com. du dép. de l'Yonne, cant. d'Ancy-le-Franc, arr. de Tonnerre. = Ancy-le-Franc.

VILLIERS-LOUIS, s. m. Com. du dép. de l'Yonne, cant. de Villeneuve-l'Archevêque, arr. de Sens. = Sens.

VILLIERS-ST.-BENOÎT, s. m. Com. du dép. de l'Yonne, cant. d'Aillant, arr. de Joigny. = Toucy.

VILLIERS-ST.-FRÉDÉRIC, s. m. Com. du dép. de Seine-et-Oise, cant. de Montfort-l'Amaury, arr. de Rambouillet. = Neauphle.

VILLIERS-ST.-GEORGES, s. m. Com. du dép. de Seine-et-Marne, chef-lieu de cant. de l'arr. de Provins où se trouve le bur. d'enregist. = Provins.

VILLIERS-ST.-ORIEN, s. m. Com. du dép. d'Eure-et-Loir, cant. de Bonneval, arr. de Châteaudun. = Bonneval.

VILLIERS-SOUS-GRES, s. m. Com. du dép. de Seine-et-Marne, cant. de la Chapelle, arr. de Fontainebleau. = Nemours.

VILLIERS-SOUS-PRASLIN, s. m. Com. du dép. de l'Aube, cant. et arr. de Bar-sur-Seine. = Chaource.

VILLIERS-SUR-CHIZÉ, s. m. Com. du dép. des Deux-Sèvres, cant. de Brioux, arr. de Melle. = Melle.

VILLIERS-SUR-MARNE, s. m. Com. du dép. de la Haute-Marne, cant. de Donjeu, arr. de Vassy. = Vignory.

VILLIERS-SUR-MARNE, s. m. Com. du dép. de Seine-et-Oise, cant. de Boissy-St.-Léger, arr. de Corbeil. = Boissy-St.-Léger.

VILLIERS-SUR-MORIN, s. m. Com. du dép. de Seine-et-Marne, cant. de Crécy, arr. de Meaux. = Crécy.

VILLIERS-SUR-ORGE, s. m. Com. du dép. de Seine-et-Oise, cant. de Longjumeau, arr. de Corbeil. = Linas.

VILLIERS-SUR-PORT, s. m. Com. du dép. du Calvados, cant. de Trevières, arr. de Bayeux. = Bayeux.

VILLIERS-SUR-SEINE, s. m. Com. du dép. de Seine-et-Marne, cant. de Bray, arr. de Provins. = Nogent-sur-Seine.

VILLIERS-SUR-SUIZE, s. m. Com. du dép. de la Haute-Marne, cant. d'Arc-en-Barrois, arr. de Chaumont.=Chaumont.

VILLIERS-SUR-THOLON, s. m. Com. du dép. de l'Yonne, cant. d'Aillant, arr. de Joigny. = Joigny.

VILLIERS-SUR-YONNE, s. m. Com. du dép. de la Nièvre, cant. et arr. de Clamecy. = Clamecy.

VILLIERS-VINEUX, s. m. Com. du dép. de l'Yonne, cant. de Flogny, arr. de Tonnerre. = St.-Florentin.

VILLING, s. m. Com. du dép. de la Moselle, cant. de Bouzonville, arr. de Thionville. = Bouzonville.

VILLOGNON, s. m. Com. du dép. de la Charente, cant. de Manles, arr. de Ruffec. = Manles.

VILLON, s. m. Com. du dép. de l'Yonne, cant. de Cruzy, arr. de Tonnerre. = Tonnerre.

VILLONCOURT, s. m. Com. du dép. des Vosges, cant. de Châtel, arr. d'Epinal. = Epinal.

VILLONS-LES-BUISSONS, s. m. Com. du dép. du Calvados, cant. de Creully, arr. de Caen. = Caen.

VILLORBAINE, s. f. Com. du dép. de Saône-et-Loire, cant. de St.-Bonnet-de-Joux, arr. de Charolles. = Charolles.

VILLORCEAU, s. m. Com. du dép. du Loiret, cant. de Beaugency, arr. d'Orléans. = Beaugency.

VILLOSITÉ, s. f. Qualité d'une tige, d'une feuille velue. T. de bot.

VILLOSSANGE, s. f. Com. du dép. du Puy-de-Dôme, cant. de Pontaumur, arr. de Riom. = Clermont-Ferrand.

VILLOTRAN, s. m. Com. du dép. de l'Oise, cant. d'Auneuil, arr. de Beauvais. = Beauvais.

VILLOTTE, s. f. Com. du dép. des Vosges, cant. de la Marche, arr. de Neufchâteau. = la Marche.

VILLOTTE (la), s. f. Com. du dép. de l'Yonne, cant. d'Aillant, arr. de Joigny. = Toucy.

VILLOTTE-DEVANT-LOUPPY, s. f. Com. du dép. de la Meuse, cant. de Vaubecourt, arr. de Bar-le-Duc. = Bar-le-Duc.

VILLOTTE-DEVANT-ST.-MIHIEL, s. f. Com. du dép. de la Meuse, cant. de Pierrefitte, arr. de Commercy. = St.-Mihiel.

VILLOTTE-LÈS-ST.-SEINE, s. f. Com. du dép. de la Côte-d'Or, cant. de Vitteaux, arr. de Semur. = Vitteaux.

VILLOTTES, s. f. Com. du dép. de Lot-et-Garonne, cant. de Tonneins, arr. de Marmande. = Tonneins.

VILLOTTE-SUR-OURCE, s. f. Com. du dép. de la Côte-d'Or, cant. et arr. de Châtillon-sur-Seine. = Châtillon-sur-Seine.

VILLOUXEL, s. m. Com. du dép. des Vosges, cant. et arr. de Neufchâteau. = Neufchâteau.

VILLUIS, s. m. Com. du dép. de Seine-et-Marne, cant. de Bray, arr. de Provins. = Bray-sur-Seine.

VILLY, s. m. Com. du dép. des Ardennes, cant. de Carignan, arr. de Sédan. = Carignan.

VILLY, s. m. Com. du dép. du Calvados, cant. et arr. de Falaise. = Falaise.

VILLY, s. m. Com. du dép. de l'Yonne, cant. de Ligny, arr. d'Auxerre. = Chablis.

VILLY-BOCAGE, s. m. Com. du dép. du Calvados, cant. de Villers-Bocage, arr. de Caen. = Villers-Bocage.

VILLY-EN-AUXOIS, s. m. Com. du dép. de la Côte-d'Or, cant. de Vitteaux, arr. de Semur. = Vitteaux.

VILLY-EN-TRODE, s. m. Com. du dép. de l'Aube, cant. et arr. de Bar-sur-Seine. = Bar-sur-Seine.

VILLY-LE-BAS, s. m. Com. du dép. de la Seine-Inférieure, cant. d'Eu, arr. de Dieppe. = Eu.

VILLY-LE-BOIS, s. m. Com. du dép. de l'Aube, cant. de Bouilly, arr. de Troyes. = Troyes.

VILLY-LE-HAUT ou COTTE-COTTE, s. m. Com. du dép. de la Seine-Inférieure, cant. d'Envermeu, arr. de Dieppe. = Dieppe.

VILLY-LE-MARÉCHAL, s. m. Com. dép. de l'Aube, cant. de Bouilly, arr. de Troyes. = Troyes.

VILLY-LE-MOUTIER, s. m. Com. du dép. de la Côte-d'Or, cant. de Nuits, arr. de Beaune. = Nuits.

VILMESNIL, s. m. Com. du dép. de la Seine-Inférieure, cant. de Goderville, arr. du Hâvre. = Fécamp.

VILNA, s. f. Ville de Russie, chef-lieu d'un gouvernement de cet empire, autrefois capitale de la Lithuanie. Cette ville, où l'on remarque de très beaux édifices, fait un comm. considérable en grains, pelleteries, etc. Pop. 25,000 hab. env.

VILORY, s. m. Com. du dép. de la Haute-Saône, cant. et arr. de Vesoul. = Vesoul.

VILOSNES, s. f. Com. du dép. de la Meuse, cant. de Dun, arr. de Montmédy. = Dun.

VILSBERG, s. m. Com. du dép. de la Meurthe, cant. de Phalsbourg, arr. de Sarrebourg. = Sarrebourg.

VIMAIRE, s. m. Dégât dans les forêts causé par les ouragans.

VIMARCÉ, s. m. Com. du dép. de la Mayenne, cant. d'Evron, arr. de Laval. = Evron.

VIMENET, s. m. Com. du dép. de l'Aveyron, cant. de Layssac, arr. de Milhau. = Séverac.

VIMÉNIL, s. m. Com. du dép. des Vosges, cant. de Bruyères, arr. d'Epinal. = Bruyères.

VIMONT, s. m. Com. du dép. du Calvados, cant. de Troarn, arr. de Caen. Bur de poste.

VIMONT, s. m. Com. du dép. de la Seine-Inférieure, cant. de Darnetal, arr. de Rouen. = Rouen.

VIMORY, s. m. Com. du dép. du Loiret, cant. et arr. de Montargis. = Montargis.

VIMOUTIERS, s. m. Com. du dép. de l'Orne, chef-lieu de cant. de l'arr. d'Argentan. Chambre consultative des manuf.; bur. d'enregist. et de poste. Manuf. considérables de toiles cretonnes; tanneries.

VIMPELLES, s. f. Com. du dép. de Seine-et-Marne, cant. de Donnemarie, arr. de Provins. = Donnemarie.

VIMY, s. m. Com. du dép. du Pas-de-Calais, chef-lieu de cant. de l'arr. d'Arras. Bur. d'enregist. = Arras.

VIN, s. m. Liqueur précieuse qu'on tire du raisin et qui forme une branche considérable du commerce de la France. —, préparation médicinale dont le vin est la base; vin antiscorbutique, etc. Etre entre deux —, être gai, animé par le vin, sans être ivre. Pris de —, ivre ou à peu près.

VINAGE, s. m. Ancien droit sur le vin.

VINAIGRE, s. m. Vin rendu, devenu aigre; acide tiré de différentes substances qu'on fait fermenter. Habit de —, râpé, usé. Fig. et fam.

VINAIGRÉ, E, part. Assaisonné de vinaigre.

VINAIGRER, v. a. Assaisonner avec du vinaigre.

VINAIGRERIE, s. f. Fabrique de vinaigre. —, laboratoire d'une raffinerie.

VINAIGRETTE, s. f. Viande coupée par tranches et assaisonnée de vinaigre, d'huile, etc. —, espèce de brouette, de petite chaise, traînée par un homme seul.

VINAIGRIER, s. m. Fabricant et marchand de vinaigre, de moutarde, etc.; vase pour mettre le vinaigre. —, scorpion aquatique; sumac, arbrisseau.

VINAIRE, adj. Se dit des vases pour le vin.

VINANTES, s. f. Com. du dép. de Seine-et-Marne, cant. de Dammartin, arr. de Meaux. = Dammartin.

VINAPON, s. m. Bière de Maïs, au Pérou.

VINASSAN, s. m. Com. du dép. de l'Aude, cant. de Coursan, arr. de Narbonne. = Narbonne.

VINATION, s. m. Arbrisseau épineux.

VINAX, s. m. Com. du dép. de la Charente-Inférieure, cant. d'Aunay, arr. de St.-Jean-d'Angely. = Aunay.

VINAY, s. m. Com. du dép. de l'Isère, chef-lieu de cant. de l'arr. de St.-Marcellin. Bur. d'enregist. et de poste. Fabr. de taillanderie, aciéries, scieries hydrauliques.

VINAY, s. m. Com. du dép. de la Marne, cant. et arr. d'Epernay. = Epernay.

VINÇA, s. m. Com. du dép. des Pyrénées-Orientales, chef-lieu de cant. de l'arr. de Prades. Bur. d'enregist. = Perpignan.

VINCELLES, s. f. Com. du dép. du Jura, cant. de Beaufort, arr. de Lons-le-Saulnier. = Lons-le-Saulnier.

VINCELLES, s. f. Com. du dép. de la Marne, cant. de Dormans, arr. d'Epernay. = Dormans.

VINCELLES, s. f. Com. du dép. de Saône-et-Loire, cant. et arr. de Louhans. = Louhans.

VINCELLES, s. f. Com. du dép. de l'Yonne, cant. de Coulange-la-Vineuse, arr. d'Auxerre. = Auxerre.

VINCENNES, s. f. Com. du dép. de la Seine, chef-lieu de cant. de l'arr. de Sceaux. Bur. d'enregist. Banlieue de Paris. Ecole royale d'artillerie.

VINCENT (île St.-), s. m. L'une des Antilles, au S. de Ste.-Lucie, à l'O. de la Barbade.

VINCENT (St.-), s. m. Com. du dép. des Basses-Alpes, cant. de Lauzet, arr. de Barcelonnette. = Barcelonnette.

VINCENT (St.-), s. m. Com. du dép. des Basses-Alpes, cant. de Noyers, arr. de Sisteron. = Sisteron.

VINCENT (St.-), s. m. Com. du dép. du Cantal, cant. de Salers, arr. de Mauriac. = Mauriac.

VINCENT (St.-), s. m. Village du dép. de la Drôme, cant. de Bourg-du-Péage, arr. de Valence. = Romans.

VINCENT (St.-), s. m. Com. du dép. de la Haute-Garonne, cant. et arr. de Villefranche. = Villefranche.

VINCENT (St.-), s. m. Com. du dép. de l'Hérault, cant. de Matelles, arr. de Montpellier. = Montpellier.

VINCENT (St.-), s. m. Com. du dép. de l'Hérault, cant. d'Olargues, arr. de St.-Pons. = St.-Pons.

VINCENT (St.-), s. m. Com. du dép. du Jura, cant. de Chaumergy, arr. de Dôle. = Sellières.

VINCENT (St.-), s. m. Com. du dép. de la Haute-Loire, cant. de St.-Paulien, arr. du Puy. = le Puy.

VINCENT (St.-), s. m. Com. du dép. du Lot, cant. de Luzech, arr. de Cahors. = Castelfranc.

VINCENT (St.-), s. m. Com. du dép. de Lot-et-Garonne, cant. de Port-Ste.-Marie, arr. d'Agen. = Aiguillon.

VINCENT (St.-), s. m. Com. du dép. du Morbihan, cant. d'Allaire, arr. de Vannes. = Redon.

VINCENT (St.-), s. m. Com. du dép. de la Seine-Inférieure, cant. de St.-Romain-de-Colbosc, arr. du Hâvre. = Neufchâtel-en-Bray.

VINCENT (St.-), s. m. Com. du dép. du Puy-de-Dôme, cant. de Champeix, arr. d'Issoire. = Issoire.

VINCENT-DE-BARÈS (St.-), s. m. Com. du dép. de l'Ardèche, cant. de Rochemaure, arr. de Privas. = Montélimar.

VINCENT-DE-BOISSET (St.-), s. m. Com. du dép. de la Loire, cant. de Perreux, arr. de Roanne. = Roanne.

VINCENT-DE-CONNAZAC (St.-), s. m. Com. du dép. de la Dordogne, cant. de Neuvic, arr. de Ribérac. = Ribérac.

VINCENT - DE - COSSE (St.-), s. m. Com. du dép. de la Dordogne, cant. de

St.-Cyprien-de-Lussas, arr. de Sarlat. = Sarlat.

VINCENT-DE-DURFORT (St.-), s. m. Com. du dép. de l'Ardèche, cant. et arr. de Privas. = Privas.

VINCENT-DE-GY (St.-), s. m. Com. du dép. du Cher, cant. de Vierzon-Ville, arr. de Bourges. = Vierzon.

VINCENT-DE-JALMONTIER (St.-), s. m. Com. du dép. de la Dordogne, cant. de St.-Aulaye, arr. de Ribérac. = Ribérac.

VINCENT-DE-LA-MONTJOIE (St.-), s. m. Com. du dép. de Lot-et-Garonne, cant. de Francescas, arr. de Nérac. = Agen.

VINCENT-DE-MERCUZE (St.-), s. m. Com. du dép. de l'Isère, cant. du Touvet, arr. de Grenoble. = le Touvet.

VINCENT-DE-PAULE (St.-), s. m. Com. du dép. de la Gironde, cant. de Carbon-Blanc, arr. de Bordeaux. = Bordeaux. —, voy. Pouy.

VINCENT-DE-PERTIGNAS (St.-), s. m. Com. du dép. de la Gironde, cant. de Pujols, arr. de Libourne. = Castillon.

VINCENT-DE-REIMS (St.-), s. m. Com. du dép. du Rhône, cant. de St.-Nizier-d'Azergues, arr. de Villefranche. = St.-Symphorien.

VINCENT-DES-BOIS (St.-), s. m. Com. du dép. de l'Eure, cant. de Vernon, arr. d'Evreux. = Vernon.

VINCENT-DES-LANDES (St.-), s. m. Com. du dép. de la Loire-Inférieure, cant. de Derval, arr. de Châteaubriant. = Châteaubriant.

VINCENT-DES-PRÉS (St.-), s. m. Com. du dép. de Saône-et-Loire, cant. de Cluny, arr. de Mâcon. = Cluny.

VINCENT-DES-PRÉS (St.-), s. m. Com. du dép. de la Sarthe, cant. et arr. de Mamers. = Mamers.

VINCENT-DE-TIROSSE (St.-), s. m. Com. du dép. des Landes, chef-lieu de cant de l'arr. de Dax. Bur. d'enregist. à St.-Esprit. = Dax.

VINCENT-DE-XAINTES (St.-), s. m. Com. du dép. des Landes, cant. et arr. de Dax. = Dax.

VINCENT-D'EXIDEUIL (St.-), s. m. Com. du dép. de la Dordogne, cant. de Savignac-les-Eglises, arr. de Périgueux. = Périgueux.

VINCENT-DU-BOULEY (St.-), s. m. Com. du dép. de l'Eure, caut. de Thiberville, arr. de Bernay. = Bernay.

VINCENT-DU-LOROUER (St.-), s. m. Com. du dép. de la Sarthe, cant. de Lucé, arr. de St.-Calais. = la Chartre.

VINCENT-EN-BRESSE (St.-), s. m. Com. du dép. de Saône-et-Loire, cant. de Montret, arr. de Louhans. = Louhans.

VINCENT-ET-BANNES (St.-), s. m. Com. du dép. du Lot, cant. de St.-Céré, arr. de Figeac. = St.-Céré.

VINCENT-FORT-DU-LAY (St.-), s. m. Com. du dép. de la Vendée, cant. de Chantonnay, arr. de Bourbon-Vendée. = Chantonnay.

VINCENT-LA-CHÂTRE (St.-), s. m. Com. du dép. des Deux-Sèvres, cant. et arr. de Melle. = Melle.

VINCENT-LA-RIVIÈRE (St.), s. m. Com. du dép. de l'Eure, cant. de Broglie, arr. de Bernay. = Broglie.

VINCENT-LE-PALUEL (St.-), s. m. Com. du dép. de la Dordogne, cant. et arr. de Sarlat. = Sarlat.

VINCENT-LES-BRAGNY (St.-), s. m. Com. du dép. de Saône-et-Loire, cant. de Palinges, arr. de Charolles. = Paray-le-Monial.

VINCENT-L'ESPINASSE (St.-), s. m. Com. du dép. de Tarn-et-Garonne, cant. et arr. de Moissac. = Moissac.

VINCENT-STERLANGE (St.-), s. m. Com. du dép. de la Vendée, cant. de Chantonnay, arr. de Bourbon-Vendée. = Chantonnay.

VINCENT-SUR-GRAON (St.-), s. m. Com. du dép. de la Vendée, cant. de Moutiers-les-Maux-Faits, arr. des Sables-d'Olonne. = Avrillé.

VINCENT-SUR-JARD (St.-), s. m. Com. du dép. de la Vendée, cant. de Talmont, arr. des Sables-d'Olonne. = Avrillé.

VINCEY, s. m. Com. du dép. des Vosges, cant. de Charmes, arr. de Mirecourt. = Charmes.

VINCLY, s. m. Com. du dép. du Pas-de-Calais, cant. de Fruges, arr. de Montreuil. = Fruges.

VINCY-MANŒUVRE, s. m. Com. du dép. de Seine-et-Marne, cant. de Lizy, arr. de Meaux. = Lizy.

VINCY-REUIL-ET-MAGNY, s. m. Com. du dép. de l'Aisne, cant. de Rozoy-sur-Serre, arr. de Laon. = Montcornet.

VINDAS, s. m. Voy. CABESTAN.

VINDECY, s. m. Com. du dép. de Saône-et-Loire, cant. de Marcigny, arr. de Charolles. = Marcigny.

VINDEFONTAINE, s. f. Com. du dép. de la Manche, cant. de la Haye-du-Puy, arr. de Coutances. = Carentan.

VINDELLE, s. f. Com. du dép. de la Charente, cant. d'Hiersac, arr. d'Angoulême. = Angoulême.

VINDEY, s. m. Com. du dép. de la Marne, cant. de Sézanne, arr. d'Epernay. = Sézanne.

VINDICATIF, IVE, adj. Haineux, qui ne pardonne pas, qui aime à se venger.

VINDICATION, s. f. Vengeance. (Vi.)

VINDICTE, s. f. Répression. — publique; poursuite d'un délit, d'un crime, par le ministère public.

VINDRAC, s. m. Com. du dép. du Tarn, cant. de Cordes, arr. de Gaillac. = Cordes.

VINÉE, s. f. Récolte du vin.

VINEMERVILLE, s. f. Com. du dép. de la Seine-Inférieure, cant. de Valmont, arr. d'Yvetot. = Cany.

VINES, s. f. Com. du dép. de l'Aveyron, cant. de Ste.-Geneviève, arr. d'Espalion. = Mur-de-Barrez.

VINÉTIERS ou **VINETTIERS**, s. m. pl. Famille des épines-vinettes. T. de bot.

VINETS, s. m. Com. du dép. de l'Aube, cant. de Ramerupt, arr. d'Arcis-sur-Aube. = Arcis-sur-Aube.

VINEUIL, s. m. Com. du dép. de l'Indre, cant. de Levroux, arr. de Châteauroux. = Levroux.

VINEUIL, s. m. Com. du dép. de Loir-et-Cher, cant. et arr. de Blois. = Blois. Carrières de pierres calcaires.

VINEUSE (la), s. f. Com. du dép. de Saône-et-Loire, cant. de Cluny, arr. de Mâcon. = Cluny.

VINEUSE (la), s. f. Com. du dép. de la Vendée, cant. de Ste.-Hermine, arr. de Fontenay. = Ste.-Hermine.

VINEUX, EUSE, adj. Couvert de vignes, fertile en vin. —, spiritueux, capiteux, qui a beaucoup de force, en parlant du vin; qui a un goût, une odeur de vin; rouge comme du vin.

VINEZAC, s. m. Com. du dép. de l'Ardèche, cant. et arr. de Largentière. = Largentière.

VINGEANNE (la), s. f. Petite rivière qui prend sa source dans le dép. de la Haute-Marne, et se jette dans la Saône, au-dessus de Pontailler. Son cours est d'environ 14 lieues.

VINGEON, s. m. Voy. GINGEON.

VINGRAU, s. m. Com. du dép. des Pyrénées-Orientales, cant. de Rivesaltes, arr. de Perpignan. = Perpignan.

VINGRE, s. m. Com. du dép. de l'Aisne, cant. de Vic-sur-Aisne, arr. de Soissons. = Vic-sur-Aisne.

VINGT, s. m. Le vingtième jour. —, adj. numéral indécl. Deux fois dix.

VINGTAINE, s. f. Vingt unités; le nombre vingt. —, cordage pour diriger une pierre qu'on enlève, pour soulever une meule de moulin.

VINGTAINS, s. m. pl. Draps à chaîne de vingt mille fils.

VINGT-HANAPS, s. m. Com. du dép. de l'Orne, cant. de Sées, arr. d'Alençon. = Alençon.

VINGTIÈME, s. m. La vingtième partie d'un tout. —, adj. Nombre ordinal de vingt.

VINIFÈRE, adj. Qui produit du vin. —, s. f. pl. Sarmentacées. T. de bot.

VINIFICATION, s. f. Art de faire, de conserver le vin.

VINNEMER (St.-), s. m. Com. du dép. de l'Yonne, cant. de Cruzy, arr. de Tonnerre. = Tonnerre.

VINNEUF, s. m. Com. du dép. de l'Yonne, cant. de Sergines, arr. de Sens. = Villeneuve-la-Guyard.

VINOMÈTRE, s. m. Voy. ŒNOMÈTRE.

VINON, s. m. Com. du dép. du Cher, cant. et arr. de Sancerre. = Sancerre.

VINON, s. m. Com. du dép. du Var, cant. de Ginasservis, arr. de Brignoles. = Barjols.

VINS, s. m. Com. du dép. du Var, cant. et arr. de Brignoles. = Brignoles.

VINSOBRE, s. m. Com. du dép. de la Drôme, cant. et arr. de Nyons. = Nyons.

VINTÉRANE, s. f. Cannelle blanche.

VINTERSBOURG, s. m. Com. du dép. de la Meurthe, cant. de Phalsbourg, arr. de Sarrebourg. = Phalsbourg.

VINTROU, s. m. Com. du dép. du Tarn, cant. de Mazamet, arr. de Castres. = Mazamet.

VINTSI, s. m. Martin-pêcheur des îles Philippines. T. d'hist. nat.

VINTZANGE, s. m. Com. du dép. de la Moselle, cant. de Gros-Tenquin, arr. de Sarreguemines. = St.-Avold.

VINULE, s. f. Chenille couleur de vin. T. d'hist. nat.

VINZELLES, s. f. Com. du dép. du Puy-de-Dôme, cant. de Lezoux, arr. de Thiers. = Maringues.

VINZELLES, s. f. Com. du dép. de Saône-et-Loire, cant. et arr. de Mâcon. = Mâcon.

VINZIEU, s. m. Com. du dép. de l'Ardèche, cant. de Serrières, arr. de Tournon. = Annonay.

VIOCOURT, s. m. Com. du dép. des Vosges, cant. de Châtenois, arr. de Neufchâteau. = Neufchâteau.

VIODOS, s. m. Com. du dép. des Basses-Pyrénées, cant. et arr. de Mauléon. = Mauléon.

VIOL, s. m. Attentat à la pudeur d'une fille ou d'une femme à laquelle on fait violence.

VIOLACÉES, s. f. pl. Famille de violettes, T. de bot.

VIOLAINES, s. f. Com. du dép. du Pas-de-Calais, cant. de Cambrin, arr. de Béthune. = la Bassée.

VIOLAT, adj. Se dit d'un sirop dans lequel il entre de la violette.

VIOLATEUR, TRICE, s. Infracteur, transgresseur d'une loi, etc.

VIOLATION, s. f. Infraction, transgression d'une loi, etc. —, profanation d'une chose sacrée, d'une chose sainte.

VIOLÂTRE, adj. Tirant sur le violet.

VIOLAY, s. m. Com. du dép. de la Loire, cant. de Néronde, arr. de Roanne. = St.-Symphorien-de-Lay.

VIOLE, s. f. Instrument de musique à cordes, dont on joue avec un archet.

VIOLÉ, E, part. Enfreint, transgressé, etc.

VIOLEMENT, s. m. Infraction, contravention aux lois.

VIOLEMMENT, adv. Avec violence, d'une manière violente.

VIOLENCE, s. f. Caractère de ce qui est violent. Prop. et fig. —, impétuosité, véhémence. —, force dont on abuse contre le droit commun, contre les lois, etc. —; interprétation détournée, sens forcé; faire violence à un texte, etc.

VIOLENT, E, adj. Impétueux; vent violent. —, qui agit avec force; remède violent. Mort —, causée par un accident. —, emporté, fougueux; homme, caractère violent. Fig. —, trop rigoureux, trop pénible; condition violente. —, injuste; proposition violente.

VIOLENTÉ, E, part. Contraint, forcé par la violence.

VIOLENTER, v. a. Employer la violence, contraindre, faire faire quelque chose par force.

VIOLER, v. a. Fausser; violer son serment. —, enfreindre, agir contre la justice et la loi. —, employer la violence pour jouir d'une fille ou d'une femme; profaner.

VIOLES, s. f. Com. du dép. du Gers, cant. de Nogaro, arr. de Condom. = Nogaro.

VIOLÈS, s. m. Com. du dép. de Vaucluse, cant. et arr. d'Orange. = Orange.

VIOLET, s. m. Couleur violette. —, arbre des Indes, à bois foncé, couleur de violette. — d'été, variété de giroflée. T. de jard. fleur.

VIOLET, TE, adj. Qui est couleur de violette.

VIOLETSTEIN, s. m. Pierre qui sent la violette. T. d'hist. nat.

VIOLETTE, s. f. Petite plante printanière, dont la fleur blanche ou d'un pourpre tirant sur le bleu foncé, répand une odeur très agréable.

VIOLI, E, part. Rendu violet.

VIOLIER, s. m. Giroflier, genre de crucifères.

VIOLINISTE, s. m. Musicien qui joue du violon.

VIOLIR, v. a. Rendre violet. —, v. n. Devenir violet.

VIOLISTE, s. m. Celui qui joue de la viole. T. inus.

VIOLON, s. m. Instrument de musique à quatre cordes, dont on joue avec un archet; musicien qui joue de cet instrument. —, prison contiguë à un corps-de-garde. T. fam. —, outil de divers métiers. — de beaupré, taquet plat de chaque côté du beaupré. T. de mar.

VIOLONCELLE, s. m. Instrument de musique à cordes, basse du violon; musicien qui joue de cet instrument.

VIOLOS-EN-LAVAL, s. m. Com. du dép. de l'Hérault, cant. de St.-Martin-de-Londres, arr. de Montpellier. = Ganges.

VIOLOT, s. m. Com. du dép. de la Haute-Marne, cant. de Longeau, arr. de Langres. = Langres.

VIOLS-LE-FORT, s. m. Com. du dép. de l'Hérault, cant. de St.-Martin-de-Londres, arr. de Montpellier. = Ganges.

VIOMÉNIL, s. m. Com. du dép. des Vosges, cant. de Bains, arr. d'Epinal. = Darney.

VION, s. m. Com. du dép. de l'Ardèche, cant. et arr. de Tournon. = Tournon.

VION, s. m. Com. du dép. de la Sarthe, cant. de Sablé, arr. de la Flèche. = Sablé.

VIONVILLE, s. f. Com. du dép. de la Moselle, cant. de Gorze, arr. de Metz. = Metz.

VIORNE, s. f. Bourdaine blanche, hardeau, mancienne, genre de plantes coprifoliacées. T. de bot.

VIOULTE, s. f. Plante de la famille des liliacées. T. de bot.

VIOZAN, s. m. Com. du dép. du Gers, cant. et arr. de Mirande. = Mirande.

VIPÈRE, s. f. Genre de serpens vivipares à crochets venimeux, et fig., méchant, perfide, calomniateur. Race de —, de méchans, d'ingrats, de traîtres. Langue de —, personne méchante qui se plaît à diffamer, à calomnier.

VIPÉREAU, s. m. Petit de la vipère.

VIPÉRINE, s. f. Echium, langue de boûc, plantes borraginées. T. de bot.

VIPLAIX, s. m. Com. du dép. de l'Allier, cant. d'Huriel, arr de Montluçon. = Montluçon.

VIRA, s. m. Com. du dép. de l'Ariège, cant. de Varilles, arr. de Pamiers. = Pamiers.

VIRA, s. m. Com. du dép. des Pyrénées-Orientales, cant. de St.-Paul, arr. de Perpignan. = Quillan.

VIRAC, s. m. Com. du dép. du Tarn, cant. de Monestiés, arr. d'Albi. = Cordes.

VIRAGE, s. m. Action de virer; espace pour virer. T. de mar.

VIRAGO, s. f. Fille ou Femme qui a la taille, la tournure et le courage d'un homme. —, surnom de Diane et de Minerve. T. de myth.

VIRANDEVILLE, s. f. Com. du dép. de la Manche, cant. d'Octeville, arr. de Cherbourg. = Cherbourg.

VIRARGUES, s. f. Com. du dép. du Cantal, cant. et arr. de Murat. =Murat.

VIRAZEIL, s. m. Com. du dép. de Lot-et-Garonne, cant. et arr. de Marmande. = Marmande.

VIRÉ, s. m. Sorte d'étamine d'Amiens.

VIRÉ, E, part. Tourné d'un côté sur l'autre.

VIRE, s. f. Rivière qui prend sa source aux confins de la Manche et du Calvados, près du moulin de Brieux, et qui est navigable depuis Coquet jusqu'à son embouchure dans la Manche où elle se jette, près d'Isigny.

VIRE, s. f. Ville du dép. du Calvados, chef-lieu de sous-préf. et de cant.; trib. de 1re inst. et de comm.; chambre consultative des manuf; conseil de prud'hommes; direct. des contrib. indir.; recev. part. des finances; bur. d'enregist. et de poste, Pop. 8,200 hab. env. Fab. de draps pour l'habillement des troupes, serges, toiles fines, cordes; filat. hydrauliques; papeteries considérables; comm. de vins, eaux-de-vie, seigle, avoine, quincailleries, fer, etc.

VIRÉ, s. m. Com. du dép. de Saône-et-Loire, cant. de Lugny, arr. de Mâcon. = St.-Oyen.

VIRÉ, s. m. Com. du dép. de la Sarthe, cant. de Brûlon, arr. de la Flèche. = Sablé.

VIREAUX, s. m. Com. du dép. de l'Yonne, cant. d'Ancy-le-Franc, arr. de Tonnerre. = Tonnerre.

VIREBOUQUET, s. m. Cheville pour arrêter la défense. T. de couvr.

VIRELADE, s. f. Com. du dép. de la Gironde, cant. de Podensac, arr. de Bordeaux. = Podensac.

VIRELAI, s. m. Ancienne poésie française sur deux rimes, avec des refrains.

VIREMENT, s. m. Action de virer de bord. T. de mar. — de parties, transport d'une dette active. T. de finan.

VIREMONT, s. m. Com. du dép. du Jura, cant. d'Arinthod, arr. de Lons-le-Saulnier. = Orgelet.

VIRÉON, s. m. Oiseau sylvain. T. d'hist. nat.

VIRER, v. a. et n. Tourner; aller en tournant. —, tourner d'un côté sur l'autre. T. de mar. — de bord, déserter un parti pour un autre. Fig. et Fam.

VIRES, s. m. pl. Anneaux concentriques. T. de blas.

VIREUR, s. m. Ouvrier qui vire. T. de papet.

VIREUX, EUSE, adj. Fétide, malfaisant. T. de méd.

VIREUX-MOLHAIN, s. m. Com. du dép. des Ardennes, cant. de Givet, arr. de Rocroi. = Givet.

VIREUX-WALLERAND, s. m. Com. du dép. des Ardennes, cant. de Givet, arr. de Rocroi. = Givet.

VIREVEAU, s. m. Machine pour lever l'ancre ou des fardeaux. T. de mar.

VIREVOLTE, s. f. Tour et retour avec vitesse. T. de mar.

VIREVOUSTE, s. f. Virevolte. T. inus. —, allées et venues; démarches empressées. Fig. et fam.

VIREY, s. m. Com. du dép. de la Manche, cant. de St.-Hilaire-du-Harcouet, arr. de Mortain. = St.-Hilaire.

VIREY, s. m. Com. du dép. de la Haute-Saône, cant. de Marnay, arr. de Gray. = Marnay.

VIREY, s. m. Com. du dép. de Saône-et-Loire, cant. et arr. de Châlons. = Châlons.

VIREY-SOUS-BAR, s. m. Com. du dép. de l'Aube, cant. et arr. de Bar-sur-Seine. = Bar-sur-Seine.

VIRGILE, s. m. Poëte latin, auteur de l'Enéide, des Géorgiques et des Bucoliques, ouvrages classiques. —, genre de plantes. T. de bot.

VIRGILIEN, NE, adj. Dans le genre de Virgile.

VIRGINAL, E, adj. Qui appartient, a rapport à la virginité, à une personne vierge. Lait —, cosmétique pour blanchir la peau.

VIRGINIE (la), s. f. L'un des états de l'Amérique du Nord dont le sol, en général, très fertile, produit d'excellent tabac.

VIRGINITÉ, s. f. État de l'homme ou de la femme qui n'a point encore éprouvé d'évacuation séminale. T. d'anat. —, pucelage. T. fam.

VIRGINY, s. m. Com. du dép. de la Marne, cant. de Ville-sur-Tourbe, arr. de Ste.-Ménehould. = Ste.-Ménehould.

VIRGOULEUSE, s. f. Sorte de poire d'hiver.

VIRGULAIRE, s. f. Plante de la Didynamie, quatorzième classe de végétaux. T. de bot.

VIRGULE, s. f. Petit trait de plume qui sert à séparer les mots, les membres d'une période.

VIRGULÉ, E, part. Pourvu de virgules.

VIRGULER, v. a. Mettre des virgules où il en faut, pour la clarté du style.

VIRIAT, s. m. Com. du dép. de l'Ain, cant. et arr. de Bourg. = Bourg.

VIRICELLES, s. f. Com. du dép. de la Loire, cant. et arr. de St.-Galmier, arr. de Montbrison. = Chazelles.

VIRIEU, s. m. Com. du dép. de l'Isère, chef-lieu de cant. de l'arr. de la Tour-du-Pin. Bur. d'enregist. et de poste. Fab. de chapeaux; scieries hydrauliques de planches.

VIRIEU-LE-GRAND, s. m. Com. du dép. de l'Ain, chef-lieu de cant. de l'arr. de Belley. Bur. d'enregist. = Belley.

VIRIEU-LE-PETIT, s. m. Com. du dép. de l'Ain, cant. de Champagne, arr. de Belley. = Belley.

VIRIGNEUX, s. m. Com. du dép. de la Loire, cant. de St.-Galmier, arr. de Montbrison. = Chazelles.

VIRIGNIN, s. m. Com. du dép. de l'Ain, cant. et arr. de Belley. = Belley.

VIRIL, E, adj. Qui appartient à l'homme, au sexe masculin. Age —, d'un homme fait, mûr. —, digne d'un homme, ferme, courageux; action virile. Par portions —, par portions égales. T. de jurispr.

VIRILEMENT, adv. D'une manière virile, courageusement, avec vigueur.

VIRILITÉ, s. f. Âge où l'homme est arrivé à sa perfection physique. —, force, vigueur. Fig.

VIRIVILLE, s. f. Com. du dép. de l'Isère, cant. de Roybon, arr. de St.-Marcellin. = la Côte-St.-André.

VIRLET, s. m. Com. du dép. du Puy-de-Dôme, cant. de Montaigut, arr. de Riom. = Montaigut.

VIRMING, s. m. Com. du dép. de la Meurthe, cant. d'Albestroff, arr. de Château-Salins. = Dieuze.

VIROFLAY, s. m. Com. du dép. de Seine-et-Oise, cant. et arr. de Versailles. = Versailles.

VIROLE, s. f. Petit cercle de métal autour du manche d'un outil.

VIROLÉ, E, adj. Se dit des cornes, trompes, etc., qui portent des boucles ou anneaux d'un autre émail. T. de blas.

VIROLET, s. m. Noix de bois dans le hulot du gouvernail. T. de mar.

VIROLEUR, s. m. Ouvrier qui ne fait que des viroles.

VIROLLET, s. m. Com. du dép. de la Charente-Inférieure, cant. de Gémozac, arr. de Saintes. = Pons.

VIRONCHAUX, s. m. Com. du dép. de la Somme, cant. de Rue, arr. d'Abbeville. = Abbeville.

VIRONVAY, s. m. Com. du dép. de l'Eure, cant. et arr. de Louviers. = Louviers.

VIRRECOURT, s. m. Com. du dép. de la Meurthe, cant. de Bayon, arr. de Lunéville. = Nancy.

VIRSAC, s. m. Com. du dép. de la Gironde, cant. de St.-André-de-Cubsac, arr. de Bordeaux. = St.-André-de-Cubsac.

VIRSON, s. m. Com. du dép. de la Charente-Inférieure, cant. d'Aigrefeuille, arr. de Rochefort. = Surgères.

VIRTUALITÉ, s. f. Qualité de ce qui est virtuel.

VIRTUEL, LE, adj. Qui a la force, la puissance d'agir, sans l'exercer. —, qui est en puissance seulement, et non en action; faculté virtuelle.

VIRTUELLEMENT, adv. D'une manière virtuelle.

VIRTUOSE, s. Personne qui excelle dans les beaux-arts, surtout dans la musique.

VIRULENCE, s. f. Vice de ce qui est virulent.

VIRULENT, E, adj. Qui a du virus, qui en provient, est de sa nature. —, plein d'aigreur, de fiel; satire virulente. Fig.

VIRURE, s. f. Rang, largeur de bordage. T. de mar.

VIRUS, s. m. (mot latin). Vice d'une nature inconnue, qui affecte la masse des humeurs et altère à la longue toutes les parties solides et fluides; virus vénérien, etc.

VIRVILLE, s. f. Com. du dép. de la Seine-Inférieure, cant. de Goderville, arr. du Hâvre. = St.-Romain-de-Colbosc.

VIRY, s. m. Com. du dép. du Jura,

cant. des Bouchoux, arr. de St.-Claude. = St.-Claude.

VIRY, s. m. Com. du dép. de Saône-et-Loire, cant. et arr. de Charolles. = Charolles.

VIRY-CHATILLON, s. m. Com. du dép. de Seine-et-Oise, cant. de Longjumeau, arr. de Corbeil. = Ris.

VIRY-NOUREUIL, s. m. Com. du dép. de l'Aisne, cant. de Chauny, arr. de Laon. = Chauny.

VIS, s. f. Pièce de bois ou de métal, etc., cannelée, en forme de spirale. —, genre de testacés univalves. T. d'hist. nat.

VISA, s. m. (mot latin). Formule, signature qui rend un acte authentique, etc.

VISAGE, s. m. Partie antérieure de la tête, la face; air de la figure, physionomie. —, la personne elle-même; nouveau visage. Changer de —, changer de couleur, rougir, pâlir, etc.

VISAN, s. m. Com. du dép. de Vaucluse, cant. de Valréas, arr. d'Orange. = Valréas.

VIS-À-VIS, s. m. Sorte de voiture à une seule place de chaque côté. —, adv. et prép. En face, à l'opposite.

VISCACHE, s. m. Espèce de lièvre du Brésil.

VISCACHÈRES, s. f. pl. Terriers des viscaches.

VISCÉRAL, E, adj. Qui appartient, a rapport aux viscères.

VISCÈRE, s. m. Organe renfermé dans une grande cavité, sans être attaché dans toute l'étendue de sa surface, tels que l'estomac, les intestins, le foie, etc., dans le ventre; le poumon, etc., dans la poitrine; le cerveau, dans la tête. T. d'anat.

VISCOS, s. m. Com. du dép. des Hautes-Pyrénées, cant. de Luz, arr. d'Argelès. = Tarbes.

VISCOSITÉ, s. f. Qualité de ce qui est visqueux.

VISÉ, E, part. Revêtu d'un visa. —, miré, regardé pour diriger un coup.

VISÉE, s. f. Direction de la vue vers un but qu'on veut atteindre d'un coup de feu.

VIS-EN-ARTOIS, s. m. Com. du dép. du Pas-de-Calais, cant. de Vitry, arr. d'Arras. = Arras.

VISÉNEY (le), s. m. Com. du dép. du Jura, cant. et arr. de Poligny. = Sellières.

VISER, v. a. Examiner une pièce et y apposer un visa. —, v. a. et n. Mirer, regarder vers un but pour y atteindre avec une arme à feu, etc. — à, avoir en vue, pour but, pour fin. Fig.

VISERNY, s. m. Com. du dép. de la Côte-d'Or, cant. de Montbard, arr. de Semur. = Montbard.

VISKER, s. m. Com. du dép. des Hautes-Pyrénées, cant. d'Ossun, arr. de Tarbes. = Tarbes.

VISIBILITÉ, s. f. Qualité qui rend une chose visible.

VISIBLE, adj. Qui se voit, peut être vu. —, évident, manifeste. Fig. Etre —, recevoir des visites. N'être pas —, consigner les importuns, refuser sa porte.

VISIBLEMENT, adv. D'une manière visible; évidemment, manifestement.

VISIÈRE, s. f. Point de mire, guidon; bouton de métal au bout du canon d'un fusil. —, pièce mobile des anciens casques, au travers de laquelle on voyait et respirait. Rompre en —, rompre sa lance dans la visière de son adversaire, et fig., attaquer en face, contredire brusquement et sans ménagement. —, la pensée, l'esprit; avoir la visière troublée. Fig. et fam.

VISIGOTH, s. m. Homme barbare et grossier. —, pl. Goths occidentaux qui s'établirent dans la Gaule narbonnaise au commencement du cinquième siècle, et traversèrent les Pyrénées, où ils se fixèrent. L'empereur Honorius leur ayant cédé la seconde Aquitaine, depuis Toulouse jusqu'à l'Océan, ils formèrent un état puissant qui fut successivement attaqué par Clovis, par les Maures, et qui disparut entièrement au temps de Charlemagne, vers l'an 796.

VISION, s. f. Action de voir; sensation produite par l'impression des rayons lumineux sur la rétine. —, révélation faite aux élus, aux prophètes. —, idée folle, extravagante; spectre, fantôme. Fig.

VISIONNAIRE, s. et adj. Fanatique qui croit, qui prétend avoir des visions, des révélations; personne qui a coutume d'avoir des idées folles, extravagantes.

VISIR, s. m. Voy. VIZIR.

VISITANDINE, s. f. Religieuse de la Visitation.

VISITATION, s. f. Fête de l'Église catholique en l'honneur de la visite que la vierge Marie rendit à sainte Élisabeth; ordre de religieuses de Sainte-Marie, dites Visitandines.

VISITATRICE, s. f. Religieuse chargée de visiter.

VISITE, s. f. Action d'aller voir quelqu'un par convenance sociale ou par devoir. —, personne en visite. —, action d'un médecin, d'un chirurgien, qui va voir ses malades ; recherche, perquisition ; examen d'experts, etc.; inspection, ronde, tournée, examen de certaines choses.

VISITÉ, E, part. Se dit de quelqu'un auquel on a rendu visite.

VISITER, v. a. Aller voir quelqu'un chez lui, rendre visite. —, aller voir par charité chrétienne; visiter les pauvres, les malades. —, v. a. et n. Faire perquisition, un examen des lieux, des choses. Se —, v. récip. Se rendre mutuellement visite.

VISITEUR, s. m. Inspecteur qui est chargé de visiter; religieux qui visite les maisons de son ordre.

VISMES, s. f. Com. du dép. de la Somme, cant. de Gamaches, arr. d'Abbeville. = Abbeville.

VISMIE, s. f. Plante voisine des millepertuis. T. de bot.

VISNAGE, s. m. Espèce d'ammi, plante ombellifère. T. de bot.

VISON, s. m. Martre de l'Amérique du Nord. T. d'hist. nat.

VISONCOURT, s. m. Com. du dép. de la Haute-Saône, cant. de Luxeuil, arr. de Lure. = Luxeuil.

VISORIUM, s. m. Planchette qui se place sur la casse, et sur laquelle le Compositeur fixe sa copie avec le mordant. T. d'impr.

VISOUS, s. m. Com. du dép. du Gers, cant. de Riscle, arr. de Mirande.=Aire-sur-l'Adour.

VISQUEUX, EUSE, adj. Gluant, glutineux.

VISSAC, s. m. Com. du dép. de la Haute-Loire, cant. de Langeac, arr. de Brioude. = Langeac.

VISSE, s. f. Com. du dép. de la Meurthe, cant. et arr. de Château-Salins. = Château-Salins.

VISSÉ, E, part. Attaché avec des vis.

VISSEC, s. m. Com. du dép. du Gard, cant. d'Alzon, arr. du Vigan. = le Vigan.

VISSEICHE, s. f. Com. du dép. d'Ille-et-Vilaine, cant. de la Guerche, arr. de Vitré. = la Guerche.

VISSER, v. a. Attacher, fixer avec des vis.

VISTRE (le), s. m. Rivière qui prend sa source dans le dép. du Gard, près de Margueritles, et qui se jette dans le canal de la Radelle après un cours d'environ 12 l.

VISTULE (la), s. f. Fleuve d'Europe qui prend sa source dans la Moravie, arrose la Pologne occidentale, et se jette dans la Baltique.

VISUEL, LE, adj. Qui appartient à la vue. Rayons —, rayons de lumière qui frappent l'œil où ils portent l'impression des objets. Point —, dans lequel s'unissent les rayons visuels. T. de phys.

VISUM VISU, adv. (mots latins). Face à face, de ses propres yeux. T. fam.

VITAILLE, s. f. Viande, vivres. (Vi.)

VITAL, E, adj. Qui tient aux principes de la vie, nécessaire à la conservation de la vie.

VITALIS, s. m. Joubarbe des toits. T. de bot.

VITALITÉ, s. f. Mouvement vital.

VITCHOURA, s. m. Vêtement garni de fourrures qu'on met par-dessus ses habits.

VITE, adj. Qui se meut avec célérité; qui a de la vitesse, agile, alerte, léger. —, adv. Avec vitesse ; en hâte ; avec activité, sans différer.

VITELLUS, s. m. Substance renfermée dans l'œuf, dont se nourrit l'oiseau.

VITELOTS, s. m. pl. Masse de pâtisserie.

VITELOTTE, s. f. Espèce de pomme de terre longue et rouge.

VITEMENT, adv. Vite.

VITEPSK, s. m. Ville de l'empire de Russie, chef-lieu d'un gouvernement, au confluent de la Viteba et de la Dwina. Pop., 13,000 hab. env.

VITERBE, s. m. Com. du dép. du Tarn, cant. de St.-Paul, arr. de Lavaur. = Lavaur.

VITERNE, s. m. Com. du dép. de la Meurthe, cant. de Vézelise, arr. de Nancy. = Nancy.

VITESSE, s. f. Rapidité de mouvement; agilité. —, grande promptitude dans l'action. Gagner quelqu'un de —, le devancer, et fig., prévenir ses démarches, ses tentatives, ses intrigues.

VITEX, s. m. Voy. AGNUS CASTUS.

VITHÉRINGE, s. f. Plante solanée. T. de bot.

VITICELLE, s. f. Galax. T. de bot.

VITICOLE, s. m. Vigneron. (Vi.)

VITILIGE, s. f. Lèpre blanche. T. de méd.

VITONCOURT, s. m. Com. du dép. de la Moselle, cant. de Faulquemont, arr. de Metz. = St.-Avold.

VITONIÈRES, s. f. pl. Voy. ANGUILLERS. T. de mar.

VITOT, s. m. Com. du dép. de l'Eure, cant. du Neubourg, arr. de Louviers. = le Neubourg.

VITOTEL, s. m. Com. du dép. de l'Eure, cant. du Neubourg, arr. de Louviers. = le Neubourg.

VITRAC, s. m. Com. du dép. de l'Aveyron, cant. de Ste.-Geneviève, arr. d'Éspalion. = Mur-de-Barrez.

VITRAC, s. m. Com. du dép. du Cantal, cant. de St.-Mamet, arr. d'Aurillac. = Maurs.

VITRAC, s. m. Com. du dép. de la Corrèze, cant. de Corrèze, arr. de Tulle. = Tulle.

VITRAC, s. m. Com. du dép. de la Dordogne, cant. et arr. de Sarlat. = Sarlat.

VITRAC, s. m. Com. du dép. de Lot-et-Garonne, cant. de la Roque-Timbaut, arr. d'Agen. = Agen.

VITRAC, s. m. Com. du dép. du Puy-de-Dôme, cant. de Manzat, arr. de Riom. = Riom.

VITRAC-ET-ST.-VINCENT, s. m. Com. du dép. de la Charente, cant. de Montembœuf, arr. de Confolens. Bur. d'enregist. = Larochefoucault.

VITRAGE, s. m. Action de vitrer; cloison vitrée; toutes les vitres d'un bâtiment.

VITRAIL, s. m. Vitre d'église (Vi.)

VITRAUX, s. m. pl. Grandes vitres d'une église.

VITRAY, s. m. Com. du dép. de l'Allier, cant. de Cérilly, arr. de Montluçon. = Cérilly.

VITRAY, s. m. Com. du dép. d'Indre-et-Loire, cant. et arr. de Loches. = Loches.

VITRAY-EN-BEAUCE, s. m. Com. du dép. d'Eure-et-Loir, cant. de Bonneval, arr. de Châteaudun. = Bonneval.

VITRAY-SOUS-BREZOLLES, s. m. Com. du dép. d'Eure-et-Loir, cant. de Brezolles, arr. de Dreux. = Brezolles.

VITRAY-SOUS-L'AIGLE, s. m. Com. du dép. de l'Orne, cant. de l'Aigle, arr. de Mortagne. = l'Aigle.

VITRE, s. f. Carreau ou assemblage de carreaux dont on garnit une fenêtre. Casser les —, s'exprimer sans ménagement, dire la vérité, quelque offensante qu'elle soit. Fig. et fam.

VITRÉ, E, part. Garni de vitres. —, adj. Qui a la couleur de verre; tunique, humeur vitrée. T. d'anat.

VITRÉ, s. m. Ville du dép. d'Ille-et-Vilaine, chef-lieu de sous-préf. et de cant.; trib. de 1re inst.; conserv. des hypoth.; direct. des contrib. indir.; recev. part. des finances. Bur. d'enregist. et de poste. Pop. 9,100 hab. env. Fabr. de bonneterie, flanelle, toiles à voiles,

chapeaux, boissellerie, etc.; distilleries d'eaux-de-vie; tanneries; comm. de vins, cire, miel, abeilles, cantharides, etc.

VITRÉ, s. m. Com. du dép. des Deux-Sèvres, cant. de Celles, arr. de Melle. = St.-Maixent.

VITREC, s. m. Cul-blanc, motteux.

VITRER, v. a. Poser des vitres; garnir de vitres.

VITRERIE, s. f. Profession, commerce de vitrier.

VITRESCIBILITÉ, s. f. Faculté vitrifiable.

VITRESCIBLE, adj. Voy. VITRIFIABLE.

VITREUX, EUSE, adj. Qui est de la nature du verre, lui ressemble. T. de chim.

VITREUX, s. m. Com. du dép. du Jura, cant. de Gendrey, arr. de Dôle. = Marnay.

VITREY, s. m. Com. du dép. de la Meurthe, cant. de Vézelise, arr. de Nancy. = Vézelise.

VITREY, s. m. Com. du dép. de la Haute-Saône, chef-lieu de cant. de l'arr. de Vesoul. Bur. d'enregist. à Cintrey. = Cintrey.

VITRIER, s. m. Artisan qui travaille en vitres, qui pose les vitres.

VITRIÈRE, s. f. Epouse d'un vitrier. —, fer plat en verge.

VITRIFIABLE, adj. Propre à être changé en verre; matière vitrifiable.

VITRIFICATIF, IVE, adj. Qui vitrifie.

VITRIFICATION, s. f. Action de vitrifier; substance vitrifiée.

VITRIFIÉ, E, part. Converti en verre.

VITRIFIER, v. a. Convertir en verre. Se —, v. pron. Se convertir en verre.

VITRIMONT, s. m. Com. du dép. de la Meurthe, cant. et arr. de Lunéville. = Lunéville.

VITRINE, s. f. Coquille univalve. T. d'hist. nat.

VITRIOL, s. m. Nom générique des sulfates. T. de chim.

VITRIOLÉ, E, adj. Composé avec l'esprit de vitriol; qui renferme du vitriol.

VITRIOLIQUE, adj. Qui tient de la nature du vitriol. Acide —, sulfurique.

VITRIOLISATION, s. f. Formation du fer sulfaté.

VITRIOLISÉ, E, part. Converti en vitriol.

VITRIOLISER, v. a. Convertir en vitriol.

VITROLLES, s. f. Com. du dép. des

Hautes-Alpes, cant. de Barcillonnette, arr. de Gap. = Gap.

VITROLLES, s. f. Com. du dép. des Bouches-du-Rhône, cant. de Berre, arr. d'Aix. = Aix.

VITROLLES, s. f. Com. du dép. de Vaucluse, cant. de Pertuis, arr. d'Apt. = Pertuis.

VITRY, s. m. Com. du dép. de la Moselle, cant. et arr. de Thionville. = Thionville.

VITRY, s. m. Com. du dép. du Pas-de-Calais, chef-lieu de cant. de l'arr. d'Arras. Bur. d'enregist. = Douai.

VITRY, s. m. Com. du dép. de Saône-et-Loire, cant. de Cluny, arr. de Mâcon. = Cluny.

VITRY, s. m. Com. du dép. de la Seine, cant. de Villejuif, arr. de Sceaux. = Sceaux.

VITRY-AUX-LOGES, s. m. Com. du dép. du Loiret, cant. de Châteauneuf, arr. d'Orléans. = Châteauneuf-sur-Loire.

VITRY-EN-CHAROLLOIS, s. m. Com. du dép. de Saône-et-Loire, cant. de Paray-le-Monial, arr. de Charolles. = Paray-le-Monial.

VITRY-EN-MONTAGNE, s. m. Com. du dép. de la Haute-Marne, cant. d'Auberive, arr. de Langres. = Langres.

VITRY-EN-PERTHOIS ou VITRY-LE-BRÛLÉ, s. m. Com. du dép. de la Marne, cant. et arr. de Vitry-le-Français. = Vitry-le-Français.

VITRY-LA-VILLE, s. m. Com. du dép. de la Marne, cant. d'Ecury-sur-Coole, arr. de Châlons. = Châlons-sur-Marne.

VITRY-LE-CROISÉ, s. m. Com. du dép. de l'Aube, cant. d'Essoye, arr. de Bar-sur-Seine. = Bar-sur-Seine.

VITRY-LE-FRANÇAIS, s. m. Ville du dép. de la Marne, chef-lieu de sous-préf. et de cant.; trib. de 1re inst.; conserv. des hypoth.; direct. des contrib. indir.; recev. part. des finances, Bur. d'enregist. et de poste. Pop. 7,250 hab. env.

Cette ville, située sur la rive droite de la Marne, est généralement bien bâtie; ses rues sont droites, propres et bien percées. Fabr. de chapellerie, bonneterie; tuileries considérables.

VITRY-LÈS-NOGENT, s. m. Com. du dép. de la Haute-Marne, cant. de Nogent, arr. de Chaumont. = Chaumont.

VITRY-SUR-LOIRE, s. m. Com. du dép. de Saône-et-Loire, cant. de Bourbon-Lancy, arr. de Charolles. = Bourbon-Lancy.

VITTARIE, s. f. Genre de fougères. T. de bot.

VITTARVILLE, s. f. Com. du dép. de la Meuse, cant. de Damvillers, arr. de Montmédy. = Damvillers.

VITTE (St.-), s. m. Com. du dép. de la Haute-Vienne, cant. de St.-Germain-les-Belles, arr. de St.-Yrieix. = Pierre-Buffière.

VITTEAUX, s. m. Petite ville du dép. de la Côte-d'Or, chef-lieu de cant. de l'arr. de Semur. Bur. d'enregist. et de poste.

Fabr. de tissus mérinos; comm. de laines, fil, grains et pruneaux.

VITTEFLEUR, s. m. Com. du dép. de la Seine-Inférieure, cant. de Cany, arr. d'Yvetot. = Cany.

VITTEL, s. m. Com. du dép. des Vosges, chef-lieu de cant. de l'arr. de Mirecourt. Bur. d'enregist. = Mirecourt. Fabr. et comm. considérable de dentelles.

VITTE-LE-FLEURIEL, s. m. Com. du dép. du Cher, cant. de Saulzais-le-Pothier, arr. de St.-Amand. = St.-Amand.

VITTERSBOURG, s. m. Com. du dép. de la Meurthe, cant. d'Albestroff, arr. de Château-Salins. = Château-Salins.

VITTONVILLE, s. f. Com. du dép. de la Meurthe, cant. de Pont-à-Mousson, arr. de Nancy. = Pont-à-Mousson.

VITZ-SUR-AUTHIE, s. m. Com. du dép. de la Somme, cant. de Crécy, arr. d'Abbeville. = Auxy-le-Château.

VIVACE, adj. Qui a en soi le principe d'une longue vie. —, qui vit plus de trois ans; plante vivace. T. de bot.

VIVACITÉ, s. f. Promptitude de mouvement, d'action; activité, ardeur, —, conception vive, pénétration de l'esprit. —, éclat du teint, des couleurs. —, pl. Emportemens légers et passagers.

VIVAISE, s. f. Com. du dép. de l'Aisne, cant. et arr. de Laon. = Laon.

VIVANDIER, ÈRE, s. Cantinier à la suite d'un régiment, qui vend la goutte aux soldats en campagne.

VIVANS, s. m. Com. du dép. de la Loire, cant. de la Pacaudière, arr. de Roanne. = la Pacaudière.

VIVANT, s. m. Existant; se dit surtout au pl., par opposition aux morts. Du — de...., pendant la vie de... En son —, pendant sa vie. Bon —, bon convive, ami de la joie, du plaisir. Fig.

VIVANT (St.-), s. m. Com. du dép. du Jura, cant. et arr. de Dôle. = Dôle.

VIVANT, E, adj. Qui vit, qui existe. —, animé; quartier vivant. Langue —, langue parlée, par opposition à langue morte comme le latin qu'on ne parle plus.

VIVARAIS (le), s. m. Ancienne et ci-devant province de France, qui forme maintenant le dép. de l'Ardèche et partie de celui de la Haute-Loire.

VIVAT, s. m. et interj. (mot latin.) Qu'il ou qu'elle vive.

VIVE! interj. qui exprime la joie, l'admiration, l'enthousiasme; vive la France! —, voy. QUI VIVE?

VIVE-JAUGE (à), adv. Profondément, en parlant du labour à la bêche.

VIVE-LA-JOIE, s. m. Bon vivant. T. fam.

VIVELLE, s. f. Petit réseau fait à l'aiguille pour boucher un trou dans une toile fine. —, espèce de squale, de scie, poisson de mer.

VIVEMENT, adv. Avec ardeur, sans relâche. —, sensiblement, fortement, profondément.

VIVEN, s. m. Com. du dép. des Basses-Pyrénées, cant. de Thèze, arr. de Pau. = Pau.

VIVEROLS, s. m. Com. du dép. du Puy-de-Dôme, chef-lieu de cant. de l'arr. d'Ambert. Bur. d'enregist. = Ambert. Fabr. de dentelles.

VIVÈS, s. m. Com. du dép. des Pyrénées-Orientales, cant. et arr. de Céret. = Céret.

VIVEY, s. m. Com. du dép. de la Haute-Marne, cant. d'Auberive, arr. de Langres. = Langres.

VIVIEN (St.-), s. m. Com. du dép. de la Charente-Inférieure, cant. de Montlieu, arr. de Jonzac. = Pons.

VIVIEN (St.-), s. m. Com. du dép. de la Charente-Inférieure, cant. de la Jarrie, arr. de la Rochelle. = Saintes.

VIVIEN (St.-), s. m. Com. du dép. de la Dordogne, cant. de Montagrier, arr. de Ribérac. = Ste.-Foi.

VIVIEN (St.-), s. m. Com. du dép. de la Dordogne, cant. de Vélines, arr. de Bergerac. — Bourdeilles.

VIVIEN (St.-), s. m. Com. du dép. de la Gironde, cant. de Monségur, arr. de la Réole. = Monségur.

VIVIEN-LA-FOSSE, s. m. Com. du dép. de la Gironde, cant. de St.-Savin, arr. de Blaye. = Bourg-sur-Gironde.

VIVIEN-LE-TEMPLE (St.-), s. m. Com. du dép. de la Gironde, chef-lieu de cant. de l'arr. de Lesparre, où se trouve le bur. d'enregist. = Lesparre.

VIVIER, s. m. Pièce d'eau dans laquelle on nourrit et l'on conserve du poisson.

VIVIER, s. m. Com. du dép. de la Creuse, cant. de Châtelus, arr. de Boussac. = Boussac.

VIVIER (le), s. m. Com. du dép. d'Ille-et-Vilaine, cant. de Dol, arr. de St.-Malô. = Dol.

VIVIER, s. m. Com. du dép. des Pyrénées-Orientales, cant. de Sournia, arr. de Prades. = Quillan.

VIVIERS, s. m. Com. du dép. de l'Aisne, cant. de Villers-Cotterets, arr. de Soissons. = Villers-Cotterets.

VIVIERS, s. m. Petite ville du dép. de l'Ardèche, chef-lieu de cant. de l'arr. de Privas. Bur. d'enregist. et de poste. Fabr. de draps; filat. de soie; comm. de grains, vins, etc.

VIVIERS, s. m. Com. du dép. de l'Aube, cant. d'Essoye, arr. de Bar-sur-Seine. = Bar-sur-Seine.

VIVIERS, s. m. Com. du dép. de la Mayenne, cant. de Ste.-Suzanne, arr. de Laval. = Evron.

VIVIERS, s. m. Com. du dép. de la Meurthe, cant. de Delme, arr. de Château-Salins. = Château-Salins.

VIVIERS, s. m. Com. du dép. du Tarn, cant. et arr. de Lavaur. = Lavaur.

VIVIERS, s. m. Com. du dép. de l'Yonne, cant. et arr. de Tonnerre. = Tonnerre.

VIVIERS-AU-COURT, s. m. Com. du dép. des Ardennes, cant. et arr. de Mézières. = Mézières.

VIVIERS-LE-GRAS, s. m. Com. du dép. des Vosges, cant. de Monthureux-sur-Saône, arr. de Mirecourt.=Darney.

VIVIERS-LES-MONTAGNES, s. m. Com. du dép. du Tarn, cant. de la Bruguière, arr. de Castres. = Castres.

VIVIERS-LES-OFFROICOURT, s. m. Com. du dép. des Vosges, cant. de Vittel, arr. de Mirecourt. =Mirecourt.

VIVIÉS, s. m. Com. du dép. de l'Ariège, cant. de Mirepoix, arr. de Pamiers. = Mirepoix.

VIVIEZ, s. m. Com. du dép. de l'Aveyron, cant. d'Aubin, arr. de Villefranche. = Rignac.

VIVIFIANT, E, adj. Qui vivifie; grâce vivifiante.

VIVIFICATION, s. f. Action de vivifier.

VIVIFIÉ, E, part. Animé, rendu plus vivant.

VIVIFIER, v. a. Donner et conserver la vie, et fig., de la vigueur, de la force; le soleil vivifie les plantes. —, rendre vivant, donner de l'activité; le commerce vivifie nos villes. —, se dit des effets que Dieu produit dans l'ame par la grâce. Fig.

VIVIFIQUE, adj. Qui a la propriété de vivifier; sucs vivifiques.

VIVILLE, s. f. Com. du dép. de la Charente, cant. de Châteauneuf, arr. de Cognac. = Châteauneuf-sur-Charente.

VIVIPARE, s. m. Poisson du genre du blenne. —, s. f. Coquille univalve. T. d'hist. nat. —, adj. Se dit d'un animal dont les petits naissent vivans par opposition à ovipare. —, qui produit des rejetons feuillés. T. de bot. —, s. m. pl. Mammifères, animaux qui allaitent leurs petits. T. d'hist. nat.

VIVISECTION, s. f. Action de disséquer les animaux vivans.

VIVOIN, s. m. Com. du dép. de la Sarthe, cant. de Beaumont, arr. de Mamers. = Beaumont-le-Vicomte. Fabr. de toiles et d'étamines à pavillon.

VIVONNE, s. f. Petite ville du dép. de la Vienne, chef-lieu de cant. de l'arr. de Poitiers. Bur. d'enregist. à Lusignan. Bur. de poste. Fabr. de grosses étoffes de laine. Comm. de grains.

VIVOTER, v. n. Vivre petitement, pauvrement, avec peine.

VIVRE, s. m. Provision de bouche, nourriture. —, pl. Tout ce dont l'homme se nourrit. —, subsistances; administration qui les fournit.

VIVRE, v. n. Etre en vie, être vivant. —, se nourrir; vivre de légumes. —, dépenser pour sa table; vivre splendidement, bourgeoisement. — au jour le jour, subsister d'un travail journalier, et fig., vivre sans économie, sans prévoyance. —, se conduire, se comporter de telle ou telle manière, par rapport aux mœurs, à la société. —, jouir de la vie. Fig. — bien ou mal avec quelqu'un, être en bonne ou mauvaise intelligence avec lui. Savoir —, observer les convenances. Apprendre à — à quelqu'un, trouver moyen de le punir. —, être soumis à..., vivre sous les lois, sous le gouvernement de..... —, durer, subsister; la gloire de Bonaparte vivra éternellement.

VIVRÉ, E, adj. A replis carrés. T. de bot.

VIVRIER, s. m. Employé dans les vivres.

VIVY, s. m. Com. du dép. de Maine-et-Loire, cant. et arr. de Saumur. = Saumur.

VIX, s. m. Com. du dép. de la Côte-d'Or, cant. et arr. de Châtillon-sur-Seine. = Châtillon.

VIX, s. m. Com. du dép. de la Vendée, cant. de Maillezais, arr. de Fontenay. = Fontenay-le-Comte.

VIZILLE, s. f. Com. du dép. de l'Isère, chef-lieu de cant. de l'arr. de Grenoble. Bur. d'enregist. et de poste. Fabr. de toiles peintes et calicots; filat. de coton; papeteries.

VIZIR, s. m. Ministre des Princes orientaux. Le grand —, le premier ministre du Grand-Seigneur. —, homme en place, hautain, arrogant, absolu. Fig.

VIZIRIAL, E, adj. Qui a rapport au vizir.

VIZIRIAT ou **VIZIRAT**, s. m. Dignité de vizir; durée de ses fonctions ministérielles.

VIZOS, s. m. Com. du dép. des Hautes-Pyrénées, cant. de Luz, arr. d'Argelès. = Tarbes.

VOCABULAIRE, s. m. Recueil alphabétique des mots d'une langue, d'une science, avec une explication succincte. Voy. DICTIONNAIRE.

VOCABULISTE, s. m. Auteur d'un vocabulaire. T. inus.

VOCAL, E, adj. Qui s'exprime par la voix, l'opposé de mental; prière, oraison vocale. Musique —, que l'on chante, par opposition à musique instrumentale; art de chanter.

VOCALEMENT, adv. De vive voix, de bouche, l'opposé de mentalement.

VOCANCE, s. m. Com. du dép. de l'Ardèche, cant. d'Annonay, arr. de Tournon. = Annonay.

VOCATIF, s. m. Cinquième cas de la déclinaison des noms, celui dont on se sert pour adresser la parole; ô mon Dieu!

VOCATION, s. f. Choix que Dieu fit d'Abraham pour être le père des croyans; en parlant des gentils, grâce que Dieu leur fit en les appelant à la connaissance de l'évangile. —, mouvement intérieur par lequel Dieu appelle à un genre de vie. —, ordre de la Providence qui place dans tel ou tel état; remplir sa vocation. —, inclination, penchant pour un état; disposition naturelle, talent prononcé pour un genre de travail.

VOCAUX, s. m. pl. Ecclésiastiques ayant droit de voter dans les élections d'une communauté.

VOCHY, s. m. Arbre de la famille des vochysiées. T. de bot.

VOCHYSIÉES, s. f. pl. Guttifères. T. de bot.

VOCIFER, s. m. Aigle d'Afrique. T. d'hist. nat.

VOCIFÉRATEUR, s. m. Celui qui vocifère.

VOCIFÉRATION, s. f. Clameur accompagnée d'injures.

VOCIFÉRER, v. n. S'énoncer avec emportement, crier dans une assemblée.

VODABLES, s. m. Com. du dép. du Puy-de-Dôme, cant. et arr. d'Issoire. = Issoire.

VOEGTLINSHOFFEN, s. m. Com. du

dép. du Haut-Rhin, cant. de Wintzenheim, arr. de Colmar. = Colmar.

VOELLERDINGEN, s. m. Com. du dép. du Bas-Rhin, cant. de Saar-Union, arr. de Saverne. = Sarrewerden.

VŒU, s. m. Promesse faite à Dieu d'une chose qui peut lui être agréable, sans être de précepte. —, offrande promise, chose offerte, ex-voto. —, suffrage dans certaines élections. —, pl. profession solennelle de l'état religieux; souhaits, désirs.

VOEUIL-ET-GIGET, s. m. Com. du dép. de la Charente, cant. et arr. d'Angoulême. = Angoulême.

VOGELE, s. f. Plante de la famille des plombaginées. T. de bot.

VOGELGRUN, s. m. Com. du dép. du Haut-Rhin, cant. de Neuf-Brisach, arr. de Colmar. = Neuf-Brisach.

VOGLIE, s. f. Voy. BONNE VOGLIE.

VOGNA, s. m. Com. du dép. du Jura, cant. d'Arinthod, arr. de Lons-le-Saulnier. = Orgelet.

VOGUE, s. f. Mouvement imprimé par les rames. T. de mar. —, estime, crédit, réputation. Fig. —, goût universel, mode; grand cours, grand débit.

VOGUÉ, s. m. Com. du dép. de l'Ardèche, cant. de Villeneuve-de-Berg, arr. de Privas. = Villeneuve-de-Berg.

VOGUE-AVANT, s. m. Espalier; rameur qui tient la queue de la rame et lui donne le branle. T. de mar.

VOGUER, v. n. Etre poussé sur l'eau à force de rames; se dit aussi des vaisseaux qui vont à la voile. —, ramer. T. de mar. —, avancer sans obstacles. Fig.

VOGUEUR, s. m. Rameur.

VOHARIES, s. f. Com. du dép. de l'Aisne, cant. de Sains, arr. de Vervins. = Marle.

VOHIRIE, s. f. Genre de plantes de la pentandrie, cinquième classe des végétaux. T. de bot.

VOICI, prép. pour indiquer ce qui est près.

VOID, s. m. Com. du dép. de la Meuse, chef-lieu de cant. de l'arr. de Commercy. Bur. d'enregist. et de poste. Fabr. hydrauliques d'huiles; papeteries, tanneries. Comm. de bestiaux, fromages, etc.

VOIDE (le), s. m. Com. du dép. de Maine-et-Loire, cant. de Vihiers, arr. de Saumur. = Vihiers.

VOIE, s. f. Chemin, route d'un lieu à un autre. —, la loi de Dieu, sa conduite envers les hommes. Fig. —, moyen, entremise. —, manière de transporter les personnes, les marchandises; espace entre les roues; les traces, les ornières qu'elles font sur la route. —, mesure pour le bois de chauffage; quantité de bois qu'elle contient. —, charretée, charge de certaines choses; voie de charbon. —, d'eau, deux seaux d'eau. —, passage de la scie. —, chemin suivi par la bête. T. de véner. —, fente par où l'eau pénètre dans un navire. T. de mar. —, manière d'opérer. T. de chim. — lactée. Voy. LACTÉ. — de droit, pl. Recours à la justice. — de fait, actes de violence. —, ensemble de conduits, d'organes que parcourt un fluide dans l'économie animale; voies urinaires, etc. Premières —, premiers conduits qui reçoivent les alimens après la déglutition. Secondes —, ensemble des vaisseaux chylifères. T. d'anat.

VOIGNY, s. m. Com. du dép. de l'Aube, cant. et arr. de Bar-sur-Aube. = Bar-sur-Aube.

VOILÀ, prép. pour montrer, désigner ce qui est un peu éloigné de situation ou de temps. Prop. et fig.

VOILE, s. m. Morceau d'étoffe qui sert à cacher quelque chose. —, ornement de toilette des dames qu'elles jettent négligemment sur leurs chapeaux; morceau de mousseline, de batiste dont les religieuses se couvrent la tête. Prendre le —, se faire religieuse. —, sorte d'étoffe pour le deuil. —, obscurité de la nuit. T. poét. —, apparence, couleur spécieuse, prétexte. Fig. — du palais, cloison palatine. T. d'anat.

VOILE, s. f. Toile attachée aux vergues pour recevoir le vent et faire voguer un navire. Mettre à la —, faire les préparatifs pour le départ. Faire —, naviguer. —, vaisseau; se dit particulièrement au pl.; flotte de cinquante voiles. T. de mar.

VOILÉ, E, part. Couvert d'un voile; caché, déguisé. Fig. —, qui a pris le voile. Voix —, sourde, dont le timbre n'est pas clair.

VOILERIE, s. f. Atelier où l'on fait, où l'on raccommode les voiles d'un navire.

VOILIER, s. m. Celui qui fait, qui raccommode les voiles d'un navire. —, s. m. et adj. Se dit d'un navire dont la course est plus ou moins lente; vaisseau bon voilier. T. de mar.

VOILIÈRE, s. f. Courbe que forme une voile enflée par le vent. T. de géom.

VOILLANS, s. m. Com. du dép. du Doubs, cant. et arr. de Baume. = Baume.

VOILLECOMTE, s. m. Com. du dép. de la Haute-Marne, cant. et arr. de Vassy. = Vassy.

VOILLEMONT, s. m. Com. du dép.

de la Marne, cant. et arr. de Ste.-Ménehould. = Ste.-Ménchould.

VOILURE, s. f. Assortiment des voiles d'un navire; voiles qu'il porte suivant sa route et le vent. —, fabrication de voiles; manière de les placer, de les disposer.

VOIMEHAUT, s. m. Com. du dép. de la Moselle, cant. de Faulquemont, arr. de Metz. = St.-Avold.

VOINÉMONT, s. m. Com. du dép. de la Meurthe, cant. d'Haroué, arr. de Nancy. = Vézelise.

VOINGT, s. m. Com. du dép. du Puy-de-Dôme, cant. de Pontaumur, arr. de Riom. = Clermont-Ferrand.

VOINSLES, s. m. Com. du dép. de Seine-et-Marne, cant. de Rozoy, arr. de Coulommiers. = Rozoy-en-Brie.

VOIPREUX, s. m. Com. du dép. de la Marne, cant. de Vertus, arr. de Châlons. = Vertus.

VOIR, v. a. et n. Recevoir l'image des objets par l'organe de la vue; apercevoir, distinguer. —, regarder avec attention; observer, examiner. Prop. et fig. —, faire visite; voir un malade, etc. — une dame, avoir commerce avec elle. —, acquérir la connaissance, l'expérience de...; remarquer en lisant, etc. —, fréquenter, hanter; voir la société. —, connaître par une suprême intelligence; Dieu voit le fond des cœurs. —, comprendre le but, la fin de...; discerner. —, considérer sous tel ou tel aspect, sous tel ou tel point de vue. —, s'informer, s'assurer de quelque chose. Faire —, exposer à la vue, et fig., mettre en évidence. —, juger; chacun à sa manière de voir. Fig. — bien, avoir beaucoup de pénétration. — mal, porter des jugemens faux. — de loin, prévoir; pénétrer. — à, tâcher, faire en sorte de... Se —, v. pron. Voir sa figure dans une glace. Se —, v. récip. Se regarder l'un l'autre, les uns les autres; être en liaison; se fréquenter, se hanter.

VOIR (St.-), s. m. Com. du dép. de l'Allier, cant. de Neuilly-le-Réal, arr. de Moulins. = Moulins.

VOIRANE, s. m. Arbre de la Guiane. T. de bot.

VOIRE, adv. Vraiment; même. (Vi.)

VOIRE (canal de la), s. f. Ce canal établit une communication entre la vallée de la Marne et celle de l'Aube, à l'aide de la rivière de la Voire qu'on a canalisée, depuis Sommevoir où se trouve sa source, jusqu'à son embouchure dans l'Aube.

VOIRES, s. f. Com. du dép. du Doubs, cant. d'Ornans, arr. de Besançon. = Ornans.

VOIRIE, s. f. Grand chemin. (Vi.) —, charge de voyer. —, lieu dans lequel on dépose les immondices d'une ville, etc.

VOIRON, s. m. Com. du dép. de l'Isère, chef-lieu de cant. de l'arr. de Grenoble; chambre consultative des manuf.; Bur. d'enregist. et de poste.

Fabr. considérable de toiles, papeteries. Manuf. d'armes blanches, taillanderies. Comm. de liqueurs fines, toiles, etc.

VOISCREVILLE, s. f. Com. du dép. de l'Eure, cant. de Bourgthéroulde, arr. de Pont-Audemer. = Bourgthéroulde.

VOISE (la), s. f. Petite rivière qui prend sa source dans le dép. d'Eure-et-Loir, au-dessus d'Auneau, et se jette dans l'Eure au-dessous de Maintenon; son cours est d'environ 8 l.

VOISE, s. f. Com. du dép. d'Eure-et-Loir, cant. d'Auneau, arr. de Chartres. = Chartres.

VOISENON, s. m. Com. du dép. de Seine-et-Marne, cant. et arr. de Melun. = Melun.

VOISEY, s. m. Com. du dép. de la Haute-Marne, cant. de la Ferté-sur-Amance, arr. de Langres. = Bourbonne.

VOISIN, E, s. et adj. Personne qui loge, qui demeure auprès d'une autre. —, en parlant des choses, proche, contigu; adjacent.

VOISINAGE, s. m. Proximité d'habitation, de situation; lieux proches; les voisins.

VOISINER, v. n. Visiter familièrement, fréquenter ses voisins. T. fam.

VOISINES, s. f. Com. du dép. de la Haute-Marne, cant. et arr. de Langres. = Langres.

VOISINES, s. f. Com. du dép. de l'Yonne, cant. de Villeneuve-l'Archevêque, arr. de Sens. = Sens.

VOISINS, s. m. Com. du dép. de l'Aude, cant. d'Alzonne, arr. de Carcassonne. = Alzonne.

VOISINS-LE-BRETONNEUX, s. m. Com. du dép. de Seine-et-Oise, cant. de Chevreuse, arr. de Rambouillet. = Trappes.

VOISSAN, s. m. Com. du dép. de l'Isère, cant. de St.-Geoir, arr. de la Tour-du-Pin. = Pont-de-Beauvoisin.

VOISSAY, s. m. Com. du dép. de la Charente-Inférieure, cant. et arr. de St.-Jean-d'Angely. = St.-Jean-d'Angely.

VOITEUR, s. m. Com. du dép. du Jura, chef-lieu de cant. de l'arr. de Lons-le-Saulnier. Bur. d'enregist. = Lons-le-Saulnier.

VOITURE, s. f. Machine de diverses formes, montée sur des roues, pour le transport des personnes et des marchandises.—, carrosse; avoir voiture.—, le contenu, la charge d'une voiture; port, transport par voiture; les frais qu'il occasione. Lettre de —, Voy. LETTRE.

VOITURÉ, E, part. Transporté dans ou sur une voiture.

VOITURER, v. a. Transporter des marchandises dans une voiture. —, transporter.

VOITURIER, s. m. Conducteur de voiture, roulier, charretier.

VOITURIN, s. m. Loueur, conducteur de chevaux, de carrosses, en Suisse, en Italie.

VOIVRE (la), s. f. Com. du dép. de la Haute-Saône, cant. de Faucogney, arr. de Lure. = Luxeuil.

VOIVRE (la), s. f. Com. du dép. des Vosges, cant. et arr. de St.-Dié. = St.-Dié.

VOIVRES, s. f. Com. du dép. de la Sarthe, cant. de la Suze, arr. du Mans. = Foulletourte.

VOIVRES (les), s. f. pl. Com. du dép. des Vosges, cant. de Bains, arr. de d'Épinal. = Bains.

VOIX, s. f. Son articulé, accentué et quelquefois mélodieux, dont l'homme se sert pour communiquer ses pensées, ses affections, pour chanter; se dit fig. du ramage des oiseaux. —, chanteur, chanteuse. —, avis, opinion, suffrage. —, impulsion; la voix du sang, de l'humanité. — intérieure, inspiration de Dieu. Déesse aux cent —, la renommée. — publique, le bruit public.—humaine, instrument en forme de hautbois; jeu de l'orgue qui imite la voix de l'homme. —, son de la voyelle. T. de gramm. A la — de, adv. Par l'ordre de... De vive —, de bouche, verbalement.

VOL, s. m. Action de dérober, larcin; chose volée. —, mouvement de l'oiseau, de l'insecte ailé qui se soutient en l'air et parcourt l'espace à l'aide de ses ailes; ce qui l'imite. —, chasse avec l'oiseau de proie. Prendre son —, se lancer dans une carrière quelconque. —, élévation des pensées, sublimité du style. Fig.

VOLABLE, adj. Qui peut être volé.

VOLAGE, s. et adj. Léger; inconstant, surtout dans ses amours.

VOLAILLE, s. f. Oiseaux domestiques qu'on nourrit dans une basse-cour; poule, chapon, canard, dindon, etc.

VOLAILLER, s. m. Marchand de volailles. T. inus.

VOLANDRY, s. m. Com. du dép. de Maine-et-Loire, cant. et arr. de Baugé. = Baugé.

VOLANOS, s. m. Sorte de pigeon vert. T. d'hist. nat.

VOLANT, s. m. Morceau de liége, etc. en cône renversé, recouvert de cuir et garni de plumes, qu'on lance avec des raquettes. —, aile de moulin à vent; habit sans doublure; ornement au bas d'une robe de femme. —, poisson du genre du trigle, du gastérosté; espèce de petit pigeon; plante aquatique. —, pl. Branches pour placer les gluaux.

VOLANT, E, adj. Qui a la faculté de se soutenir en l'air; poisson volant. —, qui s'élève en l'air; fusée volante. —, qui n'est point établi fixement; pont volant. —, qui change de place, de station; camp volant. Feuille —, feuille de papier écrite ou imprimée qui n'est point attachée; brochure légère.

VOLATIL, E, adj. Qui se résout en vapeur par l'action du feu ou la chaleur de la température. T. de chim.

VOLATILE, s. m. Animal pourvu d'ailes, se dit surtout au pl. —, adj. Se dit des oiseaux; l'espèce volatile.

VOLATILISATION, s. f. Action de volatiliser. T. de chim.

VOLATILISÉ, E, part. Rendu volatil.

VOLATILISER, v. a. Rendre volatil. Se —, v. pron. Devenir volatil.

VOLATILITÉ, s. f. Propriété de ce qui est volatil. —, inconstance, légèreté. Fig.

VOLATILLE, s. f. Oiseau bon à manger, en général. T. fam.

VOL-AU-VENT, s. m. Sorte de pâtisserie légère, garnie de viandes délicates.

VOLCAN, s. m. Montagne qui recèle dans ses flancs et vomit des matières enflammées par un cratère. —, commotion prochaine et violente; intrigues sourdes et dangereuses; tête ardente, exaltée. Fig.

VOLCANIQUE, adj. Qui est de la nature des volcans, qui en sort.

VOLCANISÉ, E, part. Exalté, enflammé.

VOLCANISER, v. a. Animer, exalter, enflammer.

VOLE, s. f. Toutes les mains; faire la vole. T. de jeu.

VOLÉ, E, part. Dérobé, pris furtivement, en parlant de ce qui appartient à autrui.

VOLÉE, s. f. Vol d'un oiseau. Prendre sa —, son vol; bande d'oiseaux qui volent; pigeons éclos dans le même mois. —, élévation; force; rang, qualité; personne de la haute volée. Fig. —, branle des cloches: décharge de plusieurs canons; partie d'une pièce d'artillerie, du tourillon à la bouche.—, coups de bâton. T.

fam. —, pièce de traverse au timon d'un chariot, d'un carrosse, etc., à laquelle sont attelés les chevaux de second rang. —, planches en travers de la roue d'une usine, qui entrent dans l'eau. —, balle qu'on peut frapper avant le rebond. T. de jeu de paume. A la —, adv. En l'air, et fig., inconsidérément, étourdiment, sans réflexion.

VOLER, v. a. Dérober, prendre furtivement, par force, ce qui appartient à autrui; commettre un vol. —, faire un plagiat. —, chasser au vol. T. fam. —, v. n. Parcourir les airs à l'aide des ailes, en parlant des oiseaux. —, courir avec une extrême vitesse. Fig. — au secours d'un ami, s'empresser de le secourir. —, passer, s'écouler avec une grande rapidité ; se dit du temps, des momens. Fig.

VOLEREAU, s. m. Petit voleur, apprenti voleur.

VOLERIE, s. f. Larcin, pillerie. —, vol de l'oiseau de proie; chasse à laquelle il est dressé. T. de fauc.

VOLESVRES, s. f. Com. du dép. de Saône-et-Loire, cant. de Paray-le-Monial, arr. de Charolles. = Paray-le-Monial.

VOLET, s. m. Pigeonnier ; ais à l'entrée d'une volière pour la fermer; tablette pour le triage des graines. —, contrevent dans l'intérieur d'une fenêtre. —, espèce de porte qui couvre les tuyaux de l'orgue. —, herbe aquatique. —, petite boussole. T. de mar. —, pl. Gaules pour monter les bouteux. T. de pêch.

VOLETER, v. n. Voler avec peine, à plusieurs reprises, comme font les jeunes oiseaux.

VOLETTE, s. f. Petite claie pour éplucher la laine sur les genoux. —, rang de petites cordes qui pendent au bas du réseau des caparaçons, etc.

VOLEUR, EUSE, s. Larron qui a l'habitude de voler, qui en fait son métier. —, personne qui trompe dans le commerce, qui fait payer plus qu'on ne lui doit. —, oiseau pour le vol. T. de fauc.

VOLGELSHEIM, s. m. Com. du dép. du Haut-Rhin, cant. de Neuf-Brisach, arr. de Colmar. = Colmar.

VOLGRÉ, s. m. Com. du dép. de l'Yonne, cant. d'Aillant, arr. de Joigny. = Joigny.

VOLICE ou VOLIGE, s. f. Planche mince de bois blanc pour poser l'ardoise. T. de couvr.

VOLIÈRE, s. f. Espèce de grande cage de fil d'archal; où l'on élève des oiseaux. —, petit colombier.

VOLITION, s. f. Acte par lequel la volonté se détermine. T. didact.

VOLKAMÈRE, s. f. Plante du genre des pyrénacées. T. de bot.

VOLKERINKHOVE, s. f. Com. du dép. du Nord, cant. de Wormhout, arr. de Dunkerque. = St.-Omer.

VOLKRANGE, s. m. Com. du dép. de la Moselle, cant. et arr. de Thionville. = Thionville.

VOLKSBERG, s. m. Com. du dép. du Bas-Rhin, cant. de Drulingen, arr. de Saverne. = Sarrewerden.

VOLLOGNAT, s. m. Com. du dép. de l'Ain, cant. d'Izernore, arr. de Nantua. = Nantua.

VOLLORE-MONTAGNE, s. m. Com. du dép. du Puy-de-Dôme, cant. de Courpière, arr. de Thiers. = Thiers.

VOLLORE-VILLE, s. m. Petite ville du dép. du Puy-de-Dôme, cant. de Courpière, arr. de Thiers. = Thiers.

VOLMERANGE, s. m. Com. du dép. de la Moselle, cant. de Boulay, arr. de Metz. = Boulay.

VOLMERANGE-LES-AUTRANGE, s. m. Com. du dép. de la Moselle, cant. de Cattenom, arr. de Thionville. = Thionville.

VOLMUNSTER, s. m. Com. du dép. de la Moselle, chef-lieu de cant. de l'arr. de Sarreguemines. Bur. d'enregist. = Sarreguemines.

VOLNAY, s. m. Com. du dép. de la Côte-d'Or, cant. et arr. de Beaune. = Beaune. Cette com. récolte des vins très estimés.

VOLNAY, s. m. Com. du dép. de la Sarthe, cant. de Bouloire, arr. de St.-Calais. = Connerré.

VOLOGNY, s. m. Com. du dép. de la Côte-d'Or, cant. de Vitteaux, arr. de Semur. = Vitteaux.

VOLON, s. m. Com. du dép. de la Haute-Saône, cant. de Dampierre-sur-Salon, arr. de Gray. = Cintrey.

VOLONNE, s. f. Com. du dép. des Basses-Alpes, chef-lieu de cant. de l'arr. de Sisteron. Bur. d'enregist. = Sisteron.

VOLONTAIRE, s. m. Soldat entré volontairement au service. —, adj. Sans contrainte, de pure volonté; libre, spontané. —, qui agit volontairement. —, s. et adj. Qui ne prend que sa volonté pour guide, qui ne veut dépendre de personne, ne s'assujettir à aucune loi.

VOLONTAIREMENT, adv. Sans contrainte, d'une manière libre, de pure volonté.

VOLONTÉ, s. f. Faculté de l'ame de prendre une détermination fixe et précise; puissance de vertu, vouloir; acte de cette faculté, de cette puissance. —, ce qu'on a l'intention qui soit fait ou dit; j'exécuterai vos volontés. —, disposition à l'égard de quelqu'un; bonne ou mauvaise volonté. Bonne —, ardeur pour les devoirs de son état; avoir de la bonne volonté. Acte de dernière —, disposition testamentaire. A —, adv. Quand, ou comme on veut.

VOLONTIERS, adv. De bon gré, de bon cœur, avec plaisir. —, facilement, aisément.

VOLONZAC, s. m. Com. du dép. de l'Aveyron, cant. de St.-Amans, arr. d'Espalion. = Mur-de-Barrez.

VOLPAJOLA, s. f. Com. du dép. de la Corse, cant. de Campitello, arr. de Bastia. = Bastia.

VOLPILLAC, s. m. Com. du dép. de l'Aveyron, cant. de Cassagnes-Begonhès, arr. de Rodez. = Rodez.

VOLSQUES, s. m. pl. Peuples du Latium qui possédaient une certaine puissance lors de la fondation de Rome et ne furent soumis qu'environ trois cents ans après.

VOLSTROFF, s. m. Com. du dép. de la Moselle, cant. de Metzervisse, arr. de Thionville. = Thionville.

VOLTE, s. f. Mouvement circulaire qu'on fait faire au cheval; sa trace. T. de man. —botte, en faisant une retraite sur le pied gauche, pour éviter la riposte. T. d'escr. —, cri de l'oiseau en voyant sa proie. T. de fauc. —, route. T. de mar.

VOLTÉ, E, adj. Double. T. de blas.

VOLTE-FACE, s. f. Mouvement d'une armée en retraite, qui se retourne spontanément et fait face à l'ennemi; faire volte-face.

VOLTER, v. n. Faire un saut en arrière et en mesure, de manière à éviter le coup de son adversaire et à se retrouver en garde. T. d'escr. —, tortiller, rouler. T. de manuf.

VOLTIGEMENT, s. m. Mouvement de ce qui voltige.

VOLTIGER, v. n. Voler çà et là, sans direction déterminée, en parlant de l'abeille, du papillon, etc. —, flotter au gré du vent, en parlant des cheveux, d'un étendard, etc. —, faire des tours de souplesse ou de force sur une corde tendue; faire des exercices pour s'accoutumer à monter sans étriers, courir à cheval çà et là, avec légèreté et vitesse. —, être inconstant, léger, courir sans cesse d'un objet à un autre. Fig.

VOLTIGEUR, s. m. Faiseur de tours qui voltige sur un cheval, sur une corde. —, soldat d'un régiment d'infanterie, d'une compagnie d'élite, chasseur à pied.

VOLUBILIS, s. m. (mot latin). Plante qui s'entortille. Voy. LISERON. T. de bot.

VOLUBILITÉ, s. f. Facilité de se mouvoir, d'être mu en rond; facilité de rotation. — de langue, extrême précipitation en parlant, flux de mots, torrent de paroles.

VOLUBLE, adj. Qui monte en spirale autour des corps qui l'avoisinent. T. de bot.

VOLUCELLE, s. f. Mouche du rosier, genre d'insectes diptères. T. d'hist. nat.

VOLUE, s. f. Petite fusée qui tourne dans la navette. T. de tisser.

VOLUME, s. m. Grosseur, étendue d'un corps par rapport à l'espace qu'il occupe. —, livre relié ou broché.

VOLUMINEUX, EUSE, adj. Très gros, qui occupe beaucoup de place, en parlant de certaines choses. —, qui forme beaucoup de volumes, en parlant d'un ouvrage littéraire, etc. Auteur —, très fécond, qui a beaucoup de volumes.

VOLUPTÉ, s. f. Plaisir des sens, et fig., de l'ame.

VOLUPTUAIRE, adj. Fait pour le seul agrément; impenses voluptuaires. T. de pratique.

VOLUPTUEUSEMENT, adv. Avec volupté.

VOLUPTUEUX, EUSE, s. et adj. Qui aime, qui cherche la volupté; qui l'inspire, la cause, la fait éprouver.

VOLUTAIRE, s. f. Espèce de centaurée. T. de bot.

VOLUTE, s. f. Ornement d'un chapiteau en forme de spirale. T. d'arch. —, genre de coquilles univalves en cône pyramidal. T. d'hist. nat.

VOLUTÉ, E, part. Dévidé sur des fusées; se dit du fil.

VOLUTER, v. a. Dévider le fil sur des fusées; faire des volutes.

VOLVAIRE, s. m. Testacé univalve. T. d'hist. nat. —, lichen. T. de bot.

VOLVE, s. f. Enveloppe du champignon. T. de bot.

VOLVÉ, adj. m. Pourvu d'une volve; champignon volvé. T. de bot.

VOLVENT, s. m. Com. du dép. de la Drôme, cant. de la Motte-Chalançon, arr. de Die. = Saillans.

VOLVIC, s. m. Com. du dép. du Puy-de-Dôme, cant. et arr. de Riom. = Riom. Carrières considérables de pierres de taille noires, et de laves très dures.

VOLVOCE, s. m. Genre de vers infusoires. T. d'hist. nat.

VOLVULUS, s. m. (mot latin). Colique de miserere; passion iliaque.

VOLX, s. m. Com. du dép. des Basses-Alpes, cant. de Manosque, arr. de Forcalquier. = Manosque.

VOMÉCOURT, s. m. Com. du dép. des Vosges, cant. de Rambervillers, arr. d'Epinal. = Rambervillers.

VOMÉCOURT, s. m. Com. du dép. des Vosges, cant. de Charmes, arr. de Mirecourt. = Mirecourt.

VOMER, s. m. (mot.latin). Lame descendante de l'os éthmoïde, ainsi nommée parce qu'on lui a trouvé de la ressemblance avec le soc d'une charrue. T. d'anat.

VOMI, E, part. Rejeté dehors, par la bouche, en parlant des alimens, etc., qui étaient dans l'estomac.

VOMIQUE, s. f. Abcès enkisté dans les poumons. T. de méd. —, genre de plantes de la pentandrie, cinquième classe des végétaux. —, adj. f. Se dit de la noix d'un arbre de l'Inde, qui est un poison violent pour les chiens, les loups, etc. Voy. Noix.

VOMIR, v. a. et n. Rejeter par la bouche ce qui était dans l'estomac. —, jeter, lancer, pousser au dehors. Fig. — des injures, se répandre en injures.

VOMISSEMENT, s. m. Excrétion violente par la bouche des matières contenues dans l'estomac et même dans les intestins. T. de méd.

VOMITIF, s. m. Substance qui provoque le vomissement. T. de méd.

VOMITIF, IVE, adj. Qui fait vomir. T. de méd.

VOMITOIRE, s. m. Vomitif. (Vi.) —, pl. Issues d'un spectacle. T. d'antiq.

VOMITO-NEGRO, s. m. Voy. CAPETONNADE.

VOMITURITION, s. f. Vomissement faible et fréquent; simple disposition à vomir. T. de méd.

●VONAPE, s. m. Plante de la triandrie, troisième classe des végétaux. T. de bot.

VONCONDE, s. m. Poisson du genre du cyprin. T. d'hist. nat.

VONCOURT, s. m. Com. du dép. de la Haute-Marne, cant. du Fays-Billot, arr. de Langres. = le Fays-Billot.

VONCQ, s. m. Com. du dép. des Ardennes, cant. d'Attigny, arr. de Vouziers. = Attigny.

VONGES, s. m. Com. du dép. de la Côte-d'Or, cant. de Pontailler-sur-Saône, arr. de Dijon. = Pontailler.

VONNAS, s. m. Com. du dép. de l'Ain, cant. de Châtillon-les-Dombes, arr. de Trévoux. = Châtillon-les-Dombes.

VONTACA, s. m. Vomique épineuse. T. de bot.

VOODFORDIE, s. f. Salicaire frutescente. T. de bot.

VOPILLON, s. m. Com. du dép. du Gers, cant. et arr. de Condom. = Condom.

VOQUÉ, E, part. Préparé; se dit de l'argile.

VOQUER, v. a. Préparer l'argile.

VORACE, adj. Carnassier, qui dévore ses alimens; qui mange avec avidité.

VORACITE, s. f. Avidité à manger.

VORAY, s. m. Com. du dép. de la Haute-Saône, cant. de Rioz, arr. de Vesoul. = Rioz.

VOREPPE, s. m. Com. du dép. de l'Isère, cant. de Voiron, arr. de Grenoble. = Grenoble. Fabr. de cuirs et de chapeaux; moulins à huile et à blé; mines de houille.

VOREY, s. m. Com. du dép. de la Haute-Loire, chef-lieu de cant. de l'arr. du Puy. Bur. d'enregist. = le Puy.

VORGES, s. m. Com. du dép. de l'Aisne, cant. et arr. de Laon. = Laon.

VORGES, s. m. Com. du dép. du Doubs, cant. de Boussières, arr. de Besançon. = Besançon.

VORLY, s. m. Com. du dép. du Cher, cant. de Levet, arr. de Bourges. = Bourges.

VORME, s. f. Plante de la polyandrie, douzième classe des végétaux. T. de bot.

VORMIEN, s. et adj. m. Se dit de petits os que l'on rencontre dans les différentes sutures du crâne, mais particulièrement à la suture lambdoïde entre l'occipital et les pariétaux. T. d'anat.

VORNAY, s. m. Com. du dép. du Cher, cant. de Baugy, arr. de Bourges.= Dun-le-Roi.

VORNES, s. m. Com. du dép. du Jura, cant. de Chaussin, arr. de Dôle. = Dôle.

VORS, s. m. Com. du dép. de l'Aveyron, cant. et arr. de Rodez.=Rodez.

VORTICELLE, s. f. Genre de vers infusoires. T. d'hist. nat.

VORTICULE, s. m. Petit tourbillon. T. inus.

VOS, pron. pers. pl. Voy. VOTRE.

VOSBLES, s. m. Com. du dép. du Jura, cant. d'Arinthod, arr. de Lons-le-Saulnier. = Orgelet.

VOSGES (les), s. m. pl. Cette chaîne de montagnes est un prolongement des Alpes, auxquelles elle se rattache par le mont Jura. On y trouve des mines de fer, de cuivre, d'argent, de plomb, d'azur; des carrières de marbre de diverses couleurs ainsi que plusieurs sources d'eaux minérales, dont quelques-unes jouissent d'une grande réputation et sont très fréquentées.

VOSGES (dép. des), s. m. Chef-lieu de préf., Epinal; 5 arr. ou sous-préf.: Epinal, Mirecourt, Neufchâteau, St.-Dié, Remiremont; 30 cant. ou justices de paix; 549 com.; Pop. 379,840 hab. env.; cour royale de Nancy; diocèse de St.-Dié; 3e div. milit.; 4e div. des ponts-et-chaussées; 3e div. des mines; direct. de l'enregist. et des domaines de 3e classe et du 6e arr. forestier.

Ce dép. est borné N. par ceux de la Meuse et de la Meurthe, E. par ceux du Haut-Rhin et du Bas-Rhin, S. par celui de la Haute-Saône, et O. par le dép. de la Haute-Marne. Son territoire, coupé en tous sens par les montagnes des Vosges, au milieu desquelles se trouvent de riches vallées, se divise naturellement en deux parties distinctes; la plaine et la montagne. La première, qui comprend toute la partie orientale, produit assez abondamment toutes les denrées nécessaires à la vie; la seconde est couverte de prairies excellentes et d'immenses forêts de sapins, qui donnent beaucoup de térébenthine; mais les terres labourables n'y produisent qu'à force de travail.

Productions: grains, sarrasin, millet, pommes de terre, beaucoup de fruits, gentiane, angélique, ellébore et autres plantes utiles et curieuses; houblon, lin, chanvre, navettes, bons pâturages, vins médiocres; quantité de bois; grand et menu gibier; bon poisson; chevaux et bêtes à cornes de petite espèce, moutons, beaucoup de chèvres, quantité de porcs; culture en grand de merisier; extraction de la térébenthine; bergerie royale; fer, antimoine, marbre, agate, granit, pierres meulières, pierres de taille, grès à aiguiser, ardoises, plâtre, terre à porcelaine, tourbe. Etablissemens d'eaux thermales à Bains et à Plombières; sources d'eau minérale.

Fabr. de toiles de coton, mouchoirs, dentelles, violons, guitares, serinettes et autres instrumens de musique; pointes de Paris, clous, ouvrages en fer et en acier, quincaillerie; sabots et boissellerie; souliers de pacotille; filatures de coton; hauts-fourneaux, forges et ferblanteries; nombreuses papeteries, tanneries, faïenceries, verreries considérables. Comm. de grains, vins, bière, beurre, fromage façon gruyère, kirchenwaser, fer en barre, acier, tôle, fer-blanc, ouvrage en fer battu; papiers; granit, glaces, cristaux, bouteilles, instrumens de musique, bimbellerie, planches de sapin, potasse, térébenthine. Les principales rivières qui l'arrosent sont la Meuse, la Moselle, la Saône, la Meurthe, le Madon, le Mouzon, la Mortagne, la Plaine, et une multitude d'autres petites rivières et ruisseaux.

VOSMAR, s. m. Espèce de lutjan. T. d'hist. nat.

VOSNES, s. f. Com. du dép. de la Côte-d'Or, cant. de Nuits, arr. de Beaune. = Nuits.

Cette com. est renommée par l'excellente qualité de ses vins rouges, connus dans le commerce sous le nom de vins de Chambertin.

VOSNON, s. m. Com. du dép. de l'Aube, cant. d'Ervy, arr. de Troyes. = Ervy.

VOTANT, s. m. Celui qui vote, qui a droit de voter.

VOTARISTE, s. Celui, celle qui a fait un vœu. T. inus.

VOTATION, s. f. Action de voter pour l'élection du grand-maître, dans l'ancien ordre de Malte.

VOTE, s. m. Vœu émis, suffrage donné.

VOTÉ, E, part. Se dit d'une loi sur laquelle des législateurs ont émis leur vote, après discussion.

VOTEMENT, s. m. Action d'émettre son vote. T. inus.

VOTER, v. a. Donner sa voix, son suffrage.

VOTIF, IVE, adj. Qui a rapport, appartient à un vœu; offert pour acquitter un vœu.

VÔTRE, s. m. et toujours précédé de l'article le. Ce qui est à vous, vous appartient. Les —, pl. Vos parens, vos amis, vos partisans. Le —, la —, les —, adj. possessif et relatif. Qui est à vous, en vous; j'ai mes raisons et vous les vôtres.

VOTRE, pron. possessif. Qui est à vous, vous appartient; qui vous concerne, vous est relatif.

VOU, s. m. Com. du dép. d'Indre-et-Loire, cant. de Ligueil, arr. de Loches. = Loches.

VOUAPE, s. f. Plante légumineuse. T. inus.

VOUARIES, s. f. Com. du dép. de la Marne, cant. d'Anglure, arr. d'Epernay. = Méry-Sur-Seine.

VOUCIENNES, s. f. Com. du dép. de la Marne, cant. d'Ecury-sur-Coole, arr. de Châlons. = Châlons-sur-Marne.

VOUDENAY, s. m. Com. du dép. de la Côte-d'Or, cant. d'Arnay-le-Duc, arr. de Beaune. = Arnay-le-Duc.

VOUÉ, E, part. Consacré à Dieu.

VOUÉ, s. m. Com. du dép. de l'Aube, cant. et arr. d'Arcis-sur-Aube. = Arcis-sur-Aube.

VOUÉCOURT, s. m. Com. du dép. de

la Haute-Marne, cant. de Vignory, arr. de Chaumont. = Vignory.

VOUÈDE, s. f. Petit pastel, plante pour la teinture.

VOUEL, s. m. Com. du dép. de l'Aisne, cant. de la Fère, arr. de Laon. = la Fère.

VOUER, v. a. Consacrer à Dieu; promettre par vœu. —, promettre d'une manière particulière; je lui ai voué le plus profond mépris. Se —, v. pron. Se consacrer, se donner entièrement à.....

VOUGAY (St.-), s. m. Com. du dép. du Finistère, cant. de Plouzévédé, arr. de Morlaix. = Landivisiau.

VOUGE, s. f. Epieu à large fer. T. de vèner. —, serpe à long manche. T. d'agric.

VOUGÉAUCOURT, s. m. Com. du dép. du Doubs, cant. d'Audincourt, arr. de Montbéliard. = Montbéliard.

VOUGECOURT, s. m. Com. du dép. de la Haute-Saône, cant. de Jussey, arr. de Vesoul. = Jussey.

VOUGEOT, s. m. Com. du dép. de la Côte-d'Or, cant. de Nuits, arr. de Beaune. = Nuits.

Avant la révolution, les moines de Citeaux possédaient un clos de 250 arpens qu'on remarque à la sortie de ce village, et qui produisait des vins rouges exquis; mais ce clos étant devenu la propriété de divers spéculateurs qui ont fumé les vignes, pour avoir une récolte plus abondante, ce vin, si justement estimé, a perdu de sa qualité.

VOUGLANS, s. m. Com. du dép. du Jura, cant. de Moirans, arr. de St.-Claude. = Orgelet.

VOUGNES, s. m. Com. du dép. de l'Ain, cant. de Virieu-le-Grand, arr. de Belley. = Belley.

VOUGREY, s. m. Com. du dép. de l'Aube, cant. de Chaource, arr. de Bar-sur-Seine. = Chaource.

VOUGY, s. m. Com. du dép. de la Haute-Loire, cant. de Charlieu, arr. de Roanne. = Roanne.

VOUHARTE, s. m. Com. du dép. de la Charente, cant. de St.-Amant-de-Boixe, arr. d'Angoulême. = Manles.

VOUHÉ, s. m. Com. du dép. de la Charente-Inférieure, cant. de Surgères, arr. de Rochefort. = Surgères.

VOUHÉ, s. m. Com. du dép. des Deux-Sèvres, cant. de Mazières, arr. de Parthenay. = Parthenay.

VOUHENANS, s. m. Com. du dép. de la Haute-Saône, cant. et arr. de Lure.= Lure.

VOUILLÉ, s. m. Com. du dép. des Deux-Sèvres, cant. de Prahecq, arr. de Niort. = Niort.

VOUILLÉ, s. m. Com. du dép. de la Vendée, cant. de Chaillé-les-Marais, arr. de Fontenay-le-Comte. = Fontenay-le-Comte.

VOUILLÉ, s. m. Com. du dép. de la Vienne, chef-lieu de cant. de l'arr. de Poitiers. Bur. d'enregist. = Poitiers.

VOUILLERS, s. m. Com. du dép. de la Marne, cant. de Thiéblemont, arr. de Vitry-le-Français. = St.-Dizier.

VOUILLON, s. m. Com. du dép. de l'Indre, cant. et arr. d'Issoudun. = Issoudun.

VOUILLY, s. m. Com. du dép. du Calvados, cant. d'Isigny, arr. de Bayeux. = Isigny.

VOULAINE, s. f. Com. du dép. de la Côte-d'Or, cant. de Recey-sur-Ource, arr. de Châtillon. = Aignay-le-Duc. Forges et haut-fourneau.

VOULÈME, s. m. Com. du dép. de la Vienne, cant. et arr. de Civray. = Civray.

VOULGÉZAC, s. m. Com. du dép. de la Charente, cant. de Blanzac, arr. d'Angoulême. = Blanzac.

VOULOIR, s. m. Acte de la volonté; intention, dessein.

VOULOIR, v. a. et n. Avoir l'intention, la volonté de faire une chose. —, se déterminer à...; on veut nous asservir. —, avoir envie, désirer, souhaiter; consentir. —, commander, exiger; ordonner, prescrire, enjoindre, en parlant des lois, etc. —, être de nature à exiger. — du bien, du mal, avoir de l'affection ou de la haine. En — à quelqu'un, lui vouloir du mal, lui garder rancune. En — à une place, y prétendre. — dire, avoir l'intention d'exprimer, de donner à entendre, signifier; que veut dire ceci? dans quel but? à quel dessein? pourquoi?

VOULON, s. m. Com. du dép. de la Vienne, cant. de Couhé, arr. de Civray. = Couhé.

VOULONGOSA, s. f. Cardamone. T. de bot.

VOULONS, s. m. Com. du dép. de la Haute-Vienne, cant. du Dorat, arr. de Bellac. = le Dorat.

VOULOU, s. m. Voy. CAMBROUZE.

VOULPAIX, s. m. Com. du dép. de l'Aisne, cant. et arr. de Vervins. = Vervins.

VOULTE (la), s. f. Com. du dép. de l'Ardèche, chef-lieu de cant. de l'arr. de Privas. Bur. d'enregist. et de poste. Mines de fer.

VOULTON, s. m. Com. du dép. de Seine-et-Marne, cant. de Villiers-St.-Georges, arr. de Provins. = Provins.

VOULU, E, part. et adj. Souhaité,

désiré. Bien ou mal —, vu avec plaisir ou de mauvais œil.

VOULX, s. m. Com. du dép. de Seine-et-Marne, cant. de Lorrez, arr. de Fontainebleau. = Montereau.

VOUNEUIL-SOUS BIARD, s. m. Com. du dép. de la Vienne, cant. et arr. de Poitiers. = Poitiers.

VOUNEUIL-SOUS-VIENNE, s. m. Com. du dép. de la Vienne, chef-lieu de cant. de l'arr. de Châtellerault, où se trouve le bur. d'enregist. = Châtellerault.

VOU-NOUTZ, s. m. Palmier de l'île de Madagascar. T. de bot.

VOUPRISTI, s. m. Espèce de cantharide. T. d'hist. nat.

VOURCE, s. f. Voiture de chasse.

VOUREY, s. m. Com. du dép. de l'Isère, cant. de Rives, arr. de St.-Marcellin. = Moirans.

VOURINE, s. f. Soie légis de Perse.

VOURLES, s. f. Com. du dép. du Rhône, cant. de St.-Genis-Laval, arr. de Lyon. = Lyon.

VOUROUDRIOU, s. m. Coucou de l'île de Madagascar. T. d'hist. nat.

VOURVENANS, s. m. Com. du dép. du Haut-Rhin, cant. et arr. de Belfort. = Belfort.

VOUS, pron. pers., pl. de tu, toi.

VOUSSAT, s. m. Com. du dép. de l'Allier, cant. de Chantelle-le-Château, arr. de Gannat. = Montmarault.

VOUSSOIRS ou VOUSSEAUX, s. m. pl. Pierres en forme de cône tronqué, qui forment le cintre; courbure d'une voûte. T. d'arch.

VOUSSURE, s. f. Courbure d'une voûte. T. d'arch.

VOÛTE, s. f. Ouvrage de maçonnerie en forme d'arc. —, face concave de quelques parties du corps: voûte du palais, du foie. — céleste, azurée, étoilée, le ciel. T. poét.

VOÛTÉ, E, part. et adj. Qui a une voûte, qui est en forme de voûte; qui a le dos rond, courbé par l'âge.

VOUTEGON, s. m. Com. du dép. des Deux-Sèvres, cant. d'Argenton-Château, arr. de Bressuire. = Argenton-Château.

VOUTENAY, s. m. Com. du dép. de l'Yonne, cant. de Vézelay, arr. d'Avallon. = Lucy-le-Bois.

VOUTER, v. a. Faire une voûte, et fig., courber. Se —, v. pron. Se courber sous le faix des ans.

VOUTEZAC, s. m. Com. du dép. de la Corrèze, cant. de Juillac, arr. de Brive. = Brive.

VOUTHON, s. m. Com. de la Charente, cant. de Montbron, arr. d'Angoulême. = Larochefoucault.

VOUTHON-BAS, s. m. Com. du dép. de la Meuse, cant. de Gondrecourt, arr. de Commercy. = Gondrecourt.

VOUTHON-HAUT, s. m. Com. du dép. de la Meuse, cant. de Gondrecourt, arr. de Commercy. = Gondrecourt.

VOUTIS, s. m. Partie extérieure de l'arcasse. T. de mar.

VOUTRÉ, s. m. Com. du dép. de la Mayenne, cant. d'Evron, arr. de Laval. = Evron.

VOUTRON, s. m. Com. du dép. de la Charente-Inférieure, cant. d'Aigrefeuille, arr. de Rochefort. = Rochefort.

VOÛTURE, s. f. Espèce de fracture du crâne. T. de chir.

VOUVANT, s. m. Com. du dép. de la Vendée, cant. de la Châtaigneraye, arr. de Fontenay-le-Comte. = Fontenay-le-Comte. Fabr. de toiles; mines de houille.

VOUVRAY, s. m. Com. du dép. de l'Ain, cant. de Châtillon-de-Michaille, arr. de Nantua. = Châtillon-de-Michaille.

VOUVRAY, s. m. Com. du dép. d'Indre-et-Loire, chef-lieu de cant. de l'arr. de Tours. Bur. d'enregist. et de poste. Comm. de vins blancs.

VOUVRAY-SUR-L'HUISNE, s. m. Com. du dép. de la Sarthe, cant. de Tuffé, arr. de Mamers. = Connerré.

VOUVRAY-SUR-LOIR, s. m. Com. du dép. de la Sarthe, cant. de Château-du-Loir, arr. de St.-Calais. = Château-du-Loir.

VOUXEY, s. m. Com. du dép. des Vosges, cant. de Châtenois, arr. de Neufchâteau. = Neufchâteau.

VOUZAILLES, s. f. Com. du dép. de la Vienne, cant. de Mirebeau, arr. de Poitiers. = Mirebeau.

VOUZAN, s. m. Com. du dép. de la Charente, cant. de Lavalette, arr. d'Angoulême. = Angoulême.

VOUZERON, s. m. Com. du dép. du Cher, cant. de Vierzon-Ville, arr. de Bourges. = Vierzon.

VOUZIERS, s. m. Petite ville du dép. des Ardennes, chef-lieu de sous-préf. et de cant.; trib. de 1re inst.; société d'agric.; conserv. des hypoth.; direct. des contrib. indir.; recev. part. des finances; bur. d'enregist. et de poste.

Cette ville est située sur la rive gauche de l'Aisne, au milieu d'un territoire fertile. Fabr. de vannerie, d'huile à brûler. Comm. de grains, vins, bestiaux, etc.

VOUZON, s. m. Com. du dép. de Loir-et-Cher, cant. de la Motte-Beuvron, arr. de Romorantin. = la Ferté-St.-Aubin.

VOUZY, s. m. Com. du dép. de la Marne, cant. de Vertus, arr. de Châlons. = Vertus.

VOVES, s. m. Com. du dép. d'Eure-et-Loir, chef-lieu de cant. de l'arr. de Chartres. Bur. d'enregist. = Chartres.
Fabr. de bas, bonnets, chaussons, gants de laine à l'aiguille.

VOY (St.-), s. m. Com. du dép. de la Haute-Loire, cant. de Tence, arr. d'Yssingeaux. = Yssingeaux.

VOYAGE, s. m. Chemin qu'on fait pour aller d'un lieu à un autre lieu éloigné; ce chemin et le retour. —, relation d'un voyage. —, allée et venue d'un lieu à un autre, sans égard à la distance. —, la vie humaine. Le grand —, la mort. Fig.

VOYAGER, v. n. Faire un voyage; aller dans un pays éloigné; parcourir différens pays.

VOYAGEUR, EUSE, s. Celui, celle qui a voyagé, qui est actuellement en voyage. —, grand panier de voyage. —, adj. m. Passager; oiseaux voyageurs. T. d'hist. nat.

VOYAGISTE, s. m. Auteur de la relation d'un voyage. T. inus.

VOYANT, s. m. Prophète. T. biblique.

VOYANT, E, adj. Qui voit; qui se voit de loin, a de l'éclat, en parlant des couleurs.

VOYARIER, s. m. Arbre de la Guiane. T. de bot.

VOYELLE, s. f. Lettre qui a un son plein, et qui peut se prononcer sans le secours d'une consonne; a, e, i, o, u, y.

VOYENNE, s. f. Com. du dép. de l'Aisne, cant. de Marle, arr. de Laon. = Marle.

VOYENNE, s. f. Com. du dép. de la Somme, cant. de Nesle, arr. de Péronne. = Nesle.

VOYER, s. m. Préposé à l'inspection des rues, des chemins.

VOYER, s. m. Com. du dép. de la Meurthe, cant. de Lorquin, arr. de Sarrebourg. = Sarrebourg.

VOYÈRE, s. f. Gentiane. T. de bot.

VOYETTE, s. f. Espèce d'écope pour la lessive.

VOYEUSE, s. f. Espèce de tabouret.

VOZELLE, s. f. Com. du dép. de l'Allier, cant. d'Escurolles, arr. de Gannat. = Gannat.

VRAC, s. m. Poisson du genre du labre. T. d'hist. nat. Harengs en —, salés en tonne. T. de pêch.

VRAI, s. m. La vérité. —, adv. Avec vérité, conformément à la vérité. Au —, véritablement.

VRAI, E, adj. Qui est tel qu'on l'énonce, certain, véritable. —, véridique, sincère, qui a coutume de dire la vérité. —, réel; qui est tel qu'il doit être; qui a toutes les qualités essentielles à sa nature; diamant vrai. —, conforme à la nature, naturel. T. de littér. et d'arts.

VRAIGNES, s. f. Com. du dép. de la Somme, cant. d'Hornoy, arr. d'Amiens. = Poix.

VRAIGNES, s. f. Com. du dép. de la Somme, cant. de Roisel, arr. de Péronne. = Péronne.

VRAIMENT, adv. Véritablement, effectivement.

VRAIN (St.-), s. m. Com. du dép. de la Marne, cant. de Thiéblemont, arr. de Vitry-le-Français. = Vitry-le-Français.

VRAIN (St.-), s. m. Com. du dép. de Seine-et-Oise, cant. d'Arpajon, arr. de Corbeil. = Arpajon.

VRAINCOURT, s. m. Com. du dép. de la Haute-Marne, cant. de Vignory, arr. de Chaumont. = Vignory.

VRAISEMBLABLE, s. m. Ce qui a de la vraisemblance. —, adj. Qui a l'apparence du vrai; probable.

VRAISEMBLABLEMENT, adv. Avec vraisemblance.

VRAISEMBLANCE, s. f. Apparence de vérité, probabilité.

VRAIVILLE, s. f. Com. du dép. de l'Eure, cant. d'Amfreville, arr. de Louviers. = Louviers.

VRAN (St.-), s. m. Com. du dép. des Côtes-du-Nord, cant. de Merdrignac, arr. de Loudéac. = Broons.

VRASVILLE, s. f. Com. du dép. de la Manche, cant. de St.-Pierre-Eglise, arr. de Cherbourg. = Cherbourg.

VRAUCOURT, s. m. Com. du dép. du Pas-de-Calais, cant. de Croisilles, arr. d'Arras. = Bapaume.

VRAUX, s. m. Com. du dép. de la Marne, cant. et arr. de Châlons. = Châlons-sur-Marne.

VRÉCOURT, s. m. Com. du dép. des Vosges, cant. de Bulgnéville, arr. de Neufchâteau. = la Marche. Fabr. de toiles de coton; forges et fonderie; tanneries.

VRED, s. m. Com. du dép. du Nord, cant. de Marchiennes, arr. de Douai. = Marchiennes.

VRÉDELÉE, s. f. Filet monté sur des perches. T. de pêch.

VREDER, v. n. Aller et venir sans objet. T. inus.

VREGILLE, s. f. Com. du dép. de la

Haute-Saône, cant. de Marnay, arr. de Gray. = Gy.

VREGNY, s. m. Com. du dép. de l'Aisne, cant. de Wailly, arr. de Soissons. = Soissons.

VRÉLY, s. m. Com. du dép. de la Somme, cant. de Rosières, arr. de Montdidier. = Lihons.

VREMY, s. m. Com. du dép. de la Moselle, cant. de Vigy, arr. de Metz. = Metz.

VRETOT (le), s. m. Com. du dép. de la Manche, cant. de Briquebec, arr. de Valognes. = Valognes.

VRIGNE-MEUSE, s. f. Com. du dép. des Ardennes, cant. de Flize, arr. de Mézières. = Mézières.

VRIGNES-AUX-BOIS, s. f. Com. du dép. des Ardennes, cant. et arr. de Sedan. = Sedan. Fabr. de quincaillerie, taillanderie, etc.

VRIGNI, s. m. Com. du dép. de l'Orne, cant. de Mortrée, arr. d'Argentan. = Mortrée.

VRIGNY, s. m. Com. du dép. du Loiret, cant. et arr. de Pithiviers. = Pithiviers.

VRIGNY, s. m. Com. du dép. de la Marne, cant. de Ville-en-Tardenois, arr. de Reims. = Reims.

VRILLE, s. f. Outil dont la mèche est en forme de vis, pour percer le bois.

VRILLER, v. n. Pirouetter en s'élevant; se dit d'une fusée.

VRILLERIE, s. f. Art de faire des vrilles; outils, menus ouvrages faits par le vrillier.

VRILLETTE, s. f. Genre d'insectes coléoptères. T. d'hist. nat.

VRILLIER, s. m. Artisan qui fait des vis, des vrilles.

VRILLIFÈRE, adj. Qui porte des vrilles. T. de bot.

VRILLON, s. m. Petite tarière en forme de vrille.

VRITZ, s. m. Com. du dép. de la Loire-Inférieure, cant. de St.-Mars-la-Jaille, arr. d'Ancenis. = Candé.

VRIZY, s. m. Com. du dép. des Ardennes, cant. et arr. de Vouziers. = Vouziers.

VROCOURT, s. m. Com. du dép. de l'Oise, cant. de Songeons, arr. de Beauvais. = Songeons.

VROIL, s. m. Com. du dép. de la Marne, cant. d'Heiltz-le-Maurupt, arr. de Vitry-le-Français. = Vitry-le-Français.

VRON, s. m. Com. du dép. de la Somme, cant. de Rue, arr. d'Abbeville. = Montreuil.

VRONCOURT, s. m. Com. du dép. de la Haute-Marne, cant. de Bourmont, arr. de Chaumont. = Bourmont.

VRONCOURT, s. m. Com. du dép. de la Meurthe, cant. de Vézelise, arr. de Nancy. = Vézelise.

VROVILLE, s. f. Com. du dép. des Vosges, cant. et arr. de Mirecourt. = Mirecourt.

VRY, s. m. Com. du dép. de la Moselle, cant. de Vigy, arr. de Metz. = Metz.

VU, s. m. Enumération des pièces produites et vues dans un procès, visa. Fait au — et su de tout le monde, tout le monde l'a su et vu. —, partic. indécl. Attendu, eu égard; vu ses bons et loyaux services. — que, conj. Parce que, d'autant que, attendu que.

VU, E, part. Regardé, considéré, examiné, etc.

VUBA, s. m. Plante graminée du Brésil. T. de bot.

VUE, s. f. Faculté, action de voir, vision; celui des sens dont les yeux sont l'organe; les yeux, le regard; coup d'œil, inspection des objets qu'on voit. —, manière dont un objet se présente à la vue; étendue de pays, site, paysage qu'on peut apercevoir d'un même lieu. —, tableau qui représente un objet dans le lointain. —, fenêtre, ouverture d'une maison par où l'on découvre les lieux voisins. —, pénétration d'esprit, connaissance claire. Voy. INTUITION. —, but qu'on se propose; avoir quelque chose en vue. Garder à —, surveiller, observer, suivre les démarches. A — de pays, par approximation, sans prendre de mesure exacte. Payable à —, sur la simple présentation. T. de finance et de comm. —, pl. Desseins, projets. Avoir des — sur quelqu'un ou quelque chose, se proposer d'épouser, d'obtenir, d'acquérir, etc.

VUE, s. f. Com. du dép. de la Loire-Inférieure, cant. de Pellerin, arr. de Paimbœuf. = Paimbœuf.

VUILLAFANS, s. m. Com. du dép. du Doubs, cant. d'Ornans, arr. de Besançon. = Ornans. Forge, martinet et tanneries.

VUILLECIN, s. m. Com. du dép. du Doubs, cant. et arr. de Pontarlier. = Pontarlier.

VUILLERONCOURT, s. m. Com. du dép. de la Meuse, cant. et arr. de Commercy. = Ligny.

VUILLERY, s. m. Com. du dép. de l'Aisne, cant. de Wailly, arr. de Soissons. = Soissons.

VULAINES, s. f. Com. du dép. de

l'Aube, cant. d'Aix-en-Othe, arr. de Troyes. = Villeneuve-l'Archevêque.

VULAINES, s. f. Com. du dép. de Seine-et-Marne, cant. et arr. de Provins. = Guignes.

VULAINES-SUR-SEINE, s. f. Com. du dép. de Seine-et-Marne, cant. et arr. de Fontainebleau. = Fontainebleau.

VULBAS (St.-), s. m. Com. du dép. de l'Ain, cant. de Lagnieu, arr. de Belley. = Ambérieux.

VULCAIN, s. m. Fils de Jupiter et de Junon, Dieu du feu, époux de Vénus. Comme il était extrêmement laid et difforme, Jupiter lui donna un coup de pied et le jeta du haut en bas du ciel ; il se cassa la jambe en tombant et devint boiteux. Ce Dieu fournissait des foudres à Jupiter et avait ses forges dans les îles de Lypare, de Lemnos et au fond du mont Etna. Les cyclopes, ses forgerons, n'avaient qu'un œil au milieu du front. T. de myth. —, beau papillon de jour. T. d'hist. nat.

VULCELLE, s. f. Coquille bivalve. T. d'hist. nat.

VULFEN, s. f. Plante de la diandrie, deuxième classe des végétaux. T. de bot.

VULGAIRE, s. m. Le peuple, le commun, les gens sans instruction ou peu instruits. —, adj. Commun, populaire, trivial. —, qui n'a rien de distingué ; talent vulgaire. —, reçu communément ; croyance vulgaire. Langue —, actuellement parlée par le peuple d'un pays.

VULGAIREMENT, adv. Communément.

VULGARISÉ, E, part. Rendu vulgaire.

VULGARISER, v. a. Rendre vulgaire.

VULGARITÉ, s. f. Caractère, défaut de ce qui est vulgaire.

VULGATE, s. f. Traduction latine de la Bible.

VULMONT, s. m. Com. du dép. de la Moselle, cant. de Verny, arr. de Metz. = Metz.

VULNÉRABLE, adj. Qui peut être blessé.

VULNÉRAIRE, s. m. Plante, remède pour la guérison des plaies. —, adj. Propre à la guérison des plaies, des blessures ; eau vulnéraire. T. de méd.

VULPIE, s. f. Fétuque, queue de souris. T. de bot.

VULPIN, s. m. Plante graminée. T. de bot.

VULPINE, adj. Fourbe, rusé. T. inus.

VULSELLE, s. f. Genre de testacés bivalves. T. d'hist. nat.

VULTUEUX, EUSE, adj. Enflé et d'un rouge vif, en parlant de la face, du visage. T. de méd.

VULVAIRE, s. f. Espèce d'anserine. T. de bot. —, adj. Qui concerne la vulve. T. d'anat.

VULVE, s. f. Orifice du vagin. T. d'anat.

VULVO-UTÉRIN, E, adj. Qui appartient à la vulve et à l'utérus. T. d'anat.

VULVOZ, s. m. Com. du dép. du Jura, cant. des Bouchoux, arr. de St.-Claude. = St.-Claude.

VURMBE, s. f. Plante de l'hexandrie, sixième classe des végétaux. T. de bot.

VYANS, s. m. Com. du dép. de la Haute-Saône, cant. d'Héricourt, arr. de Lure. = Montbéliard.

VY-LE-FERROUX, s. m. Com. du dép. de la Haute-Saône, cant. de Scey-sur-Saône, arr. de Vesoul. = Vesoul. Hauts-fourneaux.

VY-LÈS-FILAIN, s. m. Com. du dép. de la Haute-Saône, cant. de Montbozon, arr. de Vesoul. = Vesoul.

VY-LÈS-LURE, s. m. Com. du dép. de la Haute-Saône, cant. et arr. de Lure. = Lure.

VY-LES-RUPT-ET-GRANDECOURT, s. m. Com. du dép. de la Haute-Saône, cant. de Dampierre-sur-Salon, arr. de Gray. = Port-sur-Saône.

VYT (St.-), s. m. Com. du dép. du Doubs, cant. de Boussières, arr. de Besançon. Bur. de poste.

VYT-LÈS-BELVOIR, s. m. Com. du dép. du Doubs, cant. de Clerval, arr. de Baume. = Baume.

W.

W, s. m. Double V, lettre étrangère qui n'est point admise dans la langue française.

WAAST (St.-), s. m. Village du dép. de l'Aisne, cant. d'Oulchy-le-Château, arr. de Soissons. = Oulchy.

WAAST (St.-), s. m. Com. du dép. du Nord, cant. de Bavay, arr. d'Avesnes. = Bavay.

WABEN, s. m. Com. du dép. du Pas-de-Calais, cant. et arr. de Montreuil. = Montreuil.

WACHENDORFIE, s. f. Genre de plantes iridées. T. de bot.

WACKE ou VAKE, s. m. Basalte décomposé.

WACQUEMOULIN, s. m. Com. du dép. de l'Oise, cant. de Maignelay, arr. de Clermont. = St.-Just-en-Chaussée.

WACQUINGHEN, s. m. Com. du dép. du Pas-de-Calais, cant. de Marquise, arr. de Boulogne. = Marquise.

WADELINCOURT, s. m. Com. du dép. des Ardennes, cant. et arr. de Sedan. = Sedan.

WADIMONT, s. m. Com. du dép. des Ardennes, cant. de Chaumont, arr. de Rethel. = Rozoy-sur-Serre.

WADONVILLE-EN-WŒVRE, s. f. Com. du dép. de la Meuse, cant. de Fresnes-en-Wœvre, arr. de Verdun. = Commercy.

WAGNON, s. m. Com. du dép. des Ardennes, cant. de Novion, arr. de Rethel. = Rethel.

WAHABIS, s. m. pl. Arabes qui se sont séparés par quelques pratiques religieuses du reste des Mahométans. Nombreux et bien armés, ils parvinrent à étendre leur domination dans une grande partie de l'Arabie et de la Syrie.

WAHAGNIES, s. f. Com. du dép. du Nord, cant. de Pont-à-Marcq, arr. de Lille. = Carvin.

WAHLEBERSING, s. m. Com. du dép. de la Moselle, cant. de Grostenquin, arr. de Sarreguemines. = Sarreguemines.

WAHLENHEIM, s. m. Com. du dép. du Bas-Rhin, cant. de Haguenau, arr. de Strasbourg. = Haguenau.

WAIL, s. m. Com. du dép. du Pas-de-Calais, cant. du Parcq, arr. de St.-Pol. = Hesdin.

WAILLY, s. m. Com. du dép. du Pas-de-Calais, cant. et arr. d'Arras. = Arras.

WAILLY, s. m. Com. du dép. du Pas-de-Calais, cant. et arr. de Montreuil. = Montreuil.

WAILLY, s. m. Com. du dép. de la Somme, cant. de Conty, arr. d'Amiens. = Amiens.

WALAN, s. m. Arbre de l'île d'Amboine. T. de bot.

WALBACH, s. m. Com. du dép. du Haut-Rhin, cant. de Wintzenheim, arr. de Colmar. = Colmar.

WALBACH, s. m. Com. du dép. du Haut-Rhin, cant. de Landser, arr. d'Altkirch. = Altkirch.

WALBOURG, s. m. Com. du dép. du Bas-Rhin, cant. de Woert-sur-Sauer, arr. de Wissembourg. = Haguenau.

WALCHEREN, s. m. Ile des Pays-Bas, à l'embouchure de l'Escaut, la plus grande de la Zéelande.

WALDERSBACH, s. m. Com. du dép. des Vosges, cant. de Schirmeck, arr. de St.-Dié. = Raon-l'Etape.

WALDHAUSEN, s. m. Com. du dép. de la Moselle, cant. de Volmunster, arr. de Sarreguemines. = Bitche.

WALDOLWISHEIM, s. m. Com. du dép. du Bas-Rhin, cant. et arr. de Saverne. = Saverne.

WALINCOURT, s. m. Com. du dép. du Nord, cant. de Clary, arr. de Cambrai. = Cambrai.

WALLERITE, s. f. Hydrate d'alumine.

WALLERS, s. m. Com. du dép. du Nord, cant. de Trélon, arr. d'Avesnes. = Avesnes.

WALLERS, s. m. Com. du dép. du Nord, cant. et arr. de Valenciennes. = Valenciennes.

WALLHEIM, s. m. Com. du dép. du Haut-Rhin, cant. et arr. d'Altkirch. = Altkirch.

WALLON, s. m. La langue wallonne.

WALLON, NE, s. et adj. Habitant du Brabant et de la Flandre; qui concerne ces provinces.

WALLON-CAPPEL, s. m. Com. du dép. du Nord, cant. et arr. de Hazebrouck. = Hazebrouck.

WALLVISSE, s. f. Village du dép. de la Moselle, cant. de Sierck, arr. de Thionville. = Thionville.

WALSCHBRONN, s. m. Com. du dép. de la Moselle, cant. de Volmunster, arr. de Sarreguemines. = Bitche.

WALSCHEID, s. m. Com. du dép. de la Meurthe, cant. et arr. de Sarrebourg. = Sarrebourg.

WALTENHEIM, s. m. Com. du dép. du Bas-Rhin, cant. de Hochfelden, arr. de Saverne. = Saverne.

WALTENHEIM, s. m. Com. du dép. du Haut-Rhin, cant. de Landser, arr. d'Altkirch. = Huningue.

WALTIGHOFFEN, s. m. Com. du dép. du Haut-Rhin, cant. d'Hirsingue, arr. d'Altkirch. = Altkirch.

WALVEISTROFF, s. m. Village du dép. de la Moselle, cant. de Sierck, arr. de Thionville. = Thionville.

WALY, s. m. Com. du dép. de la Meuse, cant. de Triaucourt, arr. de Bar-le-Duc. = Clermont-en-Argonne.

WAMBAIX, s. m. Com. du dép. du Nord, cant. de Carnières, arr. de Cambrai. = Cambrai.

WAMBERCOURT, s. m. Com. du

dép. du Pas-de-Calais, cant. de Hesdin, arr. de Montreuil. = Hesdin.

WAMBEZ, s. m. Com. du dép. de l'Oise, cant. de Songeons, arr. de Beauvais. = Songeons.

WAMBRECHIES, s. f. Com. du dép. du Nord, cant. et arr. de Lille. = Lille.

WAMIN, s. m. Com. du dép. du Pas-de-Calais, cant. du Parcq, arr. de St.-Pol. = Frévent.

WANACOE, s. f. Espèce de singe. T. d'hist. nat.

WANCHY, s. m. Com. du dép. de la Seine-Inférieure, cant. de Londinières, arr. de Neufchâtel. = Neufchâtel.

WANCOURT, s. m. Com. du dép. du Pas-de-Calais, cant. de Croisilles, arr. d'Arras. = Arras.

WANDONNE, s. f. Com. du dép. du Pas-de-Calais, cant. de Fauquembergue, arr. de St.-Omer. = Fruges.

WANEL, s. m. Com. du dép. de la Somme, cant. d'Hallencourt, arr. d'Abbeville. = Abbeville.

WANGEN, s. m. Com. du dép. du Bas-Rhin, cant. de Wasselonne, arr. de Strasbourg. = Strasbourg.

WANGENBOURG, s. m. Com. du dép. du Bas-Rhin, cant. de Wasselonne, arr. de Strasbourg. = Strasbourg.

WANNEHAIN, s. m. Com. du dép. du Nord, cant. de Cysoing, arr. de Lille. = Lille.

WANQUETIN, s. m. Com. du dép. du Pas-de-Calais, cant. de Beaumetz, arr. d'Arras. = Arras.

WANTZENAU (la), s. f. Com. du dép. du Bas-Rhin, cant. de Brumath, arr. de Strasbourg. = Strasbourg.

WARAL, s. m. Tupinambis d'Egypte. T. d'hist. nat.

WARANDEUR, s. m. Voy. Varandeur.

WARANDIR, v. n. Garantir une marchandise. T. inus.

WARANT, s. m. Décret en Angleterre.

WARCQ, s. m. Com. du dép. des Ardennes, cant. et arr. de Mézières. = Mézières.

WARCQ, s. m. Com. du dép. de la Meuse, cant. d'Etain, arr. de Verdun. = Etain.

WARDE-MAUGER (la), s. f. Village du dép. de la Somme, cant. d'Ailly-sur-Noye, arr. de Montdidier. = Breteuil.

WARDRECQUE, s. f. Com. du dép. du Pas-de-Calais, cant. d'Aire, arr. de St.-Omer. = Aire-sur-la-Lys.

WARENDIN, s. m. Village du dép. du Nord, cant. et arr. de Douai. = Douai.

WARFUSÉE-ABANCOURT, s. m. Com. du dép. de la Somme, cant. de Corbie, arr. d'Amiens. = Corbie.

WARGEMOULIN, s. m. Com. du dép. de la Marne, cant. de Ville-sur-Tourbe, arr. de Ste.-Ménehould. = Ste.-Ménehould.

WARGNIES, s. f. Com. du dép. de la Somme, cant. de Domart, arr. de Doullens. = Doullens.

WARGNIES-LE-GRAND, s. m. Com. du dép. du Nord, cant. du Quesnoy, arr. d'Avesnes. = le Quesnoy.

WARGNIES-LE-PETIT, s. m. Com. du dép. du Nord, cant. du Quesnoy, arr. d'Avesnes. = le Quesnoy.

WARHEM, s. m. Com. du dép. du Nord, cant. de Honsdchoote, arr. de Dunkerque. = Bergues.

WARIMETTEN, s. m. Arbrisseau de l'Ile d'Amboine. T. de bot.

WARLAING, s. m. Com. du dép. du Nord, cant. de Marchiennes, arr. de Douai. = Marchiennes.

WARLENCOURT-ET-EAUCOURT, s. m. Com. du dép. du Pas-de-Calais, cant. de Bapaume, arr. d'Arras. = Bapaume.

WARLINCOURT-LEZ-PAS, s. m. Com. du dép. du Pas-de-Calais, cant. de Pas, arr. d'Arras. = Doullens.

WARLOY-BAILLON, s. m. Com. du dép. de la Somme, cant. de Corbie, arr. d'Amiens. = Corbie.

WARLUIS, s. m. Com. du dép. de l'Oise, cant. de Noailles, arr. de Beauvais. = Beauvais.

WARLUS, s. m. Com. du dép. du Pas-de-Calais, cant. de Beaumetz, arr. d'Arras. = Arras.

WARLUS, s. m. Com. du dép. de la Somme, cant. de Molliens-Vidame, arr. d'Amiens. = Airaines.

WARLUZEL, s. m. Com. du dép. du Pas-de-Calais, cant. d'Avesnes-le-Comte, arr. de St.-Pol. = Arras.

WARMERIVILLE, s. f. Com. du dép. de la Marne, cant. de Bourgogne, arr. de Reims. = Reims.

WARNECOURT, s. m. Com. du dép. des Ardennes, cant. et arr. de Mézières. = Mézières.

WARNÈRE. s. f. Hydraste. T. de bot.

WARNETON-BAS, s. m. Com. du dép. du Nord, cant. du Quesnoy-sur-Deule, arr. de Lille. = Lille.

WARNETON-SUD, s. m. Com. du dép. du Nord, cant. du Quesnoy-sur-Deule, arr. de Lille. = Lille.

WARNETTEUR, s. m. Petit bateau de pêcheur.

WARSBERG, s. m. Village du dép. de la Moselle, cant. de Bouzonville, arr. de Briey. = St.-Avold.

WARSY, s. m. Com. du dép. de la Somme, cant. de Moreuil, arr. de Montdidier. = Montdidier.

WARVILLERS, s. m. Com. du dép. de la Somme, cant. de Rosières, arr. de Montdidier. = Lihons-en-Santerre.

WASHINGTON, s. m. Ville capitale des Etats-Unis de l'Amérique septentrionale, à laquelle, par reconnaissance, on a donné le nom du fondateur de la liberté américaine.

WASIGNY, s. m. Com. du dép. de l'Aisne, chef-lieu de cant. de l'arr. de Vervins. Bur. d'enregist. à Guise. = Guise.

WASIGNY, s. m. Com. du dép. des Ardennes, cant. de Novion, arr. de Rethel. = Rethel.

WASNES-AU-BACQ, s. m. Com. du dép. du Nord, cant. de Bouchain, arr. de Valenciennes. = Bouchain.

WASQUEHAL, s. m. Com. du dép. du Nord, cant. de Roubaix, arr. de Lille. = Lille.

WASSELONNE, s. f. Com. du dép. du Bas-Rhin, chef-lieu de cant. de l'arr. de Strasbourg. Bur. d'enregist. et de poste. Fab. de bonneterie, indiennes, calicots; filatures de laines; papeterie; comm. de bestiaux.

WASSERBOURG, s. m. Com. du dép. du Haut-Rhin, cant. de Munster, arr. de Colmar. = Colmar.

WAST (le), s. m. Com. du dép. du Pas-de-Calais, cant. de Desvres, arr. de Boulogne. = Boulogne.

WATERLOO, s. m. Village des Pays-Bas, à l'entrée de la forêt de Soignies, près Mont-St.-Jean, à quatre lieues S.-E. de Bruxelles. Ce village est à jamais célèbre par la bataille livrée le 18 juin 1815, entre l'armée française commandée par Napoléon, et l'armée anglaise commandée par le duc de Wellington.

WATIGNY, s. m. Com. du dép. de l'Aisne, cant. de Hirson, arr. de Vervins. = Aubenton.

WATRONVILLE, s. f. Com. du dép. de la Meuse, cant. de Fresnes-en-Woevre, arr. de Verdun. = Verdun.

WATTEN, s. m. Com. du dép. du Nord, cant. de Bourbourg, arr. de Dunkerque. = St.-Omer.

WATTIGNIES, s. f. Com. du dép. du Nord, cant. de Seclin, arr. de Lille. = Lille.

WATTIGNIES, s. f. Com. du dép. du Nord, cant. de Maubeuge, arr. d'Avesnes. = Maubeuge.

WATTRELOS, s. m. Com. du dép. du Nord, cant. de Roubaix, arr. de Lille. = Lille. Filatures de coton.

WATTWILLER, s. m. Com. du dép. du Haut-Rhin, cant. de Cernay, arr. de Belfort. = Cernay.

WAUDIGNIES-ET-HAMAGE, s. f. Com. du dép. du Nord, cant. de Marchiennes, arr. de Douai. = Marchiennes.

WAULX, s. m. Com. du dép. du Pas-de-Calais, cant. d'Auxy-le-Château, arr. de St.-Pol. = Auxy.

WAUQUETIN, s. m. Village du dép. du Pas-de-Calais, cant. de Beaumetz, arr. d'Arras. = Beaumetz.

WAUX-HALL, s. m. Salle de spectacle, de bal, etc.

WAVANS, s. m. Com. du dép. du Pas-de-Calais, cant. d'Auxy-le-Château, arr. de St.-Pol. = Auxy.

WAVELLITHE, s. m. Minéral blanc. T. d'hist. nat.

WAVIGNIES, s. f. Com. du dép. de l'Oise, cant. de St.-Just-en-Chaussée, arr. de Clermont. = St.-Just.

WAVILLE, s. f. Com. du dép. de la Moselle, cant. de Gorze, arr. de Metz. = Metz.

WAVRANS, s. m. Com. du dép. du Pas-de-Calais, cant. de Lumbres, arr. de St.-Omer. = St.-Omer.

WAVRANS, s. m. Com. du dép. du Pas-de-Calais, cant. et arr. de St.-Pol. = St.-Pol.

WAVRECHAIN-SOUS-DENAIN, s. m. Com. du dép. du Nord, cant. de Bouchain, arr. de Valenciennes. = Bouchain.

WAVRECHAIN-SUR-FAULX, s. m. Com. du dép. du Nord, cant. de Bouchain, arr. de Valenciennes. = Bouchain.

WAVRILLE, s. f. Com. du dép. de la Meuse, cant. de Damvillers, arr. de Montmédy. = Damvillers.

WAVRIN, s. m. Com. du dép. du Nord, cant. de Haubourdin, arr. de Lille. = Lille.

WAZEMMES, s. m. Com. du dép. du Nord, cant. et arr. de Lille. = Lille.

WAZIERS, s. m. Com. du dép. du Nord, cant. et arr. de Douai. = Douai.

WECKOLSHEIM, s. m. Com. du dép. du Haut-Rhin, cant. de Neuf-Brisach, arr. de Colmar. = Neuf-Brisach.

WEEGSCHEID, s. m. Com. du dép. du Haut-Rhin, cant. de Massevaux, arr. de Belfort. = Belfort.

WEIDESHEIM, s. m. Com. du dép. de la Moselle, cant. de Rorbach, arr. de Sarreguemines. = Sarreguemines.

WEILER-ET-ALTENSTADT, s. m. Com. du dép. du Bas-Rhin, cant. et arr. de Wissembourg. = Haguenau.

WEIMAR (grand duché de Saxe), s. m. Etat de la confédération Germanique qui comprend les principautés de Weimar et d'Eisenach. —, ville capitale de ce duché, à vingt lieues O. de Leipsick. Pop. 8,000 hab. env.

WEINBOURG, s. m. Com. du dép. du Bas-Rhin, cant. de Bouxviller, arr. de Saverne. = Saverne.

WEISKIRCH, s. m. Com. du dép. de la Moselle, cant. de Volmunster, arr. de Sarreguemines. = Bitche.

WEISLINGEN, s. m. Com. du dép. du Bas-Rhin, cant. de Drulingen, arr. de Saverne. = Saverne.

WEITBRUCH, s. m. Com. du dép. du Bas-Rhin, cant. de Haguenau, arr. de Strasbourg. = Strasbourg.

WEITERSWILLER, s. m. Com. du dép. du Bas-Rhin, cant. de Petite-Pierre, arr. de Saverne. = Saverne.

WELFERDING, s. m. Com. du dép. de la Moselle, cant. et arr. de Sarreguemines. = Sarreguemines.

WELLES-PÉRENNES, s. f. Com. du dép. de l'Oise, cant. de Maignelay, arr. de Clermont. = Montdidier.

WEMAERS-CAPPEL, s. m. Com. du dép. du Nord, cant. de Cassel, arr. de Hazebrouck. = Cassel.

WENDIE, s. f. Berce à longues feuilles. T. de bot.

WENSTWILLER, s. m. Com. du dép. de la Moselle, cant. de Sarrable, arr. de Sarreguemines. = Sarreguemines.

WENTZWILLER, s. m. Com. du dép. du Haut-Rhin, cant. de Huningue, arr. d'Altkirch. = Huningue.

WERENTZHAUSEN, s. m. Com. du dép. du Haut-Rhin, Cant. de Ferrette, arr. d'Altkirch. = Huningue.

WERGNIES, s. f. Village du dép. du Nord, cant. de Solre-le-Château, arr. d'Avesnes. = Solre-le-Château.

WERNERIE, s. f. Genre de plantes d'Amérique. T. de bot.

WERNERITE, s. m. Substance minérale. T. d'hist. nat.

WERVICK-SUD, s. m. Com. du dép. du Nord, cant. du Quesnoy, arr. de Lille. = Lille.

WESSERLING, s. m. Village du dép. du Haut-Rhin, cant. de Cernay, arr. de Belfort. Bur. de poste.

WESTBECOURT, s. m. Com. du dép. du Pas-de-Calais, cant. de Lumbres, arr. de St.-Omer. = St.-Omer.

WEST-CAPPEL, s. m. Com. du dép. du Nord, cant. de Bergues, arr. de Dunkerque. = Bergues.

WESTHALTEN, s. m. Com. du dép. du Haut-Rhin, cant. de Rouffach, arr. de Colmar. = Rouffach.

WESTHAUSEN, s. m. Com. du dép. du Bas-Rhin, cant. d'Erstein, arr. de Schélestadt. = Benfeld.

WESTHAUSEN, s. m. Com. du dép. du Bas-Rhin, cant. de Marmoutier, arr. de Saverne. = Saverne.

WESTHOFFEN, s. m. Com. du dép. du Bas-Rhin, cant. de Wasselonne, arr. de Strasbourg. = Molsheim.

WESTPHALIE, s. f. Principauté d'Allemagne érigée en royaume par Napoléon et donnée à Jérôme Bonaparte, qui en fut le souverain jusqu'en 1813, époque où le nord fut délivré de l'occupation française.

WESTPHALIEN, NE, s. et adj. Habitant de Westphalie; qui concerne ce cercle d'Allemagne.

WESTREHEM, s. m. Com. du dép. du Pas-de-Calais, cant. de Norrent-Fontes, arr. de Béthune. = Aire-sur-la-Lys.

WETTOLSHEIM, s. m. Com. du dép. du Haut-Rhin, cant. de Wintzenheim, arr. de Colmar. = Colmar.

WEYER, s. m. Com. du dép. du Bas-Rhin, cant. de Drulingen, arr. de Saverne. = Phalsbourg.

WEYERSHEIM, s. m. Com. du dép. du Bas-Rhin, cant. de Brumath, arr. de Strasbourg. = Strasbourg.

WEZ, s. m. Com. du dép. de la Marne, cant. de Verzy, arr. de Reims. = Reims.

WHILIA, s. m. Plante ombellifère. T. de bot.

WHITE-POOLE, s. m. Cétacé blanc. T. d'hist. nat.

WICKERSHEIM, s. m. Com. du dép. du Bas-Rhin, cant. de Hochfelden, arr. de Saverne. = Saverne.

WICQUINGHEM, s. m. Com. du dép. du Pas-de-Calais, cant. de Hucqueliers, arr. de Montreuil. = Montreuil.

WICRES, s. f. Com. du dép. du Nord, cant. de la Bassée, arr. de Lille. = Lille.

WIDEHEM, s. m. Com. du dép. du Pas-de-Calais, cant. d'Etaples, arr. de Montreuil. = Samer.

WIDENSOHLEN, s. m. Com. du dép. du Haut-Rhin, cant. d'Andolsheim, arr. de Colmar. = Neufbrisach.

WIEGE-FATY-ET-LE-SOURD, s. m.

Com. du dép. de l'Aisne, cant. de Sains, arr. de Vervins. = Guise.

VIENCOURT-L'ÉQUIPÉE, s. m. Com. du dép. de la Somme, cant. de Moreuil, arr. de Montdidier. = Corbie.

VIERRE-AU-BOIS, s. m. Com. du dép. du Pas-de-Calais, cant. de Samer, arr. de Boulogne. = Samer.

VIERRE-EFFROY, s. m. Com. du dép. du Pas-de-Calais, cant. de Marquise, arr. de Boulogne. = Marquise.

WHIG, s. m. (mot anglais). Partisan de l'ancienne opposition anglaise, qui se trouve maintenant à la tête du gouvernement; ennemi du despotisme, défenseur de la liberté, républicain modéré, parlementaire, l'opposé de tory.

WHIGGISME, s. m. (mot anglais). Le parti des whigs.

VIGNEHIES, s. f. Com. du dép. du Nord, cant. de Trélon, arr. d'Avesnes. = Avesnes.

VIGNICOURT, s. m. Com. du dép. de l'Aisne, cant. d'Anizy-le-Château, arr. de Laon. = Laon.

VIGNICOURT, s. m. Com. du dép. des Ardennes, cant. de Novion, arr. de Rhetel. = Launois.

VIHR-AU-VAL, s. m. Com. du dép. du Haut-Rhin, cant. de Wintzenheim, arr. de Colmar. = Colmar.

VIHR-EN-PLAINE, s. m. Com. du dép. du Haut-Rhin, cant. d'Andolsheim, arr. de Colmar. = Colmar.

WILDENSTEIN, s. m. Com. du dép. du Haut-Rhin, cant. de St.-Amarin, arr. de Belfort. = Belfort.

WILLEMAN, s. m. Com. du dép. du Pas-de-Calais, cant. du Parcq, arr. de St.-Pol. = Hesdin.

WILLEMS, s. m. Com. du dép. du Nord, cant. de Lannoy, arr. de Lille. = Lille.

WILLENCOURT, s. m. Com. du dép. du Pas-de-Calais, cant. d'Auxy-le-Château, arr. de St.-Pol. = Auxy.

WILLER, s. m. Com. du dép. de la Moselle, cant. de Grostenquin, arr. de Sarreguemines. = Metz.

WILLER, s. m. Com. du dép. du Bas-Rhin, cant. de Saar-Union, arr. de Saverne. = Sarrewerden.

WILLER, s. m. Com. du dép. du Haut-Rhin, cant. de Thann, arr. de Belfort. = Cernay.

WILLER, s. m. Com. du dép. du Haut-Rhin, cant. et arr. d'Altkirch. = Altkirch.

WILLERVAL, s. m. Com. du dép. du Pas-de-Calais, cant. de Vimy, arr. d'Arras. = Arras.

WILLERWALD, s. m. Com. du dép. de la Moselle, cant. de Sarralbe, arr. de Sarreguemines. = Sarreguemines.

WILLGOTTHEIM, s. m. Com. du dép. du Bas-Rhin, cant. de Truchtersheim, arr. de Strasbourg. = Strasbourg.

WILLIERS, s. m. Com. du dép. des Ardennes, cant. de Carignan, arr. de Sedan. = Carignan.

WILLIES, s. f. Com. du dép. du Nord, cant. de Trélon, arr. d'Avesnes. = Solre-le-Château.

WILSHAUSEN, s. m. Com. du dép. du Bas-Rhin, cant. de Hochfelden, arr. de Saverne. = Saverne.

WILWISHEIM, s. m. Com. du dép. du Bas-Rhin, cant. de Hochfelden, arr. de Saverne. = Saverne.

WIMILLE, s. f. Com. du dép. du Pas-de-Calais, cant. et arr. de Boulogne. = Boulogne.

WIMMENEAU, s. m. Com. du dép. du Bas-Rhin, cant. de Petite-Pierre, arr. de Saverne. = Phalsbourg.

WIMY, s. m. Com. du dép. de l'Aisne, cant. de Hirson, arr. de Vervins. = la Capelle.

WINCKEL, s. m. Com. du dép. du Haut-Rhin, cant. de Ferrette, arr. d'Altkirch. = Huningue.

WINDSOR ou NEW-WINDSOR, s. m. Jolie ville d'Angleterre, sur la Tamise, à huit lieues de Londres. Cette ville possède un château royal de la plus grande beauté, où le roi fait sa résidence.

WINDSTEIN, s. m. Com. du dép. du Bas-Rhin, cant. de Niederbronn, arr. de Wissembourg. = Haguenau.

WINGEN, s. m. Com. du dép. du Bas-Rhin, cant. de Petite-Pierre, arr. de Saverne. = Saverne.

WINGEN, s. m. Com. du dép. du Bas-Rhin, cant. et arr. de Wissembourg. = Wissembourg.

WINGERSHEIM, s. m. Com. du dép. du Bas-Rhin, cant. de Hochfelden, arr. de Saverne. = Saverne.

WINGLES, s. m. Com. du dép. du Pas-de-Calais, cant. de Lens, arr. de Béthune. = Lens.

WINNEZEELE, s. f. Com. du dép. du Nord, cant. de Steenvoorde, arr. de Hazebrouck. = Cassel.

WINTERSHAUSEN, s. m. Com. du dép. du Bas-Rhin, cant. d'Haguenau, arr. de Strasbourg. = Haguenau.

WINTZENBACH, s. m. Com. du dép. du Bas-Rhin, cant. de Seltz, arr. de Wissembourg. = Lauterbourg.

WINTZENHEIM, s. m. Com. du dép.

du Bas-Rhin, cant. de Truchtersheim, arr. de Strasbourg. = Strasbourg.

WINTZENHEIM, s. m. Com. du dép. du Haut-Rhin, chef-lieu de cant. de l'arr. de Colmar. Bur. d'enregist. à Turckeim. = Colmar.

WIRVIGNES, s. f. Com. du dép. du Pas-de-Calais, cant. de Desvres, arr. de Boulogne. = Samer.

WIRY-AU-MONT, s. m. Com. du dép. de la Somme, cant. de Hallencourt, arr. d'Abbeville. = Abbeville.

WISCHES, s. f. Com. du dép. des Vosges, cant. de Schirmeck, arr. de St.-Dié. = Raon-l'Etape.

WISEMBACH, s. m. Com. du dép. des Vosges, cant. et arr. de St.-Dié. = St.-Dié.

WISEPPE, s. f. Com. du dép. de la Meuse, cant. Stenay, arr. de Montmédy. = Stenay.

WISERNES, s. f. Village du dép. du Pas-de-Calais, cant. de Lumbres, arr. de St.-Omer. = St.-Omer.

WISK ou **WISTH**, s. m. Sorte de jeu de cartes.

WISKI, s. m. Sorte de cabriolet très léger et très élevé.

WISKY, s. m. Eau-de-vie d'orge.

WISMES, s. f. Com. du dép. du Pas-de-Calais, cant. de Lumbres, arr. de St.-Omer. = St.-Omer.

WISQUES, s. f. Com. du dép. du Pas-de-Calais, cant. de Lumbres, arr. de St.-Omer. = St.-Omer.

WISSEMBOURG, s. m. Ville fortifiée du dép. du Bas-Rhin, chef-lieu de sous-préf. et d'un cant.; trib. de 1re inst.; conserv. des hypoth.; direct. des contrib. indir.; recev. part. des finances; bur. d'enregist. et de poste. Cette ville est située sur la rive droite de la Lauter. Louis XIV s'en étant emparé en 1673, elle fut assurée à la France par le traité de Ryswick. Fabr. de bonneterie, chapeaux de paille, savon, potasse, faïence et poterie de terre. Comm. d'eaux-de-vie, tabac, graisse d'alphate, etc.

WISSENT-ET-SOMBRE, s. m. Com. du dép. du Pas-de-Calais, cant. de Marquise, arr. de Boulogne. = Marquise.

WISSOUS, s. m. Com. du dép. de Seine-et-Oise, cant. de Longjumeau, arr. de Corbeil. = Antony.

WISTERIE, s. f. Glycine frutescente. T. de Bot.

WISWILLER, s. m. Com. du dép. de la Moselle, cant. et arr. de Sarreguemines. = Sarreguemines.

WITERNESSE, s. f. Com. du dép. du Pas-de-Calais, cant. de Norrent-Fontes, arr. de Béthune. = Aire-sur-la-Lys.

WITHÉRITE, s. f. Baryte carbonatée. T. d'hist. nat.

WITRING, s. m. Com. du dép. de la Moselle, cant. et arr. de Sarreguemines. = Sarreguemines.

WITRY-LES-REIMS, s. m. Com. du dép. de la Marne, cant. de Bourgogne, arr. de Reims. = Reims.

WITTELSHEIM, s. m. Com. du dép. du Haut-Rhin, cant. de Cernay, arr. de Belfort. = Cernay.

WITTENHEIM, s. m. Com. du dép. du Haut-Rhin, cant. de Mulhausen, arr. d'Altkirch. = Mulhausen.

WITTERNHEIM, s. m. Com. du dép. du Bas-Rhin, cant. de Benfeld, arr. de Schélestadt. = Benfeld.

WITTERSDORFF, s. m. Com. du dép. du Haut-Rhin, cant. et arr. d'Altkirch. = Altkirch.

WITTERSHEIM, s. m. Com. du dép. du Bas-Rhin, cant. d'Haguenau, arr. de Strasbourg. = Haguenau.

WITTES, s. f. Com. du dép. du Pas-de-Calais, cant. d'Aire, arr. de St.-Omer. = Aire-sur-la-Lys.

WITTISHEIM, s. m. Com. du dép. du Bas-Rhin, cant. de Marckolsheim, arr. de Schélestadt. = Marckolsheim.

WITZ (St.-), s. m. Com. du dép. de Seine-et-Oise, cant. de Luzarches, arr. de Pontoise. = Louvres.

WIWERSHEIM, s. m. Com. du dép. du Bas-Rhin, cant. de Truchtersheim, arr. de Strasbourg. = Strasbourg.

WIZERNES, s. f. Com. du dép. du Pas-de-Calais, cant. et arr. de St.-Omer. = St.-Omer.

WLLANS ou **UHLANS**, s. m. pl. Troupes légères polonaises et tartares.

WOEL, s. m. Com. du dép. de la Meuse, cant. de Fresnes-en-Wœvre, arr. de Verdun. = St.-Mihiel.

WOELFLING, s. m. Com. du dép. de la Moselle, cant. et arr. de Sarreguémines. = Sarreguemines.

WOELFLING, s. m. Com. du dép. de la Moselle, cant. de Bouzonville, arr. de Thionville. = Bouzonville.

WOELLENHEIM, s. m. Com. du dép. du Bas-Rhin, cant. de Truchtersheim, arr. de Strasbourg. = Strasbourg.

WOERTH-SUR-SAUER, s. m. Com. du dép. du Bas-Rhin, chef-lieu de cant. de l'arr. de Wissembourg. Bur. d'enregist. = Haguenau.

WOIGNARUE, s. f. Com. du dép.

de la Somme, cant. d'Ault, arr. d'Abbeville. = Eu.

WOIMBÉE, s. f. Com. du dép. de la Meuse, cant. de Pierrefitte, arr. de Commercy. = St.-Mihiel.

WOINCOURT, s. m. Com. du dép. de la Somme, cant. d'Ault, arr. d'Abbeville. = Eu.

WOINVILLE, s. f. Com. du dép. de la Meuse, cant. de St.-Mihiel, arr. de Commercy. = St.-Mihiel.

WOIPPY, s. m. Com. du dép. de la Moselle, cant. et arr. de Metz. = Metz.

WOIREL, s. m. Com. du dép. de la Meuse, cant. d'Oisemont, arr. d'Amiens. = Abbeville.

WOLFERSDORFF, s. m. Com. du dép. du Haut-Rhin, cant. de Dannemarie, arr. de Belfort. = Belfort.

WOLFISHEIM, s. m. Com. du dép. du Bas-Rhin, cant. d'Oberhausbergen. arr. de Strasbourg. = Strasbourg.

WOLFRAM ou WOLFART, s. m. Mine ferrugineuse. T. d'hist. nat.

WOLFSKIRCHEN, s. m. Com. du dép. du Bas-Rhin, cant. de Drulingen, arr. de Saverne. = Sarrewerden.

WOLGANTZEN, s. m. Com. du dép. du Haut-Rhin, cant. de Neuf-Brisach, arr. de Colmar. = Neuf-Brisach.

WOLSCHHEIM, s. m. Com. du dép. du Bas-Rhin, cant. et arr. de Saverne. = Saverne.

WOLSCHWILLER, s. m. Com. du dép. du Haut-Rhin, cant. de Ferrette, arr. d'Altkirch. = Huningue.

WOLXHEIM, s. m. Com. du dép. du Bas-Rhin, cant. de Molsheim, arr. de Strasbourg. = Molsheim. Comm. de vins. Carrières de Gypse.

WOMBAT, s. m. Quadrupède de la Nouvelle-Galles.

WOO, s. m. Arbuste des Indes, voisin des mûriers. T. de bot.

WORABÉ, s. m. Pinson d'Abyssinie. T. d'hist. nat.

WORMHOUT, s. m. Com. du dép. du Nord, chef-lieu de cant. de l'arr. de Dunkerque. Bur. d'enregist. et de poste.

WOURES-FEIQUES, s. m. Canard de l'île de Madagascar. T. d'hist. nat.

WOUSTWILLER, s. m. Com. du dép. de la Moselle, cant. et arr. de Sarreguemines. = Sarreguemines.

WOUWOU, s. m. Espèce de Gibbon. T. d'hist. nat.

WRIANGE, s. m. Com. du dép. du Jura, cant. de Rochefort, arr. de Dôle. = Dôle.

WRIGTHIE, s. m. Espèce de laurose. T. de bot.

WUENHEIM, s. m. Com. du dép. du Haut-Rhin, cant. de Soultz, arr. de Colmar. = Rouffach.

WULVERDINGHE, s. m. Com. du dép. du Nord, cant. de Bourbourg, arr. de Dunkerque. = St.-Omer.

WURST, s. m. Sorte de caisson pour les chirurgiens de l'ambulance.

WURTEMBERG, s. m. Royaume d'Allemagne, borné N.-O. et O. par le grand-duché de Bade, N. Hesse-Darmstadt, E. et S.-E. Bavière, S. par la Suisse.

WY, s. m. Com. du dép. de Seine-et-Oise, cant. de Marines, arr. de Pontoise. = Pontoise.

WY-JOLI-VILLAGE, s. m. Com. du dép. de Seine-et Oise, cant. de Magny, arr. de Mantes. = Magny.

WYLDER, s. m. Com. du dép. du Nord, cant. de Bergues, arr. de Dunkerque. = Bergues.

X.

X, s. m. Vingt-troisième lettre de l'alphabet, dix-huitième consonne; lettre numérale 10.

XABÉGA, s. m. Voy. BOLICHE.

XACO, s. m. Supérieur général des bonzes, dans l'empire du Japon.

XAFFÉVILLERS, s. m. Com. du dép. des Vosges, cant. de Rambervillers, arr. d'Epinal. = Rambervillers.

XAINTRAILLES, s. f. Com. du dép. de Lot-et-Garonne, cant. de Laverdac, arr. de Nérac. = Nérac.

XAINTRAY, s. m. Com. du dép. des Deux-Sèvres, cant. de Champdeniers, arr. de Niort. = Niort.

XALAPA, s. f. Racine purgative d'Amérique.

XALCUANI, s. m. Canard du Mexique. T. d'hist. nat.

XAMBES, s. f. Com. du dép. de la Charente, cant. de St.-Amant-de-Boixe, arr. d'Angoulême. = Maules.

XAMMES, s. f. Com. du dép. de la Meurthe, cant. de Thiaucourt, arr. de Toul. = Pont à Mousson.

XAMONTARUPT, s. m. Com. du dép. des Vosges, cant. de Bruyères, arr. d'Épinal. = Bruyères.

XANDRE (St.-), s. m. Com. du dép. de la Charente-Inférieure, cant. et arr. de la Rochelle. = la Rochelle.

XAN-MO, s. m. Espèce de pin de la Chine. T. de bot.

XANNOTIER, s. m. Garde des canaux.

XAN-PE-XU, s. m. Ricin de la Chine. T. de bot.

XANREY, s. m. Com. du dép. de la Meurthe, cant. de Vic, arr. de Château-Salins. = Moyenvic.

XANTHE, s. m. Voy. QUAPOYER. T. de bot.

XANTHION, s. m. Voy. LAMPOURDE. T. de bot.

XANTHO, s. m. Crabe. T. d'hist. nat.

XANTHOCHYME, s. m. Arbre de l'Inde. T. de bot.

XANTHORNUS, s. m. Voy. CAROUGE. T. d'hist. nat.

XANTHORRHOÉ, s. m. Asphodèle. T. de bot.

XANTHOSIE, s. f. Plante ombellifère. T. de bot.

XANTON, s. m. Com. du dép. de la Vendée, cant. de St.-Hilaire-sur-l'Autise, arr. de Fontenay. = Fontenay.

XARONVAL, s. m. Com. du dép. des Vosges, cant. de Charmes, arr. de Mirecourt. = Charmes.

XÉNÉLASIE, s. f. Interdiction aux étrangers de séjourner dans une ville. T. d'antiq.

XÉNIES, s. f. pl. Présens que les Grecs faisaient à leurs hôtes, au jour de l'an. T. d'antiq.

XÉNOCHLOA, s. m. Plante graminée. T. de bot.

XÉNODOCHION, s. m. Maison hospitalière où les Grecs recevaient les voyageurs. T. d'antiq.

XÉNOGRAPHIE, s. f. Connaissance des langues étrangères.

XÉNOMANE, s. Personne qui a la manie des voyages.

XÉNOPOME, s. m. Arbuste de la Chine. T. de bot.

XÉRANTHÈME, s. m. Immortelle rouge. T. de bot.

XÉRASIE, s. f. Maladie des cheveux. Voy. ALOPÉCIE.

XERMAMÉNIL, s. m. Com. du dép. de la Meurthe, cant. de Gerbéviller, arr. de Lunéville. = Lunéville.

XÉROCHLOÉ, s. m. Plante graminée. T. de bot.

XÉROPHAGE, s. m. Qui ne vit que de fruits secs et de pain.

XÉROPHAGIE, s. f. Dans la primitive Eglise, usage de pain et de fruits secs durant le carême.

XÉROPHTHALMIE, s. f. Ophthalmie sèche, démangeaison, rougeur sans enflure et sans écoulement de larmes. T. de méd.

XÉROPHYLLE, s. f. Plante de la Caroline. T. de bot.

XÉROPHYTE, s. m. Arbuste de l'île de Madagascar. T. de bot.

XÉROTE, s. f. Plante de la diœcie, vingt-deuxième classe des végétaux. T. de bot.

XÉROTRIBIE, s. f. Friction sèche, avec la main. T. de méd.

XERTIGNY, s. m. Com. du dép. des Vosges, chef-lieu de cant. de l'arr. d'Epinal. Bur. d'enregist. = Epinal.

XEUILLEY, s. m. Com. du dép. de la Meurthe, cant. de Vézelise, arr. de Nancy. = Vézelise.

XIMÉNIE, s. f. Plante voisine du géla. T. de bot.

XINHTOTOLT, s. m. Tangara du Mexique. T. d'hist. nat.

XIPHIAS, s. m. La dorade. T. d'astr.

—, genre de poissons apodes. T. d'hist. nat.

XIPHION, s. m. Glaïeul. T. de bot.

XIPHOÏDE ou ENSIFORME, s. m. et adj. Cartilage situé au bas du sternum, ainsi nommé parce qu'il a la forme d'une épée. T. d'anat.

XIPHYDRIE, s. f. Genre d'insectes hyménoptères. T. d'hist. nat.

XIROCOURT, s. m. Com. du dép. de la Meurthe, cant. de Haroué, arr. de Nancy. = Nancy.

XISTE (St.-), s. m. Village du dép. de l'Aveyron, cant. de Cornus, arr. de St.-Affrique. = St.-Affrique.

XISTE (St.-), s. m. Com. du dép. de Lot-et-Garonne, cant. d'Astaffort, arr. d'Agen. = Agen.

XIVRAY, s. m. Com. du dép. de la Meuse, cant. de St.-Mihiel, arr. de Commercy. = St.-Mihiel.

XIVRY-LE-FRANC, s. m. Com. du dép. de la Moselle, cant. d'Audun-le-Roman, arr. de Briey. = Briey.

XIVRY-PETIT, s. m. Com. du dép. de la Moselle, cant. de Longuion, arr. de Briey. = Longuion.

XOCHICAPAL, s. m. Arbre d'où découle une liqueur odorante. T. de bot.

XOCHITOL, s. m. Sorte d'oiseau. T. d'hist. nat.

XOCOURT, s. m. Com. du dép. de la

Meurthe, cant. de Delme, arr. de Château-Salins. = Château-Salins.

XODOXINS, s. m. pl. Moines japonais.

XOLANTHA, s. m. Cistoïde. T. de bot.

XOLO, s. m. Coq à longues jambes T. d'hist. nat.

XOMOLT, s. m. Petit oiseau; oiseau palmipède, espèce de canard du Mexique. T. d'hist. nat.

XONVILLE, s. f. Com. du dép. de la Moselle, cant. de Gorze, arr. de Metz. = Metz.

XORIDE, s. m. Genre d'insectes hyménoptères. T. d'hist. nat.

XOUAGXANGE, s. m. Com. du dép. de la Meurthe, cant. et arr. de Sarrebourg. = Sarrebourg.

XOUSSE, s. f. Com. du dép. de la Meurthe, cant. de Blamont, arr. de Lunéville. = Blamont.

XUARÈSE, s. m. Arbrisseau du Pérou. T. de bot.

XURES, s. f. Com. du dép. de la Meurthe, cant. de Vic, arr. de Château-Salins. = Moyenvic.

XUTAS, s. m. Espèce d'oie du Pérou. T. d'hist. nat.

XUTHUS, s. m. Fils d'Hellen, épousa une fille d'Erechthée, dont il eut Ion et Achæus. Le premier donna son nom à l'Ionie, et le second à l'Achaïe. T. de myth.

XYLÉTINE, s. m. Genre d'insectes coléoptères. T. d'hist. nat.

XYLITE, s. m. Insecte coléoptère hétéromère. T. d'hist. nat.

XYLOALOÈS, s. m. Bois d'Aloès.

XYLOBALSAMUM, s. m. Petites branches de l'arbre qui donne le baume de Judée.

XYLOCARPE, s. m. Arbre de l'Inde. T. de bot.

XYLOCISTE, s. m. Voy. CAMACARI.

XILOCOPE, s. m. Genre d'insectes hyménoptères. T. d'hist. nat.

XYLOCRYPTITE, s. m. Substance minérale. T. d'hist. nat.

XYLOGLYPHE, s. m. Sculpture en bois.

XYLOGRAPHIE, s. f. Art d'imprimer avec des planches en bois, gravées; gravure sur bois.

XYLOGRAPHIQUE, adj. Qui appartient à la xylographie.

XYLOÏDE, adj. Qui ressemble à du bois.

XYLOLÂTRIE, s. f. Culte qu'on rend à des idoles de bois.

XYLOLOGIE, s. f. Traité sur les bois.

XYLOME, s. m. Hypoxylon. T. de bot.

XYLOMÉES, s. f. pl. Famille des hypoxylons.

XYLOMÈLE, s. m. Arbrisseau voisin des crites.

XYLON, s. m. Cotonnier. T. de bot.

XYLOPE, s. f. Genre de plantes de la Polyandrie, douzième classe des végétaux. T. de bot.

XYLOPHAGE, s. m. Genre d'insectes diptères. —, adj. Qui ronge le bois. —, s. m. pl. Coléoptères des vieux bois. T. d'hist. nat.

XYLOPHYLLE, s. m. Euphorbe. T. de bot.

XYLOSTÉON, s. m. Chèvrefeuille des bois; cerisier nain. T. de bot.

XYPHANTHE, s. m. Plante légumineuse.

XYRIS ou XYROÏDE, s. m. Glaïeul puant. T. de bot.

XYSMALOBION, s. m. Asclépiade ondulée. T. de bot.

XYSTARQUE, s. m. Professeur de gymnastique. T. d'antiq.

XYSTE, s. m. Lieu consacré aux exercices gymnastiques. T. d'antiq.

XYSTÈRE, s. f. Poisson abdominal. T. d'hist. nat.

XYSTIQUE, s. m. Athlète, gladiateur qui combattait en plein air. T. d'antiq.

XYSTRIS, s. m. Plante de la pentandrie, cinquième classe des végétaux. T. de bot.

Y.

Y, s. m. I grec, vingt-quatrième lettre de l'alphabet, sixième voyelle, qui équivaut à un ou deux i. —, outil de fer à long manche dont se servent les glaciers, les verriers. —, insecte lépidoptère. T. d'hist. nat.

Y, adv. relatif. En cet endroit-là. Y est-il? —, à cela, à cette personne-là. J'y répondrai; fiez-vous-y. —, particule explétive. Il y a des gens qui.....

Y, s. m. Com. du dép. de la Somme, cant. de Ham, arr. de Péronne. = Ham.

YABACANI, s. m. Racine d'aristoloche. T. de bot.

YACHT, s. m. Petit navire ponté, à rames et à voiles. T. de mar.

YACK, s. m. Buffle à queue de cheval.

YACOU, s. m. Genre d'oiseaux sylvains. T. d'hist. nat.

YAGUEN (St.-), s. m. Com. du dép. des Landes, cant. de Tartas, arr. de St.-Sever. = Tartas.

YAINVILLE, s. f. Com. du dép. de la Seine-Inférieure, cant. de Duclair, arr. de Rouen. = Rouen.

YAM, s. m. Racine d'Afrique bonne à manger.

YAM-MUEL, s. m. Arbrisseau de la Chine. T. de bot.

YAN (St.-), s. m. Com. du dép. de Saône-et-Loire, cant. de Paray-le-Monial, arr. de Charolles. = Paray-le-Monial.

YAPA, s. m. Oiseau du Brésil. T. d'hist. nat.

YAPOCK, s. m. Marsupial. T. d'hist. nat.

YAPPÉ, s. m. Grande et mauvaise herbe des savanes de l'Amérique méridionale. T. de bot.

YATISI, s. m. Heure du coucher en Turquie.

YAUCOURT-BUSSUS, s. m. Com. du dép. de la Somme, cant. d'Ailly-le-Haut-Clocher, arr. d'Abbeville. = Abbeville.

YAWS, s. m. Maladie de peau, endémique en Guinée. T. de méd.

YBAR (St.-), s. m. Com. du dép. de la Corrèze, cant. d'Uzerche, arr. de Tulle. = Uzerche.

YBARS (St.-), s. m. Com. du dép. de l'Ariège, cant. du Fossat, arr. de Pamiers. = Saverdun.

YCHOUX, s. m. Com. du dép. des Landes, cant. de Parentis-en-Born, arr. de Mont-de-Marsan. = Lipostey.

YCTOMANIE ou **ICTOMANIE**, s. f. Manie de battre ou de se battre.

YÈBLE, s. m. Voy. Hièble.

YÉBLERON, s. m. Com. du dép. de la Seine-Inférieure, cant. de Fauville, arr. d'Yvetot. = Fauville.

YÉBLES, s. f. Com. du dép. de Seine-et-Marne, cant. de Mormant, arr. de Melun. = Guignes.

YELDIS ou **YÉLION**, s. m. Le verre. T. d'alchim.

YÉMEN, s. m. La plus belle contrée de l'Arabie, dont elle forme la partie S.-O., l'Arabie heureuse. Cette contrée, extrêmement fertile, produit le café moka, aloès, myrrhe, séné; exporte de l'or et de l'ivoire, etc.

YÉNITE, s. m. Minéral noir et opaque. T. d'hist. nat.

YÈRES, s. m. Com. du dép. de Seine-et-Oise, cant. de Boissy-St.-Léger, arr. de Corbeil. = Villeneuve-St.-Georges.

YÈRES, s. m. Petite rivière dont la source se trouve à Provins, dép. de Seine-et-Marne, et qui se jette dans la Seine, à Villeneuve-St.-Georges, après un cours d'environ 16 l.

YERMENONVILLE, s. f. Com. du dép. d'Eure-et-Loir, cant. de Maintenon, arr. de Chartres. = Maintenon.

YERSCH, s. m. Poisson des rivières de Sibérie. T. d'hist. nat.

YERVILLE, s. f. Com. du dép. de la Seine-Inférieure, chef-lieu de cant. de l'arr. d'Yvetot, où se trouve le bur. d'enregist. = Yvetot.

YEU-CHA, s. m. Arbre de la Chine. T. de bot.

YEUSE, s. f. Espèce de chêne. T. de bot.

YEUX, pl. Voy. Œil.

YÈVRE (l'), s. f. Petite rivière qui prend naissance près de Néronde, dép. du Cher, et qui se jette dans le Cher au-dessus de Vierzon.

YÈVRE-LA-VILLE, s. f. Com. du dép. du Loiret, cant. et arr. de Pithiviers. = Pithiviers.

YÈVRE-LE-CHÂTEL, s. m. Com. du dép. du Loiret, cant. et arr. de Pithiviers. = Pithiviers.

YÈVRES, s. f. Com. du dép. de l'Aube, cant. de Brienne, arr. de Bar-sur-Aube. = Brienne-le-Château.

YÈVRES, s. f. Com. du dép. d'Eure-et-Loir, cant. de Brou, arr. de Châteaudun. = Brou.

YFFINIAC, s. m. Com. du dép. des Côtes-du-Nord, cant. et arr. de St.-Brieuc. = St.-Brieuc.

YGOS-ET-ST.-SATURNIN, s. m. Com. du dép. des Landes, cant. d'Arjuzanx, arr. de Mont-de-Marsan. = Mont-de-Marsan.

YGRANDE, s. f. Com. du dép. de l'Allier, cant. de Bourbon-l'Archambault, arr. de Moulins. = Bourbon-l'Archambault.

YLIN, s. m. Voy. Grunstein.

YMARE, s. f. Com. du dép. de la Seine-Inférieure, cant. de Boos, arr. de Rouen. = Rouen.

YMAUVILLE, s. f. Com. du dép. de la Seine-Inférieure, cant. de Goderville, arr. du Hâvre. = Bolbec.

YMERAY, s. m. Com. du dép. d'Eure-et-Loir, cant. de Maintenon, arr. de Chartres. = Gallardon.

YMONVILLE, s. f. Com. du dép. d'Eure-et-Loir, cant. de Voves, arr. de Chartres. = Toury.

YO, s. m. Flûte chinoise.

YOKOLA, s. m. Sorte de pain du Kamtschatka.

YOLE, s. f. Canot léger à voiles et à rames.

YOLET, s. m. Com. du dép. du Cantal, cant. et arr. d'Aurillac. = Aurillac.

YOLITHE, s. f. Pierre de violette.

YOLOCHITE, s. m. Arbre du Mexique. T. de bot.

YON, s. m. Com. du dép. de l'Ain, cant. de Champagne, arr. de Belley. = Belley.

YON (St.-), s. m. Com. du dép. de Seine-et-Oise, cant. de Dourdan, arr. de Rambouillet. = Arpajon.

YON (l'), s. m. Petite rivière dont on trouve la source près de la Ferrière, dép. de la Vendée, et qui se jette dans le Lay, au-dessus de Mareuil, après un cours de 8 l.

YONCQ, s. m. Com. du dép. des Ardennes, cant. de Mouzon, arr. de Sedan. = Mouzon.

YONNE (l'), s. f. Rivière dont la source se trouve à 3 l. S. de Château-Chinon, dép. de la Nièvre. Elle est flottable à bûches perdues depuis sa source jusqu'à Armes. Au-dessous de cet endroit, commence le flottage des trains jusqu'à Auxerre, où l'Yonne commence à être navigable. Son cours est d'environ 65 l.

YONNE (dép. de l'), s. m. Chef-lieu de préf., Auxerre; 5 arr. ou sous-préf.: Auxerre, Avallon, Joigny, Sens, Tonnerre; 37 cant. ou justices de paix; 481 com. Pop., 342,120 hab. env. Cour royale de Paris; diocèse de Sens; de la 18ᵉ div. milit., 1ʳᵉ div. des ponts-et-chaussées, 3ᵉ div. des mines; direct. de l'enregist. et des domaines de 2ᵉ classe; 2ᵉ arr. forestier.

Ce dép. est borné N.-O. par celui de Seine-et-Marne, N.-E. par celui de l'Aube, S.-E. par celui de la Côte-d'Or, S. par celui de la Nièvre, et O. par le dép. du Loiret. Son territoire présente des collines arides et des coteaux couverts de riches vignobles; il est entrecoupé par de belles et productives vallées, des forêts considérables, d'excellens pâturages, et des étangs d'une très grande étendue. Ses productions consistent en céréales de toutes espèces, sarrasin, châ-taignes, légumes, fruits, truffes, chanvre; quantité de bois; vins excellens; grand et menu gibier; poissons d'étangs et de rivière en abondance; quantité de bestiaux; minerai de fer, ocre rouge et jaune, pierres de taille, pierres lithographiques, grès à payer. Fabr. de grosses draperies, beiges, serges, toiles, feuillettes; raisinet dit de Bourgogne, glu; brasseries, tanneries considérables et renommées; faïenceries, poteries et tuileries dont les produits sont estimés; verreries. Comm. de toutes ces productions. Les principales rivières qui l'arrosent sont: l'Yonne, qui y est navigable; la Vannes, l'Armance, l'Armançon, le Loing, le Serain, le Voisin, la Cure et l'Ouanne.

YORK, s. m. Comté le plus grand d'Angleterre, dont le sol est généralement fertile et abonde en pâturages où l'on élève une fort belle race de bestiaux. —, ville et chef-lieu de ce comté, où l'on remarque plusieurs édifices gothiques. Comm. considérable. Popul., 20,000 hab. env.

YORRE (St.-), s. m. Com. du dép. de l'Allier, cant. de Cusset, arr. de la Palisse. = Cusset.

YORS (St.-), s. m. Com. du dép. du Gers, cant. de Vic-Fezensac, arr. d'Auch. = Vic-Fezensac.

YOUC, s. m. Plante d'Amérique. T. de bot.

YOURTE, s. f. Demeure souterraine des Kamtschadales.

YOUX, s. m. Com. du dép. du Puy-de-Dôme, cant. de Montaigut, arr. de Riom. = Montaigut.

YPONOMEUTE, s. f. Genre d'insectes lépidoptères. T. d'hist. nat.

YPREAU, s. m. Espèce d'orme à larges feuilles. T. de bot.

YPREVILLE, s. f. Com. du dép. de la Seine-Inférieure, cant. de Valmont, arr. d'Yvetot. = Fauville.

YPSILOÏDE, s. et adj. f. Voy. HYOÏDE. T. d'anat.

YPSOLOPHE, s. m. Insecte lépidoptère alucite. T. d'hist. nat.

YQUEBEUF, s. m. Com. du dép. de la Seine-Inférieure, cant. de Clères, arr. de Rouen. = Rouen.

YQUELON, s. m. Com. du dép. de la Manche, cant. de Granville, arr. d'Avranches. = Granville.

YRIEIX (St.-), s. m. Com. du dép. de la Charente, cant. et arr. d'Angoulême. = Angoulême.

YRIEIX (St.-), s. m. Com. du dép. de la Corrèze, cant. d'Egletons, arr. de Tulle. = Tulle.

YRIEIX (St.-), s. m. Ville du dép. de la Haute-Vienne, chef-lieu de sous-préf. et d'un cant.; trib. de 1re inst.; société d'agric.; conserv. des hypoth.; direct. des contrib. indir.; recev. part. des finances; bur. d'enregist. et de poste. Fabr. de faïence, porcelaine, toiles; préparation d'antimoine et de serpentine. Comm. de pétun-sé, kaolin, bœufs, porcs, peaux, cuirs, etc. Aux environs, mines abondantes de kaolin.

YRIEIX-LA-MONTAGNE (St.-), s. m. Com. du dép. de la Creuse, cant. de Felletin, arr. d'Aubusson. = Felletin.

YRIEIX-LES-BOIS (St.-), s. m. Com. du dép. de la Creuse, cant. d'Ahun, arr. de Guéret. = Guéret.

YRIEIX-SOUS-AIXE, s. m. Com. du dép. de la Haute-Vienne, cant. d'Aixe, arr. de Limoges. = Limoges.

YRONDE-ET-BURON, s. m. Com. du dép. du Puy-de-Dôme, cant. de Vic-le-Comte, arr. de Clermont. = Issoire.

YROUERRE, s. m. Com. du dép. de l'Yonne, cant. et arr. de Tonnerre. = Tonnerre.

YSSAC-LA-TOUR, s. m. Com. du dép. du Puy-de-Dôme, cant. de Combronde, arr. de Riom. = Riom.

YSSANDON, s. m. Com. du dép. de la Corrèze, cant. d'Ayen, arr. de Brive. = Brive.

YSSINGEAUX, s. m. Ville du dép. de la Haute-Loire, chef-lieu de sous-préf. et d'un cant.; trib. de 1re inst.; société d'agric.; biblioth. publ.; conserv. des hypoth.; direct. des contrib. indir.; recev. part. des finances; bur. d'enregist. et de poste. Pop. 7,000 hab. env. Fabr. de blondes; filature de soie, etc.; comm. de bois de construction.

YTHAIRE (St.-), s. m. Com. du dép. de Saône-et-Loire, cant. de St.-Gengoux-le-Royal, arr. de Mâcon. = Buxy.

YTRAC, s. m. Com. du dép. du Cantal, cant. et arr. d'Aurillac. = Aurillac.

YTTERBITE, s. f. Terre noire. T. d'hist. nat.

YTTRIA, s. m. Terre blanche, fine, sans saveur ni odeur, infusible. T. d'hist. nat.

YTZCUINTE-PORZOTLI, s. m. Chien d'Amérique. T. d'hist. nat.

YU, s. m. Pierre sonore des Chinois. —, herbe de la Chine dont les filamens servent à faire des étoffes. T. de bot.

YUCCA, s. m. Plante de la famille des liliacées. T. de bot.

YUTZ-BASSE, s. f. Com. du dép. de la Moselle, cant. et arr. de Thionville. = Thionville.

YUTZ-HAUTE, s. f. Com. du dép. de la Moselle, cant. et arr. de Thionville. = Thionville.

YVECRIQUE, s. f. Com. du dép. de la Seine-Inférieure, cant. de Doudeville, arr. d'Yvetot. = Doudeville.

YVERNAUMONT, s. m. Com. du dép. des Ardennes, cant. de Flize, arr. de Mézières. = Mézières.

YVERSAY, s. m. Com. du dép. de la Vienne, cant. de Neuville, arr. de Poitiers. = Poitiers.

YVES, s. f. Com. du dép. de la Charente-Inférieure, cant. et arr. de Rochefort. = Rochefort.

YVETEAUX (les), s. m. pl. Com. du dép. de l'Orne, cant. de Briouze, arr. d'Argentan. = Argentan.

YVETOT, s. m. Com. du dép. de la Manche, cant. et arr. de Valognes. = Valognes.

YVETOT, s. m. Ville du dép. de la Seine-Inférieure, chef-lieu de sous-préf. et de cant.; trib. de 1re inst. et de comm.; chambre consultative des manuf.; conserv. des hypoth.; direct. des contrib. indir.; recev. part. des finances. Bur. d'enregist. et de poste. Pop. 9,860 hab. env.

Cette ville, généralement bien bâtie, est assise au milieu d'une plaine fertile. Clotaire Ier, étant menacé d'être excommunié pour avoir tué le seigneur d'Yvetot, renonça, en faveur des héritiers de ce dernier, à ses droits de souveraineté, ce qui, dans la suite, fit qualifier de roi les seigneurs d'Yvetot. Fabr. de toiles, basins, coutils, siamoises, velours, draps de coton, toiles flammées, reps, calicots; filatures de coton; comm. considérable de grains.

YVIAS, s. m. Com. du dép. des Côtes-du-Nord, cant. de Paimpol, arr. de St.-Brieuc. = Paimpol.

YVIERS, s. m. Com. du dép. de la Charente, cant. de Chalais, arr. de Barbézieux. = la Graulle.

YVIGNAC, s. m. Com. du dép. des Côtes-du-Nord, cant. de Broons, arr. de Dinan. = Dinan.

YVILLE, s. f. Com. du dép. de la Seine-Inférieure, cant. de Duclair, arr. de Rouen. = Bourg-Achard.

YVILLER, s. m. Com. du dép. de l'Oise, cant. de Pont-Ste.-Maxence, arr. de Senlis. = Verberie.

YVOI-LE-GALEUX, s. m. Com. du dép. de Loir-et-Cher, cant. de la Motte-Beuvron, arr. de Romorantin. = la Motte-Beuvron.

YVOI-LE-PRÉ, s. m. Com. du dép. du Cher, cant. de la Chapelle-d'Angillon, arr. de Sancerre. = Henrichemont.

Forges, hauts-fourneaux; verreries.

YVOINE (St.-), s. m. Com. du dép. du Puy-de-Dôme, cant. et arr. d'Issoire. = Issoire.

YVRAC, s. m. Com. du dép. de la Gironde, cant. de Carbon-Blanc, arr. de Bordeaux. = Bordeaux.

YVRANDE, s. f. Com. du dép. de l'Orne, cant. de Tinchebray, arr. de Domfront. = Tinchebray.

YVRE-LE-POLIN, s. m. Com. du dép. de la Sarthe, cant. de Pontvallin, arr. de la Flèche. = Foulletourte.

YVRE-L'ÉVÊQUE, s. m. Com. du dép. de la Sarthe, cant. et arr. du Mans. = le Mans.

YVRENCH, s. m. Com. du dép. de la Somme, cant. de Crécy, arr. d'Abbeville. = Abbeville.

YVRENCHEUX, s. m. Com. du dép. de la Somme, cant. de Crécy, arr. d'Abbeville. = Abbeville.

YVY (St.-), s. m. Com. du dép. du Finistère, cant. de Rosporden, arr. de Quimper. = Quimper.

YYS (les), s. m. pl. Com. du dép. d'Eure-et-Loir, cant. de la Loupe, arr. de Nogent-le-Rotrou. = Illiers.

YZANS (St.-), s. m. Com. du dép. de la Gironde, cant. et arr. de Lesparre. = Lesparre.

YZENGREMER, s. m. Com. du dép. de la Somme, cant. d'Ault, arr. d'Abbeville. = Abbeville.

YZERNAY, s. m. Com. du dép. de Maine-et-Loire, cant. de Chollet, arr. de Beaupréau. = Chollet.

YZERON, s. m. Com. du dép. du Rhône, cant. de Vaugueray, arr. de Lyon. = Lyon.

YZEURE, s. f. Com. du dép. de l'Allier, cant. et arr. de Moulins. = Moulins.

YZEURES, s. f. Com. du dép. d'Indre-et-Loire, cant. de Preuilly, arr. de Loches. = Preuilly.

YZEUX, s. m. Com. du dép. de la Somme, cant. de Picquigny, arr. d'Amiens. = Picquigny.

YZOSSE, s. f. Com. du dép. des Landes, cant. et arr. de Dax. = Dax.

Z.

Z, s. m. Vingt-cinquième lettre de l'alphabet, dix-neuvième consonne. Fait comme un —, tortu, contrefait.

ZABELLE, s. f. Zibeline.

ZACCON, s. m. Espèce de prunier d'Orient. T. de bot.

ZACHARIE (St.-), s. m. Com. du dép. du Var, cant. de St.-Maximin, arr. de Brignoles. = St.-Maximin.

ZACINTHE, s. f. Voy. LAMPSANE. T. de bot.

ZAESINGEN, s. m. Com. du dép. du Haut-Rhin, cant. de Landser arr. d'Altkirch. = Altkirch.

ZAGA, s. m. Grand arbre de l'Inde. T. de bot.

ZAGAIE, s. f. Voy. SAGAIE.

ZAGU, s. m. Espèce de palmier. T. de bot.

ZAHORIE, s. f. Vue perçante, œil de lynx.

ZAÏM, s. m. Cavalier turc, appointé.

ZAÏMET, s. m. Fonds destinés à la subsistance et à l'entretien du zaïm.

ZAIN, adj. m. Entièrement noir ou bai; cheval zain.

ZALANA, s. f. Com. du dép. de la Corse, cant. de Moita, arr. de Corte. = Bastia.

ZAMA, s. m. Pays dans l'intérieur de l'Afrique, au S.-O. de Carthage, célèbre par la victoire de Scipion sur Annibal, l'an de Rome 551.

ZAMBARES, s. m. Quadrupède de l'Indostan. T. d'hist. nat.

ZAMBORIC, s. m. Substance métallique. T. d'hist. nat.

ZAMBRE, adj. Né d'un mulâtre et d'un noir.

ZAMBRELOUQUE, s. f. Espèce de robe.

ZAMIE, s. f. Espèce de palmier. T. de bot.

ZAMORA, s. f. Grande ville d'Espagne, sur le Douro, dans le royaume de Léon, chef-lieu d'une province montagneuse abondante en vins et fruits, qui confine à la frontière de Portugal. Pop., 71,000 hab. env.

ZAMPOGNE, s. m. Chalumeau.

ZANGUEBAR (le), s. m. Nom donné à la côte de l'Afrique méridionale, qui s'étend du Monomotapa à la côte d'Azan.

ZANICHELLE, s. f. Plante aquatique. T. de bot.

ZANLINE, s. m. Espèce de spare. T. d'hist. nat.

ZANNI, s. m. Bouffon, personnage facétieux des comédies italiennes.

ZANOÉ, s. m. Espèce de pie du Mexique. T. d'hist. nat.

ZANONIE, s. f. Plante de la diœcie, vingt-deuxième classe des végétaux. T. de bot.

ZANTE, s. m. L'une des îles ioniennes, la plus méridionale. —, ville capitale de cette île. Pop. 19,000 hab. env.

ZANTHENE, s. f. Espèce de spare. T. d'hist. nat.

ZANTHORHIZE, s. m. Arbuste renonculacé. T. de bot.

ZANTOXILÉES, s. f. pl. Famille d'arbres et d'arbustes. T. de bot.

ZANTURE, s. m. Poisson du genre du spare. T. d'hist. nat.

ZAPANE, s. f. Genre de pyrénacées. T. de bot.

ZAPHAR, s. m. Faucon d'une fort belle espèce.

ZARA, s. f. Ancienne et très forte ville, capitale de la Dalmatie autrichienne, assise sur une péninsule de l'Adriatique qui forme une vaste et excellente rade.

ZARBELING, s. m. Com. du dép. de la Meurthe, cant. de Dieuze, arr. de Château-Salins. = Château-Salins.

ZÉAGONITE, s. m. Minéral blanc-grisâtre. T. de minér.

ZÉBOA, s. m. Espèce de vipère. T. d'hist. nat.

ZÈBRE, s. m. Quadrupède solipède du genre du cheval, plus grand que l'âne d'Europe, plus élégant dans ses formes, à poil ras, présentant des bandes de noir, blanc et jaune.

ZÉBU, s. m. Petite espèce de bison. T. d'hist. nat.

ZÉDARON, s. m. Etoile sur la poitrine de Cassiopée. T. d'astr.

ZÉDOAIRE, s. f. Plante aromatique, espèce de gingembre; racine de cette plante.

ZÉE, s. m. Genre de poissons thoraciques. T. d'hist. nat.

ZÉELANDAIS, E, s. et adj. Habitant de la Zélande; qui a rapport à cette province des Pays-Bas.

ZÉELANDE, s. f. Province des Pays-Bas, composée de six grandes îles à l'embouchure de l'Escaut. Cette province, dont le sol est uni et bas, est garantie des inondations de la mer par de fortes digues.

ZEGGERS-CAPPEL, s. m. Com. du dép. du Nord, cant. de Wormhout, arr. de Dunkerque. = Wormhout.

ZEHNACKER, s. m. Com. du dép. du Bas-Rhin, cant. de Marmoutier, arr. de Saverne. = Saverne.

ZEINHEIM, s. m. Com. du dép. du Bas-Rhin, cant. de Marmoutier, arr. de Saverne. = Saverne.

ZÉLATEUR, TRICE, s. Zélé pour la défense et la gloire de la patrie, pour la religion.

ZELE, s. m. Affection ardente, ferveur. —, grand empressement, émulation.

ZÉLÉ, E, s. et adj. Qui a du zèle, de l'ardeur, de la ferveur; zélé pour la propagation de la foi.

ZELLENBERG, s. m. Com. du dép. du Haut-Rhin, cant. de Kaisersberg, arr. de Colmar. = Colmar.

ZELLWILLER, s. m. Com. du dép. du Bas-Rhin, cant. d'Obernai, arr. de Schélestadt. = Barr.

ZÉLOTE ou ZÉLOTYPE, s. m. Jaloux. T. inus.

ZÉLOTYPIE, s. f. Jalousie ardente. T. inus.

ZÉLUS, s. m. Genre d'insectes hémiptères. T. d'hist. nat.

ZEMBLE (la Nouvelle-), s. f. Grande île de l'Océan glacial, Russie européenne, au N.-E. d'Archangel. Le froid y est tellement rigoureux qu'on n'y découvre aucune espèce de végétation.

ZEMNI, s. m. Espèce de hamster, de belette du Nord.

ZÉNALE, s. f. Plante de la Nouvelle-Hollande. T. de bot.

ZÉNIK, s. m. Petit quadrupède d'Afrique. T. d'hist. nat.

ZÉNITH, s. m. Point du ciel perpendiculaire à chaque point du globe terrestre. T. d'astr.

ZÉNON, s. m. Philosophe grec.

ZÉNONIQUE, adj. Conforme à la doctrine de Zénon. Point —, indivisible.

ZÉNONISME, s. m. Doctrine, secte de Zénon.

ZÉODAIRE, s. f. Genre de drymmirrhisées, amome. T. de bot.

ZÉOLITHE, s. m. Produit volcanique. T. d'hist. nat.

ZÉPHIR, s. m. Vent doux et agréable.

ZÉPHIRE, s. m. Fils d'Éole et d'Aurore, l'un des quatre vents, dont le souffle est si doux et a cependant tant de puissance qu'il rend la vie aux plantes et aux fruits. Il épousa la Déesse Flore dont il eut plusieurs enfans. On le représente sous la forme d'un jeune homme ayant un air calme et serein. T. de myth.

ZÉRAL, s. m. Espèce d'antilope. T. d'hist. nat.

ZERMEZEELE, s. f. Com. du dép.

du Nord, cant. de Cassel, arr. de Hazebrouck. = Cassel.

ZÉRO, s. m. Caractère arithmétique qui, par lui-même, n'a aucune valeur, mais qui décuple celle des chiffres devant lesquels on le place. (o) —, homme sans crédit, sans capacité, personnage nul; néant. Fig. et fam. Réduire à —, à rien.

ZÉRUBIA-ET-CARCADARELLO, s. m. Com. du dép. de la Corse, cant. de Serra, arr. de Sartene. = Ajaccio.

ZÉRUMBETH, s. m. Racine d'une espèce d'amome, de gingembre sauvage.

ZEST, s. m. Espèce de soufflet pour poudrer à la volée. Entre le zist et le —, entre deux, ni bon ni mauvais, tant bien que mal; passablement. —, interj. pour témoigner sa désapprobation de ce qu'on dit. T. fam.

ZESTE, s. m. Cloison intérieure qui divise la noix en quatre, la châtaigne en deux, etc.; peau mince de l'orange, du citron. Ne valoir pas un —, rien ou peu de chose. T. fam.

ZESTÉ, E, part. Coupé par bandes minces, en parlant de l'écorce d'un citron.

ZESTER, v. a. Couper de haut en bas, par bandes minces, l'écorce d'un citron.

ZÉTÈLES, s. m. pl. Magistrats athéniens chargés du recouvrement des impôts. T. d'antiq.

ZÉTÉTIQUE, adj. Se dit d'une méthode à l'aide de laquelle on parvient à résoudre un problème par l'examen de la nature de la chose.

ZETHE, s. m. Genre d'insectes, guêpe. T. d'hist. nat.

ZETTING, s. m. Com. du dép. de la Moselle, cant. et arr. de Sarreguemines. = Sarreguemines.

ZEUGITES, s. m. pl. Plantes graminées. T. de bot.

ZEUGME, s. m. Sorte d'éllipse par laquelle un mot exprimé dans une proposition, est sous-entendu dans une autre. T. de rhét.

ZEURANGE, s. m. Com. du dép. de la Moselle, cant. de Sierck, arr. de Thionville. = Thionville.

ZEUZÈRE, s. f. Genre d'insectes lépidoptères. T. d'hist. nat.

ZEVACO, s. m. Com. du dép. de la Corse, cant. de Zicavo, arr. d'Ajaccio. = Ajaccio.

ZIBELINE, s. f. Sorte de martre qui tient de la belette; fourrure précieuse de ce petit animal.

ZIBET ou ZIBETH, s. m. Espèce de civette de l'Inde.

ZICAVO-ET-TARAVO, s. m. Com. du dép. de la Corse, chef-lieu de cant. de l'arr. d'Ajaccio. Bur. d'enregist. à Petreto. = Ajaccio.

ZIERIE, s. f. Genre de zantoxilées. T. de bot.

ZIETENIE, s. f. Stachide à feuilles de lavande. T. de bot.

ZIGADENE, s. f. Espèce de jonc. T. de bot.

ZIGLIARA, s. f. Com. du dép. de la Corse, cant. de Ste.-Marie, arr. d'Ajaccio. = Ajaccio.

ZIG-ZAG, s. m. Suite de lignes formant entre elles des angles très aigus. —, machine composée de tringles mobiles, qui se plient les unes contre les autres, et qu'on alonge et raccourcit à volonté. Faire des —, marcher tantôt d'un côté, tantôt de l'autre comme font les ivrognes. —, chemin pratiqué en zigzag. T. de fortif. Tige en —, qui se replie naturellement en forme de z. T. de bot.

ZILALAT, s. m. Crabier blanc du Mexique. T. d'hist. nat.

ZILIA, s. f. Com. du dép. de la Corse, cant. de Calenzana, arr. de Calvi. = Bastia.

ZILLING, s. m. Com. du dép. de la Meurthe, cant. de Phalsbourg, arr. de Sarrebourg. = Phalsbourg.

ZILLISHEIM, s. m. Com. du dép. du Haut-Rhin, cant. de Mulhausen, arr. d'Altkirch. = Mulhausen.

ZILS, s. m. pl. Espèce de cymbale, instrument de musique des Turcs.

ZIMMERBACH, s. m. Com. du dép. du Haut-Rhin, cant. de Wintzenheim, arr. de Colmar. = Colmar.

ZIMMERSHEIM, s. m. Com. du dép. du Haut-Rhin, cant. de Habsheim, arr. d'Altkirch. = Mulhausen.

ZIMMING, s. m. Com. du dép. de la Moselle, cant. de Boulay, arr. de Metz. = Boulay.

ZINC, s. m. Demi-métal qui approche le plus des métaux, blanc bleuâtre, très volatil.

ZINCOURT, s. m. Com. du dép. des Vosges, cant. de Châtel, arr. d'Epinal. = Charmes.

ZINGEL, s. m. Poisson, variété de l'apron.

ZINNIA, s. m. Plante corymbifère. T. de bot.

ZINSWILLER, s. m. Com. du dép. du Bas-Rhin, cant. de Niederbronn, arr. de Wissembourg. = Haguenau.

ZINZEL (la), s. f. Rivière qui prend sa source dans le dép. de la Moselle, et qui se jette dans la Moder au-dessus de

Haguenau, dép. du Bas-Rhin, après un cours d'environ 9 lieues.

ZINZOLIN, s. m. et adj. Couleur d'un violet rougeâtre.

ZIRARME, s. m. Pique, lance.

ZIRCON, s. m. Pierre gemme. T. d'hist. nat.

ZIRCONE, s. f. L'une des terres primitives découvertes dans le Zircon et l'Hyacinthe de l'île de Ceylan. T. d'hist. nat.

ZIST, s. m. Voy. ZEST.

ZITTERSHEIM, s. m. Com. du dép. du Bas-Rhin, cant. de Petite-Pierre, arr. de Saverne. = Phalsbourg.

ZITZIL, s. m. Colibri.

ZIZANIE, s. f. Ivraie, mauvais grain dans le blé. —, division, discorde. Fig.

ZIZEL, s. m. petit quadrupède rongeur du Nord.

ZIZI, s. m. Oiseau, bruant de haie.

ZIZIPHE, s. m. Voy. JUJUBIER.

ZIZIPHORE, s. f. Plante labiée. T. de bot.

ZIZITH, s. m. Houppe de couleur, aux manteaux des Juifs.

ZOADELGES ou SANGUISUGES, s. f. pl. Insectes hémiptères. T. d'hist. nat.

ZOANTHE, s. f. Genre de vers radiaires. T. d'hist. nat.

ZOANTHROPIE, s. f. Espèce de monomanie dans laquelle le malade se croit métamorphosé en quelque animal. T. de méd.

ZOARQUE, s. m. Celui qui montait un éléphant. T. d'antiq.

ZOCHINACAZTLIS, s. f. Fleur du Mexique. T. de bot.

ZOCOR ou ZOKOR, s. m. Rat, taupe de Sibérie. T. d'hist. nat.

ZODIACAL, E, adj. Qui appartient au zodiaque.

ZODIAQUE, s. m. Grand cercle de la sphère, divisé en douze signes; espace du ciel où se meuvent les planètes. T. d'astr.

ZODION, s. m. Genre d'insectes diptères. T. d'hist. nat.

ZOÉ, s. m. Genre de crustacés. T. d'hist. nat.

ZOEBERSDORF, s. m. Com. du dép. du Bas-Rhin, cant. de Hochfelden, arr. de Saverne. = Saverne.

ZOÈGE, s. f. Plante cynarocéphale. T. de bot.

ZOESINGEN, s. m. Village du dép. du Haut-Rhin, cant. de Landser, arr. d'Altkirch. = Altkirch.

ZOÏLE, s. m. Nom d'un folliculaire qui critiqua les ouvrages d'Homère. —, envieux, mauvais critique. Fig.

ZOLLINGEN, s. m. Com. du dép. du Bas-Rhin, cant. de Drulingen, arr. de Saverne. = Sarrewerden.

ZOMMANGE, s. m. Com. du dép. de la Meurthe, cant. de Dieuze, arr. de Château-Salins. = Dieuze.

ZONA, s. m. Sorte de phlegmasie cutanée. T. de méd.

ZONAIRE, adj. Se dit d'un cristal qui offre une zône de facettes.

ZONDRANGE, s. m. Com. du dép. de la Moselle, cant. de Faulquemont, arr. de Metz. = Metz.

ZONE, s. f. Portion de surface comprise entre deux lignes parallèles. —, chacune des cinq parties du globe qui sont entre les pôles.

ZONITE, s. m. Genre d'insectes coléoptères. T. d'hist. nat.

ZONZA, s. f. Com. du dép. de la Corse, cant. de Levie, arr. de Sartene. = Ajaccio.

ZOOGLYPHITE, s. f. Pierre qui porte des empreintes d'animaux. T. d'hist. nat.

ZOOGRAPHIE, s. f. Description des animaux.

ZOOLÂTRIE, s. f. Idolâtrie des animaux.

ZOOLITHE, s. m. Substance animale pétrifiée. T. d'hist. nat.

ZOOLOGIE, s. f. Partie de l'histoire naturelle relative aux animaux. T. d'hist. nat.

ZOOMORPHITE, s. f. Pierre qui offre les formes d'un animal. T. d'hist. nat.

ZOONATE, s. m. Sel formé par la combinaison de l'acide zoonique avec une base. T. de chim.

ZOONIQUE, adj. Tiré des matières animales; acide zoonique. T. de chim.

ZOONOMIE, s. f. Recherche sur les principes de la vie humaine.

ZOONOMIQUE, adj. Qui appartient à la zoonomie.

ZOOPHAGE, adj. Carnivore. T. d'hist. nat.

ZOOPHITAIRES, s. m. pl. Polypes. T. d'hist. nat.

ZOOPHORE, s. m. Frise chargée de figures d'animaux. T. d'hist. nat.

ZOOPHORIQUE, adj. f. Qui porte la figure d'un animal; colonne zoophorique. T. d'arch.

ZOOPHYTE, s. m. Animal-plante; classe d'animaux sans vertèbres, privés de nerfs, de membranes articulés, et dépourvus d'organes destinés à la circulation ou à la respiration. T. d'hist. nat.

ZOOPHYTOLITHE, s. m. zoophyte fossile. T. d'hist. nat.

ZOOPHYTOLOGIE, s. f. Partie de la zoologie relative aux zoophytes. T. d'hist. nat.

ZOOTOMIE, s. f. Dissection, anatomie des animaux.

ZOOTYPOLITHE, s. f. Pierre qui porte l'empreinte d'un animal. T. d'hist. nat.

ZOPHOSE, s. m. Genre d'insectes coléoptères. T. d'hist. nat.

ZOPISSA, s. f. Goudron que l'on détache des vieux navires; poix navale.

ZOPLÈME, s. m. Plante qui croît au pied du mont Olympe.

ZORILLE, s. m. Petite mouffette. T. d'hist. nat.

ZORN (la), s. f. Rivière qui prend naissance dans la forêt de Hensche, au-dessus de Dabo, dép. de la Meurthe, et qui se jette dans le Rhin au-dessus de Drussenheim, dép. du Bas-Rhin, après un cours d'environ 24 l.

ZORNE, s. f. Espèce de sainfoin. T. de bot.

ZOROCHE, s. m. Substance minérale. T. d'hist. nat.

ZOSTER, s. m. Voy. ZONA.

ZOSTÈRE, s. f. Genre d'aroïdes. T. de bot.

ZOSTÉROSPERME, s. m. Genre de plantes. T. de bot.

ZOTEUX, s. m. Com. du dép. du Pas-de-Calais, cant. de Hucqueliers, arr. de Montreuil. = Montreuil.

ZOUAFQUES, s. f. Com. du dép. du Pas-de-Calais, cant. d'Ardres, arr. de St.-Omer. = Ardres.

ZOUCET, s. m. Voy. CASTAGNEUX.

ZOUFFTGEN, s. m. Com. du dép. de la Moselle, cant. de Cattenom, arr. de Thionville. = Thionville.

ZOZA, s. f. Com. du dép. de la Corse, cant. de Ste.-Lucie, arr. de Sartène. = Ajaccio.

ZUANI, s. m. Com. du dép. de la Corse, cant. de Moïta, arr. de Corte. = Bastia.

ZUCCAGINE, s. f. Arbrisseau légumineux; jacinthe à fleurs vertes. T. de bot.

ZUCCARINIA, s. f. Pédiculaire. T. de bot.

ZUCHETTE, s. f. Concombre de Zante. T. de bot.

ZUDAUSQUES, s. f. Com. du dép. du Pas-de-Calais, cant. de Lumbres, arr. de St.-Omer. = St.-Omer.

ZUGYTE, s. m. Rameur athénien du second rang. T. d'antiq.

ZURICH, s. m. Ville et chef-lieu de la confédération Suisse, à l'extrémité septentrionale du lac de ce nom. Cette ville très ancienne, riche et commerçante, est la patrie des deux Gesner et de Lavater.

ZUTKUERQUE, s. m. Com. du dép. du Pas-de-Calais, cant. d'Audruick, arr. de St.-Omer. = Ardres.

ZUTZENDORF, s. m. Com. du dép. du Bas-Rhin, cant. de Bouxwiller, arr. de Saverne. = Saverne.

ZUYDCOOTE, s. m. Com. du dép. du Nord, cant. et arr. de Dunkerque. = Dunkerque.

ZUYDERSÉE, s. m. Golfe de la mer d'Allemagne sur les côtes de la Hollande.

ZUYTPEENNE, s. m. Com. du dép. du Nord, cant. de Cassel, arr. d'Hazebrouck. = Cassel.

ZYGÈNE, s. m. Squale marteau; genre d'insectes lépidoptères zygénides. T. d'hist. nat.

ZYGÉNIDES, s. m. pl. Insectes lépidoptères. T. d'hist. nat.

ZYGIE, s. f. Genre d'insectes coléoptères. T. d'hist. nat.

ZYGNÈME, s. m. Genre d'algues. T. de bot.

ZYGOMA, s. m. Apophyse de l'os temporal. T. d'anat.

ZYGOMATIQUE, adj. Qui a rapport au zygoma. T. d'anat.

ZYGOMATO-AURICULAIRE, s. m. adj. Muscle auriculaire antérieur. T. d'anat.

ZYGOMATO-MAXILLAIRE, s. m. et adj. Masseter. T. d'anat.

ZYGOSTATE, s. m. Inspecteur des poids et mesures chez les Grecs. T. d'antiq.

ZYMOLOGIE, s. f. Partie de la Chimie qui traite de la fermentation.

ZYMOSIMÈTRE, s. m. Instrument pour connaître le degré de fermentation d'une liqueur.

ZYMOTECHNIE, s. f. Voy. ZYMOLOGIE.

ZYTHOGALA, s. m. Boisson composée de bière et de lait. Voy. POSSET.

ZYTHUM, s. m. Boisson d'orge.

&, caractère qui tient lieu de la conj. et. &c., et cætera.

FIN DU DEUXIÈME ET DERNIER VOLUME.

www.ingramcontent.com/pod-product-compliance
Lightning Source LLC
Chambersburg PA
CBHW050058230426
43664CB00010B/1366